国资国企改革经验案例丛书

千帆竞渡

基层国有企业改革深化提升行动案例集（上）

本书编写组 编

自2023年国企改革深化提升行动实施以来，基层国有企业坚决贯彻落实党中央、国务院决策部署，全面纵深推进各项重点改革举措，形成了很多可复制、可推广的宝贵经验。本书分上、中、下三册，以420篇案例系统地总结并展现基层国有企业在改革深化提升行动中的经验做法、取得的成效，其中“功能使命类”改革案例152篇，“体制机制类”改革案例129篇，“综合类”改革案例139篇，力求为更多企业提供有益借鉴，在新一轮国有企业改革深化提升行动中提高核心竞争力和增强核心功能。本书值得政府领导、国有企业管理者和相关工作人员，以及国资国企改革研究人员等读者阅读。

图书在版编目（CIP）数据

千帆竞渡：基层国有企业改革深化提升行动案例集. 上 / 本书编写组编. -- 北京：机械工业出版社，2024. 9. -- （国资国企改革经验案例丛书）. -- ISBN 978-7-111-76718-3

Ⅰ. F279.241

中国国家版本馆CIP数据核字第20248BD613号

机械工业出版社（北京市百万庄大街22号　邮政编码100037）

策划编辑：陈　倩　　　　责任编辑：陈　倩

责任校对：梁　园　张　薇　　责任印制：李　昂

河北宝昌佳彩印刷有限公司印刷

2024年10月第1版第1次印刷

170mm×242mm・50.25印张・638千字

标准书号：ISBN 978-7-111-76718-3

定价：598.00元（全三册）

电话服务

客服电话：010-88361066

010-88379833

010-68326294

网络服务

机　工　官　网：www.cmpbook.com

机　工　官　博：weibo.com/cmp1952

金　书　网：www.golden-book.com

机工教育服务网：www.cmpedu.com

编 委 会

前 言

国有企业改革深化提升行动是习近平总书记站在党和国家工作大局的战略高度，继国企改革三年行动之后，再次亲自谋划、亲自部署、亲自推动的新时代国企改革重大行动。国务院国资委党委坚持以习近平新时代中国特色社会主义思想为指导，深入学习贯彻习近平总书记关于国有企业改革发展和党的建设重要论述精神，落实党中央、国务院重大部署，通过召开专题研讨班、专题推进会，开展督查督办、考核评估，宣传推广典型经验，加大改革向基层穿透力度等多种方式，指导推动国资国企高质量高标准推进国有企业改革深化提升行动。

新一轮国企改革系统性、整体性、协同性要求更高。突出功能使命类改革，是国有企业改革深化提升行动的最大特点。以功能使命类改革为抓手，加快推动技术革命性突破、生产要素创新性配置、产业深度转型升级，可以为发展新质生产力提供澎湃强劲的新动能，也对体制机制类改革提出了新的更高要求。深化体制机制类改革，既着眼于破解那些长期制约国有企业高质量发展的老大难问题，更着眼于培育发展新质生产力，加快构建新型生产关系。功能使命类改革引领体制机制类改革，体制机制类改革支撑功能使命类改革，两者相互赋能、相辅相成，共同决定着改革的实绩实效。国有企业改革深化提升行动实施以来，广大基层国有企业坚持问题导向、目标导向、结果导向，抓重点、补短板、强弱项，全力以赴推动各项改革任务落地见效，在实践中涌现了一批敢闯敢试的改革先进典型，形成了一批鲜活生动的好经验好做法。

为及时总结宣传和复制推广基层国有企业的改革经验，发挥好典型示范引领作用，本书编写组策划推出这一案例集，并将基层国有企业的优秀改革案例分为“功能使命类”“体制机制类”和“综合类”三大类。其中

“功能使命类”改革案例共152篇，主要聚焦相关企业在构建新发展格局中找准定位，通过深化改革增强核心功能方面取得明显成效的积极探索；“体制机制类”改革案例共129篇，主要聚焦相关企业完善公司治理、优化资源配置、激发活力动力，在真正按市场化机制运营上取得明显成效的有益实践；“综合类”改革案例共139篇，主要聚焦相关企业一体化推进功能使命类改革和体制机制类改革，在加快建设世界一流企业和培育专精特新企业上取得明显成效的生动实践。

千帆竞渡，奋楫者先。希望能够通过这一案例集，促进广大国有企业相互学习借鉴、比学赶超，真正用好用足改革关键一招，增强核心功能、提高核心竞争力，更好发挥科技创新、产业控制和安全支撑作用，奋力书写新时代新征程国有企业改革发展新篇章，为以中国式现代化全面推进强国建设、民族复兴伟业作出新的更大贡献。

目　录

前言

功能使命篇

功能使命篇

1

发挥产学研合作优势
构建世界一流特色科技创新体系

同方威视技术股份有限公司

一、基本情况

同方威视技术股份有限公司（以下简称“同方威视”）是全球领先的安检产品和安全检查解决方案供应商，创建于1997年，是中国核工业集团有限公司（以下简称“中核集团”）所属上市公司同方股份有限公司的控股子公司，入选国务院国资委“创建世界一流专业领军示范企业”和“科改企业”。

同方威视在X射线辐射成像、计算机断层扫描成像、痕量爆炸物与毒品分析检测、放射性物质监测等领域，拥有全部核心技术的自主知识产权，拥有全球安检行业最完整的产品线序列。同方威视系列产品及服务已进入民航、海关、交通、邮政物流、公安司法、环保及大型活动赛事等众多领域，得到世界各国用户的广泛认可。同方威视在安检市场位居全球第三，在货物/车辆检查系统的市场占有率连续11年保持全球第一，“威视”“NUCTECH”已成为国际业界知名品牌。

二、经验做法

同方威视紧贴市场需求，围绕通过深化产学研模式、拓展产业布局、推进人才建设、强化创新成果保护与应用等方面，扎实推进改革深化提升行动，推动构建具有市场化特色的世界一流科技创新体系。

（一）夯实以产学研合作为基础的科技创新管理体系

一是做好校企合作顶层设计。同方威视坚持“带土移植、回报苗圃”的科技成果转化模式，和清华大学共同投入资源、共同面向需求、共同研究开发、共享知识产权、共担风险、共享收益；加强校企合作，夯实了产学研长期健康发展的基础，实现前瞻性技术研究与产品开发各有侧重、校企双方既分工明确又联系紧密的创新体系。

二是做到产品迭代超前部署。确立了“生产一代（产品定型）、研发一代（原理样机）、培育一代（核心技术）、探索一代（前沿技术）”的自主创新产品开发路线。从固定式到移动式，从单能到双能，从单视角到多视角，从慢速检查到快速检查，从密度识别到成分识别，从X射线到毫米波、太赫兹，从人工识别到智能识别，同方威视技术不断推陈出新，产品不断更新换代，已经拥有300多个品种的产品，提供满足各行业需求的综合解决方案。

三是做强科技创新生态体系。由董事会、经理层决策，技术与产品委员会评估论证，技术管理部门统筹管理，多个研发产品部门具体实施，多个市场中心提供场景，顶级外部科研院所提供智力支持，同方威视构建“一体统筹、多元协同、分层聚焦、成果共享”的科技创新生态体系，积极抢占技术发展制高点，不断突破关键核心技术，取得了一系列具有自主知识产权的创新成果。

（二）聚焦“安检业务＋核技术应用”拓展产业布局

一是巩固安检业务竞争优势。同方威视坚持做强做大优势产业，深耕安检安保业务板块，以特异物质检测技术为研发方向，在集成技术、加速器、探测器、电子学、算法、辐射防护6项专业领域形成稳固优势，支撑安检产品创新与业务拓展。

二是拓展特色装备产业领域。同方威视以核技术应用领域研究为科研基础，积极拓展智能选矿、辐照应用、核医疗等特色装备新业务板块，从技术路线的探索进入细分行业，衍生新业务新产品，探索培育新产业领域的新优势。

三是发挥专长融入集团发展。同方威视深度融入中核集团整体发展布局中，积极调研核电站的应用场景和各类特殊需求，利用核技术转化和融合能力强的优势，不断开创核安保、核应急等成长空间，为核工业发展提供安全支撑。

（三）搭建“队伍 + 平台 + 激励”的科技人才建设体系

一是建设人才队伍增强人才支撑。为了应对全球经济治理体系和规则的重大调整，同方威视通过外部招聘、柔性引才、自主培养等方式，建设了一支结构合理、素质优良的创新人才队伍。目前公司科技人才超过 2000 人，其中青年科技人才占比在 75% 以上，拥有国家级、省部级或外国高层次人才超过 50 人，大大增强了科技创新人才支撑。

二是筑牢培养平台促进人才成长。通过“高校 + 政府 + 企业”三方联动融合的市场化企业博士后高层次人才培育平台，同方威视培养了大批有国际竞争力的科技人才后备军和领域专家。目前近 40% 的留站博士后已晋升为公司各级技术管理人员，带领技术团队主持或参与包括 15 项国家级、9 项省部级在内的 100 余项科研项目，累计发表各类论文 60 余篇，申请国内外专利 791 项（已授权 182 项）。

三是完善激励机制激发创新活力。2023 年，同方威视首次入选国务院国资委“科改企业”，已制订中长期激励方案 5 项，发布了《公司科技成果转化及激励管理办法》《公司标准奖励管理办法》等制度，持续激发科技人才创新活力。

（四）强化以知识产权为核心的创新成果保护与应用机制

一是坚持布局高价值专利。同方威视坚持专利申请“一把手”负责制，公司“一把手”亲自审批专利，各事业部总经理直接参与专利布局，从技术、产品、项目等多个层面进行系统分类整理，制定针对性专利布局策略，不断构建高价值专利组合，提前布局目标市场；同时重视侵权监控，及时采取措施维护公司利益。

二是知识产权支撑市场拓展。同方威视将专利信息、商标信息、市场信息、经营信息等相结合，形成“多源信息、综合分析、融合研判”的信息融通机制。知识产权对重大项目进行市场支撑、合规支撑和保护支撑，助力市场拿订单，全方位保障重大项目顺利开展和平稳运行。

三是加大创新成果产出及转化。同方威视以科技成果自行实施为主，并不断对已有科技成果进行动态评估，盘活专利资产，推动科技成果转让、科技成果许可等工作。

三、改革成效

一是科技创新力持续提升。同方威视自主研发的薄壁能谱 CT 项目成功实现产业化、规模化落地应用，为全球跨境行包的智慧监管提供了“中国方案”。基于碳纳米管冷阴极分布式 X 射线源的静态 CT 智能查验系统入选“科创中国”先导技术榜，在海口美兰机场、香港国际机场、欧洲枢纽机场等实现规模化应用，实现了国产 CT 第一次全球领跑。攻克相关核心器件“卡脖子”技术，实现产业链自主可控。

二是安全支撑力稳步提高。CT 一级在线新模式首套落地成都天府国际机场，打造了全国首个民航安检云指挥中心。全球首套航空集装箱 CT 落地深圳宝安机场，并作为典型案例向国际民航分享运营经验。同方威视积极参与海南自贸港封关运作项目，在 3 个机场配置高端查验系统，为创新民航和海关融合查验模式提供技术支撑。此外，同方威视还为全国两会、中国国际进口博览会、博鳌亚洲论坛、杭州亚运会等重大活动提供服务、保驾护航。

三是产业引领力不断增强。同方威视中标土耳其伊斯坦布尔机场项目，实现静态CT海外首单突破。大型系统解决方案类项目——哈萨克斯坦海关口岸自动化通关集成系统有序建设。截至目前，同方威视货物/车辆检查系统已装备全球100多个国家和地区的海关和边防口岸，安检设备稳步进入全球民航高端安检领域，已装备在全球400多个重点机场，在全球市场占据重要地位。

四是创新奖项和荣誉丰硕。2023年同方威视荣获北京市科学技术进步奖一等奖、北京市发明专利奖二等奖、教育部科技进步奖二等奖、中国体视学学会科学技术奖一等奖，并获得日内瓦国际发明展金奖2项。在编国际标准6项，申请外文版国家标准1项。

2

专用设备成果转化机制创新实践
探索研产协同创新发展新路径

中国原子能工业有限公司

一、基本情况

中国原子能工业有限公司（以下简称“中国原子能”）是中国核工业集团有限公司（以下简称“中核集团”）所属二级子企业，是国内唯一的核燃料生产商、供应商及贸易服务商，主要从事铀纯化转化、铀浓缩、元件、专用设备等核燃料产品的生产制造，以及工程建设、关键技术的研发、核电技术设备的贸易服务。

中国原子能坚决贯彻习近平总书记关于国企改革发展系列重要论述精神和对核工业的重要指示批示精神，深入落实上级部委和中核集团党组关于深化改革的决策部署，以持续增强核心功能和提高核心竞争力为重点，以建成世界一流的核燃料综合服务供应商为目标，坚持深化改革与科技创新双轮驱动，扎实推进改革深化提升行动。创新打造科技成果转化模式，以铀浓缩产业为试点，探索研产用一体化发展路径，加强持续“造血”能力以及对产业发展的驱动力和引领力，充分发挥国务院国资委国企改革标杆企业示范作用。

二、经验做法

（一）坚持整体意识，顶层谋划研产协同大循环

中国原子能作为我国核燃料产业的主体，立足强核报国责任使命，为更好发挥科技创新、产业控制和安全支撑作用，聚焦核心关键技术发展，系统谋划牵头抓总，优化资源配置，促进体系升级，加快打通铀浓缩产业端和创新端大循环。通过持续推进深化改革，探索研产融合协同创新高质量发展新路径，以整体利益为出发点，以市场需求为牵引，以科技创新为动力，通过创新优化“八步法”开展要因分析，确定对策，建立成果转化新模式，加速产业新技术的研发应用，助推铀浓缩产业高质量发展。

（二）坚持问题导向，建立专用设备成果转化新模式

一是深入调研，剖析研产融合问题症结。中国原子能成立工作专班，策划工作方案，强化2号专用设备科技成果转化机制建立工作的组织领导和顶层设计。通过专题研究、调研座谈、主题教育等形式，中国原子能全面深入了解铀浓缩产业链各相关单位情况，夯实工作基础。鉴于专用设备制造受市场需求影响严重，研发主体无法获得稳定收益，难以为科技创新提供充足支持等问题，中国原子能全面总结1号专用设备成果转化历史经验，客观判断市场需求变化因素，深入分析科研院所支持不足的问题症结。以铀浓缩产业高质量发展和可持续发展为主线，中国原子能确定工作方向，明确工作原则，联合创新端的科研院所、制造端的专用设备制造厂、运行端的浓缩厂，开展多轮次研究分析，达成铀浓缩产业高质量发展合作意向，签署六方《推进铀浓缩产业高质量发展合作意向书》。

二是充分论证，合法合规开展成果转化。中国原子能加强国家法律法规和政策解读，通过专业力量开展法律法规研判和税务财务审查等保障工作，充分论证转化方式、实施路径、财税政策可行性，组织专家评审完成

《中国原子能铀浓缩高质量发展方案暨2号专用设备成果转化方案》，在不涉及产权转移的情况下，采用普通技术许可方式开展2号专用设备科技成果转化，合法合规完成国防工业科技成果转化，为科技成果转化做好基础保障。

三是客观分析，探索专用设备成果转化新模式。中国原子能聚焦2号专用设备技术创造的民用经济价值建立铀浓缩产业反哺机制，尊重研发历史，保障研发投入，客观认识研发阶段和组织历程，将研发主体通过技术许可的形式融入铀浓缩产业循环，建立专用设备技术成果转化机制，探索完善科技成果转化新模式，实现产业发展与科技创新紧密结合、同向发力、协同联动、互促提高的目标。

（三）坚持系统思维，合理有序推进工作落地落实

一是与科研院所签订技术许可合同。中国原子能系统梳理专用设备科技成果覆盖范围，将2004—2012年2号专用设备研制过程中所形成的制造和运行技术资料以及152项发明专利、69项实用新型专利，在合法合规保障前提下，与科研院所签订技术许可合同，科研院所以普通技术许可方式授权中国原子能使用或分许可使用。通过行业分析测算，许可费按照“2号专用设备运行产量×加工服务价格×3.9%”收取，由中国原子能集中承担，收费期限为项目运营周期，即全工程启动并生产出合格产品开始至运行满15年。

二是分别与制造厂和浓缩厂签订合作协议。中国原子能将2号专用设备科技成果转化技术无偿分授权给相关制造和运行单位，推动铀浓缩产业结构的新变革，实现科技成果转化与铀浓缩产业集约化生产模式互促互进，铀浓缩产业制造运行端主体积极主动支持长效机制的建立。

三是推动科研院所实施高质量研发投入。做好技术成果转化“后半篇文章”，科研院所积极谋划打造创新体系，构建规范全流程科技创新和成果管理模式。科研院所作为构建铀浓缩研产协同创新体系的关键一环，是新机制建立的核心和实施主体。中国原子能建立高效的科技创新环境和保障体系，实施高质量的科技创新投入，设立支持原创性、基础性的“王承书基金”，支持关键技术攻关、新材料研发的“陈念念基金”，支持工艺创新优化的“大师基金项目”，支持战略、机制等研究的“传灯基金”和支持技术难题解决的产业开发基金，进一步助推铀浓缩技术加速迭代和产业竞争力持续提升，支撑铀浓缩产业创新驱动发展。

三、改革成效

一是铀浓缩领域研产协同发展新机制成熟固化。中国原子能推动专用设备建立转化长效机制，加快打通铀浓缩产业端和创新端大循环。通过普通技术许可方式落实专用设备科技成果转化，中国原子能2023年首年兑现科技成果转化金额2510万元，促进产业链各单位充分发挥优势、大力协同发展，科技创新与产业发展良性互促，形成一套可操作、可复制、可推广的科技成果转化模式。

二是核燃料科研人才培养取得新突破。中国原子能坚持深化科研院所改革，聚焦首批全国重点实验室建设和人才培养，持续完善体制机制，推动科研院所建立铀浓缩厂和专用设备制造科技服务团队，支撑铀浓缩产业高质量发展。2024年在党中央、国务院组织开展的“国家工程师奖”首次评选表彰中，核燃料专用装备研发创新团队获得“国家卓越工程师团队”称号，充分发挥了示范表率作用，在新时代新征程上为强核强国贡献力量。

三是研产融合推动产业发展取得新成绩。中国原子能聚焦关键技术，构建“研发—孵化—产业化”新型产业综合研发平台，形成“一体两翼三专七新”产业发展新格局，科技创新能力和成果转化能力进一步提升，

“卡脖子”技术取得突破进展，高精度电动调节阀首次进入半导体领域。布局稳定同位素产业发展，完成氙、锌、锗多种机型和样品研制，首次获得公斤级丰度99%钼100同位素，达到世界领先水平，科技创新为产业焕新提供新动力。

3

创新驱动　数字赋能
推动航天装备科研生产经营管理转型

中国航天科技集团有限公司第八研究院第八〇二研究所

一、基本情况

中国航天科技集团有限公司第八研究院第八〇二研究所（以下简称“八〇二所”）隶属于中国航天科技集团有限公司（以下简称“航天科技”）第八研究院，主要从事近程探测、数据传输、目标特性、空间探测等专业技术研究，是国家某领域的骨干专业研究所。所内建有1个国家级重点实验室、2个集团研发中心、1个上海市重点实验室和1个上海市工程技术研究中心等研发平台，科研条件与技术水平在国内专业领域领先。八〇二所坚持以习近平新时代中国特色社会主义思想为指导，深入学习贯彻党的二十大精神，坚决履行强军首责，以深入实施国企改革深化提升行动为契机，加快构建高效运行的综合管理体系，将创新规律、市场规律、产业规律紧密结合，推动航天装备科研生产经营管理转型，不断增强核心功能，提高核心竞争力，在科技创新、市场化转型、信息化应用等方面形成了独具特色的管理实践成果。

二、经验做法

（一）前瞻布局，优化组织，提升技术创新力

八〇二所以科技自立自强为使命，秉承开放共享的高质量发展理念，

主动发挥国家战略科技力量主力军作用，内外联动、协同创新，立足工程技术瓶颈背后的关键科学问题，积极推进跨域创新，凝聚创新合力，有效提升科技创新体系效能。

一是多维构建创新体系。八〇二所针对专业发展状况，形成了基础研究、应用研究、技术创新、成果转化及产业化的递进式研发体系。围绕市场需求，构建技术与市场高效联动的责权体系，持续提升创新效率和成果转化率。完善研发投入，建立“科技委把方向、研发部管进度、课题组长抓落实”的分级分类管理体系，年投入超营业收入10%的经费用于自主研发，重点支持基础前沿创新。以创新责任令为牵引，推动创新技术成果在多个装备型号深化应用，着力打造原创技术策源地。

二是梯次打造创新平台。八〇二所体系构建国家级、省部级、院校、国际合作四大类、11个研发平台，覆盖全所核心专业，推动技术融合创新和产学研协同。设置“常青藤”计划、“揭榜挂帅”专题、技术创新专项奖等，激发平台创新活力。定期遴选前沿课题，邀请知名专家举办创新论坛，培养创新思维；每年举行技术创新评比活动，奖励技术突破、成果转化等成绩显著的团队和个人，并结合博士论坛、青年科技论文评比等，调动全员创新积极性，营造良好的创新氛围。

三是凝聚协同创新优势。八〇二所顺应新型举国体制下国家科技创新体系效能提升等新形势，对标国内先进同行在组织架构、人员结构、创新研发上的思路与措施，对所内第一大专业进行组织机构优化调整，重点突出总体研究设计、软件工程化设计、共性基础研究设计“三种能力”，巩固专业领域第一梯队地位。打通所内核心专业之间的壁垒，成为国内实现跨专业一体化极具优势的单位。建立虚拟联盟，与国内十几家优势单位建立战略协作关系，实现“大脑”与“外脑”的优势互补。

（二）市场引领，技术推动，提升行业影响力

八〇二所适应国家装备采购变革新形势，遵循市场规律，积极应变、主动求变，积极探索从管项目向管市场转变，推进市场重点突破、区域辐射。发挥专业技术优势，全力支撑装备现代化建设，提升市场导向的技术创新力和价值创造力。

一是强化市场战略把控。八〇二所由所主要领导抓全局、业务分管领导抓重点客户，将立项指标纳入市场主管部门、研究室年度目标责任书，构建责权清晰的市场责任体系。着力提升市场主管部门的业务牵头能力，优化“总体室”面向市场的方案论证能力，增强“专业室”的技术服务能力，推进市场、“总体”与技术高效协同。保持与上级机关、型号两总和潜在客户顺畅沟通，科学选择差异化竞争点，提升市场开拓精准度和成功率，逐步将客户从集团内拓展到科工、航空、兵器等十余家总体单位。

二是技术市场双轮驱动。八〇二所以市场为导向，从经营产品向经营客户转变，主动支撑客户前期规划论证，实现三大核心专业产品在国内形成系列化配套。以技术为推动，从型号牵引向技术推动为主转变，将导弹武器优势技术延伸应用，实现导弹武器、宇航、航天技术应用三大领域协同发展，深化技术转移转化。以技术、市场联动，推动主战装备发展，某产品在国际市场需求牵引下取得快速发展，再以技术和产品优势实现“出口转内销”列装，有效扩大市场份额和影响力。

三是推动装备形态拓展。八〇二所对标用户和总体需求，精准识别关键技术，并对标国际一流指标，形成中长期核心专业与关键技术23项，促进装备能力升级。根据不同产品性能特点制定核心技术突破途径，找准制胜最关键指标，作为重中之重加速突破，将核心性能指标先进性转化为总体竞标优势，并确保技术成熟度提升进度与装备研制进程相匹配。推进产品研发归核化，形成有竞争力的产品和有影响力的行业地位，反向牵引总

体立项，支撑装备形态和市场拓展。

（三）数字赋能，业务融合，提升科研生产效率

八〇二所适应型号竞标对研制和批产交付的节点要求，在传统生产要素增长有限的情况下，加快数字化转型，积极发掘数据要素创效功能，提升科研生产效率，并以信息化自主开发能力服务军工供应链等数字化系统建设。

一是统筹策划与分级管理相结合。八〇二所从信息化顶层架构出发，统一策划，以组织、责任、队伍、经费、考核、激励“六重保障”系统提升信息化能力。按研发、制造、管理业务领域，开展信息化分级管理，推进全领域、全寿命、全流程、全要素信息化建设，促进科研生产全程“降成本、保质量、提效率”。

二是流程优化与系统架构相结合。八〇二所以制度流程化、流程信息化、数据标准化为重点，系统构建信息化流程中心，推进科研生产经营全流程信息化，实现系统间流程贯通、制度刚性执行、管理高效合规，目前已完成112支核心业务电子流程自主开发。基于“三张网”构建数据中心，作为“科研生产管理大脑”，实现科研生产全程在线、数据综合分析，支持科学决策、智能管理。

三是自主开发与开放合作相结合。八〇二所以先进理念、技术迭代推动信息管理系统功能持续优化，所内非密业务90%以上实现移动办公。以自主开发能力和成熟应用的系统支撑集团、行业信息化开发建设，实现供应链智能协同系统和固定资产管理信息系统在军工行业推广应用，打造军工企业优质、可靠、高效的供应链生态系统和数据资产。目前已服务在线供应商4800余家、固定资产系统用户单位600余家。

三、改革成效

八〇二所围绕航天装备现代化建设，通过协同创新机制、科研与市场

共生机制探索和数字赋能提效实践，有效推动技术创新力、市场竞争力、行业影响力同步提升，为装备创新链、产业链作出了有益探索和积极贡献。

一是承担国家重大预研能力显著提升。八〇二所在国家重大预研项目竞标立项中取得显著成效，并同步提升基础前沿发展新质生产力。牵头或参与国家专项论证，取得多项课题竞标立项成功。牵头某新一代装备产品设计，成为主要的标准论证单位。牵头某专项工程论证，实现建模研究向数据产品生产跨越发展。八〇二所创新活力有效释放，“十四五”期间取得授权专利 305 项，顺利通过国家知识产权示范企业复核。

二是专业地位和市场竞争力稳步提升。八〇二所被列为国内某领域的研发能力第一梯队单位，行业地位有效提升。某产品占据国内某领域 70% 左右的市场份额，2 型产品成功实现单机独立出口，所内市场化配套项目数占比超过 50%。空间雷达取得某细分领域优势地位，成为军航型谱贡献者，在新进的宇航领域实现持续较快发展。

三是强军能力、综合实力显著提升。八〇二所核心专业能力纳入国防科工局“能力体系图”，核心产品能力建设经费累计超 10 亿元，创建了一批一流研发试验条件，强军能力大幅提升。以创新速度、质量、成本为代表的科研生产和经营管理能力显著提升，积极支撑国家“打得起、打得赢”战略，获国防管理创新成果一等奖。人均营业收入、创利水平与美国洛马、雷神等国际先进同行企业保持相近，“两利四率”长期处于行业前列水平。荣获以“全国五一劳动奖状”为代表的多项国家级、省部级荣誉，连续九届获得上海市和航天科技“文明单位”。

4

构建“双核”现代化产业协同体系深入推进新发展理念落地见效

北京电子工程总体研究所

一、基本情况

北京电子工程总体研究所（以下简称“北电”）作为我国最早组建的先进防御飞行器装备系统总体研究所，创造了我国防御装备建设史上的多个“第一”，建设有覆盖系统研发的各类总体专业，其中多个专业处于国内领先地位，建设有复杂产品智能制造系统技术全国重点实验室、复杂系统仿真技术应用国家工程研究中心等国家级创新平台，共获得国家级科技进步奖20余项，形成了产学研用相结合的创新格局。北电以“建设世界一流航天防务总体部”为愿景，全力深化改革发展，全面完成国企改革三年行动改革任务，先后获得全国文明单位、全国质量奖、全国“模范职工之家”等荣誉。

二、经验做法

（一）构建设计与制造紧耦合的“双核”产业链体系，推进产业体系优化升级

一是建立以总体部和总装厂为核心的“双核”战略联盟体。北电构建

以总体部为核心的研发产业体系和以总装厂为核心的制造产业体系，总体部聚焦技术抓总，总装厂聚焦生产制造，建立面向科研生产全周期的融合机制，双方签订《先进材料研发及成果转化合作协议》，联合建立飞行器先进材料成果库，形成以高性能航天产品为核心的科研项目研制和生产流程，提升持续市场竞争力，形成互利共赢、协作发展的良好局面。

二是构建基于三维数字模型的“设计 + 工艺 + 生产”联合研发模式。北电推行基于模型的数字化设计模式转型，全面实现了基于数字模型的技术状态管理，完成 PDM、ERP、MES 等系统的贯通和集成应用，针对飞行器产品研发、总装、测试和售后 4 项任务，联合实施业务流程数据协同，有力推动飞行器设计制造的数字化转型，促进数字经济和实体经济深度融合。

三是实施基于技术成熟度的敏捷研制管理机制。北电制定《基于三维模型成熟度的并行协同设计制造规范》《三维模型成熟度管理通用要求》等标准规范，将传统的串行业务流程转变为基于三维模型的设计工艺并行流程，实现设计、采购、制造并行协同，缩短长周期产品备料时间 30% 以上，以敏捷管理机制实现去库存化管理，实现技术研发和管理效率提升。

（二）建立“三位一体”联合技术创新机制，促进技术研发能力快速提升

一是建立三维创新技术需求调研机制。北电建立由资深专家组成的联合攻关技术团队，收集上级单位及其他顾客单位的需求，重点梳理科研任务中的关键核心技术和瓶颈问题；建立由青年设计师组成的联合前沿技术创新团队，聚焦设计、工艺、生产技术，密切跟踪收集国内外前沿技术热点和创新焦点；建立由管理人员组成联合市场调研团队，收集国家政策导向信息，剖析当前市场创新需求。近年来，北电已形成多项关键技术研究需求报告、瓶颈问题清单、技术创新调研报告等。

二是建立三大重点技术创新需求与能力协同平台。北电建立先进飞行器材料技术创新平台，形成常用材料、常用模型库等数据库，为各项目方案论证阶段材料及工艺方案选择、低成本设计等工作提供有力支撑；建立智能制造技术联合创新平台，通过多个项目深化强强联合基础，以内外部合作与核心技术转化，实现先进智能制造技术的可持续循环发展；建立3D打印技术创新应用平台，充分融合数字化设计与数字化制造的特点，有效提高设计、生产效率和质量。

三是建立三阶段创新成果转化机制。北电深化创新成果总结，针对技术布局方向，总体部与总装厂推动创新技术成果总结，联合形成专利、论文、著作等软性创新成果；强化创新成果推广，充分利用军品市场、展示交流平台资源，构建资源共享的创新成果推广体系，实现多个项目创新成果的推广应用、技术成果转化；建立创新成果共享机制，以系列复合材料开发、3D打印结构产品开发为代表形成创新成果共享机制，实现利益共享、互利互惠。

（三）深化面向科研生产全流程的质量管理，推进质量管理能力稳步提升

一是持续优化与研制生产流程相匹配的质量管理流程。北电深化科研生产全流程的重点环节质量管理，针对产品研发、生产交付、原材料和零部件采购等科研生产全流程协同开展质量管理能力提升，聚焦产品全寿命周期影响产品的研发和生产过程质量风险和进度风险，实施风险识别、风险评估和风险应对，建成产品全周期电子履历管理系统。

二是强化基于数据的质量信息管理。北电基于数据协同对质量管理流程进行优化，形成《基于BOM的项目外协产品投产管理要求》等系列标准规范和管理要求，自主研发“产品结构三维可视化检验系统”，并在集团10余家企业推广应用，质量检验数据100%电子化采集，检验效率提高

3 倍以上，出错率降低 90%，现场检验时间缩短 50%，实现了从传统产品质量检验数据采集手工化和纸质化到自动化和数字化的跨越式转变。

三是联合实施质量成本工程建设。北电针对飞行器产品，开展低成本设计与工艺技术论证和实施，将产品功能、制造工艺、生产成本等均作为设计约束进行综合考虑，降低制造成本。实施差异化分类验收管理，由传统下厂验收向多元化验收方式转变，有效降低管理成本。

（四）建立立体化复合型人才协作机制，促进高水平人才综合培养

一是以点、线、面融合构建人才联合队伍。航天总体部与总装厂联合建立员工级“1 +1”跨部所学习对子，联合制定“三互相三共同”组建原则，以“设计 + 工艺”“设计 + 材料”“结构 + 设备”等主题组建联合党支部，形成以先进结构、先进复合材料、智能制造、增材制造等为代表的 IPT 团队，推动总体部与总装厂人才能力提升，专业能力在广度和深度上持续发展。

二是建立资源共享的人才联合培养体系。航天总体部与总装厂联合签订人才合作协议，推动产业链联合人才培养，结成跨厂所师徒，引导从“要我学”到“我要学”的转变，实现双方培训需求与培训资源的充分对接，并建立联合共享知识库，推动双方人才培养深度融合。

三是构建各层级人才联合使用机制。航天总体部与总装厂以项目合作、联合申报课题等形式，持续深化高端人才柔性共享，联合推荐各层级、各领域专家进入国家和军队重点项目平台。以重大课题研究、关键技术攻关、应用基础研究等为依托，统筹人力资源，聚焦基础能力提升。大力弘扬新时代科学家精神、劳模精神、工匠精神，营造尊重知识、尊重人才、尊重创新的文化氛围。

三、改革成效

一是提升产业链韧性和安全水平，推动航天企业高质量发展。“双核”

现代化产业体系支撑研发模式、生产模式、创新模式、产业链管控模式等持续创新，有效提升总体部、总装厂全级次供应链的管理能力，强化了低成本管控和规模化供给能力，优化了研发体系和布局，有力支撑航天企业高质量发展。

二是促进科技创新和人才能力提升，助力高水平科技自立自强。“双核”现代化产业体系的实施，有力加强了前沿技术创新和基础研究，增强了原创性、引领性科技攻关能力和水平，有力拓宽了创新人才的视野和发展平台，实现创新人才数量和质量的双提升。

三是降低企业研发与生产成本，促进企业经济效益提升。近 3 年，基于三维模型的数字化协同设计与制造平台等多项创新成果成功应用于科研生产任务，有效提升了研制质量和效率，在科研生产任务增加 20% 的情况下，节省人力和研制成本 2000 余万元。

四是深化央企的社会责任与使命担当，产生良好的社会效益。该体系建设相关经验和成果在集团推广应用，并在“学习强国”、《科技日报》《中国青年报》等中央和省部级媒体宣传，有力地支撑了中国青年五四奖章、航天工业先进质量管理小组、第十九届军工企业管理创新成果二等奖等荣誉，提升企业社会影响力。

5

聚焦国家战略 加速科技创新
高质量推动航空装备建设

成都飞机设计研究所

一、基本情况

成都飞机设计研究所（以下简称“航空工业成都所”）隶属于中国航空工业集团有限公司（以下简称“航空工业集团”），主要从事飞机设计和航空航天多学科综合研究，是国家重要的飞行器总体设计研究所和战斗机研发基地。先后成功研制了歼-7C/D、歼-10、枭龙/FC-1、歼-20等一系列先进战机和无人机，圆满完成了多项国家重大型号研制任务和一大批航空航天关键技术预研项目，荣获国家科学技术进步奖特等奖、中国质量奖、国家级企业管理创新成果一等奖等重大奖项，为国家航空武器装备建设和航空工业跨越发展作出了突出贡献。

改革深化提升行动实施以来，航空工业成都所落实党中央决策部署，以国家战略需求为导向，以科技创新为驱动，聚焦航空与空天装备研发主责主业，加快建设原始创新策源地，推进装备建设，拓展新兴产业，强化创新链、产业链、资金链、人才链的深度融合，不断提高装备自主研发能力和自主保障能力。

二、经验做法

（一）打造原创技术策源地

一是聚焦国家战略打造核心能力。根据装备能力要求，航空工业成都所系统整理45个技术方向，覆盖218个专业领域，梳理形成能力、技术、产品“三清单”，并制定分级、分类、分阶段推进策略和攻关计划。制定5个装备原创技术策源地实施方案，体系化开展智能、协同等领域技术预先研究，引领技术创新。完善快速研制和敏捷管理流程，采用“成熟一项、验证一项、应用一项”的方式，通过科研条件、批产产品、用户试用等多种资源，实现技术和产品快速验证，加速型号应用。

二是适应装备建设优化组织机构。以国家战略需求和重大装备建设任务为牵引，航空工业成都所加快适应“预研研制一体”管理模式，成立体系与智能作战研究中心，集中优势力量，系统开展装备体系使用场景、目标任务、能力需求研究，同步开展型号研制先期技术研究。贯彻国家装备建设高质量、高效益、低成本、可持续发展理念，成立装备经济性研究与管理中心，切实承担装备研制经费全流程、全环节管理责任，履行链长职责。

三是深化目标导向改革创新机制。一方面，航空工业成都所制定自主研发投入管理办法，探索自主立项、竞争研发的创新模式，释放创新活力；以技术创新为引领，加大创新激励力度，修订预先研究管理办法，加大申报激励和专项奖励力度，推进采用“单透＋赛马”模式，鼓励更多创新者参与。另一方面，航空工业成都所设立青年创新基金，将创新基金额度从原来每年的500万元增加到1000万元，增加“揭榜挂帅”等立项方式和尽职无过错免予问责等条款，赋予项目负责人经费调剂权，鼓励跨部门跨专业联合团队和35岁以下青年申报，为想干事者提供了施展才华的舞台，进一步激发职工创新创效激情，开发出更多原创新技术、新产品，解决疑难问题，加速人才成长。

（二）系统构建创新平台

一是做强国家级创新平台，着力解决“从 0 到 1”的原始创新和科学问题。航空工业成都所与主机厂联合建设国家高端航空装备技术创新中心，全力突破高端航空装备共性、基础性和前沿引领性关键核心技术。系统打造飞行器数字敏捷技术国防科技重点实验室，针对航空装备面临的“极限性能、极短周期、极优成本”迫切需求，借力数字孪生等新一代信息技术，促进航空装备能力实现和敏捷研发。联合苏州实验室共建新材料研究及应用联合技术中心，拓展新型材料在航空装备上的应用。协同西北工业大学、四川大学等建设国防科技重点实验室，主动融入国家基础研究创新体系，加速航空科技创新供给能力和效能提升。

二是做优省部级创新平台，着力解决“从 1 到 10”的技术创新和产品实现问题。航空工业成都所联合电子科技大学建设飞机智能决策与协同控制机理模型研究联合技术中心，围绕对抗自主决策与控制等关键核心技术，提升航空装备智能化水平和综合任务能力。打造体系作战与人工智能四川省国防科技重点实验室，围绕体系作战、智能传感器和人工智能 3 个技术方向，贡献直接战斗力。

三是打造区域级创新平台，着力解决“从 10 到 100”的产品工程化和产业化应用问题。航空工业成都所联合成都市青羊区共建飞行器设计创新协同中心，联合成都市武侯区打造航空创新设计产业园，以重大航空装备研制需求和技术发展方向为基础，加强与各类创新主体广泛合作，探索创新机制、激发创新活力，汇聚航空相关领域创新资源，为航空装备的研发注入源头活水，形成助力航空装备跨代发展的新质力量。航空工业成都所还充分发挥出题者作用，借力四川省“揭榜挂帅”等项目，推进产品配套和软件研发，进一步完善“产学研用”融通创新体系。同时，通过开展联合攻关、“拉条挂账”、靶向审核等工作，开展供应链同步创优，提升供应商质量，降低进度质量风险；采用竞争性采购模式，积极扩大“双流水”成品数量，消除产能隐患，进一步助力“稳链、补链、强链”。

（三）夯实创新核心要素

一是优选建强研发队伍。航空工业成都所疏通专业技术人才发展通道，建立多层次人才梯队，在现有职岗位体系基础上，集团首特、专家、青年技术骨干、“育鹰”计划人选形成“五四三二”人才梯次，为培养技术领军人才和卓越工程师提供了坚实的后备人才基础。航空工业成都所还建立技术专家“赛马”机制，实现“能上能下”动态调整，形成学术自由竞争的良好氛围，对航空技术带头人和设计师系统制定科学合理的评聘管理办法和操作细则，实施三年任期制，聘任期满后重新考核并择优聘任。评聘过程中坚持规则、过程和结果公开透明，为青年骨干提供“弯道超车”的机会。2023 年集团首席特级一级专家评审后，航空工业成都所专家队伍结构进一步优化，其中最年轻的首席技术专家 43 岁、最年轻的特级专家 37 岁、最年轻的一级专家 32 岁；最新一期设计师系统评聘，总体调整率为 40%，一批青年骨干由于业绩突出，从一般设计师直接跃升为副主任设计师或主任设计师。

二是拓宽人才发展通道。航空工业成都所与清华大学等著名高校深入开展校企合作，联合培养工程博士，2021 年以来累计选送 61 名具有型号研制经验的骨干人才到清华大学、电子科技大学和西北工业大学等攻读工程博士，使骨干通过持续学习进一步增长本领，人才培养更加有的放矢。同时，航空工业成都所加大组织骨干人员送外学习培训新技术、新方法的力度，比如基于模型的系统工程、人工智能等学习；每年均组织骨干员工走进标杆企业，拓宽视野，活跃思维。干中学、学中干，很好地促进了人才的成长和创新研发活动的开展。

三是用足用好激励保障政策。航空工业成都所构建多元化薪酬分配制度体系，分层分类实施差异化薪酬策略。为最大限度激发科研生产人员的干事创造积极性，增量激励向科研一线业绩突出的骨干员工倾斜；对职能部门试行薪酬包管理，实现“五个促进”（促进价值提升、促进减员增效、促进自我提高、促进价值创造、促进主动作为）；对部门正职及以上人员实行年薪制管理，加大绩效年薪占比，较好促进了经营管理任务的完成；对引进的高层次急需紧缺人才实行协议工资制。此外，航空工业成都所以价值创造为导向，对关键岗位上业绩突出的骨干人才实施岗位分红。以员工与单位共同发展为目标构建互促长效机制，激励对象坚持向关键岗位上业绩突出的员工倾斜，对于在非关键岗位上业绩突出的年轻员工开辟绿色通道，年度业绩考核评定结果获两次及以上“优秀”者可以破格获得岗位分红激励。

三、改革成效

一是原创技术策源引领装备发展。近年来，航空工业成都所出色完成了中国共产党成立100周年阅兵装备保障、型号设计定型、重点外贸机6个月实现从项目启动到首架总装交付等一系列科研生产任务。航空工业成都所在多个领域取得重大突破成果，2021—2022年两度入选年度国防科技创新十大进展，2023年某型无人机获国防科学技术进步奖一等奖。

二是打造精益健壮的航空产业链。航空工业成都所发挥创新链上主机单位的先锋作用，通过竞争性采购模式新增供应商超200家，民口供应商占比首次超过20%，显著提升航空装备自主研制能力；在型号上引入120余项材料，通过开展同步创优，有效促进航空产业链质量水平提升。

三是激发科技创新活力。200多个创新基金项目完成研究，一大批项目成果已在型号研制中成功应用，其中“训练模拟器敏捷研发平台”创新技术在6个型号模拟器的研制中成功应用，每年节省研制经费超1000万元，并在航空工业青年创新创业大赛中获奖。2023年，航空工业成都所自主立项的“龙舟一号”参加“中国空间站低成本货物运输系统总体方案”初选评审会，获得工程支持。

四是人才引领发挥显著效能。航空工业成都所不断完善职称晋升机制、规范评审流程，建立制约规则，得到员工认可，纳入航空工业集团案例。2023年，歼-20飞机研制团队获“国家卓越工程师团队”，王海峰总设计师当选中国工程院院士。

6

创新体制机制改革　盘活创新资源 加快实现高水平科技自立自强

中国直升机设计研究所

一、基本情况

中国直升机设计研究所（以下简称“直升机所”）创建于1969年，隶属于中国航空工业集团有限公司（以下简称“航空工业集团”），是我国唯一一家以直升机型号研制和技术发展为使命的国家级大型科研院所。

2023年10月11日，习近平总书记在航空工业昌飞集团视察时指出，航空装备是我国制造业发展的一个重点，要坚持创新驱动，在关键核心技术自主研发上下更大功夫，面向未来需求出新品，努力构建先进制造体系、打造世界一流直升机企业。直升机所以习近平新时代中国特色社会主义思想为指导，深入贯彻党的二十大精神和习近平总书记重要指示精神，乘势而上，加快推进新一轮改革深化提升行动，深化科技创新体制机制改革，自主创新、原始创新能力持续提升，核心竞争力和核心功能不断增强。

二、经验做法

（一）强化创新体系构建，打造创新“生力军”

一是推进垂直起降飞行器体系实验室建设。直升机所对标航空工业集团“青云工程”，加大体系人才引进，给予资源保障优先、绩效考核等支持政策，体系人才队伍增长超50%。强化直升机体系总体牵引能力，完成面向低空战场的直升机交战级仿真平台自主开发，需求开发、体系牵引能力持续增强。

二是实现全国重点实验室重组。直升机所联合航发608所、南航集团等单位，完成全国重点实验室优化组建，不断提升基础技术能力。制定《重点实验室建设运行的指导意见》，在考核、激励、经费等方面给予重点支持，支撑打造国家战略科技力量。

三是强化直升机协同创新中心建设。直升机所深化协同创新中心建设，借鉴美国“臭鼬工厂”先进经验，针对未来直升机智能化、无人化、高速化、绿色化四大发展方向所带来的科学问题和关键技术，以电驱动飞行器为试点，联合主机厂打造新技术快速迭代原型工厂，建立设计、试制、试验的快速迭代研制模式，探索构建创新市场化改革的新路径和新模式。

四是推进产学研用深度协同。直升机所联合西北工业大学、南京航空航天大学等，组建直升机“创委会”，集中优势资源，针对基础性技术、战新技术等协同开展研究，实现“0到1”的原始创新。协同产业链上下游在新构型、民用直升机领域开展技术攻关，解决“1到10”的产品实现问题。2023年突破5项关键核心技术，补齐国内技术短板、填补技术空白。

五是加快打造原创技术策源地。直升机所加强基础性、前沿性技术研究，将基础研究投入作为重要指标纳入科技创新力指标评价体系，翼型、隐身等基础前沿性技术取得突破。推动民用直升机子领域原创技术策源地建设，完成健康管理软件架构设计、绿色旋翼机关键技术研究等，持续夯实民机发展基础。

（二）深化体制机制改革，激发创新“活水源”

一是构建多元化投入机制。直升机所持续提升研发投入强度，2023年度研发投入14.06亿元，其中自主投入5700万元。探索推进产业链共同投入，联合航空工业哈飞、昌飞、615所等40余家单位，共同投入2.8亿元，支持开展前沿、基础技术研究攻关，逐步形成共投共享产业发展新机制。

二是设立科技创新基金。直升机所制定《直升机所创新基金管理规定》，累计投入1400余万元，支持开展基础性、前沿性、创新性等影响未来发展的技术创新活动，孵化出以AR300全电多旋翼飞行器、M20氢能源垂直起降飞行器等为代表的多个亮点项目，AR300在第六届天津国际直升机博览会展出，引发行业内外广泛关注。

三是持续开展“揭榜挂帅”。直升机所赋予创新团队更大的技术路线决定权、队伍配置权、合同审签权和经费管理使用权，健全容错纠错机制，鼓励科研人员大胆创新。2023年，直升机所重点围绕智能化、无人化、绿色化等前沿技术方向，完成1项“相马”项目和6项“揭榜挂帅”项目立项，自主投入经费1113.6万元，完成4项“揭榜挂帅”项目验收，发放奖励60万元，充分激发科研人员的创新热情。

四是健全创新保障机制。直升机所组建科技创新敏捷保障工作组，负责承办技术研发组提出的需求项目，快速制定精准化解决方案，为创新团队在采购、合同、人才等方面开辟绿色通道。组建科技创新监督工作组，负责对项目运行进行全过程监督，对履职不到位的相关人员进行问责，快速保障相关资源及时落实到位。

五是推进科技成果转化与应用。直升机所修订《科技成果转化管理办法》，完善科技成果转化机制，完成23名技术转移经纪人培训及取证，为提高科技成果转化运营能力提供人才保障。2023年，直升机所2项科技成果成功实现转化，获得奖励30余万元，13项普通专利授权许可，产生经济收益54万元。

（三）优化创新人才培养，焕发创新“源动力”

一是构建灵活开放的用人模式。直升机所强化创新团队建设，所有创新项目团队采用“一事一议”“特事特办”模式，有效推动创新人才在交叉领域孕育重大科学突破。以大众创新平台为牵引，组建11个劳模创新工作室，面向新构型、智能化等领域开展专题攻关，带动133名青年骨干投身技术创新，推动基础性、群众性创新活动持续深化。

二是实施多元化激励政策。直升机所制定创新激励方案，加强基础研究、重点岗位、高端人才的薪资保障。给予创新团队绩效、考核、岗位晋级单列的政策支持，加大创新团队在项目分红和特殊人才津贴等方面的分配力度，按照“多劳多得、优绩优酬、能增能减”的原则进行考核、分配及评先评优推荐，对于取得重大技术突破的人员，设立创新专项激励。探索创新项目“对赌”机制，进一步激发科研人员创新热情。

三是建立“不进则退”岗位晋升机制。直升机所坚持以价值创造为导向，优化员工岗位晋升机制，建立基于11个职类、16个职层、每个职层分为5个职级的三维职级体系，极大拓宽了员工职业发展通道，将单一考核晋级方式拓展到考核晋级、积分晋级、直聘奖励晋级3种晋级方式，营造“优秀者、奋斗者快速晋级，落后者、懈怠者不进则退”的良好氛围，全方位用好用活各类人才。

四是强化人才选拔与梯队培养。直升机所落实航空工业集团“英才工程”，加大对海外人才的引进力度、打造直升机所百名博士团队，构建直升机人才中心和创新高地。推进专项人才培养工程，实施“潜质人才计划”，选拔培养一批具有创新能力和发展潜力的优秀种子选手。实施“骨干人才计划”，培养一支能够独当一面、具有较大发展潜力的青年核心人才。实施青苗、青蓝“双青”计划，26 名青年人才成长为部门中层管理者、型号副总师/总师助理。

三、改革成效

一是形成开放协同的创新平台。直升机所构建了面向直升机所内外、集团内外的直升机行业协同创新平台，形成了集全行业创新资源为一体的协同创新环境，初步建立创新资源共投、创新成果共享的创新机制，突破了一系列“卡脖子”技术，直升机装备顶层设计、协同攻关和系统集成能力不断增强，厂所协同、主辅协同、行业协同的协同创新体系向深层次发展。

二是技术供给力持续提升。直升机所通过加大自主投入、实行自主创新项目“揭榜挂帅”、为创新团队松绑减负等一系列举措，构建了开放、灵活、共享的创新机制，基础技术研究能力稳步提升，自主创新“源动力”显著增强，有效助推突破总体气动、飞行力学及飞行控制等一大批前沿性、颠覆性技术，一大批新兴、前沿关键核心技术群的研究前置筹划，开辟新构型新能源旋翼飞行器赛道，新质新域装备技术快速发展，服务国家重大战略需求和直升机装备自主研发的能力明显增强。

三是打造创新人才高地。直升机所构建责权利对等的创新激励体系以及创新激励保障机制，系统推进绩效奖励、专项奖励、中长期激励，有效激发广大科研工作人员创新热情，使一批想创新、能创新等年轻科研骨干快速脱颖而出，形成一支以“高精尖缺”人才为核心的“人才高地”，人才队伍整体素质显著提升，其中博士人才超过 100 人，科研人才队伍中硕博士学历人员占比接近 70%，为加快实现高水平科技自立自强提供了坚实的后备人才保障。

7

释放创新引擎新动能 开启“二次腾飞”新征程

中国航空技术国际控股有限公司

一、基本情况

中国航空技术国际控股有限公司（以下简称“中航国际”）成立于1979年1月，是中国航空工业集团有限公司（以下简称“航空工业集团”）全资企业，经过多年发展，已形成航空、先进制造业、海外公共事业、服务与贸易四大业务板块。自成立至2013年，中航国际营收从1.9亿元增长至1445亿元，年均复合增速达22.3%，实现“一次腾飞”。2014年，中航国际意识到当时的发展方式和增长逻辑已不再匹配央企定位，需要开辟“新战场”，实现“二次腾飞”，而实现“二次腾飞”的引擎就是科技创新。

国企改革三年行动开展以来，中航国际坚持创新驱动，2020年，公司聚焦新一代信息通信技术，瞄准国家、集团发展重大战略需求，成立毫米波宽带通信事业部，以航空市场为基本盘，大力发展毫米波宽带通信业务。2023年的新一轮改革深化提升行动，科技创新是重中之重，目前中航国际已在宽带卫星通信、5G毫米波业务领域取得积极进展，产业落地也在加速推进中。

二、经验做法

（一）因时而变，主动布局新技术新产业

一是聚焦航空主业，开辟服务航空工业发展大局的新技术新产业。未来航空武器装备朝着无人化、智能化方向发展，毫米波宽带通信将为空天地一体化通信、机间组网、舱内互联提供可信宽带无线通信解决方案，以提升航空装备轻量化及战场态势感知、集群作战能力。同时，毫米波通信技术在“5G＋航空制造”有广泛的应用前景，将有力支撑航空主业发展。

二是发挥基础优势，开辟与现有业务密切协同的新技术新产业。中航国际在电子信息领域元器件级、中游制造端业务产业积累深厚，控股公司深南电路率先突破相关相控阵天线集成工艺，拥有领先的相控阵“一体化”制造能力，加之航空工业集团各主机厂所具有的丰富的下游应用平台资源，使中航国际布局附加值、影响力更高的毫米波通信整机业务具备独特优势，有效降低了新产业失败风险。

三是紧抓“双区”建设机遇，开辟深圳大力鼓励发展的新技术新产业。深圳市以新一代信息技术产业作为支柱产业，具备集芯片、天线、整机、应用于一体的完备产业链，在深圳培育毫米波通信业务，中航国际充分利用深圳汇集全球技术人才的优势，加速“产业链、创新链”融合模式和协同升级，助力航空技术升级、加速航空技术和成果转化。

（二）乘势而为，把握国家和时代契机

一是借国家之力，集聚力量开展先进技术攻关。2020 年，在科技部支持下，中航国际牵头承担国家重点研发计划“自主原创性的高集成宽带卫星通信终端及芯片研制”项目。基于该项目需求牵引与技术支撑，中航国际同年顺势成立毫米波宽带通信事业部，加快项目科研成果产业化落地，为我国 5G、6G 关键技术自主可控及下一代通信技术从“并跑”到“领

跑”提供支撑。

二是借市场之力，牢牢把握技术革新发展脉搏。低轨宽带卫星通信、5G 通信是新一代通信发展必然方向，各国均在积极布局，全球通信设备更新换代将带来巨大的市场空间。过去毫米波相控阵技术主要应用于军用领域，价格昂贵、市场化程度低，民用市场准备不足，产业急需的低成本高性能产品方案尚未成熟，两个细分领域尚无产业领导者，竞争格局尚未定型，非常有利于新进入者介入。

（三）因地制宜，深化产学研用合作

在学术端和研发端，中航国际与国内射频芯片研制能力领先的东南大学建立了深度战略合作关系，合作开发 5G 毫米波射频前端芯片等系列成果。

在产业端，除依托深南电路一体化高端制造平台外，中航国际以参股形式绑定国内领先的低成本相控阵天线企业，充分做好产业链布局卡位。

在应用端，中航国际与航空工业沈阳所联合成立航空 5G/毫米波协同创新实验室，打造航空新体制通讯关键技术研究、快速原型孵化与产品工程化应用平台。

中航国际紧抓科技源头，依托高校和科研院所资源，借力国家和地方政府政策支持，搭建各类创新平台，识别自身能力优势，将创新成果转化为推动经济社会发展的现实动力，打通了产学研用一体化链条，构建多元集合的创新生态，为未来创新驱动树立了样板。

（四）随事而制，探索自主孵化新模式

结合公司40 年发展过程中积累的业务拓展的经验和教训，中航国际决定通过自主孵化方式，培育发展毫米波通信业务。

一是前期成立事业部，快速组建独立而精干的管理研发团队，高效率快速实现技术“从 0 到 1”的突破，待技术产品成熟后，成立独立法人实体推进产业化。

二是打造服务型总部，中航国际总部通过参与式管理，建立高效的 H-M 型公司，实现对各项业务管控与支持并举，激发投资企业和事业部能动性和积极性。

三是优化评价机制，以目标引领业务发展。发展初期，对毫米波业务的指标以技术和产品的突破为主，随着业务发展逐步增加财务指标，同时构建容错环境，在控制合规风险前提下，最大限度解放和激发科技创新潜能，营造勇于创新、宽容失败的创新氛围。

四是深化市场化经营机制，做好人才引进规划。前期主要引进研发人员，中期适当增加市场人员比例，控制后台人员数量。同时，为了激发内生动力，增强员工认同感，积极推进科技型企业员工持股计划。

三、改革成效

一是突破核心关键技术，率先实现商用。中航国际针对高集成、低成本、规模生产、高效测试等相控阵关键技术问题，实现 CMOS 相控阵芯片、多波束高集成天线、自动化测试校准、宽扫描角、高机动大动态追星等关键技术突破，打破相控阵天线规模商用瓶颈，在业界率先实现低成本相控阵卫通终端商业化，攻克高低轨兼容技术，成功研制国内首款高低轨卫通终端。在政务应急领域率先实现小批商用出货，填补多项应急救援装备和应用场景空白，参与包括神舟系列载人飞船返航在内的多项重大通信保障、应急救援任务，彰显央企责任担当。与中国联通、紫金山实验室联合推出国内首款高国产化率毫米波室内分布式微基站，入选信息通信领域十大科技进展。

二是突破机载高精产品，打开航空高价值市场。中航国际深化与主机单位合作，参与多个航空重点型号研制任务，项目进展顺利，已有产品成功进入供货序列。在5G领域，中航国际依托航空重点实验室及航空技术产业联盟，率先完成高性能航空5G高速互联产品、5G毫米波机地通信产品研制，实现国内首次5G舱内互联技术实飞应用。在卫星通信领域，面向高端新型号机型，成功研制高性能宽窄带有源相控阵卫星通信产品。面向无人机市场，中航国际推出首台低成本有源相控阵机载卫星通信终端产品，产品已顺利实现交付，已具备小批量生产能力。有人机领域，成功实现加改装项目立项，深度合作重点大型民航航司，将启动适航申请。车载卫通领域，发布国内首款车规级车载卫通终端并获取批量订单。

三是立足国家战略需求，承研新一代通信技术及产品。自中航国际毫米波宽带通信业务发展至今，已成为国家通信产业科技创新重要力量为己任，牵头承担科技部、发改委、国资委等国家级重点项目5项，参与深圳市重点项目3项，全力助力国家卫星互联网产业发展，完成多项机载卫通科研项目的研究与结题；累计申请专利77项，其中申请发明专利32项，具备全国产化、自主可控全栈式技术研发能力。

8

军民融合　产业融合　优化直升机产业布局

中航直升机股份有限公司

一、基本情况

中航直升机股份有限公司（以下简称“中直股份”）是中国航空工业集团有限公司（以下简称“航空工业集团”）唯一的直升机领域的专业化上市公司，也是国内直升机制造业中规模最大、产值最高、产品系列最全的领军企业。现有核心产品既涉及直升机零部件制造业务，又涵盖民用直升机整机、航空转包生产及客户化服务，构建了系统与集成级的解决方案优势，为政府、企业和个人消费者提供有竞争力的航空产品与服务，成为国内领先的直升机和通用飞机系统集成和整机产品供应商。中直股份积极落实落地航空工业集团国企改革三年行动方案，推动国有资本向重要行业和关键领域集中，合理设计和调整优化混合所有制企业股权结构，着力通过改革找到更加有效的凝聚市场、凝聚资本、凝聚创新力量的新途径。2023 年，中直股份通过发行股份购买昌河飞机工业（集团）有限责任公司（以下简称“昌飞集团”）和哈尔滨飞机工业集团有限责任公司（以下简称“哈飞集团”）100% 股权，积极贯彻航空强国战略，通过军民融合和产业融合推进完善直升机行业整体结构体系，整合直升机业务总装资产，提升公司整体业务实力及市场价值，更好地承担科技创新、产业控制、安全支持的航空强国建设历史重任。

二、经验做法

（一）稳步实施战略性重组和专业化整合

航空工业集团奋力下好重组整合“先手棋”，重组整合直升机业务资源，推动直升机业务整体 A 股上市。此前，直升机主要生产工序分散在中直股份，以及昌飞集团和哈飞集团这两家标的公司，中直股份主要从事零部件生产、铆接生产和部装生产，标的公司进行总装生产、交付客户等后续工序。虽然标的公司与中直股份存在上下游关系，其主营业务系中直股份所从事业务产业链上的重要环节，但是在资源配置、客户服务、技术和研发等方面未形成有效的合力。本次重组将标的公司两大直升机总装集团注入上市平台——中直股份，旨在培育中直股份成为直升机产业链的链长单位，使得中直股份与标的公司共同协作构成特定领域及民用领域整机的生产制造商，完善自零部件生产至最终交付的完整的直升机业务链条，实现除子系统、部分原材料和零部件外的直升机产业链全覆盖。除此之外，本次重组将有效增强中直股份业务完整性及独立性，并减少管理成本、提高管理效率，大幅降低关联交易规模，有利于上市公司长远发展。

（二）发挥资本市场融资平台作用，利用募集资金完善科技创新体制，更好实现高水平科技自立自强

本次重组中直股份募集资金 30 亿元拟用于新型直升机与无人机研发能力建设项目、航空综合维修能力提升与产业化项目、直升机生产能力提升项目等。通过本次募集资金投入，可有效帮助中直股份与标的公司革新现有直升机生产技术手段，创建数字化、智能化新时代直升机装配技术新体系，延续公司在行业内智能制造方向与科技创新的领先优势。

一是提升直升机产业链智能制造水平，加强技术创新。中直股份及标

的公司结合“中国制造2025”理念及生产制造能力布局规划，依托自身数字化制造基础和经验，在充分利用现有制造条件基础上，依托本次募投项目建设，建成智能装配车间，部总装智能化、数字化生产设备将得到充分应用，实现车间智能化管控，生产模式由原粗放、离散型向专业化、柔性化转变。同时，本次募投项目将同步提升直升机部总装生产能力，加快数字化和智能化技术研发及产业化应用，广泛尝试包括3D打印技术、机身结构自动装配技术及直升机数字化检测技术等先进生产技术，革新现有技术手段，探索并创建与数字化智能化车间相匹配的新时代直升机装配技术新体系，打造未来新的技术突破点和业务增长点，进一步夯实中直股份及标的公司可持续发展能力。

二是技术模式、材料体系创新，推动低成本制造新趋势。根据国家对建立直升机完整产业链的要求，航空工业集团对直升机领域能力进行整体布局规划，中直股份及标的公司作为直升机主机厂，其直升机核心材料、零部件制造能力属于其核心制造能力。通过此次募集资金投入，中直股份及标的公司将开展应用于不同场景下“轻量化、寿命高、可靠性能高”的功能性复合材料结构件研发，并形成一定生产能力，在技术模式、材料体系实现创新式发展，建立全周期产业链。此外，通过发展以纤维自动铺放（AFP）为核心的自动化制造技术，结合大面积整体成型技术，实现相关零部件生产成本的降低，进一步完善中直股份及标的公司直升机研制生产与保障价值链体系，不断增强公司盈利能力和综合竞争力。

三是借助宏观政策契机，开展无人机研制，提升科技自主创新能力。近年来，我国陆续出台了多项与无人机等航空装备制造业有关的战略规划、资金扶持等方面的政策法规。同时，在2023年底召开的中央经济工作会议上，低空经济首次被列为战略性新兴产业。在相关政策扶持驱动下，低空经济产业有望持续快速增长。

中直股份及标的公司通过本次募投项目，借助我国无人机产业政策的良好契机，抢抓低空经济产业密集创新和高速发展的战略机遇期、黄金窗口期，加快形成低空经济产业集聚效应和创新生态，实现未来中直股份及标的公司从无人机设计研发到生产制造、服务能力全产业提升，增强中直股份及标的公司产品竞争力和技术创造力，为我国低空经济发展贡献航空工业力量。

三、改革成效

一是响应国家号召，推动央企军工上市公司深化改革和高质量发展。习近平总书记考察昌飞集团时指出，航空装备是我国制造业发展的一个重点。要坚持创新驱动，在关键核心技术自主研发上下更大功夫，面向未来需求出新品，努力构建先进制造体系、打造世界一流直升机企业。本次重组系航空工业集团和中航科工落实国家积极推进国有企业改革和提高上市公司质量的相关政策精神，通过市场化手段，优化和调整产业布局和资产结构，推动所属上市公司高质量发展的切实举措，助力提升上市公司创新力、核心竞争力、市场影响力和抗风险能力。

二是贯彻航空强国战略，推动直升机产业高质量发展。2022 年启动直升机总装资产注入中直股份，将整合航空工业集团直升机领域总装资产，进一步实现航空工业集团直升机业务的整合，国家直升机产业的核心研发及生产企业与中直股份现有业务将更好地发挥协同作用，助力高端装备制造业发展，使得上市公司更好地承担航空强国建设的历史责任，推动航空工业高质量发展。

三是公司治理效能得到提升，经营业绩再上台阶。直升机作为一类重要的航空产品，市场空间广阔。标的公司作为直升机总装单位，整体资产质量和盈利能力较为优质，其中，昌飞集团报告期内业绩有所下滑但长期呈增长趋势，哈飞集团报告期内业绩持续上升，通过整合这两家企业的优势资源，中直股份有望在直升机领域进一步提升技术实力和市场竞争力。此外，在此次重组后，标的公司将成为中直股份的全资子公司，中直股份的关联交易规模将大幅减小，有助于进一步增强上市公司独立性。根据公开披露的《备考审阅报告》，中直股份的营业收入和净利润均呈现良好的增长态势，2023 年 1—8 月营业收入达到 1601704. 62 万元，较交易前增幅为 15. 39%；归属于母公司所有者的净利润达到 53311. 44 万元，较交易前增幅为 40. 43%。中直股份在经营业绩方面取得显著的改善，为未来的可持续增长奠定了坚实基础。重组后中直股份的每股收益也有所提升，进一步增强了投资者对公司未来发展的信心。

9

创新引领促发展　凝心聚力“摘明珠”

上海外高桥造船有限公司

一、基本情况

上海外高桥造船有限公司（以下简称“外高桥造船”）是中国船舶集团有限公司（以下简称“中国船舶”）旗下上市公司中国船舶工业股份有限公司的全资子公司，主要经营范围覆盖民用船舶、海洋工程、船用配套等领域，是业内极具规模化、现代化、专业化和影响力的造船企业之一，造船完工量、经营承接和手持订单三大指标连续10余年位居全球前列。外高桥造船坚决贯彻习近平总书记关于大力发展邮轮产业的重要指示批示精神，根据中国船舶统一部署，全力以赴推进大型邮轮工程建设。2023年11月4日，历经8年科研攻关、5年设计建造，国产首艘大型邮轮“爱达·魔都号”在外高桥造船正式命名交付，代表着国产大型邮轮实现零的突破，填补了中国造船“拼图”的一块空白。“爱达·魔都号”的交付引起了社会各界的高度关注和媒体的广泛报道，习近平总书记在2024年新年贺词中专门点赞国产大型邮轮。

二、经验做法

（一）构建面向复杂巨系统工程的技术攻关与协同创新体系

大型邮轮是船舶工业和现代城市建设综合化与集约化的复杂巨系统工

程，集工业基础和制造能力之大成，是大国重器。为确保国产首艘大型邮轮成功研制，外高桥造船坚持按照“引进、消化、吸收再创新”的发展模式，着力构建面向复杂巨系统工程的技术攻关与协同创新体系。

一是坚持走高水平开放合作道路。外高桥造船通过与意大利芬坎蒂尼集团（以下简称“芬坎蒂尼”）合资合作，组建了100余人的中意核心研发团队，推动建成国家级工业设计中心，成功引进了先进成熟的邮轮设计建造技术和工艺，快速打造本土设计建造能力。

二是以我为主推进消化吸收再创新。依托国产首艘大型邮轮实船项目及工信部大型邮轮创新工程专项任务，外高桥造船联合40余家本土行业优势单位、近6000名参研人员，开展邮轮设计建造技术的消化吸收再创新，相继攻克了重量控制、安全返港、动力系统、综合电网、舱室环境、振动噪声、轻量化设计等关键核心技术，突破了大跨度、全宽型薄板立体总段的激光焊接、制作和精度控制技术等建造难点，形成了大型邮轮设计建造能力和试验验证体系。同时，完成了拥有自主知识产权的8万总吨级邮轮船型平台自主研发。此外，围绕大型邮轮关键技术，初步形成了大型邮轮专利布局体系，累计申请邮轮相关专利413项（授权126项），其中发明专利344项，实用新型48项、外观设计21项。建立了相对完整的邮轮设计、建造、管理标准化体系，发布邮轮企业标准777项、作业标准书143份，通过标准化统一了邮轮供应链的“语言”生态。

（二）构建面向复杂巨系统工程的精益管理体系

大型邮轮设计建造需要强大的研发设计、全球供应链分包和集成管理、全链条工艺建造、多界面系统组织作业等能力。针对项目可能面临的管理过程失控、工期滞后于计划、综合效率不高等问题，外高桥造船着力构建“三大类九大转模”系统工程体系，涵盖项目组织及流程（项目治理、成本管理、供应链管理）、工程指挥（计划体系、完工管理、物流管理）、邮轮技术及建造特色（变更管理、重量控制、工程总包管理），初步确立大型邮轮精益管理模式。

一是建立巨系统工程动态计划管理体系。外高桥造船结合民船海工项目实践和芬坎蒂尼区域计划协同管理模式，建立了分布式、多层级、可迭代的动态网络计划管理体系，并以中间产品为单位开展全流程、全专业模拟造船，实现最小化库存和高效生产。

二是建立多维度的复杂工程完工管理模式。外高桥造船引进和自主开发邮轮完工管理系统，构建邮轮系统/区域/中间产品多维度层级数据结构，明确各个阶段中间产品技术状态和施工状态的完整性要求，实现产品中间过程和最终状态的技术、安装、质量、重量完全受控。

三是初步建立邮轮全球供应链协同体系。外高桥造船按照成本优先、作业协同的原则，参考母型船制定专项“MAKE OR BUY”造买策略，并通过引进原意大利供方、拓展国内客滚轮供方、开发国内建筑/娱乐行业供方等多种寻源方式，初步建立中国特色的“1＋100＋1500”邮轮生态圈，形成邮轮合格厂商名录与评估机制。

四是建立邮轮全生命周期质量保证体系。外高桥造船围绕邮轮特点进行质量风险识别，推进邮轮全过程质量管控及总包商穿透管理，并结合检验逻辑，编制“系统-区域”双维度矩阵式检验地图，开展区域完工交付。

五是建立安保消一体化管控体系。外高桥造船持续加强邮轮安全风险识别，策划安全体系及技术建设，在技术防控基础上，发挥人员防控的主动性，同时以临时系统管理为保障，建立大型邮轮应急响应体系。

（三）构建面向复杂巨系统工程的数字化能力

外高桥造船紧跟数字化变革浪潮，积极推进数字化智能化转型，全力保障国产首艘大型邮轮的设计建造，打造船舶行业智能制造示范工厂。

一是研发新一代智能造船云平台 SWS-TIME。外高桥造船实现对大型邮轮设计数据、计划、质量、完工等要素的全生命周期数字化管控，促进了复杂巨系统工程管理数字化能力升级。

二是对企业生产流程和业务流程进行了数字化重塑。外高桥造船加快数字化转型进程，全面提高船舶设计建造各业务环节数字化管理水平，邮轮智能薄板车间、AR 远程检验工作室、数字化设备保障中心等一批重点项目上线应用。

三是持续推进船舶一体化三维数字设计。外高桥造船引进并开发了适用邮轮的 Smart3D 三维设计软件，突破了邮轮庞大数据量的三维高效设计技术，构建了全船全专业三维数字模型，实现了设计数据的全流程应用。

四是突破智能化物流集配和数字化立体仓储等关键核心技术。外高桥造船基于三维孪生场景融合物联网技术，自主研发集配物流管理系统，推动智能仓储立库上线应用，有效解决了大型邮轮建造过程中物资种类多、物量大、供应链协同困难等难题。2023 年，外高桥造船入选工信部“2023 年度智能制造示范工厂”“2023 年新一代信息技术与制造业融合发展示范名单”。

三、改革成效

一是成功把习近平总书记擘画的宏伟蓝图变为生动现实。习近平总书记高度重视大型邮轮发展，多次作出重要指示，亲自推动国产大型邮轮设计建造和邮轮产业发展。中国船舶和外高桥造船始终将总书记重要指示作为根本遵循，全力以赴推进邮轮工程，按期实现国产首艘大型邮轮完工交付，以实际行动和具体成效把总书记擘画的邮轮产业发展宏伟蓝图变为生动现实。

二是有力促进了我国由造船大国向造船强国迈进。国产首艘大型邮轮的成功研制，有效提升了中国船舶和外高桥造船在船舶海工装备设计建造、资源整合、项目管理、系统集成、安全质量控制等方面的能力，填补了我国造船业在这一领域的空白，使中国造船业一举超越日韩，实现了船舶设计建造的代际跨越，树立起我国迈向世界造船强国的里程碑。

三是初步建立我国大型邮轮设计建造和试验验证体系。国产首艘大型邮轮的成功研制，初步探索出了一条以我为主、开放合作、协同创新、全球配套的邮轮装备产业发展道路，标志着我国初步形成了大型邮轮工程化开发能力和系统集成设计能力，打破了欧洲在邮轮基本设计和详细设计方面的技术垄断，树立了我国大型邮轮设计建造品牌。

四是树立了复杂巨系统工程管理的典型样板。国产首艘大型邮轮13.55万总吨，共16层甲板、107个系统、949个子系统、2500万个零件、4200公里电缆、400公里管系。通过项目的实施，构建了多中心、分布式、可迭代的邮轮实船工程组织管理模式，开发了新一代造船企业管理智能平台，实现了对大型邮轮各类要素的全生命周期数字化管控，为后续复杂巨系统工程的管理提供了典型样板。

五是有力促进了经济循环的畅通。国内外1000多家厂商共同参与了国产首艘大型邮轮，孵化和培育了邮轮研发设计、总装建造、核心配套等一批重点企业，牵引带动了制造、建筑、能源、交通运输等上下游产业发展，有效促进了经济循环畅通，发挥了较强的经济带动作用。

10

困心衡虑　化危为机
自立自强突破“卡脖子”难题

连云港杰瑞电子有限公司

一、基本情况

连云港杰瑞电子有限公司（以下简称“杰瑞电子”）是中国船舶集团有限公司（以下简称“中国船舶”）所属三级子企业，是首批国家军用电子元器件合格供应商、国家两期火炬项目的实施单位。2018 年以来，由于国外技术封锁，作为电子设备“能源心脏”的高端模块电源型号被禁售，导致多型武器装备面临“无电可用”的被动局面。杰瑞电子胸怀“国之大者”，勇担国家重大工程“卡脖子”项目，坚持科技创新和管理创新双轮驱动，近两年突破 40 余项“卡脖子”关键技术，累计申请发明专利 58 件，打通了“供电架构 + 拓扑电路 + 控制技术 + 核心芯片 + 封装工艺”的完整技术链条，填补了国内微晶片电源技术和产品空白，引领国内模块电源行业发展。2023 年，杰瑞电子营业收入 11. 99 亿元，净利润 1. 33 亿元，其中电源产业收入 2. 99 亿元，净利润 5178 万元。

二、经验做法

（一）凝聚共识，勇挑重担，实施“强芯行动”

一是胸怀“国之大者”，勇当攻关尖兵。杰瑞电子始终把服务国防建设、支撑国家战略作为自身使命，立足国家所需、产业所趋、产业链供应链所困，面对国家“难度高、风险大、经费紧”的“揭榜挂帅”重大工程项目，积极应标，勇担重任。

二是坚持迎难而上，勇于自我加压。项目竞标过程中竞争对手知难而退，杰瑞电子急国家之所急，立足企业长远发展，把承担项目作为电源产业跨代升级的历史机遇，科学决策、凝聚共识，毅然承接了竞争对手弃标的全部项目。

三是强化责任担当，勇闯发展新路。项目承接过程中，杰瑞电子“一把手”敢接“烫手山芋”，有干事不避事、闯险不惧险、担责不推责的担当精神，为攻关团队解除后顾之忧，提振干事创业精气神。

（二）引才聚智，多方筹资，破解“资源瓶颈”

项目承接后，缺乏人才和资金成为主要难题，杰瑞电子多措并举破解资源瓶颈。

一是靶向招募急需紧缺人才。杰瑞电子实施“一事一议、特事特办”人才引进机制，赋予承担关键技术攻关任务，提升成就感、获得感、动力感和荣誉感，成功招聘到30余名拥有华为、台达等知名电源公司工作经验的资深工程师和优秀应届毕业生，快速组建了研发攻关团队。

二是党建引领提升凝聚力。杰瑞电子组建“逐梦芯源”党员突击队，组织团队成员踏寻红色足迹、观看“奋斗者”号等大国重器研制纪录片，营造保卫国家安全的荣誉氛围，极大增强了团队凝聚力和斗志。

三是股权激励激发人才活力。杰瑞电子将电源产业资产和业务独立出来，成立专门子公司，对核心骨干员工实施股权激励，让员工与企业成为利益共同体。

四是聚焦研发投入广开融资渠道。杰瑞电子积极争取国家政策支持，依托工程项目研制合同，获得国家低息贷款1.9亿元。积极引入社会资本，通过实施混合所有制改革，引入战略投资者和员工持股资金3.965亿元，为研发期间的原材料备货、研发设备购置、芯片设计流片、技术开发合作以及团队薪酬等大额研发支出项提供了充足现金流。同时，大力推进开源节流和降本增效，为发展筹集资金。

（三）创新管理，全力攻关，摘取“技术桂冠”

一是统筹谋划知识产权管理。杰瑞电子技术团队边分析专利边策划技术路线，从电路拓扑、控制策略、材料工艺等基础点突破，运用自身在电力电子领域积累的技术和经验，开展正向设计，绕开国外公司的专利保护点，同步策划杰瑞电子专利池。

二是实施技术路线冗余备份。杰瑞电子技术团队采用通用集成电路方案（数字线）和专用集成电路方案（模拟线）两条技术路线同步推进的技术策略，最大程度降低研制风险。

三是聚焦资源开展项目攻关。杰瑞电子果断关转电源产业32个在研合同和计划项目，将人力、资金和其他资源集中到攻关项目，提供了资源保障。

四是创新项目管理模式。杰瑞电子采用敏捷项目管理方式，采取“化整为零，各个击破”的策略，大技术团队二次分解为5个项目组，博士担任项目负责人，将重大科研难题分解为若干项，由若干专“案”小组领取任务，火速攻关。

五是给予技术负责人充分授权。杰瑞电子设立技术总负责人岗位，统一负责各项目的顶层设计、技术路线和总体方案。在不影响项目决算审计的前提下，将经费预算与实施、考核激励等决策事项充分授权给技术总负责人，提高管理效率。同时，要求技术总负责人对项目未来的决算审计与验收环节负责，做到权责匹配、权责对等、权责统一。

六是加强组织和资源保障。杰瑞电子将项目攻关列为“1号工程”，成立专项工作组，建立覆盖南京和连云港的两地协同工作机制，打破研发、采购、生产和财务等部门间的壁垒，提高沟通和运行效率。将研制项目纳入最高优先级，确保项目需求的原材料第一时间到货、生产任务第一时间下单排产、设备第一时间评审采购，单个版次产品的设计生产调试周期从20天缩短到了平均18天左右。

七是筑牢底线保研制进度。杰瑞电子强化风险意识，充分考虑疫情影响，倒排最严苛的研制计划。组织配套和外协单位构建创新联合体，开启多地多企“无休日”工作模式，协同高效推进研发。通过上述举措，完成了100多版次的升级迭代，280多个批次的样机生产、调试和测试，提前高质量完成了项目研制。

三、改革成效

一是科技创新成果转化为新的高质增长点。2023年杰瑞电子实现营业收入11.99亿元，净利润1.33亿元，净利率占比11.09%，其中电源产业收入2.99亿元，净利润5178万元，净利率占比17.32%，科技创新成果转化显著。

二是干部职工干事创业活力动力空前高涨。通过项目管理创新、员工持股、一线技术负责人充分授权、加大定向考核激励等举措，在不增加人员编制的情况下，杰瑞电子电源团队完成了100多版次的升级迭代，280多个批次的样机生产、调试和测试，提前高质量完成了项目研制。

三是科技创新和管理创新双轮驱动成效显著。杰瑞电子近两年突破40余项“卡脖子”关键技术，累计申请发明专利58件，打通了“供电架构+拓扑电路+控制技术+核心芯片+封装工艺”的完整技术链条，填补了国内微晶片电源技术和产品空白，引领国内模块电源行业发展。

11

牢记使命责任　改革深化提升
坚定不移打造世界一流民族汽车品牌

重庆长安汽车股份有限公司

一、基本情况

重庆长安汽车股份有限公司（以下简称“长安汽车”）是中国兵器装备集团有限公司（以下简称“兵器工业集团”）所属的二级重点骨干企业，拥有162年历史底蕴、40年造车积累，主要经营板块覆盖长安、深蓝、阿维塔、欧尚、长安福特等品牌，在全球拥有73家分/子公司、12个全球制造基地、22个工厂，产品畅销70多个国家和地区，位列中国汽车集团第一阵营，成功入选世界一流专业领军示范企业。长安汽车坚持以习近平新时代中国特色社会主义思想为指导，坚定不移贯彻落实习近平总书记关于汽车行业的重要指示批示精神，坚定扛起发展好民族汽车品牌的重任，切实把习近平总书记的殷殷嘱托落实到长安汽车创新创业实践中，在改革深化提升行动中，聚焦提高核心竞争力和增强核心功能，以改革创新引领高质量发展，坚定不移加速新能源汽车发展步伐，蹄疾步稳向世界一流汽车品牌迈进。

二、经验做法

（一）强化顶层设计，聚焦品牌和海外布局，抢占新能源汽车发展制高点

一是坚持“三箭齐发”布局，构建新能源汽车品牌矩阵。长安汽车坚定实施“香格里拉”新能源战略，抢抓汽车“新四化”发展机遇，深入分析用户需求，瞄准高中端市场“三箭齐发”。联合华为、宁德时代打造高端情感智能电动品牌阿维塔，深耕全场景智慧出行的深蓝汽车，聚焦未来数智进化新汽车品牌长安启源。根据品牌布局优化组织架构，长安汽车按照“小总部 + 事业群 + 共享平台 + 孵化创新”四级组织架构，快速有序调整长安品牌事业部，高效完成造型、采购、产品定义、品牌推广等业务板块事业部间的调整，充分激发新能源汽车细分赛道的内生动力。长安汽车品牌力持续向上，进一步加速向智能低碳出行科技公司转型。

二是推动“北斗天枢”计划，开启汽车数智新纪元。长安汽车召开科技生态大会，发布新能源汽车智能化战略，明确汽车数智化顶层设计。加快构建科技新生态，成立长安科技、长线智能等 17 家科技公司和 16 个技术开发中心，集中研发资源，加快智能化核心技术攻关。与地平线成立合资公司，构建核心算法和数据闭环能力。依托梧桐车联，长安汽车构建座舱域控制器和配套软件，进一步提升车机交互系统服务能力。

三是坚定“海纳百川”战略，加速海外市场布局。长安汽车构建“1 + 5 + 2”全球发展格局，牢牢把握“一带一路”倡议机遇，坚定推进国际化战略“海纳百川”计划。构建全球五大区域事业部并陆续成立本地化运营公司，持续巩固 60 余个国家和地区市场基本盘，集中资源重点攻关东南亚和欧洲市场并取得阶段性成效：长安首个海外基地——泰国制造基地纳入第三届“一带一路”国际合作高峰论坛重点签约项目，10 万辆产能已开工

建设，泰国副总理亲临现场支持；两款东南亚新能源战略性产品在泰国正式上市，市场反应强烈；欧洲项目、中东非项目、墨西哥项目、俄罗斯项目加速推进，本地化团队组建和产品导入同步开展，牢牢巩固占位领先优势。

（二）加强自主创新，深耕科技攻关，矢志不渝实现科技自立自强

一是自主可控，筑牢关键核心技术新优势。长安汽车积极服务国家重大战略，承接国家重大专项工程3项。聚焦“三电”领域重点难点，长安汽车持续加大技术攻关力度，突破碳化硅（SiC）功率模块集成控制、电机油冷、直流升压、底盘扭矩控制等多项关键核心技术，完成750V高压多合一电驱系统样件开发和性能验证，以超过92%的工况效率领先行业平均水平。聚焦智能化领域大力开展创新创造，实现APA7.0有监控无人代客泊车行业首发，智能无人领域再上台阶。持续发力新能源汽车平台领域创新创造，打造EPA0、EPA1、EPA2三大全新电动车平台，实现车型全覆盖。坚持“自研+合作”双路并举，持续强化全栈可控，增强电池、控制器、芯片等高价值零部件关键核心技术的掌控能力。

二是强强联合，打造科技协作新标杆。长安汽车通过“合资合作、兼并收购、自主研发”三线并举，强化与优秀民企合作力度，大力布局新能源产业。与华为公司签署《投资合作备忘录》，努力实现智能化技术大规模商业化落地，共同打造一批新能源汽车爆款产品，携手打造世界一流的汽车智能驾驶系统及部件产业领导者；与电池龙头企业宁德时代合资成立“时代长安”，完成首款87Ah标准化电芯下线，实现长安“金钟罩”电池品牌落地；与领军企业斯达半导体合资成立“安达半导体”，快速推进绝缘栅双极性晶体管（IGBT）功率模块封装制造布局，有效实现“防卡脖”。

三是互补协同，携手探索新能源汽车技术新领域。长安汽车通过持续深化与北京理工大学、复旦大学、吉林大学、中国科学院等高校院所合作，紧紧围绕汽车产业未来发展方向，完成空间信息、底盘控制、氢发动机、人因工程、人工智能等10个重点课题研究。以联合创新平台、国家重点实验室等科研平台为抓手，聚焦新能源关键技术研究，新增14个急迫紧要方向的产学研项目，加大关键核心技术攻关力度，勇当新能源关键核心技术攻关排头兵。

（三）坚持引培并举，加大激励协作，打造高水平高素质人才队伍

一是引才育才，持续加强人才队伍建设。长安汽车坚持开放、创新、变革理念不动摇，持续健全新能源汽车全球人才资源库。引进新能源、智能化领域专业人才1800余人。同时，长安汽车加大内部人才培养力度，坚持干部专家队伍末位淘汰，2023年实施末位人岗匹配审视300余人次。

二是放眼全球，构建“六国十地”全球化研发人才布局。长安汽车通过系统构建“六国十地”全球研发布局，拥有来自30个国家和地区、1.8万余人的工程技术团队，实现全球24小时协同研发，其中智能化、软件、新能源等核心人员7000余人，高级专家700余人。同时，长安汽车前瞻研判技术发展路线，成立芯片应用中心、智能化测试中心、先进电池研究院等新组织，吸纳各类优秀人才，不断构建科技创新核心能力，真正做到“以一流人才推动一流创新引领一流事业”。

三是扩面提质，以有效激励充分激发人才活力动力。长安汽车通过开展荣誉激励、项目现金跟投、股权激励、递延奖金等激励机制，将员工收入与公司效益紧密联系，鼓励人才创新，鼓励项目挑战，营造出人人创新创造、人人争优争先的良好氛围。递延奖金兑现覆盖6000余名激励对象，项目现金跟投机制已在59个新品项目上全面铺开，累计6000余名员工参与。

三、改革成效

一是品牌影响力持续提升。长安汽车锚定世界一流，持续打造具备特有性、价值性、长期性、认知性的卓著品牌。在构建全球化品牌架构过程中，加速从产品售卖向品牌运营转变，实现品牌对用户价值和自我价值的双赋能。截至2023年底，长安无提示知名度达到81.6%，稳居国内自主品牌第一，品牌喜好度稳居行业前列。

二是科技创新力切实增强。长安汽车聚焦新能源汽车关键核心技术持续发力攻关，APA7.0有监控无人代客泊车获得2023年IVISTA智能网联汽车挑战赛特等奖、2023世界智能驾驶挑战赛（WIDC）金奖。长安汽车科研专利成果丰硕，自主掌握新能源核心技术600余项，2023年新增专利5739件，汽车智能化领域专利公开量行业第一，芯片国产化替代量和比例均排名行业第一。在2023年国家企业技术中心评价中，长安汽车蝉联行业第一，实现7届14年名列行业第一的好成绩，并连续3年排名中国智能汽车指数第一。

三是市场竞争力有效提升。2023年长安汽车销量累计突破255万辆，自主品牌新能源销量超47万辆，同比增速70.4%，高于行业32.5个百分点，牢牢占据国内车企第一阵营。近3年，长安汽车新能源汽车销量年均增长176.8%，领先行业平均增速。2023年自主品牌海外销量同比增速高达45.1%。

12

以“驱动核心关键技术塑造”为目标布局军工企业知识管理体系

中电天奥有限公司

一、基本情况

中电天奥有限公司（以下简称“中电天奥”）于2019年6月成立，由中国电子科技集团有限公司（以下简称“中国电科”）独资控股，在中国电子科技集团公司第十研究所（以下简称“十所”）基础上组建而成，是中国电科二级子企业，拥有1家科研院所、11家子公司和1家上市公司“天奥电子”。中电天奥以“1+3+N”主业布局，打造面向行业的多域信息系统综合集成与应用能力，打造航空电子信息系统与网络、大数据与应用服务、航天信息支持与应用服务三大主业，打造N个共性基础业务板块。在“两弹一星”、载人航天、预警机及先进战斗机等多项国家重点工程中承担了关键性任务，先后荣获国家、省部级科技成果奖500余项，其中国家技术发明奖2项、国家科技进步特等奖10项、全国科学大会重大成果奖9项、国家质量金质奖1枚。获得中央企业先进集体、全国文明单位等称号。

二、经验做法

为适应复杂多变的国际环境，实现对关键核心技术的自主可控，中电天奥全面落实国家创新驱动发展战略，强化使命担当和科技自立自强。围绕企业发展战略规划，制定中长期技术规划，以“驱动核心关键技术塑造”为目标，构建形成“创新自主多元投入—核心关键技术攻关—知识产权体系布局—技术成果应用转化”全周期知识管理机制。

（一）建立自主创新的多元投入与项目管理机制

中电天奥建立自主创新的多元投入与项目管理机制，以“修长、补短、强基”为目标，聚焦问题导向、技术驱动，重塑创新投入、稳定支持、课题分派、研发管理等机制，加快实现关键核心技术攻关、加快突破“卡脖子”难点技术、加速创新成果产出。

一是基于技术需求驱动，构建多元化投入体系。中电天奥以技术需求驱动进行归类，设立技术创新基金、创新理论技术群基金、“揭榜挂帅”课题、实验室专项基金 4 类创新自主投入项目。着力加强自主技术攻关，破解“卡脖子”瓶颈问题；着力加强下一代核心技术攻关，为赶超强敌跨代发展提供技术支撑；着力加强前沿性、颠覆性技术攻关，抢占科技制高点。

二是优化项目研发过程管理，强化项目实效。中电天奥以“简政、放权、不放责”原则，推进一体化管控，以全周期视角，强化项目实效。充分赋予项目负责人自主权和资源使用权，给予匹配的技术、人才、运营等资源。实行差异化研发过程管理，大刀阔斧精简流程，主抓项目成果及里程碑关键节点，重点严肃管控项目立项、项目中期/里程碑检查、强化项目验收与后评价等关键环节管控。重构项目研发流程资源，开拓快速交付通道，分层设计可落地实施路径，试点一站式服务模式，提升成果产出效率。

三是建立新型课题分派机制和人才遴选机制。中电天奥通过设立“揭榜挂帅”项目，大胆尝试改革新型课题分派机制。在课题分派机制上，允许两个及以上的科研团队并行争取、攻关同一课题，竞争择优胜出，始终以解决问题成效为衡量标准，形成良性竞争，达到不拘一格“选帅”的公平结果，形成“英雄不论出处，谁有本事谁揭榜”的科研机制。在项目负责人选拔上，择贤任能“选好帅”，落实不论资质、选贤举能的管理原则。

（二）建立健全知识产权管理体系

中电天奥以“核心技术塑造及运用”为目标，建立健全知识产权管理体系，实践关键核心技术知识产权体系化布局，积极抢占技术制高点，塑造并保护关键核心技术，促进知识产权运营及转化，培育高价值专利，培育新动能。

一是强化顶层设计，坚持技术规划与知识产权规划同步实施、系统推进。中电天奥通过创新构筑具有自主知识产权的核心技术体系，把知识产权与技术创新、市场开拓等业务融合发展，将技术创新战略和知识产权保护战略紧密结合，加大知识产权战略和企业核心技术研发、紧跟国际前沿的技术发展趋势、紧密跟踪竞争对手的研发动向、持续提升企业国际竞争力等战略同步实施。充分发挥知识产权管理体系供给和技术布局的双重作用，促进技术、资本、人才等资源要素的高效配置和有机聚合。

二是健全体制机制，构建科研生产全过程知识产权管理体系，夯实知识产权工作基础。中电天奥构建决策层、实施层、业务层、支撑层 4 层管理体系，将技术创新战略和知识产权保护战略紧密结合，重点依托所承担国家科技计划项目、省市重大专项、国防领域重大工程及自投技术创新基金等项目为实施试点，实行项目全过程知识产权管理，依照技术生命周期和项目生命周期发展客观规律，制定适宜的专利申请战略，培养技术团队知识产权规划、布局意识，建立专利战略体系。

三是加强布局分析，培育高价值专利，积极抢占技术制高点，塑造核心竞争力。中电天奥坚持技术开发与知识产权并重的“两条腿”走路方式，落实知识产权分级管理要求，围绕核心技术布局核心专利，制定专项申请策略，全面提升专利撰写质量。加强知识产权布局及保护运用，针对不同的技术方案及适用情形，选取适合的布局方案，必要时布局海外知识产权，在国际战略竞争中争夺技术话语权。培育高价值专利实现知识产权价值和利益最大化，促使形成支撑和促进经营发展、提升市场竞争力相对有利的知识产权保护网，为企业打造自主知识产权品牌奠定扎实基础。

（三）改革创新科技成果转化管理机制

面对破解军工院所推进成果转化过程中普遍面临的不能转、不愿转、不敢转、不会转的“四不”难题，中电天奥建立了一套以“开放共享、合作共赢”为原则，以“确权、核算、转让、分配、保障”为基础，以“科技成果储备库”信息化平台为支撑的“五星”科技成果管理机制，重点在成果确权、成本核算、收益分配三方面推行改革创新。

一是成果确权创新。中电天奥兼顾军工技术保密要求和提升军工成果溢出效益目标，组建“管理＋技术”联合评估专家组，研究制定了一套科技成果内部评估标准，从成果密级、成果独立性、成果完备性、知识产权、转化可行性、转化必要性等多个维度评估确定成果是否适合转化，并提出使用权和收益权分配建议，拆除“不能转”的隐形门槛。

二是成本核算创新。中电天奥充分挖掘企业成本管理积累的组织资产，依据企业项目成本投入系数、小时费用率、软件代码生产率等动态数据，研究制定一套覆盖全部类型成果具体量化的成本核算方案，减少主观评价影响、缩短成本核算周期。同时，视成果权属转移方式，差异化认定转化成本。

三是收益分配创新。结合军工院所保军强军和经济发展双重责任，中电天奥对不同模式成果实施不同奖励：单位内跨领域转化时，视成果创新度、重要度、经济效益等要素评估确定奖励等级，给予最高10万元现金奖励；对外转化时，赋予团队最高70%的收益权；作价入股时，给予部门3～5年的收益反哺，引导部门与新设公司协同发展和持续性技术投入，突破股权激励约束，创新性实施股权激励与现金激励相结合的激励模式。

三、改革成效

一是业绩逆势提升，圆满完成使命任务。在2023年整体经济运行疲软的态势下，中电天奥全年实现营业收入125.26亿元，同比增长16.3%；利润总额10.87亿元，同比增长7.3%；新签合同额149.56亿元，同比增长15.2%；经济增加值7.5亿元，同比增长39.6%。成功保障神舟十五号发射及返回，神舟十六号、神舟十七号发射等航天发射任务60余次；圆满完成国家重大专项任务保障25次。

二是核心竞争力不断增强。持续化解关键领域“卡脖子”风险，建成功耗低于180MW的芯片原子钟产品生产线，产品打破国外垄断并在海底资源勘探等领域实现小批量应用。关键核心技术攻关取得成效，突破机载分布式协同计算等关键技术，关键指标达国际先进水平；实现基于紧耦合的宽带阵列天线设计技术，达到国际领先水平。科技成果再创佳绩，全年共获得奖项25项，其中省部级一等奖6项，为历年之最。

三是推动科技创新体制机制改革，促进高水平科技创新自立自强。中电天奥先后承担多项国家国防领域重大科技工程任务300余项，实现重大牵引型项目的领域全覆盖。成功争取科技部首批揭榜挂帅“工业软件”项目，总经费1.4亿元。以科技成果转化为桥梁，推动创新链产业链深度融合，实现100余项成果上架，挖掘成果转化种子30余项，29项成果对外转化及签约，与30余所高校建立常态化合作。首次构建了知识产权管理体系通过认证及监督审核，知识产权申请及授权数量较2020年翻一番，结案授权率由原先的70%提升至84.28%。

13

基于大数据技术的经营管控与决策支持系统建设

中国电子科技集团公司第十四研究所

一、基本情况

中国电子科技集团公司第十四研究所（以下简称“十四所”），隶属于中国电子科技集团有限公司（以下简称“中国电科”），是中国雷达工业的发源地，是国家诸多新型、高端雷达装备的创始者和国家探测感知领域的引领者，是具有一定国际竞争能力的综合型电子信息工程研究所，现已成为国内唯一有能力同时提供海、陆、空、天全领域预警探测系统装备的大型、高科技、综合性研究所，被誉为“三军之眼、大国重器”。十四所以强军为首责，全面构建了反导预警、舰艇编队预警、联合防空预警、空间目标监视、全球监视五大作战预警体系，提供国家预警探测整体解决方案。长期以来，十四所研制了我国预警探测领域 80% 以上的骨干装备，预警探测装备与系统国内市场占有率位居第一。

二、经验做法

十四所以数据驱动管理提升为目标，构建全业态、全级次、全过程的经营管控决策支持管理框架（BI）。以战略规划为导向，逐级分解目标并构建指标体系；以全领域的业务信息化系统为基础，采集面向核心价值链的数据资产，通过建立分层级决策模型提升管控效率；通过数据驱动管理决策、管理决策推动业务改进、业务改进通过信息平台落地，形成管理决策和业务改进的循环机制；围绕数据工程建设复合人才队伍，促进十四所向精细化经营管控转变。

（一）以战略规划为导向，逐级分解目标并构建指标体系

十四所以中长期战略规划为导向，按经营主体、管控要素逐级分解任务、目标。结合集团公司和所内重点任务、各职能部门业务管控要素，十四所自顶向下划分运营牵引层、运营主体层和运营支撑层。运营牵引层包括经济运行、市场发展、科研管理 3 个主题；运营主体层包括生产管理、供应链管理、质量管理 3 个主题；运营支撑层主要包含人力资源、智慧园区主题。

围绕各层级主题业务目标的核心要素，十四所建立一套系统、完整、规范的指标体系，包括 8 项主题、26 项一级指标、178 项二级指标。指标体系支撑各层级管理者从不同角度和维度掌握业务发展情况，识别潜在风险，为企业的战略规划和科学决策提供精准高效支撑。

（二）围绕核心价值链，整合基于大数据技术的数据资产

十四所基于业务信息化系统产生的海量数据，对数据进行有效清洗和组织管理，提升数据的质量和价值密度，支持上层应用。

十四所梳理形成 3 项核心价值数据主线：运营链以销售合同为主线，贯通从市场线索到财务回款的市场活动全流程；技术链以产品实现为主线，覆盖从项目立项到售后维护的装备建设全周期；供应链以物资供应为主线，穿透从生产订单到物资入库的资源保障全过程。围绕核心价值数据主线，进一步设置了市场合同、项目计划、技术状态、生产过程、供应链、售后保障、质量问题、人力资源 8 个主题数据域和下级数据资产目录。

根据资产目录，十四所建立具有“湖仓一体”特点的 BI 大数据平台，广泛汇聚了 IDS（Integrated Development System，集成研发系统）、PDS（Product Data Management System，产品数据管理系统）、ERP（Enterprise resource planning，企业资源计划）、MOM（Manufacturing Operations Management，制造运营管理）、质量、成本、财务、人力、MRO（Maintenance、Repair and Operations，维护、修复和运维）等核心系统逾 10 亿条目量级的关键数据，并制定了数据处理规范，按照 8 个主题数据域持续推进数据的清洗、转换、存储工作，将满足数据标准要求的数据纳入数据仓库管理。此外，为切实推进业务数字变革，十四所明确了各数据归口负责部门和维护管理要求，保证企业数据的准确性和有效性。

（三）聚焦管控效率提升，建立分层级决策模型和可视化看板

十四所将数据资产和指标体系进行有机融合，通过 BI 系统建立面向不同管理层的决策模型，利用可视化手段支撑管理者直接全面获取信息，从而提升管理决策效率质量。

重点围绕运营链、技术链、供应链，十四所建立各个环节的多维度模型并实现全过程贯通与透明化管理。以技术链为例，BI 系统构建了纵向覆盖成品、整件、部件、零件，横向贯穿设计归档、投产、生产计划下达、物资采购与齐套、生产工序执行的全 BOM 级次（Bill of Materials，物料清单）、全研制过程的一体化监测模型，对风险项实时预警，实现项目执行跟踪效率提升 10 余倍。此外，十四所通过 BI 系统解决了多项业务决策长期以来缺乏数据支撑的难题，如在市场方面，可快速定位新签合同和回款拖期的项目；在生产方面，突破了生产订单全级次齐套核算的难题，工作实时性由原先的滞后 1 周优化为提前 1 月；在质量方面，实现多业务系统质量问题的“一张网”管理，重点质量问题处理时效提升 66%。

（四）强化业务数据分析，形成闭环改进的管理提升机制

十四所以数据作为评价业务规范性与运行效率的客观标准，形成管理改进的重要抓手。制定通过数据驱动管理决策、管理决策推动业务改进、业务改进通过信息平台落地的管理提升机制，并通过定期的数据分析专项研讨，推进整个系统高效运转。

截至目前，十四所已开展包括 BOM 异常变化、超 BOM 投产、呆滞库存、质量大 X（未知因素）分析等典型主题的数据分析 30 余项，并在 BI 系统内建设了突出负面情形的数据模型与 BI 看板，向相关职能部门推送问题态势。通过深入分析业务异常原因，十四所促成技术状态管理、科研计划管理、供应链管理等方面的 20 余项管理提升。2023 年，十四所同比实现项目策划周期降低 15%，项目风险管控范围提升 14%，制件返工损失降低 17.3%，呆滞库存消化、多余订单撤销节省成本超 4000 万元，其他各项指标均取得显著优化。

（五）围绕数据应用需求，建设多专业复合型的人才队伍

十四所成立经营决策支持管理团队，由经营管控和信息化专业人员共同组成。经营管控团队由单位“一把手”挂帅，规划和经济运行、信息化、科研生产、市场、财务、人力等部门骨干参加，既有部门决策领导，又有业务数据分析人员，确保经营决策分级分层的指标体系、决策模型、数据管控有效落实。信息化人员覆盖全所各业务部门，包含各领域业务需求人员、信息化总体设计专家以及软件平台开发人员，实现团队内各专业能力互备，技术沟通更加高效，促进各平台系统的持续优化提升。

三、改革成效

十四所聚焦强军兴军主责主业，深入推进基于大数据技术的经营管控与决策支持系统建设，体系性提升经营管控效率效益，增强装备供给保障

能力，助力行业智改数转，有力支撑高质量发展。

一是促进了企业管理模式转型，实现企业管理效率大幅提升。十四所推动企业由传统定性管理向基于大数据的精益管理转变，决策指标实现全业务领域覆盖，主要风险预警周期由每月转变为实时，尤其在产品研制全过程跟踪、质量信息全周期分析等复杂管理业务方面，实现近10倍的效率提升。此外，管理模式转型加速了业务对象数字化、规则数字化和过程数字化进程，推动了经营管控的整体数字化转型。

二是提升了企业经营管控能力，实现企业经济效益持续增长。十四所运用大数据技术，深入分析科研生产堵点、难点，对科研攻关件/竞标件等开展9项专项优化，持续提升研发效率。基于大数据筛选高质量器件，严格控制质量损失。准确定位资源投入时机，及时释放多余备用件，实现成本有效控制。产品年产能进一步提升，以更少的资源投入全面完成年度目标。这些举措支撑全所全年度实现营业收入196亿元、净利润20亿元，同比分别增长10.26%、7.80%。

三是带动了行业整体水平提升，实现企业影响力进一步提高。十四所打造了基于大数据的管理数字化解决方案，包含BI在内的若干“睿智”系列工业软件服务了航空、航天、电子、兵器等15个行业的200余家高端制造业企业。十四所凭借扎实的转型实践和可推广的解决方案，入选工信部2023年新一代信息技术与制造业融合发展“数字领航”企业名单，是目前唯一一家纳入该名单的军工电子装备制造企业。

14

牢记嘱托　大胆创新　锐意改革 全面吹响创建“科改企业”冲锋号

中国航发沈阳黎明航空发动机有限责任公司

一、基本情况

2023 年 9 月 1 日，习近平总书记给中国航发沈阳黎明航空发动机有限责任公司（以下简称“中国航发黎明”）“李志强班”职工回信，指出“中国航空发动机事业有了长足进步，初步探索出一条自主创新发展的新路子，航空发动机研制战线的同志们为此付出了大量心血”。总书记的重要回信，是对航空发动机战线广大职工的极大肯定和鼓励，也是对中国航发黎明全体干部职工发挥航空发动机科技创新、产业控制、安全支撑重要作用的期望和鞭策。

中国航发黎明隶属于中国航空发动机集团有限公司（以下简称“中国航发”），成立于 1954 年 3 月 31 日，是我国重要的航空发动机科研生产基地，主要业务涵盖航空发动机、军用燃气轮机和民机等多领域。10 年来，中国航发黎明主动求变，深耕科技创新，在技术研发组织模式、关键核心技术攻关、产品制造成熟度提升、先进前沿技术探索、产学研协同创新等方面取得巨大进步，有力加快了航空发动机自主研制的步伐，航空动力事业驶入加速发展快车道。

二、经验做法

（一）规划引领，机制保障，夯实科技创新基础

中国航发黎明锚定建设世界一流航空发动机制造企业战略目标，坚持正向研发不动摇，建立技术与产品规划互锁机制，精准布局未来技术研发方向，全力攻克关键核心技术壁垒，加强前沿技术攻关储备，不断提升核心竞争力。

一是按照“聚焦产品、系统规划、对标先进、有效执行”原则，从产品需求牵引和专业技术推动两个维度，编制“十四五”技术发展规划，明确发展目标，引领技术研发工作。通过产品需求分析建立了技术树和技术地图，形成核心/关键技术清单；应用“五看三定”方法确定了产品技术、专业技术和支撑技术研究内容，全面支撑各型号产品目标的实现。中国航发黎明重点型号发动机科研、批产工作均取得长足进步，有力支撑国防装备建设。

二是加强创新驱动，坚持正向研发，初步探索出自主创新发展新路子，形成了一套覆盖产品全生命周期的流程、体系文件及技术基础要素，支撑型号正向、快速研发。中国航发黎明建立完善航空发动机科研配套的体系文件、制度 318 项，梳理和制订技术标准、典型工艺、操作说明书、标准工艺模板及工程数据库 8413 项，为航空发动机科技创新高质量发展奠定坚实基础。

三是建立完备的科研攻关管理机制。中国航发黎明将全部技术改进需求纳入攻关管理范畴并分层管理，推动科研攻关任务升级至公司级统筹布局，将攻关计划纳入生产计划统一管控，实现科研攻关系统性布局、整体性推进。通过“揭榜挂帅”“组长负责制”等形式激励广大技术人员围绕航空发动机关键核心技术开展攻关，激发科技人员的创新动能。

（二）资源聚合，搭建平台，提升科技创新效能

中国航发黎明持续加大科技创新投入，优化资源配置，打造结构合理、素质优良、创新力强的科技人才队伍，不断提升自身科技创新效能，联合高校和研究院所搭建了技术创新网络，赋能航空发动机自主研制和企业高质量发展。

一是加大应用基础研究投入。中国航发黎明从科研项目立项、科研经费规划、科研人员配置等方面整体考量，资源配置向应用基础研究倾斜。近年来，中国航发黎明针对已开展的351项应用基础研究科研课题，累计投入科研经费数亿元，同时开展重点科研试制生产单元建设，为先进航空发动机研制、预研关键核心技术快速突破匹配必要的硬件资源，助力应用基础研究不断取得新突破。

二是不断强化科技创新对外合作平台建设。中国航发黎明联合高校、科研院所、高新技术企业等技术优势单位，沿着“聚焦短板、深化合作、回归专业、拓展网络”的方向，与168家高校、科研院所及高新技术企业，在368个优势合作专业方向建立了对外技术合作网络；与11家高校院所建立了15个联合实验室，与南京航空航天大学联合申报难加工材料制造技术基础研究协同创新中心；与哈尔滨工业大学联合建设材料结构精密焊接与连接全国重点实验室获批，将对外合作平台建设推向新高度，切实提升自身科技创新实力。

三是打造一支优质科技人才队伍。围绕公司规划发展需求，中国航发黎明搭建了覆盖技术系统全业务域的人才梯队架构，按照梯队建设目标，开展人才招聘。5年来，共招聘技术人才470人，形成一支合计2000余人的技术人才队伍，支撑公司产品发展；建立了一套覆盖员工全职业生涯的技术人才培训管理体系，系统提升队伍整体能力；坚持需求牵引，打造博士“芯”计划、“一人一策”等个性化培养模式，助推技术人员能力靶向

提升。同时，搭建技术研发创新大赛、工艺体系创新大赛等平台，通过实战练兵，营造技术创新氛围，促进科技人才在攻关高精尖技术中成就有价值的人生。

（三）产业控制，安全支撑，共享科技创新成果

航空发动机及燃气轮机是航空、舰船和能源产业的核心装备，是国家战略性新兴产业的重要组成部分。中国航发黎明坚持聚焦主业，推动科技创新成果持续服务国家战略，强化产业链创新链建设，维护航空发动机产业链安全。

一是充分发挥链长作用，积极培育本地专业化战略供应商。中国航发黎明贯彻开放融合战略，落实中国航发构建“小核心、大协作、专业化、开放型”科研生产体系要求，创新合作模式，向专业化战略供应商提供必要的培育资源，共享科技创新成果，快速提升战略供应商产品交付能力，满足航发发动机产业链供应链建设需求。

二是推进产业布局优化，开展航空发动机产业集群建设。中国航发黎明与沈阳市合作建设沈阳航空动力产业园，开展国内外领先的航空发动机核心零部件聚集区建设，推动建立航空发动机科技创新成果转化机制，搭建科技创新成果应用平台，培育一批“专业强、技术精、产品优”的创新型企业。

三是引领建立航空发动机现代化产业体系。中国航发黎明不断发挥链长企业龙头优势，借助专业化战略供应商培育和产业聚集区建设，聚合航空发动机优质创新资源，助力沈阳市产业结构调整和技术升级，搭建地区航空发动机产学研用一体推进创新平台，构建起地区航空发动机科技创新、产业控制、安全支撑的新格局，切实发挥企业在国防安全方面的托底作用，更好地服务党和国家事业大局。

三、改革成效

一是人才支撑取得了显著成果。中国航发黎明立足工作实际，突出抓好人才振兴，人才队伍的规模和素质得到了显著提升，切实为科技创新提供了有力支撑。通过系统化的人才培养机制，青年科技人才占比高达83.3%，累计引入院士14人，拥有省部级高层次人才26人，拥有其他国家级高层次人才50人，洪家光被评为“国家卓越工程师”。

二是关键核心技术攻关取得新突破。中国航发黎明持续加大研发投入，2023年研究与试验发展经费支出同比增长24.5%。注重科技成果转化应用，累计发布高价值发明专利528项，新增Ⅰ类知识产权304项。通过不断攻克前沿技术，助推航空发动机战略新型产品孵化，2023年科技成果自行转化收入同比增长19%。科技创新能力持续增强，为国家提供了安全支撑。

三是形成了航空发动机现代化产业体系。中国航发黎明引进了8个专业化战略供应商项目，基本涵盖航空发动机零部件配套制造和服务的整个产业链条，建设具有规模化、专业化、国内外较强竞争力的航空发动机核心零部件及同源产品加工制造能力，成为航空发动机产学研用一体推进的新平台。

总书记的重要回信，为中国航发黎明推动落实科改企业重要改革任务注入了强劲动力，激发中国航发黎明干事创业、勇攀高峰的豪情和干劲。广大干部职工牢记使命责任，坚定航空报国志向，弘扬劳模精神、工匠精神，努力攻克更多关键核心技术，加快航空发动机自主研制步伐，让中国的飞机用上更加强劲的“中国心”，为建设航空强国、实现高水平科技自立自强贡献全部智慧和力量。

15

以数字化发展新局面
为航空轴承自主研制注入强劲动力

中国航发哈尔滨轴承有限公司

一、基本情况

中国航发哈尔滨轴承有限公司（以下简称“哈尔滨轴承”）成立于2010年5月，公司股东为航发科技、哈轴制造、中国航发、资产公司4家单位。公司目前厂区占地面积33.06万平方米，具备年产60万套轴承的配套能力，以及高精密轴承研制、检测、试验能力。哈尔滨轴承已被认定为国家企业技术中心，建有国家级检测鉴定平台1个、省级科技创新平台5个、集团级创新平台2个，设有国家级博士后科研工作站。现有人员783人，下设6个职能部门、4个业务支持部门、10个科研生产机构。

哈尔滨轴承现阶段以产品数据管理系统（PDM）、企业资源管理系统（ERP）、制造执行系统（MES）三大业务系统为核心，初步形成了产品研发设计、企业运营管控、生产制造执行协同管理的新局面，构建了贯通航空轴承全生命周期领域的数字化研制与服务能力。

二、经验做法

2023年，哈尔滨轴承信息化工作围绕“统、通、库、用”四方面要求开展全年工作。以“数智哈轴2035”、“十四五”规划为核心，哈尔滨轴承从基于知识驱动的协同研发、基于信息融合的智能制造、基于大数据的敏捷供应链、基于数字孪生的服务保障四大方向系统建设为基础，启动数字化转型顶层规划，着手布局公司内部数据治理工作，加速推动信息化能力建用结合，以生产现场为抓手加速“最后一公里”建设，多方面都实现了零的突破，为后续自主创新、科研生产任务的顺利完成及数字化转型奠定了坚实的基础。

（一）践行以学促干，加速公司数字化转型

依据习近平总书记“传统制造业是现代化产业体系的基底，要加快数字化转型，推广先进适用技术，着力提升高端化、智能化、绿色化水平”的重要论述，哈尔滨轴承深入现场开展数字化转型主题教育调研，为生产现场7个部门解决36项实际困扰；举办“数字赋能”系列活动，在公司微信公众号上发布MES系统宣传文稿，组织网络答题，答题人数1000余人次；开展三维模型、供应链领域、研发领域、生产领域、集团规划及华为案例分享四期培训，覆盖公司全部中层干部及业务部门，加大公司数字人才培养力度，提升公司员工对数字化转型的理解程度。

（二）“统”——坚持全局引领，谋划哈轴建设方向

哈尔滨轴承形成《IT项目立项（实施）阶段架构和国产化符合性审查》，统一各业务部门应用系统建设；结合企业实际信息项目建设实施情况，形成IT映射键盘图及公司统一IT架构；以习近平新时代中国特色社会主义思想为指引，把握新发展阶段、贯彻新发展理念、构建新发展格局，绘制新发展蓝图，集众智、凝众力，编制“数智”哈轴2035建设方案。全年共计汇总1192条计划、984项问题、累计记录培训49次，实现公司各业务部门信息化需求308项。

（三）“通”——保障网络安全，启动双网融合建设

哈尔滨轴承以“零网络故障、零网络安全事件”为目标，保障公司2023年园区网络安全稳定运行，将网络安全保障纳入内部考核指标体系，并作为日常重点工作之一。同时，加强公司内部网络安全意识培养，牢固树立安全发展理念，增强底线思维。编制公司双网融合方案，通过集团测评后上报至黑龙江省国家保密局进行实质性审查，构建安全、可控、高效的信息交换通道，打通两网数据交互壁垒，提高涉密网络与工控网络数据交换效率。

（四）“库”——启动数据治理，提高公司数据质量

哈尔滨轴承启动数据治理工作，成立数据管理委员会，转化集团数据分类分级指南，搭建公司数据架构，实现主数据统一编码管理。以研发中心为试点开展数据资产目录梳理工作，统一数据源头，明确定义每个流程、数据、指标，实现资源库集中管理，包含原材料1493条、工具工装24707条、半成品12139条、产品2673条、设备资源790条、材料定额12995条。完成PDM、ERP、MES三大系统之间设备数据、设计物料清单、制造物料清单、生产计划、军检计划等数据的集成，治理清洗工具工装数据11017条，备件类数据1644条，梳理原材料数据1500条，梳理产品类数据4467条，在制品数据14866条。

（五）“用”——聚焦业务流程，贯彻体系管理要求

哈尔滨轴承信息化聚焦业务流程，统一IT框架及公司各业务部门应用场景，从战略类应用、价值创造类应用、管理与支持类应用与基础资源建设四部分出发，整体规划产品研发、生产制造、供应链管理及服务保障四大领域基础信息系统IT框架，累计开展ERP、MES、PDM、CDM（协同研发管理系统）等26项IT系统建设工作。

（六）统筹安可替代，严控增量淘汰存量

为实现2027年“综合办公系统、涉密领域全面替代，企业内部网络基础设施、经营管理系统实现应替尽替，生产运营系统实现能替尽替”的集团要求，哈尔滨轴承成立安可替代推进专项工作组，统筹协调规划、投资、财务、采购、研制、生产、信息化等多部门保障，完成安可替代14台硬件终端替代、打印刻录系统适配替代及门户、档案、ERP系统财务模块安可替代建设方案。

（七）深化成果应用，助推生产效率提升

哈尔滨轴承运用MES、QMS、DNC（设备物联网系统）、ERP等系统工具持续优化6个精益单元和2条脉动装配线落地应用，通过计划订单报工三级管理、质量数据进系统、线上结构化工艺数据图纸配送至生产现场、数控设备运行状态采集及工艺程序下发、现场工序排程及问题快反等功能推进生产制造现场信息化“最后一公里”建设。

三、改革成效

哈尔滨轴承借助中国航发运营管理体系建设与数字化转型发展契机，绘制“数智哈轴”发展蓝图，制定数字化发展规划，持续推进数字赋能体系的应用，助力经济效益提升，推动经营理念、战略规划、组织运营等全方位变革，增强竞争力，以智能制造为驱动融合数字化技术，促进航空轴承产业转型升级，在生产、研发、质量等各方面取得了质的飞跃。

一是推进制造体系信息化建设，助力生产现场高效运行。通过深化生产制造体系信息化建设，完成计划体系落地应用，运用能力平衡模型，实现年批产计划完成603017套，科研计划完成18042套。哈尔滨轴承通过现有ERP、PDM、PDM、MES等系统的集成，初步打通“计划—订单—生产—库房”的全生命周期，部分关键型号实现了上下游信息共享，工艺图

样等信息直接传递至工位，库房入库信息直接纳入成本核算，实时监控车间设备运转状态。达到了成本核算清晰、生产过程可控、质量问题可追溯的目标。

二是建立流动生产方式，优化脉动装配生产线与精益单元，优化发附轴承脉动装配线。在精益化思想的基础上，结合信息化系统和自动化手段，充分利用数字化、智能化等先进技术，检测数据实现数字化采集，加工设备参数系统调取，产品一致性和质量稳定性大幅提高，产品装配效率满足客户需求。持续优化6个已建成精益单元，强化方法工具的日常应用，制定生产配送、多能工培养机制，推进问题快反信息系统功能开发，减少等待与浪费，促进单元流动。

三是坚持数字化检测建设，推动人为因素问题解决。推进航空轴承装配数字化检测系统深入应用，完成了60余批次超9000套轴承6万项检测数据收集分析，完成常用型号700余型的工艺要求录入，打通产品检验数据到合格证数据线上自动采集过程。同时开发了出厂质量报告管理模块，设计电子版滚动体合格证，代替人工填写，提升整体工作效率。结合信息化系统和自动化手段，充分利用数字化、智能化等先进技术，将单批装配总时长由30小时缩短至4小时，检测数据实现数字化采集，加工设备参数系统调取，取代了人工操作、人工检验及填写记录。从根本上避免了人为造成的软件填写低层次质量问题发生。

16

牢记重大嘱托 奋力进军深地 打造我国超深油气勘探开发原创技术策源地

中国石油天然气股份有限公司塔里木油田分公司

一、基本情况

塔里木油田分公司（以下简称“塔里木油田”）是中国石油天然气集团有限公司（以下简称“中国石油”）油气产业链上游业务的核心企业之一，是我国最大超深油气生产基地，主要在塔里木盆地从事油气勘探、开发及新能源等业务。2023 年 1 月 18 日，习近平总书记视频连线看望慰问油田干部员工，要求塔里木油田不断攀登油气勘探开发、清洁高效利用技术高峰，加快建成世界一流大油气田。塔里木油田认真贯彻落实习近平总书记重要指示精神，牢记殷殷嘱托，勇担国资央企增强核心功能、提高核心竞争力的职责使命，深化科研体制机制改革，打造超深油气勘探开发原创技术策源地，推动我国深地领域科技自立自强，深地塔科 1 井开启我国“万米钻探时代”，发现的超深层油气储量占全国的 3/4，累计生产油气产量当量突破 5 亿吨，向西气东输供气超 3400 亿立方米，荣获第七届“中国工业大奖”和中国工业碳达峰“领跑者”企业，入选国务院国资委“创建世界一流专业领军示范企业”。

对标习近平总书记重要指示批示精神，面对打造世界一流深地油气专业领军示范企业的新形势新任务新要求，塔里木油田系统梳理了科技创新工作存在的主要问题，集中体现在：一是科研管理行政色彩浓厚。塔里木油田科研机构管理层级多、科室数量多和管理干部多，行政和专家两个序列并行主导科研，专家作用发挥不到位。二是科技创新动力活力不足。塔里木油田创新生态不够开放，激励机制不健全，高层次、领军型人才匮乏，青年科技工作者数量和能力素质有待提升。三是缺乏高水平科技创新平台。塔里木油田科技创新平台建设尚在初期阶段，创新联合体运行管理机制不完善。为构建与世界一流大油气田相适应的科研管理体制机制，塔里木油田组织人员到中国海油天津分公司、中国石化西北油田等调研交流，坚持不破不立、简政放权、系统谋划原则，探索建立了以“开放合作的联合创新、专家领衔的科研管理、价值主导的人才培养”为核心的科研创新体制机制。

二、经验做法

（一）推进“去行政化”，实现“科层制”向“项目制”转变

塔里木油田建立企业首席专家领衔的科研体制，成立勘探、开发、钻完井、采油气等 10 个专家委员会，指导推进各专业领域重点科研任务。所属科研机构的机关部门按照同类工作由一个部门统筹的原则，实施大部制改革，将原来的办公、人事、科研管理、纪检等整合为 3 个部门，提高管理效率、降低管理成本。塔里木油田基层部门注重多学科发展、多专业融合，撤销科室，按照科研任务设置风险勘探、天然气开发、提高采收率等由企业高级专家领衔的研究部，推行专家负责制，赋予专家“技术路线决定权、经费使用权、成员选择权、考核分配权”，管理层级由 3 级变成 1 级，核减三级及以上机构 43 个、三级副及以上管理人员 135 名。

（二）推行“揭榜挂帅”，公开公平选聘科研项目研究团队

塔里木油田制定“揭榜挂帅”科技项目管理办法，建立重大项目全球“揭榜挂帅”机制，7 项“卡脖子”技术攻关项目面向全球张榜，行业内外 52 名知名专家竞相揭榜。坚持不唯学历、不唯资历、不唯年龄、不唯职级，塔里木油田科研机构面向全油田公开选聘 169 名优秀专家担任研究部主任、项目经理和课题经理，主导科研项目攻关，其中研究部主任年龄多在 40 岁左右，课题经理平均年龄 34 岁，形成了专业领域互补、年龄结构相适的人才梯队。塔里木油田畅通专业序列与行政序列“H”型发展通道，实现各类科研人员从“挤官道”到“多通道”转变，120 名行政管理岗位转变为专业技术岗位，科研机构科研人员占比由 67% 提高至 90%。

（三）打破“平均主义”，健全鼓励创新创造的薪酬激励机制

塔里木油田全面推行工资总额管理，建立综合业绩增幅和编制定员强相关、强挂钩的工资总额决定机制。突出价值导向和贡献导向，塔里木油田修订科研人员业绩奖金分配管理办法，健全完善考核分配机制，实施岗位系数、工作贡献系数和绩效分值“三维”奖金分配，加大对工作能力强、业绩表现优秀、贡献突出人员的奖励力度，2023 年，科研机构科研人员收入涨幅在 12% ~19.7% 之间，同层级科研人员收入差距达 1.9 倍。塔里木油田探索科研创新成果积分制管理，设定专项奖金按照分值对科研人员进行奖励。加强年度考核动态管理，同层级科研人员年度考核排名后 20% 的重新竞聘上岗，考核连续 3 年排名后 5% 的强制下岗，落聘后易岗易薪。

（四）实施人才强企工程，加大科技创新型人才培养储备力度

塔里木油田谋划实施“十百千”人才培养工程，分级分类遴选培养领军型人才 20 名、拔尖型人才 78 名、骨干型人才 245 名，按照领军和拔尖人才由油田统筹培养，骨干人才由二级单位自主培养的策略，落实“人才

+项目”“人才+任务”“人才+工程”一体化培养思路，覆盖油田重要领域、关键技术、重点工程，形成阶梯式人才储备和培养机制。塔里木油田分层次分领域组建创新团队15个，优先承担国家、集团公司重点科研项目和技术攻关任务，给予专家及团队成员办公条件、科研条件、学术交流、探索性实验、专利申请等特殊支持，以及学术深造、交流访学、高校进修、重点培训等教育经费专项支持。张明工作室被评为国家级技能大师工作室，李亚庆等入选首批天山英才“新疆工匠”，风险勘探创新团队和张银涛被纳入自然资源部高层次科技创新人才工程。

（五）打造开放合作创新平台，构建携手进军超深层新模式

塔里木油田完善“以我为主、联合攻关”的开放式科研体制，加强创新平台升级创建，获批新疆维吾尔自治区工程研究中心、超深油气重点实验室，参与怀柔国家实验室新疆基地建设，引入5个院士联合创新团队，共建深层油气、碳酸盐岩油气2个国家级重点实验室。深化院（校）企合作，联结产业链上下游、创新链前后端，形成由塔里木油田牵头，中国石油勘探开发研究院、中国石油大学（华东）联合共建，众多创新优势单位共同参与的科技创新组织模式，联合开展科技攻关。聚焦现场314项难题，塔里木油田举办了超深油气勘探开发技术交流会、致密砂岩气藏技术研讨会，邀请158家科研院所2000多名院士和专家，共同研究解决超深勘探开发技术难题。

三、改革成效

一是推动高效勘探，突破油气地质理论认识深度极限。创新发展含盐前陆盆地油气地质理论、超深海相断控碳酸盐岩成藏地质理论，持续深化深地领域地质认识，引领油气勘探不断向万米拓展，2023年，塔里木油田获得5个重大突破、11个预探发现，形成1个万亿方天然气战略接替领域、1 个亿吨级石油战略接替领域，获评国家能源局全国油气勘探开发十大标志性成果，勘探成果创历史最好。此外，塔里木油田指导打成全国最多的超深井，完钻超 8000 米深井 70 口，累计钻探超 8000 米的超深井 141 口，占全国 50% 以上。

二是推动万米深地工程，开启我国“万米深井”时代。我国首口万米深井——深地塔科 1 井在塔里木油田开钻，正式吹响了向万米特深层进军的号角，设计井深 11100 米，截至目前，顺利钻进 9900 米。该井通过使用自主研发的全球首台 12000 米自动化钻机、220℃超高温钻井液和首次加工制造的国内直径最大 168 毫米钻杆等新技术，在钻井技术、装备制造、工程材料等多领域实现突破，带动装备、关键助剂等超深产业链、供应链迭代升级，有效发挥了产业链链长作用，已创造了多项国内纪录，入选央视 2023 年国内十大科技新闻。

三是推动效益开发，突破超深复杂油气藏开采极限。塔里木油田形成超深裂缝型低孔砂岩和缝洞型碳酸盐岩高效开发技术，建成投产博孜天然气处理厂和富源联合站，实现我国最大超深凝析气田“博孜—大北”气田和最大超深油田富满油田规模效益开发，塔里木油田油气产量当量达到 3353 万吨，连续 4 年实现 3000 万吨以上稳产，再创历史新高。“一利五率”等经营业绩指标位居行业前列，油气完全成本和单位操作成本在中国石油油气田企业处于领先水平。

17

加快培育新质生产力
全力打造深层煤层气创新高地

中石油煤层气有限责任公司

一、基本情况

中石油煤层气有限责任公司（以下简称“煤层气公司”）是中国石油天然气股份有限公司（以下简称“中国石油”）独资设立的从事煤层气业务的专业化子公司。煤层气公司自成立以来，秉承“奉献能源、创造和谐”的企业宗旨，聚焦主责主业，立足鄂尔多斯盆地东缘，发现和探明了我国首个中低阶煤煤层气田——鄂东煤层气田，高效建成国家级煤层气产业示范基地，形成了集勘探、开发、生产、集输、销售于一体的产业化格局，具备世界领先水平的中低阶煤煤层气富集地质理论和勘探开发技术系列，产量连续15年保持箭头向上，年产油气当量达到262万吨。

保障国家能源安全是国有能源企业必须承担的企业责任。煤层气公司深入贯彻落实党中央决策部署，按照中国石油部署安排，以寻找优质战略接替区为目的，以实现规模效益上产为目标，立足“大宁—吉县”区块，解放思想探索新的规模发展之路，大胆尝试2000米以深的世界级煤层气勘探开发“禁区”。但煤层气公司现有技术管理水平还不能完全适应地质条件的变化和形势发展的需要，在一定程度上制约了新区探索研究的工作进程，主要表现在以下三个方面：

一是科技创新管理机制尚不完善。煤层气公司创新工作运行机制不够高效，特别是对于重要领域、重大项目的立项指导、预算把关作用不强。在考核激励方面，除成果评优奖励制度外，对科技项目承担单位、主要负责人缺少对于项目实施与推广创效的必要激励机制。

二是科研生产协同推进力度不足。煤层气公司牵头承担的国家及中国石油重大科技专项，项目规模大、研究难度大、参研单位多，专项管理协调难度较高，研究机构和生产单位联合攻关不充分，一体化协同推进科技创新力度不足，科研“钥匙”打不开生产技术问题之“锁”现象依然存在。

三是科技创新领军人才较为紧缺。煤层气公司科研人员数量和质量不能满足探索新区持续创新的管理需要，领军型人才和高层次人才更为紧缺，现有科研人员同一时期参与多个科技项目，还要处理生产任务和日常管理，科研投入的时间、精力明显不足。

二、经验做法

煤层气公司以解决低水平重复研究、科研生产“两张皮”、项目成果“两张皮”问题为核心，着力构建科学合理、充满活力、富有效率的创新管理机制，全面优化人力资源配置，有序推动人才归位，有效激发了科技创新活力动力。

（一）搭建“三大体系”锚定创新路径，统筹科技攻关构筑新格局

一是着力打造“三个一代”创新技术体系。煤层气公司从“产用两端、横纵双向”搭建“研发一代、储备一代、应用一代”技术系列：通过“研发一代”，着力解决当前生产面临的瓶颈问题，部署深层煤岩气技术攻关项目23项，针对性解决了资源潜力评价等6个重大问题和储层孔隙特征

预测等24个关键问题，攻关形成了深层煤岩气水平井井身结构设计等配套技术系列；通过“储备一代”，谋划基础性、前瞻性和战略性研究，部署煤层赋能增产、原位转化、绿色转型三大前瞻性技术储备工程，设置8个科研项目，着力解决未来5～10年的技术接替问题；通过“应用一代”，打通技术推广应用的“最后一公里”，广泛实施“双凝双密度”防气窜水泥浆体系等技术，水平井煤层钻遇率提升至98.1%，钻井技术系列水平段复合钻进比例超过90%、机械钻速提高22%、固井质量合格率达到100%，关键配套技术体系进一步完善，成熟技术创效能力进一步提升。

二是系统布局“七个方向”科研攻关体系。聚焦深层煤岩气“卡脖子”问题，煤层气公司提出创新工作的七个方向，即立足于立体勘探，提高探明率；立足于正拉动高效建产，提高储量动用率；着眼于“五次开发”，提高采收率；着眼于提质增效，提高利润率；着眼于QHSE体系，提高风险管控能力；着眼于大数据与信息技术，推进“智慧气田”建设；着眼于“双碳”目标，推进绿色气田建设。煤层气公司合理统筹创新工作布局，明确基础机理性理论研究方向，为支撑深层煤岩气高效建产提供强劲动能。

三是精准确立“五个类别”项目管理体系。煤层气公司按照项目规模和经费来源，划分A类（国家级）、B类（集团公司级）、C类（专业公司级）、D类（公司级）和E类（所属单位级）5个科研项目类别，合理分配管理资源，集中优势力量开展ABC类项目研究和现场急需型DE类技术系列攻关，保证项目研究难度与科研投入、人员力量的精准契合。配套出台科技项目管理制度，清晰界定各类项目管理流程，同时针对急需型技术攻关项目，提高审批优先级，精简不必要的流程环节，配置“短、平、快”的项目管理程序，最大程度发挥管理助推器作用。

（二）优化“三种模式”释放创新潜力，引领深煤技术取得新突破

一是优化核心技术攻关模式。煤层气公司以“公司党委主领、首席专家主导、两院技术骨干主研、各单位主用”的创新协同管理合力，统筹布局科技创新政策、资金、项目、平台、人才等关键资源，针对关键核心“卡脖子”技术难题，开展科研项目“揭榜挂帅”，不论资质、唯求实效，公开民主评议确定挂帅人。2023 年遴选深层煤岩气重大科技专项课题经理 6 人，由挂帅人自主组建攻关团队，负责项目全过程技术研发与管理，并赋予挂帅人技术路线决定权、经费支配权、资源调度权、奖励分配权等，进一步调动了各级科技人才的创新积极性，提高了科技研发运行效率。

二是优化科技成果转化模式。煤层气公司打通技术创新“最后一公里”，完善从科技成果评价、新技术有形化到新技术产业化应用全过程管理机制，大幅提高科技奖励和专利、技术秘密等知识产权配套奖励力度，鼓励新技术推广项目参与煤层气公司科技进步奖评选，构筑了研发人员重视创新、积极投身科研的学术风气。煤层气公司研制推广的“恒温露点一体化集成装置”，获中国石油“国内行业领先”鉴定结论，支撑了煤层气公司永宁 1、永宁 2 集气站实现不停产扩建。

三是优化创新平台建设模式。依托煤层气国家工程研究中心，煤层气公司建立高水平自主创新平台，围绕深层煤岩气勘探开发难点问题，聚焦开发机理、多气共采、实验技术、大数据应用等领域，建设科研设施设备及软件，2023 年成功申请股东投资 3957 万元，系统强化地质研究、配套工程工艺、实验技术等方面的技术创新条件。煤层气公司与国内知名高校和科研机构建立创新联合体，成立科技开放合作创新平台，形成联合攻关、成果共享的有效机制和管理模式，充分发挥科技企业、高等院校、科研院所各自优势，实现了基础研究成果的快速产业化。

（三）完善“三项机制”打造创新生态，驱动人才创新激发新活力

一是系统优化科研人员选评机制。煤层气公司科学设置高层级专业技术岗位，明确专业技术序列转换经营管理序列岗位互认任职资格政策，推动人才归位，吸引更多有技术专长的管理人员走技术成才之路，2023 年煤层气公司通过提转、平转等方式，33 名管理序列人员转换至技术序列，技术序列实现量的合理增长和质的有效提升。完善专家考核评价机制，差异化设置任务书指标，突出效益考核，注重向领军人才和技术骨干人才倾斜，对 4 名年度考核“优秀”的专家绩效奖金按照 105% 标准进行兑现。

二是精准实施人才培养赋能机制。煤层气公司人才开发由“重使用”向“重成长 + 重价值提升”转变，发挥技术骨干引领发展能力和技术带头人人才培养作用，培养高水平研究团队 15 个，组织两级专家、两院院长和一级工程师共 26 人开设地质、开发、地面 3 个主干领域 13 个分支专业 40 个方向的基础理论课程，1248 人次参培。强化一线科技骨干培养，打通“工程师 + 技师”职业发展双向通道，聚焦理论技术问题，形成涵盖 3 个主干领域、9 个分支专业的课题 41 项。各级专家带头授课，增强培训赋能效应，进一步营造了“师带徒、传帮带”的良好氛围。

三是优化完善薪酬分配激励机制。煤层气公司完善了以“单位分级分类系数、岗位价值系数、业绩贡献”三位一体的挂钩联动考核体系，建立以价值贡献为主导，单位分级分类为调节、领导动态考核为补充的考核分配机制，进一步向价值贡献大、工作环境艰苦、急难险重中表现突出的集体和员工倾斜，充分发挥考核的精准激励作用。2023 年，煤层气公司一线科技岗位员工奖金平均高出保障类单位 21%，部门内部平均奖金差距最高达 29%。

三、改革成效

煤层气公司通过深化科技管理机制改革，不断推动创新链、产业链、人才链的深度融合，2023 年日产量三破“字头”，提前两年实现了“十四五”规划目标。

一是引领深煤产业实现革命性突破。煤层气公司建成我国首个百万吨油气当量深层煤岩气田，大吉煤层气田日产气量从年初 130 万立方米快速增加至 465 万方，年产能力达到 15 亿立方米，成为目前我国生产规模最大的深层煤岩气田。深层煤岩气的技术革命突破，引起了国家部委、中国石油及社会各界的高度重视与关注，煤层气公司申报的《中国石油鄂东大宁—吉县深层煤岩气勘探开发示范项目》，成为首批“国家煤岩气勘探开发示范项目”，并列入山西省“非常规天然气增储上产重点工程”。

二是技术攻关成果实现跨越式增长。聚焦深层煤岩气领域，煤层气公司初步构建了深层煤岩气成藏理论与效益开发关键技术系列。2023 年推广成熟技术 31 项，申请中国专利 55 件、PCT 国际专利 3 件，登记计算机软件著作权 6 件，认定专有技术 21 项，组织制/修订行业标准 15 项、发布 8 项，出版国家重大油气专项成果丛书专著 2 部，发表学术论文 112 篇（SCI、EI 和北大中文核心 66 篇），全年研发投入 2. 17 亿元、投入强度 3. 67% ，科技创新生态系统建设稳步向好。

三是人才队伍格局实现结构性升级。煤层气公司通过人力资源优化配置与“双序列改革”的有序推进，横向上构建了地质、工程、地面“三大技术体系”布局，纵向上搭建了 2 层 7 级专业技术岗位序列，成立了由公司首席专家和技术骨干为主体的专业技术攻关团队，“3 + 2 + 1”队伍格局初步构建，人才发展通道进一步畅通，各级科技人才的创新动力显著增强。

18

打造战略性新兴产业新阵地
推动油气生产绿色低碳转型发展

中国石油天然气股份有限公司辽河油田分公司

一、基本情况

中国石油天然气股份有限公司辽河油田分公司（以下简称“辽河油田”）隶属于中国石油天然气集团有限公司（以下简称“中国石油”），是国内最大稠重油生产基地，年消耗天然气约18亿立方米、排放二氧化碳400万吨。作为能源消耗和碳排放大户，开展能耗结构优化和减排降碳，推进绿色低碳转型发展显得尤为重要和迫切。为此，辽河油田坚决贯彻落实习近平总书记“加快培育壮大战略性新兴产业、打造更多支柱产业”“要构建清洁低碳安全高效的能源体系”等重要指示精神，完整准确全面贯彻新发展理念，推动储能库、储气库、储碳库“三大储库”建设，将培育战略性新兴产业与油田生产开发深度融合，打造形成电热熔盐储能、综合能源利用、CCUS等战略性新兴产业新阵地，为绿色低碳转型迈出坚实步伐。

当时公司存在以下问题：

一是油田开发高耗能、高碳排压力较大。辽河油田稠油开发方式主要为蒸汽驱和SAGD（蒸汽辅助重力泄油技术），采用以天然气为燃料的燃气锅炉产生高温蒸汽，注入井下加热原油降粘，增加流动性举升开采，能耗结构总体呈现“一大（能耗大）、两高（热采能耗高、设备能耗高）、一低（系统负荷率低）”的特点，严重制约油田绿色低碳转型发展，亟须探索清洁能源替代有效路径。

二是新能源电力供给与消纳存在矛盾。辽河油田2023年统筹新能源项目建设，摸排风光资源895万千瓦，落实并网指标60万千瓦。国家电网峰谷电消耗不均衡，削峰填谷能力严重不足，而太阳能及风能发电的稳定性差，均需要配套储能来解决能源供给与需求在时间、空间、强度上的不匹配问题。

三是适合油田开发的清洁能源替代技术缺乏。辽河油田地处平原，无法依靠地形选择抽水储能，电解制氢储能效率较低，压缩空气储能受地质条件限制，电池储能投资巨大。综合来看，目前储能技术无法满足辽河油田实际需求。国内近几年相继实施电热熔盐储能项目，但均用于解决光热发电领域能源储存难题，在油田注汽领域尚无应用。而中低温清洁热力、稠油热采清洁替代等技术尚在研究阶段，辽河油田新能源技术储备不足。

二、经验做法

（一）聚焦规划引领，综合布局谋划绿色低碳转型新路径

一是加强顶层设计，擘画绿色低碳转型“规划图”。辽河油田积极落实国家“3060”双碳目标，践行“油气与新能源并重”工作要求，编制实施《辽河油田能耗结构优化和新能源发展“十四五”规划》，按照清洁替代、战略接替、绿色转型“三步走”总体部署，确定了到“十四五”末稠重油开发绿色能源综合利用示范基地初步建成、周边省市清洁能源供应基地作用突出、地区碳封存服务基地加快发展的战略目标。

二是科学合理布局，落实绿色低碳转型“工程书”。辽河油田完善以6

项能耗优化减量工程（产量结构优化工程、工艺优化降耗工程、技术进步节耗工程、管理提升节能工程、天然气上产增效工程、燃油燃煤锅炉改造工程），1 项新能源清洁替代工程（地热、风能、光能、光热、余热利用等新能源清洁替代工程）、3 大战略工程（储气库群综合效能战略工程、大规模 CCUS 战略接替工程、伴生矿开发战略工程）为核心的“绿色低碳 613 工程”，初步形成以伴生矿产业优势为基础、以节能降耗和清洁替代为举措的“一体两翼”总体布局。

三是锚定阶段任务，绘制绿色低碳转型“时间表”。辽河油田坚决贯彻中国石油战略部署，做好减耗提量、清洁替代、战略接替、绿色转型等工作的有序衔接，分阶段逐步降低常规能耗总量，提高外供油气资源和清洁能源能力，2050 年左右实现碳中和目标。2021—2025 年，以能耗结构优化减量为主，最大限度提高油气商品量；风光热业务快速起步并形成规模，具备一定的外供清洁能源能力；储备形成 CCUS 等业务的战略接替能力。

（二）聚焦科技引领，融合创新实现绿色低碳转型新突破

一是推进熔盐储能与稠油热采技术融合。辽河油田组建创新联合体，通过室内试验建立对熔盐物理特性的全面认知，突破油田污水湿蒸汽发生技术等难题。自主研制 120 千瓦单井电热熔盐储能装置，创新采用熔盐-热风-原油采出液换热工艺，替代井口采出液燃气加热炉，填补油田熔盐储热技术空白。推进电热熔盐储能技术工业化，创新组织模式，改造技术装备，优化生产工艺，加快推进熔盐储能、稠油热采技术融合，首座无人值守数智化新型绿色注汽站顺利落成。

二是推进节能降耗与多能互补方式融合。按照多能融合互补、效益创新驱动总体思路，辽河油田以中国石油与辽宁省战略合作为契机，围绕 600 万千瓦绿电指标，牵头 7 家驻辽企业联合打造辽阳、抚顺、大连、盘锦4个地市级清洁电力供能基地。在油田区块综合能源利用方面，开展兴60站综合利用、双229-35-53井场光伏围栏、兴采机关办公楼屋顶光伏+充电桩3项示范工程建设，奠定多能融合低碳生产模式基础。辽河油田生产和消纳绿电105.9万千瓦时，减排二氧化碳1000吨，起到良好的示范引领作用。

三是推进埋存储碳与循环注入首度融合。辽河油田高效推进CCUS全产业链建设。牵头东北大学等高校联合攻关省“揭榜挂帅”项目“CO_2驱油与埋存协同调控技术研发”；协同国家重点实验室深化机理研究，开展21项236组实验，欢采特油CO_2捕集、双229低渗油藏碳循环注入等“三站建设”顺利投产试运；建立多元部署模式，采取注CO_2混相驱替、顶气底水双介质等方式，全年转驱29井组，注碳9.3万吨，增油1.6万吨，提高采收率18%。

（三）聚焦管控引领，管建统筹提升绿色低碳转型新效能

一是优化业务架构流程，提升业务发展质量效益。辽河油田持续优化组织架构，同步推行新能源一体化专班，搭建“8+4”机构体系。系统梳理业务流程，全面摸排风光发电、地热开发等项目的核准备案、接网审批等85个环节，明确集团公司、国家电网、地方政府3个层面流程节点，建立项目全流程清单。组织编制以《新能源业务管理办法》为核心的“1+N”规章制度体系，明确新能源管理机构与职责、项目全过程管理流程和规定、管理监督与考核等内容，为新能源项目高质高效运行提供保障。

二是深化协同高效管理，提升项目全生命周期绩效。第一，严控在研项目质量。辽河油田按照“成熟一项、开展一项、落地一项”，严格把控项目设计方案，强化设计全过程管理，对在研项目建立进展动态台账，分类定制推进策略和运行计划，及时调整审查节奏，实现在研项目精准化管理、高效性推进。第二，全面提速在建项目进度。辽河油田坚持“大运营”理念，统筹新能源全链条全要素，并行联动推进在建项目。联合组建油区内项目推进专班和9个重点项目组，推行一体化协同管理机制，协调相关部门完成165万平闲置土地踏勘，统筹协调采购光伏组件12万块，有效缩短项目建设周期、提升项目全生命周期绩效。

三是强化业务骨干培养，提升战略性新兴产业人才储备水平。辽河油田与大庆油田、中国科学院大连化物所、CPECC等50余家国内兄弟单位、设计院所和新能源头部企业深度交流；举办绿色低碳与新能源业务培训班，全面促进23家单位主管领导和业务骨干558人次专业知识和业务能力提升。建立新能源专业人才资源池，按照市场开发、方案设计、施工建设等专业进行储备管理，先后抽调25人到项目开发关键岗位历练，为辽河油田绿色低碳转型发展提供有力支撑。

三、改革成效

一是战略性新兴产业业务布局初具规模。辽河油田建成世界首座电热熔盐储能注汽试验站，储热规模15兆瓦，年替天然气313万方，有效减少能量过程损耗，综合效率达到90%以上；形成电热熔盐储热注汽系列工艺技术，申请国际发明专利1项，国内发明专利9项，成功入围“世界石油奖”。天然碱开发取得实质进展，中标《内蒙古自治区奈曼旗大沁他拉地区天然碱矿勘探》项目，累计进尺过万米，估算天然碱资源量达到亿吨级。CCUS产业链不断完善，年碳埋存规模达5.2万吨，相当于2000亩森林1年的吸收量。

二是绿色低碳转型快速推进。辽河油田全年累计生产绿电1.09亿度；签订地热供暖开发协议323万平方米，超额完成考核指标60%，建成地热供暖项目42万平方米；实现清洁能源利用量34.94万吨标油。全年注碳9.3万吨、产油6万吨，全面完成年度任务指标。分布式风光发电项目实现井站场覆盖1350个，同比增长170%；装机规模98.57兆瓦，同比增长115%；发电量1.09亿度，同比增长221%。辽河油田各项指标实现箭头向上、超常规发展，绿色低碳转型高速前进。

三是管理体制机制更加完善。辽河油田建立“新能源领导小组—领导小组办公室—新能源事业部”三级管理体制，统筹制定业务中长期发展规划，引领油田生态优化、节约集约、绿色低碳发展。形成以《新能源业务管理办法》为核心的“1+N”规章制度体系，为项目开发建设、投产运营的规范实施提供制度支撑。建立工作专班、会议通报督办、项目一体化协同管理、风险防控、人才储备等多项工作机制，确保战略性新兴业务有序高效推进。

19

挖潜力　强动力　增活力
全力落实增储上产能源安全支撑保障

中海石油（中国）有限公司天津分公司

一、基本情况

中海石油（中国）有限公司天津分公司（以下简称“天津分公司”）是中国海上最大的油气生产企业，主要负责渤海油田油气勘探、开发和生产管理，是中国海洋石油工业发源地，是全国第一大原油生产基地。历经半个多世纪的艰苦创业和四十多年的改革开放，天津分公司坚持自营与合作两条腿走路，勘探开发生产成果丰硕。2010 年油气当量上产 3000 万吨并持续稳产，建成国内最大原油生产基地。

天津分公司深入学习贯彻习近平总书记关于国有企业改革发展和党的建设的重要论述，深入实施国有企业改革深化提升行动，持续加大油气勘探开发力度，加快推进“七年行动计划”，有力增强保障国家能源安全的能力。2023 年，天津分公司实现原油产量超 3400 万吨、天然气产量超 35 亿方，均创历史新高，原油增量近 230 万吨，占全国原油总增量约 50%，以实干实绩交出高质量发展答卷，在改革发展大局中挑大梁、显担当、见作为。

二、经验做法

（一）聚焦“三个坚持”深挖潜力，筑牢能源安全坚实保障

一是坚持价值勘探，浅中深层齐发力。天津分公司瞄准油气产业核心竞争力，向改革要动力、要效率，通过价值勘探，浅中深层齐发力，增强核心功能。浅层领域，基于“汇聚脊”理论，创新提出深洼区“迂回式”成藏模式，发现渤海凹陷首个亿吨级岩性油田——垦利 10-2；中层领域，在超压封闭—优质高渗储层耦合控藏机理指导下新发现旅大 10-6 中型高产油田；深层领域，突破成藏认识，成功发现渤中 26-6 亿吨级高产油田，油气勘探连获重大突破。

二是坚持开拓创新，油气开发迈出坚实步伐。天津分公司坚持技术与模式创新，秉承“开发井优先、调整井补位”工作方针，超前筹划、提前部署，注重开发进度，关注质量效益，有效推动稠油热采油田经济高效开发，开展渤海油气田水下生产系统国产化研究与示范，统筹兼顾新项目开发接续“零等待”，深挖增储上产“新动能”，保障硬稳产工程“再提升”。我国海上首个千亿方级深层复杂潜山大气田渤中 19-6 气田Ⅰ期开发成功投产，国内海上首个特超稠油规模热采油田旅大 5-北油田Ⅰ期成功示范，亿吨级油田垦利 6-1 开发项目被国务院国资委评为“2023 年度央企十大超级工程”，为加速环渤海地区能源结构转型和保障国家能源安全添底气。

三是坚持“两提一降”，生产产量创历史新高。天津分公司坚持动态管理、科学施策、精细生产，突出抓好“一策、两调、五个专班”，提升油藏精细管理水平，加强增产增注工艺攻关与实施力度。强化装备全生命周期管理，持续改善水驱开发效果，深耕低渗压裂技术攻坚，深入实施“精细注水和稳油控水”专项工作，攻克井眼瘦身提速提效、浅层大位移

井高效作业等难题，突破“边、小、碎、深”储量开发技术瓶颈，加速工具自主研发及国产化进程。

（二）攻坚“三个升级”激发活力，实现关键技术革新突破

一是数智赋能发展转型升级。天津分公司强化信息基础设施建设，基本建成渤海西部海域“三位一体”立体高速通信网络，实现海上平台北斗卫星定位导航系统全覆盖。秦皇岛32-6智能油田二期项目全面上线，建成“智能、安全、高效”的新型海上油气开采运营模式，成功打造智能油田建设样板工程，为央企数字化转型和智能化发展树立典范。首创百兆级海上油田群岸电工程高可靠运行关键技术，建立智辅一体化平台，形成海上油田电力特色业务管理的数字化良好作业实践。

二是关键技术攻关转型升级。天津分公司加快资金、平台、人才等创新要素集聚，加大研发投入，搭建科研攻关平台，挂牌运行中国海油“稠油热采重点实验室”。建立专项奖励体系和基层创新机制，着力推动海洋工程技术研发中心建设和原创技术策源地打造。攻克超稠油规模化开发世界级难题，攻破井眼瘦身提速提效、浅层大位移井高效作业等难题，突破了16项关键技术，开启“一井多用”“少井高产”新模式，建立南黄海前新生界高效钻井关键技术，掌握CCUS产业链关键技术，通航区首套国产化浅水水下井口及采油树海试成功。

三是绿色“双碳”行动转型升级。天津分公司坚持“增储上产”与“低碳转型”协同发展、“提质增效”与“节能减排”融合发展、“绿色开发”与“生态保护”和谐发展、“稳妥有序”与“安全降碳”统筹发展四大原则，推动实施渤海油田“碳达峰、碳中和”行动方案。深化岸电增值应用，加快油田能源消费结构转型，攻坚火炬气排放治理，做好绿电采购及消纳跟踪，成为中国海油第一家取得国家级“绿证”单位。天津分公司全年节电近6500万千瓦时，连续8年在天津市“双控”考核中获“超额

完成”最高等级。

（三）把牢“三个属性”增强动力，铸魂强基凝聚一流力量

一是牢牢把握政治属性，以党的建设引领全局发展。天津分公司把党的建设贯穿改革发展全过程，强根固魂，积极谋划、组织、落实习近平新时代中国特色社会主义思想主题教育，强化理论武装，扎实推进党建融合“141”体系落实落地，实现党建与生产深度融合，以组织建设构筑战斗堡垒，通过中国海洋石油工业展览馆“习近平总书记关心海洋石油工业主题展”布展，相关选题31次在央视《新闻联播》《人民日报》等主流媒体报道，呈现渤海油田改革发展成果，激发改革创新活力和潜能，营造良好改革氛围。

二是牢牢把握经济属性，瞄准渤海油田高质量发展。天津分公司牢固树立在经济领域为党工作理念，瞄准“原油上产4000万吨，建设渤（黄）海万亿大气区，坐稳国内第一大原油生产基地”战略目标，以“三大工程”“一个行动”“四个中心”建设为抓手，坚持以质保量、以质促量、以质引量，聚焦影响和制约高质量发展的堵点痛点难点问题，坚持“目标导向、过程控制、压茬推进、适度超前”管理策略，激发渤海油田高质量发展内生动能，实现了“更高质量、更有效率、更可持续、更为安全”的发展成效。

三是牢牢把握社会属性，产业协同一体化协调发展。天津分公司深度融入国家重大发展战略，在京津冀协同发展、环渤海经济区发展、雄安新区建设中冲锋在前、担当作为。加大乡村振兴、教育帮扶、社会救援、增殖放流等工作力度，国资央企社会责任得到有力彰显。构建“大协调”工作格局，深化巩固与“三省一市”政府、军事、海事、海警等部门间交流合作，“融合发展、油气优先”理念成为各方共识。统筹驻区单位与政府合作，发挥环渤海区域协调职能，促进产业协同优化升级，推动油气产业

链整体发展。

三、改革成效

一是增储上产成果显著。天津分公司上下全力以赴抓上产、增效益、强管理、促改革、防风险，一批重点项目、重要工作取得积极进展和明显成效。2023年，渤海油田作为中国最大原油生产基地累产油气当量超3680万吨，创历史最高水平，为保障国家能源安全提供了有力支撑，夯实了保障国家能源安全的“压舱石”和“顶梁柱”地位。

二是科技创新硕果累累。“渤海油田4000万吨上产稳产集成示范”成功纳入国家油气重大科技专项。秦皇岛32-6智能油田建设实践入选年度央企数字化转型十大成果。创新研发高温电潜泵注采一体化技术，攻克超稠油规模化开发多项世界级难题，为海上稠油热采高效注采模式拓展了新的技术路径，提升油气主业现代化水平，推动科技自立自强及创新驱动发展，打造了渤海油田核心技术力量。

三是铸魂强基活力增强。天津分公司员工队伍基石显著夯实，四支队伍人才结构平衡，全员劳动生产率达到行业较好水平。以实际行动提升油气产业核心竞争力，桶油可控成本22.58美元/桶，较年初预算节约8.8%，全年实现销售收入1200亿元，税前利润700亿元。以技术与管理机制体制改革促进核心功能增强，为上产4000万吨，为加快建设中国特色国际一流能源公司汇聚了强劲的发展动力。

20

打造“海智荟”科技创新特区 推动实现高水平科技自立自强

中国海油研究总院有限责任公司

一、基本情况

中国海油研究总院有限责任公司（以下简称“研究总院”）是中国海洋石油集团有限公司（以下简称“中国海油”）面向全球能源技术创新发展的综合性研究机构，肩负国内外油气勘探开发研究与核心技术攻关、生产性技术研究、高层次科技人才培养等职责，是中国海油的战略规划和决策支持中心、科技创新和技术研发中心、技术服务和成果转化中心、高端人才培养和储备中心。研究总院拥有两家全国重点实验室、两家国家级研发中心等高水平科创平台，是海洋石油国家战略科技力量和原创技术策源地核心承载单位。

研究总院深入学习贯彻习近平总书记关于国有企业改革发展和党的建设的重要论述，牢牢把握发挥科技创新作用关键点，深入实施国有企业改革深化提升行动，以科技创新体制机制改革为核心动能，建设“海智荟”创新特区。聚焦海上油气增储上产、科技创新攻关和成果转化过程中存在的“堵点”“卡点”，研究总院在“特区”内设立科研组织区、成果转化区、聚才育才区、协同创新区，以深化改革推动加快实现高水平科技自立自强。

二、经验做法

（一）革新科研组织模式，强化基础研究攻关

一是破除壁垒，汇聚高端智力。研究总院打破现有项目合作模式，构建高端智力资源使用新机制及配套制度，从合作对象、准入机制、资源获取流程、履约考评、风险管理、履约后评估6个方面实现对联合单位和供应商类资源的管理模式突破，建立与自然人资源合作的新模式，引入5个海内外高端人才及其团队加入基础研究项目开展合作攻关。

二是放权赋能，释放创新活力。研究总院科技创新特区内所有项目均采用“项目长负责制”和“首席专家技术负责制”，坚持赋予项目长“选人用人权、绩效考核权、研究自主权和经费执行权”。明确项目长具有高端智力资源的选择权，研究目标的决定权和科研经费“包干制”的使用权。不断健全科研项目容错机制，允许科研探索失败。

三是强化引导，加速科研产出。研究总院鼓励基础研究高水平成果产出，首次设置基础研究奖，在中国海油范围内先行先试。结合国家和公司要求，明确从服务国家重大战略需要、成果影响力、学术观点引用水平、推动关键核心技术突破与技术自主可控水平提升4个方面对基础研究奖成果开展综合评价，首届共评出“水驱渗流基础理论改进与特征曲线创新”等10项基础研究创新成果，进一步引导科技人员摒弃浮夸、祛除浮躁，坐住坐稳基础研究“冷板凳”。

（二）加大成果转化力度，激发创新创效活力

一是激发内力，实现转化突破。研究总院发掘具有产品化潜质的科技成果，确立“研究总院提供技术方案、专业公司负责市场与服务”转化策略，提炼总结形成固化的成果转化模式并推动具体转化任务实施。目前，针对装备、技术、自研软件和药剂配方，研究总院建立委托式和技术支持

式两种产品化模式，推进包含“四位一体固控装置”在内的7项技术成果实现产品化突破，形成以点带面的成果转化示范效应。

二是引入外力，共享转化收益。研究总院对进入科技创新特区的项目合作方开展原有知识产权作价认定，依据其市场价值与成果产出贡献等价值，赋予适当权益比例。对共同合作研发产出的科技成果实施权益共享，充分尊重外部人才智力贡献。鼓励以作价投资、成果转让、成果授权等方式实施成果转化，建立项目全成本、全要素价值核算体系，按成果权益比例开展收益分红，共享成果权益与转化收益。

三是盘活存量，探索激励兑现。研究总院积极盘活现有知识产权，通过授权、转让、作价入股、构建创新联合体等方式与高校、科研院所及外部企业开展深度合作，促进具有推广价值的专利技术及软件著作权转化落地。按照科技成果转化法相关要求，研究总院依据其市场价值及贡献等因素，对相关职务发明有关技术人员实施奖励，进一步激发创新热情。

（三）优化聚才育才机制，打造创新人才高地

一是灵活引才，集聚创新力量。研究总院坚持分层分类、上下联动，促进人才整体开发，引进国际化高端人才、专业人才，进一步优化人才结构。突破固有薪酬模式，对高层次人才引进采取“一人一方案”，依据其市场价值和贡献灵活调整薪酬水平，收入最高可以超过研究总院专业总师。探索柔性引才机制，通过项目合作、短期聘用、人才租赁等方式，实现人才共享。

二是优势协同，推动人才共育。研究总院全面深化与浙江大学、上海交通大学等多家战略合作高校的深度协同，开展31名工程硕博士培养。创新建立人才区域工作站“1+4+1”工作模式，即签订1份顶层框架共建协议，构建“站点联动”培养、多形式交流、联合专项培训、轮值联席会议 4 项协作机制，以及专项经费保障，与系统内油气生产一线单位实现双向交流人数破百；与系统外单位试点建立人才交流点，选派 13 名科研骨干积极参加怀柔实验室的创新团队，实行灵活的“双聘”政策。

三是强化支撑，构建保障体系。研究总院探索对高层次人才、科技创新团队等实行工资单列，打通高层次人才职称评审绿色通道。鼓励科技人才跨学科、跨领域组建团队承担颠覆性技术创新任务，推动智能化、绿色化转型和战略性新兴产业发展，相关团队初创阶段前 3 年实行灵活考核政策，可单列排序。

（四）加强科技创新协同，广泛开展国际合作

一是目标导向，强化国际交流合作。研究总院不断强化国际科技合作与交流，积极推动成立中国海油巴西深水技术研发中心。聚焦深水油气开发，与巴西里约热内卢大学工学院建立联合研究院，双方已在深水新型干树圆筒平台攻关方向达成合作意向。不断强化国际合作资助项目申报，探索设立中国海油主导的国际合作资助项目。设立实验室主任基金，面向海内外发布选题，吸引国内外研究团队智力输入。

二是多方协同，构建科创体系。研究总院联合各分公司、中联公司、国际公司搭建中国海油有限公司油气科技创新支撑体系，协同推进科技创新协同、生产研究、数据治理、成果转化、科技交流、人才共育共享等方面工作开展，实现多项工作组织机制创新突破。目前，研究总院共组织中国海油有限公司层面活动 30 余次，近 200 人开展异地交叉任职及人才交流，形成整体合力。

三是开放共享，构建实验室联盟。研究总院以开放型实验室建设为导向，构建实验室联盟。积极开展国家实验室重大科技项目申报，为国家顶级实验室建设贡献海油力量。依托“十五五”科技规划编制，系统梳理并制定基础研究领域与实验技术专业发展顶层设计方案。立足行业发展，统筹中国海油内部相关单位实验仪器、设备、人才等资源，并积极推动与中国石油大学（北京）、东北石油大学等企校共建联合研究院单位开展共建，更大范围地实现实验资源共享、设备动态管理、内部采购提速，提升科研攻关效率。

三、改革成效

一是科技创新主体地位再夯实。研究总院原创技术策源地8个子领域均高质量完成年度任务。有序培育圆筒型FPSO、1500米级深水下生产系统等战略性新兴产业和未来产业涉及的重大装备，完成1500米级水下生产系统项目立项。国家项目申报创新高，成功申报5项国家实验室项目、国家重点研发计划、国家自然科学基金项目。已成功吸引到巴西里约大学深水工程团队等5支国内外高水平专家及团队加入联合研究团队。

二是创新成果产出再加快。研究总院牵头研发的国内首套500米级深水国产化水下生产系统纳入国家能源局第三批能源领域首台（套）重大技术装备（项目）名单，渤海受限区浅水水下生产系统科研成果示范落地，稳定产气超亿方。钻完井技术创新助力稠油热采迈上新台阶，累计缩短钻完井工期856天，钻完井投资降本46.97亿元。耐350℃高温电潜泵和海上稠油蒸汽吞吐分层注热工具研制成功，实现海上电潜泵开发稠油由两趟管柱变一趟的重大跨越，“深海一号”工程获中国工业大奖。“十四五”以来，获得国家技术发明奖3项、省部级科技奖励131项，李四光地质科学奖、孙越崎等其他集体和个人科技荣誉奖项11项。

三是国家战略科技力量再加强。近年来研究总院通过多种途径，从系统内外靶向引才60余人，引才数量和质量均创历史新高。“人才雁阵”初具雏形，研究总院目前拥有一支主业突出、全面覆盖的专家队伍，包括中国工程院院士、新世纪百千万工程等国家级人才17名，中国海油两级专家

66 名，科技人才接续有力。以“中国青年五四奖章”获得者谢仁军、“全国三八红旗手”获得者侯静、“茅以升科学技术奖”获得者杨仁锋、“向前创新创效工作室”为代表的标志性人才和团队不断涌现，“人才辈出，人尽其才”的良好局面已经形成。

21

培育制造新模式　厚植产业新优势
深入推进传统产业数字化智能化转型升级

海洋石油工程股份有限公司

一、基本情况

海洋石油工程股份有限公司（以下简称“海油工程”）是中国海洋石油集团有限公司（以下简称“中国海油”）控股的上市公司，是国内唯一一家集海洋油气开发工程设计、采购、建造和海上安装、调试、维修以及液化天然气、海上风电、炼化工程等为一体的大型工程总承包公司，也是亚太地区规模最大、实力最强的海洋油气工程总承包之一。

海油工程深入学习贯彻习近平总书记关于国有企业改革发展和党的建设的重要论述，高质量高起点实施国有企业改革深化提升行动，着力提高核心竞争力、增强核心功能，聚焦发展新质生产力和发挥产业引领作用，以战略性新兴产业海洋工程装备制造业的智能制造转型升级为主攻方向，推动海洋工程产业技术变革和优化升级，有效发挥产业控制作用。

二、经验做法

（一）强化“数字经济”顶层规划，提升产业基础能力

一是明确一个愿景目标。海油工程坚决落实《数字中国建设整体布局

规划》，结合海洋工程行业“碎片化数据、密集型劳动和多项目运营”的特点，着力解决协同性不足、安全风险高、管理标准不统一等痛点问题，构建“数字建造”和“精智透明工厂”，打造与中国特色、世界一流海洋能源工程公司匹配的数字化能力。

二是打造八大转型主题。海油工程围绕全产业链业务需求，以实现面向业主的数字化项目管理、基于孪生的数字化交付、一体化数字化协同设计、实现智能离散制造及安装，以及数据驱动的智能决策系统推动核心业务及管理转型，着力提升经营统计和工程项目资源管理效率。

三是设计十四个升级场景。基于业务价值链及信息化建设基础，海油工程设计敏捷协同高效的数字化场景应用组，在数字市场开发、项目管理、智能设计、数字采办等方面明确需完善或新建的应用系统和相关技术应用。

（二）深化“智能制造”场景应用，赋能产业转型升级

一是打造一体化信息管控平台。海油工程以数字化智造管理系统（管理软件 DIMS）为生产管理核心，以车间/生产线的生产执行系统为延伸，以资源管控运维系统为保障，互联互通制造环节全链条数据，形成了“工厂化生产 + 工单制执行”的管理模式，实现了“生产透明化、作业协同化、决策智能化”的数字化转型。海油工程全面提质增效，基地全场产线工效提升 25%，综合施工工效提升 12%，总装效率较传统制造模式提升约 30%，成本控制和质量安全管理水平大幅提升，场地运营效率和管理水平显著提升。

二是推进自动化钢结构生产。海油工程创新传统设计与制造模式，攻克关键产品智能制造流程管控和工艺技术，建设工艺管线生产线、平面分段生产线切割工场、平面分段生产线装焊工场等 6 条生产线和 1 个自动化立体仓库，开发自动化工艺 42 项，优化创新工艺 47 项，持续改善作业环境，提升自动化工艺水平，板材型材下料、甲板片装焊、工艺管预制、物料存储生产工效分别提升了26%、23%、14%、22%。

三是建立标准化统一数据体系。海油工程编制一套数据字典，以编码标准化推进工艺、质量、安全等10类主数据标准化。建立10个专业50份系统属性字段规范，定义1032个属性对象。依据6条产线运动效率制定节拍数据标准，增强装备制造的流程化管理能力。通过不断精进数据生产模式，工序间在制品减少20%、生产周期缩短20%、交付率提升30%。

四是绿色建造提升精益管理能力。海油工程建立动态监测系统，多维度、全要素统计全场风、水、电、气流转信息，重点监测780个设备能耗、近2万个监测点，实现自动采集处理动态能源计量数据、实时反馈联控能源计划执行情况，形成主动化、精益化的能源管理模式。

（三）固化“运营管理”数字成果，营造良好产业生态

一是设计引领协同提质增效。海油工程秉承“装配式设计+标准化生产+集成化安装”理念，形成一系列标准化设计成果，并普遍应用到海上平台建造项目。通过协同设计平台实现管理协同和工具协同上线，设计业务综合提效15%，建造安装业务提效20%。

二是数字化赋能总装提效。海油工程依托大数据工业大脑，实时分析数据和自适应优化决策，实现可视化排产、自动化物流、机器人焊接和一体化组装，进度计划自动拆分，计算效率提升60%，甲板片构件一体化率高达98%，刷新行业纪录。在渤中29-6油田项目建设中，通过工业大脑平台赋能，产品预制周期缩短15%，大幅提升海洋油气装备建造效率。

三是搭建产业平台探索深度合作。瞄准海洋油气装备行业数字化智能化运营管理的产业发展方向，依托天津海洋装备产业（人才）联盟，海油工程深度对接智能制造和高端机械加工方面需求，组织联盟单位在自动化制造技术和装备研发生产方向开展交流合作，将传统产业数字化智能化升级的经验做法辐射复制到整个产业链。天津智能制造基地的转型升级，为行业打造了一套可复制、可推广的数字化解决方案，带动中国海洋装备制造产业以及离散型制造业的转型升级。

三、改革成效

一是数智赋能能源保障取得新成效。2023 年，海油工程同步运行项目超 70 个，完成 40 余个，结构单体建造及海上安装工程建设工作量创新高。基于三维模型的工程双交付维护系统建设稳步，深水导管架“海基一号”数字孪生健康管理系统不断升级迭代，拓展应用到流花 11-1/4-1、陆丰 12-3 深水导管架，深水数字孪生领域取得关键进展。完成协同设计平台（一期）和工程项目管理平台开发建设并上线运行，实现项目智能管理业务全覆盖，综合提效 18%。全面推进生产信息化，建成 9 大“5G+”应用示范场景，实现全流程智能追踪和在线远程检测，总体生产效率较传统模式提升 20% 以上。

二是数智建设重点任务实现新突破。海油工程以改革深化提升行动为契机，进一步畅通数字化创新链路，数字化仿真实验室顶层设计取得实质性进展，数据治理工作不断深化，编制全域数据资产目录涵盖业务活动 820 个、业务对象 1673 个、逻辑数据实体 2692 个、逻辑数据实体属性 41837 项。建立数据治理体系，优化数据治理顶层设计，建成数据资产中心，全域数据共享累计 2700 万条，累计建立 500 多个数据指标分析场景，发布 10 项关键性标准规范，数据治理能力得到全面提升。

三是数智转型产业发展注入新动能。2023 年，海油工程总体业务数字化率达 43%，全面提升了海洋工程产业的数字化基础能力。公司成功入选全国智能制造示范工厂建设行动名单，获得第六届“绽放杯”5G 应用征集大赛全国标杆赛银奖，入选天津市 2023 年“5G 全连接工厂”和工信部 2023 年“5G 工厂名录”。工程标准化建设持续深化，“定制产品向标准产品转型”有力推动了行业向工厂化制造转型，“标准产品向标准部件延伸”有力推动了行业向智能制造转型。公司“装配式设计、产品化制造、模块化安装”理念深入人心，为全球海洋工程行业转型发展贡献了价值。

22

深化调控体系改革　提升专业化运营水平

国家石油天然气管网集团有限公司油气调控中心

一、基本情况

国家石油天然气管网集团有限公司油气调控中心（以下简称“油气调控中心”）是国家石油天然气管网集团有限公司（以下简称“国家管网集团”）的生产指挥中枢，承担集团公司油气长输管道的调度指挥、运行监控与优化、应急协调等重要职责。目前，油气调控中心集中调控运行的长输油气管道总里程超过 9 万公里，其中，天然气管道总里程 5.43 万公里，管网一次管输能力 3070 亿方/年；原油管道总里程 1.68 万公里，管网一次管输能力 3.4 亿吨/年；成品油管道总里程 2.49 万公里，管网一次管输能力 1.72 亿吨/年。油气调控中心已成为世界上调度运行管线最多、管道运送介质最全、运行环境最复杂的长输油气管道控制中枢之一。

二、经验做法

为全面提升集团油气调控功能价值发挥，有效支撑国家管网集团内部深化改革，助力集团加速打造世界一流能源基础设施运营商，油气调控中心以习近平新时代中国特色社会主义思想为指导，认真学习贯彻习近平总书记关于深化国有企业改革和能源改革发展的重要论述，于 2021 年 9 月提出了“1+6+1”调控体系改革的顶层设计方案，经国家管网集团党组批准后大力推动实施，取得显著改革成效。截至2023年，油气调控中心已完成调控体系一体化改革，将原来20余个油气调控分中心（调度室）压减为6个区域分控中心，组建自动化运维中心，实现了调控业务全部划归调控中心统一垂直管理，指挥更便捷，运转更高效，调控核心功能与价值进一步发挥。

（一）坚持系统思维，强化改革顶层设计

一是以问题为导向，系统谋划改革蓝图。油气调控中心紧密结合国家管网集团“一中心、一张网、一公司”运营管控准则和调控业务专业化建设要求，系统梳理油气调控体系指挥层级多、管理体系不统一等四大类22项问题。锚定调控价值发挥和一流调控能力构建，深入开展调查研究，对标对表国家电网、SNAM、Enbridge等国内外头部企业调度体制机制，编制形成《国家管网油气调控体系改革总体方案》，经过多轮意见征集和评审完善，通过了党组审议，建立调控体系改革蓝图。

二是强化顶层制度建设，构建完善新机制。油气调控中心结合集团内部“四化”改革总体目标，制/修订《原油成品油调控运行管理规定》等业务顶层管理制度，进一步明确了集团总部相关部门及主（分）控中心、区域运维、区域市场经营等业务主体在调控一体化业务下的职责界面、工作程序和协同机制，为调控体系改革实施提供科学的制度保障。

三是做好统筹兼顾、细化实施路径。油气调控中心统筹安全生产和改革发展要求，按照“分步稳妥推进、确保生产平稳”原则，将改革划分为区域分控中心整合组建、管道控制权优化调整和调控功能优化完善3个阶段，确定6个分控中心建设和39条油气管道调控权调整工作节点，科学制定调控体系一体化建设的实施方案。

（二）坚持靶向施策，强化改革组织实施

一是上下协同，合力推进改革实施进程。国家管网集团党组领导多次专题调研调控改革进展，明确任务安排、时间要求、标准要求，机关部门主动对接了解改革存在问题，给予政策支持与协调帮助。油气调控中心联合8家参建单位组建40人的工作专班，形成协同工作机制，采用一个任务表单贯穿式推进，挂图作战，紧盯12个关键环节97项具体工作任务进展，开展业务对接和协调会议30余次，解决过程中存在的难点、堵点问题50余项，强化过程监督考核，保障了实施进度。

二是树立底线思维，确保交接安全平稳。油气调控中心坚持安全生产先于一切、高于一切、重于一切，系统识别改革过程中调控权交接过程中的各类风险，提前制定对应风险防控措施，落实前3个月以移交单位为主，后3个月以移交单位为辅的“3+3”过渡期交接保驾措施，同步组织接收方调度参加统一标准的调度能力培训，为调控权顺利交接提供坚实的物理基础和人员保障，实现交接安全平稳过渡，提前6个月实现“1+6+1”调控体系改革目标。

（三）坚持融合提升，强化专业化能力建设

一是深入推进标准化建设，有效提升整体运营水平。围绕油气调控体系“六统一”目标，油气调控中心在规划设计、运行管理、标准体系、技术支撑、队伍建设和运维保障上构建统一制度和流程，打造主、分控“样板间”，建立一体化QHSE文件11项，统一编制适配主要流程L5/L6活动指导书9项，宣贯培训落实调度台操作指导书、操作票等10个方面关键要素统一，以标准化调度台建设实现调控“六统一”在基层单元落地，不断提升调控专业化水平。

二是强化业务垂直管理，聚焦运行风险一体管控。油气调控中心建立主分控信息共享与例会机制，形成了调控生产月例会定目标、辨风险、强协同、析偏差、解决系统性重大问题的业务垂直管理机制，构建统一风险识别、评估、消减、考评的管理体系，实现主控中心、分控中心的竖向严格管理和横向充分交流，一体化监督考核，系统提升安全管理短板，实现调度命令零差错、调控操作零失误、调控运行零事故的“三零”目标。

三是凝练调控铁军文化，始终保持敬业专业职业能力。油气调控中心坚持把“红色能源动脉”党建品牌创建穿透到调度基层单元，引领推进调控铁军文化落地，以“流量变信念不变、负荷高水平更高、班次换坚守不换、流速快响应更快、指令严规矩更严”的调控铁军精神内涵和二十条行为准则，引导和规范调控系统干部员工强化思想意识、严格工作标准和严肃作风作为，确保147条9.8万公里油气管道的安全高效调运。

（四）推动在役天然气管道和省级管网纳入集中统一调控

一是成立集中统一调控工作专班。油气调控中心成立浙江省网集中统一调控工作专班和广东省网集中统一调控工作专班，编制实施方案，定期召开工作会议、开展业务交流、汇报工作进度，采用“以干代训”等方式选派业务骨干开展业务轮换，推动区域公司值班员开展天然气调度执业资质培训。针对省网融入任务重、标准高、改造多等特点组建成立天然气省网调度台，油气调控中心全面梳理国家管网集团控股省级管网公司的运行情况，探索不同类型省网融入的业务模式、融入方式等，着力构建产业发展新布局，加快打通“全国一张网”集中统一调控的“最后一公里”。

二是推进升级管道的设备升级和功能改造。油气调控中心坚持全国一盘棋、一张网，推动省网公司调控水平迈上更高台阶。结合天然气“全国一张网”调控运行十余年的成熟经验，组织省网公司、川气东送、蒙西管道等原二级管道进行自控通信功能改造、远控和自动分输设备升级等工作。功能改造完成前，通过安装远程监视终端等模式实现对流量、压力等数据的集中监视功能。油气调控中心构建业务交流机制，组织自控、通信和调度等相关业务人员赴现场调研交流，定期组织业务交流会，分享自动分输技术相关情况，明确远控及自动分输改造任务和技术方向，持续形成常态化沟通机制。

三是打造制度体系一体化、标准化工作建设。以油气调控体系一体化管理理念为基础，对标集团公司统一体系制度要求，油气调控中心优化完善省网公司和“二升一管道”的相关规章制度体系，树牢合规意识。持续开展省网融入和集中统一调控模式研究，联合浙江、广东两家省网公司共同发布《省网管道调度运行管理规定（试行版)》，提升省网融入工作的抗风险能力，全面守住省网融入过程重大风险底线。

三、改革成效

一是建成集中统一安全高效调控平台。油气调控中心通过将原有20余个油气调控分中心（调度室）优化为“1主6分”调控格局，实现了垂直管理，调度指挥更高效；调整39条管道调控权，使调控范围更加合理、界面更加清晰，有效消减了调控业务多头管理、调控范围交叉等运行风险。

二是“全国一张网”保供调度能力显著增强。油气调控中心调控战线干部员工以“铁军中的铁军”作风直面极端疫情、自然灾害等各种挑战与考验，始终扛牢油气保供调度政治责任，圆满完成数次冬季保供大考。2023年入夏以来调控体系在保障高温高“烤”下的天然气供应中发挥重要作用，最高日输气量同比增长达12%，获得央视《新闻联播》播报，体现了“国家队”水平。

三是油气管网运行优化水平持续提升。油气调控中心深入践行“绿色管网”理念，主分控共享优化运行最佳实践，深挖管输节能潜力，提高系统用能效率。2023年天然气、原油和成品油管网一次管输量分别同比增长7.96%、4.86%和4.83%，运行优化创效近1700万元。

四是应急前哨作用充分发挥。2023 年，主、分控中控调度精心监控，通过异常排查发现打孔盗油事件 10 余起，维护管网权益、防范运行风险；异常事件发生频次较去年同期减少了 90 起，降低了 40%，调控运行更安全平稳。

五是圆满完成 10 余条天然气管道的二级升一级工作。油气调控中心通过天然气管网的集中统一调控功能改造，建立全覆盖的天然气管网调控体系，进而制定并规范油气行业调控规则、控制功能和发展战略等，进一步强化了国家管网集团的品牌影响力。全力保障省网公司节日、两会和亚运会等重点用气阶段的用气安全，推动浙江省网用气水平快速提高，2023 年 12 月中下旬省网天然气管网输气量达 6575 万立方米/天的历史极值。截至 2023 年底，已完成广西管道、川气东送、蒙西等 10 余条管道的二级升一级工作，纳入一级调控管道 5.07 万公里。

23

扎实推进改革深化提升行动
稳步提升管道行业科技自立自强能力

国家石油天然气管网集团有限公司科学技术研究总院分公司

一、基本情况

国家石油天然气管网集团有限公司科学技术研究总院分公司（以下简称“研究总院”）前身为建于1984年的石油工业部管道局管道科学研究院，是我国管道输送技术领域历史最长、专业最全的科研机构。研究总院以建设具有全球影响力的管输产业科技创新基地为目标，构建“开放、创新、数字化、平台化”科技创新体系，重点聚焦油气管网基础、共性、重大、前沿技术攻关，开展科技成果转化推广和先进技术引进应用。建立了涵盖工程建设、材料与装备、油气输送与储存、完整性管理、数字化与智能化、低碳与新能源、决策与管理七大领域较完备的技术体系，易凝高粘原油流动保障技术、资产完整性管理技术等一批核心技术国际领先，管道运行科学技术总体水平已跻身世界第一方阵，具备较强行业影响力，发展质量较好。

二、经验做法

聚焦科技自立自强，研究总院以代表国家水平、引领行业发展为己任，充分发挥管道科技攻关主力军作用，扎实推进改革深化提升行动，在科技创新、产业控制、安全支撑等方向持续发力，积极践行全面加强国有企业党的领导，稳步提升管道行业科技自立自强能力，取得了阶段性进展。

（一）大力推进新能源管道输运技术攻关，绿色低碳新兴产业体系建设迈出坚实步伐

一是首次提出国家碳网发展战略，并建立百万吨级二氧化碳输送成套标准。研究总院在国内首次提出2060年前形成管输二氧化碳能力10亿吨/年，区域成网、区间联通6万公里国家碳网发展战略，并形成院士建议，报送党中央、国务院。聚焦超临界二氧化碳管输相平衡控制、管道止裂、风险评价等技术自主可控，成功完成国内首次二氧化碳管道全尺寸爆破试验，形成工艺分析、管材止裂、设备选型、安全评价等核心技术体系，建立了我国百万吨级二氧化碳输送成套标准，初步具备支撑示范工程建设和运行的技术能力。

二是初步形成我国高钢级天然气管道掺氢输送成套技术和标准。研究总院围绕氢致损伤量化表征、掺氢泄漏燃爆演化机理、抗氢管材组分设计、组织调控、配套焊接工艺等持续攻关，完成国内首次封闭空间全尺寸掺氢30%天然气管道燃爆和喷射火试验，建立天然气管道掺氢输送评估体系，初步形成我国高钢级天然气管道掺氢输送成套技术和标准。开展了国内首个X52和X60抗氢直焊缝管材研发，完成管材组分设计，为50万吨级氢管道输送工程实施提供技术支撑。

（二）强化重点领域攻关，更好支撑国家战略安全

一是瞄准管道失效与灾害控制“心头大患”，复杂缺陷检测能力实现新突破。研究总院成功研发ϕ1219毫米多物理场管道综合内检测器，完成中俄东线中段259.4公里现场试验，可检测0.3毫米根部开口环焊缝裂纹、

ϕ3 毫米以上针孔缺陷，检出率超过 95%，管道全域应变检测精度优于 0.02%。

二是锻造傲视同行的“杀手锏”，管网仿真开发引领新业态。研究总院联合油气管道仿真、计算流体力学及应用数学领域的顶级研究机构、工业软件公司等组建仿真联合攻关团队，全面开展管网仿真攻关工作，天然气管网离线仿真软件已在油气调控中心与国外软件并行使用，应用里程 5 万公里，计算精度与国外商业软件平均偏差小于 1%；开展 6.1 万公里管网压力测试，首次实现大规模全要素天然气管网工业模拟。

三是助力培育数智转型新兴产业，管网“感传知用”体系攻关取得新成效。研究总院建立智慧管网“能量-信息-物质”基础理论，形成了智慧管网“5 + 15 + N”技术体系。创新单光纤多参数感知、天然气管道泄漏监测等 14 种系统和 11 类模型算法，从感知参数和应用场景两个维度建立了“感传知用”技术体系和应用指引，在中俄、中缅管道典型场景启动综合应用示范。

（三）完善科技创新体制，保障实现高水平科技自立自强

一是创新制定管网技术图谱，指引科技攻关体系化布局。通过层次分析、成熟度评价、编码体系等方法论，研究总院创新制定管网技术图谱编制方法，科学解码管网科技战略，研究形成三类技术图谱和两项有形成果，进一步增强了技术攻关的科学性、系统性和前瞻性，一体化推进集团公司中长期科技攻关、科技人才和基础研发平台规划。

二是抓好顶层设计，制定研究总院科技业务发展规划。在技术图谱的基础上，立足全局抓重点、立足当前抓长远，完成了研究总院五年发展规划，系统分析总院面临形势、研究提出发展思路和目标，明确了 28 个业务发展方向，规划布局了研究总院 2024—2028 年科技业务发展、基础平台建设、人才队伍建设，为研究总院科研业务高质量发展提供了纲领性文件。

三是提升服务能力，创造良好科研生态。研究总院立体优化科研管理制度与流程，大力推进科技管理平台和“零代码”应用，实现科研项目、知识产权、标准一站式管理和服务，科研项目过程管理、设备管理效能显著增强。采用“揭榜挂帅”方式，对国家和集团公司项目实行公开、公平竞聘项目经理，英雄不问出处，“谁行谁上、能者挂帅”，科研人员创新热情和积极性显著增强。聚焦管网科技前沿，2023 年设立面向博士人才和青年人才的科技新星培育项目 9 项，其中青年人才项目 7 项，青年人才创造热情显著高涨。

（四）严格落实“两个一以贯之”，以高质量党建引领保障改革深化提升行动

一是聚焦“政治铸魂”提供政治保障。研究总院深入学习贯彻党的二十大精神，规范运行“第一议题”机制，自觉把党建工作和集团公司、研究总院重点任务同安排、共部署，梳理细化七大类 26 方面 124 项党建工作举措并一体推动落实，充分发挥党委“把方向、管大局、保落实”作用。

二是聚焦“思想凝心”提供思想保障。研究总院深入开展学习贯彻习近平新时代中国特色社会主义思想主题教育，深入推进理论武装工作，全面加强员工思想引领，开展宣讲 15 次，围绕形势任务组织研讨 11 次。

三是聚焦“人才赋能”提供人才保障。研究总院严格选拔任用企业关岗人员 16 名，引进海内外高端人才 5 名，社会招聘急需专业技术人才 9 名，新入职硕士、博士生 38 名，持续增强研发能力。

四是聚焦“组织强基”提供组织保障。依托国家重点研发计划项目，研究总院打造参研单位“党建联合体”。围绕内检测技术攻关、天然气管网仿真等 10 项重点项目，成立十大党员攻关组，深化党建与科研工作融合，引导党员在重点科研项目攻关中发挥先锋模范作用。

五是聚焦“文化引航”提供文化保障。研究总院开展“创新文化集中宣传月”活动，组织科技成果展示、专家学者论坛等，引导广大科技工作者把创新理念内化于心外化于行。

六是聚焦“作风塑形”提供作风保障。研究总院紧盯重大科研攻关项目，细化措施开展政治监督，探索构建具有科研业务特色的监督模式，把监督检查抓在经常、融入日常，确保科研攻关合规有序推进。

三、改革成效

一是科技创新能力显著增强。研究总院聚焦安全输送、高效运行、价值服务三大需求，2023 年全年共承担各级科研项目 94 项，科技工作 51 项，受理发明专利 109 项，申请软件著作权登记 62 项，发布 ISO 标准 1 项，主导制/修订国际、国家、行业等标准 67 项。成功入选国务院国资委创建世界一流专业领军示范企业，荣获中国优秀专利奖等科技成果奖励 5 项，连续两年获得国家管网集团科技创新先进单位，新能源储运研究、油气管网智能传感器及系统研发与应用 2 个团队入围集团公司优秀创新团队，张斌等 6 人获集团公司科技创新相关领域个人荣誉称号。

二是产业控制能力逐步增强。研究总院高质量完成国家部委《国家天然气应急储备运行调度机制优化》《公平开放与保供责任协同体系研究》《碳中和愿景下氢气与二氧化碳管道输送发展战略研究》《油气管网智能化发展战略研究》等课题，为国家加强产业控制和推动相关产业发展提供技术支撑。立足科技自立自强，积极推进国产化替代工作，以创新、品质、服务为特征的管网仿真、管网检测、管道化学剂等品牌效应初现。“仿真计算引擎”开发取得新突破，离线仿真软件已具备工业级水平，计算精度与国外商业软件相当。首次以技术转让方式提供安全高效环保型清洗剂（闪点 >70℃），完成庆铁一线 59.45 公里废弃管道清洗作业。研究总院首次以知识产权许可使用方式推广内检测核心技术成果，销售综合内检测数据分析系统等 4 套系列化分析与评价软件，创造经济效益 1000 余万元。

三是安全支持能力得到强化。研究总院管道风险评价软件应用超过 9 万公里管道，涵盖了集团公司所有干线管网和部分支线，为国家管网管道完整性管理提供了坚实的技术保障。完成鲁宁线螺旋焊缝异常特征识别判定与分级排序、东临复线冷热油交替输送管道疲劳分析评价，管道失效控制工作取得阶段性进展。成功实施华北分控中心 6 套泄漏监测系统集成开发，完成石兰线、惠银线泄漏监测系统实现升级改造，泄漏监测与管控能力稳步提升。

24

聚势赋能　打造5G+安全服务品牌

国家管网集团深圳天然气有限公司

一、基本情况

国家管网集团深圳天然气有限公司（以下简称“深圳天然气有限公司”）成立于2008年9月，前身为中海石油深圳天然气有限公司，于2020年10月划转至国家石油天然气管网集团有限公司（以下简称“国家管网集团”）。目前深圳天然气有限公司各股东持股比例为国家管网集团占70%、深圳能源燃气投资控股有限公司占30%，隶属于国家石油天然气管网集团有限公司液化天然气接收站管理分公司管理，为国家管网集团三级子企业，主营业务为LNG接收站运营管理。深圳天然气有限公司以习近平新时代中国特色社会主义思想为指引，坚持“两个一以贯之”，认真践行习近平总书记“四个革命、一个合作”能源安全新战略，坚持将落实国企改革三年行动与推进公司高质量发展结合起来。2023年深圳天然气有限公司成功入围国务院国资委“双百企业”，成为国家管网集团首批入选“双百企业”的三家单位之一。2023年深圳天然气有限公司经营业绩再创新高，全年外输量突破500万吨，全年收入为20亿元，全员劳动生产率达1453万元/人，营业现金比率为72.3%。

二、经验做法

（一）强化顶层设计，加快 LNG 接收站数字化智能化绿色化转型升级

一是紧跟大势，做好顶层设计。按照国家管网集团新一代信息技术、大数据、人工智能等新兴技术支撑数字化转型的发展主线，在大力进行平台统建的同时开展速赢项目，构建“大树与小草”系统生态，并快速落地、快速见效。深圳天然气有限公司一直秉持“数字化让国家管网与众不同”的愿景，以“工业互联网 +”为抓手，全力推进数字化转型和智能化建设，全面提升 LNG 场站智能化管控水平。

二是从技术供给和需求牵引双向发力，推动成果高效转化应用。深圳天然气有限公司回归业务场景本质，针对 LNG 接收站具备运营环节多、风险作业多、介质危险大等特点，与华为深度合作，采用调查问卷、现场考察、调研访谈、交流讲座等方式剖析基层单位检维修作业过程中的痛点与难点。以“创新工作室”为“孵化仓”，创建科技创新和技术交流培育站，全程参与 5G + 安全作业管理平台的开发，以提高工作效率、减轻基层员工负担、提升现场安全管控水平等结果为导向，秉承“三用原则”（愿意用、方便用、喜欢用）促进成果转化，加快 LNG 接收站数字化智能化绿色化转型升级。

（二）加快智慧管网技术攻关及应用，打造接收站安全发展新引擎

一是推动传统产业数字化升级，夯实网络安全基础。深圳天然气有限公司聚焦 LNG 场站内网络信号覆盖不全、施工条件复杂风险高等业务痛点，国内首次在 LNG 接收站高风险区部署 5G 双域专网，实现办公网与 5G 专网无感切换，利用 5G 网络大带宽、低时延、大连接、高安全的特性赋能场站超 100 类应用场景，驱动场站在安全管理、生产运维等领域管控方式升级，培育高质量发展新动能。

二是加强数字化技术与企业生产经营管理深度融合，全面提升现场安全管控水平。深圳天然气有限公司聚焦LNG场站检维修作业风险高，管控难度大，监管人员少的痛点，将5G、云平台、物联网、大数据、人工智能、人员定位等新一代信息化技术手段融入安全作业管理平台，通过数字化手段减少人为自选动作，降低生产误操作风险。关联600多个DCS、FGS等系统关键数据，实现现场风险感知能力提升70%。20套移动智能终端与200个固定摄像头加持AI算法，作业违规识别率为100%，辅助风险作业可管可控。

三是突破数据壁垒增强数据信息联动，深入实施工业互联网创新发展战略。深圳天然气有限公司聚焦作业信息不集中、共享不及时的痛点，构建不同层级的领导驾驶舱“一张屏”，实现风险作业远程可视，应急状态一目了然；“零延迟”音视频交互，发现违规行为及时制止；六大类应急数据实时采集和三级数据集成共享，保障应急处置响应联动。安全作业管理平台充分发挥5G网络一网多用，将AI智能分析、大数据分析、知识沉淀等多技术融合，打造接收站安全发展新引擎。

三、改革成效

深圳天然气有限公司按照数字化、智能化打造“少人站”“无人站”的总体思路，以管网数字云平台为载体，“云、管、边、端”协同，借助5G专网快速互联智能终端，连接数据孤岛，用5G赋能场站典型业务场景，加快LNG接收站数字化智能化绿色化转型升级，打造接收站安全发展新引擎，打响安全服务品牌。

一是提升业务场景智能化应用，改善劳动强度、优化工作环境。深圳天然气有限公司通过部署5G智能挂轨机器人，全天候360度不间断巡检，快速感知微小泄漏，及时发现事故苗头，避免人工巡检不到位，提升监管质量。通过部署5G巡检机器人、5G布控球，让机器代替人巡检，算法辅助人监管，实现异常情况自动告警，因而员工劳动强度减小60%，远离了风险场所，人身伤害概率降低。

二是深挖系统应用潜能，数据赋能安全、提升工作效率。深圳天然气有限公司安全作业管理平台配套5G双域专网，让管理指令贯穿整个作业现场，实现信息填报智能推送，5000+历史经验沉淀复用，15种规则固化内置优化，减少人为自选动作。线上审批5秒提醒，审批时间缩短70%；人员位置信息自动识别，优化作业票签发模式，确保人员深入现场履职尽责。

三是加快数智成果转化，创新工作模式、提高效益效能。深圳天然气有限公司全国首创5G+“云接臂、云拆臂”卸船、5G+海关无人查船应用，实现在不登轮的情况下，远程接拆卸料臂和海关查船，创新作业模式，员工数量同比减少30%，工作效率提升70%。充分利用5G+安全作业管理平台成果，融合人员定位、AI智能识别、大数据等技术，对安全作业管理平台功能优化升级，并在集团内部7家LNG接收站推广应用。

四是经营业绩再创新高，各项指标位居行业领先。深圳天然气有限公司以数字化转型为动力领跑行业发展，2023年全年外输量突破500万吨，全年营业收入为20亿元，全员劳动生产率达1453万元/人、营业现金比率为72.3%、净资产收益率为33%，各项生产经营指标均处于行业领先水平。

25

聚力深化改革“五大行动”全面提升首都电网战略核心功能

国网北京市电力公司

一、基本情况

国网北京市电力公司（以下简称“国网北京电力”）是国家电网有限公司（以下简称“国家电网”）全资子公司、国家电网服务首都的窗口、首都能源骨干企业和最大的公共事业单位，负责北京地区电网规划、建设和运行管理，服务客户901.6万家，承担着保障首都电力安全的神圣职责，肩负着保障党和国家首脑机关及重大政治活动可靠供电的光荣使命。国网北京电力持续深化改革攻坚，坚定不移地重改革、强管理、提质效、促发展，积极服务新时代首都“一核一翼”建设、“双碳”目标等重大战略，圆满完成党的二十大、“一带一路”高峰论坛等重大活动保电任务，走出了一条具有央企特色的现代国有企业高质量争先发展之路。

二、经验做法

国网北京电力坚持以习近平总书记关于国有企业改革的重要讲话和指示批示精神为根本遵循，把发挥保障首都电力安全的战略核心功能价值放在优先位置，全面推进深化改革“五大行动”。

（一）实施安全支撑行动，夯实战略核心功能根基

一是健全安全管理体系。国网北京电力优化安全履责督责制度，制定各级领导班子安全生产履责和年度重点任务“两个清单”，建立可量化、可评价指标，定期公布履责情况。深化“设备主人制”和“项目经理负责制”，制定建管、运行、施工、监理等业务流程安全权责清单 9497 项，压实工区、班组执行主体责任。

二是健全风险防范机制。国网北京电力落实双重预防机制，优化风险管控信息系统（IOSS）功能和人员风险辨识机制。开展风险管控查录音、查系统、查现场“三查”活动，2023 年累计治理隐患 1190 项。建成全场景网络安全仿真靶场，推进边界、终端、数据全维度技防升级，“零失分”通过国家网络安全实战演习。

三是健全供电保障系统。国网北京电力夯实电网、设备、客户和消防安全基础，强化电网运行、设备运维、建设施工等关键领域安全管控。完善应急体系，提升防汛防涝、防雨雪冰冻等抗灾快速响应能力。2023 年，平稳应对 5 轮高温、寒潮大负荷冲击；面对 140 年不遇的特大暴雨，14 天实现全部有人居住村（户）通电 100%。

（二）实施能源转型行动，筑牢战略核心功能阵地

一是优化电网发展格局。国网北京电力积极推进数智化坚强电网建设，优化资源配置，形成新质生产力。加快建设环京特高压电网，推动科学城、亦庄、CBD 等 500 千伏变电站落地，打造“常态优运行、灾时速复原、极端保重点”的韧性主网。深化现代智慧配电网建设，实现城市区域 3.9 万台融合终端营配交互率达 85%。

二是优化新型电力系统。国网北京电力打造首都能源绿色低碳转型北京城市副中心、核心区草厂街区、怀柔科学城、大兴生物医药产业基地、延庆西大庄科村“五大示范区”，形成新型电力系统“城市—园区—街区

—村庄”四级示范体系。车网互动平台接入充电桩 10.4 万台，完成国内最大规模公交充电桩聚合响应。

三是优化清洁能源消纳。国网北京电力促成签定国内首个全绿电“晋电入京”协议，引入京津唐“点对网”配套绿电。研究出台新能源汽车充电服务、充电基础设施建设政策配套落地举措，累计建成充电设施 1.5 万台，形成“城市核心区 0.9 公里、市区 5 公里”充电网络圈。推广绿电绿证交易，2023 年完成 44 万张绿证交易。

（三）实施服务首都行动，彰显战略核心功能风范

一是持续优化营商环境。国网北京电力主动融入国家试点城市建设，启动电力营商环境三年提升行动。实施背街小巷和“城市家具”治理，完善“五联”（联合报装、联合勘察、联动施工、联合验收、联动过户）服务举措，拓展“三零”（零上门、零审批、零投资）服务范围。常态化开展 95598、12345、12398 等反映问题整治。

二是持续强化服务品质。国网北京电力围绕“一核一翼”“三城一区”等区域功能发展需要，聚焦芯片制造等新兴产业、综合交通枢纽等重点工程、未来科学城等工业园区需求，强化“电等项目”超前服务模式。畅通“网上国网”等服务渠道，线上办电率达 99.34%。实施为民工程提升行动，深化客户经理“网格化”服务，完成 103 个老旧小区配电设施改造，惠及居民 6.63 万户。

三是持续深化电能替代。国网北京电力依托智慧能源平台开展电能替代项目管理。推动“煤改电”从平原向山区拓展，全市电采暖用户超 136 万户。深化“三零 + 全电餐饮”服务，完成 2077 户非居民液化气改电。建成通州“零碳村”及大兴“零碳供电所”。

（四）实施提质增效行动，积聚战略核心功能优势

一是加强多维精益管理。锚定“一利稳定增长，五率持续优化”目标，国网北京电力围绕决策支持、投资问效、创新实践，构建“多维+”（设备运检、研发投入、安全投入、电网投资、营销服务、产业管理、资金管理、风险防控、供应链管理等）运营管理体系，推进预算与专业融合、价值与项目匹配。构建“两级三维度”内部模拟市场，实现165家供电所“质效看板”全覆盖。

二是加强经营活动管控。国网北京电力坚持综合计划定调子、财务预算定执行，统筹以做强业扩报装等传统业务稳增量，以做大电动汽车充电等新兴产业拓变量，提升子公司稳健经营发展能力。动态分析“量价费损本”关键指标。大力实施“卓越+”工程，推动职责、流程、制度、标准、考核五要素协同发力。

三是加强风险防范管理。国网北京电力开展合规管理提升行动，印发“一库两清单”，编制327项合规指引，将合规要求嵌入业务关键环节。发挥经济活动分析会功能，超前开展运营、投资、债务等风险预警预控，加强业扩报装、招标采购等重点领域全程管控。

（五）实施管理变革行动，增强战略核心功能活力

一是深化一流企业建设。国网北京电力紧扣产品卓越、品牌卓著、创新领先、治理现代四大维度，扎实落实世界一流企业建设。深入实施价值创造行动，选取东京、巴黎、新加坡等国际一流城市电网企业，聚焦营收利润、可靠性等21项指标，深入开展对标研究，深度诊断评估企业价值创造能力。

二是深化三项制度改革。国网北京电力强化岗位聘任、员工绩效管理，打破合同终身制、岗位固定制、分配平均制。实施“一岗多级、跨级交叉、绩效联动”双宽带岗级体系，拓宽职工岗级成长及收入增长空间。开展人才专家“赛马”，加强首席专家、中央企业技术能手、全国技术能手等人才储备。

三是深化科技创新升级。国网北京电力聚焦自主可控变电站等重点领域，系统推进技术攻关、标准制定、专利布局和工程示范。组建跨专业、跨单位、内外协同的柔性团队，打造储能技术等国家级研发平台。加强首席、高级、优秀三级专家梯队建设，发挥“劳模创新工作室”“青创赛”等载体作用，搭建一批创新创效的舞台擂台。

三、改革成效

一是首都供电安全持续加强，政治责任履行更加到位。2023 年，国网北京电力以讲政治的站位完成北京特大暴雨救灾抢险，6 名员工作为电力代表在现场接受了习近平总书记的慰问。圆满完成“一带一路”高峰论坛等 234 项保电任务，337 个保电日全部实现无差错、零失误。以“首都无小事、事事连政治”的心态狠抓现场安全管理，各级领导人员开展“四不两直”督察 3.04 万人次，在作业数量同比翻番的情况下实现现场安全零事故。

二是公司发展质效持续提升，经济责任担当更加充分。国网北京电力紧扣“一利五率”核心指标，国有资产实现了保值增值目标。2023 年，售电量 1285.52 亿千瓦时，同比增长 7.17%；新增接电 1083.33 万千伏安。营业收入 832.38 亿元，同比增长 7.04%；净利润 4.24 亿元，同比增长 1470.37%；营业现金比率 14.21%，同比提升 5.57%；资产负债率降至 59.58%，同比压降 2.43%。

三是助力北京低碳持续升级，社会责任表率作用更加突出。国网北京电力立足首都率先实现“双碳”目标，为社会践行低碳生产生活提供了示范样板。2023 年，消纳绿电 325 亿千瓦时，同比增长 11.47%；外调绿电 271 亿千瓦时，同比增长 12.44%；北京地区可再生能源电力消纳责任权重完成 24.3%，创历史新高；首都 8000 余辆电动公交车 100% 用上绿电；完成电能替代电量 12.10 亿千瓦时。推进网格服务“微中心”建设，客户投诉同比下降 12.02%。

26

打造能源革命先锋城市 助力“双碳”目标落地

国网天津市电力公司双碳运营管理分公司

一、基本情况

国网天津市电力公司双碳运营管理分公司（以下简称“国网天津双碳运营公司”），是国家电网有限公司（以下简称“国家电网”）三级单位，属于电力、热力生产和供应业。国网天津双碳运营公司成立于2023年5月，是国家电网首家双碳运营管理公司，是全国首个经政府授权、电网企业牵头、相关方参与共建的综合性“双碳”服务平台。成立以来，国网天津双碳运营公司始终以引领生产生活方式低碳转型为目标，为政府、企业及社会公众提供全方位的节能降碳服务，推动天津市尽快实现碳达峰碳中和目标。国网天津双碳运营公司负责整合能源大数据中心、新能源云等平台数据资源，搭建双碳运营管理数字服务体系，提供数字产品服务，支撑政府部门开展区域级、行业级碳排放监测、碳中和路径研究、减排分析规划等工作，负责为社会企业提供碳排放核算、减排项目规划开发、碳资产管理、碳评估认证等咨询服务。

二、经验做法

国网天津双碳运营公司坚决贯彻习近平生态文明思想，深入落实“碳达峰、碳中和”目标，深化体制机制改革，积极探索“双碳”领域新业态和新模式，助力构建新型电力系统，推进“双碳”工作系统化体系化创新实践，全力打造天津电力“双碳”先行示范区，引领能源革命先锋城市建设，助力天津市全面建设社会主义现代化大都市。

（一）强化政企合作，争当能源绿色低碳转型的引领者

一是战略统领、统筹谋划，制定电力“双碳”先行示范区实施方案。国网天津双碳运营公司聚焦能源领域供应清洁化、消费电气化、配置智慧化、利用高效化、服务便捷化和行动社会化“六化”目标，积极配合政府编制电力“双碳”先行示范区实施方案，打造电力“双碳”先行示范区。

二是政企合作、协同联动，建立健全共同推动落地的良好机制。依托天津市授权成立的天津市碳达峰碳中和运营服务中心，国网天津双碳运营公司建成首个省级新能源云碳中和支撑服务平台，支撑构建“测碳—算碳—用碳—降碳”全链条服务，荣获国家发改委、中央网信办等八部委授予的“国家智能社会治理实验基地”荣誉称号。

三是立足行业、服务社会，全面推动实现“双碳”目标的举措落地。国网天津双碳运营公司依托新能源发电项目、实施电能替代改造以及购买绿电和碳汇等多种方式，助力天津港 C 段码头实现净零碳排放，成为全球首个零碳码头。促进天津绿电市场发展，为 513 家企业提供绿电服务。其中，促成为期 10 年、总量 5 亿千瓦的长期绿电供应服务交易。

（二）发挥行业优势，争当构建新型电力系统的示范者

一是加强数字赋能，优化电力营商环境。国网天津双碳运营公司立足电网企业，将服务绿色低碳发展作为优化电力营商环境的重要内容。提高新能源并网服务水平，为新能源规划、建设、并网、消纳、补贴等全流程业务提供一站式服务，推动全环节工作高效透明。将电网各个节点的碳排放情况进行量化，推动电网潮流转化为“碳流”，直观反映电网新能源出力以及碳流的走向，支撑新能源开发利用与电网建设，打造电力“宜商、宜民、宜效、宜治”服务新品牌。

二是加强电能替代，促进能源消费电气化。国网天津双碳运营公司建成全国首个数据中心余热规模化商业运营项目——清数科技园项目，年减排二氧化碳1659吨。投运天津市首个政府机关能源托管项目、天津市首个能源与物业“双托管”项目，新增托管面积15.8万平方米，年减排二氧化碳1778吨，获用户高度评价。

（三）坚持变革创新，争当绿色低碳生产生活的推动者

一是面向政府、协同联动，服务政府碳排宏观管控。国网天津双碳运营公司开发碳排放监测应用，实现16个行政区、7个重点行业监测。与天津市生态局开展深入合作，在重污染天气应急响应期间，对钢铁、化工等行业的控排情况进行重点监测，每日为政府提供监测分析报告，服务政府进行行业管控。聚焦减污降碳协同治理，搭建指标体系，对静海区1176家涉气企业开展电税污碳综合评价。

二是面向市场、业务创新，服务企业节能减排增效。国网天津双碳运营公司深化碳减排服务、碳资产运营场景应用，“双碳”服务平台入驻企业超2万家。平台归集能源、产值、碳排等明细数据信息超90万条。服务外贸型企业低碳需求，为空客、巴斯夫、施耐德等企业开展绿电交易、碳管理培训，满足外贸型企业碳管理要求。服务天津宝坻九园工业园低碳园区建设，核算园区56家企业碳排放情况，编制《绿色低碳发展建议书》，为园区低碳转型提供支撑。

三是面向社会、拓展实践，服务公众绿色低碳生活。国网天津双碳运营公司面向公众开展碳普惠活动，打造“津碳旅”碳普惠应用，开发绿色出行、低碳生活等6个低碳生活场景，在蓟州盘山景区和宝坻旅游村推广应用，碳普惠商城上架商品40余种，完成碳币核销和产品兑换，有效助力居民和游客推进绿色生活、绿色消费。结合全国节能宣传周、全国低碳日等主题活动，开展“双碳”进校园、进企业、进社区等系列活动，宣传普及“双碳”知识，扎实做好文明实践，提升社会公众绿色低碳意识。

（四）挖潜降碳增效，争当企业碳排放率先达峰的先行者

一是强化顶层设计，搭建碳管理制度体系。国网天津双碳运营公司研究制定碳管理办法，明确碳管理业务模式、工作流程、指标管理和考核要求，厘清各职责界面，形成持续加强碳管理、强化重点领域节能降碳、加强降碳技术能力建设、加强电网项目生态环境保护等方面机制，为开展碳管理工作提供理论依据和决策支撑。

二是强化精益管理，健全碳资产管理体系。国网天津双碳运营公司针对性梳理各类碳账户指标体系，汇集碳排放、碳减排、碳交易等数据，精准刻画用户碳画像，为进一步扩展新能源云碳中和支撑服务平台碳管理、碳公信、碳金融等方面场景应用提供有力支撑。

三是强化节能减排，建立碳排放管理机制。国网天津双碳运营公司构建碳减排、能耗和碳排放 2 套评价指标及测算工具，对直接排放源、间接排放源、六氟化硫逸散等二氧化碳、温室气体排放和“双碳”目标贡献力进行衡量、评价和预测，预测企业碳排放数量，确定碳减排目标，推广实施重点领域碳减排项目，提高碳资产使用效率。

三、改革成效

一是实现“双碳”业务五个“首类”突破，探索了实践路径。国网天津双碳运营公司开拓碳核算、碳管理、碳规划、碳认证、碳足迹 5 类“双碳”业务，为“双碳”工作提供样板示范。首次签订企业碳排放核算合同，为国安盟固利等 3 家用能企业开展碳核算；签订首单面向园区的碳管理业务，为宝坻九园工业园区开展碳管理；签订首单碳规划合同，助力滨海中关村打造零碳智慧园区；完成首个碳中和认证，为津门湖新能源车综合服务中心开展2023年度碳中和认证，打造碳中和场景示范；签订首单电工装备产品碳足迹核算业务，开展电缆附件碳足迹核算，支撑国家电网绿色低碳转型。

二是打造系列引领性示范性成果，服务“双碳”目标落实。国网天津双碳运营公司建成滨海能源互联网综合示范区，服务世界单体最大的华电海晶等新能源项目并网，成立滨海绿电发展服务中心，推动绿电交易再增长。零能耗智慧建筑亮相“奋进新时代”主题成就展，并被中国共产党历史展览馆永久收藏，基本建成宝坻“一园一村”“双碳”示范工程，建成于家堡“双碳”创新充电示范站等一批标志性工程，亮相碳博会、进博会等平台。

三是宣传推广天津“双碳”实践，得到社会各界高度评价。国网天津双碳运营公司投运电力双碳中心，累计接待全国人大代表、天津市委市政府、国家电网、高等院校、中央媒体等210余批次调研指导。天津市主要负责同志肯定电力双碳中心打造了天津“双碳”工作的示范窗口，树立了标杆、做出了示范引领。中心展项亮相2023年全球能源互联网大会和世界智能大会等主题展览，得到新华社等新闻单位广泛报道。

27

以改革之矛破创新之壁 助推能源清洁低碳转型

国网冀北电力有限公司

一、基本情况

国网冀北电力有限公司（以下简称“国网冀北电力”）于2012年2月正式独立运作，是国家电网系统最年轻的省级电网企业。由于独特的地理区位和历史沿革，国网冀北电力肩负着“一保两服务”的特殊职责使命。“一保”是保障首都供电安全，北京70%用电通过冀北网架输入，承担着保障首都供电安全的重要职责。“两服务”是服务冀北地区经济社会发展和服务国家新能源发展，保障唐山、张家口、秦皇岛、承德、廊坊五市电力供应和环京进京万余公里输电大通道安全运行，五市的直接供电面积10.41万平方公里，供电服务约2351万人。国网冀北电力以构建坚强智能电网为己任，努力为冀北五个地市的经济发展和社会民生提供可靠电力保障和优质供电服务；以保证新能源及时并网、可靠消纳为重要责任，努力为新能源发展提供网架支撑。

二、经验做法

（一）坚持清洁低碳、绿色发展，争创新型电力系统示范标杆，打造能源转型最佳实践

国网冀北电力深入贯彻习近平总书记提出的“四个革命、一个合作”

能源安全新战略和“碳达峰、碳中和”部署，立足地区禀赋特点、电网发展态势和创新工作基础，以系统思维加快构建新型电力系统，推动能源电力发展大踏步向清洁低碳方向转型。

一是畅通新能源发展“大动脉”。冀北地区新能源资源丰富，张家口地区是国家可再生能源发展规划的千万千瓦级风电基地，也是国家九大新能源基地之一。为开发利用好新能源资源，国网冀北电力建成投运 3 项 500 千伏工程，开工 1 项特高压、4 项 500 千伏工程，开展前期 1 项特高压、4 项 500 千伏工程，推动 1 项特高压、6 项 500 千伏工程调整纳入“十四五”电力规划，持续优化各级电网结构。建成国内首个纯交流汇集送出系统下的新能源分布式调相机群，率先实现“新能源 + 储能 + 调相机”落地，累计提升新能源送出能力 130 万千瓦。发布全国首个涵盖新能源并网全过程的服务手册，缩短办理时间 27 个工作日，受到社会各界广泛好评。

二是蓄满新型电力系统“动力源”。国网冀北电力发布《冀北公司新型电力系统全域综合示范行动》白皮书，探索省级电网一揽子解决方案。建成同期世界上规模最大的可再生能源项目——国家风光储输示范工程，建设总规模为风电 500 兆瓦、光伏 100 兆瓦、储能 70 兆瓦，为全球规模最大、运行方式最多，综合控制水平最高，集风电、光伏、储能、智能输电于一体的大规模新能源综合利用项目。建成世界海上油田交流输电电压最高、规模最大的中国海油渤海油田岸电替代项目。

三是打造绿色电力交易“助推器”。国网冀北电力持续扩大省内新能源市场化交易规模，制定绿电交易优先调度实施细则，开展绿电权益属性认证管理，实现了绿电消纳电量溯源和追踪，开启了河北省绿电认证先河。打造新能源外送共商组织模式，开拓省间绿电市场，紧密跟踪跨区跨省绿电市场交易需求，协调利用省间送电通道，2023 年冀北新能源外送交易完成电量 167.87 亿千瓦时。在持续做强做优省内市场的同时，国网冀北电力利用省间电力余缺互济空间，服务公司经营发展，推动能源资源大范围优化配置。创新构建的“四方协作机制”，供暖季交易电量 23 亿千瓦时，实现了政府要绿、发电要利、居民要暖、电网保供的多赢诉求，得到国务院办公厅通报表扬。

（二）坚持深化改革、创新驱动，争创高质量发展标杆，打造一流省级电网企业

习近平总书记指出，要把全面深化改革作为推进中国式现代化的根本动力。国网冀北电力始终将改革作为破冰攻坚的“关键一招”，加强顶层设计，统筹推进各项改革任务，破除体制机制障碍，最大限度激发内在动能。

一是构筑科技创新“新高地”。国网冀北电力深刻领会习近平总书记提出的“四个面向”的深刻内涵和价值意蕴，深入开展“科技抓总、专业主导、机构支撑、属地示范”创新体系建设，全面布局新型电力系统关键技术攻关，精准实施科技创新和国家风光储输示范工程登高等行动。与电力保供和能源转型充分融合，设立科技专项成本项目，联盟上下游单位，持续完善技术网络生态平台顶层设计，全力服务现代产业链链长建设。张北柔直示范工程创造 12 项世界第一；首次荣获国际电工委员会（IEC）1906 奖；牵头立项绿电交易国际电工委员会（IEC）国际标准，主导发布虚拟电厂领域全球首套国际标准《虚拟电厂用例》，有力支撑绿电供应，得到国务院参事室肯定。

二是贯通数据价值“新赛道”。国网冀北电力深刻领会习近平总书记关于加快建设数字中国的重要论述，聚焦核心业务，完成营销 2.0、采集 2.0 系统、智慧共享财务平台和省级配电云主站上线运行，全面建成“电网一张图”，实现 1000 千伏到 380 伏拓扑贯通，数据准确率达到 99.5% 以上，动态电网一张图量测数据准确率达到 97%。聚焦基层减负，人工智能平台实现“业务—视频—AI”全流程贯通，流程机器人（RPA）服务超2156名基层员工，提升工作效率20倍。聚焦数据挖潜，国网冀北电力围绕服务政府社会等外部关切，组织编制“电力看冰雪经济”等具有区域特色的数据应用分析专报28份，累计形成高价值对内应用分析成果35项，获得河北省政府及国家电网有限公司党组批示肯定39人次，获得各市政府批示肯定34人次。

三是谱写高质量发展“新篇章”。党的二十大报告提出，要加快建设世界一流企业。国网冀北电力主动融入世界一流企业建设大局，全力实施一流电网跨越、一流管理提升、一流服务卓越、一流队伍锻造、一流文化铸魂“五大工程”，实施80项重点任务。将价值创造融入重大经营决策事项，聚焦“一利五率”核心指标，确定17项关键指标和41项专业指标，从专业价值和单位贡献度两个层面全方位开展价值诊断，挖掘29个深层次制约因素，提出31条价值创造能力提升措施，专业指标提升率超过90%。相关做法被中宣部《半月谈》、财政部《国有资产管理》等大篇幅多视角报道。

三、改革成效

（一）破解发展难题，塑造高质的冀北公司

国有企业改革深化提升行动实施以来，国网冀北电力全力克服刚性投资高、运维成本高、电量增速低、电价水平低的“两高两低”难题，公司发展质量、经济效益、综合实力全面提升。第三周期输配电价政策平稳落地，未来三年新增投资348亿元，较上一周期提高184亿元，可拉动上下游社会投资约700亿元，有力服务电力保供和电网发展。营业收入增幅超过营业成本增幅0.7个百分点，净资产收益率同比提高3.77个百分点，盈利能力和资本回报水平显著提升，经营质效持续提升。

（二）推动电网转型升级，打造新型的冀北电网

以河北新型能源强省建设、张家口国家可再生能源示范区和国家电网有限公司张家口新型电力系统示范区为依托，国网冀北电力实施电源友好、主网增强、配网升级、负荷响应、储能联动、调控提升、市场建设、数智赋能、气象服务、生态共赢“十大工程”。张北柔直工程荣获中国工业大奖、国家优质工程金奖。“冬奥电力工程项目群”荣获国家水土保持示范工程，1 项工程荣获中国安装工程优质奖，3 项配网工程获评国家电网百佳工程。

（三）巩固绿色发展优势，彰显“双碳”落地的冀北作为

2023 年，国网冀北电力 58 个集中式、84 个分布式新能源项目和 6. 88 万户屋顶光伏成功并网，新增装机容量 1204. 8 万千瓦，数量规模均创历史之最，新能源总装机容量突破 5000 万千瓦，统调占比 75. 57%，成为全国首家新能源装机容量超过常规电源的省级电网。绿电交易量达 196 亿千瓦时，占全国规模近三成，相当于节约标准煤 629. 67 万吨，减少二氧化碳排放量 1637. 13 万吨。

28

大力弘扬新时代央企科学家精神 构建西电东送高质量发展新格局

中国南方电网有限责任公司超高压输电公司

一、基本情况

中国南方电网有限责任公司超高压输电公司（以下简称“南网超高压公司”）成立于2003年，负责管理、运营、维护和建设南方电网跨省区骨干网架和重要联络线，管辖西电东送“八交十直”及两回500千伏海南联网大通道，送电能力达5660万千瓦。南网超高压公司大力践行创新驱动发展战略，通过“定战略、融四链、育成果、强队伍”，推动西电东送由±500千伏常规两端直流发展为±800千伏混合多端柔性直流，实现特高压柔性直流装备全国产化，建成世界上规模最大、结构最复杂、科技含量最高的交直流混联大电网，牢牢占据世界直流输电技术制高点。2023年，南网超高压公司作为全国唯一电网企业获中国科协、科技部等联合授予的“科学家精神教育基地”称号，特高压柔性直流输电技术研发团队荣获中共中央、国务院授予的首届“国家卓越工程师团队”称号。

二、经验做法

南网超高压公司贯彻落实党的二十大关于科技强国、人才强国工作部署，强化企业科技创新主体地位，大力弘扬新时代央企科学家精神，聚焦科技强企、创新生态、产业升级、科技人才，加快突破关键核心技术，大力锻造精品工程，持续打造直流输电领域国家战略科技力量，服务和支撑能源行业高质量发展。

（一）聚焦科技强企“定战略”，引领能源发展新方向

一是融入国家重大战略需求。南网超高压公司面向世界能源科技前沿，强化国家能源科技战略趋势研判，调动科学家队伍深度参与“储能与智能电网技术”“国家质量基础设施体系”“智能传感器”等国家重点研发计划，积极申报“科技创新2030——智能电网”国家重大专项，主动承担更多国家级科研任务。

二是强化创新战略布局研究。南网超高压公司组建科学家战略研究团队，充分发挥院士、专家顾问、高层次人才战略发展咨询作用，围绕深化数字化绿色化协同、推动构建新型电力系统和新型能源体系，优化基础研究体系布局，以基础研究引领应用研究，以应用需求带动基础研究。

三是加大战略原创技术供给。对标国务院国资委原创技术策源地“重点关注类”企业，南网超高压公司组织开展目标导向基础研究、前沿颠覆性技术突破等11个专项行动，建立具有南网特色的原始创新体系，力争在新型电力系统运行机理与安全稳定控制、超远距大容量新能源基地送出、高端智能传感器等原创技术方向上实现领跑。

（二）聚焦创新生态“融四链”，构建科技攻关新格局

一是搭建“人才+平台”创新联合体。南网超高压公司携手IEEE PES成立国际首个直流电力系统技术组织，打造“特高压电力技术与新型电工装备基础国家工程研究中心”“直流输电装备与海底电缆安全运行联合实验室”等高等级创新平台。发挥平台资源聚合优势和工程技术总牵头作用，联合内外部科学家组建攻关团队，搭建体系化、任务型的协同创新

组织，实现创新链和人才链深度对接。

二是深化“产学研用”研发新模式。南网超高压公司以直流输电“知识包”为抓手，建立运维信息、技术创新、知识产权三大资源共享平台，通过项目合作、产业联盟等多种形式，强化与“产学研用”单位的研发协同。围绕特高压多端柔直装备技术攻关与成果应用，一体配置项目、资金、人才、平台，推动创新链与产业链高效融合。

三是“以我为主”发挥攻关主导作用。南网超高压公司主动承担创新链链主、产业链链长职责，实施“1+4”攻关组织协调机制，主导成立核心攻关项目组，全面负责攻关项目组织及协调工作，下设研发、设计、制造、应用4个子项目团队，从组织上贯通创新全链条。建立“三主导一督导”攻关管控机制，主导产品设计、质量控制、成果提炼，督导全流程产品制造，把好研发制造质量关。

（三）聚焦产业升级“育成果”，开辟成果转化新通道

一是建立以国产替代为导向的项目形成机制。南网超高压公司统筹能源安全和市场需求，从设备整机、零部件、材料、工艺四个层面，全面摸清西电东送主网架进口设备依赖现状，通过设备运行、防控策略、市场化前景三步骤，优先选出最紧迫、最具市场潜力的攻关方向，制定具备能源央企长期发展价值的立项清单。

二是健全以现场应用为导向的攻关体制机制。南网超高压公司推动“装备制成后应用”向“应用端牵引装备研制”转变，依托重大工程协同研发关键装备。把进口设备隐患、缺陷、故障系列解决方案融入研发设计，打造高质量产品，推动重大工程综合自主化率实现100%。引入“并行工程”理念，并行开展“研究—设计—制造”，全力缩短项目研发投运周期。

三是优化以自主知识产权为核心的转化孵化体系。南网超高压公司举

办“数字电网承载新型电力系统建设知识产权论坛”，围绕新能源、人工智能等战略性新兴产业布局高价值专利培育，面向上下游企业许可实施关键技术专利74件。建立设备研发制造、运输安装、验收运维全链条监控机制，针对电力生产特点，从组织、流程、风险3个维度推动成果安全应用，确保试验考核标准更严、性能更优、设备更好，打通成果转化的“最后一公里”。

（四）聚焦科技人才“强队伍”，激发创新主体新动能

一是“双峰并立”打造内外人才高地。南网超高压公司科学论证科研攻关需求与专业技术人才匹配度，通过“兼职引进”“柔性引智”多途径构建高层次科技人才智库。实施“超越2025”人才工程，为内部拔尖人才、领军人才、战略人才量身定制科研攻关计划，多专业、多通道、多层次打造内部科学家队伍。

二是充分发挥科学家创新效能。南网超高压公司与外部高层次人才团队签订项目责任与成果“共担共享”双向约束协议，推动外部科研力量“为我所用”，在国家重点研发计划、省部级以上科技奖励申报上实现“双赢”。与内部科学家签订攻关责任书，强激励、硬约束，按照选聘入库、年度考核、解聘出库、强制退出4个等级，实施多维度评价。

三是健全“重奖+保障”、短期与中长期相结合的激励机制。南网超高压公司给予科学家全方位、定制化保障，对高质量完成国家重大任务、取得突出成果的科学家团队，按比例实行重点激励，配备科研助手，落实单列工资、出差标准等层级待遇。对战略、领军科学家实行“岗位薪酬+合约薪酬”制，“一任一签”、每年核定，打破岗级壁垒，加大正向激励力度。

三、改革成效

一是引领特高压柔性直流技术发展。南网超高压公司2023年新增2项国家重点研发计划项目、1项国务院国资委央企创新联合体攻关项目，正式发布3项国际标准。牵头研制的国内首台直流高速开关并带电投运，填补了特高压柔直装备国产化最后一块空白，能源发展引领地位显著提高。

二是取得高级别科技奖励历史突破。南网超高压公司2023年首次获得中国电力技术发明奖一等奖、云南省技术发明特等奖，以及广东省、安徽省、辽宁省、新疆维吾尔自治区科技进步奖一等奖，获省级科技奖励数量占近5年总数的一半，近2年连续获得中国专利优秀奖，科技创新能力显著增强。

三是研制能源领域重大技术装备。南网超高压公司2023年成果转化收益增长率超过30%，20项科技成果获权威机构鉴定为国际领先，首台国产大容量换流变有载分接开关成功入选国家能源局首台（套）重大技术装备清单，柔直穿墙套管、有载分接开关2项成果入选国务院国资委科技创新成果产品手册，成果转化成效显著提升。

四是形成科技人才战略支撑力量。南网超高压公司2023年1人获评首届中央企业“三优一能”表彰，2人获国务院特殊津贴，3名引才对象入选国家级人才计划、3人入选省级人才计划，新增战略、杰出专家各1名，新增国家、省部级人才数量超过前3年总和，科学家队伍显著壮大。

29

聚焦数字经济　融入数字中国 大力推动数字产业发展

南方电网数字电网集团有限公司

一、基本情况

南方电网数字电网集团有限公司（以下简称“南网数字集团”）是中国南方电网有限责任公司（以下简称“南方电网”）的全资子公司，前身为 2019 年 3 月成立的南方电网数字电网研究院，是国家高新技术企业，2020 年入选首批“科改企业”，2023 年入选首批“世界一流专业领军企业”。南网数字集团作为支撑数字电网技术装备产业链建设、人工智能基础设施工程建设和国家级数字电网技术创新中心的核心主体和关键力量，紧扣数字技术与电力业务“双跨融合”的优势专长，融通上下游产业链生态塑造一系列行业共性解决方案，充分推动产业链各环节数字化、智能化转型。2023 年，南网数字集团发布了统一物联操作系统“电鸿”、人工智能大模型“大瓦特”等多个国内电力行业首创产品，其中数据中台达到国际领先水平，承接国家战新任务举措 70 项，总营收超过 60 亿元，增量新业务、新赛道营收占比超 40%，实现超百亿元合同储备，公司新旧动能转换初具成效。

二、经验做法

南网数字集团坚持以习近平总书记关于国有企业改革发展和党的建设

的重要论述统领发展、引航导向，贯彻落实党中央建设数字中国、网络强国、数字经济等战略部署，紧扣新一轮科技革命和产业变革趋势，加快建设现代化产业体系，以数字电网技术装备产业链链长建设为牵引，形成战略规划与战略性新兴产业发展“一盘棋”，“育苗培土”厚植细分领域发展赛道。在电力生产运营各环节，依托海量实时的物联终端，供给可靠便捷的数据应用，推动人工智能赋能场景升级，带动电力行业向数字化、智能化升级转型，构建资源集聚、共享开放、共赢发展的能源数字产业集群生态圈。

（一）电力终端“万物互联”，培育数字生产新增量

南网数字集团发布国内首个电力物联操作系统“电力鸿蒙 OS”，以统一的技术标准引领电力生产环节上亿级设备的接入，拉动各类基础平台、生产应用的持续功能完善和能力升级，打造“软件—硬件—数字化系统集成”一站式解决方案，实现电力数据“可观、可测、可控”。

一是强化顶层设计，统一技术标准。南网数字集团大力解决电力系统设备种类繁杂、批次不一、协议“七国八制”、操作系统互不兼容等复杂问题，面向电力行业提供设备端到云的数据通信统一协议包，以丰富的设备接口屏蔽底层硬件差异，实现一套系统覆盖大大小小设备，设备之间系统归一、数据互通，支撑设备厂商灵活接入、即插即用。

二是加速规模化应用，推动“万物互联”。南网数字集团成规模、成建制开展边侧生产运行支持系统及智能终端部署应用，实现系统部署与一二次设备智能化改造的一体化推进。已累计推广应用配电智能网关 2.7 万台、各类传感终端 11.4 万台，推动采用自研“伏羲”芯片的智能终端类型和厂家数量突破 47 家，有力提升供应链控制水平。

三是技术全面开源，推动产业协同。南网数字集团自主研发系统关键技术，面向社会全面开源，拉动涵盖国内主流芯片、模组、终端厂商的超

百家生态伙伴参与研讨策划。提供丰富的行业和基础中间件、灵活可裁剪，方便下游 App 厂商快速适配开发，快速繁荣下游 App 生态。依托“电鸿”物联实验室开展研发创新，加速完善智能终端等技术装备产品布局，探索“电鸿”在虚拟电厂、充换电及储能设施上的应用，促进与其他产业集群发挥协同效应。预计 2025 年，产业链将拓展到 900 多个子类设备，实现输变配领域 135 万个物联终端全覆盖，并逐步推动调度、用电侧设备接入，2030 年底覆盖终端规模可超亿级。

（二）电力数据“安全取用”，释放数据要素新动能

南网数字集团坚持“1 +1 +1 + N”数据业务发展策略，夯实统一数据底座，优化统一数据供给，运营统一数据门户，推动数据产品应用百花齐放，充分发挥海量电力数据对产业链上下游的价值辐射，真正释放“数据红利”。

一是夯实数据底座，统筹数据资产。南网数字集团主动服务数字新基建、“东数西算”等国家重大战略工程，稳步推进全网算力服务一体化模式，支撑实现全网算力资源统一投资、建设、运维和运营一站式服务。落实国务院国资委 IPv6 规模部署要求，南网云平台整体资源规模超过 8900 台物理服务器，自主可控服务器同比提升 96%，形成新型南网云分布式算力网络，不断做优做大做精数据“存储空间”。

二是提升供给质量，推动数据流通。南网数字集团自主研发特色中台体系，打造国际领先的数据中台，实现电网规划、生产、运行、营销等全域数据实时汇聚、“颗粒归仓”，数据“加工品”沉淀共享、便捷取用。2023 年新增 16.02 万个数据资产项，用户申请 1.9 万次，支撑了 44 个应用或平台，目前向蒙电集团、三峡集团、中铁建、联洋国融等多家网外客户实现输出。

三是统一运营门户，丰富数据产品。南网数字集团发布上线全网统一

数据中心运营门户，全网累计上架大数据产品663个，其中对内产品426个，对外产品237个，数据空间运营业务覆盖南网5个省区。推动数据应用与产业链上下游的协同合作，面向政府、金融等行业客户需求，开发数字经济、政府监管、乡村振兴、用能评估、能耗监管、“双碳”治理等电力增值数据产品，创造更多利益汇合点和合作新模式，塑造南网数据品牌形象。

（三）电力场景“算智赋能”，打造人工智能新生态

南网数字集团落实国家战略部署，发布电力行业首个模型即服务（MaaS）人工智能创新平台、首个自主可控电力大模型（大瓦特），推动人工智能应用从传统客服、机巡等智能化应用向电力调度等电力行业金字塔尖应用延伸，以联盟形式带动产业链上下游协同发展。

一是坚持自主可控，建设国产算力。南网数字集团锚定人工智能算力这一制约行业发展核心关键，打造央企内首个自主可控人工智能创新平台，超目标建成192P国产化算力集群，对内实现算力资源最大化使用，对外提供算力租赁、模型开发测评等人工智能平台运营服务，体现央企“顶梁柱”担当。

二是开放应用场景，推动算法积累。南网数字集团提供丰富的电力行业生产、巡检、营销、客服等场景业务知识，以丰富的电力行业素材训练算法，推动模型实用化，已开发智能识别高性能算法模型40余个，研发智能机器人、智能客服助手、智能质检、智能外呼、智能知识库五大应用组件。以支持广东电网的95598客服大模型和情绪识别等小模型为例，客服高频业务代人率已达80%。南网数字集团加快积累沉淀，发布行业首个全国产化人工智能大模型“大瓦特”，为产业链上下游、高等院校、中小企业提供低成本、低技术门槛的模型服务，助力各行业智能化转型。

三是创新机制，加快生态繁荣。南网数字集团首创算力、算法“双赛马”机制，创新算法“赛马”机制，以开放生态方式调动社会力量参与电力应用场景建设，与百度、华为、商汤形成合伙人关系共同推进平台建设，将表现拔尖的团队纳入合作伙伴关系，4 批次共 15 个场景完成算法自研并在人工智能平台上线应用，在调度领域率先使用 AI 技术。牵头组建电力行业人工智能联盟，通过开发者社区面向社会公众开放第一批电网专有数据集，免费发放算力券，以联盟形式带动产业链上下游协同发展。

三、改革成效

一是产业结构不断优化。自入选“科改企业”以来，南网数字集团营收、利润分别同比实现 4 倍、3 倍的跨越增长，资产总额首度破百亿元达到 135 亿元。2023 年进一步加速业务的结构升级，在存量信息化业务增长 14% 的基础上，增量新业务、新赛道营收占比达到 37%，增速超出存量业务近 3 倍，其中数据业务增长 162%，数字生产集成服务和智能终端业务分别增长 187% 和 31%，人工智能业务营收增长 54%，公司新旧动能转换初见成效。

二是国产化合作生态圈不断扩大。南网数字集团在打造自主可控的统一物联操作系统、人工智能平台等系统平台的过程中，以点带面、先易后难，扎实推进全技术栈国产化落地，建设适配测试技术标准，已适配国产鲲鹏服务器（ARM 架构 CPU）、麒麟操作系统、达梦数据库、中创中间件等国产主流厂商，产业合作生态逐步完整繁荣，供应链安全韧性进一步提升。锚定高水平科技自立自强，推动创新链产业链深度融合，南网数字集团联合国内高校、机构和头部厂商围绕核心技术开展联合攻关，产业链创新联盟成员达到 29 家，产业链合作伙伴达到 325 个。

三是对能源电力行业转型升级的支撑能力不断加强。南网数字集团具备百万级智能感知终端直连接入能力，构建了以设备为中心的数据监测体系，实现千万量级数据实时汇集。拥有100万余套物联网终端，用户电表数据9026万个，1.5亿余台设备，10亿余条台账基础数据，15分钟级南方五省区气象信息，三维数字化通道23.8万公里。初步开展基于大模型的人工智能分析功能产品集成，有力支撑运行巡视远程化、检修试验精准化、分析决策智能化、风险管控透明化，提升了电网“可观、可测、可控”水平，提高了数字电网对新型电力系统的承载能力，推动了能源电力行业数字化、智能化、绿色化转型。

30

完善科技创新体制机制
实现高水平科技自立自强

华能西安热工研究院有限公司

一、基本情况

华能西安热工研究院有限公司（以下简称“西安热工院”）是中国华能集团有限公司（以下简称“中国华能”）所属国家级能源电力技术研发机构和科技型企业，主营业务包括燃煤电站污染物治理、一体化节能、高灵活性发电、自主可控工控系统、电力网络安全、智能发电、电站化学和水处理技术、高温金属材料、新能源、核电、储能、燃气轮机、超临界二氧化碳循环发电、电气等领域。西安热工院积极开展科技研发、技术服务和成果转化应用，研发的核心产品、技术服务基本覆盖国内主要的火力发电企业。西安热工院主要专业于1951年在北京创立，1965年迁址西安，先后隶属原燃料部、水利电力部、能源部、电力部、国家电力公司。2003年，适应国家电力体制改革“厂网分开”要求，西安热工院改制为由华能控股，大唐、华电、国电、中电投参股管理的有限责任公司，2020年股东方调整为华能控股，华电、国能投、国电投参股。西安热工院设有19个专业技术部门、6家子公司及3家分公司，现有职工1200余人，总资产55.14亿元，资产负债率29.82%。2023年销售收入31.9亿元，利润2.96亿元。

二、经验做法

西安热工院始终坚持以习近平新时代中国特色社会主义思想为指导，自觉践行“四个革命、一个合作”能源安全新战略和“碳达峰、碳中和”目标，扎实推进国有企业改革深化提升行动，以科技创新为立院之本，进一步完善科技创新体制机制，聚焦国家战略需求，积极融入国家基础研究创新体系和国家现代产业体系，致力打造国家级能源电力原创技术策源地和现代产业链链长，在改革创新方面取得突出成效。

（一）强化规划引领和转型支撑，更加聚焦国家战略和集团公司发展需求

一是科技创新的指向性更强。西安热工院注重科技创新的顶层设计，引导科技创新更加聚焦国家战略需求，更加支撑中国华能高质量发展需求，更加强调集中力量干大事。成立科技规划处，落实国家《“十四五”能源创新领域科技发展规划》和中国华能《“十四五”发展规划》等要求，编写西安热工院《“十四五”科技发展规划》，并围绕储能、氢能等重点领域制定专项规划，将国家战略需求、集团公司发展需求与西安热工院的发展紧密结合，加大规划任务的立项支持力度。

二是充分发挥科技创新对转型发展的支撑作用。西安热工院围绕绿色转型和数字化转型等重点领域，加大科技项目布局，依托重大示范项目，打造标志性科研成果，通过科技成果转化，推动转型和高质量发展。

三是充分发挥企业的创新主体地位，围绕国家战略需求打造标志性科研成果。西安热工院积极申报并承担国家重点研发任务，发挥企业的资金和资源优势，加大对国家重点任务的资金支持力度，聚焦能源领域“卡脖子”任务、新型电力系统建设、能源安全等重大需求，推动关键核心技术攻关和重大示范项目建设，打造标志性成果。

（二）加大研发投入和人才保障，提升科技创新能力

一是大幅提升企业研发投入。近 3 年，西安热工院研发投入分别为 50310 万元、70510 万元、61180 万元，相比“十三五”末期增长近 6 倍，为关键核心技术攻关和重大示范项目建设提供了资金保障。

二是对科研人员进行分类管理，强化对科技创新全过程的保障作用。西安热工院建立以“国家级研究中心（第一层面）为核心，专业技术中心和专业部门（第二层面）为骨干，院属公司及专业技术部门（第三层面）为基础，外部科研力量为协同”的三级科研管理体系。第一层面，重点围绕国家发电技术发展重点领域和电力科技前沿，从事国家、行业和企业集团基础性、前瞻性、引导性、支撑性关键技术研发；第二层面，负责本专业领域战略性、关键性、共性、系统性的技术研究，研究解决生产经营发展中综合性实际问题，为提高企业竞争力、促进企业发展服务；第三层面，主要围绕“应用性、集成性、工艺性、装备级”的技术问题开展技术研发和推广应用工作，研究新产品、降低成本、完善与改进产品性能、开发设计技术、工程技术、集成技术以及产业化过程中的具体技术问题，提升产业化能力和技术服务能力。

三是加大专业领军人才培养和引进，打造高水平科研队伍。西安热工院制定《高端人才招聘专项方案》，通过市场化渠道引进高端人才，近 3 年引进 21 名高端人才；加大专业领军人才培养，围绕储能、超临界二氧化碳发电、高温材料等重点领域，培养国家级、省部级以及集团公司级领军人才 26 人次。

（三）设置专项奖励，完善激励保障机制

一是建立重大科技项目奖励机制。对承担国家重大科技专项、国家重点研发计划项目的项目组，西安热工院给予专项奖励，奖励金额为 10 万 ~ 100 万元。

二是建立科技成果奖励机制。获得国家级、省部级、集团公司级及西安热工院级奖励，在科技创新中产出专利、论文标准等成果，西安热工院给予专项奖励，单个项目奖励额度最高可达500万元。

三是建立重大项目突破奖励机制。项目执行过程中，取得标志性成果和关键突破，经评审认定为重大突破的予以奖励，奖励金额为50万～100万元。

四是设置科技成果转化突破专项奖励。西安热工院在全院范围内开展“科技成果转化突破年”活动，每年遴选10余项重大科技成果，明确转化目标，分档设置奖励金额，对重大成果转化取得突破的给予50万～100万元奖励，取得重大突破一次性奖励200万元。

五是开展项目分红激励。西安热工院坚持分红收益与成果推广净利润充分挂钩、激励水平与市场深度接轨的原则，遴选多个发展前景好的优质项目开展分红激励。2020年以来，向100多名核心技术人员兑现分红2528万元，科技人员的创新创造热情得到有效激发。

（四）提升科技成果产出质量，加大科技成果转化应用推广力度

一是加大存量科技成果整合力度，加强重点领域科技成果策划。西安热工院针对重大科技奖励申报，由科技管理部门统一组织，相关专业部门统筹配合，做好重大奖励凝练和申报，连续3年获得2项中国电力进步奖一等奖，“十四五”以来共有59项成果通过专家鉴定，获省部级奖励173项。

二是提升科技成果产出质量。西安热工院开展科技成果“质”“量”双提升活动，加大科技成果产出力度，制定了西安热工院“专利运营”工作方案，针对重大项目，开展专利许可，提升专利价值。“十四五”新增专利数量3845件，人均有效专利数量为5.6件。

三是加大科技成果转化力度。2023年，西安热工院在全院范围内开展

“科技成果转化突破年”活动，2024年持续开展“科技成果转化深化年”活动，对于先进成熟科技成果转化给予超额奖励，对于重大科技成果转化突破，给予专项奖励。

（五）规范科技创新平台管理，提升创新平台建设能力和水平

一是加大国家级科技创新平台申请及建设力度。西安热工院积极承担怀柔国家实验室建设任务，高效灵活煤电及CCUS全国重点实验室被列为国家首批标杆实验室，清洁低碳热力发电系统集成及运维国家工程研究中心第一批纳入新序列管理，“高温材料技术”“智能发电及网络安全”两个研发中心入选国家能源局“十四五”第一批赛马争先创新平台。积极组织申报“国家发电基础设施网络安全及智能化技术创新中心”和“工业绿色低碳热力发电原创技术策源地”。

二是规范国家级创新平台建设和管理，推动创新平台实体化运行。西安热工院强化国家级创新平台建设，由院领导担任国家创新平台负责人，相关专业部门人员作为技术研发中心，同时为实验平台配备专职科研、财务、人资管理人员，推动创新平台实体化运行。

三是强化基础平台建设。西安热工院依托阎良科研实验及产业基地，占地面积149亩，总建筑面积78840平方米，建成了金属材料、锅炉环保、光伏认证、电厂化学、燃机等10余个专业实验室，同时建成了超临界二氧化碳发电、4兆瓦燃煤锅炉、熔盐储能等一批中试验证平台，为提升科技创新能力和水平提供了有力支撑。

三、改革成效

一是创新能力显著增强。西安热工院建设5个国家级创新平台、4个省部级创新研发平台；在研科技项目389项，经费总额22.5亿元；承担国家级项目47项，经费总额约15亿元；有效专利6000余件，人均专利持有量5.6件。

二是产业控制力增强。西安热工院开发了HT700系列高温合金材料，建成全球参数最高的首个5兆瓦超临界二氧化碳发电系统，开发具有自主知识产权的9FA型燃机透平动叶片，建成全球首个与煤电耦合的熔盐储能示范工程，建成全球首个规模最大的超级电容储能调频示范工程，开发国内自主可控程度最高、接入数据点数最多、覆盖场景最全的新能源智慧运维平台。在高温材料、超临界二氧化碳发电、燃机自主运维、储能、新能源智慧运维等领域处于行业领先地位。

三是安全支撑持续强化。西安热工院连续突破全国产DCS、SIS、TCS、PLC、TSI、SCADA等全国产电力工控系统，突破了发电控制、发电信息监管、发电安全防御等领域数十项“卡脖子”技术，填补了24项国内空白，能覆盖全国90%以上（水、火、风、光）电站工控系统，全面封堵工控系统“后门”和网络攻击风险。

四是经营业绩明显改善。西安热工院以科技创新为驱动，通过科技成果转化引领高质量发展。2023年合同额达到44.2亿元，营业收入31.9亿元，利润2.96亿元，分别同比增长17%、14%、28%。战略性新兴产业收入19.3亿元，占比44%，为公司持续高质量发展注入新动力。

五是活力效率有效提升。近3年，西安热工院通过科技创新年均发放专项奖励2500万元，26名科研人员获得国家级、省部级、集团公司级创新人才称号，一大批青年科研人员走上领导岗位，怀有干事创业激情的科研人员得到了实惠，释放了企业创新活力，推动企业高质量发展。

31

胸怀“国之大者” 锚定“行之实者”全面推动科技创新改革实践

中国华能集团清洁能源技术研究院有限公司

一、基本情况

中国华能集团清洁能源技术研究院有限公司（以下简称“华能清能院”）于2010年组建，是中国华能集团有限公司（以下简称“中国华能”）直属的清洁能源技术研发机构，其中中国华能直接持股33%，间接持股67%。华能清能院功能定位聚焦“两专、三重、三中心”：“两专”即中国华能新能源领域专门的科技研发机构和专门的技术服务机构；“三重”即中国华能重要的研发创新阵地、重要的实验交流平台、重要的成果转化渠道；“三中心”即中国华能直属的新能源技术研发中心、海上风电研发中心、知识产权中心。主营业务范围涉及低碳、零碳、负碳“碳达峰碳中和”技术科技研发，以及围绕新能源产业“前期—建设—运维”全生命周期的资源评估、勘察设计、工程建设与调试、首台（套）装备、运维、检测等技术服务。

二、经验做法

华能清能院以国有企业改革深化提升行动为契机，聚焦战略、功能、路径定位，围绕创新规划布局、创新平台共建以及创新实施机制上狠下功夫，着力提升科技创新力、增强产业引领力、提高安全支撑力，全力打造具有低碳清洁能源特色的世界一流研究机构。

（一）聚焦战略定位，系统谋划创新布局

华能清能院以国家战略为导向，以市场需求为驱动，以原创技术为基础，打造三级科技创新顶层布局。

一是坚持服务国家战略需求，着眼世界科技前沿，开展关键核心技术攻关。华能清能院立足解决“卡脖子”“补短板”问题，在海上风电、CCUS（二氧化碳捕集利用与封存）等技术方向前瞻部署一批战略性、储备性技术研发项目。以“国家高层次人才特殊支持计划科技创新领军人才”人才为核心组建研发团队，先后承担7项国家重大科技攻关任务，开发11兆瓦国产化半直驱海上风电机组、世界首台18兆瓦超大容量海上风电机组和全球首台17兆瓦级深远海漂浮式风电机组，研制出新一代相变型碳捕集吸收剂，完成我国首套12万吨/年相变型二氧化碳捕集装置稳定试运行，捕集能耗达到国际领先水平。

二是坚持立足新型电力需求，着眼产业演进趋势，推动科技成果转化落地。近年来，华能清能院准确把握新型电力系统市场发展方向，进军储能赛道迎来高速发展，将行业首提的分散控制储能技术理论快速转化形成一站式整体解决方案，实施了一系列行业标杆性工程实践，包括山东莱芜世界首座百兆瓦级分散控制构网型储能电站、内蒙古上都全球装机容量最大单层站房式储能电站等，累计主导实施储能项目30余项，科技成果转化合同额突破50亿元，容量超4吉瓦时，产品出货量位居国内前列。

三是坚持强化创新策源功能，着眼原创技术培育，鼓励科技人才自由探索。华能清能院通过设立科研基金、青年基金等方式，重点关注科学家灵光闪现的积极性，大力支持以青年科技人才为主的项目团队开拓新赛道，赋予技术路线自主权，在取得阶段性研发成果后，进一步给予滚动立项支持。2023 年，华能原创、世界首创的 COAP（低温法烟气多污染物一体化脱除）技术接连完成中试验证和工程示范，实现二氧化硫、氮氧化合物、粉尘和二氧化碳等一体近零脱除，实现工业烟气综合治理技术应用重大突破。

（二）聚焦功能定位，搭建科技创新平台

华能清能院打破供给侧与需求侧屏障，构建“小核心大协作”创新发展格局。

一是坚持“强基 + 探索”，以基础方向研发和前沿技术探索为定位，抓好科技创新平台核心。华能清能院积极参与国家重点实验室建设，高质量推进 CCUS 全国重点实验室建设，获得 CNAS（中国合格评定国家认可委员会）认可，自主研发 iLIMS（智慧化实验室管理系统），推动实验室管理标准化、智慧化。积极布局新兴领域研发平台建设，推动清洁能源特色的实验室向体系化方向发展，持续优化提升氢能、储能、光伏、CCUS、催化剂等 12 个现有实验室，新建人工智能、光生物、智能感知与平行控制、风洞等实验室。

二是坚持“融通 + 升级”，横向推动与优势企业开展协同创新。清能院着眼环保政策驱动下的高耗能行业的清洁运输需求，与北京海博思创科技股份有限公司合资成立储动科技有限公司，依托清能院现有技术，共同打造“前店后厂”商业模式，引导“技术”升级为“产品”，合力开展移植应用，成功投运国内首套移动式矿山工程设备换电站，开启新能源重型卡车换电产业化进程。

三是坚持“合作 + 共赢”，纵向推动与上下游开展集合创新。华能清能院坚持市场牵引、产业牵引、示范项目牵引等多种措施协同，推动创新链产业链资金链人才链精准对接，实现技术实力和创新能力循环提升。与电力生产一线工人紧密合作，构建了新能源全生命周期数字化管理的智慧运维系统，实现风电改造提升发电量不低于5%，单台机组年收益增加不低于10万元。在钙钛矿光伏中试组件光电转换效率行业领先的基础上，制定集研发、制造、应用多方投资的成果转化方案，满足了产业化前期发展大量资金投入需求。

（三）聚焦路径定位，塑造高效创新机制

华能清能院尊重技术创新客观规律，持续推进科技创新机制改革，推动关键核心技术攻关。

一是激发“新活力”，分类推进激励措施。华能清能院建立向科研人员倾斜的薪酬体系，2023年同职级科研人员与管理人员收入差距最大为2.37倍，部分科研核心骨干收入超过领导班子成员平均年薪。率先在优势赛道子企业搭建员工持股平台，共纳入持股激励30余名技术骨干，推动员工与公司收益共享、风险共担。针对市场条件成熟技术实施项目效益共享机制，鼓励项目负责人及团队成员按照贡献分享项目超额利润，迅速实现产业化红利分享。

二是打造“新动力”，优化人才培养机制。华能清能院加强人才多层次技术交流，发挥创新联合体和创新联盟作用，形成与核心客户、科研院所、兄弟单位交流培养锻炼体系。持续加大竞争性选拔力度，组织应届毕业生、社招及市场化员工共91人述职答辩，岗位竞聘答辩25人，淘汰率16%。畅通职业“双通道”成长路径，通过技术岗位等级评定、高水平科技创新人才选拔等机制，2023年制定专业技术带头人选拔聘任实施方案，确定14名“技术带头人”。健全企业内部人才流动机制，鼓励科研人员走上管理岗位，中层干部超过4/5来自科研人员队伍。

三是凝聚“新合力”，变革科研组织模式。华能清能院针对新能源技术研发跨领域、跨学科、跨专业的新常态，打破部门之间壁垒，围绕国家重大科技任务，明确攻坚目标、完成时限，号召广大党员、青年骨干主动揭榜、领衔攻坚，立下军令状，签订责任书，目前已完成20多支先锋突击队的组建，形成党员挂帅、带动群团攻坚克难的科研氛围。

三、改革成效

一是服务国家战略彰显担当。华能清能院CCUS实验室入选科技部首批20家标杆全国重点实验室，入选国务院国资委首批200家“世界一流专业领军示范企业”，获批国务院国资委原创技术策源地2项、能源局“十四五”第一批“赛马争先”创新平台3项，获批国务院国资委CCUS技术创新联合体，获批3项“1025”项目和4项能源局“揭榜挂帅”项目。

二是企业经营质量大幅跃升。相比2020年，华能清能院2023年销售合同额增长436%；营业收入增长1548.73%；利润额增长126.47%。上述指标均创历史最好水平。首获中国华能考核A级，入选中国华能年度先进企业名单。

三是科技创新能力稳步提升。2023年，华能清能院首获第24届中国专利奖金奖，省部级科技进步奖5项，新承担国重项目6项，累计发明专利授权达到326件；建成2千瓦钙钛矿光伏示范电站，大面积钙钛矿中试组件光电转换效率达18.5%，整体达国际领先水平；数字化智慧供热调度控制系统技术达到国际领先技术水平；与澳大利亚Millmerran电厂达成合作，打通我国碳捕集技术出口发达国家的新路径；国际上商业示范的单体产氢量最大的碱性电解槽成功投运；两台极地型垂直轴风电机组在南极发出第一度华能绿电。

32

深化科技创新改革　赋能世界一流企业建设

华能澜沧江水电股份有限公司

一、基本情况

华能澜沧江水电股份有限公司（以下简称“澜沧江公司”）作为中国华能集团有限公司（以下简称“中国华能”）控股和管理的大型流域水电企业，装机容量超2900万千瓦，年发电量连续5年突破千亿千瓦时，已成长为培育云南水电支柱产业和实施“西电东送”“云电外送”的核心企业和龙头企业，是国内第二大水电上市企业，主要从事澜沧江流域及周边地区水电资源的开发与运营，以及太阳能光伏、风电等可再生能源建设运营。近3年，澜沧江公司利润总额年平均增幅超过20%，市值突破1500亿元，入选国务院国资委创建世界一流专业领军示范企业和云南省重点产业领军企业。

二、经验做法

澜沧江公司深入实施创新驱动发展战略，深化改革科技创新体制机制，对照国务院国资委和中国华能关于科技创新要求，聚焦公司发展方向和战略布局，系统梳理在科技创新体系、科研组织模式、科技成果转化、科技人才培养、科技创新评价五大方面存在的不足和差距，推进科技创新改革工作。澜沧江公司组建了科技创新改革工作专班，深钻细研相关政策和要求，广泛开展系统内外调研，学习借鉴科技创新先进企业在体制机制建设和改革方面经验和做法，制定了科技创新改革若干措施并推动逐项落实。

（一）健全科技创新体系，凝集创新聚合力

一是强化科技创新集中统一领导。澜沧江公司统筹调度公司创新力量，优化创新资源配置，强化科技创新顶层设计，增强科技创新工作的组织力，加快构建高效联动的全员创新体系，形成“大科技”格局。

二是构建全员协同创新体系。澜沧江公司强化创新主体统筹协同，建立各司其职、内外联动、同向发力、协同创新的“一体四层”创新体系。先导层以公司科技工作领导小组为核心，科技管理部落实抓总职责，推动公司科技创新顶层设计、系统规划、战略统筹和高效运转；牵引层以专业技术部门为主体，有关部门协同，压实业务部门创新责任，聚合专业技术优势，做好业务领域平台建设、科技项目规划实施和核心技术研发；驱动层以基层单位为基础，站在创新需求和应用实践的第一线，推动应用技术攻关和科技成果转化；支持层与高校院所、头部企业组建战略资源互融、技术优势互补、成果转化互通、产业发展互促的产学研联合体。“四层”自上而下、紧密衔接，形成金字塔型强大创新合力。

三是加强创新平台统筹管理。澜沧江公司坚持龙头引领与多点支撑相统一，放大创新策源的链式效应，整合省部和集团级创新平台力量，形成“体系健全、覆盖全面、逐层跟进、各展所长”的高水平清洁能源科技创新策源地，依托平台下设的专业研究所，聚合公司各对应部门的专业实力，支撑公司前沿科学与核心技术攻关齐头并进。同时，以各单位技术创新工作室、技能大师工作室、华能创客工作室为主体，选树和培育科研典型，营造和发扬创新文化，保障公司应用技术水平和科创能力持续提升。

（二）优化科研组织模式，强化攻关牵引力

一是强化科技任务总体布局。澜沧江公司立足国家战略和公司发展全局，紧紧围绕“4＋X”（水电建设、水电运维、水风光储多能互补、远程集中调控＋其他）公司主营业务领域，强化科研整体统筹，制定3年科技攻关规划和任务滚动清单，超前部署前瞻性、引领性技术，打造一批“硬科技”成果。

二是深化产学研用合作机制。澜沧江公司围绕产业链上下游关键环节重大任务，重塑攻关机制，发挥科技合力攻坚的“大兵团作战”优势，深化“揭榜挂帅”攻关模式，探索“赛马制”攻关机制。持续健全与科研院所、高等院校、上下游企业协同创新合作机制，推动强强联合、协同攻关，打造科研攻关的“突击队”“特种兵”，形成优势互补、利益共享、风险共担、要素流通的产业创新联盟。

三是构建科研项目复合管理模式。澜沧江公司建立科技项目管理和专业技术管理互融互促的科技项目矩阵管理模式，强化公司主导的产学研深度融合新范式，做到在项目执行过程中公司全方位主导、全过程参与、全纵深把控，制定项目动态立项计划，优化技术研发与任务攻关路线图、时间表，做好公司“出题策划者”“路线把控者”“答题参与者”“过程管控者”“阅卷评审人”角色，从项目管理和技术研发两条主线，精益化推进项目执行。

（三）加强科技成果孵化，转化价值生产力

一是提升科技成果产出水平。澜沧江公司聚焦能源电力行业技术难题、集团产业布局以及公司高质量发展需求，瞄准国际领先水平，主动承担重大科研任务，提前做好科技成果策划，深入推进关键技术研究，着力攻关解决一批行业共性难题，在“卡脖子”领域掌握更多具有重要影响力的原创性、引领性技术。

二是加大科技成果培育力度。澜沧江公司强化科技成果总结凝练，优选培育高价值专利，提升知识产权和科技奖励申报水平，积极开展具有行业影响力的技术标准制定。

三是建立科技成果转化机制。澜沧江公司加强科技成果产业化和推广应用，建立科技成果转化相关制度体系，开展典型案例先行先试，完善“研发—试验—示范—推广”科技研发全链条成果转化机制，探索专利等知识产权的转让、许可、作价投资、自行实施以及与他人合作实施等转化方式，逐步打通科技研发与成果转化“最后一公里”。

（四）打造科技人才队伍，强化科创支撑力

一是加强科技人才培养力度。澜沧江公司制定科技人才专项培养计划，开展师徒结对、分级培养，实现高水平科技人才精准培养。

二是优化科技人才使用机制。澜沧江公司坚持“干中学、学中干”，探索以人才推动课题（工程）实施、以课题（工程）培养锻炼人才的“人才 + 课题”“人才 + 工程”人才使用模式，提高青年人才担任项目负责人和骨干的比例，支持青年科技人才在重大科技任务中挑大梁、当主角。

三是开展科技人才减负行动。澜沧江公司千方百计为科研人员松绑减压，鼓励引导科研人员潜心做学问、搞研究，奋力出大成果。

（五）深化科创效果评价，激发内生驱动力

一是完善科技绩效考核体系。澜沧江公司坚持价值引领，突出创新质量、创新能力、创新效益“三维”考核导向，制定符合公司发展需求和创新规律的考核体系，充分发挥绩效考核“指挥棒”作用，调动各创新主体积极性、主动性。

二是构建多维科技激励机制。澜沧江公司增设科技创新先进典型荣誉表彰奖项，科学设计评价体系，定期评选科技创新先进单位、先进个人，切实提升科研人员的政治荣誉感、集体认同感和成长获得感。

三、改革成效

一是科技创新统筹能力显著提升。澜沧江公司成立以公司主要领导担任组长、科技分管领导担任常务副组长、相关部门主要负责人为成员的科技工作领导小组，实现创新驱动系统能力进一步整合。

二是关键技术攻关水平持续提升。围绕重点研发方向，澜沧江公司制定三年科技攻关规划和任务滚动清单，超前部署一批前瞻性、引领性技术研发任务，科技研发整体性、统筹性、针对性和适用性显著提升。

三是科技成果转化机制逐步完善。澜沧江公司梳理科技成果转化实施路径，制定了《科技成果推广应用与转化管理办法》等制度文件初稿，开展了专利实施许可试点工作，初步建立了成果转化体系。

四是科技创新内生动力更加强劲。澜沧江公司围绕科技创新工作重点，制定科技创新先进个人和先进单位评分规则并开展评选工作，树立了科技创新先进典型，有效鼓舞科技战线上广大干部员工的干劲，充分调动了科技工作者的积极性。

33

融合创新资源　优化创新机制 多措并举提升科技创新驱动引领力

中国大唐集团科学技术研究总院有限公司

一、基本情况

中国大唐集团科学技术研究总院有限公司（以下简称“科研总院”）是中国大唐集团有限公司（以下简称“中国大唐”）的全资子公司，成立于2013年12月，是为了加强中国大唐技术能力，提升科技创新竞争力而组建的二级单位，下设大唐东北电力试验研究院（以下简称“东北院”）等7家区域电力研究院。科研总院集战略规划、科技研发、技术监督、技术服务、科技信息于一体。成立以来，科研总院始终坚持紧密围绕集团公司在建在役发电资产开展技术服务、紧密围绕集团公司生产经营建设中遇到的实际问题开展技术攻关、紧密围绕集团公司未来高新技术产业和战略性新兴产业发展重点开展技术研发的“三个紧密围绕”功能定位和坚持面向集团公司主业、面向生产建设经营实际、面向集团公司未来发展的“三个面向”工作方针开展工作。

二、经验做法

科研总院深刻领会习近平总书记、李强总理、张国清副总理关于新一轮深化国有企业改革作出的重要指示批示精神，紧密围绕国有企业改革深化提升行动总体要求和重点任务以及集团公司关于国有企业改革深化提升行动的部署安排，在切实发挥中央企业建设现代化产业体系、构建新发展格局中的科技创新作用方面重点布局，多措并举提升科技创新驱动引领力。科研总院按照“转机制、优制度、搭平台、推转化”深化科研体制机制改革，持续加大关键核心技术攻关力度，融合各类创新资源，加快推进高水平研发平台建设，充分发挥企业创新决策、研发投入、科研组织、成果转化的主体作用，促进科技与产业有效对接，进一步提高科技投入产出效率，有力促进创新型能源研究院建设。

（一）夯实科技创新基础，积厚创新发展坚强实力

一是瞄准战略发展前沿，保障科技研发“硬投入”。科研总院着眼国家战略，围绕国务院国资委“9+6”战略性新兴产业和未来产业，梳理重点攻关方向和任务清单，确定在新能源等8个方向加大攻关力度，保障研发投入连续3年稳步增长，2023年度研发投入占比超33%。设立年度“种子基金”“人才引进基金”等专项经费1500万元，确保重点项目研发和实验室建设顺利推进。

二是统分结合，构筑上下协同贯通的科技研发体系。科研总院整合大唐集团科研资源，形成“科研总院+区域研究院”“重点研发方向+固定核心人才+柔性研发团队”研发体系，成立8个集团级、3个科研总院级研发平台和10个研发中心，构筑立体化创新网络。

三是内外协同，依托品牌特色推进联合创新研发平台建设。科研总院建立市场化、任务型创新联合体机制，汇聚内外力量，强化联合攻关。所属东北院与华为等14家知名企业成立跨界融合的新业态产业联盟，推进技术研发和成果转化，与中国科学院等单位联合研发的6个项目获省级重点支持，2023年获批吉林省电站材料重点实验室、智慧清洁能源科学家工作室；所属华东院申报“新型太阳能光伏电池检测评估安徽省联合共建学科重点实验室”；所属中南院储能中心与国轩高科、中车株洲等企业形成技术联盟；所属西北院申报陕西省工业和信息化厅能源行业数据中心；所属华北院推进工信部超超临界火电机组材料生产应用示范平台，与中国电科院联合成立“电池储能技术共享实验室”，参与省部级研发平台建设；所属水电院申报“广西壮族自治区清洁电源设备智能诊断及优化运行工程研究中心”；所属可再生院牵头联合飞腾、龙芯等头部芯片企业申报新型能源工控与智能系统央企创新联合体。

（二）完善科技创新机制，激发创新发展内生源动力

一是“激励人”，完善考核激励机制。科研总院牢固树立“人才是第一资源”理念，完善高层次人才管理办法，优化科技成果评价和奖励办法，对 3 名海外科技领军人才实行协议薪酬，围绕成果业绩、创新能力、人才培养等多维度开展考核，刚性兑现协议。健全科技创新团队奖励办法，对 9 支重大攻关团队 228 名技术人员，实行项目团队及技术负责人工资总额单列，根据项目的挑战性、内在价值和长期价值开展评价，充分激发创新人才内生活力动力。

二是“鼓励试”，健全容错纠错机制。科研总院制定容错纠错实施细则，明确 14 种容错情形，宽容创新探索中的不成功事项。建立“鼓励创新、稳定支持、定性评价、宽容失败”的成果验收和评价机制，鼓励团队放下包袱、大胆尝试、不断探索，营造鼓励创新、宽容探索的科研氛围。

（三）立足成果转化应用，提升科技创新创效能力

一是整合内部资源，搭建科技成果转化平台。科研总院树立“科技产业化、成果产品化、以需求带动创新、以应用检验创新”的鲜明导向，制定成果转化办法，整合活化内部资源，面向生产一线应用需求建立符合企业发展特点的成果转化平台，依托协同创新机制实施成果孵化，打通研发、孵化、转化全路径通道。

二是构建科研产品特色服务模式。科研总院立足新技术新业态领域实际需求，树立“以需求明确产品研发、以数据加速迭代升级、以专家提供保障支撑”的理念，创新形成“科技产品前端 + 大数据云端 + 专家系统终端”三位一体的特色科技服务体系模式，实现服务向全生命周期、全流程、全要素转变，为成果市场转化提供新驱动。在清洁能源利用和多能互补综合供能等方面，构建技术研发、设计咨询、工程管理等全要素服务流程；在智慧电厂等方面，形成智能安防、无人巡检等“数字化产品 + 在线诊断”的“三端”模式。

三是构建产学研用深度融合创新模式。科研总院以企业诉求和市场需求为研发导向，围绕服务企业提质增效和解决共性技术难题，加强校企联合，与清华大学、西安交通大学等 5 所能源领域重点高校合作开展工程硕博士联合培养，培养一批面向生产实际应用的研发型卓越工程师，开展关键核心技术研发和产业化应用，打造产学研用深度融合技术创新体系，奋力推进科研总院系统在行业领域内融合发展。

三、改革成效

一是重大项目攻关成效显著。科研总院围绕 630℃ 高温材料 50% 效率超超临界百万二次再热燃煤发电关键技术等项目“聚力攻坚”，通过多能互补智慧清洁供能等科研试验平台“赋能增效”，依托新材料重点实验室、科学家工作室“深度策源”，相继在材料智能检测、仿真技术等方面研发一批具有自主知识产权的核心产品。“自主可控 ICS 项目”顺利在示范机组上部署投运，“水电 HICS 项目”积极推进现场实证示范，全力推进解决水电监控系统“卡脖子”问题。

二是科技成果产出“质”“量”双优。科研总院取得 23 项国际领先、

42 项国际先进和 52 项国内领先的科技成果。“海上风电关键设备智能监测与健康管理技术研究及应用”等 2 项成果获电力科技进步奖三等奖，“跨体系架构自主可控风电工控系统关键技术研究与示范”等 3 项成果获电力科技创新奖一等奖，“大型水轮发电机组稳定性监测与控制关键技术及应用”获中国水力发电工程学会二等奖，5 项科技成果分别获能源创新奖二等奖、三等奖。另外，获集团科学技术贡献奖 5 项、技术进步奖 47 项、专利发明奖 19 项和标准创新奖 3 项。主编 5 项 ISO/IEC 国际标准，获得 1160 项专利，专利实施 176 项。

三是科技成果转化落地见效。2 项制氢储氢研发成果解决了制氢材料稳定性差、效率低等“卡脖子”难题，碳排放核算及预测系统和风电机组本质安全系统在多家企业部署实施。2023 年科技成果转化 291 项，收益达 2. 23 亿元。科技产品呈现由“量”到“质”、由“形”到“势”的转变，有力掌控科技产品自主权和发展主动权。

34

多能互补“碳”寻绿电 着力打造中国能源绿色转型示范窗口

内蒙古大唐国际托克托发电有限责任公司

一、基本情况

内蒙古大唐国际托克托发电有限责任公司（以下简称“大唐托电公司”）是中国大唐集团有限公司所属大唐国际发电股份有限公司旗下的控股子公司，于1995年在呼和浩特市注册成立，现有10台火电机组，总装机容量612万千瓦，是目前世界在役最大火力发电厂。大唐托电公司年发电量约占北京地区社会总用电量的25%，是京津唐电网的重要送电通道。近年来，大唐托电公司深入贯彻落实国企改革部署要求，坚持走科技创新、科技自立自强之路，致力于建设绿色低碳、多能互补、高效协同、数字智慧的千万千瓦级“风光火热储”综合能源示范基地，依托内蒙古自治区资源优势，积极探索火电机组替代、储能、源网荷储、工业园区绿色替代等新发展模式，推动传统能源转型升级，着力打造世界看中国能源绿色转型的示范窗口。

二、经验做法

大唐托电公司准确把握能源保供的战略定位，发挥自身火电机组多、装机容量大、调节能力强、独立外送通道、风光资源优渥等优势，规划布局一系列新能源开发项目，打出一套“智慧+”“绿色+”的组合拳，促进能源结构优化调整，构建绿色低碳清洁高效的能源体系，进一步提升了企业科技创新引领力。

（一）“绿”清思路，打造蒙西托克托外送200万千瓦风光项目“示范田”

蒙西托克托外送200万千瓦风光项目总投资81.5亿元，系利用托电现有送出通道裕量空间及10台煤电机组调峰能力的灵活性，就近开发的周边区域200万千瓦优质风光资源。同步建设4座220千伏升压站，所发绿电由220千伏线路接至托克托电厂220千伏升压站后，再经该厂既有四回500千伏线路送至北京南部的安定和霸州，为构建新型电力系统开辟出了一条“风光火”多能互补、协同发展的新能源规模化开发新路子，为加快西部清洁能源基地建设提供了新思路新实践。

一是建设“四化”智慧风场，打造新能源区域集控典范。大唐托电公司项目参照智慧风电技术导则进行总体布局，从设计、施工、安装、设备采购、调试及生产运维等多个方面，采用新设备、新材料、新工艺、新技术，将智能化、移动化、数字化、线上线下一体化建设融入各个环节当中，建设科学高效的智慧运营体系，实现风电场群“无人值守或少人值守、区域维检、场站安保”的管理目标。该项目是集数据采集传输、存储处理、分析发布、跨平台展示、设备实时监控、故障预警诊断、智能巡检、资产管理、运营分析、集运管控为一体的统一管理平台，打造了智慧新能源区域集控的典范。

二是开展工程“三优”设计，进一步提升经营效益。在施工招标过程中，大唐托电公司要求投标联合体的牵头方需为设计单位，进一步加大了技术经济指标优化评分占比，全面提高项目先天优势；在主机招标中注重深挖风能资源、主机设备潜能，优先选用一流设备厂家；在施工准备阶段提前开展微观选址、提早落实风机机位合规性，为项目尽早开工建设创造了先决条件。

三是创新360度工程管理模式，强化优化资源利用。大唐托电公司建立健全质量保证和监督体系，并推行标准化管理，加强过程管控，借助“视频监控”“执法记录仪”等技术手段，实现隐患排查治理全覆盖、无死角。针对项目建设特点，从人员配置、管理模式、招标模式、安全质量造价管控等方面进行了认真研究，采用设计一体化EPC建设模式，全面统筹资源规划利用，狠抓设计、施工，简化采购流程，保障各环节有效衔接。大唐托电公司以打造成质量好、成本优、工期佳的精品工程为目标，深入开展工程管理总策划，制定组织措施、技术措施、经济措施和管理措施，抓好组织体系建设，以精干高效的项目管理团队为工程建设提供强有力、全方位的支撑保障。

（二）“优”拓布局，以多个新业态发展项目培育发展新动能

一是打造托电热源长输入呼“暖心工程”，提升能源保供能力。大唐托电公司立足打造绿色民心工程，克服供热管网复杂、供热改造时间紧、任务重等困难，联手地方政府分步实施供热环网改造工程。一期工程于2023年12月正式接入供热系统，为呼和浩特市提供了2000万平方米供热能力，有效解决了该市基础性热源不足的问题。该项目是目前热电联产长输供热同类型全球单体输配能力最大、单体换热能力最大的供热工程，并创造了输热距离最长、单体供热管径最大、施工进度最快、质量管控挑战最大等国内多项行业纪录。

二是布局蒙西托克托外送二期150万千瓦光伏基地项目，“光伏+生态治理”初具规模。大唐托电公司结合光伏项目用地政策，运用光伏治沙、草光互补等形式，强化防沙、固沙措施，有效遏制沙漠扩张，推动土地资源高效利用。同步推动、重点规划布局新能源产业，成立由董事长挂帅的高质量发展工作领导小组，加强与地方政府沟通合作，先后完成《项目送出线路预可行性研究报告》《项目基地规划报告》《送出与消纳规划方案》的编制与评审。2023 年，项目成功纳入国家第三批以沙漠、戈壁、荒漠地区为重点的大型风电光伏基地建设项目。

三是积极拓展绿色低碳产业供应链，开启厂用电绿电替代步伐。大唐托电公司坚持深度挖潜，结合《内蒙古自治区全额自发自用新能源项目实施细则》，以厂用电绿电替代为发力方向，从质量安全、寿命期限、投资收益等方面，完成对厂内生活区屋顶、生产区厂房屋顶、管架廊桥、封闭式煤场顶棚等空间的摸排，做好系统布局，开展技术攻关，为实施厂用电绿电替代做好准备，创造先决条件，为企业绿色低碳转型发展助一臂之力。

三、改革成效

一是强化央企责任担当，实现绿电进京、热供首府。大唐托电公司心怀“国之大者”，秉承“提供绿色能源点亮美好生活”企业使命，坚定扛好保障国家能源安全、实现经济高质量发展的政治责任。实施机组自主可控 DCS 改造工作，强化科技兴安，提升首都能源保供能力。实现新能源外送项目首批机组正式并网，开启守护呼和浩特市百姓温暖生活的新征程，标志着“风光火热储”综合能源示范基地取得重大进展。大唐托电公司迎峰度夏能源保供、长输供热工程投产等成果登上中央电视台，“蒙西托克托 200 万千瓦风光项目加速落地”成果在新华网刊发，点击量达百万，树立了能源央企、绿色托电的品牌形象。

二是坚持高水平科技自立自强，打造清洁低碳能源生产消费体系新标杆。大唐托电公司蒙西托克托外送 200 万千瓦风光项目的开发规模和体量，在国内乃至国际上尚无先例，规划好、建设好、运营好该项目对于未来新型电力系统意义重大。项目的开发将推动混合电力系统联合运行、电网安全稳定性研究、风光火一体化 AGC 调度、新型电力系统对新能源入网要求、热电解耦等技术的深化创新，进一步为构建以新能源为主体的新型电力系统提供支撑和标准。在 2023 年世界新能源新材料成果展上，大唐托电公司高比例新能源和在役全球最大燃煤电厂高效耦合运行的实践成果，获得与会人员高度评价。

三是提升绿色生产力，推动传统产业转型升级。蒙西托克托外送 200 万千瓦风光项目全容量投产后，每年可生产绿电 41 亿千瓦时以上，大唐托电公司外送通道中绿电比例将达到 15%，节约标煤超过 143 万吨，减少二氧化碳排放超过 350 万吨，让“绿水青山就是金山银山”成为现实，为首都北京及内蒙古自治区抢抓碳达峰碳中和战略主动权提供强劲助力。

35

着力发挥“三大作用” 推动改革落地见效

华电江苏能源有限公司

一、基本情况

华电江苏能源有限公司（以下简称“华电江苏”）是中国华电集团有限公司（以下简称“中国华电”）直属单位，是国务院国资委首批“双百行动”试点企业，2022 年入选国务院国资委首批国有企业公司治理示范企业。华电江苏坚决贯彻落实党中央、国务院国企改革决策部署，总结巩固国企改革三年行动成果，扎实推进国有企业改革深化提升行动。2023 年着力在科技创新、产业控制、安全支撑三个方面发挥作用，成效明显。截至 2023 年底，华电江苏管理口径总资产 426.76 亿元，装机容量 1385 万千瓦，所属 18 家基层企业覆盖了江苏省 10 个地市，形成了电热为主、产业协同、绿色高效、稳健和谐的良好局面。在国务院国资委 2020 年度改革专项评估中获 A 级，在 2021 和 2022 年度“双百企业”专项考核中均获优秀。

二、经验做法

（一）深化创新驱动，加强核心技术攻关，着力发挥科技创新作用

一是加强顶层设计，做好科技创新前瞻布局。华电江苏成立科技创新

委员会，主要领导担任委员会主任，完善科技创新决策机制。新设立科技信息部，健全生产技术专家委员会、职工创新创效工作室等创新组织，在基层企业建立三级科技创新工作网络，形成创新合力。调整科技创新“十四五”规划，重点对具有科技前瞻性、“卡脖子”技术、绿色高效科技创新项目进行储备和攻关。完善创新协同体系，加强产学研合作，与清华大学、华为、中车等产业上下游科研院所和企业开展创新合作，形成有效支撑重点科技创新方向的科研合作机构集群。

二是完善管理机制，增强科技创新驱动力。华电江苏完善创新激励机制，修订《基层企业绩效考评办法》，加大科技创新奖惩力度。修订《科技创新管理办法》，鼓励大胆创新，明确“在合规尽责前提下，即使未达预期目标，也应给予肯定”导向，激励调动基层企业科技创新积极性。加强科技项目过程管控，每月分析项目进展及资金使用情况。将科技人才培养作为企业发展战略，加强科技人才培养和引进力度，1 名科技人才享受国家特殊津贴，培养 3 名“全国技术能手”，引进 30 余名燃机修造高技术人才，逐步形成科技创新的传承梯队。深入开展职工创新创效活动，建立 23 个创新工作室，其中中国华电和省部级创新工作室 6 个，连续 4 年举办创新品牌发布会。

三是聚焦瓶颈技术，加强核心技术攻关和应用。华电江苏所属华瑞公司专注燃机检修服务，创造性打造“零单”与“全包”相结合的全新服务模式，改变了国外原始制造商垄断局面，推动国内燃机检修服务价格较之前下降约 50%，为中国华电累计节约燃机检修费用约 25 亿元。加大在燃机领域“卡脖子”技术国产化研究，先后完成 9FA 机组国内首次自主大修，V94.2 机组国内首次自主中修和燃烧系统全球首创升级改造，华瑞公司燃机热通道部件再制造工程技术研究中心入选“2023 年江苏省工程技术研究中心建设项目名单”。围绕“卡脖子”技术积极应用，华电江苏所属戚墅堰公司2023年成功投运国内首个三菱重型燃机控制系统国产化示范项目。

（二）优化产业布局，转型发展加速升级，着力发挥产业控制作用

一是加快发展新能源项目。中国华电高点对接、高位推动，公司领导多次到江苏区域指导，全力推进新能源项目落地。三级公司共同发力，保持政企高频互动，成立海上风电工作专班，利用华电保供优势，争取有力竞配政策和规则。华电江苏发挥与上海电气、中车等企业合作优势，开展“海上风电+制氢”、海洋牧场、漂浮式光伏等6个专题研究，为项目创新融合注入强力支撑。

二是加快布局战略性新兴产业。华电江苏主动融入江苏省新型储能发展规划，2023年取得连云港灌云200兆瓦/400兆瓦时储能项目开发权，赣榆墩尚10兆瓦/20兆瓦时共享储能电站项目正式投入运营，压缩空气储能、抽水蓄能电站前期工作有序推进。研究构建新型电力系统带来的用户侧变化，抢抓智能化发展机遇，拓展数字化应用深度，协同推进数字产业化和产业数字化，探索实施“光伏+”、智能零碳园区建设、综合能源开发服务、虚拟电厂等领域创新项目。

三是稳步推进重点项目。华电江苏围绕国家示范项目要求、创精品工程的目标，抓实项目实施，国家天然气基础设施互联互通重点工程赣榆LNG接收站项目海上围填提前3个月合龙。强化现场施工组织调度，加强项目安全、进度、质量和造价等方面管控。望亭二期燃机、仪化热电联产工程、江都分布式燃机等项目完成节点任务，句容公司等3家下属单位获2023年度全国电力工程建设标杆工程、火电新技术示范工程。

（三）加强生产管理，全面保障能源供应，着力发挥安全支撑作用

一是坚决扛牢能源保供责任。华电江苏加强组织领导，制定保供方案，细化各项部署，推动保供工作高效有序开展。推进煤机、燃机专项治理，落细落实重要时段保供举措，持续提升应急处突能力。加大设备整治力度，规范精品大修过程管理，构建检修后评价体系，强化检修完成情况考核。紧抓长协煤兑现关键点，成立订货专班，开通矿方物流海运“点对点”服务，长协兑现率排名中国华电下水煤区域第一。发挥煤机电网负荷中心区位优势、供热机组主要热源点的骨干作用和燃机调峰能力强的规模优势，实现常态化、精准化保供。

二是坚决守牢安全生产底线。华电江苏全面开展安全责任制落实评价，大力实施安全管理强化年行动，2023 年落实 18 个大项 122 个小项措施，共查处整改问题 396 项。狠抓新能源建设项目全过程安全管理，强化重点领域安全过程管控，戚墅堰公司冷却塔拆除创国内冷却塔人工拆除高度纪录。安全生产保持稳定，通州公司等 4 家单位实现全年“零非停”，华电江苏 2023 年非停次数同比下降 11%。

三是持续提高生态环保水平。华电江苏推进火电超低排放、燃机自动燃烧调整和水污染防治改造，主要污染物排放指标同比大幅下降，万元产值氮氧化物排放量优于中国华电年度目标值 30%。加强碳资产、碳排放、碳交易等基础能力建设，完成与华电乌江公司等单位 275 万吨碳排放交易，所属 9 家控排企业清缴履约率 100%。华电江苏所属句容公司获中国设备管理协会 2023 年度碳达峰碳中和标杆企业，戚墅堰公司获江苏省绿色发展领军企业。

三、改革成效

一是高力度强化科技创新，改革创新活力增强。华电江苏科技创新机制不断优化，深化与知名高校和企业创新合作，深度对接创新资源，发挥各方优势，科技联合攻关模式初步形成。科技创新成果取得突破，成功投运国内首个三菱重型燃机控制系统国产化示范项目，完成国务院国资委

1025 工程项目阶段目标，获江苏省科学技术奖 1 项，中国华电科学技术奖 5 项。推进燃机关键技术和核心部件自主化攻关，加快锻造“杀手锏”技术，实现 9E 燃机核心部件国产化，华瑞公司累计获得各项专利 56 项，软件著作权 4 项，编写行业标准 1 项。

二是高质量强化产业控制，绿色升级全面加快。华电江苏深入落实“四个革命、一个合作”能源安全新战略，坚定不移推动绿色低碳发展，集中式光伏取得建设规模指标连续两年居江苏省“五大电”第一位。加速“氢、储、碳、数”战略性新兴产业布局，与华为等头部企业深化合作，新兴产业加快培育。海上风电有序推进，海上光伏加速跟进，望亭 2 台 66 万千瓦“先立后改”煤机项目有序推进，绿色低碳转型加快。

三是高站位强化安全支撑，能源保供坚强有力。华电江苏坚决扛起央企保供责任担当，能源保供体系不断健全，煤机保持长周期稳定运行，全年利用 5553 小时，居江苏省第一；燃机全年累计调峰次数占江苏省近 50%。顺利完成全国两会、进博会等重要时段能源保供任务，得到地方政府高度认可，收到江苏省发改委等部门表扬信 8 封。所属仪征公司获全国安全文化示范企业，安全环保管理水平明显提升。

36

聚力“绿能行动” 践行央企使命 更高质量推进国有企业改革深化提升行动

华电新疆发电有限公司

一、基本情况

华电新疆发电有限公司（以下简称“华电新疆”）是中国华电集团有限公司（以下简称“中国华电”）全资子公司，2020年底按照国务院国资委区域煤电整合要求，完成17家在疆煤电企业整合工作。华电新疆党委坚决贯彻落实党中央、国务院国企改革决策部署，坚持以新发展理念为引领，以改革创新为动力，深化对标提升，深入推进资产、战略、管控、人员、文化融合，持续塑造规模优势、管理优势、科技优势、人才优势、品牌优势“五个优势”，区域协同发展的竞争优势不断显现。截至2023年底，华电新疆发电装机2295万千瓦，清洁能源装机820.6万千瓦，承担1.85亿平方米230万用户的供热保障，是新疆集“风光水火储”多种能源协同发展的最大能源发电企业。华电新疆连续3年获评中国华电业绩考核、党建责任制考核、国企改革考评A级。

二、经验做法

（一）强化科技创新主体地位，全力服务高水平科技自立自强

一是提升协同创新质效。华电新疆作为理事长单位，牵头联合国网新

疆公司、大学科研院所等135家单位成立“新疆氢能产业发展联盟”，共同探索推动氢能产业发展。联合新疆大学等8家单位，共建西北能源碳中和教育部工程研究中心。深化央企联合攻关，与东方电气协同推进“1025”二期攻关，与国网新疆公司共同推进全国首套电网支撑型SVG在昌吉木垒风光基地配套项目成功投运。

二是积极推动国重项目实施。华电新疆主动承担国家重大攻关任务，“超（超）临界机组宽负荷快速灵活调峰关键技术”等3项国重项目批复立项并按计划推进实施，“高碱煤燃烧发电关键技术”国家重点项目待公示，“大型光伏高效率中压直流发电关键技术及系统示范应用”正在申报国家能源局“首台套”设备示范。

三是加快培育战略性新兴产业。华电新疆加快培育壮大新技术、新产业、新模式“三新”业务，积极推动氢能项目取得突破，召开“新疆氢能产业发展联盟”第一届会员大会，乌鲁木齐“绿电制氢+燃煤运输”项目积极推进，绿氢制储加用一体化示范工程已纳入乌鲁木齐市氢能示范区方案。依托第三批国家大型基地项目，布局压缩二氧化碳、飞轮、全钒液流等国家重点及示范项目。充分论证熔盐储热清洁供热试点应用和燃气发电机组开发，全力助力能源绿色转型发展。

（二）积极服务国家战略，加快推动绿色低碳转型发展

一是以“绿能行动”为抓手，全力推动绿色转型发展。华电新疆紧紧围绕服务新疆维吾尔自治区“八大产业集群”建设，与自治区政府签订《战略合作协议》，研究制定《中国华电产业兴疆行动方案》《华电新疆战略性清洁能源基地规划布局方案》，充分发挥新能源发展前期、基建、生产运营全生命周期“1+N+N”管控模式优势。全力推进大型风光电基地项目，落实“两个联营”优化发展优质煤电，有序推动水电及抽水蓄能项目开发，巩固深化“光伏+生态治理”一体化模式，全年核准（备案）电源项目 1097 万千瓦，取得建设规模 1147 万千瓦。

二是以“1 + N + N”为路径，全力做好重点项目建设。华电新疆充分发挥“1 个工程管理中心 + N 个项目管理单位 + N 个项目公司”基建管控模式优势，制定《2023 年新能源项目建设实施方案》，修订《新能源工程建设专项工作奖惩暂行办法》，印发《电力工程建设奖惩办法》，压紧压实工程建设责任。全力做好资金、设备、人员要素保障，统筹抓好工程安全、质量和进度，开展“奋勇争先、百日攻坚”冲刺全年投产目标专项活动，年度开工、投产容量均创历史新高。华电新疆牵头制定《沙戈荒大基地精品工程建设指导手册》，编制《电力基建项目临建实施规范》《安全文明施工手册》等标准化文件，做好精品工程源头策划，昌吉木垒、库车项目被授予中国华电“精品工程奖”。五彩湾发电公司二期、北一发电公司、哈密煤电公司、伊犁煤电公司、叶城光伏荣获全国“燃煤（光伏）发电标杆工程”。

（三）勇担能源央企使命，坚决保障能源安全稳定供应

一是落实“三管三必须”要求，夯实安全生产基础。华电新疆全面推进安全责任制落实评价，开展“安全警示 100 天”专项行动，坚决守牢安全生产底线。深入开展重大事故隐患专项排查整治，推进煤场、燃气、危化品和有限空间等 12 个专项治理，强化“4 + N”反违章工作清单落实，各类安全检查实现 10 轮次基层单位全覆盖，累计排查整治风险隐患万余项、查处各类违章近万起。修订突发应急预案，健全完善“1 + 11”预案体系，组织开展水淹厂房、供热中断事故等 4 次大型综合应急演练，不断提升应急处置水平。

二是强化“有力更有效”导向，提升能源保供能力。华电新疆制定能源保供工作方案，完善联防联控、包保工作机制，分区划片严格执行“非停”机组和出力受阻挂牌督办，编制《供热规范化管理工作指引》，开展四个“一次”供热专项排查，火电机组应开尽开、稳发满发。落实生产管理督导、防磨防爆协同检查等7项工作机制，抓实技术监督、内质外形等6个专项方案落地见效，制定防止汽轮机超速、机组深度调峰安全运行等5项“反措”，编制“精品大修”实施细则，完成50台次机组检修、近1800台风机年检。签订长协煤3863万吨合同、长协签订率为100%；争取能源保供政策资金5.09亿元，切实提高电煤保障兜底能力。

三是加快“创一流机组”步伐，深化污染防治攻坚。华电新疆制定《一流机组创建实施方案》，开展小指标达标治理专项行动，13台煤机、14个新能源场站荣获电力行业优胜机组（场站），3台煤机荣获中国华电标杆机组，位居中国华电前列。印发环保示范建设成果推广重点要求和自行监测合规管理15项保证措施，开展第三方帮扶检查，实施建设项目环评报告、水保方案内审和风电项目环水保“三同时”方案审查全覆盖，基建项目环水保批复率100%。“一企一策”制定8家火电企业污染物减排措施，63个治理项目全部完成，污染物减排量完成年度目标任务的133%。

三、改革成效

一是创新动力活力持续增强，实现更有效率的发展。2023年，华电新疆完成研发投入7.88亿元，创历史新高；科技项目立项94项，同比增长5倍；取得授权专利187项，同比增长20%，位居中国华电前列。“火电企业碳排放精准连续监测、核算与智能决策关键技术及应用”荣获中国电机工程学会电力科学技术奖二等奖；累计7家单位获评“国家高新技术企业”，昌吉分公司准东煤高比例掺烧等2个项目荣获中国华电科技创新成果二等奖；高昌热电公司荣获自治区创新型中小企业称号。

二是绿色转型取得新突破，实现更可持续的发展。华电新疆全年核准（备案）电源项目1097万千瓦，取得建设规模1147万千瓦，3个共计300

万千瓦项目列入国家第三批大基地项目清单；“疆电入渝”配套能源基地51天完成610万千瓦新能源项目核准；喀什“两个联营”2×66万千瓦配套煤电项目24天完成核准，刷新自治区煤电最快核准纪录；鄯善140万千瓦抽蓄项目28天取得核准，实现华电新疆“十四五”期间水电项目核准零的突破。国家第一批、第二批410万千瓦新疆沙戈荒风光火储新能源基地全部并网发电，“疆电入渝”配套2×100万千瓦煤电项目全面完成里程碑节点计划。

三是能源保供展现新担当，实现更有温度的发展。华电新疆安全环保管理“清零、向零”和生产管理“精准化、精细化、精益化”向纵深推进，统筹燃煤稳定供应，着力提升机组常态化保供能力，机组“非停”同比下降42%，85%的火电企业实现“四管”无泄漏，获评行业优胜机组（场站）和中国华电燃煤标杆机组台数位居中国华电前列，18家供热企业全部提前供热，圆满完成全年能源保供工作。所属10家基层企业实现“零非停”，保供故事《守护205天的温暖》荣获第六届中央企业优秀故事一等奖。

37

加快培育战略性新兴产业
有效推动传统产业转型发展

国家电投集团内蒙古能源有限公司

一、基本情况

国家电投集团内蒙古能源有限公司（以下简称“内蒙古公司”）是国家电力投资集团有限公司（以下简称“国家电投”）在内蒙古的全资子公司，与国家电投蒙东能源有限责任公司、内蒙古电投能源股份有限公司一体化运作，是集煤炭、火电、新能源、电解铝、铁路、港口等产业一体化协同发展的大型综合能源企业。内蒙古公司现有煤炭产能 8300 万吨；火电装机 750 万千瓦，在建 202 万千瓦；新能源装机 710 万千瓦；电解铝运行产能 126 万吨；铁路运营里程 627 公里；港口规模 1800 万吨/年。公司资产总额 1281 亿元，员工 14400 余人，拥有 42 家所属单位，分布在内蒙古的通辽、赤峰、锡林郭勒盟等 12 个盟市，以及湖南、湖北、河南、山西、辽宁、山东、陕西等省份。

二、经验做法

（一）深耕新能源项目开发建设

内蒙古公司锚定“建设世界一流清洁综合能源企业”目标，按照大基地、大项目和集中式发展并重，自主开发和合作开发相结合的方式，着力获取具有资源优势和获利能力的“沙戈荒”等大基地、大项目，主动适应能源保供和能源结构调整要求。

在“绿色效益再翻番、低碳智慧创双一”转型战略引领下，内蒙古公司致力于集中式新能源发电项目开发建设。2023 年，全球陆上单体最大风电项目——乌兰察布风电基地 600 万千瓦示范项目首批 120 万千瓦就地消纳工程全容量并网；通辽 100 万千瓦风电外送项目、锡林郭勒盟阿巴嘎旗 50 万千瓦风电项目、上海庙至山东特高压外送通道阿拉善 40 万千瓦风电项目等国家第一批国家大型风光基地项目全部投产；兴安盟 44.5 万千瓦火电灵改风电项目顺利开工，实现了公司在兴安盟新能源项目“零”的突破。此外，内蒙古公司在 2023 年持续加强与国家部委、国家电网沟通对接，会同合作方重点抓好内蒙古自治区新增外送通道“沙戈荒”新能源基地开发，与蒙能集团合作开发的乌兰布和“沙戈荒”大基地首批 200 万千瓦先导工程已全面开工，新能源开发建设成果显著。

（二）致力霍林河循环经济转型升级

内蒙古公司持续贯彻国家“3060”双碳目标，并从集团公司发展的战略高度出发，全力打造以“风光火储氢”多能互补为核心，“源网荷储用”智慧能源为标志的“煤—电—铝”循环经济产业链升级版，为公司推进电力低碳、清洁能源、绿色转型及新能源高比例消纳工作作出重要贡献。

2023 年，内蒙古公司持续打造霍林河循环经济转型升级，在原有 180 万千瓦火电、30 万千瓦风电装机的产业规模基础上扩建新能源装机至 90 万千瓦风电、15 万千瓦光伏装机规模，全年已发绿电 24 亿千瓦时（总用电量 121 亿千瓦时），绿电消纳占比已达到 20%，并建成投运国内首个“铁-铬液流 + 液冷锂 + 飞轮”三模混合储能项目，构建成为新型电力系统示范验证基地，为实现清洁低碳、高效安全的现代能源体系建设提供可行的应用案例。同时内蒙古公司着手布局霍林河循环经济3.0版，全面推进扎哈淖尔源网荷储一体化项目前期工作，规划再建设65万千瓦风电项目（循环经济六期20万千瓦项目、七期45万千瓦项目），配套建设双回220千伏输电线路接入局域电网及蒙东电网，共同为拟建设的扎铝二期35万吨电解铝项目供电，同时建设10万千瓦/20万千瓦时磷酸铁锂电池储能，届时清洁能源消纳占比将达到35%以上。

（三）全力推进智慧矿山建设进程

内蒙古公司聚焦国家电投“2035一流战略”，增强能源供应链稳定性和安全性，加快推进能源绿色转型，提升能源产业链现代化水平。以“低碳化、智能化、无人化”为目标，大力推进智慧矿山建设。

2023年，内蒙古公司以南露天煤矿为试点，在露天煤矿行业内率先建成集采矿设计和作业执行、运维检修、安全环保、运营管理、产业生态全链条的“1+5+N”的智慧矿山综合管控平台“尧光一号”，现16个子系统已进入全面试运行阶段，达到国内领先水平。全国首台百吨级氢燃料电池与锂电池混合动力矿用自卸车进入试运行阶段，开创了国内百吨级氢能自卸车试运行的先例，实现了露天矿山运输装备在氢能领域由产品开发到实践应用的重大跨越，填补国内大吨位氢能源矿用自卸车领域的空白。内蒙古公司先后投入近亿元资金，建立边坡雷达监测系统和自动分析系统，投入边坡雷达18台、GNSS监测点286个，实现重点边坡全覆盖不间断监测，实施全天候监测与数据分析，全面、准确地进行临滑预警，提升应急处置能力，智慧矿山整体建设取得了显著成绩。

（四）深度挖潜绿电铝新价值

内蒙古公司一直以霍林河、白音华“煤电铝”循环经济产业为基础，以高比例消纳新能源为目标，深入研究“绿电铝”客户市场需求，积极申请绿证，提升绿色电解铝产品新价值，同时研究电解铝和再生铝行业发展政策，规划布局“绿电＋再生铝”项目，构建电解铝产业发展新格局。

2023 年，白音华铝电公司 500 千安电解铝生产线实现电解铝 40 万吨/年产能全部达产，并与霍煤鸿骏铝电公司先后通过中国有色金属工业协会绿色产品评价中心认证，获得绿电铝产品评价证书，打造国家电投“绿电铝”品牌。霍煤鸿骏铝电公司已与两家下游企业达成了销售协议，通过“绿电铝”评价和交易，成功打通了绿电铝销售环节，实现了绿色发电到绿电铝消费端的价值传递。同时持续谋划电解铝产能增长，进一步释放电解铝指标价值和产业价值，大力推进扎哈淖尔铝合金续建项目（扎铝二期项目）筹备进程，通过与通辽市政府、电网公司的密切沟通与协作，已完成了通辽绿电铝示范项目（扎铝二期）合作协议的签署，预计 2025 年国家电投能源电解铝产能将达到 121 万吨，标志着国家电投能源电解铝产业支撑力进一步增强。此外，内蒙古公司通过深入研究电解铝行业绿证申请相关政策，依托循环经济积极申请绿证，同时与行业大客户对接，分析市场需求和产品附加值，构建了绿电铝、零碳铝销售渠道和体系，推进提升绿色电解铝产品价值。

三、改革成效

一是现代能源体系全面升级。2023 年，内蒙古公司以全面建成国家首批大型风光基地 310 万千瓦风电项目为标志，当年新增投产新能源装机超 400 万千瓦，累计新能源装机突破 700 万千瓦，约占公司全部发电装机容量的 50%；霍林河南露天煤矿核增产能 200 万吨，白音华坑口 2 台 66 万千瓦火电机组顺利建成，白音华铝业 40 万吨高精铝板带项目全容量投产，白音华循环经济产业链全面贯通，路港板块稳中有进，煤电铝路港一体化协同发展，能源保供能力进一步增强；霍林河循环经济产业加速向 2.0 版升级，绿电装机超 105 万千瓦，电解铝绿能占比超过 25%。第五外送通道配套“沙戈荒”大基地、鄂尔多斯千万千瓦级就地消纳基地、扎铝二期35万吨“绿电铝”等重大项目加速布局，“煤电铝路港循环+绿色能源基地+新兴产业集群”的现代能源体系全面升级。

二是现代化工业体系加速建设。2023年，内蒙古公司坚持“绿水青山就是金山银山”的发展理念，煤矿产业依托自然资源部土地工程技术创新中心科研平台，矿山生态修复工程效应监测评价、技术研发与应用和高效综合利用推进成果显著，成功打造了我国北方高寒地区绿色矿山标杆。“两地五矿”排土场生态修复面积7899亩，厂区绿化面积88亩，生态修复治理率100%，植被覆盖度达到90%以上。北方高寒地区绿色矿山标杆入选集团公司ESG“十佳案例”，《蒙东草原典型露天矿区生态修复技术集成及示范》列入内蒙古自治区重点研发和成果转化计划。电解铝产业紧扣创新驱动，科技项目成果转化加快，截至2023年底，铝业板块已申报发明专利15项，完成年度计划的115%，登记软件著作权1件，取得“两化融合”AA级体系认定。将科研成果有效应用于生产过程中，进一步实现工作现场无人化巡检、自动化作业、智能化报警、可视化管理的智慧铝厂建设目标。

38

"三促进三强化"开启国有企业改革深化提升新征程

国家电投集团科学技术研究院有限公司

一、基本情况

国家电投集团科学技术研究院有限公司（以下简称"国家电投中央研究院"）是国家电力投资集团有限公司（以下简称"国家电投"）成员单位，是国家电投"宝塔型"科技创新体系的先导层，承担战略性、前瞻性、重大共性技术研究，聚焦行业先导技术，打造原创技术策源地。国家电投中央研究院围绕"科技引领、产业赋能、管理支撑"工作主线，在核能、新能源、储能、数智化等战略性新兴产业方面开展科技创新并推广应用。

2023 年，国家电投中央研究院深入贯彻落实国有企业改革深化提升行动部署，以入选"科改企业"为强大鼓舞，深入谋划新一轮改革深化提升工作，扎实推进各项改革任务，按照"强功能、聚人才、优激励"的年度改革主线，相关工作取得积极进展，实现国有企业改革深化提升行动开局好、起步稳。

二、经验做法

（一）促进做强做专，强化核心功能，统筹开展核心技术能力提升，校准"功能使命"

一是聚焦功能使命，进行核心能力再审视。国家电投中央研究院开展核心技术能力提升及业务转型专项工作，进一步强化功能性任务。主要领导挂帅，领导小组牵头，召开多次扩大会议，深入系统论证，形成“N个重点聚焦技术+X个重大前沿技术”研究院技术体系，明确全力提升技术预见、攻关集成、人才培养、资本运作和资源整合五大关键能力。组织集团内外专家围绕必要性、成熟度、预期成果、实施路径、价值收益5个方面，对重点聚焦技术实施“论证—优化—再论证—再优化”，形成三档共22项重点聚焦技术。依托科技情报研判分析和各科研机构自主探索，形成前沿技术库，并定期动态优化、调整，完成第一批7项自上而下技术预研立项。

二是瞄准一流企业建设，开展专题研究。国家电投中央研究院针对世界一流清洁能源科技企业开展调查和研究，以世界一流企业“产品卓越、品牌卓著、创新领先、治理现代”的十六字特征和诸多研究提出的世界一流企业“十大核心要素”为总体方向，结合企业主导的清洁能源科研机构特点，提出世界一流清洁能源科技企业的七大画像特征，进一步研究形成指标体系和发展路径。

三是围绕产业焕新和未来产业启航，开展重点任务攻关。在核能领域，国家电投中央研究院自主化核电设计与安全分析软件“和弦”（COSINE）取证工作进展顺利，4款软件正式进入审评阶段，2款软件完成第一轮审评对话。在储能领域，完成兆瓦级长时储能系统（CASE）核心技术攻关，实现了工程设计优化，中试项目成功开工建设。在光伏领域，实现钙钛矿/硅异质结叠层电池实验室研发效率的持续提升，第三方测试指标达到29.39%。在氢能领域，“甲醇重整氢燃料电池关键技术及系统”研究获批国家重点研发计划国际合作项目。

（二）促进人才发展，强化专家队伍，加快构建人才发展“雁阵”格局

一是建设完善分级分层的专家体系。国家电投中央研究院落实国企改

革部署和人才工作精神，结合实际，在集团内率先完成专家体系建设。明确了专家评聘、职责界定、管理使用、激励保障、考核退出等方面程序要求，设定3个层级专家规模，细化形成23个领域、125个学科、600余个专业的专家岗位矩阵，建立8个维度的量化积分体系，组织完成64名院专家评聘工作。

二是建立科技委制度体系。为有效提高创新的判断和决策能力，国家电投中央研究院优化完善了分领域分层次的内外部专家协同工作机制，出台《科技专家委员会管理办法》，组建6个分委会，构建外部专家与内部专家、研究院科技委与集团专家委协同机制。科技委专家库汇集了包括来自高校院所、政府部门、科研机构、行业协会以及企事业单位等与研究院技术布局相关的326名专家，其中包括17名院士以及具备突出影响力的不同层级、不同细分领域的专家。

三是开展高层次人才引进。国家电投中央研究院多层次协同，扎实打造科技人才队伍。根据确定领军创新团队领域方向，组织高层次人才面试40余场，与2名海外高层次人才签订入职意向，其中1人入选国家级人才计划。在绿电燃料、钙、用户侧分布电源领域引进领军人才2人并申报国家电投领军创新团队。坚持“不求所有、但求所用”理念，吸引优秀外聘专家队伍融入院长期业务发展，全年通过兼职聘用、协同创新等方式，共聘用外部专家48人；外聘特别顾问1人，为新兴业务开展提供指导。

（三）促进激发活力，强化创新激励，有效实施正向激励“一张表”榜单

一是统筹激励机制实现聚力。国家电投中央研究院优化完善激励模式，推动各项激励方式协调统一，切实提升资源利用效率。持续增强“正向激励”引导，有效整合专项激励、即时激励、市场化激励等多元化激励方式，出台《正向激励管理办法》，优化完善即时奖励、专项奖励申报及兑现机制。通过先制定奖励标准及事项清单、后申报兑现的方式，明确激励导向，规范奖励管理，让战略落地有抓手、员工奋斗有目标。加强物质奖励与精神奖励同向发力，进一步激发员工价值创造意识。全年共组织兑现正向激励近 40 项，助力高质量发展实现新跃升。

二是充分探索应用“揭榜挂帅”等机制。国家电投中央研究院以“揭榜挂帅”制为重点，组织开展关键核心任务攻关，激发创新活力，增强发展新动能。积极宣贯、应用相关政策，统筹参与国家电投“揭榜挂帅”任务申报，独立中榜 5 项、联合中榜 8 项，其中独立已完成 3 项。在院内组织开展关键项目的“揭榜挂帅”，完成张榜、评审、挂帅程序，相关任务正在积极有序推进。通过“揭榜挂帅”机制，有效推动“能者上、智者上”，激发了创新和竞争活力。

三、改革成效

2023 年，国家电投中央研究院在国有企业改革深化提升行动的有力支撑下，强化科技创新支撑服务，加快培育核心竞争力，全年完成营业收入比 2022 年增长 12%，其中市场化项目收入比 2022 年增长 50%，经营指标持续优化，收入结构持续改善，可持续发展能力稳步提升。获专利授权 104 件，其中获欧洲专利 1 件；认定技术秘密 11 件；登记软著 34 件；主编发布行业标准 1 项，参编发布国际、国家和行业标准 22 项，数量和层次较往年均有明显提升。累计完成成果转化项目 8 项，创造成果转化经济价值约 1.5 亿元，成果转化收入 8603 万元。同时，经过国有企业改革深化提升行动第一年的系列举措，聚焦高质量发展这一首要任务，国家电投中央研究院坚持科技创新的战略定位，坚守“技术引领和管理支撑”的初心使命，面向以科技创新支撑产业创新，形成新质生产力，进一步厘清了“增强核心功能，提高核心竞争力”的路线图和时间表。

下一步，国家电投中央研究院将在习近平新时代中国特色社会主义思想指引下，深入贯彻落实国有企业改革深化提升行动部署，利用入围“科改企业”的有利时机，积极推进全员参与的体制机制改革，统筹做好各项功能使命性任务和体制机制性任务，通过改革有效提升科技创新和产业赋能的能力，为发挥科技创新、产业控制、安全支撑作用贡献力量。

39

打破固有思维　寻求改革创新
传统火电企业走出浴火重生路

辽宁清河发电有限责任公司

一、基本情况

辽宁清河发电有限责任公司（以下简称“清河发电公司”）成立于1970年，前身为清河发电厂，现隶属于国家电力投资集团有限公司（以下简称“国家电投”）全资子公司国家电投东北电力有限公司管理，是我国自行设计的第一座超百万千瓦容量的大型火力发电企业，在运两台60万火电机组，供热面积1160万平方米，在职员工2170人。

二、经验做法

清河发电公司作为我国自行设计安装的首座超百万千瓦容量火力发电厂，曾是亚洲最大火力发电厂，历史底蕴深厚。近年来，在燃料价格攀升、产能过剩、利用小时数降低、竞价机制冲击、环保要求提高等多重影响下，老火电企业逐渐陷入连年亏损的经营困局。

2022年，是国务院国资委挂牌督办公司三年扭亏的最后一年，清河电厂可谓处于生死存亡之际，如不扭亏，公司将被挂牌出售。面对历史挑战，公司领导班子勇于担当、主动作为，带领全体干部员工团结一心打赢翻身仗。

（一）“头雁效益”激发“群雁活力”，上下同欲，利亏志不亏

清河发电公司全体干部员工通过多次开展经营管理专题调研，研究扭亏措施，为公司扭亏工作提供宝贵的建议和支持。

一是公司领导从过“紧日子”转变为过“苦日子”的思想贯穿于全年工作始终，带动公司全体员工以强烈的主人翁意识尽职尽责，并拿出“拧干毛巾最后一滴水”的决心和魄力，自我加压，自我较量，跳起摸高，干出效益。

二是领导班子带头协调内外、开源节流，以爬坡过坎的韧劲，通过职代会宣贯“没有等出来的成功，只有干出来的精彩”，统一思想、认清形势，剖析原因、寻找差距，干部员工心往一处想，劲往一处使，凝聚无坚不摧、无往不胜的合力，打赢企业扭亏为盈翻身仗。

三是动员全体干部职工勠力同心、实干争先，培育创新驱动，始终保持勇往直前的闯劲。全面革除“没有成方不敢开药”的思维定势，着力解放思想、更新观念，树立“有解思维”和“优解思维”，以更加积极的姿态向新的领域延伸触角，牢牢扭住自主创新的“牛鼻子”。

清河发电公司最终形成以“头雁效益”激发“群雁活力”、滴水穿石之势，真抓实干、勇立潮头，锚定了正确的“清电答案”。清电人不等不靠，创造条件自己造“子弹”，形成全员站出来、闯出去、干起来的强大攻势，圆满地打赢扭亏战役。

（二）打破固有思维，优化业务布局，打造“火电+”循环经济示范园

清河发电公司成立公司发展专班，树牢“不破不立”的理念。深挖内潜，依托存量火电能源多联供优势，精益规划厂区布局，以提高资源和能源综合利用率为目标，以盘活闲置厂房、资产为抓手，经过两年多的努力实践，构建了可复制的“火电+”综合智慧能源园区。

其中，“火电+”循环经济示范园内以轻资产模式引进多家合作企业，共同践行绿色可持续发展理念，推进生态环境治理和改善，充分发掘闲置资产再利用。依托火电企业能源多联供优势，深刻理解应用场景、挖掘用户需求、了解周围的资源禀赋，为受能客户设身处地地考虑。在满足客户需求的同时，提出更加优化的轻资产多元合作商业模式。以“资源共享、价值共生、合作共赢”为理念，通过租场地（闲置场地、厂房）、供能源（供电、供汽、供水、供热）、优服务（高素质运维技术人员）、提运力（集装箱货运站台），实现降低土地建筑投资、满足企业供能需求、提高能源使用效率，充分发挥火电厂自主可控能力及多元化供能优势，最终实现园区内电、汽、水、热多能源耦合一体化。

（三）创新“友朋”战略合作新模式，盘活资产“变废为宝”，有效释放企业发展新动能

清河发电公司发挥“坐地户”的优势，团结一切可以团结的力量，大力实施“‘友朋’行动、共赢发展”战略，“火电+”综合智慧能源园区以轻资产引进优质合作企业，打通火电企业发展中枢神经，有效释放企业发展新动能，前瞻性结合火电企业场景提供智慧能源整体解决方案。清河发电公司以提高火电燃煤衍生固废利用效率为导向，优化厂区整体布局，精准引进优质合作伙伴，在园区内现有闲置场地投资建设大数据中心基站、加气砖厂、抹灰石膏厂和轻体隔墙板材厂，将固体废物转为生产原材料，从而实现完全消纳、变废为宝。

一是深化大用户合作，打造全新能源供电数据中心项目。2021年竣工的辽宁（铁岭）大数据中心全新能源供电综合能源示范项目是为保障清河发电公司与移动公司合作，双方共同建设辽宁（铁岭）大数据中心基站的能源多联供核心项目。数据中心基站决定利用清河发电公司存量火电能源多联供优势和厂内闲置空地，并发挥移动公司技术实力、业务拓展能力和资金优势，先期建设352台机柜，终期建设3000台机柜，年耗电量2亿千瓦时以上。采用的全新能源绿色专线供电，完全契合国家建设数据中心等新型基础设施绿色高质量发展实施方案的理念。以深度挖潜存量火电作为桥梁，以供热、供汽、供电综合开发利用为骨架，充分盘活闲置厂房、闲置资产，成功建设了可示范、可复制、可推广的绿色项目，走出一条老火电的重生之路。

二是实现火电企业固废零排放循环利用，促进能源生态融合发展。为了能够更好地服务于合作企业（加气砖厂、抹灰石膏厂和轻体隔墙板材厂），加强合作方产品对外运输能力，缩短产品销售周期，提升合作方运营效率。清河发电公司利用厂内自有铁路线路和闲置场地，投资建设面积约7000平方米、年吞吐量2万箱铁路集装箱货运站台，并与中国铁路沈阳局集团有限公司沈阳货运中心下属物流公司合作经营。

利用项目开发、建设，清河发电公司量身打造国内极具亮点的“绿色数据中心”，建设火电厂衍生产品“变废为宝”示范工程，打通火电厂衍生产品对外销运的“最后一公里”，公司转型发展成效显著。

（四）加强政策研判，把握先机，借势而上

清河发电公司领导班子将“火电+多能互补”作为老火电转型发展新契机。为助力辽宁省清洁能源在“十四五”期间跨越式发展，清河发电公司围绕国家政策导向及辽宁省电力发展规划，结合铁岭市能源结构现状和可再生能源发展基础优势，2020年以存量火电机组灵活性改造、提升调节能力为核心，充分发挥现有冗余百万千瓦输电通道优势，统筹周边风光资源禀赋，以2×60万千瓦火电机组与110万千瓦可再生能源相结合，并多元化配置电、热储能，扩建500千伏升压设施，形成百万千瓦级风光火储多能互补示范项目。项目建设思路完全契合《国家发改委国家能源局关于推进电力源网荷储一体化和多能互补发展的指导意见》。

三、改革成效

一是在复杂的行业形势和严峻的市场环境下，清河发电公司2022年同比减亏3.35亿元，实现扭亏为盈，被集团公司授予2022年度“建功创一流”先进集体，交出了一份成色十足的“高分答卷”。

二是清河发电公司“火电+”综合智慧能源园区项目，获中国综合智慧能源平台组织联合体（A6联合体）主办的2022综合智慧能源大会暨优秀项目案例发布会“综合智慧能源示范项目”荣誉称号，得到了社会各界的支持与认可。

三是“火电+新能源”项目快速推进，铁岭清河电厂500千伏主变扩建工程于2023年3月27日开工建设，2023年12月25日项目主体设施及设备已完成调试验收，等待电网公司批准并网；一期风电项目已于2023年4月20日开工，2024年6月实现全容量并网发电；电锅炉储热项目于2023年11月动工，2024年10月投产，为持续盈利奠定基础。

四是借助辽宁省内多项惠企、助企政策，清河发电公司继续保持开拓进取的发展态势，在二期43万千瓦风电和10万千瓦曹家沟光伏项目上，更加积极主动地去做好、做精、做细每一项工作。结合2023年作为省示范项目上报国家的200兆瓦/400兆瓦共享储能项目开发的经验，谋划三期1×660兆瓦火电项目与配比风电项目的最优建设思路，全力争取实现“十四五”末期火电、风电、光伏建设指标。作为辽宁省的国家级“双示范”项目，项目百万容量规模的投产达效，有助于解决清河发电公司持续生存问题。

至此，集生态新能源、智慧数字设施、循环经济体系等多元素于一身的新型电力企业，已完成“华丽转身”。清河发电公司清洁低碳转型发展，是在“双碳”背景下，紧紧围绕国家新发展理念，结合企业自身实际情况，以技术创新和结构转型突破为抓手，重点从高效节能降碳改造、多能互补模式协调发展、机组调峰灵活性改造、热电冷多能联供等方面实施，实现存量火电、增量新能源的低碳高质量发展。

与此同时，清河发电公司聚焦用户侧综合智慧能源和绿电转化等新兴产业发展方向，进一步解放思想，深研业务布局，创新发展模式，构建多元化发展新格局，着力构建多元化综合智慧能源供应中心、示范性循环经济示范园，对全国乃至火电行业转型发展具有良好借鉴意义。

40

牢记“国之大者” 忠诚履职尽责 全面发挥服务国家战略功能作用

中国长江电力股份有限公司

一、基本情况

中国长江电力股份有限公司（以下简称“长江电力”）成立于2002年，主要从事水力发电业务，运营管理着由乌东德、白鹤滩、溪洛渡、向家坝、三峡和葛洲坝6座电站构成的世界最大清洁能源走廊，国内装机容量7169.5万千瓦，约占全国水电装机的17.34%，企业市值最高达7692.74亿元，是中国最大的电力上市公司和全球最大的水电上市公司。近年来，长江电力以深入实施“双百行动”综合性改革、国企改革三年行动、国有企业改革深化提升行动为契机，高水平巩固大水电，高质量拓展新空间，高站位推进科技创新，高标准深化党的建设，加快形成新质生产力，努力发挥好服务国家战略的功能作用。截至2023年底，长江电力累计发电量近3.5万亿千瓦时，汛期累计拦洪量近2300亿立方米，枯水期累计向下游补水超3600亿立方米，全力保障长江流域防洪安全、航运安全、生态安全、水资源安全和能源安全。

二、经验做法

（一）以“增强能源托底作用”为目标，切实强化安全支撑，着力提升服务国家战略的能力

长江电力通过深入贯彻落实精确调度、精益运行、精心维护“三精”理念，将精益管理理念运用到电力生产全过程各环节，确保梯级电站长周期安全稳定运行。

一是深化“精确调度”，最大限度发挥“大国重器”综合效益。长江电力大力推行市场导向型、流域主导型、决策智慧型、管理创新型“四型”调度建设，全面实施梯级电站“调控一体化”管理，实现“六库联调”。建成覆盖长江中上游的1400多个水情预报站点，并持续推动水文预报系统升级改造，努力提升水资源综合利用水平，真正做到“用好每一方水、发好每一度电”。2023年，梯级水库水资源综合利用率达99%以上，全年新增发电量约121.3亿千瓦时，几乎相当于为国家再建一座葛洲坝电站。

二是深化“精益运行”，最高标准开展世界一流电厂建设。长江电力以“零非停”为目标，对设备进行“诊断运行”全生命周期管理，运维关键指标长期处于行业领先水平，投产40年的葛洲坝电站单机年最高运行时间达到8689小时。建立通信自动化技术保障系统，助力实现世界级水电站“无人值班、少人值守”，所属三峡电站人均管理装机约5万千瓦，居世界首位。深入实施对标提升行动，构建以174部公司级、914部厂站级为核心的技术标准体系，主/参编国际、国家、行业标准181部。

三是深化“精心维护”，最严要求保障巨型机组健康水平。长江电力依托“诊断运行”深入开展“状态检修”，由“事后处理”向“事前预控”转变。不断健全流域检修管理机制，紧扣“人、机、料、法、环、

测”六要素，实施流域检修策划全过程、清单化管理，以标准化的作业流程、程序化的质量控制、规范化的现场管理，确保机组状态实时“在线”。持续强化电力生产“五大安全风险”管控，长江电力连续14年实现安全生产“双零”目标，2023年梯级电站非计划停运次数创历史新低。

（二）以“提升安全发展水平”为导向，突出抓好科技创新，着力提升服务国家战略的韧性

长江电力牢记习近平总书记把大国重器掌握在自己手里的殷殷嘱托，以“问题+战略”双导向开展创新型电力生产企业建设，全面增强水电产业核心竞争力，加快实现高水平科技自立自强。

一是重点解决水电产业“卡脖子”问题。长江电力按照有人才、有资金、有场所、有制度、有项目、有成果“六有”原则，构建以国家级、省级、企业级为核心的“2+2+N”多层次科研平台体系，大幅提升企业自主科研能力。通过“百万悬赏”方式开展“500千伏焊接型GIL检修关键技术”攻关，打破国外技术垄断，彻底摆脱对国外厂商的技术依赖，为国内其他水电厂同类型设备检修提供关键技术支持。大力实施科研项目“揭榜挂帅”，首创并成功应用“发电机励磁无弧灭磁技术”等一大批关键核心技术。

二是积极落实水电产业“自主可控”战略。长江电力明确以“目标导向、统筹规划、突出重点、加快推进”为基本原则，以“全系统—全机组—全电站—全流域”为实施路径，全面构建“技术、管理”双轨并行、“公司、单位、项目”三级递进联动的自主可控替代管理体系，加快推进自主可控应用研究、示范试点及推广应用。圆满完成工业控制系统“全系统”芯片级自主可控试点示范，推广至向家坝电站、葛洲坝电站“全机组”、三峡电源电站“全电站”计算机监控系统自主可控替代，为大国重器换上“中国芯”。

三是加快推动科研成果向现实生产力转化。长江电力创新实施基建技改项目“科技创新篇”，不断强化“一手抓研发取得创新成果、一手抓成果应用解决实际问题”的工作机制。将基建技改项目与科技项目同步计划、同步立项、同步实施、同步完成，不断把激光熔覆技术、检修专用机器人等新技术、新装备、新材料、新工艺、新产品应用于电站运行维护，推动产业链优化升级，有效防范断链卡链风险。

（三）以“建设现代产业体系”为牵引，全面推进数字化智能化转型，着力提升服务国家战略的水平

长江电力加快推进智能电站建设，推动传统水电产业与信息化在更广范围、更深程度、更高水平上实现融合发展，带动水电产业体系加快向产业链、价值链高端迈进。

一是以数字化加快实现“上云用数赋智”。长江电力发布“智能水电蓝图”，融合40余年巨型电站群运行维护管理经验，率先建成具有水电特色的工业互联网平台，全面贯通运行监视、状态评估、故障诊断、检修决策等电力生产全链条，电站运行安全可靠性大幅提升，在2023年第五届中国工业互联网大赛全国总决赛上以总分第一的成绩获领军组一等奖。建成三峡大数据中心，实现IT云资源的统一管理、统一部署、统一运维，构建“一星（中心侧）多卫（厂站侧）”数字化新格局，推动电力生产运营管理向数字化智能化深度发展。

二是以智能化加快转换“发展新动能”。长江电力陆续建成跨区域大型水电站群电力生产管理信息系统、金沙江下游—三峡梯级电站水资源管理决策支持系统、流域检修支持系统等核心应用系统，全面提升水电数据的应用价值，实现业务平台化、全程数字化集中管理，不断推动电力生产管理决策智能化，助力电力保供、防洪度汛、生态补水。2023年，梯级电站机组启停调峰超2万次、日调峰量最高达3379万千瓦，有效缓解受电区域供电紧张局面，获得国家发改委、国务院国资委表扬。

三、改革成效

一是能源保供“支撑力”进一步凸显。长江电力在确保防洪安全的前提下最大限度提升发电能力，“六库联调”成效显著。2023 年，长江电力梯级电站累计发电 2762.63 亿千瓦时，同比增发 140.15 亿千瓦时，单日最大发电量 14.68 亿千瓦时、连续 53 天日发电量超 10 亿千瓦时，圆满完成“两会”“大运会”“亚运会”等关键时期电力保供任务，向下游补水 242.86 亿立方米，开展 12 次生态调度实验，保障航运和生态安全。

二是科技创新“驱动力”进一步增强。长江电力加快从传统电力生产企业向全球领先的创新型能源企业转型，截至 2023 年底，累计获科技奖励 89 项（其中国家级 4 项、省部级 23 项），全面实施知识产权“登高计划”，累计获得有效专利 3000 多项，被国家知识产权局认定为“国家知识产权优势企业”，全面形成完整独立的 70 万千瓦及以上大型水电机组运行管理核心能力。

三是水电行业“引领力”进一步提升。长江电力持续健全与引领世界水电行业发展相适应的管理体系和标准，2023 年主导修编发布行业标准 7 部，参与 3 部国际标准联合提案，均创历史新高。固化形成标准化、可复制的水电运维管理模式，在马来西亚、巴基斯坦、巴西等境外水电站实现复制和延伸，输出“三峡标准”，为打造水电强国、引领世界水电发展贡献智慧和力量。

41

坚持改革创新　持续优化布局
助力长江经济带生态环境保护发生转折性变化

长江生态环保集团有限公司

一、基本情况

长江生态环保集团有限公司（以下简称“长江环保集团”）成立于2018年12月，是中国长江三峡集团有限公司落实党中央国务院决策部署，推动共抓长江大保护工作的实施主体。长江环保集团以习近平总书记关于推动长江经济带高质量发展系列重要讲话精神为指引，深入贯彻落实党的二十大精神，以实施国有企业改革深化提升行动为重要契机，紧扣“可持续、系统性、高质量”发展思路，强化科技创新，优化产业布局，健全体制机制，大力培育发展新质生产力，促进公司核心能力、发展活力、内生动力再提升，实现快速高质量转型发展，助力长江经济带生态环境保护发生转折性变化。

二、经验做法

（一）强化科技创新，提高核心能力

一是强化原创性引领性科技攻关，牢牢掌握关键技术。长江环保集团推动水务行业智能化、数字化转型升级，自主研发国内首套水务领域“业

态全覆盖、数据全监视、操作全远控”城市水管家智慧调度系统，实现涉水设施一体化调度。系统研发污水处理概念厂集成技术，实现污水厂“定量化分析、精细化控制、智能化运行”转变，宜兴概念厂入选国家“奋进新时代”主题成就展。攻坚污水厂减污降碳协同增效，牵头研发“资源循环-能源自给型”污水厂关键技术，获批为国家重点研发项目。

二是加强产学研深度融合，促进科技成果转化应用。长江环保集团整合集聚创新资源，围绕打造城市智慧水管家产业链链长，构建以“自主+联合”为主体的科技创新平台体系，加强内外部优势单位协同攻关，推进高校、企业、科研院融合创新，联合长江科学院、中科院重庆研究院、重庆大学等单位组建自主科技创新平台重庆创新中心，成功研制装配式横列板和内支撑管道机器人，并在芜湖、六安等10余个城市实现广泛应用。积极对外开放应用场景和试用环境，与六安市政府等单位共建六安水环境治理综合技术示范基地，开展精准曝气、智能投加等先进智能化设备试用。

三是健全科技创新保障体系，加快科技创新队伍建设。长江环保集团从组织、资金、人才、招采、考核等方面研究制定22条科技创新保障措施，支持各项科技创新政策逐步落地。聚焦示范工程打造，2023年研发投入2.46亿元，同比增长超200%，研发投入强度6.78%，创历史新高。依托国家重点项目以研促学、以学促干，大力培育青年员工创新能力，超200名青年科技人员（约占员工总数的10%）参与到23项国家重点研发课题攻关。围绕业务发展需求引才育才，积极申报国家、省市级人才计划12人，造就一支“老中青”“高精尖”搭配科学的技术人才队伍。

（二）优化产业布局，提升发展活力

一是拓展布局方式，做优主责主业。长江环保集团统筹保护和发展，创新开发“两翼融合”项目，将生态环境治理和清洁能源项目联合策划、协同推进，探索生态环保业务与清洁能源实现综合效益总体平衡。开展优质资源专业化整合，搭建“区域合作平台”，与苏州市吴江区等地方水务集团合作，推动优质存量水务资产收购，以存量带增量。加强专业优势互促共进，战略投资中国市政华北院，提升规模效应、专业化水平和系统治理能力。

二是加强协同合作，形成共抓合力。长江环保集团推动产业链协同发展，发挥长江生态环保产业联盟作用，吸纳产业链上下游各环节领军企业、知名院校和金融机构等成员单位超110家，带动2.5万余人参与共抓长江大保护，有效促进资本、人才、技术等优势资源要素向长江生态环保领域汇聚。开展产业链协同创新，联合上下游企业成立自主可控联合工作组，开展水务行业PLC（可编程逻辑控制器）、SCADA（数据采集与监视控制系统）等国产化替代研制攻关，自主可控PLC成果在芜湖天门山污水厂成功使用，推动生态环保产业补链强链。

三是加快模式探索，推动转型升级。长江环保集团创新提出以管网为重点的“城市智慧水管家”模式，对城市供水、排水、管网、防洪排涝、河流湖泊等涉水设施统一规划、统一建设、统一运营、统一管理和统一调度，推动传统城镇污水治理转型升级、提质增效。探索实施管网攻坚战，推进管网市场化价格机制改革，赋予管网经营属性，有序建立市场化回报机制，实现“污染者付费”，创新建立污水管网“按效付费”机制，优化污水处理资源配置。

（三）健全体制机制，激发内生动力

一是优化公司管理模式，稳步提升经营能力。长江环保集团优化项目公司管理模式，推行集中管理，公司和各区域公司直接管理单位由105家优化至74家。强化项目公司法人地位，建立项目经理责任制，压实项目经理主体责任，推动项目公司属地化运营、自主经营、自负盈亏，实现由项目运作向公司运作转变。深化投资管理，建立“扫描式点检—阶段性评估

—项目后评价”投后管理工作机制和重点项目重大风险清单，推动投资重要评审意见闭环。

二是深化三项制度改革，大力激发活力效率。长江环保集团加强干部选拔过程公开化和竞争性，推行干部民主评议制，将评价结果与职务升降紧密挂钩，累计7名干部因民主测评不佳被免职免岗或暂缓晋级，真正做到“能者上、庸者下”。深入实施任期制和契约化管理，严格刚性考核、刚性兑现，切实推动各级经理层成员履职尽责。建立工资效益同向联动机制，赋予所属单位工资分配自主权，推动工资总额分配向业绩好、投入产出效率高的单位倾斜。建立“水管家”落地、投资完成等重点工作专项激励机制，加大收入分配向基层关键岗位、作出突出贡献的一线“苦脏险累”岗位倾斜力度，有效激发员工干事创业积极性。

三是持续做好风险防控，有力夯实安全保障。长江环保集团全面建立合规风险管理长效机制，将合规审查嵌入经营管理制度和流程，以36项合规风险任务清单为抓手，推动合规体系建设延伸到所属单位。强化资产负债率管控，常态化开展项目债务情况跟踪，有效防范债务风险；坚持定期调度与过程跟踪相结合，加大应收账款清收工作力度，有效弥合项目资金缺口。创新建立“全员值班+视频巡检”工作机制，有效落实全员安全生产责任制；坚持安全事故“零容忍”，对内实施“先免职后调查”，对外建立“信用评价”机制，严格事故单位限期进入；建立典型隐患“说清楚”工作机制，切实把隐患排查治理挺在事故前面。2023年未发生主要责任安全生产事故。

三、改革成效

一是科技创新多点开花。“长江流域城市排水管网服役功能提升关键技术研究与工程化应用”等9项科技成果总体达到国际先进水平，其中7

项成果部分达到国际领先水平。自主研制的装配式横列板、内支撑管道机器人实现市场化销售，重庆创新中心取得国家检测机构 CMA 认证资质，六安和九江智慧系统入选住建部 2023 年智慧水务典型案例。2023 年度获得授权专利 242 件，其中发明专利 46 件，超历年总和的 2 倍。

二是转型发展有序推进。“水管家”模式持续深化，打造六安“水管家”标杆，做实九江、芜湖、吴江“水管家”，建立政府与公众需求快速响应机制，助力六安市入选全国海绵城市建设示范。中标宜昌管网攻坚战项目，推动宜昌市出台《污水处理费征收使用办法》，明确管网建设、运营纳入污水处理费使用范围和定价成本构成，打响管网攻坚战及配套价格机制改革第一枪，为高质量转型发展增添有力工具包。

三是经营业绩再创新高。2023 年，长江环保集团营业收入达 36 亿元、同比增长 106%，资产规模突破 900 亿元、进入行业前三。截至 2023 年底，累计落地投资额近 2000 亿元，业务区域从 4 个试点城市拓展到长江经济带 11 省市，相关地区取得良好治水成效，重点黑臭水体已全部销号，得到推动长江经济带发展领导小组办公室、地方政府、社会各界普遍好评。

42

坚持创新驱动　塑造发展新优势 引领新能源产业高质量发展

中国三峡新能源（集团）股份有限公司

一、基本情况

中国三峡新能源（集团）股份有限公司（以下简称“三峡能源”）是中国长江三峡集团有限公司（以下简称“中国三峡集团”）的新能源业务板块的控股上市公司，2021 年 6 月 10 日在上交所主板成功上市，是中国电力行业当期最大规模 IPO、A 股市值最高的新能源公司。入选“双百企业”以来，三峡能源深入学习贯彻习近平总书记关于国有企业改革发展的重要论述，始终坚持“人才是第一资源、发展是第一要务、创新是第一动力”，以深层次的创新推进新能源业务跨越式、高质量发展，为构建新型电力系统贡献三峡力量，努力加快建设世界一流新能源上市公司。

二、经验做法

（一）创新引人用人机制、积极提供资金保障，蓄好科技创新的“源头活水”

一是实行多种引人用人方式，充分发挥人才在科技创新的重要作用。三峡能源在科研项目中创新采用项目负责人、技术负责人的“双责任人”

制，分别负责项目推进实施和核心技术攻关，以工程项目模式推动重大科研项目执行，确保项目在规定期限内顺利完成。根据项目需求引才，通过合作协议、外聘专家等形式柔性引入科研单位相关领域专业技术人才，柔性引入高校和科研院所科研人员以灵活的身份和形式参与重大、重点项目攻关，在公司科技创新方面发挥重要作用。与清华大学、华北电力大学等开展校企合作，促进双方人才培养，优势互补，通过项目参研参建的形式，将集团内外单位研究人员纳入科研项目团队，实现优势互补，充分发挥内外单位科技人才的骨干力量。

二是建立多渠道经费支持机制，充分发挥经费在保障项目落地的支撑作用。科研经费保障是科研工作顺利开展推进的基石，三峡能源不断建立健全科研经费保障机制，以保障项目落地为目标，着力拓宽经费保障渠道。积极争取中央财政经费、国拨经费、省区级、市级财政经费、集团专项经费等公司外部经费，内部经费从工程概算、生产成本、子企业科研经费等多项分项列支，不断建立并完善科研经费管理体系，完成经费管理程序，保障经费的合理配置和使用。

三是构建立体式技术咨询体系，发挥技术机构在科技创新中的支撑力量。三峡能源以专家技术委员会、技术经济中心为依托的技术创新支撑体系为公司技术经济评审、专题研究咨询提供强有力支持，具备前期开发、工程建设、生产运行全过程的技术评审和技术服务能力，聚焦大基地项目资源获取和工程建设急难问题提供技术支撑，同时承担公司标准制定、新技术跟踪研究、专题技术培训等工作。

（二）加快平台建设、推动协同创新，夯实科技创新“基础保障”

一是推动研发平台建设，完善科创系统建设。研发平台是集成不同创新要素的重要载体，为企业科技创新持续发展提供强有力支撑。三峡能源积极开展创新平台的申报及建设，依托海工、大数据、风电检测中心及入选的高新技术企业基础，三峡能源运维公司所属的海上风电运维工程技术研究中心获批2023年江苏省工程技术研究中心建设项目，持续打造以工程生产为实体的企业技术中心。

二是加强深度交流合作，打造原创技术策源地、争当现代产业链长。三峡能源积极以项目合作、技术交流、加入学会等形式，加强企业、高校间交流合作、产学研合作，推动央企和各类所有制企业之间的协调联动。三峡能源争当海上风电产业链链长，提交的申报方案已经过中国工业经济联合会正式评审，并共同成功举办海上风电产业共链行动。积极打造高效钙钛矿光伏原创技术策源地，并在库布其200万千瓦光伏治沙项目中率先建设完成1兆瓦钙钛矿光伏电站的示范应用。

三是发挥核心动力作用，推行“科研+示范+产业”的协同创新模式。三峡能源切实发挥企业创新主体作用和多场景应用优势，紧紧围绕发展核心，结合公司项目分布广、类型多的特点，推行科技攻关与示范工程同步实施，为重大技术成果提供多样化应用示范场景。同时，积极联合产业上下游企业、科研院所、组织机构开展协同创新，根据不同业务需求，形成了公司牵头、各区域具体实施，科研、示范应用、产业联合“三驾马车”并驾齐驱，拉动科技创新发展。

（三）锚定科技创新任务目标、主动承担科技攻关，成果示范应用推进“产业升级”

一是布局海上风电前瞻性领域，加大研发投入比重。三峡能源实施海上风电引领者战略，将海上风电作为公司的战略重点进行广泛布局。科技方面着眼海上风电前瞻领域，积极开展大兆瓦风机研制、漂浮式海上风机研制、海上柔性直流输电等行业前沿技术的攻关，海上风电装机容量、资源储备均处于行业领先。鼓励各项创新活动，通过研发活动认定等方式提升研发活动覆盖率，强化研发投入主体作用，将研发投入纳入各分/子公司的工作考核，提高抓研发投入的紧迫感，确保研发投入的真实性和准确性。

二是主动参与国家重点项目攻关，承担主要研究任务。三峡能源主动参与中国三峡集团牵头申报的“大规模压缩空气储能系统与关键装备研制”“海上风电机组及送出技术研发”2 项国家发改委首批“揭榜挂帅”重点科技攻关项目，作为项目实施主体之一，承担主要研究任务，全力推动任务指标落实落地，顺利完成各项既定任务。截至目前，三峡能源牵头或参与申报多项国家、地方级示范项目，已获批 8 项。

三是充分发挥“出题人”主体作用，以需求牵引技术攻关。三峡能源围绕工程项目、生产运维等实际需求，积极推进新技术、新产品发展，聚力攻关，实现国内多项关键技术零的突破。依托三峡福建海上风电产业园，形成海上风电上下游产业链创新集群，打造海上风电科技创新高地和原创技术策源地，通过大容量风电机组研制等关键技术突破带动海上风电设计、制造、施工、评估咨询、检测、人才培养等全链条产业技术创新。

三、改革成效

三峡能源坚持贯彻创新发展理念，紧紧围绕发展核心，切实发挥科技创新的核心动力作用，以需求为牵引实施创新，多措并举保障科研项目顺利实施，瞄准“卡脖子”问题，全力攻关，以技术成果促进公司发展，带动产业升级。

一是重大科技成果丰硕。三峡能源积极开展前沿技术研究及应用示范，取得的科技成果中有 6 项技术装备入选国家能源领域首台（套）名单。全球首台 16 兆瓦超大容量海上风电机组于 2023 年 7 月 19 日实现并网发电，实现了海上风机最大单机容量从 7 兆瓦提升至 16 兆瓦的重大突破并成功示范应用，推动海上风电大容量风机产业升级。

二是核心攻关成效显著。三峡能源顺利完成了“国家重大科技专项”中“浮式海上风电平台全耦合动态分析、装置研发和样机示范”“海上风电柔性直流输电关键技术研究及示范应用”2项研究任务，并通过相关行业科技成果鉴定。首台国产抗台风半潜浮动式海上风力发电系统装备“三峡引领号”的研发和示范应用工作，为国家深远海域海上风电的发展和建设提供了核心成套技术装备保障，填补了我国在该技术领域的空白。三峡如东海上风电项目柔性直流输电示范工程项目的成功投运填补了国内海洋工程领域多个技术空白，对我国远海大容量海上风电开发建设具有重要意义。

三是科创业绩稳步增长。三峡能源2023年研发投入强度为3.98%，较2022年增长102%；完成1项三峡能源标准、2项行业标准发布；知识产权顺利“登高”，国际专利不断增长，发明专利数量实现突破；江苏运维公司获批国家高新技术企业，获批2023年江苏省工程技术研究中心建设项目。

43

加强科技成果转化 助力能源行业战略性新兴产业培育发展

北京低碳清洁能源研究院

一、基本情况

北京低碳清洁能源研究院（以下简称“低碳院”）成立于2009年，注册为事业单位法人，是国家能源投资集团有限责任公司（以下简称“国家能源集团”）直属研发机构，也是国家海外高层次人才创新创业基地、国家引才引智示范基地，肩负着“出机制、出人才、出成果”的重要使命。低碳院拥有煤炭开采水资源保护与利用全国重点实验室、国家能源煤炭清洁转换利用技术研发中心（国家能源局）等重点科研平台，设有博士后科研工作站，是国家高新技术企业，现有员工500余人，超过50%的科研人员具有博士学位，组建高水平科研团队14个，累计引进国家领军专家数量和在岗数量处央企前列。低碳院立足“科技研发排头兵、科研人才聚集地、战略性新兴产业孵化器、科技成果转化生力军”定位，开展低碳清洁技术研发与集成创新，取得一批氢能、储能、新材料、现代煤化工等领域标志性科技成果。

二、经验做法

低碳院着力构建“一套体系”，创新“四个机制”，固化“三种模式”，瞄准产业应用，以工程思维推进应用基础研究，努力探索成果转化最佳实践，打通科技创新“最后一公里”。

（一）构建成果转化组织管理体系，系统谋划成果转化工作

一是加强成果转化顶层设计。低碳院加强组织领导，形成党委统一部署、分管领导挂帅督办、成果转化中心牵头落实、各研发中心与中后台部门支持保障的组织体系。延伸转化能力，成立全资科技成果转化公司，着力提升公司市场化运作管理水平，有效延伸低碳院科技成果转化能力。强化督办落实，制定《成果转化专项提升方案》，压实各部门中心、所属单位责任分工，明确工作措施与时间表，挂图作战，压茬推进。强化制度保障，修订实施成果转化项目管理办法、知识产权许可与转让管理办法、科研平台管理办法等系列配套制度，为技术研发到成果转化提供制度保障。

二是构建成果转化联盟。打破传统组织边界，强化资源整合与优势互补。聚焦应用场景，与国家能源集团内13家科研单位和产业公司签订合作框架协议，加快推动煤化工催化剂、液流电池、煤化工与新能源耦合等示范项目落地。聚焦市场化运作，强化与国家能源集团内外部科技、能源、金融等行业龙头企业的互信合作，推动合资成果转化企业不断做强。聚焦链条融合，与中车株洲所、烟台万华等科研机构深度对接，建立“市场需求牵引—高端制造赋能—联合技术攻关”的共赢模式，沿着能源产业供应链构建创新链产业链。

（二）以“四个机制”创新为抓手，打通成果转化堵点，提升成果转化质效

一是健全管理运行机制，提升成果转化效率。低碳院做好科技成果技术成熟度评价分级，建立科技成果转化台账，打造“储备—示范—转化”的科技成果转化梯队。探索重点项目绿色通道培育机制，规范科技成果入库流程，集中优势资源推动成熟技术成果落地，助力能源行业传统产业转

型升级和战略性新兴产业规模高质量发展两端发力。

二是建立一体化合作机制，实现科技成果高质量培育。低碳院以技术研发牵头推动集团内部“小试—中试—示范—推广”创新闭环。推动与重要合作方签署战略合作协议全覆盖，采用科技沙龙、现场对接等形式开展常态化交流，在具体项目合作中落实协议。开展联合办公、场地设施联合使用、市场联合开拓、创效成果共享的合作模式。

三是完善科技创新激励机制，提升成果转化积极性。低碳院优化薪酬分配机制，改善薪酬结构，加大浮动薪酬比例，完善按岗位价值和业绩贡献付薪的分配体系，薪酬分配向核心科研人才和攻关团队倾斜。强化绩效薪酬挂钩，建立全员绩效与经营业绩考核结果挂钩的奖惩机制，对重要成果、重点人群以奖励基金方式进行重点激励，合理拉开收入差距。探索中长期激励机制，稳妥实施离岗创业，探索实施内创业，调动科研人员推动成果转化的积极性和创造性。

四是探索资本赋能成果转化机制，构建资本助力的“研产用”一体化体系。低碳院加强与金融公司沟通交流，深入开展“科技 + 资本”协同合作。探索研究资本支撑的科技研产用一体化创新模式，整合科技研发力量、产业落地能力以及金融资本支持等要素，推动资本“募投管退”全生命周期循环与科技创新的“研产用”循环有机融合，实现资本赋能科技创新与成果转化。

（三）推动“三种模式”成熟定型，助力集团公司传统产业转型升级与战略性新兴产业培育两端发力

一是促进成果内部孵化与直接应用。低碳院将实验室级别的解决方案，直接在生产单位进行验证和应用，打造国家能源集团内部“研发—孵化—转化”完整链条，助力分/子公司提质增效。研发的大型排土场分布式保水控蚀技术，应用于 6 座地面水库和 1 座地下水库建设，实现了两个大型露天矿区矿井水“冬储夏用”，核心技术专利荣获第二十三届中国专利金奖。35 兆帕/70 兆帕快速加氢机技术在 16 座加氢站实现商业化应用，其中张家口万泉加氢站成功服务冬奥会氢能车辆，获得国家发改委的来信感谢。与内部化工企业共同开发的煤直接液化残渣生产道路沥青技术，累计销售煤液化沥青产品超 63 万吨。

二是有序扩大技术许可规模。低碳院对于技术成熟度较高、具备许可授权条件的科技成果，稳步扩大许可范围和许可规模，迅速建立产能或形成对能源行业的服务支撑能力。针对已经完成首次许可授权、适合在全国范围内许可的存量科技成果，加快后续许可进度，尽早完成重点区域布点与全国组网；针对尚未完成首次许可授权的成果，优先向内部产业公司许可，协助内部企业孵化新的业务单元与产业。持续聚焦技术成果迭代升级与产业导入，提升内外部被许可企业的行业竞争力。

三是重点突破技术作价入股。低碳院筛选具有广阔市场空间的技术成果，通过技术作价入股规范运作的转化平台，实现成果转化。与内外部科技创新企业合资成立中天华氢有限公司，卡位布局氢能核心装备制造业，打造氢能发展战略支点；与系统内科技型企业合资成立新材料公司，在做好既有交联聚乙烯转化应用的同时，持续向新材料公司供给技术，完成知识产权增资入股，力推公司上市，实现持续健康规模化发展。

三、改革成效

一是科技支撑产业作用全面加强。费托合成催化剂在煤化工企业长周期应用，实现自主可控，打破市场垄断，形成竞争推进技术进步。4 项核心技术装备入选国务院国资委、工信部、能源局推荐目录，市场化应用前景广阔。低碳院建成国内最完备的煤化工企业烯烃聚合平台，具备开发差异化高端聚烯烃产品的能力。建立了国内首个氢能压缩机长周期测试基地，验证了压缩机的运转可靠性，推动了“卡脖子”装备国产化进程。产出地下水库群、矿区生态修复等一批重大科技成果，推动煤炭开采伴生水害向非常规水资源转变。

二是战略性新兴产业培育能力初见成效。在煤化工催化剂产业上，低碳院开发的费托合成催化剂不断迭代升级，在确保国家油品战略安全和国家能源集团整体利益最大化的前提下，实现技术许可费收入翻倍。在氢能产业上，加快培育已孵化的氢能装备公司，依托现有的技术和装备，加快建设氢能（低碳）研究中心，驱动氢能产业发展壮大。在储能产业上，依托科技成果转化公司，推动全钒液流电池、宽温储热材料的示范应用，实现储能系统跨尺度融合，加快构建以长时储能为支撑的新型电力系统。

三是科技成果价值创造能力显著提升。低碳院 3 项成果以知识产权无形资产作价入股方式转化，10 项成果以技术许可方式转化，成功孵化 2 个成果转化公司，截至 2023 年底，累计产生直接、间接效益超 100 亿元。科技扶贫助力乡村振兴成效显著，与山西潞安煤制油深化合作，已成为北京市昌平区落实支援革命老区建设的重要载体，新材料公司为内蒙古宁城提供的塑料大棚新型水罐成为科技扶贫助农的典范，开发了硅肥系列技术，推动实现生态增绿，农牧业增产增收，农民收入增加。

44

建设高端化多元化低碳化煤化工企业

国能榆林化工有限公司

一、基本情况

国能榆林化工有限公司（以下简称“榆林化工”）是国家能源投资集团有限责任公司（以下简称“国家能源集团”）所属企业，位于陕西省榆林市榆神工业园区，成立于2012年3月，职工总数1587人，平均年龄33岁，拥有各类“注册师”107名，“全国技术能手”“全国行业技术能手”称号技术人员17人，“全国五一劳动奖章”获得者1人，国务院特殊津贴专家1人，2023年入选国务院国资委创建世界一流专业领军示范企业名单。榆林化工主要从事煤化工相关业务，主营产品为聚乙烯、聚丙烯、聚乙醇酸、乙二醇等，目前已建成投产的装置包括180万吨/年煤制甲醇联产40万吨/年乙二醇装置，60万吨/年甲醇制烯烃装置，世界首套5万吨/年聚乙醇酸（PGA）工业示范装置，形成了从煤炭到甲醇再到聚烯烃及各种化工产品“煤头化尾，化黑为白”的完整产业链条。

二、经验做法

榆林化工坚持以习近平新时代中国特色社会主义思想为指导，深入学习贯彻党的二十大精神和习近平总书记视察榆林化工重要讲话精神，大力践行“四个革命、一个合作”能源安全新战略，统筹推进保安全、增效益、促改革、强党建等各项工作，生产运营保持了安全、稳定、清洁运行的良好态势，高端化、多元化、低碳化转型发展迈出坚实步伐。

（一）加快升级示范，实现“高端化”发展

榆林化工深入贯彻落实国家和集团公司关于科技创新工作的各项指示精神和工作部署，大力实施创新驱动发展战略，紧紧围绕建设世界一流清洁低碳能源科技领军企业目标，立制度、搭平台、建团队、促提升。

一是建立健全科技激励制度。榆林化工发布《国能榆林化工有限公司科学技术奖励办法》，设立了科技进步奖、科技创新先进个人、“五小”成果评选与奖励，从制度层面鼓励职工参与创新，形成示范带头效应，打造全员创新氛围。

二是大力搭建科技创新平台。榆林化工鼓励申报“劳模创新工作室”和“工匠人才工作室”，发挥劳模和工匠精神，围绕企业生产经营难点、堵点开展技术攻关。申报高新技术企业，企业技术中心等创新平台，为公司创新活动搭建技术平台、提供活动阵地。

三是以内部挖掘培养和外部合作方式，建立高效协同的创新团队。榆林化工鼓励公司内部开展技能大赛和参加行业技能大赛，征集和奖励小发明、小革新、小创造、小设计、小建议“五小”成果，培养了一大批行业技术能手和潜在科技人才，为公司科技自立自强打好人才队伍基础。通过与中国石油大学合作开展“百万吨级 CCUS 不同地质条件选址及关键技术研究”、与内部科研院所合作开展“煤化工与新能源耦合关键技术研究与示范”、与西安交通大学联合研发开展“低能耗、低碳排放氮气-水光电催化合成氨关键技术工艺包开发及工业示范研究”、与大连化物所合作开展“氯代含氧化合物中试项目”等重点科技项目，构建了开放协同的创新团队。

（二）加速行业融合，实现“多元化”发展

榆林化工加快“煤炭、油化、新材料、新能源”一体化综合能源示范基地建设，奉献清洁能源，让“绿色”成为公司高质量发展的底色，着力打造能效高、水耗低、碳排少、效益好的煤炭消费转型升级样板工程，在国家能源集团乃至全国煤化工行业发挥了标杆引领和典型示范作用。深化实施技术升级方案、产线智能化提升行动方案、低碳绿色发展行动计划，推动高端化、智能化、绿色化转型发展，进一步提升企业核心竞争力。

一是创新煤化工产业发展模式。榆林化工充分发挥优质煤炭作为原料和燃料的资源特点，采用具有比较优势的技术路线和产品方案，错位发展石油化工生产难度大或生产成本较高的特种油品、含氧化合物及聚合物，构建差异化、高端化的产品体系，实现煤炭循环经济综合利用。

二是创新示范煤化工和新能源耦合发展路径。榆林化工推动绿电、绿氢、绿氧、储热、储能等多能互补的综合能源系统参与煤炭清洁高效转化过程，降低煤炭消耗和二氧化碳排放。

三是创新推动科技成果落地转化。榆林化工应用自主知识产权的煤直接液化二代技术路线和石脑油和甲醇共炼技术，使煤化工和煤制油工艺路线深度耦合，充分利用煤化工产品和石油化工产品特性，通过耦合反应大幅提高原子利用率以及能量效率，以达到提升能源转化效率、缩减工艺流程、降低单位能耗、减少投资额和单位成本的目的。

四是以智慧工厂建设推动企业转型升级。榆林化工坚持以《国家能源集团智慧化工规划》为纲领，认真做好智慧化工厂规划建设的顶层设计。积极推动 MES 系统、应急指挥系统、能源管理系统等全流程信息化系统的规划设计工作。在后续项目立项、设计阶段就充分考虑植入“智能化＋”理念，将信息化、5G、大数据、人工智能等高新技术和生产经营深度融合，实现生产经营全过程管理提升。

（三）加大技术攻关，实现“低碳化”发展

榆林化工积极推进煤化工与绿氢、绿氧耦合技术研究与示范，从工艺过程中减少二氧化碳排放；持续推进百万吨级 CCS/CCUS 项目关键技术研究和工程示范，实现末端减碳。

一是探索煤化工产业低碳化转型发展路线。榆林化工以光伏发电制绿氢、绿氧、合成氨绿色储氢、高效储热为切入点，开展太阳能驱动氨气—水合成氨技术研究并开展试验装置建设，同时在草酸二甲酯加氢装置上，通过掺混 10% 的绿氢和绿氧以及提供光热等方式进行“光伏 + 储能 + 制氢 + 制氧 + 储热”与化工装置耦合可行性和运行平稳性试验研究，收集并分析建设、运行数据，论证耦合方案，探索出新能源向化工项目安全、稳定、经济供应绿电绿氢和热能的路径，推进煤制油化工与新能源绿色协同发展。

二是积极推进化工产业低碳技术攻关。针对百万吨级 CCUS 项目，榆林化工开展了不同地质条件选址，完成了以首选勘察靶区为基础的总体实施方案和二维地震实施方案。氯代含氧化合物中试项目一次投料成功产出目标产品，并完成 72 小时性能考核运行，为该技术的工业化放大提供理论和工业数据支撑，为替代高污染高能耗乙炔法煤制 PVC 产业路线提供了新选择，具有重大的社会效益和战略意义。

三是全力推动化工行业节能减排。榆林化工积极践行“保护母亲河”行动，分盐结晶装置产出合格氯化钠且连续稳定运行，标志着低温临界冷冻加真空热法分盐技术在煤化工废水处理上实现零的突破，填补了国内技术空白。各项环保指标居行业先进水平，烟尘、二氧化硫、氮氧化物等污染物排放标准均优于国家环保排放标准。

三、改革成效

一是科技创新成效显著。“低能耗、低碳排放氮气—水光电催化合成

氨关键技术工艺包开发及工业示范研究”完成百吨级光电催化合成氨中试实验装置搭建，成功产出液氨产品。“甲醇制烯烃产品气中二氧化碳脱除工艺研究及示范”项目累计运行超过300天，实现了在传统烯烃分离用固定床装填吸附剂脱除MTO产品气中二氧化碳的首次应用。“煤化工废水低温临界冷冻真空热法分盐技术开发与应用”获得集团公司科技奖二等奖，12项“五小”成果获得中国煤炭工业协会优秀“五小”成果奖。榆林化工被认定为国家级高新技术企业，同时先后被评为陕西省行业优秀企业、质量信誉双优单位、高质量发展标杆企业、科技创新示范单位。

二是“煤化协同”产业融合新模式有效推进。榆林化工加速推进“煤炭—油化—新材料—新能源”一体化综合能源示范基地建设，全力打造“煤化协同”一体化运营模式。煤直接液化特种燃料工艺技术持续优化升级，成功开发出煤基航天柴油、煤基通用柴油、煤基喷气燃料、特殊环境燃料和煤基舰用柴油等多场景煤基特种燃料系列产品。煤基碳素新材料取得新突破，完成煤液化重质产物梯级分离关键技术试验平台搭建和千吨级高软化点改性沥青制备项目氧化聚合实验装置搭建。

三是关键核心技术攻关取得新突破。榆林化工创新发展PGA/PLGA、PBC/PBCT和PPC等全系列煤基生物可降解材料，为治理白色污染贡献力量。成功开发出5种PGA产品牌号和14种PGA基制品加工配方及系列可降解制品，试制了购物袋、厨余垃圾袋、刀叉勺、餐盒等一次性制品，涵盖了国家禁塑名录中禁止使用的所有应用场景。与广州金发科技股份有限公司、道恩集团等11家下游加工企业形成“PGA产业联盟”，为PGA产业化打通了“生产—加工—销售”渠道。

45

以创新为引擎 推动数字化智能化绿色化转型发展

国能黄骅港务有限责任公司

一、基本情况

国能黄骅港务有限责任公司（以下简称“黄骅港务”）成立于1998年，是国家煤炭运输重要枢纽港，国家西煤东运、北煤南运约1/3的运量从这里出海。黄骅港务拥有煤炭泊位17个、杂货泊位4个，油品泊位1个，总资产131.43亿元，全港煤炭设计吞吐能力为1.78亿吨，2001年开港以来累计完成煤炭下水量27.55亿吨，非煤吞吐量1.05亿吨。黄骅港务坚持以习近平新时代中国特色社会主义思想为指导，完整、准确、全面贯彻新发展理念，以建设“绿色、高效、智慧、平安”的世界一流港口为目标，以改革驱动、创新驱动、绿色驱动为抓手，探索出了煤炭港口数字化智能化绿色化转型升级的新路径。

二、经验做法

（一）强化顶层设计，引领创新方向

一是系统布局智慧港口宏伟蓝图。黄骅港务坚持“服务国家、引领行业、支撑企业”的创新原则，聚焦国家重大战略需求和行业发展重大问

题，强化科技创新战略布局与顶层设计，确立了“以我为主，不断完善”的自主创新理念，印发《智慧港口建设实施方案》，提出智慧港口“十四五”规划和2035年远景目标，明确7个战略方向和17个主题业务的重点任务，推进公司向生态化、数字化、智慧化港口发展，提升公司创新力、影响力和核心竞争力，全力打造国内散杂货港口高质量发展新标杆。

二是健全科技创新的体制机制。黄骅港务从组织机构、职业发展、薪酬激励等方面建立了鼓励创新的整套机制，有效激发了企业的创新活力。构建以科技管理委员会为决策层、以科技管理部门为管理层、以基层单位为研发层、以社会科技力量为补充层的“四层一体”科研体系。形成“业务＋技术”协同创新模式，培育了一大批数字化转型人才，扎实推动黄骅港向世界一流能源大港迈进。

（二）坚持创新驱动，打造全流程自动化作业智慧港口标杆

黄骅港务从解决煤炭港口生产设备手动操作强度大、作业环境差、安全管理风险高、配煤比例精准度低等关键问题入手，积极探索引领产业转型升级的路径和对策。通过单体智能化、协同智能化、决策智能化“三步走”战略，推进黄骅港的装备自动化和生产智能化水平持续走高。

一是坚持科技自强自立，实现全流程自动化作业。黄骅港务全流程智能化建设以解决实际问题、提升企业运营效率为基本出发点，以数学模拟建模为基础打造了数字化堆场，率先实现了堆料、取料作业的自动化。聚焦智能装备，研发出全场景智能装船成套技术，打通翻堆取装全流程智能化最后一环，填补了世界装船机智能化技术空白。

二是融合先进技术，多项成果达到世界领先水平。黄骅港务建设了覆盖全港区范围的5G专网，建成基站17座，实现了传感器数据不出园区的低时延、高可靠采集，形成了光纤通信与5G专网的双保障。建立了全港统一坐标系，利用北斗定位技术，在港区建设3座北斗定位基站，形成黄

骅港北斗 CORS 网，通过电台、5G、光纤等方式在全港播发差分矫正数据，配合安装在设备端的北斗接收机，大幅提高设备的定位精度，位置精度提升至 2 厘米，姿态精度提升至 0.1 度。建设了两个数据中心，采用数字孪生技术，全面感知设备与资源状态，建立起全港生产运行环节在数字空间中的孪生体。在此之上，架设起全港生产运行控制大脑，在世界上首次实现煤炭港口全流程智能化作业。

三是持续深耕数字化转型，打造智慧港口新高地。黄骅港务聚焦智能生产，开展协同智能化和决策智慧化研究，奋力打造从计划排定、生产调度到设备执行的一体化运营新模式。聚焦智能环保，研发了生态环境智能管控平台，实现了生态环境全要素、全流程、全场景的智能化感知与管控、智慧化预测与决策，推进黄骅港的装备自动化和生产智能化协同联动，有效提升了生产过程的环保水平。

（三）引领绿色转型，开创煤炭港口可持续发展新篇章

黄骅港务积极响应国家绿色发展战略，加大研发投入，针对煤炭港口行业的两大瓶颈问题——粉尘治理和煤污水处理，寻求创新解决方案。通过技术突破和实践应用，成功打造了“海绵港口”，实现了水资源的循环利用，并加速向“零碳”目标转型。

一是自主研发全流程煤尘管控技术，突破行业治污难题。黄骅港务瞄准“粉尘污染”这个长期困扰煤港发展的历史性难题，从粉尘产生机理入手研究，开发出了适合煤炭港口的“本质长效抑尘技术”，实现粉尘颗粒的有效附着，彻底使煤尘固化，从源头上抑制煤尘产生。该项技术先后获得 3 项国家专利，在第 45 届日内瓦国际发明博览会上荣获金奖。以此为基础，黄骅港务陆续开发了皮带机自动洗带技术、装卸设备洒水技术等抑尘技术，构建了“翻、堆、取、装”一整套粉尘治理体系，成功破解了煤炭起尘的行业难题，实现了煤港粉尘“超低排放”目标。

二是抓住绿色转型发展机遇，建立生态循环发展的体系。黄骅港务将港区原地貌中的垃圾场、荒地创造性地建设成了“两湖三湿地”为主体的生态水循环系统，将船舶压舱水、含煤污水及雨水回收利用，实现了含煤污水的零排放和零污染，对保护港区及海洋环境发挥了积极作用，极大地改善了港区的环境质量，而且有效提升了企业收益。每年压舱水、雨水及污水再利用超400万立方米，节约用水成本超2000万元。

三是深耕厚植绿色港口建设，持续拓展节能环保品牌内涵。黄骅港务持续在绿色港口建设上深耕，不断丰富绿色转型的新内涵。建设“煤粉尘回收处理车间”将收集的含煤污水处理残渣、堆场清扫尘、除尘器回收尘等压制成煤饼并出售，解决了处理的煤尘二次污染问题并每年创效约900万元。建设了覆盖21个泊位的高低压岸电系统，为船舶在港期间提供供电服务，每年可减少二氧化碳排放1350吨。国内首次将超大规模变频皮带机运用于生产系统，有效提高用电效率，较传统设备节电超过8%。建成滨海湿地生态景观区、乔灌草结合临海立体绿色景观带、防风抑尘林带等180万平方米生态绿地，港区可绿化用地100%覆盖、生态绿化率达32.2%，行业内首家获评AAA级工业景区。

三、改革成效

一是在传统行业数字化智能化转型方面起到了专业领军作用。黄骅港务建成世界领先的全流程智能化生产运营系统，装船效率提升3.8%，卸车效率提升12.2%，单船泊位停时缩短15.1%，有力保障了国家煤炭保供安全。特别是智能装船的实现填补了散杂货自动化装船的技术空白，为行业带来了示范性效益。黄骅港务列入交通运输部第二批国家交通运输科普基地，获评年度智慧干散货港口码头建设先进示范单位、全国先进物流企业等多项荣誉，煤炭港口全流程智能化关键技术及应用获得中国港口协会科技进步奖一等奖，全流程智能化研究创新团队获得中国港口协会科学技术奖创新团队一等奖。

二是绿色港口建设成果丰硕，成效显著。黄骅港务坚定不移走生态优先、绿色发展之路，为煤炭港口绿色转型升级提供了可借鉴可复制的经验。黄骅港务先后荣获第十一届中华环境奖、“五星级绿色港口”等荣誉，承担的交通强国建设“绿色港口发展”试点任务在2023年以98分的高分顺利通过交通运输部验收。

三是创新驱动增强了黄骅港务的核心竞争力，关键经营指标实现行业领先。据中国港口协会统计数据，黄骅港务全员劳动生产率、人均利润等指标连续5年在全国主要沿海港口中排名第一；与国外港口主要经营指标对标，黄骅港务人均利润率、净资产收益率等指标处于领先地位。

46

勇担国云使命　服务国家战略
改革创新引领云计算产业发展

天翼云科技有限公司

一、基本情况

天翼云科技有限公司（以下简称“天翼云”）是中国电信股份有限公司（以下简称“中国电信”）旗下负责云计算业务的科技型、平台型公司。

天翼云前身是中国电信2012年3月成立的云计算分公司。2015年6月17日，习近平总书记视察天翼云贵州信息园，寄语“中国电信志存高远”。2021年11月30日，时任国务委员王勇为天翼云科技有限公司成立揭牌，并主持中国电信与中国电科、中国电子、中国诚通、中国国新4家央企关于《天翼云科技有限公司增资扩股框架协议》的签约仪式，提出打造“中国第一，世界一流”的“国家云”发展目标。作为“科改企业”和云计算原创技术策源地主承担单位，2023年天翼云勇担国家云建设使命，突破一系列关键核心技术，充分发挥云网融合优势并依托国产化技术生态，构建了自主可控、安全可信的覆盖芯片、硬件整机、服务器操作系统、云操作系统、云原生平台、CDN与边缘计算、云网操作系统、云终端、数据库、大数据、AI、大视频平台等全系列云能力，形成了“2（2）+4+31+X+O”云网融合的新型信息基础设施资源布局，作为国家云的框架全面成型。

二、经验做法

（一）立足科技自立自强，充分发挥科技创新作用

一是对标一流，打造云计算原创技术策源地。天翼云以建设国家云为使命，对标世界一流云服务商，以“总体技术逐步与行业领先可比，专有技术实现领跑”为目标，牵头打造云计算原创技术策源地和云计算创新联合体创新平台，牵头承担国家部委云计算和大数据重大攻关任务。持续加大基础性研发投入，实现全栈核心技术自主可控，主要产品竞争力达到行业领先水平。聚焦云计算主责主业，面向战略性新兴产业与未来产业，加快算力网络、量子计算、人工智能等前沿技术布局，持续突破分布式云架构及关键技术、算力感知与分发技术、DPU 技术、异构算力服务封装等技术，聚力科技创新实现云智引领性科技突破。

二是优化机制，建立以实效为导向的创新评价体系。天翼云调动创新积极性，实施研发人员“揭榜挂帅”，建立技术总师负责制，落实技术决策权、经费决定权、团队组建权。“一人一表”签署奋斗者协议，“压责、授权、增利”实现三力合一。建立“问责、问效、问路”评估机制，分类强制分布、刚性兑现。遵循科技创新规律，针对研发项目分类施策，针对效益型、预研型和战略型 3 类项目开展差异化考核，既强调高挑战市场化对标鼓励研发项目加快商用规模转化，又兼顾做“耐心资本”锚定方向潜心提升技术能力，牵引科研高效产出。

三是激发动能，打造“国云”科技人才高地。天翼云以一流人才队伍引领创新发展，聚焦人工智能、数据库、底层基础架构等关键核心领域，打造人才“雁阵格局”，创新人才摸排机制触达核心，实现行业“高精尖缺”人才引进的突破，领军人才规模近百人、行业专家规模超 700 人，钻

石型人才结构基本形成。以“三能”改革构建人才的一池活水，抓牢任期制契约化“牛鼻子”，规范化、常态化开展经理层任期制和契约化管理，同时实施公司各级管理人员岗位聘任协议和年度经营业绩责任书100%签约，部门经理全员起立竞岗，实施干部末等调整和不胜任退出、易岗易薪，降薪最高超过20%。天翼云以“人才特区”激活科技创新“尖兵”，进入“特区”后重新定义身份，有效破除论资排辈，强化多劳多得。对科技骨干实施利润分享计划和递延发放机制，大大激发科研人员干事创业热情。

（二）立足现代化产业体系建设，发挥产业控制作用

一是锚定国家战略需求与产业升级需要，加快升级算力布局。天翼云积极落实国家“东数西算”战略，面向通用算力泛在覆盖需要，在全国率先建成“2（2）+4+31+X+O”的层次化资源布局，全力推动普惠算力共享。面向产业智能化升级需要，加紧布局智能算力，推进全栈云算力与智算训练推理算力协同部署；在运营商云中率先完成英伟达H800、昇腾910B智算服务器集采并已规模到货上线，为产业升级储备丰富的智算资源。面向绿色低碳转型需要，狠抓技术研发与规模应用，率先在青海建设全国首个100%绿电供应的“零碳”数据中心，在海南建成全球首个省电、省地、省水海底数据中心，并依托天翼云“灵泽”数据要素服务平台打造全国首个“政府+市场”运营的公共数据开发利用平台“海南省数据产品超市”，持续打造“国云”绿色发展样板。

二是积极落实“东数西算”重大战略，大力推进算力互联互通。依托自研“息壤”算力分发网络平台对边缘云、中心云、第三方资源等全网算力进行统一管理和调度。天翼云与通管局、信通院共同发起北京算力互联互通验证平台，实现多厂商跨架构跨地域算力调度首通验证和应用落地。通过全国首批“算力调度服务”认证，已接入多家主流算力服务商，打造算力互联互通标杆。

三是聚焦主责主业推进资源整合，提升产业协同能力。2022年天翼云在国务院国资委直接指导下引入4家央企战略投资者，实现股权多元化改革，统筹开展科技创新、设施建设和安全防护体系部署，加快构建云原创技术生态。完善公司治理结构，充分发挥各级治理主体的主动性，与投资者在软硬件国产化、信息技术应用创新、搭建创新云平台等方面开展深度合作，资本、业务双向发力成效明显。

四是打造繁荣生态，持续深化产业合作。天翼云贯彻“领域至广、服务至上、价值至优、成长至远”的合作价值理念，广泛招募产业链合作伙伴共建“国云”。面向生态伙伴开放绿色合作通路，通过开放实验室为超过800款生态业务提供免费上云适配认证，依托超千款产品及解决方案上架开放市场为中小企业提供一站式上云服务。联合近百家具有属地化服务能力的MSP合作伙伴实现能力下沉，为天翼云用户提供端到端属地服务。基于中国电信自有下沉渠道优势，形成天翼云公司与中国电信渠道协力发展渠道生态的新局面，成功吸引上万家渠道生态伙伴入驻。

（三）立足自主可控与云网安全，发挥安全支撑作用

一是聚焦云原生安全技术，不断强化国云关基建设。天翼云持续强化云原生安全防护技术创新，打造全栈云原生安全防护平台，获评工信部2022年网络安全试点示范项目。创新运用运营商独有的云网融合优势研发安全大脑技术，就近部署云网安全防护能力池，构建全球领先的风险态势感知分析和云安全纵深防御体系，实现“近源有云堤抗DDoS，近目的有安全能力池防攻击”的7×24不间断组合防护，连续三年在国家实网演习专项行动中保持自有系统“零攻破”，有力保障国家级关键基础设施安全稳定运行。

二是积极适配国产化生态，切实维护产业链安全。全面推进信创云建设，完成与国产CPU的集成验证，在国内首次发布信创云多AZ架构，大幅提升国产化云服务可靠性。提供全国产化替代方案，确保产业链安全，全信创云桌面、云电脑已从X86架构移植到国产化硬件上，具备大规模商用能力。高性能云服务器操作系统CTYunOS规模商用，成功替换国外开源CentOS，实现全场景国产原生操作系统的全面替代，有力提升产业链稳定性和竞争力。

三、改革成效

一是科技创新全面突破，创新影响力业界领先。天翼云形成自主可控的云计算全栈技术体系，通过持续高强度研发投入，已掌握大规模资源池调度、高性能分布式云存储、通算智算超算一体化、分布式数据库等领域核心技术，实现“云、网、数、智、边、端、安”全栈技术自主可控。突破云计算领域关键核心技术，自研大规模、高可用、安全稳定的天翼云4.0云底座，一云多芯、一云多态技术架构国内领先，摆脱对国外云计算核心软件的开源依赖；自研“息壤”算力分发网络平台，入选国务院国资委“2022年度央企十大超级工程”和2023算力中国年度成果突破奖；自研云智超一体化基础设施平台“云骁”、一站式智算服务平台“慧聚”，抢抓智算机遇，构建国云大模型生态。天翼云作为国务院国资委云计算原创技术策源地、云计算联合创新体和科技部重大专项牵头单位，获得多项国家级、省部级及行业权威奖项。

二是国家云品牌影响力显著提升，服务国家战略能力不断增强。持续的改革让天翼云公司在激烈的市场竞争中焕发出新的生机和活力，在充分竞争的云计算市场，天翼云收入规模5年间增长接近11倍，实现了高质量发展。目前天翼云已成为国内主要的云计算品牌之一，在专属云、政务云、医疗云等专业赛道创造多个行业第一，混合云、XC云与XC云终端等多项产品与能力位列行业“领导者象限”，中国公有云 IaaS 市场 IaaS + PaaS 市场份额位居行业第三，也是全球电信运营商中排名第一的云服务商。

三是赋能千行百业，引领产业数字化。目前，天翼云为 350 万个客户提供安全普惠的云服务，携手央企行业龙头累计打造行业云 24 朵，在第一批 40 个行业领域公有云中占比 60%，服务超 2000 家央国企，全面主导国资央企上云。聚焦国计民生重点行业，承载 20 余个省级政务云，300 余个地市级政务云，打造 200 余个省级和地市级医疗云平台，服务 2.9 万所学校云上共享优质教育资源，以自主可控的国云平台提供先进的数字生产力。

47

纵深推进科技体制改革
持续激发组织创新动能

中国电信股份有限公司卫星通信分公司

一、基本情况

中国电信股份有限公司卫星通信分公司（以下简称“卫星公司”）是中国电信集团有限公司（以下简称“中国电信”）面向卫星通信领域设立的专业分公司，依托我国自主研制建设的天通一号卫星移动通信系统（以下简称“天通卫星”），持续开展卫星通信技术创新、应用开发与业务运营，并承担应急通信保障任务。卫星公司深入学习贯彻习近平总书记关于国有企业改革发展和党的建设的重要论述，坚决落实习近平总书记关于建设高速泛在、天地一体等特点智能化综合性数字信息基础设施的重要指示精神，坚持科技引领、创新驱动，加快发展战略性新兴业务，深入实施国有企业改革深化提升行动，深化科技创新体制机制改革，着力打造天地一体信息网络融合能力，构建基础连接产品、卫星宽带应用、数字化创新应用、星地融合应用“四轮驱动”的业务发展格局，积极争创世界一流的卫星通信应用创新领军示范企业。通过集智攻关、集成创新，于 2023 年 9 月 8 日在全球率先推出大众智能手机直连卫星双向语音通话与短信收发融合通信服务。

二、经验做法

（一）聚焦星地融合通信应用，发挥产业带动引领作用

一是以应用为牵引加强科研能力布局。卫星公司聚焦天地一体信息网络发展，重点布局应用基础研究和应用技术研发两大领域，加强天地云网规划研究、卫星通信系统论证、前沿网络技术研究等重点领域技术攻关，加快天地一体融合应用研发，持续加大科技研发投入，近两年研发费用同比增长超30%，2023年研发投入占营业收入比重达6.8%。

二是直面技术难关促进产业链协同创新。卫星公司充分发挥技术人员科技攻关主体作用，围绕长距离（3.6万公里）星地通信信号衰减、星地网络异质手机设备超小型化等难题，发挥产业链“出题人、答题人与阅卷人”作用，牵头产业链单位开展联合攻关。优化升级卫星网络编解码、控制信道、语音声码算法等系统体制，协同研发高增益内置天线、大功率功放、高性能低噪放等技术，提升了系统链路传输质量；创新实现卫星通信基带、射频、存储和电源管理芯片设计一体化、小型化，推动芯片企业实现低成本、规模化量产；开发部署星地网络信令转换互通网关，实现蜂窝移动码号接入卫星网络。

三是便捷服务引领提升国家应急通信保障能力。卫星公司成功实现用户同一码号、同一SIM卡、同一手机，直连卫星进行语音通话和短信收发，在全球范围内首创将高轨卫星通信功能融入大众智能手机中，带动国内卫星产业链发展。服务上线一个季度新增用户规模突破百万，充分验证了高轨卫星移动通信系统长期演进发展的技术可行性与经济可行性，对于统筹空间信息基础设施建设、推动空天信息产业规模发展、发挥天通卫星保底通信作用、夯实国家应急通信保障能力等意义重大。

（二）深化科技创新体制变革，打造卫星通信创新高地

一是打造科研创新平台。卫星公司组建卫星应用技术研究院，把握卫星通信行业发展趋势，承担国家重大科技任务及关键核心技术攻关，持续加强天地云网一体化布局，夯实天地一体信息网络能力，2023 年在 5G NTN（非地面网络）、手机直连卫星等核心技术攻关项目取得重大突破，服务应急抢险、海渔运输、野外勘探等行业客户及大众消费者客户，形成创新拳头产品。

二是优化科研创新机制。卫星公司健全科研人才评价模型，构建科技创新质量、绩效、贡献“三位一体”的评价体系，创新实施“揭榜挂帅”、项目分红、虚拟股权等激励手段，将专利发布数量纳入考核指标，实现科研人员薪酬与市场接轨。

三是构建科研创新生态。卫星公司与中国科学院、北京航空航天大学等单位强化产学研深度合作，2023 年 8 月开始与北京邮电大学深化校企合作，对在校硕博研究生开展联合培养。整合内部卫星专业科研力量，建设天地一体人才工作站，持续做强做优做大卫星研发链，推动成立天地一体联合创新实验室，推进前沿技术标准和重大课题项目联合攻关，构建科研创新生态，赋能产业高质量发展。

（三）发挥人才第一资源作用，提升企业科研创新能力

一是完善研发人员布局，打造卫星通信的人才高地。卫星公司持续深化“三部一中心”科研创新布局，引进科技领军人才，优化人才培养模式，以作风能力专项工程为抓手，不断提升员工工作主动性、能动性、创新性、创造性，引进科技领军人才，打造出一支覆盖前沿研究、应用创新、IT 开发等全方位、全领域的科技创新团队，到 2023 年底实现科研团队规模同比翻番，技术研发人员占比达 46%。

二是完善市场化激励约束机制，畅通“能上能下”渠道。卫星公司全

面实施绩效考核奖惩机制，建立员工“看能力、拼业绩”的岗位晋升机制，健全管理序列“进退留转”机制，实行“任期制＋竞聘制”管理。建立以收入增长和利润增长为主的薪酬激励机制，强化绩效激励，建立个人分红激励、项目工程奖励等机制，让员工收入与企业效益同步增长，共享企业发展成果。2023年评选卫星公司科技创新杰出个人及杰出成就团队，根据贡献程度发放专项激励，有效激发团队工作积极性。

三是完善科研管理机制，打造高效柔性组织。卫星公司坚持任务导向，大力推行项目、专班等形式的纵向柔性化管理，成立“5G手机直连卫星”“数字化能力架构”等十大专班，通过签约责任、划小资源、授权专班组长专项奖金分配权等灵活机制，实现资源协同、部门联动、人员复用，保障重点产品、重点业务、重点项目、重点技术快速突破。

三、改革成效

一是科研能力迈上新的台阶。卫星公司聚焦天地一体信息网络融合关键技术领域实现一系列技术突破，全球率先推出大众手机直连卫星通信服务，实现高轨5G NTN技术上星验证，成功发布《中国电信5G NTN技术白皮书》。重点攻关6G卫星通信接入组网技术、非受控高动态融合网络的真实可信和主动安全技术等，承接中央航天领导小组、国务院国资委、科技部等国家部委重大科研课题研究任务并取得重要进展。创新卫星数字化应用，自研天通智能调度平台、智慧海洋应用平台、航空互联网应用平台等，赋能行业数字化转型。

二是企业发展打开新的局面。卫星公司聚焦陆地、海洋、航空三大场景，布局千亿级新兴市场，“四轮驱动”的业务发展格局为企业高质量发展提供强劲动力，行业天通、航空互联网、手机直连卫星、汽车直连卫星等“亿元级”产品打造初见成效。主营业务收入连续3年增幅超30%，天通行业用户整体规模近20万户，占据国内卫星移动通信市场份额近九成。发布航空互联网产品，为民航提供后舱互联网接入和前舱数据传输服务，占国内航空互联网市场份额超六成。

三是产业影响力实现新的提升。卫星公司手机直连卫星服务获评国务院国资委2023年度央企十大超级工程，入选CCTV年度国内十大科技新闻，带动产业生态合作伙伴快速发展，已初步形成覆盖芯片、终端、网络、应用的全链条自主可控、健全完备的“天通+”产业链。成功举办卫星移动通信产业发展论坛，行业首创“卫星即服务S+”理念，联合15家战略合作伙伴共同启动卫星移动通信产业发展计划，卫星移动通信产业联盟成员超200家，得到了产业各方高度关注和积极响应。

48

持续深化“双百行动”全力打造金融科技国家队

中国电信天翼电子商务有限公司

一、基本情况

中国电信天翼电子商务有限公司（以下简称“翼支付”）成立于2011年，为中国电信集团有限公司（以下简称“中国电信”）控股的央企非银支付机构，是中央企业产业数据运营平台和移动支付产业链链长重要承接单位、国务院国资委“双百”企业、国家高新技术企业，拥有支付、电商、金融和科技四大业务板块。核心产品“翼支付”累计注册用户超5亿人，App月均活跃用户超4000万人，在国内支付App中排第三（数据来自易观千帆），已成为具有一定业务规模和行业影响力的国有支付平台。国务院国资委在《2023年中央企业提质增效工作方案》中明确提出：“积极推进翼支付新消费平台建设”。

在国务院国资委、中国电信指导下，翼支付认真贯彻落实国有企业改革深化提升行动工作要求，以“双百行动”专项改革为抓手，牢牢把握移动支付现代产业链链长、央企产业数据运营平台等战略机遇，进一步夯实“国资国企新平台、金融科技国家队、云改数转助推器”发展定位，系统谋划推进改革工作，中国特色现代企业制度不断成熟，企业活力效率不断提升，创新能力和抗风险能力不断增强，全力打造国资国企改革标杆取得显著成效。

二、经验做法

（一）聚合央企多业态场景，加快打造央企新消费平台

一是建立工作协同机制，推动平台合作共赢。在国务院国资委的指导下，中国电信加快推动以翼支付为基础，联合各家中央企业共同建设新消费平台和央企产数运营平台。为推动央企新消费平台建设，成立了由集团公司领导牵头的工作专班，联合各家合作央企成立工作组，建立协同工作机制，明确任务清单，按月通报，密切沟通，全力推进。

二是发挥云网融合优势，加大科技研发和营销资源投入。翼支付做好移动支付核心能力升级和平台底层如天翼云 4.0、大数据、区块链、隐私计算、联邦学习、AI、元宇宙等关键技术攻坚，为产业上中下游企业提供更加安全稳定高效的支撑服务。加大营销资源投入力度，充分发挥翼支付的大数据人工智能（AI）、千人千面、场景化智能营销等科技能力优势，以多种多样的权益形式与各家央企、生态伙伴协同合作。

三是聚合央企地方多类应用场景，助力民生消费升级。翼支付加快与石油、电网等民生服务类场景合作，实现更丰富的应用场景、用户流量、交易数据汇聚，放大移动支付产业生态规模效应。与广东省政府联合主办“2023 数字科技生态大会”，全面展示数字科技新成果，与产业链伙伴共话数字科技新空间、共建产业新生态。与合作央企深度协同推广“嗨购 5・25”“数字新消费节”等活动，华润集团、中粮集团等 18 家央企通过线上、线下渠道同步宣传，新华网、人民网等多家权威媒体进行了报道。

（二）聚焦科技创新能力提升，努力发挥产业控制作用

一是全面落实云改数转战略，持续提升自主核心技术水平。翼支付强

化科技创新主体地位，围绕产业链部署创新链，聚焦七大核心能力，加强区块链、隐私计算等新技术投入研发，打造新一代金融云平台，实现从以支付为主的平台到聚合“新支付、新电商、新民生”的新消费平台的转变。构建新一代单元化可信云原生架构，解放计算生产力，构建开放的支付生态能力。

二是加强科技成果转化，促进创新技术产品化、产业化。翼支付以国家工程研究中心等国家级研发平台建设为主线，孵化战略性新兴产业和新平台，利用先进的技术和架构，打造合规、安全、高效、可靠的统一的数据合规流通公共基础设施。积极主动参与多项国家级重点项目建设，如牵头开展7XX大数据基础平台研发项目、科技部网络空间安全治理专项，并计划承接科技部2030科技创新专项后量子密码PQC课题等。

三是加快承接打造移动支付现代产业链链长，努力发挥产业控制和安全支撑作用。翼支付支撑中国电信于2023年3月正式获批成为移动支付现代产业链链长单位，目前正持续提升移动支付产业链核心部件国产化程度，筑牢产业根基，保证在极端情况下产业链全链条自主可控。正以“融支付”为驱动，努力打破我国移动支付现有垄断格局，持续提升翼支付平台月活量。携手250家产业伙伴组建移动支付产业联盟，整合产业资源，在科技创新、产业数字化、支付等领域开展全方位合作，切实发挥创新集聚、产业集聚、产业培育功能。

（三）聚力用人和激励改革，持续增强企业活力竞争力

一是持续推动用人机制改革，实现用工市场化和管理层任期制契约化。翼支付全面建立公开招聘、管理人员竞争上岗等市场化用工机制，市场化招聘率为100%，2020年以来新招聘入职870余人，为企业发展奠定了人才基础。经理层成员和管理团队100%进行任期制契约化管理，制定《干部管理办法》《薪酬福利管理办法》，管理人员竞争上岗比例进一步提升，2023 年达到 76%。对业绩达成未达标者予以淘汰，2023 年公司管理人员不胜任退出 6 人占比 12.8%，予以降职转岗或市场化退出。

二是持续推动激励机制改革，最大限度激发干部员工活力。翼支付持续推进薪酬体系优化，设定高固浮比的薪酬结构，明确了以岗位价值定薪，为能力付薪，实施差异化的薪酬对标策略，实现绩效考核 100% 全覆盖，100% 刚性兑现薪酬，经理层薪酬差距达 2.32 倍。积极开展中长期激励，共有 156 名员工参与计划，充分调动关键岗位、核心员工积极性与创造性。

三是完善科技激励机制，打造创新人才高地。翼支付引进行业高端科技人才，目前科技研发类人才占比达 67%。面向国家重大核心技术攻关任务及市场需求高的技术，加强成果转化激励，按项目合同金额的 10% 或利润的 40% 计提激励，让科技人员实实在在享受企业发展成果。加强科技人才的管理，建立科技人才工作领导小组，建立健全青年科技人才培养体系，不断保障公司科技能力建设和提升。

三、改革成效

在国务院国资委的支持和指导下，翼支付公司坚决扛起打造移动支付现代产业链链长的使命责任，携手央企、科研院所、金融机构等多方伙伴，凝心聚力、克难攻坚，围绕发挥科技创新、产业控制、安全支撑三大作用，全力提升产业链韧性和竞争力，改革推动创新发展取得显著成效。

一是充分发挥科技创新作用，打造新一代支付平台。翼支付研发新一代 mPaaS 移动中台、强化营销秒杀系统、构建新一代风控体系。聚焦移动支付核心科技能力攻关，打造科技化、智能化、生态化移动支付 App。支付平台能力进一步突破，核心指标对标世界一流，支付能力达 10 万 TPS（每秒业务处理量），达到行业领先水平。

二是充分发挥产业控制作用，构建移动支付产业生态。翼支付推进央地合作联动助力发放政府消费券，已在全国31个省150个地市累计发放政府消费券2002万张。持续做大支付产业链规模，强化央企协同发展，已与52家央企建立合作关系，推动央国企优质产品应上尽上、支付场景应接尽接，做大新消费交易规模，累计交易额超1500亿元。投资实施强链补链重点项目82亿元，产业链建设成效入选年度国务院国资委国企品牌建设典型案例和国企优秀品牌故事双百榜。

三是充分发挥安全支撑作用，确保移动支付安全可靠。翼支付打造自主可控支付平台，实现行业监管对业务连续性最高等级要求的同城容灾能力，具备高并发高可用能力。构建常态化、自动化和智能化安全防护体系，保障数据安全风险操作感知率和安全事件及时处置率达100%。重点支撑中国电信解决“卡脖子”问题21个、涉及19个关键环节，补短板问题87个、涉及81个关键环节。主导推动移动支付产业链上游云、数据及安全基础设施的国产化替代，实现9项首次应用。

四是持续深化“双百行动”，全力打造改革标杆。翼支付认真贯彻落实国务院国资委关于开展国有企业改革深化提升行动的工作要求，坚定不移狠抓国企改革的责任落实，按照可衡量、可考核、可检验、要办事的原则，高标准高质量制定完成公司2023—2025年国企改革“双百行动”工作方案和工作台账，在集团公司指导和公司“双百”领导小组统筹下，国企改革各跨部门联动，持续推动公司“双百行动”工作落实，2023年改革台账40项重点任务100%完成。荣获2023年中国企业改革与发展研究会“中国企业改革发展优秀成果”一等奖（22/167/689，位列前3%），持续提升公司国企改革品牌和行业影响力。

49

乘“数”而上　扬帆大数据蓝海

中国电信股份有限公司海南分公司

一、基本情况

中国电信股份有限公司海南分公司（以下简称“海南公司”）是中国电信股份有限公司下属省级分公司，是国有大型通信骨干企业，拥有海南规模最大的宽带互联网络和技术领先的移动通信网络，具备为全省客户提供跨地域、全业务的综合信息服务能力和客户服务渠道体系。

近年来，海南公司加快转型升级步伐，以中国电信集团有限公司（以下简称“中国电信”）“云改数转”为战略指引，充分借助海南省被国务院办公厅确定为全国 8 个公共数据资源开发利用试点省之一这一契机，与海南省大数据管理局联合打造了海南省数据产品超市——全国首个“政府＋市场”双轮驱动运营的公共数据开发利用平台。平台上线以来，建设运营成效显著，得到国家相关部委、集团公司领导、省委主要领导的认可。2023 年 4 月，海南省数据产品超市被公布升级为集团数据要素服务平台“灵泽”，并将与海南政府共同成立数据要素领域专业公司，目前已经进入工商注册流程，加快推进实现市场化机制运营。

目前，数据产品超市成为中国电信主动融入服务国家数据要素市场化配置战略的重要抓手，深入赋能传统产业转型升级，有力推进国有经济布局优化和结构调整，加快建设现代化产业体系，实现高质量发展。

二、经验做法

（一）提出公共数据产品化确权新模式，率先实践应用“数据产品化交易模式”

一是数据产品确权创新。数据的特性是可复制、非竞争、非排他、非耗竭，这就使得对于数据的取得和利用难以通过物理方式加以阻隔，必须依靠对数据进行确权等法律手段，否则很难保护相关主体的数据权益，进而阻碍数据要素化流通。海南公司为破解公认的数据确权难题，从理论上分析了数据要素具有关联对象的特点，通过数据“产品化”，在具体应用场景中通过关联对象的授权使得数据产品获得完整的所有权，从而具备了开发利用、流通交易的条件。

二是数据开放模式创新。公共数据往往涉及较多的公共利益和公共安全，公共数据一旦泄露，往往会带来不可估量的危害。为破解公共数据开放安全难题，海南公司将数据产品开发商引进到公共数据安全域，先将数据产品化，再对外提供数据服务，从而使得价值密度高的公共数据可以为社会所利用。

（二）推进“前店后厂”服务体系建设，打造一体化全栈式数据交易服务平台

一是打造“前店后厂”的服务模式。海南公司基于海南省“七个一”数据能力底座，集成了“多路径多元化融合技术创新”“跨平台跨层级技术架构创新”“全流程全周期安全制度创新”三路创新模式，打造“六车间两中心”的开发平台能力和“四核驱动”的交易场所能力，提供“政务与社会双数据源”的数据供给能力和“六维安全体系”的安全保障能力，形成了数据产品超市集开发生产、流通交易、服务管理、安全管理、监督管理为一体的全栈式交易服务平台。

二是建设数据交易服务平台主体功能。海南公司在数据供给能力方面，建设可接入各单位海量、多源、异构政务数据的存储、计算分析、数据治理与挖掘、预测应用的数据基础支撑平台。在开发平台能力方面，打造基于分级接入车间、资源配置车间、能力调度车间、分级开发车间、开发管理车间、运行管理车间“六车间”以及基于数据挖掘中心、模型开发中心“两中心”的开发环境，为数据接入、数据清洗、统计分析、操作研究和数据建模提供完备的开发能力保障。在交易场所能力方面，建设形成“产品上架与交易、需求发布与响应、运营活动社区和超市门户管理”四大核心模块20余项子功能，实现满足数据授权流通、产品开发、产品展示、需求发布及应答、交易服务的全栈式数据交易服务需求。在安全保障能力方面，建设接入安全、开发安全、调用安全、销毁安全、监管安全、账号安全六维数据安全保障能力，有效支撑数据在采集、传输、存储、处理、交换、销毁等环节实现数据开放利用的全生命周期安全监管。

（三）打造全国数据交易设施互联互通，建设“1+N+X”推广应用运营服务体系

海南公司通过构建“1+N+X”推广应用运营服务体系，即立足海口1个总店，对接省内各大产业园区、省外多家大数据交易所、各大数据提供商开设N个分店，深耕行业数据应用与创新，联合征信、金融等领域的行业龙头企业形成战略合作，打造X个行业版主，逐步形成了多点辐射、多样合作、多面发展的运营模式。

一是1个总店建设。海南公司已建成“线上旗舰店+线下体验店”相结合的数据产品综合服务体系，线上旗舰店已具备数据产品开发生产、流通交易、应用服务的一体化集成服务能力，涵盖“产品上架与交易、需求发布与响应、运营活动社区和超市门户管理”四大核心模块 20 余项子功能，实现满足数据授权流通、产品开发、产品展示、需求发布及应答、交易服务的全栈式数据交易服务需求。

二是 N 家分店拓展。海南公司先后赴文昌国际航天城、博鳌乐城国际医疗旅游先行区等单位进行交流，探讨共创数据赋能园区发展合作新模式。与 20 余家省市电信分公司洽谈分店合作，逐项梳理合作细节，推动海南省数据产品超市分店的建设，打造完善全国一体化的数据联动体系。

三是 X 个行业版主打造。海南公司在征信、金融、医保等行业打造 X 个行业版主。如在金融领域，联合多家头部银行打造了“智慧 E 贷”“好客贷”“邮储贷”“闪电贷”“中信贷”等金融数据产品。

四是引入市场化的激励机制。海南公司以“揭榜挂帅”为抓手，激励员工自荐竞聘组建行业拓展组。采取个人申请，公开竞选的方式，切实把基础好、责任心强的员工选拔到领导岗位上来。在分配机制上，将收入与职工的岗位职责、工作业绩和实际贡献直接挂钩，真正形成重实绩、重贡献的分配激励机制，有效地激活组织，保持团队的持续创造力。

（四）建设数据全周期制度体系，发布海南数据要素市场培育先行实践白皮书

一是围绕“数据供给、开发利用、流通交易、运营服务、监督管理、安全保障”的数据全生命周期，制定了 23 个配套管理规则及规范。

二是海南公司配合海南省大数据管理局于 2023 年完成《用数据点亮智慧之光——海南省数据要素市场建设探索与实践》和《海南省数据产品超市规则白皮书（2023）》的编制和发布，成为当前我国首部数据要素市场全周期管理体系及研究海南数据基础制度先行实践模式的图书，以行业前沿资讯、实践独到见解等主要内容为开展相关工作的政府部门、行业企业、相关从业人员等提供了重要的参考依据。

三、改革成效

一是注智赋能海南自贸港建设。海南公司培育了一批数据要素赋能行业发展的标杆场景，在金融、医疗、跨境、征信、航天等重点领域深度挖掘数据要素价值，通过产品化的服务模式赋能自贸港政用、民用、商用能力提升。海南公司在2023年获得了中国电信科技创新成果贡献金奖等诸多奖项，得到国家部委、中国电信最高领导层、海南省委主要领导的认可。

二是在平台建设、规则完善、场景突破、生态打造、创新研发、品牌辐射等方面取得一系列良好成效。海南公司2023年新增交易合同流水189笔，累计流水超5.2亿元，年度数据产品上架突破1500个，入驻企业突破1000家，入驻第三方服务商突破50家，建立了以数据产品超市为核心的多层次数据要素生态体系。

三是"横向到底纵向到边"的推广模式成效显著。横向上，加快"灵泽"模式面向全国推广复制。海南公司在海南省内已与海南经贸职业技术学院达成战略合作，在该学院建立了数据产品超市大数据实训分中心，同时积极推动文昌航天、博鳌乐城、海南农垦等分中心落地；在省外与河北、湖北、山东、四川、甘肃、广东等20余家省市电信分公司洽谈分店合作细则，实现"灵泽"模式在山东、湖北等地的复制落地。纵向上，海南公司大幅拓展数据要素应用场景广度和深度，数据要素乘数效应在金融、征信、医保、航天等多个领域得到显现。在金融服务领域，利用社保、公积金等公共数据，以"可用不可见"的方式与中国银行、中国邮储、招商银行、中信银行等多家银行展开深入合作，开发了"惠民贷""好客贷""闪电贷"等20余款金融数据产品，助力金融机构业务提质增效的同时护长自贸港金融服务能力；在征信行业，海南公司通过复制现有平台架构，已为海南征信提供超177项企业信用画像，本年度企业信用接口调用频次高达近百万次，对接近20家厅局单位，后续将持续为海南征信提供更多维的数据服务。

50

奋楫数字经济主航道　深化改革促内生动力

联通数字科技有限公司

一、基本情况

联通数字科技有限公司（以下简称“联通数科”）是中国联合网络通信有限公司（以下简称“中国联通”）的全资子公司，成立于2021年2月，在原联通系统集成公司、云数据公司、大数据公司、物联网公司、智慧安全公司5家专业子公司基础上组建。联通数科深入落实中国联通网络强国、数字中国建设主责，作为云计算、大数据、物联网、人工智能、区块链、网络安全等专业能力提供者，主要负责突破关键核心技术，全面提升“云大物智链安”等基础平台能力，丰富应用产品供给，打造专业化服务的品牌标签，助力打造中国联通算网数智高质量发展新动能。

二、经验做法

（一）加大内部资源整合，聚力提高国有资本配置效率

联通数科主动适应数字经济“跨域整合”新生产力的变化，集中创新资源要素，突破基础数字技术平台，打造公司独特创新竞争优势。

一是推进专业化基础能力整合。联通数科通过整合5家专业子公司，集聚自主核心能力与人才队伍，快速形成“云大物智链安”六大数字信息

基础设施建设核心能力自主可控。

二是加速平台能力共享体系创新。联通数科打造联通云 PaaS 平台，实现平台能力可开放、可调用、可共享。发布企业级 PaaS 组件接入规范，提升基础能力组件标准化程度，能力可在不同业务板块间共享调用。联通云 PaaS 平台已实现 50 款组件深度融合，支持近 500 个客户项目能力调用。

三是加速产学研用协同模式创新。联通数科积极探索布局央企区域科技创新中心，先后与国内顶尖高校、科研院所组建联通西部创新研究院、联通重庆 5G 融合创新中心，创新打造内外双循环模式，以创新院/中心为产学研用载体，对内拉通企业需求与高校科研力量，对外拉通高校人才、科研机构基础研发成果、龙头企业场景测试验证能力，引入双聘教授 7 人，领军人才 7 人。安全城市大脑、5G 全连接等 6 项科研成果实现商用，落地项目超亿元。

（二）发挥科技创新和安全支撑作用，服务数字中国建设

联通数科聚焦中国联通网络强国、数字中国建设主责，围绕联网通信、算网数智两类主营业务，将科技创新作为公司业务发展基点，主动融入地方数字经济建设主战场。

一是依托联通云网和数据集约化优势，助力夯实数字基础设施和数字资源两大基础。联通数科强健联通云双引擎底座，突出云原生和信创特色，升级通用算力、智能算力、超算算力协同调度，落实“东数西算”工程，打通数字基础设施大动脉。通过技术平台支撑、顶层规划、资本合作等多种方式积极参与各地数据交易所建设，推动数据流通交易和数据要素市场化，助力数据资源畅通大循环。

二是依托网络安全现代产业链链长，建设筑牢可信可控的数字安全屏障。联通数科围绕“国家所需、两链所困”，重点突破攻击溯源、勒索防护、零日漏洞防护、APT 攻击监测等产业链难点卡点，持续提升极限场景下的网络和数字高阶安全能力，支撑国家级威胁情报中心高水平运营，威胁情报能力跻身行业第一梯队。

（三）深化产品研发体系变革，加快构筑自立自强的数字技术创新体系

联通数科聚焦关键环节、关键技术，强化自主研发，打造差异化创新产品，不断提高企业核心竞争力和可持续发展能力。

一是加速产品研发组织机制创新，激发团队活力。联通数科成立产品决策委员会、科学技术委员会，构建超过200人的跨板块核心技术与架构师团队，统筹规划研发方向。绘制技术、产品图谱，攻坚28类346项核心技术，打造5类18条产品线200余款产品，创新构建产品体检模型及标准，以投入产出分析为各产品研发团队精准匹配研发与营销资源，以市场化方式确保资源向为公司创造更大价值的团队倾斜。

二是加速产品研发生产模式创新，提升研发效能。联通数科整合各级研发机构，形成“6+1+3”（集成、应急、云计算、物联网、数据智能、安全6个事业部，1个西部创新研究院，济南、深圳、成都3个研发中心）研发协同体系，坚持核心能力平台架构自主设计、核心代码自主研发，启用统一研发平台、统一技术栈、统一技术架构、统一质量标准，以集约平台有效提升综合效能，2023年联通数科专业化能力研发项目委托研发支出同比下降52%，核心平台自主可控能力进一步加强。

（四）聚焦人才和激励机制创新，着力深化制度改革

联通数科深化人才强企战略，强化人才自主培养，丰富市场化激励举措，推动制度改革见实见效。构建“引才—用才—重才—强才—敬才”全周期人才自主培养体系。在“云大物智安链”领域实施“千才计划”，对外部引进专家人才实施“六给一保障计划”（给平台、给空间、给队伍、给资源、给任务、给激励；匹配专家人才、团队及资源，配套业绩目标和激励规则），针对自主培养人才实施“梧桐计划”，鼓励承担国家和公司级

科技创新项目以强化人才作用发挥。重视科技创新人才精准激励，赋予研发序列高于基础岗位135%的价值系数，设置科技创新突破和产品专精特新大奖，单人次最高奖励达100万元。催化人才能力补强，实施全员成长计划，针对青年人才实施“保温”“新苗”“优才”计划，提升全员数字化转型能力。开展专家讲坛、部门微分享等活动，让人才登上讲台，营造尊重人才、信任人才的敬才氛围。

三、改革成效

联通数科着力在优化产业布局、关键核心技术攻关等方面发力，2023年市场化收入突破102.6亿元，其中自研产品占收比达35.8%，入选国务院国资委“创建世界一流专业领军示范企业”。

一是优化创新体系布局，实现自主创新能力新跃升。联通数科围绕战略性新兴产业布局，将联通云IaaS及PaaS基座能力、人工智能大模型和共性能力底座、大数据平台及应用、物联网平台和芯模部件、企业数字化使能平台及应用、应急管理行业应用、云网安全及安全服务运营平台7个领域作为研发主攻方向，按照“慎选择、窄聚焦、强投入、快推广”原则，推动科技创新，持续提升“一云五平台”（联通云，资治政务大数据平台、格物设备管理平台、元景大模型体系平台、墨攻安全运营服务平台、同舟企业数字化使能平台）核心能力，跻身数字化转型服务商第一梯队，荣获权威机构60余个荣誉奖项，大数据市场份额持续保持行业第一。

二是强化创新平台构建，实现关键核心技术能力突破。联通数科在集团公司统筹下积极参与国家级科创平台建设，作为安全产业链链长产品能力打造的牵头单位，聚力核心技术攻关，打造本质安全能力，13项标志性成果均取得重大进展，抗D先锋DDoS防御能力达到13Tbps，实现行业领先。自研操作系统CULinux，参与openEuler社区开源建设，贡献两大核心技术产品 FastBlock 和 SafeGuard。大数据在大规模数据处理、可视化、多跨可信协同等方面处于行业领先水平，承建 14 个省级政务大数据平台。基础大模型达 70 亿参数量、130 亿参数量。格物 Unlink 成为国家级双跨平台，打造多项行业标杆。授权专利达 203 项。

三是优化人才培养体系，建设高质量人才队伍。联通数科加强科技人才引进和能力建设，截至 2023 年底科创人才数量接近 3600 人，占比 84.6%。针对科创人才，以打造自主核心技术能力成果为核心，设置团队科技创新进步奖、国家科研项目突破奖，科技创新突破奖，进一步激发创新活力。2023 年，1 人入选“中国科协青年人才托举名单”、1 人入选“北京市卓越工程师”、4 人获得省部级“科学技术进步奖”。

51

打造科创“三驾马车”加快向科创型企业转型

中国联合网络通信有限公司上海市分公司

一、基本情况

中国联合网络通信有限公司上海市分公司（以下简称“上海联通”）是中国联合网络通信集团有限公司（以下简称“中国联通”）在上海的分支机构，下设13个区分公司，全面服务对口区域的经济建设和社会发展。上海联通设立智慧城市、数字政府等8个事业部和联通（上海）产业互联网有限公司，组建装备制造行业军团，服务上海城市数字化转型需求。2023年，上海联通锚定打造科创型企业的目标，坚持将“科技创新”作为企业发展最强劲的引擎，以科技创新推动产业创新，加快构建成熟的科技创新管理和运行体系。

二、经验做法

近年来，上海联通聚焦网络能力、产品供给、运营技术、数字技术融合创新“四大主线”，构建“四院八室”为核心的科创体系，让科技创新这一“核心变量”成为“最大增量”，打造新质生产力的关键引擎，加快提升自主创新能力沉淀，走出了一条创新引领的差异化发展道路。

（一）聚焦“合力共创”，打造“三驾马车”的科创体系

2023 年，上海联通成立独立的科技创新部，形成“科技创新部抓统领，专业线抓贯通，四院八室赋能”的科技创新能力供给体系。科技创新部负责统筹推动战略性新兴产业、上海科创城市建设，通过有效配置资源、持续迭代科创任务、完善评价体系，持续提升科技创新对公司高质量发展的转化效能，加快向科技创新企业转型升级。专业线专注于强化网络规划、产品规划、运营转型需求、数字技术融合创新核心能力供给与科研任务的有效衔接，推动形成科技成果从“实验室”走向“生产线”迈向“市场化”。“四院八室”围绕自身重点任务，以实验室成为集团专精特新“领头羊”、研究院成为政府和行业“智库”为定位，坚持服务生产经营，瞄准四大主线，把握关键发力点，支撑经营发展的中长期演进需要。“四院八室”即产业互联网、智慧城市、智能制造、金融科技四大研究院，以及未来网络、先进无线技术、网信安、信创等八个实验室，对内促进科技创新融入生产，对外促进科技创新生态建设，在网络基础设施向新型数字基础设施演进、产品供给向数实深度融合赋能升级、运营能力向云网算安一体化迭代、数字技术融合创新提升“四向”中发挥重要的牵引作用，实现创新能力从个性化、项目制向产品化、标准化的跃升。同时，上海联通成立科创工作领导小组，将科技创新作为“一把手”工程，高标准规划、全方位推进。在科创领导小组的指导下，做实科技委员会，按四大主线对应设立网络能力创新、产品供给创新、运营技术创新、数字技术融合创新 4 个专业组，聚焦重点研发方向，加速推动科创成果孵化转化。

上海联通积极构建政产学研用协同的科创生态格局。

一是依托集团科协与上海科协两大平台优势，营造科创工作的生态合作，促进技术交流，强化资源共享。

二是利用上海国际经济中心城市的功能优势，通过科协平台深度融入

长三角创新发展，推进与国家人工智能实验室形成政产学研用创新联合体，开展算力网络、新型工业化、5G + AI 等领域的产业深度合作。

三是采用资源置换模式与生态伙伴开展合作，如与华为联合开展国产信创芯片算力验证研发，推进科创成果市场化应用，形成了智慧城市、金融科技、工业互联网等多个平台服务应用研究。

（二）聚焦“筑巢引凤”，打造“头雁领飞”的人才高地

上海联通锚定核心创新领域，强化高端科创人才引进。通过政府引才平台与政策，引入海外高层次人才，1 名来自新加坡南洋理工大学人工智能领域博士后研究员，着力攻关 AI、大数据前沿技术；加大算力、人工智能等方向高层次人才引进，2023 年签约 4 名知名高校博士，均投入了“四院八室”，目前博士队伍近 20 人，2 名博士入选中国科协青年人才托举工程。四级专业人才队伍进一步向科创领域聚集。目前，在公司全部 3729 名合同制员工中，科创人员占比达到了 53.3%；四级专业人才 410 名，平均年龄 36 岁，科创人员占比 70%。围绕“四院八室”，持续强化科创人才配备，目前已建成近 300 人的院、室负责人和核心研发团队。

公司激励资源逐步向以人效提升为目标的精准化投入转变。

一是为四院八室、校招等配置专项战略人工成本投入，资源倾斜加速高素质科创人才引入。

二是对博士人才采用市场化对标定薪，综合引入人选的学历背景、专业能力、研究方向等因素开展“一人一薪”，提高薪酬竞争力。

三是实施契约化管理，与博士人才签订业绩承诺书，按照试用期 6 个月、1 年、3 年分别制定可量化的业绩要求。

同时，公司坚持强化对科研的资金投入，2023 年研发投入 2.79 亿元，研发投入向“四院八室”年度重点研发任务倾斜，并增设科创激励专项奖金。

（三）聚焦“成果转化”，打造“靶向培育”的创新模式

上海联通坚持以科创成果为导向，充分释放创新活力，以创新能力供给为抓手，构建院室内评估机制，推动“靶向培育”创新模式。自主研发的算网大脑2.0，打造了算网一体化调度平台，在首届IPv6技术应用创新大赛中获得北京赛区一等奖；自主研发的5G高精定位技术在第五届进博会应用；开发全信创环境下的软件测试平台，成为上海政务云首家具备PaaS能力的单位，并应用在政府信创云迁移中。深度参与上海科创的顶层规划，成立由公司领导亲自挂帅的专班，积极拓展集团内外的科研单位合作，确保公司的科创工作与地方政府的科创规划同频共振、同向发力。

三、改革成效

上海联通充分发挥科技创新主体作用，在关键核心技术攻关、科技创新体系构建、科创成果转化等方面勇挑大梁，进一步促进高水平科技自立自强。

一是融入国家科创大局取得新进展。上海联通依托创新领域先发优势，2023年申报政府课题15个，获批国拨资金破千万。获批集团核心技术攻关专项课题12项，围绕行业智库、行业洞察的定位，参编行业顶规、标准10项，联合发布行业白皮书、行研报告10项。获得“上海市科技‘小巨人’企业”“上海市‘专精特新’企业”称号，2个实验室获得CNAS认可证书、通过DSMM数据安全成熟度三级认证，先后荣获市经信委授牌“上海城市数字化转型创新基地”、大中华区城市大奖、湛卢奖——工业互联网创新奖、长三角金融科技大赛奖项。

二是掌握关键核心技术取得新突破。自研算网大脑2.0、新宽带等14项新原型，Redcap（5G轻量化技术）率先首发，取得通感一体首发等33项新突破，树立华山医院算网应用、施耐德工厂数智化等37项新标杆。网

络能级提升方面，首创了5G室内高精度定位技术，实现便捷部署、无感接入，精度可达米级，延时短至秒级，实现于进博会应用保障；5G-A通感商用能力首发，助力嘉定、临港智能网联汽车示范区建设；携手华山医院实现行业内首个算网调度场景。产品供给创新方面，5G LAN技术首商用在施耐德柔性生产场景落地。运营技术提升方面，打造多模态融合隐私计算安全基座能力，支持三方及以上数据秒级交互，形成服务电信反诈领域的一体化解决方案。

三是核心技术科创成果取得新提升。“一体化算力网络在医疗领域的创新应用”获得“华彩杯”算力大赛全国总决赛一等奖，“网络规划建维优一体化的智慧运营体系”项目获得国务院国资委首届“国企数字场景创新专业赛”全国二等奖，“5G深度融合工控创新实践，加速施耐德工厂数智化演进”获得绽放杯标杆赛金奖，“5G室内高精度定位技术研究及应用”获得集团科技进步奖，获得各类杯赛科技成果奖近百项。同时，申请专利85项，发表论文31篇。

52

完善科技创新体制　融入战新产业布局

联通智网科技股份有限公司

一、基本情况

联通智网科技股份有限公司（以下简称“智网科技”）成立于2015年8月，是中国联合网络通信有限公司（以下简称“中国联通”）控股的提供汽车信息化服务的专业子公司，致力于成为领先的车联网数字基础设施运营服务、汽车企业数字化转型服务、数字技术与车联网融合创新的科技服务公司。智网科技聚焦车联网市场，形成车联网连接、车联网运营、创新应用三大业务板块，是国内唯一一家覆盖车联网“车—路—网—云”全链条的服务提供商。近年来，智网科技坚持市场与创新双轮驱动，全面推进公司从营销主导型公司向科技主导型公司转型，从项目驱动型公司向产品驱动型公司转型，从经验运营型公司向数智运营型公司转型，持续推动科技创新机制改革，公司科技创新工作实现新突破。

二、经验做法

（一）持续完善科技创新组织管理体系，筑牢科创基石

一是完善科技创新管理机构。智网科技组建科技创新领导小组、科技委员会、科技创新部，逐步健全科技创新管理体系，不断优化科技创新管

理流程，全面强化科技创新专业化管理能力。

二是实施战略性新兴产业“双总师”机制。智网科技深入落实国务院国资委加快发展战略性新兴产业布局，承担新能源汽车“建设车路网云协同设施”任务，下发两文件规范智网科技加快发展战略性新兴产业的组织体系、运作机制，主要包括成立新能源汽车战略性新兴产业及未来产业专班工作领导小组（党总支书记、董事长赵越担任组长），对口中国联通新能源汽车产业推进组，增设专项推进办公室协助“双总”（新能源战略性新兴产业由智网科技总经理担任总指挥，科技创新部负责人担任技术总师）协调推进任务。公司建立了完整的内部相关部门协同工作机制，与集团外部管理机制充分对接，为战略性新兴产业任务实施打下很好的组织基础。

三是优化自主研发项目管理体系。智网科技建立研发管理能力评价考核体系，强化各研发单元季度考核评价。建立研发活动过程跟踪机制和闭环管理流程，保障研发项目有序实施。推进自主研发管理体系和数字化平台建设充分结合，实现了研发项目管理、项目进度评审、科创科协活动、科技成果申报等功能的在线化有效管理。

（二）强化研产学研用合作，加快成果转化

一是加快产学研用一体化。智网科技发起组建了“中国联通车联网创新联合体”，已汇聚包括长安、东风、比亚迪、长城、上汽大众、广汽丰田、理想、中国信科集团、国家智能网联汽车创新中心等在内的重要汽车制造厂商及设备方案商共 42 家合作伙伴，推动了产学研用一体化协同创新。已发布《基于 5G + MEC + C-V2X 融合的车路云一体化解决方案白皮书 2.0》，正式推出数字孪生、融合感知、RS-MEC（路侧边缘计算单元）3 项以上联合创新成果。智网科技还积极参与工信部车联网产业创新发展联盟、车路协同创新联合体“两新”联盟筹建工作并担任副理事长角色，同时承担汽车工程学会智能网联架构分委会信息基础设施工作组长职责，参与“百人会”双智城市设施能力体系研讨，汇聚各方创新智慧，推动产业快速发展。

二是加速科技专利积累和应用转化。2023 年，智网科技申请专利 42 项，获得授权专利 17 项（其中发明专利 13 项）、软著 31 项，发明专利应用率 40%，专利应用价值评估超 1000 万元，支撑公司自研产品实现营收超 3 亿元，占比 29.2%。优化成果管理和推广机制，完善成果台账，实现了科技成果可评估、可转让。

（三）落实国家战略布局，推动“科技赋能”产业发展

一是加大核心技术攻关。智网科技优化科技创新资源配置，2023 年研发投入达 8049 万元。围绕任务要求，全面推动智能网联核心技术攻关、基础设施建设、城市级 L3+智能网联自动驾驶落地，开展边缘计算、环境融合感知、车路云协同计算等关键技术攻关，形成车路网云协同技术框架。完成三级平台原型系统在海南崖州、四川宜宾等项目验证，与天津、成都及海南等地方政府达成城市级示范合作共识。2023 年共承担 11 项中国联通核心技术攻关任务，全面覆盖了车路云一体化、人车家互通、算力网络、安全靶场、“5G+北斗”、5G 专网、5GRedcap、数字城市等多个技术领域。

二是强化政府科研项目申报实施组织。智网科技新申请并获批工信部高质量发展项目“基于多源位置信息的智能网联汽车异常行为监测技术与产品”，科技部国家重点研发计划项目“2023 年联通智网自主式交通系统计算技术”，项目经费超 500 万元。同时，完成工信部“新能源和智能网联汽车密码应用产业基础公共服务平台”项目的平台搭建、终端验证工作以及工信部“面向异构安全能力的 5G 安全自动化响应系统”项目动态安全策略的多场景验证。此外，智网科技圆满完成国务院国资委 CEC 联合体项目“基于 PKS 体系的 5G 安全网关研发”及 5G LHT 项目“5G 智能车路协同产品研发及应用示范”实施和验收。

（四）加强实验基地建设，构建开放合作生态环境

智网科技推动中国联通5G车联网OpenLab开放实验室体系上线，形成5G与C-V2X融合测试能力，自研上线的5G-V2X智能网联测试服务平台，已服务奔驰等多家车厂客户。完成由中国信通院C-V2X工作组授牌的“京津冀城市群MEC与C-V2X测试床”的建设，实现稳定运营。发布10余项基地运营流程，入库16个研发项目，支撑11个智慧交通新技术产品、新功能的研发落地。

（五）丰富科技活动，培育科创工作者创新热情

智网科技积极对接北京科协、北京工程师学会等，推进“卓越工程师”“青托人才”“千人进千企”、企业创新联合体等专项工作，并举办了“时代集结号”国企开放日等创新联合体成果发布会、5G车联网算网技术研讨会等学术活动。持续推动搭建公司内部工程师间的沟通交流平台，打造“星火成炬”技术分享会品牌，先后邀请48名工程师进行多元的精彩分享，评选3人卓越“星火工程师”和10名优秀“星火工程师”。

（六）强化科创工作人才支撑政策，激发科技创新动力

智网科技大力实施高层次科创人才内部培养和外部引进，内部培养1名、外部引进4名科创领域中高端人才，并加强了海外引才力度，已成功招聘1名人工智能专家，聚集新能源汽车核心业务场景的算法研究和实现。积极调整人才结构，进一步压降经营性人员数量，将更多资源腾挪投入战略领域，公司科创人才占比达到了77%。加强科创人才培养，有41人取得外部资格证书、1人取得继续教育学历，人才质量进一步提升。

三、改革成效

科技创新机制改革，有效助力了智网科技行业领军优势的巩固，截至

2023 年 12 月，新发展车辆联接 1334 万辆，公司收入超 10 亿元，联网市场份额超 70%，继续保持行业第一。

一是产品和业务核心竞争力进一步增强。智网科技形成了“共性底座平台 + 特性业务系统 + 个性化解决方案”的产品体系，完成 5 个亿元级产品、2 个千万元级产品的打造。

二是科技创新相关成果得到多方认可。智网科技获得国家高新技术企业、国家级专精特新“小巨人”企业、北京市企业技术中心认证，入选中国通信学会“2023 优创科技企业赋能计划”优秀企业。依托牵头承担的国务院国资委 QJGC 项目“基于 5G 与 AI 的全域交通环境智能融合感知系统研发与应用示范”，获得中国通信学会科学技术奖一等奖，与中国汽车技术研究中心共同完成“面向智能网联汽车运行场景的交通安全评估与协同控制关键技术及应用”项目荣获 2023 年度中国智能交通协会科技进步奖一等奖。“基于 5G 算网的智慧出行服务系统”入选工信部《2023 年物联网赋能行业发展典型案例》，“京津冀城市群 MEC 与 C-V2X 融合测试床”荣获 2023 年首都十佳工程实践案例，在苏州工业园区落地的“车路云一体化 AVP（自主泊车）”应用荣获 WGDO 2023 年绿色设计国际大奖，“中国联通海南博鳌东屿岛 5G 车路协同应用示范项目”成功获选中央汽车企业协同创新平台 2023 年度汽车数字化转型十大场景案例。

53

建设高科技新引擎　打造新媒体国家队　以改革转型促创新发展

咪咕文化科技有限公司

一、基本情况

咪咕文化科技有限公司（以下简称“咪咕公司”）是中国移动通信集团有限公司（以下简称“中国移动”）面向移动互联网领域设立的全资一级子公司。咪咕公司于2018年首批入选国企改革的“双百企业”，并于2023年转为“科改企业”。作为兼具运营商特色和互联网特点的数字内容平台科技创新公司，咪咕公司始终坚持以习近平新时代中国特色社会主义思想为指导，以增强核心功能、提升核心竞争力为导向，立足“内容+科技+融合创新”，落实数字中国、科技强国、文化强国战略，在数字内容平台领域打造“新媒体国家队”，以高水平科技创新、高标准机制改革、高质量产业引领打造转型发展新动能。咪咕公司目前已成为国资央企里最大的“文化+科技”公司、最大的互联网平台及最大的新媒体平台，咪咕“产品雁阵”中多款产品规模位于行业前列，视频彩铃、咪咕阅读、云游戏用户规模行业第一，咪咕视频、咪咕音乐行业前三。

二、经验做法

科技创新是国有企业改革求“变”的基础，发展求“新”的动力。作为聚焦改革科创双轮驱动的“科改企业”，咪咕公司紧扣习近平总书记关于加快形成新质生产力的重要论述，积极贯彻国家战略部署，以科技创新为主导，统筹聚力、精准发力、持续加力，以科技创新驱动企业高质量发展，持续推动内容从“传统内容”向“新质内容”升级转型，持续以科技创新赋能数字内容生产、聚合、传播，打造差异化竞争优势。

（一）全面布局前沿技术，打造科技创新“新引擎”

一是高强度研发投入，积极融入国家科创大局。咪咕公司以服务国家战略为导向，布局前沿关键技术，积极申报战略性新兴产业与未来产业任务，在新一代移动通信、人工智能、未来网络等领域牵头5项、参与15项子任务。勇担四大专项科创任务，牵头并参与2项CYD任务，牵头1项LHT任务，牵头大视频及元宇宙2条子链。累计主导和联合发布国际国内标准84项。2023年研发投入占比超11%，规模超16亿元。

二是产学研用一体，保障关键技术自主可控。咪咕公司通过共建实验室，与北京大学、清华大学、北京邮电大学院士团队以共享知识产权、共同推动成果转化、共享收益为原则进行深度合作，在类脑视觉编码、可重构光场和6G智简网络领域开展联合攻关。在科技人才引入中，咪咕公司创新运用“双聘制”等柔性引才机制，引入国家级高层次人才19人，成功申请博士后科研工作站分站，加强产学研用一体化建设，高效推进开展人才培育、科研成果转化合作。

三是积极发挥引领作用，持续提升技术影响力。咪咕公司代表中国移动出任世界超高清视频产业联盟（UWA）、数字音视频编码技术标准工作组（AVS）等多个推进组联合组长。联合AVS产业联盟开展国家级超高清视频创新中心科创平台建设，获批10余项国家级项目，推动下一代国产音视频标准落地，并于2023年在杭州亚运会首次实现移动端AVS3 + HDR Vivid国产化标准融合点直播规模化商用。

（二）持续开展制度创新，焕发科创机制“新气象”

一是系统谋划综合施策，体系化营造创新保障。咪咕公司紧扣“打造兼具运营商特色和互联网特点的数字内容平台科技创新公司”的定位目标，在发挥运营商优势的同时，统筹采纳互联网行业有效做法，积极探索领导人员管理与专业双通道、职业经理人、工作室负责制、市场化引才、“大H”人才发展路径、分类考核模式等市场化机制，推动形成权责匹配、运转高效的治理机制，促进新型经营责任制走深走实，系统激发创新活力。

二是变革科创管理体系，建强科技管理职能。在落地实施方面，咪咕公司打造“管研建运”一体化的科创组织布局，按照一部两院两中心各产品线进行技术能力分工布局，建强内容、平台，云网三域技术能力；在科技成果管理方面，构建一套牵引政策，打造两个管理清单，建立四项转化机制，促进科技成果高效推广和高价值转化。公司累计申请专利2500余件，发明占比90%，获得中国专利优秀奖1项。

三是完善多元激励体系，提升科创激励能力。咪咕公司结合科技创新需求，健全短期激励与中长期激励相结合的多元化激励体系，形成包括核心能力内化、在岗技术革新、科技成果奖励、项目分红激励等在内的丰富多元的激励“政策包”与“工具箱”，更好激发科创活力。截至2023年底，股票期权、现金递延激励、卓越员工激励性企业年金等中长期激励，覆盖率超30%。

（三）聚焦产业链建设，开拓产业引领“新格局”

一是全面构建科创布局，助力引领产业升级。咪咕公司构建自主核心研发、投资布局研发、产业协同研发3层科创布局，持续加强核心能力自主研发，推动下一代国产音视频标准应用落地，持续提升国产技术标准的生产能力。利用战略投资工具进行战投协同研发，参股元宇宙及云渲染核心技术企业“海马云”。打造产业生态共同体，协同产业合作伙伴开展委托研发和联合研发，引领产业升级。

二是搭建子链生态平台，激发融合创新动能。咪咕公司充分发挥大视频子链链长引领支撑作用，打造大视频产业“朋友圈”，推动组建创新联合体，有效推进产业发展。截至目前，大视频子链已形成高校、科技公司、内容公司、创新联盟、产业合作组织等多种生态合作体系，发展生态成员超 100 家。

三是强化成果转化，引领数字内容观看体验。杭州亚运会期间，超高清、AI、AR 等“黑科技”得以应用于数字内容播放，实现多个开创性技术的首次应用。通过 AVS 国产标准融合应用、5G 超低时延观赛、开幕式 AR 互动体验、行业首创方言直播智能字幕，成功打造亚运历史上首场开幕式数实融合 AR 互动特别环节，打造全球首个大型国际综合体育赛事元宇宙——亚运元宇宙平台，实现多个行业首创，燃动全民体育狂欢，服务体育强国建设。

三、改革成效

一是科技创新能力显著增强。咪咕公司于 2023 年获评国家“高新技术企业”称号，并荣获中国专利优秀奖、北京市科技进步一等奖、上海市科技发明奖一等奖等 145 项科创奖项，连续三届荣获国家文化出口重点企业，首次入选“全国文化企业 30 强”提名企业，入选“2023 中国企业 ESG 优秀案例”50 强榜单。截至 2023 年底，咪咕公司累计获得各类科创成果奖项 640 余项，其中包含 6 项国家级、省部级科技奖项，有效提升科技影响力。

二是核心竞争力有效提升。伴随数字内容形态的不断演进，咪咕公司逐步建立完善内容领域制度体系、内容全流程价值经营机制，增强“新质内容”核心竞争力，打造形成2个收入百亿元级、2个收入十亿元级、4个收入亿元级的核心产品雁阵。其中，视频彩铃、咪咕阅读、云游戏用户规模位列行业第一，咪咕视频、咪咕音乐用户规模进入行业前三。作为“新质内容”的生产和传播平台，咪咕“产品雁阵”基于核心服务场景，不断提升产品极致使用体验，强化“新质内容”核心竞争力，为用户及行业提供差异化价值。

三是企业活力效率全面提升。咪咕公司持续加强董事会建设，设立4个专门委员会，外部董事深入各子公司实地调研，针对公司经营提出书面建议，董事会定战略、作决策、防风险作用进一步发挥。配齐企业本级及下属子公司“1+5”首席合规官，完善业财法融合的重大项目评估机制，前置规避经营风险。公开选聘一批党委管理干部，探索建立职业经理人制度，干部队伍专业化年轻化水平不断提高。2023年，通过“双聘制”、人才租赁等方式柔性引入国家级、省部级科技人才20余人，音视频领域获评1名集团级首席专家，省级专家扩充至200余人，科研人才队伍加速壮大。

54

发挥央企担当　加快有效投资 探索战新产业发展新路径

中移资本控股有限责任公司

一、基本情况

中移资本控股有限责任公司（以下简称“中移资本”）成立于2016年12月，是中国移动通信集团有限公司（以下简称“中国移动”）股权投资和资本运作的集中管理平台。中移资本坚持以习近平新时代中国特色社会主义思想为指导，深入贯彻落实党中央、国务院关于开展国有企业改革深化提升行动的重大决策部署，积极发挥中央企业科技创新、产业控制、安全支撑三大作用，聚焦科技前沿，综合运用资本手段，布局产业新赛道、培育发展新动能，更大力度开拓战略性新兴产业，充分发挥国有龙头企业在产业链循环畅通中的支撑带动作用。近两年来，中移资本围绕战略性新兴产业和未来产业的投资规模已超100亿元，初步在新一代移动通信、人工智能等重要领域形成体系化产业布局。

二、经验做法

（一）坚持全局性精准性，完善战略性新兴产业投资顶层设计

一是建章立制，完善产业投资顶层设计。中移资本落实国务院国资委

股权投资领域最新要求，修订完善《中国移动投资工作管理办法》等股权投资制度，突出聚焦主责主业，形成涵盖投前、投中、投后，涉及境内及境外的多层次的股权投资制度体系，完善决策机制，为股权投资有序开展提供了制度保障。

二是绘制图谱，明确战略性新兴产业投资总体方向。中移资本开展战略性新兴产业投资图谱绘制，梳理潜在投资标的名录，为战略性新兴产业投资工作提供“鸟瞰图”“作战图”“企业库”。按照科学性、全面性、导向性、定制化、可迭代等原则，围绕新一代移动通信、人工智能、未来网络、未来信息等重点领域，梳理形成详尽的投资赛道、投资细分方向、应关注的具体产品和技术，加速投资方向收敛，有力提升投资效率。

三是密切联动，精准聚焦科技创新卡点堵点。中移资本发挥国有资本在科技创新中的催化、融合、枢纽作用，紧密结合中国移动“一体五环”科技创新体系，梳理相关技术同类企业、合作伙伴、专精特新关键企业清单，提升了投资助力科技创新的精准度，加快了原创科技攻关。中移资本投资华翊量子、玻色量子等量子计算领域初创企业，带动被投企业加入中国移动“五岳”量子计算云平台建设，打通“算法—业务场景—成果产业化”通道，有效加快了前沿领域科技创新。

（二）完善“直投 + 基金”双线布局，全面培育产业发展

一是加大多元资本投入，建立“直接投资 + 管理基金”双线投资运作体系。通过直接投资聚焦成熟期公司，中移资本帮助中国移动卡位各类产业龙头，积极发挥产业控制作用。专设链长基金，撬动国有资本、地方引导基金、社会资本等多方资本投资初创企业，积极布局前沿新技术、新业态、新模式，放大科技创新效能。截至 2023 年底，通过股权投资，中国移动与移动信息产业链上下游超过 500 家企业的合作关系得到加强。

二是坚持长期主义，开展战略投资陪伴企业成长。借助股权投资组带，中移资本引导被投企业与中国移动共同攻克科技创新难点、共同成长。例如，中国移动与科大讯飞共同探索人工智能在教育、医疗等领域的应用，带动科大讯飞成为人工智能头部企业，助力科大讯飞成为人工智能关键技术和应用评测工业和信息化部重点实验室大模型工作组副组长单位，推动中国大模型产业发展。

三是探索产业并购，加快提升中国移动科技创新实力。针对中国移动在新兴网络信息安全行业领域自有队伍的技术专业性、能力丰富性、产品规模性、体系完整性等方面短板，中移资本发起对完全自主知识产权的头部网络安全供应商启明星辰的技术并购，快速获取网络安全领域核心技术及关键资源，夯实新一代移动信息领域安全基座，提升了中国移动市场竞争力和技术优势，加快打造网信安全国家队。

（三）推进体系化产投协同，有效放大投资乘数效应

一是夯实产投协同体系建设。中移资本搭建产投协同平台“彩虹桥”，打造产投协同政策“百宝箱”，2023 年共举办 12 场“彩虹桥”大中型产业专题交流会，20 余场小型沙龙、调研、对接会，协同活动服务对象覆盖 12 家中国移动内部单位，300 余家直投、主控基金、市场化基金的被投企业，实现中国移动与被投企业从资本合作、到市场合作、到产品合作，再到研发合作的拓展。中移资本构建了“一谱一书两库 N 清单”体系（投资生态图谱、参股企业白皮书、协同案例和协同资源信息库、参股企业产品能力清单等），加强协同信息和资源沉淀，筑牢协同基座，提升了协同效率。

二是聚焦自主可控，填补国产空白。中移资本发挥中国移动的研发牵引作用和网络技术积累优势，推动中国移动与参股企业北京奕斯伟计算技术股份有限公司携手研发“破风 8676”可重构 5G 射频收发芯片，实现可重构 5G 射频芯片“从 0 到 1”的关键性突破，填补该领域国内空白，有效提升我国5G网络核心设备自主可控度。

三是发挥资本视角优势，为科研体制改革赋能。中移资本深度参与了中国移动专精特新培育、产业链创新子链、“科研特区”培育等工作，为研发培育与业务孵化增加资本视角。探索参投中国移动内部混改项目，参投内部混改项目芯昇科技，创新探索以资本支持国企改革、赋能科技创新。探索搭建“类互联网公司”估值模型，搭建内部单元业务发展估值模型，为中国移动“类互联网业务”发展提供资本视角。

四是保障供应链安全，带动中小企业规模化发展。中移资本引导参股企业重庆物奇微电子有限公司将研发资源向亟需破局的国产高端WIFI6/7芯片领域高强度投入，突破“卡脖子”难题，最终产品在中国移动终端公司、智慧家庭运营中心中落地应用，带动中小企业规模化发展。

（四）统筹推进投后管理工作，拓增资产收益

一是加强投后管理制度建设。中移资本落实国务院国资委管理要求，修订《中国移动投资工作管理办法》《中国移动股权投资管理办法》及《投资公司参股企业投后管理办法》等，制订投后清算退出、二级市场减持及非上市参股企业减持退出相关工作指南。

二是强化外派董监高管理。中移资本探索选派业务条线干部担任董事兼高管推进产投协同战略合作落地的管理模式，加强派出人员履职支撑及培训，举办线上、线下集中培训以及银行业专题培训，协助派出人员提高履职意识及能力。

三是系统、规范开展动态股权管理。中移资本开展年初动态股权管理规划，提升动态股权管理计划性。制定并优化投后评估模型以及项目动态股权调整可行性分析模板，完成半年、年度动态股权管理后评估，按月发布动态股权管理定期资讯，组织六期动态股权管理专项培训，提升动态股权管理专业化水平。

三、改革成效

一是“直投+基金”双线布局、协同联动的工作格局得到持续巩固，支撑数智生态持续壮大。中移资本直投聚焦关键产业行业龙头，围绕提升央企核心竞争力、建设现代化产业体系、支持科技创新和国企改革，2023年完成投资金额570.76亿元。基金聚焦培育战略性新兴产业，强化链长功能促动作用，助力提升科技创新水平，2023年链长基金完成投资金额22.85亿元，5G基金完成投资金额12.1亿元。

二是初步构建起具有中国移动特色的产业投资生态合作体系，激发国有资本生态聚合作用。中移资本推动技术、政企、采购领域产投协同机制取得实质性突破。开展十大产投协同标杆案例评选，多角度挖掘协同案例价值，激发集团各业务条线和亲戚圈生态合作活力。“沃土计划”和“彩虹桥”品牌效应显现，举办产业投资生态大会，促成89家参股企业与地方政府初步达成合作意向，促进被投企业与地方政府达成190余项涉及总金额超500亿元的合作商机与投资机会，央地协同、产投协同的品牌效应得到彰显。

三是投后管理工作体系常态化、专业化，拓增资产收益。中移资本妥善完成True行权及合并，如期回流现金资产。主动发起对积分联盟的股东联合专项审计并敦促其完成整改。系统规范开展动态股权管理，全年开展8个项目减持，现金回流约29亿元，贡献收益约10.2亿元。

55

践行央企使命担当　主动服务国家战略 改革创新驱动汽车芯片业务快速发展

上海贝岭股份有限公司

一、基本情况

上海贝岭股份有限公司（以下简称“上海贝岭”）成立于1988年，是国内集成电路行业第一家上市公司。1992年，邓小平同志视察上海，在上海贝岭发表了“姓资姓社”的著名论断。上海贝岭将改革创新的基因传承至今，并不断续写新的篇章。上海贝岭现为央企三级企业，控股股东为中国电子信息产业集团有限公司旗下的集成电路专业子集团华大半导体有限公司（以下简称“华大半导体”），主要产品为模拟集成电路（电源、信号链等）和功率器件，广泛应用于汽车、工控、储能、能效监测、电力设备等关系国家安全与国民经济命脉的关键领域。上海贝岭为国家级企业技术中心，旗下拥有1个国家级“小巨人”企业和2个专精特新企业。

二、经验做法

国企改革启动以来，上海贝岭抓住宝贵的战略机遇期，积极践行央企使命担当，主动服务国家战略需要，在汽车电子芯片领域坚定不移加大研发投入力度，技术供给与市场需求双向牵引，走出了一条深耕厚植、笃行致远的改革创新之路。

（一）锚定战略方向，践行央企使命担当

汽车产业是国家重点战略支柱产业，“新四化”趋势为国产汽车“弯道超车”带来宝贵的发展机遇。一辆新能源汽车电子芯片使用量约为2000颗，是传统燃油车的4倍，作为芯片设计企业的上海贝岭“大有可为”。与此同时，大国博弈、产能紧张等因素造成汽车电子芯片短缺，卡住了我国汽车产业发展的“脖子”，作为芯片国家队成员的上海贝岭必须“大有作为”。

自2016年起，上海贝岭就在华大半导体的领导下前瞻性地谋划布局“汽车电子芯片业务”，结合在数模混合芯片领域的人才和技术积累，2019年即推出第一款车规级芯片。截至2023年底，累计有41颗芯片进入《汽车电子推荐产品名录》，50余款产品上车应用。2023年，新增汽车电子产品29颗，汽车电子芯片业务营收同比增长150%，可售产品数量和出货量均位于国内芯片设计公司前列。在2023年11月的“芯向亦庄”汽车芯片大赛上，上海贝岭的LED车灯驱动芯片MEDS92630和点火IGBT芯片BLG3040/BLQG3040脱颖而出，荣获“2023汽车芯片50强”。点火IGBT芯片BLG3040/BLQG3040入选2023年上海科技创新成果展，接受习近平总书记的检阅。

（二）坚持“两个一以贯之”，党建与业务深度融合

一是围绕“如何加快汽车电子芯片业务高质量发展”的命题，上海贝岭董事会“定战略、作决策、防风险”，党委“把方向、管大局、保落实”，经理层“谋经营、抓落实、强管理”，公司治理主体各司其职、相互配合、协调运转。通过制定年度收入目标、重点开发任务和重点客户推广任务，上海贝岭将规划目标细化分解，确保“汽车电子”战略落地。

二是弘扬“支部建在连上”的光荣传统，上海贝岭党委指导各基层党

支部聚焦主责主业，抓好“一工程一项目一岗一队”载体融合，结合“揭榜挂帅”机制，赋予技术团队一定的自主权，让党组织的战斗堡垒作用和党员先锋模范作用得到充分发挥。在党委的领导下，上海贝岭各支部先后设立“汽车前装市场三通道线性 LED 驱动研发”“车规级功率器件产品开发和推广”“具有灵活数据传输速率的车规级 CAN FD 收发器研发”“车规级非挥发存储器芯片可靠性认证加速推进”等 8 个党组织攻坚项目，全部如期达成攻坚目标，进一步夯实汽车电子芯片的核心能力。

（三）完善科技创新体系，实现高水平科技自立自强

一是系统梳理技术和产品谱系。在“知己知彼”的基础上，上海贝岭在功率器件、驱动、电源及信号链等 8 个优势领域布局汽车电子芯片业务，围绕汽车车灯、空调 PTC、发动机点火、充电桩、主驱、BMS、OBC 等设立了一系列重点研发项目。2023 年，汽车电子芯片产品的研发投入突破亿元大关，未来仍将保持 20% 以上增长。

二是引入国际一流专业咨询机构协助建立汽车电子芯片研发和质量体系。上海贝岭组建专业部门系统性地启动 ISO 26262 汽车功能安全体系建设，明确产品全生命周期的安全目标和开发流程架构，将功能安全要求融入产品研发设计、测试验证等各环节，并投入数千万元建设符合 AEC-Q 国际标准的车规级产品可靠性实验室和开发用 EDA 工具，以满足客户对车规级芯片产品严苛的可靠性要求。

三是通过关键节点评审、里程碑考核等方式，加强对汽车电子芯片重点研发项目的绩效考核。上海贝岭设立专项奖金，鼓励项目研发团队增进跨部门协作，合力攻克难关。

四是加强内部协同。上海贝岭在华大半导体的统筹下增进与积塔半导体有限公司等兄弟单位的协同，依托其车规级晶圆生产线的优势，开展联合工艺研发，打造自主设计、自主制造、行业领先的国产汽车电子芯片，共建汽车供应链安全可靠的产业生态。

五是保持战略定力，坚持高强度研发投入，加强知识产权保护。2023年，上海贝岭研发投入约3.54亿元，同比增长37%；共完成专利申请41项，获得发明专利授权18项，完成布图登记44项。

（四）加强组织机构与人才队伍建设，为发展汽车电子夯实基础

一是根据战略发展要求，采用自主培养与外部引进相结合的方式，重点打造科技领军专家、企业家型干部、卓越工程师三支队伍。上海贝岭特别加强汽车电子芯片领域高层次人才引进培养，覆盖技术研发、市场、质量体系等各条线。截至2023年底，技术人员占比近七成，中高级职称占比达两成。

二是针对跨技术领域的重点核心科研项目，探索采用协同开发、联合攻关等方式，吸引具有核心能力的行业人才和创新团队参与到关键核心技术攻关上来，让“筑巢引凤”效应深入发挥。上海贝岭加强“老中青、传帮带”工作，组织技术带头人和行业专家开设《提升芯片可靠性——从工规到车规之路》等系列课程，为工程师技术交流搭建平台。

三是构建完善公司和员工“双向认同、彼此成就，共同发展、共享成果”的人才激励机制。上海贝岭加大对汽车电子重点攻关项目核心成员的考核激励力度，滚动推出2期限制性股票激励计划，将汽车电子研发和应用推广人员作为重点激励对象。

四是重视企业文化引领。上海贝岭建立“上海贝岭荣誉体系”，对汽车电子芯片开发的科技创新、价值贡献突出的团队和个人进行表彰奖励，提升各级干部员工的归属感、荣誉感，增强下属各单位协同力、凝聚力。

三、改革成效

经过多年深耕厚植，上海贝岭推动改革发展的各项举措已在汽车电子

芯片领域结出累累硕果。

一是汽车电子芯片产品已广泛应用于一汽、上汽、比亚迪、吉利等国内头部车企和国际一流一级供应商。

二是多款“明星产品”得到市场与行业的认可，取得国内领先。LED车灯驱动芯片MEDS92630单月出货量超100万颗，累计出货量超1000万颗。点火IGBT芯片BLQG3040系列是国内最早通过车规认证和批量出货的产品，出货量超100万颗，有效解决自钳位功能、175℃高结温高可靠终端等“卡脖子”技术问题。

三是BMS AFE、智能高低边驱动、CAN SBC、PMIC、混合MCU、主驱应用IGBT、特高压MOSFET等系列产品按计划开发，ADC/DAC在信噪比、线性度、功耗等主要性能指标国内领先，高精度基准源攻克3ppm/℃超低温漂技术难关，技术国内领先，为汽车BMS AFE芯片开发作了重要技术积累。

随着国企改革不断深入，上海贝岭将在2024年推出更多技术革新的车规产品和重磅级新产品，总体技术水平将显著提升，车规产品销售收入也将突破亿元大关。

56

聚焦主责主业　强化科技创新 积极服务数字政府建设

数字广东网络建设有限公司

一、基本情况

数字广东网络建设有限公司（以下简称“数字广东”）是中国电子信息产业集团有限公司（以下简称“中国电子”）旗下聚焦数字政府建设运营的平台型科技公司，为数字政府改革建设工作提供技术支撑。2017 年，为深入贯彻落实建设网络强国、数字中国、智慧社会的部署，广东省在全国率先启动数字政府改革建设，创新建设“政企合作、管运分离”运营模式，由三大运营商和腾讯共同出资组建数字广东，2021 年完成股权优化成为中国电子二级企业，随后挂牌成为广东省数字政府建设运营中心。数字广东坚持党建引领、科技赋能、改革聚力，支撑广东省在全国一体化政务服务能力评估中连续 5 年保持全国领先，为全国数字政府建设探索出广东经验。

二、经验做法

（一）党建引领强功能，践行国资央企职责使命

一是全面贯彻“两个一以贯之”。数字广东将党的领导全面融入公司

治理，针对股权多元化、诉求多元化的实际，积极与民营股东沟通，推进党建工作要求进章程，保留民营股东董事会席位，持续发挥市场活力优势。坚持组织建设和治理提升相结合，明确党委在公司法人治理结构中的法定地位，细化党委的职责权限、机构设置、运行机制、基础保障等重要事项，规范“三重一大”事项决策流程，强化党组织把关定向作用。

二是强化党建引领。数字广东推动党的建设与生产经营深度融合，坚持“公司业务开展到哪，党组织就建设到哪”，把临时党支部建在急难险重的任务上，形成基层党建和业务工作一起谋划、一起部署、一起落实、一起检查的运行机制，切实发挥党支部战斗堡垒作用和党员先锋模范作用。特别是在新冠疫情防控期间，筑牢抗击疫情的数字化防线，创造性建成逻辑严密、功能完备、便捷高效的“粤康码”系统，首次实现健康码跨境互转互认，健康防疫核验平台等一大批重要系统成为抗疫利器，累计保障超过2.24亿人次、604亿次亮码，1.33亿人次便利通关，3.3亿人次自动化核验。数字广东用好思想政治工作传家宝，倡导“铁军精神”，实现家国情怀、事业追求与个人发展的有机融合，不断增强核心技术人才的归属感与凝聚力，开展混改企业文化融合实践研究获中央企业党建政研会2023年度优秀课题研究成果。

三是服务国家战略能力显著增强。作为“反向混改”企业，数字广东聚焦服务“国之大者”，对公司发展战略规划进行优化升级，深入推进业务布局优化和结构调整，明确数字平台建设及运营为公司主要业务方向。牢牢把握战略性新兴产业主攻方向，加强对公共服务领域的有效供给，成功打造“粤省事”移动政务服务平台，集成广东省各级各部门超过2500项高频政务服务事项，提供“一站式”便民政务服务。其中，1062项实现“零跑动”，累计减少群众窗口跑动时间超4亿小时，大幅提升群众办事效率和办事体验。

（二）科技创新显担当，引领数字政府行业变革

一是狠抓顶层设计。数字广东围绕“政企合作、管运分离”模式构建数字政府建设运营总体架构，通过统一建设、统一运营、统一调度，持续优化服务应用，打造“粤省事”“粤商通”“粤政易”“广东政务服务网”“粤康码”“粤公平”“粤治慧”、法人和个人数字空间等一系列产品。着力探索数字政府自主创新之路，制定科技专项规划，制定数字政府领域技术图谱，集聚力量布局云计算和大数据技术开发及应用、人工智能技术应用、区块链技术研发等前沿技术应用研发，体系性开展核心技术攻坚，增强核心竞争力反哺数字政府转型升级。成立技术委员会，参与重大项目技术评审、公司产品评审，支撑公司重大技术决策和技术选型。2023 年，数字广东科技创新成效持续彰显，发挥数字政府大平台、大数据、大服务、大协同能力，实现“粤省事”App 等内地政务系统通过香港“智方便”对香港市民身份在线认证，赋能“数字湾区”建设，“粤智助”实现全省行政村覆盖率达 100%，入选广东省十大民生实事工程。

二是狠抓创新成果产出和转化效率。数字广东坚持项目建设与标准化建设“两手抓”原则，借助平台实现研发技术标准规范统一，加强数字政府公共能力和行业生态通用能力复用。通过立项技术审批、项目验收符合性审查等多种手段，引导研发资源进一步聚焦，集约化建设运营实现项目开发成本下降，有效避免重复造轮子问题，研发效率提升 32%，知识产权体系全面覆盖“互联网 + 政务服务”领域，累计取得知识产权 658 件。

三是狠抓产业协同。数字广东搭建“数字政府”产业生态圈，与超 2000 家生态伙伴建立合作关系，牵头 13 家业内头部单位成立数字政府建设产业联盟，共同推进“粤同行”数字政府建设产业赋能“百千万工程”行动计划，促进城乡区域协调发展。

（三）人才队伍增活力，支撑改革创新双轮驱动

一是打造复合型人才队伍。数字广东充分利用互联网企业和基础电信运营商的技术资源优势，依托省直机构、腾讯公司和三大电信运营商快速打造一支既熟政务业务又懂互联网技术的复合型人才队伍。持续加强科技领军人才引进，绘制行业高层次科技人才地图，成功引入 115 名行业解决方案专家、305 名技术专才、829 名各领域技术骨干，科技人员占比提升至 73%，青年科技人才占比 95.38%。

二是打通科技人员职业发展通道。数字广东建立覆盖整体、层级分明的专业职级体系，打造顺畅公平的人才发展通道。强化“量身定制”培养，帮助科技人员明确分层分类的学习路径和发展目标，对专业能力快速提升、科技成果贡献突出的人员倾斜激励，打破任职年限、岗位职级等资格限制参与专业晋升，打通科技人才成长成才快车道。

三是健全科技人员激励体系。数字广东综合运用多元化分配政策、重大荣誉表彰奖励，为科技人才提供有吸引力的薪酬保障与激励引导。设立数字政府特别贡献奖、知识产权突出贡献奖等，鼓励科技人才担当作为、不懈奋斗，对作出突出贡献的“突击队”“尖刀班”、项目组实施单独调薪和团队薪酬包等精准激励。针对高职级的专家型人才，采取协议工资等更加灵活的分配形式，其薪酬水平不低于公司高级管理人员，构建“薪酬高地”，增加对高科技人才的“磁吸效应”。

三、改革成效

一是数字政府基础支撑能力不断增强。数字广东建立省市两级政务云分级管理体系和“两地四中心”灾备体系，省、市两级政务云总体运行平稳，88 家单位 417 个业务系统在国产云部署上线，云计算服务安全评估进展顺利。省级电子政务外网接入 1270 家单位，实现司法专网、医保专网、

环保专网等 17 个政务业务专网与省级政务外网的数据互通，电子政务外网省级平台整网稳定运行，核心骨干网可靠率高达 100%。创新推出“粤基座”平台，实现全省数字政府基础设施统一管理、统一运营、统一支撑，累计办理业务约 150 万笔。

二是深化数字政府 2.0 建设取得新突破。数字广东深化数字政府 2.0 建设成果在广东数字政府创新应用大赛（2023）中荣获 5 个奖项，联合参赛作品“广东省‘区块链+不动产登记’应用”“广东省天地车人一体化监管应用”分别获创新应用奖一等奖、三等奖，参赛作品“招商引资对接平台”“政务信息化项目管理平台”“政务辅助决策和数智化工作管理场景的赋能组件”分别获创新产品奖二等奖、三等奖及创新组件奖三等奖。

三是宣传思想文化建设再上新台阶。《团结奋斗 共创未来》获国务院国资委中央企业党的二十大精神基层理论宣讲优秀视频、广东省委组织部“百部党员教育优秀电视片”。《粤康码的故事》获国务院国资委第三届中央企业社会主义核心价值观主题微电影优秀奖。坚持把显性教育与隐性教育、解决思想问题和解决实际问题结合起来，大力弘扬“责任、创新、务实、团结”的新作风，全年开展各类文化创建活动覆盖职工超 1 万人次，荣获 2023 年广东省五一劳动奖状。

57

主动布局　组合发力 构建高价值专利培育体系

东风汽车集团有限公司研发总院

一、基本情况

东风汽车集团有限公司研发总院（以下简称“研发总院”）是东风汽车集团有限公司（以下简称“东风公司”）新产品、新技术研发的重要部门，是国家级“企业研发总院”“工业设计中心”、国家“一类科研院所”和首批“海外高层次人才创新创业基地”。研发总院高度重视技术创新，围绕“新能源”和“智能网联”科技跃迁，积极探索及掌握关键核心技术及科技成果转化应用。

二、经验做法

（一）以国家纲要为指引，制定东风公司知识产权强企战略

研发总院以《知识产权强国建设纲要》为指引，制定东风公司“426”知识产权强企战略。围绕高质量创造、保护、管理、运用四大方向，确定发明专利和高价值专利组合数量两大目标，通过实施“六大工程”，推动东风公司成为高水平科技自立自强的知识产权强企。

（二）主动专利布局，支撑高质量专利创造

一是制订研发项目专利规划，推动专利成果产出。研发总院建立研发项目协同管控制度，促进知识产权与研发的深度融合，制定技术课题知识产权管理流程制度，结合研发项目进程节点，做到全流程式、系统化融合管理。在立项提案阶段进行背景技术专利调研；在项目目标确定阶段进行知识产权策划，明确专利成果产出目标。针对关键核心技术领域重点项目开展知识产权管控，每周汇报知识产权工作进展，每月跟进节点情况，每年形成各项目的知识产权工作总结，形成全面管控。

二是开展研发项目专利布局，构建高价值专利组合。研发总院以“主动布局、组合发力”为目标，发布“三层级四步法”进行专利布局，重点引导在研或规划内的关键核心技术，以及以解决传统领域技术难题或量产产品相关技术问题为目标的细分技术领域专利群构建，实现“研发项目—创新点—布局点—批量提案”的管理。

三是针对专利群的评价，从技术维度、布局维度及收益维度3个方向，设置6项评价指标，并适当地设置加分项。研发总院主要考虑技术是否符合公司技术发展规划、对公司的重要程度、技术先进性、专利之间的关联性，评估专利组合布局的广度及其全面性；考虑专利组合实施应用情况，以及取得的经济效益，确定该专利组合的市场价值。

（三）实施专利资产精益管控，确保高质量专利管理

一是开展专利分级管理，聚焦高价值专利。研发总院选取适合企业的专利评价指标，进行多维度的细化分解，构建了适用于专利申请前、专利授权后不同评价场景的包含技术、法律、市场维度的分级模型；新增专利提案分级，从源头识别重要专利提案，通过提案人自评、技术专家评价、IPR可专利性评价，进行初步定级，将初步识别为核心、重要的提案在申请过程中与代理人共同重点管控，打造高价值专利。通过分级管理将有限

的资源聚焦于核心技术及优质专利资产，确立高价值专利培育目标，唤醒“沉睡”专利，推进成果转化。

二是强化申请过程管控，保障高质量授权。研发总院强化专利申请前提案审核，提升提案质量。专利申请阶段，主要对专利申请稿进行质量控制，新增专利申请过程中专利申请稿审核，在流程上设置发明人和 IPR（知识产权管理人员）共审，提升代理撰写质量；专利申请受理后，在审查过程中针对审查意见通知书的答复中有关专利授权后的保护范围，新增专利审查阶段答复意见稿审查，由 IPR 对答复意见稿进行审核，争取尽可能大的保护范围。此外，建立专利代理质量管理评价体系，分别对《专利检索报告》《专利申请稿》《审查答复意见稿》进行质量核查，督促代理质量的不断提升。

三是实施动态专利评价，优化专利资产结构。研发总院对于授权发明专利定期开展专利评价工作，授权发明专利分级评价工作每 3 年循环评价一次，充分保证专利的评价结果的时效性。对于授权的实用新型和外观设计专利开展专利维持评价，降本增效。

（四）推进专利实施转化，促进高价值专利运用

一是激励专利转化，引导实施运用。研发总院制定了引导和鼓励开展高价值专利培育、进行科技成果转化的管理规则，修订并发布《东风汽车集团有限公司专利管理办法》。在专利授权奖中拆分出 50% 作为专利实施奖，鼓励专利转化实施，增设各级专利成果奖配套奖励，新增专利许可（转让）奖励标准及分配原则，增加技术人员及专利运营团队获得感，促进专利运营工作高质、高效开展。

二是制订专利价值核算方法，确立运营基础。为准确评估专利价值，促进集团内外技术协同，加快科技成果转化，研发总院建立知识产权价值核算方法及定价原则。方法主要包括运用成本法进行专利技术基本价值测算、结合溢价系数和时效系数确定专利技术当前价值，按不同折扣系数完成最终定价。

三是构建专利运营平台，开拓专利运营渠道。研发总院基于东风知识产权保护运用中心，建立知识产权成果转化平台。与湖北技术交易所签署《科技成果转化合作框架协议》，利用湖北省知识产权局“知慧桥”，湖北省技术交易所“科惠网”等传媒载体，参与专利技术供需活动，促进技术源、需求、资金等创新要素资源有效流动，加快实现技术变现。

（五）强化保障机制，打造高价值专利培育及运用基地

一是活动引导，营造创新创造氛围。研发总院创办东风 IP 学堂，开展系列专业培训。陆续举办了专利检索分析大赛、发明专利竞赛、高价值专利布局大赛等专业赛事。开展年度公司各单位专利提升评价工作，制定《专利提升工作管理评价实施细则》。举办多种形式的知识产权大会，宣传、推广东风研发成果，极大地促进了东风研发成果的对外宣传，提升了企业形象。

二是升级软硬件设施保障。研发总院建设知识产权保护运用中心，挂牌成立湖北省及武汉市知识产权保护站，开发集团知识产权保护运用平台，构建从挖掘布局、申请、分级、管理、维持评估及转化运营的知识产权全流程管理系统，保障高价值专利培育系统化开展并形成组织记忆。

三、改革成效

一是专利质量明显提升，助力打造技术高点。发明专利申请占比提升，近 3 年，东风公司授权发明专利占比从 13% 提升到 28%；专利平均分提升，根据中汽中心创新指数统计，东风公司专利平均分由 2020 年的 0. 26 提升至 2022 年的 0. 36；发明专利授权量提升，2022 年，发明专利授权量增长了近 10 倍。根据中汽中心最新公布的 2023 年中国汽车专利数据，东风公司发明专利授权2816件，位列自主整车集团第一，保持行业领先。近3年，东风公司参评湖北省高价值专利大赛，荣获金奖1项、银奖6项、优秀奖8项；参评首届中部六省高价值专利大赛，荣获一等奖1项、二等奖1项。

二是专利组合效应显现，专利运用效益提升。针对重点技术领域，研发总院从结构、功能、应用场景、产业链等维度扩展申请专利数量，专利之间相互支撑、相互补充，对技术形成严密有效的专利保护网。核心高价值专利组合中，新能源及智能网联领域占比80%，近3年合计新增产值超50亿元，新增利润约2.7亿元。《中国知识产权报》等多家媒体对东风公司进行新闻报道20余次，大大提升了东风品牌形象。成功复核国家知识产权示范企业，并被中国汽车工程学会知识产权分会授予“2021中国汽车知识产权优秀企业奖”。

三是形成高价值专利培育体系，保障可持续发展。研发总院形成“3+3+3”成果（3项制度、3个流程、3套方法），制定技术课题知识产权管理等3项制度，规范了全价值链的专利质量管控等3项工作流程，总结了专利布局、专利技术价值评估等3套方法，带领东风公司不断采用新的管理方法提升专利质量，打造高价值专利。

58

激发科技创新动能　助推产业高质量发展

中国汽车工业工程有限公司

一、基本情况

2023 年，中国汽车产销量创历史新高，连续 15 年稳居全球第一，为我国经济稳定增长作出了重要贡献。汽车产业发展亮点纷呈，2023 年新能源汽车领跑全球，中国占世界新能源乘用车 63.5%；整车出口 491 万辆，首次跃居全球第一。中国汽车工业工程有限公司（以下简称“中汽工程”）作为国内领先、世界一流的全球化汽车工程系统服务价值提供方，深度融入汽车产业链发展，坚持“锻造国机所长、服务国家所需”，以国有企业改革深化提升行动方案为指引，积极服务国家战略，不断提升企业核心竞争力、增强核心功能，助力汽车强国建设，取得丰硕改革成果。

中汽工程深耕汽车制造行业近 40 年，为中国机械工业集团有限公司（以下简称“国机集团”）下属三级企业，是中国机械行业规模最大、业务链条最全、国际化程度最高的综合性、专业化工程服务商，行业内唯一具备全产业链、全周期系统服务能力的企业，连续多年居汽车工程总承包营业额第一，焊装、涂装、总装系统解决方案等核心业务均处于全球领先地位。中汽工程主要客户包括宝马、奔驰、大众、沃尔沃、上汽、北汽、长安、比亚迪等全球各大汽车集团，业务遍及全球 20 余个国家和地区，拥有

9 家高新技术企业，1000 多项技术专利。

近年来，中汽工程把握汽车强国建设和新能源汽车产业发展需要，攻关多项“卡脖子”技术难题并填补国内空白，部分核心装备打破国外技术垄断，实现完全替代进口和局部领先，有力助推汽车产业高质量发展。

二、经验做法

中汽工程坚持科技是第一生产力、人才是第一资源、创新是第一动力，着力攻关核心技术、整合创新资源、培育核心人才，打造新质生产力，切实发挥科技创新、产业控制、安全支撑作用。

（一）聚力核心技术攻关，助力产业数智化低碳化转型

中汽工程主动布局战略性、前沿性技术研究，打造面向未来的汽车工厂规划设计和智能制造系统解决方案，助力汽车产业数智化、低碳化发展。

一是基础研究和前瞻技术实现突破。中汽工程围绕工程振动、智能装备、绿色工厂及绿色建筑技术等方面，保持高强度研发投入，总金额近 3 年逐年提升。在非流水汽车制造工艺技术和装备产品、“零碳”园区和全绿色“碳足迹”解决方案等技术创新和应用方面实现突破，形成具有中汽工程鲜明特色的智能制造全生命周期解决方案能力。在装备产线系统解决方案方面，以岛式装配、AGV、RGV、AE-iMES 等技术为代表的“柔性、精益、智能、绿色”装备产线系统解决方案在国际知名高端品牌、国内自主品牌、新能源汽车品牌等客户项目成功应用，为全球新能源汽车产业的快速发展贡献力量。在工厂规划技术方面，应用和提升建筑工业化、智能制造、数字孪生、BIM 5D 建造技术、工艺及土建公用一体化协同规划和建设体系等工具和手段。针对绿色工厂、绿色建筑技术，编制的《工程设计项目的绿色降碳解决方案》，引领指导绿色设计，提升碳足迹、碳边界、

碳控相关技术。

二是研发专项和课题研究持续深化。中汽工程参加国家级科技重大重点研发专项4项，是唯一同时中标工信部“总体方案规划”和“数字化车间集成”的国家级智能制造系统解决方案供应商，主动承接的高水平科技创新重大专项，覆盖汽车生产装备绿色化升级技术、智能制造综合实力等多个领域。

三是标准体系制定和输出不断加强。中汽工程加强标准化建设，不断加强国际、国家标准参与力度。截至2023年底，累计参编国际、国家、行业和地方标准119部，在编56部，完成63部，涉及新能源汽车“双碳”、智能制造等诸多领域，在土建结构、三电、BIM等领域实现突破。

（二）着力创新资源整合，助力产业链供应链安全稳定

中汽工程持续推动创新链与产业链深度融合，助力全球汽车产业链供应链安全稳定。

一是协同客户，助力产业链安全稳定发展。中汽工程聚焦前端产品转型引申的制造工艺变革，深度融入新能源汽车产业发展，与国际知名品牌车企、造车新势力头部车企等共同推进课题攻关，不断在单位时间生产能力、单位面积产能利用率、智能制造水平等方面突破行业纪录。推动以新能源汽车为代表的中国汽车产业更高水平“走出去”，助力全球汽车产业电动、智能、低碳发展，为中国成为世界第一大汽车出口国贡献力量。

二是协同合作伙伴，提升供应链韧性和安全水平。利用核心竞争优势和行业头部效应，基于业务发展需要，中汽工程持续拓展供应商资源，目前拥有供应商资源近4000家，覆盖北美、欧洲、“一带一路”沿线等28个国家和地区。有序推进供应链分级分类管理，构建开放、健康、稳定、可持续供应链，有力保障汽车工程供应链安全稳定。

三是协同高校资源，加强外部创新平台协作探索。中汽工程持续推进产学研用协同平台建设，与高校科研团队合作开展前瞻性、独创性技术研究，基于市场导向，围绕项目应用先进技术，形成合作课题 3 项，夯实科技创新主体地位。

（三）发力核心人才培育，助力产业链人才选拔培养

中汽工程坚持人才引领发展的战略地位，全方位培养用好人才，在加快建设国家战略人才力量中当好主力军。

一是盘活内部资源，发挥专家“强智力”。中汽工程完善领军人才、创新人才的选拔培养机制，探索建立专家考核机制，充分利用首席专家和技术专家资源，在标准编制立项评审、过程指导、进度监控等方面充分发挥作用。

二是依托外部平台，筑牢人才“蓄水池”。中汽工程依托校企协同创新，深化人才培养，持续开展工程硕博联合培养等。加大力度申报国机集团及天津市级各项人才，2023 年，天津市科技专家库成功入库 15 人，国机集团首席专家入选 1 人、高级专家入选 4 人、首批高层次人才库入库科技领军人才 6 人、卓越工程师 173 人。

三是锚定业务需求，引进人才“活水源”。中汽工程紧扣业务发展需要，实施培育业务如新能源“三电”等新业务的行业人才引进工作。2023 年高匹配度引进毕业生 56 人，研究生占比 52%，留学生占比 11%。承办“大国装备，择机而行”国机集团 2024 届天津大学、南开大学宣讲会，20 余家兄弟单位参会，协同招募、发掘人才。

三、改革成效

一是助推我国汽车产业快速增长。2023 年，我国汽车产销量创历史新高，连续 15 年居全球第一、新能源汽车产销量连续 9 年稳居全球第一、汽车出口首次居全球第一。我国汽车产业不仅拉动国民经济增长，更成为全球汽车产业转型的重要引导力量。中汽工程是这伟大成就背后的亲历者与践行者，其累计参建的海内外项目不仅包括比亚迪、上汽等中国车企“走出去”项目，还有奔驰、宝马等全球知名品牌车企海外工厂建设项目，海外新能源汽车制造产能约200万台/年。

二是推动汽车工程行业转型升级。中汽工程创造性构建以“智能岛”为主体的柔性化产线，打造全球范围内首个岛式精益智造工厂，开创全球智能岛汽车生产工艺先河。深化自主知识产权的智能制造系统应用，满足智能网联时代汽车制造的高质量、高节拍、多车型、低能耗、小色种柔性生产需要。自主研发的国际先进的干式喷房、国内第一条高频振荡感应供电AGV自动导航小车系统等科技创新技术，均着力打造数字化、智能化、绿色化汽车工厂，推动汽车行业数智化、低碳化转型升级。

三是聚焦科技创新成果丰硕。国企改革以来，中汽工程聚焦核心技术攻关，培育并形成了一批具有核心知识产权的研究成果。2023年，累计申报国家级、省部级、集团级课题项目20项，中标11项；成功申报工信部“2023年度智能制造系统解决方案揭榜挂帅项目”1项；完成国机集团重大科技专项“智能化汽车制造工程整体解决方案”验收；实现科技创新项目结题5项，创新和产出成果指标均达到或超过预设目标。成功申请知识产权265项，同比增长50%，其中发明专利57项，软件著作权60项；成功授权知识产权160项，其中发明专利28项，软件著作权45项。

59

锚定“三个世界级” 扛起矿业报国使命 加快建设世界级铁矿资源开发企业

鞍钢集团矿业有限公司

一、基本情况

鞍钢集团矿业有限公司（以下简称“鞍钢矿业”）是鞍钢集团有限公司（以下简称“鞍钢”）下属子板块公司，是我国掌控铁矿石资源最多，规模、成本、技术和管理领先的铁矿行业龙头企业，拥有集勘探、采矿、选矿、民爆工程、矿山设备制造、资源综合利用、工艺研发设计、矿冶工程、生产服务于一体的完整资源产业链，行业综合实力最强。自首批入选“双百企业”以来，鞍钢矿业坚持以习近平新时代中国特色社会主义思想为指引，深入贯彻落实党的二十大提出的“确保能源资源、重要产业链供应链安全”要求，胸怀“国之大者”，服务国家战略，锚定“世界级规模、世界级成本、世界级产品”战略目标，系统谋划、精准施策，着力提升铁矿石战略资源保障能力，勇做保障钢铁产业链供应链安全的“压舱基石”。

二、经验做法

（一）强化战略引领，坚持“三个强化”，加快打造“世界级规模”

鞍钢矿业坚持高站位、大格局、创卓越的战略思维，推动国产矿资源系统性大开发、大利用，在服务构建新发展格局中打造“鞍钢矿业样本”。

一是强化宏观战略布局。鞍钢矿业聚焦我国钢铁行业铁矿石对外依存度高的经济安全风险问题，勇做国家大战略大布局的践行者。积极向国家有关部委和行业协会建议，推动制定“基石计划”，鞍钢矿业项目占基石项目总数的22%、新增产能占总量的20%。计划2025年、2030年自产铁精矿产量分别达到2500万吨、4700万吨，切实增强对国家重要战略资源托底作用。

二是强化微观精准操作。鞍钢矿业构建“3+6+N”工程管理模式，清单化推动对矿权、土地等资产权属历史遗留问题的大摸底、大清理，超常规攻坚，一体化推进新矿山建设、老矿山改造、尾矿资源利用，拉开了国家级铁矿大基地建设的序幕。目前，“基石计划”12个入选项目开工率为50%，西鞍山铁矿项目六大类40多个要件办理时间缩短29个月，刷新了国内新建矿山项目最快纪录，率先实现了矿山百亿级大项目当年签约、当年开工。

三是强化数智化转型升级。鞍钢矿业在国内矿企首创云计算应用技术，建成投运矿业数智管控中心，高质量实施齐矿露采、眼矿地采、关宝山选矿等主业产线智能化改造，示范带动各主要产线以自动化、信息化、数字化、智慧化“四化”建设为关键抓手，以“数字蝶变”推动采矿、选矿全工序指标联动优化，革命性提升在产矿山管理效能和生产效率。2023年，铁精矿产量首次突破2300万吨，再刷新历史。

（二）树立大成本观，构建“三维价值网络”，加快打造“世界级成本”

鞍钢矿业遵循竞争力半径客观规律，实施基于行业、内部、外部三个价值网络的战略成本管理，努力缩短与国际四大矿业公司成本差距。

一是强化行业价值网管理，突出标杆牵引力。鞍钢矿业围绕公司和厂矿两个层面，实施常态化行业找差距 。公司层面，以 FMG 为标杆，围绕资源禀赋、税负、规模等六方面差异，打出技术升级、智能制造等系统性降本“组合拳”。厂矿层面，以国内先进企业球磨机利用系数、实物劳动生产率等 18 项核心指标为标杆，用好对标管理工具，研讨制定 103 个快赢项目、600 余条对标举措，有效解决工序成本薄弱环节问题。成本最高的关宝山公司，2023 年降本 6.3 美元/吨，降幅达 8%。

二是强化内部价值网管理，突出精益管理穿透力。鞍钢矿业实施成本全生命周期管理，提升成本控制水平。强化新建矿山成本控制，超前抓好成本控制设计、效益评估预警等措施，确保“基石计划”新建项目规划设计铁精矿的完全成本均控制在 FMG 平均到港成本（东北地区）以下，实现源头性降本。强化全流程精益管理，瞄准成本薄弱环节，通过时差换价差、二次谈判降采等措施优化物资采购，实施“躲峰用谷”能源管理模式，深挖各环节增量价值，2023 年降本超 2 亿元，实现精准降本。强化先进技术装备推广应用，眼矿自然崩落采矿技术开创国内地下铁矿山关键技术应用先河，出矿效率可提高 30%，成本降低 12%，推动 TBM 和国家项目千米竖井硬岩全断面掘进技术在西鞍山首次应用，通过技术装备升级提升铁矿利用效率，实现结构性降本。

三是强化外部价值网管理，突出全产业链价值创造力。鞍钢矿业推动成本管理向供应端、客户端和产业端拓展，增强价值创造力的开放性、多样性和可持续性。在供应端方面，针对捕收剂助剂等原料市场垄断推高采购价格的难点，创新实施新型药剂指标与药剂供应方效益共享机制，降低浮选尾品 1.93 个百分点；坚持轻资产运营，推动鞍千、齐矿等单位实施合同制采矿，探索“BOT”模式建设眼矿矿石运输廊道，2023 年，各项措施有效落地，供应端累计创效超 2 亿元。在客户端方面，“线上 + 线下”相结合，即在客户上拓源增量，又引入金融第三方服务，实施差异化销售，

2023年新客户开发3家、长协户总量达到10家，三大矿产品外销总量达到477万吨，创效6亿元，创历史最好水平。在产业端方面，积极协调省市税务机关合理减税降费，销售废弃岩石年节税超500万元；实施采场水资源综合利用项目，汛期水资源利用率从70%提升至85%，降低用水成本超600万元，有效解决存量资产创效不足问题。

（三）坚持创新驱动，立足“三个实施”，加快打造“世界级产品”

鞍钢矿业以重大原始创新和产品结构迭代为核心，有效抵消自有铁矿资源“贫铁高硅”的禀赋劣势，持续提高产品附加值和客户满意度，全方位打造产品PK硬实力。

一是实施产品研发前瞻化。鞍钢矿业牵头成立鞍钢矿山研究院，着力自主创新。完善关键核心技术攻坚、创新激励、“揭榜挂帅”等机制，形成了多层次立体化科技创新体系。2023年，承担国家研发项目3个、完成国家重点示范项目2个，4项原创技术首次落地应用。

二是实施产品品种多元化。鞍钢矿业坚持多元化、高端化产品定位，瞄准低碳冶金的发展方向，重点推进探索开发高品质碱性球团、超级铁精矿、高纯度电解铁3个战略性项目，加快拓展绿色低碳的铁矿产品谱系，推动产业链条突破传统矿冶界面，由铁前向非高炉炼铁延伸，带动传统冶金的炉料革命。

三是实施产品品质高端化。鞍钢矿业通过加快实施东烧厂难选矿技术升级、齐选厂选矿工艺改造、鞍千矿业预选系统改造等一批改造项目，推动现有工艺技术装备迭代升级，有效破解提质、降硅等关键难题，确保工艺技术先进、生产运行稳定、产品质量优异。

三、改革成效

一是核心竞争力巩固增强。鞍钢矿业2023年铁精矿完全成本与FMG

到港成本差距缩至10美元/吨以内，同比缩小幅度24%，多创利24亿元，近3年年贡献利润240.7亿元，成本竞争力和盈利能力进一步增强。基于三网联动的战略成本管理方法论获评全国企业管理现代化创新成果一等奖。

二是战略性资源供应保障能力不断提升。“基石计划”西鞍山项目加速推进，“三个一批”项目中26个有15个开工建设，鞍千湿式预选改造等5个项目建成投产，累计在建产能超1200万吨。2023年，铁精矿产量首次突破2300万吨，再创历史新高。

三是创新能力持续提升。鞍钢矿业完成鞍钢打造工业绿色低碳领域原创技术策源地方案，明确了技术谱系、重点项目、瓶颈问题、解决方案。东烧厂难选矿技术升级改造工程建成投产，成功解决东鞍山地区矿石难磨难选问题，铁精矿品位从64%提升至67%，硅含量从7%降至4%以下；400万吨碱性球团矿项目开工建设，实现了向生产低成本、高品质炉料的新跨越。

四是产业数字化持续深化。露天、井下、选矿等智能制造试点项目成为行业标杆典范。齐矿5G智慧采矿项目入选工信部《2023年5G工厂名录》，眼矿-235米水平成为国内首个井下无人综合示范采区，关宝山“黑灯工厂”成为国内选厂智能化建设示范。矿业智慧采选工业互联网平台被全球工业互联网大会评为年度十大典型案例，眼矿智慧矿山项目获得金紫竹奖。成立数智产业公司，推进“数实融合”，挖掘数据价值，开辟了高质量发展新路径。

60

牢记“国之大者” 服务战略所需 建设世界一流钒钛新材料领军示范企业

攀钢集团钒钛资源股份有限公司

一、基本情况

攀钢集团钒钛资源股份有限公司（以下简称“钒钛股份”）是鞍钢集团有限公司（以下简称“鞍钢”）三级企业，是全球唯一以钒、钛为主业的上市公司，是全球最大的钒制品生产商、中国最大的钛原料供应商。自入选国务院国资委创建世界一流专业领军示范企业以来，钒钛股份坚持以习近平新时代中国特色社会主义思想为指导，深入贯彻党的二十大精神，始终牢记“国之大者”，服务国家战略需求，聚焦提升企业核心竞争力和增强核心功能中心任务，全力打造全球钒产业领军企业、中国钛产业协同创新组织者，推动钒钛资源“绿色、高效、高值、智能”利用。

二、经验做法

（一）坚持党的领导，提升企业改革发展引领力

一是持续加强党的建设，推动党建与示范创建融合。钒钛股份坚持把习近平总书记关于国有企业改革发展和党的建设重要论述作为建设世界一流专业领军示范企业的根本遵循，充分发挥党委“把方向、管大局、保落

实”作用，科学谋划制定实施方案，确立钒产品全球市场排名第一、单项冠军产品产量行业排名第一等27项关键指标，从六大提升领域分解细化重点任务23项、具体举措97项，以高度的责任感和使命感推动示范创建工作落地见效。创建世界一流专精特新示范企业实施方案被国务院国资委评定为A+级。

二是持续完善现代企业制度，稳步提升公司治理水平。钒钛股份持续规范董事会授权管理，优化完善董事会运行机制，差异化落实子企业董事会职权。对下属混合所有制企业实施精准授权，构建全业务、全层级授权机制，制定《核心业务“一企一策”分类授放权清单》，加大在采购、销售、生产组织等方面的自主决策权，提高运行效率，在保持机制活力的同时，保障国有资本的安全性和增值属性，不断提升公司治理水平。

三是持续推动改革走深走实，有效提升管理效能。钒钛股份实施钒业务领域专业化整合，全要素一体化管控下属4家钒制品子企业，实现资源共享、分工协同，提高资源配置效率。实行厂直管班组扁平化管控模式，优化管理流程，提升管理效率。强化新型经营责任制，深化“两制一契”管理，差异化设置两级经营班子任期及年度经营业绩指标，班子正副职个性化指标不低于50%，精准设定60项主要指标契约底线值，显著增强考核体系的战略性、科学性、挑战性。钒钛股份将国有资本保值增值率作为任期战略指标，利润总额、产量等作为年度经营考核指标，钒钛产品对标行业价格变动率作为跑赢大盘指标，签订经营业绩责任书36份，两级经营班子全覆盖，压实契约经营责任。

（二）聚焦关键核心技术，打造创新发展新引擎

一是加大科研攻关力度，打造原创技术策源地。钒钛股份围绕战略资源安全、“卡脖子”技术堵点，推行“揭榜挂帅”“赛马制”，深度开发钒钛资源高效利用原创技术，形成含钒溶液高效除硅、高纯五氧化二钒低成

本制备、塑料专用氯化法钛白 CR-340 绿色制造工艺控制等技术，加快实现科技自立自强。

二是加快独有技术成果转化，释放创新驱动发展动力。钒钛股份成功将“常温晶型沉钒”独有技术应用于 1000 吨/年高纯氧化钒产线，产品满足颜料、微晶玻璃等中高端客户需求，2023 年高纯氧化钒实现达产，产量规模占比达到全国 25%。成功将“钒浸出液萃取制备钒电解液”技术应用于 2000 立方米/年全钒液流电解液产线，快速打通工艺，实现流程最短、成本最低，打破同行业达产纪录。

三是聚焦攀西特色钛资源，提高资源综合利用率。钒钛股份通过高炉渣提钛低温氯化-氧化长周期对接稳定运行攻关，连续对接周期同比提高 40%，实现碳化渣规模化、经济化综合利用，碳化渣单耗降低 7.1%。通过超细粒钛精矿（－38 微米）回收利用攻关，突破干燥、酸解应用难题，增加钛资源量 4.1%，有望实现钛资源综合利用原创技术的改革性突破。

（三）聚焦钒钛高质量发展，提升企业核心竞争力

一是加快产业升级，做大产品规模。钒钛股份聚焦钒产业品种结构优化及产业升级，新建高纯五氧化二钒产线、顺利实施钒铝合金扩能升级改造。积极推进 6 万吨熔盐氯化钛白等建设，利用上市融资平台募集资金 22.8 亿元，重点用于数智化升级改造、技术研发等，为钒钛产业高质量发展夯实基础。

二是拓展应用领域，做优产业布局。钒钛股份聚焦新能源新材料领域，加速推进钒的产业化应用，成功开发高性能钒电池电解液、钒基功能材料、钒基中间合金、钒金属材料等产品。2023 年，生产钒电池电解液 1322 立方米、多钒酸铵（APV）8974 吨，钒在新能源领域投放同比增长 58.65%，占全国钒储能行业的 80%，钒铝合金具备批量向高端用户供应能力，成功销入 JG 等专项领域，中高端产品销售占比 43.48%。

三是践行绿色理念，促进产业发展。钒钛股份坚持生态保护优先，全面推进绿色发展，落实“双碳”目标，分步推进产品生命周期评价（LCA），开展降碳减排工作，实施全过程碳足迹管理。资源化利用硫酸钠和钛石膏，高值化利用硫酸亚铁；实施渣场复绿工程，促进钒钛产业绿色发展。2023 年，碳排放总量同比降低 2.43%，硫酸钠产生量同比降低 0.05%，钛石膏产生量同比降低 6.98%，新增绿化面积 14 万平方米。

（四）聚焦精益化管理，提升产业链价值创造力

一是以对标促达标，提升竞争优势。围绕价值创造、公司治理、管理提升、数智化转型等工作，建立钒钛股份和子企业两级对标提升指标体系，聚焦氧化钒收率、TiO_2收率等关键技经指标，与国内外先进企业对标找差，制定包括工艺、成本、装备、采购等六维度对标提升工作清单，逐一抓落实保提升。2023 年 122 项指标提升率达到 83.6%，其中氧化钒收率 83.89%、TiO_2收率 89.12%，创历史最优水平。

二是加快数智赋能，提高生产效率。钒钛股份打造国内首家钒制品智慧工厂，率先在钒制造领域使用 5G 技术，融合应用工业机器人等智能装备，实现生产可视化、物流自动化、产线数字化、制造智能化，优化岗位人员 22%，氮气消耗减少 110.44 标准立方米/吨。率先在硫酸法钛白行业自主开发 MES 系统，打造智能化示范线，实现产销一体化运行，产线全局态势调度掌控。通过推进产线数字化、智能化建设，管理信息系统上云率达到 93.3%，生产管理系统覆盖率达到 100%。

三是塑造卓越品牌，提升企业价值。钒钛股份积极拓展国际市场，主导制定钒铁 ISO 国际标准。不断提高行业话语权，牵头制定钒铁、钒氮合金国家标准和钒电池用氧化钒、五氧化二钒等多项行业检测标准。加强品牌价值传播，积极参加国际钒技术委员会大会、中国西部博览会、中国国际冶金工业展览会等，提升钒钛产品品牌知名度、美誉度。

三、改革成效

一是核心竞争力有效提升。2023年，钒钛股份钒产品国内市场占有率33%，其中50钒铁国内市场占有率59.2%、80钒铁国内市场占有率81.2%，均保持国内第一。钒产品出口比率达到23.9%，全球市场占有率20%，持续保持全球第一。充分发挥钒钛贸易全球市场营销策划与全球资源统筹配置作用，持续开拓海外市场，钛白粉出口比率达到34.13%，钛白粉销量达到25.52万吨，钛白粉规模持续保持国内第三。

二是科研创新力显著增强。2023年，钒钛股份研发投入占比达到5.57%，实施60项科研项目，组建钒铬共提新工艺、高炉渣提钛等联合创新试验平台及团队体，授权专利70项，拥有有效专利469项。钒领域，钒氮合金产品研发及产业化技术研究获得国家技术发明奖二等奖，氧化钒清洁生产装备集成设计与研究获得四川省科学技术进步奖一等奖。钛领域，突破基于攀西高钙镁钛资源熔盐氯化工艺及装备大型化关键技术，获得国家冶金科学技术奖二等奖。

三是品牌影响力持续扩大。钒钛股份成功获得钛白粉欧盟REACH、英国UK REACH等国际市场准入认证，钒铁、钒氮合金产品获评工信部“单项冠军产品”，经营指标跑赢同行业75分位值。在全国钒氮合金生产领域首家应用“以虚控实、虚实共生”的数字孪生技术，通过物理空间与信息空间的相互映射，建立生产数据持续优化算法模型及图像仿真，实现第一时间预测变化趋势，自主优化操作。

61

聚焦国之所需　攻克“卡脖子”难题

宝武特种冶金有限公司

一、基本情况

宝武特种冶金有限公司（以下简称“宝武特冶”）是中国宝武钢铁集团有限公司（以下简称“中国宝武”）下属全资子公司。宝武特冶成立于2018年8月，源自上钢五厂、宝钢特钢，历经60多年的发展，已成为我国重要的高品质特殊钢及特种冶金材料研发生产基地，形成了高温合金、耐蚀合金、钛及钛合金、精密合金、特殊不锈钢、超高强度钢等产品族群，广泛应用于国防军工、能源电站、先进交通等领域。宝武特冶围绕国家武器装备和重大工程配套提供各类核心关键材料，运用于长征系列火箭、航空发动机、大型舰用动力系统、战术和巡航导弹等武器装备以及示范快堆、核动力地面实验堆等一系列重大工程，获得“国家科技进步奖”“国防科技进步奖”“冶金科学技术奖”等国家或省部级科技成果奖项。

近年来，宝武特冶聚焦重点攻关任务不断增加研发投入和装备投入，探索体制机制创新，推动关键核心材料研发，保障重大科技创新，更好地服务于国家重大战略需求，强化国资央企的核心功能使命担当。

二、经验做法

2007年4月24日，时任上海市委书记的习近平同志调研宝武特冶前身——宝钢股份特钢分公司时指出，要深化国资国企改革，切实增强国有经济的竞争力和控制力，进一步发挥国有经济的主导作用。

在特种船舶领域，大型液化天然气（LNG）船是世界造船业“皇冠上的明珠”，作为LNG船最核心的材料——殷瓦合金，因其对材料的纯净度、组织均匀性、残余应力控制等性能指标有着严苛要求，技术含量高、生产难度大，被称作“明珠中的明珠”，2017年前全球只有1家国外企业能够生产。2008年中国首艘交付的大型国产LNG船，薄膜型液货舱是其主体核心部件，其与超低温液化天然气直接接触部位全部采用的殷瓦合金材料均来自进口。

殷瓦合金属于宝武特冶研发生产的精密合金系列产品，特冶人深知“关键核心技术是要不来、买不来、讨不来的”，“不能让殷瓦合金‘卡’住国家能源安全的‘脖子’”。牢记习近平同志的嘱托，全体特冶人踏上了新征程。

殷瓦合金因性能要求苛刻，精密带材尺寸和板型精度要求高，产品制备技术难度很大。特冶人历经无数个不眠之夜，逐一攻克数十项技术难题，顺利完成殷瓦合金工业化试制，于2017年取得中国船级社和法国GTT公司认证证书，成为国内首家、全球第二家获得薄膜型LNG船用殷瓦合金认可的制造商。特冶人十年磨一剑，攻克殷瓦合金“卡脖子”难题。

近年来，随着我国航空工业等战兴产业快速发展，对殷瓦合金材料研发和应用提出了新课题。随着飞行器轻量化、高性能化、结构功能一体化发展趋势，复合材料被广泛地应用于各类航空飞行器，并向大型化、整体化方向发展。国外航空领域广泛采用整体成型复合材料主构件，而成型模具是整体成型的关键和核心，殷瓦合金因其特性成为大尺寸复合材料成型模具的理想选材。航空领域对殷瓦合金产品的尺寸精度、纯净度、组织均匀性及性能等要求更高，加上大尺寸大规格生产难度，宽厚板材的制造工艺及残余应力控制成为殷瓦合金制造领域的难题。

在中国宝武坚强领导下，宝武特冶勇担使命迎难而上，主动承担了“飞机模具及导弹用殷瓦合金研发”等国务院国资委“1025专项”二期攻关任务。

（一）提高政治站位，构建承担国家使命关键核心技术攻关推进机制

聚焦重点任务，中国宝武成立专项攻关领导小组，宝武特冶设立专项攻关工作小组，强化攻关意识、责任意识，发挥体制优势，统筹协调公司内外部资源，协调推进相关工作，并定期组织检查攻关推进。

（二）坚持战略导向，协同创新保障使命，保供能力提升

宝武特冶以国家战略需求为导向，积极发挥央企核心功能，围绕航空航天、国防装备、重点核电工程等国家战略领域，针对存在断供风险的材料及未来新型号配套新材料，形成“三份清单”，并转化为科技创新的项目清单。以“三份清单”为指引，积极承担国务院国资委专项攻关任务、国家配套项目，与中国航发航材院、中国科学院金属所、松山湖实验室等国内科研院所建立联合实验室，通过产业链和产学研协同创新，着力特种冶金材料关键核心技术的自主创新和突破。

（三）坚持装备和研发投入，推动关键核心材料研发

针对重大工程等战略应用领域配套关键核心材料的高标准、高要求，宝武特冶聚焦高温合金、精密合金等重点攻关任务，逐项分析研究工艺环节，以关键产线装备功能精度提升为目标，加大真空感应炉等关键核心材料生产装备投入，累计固定资产投入1.75亿元，逐步提升装备保障能力和制造水平。在系统梳理承担的国家“两机专项”、登月工程、大飞机等重大攻关项目的基础上，分析关键核心配套材料需求趋势，梳理关系国家战略和安全领域的关键核心材料及技术，明确技术攻关方向，组建技术攻关团队，开展攻关科研课题，累计投入专项攻关研发经费1.43亿元。

（四）坚持人才和技术优先，实施分类绩效评价

宝武特冶围绕攻克“卡脖子”产品、核心工艺和提升国家军工、核电重大工程使命保供能力，制定“10100”人才工程。通过高质量校园招聘、高层次靶向引才举措，壮大公司人才队伍。按照“精准激励”的原则，建立灵活适用的激励机制，聚焦关键核心技术研发，实施科技人才贡献累积金激励、科技成果转化利润分享计划、技术创新重大成果奖励计划等，激发创新活力，每年计划投入3500万元用于激励承担关键核心技术攻关的科技人才。

三、改革成效

一是破解了殷瓦合金“卡脖子”技术难题，产品研发应用取得新突破，引领行业技术发展。宝武特冶突破殷瓦合金高纯净度、低膨胀、大宽幅技术难题，成功制备高纯净度、低膨胀、大宽幅4J36热轧板材，实现飞机碳纤维复合材料大型成材模具用国产4J36合金板材工装试制。突破组织精准调控关键技术难题，成功开发并制备某战略导弹用4J32超殷瓦新型合金锻棒，实现航天领域大型导弹用关键材料的工艺贯通，为国防军工等重大工程提供材料保障。突破环形锻件高组织均匀性控制技术难题，实现某空空导弹用4J36殷瓦合金锻件全流程工艺技术贯通，完成4J36殷瓦合金锻件中试试制，成功制备某空空导弹用环形锻件向用户交付试制样品。

二是以殷瓦合金为代表的关键核心技术攻关成果，有力保障了国家重大工程重点项目配套材料的自主可控。在工信部等相关部委的推动下，2022年宝武特冶会同沪东中华，以国内首条采用国产殷瓦合金实船交付为目标，重启LNG船用殷瓦合金的再认证工作。2023年底宝武特冶LNG船用殷瓦合金冷轧带材获得法国GTT生产授权书，实现重大突破。为解决航空大型复材模具配套材料“卡脖子”难题，实现国防军工配套殷瓦合金材料自主保供，宝武特冶根据大型飞机复合材料零件成型需求，针对特定产品标准，设计了大锭型电炉冶炼＋多向锻造为核心的全流程制备工艺路线，开发出低膨胀、超大宽幅、高平直度殷瓦合金板材制备工艺，确保膨胀系数和复合材料模具完全匹配。其中宽幅板材样件产品达到国外进口材料的实物水平，实现“进口替代”；贯通全流程试制工艺，制备多个规格的板材样件，全面掌握工序关键工艺技术。随着国产C919大型客机进入商业运营新阶段，复材成型模具需求稳定增长，殷瓦合金材料国产化将有效助力商用飞机国产化进程。此外，宝武特冶完成航空发动机YZGH4169高温合金材料“进口替代”研发任务；为新一代航空发动机、商用发动机配套交付GH4169D等高温合金材料，保障了国家航空发动机材料产业链供应链安全稳定。

三是关键核心技术攻关成果有效转化和拓展应用，极大提升了我国相关战略性新兴产业配套水平。宝武特冶将殷瓦合金关键核心技术攻关成果进行有效转化，在提升材料制造能力的同时积极拓展殷瓦合金的市场化应用。2020—2022年，宝武特冶殷瓦合金销量年复合增长率超过11%，2023年殷瓦合金销量再提升近50%、达633吨，预计至2025年，宝武特冶殷瓦合金产量将突破1500吨，国有企业改革深化提升效果凸显。

62

打造自主可控 PLC 产品 有力支撑国家战略安全

上海宝信软件股份有限公司

一、基本情况

上海宝信软件股份有限公司（以下简称“宝信软件”）系中国宝武钢铁集团有限公司（以下简称“中国宝武”）实际控制、宝山钢铁股份有限公司（以下简称“宝钢股份”）控股的上市软件企业，总部位于上海自由贸易试验区。

作为央企旗下信息高科技公司及国产工业软件提供商，宝信软件深入践行“新基建”“产业链安全”“自主可控”等国家战略，依托钢铁及先进材料业雄厚产业基础和丰富应用场景，以信息高科技和资本为驱动，提供以钢铁业为代表的流程型制造数字化智慧化综合解决方案。

二、经验做法

在国家“战略性新兴产业布局发展”的指导下，在中国宝武努力践行“新布局”任务的带领下，宝信软件依托中国宝武，凭借行业优势，以冶金行业应用为起点，依托宝武工业互联网平台，打造全栈国产化工业控制系统整体解决方案。PLC 产品作为工业控制系统核心产品受到宝信软件的高度重视，并建立重点项目进行国产PLC产品研发，同时采取一系列行之有效措施确保项目顺利开展，更好地支撑国家战略安全。

宝信软件PLC产品在研发和产业化的过程中面临两大重要的难题：一是由于受到运行时系统等相关核心技术限制，存在工业控制软件“卡脖子”的问题，宝信PLC产品暂未实现全栈技术国产化；二是产品示范应用验证难度较大，由于用户对PLC产品特别是中大型PLC产品的黏性较强，加之国外厂商在中大型PLC市场上具有较早的布局，已经建立了一定的用户基础和市场份额，国产PLC品牌获得用户的认可以及项目验证机会都比较困难。面对研发过程的突出问题主要采取以下措施：

（一）加强顶层策划，聚焦研发规划

宝信软件加强目标导向的基础研究和应用基础研究，围绕国家战略需求和公司战略发展方向，梳理基础研究需求，凝练重大基础理论和关键科学问题，有组织地开展战略导向的体系化基础研究。加强关键核心技术攻关，强化使命担当，规划工业机器人、智能AI，大型PLC研发等重点领域的自主创新能力和高端供给能力，攻克一批“卡脖子”产品替代进口。

宝信软件在中国宝武的带领下践行央企责任担当，以信息高科技为引领，以关键核心技术自主可控为主线，统筹发展与安全，分类分步在工业操作系统产业链供应链推进自主可控替代，构建工控领域安全可靠、自主可控的新架构、新模式、新生态。基于此思路宝信软件把国产化PLC产品的研发列为公司战略任务，针对团队组建、核心人才激励、体系建设、资源配置等方面的问题从机制体制上进行完善，确保项目顺利开展。

（二）加快产品研发国产化进程，确保产品自主可控

一是加强供应链管理。针对短时间内无法国产化替代的产品，宝信软件做好供应链建设工作，不断完善供应链生态体系，防止断供断货。同时加快加强国产化替代进程，实现关键设备、软件和系统在易用性、可靠性和安全性上的突破。

二是坚持自主创新道路，加强产学研协同研发。针对工业领域的短板不足，宝信软件采用“引进消化吸收再创新”战略，坚定自主创新道路。同时加强与高校、科研机构等单位高水平业务领域合作，攻克工业软件关键核心技术，如 PLC 运行软件及配套编译开发软件等。在全国产化解决方案上采用政产学研用协同创新，助力国产化工控系统产业链发展优化升级，支撑国家战略安全。

三是加强上下游协同构建完整的生态体系。国产替代之路并非“单打独斗”就能实现，宝信软件在包括芯片企业、软件企业、制造业企业、软件开发者等的产业链上加强上下游企业的通力合作，为构建完整的国产生态体系发挥积极作用。

（三）组建高水平研发队伍，保障关键技术攻关

习近平总书记指出，综合国力竞争归根到底是人才竞争，哪个国家拥有人才上的优势，哪个国家最后就会拥有实力上的优势。牢记总书记嘱托，宝信软件 PLC 团队组建包括集成产品管理团队、产品市场团队、产品开发团队以及技术规划开发团队四大板块。

宝信软件 PLC 团队建设坚持独立自主、开拓创新、人才驱动的原则，扩大优秀应届生的招聘数量，引进高端优秀人才，补充产品研发核心力量。完善集成产品研发体系，明确产品研发不同阶段岗位的设置和分工，并配置相应人才。充分利用好现有人力资源，发挥老员工的经验优势，针对产品需求和研发内容变化，顺利实现研发业务转型。面对团队人员规模快速扩大，整合资源并充分利用集团内外专家技术人员优势形成以老带新格局，快速提升新员工业务能力。通过以上措施充分调动组员的积极性，形成了一支高效的团队，并营造了良好的团队氛围，进一步加快了新员工的融入，确保了团队整体效率和创造力。

（四）转变产品研发思路，统一行动思想

宝信软件自动化板块长期以来以工程项目实施为主要作业模式，更强调按照时间表来执行完成一项工程，侧重于对结果的交付。公司组建产品研发团队以来，通过线上线下多种渠道的培训，转变研发人员的思路，进行从工程思维向产品思维的转变。在新形势新任务下进一步明确和细化产品定位和产品需求，学习优化有关产品集成研发模式的方法。同时强化团队成员的产品意识，使他们明白 PLC 研发的一切决策都要基于用户驱动，发掘出用户的需求，对市场作出有效判断，整合信息与资源形成有生命力和可持续发展的产品。

在产品研发及推广的过程中，宝信软件把统一思想作为一切行动的前提。在推进公司产品规模化发展战略的过程中，加强工程和产品团队之间的磨合，提升产品服务能力。在工程和产品团队内部统一思想，倡导“我用国产我光荣”的主人翁意识，鼓励全员参与到 PLC 国产化推广工作中。

三、改革成效

宝信软件针对国产 PLC 产品的研发及产业化这个公司战略性重点项目，制定一系列行之有效的措施，在团队建设、关键任务推进、应用推广方面取得阶段性成果，为加快 PLC 产品研发进展提供有效支撑。

一是强化研发队伍建设，建立起一支高水平可持续发展的研发团队。针对自控产品研发人员不足的问题，宝信软件协同人力资源部门，加强与重点高校信息沟通，通过社会招聘和应届生招聘方式招募包括软件、硬件、结构相关专业高端研发人才，组建 PLC 自研软件研发团队。制定高水平研发团队的培养机制，强化研发人才队伍建设，扩大自研 PLC 研发团队规模。目前团队专职研发人员近 200 人。

二是加速产品的研发进展。宝信软件大型 PLC 第一、二代产品遵循

“研发—测试—试运行—项目应用—研发”的闭环技术开发路线，在此过程中不断升级优化，形成成熟稳定的产品。产品控制系统具备高速控制和高速通信，满足冶金行业中诸如轧钢生产过程对高端控制的要求。成功研发新一代多核 PLC 主控产品，包括主控、千兆以太网扩展、通信、UI 交互、存储等 10 余个核心功能。同时完成 PLC 产品核心技术运行时系统、上位机编程平台系统的总体系统架构及功能规划。

三是进一步扩大产品应用范围。2023 年以来，宝信软件的钢铁冶炼、热轧、冷轧等主要生产工序 10 余个项目投产应用。其中，宝信软件自研 PLC 产品在湖南宏旺基地实现全厂冷轧工序一次性全覆盖规模性示范应用，涵盖 14 条机组超过 120 套主控单元，成为目前国内规模最大的国产控制系统示范项目。随着产品在连轧机、处理线等多种复杂工序中获得成功验证，进一步完善了国产自动化解决方案，提高了钢铁行业工序替代能力。

宝信软件 PLC 产品立足钢铁行业，助力产业智慧升级，确保关键核心技术自主可控。面对现阶段与国外产品之间存在一定的差距，宝信软件正积极努力弥补这些差距，不断提升自身实力和市场竞争力，逐步缩小与行业高端品牌的差距，形成宝武自主可控的 PLC 产品，为行业提供国产化工控系统解决方案，在助力工业生产数字化的同时，为国家战略安全提供有力保障。

63

牢记“国之大者” 秉持“三个不计” 助力国产民机产业发展

山东太古飞机工程有限公司

一、基本情况

山东太古飞机工程有限公司（以下称“山东太古”）成立于1999年3月27日，由山东航空集团有限公司（占股53%）、香港飞机工程有限公司（占股30%）、厦门太古飞机工程有限公司（占股10%）和北京华凯投资管理有限公司（占股7%）合资成立。山东太古的航空服务产品包括飞机大修、客改货、工程设计与研发、航线维修、航空零部件制造和航空培训等，服务涵盖机型包含中国商飞C919/ARJ21系列、波音737全系列、空客320全系列、庞巴迪CRJ系列/Q400系列、巴西航空工业E-Jets系列和主流系列公务机。公司目前持有美国FAA、欧盟EASA、日本JCAB、中国CAAC等15个国家和地区的飞机维修许可，拥有业务客户50余家，主要分布于中国、亚太、欧洲、美洲等国家和地区，第三方客户市场业务占85%以上，国际市场业务占50%。

近年来，山东太古始终牢记“国之大者”，把保障与支持国产民机发展作为义不容辞的责任和使命，秉持“不计成本、不计投入、不计代价”的原则和理念，与中国商飞等国产民机制造商建立起全方位战略合作关系和常态化沟通机制。结合国产民机工程特点，提供国产民机专属化、定制化维修保障服务，全力支持国产民机事业发展。

二、经验做法

（一）从无到有，高质量完成全球首架 ARJ21 飞机定检

山东太古与中国商飞的合作始于2009 年，2015 年签署《ARJ21-700 飞机维修能力建设技术支持合作协议》。在 ARJ21 飞机设计阶段，山东太古深入参与，克服从无到有的困难，协助撰写飞机结构修理手册，验证通过908 项维修程序。2017 年，山东太古顺利、高质量完成全球首架 ARJ21 飞机 C 检工作，并向中国商飞建设性地提出了 1000 余条提升性建议和意见，获得民航华东局特别通报表彰。

（二）填补空白，成为 C919 全球首家独立维修单位

在国产大飞机 C919 研发方面，山东太古打造大飞机空中生态环境实验平台，顺利完成 C919 舱室综合环境试验室拼接改造项目，填补了国内该领域的技术空白。2022 年，山东太古与中国商飞签署了《C919 飞机维修能力建设技术支持服务合同》，正式开启 C919 飞机定检维修能力建设，组建 C919 能力建设团队，先后召开公司级调度会 10 余次，梳理、编写工卡 720 份，评估完成工具设备 130 项、航耗材 254 项，将六大类 10 项瓶颈问题全部攻克。2023 年 9 月取得了中国民航局颁发的 C919 维修许可，成为全球首家获得该资质的飞机维修单位。

（三）快速响应，成为 ARJ21 飞机维修量最多、规模最大的维修单位

国产民机投入运营以来，山东太古专门成立工程研发中心，迅速组建了以党员技术骨干为班底的“ARJ 技术支援突击队”，建立 AOG 快速响应机制，全天候提供在线支持，24 小时应急响应机制。坚持“国产飞机飞到哪里、销售到哪里，山东太古的服务保障就跟到哪里”的服务承诺，完成

中国商飞委托的应急支持和停场排故工作16架次，2016年首次完成ARJ21飞机起落架更换抢修工作。截至2023年11月，山东太古已累计完成超过100架次ARJ21飞机定检维修业务（含4架试验试飞飞机）。

（四）矢志不渝，积极推进国产民机零部件制造国产化

2016年，山东太古正式成为中国商飞零部件供应商。2022年山东太古为C919飞机量身打造、自主研发的货舱拦阻网顺利交付，成为中国商飞该项目的唯一供应商。2023年1月，山东太古自主研发ARJ21医疗机担架项目获得中国民航局审定中心批准，同时C919货舱拦阻网、应急门滑梯包释放钢索等产品也不断实现量产交付。截至2023年11月，山东太古为ARJ21飞机研发设计配套的零部件产品品类累计5100余项，为C919飞机研发设计配套的零部件产品品类700余项，是中国商飞国内交付品类最多的供应商。

（五）战略合作，建立常态化沟通组织体系和工作机制

自2009年中国商飞与山东太古确立合作关系以来，中国商飞多次派出管理、设计研发团队来山东太古现场学习交流，多达数百人次，电话交流超过千余次。2017年，中国商飞主要负责人带领中国商飞60多位总师及以上管理人员在山东太古召开现场会议，进行面对面的深入交流和学习。同时，山东太古也多次应中国商飞邀请，先后派出100余人次的技术团队到上海参与国产飞机的AOG支持工作、生产线飞机的质检工作、飞机维修大纲审查工作、国产民机运行支持交流工作等。此外，山东太古为中国商飞量身打造工程管理人员培训、飞机维修基础知识等培训课程，完成培训200余人次，常态化的沟通机制有力推动了双方的全面深入合作。

（六）结对共建，党建引领国产民机高质量发展

山东太古坚持以习近平新时代中国特色社会主义思想为指导，以党建引领点燃国产民机事业高质量发展“红色引擎”。山东太古下属党团组织先后与中国商飞客服公司技术出版物党总支、中国商飞机身部党支部、中国商飞上海飞机设计研究院团委开展党团共建交流活动，搭建了沟通交流的新桥梁，为进一步深入合作添加了新动力，形成了互带互动、优势互补、资源共享、共同发展的基层党建工作新格局，保障了国产民机型号研制的成功、适航安全运行和持续适航顺利开展。

三、改革成效

一是夯实硬件基础。2024 年，山东太古新厂区正式投入使用。新厂区占地 33 万平方米，总建筑面积 16.9 万平方米，主要建设 4 座机库群、23 个标准维修机位以及维修车间、航材库、机坪等辅助设施，全面投产后可实现年维修定检出场飞机 800 余架次，产能提升 50% 以上。新厂区的启用将进一步增大山东太古国产民机服务的硬件基础。山东太古将以国产飞机定检改装为平台，探索并打造国产民机集维修（M）、改装（M）、零部件制造（M）、工程设计（D）于一体的全新产业生态。

二是全面深化合作。山东太古积极拓展寻求国产民机方面新的更多深层次合作。飞机定检方面，山东太古与中国商飞双方正就 6 架 C919 试验试飞飞机的定检维护事宜进行商谈；AOG 运营支持方面，双方探讨联合推动国产民机 AOG 运营支持联动机制以及授权中心等事宜；工程研发方面，双方正推进 C919 飞机结构维护手册联合撰写验证项目及 C919 手册验证等工作；零部件制造方面，山东太古正参与 C919 飞机 PSU、储物柜、行李箱、侧壁板等零部件国产化项目；机型培训方面，山东太古与中国商飞合作开展国产民机 147 机型培训能力、国产民机维修技术专题培训和特色化培训能力建设；C919 飞机改装方面，山东太古借助于超过 170 架次 B737 飞机客改货的技术积累，与中国商飞探讨 C919 飞机客改货项目，并在山东太古新厂区建设单机位研发机库一座，满足 C919 等相关机型改型、改装、设计等项目研发需求。

三是接续探索奋斗。展望未来，山东太古将进一步贯彻落实习近平新时代中国特色社会主义思想，切实增强“四个意识”，坚定“四个自信”，牢记“国之大者”，发扬“三个不计”精神，坚决贯彻落实习近平总书记“一定要把国产大飞机搞上去”的重要指示，打造国产民机一站式服务的新基地，为国产民机腾飞贡献力量。

64

积极布局 SAF 产业链 助力民航绿色化转型升级

中国航空资本控股有限责任公司

一、基本情况

中国航空资本控股有限责任公司（以下简称“资本控股公司”）系中国航空集团有限公司（以下简称“中航集团”）二级企业，定位为集团境内股权投资公司，是连接航空产业与资本市场的运作平台，主要围绕航空运输主业促进资源优化配置，服务于集团整体战略，增强航空主业核心竞争力。

绿色低碳是资本控股公司4个关键业务领域之一，同时民航绿色低碳也被列入中航集团战略性新兴产业重要工作任务。可持续航空燃料（SAF）是促进民航减排的重点举措，资本控股公司积极布局 SAF 产业链，力争下好“先手棋”，聚力推进绿色民航高质量发展。

二、经验做法

航空业被视为减排难的行业，其中，可持续航空燃料（SAF）被视为在中短期内助力航空公司实现碳排放减少的唯一途径。航空业对全球 GDP 的贡献达到3.5万亿美元，占全球 GDP 的4.1%，其二氧化碳排放量在全球总排放量中占比为3%。然而，随着其他行业的去碳化，到2050年，航空业的二氧化碳排放量占比可能增至22%，这使得航空业的绿色转型面临巨大挑战。在各种减碳措施中，可持续航空燃料（SAF）被视为关键核心技术。SAF能够最高降低80%的碳排放，而其他措施（如优化机型）的降碳幅度仅为30%。此外，SAF可直接使用，无需对飞机和机场基础设施进行重新设计。然而，由于当前产业仍处于培育阶段，SAF的价格为传统航空煤油的3倍以上，因此，行业亟须采取积极措施，扩大生产规模，降低成本。

在政策层面，欧美、日韩等国家和地区已通过明确生物航空燃料（SAF）强制掺混比例或鼓励政策，确立了终端应用需求。例如，欧盟设定了2025年将SAF在航空燃料中所占比重提升至2%以上，2050年提升至63%以上的目标。日本规定，2030年SAF使用量应占航空燃料的10%。美国通过政策激励，预期到2035年，SAF使用比例可达到20%。我国民航局计划在2024年与各部委建立联席会议机制，推动相关支持政策落实，届时我国也将有明确的航空公司加注比例要求。在此背景下，如何发挥央企产业控制力，积极构建新的产业格局，助力中航集团实现绿色化转型升级，成为资本控股公司面临的重要课题。

（一）了解产业客观发展规律，在转型艰难中探索布局

资本控股公司深入研究产业的客观发展规律，基于调查成果，注重将调研成果转化为实际应用，助力中航集团在艰难转型中探寻新产业布局。当前，业界公认的4种技术路径均具有发展潜力，同时也存在明显的不足。因此，航空业不能固步自封、坐等新兴清洁技术的发展，需探索并充分利用多种战略，以确保及时成功转型。

资本控股公司通过对各种技术路径在技术工艺、投资规模、发展前景、制造商现状及布局等方面的全面梳理，进一步明确航空运输企业在投资布局 SAF 产业链中的路径。在此基础上，系统地分析不同阶段的产业链投资逻辑，形成了明确的投资策略。

资本控股公司借助清晰的产业链投资逻辑，紧抓政策窗口期，科学稳妥地进行股权投资，深度绑定 SAF 产业链相关方。探索通过签署战略协议锁定未来 SAF 用量，推动集团 SAF 商业化应用水平提升，助力中航集团在绿色高质量发展和战略性新兴产业布局方面取得突破。

（二）充分调研，掌握 SAF 产业生态系统

依据明确的投资策略，资本控股公司对产业链上下游进行了深入调研，发现 SAF 产业链的相关各方对产业未来发展持乐观态度，但产业链上下游发展存在不均衡现象，仍需各方进一步采取行动。

作为 SAF 产业链需求终端的资本控股公司，为全面了解产业链内主要利益相关企业的具体情况，通过实地考察、调研座谈、同业验证等方式，与原材料供应商、SAF 生产商、科研院所、咨询服务等几十家机构进行了深入沟通，掌握了各企业的技术路径、原料来源及稳定性、工艺水平、生产规模、销售渠道和财务状况等核心指标，了解了行业内企业的真实经营状况。调研发现，原材料方面如地沟油等供给有限，未来随着 SAF 产能的释放，可能成为影响价格的关键因素。当前，行业竞争较小且分散，餐厨垃圾的特许经营权是企业竞争的护城河。在 SAF 生产商方面，现有产能较大，未来一段时间内可能出现产能过剩，生产成本将成为行业竞争的关键。

产业链整体发展不均衡可能导致未来产业发展受制于某个环节，航空公司或其他机构需要通过锁量采购和供应链投资展示其在 SAF 推广方面的领导力，弥补单个环节的投资不足或产能过剩，促进产业链均衡发展。

（三）提升产业控制，加强民航生态圈合作

为实现党中央对国资央企在新时代新征程的重大使命，资本控股公司

围绕强化核心功能、提升核心竞争力，突出重点、把握关键，通过产业资本支持民航绿色低碳发展，发挥产业控制、科技创新、安全支撑作用。

单一航空公司的投资布局无法实现产业控制，从而难以推动我国航空公司绿色转型。资本控股公司在布局可持续航空燃料（SAF）产业时，强调发挥国有企业的作用，与东方航空产业投资公司、南方航空资本公司、中国航空油料公司、民航第二研究所等单位建立联系，深入研究绿色低碳领域的各种合作模式，包括探讨股权投资基金工具的应用。

三、改革成效

一是发挥产业控制作用。资本控股公司汇聚航空业重要实体，合力打造产业资本；同时，摸清 SAF 产业链构成，掌握 SAF 投资逻辑。两方面联动，有效打通产业资本端、实体项目端，实现有效链接，促进航空企业发挥在产业控制中的作用。

二是促进中航集团加快布局和发展战略性新兴产业。中航集团将民航绿色低碳列入布局发展战略性新兴产业总体目标，布局 SAF 产业链，有利于 SAF 的全面商用，助力集团保持在国内行业中生态环境保护领先水平。

三是服务主业，协助主业推动 SAF 在中航集团的商业应用。资本控股公司服务主业，积极居间协调保障 SAF 应用的油料来源。2022 年 12 月 15 日，满载着中国制造和中国商品的 CA1027 的国际货运航班，在比利时列日机场平稳降落，成功完成中国大陆首个国际航空货运可持续航空燃料商业航班的飞行。2023 年 7 月 14 日，中国国际航空股份有限公司“‘碳’索未来、净享蓝天”低碳主题航班由杭州顺利飞抵北京，此次飞行由空客 A350 执飞，加注掺混比例为 10% 的国产 SAF，实现了国内首次宽体机国产可持续航空燃料商业载客飞行，为推动 SAF 商业飞行常态化奠定了良好基础。

65

建体系 强基础 提能力
推进商业化规模化运营 C919

中国东方航空股份有限公司

一、基本情况

中国东方航空股份有限公司（以下简称“东航股份”）是中国东方航空集团有限公司（以下简称“中国东航”）的二级子企业，是在香港、纽约和上海三地上市的航空公司，主要业务为国内和国际航空客货邮行李运输业务及延伸服务、航空设备制造与维修、地面代理业务等。

航空制造业被誉为“现代工业之花”，大飞机则被称为“工业皇冠上的明珠”。国产大飞机 C919 是我国按照国际通用适航标准设计制造的首款大型航空运输干线客机，承载着制造强国、交通强国建设的重要使命。“国之大者”，企之要者。东航股份作为 C919 飞机的全球首发用户，坚持以习近平新时代中国特色社会主义思想为指导，深入学习贯彻习近平总书记关于大飞机事业重要指示精神，始终牢记总书记殷殷嘱托，坚决扛起国产民机运营这一重要政治责任，全心全意真情投入，全面参与设计制造，全力推动商业运营，努力实现飞出安全、飞出志气、飞出品牌、飞出效益的“四个飞出”的目标。自 2022 年 12 月 9 日接收首架飞机以来，作为最优事项，投入最强力量，坚持最高标准，建规章、建体系，保安全、保运营，截至2024年1月31日，机队规模达到4架，执飞917个航班，安全飞行2666小时，航班执行率94%，顺利推动国产大飞机由试运营阶段转换到规模化、商业化运营阶段，努力成为国产民机改革优化的助力者、商业运营模式的探索者、市场化运营的先行者。

二、经验做法

自2007年C919项目启动伊始，在“同一个梦想、同一个城市”的使命召唤下，东航股份就全力以赴、全面参与，在2016年11月宣布成为C919大型客机的全球首家用户后，更是贯穿全过程、各领域，从飞机设计到飞机研发，从飞机制造到飞机取证，从成功首飞到商业首飞等，真正成为与大飞机休戚与共、荣辱与共的命运共同体。

（一）把握方向，同题共答，发挥支撑者作用

一是作为最优事项。东航股份把参与国产大飞机制造与引进、运营作为重要政治责任，放在重中之重位置，第一时间、第一议题讨论决策参与、采购、运营准备等事项，缜密安排、认真部署。在设计、制造、试飞等整个过程中不断提出优化改进项目，以安全、可靠、经济、舒适为目标，共同研究改进方案。

二是投入最强力量。东航股份抽调政治素养最高、业务能力最强的飞行师、工程师派驻到制造现场，在“一个团队”“一本计划”“一张清单”基础上，对C919引进、审定、运行等环节出现的问题共同实行管控。不断磨合现场保障支援模式，共同推动上游供应商快速解决问题。开展精益化管理，形成“8+X”持续精益化管控管理机制。

三是把握最严标准。在首架C919飞机引进后，东航股份按照中国民航规章要求，制定“一图、一表、一清单”工作方案，稳妥全面务实开展补充运行合格审定工作，合计共保障13条航线、79个航段、总计197.36

小时、40 项次的运行科目验证。全面满足中国民航法规要求后，2023 年 5 月 26 日，C919 获得民航局方的运行批准，2023 年 5 月 28 日，完成上海虹桥—北京首都的首次商业运行，标志着 C919 正式进入初始营运阶段。

（二）把握航向，出题共答，发挥顶梁柱作用

作为国产大飞机运营商，不仅要积极站在承运人及客户的角度提出问题，更要与制造商合作共同解答问题，提出解决的建议或方案，确保 C919 安全有序运营。

一是建立完整细致的规章体系。东航股份坚持“以规章符合性为主线、以风险管控为核心”的工作原则，按照安全风险管理、SHEL 模型以及“要素推导法”等安全管理手段，在《运行规范》《安全管理手册》等各类标准、规范和程序中，飞行、维修、工程、签派等各专业系统，制定全面、系统且有针对性地将风险管控措施，并固化到手册和程序中。

二是掌握并吃透机型特点特性。东航股份在各专业系统建立专业化的管理团队，优中选优，强中选强，配齐配强技术人员。拿出最认真的劲头、最求实的作风、最专业的品质、最专注的精神，加强对 C919 飞机设备、部件及具体性能的研究，对每一个系统、每一个零件都心里有数，对运行的每一个环节、每一个场景都做到心里有谱。

三是建立输入性风险应对机制。C919 飞机的常态化商业化运行刚刚起步，初始运行、常态化运行面临着不同的风险和挑战，东航股份始终遵循客观规律，始终保持清醒头脑，通过建立敏锐的风险应对机制，持续开展风险管理，优化管控措施手段，有效管控输入性风险。

（三）把握导向，同题自答，发挥主力军作用

一是对飞机适航性问题“零容忍”。东航股份对非安全类问题或缺陷予以包容，对安全相关的隐患或问题按照“四不放过”原则，追根溯源。不断强化体系建设、完善手册程序、加强人员培训、提升运行质量，有效管理大机队的运行。积极姿态与商飞及研发机构密切合作，支持开发 C919 系统和部件的国产替代品，降低被国外供应商“卡脖子”的风险。

二是对飞机保障性问题“细化实”。东航股份严格按照《安全管理手册》中危险源识别、风险分析、风险控制、分线管控前后评价等要求，对保障软件、硬件、环境等进行全面分析并持续跟踪，使危险源可能导致风险的发生概率降低。发挥东航国内外运行站点多，对各机场运行特点熟悉及能够把握适应的情况，根据 C919 飞机特点一对一制定方案，稳步扩展运行航线，通航更多的机场站点。

三是着力建立自主的工程维修能力。东航股份不断完善现有维修工程管理体系，从工程源头抓起，系统思考、独立判断，确保维修和放行依法合规。与制造商、供应商多方协同，加快建立东航自己的飞机维修以及零部件深度维修能力。利用东航与当前国际主流零部件供应商的强势话语权以及与国内零部件修理企业的良好合作关系，推动建立 C919 飞机运营保障的良性生态圈。

三、改革成效

一是运行平稳顺畅。机队总计飞行 2666.37 小时（空地），计划执行 977 班，实际执行 917 班，航班执行率达到 93.86%。没有发生航班返航、中断起飞等不正常运行事件。

二是飞机保障有力。C919 机队自商业运行以来，尽管因飞机故障导致了一些运行中断，但在东航股份和中国商飞的紧密配合下，故障均得到快速有效处置，没有发生空中特情以及长时间的 AOG。

三是社会反响热烈。从投入商业运行以来，C919 机队航班平均客座率“虹桥—天府”航线达到 77.53%、“虹桥—大兴”航线达到 92.58%，均超过东航该两条航线的平均客座率 10 个点左右。投运至今，C919 执飞的

“虹桥—成都”航线的空中服务满意度得分为96.66分，远高于东航94.71分整体水平以及同航线94.94分平均水平。

2023年9月28日，东航股份与中国商飞签署购机协议，在2021年订购首批5架的基础上，再增订100架C919飞机，标志着C919飞机大规模、大机队的商业运营大幕正徐徐拉开。

66

坚持科技创新引领 驱动航空维修产业高质量发展

中国南方航空股份有限公司工程技术分公司

一、基本情况

中国南方航空股份有限公司工程技术分公司（以下简称“技术分公司”）是中国南方航空股份有限公司（以下简称“南航集团”）机务产业经营管理实体，于2021年9月由事业部体制的机务工程部改制成立。技术分公司总部设在广州，下辖全国18家飞机维修基地和GAMECO、MTU两家成员企业，是目前国内维修能力最全、航线保障网络最密、规模体系最大的机务维修系统。

近年受贸易保护主义、地缘政治博弈等因素影响，行业关键技术壁垒增大，深度维修制造能力难以拓展；全球供应链紧张，行业维修成本居高不下；国内航空维修市场竞争激烈，产业盈利水平受限。这些都制约着民航维修产业的高质量发展。技术分公司全面深化机制创新，推动科技创新和数字化变革，打造支柱产业，确保高质量安全，为国内机务产业高质量发展聚力赋能。自成立以来，技术分公司全机队放行可靠度均位居世界前列，实现连续103个月无机务安全人为原因事故征候，智慧维修、科技创新水平均处于行业领先水平。

二、经验做法

技术分公司紧密围绕建设世界一流航空维修企业目标，扎实推进科技创新机制和科技人才队伍建设，以科技创新引领产业发展和安全支撑实现全面突破，推进建设人才汇聚、创新活跃、技术领先、产品多样、数字智能、绿色低碳的世界一流航空维修企业。

（一）科技铸魂，推动科技创新人才队伍建设

一是搭建科技人才体系。技术分公司构建科技创新人才“四库”（研发人才库、技术经纪人库、专家智库、人才种子库），常态化开展科技人才盘点，选拔培育 1 名影响行业发展方向的领军型人才、20 名具有行业影响力的拔尖型人才、73 名优秀高潜人才，形成多维度、多层次的立体式科技人才建设梯队。

二是健全科技人才激励机制。技术分公司构建完善激励自主创新、突出价值导向的科技奖励制度，对于转让和自行实施的科技成果，最高按照利润的 50% 和 15% 奖励给科技研发和成果转化人员，探索跟投、虚拟股权激励、科技转化分红等中长期激励手段，推进项目负责制和项目经费使用“包干制”，赋予创新人才更大技术路线决定权和经费使用权。

三是明确人才考核评价导向。技术分公司制定科技人才评价标准，完善评价方式，坚决破除“唯论文、唯职称、唯学历、唯奖项”，强化客观评价、成果评价和第三方评价，将担当科技创新重要任务及所做出的贡献纳入科技人才评价和职位聘期考核体系。

四是营造创新文化环境。技术分公司开展科技创新评优评先表彰活动，大力弘扬科学家精神，加大先进典型宣传力度，推动形成尊重人才、尊重创造的浓厚氛围，开展“擎峰”科技创新品牌系列活动，以“科技大擂台”揭榜挂帅、“科技大讲堂”宣贯答疑、“科技金钥匙”建言献策，

引导员工在工业机器人、基于机器学习的部件失效风险预测、智能维修站等领域开展立项攻关，打造科技创新文化阵地。

（二）科技先行，推动科技创新体系建设和数字化转型

一是建立南航机务科学技术委员会，统筹制定科技创新发展总体规划，全面领导南航机务科技创新发展，加强科技产业战略研判和布局，整合、拓展和盘活机务科技资源，制定并实施11项规章制度，确保科技创新工作开展依法合规。

二是打造高端科技创新融合平台，运营民航维修工程技术研究中心，聚焦关键共性“卡脖子”技术，发布集中攻关清单。与航空维修产业链上下游企业、高等院校、科研机构合作，承接工信部、科技部、广东省、民航局等多项重大科研课题，促进科研资源、市场需求和产业发展衔接融合，带动关键领域技术发展，构建产学研融合创新联合体。

三是建设机务创新工作室，绘制创新资源地图，甄选出有轻质餐车、刹车片视觉打磨等高价值、可推广、有市场的项目进入科创孵化池，推动创新成果转化和应用推广，构建知识产权培育保护机制，增强知识产权保护力度。

四是推动全业务流程数字化转型升级，建设集成维修管理全部核心功能的TAOIX系统，促进业务流程重塑，实现对维修产业的全要素、全流程、全场景进行数字化处理、智能化响应和智慧化支撑，围绕人工智能、数字孪生、云网融合等前沿数字技术，延展工卡电签、AR远程协助和航材工具RFID等智慧维修覆盖能力，探索智慧维修前沿应用。

（三）科技赋能，推动国内航空维修产业协同发展

一是推动飞机维修产业链向上延伸。技术分公司深化与中国商飞在国产民机复合材料维修领域的合作研发，参与国产民机复合材料修理设计试验，与中国商飞合作，共同推动ARJ21-700客改货工程，取得适航认证，交付首批两架货机。

二是推动维修能力向高附加值方向突破。技术分公司发展飞机 APU、复合材料等深度维修能力，持续提升飞机部附件设计研发和柔性生产能力。与中国商飞和国内主要运营客户建立 ARJ21 机型 APU 修理合作，拓展墙纸、地板胶、救生衣、餐车、汽滤、ATE 按键、显示屏等零部件制造业务。

三是推动关键领域核心技术实现国产替代。技术分公司凝聚行业内外创新资源，以“民航飞机国产卫星宽带系统研发”重点科技专项为牵引，依托民航维修工程技术研究中心的合作平台，进行基于 B737NG 的国产卫星宽带系统技术方案设计。与中国电信合作，将“天瞳”系统与“天翼云”融合，联合开发民航市场。

（四）科技兴安，实现飞机运行本质安全

一是打造“天瞳”系统。技术分公司打破国外厂家技术垄断，融合机载信息、空地数据交换、飞机实景诊断和远程决策等关键技术，通过高效精准译码、快速定位故障，后台智能诊断、精准给予排故措施，实现对所有飞机实施实时有效健康管理。

二是打造最小可行工程中心（MVEC）。技术分公司针对引气系统、起落架等关键部件、系统，在全国各地建立 15 个超过 600 人的专业技术团队，实时掌握性能变化趋势，实施 7 ×24 小时集中监控和技术支援，实现提前预警，有效防范关键系统故障风险。

三是打造发动机空停预防体系。技术分公司自主开发 CFM56-7B 发动机 HPT 叶片榫槽根部断裂、CFM56-5B 发动机 VSV 系统等监控模型，研究制定 PW1100 发动机 N2 高振动及 3 号轴承封严、V2500 发动机 HPC3 级叶片、LEAP-1A 发动机 HPT1 级叶片等管控方案，建立并优化全机队孔探标准，在后疫情时代世界机队空停事件频发的背景下有效保障南航机队安全。

四是数字化平台推动安全关口前移。TAOIX 平台采用预置风险点、关键节点预警提示、规避或切断风险路径、数字化监督等手段，基本排除漏派跟机放行、时控件超期等人工操作导致人为差错的可能性。

三、改革成效

一是安全运行态势保持平稳。截至 2023 年底，技术分公司实现连续 103 个月无机务人为原因征候及以上问题，差错万时率同比改革前的 2019 年减少 60.29%。全年出勤故障率 0.083%，比 2019 年下降 66.7%，重要故障万次率 1.1，同比下降 52%。南航集团运营机队整体放行可靠度 99.92%，连续 10 年位居世界机队第一梯队，并且在 A330、B777、B737 等 5 个机型上连续 3 年保持了世界领先。

二是科技创新成果丰硕。技术分公司成功研发全球唯一可同时动态监控空客、波音、国产大飞机等主流机型的“天瞳”系统，实现飞机空地宽带系统全部实现地面和机载设备的国产化，打破国外厂家技术壁垒。联合中国商飞率先完成 ARJ21 客改货项目，构筑国产民机生命共同体。承接省部级重大科研课题 12 项，累计攻关课题 74 项，获得国家发明专利 26 项、实用新型专利 28 项、软件著作权 35 项。荣获中国交通运输协会科技进步奖一等奖、中国航空学会科学技术奖二等奖、中国质量协会质量技术奖二等奖、第六届“绽放杯”5G 应用征集大赛标杆赛银奖，为该赛事举办以来民航单位取得的最好成绩。

三是队伍活力显著提升。2023 年，技术分公司实现第三方收入 5.08 亿元，同比增长 28%。通过发动机置换、二手件使用、推广 PMA 自制件等节约成本 6.5 亿元，飞机单座维修成本较 2019 年下降 13.9%；人日均维修工时较 2019 年提升 13.4%；持续推动薪酬向苦脏险累岗位倾斜，一线员工 3 年累计人均薪酬增幅超过 30%。

67

履行农业国家队使命担当
引领促进农业高质量发展

先正达集团股份有限公司

一、基本情况

先正达集团股份有限公司（简称“先正达集团”）是中国中化控股有限责任公司（简称“中国中化”）生命科学板块的主要经营企业，是全球领先的农业科技企业，业务领域包括植保、种子、作物营养和现代农业服务等。先正达集团深入贯彻落实习近平总书记关于“三农”工作的重要论述，锚定建设农业强国的目标，深入实施国有企业改革深化提升行动，着力提升本土科技创新能力，加快建设农业现代产业体系，保障国家粮食安全，积极发挥科技创新、产业控制、安全支撑作用，肩负好推进农业高质量发展的国家战略使命。

二、经验做法

（一）坚持科技驱动，加快提升本土自主创新能力

一是着力打造高水平本土研发平台。先正达集团充分发挥海外研发力量和先进管理经验优势，以“育中国种，强农业本”为使命，立足中国市场需求积极布局本土研发中心。加快建设国家玉米种业技术创新中心、作

物种质创新及分子育种国家重点实验室，建设先正达集团北京创新中心、杨凌育种技术中心等商业育种创新平台，投运吉林长春、河南新乡等玉米综合育种基地，参建崖州湾国家实验室，着力建设世界一流种业研发平台，补强国内育种前沿技术研发短板。

二是着力攻坚关键核心技术与产品。先正达集团持续强化本土科技投入，连续两年在种业、植保、作物营养等战略性领域的本土科技投入超过13亿元，全方位提升种业研、育、繁、推、拓、促全产业链能力。原创了Hi-Edit单倍体耦合基因编辑技术，使单倍体育种效率提升5倍，达到国际领跑水平。突破了新型高效eCas12a基因编辑核心工具酶及相关技术，实现与国际最优技术并跑。全球首次发现主效耐碱基因AT1，有助盐碱地作物产量提高20%～30%，对盐碱地综合利用、保障国家粮食安全具有重大意义。

三是着力加强科研合作和科技人才储备。先正达集团探索新型举国体制下创新联合攻关模式，与海南省种业实验室开展首批“揭榜挂帅”项目20个，聘请“首席科学家”建立联合实验室、推进联合项目，围绕“卡脖子”技术开展联合攻关。强化科技领军人才队伍建设，推动海外高层次人才向国内引进，通过全职加盟、科研合作等形式广纳领军人才，实现累计引进利用国际一流人才17人，科技领军人才储备度同比提升36%。通过开展国际交流，实施科技人才激励机制，有效提升科研人员的能力水平和创新积极性。

（二）发挥产业优势，加快建设农业现代产业体系

一是发挥龙头作用，融通带动种业产业链发展。先正达集团全面统筹产业链发展，绘制包括“6+25”关键环节、“18+9”发展主体及重点问题全覆盖图谱，构建起产业链基础数据库。围绕产业研发创新组建了5名院士领衔的专家理事会，制定中国种业发展规划、农作物种业现代产业链发展蓝皮书等高质量研究报告，积极为我国农业发展献言献策。与国机集团、中粮集团合作建立涉农央企现代产业链联盟，联动发挥全产业链上下游合力，增强现代农业产业链供应链韧性和稳定性。引领带动100多家企业入驻南繁科技城形成种业集群，合力打造世界种业中国芯片。深化制种大县合作，打造出优质种子供应链，合作共建全国制种大县达16个，落实制种面积87.4万亩，在福建建成世界一流的水稻种子供应链中心，推动制种产业升级。

二是创新“集体托管”模式，大力发展现代农业综合技术服务。先正达集团打造“集体托管”模式，与村集体经济组织合作，组织零散耕地统一提供包括品种优选、作物营养、精准植保、农机服务、信贷助力、保险支持、订单助销、数字农业等在内的托管服务，增加有效耕地面积，推广应用先进种植技术方案，提高亩均土地产出水平，赋能新一轮千亿斤粮食产能提升行动。截至2023年底，“集体托管”服务模式已布局260个县，托管服务村集体数量1060个，托管合作面积达58.2万亩，获得农户、村集体以及地方政府的普遍认可。以河北省赵庄子村为例，2023年“集体托管”模式已服务1154亩耕地（约占全村耕地的50%），通过复垦去垄增加约35亩耕地，2023年为村集体增收29万元，帮助农户在每亩600元保底收入的基础上额外获得368元的分红。

（三）落实国家战略，助力保障国家粮食安全

一是加大钾肥保供力度，践行央企责任。先正达集团严格执行国家钾肥保供稳价政策，通过深入基层一线调研、定期召开专题会议、加大保供稳价协调力度、加强与国内外供应商合作、拓展进口资源渠道、主导钾肥进口价格谈判、健全钾肥战略储备能力等举措，确保钾肥市场平稳运行，为国家粮食稳产增产提供了重要保障。先正达集团在钾肥保供稳价中所作的突出贡献，得到了国家部委、行业协会的高度认可。

二是发挥全球化优势，大力引进农业优异资源。先正达集团聚焦短板作物，全面打通海外引进渠道，加速全球优异种质资源引进，2023年度引进玉米、大豆、蔬菜等优异种质资源8333份，实现育种单倍体生产、性状整合、分子检测规模和水平达到国际一流。积极探索海外先进技术服务中国农业，成功实现三氟吡啶胺、氟唑菌酰羟胺等创新化合物在我国登记上市，使中国成为全球最快取得三氟吡啶胺登记的农业大国之一，打破了全球新化合物登记先欧美后中国的惯例。

三是打通粮食进口通道，拓宽海外一手粮源。先正达集团跨国协同打通巴西玉米进口通道，通过向南美当地种植者供应先正达农业投入品、种植者以粮食抵付相关费用、获取粮食后直接出口至国内的“三步走”方式，去除中间贸易环节，打造跨国闭环粮食贸易体系，助力国家粮食安全。2023年从巴西进口玉米20万吨，回运大豆至国内68万吨，保障国家粮食供应链稳定。

三、改革成效

一是公司科技创新能力进一步加强，取得了一系列卓越的科技创新成果。先正达集团研发的新型高效基因编辑核心工具酶等，达到与国际最优技术并跑水平。原创的Hi-Edit单倍体耦合基因编辑技术，使单倍体育种效率从1.4%提升至7.5%，达到国际领跑水平。全球首次发现可大幅提高盐碱地作物产量的耐碱主效基因AT1，入选2023国内十大科技新闻。国审新品种共计130个，玉米、水稻两大作物新品种国审数量排名行业企业第一。

二是公司保障粮食安全的主体地位进一步巩固，得到了国家、行业多方认可。在突破资源“卡脖子”方面，截至2023年底，先正达集团共引进全球优异种质资源超1.3万份，第一批160份转基因大豆种质资源进口申请于2023年获批。保供稳价方面，公司在钾肥保供稳价方面的各项工作获得国家有关部委的高度肯定，在2023世界钾盐钾肥大会暨格尔木盐湖论坛上获得中国无机盐工业协会授予的“2022年度钾肥保供稳价突出贡献奖”，新华网、人民网等多家权威媒体报道了先正达集团钾肥保供稳价事迹。

三是公司产业链带动优势进一步凸显，现代农业服务规模持续增长。2023年，先正达集团种子业务国内市场地位持续提升，业务营收突破60亿元，创我国种子企业营收规模历史新高。种业产业链方面，建立涉农央企现代产业链建设联盟，共同构建农业现代化产业体系，带动中小企业和科研单位41家参与生物育种产业化，完成2.4亿亩玉米性状应用储备。现代农业服务方面，截至2023年末，先正达集团已在全国建成运营技术服务中心741座，直接服务农户达10万户，线下服务面积约3300万亩。

在改革的征途上，先正达集团矢志不渝追求卓越，以坚定的信念和决心，不断开拓创新，实现高质量发展，带动产业提升，以农业国家队的责任担当，助推乡村全面振兴。

68

强化创新能力　整合业务资源
勇担化工新材料补短板产业使命

昊华化工科技集团股份有限公司

一、基本情况

昊华化工科技集团股份有限公司（以下简称“昊华”）是中国中化控股有限责任公司（以下简称“中国中化”）所属A股上市公司，主要从事高端氟材料、电子化学品和特种化学品的研发与生产。昊华坚持以习近平新时代中国特色社会主义思想为指导，以国有企业改革深化提升行动和科改行动为契机，通过强化研发创新、激励引导和资源整合等方式深化改革，进一步激发创新活力、强化内涵式发展，在高端氟材料、电子特气和国产民航轮胎等方面解决了一系列“卡脖子”难题，在化工新材料补短板和特品安全保障方面担当更大作为。

二、经验做法

（一）强化研发创新，着力攻关“卡脖子”难题

一是建设创新人才高地。昊华实施招才引智和自我培养并重的人才策略，优化科技人才职业发展通道，打造一流“人才特区、创新特区”。落实高层次科技创新人才引进激励机制，对在人才引进工作表现突出的单位

和个人进行激励，2023 年发放引才激励奖金 32 万元。427 名青年科技人才入库管理，48 人获得第一批“启航”青年科技人才认定，“启航”青年人才计划成效显著。发挥高层次人才“传、帮、带”作用，开展“昊问则裕、掇菁撷华”科技导师系列课，集中培训 4700 余人次，加快培养领军领航人才。

二是打造高水平创新平台。昊华以中国中化中央研究院建设为中心，通过专项奖励等措施，引导所属企业打造特色创新平台，新获批国家级复杂工况高端轮胎技术创新中心等 3 个国家级创新平台、辽宁省特种气体专业技术创新中心等 3 个省部级创新平台，以及工信部半导体刻蚀气“一条龙”应用示范推进机构，梯度创新主体体系进一步完善。将培育“专精特新”作为增强产业链韧性和安全水平的重要抓手，所属西北院、沈阳院、北橡院和大连院 4 家企业新获批专精特新企业。

三是强化开放式创新合作。昊华积极推进产学研用协同创新，联合国内 17 家重点企业、高校、科研院所组建高性能氟材料创新中心，“跨学科、跨主体、跨行业”实施攻关，推进产业链上下游深度融合。13 家所属企业分别与清华大学等 10 余所高校及科研机构联合开展 80 余项科研或平台建设类项目，涉及经费 3.64 亿元，已完成合作项目 16 项，基础研发能力进一步提升。所属 3 家所属企业依托集成电路材料产业技术创新联盟，协同国内其他行业领先企业组建“超高纯氟聚合物材料与应用创新联合体”，共同推动氟化工产业发展与技术创新。

（二）强化激励引导，加快科技成果转化

一是多维度健全创新激励体系。昊华建立健全科技成果转化效益分享机制，将科技成果投产 5 年内产生的营业利润，按照贡献度以 5% ~50% 的比例奖励相关科技和运营骨干。加大对科技型企业的分红激励力度，所属黎明院和海化院对试点项目团队实施分红激励 2000 余万元，其中“卡脖子”项目骨干分红奖励占个人年薪60%以上。构建“利益共享、风险共担”的长效机制，将815名企业高管、科技骨干及关键岗位人员纳入昊华科技限制性股票激励计划，累计解禁647万股。鼓励企业更大力度推动科技成果转化，中化蓝天等4家企业获得超额利润奖励2908万元。

二是鼓励探索开放式创新激励。昊华所属晨光院采用“缴纳风险抵押金”与“增量激励”相结合的方式将研产销等部门紧密绑定，推动锂电池密封用氟橡胶专项技术攻关快速取得突破并稳定生产，产品关键指标达到国外同类产品先进水平。所属中化蓝天以六氟丁二烯工程放大项目为契机，试点实施中央企业跟投政策，员工以有限合伙人方式出资1500万元、占平台公司15%股份；平台公司投资3.14亿元建设1000吨/年全氟烯烃项目，预计2024年12月底可建成投产。

三是市场需求驱动研产销一体化。昊华聚焦行业发展和客户需求，深化以市场为牵引的研产销一体化改革实践，所属西北院整合3个研发课题组为电子信息材料事业部，自主研发的专用密封件产品4年来销售收入年均增幅超100%；正在扩建3000万件/年项目，投产后将进一步促进高端密封市场的进口替代。所属海化院立足院所底蕴，整合研产销资源组建蓝天涂料事业部，不断拓展国内高端涂料市场，涂料事业部自2019年以来销售收入和利润总额年均分别增长45%、54%。

（三）强化资源整合，提升产业控制能力

一是集聚离散业务补强电子气体产业链。昊华整合3家所属电子气体企业的研发和产线资源，成立统一平台公司昊华气体，将生产企业和科研院所间的协同效应转化为企业竞争力。自主研发和建设的电子级三氟化氮技术、4600吨/年特种含氟电子气体项目，一举打破西方半导体制造和封装材料领域的技术封锁，装置满产后可带来营业收入5.6亿元、利润总额1.4亿元；即将开工建设6000吨/年特种含氟电子气体项目，投产后将进

一步提高国内自给率，保障半导体供应安全。

二是强强联合打造世界一流氟化工产业链。昊华对标科慕等全球领先氟化工企业成功经验，高起点谋划全球领跑者计划，推动氟化工业务深度整合，致力实现一体化高效运营管控。针对国内高端氟材料领域的骨干企业中化蓝天和晨光院，实施氟化工业务重大资产重组并募集配套资金项目，正在报请上海交易所审核，完成后可募集资金约45亿元。氟化工重大资产重组与业务整合的成功实施，将为打造国内氟化工行业规模最大、市值最高的上市公司打下坚实基础。

三是整合内外资源拓展市场空间。昊华注重发挥下属企业各自技术优势，组团与下游战略客户联合开展应用研发，构建“研发+市场”双循环相互促进的新商业模式，解决“卡脖子”问题，实现进口替代，提升为客户创造价值的能力。所属8家企业持续深化与中国商飞在科研开发、鉴定试验、合格供应商选择和采购装机4个阶段的36项产品合作，以“航空化工材料联合研发应用中心”为平台与用户单位就20个研发方向进行合作，在高质量拓展航空材料业务领域的同时，全面攻克特种装备轮胎、密封制品等核心技术，提升国内航空化工材料领域的自主可控能力。

三、改革成效

一是科技攻关成效显著。昊华100余项科技项目取得实质进展，其中国务院国资委重点技术培育专项研发任务12个，重大科技攻关二期专项任务3个，中国中化TOP50项目15个。90种新产品和27项客户导向项目实现新产品收入65.3亿元，占营业收入比例40.13%。自主研制波音737-700/800系列飞机轮胎并顺利完成全项适航试飞，全球首创新一代含氟制冷剂HFO-1234yf制备工艺路线，高纯PVDF树脂千吨级装置稳定量产并成为国内首家光刻胶供应商，半导体用耐高温全氟醚橡胶实现进口替代。

二是科技创新能力建设持续加强。昊华构建涵盖战略科学家 2 人、科技领军人才 17 人、科技领航人才 108 人、青年科技英才 133 人的科技人才四级梯队，打造 427 名青年科技储备人才库，公司科技人才占比达到 29%。全力推动高水平创新平台建设和科技资质申报，先后获批建设 14 个国家级创新平台，成功培育 9 个国家级专精特新“小巨人”企业，有效支撑 6 个中国中化中央研究院专业研究中心（总计 21 个）建设运行。

三是产业控制力进一步提升。昊华 2022 年氟化工营业收入居国内第一、全球第五，R123 为全球独家生产，三氟乙酸系列产品全球市场份额占第一，部分三代制冷剂产品全球市场份额居前三。含氟电子特气打破国外垄断、实现进口替代。航空化工材料业务承担 70% 以上民口配套特种化学品的研发和保供任务，化学推进剂原材料、特种橡胶及制品（含航空轮胎）、有机透明材料、特种涂料等产品举足轻重。公司是全球三大变压吸附分离技术大技术服务供应商之一，国内市场份额占比约 30%。

四是经营绩效持续向好。2023 年，昊华坚持科技创新引领，努力将行业下行的不利影响降至最低，其中航空材料、碳减排板块利润总额分别同比增长 14.2%、20.6%；氟化工和电子气体板块对标 8 家氟化工上市公司，净资产收益率、营运资金周转率、毛利率等指标位于行业前列。

69

聚焦服务实体经济　助力粮食链长建设

中粮期货有限公司

一、基本情况

中粮期货有限公司（以下简称“中粮期货”）成立于1996年，是中粮集团有限公司（以下简称“中粮集团”）的三级子公司。中粮期货坚持以习近平新时代中国特色社会主义思想为指导，深入学习领会习近平总书记关于国有企业改革发展和党的建设重要指示批示精神，坚决贯彻落实国务院国资委党委和中粮集团党组关于国有企业改革深化提升行动的部署要求，始终以“金融服务实体经济”为工作主线，坚持“国内领先的产业特色衍生品金融服务公司”战略目标，通过“一体化”发展方式充分发挥“期现货结合、场内外协同、境内外联通”协同效用，打造满足不同产业需求的多元化产品及服务体系，有效助力保障产供双链、促进企业稳定经营。2023年，中粮期货预计实现营业净收入7.7亿元、同比增长29%，净利润2.38亿元、同比增长31%，企业经营效益不断迈上新台阶。

二、经验做法

中粮期货坚持全面深化改革，巩固拓展国企改革三年行动成果成效，适应新征程新形势新要求，乘势而上大力推进国有企业改革深化提升行动，充分发挥期货功能优势，积极创新服务模式，持续探索金融机构与实体经济融合共生发展的新机制，扎实推进国有企业改革深化提升行动落地见效，在落实国家粮食安全战略、高质量推进粮食现代产业链链长建设、服务大宗商品保供稳价等方面谱写行业发展新篇章。

（一）发挥协同互补优势，保障储备轮换安全平稳

多年来，我国粮食储备按中央、省级、地市三级进行管理，储备粮轮换工作主要通过中央和地方两级开展。中央和省级储备粮轮换每年度周期性地将临近或达到储存期限的粮食销出，同时购入符合质量标准的粮食，通过常年购销轮换，保证中央储备粮油在达到目标总量的基础上常储常新、品质良好。粮食轮换要求严格，承担轮入任务的企业必须按照高于贸易粮的标准采购。粮食供应季节性较强，储备企业面临短时间内完成“旧作快速销售轮出、新作保质保量采购轮入”的价格收益风险挑战。

为保障轮储任务顺利开展，中粮期货在“轮储 + 基差”的基础方案中，创新引入期权工具，借助“场内 + 场外”期权组合方案，实现灵活套保操作，成功防范和化解价格异常波动带来的经营风险，将绝对价格风险转变为相对价格风险，有效缓解轮换任务在“数量、质量、时间、价格”等方面的矛盾。

一是根据玉米期货价格变化，灵活选择期货、期权套保工具，降低玉米轮入采购成本。

二是结合行情变化作出全面研判，通过买入看涨期权锁定阶段性套保成果，为轮换任务增厚“安全垫”。

三是在玉米轮入采购合同中引入含权贸易，合同中含有卖出期权，通过获得权利金收入提升销售利润。

近两年，助力省级粮油储备管理公司高效完成 11 万吨玉米轮换任务，实现价格风险化解、成本水平压降，有效服务保障国家玉米产业链安全。

（二）创新打造服务模式，切实降低产业链风险

2016 年起，党中央连续 8 年将探索、完善及扩大“保险 + 期货”试点写入中央一号文件。《中共中央　国务院关于实施乡村振兴战略的意见》提出，深入推进农产品期货期权市场建设，稳步扩大“保险 + 期货”试点，探索“订单农业 + 保险 + 期货（权）”试点。这些重要意见对于农产品期货期权市场建设、推进乡村振兴工作具有重大意义。

为贯彻落实中央有关精神，中粮期货在深度研究相关政策基础上加大创新力度，积极推动产业链上下游企业开展深度合作，创新推出“订单 + 保险 + 期货 + 信贷”的农业产业链项目，切实有效减轻了农业经营各环节风险。2023 年顺利落地大连商品交易所“银期保”种收专项项目，覆盖约 7.5 万亩大豆，总保额约 5400 万元。在收入险保单的基础上，融入农业生产订单和银行信贷环节，打通了农业生产服务全链条，项目运行取得积极成效。

一是农民收益有保障。中粮期货与保险公司联合为农民专业合作社设计“保险 + 期货”产品，降低了农业种植风险影响。项目共计产生赔付约 988 万元。

二是生产资金有供给。通过保单和订单的增信措施，银行为农民专业合作社提供生产资金支持，共计发放低息贷款约 5100 万元，切实解决了“融资难”问题。

三是粮食销售有兜底。引入农业核心企业订单搭建农业供应体系，帮助农民专业合作社实现“订单”对接，解决“卖粮难”问题。

四是信贷风控有抓手。银行与保险合作建立分险机制，有效分担信贷风险，并通过期货转嫁经营风险，切实提升银行信贷风险管控成效。

（三）有效促进市场流通，推动供应链畅通稳健运行

我国食糖年产量约 1000 万吨，但年需求量却有 1500 万吨以上，缺口

需通过进口来弥补，以保障糖产业安全和供应价格稳定，这对于国民经济和社会发展具有重要意义。2023 年，国内经济增长复苏，居民消费逐步恢复，叠加南方产区大幅减产，进口成本与利润长期倒挂，推动国内糖价持续上涨，价格上行趋势从生产端持续向流通端和消费端蔓延，导致用糖企业成本结构发生了巨大变化。

为助力产业链企业有效应对价格风险，保障供应链安全稳定运行，中粮期货为企业定制化调整购销策略，依托产业优势促进市场资源流通，在“降成本、增收益、保供应”方面取得较好成效。

一是精心设计“区间累购基差贴水”含权方案。助力客户降低采购成本，保障终端远期订单的货源供应，提供更为安全的价格选择空间，有效应对未来不确定的基差价格波动风险。

二是精准定制“区间累销升水”含权方案。与糖厂销售计划紧密匹配，实现套保溢价进场，并以现货贸易方式增厚销售利润，进一步增强糖厂销售意愿，稳定市场供应。

三是紧密对接南北产销资源。与北方糖厂成交 10000 吨广西白糖，并调配海运运力至北方区域，有效缓解了有终端订单而无糖供应的矛盾，有力保障北方市场供应。

四是多途径促进白糖市场流通。在供应端，2023 年与南方产区糖厂合作，实现白糖采购 23000 吨；与北方产区糖厂合作，实现白糖销售 8000 吨。在需求端，与华东、华南、京津、华中等区域终端用户、中小贸易商积极合作，将产区资源与消费区对接，合计对接企业 60 余家，切实保障供应链稳健运行。

三、改革成效

中粮期货深入学习贯彻习近平总书记关于国有企业改革发展的重要论

述，牢牢把握国企改革发展方向，聚焦“国之大者”、围绕国之所需，切实把充分发挥战略功能价值放在优先位置，积极服务中粮集团在维护国家粮食安全中发挥科技创新、产业控制、安全支撑作用，持续以实际行动服务实体经济。

一是坚决落实中央金融工作会议精神，充分发挥期货专业优势，加强对国家重大战略和重点领域的优质金融服务。中粮期货坚定走产融结合之路，立足国家所需、产业所趋、产业链供应链所困，高质助力完成粮食储备轮换工作，践行使命担当；加强对产业链重点领域金融服务支持，更好发挥链长企业融通带动作用；有效服务中小农户，助力农产品价格波动风险管理。2023 年，实现代理成交金额 3548 亿元，套期保值规模 2348 亿元。帮助集团各专业化公司锁定粮、油、糖、棉、肉等品种采购成本，2022—2023 年累计规避损失 85. 8 亿元。

二是稳扎稳打苦练内功，聚焦风险管理服务模式创新，多措并举提升服务实体水平。中粮期货持续推动金融衍生工具研发，积极推广场外期权、场外互换、基差贸易、含权贸易、“保险 + 期货”等服务模式，获得产业链上下游企业良好反响，持续提升行业影响力，不断拓展服务农业产业链的广度与深度。

三是加大成熟模式推广应用，着力扩大服务覆盖范围，切实促进生产要素有效流动。在品种上，从传统品种到新品种，从农产品到金属、能源化工，覆盖我国期货交易所主要相关品种；在区域上，从南到北、从东到西，从国内到国外，重点衔接“一带一路”沿线；在类型上，从上游到下游、从生产到供销，覆盖国有企业、民营企业、上市公司、中小微企业、国际公司等主体。

70

牵住“牛鼻子”提升产业控制力 攻关“卡脖子”激发科技带动力

中粮糖业控股股份有限公司

一、基本情况

中粮糖业控股股份有限公司（以下简称“中粮糖业”）是中粮集团有限公司（以下简称“中粮集团”）控股（持股50.73%）、以食糖为核心主业的专业化公司之一，是保障国家食糖安全的主力军。

中粮糖业建立了以食糖为主业，番茄、会展为侧翼的“一体两翼”业务模式，是国际知名的食糖产业集团，是中国最大、国内领先的食糖全产业链龙头企业，建立了从种植、贸易，到加工、销售、储备上下游的全产业链经营模式，持续发挥进口糖“调节器”、储备糖“压舱石”、国产糖“排头兵”、品牌糖“探路者”作用。中粮糖业是世界第二、亚洲第一的番茄加工企业，服务全球60多个国家和地区。中粮糖业运营素有“天下第一会”之称的全国糖酒商品交易会，是中国食品行业的“晴雨表”“风向标”。

二、经验做法

中粮糖业坚持把国有企业改革深化提升行动作为巩固国企改革三年行

动成果的重要契机，乘势而上推进更深层次的改革，推动更高质量的发展，加快建设世界领先企业，心无旁骛做好维护国家食糖安全这篇大文章，加快建设核心功能更突出、核心竞争力更强的世界领先大糖商。

（一）以市场化能力服务宏观调控，用好进口糖“调节器”

我国食糖供给每年缺口超500万吨，充分利用“两个市场”“两种资源”是有效调剂和满足国内供给的重要手段。

一是在海外，中粮糖业坚定落实关于加快构建多元化进口格局的改革要求。在与巴西、印度、泰国等世界主要产糖国保持密切合作基础上，以毛里求斯、巴基斯坦等国为进口来源补充，将进口国别增加至11个，进一步增强了产业控制力，有效促进了全球贸易。

二是在国内，中粮糖业坚定落实中粮集团党组关于加快沿海炼糖布局的战略部署，加快建设现代化产业体系。漳州项目提前2个月主体封顶，并与现有辽宁营口工厂、河北唐山工厂，自北向南连点成线、辐射全国重要食糖消费圈。

三是中粮糖业把商情研发当作“第一生产力”。依靠“全球一手信息+全链产业生态+全程研发指导+全维专业工具+全新AI”的“五全”商情研发体系，精准研判国际食糖产量变化和糖价走势，积极向相关部委建言献策，抓住有利机会实施进口。2023年3月，中粮糖业创新性提出“商业进口结合拍卖投放”全新模式，为国家宏观调控提供新思路，效果显著，受到主管部门肯定。在近年地缘冲突不断、极端天气频发、内外价格倒挂的不利局面下，食糖进口量始终稳定在全国进口总量1/3以上，中粮糖业成为保障国家所属食糖能够“买得到、买得好、进得来”的主力军。

（二）全面提升储备管理能力，夯实储备糖“压舱石”

习近平总书记指出，“国家储备物资是国家治理的重要物质基础”。在中粮集团党组坚强领导下，中粮糖业将储备物资管理作为重要政治任务，不折不扣落实总书记重要指示批示精神，坚持“两条腿”走路。

一是积极稳妥处理历史遗留问题，加强储备糖库基础设施改造和新库点建设。2023 年，中粮糖业积极开拓业务思路，加快临储糖处置进度。经过两年多持续向主管部委沟通争取，成功解决储备原糖“含螨”标准问题，并推动国家部委启动解决储备糖仓储保管费标准 28 年未修订的问题。2023 年 6 月，中粮糖业圆满完成 13 个中央预算资金项目建设，提前两年实现“十四五”新增储备糖直属库仓容的目标。

二是不断完善储备库日常管理细节和标准，推动建立三级联动监督体系，完善社会库“五防”监管体系，将《关于全面提升中央储备糖储备肉管理的决定》作为 2024 年党委“一号文”下发执行，推动储备糖管理水平不断提升。

（三）打造“五位一体”现代农业管理体系，当好国产糖“排头兵”

稳定并不断提升国产食糖自给率，是维护我国食糖安全的重要基石。针对传统农业“不确定性”和“非标准化”两大痛点，中粮糖业将田间地头作为“第一车间”，把工业领域的众多理念、模式和管理工具引入到农业领域，探索打造“种植规划 + 种子研发 + 田间管理 + 农机服务 + 数智农业”的“五位一体”现代农业管理体系，有力提升国内食糖产业竞争力。2023 年，甜菜单产提升 23%，达到行业第一；甜菜含糖率增加 6%，接近欧洲主产区水平。在甘蔗糖方面，中粮糖业进入广西 13 年，充分发挥“鲶鱼效应”，给中国甘蔗产业带来了竞争活力。中粮糖业崇左工厂、北海工厂和江州工厂先后成为全国首家、第二家、第三家零碳制糖工厂，极大地推动了中国传统制糖的环保低碳产业升级。中粮糖业还抓住“一带一路”契机，创造性地打通境外甘蔗进口渠道，补充国内甘蔗原料缺口。

（四）建立“产销研用一体化”研发体系，打造品牌糖“探路者”

长期以来，食糖产品同质化严重，“价格战”为主的低层次竞争制约了产业高质量发展。中粮糖业加快将“中糖”品牌打造为“产品卓越、品牌卓著”的行业领导品牌，建立“产销研用一体化”研发机制，把客户的痛点作为研发的起点，积极推动“B端业务品牌化”，开发差异化、高溢价产品。国内高端精制糖市场一直被韩国糖主导。中粮糖业与中粮营养健康研究院联合攻关，借助行业领先的煮糖工艺和摇筛设备，将食糖精制率从过去的65%提升至99%以上，“中糖”牌精制白砂糖在色值、颗粒均匀度等4大核心理化指标上超越韩国糖，成功实现进口替代，每吨产生溢价200元。2023年“中糖”牌精制白砂糖、优级白砂糖、一级白砂糖、红糖等4个主流产品连续2年荣获全国质量评比第一名。与蒙牛、伊利、冰客等头部企业联合在中粮糖业工厂建立“液态奶应用创新中心”和“糖浆应用创新联合实验室”，定向研发乳品用糖、儿童药用糖以及茶饮风味糖浆等多个高溢价拳头产品，推动“中糖”品牌成为客户心目中“好糖”和“放心糖”的代名词。

（五）加快推进战新产业发展，破解注射级蔗糖“卡脖子”问题

注射级蔗糖是疫苗制剂的关键辅料，长期被德国默克公司（Merck）和美国芬斯蒂尔公司（Pfansteihl）所垄断。2022年，中粮糖业启动“高端药用蔗糖及药用辅料”研发攻关，2023年成功研发首个国产注射级蔗糖产品，一举打破欧美寡头垄断。注射级蔗糖通过国家药监局药品评审中心审批，进入“I”状态，等待激活；产品在国药、华北制药等10余家药企完成试用测评；启动国内首条具有自主知识产权、高标准药品生产质量管理规范（GMP，Good Manufacturing Practice）的中试生产线建设；注射级蔗糖获得2项国家发明专利授权和2项实用新型专利授权。

三、改革成效

2023 年，中粮糖业深入实施国有企业改革深化提升行动，持续增强核心功能，提升核心竞争力，科技创新、产业控制、安全支撑作用更加突显，在加快建设世界领先大糖商进程中取得明显成效。中粮糖业经营业绩连续 3 年超预算、超同期、超历史，利润总额创历史纪录。食糖经营规模占全国年食糖消费量 1/3，稳居行业第一。年食糖进口量始终稳定在全国进口总量 1/3 以上，成为保障国家所需食糖能够“买得到、买得好、进得来”的主力军。番茄和会展两个侧翼业务利润均创历史新高，实现高速成长。在 2023 年严峻复杂的经营形势下，通过国有企业改革深化提升行动，中粮糖业交出了满意的答卷。

改革没有完成时，只有进行时。中粮糖业将时时保持对市场的敬畏之心，时时保持勇立潮头的精神面貌，进一步增强责任感使命感紧迫感，以更高站位、更大力度把国有企业改革向纵深推进，全面实施“甜蜜微笑曲线”价值创造工程，向产业链的上下游、向价值链的高端走，全力保障国家食糖供给安全，积极布局高端药用蔗糖及药用辅料新赛道，为加快中国式现代化作出应有贡献。

71

聚焦棉花核心主业
专业化服务国家棉花产业发展

中国中纺集团有限公司

一、基本情况

中国中纺集团有限公司（以下简称“中国纺织”）是中粮集团有限公司（以下简称“中粮集团”）的二级全资子公司，拥有从棉花、纺纱、织布、印染到服装加工与贸易的完整产业链，是中粮集团旗下从事粮油棉糖四大核心主业之一——棉花业务的主要经营主体。作为中国棉花行业领军企业和中国棉花交易市场的主要发起人，中国纺织棉花业务以“成为保障国家棉花产业安全的主力军”为战略使命，以“打造国际一流大棉商”为战略目标，逐步形成了具有中纺特色的战略优势和核心竞争能力，维护国家棉花产业安全的核心功能作用不断增强。

二、经验做法

国有企业改革深化提升行动开展以来，中国纺织紧紧围绕做强做优做大国有资本和国有企业这个“总目标”，牢牢把握坚持和加强党对国有企业的全面领导这个“总原则”，严格落实积极服务国家重大战略这个“总要求”，把增强核心功能作为履行“为国谋棉”使命职责的必然要求，把提高核心竞争力作为建设世界一流企业的根本之道，充分发挥科技创新、产业控制、安全支撑作用，加快打造世界一流棉花纺织企业。

（一）为国谋棉，不辱使命，不断增强企业核心功能

中国纺织认真贯彻落实党中央、国务院国资委和中粮集团党组关于国有企业改革深化提升行动各项决策部署，立足“为国谋棉”职责使命，以巩固优化国内行业领先地位、深化棉花境内外购销协同等改革任务为重要发力点，统筹用好“两个市场”“两种资源”，稳步推进国际化经营布局，深度融入下游产业链供应链，全方位夯实保障国家棉花供应安全能力，努力在构建现代棉花纺织产业体系中发挥更大作用。

一是助推国家棉花产业发展。中国纺织深耕国内棉花产业，多角度、多渠道做强做优棉花业务，为产业发展贡献力量。为维护棉农利益，公司员工逆行进入疫区收购，2022 年和 2023 年棉花年度经营量同比增长 10%，保持全国首位。面对新棉收购价格持续下跌、轧花厂面临亏损的困境，指导合作伙伴灵活运用期货期权工具，提前规避价格下跌风险，实现共赢发展。通过大客户战略、铁路发运保障、按需精准配货等方式，实现棉花资源在产业链上下游高效流转，行业美誉度、忠诚度显著提高。

二是坚守进口保供最前沿。2023 年，中国纺织着力应对国际市场产需形势激烈变化、棉价“外高内低”等不利局面，全力配合有关部门实施保供稳价。率先扩大进口积极保供，采用滚动方式进口，重点保障外贸用棉刚性需求，遏制棉价异常上涨势头；短期内集中协助储备开展轮入补库，规模创近年新高；主动对标国际棉商提升全球棉花资源配置能力，培育巴西棉进口渠道；与中资企业抱团出海，保障优质棉花供给，全力支持国内纺企海外生产布局。

三是当好宏观调控参谋助手。中国纺织以强大的政治自觉积极为国家开展棉花市场调控当好参谋助手。利用长期身处市场、时刻洞察市场的先天优势，针对棉花纺织产业潜在性、苗头性、重大性问题，2023 年向有关部门及时准确报送市场形势周报 50 期，推动出台一系列政策措施，有效维护市场稳定。新棉上市前后，向国家提出防范新棉抢收的一揽子建议，得到采纳，有效防范了行业系统性风险，行业影响力、带动力不断提升。

（二）创新引领，风控护航，切实提升企业核心竞争力

中国纺织深刻认识到，提高核心竞争力是中央企业成为世界一流企业的根本之道，始终将培育核心竞争力作为一切工作的基础，抓在经常。2023 年以来，在巩固国企改革三年行动工作成果的基础上，高点起步、高位推动，主动对标世界一流企业，多措并举，切实提升持续创新能力和价值创造能力。

一是着力提升研发创新能力。科学的市场研究、准确的行情研判和先进的交易模式是企业能够捕获并兑现转瞬即逝市场机会的核心能力，是每个世界一流大宗商品企业的看家本领。研发上，中国纺织将工作层次从商情研判向策略制定、交易执行、跟进复盘的闭环管理不断深化，以“底数清、情况明”为目标，构建了宏观面与基本面研究并重，政策面与资金面跟踪融合，一手信息挖掘与逻辑分析统一的商情研发体系，在行情判断上做到了超前、准确。操作上，创新“研发指引交易，交易带动贸易”模式，持续巩固期现货结合优势，通过灵活多样的期货期权方式，有效防控风险，内外盘交易收益可观。

二是着力提升风险控制能力。风险防控是企业经营的底线，更是生命线，大宗商品贸易领域尤其明显。中国纺织高度重视风险，深入研判风险，合理防控风险，既守牢风险底线，又不失发展机遇，经受住了极端的行业和市场环境考验，棉花业务始终未出现一例风险事件。2023 年以来，加速形成了每日复盘的管理机制，通过不断复盘、不断反思、不断修正，及时发现错误和不足，调整方向和策略，经验点滴积累，能力螺旋上升；

建立日清日结的风控管理要求，构建体系化管风险、精准化防风险、实效化控风险“三位一体”的风险管理体系，通过“三道防线”，实现对市场、信用、存货“三大主要风险”的实时精准化防控。

三是着力提升信息化发展能力。为进一步提升业务效率，中国纺织搭建了以“数据平台、交易平台和挂单系统”为核心的中纺棉花信息系统框架体系。注重数据沉淀，形成了能够覆盖棉花产业链、拥有 208 个分析主题和 3 亿条数据的完整信息库，实现数据响应敏捷化、数据入库智能化、数据分析自主化、分析算法模型化。依托“E 棉通”平台，借助数字化手段，基差销售竞价业务效率提升了近 10 倍，竞价沟通效率提升了 25 倍。自主研发领先行业的棉花基差交易自动挂单系统，交易委托处理能力大幅提升，挂单量业内首屈一指。

三、改革成效

国有企业改革深化提升行动开展以来，中国纺织坚持党的领导、坚持服务国家战略、坚持高质量发展要求、坚持市场化方向，围绕改革任务推进各项举措有力落实，成效初步显现，国有企业的政治责任、社会责任和经济责任得到充分彰显。

一是聚焦“国之大者”，围绕国之所需，安全支撑能力持续强化。2023 年，中国纺织立足国内，以实际行动支持了国家棉花产业，确保牢牢将棉花生产供应安全的主动权掌握在中国人自己手中。全年实现国产棉经营量 134 万吨，占国内棉花总产量的 23%，占比同比提升 5 个百分点。放眼海外，将进口来源拓展至美国、巴西、印度和西非等主要棉花产区，形成品类丰富的棉花资源“超市”。以过硬的经营能力，科学把握进口时机，在其他市场主体“不愿进、不敢进、进不来”的情况下，实现“进得来、供得上”，有效维护国内纺织产业链供应链稳定，确保了纺织服装外贸平稳，打稳“为国谋棉”使命职责，企业核心功能不断增强。

二是激发创新活力，防范化解风险，企业经营业绩持续攀升。2023年，中国纺织强化核心主业行情研判，增强信息搜集、运用和信息化能力，打造务实高效风控体系，经营质效实现跨越式发展，盈利能力不断提高。全年实现利润总额16亿元，自2016年加入中粮集团以来，保持“七连增”；国有企业改革深化提升行动各项重点任务有序实施、有力推进，企业核心竞争力持续提升。

72

科技引领　专精实业　精益管理 打造世界一流液压成形装备整体解决方案供应商

天津市天锻压力机有限公司

一、基本情况

天津市天锻压力机有限公司（以下简称“天锻公司”）是中央直接管理的国有重要骨干企业中国通用技术（集团）控股有限责任公司（以下简称“通用技术集团”）机床板块所属液压成形装备专业化公司，始建于1956年，是新中国第一台液压机诞生地。2022年，天锻公司进入通用技术集团机床板块，围绕“制造强国”战略部署，专攻研发制造高精密智能化液压成形装备及生产线，发展成为集科研、生产、销售、服务于一体的国家级高新技术企业，产品涉及87个系列、1800余种型号，覆盖10吨至70000吨规格，是国内重点项目核心装备的主要供应商，产品出口欧洲、美洲、大洋洲、东南亚等30余个国家和地区，2023年入选国务院国资委科改企业、创建世界一流专业领军示范企业名单。作为国内液压机行业头部企业，持续以科技创新为引领，以精益管理为基础，坚守实业，做精主业，加快提高企业核心竞争力、增强核心功能，努力建设成为世界一流液压成形装备整体解决方案供应商。

二、经验做法

（一）着力推进科技创新，打造发展强引擎

一是突破首台套设备，推动国产化替代。天锻公司近3年平均研发经费投入强度达到7%，超过金属加工机械制造业平均值2倍。服务国家战略性新兴产业领域，推出具有高端化、智能化、绿色化的国内“首台首套”液压成形装备。天锻公司自主研制的“万吨级电极挤压成形智能化装备”，实现了混布料机、上料机械手、推料装置、称重装置、旋转工作台与压机的全自动化智能联动，最大工作载荷达1万吨，相对于第六代半自动生产装备，整线生产周期缩短40%，入选“国资小新”2023年“双十一”“最硬核的国货购物车”。碳纤维HP-RTM模压成形智能化生产线、复合材料制品智能化液压机、1600T多工位冷挤压机自动线等产品进入国家、天津市首台（套）重大技术装备推广应用指导目录，经专业机构鉴定设备已达到国际先进水平。

二是瞄准产业“留白”区，开展产学研用联合创新。天锻公司针对产业发展的共性技术难题，积极与北京航空航天大学、哈尔滨工业大学等10余所高校开展产学研用联合创新，在液压机柔性系统、高频锻造精密控制系统等方面取得重大突破，有效提升产业技术水平。与天津大学合作建设“大型地震工程模拟研究设施地震模拟振动台”国家重大科技基础设施项目振动台设备，助力“国之重器”。

三是加强标准引领与专利护航，增强重点领域话语权。天锻公司近3年在国家先进制造业领域获得授权专利42项，其中发明专利24项。自主研制的橡皮囊柔性成形设备、大型热成形智能加工设备、钣金零件充液柔性成形数控生产线等，已充分应用于国内多家制造业企业。不断提升重型数控液压机成套装备、轻质回转体构件成形等工艺和技术质量，主要产品

已通过欧美等国家和地区安全认证。

（二）深化机制体制改革，助力高质量发展

一是“改机制”，激发管理活力。重组进入通用技术集团后，天锻公司积极推进战略、文化、制度对接融合。整合优化管理资源，精简压缩管理部门 6 个，精简比例达 34%。大力开展市场化经营机制改革，经理层全体“起立”“找座”，按照市场化、专业化、契约化管理要求，重新签订聘任协议和经营业绩责任书，严格执行“市场化选聘、契约化管理、差异化薪酬、市场化退出”管理机制，全面压实经营责任。坚持以岗择人，根据岗位贡献、工作难度等确定岗位标准，实行聘任制、任期制、岗薪制、淘汰制的“四制”管理，常态化开展关键岗位公开竞聘、竞争性上岗，市场化聘用中层干部及职能管理岗员工 66 人，有效提升职能部门管理与服务的专业性。

二是“建体系”，筑牢管理基础。天锻公司构建风控管理体系，持续完善以全面风险管理和内部控制基本制度为基础、内部控制手册为载体、涵盖重要领域和重点环节的制度体系，推动制度落地 102 项。全面强化对标对表，从生产经营、质量管理、改革发展等方面制定制度办法 32 项。重新修订科技创新管理办法 5 项，出台科技人才考核激励措施、“揭榜挂帅”项目管理细则等。严防客商经营风险，规范制订采购合同范本和销售合同模板。

三是“重改善”，提升管理效益。以 2023—2025 年这 3 年为周期，天锻公司采用远景规划、试点推行、分步实施、系统改造的精益管理推进模式。上线 LDC 精益数字云，健全完善异常管理处置机制、周/月评价与管理改善机制，推动落地实施。结合公司战略和业务需求，在销售、研发、供应链、制造、总装全业务流程中选定 14 项精益课题，领导挂帅“沉下去”“钻进去”，扎实推进提质增效。

（三）聚焦重点专业领域，挖掘市场新潜能

一是聚焦主业，深耕重点业务领域市场。天锻公司紧盯国内国外液压成形装备行业政策、发展趋势，把握公司经营方向，强化核心功能，集中优势资源，持续深耕国内外市场。系统梳理以六大产业为重点的主营业务条线，战略聚焦重点领域，打造“材料—工艺—装备—制品”全产业链条的产品模式，完善重要领域和关键环节的差异性优势，强化专业能力与专业优势。

二是创新模式，提升服务质量和市场竞争力。天锻公司迭代升级“单机产品 + 成组成套生产线 + 整体解决方案”产品模式，不断提升专业领域产品与服务的核心竞争力。构建全方位售后服务体系，针对行业领军标杆客户提供“预防式”“管家式”“定制化”服务，变被动为主动，着力开拓重点领域高层次大客户。

三是加速布局，拓展海外业务新市场。天锻公司推动成立 3 个海外区域中心，构建销售团队与远程运维系统相结合的高效模式，提供无间断优质服务，打造交钥匙项目精品工程。通过参加国内外展会，提升国际影响力，产品出口至欧洲、美国、巴西、墨西哥、印度等国家和地区。

三、改革成效

一是补短板强弱项成效显著。天锻公司聚焦公司六大产业，瞄准关键核心技术重点攻关，突破超塑成形设备升降温、真空控制、保压及操控系统联动稳定性控制的难题，打造国际先进、国内领先的大型钛合金壁板类零件生产线，实现热加工关键装备的自主可控。自主开发 70000 吨超大型模锻挤压液压机成套装备，解决大型风力发电机主轴类锻件的模锻、挤压复合成型工艺难点。开发国内首台 8000 吨移动回转压头框式液压机，解决大型高强钢厚板及钛合金厚板材精确弯曲成型加工问题，替代进口、填补

国内空白。近3年获得国家及省部级科技奖15余项，研发创新攻关步伐不断加快，行业技术引领能力持续增强，科技创新迈入新阶段。

二是核心主业经营质量持续提升。天锻公司持续巩固重点领域市场影响力，围绕六大核心优势产业客户群，2023年开发高层次重大客户8个，培育标杆客户6个，签订千万级以上订单32个。大力拓展海外进口设备有偿服务市场，2023年海外订单完成1.48亿元，提前超额完成全年任务。注重强化核心功能，集中优势资源，全力以赴提升核心竞争力，核心业务国内市场占有率保持领先。近3年营业收入保持在8亿元，主业产品占比超过90%。2023年营业收入同比增长10.5%，利润总额同比大幅增加。

三是企业新型经营责任制持续完善。天锻公司通过开展组织机构优化调整，精简职能部门与内设部门设置，有效增强公司整体统筹协调和计划管控能力。经理层成员全面实行职业经理人制度，中层干部全面推行新型经营责任制，进一步完善了企业核心竞争力的综合经营管理制度，显著提高企业经营活力，为高质量发展奠定了良好基础。

73

科技引领发展　创新赋能产业
打造工业母机领域科技创新国家队

通用技术集团机床工程研究院有限公司

一、基本情况

通用技术集团机床工程研究院有限公司（以下简称“通用技术机床研究院”）是中国通用技术（集团）控股有限责任公司（以下简称“通用技术集团”）所属机床板块高端机床装备技术创新平台和科技研发体系的承载主体，承担着基础前沿技术研究、关键核心技术攻关、科技成果转化、科技人才培养等功能，前身为成立于1956年的国家级科研院所北京机床研究所，2020年通用技术集团以北京机床研究所为基础成立通用技术机床研究院。国有企业改革深化提升行动以来，通用技术集团贯彻落实习近平总书记关于强化企业创新主体地位的指示要求，全面推进高端数控机床科技创新体系建设，加快打造国家战略科技力量的重要支撑，以实际行动服务国家战略。3年来，以通用技术机床研究院为主载体的三级研发体系不断完善，产业开放式协同研发创新体系初步形成，高端数控机床领域关键核心技术攻关能力不断增强。

二、经验做法

（一）整合内部创新资源，构建统一研发体系

一是搭建三级研发体系组织架构。通用技术机床研究院在总结汲取机床产业原有历史经验的基础上，机床板块整合内部研发机构和创新资源，从增强科技创新能力出发，搭建“研究总院—分院—生产企业技术中心”三级研发体系。研究总院着眼于5～10年共性技术与前沿基础研究，统筹调配管理板块创新资源和任务，明确机床板块研发方向、产品战略方向。地方分院负责开展针对应用技术和新产品的研究与开发，为本地及相关企业提供技术支撑，推进产品提档升级，提高产品竞争力和生产效率；开展工艺核心技术研究，重点解决领域关键核心技术问题，承担技术成熟度7～9级的研发任务。机床生产企业内部设技术团队，由地方分院提供技术支撑，开展现场施工、技术应用等工作实践，充分考虑各机床企业的成果应用体验，解决研发、生产“两张皮”的问题，推进机床板块产品结构加快转型升级。

二是完善各级研发机构专业化运行机制。通用技术机床研究院在总院设立总体所、专业所、总师办等机构，系统构建“总体所、总师办抓总，专业所学科化分工，地方分院协同研发”的协同运行机制，通过专业化分工针对性解决制约机床产品提升和行业发展的问题。总体所根据重大科研任务、重点领域需求，设置总体所的研究方向，集中板块技术骨干开展产品研发论证。针对不同种类机床所需关键技术，从学科的角度进行划分，形成贯穿高端数控机床全生命周期的12类专业所布局。同时，充分发挥专业总师作为学科带头人的引领作用，带领研究团队从事前沿性技术、关键共性技术、基础技术和应用技术研究，增强各学科自主创新能力。地方分院发挥协同研发作用，承接总院创新技术和成果转化，为本地及相关企业

提供技术开发和产品研发支撑。各个机构各司其职，“纵向联动、横向协同”整体效能显著提升，通过“协作制”高效利用现有研发资源，最大性能发挥集成研发优势。

（二）内外部资源协同研发，攻克产业发展技术难题

一是充分发挥科技创新平台作用，建立跨学科联合攻关机制。通用技术机床研究院充分发挥企业作为创新的主体优势，加强各类科研资源的开放共享，通过整合重点实验室、工程（技术）研究中心，谋划布局国家高端数控机床创新中心，形成贯穿技术创新和成果转化的链条。通过搭建重点实验室科技创新平台，从实际工艺需求出发，组织机械、电气、数学、物理等多个学科、多所优势高校建立了26支研究团队，形成了“机床研究院抓总、多学科交叉、内外部团队融合”的科技攻关模式，各学科研究人员同向发力，开展具有技术先进性的成果和产品研发，打破了长期以来科研资源分散局面和数据信息壁垒，破解了企业原来“有想法、没办法”的难题。

二是激发多元主体协同创新动力，提升基础研究供给能力。通用技术机床研究院与重点院校、科研机构等其他国家战略科技力量深度联合，围绕产业关键技术共性问题设立开放课题、设置流动研究岗位、共享科研资源，吸引国内外机床领域优秀科研力量参与高端数控机床重点实验室的科技创新活动，将传统校企合作模式中单向的“企业是出题人、高校是答题人”模式，变成校企“同题共答、同频共振”，实现行业先进技术成果和创新资源的充分流动，实现基础理论研究与产业应用的连接。

三是以市场导向推动科技成果转化，建立企业协同研发模式。通用技术机床研究院协同上游企业共同制定关键核心技术问题解决方案，引导国产功能部件开发能力提升。协同行业伙伴聚焦重点领域核心产品开展联合攻关，加速推动国产高端数控机床提档升级。与重点用户企业共同规划核

心装备、实现工艺创新、突破生产瓶颈等方面开展深度合作，通过攻关团队走进应用场景，提供贴身服务，联合用户企业集智突破，形成“共同研究、共同产出，边应用、边反馈、边完善”的工作机制，将用户应用紧密嵌入科技创新研发。

（三）完善配套机制建设，有力支撑研发体系高效运转

一是理顺资金投入机制。通用技术机床研究院从国家层面资金支持、集团层面及板块企业自身研发费用、国家科研项目经费、市场化经营收益等多渠道筹集研发资金。制定科研体系研发资金管理意见，提出科研项目有条件资本化的管理导向，设置资本化窗口期，明确资本化评估与认定的有关条件，提出无形资产成本分担落地相关措施，强调研发投入方向和资源配置的内部市场化导向。

二是加强科研人才队伍建设。通用技术机床研究院招聘引进外部高端人才，柔性聘任 3 名院士为研究院首席科学家。结合科研生产需要，聚焦集团产业发展紧缺急需型人才，加快推进“工程硕博士联合培养”专项，积极探索高端科研人才柔性引进新渠道、新对策。依托重大科研项目，兼顾基础理论研究与实践应用研究，持续加强机床板块科研人才队伍在理论和实践的培养培育，完善机床产业高水平人才培养体制建设，做好“卓越工程师”的储备工作。

三是持续优化考核和激励机制。通用技术机床研究院充分研究并用好用足国家对战略性新兴产业的各项优惠、激励政策，研究并完善集团科研人才引进制度，落实对关键核心技术攻关领军人才和团队工资总额予以单列，不与效益挂钩；落实对急需引进的高层次人才实行年薪制、协议工资制要求。按计划推进集团机床产业科技人才特区方案，制定特区科技人员绩效考核指标，落实落细配套制度和激励措施，进一步增强机床产业对高层次科研人才的吸引力。

三、改革成效

一是系列重大科技项目取得突破。通用技术机床研究院推进关键零部件、精密卧式加工中心、精密立式坐标镗等重点产品取得一定的核心技术重大突破，应用于重点领域用户。机床国产化率显著提升，机床关键部件国产化率近 70%。通过“精密卧式加工中心质量提升工程”，产品制造成熟度达到了 7 级。“高精度绝对式纳米时栅”课题自主研发的封闭式直线时栅、超高精度圆时栅在用户端成功开展应用测试，已实现成果转移转化。2023 年，“高性能数控系统功能测评方法及标准与应用”等 11 项科研成果荣获中国机械工业科技进步奖一等奖、中国质量协会质量技术奖二等奖、集团技术发明奖一等奖等奖项。“面向高档数控机床的产业技术基础服务平台”荣获 2023 年科技成果赋智中小企业“深度行”活动（无锡站）平台创新成果典型案例。

二是标准专利成果丰硕。2023 年，通用技术机床研究院被国家标准化管理委员会列为首批 20 家重点国际标准跟踪单位之一，参与了机床安全、数控机床对角线检验等 37 项国际标准投票，积极贡献中国智慧。持续推进国际标准中国化，开展了数控车床和车削中心检验条件等 5 项国际标准转化工作，金切机床国际标准转化率已突破 90%。发布数控装备互联互通通用技术要术等 2 项海峡两岸共通标准，机床检验通则、数控机床远程运维等 7 项国家标准，高精度卧式复合磨床等 5 项团体标准。完成 2022 年度“精密卧式加工中心”专利导航试点项目的验收，推进 2023 年度“超精密单点金刚石车床”“叶片五轴加工中心”“高效高精度五轴加工中心”“数控机床性能试验技术”4 项专利导航。全年申请发明专利 99 项，授权发明专利 29 项。

三是行业影响力不断增强。通用技术机床研究院联合 19 家重点央企、

9 家地方国企和优势民企、5 家科研院所、12 所特色优势院校，组建工业母机（高端数控机床）领域创新联合体。“数控机床产业技术创新战略联盟”新发展理事单位6 家，达到66 家。国检中心面向联盟成员单位提供具有针对性的免费测试诊断和检测认证服务，完成 20 台（套）检测工作，有力促进创新资源共享。发挥联盟高端智库作用，举办高端数控机床前沿技术交流研讨会、2035 科技规划交流研讨会、机床创新发展交流研讨会等，不断提升联盟影响力。围绕绿色化、智能化主题，成功召开“关键技术与标准系列研讨会”“机床产品创新与设计高峰论坛 · 绿色”等一系列行业活动，面向重点领域关键用户针对性展示了通用技术机床研究院机床产品品牌和技术能力，有力增强了服务行业的影响力。

74

加快低碳化数字化智能化转型 奋力推动企业高质量发展

中国建筑第八工程局有限公司

一、基本情况

中国建筑第八工程局有限公司（以下简称“中建八局”）是中国建筑集团有限公司（以下简称“中国建筑”）全资子公司，前身是基建工程兵，1983 年集体改编为中国建筑第八工程局，2007 年建立现代企业制度，2009 年随中建股份整体上市，具有规划、设计、投资、建造、运营全产业链优势，重点发展高端房建、基础设施、地产开发、投资运营、创新业务五大业务，经营足迹遍布我国大陆所有省份及全球 40 多个国家和地区。国有企业改革深化提升行动以来，中建八局加大科技创新力度，深入推进绿色低碳化、数字化、智能化转型，加快培育和形成新质生产力，助推企业高质量发展。2023 年位列国家建筑企业 200 强榜单榜首，合同额破 8000 亿元，营业收入超 4800 亿元，利润总额过 170 亿元，分别同比增长 11%、16%、15%，人均营收、人均利润、全员劳动生产率分别同比增长 10.3%、9.5%、6.4%。

二、经验做法

（一）加快低碳化转型发展

一是全面深化企业碳排查工作。中建八局聚焦精准降碳，2023 年开发统一内部数据库、开放平台，完善内部碳管理平台模块、功能，联通局 WBS 计划引擎、数字供应链系统数据，发布机械设备传感器和建造过程数据边沿机，完成碳能量电箱 2.0，实现碳排放三个范围自动获取和计量，碳排放因子数据库与三级物料数量达到 5000 条，全年完成碳排查项目 2386 个。

二是强化关键技术攻关及应用。中建八局强化绿色低碳技术支撑主业，以示范项目为依托，2023 年着力攻关建筑围护结构热工性能、光储直柔、能源系统能效提升等关键技术，提升建筑产品绿色化水平。所开展的张江 B07-9 地块项目“第一流低碳项目”示范，累计应用或计划应用建筑设计、建造、运维全生命周期 8 个技术大类 60 余项新技术，已取得近零能耗认证。在重庆广阳岛国际会议中心项目，围绕打造“绿色建筑三星级全覆盖 + 超低能耗建筑 + 健康建筑三星全生命周期”的绿色建筑示范标杆，构建规划、建筑、室内、运营 4 个绿色技术板块，应用于废弃矿区生态修复、固废循环利用等 28 项绿色技术集成、138 项绿色技术措施。

三是大力发展低碳运营业务。中建八局布局城市运营能力，着力打造商业、办公、公寓、酒店四大运营业态。2023 年依托建筑数字孪生平台，纳入机电系统负荷预测、性能优化、能耗评价、故障诊断 4 项节能算法，塑强智能运维业务。标杆示范项目上海中建广场通过自控逻辑编程，升级核心控制元器件，实现空调系统精细控制，公区用电同比下降 21%，碳排放减少 285.82 吨。中建万怡酒店增加远程智能计量表具、应用智慧能耗管理系统，实现能源线上管理及阈值预警，入围首批“上海城市数字化转型数字化酒店特色场景示范单位”。

（二）加快数字化赋能升级

一是以数字化赋能企业治理。中建八局以客户为中心，以问题为导向，推进流程变革，建立流程运营问题解决机制，任命流程责任人和流程专员，压实以流程运营为主线的责任体系。基于流程需要填补管理空白并改进管理权责，塑强端到端的价值创造能力。2023 年开展国内业务流程适配和海外业务流程优化，完成 26 家单位、3. 6 万余个岗位、8 万余名员工适配工作，形成主干统一、末端灵活的流程体系。

二是以数字化赋能供应链管理。中建八局优化数字供应链系统助力履约和降本增效，2023 年建设数据全景、合规分析、效率提升和指标管控四大模块，推动数字供应链与中国建筑“云筑网”集成，完成 22 个业务接口。统一管控 13 万家供应商资源，压降供应链风险，打造互利共赢合作伙伴关系。针对分包管理困难、优质资源不足等问题，打通数字供应链、数字建造等系统，实现分包资源的数据共享、过程共管和考核共担。

三是以数字化孵化特色智能产品。中建八局搭建多主体参与、多路径探索的数字产业发展格局，投资国内智慧场馆龙头企业——南京运享通，形成集数字底座、数字平台、数字应用及行业解决方案等的产品体系，产品服务全国超 20 个省共 3000 座体育场馆，2023 年营业收入同比增长 21%。优化配置机构资源，自主培育 3 家数字产业公司，其中云汉数科公司成功获取信息服务行业关键资质，具备数字建造生产、经济业务、计划引擎、成本引擎、新型智慧工地、数字化作业平台等数字建造产品线及投建营产品线的对外输出能力。八局一公司聚焦“智慧 +”，成功打造新型场站、医院、水务等系列数字化产品。八局三公司开发医院数字化产品“医智维”，在多个大型医院应用。

（三）加快智能化建造方式变革

一是打造智能建造标杆工地。中建八局聚焦劳务资源短缺和劳动成本上升问题，融合运用多种先进信息技术，打造智能建造标杆项目，带动全局项目作业管理智能化和精细化。2023 年初步建成视联网平台、施工方案模拟平台、机器人交互与管理平台，减少了对劳务资源的高度依赖，助力降低生产风险和人工成本。上线应用人工智能中心、物联网中心、能力组件中心，确保项目人员随时调用、自由组合，自动化处理常规重复性工作，提高项目管理工作效率。结合智能建造、智能供应链等智慧化系统，以推进管理和生产有机融合，顺利打造 7 个智能建造标杆工地，持续塑造八局智能建造品牌。

二是攻坚智能建造关键技术。中建八局开展智能建造领域基础性和关键共性技术研究，2023 年 BIM（建筑信息模型）数字化领域取得重大突破，打造了具有企业特色的 BIM 图形平台。在模型标准化处理、模型与管理颗粒度匹配等“卡脖子”技术上实现国产可控，其中模型切割效率等多项关键指标优于国外主流软件，以高效便捷的数字化建模能力支撑 EPC 项目全过程管理。注重研开结合，助力塑强主业，筑牢智能建造基础。探索 AI 算法，发布规范类知识大模型 BKI 1.0。DIC（数字成像技术）监测、集成语音控制算法，助推 ALC（蒸压加气混凝土板）条板机、喷涂机器人等 11 款设备实现智能化升级，研发二氧化碳冻结机、攀云梯 2.0、造楼机 3.0、吊挂一体机、地墙成笼机、高位造墩机等重型智能装备。

三是构建“产业工人 + 机器人”的新型施工模式。以现有抹灰、墙板安装机器人等为基础，中建八局 2023 年不断丰富前后工序机器人，形成如墙板搬运、墙板安装、浆料供应、墙面抹灰、腻子涂敷、腻子打磨、面漆喷涂的机器人作业链，推动高技能产业工人与施工机器人作业面有效衔接，实现主要工序智能装备化率不低于 50%，构建以建筑机器人为核心的生产要素施工组织模式。

三、改革成效

一是形成了一批具有卓越竞争力的科技创新成果。中建八局联合共建国家级科创平台“中国建筑土壤修复技术与装备工程研究中心”。持续推动碳纤维复合材料应用，碳纤维索在厦门新体育中心成功应用，上海美的

1500吨建筑用索刷新业内纪录，武汉光谷八路碳纤维索100%整桥应用为业内首例。着力推动碳纤维产品化产业化进程，与一流复合材料央企洽商，共同孵化碳纤维合资公司。在济南新旧动能转换区投资建设新型科技材料产业园，计划2024年底碳纤维产品投产。联合发布《平急两用》《工业上楼》《抽水蓄能》3大技术包，涵盖323项特色技术。

二是培育了一批能够精准赋能主业的专精特新企业。聚焦中建八局"637"战略布局，建立包含30家企业的专精特新梯度培育库，新增检测公司、运享通、金港场道等7家省级专精特新企业，累计培育15家省级专精特新和创新型中小企业。2023年，环科公司市场取得重大突破，中标额超30亿元；运享通公司继续领跑智慧场馆运营领域。

三是孵化了一批引领行业转型升级的新产业新产品。在智能建造领域，中建八局实现智能装配造桥机、建筑机器人等重大装备产品化，联合网易发布国内首款无人装载机；合资成立智造公司，构建以建筑机器人为核心的施工组织模式。在绿色低碳领域，发布绿色储能产品——厢式电化学储能电站，开发碳排放计算与监管系统"绿碳方舟"；负温灌浆料可实现－10℃以内免保温作业；立体纤维网格UHPC幕墙与传统UHPC幕墙相比抗拉强度提升29%、抗弯性能提升64%，可实现UHPC幕墙板的轻量化设计与施工。在建筑工业化领域，投资建设山东省规模最大、产品种类最齐全的装配式建筑产业园区，引领建筑行业智能建造变革和绿色低碳发展；在新型建材产业领域，成立中建八局（山东）新型材料科技有限公司和山东中建八局碳纤维复合材料有限公司，推进石墨烯保温产品和碳纤维材料的产品化，引领材料行业变革。

75

深化改革　聚力创新
全力以赴发展战略性新兴产业

中国建筑第三工程局有限公司

一、基本情况

中国建筑第三工程局有限公司（以下简称“中建三局”）是世界500强企业——中国建筑集团有限公司（以下简称“中国建筑”）的重要子企业，成立于1965年，经过近60年发展，目前业务涵盖投资开发、勘察设计、工程建设、资产运营等建筑行业全产业链，连续8年稳居湖北百强企业第2位，达到世界500强企业260位标准，入选国务院国资委国有重点企业管理标杆企业。中建三局现有主要二级单位26家，在建项目超1800个，覆盖全国31个省、市、自治区及全球27个国家和地区。

自国有企业改革深化提升行动实施以来，中建三局深入贯彻党中央、国务院和中国建筑党组决策部署，将发展战略性新兴产业作为战略转型的重要方向，积极谋划、系统推进，取得积极发展成效。

二、经验做法

（一）搭建“研发+平台+生态”的科技成果转化模式，畅通战略性新兴产业成长通道

一是系统开展有组织科研，贯通创新链和产业链，一体推进技术研发

和成果转化。中建三局打造科技部、中国建筑先进技术研究院、中建三局智能建造体系研究院、中建三局设计总院和中建三局技术中心的“一部三院一中心”科技创新管理体系，围绕智能建造、绿色低碳等领域，统筹实施智能建造一体化平台、二氧化碳捕集与调控等一批具有前瞻性、战略性的重大科技项目。持续强化科技投入，2023 年度，研发投入金额达 79.5 亿元，处于行业领先水平。勇当智能建造装备、高海拔人居环境等原创技术策源地，推动创新链产业链融合发展，实现产业带技术、技术促产业的良性循环。

二是打造开放式创新平台，连接产业、技术、资金等多方资源，赋能科技成果转化和战略性新兴产业孵化。中建三局组建产业公司，搭建 TOP 创新平台，联合主业公司孵化云采科技公司、云居科技公司等 9 家创业公司，承担战略性新兴产业细分领域发展责任。采用“揭榜挂帅”“项目制”等创新发展模式，全力推进科技成果产品化产业化，形成创客涌现、大众创新、万众创业的良好氛围。

三是构建开放包容创新生态，厚植创新创业土壤，加速战略性新兴企业发展壮大。中建三局成立创新业务投资管理委员会，完善战略性新兴业务投资前置审议程序，在项目遴选、产业投资等方面给创投业务更大的风险容忍度。发布《创新业务管理办法》《新业务公司薪酬指引》等制度文件，构建有利于创新的体制机制，调动创业热情，激发发展活力，助力战略性新兴产业加速成长。

（二）深入推进智能建造与建筑工业化协同发展，全面塑强智能建造先发优势

一是构建智能建造标准体系，打响“三局智造”品牌。中建三局通过智能建造的系统集成、应用与推广，输出一套标准化、工业化、数字化、智能化“四位一体”的智能建造综合解决方案，以数据驱动、人机协同、价值创造为基本特点，以建筑工程项目建造全过程、全专业、全要素为对象，引领行业生产方式变革。目前，智能建造平台已在汉芯公馆项目投入使用，基本实现模型协同、数据驱动等功能。

二是升级数字化智能化工厂，塑强装配式智能制造优势。中建三局深植“把现场搬进工厂”理念，在全国建设 8 个 PC（混凝土预制）构件产业基地，年设计产能达到 100 万立方米。开发装配式建筑预制构件全流程一体化云协同平台、钢筋工程智能建造云平台及多元化协同工厂体系，加速推动智能工厂建设，形成智能工厂集成技术。大力拓展新农房、组合式房屋应用场景，推进 PC、PS（钢铁预制）构件融合发展。

三是组建云构（机器人）公司，大力发展智能装备业务。中建三局目前已形成覆盖千米级摩天大楼到百米级普通住宅的“造楼机”全系列的产品体系，并实现市场化经营，向市场全面推广自主研发的 60 型、100 型、200 型等覆盖全场景的全系列造楼机，悬挂式布料机器人，循环电梯等智能装备。2023 年，累计在 12 个项目推广应用造楼机 21 台，销售额达 1.39 亿元。未来云构（机器人）公司还将向智能建造全环节延伸，致力于成为智能建造专业服务商。

（三）推动大数据、人工智能等先进技术与生产经营深度融合，全面布局产业数字化和数字产业化

一是打造“智慧＋产品”，全面发力智慧园区、智慧社区、智慧城市、智慧基建等多业务场景。中建三局自主研发的智慧社区“智瓴”应用平台，累计完成 23 个园区、楼宇上线。建设的“智承”基建运营平台，可覆盖管廊、桥廊、公路、水务等基础设施运营场景，累计接入 38 个基础设施运维项目。依托“智慧＋”标准体系，2023 年承接的智慧社区、智慧基建、智慧医疗等代表项目合同额已超 40 亿元，获得中国智慧楼宇运营管理金级认证。

二是建设产业互联网，打造建筑行业“京东商城”。中建三局通过运营“三局严选”商城，实现生产资源在线集采，吸引宝武钢铁、海螺水泥等100余家企业主动接洽合作，累计交易超500亿元。开发运营“三局云砼”，实现混凝土“美团外卖式”供应，已在200多个项目应用。智能用工研发上线实名制、招工找活等六大功能，截至2023年底，已注册工人达68.5万人，注册班组达1.5万个，为行业灵活用工市场注入新活力。

三是推进数字产业化，培育壮大人工智能等新兴产业。中建三局探索将企业信息化建设与数字化转型中沉淀的能力、海量数据和经验进行转化，为行业提供咨询、产品和数据服务。联合头部企业推进人工智能、大模型赋能企业，探索建设行业大模型，实现部分场景模型的落地应用。目前已与华为、腾讯、阿里等头部企业建立合作关系，明确商业实施路径，力争“十四五”末对外签约额超1亿元。

（四）积极践行ESG理念和国家“双碳”战略，培育壮大绿色低碳产业

一是全面发展能源环保运营业务。调整中建三局绿投公司发展定位，以“投、建、运”一体化发展方式大力发展能源环保领域，目前运营资产包括污水处理厂（站）6座、管网（含深隧）100公里、河道79公里，污水处理能力达到138万吨/天。2023年成功获取大型集中式光伏投资运营项目——山东寿光2GW（200万千瓦）能源示范基地项目（100亿元）开发权，迈出新能源运营布局坚实步伐。

二是全面布局垃圾焚烧发电和固废处理业务。中建三局依托武汉千子山循环经济产业园项目，培育形成垃圾焚烧发电系统解决能力，成功进入垃圾焚烧发电运营产业环节。目前，运营项目年处理垃圾54.75万吨，发电2.59亿千瓦时，能满足约20万户居民一年家庭用电，拓展了“低碳经济”新模式。

三是全面发力智慧运维和能源管理业务。中建三局开发的BIM（建筑信息模型）智慧运维产品已成功运用于中国华润大厦、星河湾总部大楼等 10 余个大型综合体建筑，为用户提供包含咨询、软件、改造的建筑智慧运维综合解决方案，平均降低能耗 15%以上，运维工程人员减少 40%以上。目前新产品正在公司化运作、市场化经营，未来将围绕智慧运维，积极发展智慧光伏产品线，拓展城市更新产品线，提升 BIM 运维管理价值。

三、改革成效

一是创新发展动能持续增强。研发机构课题攻关、产业孵化平台成果转化、生产单位推广应用协同发力，推动创新要素快速集聚，3 家创新公司成势见效，9 家“云系”创业公司加速发展。

二是战新业务营业收入占比大幅提升。2023 年，中建三局战略性新兴产业营业收入占比同比增长 2. 2 个百分点，企业发展加速向“数字化、绿色化、运营化、产业化”转型升级。

三是“专精特新”企业培育成效显著。5 家所属企业被认定为省级以上“专精特新”企业，其中中建三局智能公司入选国务院国资委世界一流专业领军示范企业以及工信部专精特新“小巨人”企业。

76

坚持改革创新高位谋划 实现科技引领高位突破

中国建筑国际集团有限公司

一、基本情况

中国建筑国际集团有限公司（以下简称“中国建筑国际”）是中国建筑集团有限公司（以下简称“中国建筑”）旗下香港上市子公司，公司于1979年在香港成立，2005年在香港联合交易所上市。经过40余年发展，中国建筑国际已成为港澳地区最大的综合型建筑及基建投资企业之一，主要业务包括基建投资、建设、运营等板块。国有企业改革深化提升行动开展以来，中国建筑国际深入学习贯彻习近平总书记关于国有企业改革发展和党的建设的重要论述，坚持以服务国家战略为导向，以增强核心功能和提高核心竞争力为重点，把改革创新作为引领企业发展的第一动力，将推动建造业转型升级作为企业的重要使命，着力推动科技创新高位突破。2023年，中国建筑国际通过科技优势筑起发展护城河，助力利润水平持续双位数增长，实现百亿元以上目标。

二、经验做法

（一）明确科技战略，完善科创体系

一是强化科技战略引领。在“十四五”战略规划中，中国建筑国际把

科技创新放在首位，明确“科技+投资+建筑+资产运营”差异化发展战略。充分发挥院士专家的战略咨询作用，将“工业化、产品化”作为引领建筑行业科技变革的新思维，推动具有自主知识产权的建筑工业化产品研发应用，以科技优势筑起护城河。

二是健全科技创新体系。中国建筑国际健全高水平科技人才高地，2023年与中国工程院院士陈湘生在香港合作成立首个境外院士工作站，组建建筑科技研究院，与以16名院士为主的高规格专家委员会、200余人的专家库一起，完善高端科技咨询与辅助决策体系。发挥企业科技创新主体地位，与广东省住建厅、建科院等单位联合成立多个省级科技创新平台，持续提升科研能力。整合资源组建新型建筑工业化平台公司，推动科改企业申报、探索科技分红激励，激发科技创新活力。

三是打造科技创新名牌。中国建筑国际加快优势领域高新技术企业培育，打造装配式建筑和复杂玻璃幕墙等核心原创技术策源地。强化科技推广宣传，举办澳门BEYOND国际科技创新博览会。2023年发布五大建筑科技产品，开设品牌展区展示先进建造科技成果，树立建筑科技型企业新形象。

（二）锚定重点领域，实现技术突破

一是聚焦装配式建筑领域开展攻关。中国建筑国际持续加大多元化研发投入，累计投入3.2亿元。旗下中建海龙科技有限公司，推动装配式4.0时代技术革新，实现90%以上的工序在工厂自动化生产，将传统“主体—内装—设备”的“串联”作业方式，变为一体化的“并联”作业方式，工期缩短为传统建造方式的1/3，真正实现“像造汽车一样造房子”。2023年，中国建筑国际完成深圳人才安居保障房华章新筑项目竣工，该项目是全国第一个混凝土模块化高层建筑、建造速度最快的高层保障性住房项目，是第一个BIM全生命周期数字化交付模块化建筑项目；采用最新

MiC（模块化集成建筑）技术完成北京市西城区桦皮厂胡同 8 号楼“原拆原建”，仅用 3 个月时间，实现居民从迁出到精装交付回迁入住，破解了该项目停滞 3 年的困境，为特大、超大城市老旧小区改造面临的施工场地小、环保要求高、建设周期长等难题提供了新思路，被央视《新闻联播》报道。

二是聚焦复杂玻璃幕墙领域开展攻关。中国建筑国际全面开展标准化设计、智能化生产、高效化安装成套技术研发，推动复杂玻璃幕墙制造与施工关键技术攻关。2023 年完成香港中环美利道双曲幕墙项目，挑战弧形玻璃幕墙行业极限，形成“双曲面单元式幕墙 BIM 建模设计工法”，建成全球行业首条数字化幕墙制造生产线，将双曲幕墙单元件加工合格率从不足 10% 提升至 90% 以上，加工精度控制在 3 毫米以内，实现技术上的根本性突破。

三是聚焦低碳环保领域开展攻关。中国建筑国际布局绿色建材、绿色建筑设计和绿色施工全产业链，大力推进绿色科技创新与工程应用，积极开展碳计算、碳交易研究和实践。设计、建造、运营香港有机资源回收中心二期项目（O · Park2 项目），以香港绿建环评认证的最高评级“BEAM Plus 1.2 铂金级”为设计标准，建材使用含 100% 循环成分的钢筋、工字钢等，较传统材料减碳 60%，建造过程中针对水源、能源、木材、废弃物等制定减碳措施，促使项目废弃物循环利用率超过 95%。

（三）加快数字化进程，赋能主业发展

一是强化智慧管理。中国建筑国际迭代升级自主开发的智慧工地产品 C-SMART，是具有自主知识产权的数字化建造集成管理平台。该平台融合 5G、VR、AI、物联网、机器人等技术，辅助工程项目实施进度管理、安全管理、质量管理、环境管理等目标管控，打通了设计、工厂生产管理 MES（制造执行系统）和现场工程管理，将数字化贯穿项目全过程，业内

首家被跨界评为“中国工业数字化转型领航企业”。

二是实践智能制造。中国建筑国际以自动化流水线为基础，2023 年建设深圳龙岗“装配式超级工厂”，搭载移动式智能复合机器人、AGV、全方位质检机器人、天梭系统等智能生产装备，实现混凝土 MiC 从原材料到产成品的高效化、精益化和智能化生产。通过设计、生产、运输、施工和运维全过程数字化拉通，融合智能制造生产系统 MOM、云数据库及 BIM、物联网、云控制、数字化驱动、专家工艺库等技术，打造全球首创的基于装配式智能建造产品的最先进全过程智能制造系统。

三是推行数字交付。中国建筑国际积极推动工程项目数字化成果与 CIM 基础平台（可视化城市空间数字平台）数据融合。2023 年建成的华章新筑项目依托数字集成交付理念，建立数字化成果交付、审查和存档管理体系，以 BIM 模型作为数据载体，导入深圳市 CIM 平台，服务项目后期的运行监控、能耗优化、故障预测，助力深圳市智慧城市建设运营。

三、改革成效

一是科技创新实力持续增强。2023 年，中国建筑国际境外院士工作站在澳门轻轨东线南段、香港明日大屿等重大项目中发挥助力作用。与广东省住建厅签订战略合作协议，共同成立粤港澳建筑业协同发展研究中心，推进大湾区 MiC 技术和工程模式融合发展。成功申报“模块集成建筑建造关键技术研究与应用”，为首次牵头获批的国家重点研发计划项目。2023 年新获批省部级科创平台 2 个，主/参编国家、行业及团体各类标准共 26 项，获授权国家专利 100 余项，获省部级科技奖一等奖 4 项，实现中国专利优秀奖零的突破。科技优势持续塑强经营发展优势，2023 年公司科技带动类业务新签合约额、营业收入占比均超过 1/3，预计到 2025 年将达 50%、利润占比将翻番。

二是核心领域优势持续巩固。装配式建筑方面，中国建筑国际自主研发的“模块化集成建筑设计、生产与应用关键技术”，成功入选“工程建设十大新技术”榜单和“科创中国”绿色低碳领域先导技术榜单，“MiC建造关键技术研究与应用”作为我国第一个专门的模块集成建筑国家级重点研发项目，获批“十四五”国家重点研发计划项目。复杂玻璃幕墙方面，旗下幕墙专业公司——中国建筑兴业集团有限公司保持港澳幕墙市场龙头地位，2023 年相比 2019 年实现营收翻番、净利润增长 1.3 倍的业绩。2023 年 9 月封顶最难幕墙香港中环美利道幕墙项目，11 月成功中标世界最复杂曲面玻璃幕墙 OPPO 欧加大厦幕墙项目，获得沙特政府主动邀请对接 The Line 未来之城、新的世界第一高楼吉达塔等大型项目，行业地位和品牌美誉度持续巩固。绿色低碳方面，O・Park2 项目完成港交所首笔碳排放抵销交易，是全国首个施工期碳中和、建筑行业首个全生命周期负碳项目。2023 年建成（BIPV）光伏建筑一体化中试线和远东珠海生产基地。

三是数字化赋能成效持续凸显。智慧工地 C-SMART 系统，成为香港唯一满足并超过政府 4S（Smart、Site、Safety、System）要求的智慧工地系统，目前已在港澳及内地 200 多个项目推广应用，持续赋能建筑工程项目管理。幕墙智能制造系统进一步优化，供应链协同效率提升 20%，项目管理效率提升 60%。“数字化交付”体系持续升级，MiC 制作工效提升超 20%。

77

加快推进功能使命性改革 不断提升储备保障省域粮食安全能力

中储粮集团公司浙江分公司

一、基本情况

中储粮集团公司浙江分公司（以下简称“浙江分公司”）成立于2003年10月，是中国储备粮管理集团有限公司（以下简称“中储粮集团”）派驻浙江的区域性管理机构，下辖11家直属企业，根据中储粮集团授权委托，负责管理浙江辖区的中央事权粮油，执行国家粮油宏观调控任务，实现国有资本保值增值。浙江分公司本部设6个职能部门，现有在岗员工354人，管理人员137人，管理的中央政府储备粮品种齐全、规模均衡。

浙江分公司深入学习贯彻习近平总书记关于国有企业改革发展和党的建设的重要论述，以及习近平总书记考察浙江重要讲话精神，始终牢记浙江“中国式现代化的先行者”新定位和“奋力谱写中国式现代化浙江新篇章”新使命，围绕增强服务保障国家粮食安全战略能力，加快推进功能使命性改革，充分发挥中储粮“大储备、大购销、大物流”的产业优势，统筹利用国际国内两个市场、两种资源，在浙江一域创新守护“中国饭碗”，展现“大国粮仓”责任担当。

二、经验做法

（一）扩仓容，增强储备保障硬实力

一是强化仓储设施建设。浙江分公司认真贯彻落实中储粮集团“两带五区”战略部署，科学制定《浙江分公司2024—2025年仓储设施建设规划》，在舟山、温州、宁波、嘉兴等重要物流节点和粮食产业园区布局建仓，落地实施玉环直属库扩建项目，扎实推进丽水直属库“退城进园”项目，进一步夯实保障浙江粮食安全的物质基础。

二是创新投资建设模式。浙江分公司充分发挥储备产业吸附效应和辐射带动效应，打造“前港+中仓+后厂”模式，筑巢引凤，吸引产业链上下游企业参与布局。例如，在舟山成功吸引200万吨/年的玉米深加工项目（年产值达50亿元以上）落地，加快形成“仓储+物流+加工”粮食生态共同体。

（二）调结构，优化重点品种储备规模

一是针对性落实中央储备建设任务。浙江分公司坚决落实国家宏观调控政策，扎实做好储备建设任务，立足浙江省内储备结构中大豆和玉米品种规模相对偏小、难以满足养殖产业需求等问题，全力充实大豆和玉米储备规模，有效保证省域内不同品种间的合理调剂。

二是完善舟山基地进口保障功能。依托浙江“大市场、大需求、大流通”的区位特点，浙江分公司将舟山直属库打造为综合性粮食储备基地。利用舟山港优势，加强同中储粮系统内子企业沟通对接，做强做优进口粮中转、减载、江海联运等业务，提升同业竞争能力。打通进口粮向内陆流通渠道，全年转载辐射至四川、江西、福建、江苏等地的进口粮约150万吨，保障了东南沿海及长江沿线地区粮食安全。

（三）强管理，保障粮食储存安全

一是加强全过程质量安全管控。浙江分公司健全质量安全管理办法，层层落实各级质量安全管理责任，从采购、入库、储存、出库等关键环节严格把关，加强粮食溯源、质量分析比对等流程，形成“全覆盖”质量安全管控格局。加大综合控温、氮气气调等绿色储粮技术应用力度，实现安全储粮、绿色储粮目标。

二是强化储备精益管理。浙江分公司推进“标杆库”创建深度融入直属库日常经营管理，深化6S管理与包仓责任制管理，把包仓奖惩兑现作为深化包仓责任制落地的突破口。将包仓范围从静态保管环节向出入库动态环节延伸，采取当月兑现、年底专项奖励双重机制，与绩效奖金、评先评优、晋级晋档挂钩，激发包仓团队主观能动性和积极性。2023年，辖区中央储备粮损耗率和仓储易耗品支出下降明显。

三是推动仓储智能化转型升级。浙江分公司按照数智化改革方向，持续升级完善智能化粮库系统，优化智能出入库、数字仓储、实时粮情、AI预警等系统集成，“智慧粮仓”信息化建设项目实现直属库与分库全覆盖，穿透式、全方位监控粮食数量和质量，确保粮食储存安全。深化产学研合作，整合辖区科技资源，全面推进温州直属库科技示范库建设，完成仓内视频监控技术升级、器材库存动态管理系统等10项建设任务，科技化智能化转型迈出新步伐。

（四）抓协同，联合地方共建安全体系

一是深化储备保障协同。浙江分公司与浙江省有关厅局联合创建“三协同、两协作、两交流”模式（储备轮换协同、粮食收购协同、应急保供协同，安全生产协作、库存检查协作，人才培养交流、党建赋能交流），发挥各自比较优势，构建吞吐联动、优势互补、运转高效、资源共享的全省粮食储备管理格局。2023年，央地协作购销粮食超过4万吨，提升了储备服务调控、保障安全能力。

二是深化粮食供应链协同。浙江分公司积极融入浙江省粮食物流核心枢纽及关键节点建设，助力打通“枢纽 + 节点 + 通道”的粮食物流骨干网络，推动优化全省储备布局，强化平急两用保障能力，更好保障海外进口、东北及周边产区粮源入浙，进一步助力浙江粮食供应链安全稳定。

三是深化粮食产业链协同。浙江分公司与有关政策性银行、粮食企业等 62 家单位在储备加工对接、均衡轮换等方面深化交流合作，坚持以市场为中心、以客户为导向，融通粮食产业链，畅通粮食循环，圆满完成年度轮换购销任务，实现互利共赢，促进区域经济发展，为浙江“两个先行”贡献力量。

（五）保供应，全力维护省域市场稳定

一是构建更有韧性的粮食供应体系。浙江分公司深化轮换购销协同运营机制改革，充分发挥轮换购销中心“六统一”集中运作优势，建立健全稳、准、快的分析决策机制，加强产销对接，通过进口粮接收、北粮南运以及与东北、周边粮食主产省扩大产销合作等方式组织保障粮源，通过储备轮换和政策性粮食拍卖向市场投放优质粮源，满足用粮企业需求，确保粮食供应充足、价格稳定、市场平稳运行。2023 年，辖区轮换价差优于集团公司下达的价差目标值，连续两年获得轮换超额利润分享激励。

二是健全完善高效的应急保障体系。浙江分公司完善中央储备粮应急动用预案，细化突发事件监测预警、应急响应分级处置、应急预案启止及保障措施等内容，健全风险防范化解机制，加强应急力量建设和应急动用演练，有效提升突发状态下粮食和物资储备保障实战能力，确保在特殊时期“调得动、用得上”。

三、改革成效

一是夯实了储备保障基础。目前，浙江分公司2020—2021年度中央投资建仓项目全部完工并投入使用，2022—2023年度项目扎实有序推进，储备仓容较2020年末增加67%。同时，规划建设2024—2026年建仓项目，届时中储粮浙江辖区保障粮食安全硬实力将实现新的跃升。

二是维护了省域市场稳定。2023年，浙江分公司通过进口粮接收、与主产区产销合作，调入各品种粮食约240万吨（其中玉米和大豆占90%），向浙江市场高效投放约30万吨，有效满足加工、养殖和饲料企业用粮需求，保障了省内粮食市场的平稳运行，充分发挥了中储粮“保供稳链”的重要作用，得到了地方政府和终端客户的高度肯定。

三是助力了经济社会发展。浙江分公司通过落实“前港+中仓+后厂”建仓模式，吸引加工企业参与布局，带动地方税收。通过健全全过程质量安全管控体系，大力推广绿色科技储粮，提升信息化穿透式监管水平，中央储备粮质量达标率、品质宜存率、食品安全指标达标率保持100%，有力保障库存粮食质量安全，不断满足人民对优质健康食品的需求。

78

服务国家战略　聚焦提质增效 深入开展国有企业改革深化提升行动

中国南水北调集团中线有限公司

一、基本情况

南水北调中线工程是国家南水北调工程的重要组成部分，是缓解我国黄淮海平原水资源严重短缺、优化配置水资源的重大战略性基础设施，是关系到受水区河南、河北、天津、北京等省市经济社会可持续发展的重大民生工程。中国南水北调集团中线有限公司（以下简称“中线公司”）是中国南水北调集团有限公司全资子公司，下设 5 个分公司和 3 家全资子公司，主要负责南水北调中线干线工程的建设、供水及经营管理，履行工程项目法人职责，依法自主从事生产经营活动，确保南水北调中线工程安全、供水安全和水质安全，提高工程社会效益、生态效益和经济效益，开拓经营，履行国有资产保值增值责任，服务经济发展和社会民生，保护生态环境，充分发挥南水北调中线工程战略性、基础性、公益性作用。

二、经验做法

中线公司高度重视国有企业改革深化提升行动工作，紧紧围绕中国南水北调调水供水龙头企业、国家水网建设领军企业、水安全保障骨干企业的战略定位，充分发挥“基本盘”和“压舱石”的重要作用，把深入实施国有企业改革深化提升行动和开展价值创造行动相结合，聚焦调水供水主责主业，强化国家重点领域保障，着力增强核心功能提高核心竞争力，加快建设现代新国企。面对汛期海河“23·7”流域性特大暴雨洪水冲击，中线公司有力保障了全线供水安全，2022—2023 年度累计调水 74.1 亿立方米，完成年度计划的 112%，营业收入和水费收缴再创新高，国家战略安全支撑作用更加凸显，科技创新能力持续增强。

（一）强化组织统筹，扎实开展国有企业改革深化提升行动

中线公司以提升发展质量效益效率为主线，锚定“一利五率”经营指标体系，聚焦增加收入、节约成本、提高效率，建立工作推进机制，深入推进国有企业改革深化提升行动落地见效。

一是科学制定实施方案。中线公司紧紧围绕主要改革任务和“三个企业”战略定位，突出中线公司主责主业，锚定增强核心功能和提高核心竞争力目标。方案编制过程坚持把握重点、突出特点、措施具体、结果明确的目标，确定 9 个方面 27 项重点任务，并细化为 109 项具体工作举措，方向明确、指向精准、导向务实，扎实推动国有企业改革深化提升行动，增强国有企业改革深化提升行动的针对性和有效性。

二是细化分解任务清单。中线公司将价值创造、安全提升、标准化建设、管理实验室、成本实验室等重点工作整合起来统筹推进，按照“措施可操作、效果可考核、过程可检查”的要求，进一步梳理细化了 223 项具体工作措施，明确了相关责任。

三是系统构建工作机制。中线公司通过建立健全组织机构，规范实施流程，形成系统完整、运转高效的工作体系。成立改革深化提升行动领导小组和工作专班，为实现目标提供组织保障。通过“台账式管理、清单式推进、季报式总结”的方式统筹推进和动态监控，保障国有企业改革深化提升行动有力有序推进实施。强化考核激励和宣传引导，调动全员参与改革的积极性和主动性。

（二）聚焦“三个安全”，忠诚履行保障国家水安全的重大使命

习近平总书记在推进南水北调后续工程高质量发展座谈会上明确提出，要从守护生命线的政治高度，切实维护南水北调工程安全、供水安全、水质安全。“三个安全”是中线工程的生命线，中线公司坚持安全发展理念，全面夯实安全生产基础，系统做好防洪度汛、运行调度、水质保护等主责主业工作，确保“三个安全”，积极服务国家重大战略。

一是强力应对海河“23・7”流域性特大洪水，取得了保安全、保供水的双胜利。中线公司汛前组织风险排查，备足备齐防汛物资和应急保障队伍，落实预报、预警、预演、预案“四预”措施，汛期面对超标准洪水威胁，组织科学有序应对，采取有力措施保障供水安全，获得了水利部、北京市政府的高度评价，先进事迹入选全国优秀青年突击队案例，充分彰显了新时期国资央企的使命担当。

二是全面提升调水供水能力。中线公司动态调整调度模式提升冰期输水能力，多方协调努力优化供水结构，实施生态补水和大流量输水。科学部署防汛关键期的应急调度措施，对沿线60座节制闸进行联合调度。中线工程圆满完成年度调水任务，超额完成水利部下达的年度水量调度计划。

三是系统抓好水质保护。中线公司全面加强水质常规监测、藻类监测、地下水监测和应急监测，打造1个中心、5个水质实验室、13个自动监测站、30个固定监测断面的水质监测体系，推进多元生物预警、淡水壳菜在线监测设备研发，持续健全水质保护联防联控机制。通水以来水质稳定达到地表水Ⅱ类及以上标准。

（三）持续增强核心功能，提高核心竞争力

中线公司以增强核心功能提高核心竞争力为重要途径，围绕“项目管理、运行管护、创新发展”，坚持向管理要质量、向管理要效益、向管理要发展的原则，加快推进管理体系和管理能力现代化。

一是围绕管理提升，全链条加强项目管理能力。中线公司先后修订印发了一系列管理制度，全链条加强项目从立项源头到验收收口的管控能力，以系统完备的制度保障管理提升的效果。

二是围绕提质增效，全方位提升运行管护水平。中线公司优化调水量和供水结构，适时启动大流量输水。建立四级联动的水费收缴机制，营业收入和水费收缴再创新高。签订再融资银团贷款合同，实现年化利息大幅下降。开展中线工程标准化管理评价，推行标准清单和定额管理。压实现地管理责任，加强外委单位监管，提升维修养护质量和效果。发挥全面预算引领作用，创设“一处一库”模式分类建立维修养护项目库。

三是聚焦关键技术，科技创新取得重大成果。中线公司积极推行“揭榜挂帅”科研项目管理新模式，促进自有科技创新人才的培养和团队建设，注重科技成果转化应用，科技成果不断显现。加快推进数字孪生南水北调建设，提升中线工程的数字化、网络化、智能化水平，数字孪生南水北调中线一期 1.0 版建设项目建设成效获得水利部认可，并在 94 项数字孪生先行先试任务中成功入选 15 个候选样板工程。

三、改革成效

国有企业改革深化提升行动开展以来，中线公司坚持服务国家重大战略、忠诚履行保障国家水安全的重大使命，进一步强化质效优先的理念，将工程运营和企业经营结合起来，全员参与，全链条推进，取得了丰硕成果。

一是国家战略安全支撑作用更加凸显。中线公司作为以保障国家水安全为主责的国资央企，认真落实中央部署要求，将确保南水北调“三个安全”作为重中之重，已连续9年实现安全平稳运行。截至2023年底，累计调水超过615亿立方米，直接受益人口超过1.08亿人，为沿线26座大中城市200多个县市区经济社会高质量发展提供了有力的水资源支撑和水安全保障。

二是企业管理质量效益效率显著提升。“质量第一、效益优先”是企业改革发展的本质要求，中线公司锚定“一利五率”经营指标，聚焦“增加收入、节约成本、提高效率”，优化调水量和供水结构，完善水费收缴机制，树牢“一切成本均可控”理念，利润总额和水费收缴率再创新高，分别完成年度指标的149%和110%，2023年通过成本实验活动实现降本增效收益4.4亿元。

三是科技创新能力持续增强。创新是企业发展的不竭动力，中线公司加快完善科技创新体制机制，推动自有科技创新人才的培养和团队建设，中线工程特殊输水期调度关键技术等多个项目达到国际领先或先进水平。2023年承担在研国家级科研项目2个，获得省部级奖励2项，刊发SCI论文2篇，EI论文1篇，获授权专利40项，登记软件著作权8项，4项成果入选水利部科技推广中心等单位发布的技术推广目录。

79

保持战略定力　聚力高质量发展 打造网络空间安全领域“国家队”

国投智能（厦门）信息股份有限公司

一、基本情况

国投智能（厦门）信息股份有限公司（原名“厦门市美亚柏科信息股份有限公司”，以下简称“国投智能股份”）是国家开发投资集团有限公司（以下简称“国投”）所属的国有相对控股混合所有制企业，2011 年在深圳创业板挂牌上市（股票代码：300188），是国内电子数据取证行业龙头企业、公共安全大数据领先企业以及网络空间安全领域“国家队”。

国投智能股份坚持以习近平新时代中国特色社会主义思想为指引，以国家战略需求和产业升级需求为导向，结合国际环境的新变化、竞争格局的新形势、改革发展的新要求，持续加大科技投入，完善创新体制机制，加强核心技术攻关与科研成果转化，让科技创新成为推动企业高质量发展的强大引擎。近 5 年，国投智能股份先后获得 1 项国家科学技术进步奖二等奖、4 项省部级一等奖和多项省市级科技进步奖，2021 年名列创业板研发驱动力百强榜榜首。

二、经验做法

（一）坚持服务国家战略，着力夯实安全支撑力

一是瞄准人工智能重大需求，积极承担国家重点实验室建设。国投智能股份围绕新一代人工智能开展基础性、前瞻性创新研究。作为联合建设单位，实施深度伪造视频图像检测鉴定技术国家重大项目，协助公安执法部门智能识别有害信息网站，目前已在有关部委以及广州、厦门等多地应用，识别准确率达到95%以上。

二是落实科技兴警重大部署，自主研发国内首个公共安全大模型。依托在公共安全领域20多年的经验积累和技术沉淀，国投智能股份研发国内首个公共安全大模型一体化装备“天擎”，融合公安知识库、警务标准件和业务数据，可根据警务人员指令，调度各类系统进行数据深度分析，快速汇总形成分析报告，极大提升查案办案效率。

三是筑牢数字经济安全屏障，参与建设国家反诈中心平台。围绕电信网络新型违法犯罪中的关键环节，利用大数据等技术建立相关模型，国投智能股份在全国59个地方落地部署反诈中心平台，实现反诈打击“快、准、狠”，累计为老百姓避免和挽回损失近230亿元，打造警企合作的良好典范。抽调精干队伍参与国家打击缅北电诈犯罪专项行动，处理数据信息15亿条，服务国家安全稳定大局和人民群众生命财产安全，为不断健全公安战略科技力量、推进平安中国建设提供有力保障。

四是主动服务国家重要活动安保任务。国投智能股份主动遴选组建技术专家团队，为成都大运会、杭州亚运会和亚残运会等国家大型活动提供网络安全保障及应急响应处置，运用大数据、网络安全等技术协助开展网络事件演习、主场馆全要素演练，提供了近百次的网络应急响应以及多轮、全面的安全检查，圆满完成各项任务，日益成为国家重要活动的应急

保障力量。

（二）开展重点科研攻关，着力强化产业控制力

一是巩固电子数据取证领域核心技术优势。国投智能股份攻克人工智能人脸照片对抗解锁、特斯拉汽车加密数据取证等一批行业首创、独创技术，手机云取证、汽车取证、物联取证等业务领先企业50%以上，电子数据取证业务市场占有率始终保持行业第一，产业链影响力持续加强。

二是提升公共安全领域基础研究能力。国投智能股份从应用研究向基础研究拓展，成立“乾坤”大数据操作系统研究院，研发大数据核心基座产品“乾坤”操作系统，打造快速构建应用平台和敏捷开发的能力，为跨领域、跨行业应用拓展夯实基础。运用“乾坤”操作系统的大数据平台已覆盖公安、海关、应急等六大行业，其中国家级大数据平台10余个，相关成果获得党中央领导批示肯定10余次。

三是强化数字政务领域关键技术攻关。国投智能股份围绕“网络空间+物理空间”新型市域社会治理模式，重点研发风险感知、风险防控、协同治理等应用系统，构建城市公共安全平台，为建设数字政府、提升治理能力现代化水平提供有力支撑。以厦门城市公共安全平台为例，目前已汇聚85个政府部门的822亿余条数据，协同处置风险事件超过35万起，有效处置率达99.7%，被评为全国智慧城市优秀案例、数博会十佳大数据案例等。

（三）持续加大资源投入，着力提升科技创新力

一是坚持久久为功、算长远账，持续加大科技研发投入。国投智能股份研发投入占比连续10多年超过15%，近3年研发投入增长平均保持在20%以上。明确研发投入重点方向，加大人工智能大模型、智慧城市、视频图像大数据和网络空间安全等关键技术支持力度，集中力量攻关突破。进一步完善制度流程，强化科研项目经费管理，印发《研发经费管理办

法》《预算质量考核方案》等制度，强化研发经费使用的过程监督和事后审计。2022 年，每产出 1 项知识产权的资金消耗比 2018 年下降 21%，科研经费使用的规范性和精准度得到有效提升。

二是坚持以人为本、以奖促优，持续激发员工创新活力。2022 年，国投智能股份举办第一届科技创新大会暨首届科技成果奖评选活动，向 6 家单位的 9 个项目授予科技成果奖。2023 年，国投智能股份在以公司创始人刘祥南先生命名的创新创业基金中，设立重大科技贡献奖，评选出 2 名个人和 1 个产品，获得“祥南”创新奖，分别给予 10 万元奖励。连续多年开展“揭榜挂帅”技术攻关工作，2023 年经过发榜、揭榜、示榜等层层遴选，共有 18 个项目揭榜并成功组队，进一步打开科技创新工作新局面。

三、改革成效

一是改革发展取得新突破。按照国投战略优化方案，国投智能股份由原三级投资企业提级为子公司，由集团总部直接管理，成为国投开展数字化业务的投资运营管理平台，被赋予了更重要的功能使命。国投智能股份按照新的战略定位，优化调整“十四五”规划，形成新“8848 +”战略体系，未来发展路径更加清晰。

二是科技创新取得新成果。2023 年，国投智能股份新增国内授权专利 74 项，国际授权专利 1 项，软件著作权 161 项；参与制定 4 项国家标准、5 项行业标准；发表 EI/SCI 论文 5 篇；承担国家、部省级在研科研项目 17 个。发布了电子数据取证操作系统 MyOS 以及国内首个公共安全大模型。自主研发了深度伪造视频图像检测鉴定的核心引擎，推出国内领先的“AI-3300 慧眼视频图像鉴真工作站”、AIGC 内容检测平台等系列视频图像检测鉴定的一体化智能装备。电子数据取证相关科研成果获得了公安部科学技术奖一等奖；“复杂场景的海量视频智能分析平台关键技术研发与产业化”

项目和“移动云数据安全访问与共享关键技术及应用”项目，分别获得福建省和湖北省科技进步奖一等奖；“彩云电子数据汇聚与智能分析平台解决方案”和“电信网络诈骗犯罪打击预警综合解决方案”，同时入选2022年度工信部、福建省信息技术应用创新解决方案。

三是业务布局取得新进展。2023年，面对政府预算资金盘子和项目建设需求大幅降低、“招商式项目”大行其道等严峻的市场环境，国投智能股份在电子数据取证和公安大数据等基石业务领域另辟蹊径，从网安、刑侦、科信拓展到食药环、经侦、纪委、国合、国安等领域寻找新机会，已经形成基础布局。电子数据取证业务市场占有率保持在59%，各项核心指标保持国内第一。公共安全大数据业务市场占有率达37%，创历史最高水平。

四是企业发展获得资本市场认可。国投智能股份持续加强市值管理，截至2023年底，公司市值维持在150亿元水平，比上年底市值增加27.16亿元。在国投选定的20家对标组企业中，日均市值涨跌幅度排名第一。

80

践行央企社会责任　培育养老龙头企业

国投健康产业投资有限公司

一、基本情况

国投健康产业投资有限公司（以下简称“国投健康”）是国家开发投资集团有限公司（以下简称“国投”）于2016年11月成立的全资子公司，是民生健康板块的重要组成部分和优先发展业务。国投健康切实践行央企社会责任，坚持服务国家战略，不断探索具有国投特色的健康养老产业发展模式，提供高品质医养服务，建立完善养老服务标准体系；以养老机构为基础，布局重点城市中心区域，向居家养老、社区养老、旅居养老延伸，面向全体老年人提供健康养老整体解决方案。

经过不断探索和实践，国投健康通过自有物业改造、公建民营、培训疗养机构改革、合资合作方式，在全国24个省、自治区、直辖市，布局养老机构近60家。在贵州等地搭建了养老人才实训培训基地，建设了国投健康云平台和“国源通”互联网服务平台，初步构建起“医养康养相结合、产教产融相协同”的发展格局，努力推动健康养老产业高质量可持续发展，为满足人民群众对健康养老美好生活的向往贡献力量。

二、经验做法

（一）聚焦央企功能价值，“一企一策”给予精准支持

国投党组深入学习领会党中央决策部署，率先响应、坚决服务健康中国和积极应对人口老龄化国家战略，发挥央企功能价值，结合国投整体战略优化，将民生健康作为四大业务板块之一优先发展。力争率先突破，发挥国投健康投资运营平台作用，大力倾斜发展资源，从集团层面给予“一企一策”精准政策支持，推动健康养老产业稳步成长，努力成为健康养老领域的引领者。

一是优化本部组织机构，健全市场化激励机制。根据国投健康十四五战略规划，按照发展要求，集团支持国投健康打造运营管控型本部，对组织架构进行重塑，满足业务规模扩张带来的运营管控、数字化建设等方面的管理需求。重点增强业务拓展、运营管理、市场开发等中前台核心业务线职能，将人均效能等效率类指标、人均床位数等规模类指标作为公司人力发展的主要参考指标，增加中前台岗位编制，优化后中前台岗位占比达70%。建立市场化薪酬分配机制，激励约束并重，给予灵活的定薪空间，采取适度领先的薪酬策略，向中前台关键岗位倾斜，增强对高技能、专业化人才的吸引力，破解人才发展制约因素。

二是调整投资决策与业绩考核指标，支撑规模化发展需求。在投资决策方面，集团针对国家培疗机构改革任务，不再以全投资财务内部收益率IRR作为投资评价指标，主要聚焦项目经营质量，对项目投产后至少5年的主要经营指标进行预测和评价，如营收、成本等指标情况，同时开展项目运营周期现金流平衡测算和评价。对其他养老机构投资项目，以全投资财务内部收益率IRR不低于5年期国债利率作为投资评价指标。建立投资审批绿色通道，满足国投健康快速发展的实际。在业绩考核指标方面，适

度降低利润指标占比，提高新增床位数等发展类指标占比，发挥考核指挥棒作用，促进国投健康快速发展。

三是充分利用集团多业务板块特点，发挥资源协同优势。国投梳理各业务板块与健康养老产业关联度高的闲置物业、投资企业股权等，优先考虑将有关资产和股权划转至国投健康，实现养老床位数扩张。利用集团在与地方政府，子公司在地方投资、产业园建设等重大项目中的合作资源，加大养老业务区域拓展力度。与集团内部工程建设单位全面业务协同，完成养老项目工程的实施和管理；与集团内部金融单位探索设计开发养老金融产品；在集团协助下，与各部委、国有企事业等单位加强对接合作，积极承接医养、康养、红色教育、会议培训等业务。

（二）积极探索构建产业体系，发挥央企引领示范作用

国投健康发挥国有资本在民生健康关键领域的引领和带动作用，积极探索适合中国国情的健康养老模式，先行先试，敢于突进深水区，敢于啃硬骨头，深耕健康养老服务最难点、最痛点，坚持聚焦失能失智高龄老年人，打造医养结合与认知症照护特色，为高质量实现“老有所养”、助力完善老年人健康支撑体系贡献国投力量。

一是以标准化为抓手，探索形成具有国投特色的养老服务模式。国投健康通过自建自营、公建民营、承接培训疗养机构改革、合资合作等多种形式，大力发展机构养老，同时努力惠及更广大的人群，以机构为基础延伸社区居家养老服务。大力实施标准化与质量管理同步建设，多措并举引进专业化人才，提高服务能力与服务质量，扩大服务口碑与品牌影响力，逐步形成一套高质量、可复制的运营管理模式。

二是聚焦养老刚需群体，着力解决民生痛点。为解决养老刚需市场庞大、优质供给稀缺的结构性矛盾，国投健康大力发展“医养结合”模式，打造医疗康复与认知症特色。通过内设护理院、医务室，搭建专业医疗服务团队；通过与外部医疗机构合作等方式，加强医疗服务能力，不断增加服务和产品供给，提升照护能力，满足养老刚需。研发认知症照护整体解决方案，针对认知症老人定制化设计认知环境，引入中西医结合服务、生活赋能系统以及先进的认知症非药物干预疗法，为老人提供良好的生活环境和服务。

三是加强产教产融结合，探索构建健康养老产业生态。国投健康推进产教结合，加强与国内外知名高校、职业院校、医养机构等单位合作，搭建产教协同平台，开展养老机构在职人员培训、学生深造与就业培训等教育培训业务，联合职业院校探索工学一体化的培训模式，在贵州建设实训培训基地，输送标准化养老服务技能人才。推进产融结合，与保险机构开展合作，结合认知症照护特色，扩大目标客群数量和行业影响力，构建产融协同生态圈；与集团股权投资相关职能主体加强协同，在老年医疗、康复、营养、健康管理、老年用品等产业链细分领域整合产业优质资源，构建健康养老产业生态圈。

（三）科技赋能发展，不断强化精益运营能力

依托物联网、大数据、云计算、人工智能等技术，国投健康积极探索“智慧养老”模式，构建模块化养老服务资源网络，实现对养老资源的集中、精确、高效供给，为健康养老产业精细发展提供持续动力。充分发挥科技创新惠民、利民、改善民生的重要作用，为我国积极应对老龄化提供数智化解决方案。

一是开发统一安全运营管理平台，探索科技兴安路径。在机构安全运营方面，国投健康应用图像传输与图像识别技术，实现生产运营可视化、安全监控实时化、数据采集自动化。建设智慧消防体系，实现多用户、多级联动，远程报警及时处置火情。在养老场景下应用居间安全监测设备，应用巡更管理、居间管理、睡眠监测等系统，在保护隐私的前提下保障老人安全。开发一卡通和定位系统，方便老人在机构内完成所有活动与消费动作，掌握老人实时位置和运动轨迹，有效降低老人走失、跌倒等风险。

二是强化养老场景科技应用，提升服务质量和效率。国投健康采用智能呼叫设备实时记录老人需求及护理人员响应效率，合理安排人工并监督服务质量。利用音频分析技术实现老人生命体征数据无感采集，在夜间监测在床、坠床信息，降低查房频次。选用数字巡房、消杀机器人、健康一体机等多种智能化解决方案，提高养老服务智能化水平。通过推进新一代信息技术和智能设备在养老机构集成应用，强化资源收集、整合、调度、配置能力，提高快速响应和精准服务能力，大幅提升服务质量和服务效率，提升养老服务体验。

三、改革成效

一是积极参与培疗机构改革，有效发挥央企功能作用。国投健康以高度的政治责任感和强烈的使命感推进培训疗养机构改革工作，累计接收了五批 50 家培疗机构改革项目，率先高质量完成物业资产接收，妥善安置人员 900 余人，想方设法解决了一系列历史遗留问题，推动一批转型养老项目开工改造或投入运营。按照“一项目一策划一方案”原则，科学合理确定项目经营业态，统筹改革目标与经营发展。坚持聚焦失能失智高龄刚需群体，坚持普惠和医养结合，以“让老人满意、让家属满意”为目标，让广大老年人“住得到、住得起、住得安、住得好”。国投健康将进一步加大资金、人员投入力度，承担社会责任，努力打造中国养老龙头企业。

二是构建本部中台能力，规模化发展初见成效。通过机制的不断优化完善，国投健康现已储备大量医养、康养、产教等人才资源，初步形成一支高素质人才队伍。在从项目拓展、建设改造、筹开运营、客群建设、质量控制、成本管控、品牌宣传等全过程初步构建起大中台能力，建立了一套完整的经营模式和管理体系。在失能失智照护领域形成专业化、差异化的竞争优势。不断扩大发展规模，现有项目58个，基本实现全国业务布局，医养、康养、协同类项目全覆盖，实现资源总床位12000张，规模化、标准化、连锁化发展初具雏形。

三是业绩稳中向好，企业经营焕发活力。2023年，国投健康经营业绩取得较好成绩，完成营业总收入2.8亿元，年末在住老人约1800人，入住率达到80%，超额完成年度预算。认知症照护服务特色显现，机构项目在住认知症老人占比达到近20%，在全国举办多场认知症老人家属互助会，切实解决认知症长者家庭困难。在环境营建和设计方面，国投健康北京项目多感官活动室入选《世界阿尔茨海默病报告》典范项目。医养结合持续深化，已运营项目两证齐全的医养结合机构占比达85%；2023年国投健康北京项目获评全国首批医养结合示范机构，北京、上海项目获评“大国康养优秀案例”，机构医养结合模式逐步成熟。参与研发《品牌价值评价养老服务业》《认知症包容性社群框架》国家标准，参与《老年人心理健康评估规范》团体标准编写，为行业贡献国投智慧，不断强化安全、专业、责任、价值的品牌形象。

四是数字化管控水平提升，智慧养老模式初步形成。国投健康现已打造集医疗管理、安全监控、居家养老、客群服务于一体的国投健康云平台，业务全流程数字化管控，数字化业务上线率达到90%。2023年入选工信部、民政部、卫健委评选的《智慧健康养老产品及服务推广目录》。上海项目成功搭建智慧消防安全管理平台，建立数字化消防安全管理标准化体系，获评上海市示范单位，实现了消防的智能和自动化。初步形成了集智慧健康管理、智慧生活照护、智慧安全防护、智慧管理运营多位一体的智慧养老模式，服务品质和服务效率有效提升，努力打造智慧养老机构标杆。

81

推进数字化转型　打造科技硬实力 加快建设世界一流企业

中国电子工程设计院股份有限公司

一、基本情况

中国电子工程设计院股份有限公司（以下简称“中国电子院”）成立于1953年，是国家开发投资集团有限公司（以下简称“国投”）的控股二级子公司，是国家“一五”计划时期为发展电子工业而设立，承担着国家电子工业由“外援”到“自主把控”及发展壮大的特殊使命。中国电子院拥有6个国家级科研平台，具有自主知识产权的洁净、微振动控制两大核心技术达到国际先进水平，聚焦先进电子信息产业制造和智慧城市建设领域，提供从咨询、规划、设计到采购、施工、安装、检验、运维等全生命周期的一体化服务。自1956年设计完成我国第一座电子元器件厂起，到现在国内90%以上的显示器件、50%以上的存储芯片生产线都由中国电子院设计或建造，助力国家半导体产业加速发展、破解“缺芯”难题。

二、经验做法

中国电子院以“成为电子信息产业制造与智慧城市建设领域国际一流的数智化综合解决方案提供商”为愿景，按照“先业务数字化、后数字化业务”两步走战略，计划构建“以生产制造系统为核心的全要素真实工厂仿真模型（PSIM）”作为核心竞争力的数字孪生建设系统，并逐步打造数字化建筑、数字化工厂全周期综合解决方案的服务能力，力争实现“ITEC”目标（建设投资降低10%、建设周期缩短10%、生产效率提高10%、运行成本降低10%），赋能行业降本增效，支撑现代化产业体系建设。

（一）做好顶层谋划，找准转型路径

一是坚持战略驱动，强化组织推动力。中国电子院全体领导班子把“数字化转型”作为“一把手”工程，高度重视、统筹部署，坚持“一张蓝图绘到底”。在“十四五”规划中明确数字化转型的目标和重点举措，制定《半导体数字孪生工厂研究与应用》重大专项五年计划，以钉钉子精神切实推动数字化转型。2022年4月成立由中国电子院首席技术官直接领导的数字化技术中心，集中开展以生产制造系统为核心的全要素真实工厂仿真数字化技术攻关。

二是完善治理机制，提升专业决策力。中国电子院提升董事会科技创新决策能力，明确科技创新职能纳入战略委员会职责中，为董事会相关重大决策提供建议和支撑。引入3名勘察设计、工业互联网行业的技术和财务专家作为外部独立董事，充分发挥自身专业能力和社会阅历，为数字化转型出谋划策、把好方向。

（二）创新组织模式，联合技术攻关

一是彰显骨干“带动力”，优化科研立项组织模式。围绕生产工艺、洁净、微振动控制等技术领域，以数字化技术攻关为目标，中国电子院梳理15项科研课题，以“揭榜挂帅”的方式在全院范围内遍撒“英雄帖”，明确攻坚目标、完成时限，号召广大党员、青年骨干主动揭榜和领衔攻坚，与揭榜者签订“军令状”，形成全院奋勇争先、敢于攻坚的科研氛围，组建15支100余人的团队开展科技攻关。

二是打造数字化“战斗力”，加快推进数字化转型。中国电子院打破传统自下而上申报课题的立项组织模式，加强顶层设计，编制“十四五”科技项目指南，直接设立攻关课题，院领导亲自挂帅，抽调生产和科研人员共同组建研发团队，坚持“科研+生产”双轮驱动，以攻坚战方式开展数字化技术攻关。

三是推动“抱团式”攻关，创新凝智聚力新模式。搭建中国电子院·松山湖先进半导体工程技术联合创新中心，通过平台引才、引智，积极协同行业内顶尖专家，聚焦半导体先进制程工厂，开展关键技术研究重点专项，着力解决行业“卡脖子”技术难题。以国内某一龙头企业为试点，基于真实运行数据联合开展仿真验证与应用场景挖掘，对数据模型进行不断完善和校准迭代，与松山湖项目形成双向印证，快速提升科研水平。

（三）赋能经营生产，打造样板示范

一是推进成果转化，提升核心竞争力。中国电子院完善转化机制，发布《科技成果转化管理办法》，明确科技成果转化路径研究和管理机制。持续推进科研生产“1+1”模式，从前期经营、投标到生产各个环节，全面植入工艺技术和数字化成果。在半导体、显示器件、新能源等领域的实际项目中，围绕产能规划、设备配置、空间布局、物流规划等方面进行仿真分析，提出针对性优化建议，围绕实际项目遇到的难题提供技术解决方案，提升差异化竞争优势。

二是实现强强联合，加快打造样板示范。70年来的工程技术服务使得中国电子院拥有海量的数据资源，但缺乏数据收集、管理的能力和平台基础。为此，中国电子院投资并购数字化及智能化解决方案提供商，正在以某一显示器件项目为试点，依托工业互联网平台底座，与工厂数据仿真模型相互协同，探索打造数字化、智能化硅基微显示“灯塔”工厂，力争成为行业内数字化转型标杆项目。

（四）加强人才培养，实施灵活用工

一是探索更加灵活的用人机制。中国电子院匹配数字化转型，引入高端人才，制定《专项人才引进管理暂行办法》，明确兼职、顾问、技术合作、项目合作等多种柔性引才方式，实行协议工资或年薪制等市场化薪酬体系。为充分发挥骨干技术人员数10年宝贵的技术经验优势，修订《员工退休和返聘管理办法》，明确退休返聘和延迟退休的相关规定。

二是持续加强科技人才培养。中国电子院持续推进新员工“种子计划”，开展“师徒制”培养。截至2023年底共结对子619对，切实发挥“传帮带”的作用。推动“青年人才提升计划”，选拔148名青年人才、开展4批次集中培训。探索柔性引智，依托松山湖创新基地，搭建创新平台，引入领军人才联合攻关。实施“科技攻关+人才培养”双轮驱动，在松山湖创新基地、某半导体项目数字化攻关中落实人才培养的新模式，加速人才成长。

三、改革成效

中国电子院严格贯彻落实党中央、国务院以及国务院国资委国有企业改革深化提升行动的部署要求，从产业控制、科技创新、公司治理、市场化经营机制等方面全面推进科改行动并取得突出成效。

一是技术创新实力明显增强。中国电子院前瞻布局并优先掌握先进制程、新型显示、人工智能、工业互联网等未来行业领先技术，2023年累计发布标准15项，获批10余项国家、省部级科研课题、重大专项、重点研发计划及科技平台；获授权发明专利34项，其中海外专利6项；新增省部级以上获奖60项次；新增自主培养和引进国务院特殊津贴获批人才6人；围绕半导体晶圆制造，形成4套基于工艺源头和运行机理的厂务系统全流程全要素高精密动态仿真原型，构建 146 个工艺设备（主机台 + 附属机台）信息模型库，60 个单机台用能仿真原型及某存储芯片厂的 FAB 原型。

二是数字化新打法初见成效。中国电子院推进数字化能力的标准化、模块化和工具化，整合全院数据库资源，行业内率先开发“先进电子制造数字孪生工厂解决方案 v1.0”平台，目前已在 10 余个项目中得到应用。开创基于数字化优化能力的全方位服务新模式。以某一显示器件项目为例，通过构建数字孪生产线模拟投产后的生产运营，对设计方案进行全面优化，实现产能提升 11%，物流效率提升 40%，赋能产业降本增效。以数字化服务为依托，向工厂规划、平台建设、项目管理等多项服务延伸，探索实现由单纯的工程技术服务向工厂生产制造总体规划设计延伸，加快推动中国电子院从数量型规模型向质量型效率型转变。

三是经营业绩明显提升。中国电子院坚持战略驱动和技术引领，在不断加大研发投入的同时，2023 年实现净利润同比增长 29%。承担实施国际最高防微振控制等级的国家“十三五”重大科技基础设施“北京高能同步辐射光源项目”及国家存储器基地、西安三星、中芯京城、广州粤芯、京东方、华星光电、厦门天马、国家级超算中心、北京大兴机场等一批国家级、行业级重点项目。

82

坚定推进国有企业改革深化提升行动 创新转型房地产发展模式

华润置地有限公司

一、基本情况

华润置地有限公司（简称“华润置地”）是华润（集团）有限公司（以下简称“华润集团”）旗下负责城市建设运营的业务单元，于1994年改组成立，1996年在香港联合交易所上市，2010年被纳入香港恒生指数成分股，2022年被国务院国资委确立为国有企业公司治理示范企业。华润置地以“城市投资开发运营商”的战略定位为指引，构建了开发销售型业务、经营性不动产业务、轻资产管理业务三大主营业务与生态圈要素型业务有机联动的“3+1”一体化业务组合模式，业务涵盖住宅、公寓、购物中心、写字楼、酒店、商业运营、物业管理、长租公寓、城市更新、城市代建、城市运营、产业地产、康养等领域，构建起城市投资开发运营生态圈。

二、经验做法

近年我国房地产行业发生格局性变化，华润置地坚决摆脱惯性思维和传统路径依赖，扎实推动国有企业改革深化提升行动，积极以自身的确定性应对行业形势的巨大不确定性。

（一）扎实推动“十四五”战略调整，积极创建世界一流企业

华润置地坚持“房住不炒”与“租购并举”的主基调，立足“城市投资开发运营商”战略定位，系统研判宏观形势和行业趋势，全面开展国际、国内“双对标”。国际上对标日本三井不动产、新加坡凯德地产等优秀不动产企业，国内对标中海、龙湖、香港新世界等标杆房企，通过行动学习形式确立“增强核心功能，提高核心竞争力，加快建设行业领先的城市投资开发运营商，创建世界一流企业”的目标，建立“124563”战略体系，加大力度服务大国民生、服务国家区域战略、服务香港言商言政，加快实现央企经济属性、政治属性和社会属性的有机统一。

（二）坚定落实“城市运营商定位”，创新房地产发展新模式

2023 年 1 月，华润置地与深圳市南山区正式签约后海中心区智慧城市建设运营服务，以后海为样板，以城市运营商身份全面携手政府共同探索超大城市治理新模式。华润置地按照政府对后海中心区智慧城市愿景，灵活运用已有的物联网、通行、能耗、消防、CIM/BIM 等系统平台能力及全业态解决方案中标准化的智慧化场景，实现从项目管理小尺度到城市治理大尺度的推广落地，推动城市公共空间的智慧运营管理新模式做实落地。

一是打通政企共建服务的云网资源，提出“三千兆网络”方案，组建“OTN 专网 + XGPON 网 + 5G 网”的三千兆智慧城市网络基底，实时联通城市全域全量运行数据，为后海片区数字孪生提供数据基础。

二是赋能城市治理，试点应用环境卫生、安全隐患、绿色低碳等民生领域的智能监测预警，构建政企融合调度、协同处置能力，解决城市治理服务“最后一米”的难题。智慧赋能城市服务领域，与美团联合开通“海岸城—人才公园”低空无人机外卖配送航线，配送时长最短至 5 分钟。智慧赋能区域治理，在人才公园完成无人机智能巡检试点验证，应用于设备

巡检、市民涉险、水面监测等场景。

三是赋能产业商圈服务，联合南山区政府搭建“后海 e + 虚拟园区小程序”，实现后海片区产业政策“一键获取”、产业空间“一网申请”、惠企资金“一键申报”、企业诉求“一窗直达”。

四是赋能文化活动，依托城市级文化地标举办“院士讲堂”“后海草地音乐节”“无人机灯光秀”等有影响力的系列城市 IP 活动，展现深圳文化和南山精神，塑造后海 IP。

五是赋能“双碳”引领，打造后海片区低碳管理平台，接入和分析片区 100 栋楼宇数据，实现“片区碳排可视、建筑用能可规、节能降碳有道、政府双控有策”，并针对性开展低碳运营管理服务与创新试点，如片区虚拟电厂、光储直柔示范应用等。

（三）高质量完成重大赛事保障任务，充分彰显央企服务能力

2023 年，华润置地围绕“国家倡导、政府所需、华润所能”，以丰富的赛事保障经验和专业的文体运营能力为支撑，圆满完成 3 项重大保障工作。

一是代建了中国-中亚峰会主会场西安国际会议中心、分会场西安国际会展中心，同时承担了会场场地改造、机房巡检、技术服务及会务等工作，有力保障了西安国际会议中心中国-中亚峰会、西安国际会展中心中国-中亚实业家委员会成立大会、乌兹别克斯坦总统与中国企业家圆桌会、乌兹别克斯坦-中国合作展览会等高级别会议展览活动，保障工作得到了各方高度评价。

二是作为成都大运会主场馆东安湖体育公园的配建代运营方和赛事保障方，用时 921 天高效率、高品质完成“一场三馆”建设，刷新国内同类型体育场馆建设纪录。组建约 1500 人团队，以“国际标准、绝对安全、万无一失、保赛有力”为目标，护航大运会开幕式及游泳、体操两项赛事

圆满举办，得到了国际大体联、各国运动员和新闻媒体的广泛称赞。

三是多维参与杭州亚运保赛工作，建设杭州亚运村技术官员村，组建900余人保赛保障团队，在亚运期间为约3800名国内外技术官员提供赛时住宿及物业服务，并作为技术官员村内运营总体责任单位牵头协调各项社会服务。同时，积极服务于亚运会部分重点场馆的赛事运营保障工作，获得入住官员、亚组委的广泛赞誉和高度认可。

（四）全面推进“组织变革”，打造高素质专业化国有企业组织

2023年，华润置地以国有企业改革深化提升行动和“重塑华润”为契机，针对开发销售型业务全面开展“三位一体”组织变革，推动文化重塑，打造“敏捷、高效、精干、活力”的组织。

一是推动管理架构变革。重塑组织定位，强调“总部—大区—城市公司”职能错位、补位，赋能服务一线，实现总部做专、大区做精、城市做实。精简组织设置，合并部分大区与中心城市职能，推动城市公司整合调整，减少管理层级、大区部门数、管理团队职数，集约管理资源。

二是推进组织人事变革。选人用人方面，坚持内拔外聘，通过组织推荐、统一匹配、竞聘等方式择优选拔，推动人才提质。人才培养方面，通过跨地域或跨专业交流，重大项目、攻坚克难任务历练，打造领导力培训项目“凤凰计划”“90后专项培训”及校招生“墩苗计划”等明星培养项目，助力梯队人才快速成长。人员评价方面，持续落实全面人才盘点和全员绩效管理相结合的评价体系，挂钩岗位安排、薪酬调整、奖金分配等，实现干部能上能下。干部年轻化方面，开展“青蓝计划”，构建以人才库为核心的选育用留全链条管理机制，多措并举培养和使用年轻干部。干部监督方面，规范干部选任程序，直管干部全部实现任期制和契约化管理。

三是开展薪酬激励变革。薪酬结构方面，实行岗位工资制，管理岗基本工资拆分为职级工资和岗位工资，专业岗工资拆分为职级工资和技能工资，实现能增能减。薪酬分配方面，关键岗位严格落实“单70”“双80”要求，施行月度工资15%挂钩业绩达成，并从项目全周期角度设置投资兑现考核与奖励机制。

三、改革成效

一是经营业绩跑赢大势。2023年华润置地开发销售型业务全口径签约额3232亿元，逆势增长，稳居行业第四位。在资本市场，华润置地位于内地房股市值第一，连续13年入选恒生指数成分股，15个重点城市市场占有率达到当地前三，行业地位与品牌影响力持续提升。

二是房地产新模式实现突破。华润置地创新了政企合署共治的新模式，完善了“市—区—街道—后海城市运营商”四级管理运营体系，构建政企融合调度、协同处置能力，有效提升发现和联动处置相关问题的效率。2023年围绕城市空间品质提升，形成包括市政环卫、市政绿化、公园管养、设备维护、“六乱一超”等五大类42小类事项清单，流转事件2409宗，已办结2312宗、上报转办177宗，总体结案率96.9%。粤海街道市容环境综合指数由C档提升至南山区唯一的A+档，排名从一季度的全区倒数第一，提升至四季度第一名，获地区政府多次感谢及表彰。同时，获工信部第六届“绽放杯”5G应用征集大赛智慧城市专题赛一等奖，获IDC中国未来企业大奖智慧城市特别奖——数字城市领军者大奖。

三是管理水平行业领先。生产运营方面，2023年华润置地新项目“拿地—开盘”周期提速至6.1个月，开发效率达到行业标杆水平；客户满意度86%，优于行业平均水平；劳动生产率相比“十三五”末期大幅提升35%。组织建设方面，新提拔使用的“80后”员工占比52.3%，华润置地直管干部平均年龄较2019年下降2.3岁，“80后”员工占比提升

32.5%，组织活力与精神面貌显著提升。

改革永远在路上，“十四五”期间，华润置地将坚定贯彻中央精神和国务院国资委要求，在华润集团的指导下，推进国有企业改革深化提升行动，不断自我革新，加速创建世界一流企业。

83

深化数字化转型　发展新质生产力

华润建材科技控股有限公司

一、基本情况

华润建材科技控股有限公司（以下简称“华润建材科技”）是华润（集团）有限公司（以下简称“华润集团”）所属从事建筑材料研发与制造的二级子企业。华润建材科技深入贯彻习近平总书记关于国有企业改革发展的重要论述精神，坚决落实党中央、国务院关于推进新型工业化、推动制造业高端化、智能化、绿色化发展的决策部署，在全面深化改革中，积极推进产业数字化转型，引领建材行业向新型工业化创新发展。

2023 年，华润建材科技坚持“引领数智化转型”，以打造流程制造产业转型标杆典范、平台赋能模式创新、系统性推进转型升级、系统培育数字素养技能等方面为切入点，将数字化转型融入企业的战略发展、管理提效、运营优化、产业升级之中。

二、经验做法

（一）打造数字化转型标杆，智数引领行业新发展

一是创建全球灯塔工厂，树立建材智造标杆。华润建材科技精准对标世界灯塔工厂标准，持续推进管理理念与数字化新技术融合，以先进技术

助力企业管理及运营效益的提升并开展灯塔工厂创建。通过在田阳工厂部署30多个数字化、智能化应用，依托先进的IIOT技术架构敏捷开发、应用模型和算法，华润建材科技从全员生产率、生产运营成本效率、产品质量及客户服务等多方面进行变革及优化，实现二氧化碳排放下降24%，人均水泥产量提升105%，设备非计划停机下降56%，质量稳定性提升25%，于2023年12月获评“先进的第四次工业革命（4IR）灯塔”，成为世界上第一家建材行业灯塔工厂。

二是参与行业标准制定，引领行业数字化转型。华润建材科技与行业协会联合编制并发布《建材产品追溯体系通用要求》《水泥行业智能工厂评价要求》2项行业标准；完成《水泥行业5G智能安全帽》团标立项及草案编制。在帮助企业提高行业话语权的同时，华润建材科技协助行业形成科学管理的基础及发展标准规范。

三是勇担重任，“5G+工业互联网”融合创新专项取得突破。持续落实“5G+工业互联网”融合创新专项任务，完成5G安全帽、预测性维护采集终端、工业终端3款行业5G模组终端产品研发并在推进商用转换方面实现突破。

（二）平台赋能业务模式创新，共建科技协同新生态

一是持续优化自研工业互联网平台，提速数智应用建设效率。华润建材科技开展“润丰智慧”工业互联网垂直行业平台优化升级，构建水泥、骨料、石材多业态智能工厂平台底座一体化需求解决方案，支持不同业务领域数字化用例快速开发及部署。“基于‘5G+工业互联网’的制造业智能工厂解决方案”入围第四届中央企业熠星创新创意大赛。

二是深化自研工业互联网平台应用，赋能业务模式创新。华润建材科技依托平台，构建设备智能运维远程诊断中心，推进“建材科技总部+基地”两层设备运营模式变革，降低工厂端设备运维成本压力。集中实时看护18家基地31条产线1670多台关键设备，通过50多类设备故障诊断的高阶分析模型，提前预测设备隐患。“制造生产运营设备智能运维新模式”获首届“国企数字场景创新专业赛”二等奖。

三是构建科技协同生态，共享数字化转型成果。在华润集团的统筹下，华润建材科技承接工业互联网标识解析二级节点建设，成功申报广东省创新入库项目。以质量追溯、物流追溯、设备智能运维、供应链四大应用场景作为试点，推动标识解析在流程制造业智能工厂中的供应链管理、设备运维、产品质量追溯、物流运输等环节创新应用，探索跨企业、跨地域产品质量等数据的互联和追溯，共享数字化转型成果。

（三）系统推进数字化转型升级，赋能业务发展新高度

一是深入赋能业务，驱动提质增效。华润建材科技依托中期检讨，全面总结全流程智能工厂建设经验，将以人工智能为代表的先进技术在设备诊断、窑磨操控、质量控制等领域深度应用并开展平台化部署、规模化推广。“全流程智能制造场景平台化、集成化”获首届“国企数字场景创新专业赛”一等奖。完成厂内厂外物流相贯通、软件硬件相结合的“智能物流”解决方案在10家骨料基地推广应用，实现骨料单班发运人数减少20%~50%；保障发运24小时运转，助力产能发挥；提升发运效率11%~68%。完成石材业务DCS（集中控制系统）、MES（生产管理系统）以及ERP试点上线和集成对接，实现石材业务整体解决方案规划落地。

二是数字公司治理，支持标准管理。华润建材科技推进战略、财务、审计等公司治理领域智能化升级。作为第一批试点完成华润建材科技大屏与华润集团对接，实现“集团—华润建材科技—水泥基地—生产现场”的全场景穿透，在助力管理运营可视化的同时，有效促进华润集团、华润建材科技示范交流。积极响应华润集团司库建设要求，冲刺司库体系建设。完成华润建材科技应收应付及应付暂估系统穿透，作为华润集团应收应付穿透可视化看板试点单位，完成应收应付穿透可视化看板、虚假贸易核心监测场景相关开发。建成润丰智审平台，形成统一的审计系统门户，将数字化工具运用到审前调查、线索挖掘、审计取证、审计整改中，提升各环节效率，风险防控成本降低200万元/年。

（四）系统培育数字素养技能，打造数字产业新能力

一是建立转型推进组织，培育数字组织能力。华润建材科技“一把手”挂帅亲征，建立“控股总部—工厂基地”自上而下的二级数字化推进组织，纵深推进转型变革，对组织架构、运行机制和模式、人员能力进行全面重塑。构建“星空-星火-星光”数字素养技能培训体系，对基地总经理、卓越工程师、智数化专业及业务人才进行分层分类、系统及时的培训。

二是落实数字产业化要求，构建数字化新能力。华润建材科技通过润丰智慧科技公司培育数字化建设核心能力，持续加强“1124”核心产品布局，在提升对内服务能力与质量的基础上，将智慧物流等成熟应用对外输出至电力和化学材料等行业，为其提供方案设计、项目实施、产品研发、系统运维及平台运营服务。2023年开展智慧物流在电力（贺州园区）的推广应用。

三、改革成效

一是创建行业标杆，引领行业进步。华润建材科技成功完成田阳“灯塔工厂”创建，填补了全球建材行业的空白，具备向其他企业推广的价值。与行业协会联合制定并发布《建材产品追溯体系通用要求》《水泥行业智能工厂评价要求》2项行业标准并完成《水泥行业5G智能安全帽》团标立项及草案编制，引领行业进步。在数字化转型领域获得各方认可，获得国家及省部级奖项6项，集团级奖项14项，充分落实了华润建材科技特色的数字化超越发展方案，初步展示了构建科技建材企业的数字力量。

二是深化平台应用，促进模式创新。华润建材科技形成工业互联网平台对多业态数字化用例快速开发及部署支撑能力，降低建设及运维成本约30%，提高智能制造场景研发及应用推广效率约50%。促进设备智能运维由预防性维护向预测性维护的模式创新变革，实现早、中、晚期故障预警准确率分别为85%、90%、100%，非计划故障停机下降56%。

三是数字赋能业务转型，有效支持业务拓展。华润建材科技通过数字化手段实现全价值链、全业态的管理和流程线上化、标准化，完成基础信息化系统在19家水泥、骨料及新材料等新基地覆盖，为公司业务布局的快速拓展提供标准化的支持。全面提升各业务形态关键环节数字化覆盖率，水泥业务达到77.47%，其他业务达到55%。数字化赋能成本节降1.73亿元，工时节省201万小时，以数字化为“变革势能”，全面助力提质增效、管理提升和业务转型。

四是强化数字活力，孕育数字创新动能。华润建材科技通过全员数字素养技能的培育、数字文化氛围的打造，培育“精智人才”195名，数字化转型培训员工覆盖率超60%，初步构建数字化组织能力。围绕水泥制造窑磨控制、设备运维等关键环节，孵化3项软著专利，进一步实现工业软件关键领域自主可控。获深圳市财贸金融工会产业工会级劳模和工匠创新工作室命名，成立胡要林创新工作室，引领课题创新与项目攻关。

84

以改革促发展　提升燃气保障服务能力

华润燃气控股有限公司

一、基本情况

城市燃气业务是华润集团有限公司（以下简称“华润集团”）重点打造的主营业务之一。华润燃气控股有限公司（以下简称“华润燃气”）自2007年成立以来，经过16年的快速发展，在项目布局、发展质量以及销气量、服务用户数方面，均处于行业领先地位。通过积极与地方政府合资合作获取特许经营权，迄今已成功进驻天津、重庆、厦门、青岛、宁波、大连、成都、武汉、南京、郑州、福州、昆明、南昌、苏州、无锡等270多个大中城市，供气用户达到5800余万户，年销气量超过380亿立方米，已成为中国最大的城市燃气运营商。

为坚决贯彻习近平总书记对国有企业“提高核心竞争力，增强核心功能”重要指示，落实华润集团关于国有企业改革深化提升行动的各项工作要求，华润燃气成立了以总裁为组长、其他管理团队成员担任副组长，总部各部室负责人担任组员的改革工作领导小组，匹配改革工作相关体制机制，从扎实推动华润燃气实现高质量发展出发，以国有企业改革深化提升行动、“十四五”中期检讨、对标世界一流为抓手，坚持党建引领，聚焦城燃主业，着力在主业拓展、创新发展、对标世界一流等方面取得积极进展。

二、经验做法

（一）推动城燃主业战略性重组和专业化整合

一是凭借央企口碑和管理优势赢得政府支持。华润燃气通过品牌建设和服务质量赢得了住建部和各地政府的高度信赖和支持。2023 年通过承接住建部城主导的燃气安全专项治理行动，借助各地政府出台的“燃气一城一网”相关政策和支持文件，持续开展城市燃气业务战略性重组和专业化整合工作。同时，华润燃气牢牢把握华润集团与各级政府签署战略合作协议或兄弟单位进行投资洽谈的契机，与地方政府、国资部门、燃气企业开展广泛接触，为深化合作创造机遇。

二是重点项目拓展取得突破。第一，实现昆明煤气整合。经过多年的持续跟踪，在集团领导推动下，华润燃气收购昆煤集团 51% 股权，与昆明华润燃气深度整合，扩大了华润燃气在昆明的燃气市场份额，扎实推动昆明市燃气“一城一网”。第二，厦门华润燃气成功增持，华润燃气 7 月成功签署增持协议，由 49% 增持至 51%，实现控股和并表，并同步修订公司合资合同及章程，对华润燃气其他合联营公司增持具有重大示范性意义。第三，组建河南平台公司。与河南省管网合资设立平台，开展全省的管道燃气项目整合，打造“一城一网”格局，2023 年 7 月 26 日正式确立公司章程，10 月 23 日公司完成工商注册。

三是实际推动燃气行业整合。除重大项目外，以现有在运营城市燃气项目为基础，华润燃气向周边积极拓展经营区域。盘锦精细化工产业园、阜阳颍州区乡镇、抚州东临新区、湖南靖州等项目签约落地，在推动当地“一城一网”、燃气行业整合方面取得了实质性进展。

（二）扎实推动新能源战略性新兴产业发展

一是聚焦“两布一充”综合能源业务赛道。华润燃气聚焦分布式光伏、分布式能源及交通充能业务，围绕经营区域内客户的能量需求，在燃气供应基础上，创立绿电、高品质冷热、光储充、能碳管理等业务与主业融合发展格局，构建“1332”业务矩阵，提供B端、C端多能互补解决方案，价值共创、多方共赢。根据大区、区域过往业务发展情况、资源禀赋、市场条件，因地制宜形成了差异化作战地图。2023年，“两布一充”业务营业额增长至21.6亿元，分布式光伏累计签约规模172.98兆瓦。

二是发挥内外部协同优势，加快项目开发落地。华润燃气外部与行业头部企业合作，聚合行业生态，内部发挥与华润集团其他业务单元协同优势，着力打造标杆示范项目，增强技术能力，提高“两布一充”项目开发落地转化效率。2023年，新批复项目243个，批复投资额8.8亿元，装机规模359兆瓦；新签约137个，装机规模137兆瓦；新开工186个，装机规模119兆瓦。在江苏南通开发甬金分布式光伏项目，投资8597万元，装机规模20兆瓦，预计年收入991万元；在重庆水土工业园投资京东方分布式能源项目，投资3亿元，装机规模45兆瓦，预计年收入1.8亿元。

三是加大力度开展新业务研究探索。华润燃气持续推进科技部国家重点研发计划“氢能技术”重点专项“管道氢气在城镇供能领域关键技术研究与规模应用”，开展产学研合作，推动校企合作，梳理关键技术、分析存在难点，将其打造成为华润燃气重点科研项目，为后续大规模推广利用奠定基础。通过燃料电池行业技术分析，高校、企业调研走访，布局SOFC综合能源应用示范场景，已在苏州、昆山区域摸排场景29个，并拟与潮州三环集团在以上城市推动试点落地。

（三）服务党和国家发展大局，构建安全保供长效机制

一是承接国家部委专项工作，扎实推动安全管理。根据国务院“6·21”事故调查需要，应应急管理部、住建部要求，华润燃气派出3名专家参与事故调查，并担任专家组第一副组长和技术组调查报告主笔人，同时派出2人驻北京协助住建部开展工作，受到国务院安委会、住建部的表扬。

二是推动燃气安全专项整治落到实处。华润燃气承建全国城镇燃气安全排查整治系统，两周内完成了原型设计，不到1个月实现了全国32个省、自治区、直辖市全覆盖上线，75万名政府人员使用系统对357万家相关企业和用户开展了检查，住建部城建司函告国务院国资委社会责任局，感谢华润集团及华润燃气支持全国燃气排查整治工作，并建议国务院国资委以适当方式对华润燃气予以肯定和激励。牵头编制了住建部规章《城镇燃气经营重大事故隐患判定标准》，承接了在中央党校召开的全国燃气企业主要负责人集中培训班相关教材编制，受到了应急管理部干部培训学院的肯定。

三是提升气源统筹能力，保障气源平稳供应。华润燃气持续开展与资源方总对总谈判，与中国石油签订10年期、总量410亿立方米的管道气长期协议，区域公司与中国石油省公司落实执行，与中国海油签订5年期长期协议，同时不断拓展非常规资源。国际资源采购也取得初步进展，全年自主统筹气量达30亿立方米、增长68%，统筹比例7%，覆盖成员公司超130家，议价能力明显提升。如东LNG接收站于2023年3月获得政府正式核准，用时仅14个月，于6月正式开工，10月启动初设招标，未来将打通气源自主进口通道。

（四）聚焦大国民生，打造“百城万店”服务新模式

一是全面深入推动网格化管理。华润燃气全面推广维修、安检、抄

表、综合服务一体化网格服务模式，将用户划分为若干服务网格，每个网格设置专属燃气管家，人均服务用户5000～8000户。2023年已落地推广至53家区域公司，实现对用户的精准高效服务。

二是推动上线企业微信平台。为更好解决传统服务响应时间长、综合服务沟通成本高等问题，华润燃气积极引入企业微信等管理工具，拓宽用户线上沟通渠道，赋能“燃气管家”精准服务及营销。结合网格化打造“百城万店”微信生态圈，为用户提供客服基础业务线上化办理渠道。打通与现有CIS系统、微网厅的连接，开展精准服务与营销，拉近与客户的距离。2023年用户上线规模突破1200万户。“燃气管家”通过企业微信推送链接，提供线上预约安检、维修、抄表、缴费等服务，实现80%用户实名认证，绑定燃气编号，全面改善提升客户服务体验。

三是打造专属全国服务热线服务。为解决客服热线号码多、服务渠道少、数据利用低、缺乏服务监管等管理痛点，进一步提升客服水平和塑造服务品牌，华润燃气成功获取工信部授权的95777全国短号，于2023年9月15日正式发布和试点上线，年内完成33家区域公司切换上线，覆盖1100万家用户。

三、改革成效

一是城市燃气主业规模优势持续扩大。华润燃气在重点城市燃气项目并购方面取得突破性进展，昆明华润燃气成功整合昆明煤气（地方国资），基本实现昆明燃气市场“一城一网”。进一步增持厦门华润股份至51%，成功实现控股和并表，带来外延式营收9亿元、利润2亿元。推动重庆燃气（A股上市公司）实控并表。与河南省国有投资平台合资组建河南省平台公司，拟以该平台为基础整合河南省内其他国资、民营燃气企业。

二是全面提升客户服务水平。华润燃气针对经营区域内280多个城市街道的社区网格，深入推动燃气服务网格化，通过近万名网格员服务覆盖超过3000万户居民。利用企业微信和公众号等服务平台，为千家万户提供便捷、舒心、安全的服务。

三是公司主要运营指标快速增长。2023年，华润燃气克服气源成本飙升、行业事故频发等诸多不利因素，各项经营指标持续稳步提升，推动实现高质量发展。其中销气量385亿立方米、同比增长7.3%，高于燃气行业平均增速7%，主要业绩指标全面完成预算。

85

立足安全支撑　强化融合协同
以优质服务保障香港内地交流

中国旅游集团有限公司证件业务部

一、基本情况

中国旅游集团有限公司（以下简称“中国旅游集团”）受公安部委托，自1979年在香港开展港澳居民来往内地通行证（以下简称“回乡证”）的受理、制作和发放，旗下证件业务部（以下简称“中旅证件”）数十年如一日服务香港市民，为促进香港内地交流融合发挥了重要作用。

2023年以来，中国旅游集团深入贯彻落实习近平总书记关于香港工作的重要讲话精神，按照国有企业改革深化提升行动部署要求，聚焦发挥央企核心功能，扎实提升客户服务能力，安全有序保障香港市民返乡，受到香港社会各界广泛好评，彰显了驻港央企的使命担当。2023年，中旅证件全年共办理回乡证167.84万本，分别达到2022年、2019年（历史高峰）同期办理量的425%、151%。

二、经验做法

（一）立足安全支撑，履行驻港央企使命担当保障香港市民回乡

受新冠疫情影响，香港市民回乡证办理需求大量积压，2023年1月实

施“乙类乙管”后，两地恢复正常通关，办证需求集中爆发，办证难、预约难成为影响香港市民返乡的突出问题。中国旅游集团与中旅证件把解决这一“急难愁盼”问题作为主题教育重点课题和服务香港市民的民心工程，多措并举打好削峰攻坚战。

一是提高政治站位，举集团之力应对办证高峰。中旅证件发起“百日攻坚会战”，制定应对高峰预案，做好人员、机器、设备、场所安排。针对预约难问题，持续优化网上预约机制。针对数据、人流聚集等安全问题，制定应对突发事件预案。举集团之力，仅用 1 个月时间迅速开设旺角临时证件服务中心。“百日攻坚会战”期间，中旅证件单日办证量近 9000 件，为正常年份日受理量的 3 倍。

二是积极建言献策，最大程度凝聚合力。中国旅游集团主动研判形势，向国家移民管理局积极汇报业务开展情况并提出政策建议。随后，国家移民管理局出台便民利民政策措施，将 2020—2023 年到期回乡证的有效期延长至 2023 年 12 月 31 日。中旅证件积极协同资源，广东省公安厅调集全省出入境部门警力协助审核，确保高峰期回乡证办理安全顺畅。此外，中旅证件主动通过报刊、网站、电视台以及媒体采访会等方式发布办证信息，持续引导市民合理安排换证，极大缓解香港市民办证焦虑。

三是充分调度安排，有效发挥模范带头作用。中国旅游集团组织总部部门及在港单位 19 名粤语流利的员工成立志愿服务队，急速支援办证一线。中旅证件组织 18 名党员成立先锋突击队，全负荷开满服务窗口，公司全员主动加班加点服务办证市民。

（二）坚持优质服务，展现旅游央企精神面貌提升办证服务水平

一是以客户为中心完善办证流程和服务标准，提升香港市民满意度。中旅证件进一步优化窗口证件受理、证件业务咨询及办证大厅服务标准，完善业务培训、服务质量监控、业务流程规范、客户满意度评价、精细化

管理等机制，发布《标准化服务手册》《车辆牌证业务规范流程手册》，全面提升服务质量和水平，受到香港媒体广泛好评。2023 年，中旅证件收到来自香港警署、教育局及办证申请人的感谢信 12 封、锦旗 3 面，客户满意度较 2019 年提高 6.23%。

二是以科技创新优化办证机制和流程，提高办证效率和便利度。中旅证件提升科技应用水平，升级改造软硬件系统，更新回乡证系统服务器、预约系统服务器、制证系统控制服务器等，建成香港领先的服务系统，支持每天 24 小时不间断办证服务，大幅提升安全性和使用性能。此外，顺应市民支付习惯的改变，增设微信、支付宝、银联等多种收费方式，进一步提升便利性。

三是设置专场和绿色通道，满足特需人群办证需求。在许可范围内，中旅证件简化优化办证证明材料，将加急办证由提供书面事由证明优化为签署《证明事项法律责任承诺书》，大幅提高绿色通道效率。与民建联、工联会等爱国爱港团体协作走进社区，为长者提供预约服务及举办 29 次办证专场。配合香港教育局，举办 19 次学生办证专场，及时解决赴内地交流学生来不及办证问题。开设绿色通道，实现重要紧急情况即到即办，为亚运会香港代表团运动员紧急协调办证，积极主动、热情服务的工作态度得到中国香港体育协会暨奥林匹克委员会肯定。

（三）加强融合协同，承担在港企业社会责任促进香港内地交流

一是开展“港车北上”业务，促进粤港澳三地人员往来便利化。中旅证件紧抓粤港澳大湾区建设机遇，围绕港珠澳大桥通行需求拓展业务。2023 年 3 月受托承接“港车北上”车辆查验服务，7 月初实现天水围车辆查验服务中心开业运营，12 月下旬实现新田车辆查验服务中心开业运营，截至 12 月底共查验车辆 18376 台，服务态度好、工作质量高、预约系统便捷得到了客户普遍认可。

二是支持集团在港业务协同发展，发挥旅游消费的引领作用。中旅证件充分利用对客窗口、预约渠道和客户资源优势，加强与中国旅游集团内部旅行社、免税、保险等业务的协同发展，合作开展旅游项目推广、保险销售、产品促销等活动，发挥证件业务对旅游产业的引领作用，使人流、业务流在关联业务间有效流动、互利共赢。

三是积极参与香港社会工作，全力落实“爱国者治港”。中旅证件积极支持骨干员工利用所在的社区平台，面向香港市民宣讲党的二十大和全国两会精神等，增强市民对党中央决策部署和国家大政方针的理解和认同。培养优秀义工团队，94%的员工参加了公司义工队伍，积极参加政府关爱队及活动，为香港长治久安和繁荣稳定贡献中旅力量。

三、改革成效

中旅证件立足自身定位，通过不断提升证件业务的规范化、精细化、体系化水平，改善服务环境、提高服务质量，扎实履行在港央企功能使命，树立了中资企业在香港的良好形象，促进了香港人心回归。

一是发挥安全支撑作用，核心功能明显增强。中旅证件服务“国之大者”坚决有力，在党和人民需要的关键时刻，拉得出、冲得上，顶得住、打得赢。香港中联办在中资企业会议上表示，中旅证件在解决热点难题难点当中彰显了驻港央企的使命担当，把中央政府、把习近平总书记对香港特区和人民的关心关爱落实到了维护千家万户的切身利益上。

二是强化管理效益，全面提升了自身能力。中旅证件完善了办证流程和服务标准，全面梳理公司管理制度并汇编成册，切实加强管理体系建设、管理能力提升。面对办证高峰问题，勇挑重担、敢打头阵，进行了有益探索，积累了宝贵经验，制定出台高峰期强激励措施，为解决办证高峰“铺路子”。通过科技创新赋能，实现技术迭代升级，优化了办证机制和流程，提高了办证效率和便利度。2023 年，人均制证量 10605 件，同比历史高峰的 2019 年上升 40%，保障能力明显提升。

三是立足服务香港市民，促进了两地融合。中旅证件积极参与粤港澳大湾区建设，围绕香港市民关注的港珠澳大桥通行需求，拓展“港车北上”车辆查验服务，不仅为香港与内地互联互通按下“加速键”，而且在“港车北上”服务开业第 2 个月盈利，实现“开门红”。在全情服务香港市民的同时，兼顾了经济效益，实现了经济属性、政治属性、社会属性的有机统一。

86

以改革创新拓展航空工业数字化新赛道

上海航空工业（集团）有限公司

一、基本情况

上海航空工业（集团）有限公司（以下简称“上航公司”）原名上海航空工业公司，成立于1984年，前身为上海市708工程办公室，20世纪70—90年代成功组织研制大型客机运-10，与美方合作制造麦道系列飞机，是我国大型民用客机研制和生产的亲历者、先行者和奠基者。2008年，整建制划入中国商用飞机有限责任公司（以下简称“中国商飞”），2013年组建基础能力中心，民机工业“老兵”转型成为民机数字化主力军。2023年以来，上航公司落实国有企业改革深化提升行动部署，扎实推进“双百行动”，建设大飞机战略支援部队，积极抢抓航空工业软件研制攻关新机遇，布局战略性新兴产业发展，加大新一代信息技术研发投入。

二、经验做法

（一）加速数字化升级支撑C919规模化系列化发展

上航公司依托大飞机产业，积极推动数字化技术与企业生产经营管理深度融合，全面推进大飞机研发制造数字化智能化发展。

一是升级数字化生产系统支持大飞机规模化生产。2023年，上航公司完成 XBOM 平台体系架构攻关和第一阶段建设，打造了行业内首个以件号为核心的企业级多状态、全阶段 BOM 一体化创新管理平台，为在 C919 全机推广创造了有利条件，获得集团公司肯定。开发 C919 多终端电子化维修手册应用平台，达到国际一流制造商数字化手册服务能力。

二是发展新一代信息技术支持大飞机安全运营。上航公司通过云上部署 C919 FMS 模拟仿真，支撑飞管系统“百万”飞行小时交付运营攻关，较云下部署效率提升 300 倍以上，运维效率提升 6 倍，资金成本节约 65% 以上，突破国外专业系统上云限制，助力 C919 规模化系列化发展。

（二）深度参与航空工业软件攻关

一是建立航空工业软件攻关工作机制。上航公司承担航空工业软件重点攻关工作，对任务目标科学分解细化，统筹协调内外部资源，建立了多方、多级任务责任体系，建立航空工业软件组织机构，形成一系列保障措施和工作机制。

二是牵头实施航空工业软件攻关项目。上航公司联合数十家科研院所和企业统筹策划攻关项目，按计划开展实施。组织分析产业链薄弱环节、技术卡点、应用难点协同攻关，为航空工业软件标志性产品高质量发展奠定基础。

（三）建立健全多元化科技投入体系

上航公司聚焦科技创新发展，以提高公司核心竞争力和增强公司核心功能为目标，积极争取政府资金、资源、服务和政策扶持，提升研发投入强度，强化可持续发展能力。系统策划建设面向国家部委、上海市、中国商飞、上航公司 4 个层面的课题指南库，首批入库 115 个子项目，初步形成出库项目 27 个。2023 年，上航公司顺利完成国家高新技术企业复评，首次获得浦东新区“十四五”科技扶持资金，获上海市科委“揭榜挂帅”专项支持项目 1 项。

（四）全力支持子企业实施“科改行动”

一是推动“科改”企业加快完善市场化机制。上航公司落实国务院国资委“双百9条”“科改10条”，制定“13条”实施方案，支持鼓励所属“科改企业”商飞软件公司进一步加大改革创新力度，突破改革天花板。2022年，在集团内率先完成职业经理人选聘，部门主管100%实施竞聘上岗。2023年，完成任期制契约化向中层管理人员延伸，实现部门主管签约100%全覆盖。

二是支持商飞软件公司加快科技创新平台建设。上航公司围绕机载软件研发攻关，支持商飞软件公司加大研发投入，开展SVS设备自研、柔性快速平台交付研发、机载FADEC控制软件测试验证环境研制任务、CFDA飞行品质和飞行技术评价系统任务等重点项目研发。

三、改革成效

一是充分保障了大飞机主责主业发展。上航公司聚焦大飞机产业数字化，基于COMAC管理体系构建公司统一的数字平台，统一过程、统一数据、统一架构，构建单一数据源，形成1个数字平台、9个通用组件、N个数字化应用的“1+9+N”总体布局。建成统一的数字化研发系统（PLM）、制造运营管理系统（MOM）、运营信息化平台（CMOS），提供了在线设计、数字样机、在线仿真等全产业链多型号、全专业、跨组织、跨区域、全球化的数字协同研发环境，形成了高端复杂装备全球多专业、异地协同研制的数字化解决方案。

二是有力提升了企业自身核心竞争力。国有企业改革深化提升行动、新一轮“双百行动”推动上航公司各项指标明显提升。2023年上航公司全员劳动生产率比2020年增长超过40%，人工成本利润率比2020年提高了10余个百分点，信息化数字化人才占比超过60%。2021—2023年实现集团下达的12项关键核心技术攻关自主可控率达91%以上。2023年获批国家、地方有关课题12项，科研经费获历史性突破。2023年，下属“科改企业”商飞软件公司获四川省数字化转型促进中心认定、国家级专精特新“小巨人”企业认定。

三是切实发挥了改革示范引领作用。上航公司高度重视将改革过程形成的创新成果显性化、制度化、体系化，总结形成了“党建与业务工作融合机制”“权力运行‘铁三角’制度”“红黄牌考核制度”“双认机制”“六平八进十升”“头雁机制”“亮灯机制”“数字化转型工作指引”等一系列机制类成果。同时，上航公司积极对外开展改革工作经验宣传，在《大飞机报》《劳动报》《上海国资》等报刊刊载改革成效报道，并受上海市政府部门邀请参加改革经验交流活动。

87

围绕国之所需　聚焦重点攻坚　开创高质量发展新局面

中节能万润股份有限公司

一、基本情况

中节能万润股份有限公司（以下简称“万润公司”）是中国节能环保集团有限公司（以下简称“中国节能”）控股的二级子公司，是一家集环保材料、电子信息材料、新能源材料、生命科学与医药四大产业产品研发、生产和销售于一体的科技型上市公司，在高端显示材料、高端沸石系列环保材料等相关领域处于世界领先地位。自2023年实施新一轮国企改革深化提升行动以来，万润公司持续深化改革，提升科技创新能力和产业经营质量，激发调动科研人员科技创新热情，各项重点任务不断实现新突破、取得新成效，有力促进了企业科技创新能力提升和高质量发展。

二、经验做法

（一）加强科技创新体系顶层设计，明确方向和目标

一是建立成熟的项目研发体系，筑牢创新根基。凭借在化学合成领域的研发创新、专有技术、产业化应用等方面的技术和经验积累，万润公司建立了“策划调研—项目评估—项目立项—实验方案设计—打通工艺路线—

目标产物鉴定—提交实验报告—中试评审—中试生产及样品评价”的成熟研发生产体系，涵盖有机合成、无机合成、高分子聚合、纯化等大多类工艺，最终实现产品的商业化生产与稳定供应。万润公司拥有5家国家级高新技术企业、4个CNAS国家认可实验室、1个精细化工国家重点实验室（烟台分中心），为公司高质量发展提供必要保障。

二是面向国家重大需求，超前布局研发方向。万润公司根据我国科技创新方向，研判国内外经济形势，以关键共性技术、前沿引领技术、创新性技术为突破口，积极布局国内业务参与内循环，重点培育并积极开发半导体材料、钙钛矿太阳能电池材料、储能领域钠离子电池材料、氢燃料电池无氟质子膜材料等前沿材料。

三是以人才建设为抓手，支撑高水平科技自立自强。万润公司一方面通过定向培养、外部猎头招聘、展会宣传、博士后工作站、校园招聘等多种渠道加大科技人才引入力度，工资等级与聘任的技术职务挂钩，实行动态化管理；另一方面，建立健全人才发展“双通道”机制，根据不同岗位，设立与管理序列并行的专业序列，激励每一名员工在岗位实现自我能力与价值的同步提升。2023年，有近10%的科技人才通过专业技术序列晋升。

四是充分利用外部科研资源，逐渐形成开放式创新体系。一方面建立外协研发机制，与国内外知名企业开展研发合作，充分利用产业上下游优势资源协助公司在科研开发、工艺改进等方面承担适合外协研发的项目，为公司发展提供研发支持；另一方面与国内多家知名院校建立紧密的合作关系，为公司发展提供技术支持。万润公司新材料开发分公司分别与烟台先进材料与绿色制造山东省实验室联合成立电子信息新材料联合研发中心，与精细化工国家重点实验室联合成立精细化工国家重点实验室烟台分中心，以分公司为实施主体进行先进材料的基础研究和产业化技术攻关。

（二）围绕国之所需，积极参与国家重大专项攻关任务

一是推进国务院国资委专项计划，掌握更多具有自主知识产权的关键技术。万润公司2个项目入围国务院国资委专项计划，热塑性聚酰亚胺特种工程材料（PEI）入选国务院国资委中央企业科技创新成果产品手册（2023年版）。

二是开展重大技术攻关，加快探索打造原创技术策源地。万润公司在原创技术方面，新型OLED显示材料已形成多款具有自主知识产权的产品并形成销售。

三是参与山东省重大技术攻关课题，助推新旧动能转换。万润公司以国家级企业技术中心、山东省示范工程技术研究中心、山东省工程实验室三大科研开发平台为基础，承担省级以上科技项目10余项，获得省级以上重要荣誉资质20余项。

（三）加大研发投入强度，持续输出科技成果

一是确保研发经费投入强度不降。2023年万润公司研发投入超过3.72亿元，研发投入占营业收入比重达到8.67%，较2021年增长26.4%。公司连续多年研发投入强度超过6%。

二是推动原创技术成果向高价值专利转化。2023年度，新增授权发明专利100件，公司累计已授权发明专利632件，多数为用来解决前沿材料技术问题的电子与显示领域原创专利，累计制定4项行业标准。

（四）灵活开展多种中长期激励机制，激发创新动力活力

一是实施首期限制性股票解除限售，实现核心员工长效激励。目前万润公司正在实施首次限制性股票激励计划，通过激励对象自筹资金定向购买方式，向610名激励对象授予股票2120.2万股。激励对象包括公司核心科技与业务人员，在股票解禁条件的设置上，兼具激励性与挑战性，并对标同行业先进企业，对公司未来的业绩增长提供了长期、稳定的提振作

用。2023 年第一个解除限售期解除限售已达成解锁条件，考核年度净资产收益率由实施股权激励前的 10. 51% 提升至 12. 86%，利润总额较实施股权激励基准年（2021 年）增长了 24%。

二是稳慎开展下属子公司员工持股，建立收益共享、风险共担的激励约束机制。万润公司积极稳妥推进子公司三月科技骨干员工持股改革，向符合授予条件的 26 名激励对象授予共计 81. 3 万只限制性股票，构建核心骨干员工与企业的利益共同体，充分激发员工激情，企业创新能力持续增强。

三是创新激励措施，健全激励与约束机制。万润公司以科技创新成果为导向，出台相关奖励制度，开展科技创新成果奖励。除按照研究成果进行相应奖励外，针对进入市场形成销售的产品，按照产生的利润对项目组进行奖励。为提高项目产业化阶段的落地质量和效率，对承担项目的一线技术人员进行奖励。年末在全公司范围内评选科研项目单项奖，对相关研发和技术人员进行奖励等。除此之外，考虑到技术开发具有周期长、难度高等特点，万润公司建立了多样化的过程激励机制。

三、改革成效

一是科技创新能力持续增强。万润公司在光刻胶材料、聚酰亚胺材料、钙钛矿光伏材料等领域加强原创技术攻关，相关产品技术水平国内领先。万润公司及控股子公司九目化学正式入选工信部第八批制造业单项冠军企业，入选产品分别为万润公司的“欧六以上排放标准尾气催化净化用分子筛”及九目化学的“OLED 材料。”子公司万润药业历时 7 年与海外客户合作的 CDMO 项目也于近期获得了欧洲药监局人用药许可。万润公司 2023 年科技成果产业化收入逾 10 亿元。

二是克服经济下行压力，经营业绩稳步提升。自开展国企改革深化提升行动以来，万润公司经营业绩保持快速增长，资产总额从 2021 年底的 78.8 亿元增加至 2023 年底的 101.2 亿元，增幅达 28%。2023 年，万润公司入围“中国精细化工百强”榜单，位列第七名，同时以优异的成绩入围“2023 年度中国精细化工绿色低碳发展企业十强”。

三是人才活力得到有效释放。万润公司中长期激励措施充分凝聚员工干事创业热情，推动其达成了第一个解除限售期目标。2023 年，淘汰绩差人员 182 名，辞退不胜任管理人员 5 名。公司目前拥有研发技术类管理人员近 1500 名，占员工总数的 30% 以上，高端人才领军、结构合理的高水平人才队伍不断壮大，为企业发展提供不竭动力。

88

数字化赋能业务协同精益发展

中节能太阳能科技（镇江）有限公司

一、基本情况

中节能太阳能科技（镇江）有限公司（以下简称“镇江公司”），是中节能太阳能科技有限公司的全资子公司，属于中国节能环保集团公司的三级子公司。镇江公司于2010年8月注册成立，主营业务为晶体硅太阳能电池及组件的研究、制造和销售，人工智能应用软硬件开发及销售。镇江公司是国家高新技术企业、中国光伏企业20强，拥有国家级CNAS实验室、多个省部级技术中心，各项专利达260余项、数字化建设累计获得36项荣誉（工信部12项、江苏省13项、行业5项等）。镇江公司以科改行动为契机，全力推进数字化转型，构建智慧运营体系，积极践行创新、合作、共赢的发展理念，打造深化市场化改革和提升自主创新能力“双轮驱动”的创新型国有企业。

二、经验做法

（一）完善创新体系，激发创新活力

一是进一步完善科技创新管理体系。入选科改企业后，镇江公司依照国企改革深化提升行动总体要求，针对制约企业高质量发展的深层次问

题，先后制定了《战略规划管理制度》《揭榜挂帅管理规定》《容错纠错管理规定》，修订完善了《科技创新项目管理制度》《科技创新奖励管理规定》《科研经费管理规定》等多项管理制度，进一步明确了改革目标，本着“务实求效、逐一落实”的原则，持续完善科技创新管理体系，继续推进研发费用视同利润加回机制，探索建立科技成果转化等机制。

二是进一步落实高质量知识产权布局。镇江公司注重知识产权的整体申报，实现知识产权结构的科学化系统化，进一步发挥知识产权的保护作用。镇江公司现有有效专利212件；发表科技论文45篇，其中SCI8篇、EI 20篇；参与制定并颁布国家标准10项、行业标准3项、团体标准9项。

三是进一步强化科技创新人才队伍建设。镇江公司制定人才引进和培养规划，做好科技人才储备，优化科技人才结构，实施重大人才工程，营造尊重人才良好环境，打造高素质人才队伍。针对国家级人才内部培养困难的特点，灵活采取刚性引进和战略联盟、项目合作、业务外包、短期研究、技术咨询等柔性引才方式实施领军人才引进，目前已引入国家级高层次人才3名。

（二）聚焦战略性新兴产业，深入科研攻关

一是明确重点核心攻关技术。镇江公司制定了2023—2027年重点核心攻关技术计划，进一步提升公司整体核心竞争力。计划在2024年完成TOPCon电池及大尺寸0BB半片高效组件的量产、2025年完成组件回收试验线的搭建、2026年完成HJT技术产品的量产及XBC技术的储备、2027年完成钙钛矿晶硅叠层技术开发储备。

二是构建综合长效研发平台。镇江公司以现有国家CNAS实验室为基础，增加先进试验设备，开展高效光伏电池及低碳组件基础研究和应用研究，夯实实验平台建设，申报省级、国家级研发平台。拥有国家级CNAS实验室和TUV莱茵目击实验室资质，还获得江苏省工程技术研究中心、江苏省企业技术中心等7个研发实验平台资质。镇江公司于2023年进行研发平台升级，新增钙钛矿实验室，同时开展与复旦大学、南开大学等5所高校高效开展产学研合作，助力技术研发项目的开展，为建设国家级重点实验室打下坚实基础。

三是打造智能低碳产业生态。镇江公司积极推动数智化战略转型，打造"三智一门户"的节能光伏云平台生态圈，致力于构建"平台+生态"，全方位覆盖光伏"工厂智能制造""电站智能运维""企业智慧办公""移动统一门户"，做好绿色低碳、数智转型的创新实践，为企业高质量发展赋能，让绿色发电更加高效。持续为客户及企业提供集"硬、软、云、集成、咨询"于一体的智能制造、智慧运维全场景解决方案，同时两大新业务板块助力太阳能电池、组件业务增长新动能，助力实现行业赋能及企业改革发展的全局优化，推动实现"双碳"目标。

（三）加快数字转型，推动智能制造

一是企业智慧办公，打造面向企业管理的智慧管理云平台。镇江公司通过办公平台，集成园区、办公、人事、监控等各业务数据，形成92个（门户22个、智慧管理55个、大数据15个）功能模块。员工"一卡通"管控考勤、门禁、消费一站式访问与共享使用。园区累计接入82个（镇江37个、电站45个）监控，10个AI安全场景，提供安全帽、脱岗/睡岗/吸烟、区域闯入、危险区域进入、明火/冒烟、升压站行为轨迹等检测，精准视频分析告警联动，有效解决人工监控不及时的问题。平台接入公文单据2.5万件、考勤单据1.8万件、运维单据0.6万件，办公效率提升30%、档案电子化率100%、支持500人并发访问。实现面向一站式访问、业务协同、共享共用，重要业务实现移动办理，摆脱环境限制，提高了工作效率。

二是工厂智能制造，打造面向产品生产的工业互联网平台。镇江公司通过 TPM 与 MES、SPC、ERP、BI、AI 等六大系统集成与管控，实现生产、质量、工艺、设备、成本、执行的业务全流程管理。平台已接入 6 个车间、686 台设备，产能提高 50.7%，采集指标数据 3.8 万条，物联网数据 4.18 亿条，关键装备互联达到 100%。生产设备工业物联与边缘接入，实现设备维修、保养、巡检、资产盘点、备品备件管理等全场景应用。生产质量全流程 AI 检测，实现效率提高 10 倍，AI 漏判率低于 0.01%。生产过程安装工业扫码器 80 台，替代人工，实现自动扫码、自动扣料、自动预警，全流程智能执行，无纸化管控。实时掌控产品生产过程、合同执行等信息、订单级成本精细化管理，满足产品信息 25 年可追溯的要求。

三是电站智能运维，打造面向供电服务的能源互联网平台。镇江公司通过电站智能运维系统，已接入 101 家电站、4.65 万台主设备，实现 100.03 万个采集指标、45.64 亿条数据联网，建立了 183 项分析模型、203 个 KPI 指标，运维效率提高 50%，平台已累计监测发电 92.638 亿度，节约标煤 282.452 万吨，减排二氧化碳 770.745 万吨。实现智慧运维可视化，构建“本部—大区—电站”多层级数据共享、协同联动一体化管控。平台曲线分析可多维呈现 KPI 指标参数，报表管理按需订制图形统计，同时支持 AI 图像识别或采集设备等多种模式。电站故障告警分析与自动派单，实现 AR 远程协同的精准指导，加快故障解决速度与高效协作，费用降低 70%、效率提升 50%。平台集成自研的清扫机器人、AGV 巡检机器人，实现自动清扫与环境采集分析，提高发电量、消除电站隐患，提供云仓库、资产全流程信息与决策分析，实时检测电站备品管理、资产巡检、保养、维修与盘点等全生命周期管理。

三、改革成效

镇江公司通过一系列的数字化提升举措，打造光伏智能制造、智能运维数字化低碳标杆引领与示范，形成了一系列管理指标提升，并形成数据资产。

一是综合成效提升。2011—2023 年，镇江公司电池产能由 100 兆瓦提升至 1.5 吉瓦，组件产能由 100 兆瓦提升至 4.5 吉瓦；累计订单成交超 310 亿元，累计利润总额超 1.4 亿元，累计获得政府科技项目补贴 4885 万元；累计建设云平台产品 8 个，产能提升 50.7%，产品良率提升 1.38%，制造成本降低 10%，运维效率提升 50.7%。

二是通过强化党建引领，深化各项改革任务，进一步强基固本、锻造能力、转化实效。在行业价格下降 50% 的情况下，镇江公司实现收入 59.8 亿元，同比增长 4.19%；组件出货量超 4.6 吉瓦，同比增长 47.59%；光伏制造毛利率同比提升 3.07 个百分点，单户经营报表实现全面扭亏，经营业绩显著提升。

三是通过 5G + 工业互联网融合创新模式，镇江公司不断提升“光伏 +”数字化应用落地，获得国家、省、市级奖项 8 项。荣获工信部“2023 年新一代信息技术与制造业融合发展示范（数字领航企业）”、第五届中国工业互联网大赛全国百强、2023 年江苏省重点工业互联网平台、2023 年度卓越数字创新企业，江苏省首批、镇江市首家“5G 全连接工厂”等称号。

镇江公司坚持科技创新引领和机构转型升级，始终秉持绿色发展理念，不断推动企业绿色低碳发展、数字化转型建设，致力于构建“平台 + 生态”的模式，开启智慧管理、智能制造与智能运维新时代，打造“节能光伏云平台生态圈”，做好绿色低碳、数智转型的创新实践和示范引领，推动企业高质量发展。

89

促进碳交易市场良性发展
实现碳排放核证可靠透明

中国环境保护集团有限公司

一、基本情况

中国环境保护集团有限公司（以下简称“中国环保”）由原国家环境保护局于1985年创立，是中国节能环保集团有限公司（以下简称“中国节能”）旗下从事固废治理、环境保护的专业集团公司，业务涵盖生活垃圾焚烧、有机固废处理、智慧环境服务、环境工程技术服务及碳核查、碳资产管理、低碳零碳技术创新等，产业规模稳居国内同行业领先地位。截至2022年底，公司资产规模近400亿元，在全国25个省、自治区、直辖市投资、建设、运营固废项目100余项，固废设计日处理规模10万余吨，连续多年稳居固废行业头部企业位置。

二、经验做法

面对全球气候变化愈演愈烈的现实，习近平主席在2020年提出了“二氧化碳排放力争于2030年前达到峰值，努力争取2060年前实现碳中和”的目标。“双碳”目标的关键在于碳控制，即基于碳核证结果开发碳资产，依靠市场机制推动碳减排技术和制度的创新。

“双碳”战略关系着国家的发展方向，“双碳”产业是节能环保领域的战略性新兴产业，是科技创新的桥头堡和重要阵地。习近平总书记指出，科技创新能够催生新产业、新模式、新动能，是发展新质生产力的核心要素，要及时将科技创新成果应用到具体产业和产业链上，改造提升传统产业，培育壮大新兴产业。2023 年底召开的中央经济会议提出，新质生产力的培育离不开新兴产业的发展，战略性新兴产业与未来产业是有效培育新质生产力的重要载体和主要阵地。

工信部、中央网信办 2021 年 6 月明确提出到 2025 年，区块链产业综合实力达到世界先进水平，产业初具规模，区块链应用渗透到经济社会多个领域，在产品溯源、数据流通、供应链管理等领域培育一批知名产品，形成场景化示范应用。

当前碳排放核证领域存在的普遍问题是基础数据不客观，审定过程烦琐，缺少具有行业影响力的主体平台，亟须从技术层面革新碳排放核证工作流程和方式。2022 年 4 月，国务院国资委下发《关于开展碳排放数据质量问题排查整治工作的通知》，着重提到个别碳排放数据核查检测机构碳排放报告弄虚作假等典型问题案例，要求各中央企业迅速开展行动，全面排查整治碳排放数据质量问题，建立长效机制，持续提升碳排放数据质量管理水平。

针对上述碳排放数据市场存在各方较难建立互信的问题，中国环保成立了碳资产核证系统开发组，通过开发垃圾发电和生物质发电项目碳资产核证平台，引入区块链、大数据、物联网等技术搭建碳排放项目核证系统，利用智能合约技术使碳核证工作透明化，发挥区块链技术可跟踪、可溯源、不可篡改的特性，构成各方认可的数据证据链条，对项目生产全过程进行实时监控。通过还原企业实际的碳排放量形成申报依据，为监管机构提供基于客观事实的、可监督、可溯源的行业碳排量核证报告，确保企业碳排放数据真实可信，从而提升碳交易市场的互信度。

（一）区块链新赋能，打破传统碳资产核证系统

传统的碳资产核证流程大部分采用线下的文件上报、线下人工核证的方式，不仅不能形成有效的数字化管理，还不利于整个链条的追溯与跟踪。数据采用人工填报与计算，不仅极大增加了数据的伪造风险，而且由于没有结构化的数据填报体系，很容易出现数据填报格式不统一、漏报错报等情况，为整个碳资产核证工作带来极大困难。

区块链碳资产核证系统设计采用了全链路数据采集上链服务，依据企业供应链业务发生场景流程及企业内部生产加工流程的每一个环节，记录抓取数据并实时记录到区块链上，同时交叉验证企业生产加工过程数据、采购数据、销售数据、财务数据、发票、单据凭证、外部上下网电量、外部供暖量、外部供蒸汽量等，从而保证数据的客观性、真实性，也保证企业碳排放量监测计划的真实性。

全流程的线上核证工作，保证整个核证工作的完整性和可追溯性。数据全部采用结构化方式，免去人工填报带来的客观困扰，在极大地节省人工的同时保证数据的准确，还可以极大地加快碳资产核证流程。企业也可以根据自身需要随时查看特定时间段的碳减排情况，用以确定自身碳资产情况，并指导碳资产开发与交易。

未来接入系统的核证机构、交易所可以通过系统提供的相关客户端实时查看企业端实时碳排放量、监测计划报告以及系统按照《温室气体自愿减排项目审定与核证指南》要求生成的企业碳减排量核证报告，并层层向上溯源碳减排量形成的每一个环节的原始数据、时间戳、区块链哈希值，互相校验印证数据。

（二）发挥功能使命，体现中国环保担当

中国节能作为唯一以节能环保产业为主业的中央企业，肩负着整合环

保领域科技创新资源，引领发展战略性新兴产业和未来产业，加快形成新质生产力的使命责任。结合当前国内碳资产核证领域面临核算结果缺乏权威性、核算结果不唯一、核算结果受主观因素影响较大等问题，中国环保在碳资产核证和碳交易环节引入区块链及物联网技术，利用碳排放监控设备及时将收集到的生产经营过程中产生的数据通过物联网上网存储，再利用区块链技术将信息公布，由各个节点主体接收存储，保证数据一经采集就上网上链，不可逆转、不可篡改，以此来确保真实性。由此实现对碳排放的全程监管，确保建立一个对所有碳排放企业都相对公平公正，不存在部分企业有作弊行为的网络，避免由作弊行为导致逆向选择和道德风险问题，形成一个去中心化的信用模式，在一定程度上增强了信息透明度，保证碳资产核证及价格信息真实可靠，降低信息管理与核证成本，促进统一的核证标准及碳价格机制形成。

通过本项目研究，在开发和挖掘中国环保碳资产潜力的同时又掌握了核心技术。中国环保计划未来建立多方法学、多行业的自动化监测与核证模型，进一步将其应用于风电、太阳能及林业碳减排业务，同时引入不同的审定核证机构进驻平台，通过技术和流程创新，打造具有行业影响力的碳核证主体平台。

区块链碳资产核证系统依托中国环保具有多种应用场景的优势，以下属垃圾焚烧发电和生物质发电项目为试点进行搭建，按照 CCER 相关方法学（CM-072-V01 多选垃圾处理方式）要求，利用智能合约技术使碳核证工作透明化，发挥区块链技术可跟踪、可溯源、不可篡改的特性，构成各方认可的数据证据链条，对项目生产全过程进行实时监控。通过还原企业实际的碳排放量形成申报依据，为监管机构提供基于客观事实的、可监督、可溯源的行业碳排量核证报告，确保企业碳排放数据真实可信，从而提升碳交易市场的互信度，并使其具备可复制及推广价值。中国环保在国内外首创了基于区块链技术的碳核证应用，创新性地从底层逻辑上解决了碳排放核证现存难题，保证了碳排放核证过程可靠、透明、高效、标准，有助于促进碳交易市场的繁荣发展。

在区块链碳资产核证系统开发过程中，中国环保参加了中国信息通信研究院大数据标准推进委员会的数字“双碳”工作组，积极参与数字“双碳”领域的标准研究，参与《可信区块链：基于区块链的碳达峰碳中和服务管理平台技术规范》《可信区块链：基于区块链的碳达峰碳中和服务管理平台体系架构》《数字碳管理平台技术要求》《数字双碳产业图谱》等多项团体标准的编制工作。编制并申报软件著作权 3 项（节能环保区块链综合管理平台、区块链碳核证平台、企业碳资产管理平台），正在编撰并申请发明专利 1 项，同时储备了 2 项技术成果，即“中国环保自有可控的区块链管理平台”及“碳核证方法学存储过程”。自有可控区块链技术未来将可以广泛应用在众多生产企业的信息化建设中，帮助企业在数字化转型过程中保证数据的真实性。碳核证方法学存储过程可以在节能环保行业之外持续扩展到林业、制造业等诸多领域中，为将来系统进一步横向纵向拓展打下坚实基础。

三、改革成效

一是推动了区块链碳核证系统的应用实践。在区块链碳核证系统搭建成功的同时，中国环保积极推动其实践应用。2022 年 2 月中国环保旗下中节能（宿迁）生物质能发电有限公司和华能集团所属中安能（海南）公司在湖北碳排放权交易中心，完成全球首例区块链碳排放额核证（BCCER）碳资产的交易。2022 年 7 月，新华社采访中国环保党委负责人并以《国内动态清样》形式将碳核证系统有关情况报送中央领导。

二是以核证系统为基础，打造全方位碳资产管理平台。在成功搭建碳资产核证系统的基础上，中国环保继续探索其拓展应用实践，已形成较为完善的碳资产管理体系，搭建了全方位碳资产管理平台，实现了一站式闭环碳资产管理服务。在 2023 年 7 月生态环境部主办的“全国低碳日”活动上，中国环保面向全社会发布了首个区块链碳资产管理平台，下一步将继续拓展相关业务领域。

三是充分发挥“双碳”园区的引领作用。以区块链碳核证系统成功开发为契机，中国环保建设了“双碳科创园”和“中欧双碳产业园”，旨在以中国节能及其国际国内合作伙伴既有“双碳”相关技术、装备和产业为基础，把科技创新与应用场景相结合，汇集各方人才、资源，聚焦节能环保高精尖技术研发和产品生产，打造产学研用一体、多产业聚集、实力雄厚的产业集群。园区的发展得到了国家发改委、生态环境部、北京市委市政府、顺义区委区政府的高度关注和大力支持。依托园区内瑞士莱姆公司、中国瑞典合资瑞科际公司等企业，搭建中国与欧洲各国企业在“双碳”技术交流、实践应用、产业共融等方面的便捷通道，进一步助力中国与欧洲各国良好关系的长久发展。

90

突出“科改”赋能　聚焦“四个打造”以科技创新驱动产业焕新

中煤天津设计工程有限责任公司

一、基本情况

中煤天津设计工程有限责任公司（以下简称“中煤天津设计公司”）成立于1975年，是中国中煤能源集团有限公司（以下简称“中煤集团”）全资子公司，作为二级企业管理。中煤天津设计公司主营工程勘察设计、工程总承包、工程技术咨询、科技研发等业务。2019年，中煤集团依托中煤天津设计公司成立中煤（天津）地下工程智能研究院有限公司（以下简称“中煤地下工程研究院”），与中煤天津设计公司按照“一套人马、两块牌子”模式运行，形成“两院共建、融通赋能”新格局。“科改行动”以来，中煤天津设计公司立足国家能源战略和创新驱动发展战略，把准市场化改革与科技创新驱动“双轮”同频共振的底层逻辑，实现以改革强动力增活力，公司自主创新能力、经营发展质量不断提高。

二、经验做法

中煤天津设计公司聚焦增强核心功能和提高核心竞争力，围绕新一轮科技革命和产业变革方向，加快打造原创技术策源地，积极布局战略性新兴产业和未来产业，积极探索能源行业设计研究院创新发展之路。

（一）聚焦打造原创技术策源地，加快科技自立自强

一是加大科技研发投入，为原创技术研发注入强心剂。中煤天津设计公司不断加大多元化科技研发投入，2023 年研发投入 1.23 亿元，较“科改行动”前增长 402%，为原创技术研发保驾护航。

二是围绕国家战略需求，开展原创技术攻关。中煤天津设计公司统筹谋划原创技术攻关方向，在煤炭开采领域，聚焦煤矿智能化、废弃矿井利用、无轨胶轮车智能安全防控、固废资源化利用、低浓度瓦斯提级高效利用等技术开展攻关；在煤炭转化领域，聚焦煤炭精准洗选加工、新型煤基材料等技术开展攻关，2 个项目入选国家矿山安全监察局第一批矿山安全生产科研攻关项目，9 个项目纳入国家能源局《“十四五”能源领域科技创新规划》实施监测依托项目。

三是优化创新机制体制，激发原创技术研发活力。中煤天津设计公司不断完善创新机制体制，在项目组织管理上，实施“揭榜挂帅”“赛马”机制，推行项目负责人制，加快解决技术难题；在激励考核机制上，建立岗位分红和科技成果转化激励机制，充分激发创新内生动力；在研发环境上，制定《科技研发尽职免责制度》，营造鼓励创新、宽容失败、敢于担当的创新环境。

（二）聚焦打造战新未来产业，加快培育未来发展动能

一是立足自身优势，精准发力布局战新未来产业。中煤天津设计公司落实央企产业焕新行动，超前布局“北斗系统在煤炭行业的应用研究”“煤矿全生命周期透明地质保障系统”“煤基储钠硬碳负极材料制备”“百万吨级煤矸石覆岩离层注浆”“煤气化渣规模化分质梯级利用”等研发项目，充分发挥在地下空间利用领域的优势，参与国务院国资委在地下空间利用领域 6 项重点技术和 1 项典型场景研发任务。

二是加强基础研究，提升自主创新能力。中煤天津设计公司积极参与国家自然科学基金企业创新发展联合基金项目，联合高校申报2024年基金指南建议11项，2023年联合申报基金项目《有序/无序相调制构建高效储钠煤基硬碳负极及机制研究》获批立项，在应用基础研究领域实现突破。依托百万吨煤矸石覆岩离层注浆充填新型矸石处理技术，与国内顶级离层注浆团队合作，开展处废、防冲、减震、止沉、保水“五位一体”安全绿色开采理论体系研究和实践。

（三）聚焦打造先进成果转化平台，不断提升成果转化率

一是搭建科技孵化平台，加速科技成果转化。中煤天津设计公司推动“两院”资源共享、优势互补，搭建工业互联网应用中心、人工智能技术应用中心等实验平台，有力支撑企业高质量发展。建成9个创新工作室、5个事业部、5个研究所和1个专业化技术公司，以创新工作室为员工提供创新平台，鼓励研发前瞻性、原创性科研成果，以事业部推动创新成果做深做细、做实落地，以孵化专业化公司将有价值、有前景的新技术推向市场，打通从科技创新、研发设计、成果孵化、产业落地的完整产业链条。通过“科研+工程”实现项目产业链、价值链延伸和商业模式突破，实施运营的离层注浆项目创造最大规模、最远输送距离等5项国内“首创”。

二是聚焦国内优势资源，打造协同创新平台。中煤天津设计公司先后与中科院、天津大学、南开大学、北京交通大学、中国矿业大学、华为公司等50多家科研院所和单位开展深度合作，牵头成立“中煤智能创新联盟”。主动融入京津冀一体化战略，组建中煤集团“京津冀国家技术创新中心能源与低碳产业创新中心”，加快培育国家颠覆性技术创新项目、推动产业关键核心技术攻关和成果转化，打造国家战略科技力量。与天津大学、中国海油等9家在津高校企业，共同成立天津市水泥行业绿色生态与低碳零碳创新联合体，聚焦绿色低碳、固废资源化利用及节能环保等战略

性新兴产业，攻克制约产业发展的“卡脖子”技术难题。

（四）聚焦打造央企智库，加快构建智力支撑体系

一是加强高水平人才引进，夯实发展基础。中煤天津设计公司围绕建设一流新型央企智库目标，完善高端人才引进机制，对高端人才引进“特事特办”，先后引进博士 7 人，硕士 102 人，建成博士后创新实践基地，开展“博士人才一线行”，实现“博士专长 + 企业需求”精准对接。探索“横向破圈、纵向贯通”的智库人才培养体系，加大对骨干人才培养力度，实施“雏鹰—鸿鹄—鲲鹏”人才梯队培养计划，聚力打造人才雁阵。实施“青年创新基金项目”，配套落实 200 万元创新基金，全力支持青年创新创效。

二是拓展业务边界，提高决策服务能力。中煤天津设计公司成建制引入新能源专家团队，组建石家庄新能源设计研究院，着力打造新能源专业研究咨询机构，为中煤集团内部 70% 以上新能源项目提供技术服务。成立“科技创新服务中心”和“中国中煤北斗运营服务中心”，充分发挥“小内脑”作用，为中煤集团跨越式发展提供智力支持。

三是构建高效组织体系，开展跨学科协同研究。中煤天津设计公司积极与行业协会、高等院校和科研院所等建立多元化、多层次、多渠道合作机制，先后开展《煤矿关闭退出规划及长效机制研究》《煤炭与新能源协同发展研究》《中央企业创建世界一流企业路径》《中央企业战略新型产业培育路径研究》《俄罗斯新一轮远东开发与中俄煤炭合作的机遇挑战》等软科学课题研究，为中煤集团战略决策、研发布局和运营管理提供支撑。

三、改革成效

一是高质量发展势头强劲。“科改行动”以来，中煤天津设计公司经营业绩不断提升，实现跨越式增长，2023 年“两院”新签合同额、营业收入、利润总额分别同比增长23%、40%、15.7%，均比改革前实现1～3倍增长，全员劳动生产率同比增长28.3%，比改革前翻一番，净资产收益率、营业现金比率、研发投入强度逐年提升。

二是科技成果转化成效明显。2023年，中煤天津设计公司科技成果产业化收入达7.87亿元，同比增长40%，创历史新高。自主研发“煤炭洗选工程CPIM三维可视化全生命周期管理平台”入选国家能源局首台（套）重大技术装备（项目）清单及《中央企业科技创新成果产品手册（2022年版）》。建成京津冀地区领先的绿色、超低能耗示范基地，荣获住建部“高能效建筑——被动式低能耗建筑能效A级标识”，入选河北省第一批“可再生能源建筑应用典型案例”。

三是自主创新能力不断增强。2023年，中煤天津设计公司获省部级及以上科技进步奖5项，2项成果获得2023年煤炭建设行业“五小”技术创新成果，1项成果获2022年度煤炭企业优秀“五小”技术创新成果获奖项目一等奖。

91

统筹布局　开放合作
搭建高水平科技创新平台赋能高质量发展

中煤西安设计工程有限责任公司

一、基本情况

中煤西安设计工程有限责任公司（以下简称“中煤西安设计公司”）成立于1954年9月，是中国中煤能源集团有限公司（以下简称“中煤集团”）全资子公司，作为二级企业管理。中煤西安设计公司主营科技研发、设计咨询、工程总包、生产运营等业务，2016年中煤集团依托中煤西安设计公司成立中煤能源研究院有限责任公司（以下简称“中煤能源研究院”），与中煤西安设计公司按照“一套人马、两块牌子”模式运行，形成“两院融合”和设计、总包、研发“三位一体”协同发展的独特优势。中煤西安设计公司2018年入选首批“双百企业”名单，2023年从“双百企业”扩围至“科改企业”，是国内设计建成年产千万吨级矿井最多的勘察设计企业和国内首个以工程总承包模式承揽大型整装矿井的总承包商，综合实力位居行业前列。

二、经验做法

中煤西安设计公司围绕“立足集团、贡献行业”使命，对内布局、对外拓展，积极搭建产学研平台，致力于煤矿水害防治、瓦斯治理与利用、防灭火、冲击地压防治等煤矿安全开采技术研究，充填开采、固废资源化利用、工业废水还原、生态修复等绿色开采及利用技术研究，无煤柱开采、快速掘进等高效开采技术研究，快速建成1个国家级、1个省级、多个市级和企业级产学研平台，形成多项原创技术，科技赋能作用显著提升。

（一）拾阶铸台，有序分级推进科创平台建设

中煤西安设计公司秉承“开放共享”理念，积极链接内外，畅通产学研渠道，充分依托中煤集团煤炭全产业链优势和行业影响力，抢抓陕西省秦创原创新驱动平台（以下简称“秦创原”）、西安市综合性科学中心和科技创新中心建设契机，发挥自身专业特色优势，全方位推进高水平科研平台建设。

一是加强原创性引领性科技攻关合作。中煤西安设计公司联合清华大学、中国矿业大学（北京）申报的2项国家自然科学基金企业联合基金项目成功获批，顺利成为国家自然科学基金依托单位，为基础研究能力提升按下“加速键”。

二是大力推进国家级科创平台建设。中煤西安设计公司与山东能源集团有限公司保持紧密合作，以副理事长身份会同其他4所高等院校，合力推进煤矿充填开采国家工程研究中心共建工作，成为国内首个煤矿充填开采国家级重点平台。与鄂尔多斯市高新区签订共建协议，全面启动煤矿冲击地压防治工程研究中心建设，加快推进建设第二个国家工程中心。

三是有序深化省级科创平台建设。中煤西安设计公司与省属高校联合申报并获批陕西省“四主体一联合”校企联合研究中心、西部煤矿瓦斯灾害防控陕西省高等学校重点实验室，秦创原“科学家＋工程师”项目、博士后创新基地建设等工作取得明显成效。

（二）卓效用台，发挥平台原创技术策源效能

中煤西安设计公司坚持把科技创新放在企业发展全局的核心地位，优化配置创新资源，充分发挥科技创新平台效能，致力于打造能源安全保障和绿色低碳原创技术策源地。

一是聚力锻造煤基能源生产安全保障链。中煤西安设计公司先后成立中煤瓦斯治理研究中心、中煤冲击地压与水害防治研究中心和鄂尔多斯市冲击地压防治技术中心，创新引领深部煤炭资源高强度开采安全保障技术，以“零事故”的服务成效为导向，不断深化煤矿水、火、瓦斯、冲击地压致灾机理和防治体系研究，系统推进数字化矿井安全辨识、风险预警和智能管控“多灾害预警大平台”建设。

二是奋力打造煤基能源绿色低碳技术供应链。中煤西安设计公司发挥内蒙古绿色协同创新中心和秦创原“科学家＋工程师”项目作用，聚焦矸石充填为代表的绿色开采技术，以绿色低碳为导向，大力攻关固废处置、生态修复、矿井水处理及资源化利用、瓦斯高效利用等关键技术，进一步丰富绿色技术应用面。

三是谋划“碳中和”前瞻引领技术。中煤西安设计公司以“碳中和”技术储备为目标，搭建“碳中和”实验室，启动以煤基固废矿化二氧化碳和防灭火为代表的 CCUS 技术研发，布局“产炭不排碳”技术体系，推进储能蓄能、矿井余热地热、光伏等综合利用多能互补技术应用攻关，致力打造“碳中和”技术储备库，构建零碳园区建设技术体系。

（三）聚智兴台，广纳社会英才百舸争流

中煤西安设计公司坚持党管人才，深入实施人才强企战略，强化考核激励，激发人才活力动力，确保人才引得来、留得住、用得好。

一是创新用人模式，构建开放人才体系。中煤西安设计公司用好现有人才，谋划未来人才，破除“唯论文、唯职称、唯身份”的评价机制和考

核机制，造就一批甘心静下来、坐下来的人才，培养一批领衔攻关“卡脖子”技术的领军人才，孕育一批善于顶层设计的谋划型人才，让各类人力资源人尽其才、才尽其用、用有所成。

二是广纳社会英才，集聚优秀科技人才。中煤西安设计公司制定《高层次人才引进管理办法》，秉持“不求所有，但求所用”的灵活思路，聘请3名中国工程院院士为首席顾问，采取“协议式聘用、契约式薪酬”方式聘请西安科技大学等高校教授开展煤矿智能化、冲击地压等研发工作。近3年招聘应届毕业生112人，研究生占比91.96%，引进稀缺注册资质成熟人才7名，通过“借脑、引智”聚英才而用之，实现“两院”人才高地扩容。

三是打通人才通道，拓宽人才成长路径。中煤西安设计公司结合企业实际构建以能力、业绩为要素的7通道13级员工职业发展通道，破解人才发展路径狭窄难题，让员工在各自适宜的道路上快速成长，避免“千军万马挤独木桥”造成人才流失，确保使各类人才引得进、留得住、干得好。

四是加强科技交流，搭建人才合作平台。中煤西安设计公司积极筹办或参与高水平科技论坛、会议、展会，鼓励专业技术人员在学术论坛上作专题讲座，大力支持青年科技人才挑大梁、当主角，充分融入高层次学术圈，鼓励技术带头人在高校兼职硕博导、校外导师，进一步促进校企协同和学术交流。

三、改革成效

一是形成了扎实的研发体系。中煤西安设计公司逐步打造“7所3中心6实验室1公司”的自主研发组织架构，具备CMA检测检验资质，取得国家自然科学基金依托单位资格，成为煤矿充填开采国家工程研究中心副理事长单位，成功获批陕西省“四主体一联合”升级科创平台以及陕西省高等学校重点实验室。

二是培养了坚实的人才队伍。中煤西安设计公司通过自主培养、柔性引才等方式，打造行业高端人才领队、多专业融合的高水平、高学历、高素质科研团队，在矸石充填、瓦斯治理、水害防治、冲击地压防治等方向形成多支具有较强行业影响力的专业科技研发团队。目前公司职工本科及以上学历占比94.3%，其中博士31人、硕士研究生365人，高级及以上职称412人。

三是实现了丰实的成果产出。中煤西安设计公司不断加大多元化研发投入，加强研发投入产出科学评价，强化原创性引领性科技攻关，形成了以矸石浆体充填、矿井水和化工废水资源化利用、矿井充水强度评价与水害风险管控、冲击地压矿井产能安全释放、瓦斯防治多元协同联控等技术体系，拥有自主知识产权的众多科技成果。近年来，公司获得授权专利200余项，国际领先、先进成果24项，各类科技奖47项，发表核心及以上论文150余篇，出版著作5部。

四是保障区域能源供给发挥关键作用。中煤西安设计公司为中煤集团下属30余座矿井累计开展“一通三防”、防治水、冲击地压防治等专业会诊100余次。接受鄂尔多斯市能源局委托，对鄂尔多斯全市30座矿井连续两年开展冲击地压防治、“一通三防”会诊服务。通过专业的技术保障，使服务企业“零水害”、矿压“零冲击”以及瓦斯“零超限”、煤层“零突出”成为可能，夯实能源保供安全屏障，有力保障陕蒙区域能源供给。

92

加快专业化整合　强化安全支撑
全力打造矿山领域检验认证世界一流企业

安标国家矿用产品安全标志中心有限公司

一、基本情况

安标国家矿用产品安全标志中心有限公司（以下简称“安标国家中心”）是中国煤炭科工集团有限公司所属全资二级企业，是我国专业从事矿山领域安全标志审核发放、检验认证最权威的第三方公益性机构和国家矿山安全重要技术支撑机构，2023 年获评国家级专精特新“小巨人”企业。安标国家中心积极服务国家能源保供战略，增强矿山安全支撑功能，通过加快矿山领域检测检验资源专业化整合，做强做优做大主业，有力支撑保障了国家矿山安全。近年来，针对矿山领域检验机构规模偏小、布局分散、建设重复、竞争无序、实力不强、安全支撑能力弱化等现状，安标国家中心深耕矿山领域，实施专业化整合战略，推进区域化、国际化、数字化发展，构建了布局合理、全国协同、技术领先、公正可信的矿山设备全生命周期检验认证服务体系。

3 年来，安标国家中心新增检验认证资质 50 余大项，营业收入、净利润分别增长 231%、102%，检验认证周期大幅压降 65%，树立了行业标杆，全面实现全国矿山富集区、矿山设备制造商、各级矿山安全监管监察部门安全支撑服务覆盖率 3 个 100%，不断推动国资央企经济属性、政治属性、社会属性有机统一。

二、经验做法

（一）激活整合动能，聚力主责主业再增强

一是锚定专业化方向，战略更显定力。积极落实国务院国资委对检测检验领域专业化整合的部署安排，安标国家中心以国企改革深化提升行动为抓手，积极协同国家矿山安全监管监察部门及地方机构，共同研究推进矿山领域优质检验资源专业化整合发展，对标先进行业一流企业，提出合力打造我国矿山领域检验认证全环节全覆盖的世界一流企业目标。

二是整合多点突破，发展更聚合力。安标国家中心全面梳理全国矿山安全监察系统检验机构安全技术服务能力水平、业务特点，按照“整体布局、先试先行、择优整合、一地一策”的整合原则，与地方政府、检验机构逐一沟通、多轮接洽、反复论证，成熟一家、整合一家、共商共建，相继整合完成 12 省、自治区当地规模最大、市场占有率最高的矿山设备检验机构共 12 家，基本将具备技术优势、市场优势、地域优势的优质矿山设备检验机构全部整合完毕，实现同质资源有机融合。

三是数字化赋能理念融合，发展更添动力。安标国家中心建立检验机构管理、业务信息化综合服务平台，新进 1 家机构、部署 1 个平台，推动新进机构加快现代企业治理体系和治理能力建设，实现了业务、人员、资质等平稳承继。高效构建公司治理制度体系，推动党的领导、战略规划、财务预算、能力建设、检验质量、安全生产、法律合规等央企管理理念及安标国家中心企业文化快速延伸至新进机构。实施数字化赋能提质增效工程，合力实现检验认证周期大幅压降 65%，服务社会满意度 98. 2%。

（二）改革体制机制，聚力竞争能力再增强

一是加快区域化建设，构建跨地域的全国协同服务网络。安标国家中心根据煤炭开发布局由14个大型煤炭基地转向蒙西、蒙东、陕北、山西、新疆五大煤炭供应保障基地的发展趋势，重点在华中、西北、西南、华北等实施区域化经营策略，机构及业务覆盖了全国煤矿聚集区和矿用设备主要生产基地，同步实施区域化管理和业务协作机制，加强区域内资源统一调配，全面实现全国矿山富集区、矿山设备制造商、各级矿山安全监管监察部门安全支撑服务覆盖率三个100%。

二是加快产品线建设，构建具有矿山特色主业鲜明的服务生态。安标国家中心按照产品线构建4个维度的服务生态，提升核心竞争力，领域由煤矿领域向非煤矿山、职业卫生、劳动防护、智能化、双碳绿色领域延伸；环节由准入环节向设计、安装、在用、维修等环节延伸；项目由安全向质量、环保、节能、高性能等项目延伸；手段由检验认证向咨询、评价、鉴定、培训等手段延伸。统一定位各新进机构主营产品线布局，差异化培育和发展各所属企业核心竞争力，总体上加快形成具有矿山领域特色、覆盖各类企业、各类设备、全生命周期、全服务项目的专业化检验认证产品线。

三是加快板块化建设，构建技术优势集中的服务能力。安标国家中心实施新进机构板块化统筹管理及发展策略，逐步构建安标、认证、科研、培训、综合服务及检验板块，整体上形成“1+X”的集团化架构（1家认证机构、X家检验机构）。针对当前检验认证薄弱环节和市场需求，综合发挥区域化、产品线、板块化的协同作用，优化整合资源再分配、再调整，形成板块齐全的矩阵式管理格局。

（三）扛起使命担当，聚力核心功能再增强

一是以能力提升强化矿山安全支撑。安标国家中心设立检验能力提升

专项投资资金，加快建设重要矿山设备全类别安全测试技术及认证评价能力，以支撑国家矿山安全为首要任务建立服务全国的矿山检验认证业务网络，支持各级矿山安全监管监察部门的设备监管监察及执法工作，大力推进设备安全信息互换、监督互动、结果互用，构建形成国家矿山设备从准入到使用、维修、报废的立体式全方位安全支撑体系。

二是以科技创新提升矿山先进装备安全水平。安标国家中心发挥新进机构科技创新合力，搭建矿山智能化建设的安全检验认证创新服务平台，聚焦矿山井下5G通信、锂离子蓄电池、机器人等新技术新设备，促进企业研发与安全标志、检验认证密切联动，形成适合新技术推广应用、满足智能化等特定需求的工作机制，助推我国矿山智能化发展。

三是以技术互信提升品牌文化全球影响力。安标国家中心统一实施“中国安标”“CMAC”国际品牌战略，构建服务全球矿山安全治理的双多边合作机制，顺利成为国际IEC Ex CB机构，推动中国安标和检验认证在国际测试技术与认证评价中的广泛采信；通过双多边国际技术舞台积极宣传中国安标优良实践，推动中国安标合格评定标准、制度被国际吸收采用。加快推进双多边合作与互认进程，以更高层次的矿用设备国际贸易为目标，服务国家“一带一路”建设，助力国内矿用设备制造商面向全球开拓市场。

三、改革成效

一是高水平实现专业化整合经济属性。主业由单一认证全面延伸至检验认证一体化，相比2020年，2023年安标国家中心专业化整合业务占比由0升至53%，实现营业收入增长231%，净利润增长102%，巩固了安标国家中心在矿山领域检验认证领头羊地位，全国性协同服务的矿山领域检验认证全生命周期服务体系基本建立。

二是高水平实现专业化整合政治属性。截至2023年，安标国家中心新增检验认证资质50余项，专业实验室118处，配备专业检验设备2553台套（数字化设备占比40.89%），配齐建强一支600人的专业检验认证队伍，保障了原有职工队伍稳定和机构支撑作用的有效发挥。牢记“以人民为中心”的发展思想和安全支撑定位，坚决杜绝安全隐患产品下井使用。3年共出具检测检验报告超过20万份，出具合格评定报告超过21万份，助力国内超过100种矿山设备取得国际证书，破除贸易壁垒，服务中国制造远销海外。

三是高水平实现专业化整合社会属性。安标国家中心全面融入国家矿山安全监管监察体系和执法体系，首次开展矿山用户现场抽样、封样、检测并固化证据链；首次开展矿用产品市场侧监督抽检，对电商平台上销售的量大面广矿用产品进行抽检，检验结果通过《中国煤炭报》主版、“学习强国”等主流媒体向全社会通报、曝光监督结果，受到社会广泛关注和高度认可。2023年，通过安全标志和检验认证把关淘汰了12.85%设备制造商和9.89%的不合格产品，通过监督工作处理了13.23%设备制造商和4.55%的不合格产品，有力补充了国家矿山设备安全监管监察内容，有力防范遏制了矿山重特大事故发生，为我国矿山安全生产形势持续稳定向好作出了积极贡献。

93

锐意进取谋新篇　敢为人先开新局
引领煤矿人工智能启新程

中煤科工集团上海有限公司

一、基本情况

中煤科工集团上海有限公司（以下简称“上海煤科”）是中国煤炭科工集团有限公司所属二级企业，是集高端煤机装备的研发、生产、销售为一体的高科技企业，形成了煤矿采、掘、运、控、检为主的五大领域技术优势，成为煤机行业的中坚力量，技术实力达到国内一流水平。近年来，上海煤科围绕“引领煤炭科技、推动行业进步、提升企业价值、创造绿色未来”的企业使命，加快煤矿智能化装备的技术进步，坚持“做强主业、深挖潜力、科学布局、特色多元”的战略思想，构建“(5+N)+X”产业布局，积极拓宽市场领域、探索转型发展，全面布局人工智能战略新兴产业，在煤矿智能化场景建设、矿用机器人、智慧水务、智能穿戴、智能传感、试验检测智能感知等方面取得重大突破。

二、经验做法

（一）战略布局新思路，产业突破“势道术”

一是借“势”而为，化劣势为优势。上海煤科加强与高校、企事业单位等的合作，与上海自主智能无人系统科学中心、同济大学电信学院协同发展建设“工程博士实验基地”，与上海交通大学机械与动力工程学院紧密合作成立“AI 联合研发中心”等，快速补齐自身技术和资源短板，将劣势转变为优势。前沿技术井下无人机防爆续航突破 30 分钟时间极限，实现井下环境参数监测及巷道变形监测，在导航定位、智能避障等技术方面均达到国内行业领先水平。

二是拓宽渠“道”，以点到面发展。上海煤科以人工智能技术为抓手、以智能控制技术为衔接、以项目管理为发展模式，开拓出“方案 + 技术 + 产品 + 现场实施 + 运维”一体化解决方案的人工智能产业化发展路径，构建煤矿智能化场景“复制与粘贴”，不断打磨“做精做强产品以及高效实施智能化服务”的核心竞争力。通过 13 项横向科研项目合作及 25 项产学研合作等方式，实现产品与服务从井下防爆智能化产品（防爆型巡检机器人）向井上智能化设备的延伸（拣矸机器人），实现煤矿洗煤厂智能化服务（智能跳汰系统）向非煤产业的拓展（机器人激光盘库系统），实现传统自动化业务（无人值守自动装车系统）向新兴智能教育（桌面六轴机器人）的开拓，开发系列化人工智能产品与服务共 11 款。

三是内外兼修，掌握核心技“术”。围绕提升行业竞争力的迫切需求，上海煤科人工智能团队对内苦练技术“内功”，对外对标优秀科技型企业，以算法为核心，以数据和硬件为基础，以提升感知识别、知识计算、运动执行、人机交互能力为重点，形成内外兼修、开放兼容、稳定成熟的技术体系。重点突破知识加工、深度搜索和可视交互核心技术，实现对知识持续增量的自动获取，具备概念识别、实体发现、属性预测、知识演化建模和关系挖掘能力，形成多学科和多数据类型的跨媒体知识图谱。煤矿人工智能技术领域取得重要进展，部分领域核心关键技术实现重要突破，国际科技论文发表量（SCI 3 篇、EI 29 篇）和发明专利授权受理量（35 项）

持续增加，知识产权数量逐年提升，同比增长35.63%。

（二）市场引领加油干，激发活力“一二三”

一是精准发力，聚焦关键环节。上海煤科全面推行任期制和契约化管理，年初签订目标责任书，以经营和科研业绩为主要考核导向，建立“一人一岗一指标”的差异化考评机制，设置末位强制退出底线。2023年，人工智能领域项目经理年收入差距最高达2.65倍。

二是优选人才，“双重用人”改革。围绕重点紧缺岗位需求，上海煤科深化市场化选人用人，坚持精准靶向引才，3年来引进人工智能领域博硕士16人；通过采用聘用高级顾问、首席科学家等方式，柔性引进国家级及省级高层次人才7人。坚持市场化用才，采取技术人员、销售人员“双重”人才“揭榜挂帅”制度；坚持“传帮带”育才，实施“本土化博士培养”方案，与同济大学联合培养创新领军定向非全日制工程博士1人。核心团队“煤矿人工智能及机器人科技攻关创新团队”，向行业工程院士团队看齐，获评“2023年度全国煤矿智能化卓越团队”。

三是优化薪酬，强化正向激励。上海煤科实施“三挂钩”考核机制，部门绩效考核结果与部门工资总额挂钩、项目组考核结果与项目组成员工资总额挂钩、员工绩效考核结果与个人绩效工资挂钩。实施以“一览全包、快速兑现、一事一例、体现增量”为原则，以任务为导向的市场化激励方式，面向项目经理、销售人员、公司全员的“三类别”并举的激励方式，实现煤矿人工智能业务的快速增长，智能穿戴业务2023年销售量增至2080套、同比增长149.10%。

（三）科研改革人财物，“三位一体”新出路

一是创新创业，强化科研转化。上海煤科坚持人工智能技术研发攻关、智能化产品与服务应用、科技成果转化与产业发展“三位一体”方针的推进，强化创新与产业深度融合、技术供给和市场需求互动演进，以工

程示范应用推动煤矿人工智能技术与产品新领域发展。成立人工智能事业部，把科研转化落到实处，科研转化率高达92.32%，下属企业信息公司入选上海市“专精特新”中小企业。

二是改革机制，提升决策水平。设上海煤科立公司技术委员会，参与企业重要决策会议，让科技人员在技术路线选择、科研资源分配等方面责权利对等。引入人工智能产品开发（IPD）理念，以高效研发模式提升技术创新和产业培育能力，在立项阶段充分考虑技术路线选择和产业化路径的可行性，让项目少走弯路。坚持“以研发扩展产品市场，以市场反哺基础研发”原则，建立以市场与行业技术标准为导向、以产品收入支撑研发投入的投研体系。

三是配置资源，科研人员主导。上海煤科提升科技研发投入比例，近3年人工智能领域年平均科研投入占比11.39%，并呈逐年上升趋势。优化科研资源的人财物分配机制，保障薪酬分配和重要资源向科技创新人员倾斜。针对人工智能重点研发方向，采取预投方式执行，以促进产业化进程，项目占比30%以上。针对富有挑战性的战略性研发项目，建立容错机制，鼓励科研人员“敢”字当头，勇于创新。

三、改革成效

一是科技创新“发新芽”。上海煤科人工智能理论和技术行业应用取得重要进展，智能化控制水平、自动诊断技术、图像识别技术、矿用特种机器人技术、大数据智能、混合增强智能等基础理论和核心技术应用实现重要进展，人工智能模型方法、高端设备和基础软件等方面取得标志性成果，科研成果年平均增幅25.67%。人工智能科技创新能力进入行业第一方阵，已培育5项煤矿行业领先的人工智能创新产品，初步建成人工智能技术标准、服务体系和产业生态链。

二是战略性新兴产业“开鲜花”。上海煤科正处于全面深化改革、加速转型升级、提高自主创新能力、实现高质量发展的关键时期。以坚持“多元合作、跨界联合、开放共享”为原则，结合上海市资产优势发展人工智能战略性新兴产业，从基础理论、支撑体系、关键技术、创新应用等多层面构筑技术群和产品群，构建具有自身特色的煤矿人工智能产业生态体系，已实现公司从“制造先进”到“创新引领”这一阶段性目标。

三是企业效益“结硕果”。通过优化薪酬考核机制，上海煤科聚焦关键环节，强化正向激励，人工智能各个方向的年度计划项目实施完成率在95.54%以上，在煤矿机器人、智能穿戴、智能传感、智慧水务等业务方向的营业收入分别同比增长164.23%、149.10%、65.43%、42.84%。2023年，上海煤科相关人工智能产业板块实现总营业收入5223.25万元、同比增长78.62%，利润总额1348.27万元、同比增长68.33%，均创历史新高。

94

“揭榜挂帅” 攻坚克难 实现高质量发展

中机寰宇认证检验股份有限公司

一、基本情况

中国机械科学研究总院集团有限公司所属中机寰宇认证检验股份有限公司（以下简称“中机认检”），是全国性的车辆及机械设备第三方认证、检验检测综合性服务机构，2018 年列入首批国务院国资委确定的“双百企业”，2023 年 12 月在深交所创业板成功上市。中机认检坚持以习近平新时代中国特色社会主义思想为指导，深入学习领会党的二十大会议精神，积极落实国家“9 +6”战略性新兴产业总体战略和国务院国资委增强核心功能、提升核心竞争力要求，聚焦中机认检投资项目达产创效、制约瓶颈、新业务拓展、技术创新等领域，从 2022 年起建立了“揭榜挂帅”党建领航工作机制，配套保障措施，加强过程管理，强化正向激励，有力有效地促进了中机认检经营业绩的较快增长。两年来营业收入、利润总额等主要经营指标实现快速增长。

二、经验做法

（一）强化顶层设计，以战略为依据确定任务目标

一是坚持战略引领。中机认检坚持“市场化、国际化、专业化、集约

化、规范化”发展理念，强化顶层设计，制定和优化“十四五”战略规划，统筹能力建设布局和资源配置，明晰“聚焦认检，延伸两端”的业务产品线，确立“五个一计划”，构建中机认检业务发展蓝图。

二是建立“揭榜挂帅”新机制。以中机认检“十四五”战略规划为指引，聚焦投资项目达产创效、制约瓶颈、新业务拓展、新技术研发等领域，创立“揭榜挂帅”新机制。中机认检设立“揭榜挂帅”专项任务，以激励导向为主，专项任务紧紧围绕中机认检战略目标和年度重点难点工作，通过专项攻关促进关键业务领域的新突破，2022 年启动实施 6 个专项任务，2023 年实施 8 个专项任务，均取得实质性进展。

三是科学谋划“揭榜挂帅”项目目标。中机认检组织责任书签署，针对任务目标编制实施方案，明确节点目标与技术路径，设置输出成果，以专项考核保证“揭榜挂帅”任务落地。

（二）加强过程管理，推动任务目标实现

一是注重过程管理。中机认检建立“揭榜挂帅”监督评估与动态调整机制，通过运营管理部和纪检部门对专项任务的组织管理、执行情况与实施成效进行跟踪监督检查。每季度跟踪专项任务项目进度，对专项任务进行阶段性评估，督促项目按计划推进。

二是做好班子分工。中机认检领导班子成员发挥“领头雁”作用，亲自挂帅，扎实推进“揭榜挂帅”实施。2023 年全部班子成员均揭榜一项公司重大改革发展项目，任务完成率 100%，起到示范引领作用。

三是进行分类管理。中机认检对于每个项目进行目标任务的差异化设计，实施分类量化考核管理，真实客观地评定项目完成情况，为实施激励提供保证。

（三）精准奖励激励，提升“揭榜挂帅”机制生命力

中机认检严格实施“揭榜挂帅”专项任务考核并刚性兑现，不断激发

创新动力，形成长效机制。

一是坚持发展导向和问题导向相结合。近两年，中机认检结合“卡脖子”问题及“双碳”技术创新、新能源汽车检测、信息安全等新业务难题，设立“揭榜挂帅”项目，明确责任分工，分解任务目标，理清实施举措，强调最终结果，促进新业务发展、业务和技术难题得以破解。

二是深化改革优化薪酬分配体系。中机认检倡导“为勇为者搭台，为担当者担当”正向激励氛围，突破原有薪酬机制，面向全公司在工资总额框架中单列党委“揭榜挂帅”牵引和总经理奖励基金，为攻坚克难团队设立额外奖励，激发了广大干部骨干的创业创新热情。

三是严格对“揭榜挂帅”专项任务进行考核和奖励兑现。对于全面完成任务目标的团队刚性兑现奖励，对于未达考核目标的团队不实施奖励。向团队的核心成员给与充分倾斜政策，形成了正向良性竞争的工作氛围，助力公司高质量发展。

三、改革成效

中机认检自2022年建立“揭榜挂帅”新机制，攻坚克难取得了实质成效。

一是解决“卡脖子”技术业务难题。中机认检完成子公司进口机动车认证信息上传及有关政府部门共享的信息化系统，实现了独立的线上业务流转，系统运行风险可控，为进口车认证业务无障碍开展提供了坚强保证。建成智能网联汽车信息安全实验室，填补了中机认检在汽车信息安全领域检测能力的空白等。

二是有效助力新建项目达产创效。中机认检控股子公司中机车辆新获得乘用车检测公告资质，数字、智慧、绿色检测园区建设取得阶段性成果。新建项目达产创效项目2023年圆满完成净利润指标，同比增长93%。

天津口岸公司建立混改公司自主业务和协同业务相结合的业务模式和盈利模式，2022年，中机认检实现营业收入2793万元，净利润952万元，建成进口汽车、摩托车CCC认证法检业务（含排放）硬件实验室。

三是“揭榜挂帅”新机制引领经营指标大幅增长。2022—2023年，中机认检直接牵引营业收入、利润总额年均增长率分别达到18.86%和20.95%，同时形成一组核心能力和一批技术成果，有力支撑并保证战略目标任务完成，对于中机认检实现新赛道高质量跨越式发展具有里程碑意义。

95

稳步推进“科改行动”走深走实 强化科技创新带动高质量发展

钢研纳克检测技术股份有限公司

一、基本情况

钢研纳克检测技术股份有限公司（以下简称“钢研纳克”）成立于2001年3月，2019年11月在深圳证券交易所创业板上市，是中国钢研科技集团有限公司（以下简称“中国钢研”）所属控股上市公司。钢研纳克是专业从事金属材料检测技术研究、开发和应用的科技型企业，致力于成为中国金属材料检测行业的技术引领者，是国家认定的高新技术企业，在高速铁路、商用飞机、航空航天工程、核电工业以及北京奥运会等国家重大工程、重点项目中承担了材料检测等攻坚任务。钢研纳克是国内钢铁行业的权威检测机构，也是国内金属材料检测领域业务门类最齐全、综合实力最强的测试研究机构之一，拥有“国家钢铁材料测试中心”“国家钢铁产品质量检验检测中心”“国家冶金工业钢材无损检测中心”等国家级检测中心和“国家先进钢铁材料产业计量测试中心”“国家新材料测试评价平台——钢铁行业中心”“国家新材料重点平台——新材料测试评价平台（苏州区域中心）”“工信部产业技术基础公共服务平台”“金属新材料检测与表征装备国家地方联合工程实验室”“工业（特殊钢）产品质量控制和技术评价实验室”等国家级科技创新平台，以及法定计量机构“国家钢铁材料计量站（钢研纳克）”，是中国应急分析测试平台金属子平台的牵头单位、首都科技条件平台新材料领域平台成员单位、北京市生产安全事故调查技术支撑单位、中关村开放实验室核心成员等。

二、经验做法

（一）探索多样化科技成果转化激励机制，设立揭榜挂帅项目

钢研纳克充分利用公司内部优势科技创新资源，推动“卡脖子”技术、关键共性技术攻关以及市场急需新产品高效开发，于2023年3月发布《钢研纳克检测技术股份有限公司关键创新技术揭榜挂帅项目管理办法（试行）》，瞄准公司高质量发展急需解决的核心技术难题，发布揭榜任务开展核心技术攻关的科技项目。技术需求的提出遵循公司战略指导，涉及与公司产业相关的填补国内或行业空白的关键共性技术难题。

在揭榜项目团队的考核和激励方面，揭榜团队的负责人视为研究院项目主管级别，享受项目主管薪资待遇。钢研纳克对揭榜团队负责人择优进行股权激励。项目执行期间内，按照里程碑节点进行考核。一个考核周期内，团队绩效奖金发放不超过总绩效奖金的70%，每通过一次节点考核，将补齐团队成员欠发的绩效奖金，再额外奖励30%～50%的绩效奖金。没有通过节点考核的项目将对团队进行相应的绩效奖金扣减。团队负责人绩效奖金奖励或扣减的额度由公司确定，团队成员绩效奖金奖励或扣减的额度由团队负责人确定。项目执行过程和结束后，形成的科研成果和新产品，按照《钢研纳克检测技术股份有限公司科研成果配套奖励办法》另行奖励。

目前，针对钢研纳克高质量发展急需解决的核心技术难题，经总经理办公会审议通过，遴选出一批“揭榜挂帅”项目，发布了2023年度“王

海舟创新基金奖励关键创新技术揭榜挂帅项目（一期）”榜单，覆盖材料高通量原位统计映射表征逆向设计领域、检测表征关键技术创新领域、高端仪器原创技术领域等 10 个重点方向。经过揭榜团队申报答辩和专家评审，最终有 8 个项目获得立项，正在按期推进。

（二）进行 IPD 集成产品开发体系再造和流程建设

2023 年，IPD 产品开发模式在钢研纳克应用。基于对 IPD 集成产品开发体系概念了解及市场驱动性因素的分析，形成钢研纳克自有产品开发流程模式。该模式从产品的概念、计划、开发、验证、到发布阶段，进行生命周期管理，共 6 个阶段。由不同职能部门的人员组成 PDT 团队，进行跨职能部门相互协作，形成结构化产品开发流程。现阶段，已经成功划分了 PDT 组织结构及角色，并讨论分析了内部现有流程与 IPD 产品开发流程的契合与不同，整理了钢研纳克内部在产品开发流程中的概念阶段、计划阶段、开发阶段现有情况并形成相应阶段流程图。

目前，集成产品开发 IPD 项目完成了需求模块和产品规划模块的建设，优化产品类项目的立项评审。钢研纳克制定了需求管理流程，35 个需求来源表单。已建立线上的仪器板块公司级的需求池，实现需求收集、需求分配和需求跟踪功能，产品经理负责各自产品线需求的管理工作。制定了产品规划流程，12 个产品规划模板。目前 CS 分析仪基本完成产品规划，其他产品线已经开始进行产品规划内容。

研发质量管理体系建设方面，钢研纳克进行产品开发流程建设，优化研发质量管理，形成产品开发概念阶段、计划阶段、开发阶段、验证阶段流程，设立 130 项活动和 78 项过程管理文件，已经建立了技术评审流程，包括对技术评审活动的说明，技术评审要素的收集及评审流程图的绘制。根据产品开发流程的 6 个阶段，拟定 6 个相关技术评审活动（TR）对于产品研发质量进行把控与管理。首先，对于制定产品质量目标与策略进行第一次技术评审（TR1）。其次，对优化产品质量策略方案进行第二次技术评审（TR2）、第三次技术评审（TR3）。后续将对监控产品质量目标和计划进行第四次技术评审（TR4）到第六次技术评审（TR6），并依据相应评审结果，出具评审意见及形成相应阶段技术评审报告。最终，实现对产品质量的监控目标及对产量质量进行持续性改进。研发采取正向研发思路，设计规范，产品开发流程图。

三、改革成效

钢研纳克自2020年入选国资委“科改行动”企业以来，在中国钢研和公司党委的大力支持和关怀下，锐意进取、深化改革。

在仪器研制方面，钢研纳克累计推出包括Spark 8000全谱火花直读光谱仪、SparkCCD 6500全谱火花直读光谱仪、Plasma 3000双向观测ICP光谱仪扫描电镜旗舰机型-FE-1050系列产品等新产品11项，均形成销售。

在质量评价方面，钢研纳克完成超超临界电站用C91型耐热钢质量评价、石油炼化用UNS N08811炉管产品质量评价、La-Y-Ni储氢合金质量评价等20余项评价项目，获得认监委秘书处“开展重点行业基础用材合格评定技术试点应用”的委托，开展CSTM合格评定制度体系建设。已成立领域委员会27个，已成立技术委员会69个，各领域、技术委员会专家委员5000多名。新立团体标准700余项，新发布团体标准300余项。举办了多种形式的规范、评价标准与试验技术的培训考核，开设超40个技术培训班，培训考核人数3000余人次，参加企业单位500余家。

在检测业务方面，钢研纳克在ICPOES和ICPMS分析应用中全面推动自动化进样技术，普及率达到70%以上，极大地提升了分析效率。开拓了航空领域大客户、核电领域新业务，成果显著，启动了新能源和半导体材料领域的技术调研、能力筹划和人才储备。热疲劳试验机的应用研究和试验方法研究已用于高温合金、耐热钢、复合材料等材料的热疲劳试验。静态法高温泊松比测试技术研究，填补了国内静态法测量金属材料高温泊松比的空白。高温维氏硬度试验方法对高温合金、耐高温涂层、高温轴承及涂层类样品进行试验，用于评价产品高温性能，具备了检测能力。铁合金主量元素快速测试方法研究项目中完成了 4 种铁合金的熔融方案，并形成研究报告。湿法分析前处理溶液共用程序的开发及应用项目确定共用溶液前处理消解方案，同时建立了共用溶液稀释用于 ICP-MS 和 ICP-OES-高含量段的应用方案。生产型企业送检材料测试结果高稳定性方案研究项目中，建立了范围高精度 ICP 测试方法并在实际中得到应用，多种材料测试结果的统计过程控制方案有了初步进展。

在标准物质方面，钢研纳克开发包括钢中氧氮成分分析标准物质、钛合金中氧氮氢成分分析标准物质、铌粉中氧氮成分分析标准物质、土壤成分分析标准物质、滴定溶液标准物质、54 种钢铁光谱校正样品、pH 溶液标准物质、烟煤物理特性和化学成分分析标准物质、26 种食品成分分析标准物质、富硒大米粉成分分析标准物质、高温合金中痕量元素分析系列块状标准物质、高温合金 GH4169 成分分析系列标准物质等近 20 项。开发有机标液 30 余种，继续发展定制标液，着力开发用于环保等领域的水质质控样，实现分装的自动化，解决了制备过程中分装费时费力的瓶颈问题，定制标液的种类增加了 20%。研发 20 余种土壤机械组成、碳酸钙、游离铁等有效态标准物质及土壤有机污染物质控样，开拓农业、地质、环境领域。为开拓新能源领域，正在研制石墨电池负极材料。

在能力验证方面，钢研纳克在金属材料化学和力学、微观结构、无损检测领域开展不同试验方法的能力验证项目，不断丰富检测参数和试验方法，满足不同实验室的需求。在食品领域拓展了不同产品的营养物质、添加剂、毒素、微生物等能力验证项目。环境领域拓展固体废弃物能力验证项目，土壤、水质拓展有机领域能力验证项目土壤。高分材料领域完善橡胶、塑料薄膜方面的架构。参与修订国际标准 ISO 17043：2023《合格评定—能力验证机构能力的一般要求》和国家标准 GB/T 27000—2023《合格评定 词汇和通用原则》。作为主要起草单位，国家标准计划（202630795-T-469）《合格评定 能力验证提供者的通用要求》获批立项。2 项行业标准 2014RB2001《能力验证计划实施与应用指南》和 2014RB002《能力验证物品均匀性、稳定性检验的一般原则和统计方法》已完成专家评审。

目前，钢研纳克在研课题 155 项，在研工信部、发改委、科技部、国务院国资委、工程院等部门的国家级项目/课题 55 项，在研省部级项目 6 项，中国钢研集团自主研发项目 11 项，钢铁研究总院重点研发项目 1 项，其他横向课题 7 项，公司自立课题 67 项，在研“揭榜挂帅”项目 8 项。

2020—2023 年，申请专利 136 项，其中发明 65 项，包含美国专利 8 项，德国专利 4 项。主持/参与制/修订标准 137 项，其中国际标准 6 项、国家标准 53 项。获得各类省部级奖项 25 项。

2023 年，钢研纳克突出抓好科技创新能力提升，服务国家战略，获批并加强高水平创新平台建设，促进创新资源的高效配置和运用。

一是牵头建设高端仪器仪表领域原创技术 CYD，参与高端装备 LHT，着力突破解决一批原创性、关键性技术。2023 年钢研纳克牵头高端仪器仪表领域原创技术 CYD，着力突破解决一批原创性、关键性技术。在 CYD 第一期建设中，考虑材料和冶金工艺高质量发展最急迫的需求和国产替代最急需的方向，设置 19 项原创技术项目。加强科技创新团队建设，围绕策源地领域方向，组建高通量试验仪器技术团队、成分分析表征仪器技术团队、组织成像和表征仪器技术团队、性能表征仪器技术团队、物质流成分在线分析仪器技术团队、工件缺陷在线检测仪器技术团队、高温异形工件廓形/尺寸在线检测仪器技术团队、高温温度测量技术团队、执行系统智能测试仪器技术团队9个创新团队，引领领域技术发展。2023年完成了《高端仪器仪表领域原创技术策源地研发任务表（2021—2025）》和《行动计划工作台账》的编制工作。2023年11月21—25日，参加国资委在大连举办中央企业原创技术CYD专题培训班，学习把握策源地建设核心要义，交流经验做法，推动策源地建设走深见效。在研仪器创新LHT合作项目3项，均按期推进。各项目制订详细计划，每两月报送一次《任务进展情况报告》，定期参加集团关键核心技术攻关任务推进会，针对项目进展情况进行汇报，确保完成各项攻关任务年度目标。

二是获批建设工信部标志性仪器产品产业链LZ企业。2023年，钢研纳克获批建设工信部标志性仪器产品产业链LZ企业。围绕X荧光光谱仪、高端显微镜、无损检测仪等产业典型产品的生命周期，厘清技术体系发展现状，精准定位技术短板弱项和长板优势，针对性开展关键核心技术攻关，构建技术体系和先进技术推广。进行产业链上下游、产学研协同，促进技术体系建设和推广应用。

三是获批建设工信部国家新材料重点平台——新材料测试评价平台（苏州区域中心）。2023年10月20日，钢研纳克获批建设工信部2023年国家新材料重点平台——新材料测试评价平台（苏州区域中心），拓宽技术来源，引进高端人才，建设创新团队，面向长三角区域航空航天、能源、电子信息、化工等特色产业高质量发展需求，针对所涉及的先进基础材料、关键战略材料、前沿新材料全生命周期计量、标准、测试表征、认证评价需求，搭建国际一流的新材料测试评价平台，在3～5年内实现长三角区域新材料行业检测、评价、标准等软实力基本能够支撑长三角区域新材料产业发展和应用的需要。

四是获批江苏省院士工作站。2023年9月22日，钢研纳克获批江苏省院士工作站。拓宽技术来源，通过王海舟院士团队提供的技术指导促进江苏纳克在自研表征装备的开发中突破“卡脖子”等一系列技术难题，提升自研设备在行业中的竞争能力，使江苏纳克的材料表征装备性能达到或超过国外先进水平并可代替国外价格高昂的进口产品。

五是获批昆山市航空材料检测重点实验室。2023 年 2 月 24 日，钢研纳克获批昆山市航空材料检测重点实验室。拓宽技术来源，围绕新材料表征装备研发、测试方法开发、评价体系建立、表征装备市场化推广等方面展开工作。及时开展前沿新材料领域标准预研究工作，协调优化关键技术指标，重点围绕纳米金属材料、纳米晶高温合金材料及耐蚀合金、石墨烯、稀土金属材料及制品、半导体智能材料等产品标准研制工作，进一步完善金属材料超声探伤、无损检测、力学试验等配套基础和方法标准。建成后将有效解决区域材料科研及孵化企业、科研单位的需求，实现科研成果产业化和批量生产，并满足持续培育和引进国内外专业技术和管理人才要求。

六是获批昆山市新材料高端检测装备工程技术研究中心。2023 年 12 月 5 日，钢研纳克获批昆山市新材料高端检测装备工程技术研究中心，拓宽技术来源。昆山市新材料高端检测装备工程技术研究中心聚焦国家战略性需求，明确重点突破方向，着力解决国家重大工程、高端装备制造领域关键核心材料表征装备“卡脖子”问题。利用体制上的优势和市场化手段，立足关键核心技术攻关新型举国体制建设，牵头组建体系化、任务型的创新联合体，优化升级“小核心、大协作”研发模式，推动产业链与创新链深度融合，贯通研产用协同创新、攻坚突破。充分发挥昆山市新材料高端检测装备工程技术研究中心对原创技术策源地的建设支撑作用。稳步推进高端智库建设，开展前瞻性、针对性、储备性战略研究积极培育一流科技领军人才和创新团队，实施人才岗职级管理，畅通科技人员晋升通道，为人才提供一流的创新平台。

七是获批筹建国家钢铁材料计量站（钢研纳克）。2024 年 1 月 22 日，国家市场监督管理总局同意钢研纳克筹建国家钢铁材料计量站（钢研纳克），国家钢铁材料计量站（钢研纳克）将作为市场监管总局授权的法定计量检定机构，承担杯突试验机、旋转纯弯曲疲劳试验机、发射光谱仪、定碳定硫分析仪、仪器化夏比摆锤冲击试机、1500～2300℃套管式钨铼热电偶、辉光放电质谱仪、能量色散 X 射线荧光光谱仪、大型多通道超声波探伤仪和磁粉探伤机等 10 项钢铁材料领域专用计量器具的检定、校准和测试任务。钢研纳克将按照《计量授权管理办法》《专业计量站管理办法》和《法定计量检定机构考核规范》（JJF1069—2012）要求，于 2026 年底前完成国家钢铁材料计量站（钢研纳克）的筹建工作。在钢研纳克建立国家钢铁材料计量站，有利于加强钢铁行业计量检定、校准、测试和检测数据的采集、管理和应用，有利于解决钢铁行业部分计量技术空白难题，有利于在钢铁行业扩大计量溯源的行业影响力和社会影响力，有利于满足钢铁行业量值溯源新需求、开发计量检定和计量校准新方法，不断完善和提高钢铁行业计量专业技术水平。

96

完善科技创新体制　建设一流科技型企业助力更好实现高水平科技自立自强

中国天辰工程有限公司

一、基本情况

中国天辰工程有限公司（以下简称“天辰公司”）前身为原化工部第一设计院，1992 年首批改制为化学工程公司，现为中国化学工程集团有限公司（以下简称“中国化学工程”）全资二级企业，注册资本 25 亿元，主营业务为化学工程和化工新材料研发与生产。近年来，天辰公司传承建制 70 年来一脉相承的科技创新文化基因，在深化国企改革中，深入践行高水平科技自立自强的央企使命担当，完善科技创新机制，以技术研发为“核芯”，攻克己二腈等“卡脖子”核心技术，引擎带动“科技 + 工程 + 实业”多元发展，推动企业转型升级为具有技术研发、EPC 工程、实业运营、投融资、国际贸易五大能力的大型科技引领型国际工程公司，获评国有重点企业管理标杆创建活动标杆企业、国家技术创新示范企业和国家知识产权示范企业。作为首批“科改企业”连续 3 次在国务院专项评估中获得标杆荣誉，7 次作为先进代表在国务院国资委重要会议和专题培训班上作交流和授课，2023 年入选国务院国资委创建世界一流专业领军示范企业。

二、经验做法

（一）聚焦强化科技创新主体地位，构建以科技为“核芯”的科技型企业战略格局

一是推行以技术研发为“核”为“芯”的“一核多元”发展战略。天辰公司作为科技型大型央企，牢记“国之大者”，围绕提高科技创新核心竞争力增强核心功能，强化国企科技创新主体地位。将科技创新摆在企业发展战略的核心位置，以技术研发为“核”为“芯”，带动工程、实业、工程服务等产业板块协同发展，依靠科技创新拉动的产值占总量比重连续多年超过60%。

二是持续加大科技创新投入。天辰公司研发投入强度多年来一直保持在3%以上，突出加大前沿技术和基础研究等科研投入，近3年累计研发投入费用达16亿元，2023年同比增长超过23%。在天津、淄博、苏州等地建设多个先进化工材料小试研发和中试验证基地，投资额超过10亿元，形成从小试研发到中试放大验证的完整研发链条。专门设置碳中和研究所，聚焦前沿技术研究，已有1项高级别“双碳”课题获批（同类型项目获批率7%）。

三是构建系统性开放式科技创新生态。成立中国化学工程首个研发中心，现已壮大形成“五所四中心”架构，拥有7个国家和省部级研发平台，并联合南开大学、民营石化巨头、科创板上市公司等共建石化行业工程研究中心、开放式科技创新平台等多个创新集群，形成科技组网，构建技术创新融合圈，2023年被认定为天津市首个绿色石化知识产权产业运营中心。

（二）聚焦强化科技创新引擎功能，构建高水平的科技攻关及成果转化、推广应用体系

一是围绕产业链部署创新链，强化原创性引领性科技攻关。天辰公司坚持以国家战略需求为导向，聚焦产业链供应链所困开展科技攻关，更好

服务和融入新发展格局。自主成功研发丁二烯法己二腈技术，攻克高端尼龙关键原料“卡脖子”核心技术，打破国内自给率几乎为零的严峻局面，倒逼国外垄断厂商纷纷在我国建厂，使相关产品每吨价格从超过8万元降低到2万元。自主研发的绿色双氧水法环氧丙烷（HPPO）核心技术，相对传统工艺实现废水减排98%以上，废固减排80%以上，许可的产能已推动行业实现废水减排5000万吨/年，有力践行“双碳”战略。

二是“产学研+设”深度融合，强化“科技+工程+实业”一体化。依托公司长期培育的化工工程和设计优势，天辰公司在研发阶段就让设计人员提前介入，构建“产学研+设”科技成果转化体系，提升新流程、新工艺、新技术转化效率。背靠中国化学工程完整的化工工程产业链和资质体系，充分发挥中国化学工程内部勘察、设计与项目管理的协同效应，加快工程科技创新成果转化，带动“科技+工程”一体化发展。通过科技先导，先后实施了全球最大的土耳其盐湖10亿立方米地下天然气储库项目等一批创造世界纪录的重大工程。研发的天然碱技术工艺路线，属世界首创，带动实施全球最大、合同额超过70亿元的土耳其卡赞年产250万吨天然碱项目。结合企业优越的工程设计能力、中试放大能力及工艺包编制能力，推进“科技+实业”一体化发展。近年来，科技引擎带动先进化工材料等实业营收近400亿元，实现利润约20亿元，其中以自主技术转化建设己内酰胺产业基地，创造全球最大单线产能记录，带动国内自给率从20%提升至94%。

三是自主研发引擎带动产业链融通共链，强化科技成果推广应用。天辰公司依托自主研发的科技成果，聚焦尼龙6、尼龙66、环氧丙烷等新材料，促进产业集群发展，推进区域现代石化产业链融通共链。依托丁二烯法己二腈技术，大力实施“1+N”产业发展模式，以己二腈生产基地为主体“1”，采取股权合作、市场协同、供需对接等方式与产业链上下游合作方建设项目“N”，向尼龙66、高胶粉、胶黏剂、碳纤维原丝等多元化领域延伸拓展，推动沿链聚合，带动形成千亿元产值的新材料产业一体化集群发展。利用自主技术投资建设环氧丙烷产业基地，带动当地建设“丙烷—丙烯—环氧丙烷—聚醚”碳三产业链，形成建链塑链效应。

（三）聚焦强化科技创新内生活力，构建市场化的人才引进与创新激励机制

一是市场化招才引智。天辰公司以“一人一策”市场化方式柔性引才，对高层次人才实施市场化“薪酬特区政策”，成立院士培养对象工作站和全国勘察设计大师培养工作室。为研发人员单独制定岗位序列和薪酬结构，等级顶端高于公司其他人员序列，科研最高等级待遇高于公司领导班子成员，研发负责人薪酬达到同职级最低值的6倍，研发员工收入增幅是公司均值的2.6倍。目前研发人才队伍近100人，硕博比例超过96%，并自主培育集团首席科学家、集团科学家2名。

二是市场化激励重点项目科技攻关。天辰公司探索应用“揭榜挂帅”新型科研组织模式，出台《公司揭榜挂帅项目管理规定》，实施科研项目负责人授权与针对性激励制度，根据项目类型对科研人员分级奖惩，激发科技创新积极性，推动加速尼龙12等多项技术突破。鼓励开展国内空白、市场急需的“卡脖子”科技攻关，设立科技攻关容错机制，无论是否研发成功，科研人员均享有基本奖励，引导科研人员全力攻关。

三是市场化激励科技成果转化与推广应用。天辰公司对“科改行动”激励政策工具箱的相关举措应用尽用。在承担国家“卡脖子”技术转化的己二腈项目中实施员工跟投，将项目研发、生产运营等技术骨干和核心成员纳入跟投范围，跟投总金额达4.05亿元，持股比例达15%。认真实施中国化学工程“四个15%”“两个五年”激励政策，对科技成果对外转让或许可净收入、科技成果实施转化税后净利润、实业项目工艺技术优化所节省的生产成本，提取不超过15%奖励贡献人员；对科研成果转化的实业项目，研发核心人员可跟投15%，可延迟5年退休、延迟5年退股。针对科技创新及成果转化的不确定性和长周期性，建立基于里程碑的激励制度，以课题进度核定奖金。将研发人员的岗位等级和激励，与项目的中试转化和工业化推广挂钩，突出以科研技术成果论英雄。科技激励力度持续加大，单人一次性最高奖励超过100万元。

三、改革成效

一是科技创新成果丰硕。天辰公司完成国家863计划、国家重大科技支撑计划等一批国家和省部级科技攻关课题，掌握己二腈、己内酰胺、环氧丙烷等一批关键核心技术，获得国家和省部级科技进步奖数十项。稳步培育壮大高价值专利群，持有授权专利及专有技术近500项，多项获“中国专利优秀奖”，2023年完成中国化学工程首个PCT国际授权专利。

二是科技创新带动企业高质量发展跃居行业先进。天辰公司主责主业专业化优势持续提升，形成依靠创新驱动的内涵型增长，2023年资产总额同比增长超过14%，营业收入同比增长11.5%。发展效益显著提升，营收利润率、全员劳动生产率和净资产收益率跃居行业价值链中高端位置。绿色发展实现突破，2023年所属天辰耀隆公司被评为“国家级绿色工厂”。

三是科技创新助推产业链融通共链成效显著。科技引擎带动产业链发展，天辰公司所属天辰齐翔公司入选山东省重点制造业双链主企业，所属天辰耀隆公司入选专精特新企业和制造业单项冠军企业，增强了产业链控制力影响力，带动大中小企业融通共链。2023年承办中国化学先进化工材料产业链共链行动，并举办尼龙&PO新材料产业链共链行动分论坛，融通带动企业、高校院所、地方政府、产业基金等百余家链上主体沿链聚合，积极培育链主企业引领发展、专精特新优质企业集群发展、优质中小企业竞相发展的产业生态。

97

致力打造“两个世界一流”助力优化全球产业链供应链布局

中国化学工程第七建设有限公司

一、基本情况

中国化学工程第七建设有限公司（以下简称“七化建”），是中国化学工程集团有限公司（以下简称“中国化学工程”）全资二级子公司，总部设在四川成都，是集投资、建造、运营于一体的国际工程公司，主营业务包括建筑、石油化工、市政、机电、环保等工程，以及化工材料等实业，享有对外经营权。自1984年通过国际招投标方式在同行业中率先走出国门以来，七化建先后承建了孟加拉第一套大型化肥装置、俄罗斯第一个大型化工EPC项目——TAF项目、世界最大的炼油项目——尼日利亚丹格特炼油项目，以及被誉为全球最大的乙烯一体化项目、全球石化领域单个合同额最大的项目、中国企业“走出去”最大单一合同额的俄罗斯波罗的海乙烯一体化项目，累计签署EPC总承包项目合同额算超2500亿元，在建项目滚动发展，二次经营累计超600亿元。

近年来，七化建在推进国企改革深化提升中，紧跟“一带一路”步伐，突出抓好全球产业链市场布局、全球资源要素配置、在建项目高质量履约、海外风险防控“四个强化”，打造世界一流的国际工程承包商、世界一流的国际资源整合商“两个世界一流”，签署了全球最大的甲醇项目，海外营收占比 85%，EPC 总承包营收占比超过 75%。

二、经验做法

（一）强化全球产业链市场布局，立志打造“两个世界一流”

一是把握时代机遇，争当优化全球产业链布局排头兵。七化建在 40 年的海外经营中，成功开拓伊拉克、孟加拉、巴基斯坦、乌兹别克斯坦、沙特、越南、老挝、俄罗斯等 20 多个国家和地区的市场，建成化工、石油化工、环保、房建等 80 多个大中型项目，培育了雄厚的国际化生产经营实力。近年来，按照母公司中国化学工程主要领导的要求，七化建抓住全球产业结构和布局调整的新机遇，提出打造“两个世界一流”的发展战略，进一步加速国际化进程。

二是强化高端营销，提升国际影响力。七化建强化“总对总”营销沟通，以上合组织首脑峰会、中国-中亚峰会、圣彼得堡国际经济论坛等国际活动为契机，跟随母公司中国化学工程主要领导与多国首脑、政要及银行、能源石化巨头开展高层会晤、商谈合作、签署战略合作协议。先后邀请卢克石油等业主，以及荷兰、乌兹别克斯坦等国家和地区政要到七化建总部考察，就海外先进技术“引进”与中国方案“走出”深入交流，达成诸多共识。通过干好在建重大工程推进营销沟通，与俄语区及阿联酋、阿尔利亚等多国石化领域巨头建立了牢固的伙伴关系。

三是紧随“一带一路”步伐，优化全球产业链市场经营布局。七化建着力培育支柱市场，组建了俄罗斯分公司和中东公司 2 个综合性公司，分别负责俄语区市场和非俄语区市场。在俄语区，不断开发大业主、大客户，形成了品牌效应，实现了从施工总承包到超大型项目 EPC 总承包转变，形成化肥、乙烯、炼油、天然气处理四大板块合理布局，并将影响力辐射至乌兹别克斯坦、土库曼斯坦等其他中亚国家，先后承揽波罗的海天然气化工综合体 GCC 项目，鞑靼斯坦共和国化肥项目、PE 项目，阿菲普斯基加氢裂化项目，加氢异构脱蜡综合装置项目，乌兹别克斯坦 UNF 化肥项目等重要项目。在非俄语区，以中东市场“非化”领域为依托，拓展泛中东地区、非洲地区，巩固东南亚地区，先后承揽尼日利亚丹格特炼油项目、迪拜山图广场房建项目等重要工程项目。巩固东南亚、南亚地区，成立孟加拉达卡办事处，承建了孟加拉古拉沙布拉什化肥等项目。

（二）强化全球资源要素配置，打造世界一流国际资源整合商

一是加强工艺技术国际化交流合作。七化建聚焦工艺技术堵点，与 CASALE、TOYO、UNIVATION 等多家世界主流工艺技术商达成共同开发、拥有和使用工艺技术的专利合作协议，解决技术瓶颈。与鲁姆斯、福彼特、苏尔寿等国际技术公司共同推进世界前沿绿色循环新技术研发，其中与苏尔寿公司合作研发的丙烷制丙烯领域先进技术节能环保效益显著。引入全球多项固废处理先进技术，在欧洲成功注册“CC7MART”固废处理工艺技术平台，可为无废城市建设提供整套解决方案。在荷兰海牙组建欧洲分公司，主要负责项目 FEED 及前端工程设计、专利技术的对接，为海外大型 EPC 项目开发和执行提供了有力支撑。

二是加强海外金融及装备、物资等产业链供应链资源整合。七化建与中信保、国内外银行等金融机构建立了良好的合作关系；与全球主流专利商鲁姆斯、KBR 等签订了全球战略合作协议；整合韩国大林、三星，日本三菱、东洋，美国 CB&I，意大利泰克尼蒙、塞班等国际工程公司资源，为创造项目提供保障。通过全球资源整合，打通“F + EPC + O”全链条服务流程，为业主提供了具有核心竞争力的综合解决方案。在海外设立四大采购中心，结合当地市场开展机械租赁、物资采购业务。目前正在迪拜筹建“工程中心”，旨在汇聚全球资源，打造全球 EPC 项目工程设计中心、工艺技术研发中心、国际采购中心和 EPC 项目管理中心。

三是加强国际化人力资源的引进与培育。七化建制定符合国际市场的引才方案、薪酬体系。全球招聘引进 600 余名工程设计、国际采购和项目管理等高端人才，引进多名国际知名工程公司高管及超大型项目管理关键人才。所属欧洲公司国际化率达 95%。针对海外项目因地域、建设方、设计方和管理方等不同，所涉及的规范标准也不同，聘请海外当地技术专家，对技术规范标准进行收集和监督管理。结合项目特点，引进海外当地优质分包商和劳动力资源，基本实现海外项目管理劳动力资源属地化，外籍管理人员占比 70% 以上，部分地区外籍人员占比 90% 以上。针对一些海外项目劳务人员安全意识和技能差、语言沟通不畅等问题，选聘当地安全管理人员，建立了外籍安全管理人员人才库。

（三）强化在建项目高质量履约，打造世界一流工程服务商

一是提供化工工程全链条服务。七化建实现从施工承包商向 EPC 及“F＋EPC”模式转变，推动境外项目转型发展。根据波罗的海 GCC 项目等世界级超大型 EPC 项目的管理要素，整合企业内外部资源，协同项目执行。组建项目联合管理团队（IPMT），推动项目涉及政府机构、业主、工艺技术专利商、设计院、供应商、施工承包商等相关各方的无缝链接，实施对项目从前端设计、详细设计、采购、施工到开车等全领域全流程管控。

二是精细化管理穿透式管控。七化建建立公司总部全程督导、分/子公司过程管控和项目部执行的三级工程项目精细化管理体系，强化项目全生命周期管控。依据合同编制总体控制计划、季度计划、月计划。每月召开生产例会和预警纠偏排查会，对偏离计划的分析原因、针对性纠偏，及时解决项目协调、资源配置等问题。确保海外工程均按期完工，一次交验合格，受到业主、所在国政府的高度赞扬。

三是数智赋能后台管控。七化建自主研发 7MS2.0 管理系统，采用 AVEVA ERM 软件，2023 年开始在波罗的海 GCC 等项目推广试用，实现对现场作业全方位精细跟踪控制，精准反馈现场材料消耗、安全质量、项目进度等情况，实现数据即时更新到总部数据库、展示在总部专用报表界面。

（四）强化海外风险防控，确保打造“两个世界一流”征程行稳致远

一是突出防控项目源头风险。七化建严格落实外交部、国务院国资委对高风险国别的外事管理要求，防范外事风险。抓实海外市场、政府要求、合作方背景、业主资信等前期调查，坚持“危地不往、乱地不去”，提前规避风险。成立常态化评审工作组，定期召开涉敏国别防控风险专题会，积极稳妥应对俄乌冲突，常态化跟踪欧美对俄制裁动向，发布《应对俄乌局势风险专项应急预案》，确保外部突发事件未对海外项目带来实质性影响。组织海外各项目将识别出的重要环境因素与重大危险源翻译成英语或当地语言，印发成册，指导中外籍员工掌握管控措施。

二是突出防控合规管理风险。七化建将海外法务与市场开拓同步推进，为海外分/子公司配备经验丰富的国际法务，税务团队全程参与海外项目总包、采购、分包等合同的谈判，积极开展法律论证、可行性分析和合规审核等工作。聘用国内与所在国知名律师和税务专家组建专业法律合规团队参与超大型项目执行。建立法律、合规、风险、内控“四位一体”管理体系，推进“业法融合”。深化海外项目属地法律研究，整理收集业务所在国法律法规，汇编形成法律法规数据库，促进合规开展国际经营。

三是突出防控财经管理风险。七化建抓实项目实施前成本预测，设定成本控制红线。依据海外机构的生产经营实力和防范化解风险能力，实施差异化授权放权。制定《境外资金风险应对方案》，设立公司资金中心，强化资金配备，控制资金风险。实时关注国际突发形势对境外项目资金收取、外币汇率的影响，确保海外重点项目回款、现金流等财经管理安全。

三、改革成效

一是实现了国际业务跨越式拓展。2023 年，七化建完成年度海外新签合同额 1095.79 亿元；实现营业收入 260 亿元，其中海外营业收入 222.06 亿元，利润总额 9.55 亿元。俄语区市场再次实现重大突破，成功签约合同价 84 亿欧元的 BMC 甲醇项目、合同价 22 亿欧元的 LOC 合成氨/尿素项目等一批重大项目。

二是形成了一定的国际品牌影响力。承建的鞑靼斯坦共和国 TAF 化肥项目获评鲁班奖（境外工程），俄罗斯波罗的海 GCC 项目营地获评海外工程杰出营地，俄罗斯卢克石油 DCU 项目获评化学工业境外优质工程，乌兹别克斯坦化肥项目获评中国工程焊接一等奖，孟加拉 GF 项目获评孟加拉工业部颁发的“卓越贡献奖”。七化建连年被商务部评选为中国对外承包“双百强”企业，获评中国对外承包工程商会企业信用 3A 等级、四川省开放发展领军企业、市场竞争力业绩突出企业、海外化工建设市场开拓先锋企业。

三是发挥了推动中国技术、中国制造走出国门的助力作用。七化建对接海外项目业主需要，在中国寻找替代专利技术商和专利设备供应商以供选择，在国内开展化肥、乙烯、炼油等板块的专利技术和关键设备国产化情况调研，与国内多家专利商、关键设备厂家建立合作关系，一方面为海外工程项目提供了技术、装备等优质服务，另一方面为助推中国技术、中国制造走出国门作出了贡献。

98

创新行业价值　服务国家战略
积极推进盐穴综合利用研究应用

中盐盐穴综合利用股份有限公司

一、基本情况

中国盐业集团有限公司（以下简称“中盐集团”）始终坚持胸怀“国之大者”，紧跟能源强国建设大潮，将企业发展融入国家发展大局，结合自身资源禀赋提级培育盐穴综合利用业务，在服务国家战略、服务国计民生的实践中提升发展能级，展现央企作为。2021 年 8 月，中盐集团将所属企业盐穴综合利用业务剥离整合成立了二级平台公司——中盐盐穴综合利用股份有限公司（以下简称“中盐盐穴”），使其成为国内首家且唯一的集盐穴储气（油）、储氢等储能新技术开发和商业化应用于一体的盐穴综合利用专业化公司。中盐盐穴牢固树立产业链思维，依托辖区内井矿盐开采后所形成的丰富盐穴资源，以“盐穴综合利用”拓宽现有盐产业链条，不断加强新技术、新工艺、新材料的研发和运用，积极承担国家战略储备库建设任务，为盐穴综合利用产业向纵深发展提供坚实支撑，为同行业起到更多的引领示范作用。

二、经验做法

（一）在借鉴中创新，以技术攻关为先导明确发展方向

中盐盐穴作为盐行业的龙头企业和唯一中央企业，以引领行业高质量发展为己任，在盐业产能全面过剩的情况下，借鉴国外盐穴利用的技术经验，为盐行业转型发展开辟新的赛道。

一是突破一批关键技术。2007 年，中盐盐穴与中国石油合作建成投产我国第一座盐穴天然储气库，突破了盐穴探测、建造等方面一系列关键技术，形成了涵盖钻井、设计、造腔、运行及监测等一整套盐穴储气库建设技术体系。目前已建设了金坛区域内三大盐穴储气库群，投产储气井 59 口，库容量约 23.26 亿立方米，工作气量约 14.86 亿立方米。在关键技术实现自主可控的基础上，2017 年，中盐盐穴与清华大学成立联合研究中心，启动“基于盐穴的压缩空气储能系统项目”研究。2022 年 5 月，盐穴压缩空气储能国家试验示范项目成功并网发电，一个充电周期能发电 30 万千瓦时，相当于一年减少二氧化碳排放 6 万多吨，盐穴储能产业实现了从无到有的历史性突破。

二是培养一批专业人才。中盐盐穴盐穴压缩空气储能试验示范项目成功并网发电，发布了我国压缩空气储能领域首个编码标准和并网标准，建立了首个国家标准和行业标准，培养了一批兼具科研创新能力和工程实践经验的压缩空气储能专业人才。实施首席科学家制度，在盐穴储能领域聘任首席科学家，在盐穴综合利用的各专业领域内聘任专家团队。通过工程项目建设，不仅推动了技术的发展，还培养了人才队伍，其中 4 人次成为国际电工委员会（IEC）注册专家，3 人入选全国电力储能标委会专家，我国首批压缩空气储能电站值长获得资格认证上岗，为推动压缩空气储能产业发展提供了人才支撑和储备。

（二）在创新中实践，以项目建设为载体夯实发展根基

中盐盐穴坚持以项目建设为推动盐穴资源综合利用产业发展的切入点和支撑点，加快推动科技项目成果向生产力转化。

一是推动商业运营模式创新。2007 年，中盐盐穴配合西气东输工程，与中国石油共同建成投产我国第一座盐穴天然气储库，目前库容约 15 亿立方米，工作气量约 10 亿立方米。2016 年，服务“川气东送”工程，与中国石化共同建设天然气储气库，目前库容约 4. 56 亿立方米，工作气量约 2. 49 亿立方米。2014 年，与香港中华燃气共同建设我国第一个大规模城镇燃气盐穴商业储库，目前库容约 3. 7 亿立方米，工作气量约 2. 37 亿立方米，中盐盐穴负责储气库的地下部分的建设和投资、技术服务，香港中华燃气负责地面设备的投资及运营，开创了我国储气库领域商业合作新模式，对未来天然气商业储气库的建设、运营起到示范作用。

二是带动科技资源协同创新。欧美国家从 20 世纪 40 年代逐步开始盐穴储能等综合利用，而且还在持续发展。我国在该领域尚处于探索起步阶段，面临关键核心技术无先例可循，关键设备急需攻关等困难。“十四五”时期，中盐盐穴进一步深化与国家有关部门、能源企业之间的战略合作，与清华大学联合成立“压缩空气储能技术联合研究中心”，研究构建冷、热、电等多种能源互补运行的智慧能源网络，努力提高能源利用效率，增加可再生能源供给和利用比例。与中科院武汉岩土所共同建设“盐穴储氢储氦技术联合研究中心”，完成大型盐穴储小分子气体物理模拟实验装置的研制；收集了我国 20 个盐矿地质资料，综合评价了我国盐矿建设小分子气体储库的适宜性。与南方科技大学联合成立的“盐穴储能技术联合实验室”取得了阶段性成果，申请 8 项专利，在国内外刊物上发表 6 篇论文，装配出液流电池单电池（20 套）以及 1 套面积为 1500 平方厘米的室内大型电堆，为后续工作开展做好了准备。

（三）在实践中发展，以国家战略为驱动焕新发展格局

中盐盐穴在新发展理念的引领下，聚焦新能源发展战略，探索盐穴利用多元化发展方向，努力成为服务国家“双碳”战略和能源战略的重要力量。

一是把握发展机遇，打造专业化运营平台。2021 年，中盐集团成立中盐盐穴，提级培育盐穴资源综合利用业务。“十四五”时期，中盐盐穴按照科技型企业发展定位，建立市场化经营机制，优化科技创新平台，打造科技人才团队，并通过混合所有制改革，引入协同性高、匹配性高、认同度高、具备长期投资实力的投资者，共同促进行业快速发展和价值创新。截至目前，与国内多家央企、大学和科研院所在盐穴综合利用方面共签署了 9 项对外战略合作协议，为更好地拓展对外战略合作的广度和深度打下了良好的基础。中盐集团盐穴储气库集成技术已经在常州金坛地区得到了工程化的验证，现正在湖北应城、平顶山等地推广应用。

二是厚植发展潜力，加强战略性新兴产业布局。盐穴储气库和储油库属于“深空资源利用”领域，随着天然气的需求量的增加，储气库业务量与日俱增，中盐盐穴正深度参与的金坛地区储气库 100 余口井的业务规划。压缩空气储能，属于“新兴储能”领域，中盐盐穴在金坛已经建成全球首座工业级基于盐穴资源的大容量非补燃压缩空气储能电站，为国内压缩空气储能乃至整个储能产业树立样板和典范。目前已筹备压缩空气储能二期以及向其他地区（榆林）拓展。盐穴储氦、储氢，相较于高压、液态和固态储氢技术，地下储氦、储氢在成本、规模和存储周期上具备显著优势。中盐盐穴已经取得科技部重点研发计划立项，未来 3 年内形成技术突破和工程示范，形成完整氢能产业链，填补国内地质储氢空白。同时，中盐盐穴还布局未来赛道及国家战略计划，包括盐穴捕集二氧化碳、盐穴液流电池等技术方向。全力打造国内业务能力极强的盐穴利用技术团队，在盐穴

利用领域引领国内同仁，打破国外在盐穴综合利用技术方面的壁垒，积极打造原创技术策源地。

三、改革成效

一是经济效益指标大幅提升。2023 年，中盐盐穴实现营收 9872. 39 万元，同比增长 260. 13%，利润总额（按研发费用视同加回口径计算）为 2470. 07 万元，同比增长 364. 96%；净利润 1955. 73 万元，同比增长 393. 68%；全员劳动生产率 106. 19 万元/人，同比增长 41. 40%。

二是科技创新成果亮点纷呈。2023 年，中盐盐穴申请发明专利 22 项，授权发明专利 1 项，发布行业标准 1 项和团体标准 2 项。盐穴压储空气储能电站平稳运行，各项技术指标优异，截至 2023 年底，已连续安全运行 588 天。2023 年全年累计完成储能 164 次、发电 173 次，提供调峰电量 1. 5 亿度，综合厂用电率 1. 36%。迎峰度夏期间，电站实现月度“储-发”49 次，有力支撑了江苏电网安全稳定运行。

三是科技企业形象更加彰显。中盐盐穴“非补燃压缩空气储能关键技术及示范应用”项目获得 2022 年度中国电工技术学会科学技术奖特等奖；“基于盐穴储气的非补燃压缩空气储能系统关键技术及示范应用项目”获得中国电力企业联合会 2023 年度电力创新奖科技大奖。2023 年，《人民日报》刊发《藏电于气，绿色低碳，江苏常州金坛盐穴压缩空气储能电站——赋能地下盐穴助力高效用能》，“学习强国”平台发表《大国重器、为国储能，金坛盐穴压缩空气储能电站运行一周年记》，《守护“绿色充电宝”的工程师》入选第六届中央企业优秀故事创作展示活动。

99

坚持“四个面向” 深化改革创新 加快实现玻璃新材料高水平科技自立自强

凯盛科技集团有限公司

一、基本情况

凯盛科技集团有限公司（以下简称“凯盛科技”）是中国建材集团有限公司（以下简称“中国建材”）新材料业务板块的重要领军企业。凯盛科技坚持以习近平新时代中国特色社会主义思想为指导，牢记习近平总书记两次对玻璃行业的重要指示精神，聚焦玻璃新材料产业发展，深入实施创新驱动发展战略，以“五个坚持”“三个聚焦”“四个进一步”经营管理为原则，攻克了一批“中国首创、世界领先”的玻璃新材料领域关键核心技术，先后获得国家科技进步一等奖 2 项、二等奖 4 项，国家技术发明二等奖 1 项，省部级科技进步奖 40 多项，获得中国工业大奖 2 项、中国制造业单项冠军 4 项，有力带动企业迈向高水平科技自立自强。

二、经验做法

（一）坚持“四个面向”解决“为谁创新”

一是面向世界科技前沿，以科技创新保障产业链关键环节技术领先。凯盛科技持续推进发电玻璃研发和产业化，铜铟镓硒发电玻璃光电转换效率从15.8%提升至20.4%，成为世界首个突破20%大关的企业，确保发电玻璃技术领域持续保持全球领先。

二是面向经济主战场，以科技创新推动玻璃产业转型升级。凯盛科技围绕玻璃产业技术升级开展研发，因企施策为划转到中国建材的耀华、洛玻、华光等国有玻璃企业制定创新驱动发展方案，导入关键技术、人才和资金，使其从亏损破产边缘重回高质量发展道路。

三是面向国家重大需求，以科技创新服务国之重器。凯盛科技建成中国首条自主知识产权的8.5代TFT-LCD（薄膜晶体管液晶显示器）浮法玻璃基板生产线。量产国际领先的30μm柔性可折叠玻璃，一举突破西方国家技术垄断。空心玻璃微珠成功应用于“海马”号深海探测。4.0防火玻璃保障雄安高铁站建设。

四是面向人民生命健康，以科技创新守卫人民生命安全防线。凯盛科技充分发挥科研和技术优势，聚焦药用玻璃技术难题，首次在国内实现了高品质5.0中性硼硅药用玻璃管的稳定量产，有效保障国民用药安全。

（二）搭建人才梯队解决“谁来创新”

一是搭建干事创业舞台。凯盛科技赋予首席科学家对科研技术路线的决定权，对“揭榜挂帅”项目给予1∶1资金配套，签订“军令状”实施，开展“里程碑”考核，保障科研项目高效推进。实施“百千万”人才工程，公司班子成员联系1名科技领军人才和1名青年创新人才，有计划地把青年科技人才安排到重要技术岗位历练，打造百名博士创新团队。

二是提供优厚物质保障。凯盛科技深入落实“五加两减一保障”激励政策，探索实施差异化考核，大幅提高科技创新权重。精准实施中长期激励，深圳凯盛、中建材环保院和空心玻璃微珠团队等深入评估行业特点和企业实际，差异化选择超额利润分享、项目分红和员工持股等中长期激励方式，核心骨干员工得到精准有效激励。

三是大力弘扬科学家精神。凯盛科技尊重科技创新规律、科研管理规律、人才成长规律，对承担国家重大专项任务的团队或企业实施新增工资总额单列；对创新偏差、未达预期效果或者出现探索性失误的，制定有关制度并予以容错。创新宣传方式，讲好科学家精神故事，以“时代楷模”“最美科研人员”“大国工匠”等为抓手，积极宣传基层一线科研人员和创新团队典型，引导广大干部职工对标榜样、学习先进。

（三）坚持战略引领解决“创新什么”

一是保持战略定力，把企业发展融入党和国家事业大局。凯盛科技聚焦中国建材总体战略和玻璃新材料产业，确立“3＋1”战略布局，将创新作为核心要素融入战略。成立中央应用研究院，围绕国家急需的显示材料和应用材料、新能源材料、优质浮法玻璃和特种玻璃三个产业制定科技创新战略规划，以产业升级和科研创新服务党和国家事业大局。

二是突出市场导向，以双链融合创造市场价值和经济效益。凯盛科技坚持以产业化、市场化方式推动科技成果转化，实现0.12毫米超薄触控玻璃等系列创新成果的工业化量产，既满足国家战略需要，又创造良好经济效益，2016—2022年公司营业收入复合增长率达到28.91%，利润复合增长率达到21.01%。

三是强化风险管控，着力防范化解科技创新风险。凯盛科技推动风险端口前移，强化科技创新前期工作，在全面系统开展技术先进性、技术路径、成果产业化周期等要素的调研论证的基础上，紧紧围绕市场需求，策划技术创新选题。强化创新成果的确权与保护工作，加强专利、技术秘密等多种知识产权的集中管理。

（四）推进要素整合解决“如何创新”

一是优化创新资源配置。凯盛科技加强顶层设计，成立科技委员会，实施科技项目管理层决策和科技专家决策“双保险”制度。搭建国家重点实验室等14个国家级创新平台，建设中国玻璃发展中心等5个国际性研发平台，建成80个省部级创新平台。实施开放科研和技术产业联盟，与国内外高校、院所、企业广泛合作。

二是完善科技项目流程管理。凯盛科技加大项目负责人制实施保障力度，通过成立项目管理办公室，推动科研任务逐级分解、分步实施。成立项目咨询专家组，对项目和各课题研究提供整体性、方向性技术指导和咨询。

三是优化科技项目资金管理。凯盛科技要求财务部门靠前服务，全程参与研发经费预算的编制及后续资金管理，通过事前指导、事中规范及控制、事后监督反馈，有效降低研发项目经费投入与预算的偏离度。不断优化财务系统，完善科研项目资金支出审批流程，助力提升科研项目推进效率。

三、改革成效

一是科技创新取得重大成果。凯盛科技在玻璃新材料前瞻性基础研究、引领性原创成果上不断取得重大突破，掌握创新主动权和竞争主动权，助推“材料强国”实现新跨越。累计承担国家863、973、科技支撑计划和重点研发计划等项目课题24项。获得省部级科技成果奖40多项。累计拥有有效专利5014件，其中发明专利1574件（含海外专利454件）。参与编制国际标准1项、国家标准60项、行业标准178项。创新平台建设取得重大进展，获批成立“十四五”期间首批国家玻璃新材料创新中心。

二是系统集成获得持续优势。凯盛科技持续优化企业管理，练好管理“内功”，实现管理出质量、管理出品牌、管理出效益。公司治理提质增效，全面构建中国特色现代企业治理体系，展示新时代建材央企新气象，资本运作成效显著。主体长期信用等级升至AAA，累计融资规模突破400

亿元，成功发行行业首只“碳中和”绿色公司债券。国企改革成绩斐然，坚决落实国企改革三年行动和科改行动任务目标要求，在国务院国资委科改企业专项评估中获评标杆，科改案例入选国务院国资委科改行动改革创新案例集。党的建设凝心聚力，形成了“队伍团结、工作紧张、党建严肃、群团活泼”的政治生态。

100

勇挑“科改”重任　激发创新动能 打造新材料领域一流企业

南京玻璃纤维研究设计院有限公司

一、基本情况

南京玻璃纤维研究设计院有限公司（以下简称“南京玻纤院”）1964年因“两弹一星”战略成立，具有研发、设计、制造、测试评价“四位一体”综合优势，是我国玻璃纤维工业技术的辐射源，是国防军工领域的核心配套单位，是高性能纤维制品开发的引领者，拥有国家级制造业单项冠军产品，现隶属于中国建材集团有限公司（以下简称“中国建材”）。南京玻纤院拥有包括国家玻璃纤维及制品工程技术研究中心、国家新材料测试评价平台（复合材料行业中心）及3个全国标准化技术委员会（碳纤维、玻璃纤维、绝热材料）在内的10个国家级、9个行业级、11个省级创新服务平台；拥有1名中国工程院院士、2名国家杰出工程师；先后荣获国家科技进步一等奖、国防科技进步一等奖、中国专利金奖、中国质量奖提名奖、全国文明单位、全国企业文化建设最佳实践企业、全国模范职工之家等一系列成果和荣誉；创新发展和高科技成果先后得到江泽民、胡锦涛、习近平三任总书记的关心和肯定。

二、经验做法

（一）依托主题教育，强化思想认识

南京玻纤院深入学习习近平总书记关于科技创新重要论述及党的二十大精神，坚决贯彻落实习近平总书记“2·26”重要批示精神，立足央企新使命、新定位，充分认识国家队、国家事、国家责使命担当，牢牢把握“三个总”、用好“两个途径”、发挥“三个作用”。结合主题教育，围绕打造原始技术策源地、突破关键核心技术、抢占科技制高点，开展科技创新调研，组织成果交流会，完善院“13411”科技规划，强化科技创新对主导产业发展的支撑，积极打造发展新优势、培育发展新引擎。

（二）注重研发投入，锻造创新能力

南京玻纤院聚力“国之大材”，积极服务国家重大战略和产业发展需求，加大基础性、前沿性、关键核心技术的研发创新力度，持续加大研发投入，研发经费投入强度10.12%。

一是依托拥有的10个国家级创新平台，围绕“四个面向”，深入研究国家各类科研计划指南，分析自身的综合实力和科研基础，深度融入国家科技创新体系和计划，勇攀科技高峰，成为“原创者”“策源地”，加快实现高水平自立自强。2023年，院重点推进省部级以上科研项目36项（其中科技部重点研发计划15项）。

二是围绕产业做大做强向下扎根，找到“研、产、供、销”全链路融合点，成为市场引领者、价值创造者、战略性新兴产业培育者。2023年，通过抓技改、提质量，主导产品市场竞争力增强，开发石英纤维、特种结构功能复材、新型滤筒等新品，开展碳基复材、氢气燃烧等新技术新装备攻关；申请专利76件（其中含PCT专利4件），获授权发明专利39件，发布国际标准3项、国家标准6项、行业及团体标准7项，用创新主动权

赢取发展主动权。

（三）探索创新机制，提高创新效能

南京玻纤院持续建设创新孵化平台，依托“院、省、行业”三级创新中心，“先行先试”打造创新特区。实施项目引入“三审”流程，建立“四个六”创新工作机制，形成“养儿”“嫁女”“托养”“联创”4种孵化模式，实现创新主体从单一实体研发部门向“实体研发部门+创新中心”协同的模式转变，科研方法从传统试错法向“数值模拟、高通量计算、机器学习”转变，成果转化模式由对内转化向“对内+对外转化”转变，激励考核从各类科技成果、专利为主向“项目分红和转化收益”转变，创新孵化平台的机制探索持续深入，充分释放创新活力与价值。“建筑膜材料”等多个项目实现转化，连续多年实施收益分红，推动机制创新与科技成果“双促进”。

（四）开放协同生态，增强核心功能

一是南京玻纤院推动国家新材料测试评价平台复合材料行业中心顺利通过工信部验收并投入使用，为我国航空航天、轨道交通等战略性新兴领域“有材不好用、好材不敢用”的复合材料测试评价提供了完善的基本设施和完整的人才队伍。

二是南京玻纤院协同推进全国重点实验室重组，牵头推进国防创新中心、江苏省创新联合体和概念验证中心等创新载体申报，成为江苏省绿色建材产业链链主企业，助力新材料领域强链补链、延链固链。

（五）加强人才培育，激发创新活力

一是强化科技人才队伍建设。南京玻纤院坚持“院士、专家、工程师、工匠”四层级人才培养思路，建设从初级工程师到首席专家八级“H型”职业发展“双通道”，实施“3+3”任职资格评价体系。出台《首席专家、专家管理实施细则》，选聘院“专家”发挥引领作用。实施“两总”人才培养计划，打造针对性精品课程，培养“两总”及后备人才45人。推行新入职员工“导师制”，以师带徒、因人施教。院领导班子成员建立“一对一”联络机制，指导并帮助科技人才成长。依托玻纤产业工匠学院深入推进产改，主办全省玻纤检测工职业技能竞赛，打造高素质的技能人才队伍。

二是优化科技人才激励机制。南京玻纤院建立差异化薪酬管理体系，实行薪酬总额动态管控，向优秀科技骨干、关键紧缺人才倾斜。加大科技创新指标与薪酬总额挂钩比例，研发投入100%计入考核利润，推动重大项目薪酬总额单列激励。发布“人才激励十条”，建立项目净收益50%～70%的比例激励主要贡献人员的科技成果转化奖励分配机制。依托博士沙龙、青创平台、职工技术经济活动“六平台”等载体，激发职工创新创造热情。

（六）聚焦科研项目，完善管理体系

一是南京玻纤院制定科研项目差异化分类管理办法，建立项目生命周期的全过程、全要素的闭环管理体系，构建全面高效的科技管理信息化系统。

二是南京玻纤院探索关键核心技术攻关组织新模式，制定《引导资金管理办法（试行）》，发布任务榜单，试点“揭榜挂帅”管理机制，激活科技创新“一池春水”。制定《“包干制”科研经费使用管理办法（试行）》，推广基础研究项目经费包干制，赋予科研人员更大的人财物支配权和技术路线决策权，激发科研人员创新活力。

三、改革成效

一是坚持科技自立自强，满足国家战略需求。2023年，南京玻纤院新获批省部级以上项目28项，其中科技部重点研发计划6项。聚焦配套保供，预制体新技术、新产品成功应用于20个研制型号，高强玻纤助力

“神箭”“神舟”系列任务捷报频传，特色复材实现船舶和电子领域批量供货，核电水滤芯打破国外垄断示范应用。高性能纤维、预制体及复合材料产品在大国重器的应用，实现了国防关键材料自主可控。

二是关键技术取得新突破，核心竞争力不断提高。南京玻纤院原创技术策源地项目取得新进展，商用航空发动机涡扇叶片预制体研发“十年磨一剑”，获得成功挂飞。基于数据驱动的材料基因技术持续完善，初步打通工程化路径。预制体自动化、智能化技术取得新跨越。国产航空复材质量稳定性与技术成熟度评价获突破，复合材料行业数据库一期建成。BIM设计、模拟仿真、智慧实验室等数字化业务开发取得应用新进展。

三是核心业务积蓄新优势，高质量发展迈上新台阶。南京玻纤院坚持创新产业并举、产研深度融合，2023 年主要经济指标逆势向上，实现营收、利润总额同比分别增长 5.4%、8.7%，净资产收益率、全员劳动生产率均实现两位数增长，社会贡献总额增长 5.9%。院核心业务取得新优势，滤料成为细分领域国家单项制造业冠军产品，微纤维优化国内外隔板产能布局，特种纤维品种进一步丰富，预制体深耕新工艺、新装备、新产品开发，四大主导产业经济规模持续突破。

四是可持续发展呈现新活力，科技成果和人才竞相涌现。南京玻纤院荣获各级科技奖励23 项，其中省部级以上奖励10 项，包括中纺联科学技术一等奖、集团技术发明与技术进步 2 项一等奖等。荣获中华国际科学交流基金会“工程科技人才贡献奖”，涌现出“中央企业优秀青年科技人才”“全国技术能手”“中国纺织大工匠”“中国产业用纺织品行业领军人物”“江苏省最美科技工作者”等一批先进人物。院“科改行动”获评 2022 年度“优秀”，获国企深化改革实践成果一等奖，多项管理现代化创新成果获评全国、行业一等奖。院科技创新成果亮相央视《栋梁之材》、江苏卫视《新闻眼》及中国建材《材料江湖》，彰显“材料创造美好世界”的使命情怀。

101

改革创新双轮驱动　做强做优钛产业　当好有色金属新材料供应安全主力军

宁夏中色金航钛业有限公司

一、基本情况

宁夏中色金航钛业有限公司（以下简称“金航钛业”）是“科改企业”中色（宁夏）东方集团有限公司（以下简称“中色东方”）控股子公司，中国有色矿业集团有限公司（以下简称“中国有色集团”）实际控制的三级企业。金航钛业主要从事钛及钛合金铸锭、棒管丝材等新材料的研发、生产及销售，具备年产3000吨铸锭、2000吨棒管丝材及锻件生产能力，产品广泛应用于航空、航天、舰船、武器、超导、石油、医疗等领域。金航钛业是国家高新技术企业，宁夏自治区专精特新中小企业、“瞪羚”企业、创新型示范企业，石嘴山市绿色工厂。金航钛业以“科改行动”为契机，通过开展扎实的市场化机制改革和高质量科技创新正在成长为中高端及军工领域钛及钛合金新材料重要供应企业，助力中国有色集团当好有色金属新材料供应安全主力军。

二、经验做法

2020年10月，中国有色集团奚正平董事长深入调研中色东方后，明确了重点发展钛产业的战略定位，高位部署推动金航钛业股权激励改革和科技创新“军令状”任务，在中国有色集团和中色东方党委的正确领导下，金航钛业坚决贯彻落实深化改革和科技创新任务举措，实现了钛产业高质量发展。

（一）矢志不渝坚持科技创新，系统构建发展新动能

一是突出科技创新“军令状”任务攻关。金航钛业以与中国有色集团签订的科技创新“军令状”为抓手，围绕超导及军工用核心钛产品的技术攻关、质量提升、成本控制、市场开发4项核心指标，成立专项攻关小组，细化分解“军令状”任务举措和指标，建立周调度、月小结、季度专题会的工作推进机制，连续3年全面完成科技创新“军令状”任务，超导及军工钛产品成品率从2020年的62.5%提高至2023年的70.03%，产量从150吨提高至390吨，在人工及能源单位成本同比上涨8%情况下，单位制造成本同比下降5.8%，助推金航钛业持续稳健盈利。

二是狠抓科技创新成果转化任务落地。金航钛业依托“稀有金属钛及钛合金高端材料研发”创新团队和“高性能钛合金研发”科研团队，3年累计科研投入3767万元，年均研发投入强度5.16%。加强省级技术研究中心、创新中心两个平台实体化和专业化建设。重点开展外部科研项目20项、公司级课题12项任务攻关，取得了科技成果31项，其中新技术1项、新产品15项、新工艺15项。完成成果登记8项，科研成果转化新增产值1.44亿元。实施专利和标准倍增行动，每年签订目标提升责任书，将任务指标纳入技术人员年度考核，3年内申请并受理专利27项，授权专利14项，其中发明专利10项、实用新型专利4项。参与制/修订国家、行业标准7项。

（二）毫不动摇聚焦安全支撑，全力保障重点领域任务

金航钛业始终把保障国家重点领域需求为己任，坚持面朝军工、面向

高端，统筹超导用铌钛产品和军工用钛合金材料两翼协同发展。实行大客户战略，分管领导带头走访重点客户，技术和营销人员常态化交流互动，从产品研制到批量应用全方位做好服务。获有色金属产品实物质量金杯奖的钛合金棒材保障了“长五B”遥二运载火箭承担的“天和核心舱”等发射飞行任务，3次收到“长五”型号办公室感谢信，两次获得中国船舶七二五所年度优秀供应商称号，获得中国航发某公司感谢信。低温超导用铌钛棒材2024年在手订单量占全球市场份额的25%以上，成为国内细分领域“隐形冠军”，铌钛锻件产品成功应用于上海光源超导谐波腔和上海硬X射线自由电子激光装置的超导腔等的结构材料。金航钛业持续为航空、航天、航海、大科学工程等领域提供关键材料，有效保障了国家重点领域需求，安全支撑作用凸显。

（三）坚定不移推进市场化改革，全面激发活力动力

一是率先实施科技型企业股权激励。在产业长期亏损、人才流失严重，且2020年亏损近2100万元、累计未分配利润为－4799万元的特殊困难背景下，如何留住现有人才、激发员工活力成为摆在金航钛业管理层面前的大难题，而科技型企业股权激励则是破解难题的关键一招。通过领导班子带头入股、中层骨干抵押房产筹资入股，首批53名激励对象合计出资860万元认购公司股权，成为市场化改革的坚定推动者，金航钛业也成为中色东方第一家率先实施股权激励的企业。股权激励实施当年，金航钛业即实现历史性盈利，并连续3年实现利润增长，员工干事创业的积极性、主动性、创造性大幅提高。金航钛业从亏损大户蜕变为中国有色集团新材料产业重要支撑力量之一，逐步迈入高质量发展阶段，骨干员工与企业成为了利益共同体、命运共同体、事业共同体。

二是开展多层次专项激励。金航钛业充分利用中色东方“减亏增盈”“稳增长”等专项激励政策，全面推行“计件制”考核，采取“基础产量与超产产量”阶梯核算，鼓励车间稳产、多产。2023 年全年获得减亏增盈专项奖励 146 万元，多劳多得、多能多得的工作氛围持续强化，同岗位收入差距近 4 倍，车间合并产量同比增加约 1000 吨。

三是实施对标一流管理提升。对标行业一流企业，紧盯“产量、单耗、交期、成品率、成本”等经营管理核心指标，对重点用户需求采取工序备料式生产，压缩了产品交期，熔铸、锻造车间年产量分别突破 2000 吨、1000 吨，年均增长 15% 以上。各工序制定成品率提升目标和计划，铸锭、锻造成品率分别年均提高 0.6%、1.1%，达到行业先进水平。

（四）坚持党的全面领导，更好发挥党建引领作用

金航钛业党支部坚决贯彻落实“两个一以贯之”，牢牢把握国有企业改革发展的正确方向，坚持把党的建设融入公司治理，持续开展“大学习大融合大提升”专项行动，不断加强“五个一”标准化建设。通过党员示范岗创建、党员亮诺践诺、“我为群众办实事”、“百分表”量化考核、“重点项目劳动竞赛”流动红旗、技能之星评选等特色活动，充分发挥了党支部的战斗堡垒作用。金航钛业党支部先后荣获宁夏回族自治区国资委先进基层党组织和中国有色集团优秀基层党组织称号。

三、改革成效

一是经营效益显著提升。金航钛业营业收入从股权激励实施前 2020 年的 1.2 亿元，跃升到 2023 年的 3.07 亿元，主营毛利从 414 万元增长到 4664 万元，年均复合增长率 34%，产品毛利率由 3.4% 提升至 15.6%，资产负债率由 68.1% 下降至 35.9%，经营效益从亏损 2000 多万元到连续盈利 2000 万元以上，3 年持续实现正向增长，不断创造历史新高度、实现新突破。

二是科技创新能力和服务国家战略能力显著增强。金航钛业以提升核心竞争力、增强核心功能为目标，不断提升价值创造能力，攻克了一系列关键核心技术，实现了科技成果的快速转化。低温超导用铌钛棒材、航空航天用高均匀棒材、舰船用钛合金、3C用高强钛带等一大批新产品批量应用于航空航天等关键领域，持续保障火箭发射、粒子加速器等国家重大项目，企业核心竞争力显著提升，服务国家战略能力不断增强。

三是党建引领能力大幅提高。在高质量党建引领下，金航钛业先后打赢扭亏脱困决胜战、提质增效攻坚战、引战融资突破战，实现改革前未分配利润－4800万元由负转正，公司的核心竞争力、抗市场风险能力得到根本性增强。核心骨干全面参与股权激励，实现从2021年首批通过思想动员入股，到2023年第二批估值翻一番仍积极主动入股的转变。员工共享改革成果，3年来，职工平均绩效收入较改革前增长近30%，干部职工的获得感明显增强。

金航钛业始终坚持科技创新和深化改革双轮驱动，经营业绩连续3年创造历史最好水平，2023年成功吸引中国五矿、中国诚通等中央企业所属4家投资机构增资1.45亿元，钛产业正式步入高质量发展新征程。全体干部职工将持续增强拼的勇气、抢的劲头、闯的精神，更好地发挥科技创新、产业控制、安全支撑三个作用，为打造世界一流新材料企业展现“金航”力量。

102

优化产业布局促产业升级 促进现代化稀土产业体系建设 落实稀土产业链高质量发展要求

中稀（山东）稀土开发有限公司

一、基本情况

中稀（山东）稀土开发有限公司（以下简称“山东稀土”）是中国稀土集团有限公司（以下简称“中国稀土集团”）直管企业和山东省区域稀土产业整合平台，是山东省发改委认定的省级总部企业。2021 年在我国稀土产业新一轮整合背景下，山东稀土先后经历中国钢研、中铝集团、中国稀土集团 3 家中央企业管理。山东稀土整合以来，在中国稀土集团领导下，立足山东省稀土产业实际，加快构建现代稀土产业体系，逐步形成了“稀土矿山—冶炼分离—综合回收—储氢合金—稀土钕铁硼材料”为一体的稀土产业链，是全国范围内具有相对完整产业链的稀土企业。

山东稀土坚持学习贯彻习近平总书记关于国有企业改革发展和党的建设的重要论述，不断贯彻落实国有企业改革深化提升行动，积极服务国家稀土战略。坚决落实中国稀土集团关于加快打造稀土现代产业链产业体系总体方案，以建设轻稀土和综合回收利用产业基地为抓手，通过优化产业布局促产业升级，提升了产业链“韧性”、释放了科技创新“活力”，筑牢了“防”的底线、打造了“攻”的实力，以科技创新为引领，强化固链补链、聚焦产业升级，实现了“质”的有效提升，不断推动山东省稀土产业链高质量可持续发展，改革成效显著。

二、经验做法

（一）服务国家战略性资源增储上产行动，为国家岩矿型稀土地下矿山加强技术储备

一是聚焦服务国家产业政策，以实干赢得支持。山东稀土积极响应国家新一轮找矿突破战略行动，不断加强微山湖矿郗山矿区深部勘探和周边勘探及探转采工作。通过与山东省内地勘单位合作，加强向自然资源部汇报，微山湖矿周边探矿权设置工作取得重大突破。在国家推动重要能源和矿产资源增储上产政策背景下，通过由自然资源部向山东省征求意见的方式，推动协议转让探矿权，极大地提升了矿权配置效率。新设矿权范围扩大 8 倍，预计资源量提升 2 倍以上。

二是坚持问题导向，市场化整合补产业链短板。矿山企业历经 3 年多攻关，在中国稀土集团的支持下，先后取得山东省发改委项目核准批复和国家应急管理部安全设施设计批复并开工建设。项目建成后开采深度将由现有的 –160 米延伸至地下 –500 米，产能提升 50%，将为国家岩矿型稀土地下开采探索储备一批技术人才队伍。

（二）坚持科技创新引领产业升级，加快绿色低碳发展

一是加快绿色示范工厂和绿色示范产品布局。山东稀土接管矿山以来，矿山先后完成调度室升级改造、候罐室、污水处理车间改造，50 多年的老矿山厂容厂貌焕然一新，先后获评省级绿色矿山和省级安全生产 A 级矿山。寿光稀土绿色低碳冶炼分离废水晒盐工艺应用成效显著，该工艺较传统 MVR 水处理工艺节能 90%，获评 2023 年度中国有色金属工业科学技

术二等奖。寿光稀土向中国石化销售石油裂解催化剂用镧铈结晶产品，较传统氧化物产品节水90%以上，吨产品增值200元以上。微山新材加快新能源产业布局，合作研发固态储氢产品加快示范应用，获评省级绿色工厂。

二是持续推进科技创新，将科技创新成果转化作为驱动引擎。山东稀土通过与中国有研、中科院赣江院等科研院所深化业务协同创新，推进采选工业试验、冶炼技改提升、废水达标排放和储氢新产品、新领域研发工作。以基层科技创新室为基础，进一步发挥基层科技研发解难题的作用，建设高水平研发及转化平台，加强人才建设，加快产学研用建设，进一步发挥集成协同谋发展的作用。所属3家企业均为国家级高新技术企业，均为省级专精特新企业。微山湖矿攻克难选矿再选工艺，全年实现创效占利润总额20%以上。

（三）服务引领带动区域发展提升效力，不断提升价值创造能力

山东稀土自2021年整合以来，全体干部职工团结一心、目标一致，以服务引领带动区域发展提升效力，不断破解历史难题。通过对内挖潜、对外高效协同，进一步优化了资源配置，切实改变了企业面貌，激发了干部员工干事创业的活力动力，企业经营收入和利润总额增长显著。

一是内引外联，市场化整合延链补链，优化稀土产业布局。山东稀土根据山东省稀土产业发展实际和产业特点，发挥中央企业优势，聚焦微山与寿光稀土产业基地建设，以市场化模式吸引内外部合作，打造示范企业及示范基地。强化与中国稀土集团在山东区域企业协同，培育战略性新兴产业，8个月内完成2000吨/年稀土钕铁硼合金项目建设并实现批量生产，实现产业链延链，提升产业链发展质量。加强与中国有研、中国钢研等中央企业在山东子企业协同，推进稀土加油应用合作。引进四川省民营企业，在山东省微山县落地建设10000吨/年稀土精矿前处理项目，1年内完

成建设并投入试运行，补齐了产业链短板。

二是聚焦价值创造，企业效益显著提升。山东稀土不断强化对标轻稀土资源开发及冶炼分离生产经营指标，通过产业链补链、固链、强链项目建设，深化提升企业现场管理及治理能力，不断优化工艺实现降本增效。公司研究制定《2023—2025三年生产经营方案》，组织各企业编制生产经营及降本增效的路线图，2023年公司稀土冶炼和下游深加工综合生产成本分别降低22%、10%，创造性地实现了中游冶炼分离产能两年内翻两番，在做好的基础上谋增量崛起，企业营业收入、利润总额较2021年整合以前均实现翻番。

（四）深化改革，激发活力动力

一是坚持加强理论学习，建立工作推进及督导机制。山东稀土明确各单位负责人是本单位深化改革第一责任人，一级抓一级，层层抓落实。建立深化改革工作落实情况定期报告制度，通过各项专题例会形成督办通报机制，对改革任务进展滞后、推进力度弱的单位进行通报并加以指导，督促加大力度、加快进度开展深化改革工作，做到扎实有效、高效推进。在决策中，严格按照“三重一大”清单对深化改革涉及重点项目、重大事项进行决策，组织召开党委会6次，提请会议研究审议对深化改革重点项目及重大事项10余项。通过活化运用改革机制体制，提升了效率效力，促进了山东稀土的整合发展。

二是健全考核评估机制。山东稀土充分发挥考核指挥棒作用，完善制定计划、过程跟踪、评价总结的闭环工作体系，对各单位产业链建设工作进行常态化检查和年度评价，与所属企业经营业绩考核、领导班子和领导人员综合考核评价挂钩。推动精准量化考核，将科技创新、产业控制、安全支撑等任务量化为具体指标纳入经营业绩考核责任书，及时调整2名所属企业主要负责人岗位及薪酬，坚持实战锤炼队伍，营造实干斗争氛围。

三是坚持三项制度改革“三能”导向。坚持干部能上能下，2023 年调整所属 2 家企业主要负责人，改善企业经营管理面貌。加大年轻干部选用力度，通过选拔任用和公开竞聘等形式，2023 年公司在中层及企业班子层面选拔任用“85 后”干部 7 人，新任管理人员竞争上岗率 67%，优化了干部队伍结构，营造了干事创业氛围，激发了员工活力动力。整合以来，所属企业全部实现复工复产，经营收入、利润总额均实现翻番。

三、改革成效

山东稀土充分发挥在稀土产业链循环畅通中的支撑带动作用，通过一系列举措，增加了微山地区稀土产业发展集约度，发挥了微山稀土产业园区辐射效应，带动了区域稀土产业发展。

一是资源保障能力建设成效凸显。深部（扩界）工程项目建设过程中，山东稀土通过做好生产与深部矿建设的协同，克服困难抢抓生产，实现生产稳定，超额完成生产经营任务。周边探矿权有望在 2024 年一季度获得探矿权批复，实现了山东稀土产业链固链，保障了产业链供应链稳定。

二是冶炼分离产业规模取得突破。寿光稀土通过工艺技术改造后实现冶炼分离完全成本、变动成本分别同比下降 22%、24%，冶炼分离产能较 2021 年增长 400%。稀土精矿前处理项目的建成投产，使微山湖矿加工成本较现有渠道再降低 20% 以上。同时，通过补齐废料综合回收利用前处理工序，实现生产全流程贯通。废料综合回收利用项目的建设，实现寿光稀土生产产业链的补充，有利于提高寿光稀土产能及市场地位。

三是下游产业发展迅速，强链固链见成效。微山新材通过对稀土储氢合金、钕铁硼甩带片产能的高效运行，为企业新增了业务模块，实现了企业在稀土功能材料的布局及优势科研能力转化。

103

聚焦“四大攻坚战” 长风破浪正当时 以创新驱动发展打造核心竞争力

赣州稀土友力科技开发有限公司

一、基本情况

赣州稀土友力科技开发有限公司（以下简称“赣州友力”）成立于2011年7月，注册资本2亿元，为中国稀土集团有限公司（以下简称“中国稀土集团”）下属子公司，是一家响应国家号召构建资源节约、环保节能的国家级高新技术企业、江西省专精特新中小企业及中国稀土行业协会稀土资源综合利用分会会长单位，生产处理能力居国内钕铁硼废料综合回收利用企业前列。赣州友力认真贯彻习近平总书记重要指示精神，紧扣学习贯彻党的二十大精神工作主线，聚力打好打赢“守正经营、技改扩能、降本增效、创新求索”四大攻坚战，以国企深化改革为契机，不断梳理完善体制机制、公司治理体系，扎实推进中国稀土集团党委各项决策部署落实落地，公司治理效能、发展动能、创新潜能进一步提升，改革成效显著。

二、经验做法

（一）聚焦提升发展，推动绿色低碳双转型

一是走绿色持续发展道路。以提升集团资源掌控力和行业影响力，打

造绿色低碳、智能高效、节能环保现代企业为目标，赣州友力科学布局、统筹启动了年产6600吨稀土氧化物技术改造项目。该项目每年将2.77万吨固体废弃物变成重要的有色金属原料，促进了资源的再生利用。利用钕铁硼废料回收稀土元素，相比矿石生产稀土产品，具有更多优越性，成本降低，“三废”减少，合理利用了资源，减少了环境污染，有效地保护了国家稀土资源，同时有利于提升江西省稀土资源地位，对江西省稀土资源可持续发展具有现实意义。

二是上节能降碳技改项目。项目采用具有国内先进水平的模糊联动串级萃取法综合回收技术等工艺，在生产过程中最大程度节能降耗，技术改造完成后，可节约标煤5245.28吨，按每吨标煤产生2.66吨二氧化碳计算，可减少二氧化碳排放13952.44吨，助力“双碳”目标实现。

（二）聚焦降本增效，做强价值创造基本盘

一是抓好源头设计。赣州友力以国家离子型稀土资源高效开发利用工程技术研究中心为依托，与五矿（北京）稀土研究院有限公司、中国科学院赣江创新研究院、中国科学院过程工程研究所、赣州有色冶金研究所、江西理工大学等进行技术合作，对现有的生产工艺进行优化设计。采用国内最先进的模糊联动萃取工艺、连续化沉淀、连续化除杂工艺、两段式焙烧窑、灼烧回转窑、MVR、DCS系统等先进工艺设备，有效破解余热回收率低、智能化程度低、废水中盐分高等行业工艺瓶颈，在生产过程中最大程度节能降耗，降低生产运营成本。

二是优化工艺流程。赣州友力将溶解净化工序升级为连续化酸溶、逆向洗涤工艺，运用先进的自动化控制技术，将焙烧料盐酸溶解、浸出液净化工段有机地衔接，降低盐酸消耗和洗水用量，提高了生产自动化、连续化水平。萃取分离工艺升级采用模糊联动串级萃取分离工艺技术包，充分借鉴模糊分离、置换萃取、有机进料、有机相萃取槽连续碱皂化和洗反酸分流和稀土洗涤等工艺优点，大幅减少酸碱消耗。

三是实施精益生产。赣州友力坚持问题导向，开展“降本增效 2.0”专项活动，将精益生产相关管理工具有效融入到产品准时交付、产品质量管控、生产现场管理等工作方面。深入开展“机械化换人、机器人作业、自动化减人”提效行动，充分发挥自动化、数字化、智能化作用，把复杂工作环境中的作业人员、各类生产和辅助系统中的富余人员精简下来，有效降低人力成本，达到了减员提效的目的。

（三）聚焦创新求索，培育先进发展强引擎

一是强化创新机制。赣州友力通过建立内部科研课题管理办法，制定科研重点项目“揭榜挂帅”制度等方法，持续提高投入研发费用、激励科技创新攻关，在多重机制的激励下，科技创新工作不断取得新突破。专利数量大幅提高，现有发明专利 4 项，实用新型专利 23 项。2023 年主持或参与制定国家标准和行业标准 4 项。

二是强化品牌塑造。赣州友力积极践行“三个转变”，加大品牌投资、丰富品牌内涵、优化品牌形象、扩大品牌影响、提高品牌效应。氧化镨钕产品荣获“江西省名牌产品”称号，并启动对氧化镨钕、氧化钆等 6 种稀土产品的绿色设计产品申报工作，通过了 SCS 回收成分体系认证 100% 消费前产品认证初审。积极践行央企责任担当，不断提高公司的美誉度，产生了良好的公益示范效应。

三是强化科技赋能。赣州友力把科技赋能生产经营放在更加突出的位置，通过创新驱动、业务驱动和管理驱动，借助移动互联网、大数据、云计算、人工智能等科技，加快推进信息化建设和数字化转型，强化风控能力，提高管理水平。

三、改革成效

一是市场竞争力进一步增强。赣州友力近3年主营收入复合增长59.27%、上缴税费复合增长53.16%，形成短期经营稳健、中期体量壮大、长期形势向好的发展格局。获得2022年“江西省专精特新中小企业”“江西省瞪羚企业”，2023年“赣州市飞马奖企业”。建设中的年产6600吨稀土氧化物钕铁硼废料综合回收利用技术改造项目达产后，稀土氧化物年产能由1800吨提升至6600吨，预计实现年营收约32.6亿元、利税总额约3.5亿元，市场份额进一步提高。

二是效率及活力进一步激发。赣州友力推行经理层成员任期制和契约化管理，建立“权责明晰、奖惩分明、流动有序”的岗位管理模式，以契约形式明确经理层管理人员任期内权责利。精简压缩职能部门，建立精干高效的管控体系，改革后共设一级部门8个。同时切实深化劳动、人事、分配制度改革三项制度改革，按照“人岗相适，人尽其才”的要求，科学配置人才资源，提升人岗匹配度，并培养了一支讲政治、重自律、想干事、能成事的专业化“精锐部队”，涌现了“赣州市劳动模范”“江西省五一劳动奖章”获得者等一大批先进典型。

三是抗风险能力进一步提升。赣州友力培育了10余家废料优质供应商，达成了稳定友好的合作关系，并与国内龙头拆解企业建立合作关系，回收新能源领域拆解后的钕铁硼废料，原料保障得到了进一步稳固。与国内龙头企业签订长期供货协议，提前锁定稀土氧化物供应量和订单，有效防范和化解了经营风险。

104

科技助力现代化产业体系跑出“加速度”

有研粉末新材料股份有限公司

一、基本情况

有研粉末新材料股份有限公司（以下简称“有研粉材”）是中国有研科技集团有限公司（以下简称“中国有研”）所属二级企业。有研粉材成立于2004年3月，为国内首家有色金属粉体材料行业科创板上市公司（股票代码：688456），产品分为铜基金属粉体材料、微电子互连材料和3D打印金属粉体材料三大板块，是国内铜基金属粉体材料和微电子互连材料领域的龙头企业，产品国内市场占有率第一。有研粉材总部位于北京怀柔科学城，9家子公司分布在北京、安徽、重庆、山东、英国、泰国等地。国内子公司100%为“专精特新（小巨人）”企业，其中3家为工信部专精特新企业，100%为国家级高新技术企业，主营产品先进铜基粉体材料和微电子互连用合金焊粉于近2年先后被工信部评为“制造业单项冠军产品”。

二、经验做法

2023年，有研粉材入选“创建世界一流专业领军示范企业”。以此为契机，公司深入贯彻落实新一轮国企深化改革提升行动，以产业转型升级加速“两个市场”布局，聚焦核心技术优势积极布局新赛道，作为主承担单位承担“纳米金属粉体材料未来产业”专项，加速培育未来产业。

（一）升级传统产业，提升核心竞争力

一是通过全面提升工艺装备的自动化水平，优化全球产业基地布局。有研粉材先后选择合肥、山东、重庆、泰国等地投资自建产业基地，协同提升各基地工艺装备向自动绿色制造转变，通过总部设置专职岗位统筹推动“两个市场”高效联动，持续构建公司品牌全球影响力，提升全球市场占有率。截至 2023 年，铜基粉体材料领域中重庆新基地全面投产运行，泰国新基地即将试生产，全面投产后合并产能约占全球总产能的 40%。

二是通过持续推进产品迭代创新，推动产业高质量发展。铜基粉体材料产业顺应功能粉体材料发展趋势，围绕华为等高端客户需求，创新开发导热粉体、高纯微细粉体、新型铜铁复合粉产品等新产品并实现稳定批量销售，在成本降低的同时实现了绿色制造，同时积极承担工信部高质量发展专项，参与解决国家高性能关键材料需求。微电子互连材料产业紧跟消费电子发展趋势，实现了从核心工艺自动化到全流程数字化的全面提升，高附加值焊锡粉产品竞争优势持续提升，出口年均增速超 10%。

（二）布局新兴产业，开拓产业新赛道

一是依托球形金属粉体制备技术优势，布局 3D 打印赛道。有研粉材依托“球形金属粉末雾化制备技术及产业化”国家奖技术优势及科技部首批“金属熔体分散处理高技术创新团队”，投资 5000 万元组建有研增材技术有限公司（以下简称“有研增材”），围绕航空航天、武器装备等主流应用领域客户，开发了以高流动性铝合金粉末材料、高温合金粉体材料等一系列高质量、高稳定性的产品，解决航空航天结构复杂、轻量化部件生产关键粉体材料需求，具备了在增材制造粉体成分设计、工艺设计、性能提升及工艺装备迭代发展的全流程、全体系创新发展能力，其中粉末涡轮盘用镍基高温合金粉末实现成套技术的对外转让、高流动性铝合金粉末材料获得航空航天增材制造产业链“创新产品奖”，并在“奋进新时代”主题成就展上展出。

二是依托微电子互连材料技术优势，布局光伏、新能源赛道，推动产业链向下延伸发展。积极顺应能源转型趋势，有研粉材通过内部资源专业化整合，2023 年组建有研纳微新材料（北京）有限公司（以下简称“有研纳微”），围绕光伏电池组件、微电子封装/组装等领域重大需求，聚焦行业头部企业关键材料需求，突破关键制备工艺，加快发展以锡浆为代表的光伏浆料产品，实现跨越式增长，产品销量同比增幅 138%。开发出具有自主知识产权的光伏浆料产品，实现产业化并在终端应用，为国内首创光伏互连产品。

（三）培育未来产业，持续高质量发展

一是强化顶层设计，积极承担国务院国资委未来产业专项任务。结合自身发展战略，依托金属粉体材料技术优势，2023 年，有研粉材主动承担国务院国资委未来产业专项任务——微电子、新能源领域纳米金属粉体产业化建设工程，围绕光伏新能源电池、电子柔性显示、高铁/汽车用先进功率器件、多层陶瓷电容器、先进电子产品多层 PCB 互连、微型元器件增材制造等应用场景材料需求，围绕微电子封装互连用纳米金属粉体、高效率光伏电池用纳米金属粉体、多层陶瓷电容器用纳米金属粉体、增材制造用纳米粉体等技术发展趋势，重点布局 4 个技术方向，夯实纳米金属粉体材料基础理论体系，梳理微纳金属粉体材料技术谱系，实现铜基、银基、镍基等微纳金属粉体及衍生浆料产品产业化，积极培育纳米材料未来产业创新型企业。

二是强化组织实施，高效推进未来产业专项工作进展。一方面，高度重视，强化组织领导。有研粉材成立了由党委书记任组长，领导班子成员组成的专项领导小组，由分管科技创新的公司领导任组长，技术及市场骨干任工作小组成员，围绕1个重大工程和4个重点技术方向，依托有研粉材总部及所属公司形成“1+4”组织架构，组建产研一体的4个专项团队，与中国有研签署战略专项任务责任状，强化责任担当。另一方面，加快实施，强化资源投入。推进实施内部专业化整合，组建有研纳微作为未来产业主承担单位，加大创新投入，2023年投入近1000万元加快推进技术研发。启动未来实验室主中心及分中心建设，聚焦纳米材料未来产业技术转化和产业孵化，强化场地资源保障，实现了技术研发、市场开拓联动推进，部分产品实现了全流程工艺贯通，建立了满足行业发展要求的技术谱系，工程化制备技术顺利推进，补短板强弱项的能力和水平不断提高。

三、改革成效

有研粉材始终将初心使命、责任担当摆在首位，依托坚实过硬的核心技术家底，在激烈的市场竞争中敢于冲在前列，注重发挥党委领导作用，在精细化运营、科技创新、未来产业专项中实施有针对性的激励措施，通过不断优化产业布局和体系，持续为公司高质量发展聚势赋能。

一是产业梯次发展的格局基本形成。有研粉材的传统优势产业基本实现了工艺装备的焕“芯”升级，“两个市场”协同联动发展格局基本形成，进军全球市场的势能加速集聚。新赛道新产业顺利“启航”，2023年，有研增材积极申报国务院国资委“启航企业”工程，为产业发展新动能“加速”。未来产业蓄势待发，创新资源加速匹配，产业发展的根基不断夯实。

二是现有产业竞争优势不断集聚，效果逐步凸显。2023年，在下游行业普遍下滑超30%的复杂形势下，有研粉材的铜基金属粉体材料销量实现3%的增长，市场占有率持续提升，产品质量保持在行业前列，重点产品单位制造成本下降超9%，用工总人数下降超25%。微电子互连材料在消费电子领域需求低迷的形势下，高附加值产品的销售翻番，出口增长18%，经营效益创历史新高。

三是新产业发展跑出“加速度”，新动能持续释放。有研增材成立2年以来，利润增幅超50%，销量增幅超40%，实现了质和量的快速增长。技术创新能力持续提升，“增材制造用高流动性铝合金粉末特种制备技术及应用”获得中国有色金属学会2022年度“中国有色金属十大进展”。未来产业加快推进，梳理明确了4～5种关键金属纳米粉体材料关键技术图谱，微纳金属粉体（银粉、银包铜、镍粉、铜粉）及浆料技术开发进展顺利，如光伏银浆用银粉形成了多个粒度规格的工程化制备技术、银包铜粉突破了多个规格的类球形银包铜粉均匀包覆制备技术，形成了满足行业发展要求的银铜复合低温浆料技术。

105

提高核心攻关能力　打造科技创新高地

有研工程技术研究院有限公司

一、基本情况

有研工程技术研究院有限公司（以下简称“有研工研院”）是中国有研科技集团有限公司（以下简称“中国有研”）的二级子公司，2018 年 1 月在北京市怀柔区正式注册成立。作为中国有研重要的科技创新平台，有研工研院主要从事有色金属新材料研发、产业化关键技术和行业共性技术开发、中试生产和成果转化，拥有有色金属材料制备加工国家重点实验室、智能传感功能材料国家重点实验室等 5 个国家级创新平台，入选国务院国资委“科改企业”，是国家级专精特新“小巨人”企业、国家高新技术企业、北京市知识产权优势单位。

二、经验做法

2023 年，有研工研院深入落实国有企业改革深化提升行动，坚持服务国家战略，坚持市场化机制运营，围绕健全科技创新体制机制、激发人才创新活力等方面实施了一系列以股权改革、工作机制、创新平台为载体的深化改革举措。

（一）完善企业科技创新体制机制，走“专精特新”发展道路

一是优化科技创新领域布局。有研工研院制定三年滚动规划，明确公司科技创新发展路径，围绕重点研发领域梳理“必保、必争、必跟”重点科技方向，确定 17 个保争方向、66 个子方向，优化了领域布局，提出了公司科技发展战略目标。

二是推动科技管理体制创新。有研工研院大力推进“科技创新 + 成果孵化”双引擎驱动，确立了研发、生产和成果转化多重业务协同发展思路。建立“事业部 + 项目组”运行模式，打破了原有课题组承包制度，加强研发项目成本核算，厘清职责边界，将科研人员从事务性工作中解放出来，专心投入创新研发。

三是建立科技成果转化落地容错纠错机制。有研工研院坚持“三个区分开来”，制定容错纠错实施办法，充分调动和保护员工干事创业的积极性、主动性和创造性，旗帜鲜明为担当者担当、为负责者负责、为改革创新者撑腰鼓劲，积极营造想干事、能干事、干成事的良好氛围。

（二）着力打造技术高地，支撑国家战略安全和行业高质量发展

一是加强源头创新和关键核心技术攻关。有研工研院高质量完成国家重大科技项目，针对国家重大需求、国务院国资委重点工程等攻关项目，建立“一把手”牵头的攻关工作小组，制定详细实施方案，充分保障人、财、物，挂图作战，确保攻关任务顺利推进。持续加大自有资金研发投入，设立科技创新基金，面向未来应用布局空间抗辐射加固屏蔽材料、纳米金属线、纳米烧结银浆等一批前沿特种有色金属新材料、新技术研究课题，鼓励原创和颠覆性技术研发及新产品开发。

二是高质量建设创新保供平台。有研工研院圆满完成科工局获批的雁栖湖创新中心建设期任务，并正式投入运行，以体制机制和运行模式创新破解当前特种有色金属材料技术难度大、细分领域多、市场规模小、社会

投入不足、难以满足重大装备需求的现实难题，打造出托底保供、应急快反的保供平台。目前，创新中心承担着40多个种类、300多种规格有色金属材料的军品保供任务，为国家重大工程和重要武器装备提供了关键有色金属材料保障。同时，创新中心技术依托单位与应用依托单位充分发挥各自研发、工程化优势，打破“用户委托—材料研制—应用考核”的传统研发路径，围绕航天、电子两类重大应用场景，共同研判领域发展趋势、共同凝练材料应用需求、共同组织研发攻关，打造创新联合体。

三是构建产业链协同创新生态网络。有研工研院汇聚有色金属材料领域龙头企业、高等院校、科研院所等合作单位，2023年4月牵头发起成立“特种有色金属材料创新联盟”，首批30余家单位成为联盟会员，开展覆盖“材料与工艺设计—生产试制—考核验证”上下游产业链的全方位合作，在服务行业技术进步方面发挥出引领技术升级的关键作用，“小核心、大协作、广开放”的关键有色金属材料创新生态网络加速形成。

（三）提升企业活力效率，完善公司治理体系

一是坚持把党的领导融入公司治理各环节。有研工研院坚决落实“两个一以贯之”，明确党委研究讨论企业重大问题的运行机制，有效完善党委会议事规则和党委参与企业重大问题决策工作机制，动态调整党委前置研究讨论事项清单和“三重一大”决策事项清单。

二是实施股权多元化改革。有研工研院引入国家军民融合产业投资基金有限责任公司、中国国有企业混合所有制改革基金有限公司等4家战略投资者，持股超过30%，在提升公司多元化科技投入的同时，推动法人治理结构建立健全，形成了责权对等、有效制衡的决策执行体系。

三是健全科技人员激励体系。针对承担的大量战略专项任务，有研工研院出台专项项目管理办法，在职称评定、岗级晋升、人才称号推荐等方面为承担专项任务人员提供绿色通道，并实施专项奖励。针对专利、标

准、论文、成果转化项目等科技成果产出，进一步完善科技创新奖励办法，加大科技成果奖励力度。2023 年实施科技奖励约 500 万元，覆盖 185 人次，科研人员创新活力得到有效提升。

三、改革成效

有研工研院纵深推进国有企业改革深化提升行动，不断增强核心竞争力，加快形成以科技创新引领的新质生产力，企业创新能力和价值创造能力显著提升。

一是科技创新影响力持续创新高。纳入“科改企业”以来，有研工研院承担国务院国资委、科工局关键材料专项任务累计 43 项，其中国务院国资委专项任务 12 项，7 项一期 1025 攻关任务顺利完成，7000 系铝合金项目团队获“突出贡献团队”，2 人获“突出贡献个人”，目前在研的 5 项国务院国资委专项项目均按照里程碑节点顺利推进。累计获省部级奖项 37 项，其中一等奖 22 项；发表文章 364 篇；制定国家/行业标准 90 项，其中国家标准 55 项。2023 年获省部级奖项 9 项，其中一等奖 4 项，发表文章 78 篇，制定国家/行业标准 32 项，当年科技创新综合影响力指数达到 153 分。

二是原创成果不断涌现。有研工研院自主原创发明了新一代高镁低密度铝合金，改变了长期跟随国外铝合金牌号标准的研发路径，超越了国内外现有铝合金材料体系，工业化试制产品通过航天飞行器零部件制造验证，并与中国商飞和中国中车集团进行产品应用对接。自主研发的新一代堆用复合屏蔽材料在多个国家重要装备上获得应用新突破，为国家重大装备研制提供了关键材料支撑。开发的固态储氢装置实现叉车、储氢站、加氢站等多场景应用，规模化固态储氢装置与分级静态氢压缩装置成功应用于南网云南综合能源站与广州南沙电氢智慧能源站。这是我国首次将光伏发电耦合固态储氢应用于电力系统，同时也是国内首次实现固态储供氢增压加氢及发电综合应用，实现了“绿电”与“绿氢”灵活转换，获中央电视台《新闻联播》《朝闻天下》的关注与报道。

三是知识产权创造、运用、保护和管理能力跃上新台阶。有研工研院始终坚定知识产权战略意识，开展专利分级分类管理，坚持通过知识产权全链条管理提升企业核心竞争力，为科技成果转化夯实根基。近几年累计获授权专利346项，其中2023年获授权专利87项，已连续两年荣获中国发明专利银奖，2023年入选“北京市知识产权优势单位”。

四是创新平台行业引领作用日益凸显。2023年，有研工研院依托多个国家级平台，全力服务行业骨干企业和用户单位200余家，有力支撑行业共性技术升级。有色金属材料制备加工国家重点实验室与江西铜业技术研究院共建“江铜分部”，智能传感功能材料国家重点实验室成立广东分实验室，辐射带动能力不断增强。获批北京市战略性有色金属新材料专业化成果转化平台并完成建设，形成了“有色金属结构材料平台”和“先进电子材料平台”公共研发、中试熟化、规模化试生产等研发服务能力。

106

强化重点领域保障　更好支撑国家战略安全

有研亿金新材料有限公司

一、基本情况

有研亿金新材料有限公司（以下简称“有研亿金”）成立于2000年，隶属于中国有研科技集团有限公司（以下简称“中国有研”）上市板块有研新材（股票代码：600206），注册资本84600万元，现有职工600余人。公司为国家高新技术企业、国家技术创新示范企业、国家知识产权示范企业，拥有集成电路关键材料国家工程研究中心、北京市高纯金属靶材工程技术研究中心、北京市企业技术中心、上海黄金交易所综合类会员等平台资质。有研亿金主营业务包括集成电路用超高纯金属靶材、稀贵金属功能材料和铂族金属研发、生产和销售。

有研亿金是国内领先的极大规模集成电路制造用超高纯金属材料及溅射靶材制造商。公司持续推进国企改革深化提升行动，坚持以国家战略和市场需求为导向，深耕集成电路领域，通过自主研发，具备从高纯原材料到高性能靶材制备一体化技术整合能力，拥有完全的自主知识产权。公司研发生产基地立足于北京、山东两地，业务遍及全球顶尖集成电路制造企业，打破了国内高纯金属靶材依赖进口的局面，突破“卡脖子”关键技术，实现集成电路关键材料的自主可控，成为我国高纯金属溅射靶材产业的引领者。

二、经验做法

有研亿金围绕国家集成电路发展战略需求和建设现代化高纯金属靶材产业体系目标，坚持“四个面向”加快科技创新，紧抓国有企业改革深化提升行动契机，深入研判、分析企业内外部环境，坚持市场导向，明确改革路径，逐级压实工作责任，确保各项工作任务有效落实。

（一）自主攻克关键核心技术，提升科技创新能力

有研亿金贯彻国家总体战略布局，按照国务院国资委和上级单位统一部署，坚持主动服务和支撑国家重大战略、聚焦集成电路溅射靶材产业链短板及“卡脖子”关键核心技术。公司系统梳理高纯靶材的国产化现状，针对国内集成电路领域尚依赖进口的10余种关键溅射靶材，开展核心关键技术攻关。通过优化制备技术提升铸锭纯度及靶材性能，解决高纯铜及铜合金靶材溅射颗粒多、成材率低等问题。通过系统研究高纯钽靶微观组织演变规律，获得钽靶性能控制关键核心技术，实现高纯钽靶全流程国产化，完成高端集成电路用靶材最后一块拼图。针对先进存储及尖端制程用高纯钴靶材持续开展创新性技术研究，攻克一系列工程化难题。通过自主化开发实现12英寸高纯钨靶高致密成型技术，解决了大规格钨靶焊接开裂失效，加工精度差等问题。2023年，公司不断突破集成电路用靶材核心技术，开发的系列12英寸靶材新产品通过验证并实现国产替代，成功解决了我国集成电路关键材料短缺的问题。

（二）坚决贯彻精益管理理念，提升产品竞争力

靶材生产过程控制是产品质量的支点，有研亿金在将技术研究成果向产业化转移的过程中，始终关注质量文化和过程管理标准化建设，坚持以加工工艺品的态度对待每一块靶材，确保产品质量的一致性、稳定性。

2023 年在公司领导的带领下，举办以质量改善为主题的质量月专项活动，增强全体员工的质量意识，提高全员参与质量工作的积极性。针对生产线上暴露出的产品异常问题，设立质量改善专项，引导小组采用质量分析手段，分析产品生产过程存在的问题，拟定解决方案，跟进解决效果，不断提升生产效率和产品良率。2023 年公司共开展质量改善专项 16 项，明显提升靶材焊接性能、外观质量及产品稳定性。

（三）加快推动战新产业基地建设，优化产业布局

尽管 2023 年半导体产业下行压力持续加大，考虑到数字经济已成为我国经济高质量发展的战略重点，集成电路的重要性更加凸显，有研亿金加快“集成电路用高纯溅射靶材项目”的实施，以实现先进集成电路所需高端靶材规模化量产，为我国集成电路产业链供应链安全性和稳定性提供保障。该项目 2022 年 5 月开工，2023 年 2 月首台设备安装，5 月基建完成，9 月全面通线，厂房面积达 4 万多平方米，靶材产能超 4 万块。短短 1 年半时间即建成国内最先进金属靶材生产基地，实现自动化、智能化生产线建设。

（四）持续加强产学研用协同发力，提高产业链韧性

有研亿金着眼集成电路高端芯片需求，坚持应用牵引，采取“产学研用”协同创新模式，打造高水平、开放性科技创新平台。基于我国在多品类有色金属材料从冶炼、加工到应用完整的产业链条，充分利用我国的加工和成本优势，有研亿金发挥集成电路靶材产业链龙头企业引领带动作用，有效统筹各种优势资源、推动上下游有效衔接，着力打造集成电路用高纯金属靶材产业生态链，与中国五矿、中国有色集团、矿冶集团、中国钢研等多家央企集团子公司合作开展高纯金属、关键装备的国产化替代，带动上游国产材料供应商实现跨越式成长，加强与下游一流半导体企业合作开发，实现全系列靶材产业化应用。

（五）大力强化人才团队建设，激发创新活力动力

有研亿金不断加大高端人才培养和引进方面的投入，通过提高薪酬、提供配套人才公寓等多种手段，做好人才生活保障工作。综合运用“两优一先”、优秀员工等荣誉奖项表彰先进、树立标杆。通过职称评定、超额利润分享、破格晋升制度等方式，构建员工与公司长期利益共同体，保障员工的荣誉感，切实提升经济收入，有效激发内生活力。制定领军人才培养方案，通过建机制、搭平台、拓渠道等举措，为企业人才提供全方位服务与保障，多名科技人才分别获评央企杰出工程师、中国有色金属学会杰出工程师、中国科协“青年人才托举工程”“昌聚工程”人才等，打造了一支面向集成电路发展的高水平溅射靶材研发队伍。同时，面向高校选聘“科技副总”，调动“两个积极性”，推进产学研紧密合作，引进多名国内知名高校的高层次科技人才，为公司未来发展注入活力动力。

三、改革成效

有研亿金系统推进国企改革深化提升行动有关工作，压实落地举措，不断提升研发创新能力和市场竞争力，充分发挥国家集成电路战略安全支撑作用，提高集成电路产业链安全。

一是自主创新和科技成果转化加速落地。2023 年，有研亿金建成了我国领先的高纯金属靶材制造基地，实现 12 英寸高纯铜靶、钽靶、钴靶、镍铂靶、铝钪靶等成功应用并能批量供货，实现我国集成电路溅射靶材产业链自主可控，成为全球顶尖半导体企业的主力供应商之一。

二是集成电路领域科研成果丰硕。有研亿金牵头申报的“先进集成电路制造用超高纯铜及铜合金靶材关键技术与产业”获北京市科学技术进步奖二等奖，参与申报的《电子级超高纯金属提纯用大功率电子束熔炼装备开发及应用》获得中国有色金属工业科学技术奖一等奖，12 英寸高纯钴靶

和阳极产品作为中关村论坛重大科技成果发布会上首次发布，“AlScN 压电薄膜材料联合攻关团队”获得中央企业核心电子元器件创新联合体“十大攻关团队”奖励，“以创新浇灌中国芯——溅射靶材用高纯镍铂合金铸锭关键制备技术研发”课题荣获第六届中央企业 QC 小组成果发表赛二等奖。凭借人才建设、设备设施管理、过程管理、客户与市场管理 4 个方面的卓越管理优势，有研亿金荣获第三届北京市人民政府质量管理奖提名奖。

三是高端靶材市场开拓效果明显。有研亿金的靶材销量在 2023 年保持 20% 以上的增速，在台积电、中芯国际、长江存储、格罗方德、海力士等一流集成电路企业高端靶材市场占有率进一步提升，12 英寸靶材在国内市场占据龙头地位，全球市场占有率升至约 10%。

未来有研亿金将持续推动集成电路溅射靶材产业链的全面自主可控，同时加快国际发展步伐，以全球领先的龙头企业为发展目标，完成集成电路靶材高水平自立自强的重大使命。

107

完善科技创新体制 更好实现高水平科技自立自强

有研稀土新材料股份有限公司

一、基本情况

有研稀土新材料股份有限公司（以下简称“有研稀土”）是2001年12月28日，由中国有研科技集团有限公司（以下简称“中国有研”）作为主发起人对原稀土材料国家工程研究中心经营性资产进行改制设立，于2014年1月并入上市公司有研新材料股份有限公司，目前拥有2家全资子公司、4家控股公司和5家参股公司。

有研稀土前身自1952年开始做稀土研究，是我国最早从事稀土研究开发的单位之一，也是我国稀土工业技术的主要发源地，主要从事稀土资源绿色高效开发利用、先进稀土材料的创新研究、成果转化应用与示范生产，以及行业服务、高端人才培养、公共服务等工作，60%以上科技成果实现转化应用，为中国稀土工业体系的建立、发展和壮大作出了突出贡献。

二、经验做法

有研稀土着力打造稀土原创技术策源地，不断完善科技创新体制，围绕“四个面向”，着力攻关系列基础性、前沿性、紧迫性、颠覆性技术，努力引领和带动稀土科技创新与产业发展，为实现稀土材料自立自强发展，支撑我国稀土资源和产业优势转变为经济优势，进而形成战略优势，实现从稀土大国到稀土强国转变贡献有研力量。

（一）强化顶层设计，为科技创新发展谋篇布局

有研稀土牵头组织开展中国工程院“稀土材料体系自立自强战略研究”“稀土材料及其元器件产业链高端化发展战略研究”等战略研究课题，厘清创新链“四性”技术的弱项以及产业链“卡点”“堵点”，深入剖析我国稀土科技和产业发展存在的问题与不足，提出我国磁、光、催化、晶体、陶瓷、抛光以及稀土高纯金属及其化合物基础材料等关键、核心材料的体系化、高质化、自主化发展的总体架构，形成稀土材料体系自立自强发展的实现路径和实施建议。作为2030重大专项“稀土新材料”领域技术支撑单位，牵头编制相关实施计划与指南，参与工信部“产业基础再造和制造业高质量发展专项”指南编制与认证等。

（二）促进产学研用，加速科技成果转化应用

有研稀土持续优化提升稀土绿色高效提取分离技术，并加快在中国稀土集团、中国北方稀土等稀土大集团规模化推广应用。联合北京大学、厦门大学、东北大学、山东大学、北京科技大学、南华大学等高校，运用第一性原理计算、多物理场耦合软件COMSOL等手段着力开展新型、前沿稀土功能材料等协同创新，开发出系列新型稀土新材料。联合中国中车集团、中国建材、京东方、鞍钢等稀土应用端头部企业，重点围绕稀土永磁材料、超精密抛光材料、钢用稀土合金变质剂等开展应用验证。

（三）搭建创新平台，加快稀土原创技术产出

有研稀土持续优化国家创新平台建设，组建稀土国家工程研究中心技术委员会，聘任干勇院士为技术委员会主任，黄小卫院士为常务副主任，严纯华院士、李卫院士为副主任，积极谋划稀土中心未来发展，进一步提升稀土中心创新能力。与稀土产业链链长单位——中国稀土集团协议实施专业化整合，依托稀土国家工程研究中心共建稀土创新基地，将有研稀土自主开发的稀土绿色高效提取分离技术在中国稀土集团进行示范应用，带动先进技术在国内外稀土行业的大规模推广。

（四）建设人才团队，强化创新的动力之源

基于技术谱系梳理人才图谱，有研稀土积极通过柔性引进、自主高薪招聘、自身培养等多举措补齐“人才短板”，如柔性引进山东大学王丽教授合作开展电机设计与应用开发，加强在以弥补稀土永磁电机设计领域的人才力量短缺。持续加大从中国科学技术大学、武汉大学、吉林大学、中南大学、中国科学院大学等知名高校、科研院所等的引才力度。大力推荐青年科技人才挑大梁，牵头承担国家及省部级科技项目负责人。积极推荐优秀科技人才参评各类人才称号，参加国内外学术会议并作报告，提高其行业影响力。充分利用北京有色金属研究总院研究生教育平台，与东北大学、中南大学、北京科技大学、昆明理工大学等高校联合培养研究生。

（五）完善制度体系，筑牢创新的活力之基

有研稀土认真落实党中央关于全面深化国有企业改革和国有企业党建工作会议精神，出台一系列制度措施，进一步增强科技人员的创新热情，培育创新文化。对承担重大项目的团队给予配套科技经费支持，对承担1025专项的团队实施工资总额单列，给予优秀科技创新团队、优秀科技创新人才特别科技奖励，超额利润分享制度向科技人才倾斜，为优秀人才提供人才公寓等。实施知识产权战略，持续开展知识产权专项跟踪分析，强化核心专利全球布局，培育一批关键、原创性技术、材料的高价值专利。积极参与稀土国际标准、国家标准、行业标准、团队标准、企业标准等的制修订工作，大力推进稀土领域标准化进程。建立知识产权保护体制机

制，助推专利技术、标准化产品的大规模转化应用，构建鼓励科技成果转化应用的良好氛围。

三、改革成效

一是平台建设促进了创新生态的构建。稀土国家工程研究中心获评中国有研“优秀”国家级平台，有研稀土入选“科改企业”，国务院国资委正式批复中国有研承担打造稀土原创技术策源地任务。

二是创新活力增强促进了创新成果的产出。稀土绿色高效提取分离技术在行业内推广应用，引领稀土冶金绿色发展。与中国北方稀土（集团）所属包头华美稀土高科有限公司、中国稀土集团所属中稀（凉山）稀土有限公司签订专利实施许可合同。碳酸氢镁法分离提纯稀土新技术在甘肃稀土公司新建的 5 万吨 REO/年生产线和在江苏南方永磁公司改建的 5000 吨/年生产线实现连续稳定运行，离子型稀土矿绿色高效浸萃一体化技术在中国稀土集团所属广西花山稀土矿、福建中坊稀土矿分别建成的 500 吨 REO/年规模示范线实现连续稳定运行。稀土新材料技术成果转化应用，带动行业技术进步和下游产业高质量发展。微特电机用各向同性粘结磁体实现批量化生产应用，形成异方性/同性两大系列粘结磁体矩阵，为新能源汽车等战略新兴产业用微特电机轻量化提供了基础材料和技术支撑。突破了白光 LED 照明与显示用氟化物红粉色荧光关键制备技术，产品稳定供应国内外龙头封装企业。硫化物固态电解质用高纯硫化锂粉体实现百公斤级稳定批量制备与应用，并通过日本、韩国及国内多家客户认证，为我国硫化物全固态电池产业发展奠定了坚实基础。柴油机尾气净化用新型稀土复合催化材料小批量供应国内 2 家主流催化剂企业，配套用于潍柴、玉柴 6 款发动机后处理系统实现量产。

三是人才团队培养促进了高端科技人才涌现。有研稀土培养国家及省部级科技创新人才 12 人次（国家级 5 人次），1 个团队获得省部级科研团队称号。从国内外知名高校招聘、引进科技人才 13 人，占新招聘人员的 65%。2023 年，3 人晋升正高级工程师，4 人晋升高级工程师，6 人入选中国有研青年干部培训班。研究生培养方面，2 名研究生获得北京市优秀毕业生，1 人获优秀博士学位论文奖，1 人获优秀硕士学位论文奖。面向 2025 年和 2030 年目标，有研稀土将围绕原创技术策源地建设总体思路和重点目标，开展科技与技术创新，形成一系列新技术、新产品、新人才、新制度，构建创新生态。

108

"三个一"深化改革 点燃科技创新型国有企业高质量发展引擎

北矿机电科技有限责任公司

一、基本情况

矿冶科技集团北矿机电科技有限责任公司（以下简称"北矿机电"）是我国以矿物资源高效开发利用为核心主业的技术装备科技型企业，是北矿科技股份有限公司（以下简称"北矿科技"）的全资子公司，是国家高新技术企业、国家级专精特新"小巨人"企业、北京市企业技术中心、北京市专利示范单位。2023 年北矿机电在国企改革深化提升行动中，坚持党的全面领导，将国有企业深化改革与科技创新型企业定位相结合，从科学选题、深度赋能、扎实治理 3 个方面，更好发挥科技创新型国有企业对链接国家重点领域产业链供应链，和维护能源资源安全的保障作用，在国内外重点矿山持续烙印北矿机电选矿装备与技术服务标记。

二、经验做法

（一）"一张蓝图绘到底"，科学选题，创真新

一是抓"卡脖子"难题，坚定创新意志。北矿机电锚定国际学科前沿和国家重大战略需求，服务资源行业趋势和矿山客户急难盼愁，深入矿山

现场了解行业发展痛点和关键共性技术难题，强化选矿工艺、机械设计、自动控制等专业融合，以是否助力矿产资源高效开发作为检验技术成果的标准，敢于在自我否定中实现技术水平的螺旋式上升，在长期艰苦的工程实践中凝聚干事创业的精气神。做好长期坐冷板凳的思想准备，不断增强为矿产资源集约节约利用提供先进设备支撑的坚强意志。

二是抓中长期规划，确定攻关方向。北矿机电锚定国家矿产资源开发的产业导向和政策激励，主动研判集团科技创新政策调整动向，谋定矿冶装备科技创新方向，提倡问题解决式研究。以申报科技项目为载体，开展矿冶装备年度技术研发方向调研，主动申报新项目，以半年为周期按照市场所需急迫程度、已有基础、开发难度、前景预测等综合评估，建立中长期发展目标体系。扎实推进在研项目，在设备与技术的工业试验、新场景新矿种应用的工程实践中，不断检验和提升科技成果含金量。

三是抓基础性经营，助力增储上产。北矿机电促进一批核心技术的成果转化，以解公司“近忧”。抢抓市场需求放量增长的机遇，加强信息获取、竞争分析、成本测算、谈判策略等全过程分析研判，通过签订一批影响深、金额大、利润高的设备供货合同，强化公司大型化、智能化和高效节能等优势、强势设备的市场占有率，通过上产促进生产效率提升。加强基础研究和应用基础研究，为未来产品提供技术储备，以解公司“远虑”。在预选设备、选矿备件与增值服务的技术赋能、叶轮-定子寿命检测技术工业验证等方面深耕技术能力，通过技术增储助力国家矿产资源战略安全。

（二）“一竹竿子撑到底”，深度赋能，强创新

一是授权松绑，搭好顶层设计。北矿机电对“授什么权”“向谁授”“怎么授”三个环节精准定位、分类施策。实施以科研领军人物为核心的“揭榜挂帅”制度，扩大领军人才的技术路线决定权、经费支配权与资源调度权，走哪条技术路线、何时取得突破、需要多长时间完成等问题由项目负责人全权把控。以“联廉控”工程为抓手，及时推进配套制度改革，针对国家重大科研项目实行“里程碑”式管理模式，按标志性节点兑现项目收益分红，减少各类过程性评估、检查、抽查、审计等，实现职能部门从管理者到服务者的转变。

二是资源倾斜，实施动态管理。北矿机电从科研平台建设、科研经费资助、科研团队配备、科研成果转化等资源配置方面向公司重点项目倾斜。以搭建科研平台为抓手，探索多学科交叉的产学研新模式。2023 年北矿机电与北京科技大学联合成立“细粒矿物高效利用研究中心”，深化融合推动技术开发。以科研经费资助为抓手，将年度科研基金项目根据行业发展趋势和公司发展需求和公司科技发展需求区为重点项目和一般项目，给予单位配套项目经费与申请资助经费比例不低于 1:1 的补助。

三是机制容错，营造干事环境。北矿机电充分尊重科研规律，鼓励先行先试，重视科研试错探索价值，注重打造业绩和潜力评价、过程和结果评价相结合的科技创新评价体系，培育激发勇于探索的科研精神的长效机制。以实现项目竞争和稳定支持、短期成效与长期积累的平衡为目标，区分任务导向型经营项目和探索导向型科研项目。前者根据科研强竞争的属性，将科研人才的收入与项目落地情况挂钩，考核产品直接投入成本，研发投入不计入部门成本，样机销售后全额转化为当期考核利润；后者提高稳定收入的比例，考核科研成果、新产品研发等科技创新指标，不考核当期经营指标，为做更具有原创性、引领性的科研提供安全的环境。

（三）“一个猛子扎到底”，扎实治理，保创新

一是深化三项制度改革，重塑心理契约。北矿机电坚定不移地深化三项制度改革，使“员工能进能出、干部能上能下、收入能增能减”成为一种文化和习惯。以全员绩效管理为依据，积极推进科研、技能人才职业发展通道及考核评价体系建设，完善从经理层成员到员工的“事业留人、机制留人”制度保障，中层干部管理人员实现竞争上岗、选聘或引进，选强配齐公司管理团队。构建贡献率决定薪酬机制，全面推进薪酬差异化，实施全员季度、年度绩效考核，对科技研发、职能服务、市场开发、生产管理及科技人员分级分类考核；以年度部门经营业绩考核责任书明确部门负责人薪酬标准及部门年度奖金总额。

二是推动部门架构调整，重塑组织功能。北矿机电根据业务分类调整和业绩目标完成情况持续推动各业务机构的撤并和重组。立足科技创新型企业定位，将原有的事业部重新划分为研发部和技术部，分别对应任务导向型经营项目与探索导向型科研项目。立足高端制造企业定位，转变及丰富职能部门功能，将原有的企管部变更为运营部，优化外采流程，强化质量管控，提升售后水平，有力地将市场竞争压力分解疏散，转化为企业核心竞争力。

三是强化内部正向激励，重塑人才活力。北矿机电聚焦核心骨干员工、聚焦关键核心技术人员、聚焦企业家队伍，以增量激励价值导向，打出激励“组合拳”。2023 年优化年度激励方案与实施细则，基本实现重点项目全覆盖，激励覆盖面与深度持续扩大。对技术创新的重点工作岗位实施岗位分红，全方位保障科技领军人才心无旁骛地干事创业，实现公司与员工双赢的同时，助推科技成果市场化进程跑出“加速度”。

三、改革成效

一是科技创新能力增强。创新成果迈出新步伐。北矿机电 2023 年执行纵向科研课题 17 项，其中国家级纵向课题 6 项，1025 专项 2 项；新申请科研项目 10 项。申请专利 38 项，其中发明 21 项，实用新型 12 项，软著 2 项，外观专利 3 项；授权专利 19 项，其中发明专利 11 项，实用新型专利 6 项，软件著作权 2 项。科研成果转化达到新高度。“一种充气式大型浮选机”获得中国专利奖银奖，“有色金属电解熔铸成套智能装备研制及示范应用”入选有色金属2023年十大进展，“铁矿磨前预选超大型高速干选机”获中国有色金属工业科技进步奖二等奖，“石墨矿浮选柱”取得团体标准立项，“细粒硫回收技术”等3项团体标准进入立项备案。另获北京市新技术新产品认定2项，行业科技“领头羊”地位持续巩固。

二是经营业绩改善。2023年共签订销售合同921份、总金额11.32亿元，年度回款7.72亿元，成功运作了29个大型项目，合同额达7.2亿元，合同额增长39%。2023年北矿机电100%中标国内矿山及中资“走出去”100立方米及以上浮选机项目，巩固我国大型浮选机的地位。多型设备产业化应用再上新台阶。搅拌器在亚洲、非洲、美洲、东北欧产业化应用，成果转化内签订合同约2亿元。石墨专用大型“柱机”装备在黑龙江实现首台套示范应用。1860超大型智能湿式磁选机、RTGX系列大型强磁干选机、GCX-7.5×2擦洗机、ϕ2000毫米磁选柱、680/500立方米浮选机等新技术新产品实现了工程转化。

109

深化科技创新体制机制改革
更好实现高水平科技自立自强

北京当升材料科技股份有限公司

一、基本情况

北京当升材料科技股份有限公司（以下简称“当升科技”）起源于中央企业矿冶科技集团有限公司的一个课题组，于2010年在创业板上市。当升科技主营业务为锂离子电池正极材料和智能装备的研发、生产与销售，产品大批量供应韩国三星SDI、LGES、SK on，日本松下、村田、AESC，中国比亚迪、中航锂电、ATL及欧美Northvolt、Tesla等全球主要锂电巨头，广泛应用于电动汽车、储能、消费电子等领域。2020年，当升科技入选国务院国资委“科改企业”，并在专项考核中连续两年获“优秀”评级；2021—2023年先后入选国务院国资委“国有重点企业管理标杆企业”“国有企业公司治理示范企业”“创建世界一流专业领军示范企业”名单。

当升科技勇于创新，敢于领跑，强力支撑国家新能源汽车产业发展战略。公司是中国首家出口国际市场并为国际锂电巨头提供正极材料的企业，首家开发成功车用动力型高镍三元材料并大批量出口国际市场的企业，首家成功开发储能三元材料并大批量出口国际市场的企业，全球首家向欧洲和美国本土动力电池客户供应高镍动力正极材料的企业，自行设计建造了中国首条全自动正极材料生产线，率先设计并建设了国内首座智慧化工厂等，被誉为我国锂电正极材料行业的技术引领者。

二、经验做法

当升科技构建创新平台，完善技术创新激励机制，实现高水平科技自立自强。加强产品技术战略规划和布局，完善科技创新平台建设，创建高效研发模式，完善技术创新体制，优化核心技术知识产权体系建设，持续提升在锂电池核心关键材料领域的自主创新能力和国际竞争力。加强锂电材料关键核心技术攻关，在战略性新兴产业新能源汽车和新材料领域中突破下一代新型电池材料关键技术及产品，提升在新能源汽车动力电池新发展格局中的科技创新力和产业控制力，安全支撑国家新能源汽车发展战略目标。

（一）加强战略性新产品技术规划和布局，突破锂电新材料核心技术，持续引领行业技术发展

当升科技研判技术发展趋势和潜在市场需求，加强战略性锂电关键材料产品技术规划和布局。强化电池材料及其前驱体的前沿性研究和应用研究，对层状高镍多元材料等业务扩大规模、储备升级换代技术，对固态锂电池材料和钠离子电池材料等下一代项目加大研发投入，满足市场对电池材料高能量密度、高安全、低成本的持续需求，培育新的业务增长点。运用新的理论、方法、技术手段加快新产品的开发，不断突破行业共性关键技术瓶颈，形成一系列具有国际竞争力的拳头产品，树立公司在全球锂电正极材料行业的技术引领地位。

（二）对标先进企业，持续提升组织创新效能，打造了具有国际先进水平的锂电材料技术创新平台

当升科技持续完善北京新能源材料研究院在新能源材料和战略性新材料领域的前瞻性理论研究，强化新业务孵化和技术辐射功能。加强工程技

术研究院的生产工艺研究和装备技术开发功能，为产品的工程化提供落地保障。完善技术管理部创新平台建设及项目管理职能，更好发挥各部门融合及协同作用。建设并扩大试制中心和分析测试中心，提升科技成果转化与评价能力。构建了由北京新能源材料研究院、常州锂电新材料研究院、锂电材料工程技术研究院组成的从前瞻性研究到产品化开发及工程转化的覆盖全业务领域、全流程、垂直一体化的技术创新体系。

当升科技开展产、学、研合作，加强与国际顶尖技术研发机构的深度技术合作，强化与供应链上下游优势业务伙伴的技术协同开发。进一步推行 IPD 产品集成开发机制，实行“产品线经理 + 项目经理”制，采用“销研联动、技术先行”策略，以产品开发支撑客户开发、支持市场推广应用，以技术成功带动商业效益最大化。建立以价值创新为导向的知识技能共享平台等信息化项目管理系统，优化 APQP 开发流程，以规范、高效的管理有力推动价值能量迸发、科技创意变现。

（三）构建立体化人才培养模式，完善科技人才考核激励机制，打造锂电行业“梦之队”

当升科技开展常态化能力提升行动，充分激发学习变革热情，重塑科研人员思想观念、思维方式、行为习惯。推动项目经理走向市场，直面客户的高标准严要求，在实战中打磨和提升实战能力，打造了一支由国家百千万人才、国务院政府特殊津贴专家、首都科技领军人才、北京市科技新星、北京市优秀人才等高层次技术人才领衔的具有行业影响力的“创新能力强、工程经验丰富、商业意识敏锐”的研发队伍。完善竞聘上岗机制，不唯学历、不唯资历，大胆启用年轻人才，把优秀青年人才放到重要项目和重要岗位上压担子。完善新品开发考核和激励机制，建立公开、公平、公正的考评体系。进一步完善科研人员任职资格业绩标准和能力标准，持续优化“晋升标准指引、业绩能力兼顾、年度动态调整”职级升降通道。

推进成果转化力度，完善研发人员奖金分配机制。探索科技成果奖励（新技术、专利等）等多种短期和长期激励形式。

（四）优化知识产权管理体系、加强海外知识产权布局，将技术优势转化为市场竞争优势

当升科技完善知识产权管理制度，夯实工作基础，有效打通知识产权创造、保护、运用、维护全流程管理，确保各项知识产权工作高效、有序开展。将知识产权风险防范工作融入研发、生产、经营全过程，排查产品开发全流程风险，追踪竞争对手技术动态，关注行业发展趋势和热点，构筑电池材料关键技术知识产权护城河。综合技术、法律、市场等因素，对知识产权实施分级管理。强化专利挖掘工作，将其贯穿于项目立项、产品开发、工艺开发、试量产、技术服务等全生命周期。加大知识产权布局，聚焦公司战略新品，依托公司技术创新平台和重大科研项目，培育了一批创新程度高、市场竞争力强的原创型、基础型高价值专利，将公司的技术优势转化为市场竞争优势。根据公司发展需求、国际维权能力、竞争对手布局等变化趋势，采用面向全球市场的知识产权策略，以欧洲、美国为主，兼顾韩国、日本，积极开展海外PCT专利布局，为公司核心业务发展壮大保驾护航。

当升科技利用在锂电材料行业的技术领先优势，以国家政策法规为导向，以满足市场需求、指导生产为原则，牵头或参与起草锂离子电池正极材料、固态电池材料和钠离子电池材料等相关产品和测试标准。积极参与已有标准的修订、体系整合工作，提高行业生产和研发技术水平，推动国家新能源汽车、新材料等战略性新兴产业发展。

三、改革成效

当升科技已成长为正极材料全球技术领先企业，先后被认定为国家技术创新示范企业、国家企业技术中心、国家知识产权示范企业和创建世界一流专精特新示范企业，发展成为行业内产品技术和智能制造技术等方面的创新高地和人才高地。

当升科技针对动力及储能用新型电池正极关键材料研发，不断突破行业共性关键技术，围绕“新材料、新体系、新路线”，开发出三元材料、磷酸（锰）铁锂、钠离子电池正极材料、固态锂电材料、富锂锰基和钴酸锂六大材料产品系列，多款产品成为行业的标杆。编制正极材料国家及行业标准等53项，申请专利500余项，其中PCT专利申请30余项，已获国内授权专利200余项，获美国、欧洲、日本、韩国等海外授权专利8项，专利申请量和保有量行业领先，持续引领和带动我国正极材料行业技术进步。率先建成了正极材料行业领先的绿色高效智慧化示范工厂，单吨投资、单线产能、人均产值、单位能耗等多项技术经济指标均处于行业领先水平，产品已大批量供应比亚迪、亿纬锂能、蜂巢能源、中创新航、天津力神、Tesla、Northvolt、LG ES、SK on、AESC等国内外领先电池公司，应用于一汽、东风、长安、广汽、上汽、Tesla等中高端电动汽车。

当升科技依托技术创新发挥了央企在锂电材料产业链的主力军作用，有力地促进了我国新能源动力电池行业的快速发展，并带动了上游矿产资源开发及相关产业的技术进步，实现新能源汽车产业链的稳定可控，强力支撑国家新能源汽车产业安全高质量发展。

110

加强 BIM 核心技术攻关 加快推进建设领域科技自立自强

北京构力科技有限公司

一、基本情况

北京构力科技有限公司（以下简称“构力科技”）是中国建筑科学研究院有限公司（以下简称“中国建研院”）所属三级子公司，是我国建筑行业计算机技术开发应用的最早单位之一，前身为中国建筑科学研究院建筑工程软件研究所，1988 年创立了 PKPM 软件品牌，有 30 多年的发展历程。2017 年 3 月，经国务院国资委批准，整合中国建筑科学研究院所有软件与信息化业务，成立北京构力科技有限公司，为首批国务院国资委国有控股混合所有制企业开展员工持股 10 家试点单位之一。构力科技承担“9 + 6”“工业软件”产业领域 BIM 方向的 15 项任务，以改革深化提升行动为契机，充分发挥科技人才创新创业、科技创新及研发协同等机制作用，激发科技创新活力，加速开展自主可控 BIM 关键核心技术攻关，推动战略性新兴产业发展。

二、经验做法

（一）优化科技人才创新创业机制，激发科技人才创新动力

一是加大内部分配倾斜力度，稳定和激励核心攻关人才。构力科技对

完成关键核心技术攻关任务或关键节点取得重大突破的个人和团队给予特殊奖励。实行预算管理制度，在每年制订薪酬预算时，资源持续向核心科技人才倾斜，充分保障关键核心技术攻关团队预算，对其中的关键骨干员工实行年薪制，近3年科技人员人均收入高于公司整体人均收入约15%。落实科技人才持股方案，截至2023年底，关键核心技术攻关项目团队共164人持股，持股总数364.5万股，占员工持股份额的73%。公司发展与核心员工利益绑定，激发了员工的工作热情和主人翁意识。在攻关工作中，涌现出一批快速成长、能够独当一面的优秀员工，已成为公司的骨干力量。

二是开展创新人才提升行动，加强企业人才梯队建设。聚焦企业转型升级人才需求，构力科技制定《员工职业发展管理办法》，构建科技人才职业发展通道，指导科技人才职业生涯规划。成立人才工作领导小组，发布《"2.0人才工程"实施办法》，打造"两类三层"人才发展体系。2023年公开选拔人才84名，为每名入选人才配备带教导师，签订《一对一培养责任书》。进一步通过收购、战略合作等方式整合外部生态伙伴，形成人才资源的外延拓展。

三是聚集多层次创新人才优势，搭建高质量人才平台。构力科技持续加大人才引进力度，设立院士工作站，将科研工作与企业科技创新需要紧密结合，促进研究成果转化。推进高质量人才培养，作为中组部工程硕博士培养改革专项试点参与单位之一，联合哈尔滨工业大学、华中科技大学，校企联合开展工程硕博士培养，到2025年预计共有超过140人的工程硕博士团队，参与开展国产BIMBase开发与应用研究。联合行业专家建立构力智库，共建共享高效的多向互通平台，促进行业沟通交流与资源共享。

（二）完善科技创新及研发协同体系，推进科技创新与产业融合

一是聚焦行业关键领域，加快“四性”技术突破。构力科技集中开展制约国产 BIM 产业能力提升和产业自主可控的核心技术组件基础性技术攻关，聚焦关系国家安全和国民经济命脉的紧迫性技术突破。基于基础性、紧迫性技术攻关工作，突破前沿性技术，培育颠覆性技术。面向人工智能领域投入研发，开展 AI 技术行业知识图谱研发工作，已完成 AI 能力平台初步搭建；开展工程领域大数据平台关键技术研发、标准体系建设、应用推广工作。

二是深化创新主体协同，形成国内外产学研用合作机制。国内协同方面，构力科技基于 BIM 基础平台，与中交集团、中国中铁、中国铁建、国网经研院等多家央企联合开展研发、课题攻关；与华中科技大学、清华大学等各创新主体合作申报和承担国家重点研发计划项目 4 项，联合多家企业和高校创办了国产 BIM 实训基地达到 100 个；支持国家顶级 BIM 赛事，作为中华人民共和国第二届职业技能大赛“BIM 赛项”唯一设备设施支持单位以赛促建、以赛促用；积极开展与各地政府对接，加快推进新领域业务的科技研发与业务供给，拓展 BIMBase 在各地审图、智能建造、绿色低碳业务领域的应用，推动自主 BIM 技术的落地和产业化应用。国际合作方面，积极与新加坡建屋发展局、建设局开展合作，扩大国产 BIM 技术在国际领域的影响力。

三是创新研发组织，促进原创科技成果转化。2023 年，构力科技牵头战略性新兴产业“工业软件”产业领域 BIM 方向的 15 项任务，携手各工程领域龙头央企开展国产 BIM 生态建设。进行多层次、多方面的技术布局，与国内高水平研发机构、企业开展跨学科跨行业协同技术攻关。基于 BIMBase 基础平台，与建筑、电力、交通等行业龙头企业合作，形成攻用结合的新型研发组织。

四是加速创新要素聚集，着力健全科研制度体系。构力科技建设国家级研发平台，加强既有国家级平台国家建筑工程技术研究中心的运行管理；建设行业共性技术平台，积极申报国家城乡建设科技创新平台，参与申报住建部智能建造工程技术创新中心；建设企业级研发平台，开展“数字化工程实验室”的筹备工作，并将其建设工作纳入2024年度重点工作。提高科研项目预算编制质量与精度，制定完善《科研项目管理办法》《“十四五”国家重点研发计划项目（课题）管理办法》，参照各项目任务书预算内容，统筹协调相关项目日常经费支出，编写和优化重大科研项目预算调整编制方案，深化业财融合。

三、改革成效

一是经营业绩大幅提升。2023年，构力科技各项经济指标均实现了较大增长，全年新签合同总额5.17亿元；公司营业收入6.6亿元，同比增长42%；合同到款5.32亿元，同比增长16%；净利润7365万元，同比增长50%。

二是BIM关键核心技术成果丰硕。构力科技自主研发的BIMBase系统性能和功能已经达到国外技术的80%以上，并获得中国泰尔实验室自主化五星级认证。牵头承担的工信部“自主BIM软件研发与产业化”（201项目）、科技部“十四五”国家重点研发计划项目“支持非线性几何特征建模的建筑信息模型（BIM）平台软件”等国家重点课题，完成BIMBase显示渲染效率和大场景建模的攻关研发，并通过“中国工业互联网研究院工联检测实验室”性能检测，并发布国内首款完全自主知识产权的通用仿真分析引擎PKPM-CAE。截至2023年底，已承担国家级课题21项、部级科研课题38项，主/参编国标、行标40项，获国家科技进步奖2项，华夏建设科技奖20项。

三是持续推动产业发展，服务国家重大工程项目。构力科技支撑建筑、电力、交通等行业数字化转型，支持中交集团发布国内首个全面适配交通领域国产化 BIM 模型数据创建与系统研发的基础平台。支持中国中铁完成软件系统研发、测试，并在高原铁路、成渝中线高铁等重大工程项目中试应用。支持国家能源集团基于 BIM 基础平台底座软件服务首批 5 个工程建设，70 余个应用场景。承接雄安新区、浦东新区、深圳市等多个 BIM 报审项目，已承担全国 18 个省市 BIM 报审应用，已有 3000 多个工程项目通过 BIM 报审，以数字化服务国家重大工程项目，助力数字中国建设。

111

“科改行动”注入创新活力 打造世界一流低碳先锋

建科环能科技有限公司

一、基本情况

建科环能科技有限公司（以下简称“环能科技”）是中国建筑科学研究院有限公司（以下简称“中国建研院”）所属二级子企业。作为首批“科改企业”和“创建世界一流专业领军示范企业”，环能科技以服务国家“双碳”战略为目标，以引领建筑行业技术进步为使命，聚焦近零能耗建筑、零碳建筑、可再生能源建筑应用等建筑环境与能源前沿领域，坚持科技创新引领企业高质量发展，持续提升自主创新能力、激发创新活力，推动企业生产经营、改革发展取得新成效、新突破。

二、经验做法

（一）强化技术引领力，打造“双碳”技术领域战略高地

一是勇挑重担，积极承担国家重大科研项目。环能科技面向国家“双碳”战略实施需要和行业绿色化发展需求，积极承担零碳建筑、建筑光伏系统、可再生能源建筑应用、高效智能围护结构等“双碳”领域国家高级别科研项目，紧抓战略性前瞻性核心研究方向，开展行业所需的共性及公

益性技术研究。近两年成功立项“十四五”国家重点研发计划项目6项、课题15项和子课题40项，省部级科技计划项目15项，着力形成一批综合性、前瞻性、引领性关键技术，推动形成良性的科研与生产互促机制，着力打造建筑“双碳”细分领域冠军。

二是标准引领，构建建筑“双碳”领域标准体系。环能科技积极主导制定国际、国家、行业和团体标准，2023年8月发布我国主导制定的制冷空调领域第一部国际标准，2023年10月发布我国主导制定的照明系统领域的国际标准。承担《零碳建筑技术标准》《建筑碳排放计算标准》《建筑节能与可再生能源利用通用规范》等建筑“双碳”领域核心国家标准的编制任务，为我国构建“双碳”战略“1+N”政策体系提供重要数据来源及技术支撑，完成建筑领域“双碳”战略相关国家和行业技术标准近100项，持续提升细分领域话语权。

三是强化支撑，用好高水平科技创新平台。环能科技充分发挥在建筑环境与能源领域的技术优势，建成以4个国家重点实验室、1个近零能耗建筑国际科技合作基地国家级平台、5个国家级部级检测中心、8个标委会和11个全国学协会二级分会（专委会）、4个国际标准化组织ISO/TC（SC）国内对口单位（联络机构）在内的科技创新平台体系，着力推动先进技术应用和前沿技术探索。建成CABR近零能耗示范楼、未来建筑实验室、光电示范建筑等多个集科研与示范一体的标志性案例，持续开展全尺寸、长时间、真实应用的实验和应用研究，探索建筑领域未来30年的发展路径。

（二）强化战略支撑力，有效支撑国家“双碳”战略实施

一是有效实施战略性新兴产业布局。环能科技开展深部地热能开发与利用领域技术研发，加大未来空间产业深部地热能综合利用技术的研发和投入，积极参与深部“地热+”综合能源利用和连片供暖及梯级利用研究

工作。参与国产工业软件 BIM 方向研发工作，建筑智慧运维技术助力中国建研院 BIMBase 数字工程云成功入选首批中央企业行业领域公有云项目清单。

二是积极开展零碳建筑实践。环能科技以科技研发巩固“双碳”领域的技术引领优势地位，持续引领咨询服务、规划设计、检测认证上下游全产业链技术发展，推动“双碳”细分领域业务发展。开展专项技术攻关，为国家环保部和住建部“双碳”战略技术路线图制定提供重要的数据来源和技术支撑。积极开展央地合作，为地方政府“双碳”目标路线图制定提供全过程服务，全面参与海南博鳌零碳示范区等国内重点“零碳”项目建设，力争以高水平技术实力推动行业和社会实现绿色低碳转型升级。

三是推动战略合作走深走实。环能科技以入选国务院国资委“科改企业”和“创建世界一流专业领军示范企业”为契机，发挥政府智囊作用，强化与国家行业主管部门和地方政府的深度合作。汲取行业优秀经验，积极与中国绿发、华为、中国民航大学、长春市、沈阳市等多行业企业和多地域政府建立“双碳”领域长期稳定合作关系，加快相关资源整合，扎实推动科技成果落地和实施。

（三）充分激发创新力，持续完善公司治理体系

一是完善公司治理体制机制。环能科技持续完善公司治理体系，建立外部董事占多数的规范董事会，制定《董事会议事规则》等配套制度 16 项，理顺各决策机构职责边界，有效落实和维护董事会的各项职权。完善“三重一大”决策机制，构建形成 4 个方向、24 个大类，118 个事项的决策权限，明确 51 项必须经过党委会前置研究讨论的事项，切实发挥党委把方向、管大局、保落实作用。

二是健全市场化经营机制。环能科技全面推行经理层成员、中层干部任期制与契约化管理，签订“两书一协议”。实行干部公开选拔及不胜任

退出，2020 年以来新提拔任用 20 人，免职、降档处理 19 人，实现管理人员“能上能下”常态化。开展全员市场化用工，坚持“评聘分开、逐级晋升”原则，建立 9 级岗位聘任制度，实行“按需设岗、择优聘任、目标考核、聘约管理”的梯级专业技术岗位制度。2020 年以来市场化退出 29 人，内部流动调整 11 人，实现员工“能进能出”。

三是完善多元化激励体系。为提高员工的积极性和创造力，环能科技激励员工积极参与公司的发展，增强企业的整体竞争力，环能科技采用了多元化方式开展中长期激励工作。建立骨干员工股权激励制度，构建员工与企业“共创共享共担”机制，股权激励额占公司总股权的 10%，并自 2021 年起，每年均实现股权分红。建立专项激励制度，针对年度在经营和科研等领域作出重大贡献的部门负责人和员工进行专项激励。构建绩效考核与薪酬激励联动的差异化薪酬机制，突出绩效导向，效益薪酬比例提高至薪酬总额的 60%。采用差异化薪酬与精准激励相结合模式，实现收入“能增能减”，充分调动干部员工谋创新、促发展的热情和干劲，支撑企业高质量发展。

三、改革成效

一是企业经营业绩大幅提升。2023 年，环能科技营业收入总额为 42463 万元，近 3 年平均增幅达到 7.8%；利润总额为 4386 万元，近 3 年平均增幅达到 22.7%；资产负债率实现了持续压降，近 3 年的平均降幅为 -6.8%；研发（R&D）经费投入强度、全员劳动生产率、净资产收益率均达到行业先进水平。

二是人才队伍水平不断提升。环能科技持续提升高水平人才比例，副高级以上人才占比近 40%。以“中国建研院碳中和研究院”“徐伟大师工作室”为依托，为“双碳”人才提供发展平台，打破学历、任职年限、岗位职级等资格限制，优先在科研序列内破格任用或提拔的科技人才。2022年破格任命4名青年科技人才担任碳中和研究院副总工程师，积极探索和构建青年科技人才发展通道。

三是央企责任担当有力彰显。环能科技切实履行央企社会责任，在“双碳”战略、清洁取暖等国家重大战略和部署实施过程中收到国家发改委、环保部、住建部等国家部委、地方政府和行业龙头表彰和感谢近20次，相关工作获得国家、行业和社会的高度认可。

112

立足国家战略强支撑　擦亮大国重器金名片　深化改革提升赋能企业高质量发展

中车青岛四方机车车辆股份有限公司

一、基本情况

中车青岛四方机车车辆股份有限公司（以下简称“中车四方股份公司”）成立于2002年，2019年入选“双百企业”，是中国中车集团有限公司（以下简称“中国中车集团”）核心一级控股子公司，主要从事轨道交通装备的研发、制造和服务，是国内高速列车品种最全、质量最优、安全运营里程最长的企业，国内市场占有率42%，产品出口海外25个国家和地区。自主研制的“复兴号”动车组实现时速350公里运营，达到世界高铁商业运营最高速度，设计制造的雅万高铁（雅加达—万隆）上线载客，实现中国高铁首次走出国门。2023年，中车四方股份公司以改革深化提升行动为总抓手，积极服务国家战略，提升科技创新能力，加快转型升级，赋能企业高质量发展，2023年净利润25.32亿元，同比增长10.37%，改革红利持续释放。

二、经验做法

中车四方股份公司深入学习贯彻习近平总书记“2·26”重要批示精

神，落实国务院国资委关于国有企业改革深化提升行动工作部署，以做强做优做大国有企业为总目标，围绕增强核心功能和提高核心竞争力，深入实施改革深化提升行动，充分发挥在建设现代化产业体系、构建新发展格局中的科技创新、产业控制和安全支撑作用，奋力开创国企改革新局面。

（一）聚焦服务国家战略安全，着力增强战略支撑托底能力

中车四方股份公司着力支撑国家战略，强化重点领域保障，积极发挥服务经济社会发展国家队保障作用。

一是落实“一带一路”倡议，加快推进中国高铁“走出去”。中车四方股份公司秉承“连接世界，造福人类”使命，积极参与共建雅万高铁、中老铁路等“一带一路”项目，列车设计制造依托先进成熟的“复兴号”技术平台，适应当地复杂运营环境，融合本土文化“量身定制”。构建“一体化推进、全方位协同、标准化执行”运维保障体系，打造金牌服务范本。建成雅万高铁科普文化交流基地，搭建两国民心相通文化桥梁。2023年，雅万高铁开通运营，习近平总书记高度评价“雅万高铁是中印尼共建‘一带一路’合作的‘金字招牌’”。中老铁路开通运营两周年，累计发送旅客2420万人次，成为老挝人民出行首选。

二是支撑“交通强国”战略，做现代化交通运输体系建设“排头兵”。中车四方股份公司以产品商品化、系统工程化、项目产业化为目标，加快推进CR450动车组、新一代智慧城轨地铁等客运装备技术研究及产品研制，不断完善产品谱系。着力推动时速600公里高速磁浮系统工程化应用，加快成果转化。2023年，搭载着CR450新技术部件的试验列车跑出单列时速453公里的新速度，CR450动车组研制取得阶段性成果。

三是夯实“质量强国”战略，筑牢轨道交通安全“压舱石”。中车四方股份公司“技术创新＋管理创新”双元并重，加快质量技术创新应用，推进质量管理数字化赋能，实现全链条管理数据互联互通，质量体系覆盖

800余家供应商。深化质量管理对标达标和管理提升，坚决守住质量安全生命线，动车组故障率持续保持行业最低。2023年，在已获我国首例IRIS（国际铁路行业标准）最高等级“金级”认证基础上，以新高分数再获I-RIS“金级”认证，质量管理达到国际领先水平，帮扶40余家供应商获得IRIS“银级”认证，带动全产业链质量管理品质提升。

（二）矢志高水平自立自强，加快提升科技创新能力

习近平总书记指出：“高铁是我国自主创新成功的范例”，中车四方股份公司作为中国高铁装备制造企业，始终把科技创新作为引领改革发展第一动力，从技术引领和需求牵引双向发力，打好科技创新攻坚战。

一是推动创新技术精研走深。中车四方股份公司持续加大研发投入，每年研发经费投入在15亿元以上，前瞻性技术投入占科研投入达15%。大力推进CR450科技创新工程、川藏铁路装备工程等重大科研项目攻关，加强时速600公里高速磁浮关键核心技术攻关和升级，在前沿和战略重点领域推出一批原创技术成果。加快推进国产化轴承、芯片等“卡脖子”项目验证，保障国家轨道交通产业链自主可控。聚焦市场需求，积极推进中低运量列车研制和应用。

二是促进创新生态开放协同。中车四方股份公司主动向创新主导者转型，联合产业链上下游优势单位、创新先进主体，组建多样的创新战略联盟，以开展开放课题、合作研发等形式，积极承接国家重大科研任务，构建以政府为主导，用户需求为牵引，企业为主体，高校、科研院所多方协同的“政产学研用”开放式协同创新生态，2023年新增2个国家级创新平台。深入挖掘海外研发中心资源汇聚和“桥头堡”优势，多渠道开展联合研发和成果共享，实现“国外研发、国内落地”。

三是加强创新人才聚智鼎新。中车四方股份公司深化战略导向、业务驱动、精准高效的科技创新人才队伍建设，聚焦高速磁浮等企业发展紧缺

专业，充分发挥国内外创新平台资源、政策优势，不断吸引高层次人才。积极开展岗位分红等中长期激励方式，工资分配向作出突出贡献的科技人才倾斜，打通人才培养、激励、晋升通道，确保高层次人才“引得来，留得住”。2023 年，引进国内外一流大学优质人才 12 人，实现中长期激励覆盖核心技术骨干 1100 余人。

（三）注入产业优化新动能，加速推进数字化转型升级

中车四方股份公司贯彻习近平总书记“加快发展新质生产力，扎实推进高质量发展”指示要求，聚焦数字化转型和产业数字化，搭建供应链、技术链、智造链、服务链“四链一体”的轨道交通装备产业生态协同“智造”模式，驱动运营效率提升。

一是数字化项目助力提能增效。中车四方股份公司聚焦项目全寿命周期，建立平衡矩阵式项目管理模式，打造数字化项目管理平台，实现“端到端”业务流程驱动，平衡配置项目和职能管理资源，有效指导各项目最小投入、最大产出。平台基于模型识别风险、超前预警，精准规避风险数量大幅提升。

二是数字化工厂赋能智能制造。针对行业离散制造特点，中车四方股份公司聚焦作业单元的组合、平衡、分析和改善，通过技术革命、管理提效等手段降低制造成本、提高效率。推进产线智能化改造，推动设备上云，实现系统互联互通；供应链产能信息共享、物流信息联动，有效提升供货及时率。建成生产指挥中心，建立模拟生产及配送预测模型，实现制造资源有效协同。2023 年建成 1 个数字化车间、4 条智能化产线。

三是数字化列车打造卓越产品。中车四方股份公司融合云计算、大数据、5G 等新技术，从智能行车、智能服务、智能运维 3 个方面构建智能列车技术平台，研制面向全球、涵盖不同速度等级的智能产品。借助大数据技术构建面向产品运维检修、配件供给、健康管理等场景的数字化金牌服务体系，实现从提供“产品”向提供“产品 + 服务”转变。2023 年自主研制的新型城际市域智能列车 CINOVA2. 0 发布，实现从行车、旅服到运维全运用场景智能化。

三、改革成效

实施改革深化提升行动以来，中车四方股份公司在发展新质生产力、增强服务国家战略、加快建设世界一流企业方面取得明显成效，不断推动企业高质量发展。

一是科技创新蹄疾步稳。2023 年，我国首列商用悬挂式单轨列车“光子号”在武汉光谷投入运营，标志着我国空轨列车首次实现商业化应用。公司成立高速磁浮领域唯一的高速磁浮运载技术全国重点实验室，打造我国高速磁浮应用基础和前沿技术研究中心。获批设立行业首个国家标准验证点，主持发布国际标准 1 项、国家行业标准 5 项，新增海外专利 115 件，技术话语权进一步提高。

二是数字化转型赋能显著。2023 年，公司通过数据管理能力成熟度评估模型（DCMM）3 级评估，数据管理能力持续提升。工业化与信息化深度融合，两化融合发展指数达到 96. 48。入选工信部国家特色专业型工业互联网平台，打造制造型央企数字化转型典范。

三是经营质量稳步攀升。通过改革赋能，在高盈利产品规模下降的情况下，企业经营实现“一利稳定增长、五率持续优化”。2023 年，净资产收益率同比提高 5. 51% 、全员劳动生产率同比增长 5. 79% 、营业现金比率大幅提升，价值创造能力不断加强，正在向世界一流企业奋力迈进。

113

勇担国家使命　深化改革创新
为中国能源变革提供“芯”动力

株洲中车时代电气股份有限公司

一、基本情况

株洲中车时代电气股份有限公司（以下简称“中车时代电气”）是中国中车集团有限公司（以下简称“中国中车集团”）控股、管理层级为三级的“A+H”上市公司，成立于2005年，主要从事轨道交通车辆“心脏”牵引传动系统和“大脑”控制系统的自主研发及产业化。2023年，中车时代电气相继入选国务院国资委“创建世界一流专业领军示范企业”名单及“科改企业”名单。公司聚焦服务国家战略，在“卡脖子”地方下功夫，2008年收购功率半导体产品独立供应商英国Dynex公司，2019年完成半导体产业公司化改制，设立株洲中车时代半导体有限公司（以下简称“中车时代半导体)”。通过吸收整合再创新，成为国际上为数不多的同时掌握IGBT（绝缘栅双极型晶体管)、SiC（碳化硅）器件、大功率晶闸管、IGCT（集成门极换流晶闸管）及其组件技术的IDM（垂直整合制造）企业，拥有“芯片—模块—测试—应用完”整产业链，着力解决了高速列车IGBT功率芯片“卡脖子”问题，保障国家轨道交通产业链安全。2023年中车时代电气实现营业收入215.5亿元（财务快报数）近两年年均增长率超过19%，近2年归母净利润年均增长率23%。

二、经验做法

中车时代电气深入学习贯彻习近平总书记关于国有企业改革发展和党的建设重要论述，贯彻落实国务院国资委关于国有企业改革深化提升行动工作部署，以改革深化提升行动方案为总抓手，系统集成推进功能使命和机制体制两类改革任务落实落地，实现半导体产业高质量发展。

（一）勇担国家使命，提升安全支撑力

功率半导体是电力电子装置实现电力转换及控制的核心器件，被誉为“工业皇冠上的明珠”。中车时代电气以推动中国功率半导体产业发展为己任，坚守央企担当，久久为功发展半导体产业。

一是坚持自力更生展现使命担当。中车时代电气早在1964年开始研究大功率半导体技术，1978年研制出国内第一只大功率可控硅晶闸管，韶山2号机车电力机车首次用上中国“芯”。在后续近50年的发展历程中，公司又先后生产出了全国第一只3英寸晶闸管、4英寸全压接器件、6英寸双极器件、8英寸IGBT晶圆、6英寸SiC等产品，引领国内功率半导体产业的发展。

二是高水平跨国并购促进业务裂变。2008年，为解决中国高压大电流IGBT全部依赖进口，技术发展受制于人的窘境，中车时代电气抓住欧债危机的契机，成功低价收购英国Dynex公司，填补国内高端IGBT产品的空白，通过双方研发力量有效整合和配置，全面提升了我国IGBT产品的研发和技术整体能力，建立了自主芯片与封装技术体系，推动时代半导体成为了国产功率半导体芯片和模块研发与产业化领军企业。

三是坚持长期主义服务国家战略。功率半导体作为技术密集、资金密集和人才密集型行业，前期投入大，回报周期长，投资风险大。截至2020

年8英寸IGBT二期项目完成建设后，中车时代电气对时代半导体公司的投资已累计超60亿元，持续处于战略亏损期，并于2010年建成国内首条IGBT封装线、2014年建成国内首条8英寸IGBT芯片线。2023年，贯彻落实习国务院国资委加快布局发展战略性新兴产业专项工作部署，中国中车集团实施成立以来最大一笔投资项目，投资111亿元兴建宜兴和株洲两个中低压功率半导体器件产业化建设项目，形成了目前以株洲为大本营，广州、武汉、宜兴及英国林肯为辐射点的全球制造布局。

（二）坚持自主可控，提升科技创新力

中车时代电气始终坚持创新在企业改革发展中的核心地位，通过持续技术创新不断提升半导体产业的核心竞争力。

一是持续加大研发投入。近3年，中车时代半导体公司研发投入强度保持在15%以上，远远高于行业平均水平，解决了高速列车IGBT功率芯片等“卡脖子”问题，保障国家轨道交通产业链自主可控。同时大力引进高精尖技术人才，近2年专业从事产品和技术研发的人员新增37%，研发人员总人数已达240人，占员工总数的20%以上。

二是深化科技创新管理机制改革。贯彻中国中车集团“两纵两横一贯通”（“两纵”是优化技术研究体系和强化产品研发体系、“两横”是建立完善协同创新机制和构建技术市场化交易机制、“一贯通”是建设科技创新评价体系）的科技创新体系，中车时代电气构建了“量产一代、研发一代、预研一代”的研发模式，不断推进核心技术的迭代升级。IGBT第七代芯片已实现量产，达到国际先进水平，正在对第八代RCMOS逆导技术进行研发，并布局对第九代超结IGBT。第四代精细沟槽栅SiC技术已完成关键工艺开发，预计2025年看齐国际头部企业，并全方位布局第五代超精细沟槽栅技术。

三是持续推动全球化开放式创新平台建设。中车时代电气依托功率半导体与集成技术全国重点实验室、湖南省功率半导体创新中心、英国林肯研发中心，以及在国内与国家电网、南方电网、中科院、电子科大、浙江大学、国防科大，在海外与剑桥大学、诺丁汉大学、华威大学、GE 建立合作伙伴关系，形成了基础理论和前沿技术研究、对外开放合作的全球协同创新平台。

（三）坚持系统思维，提升改革创造力

以“2025 年成为全球知名功率半导体企业，2030 年致力于进入全球功率半导体世界前三强”战略目标为引领，中车时代电气坚持市场化改革方向，强化顶层设计，“三步走”推进体制机制改革和功能使命改革，全面激发半导体产业发展新动能。

一是 2021 年实施员工持股。2021 年 9 月中车时代电气对 264 名骨干员工实施首期员工股权激励，其中科研人员 208 人，占比 78.79%，有效解决株洲区位劣势和竞争对手对半导体高端人才的“定向狙击”。实施以后，核心员工离职率由 2020 年 6.3% 降低至 2022 年的 0.76%，员工持股发挥了科技人才引留和激励作用，促进了半导体产业高速发展。

二是 2022 年实施内部资产重组。中车时代电气将所属 IGBT 二期生产线注入中车时代半导体公司，并对英国 Dynex 进行资产重组，全面解决公司内部同业竞争和关联交易问题。

三是 2023 年实施引战和员工持股。中车时代电气贯彻落实《中国中车推动“专精特新”企业 IPO 三年行动计划（2022—2024 年）》，实施增资扩股项目引进战略投资者，获得广大投资者热情“追捧”。中车时代电气按照产业、技术、市场三协同原则，遴选了 29 家“三高”战略投资者，融资金额超 46 亿元，为公司各产业板块带来超 180 亿元规模的订单，并通过在技术研发、成果转化与应用等方面的合作，持续提升了中车时代半导体公司的科技创新能力。积极推进第二期员工持股计划，绑定和激励 81 名半导体产业核心员工，其中技术人员 69 人，占持股人员总数比为 82.14%，持续为企业持续发展注入新活力。“三步走”改革方案形成了体制机制改革和功能使命性改革相互促进，推动半导体产业高质量发展。

三、改革成效

一是经营业绩持续攀高。2022 年，中车时代半导体实现营业收入 22.75 亿元、2023 年营业收入突破 30 亿元大关，近 3 年营收复合增长率保持在 60% 以上，2023 年度净利润比 2021 年增长了 8 倍。

二是筑牢技术领先护城河。通过持续的研发资源投入及技术创新，中车时代半导体先后承担了 30 余项国家及省部级重大项目，获得境内专利权 328 项，其中发明专利 294 项，荣获国家技术发明奖二等奖 1 项，国家科技进步奖二等奖 1 项，整体技术水平处于国内领先国际先进。

三是安全支撑作用有效发挥。中车时代电气通过国产化功率半导体器件带动高端装备的升级，规避了国外势力对我国高新技术产品封锁的潜在风险，有效支撑国家战略安全。在轨道交通领域已全面解决核心器件受制于人的问题，并占据国内 40% 以上的市场份额，产品可靠性与国际巨头处于同一水平。在智能电网领域，已实现智能电网核心器件技术自主可控并占据国内约 50% 的市场份额。乘用车 IGBT 产品对标国际一流，在新能源汽车等关键领域的国产化率已达到 60% 以上，并在高端工业和新能源广泛应用，持续为能源行业变革贡献核“芯”力量。

114

全面实施数字化转型　加快推动高质量发展

北京铁路信号有限公司

一、基本情况

北京铁路信号有限公司（以下简称“北信公司”）是中国铁路通信信号集团有限公司（以下简称“中国通号”）全资控股三级企业，隶属于北京全路通信信号研究设计院集团有限公司，注册资金6.5亿元人民币，是集科技研发、生产制造、产品销售、技术服务于一体的铁路信号专用设备和轨道交通信号控制设备专业公司。北信公司拥有国内领先的电子加工制造基地，高可靠性高安全性的产品技术，专业化的人员队伍和全生命周期的质量安全管控体系，具备生产制造中国铁路CTCS0-3级全系列列控系统设备的实力，核心产品市场占有率始终保持同行领先水平。

国企改革深化提升行动以来，北信公司全面对标世界一流企业，牢牢把握数字化转型发展机遇，将数字化转型作为利当前、惠长远的发展战略加紧推动落实，推动信息化、精益化、智能化建设贯穿生产制造全过程，数字化水平大幅提升，企业智能制造能力成熟度水平显著提升，先后获评“制造业与互联网融合发展试点示范企业”“北京市智能制造标杆企业（数字化车间）”，有效发挥企业在轨道交通控制装备领域智能制造的示范引领效应。

二、经验做法

北信公司以“ZPW-2000A轨道电路产品电子装联智能制造示范线建设项目”立项为契机，率先打造中国通号首批智能制造示范线，着力提升生产制造能力和核心竞争力。数字化车间通过网络架构提供稳定的数据传输方式，切实保障数字化设备的信息传输安全，为数据的采集、传输、汇总、分析提供必要的网络基础。通过系统架构提供完备的理论基础，依托信息化数据资源，垂直整合业务关系，形成完善的业务服务系统。

（一）锚定建设目标，构建数字化车间总体框架

一是以信息化建设为抓手，实现多项业务互联互通。开展“信息化升级”专项行动，结合北信公司生产经营管理模式及转型升级发展策略，构建以ERP系统为核心、辐射主数据系统（MDM）、全生命周期管理系统（PLM）、制造执行系统（MES）、办公自动化系统（OA）和故障报告分析及纠正措施系统（FRACAS）的信息化系统框架，打通产品研发、工艺设计、测试验证、生产制造、运维服务、采购管理等各环节的数据信息流，实现了制造过程无纸化、生产设备网络化、生产数据可视化、生产过程透明化、沟通协同在线化。

二是以精益化理念为牵引，打造动态平衡生产布局。在精益管理理念的引领下，北信公司先后对电子加工中心进行了工艺布局及物流的优化调整。通过数字建模，采用仿真技术验证工艺布局和物流实施的效果。围绕传统核心制造业务，打造适合信号产品生产特点的柔性模式精益生产布局。开展实施物流规划、建设，划分物流功能区域、优化物流业务流程，打造产品动线、仓储物流高度平衡的物流体系，合理平衡产品周转、上线和测试。

三是以智能装备应用为路径，实现生产设备精细管理。北信公司引进

应用智能料仓、自动涂覆生产线、自动插件机、全制程生产组装测试产线等自动化、智能化装备，开展生产设备数字化升级，围绕设备档案管理、设备保养管理、设备维修管理、设备运行动态、设备鉴定管理、设备效能分析、备品备件管理七大功能模块发力，实现设备与信息管理系统接口对接和设备关键数据的读取，对设备进行健康指标的监控和设备运行及预防性维护提供支持，对设备的运行稼动率及运行状况进行实时监控，实现设备的精细化管理。

（二）建设优秀场景，夯实数字化车间建设基础

一是定制柔性组装生产线。北信公司围绕传统核心制造业务，打造适合信号产品“多品种、小批量”生产特点的柔性模式精益生产布局，致力于“智”造通号精品。目前已建成适用于发送器、接收器等单盒类产品加工生产的柔性组装生产线，实现对现有单盒类产品手工组装生产作业方式的优化和调整，最大限度实现人机协同。单盒柔性组装生产线的应用大幅提高了产品质量、提升人员调配灵活度、降低生产成本、降低员工劳动强度，实现了生产过程可监控与产品的可追溯。

二是定制智能化物料管理。北信公司针对贴片库不同种类、不同型号的物料进行顶层设计，采用自动化、智能化手段进行定制管理。在综合考虑存储环境、湿敏管控、包装类别、库存当量、防静电要求、安全要求的情况下，实现贴片物料存、检、发的全流程自动化、智能化。通过库存管理系统与生产管理系统的联动，全面打通仓储物流和生产作业间的业务通路，实现物料配发管理集中化、精准化、智能化。

（三）凸显建设成果，发挥数字化车间效能

一是加强数字化质量管控，提升质量管理能力。北信公司深入实施MES系统，在SMT生产线、波峰焊线、手工补焊、水清洗、ICT测试、整机装配等生产过程关键工序增设扫码环节，实时记录各工序产品质量数

据，有效突破质量管控能力的局限性和分散性问题，实现产品信息追溯全覆盖，切实提高产品的质量全面管控能力。建立数字化质量控制体系和产品追溯管理系统，解决产品进货检验、生产过程检验、最终检验、包装检验的工艺规范、检验检测技术、质量要求碎片化问题，实现质量问题多维度、正向和反向查询功能。建立质量品控要素数字化管控体系，形成产品质量数据档案和大数据库，实现生产过程和质量检验过程人、机、料、法、环、测各方面的质量品控数字化管控、精细化管理。

二是建成生产调度指挥中心，实现生产过程数字化管控。北信公司建设生产调度指挥中心，实现生产集中调度指挥与产线看板相结合的双重管理指挥机制。建立覆盖生产计划执行、物流状态监控、生产进度监控、质量监控、安灯报警、环境监控、设备运行监控系统，实现生产车间透明可视，提高整体生产效率和运营效率，实现数字化生产管理。

三、改革成效

北信公司通过融合数字化资源实现对生产制造要素和生产过程的有效监管，通过加大先进设备投资力度实现生产装备智能化提升，产品产业化设计周期缩短25%、产品生产制造交付周期缩短15%、质量追溯实现100%全覆盖、一次交检合格率达到99.5%、生产浪费减少20%。2023年，北信公司全年新签合同额182892万元，同比增幅24.21%；实现营业收入154647万元，同比增幅37.18%；完成利润总额21704万元，同比增幅20.18%，生产经营活力效率进一步提升。下一步，北信公司将围绕园区功能定位和产线布局，持续加大对生产制造关键环节智能化、数字化升级改造，发挥产研协同优势，形成高端电子产品智能化、规模化生产能力，把企业建设成为以轨道交通控制系统核心装备制造为特色、辐射至其他相关品类产品的国内知名的高端智能制造与服务基地。

115

扎实开展提高上市公司质量工作 推动企业实现高质量发展

中铁高新工业股份有限公司

一、基本情况

中铁高新工业股份有限公司（以下简称“中铁工业”）是中国中铁股份有限公司（以下简称“中国中铁”）所属二级控股上市公司，2017 年初完成重组并在上海证券交易所更名上市，成为 A 股主板市场唯一主营轨道交通及地下掘进高端装备的上市公司，目前中国中铁持股占比 49.13%，社会公众持股占比 50.87%。作为习近平总书记“三个转变”重要指示首倡地、中央企业最早党组织诞生地、“中国品牌日”发源地和大国重器原创技术策源地，中铁工业牢记初心使命，提升自主创新能力，深入推进改革提升，推动企业转型升级，业务范围涵盖隧道掘进设备、铁路道岔、钢桥梁、施工机械、新型轨道交通车辆、高端环保装备等，其中全断面隧道掘进机、架桥机、道岔、桥梁用钢铁结构 4 项主营产品全部被工信部认定为制造业单项冠军。

二、经验做法

中铁工业深入贯彻落实国务院国资委提高上市公司质量工作部署要

求，强化组织保障，定期开展督导，稳步推进各项工作走深走实，助力企业实现高质量发展。在提高上市公司质量中期督导评价中位列中国中铁系统第一。

（一）加强顶层设计，聚焦主责主业，积极发挥上市平台功能

一是高质量修编发展规划。中铁工业实施企业“十四五”发展规划中期评估及修编工作，进一步完善了定位准确、边界清晰、功能互补、有机衔接的规划体系，为企业高质量发展提供了行动指南。

二是聚焦主业优化资源配置。中铁工业进一步明确了子分公司发展定位和产业发展方向，按照“一企一业”原则将主业相近的中铁重工和中铁钢构进行合并重组，实现了企业布局优化和资源整合，减少了企业内部竞争。

三是积极探索开展资本运作。中铁工业探索开展资本运作，系统研究了各类市值管理举措的政策要求和相关案例，形成了资本运作可行性分析报告。拓宽融资渠道，紧密依托公司高新技术企业、研发实力强的特点，创新开展“科创”属性债券发行，2023 年成功发行可续期公司债券 12 亿元。

（二）坚持依法合规，规范公司运作，持续提升公司治理效能

一是持续规范公司治理。中铁工业持续修订完善以公司章程为基础、议事规则为主体、配套制度为支撑的治理制度体系，为各治理主体规范高效履职行权提供了支撑。加强治理主体建设，在董事会层面创新性设立科技创新委员会，加强董事会对科技创新工作的领导。强化独立董事履职支持服务，通过开展调研、会前汇报、定期提供简报、购买董责险，加强履职支撑。以委派外部董事监事为纽带，持续加强治理型管控，提升母子公司治理协同水平。

二是提升信息披露质量。中铁工业持续完善自愿性信息披露内容，结合行业特性，在重大合同签约公告中新增季度经营信息，多角度挖掘投资者关注热点，及时回应市场关切。严格做好内幕信息知情人登记管理工作，确保不发生内幕信息泄露事件。

三是持续加强风险管理。中铁工业全面推广法律合规信息系统，实现了法律合规重点工作全面“线上化”。发布合规管理手册，带动企业全员依法合规从业。组织开展少数股东权益增长方式、参股投资效益情况、基础设施投资项目运营情况专项审计调查，有效防控企业发展风险。

（三）坚持创新驱动，提升竞争实力，增强企业内生发展动力

一是实施科研体系变革。中铁工业对规划设计研究总院进行了优化重组，初步构建了两级研发体系。科技创效导向，创效类考核指标占比超过 50%。

二是持续完善科研管理流程。中铁工业融合 IPD 理念，修订公司科研立项和项目开发管理制度，坚持“实用 + 价值”导向，部署产品及产业技术开发项目近 30 项。

三是开展关键核心技术攻关。中铁工业围绕产业链布局创新链，务实推进“1025”二期任务，稳步实施 BIM 专项行动，成功攻克多项关键核心技术和“卡脖子”难题。

四是持续推进数智升级。中铁工业生产信息系统、数智升级信息系统应用覆盖面进一步扩大，创新研究盾构 ATO 控制系统、湿喷台车智慧路径规划系统、钢桥梁 iBIM 系统和生产指挥中心等核心技术，产品智能化和生产智能化水平实现新提升，数字化赋能业务、管理、产品能力不断增强。

（四）积极沟通交流，增进市场认同，持续推动公司价值实现

一是构建立体投资者关系管理格局。中铁工业坚持“走出去”和“请进来”并重、“广泛沟通”和“精准推介”相结合的投资者沟通策略，与控股股东联合举办“智能建造 +”反向路演，通过召开定期报告业绩电话说明会，主动向主要股东推介公司业绩和生产经营成果，增强持股信心。加强与行业首席分析师针对性交流，对不同投资机构进行“画像”，做到针对性沟通。通过业绩电话说明会、接待投资者调研、业绩路演、参加策略会等方式多层次做好与机构投资者交流沟通。依托上证路演中心、上证E互动、投资者热线等平台加强与中小投资者的互动。

二是扎实推进市值管理工作。中铁工业加强公司业绩解读传播，把握大事开展资本市场传播，增进投资者对公司的关注和信心。持续加强公司与大盘、可比公司的股价监测分析，形成了日分析、周总结、月报告、专项报告、股东名册分析等多层次对标分析体系。定期征集资本市场意见建议，及时、准确了解资本市场动态。

三、改革成效

一是发展质量不断提高。2023年，中铁工业完成新签合同额520.12亿元，同比增长1.12%，其中完成海外新签合同额30.71亿元，同比增长8.24%；“第二曲线”项目新签合同额同比实现较大增长，海外经营量质齐升，创历史新高，盾构/TBM产销量连续7年世界第一，全面完成年度经营任务。截至2023年三季度，营业收入、净利润实现稳步增长，效益效率类、研发投入类指标全面领先可比上市公司平均水平，企业发展质量稳步提升。

二是科技创新保持领先。中铁工业首创世界首台硬岩泥水平衡顶盾机、“暗井掘进机机械法”等新产品新工法，满足了绿色化、集约化建造需求。迭代开发多项成套技术，支撑实现业绩新增长。创新研究盾构ATO控制系统、湿喷台车智慧路径规划系统、钢桥梁iBIM系统和生产指挥中心等核心技术，产品智能化和生产智能化水平实现新提升。盾构创新研发团队被党中央、国务院授予“国家卓越工程师团队”。

三是市值管理工作取得新成效。中铁工业信息披露工作2023年连续6年获评上交所A级评价。2023年披露首份ESG报告，提前1年完成国务院国资委部署要求。中铁工业入选“中证国新央企ESG成长100指数”成分股，并荣获中上协ESG优秀实践案例等6项奖项，第三方ESG评级机构给予的评级结果良好。市场关注度显著提升，截至2023年末，中铁工业年股价变动率高于同行业可比上市公司平均水平10个百分点。

116

"五链"联动推进专家队伍建设 着力打造高新技术企业人才高地

中铁二院工程集团有限责任公司

一、基本情况

中铁二院工程集团有限责任公司（以下简称"中铁二院"）成立于1952年，是中国中铁股份有限公司（以下简称"中国中铁"）全资子公司，是国内大型综合性勘察设计企业和中国轨道交通行业的领军企业，2次获得国家科技进步最高奖，4次荣膺全球菲迪克杰出工程项目奖。中铁二院业务范围涵盖规划、勘察设计、咨询、监理、产品产业化、工程总承包等基本建设全过程服务，横跨铁路、城市轨道交通、公路、市政、港口码头、民航机场、生态环境等多个领域。2018年，中铁二院入选首批"双百企业"名单，2022年获评"双百"标杆企业。

作为人才密集型的高新技术企业，中铁二院深知人才是创新之核、发展之要、强企之基，长期以来高度重视塔尖人才培养，坚持把专家人才作为推动企业高质量发展的第一资源。按照国企改革深化提升行动关于加快建设科技创新国家战略人才力量的有关部署要求，中铁二院着力构建政策链、载体链、交流链、服务链和责任链"五链"建设格局，扎实推进专家人才培养工作。

二、经验做法

（一）构建“政策链”，迸发专家队伍生命力

一是建立“四级专家”选拔制度。中铁二院构建以院士大师为核心、国家级专家为关键、省部（股份）级专家为重点、集团公司级专家为基础的“四级阶梯选拔培养体系”，各级专家从下一层级专家中进行选拔，筑牢“金字塔”型健康形态的四级专家人才梯队。

二是建立后备人选培养制度。中铁二院建立院士大师等塔尖人才后备人选选拔与培养制度，各生产单位建立其他层级专家后备人选选拔与培养制度，采用“分级分责、一人一策”方式，高效协同培养后备人才，为专家人才培养提供源泉活水。

三是创新开展专项人才计划。中铁二院打造“总师品牌”计划，选拔年轻总体性人才，通过“压担子、铺路子”等多种举措，为人才脱颖而出开辟“绿色通道”，促进人才快速成长。实施“五四团队”建设工程，建立桥梁、隧道、总体、勘察、站后 5 个“塔尖专家”工作团队，每个团队配备 4 名工作人员，由公司领导担任班长，申报人选、阶梯后备人选及业务骨干任队员，深度参与“塔尖专家”培养过程中业绩积累、外部汇报等全流程工作，传承“塔尖专家”技术沉淀、经验与心得，确保人才培养的传承和延续。

（二）搭建“载体链”，夯实专家队伍硬实力

一是搭建平台吸引专家人才。中铁二院通过自主建设、联合开发、企地合作、产学研协同多种方式搭建了包括四川省专家工作站、博士后工作站，磁浮中心、数字轨道交通实验室、陆地交通地质灾害防治国家实验室等 10 余个高新技术平台，充分发挥平台对高层次人才的虹吸作用，以灵活的方式吸引高适用、高匹配人才进入平台工作。

二是以平台为载体培养专家人才。中铁二院依托国家级企业技术中心、数字轨道交通研究中心、磁浮中心等平台，充分发挥科研平台人才“引育”功能，结合重大项目开展科学研究，打造高水平创新团队。

三是以项目为载体培养专家人才。中铁二院以项目带动培养，依托国家重点项目培养人才，加强顶层设计，有意识、有组织的将重点人选安排到川藏铁路、成渝中线等重大项目中，主持科技攻关，申报重大奖项，参与重要标准、专著的编制，发表有价值的学术论文或论著。在经费、人力等方面给予有力支持和保障，确保取得更多重大科研成果。

（三）疏通“交流链”，构筑人才培育大平台

一是“请进来”交流。中铁二院通过创办“交子技术大讲堂”以及高层次学术交流论坛，借助公司与知名院校及科研机构紧密的产学研合作关系，邀请院士、大师、高校知名教授及业内专家等，到公司开展高新、前沿技术培训，不断提升公司行业影响力。

二是“走出去”交流。中铁二院推荐有培养潜力的后备人才在高端学术论坛作报告，有针对性地通过新闻媒体、微信公众号等途径对后备人选的业绩进行宣传，积极向各级主管部门和领导汇报中铁二院的重大工程项目以及重点人选业绩情况，多途径提升中铁二院及后备人选的行业影响力。

三是“内部学”交流。依托大师、专家的创新引领作用，中铁二院创办了35个大师、专家工作室，将有培养潜力的人才纳入工作室，并创新开展“名师带徒”，由大师、专家、副总工担任导师，传承技术经验，不断增强人才本领。

（四）完善“服务链”，促进人才培养大协同

一是专家申报前，制定“一人一策”专项培养方案。中铁二院坚持“对标专家条件”，对获评专家的获奖、论文、专著、专利等业绩深入开展统计研究，分类建立“量化业绩标准”。严格对照量化业绩标准，按照“缺什么、补什么”的原则，为相关后备人选制定“一人一策”的个性化培养方案，同时坚持“严格评估，动态调整”，每年对培养方案中的目标内容进行调整。

二是专家申报中，成立“一人三班”专项工作组。中铁二院为申报人组建申报材料编写专班，选拔优秀骨干菁英担任成员，负责申报材料编写。成立专项材料审查专班，公司相关职能部门负责人及副总工担任成员，实施材料“三审制度”，材料审查专班初审、复审，集团公司领导终审，不断提升申报材料质量。组建外部专家咨询专班，邀请行业内相关专业知名专家对申报材料进行最终把关，进一步抓准申报要点。

三是专家获评后，建立人才服务保障机制。中铁二院建立以专家津贴、岗位职业发展通道为核心内容的激励机制，给予专家物质保障。通过开展春节期间走访慰问高层次人才等活动，切实解决人才反映强烈的实际问题，及时解决专家各项后顾之忧。

（五）强化“责任链”，形成齐抓共管“大格局”

一是加强组织领导。中铁二院坚持重大人才工作上党委会研究、部署和推动，充分发挥党委领导核心作用。针对重点专家工作，成立专项申报工作领导小组，由集团公司主要领导挂帅，统筹规划培养申报工作，把握总体工作方向，形成组织领导到位、领导带头主抓的引领模式。

二是健全工作机制。专家选拔培养由中铁二院总部主管部门牵头，所在单位积极配合，同时强化考核激励，对工作突出的单位和个人给予奖励，充分激发各方主观能动性，建立各司其职、密切配合、协调高效的工作机制。

三是压实各方责任。中铁二院严格落实专家管理、后备人选培养选拔等制度要求，明确目标任务，压实各方工作责任，按照时间节点有效推进，并加大督促力度，形成上下联动、齐抓共管、协作高效、整体推进的人才工作良好局面。

三、改革成效

通过构建以院士大师为核心、国家级专家为关键、省部（股份公司）级专家为重点、集团公司级专家为基础的专家人才发展体系，中铁二院进一步筑牢了金字塔型专家人才梯队。同时围绕科技创新做好塔尖人才规划布局，充分整合内部资源，通过牵头省部级实验室、工程研究中心等高新技术平台，挂帅川藏铁路、成渝中线高铁等国家重大工程及科研项目等方式持续强化专家人才业绩。优化选拔机制，把在工程、科研中静得下心、沉得住气、吃得了苦的实干专家人才选出来。2023 年，中铁二院新增中央企业优秀青年科技人才 1 人（集团唯一），四川省杰出青年科技创新奖 1 人（全省仅 5 人，首次获评），四川省学术和技术带头人及后备人选 5 人，四川省天府青城计划 4 人，四川省优秀青年工程勘察设计师 14 人，重庆英才计划名家名师 1 人（首次获评），詹天佑秦驰道专项贡献奖和青年奖各 1 人，中施企协科学技术杰出成就奖 1 人，中施企协青年拔尖人才 3 人。承担国家重点研发课题 22 项，荣获省部级科学技术奖 48 项、工程创优奖 155 项，土木工程詹天佑奖 4 项，四川省专利奖 1 项，授权国家专利 266 项、海外专利 2 项，科技成果实现跨越式提升。

通过筑牢人才培养这一发展之基，中铁二院改革综合成效也得到持续提升。2023 年，公司主要经济指标稳定增长，实现勘察设计主营业务新签 105.03 亿元，营业收入 127.59 亿元，经营性现金净流量 12.34 亿元，净资产收益率 10.55%，全员劳动生产率 70.46 万元/人，研发投入强度 4.26%。

117

管理数字化　建造智能化　产业绿色化 “三化”融合推动企业高质量发展

中铁十一局集团有限公司

一、基本情况

中铁十一局集团有限公司（以下简称“中铁十一局”）成立于1948年，前身是铁道兵第一师，隶属于中国铁道建筑集团有限公司（以下简称“中国铁建”），注册资本金61.62亿元，所属二级建制单位16家，主要业务范围包括工程承包、投资运营、工业制造、勘察设计、物流贸易，以及新基建、新能源、新材料、节能环保、城市运营等新兴领域，具有“投建营”一体化能力。中铁十一局以工程承包为主业，向承建商、投资商、制造商、服务商、运营商“五商”转型，担负“建设领域国家队”“一带一路主力军”伟大使命，致力于建设具有价值创造力和品牌影响力的国内一流综合建设产业集团。

二、经验做法

（一）聚焦管理数字化，以业数融合推进管理体系升级

一是统筹谋划，优化顶层设计。中铁十一局由信息化和数据治理委员会统一领导数字化建设工作，以“好用、实用、管用”为标准，搭建信息

化建设“四梁八柱”，防止重复建设和信息孤岛。健全数字化系统建设，修订《信息系统建设管理办法》等15项制度，规范“统建、代建、自建、共建”4类建设模式，制定技术和数据标准21项，系统建设标准化率达95%以上。推进数字经济场景应用和业务渗透，全面推广应用云租平台、线上集采和供应链金融，为上下游企业提供包含物流、融资和物联网监测等综合服务，构建公司产业链数字化生态圈，惠及中小企业1000多家。

二是纵向穿透，推进数据流动。中铁十一局有效整合各级数字化资源，应用、统建、新改建系统104个，打通数据接口、重塑系统架构，实现常规业务线上替代，提升管理合规性。以“三个有利”为基础，梳理工程项目、物资编码、设备编码等主数据15万余条，形成803项核心指标，强化数据多层级、多功能贯通应用，贯穿项目管理“最后一公里”。开展报表标准化和线上化替代工作，破解“数据重复报、统计不及时、口径不一致”等突出问题，为基层减负，项目业务表单数量由809份减少到520份，优化率36%。

三是横向协同，扩大数据应用。中铁十一局搭建大数据服务中心，理顺系统间数据生产消费关系，形成业务流和数据流图谱，服务管理“中枢”和“大脑”，提高决策效率。业务系统通过API方式进行数据服务消费，建成3个核心驾驶舱，实现远程监管和线上联动，为企业生产经营、管理决策、业务优化赋能。建成经济成本线系统、资金账户信息采集系统，与财务共享平台实现数据集成应用，实现跨系统多源数据融合统计、协同分析，细化当期成本分析数据颗粒度。2023年，变更索赔率提高0.4%，项目成本压降0.5%。

（二）聚焦建造智能化，以数实融合推动建造体系升级

一是搭建创新平台，提升智能建造能力。中铁十一局建立智能建造研究中心，围绕产业链布局创新链，开展技术链“探星行动”，吸收转化前

瞻性智能建造技术。各子企业结合产业发展方向，组建智慧建造研究院、智能控制所等分支机构，孵化6个智能化高端人才研发团队，研发人员突破400人。积极承担16项国家级课题，通过“筑巢引凤”“揭榜挂帅”、分红激励等措施，鼓励原创性基础性科技创新，提升工程数字化系统和智能工装自研能力。2023年，“企业数字化转型研究应用”和“盾构再制造创新应用”入选中国国际大数据产业博览会“十佳大数据案例”。

二是研发智能技术，助力生产效率提升。中铁十一局融合BIM、VR/AR、GIS和物联网等技术，建立协同管控平台，赋能工程项目投标、策划、施工、运维全生命周期管理。研发智能运架一体机、钢拱架自动生产线、巡检机器人等一系列智能化装备，填补国内多项技术空白，其中“昆仑号”运架一体机入选“央企十大国之重器”。建成智慧轨枕场、智慧梁场、智慧拌合站等系列智慧工厂，实现全过程“无人化生产”，在提高资源配置效率、降本增效等方面取得较好效果。

三是推广智慧工地，促进数智建设落地。中铁十一局推广应用智能化混凝土集控中心、安全可视化监督等系统，实现“点对点”穿透式管理，助力质量安全、环境保护等方面管理提升。智慧研究院自研的智慧物料验收系统，借助物联网、移动互联网、AI视频识别等技术，实现过磅、检测、入库和结算一体化应用，提高现场物资集中管控效能。研发的盾构黑匣子及智慧盾构系统，可实现盾构机远程监控和诊断分析，在40多条轨道交通成功应用，平均节约成本6%以上。

（三）聚焦产业绿色化，以产创融合助力环保体系升级

一是践行绿色发展理念，积极参与绿色低碳建设。中铁十一局大力布局国家战略性新兴产业，在深地空间和新型储能等领域开展未来技术研发，完成投资100多亿元，助力“双碳”目标实现。加快生产方式的转型，与中南大学、中科院岩土研究所开展产学研用合作，转化应用淤泥固化、绿色覆土等绿色技术，解决环保施工痛点难点问题。推广再生矿渣、高性能混凝土等新材料和新工艺，在黄冈遗爱湖水环境治理、保定市城中村改造等项目成功应用，减少建筑垃圾排放约 1200 余吨，守护城市绿水蓝天。

二是采取有效控制措施，探索绿色发展新路径。中铁十一局制定碳达峰行动方案，细化工作清单和负面清单，加强督导检查和达标考核。加快建筑工业化布局，建成 PC 构件、管片、预制梁等装配式建筑生产基地 13 个，其中国家示范基地 1 个。以“人与交通环境和谐发展”为原则，推动传统建造方式向节能、环保、低碳转型。坚持“六个百分百、两个全覆盖”的静态管理标准，推行“四不、三全、两尽、一保护”措施，打造 CZ、池黄等一批“三零”环保示范工地。2023 年，公司万元产值综合能耗降低 5%。

三是推行“绿色工程”计划，投身降碳减排新征程。按照示范引领、“一项目一方案”原则，中铁十一局全面推广表层土剥离、复耕复绿和珍稀植物实施迁地保护等措施，分批打造标准化绿色工地。2023 年，共评选标准化工地 12 个，绿色低碳案例 20 多篇，形成良好示范效应。其中，1 项企业绿色低碳发展优秀实践案例被国务院国资委环保低碳专刊推广。推广应用泥浆循环、智能喷淋等环保装备，在建隧道实行污水处理设施全覆盖，确保“尘土不上天、污水不入湖”。在环保敏感区域建立生态环境信息化实时监测体系，通过对水、气、声环境等进行动态监测，加强对污染源头控制。2023 年，公司万元产值二氧化碳排放比 2021 年降低 15.89%。

三、改革成效

中铁十一局聚焦主责主业，优化产业结构和资源配置，加大科技创新投入，加快产业转型和管理升级，企业核心竞争力不断提升。

一是高质量发展成效显著。在基建投资放缓的大环境下，公司实现经济指标逆势增长，“一利五率”显著提升。2023 年，实现利润总额 19. 16 亿元，比上年度增长 6. 18%；资产负债率 76. 22%，与年初基本持平；营业现金比率 2. 71%，比上年度提升 0. 14 个百分点；研发经费投入强度 2. 89%，比上年度提升 0. 09 个百分点；全员劳动生产率 55 万元/人，比上年度提升 11%。

二是产业结构持续优化调整。“十四五”规划实施前 3 年，在保持传统市场持续增长的基础上，公司大力发展新兴产业培育第二增长曲线，“两新”业务占比由 5% 提升到 30% 以上，其中，战略新兴产业占比由 3. 7% 提升到 9% 以上。所属子企业向集约化、专业化、特色化转型升级，6 家公司入选中国铁建效益 20 强，5 家公司被评为“专精特新”小巨人企业。

三是核心竞争力持续提升。公司与院士团队合作共建精细爆破、数字建造、大盾构隧道智能建造 3 个国家实验室，参加了 16 项课题、24 项子课题的国家重点专项研发计划。近 3 年累计获得国家科技进步奖 2 项、中国质量技术奖 4 项、詹天佑奖 9 项，省部级科技进步奖 50 多项，获得授权专利 1100 多项。

118

以“三个聚焦”推动企业科技创新深化提升科技成果全面赋能高质量发展

中铁第四勘察设计院集团有限公司

一、基本情况

中铁第四勘察设计院集团有限公司（以下简称“铁四院”）是中国铁道建筑集团有限公司（以下简称“中国铁建”）的二级控股子公司，是国家认定企业技术中心及国家委托铁路、城市轨道交通专业投资咨询评估单位。铁四院坚持以习近平新时代中国特色社会主义思想为指导，深入学习贯彻习近平总书记关于国有企业改革发展重要论述，从“三年改革”到“改革深化提升”，从“双百行动”到“科改行动”，以持续完善科技创新体制机制为“源动力”，激活科技创新“第一引擎”活力，不断提升自立自强水平，研发能力显著增强，人才队伍雁阵格局稳步巩固，创新成果有效赋能生产经营，高质量发展格局基本形成，具备了服务现代交通建设全产业链的综合技术优势，实现勘察设计收入连续6年全国第一。

二、经验做法

（一）聚焦体制机制创新，强化人才队伍建设

一是强化科技创新顶层设计。铁四院秉持“科技强企”方针，以“开

放、包容、合作、共赢”理念，围绕市场搞创新，结合工程搞科研，构建了以企业为主体，以市场为导向，国家企业技术中心、地下空间研究院、数智化事业部、数创科技公司、国家地方联合工程研究中心、省重点（工程）实验室、省工程技术研究中心、省工程研究中心、院士专家工作站、博士后科研工作站、科研院所及大专院校等共同参与的产学研相结合的开放式多维技术创新体系，编制“十四五”科技规划，形成跟踪评估、动态优化的闭环管理。

二是深化科技创新机制建设。铁四院深化全过程管控，通过印发国家课题管理办法，进一步保障承担的国家重点研发计划顺利实施。全面推进科研课题分级分类管理，实现课题差异化、精准化管理。规范知识产权代理服务管理，推进专利分级分类管理，注重专利质量，实现降本增效。优化科技成果后评估方法和标准，提高科技成果评价的科学性与合理性。健全科技创新管理系统，实行科研课题挂图作战管理，推行积分制、中期成果评审等举措，促进课题研究质量进一步提升。

三是优化科技创新人才培养。铁四院着力推进专家人才工程建设，加快推进“3215”专家人才工程，组织开展技术专家评选工作，构建高端引领、中坚支撑、后备蓄力的专业技术人才雁阵格局。持续提升博士后科研工作站影响，承办湖北省第二期博士后学术交流活动，扩大四院博士后影响力。优化科技人才评价体系，制定应用研究与技术开发类人才评价指标方案，重点推进打通职称评审破格通道，健全岗位序列评定机制，探索创新长效激励机制等试点任务，建成以创新价值、能力、贡献为导向的科技人才评价体系。

（二）聚焦科技平台创新，深化核心任务攻关

一是加强创新平台建设。铁四院做深做优“旧平台”以巩固行业领先地位，2023 年接受湖北省发改委复评的水下隧道技术、无砟轨道技术等 4

个既有创新平台均获“优秀”。做实做强“新平台”以畅通技术研发与产业化链条，充分发挥铁四院在国家基础设施建设领域丰富的工程应用场景优势，成功获批湖北省首个“北斗 + 交通”的“陆路交通北斗智能测绘技术与装备湖北省工程研究中心”，为北斗在行业内大规模产业化应用奠定坚实基础。

二是加紧核心任务攻关。铁四院牵头承担国务院国资委未来产业深地领域地下空间利用方向专项任务，打造原创技术策源地，促进深地全生命周期探测、规划、设计、建造与运维技术发展。依托国务院国资委“央企攻坚工程”任务，全方位开展以勘察设计“一键成图”为代表的数智化转型，实现陆路交通设计从计算机辅助设计向智能设计跨越，推动勘察设计全流程生产效率提升 30% 以上。2023 年，新中标国家重点研发计划项目 2 项、课题 5 项，获国家资助经费 2290 万元；牵头完成的 2 项国家重点研发计划项目均高分顺利通过项目综合绩效评价。

三是加快科研成果应用。铁四院采取课题研发与产业化布局同步筹划，研用贯通导向，地下空间科研项目成果已在地下空间规划、地铁物流、超深海底隧道、地下实验室、地下空间低碳运营等多个工程场景实现应用。智能勘察设计技术实现了陆路交通工程测量全天候高精度实时定位，大幅提升勘察设计质量与效率。城市站城融合研究打造了武汉天河站等第四代“站、城、景”融合共生的公共生活枢纽，进一步开拓城市设计更新、产业园规划等衍生新兴领域。新型板式无砟轨道结构入选湖北省亮点成果，填补了明桥面板式轨道设计理论和方法空白。

（三）聚焦协同方式创新，优化创新氛围构建

一是搭建协同创新联合体。铁四院持续加强与科研机构间的合作，与清华大学等近百所高校、与武汉岩土所等十余家科研院所、与轨道交通运载系统全国重点实验室等数十个实验室展开科技攻关、成果转化、奖项申报等合作，科技创新质量持续提升，核心技术竞争力稳步增强。探索校企工程硕博士联合培养长效机制，通过实行“高校+企业”双导师、遴选优质生源、构建“理论+实践”课程体系、依托项目培养等举措，提升工程硕博士解决实际问题的能力，培养了一批新时代卓越工程师。

二是拓展科技创新转化效能。铁四院聚焦创新链、产业链、资金链、人才链“四链融合”，对技术创新决策、研发投入、科研组织、成果转化整体部署，通过技术许可、技术服务、产品产业化等形式进行科技成果转化，持续稳固转化优势。充分发挥产业化公司优势，以华中地区为支点大力推广轨道交通类设备产品。制定项目跟投管理机制，积极探索在创新领域试点的员工跟投方案。与高校成立企校知识产权运营联盟，开辟企校知识产权运营新模式，持续提升知识产权运营质效。

三是营造良好创新氛围。铁四院各层级领导高度重视、鼓励并带头创新，明确各级主管领导为本单位科技创新工作第一责任人。铁四院总工程师挂帅参加国家重点研发计划项目申报，担任多个国家级科技课题、中国铁建重大专项、中国工程院战略咨询课题负责人。持续加大科研成果、科技领军人物的宣传力度，形成尊重创新、尊重知识、尊重人才的良好风尚。通过评优评先、QC大赛等活动，大力弘扬勇攀高峰、敢为人先的创新精神，深思钻研、专以至匠的专业精神，鼓励创新、宽容失败，构建了全员全域的创新氛围。

三、改革成效

一是创新成绩硕果累累。2023年，铁四院获省部级科技奖43项，同比增长126%，其中一等奖及以上20项，同比增长82%。勘察设计奖方面，2项成果获菲迪克优秀工程项目奖，1项成果获世界结构大奖，同比增长33.3%。获专利奖16项，同比增长128.5%，2项专利获中国专利奖优秀奖，3 项专利获湖北省高价值专利大赛金奖。16 项成果入选国家铁路局铁路重大科技创新成果库。

二是创效业绩显著提升。2023 年，铁四院“桥梁支座及伸缩缝装置”等多个专利实现许可类成果转化，以“蓄电池在线均衡诊断系统”为代表的多项产品类成果转化合同额创新高。立足装备与软件系统研发及推广、设备系统集成、建设与运维服务三大业务板块，成立产业化公司武汉数创科技有限公司，实现 50 项成果转化。研发的车辆基地智能运维系统、联络通道抗风压防火门等软硬件系统及产品实现推广应用。2023 年共签订科技创新转化合同 240 余项，合同额达 3. 5 亿元。

三是构建可持续发展生态圈。铁四院对内持续加大科研投入，创新成果加速涌现，科技研发实现企业生产效率效能显著提高，科技成果转化成为企业创效增长点。对外积极参与中国科协“典赞 · 2023 科普中国”等活动，通过央视《人物 · 故事》、北京卫视《科普中国 · 改变世界的 30 分钟》等平台，推介铁四院科普先进人物、科技创新成果，不断扩大铁四院影响力。在企业内部营造了良好的创新氛围，对外持续传播科技创新正能量，逐步构建了科技创新生态圈。

119

优化科技创新体系　提升原始创新能力　争当“两路”精神的贡献者实践者传承者

中交第一公路勘察设计研究院有限公司高原冻土团队

一、基本情况

中交第一公路勘察设计研究院有限公司高原冻土团队（以下简称“高原冻土团队”）前身是1973年交通部成立的青藏公路科研组，自成立至今始终引领着全球高寒高海拔道路工程研究，是我国近万公里出疆入藏公路及西部边防通道的主要技术保障力量，为稳疆固边做出了“无可替代”的历史贡献。高原冻土团队是一支以国家勘察设计大师为带头人，以国家“万人计划”为创新骨干，以青年员工为后备梯队的科技研发队伍，常年在海拔4500米以上的青藏高原，高寒缺氧的生命禁区开展技术研究，攻克了世界性技术难题——多年冻土地区公路修筑技术，填补了全球该技术领域的空白，确立了我国在高原多年冻土研究领域的国际领先地位。

二、经验做法

（一）升维科技创新体系，构建高质量创新策源地

一是重组全国重点实验室，打造国家战略科技力量。高原冻土团队以“立足国家重大战略工程需要，开展高海拔强冻融等极端环境道路工程方

向原创性理论和前沿技术研究，矢力打造高质量创新策源地和国家战略科技力量”的创建目标为引领，立下“非建不可、非我莫属、保证干好”的军令状，联合行业顶级院士团队，全面梳理服务国家战略技术储备11项，开展优化重组可行性分析，将“高寒高海拔地区道路工程安全与健康国家重点实验室”升级重组为“极端环境绿色长寿道路工程全国重点实验室”，2023年2月正式被国家科技部纳入工程领域全国重点实验室序列。

二是适应性调整体系架构，创新科研工作机制。高原冻土团队创新实行理事会领导、学术委员会咨询指导下的主任负责制，充分赋予团队负责人在人才选用、科研经费、技术路线方面的自主权，实现了人、财、物等资源单独管理。构建产业与创新布局统筹规划的“2+8+10+1”的研产融合体系，即设置2个业务部门（中试中心、数据中心）、8个专职研发中心、10个共建创新机构、1个产业化公司，专职研发人员逾300人。

三是建立健全科技研发长效投入机制。高原冻土团队构建财政投入为引导、依托单位投入为主体、科创基金投入与其他资金来源适配互补的多元投入体系，加强对战略性、前瞻性、关键共性技术自主研发项目的基金支持。近年来，团队年均投入规模约1.5亿元，其中全国重点实验室科创基金投入超6000万元/年。构建科研成果产业化收入反哺机制，对于主要凭借团队创新技术取得的生产项目，提取不低于合同额3%的费用作为团队专项奖励，用作实验室能力建设、科技研发、人才培养及成果奖励经费，2023年共实现产业化收入反哺近1亿元，形成从成果到产品再到收入的全周期管理。

（二）强化引领性科技攻关，提升高水平原始创新力

一是突出战略性价值性。高原冻土团队赓续“两路精神”，以维护国家战略安全为最终使命。聚焦交通强国、绿色中国、区域协调发展战略，将平急两用基础设施建设、高原战略通道安全保障与快速应急、高原生态

敏感区路域环境保护与资源集约利用等领域作为团队项目立项重点，近3年共完成相关项目立项150余个，结项58个，切实保障极端环境下高速铁路、高速公路建设技术支撑需要，先后支持川藏铁路、青藏高速公路、出疆入藏公路/铁路及中巴、中蒙俄经济走廊基础设施等重大战略工程建设，近10年创造勘察设计合同额超过10亿元。

二是突出基础性紧迫性。高原冻土团队将基础研究放在突出位置，在工作环境、生活条件极端恶劣的高寒高海拔地区，扎根大西北、甘坐冷板凳，直面国内交通基础设施基础理论和技术落后于人、受制于人的现状，开展长期性、战略性、基础共性、融合性等方面基础理论及关键技术研究。破解青藏高原高海拔强冻融、滨海强风、强腐蚀等极端环境区域交通发展面临的基础技术问题，为实现极端环境下道路工程路基长期稳定、路面寿命30年以上的目标发挥不可替代的作用。

三是突出前沿性重要性。高原冻土团队将科技研发与产业链畅通循环有机结合，打造需求驱动、源头引领的创新发展引擎。瞄准进藏交通通道、机场场道建设技术难题，绘制覆盖产业链全链条的重要产业图谱，梳理关键节点待攻关课题30余项，会同关键节点企业开展联合研究。通过科研攻关打通创新链，支撑产业链，形成了高原冻土团队为核心，以高性能建筑材料、生态环保与修复材料、工程防灾减灾产品为主题的高新产业集群，为产业链畅通循环、自主可控贡献创新引领力量。

（三）完善科研人才结构，培育高层次科技战略力量

一是发挥卓越工程师作用。高原冻土团队以全国重点实验室建设为契机，持续推进“院士工程”“大师工程”等高层次人才工程建设，构建学科领军人才引进、培养、支撑、保障全过程服务体系，实现高端人才“引得进来、留得下来、干得出来”。团队目前拥有各级人才113人，其中全国工程勘察设计大师1人，全国杰出专业技术人才、国家万人计划人才、国务院政府津贴专家等国家级人才5人，交通运输行业中青年科技创新领军人才、陕西省特支计划杰出人才、中青年科技创新领军人才、科技新星、陕西省青年科技奖获奖者等省部级人才30余人。

二是实施柔性导培计划。高原冻土团队创新开展科研导师制，联合长沙理工大学，深圳大学院士团队，依托“双站”采用“双导师制”（校内导师、企业导师），联合培养“双创人才”（创新人才、创业人才），研究人员跨团队参加创新项目，柔性引入科研人才10余人。实施科技人才多维多层多措培养机制，动态优化人才结构和专业方向布局，建立按需设岗、动态调整、能上能下、能进能出的开放式人才管理模式，近3年来科研人员年均流动占比达到10%以上，实现人才池“一潭活水”。

三是激发科技人才活力。高原冻土团队率先落实科研人员薪酬待遇不低于同职级经营生产人员的保障要求，单列用人指标，单列人员工资总额，单列职称晋升指标，构建各类人才职业发展通道，实现人尽其才、各展所长。聚焦正向激励，对重点科研项目实施“揭榜挂帅”，在团队内部公开“发榜”，由科研人员自主组成研发小组独立或联合揭榜，近3年实现主动揭榜5次。高原冻土团队视成果成熟性、先进性及业务支撑力度，给予揭榜研发小组后补助和荣誉奖励，近3年奖励、补助共计160万元。

三、改革成效

一是立足自主创新，突破关键核心技术。高原冻土团队长期围绕以青藏公路等为主体的道路工程建设开展基础研究、应用基础研究和关键“卡脖子”技术研究，产出了具有国际影响力的重大原创成果。攻克了冻土高速公路宽幅路基聚热、厚层路面储热、叠加黑色沥青强吸热的世界难题，系统解决了冻土公路工程灾变防控技术难题，支撑建成的世界首条高原多年冻土地区高速公路，实现了我国高原冻土工程技术在国际上从跟跑到并跑再到领跑的转变。

二是服务国家战略，支撑基础设施建设。高原冻土团队突破高海拔冻土高速公路建设禁区，支持青藏高速那拉段、G109、共玉高速、花大高速等国家重点项目及“一带一路”沿线公路建设，服务青藏高原多年冻土区青藏公路、新藏公路、青康公路等4条国道干线4000余公里冻土工程病害整治及600余公里边防公路交通技术保障，累计创造勘察设计合同额数十亿元。

三是赓续“两路”精神，获得丰硕科研成果。近年来，高原冻土团队在高海拔、极寒冷、缺氧的生命禁区，承担了国家重点研发计划项目、国家科技支撑计划项目，973科技专项，交通运输部重大科技专项等，研究成果两次获得国家科技进步一等奖，三次获得科技进步二等奖。出版专著20余部，发表学术论文200多篇，获得专利及软件著作权50余项。团队先后获评中华全国总工会“工人先锋号”，国务院国资委“优秀科技创新团队”等称号。

120

聚焦基层首创　用活科创政策
打造地下空间开发利用核心技术"领航者"

中交一公局集团有限公司隧道局地下空间科学研究院

一、基本情况

中交一公局集团有限公司隧道局地下空间科学研究院（以下简称"研究院"）是国务院国资委"双百企业"中交一公局集团有限公司（以下简称"中交一公局"）的专业科技研发机构。研究院深入学习贯彻习近平总书记关于国有企业改革发展和党的建设的重要论述精神，充分利用国企改革"政策包"和"工具箱"，强引领、激活力、主战"超级工程"，着力成为世界一流的地下空间开发利用核心技术"领航者"。研究院组建3年多来，牵头或参与省部级以上重点研发课题9项、获得省部级/行业级以上科技奖励30余项，获高质量发明专利30余项，编制公路工程行业标准3部，支撑中交一公局超大直径盾构领域市场占有率由12%扩大至20%，实现了科技创新向生产力的转变。

二、经验做法

（一）把好"新航向"，奋力打造原创技术策源地

研究院坚持抢占科技制高点，立足原创首创独创、自主自立自强、突

破制约装备与材料的核心技术的目标与方向，不断培育“从0到1”的原创成果。

一是全面支撑国家重大工程建设。在目前世界最长的公路水下盾构隧道海太长江隧道工程建设中，研究院与基层项目联合发力，整合人才、科研、现场、激励四大资源要素，创新“技术项目法”管理模式，破解顶层科研与基层应用的“壁垒”问题。经过3个月的联合发力，完全自主研发常压刀盘换刀机器人、泥浆管路健康巡检、管片防水粘贴机器人、管片螺栓复紧机械臂等智能化技术，科技攻关项目部核心骨干均享有项目收益分红的激励模式，形成上下联动的新气氛。

二是全面融入国家发展战略布局。面对特大型城市高质量发展中，对地上、地下空间的发展诉求，研究院牵头研究，创造性地提出以“大盾构下穿”工艺代替“传统明挖”设计。在北京东六环改扩建项目，为北京减少征地1060亩，减少伐木4.7万株，减少投资27亿元，创新出“缝合城市”新建设理念，刷新了国内大直径盾构的建设纪录，为解决特大型城市更新发展空间扩围的新方案。

三是全力推进核心技术攻关。面对超大直径盾构“渗漏”“抬头”等问题，研究主导研制“制、运、注”一体化同步双液注浆技术，既固化周围岩土、又实现了滴水不漏，还满足现场降解绿色化发展要求，达到国际先进水平，直接节约工程建设成本1718万元。研究院“一战成名”后，陆续又将新技术推广应用至江阴靖江长江隧道、青岛胶州湾第二海底隧道等重大工程，获得各方好评。

四是全力攻克世界性工程难题。研究院完全自主攻克16米级盾构隧道江底对接世界性技术难题，形成重大方案近20项、研究报告10份，召开评审会30余次，其中院士评审会8次，汇报30余次，召开专题研讨会200余次，开展各类计算与试验20余项，已申报发明专利23项，申报软件著作权专利5项，撰写论文20余篇。打破了德国、日本等的长期技术垄断，奠定了20公里以上超长海底隧道工程建设的“中交引领”。

（二）下好“先手棋”，奋力打造科创体系示范者

研究院坚持创新驱动发展，充分利用基层攻关团队灵活自主、开放融合的天然优势，在科技体制机制改革上大胆突破、先行先试，着力打破束缚创新的藩篱和繁文缛节，打造国有企业改革样板和创新尖兵。

一是用好科技研发管理新模式。在重大工程、重大战略、关键核心领域推行“揭榜挂帅”，研究院赋予“揭榜人”自主组建攻关团队、制定技术路线和经费使用的自主决定权，明确立项、里程碑、变更、后评估等关键风险控制点，确保科研领军人才的独立性和创新性，科研风险自主可控。2023年，在智能化、绿色化等领域共计揭榜21项科技研发项目，获得资助资金占当年科研投入的60%以上。

二是构建科技创新协同新体系。研究院积极融入现代产业链链长、中央企业创新联合体和技术创新联盟的建设，联合工程院院士团队、同济大学等国内10余家一流科研机构在超大盾构多个领域开展协同攻关，组成13个创新联合体，不断提升基层团队创新能力和水平，形成了创新引领、应用牵引、供需双向发力的协同创新新格局。

三是建立技术成果转化新机制。研究院推动“技术成果—建设方案—技术标准”一条龙行动，实现优秀实用的技术成果写入建设方案、现场实践不断优化创新成果的双向循环。2023年，累计开展技术咨询与技术营销活动15次，完成各类方案评审60余次，有力支撑500个隧道模型资源建设。10项技术成果通过鉴定，其中3项达到国际领先、5项达到国际先进、2项达到国内领先，实现了科技成果向现实生产力的转化。

（三）用好“工具包”，奋力打造人才激励试验田。

研究院坚持人才是第一资源，按照“应给尽给、能给尽给”原则，市场化引进人才、改革评价体系、改善分配政策，最大限度激发人才活力与创新效能。

一是市场化引进，做大人才蓄水池。研究院广泛吸引高端人才，市场化选聘科技攻关项目带头人、关键领域技术拔尖人才，联合知名高校开展博士后进站培养，推行“一人一薪”“一岗一责”差异化考核，拉开考核差距、刚性兑现奖惩。2023 年，引进高层次科技人才 16 人，“双一流”院校博士研究生 6 人，吸引集聚了一批领军型高层次人才。

二是专业化评价，提升人才含金量。研究院打破“四唯论”“帽子论”，制定研究院科技人才 P 系列发展通道，引导青年骨干下沉到重大工程和研发任务中，快速提升工程实践经验和技术能力，实行积分制管理，制定计分规则、明确退出底线。

三是多元化激励，增强人才获得感。研究院沿着“前端研究—技术开发—现场验证—推广转化”科技创新全过程，设置新学科奖、优秀专利奖等，形成持续激励的“加油站”。在关键领域，个性化制定项目收益分红激励、对赌激励等激励机制，选定超大直径盾构同步双液注浆首创技术，开展收益分红，将科技成果收益权属按照贡献度提前赋予核心成员，落实项目收益分红精准激励。

四是梯次化培养，加快青年骨干成长。充分利用研究院建设工程和人才优势，鼓励青年科技骨干沉到一线强实践、走向行业开眼界，积极与国内行业学会互动，加强高端学术交流。2023 年，制/修订各类地方及团体标准 14 项，组织、参加国际和国内学术会议共 12 次，2 人入选青年托举工程，1 人入选中交国际科技交流与合作人才，3 人获得中国公路建设协会青年英才奖，20 余名骨干在各类学术会议上做成果交流。

三、改革成效

一是品牌能力明显提升。研究院仅用2年时间，迅速破解超大直径盾构“卡脖子”技术，助力中交一公局成为国内超大直径盾构的主力军，市场份额连续2年位居行业前3名。

二是创新能力明显提升。针对地下空间开发利用，研究院打造形成超大直径盾构工程建造全套技术，完全自主研发盾构饱和法开舱作业技术，在全球首次应用同步双液注浆工艺，填补行业空白，创造“不渗不漏”高品质标杆工程。

三是人才活力明显提升。研究院按“市场化咨询+成果转换激励+一公局集团保底”复合型激励机制，科研人员可以心无旁骛搞科研，又享受科研成果转化释放的长期激励。2023年，研究院人员收入超过对应业务管理岗位，累计兑现百余万元，激励核心骨干19人次，成为中交一公局地下空间顶尖科技人才的摇篮。

121

突破关键技术封锁　实现软件自主可控 打造具有全球竞争优势的工业软件开发团队

中交公路规划设计院有限公司桥隧结构分析与设计软件 OSIS 团队

一、基本情况

中交公路规划设计院有限公司桥隧结构分析与设计软件 OSIS 团队（以下简称“OSIS 团队”）由中交公路规划设计院有限公司（以下简称“公规院”）2008 年成立的桥梁数值研究室发展而来，现有成员 23 人，平均年龄 33 岁。团队以桥隧结构分析与数字化设计软件研发、提高桥梁结构设计数字化水平为主要任务。OSIS 团队聚焦工业设计软件“卡脖子”问题，创新开发 OSIS 软件，2023 年正式发布桥隧结构分析和设计软件 OSIS4.0，实现了桥隧结构分析与设计软件的国产化替代。OSIS 团队突破国外“卡脖子”技术封锁，将 OSIS 软件成功应用于港珠澳大桥、深中通道、大连湾跨海通道等多个重大工程，有效服务国家重大战略。OSIS 软件荣获全国优秀工程勘察设计行业奖（工程勘察设计计算机软件）一等奖、首届国资委国企数字场景创新专业赛研发设计类二等奖、北京市第十八届优秀工程设计奖一等奖等重要奖项。

二、经验做法

（一）加快工业软件自主创新，有力保障战略安全

一是突破国外封锁，实现自主开发。港珠澳大桥沉管隧道初步设计伊始，OSIS团队负责沉管隧道结构总体分析计算。作为国内第一条超长外海节段式沉管隧道，相关设计分析在行业内尚属空白，而国外对我国高科技领域的技术封锁依然存在，掌握相关技术的丹麦COWI公司只提供最终分析报告，只字未提分析模型和算法核心技术。港珠澳大桥是国家重大战略工程，绝不能处处受制于人。OSIS团队坚定了自主研发的决心，经过30万行代码的反复打磨，1000多个日夜的算法推演，3次大规模的软件架构调整，OSIS软件最终问世。

二是对标行业领先，找准开发方向。OSIS软件开发立项阶段，选定基本垄断国内桥梁行业的MIDAS软件为对标对象，建立起包括计算功能、计算效率、计算准确性和用户体验的四维对标指标体系，设计130余项对标项目。基于对标结果，OSIS团队明确了73项技术目标，立下了“全面实现软件功能，关键技术达到国际先进”的军令状，在产品设计、软件研发、测试验证等能力与质量把控等方面达到世界一流水准，软件计算恒载、预应力、汽车荷载、混凝土收缩等功能与成熟商业软件差值比控制在1%以内。

三是创新开发机制，形成竞争优势。OSIS团队建立了以重大项目和国家重大科研项目为依托，开展特大桥梁专用分析功能研发的机制，确保软件可用、适用、好用，形成对商业软件的差异化竞争优势。在完成软件框架的初步开发后，团队扩展软件功能，在深中通道、狮子洋大桥、张靖皋过江通道和锦文路过江通道等重大工程建设服务中，研发团队与设计团队共同攻关，根据实际工程需求，逐步开发了桥梁全桥分析、三维空间局部

分析、动力分析等，解决了项目的分析计算问题，丰富了软件的功能。

（二）实现软件“真替真用”，支撑服务重大项目

一是建立“首版机制”，实现以“用”哺“建”。OSIS 软件在完成初步研发后，在中国交通建设集团有限公司（以下简称“中交集团”）系统内部进行了推广应用。公规院建立了桥隧设计人员 OSIS 软件技能考核机制，明确“应用则用、能用尽用”的国产化软件推广原则，软件使用与所属企业科技专项考核挂钩，团建技能与设计人员个人职称晋升挂钩。通过首版次软件推广使用，用户累计提出的使用需求达 400 余项，有力促进软件修改完善与迭代升级，提升了软件的易用性和准确性。OSIS 软件推广使用后，公规院相关软件采购成本节省约 540 万元。

二是开拓软件生态，形成产业链条。OSIS 团队建立覆盖产业链上下游企业的软件生态链条，将关键技术突破、规模商用和生态培育紧密结合，与振华重工共同将有限元分析内核推广至岸桥分析领域，与中交四航院共同开发水运工程云仿真计算系统，深度拓展软件的应用领域，打造多方协作共赢软件生态。建立“率先推广桥隧应用、联合拓展行业生态”的产业链上下游企业推广应用策略，以公规院现有设计项目为载体，开展 OSIS 软件的经营布局，持续拓宽市场空间。目前已累计开通 483 个账户，上线后使用总时长 18690 小时。

三是强化软件应用，服务重大项目。OSIS 软件持续强化对国家重大工程的设计分析技术支撑，成功应用于港珠澳大桥、深中通道、狮子洋大桥、张靖皋过江通道和锦文路过江通道等重大工程建设。依托国家重点研发计划“超大跨径缆索承重桥梁智能设计软件与核心标准”项目，扩展超大跨径桥梁的核心分析功能，以重大项目苏通二桥设计为工程依托，开展特大桥专用分析功能研发，形成对商业软件的差异化竞争优势。

（三）完善自主研发良好环境，激发创新创效活力

一是充分赋权，激发团队动力。OSIS团队建立项目众筹机制，由需求部门或需求单位提出众筹需求，经专家论证后，发布众筹应征公告。有余力、有特长的团队成员以组建攻关小组的方式应征众筹项目，经专家评审后，择优确定应征小组，开展相关技术研发工作。项目研发众筹以网络为载体，实现去中心化，充分赋予小组负责人在小组人员组织、技术路线决策、科研经费使用等方面的自主决策权，调动团队攻关的积极性。近3年，通过众筹机制完成项目开发7项，奖励攻关小组共计317万元，在营业收入中占比达到0.1%。

二是聚焦创新，调动人才活力。OSIS团队建立软件研发个性化考评体系，根据不同角色，个性化设置年度研发目标。突出“有应用就有激励”的长期性和实效性，加大对软件研发成果投产创效的价值激励，根据研发人员的实际贡献进行绩效分配，同一级别员工收入高平差由9%拉大到40%以上，有效提升核心研发人员的积极性和稳定性。连续举办7届青年员工“五小”创新创效大赛，先后有近200个青年创新团队报名参与，涌现出“基于自由流荷载识别的桥梁智能诊断系统——快速部署智能检测装备”“基于法标的道路施工图设计系列程序”等多项优秀成果，充分激发青年员工创新热情。

三是集思广益，激发创新灵感。OSIS团队建立“金点子”创新灵感征集机制，面向全体员工征集高效解决生产问题的好想法和数字化需求。自2019年第一次开展灵感征集以来，每年所征集到的金点子和需求数量逐年上升，2023年征集数量同比增长100%，参与人员覆盖率达75.7%，范围涵盖团队各项业务领域。目前已有10余项“金点子”和数字化需求完成初步研发工作，有力推动了科技成果向生产力的转化。

三、改革成效

一是工业软件实现自主可控。作为我国首款沉管隧道分析软件，OSIS突破了国外“卡脖子”技术封锁，成功应用于港珠澳大桥、深中通道、大连湾跨海通道等多个重大工程，有效服务国家重大战略，取得了巨大的社会价值和经济价值。依托巴拿马运河四桥设计开发的“openBIM + OSIS 技术”荣获国际 BIM 联盟“buildingSMART”大奖，是国内 BIM 领域首次问鼎全球最权威 BIM 行业大奖的项目。

二是软件生态持续深化拓展。OSIS 团队形成了“软件生态 + 商店推广”的商业化运用机制。依托 OSIS 系列软件，围绕生产数字化和管理数字化两条主线，建设以 OSIS-Teams 为代表的产业数字化平台。对 OSIS 软件进行平台化改造，剥离并形成通用有限元分析平台，逐步支撑并服务于不同专业领域的工程需求，打造多方协作共赢软件生态。

三是软件创新形成长效机制。OSIS 团队建立起涵盖开发、应用、迭代全生命周期，覆盖研发投入、人才培养、生态构建全领域的软件创新支撑保障机制，共发布相关制度体系性文件近 130 个，将创新理念、创新做法成功固化为长效机制，实现从“一时改”到“长久立”的根本转变。

122

科技成果转化运“营” 实现专利运“赢”

中信科移动通信技术股份有限公司

一、基本情况

中信科移动通信技术股份有限公司（以下简称“中信科移动”）是中国信息通信科技集团有限公司（以下简称“中国信科”）旗下从事移动通信国际标准制定、核心技术研发和产业化的重要子企业。2022年9月，中信科移动在科创板上市，控股股东为中国信科，是央企唯一掌握移动通信领域3G、4G、5G网络技术的高科技企业，也是国内首家实现双边专利许可收费的央企通信企业。开展国企改革深化提升行动以来，中信科移动深入学习习近平总书记关于国有企业改革发展和党的建设的重要指示批示精神，坚持总书记两次视察强调的“保持行业排头兵地位”“核心技术、关键国之重器必须立足于自身”殷殷嘱托，持续加大5G研发投入，开展6G关键技术预研，坚持科技自立自强，聚力具有自主知识产权的移动通信关键核心技术攻坚，深化科技创新机制改革，践行国家创新战略。

二、经验做法

（一）高度重视知识产权引领作用，坚持长期投入、持续突破，为世界无线通信领域技术创新作出突出中国贡献

中信科移动长期从事移动通信技术的研究与开发工作，是我国拥有自

主知识产权第三代移动通信国际标准 TD-SCDMA 和第四代移动通信国际标准 TD-LTE 的主要提出者、核心技术的开发者以及产业化的推动者，也是我国在第五代移动通信技术、标准和产业化实现全球引领发展的重要贡献者，是中央企业响应“创新型国家战略”的践行者，是我国信息通信领域的领军企业，也是承担下一代信息技术攻关任务的核心企业，始终把推动中国通信产业发展作为己任。

自 1998 年起至今，中信科移动 20 余年耕耘移动通信技术，形成了丰硕的知识产权成果积累，拥有已授权国内外发明专利超过 11000 件，居央企第四，通信类央企第一。累计参与制定 400 余项国际、国内及行业标准。根据中国信息通信研究院 2023 年公布的《全球 5G 标准必要专利及标准提案研究报告》，中信科移动 5G 标准提案数量累计超过 20000 件，标准提案贡献度全球排名第七，持有的专利数量约为 16000 件，5G 专利超过 3000 件，对外披露的 5G 标准必要专利数量全球排名第八。

（二）积极承担国家战略使命，坚持标准先行、全球领先，在 5G 及下一代无线通信技术 6G 及其应用领域唱响中国声音

中信科移动构建 TD-SCDMA 通信标准，1998 年 6 月承担起 TD-SCDMA 技术标准研发和产业推动的历史责任，推动该标准成为与欧美厂商主导的 WCDMA、CDMA2000 并列的三大国际 3G 通信标准之一，实现中国在移动通信国际标准领域“从无到有”的重要突破，打破欧美在移动通信技术和产业上的垄断，中国通信产业自此走上快速发展之路。4G 时代，以中信科移动为代表的国内设备商一起提出了基于中国 TD-SCDMA 技术标准演进的 4G 技术标准 TD-LTE，使其成为与 LTE FDD 并行的全球第四代移动通信两大技术标准之一；5G 时代，中信科移动持续跟进国际通讯技术的发展，在 5G 大规模天线、超密集组网、设备节能、新型网络架构与安全、网络智能传输与管理、5G 卫星互联网、蜂窝高精度定位等技术方向均处于行业前列，并于2013年12月发布《演进、融合与创新5G白皮书》；6G时代，2020—2023年连续4年发布全域覆盖场景智联6G系列白皮书，成功推动中信科移动优势技术超维度天线（E-MIMO）写入国际电信联盟ITU-R发布的《未来技术趋势研究报告》和《2030年以及未来IMT发展框架与目标建议书》，积极部署6G知识产权，承担国家6G“重点研发计划”项目15项，“星地融合移动通信关键技术研究与验证”方案获得中国通信学会2022年十大科技成果。

（三）有效推进标准专利成果转化，坚持市场导向、协同发展，为全球无线通信产业及我国无线网络建设贡献中国方案

作为第一家参与国际通信标准工作的中国企业，中信科移动不遗余力地实施国内外专利布局，将创新成果通过专利方式予以保护，并积极探索专利运营模式促进专利成果转化。专利运营旨在国内外专利制度和专利法律框架下，充分挖掘已有专利价值，特别是标准必要专利的经济价值，通过加入专利池、双边许可、专利买卖等方式，在保护自有技术和市场空间、制衡并狙击国外厂商的恶意市场挤压和专利掠夺的基础上，提升企业在国际通信行业的话语权，并实现专利的货币化转变，通过科技成果的直接转化增加企业盈利来源，推动企业可持续创新。

（四）大力开拓更多渠道专利运营，坚持价值创造、合作共赢，为促进可持续发展及知识产权保护打造中国品牌

凭借在标准与专利战略领域的多年积淀，中信科移动一方面继续深化推进双边终端许可项目，将技术积累转化为可实现的价值，持续提升公司创新能力，持续保持公司标准领域领的先进性，继续引领下一代移动通信产业技术发展；另一方面，督促国内厂商向合法专利权人支付合理费用，配合国家“十四五”规划中关于深化市场化改革与提升自主创新能力“双轮驱动”的指导要求，展示中央企业科技实力，助力知识产权强国战略实现。

三、改革成效

中信科移动充分利用高价值专利尤其是标准必要专利在全球范围的运营，进一步发挥央企在产业控制上的重要作用，不断探索国资国企知识产权成果转化路径。

经过标准与专利工作的持续投入及数年筹划，中信科移动持有的蜂窝通信标准必要专利与某国际头部终端厂商达成许可，收取许可费用近亿美元，改变了一直以来中国向国外公司缴纳高额专利费的被动局面。中信科移动在标准必要专利双边许可上的突破，是中央企业第一次站在产业链的顶端，以专利权人身份向国外厂商收取专利许可费用。长久以来，由于国外公司起步早，从 2G 到 4G 一直引领技术标准的推进，也因此主导着专利许可领域的控制权。随着中国公司不断加大在 5G、6G 标准技术上的投入，许可格局有了巨大改观，中国公司不再只是被许可方。中信科移动作为央企代表，第一次针对境外公司成功捍卫了自己的专利权，打了一个漂亮的翻身仗。

随着专利运营工作的深入，中信科移动于 2024 年中新增一家国际终端厂家签署专利许可协议，实现专利许可的再次重大突破，公司专利许可收益不断增加，累计已经获得数亿元人民币的收入，公司将专利运营收入反哺研发，既丰富了企业多元化研发投入手段，也助力公司持续创新。

123

坚持创新驱动发展　打造专用安全“国家队”

数据通信科学技术研究所

一、基本情况

中国信息通信科技集团有限公司（以下简称“中国信科”）下属数据通信科学技术研究所（以下简称“数据所”）于1972年因“东方红”工程设立，专业从事数据通信、专用通信和网络安全技术研究及装备研制，是国家关键信息系统和基础设施保障重要承担单位。数据所深入学习贯彻习近平总书记关于国有企业改革发展的重要论述精神，落实国有企业改革深化提升行动有关要求，进一步提升企业对国家安全战略的支撑能力，累计取得科技成果250多项，获国家科技进步奖14项，省部级科技进步奖100余项。

二、经验做法

（一）创新引领，加强原创性技术攻关

一是加强科技规划，按照“三个一代”总体布局部署具体研发任务。围绕可持续发展，数据所坚持同步规划“应用一代、研制一代、预研探索一代”科研任务，制定并滚动更新技术路标与产品路标，确保主营业务获得持续动能。在数据所整体科技规划布局引领下，各项技术攻关工作有序

开展，应对量子计算威胁的抗量子专用算法和技术研究取得国内领先成果，成功牵头抗量子算法专项，并在抗量子专用算法实用化方面走在国内前列。

二是加强供应链风险防范，以自主科技创新破解“卡脖子”难题。数据所统一建立物料选型清单，制定研发物料选用制度，提升供应保障和议价能力，有效应对美西方脱钩断链威胁，降低供应链风险。规范研发设计，推动所级公共基础模块应用，有效降低物料种类，产品开发复用率达到66%。同时针对某些核心元器件难以通过制度建设规避“卡脖子”风险的情况，加强自主研发实现国产化替代，自主研发的5G网络专用安全芯片完成多款设备适配，性能和稳定性达到预期，实现对进口器件的替代。

（二）人才强企，人才链与创新链深度融合

一是以促进发展为根本，将高水平科技人才队伍作为企业高质量发展的基础。与人才工作策略相符，数据所以服务特种行业为主，把好人才入口关。数据所打造应届毕业生招聘“星火计划”，为计划内优秀毕业生量身打造安家费、协议薪酬等政策。近3年入职的应届生，来自“双一流”高校234人，其中硕士、博士研究生占比超过60%，高素质人才队伍支撑公司竞争力、创新力和保障能力。与员工成长规律相匹配，加快科技专家平台和队伍建设，拓宽员工职业发展通道。截至2023年底，数据所科技专家队伍达到225人，其中所级及以上专家有42名，初步形成“局部人才高地”，专家薪酬水平与同级管理人员相当。与发展布局特点相融合，牢牢把握高科技行业“业务创新性强，投入周期长”特点，确保主要专业方向均有副总工程师或公司级专家领衔，每个专业方向均形成老中青专家梯队，保证核心技术团队结构稳定，支撑技术群整体突破。

二是以激励机制为纽带，激发科技人才干事创业动力。数据所合理拉开员工收入差距，研发部门薪酬每年初根据任务目标值和难度核定部门初始薪酬包，鼓励各部门主动挑战、自我加压，年终根据业绩完成情况分配。在各部门均完成既定任务的情况下，根据考核排名差异化兑现奖金包，人均增量奖金最大差距超过 20%。员工绩效薪酬在总收入中占比超过 60%，营造“多劳多得”“拒绝平庸”的干事创业氛围。先行先试岗位分红激励，作为试点单位，数据所连续实施四期岗位分红激励，激励对象向技术研发等重点岗位倾斜，并通过递延兑现与当期工资总额统筹管理。10 年间，数据所营业收入复合增长率超过 14%，净利润复合增长率超过 13%。数据所新签合同市场占比位居同行业前列，总体竞争力、行业地位和业务发展潜力均保持良好态势。

三是以科技创新为导向，加强鼓励创新的长效机制建设。数据所通过高强度稳定投入支撑基础技术研究，始终把基础研究作为战略资源，宽容探索性研究失败，不以短期的财务指标作为衡量标准，近 3 年科技研发投入强度均保持在 20% 以上。通过“论证支撑—科技申报—项目导入”的科研立项模式，加强国家重点项目对基础技术研究的有效牵引。同时注重对基础技术研究类人员收入的保障和倾斜政策，从事基础技术研究类人员的平均收入比其他研发人员高出 20%。通过精细化专项奖励提升产品研发能力，持续加强科技创新激励，新出台《即时激励实施细则》《专利、软件著作权管理办法》，对获得国家和省部级科技进步奖的人员给予奖励，2020 年以来累计激励 800 余人次，项目激励额度最高达 20 万元。为持续提升自主核心技术支撑的科技创新能力，2019 年以来，每年对重大科技创新成果实施专项奖励，总额超过 1000 万元，个人额度最高可达平均奖励水平的 6 倍。通过打造学习型组织激发科技创新热情，科技创新成果水平提升，行业影响力增强，科研竞标成功率达 40% 以上，年均承担总体牵头项目数量增长 50%。

（三）打造平台，加强企业主导的产学研深度融合

一是重视协同创新，依托创新中心建立创新联合体。拉通主管部门、研究机构、产业单位、应用单位、检测认证机构、标准化单位等全创新链，数据所凭借专用领域“国家队”总体地位发挥协同创新牵头作用。2021 年 1 月，主管部门批准先进移动通信应用创新中心成立，数据所是主依托单位。数据所依托创新中心与泰尔融创、江南造船、成飞集团、北京邮电大学等 10 多家单位构建创新联合体。创新采取“前店后厂”的组织模式，把各单位的技术和产品整合为面向用户的统一整体解决方案。创新中心成立以来，通过搭建产业沟通平台，探索协同创新模式，打通从需求侧到供给侧的完整创新链条，组织开展需求调研、技术研讨、联合研发等活动，承担多项重点科技任务，在加强协同创新和促进成果转化方面取得良好效果。同时，以创新中心为平台，引入院士和行业知名专家作指导，与外部团队协同创新，加速新技术突破。

二是针对跨学科跨领域的科技创新，注重加强与高校、国家重点实验室等一流研发机构的合作。数据所通过签订战略合作协议、共建联合实验室、联合申报、联合研发等方式，进一步强化科技创新综合能力，把一流研发机构的先进技术成果和研发能力与央企的产品研发需求紧密结合。数据所与浙工大、紫金山实验室等多家高校及国家重点实验室深度合作，在某新业务领域技术攻关和产品研发工作中，竞争力显著增强，连续 3 年新落实国家重点项目数增长率超过 25%。

三、改革成效

一是科技创新能力显著提升。2020 年以来，数据所定型新产品近 80 款，获批专利 40 余件，获国家科技进步二等奖 1 项，省部科技进步一、二、三等奖 20 余项。在抗量子专用算法研究方面取得一系列国内领先的原

创性技术成果，与国际方案相比在安全和性能方面并驾齐驱，满足实用化要求。系列专用安全设备在多项关键技术上取得重大创新，整体达到国内领先水平，部分达到国际先进水平。数据所牵头先进移动通信应用创新中心、5G 融合应用创新平台等多个创新联合体，打通政产学研用创新链，协同创新能力大幅增强。进一步完善科技专家梯队，培养一批有行业影响力的知名专家，打造形成专用安全领域人才高地，领域影响力不断增强。

二是安全支撑作用充分发挥。作为专用安全领域“国家队”“主力军”，数据所已成为国家相关领域战略规划、体系设计、标准编制、科技攻关、服务保障的核心支撑力量，近 3 年来牵头国家重点科研项目近百项，交付专用安全设备数百万台套，是国家电子政务、信创工程、特种应用、应急保障等一批重点建设任务的主要产品提供者。坚持科技自立自强，掌握自主核心技术，核心元器件基本摆脱对国外依赖，主要设备国产化率达到 100%，加强元器件选型管理、合格供方管理，确保供应链安全，提升与强国体系对抗能力。

124

坚持科技发展“四个面向” 完善科技创新机制 加快实现高水平科技自立自强

武汉光迅科技股份有限公司

一、基本情况

武汉光迅科技股份有限公司（以下简称“光迅科技”）是中国信息通信科技集团有限公司（以下简称“中国信科”）控股的国内首家上市的通信光电子器件公司，从事光通信领域内光电子器件的开发与制造已有40余年，具备对有源和无源芯片、器件和光集成器件进行系统性、战略性研发和规模量产能力，是“国家认定企业技术中心”“国家技术创新示范企业”“光纤通信技术和网络国家重点实验室”。光迅科技凭借着领先的垂直集成技术能力，丰富的产品线和大规模柔性制造与高品质交付能力长期服务于全球TOP10通信设备商与互联网资讯商和国内各电信运营商，10多年连续入选“全球光器件最具竞争力企业10强”，全球光通信器件行业排名第四。

二、经验做法

（一）围绕服务国家战略，坚持“四个面向”，聚焦关键核心技术攻关，不断提升企业核心竞争力

一是面向世界科技前沿，强化原创性引领性科技攻关。特高压是我国

电力发展史上最具创新性和影响力的重大成就。中国特高压技术实现了中国电力工业从落后到领先、进而站上世界电力制高点的百年追求，为国家能源安全与人类可持续发展作出重大贡献。光迅科技面对特高压通信中继站选址难、建设难、维护难和成本高等问题，成立专门的特高压超长距光传输技术研发项目团队，从芯片、器件、模块到系统解决方案，从激光器、接收机、放大器、色散补偿、非线性抑制、相干等原创性技术进行研究攻关，实现了多个全球第一：第一个 2.5G 相干产品、第一个 10G 相干产品、第一个 10G SBS 光模块。实现多个“世界纪录”：2.5G 单跨 713km 世界纪录、仍然保持 2.5G、10G、50G、100G、400G、500G、800G 单跨世界纪录。同时企业的核心竞争力也得到巩固提升，产品应用于“酒泉湖南”“雅中江西”等多个直流特高压工程，占有国内 70% 以上的特高压市场，有力地支持了中国特高压继续保持高速发展。

二是面向经济主战场，强化 5G 移动通信光模块产业链布局等重点领域布局。5G 网络建设对国家经济和社会发展具有巨大的战略意义，不仅能推动国家全面数字化转型，促进各行各业的创新和发展，还能有效提高国家军事实力，保障网络安全。光迅科技作为光通信领域的国家队，充分认识到 5G 通信对国家和企业未来的重大意义，在制定产品规划时就确定从芯片到器件到模块全产业链的高标准、全覆盖布局要求，确保实现技术自主可控，产品全面满足国内 5G 建设需求。光迅科技负责开发的“5G 光收发芯片关键技术”实现了国内首创 5G 光收发芯片，打破了国外的垄断，填补了国内空白，并实现了产业化，解决了“卡脖子”问题。产品在中国移动、华为、中兴、爱立信等 5G 系统中应用近 1000 万只，有力支撑了我国 5G 建设走在世界前列。

三是面向国家重大需求，加强企业主导的产学研用深度融合创新机制。卫星通信对灾难应急通信、军事国防作用重大，发展卫星通信拥有极其重要的战略意义。发展中国“星链”必要且紧急，是响应我国天地一体化信息网络工程，落实“没有网络安全、就没有国家安全”重大建设项目的重要举措。为提升星链项目中激光通信中的关键种子源器件——窄线宽激光器的开发效率和质量，光迅科技运用了产学研用深度融合的创新机制，以光迅科技为主体，通过与专业的航空航天研究机构如504所、上光所、704所等单位密切合作，成功开发窄线宽激光器，突破了超窄线宽、低噪声、抗辐照和噪声等关键技术，达到了国际先进水平，有力地支持了国家星链通信的发展和安全。

四是面向人民生命健康，提升绿色科技水平和竞争力。绿色发展是企业增强国际竞争力的需要，也是满足人民日益增长的优美生态环境需要以及实现高效、和谐和可持续的经济增长和社会发展的需求。光迅科技致力于将绿色环保的理念融入生产经营的每一个环节，制订了公司碳达峰、碳中和目标及《2030光迅碳减排行动方案》，重点发挥企业技术优势提升公司绿色发展水平；开发制定了产品降额设计内部企业标准，指导在产品性能和能耗方面进行综合平衡；建立物料选型库，确保物料环保、绿色属性；明确集成化、小型化设计导向以减少单位bit的能耗；研究高效散热结构技术、建立产品散热CBB以降低产品能耗指标；通过工艺改进和智能化制造技术的开发和应用提升企业的生产效率和生产能效。公司开发的低功耗5G系列光芯片和模块产品入选2022年“国有企业十大数字技术典型成果”和2023年世界互联网大会成果集《科技之魅》。通过先进散热技术实现了400G、800G、1. 6T高速数通光模块的产品的全面布局和开发，有效降低了交换机散热功耗，为数据中心节能减排提供了有力支撑。2022年公司温室气体排放减排2046吨，每百万元产值碳排放量为6. 81吨，同比降低3%。

（二）不断健全完善创新机制，改善企业创新环境，激发员工创新热情，努力提升企业创新能力

一是加强企业主导的产学研用深度融合，全面提升研发效率和质量。针对5G光模块光芯片紧急开发，光迅科技联合中国科学院半导体所、西南交通大学、中国信通院、烽火通信等单位成立产学研用联合攻关项目组，充分集合和发挥各家的材料分析、理论分析、芯片开发、系统应用、标准研究等不同领域的独特优势进行联合攻关，成功高效完成了5G光模块芯片自主开发，及时满足了国家5G网络建设需求。

二是提升内部研发管理水平，加快创新机制动能转化。光迅科技将原创技术进行单列纳入公司级战略管理，构建武汉总部、创新中心、国内研发中心和海外子公司进行四位一体协同开发机制，分离技术开发和产品开发并制定不同的考核机制，对技术开发项目关注过程，产品开发项目关注结果，另外在费用上和人力成本予以重点支持。

三是完善创新激励机制，激发员工创新热情。光迅科技坚持奋斗者精神，坚持以结果为导向，坚持增量发展作为科技创新激励管理思想。建立健全管理序列和技术序列双通道人才成长和发展机制，拓展人才成长路径。以科研队伍的职业晋升、考核分配、股权激励等多种方式实施人才激励。突出技术专家能力本位，发布《关于进一步完善和落实任职资格四级正式等及以上人员待遇的通知》，首批聘任20名工程师为总监/专家，并落实相关待遇，有效激发人才创新的积极性、主动性、创造性。

四是长期保持高强度研发投入，确保创新资源保障。光迅科技保持年度研发经费投入强度不低于10%，以加大对前沿性、原创性技术支持力度。目前已投资建设14.5万平方米的高端光电子器件产业基地，以满足未来3~5年研发生产规划需求。

三、改革成效

按照改革深化提升行动要求，光迅科技认真学习贯彻习近平总书记关于全面深化改革的重要指示精神，扎实开展国企改革各项工作，通过坚持“四个面向”，聚焦关键核心技术攻关，完善科技创新机制等重要举措，高水平科技自立自强能力得到进一步提升。近3年来，光迅科技获得了国家专利银奖2项、国家专利优秀奖2项等共16个省部级奖项，实现了超长距无中继光通信技术多个“全球第一”，填补了5G光芯片的国内空白，解决“卡脖子”问题。同时，公司业绩保持稳定增长，2022年较2019年累计实现销售增长30%，净利润增长73%，人均毛利率提高35%，向世界级光电子企业目标迈出了更坚实的一步。

125

守正创新　做有价值的研发

中牧实业股份有限公司

一、基本情况

中牧实业股份有限公司（以下简称“中牧股份”）成立于 1998 年 12 月 25 日，1999 年 1 月 7 日在上海证券交易所上市，是我国 A 股市场上第一家畜牧业上市公司。中牧股份主责主业清晰，聚焦兽用生物制品、兽用化药、动物营养品三大核心业务，是我国重大动物疫病防治产业支撑体系、现代饲料工业产业促进体系的重要组成部分，是农业产业化国家重点龙头企业，高致病性禽流感、口蹄疫等国家重大动物疫病疫苗定点生产企业，北京市高新技术企业，2018 年成为国企改革第一批“双百行动”企业，2023 年入选“创建世界一流专业领军示范企业”。

二、经验做法

中牧股份认真贯彻习近平总书记科技创新思想，落实国企改革深化提升行动部署，坚持守正创新，始终把科技创新摆在改革工作首位，不断强化科技资源整合，不断深化研发机制改革，不断完善创新激励机制建设，着力构建“大研发”体系建设并已初步成型。将价值创造与科技创新有机结合，推动自主创新能力显著提升，创新成果不断涌现，为企业增强核心功能、提高核心竞争力提供强大技术支撑，有力赋能公司高质量可持续发展。

（一）强化战略规划引领，做好科技创新顶层设计

一是制定科技创新发展规划。中牧股份高度重视科技创新工作，以打造科技型创新企业为目标，以补短板强弱项为抓手，以高质量发展为核心，围绕主责主业谋篇布局公司“十四五”科技创新发展规划，制定细化了《公司“人病兽防”研发战略规划及实施方案》《公司诊断制剂发展规划及实施方案》《公司重点疫病生物制品产品与技术研发规划》《公司宠物新赛道研发规划及实施方案》和《公司打造原创技术策源地规划和关键核心技术攻关工作方案》等研发子规划和专项研发实施方案。公司科技创新战略方向更清晰，路径更明确，任务更具体，科技创造价值成为普遍共识，研发投入强度2023年同比增长0. 33%。

二是强化顶层设计，“大研发”体系建设初见成效。中牧股份领导亲自谋划科技创新顶层设计，制定了自主创新与融合发展并重，自主创新能力建设与产学研用并举的中牧股份“大研发”科技创新体系建设。公司内部着力构建以中牧研究院为核心，整合下属各分支机构及控股企业研发资源，实行研产销自主创新联动机制。对外积极开展科（校）企融合、跨界融合和企业竞合，整合社会研发资源，构建产学研用深度融合的技术创新体系。与中国农科院、中科院、中国药科大学、中国农业大学等单位开展紧密合作，布局非洲猪瘟、口蹄疫、禽流感、牛结节等重大动物疫病疫苗，绿色二氧化氯消毒剂，宠物药品和新型预混料等一批“高精新”和前瞻性技术与产品联合开发，推进创新链和产业链深度融合。

（二）深化改革，不断推进研发机制创新

一是完善研发项目运行管理机制。欲利其器、机制先行，研发管理机制是做有价值的研发的重要保障。中牧股份不断完善《公司研发项目管理

办法》，强化研发项目目标指标及成本过程的科学性和技术实施的有效性；新产品注册管理前移，以“里程碑”节点管理方式提高项目研发质量和效能；强化以有价值的结果为导向的项目结题考核，产业化项目结题时，转化单位前置验收并出具意见，促进成果快速转化；设立探索性项目基金（每年100万元），鼓励“四性”和“三新”项目研发。

二是强化研产销协作机制。中牧股份建立研产销同频共振的研发联动机制和运行模式，发挥合力效应。鼓励研发人员到工厂挂职，鼓励生产和销售人员到研究院挂职，“双挂职”双促进，协同发展。研究院设立诊断中心，常年为市场销售提供技术服务。实行研究院在编人员驻厂制，促进研产协同，提升成果转化效率和工厂研发水平。研产销人员共同参与项目研发和可研论证，提升科技创新转化应用水平。

三是完善科研人员激励及培养机制。中牧股份不断完善研发长短期激励机制，优化科技成果奖励办法，加大成果奖励力度和奖励精准性，并每年持续实施科技成果奖励，2023年兑现科技成果奖励267.73万元。制定研发项目里程碑津贴实施方案，增加项目实施过程激励。开展专职研发人员成果积分晋升机制，打通研发人员晋升通道，32人获得晋升。实施研发岗英才计划，2023年评选出技术带头人1名、核心人才4名、青年新锐2名、技术先锋2名和科研新秀1名。联合人才培养，借助研究院博士后工作站平台，联合培养博士后，与高校联合培养研究生5人。研发人员创新活力不断提高，激励效果明显。

三、改革成效

一是研发成果丰硕。中牧股份2023年获得省部级科技进步奖4项，北京市新技术新产品证书1项。新兽药证书7项，数量位列行业第二。通过农业农村部应急评价2项，备受行业瞩目和赞誉。获公司级新产品3项，新工艺5项。获受理专利92项，同比增加44%；获授权专利53项，同比增加50%。中牧股份打造原创策源地行动计划工作台账，成功纳入国务院国资委第二批工作台账管理。2023年新申报并获批3项国家（地方）项目（子课题）。

二是科技成果产出效益明显。2023年，中牧股份实现新产品销售收入近7亿元，毛利润约3亿元，研发投入产出比为1∶1.6。公司努力打通科技成果转化“最后一公里”，大力促进科技成果落地实施，年内7项科技成果实现生产转化和销售；2项科技成果实现对外转让，转让合同金额近600万元。

三是资质平台进一步丰富，科企融合开创新局面。中牧股份研发资质进一步建全，获得农业农村部“动物生物制品与兽用化学药品重点实验室”新增兔兽用生物制品临床试验资质。科企融合发展开创新局面，与中国科学院生物物理研究所等单位签署重大动物疫病非洲猪瘟亚单位疫苗合作开发协议，与中国药科大学动物医药联合科创实验室挂牌成立并运行，与兰州牧药所签署合作框架协议。

四是核心技术突破。中牧股份突破牛结节皮肤病灭活疫苗抗原悬浮培养关键核心技术，研发出国内首个牛结节皮肤病疫苗。自主研发的猫泛白细胞减少症、鼻气管炎、嵌杯病毒病三联灭活疫苗通过国家新兽药应急评审，加快国产替代进口步伐。合作开发的非洲猪瘟亚单位疫苗进入应急评审阶段。联合开发颠覆性产品禽流感病毒火鸡疱疹病毒载体活疫苗获得临床批件。自主完成猪瘟病毒150L悬浮培养工艺并产业化应用。成功开发集团关键核心技术攻关项目中一款新产品并推向市场。

126

深化改革强动力　砥砺前行谱新篇

中国生物技术股份有限公司

一、基本情况

中国生物技术股份有限公司（以下简称“国药中生”）始建于1919年，前身为北洋政府中央防疫处，新中国成立后直属卫生部领导，现为中国医药集团有限公司（以下简称“国药集团”）二级子公司，注册资本98.08亿元，其中国药集团持股95.36%，中国医药投资有限公司持股4.64%，是中国历史最久、产品最全、规模最大，集科研、生产、销售以及研究生培养为一体的综合性生物制药企业。2022年3月，公司成功入选“科改企业”，在中央企业“科改企业”2022年度专项考核中，国药中生获评“标杆企业”。

二、经验做法

国药中生以习近平新时代中国特色社会主义思想为指导，全面贯彻党的二十大和中央经济工作会议关于深化国企改革的重大部署，落实新一轮国企改革深化提升行动任务要求，深入布局发展战略性新兴产业，打造新质生产力，提高企业核心竞争力，增强核心功能，积极服务国家重大战略，在建设现代化产业体系、构建新发展格局中切实发挥好科技创新、产业控制、安全支撑作用，坚定不移做强做优做大、做精做专做实。

（一）完善科技创新机制，加快实现高水平科技自立自强

一是强化原创性引领性科技攻关。国药中生积极推进原创技术策源地建设，加强前沿性、颠覆性技术研究的科研立项，在细胞治疗和基因治疗领域新布局2项创新产品。坚持面向国家安全和重大疾病防控的战略要求，进一步完善核酸疫苗技术平台、载体疫苗技术平台和双特异性抗体药物技术平台，2023年mRNA疫苗、新型佐剂疫苗、多联多价疫苗、ADC抗体等取得突破性进展，通过技术突破带动实现产品突破。

二是加强产学研深度融合。国药中生持续推进与高校、科研院所、创新型企业等围绕关键核心技术、创新产品和创新服务等开展协同创新合作，2023年与清华大学、北京大学、中科院微生物所等高校和科研机构签署合作协议14项、战略合作框架协议3项、技术许可协议5项，与康宁生命科学签署共建联合实验室备忘录，国家新发突发重大传染病疫苗应急研发科技示范工程列入科技部重大应用场景专项行动。

三是健全完善研发投入机制。国药中生形成以企业投入为主体，财政和社会投入为补充的良好格局。2023年共申请国家重点研发计划等科研项目39项，合计申请中央财政及地方政府科研资金21096万元，获批立项18项，获批专项经费7366万元。建立研发投入刚性增长机制，优化研发投入结构，提高基础研究、应用基础研究和原创技术投入比重，提高资源配置和利用效率，研发投入强度达24.16%。

（二）优化产业布局结构，加快建设现代化产业体系

一是着力发展前瞻性战略性新兴产业。国药中生坚持“四个面向”，

加快重点疫苗产能建设，形成针对新发突发传染病应急疫苗和防治药品的快速研发生产能力，构建起应对新发突发重大传染病的快速反应体系。为全面加快推进战略性新兴产业发展，在工信部统筹协调下，国药中生正筹建医药产业科技创新基金，形成了初步组建方案和投资策略。

二是持续推进国产化替代研究和关键核心技术项目攻关。国药中生围绕“产业化需求”和“瓶颈制约技术”，利用自身在生物制药领域和现有市场平台的优势，协同攻关，持续部署和实施现有上市产品国产化替代，强化产业链供应链自主可控能力。

三是着力推动数字化智能化绿色化转型升级。国药中生加大技术改造与设备投入，推动数字化技术与企业生产经营管理深度融合，提升数字化管理、运营和决策水平，累计 2939 台设备接入制造执行系统（MES）和数据采集与监控系统（SCADA），14 家企业上线试运行 LIMS 系统，16 家企业上线试运行药物警戒系统，22 家“浆站云”系统部署运营。“基于 AI 的创新药物研发平台项目”入选国家发改委生物技术与信息技术融合应用工程示范项目，超算中心完成计算生物学模拟计算和人工智能模型训练平台部署，与国家药监局信息中心联合开展研究，实现疫苗生产核心工序的“智慧监管”。积极落实“双碳”战略，促进能源供给侧结构调整和能源使用端优化升级，推进清洁低碳转型，制定国药中生“双碳”行动方案，2023 年新通过 ISO50001 能源管理体系认证企业 4 家、ISO14001 环境管理体系认证企业 3 家、绿色工厂建设认证企业 1 家。

四是积极参与优化全球产业链供应链布局。国药中生持续加强海外注册、业务拓展及海外运营管理能力建设，推进重点创新合作项目和各重点国家产业化合作项目，2023 年新增海外注册证 16 项，与 NIH 签署内部技术授权协议，与牛津大学签署临床培训项目合作协议，获批梅琳达 · 盖茨基金会合作研究课题 2 项，在 7 国同步推进半成品产能合作项目。

（三）强化重点领域保障，支撑国家战略安全

一是持续推进生物安全综合体系建设。国药中生以保障国家安全为使命担当，进一步推进生物安全综合体系建设，实现生物安全管理一体化、规范化、标准化。在组织架构、程序化控制、风险识别、记录可追溯性等方面，形成相对统一、有指导性、可追溯性强的P3实验室管理体系文件，切实提高了生物安全体系运行水平。

二是不断增强血液制品供应能力。国药中生多措并举推进战略重组和加快项目建设，力争早日实现国家战略物资血液制品的自给自足。加快推进天坛生物和西安回天两个血液制品国有企业整合，西安回天已具备接受GMP符合性检查的条件。在云南昆明、甘肃兰州新建国内领先、国际一流的血液制品产业化基地，云南基地已完成施工，兰州基地正在进行机电安装工程施工。在四川成都新建重组凝血因子生产车间，设计产能10亿IU/年，完成了车间建设及工艺验证工作。

三是全力防范化解重大风险。国药中生2023年初开展年度重大风险评估工作，聚焦大风控体系建设，制定完成风险防范措施，每季度组织总部相关部门和二级子公司开展重点风险监测，形成季度风险报告。结合硅谷银行事件，完成8家境外企业、24家境内企业地方银行账户及资金存款情况排查。做好股权投资、基建投资项目论证工作，合理控制投资规模，确保资金安全，每月关注各子公司资产负债率情况，重点跟踪高资产负债率子公司压降情况，实现对各子公司资产负债率动态管控。

三、改革成效

一是担当国家战略科技力量的实力进一步强化。国药中生通过整合优势资源，打造国家级战略科技平台。2023年，国药中生获批建设新突发传

染病新型疫苗研发全国重点实验室、农业农村部动物生物制品基因工程技术重点实验室、国家企业技术中心和国家技术创新示范企业，现已拥有9个国家级研发机构。国药中生将围绕国家科技创新重大战略任务展开攻关，实现关键技术突破，持续转化重大原始创新成果，显著提升生物制药领域的核心竞争力，促进我国生物医药产业高质量发展。

二是传染病应急研发体系进一步完善。自猴痘疫情全球散点暴发后，国药中生在新冠科技攻关基础上，迅速从诊断、预防、治疗3个领域开展猴痘防控科研攻关。诊断方面，自主研发猴痘荧光诊断试剂盒，获欧盟CE认证及中检院检验报告，可实现猴痘病毒的精准诊断。预防方面，同步开展减毒活疫苗和mRNA疫苗两条疫苗研发技术路线、三款猴痘疫苗的研发。两款猴痘减毒活疫苗均已完成临床前研究，猴痘特异性mRNA疫苗VGPox完成序列筛选和概念验证，已全球首发相关研究成果。治疗方面，与军事医学研究院就猴痘治疗药物特考韦瑞签署技术转让协议，将视疫情防控需要启动原料药和制剂生产，快速形成稳定的供应能力。

三是创新成果转化进一步加快。国药中生选取重点研发项目，尝试采用项目负责人（PI）制，赋予科研项目负责人技术路线决定权、经费使用权、团队组建权以及考核分配权等权限，进一步激发科研人员创新创效活力。上海公司抗体团队作为PI制试点和市场化运营团队，自主研发的ADC药物获临床研究批件，实现从类似药向创新药研发转化。

四是高层次人才支撑引领作用进一步发挥。国药中生坚持人才资源是第一资源，在高端人才引进模式上不断探索新形式新方案，通过“柔性弹性+双聘双跨”，持续深化柔性引才，努力探索企校、企院科技人才双聘共用等灵活用工形式，2023年引进高端人才15人，录取工程硕博士11人，为促进业务发展提供强有力的人才支撑。

下一步，国药中生将继续聚焦高水平科技自立自强，持续深入推进改革深化提升行动，以改革促发展、以创新求实效，加快建设世界一流生物制药领军企业，全面服务“健康中国”战略，为推进中国式现代化、全面建设社会主义现代化国家作出新的更大贡献。

127

提升产业自主可控能力
推进医疗器械工业自立自强

中国医疗器械有限公司

一、基本情况

中国医疗器械有限公司（以下简称“国药器械”）隶属于世界500强企业中国医药集团有限公司（以下简称“国药集团”），是国药集团医疗器械板块战略发展承载者，业务涵盖医疗器械研发、制造、流通、服务等各领域，子公司289家，2022年营业收入超800亿元，是我国规模、实力、覆盖、专业全面领先的医疗器械综合服务运营商。工业制造板块是国药集团重点布局的三大战略业务体系之一，国药器械作为国药集团医疗器械工业板块承载者，始终坚持将科技自立自强与工业制造融合发展，填补了医疗器械先进制造的产业空白。国药器械以“让更多的民众享受更好的健康服务”为使命，立足“责任央企、行业领袖”的品牌定位，致力打造高度专业化的医疗器械全产业链平台。

二、经验做法

（一）探索走出了一条“工业自立自强，提升产业自主可控能力”的自主工业路径

一是强化医用防护耗材自主工业保障，有力支撑疫情防控国家任务。

在自主工业路径探索上，国药器械聚焦防护耗材领域，与奥美医疗合资共建成立国药器械第一个工业企业——医用防护耗材生产平台国药奥美，掌握了感控防护耗材相关研发、采购、生产、检验等工业制造全流程核心能力，自主工业与渠道结合率先实现落地。疫情 3 年，国药奥美勇担央企责任，累计实现保供防疫物资 36 亿件，有力保障了疫情防控国家任务。面对新发展形势，国药器械科学研判，协助国药奥美迅速实现企业转型发展，聚焦面向医院基础性耗材和民众健康生活需求开展新产品自主研发攻关。目前，累计取得超过 40 张医疗器械注册证及备案证，产品覆盖手术感控、疾控防护、基础医用敷料、急性伤口护理、卫生护理等专业领域，实现了“由单一产品向多元化产品”转型发展。

二是优化产业布局，通过产业链合作引进先进技术和管理经验，确保供应链稳定。面对产业基础薄弱，国药器械积极优化自主产业布局，与国际标杆企业 GE 医疗携手合作，引进先进技术和管理经验，推进高端医疗器械科研生产合资合作，重点布局 CT、彩超等高端影像设备。一方面，通过引进国际一流企业生产、工艺技术，搭建全球领先的智能全自动、高效率生产线，填补高端影像工业制造空白；另一方面，聚焦关键“卡脖子”问题，加速 CT、核磁、超声等高端医疗器械国产替代，完善本土供应链。在科研创新规划方面，开展 CT 球管、探测器等关键零部件的研发和生产，解决相关工艺技术难题，推动高端器械国产化替代，同时，联合清华大学等科研机构和企业，探索 AI 辅助诊断及数字化超声系统合作研发，提升优质医疗设备可及性和普惠性，让更多的民众享受更好的健康服务。

三是携手上游核心部件 ODM 厂商，布局自主高端医疗器械，实现高水平科技自立自强。高端内窥镜系统国产品牌占有率低，国药器械与上游高技术制造企业海泰新光合资设立国药新光，聚焦 4K 荧光、除雾、3D 医用内窥镜及微创外科产品研发转化，通过上游核心技术和产品与下游渠道和品牌的相互协同，加快实现高端内窥镜系统自主研发制造，2023 年首款 4K 荧光内窥镜顺利上市销售。国药器械支持国药新光持续加大研发力度，拓展 4K 荧光除雾内窥镜摄像系统等高端微创领域国产设备布局，同时通过整合产业链资源，开展产品、研发合作，扩充手术器械、能量平台等产品线，实现高水平科技自立自强，建设行业领先的高端微创器械工业平台。

四是发挥研究院研发主体作用，探索工业合作新模式，更好地支撑自主工业体系建设。探索发挥国药集团医疗器械研究院（以下简称“研究院”）技术资源的支撑主体作用，推动商业子公司转型发展，由研究院牵头挖掘工业产品，协助子公司开展医疗器械产品注册取证，采用“产品自研 + 委托生产”形式，推动子公司布局工业。根据市场调研、BI 数据分析及市场调研，依托研究院技术研发力量，探索自主工业产品研发取证，开展产品孵化及产品的迭代升级，助力搭建自有工业产品体系，实现更高水平的自主医疗器械工业制造。

（二）整合优化了一种“全方位加强产学研合作，提升创新能力”的科技创新模式

一是加强资源整合，搭建产学研创新平台。国药器械与中国石化北京化工研究院共建“医卫新材料联合实验室”，推动医用材料关键“卡脖子”突破，实现自主、可控及产业链安全。依托中国科学院深圳先进技术研究院，与上海联影、深圳迈瑞共同申报“多模态医学成像技术与系统全国重点实验室”，进入国家战略性研发力量队伍。与复旦大学类脑智能科学与技术研究院合作，共建产学研创新平台、联合实验室，聚焦脑疾病的筛查、诊断和治疗的可穿戴医疗设备产品攻关。完成工信部“面向制造业重点领域的创新成果产业化公共服务平台建设”，推动相关医疗装备创新成果产业化、成果演示、技术评价等。

二是积极参与国家重大项目，突破“卡脖子”技术难题。国药器械与北化院联合攻关特种医用透气膜材料研发，推进在医用防护服、高端医疗器械包装材料等应用场景下的质量控制指标体系和应用评价规范，提高产品质量。联合北化院、国药中生积极参与工信部医用材料“揭榜挂帅”项目，与清华大学等联合申报脑机接口“揭榜挂帅”任务榜单课题。

三是以校企合作强化企业科技人才培养。国药器械一直重视医疗器械领域复合型人才的培养和引进，与北京航空航天大学在医学成像、分子诊断、生物材料等方向开展研究生联合培养，与同济大学合作联合开展硕士生培养，与北京大学联合开展工程硕博士培养。科研队伍建设方面，2023年工业科研专业人才队伍新增2倍，为公司引入科技新力量。

（三）探索实践了一套“科技创新体系引领，增强企业创新活力”的创新激励机制

一是建立以科委会形式完善科研决策机制。2023年，国药器械成立了科学技术委员会，搭建以科委会为首的科研管理组织架构，充分发挥专家资源在科技创新、项目研发、技术评估等方面的指导作用，科研立项决策更加科学化、规范化。

二是完善科研管理与激励机制，营造良好创新氛围。为提高工业板块科研素养，营造良好创新氛围，国药器械建立了涵盖科研项目立项、实施、经费使用、注册、专项管理等科研管理制度，同时，探索设立工业科研奖项，激发科研热情，对于开展工业业务的分/子公司设立专项加分，激励发展工业积极性，科研管理体系进一步完善，创新氛围逐步加强。

三是加大研发投入，支持自主工业新产品研发创新。国药器械始终坚持科技自立自强与工业制造融合发展，2023年，工业企业科技研发投入不断加大，预计全年投入超过6000万元，推动一批创新产品研发取得突破。

三、改革成效

一是自主工业与科研创新体系初步建立。国药器械已初步打造了“3＋1”工业与科研创新体系，即医用耗材、高端影像、微创器械3个自主化医疗器械工业平台和1个科技创新与工业赋能支撑平台——国药集团医疗器械研究院，自主研发、上市了一批面向生命健康重大需求的医疗器械产品，逐步建立自主工业体系。

二是自主创新产品实现布局。2023年首届中国国际供应链促进博览会上，“国药影像”品牌正式发布，国务院总理李强同志到国药集团展台参观时，询问了企业发展有关问题。国药新光首款4K荧光内窥镜上市销售，自主高端医疗器械实现布局，已在北大人民医院等三甲医院投入使用。国药江西取得5款高频电刀耗材注册证。国药器械研究院探索“自研＋委托”生产模式，布局自主工业产品，积极探索工商协同模式，研发主体作用逐步发挥，取得阶段性成果。

三是科技创新能力得到增强。国药器械产学研合作边界不断扩大，工业科技创新能力不断加强，参与国家战略科技力量布局、工信部产业公共服务平台建设以及全国重点实验室建设；开展工信部特种医用透气膜“卡脖子”技术攻关、承担“揭榜挂帅”项目，布局和申报科学仪器国产化、脑机接口等重大攻关项目，参与申报高端医疗器械策源地、链主企业等国家项目。工业板块科研创新能力不断加强，多领域产品填补空白，2023年度累计取得医疗器械注册证22项、备案证15项，发明专利授权7项，实用新型专利授权19项，软件著作权32项，获得高新技术企业2项。

128

履行职责使命　强化安全支撑 着力增强核心功能

北京大地高科地质勘查有限公司

一、基本情况

北京大地高科地质勘查有限公司（以下简称“大地高科”）成立于1994年6月，是中国煤炭地质总局（以下简称“中煤地质总局”）管理的中央三级全资企业。近年来，大地高科围绕总局“一体四翼两培育”的发展理念，聚焦地质勘查、应急救援以及煤层气开发等产业，坚持“人民至上、生命至上”理念，积极履行国家常备应急骨干力量的职责使命，以加快推进“矿山全生命周期地质技术保障”产业链建设为抓手，不断提升产业链韧性和矿山应急救援能力体系建设。

二、经验做法

（一）以产业链建设为主线，提升核心竞争力

一是聚焦矿山全生命周期地质技术保障产业链，提升行业话语权和竞争力。作为国家级高新技术企业，大地高科持续聚焦建链强链行动，不断增强能源资源勘查开发、矿山灾害防治与绿色保护开采、应急抢险救援三大核心技术体系优势，拥有核心专利技术110余项，发明授权专利20余

项。主编国标、行标、团标10余项，主编的《煤层气资源勘查技术规范》（GB/T 29119—2023）紧扣新一轮找矿突破战略行动，为推进非常规天然气资源“增储上产”，保障国家能源安全保驾护航。

二是聚焦复杂矿山应用场景，提升精准定向钻井技术。在地勘服务领域，大地高科形成复杂多煤层煤系气勘探开发技术、钻压排一体化技术、煤层顶板水平井分段压裂抽采技术等关键技术，支撑贵州、新疆、山西等地煤层气勘探与煤矿瓦斯抽采示范工程40余项，实现了山西晋城兰花科学试验井年产气量突破4万立方米。

三是持续建设国务院国资委应急救援原创技术策源地、中煤地质总局抢险救援一级科技创新团队。按照“五个建队”要求，大地高科完成国家矿山应急救援三支中队钻机及配套装备的托管工作，3台钻机均已形成救援能力。参与涿州排水抢险救援，累计完成9个排水任务点，总排水量28.29万立方米。应邀参加第十二届全国矿山救援技术竞赛和先进适用技术装备展示活动，努力打造地质勘查野战军、矿山救援主力军。

（二）以“平战结合”理念为指导，提升可持续发展力

一是坚持党的领导，强化队伍政治建设。中煤地质总局党委深入践行“人民至上，生命至上”理念，提级管理国家矿山应急救援大地特勘队，中煤地质总局党委书记任第一政委，切实强化党的领导和统筹协调，现已完成布局华北、西北、东北3个中队建设，救援范围基本覆盖全国14个大型煤炭基地，服务行业能不断力增强。

二是坚持需求导向，统筹应急能力规划布局。大地高科救援队实行“规范化、专业化、战备化”管理，强化应急备战，提升快速响应能力。现已具备6小时内完成准备、12小时内到达500公里以内事故现场、72小时内完成600米深的大口径生命保障孔的救生孔钻探救援能力，极大提高了救援成功率。

三是坚持“平战结合”，提升可持续发展能力。大地高科通过平战结合的模式实现自收自支，“平”时围绕矿山全生命周期地质技术保障服务开展生产经营，“战”时接受应急管理部部及应急救援中心统一指挥，开展应急救援任务。

（三）以应急救援能力体系建设为抓手，提升安全支撑能力

一是增强对国家能源资源的安全保障能力。大地高科通过多年工作经验积累，在矿山灾害防治与绿色保护开采领域，针对华北地区奥灰水防治、西北地区巨厚顶板砂岩水防治、煤矿高瓦斯强突出等问题，逐步形成了以煤矿区水害致灾隐患高效探测与治理技术、碎低渗煤层地面瓦斯治理与开发协同技术、覆岩离层注浆充填技术为主的10余项关键核心技术，累计解放煤炭资源量近两千万吨，为保障国家能源安全和矿山安全高效绿色精准开采贡献了力量。

二是增强矿山救援的应急响应能力和安全支撑能力。通过不断完善以地面生命保障孔精准定位及快速成孔技术、大孔径救生孔安全高效成孔技术等为核心的矿山灾害生命保障救援通道高效安全构建技术体系，有力支撑了大地高科38次应急抢险救援行动和应急救援演练技术需求，特别是在2021年山东笏山金矿救援中，关键时刻3号救生孔的顺利打通，为挽救11名矿工生命做出突出贡献。大地特勘队队长受到习近平总书记亲切接见，应急管理部授予大地特勘队集体二等功，先后荣获全国应急管理系统先进集体、中央企业先进集体、中央企业青年文明号、北京市应急先锋号等荣誉。

三是增强矿山救援领域技术体系的再升级能力。多年来深厚的技术积淀，巩固了中煤地质总局在国家矿山灾害地面应急救援领域的领先地位。地面生命保障孔精准定位及快速成孔2项技术成果均已达到国际领先水平，累计承担应急救援领域国家级、省部级科技项目15项，形成应急救援领域专利31项，编制的《矿山应急救援钻孔国际标准》《矿山事故钻孔救援技术规范》等5项指南或标准规范的编制及发布，丰富和完善了矿山救援技术体系，获得了原国家安全生产监督管理总局安全生产科技成果奖，有力推动了矿山应急救援技术力量的发展。

（四）以建设高水平干部队伍为目标，打造高素质专业化国有企业领导人员队伍

一是筑牢信仰根基，激发队伍活力。大地高科以政治建设为统领，把深入学习习近平新时代中国特色社会主义思想作为首要任务，以强化专业能力、专业素养、专业精神为着力点，让专业的人干专业的事，让适合的人匹配合适的岗位，通过加强对年轻干部的实践锻炼，推动干部思想解放、能力提升和丰富历练。近3年，通过校园招聘、社会招聘等途径，引进各类人才56人，其中应届毕业生17人，成熟社会人才14人，技能人才15人。选拔任用干部17人，为公司的科学发展提供了强有力的组织人事保障。

二是坚持创新导向，拓宽晋升渠道。大地高科积极畅通各类人员晋升渠道、拓宽平台，通过印发《高层次人才薪酬管理规定（暂行）》《职业（执业）资格证管理办法》等制度，努力提升优秀干部职工薪资待遇，充分激发全员干事创业积极性，提升干部职工精气神。通过建立各专业领域职业晋升通道，确保通过规范、明确的职业指引，使各类人才能够扎根本专业领域，潜心钻研业务知识、技能，坚定职业发展的自信与成长的自觉，成长为本专业领域专家型人才。

三、改革成效

一是履行央企社会责任，切实扛起央企使命担当。大地高科被国家安全生产应急救援中心明确为跨国（境）生产安全事故应急救援常备力量，是北京市唯一的国家专业矿山应急救援队伍。10 余年来累计参与煤矿、非煤矿山等各类安全生产事故救援任务 38 次，累计打通 50 多条救援通道，成功救助遇险人员 300 余人，为国家和企业挽回了近百亿元经济损失，为提升矿山应急救援领域的安全支撑能力作出了应有贡献。

二是“一利”稳定增长，“五率”持续优化。近 2 年，大地高科经营收入增幅 11.25%，利润增幅 2.15%，全员劳动生产率增长了 18.52%，研发投入强度提高了约 2 个百分点，营业现金比率达到了 11.21%，增强了可持续发展的动力。

三是秉持科技赋能理念，防范化解煤矿安全风险。针对煤矿区水害问题，大地高科研发致灾隐患高效探测与治理技术，提高煤层顶、底板的抗压能力和隔水性，降低了煤矿开采水灾威胁，提高煤矿生产安全。针对煤矿瓦斯威胁，研发地面钻井消突技术，大大降低井下煤与瓦斯突出的风险，有效提高煤矿瓦斯治理水平；多分支瓦斯抽采技术从多个层面全方位解决煤矿采空区瓦斯抽采问题。针对影响煤矿安全高效生产的构造地质问题，研究并推广应用了以“宽频带”“全方位”为核心的煤矿采区高精度三维地震勘探技术，能够查明落差 3～5 米以上的断层等小构造，在矿井和采区设计优化、优选采煤方法、提高资源采收率等方面起到了重大作用。

129

加快构建综合信息服务领军企业

中国民航信息网络股份有限公司

一、基本情况

中国民航信息网络股份有限公司（以下简称“航信股份”）隶属于中国民航信息集团有限公司（以下简称“中国航信”），成立于2000年10月18日，2001年2月7日完成了向境外投资者首次发行股票（H股）并在香港联合交易所有限公司（以下简称“联交所”）挂牌上市交易。航信股份是国家鼓励的重点软件企业和高新技术企业，是世界第三大的航空旅游全球分销系统服务商，为国内外航空公司、机场、机票销售代理提供旅客信息、商务信息、机票分销和代理清结算服务，处于中国民航运输产业链的关键环节，被誉为“民航健康运行的中枢神经”。运营的民航商务旅客系统是保障旅客出行、行业秩序、运输安全的关键信息基础设施，被列为关系国计民生的八大信息系统之一。在航信股份的努力下，我国成为全球第一个实现100%电子机票的国家。2023年，航信股份成功入选创建世界一流专业领军示范企业。

二、经验做法

（一）聚力核心技术攻关，提升自主创新能力

航信股份以重大关键技术自主创新为牵引，以重大科技项目和创新平

台为依托，切实增强科技创新能力。

一是加快推进关键核心技术攻关。航信股份深入实施关键基础设施核心技术攻关，着力解决核心系统“去主机化”“云化”等关键技术难点。

二是加强科技创新人才队伍建设。航信股份全面实施科技创新能力提升计划（931登峰行动计划），搭建“国家级—省部级—公司级”科技创新平台梯队，大力培养战略科学家、卓越工程师、大工匠、创新团队。出台科技创新尽职合规免责相关规定，减轻科技人员思想顾虑，让科技人才能够尽情发挥能力、加速创造科研成果。

三是持续释放科技创新效能。航信股份与中国电子、华为、中科曙光等公司分别成立联合创新体，积极参与信创产业链产品的“适配验证+”效果评价。截至2023年底，新增有效专利370余项，申请PCT国际专利48项，参编国家标准5项，两次获得中国专利优秀奖，知识产权创造能力显著提高，多项成果填补了国内空白，达到国际领先和先进水平。

（二）聚焦数字化转型，积极赋能智慧民航建设

一是助推行业提升运行效率。航信股份成熟运用物联网、3D可视化、AI智能、大数据分析等技术，有效提升机场运营效率，减少机场指挥员90%的资源分配时间，航班计划制作用时从每天4~5小时降低至10分钟，航班地面服务保障正常率提升5%，各保障部门运行效率平均提升12%，工作人员劳动强度平均降低8%。

二是助力航空旅客便捷出行。航信股份在国内200多家机场积极推进电子通关、自助值机、人脸识别等新技术应用，使“一证通关”“一张脸走遍机场”成为现实，累计节约旅客时间成本5亿多小时。自主研发“行李全流程跟踪系统”和“民航中转旅客服务平台”，解决了长期困扰民航旅客的行李丢失、中转时间长等问题。

三是加快布局战略新兴产业。航信股份互联网领域成功纳入国务院国资委未来产业启航行动计划。构建“1+3+X”前瞻性战略性新兴产业体系，在新一代通信、人工智能、未来网络等领域多点发力，启动建设航空公司运控系统核心系统、机场智能网联车控系统等重点项目。

（三）聚责安全发展，筑牢民航网络安全防线

一是持续健全优化安全制度管理体系。航信股份围绕运维体系六要素管理要求，制定《中国航信安全风险分级管控和隐患排查治理双重预防机制管理规定》等16项新制度，修订《旅客数据安全管理规定》等5项现有制度，积极参与各类数据安全标准编制工作。

二是强化关建信息基础设施建设。航信股份建立关键信息基础设施安全保护专班和保障机制，有效提升了核心系统安全架构等级。组织开展民航旅客服务系统工作号实名身份认证，强化了民航业销售和服务体系的安全基础。开展内部常态化攻防模拟实战演练，进一步提升信息安全防护能力。

三是提升数据安全和信息安全保障能力。航信股份建立了完善的数据安全管控流程，区块链基础平台“航旅链”为民航各主体数据加密、数据共享、数据流转、存证溯源提供了信息技术底座。在全行业推广“实名制”，解决了长期困扰民航业信息安全方面权责界定难、人员身份确认难等“老大难”问题，促进民航业信息化治理进入更高水平发展阶段。

三、改革成效

一是科技自立自强取得新突破。在核心技术攻关方面，航信股份去主机化、云化重点项目相继建成，从技术上实现离港和分销系统去主机化、核心系统云化。国内50家航空公司航班管理业务全面实现开放化，自主研发的配载控制系统将人均航班处理效率提升400%。在科创平台建设方面，

成功获得“国家企业技术中心”“国家知识产权优势企业”和“国家绿色数据中心”等国家级平台和资质认定，累计建成7个省部级科技创新平台，获批工程系列高级职称评审资质和国家级博士后科研工作站，连续4年夺得中国航协民航科学技术一等奖。在科创人才队伍建设方面，打造90个科技创新实体、培养30名科技创新领军人才和100名科技创新拔尖人才，完成了首批2名行业级领军人才、11名公司5级领军人才、34名科技创新拔尖人才的遴选工作。

二是为智慧民航建设贡献新力量。在智慧出行方面，航信股份搭建的民航中转旅客服务平台累计在220余家机场投产使用，创新了“干支通、全网联”服务模式，于2023年4月正式获中国民航局正式授牌。“航易行”行李全流程跟踪系统实现和国内主要航司的对接，并构建行李“门到门”服务平台，打造行李服务新业态。One ID生物识别服务平台在20余家机场应用，促进“旅客出行一张脸”智慧出行目标的快速落地。在智慧运营方面，航信股份协助国内千万级机场全面推进A-CDM产品建设，利用物联网、3D可视化、AI智能、大数据分析等技术建设了一套完整智慧机场解决方案，助力机场智慧运营一体化。自主研发的互联网数字化零售中台（航空公司数字化零售中台TRP），以及面向下游渠道的航空旅游新零售平台，实现航旅内容分销数字化。

三是为维护民航网络安全展现新作为。在安全保障方面，航信股份当前已连续17年保持核心系统安全生产的平稳态势，主要生产系统累计安全运行6078天、14.6万小时，从未发生重大信息安全事件，安全保障能力达到国际领先水平。圆满完成全国两会、中国-中亚峰会、杭州亚运会等重大安全保障任务，切实履行了民航央企的使命担当。在数据治理方面，积极支持政务数据调取响应，全年受理10类政府机构的255个数据需求，累计提供数据约1884.07GB；获评数据管理能力成熟度（DCMM）四级认证和数据安全能力成熟度（DSMM）三级认证；荣获“2023 十大数据管理名牌企业”称号。在第二届中国民航网络安全职业技能大赛上荣获 4 项团体奖，12 名个人奖，在第五届国家网络与信息安全信息通报机制中央企业网络安全大赛荣获交通行业最强战队奖。

130

“双碳”目标下可持续航空燃料战略布局

中国航空油料有限责任公司

一、基本情况

中国航空油料有限责任公司（以下简称“航油公司”）是中国航空油料集团有限公司（以下简称“中国航油”）下属二级子公司，由中国航油（占股51%）、中国石化销售股份有限公司（占股29%）及中国石油天然气股份有限公司（占股20%）共同出资，现为国内最大的集航空油品采购、运输、储存、检测、销售、加注为一体的航油供应商。2023年航油公司深入贯彻落实国企改革深化提升行动，锚定航空能源保障新模式，以可持续航空燃料布局为抓手，强化国家航油战略安全，围绕航油产业链部署创新链，发挥推动经济布局结构优化的航油作用。航油公司秉承“竭诚服务全球民航客户，保障国家航油供应安全”宗旨，聚焦可持续航空燃料产业发展潜力，通过深度参与可持续航空燃料产业链布局，助力中国可持续能源战略发展以及民航业的迭代升级。

二、经验做法

航油公司在航空油料供应保障中明确自身精准战略定位，致力于可持续航空替代燃料的“供应、需求、保障、应用”，持续打造产业核心竞争力。从战略侧、科研侧、需求侧、供给侧、保障侧、标准侧6个维度综合发力，参与核心技术研究，助力扩大上游供给，耐心培育市场需求，致力于提供具有极高匹配度的可持续航空燃料解决方案，以此探索具有中国航油特色的可持续航空燃料产业化培育模式。

（一）战略侧：明确定位及发展方向

航油公司作为“航油国家队”，以“中国可持航空燃料产业链核心推动者”作为战略定位，将目标明确为“为中国民航业提供综合性的可持续航空燃料解决方案”。2023年，航油公司成立绿色低碳工作领导小组、布局发展战略新兴产业专项工作领导小组，深耕“可持续航空燃料应用研究管理”，以此为核心竞争力，切实推动产业链上下游各方充分沟通与交流，广泛开展合作，使需求侧与供给侧之间形成协同联动，强强联合形成合力，积极联合各方寻求政策扶持引导，推动建立完善“原料—炼制—运输—加注—使用”的完整产业链。

（二）科研侧：科技引领，联合研发

一是成立航油公司油品研发中心，通过油品研发、新能源领域研发，积极推进民航绿色低碳技术的攻关和应用。

二是参与国家级、省部级生物航油制备技术研发科研项目，积极支持地沟油、小桐子、秸秆、甘蔗渣等原料制取生物航油技术研发及推广试飞。

三是多维度开展全产业链技术政策研究，开展综合鉴定及质量管控方法研究、飞机发动机运行数据收集等专项工作，为可持续航空燃料产业链发展打下坚实基础，相关成果达到国内领先水平。

（三）需求侧：把控供应节奏，促进市场发展

航油公司发挥自身业态优势，梳理国内外航司可持续航空燃料加注不同需求，紧密关注航油供给能力及上游产能实际，准确把控市场供应节奏。近年来，航油公司已顺利完成国内外多加民航、货运及通航公司的可持续航空燃料交易和保障。2023 年，以杭州亚运会、成都大运会可持续航空燃料供油需求为契机，航油公司积极参与生物航油以及可替代能源的实际运用，完善基础设施，提升服务水平，增强保障能力，为各航司树立需求信心，深度参与我国民航业“双碳行动”具体实施路线图。

（四）供给侧：持续沟通协调，拓宽联系网络

航油公司将管理视角拓展至全供应链，针对行业主管机构、原料供应商、生产方、技术提供方、科研单位、销售方及使用方等全链条单元进行深入调研工作，为未来可持续航空燃料的发展战略决策积累资料。

一是对标学标，与 20 余家生产科研单位分享可持续航空燃料领域的知识与行业经验。

二是加强与中国石油、中国石化、中国海油等上游大型国有炼厂的沟通协调，关注梳理具有可持续航空燃料生产能力的中小炼厂生产力情况。

三是拓宽行业领域联系网络，积极参加产业发展交流活动，与产业链相关单位建立广泛联系。

（五）保障侧：构筑供应网络，优化软硬件设施

航油公司作为国内唯一指定的可持续航空燃料的加注单位，以专业化航油保障流程、最高标准的航油保障技术，从制度管理到加注管理全面升级。

一是对基础设施进行技术改造，优化产业布局。发挥航油基础设施建设技术及经验优势，启动京津冀、长三角、珠三角等重点经济区规划建设工作。以特殊标准管理、特殊要求管理、特殊构造管理、特殊应急管理为抓手，打造一系列具备“收、储、混、发”功能的专用生物航油储运设施，为可持续航空燃料的应用端打下牢固基础设施建设。

二是积极开展生物燃料验证飞行保障，打造安全加注模式。编制《可持续航空燃料保障指南》，总结固化一线保障现场操作流程，筑牢保障安全基石。

三是制定生物燃料、3 号喷气燃料和混合燃料化验程序、飞机加油车启用程序、油库接收、混掺、发运、加注等程序作业指导书，形成“采购、运输、交接、取样、检验、加注”制度化科学管理。

四是通过对燃料进行位置转移的跟踪检测，实现全流程的质量监控，以优质保障管理为可持续航空燃料的应用构建质量服务的安全关口。

（六）标准侧：加强行业研究与行业标准制定

航油公司及时启动可持续航空燃料产业政策研究课题，搭建航空燃料可持续认证体系框架。

一是深入调研探究国内外产业政策，在科技、行业和政府等多维度提出 8 项符合国情及产业发展的政策建议，形成《可持续航空燃料产业政策研究报告》，协助政府顶层设计及扶助政策出台，助力产业链快速发展。

二是主动寻求支持，积极协调各方，力争寻找“量”与“价”的平衡点，为解决当前可持续航空燃料成本过高的问题给出政策解决方案。

三是力促上游生产观念转变，实现规模化生产，协调强化产业链产销及时对接。

四是推动国内可持续航空燃料可持续认证机制建设，参与研究制定航空燃料可持续评价国家标准（草案）、航空燃料可持续性和生命周期碳足迹评价方面的行业标准（草案）、航空燃料可持续评价体系研究报告。

三、改革成效

一是锻造新发展理念。树立“成为中国绿色航空重要核心推动者”的目标，形成“绿色低碳”的改革理念与发展理念。航油公司在国企改革中主动承担“双碳”目标重要社会责任和历史使命，并具化于改革深化提升行动、建设世界一流企业各专项行动等工作任务中，航空绿色发展已深入贯彻公司经营发展各环节。

二是形成特色方案。航油公司明确可持续航空燃料产业“试点化、规模化、常态化”三步走的战略规划。立足公司业务特点及管理优势，突出质量与供应安全，探索形成覆盖可持续航空燃料采购运输、储存检测、销售加注全流程的标准制度及管控体系，着力打造实用高效低成本运营管理模式。坚持需求牵引、产销匹配，探索一条有利于可持续航空燃料常态化应用的方法路径。协调国内市场面临的各种问题，航油公司为中国民航业绿色可持续发展奉献航油智慧。

三是提升科技管理。航油公司以油品应用研发中心为抓手，打造多方面专职科研团队。航空燃料过滤设备综合性能评定系统为全球流量范围覆盖最全的过滤储运测试综合试验平台，为可持续航空燃料发展提供了中国特色方案样本。在纤维素类生物质催化制备生物航油技术、新型航空燃料燃烧性能、航空燃油用聚结分离材料等国家级项目联合攻关研究中取得突破，促进了传统产业的下游废弃物资源的高值化利用，实现产业内的结构优化与升级。

四是完善软硬件体系建设。航油公司通过积极参与产品标准完善，使国内可持续航空燃料标准体系得以充分补充。在相关试点机场率先完成可持续航空燃料工艺流程改造，收油、掺配、储油、发油及加注等不同阶段设施设备不断强化。提前做好全系统掺混供应计划，在降低配套设备建设成本的同时，实现具备完备的收、储、发及加注配套能力建设。航油公司将持续为中国可持续航空燃料的全方位立体化布局作出航油贡献。

131

充分发挥“三个作用”争当央企海外上市公司示范样板

中国航油（新加坡）股份有限公司

一、基本情况

中国航油（新加坡）股份有限公司（以下简称“新加坡公司”）是中国航空油料集团有限公司（以下简称“中国航油”）下属二级子公司，于1993年5月26日在新加坡注册成立，2001年12月6日在新加坡证券交易所主板上市，是亚太地区最大的航油实货采购商以及中国民航业的最主要航油进口商。新加坡公司主要从事航油供应与贸易、其他油品贸易、油品相关资产投资业务，下设中国香港、欧洲、北美3家全资子公司，香港供油等6家参股子公司，业务范围覆盖中国、亚太、北美、欧洲和中东，在全球39个机场开展了供油业务。

二、经验做法

新加坡公司面临严峻复杂的国际形势，坚决贯彻党的二十大精神，贯彻落实国务院国资委党委和中国航油党委决策部署，以改革深化提升行动为契机，充分利用新加坡证券交易所上市平台，发挥科技创新、产业控制、安全支撑作用，争当央企海外上市公司示范样板。

（一）开拓国际市场，拓展改革发展“增长极”

作为中国航油海外业务主力军，新加坡公司统筹国际国内两种资源，努力向国际市场要效益，实现“1+1>2”，2023年国际化业务毛利占比58%，营业利润占比64%，国际贸易自营创效能力显著提升，基本摆脱以往单一的对国内资源的依赖。

一是开拓全球航煤市场。新加坡公司设立全球航煤贸易中心，总部与北美公司、欧洲公司加强联动，把握东西方套利窗口打开时机，开展亚洲到北美和欧洲的航煤跨区贸易，创效1071万美元，93%为市场化自采资源。特别是2023年7月起首次进口航煤货船供应美国安克雷奇机场，航油供应业务一举由“背对背”直供模式全面转为自供模式，下半年实现盈利600万美元，成为新加坡公司新的利润增长点。

二是开拓国际油品市场。新加坡公司加强对油品市场的分析研判，创新油品供应渠道，完成中东首例石脑油业务，并优化船运物流，油品贸易毛利率同比增长418.7%，走出一条其他油品贸易高质量发展的路子。

三是开拓国际航空市场。新加坡公司与国际航空公司建立国内外双向市场合作机制，加强对子公司的航空市场投标及机场供应统筹，在牢牢守住中国系航司海外供应量的基础上，不断拓展中东、东南亚等外航国际航空市场，为海外32个国际机场、57个国际航空公司提供航油供应加注服务，努力践行“飞机飞到哪里，中国航油就加到哪里”的庄严承诺。

（二）围绕绿色低碳，培育改革发展“新赛道”

新加坡公司时刻牢记海外央企落实巴黎“双碳”承诺的重大使命，秉持中国航油绿色发展理念，抢抓欧洲生物航煤（SAF）业务链条和盈利模式不断成熟的有利时机，成功实现海外生物航煤业务“采购+物流+销售”全链条业务的零突破。

一是加入绿色发展组织。新加坡公司加入国际组织“扩大自愿碳市场工作组”顾问团，积极在国际性、区域性碳减排组织中发出中国航油声音。

二是构建绿色发展机制。新加坡公司成立了由公司主要负责人牵头的可持续航空燃料工作小组，确定了以欧洲公司为地区触角和抓手，总部和欧洲公司分工负责寻找供应资源和开拓销售渠道的业务策略。

三是开展海外首单生物航煤业务。新加坡公司实现中国航油海外首单3000吨混掺生物航煤的实货采购运作和销售，首次开展SAF交易合同的校审编制、首次进行SAF证书的查验审计、首次完成SAF船运的物流运作，并与BP、Kessel、SkyNRG等知名生物航煤交易商锁定交易，完成全部碳权销售，温室气体（GHG）减排比例达到94.4%，减排二氧化碳当量4416.57吨。

（三）坚持透明合规，筑牢改革发展“稳定器”

作为央企在新加坡的上市公司，新加坡公司坚持“合规第一、风控至上”的经营理念，以及“透明化、精细化、规范化”的管理理念，将海外上市公司治理规则与中国特色现代企业制度进行了融合创新，持续优化董事会建设。

一是实现海外党建与公司治理融合。新加坡公司在遵循海外党建“五不公开”的前提下，坚持“境外不例外、特区不特殊”，建立经理层成员与党工委委员“双向进入、交叉任职”机制以及党委前置研究董事会、股东大会决策重大生产经营事项流程，将党工委会议与管理层会议“一会双开”，把党的领导更好融入公司治理，充分发挥党工委把方向、管大局、保落实领导作用，获得驻地使馆的肯定。

二是持续优化董事会建设。新加坡公司坚持上市公司最高治理标准，在海外资本市场中率先设立可持续发展委员会，正式构建“董事会—可持续发展委员会—管理层—可持续发展工作小组”四层可持续发展治理架构，率先发布年度可持续发展报告。加强 ESG 评价体系建设，完成 ESG 系统上线并动态实时披露相关信息，实现了对 ESG 指标的及时监控和量化管理。

三是依规开展常态化信息披露。新加坡公司增强与投资者的双向沟通，2023 年举办两次机构投资者、分析师路演，董事会、高级管理层直接与投资者对话，向投资者展示公司稳健的经营业绩和业务发展潜力，逐步提升投资者对公司战略和长期投资价值的认同。对公司跟踪报道分析师报告的证券机构数量增加至 7 家，机构投资者持股数量占比维持在 12% 以上。

三、改革成效

2023 年，新加坡公司实现业务量 2003 万吨，营业收入 144 亿美元，利润总额完成预算的 110.4%，同比增长 86.9%，在国际航空市场尚未完全恢复、油价高位震荡的情况下，创下疫情以来最好业绩，彻底走出疫情阴霾。在新加坡及马来西亚资本市场荣获 2023 年度“最透明公司奖”（能源组冠军）、2023 年亚洲卓越企业暨永继发展奖（ACES）年度行业领袖奖。

一是新兴产业低碳化。新加坡公司聚焦科技创新，大力推进可持续航煤（SAF）业务，逐步建立一支优质的 SAF 供应贸易团队，打造稳定的清洁能源供应链。

二是战略投资多元化。新加坡公司聚焦产业控制，以巩固现有市场、开拓新市场，为供应与贸易提供物流优化和终端需求支持为重点，延伸价值链，推动国内外业务联动，进一步加强贸易全球化运作，提升利润空间。

三是供应贸易全球化。新加坡公司聚焦安全支撑，统一协调亚欧美各市场的资源分配，优化资源匹配和物流成本，不断完善全球其他油品贸易网络布局，推动航空市场营销和贸易供应一体化，逐步建立全球航煤贸易中心。

132

创新非银金融机构金融数据安全管理体系

中国航油集团财务有限公司

一、基本情况

中国航油集团财务有限公司（以下简称“财务公司”）是经国家金融管理总局批准成立，以加强中国航空油料集团有限公司（以下简称“中国航油”）资金集中管理和提高集团资金使用效率为目的，为中国航油和集团成员单位提供资金和结算服务的非银行金融机构，是中国航油发展金融板块的重要平台。财务公司于 2011 年 12 月 14 日在国家工商行政管理总局正式注册成立。

二、经验做法

国内数据规模迅猛增长，对经济发展、社会治理、人民生活产生了重大而深刻的影响，数据安全已成为事关国家安全与经济社会发展的重大问题，而金融机构的数据安全关系到金融行业的资金安全，以及大数据时代来临对数据的增值分析、利用而带来的衍生价值。金融数据安全已不再是行业内部的自律性要求，而是关系到全方位、多层次、立体化的数据安全建设体系。

在财务公司等非银机构内，存在大量关键业务系统和涉及企业机密的数据，如果业务系统内的数据遭到攻击、破坏、窃取，将极大地影响企业的生产经营和公司品牌，因此需要结合监管要求，探索符合监管要求和行业特点，行之有效、可落地的数据安全管理体系。

财务公司从管理、技术、流程、人员 4 个维度评估金融数据安全现状，分析并建立了数据安全顶层设计，制订并完善了数据安全管理办法、开展了数据分类分级工作、建设了数据全生命周期数据安全管理体系及管理流程。

（一）研究数据安全管理体系方法论

财务公司金融数据安全管理体系建设方法参考《数据安全能力成熟度模型》（GB/T 37988—2019）、《金融数据安全　数据安全分级指南》（JR/T 0197—2020）、《金融数据安全　数据生命周期安全规范》（JRT 0223—2021）等国家和行业相关标准，金融数据安全管理体系研究按照安全评估、管理优化、技术完善、持续提升 4 个阶段进行。

（二）开展数据安全管理体系建设

一是实事求是，开展安全评估。财务公司对各个业务部门采用面对面访谈的形式进行了深入细致调研，梳理在金融数据安全层面的安全问题隐患清单。

二是自上而下，开展管理优化提升。财务公司首先从顶层设计入手规划了数据安全纲领性文件，明确数据治理纳入公司治理范畴，治理范围从监管数据扩展到业务经营、风险管理和内部控制流程中的全部数据，要求充分发挥数据在风险管理、业务经营与内部控制中的价值。在顶层设计的基础上，按照监管办法建立了数据安全组织架构，确保数据安全责任到人。

三是从实际出发，合理定级分类。财务公司参考《金融数据安全　数据安全分级指南》（JR/T 0197—2020）《网络安全标准实践指南——网络数据分类分级指引》，以《分类与编码通用术语》（GB/T 10113—2003）中的线分类法为基础，对数据资产进行分类。在分类分级基础上，对各级别数据的使用、数据的升密级和降密级流程及规范进行了定义。从实际出发合理定级分类，为金融数据资产明确定义边界，从而为合规高效利用数据资产打下坚实基础。

四是基于组织架构和数据治理的基础，为完善数据安全体系，建立了金融数据安全四级文件体系。财务公司制定了一级文件《金融数据安全顶层规划》，确立了公司的建设方针，补充完善了二级文件《金融数据安全管理制度》《金融数据安全全生命周期管理办法》《金融数据安全事件应急管理办法》，制定了三级文件和四级文件的建设策略。通过完善的制度体系，有效的管理流程，闭环的检查审计，保障金融数据安全管理制度得以落地实施。

五是针对财务公司当前的业务流程和技术管控现状，制定了《金融数据安全技术管控实施方案》及技术管控方案。按照事前、事中、事后的管控思路，通过网络和业务系统的准入管控实现“进不来”、通过终端数据防泄密实现“拿不走”、通过文档加密安全管控实现“看不懂”、通过账号权限管控实现“改不了”、通过日志审计实现“走不脱”，最终实现“进不来、拿不走、看不懂、改不了、走不脱”的高管控水平。

（三）制定数据安全中远期规划

按照《信息安全技术数据安全能力成熟度模型》（GB/T 37988—2019）评估标准，财务公司的数据安全能力成熟度为一级。为提升金融数据安全建设水平，财务公司做好长期规划，中远期计划分 3 个阶段开展数据安全建设工作。

第一阶段：管理制度建设。财务公司首先在业务调研、政策法规对标、数据全生命周期评估的基础上，结合公司整体战略和业务系统规划，建立公司未来 3 年的顶层规划设计。基于顶层规划设计，逐步完善数据安全组织架构、数据安全资产清单、数据安全责任矩阵、数据安全分级分类、数据安全管理办法、数据安全检查办法等管理制度，为后续的管理和技术建设确立体系化、系统化的建设方针和目标。

第二阶段：技术管控部署。在管理制度建设基本完善的基础上，从终端、网络、邮件、应用、数据库等层面进行数据安全技术管控的逐步落地，比如网络层面基于内容识别的数据防泄漏，数据库层面的脱敏和安全审计，系统间对接的加密传输，数据中心的异地备份等。

第三阶段：安全审计优化。随着管理制度的逐步完善，流程规范的制定落地，组织架构的建设开展，技术工具的部署实施，对数据安全开展相关审计工作，确保数据安全闭环。

三、改革成效

财务公司金融数据安全管理体系建设覆盖了全公司生产经营业务系统。通过对公司金融数据进行数据梳理，并根据数据梳理的资产清单对数据进行分类分级，分析了金融数据安全管理制度及技术管控体系现状，识别出数据安全风险。通过数据安全评估，对企业敏感金融数据建立保护机制，建立了金融数据安全管理体系，完善了数据安全管理流程，设计了数据安全技术防护体系规划。财务公司具备非银机构的典型业务场景，通过对金融数据安全管理体系建设的方法探索和业务实践，对非银单位的金融数据安全建设也有极大的借鉴作用。

133

全力推进深化改革提升行动
加快打造世界一流专业领军示范企业

电力规划总院有限公司

一、基本情况

电力规划总院有限公司（以下简称“电规总院”）是一所具有70余年发展历史的国家级高端咨询机构，主要面向政府部门和行业提供发展战略、发展规划、产业政策、新技术研究以及工程项目的咨询、评审和技术服务，组织开展科研标准化、信息化、国际交流与合作等工作。2023年，电规总院深入贯彻落实习近平总书记关于加快建设世界一流企业的重要指示精神，紧紧围绕“建设世界一流能源智库和国际咨询公司”的战略目标，巩固改革国企三年行动成效，扎实开展新一轮国企改革深化提升行动，将国企改革深化提升行动和企业发展整体考量、一体推进，各项工作有序推进，全面超额完成年度各项生产经营计划目标，新签合同达到16亿元以上，实现营业收入超过10亿元，利润总额超过1.7亿元，开创了高质量发展新格局，树立了能源电力高端咨询领域“世界一流专业领军示范企业”新形象。

二、经验做法

（一）深化咨政辅政服务，有力保障国家战略落实落地

一是服务政府开展国家级重大能源战略规划研究。电规总院支撑相关政府部门开展“十四五”相关国家级重大能源规划研究，完成《“十四五”现代能源体系规划》《“十四五”电力发展规划》《“十四五”能源领域科技创新规划》和26个省“十四五”电力发展规划的中期评估与滚动调整。启动“十五五”能源电力领域相关规划专题研究工作，开展能源消费预测、能源结构和布局优化、能源安全保障措施等专题研究。

二是深入推进能源革命，主动参与国家级重大问题研究。电规总院紧紧围绕加快规划建设新型能源体系、构建新型电力系统、积极稳妥推进“双碳”目标等重大战略部署，持续推进能源领域碳达峰试点建设研究，积极开展新型能源体系和新型电力系统顶层设计和关键问题研究，发布《新型电力系统发展蓝皮书》，着力打造新型电力系统试点示范，拓展电力市场与碳市场等多市场衔接融合研究，开展电力价格机制与经济分析相关研究，积极探索绿色金融工具在能源领域的应用。

三是提升国际高端咨询业务水平，更好服务国家能源国际合作大局。电规总院服务政府开展能源国际合作战略研究，聚焦周边互联互通、新能源合作等重大问题，组织开展系统性研究工作。充分发挥中欧能源技术创新合作办公室、国际能源署中国联络办公室等国际合作交流平台的重要作用，促进我国与世界各国在能源领域的政策对接、信息共享和技术交流，同时全方位展示中国能源转型成效。

四是高质量开展信息报送与课题研究，有力支撑政府决策。电规总院参与编写《深入学习习近平关于能源的重要论述》，支撑电价、电力市场等重要政策出台，全年报送内参文章58篇。持续高质量编报政策信息，定

期报送《新能源政策研究专报》《国际能源动态摘要》《碳达峰碳中和信息与研究》等专刊专报，为政府决策提供支撑。高质量开展新型电力系统研究，参与江苏、内蒙古、青海等地多项新型电力系统示范区规划研究。深入推进新型能源体系专题研究，开展20余个省份的能源绿色低碳转型典型案例征集梳理，支撑推动国家层面交能融合发展的顶层设计，完成《构建新型能源体系思路研究》《我国中长期能源供需格局研究》等战略性中长期课题。

（二）做强做优工程咨询，为行业发展做好引领与支撑

一是高质量完成国家发改委投资咨询评估任务。充分发挥电规总院国家发改委投资咨询评估短名单全电力咨询领域全覆盖，以及工程设计、工程咨询、工程造价咨询、测绘等甲级资质优势，不断做实咨询评估业务，高质量完成国家发改委投资咨询评估任务，完成新能源 REITs 评估 2 项、前期辅导 5 项，其中 1 项评估项目为国内首单民营企业新能源 REITs 项目。

二是持续巩固工程咨询评估评审行业优势。电规总院夯实电网咨询评审业务，已基本实现特高压评审业务“独占鳌头”、可研评审业务“持续领先”、初设施工图评审业务“稳中有进”的良好局面。积极完成“三交九直”特高压工程等国家级示范与重点工程的技术咨询、牵头设计等工作，持续推动“三交九直”特高压工程可研、初设评审工作。持续巩固火电、核电项目工程咨询市场，大力开拓水电、抽蓄工程咨询评审评估业务，积极开展压缩空气储能、电氢耦合、风光制氢一体化、电化学储能、飞轮储能、新能源一体化项目等各类综合能源咨询评审业务。

三是高质量开展国家及行业标准研究。电规总院积极开展电力行业技术经济相关标准编制及研究，编制出版《火电工程限额设计参考造价指标（2022 年水平）》和《电网工程限额设计控制指标（2022 年水平）》，牵头起草电化学储能电站经济评价导则、压缩空气储能电站经济评价导则等多项行业标准编制及申报工作，依托能源行业电网设计标委会，持续开展电网领域标准化建设，不断巩固电力标准化领域行业权威。

（三）提升品牌影响力，谱写“四型五库”智库建设新篇章

一是打造专业领军示范品牌，优化智库产品结构。电规总院持续丰富高端咨询成果体系，发布《中国能源发展报告》《中国电力发展报告》《中国低碳化发电技术创新发展报告》《中国电网工程技术发展报告》《中国电力技术经济发展研究报告》《“一带一路”能源合作年度报告》《中国新型储能发展报告》等智库报告。

二是加强政策解读与观点发布，在国家重大战略、行业引领等方面积极发声。电规总院积极宣传与解读“十四五”现代能源、能源科技、可再生能源等重大规划与热点政策，接受主流媒体系列专访或发表政策解读文章累计50余次，其中央视《新闻联播》1次，央视新闻频道30余次，实现高端咨询成果价值创造，持续提升行业影响力。

三是夯实智库顶层设计，完善制度体系建设。电规总院印发《“四型五库”建设重点任务清单》，梳理提出深化智库建设顶层设计等16项工作任务，共74项具体工作目标，稳步实现“四型五库”建设预期。修订完善智库管理制度，完成《智库建设专项考核管理办法》《政府委托课题管理办法》《智库项目管理办法》的修订，落实线上流程，充分提升工作效率。

（四）完善科技创新体系，不断激发高水平科技创造新动能

一是积极培育国家级研发平台。电规总院牵头申报的“国家能源新型电力系统规划设计重点研发中心”成功入选国家能源局“十四五”第一批“赛马争先”国家能源研发创新平台，以破解新型电力系统规划领域基础性、科学性难题为目标，围绕适应新型电力系统的规划原则、适应新发展阶段的电力需求预测等方向开展研发攻关。聚焦新型储能核心关键技术和创新产品研发，积极培育新型储能方向国家级研发平台，助力国家新型储能业务的高质量发展。

二是加大重点创新产品技术攻关，推动实现技术链与产业链有效融合。电规总院开展“面向绿电制氢的中压直流微网关键技术研究”等国家重大课题攻关，形成了覆盖电氢系统前期规划、模拟仿真和智能化设备调控的全链条技术，打造电规总院氢能业务核心竞争力，支撑氢能产业高质量发展。围绕能源与交通、工业、建筑、新基建等领域绿色低碳转型发展重大战略需求，在交能融合、数能融合、建能融合、综合智慧能源等领域加强技术研发力度，形成了一体化解决方案、绿色微电网规划设计方法、模拟仿真与优化运行软件、“能源＋”融合智慧运营系统等一批原创科技成果。围绕源网荷储一体化智慧调控、电力市场仿真与辅助决策、新型储能集成优化控制、大规模储能能量管理、电氢融合等方向，研发形成了一批具有电规总院特色的创新产品。

三是统筹有序推进国家级大数据平台建设，为咨政辅政、高端咨询和工程咨询提供支撑。电规总院做好国家电力规划研究中心、国家能源科技资源中心相关工作，优化全国新能源电力消纳监测预警平台、全国电力规划实施监测预警平台、全国新型储能大数据平台的管理与运作。统筹有序推进国家级大数据平台建设，完成全国电力规划实施监测预警平台深化研究、国家能源科技资源平台二期建设，按计划推进电力价格与成本监管平台、全国新型储能大数据平台二期建设，为国家能源主管部门开展能源管理决策提供重要支撑。

三、改革成效

一是国家战略安全支撑功能持续强化。电规总院始终以服务国家、支撑行业、实现中国式现代化为目标，围绕能源电力高端咨询领域深耕细作，坚持以专业化做精做优，高端咨询和工程咨询等领域核心优势得到强化，人才队伍建设和核心资源储备持续增强，政府决策影响力不断提升，以高水平的研究成果安全护航国家能源电力高质量发展。

二是智库产品与品牌影响力持续提升。电规总院传承报国、专业、创新、拼搏的企业精神，瞄准打造“百年老店”的目标，先后入选中国社科院“中国核心智库”、中央企业智库联盟、“一带一路”智库合作联盟，在上海社科院《中国智库报告》等权威排名中名列前茅。电规总院品牌知名度和行业影响力获得跨越式提升。

三是技术研发与创新驱动能力持续增强。电规总院主动落实国家和各部委科技创新工作部署，充分激发创新动能，集聚力量加快技术研发体系建设，以推动科技成果转化、实现价值创造为根本目的，持续推动研发投入占比增长、科技创新能力增强、科技成果转化效率提高、创新链与产业链深度融合，科技创新对企业发展的引领作用逐步提升。

134

系统实施深化改革 打造氢能领域行业领军企业

中能建氢能源有限公司

一、基本情况

中能建氢能源有限公司（以下简称“氢能公司”）是中国能源建设股份有限公司（以下简称“中国能建”）的全资子公司，于2022年1月25日在北京挂牌成立，注册资本金50亿元，是目前央企中注册资本规模最大且唯一布局氢能全产业链的专业平台公司。

氢能公司作为中国能建氢能业务投建营一体化平台、产业平台、技术研发平台和技术应用平台，业务覆盖氢能制、储、运、加、用、研等全产业链各个环节，业务涉及可再生能源制氢、氢能技术开发及新能源技术研发、氢气储运、氢燃料电池、氢能高端装备制造、氢能应用场景开发、综合加能站、氢能产业园区、大型绿氢基地等多个领域。氢能公司充分依托中国能建全产业链优势，瞄准建设成为氢能源产业领军企业这一发展目标，着力构建氢能一体化发展格局，加快推动企业改革发展系统推进、重点破局，努力蹚出以深化系统改革赋能高质量发展，加速构筑新竞争优势、加快建设世界一流企业的高科技发展之路。

二、经验做法

（一）强化科技创新引领

一是大力推动产学研深度融合。氢能公司作为中国能建在氢能领域的研发与应用平台，为更好地推动技术创新和应用，组建成立公司级氢能研究院，致力于攻克重难点关键技术，采用“揭榜挂帅”“军令状”“赛马”等机制进行科技立项，集聚优秀科研团队、引进高素质科技人才，整合集团内部氢能技术资源，进一步牵头筹建中国能建氢能研究院，以此加快产学研一体化成果转化速率，打造集团级氢能产业技术高地。

二是积极开展重点技术路线研究。为推动氢能领域的研究与发展，氢能公司不断探索新的技术路线和解决方案。完成柔性合成氨技术方案评审、开展电氢电技术路线调研及探索氢储能在电网调峰调频方面的应用实践，打造技术原创策源地。在氢储能、天然气重整制氢及管道掺氢等技术前沿领域发力攻关，推动多项目试点应用，为技术换资源、技术换市场奠定基础。围绕绿色氢、氨、醇等重点技术路线展开了一系列的联合技术攻关，通过与国内顶尖院优势技术团队的紧密合作，共同探索并攻克了多项关键技术难题。

（二）打造氢能产业特色生态

一是打造氢能技术创新转化标杆地。氢能公司依托氢能研究院等载体，与具备前端技术能力的企业、高校及科研院所深度合作，取得氢能产业技术领域的创新优势，在松原、兰州一体化项目的关键共性技术难题上形成切实有效的技术解决方案。通过产业公司的孵化，推动关键技术从基础研究到商业化、产业化应用，形成具有自主专利的系统集成和设备成套方案，打造氢能产业链上的技术服务咨询能力并产生终端产品推向市场，推动氢能产业向价值链高端攀升。

二是建设氢能装备先进制造基地。氢能公司依托中能建松原氢能产业园（绿色氢氨醇一体化）项目，产业公司通过提升研发生产、绿色智造与整零协作等各环节竞争力，以产业投资、资本运作助力技术转化。在氢能产业尚未形成规模效应以前，采取以项目带动装备制造落地，以装备制造服务特定项目、特定区域的产业局部微循环模式开展先行先试，构建具有能建品牌特色的氢能产业场景融合新模式。

三是践行氢能产业场景应用先行地。氢能公司重点布局工业、化工领域氢能应用，以柔性合成技术降低氨、甲醇制备成本，提升绿色溢价。以氢能/甲醇燃料电池的冷热电联供系统提升氢的能量利用率，以氢冶金技术助力传统重工业减排降碳，开发氢/氨燃气轮机发电先进技术，开展多样化的氢能应用示范。

（三）强化市场化整合重组力度

一是打造行业示范重点项目。氢能公司落地中能建兰州新区氢能产业园制储加用氢及配套光伏项目、中能建松原氢能产业园（绿色氢氨一体化）项目，打响了集团布局氢能产业的“第一枪”。其中，松原项目作为目前全球最大体量的绿色氢氨醇一体化项目，总投资296亿元，是基于“氢动吉林”中长期发展规划，以吉林省“中国北方氢谷”和“陆上风光三峡”为发展契机，践行中国能建“30·60”系统解决方案“一个中心”和氢能、储能“两个支撑点”发展战略的重要举措。

二是贯通市场开发与产品销售。氢能公司牢牢把握“3+3+1+6+N”市场开发总体思路，采取“一地一策”的方式，积极推进重点地区的市场布局。扩大氢能产业朋友圈，健全完善公共关系网络，与产业链上下游企业建立合作伙伴关系。与国际顶尖氢能应用企业开展技术交流百余次，与国内外大型绿色氢氨消纳企业深入接洽，签署战略合作及框架购销协议，实现了销售市场国际化。

(四)完善中国特色现代企业制度

一是健全完善公司治理结构。氢能公司科学、合理地界定“三重一大”事项具体内容及相关制度，有效梳理和规范公司股东、党委（常委）会、董事会、监事会、经理层权限划分。积极开展“制度与流程优化”专项工程，构建制度体系框架，形成“现行有效”制度清单。成立2年以来，共新修编各类管理制度140多项，有效提升管理效能。完善企业行政协同办公系统，针对OA已有流程进行全面梳理整合，全面提升数字化办公水平。

二是深入贯彻依法治企。氢能公司逐步建立“四位一体”大风控体系，实现制度、人员、机制和职能一体化的风控体系，增强企业的风险防控能力。建立健全法律合规审查制度，严格按照国务院国资委、中国能建要求，持续保持“三项”法律审核100%。组织开展全面风险识别、评估工作，将全面风险管理工作同合规管理深度融合，共排查涉及战略、投资、市场、财务、运营、法律六大类共216项风险，建立动态风险库。完成企业商密及工作秘密的定密工作，建立涉密人员台账，全面压实保密责任。

三是全面推进财务科学管理。以战略规划为导向、以业财一体化为基础，氢能公司成立全面预算管理委员会，构建与企业管理架构、业务特点相匹配的全面预算管控体系。立足全成本管控，持续完善各部门、各层级成本费用核算体系，执行精细化管理，力求数字准、分摊准，有效提高预算执行效率和成本管控效力。

三、改革成效

氢能公司通过一系列科技创新、产业模式变革、治理机制优化、理念文化再造，坚持将深化改革与企业发展整体考量、一体推进，以改革引领发展突围，以创新助力企业跨越，全面激发了公司发展动力。

一是全面提升科技“硬实力”。氢能公司依托氢能研究院，组建起一支坚实有力的科技创新人才队伍，为企业提供强大的技术支持和创新动力。成功形成并申报了9项国家技术发明专利，参与编制了5项国家氢能标准、3项团体标准以及3项企业标准，不断夯实自身科技创新能力和技术实力，不断定义氢能技术的创新边界。

二是增进综合治理“软实力”。氢能公司构建起简约高效规章制度体系，建成制度信息化平台，实现从审议、决策、发布到查阅的全流程数字化管理。建立层级分明、边界清晰的供应链管理组织架构体系，综合成本降低率达到4.66%。设立松原、石家庄等5个项目公司，实体化运营华东分公司，实现对重点区域及重要市场的“前哨”作用。

三是重点项目迸发“新活力”。氢能公司以松原新技术示范项目为依托，组织院士专家开展柔性合成氨技术方案评审并获得认可。兰州项目作为该公司第一个获批的投资项目，配套光伏部分自2023年9月1日正式开工建设，已于2024年1月15日完成并网发电，大幅迈向加快氢能商业化目标。

135

坚定打造服务国家应急大局的拳头力量

中国安能集团第二工程局有限公司常州分公司

一、基本情况

近年来，中国安能集团第二工程局有限公司常州分公司（以下简称“常州分公司”）紧紧围绕服务国家应急工作大局的主责定位，以开展价值创造、改革深化提升行动为牵引，将专业化队伍建设作为增强核心功能、担当应急使命的有效途径抓紧抓实，有力助推了企业全面建设发展。

常州分公司为中国安能建设集团有限公司（以下简称“中国安能”）下属三级单位，是应急管理部自然灾害工程应急救援中心下辖9个工程救援基地之一，也是江苏省省级应急救援专业骨干队伍之一，现有抢险救援队员200人，组建了4支专业化分队，配备各类抢险救援装备100余台（套），建有应急培训中心、抢险装备模拟训练中心、应急救援物资装备储备库等基础保障设施，具备应急抢险、技能培训及物资储备等功能。

二、经验做法

（一）坚持以“实”为基建队伍

常州分公司紧紧围绕中国安能“一基两翼、三新四成”发展战略，着眼抢险所需、企业所能、个人所长，高标准推进专业分队建设。

一是把方向定准。常州分公司坚决贯彻打造“非现役专业队伍”根本要求，摒弃把专业化分队等同于一般施工队的错误观念，采取“救援基地办公室＋专业分队”运行架构，充分考虑抢险任务需要和留企士官专业结构，按照150人规模设置土石方专业分队2支、基础处理专业分队1支、备勤保障分队1支。

二是把人员选精。常州分公司坚持以“一专多能”为目标、以原转企士官为主体，对每名专业分队人员进行能力评估和岗前考核，实现精准定岗定位。选准配强分队长、班组长，按照思想品质优、吃苦精神强、专业技术精“三个优先”原则选配操作人员，壮大骨干力量。

三是把步骤踩实。常州分公司按照“专业突出、重点先行、分步推进”思路，突出土建力量，兼顾战备保障，分专业分阶段，边建设边总结边提高。实施过程中，严格实行成建制调动，合理控制人员流动，保持队伍整体稳定。目前，土石方和基础处理分队齐装满员，正依托2个土建项目进行工程练兵，已具备随时出动遂行抢险救援任务能力；备勤保障分队主要在基地负责战备值班、前置备勤和应急产业保障，满足平时工作需要。

（二）坚持以“专”为要练精兵

常州分公司采取工战结合、以工练兵模式，把专业分队常态化嵌入工程练兵，持续提升核心战斗力。

一是突出任务赋予精准度。常州分公司按照“专业对口、任务持续”原则，建立全工程局集中统筹、分公司（基地）合理调配、分队自主管理的三级联动模式，在项目策划时，优先考虑适合分队练兵项目，宜点则点、宜面则面，确保练兵任务饱满。

二是突出练战一体融合度。常州分公司发挥项目部“前沿指挥所”作用，强化专业分队“按制度管、按行规干”意识，确保安全、质量、进度等满足履约要求。坚持“仗怎么打、兵就怎么练”，将工程练兵和应急救援有机结合、互融互嵌，实行准军事化管理，始终以应急抢险模式组织工程练兵。

三是突出练兵强能加速度。常州分公司制定《专业分队考核激励实施方案》，层层签订责任书，建立日统计、月报告制度，广泛开展以“比学习、比质量、比安全、比贡献”和“无三违、无轻伤、无事故”为主要内容的“四比三无”劳动竞赛，量化指标、具体到人，有力提升了工程练兵效能。内蒙古土石方专业分队创造了土方挖运单日1.8万立方米、单月45万立方米纪录，泰安土石方专业分队创造了大坝堆石料挖运填筑单日2.2万立方米、单月40万立方米纪录。

（三）坚持以“战”为需谋打赢

常州分公司按照“常年备战、随时救灾”要求，在项目练兵时同步担负抢险备勤、备战教育、应急演练，确保遇有灾险依令进行任务转换、快速投入救援。

一是抓好常态演练。常州分公司充分利用汛期、任务转换期、施工空闲期等，开展抢险救援平战转换训练8次、专项训练12次、综合演练15次，根据演训实际动态修订各类行动预案26份，实战化导向更加鲜明。

二是抓好战法研究。常州分公司紧贴抢险救援任务需要，积极参加省市两级应急部门技术方案会商。选拔抢险救援经验丰富的技术人员，成立技术指导组，遇有险情迅速前出开展险情侦测，编制处置方案，提供技术保障。做好抢险战例总结，编写《工程救援技术战法汇编》，收录五大类22项技术战法，巩固提高技术素养。

三是抓好总结提高。常州分公司坚持“打一仗进一步”，遂行抢险救援任务后，及时开展反思式复盘总结，评定人装抽组、编携配装和拉动机动等成果，不断查漏补缺、优化调整、以利再战，切实通过问题的解决助推队伍能力提升。

三、改革成效

通过建强专业化队伍，常州分公司整体应急建设水平不断提升，为在新形势下担好主责、履行使命奠定了坚实基础。

一是服务国家战略的初心更加坚定。常州分公司通过专题教育讲清重大意义、“一人一策”制定职业规划、政策激励提高个人待遇等举措，纠正了转企之初部分人员“只想背手管、不想动手干”的错误倾向，25名持有相关技能证书、掌握一技之长的转企士官主动回归到技能岗。目前管理岗职工与操作岗职工之比从原来的1∶7提高到1∶4，更好满足了履行主责主业所需。

二是遂行应急任务的能力更加过硬。常州分公司通过全面梳理遂行急难险重任务需要的各种技能人员数量、标准和存在的短板弱项，制定清单目录，因人施策、分类培养。目前，75%以上人员熟练掌握了2门以上操作技能，50%以上人员能“既当指挥员、又当战斗员”。

三是践行人民至上的使命更加有力。常州分公司专业化队伍充分发扬“铁心向党、铁肩担当、铁胆攻坚、铁骨奋斗”的水电铁军精神，在历次抢险实战中得到了检验和提高。2023年，累计出动专业力量245人，装备106台（套），出色完成内蒙古阿拉善煤矿坍塌事故救援、北京门头沟抗洪抢险、青海民和县草滩村抗震救灾3场极具代表性的苦仗硬仗，以及长三角防汛防台联合演练、杭州亚运会安保备勤、扬州江都应急排涝、黑龙江哈尔滨应急排涝等重大演训实战任务，在关键部位发挥了关键作用，受到了党和国家领导人的高度肯定。常州分公司被江苏省表彰为“应急管理先进集体”，基地备勤分队被集团表彰为“抗洪抢险先进集体”。

136

常备常练　能工能战
着力打造国家应急救援专业化队伍

中国安能集团第一工程局有限公司合肥分公司

一、基本情况

中国安能建设集团有限公司（以下简称“中国安能”）作为唯一一家将应急救援作为主责主业的中央企业，加强专业化队伍建设是坚定践行习近平总书记关于“国之大者”重要论述的必然要求，是有效履行军转央企政治责任和社会责任的必然途径。中国安能集团第一工程局有限公司合肥分公司（以下简称“合肥分公司”）坚持“赓续红色血脉、传承铁军精神、强化使命担当”，贯彻落实“一基两翼三新四成”发展战略，依托在建工程全力打造了一支“常备常练、能工能战”的专业化队伍，在国家能源建设上发挥了重要作用，在自然灾害工程救援上发挥了骨干作用。

合肥分公司2018 年由武警水电部队第一总队二支队转制而来，2019 年在安徽合肥挂牌成立，是中国安能下属三级企业，以应急救援服务、应急产业相关的产品及服务、基础设施建设、生态环境治理为主业范围，致力成为在应急救援和工程建设两个主战场具有独特地位作用的现代化企业。

二、经验做法

合肥分公司作为应急管理部工程抢险救援队、安徽省自然灾害抢险救援基地，始终把应急力量建设作为重点，按照“一统”“两强”“三化”的建设模式，建立了一支60人规模的洞挖专业化分队和一支40人规模的备勤保障分队，在历次应急抢险实战中得到了锻炼、经住了考验。

（一）“一统”：强化政治引领，凝心聚力“统思想”

合肥分公司以落实习近平总书记“2·26”重要批示精神为引领，以全力打造“非现役专业队伍”为目标，专题召开党委会，坚定“建强专业化分队提升应急能力”的决心，制定“建队伍、强能力”的推进计划。以转企员工为重点，区分管理指挥人员和技能操作人员，组织开展思想大调研，广泛听取干部职工的心声和建议，摸清全员思想底数。针对员工期盼、顾虑、迷茫等问题，安排专人从发展路径、能力提升、绩效待遇等方面进行答疑解惑，统一了思想、坚定了信心、明确了方向、鼓舞了斗志。

（二）“两强”：突出固本强基，守正创新“强管理”“强能力”

合肥分公司充分结合军转企业背景，系统总结部队时期的政治、组织、人员、装备、机制等方面优势，深入分析转企以来“力量流失、能力弱化”“工训矛盾”等突出问题，着力固强补差。

一是强管理。灵活建立约束与激励机制，制定《专业化分队日常管理办法》《应急行动管理办法》《考核奖惩管理办法》《机务组建设管理办法》等10余项配套制度，有效确保了分队规范管理、高效运转。研究创建“学佛子岭第一精神，承唐家山英雄作风”应急先锋品牌，设立党员先锋岗，开展“钻孔之星”“爆破之星”“灌浆之星”等评选活动，营造争先创优、干事创业的良好氛围。

二是强能力。制定专业技能、单机操作、标准化作业等培训教程，坚持“三步法”培训模式，组织30名操作手到装备厂家进行基础操作培训，全面熟悉掌握全电脑凿岩台车、湿喷台车等主战装备操作技能。开办夜校开展施工组织设计、施工技术培训，学习开挖、支护等工序衔接，整体提升专业队伍工序统筹和专业技能水平；优选一批开挖、支护作业班组，采取插班、师徒结对形式，开展跟班作业，加快提高作业能力。

（三）“三化”：聚焦敢打必胜，推陈出新“标准化建设”“规范化运行”“数字化赋能”

合肥分公司顺应时代发展需要，围绕工程建设与抢险救援两个战场，不断提升施工生产和应急救援专业核心能力。

一是开展标准化建设。在力量配备上，遴选有部队中队主官经历的干部担任队长、书记，有管理能力的技术干部担任机务组组长，有挖、钻、爆等技能基础的转改士官担任装备操作手。在全公司层面，采用“自愿报名、竞聘上岗”的模式，遴选60名有基础愿干能干的员工充实到各个岗位。在装备配备上，着眼“技术领先、功能全面、操作简单、性能卓越”的原则，投入近3000万元购置配备了全电脑多臂钻、凿岩台车、湿喷台车、登高台车等先进设备16台（套），进一步提升施工和应急效能。

二是开展规范化运行。按照“高起点谋划、高质量推进、高标准落实”的思路，研究采用“项目代管、模拟分包、独立核算”模式，以HN库区地下工程项目为依托，制定洞挖专业化分队组建方案，参照原部队连队运行模式，设置“队长（书记）—班组长—操作手”的三级管理架构，组建钻爆、挖运、支护3个作业班组，实行“AB角”工作制和机务组管理制，在提高工程施工效率的同时，确保了应急要素时刻保持完备，遇有险情能够快速抽组。

三是开展数字化赋能。结合项目部智慧工地建设，引进运用数字化、信息化装备，采取互联网+物联网+手机App模式，建立视频监控抓拍、人车定位管控、环境监测报警、预警广播喊话、安全监控测量等10大模块，通过“一中心四平台”联合协作，极大提高专业队伍作业效率和信息化水平。

三、改革成效

一是工战矛盾得到有效解决。中国安能作为唯一一家将工程建设和应急救援同时作为主责主业的军转央企，一直着力于推进工程与应急“两翼”协同发展。通过专业化队伍建设，依托项目采取“模拟分包、独立核算”的方式，实现了以任务养队伍，有效解决转企以来长期困扰的“工战”矛盾，达到了“以工代训、以训养战、工战结合”的效果，为中国安能实现特色化发展打开了新视野，探索了新路径。

二是社会责任得到充分彰显。转企以来，合肥分公司累计出动人员380余人、装备210余台（套），先后圆满完成河南“7・20”、京津冀特大抗洪等16起急难险重任务，以及淮河流域、长三角防汛防台风等6次省部级重大演练演习任务，被应急管理部授予“集体三等功”表彰。特别是在京津冀抗洪抢险中，受到了党中央、国务院领导的高度肯定，并作为参加涿州救援的央企唯一代表，受到了习近平总书记的亲切接见。

三是创效能力得到显著提升。坚持精细化管理、标准化作业、科技化赋能，不断改进技术工艺、提升作业效率。HN库区地下工程项目实现了爆破开挖由“两天一循环”到“一天两循环”的突破，在掌子面预注浆占直线工期的前提下完成了大断面洞室开挖月进尺180米的突破，超欠挖精度从起初的25厘米控制到10厘米以内，半孔率达90%以上，5#主洞室提前15天、6#主洞室提前3天完成上层贯通，在业主组织的“爆破开挖质量周优胜工区”评比中2次荣获第一名。

137

勇担科技创新使命　夯实科技强企根基

长春黄金研究院有限公司

一、基本情况

长春黄金研究院有限公司（以下简称“研究院”）始建于1958年，隶属于中国黄金集团有限公司（以下简称“中国黄金”），是专门从事黄金工业基础理论、黄金工程技术研究与开发的国家级科研机构，是以技术开发、技术转让、技术服务、技术咨询为主体经营，以新工艺、新技术、新产品、新材料的研发为创新经营，以科技成果的工程化、产业化为目标经营的新型高科技企业。

在黄金行业历次重大的技术升级和技术创新中，研究院都提供了全面的技术支撑。研究院始终以国内外黄金行业和集团公司的技术需求为科研工作的发展方向，重点针对难采、难选冶、环保以及与此相关的技术领域开展自主创新和集成创新，在黄金行业共性、关键性、前瞻性技术研发方面居领先地位。

二、经验做法

（一）积极承揽国家科技攻关项目

研究院聚焦国家重大技术需求，布局科研方向，组织科技力量，开展科技攻关。“十四五”国家重点研发计划“低品位铀金多金属矿高效富集与分离提取技术”项目成功批复并有序推进，该项目完成后可实现低品位金矿资源的高效利用，助推低品位黄金矿山的开发利用。“铜钼钴等多金属资源高通量规模化开发利用关键技术与装备”项目通过“地、选、冶”深度融合，突破传统选冶技术路线，解决高通量资源开发利用中的技术瓶颈问题，实现高通量与高效率、低能耗的有机融合。“西藏大型铜等战略性矿产资源基地绿色勘查与开发示范”项目基于甲玛铜多金属资源基地上一轮重点研发计划项目成果，实现铜资源增储和铜钼铼多金属资源绿色高效回收。

（二）持续融入国家战略科技力量

研究院面向国家战略需求，布局科研方向，组织科技力量，开展科技攻关。承担的“十三五”国家重点研发计划《有色行业含氰/含硫高毒危废安全处置与资源化利用技术及示范》，顺利完成结题验收。推进“十四五”国家重点研发计划《铜钼钴等多金属资源高通量规模化开发利用关键技术与装备》和《西藏大型铜等战略性矿产资源基地绿色勘查与开发示范》。承担1025央企二期攻坚项目，组建联合攻关创新团队，汇聚多专业优秀人才开展氰渣安全低碳利用技术攻关，重点解决我国黄金行业氰渣产量大、处置难、利用难、隐患大的“卡脖子”难题，助力黄金行业绿色低碳发展。践行中央企业未来产业启航行动，承担国务院国资委未来空间产业深部矿产资源勘探开发领域3个重点技术、1个典型场景、1个重大工程，打造深部矿产资源勘探开发领域原创技术策源地。

（三）加快布局战略性新兴产业

根据国家战略新兴产业领域总体布局，研究院紧跟中国黄金战略部署，在高性能贵金属材料、燃料电池铂碳催化剂等领域开展了科技攻关。结合贵金属新材料产业现状，以项目研发形式在战略性新兴产业中选择多个切入点进行布局，开发了工艺过程高度可控的光伏银粉制备技术，该产品应用于太阳电池制造，电池光电转换效率可达23.9%，有望实现了光伏技术关键核心材料自主化；建立了燃料电池催化剂制备、物理性能表征和电催化活性分析的研发平台，催化剂的质量活性达到与国际并跑。

（四）积极打造黄金行业原创技术策源地

研究院以黄金行业高精尖人才聚集地、黄金行业科技创新平台高地、黄金行业高质量科技成果产出基地为建设目标，在深部金矿资源开发、黄金及有色资源高效利用、黄金及有色资源绿色开发、智能矿山建设相关技术、金矿适用装备设备制造、贵金属高端材料制备技术6个研究方向领域制定了20项攻关任务，其中研究院承担17项。

（五）扎实推进科研数字化、信息化、智能化

“火试金自动化设备研制”项目顺利完成，经过两年的稳定运行，大大提高了工作效率，减少了劳动强度，并成功实现了项目的市场化推广。实验室信息管理系统（LIMS）建设正式运行，实现了异地统筹化管理、信息互通、数据共享。选矿专家系统在对历史、现实案例进行数字化基础上，通过样本归纳、推理分析、知识挖掘等手段，仅采取部分工艺矿物学参数即可获取选矿工艺条件，推荐出较优的工艺方案，预测技术指标，实现了智能化的科研推荐，大幅缩短工艺开发周期，填补了行业空白。数字化科研系统已完成建设并正式运行，通过数字化、信息化手段以科研活动为中心，集科研项目过程实施与管理、知识管理、科研成果管理、科研人员成长记录、物资管理、研发费用归集等为一体，实现科研管理过程化、系统化、模块化和研发协同化，提高科研管理精度和研发效率。

（六）持续优化薪酬分配机制

研究院实施分级分类考核评价分配制度，建立业绩决定工资总额调配机制，杜绝平均主义，强化创新成效与薪酬“双对标”，实行向科研骨干、关键岗位倾斜的分配政策，聚焦核心人才，建立创新成果参与收入分配的薪酬机制。将科技成果转化、科技进步和科技活动奖励、骨干员工持股等作为补充激励，强化对科研人员的激励力度，受益对象占科研人员的67.27%。薪酬差距持续拉大，科研部门专业技术人员薪酬差距最高达5.5倍，打破科研人员薪酬待遇“天花板”。

（七）深化产学研用合作

研究院结合重点科研攻关项目，与国内外科研机构、高校开展交流，建立战略合作关系，初步形成了“联合开发、优势互补、利益共享、风险共担”的产学研用合作新模式。与中南大学、东北大学、矿冶科技集团、中国建材院等单位开展了多种形式的技术交流，进一步拓展了专业人员的研究视野，充分吸收外部经验，为打造高效的联合技术攻关团队奠定基础。

三、改革成效

研究院科研工作开拓进取，持续提升科研质量和效率，有序推进科研项目，进一步规范了经营管理，加强了科技攻关力度，获得了丰硕的科技创新成果，显著提升了科技影响力，加强了科技人才队伍建设，持续保持了黄金行业科技创新领先地位。

一是科技创新实力充分彰显。2023年，研究院开展科研项目146项，申请专利104项，新获授权专利88项，获批发布制/修订标准11项，主导制定的ISO 5724国际标准正式发布，标志着我国黄金行业在国际标准制定领域实现零的突破。

二是科研成就稳步提升。研究院入选“科创中国”绿色低碳领域先导技术榜1项（中国共有25项），获得第24届中国专利奖2项（吉林省共有6项），中国黄金协会科学技术奖获奖项目10项，2023年度环境保护科学技术奖二等奖 1 项。

三是优秀科技人才不断涌现。目前，研究院全院员工平均年龄 37 岁，硕士以上学历占比 50.46%。其中，76.85% 为科研人员，平均年龄约 35 岁，硕士以上学历占 59.64%，高级以上职称占 39.16%。涵盖 30 种不同专业学科，形成了一支高学历型、年轻型、专业型的人才队伍；人才结构呈“橄榄型”，形成以中、高级专业技术人员为主力、技术专家为带头人的研发型组织。2023 年，2 人入选吉林省高层次人才 B 类（国家级领军人才），25 人入选吉林省高层次人才 E 类（青年后备型人才），1 人评为全国技术能手称号，33 人进入吉林省科技发展计划项目管理信息系统专家库。

138

科技创新添动力　深化改革添活力

中国黄金集团内蒙古矿业有限公司

一、基本情况

中国黄金集团内蒙古矿业有限公司（以下简称“内蒙古矿业”）隶属中国黄金行业唯一一家中央企业中国黄金集团有限公司（以下简称“中国黄金”），是其上市公司中金黄金股份有限公司控股子公司。内蒙古矿业地处内蒙古自治区呼伦贝尔市新巴尔虎右旗境内，主要从事有色金属矿探、采、选、矿产品贸易、有色金属贸易、矿山设备及材料销售、矿业开发技术咨询服务、矿业投资等业务。

二、经验做法

（一）聚焦科技创新赋能，打造现代智慧矿山

一是生产管控智慧化，全面提高管控效率。内蒙古矿业将数智技术深度融合到生产经营全过程，通过推进物联网、5G 网络、边缘计算等技术的应用，建立了以检测执行、过程控制、生产执行、信息管理、商务智能为框架的智能化管控体系，实现数据打通，将数据发挥更大的价值，实现了立体化办公、信息共享、市场分析、成本管控的深度融合，工业总产值由 30 亿元增长至约 50 亿元，增长率约 67%，引领公司高质量发展。

二是采矿作业智能化，有效提高开采效率。内蒙古矿业积极响应国家“机械化换人、自动化减人、智能化无人”的相关政策要求，发展数字化、智能化、无人化采矿技术，革新矿山开采模式，提高作业安全和生产效率。开发创建了“乌山露天开采数字化、信息化、智能化管控体系”，包含地质基础数据、采矿生产管控系统、采矿辅助系统三大部分，涵盖了三维可视化地质模型、三维卡车调度系统、矿岩错卸报警、生产计划及采矿设计执行监督、三维可视化自动配矿系统、边坡稳定性监测预警系统、视频监控系统、采矿 MES 系统、文件数据库等功能，采矿整体生产效率较改造前提高近 10%，年增加铜产量约 1000 吨，增利约 5000 余万元，大幅提高了采矿管理水平与资源利用率。

三是选矿作业数字化，有效提升选矿指标。内蒙古矿业建立了由 PCS 选矿过程控制系统、MES 生产数据执行系统、ERP 智慧管理系统、BI 企业管理系统，智能化、无人化设备及在线检测设备等组成的选矿智能管控体系，实现了选矿全流程数字化、自动化、智能化管控，优化了人员结构配置，大幅提高了劳动生产率和工艺指标，选矿操作人员减少 11%，在铜品位 0.25%、钼品位 0.03% 特低品位资源条件下，铜回收率达到 87% 以上，钼回收率达到 70% 以上，达到国内领先水平，成为资源高效回收利用行业标杆。

（二）聚焦安全支撑保障，稳步推动绿色发展

一是坚持科技强安。内蒙古矿业推动科技创新赋能安全管理，研发应用了“边坡监测雷达 + 边坡协同监测云平台”，做到了边坡灾害预警更科学、更准确、更及时。成功实施了采矿无人驾驶系统、露天采场无人机自动化巡检、无人机尾矿库巡坝和尾矿库三维实景建模、智能机巡检器人、破碎锤远程操控等诸多高科技项目，进一步降低了人为因素导致的安全风险和岗位人员劳动强度，实现了科技创新与安全管理的深度融合。

二是坚持绿色低碳。内蒙古矿业通过开展城市中水利用选矿试验，成功将城市中水用于选矿生产，成为国内有色矿山首家使用城市中水进行选矿生产的企业。建立“深锥浓密机＋浮船泵站”的选矿回水循环系统，实现尾矿无害化堆存，在高寒缺水的地理环境下选矿回水利用率达90%以上，吨矿用水较行业用水标准降低0.7立方米/吨远低于行业用水标准，实现了工业废水的“零外排”，每年节约水资源2070.6万吨。增加无功补偿装置、主要耗能设备采用变频控制、强化能耗管控等措施，确保能耗总量处于合理范围。优化能源消费结构，将高耗能燃煤锅炉更换为生物质锅炉，优先采购节能降耗设备，主动淘汰高耗能设备，加强重点用能设备精细计量和分级管理，降低碳排放总量，实现大幅节能减排。

三是强化资源保障。内蒙古矿业开展“探边摸底、就矿找矿”资源保障卓越创建行动，提升矿床资源储量级别。2023年，完成勘查钻孔36眼，进尺15402米，增储铜金属量8.65万吨，钼金属量10.48万吨，切实保障战略性矿产资源安全，夯实公司高质量发展的矿产资源基础。研发低品位铜钼金属分离技术，积极推进“低铜废石环境污染预防及资源综合回收利用项目”，每年可处理低铜废石量1650万吨，年产电积铜（铜板）8660吨、增加利润总额1.42亿元，对保护草原生态环境、最大限度开发利用废石资源、实现传统产业创新创优发展以及绿色转型具有重大意义。

（三）聚焦产业控制升级，全面推进机制改革

一是建立新型经营责任机制。内蒙古矿业将契约化管理扩大至生产车间与核心业务部门，与中层管理人员签订年度绩效目标责任书，明确考核目标、义务责任和考核细则，以产量、成本费用等定量指标为主开展业绩考核工作，定量指标与定性指标之比达到6:4，各部门之间差异化指标达70%以上，严格考核并刚性兑现，以实际考核得分兑现绩效奖励。中层管

理人员收入差距最高约 1.8 倍，实现凭业绩拉开收入差距。严格员工绩效考核结果的刚性应用，近 1 年以来员工因绩效考核不合格而市场化退出的比例达到 3.36%。

二是强化财务监督管控手段。内蒙古矿业推行《全过程成本管控 全环节降本增效方案》及成本管理考核办法，实现了对采矿、选矿、辅助生产部室及管理部室全流程、全要素成本费用消耗的监督与管控，特别是对采、选等关键流程和要素的管控。同时，充分发挥信息化系统优势，实现在库存管理、预算管理、采购监管、合同会签、各类计划审批、收付款审核监控等全方位的财务内控体系。利用 ERP 系统，加强对大宗材料、机台设备动力消耗的定额管理，实现了全成本要素和全生命周期成本管理，进一步提升成本管控的深度与广度。

三是打通干部“能上能下”通道。内蒙古矿业实施“启航—育英—菁英”工程，储备青年人才 44 人，根据专业特长、岗位经历、发展潜力等，将人才划分为党务、经营、技术、技能 4 个类别和成熟可用、墩苗培养、长期关注 3 个成长层次，并通过开展管理人员竞聘上岗，选拔优秀年轻干部 20 人，27 名管理人员因未达岗位要求退出岗位，14 名管理人员进行岗位轮换。

四是健全收入“能增能减”机制。内蒙古矿业将一线部门的绩效工资比例提高至 70%，公司整体绩效奖金按照 70%～110% 不等比例向一线部门倾斜，鼓励优秀人才向生产和科研技术部门流动，使得在公司薪酬总体根据业绩总体上涨的趋势下，一线关键岗位、苦脏险累岗位工资标准较普通岗位提高近 10%。

三、改革成效

内蒙古矿业深入学习贯彻习近平总书记关于国有企业改革发展和党的

建设的重要论述和指示批示精神，开展国企改革深化提升行动以来，坚决落实党中央决策部署，围绕科技创新、安全支撑、产业控制，深入推进数字化智能化绿色矿山建设。

一是生产经营业绩实现新突破。2023 年，内蒙古矿业实现营业收入 61.90 亿元、利润总额 26.53 亿元，同比分别增长 25.65%、50.54%；全员劳动生产率 428.72 万元/人，同比增长 34.78%。

二是人才梯队建设释放新活力。内蒙古矿业用心用情抓好优秀年轻人才筛选、选拔、培养，甄选建立了公司优秀人才库，为想干事、会干事、能干事、干成事的青年人才提供展示平台和发挥舞台。人事机构改革后，各部室职能更加精确、流程更加通畅、运转更加高效。“80 后”“90 后”员工成为公司管理队伍的主力军，打造了一支朝气蓬勃、斗志昂扬、饱含激情、能打胜仗的管理队伍。

三是本质安全水平提升新高度。内蒙古矿业提出并牢固树立“安全生产、唯大唯先”安全理念，坚决执行“三个到位”（安全确认到位、规程执行到位、履职尽责到位）“三个不生产”（不安全不生产、安全确认不到位不生产、隐患不排除不生产）安全管理工作要求，以“时时放心不下，处处守正创新”的责任感，推动科技创新赋能安全管理，建成了诸多高科技项目，进一步降低了人为因素导致的安全风险和岗位人员劳动强度，实现了科技创新与安全管理的深度融合。自建矿以来，实现连续 14 年重伤以上安全事故为“零”，全面提升本质安全水平。

四是科技创新攻坚汇聚新动能。内蒙古矿业全力打造“四化”建设、智能化矿山建设标杆，成功实现了露天采场和排土场无人机一键边坡寻迹巡检、露天采场边坡监测预警云平台、尾矿库无人机巡坝、皮带智能巡检机器人、国产化 BI 系统、露天采场预裂爆破软填塞爆破工艺、一期 SAB

流程提高磨矿产品细度研究及工程化应用等一系列创新成果。内蒙古矿业2023年被内蒙古自治区应急管理厅、工业和信息化厅、大数据中心、通信管理局联合确定为“四化”建设试点单位，荣获“内蒙古自治区科技领军企业”，入选内蒙古自治区“数字化转型示范标杆企业”。

139

“产业生态 + 技术创新”双向发力 续写新能源发展新篇章

中国广核新能源控股有限公司

一、基本情况

中国广核新能源控股有限公司（以下简称“中广核新能源”）是中国广核集团有限公司（以下简称“中广核”）重要二级成员公司，全面负责中广核境内非核清洁能源业务的开发运营，2023 年底累计装机 4524 万千瓦，资产总额 3316 亿元。自 2019 年 4 月纳入国务院国资委“双百行动”试点企业名单以来，中广核新能源始终将推进市场化经营机制改革和产业结构优化布局并驾齐驱，坚持开放合作、融合发展，坚持需求牵引、创新驱动，优化以清洁能源发电为核心的“新能源 +”业务布局，推动科技创新和“新能源 +”产业发展不断实现新提升。

二、经验做法

（一）大力推进“新能源 +”战略性新兴产业布局优化

一是产业延伸多元融合布新局。中广核新能源始终聚焦新能源主业，以抽水蓄能、电化学储能、光热、绿氢氨醇等业态与主业协同一体化发展为支点，采用绑定、联动、转换等方式撬动优质新能源资源，构建新能源与多业态融合发展新格局。2023年新增储备资源共计约2500万千瓦，在南疆以“光伏+防沙治沙”相协同实现首期200万千瓦项目当年开工当年并网，在山东、广东等多个区域布局开展新能源与海洋牧场融合发展。以市场和客户为主导，在资源条件及非电消纳应用场景优势地区，探索绿色氢氨醇等新业态的试点示范。2023年获取新能源制氢氨醇项目330万千瓦资源，“十四五”期间推进宁东清洁能源制氢等一批项目建设。

二是股权合作资本放大谋长远。以平台公司增资引战为契机，中广核新能源引入高匹配度、高认同感、高协同性的战略投资者，发挥各方股东优势打造战略、技术、产业三大联盟，在电力消纳、电网调度、电力市场开拓、投融资支持、金融服务等方面为业务发展持续赋能。以大项目为载体引入外部股东，成立合资公司，优化法人治理结构，给予外部股东董事、监事席位，发挥战略投资者的积极股东作用，以资本和资源合作服务地方发展需要，推进国有资本优化配置和经营机制转变。近5年中广核新能源实施混改的企业18家，引入非国有资本总量超过200亿元。坚持辅助主业、控制总量、优中选优、以小控大的基本原则，通过参股投资、先参后控等方式提升产业控制力，增强对先进技术和重要资源的掌控能力。截至2023年底，参股投资金额超过50亿元、资产总额超过400亿元，涵盖抽水蓄能、海上风电运维服务、风机控制系统、先进光伏组件制造等产业生态。

三是需求支撑科技攻坚育新机。围绕光热、海上风光、绿氢、光伏治沙、绿色甲醇等新业务，中广核新能源坚持应用型研发定位，完善科技创新的组织体系、平台布局和资源要素，成立科学技术委员会，建设光热研究院和广东红海湾实验室“一南一北”两个省部级以上的技术平台，不断充实科研领军人才，布局重点试点示范项目，支撑新能源逐步具备综合调节能力。在绿电制氢方面开展海上风电制氢系统样机零部件设计和整机组装试验，加速推动深远海风电制氢市场化应用。将科研与工程实践有机结合，研发“沙漠治理＋光伏农业”一体生态治沙技术，通过“一地多用、综合利用”推动南疆、青海、内蒙古等大基地项目在生态效益和经济效益双丰收。

（二）建设光热产业链链长推动产业规模化发展

一是建设完善“1＋2＋N”创新平台。自2011年进入光热发电领域以来，中广核新能源持续推进光热技术研发及工程示范实证，加入国家太阳能光热产业技术创新战略联盟成为副理事单位，拥有太阳能光热发电领域唯一的国家级研发平台，建设形成了“一个中心、两个基地、N个实验室”创新资源布局。2023年，公司设立中广核光热研究院有限公司，在河北、青海分别设立实证试验基地，建成集热、储热、热交换和发电领域的6个试验平台和6个实验室，通过独立实体化平台深入推进核心能力建设、人才培养和光热业务孵化。2023年，中广核新能源建设完成光热宏观选址在线评估软件平台，高效开展光热项目选址分析评估，形成了1套槽式太阳能商业化电站设计包，油化实验室获得中国合格评定国家认可委员会（CNAS）授予的认可证书。

二是积极推动光热产业链链长建设。中广核新能源联合国家太阳能光热产业技术创新战略联盟以及产业链单位，绘制产业链图谱、建立产业链基础数据库。与中国绿发、青海中控、中电建、敦煌大成等优势企业建立“产学研用”协同创新机制，积极推进“卡脖子”关键技术问题攻关。截至2023底，公司组织承办光热专项技术交流会议5次，研讨应对细分领域的技术挑战，牵头制/修订太阳能光热发电站汽轮机技术监督规程、集热系统技术监督规程等行业标准4项；在导热油球形接头等3项关键设备研制方面填补了国内技术空白，成功研发国内首套光热型号级8.6米大开口熔盐槽式集热器原型机；自主编制、生态环境部印发的光热CCER项目方法学，为光热项目参与碳市场交易提供计量支撑。

三是加大重点项目布局带动“光热+”规模化发展。中广核新能源充分发挥重大项目引擎带动作用，围绕光热产业链关键环节和卡点堵点，加大项目布局储备和试点示范，形成一批强链补链重大工程，推广使用新技术新模式带动光热产业化、规模化发展。截至2023年底，在建容量55万千瓦、储备容量350万千瓦，吉西基地49万千瓦鲁固直流白城外送项目，聚焦多能互补一体化协调运行技术，在高纬度地区验证塔式技术可行性，储备新能源与光热联合基地化运作技术基础；德令哈200万千瓦光热储一体化项目，建设集槽式和塔式等多种技术路线示范验证、人才培养为一体的光热融合型基地；西藏阿里15万千瓦“零碳”光储热电示范项目，聚焦槽式熔盐集热技术在热电联供中的示范应用，探索孤网场景下应用可行性。

（三）加快数字化转型打造智慧运维新模式

一是夯实平台基础打造新能源智能化运维引擎。中广核新能源以行业标准化、普适性的大数据方案为基础，结合新能源领域特有的数据特征开展大数据平台的创新性研发，整合市场开发、设计管理、工程建设、生产运维、电力营销等诸多领域数据流和信息流，解决数据类型复杂、分布零散、网络安全要求高、业务点多面广的问题。建立了在北京、大悟等地分布的数据湖和交互机制，开创性地从明确主数据标准、元数据标准、指标数据标准三个方面统一数据标准，形成数据仓库构建数据中台，为数据资产管理和数据质量管理提供平台支撑。

二是强化顶层设计驱动全业务领域向数字化转型。中广核新能源结合行业先进技术和自身实际情况，统筹规划数字化发展路径，始终对标一流，建设以数据感知、数据底座、数据中台、全价值链应用中心为基础，以数据管理体系、安全保障体系、智能运维体系为应用的大数据平台，业务领域建设数据模型和数据服务超过200个，生产基础信息、电量、检修、安全等数据实现一键集成，服务职能部门将基础信息、流程、职能管理等多类数据进行标准化整合形成有效连通，为财务、审计、商务等多个领域提供数据源融合分析模型超过100个，持续提升业务精益高效管理水平。

三是聚焦价值贡献提升数字化运维专项能力。中广核新能源以新能源发电设备预测性健康管理为核心，建立基于物联网的“云-场-端”三级协同智能应用平台，集成生产运维信息化系统，实现了“总部—场站—设备”三级纵向贯通的管理协同，同时具备在云端构建模型、在场站端优化模型、在设备端实时运算的技术协同，形成一站互通、一网互联，支撑设备运维管理由治到防，打造区域管理、集中管控、运检分离、少人/无人值守的运维新模式。该系统目前覆盖多个业态近6000台风电设备和近20000套光伏组件，2023年增益超过900万元。

三、改革成效

中广核新能源积极融入国家新型电力系统建设重大战略，聚焦发挥国资央企的战略安全、产业引领、科技创新作用，深入推进“双百”行动及改革深化提升行动。5年来，产业生态持续丰富，业务结构布局进一步优化，科技创新支撑作用明显增强，精益化管理成效显著，各项经营指标持续向好。2023年新增装机突破1000万千瓦、新增核准备案突破1000万千瓦、利润总额突破100亿元，营业收入、资产总额、利润总额、新增装机分别同比增长10%、15%、25%、43%，关键业绩指标实现大跨越。

一是产业优化布局实现新突破。2023年，中广核新能源新增风光指标超过2000万千瓦，新增优质调峰资源超过400万千瓦，纳入国家第三批大基地清单项目约400万千瓦，新型储能核准备案150万千瓦，新能源制氢氨醇项目资源330万千瓦，一批抽水蓄能、调峰气电、光热、综合能源等重点项目实现开工建设。内蒙古兴安盟300万千瓦项目、惠州港口百万千瓦级海风项目等一批重点项目实现全容量投运。

二是科技支撑引领实现新提升。2023年，中广核新能源研发投入突破6亿元，同比提升54%，获得省部级、行业级科技奖项10项。入选国家知识产权局发布的2023年新确定的国家知识产权优势企业名单。联合研发的铁基液流储能系统入选国家能源局发布的第三批能源领域首台（套）重大技术装备（项目）名单。规模化新能源并网主动支撑与检测评估技术等科技成果为甘肃省应对电力系统中“双高”问题提供了创新性解决方案，荣获甘肃省科技进步一等奖。

三是综合实力实现新跃升。2023年，新一代自主化集控系统、智慧巡检、储能安全监控等一批智能化应用投入使用，发电设备可利用率保持在99%以上，上网电量同比提升22%，风光发电小时数连续3年高于行业平均4.5%，辅助服务度电分摊成本低于行业平均7%，全年实现增利达到4.8亿元，全员劳动生产率超过350万元/人，处于行业前列。

140

以“三个主动”积极发挥好“三个作用”全面打好华龙批量化高质量建设攻坚战

中广核工程有限公司

一、基本情况

中广核工程有限公司（以下简称“工程公司”）是中国广核集团有限公司（以下简称“中广核”）下属二级公司，2004 年成立于改革开放的前沿阵地深圳，是中国第一家专业化核电工程管理公司，具备核电全产业链 AE（Architect Engineering）能力。工程公司拥有国家级科技平台 3 个，省级科技平台 3 个，拥有专利及软件著作权超 3500 项，承担编写国家行业标准 900 项，获得省部级以上科技奖项 35 项。成立至今，工程公司已建成投产 23 台核电机组，在建 11 台核电机组，建成投产数量位居国内第一。

二、经验做法

（一）主动攻坚突破，积极发挥科技创新作用，加快推进高水平科技自立自强

一是核电关键技术研发扎实推进。工程公司打造自主的三代核电技术“华龙一号”国之重器，通过了英国通用设计（GDA）审查和欧洲用户要求（EUR）评估，标志着“华龙一号”技术获得国际认可，具备向西方发

达国家输出核电品牌的技术能力。主动承担国家部委自主攻关战略任务，先导式稳压器安全阀、应急柴油机、华龙 M90 型控制棒驱动机构等重大设备完成研发，关键核心设备自主掌控率达 95.4%，并具备整机设备 100% 国产化能力。着力推进先进建造技术研发，统筹“一机一策”应用安排，核岛施工集成平台等行业首创技术在项目成功应用，综合效益逐步显现。

二是科技研发平台打造高端开局。面向“核安全”这一国家重大战略需求，工程公司对核电安全技术与装备全国重点实验室实施重组并成功获批，成为我国核能领域唯一聚焦核电安全研究的全国重点实验室，集聚核电安全产业链、创新链优势资源，共同打造国家级科研平台。布局反应堆安全与事故防控、装备服役安全、人因安全与测控技术、放射性废物安全四大研究方向，从反应堆、装备、人因、核废物与环境等方面全方位提升核电安全水平。

三是科研人才梯队建设集智攻关。工程公司推进实施“百人雁阵”工程，选聘 14 名公司首席专家及 28 名集团首席专家后备人才，建立首席专家选拔与后备人才培养机制。实施“人才青蓝计划”，建设卓越工程师队伍，打造高水平科技领军人才队伍及其继任人才库。出台《强化“技术立身”工作方案》，突出技术人才发展通道，建立特殊调薪和重奖激励机制，赋予技术线更大发展机会、更强激励力度。实施科技型企业岗位分红机制，132 名核心技术骨干和管理人员获得相应分红激励，推动实施中广核科研战略专项对赌机制落地，开展对赌资金抵押，激发科研人员创新动力。

四是数字化转型提速赋能。作为国务院国资委国有企业数字化转型试点企业，工程公司以数字化转型赋能重构公司核心竞争力，构建“1 + N”数字化转型体系，制定数字核电总体架构蓝图。全面建设多专业数字化协同设计和交付的业务链、核电项目现场全域可视化管理的智慧工地，打造提供标准化设计和服务能力的智能核电产品，实现研发设计数字化、生产运营智能化、用户服务敏捷化。创建数字化转型应用场景，项目生产管理信息系统实现核岛安装数据贯通，三维模型施工试点得到有效应用，智慧工地持续拓展应用功能，24 名数字员工实现“上岗”，累计运行超过 5000 小时，推进数字化移交，防城港电子文件归档管理试点项目通过国家档案局验收。

（二）主动担当使命，积极发挥产业控制作用，协同共建提升产业链安全性及韧性

一是产业链建设顶层布局。工程公司制定《“华龙一号”现代产业链联合链长建设工作方案》，深入推进以“共建新机制、共筑新基础、共享新成果、共创新生态、共谋新发展”为内涵的“融通发展共链行动”，构建“华龙一号”设备产业链图谱，通过夯实基础固链、提升技术补链、加强融合强链、推进优化塑链，全面打造现代化设备产业链供应链链长新优势。搭建 WE-LINK 中广核设备采购成套智慧作业系统，构建工程公司与设备供应商协同工作平台，实现多角色实时信息互通和数据共享，打开产业链数字化协同大门，实现深层次与产业链协同。

二是关键技术卡点协同创新。工程公司召开以“共建、共享、共赢”为主题的“华龙一号”产业链高质量建设会议，搭建产业链合作交流协同平台，携手 5400 多家企业共同构建产业链协同生态圈。联合国内产业链企业，共同开发新技术、研制新装备、持续突破关键设备核心技术，针对“卡脖子”设备、零部件、原材料、工业软件等进行攻关研发，实现 100% 自主化，着力构建以技术为核心、以创新为引领、以增强产业链安全性和韧性为目标的“华龙一号”现代产业链，共同打造具有世界领先水平的现代产业集群。

三是建安施工竞争生态培育。工程公司发挥“华龙一号”批量化建设的规模优势，通过合同、技术、资本等切实有效的举措，不断提升建安产业链的主导权，坚决扛起核能工程国家队、主力军责任。通过重大工程、重大项目建设带动建安施工企业协同发展，推行战略承包商和新引入承包商培育策略，形成有序竞争格局，增强建安施工企业创新能力、发展韧性和产业协同能力，为“华龙一号”“走出去”谋划优质生态。与施工企业共建先进建造技术联合实验室，实现技术资源优势互补和产学研深度融合，推动技术成果有效转化。

（三）主动担当作为，积极发挥安全支撑作用，全力以赴筑牢核安全和工业安全根基

一是核安全文化建设持续加强。工程公司牢固树立正确业绩观、主动安全观、全面质量观，自觉将核安全摆在最高优先级，确保“绝对安全、万无一失”。针对工程领域核安全领导力创新提出7项有效性特征、28个行为素养，开发核安全领导力系列课程，2023年累计开展20期培训，覆盖400余名公司各层级管理者。制定“核安全文化公约”，将抽象的安全文化具象为“三个四”，即决策者的“四个承诺”、管理者的“四个坚持”、全员的“四个做到”，推进全员扎实践行“今天的工程质量就是明天的核安全”。

二是质量管理体系统筹优化。以中广核质量管理体系有效性检查评价为契机，工程公司对照集团评价标准，邀请核能行业协会对公司管理体系开展第三方诊断，针对问题制定136项改进举措，系统性开展制度、标准、程序和管理优化，整合质量、职业健康安全、环境、风险、合规、内控等的共性要素和要求，构建涵盖统筹、责任、风控、评价、改进的“五位一体”的管理体系架构。

三是安质环管理对标全面深入。工程公司主动开展核安全管理、体系管理、经验反馈等外部对标交流，深入学习借鉴航天领域双归零、杜邦、哈德森等先进企业的安质环管理经验，与核能行业协会、深圳质量协会等保持长效交流沟通机制，并与挪威船级社深度合作。吸收借鉴国内外安质环管理的最佳实践，与集团公司联合开发核电工程安质环标准化及国际标杆评价标准，完善公司标准化实施手册和标准图集，2023 年各核电项目安质环标准化国际标杆评价总体达到先进级水平。工程公司质量保证领域达到核能行业协会同行评估卓越级（最高级）。

三、改革成效

工程公司以“三个主动”积极发挥好“三个作用”，以 AE 公司强核报国之志全面支撑华龙批量化高质量建设，为实现“双碳”目标贡献核能力量。

一是公司经营业绩量增质升。工程公司经营业绩实现“十四五”以来最好水平，安质环、项目建设、科技创新、市场开发与经营发展、提质增效与队伍建设等各领域取得优秀业绩。资产结构进一步稳固，资产负债率同比下降 1.93%，现金流保障大幅增强，营业现金比率由 2022 年的 1.44%提升至 9.17%，研发经费投入持续加强，同比增长 12.85%。提质增效成果更加显著，全员劳动生产率同比提升 8.56%。

二是华龙项目建设全面创优。中广核“华龙一号”首堆防城港 3 号机组高质量投产，项目从冷试到热试、热试到装料、装料到商运均创国内三代首堆机组最优工期记录，实现调试启动阶段零跳机、零跳堆、零小修、零重大设备损坏。三澳 2 号机组第一罐混凝土浇筑至穹顶吊装创国内华龙机组土建最优工期，华龙批量化建设呈现“一个项目比一个项目好，一台机组比一台机组好”良好发展态势。

三是科技创新成果丰硕。工程公司自主攻关取得重大成果，极大缓解进口关键设备及部件“卡脖子”风险，设备级风险已全面解除，部件级风险得到极大缓解，关键核心设备自主掌控率达 93%，新建项目国产化率达 95% 以上。2023 年公司申请专利 268 项，获评“国家知识产权示范企业”称号。工程化科研成果加快落地应用，2023 年科技成果转化项目数量同步增长 43.37%。

141

践行央企使命　强化科技创新 全力以赴打造 Micro LED 领域“独门绝技”

重庆康佳光电科技有限公司

一、基本情况

重庆康佳光电科技有限公司（以下简称“重庆康佳光电”）成立于2019年9月30日，2023年成功入选国务院国资委“科改企业”名单，主营业务范围包括 Micro LED 全产业链材料、工艺、产品、设备的研究开发孵化及批量化生产。重庆康佳光电立足于华侨城集团与重庆市璧山区政府合资背景，凭借优秀的技术团队、多项知识产权和持续研发的能力，秉承正直、创新、高效、拼搏的精神，始终致力于突破显示技术的“卡脖子”问题，在半导体光电前沿技术领域以芯片和巨量转移技术为基础，推动芯片+终端、Micro LED 显示器件产业化，积极打造原创技术策源地，成为国家 Micro LED 优势企业，奠定国家 Micro LED 骨干龙头企业地位。

二、经验做法

（一）打造科研关键核心技术，持续提升核心竞争力，助力产业化

一是进一步加强市场对标，在激烈的市场竞争中锻造专业化队伍、创新专业化打法、实现专业化经营，持续提升企业核心竞争力。重庆康佳光

电当前已凝聚407人团队，其中研发人员200人，占比49%。

二是通过培育核心竞争力，推动关键核心技术攻关单点突破，保持技术领先，逐步打造自身“独门绝技”。重庆康佳光电取得特殊芯片弱化结构、混合式巨量转移、巨量修补技术等原创技术创新以及PDMS关键材料，1530、0306芯片、Micro LED智能手表、P0.68-P1.5 Mini LED直显等共计20余项领先创新成果，处于行业先进水平。

三是将全产业链技术先发优势转化产业化优势，切实将核心竞争力转化为现实生产力。2023年，重庆康佳光电Mini芯片完成3家客户共9次送样，已通过测试5次；实现内部商显和1家外部客户小批量出货；Micro LED激光直接转移良率达到99.99%，UPH达3000万颗/小时，并通过高质量发展专项项目中期检查；巨转送样华为2012实验室并通过测试；三款Mini LED系列产品均已量产，先后完成15家客户销售出货；与战略客户达成深度合作，签订首笔千万元以上订单。

（二）夯实科技自立自强根基，持续深化改革工作

一是践行精益管理。重庆康佳光电深入一线、躬身入局，通过提级管理、组织架构调整和优化管控结构，减少管理部门，压减管理层级，压降管理费用，减少决策环节，提升决策速度和管理效率。

二是加强差异化授权。在确保把控经营风险和合规性的前提下，重庆康佳光电持续推进扁平化管理，完善研发管控机制，充分结合行业实际，科学合理地在研发项目立项、研发费用审批等方面施行差异化、精准化授权。

三是夯实人才积累。重庆康佳光电深入研究“科改十条”政策，探索更加灵活高效的激励办法。加速专业化人才队伍建设，关注专业人才的专业能力培养。细悟“人才九条”，对在科研方面作出突出贡献的员工，解放思想，打破框框，消除偏见，任人唯贤，树立“不拘一格降人才”的用

人观。

（三）深入思考企业发展模式，助推实现高质量发展

重庆康佳光电坚持创新驱动发展，全面塑造发展新优势，以面向市场化、实现产业化为改革目标，展开一系列新发展举措。

一是降本控费。商显 FC 系列产品完成 13 个降本措施验证，BOM 降本达 40% 以上。Mini GB 实现物料成本降低 37%、Mini R 实现物料成本降低 59%。通过议价和引进新供应商，相同需求物料 2023 年同比降本达 173 万元。通过专利转回自行撰写、申请官费减免等方式，2023 年新申请专利 220 件中，211 件官费成本节约 85%、42 件代理费成本节约 100%，共计节约 26.3 万元。全面提倡能源节约及废物利用，办公物资及用品采取以旧换新、无纸化办公、双面打印等模式。合理调整物业安全保洁及绿化服务范围，2023 年办公用品及物业管理费同比降低 10% 以上。通过验证调整特气切换值，提升气体钢瓶使用效率至 90% 以上。业务招待费、差旅费严格按预算进行统筹管控，事前充分确认和评估，有效提升了费用发生的合理性。

二是技术攻关。提升外延片性能，蓝光外延片亮度和 ESD 提升至竞品的 95% 以上。提升芯片产品性能，Mini 0408/3575/3507 均已完成芯片技术开发，通过厂内可靠性测试，达到国内一线竞品水平，其中 0408/3507 商显灯板验证结果优于部分竞品芯片，Micro 1530/3458 芯片电压、亮度、WLD 达成设定目标。提升巨转效率，已实现单次转移面积提升率 138%、自主开发巨量转移材料降本 22%、采用激光选择性转移方案 COW 利用率提升 50%。高质量专项已达成中期目标，实现 UPH > 1500 万颗/小时、转移良率达 99%、修补数量达 100 颗。

三是市场开拓。商显战略客户开拓取得重大进展，签订千万元以上订单，此外还先后完成其他 10 余家客户销售。Micro 芯片和巨量转移积极拓

展客户，实现7家客户小量销售，同时持续维护好与华为项目组的商务关系，共同讨论后续量产合作方案。Mini芯片积极进行市场推广、获得行业客户认可并实现小批量销售。

（四）加强党建引领科技创新，持续推动党业融合

一是加强学习。重庆康佳光电以主题教育为契机，深入学习贯彻党的二十大精神和习近平总书记关于科技创新的重要论述，认真学习领会“一轴两轮三驱动”新发展框架内涵。

二是加强“红芯视界”党建品牌建设。重庆康佳光电持续打造“芯”字号品牌矩阵；着力强化党建引领，始终把“三会一课”作为锤炼党性、锻造品格的“大熔炉”，不断夯实基层党建基础。2023年，正式发布“爱芯+”“青芯+”“同芯+”工团及统战工作品牌。支部“三会一课、主题党日、民主评议党员、组织生活会”等组织生活均按要求召开。扎实开展主题教育，开展党组织书记讲专题党课1次，组织红色观影1次，发展预备党员7名。健全党组织架构，启动党支部换届工作，成立党小组3个。确定“书记项目”1个，成立5个党员攻坚组/突击队，鼓励党员群众联合创新创效，着力攻克技术难题，推动MLED产业化发展。

三是有序推进各项文体活动。重庆康佳光电打造服务员工品牌，做好“送暖添锦”帮扶关爱体系，创先争优特色项目申报，积极争取上级资源推动工会工作创新发展。重庆康佳光电先后组织员工关爱等活动10余次，开展员工慰问4人次，组织培训5次，推动参与2023年重庆市网上劳动和技能竞赛，承办组织开展首届职工“五小”创新暨第三十五届QCC成果发布活动，举办“迎国庆·庆司庆”第二届职工运动会等。

三、改革成效

重庆康佳光电作为华侨城集团布局MLED领域的关键一环，成立4年

多以来，积极探索 MLED 全产业链核心技术，取得了一系列创新成果，先后在 MLED 的核心技术如巨量转移与修复及检测技术、MLED 直显技术、MLED 芯片技术等领域实现突破。

一是原创技术方面，获得特殊芯片弱化结构、HMT 巨量转移、巨量修补、直接激光转移等技术。

二是国产化替代及补链方面，取得 PDMS 关键材料、1530 芯片、0306 芯片等成果。

三是行业技术领先方面，研发 6 吋外延片、玻璃基拼接、P0.12 量子点微晶屏、RGB 三色全彩手表屏、Mini LED 背光（POB、COB、COG）、AR 眼镜屏等 20 余项创新产品。其中，核心原创技术巨量转移良率（修复后）突破 99.999%，位居行业顶尖水平。

四是科研底蕴方面，目前已汇聚行业人才 400 余人，完成超 1865 件全球有效知识产权提案。其中，国内发明专利申请总量为 980 件，海外（美、日、韩）专利申请量达 130 件，知识产权成果丰硕。近 3 年申请 MLED 领域专利数量全球综合排名第五，稳居 MLED 行业专利排名前列。先后获得重庆市专精特新“小巨人”授牌、微发光二极管显示技术重庆市重点实验室、国家高新技术企业认定。同时，承担工信部 Micro LED 领域高质量发展专项、省级科研项目，并申报科技部重点研发专项、“十四五”重点研发计划和国家发改委 MLED 关键技术攻关任务，积极响应国家科技产业创新升级的发展号召，推动 MLED 技术研发与突破。

142

突出主责主业　激发核心动力
深入推进改革深化提升行动

澳门中国旅行社股份有限公司

一、基本情况

澳门中国旅行社股份有限公司（以下简称“南光澳中旅”）由柯正平先生于1961年6月创建。60多年来，在澳门特区政府、中联办和澳门社会各界及南光（集团）有限公司（以下简称“南光集团”）的大力支持下，通过几代南光澳中旅人的不懈努力下，南光澳中旅坚持根植澳门、融入内地、拓展海外的经营理念，不断完善旅游全产业链建设，在中国澳门、中国内地、中国台湾、中国香港及加拿大等地设有30余家下属企业，拥有员工逾2000名。南光澳中旅在澳门历次重大历史事件中担当的重要角色，以及多年来广泛涉及澳门民生的业务经营，让南光澳中旅在澳门社会和广大澳门市民中形成了知名驻澳中资企业的良好形象。

二、经验做法

（一）强化民生保障，发挥旅游行业带头作用

2023年以来，疫情防控转段、经济恢复发展，市场环境逐步回升向好。南光澳中旅深入学习领会习近平总书记“南光是一直都在”的讲话精

神，展现社会责任、快速布局行动，吹响澳门旅游产业快速复苏的“冲锋号”。

一是突出政治高度做好旅游首发。疫情防控政策放开后，澳门对外地旅行团限制逐步取消。南光澳中旅积极发挥澳门“一国两制”成功实践优势，率先组织台澳旅游首发团和内地旅游首发团，积极参加中国香港、新加坡等地旅游市场推广活动，全年合计接待旅游团队共634个，服务旅客4.3万人，得到国台办、澳门中联办和澳门特区政府的高度肯定，南光澳中旅作为会长单位的澳门酒店旅业商会荣获特区政府“旅游功绩勋章”。

二是拓展客运路网推进湾区互通。南光澳中旅积极响应国家关于建设粤港澳大湾区和横琴粤澳深度合作区战略部署，主动参与琴澳通勤车业务洽谈竞投，成功中标全部11条琴澳通勤车业务。同时自主开发珠海机场直通澳门、九洲港—横琴长隆线路、港珠澳大桥地勤等线路，为建设粤港澳大湾区客运联程服务而不懈努力。

三是响应市民需求应对办证高峰。随着政策放开，证件业务全年受理回乡证办证业务同比增长63.7%，台胞证同比增长563%。面对办证高峰，南光澳中旅积极引导澳门市民尽快错峰办证，统筹开展学校延时专场办证服务，让学生、家长无需请假、无需预约即可现场办理证件换发；窗口服务每周六采取“加窗口、加筹号、加时间”措施，有效保障市民办证高峰需求。

四是推广智慧服务落实互联互通。南光澳中旅主动配合特区政府推广电子政务服务，在符合上级政策要求的前提下，首次实现“内地政务服务系统与港澳特区政府政务服务系统对接”及“回乡证办证系统与澳门身份证办证系统联通”，市民办证通过“一户通”App自动调取个人信息，手动填写内容缩减至10项以下，填写时间大幅减少71%，广受社会好评。

（二）优化产业布局，发掘业务结构增长动能

南光澳中旅深入落实习近平总书记关于加快落实国资国企高质量发展，推进结构调整、创新发展、布局优化的讲话精神，结合“十四五”规划中期调整，明确了“调结构、促转型、拓增长、抓改革”的战略导向，确定了以旅游为入口，以酒店、客运、餐饮为主要拓展方向，酒店发展以轻资产为主，积极拓展新兴产业的业务结构调整思路。

一是高标准拓展珠海九洲岛项目。在旅游行业对景区投资缺乏信心的大环境下，南光澳中旅积极对接珠海国资国企合作开发珠海九洲岛景区，致力打造24小时旅游休闲综合体，为推进澳门经济适度多元、建设世界旅游休闲中心打下一针“强心剂”，也为珠澳两地企业合作开发旅游文化元素、推进产业多元发展吃下一颗“定心丸”。

二是高起点规划澳门雅文湖畔项目。南光澳中旅在澳门特区政府前一街之隔的“雅文湖畔”承接文创活化核心项目，立足澳门中心区域逐步打造在澳门宣传习近平文化思想、讲好中国故事、传播中国传统文化的平台和基地，为落实澳门“以中华传统文化为中心，多民族文化交流基地”建设构建新平台，增添新元素。

三是高效率推进内地酒店管理输出项目。南光澳中旅聚焦主业、做强实业，全面承接内地合作单位属下10家酒店管理工作，管理酒店数量增长150%，管理客房数增长83%，管理当年即实现利润增长，改变了酒店业务板块过于依赖澳门业务的结构，为拓展内地酒店业务进行了新的尝试。

四是高层次布局海外中国签证项目。2023年，南光澳中旅参加海外中国签证申请服务中心项目的竞投标工作，并成功中标喀麦隆和柬埔寨两国的中国签证申请服务中心项目，在不断积累运营经验、持续提高业务能力和外事工作水平的同时，也进一步打下了相关业务的国际化基础。

（三）提升活力效率，发展市场对标考核机制

南光澳中旅在国企改革三年行动的成果之上，不断巩固深化中国特色国有企业现代公司治理与市场化经营机制改革，紧抓重点任务，力求改革实效。

一是深化三项制度改革。2023 年，南光澳中旅副经理级以上管理人员全部通过公开竞聘上岗，年内完成了客运中心总经理等 6 个三级单位管理岗位公开竞聘和领导干部试用期满考核工作。2023 年末，公司副经理以上干部平均年龄由 49.8 岁降至 47.8 岁，有效激发了员工队伍活力，畅通了人才发展通道。

二是深化任期制契约化改革。南光澳中旅对照上级要求完善修订《各经营部门、三级公司（负责人）经营业绩考核办法》，坚持质量第一效益优先、坚持市场化方向、坚持依法依规、坚持短期目标与长远发展有机统一、坚持业绩考核与激励约束紧密结合，科学设计绩效评价体系，在“干部能上能下”特别是“能下”方面刚性兑现考核结果，考核结果不合格的领导干部调整解聘，在改革发展中着力遴选锻炼堪当做强做优做大重任的干部队伍。

三是深化职业经理人改革。南光澳中旅结合餐饮板块实际“一企一策”试点职业经理人改革，统筹实施差异化分类考核、经营绩效、授放权和监管机制等“一揽子”改革政策。2022 年开展万豪火锅、城大中餐厅等项目的职业经理人改革，改革当年新拓展项目即实现盈利。2023 年进行改革“回头看”，依据经营实际情况优化改革政策，对不符合人选及时退出，对续聘人员完善绩效协议。大力探索“职业经理人 + 餐饮项目点”的业务拓展模式，2023 年根据项目需要完成市场化选聘澳大中餐厅职业经理人工作，同时积极参与大丰银行员工餐项目、工商银行员工餐项目、教青局属下学校学生餐项目及离岛医疗综合体员工餐项目的竞标工作。

三、改革成效

在经济形势复杂严峻的大环境下，南光澳中旅千方百计稳增长，攻坚克难推改革，担当善为谋发展，在服务大局、拓展项目、深化改革、队伍建设等方面都取得了历史性的进展和成效。

一是企业经营绩效稳步向好。2023 年南光澳中旅实现营业收入同比增加7.07%；利润总额完成扭亏，同比增长559.42%；资产负债率48.02%，同比降低17.28 个百分点；净资产收益率23.94%，同比增加31.34 个百分点；全员劳动生产率同比增长 23.55 万港元/人；营业现金比率同比增长 16.54%。“一利五率”稳步向好。

二是公司治理结构持续优化。南光澳中旅修订《董事会议事规则》《总经理办公会议事规则》《贯彻落实“三重一大”决策制度实施办法》，完善三个专业委员会工作细则，系统推进“三会一层”治理体系建设，优势互补、权责对等、协调运转、有效制衡的治理结构持续健全，专项工作与开展中心工作、履行在澳社会责任实现有效深度融合。

三是改革内生动力充分激发。改革深化提升行动开展以来，南光澳中旅生产经营取得新突破，业务核心竞争力持续提升，内部协同优势进一步凸显。旅游板块持续推进“澳门半天游”产品，以“业务协同、资源共享、抱团发展”为思路打包推出“澳门半天游”旅游产品，打造“线路设计—服务接待—交通运输—销售推广”的“一条龙”产业链条，充分发挥文旅元素对各业务板块的“穿针引线”带动作用，其中机票业务组人均创利实现 34 万港元/人，达近 10 年来最高水平。酒店板块紧盯市场强化对标，在澳酒店 2023 年营业收入同比增长 174.9%，利润总额同比增长 638.49%，客房入住率、平均房价、每房收入全部超过对标酒店水平。濠璟酒店客房收入、客房利润、利润总额创历史新高。餐饮板块逆势扩张，全年新增3个项目点、420个餐位，拓展5条线上供餐渠道。截至2023年底，餐饮板块新业务占比已达营收总额的25%。洗衣板块对标中小型客户和线上洗衣业务大力拓展市场，服务房间数同比增长35.70%，洗涤件数增长107.50%，成功实现扭亏为盈。

143

促建澳门智慧绿色公交 推进企业高质量发展

澳门公共汽车股份有限公司

一、基本情况

澳门公共汽车股份有限公司（以下简称“南光澳巴公司”）为澳门特别行政区道路集体客运公共服务第三标段承批人，获得特区政府批给经营第三标段巴士线路共55条，占澳门巴士线路总数的65%。2023年，公司员工人数1100多人、营运车辆585台，日均行驶约5259班次，日均载客量约30万人次。南光澳巴公司多年来一直秉持南光（集团）有限公司（以下简称“南光集团”）“用最好的回报社会”的企业宗旨，为澳门居民提供安全、绿色、优质的城市公交服务。

2023年是南光澳巴公司被提级运作的第三年。公司持续深入贯彻习近平总书记关于国有企业改革发展和党的建设的重要论述，全面落实国家“碳中和”方针，按照南光集团的各项工作部署，在总结和巩固改革三年行动成效的基础上，坚持“管理+服务”定位，以推动高质量发展为主题，以提高核心竞争力和增强核心功能为重点，持续优化营运服务，提升能源利用效率，全力推进绿色公交、智慧公交、平安公交、品质公交再上新台阶。

二、经验做法

（一）落实绿色发展理念，推进低碳城市公交建设

2023 年，在南光集团节能减排工作的统一部署与指导下，南光澳巴公司继续秉持绿色发展理念，严格贯彻国家与南光集团节能减排工作要求，按照国家碳达峰目标指标建立健全了节能减排与碳排放管理体系，进一步提升了节能减排管理水平，在立足公司现实情况与发展要求下，组织实施了一系列节能减排工作措施。

一是全面规范建立绿色低碳管理工作体系。按照国家与南光集团“双碳”管理工作要求，南光澳巴公司全面规范和加强了推进绿色低碳管理工作。2022 年 10 月，南光澳巴公司组织全体领导及管理骨干开展碳排放管理工作培训，全面学习国家相关政策、理论指导与专项规划文件，在深入学习以及调研分析公司往年碳排放情况工作基础上，2023 年初完成《澳巴碳达峰目标指标测算表（2016—2026）》，同时编制完成《澳门公共汽车股份有限公司碳达峰行动方案（2020—2030）》。2023 年起南光澳巴公司每月节能减排统计工作中新增纳入碳排放统计工作，碳排放统计指标纳入到集团中台建设中。2023 年，为持续贯彻落实国家碳达峰、碳中和工作重大战略部署，加强落实能源消费强度和总量双控工作，南光澳巴公司根据国家节能减排相关政策制度与《南光（集团）有限公司节能减排管理办法》要求，结合公司实际认真研究制订了《澳门公共汽车股份有限公司节能减排与碳排放管理办法》，制度于 2023 年 7 月起正式施行。制度把碳排放管理工作纳入到公司节能减排管理工作体系中，明确了公司节能减排与碳排放管理工作内容、工作流程以及各部门管理职责，对公司的运营系统排放与辅助系统排放统计范围以及碳排放管理统计指标体系进行了定义，指出了节能减排与碳排放管理的工作原则以及基本工作措施等内容。节能减排与

碳排放管理制度的正式颁布，标志着公司正式建立起绿色低碳长效管理工作体系，推动实现公司碳排放管理的量性管理和在线实测工作，有效推进了公司全新、全面、规范有效地开展节能减排与碳排放管理工作。

二是全面优化升级车队，助力澳门低碳城市建设。为履行与澳门特别行政区政府签订的为期6年的《道路集体客运公共服务——第三标段公证合同之修改合同》（以下简称“新合约”）关于对营运车辆性质及车龄等方面提出的要求，南光澳巴公司在2021年立项“购置473台环保能源公交巴士”项目，计划在2021—2023年分三批购置400多台环保能源公交巴士，全面置换原有柴油巴士车辆。2023年一季度，随着第二批200台增程式新能源车辆顺利投入运营，公司新能源车辆占比由上年的50%升至近77%，目前两批400台新车运营在41条线路中，占运营线路的70.7%。从全年的运营数据来看，新车平均乘车人次、行车里程、行车时数、出车班次已分别占到58%、60%、63%、60%，为澳门低碳城市建设注入了更多“绿色动力”，持续成为澳门绿色公交的引领者、推动者和建设者。新车投入运营后，平均节油率超过30%，新的400台增程式车辆全部投运后比投运前大约减少300吨二氧化碳排放量，相当于种植1.6万棵树。焕然一新的车容车貌和全新的乘车体验也得到了政府、社团和广大乘客的好评，取得了良好的经济效益和社会效益。

三是全面应用数字化手段实施绿色低碳管理。2023年，在巴士运营方面，南光澳巴公司在400台新购入的增程式电动巴士上安装了电子显示屏，上线“车载信息发布系统”，实现了车载电子信息屏与后台系统互联互通，取代了过去在车厢内张贴纸质公告做法，实现了实时发布线路临时改道公告、巴士站点临时停用公告、8号风球巴士服务安排公告等功能。通过信息系统替代人工，按照运营部平均每月发布通告20次进行计算，每天可节省6人的工作量、节约用纸4000张。在行政办公方面，以OA系统为基础建设全电子化绿色办公流程，在南光通 App 上新建开通车长工资查询、车长请假申请等功能模块，使员工（车长）能实时查阅工作安排和薪资情况，提升工作效率，免除了公司人力资源部每月打印整理薪资信件工作，每月减少了约 3000 张纸张与薪资发放信封的使用。

（二）落实创新发展理念，推动平安智慧公交建设

2023 年，南光澳巴公司在安全生产、管理提升等方面，持续开展人工智能、北斗卫星定位、车联网、大数据等新技术应用与成果转化，通过创新管理项目建设，解决了经营管理中长期存在的难题，不断提升公交行业的运营效率、安全保障能力、服务水平和决策的科学性，构建起高质量的巴士服务体系，推动了传统公交业务的数字化转型。

一是全面升级北斗卫星定位智能终端，推进科学化车辆调度管理。配合新能源车辆采购进度，南光澳巴公司按年度加大车内外软硬件设备配置，更新老旧车辆内的智能定位系统。2023 年，南光澳巴公司新购并完成部署 69 台 GPS 定位设备，一方面，通过采集北斗卫星导航系统的实时监控数据，为调度系统提供精准的定位信息，实现实时监控和追踪，提高运营管理的运营效率和服务水平；另一方面，为各业务系统提供可靠的数据基础，为搭建数据管理中心提供基础支撑，逐步实现公交运营整链条智能化。

二是全面优化安全管理系统，实现从人防到技防到慧防的转变。为降低安全事故发生率、解决司机驾驶行为不规范的问题、提升乘客满意度，南光澳巴公司通过对标学习国内一流公交企业，进行内部管理提升工作，结合车联网技术应用，重点实施优化车载智能安全管理系统项目，项目包括高级辅助驾驶系统（ADAS）、左侧盲区侦测系统（BSD）及 360 度全景侦测系统等三类公交运营安全管理系统，通过科技手段提升了安全监管水平。2023 年，南光澳巴公司完成部署 69 套设备系统，并对现有的公交调度系统、车联网系统等进行集成形成符合澳门城市特色的安全管理一体化平台。平台可实时反馈并预警车辆道路行驶异常及驾驶人行为异常等安全隐患，形成安全事故的自主预警和快速响应机制，实现公交运营领域全天候智能监管，将安全管理工作从被动化为主动，逐步实现“从人防到技防”“从技防到慧防”的转变，进一步提升公司安全运营智慧化管理能力，全方位保障公众出行安全。

三是全面构建南光澳巴公司数字化底座，建立数据管理一体化平台。数据中台项目主要是以大数据云平台为基础，公司构建数字化底座，实现公交业务数据资产化，包括对各种智慧公交数据的存储、归集和利用，并能提供 OD 客流分析数据、司机画像、车辆画像、营运管理、安全管理等数据分析场景，帮助管理人员实时掌握一线数据。作为南光集团数据中台项目的一期试点，2023 年南光澳巴公司积极配合项目完成系统数据接入和管理，主要实施情况包括：打破现有各信息系统数据壁垒，建设以数据中台为基础的数据平台，抽取各系统的数据在数据中台形成数据集；辅助经营和科学决策，基于历史公交客流数据、实时公交刷卡数据等，利用客流分析模型，推测完整的客流 OD 数据；加强运营管理能力，基于数据中台整合驾驶员人事、履历、排班、考勤、健康状况、驾驶能力等全维度数据，实现驾驶员安全精准画像和车辆综合画像等，为车辆安全行驶和运营提供数据支撑；加强运营管理能力，根据业务、管理、高层领导需求形成业务管理报，把线下 Excel 文件数据转为线上填报，支持数据在不同业务部门和系统之间的共享和交换，极大减少人力资源浪费。

三、改革成效

一是节能减排取得明显成效。2023 年，南光澳巴公司万元增加值综合能耗为 0.31 吨标准煤，较 2022 年减少了约 29%；万元产值综合能耗为

0.20吨标准煤，较2022年减少了约26%；运营车辆百公里油耗为33升，较2022年减少了约20%；车辆运营系统碳排放总量较2022年减少了约12%。

二是巴士服务评鉴得分持续向好。根据最新一期服务评鉴，南光澳巴公司车辆故障率、违规率、肇事率等短板指标改进取得预期成效，澳巴服务评鉴总体等级保持B-，乘客满意度创历史新高，继续领先竞争对手。

三是公交运营效率同比提升。2023年，结合平安智慧公交建设，南光澳巴公司紧抓疫情政策调整后入澳游客大幅增加的契机，通过增加口岸线运力投入、加密高峰期班次和持续优化线路、站点、车型等资源配置，针对游客创新推出澳巴乘车票等措施，多措并举增加第三标段公交业务收入，现金人次同比增加428%，高于入澳游客增幅（395%）。

四是安全运营管理能力得到提升。2023年，在道路环境渐趋复杂情况下，南光澳巴公司每10万公里责任事故率低（优）于目标值，未发生一般等级及以上责任事故，安全生产形势总体平稳。

144

整合优化跨境物流运输业务
提升服务澳门民生保障供应能力

南光物流有限公司

一、基本情况

南光物流有限公司（以下简称“南光物流”）作为南光（集团）有限公司（以下简称“南光集团”）所属二级企业，秉持“用最好的回报社会”的企业宗旨，长期发挥驻澳央企根植澳门、服务澳门的职责使命。在国企改革深化提升行动中，南光物流整合优质资源、优化产业结构、提升自身功能，集中全力向着在粤港澳大湾区内具有一定影响力的现代物流及城市民生综合服务商的目标迈进。

南光物流拥有现代物流、食品（药品）供应链、国际贸易和节能环保四大业务板块。其现代物流板块相关业务单元，在澳门城市运营保障方面发挥着主力军和顶梁柱的作用，受到澳门社会各界的广泛信赖。特别是三年疫情期间，南光物流主动承接口罩、疫苗、检测试剂、药品等防疫物资的采购、运输任务，用实际行动回应习总书记“南光是一直都在”的指示精神，彰显了国资央企服务“一国两制”实践行稳致远、保障澳门民生的责任担当，在新时代书写出属于驻澳央企的华美篇章。

二、经验做法

在国企改革深化提升行动中，南光物流坚持从服务中央、服务大局出发，立足主责主业推进改革深化，积极谋划并设立物流运营部，推动企业高质量发展。通过整合、重组、优化资源配置、调整业务流程促进体系化建设，切实提升高品质服务保障澳门民生、高能级助力澳门经济适度多元发展、高站位在商言政能力。

（一）加大市场化整合重组力度，优化资源配置

南光物流所属现代物流板块原本包括仓码配送部、珠海通宇物流有限公司（含珠海保税区南光物流有限公司、珠海市南光报关有限公司、跨境运输部）及港珠澳大桥转运站项目组，粤澳之间货物码头及仓储，珠澳之间陆路通关、仓储及运输，港珠澳大桥货物转运等多种跨境运输业务原本由不同业务单元负责，业务条块分割导致存在人财物重复配置、服务单一且互为竞争、运输报关仓储流程长效率低等问题，成为了制约公司现代物流板块高质量发展的因素之一。南光物流通过围绕构建新发展格局这一中心任务，抓住国企改革深化提升行动重大机遇，下定决心整合现代物流板块各项业务，优化资源配置，有效推动传统产业转型升级。改革中，南光物流打破惯性思维、破除困难阻碍，经过近一年谋划于2023年底成立物流运营部，全面负责现代物流板块的统筹运营管理，在打造现代物流企业的道路上迈出了坚实的步伐。整合后的物流运营部管理着仓码配送部、珠海通宇、港珠澳大桥转运站等6个业务单元和项目组、拥有多用途码头泊位7个、仓库约10万平方米。

（二）优化业务流程，促进现代化产业体系建设

跨境运输是南光物流长期经营的特色业务。凭借驻澳央企的身份属性

和品质服务的经营理念，南光物流致力于成为澳门跨境运输领域的中坚力量，赢得了粤港澳三地的广泛认可。随着粤港澳大湾区战略实施和横琴深合区建设推进，南光物流原有的经营模式，难以满足不同种类商品在大湾区内快速运输和海陆空多方式联运等现实需要，更面临激烈市场竞争带来的严重冲击。在做强做优做大国有企业战略指引下，南光物流围绕服务国家战略增强核心功能，围绕价值创造提高核心竞争力，坚定履行国资央企新时代新征程重大使命，顺势而为、应市而动，整合现代物流板块下属各业务单元成立物流运营部，旨在提高现代物流板块资源利用率、统筹对外业务拓展、优化业务流程，推动公司高效运行。

物流运营部成立以来，紧紧抓住提质增效这一根本目标，组织梳理内部职责分工，减少在多头交流中可能出现的信息失真与责任不明确问题，畅通内部交流渠道，创造更多员工学习培训的机会。定期对作业流程进行审查及优化，以适应不断变化的工作环境和业务需求，积极推动作业流程化、操作标准化，不断提升协同效率，有效提升工作效率，大幅降低运营成本，并将部分利润让渡社会，带来良好的社会效益。

（三）提升自身功能，服务“一国两制”实践行稳致远，服务横琴深合区建设及大湾区战略实施

75 年前，南光贸易公司诞生在澳门这片与祖国同呼吸共命运的热土之上，为内地采购战略物资是南光集团的光荣任务。75 年后的今天，南光集团的主要职责转变为澳门民生托底保供，而跨境运输这一重大任务则传承到南光物流的手中。澳门回归 24 年来，南光物流不辱使命，全面保障澳门民生，为“一国两制”实践行稳致远默默贡献。特别是疫情期间，南光物流所属跨境运输企业圆满完成防疫物资的采购、运输任务，充分展现出国资央企的使命担当。

随着港珠澳大桥的开通运营，有效拉近了粤、港、澳三地之间的距离。为充分发挥港珠澳大桥港澳间陆路运输便捷高效的作用，澳门特区政府谋划建立港珠澳大桥“港澳”货物转运站。南光物流主动当担作为，积极参与港珠澳大桥转运站投标并顺利中标。2023 年 8 月，港珠澳大桥澳门跨境货物转运站正式投入运营，为港澳跨境运输提供了新的途径。

在习近平总书记亲自谋划、亲自部署下，横琴粤澳深度合作区已初具规模，预计即将实现封关运行。南光物流超前谋划、提早部署，成功摘牌横琴深合区首块供地，并于 2023 年 8 月开工建设南光（横琴）物流中心，预计 2024 年底实现主体项目封顶，2026 年投产运营。南光（横琴）物流中心投入使用后，将推动南光物流形成立足琴澳、辐射大湾区的跨境物流运输能力，助力横琴深合区发展和国家大湾区建设。

（四）构建现代物流经营指标体系，推动经营管理质效提升

物流运营部成立以来，南光物流对既有业务构成进行剖析，重新构建了符合珠澳业务模式的经营指标体系，针对关键管理要素，围绕生产能力、创收能力、运营效率、服务水平等维度设立衡量指标，形成能够服务经营决策、精细化反映实质变化的指标体系。

指标体系锚定澳门仓储业务的关键指标实施调整业务着力点，着重加强对货物周转率等效率指标的监测分析，推动运营管理效能提升。同时，在价格管理上进一步对标挖潜，通过开展行业趋势分析、与同类型仓储业务价格对标等措施，制定适用于不同场景的价格，目前在澳门文件仓、地面仓通过提供差异化、专业化的仓储服务产生了良好的单位效益，较普通仓租金分别提高 43 澳门元/平方米、73 澳门元/平方米。聚焦全产业链收益最大化，提高仓储物流效能，通过指标的变化管理客户，促进供应链畅通和提升货物周转速度，协同效益初步体现。2023 年度跨境运输车次较 2022 年同比增加

28.8%，澳门多个仓库实现满仓运营，仓储业务收入创历史新高。

为构建数据驱动的经营管理模式，不断推进分类核算和分类分析，物流运营部基于现有“供应链”模式延伸业务链条打造“产业链”，利用信息化手段将收入与成本数据相链接，构建边际贡献指标。选取具有优势和增长潜力的业务，紧贴客户经营链条，向价值创造能力更高的方向延展现有业务的深度和广度。通过不断拓展服务范围、创新服务内容，有效降低综合成本。

三、改革成效

南光物流立足澳门实际，努力服务“一国两制”伟大实践、服务横琴深合区发展、服务大湾区建设的能力水平。通过整合现代物流板块组建物流运营部，达到了降本增效、提升服务能力的战略目标，擦亮了南光物流金字招牌，维护了国资央企的良好社会形象。

一是板块质量效益不断提升。物流运营部组建后，不断加强珠澳两地仓储、运力资源整合，通过物流运营部承接珠澳仓储运输业务，持续释放资源价值。2023年度现代物流板块实现营业收入同比增加5.35%，毛利同比增加8.95%，其中综合物流服务同比大幅增加23%。物流运营部抓住澳门旅游业复苏机遇，利用特区政府产业扶持政策，开拓医疗器械和药品仓储、冷链食品配送等专业物流业务，为客户提供全程跨境物流服务，满足客户多元需求，全面增强了现代物流板块的核心功能。

二是物流关键节点布局不断优化。物流运营部组建后，积极承接港珠澳大桥澳门跨境货物转运站运营管理服务项目，配合澳门特区政府改变港澳物流格局，打通港澳两地陆路货物直接运输渠道，实现港澳两地货物陆路直达，切实降低运输成本，提高货运时效性，转运站自运营以来，预约总量稳步上升。同时，物流运营部积极落实获批的香港往返内地跨境普通货运车辆指标，为促进粤港澳三地业务开展提供有利条件。目前第一批中港运输车辆已完成采购，正处于车辆验收阶段。通过上述项目南光物流实现了在关键物流节点和稀缺通关资源方面的布局，全面提升了公司在跨境物流方面的核心竞争力。

145

争当“科改企业”尖兵 建设世界一流检测认证公共服务平台

西安高压电器研究院股份有限公司

一、基本情况

西安高压电器研究院股份有限公司（以下简称“西高院”），是中国电气装备集团有限公司（以下简称“中国电气装备”）所属三级单位，成立于1958年，是我国“一五”计划156项重点建设工程之一。西高院作为国内领先的电气领域综合性服务机构，现有国家高压电器质量检验检测中心、国家绝缘子避雷器质量检验检测中心、国家电力电容器质量检验检测中心、国家智能电气设备质量检验检测中心及国家变压器质量检验检测中心共5个国家级检测中心，建有国家能源输配电设备研发（实验）中心、国家市场监管技术创新中心（输变电设备）、产业技术基础公共服务平台、高压输配电设备质量控制和技术评价实验室等7个国家相关部委批准建设或授权认定的国家级科研平台和技术服务平台。西高院是13个IEC国内技术对口单位和12个国家标委会、2个行业标委会秘书处挂靠单位，拥有检验检测机构资质认定证书（CMA）、国家认可委实验室认可证书（CNAS）、国家认证认可监督管理委员会指定实验室（CCC）、中国质量认证中心委托实验室（CQC）、国际电工委员会电工产品合格与认证组织认证证书

（CB）等资质。西高院是陕西省第一批高新技术企业，先后获得“全国文明单位”、国务院国资委党委“先进基层党组织”等荣誉称号。

二、经验做法

（一）分类引进战略投资者，深化改革合作共赢

一是产业多元化并购实现外延式增长。西高院在变压器检测领域收购同业优质企业，实现强强联合，充分释放协同效应。收购整合后，西高院拥有5个国家级检测中心，124类设备型号试验能力、61项设备仪器校准能力、11项设备仪器的鉴定能力，检测领域持续拓宽、细分领域不断做精，成为了国内少数具备低压到高压全系列电气产品检测能力的机构，行业权威地位进一步得到巩固。

二是分类引入战略投资者形成资源协同。西高院以“技术领先、功能完备、服务高效、资源柔性的具有全球竞争力的独立第三方互联网 + 智慧检测综合实验室”为战略发展目标，以增资扩股方式成功引入具备行业经验、具有业务及战略协同效应的4家机构投资者，合计持股34.75%，分别是北京丰瀛安创企业管理咨询中心、科改策源（重庆）私募股权投资基金合伙企业、中国三峡建工（集团）有限公司、平高集团有限公司，公司股权结构由原有单一国有股东变更为多元化股权结构，进一步巩固输变电行业检测业务的主导权与话语权，补齐西高院业务短板，提升西高院电器检验检测综合业务实力，实现公司业绩规模的增长，市场份额得到快速提升。

三是规范治理体系提升治理能力。西高院规范“三会一层”运作，全面加强党的领导，把党建要求写进公司章程，落实混合所有制企业党组织法定地位。单独形成“三张清单”，实现各治理主体决策事项和权责的清单化、议事程序规范化和制度化。严格按照公司《章程》及相关议事规则

的规定设立董事会并实现外部董事占多数。董事会下设5个专门委员会，为董事会决策提供有力支撑。依法落实董事会6项职权，推动董事会高效规范运行。

（二）多元化中长期激励，激发科技创新潜力

一是积极开展股权激励，充分调动关键核心骨干人才积极性和创造性。西高院重新梳理公司业务主要环节并开展价值评估，在公开透明的基础上，综合考虑公司发展情况、员工贡献度、参与意愿和实际资金筹措能力等因素，合理确定股权激励范围与实施方案，累计激励69人，累计出资4952万元，激励对象约占企业总人数的15%，建立有序流转机制和退出机制，确保核心人才有效激励，实现持股员工个人利益和公司长期利益深度绑定，2023年全员劳动生产率较2020年增长45.5%。

二是深入实施科技项目激励，加速科技创新与成果转化。西高院制定实施科技领域《重点项目激励试点方案》，明确项目筛选标准、项目相关方职责权限、项目考核及奖励标准等，对项目涉及工资总额实施备案制管理。选取“大型先进压水堆核电厂发电机断路器试验平台建设及试验技术研究项目”等5个重点项目进行试点，有效激发科研人员创新活力。2023年研发费用同比2020年增长63.7%。

三是探索推进项目收益分红激励，主动开拓新领域、新市场、新方向。西高院制定项目收益分红方案及激励管理办法，选取“储能实验室建设”项目实施项目分红激励，分红金额按照完成的工作和作出的贡献等确定，实现当年建设、当年验收、当年收益，第一期分红激励60万元。新技术、新产品与新服务将逐步转化成为公司核心竞争力，增强公司可持续发展能力和综合竞争力。

（三）完成科创板分拆上市，增强发展内生动力

一是依法依规完成分拆上市。为加速产业链升级，扩大资本规模，引

领产业建设方向，西高院启动股改上市工作。2023 年 6 月 19 日西高院在上交所科创板成功上市（股票代码：688334），累计募资 11.2 亿元。分拆上市后，西高院聚焦于检测服务业务特点、成长性、盈利能力等方面更加突出企业经营与资本运营融合，助力做强做精主责主业，进一步提升了企业估值和市场认可度。

二是提高央企控股上市公司质量。西高院进一步健全信息披露制度，以投资者需求为导向，做好定期优化披露内容，真实、准确、完整、及时、公平披露信息，做到简明清晰、通俗易懂。进一步优化公司审计、内控、合规和风控体系规范完善，强化合规管理和内部监督。

三是强化上市公司内生增长和创新发展。西高院针对检测及其他技术服务行业特点，在稳产增收、降本节支、资产盘活、科技创新、管理提升等方面持续发力，不断提高盈利能力、经营效率和抗风险能力，上市后营利性指标和成长性指标均优于行业平均水平。建立健全科研成果转化机制，与集团研究院形成联动，利用资本市场工具和上市公司平台，加快打通科技成果向生产力转化的“最后一公里”。

三、改革成效

西高院混合所有制改革完成了体制机制有效转变，多种激励充分激发了科技人员干事创业的活力动力，分拆上市实现了企业快速发展，一系列措施极大地推动了企业深化改革的进程，实现了电气检测业务板块的可持续发展。

一是促进企业创新发展。西高院持续深化三项制度改革，优化人员结构，薪酬考核向价值创造者不断倾斜，极大调动了经营管理者的积极性，全面激发人才科技创新活力，科研成果丰硕。近 3 年，企业研发投入始终保持在 10% 以上，科技人员占比平均达 83.8%。主导及联合主导发布国际标准6项、主持参与制/修订国家标准29项、行业标准13项、参与制定团体标准6项，获得国际标准IEC1906奖2项。2022年完成国际首次550千伏/80千安接地开关短路关合试验、首个核电用国产化高压交流限流熔断器试验检测，标志着中国西电在大电流、高电压检测领域再次取得重大突破。为服务国家战略，支撑国家重大输电工程建设发展作出了突出贡献。

二是拓宽企业融资渠道。西高院的分拆上市增加了中国西电新的资本运作平台，拓宽了融资渠道，更加有利于培育和整合新型电力系统下的相关多元产业、为企业做强做优做大提供了资金保障，促进国有资产保值增值，也为提高上市公司质量等提供了新动力。

三是提升企业市场价值。分拆上市后西高院得到资本市场充分认可，价值得到提升。公司充分把握分拆上市的机遇，实现了快速发展。2023年西高院营业收入、利润总额、净利润分别同比增长16%、33%、24%，全员劳动生产率同比增长12.2%。

146

发挥国有资本运营公司特色资产管理功能 助力国资央企布局优化和结构调整

中国国新资产管理有限公司

一、基本情况

中国国新资产管理有限公司（以下简称“国新资产”）认真贯彻落实国企改革深化提升行动部署要求，以服务国家战略为导向，积极发挥中国国新控股有限责任公司（以下简称“中国国新”）资产管理板块价值管理、布局优化、资源整合的功能作用，聚焦“两非”接收处置和存量资产盘活主责主业，推动国资央企改革发展，助力央企做强主业，更好发挥科技创新、产业控制和安全支撑作用。

国新资产成立于2018年5月，注册资本400亿元，是中国国新资产管理板块平台公司。2022年以来，国新资产围绕“两非”处置、存量土地及基础设施盘活、专业化整合、存量股权盘活、传统产业转型升级等重点领域，运用双平台、专项基金、直接投资、Pre-REITs投资、S基金等多种工具手段，通过市场化、法治化、专业化方式推动国有资本布局优化和结构调整，以“三能改革”和“管理提升年行动”为抓手强化市场化经营机制建设，全力打造“行业一流、国内领先”的头部资产管理公司。

二、经验做法

（一）搭建合作平台推动“两非”处置，助力央企“瘦身健体”、做强主业

国新资产落实国务院国资委“两非”剥离专项行动要求，截至2023年底，累计接收和受托141家“两非”企业资产、资产总额241亿元。与航空工业、中国石化、中国船舶、新兴际华等央企设立合作平台，通过对接意向受让方、设计清算、转让方案、优化交易流程等方式推动出清工作，累计完成出清120家、资产总额143亿元，企业数、资产出清率分别为85%、60%；通过“两非”处置助力合作央企回现42亿元。与航空工业探索创新“接收处置平台+盘活赋能平台”双平台模式，接收处置平台接收和受托部分资产质量差、缺少盘活价值的“两非”企业，联合航空工业、东方资产设立航空调整基金（基金规模30.9亿元）作为盘活赋能平台，按照“优劣搭配”策略盘活处置部分有价值资产，支持航空工业布局优化结构调整。截至2023年底，已投金额21.5亿元、累计退出2.8亿元，所投翔腾微电子入选国家级专精特新“小巨人”企业，项目2023年估值预计增长3倍。加强模式复制推广，对接中国电子存量资产盘活专业化整合需求，2022年合作设立中国电子合作平台，实现接收处置与盘活赋能有机融合。落实中国国新与辽宁省央地合作专项安排，与辽控集团、诚通国合探索组建资产盘活平台，服务东北振兴发展。

（二）探索存量土地和基础设施特色盘活模式，助力央企释放存量价值、优化布局结构

一是在存量土地盘活方面，梳理15家央企4万亩存量土地资产，研究央企存量土地盘活痛点和路径。2022年8月，国新资产出资5亿元带动中国信达、中国东方20.6亿元共同投资的中国华能存量火电厂资产盘活项目，通过土地置换及产业导入综合开发方式，助力中国华能盘活国

有存量土地。目前存量火电厂关停工作有序推进，项目公司围绕“中国能谷”打造绿色低碳产业集群，提前锁定国家能源集团、电气装备等20多家企业入驻意向。联合华润置地设立润新存量不动产盘活咨询平台，为央企提供“一站式”存量不动产盘活服务，该项目在2023年10月中央企业深化专业化整合专题会上签约，正在为有关央企重点项目制定盘活方案。

二是在存量基础设施盘活方面，落实国家盘活存量资产扩大有效投资要求。国新资产把握基础设施REITs多层次市场建设的窗口期，针对国家重点鼓励发展的基础设施领域，积极与保租房、交通、新能源、仓储物流等相关央企对接，以Pre-REITs股权投资方式推动项目发行REITs上市，助力央企激活存量资产价值。联合华润有巢推进设立保租房基础设施盘活投资中心，盘活上海、北京等地存量优质租赁住房资产，锚定公募REITs发行要求开展保租房项目投资，推动保租房市场扩大优质供给。针对央企阶段性困境基础设施资产，发挥资产管理“输血”功能和运营公司连接“资产端+资金端”优势，提升资产流动性。

（三）通过专项基金、直接投资等多种方式，助力央企专业化整合、扩大主业布局

一是在专项基金方面，2021年1月，国新资产联合国家能源集团、东方资产发起设立国能基金，总规模100.2亿元，支持国家能源集团整合存量清洁能源资产、化解央企带资代建债务风险。2023年，国能基金研判超过20个拟投资项目，最终决策项目11个，新增资金投放19.26亿元。基金成立以来，累计投资项目19个、金额36.38亿元，累计退出本金9.98亿元，基金IRR约12.31%，累计并购清洁能源装机规模约350万千瓦，助力化解央企或有债务约92亿元。

二是在直接投资方面，2023年9月，国新资产出资5亿元受让中核新能源14.9%股权，通过同质化资产整合、投后赋能等方式，助力中核集团剥离上市公司非主业，推进环保水务板块专业化整合。

（四）聚焦国资央企存量股权盘活需求，运营公司特色S基金模式实现突破

针对国资央企存量基金退出的需求，国新资产研究推进国新系基金和央企存量基金持有的到期优质项目退出方式，解决基金存续期限制问题，助力到期项目持续经营、释放价值。发挥中国国新“7+3+1”运营业务新格局协同优势，2023年9月，国新资产出资5亿元受让上海老凤祥2.44%股权，助力国新上海持有的工艺美术基金份额全部退出，解决了上海老凤祥股权流动性问题，推动老凤祥双百企业改革再深化，实现了公司S基金类业务落地。探索推进央企S基金项目，与三峡集团、航天科工集团有关项目正在对接中，助力央企化解投资退出风险。

（五）设立国有企业存量资产优化升级基金，撬动社会资本、提高国有资本配置效率

国新资产深入贯彻落实国企改革深化提升行动。2023年8月，国务院国资委批准同意中国国新联合中国信达、中国东方、中国长城3家金融资产管理公司发起设立国有企业存量资产优化升级专项基金，基金总规模400亿元，其中，中国国新出资130亿元，中国信达、中国东方、中国长城各出资90亿元。作为专业投资于存量资产盘活领域的综合性基金，按照市场化、专业化原则运营，主要投向存量规模较大、增长潜力较好的国有企业基础设施资产，国有控股上市公司阶段性低效和非主业非优势产（股）权，拟培育上市的科创型企业，具有开发利用价值的国企闲置土地，国企专利技术、行政事业单位经营性资产等，支持国资央企进一步聚焦主责主业和优势产业，优化国有资本布局结构。

（六）以增强效能为目标深化改革管理提升，市场化经营机制更加规范高效

围绕中国特色现代企业制度新型经营责任制建设要求，结合公司发展实际需要，国新资产及时调整优化组织架构，建立定位明确、权责清晰、协调运转的前中后台组织体系，全面推行中层干部及以上任期制和契约化管理，强化责任压实。修订公司干部管理、职级管理办法，完善绩效考核评级体系，严格考核结果刚性兑付，末位调整、不胜任退出有关人员，合理拉开工资分配差距。坚持问题导向，针对管理薄弱环节，结合对标一流行动部署，2023 年组织开展“管理提升年”行动，完成 42 项制度“废改立”，健全督查督办工作机制，加强成本量化管控，从严开展内控、合规评价及风险排查，全力打击各类侵权行为，公司治理能力和管理基础有效提升。

三、改革成效

聚焦增强核心功能、提升核心竞争力，国新资产通过一系列深化改革举措，高质量发展迈出坚实步伐。

一是经营发展质效迈上新台阶。截至 2023 年底，公司资产总额 41.6 亿元，利润总额完成全年考核指标的 110%，扭转 2021 年亏损局面，分别较 2022 年增长 60%、220%，公司经营呈现快速增长态势。

二是功能作用发挥更突出。国新资产与 51 家央企集团建立合作关系，实现一批可推广可复制的资产盘活典型项目落地，盘存量、带增量，支持央企整合资源、盘活存量、释放价值，有别于金融资产管理公司、央企资产管理公司、券商资管公司的国有资本运营公司资产管理的独特价值和品牌影响不断增强。

三是社会引领效应更彰显。国新资产投资的中国华能南京存量火电厂

盘活项目，2022 年 12 月入选国家发改委 24 个盘活存量资产扩大有效投资典型案例并向全国推广，2023 年 4 月入选国务院国资委中央企业存量土地资产盘活利用案例。2023 年 6 月，国新资产入选国家发改委盘活存量资产扩大有效投资支撑机构。

147

构建质量服务创新体系 助力新兴产业高质量发展

中国质量认证中心有限公司

一、基本情况

中国质量认证中心有限公司（以下简称“认证中心”）是中国检验认证（集团）有限公司（以下简称“中国中检”）二级子企业，是我国业务门类全、服务网络广、技术力量强、国内规模最大的一流质量认证机构，为认证检测质量服务领域的科技进步作出了突出贡献，为绿色低碳、新能源、新一代信息技术等战略新兴产业的发展提供了强有力支撑。认证中心坚持以习近平新时代中国特色社会主义思想为指导，深入实施国企改革深化提升行动，积极拓展前沿性业务领域，攻克了绿色产品认证、水足迹认证、生物质能评价、健康建筑可持续运行评价、中小微企业综合质量服务模式等一批核心技术，为加快推进高水平科技自立自强贡献力量。

二、经验做法

（一）布局战略性新兴产业

一是坚持服务国家战略，加强顶层设计。认证中心牢记“国之大者”，聚焦国之所需，以推动高质量发展为主题，以改革创新为根本动力，以优化调整业务布局结构、防范化解重大风险、强化创新驱动发展为重点，着力解决传统业务巩固、新兴业务拓展、前瞻业务布局等工作中存在的因标准、检测、认证等国家质量基础（NQI）技术薄弱而困扰制约我国战略性新兴产业高质量发展的重点难点问题。以前瞻性思维进行顶层设计，服务产业体系高质量发展。

二是打造高效管理模式，整合优质资源。认证中心以精益化管理为核心，按照“创新驱动发展”理念，设置产品线运营中心，紧扣基础业务与新兴业务等发展需求，把握可持续、数字化的发展趋势，以标准创新为引领、科技创新为核心、体制机制创新为保障，整合科技创新能力，布局前瞻业务，实现对人、财、物等资源的统筹管理，加强内部核心优质资源的整合与共享，形成科技创新发展生态，确保科研创新成果落地见效。

三是深化央企央地合作，打造实证平台。认证中心充分发挥质量服务优势，积极开展质量服务的股权合作。与江苏射阳联手打造国内新能源领域门类最全、技术最优的新能源装备实证检测基地，该项目已投运可承载测试载荷为世界之最且全球唯一可满足200米级叶片全尺寸测试的检测平台。与大唐集团合作建设海南文昌湿热气候区光伏实证基地，成为推动光伏产业升级的重要力量。与中国海油、中国绿发、中国石油、中国石化、中国国际航空等多家央企开展双碳领域合作，有效支撑了中央企业碳达峰碳中和方案实施和探索“双碳”目标实现路径，为央企以“双碳”为核心的可持续发展奠定了技术基础。

（二）加强科技自主创新

一是构建共享创新体系。认证中心依据《中国中检科技创新行动方案（2023—2025年）》设立科技创新机制，持续加大研发投入强度达到5.55%，积极承担国家重大科技任务，参与国家级、省部级项目课题140项，覆盖电子电气、交通运输、低碳和绿色发展、新能源和储能等多个前沿关键研究方向。对外既做答题者，又做出题者，整合创新资源，与高校、科研院所、行业协会协同共建10余个产业联盟/平台，打通产学研全链条，面向十大新兴领域开展核心技术研发，实现科技成果全面转化落地。

二是强化科技人才培养。认证中心建立人才职业发展“双通道”（行政+技术）机制，700余人参加了技术职务的评聘，占员工总数的50%。鼓励员工以岗位职责为基础，以贡献、成果、业绩为导向，打破论资排辈，开展周期性考核，使骨干员工尤其是科技人才脱颖而出。自2021年以来启动人才培养专项计划“远航计划”，通过“3+1”模式，从源头出发构建完整的人才培养发展链条，组织搭建“后备人才训练营”“青年英才训练营”“行业促进者培养工程”3个人才培养锻炼、发现识别与创新创业平台。“远航计划”已成为认证中心科技人才培养、干部梯队建设的重要抓手。“青年英才训练营”中已有60%的学员提拔为中心的中层领导干部。此外，还着力培养具有国际竞争力的青年科技领军人才，已有多名青年科技人才在国际舞台崭露头角，1名青年人才担任IECEE同行评审委员会主席，2019年、2020年两次荣获IEC1906奖；1名青年骨干担任IECEE实验室委员会专家组召集人；1名青年骨干成为IEC青年专家，加入IEC/TC111多个标准化工作组。

三是打造原创技术策源地。认证中心深耕“双碳”服务、车联网、服务业康养、智能制造、绿色制造等领域研究，承担中国中检原创技术策源地项目2个。制定120余项国家标准、10余项行业标准，获得国家发明专利2项、软著5项。建立国家电子电气行业产品与系统的环境标准化体系，为企业开展有害物质检测提供有效的技术和方法支撑，助力企业及产品走出国门。在车联网领域形成的“以北斗高精度PNT车载应用为特色的国家级公共检测认证平台”获评中央企业北斗发展三年行动计划2021年度重要成果，位列基础设施类第一名。

（三）服务产业体系发展

一是发挥技术引领作用，推动绿色发展。认证中心服务国家“双碳”主管部门，积极参与“双碳”政策制订，为“双碳”工作顶层设计贡献力量。完成国家发改委委托的产品碳足迹管理体系指导意见起草与发布；支撑生态环境部碳市场扩容 MRV 体系构建和中国自愿减排项目（CCER）机制重启顶层设计；牵头承担全国碳市场扩容工作；参与国务院国资委的“中央企业绿色低碳指标评价体系构建”研究，为中央企业碳达峰行动方案实施及绿色低碳发展量化和评价奠定了坚实基础。为碳市场企业开展碳排放核查，完成上万家次企业核查及减排量的核查，核证签发减排量约 2 亿吨，涉及碳减排信用金额 30 亿元，助力企业绿色低碳高质量发展。

二是联通产业链上下游，赋能转型升级。认证中心充分发挥检验检测认证技术的“粘合剂”和“连接器”作用，强化标准、检测、认证等质量要素协同，通过开展认证工作鼓励、引导企业积极将质量、能耗管理等融入业务过程，积极联动行业协会、技术机构和产业链上下游企业进行技术攻关，夯实产业质量基础，打通“堵点”“卡点”并带动企业上下游供应链产业链畅通，从而共同提高管理绩效，提升产业链供应链韧性和安全水平。

三是打破国外技术壁垒，突破前沿技术。我国超大功率机组超长叶片的发展已经领跑国际，超大功率机组超长叶片的前沿技术研发已进入了“无人区”。认证中心射阳新能源实证检测基地采用我国具有自主知识产权的叶片检测加载设备比例达到 100%，有效突破国际叶片检测加载技术封锁，已为远景能源有限公司、上海电气风电集团股份有限公司、中材科技风电叶片股份有限公司等多家国内新能源风电领域龙头企业提供了风电叶片实证检测服务，为企业前沿技术研发提供一手实测数据，有效支撑了上海电气风电集团股份有限公司 15 兆瓦以上超大功率机组超长叶片的研发设计，为我国风电产业的自主创新及技术突破创造了有利条件。

三、改革成效

一是核心技术攻关取得突破。认证中心在绿色和可持续发展、新能源等质量服务领域突破了多项核心技术攻关。例如，在风电、光伏特殊环境实证检测认证技术上达到国际领先水平。认证中心联合隆基乐叶、上海电气风电等龙头企业，系统研究了风电、光伏等新能源装备在我国海上、湿热、干热等特殊环境下的服役环境数据，对风电、光伏服役环境进行分类分级，研究风电、光伏产品典型环境实证技术，明确了环境耐久性技术要求与质量评价要求，形成具有我国特色的风电、光伏等新能源装备实证认证制度。创新制定了我国风电、光伏特殊环境技术标准体系，制定相关国家/行业标准近 20 项，填补国内相关标准空白，并在行业广泛推广应用，直接经济效益达 50 亿元。服务国内所有主流风电、光伏企业，极大推动了风电、光伏新能源装备质量提升，获得中国机械工业科学技术进步二等奖等省部级奖励 3 项。

二是科技创新平台不断发展。认证中心积极响应政府倡导和政策指引，加强科研建设，享受政策红利。认证中心及多家下属公司凭借专业技术实力和创新研发能力，获得国家高新技术企业、专精特新中小企业、创新型中小企业认定。

三是生产经营业绩再创新高。2023 年度，认证中心整体营收同比增长 13.8%，在集团发挥了“压舱石”和“排头兵”作用。其中，战略性新兴产业如低碳和绿色发展产品线“双碳”业务营收更是取得了大幅增长。低碳和绿色发展产品线到账收入为 16267 万元，同比 2022 年的 12633 万元增长 28.7%，为今后改革发展注入了强大信心，开拓了广阔空间。

148

聚焦“国之大者” 支撑行业发展 持续完善智库体系建设 开创智库发展新格局

中国汽车技术研究中心有限公司

一、基本情况

2023年，中国汽车技术研究中心有限公司（以下简称“中汽中心”）深入学习习近平总书记系列重要讲话精神，贯彻落实国务院国资委《关于中央企业新型智库建设的意见》，以国家重大战略问题为基点，紧紧围绕党和政府决策急需的重大课题，依托产业智库开展前瞻性、针对性、储备性政策研究，推动行业高质量发展。2023年中汽中心不断优化智库管理机制，扩充智库团队，强化主动咨政，建设高端智库平台，加快国际化发展，做强央企智库金字招牌，稳步推进汽车产业新型智库建设。全年完成智库成果报送150余期，支撑汽车主管部门研究并发布政策17项，助力中汽中心成为政府认可的产业智库，发挥在汽车行业科技创新、产业控制和安全支撑方面的三大作用。

二、经验做法

（一）心系“国之大者”，高水平支撑国家战略安全

一是汇聚广泛资源，建设科技创新型智库。中汽中心坚持总体国家安

全观，重点实施创新驱动发展等国家战略，联合中咨智库等行业机构，重点聚焦新能源、智能网联汽车等领域开展交流沟通、联合研究，着力提高综合研判和战略谋划能力，更好地支撑国家战略安全大局。

二是依托国务院国资委研究中心，联合组织中央企业智库联盟工作。中汽中心自2020年加入中央企业智库联盟，积极支撑参与联盟在汽车领域相关课题研究，并牵头组织召开汽车智库沙龙活动。2023年，荣获中央企业智库联盟2021—2023年度“十佳理事单位”并当选第四届理事会副理事长单位。

三是搭建高端智库与行业双向交流平台。中汽中心贯彻落实中央企业新型智库建设、践行绿色发展理念，牵头组织举办世界汽车智库大会、中国燃料电池汽车大会、新能源汽车循环利用大会、汽车绿色低碳发展倡议主题宣传活动等。全国政协副主席何厚铧、中国科协主席万钢及相关部委领导等总计17人次副部级以上领导出席，参会规模总计达到2300人次。

四是搭建行业服务平台，助推产业国际化。一方面，中汽中心与汽车行业重点机构、整车、零部件等主体联合成立中国汽车企业国际化发展创新联盟，助推“民族汽车品牌向上”、中国车企开拓“一带一路”市场；另一方面，举办中国—东盟汽车产业合作发展论坛，承担中德电动汽车创新支撑中方秘书处工作，与德国数字化和交通部、泰国工业部、马来西亚贸工部等海外政府部门建立联系交流机制，助推中国汽车国际化发展。

（二）高标部署，科技创新引领行业高质量发展

一是对标全球优秀智库，吸纳先进经验提升咨政能力。为推动中国特色新型智库建设，中汽中心对标全球一流企业，强化与外部优秀智库交流合作，积极学习和吸收先进运营模式和发展经验，强化提升智库自身研究能力和水平建设，不断适应汽车产业面临的新环境、新趋势、新挑战，切实引领汽车产业高质量发展。

二是建立链条式智库研究工作机制。中汽中心将内参报告选题、撰写、报送工作规范化、标准化、体系化，选题采用“政产学研结合”模式，与高校、行业机构等重点领域专家联手进行行业选题，并定期召开选题研讨会。撰写时由专家指导引进先进理念和资源并严格审稿，智库成果报告及时上报汽车主管部门，实现高质量智库成果研究、审核、提报机制。

三是打造智库产品六大品牌矩阵。中汽中心充分发挥基础理论和学术研究对新型智库的引领支撑作用，致力于输出有重大行业影响力的战略性研究成果。先后编制《每周金句》《每周政策要点》《海外信息速递》《中国汽车产业研究参考》《汽车调研》《汽车热点》一批形态多样的智库研究成果。全方位构建形成具有综合性、战略性、时效性的系列研究报告产品，做到既服务于主管部门的科学决策，又促进行业内汽车企业有序和有效参与政策研究，为汽车行业发展提供可持续的动力。

（三）坚持“以人强库”，优化智库管理机制

一是加强组织领导，压实工作责任。中汽中心成立政府智库协调领导小组，集团总经理担任组长，分管副总经理担任副组长，部门主要领导担任成员，压实智库建设责任，树立“精、专、深、透”的研究理念，不断提高智库成果的思想分量和对策质量，加快推动中汽智库向专业化、特色化发展方向。

二是构建集团内部专家资源库，协同增强重大项目支撑能力。中汽中心从全局出发，统筹优势智力资源，构建各层次、各领域协调发展的技术专家矩阵，强化整体规划、协调推进中汽智库建设大体系、新格局。截至目前，中汽智库技术专家委员会专家规模超过 80 人，覆盖新能源汽车（含动力电池）、氢能与燃料电池电池、智能网联汽车等关键领域。

三是统筹利用外部智力资源，打造开放合作的智库研究平台。中汽中

心充分发挥“小核心、大外围”的同心圆作用，构建形成“小机构大网络”的跨学科、多领域、综合性智库人才生态。通过挖掘汽车行业重点领域专家资源，逐步扩大中汽中心政府智库专家委员会。中汽中心政府智库专家委员会由原19名专家扩容至44名。结合热点议题与专家资源，组织召开8期智库沙龙会议及3期专家走进地方调研会。借助外部资源提高咨政建言水平，加快前瞻布局和夯实原始创新能力，面向行业发挥引领作用，强化智库带动效应。

四是创建智库积分管理及政府支撑快速响应机制。2023年，中汽中心率先实施智库建设量化考核机制，建立并持续完善智库积分管理制度，涵盖政府服务、智库研究、行业影响、政府认可四大维度，下设11个二级指标，对智库的研究项目、政策起草、内参报告、部委沟通、会议筹办、对外发声等工作实现梯度量化赋分。同时，实施“111”策略，建立政府支撑快速响应机制，包括10分钟现场接收任务，1小时组建项目团队，1天开启现场专班支撑。

五是建立完善智库建设激励机制。中汽中心通过重大科研项目攻关保障激励政策，突出对重大贡献、原始创新、科技突破、国家奖项的奖励力度，制定智库创新考核激励机制实施规则等措施，完善了智库激励机制。同时，协调智库资源加大科研项目支持力度，重点聚焦新能源、智能网联等核心技术领域展开国家重点攻关任务申报及攻关。

三、改革成效

一是落实党中央决策部署，实现“从无到有”的突破性。2023年中汽中心获得中央领导关于汽车产业有关问题指示批示19项，其中正国级领导13项、总书记7项，2项为主动报送，17项为落实指示批示的回复，智库成果研究实现了开创性突破。

二是支撑重要政策发布，助力产业高质量发展。中汽中心支撑国务院国资委规划发展局开展新能源汽车产业工作，支撑国家部委发布政策17项，涵盖公共领域电动化、燃料电池汽车、新能源汽车财税、充电基础设施、汽车促消费、智能网联汽车、汽车安全沙盒监管等领域，承接国家部委委托研究事项399项。

三是智库研究水平在提升，影响力再上新台阶。中汽中心获得国务院国资委、国家发改委等汽车主管政府部门感谢信及证明信15封，获得成果奖项19项，包括中央企业智库联盟课题奖项6项、行业机构科技奖项4项、中汽中心科技奖项7项，《新能源汽车蓝皮书》入选《智库报告群》，2021版、2022版分获“优秀皮书奖”一等奖、二等奖。

四是品牌成果输出加强，智库赋能产业创新。中汽中心向国务院国资委办公厅信息报送23篇，其中被中办国办采用7篇。六大智库品牌报告合计报送156期。强化宣传推广，塑造智库权威形象，发布智库观点52篇，同比增长68%。形成政策解读首发机制，引发行业广泛关注。央媒及国家级媒体观点引用、会议报道60篇，达到同期3倍以上。

面向未来，中汽中心将秉持做好政府服务、支撑行业、支撑集团三大主责主业的初心，持续深化改革，开拓创新，向建设汽车产业第一智库不断迈进。

149

稳抓“一带一路”机遇 搭建国际合作桥梁 以标准国际化机制建设助推汽车产业高质量发展

中国汽车标准化研究院

一、基本情况

中国汽车技术研究中心有限公司（以下简称“中汽中心”）下属中国汽车标准化研究院（以下简称“标准院”）全面学习贯彻习近平总书记关于质量和标准化工作的重要论述，深入落实《质量强国建设纲要》与《关于进一步加强中央企业质量和标准化工作的指导意见》目标要求，充分发挥中央企业在质量和标准化工作中的示范带头作用，以支撑国家战略为导向，以服务汽车产业发展为己任，积极承担国家授权的国内汽车标准法规技术归口管理及国际标准法规协调对口单位职责，落实“一带一路”倡议，全方位搭建国际合作桥梁，认真贯彻《国家标准化发展纲要》关于“提升标准国际化水平、加强国际标准对接、推动国际标准交流合作”的总体要求，全面推进汽车标准国际化机制建设，不断提升中国汽车标准国际化水平，助力国内汽车企业融入全球汽车产业发展新格局。

二、经验做法

（一）建立新型国际标准法规工作机制，全面参与国际标准法规协调

一是加强工作统筹与顶层规划，制定实施汽车标准国际化战略。标准院立足国内已建立的与国际相协调的汽车标准体系，统筹国内行业资源与国际合作平台，充分利用国内国际两套体系、两种资源，加强标准同步研究制定和转化分析，加快建立中国标准与国际标准法规协调联动、相互促进的新型工作机制。

二是强化重点领域保障，支撑并服务产业发展。标准院不断强化联合国 WP. 29、ISO、IEC 等框架下的新能源汽车标准法规制定和协调范围和力度，充分利用我国汽车产业规模效应优势，持续在关键领域牵头立项国际标准。2023 年，标准院组织中国汽车行业新牵头发布和立项国际标准各 3 项，持续推动 14 项在研国际标准，提出 11 项新国际标准项目提案，涵盖功能安全、氢安全、电磁兼容等新兴领域以及被动安全、汽车灯光等传统产业。在智能网联、新能源汽车等领域，策划推动设立 ISO 汽车感知部件、燃料电池汽车以及电动汽车换电工作组，推动构建 ISO/TC22 未来发展路线图，扩大在战略新兴领域标准贡献度和影响力。获批新承担国际电工委员会可持续电气化交通系统委员会（IEC/SyC SET）国内技术对口单位，推动形成支撑未来电气化交通发展必需的标准体系和工作路线，为全球交通领域可持续电气化发展作出更大贡献。

（二）推进汽车标准互联互通，实施支持高质量共建“一带一路”行动

标准院认真学习习近平总书记在第三届“一带一路”国际合作高峰论坛的主旨演讲精神，积极实施支持高质量共建“一带一路”行动，不断搭建汽车标准联通的桥梁，各项标准国际化合作逐步走深走实。

一是东盟地区，标准院于 2018 年在印尼设立“中国东盟汽车标准法

规研究中心”，2023 年“中国-东盟汽车标准化合作机制”正式发布并互换首批电动汽车标准清单，再到支持提出“中国-东盟先进汽车技术标准法规合作伙伴关系”建设方案并在李强总理出席“第 26 次中国-东盟（10 + 1）领导人会议”期间纳入会议合作倡议清单，实现了我国与东盟国家汽车标准化合作逐步从技术层面对接上升至官方正式合作，从双边对话扩展至多方协调联动。

二是中亚地区，标准院与乌兹别克斯坦建立了常态化合作机制，依托“中-乌电动车辆标准化专家组”，累计开展 38 项电动汽车标准培训并与乌兹别克斯坦标准院签署合作备忘录。2023 年 12 月，走访哈萨克斯坦技术法规和计量委员会，为中哈汽车产业各领域合作奠定良好基础。

三是非洲地区，标准院于 2021 年成为“摩洛哥电动汽车标委会”成员，同时努力探索与乌干达国家标准局的合作，积极分享中国电动汽车标准化建设经验，搭建中国与“一带一路”国家在汽车标准法规领域的对话合作平台，持续为国际汽车标准化贡献中国智慧。

（三）深化标准化工作体制改革，创新国际化工作新模式

一是搭建国际合作桥梁，提升国际影响力。2021 年，标准院联合汽车行业国内外各相关方在瑞士日内瓦以“非营利组织”的运营模式发起设立了“中国汽车标准国际化中心（日内瓦）”（以下简称“国际中心”），并于 2022 年在日内瓦正式投入运营。作为中国汽车标准化领域在海外设立的首个专门机构，国际中心对推动中央企业及国内汽车行业融入全球汽车产业链具有重要意义，实现了与联合国欧洲经济委员会（UNECE）、国际标准化组织（ISO）等汽车标准法规相关国际组织的高效对接，利用区位优势收集整理汽车相关国际标准法规发展战略及专项报告等重要技术文件 30 余份，实现了对 UNECE、ISO、国际电工委员会（IEC）、国际电信联盟（ITU）和世界贸易组织（WTO）相关国际标准法规业务的全面覆盖，成为我国汽车标准国际化工作的重要桥梁。

二是建立国际合作新模式，助力产业国际化发展。国际中心积极落实重要指示精神，制定国际中心发展战略（2023—2030 年），确定了机构的愿景使命、发展方针、战略目标和举措。国际中心建设 2 年多来，采用“共商、共建、共享”的组织模式，最大限度整合行业资源，发掘行业潜力，实现“内外联动”，逐步摸索出一套“政府引领、央企主导、多方参与、协同推进”的汽车标准国际化工作新模式，提升拓展了标准国际化的高度、宽度、深度和维度，为国内汽车企业融入全球汽车产业发展新格局提供了新动能。

（四）发挥央企责任与智库担当，积极建设中国国际标准化人才队伍

一是积极培养国际标准化人才队伍，提升汽车行业核心竞争力。标准院连续 3 年举办中国汽车标准化青年专家选培活动，积极培养后备人才和专家队伍。2023 年 8 月，第三届中国汽车标准化青年专家选培活动正式举办，来自国内外整车企业、零部件企业、检测机构、科研院所等的 100 余名汽车标准化青年人才参加了活动。活动遵循“培训—选拔—推荐”的人才培养路径，评选出 15 名优秀青年专家、6 支优秀企业团队、6 支优秀青年团队。会议发起成立了汽车标准化青年专家发展同盟，进一步推动和落实中国汽车标准化青年专家选培活动的开展成果，为青年专家提供有效的学习和实践平台。

二是深入践行央企责任，提升汽车行业参与国际标准化活动的整体水平。标准院面向各企业开展国际标准培训，举办“汽车标准化走进企业”系列活动，交流标准国际化工作的经验做法，进一步提升行业标准化工作参与度，以高质量标准化工作助推我国汽车行业的国际化可持续发展。

三、改革成效

一是创新驱动引领标准国际化发展。标准院充分发挥汽车战略新兴领域标准化优势，持续深化国际交流与合作，进一步提升国际参与的广度与深度，推动中国汽车标准与国际接轨，在国际标准法规协调中作出积极贡献。

二是充分激发区域合作潜力，进一步扩展合作空间。重点围绕东盟、中亚、东非等地区，搭建中国与“一带一路”国家在汽车标准法规领域的对话合作平台，积极发挥标准“软联通”桥梁作用，为高质量共建“一带一路”提供有力体制机制保障。同时，坚持“共商、共建、共享”原则，积极探索汽车标准国际化工作新模式、重点拉通汽车领域国际资源，实现标准国际化合作“内外联动”发展。

三是加快推动产学研深度融合，促进汽车产业健康发展。标准院通过长期开展中国汽车标准化青年专家选培、国际标准培训、“汽车标准化走进企业”等系列活动，持续提升国际标准化专家队伍整体素养，培养了一批国际标准化后备人才，提升国际标准化工作参与，以平台化赋能产业发展生态。通过不断优化完善现有汽车标准体系建设，进一步引导规范汽车行业转型发展，以中国标准助力中国汽车产业“走出去”“走上去”。

150

聚焦发展战略性新兴产业 变“通信塔”为“数字塔” 助力社会治理转型升级

铁塔智联技术有限公司

一、基本情况

铁塔智联技术有限公司（以下简称“铁塔智联”）是中国铁塔股份有限公司（以下简称“中国铁塔”）的专业化子公司，在中国铁塔“一体两翼”战略中，聚焦发展数字化治理、边缘算力和人工智能等战略性新兴产业，定位为具有核心竞争力的信息应用服务商，2023 年入选创建世界一流专业领军示范企业。

铁塔智联将服务落实国家重大战略作为业务发展契机，基于中国铁塔 210 万站址中高点位和百万机房边缘算力等资源、平台和算法、专业运维、集约运营和“一体两翼”协同优势，变“通信塔”为“数字塔”、“通信机房”为“数据机房”，将传统的通信基础设施升级为智能化数字化的战略性新兴产业基础设施，为国计民生行业和国家基层治理提供视频感知、数据采集、图像分析、物联网、边缘计算等信息化服务，为国家治理体系建设和数字经济发展提供了有力支撑。

二、经验做法

（一）深化科技创新，锻造数字化治理核心竞争力

数字化服务领域市场竞争激烈、技术迭代演进快，铁塔智联面对市场压力，坚持科技公司定位，围绕数字塔打造核心竞争力，聚焦视联平台、AI 算法、行业应用的创新研究，持续锻造平台、算法、产品应用等关键核心技术，建立产品领先优势。

一是加强平台创新能力。铁塔智联自主研发铁塔视联平台。在数据接入方面，增强多源数据接入能力，物联设备接入数量达到 2500 个，同比增长 400%，包含 6 种无人机、12 种雷达、北斗三号短报文、气象参数等数据。平台已开放近百个 API 接口、超过 600 个 SDK 接口，支撑多客户侧平台进行能力调用，实现了视联平台能力共享。在平台架构方面，创新形成分布式部署、集中式运营的架构，实现数据“全国一张网”。平台以 28 天的迭代周期持续升级，视频管理、告警管理、数据展示、配置管理四大核心功能已优于或与业界参与者持平。

二是构建 AI 算法生态。面向“山水林田湖草沙”等治理领域，铁塔智联构建中高点位场景国内领先的 AI 算法生态，建立了开放的算法仓，融合超 100 种算法场景。目前自研算法累计达到 53 种，同比增长 253%，算法平均准确率超过 75%，较 2022 年提升 13%，其中烟火侦测、非法垂钓等 18 种算法赶超行业先进水平。建立了百万级独一无二的中高点位样本库，为算法准确率的提升提供丰富的训练场景，是发挥中高点位数据优势和创新引擎作用的重要载体。

三是深化产品创新创效。加强产学研合作，铁塔智联与北京大学联合成立“智能社会与空间治理联合实验室”，与北京航空航天大学研发无人机载高光谱遥感系统。先后发布森林智保、秸秆禁烧、渔政智保、耕地智

保、河湖智保、蓝天智保、乡村智保 7 款行业应用产品，行业拓展能力和产品功能不断丰富完善。河湖保护方面，2023 年 5 月，习近平总书记通过河湖智保平台观察了白洋淀生态保护情况。服务地震预警方面，助力国家地震局建成世界最大“地震预警监测网”，实现从分钟级速报到秒级预警的跨越，并将台站平均运行率提升到 99.39%。服务长江十年禁渔方面，构建高效渔政监管体系，通过捕捉，分析和智能跟踪非法渔船，提高渔政执法巡查效率。

（二）完善市场化经营机制，推动业务发展“量质齐升”

铁塔智联以“专业突出、创新驱动、管理精益、特色明显”的世界一流专业领军示范企业为方向，持续完善市场化经营机制，针对重点行业、细分领域和具体场景提供长期陪伴式的服务体系，形成了良好的品牌效应，在多个细分市场形成了行业领先地位。

一是通过“根系系数”指标提升发展质量。铁塔智联注重量的合理增长和质的有效提升，创新设置“根系系数”指标体系，从产品类型、合同金额、合同周期等维度引导提升中长期发展质量。在“增加根数”方面，注重提供多元化的产品类型，提供陪伴式服务，从而提升客户的复购率和产品覆盖率。在“壮大根茎”方面，注重重要客户和重点行业战略合作签订，推动提升重点行业市场份额。在“提高根长”方面，注重提高合同期限和长期合同占比，推动业务结构优化，提升业务发展的稳定性和长期性。

二是强化制度支撑和激励保障。在机构设置方面，中国铁塔围绕智联业务专门设立了杭州、南京和天津 3 个科技创新中心，分别聚焦物联网、边缘算力和飞行大数据应用等领域，推动支撑铁塔智联产品开发和技术应用，吸引和培育科技创新人才，开展产学研协同开发等工作。在人才支撑方面，结合市场发展趋势，在技术序列中新设算法开发岗、数据开发岗、物联网技术岗等新兴岗位，持续搭建多维度的科技人才发展体系，并将人工智能专业作为总部“百—万—百万”科技人才培养工程的重点专业。在专项激励方面，2023 年针对重点行业场景突破、客户服务、新增收入等方面开展人工成本激励超过 2600 万元。

三是提升陪伴式服务质量。铁塔智联与国家林业与草原局、农业农村部、水利部、应急管理部等国家部委，省政府及中央企业对接，落实签署战略合作协议要求，深度嵌入行业客户内部，通过联合论坛、会议等形式深化陪伴式服务。通过建立陪伴式服务指标体系，从客户需求满足及时率、应用迭代开发满足率、设备在线、客户复购续签等维度进行综合评价，引导服务质量提升。2023 年，铁塔智联服务部委重大项目工程先后获得水利部、中国地震局、国家林草局主要负责同志的高度认可，企业品牌效应在多个行业显著提升。

（三）布局前瞻性战略性新兴产业，积极开拓业务蓝海

铁塔智联基于自身算力、站址、场景应用和算法等资源禀赋，积极布局前瞻性战略性新兴产业，在边缘算力、人工智能以及跨行业应用方面积极拓展延伸产业链布局。

一是探索分布式边缘算力网络。结合中国铁塔共超过 100 万座分布式机房，铁塔智联充分发挥现有的边缘算力节点资源禀赋，变“通信机房”为“数据机房”，支撑公共算力布局的完善，持续推进分布式存储、工业互联、5G 车联网、边缘渲染、边缘 AI 推理、虚拟现实等业务试点。同时，铁塔智联加强算力组网、算力编排调度等关键技术攻关，搭建跨域分布式算力网络试验床，验证边缘节点跨省远距离接入中心节点的可行性。通过搭建边缘算力统一管理技术验证平台，初步实现分布式边缘算力资源统一呈现及管理、按需编排调度。

二是攻关行业大模型及通用人工智能。中国铁塔拥有的国内最丰富的中高点位数据资源（视频、图像、遥感、雷达及各类传感数据等）和应用场景，为打造空间治理行业大模型提供了重要的先决条件，铁塔智联通过联合国内顶尖科研团队开展空间治理行业大模型及通用人工智能原创技术研发攻关，建设具有多场景分析能力的行业大模型和拥有自主学习能力的智能体，广泛服务于林草、环保、水利、应急、农业、交通、国土、政法等治理场景，勇当原创技术策源地。

三是拓展空天地全域感知网业务。铁塔智联构建各场景数据共享的空天地全域感知网，以智能无人机、高点摄像机为主，融合卫星、各类型传感及雷达数据，服务于航空数据、农业非粮化监测、农作物分类、森林病虫害监测、外来植物入侵、森林碳汇、水流域污染监测、入河入海排污口监测等场景。例如，在航空数据服务方面，在铁塔站址上部署 ADS-B 地面站设备，探索与摄像机、雷达等其他终端设备的联动机制，打造飞行数据应用平台，实现对空态势的全面感知，为空管、机场、通用航空公司、无人机企业以及社会公众提供综合数据服务；在病虫害防治领域，在铁塔智联基于无人机载高光谱分析技术，精准监测病虫害区域、位置和面积，识别率达到了 100%，识别精度超过 94%，为病虫害防治提供了重要支撑。

三、改革成效

一是经营业绩规模不断提高。2023 年，铁塔智联完成营业收入超过 70 亿元，增长率近 30%；年度签约 120 亿元以上，累计发展铁塔视联（视频监控）超过 28 万路。在业务质量方面，可持续性收入占比达到 85% 以上，长期合同占比 2023 年提升 10.1 个百分点、超过 60%，毛利达到 25 亿元左右、增幅超过 20%。

二是数智治理成效不断凸显。铁塔智联积极服务数字中国、美丽中国战略，数智化治理主力军作用进一步彰显。截至 2023 年底，已有 21.7 万余座“数字塔”为国计民生千行百业赋智赋能。在林草领域，利用5万余个点位为50万平方公里重点林区提供防火预警服务；在环保领域，利用3.2万余个点位对近4.8亿亩农田秸秆焚烧行为开展实时监管；在水利领域，利用1.1万余个点位监测4700个河道重要区域、2300个水库；在应急领域，利用1万余个点位助力30个省实现地震速报；在农业领域，利用5800余个点位和340余个雷达，对长江流域330余个重点区县违法捕鱼垂钓进行实时监控监管；在交通领域，利用3300余个点位守护1万多公里公路；在国土领域，利用5万余个点位服务18个省耕地保护；在政法领域，利用3300余个点位助力近9000公里铁路护路。

三是重点行业深耕全面突破。铁塔智联不断强化行业资源统筹能力，把中国铁塔资源和能力优势融入应急管理部、自然资源部、公安部等行业政策文件，促进垂直行业快速发展。例如，应急管理部将铁塔挂高、备电、运维优势写入应急管理部《自然灾害可行性研究报告》《2024年能力建设任务书》，湖南省财政厅、自然资源厅等6个部门出台《湖南省铁塔视频监测省级财政补贴方案》。聚焦重点行业持续攻坚突破，2023年林草、环保、水利、农业、政法、国土、应急、交通、文旅、乡村十大重点行业数字化治理签约合同额近90亿元，占签约合同总额的3/4。细分领域市场份额持续领先，在秸秆禁烧、耕地保护、油气管道监控、渔政执法、森林防火、矿产资源监管、铁路护路监控、公安专网8个场景实现市场份额第一，应急指挥、湿地保护、大气质量监测3个场景市场份额第二。

151

持续增强核心功能　服务首都数字城市建设支撑通信网络安全可靠运行

中国铁塔北京市分公司

一、基本情况

中国铁塔北京市分公司（以下简称“北京铁塔”）是中国铁塔股份有限公司（以下简称“中国铁塔”）的省级分公司，主营业务包括北京市通信铁塔等基站配套设施和高铁地铁公网覆盖、大型室内分布系统的建设、维护和运营，同时依托独特资源面向社会提供信息化应用和智能换电、备电、充电等能源应用服务。

北京铁塔深入贯彻落实国企改革深化提升行动（2023—2025 年）工作要求，结合公司“服务首都、服务北京、服务行业”的特殊功能定位，持续增强核心功能，在服务首都城市建设数字化转型、保障通信网络安全、统筹通信行业资源等方面深化改革，更好发挥通信基础设施建设国家队、主力军作用，在保障党中央和国家各项重大活动通信畅通，提供在京中央机关和国家部委获得一流 5G 服务，支撑北京数字经济和绿色经济发展等方面发挥了中央企业产业控制和安全支撑作用。

二、经验做法

（一）升级通信网络，助推城市建设数字化绿色化转型

一是打造“5G覆盖最优城市”，扎实落实“241”5G网络攻坚行动。根据工信部和北京市政府等12部门联合印发《提升北京市重点场所5G网络信号覆盖工作方案》要求，北京铁塔聚焦北京市“两横”“四环”重点道路以及“百点”重点场所，打造“政府主导、铁塔统筹、行业协同、社会支持、共建共享”的建设模式，北京全区5G信号基本实现了室外连续覆盖，以及重点高校、文化旅游重点区域、重要交通市政设施、三甲医院等楼宇室内精品覆盖，网络覆盖广度和深度进一步提升，获得了市政府、各部委及各行业的广泛认可。

二是支撑北京加快建设成为全球数字经济标杆城市。北京铁塔将北京市近3万座通信基站面向全社会共享开放，依托中高点位空间优势，机器视觉AI加持的“铁塔视联”平台，将传统通信基础设施升级为智能化的数字基础设施，持续推动载体资源（通信杆塔）和边缘网络节点资源（通信机房）纳入北京市智慧城市感知体系基础支撑设施范畴，助力北京“京通”“京办”“京智”3个智慧城市应用终端快速升级拓展。积极参与政法、交通、环保等重点行业信息化建设。例如，在政法领域，重点推进高点视频监控铁路沿线视频监控、维保服务整合、无人机管控等项目，进一步完善立体化信息化社会治安防控体系，助力韧性安全城市建设；交通领域，利用2000余个中高点位资源优势和高清摄像头、雷达等多种传感器技术，对10余项交通违法行为进行实时监测，为交管部门及时调整交通指挥，缓解交通压力提供数据支持；环保领域，改造超过1000处环保监测点位，接轨北京市级环保网络，对CO_2、PM2.5等8种污染物气体浓度进行监测，利用物联、传感器技术、GPRS无线通信技术实现实时检测，通过

管理平台提供的 PM2.5、TSP 浓度指标等多维度分析，有效支撑北京全市环保检测。

三是服务保障广大市民绿色安全出行。依托自身对通信基础设施的电力保障运营经验，北京铁塔将电力保障的专业化维护能力以及可视可管可控的智能监控系统向社会延伸，支撑广大市民安全出行。在覆盖范围上，积极开展老旧小区、重点区域、大型商圈枢纽充换电设施建设，累计覆盖小区 4300 个，服务居民超 40 万人，成功打造国内电动自行车安全充换电领域的行业标杆；在安全保障上，配合政府开展北京全市 90 余万个充电端口普查，采取全域网格化地毯式排查方式，协助政府摸清北京全市充换电基础设置底数，全面排查安全隐患，同时推广电动自行车入梯及停放监测，借助 AI 算法实现 24 小时监控告警，降低低速充电车辆运营安全风险。

（二）强化服务首都重要保障，安全支撑通信网络高质量运行

一是高质量圆满完成重要活动通信和服务保障工作。北京铁塔始终将发挥企业安全支撑作用放在首位。公司自成立以来，先后参与并圆满完成了党的十九大、二十大，历年全国两会、北京市两会、服贸会，国庆 70 周年阅兵、建党百年、北京冬奥会和冬残奥会等重要活动、重要赛事通信和服务保障工作。制定“一站一策”“一地一方案”“一事一方案”“一区域一方案”“一部委一方案”等各类标准化保障手册，打造了高效率、高质量、高标准重大活动通信和服务保障企业执行服务文化，形成了重要保障“北京模式”，确保各项通信保障工作万无一失。

二是创新打造常态化重要通信和服务保障模式。北京铁塔进一步延伸重要保障“北京模式”，将“精精益求精、万万无一失”的重要通信和服务工作要求带入到服务在京中央机关和国家部委等重点场所的日常重要通信保障工作中，由事件性保障、短期性保障向常态化、长期化保障转变，由重点站址保障向区域全量站址保障转变，创新打造“常态化重要通信和服务保障模式”，在北京全市范围内梳理涉及党中央、国务院、中央机关、国家部委、核心功能区、科研单位、高等教育机构等办公区和生活区的常态化保障站址1426座，累计投入专项保障资金超3000万元，全天候保障首都重点场所通信畅通，将常态化重要通信保障能力作为公司服务首都的重要举措和“金字招牌”。

三是高效率完成应急通信抢险救灾工作。面对海河“23·7”流域性特大洪水，北京铁塔坚决履行国企抢险救灾责任，按照“四通一保”（通路、通电、通水、通信和生活保障）工作要求，在市、区两级政府的强有力指挥下，第一时间抢通抗洪抢险“通信生命线”，有力支持了地方政府的救灾和重建工作。抢险工作得到了中共北京市委副书记、市长殷勇同志的高度认可，收到房山、门头沟、昌平区等受灾区域的区委区政府发来的感谢信。

（三）深化共建共享，促进行业协同和降本增效

一是强化资源统筹能力。争取政策支持方面，北京铁塔融入地方政府治理体系，深度参与北京全市各行政区的通信建设管理办公室平台，建立共建共享联系机制，与各区委办局建立“局、处、联络员”三级工作联系机制，深度参与北京市政府电信基础设施建设和共建共享有关文件起草，明确北京铁塔100%统筹统建北京全市塔类需求，明确机房以及建筑类楼宇、公共交通类重点场所运营商优先由北京铁塔统筹建设，实现全年通信基站“100%需求获取、100%交付”“零疑难”，推动行业规划与城市规划齐头并进，在更好服务国家战略的同时提高了市场支撑度，提升了产业控制作用。纳入规划方面，持续做好基站点位级规划，为每一座铁塔获取“身份证”，为顺义灾区3000个规划基站点位纳入规委灾后复建规划体系，将铁塔存量资源及行业资源纳入平台，并推送至联通中台系统，结合源头治理及弱覆盖区域，主动获取需求。

二是通过深化共享持续降本增效。北京铁塔坚持通信基站共建共享，携手3家通信运营商累计建设5G基站10.36万个，平均每万人5G基站数达到47个，均位居全国第一，其中90%以上共享已有站址资源，新建铁塔共享率同比成立之初提升73个百分点，节约行业投资超24亿元。坚持利益客户，持续为行业降本增效，高质量完成新一轮与运营商的商务定价协议落地，形成了整个行业面向未来五年服务首都、服务北京的协同机制，为客户节约费用近9000万元/年。同时，通过扎实开展“四个专项行动”，持续压降电费、场地费等社会性传导成本，累计为客户节约场租、电费成本近1.5亿元。

三、改革成效

一是各项服务首都安全保障能力持续强化。2023年，北京铁塔圆满完成全国两会、成都大运会、杭州亚运会、“一带一路”等14次各项重大活动通信和服务保障任务，实现了1426座常态化重保站址智能运维全覆盖，蓄电池备电能力提升至6小时。成立重要通信保障中心，打造专业维护保障团队，实现了对党中央、国家部委重要通信保障“零事故、零伤亡、零距离、零投诉、零舆情、零闪动、零故障、零断站、零中断、零瘫痪、零泄露、零窃取、零篡改、零渗透、零差错”的服务承诺。

二是企业经营实现高速度高质量发展。2023年北京铁塔全年营业收入22.55亿元，同比增加11.8%，在中国铁塔系统内排名第一。此外，收入结构持续优化，更具韧性，非塔类收入占比20%，同比提升4.8个百分点，“两翼”新业务增收贡献超过51.5%，进一步稳固多点支撑业务发展格局。

三是加速支撑北京数字经济战略落地。北京铁塔全面融入北京建设成为全球数字经济标杆城市发展战略，推动2500余座“通信塔”转变为

“数字塔”，广泛服务大数据、政法、交通、水利、林草、水务、气象等重要领域，助力数字治理不断取得新突破。同时，将能源业务发展定位为全面服务北京广大市民安全绿色出行，全力服务“双碳”目标。换电方面，在北京全市累计建设换电柜2600余台，投放电池6万余组，服务“外卖小哥”“快递骑手”等超过4万人。充电方面，累计承接充电端口总数接近11万个，服务居民超40万人，累计使用充电次数超700万次，服务千家万户。

152

因地制宜融入国家发展战略　增强核心功能 多快好省建设信息通信基础设施

中国铁塔云南省分公司

一、基本情况

中国铁塔云南省分公司（以下简称“云南铁塔”）是中国铁塔股份有限公司（以下简称“中国铁塔”）的省级分公司。云南铁塔自成立以来，以改革提升、深化共享为抓手，因地制宜融入国家发展战略。在系统构建新发展格局过程中，云南铁塔积极融入网络中国、“一带一路”、电信普遍服务、“信号升格”“宽带边疆”等国家战略，深耕通信行业，服务国计民生，履行国资央企职责使命。云南铁塔认真贯彻落实习近平总书记考察云南重要讲话，契合云南省政府“3815”战略发展目标（3 年上台阶、8 年大发展、15 年大跨越），依托云南战略机遇和区位优势，助力国家“一带一路”跑出加速度，在服务国家战略、推动行业发展中实现企业价值。截至 2023 年末，云南铁塔拥有 11.25 万座基站，站址规模全国排名第四，资产规模达到 128 亿元。

二、经验做法

（一）聚焦铁塔公司核心功能，因地制宜服务国家战略

一是通过“电信普遍服务”助力“脱贫攻坚”。针对云南省贫困县和

贫困人口多，农村贫苦地区发展水平落后的实际情况，云南铁塔主动融入脱贫攻坚大局，持续推动“电信普遍服务”建设，面向无4G网络覆盖的偏远行政村、重点边疆等边远地区，加快农村及偏远地区4G网络建设，进一步解决电信服务领域发展不平衡、不充分问题，为乡村振兴、脱贫攻坚等提供重要基础支撑，为全面建成小康社会奠定良好的电信服务基础。2018—2023年，累计承接6个批次（第四至第九批）的电普需求7402个，投资超10亿元，累计建设量全国第二。以大规模、高质量的建设交付成果，助力云南补齐农村地区通信覆盖短板，推进通信网络向偏远、老少边穷地区延伸。

二是多快好省助力“一带一路”中老铁路建设。依托云南“加快建设面向南亚、东南亚辐射中心”的战略机遇和区位优势，云南铁塔主动融入并服务“一带一路”国际合作，以“三共一统”统筹建设完成中老铁路国内段公网覆盖工程。其中，“三共”是指共享铁路沿线设施（包括槽道、洞室、隧道壁等基础设施，以及铁路供电系统）、共享铁路专网塔、共享场坪杆塔，大幅减少建设成本和资源浪费，同时提高了建设速度；“一统”是指由铁塔统一规划组网，实现了不同运营商组网的一致性。铁路开通当天，由沿线1344个基站覆盖的国内“昆磨段（云南昆明至云南磨憨）”公众通信网络同步开通。

三是“百日攻坚”助力边疆信号升格。云南铁塔积极响应云南省委、省政府短时间内迅速改变边疆网络信号覆盖质量差现状的动员号召，压实主要领导和基层单位工作责任，统筹建设完成涉边8个地市的边境信息通信网络工程。在公司党委层面，成立党委书记担任组长的百日攻坚领导小组，下设办公室，同时发起“百日冲刺”劳动竞赛，不等不靠、主动作为，把边境网络百日攻坚行动作为全省最重要、最紧迫的任务来抓。在基层单位层面，8家边境地市分公司第一时间成立了由公司党委书记、分管领导带头，通发部、区域、合作单位共同参与的工作专班，倒排工期，建立“边勘测、边设计、边建设、边使用”的工作机制，推动工程建设保质提速，最终历时100天提前完成8个地市的800多座铁塔建设交付，以实际行动服务好强边固防大局。

（二）深化共建共享和战略合作，发挥协同作战能力

一是深化“政府主导、铁塔统筹”的发展模式。在规划编制方面，云南铁塔积极参与并全面助力政府编制、出台《云南省“十四五”新型基础设施建设规划》《云南省数字经济发展三年行动方案（2022—2024年）》。在标准制定方面，聚焦重点难点，助力政府提高政策支持的广度和精度，围绕5G新基建、疑难站址、转供电、拆迁补偿4个重点难点问题，助力推动全省上下出台政策文件123份，包括《云南省建筑物移动通信基础设施建设标准》等3个省级地方标准、3528个公共资源免费开放清单、5196个重点场所清单。在行业统筹方面，省级层面，以省通管局、省发改委、省工信厅为核心，加强汇报沟通、衔接联动，持续提升行业地位、公司地位；州市层面，以通管办组织、推动共建共享、“双千兆”集约建设、跨行业合作等多方面取得实质性进展。

二是用好支持政策助力行业投资模式转变。云南铁塔协调引导将“铁路沿线移动通信网络全覆盖”作为新基建重点项目，紧密链接云南省发改委“新型基础设施专项”资金。以中越铁路（昆玉河段）为例，针对省内各电信企业投资压力大、项目整体投资高效益差以及沿线自然环境恶劣导致公网覆盖建设投资大和维护成本高等痛点难点，通过牵头争取省内专项资金补助，有力地纾解了3家运营商投资顾虑，成功推动项目落地。云南铁塔始终坚持与行业共进退的立场，累计推动中越铁路（昆玉河段）、滇藏铁路（丽香段）、大瑞铁路（大保段）5.2亿元重大项目的运营商需求落地和政府补助到位，突破性获得包括运营商在内的总投资30%资金补助支持，共计1.55亿元。

三是深化跨行业合作促进降本增效。在共享电力塔方面，云南铁塔与云南电网签署共享电力塔合作协议，在全国范围内首创使用电力塔挂载移动通信设备，全省共享电力塔站点建设达171个。永广铁路建设过程中，首创实现公网通信与铁路专网铁塔资源共享，并形成同建设场景下的范式模板，持续推动全省共享铁路专网塔建设通信基站达34个。在行业降本方面，协调推动云南省工信委、能源局组织云南电网等多家单位召开电力市场化交易专项协调推进会，有效推动昆明电力交易中心组织云南电网公司等单位配合云南铁塔开展入市工作。通过实施电力市场化交易，有效地压降基站直供电电费单价。截至2023年底，累计为通信运营商年节约电费3.67亿元。

四是"四同步"模式加速"铁路网"信息化升级。云南铁塔成功探索出与铁路建设项目同步勘查、同步设计、同步施工、同步开通的"四同步"模式。成功破解了在先通车后通网的传统建设模式下，建设成本高、建设周期长、建设难度大的难题，使通信网建设与高铁线路建设同频同向，真正实现了"铁路开通之日，便是信号开通之时"的零时差。经统筹实施高铁公网覆盖建设，云南铁塔先后完成了沪昆高铁、广大高铁、中老铁路等13条铁路的公网覆盖工作，总里程达2500多公里，总投资11.9亿元，承接建设高铁的公里数和项目投资均为全国第一。

（三）推动机制创新和落地提速，助力行业和自身价值创造

一是深化推进区域市场化进程。在机制创新方面，云南铁塔依据区域存量站址规模将全省129个区县分为三组，分层分类建立市场发展、服务评价、共享率提升、市场占有、政策获取5个维度的区域综合评价体系，区域市场化发展水平可视可管可控，评价结果与区域负责人晋升、激励紧密挂钩。通过定期通报发展情况，促进区域间对标对表、互帮互学、争先创优，进一步夯实了区域作为市场化运营基本单元的阵地作用。2023年，云南铁塔通过区县累计收获需求2826个，占全年总需求35%，区域的基层“产粮地”作用持续增强。在落地提速方面，在全省54个区县成立信息通信基础设施建设工作领导小组，依托县政府、县工信局成立工作专班，推进文旅景区、交通沿线、农业农村、重点场所等各项信息通信基础设施政策落地。以楚雄武定县为例，通过对重点乡镇、112个村委会的走访，收集群众对信号覆盖诉求，整理输出规划建设方案，联合当地人大代表，在武定县第十八届人民代表大会提案，由工信局推进落实办理，武定县新建需求从2022年的15个跃升至2023年的94个，同比翻了两番。通过高质量通信网络建设，群众满意度大幅提升，工作得到当地政府高度认可。

二是锚定服务提升，持续为客户创造价值。云南铁塔构建“省—市—县”三级三组服务体系，全省组建750余人的大服务团队。重点围绕客户服务诉求，规范客户服务流程，健全服务链条，将全员服务、全程服务、全方位服务深入到工作的每一个环节，把服务触角连贯延伸至区县生产一线，持续为客户创造价值，获得客户认可。以2023年4个专项行动为例，针对545个疑难站址，解决完成445个，攻坚比例81.65%；平均断电退服时长同比上一年度提升37%；场租续签涨幅－4.25%，节约场租成本329.33万元；电费通过直供电按季度常态化入市交易，全年为运营商节省电费约7768万元。

三是深耕产品创新，全面满足客户个性化需求。针对客户快速变化的多样化覆盖需求以及物业难点、场地受限等特殊场景，云南铁塔充分发挥省级个性化服务团队引领作用，持续推动简易低成本塔型、刀片电源、极简配套等产品创新，协同客户共赢发展，业务范围不断扩大。以“塔”“房”“电”的重新组合向运营商客户提供微站、室分、极简配置及备电等5项区域产品，成功获取运营商20米以上新建需求2396个，20米以下新建需求1955个，极简型需求612个，C-RAN机房需求70个。整体塔类新建需求获取规模全国第四。

三、改革成效

一是扛牢通信基础设施建设主力军职责，服务国家战略落地。2023年，云南铁塔共计投资15.8亿元，建设交付5G需求2.1万个，4G需求1.25万个；室分项目完工1269个项目，楼宇覆盖完成9790万平方米，隧道覆盖完成583公里，为网络强国、宽带中国、“一部手机游遍云南”的战略实施提供了坚强保障。

二是坚守共建共享初心使命，助力行业繁荣发展。通过持续深耕共建共享，云南铁塔助力云南移动、电信和联通3家电信企业的站址规模和网络覆盖水平持续改善明显，全网共享站址比例由运营商移交初期的5%提升至40.42%，降本增效成效显著，改革红利多方共享。

三是统筹构建新发展格局，实现自身高质量发展。云南铁塔一方面实现了量的合理增长。2023年共实现营业收入41.46亿元，利润总额5.87亿元，较2022年增长14%。塔类业务需求连续3年高增长，其中2023年新增塔类需求5.8万个，其中新址新建需求数8024个，同比2022年提升75%，塔类业务市场支撑度99.5%，连续3年保持全国第一。另一方面实现了质的有效提升。依托塔类业务高质量发展带动效应，运营商业务发展多点增长格局初现，室分第二引擎作用得以进一步发挥。2023年共获取室分订单1299个、同比增长56%，面积超过1.3亿平方米、同比增长169%，起租6867万平方米、同比提升297%，跻身全国第二梯队上游。存量高铁网络改造需求逐步释放，全国首家全量获取运营商客户高铁5G改造需求，并在2024年春运之前完成“昆—楚—大丽”移动5G改造项目，客户满意度进一步提升。

国资国企改革经验案例丛书

千帆竞渡

基层国有企业改革深化提升行动案例集（中）

本书编写组　编

自2023年国企改革深化提升行动实施以来，基层国有企业坚决贯彻落实党中央、国务院决策部署，全面纵深推进各项重点改革举措，形成了很多可复制、可推广的宝贵经验。本书分上、中、下三册，以420篇案例系统地总结并展现基层国有企业在改革深化提升行动中的经验做法、取得的成效，其中“功能使命类”改革案例152篇，“体制机制类”改革案例129篇，“综合类”改革案例139篇，力求为更多企业提供有益借鉴，在新一轮国有企业改革深化提升行动中提高核心竞争力和增强核心功能。本书值得政府领导、国有企业管理者和相关工作人员，以及国资国企改革研究人员等读者阅读。

图书在版编目（CIP）数据

千帆竞渡：基层国有企业改革深化提升行动案例集. 中 / 本书编写组编. -- 北京：机械工业出版社，2024. 9. --（国资国企改革经验案例丛书）. -- ISBN 978-7-111-76718-3

Ⅰ. F279.241

中国国家版本馆CIP数据核字第2024FJ8770号

机械工业出版社（北京市百万庄大街22号　邮政编码100037）

策划编辑：陈　倩　　　　责任编辑：陈　倩

责任校对：张爱妮　张　征　　责任印制：李　昂

河北宝昌佳彩印刷有限公司印刷

2024年10月第1版第1次印刷

170mm×242mm · 42印张 · 535千字

标准书号：ISBN 978-7-111-76718-3

定价：598.00元（全三册）

电话服务

客服电话：010-88361066

010-88379833

010-68326294

网络服务

机　工　官　网：www.cmpbook.com

机　工　官　博：weibo.com/cmp1952

金　书　网：www.golden-book.com

机工教育服务网：www.cmpedu.com

目　录

体制机制篇

体制机制篇

1

构建立体化激励约束体系　打好激励组合拳 助力世界一流专业领军示范企业建设

航天信息股份有限公司

一、基本情况

航天信息股份有限公司（以下简称“航天信息”）是中国航天科工集团有限公司（以下简称“航天科工”）控股的以信息安全为核心的国有科技型上市公司。航天信息深入贯彻落实高质量发展要求，聚焦新一代信息技术主责主业，面向数字政府和企业数字化市场，重点发展数字财税产业、智慧产业、信创产业，并积极拓展海外市场，为各级政府客户和千万家企业用户提供数字化解决方案，服务国家治理体系和治理能力现代化建设，推动企业数字化转型。2019 年入选“科改企业”以来，航天信息着力构建多元化立体化激励约束体系，营业收入利润率由 8.92% 提升至 10.06%，非政策性业务毛利占比由 25.10% 提升至 65.61%，世界一流信息技术集团建设步伐明显加快。

二、经验做法

（一）建制度，健全“能干事”的机制保障

一是制度先行，建立中长期激励制度体系。航天信息根据企业股权结

构多样、行业跨度大、分/子公司多等实际情况，制定形成国有控股混合所有制企业员工持股实施指导意见、国有科技型企业股权和分红激励实施指导意见等制度，累计为5家子公司规范有序实施各类中长期激励实践提供了制度支撑。

二是持续优化完善年度薪酬管理等即期激励制度。航天信息面向关键经营管理人员，结合经理层任期制和契约化管理需要，制定所属单位经理层年薪管理办法，加大薪酬差异化管理力度，经理层成员绩效年薪占年度薪酬比例达67%，体系内同层级经理层收入差距达4.4倍。坚持约束与激励并重，依据考核结果累计对29家分/子公司主要领导进行约谈，对17名所属单位经理层成员下调岗位，有效破解了薪资“能增不能减”、干部“能上不能下”难题。改变员工年度薪酬普涨模式，以“精准滴灌”、多劳多得为原则，向重点业务、核心岗位及骨干人员倾斜工资总额资源，工资增长聚焦于年度绩效前60%的员工，公司本部同层级员工收入差距达2.8倍。

三是深入解读激励政策及实施路径，为所属单位提供指导支撑。航天信息针对所属单位对“科改企业”可试行的激励政策了解不透彻、方案撰写无经验、实施步骤不清晰等重点难点问题，专门开展专题培训与研讨，精准指导，提升各单位工作本领，提高激励实施效率，并将激励工作开展情况纳入所属单位年度考核，保障激励工作成功实施。

（二）强实践，注入“干成事”的内生动力

一是依企定策，科学推进。航天信息围绕发展需要，开展专项评估，因企施策，积极推进试点实施，精准助力所属单位转型升级高质量发展。其中，聚焦科技创新能力提升，推动所属福建航天信息实施科技型企业岗位分红；聚焦核心骨干活力激发，推动所属云享科技公司结合引入战略投资者同步开展员工持股；聚焦经营业绩提升，推动所属广西航天信息探索性开展超额利润分享；根据岗位特征差异化制定即期激励方案，推动所属捷文公司面向研发、销售、业务支撑团队差异化制定岗位专项激励方案，精准调动员工积极性。

二是结合经营情况，科学制定业绩目标。航天信息所属单位董事会统筹考虑本单位近3年平均利润及复合增长率、年度经营业绩考核目标、“十四五”规划目标等，在避免激励“福利化”的同时，以“蹦一蹦，够得着”为原则，科学制定本单位整体业绩目标。

三是基于价值贡献，精准筛选激励对象。航天信息聚焦对所属单位的技术创新、市场拓展与价值实现起决定性作用的经理层成员、骨干人才和突出贡献者开展激励，并结合年度考核结果对激励对象进行动态调整。其中，所属福建航信岗位分红激励对象占职工总数的17%，研发创新和专业技术岗位人员占受激励总体的80%，激励总额占扣非净利润的12%，近2年利润总额分别同比增长13.5%和16.2%，价值创造力显著提升。

（三）重宣传，营造“想干事”的环境氛围

一是以点带面，树立典型，发挥标杆示范作用。航天信息第一时间总结福建航信、云享科技公司等试点单位的成功经验，通过工作交流会、展厅专题展示等形式开展主题经验交流分享与工作成绩宣传。积极在中国航天报、中新社、中经社、新华财经等媒体发表改革激励主题文章近20篇，推动形成学有榜样、赶有目标、凝聚力量的良好氛围，树立激励约束实践优秀典型。

二是抓关键少数，大力营造有利于改革创新的良好氛围。航天信息围绕中长期激励实施需要，通过“补课充电”“精准挂职”“实战交流”“骨干优培”，锤炼所属单位经理层成员担当作为的“铁肩膀”、硬本领，既大胆使用“潜力股”，又科学使用“绩优股”。3年来累计选拔任用优秀领导干部71人次，以新气象新担当新作为助力改革创新出实效。

三是复制推广，积极扩大中长期激励实施范围。航天信息结合中长期激励实践经验，整理形成政策集与案例库，通过航天信息资源共享系统“航信爱享”实现全体系共享共用。统筹推进深化扩围，公司本级和子企业相统筹、现金类和股权类相结合、即期激励和中长期激励相结合，面向所属单位自下而上征求激励实施意向，自上而下分析具体发展情况，上下结合推动所属单位成功探索科技型企业岗位分红、超额利润分享、员工持股等激励举措，有效为建设世界一流信息技术集团注入源动力。

三、改革成效

面对新挑战、新要求，航天信息坚持以改革创新为根本动力，以改革红利培育新动能，开拓进取、攻坚克难，在极为困难的条件下稳住了发展基本盘，连续4年获评航天科工年度经营业绩考核优秀、党建考核优秀、党委书记抓党建述职评议优秀，获评“全国文明单位”、国务院国资委“创建世界一流专业领军示范企业”、标杆“科改企业”、“国有企业公司治理示范企业”，增强核心功能、提升核心竞争力领域取得三项“显著提升”。

一是创建世界一流专业领军示范企业的活力动力显著提升。航天信息积极践行“数字中国”战略，紧跟数字经济发展大势，持续深耕以信息安全为特色的数字产业领域，积极创建世界一流专业领军示范企业。深度参与财政部、国税总局等九部委联合开展的电子凭证会计数据标准深化试点工作，成功入围电子凭证开具分发平台、代理记账平台及服务保障单位3项名单，是名单中承担任务最多的单位之一。深入参与国家“金税四期”工程，承担国家税务网络可信身份认证体系和网络安全防护体系等核心建设任务，为4500万家法人、2.8亿个自然人及80万个税务人员提供高效服务，行业地位不断巩固，品牌影响力日益增强。

二是公司治理效能显著提升。坚持“两个一以贯之”，立足于党对国有企业的领导是重大政治原则，航天信息有力推进党的领导融入公司治理各环节，建成“三会一层一组织”具有中国特色的现代企业治理体系。积极履行上市公司社会责任，“十四五”以来累计派发红利6.19亿元，上市以来累计分红68.06亿元，荣获“最具投资价值高质量发展上市公司”“中国主板上市公司价值百强”“中国百强企业奖”等奖项，各项工作取得新突破、新成绩，切实履行了央企“三大责任”，核心竞争力稳步提升，高质量发展取得新成效。

三是自主创新能力显著提升。成为“科改企业”以来，航天信息坚持以“鼎新”带动“革故”，以增量带动存量，在密码、区块链、大数据与人工智能等领域积极承担国家重大工程，抢占自主创新制高点，新获批2个国家级创新平台、16个省市级创新平台，获评省部级科技进步奖与技术发明奖4项、国家级专利奖2项、北京市发明专利奖1项，获批12个国家级国拨科研项目，新增授权专利693件，新发布标准71项，成为国家区块链应用创新试点单位，获评数字科技企业双化协同典型案例第一名，入选工信部区块链典型应用案例，科技创新亮点频出。

2

引才聚智　助力企业创新发展

贵州航天电器股份有限公司

一、基本情况

贵州航天电器股份有限公司（以下简称“航天电器”）是中国航天科工集团有限公司（以下简称“航天科工”）所属航天江南控股的上市公司，主要从事连接器、电机等高端电子元器件的科研生产，在全国电子元器件龙头骨干企业中排名第18位。2023年，公司营业收入突破60亿元，先后荣获贵州省省长质量奖、全国质量奖、中国质量奖提名奖。

航天电器以“科改行动”为契机，始终坚持创新发展理念，服务国家战略需求，持续深化科技创新机制改革，大胆引进外部高端研发人才，以创造性改革研发机制激发团队的新活力新动能，开辟高速、无线传输等新领域新赛道，为公司高质量发展提档增速。通过实施项目引才聚智，公司近3年项目引才团队累计布局专利46项，既填补了航天电器在民用高速等领域的技术和市场空白，贡献了6亿元的产业收入，又拓宽了公司产品配套领域和渠道，促进了航天电器与国内通信龙头等企业的深度合作，加快了在相关领域产业化发展的步伐。

二、经验做法

（一）强化顶层设计，畅通引才用才渠道

一是大胆推进产业引才聚智工作，重塑业务团队组织架构。航天电器制定《技术团队引进管理办法》，通过产业引才、产业聚智等方式在高速互连、新能源、微波组件等新拓展领域引入产业化项目团队8个、外部专家11人、外部研发人员百余人。通过内外部团队合作，大幅缩短项目研发和人才培育周期。同时，借鉴互联网企业的组织扁平化架构，围绕产业目标灵活调整研发团队的业务组织体系，赋能各团队成为独立的“业务核心单元”“内部创业团队”，确保实现需求验证、研发投入、快速迭代的产品开发模式。

二是充分授权放权团队负责人，激发人员干事创业激情。依托IPD（集成产品开发）模式，航天电器创造性赋予项目团队负责人技术路线决定权、经费使用权、团队成员任免权、绩效考核分配权及最关键的创新决策免责权，确保各团队能够快速响应市场变化调整技术开发重点。并依据业务需要在全集团跨职能遴选成员，把控产品从研发到交付的全生命周期管理，结合即时激励政策为科研团队提供更具市场竞争力的薪酬激励，极大地激发了项目团队的干事创业激情。

（二）创新激励机制，促进团队直面市场

一是创新激励体制机制，驱动研发团队持续攻关克难。在“揭榜挂帅”、年度创新奖励资金池等一系列物质与精神激励相结合的激励模式下，航天电器各研发团队勇于揭榜破碍，着重解决了重大产业化发展中的一系列攻关难题。2021—2023年，航天电器分别设立2171万元、4525万元、6346万元创新基金用于激励员工的创新工作，累计设置创新池奖励资金1.5亿余元。截至2023年，各项目团队突破了一批核心关键技术，帮助航

天电器在滑环、Socket 等产业发展中打破专利封锁，并在航空、航天、船舶等领域取得新的市场突破。

二是“技术 + 市场”深度融合，掌握产品全生命过程的控制主动权。航天电器秉承“以市场为牵引，以技术为引领”理念，项目引才团队成员深入市场一线，团队负责人亲自参与市场开拓，深入客户前端进行设计交流，深刻理解客户需求，根据产品时效性分析研发前期的多种技术指标，充分解读客户的制程等相关要求。在工作场地采取产品研发和产线建设相结合的布局设计模式，根据用户反馈随时到试制线上对产品结构、工艺、仿真等问题进行细致深入的评审及总结，极大地提高了通信领域高速线缆组件研发效率与质量。

（三）深化合作交流，推进技术正向外溢

一是横向发力，促进内部技术推广。为确保项目团队经验正外部性的充分发挥，航天电器推动创新成果在组织内部有机流动，各项目团队积极与各事业部横向交流，促进内部技术推广，更好实现知识分享与资源共享，促进了企业的经营发展。华南研究院仿真项目团队在华东、西南等地区的事业部通过建立仿真方法机制、提供项目需求支撑，助力了各事业部仿真岗位新人快速确定工作职责和长期岗位规划，加大了仿真技术在各事业部之间的外溢与推广力度，实现了项目团队能力的横向及纵向贯通。

二是边际效应递增，对外取得“技术 + 市场”的双向突破。预计到 2025 年，航天电器外部团队合作项目可实现销售收入超 5 亿元。在技术方面，航天电器已掌握液冷产业多款产品的关键技术，流体连接器在国内通信头部企业多次中标；突破千兆以太网高功率混装滑环设计技术、射频混装滑环设计技术等关键技术；探索并成功开发 HTCC 多层陶瓷互连产品等。在市场方面，积极引进 5 名汽车电子行业的资深技术专家，专注于新能源汽车高压大电流电子元器件的研发和市场推广，先后取得国内新能源头部企业的供应商资质，并快速形成产业化；民用高速团队研发的新背板及扣板连接器高速传送性能达到56吉比特/秒，达到国内领先水平。

三、改革成效

航天电器秉持“先行先试”改革原则，坚定实干步伐，主动担当作为，砥砺前行、善作善成，探索实践航天电器改革创新经营发展之路并取得阶段性成果。

一方面，新品领域取得突破，技术实力稳步提升。航天电器引进团队在互连、滑环、电机、光电等新产业领域持续取得突破。首次为运载火箭配套的总线互连产品研制成功，实现箭上总线产品配套的零突破。滑环产品突破大口径高功率千兆以太网传输设计技术、单通道光滑环精密设计技术、光电混装滑环精密设计技术等“卡脖子”瓶颈，相关产品技术达到国内领先水平且在车载领域实现订货。起发电机建立了电磁—结构—冷却多物理场耦合模型，精确仿真发电机在高功率输出、大流量冷却气体、高速运行环境下的性能，实现8千瓦/千克高功率密度设计，技术达到国内领先水平。

另一方面，科研组织目标明确，产业管理日臻成熟。航天电器深化“揭榜挂帅”，围绕重大产业在发展中存在的瓶颈，组织遴选关键核心技术进行“揭榜挂帅”，探索实施产业建设“赛马制”。通过统筹运用内外部技术团队资源，切实打通产业发展堵点、解决产业发展难点、消除产业发展痛点，助力公司产业高质量发展。2023年，共立项产业化项目35项，其中优势类9项、孵化类22项、探索类4项；发布《重大产业化项目管理办法》，实行重大产业化项目管理，精心打造上亿元规模的产业和产品市场，倾力培育潜在的新兴业务领域，重点拓展优势产品项目，将产业做强、做优、做大。

3

构建“产学研一体”的科技创新新机制

沈阳飞机设计研究所

一、基本情况

航空工业沈阳飞机设计研究所（以下简称“航空工业沈阳所”）是中国航空工业集团有限公司（以下简称“航空工业集团”）直属业务单位，是新中国第一个飞机设计研究所，主要从事战斗机、无人机的总体设计与研究工作。面对当前航空武器装备自主创新的新形势新要求，航空工业沈阳所坚守“创新”核心定位，聚焦“两个途径”，发挥“三个作用”，以打造原创技术策源地为目标，构建以主机单位为龙头的厂所、区域、行业、全国“四个协同”创新体系，打通创新链，践行科技攻关新型举国体制；依托“金点子”“黑科技实验室”“技术超市”等新机制平台，贯通从技术到应用的快速成长链条；组建人才联盟，发挥“人才第一资源”作用，实施人才共育共享，实现人才智力同频共振。

二、经验做法

（一）推进“四个协同”，凝聚创新资源，提升体系创新整体效能

一是“厂所协同”打造命运共同体，形成 1 +1 >2 的集群效应。航空工业沈阳所搭建厂所创新协同平台，2020 年厂所联合成立“协同创新中

心”，深化资源协同联动，推动前沿技术和工艺研究；在装备核心主业上深度融合，贯彻“工艺向前、设计向后”的指导思想，探索新机快速研制模式，推动型号项目敏捷研发；做实厂所协同创新基金，厂所联合自主投入，提前布局新技术、新工艺。以发展联商、党建联建、机制联创、人才联育的“四联”方式实现组织横向联动，以创新链、产业链、资金链、能力链的贯通发展实现业务纵向贯通。通过“四联四通”的厂所一体化协同方式，助推厂所高质量发展。

二是“区域协同”配套创新资源，牵引带动地方产业发展。航空工业沈阳所与辽宁地方政府签署合作协议，军民合作共建实验室和技术应用平台。获批辽宁省飞行器结构强度数字孪生重点实验室，为军民用航空器和机载成品提供强度技术开发和应用平台；与扬州市政府共建扬州院，获批江苏省“新型研发机构”和“工程研究中心”，依托政策支持，专注复杂装备低成本敏捷研发，借助长三角产业资源优势，践行政产学研用模式，摸索出一条武器装备整机研制新路径。

三是“行业协同”凝聚优势力量，加速装备研制上中下游融通创新、协同互促。航空工业沈阳所以项目为依托、技术为抓手，牵引产业链创新能力升级。与沈飞公司、大连理工大学等共同开展UTC建设，围绕高温震动等方向完成多批次项目推进。探索新兴创新链，牵头成立5G/6G技术联盟，走出“航空+5G”产业生态第一步。与空军指挥学院、北京航空航天大学等签订战略合作协议，多维度壮大创新链条。围绕相关项目领域，按照“风险共担、利益共享”原则与清华大学、南京大学等高校开放合作。

四是打造“全国协同”平台，践行科技攻关新型举国体制。航空工业沈阳所在全国范围内“发榜”，开展技术对接与协同攻关验证。举办“神机妙算全国大赛”等系列比赛，将工程问题抽象为算法问题。以“联盟理事会”模式组建“瘦西湖创新联盟”，探索多元化创新投入机制，构建

“全方位、深层次、广领域”的科技开放合作新格局，实施“1—10—100”创新价值递增、产业规模放大的创新发展模式。

（二）打通创意到应用转化全链条，加速创新链闭合，促进战斗力生成

航空工业沈阳所遵循技术成长规律，变革创新机制，畅通需求到应用全链条，以产学研多元化方式打通创意到技术、技术到装备的成果转化通道。瞄准装备需求，依托研究所和创新联盟，构建辐射全国的“金点子”系列创意征集机制，完成“0—1”原始创新。建立“黑科技实验室”作为创意孵化平台，组建新技术探索与新技术应用两个导向的创新技术攻关团队，针对颠覆性、新兴/交叉技术开展快速研究。打造“技术超市”，推出面向装备的技术成果转化复用机制，建立成果入库、转化、复用的全流程管控，实行以技术成熟度评估为核心的成果管理，以技术货架化形式将“个人资产”转化为“组织资产”，实施版权保护，对转化复用采取登记奖励机制，打通从技术创新到装备快速应用的“最后一公里”。

（三）组建人才联盟，聚焦“共育共享”，强化产学研人才合作

人才是科技创新和产业升级的关键因素。2022 年 7 月，航空工业沈阳所召开人才联盟启动大会，与北京航空航天大学、大连理工大学、哈尔滨工业大学等 9 所高校建立校所人才联盟合作机制。

一是坚持“请进来”。将一流高校的教师“请进来”，到航空工业沈阳所挂职或兼职，挂职到技术部门，兼职到预研课题和型号项目的技术负责人、主任设计师等岗位。将一流高校的学生“请进来”，共建学生实践基地，为高校硕博士提供实习岗位，开展航空工程实践。高校首批已选派 50 余名优秀教师来所挂职兼职。

二是坚持“走出去”。航空工业沈阳所组织选派技术专家到高校担任兼职教师、企业导师，参与高校研究生培养。在高校开设航空工程系列课程，组织选派专家到高校参与科研、教学和课程设计等工作，探索航空课程开发，传递航空产业技术方向和需求，并选派技术骨干到高校在职深造。

三是坚持互融互通，做好两个“联合”、两个“共建”。航空工业沈阳所与高校联合成立研发中心，专业技术人员和高校教师、学生共同进入联合研发中心工作；联合申报重点课题项目，在重点领域深度交流合作，共同孵化重大科技成果；共同组建柔性攻关团队，解决型号项目、预研课题中的关键核心技术和长期未解决的技术难题。开展实验室共建，依托航空工业沈阳所和各高校重点实验室，共享设备和人才资源。同时由航空工业沈阳所和高校相关领域技术带头人围绕专业发展定期举办高智技术论坛，进行主题交流。

四是建立基于型号的行业人才共育机制。航空工业沈阳所与各参研单位开展双向挂职兼职。互派优秀人才挂职项目重要岗位，建立定期技术交流机制，举办总师、专家讲坛，组建人才联盟专家库，邀请专家跨单位授课。着眼航空装备和技术发展趋势，聚焦研发、生产、制造中的复杂技术难题，建立跨单位、跨领域、跨行业的创新团队。

三、改革成效

通过在科技创新全链条上开展机制创新和突破，航空工业沈阳所能有效应对、破解创新资源不足、创新人才短缺、创新协同不够等问题，实现前沿探索更加深入、成果向装备转化更加快捷、人才培育与型号需求匹配度更高，在产学研协同互促中充分发挥乘数效应，推动航空科技高水平自立自强。

近年来航空工业沈阳所与沈飞公司联合自主投入累计超过 10 亿元，2022 年沈飞公司入股航空工业沈阳所扬州院，实现厂所深度绑定、协同发展，为创新提供资源支撑；借力地方政策支持、高校的低成本设计和民企低成本试制优势，开展军民深度协同创新。紧抓国家创新平台体系重塑机遇，新增获批国家级实验室2个、省部级实验室3个、所级实验室3个，初步构建“国家级—省部级—单位级”实验室体系。牵头组建的“瘦西湖创新联盟”，首批已有37家单位加入，形成“全方位、深层次、广领域”的开放合作格局。

航空工业沈阳所通过“金点子”大赛、黑科技实验室等机制举措，凝聚创新创意，破解低成熟度创意孵化问题，为项目提供不竭的源头动力。从第二批“金点子”大赛中选拔出的6个项目即将进驻黑科技实验室，实验室中的首批11个项目正在孵化。创建“技术超市”，已入库成果768项。

围绕人才柔性汇聚模式，航空工业沈阳所联合9所重点高校、30余家产业链优势单位成立人才联盟，建立人才共享共用机制，设立沈阳所-大连理工大学“先进飞行器数智强度联合实验室”等首批7个校所人才联盟合作载体，联合高校和集团内外50余家兄弟单位，累计汇聚150余名高素质人才来所挂职兼职。2年来，航空工业沈阳所新增国家级人才2人，1人获评校企联聘“长江学者”，新增集团首席技术专家6名，聘任外部院士来所担任首席专家，聘任高校教授来所担任专业副总师。

4

推动资源整合　优化产业布局
打造区域企事业单位重组改革新样板

中船九江海洋装备（集团）有限公司

一、基本情况

九江市是原船舶军工三线企事业单位集聚区，经过历次改革调整，单位由12家减少为6家。但由于缺乏区位优势，整体发展仍呈现“小、散、弱”特点，难以适应高质量发展要求。2019年，中国船舶集团有限公司（以下简称“中国船舶”）进一步推动九江地区“五厂一所”重组整合与深化改革，组建中船九江海洋装备（集团）有限公司（以下简称“九江公司”），通过推动资源整合、优化产业布局、强化科技创新、建立市场化经营机制等改革举措，致力于打造世界一流机电装备科技产业集团，并定位为中国船舶区域化整合和全面深化国企改革实验田。重组以来，九江公司发展质效持续提升，实现了从分散到集聚、从粗放到集约、从生产型到创新型、从“要我改革”到“我要改革”的蜕变，内生动力不断增强，年度经营业绩考核连续获得A级。

二、经验做法

（一）强化集团管控，建设专业精干高效总部

九江公司实施“战略＋运营”型扁平化管控，聚焦重要领域、关键业

务，实施“七个统一”。总部职能部门由2019年的13个精简为8个大部，人员编制压减18%。对各单位先后实施“6+N”“4+N”机构改革，内设机构压减52%。

一是统筹研发资源，实施科技创新统一。九江公司依托6354所及各单位已有科研资源组建“大研发中心”，打造公司科技创新中心、科技管理中心和产业孵化中心，科技创新能力快速提升。

二是统筹市场资源，实施市场经营统一。九江公司成立营销中心，明确“区域营销+片区经理”制与统谈分签的两级经营模式，整体营销效率效益与市场声誉大幅提升和改善。

三是统筹产业布局，实施规划建设统一。九江公司总部统筹产业发展、能力优化布局和投资管理，并对接国家、地方政府和中国船舶，争取政策和资金支持，实现产业集聚发展。

四是统筹人才建设，实施人力资源统一。九江公司实施“制度顶层设计、干部管理、薪酬体系、用工管理、培训体系、职业发展、职称评定”集中管控，人员素质和岗位结构不断优化。

五是统筹财务资源，实施财务管理统一。九江公司成立财务中心，实行财务负责人委派制，实现资金、人员、业务统一管理，财务人员压减44.78%，财务管理效率及业财融合能力有效提升。

六是统筹物资集采，实施物资采购统一。九江公司按照“三个有利于”原则构建全新采购体系，采购人员压减70%，采购工作规范性、专业性明显提升。

七是统筹党建工作，实施党的建设统一。九江公司实施“顶层设计、党建目标、党建体系、党建标准、企业文化、党建制度、党建考核”一体化管理，党建规范化、标准化持续巩固。

（二）推进资源整合，提升专业化产业化能力

九江公司进一步做强做优做大产业，有效促进优势产业资源整合和能力互补。

一是推进专业化整合。九江公司将各子企业按照“专业能力 + 事业部化”管控模式整合为“4 个事业部 +1 个加工中心”，明确惯测事业部聚焦惯测与导航工程，电子事业部聚焦消防及安全工程走“科技 + 服务”型发展道路，重装事业部聚焦特种及重型装备，内装事业部聚焦内装及材料工程走“制造 + 服务”型发展道路，不断提升产业转型升级能力。整合机加工业务与资源，成立加工中心，培育以高端装备精密加工为核心能力的新产业。

二是重点打造“三个平台”。九江公司基于“打造拳头产品，牵引产业提升；培育龙头企业，带动整体发展”理念，遴选重点产业，搭建产业发展平台。中船精达实现新三板挂牌，已启动北交所上市计划，连续两年蝉联国务院国资委“双百行动”改革专项考核“标杆”，定位为资产证券化和科技产业化平台。中船锅炉构建全新营运模式与治理架构，规模效益快速增长，蝉联中船集团金牌供应商，定位为船海机电产业发展平台。海科内装建成国际一流的自动化生产线，内装产业加速转型，定位为内舾装产业发展平台。

三是着力建设“两个园区”。九江公司按照要素齐聚、功能齐备、资源集约的产业布局规划，将原分布在 6 个县区 10 余处厂区的产业布局进行优化，有序推动惯导、消防产业向国防电子信息装备产业区集聚，重装、内装产业向海洋装备配套产品产业区集聚。

（三）聚焦科技创新，厚植产业发展竞争优势

九江公司聚焦核心技术攻关，提升自主创新能力，以科技创新引领高质量发展。

一是转变科技创新理念。九江公司从被动式产品设计向主动式技术研

发、从产品制造向科技创新、从围绕市场做产品向围绕需求做专业转变，更加注重关键技术与核心部件自主可控。

二是优化创新团队建设。九江公司调整科研人员素质结构和专业技术团队协同攻关模式，打造“1+N”个“项目+人才”科技创新团队。

三是建立协同创新机制。九江公司有效整合技术资源，形成以研发中心为主体“小核心，大协作”的科技创新模式。重点开展主营产品基础/关键/前瞻性技术研究、重点新产品/新技术论证及开发工作，并组建惯测、消防、内装及锅炉4个专业室，带动公司整体创新能力提升。

（四）聚焦三能改革，激发干事创业活力动力

九江公司以三项制度改革引领改革突围，激发内生动力活力，助推高质量发展。

一是紧抓关键少数，推进干部“能上能下”。九江公司建立精准考核评价体制，动真碰硬，强化业绩导向，调整或免职干部102名。大力提拔选用优秀年轻干部，“80后”干部占比由45%提升至73.8%，全日制本科以上学历占比由35.7%提升至64.6%。实施全级次经理层任期制和契约化管理。

二是以质量换数量，推进员工“能进能出”。九江公司裁冗引才，大幅压减管辅及冗余人员，加速引进高层次人才，新招录全日制博士、硕士研究生及“双一流”院校毕业生154人，在岗职工由2019年末的1953人压减为1183人，减幅39.4%，管辅人员占比由43.1%下降到25.4%。

三是突出价值业绩导向，推进收入“能增能减”。九江公司建立与效益效率挂钩的工资总额决定机制，人工成本持续压降。建立强激励硬约束薪酬分配机制，各单位负责人薪酬差距达5倍，各类人员分配倍差明显拉大。4年来，在自主消化人力资源改革成本近2500万元情况下仍压减人工成本6175万元，压降21.4%。其中，工资总额压减6010万元，压降28.8%。2023年在岗职工人均收入较2019年增长12.6%，高出九江市城镇非私营单位30.4%。

三、改革成效

九江公司坚决贯彻落实中国船舶党组决策部署，以开源节流、夯基提质为抓手，统筹改革发展两大中心任务，加速推动一体化发展，效率效益显著提升，铺就高质量发展基础，迈出自信自强新步伐。

一是发展质效全面提升。国企改革三年行动和三项制度改革获 A 级，2023 年全员劳动生产率较 2019 年提升 44.3%，用工与效率综合水平从“落后”跃升至“中等”，高质量发展取得新成效、迈上新台阶。

二是科技创新厚积薄发。突破多项关键技术。九江公司打破国外技术封锁，自主研发的全球首台（套）船用甲醇锅炉成功发布。136 项进口元器件实现国产化替代。获国家部委 15 项重大科研项目立项，总经费 1.84 亿元，实现省重大科技攻关专项及军科委项目立项零突破；获省部级以上奖励 20 余项；实现国际标准零突破；获国家级专精特新“小巨人”企业 3 家；专利申请总量创历史新高。科技创新实力从量的积累迈向质的转变，从点的突破迈向系统能力提升。

三是产业发展提质增效。九江公司通过产业布局优化和专业化整合，产业集聚效应凸显，科技产业化发展路径更加明晰，锅炉、消防、内装等产品产业对中国船舶总装造船业的支撑能力明显提升，向建成机电装备产业集聚区的目标迈出坚实步伐。

四是内生动力有效激发。九江公司通过强化激励约束和三项制度改革，公司市场化经营机制全面建立，有效推动干部职工思想观念、作风状态的明显转变，员工凝聚力极大提升，“自下而上”想改革谋发展的氛围更加浓厚、思想基础更加巩固，企业形象和影响力进一步提升，公司迎来良好的发展时机。

5

聚焦主责主业　推动数智赋能　优化分配机制
改革深化提升推动高质量转型发展

中国兵工物资集团有限公司

一、基本情况

中国兵工物资集团有限公司（以下简称“物资集团”）作为中国兵器工业集团有限公司（以下简称“兵器工业集团”）智慧工业供应链整合服务主体企业，是兵器工业集团大宗物资集中采购的支撑单位，承担着电子商务平台建设运营，履行危险品道路运输监管和服务，致力于加快构建高效兵器智慧供应链和现代物流新体系。物资集团坚持以习近平新时代中国特色社会主义思想为指导，深入学习贯彻习近平总书记关于国有企业改革发展和党的建设重要论述，认真贯彻落实国有企业改革深化提升行动部署要求，以增强核心功能和提升核心竞争力为重点，聚焦主责主业，推动数智赋能，优化分配机制，积极塑造新优势新动能，推动高质量转型发展。

二、经验做法

（一）“三个聚焦”扛起主责抓好主业，切实增强核心功能

一是聚焦服务保军保供，提升兵器装备科研生产服务质效。物资集团系统评估战争形态变化对武器装备需求的影响，积极调整服务策略，创新

"一企一策"供应链优化服务、小散特急需求保障、多样化保障等工作举措。以科技力量赋能产业服务，探索打造全新的前置仓服务体系，打通线上平台采购与线下采购、领料采购相结合的一体化服务体系，帮助企业探索实现"零库存"供应链管理。围绕体系优化和平台服务，持续完善兵器工业集团各级单位上网采购、招投标管理、资源处置、外协外购工作机制，支撑兵器工业集团采购与供应链管理。

二是聚焦保障战略资源，提升供应链和现代物流服务水平。立足国内国际双循环，物资集团加强与全球头部供应商之间的合作，强化市场主体地位，形成具有较强韧性的国际贸易供应链体系，服务国家能源资源保障和产业链供应链安全。主动融入高水平对外开放，连续参加进博会签约，创新有色金属国际贸易定价结算机制，作为人民币跨境使用典型案例被国家相关部门在全国范围内宣传推广，不断提升国际化供应链管理水平。坚持服务实体制造业，强化渠道优化和服务拓展，做大做强终端市场，推进贸易、物流等业务融合发展。

三是聚焦保障国防安全，推动军工物流与安保高质量发展。依托"一个线上管理支撑平台、一张资源整合网络、一支线下专业力量"，物资集团建立完善线上线下相结合的道路运输动态监管及服务保障体系，坚决扛起保障军品道路安全运输的政治责任。围绕"车辆、人员、货物"等关键要素，形成"北斗三代＋视频监控＋传感监测"的智能化监控能力，持续推动系统部署上线、架构升级、功能拓展和性能提升。统筹军工系统和社会优质物流与安保资源，提升线下服务能力，向特资行业提供敏捷高效、安全可靠的科技供应链服务保障。

（二）"三个推动"持续强化数智赋能，切实提升核心竞争力

一是推动业务数字化，发展平台经济。梳理客户服务触点，物资集团充分发挥电子商务平台的集聚效应，上线黑色金属交易专区，打造现货、预售两类核心交易模式，通过数字技术对传统供应链进行升级改造，探索平台经济新模式新业态。引进专业化团队，对电子商务平台进行全面数智化改造升级，依托工业品等成熟业务，打通客户全链路一站式服务能力，将前置仓、智能柜、末端履约交付等线下能力与平台线上能力结合，探索线上线下相结合的一站式综合服务样板。

二是推动管理数字化，提升运营效率。聚焦大宗商品贸易货物流转、资金收付款、发票结算等全过程合同管理，物资集团持续推动 ERP 系统的深化应用，加强物流、信息流、商流、资金流等各类信息的汇聚及流转。打造一体协同办公服务平台，构建“机制 + 标准 + 技术”为一体的协同运营机制。将日常业务流程语言转化为既定的、标准的策略设计与知识集成，运用 RPA 流程机器人等数字技术工具，改善传统人工线下工作方式并实现业务运营提质增效。

三是推动数字产业化，发展数字经济。专注于智慧工业供应链关键环节，物资集团持续提升自主创新能力及研发水平，加快构建软硬件集成能力，形成切实可行的解决方案。通过技术沉淀、产品孵化与方案能力整合，不断优化集团数字化管控、数字供应链等数字化解决方案，形成数字采购、数字销售、数字物流、数字仓储、数字金融等核心产品，输出数字化转型咨询与实施、集团化平台建设运营咨询与实施、网络安全咨询与实施等专业服务，推动数字产业化，发展数字经济。

（三）“三个优化”完善激励分配机制，切实激发内生动力

一是优化激励方案设计，全面激活“比效益”。体系谋划激励机制，物资集团深入调研中长期激励机制应用条件、激励手段，赴标杆企业开展专题对标学习，结合公司实际形成“虚拟股权”“增量分红权”“小微创客”等多种激励方案，主动谋划、改革创新，形成“专项推动、先行先试、迭代提升”推进机制。设定专项“一对一”辅导，逐家跟踪实施情况，持续总结经验效果，再完善再提升，确保中长期激励模式在各经营单元全面覆盖、发挥实效、激活动力，营造你追我赶干事创业氛围。

二是优化风险收益机制，深耕力作“扛责任”。突出权益共投，物资集团将虚拟股权价值与企业净资产锚定，经营团队按净资产值投资入股，盈利时按虚拟股权比例获得分红，到期后按照经评估的净资产由企业回购，将经营者与国有股东的利益风险同向绑定，合力开拓新市场、新业务。突出风险共担，合伙前期，注重制定约束机制，明确企业经营无收益无分红，公司净资产损失虚拟股权同比例缩减，发现五类违规问题虚拟分红将被收回、虚拟股权将被清退，退出审计时发现问题须用回购金额赔偿公司损失等一系列红线禁区，列明责任义务，充分发挥主人翁作用，自加压力，防范化解经营风险。

三是优化目标设定规则，焕发活力“争高线”。针对历史存续时间长、净资产高但盈利能力偏弱的子公司，物资集团设计简单明确的增量分红权激励模式，切实推动“老企业”焕发“新活力”。差异化制定实施方案，按照贡献确定权益分配，保障激励举措在不同单位高效适用、有效有力。为防止短期过激经营行为，制定措施对一定比例的增量分红延期支付，即期风险约束推动激励对象关注长期经营效果，保障子公司对战略发展的落实、对中长期目标的支撑，形成再传佳绩、再攀高峰的良性循环发展局面。

三、改革成效

一是在增强服务国家战略功能作用上取得新成效。装备保障服务体系进一步完善，物资集团实现智慧供应链与科研生产深度融合，高质量完成保障国家战略资源安全的各项任务，高标准完成军工物流监管保障任务和能力建设。“数智赋能的军工物流与安保全流程一体化建设案例”成功入选 2023 年（第五届）全国智慧企业建设创新案例。

二是在推动真正按市场化机制运营上取得新成效。紧紧围绕“十四五”发展规划目标，物资集团进一步推动市场化经营机制制度化长效化，激发发展活力。2021—2023 年，物资集团利润总额累计超“十四五”年度目标 17.67%，全员劳动生产率维持较高水平且逐年增长。2023 年本部干部职工签订年度绩效责任书，同层级员工收入差距均值达 2.8 倍，全面激发干部员工干事创业动力。

三是在建设世界一流企业上取得新成效。产业布局进一步优化，战略性新兴产业布局和传统产业转型升级进一步强化，平台经济、数字经济发展取得实效。电子商务平台在中国物流与采购联合会主办的“2023 全国公共采购行业年会”获评“十佳数字化采购平台”，物资集团“供应链智能配送与动态优化”案例成功获评五部委“2023 年度智能制造优秀场景”，子公司北方云景获北京市“专精特新”企业认证。

6

把握“五个着力” 推进重组整合 全力打造世界一流轻武器科技企业

建设工业集团（云南）股份有限公司

一、基本情况

建设工业集团（云南）股份有限公司（以下简称“建设工业”）是国家重点保军企业，主要从事轻武器的研发、生产、制造，为中国兵器装备集团有限公司（以下简称“兵器装备集团”）所属二级企业，前身为1889年张之洞创办的汉阳兵工厂。在兵器装备集团统筹部署下，2023年以改革深化提升行动为抓手，在与集团内部3家轻武器制造企业重组整合的基础上，持续推动资源整合，深化改革创新，与云南西仪工业股份有限公司（以下简称“云南西仪”）实施重组整合，积极推进军工资产证券化，形成了以重庆花溪为总部，辐射重庆德感、重庆九龙、云南昆明、四川彭州、河北承德和江苏盐城的“五省市七基地”布局，实现了轻武器“由散到聚、由小到大、由弱到强”的转变，进一步提升了建设工业在轻武器领域的行业地位，全力打造建设世界一流轻武器科技企业。

二、经验做法

建设工业以打造世界一流轻武器科技企业和高质量军工上市公司为目

标，坚持“整体筹划、平稳实施、深度融合”，全面落实兵器装备集团关于重组整合“五统一，一加强”工作要求，牢牢把握“五个着力”，各项重点工作稳步推进。

（一）着力人员结构优化，实施员工一体化管理

一是统筹员工政策。建设工业出台《员工结构调整分流安置办法》，重新定岗定编定员，组织岗位竞聘，挤出富余人员。建立协商解除、不胜任退出等多种退出通道，实施“买断”奖励政策，迅速实现富余人员解除，减少用工，原云南西仪总部人员减少 67%。统筹各基地人员用工，实施管理职能集中，昆明基地 26 人调动到重庆总部，101 名特品生产人员到民品岗位重新上岗。

二是精简中干队伍。建设工业统一各基地干部政策，按照直线职能设置岗位，取消三级单位中干身份。推出提前退出政策，鼓励“老同志”退出中干岗位。组织开展中干竞聘，实施全体中干副职岗位全员竞聘，竞聘前给予主动选择权，退出转任非行政职务，公司中干减少 24%。

三是推动人才转型。建设工业聚焦武器装备机械化、信息化、智能化融合发展需要，优化研发人才战略布局，搭建智能化无人软件平台人才架构，引进高层次人才、关键核心人才 30 余人。

（二）着力机构职能调整，实现管控一体化设计

一是强化统筹管理。按精干高效原则合并同类项，建设工业将战略、投资、经营、人力、财审、资产、证券、研发、销售、采购等职能集中到重庆花溪总部统一管理，减少重复的组织机构和职能。原云南西仪的组织机构由 13 个减少为 2 个，人员总数减少 25%，销售、管理费用同比下降 15%，劳动效率增长 3.7 倍。

二是明确基地定位。建设工业对原云南西仪按生产基地定位重新定义组织架构，在昆明基地设立“一部一厂”。昆明综合管理部负责日常经营管理，昆明特品制造分厂负责按总部分工组织生产，并着力推进战略性新兴产业。

三是明晰权责界限。以“总部+基地”布局为基础，建设工业按照总部管顶层设计、政策标准、激励约束和基地管政策执行、过程控制、结果实现的管控要求，结合业务范围、地域分布等实际，确定了对昆明基地和承德基地的管控模式，并对16项业务逐条细分梳理，明确总部和基地各自不同的业务职权。

（三）着力制度标准统一，实现经营一体化管理

一是统一各项政策标准。建设工业统一薪酬福利、餐饮交通等待遇标准，统一绩效评价、评比表彰等激励标准，统一特品工艺、质量、生产、设备等作业标准，统一投资、处置等“进出”标准，整合研发、销售、采购（含投资）、资产、经营、人力、财审等管理体系，搭建统一的研发、采购、制造、销售服务等业务平台体系。

二是组织管理导入培训。建设工业组织总部各职责部门确定制度流程导入培训清单，协同昆明、承德基地编写导入培训计划，确定参培人员，采用现场、视频、邮件等多种方式集中开展对两基地的导入培训工作。

三是完善企业治理体系。重组后，对照上市公司治理要求，建设工业完善以“1+4+N”（“1”是《公司章程》，“4”是《股东大会议事规则》《董事会议事规则》《监事会议事规则》《总经理工作规则》“三会一层”工作机制，“N”是董监高管理、战略投资、内控监督、投资者关系管理和信息披露等若干项基本管理制度）的现代企业治理体系，健全集团化一体化管控机制，公司整体治理水平和治理能力持续提升。

（四）着力制造能力调整，实现资源一体化调配

一是统筹调整产线布局。按产业开展专业化调整工作，建设工业将特品制造资源全部集中在重庆花溪总部和成都彭州基地，空心轴类汽车零部

件制造资源全部集中到重庆德感基地，进一步盘活资源，减少投入，实现资源互补。摸清“五省市七基地”设备家底，根据生产任务安排，统一调配各基地设备，节约投资约3600万元，设备利用率提升20%。

二是深度整合采购体系。建设工业统一采购制度、流程和商务政策，将原云南西仪采购全面融入建设工业采购体系，全面推进原材料、辅料、劳保用品和办公用品年度集中招标采购、月度比价采购，减少零星和紧急采购，扎实推进“过紧日子”专项工作，实现降本1.19亿元。

三是推动传统产业提质增效。在承德基地投资9700万元建设高端连杆生产线，建设工业进入奔驰、宝马全球配套体系，产品附加值提高50%。在昆明、盐城基地投资2600万元，升级改造连杆生产线，提高产品质量和生产效率。

（五）着力党建引领保障，实现党建一体化推进

一是落实“四同步、四对接”。建设工业做到党务工作机构不撤、人员不减、经费不缺，推广“四书一册”党建工作标准化体系，推进党建一体化、穿透式管理管控。

二是推动思想文化融合。加强形势任务教育，建设工业领导班子成员深入各基地走访调研，通过干部职工大会、“三会一课”等形式，讲透整合重大意义，把干部职工的思想和行动统一起来。

三是加强群团统战工作。建设工业坚持“我为群众办实事”，统一大建设薪酬福利标准，提高整合三基地“五险一金”水平，职工收入同比增长8.5%，加强普惠性福利发放，营造和谐稳定氛围。

三、改革成效

一是运营质量明显优化。通过资源整合和改革创新，合并“同类项”，删除“重复项”，去掉“无用项”，建设工业实现了资源共享，降低了各类消耗，减少了管理成本费用，2023 年全面完成年度生产经营目标任务，营业收入同比增长 4. 2%，利润同比增长 25. 2%。

二是核心功能显著增强。通过资源整合和改革创新，建设工业集中了特品研发、销售、制造、管理、人才等资源，进一步完善了特品产业产品谱系，提升了科技创新水平，成为兵器装备集团首家获得装备质量综合激励（第三届）保障项目奖的企业，是兵器装备集团首家也是全国第 8 家通过新时代装备质量管理体系成熟度三级评价的企业。强军报国能力显著增强，在国内轻武器行业具备了绝对竞争优势。

三是发展能力大幅提升。通过资源整合和改革创新，建设工业实现了军工资产证券化，在巩固轻武器领域的行业地位和资源统筹能力的同时，形成新的产业及新的发展路径，明确了新型特种装备、新能源汽车零部件、新材料等六大战略性新兴产业发展方向，加快了布局战略性新兴产业的步伐，夯实了产业转型、科技创新的基础。

7

以“四能八定”深入推进两地整合 持续提升人力资源价值创造能力

黑龙江北方工具有限公司

一、基本情况

黑龙江北方工具有限公司（以下简称“北方工具”）是中国兵器装备集团有限公司（以下简称“兵器装备集团”）下属二级企业，位于黑龙江省牡丹江市，是国内中小口径弹药产品谱系最全、口径覆盖范围最广的国家高新技术企业。北方工具以特种产品为核心，石油钻具、合金产品为支撑，特种机器人为新兴产业，积极培育其他新兴产业，形成了“1+2+1+N”的产业布局。

二、经验做法

哈尔滨龙江公司（以下简称“龙江公司”）是北方工具下属二级企业，地处哈尔滨市，两地产业相关、产品相似、工艺相通、市场相同，但一直存在两地员工文化和身份认同不高、未相互融入问题。针对上述情况，北方工具果断决策、统一部署，通过“四能八定”，对哈牡两地组织机构、岗位编制、岗级能力级、工时定额、薪酬绩效进行全面设计和优化，经过1年的实施，取得较好成效。

（一）定组织机构，突出战略引领挖潜力

一是聚焦科研竞标、市场开拓，做强创新中心和外贸核心。北方工具结合企业“十四五”中期调整规划和重点工作部署，全面梳理二级机构职能定位。牡丹江试验场转化为实验检测中心，纳入创新中心板块，增加对外科研检测协作职能，进一步提升科研开发能力。成立国际贸易部，负责公司外贸产品市场开拓、外贸工程项目开发，强化外贸市场开拓、为打赢外贸订单翻番攻坚战奠定组织基础。

二是采用双重管理、双体系驱动，重建龙江公司组织机构。龙江公司设置“一公司五部两厂”，由22个三级部门调整为北方工具7个二级机构，“五部两厂”接受北方工具和龙江公司双重管理，强化一体化管理、集团化管控，提升管理效能。同时在龙江公司设置4个派驻室，与北方工具战略、运营、研究院等部门和“五部两厂”共同构成龙江公司质量管理体系，同步履行装备体系质量职责，整合管理资源，共享管理成果。

三是推进资源整合、归口管理，实行“底线”“红线”业务一体管控。根据特品、民品产品相似，火工作业性质相同的特点，将特品、民品两个二级单位进行整合，实现业务、人员一体化管理，缩减岗位编制26个，管技辅人员比例压减15%。全面梳理哈牡两地配套仓储、试验、运输职能，牡丹江总部在龙江公司设置派驻室，统一业务标准、统一资源配置，确保特品全面受控，牢牢守住底线。

（二）定岗位、定编制、定人员，精干职工队伍增活力

一是打通“三向”通道，干部竞争意识显著增强。北方工具打通“向上”通道，通过公开竞聘提拔，进一步使用中层管理人员41人，其中包括龙江公司新提拔中层管理人员28人。打开“横向”通道，运用基层单位与职能部门双向交流，把有培养潜力的干部放到数字化生产一线、“三化”融合发展前沿的关键岗位锻炼，共调整中层管理人员46人次，派往

一线任职6人，对外挂职交流2人。畅通“向下”通道，从组织绩效、公司领导满意度评价、中层管理人员互评、民主测评、大安全考核、综合测试6个维度对中层管理人员进行综合评价并排名，对后10%人员岗位进行公开竞聘，共到龄退休6人、末等调整5人。

二是优化晋升渠道，非行政专业优势显著发挥。北方工具打破“退二线”观念，到龄退出领导岗位的人员需根据专业特长自主申报非行政职务，公司根据生产经营需要、个人能力业绩决定是否聘用。组织龙江公司原非行政人员、管理干部32人通过公开竞聘，聘任北方工具非行政职务13人。对符合年龄要求的龙江公司管理干部，设置非行政职务评聘优先条件和待遇，鼓励退出现有职务。

三是开展人员优化，员工业务能力显著提升。北方工具重新核定岗位编制，进一步优化人员结构，通过全公司岗位竞聘，精减管理、技术、辅助人员119人，其中内部退养68人、提前退休42人、转生产一线9人。畅通劳务派遣退出渠道，组织生产单位对劳务派遣、返聘人员是否为精良劳务进行识别，制定优化计划并实施，共清退劳务派遣人员130人。开展科学调配、灵活用工，统筹用好牡丹江总部、龙江公司、泉州基地、北京中心、南京中心五地用工资源，通过科学安排生产经营计划、灵活调配五地用工，提高用工效能，较大程度节约了人工成本，全年内部员工调配808人次，其中哈牡两地调配131次，确保龙江公司新产线的高效试运行及正式投产使用。

（三）定工时、定岗级、定薪酬、定绩效，强化激励约束提动力

一是优化薪酬体系，进一步实现效率效益与薪酬分配挂钩。北方工具完善薪酬绩效相关制度11个，将工资总额与产值、收入、利润等指标完成率相关联，进一步实现同频共振。健全科研项目跟投激励管理机制，设立了7个科研竞标项目为跟投项目，11个单位556人参与了项目跟投。在保

证产量的同时，加大对分厂、工段、班组的产品质量、成本消耗、安全责任落实的考核力度，薪酬分配严格执行与额定产量（占60%）、综合良品率（占20%）、成本消耗（占10%）、安全责任落实（占10%）挂钩的“6211”模式，使薪酬分配更加适应数字化转型发展。为保证“五品四数”数据准确，财务部门每月组织质量、生产等相关单位到生产现场进行盘点，校对作战指挥室数据，再将数据应用至薪酬绩效核算中，切实做到资产盘点清楚、数据运用准确、薪酬分配科学。

二是核定岗级薪级，进一步推动哈牡两地同工同酬。北方工具按照公司相关单位中层管理人员薪酬标准，结合龙江公司28名中层管理人员岗位经历及分管业务，研究制定龙江公司中层管理人员薪级薪档模型。参照牡丹江总部一般管理、工程技术、基本生产和辅助生产岗位分类，开展龙江公司岗位价值评定并确定岗级（1～10级），明确各岗位职级、能力等级的任职资格、晋升降职及退出规则，并建立普调制、积分制、破格制等调薪机制，共新增岗位及薪级48个，进一步实现岗位难度、个人贡献与薪酬相统一。

三是完善工时定额，进一步使工资从“发出来”向“挣出来”转变。北方工具对标工时定额优秀管理经验，结合哈牡两地生产运营实际情况，修订《工时定额管理办法》，建立哈牡两地“工时＋工时单价”管理新模型，龙江公司由数字化创新调试定额调整到市场化定额，牡丹江总部调整到自动化改革投资和管理效率提升定额。

三、改革成效

一是管理效率大幅提升。北方工具进一步完善管控体系，精干组织机构，优化职能分工，由牡丹江总部统筹龙江公司各项工作，关键职能由牡丹江总部直接负责，提升组织效能，实现一体化管理，公司全年生产效率提升 15.2%，劳动生产率提升 4%。

二是协同效应充分释放。根据国内特品市场形势，北方工具及时调整产品结构，外贸产品同比增长 36%，再创历史新高。哈牡两地资源整合，资源实现集约高效利用，企业内部降本 5100 万元，实现 1 + 1 < 2；产业一体化协同发展，企业核心竞争力极大提升，实现 1 + 1 > 2；哈牡两地深度融合，互通有无，实现 1 + 1 = 2。

三是干部工作热情有效激发。北方工具采用中层管理人员“四个一批”方式，推动干部能上能下、能进能出，进一步激发干部干事创业热情，通过竞聘调整实现干部队伍年轻化，“80 后”干部占比 51%，“90 后”干部占比达 6%。

四是薪酬业绩更加匹配。北方工具建立健全工时定额新模型，年度工时定额平均核减 19.62%，计提工资平均核减 11.17%。职工年人均收入同比增长 8.6%。完成龙江公司薪酬切换，管理、技术、辅助分别增长 19%、22%、17%，实现同工同酬。

8

完善管理体制机制　聚力智能科技策源攻关 更好实现高水平智能科技自立自强

中国电科智能科技研究院

一、基本情况

中国电科智能科技研究院（以下简称“智能院”）是中国电子科技集团有限公司（以下简称“中国电科”）智能科技发展的技术总体单位，肩负智能科技“总体院”、前沿技术“开拓者”、机制创新“示范区”使命责任，布局智能网络信息体系、智能基础平台、智能无人装备、智能感知认知系统、微系统协同设计与基础前沿等重要核心技术与业务方向，在推动中国电科智能科技整体跃升发展中作出了重要贡献。智能院聚焦国有企业改革深化提升行动的各项重点改革任务，聚力智能科技策源攻关，着力加强科技创新管理，积极探索任务平台一体化统筹、智能科技人才队伍发展、开放协同的创新生态打造等，进一步激发了科技创新的活力。

二、经验做法

（一）探索任务平台一体化统筹管理

智能院围绕国家国防智能科技统筹布局，积极构建“雁阵式”智能科技国家级创新平台体系，联合推进重大任务谋划和项目统筹，努力探索任务平台一体化统筹管理新模式。

一是积极构建“雁阵式”智能科技国家级创新平台体系。2023 年，智能院加速构建“1 个研究院 + 1 个重点实验室 + 2 个重点实验室分部/创新中心”的智能科技国家级创新平台体系，以 1 个“智能科技研究院”为核心关键，聚焦重点方向成体系布局，整合人才、数据、知识等各方面科研资源，形成世界一流成果；以 1 个“领域智能技术科研重点实验室”为任务牵引，聚焦领域未来智能化发展的核心需求，形成支撑重大任务论证和领域智能技术发展的整体布局；以 2 个国防科技重点实验室（北京分部）及创新中心建设培育面向芯粒设计和认知与决策方向的核心能力。创新平台群建设已初见成效，科研重点实验室着力打造“揭榜挂帅”机制先行先试的创新特区，围绕智能辅助决策、领域大模型等重点研究方向，形成多项“揭榜挂帅”任务清单和多项阶段性成果。集成电路与微系统国防科技重点实验室（北京分部）聚焦微系统协同设计方向，已接入 20 家用户单位，汇聚 320 项 IP/模型和 8 套工艺 PDK。

二是积极探索任务平台一体化统筹的重大任务管理机制。智能院作为集团公司人工智能原创技术策源地建设牵头单位，对标智能科技布局方向和技术体系成立专家组并牵头开展重大项目联合论证，向上级推荐 14 项重点项目，其中 8 个项目被列入某重大工程的“十四五”补充计划项目。设立完善“两线系统”，对照实施方案梳理形成行动计划工作台账并落实责任到人，定期召开总师调度例会，建立工作月报及调研交流机制，有序推进原创技术攻关和能力建设。在感存算一体化智能芯片、无人集群等方向形成了一批突破性技术成果，构建形成了全国性广泛联动的、全球化资源统筹的优势创新资源深度融合局面。

（二）建强一流智能科技人才力量

智能院围绕策源攻关目标，引培结合，塑造智能科技人才“塔尖”优势，努力打造智能科技战略科技力量，加速形成智能科技领域的“人才高地”。

一是丰富汇智渠道开放引才。智能院不求所有、但求所用，拓展多元化立体式引才模式，以“高端引进 + 团队划转 + 自主招聘 + 柔性引进”方式迅速集聚各方力量。集团公司系统内部主要采用内部选拔和内部交流的方式，面向系统外部则采用公开选聘和公开猎聘的方式，柔性采用固定配置、团队划转、项目合作、客座交流、技术咨询、联合培养等多种人才团队汇聚方式。当前已聘请 9 名院士担任战略咨询委员会委员，柔性聘任 2 名院士，聚合了 4 支力量，形成了近 800 人规模的智能科技人才力量。

二是多措并举加强人才培养。智能院与北航、中星微等共建院士联合实验室，广泛开展交流合作。畅通“固定 + 流动”工作模式，支持客座研究员、访问学者、博士后等入驻开展研究。推动企校合作，与北航、北理工分别共建国家人工智能产教融合创新平台，与北航计算机学院共建校企协同育人示范基地。作为中国电科卓越工程师学院理事单位，深度参与北航、厦大卓越工程师培养。通过重大项目“揭榜挂帅”“赛马”“联合攻关”等机制，如大模型应用“能力商店”，设置多支研发队伍同台竞技，胜出者给予奖励，锻炼培养人才，累计培养重大项目总师、副总师 25 人，一支高水平优秀青年科研骨干队伍初步建成。

三是畅通职业通道设置多元激励充分调动创新活力。智能院完善行政和技术、职务和非职务、固定和流动等多条发展通道，清晰各通道各职级的任职资格。进一步明确对集团首席科学家/首席专家/高级专家/专家、重大项目总师/副总师等的能力评价体系，绘制清晰技术人员发展“路线图”，让技术人员有奔头、有冲劲。在考核激励体系上，智能院注重基于结果导向的业绩评价，突出项目负责人的组织评价权，薪酬激励向科研一线倾斜，设立重大项目奖金包，对引进人才采用协议工资制“一事一议”，完善荣誉表彰机制选树标杆。实施1年多来，科技人员干事创业的信心和斗志得到有效提升，从“要我干”转向“我要干”，全院科研风貌得到极大改善。

（三）打造开放联合的创新生态

在充分发扬电子领域特有的开放协同优势基础上，智能院遵从需求向外牵引和技术向内聚合的规律与模式，统筹集团内外、行业内外、国内外创新资源，构筑形成“强核心、大外围”的创新协作生态，实现国内外、产学研、上下游联动创新，构建形成分工合理、梯次接续、协同有序的创新格局。

一是充分发挥集团内的聚合效应。在组织架构上，智能院汇聚集团内智能科技领域的优势单位，以“分院”的形式，联合集团内15所等成员单位围绕各自优势的智能应用方向共同构建分布式实验室。在重大任务策划论证、组织实施上，发挥总体作用聚合资源，做好牵头抓总，54所、电科院等多家单位参加，论证并立项多项重大重点任务。

二是有力发挥行业内外的联合效应。智能院与用户院校、前沿实验室等建立作战概念、智能基础算法、创新专业集群等强强联合；与优势高校建立院士工作团队、联合实验室、联合创新平台等；与其他军工集团院所进行体系全要素互补。尤其是与某国家实验室联合开展关键基础性成果应用转化，面向多项成果清单开展集中对接，形成了多个重点项目策划。某重大任务携手40余家高校院所、企业合作，形成集团内外、行业内外、横跨产学研的联合创新生态。

三是持续发挥链接国际资源的合作效应。智能院通过需求与技术解耦，链接国内外一流技术研究团队，实现前沿技术引接吸收、智能成果落地应用。通过开放式创新网络广纳全球创新资源，与企业合作研究深度学习框架等新技术，与高校搭建赛道，通过“揭榜挂帅”“赛马”机制等引进最新科研成果。

三、改革成效

一是中国电科智能科技领域的技术创新体系初步形成。以智能院作为核心主体支撑力量，形成了中国电科发展智能科技和智能化应用产品的行动纲领与路线图，有力团结了15所、28所、29所、54所、电科院等智能领域优势单位，汇聚了一批行业内外、国内外的优秀创新资源，以智能院为核心的中国电科智能科技协同创新体系初具雏形。

二是高水平智能科技自立自强取得新突破。2023年度，智能院共承担各类科技创新项目近200项（其中科技重大专项1项、科技创新—2030 1项，重点研发计划2项）。取得科技成果14项，其中国际领先、国际先进各1项，国内领先、国际先进3项，国内领先8项。3件发明专利以许可的形式推广应用。首次获得国防科技进步奖一等奖、集团公司科技进步特等奖、集团公司专利优秀奖。申请知识产权109项，授权76件，1件PCT专利完成国际局公布，首件国际专利获得日本授权。创新提出了某智能体系架构等关键成果和亮点，发布了“智胜”智能基础平台等多项突破性成果。

三是高水平智能科技人才队伍初步形成。2023年度，智能院成功获批人力资源和社会保障部国家引才引智示范基地，是中国电科唯一的智能领域国家级引才引智平台。顺利完成首届硕博自培研究生招生工作，开展博士后科研工作站建设。新增集团公司十大科技领军人才、十大青年拔尖人才、国防军工领域青年拔尖人才各1人。一支以院士大家为方向指引、以集团公司首席为领域引领、以任务总师和项目经理为骨干、以优秀硕博研究生等为塔基的高水平智能科技人才队伍初步形成。

9

构建数字驱动“六化”管理模式 推进航空发动机生产制造精益转型

中国航发南方工业有限公司

一、基本情况

中国航发南方工业有限公司（以下简称“中国航发南方”）隶属于中国航空发动机集团有限公司（以下简称“中国航发”），始建于1951年，是国家“一五”期间156个重点建设项目之一、国家首批试点的57家企业集团之一和我国早期六大航空企业之一。中国航发南方主要从事军民用航空发动机、辅助动力、燃气轮机、光机电产品的研制、生产、维修和服务，历经70余年的发展，现已发展成为我国中小航空发动机主要研制生产基地。

二、经验做法

中国航发南方深入贯彻党的二十大报告“推动制造业高端化、智能化、绿色化发展”要求，秉承“创新驱动”战略，对标世界一流企业，构建数字驱动的“六化”管理模式，加速推动航空发动机生产制造精益转型。

（一）价值显性化，重塑制造价值流程架构

中国航发南方的各项主营业务活动均围绕OTD（订单到交付）的主价

值链展开，实现产品价值快速向客户流动。通过对生产制造领域全面的业务诊断分析，识别出生产制造过程中存在的主要问题，面对“准时、优质”的价值路标，依据APQC（美国生产力与质量中心）流程分类框架构建了以工艺为基础、以计划为纲领、以制造为中心、以供应保障、以仓储物流为支撑的价值流程架构。

（二）业务流程化，优化企业制造计划流程

根据OTD价值流程框架，中国航发南方重塑原有计划体系，建立了包含需求预测计划、主生产计划、加工计划和制造计划的四层生产计划体系。依据战略规划及三年期的需求预测制定S&OP（销售与运作）三年滚动计划，对S&OP计划进行产能规划、审视和评估。根据每年实际下达的需求订单对预测冲减，确保年度计划的精准。ERP（企业资源计划）系统根据对预测冲减的S&OP计划，自动计算生成MDS（主需求计划），依据MDS制定主生产计划，再依据主生产计划自动展开物料需求和生产能力计算，形成MRP（物料需求计划），最后将其分解成可执行的采购计划和加工计划，保证了数据驱动的生产计划与生产保障的智能化协同。

（三）工艺数字化，构建协同高效工艺管理平台

一是加速设计制造跨厂所协同。中国航发南方构建基于EBOM（工程物料清单）构型的设计制造协同平台，实现了跨厂所的业务流程贯通。依据协同平台推送的设计三维模型，能够快速构建三维工艺。采用WAVE（模型克隆）工序关联技术逆推设计模型，将PMI（三维模型标注）作为唯一数据来源，直接由模型特征驱动尺寸标注，构建制造工艺视图，确保上下游设计尺寸的一致性。

二是加速工艺资源数据迭代。中国航发南方通过自主设计的CAPP（计算机辅助工艺设计）结构化工艺设计系统解决了历史工艺数据结构化问题，与MBD（基于模型的设计）工艺形成统一的数据模型。运用工艺仿真平台、高性能计算平台和工艺仿真基础数据库提升工艺过程几何仿真、物理仿真等工艺优化的迭代效率，提升了实物技术状态的构建、发放、传递及闭环反馈过程的精细管理水平与效率，在PDM（产品数据管理）系统中形成了一套完整的工艺资源库管理体系和数据更新迭代流程。

（四）制造准时化，打造数字化精益制造生产中心

一是通过分析识别进行生产布局精益化调整。中国航发南方利用PQ（产品数量分析）和PR（项目评审）划分14个大类、76个小类、304个产品家族，运用ECRS（取消、合并、重排、简化）原则和PDCA（计划、执行、检查、处理）机制，形成标准工艺或工序并复制推广至家族零件，提高家族零件的工艺相似性。按照小类划分原则，对工艺精益化的78个核心产品家族，已规划建设42个精益加工单元。预计到2025年完成不少于20条数字化生产单元/线建设，典型数字化车间的智能制造能力成熟度将达到4级。

二是通过高级排产优化生产计划。中国航发南方依据加工计划的优先级、订单交付节点、设备时间模型、排产八大资源约束条件设置自动排产规则，推动订单精准排产、可视化界面实时提醒。根据条件变化、紧急插单、生产资源等异常信息自动计算，实现了在多种复杂变量、大量订单数据条件下的最优排产设计与实时的响应调度。

三是根据排产做好生产准备。工装智能管理系统根据排产自动生成工装工具、物料等需求，提前实现工具工装和物料的分拣。物流系统调度AGV（自动导向搬运车）将工具工装配送到对应工位。生产现场一体化智能终端平台可实时接收详细生产日任务、查看电子工艺图纸、报工、现场问题反馈等，满足现场信息流、业务流与物流的作业需求。通过MDC（设备制造数据采集系统）可视化展示每台重点设备实时情况，精准评估预测设备的运行状态。

四是推进检验业务数字化。中国航发南方搭建数字化检测系统，实现现场自检、流检、成检及委托测量过程质量信息录入等业务数字化工作。将智能语音采集、数显量具、三坐标等与数字化检测系统集成，实现实物质量数据自动采集、质量表单自动生成、质量问题自动反馈等功能，提升质量数据采集和管理能力。

五是预防潜在的失效风险。中国航发南方建设质量管控平台和完善FMEA（失效模式分析）数据库，开展关重尺寸要素MSA（测量系统分析）和“双五归零”工具应用等，促进内部过程质量自主改进。

（五）供应敏捷化，打造内部高效供应与仓储物流

一是建立数字化采购预警平台。中国航发南方基于历史采购的大数据建立分析模型，开展物资供应期量标准分析评估、安全库存评估，根据评估结果指导修订并持续迭代优化采购物资期量标准和安全库存标准。

二是实行仓储管理变革。中国航发南方将传统的领料制变革为配送制，实现零件单台包装入库，发动机成附件单台配送。改变中央仓库集中存放物料模式，各生产中心设立互供半成品缓冲库，推动航机半成品物流管理流程向精益供应链转型。

三是构建职能仓储物流。集成条码、RFID（射频识别技术）、自动化仓储设备和AGV于一体的智能仓储物流平台，实现了以订单驱动的物流计划任务自动生成、来料自动分流入库、存拣分离、智能移库、智能调度等功能。执行物流调度可视化管理，实现物料实物流和信息流合一的全过程追溯管理。

（六）决策可视化，搭建以数据为基础管控平台

一是将生产过程管控可视化。中国航发南方利用数据可视化技术，开发60余个可视化管控看板，覆盖生产计划、工艺管理、制造执行、供应链等生产制造全过程，对生产状态进行可视化的测量、监控，并对偏离进行预警，形成横向到边、纵向到底的生产制造全过程精准可视化管控体系。

二是开展数据分析应用。中国航发南方综合运用大数据、机器学习、统计分析等技术，构建数据分析模型，开展发动机亚健康状态评估、零件加工与物资供应期量标准分析评估等10余个工业大数据应用场景分析，根据分析结果及时调整生产计划、指导产品进行设计改进，辅助生产管理、物资采购与服务保障决策。

三是绩效考核可视化。中国航发南方坚持业绩考核与激励约束紧密结合的原则，通过数字化绩效考核结果，将绩效考核与单位绩效工资总额、单位评先评优、单位领导班子成员绩效等挂钩，促进内部各单位发挥创造性和主观能动性，共同推动生产管理模式持续改善。

三、改革成效

一是优化生产流程，产品准时交付能力稳步提升。中国航发南方重构了计划管理框架，固化了变革流程，全面集成PDM、ERP、MES（制造执行系统）的计划功能，优化迭代主营业务的信息化业务流程，拉通生产计划、制造工艺、产品质量、生产物资、物流信息等业务之间的数据链路，形成了流程驱动业务、业务驱动执行的数字化精准管控模式。2023年，中国航发南方年度计划准确率达到93.3%，同比增长7.9%；发动机准时交付率达到95%，同比增长15%，稳步有效地提升了高质量产品交付形象。

二是数据驱动业务，管理效益逐步显现。数字驱动精益制造的转型模式正在为航空发动机行业精益制造提供新的思路和方法。中国航发南方运营的生产中心数字化制造运营管控系统作为中国航发生产制造核心信息管理系统建设样板点，物流平台被评为中国航发供应链管理体系信息化最佳实践案例，面向中小航空发动机先进制造的大数据应用项目被工业和信息化部列为试点示范项目。中国航发南方已连续9年获得“湖南省企业100强”和“湖南省制造企业50强”称号。

10

锚定科技自立自强　推进研发模式变革

中国航发沈阳发动机研究所

一、基本情况

中国航发沈阳发动机研究所（以下简称“动力所”）隶属于中国航空发动机集团有限公司（以下简称“中国航发”），主要从事大、中型航空发动机和燃气轮机的设计研究与产品开发。动力所始终把习近平总书记对航空发动机事业的重要指示批示精神作为各项工作的根本遵循，为贯彻落实习近平总书记作出的“加快实现航空发动机和燃气轮机的自主研发和制造生产”重要指示，全面推进 AEOS（中国航发运营管理体系）建设，锚定科技自立自强目标，推进研发模式变革，不断提升运营管理水平，加速实现航空发动机及燃气轮机自主研制。

二、经验做法

（一）全面推进、全员参与，初步建成航空发动机产品研发体系

航空发动机产品研发体系是支撑先进航空发动机高水平研制至关重要的技术手段，与发展需求和国外先进水平相比，我国航空发动机研发体系还存在一定差距。基于研发体系存在的问题，动力所全面开展与标杆企业的数字化转型合作，将以产品研发体系为核心的 AEOS 建设当作一场“没

有退路的管理变革”强力推进。

一是构建覆盖全生命周期、全业务域、全要素的研发体系总体架构及业务流程。动力所全面应用系统工程思维，引入 IPD（集成产品研发）理念，基于产品研发体系建设和应用需求，重构体系的总体架构。在原来狭义研发的基础上将主要关注设计转变为关注全领域，形成了涵盖市场、研发（设计、试验）、制造、采购、服务、财经、项目管理、质量管理、构型管理和适航管理等领域的广义研发流程。

二是补充完善技术和管理等基础要素。在航空发动机产品研发体系总体架构和流程活动牵引下，动力所开展了以提升航空发动机研发能力为目标的体系要素管理方法研究工作，实现体系要素建设由传统以专业和个人能力为主导的散点式建设模式向流程和技术驱动的集约式建设模式的转变，创新性地建立以面向流程和技术的体系要素建设方法，建立体系要素“全过程、全类别、多维度”定量准入评价方法，建立基于流程的型号应用闭环管控方法。动力所共建基础要素 3639 项，体系要素总量提升 41.4%，流程活动覆盖率提升 22.5%，体系要素可用比例提升 14.1%，型号应用比例提升 44%，实现了研发体系要素完整性、协同性、可用性，以及成熟度、管理效率的显著提升。

三是建立科学完备的组织运作机制和评价机制。动力所形成了跨单位、跨专业的集成产品开发团队的组建模式，有效牵引职能型组织向流程型组织变革。完成了协同设计管理系统等信息化平台的开发、优化及部署，实现跨地域、跨组织、跨专业并行协同研发。深度开展体系自我诊断能力和优化完善方法，量化评估航空发动机研制能力。

（二）统筹策划、以用为要，推进研发体系在型号中的全面应用

动力所将型号研制与体系建用同部署、同考核，型号按研发体系“正步走”开展正向研制，加快研制步伐，着力打好高新武器装备研制生产攻坚战。

一是在组织管理方面，打破壁垒、强化协同。动力所应用集成产品开发团队组建模式，在型号“两总”系统的基础上，以穿透单位组织的产品研发流程为牵引，构建了以总设计师为核心，贯穿研发、制造、采购、质量、服务、财经和客户等多个领域的集成产品开发团队，打破各单位壁垒，强化协同研发。以项目成功为目标，以端到端的全领域计划为载体，以“两总系统例会”“产品开发团队例会”“领域例会”三层例会为抓手，推进跨领域、分层级协同，加速型号研制进程。

二是在需求管理方面，正向牵引、细化管控。动力所应用需求管理流程，以需求为导向牵引型号研制工作，通过装备使用场景识别需求，提升需求捕获的完整性，并将需求条目化显性化，形成整机级需求并分解到部件和系统，再到成、附件层，针对每条需求制定 7 个维度、44 项属性信息，实现需求条目的精细化管控。通过建立需求追踪矩阵，100% 追溯各层级需求条目验证情况，持续开展需求符合性检查，跟踪产品在整个研制过程中对用户需求的满足程度，不断完善产品设计，确保产品研制符合用户需求。同时，以需求为依据确定试验验证项目和所需资源，保证试验验证内容合理完整，充分发挥需求正向牵引作用。

三是在技术状态管理方面，数字贯通、加快迭代。对于所有技术状态变更，动力所要求均需完成设计分析和仿真，开展系统关联影响分析和分层级的试验验证，在规范技术状态变更过程和控制技术风险的同时，提高技术状态滚动迭代效率和质量，实现产品技术状态渐次逼近最终状态。应用多厂所协同研制平台，构建涵盖设计、制造、交付的数字化集成管理模式，实现了“设计—制造—实物”数字化信息贯通。应用设计制造协同流程，设计与工艺深度融合，将可制造性需求落实到图样和技术文件中。按照“研购一体”研制模式，在确认批产发动机设计状态时，同步确定制造状态，实现毛料提前订货，缩短了生产周期，为发动机顺利转入批产奠定坚实基础。

四是在风险管理方面，系统分析、前端管控。动力所应用以“成功树”为技术保障的试验质量控制方法，以“试验一次成功”为目标，将原有的问题导向模式转变为对问题进行预判的前端管控模式，基于场景分析方法，识别关键场景，制定关键环节，分解得到影响因素和控制因素，分析薄弱环节，提出应对措施，达到保障试验安全、提高试验效率的效果。某型发动机通过“成功树”分析方法的全面应用，各类试验一次成功率显著提升；通过针对性地制定应对措施，保证了首飞和试飞所有架次均一次成功。

（三）建用一体、注重实效，形成型号体系螺旋上升的良性循环

动力所应用“四看”模型，从历史进程、用户要求、基础能力、发展趋势四方面分析研发体系后续建用重点任务，推动研发体系与新时代质量管理体系深度融合，形成建设、应用一体化推进模式，保障体系建用工作顺利开展。通过技术过程、技术管理过程和项目管理过程“三落地”，实现研发体系与型号/项目深度融合，支持型号有效达到质量/进度和经费目标，同步牵引体系能力提升。

三、改革成效

一是构建覆盖全生命周期、全业务域、全要素的研发体系业务流程和基础要素。在国防科工局实施的某工程航空发动机产品研发体系构建项目的支持下，动力所建立行业统一的航空发动机产品研发体系总体架构，包括主要研发流程及其关联的方法工具、标准、工程数据库、研发管理等核心要素的开发和验证，实现支持异地协同的集成产品研发平台上线运行，形成2535项成果，超额完成22.35%，实现了项目既定目标。目前，动力

所研发体系已搭建横向覆盖航空发动机全生命周期、纵向穿透全业务域、牵引全要素的正向研发流程，发布流程文件708份；形成了需求管理、技术状态管理等研发管理方法；建成了集团标准近3000项，软件工具600余项，以及涵盖产品、资源和管理三个维度的工程数据库。通过培训促进体系成果用深、用实，已培养60多名集团级培训师和300多名单位级内训师，开展3000多场培训，覆盖70000余人次。动力所统一了体系化语言语境，通过体系文件规范科研人员研发行为，形成不可逆转的正向研发生态。

二是研发体系促进型号研制能力全面提升。动力所形成研发体系建设应用一体化推进的模式，推进产品研发体系在所型号/项目上的全面应用，实现研发流程应用全覆盖。通过体系应用策划，提升计划、团队、质量、构型等方面的管控能力，年度计划完成率保持在99%以上，设计更改率显著降低，技术质量问题显著减少，问题处理效率显著提升，产品合格率、一次试车合格率等发动机关键绩效指标全面提高。

三是研发体系与型号研制相辅相成的态势全面形成。动力所通过体系在动力所各型号的全面深度应用，产品研制工作取得了显著成效。在促进航空动力装备自主保障能力不断提升的同时，将型号研制中积累的经验及时总结固化，反哺研发体系，形成型号体系双促进双提升的良性循环模式。通过总结提炼型号研制经验，新编和完善规范、流程和标准等800余份，形成30万条材料数据。动力所研发体系建设应用已呈“星火燎原”之势，后续将深入贯彻落实习近平总书记的重要指示批示精神，毫不动摇地推进研发体系在所有型号中的全面应用，提高型号研制质量，加快型号研制进程，实现型号既定目标。

11

基于“协同＋并行”的科研项目加速研制管理

中国航发动力股份有限公司

一、基本情况

中国航发动力股份有限公司（以下简称“航发动力”，前身为国营西安红旗机械厂）始建于1958年，是中国航空发动机集团有限公司（以下简称“中国航发”）直属单位，系国家“一五”期间156个重点建设项目之一。60多年来，航发动力几代人牢记使命、牢记责任，始终坚持“动力强军，科技报国”的使命，以“成为世界一流航空发动机企业”为发展愿景，现已发展成为中国大中型航空发动机研制生产基地、大型舰船用燃气轮机动力装置生产修理基地，具备涵盖产品全寿命周期的设计、制造、装配、试车整套技术和发动机综合服务保障能力，综合技术水平国内领先，是国内一流、国际知名的高技术装备制造企业。

二、经验做法

我国航空发动机产业普遍采用设计单位与制造单位相对独立的产业布局，客观上对科研项目研制周期造成一定的影响。航发动力作为制造单位，一方面要应对未来产品在技术难度上的挑战，需要有策略地储备技术能力；另一方面需要在达成设计单位不断迭代变化的设计要求的基础上，开展生产制造与供应链建设。为追赶国际先进水平，加速科研项目研制，航发动力探索形成了以“三协同＋三并行”为主线的科研项目加速研制管理：聚焦技术基线，强化与设计方的协同，突出设计工艺的并行；锚定产能基线，强化与供应商的协同，突出生产准备的并行；整合管理基线，强化企业内部的协同，突出内控程序的并行。

（一）聚焦技术基线，强化与设计方的协同，突出设计工艺的并行

一是设计制造并行研发，前置工艺审查及生产准备。航发动力摒弃了传统串行的“工艺审查”模式，建立了与设计方的协同工作流程，开展设计制造协同，并行开展研发工作，实现了工艺设计与物料采购、工装设计、加工制造等过程的并行。

二是从源头提高工艺成熟度，减少现场技术问题。航发动力针对产品试制所涉及的制造技术进行全面梳理，确定了相应工艺成熟度等级，形成各科研项目“技术树”。在此基础上开展产品工艺成熟度分析，针对性进行技术风险分析，通过技术攻关提高工艺稳定性，减少现场技术质量问题。

三是提前生产准备阶段工艺设计，压缩粗加工周期。为响应设计制造协同需求，航发动力制定了“生产准备工艺总方案”，策划了在项目设计图样及数据资料不完整或不能确认时提前开展生产准备与技术准备的工作方案，以此指导工艺提前设计。

（二）锚定产能基线，强化与供应商的协同，突出生产准备的并行

一是前端策划采购策略，确保关键物料风险可控。航发动力制定了项目采购策略，从项目总体情况、业务环境分析、项目总体采购策略、风险管理及规避措施 4 个部分对某项目的采购过程进行规划，在明确“双流水”策略的同时，指导采购业务执行人员规范采购活动、提高采购效率、防范采购风险。

二是创新“带料加工”模式，强化供应商毛料质量控制。面向部分供应商在采购组织、采购周期、原材料管控等方面存在能力不足的问题，航发动力创新制定“带料加工”的外购模式，委托供应商在正式图样下发前开展粗加工，以达到加快科研生产采购节拍的目标。同时，由企业自身开展毛坯复验，从而有效规避了采用“带料加工”模式带来的质量风险。

三是精简预研阶段工艺装备，降低前期研制成本。为提高生产加工效率，航发动力在工装设计时制定了“首选组合夹具、采用代用/改制工装、工装图样全部实现三维模型设计”的原则，缩短了工艺装备制造周期，有效节约了研制成本。

（三）整合管理基线，强化企业内部的协同，突出内控程序的并行

一是优化供应商寻源准入流程，缩短物料采购周期。由于采用了设计制造协同、明确了采购策略，航发动力得以在 M0 阶段即开始供应商寻源工作，拉动供应商在 M0 阶段以风险投入方式提前开展备料及工装准备。为此，航发动力选用优质供应商，并对供应商准入流程进行了优化，建立了绿色通道，以提高采购效率和周期。

二是优化入厂复验流程，缩短零组件配套周期。航发动力协同供应商加速产品验收流程，在确保产品质量的前提下丰富入厂验收形式，包括抽检、全检、与供方共检、委托第三方检验、派驻代表验收、委任供方验收代表验收等，以缩短产品入厂检测周期。

三是优化外委外协流程，提高技术要求传递效率。航发动力通过编发某预研项目零组件（工序）外委外协管理通用技术要求，对外委工艺管理过程、检验验收要求及质量过程控制进行明确，将传统具有个性的外委技术协议代之以具有通用性的《零件加工信息表》向供应商传递管控信息，大大减少了外委外协手续办理的工作量，节省了近 50% 审签时间，缩短了加工中外委外协周期。

四是分级分类开展工艺评审，提高质量特性确认效率。航发动力以典型件为代表，按“不变动件、小变动件、大变动件”的标准进行分类，按照“不评审、少评审、三新全评审”的分级原则开展新研产品工艺评审工作。通过这一流程优化，不仅确保了各项质量特性满足要求，更显著加速了试制步调。

（四）夯实基础，建立支撑协同并行特征的组织架构与运行规范

基于科研项目加速研制“三协同 + 三并行”主线的管理需求，航发动力以具有代表性的典型项目为先行，试点推进、迭代优化，逐步探索具备协同并行特征并具有普遍指导意义的科研项目管理组织架构与运行规范，即通过组建打破部门壁垒、强化协同拉动的矩阵式团队，以 WBS 的构建与动态管理为运行基础、以基于 WBS 的 IPD 团队为组织架构、以挂图作战等可视化手段的作战室为推进平台、以分层例会为抓手，系统性地实现项目管理的系统性、高效性与协同性。

（五）范式固化，持续迭代完善科研项目加速研制管理机制方法

航发动力以“建用结合，关键在用”为指导思想，以中国航发大力开展 AEOS 体系建设为契机，通过提炼最佳实践，分层分类固化相关的管理制度、指导手册、制式表单等管理体系文件，指导各级使用者对标应用，强化了管理过程的标准性、精益性、功能性。与此同时，采用监督检查、定期通报的方式对管理范式运行情况进行量化打分及晾晒考核，督导范式落地，真正做到“解难题、接地气、聚人气”。

三、改革成效

一是研制周期大幅缩减，产品验证一次成功。航发动力通过实施基于“三协同 + 三并行”的科研项目加速研制管理，某重点预研项目顺利实现有序协同，大大缩短了研制周期。对比某项目前期验证阶段，通过改革创新后，核心部件试制周期缩短42%、产品整体试制周期缩短33%，产品验证试验一次成功，顺利完成项目目标，为未来快速转入量产跑出了航空发动机自主研制加速度。

二是形成一套预研研制一体化管理新机制。航发动力在建立航空发动机研制这一复杂项目管理高效运行规范的同时，为关键预研项目打通了具有协同并行特点的流程通路，形成了一套“预研+研制”并行的精益管理模式，为设计制造协同在制造端的切实落地提供了解决方案，大大减少了技术协同及生产准备与试制阶段中的“过程浪费”。

三是拉动航空发动机产业链管理整体提升。通过推行基于“三协同+三并行”的科研项目加速研制管理，拉动了上下游单位全面开展并行协同。在上游面向设计单位、在下游牵引供应链，全产业链齐头并进、握手协同，以同一个目标与相同的标准开展技术、产能与管理上的创新协作，打通跨企合作的断点堵点，夯实科研项目加速研制管理机制得以落地实现的根基。在这一过程中，航发动力不仅提高了自身管理效能，还拉动了产业链管理整体提升，助力我国航空发动机产业的高质量可持续发展。

12

深化改革创新　为高质量发展赋能增效

陕西融通军民服务社有限公司

一、基本情况

陕西融通军民服务社有限公司（以下简称“服务社”）是中国融通资产管理集团有限公司（以下简称“中国融通集团”）所属三级全资控股子公司，前身为陕西省军区军人服务社。自 2021 年 10 月被移交至中国融通集团以来，服务社夯基础、强管理、推改革，加快从部队管理体制向企业化市场化转变，打出了一套“经营组合拳”。2023 年以来，服务社围绕稳中求进工作总基调，推改革、强管理、促销售、抓安全，主要经营指标逆势上扬，2023 年实现营业收入 19.66 亿元、完成全年预算目标 103.45%，实现利润总额 2.48 亿元、完成全年预算目标的 129.84%，经营管理稳步向好。

二、经验做法

（一）不断加强党的领导，推动党建与业务同频共振同向发力

服务社坚持以习近平新时代中国特色社会主义思想和党的二十大精神为指导，全面贯彻中国融通集团党组、融通商服公司党委的各项决策部署，以党建促业务，以业务强党建，推动公司高质量发展。

一是印发管党治党责任落实、党风廉政建设、党建工作考核、意识形态等26项制度。服务社组织18个基层党支部签订党建工作责任书，组织召开民主生活会2次、党委理论中心组学习16次。

二是深入开展学习贯彻习近平新时代中国特色社会主义思想主题教育，成立主题教育工作领导小组，印发学习方案。服务社各党支部立足实际，通过“三会一课”、主题党日等形式开展集体学习。班子成员结合分管业务确定调研课题，形成调研方案，深入基层、深入一线、深入市场、深入同行开展调研，梳理问题清单，在调研过程中探索问题、解决问题。

三是推进基层党组织标准化建设。服务社按照基层党组织应建尽建原则，及时调整撤销4个党支部，6个党支部完成支委增补，进一步规范支部管理。

四是抓好党风廉政建设、开展监督执纪问责。服务社全年累计开展警示教育大会6次，纪委书记与中层干部开展廉政谈话18次。聚焦党内政治生活、商超领域专项采购、物流仓储等环节开展专项监督3次，开展日常监督10次，函询5次，对相关领域人员谈话4次，发现问题48起，提出整改建议6条。根据审计提出的问题，开展线索调查1次，组织全体干部职工900余人签订廉洁从业承诺书。

（二）健全优化市场化机制，全面激发经营活力

服务社移交前10年未进1人，中层管理人员平均年龄49岁，经营思路固化。被移交至中国融通集团后，服务社坚持精干高效原则，围绕企业战略定位，按照“小职能、大业务”“小核心、大协作”思路，厘清职责分工和业务界面，突出管理单元、利润单元、成本单元的功能定位，推动管理模式逐步由行政管理型向价值创造型转变，形成“8+3+2”（8个职能部门、3个事业部、2个成本中心）的组织架构，持续深化三项制度改革，不断激发高质量发展内生动力。

一是优化干部结构，完善退出机制，动态调整干部队伍。服务社制定《关于深化三项制度改革的实施方案》，完善干部选拔任用、考核评价与监督管理机制，建立以岗位管理为基础、合同管理为核心的用工机制，健全密切与绩效挂钩、激励有效的收入分配机制。结合2023年度人才工作总体计划和“三定”方案落位情况，启动2023年度专项社会化招聘工作，累计招聘到位9人（中层1人、基层8人），平均年龄29.6岁，均为本科及以上学历（其中2人为硕士研究生学历）。通过招聘，常态化改善服务社干部结构。严格执行干部试用期考核管理，试用期满经考核胜任的方可正式任职。2022年11月，服务社共任命中层干部66人，试用期1年。2023年12月，开展中层干部试用期转正工作，其中57人合格转正，5人双方协商解除劳动合同，2人个人提出离职，2人退休，分别解除其原聘任中层岗位。制定“智创新力量2023逐梦拼搏”培训计划，以经营管理为主线，突出技能提升，共设置综合课程16场次、专业课172场次。2023年完成培训221场，参训人员达5849人次，不断提升干部的综合素质和专业能力。

二是加大绩效考核力度，将考核结果与员工晋升、退出、薪酬兑现挂钩。服务社推行经理层任期制和契约化管理，完成7名领导班子岗位聘任协议、岗位履职责任书签订工作及14家部门（单位）经营绩效考核责任书的签订工作。紧盯月度考核，将事业部营收指标分解到月度进行考核，核算月度绩效包，使绩效联动的杠杆作用明显提升，充分发挥考核指挥棒作用。

三是完善绩效管理机制，全员纳入绩效管理，优化工资总额管理，科学进行薪酬分配，激发干部活力。服务社通过引入外部专业咨询机构，结合实际进行事业部、中心绩效考核管理体系优化设计和工资总额管理机制设计，制定《工资总额管理办法》《事业部、中心绩效考核管理办法》，解决了事业部、中心二次分配难、没依据、不科学等问题及工资总额不可控、无法有效利用等问题。进一步优化绩效管理体系，将全员纳入绩效考核评价，优化薪酬分配机制，充分体现价值导向，实现薪酬能增能减，促使各部门、各单位更好地履行责任使命，实现高质量发展。

（三）强力推进精益化管理，切实增强企业核心竞争力

服务社加强制度建设，出台管理制度 173 项，其中 2023 年制/修订 128 项。建立健全职责清晰、运转高效的决策运行机制，进一步修订《贯彻落实“三重一大”决策制度实施办法》与决策事项清单，明晰各治理主体的职责定位和工作界面。摒弃大锅饭、一切算细账，全力推动全成本核算机制，强化经营分析调度。构建事业部制下模拟法人独立运行的核算体系，全面推行内部结算价格。通过一年试行，各事业部成本控制意识显著提升，降本增效、精打细算、千方百计节约各项支出。开展提质增效专项行动，聚焦重点领域和短板环节，制定具有针对性、预置性和有效性的工作方案。截至 2023 年底，服务社充分挖掘茅台酒销售的带动作用，聚合销售比例超 99%，带动全年利润总额超预算 0.57 亿元，较既定降本增效目标 0.43 亿元增长 33%。推动信息化赋能，积极开展服务社纳入共享中心业务调研，推动公司财务信息化向业财共享拓展转型。优化数字智能管理系统，通过应用新一代信息技术，搭建并不断优化完善 BI 数字智能驾驶舱平台，使公司经营情况动态在电脑端、手机端和智能大屏等多种渠道按权限进行展示，为企业不同层级提供业务报表和管理报表的实时呈现。搭建内部管理报表平台，以中国融通集团报表为基础，结合服务社实际制定符合业务特点的内部管理报表，并通过与核算系统及业务系统集成，实现数据自动化采集和数据处理。

三、改革成效

一是党建引领提供新保障。服务社坚持把政治建设摆在首位，按照党建和业务同抓同管的标准，严格落实党建工作各项要求，不断健全党建工作格局。在中国融通集团党组对子公司党建责任制延伸现场考核中获得90.4分，荣获中国融通集团“喜迎二十大、永远跟党走、奋进新征程”视频征集大赛二等奖。

二是经济效益迈上新台阶。服务社紧前推进各项工作任务落实落地，规模效益实现稳步增长。2023年实现营业收入19.65亿元，利润总额2.48亿元，完成年度经营目标并创历史新高。

三是精益管理开创新局面。服务社精简机构设置，实行扁平化管理，走在了中国融通集团子公司前列，削减65%冗余机构，压缩21%干部编制，精减近200名冗余人员，年均节约人工成本1400余万元，提高全员劳动生产率27%。模拟法人核算初见成效，商超事业部仓储面积压缩1000平方米，较预算下降50%；物流中心运输里程缩减80000千米，同比减少近20%；规范采购管理，集采率同比增长136.44%。

四是信息赋能增强新活力。服务社推动财务纳入共享中心，累计开发ERP系统与共享信息系统接口34个，2023年9月正式纳入中国融通集团财务共享。优化数字智能管理系统，通过BI数字智能平台的14个板面进行相关数据展示，为管理决策提供实时、直观的数据支持，支撑管理层及时调整经营策略。搭建内部管理报表平台，实现数据自动化采集和数据处理，促使业务人员回归业务，提升工作效率，提供更丰富的分析方式。

13

坚持“两个一以贯之”深化接收单位整合改革

中国融通文化教育集团有限公司

一、基本情况

中国融通文化教育集团有限公司（以下简称“融通文教”）是中国融通资产管理集团有限公司（以下简称“中国融通集团”）所属二级全资子公司。2020—2021 年，融通文教先后接收 3 家出版社、9 家印刷厂共 12 家军队移交单位。面对出版红海竞争、印刷控产亏损的行业状况，以及证照平移遇阻、法律纠纷诸多、资产普遍老旧、能者撤留者闲的现实复杂局面，融通文教党委坚决贯彻落实国务院国资委党委和中国融通集团党组改革要求，始终坚持“两个一以贯之”战略定力，聚主业、断舍离、转方式、稳思想，组建融通传媒有限公司（以下简称“融通传媒”），大力推进各出版印刷单位整合改革。

二、经验做法

（一）坚持党对国有企业领导的政治原则

一是管大局，规划先行分层授权。融通文教一手抓目标路径规划、一手抓经营活力建设，筹谋近中远期发展，发挥“关键少数”作用。第一，战略引领，稳态把握重大事项。从接收现状出发，立足服务对象实际需求和行业发展趋势，组织企业“十四五”规划编制，根据改革要求纳入补课内容，遵循市场规律及时调整重心，打造新引擎、培育新动能、挖掘新空间，为接收单位改革转型在高点赋能。第二，授权经营，敏态响应市场需求。宏观上，推动董事会中长期发展决策权、经理层选聘权、经理层业绩考核权、经理层薪酬管理权、职工工资分配管理权、重大财务事项管理权等重要职权落实工作，把握“时度效”原则，平衡提速经营与合规管控的关系。微观上，一企一策确定决策事项清单，因地制宜释放各经营主体活力。

二是保落实，躬身入局提级督抓。融通文教担当作为，领会中国融通集团党组意图，把准重点工作，坚持实言、实行、实心。第一，紧盯重大项目，建设核心能力。融通文教党委对接收单位重大项目提级管理，确保科普教育应用、智能地理信息服务平台、文印管家标准化菜单化等项目的工作实效。第二，常态直达基层，确保渠道畅通。融通文教党委班子成员在各接收单位分别设基层联系点，反复协调军地有关部门，实现甲级测绘资质平移、《图书出版许可证》办理、出版业务书号申领打通、印刷业务保密资质接续等，共完成 15 项主管主办单位变更、35 项资质证照接续，为接收单位快速复产、合规经营提供前提保障。第三，全力攻破难点，解决遗留问题。推进“三供一业”分离移交，完成 3 家印刷厂 7 项框架协议签署工作，创造性实现“移交协议—维修改造—实质交割”的分离移交模式。同时，车辆过户、不动产权证等 46 个遗留问题也得到妥善解决处理。

（二）坚持建立现代企业制度的改革方向

一是加大整合改革力度，调整结构集约发展。融通文教整合 12 家单位组建融通传媒，由融通文教党委班子成员任执行董事，切实实现集约化管理、提升专业化能力、推动市场化转型。第一，裁撤机构，集中职能。减少管理层级，逐步撤并各接收单位职能部门，由融通传媒职能部门对各接收单位集中统一管理，整合资源、统筹发展。第二，调整人员结构、大力投入一线。职能部门集中至融通传媒后，各接收单位作为下一管理层级聚焦深耕各自领域工作，突出一线业务作战属性，加快推动冗余人员向一线转岗，提高劳动生产率。

二是剥离处置两非两资，聚焦主业提质发展。融通文教着眼核心竞争力与核心功能，果断去芜存菁，进退并举推动“瘦身增肌”。第一，淘汰非主业、非优势业态。印发《中国融通文化教育集团有限公司主业管理办法》，并由公司党委会专题研究主责主业；按程序稳妥退出酒店服务、环保检测、数字沙盘、数字证件印制等历史沉淀业务。第二，清退低效资产、无效资产。全面关停在京传统印刷，传统印刷产值压减35%，减产40万色令，压降能耗费用28%。构建“集中印务车间 + 文印管家服务”业务布局，实现涉密印刷和档案数字化工作场所集中管理；处置传统印装设备，推进厂房空间“腾笼换鸟”。第三，聚精会神发展核心主业。深耕细作打造重点图书，聚焦专业出版、教育出版、大众出版；做精做专24小时文印管家试点，着力提升数字印刷、涉密印刷及测绘保障服务水准。接收以来，214种图书入选“‘十四五’国家重点出版物专项规划”，获图书出版和地理测绘“双百单位”“全国优秀馆配出版社”等殊荣。

三是规范创新业务管理，“揭榜挂帅”科学发展。融通文教印发《中国融通文化教育集团有限公司创新业务管理办法》，创造合规前提、构建土壤环境，保障和推进创新工作规范化、常态化。第一，围绕主业，严格价值导向。用好既有资源、提升协同效益、形成比较优势，倡导科技自立自强。将“打造可规模化的新经济增长”作为核心考量，践行补产业短板、塑能力水平、成自身特色的企业战略。第二，“揭榜挂帅”，规范毕业淘汰。由创新业务团队与融通文教签订《创新业务责任书》，明确模式路径、预算指标、培育期，培育期满验收并决策接续、毕业或淘汰，促进档案数字化、融通书店等一批创新业务有序启航。

四是推进三项制度改革，聚才凝心共谋发展。第一，社会化移交与分流安置。融通文教紧前完成退休人员社会化移交，多管齐下完成人员分流安置，签字移交同意率达 99.8%。第二，推行工效联动薪酬与用人机制。融通文教实现接收单位任期制契约化管理全面覆盖；指导接收单位领导人员薪酬兑现与经营绩效考核结果、考核目标档位紧密挂钩，激励其主动提出更高目标；规范接收单位职位职级管理，对不适应岗位要求干部做出调整。

三、改革成效

与接收前相比，在印刷业务大幅减产的情况下，融通文教接收单位 2023 年总营业收入 8 亿元、增长 21.21%，净利润 1.22 亿元、成功扭亏。融通文教通过重塑产业布局、再造管理流程、优化业务结构、凝结人才队伍，务求探索一条尊重历史、符合市场、着眼未来的国企改革路径。

14

深入推动“一体化”改革
提增经营管理质效

中国融通旅业发展集团有限公司

一、基本情况

中国融通旅业发展集团有限公司（以下简称“融通旅发”）作为中国融通资产管理集团有限公司（以下简称“中国融通集团”）所属二级全资子公司，是以酒店餐饮为主业的专业化子公司。针对首批接收的164个酒店资产，融通旅发采取“以大带小、以强带弱”的管理模式，注册了87家子公司，承担资产业主和经营主体职责，广泛分布于29个省、市、自治区，布局分散、体量不均、相差悬殊。由于总部管理幅度过大过宽，分层管理授权放权不够，酒店“一把手”各方面素质强弱不均，资源集约化利用程度不高，经营管理模式弊端较大。因此，2020年以来，融通旅发按照“一体化管理、差异化经营”的思路，试点推进一体化管理改革，整合同省域内酒店，将优质资源向优势酒店集中和流动，以有效发挥各种资源优势，提高抗风险能力，增强市场竞争力。

二、经验做法

（一）明确目标方向

一是优化运营结构。在不增加区域管理层级的基础上，融通旅发重塑公司本部与子公司的管理结构，相应压减二级责任主体，精简子公司班子配备，优化部门设置。

二是加大授权力度。从责、权、利相匹配的角度出发，融通旅发重点在人员选聘、薪酬激励、预算执行、经营管理等方面对子公司充分授权。融通旅发本部重点聚焦党的建设、运营管控、发展规划、重点投资、全面预算、人事任免、薪酬体系、品牌建设、绩效考核等。

三是优化班子配备。融通旅发科学设定总店经营班子职数，坚持“政治标准、业绩导向、人事相宜”，注重政治素养和经营能力考察，加大交流任职力度，选好配强各总店“一把手”。

四是实现降本增效。通过一体化管理，融通旅发实现大幅“瘦身”，子公司数量减少约50%，酒店管理班子人数减少约30%，中层管理人员减少约10%。

五是探索轻重分离。融通旅发成立子公司——融旅饭店管理公司，专注于轻资产管理，负责接收资产的复产筹开、后续经营，建立融旅饭店品牌标准体系。

（二）重塑组织架构

一是重塑建制。融通旅发按照“旅发本部—总店—分店”的组织架构，实现总店布局与省域基本匹配。融通旅发本部对各总店的经营管理进行总体指导和把控，充分授权总店对分店进行管理，做到“管一级看一级”。

二是注重效率。资产数量偏少且规模体量较小、盈利难度大的省域酒店，融通旅发原则上不设立总店，将其纳入邻近省市总店一体化管理。除了酒店集中的个别省市，其他省市总店设立不超过3家。

三是因企施策。纳入总店一体化管理的分店，融通旅发平稳有序推进其法人资格应撤尽撤。部分分店考虑其品牌价值延续、属地关系维护、遗留问题处置等因素，暂保留法人资格，在管理上与其他分店一致。总店原则上设置7~9个中心，主要负责总、分店的经营管理和资产的统筹协调。中心设置和具体人数由各总店根据实际情况确定，报融通旅发人力资源部备案。分店负责具体执行、实施总店的工作部署和决策，服从和接受总店各条线的专业管理，本身不具有“三重一大”决策权，按照内控流程履行经营管理权责。分店部门设置按服务经营需要确定，便于日常经营管理，如市场销售部、客房部、餐饮部、综合部等。总店及分店的部门设置和人员编配按照“三定方案”设置指引制定，经融通旅发本部批准后执行。

（三）加强人员管理

一是配强管理人员。融通旅发要求下属总店领导班子职数原则上不超过5人，因总店规模大、分店数量多等特殊情况需增加职数的，上报融通旅发党委单独审批。各总店领导班子人员签订任期制和契约化管理责任书。总店可设总经理助理1~2名，各中心可设总监、副总监。各分店设驻店总经理1名，负责分店现场管理；可视情设1~2名副总经理；各部门设经理1名，由分店副总经理兼任或由总店对口中心派驻。总店班子成员由融通旅发党委统一管理，履行相应选用程序后任命，副职的选用充分听取总店党委（党总支）意见。各中心负责人及分店驻店总经理、副总经理由总店党委（党总支）履行相应选用程序后任命，报融通旅发备案。

二是健全法人治理结构。总店设执行董事（法定代表人）1名，由总经理担任；设监事1名，由融通旅发委派。原则上，有法人资格的分店执行董事（法定代表人）由总店执行董事兼任，分店监事由总店委派。鼓励具备条件的总店设立董事会和监事会。同步设立党组织，总店设立党委或党总支，按照相关规定前置研究“三重一大”事项，党组织书记原则上由总店主要负责人担任。

三是加大干部交流力度。按照中央和中国融通集团关于领导人员交流的有关要求，融通旅发打破区域界限，实施酒店领导班子跨地域交流，配合开展竞争性选拔上岗。注重培养、使用、选拔青年骨干人员，推动专业人才在不同规模、不同类别酒店间的交流。关注总店“一把手”具有知军懂企能力和统筹管理能力。

三、改革成效

一是领导效能提升，管理幅度下降。融通旅发新形成酒店管理集群32个，整合原子公司86家，共覆盖213项资产，覆盖率达97%。32家一体化总店领导班子人员共142人，较改革前减少170余人；平均年龄48.6岁，较改革前降低1.8岁；大学本科及以上学历占比75.4%，较改革前提高13个百分点。一体化总店均搭建“子－分公司”的管理架构，部门数量较改革前减少23%，中层管理人员数量减少36%。

二是资源聚集明显，闲置浪费减少。融通旅发统筹市场资源，实现了互通互享。32家总店根据酒店经营特色，统筹市场客户资源，联通总、分店预订系统信息，实现市场客户资源互通互享。盘活固定资产，提高了使用效益。32家总店深入挖掘总、分店固定资产资源，通过互调互用富余物资，改造利用长期闲置、使用率不高的场所等举措，实现资源有效盘活，提高了使用效益。加强集中采购，发挥了一体化优势。整合32家总店采购需求，统一招标采购，提高了集中采购工作质效，集采金额从改革前的551万元提升至967万元，集采率从改革前月平均57%提升至70%。

三是经营效益增长，运营成本回落。32家总店均采取了符合自身需要的管理方法，实现了管理质效提升和运营成本降低。改革前32家总店营业收入月均925万元，改革后月均1066万元，提高了15%；人事费用率由之前的66%降为42%，下降了24%。

融通旅发主动顺应市场化经营管理要求，坚持高位推动“一体化”改革，深入贯彻改革深化提升行动和精益化管理理念，从管理体制入手，对成员酒店各系统各模块进行有机整合、全面统合、深度融合，实现了组织机构精简、管理链条压缩、干部队伍优化，推动运营成本降低，经营管理质效显著提升。

15

聚焦主责主业　推进重组整合
不断提升企业核心竞争力

中国石油天然气股份有限公司大庆炼化分公司

一、基本情况

中国石油天然气股份有限公司大庆炼化分公司（以下简称“大庆炼化”）坚持以习近平新时代中国特色主义思想为指导，贯彻中国石油全面深化改革领导小组会议精神，落实“四化”治企准则，推行专业化管理和市场化运作，坚决做好大庆油田化工业务专业化重组工作，成功解决了跨板块、跨专业、跨上市与未上市等难题，实现了产业链条衔接、业务协同发展的新跨越，为大庆炼化迈上高质量发展新台阶积蓄了内生动力。

大庆油田化工有限公司（以下简称“化工公司”）成立于2003年12月，由原大庆油田甲醇厂、精细化工厂、庆升化工厂等企业重组而成，是隶属于大庆石油管理局（以下简称“大庆油田”）的未上市企业，固定资产原值38亿元，年产值约30亿元。化工公司现有机构18个、员工2626人、化工生产装置11套，主要从事天然气化工、轻烃深加工、油田化学品等业务。大庆炼化与化工公司两家企业历史背景、基础条件、管理模式、改革进度、发展规划路线等存在不同，专业化重组工作主要面临以下四方面问题：

一是经营效益方面“盈利弱”。化工公司装置规模小、生产工艺陈旧、产品竞争力弱、资产利用率不高、盘活难度较大、盈利能力较弱，专业化重组后，将会在较长时段内明显推高大庆炼化生产经营成本、削弱市场竞争、影响盈利水平。

二是产品价格方面“依赖强”。化工公司原料采购价格和产品销售价格市场化率不高，对上下游相关企业政策依赖程度较强，原材料供应量和价格的变化会直接影响化工公司的效益和发展，拉高生产运营成本。

三是产能竞争方面“能力低”。化工公司甲醇装置、合成氨装置为国内最小规模，规模效益低。制氢装置处于小型规模且用户单一。两套轻烃分馏装置加工负荷常年维持在80%左右，轻烃深加工业务产业链条短，难以发展下游产品。

四是安全环保方面“隐患多”。化工公司安全环保隐患专项治理资金投入少，装置运行时间较长，新度系数较低，安全环保标准与炼化业务要求有较大差距，存在安全环保隐患，其现有设备装置和安全环保隐患需要进行集中治理。

二、经验做法

专业化重组工作是一项复杂的系统性工程，大庆炼化遵循“依法合规、严谨高效、分项推进”原则，圆满完成大庆地区化工业务重组整合，顺利实现管理权移交工作。

（一）在精准落实上见实效，下好重组工作“先手棋”

一是制定工作方案“明方向”。大庆炼化把本次专业化重组作为一项政治任务，编制了《大庆油田化工业务专业化重组工作方案》，明确了“提高产业集中度、提升核心竞争力、专业化协同发展、一体化统筹谋划”的总体思路，确定了管理权移交和股权收购的2步实施路径，制定了专业发展、互利共赢、合规稳定的 3 项工作原则，成立了 6 个专业化工作组，积极稳妥推进专业化重组工作。

二是完善工作机制“把大局”。大庆炼化建立周例会、分项移交、全面对接、挂图作战 4 项工作机制，明确 18 项重组任务，组织 9 个业务部门开展移交工作。先后与大庆油田召开 8 次会议，磋商专业化重组方案和管理权移交协议，在资源利用、市场保障、产品保价、安全治理等方面达成共识，汇总整理相关资料 210 份，确保专业化重组全过程合规有据，为专业化重组奠定基础。

三是建立工作计划“解难题”。专业化重组工作组以“时不我待”的紧迫感和“只争朝夕”的使命感，全面落实重组工作任务，建立推进任务计划表，每周组织召开专题推进会，分析解决问题 42 项，细化措施 72 项，提出建议 84 项，落实要求 93 个，采取“问题对比清单”“倒排工期”“销项管理”等多种方式，对专业化重组过程中遇到的重点难点问题逐项破解，为专业化重组工作扫清障碍。

（二）在精准施策上出实招，筑起生存发展“基础桩”

一是在经营管理上“找思路”。在内部管理上，大庆炼化以综合管理体系融合为抓手，以制度建设为主线，组织 26 个专业部门与化工公司全面对接，摸清底数，掌握情况，形成了法律、财务审计、技术评估、安全评估 4 个专业的尽职调查报告，分析管理问题 101 项，制定管理措施 581 条。在对外经营上，组织与大庆油田 4 个研究院签订战略合作框架协议，制订开发计划，加强产研结合，进一步挖掘研发潜力，申报一批具有前沿性和前瞻性的科研项目。

二是在安全稳定上“定举措”。在安全环保方面，大庆炼化组织业务部门深入现场调研 19 次，形成安全环保资料 63 份，开展风险评价和危害因素辨识，组织排查 VOCs 治理情况，制定整改评估方案 17 个，实施整改计划13项，为后续安全环保隐患治理工作铺平道路。在稳定工作方面，制定风险稳定评估方案，识别出6个方面的8项风险，严格落实包保责任，对5个重点群体和4名重点人员制定针对性的防控措施，掌控舆情动态，化解专业化重组过程中存在的矛盾，为合规稳定重组提供有力保障。

三是在土地使用上"寻方案"。大庆炼化以降本增效为目标，针对化工公司13宗土地隶属权限不同、性质不同、分布不同的特点，积极与大庆油田协调沟通，共同研究相关法规政策，通过土地使用方案比选，确定采取租用土地方式解决土地使用问题，初步估算双方可降低运行成本超过1亿元，预计每年减少土地成本支出626万元。

（三）在精准推进上下实功，全力以赴答好"改革卷"

一是以转型升级为"突破点"。大庆炼化专题制作了《大庆油田化工业务与大庆炼化专业化重组发展规划》，由化工公司承接大庆炼化油蜡产品，发展精细加工和三采助剂业务，延伸升级天然气化工产业链，把化工公司打造成"绿色油化生产基地"。重点在油田化学品、减油增特、转型升级、绿色低碳等方面持续发力，通过特色化、高端化、绿色化协调发展，实现专业化重组目标。目前，正积极推进"10万吨/年聚合物扩能工程"项目落地实施，谋划与化工公司上下游产业链深度融合的措施。

二是以产品互供为"切入点"。大庆炼化与大庆油田双方在重组过程中秉承"求大同，存小异"的理念，多次研究协商物料供应问题，就有关产品供应及服务签订关联交易协议，明确产品和服务买卖的范围、路径及期限，达成天然气原料、轻烃原料供应量保供意向，保证专业化重组后的化工公司能够继续开展现有生产经营业务。

三是以政策支持为"关键点"。集团公司、专业公司在资源供应、市场保障、产品保价、产品研发、技术转化等方面给予大力支持。大庆炼化与大庆油田将化工公司建设成为"油田化学品成果转化、工业生产基地"，保障化工公司生存发展，促进化工业务协同发展，为化工公司持续高质量发展提供有力支撑。

三、改革成效

实施专业化重组是2023年新一轮国企改革的重点举措，也是中国石油重大改革工作部署，更是推动化工业务高质量发展的现实需要。专业化重组进一步迸发了企业的内生活力，为大庆炼化“做精炼油、做强化工、建设世界一流精品特色炼化企业”打下坚实基础。

一是专业化管理实现“新提升”。通过专业化重组，提高中国石油炼化业务产业集中度，化工公司依托大庆炼化的专业化管理优势，实现产业转型和绿色发展。化工业务归核化管理后，实现优势互补，形成纵向一体化优势，由整合前的供需关系转变为隶属关系，减少了商品流转环节，降低了交易成本，充分发挥了双方的市场地位和优势，拓宽了产品的销售渠道，提高了产品的市场占有率，使企业的效益不断提升，实现了1＋1＞2的专业化重组效果。

二是产业链条实现“新延伸”。化工公司纳入大庆炼化管理后，大庆炼化产业链条得到丰富，油田化学品业务范围持续扩大，化工业务多元化发展目标得以实现。大庆炼化将持续推进轻烃深加工业务，谋划加氢脱硫技术改造，提升戊烷发泡剂、己烷、新型表活剂、调剖剂等系列产品品质，持续延伸大庆炼化产业链。

三是管理模式实现“新突破”。化工公司管理权移交至大庆炼化后，大庆炼化组织25个部门召开管理工作会议，共同研究化工公司下一步管理模式，对化工公司的经济效益提升、装置优化运行、挖掘市场潜力等方面想办法、出主意、定措施。采取对化工公司设立一定过渡期的方式，制定有针对性的体系优化方案。17个专业部门对化工公司325项制度流程进行梳理，形成 116 项管理建议，细化 33 项管理应对措施。在管理模式上实现了新突破，在专业化发展上开创了新起点。

四是业务结构实现“新模式”。大庆炼化始终坚持专业化发展战略，依据中国石油规划的“油气热电氢”战略目标，强化石油天然气和新能源协同发展，推进一体化新能源大基地建设，巩固提升供给主体地位，构建新型能源体系。化工公司依托炼油化工、新材料分公司及大庆炼化的专业化管理优势，实现业务结构转向新的模式，同时推动大庆炼化整体业务持续高质量发展。

16

聚焦专精特新　完善治理机制
坚定走好市场化改革发展之路

大庆油田昆仑集团有限公司

一、基本情况

大庆油田昆仑集团有限公司（以下简称“昆仑集团”）是大庆石油管理局有限公司全资子公司，成立于2004年。为满足油田生产生活需求，历经多次重组整合，发展成为大庆油田唯一一家多元化综合油服企业，现有职工4270人，资产总额88.47亿元，所属成员单位12个，分布在大庆、北京、上海、成都、威海等多个城市，业务涵盖一、二、三产业，主要包括米、面、油、肉等绿色有机农牧业务，管材制造及修复、电线电缆、水泥等油田配套产品制造业务，成品油销售、仓储贸易、资产租赁等综合服务业务。经过多年发展，昆仑集团综合服务保障能力不断增强，为大庆油田高质量发展提供了持续有力的坚强保障。

二、经验做法

昆仑集团曾存在以下问题：一是主营业务不够突出。昆仑集团业务涵盖一、二、三产业，点多面广，业务庞杂，法人企业多达30多家，业务按大类分多达50余项，资源配置不能集中，研发投入强度不足1%，部分业务仍处于产业链低端，产品附加值低，难以满足高质量发展需要。二是体制机制不够灵活。行政手段和市场运作并行，符合市场化运作规律、符合现代企业制度的运行机制还没有完全建立起来，授权放权力度不够，企业决策事项审批链条过多过长，企业运行效率效能亟需提升。激励约束机制还没有完全建立，员工的工作热情没有全部激发出来，影响了改革发展质量。三是过度依赖内部市场。多数业务过于依赖油田内部市场，优势业务走出去力度不够。在外拓市场中，有些业务实现了突破，有些业务还没有外部市场，有些业务外部市场出现了倒退。进入外部市场的识变、应变能力比较弱，反应速度不够快，大庆油田以外市场收入不足27%，抵御风险能力不强。

为破解上述问题，昆仑集团采取了一系列措施。

（一）聚焦新产业，以优化业务布局为重点增强核心功能核心竞争力

一是坚决退出非优势业务。针对资源分散、竞争能力不强的矛盾，昆仑集团全面梳理业务发展和经营现状，以“壮士断腕”的决心对非主业非优势业务实施“精减瘦身”。“一业一策”反复研究论证，分类形成依法合规、低成本、高效率的清理处置措施，结合人员安置和经营效益情况制定详细退出计划，采取月例会、周报告、定期总结复盘的方式稳妥有序推进。特别是针对法人清理过程中遇到的税收清理、股东缺失、诉讼隐患等难题，坚持目标导向，建立“找问题—明思路—清责任—勤沟通—快落实”五步工作法，重点攻坚、逐个突破，全面完成清理任务。近3年累计退出了房地产、型材、塑胶、贸易等30余项业务，清理掉13家法人实体，为壮大主业奠定了坚实基础。

二是巩固升级核心业务。“退”是为了更好地“进”。昆仑集团锚定打造技术水平先进、服务能力领先、品牌价值显著、质量效益突出的“市场化、效益化、专业化综合油服企业”目标，坚持“主营突出、多元互补、精准施策、经营高效”，聚焦专业擅长、政策支持、最可能突破的领域，全面优化资源配置，补链强链推进产品结构转型。比如在油田配套产品制造领域重点强化产品升级迭代，电缆业务通过技术攻关已经可生产18种近万个规格的产品，具有年产值10亿元生产能力，市场从东北辐射至华南、西北、西南等地区；在传统农牧业生产领域重点发展有机产业链，创新提出订单农业，实行“管家式”服务，2023年订单式水稻种植规模达到了10万亩。

三是培育打造潜力业务。昆仑集团积极践行习近平总书记“把装备制造牢牢抓在自己手里，努力用我们自己的装备开发油气资源”讲话精神，用创新驱动加快形成新质生产力，摆脱靠大量资源投入推动经济增长的传统模式。依托近几年初步建立的抽油杆修复生产线，围绕专业化生产、精细化管理、特色化服务、新颖化发展，与中石油工程材料研究院等科研院所开展产研合作，全面实施数字化升级，逐步形成了以金属预制管道、管杆制造、管杆防腐及修复、非金属管材为主营业务的产业群，2023年修复管杆近400万米，成为中石油最大的管杆修复示范基地。特别是通过技术升级，所属的金属防腐有限公司、龙兴石油机械有限公司先后取得CNAS实验室认证、中国工业清洗行业实训基地认证，成功晋级黑龙江省专精特新中小企业。

（二）聚焦新动能，以构建中国特色现代企业制度为重点提高管理效能

一是优化治理结构突出规范运作。昆仑集团全面推进董事会建设，完善执行董事议事规则，总结实际按“三会一层”运行的所属上海长江石化有限公司法人治理经验，进一步完善“三会一层”运营机制，建立母子公司和总分公司协同一体的集团化产权架构。集团总部突出战略决策、制度设计、监督考核和一体化统筹服务，强化价值创造引领。赋予成员企业市场经营主体地位，充分发挥业务运营和利润中心作用。

二是深化简政放权打通“堵点痛点”。昆仑集团针对与市场化发展深度契合的体制机制还不够完善、放权力度和保障效率还有待提升等问题，从理顺流程和下放管理权限两个维度打通“堵点”，实现破局。累计梳理管理类流程 179 项、审批类流程 97 项，逐人逐岗摸底业务流程运转情况，以突出基层单位市场主体需求为导向，优化简化流程 26 项，下放管理权限 49 项，减少审查审批节点 37 个。通过持续简政放权，缩短管理链条，提高各类要素配置效率，大幅提高了企业市场识变能力和应对能力。

三是完善激励约束机制激发活力动力。昆仑集团充分发挥考核“风向标”“指挥棒”作用。突出差异化激励，综合各单位运营规模、运行质量、经营难度、承担责任等因素，分别确定经营管理难度系数，系数最大相差 30% 以上，正向激励、负向加压。突出精准化激励，综合考虑预算与上年、当期和累计、数量与进度等多维度，建立“完成与未完成不一样，盈利与亏损不一样，进步与退步不一样，进取与躺平不一样”的激励约束机制，员工收入与企业业绩硬挂钩。新机制有效激发全员活力，企业效益有效提升，员工收入逐年增长，考核排名前列单位的员工年收入增长达到 10% 以上，实现了人企双赢。

（三）聚焦新模式，以创新管理营销为重点拓展发展空间

一是“揭榜挂帅”确定领头羊。昆仑集团聚焦外拓市场、开源增效，建立覆盖需求征集、论证遴选、揭榜对接、评估评审、立项执行的“揭榜挂帅”闭环运行机制。先后针对所属的涂料厂、防腐保温厂等 4 家单位实施“揭榜挂帅”选当家人领头羊，“揭榜人”递交“责任状”，签订“揭榜书”，自主组建管理团队，自行组织项目运作，按照“榜书”自我约束、自我发展、自担风险，真正把项目、市场和任务交给想干事、敢干事、能干事、会干事的人。2023 年，“揭榜挂帅”单位业务收入增长达到 35% 以上。

二是“一体联动”外拓市场。昆仑集团针对优势业务“走出去”力度不大、抵御风险能力不强的局面，由集团总部市场部门为主导，以所属驻外企业为依托，以专业制造及服务公司为支撑，建立区域市场一体统筹机制，将驻外企业打造成对外拓展业务桥头堡和集散地，实施标准化、产业化、特色化、一体化配套服务。通过一体联动布局国内、国际油服市场，在广西石化、西南油气田、四川石化、川渝流转区、大连石化、辽河油田等地实现新突破。化学助剂业务先后中标30个标段3608万元，其中石油磺酸盐表活剂首次进入青海油田；钢骨架塑料复合管成功获得塔里木和青海油田管道建设项目，市场区域不断扩大。

三是“战略合作”生态发展。昆仑集团创新建立熔断合作机制，成功招商社会企业投资改造了闲置10年之久的还建酒店，通过新型租赁方式实现增收2295万元、资产价值增加2亿元以上，同时带动了周边物业资产保值增值。延伸农牧业产业链，与中石油黑龙江销售分公司合作，“干打垒”特色白酒在“昆仑好客”首次上架销售17吨，为逐步打开更广阔的外部市场奠定了坚实基础。与大庆油田海外运行平台合作，推动压裂用交联剂、柔性复合高压输送管等产品进入蒙古国塔木察格项目、哈法亚油田石油天然气开采项目，实现海外市场新突破。

三、改革成效

一是专精特新取得突破，企业实力全面增强。2023年，昆仑集团打造专精特新企业2家、创新型中小企业1家，所属电缆有限公司发展成为中国石油内部规模最大电缆供应商，打造了“长元”复合高压输送管、“油龙”水泥、“庆耕1961”农产品等多个省内外知名品牌，13种农产品获得了国家有机及绿色认证，研发投入强度提高到1.8%以上、增长22%，专业化发展能力和市场竞争力持续增强。

二是企业活力不断释放，管理效率大幅提升。通过简政放权，昆仑集团推进流程再造，总部机关精减30人，成员企业管理效率提升20%，市场反应速度大幅提高，市场化观念得到强化，全体干部员工的创新创效活力动力不断增强，破解发展难题的能力更加夯实。治理现代、管理规范、运营高效的转型升级新局面加速形成。

三是展现奋发进取姿态，经营业绩持续向好。昆仑集团资源配置持续优化，业务由50项减至20项，主业集中度提高到80%以上，建设一流综合油服企业的发展定位更加明确和坚定。2023年，昆仑集团实现经营收入58.8亿元，净利润突破6000万元，同口径实现双10%以上增长。其中，外部市场收入22.67亿元，占整体收入的38.5%，年提高10%以上，在量的增长和质的提升上实现新突破。

17

为科研人员减负松绑 助力科技创新加速向前

中石化石油化工科学研究院有限公司

一、基本情况

中石化石油化工科学研究院有限公司（以下简称“石科院”），成立于1956年，是中国石油化工集团有限公司（以下简称“中国石化”）直属的综合性科学技术研究开发机构，拥有7个国家级研发平台、5个中国石化的重点实验室，在国际石油石化行业内拥有较高的知名度和影响力。凭借较强的科研转化能力，石科院共获得国家级奖励134项、省部级及以上奖励的科技成果1047项，申请专利13127件，发明专利和专利奖数量连续多年名列全国科研院所前列。为深入贯彻落实中央和中国石化党组关于“为科研人员减负”有关要求，石科院聚焦痛点、精准施策、上下联动，下大气力解决科研人员反映集中的紧迫诉求，探索建立为科研人员松绑减负长效机制，有力推动了科研工作进步。

二、经验做法

（一）把科研人员的“时间省出来”

一是用科研助理省出日常事务时间。石科院建立科研助理制度，选拔表现突出的劳务外包人员、经验丰富的行政秘书人员、适应科研工作需要的外聘高学历人员担任科研助理，全面承担实验设施运维、预算编制、日常采购、经费报销等烦琐的事务性工作。相关研究室科研助理均能较好胜任工作任务，科研人员精力得到极大集中，投入科研工作的时间明显增加。

二是用专利代理师省出手续办理时间。石科院组建专利代理师16人队伍，为每个研究室配置1名归口负责的专利代理师，梳理与科研人员相关的业务流程，编制业务指南。不定期开展现场培训和交流，与发明人团队围绕项目开展讨论、提供业务办理指引，极大缩短了科研人员申请专利的时间，专利业务办理的便捷性提升明显。

三是用一体化服务省出多头协调时间。石科院推动16项非标科研装备改造业务一体化服务，在改造方案设计、硬件选型供应、安装施工调试等靠前服务，节省科研人员非专业性业务工作时间。全面推行物资供应过程文件信息化，通过协同办公平台加快办结物资供应过程文件182份，大幅压减科研人员跑腿时间。推动领导干部"走流程"，消除烦琐流程及服务弱项24项，流程简化程度大幅提升，让科研人员最多"跑一次"。

（二）把科研工作的"效率提起来"

一是用门径管理解决课题多的问题。石科院对科研项目申报提出明确限项要求，综合研判人员基数、门径通过率、国家重点课题数、结题率等情况，在数量上大做减法，除国家课题，其他课题严控在300项以内。区分基础性工作、基础研究课题、前瞻研究课题，增加同类小试课题申报限制，将小试进中试、中试进工试比例设为限制条件，坚决做到"少而精"。

二是用集成平台解决共享差的问题。石科院加快全领域全链条全环节信息化管理，立足"信息只填一次"，建立科研管理数据集成平台，利用数据治理方法和集成工具，把流程审查、课题数据、计划编制、技术评议等课题管理全链条重要数据整合至数据集成平台，实现信息高效运转、抓取畅通。推动智能化研究院建设，对科研人员反映强烈的 ELN 和 LIMS 系统进行国产化升级改造，确保更加契合科研人员工作需要。

三是用流程优化解决程序繁的问题。石科院突出制度修订的“适用性、可操作性”，进一步规范标准、流程，弃繁从简，将 193 个制度、流程、应急预案精减至 112 个。调整加氢等业务工作方式，对现场技术服务流程固定、耗时多的催化剂装剂环节转交外委处理。优化区域经理管理流程，研究室直接培训使其具备独立技术推广能力，确保询价、编制方案前不投入科研人员力量。优化出差报告管理办法，对常规性技术服务按研究室（项目团队）提交 1 份出差报告报备，避免重复提报、无效提报。

（三）把减负松绑的“机制建起来”

一是在压实责任上建机制。石科院将“为科研人员减负”纳入日常监督、党委巡察及年度支部考核，提升督导检查的严肃性和持续性。将中层领导干部“为科研人员减负”落实情况列为二级班子民主生活会汇报事项，并纳入廉洁情况“活页夹”，以会议事项管理和痕迹管理促责任落实。进一步明确检查评比项目规则要求，非必要检查评比活动一律不得开展。

二是在精文减会上建机制。石科院对“繁文缛节”瘦身，强化部门层面信息沟通与资料共享，在 OA 平台设立通知专栏，对拟发布事项归并整合。一般性会议不制作 PPT 文稿，向院主要领导汇报文稿篇幅不超过 2 页纸。出台每周“无会日”管理办法，研究室会议每月不超过 4 次，党建、群团活动每月不超过 1 次，科研人员不列席接待性会议，外部会议不同研究领域科研人员原则上 1 人参会。会议压减测评成绩后 3 名、满意率低于 80% 的单位不评 A 档。

三是在权限审批上建机制。石科院充分尊重科研管理规律，基于研究室自身特点，探索提高设备维修审批权限，结合部分研究室大型分析仪器维修涉及配件多的情况，将维修审批权限从 1 万元提高到 5 万元、包含 1 万元以上配件，并形成放权机制，给予研究室更大的资源调动权。合同签署权由分管院领导调整为合同主办部门负责人，减少科研人员跑腿频次，提高合同签署效率。

（四）把服务科研的“态度亮出来”

一是用典型引路让科研人员自发干起来。石科院将新时代科学家精神具象为“志向远大、使命为先，崇尚科学、求实创新，做勇于担当的奋斗者，以开放合作成就更大事业”的创新文化词条，建成闵恩泽院士纪念室暨石科院院士馆，举办创新文化建设推进会，广泛宣传己内酰胺成套技术、第三代芳烃、重油高效催化裂解技术攻关等典型案例和先进人物事迹，激励引导科研人员担当作为、见贤思齐、争创一流。

二是用作风提质让科研人员见到真成效。石科院全力推动“作风塑型”，建设“首问”负责制，职能部门及服务保障部门设立首问联系人，持续跟进首问首办，做到“马上就办、办就办好”“两个反馈”，形成需求反映、工作办理和及时反馈闭环管理。研究室党支部建立领导干部定期指导科研人员工作，加强业务指导和内部课题、项目、临时课题的高效协调，以过硬作风赢得科研人员更高满意度。

三是用热心服务让科研人员心里暖起来。石科院结合主题教育“我为群众办实事”，全力做好舌尖上的关怀，对主动加班到晚 8 点以后的科研人员提供免费加班餐，用“深夜食堂”为科研活动赋能；为主动加班到晚 9 点以后、离家路途遥远的科研人员提供临时员工宿舍，解决夜间往返安全性差等后顾之忧，得到科研人员的充分肯定。

三、改革成效

一是创效能力得到增强。在减负赋能的推动下，石科院务实导向更加聚焦，开源节流更加高效，创效能力再度提升。2023 年石科院收入保持增长，纵向收入增长 11.6%，横向技术经营收入增长 5.96%，下属兴普公司销售收入增长 60.87%，有力保证了国有资产保值增值。

二是创新成果再创新高。在减负赋能的推动下，石科院科研项目、技术标准、获奖数量质量大幅提升。2023 年，承担国家级科研项目 65 项（牵头 29 项），承担中国石化重大科技攻关项目 2 项、“十条龙”科技攻关项目 8 项。申请国内专利 777 件，获授权 812 件；制/修订国家标准和行业标准 14 项，审查备案企业标准 205 项；S Zorb 吸附脱硫技术斩获日内瓦国际发明展最高奖项“特别嘉许金奖”；一批创新成果获得北京市科技进步一等奖、中国化工学会科技奖励、中国石化科技奖励、中国环境保护产业协会环境技术进步一等奖等奖项，获得各方认可。

三是创新动能极大释放。在减负赋能的推动下，石科院将更多精力投入科研攻关，自主开发的重油高效催化裂解（RTC）技术在国内最大规模装置顺利投产，有效填补我国利用劣质重油生产丙烯、乙烯的空白。研发的第三代芳烃成套技术支持九江石化装置平稳运行，新一代己内酰胺绿色生产成套新技术助力巴陵石化己内酰胺产业链搬迁升级项目全线贯通建成投产。

18

打造三大科创平台　加速科技成果转化

中国石油化工股份有限公司西北油田分公司

一、基本情况

中国石油化工股份有限公司西北油田分公司（以下简称“西北油田”）作为中国石油化工集团有限公司（以下简称“中国石化”）上游第二大油田企业，是保障国家能源安全、国家战略科技力量和西部油气资源接替的主力军。西北油田始终秉承“敢为人先，创新不止”的企业精神，一贯坚持“科技就是第一生产力，创新就是第一动力，人才就是第一资源”的发展理念，突出科技引领油田高质量发展，聚焦油气资源阵地接替、新区高质量建产、老区高效益开发等重点领域生产难题与科学难题，以地质理论创新谋划资源新篇章，以方法技术创效打开产建新局面，以现场技改革新促成新场面，在前瞻引领性研究、“卡脖子”难题、关键核心技术等方面取得了实质性突破，围绕“深地一号”工程、原创技术策源地等领域培育了一批可复制、可推广、有效果、有效益的科技成果，先后两次获得国家科技进步一等奖，涌现出一大批领军人才和楷模，荣获国家级个人荣誉25人次。

二、经验做法

（一）持续完善科技体制机制，营造良好创新生态

西北油田强化科技战略统筹，构建制度保障体系，完善创新激励机

制，激发全员创新活力。

一是优化科技创新机构。西北油田明确科委会、专委会及相应办公室责任主体、职能边界和分工，强化自上而下顶层设计与自下而上总结归纳，推动科研立项、验收、鉴定、评奖等工作，提升研究质效，2023 年中国石化“十条龙”项目、中国石化重点科研项目等一次通过率 100%。

二是统筹外协策划与实施。西北油田修订实施细则，强化外部资源的统筹管理与合理配置，首次将外协立项纳入科委会议事范畴，统一油田各单位外协管理标准、规范、流程和制度，有效避免立项散、乱、小、重等问题。

三是实施“揭榜挂帅”攻关机制。为解决油田“卡脖子”难题，西北油田集聚优势科研力量，制定印发细则，发布“塔河油田 S41-T903A 井区三叠系薄砂体目标处理解释一体化研究与应用”与“顺北 11 井区断控缝洞体地震成像关键技术”榜单，通过从盲评到现评“双评”，从 30 家单位中遴选团队开展攻关。

四是精准科技奖励激励。西北油田基于自行实施科技成果奖酬金、科技项目技术提取奖酬金等“三个层次、六种来源”，建立“按劳分配、多劳多得”分配原则，大幅向科研团队及人员倾斜，按突出贡献、主要贡献等进行分配，对专利、鉴定等人员进行专项奖励。

五是施行创新容错免责。西北油田印发免责办法，旗帜鲜明为大胆探索、挑战未知、勇于创新、不谋私利的科研人员撑腰鼓劲，让科研人员消除顾虑、放开手脚开展科技创新工作。既做到该容则容、能容必容，又做到有错必纠、有过必改，激励与约束并重，激励科研人员的积极性、主动性、创造性。

（二）统筹资源建创新平台，培育高水平科研新动能

西北油田坚持创新驱动战略，践行“举全集团之力，加快增储上产”

精神，集聚优势科研力量，打造科技创新平台，培育高水平科研新动能。

一是打造高水平基础研究平台。西北油田通过集团首席专家工作室和重点实验室建设，整合科技资源，强化基础研究，突出科学前瞻，开展复杂碳酸盐岩油气藏勘探开发基础理论和前瞻技术研究，配套科技项目不少于 10 项/年，经费占比达到科研总投入的 35%。

二是构建高质量技术攻关平台。西北油田固化大兵团作战模式，探索合作新模式与新机制，聚焦油气勘探开发瓶颈问题，攻关塔河油田持续稳产、顺北油田快速上产等关键核心技术，与中国石化上游板块三大直属研究院和石油高校签订科技战略合作协议。

三是打造高效率成果转化平台。西北油田建立从基础理论转化、技术方法应用到现场集成应用的“三位一体”渐次转化平台，拓展转化路径，健全考核评价体系，提升转化效率与动力，打造西北特色产品线，2023 年科技成果入库 190 项。

四是构建“石化主研、油田主攻、厂院转化”科研体系。中国石化聚焦前瞻基础研究、关键核心技术与“卡脖子”难题，统筹科研攻关布局。西北油田聚焦重点任务、应用基础研究、技术攻关与成果转化，为油田可持续发展注入动能。西北油田所属科研厂院聚焦中短线难题攻坚、技术优化与应用、新技术评价优选试验，为油田高效勘探开发提供技术支撑，保障油田年度生产经营目标的实现。

（三）保持高强度研发投入，聚焦现场“卡脖子”破难题

西北油田紧扣国家“四个面向”整体要求，围绕“面临难题和问题就是最好的课题、优秀方案和设计就是最好的成果、优质储量和产能就是最好的效益”三个最好要求，聚焦生产问题、技术瓶颈与“卡脖子”难题布局科研，加大前瞻性技术、基础理论与关键核心技术攻关力度，研发投入强度保持在 3.4%。

一是加大深地工程科技攻关配套。西北油田坚持油气资源作为油田可持续发展之根基，以新领域、新类型、新层系“三新”领域油气成藏理论为主线布局科技攻关，强化储层地震成像关键技术、多次波压制技术、圈闭识别描述与评价技术、万米深井完井改造等关键核心技术攻关，年度立项课题超过10个。

二是稳定提高采收率关键技术投入。未动用储量高效动用与提高采收率技术的持续迭代与不断突破是油田老区高效开发的技术支撑，西北油田重点围绕油气藏内部结构精细表征与剩余油描述、未动用储量开发潜力、化学驱提高采收率等核心技术多层级布局科技攻关，年度立项课题超过30个。

三是加大科技成果转化支持力度。西北油田搭建油田公司统一的科技成果转化信息化平台，助力规范化科技成果全流程管理，专项配套油田公司科研、厂院自主、创新工作室等转化类科技项目，强化投入产出分析和后评估，突出项目结题与成果转化同步验收，年度立项课题超过15个。

三、改革成效

一是塑起油田企业科技创新之新标杆。西北油田科技创新体制机制建设逐步完善，营造出良好的科技创新生态，实现了创新链与产业链深度融合。第一，健全了科技创新制度体系。紧扣科技攻关中的项目管理、成果转化、奖励激励等关键节点，制定制度细则，实现了科技攻关标准化、流程化与制度化管理。第二，创新了科研攻关机制。在固化大兵团联合攻关基础上，实施赛马项目、揭榜项目、创新工作室项目等新形式，围绕生产问题与科学难题，集聚优势科研力量，充分释放大众创新活力。第三，畅通了成果转化“最后一公里”。通过实施科研攻关与成果转化同步验收，解决了研究成果快速转化问题，通过配套成果转化专项激励，解决了转化效率与效益问题，科技成果转化率达到88%。

二是科技创新引领与竞争力显著增强。西北油田构建起较为完备的海相碳酸盐岩勘探开发理论及关键技术系列，科技保障“深地一号”工程建设，引领国内超深-特深层油气勘探开发。第一，发展完善了顺北超深断控缝洞型油气成藏理论，4年提交探明储量油当量3.45亿吨，持续扩大油田阵地建设。第二，攻关形成超深断控缝洞型油气藏地震勘探-工程技术体系，成功研制200℃超高温MWD仪器，创亚洲陆上定向温度最高纪录（209℃）。第三，集成创新塔河缝洞型油藏提高采收率关键技术，油田老区近3年新增动用储量超过2000万吨，助力老油田焕发新活力。

三是“引培用”搭建起科技人才孵化器。西北油田坚持人才是第一资源，将人才的引进、培养与使用三者有机结合，培养一批青年技术骨干和学术带头人。第一，科技人才引进战略初见成效。构建多维联合人才培养模式，开展“杰出工程师进校园”活动，近5年引进进站博士后达到14名。第二，科技人才得到重点培养。畅通中国石化专家、油田公司专家等人才上升通道，2023年推荐3名科技人员参加中国石化首席专家、高级专家竞聘，高质量推进油田公司百人“专家团”建设。第三，搭建创新平台做好支撑保障。构建中国石化重点实验室及首席专家工作室、西北油田创新工作室等创新平台，实现专家有平台依托、有项目支撑与有团队保障，助力科技人才出科技成果。

19

深化“三能”机制　激发活力动力 推动高质量发展

中石化易捷销售有限公司

一、基本情况

中石化易捷销售有限公司（以下简称“易捷公司”）是中国石化销售股份有限公司的全资子公司，是销售板块构建“油气氢电服”综合服务格局，统筹“服”（易捷服务）业务，包括便利店、汽服、广告、餐饮、线上商城等业务开发与经营管理的专业公司。截至2023年底，创建易捷便利店2.86万家、易捷养车门店近1万家，成为国内门店数量最多的直营连锁便利店、最大的自营洗车服务平台，易捷品牌价值达到206.97亿元，连续多年蝉联“我喜爱的中国品牌”称号。

易捷公司自2018年入选“双百行动”企业以来，聚焦市场化、专业化，深入推进体制机制综合改革，获评国务院国资委2022年度改革专项考核“双百行动”标杆企业。2023年，易捷公司以国有企业改革深化提升行动为契机，进一步深化“三能”机制改革，为企业高质量发展注入了强大的改革动力。

二、经验做法

（一）坚持“一岗一策”，推进全员绩效考核覆盖率100%

一是动态优化关键绩效指标，助力战略落地。易捷公司围绕《易捷服务业务战略发展规划》梳理分解财务和非财务两类一级战略目标，以及营收利润、运营效率、精细化运营能力、资源获取能力、产品竞争力、管理能力、品牌价值、客户满意度8个维度，突出“百亿俱乐部”打造、便利店核心能力提升、线上线下业务融合、新业态新项目拓展等重点内容，以共性与个性、经营与管理相结合方式，从公司到部门，从经营班子、部门负责人到员工分层分级制定绩效指标体系，“一岗一策”，建立2023年度KPI（关键绩效指标）考核评价标准，将战略规划贯穿日常管理、业务执行，实现穿透式管控。全员签订《岗位绩效责任书》，实现全覆盖、无遗漏，有效支撑了业务战略的落地实施。

二是刚性考核兑现绩效薪酬，强化工作执行。易捷公司组织开展2023年度公司本部全员绩效考核工作，坚持以业绩说话、按业绩取酬，各级员工对照“一人一岗一表”绩效考核结果刚性兑现绩效薪酬，并将绩效成绩与薪酬调整挂钩，进一步拉开各层级员工绩效结果的差距。2023年易捷公司本部经营班子月度考核最高系数为1.08，最低系数为0.76，同一级别员工绩效薪酬最高者与最低者差距达到2.43倍。年内，公司本部1名经营班子成员、2名中层干部、3名员工因业绩考核不合格被绩效约谈解除（终止）劳动合同，“不唯身份级别，注重业绩贡献”的干事创业氛围越发浓厚。同时，梳理识别人员退出操作过程中的各类风险，细化操作流程，加强对下属合资企业的指导及培训，进一步规范退出操作，持续推进“三能”机制落实落细。

三是探索多元化激励机制，推动业务开拓。易捷公司针对B端企业购、易捷商城员工分销等新业务，制定TOB（面向企业客户）端销售体系薪酬绩效管理办法和员工分销业务即时激励等举措，并依据销售业绩实施奖励兑现工作，探索通过构建多元化激励机制，充分激发各层级员工的活力动力，有效促进新业务快速拓展。2023年，B端企业购业务实现销售65亿元，同比增长37.8%。

（二）坚持公开选聘，推进全员竞争上岗聘任率100%

一是面向外部市场遴选经理层职业经理人。易捷公司制定市场化选聘工作方案，编制岗位说明书，明确任职资格。通过内外部媒体发布招聘信息，依托猎头公司精准匹配行业契合度和职位匹配度较高的中高层次人才，邀请销售公司、新能源业务相关专家担任面试评委，从近300名外部应聘者中遴选出公司分管充电业务的职业经理人，进一步推进高管成员专业知识结构优化，集体作战能力增强。

二是以市场化机制公开招聘一般员工。易捷公司结合业务发展，优化调整公司内设部门、岗位及人员编制的设置方案，明确新增岗位的职责及聘任条件，面向系统内外公开竞聘、择优上岗，细化程序，以笔试、在线面试与现场面试相结合的方式实施选聘，并根据应聘职位不同，设置相应的面试轮次及筛选比例，竞争最激烈的岗位竞争比例达到1∶48。通过竞争性选拔，2023年易捷公司本部累计引入19名新员工，实现新聘人员竞争上岗比例100%。

三是着力实体与平台相结合补充专业化人才。易捷公司对照部门职能性质，将新增岗位划分为前台、中台、后台，突出补短板、强能力需要，既面向传统零售行业，又同步面向互联网平台型企业，对应聘人选进行实践经验、专业化能力、综合素质等维度的匹配及考察，确保人岗相适、优中选强。2023年，先后引入来自7-11、京东、多点等企业的专业化人才，易捷公司本部社聘比例达到73%，较2022年提升3个百分点，人才队伍专业化结构进一步优化。

（三）坚持对标市场，推进新型经营责任制实施率 100%

一是高质量推进职业经理人制度管理工作。易捷公司定期对公司本部及下属合资企业经理层职业经理人制度的执行全过程情况开展评估，刚性考核、刚性兑现本部经营班子年度和任期绩效薪酬，2023 年 2 名经理层成员因业绩考核不合格市场化退出。完善修订易捷公司《职业经理人管理办法》《经营班子薪酬管理办法》《经营班子绩效管理办法》及下属合资企业职业经理人相关管理制度，进一步加强规范管理。

二是推进经理层新一任期契约签订。易捷公司组织公司本部及聘期到期的子企业经理层成员分别签订《岗位聘任协议书》《2023 年经营业绩责任书》《2023—2025 年任期经营业绩责任书》等新一任期契约，在经营业绩指标设置上，参照集团公司考核预算、历史年度完成水平、“十四五”战略分解计划、行业对标目标等，更加注重合理“摸高”，充分激发其主观能动性。

三是加快推行新型经营责任制。易捷公司制定印发《中基层管理人员绩效管理办法》，组织本部 16 名中层管理人员逐一签订“一协议两书”（岗位聘任协议、2023 年度任期绩效考核责任书、2023—2025 年任期绩效考核责任书），同步在聘任协议中对其承担的责权利进行了明确，加快推动传统的自上而下的命令经营模式向新的契约管理模式升级，激发自下而上的内生动力，从而推动公司经营从“让我干”向“我要干”转变。

三、改革成效

一是激发了拓市积极性，经营业绩量效双增。易捷公司引入的专业化人才将更多的创新理念和方法融入公司业务经营及拓展，取得了较好的经营成效。2023 年，易捷公司通过大力开展易享节、年货节统筹营销活动，积极打造3000座核心样板门店，稳妥实施易捷进军营、进校园，加快布局汽服、广告、餐饮等多元化业态，实现了业务经营量效双增，营业收入同比增长10%、利润同比增长7%。“易臻选刺力王”“易享家洗衣凝珠”“易捷即饮咖啡”等5个单品荣获PLF（自有品牌产品亚洲展）品牌金星奖——卓越商品奖。

二是建立了压力传导链，内生动力显著增强。易捷公司“一岗一策”全面构建以业绩衡量价值的评价体系，建立了人人扛指标、层层抓落实的管理链条，有效确保了压力逐级传递、科学分解，解决了压力衰减、执行递减问题。刚性考核、刚性兑现，员工“能进能出”、收入“能高能低”机制成为常态，促使全员在观念上更加聚焦“价值贡献”，有效提升了工作执行力和推动力。

三是拓宽了引才新路径，团队组建效率提升。易捷公司面向系统内外公开选聘员工，有效拓宽了国有企业引才引智的新路径，确保公司能够快速获取最契合业务需要的专业化人才。2023年，易捷公司仅用3个月时间就高效完成了充电业务部副总裁、电力运营总监、商务拓展高级经理、平台运营经理、技术支持经理等9名核心成员在内的团队组建，有效支撑了充电业务的快速开拓。

20

锚定“三型” 提升“三力” 全力推进高质量发展

四机赛瓦石油钻采设备有限公司

一、基本情况

四机赛瓦石油钻采设备有限公司（以下简称“四机赛瓦”）是中石化石油机械股份有限公司（以下简称“石化机械”）旗下的中美合资企业，是国内首批实现合资合作的石油装备制造企业，中方占股65%、美方占股35%，主要生产石油固压成套设备、石油特种车辆、井下作业工具、固井压裂柱塞泵、石油装备自动化控制产品及软件。四机赛瓦认真贯彻党的二十大关于加快建设世界一流企业战略部署，全面落实国务院国资委、中国石化深化改革各项要求，担当“智造大国重器，服务能源安全”职责使命，深刻把握合资企业特点，锚定打造治理现代型、技术先导型、质量效益型“三型”企业，聚焦党建引领、科技研发、机制变革，持续推进深化改革，全力提升红色引擎强动力、油气装备创造力和经营发展保障力“三力”，奋力闯出一条以红色引擎为牵引、以国产化替代为优势、以快速响应为特点的高质量发展之路。四机赛瓦被认定为国家级高新技术企业、湖北省支柱产业细分领域隐形冠军企业。

二、经验做法

（一）以“治理现代型”为牵引，推动深度融合，点燃红色引擎“强动力”

四机赛瓦把党的领导和党的建设深度融入公司治理和生产经营，在合资企业点燃红色引擎，担当中国力量。

一是把党的领导融入发展决策。四机赛瓦结合管控及授权变化，进一步规范董事会建设，做实董事会职权，修订公司章程、董事会议事规则、董事会授权办法等制度，形成外方总经理、石化机械委派董事、监事和其他高管高效履职的清晰边界及流程。党组织与外方股东深入沟通，实现“党建入章”，完成前置研究清单、“三重一大”实施细则，明确党组织法定地位，将党的领导融入公司治理。针对海外销售由外方总经理全权负责，企业无法全面掌控海外市场的市场风险，制定应对提案，提交董事会决策，促成外方接受中方人员每半年轮换常驻美国参与销售的提议，形成可控在控的信息收集反馈机制，维护企业权益，保障海外市场稳步提升。

二是把党的建设融入生产经营。四机赛瓦把扎根于石化机械的石油师精神作为“传家宝”，在深化传统教育中打造“红色引擎”，以共同目标团结各方力量，蓬勃开展“党员积分赛”“党员抗疫志愿服务”等创争活动，顺利完成重点项目按期交付，取得疫情防控和生产经营双胜利，党员人数从合资之初的 7 名发展到现在的 122 名。积极引导外方支持，通过有意识让外方总经理列席党组织会议，有效破解外方人员对企业党组织开展活动及党总支前置研究参与经营的抵触，促使其从“心存疑虑”到“积极关注”进而“特别支持”，两任外方总经理分获中国政府“友谊奖”和湖北省政府“编钟奖”。四机赛瓦合资企业党建成果获石化机械一等奖。2023 年党总支荣获中国石化先进基层党组织称号。

（二）以“技术先导型”为驱动，攻关核心技术，提升油气装备“创造力”

四机赛瓦紧跟国家急迫需求，坚持核心技术“靠自己”、关键技术“牢牢掌握在自己手上”，搭平台，育人才，求突破，持续提升油气装备“中国创造力”。

一是着力培养科技人才。四机赛瓦坚持“搭建平台、引进专家、促动项目、培养人才”理念，建立以平台合作带动专家引进、以专家引进推动项目研发，进而培养人才的常态机制。立足前瞻研发，与中国科学院等国家顶级科研院所深度合作，建立高层次创新工作站。利用合资优势，与Rockwell等世界自动化技术领军企业战略联盟建成国内第一个高标准石油钻采装备自动化实验室。刚性、柔性结合，从美国、德国等国家地区分批次聘请控制技术、泵类产品、井下工具等领域技术专家4人和高层次成熟人才2人，在合作中精选青年技术人员深度介入项目研发全过程，促进拓宽视野、增长见识、接轨理念，以油气装备攻关突破促进技术人才快速成长，为自主研发和高质量发展储备坚实力量。

二是全力突破关键核心技术。四机赛瓦紧跟国家建设重大项目挖掘重点市场关键客户需求，建立“高端+定制化”工作机制。投身国家“深水战略”，形成深水开发、极寒地区等高端特色技术优势，成功研制国内首台海洋深水电驱固井设备电驱固井撬，应用于“蓝鲸1号”钻井平台，实现远程全流程控制和本地无人值守作业，将国内固井装备推上了电驱化、自动化轨道，为在南海海域推进海洋平台超深水井表层固井作业提供强力支撑。紧盯普光气田气井完井管柱配套工具“卡脖子”技术，历时15个月自主研发攻克高抗硫胶筒密封技术、抗硫合金材料加工工艺、配套下井工具研发等系列难题，实现分三级酸化完井。

三是全力推进国产化替代。四机赛瓦成功实现高含硫气井完井工具国产化，成功研发拥有自主知识产权的国产化复合材料桥塞技术，在焦石坝和威远页岩气开发等国家重点工程中，使长期进口的同类产品价格从 2 万美元大幅降至 2 万元人民币，中央电视台《对话》栏目、《人民日报》对此进行了报道。

（三）以“质量效益型”为目标，推进机制变革，强化经营发展“保障力”

四机赛瓦持续推进用人机制改革、经营机制改革、产线数字化改革，提活力增效率，打造“中国制造”保障力。

一是深入推进选人用人薪酬分配机制改革。四机赛瓦推进市场化选人用人，领导班子成员带头全体起立竞聘上岗，并以此为起点推进公司选人用人机制落实落地。梳理管理岗位设置，配套建立以岗位职责和任职条件为核心的职级体系，将管理岗位从 71 个压减到 52 个，压减率 26.8%。完善人岗匹配评估、末等淘汰、内部人力资源共享奖励制度，构建常态化流动机制，形成良性循环“三能”氛围。变工资总额核准制为备案制，将工资总额与各单元经营效益强关联，拉开各级薪酬差距。完善“3P1M”（定期对标市场，为岗位、能力、绩效付薪）薪酬动态调整机制，收入分配向关键岗位、核心岗位、生产一线岗位倾斜，有效保证核心骨干薪酬市场竞争力。

二是深入推进经营机制改革。四机赛瓦推进扁平化和契约化管理，构建以岗位资格认证为基础的人力资源市场化机制，通过岗位优化、职责兼并划转带动组织机构压减 20%。对井下工具、泵、离合器等经营板块实施事业部制改造，实行独立核算，强化责权利对等。对独立面向市场的业务或低效业务，实施契约式经营，通过竞聘产生经营团队，签订契约式经营协议，明确生产、市场、人事等权限及经营期责任目标、绩效方案，实施超额利润分成奖励，促进生产型单元向经营性单元转型。新机制倒逼各团队主动强化内部机制变革，深化“跟单+项目管理”、JIT（准时化生产）经营和成本管控“一单一策”管理，大幅提升市场响应速度。

三是深入推进产线数字化改革。四机赛瓦推进装备自动化、信息化、智能化升级，依托公司SOFElink智能装备平台，强化基于物联网技术的数据远程传输系统开发，扩展故障诊断及维保管理功能，建成油田装备运维中心，实现“产品+服务”数字化转型，全面提高及时交付能力、质量控制水平。过程控制引入Mastercam系统，提高产品加工效率和质量精度，将工艺工时精确到秒，减少工序85个，机床操作人均工时从5.2小时提高到6.8小时，提高效率约30%，井下工具产品、泵产品一次交检合格率跃升至99%以上。上线SDMS（数字化制造系统），建成数字化生产运营机制，实现产线智能化数字化升级，有效提升公司产品交付、质量控制和市场响应能力。

三、改革成效

一是发展质量进一步提升。四机赛瓦收入利润等主要经营指标持续向好，持续保持排名靠前的盈利状态，收入水平2023年再创新高。全员劳动生产率持续高位运行，人工成本利润率最高达到53%，在同行业中保持领先水平。“油气井封层桥塞”产品以市场占有率全球第二、国内市场占有率高达93%的优异表现，获评工信部第三批制造业“单项冠军产品”。

二是活力动力进一步激发。四机赛瓦优化用工机制，重塑经营模式，“能上能下”的用人机制、动态调整的薪酬体系、贴近市场的自主经营模式常态化运行，管理岗位竞聘率达到77%，员工进出流动比控制在4%的合理范围。同岗位绩效比例差距最高达到3倍，有效激发潜能，形成“动车组效应”。2023年精益改善同比提升10%，精益创效逐年攀升，市场响应能力持续提升，有效促进泵产品在墨西哥、独联体、埃及等新市场实现突破。

三是创新驱动力进一步加强。四机赛瓦以改革为动力，国产化替代和变革性关键核心技术不断突破，累计形成科技成果 111 项，取得发明专利 35 件、实用新型 137 件、软件著作权 95 项。公司 SOFElink 控制系统参展国家“十三五”重大科技成果成就展，上榜工信部新一代信息技术与制造业融合发展试点示范名单。人才培养、合作研发和定制化服务合力催生巨大创新力量，公司技术研发持续进步，在打破技术封锁、推进国产化替代、彰显“中国创造”的大道上一路向前。

21

立标准　出真招　求实效
以“形神兼备”董事会建设推动高质量发展

中海油能源发展股份有限公司

一、基本情况

中海油能源发展股份有限公司（以下简称“海油发展”），紧跟中国海洋石油工业发展潮流，因改革而生、伴改革而兴。自2004年成立以来，海油发展矢志从后勤服务保障公司转型为专业化的技术服务公司，聚焦技术服务支持海上油气增储上产，以产品研发带动技术服务，持续深化改革创新，逐步发展成为以提高油气田采收率、装备制造与运维、FPSO一体化服务等为主导产业的能源技术服务公司，为服务保障海上油气增储上产作出了积极贡献。2019年6月26日，海油发展在上交所上市，一个曾经的“存续企业”实现华丽蜕变，正式走上资本市场舞台，为国有企业的改革蹚出了一条全新的转型发展之路。

海油发展深入学习贯彻习近平总书记关于国有企业改革发展和党的建设的重要论述，扎实推进改革深化提升行动，结合产业多元化、业务链条长、子企业户数多、管理难度高等特点，制定了“打基础、提质量、建长效”的子企业董事会建设“登高计划”，探索建立了“五应”管理标准，推动子企业董事会从“有形”向“有神”升级，坚定不移走好现代新国企发展之路。

二、经验做法

（一）在规范管理上出新招，建立“五应”工作标准，有效提升公司治理效能

一是董事会应建尽建抓管理，在治理结构上求实效。海油发展全面落实“应建尽建”要求，并建立动态化管理长效机制。管好增量，公司设立与董事会建设同步设计、同步研究、同步落地。优化存量，董事会建设与“全资、控股、参股”企业专项治理工作融合，压缩管理层级，近3年累计治理37家企业，管理幅度压减28%，动态调整“应建清单”。提升质量，分类分步推动具备条件的子企业董事会设立专门委员会，做好董事会的“智囊”。

二是董事应派尽派抓协同，在配齐建强上求实效。建立选优配齐长效机制，制定《派出董事监事管理办法》，为外部董事选拔委派、日常管理、履职保障、绩效考核提供系统化制度保障。董事队伍坚持专业背景多元化，涵盖经济、管理、法律、财务、技术等专业人员，两级直管干部占比81.6%。建立“应派尽派”长效机制，制定派出董事调整年度计划、月度报表，紧盯新设公司董事派出、存续公司换届、董事岗位变动关键环节，全面开展子企业董事“应派尽派”和“应换尽换”工作，不断为子企业董事会注入“新鲜血液”。

三是董事会应开尽开抓计划，在规范高效上求实效。定计划、抓日常、打基础，明确定量标准，海油发展逐户建立子企业董事会工作年度计划和月度滚动计划，提升董事会的计划性和质量。强管理、严督办、保落实，以年度计划为基础，强化月度计划完成率考核，以月保季、以季保年，全年计划完成率100%。定模板、抓规范、提质量，制定董事会运行

模板和常见问题“错题本”，进一步提升董事会运行规范性。

四是重大事项应上尽上抓闭环，在风险防控上求实效。海油发展逐户制定董事会和股东会“应上尽上”清单，实现业务发起、议案审核、上会审议、决议落实的管理闭环，打通公司章程与内控体系的“梗阻”，实现经理层、党委会、董事会、股东会首尾衔接、高效运转。

五是决议事项应审尽审抓工具，在流程优化上求实效。海油发展建立分级分类的议案管理机制，严格落实上会议案“三必须”要求（必须完成议案审核备案程序，“三重一大”事项必须经党委会前置研究讨论，股东会审议事项前必须经董事会审议），打造集计划管理、信息管理、议案管理、章程管理、董事管理、数据分析于一体的公司治理信息系统，依托数字技术固化清晰规范的决策流程。

（二）在固本强基上出实招，建立“三个提升”工作方案，有效提升公司章程质量

一是以融合促提升，把党的领导法律地位立起来。海油发展把党的领导融入公司章程，全面落实境内全资及控股子企业党建入章程要求，坚持“国有资产配置到哪里、党的组织就要建设到哪里”工作理念，在尊重各方股东的基础上，差异化推进参股公司党建工作。把党的领导融入制度流程，建立并持续完善以“一章、二制、八规、四清单”为主体的公司治理体系，不断优化党组织与其他治理主体的关系，明确权力边界，优化工作流程，推动党的领导具体化、制度化、流程化。

二是以“体检”促提升，把公司章程基础地位立起来。海油发展全面开展116户子企业章程“体检”工作，分类施策，对照章程模板，建立全资、控股、参股公司章程“体检”清单，摸清公司章程风险，针对“章程标准不统一、企业实际情况迥异”等难点，按照“全资公司董事会规范高效、控股公司控股并控权、参股公司合理参与和有效制衡”原则，持续推动子企业章程优化完善。

三是以管理促提升，把章程提级管理机制立起来。管理上提级，海油发展实行子企业公司章程统一管理，紧盯章程新设和变更环节，严把项目单位初核关、所属单位复核关和总部批准关。文本上提质，制定全资、控股、参股三类公司章程模板，规范子企业公司章程文本，有效防范章程风险。审查上提效，建立章程审查责任清单和审查对照检查清单，有效管控公司章程在制定、变更、执行环节的重大风险。

（三）在能力建设上出硬招，建立赋责与赋能“四个一”工作体系，有效提升董事履职水平

一是董事履职责任“一人一清单”。海油发展制定派出董事履职责任清单，157 名派出董事签署责任状，明确派出董事在“定战略、作决策、防风险”方面的职责和义务。

二是董事履职记录“一季一台账”。海油发展建立派出董事履职工作台账季报制，完整、真实、准确地记录每位外部董事参加会议、发表意见、表决结果、开展调研、参加培训、与有关方面沟通、提出指导和咨询意见等方面的情况，引导、督促董事积极履职。

三是董事履职考评“一年一报告”。海油发展完善派出董事年度考评制度，对年度履职工作计划完成情况、派往公司生产经营情况、董事履职情况等进行总结报告，加强对派出董事考核评价。在 2023 年度所属单位董事会及董事评价中，董事考评优秀率达 85.6%。

四是董事履职轮训“一年一覆盖”。海油发展建立《派出董事履职保障实施方案》，着力打造董事履职支撑“五重保障”标准化体系，全面加强信息保障、沟通保障、参会保障、调研保障、培训保障，持续为董事履职赋能。将董事履职能力轮训纳入重点培训计划，实现培训覆盖率、考试合格率 100%。

三、改革成效

一是党的领导更加有力。海油发展境内50家全资和控股企业全部完成党建入章程，34家参股公司探索建立健全党组织，进一步确立了各级党组织在企业决策、执行、监督的法定地位。把党的领导融入公司治理的各个环节，把党的领导进章程、入流程同步推进，实现了党的领导制度化、流程化、标准化，重大事项党委前置审议率实现100%。

二是规范运作更加牢固。海油发展116家子企业逐户建立“一企三清单”（章程体检清单、董事会应上尽上清单、股东会应上尽上清单）标准化体系和两计划体系（年度运行计划和月度滚动计划），建立了全资、控股、参股公司股东会和董事会召开次数的定量标准，形成了议案动议、议案准备、议案审查、会议召开、决议执行的管理闭环，实现了股东会和董事会计划执行率双100%。依托数字技术固化决策流程，实现了议案审查率和议案上线率均达100%，管理效率提升1倍以上。董事履职赋能持续强化，实现了责任书签约率、培训覆盖率、履职考试覆盖率、考核合格率和履职考评率5个100%。

三是发展动能更加强劲。2023年前三季度，海油发展实现营业收入315.93亿元，利润总额26.87亿元，分别同比增长0.74%和19.82%；加权平均净资产收益率9.28%，同比增加0.68个百分点；营业现金比率达12.03%，提高5.4个百分点，深化改革推动海油发展的经营业绩持续攀升。

22

着力优化组织架构　持续完善治理模式 实践探索扁平化管理跃迁之路

国家石油天然气管网集团有限公司山东分公司

一、基本情况

国家石油天然气管网集团有限公司山东分公司（以下简称“山东公司”）是国家石油天然气管网集团有限公司（以下简称“国家管网集团”）的直属企业，于2023年2月正式注册成立。山东公司主要负责运营管理国家管网集团在山东境内的油气管网、油库及附属设施，受托管理国家管网集团在山东境内的全资和合资企业，现有在册员工2634人，共管辖46条输油气管道、108座工艺站场，管道总里程8219公里。

山东公司深入实施国有企业改革深化提升行动，积极推进区域运维资源及内部管理机构整合融合，持续优化组织架构和治理模式，探索从“省公司—作业区—基层管理站”三级管理向“省公司—作业区”两级管理改革，扁平化赋能组织形态建设取得积极成效。

二、经验做法

（一）坚持党建引领，以思想之变绘就改革发展新蓝图

一是坚持党建引领，凝聚思想共识。山东公司党委切实发挥“把方

向、管大局、保落实”的领导作用，广泛开展基层调研，摸清制约“两级管理”改革的难点和痛点、员工关注的热点和重点，广泛开展形势任务宣讲，消除疑虑、激发动力，广大干部员工完成“要我改”向“我要改”的思想转变，“最讲政治、最有信仰”的管网铁军拥抱改革的信心更加坚定。

二是对标国际一流，把准改革方向。山东公司遴选出管理幅度、管网密度相似度较高的国际一流管道公司作为对标对象，从职责界面、专业管理、制程融合、数字转型、IT 承载、业绩考核 6 个维度开展自我诊断，研究确定以推进“省公司—作业区”两级管理改革为突破口，公司高质量发展方向和改革战略部署更加清晰。

三是优化改革方案，加强顶层设计。山东公司成立主要领导挂帅的两级管理工作领导小组，组织专题研讨，深入分析改革中的难点和制约因素，组织专班编制《山东公司两级管理工作方案》，完成机构精简、人员精干、业务流畅、运行高效的两级管理模式设计，绘就改革时间表、施工图，两级管理改革与业务流程再造的耦合路径更加明确。

（二）重塑组织架构，以机制之变迈出深化改革新步伐

一是推行改革试点，探索最优实现路径。山东公司选择济南作业区开展改革试点，制定实施细则，开展 3 轮桌面推演，确保安全风险可控、员工队伍稳定。通过实施改革试点，找到劳动组织优化、同质化业务共享、基层非必要职能上移、专业技术力量下沉等问题的“最优解”，形成业务涵盖全面、工作安排细致、可操作性强的两级管理改革工作指导手册及专业分册，为全面铺开两级管理改革提供工作指引。

二是优化机构设置，加固基层管理底座。山东公司参照人力资源管理“三支柱”模型理论，提出“1 个本部 +4 个中台 +23 个作业区”的组织架构，本部指令直达基层，基层问题直达本部，上下同频共振，解决管理上热下冷、执行力逐层衰减的难题。作业区优化调整后，管辖半径缩小

55%，风险管控更专注、应急响应更迅速。2023年成功防范及冲散打孔未遂事件15起，打孔盗油及盗油未遂数量同比减少24%，年度破案率达100%；标准化站队建设由量向质提升，达标率提升至91%。

三是同质业务共享，实现管理效能最大。山东公司遵循“共建、共享、专业、标准化”理念设置4个中台，把作业区合同、招投标等非生产类同质业务放到共享中台完成，把支撑性业务的“弹药”集中起来，实现人员、管理、技术、数据的共享共用。作业区仅保留需在生产现场完成的必要职责，主要工作职责减少81项，压减24.6%，基层一线轻装上阵，作业区作为“前线战斗部队”战斗能力显著增强。

（三）再造业务流程，以管理之变实现治理能力新提升

一是优化制程体系，适配全新管理架构。山东公司编制《山东公司两级管理模式下制程优化方案》，对全部业务流程进行梳理，厘清两级管理模式下公司机构本部、共享中台、作业区三者的工作界面、业务流程，完善两级管理的角色岗位匹配和授权适配，各业务域之间实现横向拉通，管理体系和业务流程全面优化，成本管控水平不断提高，同口径运维费用下降2亿元左右。

二是强化专业管理，全面提升运维效率。山东公司通过推行专业垂直一体化管理，形成管理协同、专业联动机制，技术创新力度加大，自动化通信自主运维率、35千伏及以下电气设备自主运维率和压缩机自主保养率提升至100%。通过集中优势力量组建维抢修中心、“一队一特长”整合维抢修队，公司具备了三点同时动火连头、低压封堵作业的能力，年度自主动火率超60%。顺应管理模式的转变，实行运检维一体化管理，成熟应用“一专多能、一岗多责”的“多岗合一”大工种、大岗位管理模式，推动复合型人才迅速成长，输油、输气工双证上岗率达到45%，用工效率和全员劳动生产率大幅提升。

三是完善数据承载，加速数字化转型赋能。山东公司结合改革后生产管理数据的流向变化，推进作业区生产管理数据汇总整合，收敛接口、统一存储分发，打通与国家管网集团数据湖的数据链接。利用“零代码”平台开发适应两级管理需求的个性化应用程序，通过数字化赋能和平台建设，为两级管理提供支撑。开展数据拉通对齐，22 万点生产数据内嵌到集中监视平台，形成“数字档案馆”，数据直采率超 100%，实现从“业务数字化”到“数字业务化”的转变。

三、改革成效

一是基层党组织政治功能和组织功能显著增强。改革前，山东公司各作业区党委主要工作精力放在承接上级党组织工作部署、制定工作方案和对基层党支部检查督导上。改革后，支部在一线直接办公，实现“支部建在连上”，党建工作与中心工作同研究、同部署、同落实、同考核，有效解决党建工作与中心工作“两张皮”问题；基层党员全部下沉现场，既当“战斗员”，又当“指导员”，带着大家干、做给大家看，党组织的战斗堡垒作用和党员的先锋模范作用充分彰显，有效解决员工群众与党组织不能同频共振的问题。

二是安全支撑力不断强化。改革后，安全、生产、管道、党建等专业人员全部到生产一线，所有专业实现 A、B 岗全覆盖，专业管理专注度和统筹能力全面提升；管理范围压缩至 1.5 小时车程以内，发现问题更快，风险管控有效性和安全应急响应能力显著增强。

三是基层负担大幅减轻。改革前，作业区及各管理站技术人员需要承担大量的招投标、采购及重复性的报表工作，既分散安全生产专注力，又造成工作标准、水平不高。实施两级管理后，作业区原有的 329 项职责减至 248 项，困扰基层多年的报表多、台账多、人工算、重复报、技术人员没时间管技术等一系列问题得到有效解决。

四是员工幸福感普遍提升。改革前，基层员工实行大倒班，长期驻站值班、工作时间长，且由于技术人员不足，遇到投产、压缩机维检等情况，休假易受影响。实施两级管理后，推行多岗合一的“大岗位、大工种”管理，开展数字化转型和智能化改造，大幅减少值守、监屏、人工数据采集等重复性工作，员工休息休假更有保障；改进绩效考核机制，实行差异化薪酬分配，员工变过去的被动“领任务”为主动“找活干”，工作积极性充分调动。

五是企业活力效率持续提升。通过扁平化管理改革，山东省公司整体用工效率较改革前提高31%，全员劳动生产率同比增长21%，单公里运维成本下降14%，自动化通信自主运维率和关键设备自主保养率提升至100%，安全生产异常事件同比减少87%，企业主责主业更加突出，核心能力更加强化。

23

构建全面激励体系　激发创新内生动力

国网智能电网研究院有限公司

一、基本情况

国网智能电网研究院有限公司（以下简称“智研院”）是国家电网有限公司（以下简称“国家电网”）直属科研企业，定位于国家电网前沿技术创新中心和先进装备研发中心，重点开展新型电力系统基础性、战略性、前沿性技术研究。智研院坚决落实国务院国资委和国家电网改革工作部署，充分发挥“科改企业”示范引领作用，深化改革创新双轮驱动，构建了全面激励体系，创新“源端激励”、量化确权激励机制，取得积极成效。2023 年，智研院获得科技奖励 45 项，其中国家专利优秀奖 1 项、省部级一等奖 16 项，发布标准 41 项，授权发明专利 118 项，申请海外专利 19 项，全力打造能源电力国家战略科技力量。

二、经验做法

（一）坚持人才为先，构建“4315”全面激励体系

智研院践行人才强企战略，深刻把握科研创新规律，围绕经济、荣誉、成长、环境 4 个维度，结合科研业务链、人才链、生态链 3 个链条，重点实施 15 项激励举措，全力建设高端人才集聚平台。

一是强化经济激励，提升“获得感”。智研院完善宽带岗级工资体系，实现员工收入与考核评价强关联。2023 年，科研人员人均薪酬增幅达 10% 以上，同级收入差距最高达 4.1 倍，219 人因科研贡献获得直接经济激励，激励比例达 35%。

二是强化荣誉激励，提升“幸福感”。智研院弘扬科学家精神、劳模精神，积极推进先进人物事迹宣传。优化荣誉表彰，首次设置并评选 5 名“智研院电力工匠”，激励为电网建设运行作出突出贡献的一线人员，在职工疗养、培养培训等方面向荣誉获得者倾斜。

三是强化成长激励，提升“成就感”。智研院构建领导力、专业力、科技力、通用力和新生力“五力”培训体系，组织 50 名青年骨干参加青创人才和青马工程“双青”培训。实施“智研·琢玉”青年发展三年行动计划，着力培养青年科技先锋。优化职业发展三通道，完善业绩评价指标体系，搭建人才成长“立交桥”。

四是强化环境激励，提升“归属感”。智研院营造良好创新氛围，提升发展软实力。深化科研“放管服”，完善项目分层分级管理机制，推行“揭榜挂帅制”“经费包干制”等新型科研攻关机制，配置 30 名科研助理。提升服务管理数字化水平，优化职工办公环境，建设舒适美丽智慧园区。

（二）坚持原创为本，创新科研“源端”激励机制

智研院持续强化原创技术攻关，针对原创性引领性科研攻关具有周期长、见效慢的特点，对在科技创新中提出新思路、新技术、新方法的个人或团队直接给予现金奖励，创新实施科研链条“源端”激励。

一是坚持原创首创，严格项目选题。智研院要求参评项目应面向国家能源电力科技重大需求，具有显著的科学价值、重大技术创新性及应用前景，对解决制约电网发展的瓶颈问题、塑造发展新优势具有重大意义，项目必须具有完全自主知识产权，引进吸收技术不参与评价。

二是坚持科学民主，严肃项目评审。智研院对首批征集的21个项目开展院内初评、专家函评、现场评议三阶段评价。院内初评全票通过方可进入下一轮评选，遴选行业高水平专家开展专家函评，邀请小同行专家从创造性、先进性、必要性等5个维度进行现场评议。最终评选出“电流源型可关断混合换流直流输电技术”等2个项目，个人最高获奖励20万元。

三是坚持科研规律，严谨落实激励。智研院依据项目评审结果，分步骤、按比例落实现金激励。对创新性强、相对成熟的原创技术理论，实行一次性激励；对技术路线新颖但仍需进一步论证验证的项目分期兑现激励奖金，首轮次激励兑现后，根据项目推进情况开展后评估，追加兑现剩余激励。

（三）坚持应用为要，探索实施科技成果量化确权

智研院着力提升科技创新投入产出效能，在国网系统内率先试点实施虚拟量化确权，将科研人员职务科技成果的收益权属提前赋予科研人员，迈出了激励机制改革从“分粮”到“分田”的第一步。

一是突出影响力，精心择优试行。智研院助力战略性新兴产业发展，更好支撑智能运检支链建设，选取国务院国资委“1025专项”“宽频交直流MEMS自取能电流传感器及量测系统研发”攻关任务实施量化确权，促进关键技术突破，鼓励科研成果快速转化为新质生产力。

二是突出贡献度，精细量化确权。智研院以技术创新难易度、技术贡献的重要程度作为研发阶段权属份额发放原则，做到“不唯职务、不唯资历、不唯年龄”，与“1025专项”攻关团队12名科研人员签署“量化确权约定书”，发放研发阶段权属份额49万份，突出贡献者最高获得权属5万份。

三是突出转化力，精准兑现分红。当科技成果转化为收益后，智研院以成果转化取得的净收益或投资收益为依据，按实际贡献度确定的权属份

额兑现分红奖励，切实解决成果转化中存在的权属分离难、贡献度量化难、项目分红精准发放难等问题。

三、改革成效

一是提升创新源动力，创新成果不断涌现。智研院可控换相换流阀（CLCC）整体技术达到国际领先水平，系列装备在葛南工程应用，100%解决换相失败难题，获《科技日报》头版头条报道。原创性提出柔性低频交流输电技术，在世界首个220千伏杭州低频工程实现示范应用。该技术在海上风电汇集、沙戈荒电能外送等场景应用前景广阔，已纳入国家能源局可再生能源试点示范，获得央视等媒体重点报道。

二是提升成果转化率，创新效能持续增强。智研院首次中标并高质量建设德国Borwin6柔直工程，实现我国柔性直流高端电力装备技术首次进入西方发达国家，多次获习近平总书记等国家领导人批示肯定。累计14项成果在国家重点工程中应用，实现转化收入超过20亿元，孵化5家专精特新企业，全力支撑传统产业升级和战略性新兴产业发展。

三是提升人才凝聚力，创新动能更加强劲。智研院自主培养中国工程院院士1人，拥有中国科学院院士1人、德国工程院院士1人，引进国际高层次人才7人。2023年2人获评“长江学者”称号，3人获评国家电网首席专家，1人获评北京市“科技新星”，3名骨干入选国家电网青年人才托举工程，以院士为核心的人才“雁阵”格局更加完善。

24

完善科技创新体制机制 加快形成电网企业新质生产力

国网湖北省电力有限公司

一、基本情况

国网湖北省电力有限公司（以下简称“国网湖北电力”）是国家电网有限公司（以下简称“国家电网”）的全资子公司，以建设、管理、运营电网和服务湖北经济社会发展为主营业务，现设本部职能部门21个，所属单位35家。湖北电网是三峡外送的起点、西电东送的通道、南北互供的枢纽、全国联网的中心，承担着三峡水电外送、华中电力互济的重要职责。截至2023年底，国网湖北电力资产总额1751.36亿元，用工总量7.1万人，供电面积18.59万平方公里，供电服务人口超过6100万人，2023年度售电量2288.68亿千瓦时，先后获得“全国抗击新冠肺炎疫情先进集体”“全国扶贫开发先进集体”“湖北改革奖”，蝉联9届“全国文明单位”等荣誉称号。

二、经验做法

国网湖北电力深入贯彻习近平总书记关于国有企业改革发展及在南瑞集团考察时的重要讲话和指示精神，深入实施国有企业改革深化提升行动，聚焦高水平科技自立自强，勇于变革科创管理体制，大力推进科创机制建设，发挥试点示范攻坚突破作用，加快形成电网企业新质生产力，不断提高核心竞争力，坚定当好科技创新的国家队。

（一）变革管理体制，营造科技创新生态

国网湖北电力强化企业科技创新的主体地位，持续深化组织、人才、科研管理体制改革，推动科技创新资源优化配置，创新效能整体提升。

一是重塑科创组织管理体制。国网湖北电力加强科技创新统筹谋划，聘请“两院”院士组成科技创新咨询委员会，定期开展科创战略性前瞻性方向性研究。狠抓重点实验室、攻关实验室、职工工作室三级科研平台建设，承载原创性关键技术、生产经营、工作现场三大领域研究攻关，建成国内首个聚焦农村能源体系建设的省部级实验室。系统构建贯通“省—市—县—班组”的四级技术管理体系和“1 + 8 + N”技术制度体系，打通技术管理链条。

二是优化创新人才管理体制。国网湖北电力构建“两类三级”创新型人才体系，加快打造科技创新战略人才力量。建立“三位一体”人才评价标准和“三维四力”员工数字素质能力模型，选拔首批 6 名杰出创新人才、10 名高级创新人才、84 名数字化人才“种子选手”及 8 支“王牌部队”，形成省地两级创新人才储备库。组织实施“创新人才培养三大工程”“一人一策”定制成长计划，新增省部级专家人才 44 人。

三是建立新型科研管理体制。国网湖北电力构建重大科研任务形成与实施“一体化”管控体系，组织开展储能关键技术、新能源接入消纳等 5 个批次专项研究。以“揭榜挂帅”形式完成科研专家遴选招募。设置专项奖励基金，赋予“揭榜团队”科研资源调配权和技术路线调整自主权，畅通科研人员离岗参加项目研发流动机制。出台科研经费支持制度，每年科研攻关投入增长率不低于 5%。

（二）强化机制建设，激发科技创新动力

国网湖北电力聚焦科技创新动力不强、协同不足、转化不畅等问题，健全完善多元化激励、协同创新和成果转化机制，激发全员创新动力。

一是健全多元激励机制。国网湖北电力实行“岗位＋创新”双线考核激励，对创新型人才增设创新绩效工资。对高级创新人才实行“一人一议”薪酬设计，杰出、高级创新人才基本工资分别达到副总师、三级正职水平。对科改企业实施工资总额单列管理，健全与市场拓展、业绩贡献和科改考核紧密挂钩的工资分配机制，中层正职年收入差距达2.3倍。在科研、产业单位实施岗位分红、超额利润分享中长期激励，人均激励水平占工资比重达21.5%。

二是建立联合攻关机制。国网湖北电力聚焦新型电力系统、人工智能等重点领域，分别与武汉大学等知名院校，华为等知名企业开展科技联合攻关、人才联合培养，打造产学研用同向发力的创新生态。主导成立岸电发展联盟，建立岸电技术标准体系，研发六大类112项成果，参与组建湖北智慧园区产业联盟等，发挥创新联合体作用。设立科技创新日，通过举办科创讲坛、发布科创成果、表彰科创先进等系列活动，营造全域全员崇尚科学、争相创新的浓厚氛围。

三是完善成果转化机制。国网湖北电力构建三级成果转化管理体系，以应用为导向建立健全成果转化机制，成功打造电压暂降治理装置、移动式伞形跨越架等数十项年产值近千万元的拳头产品。搭建内部知识产权交易平台，构建差异化创新红利共享模式，知识产权转让许可、新技术新产品应用推广项目分别按净收入的50%和净利润的5%确定专项奖励金额。2家企业分别入选国家级、省级专精特新“小巨人”。

（三）狠抓试点示范，引领技术创新突破

国网湖北电力聚焦新型电力系统、数字化转型、“科改行动”等重点

领域，创建一批科技攻关试点示范，加快推动关键技术攻坚突破、迭代升级。

一是开展新型电力系统建设试点。国网湖北电力按照“县域—城市—区域”三个层级分层攻关新型电力系统核心技术。在随州广水打造国内独一无二的100%新能源新型电力系统真型试验基地，攻克“双高”系统多时间尺度频率电压稳定控制等核心技术，研发世界首个高压大容量能量路由器等关键装备。在武汉武昌核心“A +”区域、金银湖区域开展灵活智能的城市配电网示范建设，掌握园区微电网与配电网互动关键技术。在鄂北规划建设国内首个省级跨地市区域的新型电力系统先行区，为新型电力系统大规模建设提供湖北经验。

二是推动数智化转型试点。国网湖北电力围绕不同电网层级，建设数字化十大重点工程、百大重点项目。在超特高压线路实现全线可视的基础上，加快打造特高压密集通道数字孪生智慧管控样板间。研发省级机巡调度平台，加快建设鄂东网格化智能巡检先行区。建设“无人值守 + 集中监控”数智变电示范区，努力打造集控站全域“黑灯工厂”。将鄂州打造成国网数字化配网综合示范区，建成黄州、京山等智慧配网项目，推动配网数智化落地落实。

三是推动绿色化转型试点。国网湖北电力攻关碳管理核心技术，建设全国首个省级电力行业碳计量中心，培育一流低碳创新试验平台，首创“电、碳、金融”三市场协同模式。推动绿色发展，打造“电化江河”先行示范区，“绿色航运岸电系统”获绿色设计国际大奖。建设神农架全域清洁用能示范区，正式发布全国首个“全电景区”地方标准。建设“4 村 1 镇 2 县”农村能源革命试点示范项目，打造村镇级能源清洁低碳转型样板。

四是争创国务院国资委科改示范。国网湖北电力推动“科改企业”华中科技公司在市场化改革、科技创新上取得突破，引领国网湖北电力科技创新水平整体提升。市场化改革上，构建“八维激励”体系，推行竞聘上岗、末位淘汰等方式，中层管理人员同比压降43%，全员浮动工资占比达到74%。科技创新上，自主研发“华擎”开发平台，数字化项目建设时间缩减30%；获批新型电力系统智能数字技术湖北省工程研究中心；2023年研发经费2.62亿元，同比增长89.84%；近3年专利授权数量年均增长215%。

三、改革成效

一是科技效能更加凸显。国网湖北电力科创体系实现系统性重塑，充分发挥了科技创新对高质量发展的支撑作用。2023年利润增长9.72%，全员劳动生产率增长12.1%，新兴产业营业收入、利润分别增长52.93%、27.71%。近3年科技成果转化收益年均增长374%；电网建设质效、综合线损率、带电作业机器人利用率、变电站“两个替代”率等多项专业指标位列国家电网系统第一；业绩考核首次实现国家电网A+、排名国家电网第四的历史性跨越。

二是科创实力不断增强。国网湖北电力攻克特高压交流主设备试验方法、配电网接地故障暂态保护等核心技术，填补国内试验标准规范、方案方法等多项空白。首创特高压带电作业工法工艺，创下特高压领域20余项“世界第一”。获批区域新型电力系统及农村能源体系构建湖北省重点实验室。投运世界首个县域100%新能源新型电力系统，入选国家电网首批新型电力系统原创技术策源地科技示范工程。实施“零碳村建设”在联合国气候变化大会边会作交流发言。2个项目分别入选国家能源局首台（套）重大技术装备和新型储能试点示范工程。省级虚拟电厂调节能力位列全国第一。

三是科创成果加速产出。国网湖北电力2023年牵头获省部级及以上科技奖15项，“区域大电网柔性直流互联关键技术、成套装备及工程应用”获湖北省政府科技进步一等奖。牵头国家电网科技项目13项和湖北省重点研发计划2项，参与立项国家重点研发计划1项。1项成果获全国企业管理现代化创新一等奖，5项成果获国际QC成果最高金奖。授权发明专利549项，同比增长29.18%。在国家电网系统立项首个ITU国际标准，累计立项各类国际标准9项。

25

坚定不移市场化　央地合作谋发展 全面完成大集体企业改革

广东电网有限责任公司

一、基本情况

广东电网有限责任公司（以下简称“广东电网”）是中国南方电网有限责任公司（以下简称“南方电网”）全资子公司。广东电网下属261家大集体企业，总资产约500亿元，员工约5万名，历史问题复杂，且分散在省内不同地市，发展不平衡现象突出。2021年以来，南方电网全面推动大集体企业深化改革，广东电网先后完成大集体企业专业化整合、装备制造业务剥离等前期工作。2023年，南方电网要求采用“先改制确权、后股权多元化改革”路径开展大集体企业改革。广东电网坚决扛起改革攻坚责任，创新改革方式方法，克服大集体企业规模大、员工多、企业地处分散、发展不平衡、引入战投难等困难，6个月内完成6家厂办大集体企业改制确权和20家平台公司股权多元化改革工作任务，成为全国第一家全面完成大集体企业改革的省级电网企业，打造了全国央地合作规模最大、市场化程度最高、效率最高、影响最深远的大集体企业深化改革典范。

二、经验做法

（一）锚定市场化改革目标方向，坚定不移推进改革

广东电网始终以最高标准谋划推进改革，坚决推进竞争性业务领域市场化。

一是坚持政治领航，确定目标方向。紧紧围绕“如何更好地推动大集体企业高质量发展、如何更好地服务属地的中国式现代化实践”，广东电网党委深入研究、系统谋划，坚定了走市场化道路的决心，确定了2023年全面完成大集体改革的目标，“咬死”完成工商登记改革标准不放松，义无反顾闯入改革“无人区”。

二是强化使命担当，压实改革责任。广东电网党委把改革作为重中之重的政治任务，锚定最快最好目标，成立以党委书记为第一责任人的省地两级改革工作组，召开专题会超50次，适时在关键节点再部署、再动员，各单位党委书记立下军令状，带队与意向投资者沟通洽谈超2000次，在攻坚阶段与属地政府、国企领导每日见、每日谈，以必胜决心打好改革攻坚战。

三是领导靠前指挥，提高推进效率。广东电网主要负责人牵头推进，分管领导亲赴现场洽谈，直接与属地政府、属地国企见面协调，公司党委、董事会开设决策绿色通道，相关议题随到随议，全过程审议改革相关议题81项，高效高质完成各项工作。提高工作效率，改制确权与股权多元化同步开展，缩短改制与股权多元化之间的过渡期，确保人员稳定。

（二）坚守服务地方经济社会发展，持续深化央地合作

广东电网主动出击，全力攻克属地国企资金困难、投资意愿不强、内部意见不统一等难题，坚持央地合作改革路径。

一是明确充分市场化的央地合作思路。广东电网坚决落实南方电网“对具备条件的平台公司按照公司参股的方式，加大市场化改革力度”要

求，综合考虑大集体企业历史沿革、经营现实和未来发展，鼓励各平台公司立足当地、引入属地国企、党组织关系隶属地方，推动企业与地方相互支持、共同发展。

二是千方百计引入地方战投。广东电网全面指导共性问题，开展“一对一”谈判指导，下发改革指导文件 14 份，专项破解改革重难点问题超百个，内容涵盖工作流程、合规要求、谈判策略等。想方设法达成共识，明确谈判底线原则，针对投资人出资困难、对平台公司发展前景有顾虑等问题，各单位在坚持底线的前提下，通过允许增资扩股非货币出资、签订支持发展协议、承诺股权锁定期等方式打消疑虑。紧盯意向投资者各级决策主体和各项决策流程节点，全程实时跟进确保引战成功。

三是深入合作拓宽发展空间。广东电网改革中同步指导大集体企业持续完善治理体系和管理体系，帮助企业建立健全中国特色现代企业制度和市场化经营机制，为企业发展打牢基础。明确新时期核心功能定位，制定特色发展规划，与属地国企一道推动深改后企业加快业务转型升级，积极拓展新能源等战略性新兴产业，融入当地智慧城市、智慧园区的建设发展，加强与交通设施、公共建筑、公用事业企业协作，推动可持续发展。

（三）构建“四新”体系，打造央地合作现代新国企

为推动改革后央地合作企业高质量发展，广东电网从目标、管控、运营和保障四个层面构建“四新”体系。

一是构建“新”管控模式。广东电网从职能管理转变为股东管理，推动央地合作企业健全现代企业制度，按照对参股企业权责清单推行治理型行权，依托外部董监事行使股东权利。

二是转变“新”发展方式。企业由电建业务为主的传统发展方式，转为电建业务和新能源业务并重、支撑地方发展和支撑电网建设并重的央地合作模式，打造属地综合能源一揽子解决方案区域龙头企业，推动业务转型升级。

三是建立“新”运营机制。广东电网充分吸收股东双方的市场化经营实践经验，央地合作企业从传统全领域、全穿透的行政式管理转向真正按市场化机制运营，有效释放企业活力。

四是落实“新”保障体系。广东电网从组织保障、制度保障、内控监督和信息化平台建设等方面，重点支撑保障董监事履职，维护股东和员工利益，保持经营、安全、队伍稳定。

三、改革成效

一是创新改革方式方法，为全国打造“大集体改革范本”。广东电网通过同步推进、央地合作创新，仅用时 6 个月完成 6 家厂办大集体改制确权和 20 家平台公司股权多元化、改制确权、国有产权登记、资产评估等多项工作，创造多项“史上最快”纪录，5 万名员工平稳过渡，平台公司全部并表至地方国企，20 家党组织关系隶属地方国企，为全国大集体企业改革探索了路径，形成了体系化的改革操作指引范本。改革经验在南方电网全面推广，兄弟单位纷纷前来学习交流。

二是彻底解决历史遗留问题，推动国有资产做强做优做大。通过改革，广东电网从根本上解决了大集体企业产权不清的历史遗留问题，261 家企业全部纳入国资监管体系，实现国有资产保值增值。通过改制和引战，为大集体企业引入当地优质企业，优化了国有资产布局，推动央地合作企业迈上做强做优做大新台阶。

三是央地合作示范效应显著，共话新型能源体系建设未来。改革完成后，地方政府高度重视，已对央地合作企业进行政策、项目支持。广东电网与地方政府以平台公司为桥梁建立深度合作关系，在新能源发展、智慧能源生态建设等方面有巨大的合作潜力，将共同为推动能源电力产业转型升级、实现国家“双碳”目标作出更大贡献。

26

贯通责任链条　激发动力活力　推动价值创造 构建实施全员新型经营责任制

深圳供电局有限公司

一、基本情况

深圳供电局有限公司（以下简称“深圳局”）是中国南方电网有限责任公司（以下简称“南方电网”）全资子公司，负责深圳市及深汕特别合作区2465平方公里、1766万人的供电服务。近年来，深圳局坚持以习近平新时代中国特色社会主义思想为指导，全面贯彻落实国企改革深化提升行动关于构建全员新型经营责任制的工作部署，聚焦经理层责任向下传递不到位、各层级履职行权保障不充分、价值贡献导向不突出、考核结果应用规则不明确等问题，围绕“责任分解—责任落实—责任评价—责任应用”主线，着力构建全员覆盖、责任贯通、经营为要的全员新型经营责任制，有效激发广大职工活力动力，企业价值创造能力大幅提升。2023年，深圳局连续2年获评“双百企业”专项考核最高等级“标杆企业”，全员劳动生产率277.4万元/人（全口径用工），达到供电行业平均水平的3倍以上，客户平均停电时间低于10分钟，优于纽约、巴黎、香港等国际一流城市，“获得电力”指标在全国营商环境评价中保持排名第一，连续13年在地方公共服务满意度评价中排名第一。

二、经验做法

（一）强化责任分解，构建层层传递的目标体系

深圳局坚持目标导向，突出目标考核牵引作用，按照“目标来源是什么、个人目标如何设定、目标值如何摸高”构建层层传递的目标体系，推动契约化管理“形神兼备”。

一是明确责任框架及来源。深圳局建立以“考核指标 + 重点任务 + 红线事项”为载体的责任框架（一般考核指标占比 80%，重点任务占比 20%，红线事项不占权重），责任主要以指标为主。责任来源主要是承接上级单位考核要求及企业战略，充分融合地方经济社会发展需要，全面纳入红线底线事项，统筹兼顾经济责任、政治责任和社会责任。

二是系统完善指标体系。深圳局基于指标所占权重较大，导入卓越绩效管理理念，构建包含 2142 个考核指标的指标总库，绘制 3 张指标关系图（指标业务关系图、指标分解关系图、指标协同关系图），推进指标管理规范化、系统化、数字化，为指标层层分解提供方法工具支撑。

三是分层分类明确全员责任。深圳局统筹考虑不同类型、层级岗位差异，将全体员工分为经理层成员、非经理层管理人员（含团队负责人）、专家人才、班（站）长、普通员工 5 类，分类明确各类人员岗位责任。对非经理层管理人员，参照经理层成员实行任期制管理；对班（站）长，重点考核班组攻坚克难、提质增效、队伍建设等内容；对专家人才，按任期管理并强制末位淘汰，重点考核科技攻关、创新引领等内容；对普通员工以短周期任务为主进行考核，特别是对基层班组员工，引入基层自治理念，鼓励班组自主商定考核分配规则并按月兑现，确保激励及时性。

四是科学设置各级人员考核指标。深圳局坚持责任共担和差异化考核相结合，将考核指标分为共性指标和个性指标。共性指标突出企业整体业

绩目标，权重一般为30%，个性指标突出个人岗位职责，以差异化考核促进员工各司其职，既保障企业整体经营指标实现，又有效推动员工岗位责任落实。

五是合理设置指标数量和权重。深圳局坚持全面发展与聚焦核心并重，考核指标一般为7个，其中共性指标2个、个性指标5个，单个指标权重不低于5%。指标权重向关键业绩指标倾斜、向个人业务指标倾斜，既有效平衡企业生产经营管理各方面，又聚焦考核各岗位重点工作。

六是完善指标“摸高”机制。在上级要求“不低于历史值、规划值、对标值”基础上，深圳局自我加压增加“不低于集团考核值”“不低于年度计划预算值”“赶超国际先进水平”要求，形成“五个不低于、一个赶超”的指标“摸高”机制，引导和鼓励各岗位人员主动追求卓越，创造超额贡献。

（二）注重责任落实，建立对等清晰的权责体系

深圳局坚持责权利对等，通过充分授权、加强管控，进一步推动各层级责任有效落地。

一是完善授权体系。深圳局系统梳理各层级行权履职的堵点，优化与契约责任相匹配的“1+5+N”授权管理机制（1份治理主体权责清单+5份子清单+N份议事制度），进一步明确各层级的权责事项，确保各层级“照单办事”，做到“隐性权力显性化”“清单之外无权力”。

二是持续健全内部人才市场。深圳局授权团队负责人通过人才市场自主选聘班（站）长、专业技术人员、技术技能专家等人才，真正实现市场化选人用人机制。

三是层层下放工资总额。深圳局构建了工资总额决定模型，公司管总额及分配效果，授予团队负责人自主实施薪酬差异化分配职权，为其行权履职提供制度保障。

四是数智赋能强化过程管控。深圳局依托数字化支撑平台对5类人员考核指标进行分类监测，建立指标红绿灯管控及监督辅导机制，强化预警及闭环改进。同时，加强指标动态调整机制的数字化支撑，确保指标与责任的协同，推动责任有效落地。

（三）完善责任评价，构建导向精准的考核体系

深圳局坚持价值贡献导向，更加突出业绩及岗位价值差异，真正体现“干多干少不一样”“岗位与岗位不一样”。

一是更加突出业绩考核在激励约束中的导向作用。针对考核结果应用不精准问题，深圳局厘清业绩考核与综合评价的衔接关系，业绩考核聚焦价值贡献，客观量化个人业绩表现，与薪酬兑现和“岗位能下”挂钩，综合评价统筹兼顾党建责任、素质能力、作风纪律、业绩表现等内容，与岗位晋升、培养选优等挂钩。明确不同岗位综合评价各维度权重，越往基层一线岗位，业绩考核结果权重越高，突出业绩考核在薪酬分配中的关键作用。

二是完善岗位价值评估模型及动态评估机制。针对薪酬未充分体现岗位价值差异、岗位价值长期未重新评估等问题，深圳局建立影响力、沟通难度、解决问题能力、任职条件、风险大小5个维度的岗位价值评估模型，结合职责调整、任期等因素开展全方位动态评估。岗位系数范围为0.7～1.3，与薪酬直接关联，仅通过岗位价值评估即可拉开10%的薪酬差距。

三是优化业绩考核结果分布规则。针对以前考核“宽松软”、拉不开差距等问题，深圳局将考核结果档级从6档扩展为8档，对应薪酬系数拉开为0～1.5，设置考核结果强制分布，评为前3档的人员比例不高于25%，后3档设置降岗、待岗规则，强化业绩考核与退出的刚性关联。

（四）深化责任应用，建立差异刚性的兑现体系

深圳局坚持考核结果刚性兑现，通过合理拉开收入差距、“岗位能

下”，真正推动企业按市场化机制运营。

一是提升业绩兑现薪酬的刚性。深圳局将绩效工资占比提升至70%以上，根据业绩考核结果直接兑现。将组织绩效与业绩优秀员工比例关联，组织绩效优秀时，该组织员工可评为优秀的比例从20%提高至30%。

二是创新设置薪酬自主分配离散度指标。该指标作为收入差距倍数指标的有效补充，避免仅拉开最高最低两人差距，科学评价全员薪酬差异水平。深圳局对离散度排名靠前的单位给予专项激励，对排名靠后的单位开展约谈，引导员工收入分布逐步趋于合理。

三是推动实现分类刚性退出。对经理层成员，深圳局在严格执行“双70”（年度经营业绩考核结果低于百分制70分或年度经营业绩考核任一考核主要指标完成率低于满分值70%）、“双80”（连续两年年度业绩考核结果低于百分制80分或任期业绩考核结果低于百分制80分，下同）等5类退出情形的基础上，增加“双末位”退出情形（单位年度经营业绩排名末位且本人业绩在本单位排名也末位时，刚性退出）。对非经理层管理人员，参照经理层成员设置“单70”（年度经营业绩考核结果低于百分制70分）、“双80”等退出情形。对班（站）长，设置以业绩考核为主的8类退出情形，其中任期考核不达标的起立竞岗，落聘者调整至其他岗位。对专家人才，实施年度业绩考核强制分布，“基本称职”及以下比例不低于10%，一次末位扣减薪酬、两次末位解聘。对普通员工，业绩考核末位设置“单60”（季度业绩考核结果低于百分制60分）、“双70”（连续两个季度业绩考核结果低于百分制70分或年度业绩考核结果低于百分制70分）等5类退出情形。

四是创新建立岗位动态管理激励积分机制。深圳局强化“能者上、平者让、庸者下、劣者汰”导向，将正向激励和负向激励有机结合，实施岗位退出的组织可奖励积分，用于兑换本组织增量岗位职数，激发各级组织动真碰硬、做实岗位退出。

（五）激发基层创新，广泛实现全员参与型经营

实现全员刚性履责后，深圳局为进一步释放基层员工积极性主动性创造性，以授权激励机制大力支持基层探索创新，提升全员经营意识和价值创造能力，激活基层“一池活水”。深圳局全面应用全员新型经营责任制管理理念，在基层开展新探索新实践，推行模拟“分权”组织模式，将供电服务区域划分成若干个网格单元，将网格单元内的供电服务职责、成本、指标等打包，业务团队自愿“揭榜领包”，实行模拟独立经营，单独核算。“揭榜领包”团队履行生产经营责任，分享超额贡献激励，团队内通过全员新型经营责任制，将生产经营的压力和超额激励的动力传导至每位员工，使员工薪酬与组织经营业绩强关联、硬挂钩。所属龙岗供电局宝龙服务区创新将原配电、工程、用电检查、营销服务等多个专业班组整合为综合网格班组，团队33人完成了原来由53人承担的供电业务，综合效率提升超35%，客户、企业、员工三方实现了共赢，区内客户平均停电时间7.4分钟，同比降低47%。员工通过工程余料利旧、创新不停电作业方式等“金点子”，仅1年时间就为企业实现降本增效1857万元。团队中16名员工成长为具备多岗位胜任能力、能够解决跨专业复杂问题的精兵强将，实现了人才的全面快速发展。所属福田供电局创新设置“抢工薪”模式，将重点任务与匹配的薪酬包进行发布，班组通过抢单领取“任务包+薪酬包”，核心业务以“部门发布+班组申请达成”的“抢工薪”模式，提升了“劳动机会”的稀缺性，助力供电可靠性达99.9996%，达到国际顶尖水平，福田中心区首次实现零停电。

三、改革成效

在国务院国资委及南方电网指导下，经过多年探索实践，深圳局全员

新型经营责任制改革取得了积极成效。

一是健全市场化经营机制，显著提升经营效益。深圳局以全员新型经营责任制联动干部能上能下、员工能进能出和薪酬能增能减机制，让“能下、能出、能减”成为常态。在助力三项制度改革取得实质性突破的同时，有效激发了公司的经营活力，各基层单位自主经营动力也显著提升，实现公司营业收入年均增长12%，2023年全员劳动生产率同比增长22%。

二是提升各级干部员工活力，促进综合效益最优。深圳局用好各种途径强化改革宣传培训，引导各级干部员工强化岗位意识、权责意识及市场化意识，全员契约化理念深入人心。实施改革以来，全员主动谋求创新变革，各职能部门指导基层制定实施200余项改革举措，基层员工主动建言献策，形成优化业务流程、完善制度机制的工作建议58项，员工对改革的认可度持续提升，2023年达到97.12%。

三是形成系列改革制度案例，奠定深化改革基础。深圳局边实践、边总结，固化形成制度7份，将市场化经营机制长效化。实践案例获国务院国资委肯定，受邀录制面向国有企业高管的改革经验分享课件，并获国有企业改革深化提升行动简报及《国资报告》刊发，对外输出改革经验模板。

27

改革赋能激活力　奋楫笃行开新局 全力打造世界一流新能源企业

华能新能源股份有限公司

一、基本情况

华能新能源股份有限公司（以下简称“华能新能源”）成立于2002年，是中国华能集团有限公司（以下简称“中国华能”）旗下新能源高质量发展的主力军和排头兵，主营国内外风电、光伏发电等新能源项目的投资、建设与运营。经过20多年的砥砺奋进，华能新能源逐步成长为国内领先的新能源运营商。已投产项目覆盖全国28个省、自治区、直辖市，装机容量超过3000万千瓦，发电利用小时数、单位千瓦盈利能力稳居全国五大发电集团新能源公司第一位。连续11年获得中国华能绩效考核A级称号，连续9年入选“全球新能源企业500强”，2023年排名126位。

二、经验做法

（一）落实“两个一以贯之”，提升内部治理效能

一是发挥党建引领作用。华能新能源坚决贯彻落实首要政治任务，深入推进“党建引领提质年”专项行动，创新“中心组+”学习模式，构建“1+N+1”工作体系，一体推进理论学习、调查研究、推动发展、检视整

改，两批主题教育有机贯通、有序衔接、整体推进。华能新能源自上而下开展学习研讨100余次，深入基层调研142次，成立“区岗队组”446个，推动公司高质量发展的208项具体措施落实落地，主题教育实践案例在集团简报刊发16次，得到中央第52督导组充分肯定，达到了“学思想、强党性、重实践、建新功”的目的。

二是提升董事会规范化。华能新能源聚焦提升董事会运行质量，深化“三会”管理体制机制改革，全面实现董事会应建尽建、配齐配强及外部董事占多数，外部董事占比57%。聚焦提升外部董事履职能力，组织外部董事围绕董事会建设、董监事履职能力等调研、培训等活动85人次，外部董事作用有效发挥。聚焦董事会战略决策落地，构建董事会“1+N”制度体系，完善《董事会工作规则》等，董事会决策事项92项，其中董事会授权董事长和总经理共57项，董事会审议重大事项42项，充分发挥董事会“定战略、作决策、防风险”作用。

三是推动权责边界清晰化。动态优化完善《党委前置研究讨论重大经营管理事项清单》，将党委决定重大事项、党委前置研究讨论重大经营管理事项、董事会决策事项、董事会授权董事长和总经理决策事项清单集成为“一张清单”，并明确经党委前置研究讨论后由董事会决定的重大经验管理事项89项。“一套程序”差异化安排议事重点，党委成员侧重于“四个是否”向党委会汇报，经理层成员侧重于“四个研判”向董事会汇报，有效推动党委发挥领导作用和董事会依法行权履职有机结合。

（二）抓实“改革创新赋能”，强化绿色发展动力

一是战略新兴产业破新局。华能新能源加快推进绿色转型，勇挑实现“双碳”目标的历史责任，坚持自主开发与项目合作并举，绿色发展取得新突破，2023年项目核准（备案）容量超过1000万千瓦，连续2年核准（备案）容量超千万千瓦。基地型项目开发提速提效，超百万千瓦项目取

得突破，4个新能源大基地项目取得指标。海外项目开发加快，赴乌兹别克斯坦、老挝等国外项目实地踏勘，打好公司海外项目的基础。战略性新兴产业加快布局，盐穴压缩空气储能、飞轮储能等项目布局开发取得阶段性进展。

二是履行社会责任强担当。华能新能源落实国家“乡村振兴”战略，依托华能新能源分布式光伏项目布局，累计分享农户收益约7亿元，助力30万农户共同富裕，较好实现企业与社会“双赢”，有力维护社会稳定，助力国家“千家万户沐光行动”。持续提升分布式光伏标准化管理水平，在中国华能范围内率先完成《户用分布式光伏工程典型设计》，建成中国华能首个分布式光伏管理系统，为户用光伏开发、设计、建设、验收等工作提供有力支撑。扎实开展各项安全保障措施，圆满完成全国两会、国庆、亚运会、大运会等关键时段电力安全保供。

三是科技自立自强攀高峰。华能新能源扛牢科技自立自强使命担当，深入推进“科技创新新领先”战略，新增3家集团级创新工作室，聚焦解决现场痛点、难点问题，完成“风电机组倒塔事故防治”等7项集团总部科技项目立项。华能新能源专利质量稳步提高，年内授权发明专利131项、实用新型234项，获集团专利工作优胜单位。科技创新成果显著，“大面积钙钛矿成膜技术及应用”等成果获北京市、河北省等省部级奖项。

（三）夯实“三项制度改革”，激发人才创新活力

一是把稳契约管理“定盘星”。华能新能源深化经理层成员任期制和契约化管理，差异化设定考核指标和目标值超70项，以及一票否决指标，经理层副职个性指标挂钩权重达60%，对任务不达标触发调退“红线”的，严格实施末等调整和不胜任退出。更大范围落实管理人员经营管理责任，参照经理层成员任期制和契约化管理方式，组织中层管理人员签订工作任务责任书，有效传递考核压力。

二是把准人才强企“指南针”。华能新能源坚持市场化用工和“三通道”建设“两条腿走路”，健全以劳动合同为核心、以岗位管理为基础的市场化用工机制，新入职员工100%公开招聘。坚持破旧立新，健全职务序列、生产技术和生产技能3条员工职业生涯发展体系，让一线优秀人才晋升由“独木桥”变“三通道”，2名员工获省级五一劳动奖章，6名选手在全国风力发电运维职业技能竞赛中获奖，28名选手在集团风电、光伏智慧运维技能竞赛中获奖。

三是把牢强化激励向心力。华能新能源坚持以全面绩效管理为抓手，将利润、营销、安全等关键绩效指标作为经营业绩综合考核的重要依据，与薪酬分配刚性联动。规范工资管理分配，充分发挥工资激励作用，兼顾收入分配公平原则，修订《公司本部工资总额管理细则》。深入研究工效联动机制，健全企业负责人激励约束机制，体现奋斗价值，根据任期经营业绩考核评价结果刚性兑现任期激励，充分调动企业负责人积极性，增强企业发展活力。

三、改革成效

一是经营业绩发展取得新成绩。华能新能源坚持以习近平新时代中国特色社会主义思想为指导，深入贯彻落实党中央关于国有企业改革发展和党的建设的重要论述，以“双百行动”为契机，聚焦主责主业，紧紧围绕“五突破、一加强”目标任务，坚定不移把公司做强做优做大。2023年，华能新能源完成发电量超370亿千瓦时，完成集团下达年度预算的103.87%，同比增加38.06%；实现营业收入超140亿元，同比增加25.05%；利润总额超50亿元，同比增加15.72%；经济增加值超28亿元，同比增加20.15%；营业收入、利润总额、经济增加值在集团各二级单位中位居前列，均创历史新高。

二是三项制度改革取得新成效。华能新能源坚定不移实施“人才强企”战略，强化人才培养，持续在“抓源头”和“抓培养”上双向发力，严把选人用人政治关、能力关、廉洁关，加大竞争性选拔力度，14名干部通过竞争性选拔提任，占比超60%。强化对骨干员工、核心技术和管理人员、突出贡献人员的激励奖励，构建以岗位价值为核心的薪酬分配体系，2023年发放单项奖励超1200万元，较2022年增加63%。严格刚性兑现，强化业绩导向，优化薪酬结构，提升管理层浮动工资占比，2023年超78%，较2022年增加5.41%；拉大收入分配差距，同一职级不同岗位管理人员的工资收入差距超1.5倍。

三是科技创新活力取得新突破。华能新能源积极承接中国华能科技示范工程，有序推进新能源场站生态治理与产业技术、智慧运维等行业关键领域技术产业化进程，高质量完成《自主可控智能光伏关键技术研究与应用示范》等中国华能“十大科技示范工程”项目。国内首个大面积钙钛矿电池光伏项目成功投运，钙钛矿中试组件效率超18%，钙钛矿微型模组效率超20%。陆上风电“全国产风机PLC”在辽宁大洼、平顶堡和陕西沈口子风电场完成示范应用。华能新能源累计获得发明专利授权超180项、实用新型专利授权超800项、美日欧专利授权超160项，连年获评中国华能专利竞赛优胜单位，并在国际标准立项、省部级奖项上实现突破，知识产权成果折算数完成率超300%。广域协同新能源智慧运维系统研发及应用等16个项目荣获省部级及以上奖项。华能新能源《“六化精智”安全生产体系品牌创建与实践》荣获第八届中国管理科学学会实践类管理科学奖。

28

“一压三改五提升”以坚定的改革决心推动企业更强更优

北方联合电力有限责任公司

一、基本情况

北方联合电力有限责任公司（以下简称“北方公司”）是中国华能集团有限公司（以下简称“中国华能”）所属区域子公司，也是内蒙古自治区最大的发电供热企业，主要业务分为三大板块：发电板块，运行煤电装机 1855 万千瓦，占比 81%，新能源 428 万千瓦，占比 19%；供热板块，16 家发电厂为热电联产企业，承担着自治区 8 个盟市 1.7 亿平方米居民供热和包头地区部分重点军工企业的供汽任务；煤炭板块，拥有生产煤矿 3 座、基建煤矿 1 座，管理煤炭年产能 3500 万吨，实际年产能 3100 万吨。

二、经验做法

（一）优化劳动模式，实现员工能进能出

一是机构整合集约化。北方公司建立燃料统调、电力营销、新能源基建、检修区域中心等多领域集约型管理组织，撤销本部处室 9 个、火电前期项目机构 12 个、基层管理部室 21 个，推行煤电机组主辅运行大集控，压缩检修队管理层级，撤销 90 多个小班组，组建综合检修大班组。以更加

“瘦身健体”的劳动组织模式，从根本上缩减岗位用工。

二是短期用工全面清理。北方公司对标先进开展全口径用工压减工作，两年时间临时用工和劳务派遣用工的使用全面清零，压减用工达1235人，实现全口径用工人数控制在定员标准范围内。腾出临时性、辅助性、可替代性工作岗位安置富余员工，调动企业内部低效、无效岗位员工创效能力。

三是外包用工规范化。北方公司印发《关于下发外委用工指导意见的通知》《关于全口径用工工资总额核定原则的通知》，联合多部门分三大类32小项审批外包项目用工、严控费用支出，杜绝超定员使用外包用工，压减外包用工600人，确保岗位不养闲人。

四是煤矿用工市场化。北方公司出台《北方公司煤炭企业市场化用工管理办法》，按四部委文件要求转井下临时用工为市场化用工，解决了临时用工基数大、流动频繁、培养难的问题，以激励和约束并存的高效高质用工管理机制，实现煤矿产能翻番、用工总量下降，保障企业更好地适应市场、抗击风险。

五是不胜任退出制度化。全员重新签订《劳动合同》《岗位聘用合同》，重申北方公司《员工守则》，明确劳动合同期满续订标准和员工不胜任岗位退出认定标准，构建起运用法律手段解决不胜任岗位人员“退出”的长效机制。

六是提前退休破冰开局。北方公司加大与地方社保机构沟通力度，争取到发电企业特殊工种提前退休政策，改革后实现特殊工种提前退休办理221人、病退4人，为减人增效打开新思路。

（二）健全人事制度，实现岗位能升能降

一是严控管理人员数量。北方公司基层各级管理人员通过“职数、岗位审批”严控总量，改革中人员结构先破后立，管理岗大幅压缩，中干序列人员退出比例达37%，一般管理人员退出比例达25%，未竞聘上岗的中层干部、管理人员有序进入生产岗位工作，真正实现职务“能降”。

二是规范公开竞聘上岗。北方公司发布《关于加强基层企业部门人员招聘管理的通知》，对标本部定标准，提升基层选人用人标杆。改革期间，北方公司本部及基层企业管理、生产技术技能等关键岗位公开竞聘756人，公开竞聘比例达到100%。实现竞聘过程公开化、规范化，形成人尽其才、能上能下、合理流动的用人机制。

三是盘活内部人力资源。北方公司依据《燃煤发电厂岗位说明书》规范主业用工，搭建内部用工平台，引导597名主业富余员工承揽企业原外包项目和新能源业务。提出“先内后外”承包原则，盘活内部资源，鼓励超员单位员工承担系统内缺员单位外委业务。实现主业不超编，新型岗位不缺员的良好用工局面。

四是创新开展内部市场化承包管理。北方公司形成了《关于推行北方公司基层企业内部市场化承包制管理的指导意见》《关于推行北方公司基层企业内部市场化绩效工资定额管理的指导意见》《关于推行北方公司基层企业内部市场化员工工作积分制考评的指导意见》，把被动管理变为主动作为，让自主承包、工作积分、定额分配充分发挥效能，以试点先行、逐步推广的模式稳妥开展，进一步提升企业创新创效活力。

五是离岗退养尽显担当。北方公司修订《关于员工离岗退养有关规定的通知》，经劳动能力鉴定，对长期病假和丧失正常劳动能力的年老员工办理岗位退出，给予生活补贴。妥善安置166名员工退出岗位，尽显国企担当与作为。

（三）深化分配机制，实现收入能增能减

一是全面推行经理层成员任期制和契约化管理。北方公司经理层成员带头，以上率下，25家基层企业149名经理层成员全部签订了聘任协议书和年度经营业绩责任书，签约率达到100%。按照预期性指标跳起摸高、约束性指标承压负重原则分解年度绩效指标，并根据完成情况兑现岗位薪酬。基层班子成员工资最大相差1.83倍，合理拉开收入差距，充分发挥企业负责人的责任担当意识。

二是强化市场化工效联动。北方公司基层企业工资总额的核定由企业效益、劳动定员、人员效率等8项因素确定，同类企业人均工资最大相差1.76倍，实现个人收益与企业效益同升同降，强化效益、效率与收入的紧密联系和因果关系。激励企业各级人员上下同心齐出力。

三是建立市场化薪酬体系。北方公司开展了本部和所属27家基层单位工资“薪点”制改革，建立起以岗位能力为对象，按个人实际贡献定绩效，以企业经济效益获取工资定点值的市场化分配新模式。员工薪酬固定部分与浮动部分比例达3:7，分配机制更灵活。收入向一线员工大力倾斜，部分基层企业生产关键岗位收入是中层副职的2.2倍，薪酬结构更合理。

四是深入市场化薪酬改革。北方公司在煤炭、销售、供热、检修中心等领域开展市场化薪酬改革，建立企业工资总额与产量、边际贡献、经济效益等市场化因素联动的分配制度。有效激励各单位树立市场意识，积极围绕市场拓展业务，实现效益大幅提升。

五是强化专项奖励引导。北方公司针对新能源开发、安全生产、电热力营销、燃料管理等重点、难点工作精准设置专项奖励，专项奖励额占工资总额的2.5%。同时，遵循“有奖必有罚”的原则，加大对违规行为的考核力度，双向调动基层企业创效主动性和积极性。

三、改革成效

一是转型发展实现新跃升。北方公司总装机容量增加3926兆瓦，增幅21%，其中风光新能源装机容量增加3350兆瓦，增幅405%。煤炭产能核增2000万吨，增幅133%。供热面积增加0.32亿平方米，增幅23%。能源结构加快向清洁化转型，能源安全保障能力显著提升。北方公司全口径劳动用工压减3799人，减幅18%，年节约人工成本5.6亿元。紧缩用工成本，让企业在竞争压力日趋加剧的情况下找到新的降本增效点。近2年年均利润总额较改革前翻了4.5倍，彻底扭转亏损局面，把改革成果实实在在地转化为经营收益。

二是三项制度改革实现新突破。通过改革，北方公司倒逼基层落实减人增效主体责任，制定差异化措施。2023年，劳动生产率将达到143万元/人，较改革之初提升3.2倍；发电企业全口径劳动用工效率提升33%，其中新能源机组全口径用工效率为0.09人/兆瓦，集团领先。发电企业的度电用工成本、煤炭生产企业的人工成本利润率等指标均处于同类型企业较好水平。

三是人才队伍建设实现新提升。北方公司通过典型人才“归库”管理，技术、技能人才双通道齐头并建，“三支人才队伍”打造多层次立交桥式上升通道，人才待遇和专项奖励得以落实，人才结构得到全面优化，科技创新发生翻天覆地的变化。2023年，北方公司授权专利新增825件，是2019年的30倍。改革中，北方公司“三公”（公开、公平、公正）、“五化”（标准化、体系化、精细化、智慧化、服务化）的改革战略促使一个百年发电老企业焕发新生机，自身实力不断提升，在同地区、同行业中具备强劲的竞争力。

29

蓄改革势能　破体制窠臼
强力改革促发展　奋力争当排头兵

大唐黑龙江发电有限公司

一、基本情况

大唐黑龙江发电有限公司（以下简称“黑龙江公司”）是中国大唐集团有限公司（以下简称“中国大唐”）全资子公司，主营业务为发电投资运营、热力能源供应、电力设备检修，管理11家基层企业。黑龙江公司坚持以习近平新时代中国特色社会主义思想为指导，深入学习贯彻习近平总书记关于国有企业改革发展和党的建设重要论述，认真落实李强总理调研哈尔滨第一热电厂的指示精神，不折不扣“吃改革饭、走创新路、打发展牌”，打破传统电力行业、东北老工业基地“极难”搞改革的思想枷锁，盘点影响企业高质量发展的“十大突出问题”，有效推进业务整合、机制创新、提质增效和优化升级，实现了思想破冰、改革破局、发展破题。2023年黑龙江公司利润创5年来最佳水平，战略性新兴产业指标位列黑龙江省内五大发电集团第一，煤机边际利润等指标位列中国大唐第一，改革对企业经营发展、进位争先推动作用成效明显。

二、经验做法

（一）以顶层设计构建深化改革路与径

一是以坚定的政治信念为改革树立鲜明导向。黑龙江公司秉持“四个有利于”，以“不改革就没有出路，坚持改革就是胜利之路”的坚定信念统筹改革发展各项工作落实，开通“党委书记邮箱”，成立思想动态工作组，充分听取干部员工的意见与心声，对改革深化提升阶段47封来信逐一进行回复，创造性启用逢聘必考党建、年度测评后30%取消竞聘资格等27项首次推行的改革竞聘举措，让讲政治成为改革的鲜明底色，让公平公正公开成为改革的鲜明导向。

二是以系统化的改革方案牵引改革持续深入。黑龙江公司以“跳起摸高、区域领先”为原则，全面对标“双百企业”谋划起草改革深化提升行动方案。“一企一诊断书”，逐家企业建立“实施方案+配套办法+操作流程”改革模型和改革路径，建立134项改革深化提升行动任务措施，其中自选动作65项。配套制定《组织机构及干部人事改革优化实施方案》《构建新型电力系统建设实施方案》等20余个改革配套子方案，有效发挥改革乘数效应。

三是创新体制机制建设为改革夯基筑魂。黑龙江公司积极优化资源配置、调整原有产业规模结构，谋划新型电力系统建设，按照“一业一主体”工作思路开展龙唐公司吸收合并群力分公司优化改革，推进实施“一市一主体”鸡西区域3家企业一体化整合与双鸭山区域2家企业一体化整合改革。黑龙江公司创新建立实施《员工岗位评级激励管理》等改革相关制度办法50余项，不断打破旧有体制机制的窠臼，引领和推动改革创新发展。

（二）以目标责任刻画履职尽责尺与度

一是以任期制契约化提质精准锚定经理层履职目标。黑龙江公司以科学性、挑战性为原则，建立了省公司与基层企业董事会双重把关、各级管理主体战略目标约束对齐的契约编制规则。坚持定量考核和定性评价相结合，坚定落实目标考核与薪酬刚性挂钩、履职评价与经理层退出刚性挂钩。自经理层任期制契约化工作开展以来，经理层成员年度绩效兑现最高降幅达到85%，3名干部由于触发约束性事项被免职。

二是以结果为导向不拘一格“揭榜挂帅”选人才。黑龙江公司针对重点攻关项目、重要领域建立了以需求为牵引、以能够解决问题为评价标准的选人用人机制。通过履职标准与业绩考核目标的前置，提前标定了岗位履职边界，为企业使用干部赢得了主动权，提高了干部与岗位的适配性。2023年公司通过“揭榜挂帅”竞聘选用3名干部，基层企业通过“揭榜挂帅”竞聘选用14名干部。

三是以常态化评估助力岗位绩效管理完整闭环。黑龙江公司通过绩效考核结果建立了岗位评估机制与模型。通过对绩效考核结果由高到低定比例、定结构强制评价，有效激励员工有针对性地实施绩效改善。通过定性与定量相结合的常态化岗位评估机制的实施，有效填补了全员绩效最后一环，形成了以月为单位的绩效考核闭环生态。2023年公司系统员工不胜任退出111人，占比3.1%。

（三）以三项制度改革勾勒三能机制的形与神

一是干部“能上能下”，打破铁交椅。黑龙江公司以“逢缺必聘、末等退出”为主要方式，开展“揭榜挂帅”、公开竞聘、择优选拔，2023年完成副经理级及以上领导人员竞聘4批次，22个岗位、116人次参与，其中“80后”占比提升14.4%，“85后”占比提升12.2%；基层企业中层干部竞聘15批次，93个岗位、198人次参与。全系统因岗位竞聘落聘及考核考评不胜任退出50名干部，退出率12.14%。

二是员工“能进能出”，打破铁饭碗。黑龙江公司积极推进系统11家企业岗位定员工作，为深化员工市场化退出提供了标尺。科学规划用工总量，结合“三定”工作，2023年完成41名冗余员工向外包用工的对等替代。完善内部流动机制，通过改革“把合适的人放到合适的岗位”，发布实施“冰雪人才”岗位交流培养机制，助推员工跨企业、跨专业交流，打通专业和业务壁垒。畅通员工退出渠道，深入推行实施“两个合同”管理、待岗管理、内部人力资源市场管理等。2023年二级本部员工退出到所属基层企业工作9人，占比23%；招聘调入二级本部工作18人，占比46%，置换率接近50%，员工能进能出成为常态。

三是收入“能增能减”，打破铁工资。黑龙江公司结合宽带薪酬机制制定《员工岗位评级激励管理办法》，建立“三类四级”“69个岗位类别”的岗位评级激励标准，与现行绩效考核制度结合形成多维度、立体化的薪资分配机制。通过差异化薪酬分配、对所属企业效益完成档位匹配不同薪酬分配激励机制，对重点领域、特定任务设立专项绩效，设立24项单项奖励，投入奖金5000余万元，使干部员工的关注点、积极性向专项工作不断聚焦，有效推动重点工作任务攻关和突破，突出绩效考核“指挥棒”功能。2023年度系统企业浮动工资占比达到85%，管理人员收入差距达到2.32倍。

三、改革成效

2023年11月，李强总理在大唐哈一热电厂调研时，对公司展现出的央企担当作为及老企业通过改革焕发的生机等方面工作给予充分肯定，给公司干部员工带来巨大鼓舞和深切勉励，各项改革深化提升工作取得扎实成效。

一是形成干部员工拥护改革共识成果。随着改革的持续推进，关注企业改革发展的员工从88%增加至98%，员工怀疑、观望、害怕、抵触的思想坚冰逐渐融化，支持、期盼、参与、拥护的改革共识逐步凝聚。全系统作风面貌焕然一新，干部员工“二次创业”意识更强，“追求卓越”气势更足，支持改革热情更高，央企员工保暖保供、使命担当的责任感和荣誉感更加蓬勃。

二是形成基层企业主动改革质变成果。黑龙江公司各基层企业结合自身发展特点，从增强企业竞争力、区域影响力、产业链控制力、盈利能力的角度出发，开展实施产业结构调整、区域一体优化整合，有效压缩管理层级和管理主体。以“少人化、集约化、智能化、数字化、高薪化”为总目标，加大科技创新力度，实现机械化换人、智慧化减人，劳动用工效率得到有效提升，全员劳动生产率同比提升48%。

三是形成公司高质量发展共赢成果。黑龙江公司持续推进改革深化服务高质量发展，2023年利润同比增长6.7亿元，创5年来最佳；新能源建设指标获取、核准容量位列省内“五大”第一；完成发电量创3年来最佳，煤电发电量增速位列省内“四大”第一；风电利用小时创历史新高。

30

筑牢人才资源支撑　赋能企业改革发展

中国华电集团有限公司四川分公司

一、基本情况

中国华电集团有限公司四川分公司（以下简称“华电四川”）是中国华电集团有限公司（以下简称“中国华电”）直属单位，是在川最大综合发电企业，产业链涉及发、供、储、售等电力业务，电源种类涵盖水、风、光、燃机、煤电发电。截至2023年底，在运装机1115.7万千瓦，清洁能源装机占比66.8%。华电四川全面贯彻中央人才工作会议和中央企业人才工作会议精神，认真落实中国华电人才强企战略及人才工作要求，坚持党管人才原则，以加强和改进新时代人才工作为主线，针对人员“又多又少”结构性矛盾，以深化人才体制机制改革、培育壮大新时代人才队伍、提升人才工作服务保障水平为抓手，不断提升人才工作质效，以人才工作高质量发展助推企业高质量发展。

二、经验做法

（一）强化顶层设计，注入人才管理“新动力”

一是构建“三青三才三化”人才发展体系。华电四川制定《关于加强和改进新时代人才工作的措施》，构建“华蜀青年骏才、华蜀青苗、华蜀青马”人才储备，“领军帅才、管理英才、技能匠才”人才成长，“培训项目化、标准化、信息化”人才培训的“三青三才三化”人才发展体系，明确人才工作发展方向和实施路径。将人才队伍建设纳入基层企业负责人业绩考核，充分发挥各级用人单位人才工作主体责任。

二是形成“一目标、三体系、四工程”能力素质大提升工作思路。华电四川编制《2023—2025年能力素质大提升专项行动方案》，以全面提升员工能力素质为目标，以建立健全工作格局、资源体系、管理机制三大体系为保障，重点实施“全员强基、青年托举、关键淬炼、优秀引领”四大工程，形成了“一目标、三体系、四工程”的“134”工作思路，进一步在华电四川上下统一思想认识、提高履职能力、激发创新活力。

三是建设“三大族群、四个类别、三个层级”职位序列标准。华电四川出台《职位序列标准管理办法》，开展管理、技术、技能“三大族群”，管理Ⅰ类、管理Ⅱ类、技术类、技能类“四个类别”，初级职位、中级职位、高层职位“三个层级”职位序列建设，探索实施以业绩贡献评定职工能力素质、薪酬分配的职位序列体系，加强业绩考核在职业发展中的核心作用，以业绩和能力为重点，加大激励考核力度，建立动态管理、能上能下的良性运行机制，形成由“千军万马过独木桥”向“万马千军齐头并进”转变的职业发展通道，为人才提供施展才华和职务（职位）提升的宽阔舞台。

（二）强化分类实施，拓宽人才培养“新措施”

一是开展“领军帅才”领导能力提升行动。华电四川首次开展41人参加的正厂级领导人员读书班，党委书记、董事长讲授第一课，着力提升正厂级领导人员高效履职、推动发展的能力。破除围墙文化，协调领导干部培训纳入四川省委及12个地市州培训体系。有计划地选派优秀年轻干部到吃劲岗位、重要岗位、基层一线和困难艰苦地方磨炼，推荐中国华电学习岗4人、挂职干部4人，内部组织40人次优秀年轻干部跨单位挂职，推荐26人到政府部门、行业协会挂职，选派1名副厂级干部参与四川省39个欠发达县域托底性帮扶工作。

二是开展“管理英才”业务能力提升行动。华电四川统筹开展专题培训班47期，首次举办青年干部和优秀人才能力素质提升班（66人）、卓越工程师线上培训班（53人）。创新开展“华蜀青年骏才”专项招聘和培养，首批引进13名高学历高素质优秀大学毕业生。对接教育部等五部委牵头开展的现场工程师培养工程，与3所高校联合申报成功入选四川省、重庆市第一批现场工程师培养计划，计划联合培养现场工程师60人。实施“人才+”培养模式，各类优秀人才牵头新能源发展、技术攻关、科技创新、战略性新兴产业等重难点任务，在实际工作中锻意志、强素质、提能力。

三是开展“技能匠才”岗位技能提升行动。依托中国华电党校，华电四川首次举办高技能人才研修班，签订高技能人才目标任务承诺书51份，开拓人才培养新路径。首次开展新入职毕业生一年见习期满业务调考，两个培训中心开展职业技能等级认定（评价）培训19期、培训人数963人。加强学习培训资源建设，形成“风光无限”等一批标准化培训课程，在中国华电第一、二届培训数字化微课评选中获奖数量均居中国华电直属单位首位，其中第二届评选获得“优秀一等”作品8个、占比29%，“优秀二等”作品18个、占比45%，“良好”作品22个、占比40%。全面开展生产人员岗位能力达标及持证上岗工作，进一步提升生产人员技能水平和岗位履职能力。

三、改革成效

一是全员素质能力进一步提升。2023年，华电四川新增中高级职称和高技能人才307人，同比翻一番，其中高级职称通过人数32人（正高级2人），同比增加1倍；具有中高级职称人员在管理人员和专业技术人员中占比达到57%，处于中国华电发电类直属单位前列；高技能人才在技能人员中占比达到53%，远高于中国华电“十四五”人力资源规划提出的2025年末高技能人才在技能人员中占比达到45%的目标。产业工人能力素质大提升工作经验做法得到四川省委常委、统战部部长、省总工会主席批示并予以高度评价。

二是优秀人才数量进一步增加。华电四川评选首批优秀人才34人，个人三年人才津贴最高可达10万元。首次评选“华电工匠”12名，树立高技能人才楷模。截至2023年底，高级职称和高级技师人员占比10.3%，首次超过10%。组织参加全国电力行业、中国华电、四川省8项技能（业务）大赛，获省级、集团级团体奖6个，26名选手获集团级、省部级及以上奖项，4人获中国华电技术（业务）能手，创5年来最好成绩。加大高层次人才和高技能人才培养推荐力度，1人获评2023年享受政府特殊津贴人员（中国华电仅6人），系华电四川首位获此殊荣人员；1人获评“四川省技术能手”（此批次仅50人），1人获评“四川工匠”，华电四川人力资源部被评为四川省高技能人才培育先进集体，系发电央企在川唯一获奖单位。

三是青年人才质量进一步提高。华电四川加大年轻优秀干部培养使用力度，“80后”厂级干部占比同比提升4%，首次提拔使用“90后”厂级干部1名，超过70%基层企业班子配备了年轻干部。选拔“华蜀青苗”80人，开展专项培养，畅通青年人才成长通道。近两年新入职大学毕业生272人，为华电四川经营发展注入了有生力量。在中国华电首次统一组织举办的新入职毕业生“启航华电”训练营三大主题活动中名列前茅，其中征文比赛获奖9篇、占比14%。培养储备74名华电四川内训师，青年内训师占比61%，通过严格考试考核和层层择优选拔，其中1人担任中国华电青年培训师教学技能竞赛赛前教练，1人代表中国华电参加第四届中电联青年培训师教学技能竞赛并获得个人二等奖，同时被授予“电力行业技术能手”称号，实现获奖零突破。

31

改革赋能激发微观活力 撬动企业扭亏为盈落地见效

国家电投集团河南电力有限公司沁阳发电分公司

一、基本情况

国家电投集团河南电力有限公司沁阳发电分公司（以下简称“沁阳发电”）系国家电力投资集团有限公司（以下简称“国家电投”）河南电力有限公司（以下简称“河南公司”）下属三级单位，主要业务为火力发电及工业、居民供热。沁阳发电坚持以习近平新时代中国特色社会主义思想为指导，全面贯彻习近平总书记关于国企改革发展和党的建设重要论述精神，在国家能源结构转型、火电年利用小时数连年下降、煤价波动带来成本冲击等背景下，全面推进改革，完成从2021年至2022年累计亏损6.58亿元到2023年盈利2.41亿元的蜕变，全员劳动生产率实现179.1万元/人，同比增长167%。

二、经验做法

（一）突出党建引领，以思想破冰引领行动突围

沁阳发电把“从群众中来，到群众中去”这个党的领导方法和工作方法，作为改革和扭亏取得成功的根本依靠。

一是贯彻改革精神。沁阳发电深入贯彻落实党中央国务院、国家电投、河南公司有关国企三项制度改革精神，拿出自我革命的力度，勇敢打破原有的机制格局，抓住关键、解决堵点，形成61条行动项，明确部门和责任人，及时跟踪督办、月度通报，确保落实落地。以主题教育为抓手，讲政策、说形势，发现51个问题，形成68项措施，抓好“学、查、促、改”4个关键点，直击痛点，大刀阔斧推进改革。

二是凝聚改革共识。沁阳发电把深化改革作为民心工程，走好群众路线，让职工当主力、唱主角，成为真正的英雄。深入推进“穿石”行动，班子成员“深蹲”一线班组58次，宣讲改革精神、共话改革心声，唤发“企业不消灭亏损，亏损就会消灭企业”“改革有希望，发展有底气”强烈共鸣，引领职工同步转观念，打造命运共同体。

三是汇聚改革众智。沁阳发电把职工思想统一到扭亏增盈中心工作上来，深化全员“三问”——明确改革“是什么”“为什么”“改什么”，畅通建言渠道，激荡改革智慧。开展全员“我能为扭亏为盈做什么”大实践、“幸福是奋斗出来的”大讨论、“思想破冰、发展突围、扭亏脱困”大讨论活动19场，征集70多项“金点子”和100余条意见建议，形成群策群力、迎难而上、破壁攻坚的发展合力。

（二）健全体制机制，以机制破壁激发微观活力

职工是扭亏脱困的决定性力量。沁阳发电以前所未有的魄力，推动全员思想大解放，让体制机制活起来、职工劲头提起来。

一是“市场化转变”让机构“能增能减”。沁阳发电明晰未来发展定位，缩短管理链条，破除重复消耗，精简部门6个，优化管理人员30%；推进专业、班组重组，精简班组12个。建立层级清晰、职责明确、与公司发展相匹配的管理架构。聚焦市场化运营管控，打破部门壁垒，经营决策与生产运营及时反应、快速联动，加快企业由生产型向经营型转变，实现

“联动、集约、高效”管理，“做减法”、见“乘”效。

二是“契约化管理”让员工“能上能下”。能力决定岗位、效率决定用工，沁阳发电建立“赛马”机制，打破“铁饭碗”固化思维，着力“去身份化、去行政化”，推行“双合同”管理。带指标全员竞聘，岗位合同100%全覆盖。强化全员绩效，多维度量化岗位考核标准，建立“关键指标+重点任务”考核，落实“271”评价强制分布机制，树立鲜明的能力业绩导向。完善不胜任退出机制与刚性运用，全年调整岗位132人次，建立解除岗位、赋能培训、岗位竞聘、再上岗的常态化流转机制，实现压力与动力层层传递，奋进激情竞相迸发。

三是“差异化分配”让收入“能增能减”。效益决定薪酬，“授权+同利”融合贯通，沁阳发电建立企业利润与收入联动、内部市场揭榜挂帅激励、部门“绩效包干”并行激励机制。薪酬分配向重点领域、急难险重任务、关键岗位、生产一线倾斜，精准指向业绩贡献者，分享超额利润，拉大收入差距，同薪级一线生产岗位比管理岗位高出20%～50%，同岗位收入差距达1.5倍，内部揭榜攻坚任务20余大项、200余小项，专项即时激励1371万元。

（三）找准硬核命门，以管理赋能助推扭亏增盈

沁阳发电聚焦提升“核心功能与核心竞争力”，激活关键领域新效能，牵住“牛鼻子”、啃下“硬骨头”，加速效益提升。

一是分类授权，差异化管控。沁阳发电挖潜提效，提升微观主体经营活力。强化战略管理，既要放权又要在控，管流程界面、管风险防控，对战略规划、生产运营、安全生产、质量管控实行集中管理，综合、经营部门做好计划规划、服务支持、评价改进。充分放权压责，“谁用人、谁选人、谁考核”，部门负责人直至班组，自主组建团队，层层下放选人用人权、绩效分配权，挖掘人力资源潜力，推进责权利高效统一。

二是人才强企，多通道发展。沁阳发电建立“赛马”机制，打破论资排辈，党委管、市场选，鼓励“能人举手”，有为者有位、优秀者优先蔚然成风。优化职级体系，推进员工职业生涯发展，设置经营管理、专业技术、操作技能职级序列，赛道转换、选聘 16 人，打造横向贯通、纵向发展、螺旋上升的灵活高效职业通道。创新人才发展机制，创办“制度大讲堂”“学习强企”，建立“赋能中心”，名师带徒、以干代训、以赛促学，跨专业、多岗位锻炼，培育复合型人才队伍。

三是关键领域，组合拳攻坚。沁阳发电以效益最大为导向，勠力深入“业财融合”，建立日边际分析模型。聚焦成本控降，细化燃煤采购计划、严控验收质量、降低管理成本，入厂标煤单价同比下降 144.68 元/吨。聚焦革新创效，发明“五种电”配“五种煤”掺烧新模式，通过炉外配煤、分仓上煤、分时段精准上仓等方式优化配煤掺烧办法，节约成本 3986 万元。调峰收益达到 1.12 亿元，同比增加 122%。聚焦“能干不包”，在技术革新、节能改造、降本增效等方面出新招、献良策，总结出“四加强、四避免”方案。“修旧利废”“外委管控”“招标打捆”等精细化管控，扭转“穷人雇保姆”深层矛盾。自主摸索油漆工艺较外包降低费用 2/3，自主制作拆装超滤保安器平台每年节约脚手架搭设费用 20 多万元。“芝麻西瓜一起抓”，强力撬动企业经营扭转。

三、改革成效

沁阳发电依靠改革搬走了沉压已久的亏损大山，企业由大额亏损转为大幅盈利，全员劳动生产率大幅提高，分享了殷实丰硕的改革红利，干部职工精神面貌焕然一新。“揭榜挂帅”，从过去被动安排工作转变为主动去干；“能干不包”，从想办法不干转变为想尽一切办法要干；群策群力，从过去事不关己高高挂起转变为与公司同呼吸、共命运。广大职工真正成为改革的参与者、监督者、受益者，员工获得感与企业发展形成了良性互动的和谐局面，职工迸发出前所未有的澎湃动力。

围绕“存量资产经营提升、积极推进火电 +”的总体思路，沁阳发电加快创新型内涵式发展，坚定不移向管理、向市场、向政策要效益，释放改革势能，不断增强核心功能，壮大持续盈利、健康发展根基。

下一步，沁阳发电将坚定不移当好集团改革“排头兵”“示范田”，深度对接容量电价、现货交易等市场化机制，深入推进精益化运营。建立“123321”全面深化改革体系，坚持“一个原则”，贯穿“两条主线”，构建“三大体系”，做好“三篇文章”，协调“两个关系”，争做央企改革示范标杆企业，打造机制灵活高效、具有核心竞争力的中国式现代化能源企业。

32

深化三项制度改革　完善市场化经营机制激活企业高质量发展的活力动力

上海勘测设计研究院有限公司

一、基本情况

上海勘测设计研究院有限公司（简称“三峡上海院”）是中国长江三峡集团有限公司（以下简称“中国三峡集团”）的二级子企业，成立于1954年，是一家可提供全过程工程咨询和全产业链服务的大型甲级综合设计院，是国家级高新技术企业、国家发改委第四批混改试点单位。入选“科改企业”以来，三峡上海院认真学习贯彻习近平总书记关于国有企业改革发展的重要论述，深入推进三项制度改革，转换市场化经营体制机制，通过持续优化内部组织机构，调整生产关系，解放生产力，全面深化“三能”机制改革，不断激活企业高质量发展的活力动力，企业发展迈入“快车道”。

二、经验做法

（一）实施事业部制改革，夯实三项制度改革组织基础

一是市场化导向，推动事业部制改革。三峡上海院贯彻“以市场与客户为中心”理念和“生产经营一体化”原则，建立市场导向型的组织架构

与多级经营格局，组建五大业务板块事业管理部、细分市场项目管理部及13个专业院所，推动形成“公司统筹、事业部主战、专业院所主建”的业务新模式，构建了整合资源、集中优势兵力服务集团内外市场的新格局，打造了一体化统筹和专业化发展的新优势，市场化导向更为清晰，组织效率大幅提高。

二是集团化管控，构建授权监管体系。三峡上海院进一步将职能部门的事务性工作剥离、整合，通过共享服务机制为业务单元提供统一、专业、标准化的服务，以实现整合资源、提高效率、降低成本的目的。完善“战略管理＋运营监管型”集团化管控模式，并建立权责清单及授权文件，做到总部把方向、控大局、管大事，部门（单位）落实各项经营发展指标，围绕业务发展战略拓展各项经营活动。

（二）深化干部人事制度改革，增强干部队伍生机活力

一是推行经理层成员任期制和契约化管理，不断提升实施效果。三峡上海院通过任期制及契约化管理实现本部与子企业、经理层成员“两个全覆盖”，并进一步提高了底线和合格线标准，严格按照契约精准考核、刚性兑现，体现强激励、硬约束。参照经理层成员任期制和契约化管理方式，落实各级管理人员新型经营责任制，2023年签约率为100%。

二是实行更为灵活开放的干部选拔任用机制。三峡上海院拓宽选人用人视野，优先采用竞争性选拔方式选配干部，深入推行“揭榜挂帅”市场化选聘分/子公司负责人，2023年度通过竞争上岗方式选拔干部占比92%。逐步破除职级隐形台阶，注重素质能力导向，选配25人担任部门副职级职务。大力培养选拔优秀年轻干部，2023年选拔引进党管干部中，40岁及以下干部占比57%。

三是建立完善领导干部“能上能下”常态化。三峡上海院研究制定《推进领导干部能上能下实施细则》，区分对待干部退出情形，细化退出方

式的标准和实施程序，有序逐步解决干部能下问题。对所属单位（部门）领导班子进行综合考核评价，强化干部试用期满评价和“揭榜挂帅”“榜单”完成情况考核，考核结果作为干部“能上能下”的重要依据。探索专业院主要负责人“赛马”“淘汰”机制，在对专业保障不达标实行一票否决制的同时，鼓励专业院自主发展，符合条件的予以晋升和经营业绩奖励。

（三）深化劳动用工制度改革，全面提高员工素质

一是提高“引”的标准。三峡上海院编制五年人力资源发展规划和年度人力资源需求计划，统筹规划好用工规模和提高劳动生产率的关系，提高招聘工作的前瞻性和计划性。制定专项引才引智计划，不断提升引进人员质量，应届高校毕业生中“双一流”高校和国外知名院校比例达 90%，国家级海外高层次人才数量连续取得突破。充分用好三峡上海院院士工作站、博士后科研工作站、上海海上风能资源开发利用工程技术研究中心等平台的人才资源，强化与怀柔实验室、大连理工大学等科研院所合作，大力实施柔性引才，近 3 年柔性引才 320 人，其中柔性引入国家级高层次人才 10 余人。

二是加大“育”的力度。三峡上海院建立涵盖管理、专业、咨询、技能 4 个序列的职位职级体系，畅通员工发展通道。加大技术人才自主培养力度，深入实施“青年人才托举工程”“登峰计划”，开展“融入、飞翔、英才”培训班，构建“领军—专家—骨干”三级人才队伍。举办企业管理、项目经理、市场商务、名师大讲堂等一系列特色专题培训班，2023 年参训人员共计 32798 人次。推进与多家国内知名高校产教融合基地合作建设，建立校企“双导师制”，推动资源共享、人才共育。

三是畅通“出”的渠道。三峡上海院建立健全试用期、年度和劳动合同期满考核评价制度，考核覆盖率 100%，考核结果强制分布，加强对不胜任员工的培训、调岗和降级，对符合解聘条件的员工依法解除劳动合同，2023年员工市场化退出率约为2.57%。优化人力资源配置，完善内部流动机制，通过内部招聘、调动、轮岗、借用等多种形式盘活人力资源存量，提高使用效率，2023年结合事业部制改革共完成内部人才流动1994人次。

（四）深化收入分配制度改革，调动干部职工积极性和创造力

一是坚持工资效益同向发力。三峡上海院根据业务特点制定精准多样的工资总额决定机制，推动工资总额与利润、劳动生产率、科技等业绩指标刚性挂钩、月度调整，不断提高发展质量。完善岗位绩效工资体系，以岗定薪，按绩取酬，浮动薪酬占比超过七成，合理拉开收入水平差距，近3年各层级不同岗位管理人员收入差距达2倍以上。

二是坚持外引内培同频激励。三峡上海院对国际高端科技人才、市场紧缺科研人才和高端技能人才实行协议工资制，给予倾向性的薪酬福利待遇，并强化考核约束，签订目标责任书，实现薪酬兑现与业绩贡献挂钩。针对科研骨干人员，结合业绩实际可给予内部同层级75分位及以上的薪酬待遇。探索实施内部科技成果转化收益分享和激励，对公司取得的科技成果且转化收益90%来自公司外部的，从该项科技成果转让净收入或者许可净收入中提取一定比例作为奖励。

三是坚持执行机制同步联动。三峡上海院自2017年就建立了国有科技型企业岗位分红激励机制，累计兑现的激励对象约占在岗职工总数的比例为24%，其中重要技术、科研人员占比达到90%。同时，按照激励对象不重复原则，积极推进股权激励、超额利润分享等其他中长期激励形式。拓宽人才落户渠道，实施人才安居工程，2023年完成人才落户269人。

三、改革成效

三峡上海院通过深化三项制度改革，激发干部员工担当作为、不断提升核心竞争力，企业发展动力活力和效率效能得到明显提升。

一是经营业绩再创新高。2023 年，三峡上海院经营业绩继续获得集团 A 级评价，整体呈现稳中有进、进中向好的良好态势。新签合同 144.58 亿元，其中勘测设计新签合同 27.68 亿元；营收首次突破百亿元大关、达 113.22 亿元，同比增长 46.98%，其中勘测设计 15.83 亿元、同比增长 35.03%；净利润 1.94 亿元；净资产收益率 8.66%。

二是科技创新再上台阶。三峡上海院成功入选国务院国资委“科改企业”名单，2023 年研发投入 4.8 亿元，同比增长 45%，研发投入强度超过 4.2%。形成“3+3+2+N”的实验室体系和“1+N”科创平台体系，共荣获国家级科技进步奖 11 项、省部级科技进步奖 61 项、省部级及以上工程技术奖 503 项，拥有有效专利 516 件（其中发明专利 216 件），软件著作权 125 项，主/参编发布的国家、行业和地方技术标准 66 项，在水和清洁能源勘测设计研究领域形成了一批特色鲜明、技术领先的核心技术能力。

三是核心竞争力稳步提升。三峡上海院充分发挥背靠三峡、地处上海的优势，国家水网建设、保供水、水利生态等传统业务持续发展，水电抽蓄、陆上大基地、海上风电、风光热基地、储能氢能等新兴业务快速成长，数字化交付、智能建造、数字孪生、智慧水利等业务再上台阶，覆盖工程建设全生命周期的整体解决方案能力和全方位技术服务能力稳步提升。2023 年，首席专业师、总工程师林毅峰被授予“国家卓越工程师”称号，首席专业师陆忠民入选首届“上海市工程勘察设计大师”，9 人入选国家和上海市人才计划。

33

强化人才培养　高质量建设卓越工程师团队

国家能源集团宁夏煤业有限责任公司

一、基本情况

国家能源集团宁夏煤业有限责任公司（以下简称“宁夏煤业”）是国家能源投资集团有限公司（以下简称“国家能源集团”）和宁夏回族自治区合资合作组建的大型综合国有能源企业，主营业务为煤炭和煤制油化工，现有生产矿井14对，已建成国内最大煤制油化工基地。宁夏煤业始终胸怀“国之大者”，持续践行“社会主义是干出来的”伟大号召，以推进煤炭清洁安全高效利用、保障国家能源安全为使命，牢固树立“人才是第一资源”理念，把人才工作创新作为企业转型发展、高质量发展的强劲引擎，把人才培养作为增强核心功能、提升核心竞争力的硬核支撑。2024年1月19日，宁夏煤业400万吨/年煤间接液化成套技术创新开发及产业化团队被党中央、国务院授予“国家卓越工程师团队”称号，煤炭间接液化创新实践基地被中国科协认定为2023年度科学家精神教育基地。

二、经验做法

2023年以来，宁夏煤业全面贯彻落实国有企业深化改革提升行动部署，深化人才发展体制机制改革，以优秀专家、大国工匠、青年人才三支队伍建设为抓手，不断丰富人才培养方式，持续加大人才激励力度，人才创新创造活力竞相涌流，为建设世界一流煤化企业和一流区域能源投资公司提供强大的智力支撑。

（一）注重强化顶层设计，呈现人才发展体制机制改革新气象

宁夏煤业始终坚持党管人才原则，前瞻性思考、全局性谋划、整体性推进，畅通政策体系“内循环”，厚植人才发展新沃土，持续强化顶层设计，全面释放政策红利，激发人才发展原动力。全面加强党对人才工作的领导，健全完善人才队伍建设工作领导机制，构建了党委统一领导、党委组织部牵头抓总、办公室成员部门各司其责的人才工作格局。畅通人才成长成才通道，建立了管理（M）、专业技术（T）和技能（S）3类职业发展通道，彻底打破技术技能人才成长晋升的“天花板”，实现了人才培养纵向贯通、横向融通。加快推进三支队伍建设，全面开展公司优秀专家、大国工匠、青年人才三支队伍建设三年行动，到2025年选拔培养15～20名公司首席专家（卓越工程师）/高级研究员（高级工程师）；每年选拔培养20名左右优秀管理者，宁煤工匠和公司首席师各10名左右，重点选拔培养10名青年科技创新英才，构建梯次合理、结构优化、门类齐全的人才队伍建设体系。

（二）着力锤炼创新能力，打造人才成长成才新途径

宁夏煤业坚持把重大项目、生产一线、重点工程作为锤炼人才创新能力的“竞技场”和培养人才的“大课堂”，打造一专多能、有突出创新能力、可解决复杂难题的人才队伍，推进新时代人才强企战略向纵深发展。坚持把重大项目作为培育科技创新人才的主战场。通过实施上海庙矿区开发、MTP升级改造、EVA、GTL基础油、百万吨级CCUS、甲烷减排等重大项目建设，以及α烯烃、POA、POE等自主开发技术产业化，同步布局一批聚焦煤炭高效绿色低碳开采、高端新材料、新能源新技术等重大科技

攻关项目，积极承担国家级重大科研任务，切实以重大项目建设提升科技创新水平，在重大项目建设中培育顶级大师和科技领军人才。持续加大科研投入力度，积极争取科研项目立项，全年分批次征集储备科研项目 161 项，立项实施 43 项，其中省部级 11 项。宁夏煤业万吨级润滑油、C6-C10 正构烷烃分离、α 烯烃精分离、高碳醇等 15 项攻关任务纳入国家能源集团重大科技攻关行动纲要和培育发展未来产业计划。积极营造宽松科研环境，遵循科技创新规律，突出对科研成果的检验，弱化对研究过程的管控，减少科研项目实施周期内的各类评估、检查、抽查、审计等活动。首席专家（卓越工程师）/高级研究员（高级工程师）考核以项目考核为主，以年度和任期考核为辅。

（三）着眼拓宽人才视野，大力推进创新平台建设

宁夏煤业始终坚持“产学研用”一体化培养模式，积极推动协同创新，大力与高校、科研院所合作开展联合攻关，拓展科技创新合作空间，创新合作机制，让人才在合作交流中阔视野、长见识、增才干。聚焦煤炭间接液化二代技术、煤制油高值化产品等关键核心技术，集智创新实施一批示范性、突出性和引领性重大科研攻关，加大创新成果转移转化力度，深化高端人才共育，加快创新驱动发展，奋力打造全国煤炭清洁转化利用原创技术策源地，成功设立宁夏回族自治区煤炭间接液化产品高值化利用重点实验室。与华东理工大学签署合作框架协议，聚焦基础研究与行业瓶颈难题，联合开展关键共性技术攻关，探索建立资源平台共建、高端人才共享合作交流新机制，挂牌成立“国家能源集团宁夏煤业有限责任公司-华东理工大学产教融合高层次人才联合培养实习实训基地”。坚持“不求所有、但求所用，不求所在、所求所为”用人理念，深入探索“飞地”研发新模式，成立“国家能源宁夏煤业公司上海研究院”，加强与科技创新和产业发达地区高等院校、科研机构及高新技术企业的合作交流，持续增强公司对高层次人才的吸引力。

（四）激发创新创造活力，构建符合科技创新激励体系

创新之道，唯在得人。宁夏煤业持续优化加强配套薪酬激励政策，构建了覆盖单位、团队、个人的立体式科技创新激励机制，充分激发了人才的创新创造活力。进一步完善公司科技类单位差异化工资总额决定机制，鼓励专职科研单位探索实行“基本薪酬 + 激励薪酬 + 成果收益奖励”的薪酬管理模式。对承担国务院国资委“1025”专项任务和高新工程等重大基础研究的领军人才及团队，经认定可实施工资总额单列。强化科技创新工作激励，对国家级研发平台全周期考核激励，新获批和经考核认定为优秀的分别给予现金奖励。完善科技创新人才靶向激励，针对核心关键技术人才、科技人才及“三支队伍”人才，分类分级实施专项激励，通过设置职级工资优化收入分配结构，科学合理确定职级工资标准、档差，实现人工成本投入产出效率最大化；突出关键核心人才激励，对专业技术类、技能类 8 级及以上职级人员实行津贴制，激励员工提高自身的技术技能和能力素质，构建有利于人才脱颖而出和人尽其才的激励机制。

三、改革成效

一是人才队伍持续发展壮大。截至 2024 年 1 月底，宁夏煤业拥有享受国务院政府特殊津贴 6 人、全国技术能手 4 人、国家技能人才培养突出贡献个人 1 人、全国专业技术人才先进集体 1 个、国家卓越工程团队 1 个，享受宁夏回族自治区政府特殊津贴 5 人、塞上英才和塞上卓越工程师各 1 人、塞上技能大师 6 人、自治区技术能手 7 人，自治区认定高层次人才 24 人。

二是发展新动能新优势持续增强。2019 年以来宁夏煤业科研项目立项 180 项，其中国家级 6 项、省部级 48 项，累计完成研发投入 28.33 亿元、

占自治区研发投入近1/5，年均增长37%以上，投入强度稳定在1.1%左右。累计取得省部级以上科技奖励37项，400万吨/年煤间接液化成套技术创新开发及产业化项目获国家科技进步奖一等奖，“神宁炉”获中国专利金奖。申报专利645件，其中发明专利256件；发布国标8项、行标3项、团标5项、企标22项；获得PCT国际专利3项。加大创新成果转化力度，推广应用自主开发高性能铁基费托合成催化剂5500吨，节约生产成本8250万元。注重“短频快”应用型科研项目，煤矿加固岩体用高分子材料、清洁车用柴油、高效抗磨液压油、新型煤气化灰水分散剂等一批面向企业内需的科研项目快速研发成功，效益良好。

三是煤炭加工转化领域的技术和产业优势不断扩大。宁夏煤业实施煤制油关键技改，攻克解决了煤气化、油品脱碳、动力脱硫等一批制约装置长周期运行的瓶颈问题，工艺指标合格率达到99.6%以上，综合能耗、原料煤耗较设计值分别下降10.7%和7%，能源转换效率较设计值提高3%。狠抓新技术新产品开发，建成煤制油C12、C14、轻白油等提质增效项目，开发轻质白油、费托蜡等新产品，初步形成五大类21种产品集群。国家能源局“卡脖子”攻关任务“以费托蜡为原料生产高档润滑油技术与装备”项目具备工业示范条件；航空航天高性能燃料项目完成工艺固化评审和台架试验，参与完成中国首次煤基燃料商用火箭发射。8000吨级α-烯烃粗分离中试装置试车成功填补国内空白，自主研发的聚丙烯催化剂替代鲁姆斯进口。具有自主知识产权的“神宁炉”，被行业认为“填补国际空白，处于世界领先水平”，专利技术对外转让17台，实现了从技术引进到技术输出的重大跨越。

34

构建纵横运营机制体系 加快提升精益管理水平

中国联合网络通信有限公司河北省分公司

一、基本情况

中国联合网络通信有限公司河北省分公司（以下简称“河北联通”）是中国联合网络通信有限公司（以下简称“中国联通”）在河北省境内的分支机构，下辖12个市级分公司、151个县级分公司。河北联通坚持以政治建设为统领，坚决贯彻党中央决策部署和集团公司党组要求，在助力地方数字经济发展、脱贫攻坚接续乡村振兴、雄安新区建设、京津冀协同发展、冬奥会举办、网络环境治理等方面发挥了积极作用。

二、经验做法

河北联通深入落实国有企业发展深化提升行动部署要求，依托数字化转型强化数据和技术赋能，聚焦组织效率、一线人员产能、基层单元效率、一线问题解决、数据治理体系等六项提升行动，构建纵横运营机制体系，实施精益管理，促进企业效率效益水平持续提升。

（一）聚焦组织效能，构建管理体系，提升运营能力

河北联通基于“人业、财业、业业”数据集成，通过从“纵向扁平”

到“平台 + 精兵”、从“横向拉通协同”到“协同一体”、从“运营统筹”到“策略驱动”、从“营服执行”到“工单穿透”等运营变革，重构组织能力体系。

一是构建体系，运营变革。河北联通基于大数据的纵横智慧大脑体系建设，实施纵向扁平和横向协同。纵向通过数据，实现省公司对下属公司直到员工行为层面的业务和行为透视，实现管理的纵向扁平穿透；横向通过价值链体系，实现为客户交付价值过程的各部门紧密协同，实现信息流、物流和资金流三流合一，不断提升企业的经营效率。

二是协同一体，模式创新。河北联通以组织效率提升为目标，基于企业大数据，形成“策略牵引、工单穿透、直达一线、协同一体”的纵横运营模式，通过一体化运营持续提升组织效能。

三是建立流程，闭环管理。河北联通建立“纵横运营五步法”工作流程，聚焦单兵产能，通过有效解决问题，实现一线人员单兵产能效能提升，促进公司运营目标达成，包括：“找到他”，通过大数据分析推送策略、透视短板，找到相关人员；“通知他”，通过周期预警、电话访谈、个人画像，触达相关人员；“赋能他”，通过短板赋能、新手赋能、低产能赋能，进行针对性和差异化提升；“帮助他”，通过“倒三角”工单、管理工单流转，有效解决一线问题；“评价他”，通过产能提升、问题解决情况分析，评估相关员工改善程度。

（二）聚焦一线人员，实施线上运营，提升产能效能

河北联通有效激发一线人员活力，提升产能效能是实现企业价值创造的基本保证。

一是构建模型，精准画像。河北联通纵横运营体系纳管一线营销、生产人员队伍 19 支、员工 18338 人。全部设定产能模型，基于大数据平台，实现系统自动采集数据、产能计算、效能精益分析，树标杆、找“尾巴”。

二是策略牵引，闭环运营。河北联通建立数字化“四中心”，实现闭环管理和全在线运营。在策略中心精准定义策略，量化预警规则和阈值；从监控中心实时监控，以大数据实时比对策略运行；由调度中心对触线人员实时预警、精准培训赋能；经评估中心跟踪改善情况，定期优化策略参数。

三是在线运营，工单穿透。河北联通通过实时预警、靶向赋能和管理调度，整体产能明显提升，低产能人员压降效果显著。

（三）聚焦基层单元，靶向精准帮扶，提升运营效能

河北联通通过数字管理赋能，做强基层生产中心，提升落后基层单元运营能力，是提升企业价值的坚实基础。

一是数据赋能，“一点”看全。河北联通纵横运营体系纳管的基层单元包括县分公司 151 个、区分公司 29 个、网格 3220 个。基于经营成效、市场份额、资源效率等维度，构建网格、县公司效能模型，从运营指标、队伍状态、管理短板方面赋能管理一线，预警、管理调度落后网格/县分公司负责人，提供管理建议。

二是综合评价，对标看齐。河北联通建立指标评价体系，通过树典型、“砍尾巴”，对标看齐，推动落后县分公司运营能力得到整体提升。

三是纵横协同，精准调度。河北联通利用纵横运营工作机制，横向拉通、纵向穿透，会诊根因，实施精准帮扶。动态设置调整农村区域综合网格，指导优化布局、加强覆盖、补充资源，调整后网格宽带、移网渗透率普遍得到提升。

（四）聚焦一线问题，完善解决机制，提升员工满意度

河北联通夯实“倒三角”探查问题线索，切实感知一线痛点，通过创新“管理工单”线上驱动方式，解决员工急难愁盼问题，提升员工满意度。

一是统筹整合，汇集识别。河北联通通过整合“倒三角”工单、纵横运营走基层、数字化进场景、专业线调研收集等方式，自下而上、自上而下，实现问题汇集和分拣识别。

二是多维联动、研判定位。河北联通通过晨夕会机制、问题长机制和专业线会商等形式，实现专业间协同及省市县网格员工五级联动。遇有重复集中出现、长期无改善等情况，适时动态升级，按管理层级逐级升级发送，最高直至市分总经理级。疑难事项纳入周月报、经营分析和专项汇报。

三是信息共享、动态管理。河北联通采用“432”方式（4 工单 +3 通报 +2 汇报）与纳管员工和各级管理者交互，共享输出信息，提示问题、盯督解决、评估效果。

（五）聚焦横向协同，建立 PMO 机制，提升协同效率

河北联通以解决一线问题为导向，建立 PMO 机制，规范流程，推动横向协同效率提升，实现横向拉通协同规范化、系统化。推动横向协同一体化运营能力不断提升，解决数据流动性不够问题，提升供给效率。持续提升数据赋能，解决跨域重点工作协同不足问题，提升能力聚合效率，实现对运营过程的纵向扁平穿透、横向协同拉通。

（六）聚焦数据孤岛，健全治理体系，提升数据价值

河北联通组建专门的数据治理团队，形成明确场景、识别数据、找数据源、治理数据、汇集数据、使用数据、提升质量数据治理“七步法”，助力企业精益管理。

一是健全体系，协同治理。河北联通建立省公司层面统一数据团队，训战结合培养数字化人才。建立数据治理和管理制度体系，明确部门数据职责。建立明确场景、识别数据、找数据源、治理数据、汇集数据、使用数据、提升质量数据治理“七步法”，推动问题闭环解决。

二是建立标准，强化供给。河北联通建立数据标准，实现公司层面不同业务体系不同维度需求的数据汇集，建成全省统一的数据中台。统一资产目录，明确数据责任人，拉通数据，实现供需双方数据共享透明。建立数据自助取数平台和机制，实现需求部门按照权限直接获取数据。

三是选定场景，迭代赋能。河北联通建立业务目标牵引的能力体系建设模式，根据需求选择数据治理场景，按照项目管理模式推进数据标准建设、数据质量提升和数据汇集建模，迭代提升业务运营能力。

三、改革成效

河北联通持续迭代纵横运营机制体系，推动精益管理水平提升取得积极效果。2023 年，河北联通主营收入同比增长 9.4%，利润实现“六连增”，同比增长 34%，全员劳动生产率年均提升超 10%。

一是一线人效产能和满意度显著提升。2023 年，人均营销产能智家工程师同比提升 2.8%，营业员提升 6.05%，渠道经理提升 2.18%，行业客户经理提升 64.84%。全省低产能人员同比减少 24.12%，低产能人员占比降低 1.01 个百分点。2022—2023 年共解决一线问题 7747 个，问题解决率 99%，一线员工对问题解决满意率达 97.1%。

二是网格和县域效能明显改善。落后网格 3 个月预警改善率为 35.8%，低效能网格占比同比降低 3.37%，收入同比增长 13.7%；约 61% 网格收入预算完成率较之前显著增长。预警调度的落后县分平均改善率为 92.41%，收入同比提升 11.62%。

35

以“科改行动”为引领 奋力开创企业高质量转型发展新篇章

中讯邮电咨询设计院有限公司

一、基本情况

中讯邮电咨询设计院有限公司（以下简称“中讯院”）是中国联合网络通信有限公司（以下简称“中国联通”）的控股子公司，成立于1952年，是原邮电部组建最早、规模最大的综合性甲级咨询勘察设计单位，是国家“高新技术企业”、国企“科改企业”，获评国务院国资委“对标提升”标杆企业、创建“世界一流专业领军示范企业”和“科改企业”。中讯院深入贯彻落实习近平总书记关于国有企业改革发展和党的建设的重要论述精神，优治理、转机制、强创新，于2022年引入诚通混改基金、国新科改基金、中国电科核心研投基金、广州工控资本、上海久有基金5家战略投资者，形成中国联通持股75%、战略投资方持股20%、员工持股5%的多元化股权结构，持续释放科技创新活力，提高核心竞争力。2023年，中讯院入选国务院国资委创建“世界一流专业领军示范企业”名单。

二、经验做法

（一）完善治理，塑造发展新优势

一是科学遴选战略投资者。中讯院以增资扩股方式引入国家混改基金等 5 家高匹配度、高认同感、高协同性战投股东，合计持股 20%。强化与战投股东的深度协同，为公司业务发展对接资源、持续赋能。构建企业互访、董监事调研、方案洽谈、项目推介、联合党建线上线下相结合的多维沟通渠道，协助战投股东对接公司新通信业务部、建筑能源工程设计研究院、郑州分公司、广东分公司、广东联通通信建设子公司等生产单元，深度挖掘、探寻合作机会。发挥积极股东作用，借助战投股东在资本运营方面的经验和优势，推进现有存量非主业业务的资本化运作。

二是健全法人治理结构。中讯院构建界面清晰的“三会一层”权责关系和运行机制，出台《贯彻落实“三重一大”决策制度实施办法》等制度，完善“三重一大”决策程序，确保党委前置研究讨论不缺位、不越位。扎实推进董事会建设和规范运作，坚持董事会成员专业经验的多元化和能力结构的互补性，科学配置董事会席位，组建 7 人董事会，其中外部董事 4 名，外部董事由与主业相关的技术、财务及市场领域专家组成。设立战略与投资等 4 个专门委员会，并制定配套的委员会工作规则，进一步提高董事会决策的科学性和专业性。

三是深化治理主体授权放权。中讯院积极与控股股东沟通，切实落实董事会中长期发展规划、经理层成员业绩考核、经理层成员薪酬管理、职工工资分配管理、重大财务事项管理 5 项职权，真正发挥董事会“定战略、作决策、防风险”作用。全面建立董事会向经理层授权管理制度，向经理层授权一定金额以下的固定资产投资、生产经营类物资采购、关联交易、对外捐赠等决策事项 25 项，突出经理层“谋经营、抓落实、强管理”的职责定位，支持经理层依法合规行使职权，激发经理层动力和活力。

（二）转化机制，释放发展新活力

一是深化市场化选人用人机制。中讯院对经理层推行职业经理人制度，在系统内公开竞聘公司副总经理、总工程师。中层干部全面推行任期制和契约化管理，按照契约约定“双70”“双80”刚性考核。通过竞聘上岗、双向选择、带标上岗方式开展中层干部混改后首次聘任工作，健全并落实干部退出机制。

二是深化市场化用工机制。中讯院加大科创等重点领域短缺人才引进力度，近3年累计引入400余人，其中90%为科技创新人才，新进社招人员签订市场化合同，业绩目标前置，明确与薪酬兑现、退出的关联。灵活用工方式，采用双聘等方式柔性引进院士等高级别专家顾问，集聚高层次人才力量。推行全员契约化，“一人一书”（业绩责任书），业绩责任到人，加强考核结果应用，推进低绩效人员市场化退出。

三是深化市场化薪酬分配机制。中讯院坚持价值贡献导向，健全与各类岗位群体相匹配的差异化激励机制，按劳分配，多劳多得，同单位同级同类人员绩效薪酬差距普遍达2倍以上。引入战略投资者的同时，面向中高层管理人员、科研等重要骨干人才实行股权激励，总激励人数近500人，占员工总数的27%，纳入激励对象的人员全部选择持股，并完成资金实缴，股权激励锁定期达5年以上。

（三）聚焦创新，增强发展新动能

一是锚定细分领域，锻造核心技术。中讯院聚焦通信网络全域数字孪生、智能调度算法、无线电磁传播射线仿真及传播模型、智能终端安全等关键核心技术，持续加大研发投入力度。组建专业化科技创新团队，与国内“双一流”高校联合开展“卡脖子”技术攻关，网络数字孪生、无线网络智能规划与仿真、可信密网等关键核心技术攻关不断取得新突破，并在网络规划与设计、5G专网建设和专密通信领域得到广泛应用，同步带动公司创新领域收入快速增长。

二是健全研发管理，提升创新效能。中讯院结合公司主业和定位，构建三层研发攻坚体系。引入集成产品开发IPD流程，全面调整公司现有产品开发流程，加强价值判断，从商业视角对产品开发进行财务指标、市场、技术等方面的评估，保障研发投资回报。强化科研过程管控，筹建产品管理委员会，首批聘请10位院士、行业专家组建科技委顾问组。创新软件开发管理模式，通过了软件研发CMMI5级认证，组建了12人的持证造价师/评估师团队，系统内唯一获得北京市最高级别软件造价评估服务一级资质，为公司节约软件开发投资1000余万元。

三是优化组织机构，推动企业创新发展。中讯院打造适配战略、面向市场、扁平敏捷、协同高效的组织运营体系。优化管理支撑、市场营销、生产运营、研发创新四大业务体系，整合设立建筑能源工程设计研究院、苏州工业互联网咨询研究院、终端安全研发运营部、新通信业务部等专业机构，整合或关停效益低、前景黯淡的业务，退出低效业务，撤销低效机构。2023年，中讯院压减法人1家，整合增设部门5个，合并部门1个，通过优化组织运营体系，有效拓展了业务布局，助力资源优化配置，推进资源向核心业务、优势业务集中。

三、改革成效

中讯院在公司治理、市场化经营机制、科技创新方面取得了积极成效，为公司发展注入了新动力、增添了新活力、拓展了新空间。2023年，中讯院实现营业收入40亿元，利润总额4亿元，收入与利润均创历史新高。

一是推进股东战略合作，增添强劲动力。中讯院以混改为契机，以“混”促“改”，以“混”促“合”，持续深化国有企业混合所有制改革，围绕增强协同效应，与战略投资者在业务和资本等方面充分合作，取得积极成效。有效整合战投股东资源，与诚通在健康养老产业方面，与广东工控在工业互联、智慧产业方面，与国新科改基金在检验检测板块等方面协同合作，形成战略生态圈，实现 1 +1 >2 的合作效应。

二是激发企业内生动力，释放经营活力。中讯院着力深化三项制度改革，充分调动干部员工积极性，激发企业内生活力和发展动力。近 3 年，中层干部累计退出 16 人，降职 1 人，年均退出率 15%，“80 后”干部占比从 18% 提升到 26%，员工市场化退出率提高 2.3 个百分点。优化人员结构，科创人才占比提高至 70%，工程硕博士联合培养派出 2 人攻读博士，接收 1 名硕士。动态调整薪档职级，2023 年薪档晋升 783 人、下调 33 人，职级晋升 277 人、下降 1 人，员工晋升占比近 60%。用工效率持续改善，全员劳动生产率较 2020 年提升 11%，人工成本利润率较 2020 年提高 8 个百分点。实施员工持股计划，形成“风险共担，利益共享”的长效激励机制，引导干部员工更加关注企业长期价值。

三是增强企业核心功能，提升研发效能。中讯院加快打造核心技术能力，逐步丰富“自研产品”供给及生态建设。2023 年公司研发投入达到 4.1 亿元，研发投入强度超过 10%，创新业务收入占比同比提升 5.6%。科创成果显著，获批入选北京市企业技术中心，获得国家、政府、集团研发资金支持累计 1.82 亿元。成功申报北京市支持研发项目 1 项，获得专利授权 155 项、发布行业标准 20 项，获得国家优质工程金奖 1 项、省部级以上科技奖 4 项、集团级科技进步奖 7 项。细分领域取得突破，构建业内首个网络数字孪生核心能力底座，实现数据网与光传输网跨层调度和仿真。推出国内首个三维射线追踪模型，跨境、跨网的高安全加密通信业务系统和终端顺利通过专业测评，实现批量交付。行业应用领域，“智慧急救”专精特新产品拉动中国联通收入突破亿元。安全领域，自研构建国内最完整零信任安全产品体系。“双碳”领域，业界首套间接蒸发集成冷站产品实现成果转化，合同收入 7547 万元。

36

攻关“卡脖子” 开拓“芯”征程 开展差异化管控 打造改革新典范

芯昇科技有限公司

一、基本情况

芯昇科技有限公司（以下简称“芯昇科技”）是中国移动通信集团有限公司（以下简称“中国移动”）首批“科改行动”试点单位中移物联网有限公司（以下简称“中移物联”）把握政策红利、分拆发展空间和市场竞争力较强的物联网芯片业务设立的独立子公司，于2020年12月登记注册，2021年7月正式独立运营。作为中国移动旗下三级专业芯片公司，芯昇科技面向战略性新兴产业，围绕物联网芯片国产化，以促进国家集成电路产业振兴为目标，以“创芯驱动万物智联，加速芯片全国产化”为使命，基于RISC-V（一种开源芯片内核，旨在打破国外垄断）开展技术攻关，构建“安全芯片+通信芯片+解决方案”的业务布局，致力于成为“最具创新力的物联网芯片设计及应用领航者”。作为“改革先行区”，积极稳妥深化混合所有制改革，在中国移动三级公司层面实现混合所有制改革、员工持股、人工成本备案制、授权清单差异化管理4个“首家”。

二、经验做法

（一）稳慎实施混合所有制改革，深度转化经营机制

一是双选组建创业团队。芯昇科技按照“自愿加入、双向选择”的原则，167名认同创业精神、勇担创业责任的干部员工选择脱离体制“襁褓”，与母公司解除劳动合同，加入芯昇科技创业队伍，且不设置返回通道，承担责任干事创业。除担任董事或监事，原则上母公司中移物联人员不兼任芯昇科技负责具体生产经营的经理层职务。

二是建立多元化股权结构。在保持中国移动绝对控股的前提下，芯昇科技完成A轮、A+轮两轮融资，按照高匹配度、高认同感、高协同性标准，引入中国移动产业投资平台中移投资控股有限责任公司、国改科改专项基金科改策源（重庆）私募股权投资基金合伙企业（有限合伙）及集成电路产业投资基金盈富泰克（深圳）环球技术股权投资基金合伙企业（有限合伙）3家战略投资者为积极股东。稳慎开展骨干员工持股，根据岗位设计7档次员工持股份额梯度，最高和最低档位间差距达10倍，与外部投资人同股同价自筹资金购买。聚焦少数关键核心骨干两轮持股合计不超过总人数30%，激励员工从“要我干”转变为“我要干”，最大限度营造拼搏干事创业的良好氛围。

三是动真碰硬落实“三能”。芯昇科技摘掉“铁帽子”，落实“能上能下”。取消全部4名部门经理和11名总监、专家的干部身份，员工实施TL（团队负责人）角色化管理。打破“大锅饭”，实现“能高能低”。创新人工成本备案制，建立成本与效益挂钩机制；逐步对标市场化薪酬，优化薪酬结构，提升市场竞争力，设置IC设计（集成电路设计）、产品与研发、市场、职能4条薪酬曲线；向研发人员倾斜，IC与同职级职能管理人员薪酬差距为1.57倍，向绩优人员倾斜，分类分层拉通考核，同序列同职

级绩优与绩差的薪酬差距达 2.33 倍；每半年根据价值贡献和薪酬分位两个维度动态调薪。端走“铁饭碗”，深化“能进能出”。优化招聘流程，提高社会化招聘效率，严格试用期淘汰和绩效考核退出，2023 年市场化淘汰退出人员达 12.3%，激发团队创业干事热情。

（二）以资本为纽带，开展科技型企业差异化管控

一是精准化明确定位。发挥母公司、芯昇科技两级党组织把关作用，母公司坚持“不越位、不错位、不缺位”，主动向“管资本”为主转变，通过董事会桥梁纽带发挥作用。芯昇科技以规范完善的“三会一层”为决策核心，形成股权多元化企业差异化精准管理新模式，确保决策主体明确、管控界面清晰。

二是差异化实施授权。芯昇科技按照“行权能力、行业特点、管控要求”三大维度开展行权能力评估，根据治理成熟度决定各层次治理主体决策金额，治理成熟度越高，对经理层授放权力度越大，对采购方案、资本开支项目、研发立项等提升决策金额权限越大。不断推动经营事项下沉、战略风控功能上移。在高精尖人才招聘等科技创新关键领域，对标市场化同类企业，实施定制化、精准化授权；对党建纪检、融资担保、安全生产等领域，实行强管控。

三是清单化规范权限。芯昇科技按照职能条线分工，明确十五大类事项，动态调整权限清单。将公司决策事项明确划入事项大类、小类，规范决策事项描述，明确金额，确保决策事项清晰。针对同一事项有不同主体参与决策的情况，按时间先后排序设置“决策流”，确保决策程序清晰。2021 年 9 月芯昇科技独立运营制定权限管理清单 1.0 版，混改后随着投资人董事加入，多元化董事会进一步健全及公司管理经营能力持续提升，2023 年已更新迭代至 3.0 版本。

（三）攻关关键核心技术，促进发挥“三大作用”

一是持续提升科技创新力。芯昇科技承接6项国家重大专项、1项国家自然科学基金项目及8项中国移动战略项目，其中一期攻关任务关键成果获得以倪光南院士为首的专家团队高度评价。成立中国移动“联创+”Cat1芯片实验室、中国移动“联创+”物联网芯片实验室，在物联网通信、计算等领域开展芯片技术研发，基于RISC-V内核在物联网芯片低功耗、高集成度等方向进行了多项技术攻关，实现多颗RISC-V内核芯片量产。

二是不断加强产业控制力。芯昇科技作为创始单位筹备中电标协RISC-V工委会，代表中国移动担任副会长单位、承担行业应用工作部工作，牵头成立中国移动物联网联盟RISC-V工作组，积极推动国内RISC-V产业生态建设。参与移动信息产业链物联网子链工作，承担2项子链任务，积极参与战略性新兴产业5项。与南京邮电大学开展产学研合作，建立南邮研究生工作站，合作打造人才培养、科技创新、社会服务和文化传承创新的平台。

三是充分发挥安全支撑力。芯昇科技利用国产工具替代、国产IP应用、大陆代工厂引入等全面加快芯片全国产化进程，突破国际封锁，通过“产品级—供应链—产业链”三步走，实现自主可控。在“缺芯”时期通过供应链资源管理助力国产芯片供给，在当前国际关系背景下提升了安全支撑力。

三、改革成效

一是经营质量不断提升。2023年芯昇科技主营业务收入同比提升120%，自主芯片销量同比提升81%。2022年实现物联网贴片卡细分市场占有率第一，2023年国内SIM卡（含物联网贴片卡、插拔卡及个人手机卡）市场占有率位居前三，NB 芯片、Cat1 芯片实现量产出货，充分彰显“为国造芯”的使命担当。

二是科技创新成果不断涌现。芯昇科技推出国内首颗基于 RISC-V 的 64 位 LTE-Cat1 通信芯片 CM8610，突破 ARM 内核技术垄断，成功发布 NB-IoT 通信芯片 CM6620 并实现规模出货。NB 芯片和 MCU 芯片入选国务院国资委《中央企业科技创新成果推荐目录》，大容量低功耗 MCU 芯片获中国开放指令生态（RISC-V）联盟“设计先锋奖”，多款物联网芯片填补了国内基于 RISC-V 架构芯片领域的空白，推进芯片内核自主可控。两项团体标准入选工信部团体标准应用示范项目。

三是行业影响力逐步增强。芯昇科技在改革道路勇闯无人区，推动母公司中移物联在国务院国资委中央企业所属“科改企业”专项考核中，实现了从“良好”到“优秀”再到“标杆”三级跳。由于在改革创新、国有资本保值增值等方面取得的成绩，获得上海联交所 2022 年资本运营金奖、2023 年产权交易创新奖、2024 年产权业务金奖。获评世界半导体大会“中国 IC 独角兽企业”、世界半导体大会“2022—2023 年度中国通讯芯片最佳产品”、中国电子信息产业第十八届“中国芯”跨界造芯优秀产品奖。代表中国移动担任 RISC-V 工委会副会长，促进 RISC-V 开源生态繁荣。

未来，芯昇科技将按照新一轮国企改革深化提升行动相关要求，高举 RISC-V 国产化大旗，围绕 EDA 软件、核心 IP、晶圆制造等“卡脖子”环节进行国产化替代，加速核心技术攻关，推进芯片国产化进程，为建设科技强国、实现高水平科技自立自强作出新的更大贡献！

37

积极探索人才发展创新机制 切实增强企业创新创效强劲动能

中国振华电子集团有限公司

一、基本情况

中国振华电子集团有限公司（以下简称“中国振华”）源自1964年国家在贵州建立的三线军工电子基地，是中国电子信息产业集团有限公司（以下简称“中国电子”）所属企业、贵州省国资委重要参股企业。近年来，中国振华认真学习领会习近平总书记关于新时代人才工作重要思想和党的二十大精神，大力破除人才发展体制机制障碍，通过实施“头雁领企”“智慧强企”“工匠兴企”三大工程，采取超常规举措创新并建立人才引进、培养、使用、激励等体系化工作机制，不断释放各类人才创新创造活力，激发自主创新、科技创新强劲动能，企业高质量发展迈上新台阶。

二、经验做法

（一）实施“头雁领企”工程，着力打造勇担当、善作为、重实干的高素质干部人才队伍

一是以“见习机制”拓宽年轻干部成长通道。中国振华按照国企“二

十字”好干部标准，结合企业发展实际，推动所属企业班子原则上至少配置1名36周岁以下见习副总经理，不占班子职数对其进行选拔、考察、履职、考核等全流程管控。年度考评“称职”以上且符合副总经理任职条件的见习干部，在企业班子职数有空缺前提下，严格履行干部任用管理程序予以正式提任，班子职数没有空缺的继续在见习干部岗位培养锻炼或交流任职；对于年度考评“不称职”的见习干部，停止见习岗位培养，重新安排岗位，确保见习干部能力素质匹配。截至2023年末，中国振华共选拔24名企业见习副总经理，其中6人通过干部考察、公开竞聘提拔担任总经理，12人正式担任副总经理。通过“见习机制”的推进实施，加快了年轻干部成长进程，企业班子活力明显增强，工作业绩大幅提升。

二是以“梯队储备”拓宽后备人才培养通道。中国振华注重干部梯队建设，坚持每两年举办一次青年干部培训班，与国内著名高校合作办班，邀请具有丰富实战经验和行业领先水平的专家教授进行专题授课，强化培养和提升年轻干部的经营管理能力。目前，已与厦门大学等高等院校联合举办12期青年干部培训班，培养后备干部近500名，多名优秀后备干部先后走上中国振华总部及所属企业领导干部岗位。坚持推进青年干部跟踪培养机制，多角度、多时段、多层面了解青年干部德、能、勤、绩、廉各方面表现情况，加大对后备干部日常表现的关注和工作的指导力度，帮助青年干部尽快成长成才。推进“挂职交流”培养机制，将优秀干部人才推荐到上级和外部单位挂职、交流学习，到企业重大经营改革和重大专项岗位换岗交流任职，不断提升干部综合履职能力。2023以来，中国振华干部交流调整40余人次，干部综合能力素养不断提升。

三是以“公开竞聘”拓宽优秀人才选拔通道。中国振华对总部及所属企业经营班子岗位适时推进干部人才公开竞聘机制，通过任职资格筛查，能力匹配确认，现场竞聘演讲及提问，背景调查、综合考察等形式，择优选聘更加符合岗位需求的优秀人才。2023 年，中国振华针对总部团委书记及 7 个业务管理岗位开展市场化公开竞聘，所属企业也相继实行干部竞聘上岗机制，88 人竞聘任职企业中层干部，切实形成职位能上能下、有利于优秀人才脱颖而出的用人机制，进一步增强了干部队伍活力。

四是以“赛马竞争”拓宽干部人才激励通道。中国振华实施企业 A、B、C 三级动态分级分类管理，每年根据企业经营规模、经济效益等指标量化进行动态调整，打破产权层级限制，解决干部选聘局限和通道问题。坚持激励与约束相结合的考核激励机制，差异化制定企业个性化考核指标和重点工作任务，力求“跳一跳、摸得着”，所属 28 家企业班子成员全部签订岗位聘任协议书、年度经营业绩责任书、任期经营业绩责任书和组织契约，实现经理层任期制和契约化应签尽签。建立超额指标奖励机制，对年度经营收入和利润总额完成值达到一定标准的企业进行超额指标奖励，共计奖励 17 家企业，营造了“比学赶超、进位争先”的工作氛围。

（二）实施“智慧强企”工程，着力打造精理论、善创新、重实践的领军科技人才队伍

一是以“凤凰引才计划”打通高层次人才引进通道。从 2019 年起，中国振华设立“凤凰引才”基金，每年安排 1000 万元资金鼓励支持所属企业引进高层次人才，按照“引进、评审、考核、资助”四位一体模式，对引进的高层次人才给予资金支持。截至 2023 年末，累计拨付 3105 万元助力企业引进 42 名高层次人才，有效吸引“金凤凰”向中国振华聚集、“好资源”向中国振华汇聚，形成了引入团队、打造项目、振兴产业的良性循环。

二是以“卓越工程师计划”打通领军人才培养通道。中国振华推进“人才 + 项目”培养机制，坚持将人才培养与产业发展同步谋划、同步实施，依托博士后工作站、校企联合实验室、企业技术中心、劳模创新工作室、技能大师工作室等科研平台，加大对人才和创新团队的自主培养力度。推进高校

工程硕（博）士联合培养，推荐23名科研骨干到中科大等高校攻读博士学位，3人获得博士学历（位）。坚持每年举办高层次人才交流座谈会，开展专业能力提升培训、外部学习交流、职称评审工作，推荐担任内外部评审专家、培训导师等，不断提升专业技术人才能力素养。截至2023年末，中国振华已形成覆盖各业务领域的科研技术团队46个，拥有享受国务院政府特殊津贴人才13人、享受贵州省津贴人才19人、贵州省级以上科技人才32人。

三是以“技术专家评审”打通科技人才晋升通道。中国振华推进实施专业技术人才岗职位体系制度，建立“纵向畅通、横向互通”的多元化技术序列职业发展通道，通过采取组织推荐、专家评审、现场答辩相结合的形式，评审出切实代表公司技术领军水平的“首席专家”“企业专家”，并给予相应薪酬待遇，鼓励专业技术人才走专业化成长道路，较好激发科研技术人员的创新创造力。截至目前，共计评审中国振华首席专家5人、企业专家4人，2人被聘为中国电子科技领军人才，为推动中国振华科技创新、提升核心竞争力奠定了坚实基础。

四是实施“中长期激励”打通核心人才激励通道。中国振华用好中长期激励“工具箱”，在所属16家企业先后试点推进上市公司股票期权激励、科技型企业股权出售激励、岗位分红激励、超额利润分享激励，激励关键核心岗位人才810余人，较好解决地处西部地区国企引进和留住高端核心人才的难题，吸引80余名优秀人才回流和加盟。2023年末，推行股票期权激励的上市公司净利润较激励前（2018年末）增长943%，股票市值增长3倍多；推行科技型企业股权出售、岗位分红激励的企业利润总额较激励前分别增长16倍、7倍。

（三）实施“工匠兴企”工程，着力打造尽职责、精技艺、重创造的工匠技能人才队伍

一是以“特级技师评审”拓展技能人才晋升通道。中国振华大力开展职业技能认定评价工作，组织编写53个职业工种培训教材、评价规范（通过人社部认证），建立技能认定专家库、试题库。2020年以来，2000余名职工取得相应职业技能等级任职资格，中国振华获评人社部“国家技能人才培养突出贡献单位”。建立“特级技师”评审机制，设立从学徒工到特级技师岗职位序列，不唯学历、不唯资历，选拔满足任职要求的技能人才到更高职级技能岗位和技术、管理岗位任职，并享受相应薪酬待遇，让技能人才职业晋升纵向有阶梯、横向有发展。目前，中国振华有2人获得“特级技师”任职资格，511人获聘技师、高级技师职务，近80名技能人才因为能力业绩突出被聘任到管理、技术岗位。

二是以“职业技能大赛”拓展技能人才选拔通道。中国振华推进职业技能竞赛机制，承办并组织参加国家级及省级行业职业技能竞赛，在激发员工学技术、钻业务的积极性和主动性的基础上，发现一批爱岗敬业、技艺精湛、创新创造力强的工匠技能人才。截至2023年末，中国振华拥有全国技术能手11人、中央企业技术能手13人、中央企业“大国工匠”1人、中国电子技术能手31人、贵州省技术能手11人，54人次在全国技能大赛获奖，84人次在省级技能大赛获奖。

三是以“创新创效活动”拓展技能人才培养通道。中国振华成立技能大师工作室和劳模创新工作室，立足企业技术难点、重点开展创新创效活动，充分发挥劳模工匠传帮带和示范引领作用，带动和培养一批业务能力精、创新能力强、综合素养高的高技能人才队伍。联合工会群团组织开展群众性经济技术创新、岗位练兵、技术比武、劳动竞赛、合理化建议等创新创效活动，推动全员钻业务、全员大练兵。2023年末，中国振华拥有国家级、贵州省技能大师工作室各1个，省国防工业以上级劳模创新工作室18个（其中省级劳模创新工作室2个），申报群众性经济技术创效活动127项，依托技能大师工作室、劳模创新工作室开展工艺技术攻关165项。

四是以“薪酬考核机制”拓展技能人才激励通道。中国振华建立基于岗位价值、能力素质和业绩贡献的薪酬分配制度，实施技能人才岗位津贴、创新创效奖励、中长期激励等多种形式的补充分配机制，鼓励企业薪酬待遇向多劳者、技高者倾斜，所属企业 85 名关键核心岗位技能人才纳入上市公司股票期权激励和科技型企业股权出售、岗位分红和超额利润分享激励范围，较好激发了技能人才创新创效活力。目前，中国振华现有省部级以上劳模 27 人。

三、改革成效

一是经营效益和质量大幅提升。“十四五”以来，中国振华利润增长 609%，新增科创板上市公司 4 家，为企业畅通融资渠道、提升治理水平、加大“卡脖子”技术投入力度保障产业链供应链安全创造了有利条件。

二是新产品研发取得新突破。中国振华基础元器件、集成电路、电子材料及应用开发领域等 11 款新产品及应用系统研制开发成功，部分产品达到国际、国内领先水平。2023 年荣获贵州省科学技术进步三等奖 4 项、中国电子科技创新奖 7 项（其中一等奖 1 项、二等奖 3 项、三等奖 3 项）。2023 年申请专利 424 件，授权专利 304 件，其中发明专利 110 件、国际专利 2 件。

三是人才队伍建设明显加强。2023 年，中国振华引进培养博士、行业领军等高层次人才 30 余人，博士、硕士占比分别较 2021 年初增长 94%、165%，人才规模和质量进一步提升。青年干部人才占比大幅提升，较改革前增长 85%，初步构建起人才资源汇聚、人才动力迸发、创造活力激增的创新高地。

38

多元化建设科技人才团队及创新性激励

成都华微电子科技股份有限公司

一、基本情况

成都华微电子科技股份有限公司（以下简称“成都华微”）是中国电子信息产业集团有限公司（以下简称“中国电子”）旗下高可靠集成电路设计平台和可靠性保障平台，是四川省本土最大的集成电路设计公司。成都华微是国家“909”工程集成电路设计公司和国家首批认证的集成电路设计企业，专业从事超大规模集成电路的设计和测试，连续承接“十一五”“十二五”“十三五”FPGA 国家科技重大项目、“十三五”高速高精度 ADC 国家科技重大项目、“十四五”高精度 ADC 和 SoC 芯片国家重点研发计划，是国内少数几家同时承接数字电路领域和模拟电路领域国家科技重大项目的企业。成都华微现有员工近 900 人，科技人才占比 50% 以上。

二、经验做法

（一）优化多层次人才体系，打造高水平人才队伍

一是以能力与交付相匹配，精准识别人才。成都华微优化研发人员评价标准及评价机制，建立针对研发人员岗位上涵盖以工作环境、实施工具、方法论和应用经验为主要标准的专业技术指标库，配套以业务线为主

体的评定专家、评定小组模式实现向下授权评价。将职称评级与培训体系融合，对破格条件进行业绩约束，以此实现人才结构的精准划分。重点将能力评价标准从单一的理论评价，强制转变为以对等能力的业绩或前沿性技术设定为考核目标的实践评价，进一步将工作能力高低与输出业绩重要性大小保持一致，重点规避“高能低产，低价值输出，高绩效评优”的高端人才使用困境。同时在技术评价准入指标要素中强调在司资历和业绩贡献的同等必要性，作为核心骨干职级的严格准入条件。在实施方面，以不同能力阶段的输出结果要求及人才梯队结构建设作为基础点，按照初中高级人才的总体架构，执行初级人才以观察培养为主、中级人才以独立工作为主、高端人才以攻关难点重点问题为主的考察评价。在评价结果的侧重上，在方法论上初级重基础理论，中级重实践经验，高级重创新思维或解决能力；在成果输出上则初级重行为，中级重任务结果，高级重价值产出。

二是以引进与孵化相结合，打造高层次人才体系。成都华微在对核心业务单元实行工资总额单列的基础上，预先梳理员工尚未尝试或将来可能会遇到的职业困境、平台机会、能力突破、名誉突破等情景，以特异性的激励模式拓宽人才诉求，加大对国内高层次人才的吸引力度，引进具备引领产品方向、实现顶层架构的关键技术人才。同时，精准孵化现有关键技术人才，结合忠诚度与高潜人才的评估，精准识别一批能力强、产出高、绩效优的技术骨干，通过自主孵化、鼓励深造的方式，建立健全有梯度、成体系的多层次人才队伍。加强需求引导，全面掌握所引进人才的基本情况，包括且不限于工作、家庭生活、物质条件、学历背景等各类现在所处阶段情况。尤其对各方面均已达到马斯洛需求层次理论中自我实现层次的人员，着重考虑能否策划引进人才所未知的个人需求目标，使其对公司或者未来的业务产生主动兴趣。

三是以知识积累与分享相转化，加强技术人员储备。成都华微建立知识共享环境，推动以wiki为知识库、以线上线下OA培训为载体的知识管理体系。着重解决人员能力、素质与企业高质量发展不适应的问题，创新人才培育体系，通过对人才需求层次的划分，制定面向不同业务领域的培训课程。将培训记录、课程创建、授课时长等纳入研发人员职级评定和专家库入选的考评依据，实现数据间互联互通。以“传帮带”形式快速搭建经验桥梁，最大限度挖掘和开发现有人才潜能，在实现高端人才价值体现的同时带动新员工技术能力的提升。同步增设技术分享、知识储备、问题解决等绩效奖励机制，如在前期试行推广过程中提高奖励标准，并且从按年度兑现调整为按月度兑现，在鼓励知识和加快经验分享的同时，实现有效技术传承和团队化的技术提升，促进研发人员在技术领域的自主总结意识，全面提升人才技术储备水平。

（二）建立多元化激励机制，实现人才和产值深度绑定

一是明确激励目标，与公司业务目标充分结合。成都华微通过市场需求部门、研发部门及质量检测部门的共同协商，将“前沿项目样品化、纵向项目工程化、横向项目产品化”作为考核目标设置原则，对合同验收、结果转化、市场反馈等考核要素进行全面梳理优化，并明确各考核指标对应绩效激励额度，真正意义上将绩效激励深刻纳入对最终实现目标的进程管理要求和质量管理要求。在立项阶段凡是以课题验收为结果的项目，侧重以技术储备、技术难度及硬成本投入为重点评价指标，并明确以公司所需业务发展方向、须攻关解决的核心主业产品难点为考核重点，并形成工程化样品供后续项目做性能指标参考。以市场化为结果的项目，则明确侧重以硬成本投入、市场化收益、合同约定技术质量指标为重点评价指标，并将外协外包等全流程输入输出的成本收益列入考量，以成本利润最优化为前提的合格产品作为考核重点。

二是建立专项激励机制，实现产值和技术共同提升。成都华微针对国家前沿具有重大战略意义的专项课题，鼓励研发人员以推动国家所需技术突破、提升行业地位为目的，完成重大技术积累，享受项目结题的攻坚奖励。针对纵向、横向项目，紧扣市场需求，建立研发市场化提成奖金机制，鼓励研发人员以推动产品实现为目标，享受新品销售提成利益。

三是探索创新项目跟投模式，完善激励管理机制。成都华微借助科改企业的背景性质，以上市企业规范管理为前提，建立市场化薪酬对标体系，持续优化薪酬结构设计，逐步探索更多路径的中长期激励措施。采取类似中长期激励管理机制的“创新项目跟投”管理模式，以与员工“风险共担、利益有限共享”为原则，试行以员工绩效计提方式作为员工跟投的虚拟出资方式。通过全面加强立项成本的精准核算，保障各方投入与分配的公平性与准确性，以期实现规范长效的利益共享机制，推动员工自主能动性不断提高，实现个人价值收入和公司业务的稳步增长。

（三）打造价值匹配的研发绩效评价制度，以成果价值引领人才激励

一是强化市场牵引，落实客户需求与成本投入双匹配。成都华微在项目立项前须对市场作好判定，以市场销售作为分红的前提，促进研发人员与市场客户深入沟通，切实保障“研发为产品实现，产品为客户价值实现”，避免出现无效立项、资源和成本浪费的情况。同时，对立项项目做好精准核算，即明确开题成本预算和结题成本决算，同时将人工成本正式纳入核算管理，以项目成本、项目收益、项目工时、项目人员需求层次核定项目人工有效投入，以项目为最小单位汇总部门/产品线预算。

二是匹配财务与技术性关键指标，以有效价值明确激励总额。成都华微制定项目立项量化绩效评价体系，关键指标涵盖设计周期、流片次数、工艺评价、芯片规模、技术指标先进性等关键要素，以生产硬成本为核算基数，实现项目绩效奖励的规范性和差异化。

三是突出阶段考核，实现长效激励。成都华微实施项目里程碑节点的分阶段考核，并同步按时间进行绩效前置计提，将绩效增量计入最小以部门为单位的考核单元。年度统一核发的方式，扩展了绩效奖金总额。按不同年度的项目总体完成情况，充分授予科研负责人分配权，不仅能促进科研负责人自我价值实现，还能有效提升员工积极性，以此实现鼓励各型人才长效贡献的目标。

三、改革成效

一是2023年以来，成都华微新增实现协议工资制科技人才34人，全年累计新引进科技人才126人，包含博士3人、在读博士1人，另自主培养博士1人。所孵化优秀的科技人才获得2023年度成都集成电路行业领袖、成都高新工匠等荣誉。2023年科研人才队伍稳定度大幅提升，科技人才前3年年平均流失率为10%，本年度流失率在6%，流失率降幅达4%，继续保持长效稳定的人才团队。在2022—2023年集成电路产业市场化竞争态势下，2023年度科技人才实发工资总额的人均增幅不足1%。

二是完善了激励机制，实现高水平科技创新自立自强。2023年，成都华微完成23项发明专利申请，新增授权发明专利35项，其中高价值发明专利33项、海外授权发明专利2项。获批四川省可编程逻辑器件工程技术研究中心，参与国家标准发布3项，实现科技成果自行产业化收入6690万元，全面提升自主创新水平与核心竞争力，为高质量发展提供坚定支撑。

三是激发了创新活力，提升商业经济价值。2023年，在国内外经济环境不景气、行业不确定性增加的情况下，成都华微经营效率取得明显增长，主要经济指标稳步上升，预计实现营业收入超8.8亿元，最低同比增长4.18%；利润总额超3亿元，同比保持增长。

四是突破地域限制，利用区位优势提升自主核心产品的开发能力。借助各地针对 IC 行业差异化扶持政策，成都华微对人才资源及产业集中化的布局辐射上海、西北和华中等区域，以信息化为基础的技术联动带动公司技术革新，为下一步打开民用市场提供了战略支撑，为市场开拓奠定了坚实基础。

39

提升核心能力　释放改革效能 乘势而上打造创新型科技型企业

长春汽车检测中心有限责任公司

一、基本情况

长春汽车检测中心有限责任公司（以下简称“长检中心”）是中国第一汽车集团有限公司（以下简称“中国一汽”）控股二级企业，是我国最早从事汽车产品检测的国家级科技型企业，在汽车整车及零部件领域具有较强的检测、试验、认证业务能力。长检中心现有员工 383 人，科技人才占比达到 93.75%。2022 年 3 月，长检中心入选“科改企业”，聚焦核心能力培育和高水平自立自强，着力打造“独门绝技”，加速提升专业化集团化作战能力，在持续完善市场化改革方面打出一系列改革“组合拳”，加速向国内领先、国际一流的检测、试验、认证一体化服务平台目标奋进。

二、经验做法

（一）深化机制变革，构建干事创业“新生态”

一是倾斜主业，精干职能，重塑组织架构。长检中心结合公司“十四五”发展规划目标，优化提升组织体系，赋能治理能力，以组织机构调整推动战略落地，科学谋划设置6个部门、35个科室，核减了3个部门、16个科室，核减率分别达到33%和31%。优化各部门职责和协作运行机制，解决业务重叠、职能交叉、体系质量薄弱、标准法规能力不强等痛点问题，有效整合资源，效率大幅提升。

二是全体起立，竞争上岗，激发团队活力。按照“双向选择、责权对等、量才录用、宁缺毋滥”的原则，通过“四能”改革，长检中心内部3家单位281名专业技术人员全体起立、公开竞聘，参加竞聘上岗240人，其中晋升26人、降级30人，管理人员竞争上岗比例100%。近3年平均管理人员退出比例为9.47%，充分激发调动中层干部担当作为的主动性。

三是任贤选能，优进绌退，畅通上下渠道。长检中心深化市场化选人用人机制，将用工增量投入主营业务、新兴技术领域，近2年共招聘专业技术人才54人，返聘核心技术专家3人，聘用高层次专家26人。在员工“能进能出”上求突破，对公开竞聘未通过、不承接岗位目标或不胜任岗位要求的员工加大退出力度，通过协议解除、转岗调整等方式，近3年员工市场化退出174人，切实形成“能者上、优者奖、庸者下、劣者汰”的工作机制。

（二）加大科技创新力度，积极赋能发展“新驱动”

一是科技创新机制不断完善。长检中心持续完善科技创新顶层设计，全面梳理科研工作程序等体系文件，优化完善《科研工作程序》《标准工作程序》等系列规章制度6项，确保科技创新活动有章可循、有规可依。以“揭榜挂帅”形式鼓励员工在科研课题、标准法规、专利论文、成果转化等方面开展创新。设置特殊贡献嘉奖，对重点项目、创新创造等有突出贡献的个人进行奖励，鼓励价值创造。

二是打造开放式协同创新平台。长检中心积极参与高效协同的创新联合体建设，大力推进产学研深度融合，探索产学研用合作新途径。作为我国最早获得“国家汽车质量检验检测中心”的国家级检验检测机构，长检中心始终致力于科技创新，先后成为“科技成果检测鉴定国家级检测机构”“试验检测类产业技术基础公共服务平台”“高端汽车集成与控制全国重点实验室”“国家级高新技术企业”，为助力汽车检测事业的发展作出了贡献。

三是构建结构合理、创新力强的科技人才队伍。长检中心持续加强与行业相关各类科研院所、高校合作，依靠政府及行业主管部门，通过招标课题或攻关项目形式实现产学研互动联合，在此过程中积极通过“双聘制”、人才租赁等多种协议形式柔性引进中国工程院院士 1 名、省部级高层次人才 31 名。

（三）严格契约化管理，用好考核评价“新标尺”

一是全面推行契约管理，发挥市场化机制作用。长检中心强化经理层成员责任、权利和义务对等意识，针对岗位分工、考核体系、目标设定、薪酬激励、刚性退出层面不断深化，对经理层全面实施规范化任期管理，签订“两书一协议”，落实“一岗位一考核”。聚焦经营业绩目标，将责任分工、业绩指标自上而下层层分解，主动压实各层级责任，全员绩效合同签订率 100%，用成效看担当，以实绩定去留。

二是对标完善薪酬结构，强调差异化薪酬分配。长检中心建立基于岗位价值的宽带薪酬分配体系，对标行业薪酬，明确差异化薪酬水平，加大向关键职位、核心员工倾斜力度。严格执行“利润增则工资增、利润降则工资降”工效联动，实现工资总额增幅与效益增幅完全匹配。坚持目标导向、价值导向、创新导向，将工资固浮比由 6∶4 调整为 4∶6，提高浮动工资占比，合理拉开内部收入分配差距。

三是加大当期考核力度，实行常态化激励约束。长检中心设计“4 + 1”考核机制，将季度考核和年度考核结果运用于岗位调整和薪酬激励。

季度考核覆盖全员，体现当期激励，员工收入与企业业绩和个人业绩紧密结合；年度绩效考核结果采取强制分布，设置考核最后两等（D等与E等）强制分布比例1%～5%，2022年骨干业务层级薪酬平均最大差距达1.9倍，强化为能力和业绩付薪激励机制。

（四）实施中长期激励，激发担当作为“新动能”

一是抓好“科改”机遇，构建中长期激励“全链条”。长检中心通过深入理解国企中长期激励“3＋2”工具政策，按照“因企施策、先易后难”的总体原则，制定“123”工作思路，即“1年重点突破”“2年广泛推广”“3年集成运用”，以项目与公司激励为标的同步开展，至2025年将实现多样化中长期激励体系建设，各层级企业、关键核心骨干人员实现激励全覆盖。

二是鼓励价值创造，找准中长期激励“切入点”。长检中心将“揭榜挂帅”与“风险抵押金”相结合，按照2～5年激励周期、面向关键核心人员、设置阶段性考核目标、缴纳项目风险抵押金、激励递延支付等方式，制定“揭榜挂帅”项目激励机制，持续激发关键核心岗位人员活力与动力，让善干有为的员工率先获得改革红利。

三是着眼长远发展，打好中长期激励“组合拳”。长检中心健全“风险共担、利益共享”的激励约束机制，推动中长期激励政策更大范围、更大力度规范实施，探索创新超额利润分享等更多灵活高效的激励方式，有效补充中长期激励覆盖短板，提高激励覆盖面和精准度，确保对核心骨干人才激励到位。通过用足用好中长期激励组合工具，推动公司经营业绩稳步增长。

三、改革成效

长检中心深入贯彻落实习近平总书记视察中国一汽重要讲话精神，牢记“一定要把关键核心技术掌握在自己手里”的殷殷嘱托，聚焦关键检测技术研究，以科技创新提升核心竞争力，推动企业步入高起点、高速度、高效益的发展轨道。

一是经营效益大幅提升。2020—2023 年，长检中心全员劳动生产率分别为 48.94 万元/人、106.20 万元/人、127.02 万元/人、128.7 万元/人，逐年提升；人事费用率分别为 46.42%、22.76%、19.82%、21%，逐年优化；人工成本利润率分别为 3.67%、164.67%、178.68%、197%，逐年提升。

二是技术能力提升 49%。长检中心通过聚焦关键核心技术，搭建汽车安全测试评价平台、汽车节能测试评价平台、汽车环保测试评价平台、汽车健康测试评价平台、特色环境测试评价平台，突破关键技术 55 项，突破重点/特色技术 12 项。在制动、排放、绿色测评、EMC 等关键领域实现技术创新，部分领域填补国内空白。

三是长检中心专利申报增加 45%，标准法规制/修订增加 74%。大力提升知识产权储备量，累计申请专利 189 项，同比“科改行动”前增加 200%。打造专业领域标准法规专家团队，目前已加入 18 个汽标委及分标委、35 个标准工作组、22 个检测认证行业组织，累计参与标准政策制/修订 85 项，同比“科改”前增加 74%。

四是科技成果转化持续活跃。长检中心创新“人才 + 项目”“人才 + 产业”“人才 + 课题”开发模式，推动公司创新创业平台建设。围绕碳达峰碳中和国家战略，聚焦新能源、智能网联汽车检测认证发展方向，实现新领域价值创造，带动新业务转型升级。逐步孵化并落地出口认证、智能装备、芯片测试、虚拟仿真、双碳测评等业务，加大投入力度，扩大业务边界，拓宽产业链条，快速推动科技成果转化落地。2023 年新兴产业收入占营业收入比例达到 24%。

40

双轮驱动引领汽车产业数字化转型 加速蓄势聚力塑造发展新动能新优势

一汽-大众汽车有限公司

一、基本情况

一汽-大众汽车有限公司（以下简称“一汽-大众”）成立于1991年，是中国第一汽车集团有限公司（以下简称“中国一汽”）的二级子企业。作为我国首个按经济规模起步建设的现代化乘用车企业，经过32年的发展，一汽-大众拥有三大品牌30余款产品，员工4万余人，是国内用时最短实现下线2700万辆整车的车企，产销规模位列全国乘用车行业第一阵营。

面对汽车产业新一轮颠覆性变革，一汽-大众全面贯彻落实党的二十大关于“加快发展数字经济，促进数字经济和实体经济深度融合”的要求，聚焦新质生产力，以科技引领创新，加快新旧动能转换，加速推动高端化、智能化、绿色化制造，促进产业结构优化升级，全力开辟发展新领域新赛道，塑造企业发展新动能新优势。

二、经验做法

（一）以“战略”为引领，开展愿景驱动的企业架构蓝图顶层设计

一是制定“自强创新”的战略规划。一汽-大众发布全新“531”战

略，坚定走“自立自强、转型创新”的高质量发展之路。面对“市场快速向新能源转型与企业持续盈利”“中国用户变化快于全球”等核心挑战，制定了稳定经营业绩、补足大众在华短板等战略举措。公司经管会与中国一汽和大众集团未雨绸缪，布局新能源产品，建立全新产业链生态，全面推进数字化转型。

二是打造“业务＋技术”的双轮驱动模式。一汽-大众业务模式从基于专业分工的职能型业务，转变为需求牵引的流程型业务；技术模式从以制造技术为核心，向以软件和数据技术为核心转变。建立产品制体系进行数字化产品的全生命周期管理，设立各领域 ITBP（IT 合伙人）促进技术与业务的深度融合，“业务”和“技术”两翼齐飞支撑公司愿景达成。

三是绘制“引领变革”的企业架构蓝图。一汽-大众划分“价值流”“数字化运营”“IT 平台”“安全”等多个核心价值模块，明确数字化转型三波次任务，先后出台“架构方法论”“流程域架构设计”“IT 工艺管控方法”等多个指导性文件，坚持一张蓝图绘到底，以统一全局视角持续推进变革。

四是构建“三位一体”的管理模式。一汽-大众内建外引，打造近百人规模的架构师队伍，实现架构资产线上化管理，荣获 The Open Group 2023 亚太年度大奖——“开放架构标准影响力组织大奖”。规划 17 个流程领域，搭建各级流程框架 2000 余个，通过推进端到端的流程管理，落地规范的指标管理体系，建立流程指标 5000 余个，加强业务主数据的质量管理，打造“无量化不管理”业务模式。

（二）以“自主”为方向，构建敏捷、高效、安全的汽车数字能力体系

一是建设全面高效的数据治理体系。一汽-大众建立数据管理组织，发布数据管理总纲及政策规范，开展文化宣贯及培训，对公司数据资产进行全盘梳理，完成公司核心数据统一入湖，入湖数据量超过 36TB，建立数据

质量问题持续闭环管理工作机制，数据质量整体提升40%。

二是打造行业领先的技术底座能力。一汽-大众建立企业级的统一开发框架和API网关，形成公司统一的、标准的、可复用的IT研发资源，使数字化系统的平均研发周期缩短57天。打造行业领先的DevOps研发效能体系，实现数字化系统的一键发布能力，研发效率提升300%以上，研发全生命周期可度量，实现数据驱动研发能力持续提升。研发效能领域入选工信部“2023年企业数字化转型论坛”创新案例，并成为汽车行业首家通过“DevOps持续交付三级认证”评估的企业。

三是构建能力全面的数据平台底座。一汽-大众规划并落实数据平台九大能力中心，持续夯实数据底座能力，丰富数据服务形式，数据服务交期兑现三个“1”的交付承诺，数据应用分析实现全面自助化，数据应用与项目全流程效率得到提升。

（三）以“数字”为手段，重塑业务模式向“三化”制造技术转型升级

一是打造“高端化”制造体系。一汽-大众通过制定“开发—先导试点—推广”的项目推进策略，将行业前沿技术引进与成熟技术推广完美融合，使生产少人化、自动化、柔性化走进现实，焊、涂、冲、总四大车间所有生产设备100%互联，涂装漆面缺陷检测使用自动化设备，改变传统“人工一检、二磨、三抛光”的作业模式。

二是推进“智能化”制造理念。一汽-大众将数智化的基因全面植入效率、质量、成本等核心业务，将数字化“最后一公里”打通，成为国家“十四五”首批入选的合资汽车企业之一，获得“国家智能制造示范工厂揭榜单位”称号。

三是建设“绿色化”环境友好型企业。一汽-大众推进能耗双控向碳排双控转向，2023年实现万元产值能耗0.01059吨标煤，排放0.041吨二氧化碳。在国家发改委国际合作司及北京市人民政府外事办公室共同主办的主题

为“共塑绿色发展新动能”的2023年“中欧合作伙伴对话”活动中，一汽-大众的“涂装节能降碳项目”是行业唯一成功入选全国十大案例的项目。

（四）以“用户”为中心，创建订产供销全面协同的业务运作模式

一是打造直面客户的数字化订单交付体系。一汽-大众通过提供丰富的配置选择、敏捷的订单交付，吸引用户转变购车习惯。应用智慧推荐、工艺可视等数智化技术手段保障客户获得更优质的购车体验，在2023年实现交付49.6万辆，客户评价均达到4.8高分。

二是打造面向大批量个性定制的生产交付能力。一汽-大众构建以终端需求为导向的一体化生产计划管控机制，实现核心资源要素在销产供全流程快速联动，客户订单自动匹配产能及物料。生产柔性化程度大幅提升，整车库存结构与周转效率持续优化，订单交付周期由转型前的140天缩短至26天。

三是构建产供无缝协同的整车数智运营体系。一汽-大众开展智能订单排程管理，构建多产线同向排程逻辑，精准匹配运力，实现整车快速发运。通过运输网络节点规划智能升级，高效匹配公铁水运输组合，实现交期与成本平衡最优解，在保障交期的前提下节约成本超3亿元。

（五）以“精益”为灵魂，打造端到端的智慧产业链体系

一是建设“一站式”采购工作平台。一汽-大众构建数字化供应链网络，从询报价到合同签署全核心流程进行线上化管理，实现多渠道数据对接，提高全供应链透明度。采购合同签署效率提升62%，综合工作效率提升20%，实现降本减费8%，以及“零违规”采购。

二是首创全新的精益供应链模式“E链”。一汽-大众以供应链整体作为规划和设计对象，全方位地降低成本和提升质量，包括生产计划、物料筹措、入厂物流、工厂物流4个重要环节。实现卡车满载率提升到68%，车序累计波动降低到10，时间窗遵守率为90%，相关物流工人劳效提升22%，单车物流成本节约600元，物流成本降低75%，每年节约1亿元。

三是建立供应链一体化高质量标准体系。一汽-大众打通采购、质量、研发、生产、物流等供应链关键环节端到端流程，并通过数字技术实现全过程信息化管理，践行敏捷、高效的供应链理念。

三、改革成效

2023年，面对冲击和挑战，一汽-大众笃行攻坚，稳住市场规模，全年向终端用户交付整车超191万辆，同比增长4.8%，实现8.6%的市场份额。以“客户为中心，数据驱动，打造极致的客户体验、精益的运营成本和卓越的企业效率”为转型愿景，在改革路上不断深耕。

一是“业务+技术”驱动企业转型，开拓企业增长新空间。一汽-大众持续深化数字化转型，扮演着产业转型发展“排头兵”的角色，通过业务转型与技术转型，连续5年保持产销规模近200万辆，年度增长约5%，为2500万用户提供优质的体验与服务。

二是数字化自主建设，开辟自强不息的转型之路。面对日趋激烈的市场竞争，一汽-大众不仅要守住现有市场基盘，还要在新能源、智能化浪潮下加速转型、“自强”二字则表达了一汽-大众不断推行变革、勇于自我革命的精神。打造了包括产销一体化、“黑灯工厂”、智能仓储物流等在内的58个数字化项目，实现了生产柔性化升级，提升了市场响应速度，缩短了订车交付周期。

三是智能与品质双融合，开创汽车企业高质量发展新局面。一汽-大众通过数字技术推动产品、销售、制造、供应等核心业务升级，持续保持在燃油车型市场上的优势，加速电动化转型，推出了多款新能源车型，在全维安全、智能体验、舒享配置、造型设计等方面全面进化，真正实现了“质变”和“智变”。

41

坚定以融促产　坚决防控风险
为高质量发展筑牢基层组织根基

信达一汽商业保理有限公司

一、基本情况

信达一汽商业保理有限公司（以下称“保理公司”）成立于2015年12月28日，是全国商业保理试点工作开展以来成立的中央企业第三家、汽车行业第一家商业保理公司。公司由一汽资本控股有限公司和中国信达资产管理股份有限公司共同出资成立，是中国第一汽车集团有限公司（以下称“中国一汽”）的三级子公司。保理公司紧密围绕中国一汽“11245”规划目标，靶向汽车产业领域，在产品创新、技术变革、转型升级方面探路领跑，奋力打造中央企业金融业务领域的“保理样板”，成立8年来，累计为中国一汽供应链上下游228家企业提供保理融资591亿元，促销中国一汽品牌车辆25万台，实现利润9亿元。

二、经验做法

（一）坚持党的领导，引领经营发展的正确方向

一是强化理论武装，筑牢思想根基。保理公司深入学习贯彻习近平新时代中国特色社会主义思想，聚焦金融工作领域，通过“三会一课”、主

题党日、专题读书班等形式，认真学习领会习近平总书记关于“推动金融高质量发展”等重要论述，深刻领会金融工作的政治性和人民性，牢牢把握以融促产的核心定位和防范化解风险的根本任务。贯彻新时代党的建设总要求，围绕中心、服务大局，焕新支部党建品牌为“保供应、保共赢”，充分彰显先进性、时代性和特色性。

二是深入开展调研，攻克发展难题。保理公司按照学习贯彻习近平新时代中国特色社会主义思想主题教育要求，认真开展调查研究，围绕行业创新的最佳实践和防范化解重大金融风险的关键举措 2 个调研方向，深入市场一线及同业金融机构开展 8 次调研，识别出场景挖潜不深、产品创新不够、流程管理不精、风控技术和能力不足 4 个方面、7 项具体问题。完成 2 项课题，实现了 ETC 新业务场景融资第一笔放款、解放新能源商用车销售支持方案新产品设计、风险预警监测平台上线运行等调研成果转化项目。

三是落实前置把关，健全特色治理。保理公司充分发挥基层党组织“把方向、管大局、保落实”的领导核心与政治核心作用，结合金融业务特点，将风险偏好、大额度授信、呆账核销等事项纳入党组织前置把关范畴，确定前置把关事项 49 项，严格落实前置把关程序，全年研究讨论议案 43 项，占支部委员会议题总数量的 41%。持续健全完善中国特色国有企业现代公司治理，作为股东双方各占 50% 股份的合资公司，双方按照 3∶2 的比例分配董事席位，设计董事会议案须经“超过全体董事人数的三分之二表决通过”的特别表决机制，保证董事会科学、规范和高效履职。通过组织外部董事参观红旗智能化生产线、挖潜股东双方产业链业务机会、研究风险客户化债举措等专项调研，进一步完善董事会“定战略、作决策、防风险”作用发挥机制。

（二）坚定服务主业，彰显以融促产的使命担当

一是创新党建共建，加强合作协同。保理公司与长春一汽国际招标有限公司通过“项目共办、资源共享、发展共赢”的党组织共建方式搭建供应链融资服务平台。在中国一汽电子招标采购交易平台显著位置增加保理融资产品模块和申请链接，中标供应商“一键申请”可直达业务受理部门，实现对客户需求的快速响应。平台上线以来，已实现对2万家供应商的精准触达，累计为16家供应商提供融资2.56亿元，综合利率差不超过100BP，平均降低客户融资成本200BP，进一步让利于中小企业，积极为地区实体经济提供综合化、多样化产品服务。

二是实行“揭榜挂帅”，推动立项攻关。保理公司深入开展党建促经营主题实践活动，紧盯商用车后市场、新能源汽车、充电换电站建设等融资场景业务空白、重点保理融资项目推进缓慢等难点痛点，创新“一书记一项目、一党员一旗帜”载体，聚焦年度重点任务开展立项攻关11项，高质量完成新场景业务开发和重点保理融资项目落地，实现新业务投放8.46亿元。

三是发挥补位作用，助力集团销售。保理公司联协一汽财务有限公司、一汽汽车金融有限公司、一汽租赁有限公司打造金融服务产品矩阵，助力促销104万辆目标达成。主动贴近市场需求，充分挖掘业务场景，创新设计“商保通”等保理融资产品，并依据厂家销售政策动态调整百余次支持方案，为百余家经销商解决资金需求77亿元。

（三）坚守风险底线，跨越防范化解风险重大关口

一是充分识别风险，匹配管控机制。保理公司聚焦应收账款真实性识别和回款闭环2项保理业务关键风险控制点，匹配相适应的风险政策、授信权限和规则，形成常态化、动态化的操作风险管理运行机制，为新业务场景探索提供合规论证和法律意见，伴随式开展风险管理。持续完善业务

风险的内部控制，通过业务架构和流程梳理，审视重要流程控制节点，评估现有控制措施，优化完善制度20余项。

二是统筹好快和稳，把握好时度效。保理公司紧紧围绕服务和融入新发展格局，在牢牢守住不发生重大风险的前提下，坚持“一户一策”和“动态调整”的风险化解工作思路，找准帮扶中小企业改善运营和实现保理风险债权安全回收的结合点，借鉴股东方中国信达在处置不良资产和问题机构救助方面的经验，采取债务重组、运营资金支持等业务救助举措有效化解存量风险。年度累计压降存量风险金额18125万元，避免了公司的不良损失，重大风险隐患得到进一步化解。

三是运用数智手段，强化动态监管。保理公司充分调动统战人士积极性，聚焦风险专业领域，识别问题并推动成果转化3项，利用OCR、RPA、AI等技术，实现了智能校验、自动登记、电子签约、实时监测、动态预警等多种数字化、场景化风控手段的综合应用。组织搭建风险预警监测平台，对200余家法人客户的风险信息监测由按月手动查询升级为按日系统推送，预警覆盖率100%，同步实现对风险信息的分级分类处置，月均节约25小时，预警效率提升96%。

三、改革成效

保理公司坚持党的领导，坚定服务主业，坚守风险底线，积极融入中国一汽“All in”新能源战略，将基层党组织的“软实力”转化为推动改革发展的“硬支撑”。

一是经营效益大幅提升。保理公司克服经济形势下行、市场风险加大、银行竞争加剧、利差持续收窄等不利影响，做到经营难点中有党建、实现目标中有党建、转型创新中有党建。全面完成了2023年度各项经营管理目标，保理业务规模创历史新高，达成18.89亿元的挑战目标、同比增长 58%，超额实现利润总额 1.71 亿元、同比增长 65%，净资产收益率达 19.10%，促销集团品牌车辆 4.1 万辆，年度无新增不良。

二是行业影响充分彰显。保理公司业务发展能力、风险控制能力和对区域经济发展所作出的贡献获得了监管部门和行业协会的高度认可，2023 年被天津经济技术开发区评级为 A 级商业保理企业。在由中国服务贸易协会商业保理专业委员会主办的“第十届（2022）中国商业保理行业峰会”上，公司荣获“宏图”和“裕业”两项大奖，“数智赋能拓展保理营销渠道业务”成功入选天津市金融局发布的商业保理服务实体经济典型及创新案例。

三是企业活力持续释放。保理公司业务架构层级更加清晰、业务标准更加细化，梳理制度检查点 134 个，实现系统固化率 100%。全领域数字化、智能化转型成效显著，系统化率由 87.35% 提升至 93.16%，自动化应用场景新增 2 项，数智化人才占比达 50%。全员创新氛围进一步浓厚，通过 27 条激励机制，征集创新创意点子，实现对 8 个产品的创新优化。

42

以用户为中心深化体制机制创新 加快推动高端智慧新能源汽车发展

岚图汽车科技有限公司

一、基本情况

岚图汽车科技有限公司（以下简称“岚图汽车”）隶属于东风汽车集团有限公司（以下简称“东风公司”），正式成立于2021年6月26日，承担着发展高端智慧电动汽车和探索自主品牌发展新模式的使命，致力于成为“高端新能源乘用车领先者”。岚图汽车是国务院国资委“双百企业”中唯一一家央企旗下的整车企业，是国家四部委《汽车产品生产者责任延伸试点实施方案》试点单位，是东风汽车首个探索核心员工持股的整车企业，目前东风公司持股比例78.88%，员工平台和外部战略投资方持股比例21.12%。岚图汽车坚定贯彻落实习近平总书记关于新能源汽车发展的重要指示精神，探索“成熟车企+造车新势力”创新融合发展模式，以用户为中心，打造高端智慧新能源汽车品牌，建设“用户型科技企业”。

二、经验做法

（一）聚焦用户场景和需求，加快推进科技自立自强

一是精准洞察用户，完善科技创新机制。岚图汽车基于用户场景和体

验需求，把握进入新能源时代续航距离/电池安全、造型、智能化、品质等成为用户核心关注点的趋势，研究制定核心技术发展中长期规划。建立重大技术预研课题立项管控机制，实施“揭榜挂帅”，促进核心技术的快速掌握并突破“卡脖子”难题。建立以用户使用场景为核心的产品企划流程，并将其贯穿产品全生命周期，有效克服产品企划“管生不管养”的问题，推动爆款车型打造。

二是瞄准行业第一和唯一，抢占科技创新制高点。岚图汽车是国内第一家拥有中央集中式SOA电子电气架构与ESSA原生智能电动架构双布局的车企。“天元架构”是国内最领先、首个正向开发、具有完全自主知识产权的架构，控制器数量减少10%，系统升级速度提升20%。开发了行业首个“岚海动力”智能多模混动技术，用户体验全面提升。自成立以来，累计申报专利3541项，其中发明专利2966项，专利数量平均增速处于行业前列。

三是把创新成果转化为商品，打造优质汽车产品和服务。岚图汽车打通技术和研发，建立快速反应、快速迭代的车型开发机制，推动创新成果转化。建立车型项目跟投“绑定”激励机制，项目核心成员要求强制跟投，根据产品上市后销量、收益表现，进行收益分享或负激励。从2020年7月品牌战略发布以来，每年推出一款全新车型，横跨高端SUV、MPV、轿车，形成了“三年三车三品类”的布局，成为中国新能源汽车品牌中产品布局最完整的车企，树立了安全、舒适、豪华的产品标签。

（二）聚焦规范高效、增添活力，持续深化制度创新

一是坚持以混促改，提升治理效能。岚图汽车积极引入战略投资，A轮引入战略投资者融资45.5亿元，是我国新能源汽车行业迄今为止规模最大的首轮融资。实施核心员工持股，目前总持股份额占总股本的8.75%。推进非国有股的股东进入董事会，外部股东派出董事人数占1/3。制定公司治理主体权责清单105项，明确重要经营事项的决策权限及行权路径。坚持权责对等，明确重大经营事项的分层分级决策机制。建立董事会授权管理制度及董事会授权董事长决策机制，明确董事会授权董事长与总经理事项清单，规范行权履职方式，提升决策的效率和效能。

二是深化三项制度改革，全方位激发组织活力。岚图汽车实施干部敏捷退出机制，全年公司二级负责人及以上人员退出比例17.4%。实行薪酬与履职情况强挂钩，未达要求的扣除绩效或持股收益。在研发领域，针对智能化、造型等方向，推进“揭榜挂帅”，活用工资总额。在营销领域，各专业及区域负责人以不低于年目标薪资的30%参与业绩“捆绑”激励；针对终端门店，实施浮动目标薪酬管理方案，打造高绩效“百万年薪”店长。完善市场化用工机制，全年员工市场化退出比率6.41%。探索设立“人才飞地”等，畅通高薪特区，引进顶尖人才。

（三）聚焦直连用户，探索实践商业模式创新

一是从面向企业的销售（To B）模式转向面向消费者（To C）模式。岚图汽车站在用户角度，把新能源汽车视为与用户建联的纽带，成立用户共创委员会，与用户共创共享。由资深车主组成深入链接用户的组织，代表用户反馈建议，在岚图与用户之间互联互通，促进岚图产品与服务的优化升级。

二是实现“三个直连”，构建全新生态。第一是产品直连用户，岚图汽车从用户场景出发，通过软/硬件整车功能升级，满足“千人千面”、常用常新的用户需求。第二是渠道直连用户，在汽车央企中首个建立“自营+生态”的直营模式，实现直达用户、品牌统一、价格透明、完美体验、渠道风险可控。第三是生态直连用户，精细运营潜客/保客，开展潜客培育、圈层营销，积累用户势能，并实现定制化软产品开发创收，打造新的后市场盈利模式。App运营潜客/保有用户达到350万人，其中活跃用户

30万人。

（四）聚焦管理提升，持之以恒开展管理创新

一是秉持“效率、目标、结果”管理原则，建立用户思维。第一是遵从效率优先。随着行业形势变化和岚图事业的壮大，岚图汽车快速自我调整，不求完美，以快制快，支撑事业快速发展，保持“岚图速度”。打通从决策到执行的“超级链接”，实现扁平化管理，从品牌、产品、用户、终端等维度打造敏捷型组织。第二是强化目标意识。锚定目标，正视差距，百折不挠，只做第一。在提振销量目标上“进”，实现晋位升级；在提高产品和服务质量上“进”，让用户用而无忧；在开拓海外战略市场上“进”，打造“第二增长曲线”。第三是注重结果导向。坚持长期主义，增强定力和耐心，积小胜为大胜，让用户可信赖、可依靠，让结果可持续、可盈利。

二是以数字化转型为业务赋能。岚图汽车积极整合全价值链数据资源，提升影响用户、触达用户、转化用户和活跃用户的能力，把握真实用户需求，快速响应用户需求并提供优质用户体验。坚持以用户中心、极致效率、目标闭环为行为准则，提升运营效率，构建“6+N+1”（6大平台，N个场景，1个决策中心）全价值链数字孪生贯通体系，以数据驱动业务高效决策，初步构建岚图大数据大模型平台，驱动全域业务重构升级。

三是推进PM（车型项目总监）制管理转型。岚图汽车打破了以前上级管下级的垂直化管理模式，强化横向支撑，实施矩阵式管理。PM作为甲方，与作为乙方的项目副总监，以及零部件、金融等支持单位和职能部门形成跨职能沟通团队。PM拥有对乙方的考核权，可调动所有相关资源，促进车型项目团队把更多的精力和心血倾注在产品上，全力提升新车型效率和品质。PM制管理转型打通并串联了企划、研发、采购、营销等各个

环节，真正实现PM能管、敢管、会管，带领团队一起实现项目目标。

四是极致降本增效。岚图汽车建立全价值链提质降本增效会议机制，并对全价值链各项成本、费用目标等进行分解，制定落地举措及开展计划。针对发生的各类费用开展分类管理，建立费用模型、效果评价模型，助力效率提升，推进降本增效目标达成。

三、改革成效

一是量质齐升，实现“拔节式”成长。2023年6—12月，岚图汽车交付量持续“七连涨”，12月单月销量破万辆，全年交付50552辆，增长160%。岚图汽车成为2023年完成销量目标的3家企业（比亚迪、理想、岚图）之一。新梦想家12月单月销量突破5000辆，跻身高端MPV市场第一梯队。效益和质量也在同步改善，岚图梦想家、FREE位居中国汽车质量网2023年度排行榜第一。主力车型的毛利为正，盈利能力位于行业中上水平。

二是全系列车型实现升级换代。岚图汽车三款车型实现200公里以上纯电续航及1200公里以上的综合续航，形成了新的产品标签，即“公路旅行家”岚图新FREE、“梦想的移动城堡”2024款岚图梦想家及“智稳CEO”追光PHEV轿车。品牌知名度和美誉度进入高端新能源品牌认知行业前五，梦想家站稳高端新能源MPV第二位。

三是成为从本土最快走向全球的中国高端新能源汽车品牌。继岚图FREE之后，梦想家也成功获得欧盟整车型式认证（EWVTA）。海外战略市场布局加速，已进入挪威、芬兰、丹麦、荷兰等国家和地区销售。

43

聚焦产业链稳链强链
构建行业领先的新能源动力总成平台

智新科技股份有限公司

一、基本情况

智新科技股份有限公司为东风汽车集团有限公司（以下简称“东风公司”）控股子公司，注册资金26.67亿元。其中，东风公司占93.306%，东风鸿泰占6.021%，武汉经开金融占0.673%。智新科技前身为成立于2001年的东风电动车辆股份有限公司，2019年重组更名为智新科技股份有限公司。2022年，为贯彻落实党中央关于国有企业改革发展的要求，整合动力总成资源，东风公司将原智新科技股份有限公司、东风鼎新动力系统科技有限公司、东风（武汉）汽车有限公司及东风乘用车公司发动机业务进行战略整合，新公司名称沿用智新科技股份有限公司（以下简称“智新科技”）。目前，智新科技拥有1个运营及研发中心、5个制造园区、2个新事业单元、1家控股子公司、1家共同控制子公司、2家参股子公司。

智新科技作为东风自主乘用车动力总成平台事业板块，肩负着为“国家队”东风公司乃至中国汽车行业新能源转型升级提供核心竞争力的重任。公司致力于打造竞争力领先的“马赫动力”产品，拥有动力总成及核心零部件的自研、自制及工业化的关键核心技术和资源配套能力，已形成节能动力马赫 G、混合动力马赫 MHD、纯电动力马赫 E 三大系列化动力总成平台布局，并同步布局电机、电控、功率半导体、电池 PACK、减速箱等核心部件资源业务，实现了动力总成业务横向打通、纵向贯穿。

二、经验做法

（一）深入推进战略性重组和专业化整合确保汽车产业链稳固可控

一是高效完成战略整合，快速形成产业布局。智新科技 2022 年 5 月完成与东风鼎新、东风（武汉）发动机的业务整合，2023 年 1 月吸收合并东风风神发动机业务。公司高效完成两次整合，实现产业链纵向贯穿、业务横向打通目标。同时，整合以来，智新科技产销逐年快速攀升，顺利实现了“高速奔跑中并道”。

二是建立一体化管理体系，持续释放管理效能。智新科技由 4 家公司整合而成，需要快速实现一体化管理，才能将物理整合转化为化学整合，达到 1 +1 >2 的效果。公司自 2022 年 5 月 7 日一体化运营开始，搭建“三位一体”营销体系、“三位一体”研发体系、全生命周期项目管理体系、成本管理的成本核算体系、全生命周期收益管理体系、绩效管理体系、薪酬激励体系、运营管控及决策体系八大管理体系，通过体系化的能力把过去复杂问题简单化、把简单问题数量化、把数量问题程序化、把程序问题体系化，构建了适应新能源行业快速迭代发展的管理体系，提升了管理效率、沟通效率、决策效率，持续释放公司管理效能。

（二）持续加大核心技术的研发力度和核心资源的掌控力度

一是不断提升产品平台迭代升级速度。iD3-160、iD2-400、HD150、4HD70、C15TDE 等马赫动力总成三大平台的多款产品顺利量产，并开发了新一代 800V、SIC 的 iD4 平台，实现了产品的快速迭代升级。智新科技荣获国家重点产品工艺“一条龙”应用示范推进企业，“电驱动总成功率密度与 NVH 提升技术”进入东风公司核心高价值专利群，有力支撑了东风公司五大整车平台。2023 年同步推进 54 个项目（服务于整车 27 个车型），保障 M18、M57、631、623、H56 等多个战略车型顺利投产。

二是攻克关键核心“卡脖子”技术。2023 年，智新科技完成核心科技项目攻关 30 项、核心制造工艺技术攻关 14 项，掌握 800V、SIC、油冷、异步电机等核心产品技术，以及成型磨、轴齿成型磨、真空热处理等基础制造技术，电驱动产品在工况效率、功率密度、NVH 等关键性能达到行业领先水平。同时，SiC 产品、双电机控制器、增程器的开发填补了东风公司相关技术空白。

三是加强核心资源掌握能力。智新科技重点加强核心部组件的生产保障资源，新成立了电控 BU、电池 BU，促进供应链向集聚地近地化发展，提高自产化率。积极发挥产业链带动作用，盘活东风公司内核心零件、部件自制资源，提高内部零件自给率，提升供应链韧性。积极实施产品“三化”工作，实现总成架构平台化、总成部件模块化、零部件通用化，有效降低设计成本、试验成本及制造成本，产品模块化率超过 60%，零部件通用化率达到 58%，有效发挥产业链链长作用。

（三）全面构建中国特色现代企业制度下的新型经营责任制

一是实行经理层任期制和契约化管理。智新科技对公司、子公司经理层的契约文本内容进行完善，明确退出条款，确保改革举措穿透至公司及子公司两级。开展经理层签订岗位责任书活动，实现经理层任期制 100% 任期签约，坚持绩效结果强制比例分布，对经理层进行业绩考核、退出。2023 年 1 月完成干部全体起立竞聘，提职提拔 12 人，6 名干部退出干部岗位（总监 4 名、经理 2 名），“能上能下”成为常态。

二是提升组织效率。智新科技坚持加强党的领导，更好发挥党委“把方向、管大局、保落实”作用，持续优化组织机构。根据公司发展需要新成立产能建设办公室，统筹规划和监督实施公司产能建设，进一步强化工厂责任制，组织机构实现精简高效。

三是创新薪酬激励机制。智新科技建立效率联动、高效高薪、差异激励、驱动成长的薪酬激励体系，筛选确定 40 项 2023 年度科技“揭榜挂帅”项目，发布《项目收益改善激励管理标准》《项目激励管理标准》，开展营销项目激励，激发创新创效潜能。为电控工业化项目选聘职业经理人，建立市场化激励机制，优化短中长期激励机制，灵活使用“揭榜”“对赌”等激励机制，提升激励有效性，激发员工潜能，营造干事创业良好氛围。探索创新举措，打造幸福感倍增的员工福利体系。

三、改革成效

通过战略性整合的高效落地，智新科技进入加速发展的良好态势，为进一步实现高质量发展、更好地支撑东风公司新能源转型发展奠定了坚实基础。

一是经营质量显著改善。智新科技 2023 年销量首次超过 40 万台（套），纯电总成 105604 台，同比增长 65%，创历史新高；混合动力总成销量 60945 台，同比增长 254%，创历史新高；变速箱 194410 台，同比增长 21%，创历史新高；发动机 131391 台，同比增长 6%；减速箱 40071 台，各工厂产量均创历史新高。

二是核心能力显著增强。智新科技核心科技项目已 100% 在商品项目上获得应用，最近 4 年专利申报量逐年增加。公司共有有效专利 249 项，已获得技术发明专利 103 项、实用新型专利 128 项、软件著作权 1 项、东风公司专有技术 4 项、公司技术标准 83 项。国务院国资委发布的《中央企业科技创新成果手册（2022 年版）》中，智新科技“车规级宽禁带半导体 IGBT 模块”和“马赫动力 C15TDR 发动机”2 项创新成果榜上有名。

三是在构建马赫动力产品制造生态链方面进展显著。智新科技掌握了高效、高精度齿形加工技术、多轴颈同步加工技术、真空渗碳技术等，形成了扁线定子、电驱动总成、双离合自动变速箱总成的高度智能化生产能力。在零部件加工、检测、总装、试验等关键环节配备了行业先进、国际一流的自动化装备，实现了过程质量实时在线监控、端到端的物流信息控制。

四是企业精气神显著提振。持续的改革创新使智新科技全体员工的向心力、凝聚力增强，员工精神面貌焕然一新，干事创业更有激情，员工满意度逐年提高。一个行业领先的科技创新型公司的梦想成为全体员工共同的追求。

44

持续深化改革创新 激发企业高质量发展新活力

东风汽车零部件（集团）有限公司

一、基本情况

东风汽车零部件（集团）有限公司（以下简称“东风零部件”），是我国最大的汽车零部件和综合性汽车装备制造企业集团之一，以其持续创新的产品和系统化解决方案赢得国际国内客户的信赖。目前东风零部件年收入规模230亿元，位列中国汽车零部件百强第12位、全球汽车零部件企业百强榜第88位。东风零部件构建了乘、商并举和国内、国外市场共同发展的事业格局，具有为商用车、乘用车、新能源汽车提供全系列零部件和关键技术支持与服务，以及为整车和零部件生产实现交钥匙工程的雄厚综合实力。

二、经验做法

（一）机构业务“三优化”，构建高效协同运营体系

一是完成三个机关整合优化，建设精简高效总部机关。按照“小机关、大事业”的理念，东风零部件实施总部机构改革，完成东风零部件、东风装备、东风科技三个总部机关和党委合并。2021年以“C计划”实施

为契机，完成东风零部件、东风装备总部机关整合。按照3项融合、3个优化、4个确定、3项设计的“3343”原则，推进公司总部由运营管控向战略管控模式转型。2023年加速推进“诺亚709”项目，实现东风零部件、东风科技一体化发展。开展组织对标分析，明晰东风科技总部定位，强化战略管控职能，实行去行政化、按业务线管理。

二是聚焦主业练硬功，扎实推进“压减”及非核心业务清理工作。东风零部件按照“业务归核化”“资源系统化”“产品模块化”“资产证券化”的发展理念，聚焦“6+1”系统化业务布局，深化组织机构改革，加快业务调整步伐。2021年以来通过股权转让、破产清算等方式，完成上海欧雷法、襄阳东弛、粉末冶金等11项非核心业务退出；完成友联、风神、安通林配件、东风耐世特、东仪汽贸5项压减任务，法人户数持续减少，组织效能提升取得突破性进展。

三是创新搭建组织评价模型，全面推动分/子公司组织机构优化。根据东风公司“6+X”组织评价模型，结合自身业务特点，东风零部件建立“6+2”组织评价模型，从管理层级、管理幅度、人服比等多个维度，每年对分/子公司实施组织效率评价，提出整改建议，并跟踪落实推进情况，不断提升组织运行效率。2021年以来实施15家分/子公司组织评价，推进底盘、电驱动、模具分公司、东风设备等10家单位机构优化，科级机构优化106个。

（二）干部管理“四强化”，打造干部人才队伍新高地

一是强化班子配备，增强整体作用发挥。东风零部件建立高管人员定期集中交流和更新机制，强化任期交流，优化领导班子配置，积极推进“80后”、探索实施“90后”进三级单位领导班子。东风零部件18个领导班子中，“80后”进班子11个，占比达61%；“90后”进党委领导班子3个。制定《东风汽车零部件（集团）有限公司加强对“一把手”和领导

班子监督的措施》，加强对“一把手”和领导班子的监督，落实全面从严治党主体责任和监督责任。

二是强化任期制契约化管理，打破干部“终身制”。东风零部件按照“选聘市场化、管理契约化、薪酬差异化、退出制度化”的原则，完善市场化选用机制，优化考核评价方式，建立健全以能力和绩效为导向的选拔任用机制，让干部“上”之有凭、“下”之有据。坚持高管岗位聘任制对高管人员全覆盖，及时与岗位调整和提拔提职高管签订《岗位聘任合同》，实现干部管理从身份管理转为岗位管理。强化干部市场化选用，发布《东风汽车零部件（集团）有限公司职业经理人管理办法》，实施7个关键业务领域职业经理人制，其中百万年薪招聘东风科技研究院院长1人、中干职业经理人6人。

三是加大年轻干部选拔力度，优化干部队伍年龄结构。东风零部件根据公司业务发展、转型升级的需要，滚动调整优秀年轻干部库、“青苗”人才库，2023年后备干部入库98人，“青苗”人才入库310人。选配优秀后备干部、“青苗”人才参加“长青计划”挂职锻炼2人、青年“优+”交流7人、专业总师/副总师助手1人。实施优秀年轻管理者课题立项、“青苗”人才“青创营”，为年轻干部人才成长锻炼提供平台。加大竞争性选拔力度，变“伯乐相马”为“阳光赛马”，近3年15名优秀年轻干部走上高管岗位，公司高管平均年龄47.2岁，逐步构建适合企业发展的老中青干部梯队。

四是强化年龄和考评退出，健全干部能上能下机制。东风零部件强化考评强制分布和结果运用，严格末等调整、不胜任退出，3年来实施高管岗位交流109人次，实施考评退出9人。对连续2年年度评价结果为D的1名高管和任期考评不胜任的5名高管实施退出高管序列管理，打破领导干部“铁交椅”。充分发挥“退二线”干部价值，结合各分/子公司经营情况和退出干部工作经历，开展专职董监事匹配工作，进一步提升公司治理水平。

（三）用工、薪酬“两手抓”，深入破解人事效率提升难题

一是创新建立员工职等体系，推进机关职等改革。东风零部件基于为岗位付薪、能力付薪、绩效付薪的理念，制定发布《职能部门员工职等管理办法》，明确员工能力提升要求和职业发展规划。设置行政、专业双通道，两通道之间可相互转换，同层级经历相互认可，促进员工与公司共同发展，实现由岗位管理向能力管理转变，满足赋能与员工成长的需要。细化各职等任职资格标准、晋升规则、降级要求等，实现职等升降标准化，打破“论资排辈”“平衡照顾”等现象，进一步拓宽员工职业上升渠道，畅通降级、退出通道。

二是完善市场化用工机制，持续提升劳动效率。东风零部件以课题为抓手，加大间接业务效率化、制造效率提升课题推进力度，员工总数优化3317人，清退劳务工810人。深化全员绩效考核机制，推行考核结果强制分布，严格末等调整、不胜任退出，加大员工市场化退出力度，3年累计低绩效员工考核评价退出893人，员工市场化退出率6.5%。高效发挥协同作用，盘活现有人力资源，积极开展公司内外部用工协同工作，3年累计协同699人次。用工体系进一步优化，劳动效率进一步提升。

三是以业绩为导向，健全市场化薪酬分配机制。东风零部件坚持业绩薪酬双对标，强化工效联动，员工薪酬导入绩效工资与经营指标挂钩系数K，正向引导员工以创收带动增收，真正实现薪酬向价值创造者倾斜，2023年员工浮动工资占比70.3%，收入差距达3.81倍。优化高管薪酬结构，强化市场化激励，按“一企一策、一岗一薪”的原则，构建有行业竞争力、与企业效益挂钩的薪酬体系，全面导入高管薪酬价值系数K1、K2。实现契约化薪酬，干部薪酬差距最高可达到40%。

四是锚定共创共享，完善多元化薪酬激励机制。东风零部件全面打造“事业共建、价值共创、利益共享、风险共担”的激励约束机制，构建具有市场竞争优势的核心关键人才薪酬体系，打破关键核心人才与一般员工之间的薪酬分配“大锅饭”。针对市场、研发人员制定项目工资制，针对核心人才实施协议工资制，制定高新技术企业岗位分红激励方案，制定“揭榜挂帅”项目激励方案，并在东风科技研究院试点推行，持续激发核心骨干队伍的积极性、主动性、创造性。

三、改革成效

通过持续深入的改革调整，东风零部件高质量发展的动力更强、活力更足。

一是组织效率进一步提升。整合优化后，东风零部件部级机构减少 13 个，降幅 52%。部门高管编制减少 14 个，降幅 44%。机关员工编制减少 93 个，降幅 43%。聚焦核心业务，完成 11 项非核心业务退出、5 项“压减”任务。实施 10 家单位机构优化，科级机构优化 106 个。

二是核心能力显著增强。东风零部件 11 项业务技术能力处于行业领先水平。智能制造成熟度水平达到规范级，6 个场景入选工信部智能制造优秀场景，一个智能工厂入选中国“5G + 工业互联网”典型案例。

三是市场结构调整更加优化。东风零部件在东风外部市场的收入占比提升至 44%，乘用车市场收入占比提升至 53%，新能源业务收入占比提升至 21%，形成了“乘商并举、内外兼顾”的格局。

45

强化改革牵引　激发创新动能

天津重型装备工程研究有限公司

一、基本情况

天津重型装备工程研究有限公司（以下简称“天津研发”）是中国一重集团有限公司（以下简称“中国一重”）所属的三级科技型子企业，成立于2004年，注册资金13000万元，是“重型技术装备国家工程研究中心”和“国家能源重大装备材料研发中心”的主依托单位，同时是国家企业技术中心、国家高新技术企业和天津市企业重点实验室，股东分别为中国第一重型机械股份公司（以下简称“一重股份”）和天津泰康投资有限公司，其中一重股份占比92.3%。天津研发主要业务涵盖重型装备技术开发、新材料研发、技术服务、技术咨询、技术转让和材料的理化检测、理化试验等。经过20年的创业和发展，天津研发在能源装备、冶金轧辊、工程材料等领域引领行业进步，以大型铸锻件制造技术为代表的百余项科技成果应用于国防建设、冶金、能源、化工等行业，有效维护了国家国防安全、科技安全、能源安全、产业安全和经济安全。

二、经验做法

（一）完善科技创新体制，更好实现高水平科技自立自强

一是深入实施科技创新体制机制改革。天津研发不断充实完善科技创

新全生命周期管理，在赋予科技人员团队组阁权、薪酬分配权、技术路线决定权的基础上，继续加大放权力度，赋予项目负责人小额（5万元以下）应急采购权。以成果为导向，修订印发科研课题考核奖励管理办法，取消过程绩效，成果产出一次性奖励，引导、鼓励科技人员不断进行科技创新。在课题负责人竞聘制的基础上，制定印发“揭榜挂帅”管理办法，针对应用基础研究、颠覆性技术研究和企业急需解决的重大技术问题，通过公司发布技术需求、科研团队主动揭榜，进一步引入竞争机制，持续激发科技人员创新动能。继续推动协同创新平台建设，与国内知名高校、科研院所签订战略合作协议，与用户签订产学研联盟协议，建立长期及实质性合作，构建产学研用利益共同体。

二是有效推进运营市场化体制机制改革。天津研发持续推动建立技术支持市场化机制，与营销单位对接，深入实施订货技术支持市场化，并将科研部门绩效与产品订货相关联，建立新产品提成机制，加快成果转化、推广。与生产单位对接，大力实施生产制造支持市场化，合作开展“降本增效三年行动（2023—2025年）”，降本增效收益三七分成。向下分解降本增效目标，纳入部门经营业绩考核，与部门负责人签订经营业绩责任书，实现薪酬与业绩同频共振。以促进科研项目精准立项为目标，将研发技术水平、经济效益贡献、知识产权产出等作为科技信息评价的重要依据，正向反馈市场技术需求，持续提升市场和科技信息研判能力，实现科研立项市场化。

三是持续完善市场化激励约束机制。天津研发继续实施工资总额备案制、拓展完善中长期激励体系，在项目收益分红激励、科技成果转化股权奖励和项目跟投的基础上，推动建立人才激励，制定印发关键核心科技人才中长期奖励办法，进一步完善市场化激励体系，营造吸引人才、激励人才、留住人才的氛围。持续推进中长期激励体系指引的落地实施，大力推动项目收益分红、风险抵押等激励工具的应用，充分调动科技人员的积极性、主动性和创造性。

（二）完善人才发展体制，夯实科技创新“人才链”建设

一是持续深化人才发展体制机制改革。天津研发坚持党管干部、党管人才原则，不断探索和完善人才工作机制，充实完善人才制度体系，着力破解“发展通道窄”“论资排辈”等问题，解决“激励匮乏”问题，抓好“后继有人”根本大计。在《人才队伍建设实施方案》《员工职业发展手册》《毕业生成长成才培养与师徒结对管理办法》的基础上，针对强化导师履职、促进新员工快速成长，建立了新员工分阶段培训考核评价机制，制定了《新员工培养考核评价管理暂行办法》。针对激励不足、与市场脱轨等问题，制定印发《关键核心科技人才中长期奖励办法（试行）》，进一步解决了人才激励问题。

二是以事业兴人才，持续打造人才集聚高地。天津研发依托国家工程中心、国家能源材料研发中心、博士后科研工作站等平台，依托国家重大工程项目、“1025”工程项目、原创技术策源地建设项目等高质量开展引才工作，建立高层次人才分类目录，制定应届毕业生招聘院校及专业备案目录，实施更加精准、更大力度、更具实效的引才政策和引才宣传。此外，积极参加国家工程硕博士培养改革专项试点，推动设立“中国一重助学金”和“中国一重奖学金”，积极开展联合招生宣传，依托校企合作项目深入开展联合招生及培养，培养集聚特定领域紧缺人才。

三是以实干育人才，着力打造人才培养输出高地。天津研发大力实施人才培育长效化、内部输出常态化、人才育成梯队化，将人才培养与业务布局同步谋划，战略性新兴产业领域与传统领域协同发展，专业化梯队建设和复合型人才打造同步实施，大力实施重点人才重点培养、优秀人才优先培养、年轻人才经常培养、紧缺人才抓紧培养。针对不同类别人才、不

同层次人才，有针对性地开展系统化和专业化培养，多渠道、多维度培育人才。同时，着力抓好应届毕业生的培养，实施“本专业＋协作专业”双导师培养制度，推动全方位培养技术复合型人才，实现高效育才。

三、改革成效

随着改革的持续深化，天津研发的队伍创造力与战斗力显著增强，企业创新活力不断提升。2023 年，申报国家专利 51 项，其中发明专利 47 项，发布国家标准 3 项、团体标准 13 项，降本增效超 5400 万元，收入增加 1000 万元。

一是服务国家战略能力不断加强。“1025”工程成效显著，“高水头大型冲击式水轮机转轮锻件制造技术研究”项目，成功研制世界最大冲击式水轮机转轮轮毂锻件；“新一代特种船舶用高强铸钢舵轴研制开发”项目，具备国产最新型特种船舶全部铸件供给资格。稳步打造原创技术策源地，“海洋大型高效液压打桩锤用核心锻件制造技术”项目，实现世界最大海工下砧座及替打环锻件的成功制造；“新型核反应堆用关键大锻件材料自主开发及工程化研制”项目，掌握 N50 不锈钢锻件关键制造技术，为进军聚变堆市场奠定坚实基础。

二是自主创新能力持续提升。天津研发 2023 年研发经费投入 17580 万元，研发经费投入强度 73.03%。成功研发“500 兆瓦冲击式水轮机转轮轮毂及配套水斗锻件”“海洋大型高效液压打桩锤用下砧座及替打环锻件”“高温气冷堆压力容器大锻件及堆内构件”“聚变堆用 N50 不锈钢锻件”“大型深腔复杂曲面锻件仿形锻造技术”等近 10 项新产品、新技术，在支持国家重点工程建设的同时，为中国一重高质量可持续发展提供了创新动力。

三是人才集聚和培养能力持续提升。2023 年，天津研发签约高校应届毕业生21人，“双一流”高校毕业生占比达80%，“985”高校毕业生首次超过50%，人才引进呈现“两多”特点，即引进人数为近年来“最多”、“双一流”及“985”高校学生为近年来“最多”，为建设“中国制造业第一重地”提供坚强智力保障。年度入选天津市滨海新区青年英才培育计划1人，推荐高校企业硕士研究生导师4人，向集团公司各单位输送核心及骨干科技人才6人。

46

充分发挥科研优势　实现多领域拓展 不断践行为国防提供精良装备的初心和使命

一重集团（黑龙江）专项装备科技有限公司

一、基本情况

一重集团（黑龙江）专项装备科技有限公司（以下简称“专项装备公司”）是中国一重集团有限公司（以下简称“中国一重”）所属上市公司——中国第一重型机械股份公司的独资子公司，是高新技术企业和专精特新企业，集两种型号舰载武器装备的销售、研发、设计、制造、售后服务于一身，是目前国内该类成套装备出产数量最多、品种最齐全的研发制造单位，研发的装备曾获国家科学技术进步二等奖。

专项装备公司现有研发人员60余人，拥有机械系统动力学仿真、有限元分析软件及专用试验场，研发实力雄厚。专项装备公司的制造基地占地面积4万多平方米，拥有机加设备200余台（套），已经形成完整的生产制造产业集群。专项装备公司逐步向专业化和智能化发展，目前投资建设了数字化厂房，依托定制的MES制造执行系统，推进制造能力提升和经营管理效益提升。

二、经验做法

（一）形成以市场需求为导向的经营模式

专项装备公司明确以顾客需求为中心的市场导向，改变服务意识弱、市场意识不强的问题，逐步形成以市场需求为导向的“以销定产”的经营模式。

一是把市场意识贯彻全体干部职工，从领导干部抓起，从思想上牢固树立尊重市场、敬畏市场的理念。以市场为中心、以营销为龙头，落实“以销定产”的经营模式，根据市场信息、顾客需求和市场环境制定企业生产经营计划，分配企业的人、财、物等各类资源。主业市场引领，紧紧围绕客户需求，让市场牵引创新，让创新服务市场。

二是建立市场调研机构，把握客户的现实需要和潜在需求，做到有的放矢，逐步形成市场信息网络系统。专项装备公司围绕市场需求与竞争对手进行对标对表，找准自身存在的问题和不足，进行优劣势分析。成立专业的市场调研机构，要求专业技术人员“走出去”，了解国内外行业技术和专业技术发展状况，了解用户需求和技术应用趋势，明确市场需求。

三是建立指标责任体系，将各项生产经营、预算责任指标按照“纵向到底、横向到边”的原则逐层细化分解，并落实到每一个工作岗位。将市场压力传导至每一位员工，实现“人人关注市场、人人挖潜算账”“千斤重担人人挑、人人肩上扛指标”。通过指标考核体系的压力层层传递，充分发挥每个部门、每名职工的市场主体作用。

（二）打通人才成长晋升通道

一是专项装备公司建立包括技术研发人员、营销人员、管理人员、党务人员、技能人员在内的“五个通道”晋升机制，打通人才成长的多元化通道，做到升才有道、用才有胆、赏才有方。

二是为形成市场化的薪酬管理方式，专项装备公司实施“五个倾斜”的激励机制，坚持薪酬分配向营销、高科技研发、高级管理、高技能、苦险脏累差五类人员倾斜，按劳分配，多劳多得、奖勤罚懒。

三是专项装备公司制定《人才资源规划、人才发展“五个通道”职级晋升实施细则》和《大国工匠、首席技能大师评聘办法》，建立和完善统一、规范、有效的职级管理体系，树立“人人皆可成才、人人应尽其才”导向，培养造就高素质专业化人才队伍，做好年轻优秀干部培养选拔使用，为高质量发展提供坚强的人才保证。

四是扩大招聘专业类别、招聘的人员层次。专项装备公司出台相关制度和提供资金，通过项目联合的方式与高校开展联合培养，使目前在职人员的学历、知识范畴进一步提升。以项目为依托，积极争取省内、国家各类课题和相关奖项，使项目负责人在完成项目的同时，成长为军工产品的领军人才，扩大在行业内部的影响。

三、改革成效

面对主营产品单一、通过有效创新创造新的经济增长点不足的问题，专项装备公司通过市场化改革、指标考核体系、“五个通道”晋升机制、“五个倾斜”激励机制，按照实现“三个拓展”的发展思路，即“从单一装备向全系统、从单一兵种向多兵种、从单一领域向多领域拓展”，充分发挥市场牵引创新动力，加大市场开拓力度，实现向航天领域的拓展。

一是 HJ 支撑臂项目实现航天领域首次突破。专项装备公司长期以来主营业务一直局限在两型装备及其衍生品，为寻求突破，通过科学研判时与势，全力抢抓发展机遇，营销与科研人员联合开展市场开拓，最终与航天科技集团航天八院 805 所签订了 HJ 支撑臂项目研制合同，成功进入航天领域，推进了产业结构调整。该项目是专项装备公司首个具有 100% 自主知识产权的创新项目，是进入航天领域的首台（套）项目，是新一代运载 HJ 的配套产品，专项装备公司以此项目为依托，掌握了高精度调平技术，可向其他 HJ 产品进行大力推广。

二是 HN 地面 FS 系统项目实现航天领域再次拓展。当前，我国正处于常规推进剂 HJ 和新一代 HJ 更新换代期，也正在经历航天 FS 场密集建设期。根据国家“十四五”和 2035 年远景目标等重大航天战略发展要求、结合中国一重“三个拓展”发展方向，基于已有 HJ 支撑臂产品的技术创新能力和口碑，经过不懈努力，专项装备公司与航天八院签订了 FS 台项目、起竖架项目及总装总调项目 3 个合同，实现了在航天领域地面发射系统的再次突破，为进入航天领域打下了坚实基础。目前，该项目正在紧锣密鼓地实施。专项装备公司由 H 军领域向 H 天领域发展，有助于提升专项装备公司的科技创新能力。H 军领域和 H 天领域都是高度技术化的领域，涉及众多复杂的科学和技术问题，专项装备公司在这两个领域的发展，无疑会推动相关科技的交叉融合和创新，从而提升装备的整体科技水平。这种发展还有助于促进产业发展。H 天技术的研发和应用涉及多个领域，包括材料科学、电子技术等，这将为专项装备公司带来更多的市场机会和业务拓展空间。

47

推行全员绩效制　加强市场化管理
激活企业高质量发展新动能

青岛宏大纺织机械有限责任公司

一、基本情况

青岛宏大纺织机械有限责任公司（以下简称“青岛宏大”）是中国机械工业集团有限公司（以下简称“国机集团”）下属四级企业，也是我国纺织机械工业重要骨干企业，始建于1920年，是中国最早从事纺织机械生产与销售的企业之一。青岛宏大自2023年5月入选“科改企业”以来，深入贯彻落实国企改革深化提升行动各项要求，以全员绩效制改革为着力点，深入推进市场化管理机制，对干部开展任期制与契约化管理，对员工施行绩效积分、末位淘汰机制，对骨干实施奋斗者基金计划以更好地推行市场化考核体系，增强企业发展活力。在推行全员绩效制后，近3年公司营业收入平均增长率达28.92%，净利润平均增长率达160.15%，人均工资平均增长率为18.3%。

二、经验做法

（一）科学设定目标，落实全员承接，助力公司高质量发展

青岛宏大规范目标设定程序，完善绩效考核体系，建立从中高层干部

到基层员工的全员绩效制管理制度，确保目标设定合理，执行落到实处，成果丰硕卓著。

一是科学掌舵公司发展航向。青岛宏大完善“三重一大”决策机制，构建形成党委前置研究讨论重大经营管理事项清单，将未来业务发展方向、中长期战略规划、年度经营目标等严格纳入党委前置研究。通过党委讨论，科学设定年度目标及发展规划，引领公司发展方向。

二是建立全员绩效考核体系。青岛宏大发布实施《绩效考核管理办法》《经理层成员经营业绩考核与薪酬分配管理办法（暂行）》《部门年度经营目标责任书考核管理细则》《中层干部、高级经理及以上职级人员绩效考核管理细则》《员工绩效考核实施细则》《研发技术人员积分制绩效考评实施细则》等一系列制度文件，逐步构建覆盖全体职工的考核体系，以体系为依托，以制度为抓手，激励全体员工奋力协作、高效达成公司经营目标。

三是多点发力落实考核制度。青岛宏大借助党委会、党支部大会、经营月度例会、中层干部例会、部门工作例会等多种会议形式，宣传推进全员绩效考核体系，实现从经理层到普通员工全体做到“在其位、谋其政、用其权、担其责”，为公司创造价值。公司对经理层以年度和任期为周期进行考核，对部门按月、季度、半年度、年度为周期进行考核，对中层和普通员工按月、半年度、年度为周期进行考核，以确保职责范围内目标按期实现。通过全面有力的制度保证及贯彻执行，2023 年公司营业收入与净利润分别完成年度目标的 123. 89% 和 129. 66% 。

（二）强化责任意识，压实责任主体，助力目标顺利落地

青岛宏大依靠全员绩效制，实行公司、部门、员工三级考核，从干部到员工，不论身份，只要无法胜任岗位，均执行淘汰制，依托绩效考评在全员心中树立责任意识。

一是构建新型经营责任制。青岛宏大开展经理层实施任期制与契约化管理，“一人一岗”签订差异化岗位聘任协议书和经营业绩责任书，细化考核指标说明和计分规则，设置考核指标基准值和挑战值，鼓励“摸高”，力争“跑赢”市场，优于同行，优于历史同期。加大经营业绩考核力度，将“底线”与“合格线”由原来的“双70”“双80”提高至“双75”“双85”。严格落实任期目标和年度目标，刚性考核兑现。搬走“铁交椅”，以业绩数据说话，实现能者上、庸者下。

二是构建“干部能上能下”新常态。2023年，青岛宏大根据改革深化行动要求，对标经理层任期制与契约化改革，对中层干部推行任期制与契约化管理，签订岗位聘任书、任期业绩责任书和年度业绩责任书，依据目标任务对考核指标分类设计，指标量化明确，无保底分数，提升了权责意识及竞争意识。薪酬与绩效联动，实现中层干部薪酬及晋升与公司经营状况、部门及个人业绩挂钩考核，个人薪酬60%～70%由绩效考核决定，2023年中层正职干部收入差距达3.76倍，副职干部收入差距达2.47倍，强化了个人薪酬与主体责任关联度。近3年有20名中层干部经竞聘上岗，退出人数达13人。

三是树立“员工优胜劣汰”新风向。青岛宏大建立以劳动效率、经济效益为核心的用工总量管控模式。畅通员工退出渠道，利用内退协解、末位淘汰和不胜任退出等形式营造积极向上的竞争文化。部门年度目标和工作任务责任到人到岗，实行员工积分绩效管理，将工作态度与效率、工作完成情况、纪律遵守情况及员工创新等纳入积分绩效考核，积分结果与部门业绩、个人业绩、绩效收入及岗位调整强关联，年度排名后10%的员工重点面谈，连续2年排名后10%的员工启动解除劳动合同程序。近3年员工经考评市场化退出人数合计63人，平均员工退出比例3.8%，以实际行动锻造精兵强将。

（三）考核正向激励，激发内生动力，助力员工创新立业

青岛宏大多措并举构建“精准考核激励”新模式，通过考核正向激励作用，充分激发全员干事创业的热情，释放科技创新内在动能。

一是聚焦员工创新激励。2020—2022 年，青岛宏大实行“奋斗者计划”，探索将关键核心人才利益与公司利益绑定，依据考核结果延期兑付奖金，3 年共计兑付 303.96 万元。2023 年，面向关键人员和骨干人才，制定《科技一线中青年奋斗者培养提升计划》，配发“奋斗者”虚拟期权激励基金。结合“奋斗者”专业方向和能力，个性化制定年度考核目标和工作任务，以 3 年为周期，制定周期考核规则，约定延期兑付条件，根据业绩考核结果兑现期权激励，让善干有为的奋斗者率先获得改革发展红利。同时，设定每两年一次的青岛宏大科学技术奖，奖励在公司创新活动中取得优异成绩的项目团队和个人，充分调动创新团队成员的主观能动性，增强自主创新能力，促进公司技术进步。

二是共创增量共享激励。2023 年 5 月，根据集团科技型企业分红激励实施办法，青岛宏大制定岗位分红方案，申报集团评审通过并已实施。方案对在科技创新、科技成果产业化过程中发挥重要作用的科研技术人员、中高层管理人员、高技能人才和其他关键核心岗位人员实行企业发展增量共享激励机制。选择净利润、研发费用投入占比、劳动生产率 3 个指标作为业绩考核指标。坚持增量激励、效益激励导向原则，激励关键岗位人员充分发挥主观能动性，超额完成公司年度经营业绩指标，并逐年保持合理高速增长，实现公司高质量发展。2023 年，岗位分红三大考核指标均超额完成，净利润完成考核指标的 107.63%，研发费用占比完成考核指标的 111.13%，劳动生产率完成考核指标的 119.6%。

三是打造过硬创新团队。青岛宏大全面推行项目管理制，以科研项目为基础，打破部门壁垒成立项目组，制定明确的项目激励和考核办法，充

分授权，限期完成。实时监控项目里程碑进度、质量完成情况，开展里程碑项目考核，基于考核结果兑现项目奖励，按不同产品、技术难度等级对项目奖励进行分类。打造科研团队与公司利益共同体，实施新品研发与市场挂钩制，新产品上市3年内，科研团队可分享销售红利，根据主机产品销售收入、毛利率，按一定比例兑现效益提成奖（销量奖），充分激发全员创新活力。

2023年，青岛宏大实行项目“揭榜挂帅”制，采用“内部优化+客户反馈+市场调研”相结合的方式，通过创意需求征集、月度产品问题清单收集、“质量万里行”客户走访、产品研讨等多种形式，遴选最具战略性、原创性、先进性和效用性高的攻关需求，聚焦核心技术和市场导向定榜单，2023年共计开展12项“揭榜挂帅”攻关。

三、改革成效

一是经营业绩实现跃升。在全员绩效制作用下，青岛宏大全体职工“力出一孔”拼业绩，为公司持续生产上量、快速发展打下坚实基础。2023年公司全年实现营业收入11.15亿元、净利润5316万元，超额完成年度营业收入和利润指标。近3年公司人均营业收入平均增长率34.76%，人均净利润平均增长率高达174.28%，2023年公司人均净利润达10.15万元，实现了经营业绩量的合理增长与质的有效提升。

二是人才队伍精进提质。通过绩效考核，青岛宏大实现全员动态调整、优胜劣汰，营造职工积极竞争的成长成才环境。公司持续精简职工队伍，2023年公司职工总人数较2022年下降4.89%，不断优化人力资源结构，研发人员占比由11.04%增至13.13%，硕士研究生占比由9.04%升至10.71%，中高级以上职称占比由18.47%升至22.2%，人才队伍质量持续提高。

三是创新能力巩固提高。在全员绩效制考核的正向激励下，青岛宏大呈现浓厚的创新创造氛围。2023 年公司授权发明专利数量较 2022 年实现 6 倍增长，其中含国际专利 3 项。2023 年新产品贡献率较 2022 年提升 7.25 个百分点。公司三大主要产品分别荣获国家制造业单项冠军产品、2022 和 2023 年度山东省首台（套）装备、青岛市科技进步一等奖等多项国家级、省级荣誉，公司的科创活力与技术实力进一步增强。

48

更深更广深化三项制度改革 以市场化运营机制全面激发内生动力

哈尔滨汽轮机厂有限责任公司

一、基本情况

哈尔滨汽轮机厂有限责任公司（以下简称“哈电汽轮机”）隶属于哈尔滨电气集团有限公司（以下简称“哈电集团”），是我国“一五”期间156项重点建设工程项目电站汽轮机和海洋装备主动力装置的生产基地，是以设计制造高效、环保、清洁能源为主的大型火电汽轮机、核电汽轮机、重型燃气轮机及30兆瓦燃压机组、海洋装备主动力装置、太阳能发电系统设备、储能设备等系列主导产品的国有大型发电设备制造骨干企业。近年来，哈电汽轮机认真贯彻落实习近平总书记关于国有企业改革发展和党的建设的重要论述，扎实推进“双百行动”，更深更广深化三项制度改革，全面激发高质量发展内生动力，不断将市场化运营机制转化为高质量发展效能，以高质量改革成效打造高质量发展新篇章。

二、经验做法

（一）建立“党管干部、公平公开、人岗相适、业绩导向、差异考核”的干部制度，深化干部能上能下常态化机制

一是深入实施任期制和契约化管理。哈电汽轮机以差异化岗位管理、

个性化绩效考核、强化刚性兑现为核心，推进落实新型经营责任制，制定《公司领导班子成员任期制和契约化管理工作方案》《公司经理层成员经营业绩考核管理办法》，细化完善经理层“一协议两书”（岗位聘任协议、任期经营业绩责任书和年度经营业绩责任书）。考核得分不合格，扣减年度全部绩效薪酬；考核得分未达到完成底线，予以退出。2023 年管理人员收入差距达到 1. 8 倍，进一步科学构建以业绩为核心的领导人员考核评价体系。

二是打通干部“能下”硬通道。哈电汽轮机制定了“一把手”和领导班子监督责任清单，推进能上能下实施办法，充分发挥考核导向作用。2023 年对 6 名存在“能下”情形的中层管理者进行了组织调整，管理人员退出比例达到 5%，进一步激发了干部队伍活力。

三是拓宽干部“能上”新渠道。哈电汽轮机打造市场化选人用人机制，制定《管理人员市场化选聘办法》，按照应聘尽聘原则，2023 年开展了管理人员“全体起立、竞聘上岗”工作，竞争性选任后公司共有中层管理者 106 人，竞聘上岗比例达到 100%。公司目前“80 后”中层管理者占比达到 46. 8%，平均年龄同比降低 1. 38 岁，年轻干部比例大幅提升，干部队伍活力明显增强，干事创业热情进一步提升。

（二）建立“科学精准、市场导向、人岗相适、优化精干”的人事制度，深化员工能进能出常态化机制

一是夯实员工管理保障机制。哈电汽轮机加快推进人才强企战略，建立“三级组织抓人才”工作体系，制定实施《全面提升全员劳动生产率工作方案（2023—2025 年）》《全员绩效考核管理办法》《岗位合同管理办法》等制度，加强“双合同”管理，推动建立市场化退出常态化机制。

二是畅通员工能进能出新路径。哈电汽轮机建立市场化退出常态化机制，制定《市场化退出人员安置管理办法》，进一步畅通市场化退出渠道，2023 年完成市场化退出人员 132 人，市场化退出率达到 3. 63%。

三是优化人员引进模式。哈电汽轮机精准实施引才工作，出台人才发展“双 10 条”等系列政策文件，优化构建“三类三层多级”人才发展体系，延伸哈电集团“头雁”创新团队项目支持模式，创新实施青年专业领军人才“鹏翔计划”，进一步畅通人才引进培养通道。2023 年引入海外高层次人才 2 名，柔性引入技术专家 1 名，入围“大国工匠”年度人物 1 人，入选“大国工匠”培养支持计划 1 人，荣获全国技术能手 1 人，储能技术梯队晋升市级重点领军人才梯队。

（三）建立“市场导向、岗位价值、效益挂钩、按劳取酬、多元分配”的薪酬制度，深化薪酬能增能减常态化机制

一是优化工资总额管控机制。哈电汽轮机全面完善《工资总额预算编制管理办法》《工资总额管理办法》《薪酬管理办法》，实施“两上两下、反复平衡”工作机制，确保工资总额使用科学合理、安全可控。

二是深化市场化激励。哈电汽轮机深入推进生产分厂实物量考核，制定《2023 年生产分厂提效增能专项激励方案》。营销部门实施“底薪 + 提成”分配改革，持续深化“头雁”项目、“揭榜挂帅”等机制，加快推动科技成果转化。职能部门推行“业务承包制”，实施“减人不减资”的绩效工资留存单列政策，提高人力资源产出效率，形成与市场化相适应的薪酬体系。

三是中长期激励实现“破冰”见效。哈电汽轮机科学构建差异化、个性化、多元化的中长期激励机制，实施了科技项目收益分红、超额利润分享、业绩对赌、股权激励 4 种中长期激励，进一步调动科技经营管理人才的积极性和创造性。2023 年企业实施中长期激励人数 195 人，占员工比例达到 6.56%，中长期激励对象保留率 100%。

三、改革成效

一是企业高质量发展动力持续夯实。通过更深更广深化三项制度改革，哈电汽轮机经营活力和发展动力充分释放，以市场化运营机制全面激发干部员工干事创新热情，高质量发展内生动力不断提升，为加快打造世界一流装备制造企业奠定了坚实基础。在国务院国资委 2022 年“双百企业”考核结果中，哈电汽轮机位列优秀企业第 2 名。

二是企业效益效率持续优化。2023 年，哈电汽轮机货款回收同比增长 42.70%，规模创历史新高。全年实现降本增效创效额 3.88 亿元，利润总额同比增长 95.51%，营业收入同比增长 35.52%，电站汽轮机交付同比增长 51.49%，正式合同签约额同比增长 40.85%。哈电汽轮机主要经济指标均实现大幅增长，“一利五率”指标体系持续向好，生产经营实现稳中有新高、稳中有倍增。

三是企业创新动能质效持续提升。哈电汽轮机全力布局战略性新兴产业，2023 年签订世界首个兆瓦级热力学循环储能系统、湖北应城 300 兆瓦压缩空气储能项目、世界最大容量液态压缩空气储能项目，以及世界首个大规模双堆耦合供热核电项目。“国家能源用户侧储能创新研发中心”入选“十四五”第一批“赛马争先”创新平台，入选国家级“工业产品绿色设计示范企业”。持续加大创新投入力度，研发投入强度 5.80%，打造与高质量发展格局相适应的新质生产力，全力推动质的有效提升和量的合理增长。

49

探索构建全员新型经营责任制 激发高质量发展新动能

东方电气（广州）重型机器有限公司

一、基本情况

东方电气（广州）重型机器有限公司（以下简称“东方重机”）是中国东方电气集团有限公司（以下简称“东方电气集团”）的控股子公司，是全球规模最大的核能装备制造基地之一，是我国核能装备制造行业的排头兵。东方重机研制的产品涵盖二代改进型、三代（华龙一号、国和一号等）、四代（钠冷快堆、高温气冷堆等），以及海洋核动力平台、国际热核聚变堆等堆型核电设备的设计、制造及服务，先后创造了“二十一个国产首台”核能主设备纪录。

东方重机坚决贯彻落实国务院国资委部署要求，在完成经理层任期制和契约化管理的基础上持续深化改革，打造“1+1+3”管理模式，探索构建全员新型经营责任制，签订“党建+经营”任期契约书，全面实现任期制契约化管理从经理层延伸到中层领导人员队伍，一体压实党的建设责任与生产经营责任，建立激励与约束有效结合、压力与动力有效传递的管控体系，充分调动干部的积极性、主动性和创造性，凝聚企业高质量发展的强大合力。

二、经验做法

（一）注重制度顶层设计，筑牢“改革之基”

一是“1 个办法”突出政策引领保障。东方重机制定《中层领导人员任期制和契约化管理办法》，坚持党管人才原则，确保公司党委对干部人事工作的全面领导。强化契约管理，打造中层领导人员“一岗一契约、一年一考核、三年一聘任”的“1 +1 +3”任期制和契约化管理体系，“一人一岗”签订《任期契约书》《任期业绩考核责任书》《年度业绩考核责任书》，把党建考核和业绩考核一体纳入契约体系，实现了对企业经理层任期目标的有效承接，让中层领导人员职业发展、薪酬分配与公司战略目标和发展阶段相适应、与量化业绩相挂钩，实现“职务能升能降、收入能增能减”。

二是“2 套契约”压实责任激发活力。东方重机根据业务属性将 13 个部门分为“前台”与“中台”，所有中层领导人员根据部门属性和职责按权重承担公司经营指标，实现年度和任期“党建 + 经营”双目标契约书全覆盖，契约书主要包括任期期限、权利义务、业绩目标、薪酬待遇、退出规定、责任追究等内容，明确了 9 类退出情形，建立考核“四个不合格”（年度和任期综合考评不合格、年度和任期业绩不达标）退出标准。任期统一为 3 年，与公司经理层任期保持一致。任期责任书采取“摘标制”，任期结束后双方可选择续约或不续签，不摘标或者不续签的中层领导人员直接退出，做到了“目标任务摆出来、考核标准亮出来、薪酬待遇算出来”，实现责权利的有效匹配，把组织的任务指标转化为个人的奋斗目标，让干部肩扛“军令状”、手握“作战图”、眼盯“成绩单”、奔向“奖金包”，充分调动干事创业积极性，带动激发各类要素活力。

三是“4 个机制”推动契约任务落地。东方重机充分发挥考核“指挥棒”作用，运用平衡计分卡方法，从财务、市场与客户、内部运营、学习与成长维度，将经理层三年任期契约指标逐项分解到每位中层领导人员，共设置11类共33项组织绩效目标及9项约束性指标，按照“部门—班组—岗位”和“任期—年度—月度”逐层分解和细化，形成从经理层到中层到班组到个人的4级绩效目标责任体系。组织全员订立《岗位合同》，建立“日常工作纪实、月度业绩考核、年度综合考评、任期综合考评”履职考核评价机制，对契约书的各项任务进行动态管理、全程跟踪，全力推动契约任务落细落实见效。

（二）健全激励约束机制，构建“动力之源”

一是突出“体系化”，构建宽带薪酬体系。东方重机实施“3P1M”薪酬策略，建立年度目标薪酬模型，打破行政管理序列级别工资制，构建以岗位价值评估为基础、以业绩考核为导向的4级11档宽带薪酬体系，月度绩效基薪上限提高25%、下限降低50%，相邻职级薪酬重叠度50%，同一职级最高年度薪酬为最低的3倍。对标市场薪酬水平，优化薪酬结构，浮动薪酬占比提高至70%，薪酬水平具有外部市场竞争力。明确“四个不达标”（年度业绩得分低于75分、年度综合考评不称职、任期关键指标完成率低于75%、任期综合考评不称职）绩效类薪酬为0。结合中层领导个人的岗位职责、管理幅度、规模效益、历史薪酬等因素进行薪酬套档，实现薪酬的内部公平性。

二是突出“强激励”，增设三年任期激励。东方重机坚持突出“强激励、硬约束”原则，建立当期和中长期相结合的激励体系，任期激励采用年度预发和递延支付方式，有效避免了清算年度对当期工资总额的冲击。任期激励基数为中层领导人员年度目标收入的10%，根据业绩设置5档激励系数，按年预发50%，任期满后根据业绩评价结果进行清算，任期业绩不达标的中层领导预发的激励将追索扣回，任期内完成“挑战”指标的业绩激励上不封顶，年度薪酬可超过公司经理层，以“高目标、高激励”为导向，激励“跳起摸高”。

三是突出“硬约束”，畅通职业发展通道。东方重机坚持严管和厚爱结合、激励和约束并重原则，建立市场化晋升、调动、退出调薪矩阵。任期内业绩表现突出的中层领导职业发展和薪酬提升加速，年度考核优秀排名前20%薪档提升，考核排名处于末位8%薪档持续下降直至退出，真正打通“能者上、平者让、庸者下”的职业发展通道，破解“该高不高、该低不低”难题，让中层领导树牢经营意识、市场意识、业绩意识、担当意识，形成“领导挑重担、人人有压力”的竞争氛围，最大限度调动每名中层领导的积极性和创造力。

（三）党建责任压紧压实，深植“活力之根”

一是聚焦“融合”，制定党建契约化考核指标。东方重机落实全面从严治党要求，坚持和加强党的全面领导，把高质量党建作为助力改革发展的“倍增器”、经营方式的“转换器”、产业发展的“助推器”，着力构建“123N”党建工作体系，签订“党建＋经营”双目标任期契约化合同，以“党委点题明方向、职能优势促提升、差异量化破难题”为导向，在契约书中设置党建KPI指标和约束性指标，把党建工作和生产经营融合为“一股绳”，不搞“两张皮”。

二是聚焦“责任”，压实“三位一体”考核体系。东方重机将党建考核结果与经营业绩考核结果联乘后全面运用于薪酬分配、职位发展及末位淘汰，压实压紧压细党支部书记抓党建第一责任人职责和其他中层领导“一岗双责”，实现党建工作责任与生产经营责任一体化部署、一体化推进、一体化考核、一体化兑现，着力把党建工作打造成为推进企业高质量发展的“红色引擎”。

三、改革成效

一是市场化契约化理念深入人心。近年来，东方重机在破解“能上能下”方面，坚持竞争性选人用人，坚持每年开展末位淘汰，中层领导竞争性选拔比例100%，市场化考核退出比例8.33%。在破解“能高能低”方面，通过合理拉大收入差距，同职级中层领导年度绩效薪酬最高相差3倍，考核排名靠后的19.44%中层领导年度收入同比下降，员工薪酬差距达到1.52倍。在破解“能进能出”方面，通过考核辞退、协商劝退等解除劳动合同39人，市场化退出率4.31%。2023年，通过任期制和契约化管理实现中层领导队伍全覆盖，并固化为长效机制，进一步强化了市场化契约化理念，企业活力和干部职工干事创业的工作热情显著提升。

二是企业经营效益和质量持续提升。东方重机主要经营指标实现两位数增长，其中新生效合同同比增长15%，营业收入同比增长16%，利润总额同比增长70%，市场综合占有率40%，行业内排名第一。中标巴基斯坦C5项目，实现海外市场核电主设备零的突破。按期完成国务院国资委“1025”核心技术攻关节点任务，全面完成核岛原创技术策源地建设任务，多项“卡脖子”关键核心技术攻关取得突破性进展，22台核能主设备按期交付，有力保障示范快堆、专项等国家重大项目快速推进。荣获全国质量标杆称号，2台全球首堆核能“充电宝”“玲龙一号”主设备成功发运，全球最大“人造太阳”项目产品按时交付，兑现国际承诺，切实发挥国有企业科技创新“国家队”、经济增长“顶梁柱”、安全支撑“压舱石”的作用。

50

打开科研机制体制改革“动力阀”
促进自主科技创新能力动力“双提升”

东方电气集团东方电机有限公司

一、基本情况

东方电气集团东方电机有限公司（以下简称“东方电机”）成立于1958年，是中国东方电气集团有限公司（以下简称“东方电气集团”）二级子企业，是我国研究、设计、制造大型发电设备的重大技术装备制造骨干企业，是全球发电设备、清洁能源产品和服务的主要供应商。

近年来，东方电机以建设先进电力装备原创技术策源地为抓手，以“科改行动”为契机，以国家重大科技专项、“1025”攻关项目为依托，大力推动科技创新管理改革，加快培育新质生产力，充分发挥现代产业链链长作用，全面推进清洁能源高端装备关键核心技术攻关。东方电机先后获科研、设计、工程各类奖项560余项，被授予“国家科技进步特等奖”“电力科学技术进步一等奖”“四川省科技进步一等奖”“四川省数字化转型促进中心”等多项荣誉。作为国家级高新技术企业，东方电机建成了四川省大型清洁发电技术工程实验室，设有全国示范院士专家工作站，具有多个国际先进水平的科研开发系统和检测中心，拥有专业技术人员近1600人、工程院院士2人、国家级专家5人、享受政府特殊津贴专家40人，形成了学科和功能较为完备的科研试验体系。

二、经验做法

（一）需求引领出好题，战略方向指出来

一是强化顶层战略引领，完善立题出题模式。东方电机将过去“自下而上”的科研项目申报模式改革为以“自上而下”为主的科研项目出题模式，本着择善而从的原则，面向国网新源、南网双调等用户单位，清华大学、上海交通大学、华中科技大学等知名高校，中国水科院、北京勘测设计院、中南勘测设计院等科研院所，以及内部研发、市场、服务等部门，广泛征集科研项目指南课题建议 329 项。

二是面向战略发展需求，构建科研指南体系。东方电机按照“问题导向、需求导向、目标导向”原则，凝练制定包含 113 项课题的科研项目指南，涵盖基础与应用基础技术、基础平台及工具、数字化制造技术、重点新产品等六大板块，涉及水电、风电、特电、智慧产品、新型能源系统、节能环保等八大产业，包括水力研发能力提升、冲击式水轮机关键技术、变速抽蓄关键技术等十大核心技术，改变了长期以来科研课题综合性不足、专业融合度不高、基础性科研不够的问题。

三是优化项目管理模式，构建配套激励机制。东方电机制定并发布了《科研项目指南管理办法》《创新基金管理办法》，对科技规划部门和科研承担部门的具体职责做出明确规定，梳理出科研项目指南编制发布的 4 个二级流程和 15 个三级流程，规范了科研项目指南起草、实施、验收等管理过程。构建以创新基金、“揭榜挂帅”专项奖励为主的等多种激励体系，推动激励向基础性、创新性研究倾斜，改变过去激励导向不明等问题。

（二）“揭榜挂帅”显真章，权责统一干起来

一是完善科研项目揭榜挂帅模式，加快创新活力充分涌流。东方电机

持续推行科技“揭榜挂帅”，面向国家重大战略需求和市场急需，针对急难险重研究课题开展科技“揭榜挂帅”项目。目前已累计实施“揭榜挂帅”项目28个，结题验收9个，激励额度700余万元，大大激发了科技人员创新工作的积极性，解决了公司自主创新与科技发展的燃眉之急。

二是实施“双总师”负责制，建立科研项目“包干制”。东方电机在科技“揭榜挂帅”模式的基础上，实施专业总师和项目总师的“双总师”负责制，充分授权项目负责人在所负责项目内的人、财、物的裁量权和分配权，充分体现课题负责人在科技“揭榜挂帅”中的责权利相统一。2023年累计完成总师负责科研项目立项90个。

三是健全科研项目管理制度，夯实科技创新保障基础。东方电机积极健全科研“放管服”制度，制定并发布《科研立项管理办法》，对项目类别和重要度做出明确划分，对科研过程中的不同工作职责做出明确界定，建立健全科研项目分类分级立项管理机制，保障科研立项工作的规范性、前瞻性和有效性。

（三）协同创新攻难关，强强联合建起来

一是面向国家重大战略需求协同创新。东方电机面向“雅鲁藏布江下游水电开发”“构建以新能源为主体新型电力系统”等重大国家战略需求，牵头组织中科院电工所、华中科大等知名院所和上下游企业组建四川省先进水电创新联合体开展协同攻关。

二是面向基础研究推进联合攻关。东方电机与清华大学、中国农业大学等知名高校院所组建协同创新团队，共同推进基础及应用基础研究。成功取得国产化首台150兆瓦级冲击式转轮、国内首台变速抽蓄机组超大直径护环、世界首台单机容量500兆瓦冲击式水电机组转轮中心体锻件等重大科技成果。

（四）人才培养持发力，创新队伍拉起来

一是完善各类人才荣誉表彰制度，营造尊重人才氛围。东方电机坚持物质奖励与精神奖励相结合的原则，加大对重大研发或技术应用开发成果、重大工程项目和优秀人才的宣传力度，大力表彰各领域杰出人才，形成见贤思齐、爱才、惜才、敬才的强烈导向。

二是完善青年培养机制，打造原创技术策源地人才高地。东方电机积极开展科技人才专项调研，从科技人才队伍结构、人才引进等 8 个方面梳理了 29 个问题，提出了 37 项改进措施。发布《新进专业技术人员培养程序》，制定科技人员专项培训计划，完善新入职技术人才五年期培养机制。

三是实施科研人员分类分层管理制度，探索人才分类评价机制。东方电机建立对科技人员胜任能力的评价机制，探索建立战略研究、基础研究、应用研究、设计开发、科技管理等人才分类评价机制。

三、改革成效

一是科研投入持续快速增长。近年来，东方电机累计完成研发投入 24.63 亿元，投入强度保持在 5% 以上，近 3 年年均增长 17.9%，研发投入额度和强度稳居行业前列。

二是成功研制一批大国重器。白鹤滩百万千瓦水电机组、“华龙一号”汽轮发电机相继成功投运。东方电机主研制的高压化工屏蔽泵实现产业化发展，产品技术性能指标达到国际先进水平，成功打破了国外公司在该领域的长期垄断。自主研制的国内单机容量最大 150 兆瓦级冲击式机组转轮成功下线投运，实现了我国高水头大容量冲击式机组关键核心部件国产化“从 0 到 1”的历史性突破，填补了我国大型冲击式机组技术空白。牵头研制的世界首台单机容量 500 兆瓦冲击式水电机组转轮中心体锻件率先全面通过验收，实现了 500 兆瓦高水头大容量冲击式水电机组研制技术里程碑

突破。

三是科技成果转化成效明显。近年来，东方电机授权国内专利455件，占累计授权专利总数的51.64%，其中发明授权专利145件，占累计发明授权专利总数的62.5%；取得6件海外专利授权。获得国家科技进步特等奖1项、二等奖1项，获得省级科技进步奖15项，其中一等奖4项；获各级学协会科技进步奖41项，中国专利优秀奖2项、四川省专利奖2项；承担各级重点科技专项任务24项，省部级以上重大科技专项9项，获得省级以上首台（套）重大技术装备认定4项。

51

实施“三化”经营机制创新与改革 打造风电叶片专精特新“小巨人”

东方电气风电股份有限公司

一、基本情况

东方电气风电股份有限公司（以下简称“东方风电”）成立于2015年，是中国东方电气集团有限公司（以下简称“东方电气集团”）所属二级子企业，主要从事风电整机、服务、叶片与资源开发业务。东方风电积极落实碳达峰碳中和国家战略，争当新能源产业央企排头兵，2018年入选国务院国资委“双百行动”综合改革试点单位，2020—2022年先后实施了混合所有制改革和员工持股，目前东方电气集团持股79.43%、社会资本持股11.87%、员工持股8.7%。2022年东方风电承接了国务院国资委风电原创技术策源地建设和关键核心技术攻关任务，2023年被纳入国务院国资委先进电力装备创新联合体。

叶片作为风电整机的核心大部件，是风电整机价值链的重要一环。根据“随风而动”贴近用户的行业特点，同时为解决大型化运输难题和突破成本制约，东方风电先后设立了东方电气（天津）风电叶片工程有限公司（以下简称“东方天津叶片”）等7家叶片子公司。

二、经验做法

针对各叶片子公司点多面广的特点和业务类似但股权差异大的现状，东方风电实施了以经营业绩捆绑、业务能力互补、人员和工模具等资源共享为目标，以一体化、市场化和契约化为核心的经营机制的创新和变革，取得较好成效。

（一）创建“一体化”管控机制，实现成本中心向经营主体的转变

一是组建一体化运营团队，构建叶片发展共同体。东方风电组建叶片一体化运营委员会，委员会成员由各叶片子公司经营者构成，并建立运行规则、议事规则和决策机制。各叶片子公司按“1＋N”的模式组建以东方天津叶片为核心的叶片一体化运营子公司法人共同体，共同面对市场和开展内部协同，推动叶片由内部配套向市场化经营转变。

二是做好纵向授权顶层设计，破解一体化合规障碍。东方风电为解决不同法人之间一体化经营的合规问题，对叶片一体化运营团队进行经营赋权。授权方式为经营管理权委托，由叶片一体化运营委员会代行东方风电叶片产业的经营管理权。坚持“应授尽授”，包括但不限于产业规划、规则制定、成员评价、协作协调、资源统筹和业务指挥权等。按授权不授责的原则，东方风电成立了叶片产业一体化运营领导小组，进行授权周期性监督和运行的月度监控。

三是按照“一纵一横”两条主线，做实关键业务一体化。东方风电纵向通过《叶片产业一体化运营指导意见》《母子公司主要决策事项权责划分管理规定》等制度顶层设计，制度化明确权责边界和管理方式，解决叶片一体化运营和子公司独立运行的权责边界问题。横向实现协调机制化，按统一指挥和资源共享的原则，由东方天津叶片牵头，按清单和分专题推进市场、计划、采购、技术、服务和保障等关键业务一体化，建立了一体化运营规则和决策体系。

（二）实施“市场化”经营机制，提升市场竞争和价值创造能力

一是推动内部配套转向“走出去”，建立市场意识和实现外部市场破局。市场化就是要直面市场和参与市场化竞争。东方风电坚持目标导向，通过规划和责任书，建立市场化经营目标体系，其中外部市场是重中之重，考核权重达到40%。坚持贡献导向，根据行业横向对标，对叶片一体化运营团队按行业P75水平匹配市场化薪酬，且在薪酬结构中绩效考核占比达到75%。同时，建立超额利润等收益分享机制，多措并举鼓励各子公司分工协同、优势互补，共同拓展外部市场和提升价值创造能力。

二是推动内部配套市场化，传导市场压力提升叶片的成本竞争力。东方风电开放叶片供应商体系，将叶片一体化运营各子公司视为内部供方纳入统一评价，与外部供应商同台竞技，应对行业的充分竞争。根据特定项目和设计目标成本，进行成本分解和测算，确定定价基础，同时通过市场价格对比和询价，对基础价按市场化进行修正，倒逼内部结算市场化。按“阿米巴”经营模式划小核算单元，在叶片制造的材料采购、成型工序、后处理工序等关键工序推行成本目标考核，在各子公司、各制造基地、各生产班组之间推行“赛马制”。

三是推动资源共享和协同市场化，兼顾资产高效利用和内部交易公平性。东方风电在叶片一体化子公司之间，建立技术分享、协同制造、资源提供和统一服务4个板块的市场化共享交易机制。在研发集中投入方面，按“一家投入多家共享”“谁投入谁受益”的原则，使用方支付技术许可费或技术服务费，在内部交易时对研发投入进行分摊。在工模具等资源共享、叶片协同制造和风场叶片专业化服务等方面，根据业务实质按公平和市场化原则，按“亲兄弟明算账”的指导原则，通过销售、租赁和服务等合同方式进行对价和交易。

（三）做实“契约化”约束机制，以新型经营责任制促进产业化提速

一是实施产业目标的集体承接和契约化管理。东方风电针对叶片类子公司业务集群，引入一体化团队和产业链链长的概念，在落实新型经营制方面进行创新。打破任期制契约化“一对一”的固有方式，从管个体到管团队，按“一对多”的方式签订集体的任期契约书，经营与发展目标由叶片一体化运营团队统一承接和集体签署，按“共担、共创、共享”原则，对成员和业务集群建立统一的激励与约束机制。

二是实施叶片一体化成员目标和考核差异化。东方风电与叶片一体化运营团队签订目标契约书，所有利益相关者的考核均与产业化目标进行强挂钩。同时，按“一人一书”的方式，叶片一体化运营团队与团队成员签订个性化的目标契约书。在团队成员的指标设计上，根据业务分工和承担的角色，在承接一体化整体指标的同时，个性化指标的权重占 50%。为体现经营者和公司员工的责任和贡献差异，在挂钩系数方面实行差异化设置，经营者与产业化目标挂钩 70%，各子公司员工绩效与产业化目标挂钩 30%。

三是实施契约化考核刚性兑现和市场化退出。契约化的生命力在于执行，东方风电坚持“干好就激励，干不好就调整”的原则，坚定推行契约化的刚性考核和相关成员的市场化退出。2023 年因经营业绩下降导致叶片一体化整体绩效偏低，叶片一体化团队的经营者薪酬降低幅度超 20% 的达 7 人，其中 3 名成员退出团队。

三、改革成效

一是创新了适应新产业发展特点的经营机制。针对新产业发展中的痛点和特点，东方风电对不同法人主体的一体化运营机制、资源共享模式下的市场化机制和“一体化＋团队＋个人”的差异化激励约束机制进行了探

索和机制创新，系统建立了叶片一体化模式，为战略性新兴产业多主体协同提供了借鉴和参考。

二是促进风电叶片产业提质增效。东方风电市场竞争力明显提升，外部市场营业收入连续三年达 8 亿元以上，2023 年内部配套叶片成本同比下降 15%。契约化加速产业化提速，2023 年叶片产业营收达 32 亿元，同比增加 60%，其中外部营收占比约 25%。

三是承接的国务院国资委重大专项任务有序推进。东方风电在风电原创技术策源地建设中的叶片关键技术取得突破，2023 年推出 126 米海上叶片行业领先，东方风电 18 兆瓦海上直驱风电机组入选 2023 年国务院国资委“大国重器”。东方天津叶片 2022 年被工信部授予专精特新“小巨人”企业。2023 年被人社部授予博士后科研工作站。

52

自我革命　开拓进取
以管理变革推动高质量发展

新疆天山钢铁巴州有限公司

一、基本情况

新疆天山钢铁巴州有限公司（以下简称“巴州钢铁”）前身为2010年9月成立的新兴铸管新疆有限公司，2020年12月被新疆天山联合钢铁有限公司收购，持有其100%股权。巴州钢铁现有产能200万吨铁、180万吨钢，可生产全系列全规格建材和锚杆钢、圆钢、焊条钢、拉丝材等优钢产品，在册职工1403人，是新疆南疆地区最大的全流程钢铁企业。

2023年，巴州钢铁克服钢铁行业长周期下行影响，着力降低成本费用、提升效率效益、提振底气信心、防范化解风险，铁水成本、吨钢盈利能力跨入中国宝武钢铁集团有限公司（以下简称“中国宝武”）和新疆钢企前列，经营业绩实现逆势增长，全年完成营收52.24亿元，利润总额2.55亿元，净资产收益率11%（中钢协排名95.6分位），市场竞争力大幅提升，高质量发展迈出坚实步伐。

二、经验做法

巴州钢铁清醒认知自身产品定位，保持强烈的危机意识，持续追求效率和成本的极致，加大改革、挑战自我、奋勇搏击、突破极限，走出了一条探索、创新、改革、发展的增长曲线，并让每一个员工都能在工作中找到价值和成就感，与企业共谋发展。

（一）以党建引领揽全局、稳大局

一是强化党委“把方向、管大局、保落实”政治引领。巴州钢铁党委深入一线访谈调研，与广大基层管理者现场交流，统一思想、凝聚共识，坚持“基地发展靠自己”，明确“成为一流工序”“争做一流钢铁基地”的目标，把“直面市场、抓好现场，坚定不移推动管理变革，提升核心竞争力”作为改革导向，研讨并制定抓手“85 大项、266 小项”，引领全体职工履职尽责、担当有为、带头推进，确保各项改革措施有序有力落实。

二是充分发挥党组织战斗堡垒和党员先锋模范作用。巴州钢铁党委通过“党建 + 生产经营”现场沟通会切实解决管理变革推进过程中的突出问题，将四级指标、攻关措施贯彻到一线操作岗位，将管理的竞争力落实到现场，对于梳理形成的复杂问题点和重要价值洼地，围绕“五定”原则以项目制进行攻关，以 18 个“党建 + 十大抓手”项目、20 个党支部“揭榜挂帅”项目和 113 个党员攻关项目，推动管理变革落地见效。

三是构建从严治党政治生态，确保管理变革“不走样”。巴州钢铁党委借助主题教育，深入开展调查研究，切实整治形式主义、官僚主义，强化执行力，把先进的管理经验扎扎实实落实到现场，让现场真正能够“想到、说到、做到”，防止思想和行为上的断层导致结果不佳，以“负面清单”销号管理，推动重点岗位、重点环节、重点领域的管理变革落实落地。

（二）以算账经营应变局、谋胜局

一是面向市场“算大账、拉通账”，以低成本冲破市场竞争困局。巴州钢铁以单高炉稳定为核心，极致发挥工序效率，构建与市场密切联动的生产模型指导生产经营，挖掘极致效益。一方面，建立市场快速反应机制和“先算后干、边算边干、干完再算”的成本管控机制，按铁料性价比排名，优化配矿结构，克服高 Zn、高 S、高 Ti 等有害元素影响，提升高炉经济料比例到 61.3%，“应吃尽吃”缓解铁料供需紧张。另一方面，密切联动市场，构建“高炉产量攻关模型、高炉富氧模型、配加废钢模型、转炉热平衡测试模型、各规格产品利差模型”指导生产经营，充分发挥产线效率效益，1260 立方米高炉利用系数提升至 3.9 吨/(立方米·时)，炼钢铁钢比降至 821 公斤/吨，达到历史最优。同时，以服务用户为中心，完善 QCDDS 质量管控体系，满足用户对非定尺、盘卷长度、盘卷负差、每车装货批次等个性化需求，合同履行率 100%，较大以上质量事故和异议为零，客户对产品质量满意度达到 100%，进一步提升了南疆主市场占有率到 60% 以上。当算工序小账和公司大账冲突时，结合市场变化进行复盘，综合生产情况拉通测算增产或成本最优模型，确保利润最大化。

二是面向现场“算细账、算精账”，以高效率提升核心竞争力。巴州钢铁基于“一切成本皆可降”的理念，借助数字化智能化改造全面推进精益管理。一方面，以过程温降控制为主线，狠抓界面管理，不放过 1℃、1 秒钟，极致降低工序及工序界面之间的消耗。铁钢高度联动，铁水运输时间缩短到 45 分钟，铁水罐减少到 5 个，铁水罐周转率提升至 8.7 次，减少铁水温度损失 182℃，到炼钢铁水温降控制到 74℃。另一方面，建立以电耗、能耗为主线的生产经营模式，将现场一些典型的能源消耗转化为“价值量”，这些指标以面板、电视屏、点阵屏等方式在操作室、产线旁、中控室直观展示，让员工能够量化感受价值和成本，既要“西瓜”也捡“芝麻”，从而优化操作流程，提升能源效率效益，全年吨钢电耗完成 384 千瓦·时/吨，吨钢综合能耗完成 495 公斤标准煤/吨，创造历史最佳值。

三是面向自身“算小账、算清账”，以全面对标找差做到最好。巴州钢铁深化赛马机制，“全面对标、全员找差、补差争优”，科学制定对标标杆，不断超越自我，进入最佳状态。面向集团内部，主要经营管理者、厂部级管理者及技术骨干以集团公司成本对标系统为基础，密切关注各类指标的排名和变化情况，及时组织学习交流，向湛江、鄂钢等先进单位取“真经”，学习精益生产组织，掌握高炉加废钢、高炉富氧冶炼、炼钢双渣操作、炉后加废钢、钢包加盖等先进技术。在同等原料条件下，面向疆内优秀民企昆玉钢铁对标，学习先进经营理念和高效率的过程控制，平衡自身产线能效和界面指标，优化轧钢负差操作，攻关降合金技术。同时，致力于自我超越，将影响成本和质量的主要指标与历史水平进行每日对比，将对标差距进行项目化攻关，建立跟踪考评机制，将指标落实到每一个管理人员、每一个岗位职工进行动态对比、驱动改善，一些关键攻关任务以“军令状”形式上墙，明确目标和责任者，实现责任压实、任务压紧，确保实效。

（三）以团队建设破困局、创新局

一是推进“三支队伍”人才结构变革。巴州钢铁营建风清气正的选人用人环境，贯彻落实干部“能上能下、能进能出”制度，通过打造“五厂五部”极简化组织结构，提高管理效率，实现管理人员“减半”配置。同时，大胆启用年轻干部，配置“75后”党委书记、执行董事及“85后”总经理、纪委书记、厂部长，提升了团队的管理活力。

二是推进“协力回归”和“操检维调一体化”体制机制变革。巴州钢铁以“效率提升和效益增长”为准绳，推动水处理、渣处理、铸铁机、发电维保等协力业务回归。进一步纵深推进“操检维调”机制变革，实行“设备包机制”，培养现场专业工程师，将检修自施率提升至95%以上，并在全工序实行“三班两运转”制度，高效发挥“一岗多能”和“一专多能”人才优势，最大限度降低人力资源成本，提升全口径人均产钢超过1000吨。

三是推进“工资承包制+风险工资”一贯制绩效变革。巴州钢铁制定科学可行的“考核指标/方法、考核项目内容”，降低固定薪酬（收入占比约40%），提升绩效薪酬（收入占比约60%），将生产经营目标具体化、指标化，形成利润、产量、成本、质量等考核指标，并将指标层层分解、一级保一级、细化到四级末端、关键点指标互锁，实现上下工序协同、人人肩上有指标。按价值贡献分享收益，多劳多得、不劳不得，杜绝“躺平”，激励每位员工勇当价值创造者。

三、改革成效

巴州钢铁坚持党对国有企业的全面领导，立足属地资源优势和区位市场条件，坚持面向市场、改革现场，持续推动全面对标找差和算账经营，不断突破新的“极致效率、极致成本”，成为效率效益优秀的钢铁企业。

一是充分发挥了党组织的政治核心作用和监督促进作用。巴州钢铁筑牢党建根基，聚焦管理变革，突出担当有为，以党建项目化管理为载体，全面推动党建工作与生产经营深度融合，以高质量党建促进高质量发展，为巴州钢铁开辟发展新局面提供了坚强政治保证。

二是大力实施算账经营和精益管理，实现经营业绩稳定增长。巴州钢铁逐步探索出“以单高炉稳定为核心，以界面过程温降控制为主线，以电耗、能耗降低为重心”的最优生产组织模式，通过密切联动市场、全面对标找差、创新配矿模式、集约化生产等举措，深挖各工序潜力，大幅提升了内涵式效益。2023年实现综合铁水成本排名中国宝武第二、疆内第二，吨钢利润排名中国宝武第二、疆内第一，总利润排名疆内第一。

三是多措并举推动人事效率持续提升，以强绩效激发全员价值创造活力。巴州钢铁坚持效率、效益导向，以盈利为中心，以效益论英雄，向改革要利润，向管理要效益，通过“三支队伍”建设、业务流程优化再造、协力业务回归、推进操检维调、一贯制绩效改革等完成效率提升 9.57%，人员降至 1403 人，人均产钢 1052 吨，吨钢人工成本降至 145.7 元/人，充分发挥了人力资源效用。

53

坚决保障国家重大战略需求
加快建成世界一流先进轻金属材料行业引领者

中国铝业集团高端制造股份有限公司

一、基本情况

中国铝业集团高端制造股份有限公司（以下简称“中铝高端制造”）由中国铝业集团有限公司（以下简称“中铝集团”）和重庆市人民政府合作成立于2019年9月，是中铝集团先进铝基材料加工产业二级经营单元，承担着“为国家国防安全提供重要金属材料保障”的重要使命。中铝高端制造拥有西南铝业（集团）有限责任公司等7家核心生产企业和中铝材料应用研究院有限公司（以下简称“中铝材料院”）等2家专业研究院，铝材加工产能165万吨，产销规模位居全国第一。产品广泛应用于航空航天、国防军工、汽车轻量化、新能源等领域，为“长征”“神舟”“嫦娥”“天宫”“天问”等国家航天工程和国产大飞机项目提供了大量关键铝材。铝高端制造拥有国家级先进铝合金材料技术创新中心、国家级铝产业计量测试中心，所属企业累计获得国家科技进步一等奖1项、二等奖8项，培育出国家工程院院士1名、“国家制造业单项冠军”4项、全国质量标杆1项。

二、经验做法

2023年以来，中铝高端制造认真贯彻落实党中央、国务院关于开展国有企业改革深化提升行动的有关要求，聚焦服务保障国家重大战略，不断提升核心竞争力、增强核心功能，加快建成世界一流先进轻金属材料行业引领者。

（一）坚决保障国家重大战略需求

中铝高端制造始终把满足国家战略需要作为第一要务，有效履行中央企业的政治责任。

一是着力提升自主创新能力。中铝高端制造牢记习近平总书记关于“掌握关键核心技术，必须靠自力更生奋斗，靠自主创新争取”的重要指示，聚焦国家重大工程用关键轻金属材料的瓶颈短板，锚定重点难点，加大科技投入力度，突破了7085机头窗框应力腐蚀控制、紧固件用丝棒材表面控制等一大批关键核心技术，培育了一批潜在的前沿性新技术和新产品，打造了“杀手锏”，为进一步实现关键轻金属材料国产化和自主保障奠定了坚实基础。

二是优质高效完成军品保供。中铝高端制造坚持军工优先，克服军品多、杂、小等困难，满足高、精、尖要求，通过实施产线拓窄口专项、深化“全明细订单排产+预排+精排”的排产模式，大幅提升了重点关键铝合金材料保供能力，A类7×××铝合金预拉伸板、铝合金挤压材产量分别同比增长23.0%、20.3%，7×××铝合金关键锻件及5米环件产量同比增长均超过50%，切实保障了国家重大工程、重点型号研制生产的顺利实施。

三是助力国产大飞机用铝材国产化提速。中铝高端制造圆满完成民机铝材研制与认证“2531”年度任务，与中国商飞共建了联合创新中心，累计为国产大飞机提供了数十种规格、上千件高性能铝合金材料，不断提升可供率及国产化率，成功走出了一条中央企业之间守望相助、协同攻关的产品研发与生产保供之路，成为央企合作的典范。

（二）加快建设现代化产业体系

中铝高端制造紧紧围绕构建新发展格局，深化供给侧结构性改革，有效提升了产业链韧性和安全水平。

一是大力发展战略性新兴产业。中铝高端制造贯彻落实国务院国资委“焕新行动”安排部署，承担国家重点攻关专项19个，正在按计划强力推进。完成公司“十四五”产业发展规划调整，大幅增加战略性新兴产业布局，特别是围绕高性能特种铝合金环件、航空用铝合金锻件、汽车用铝合金板材等能力提升，累计完成投资8亿元，推进一大批项目陆续开工和建成，其中汽车轻量化项目强力支撑汽车用铝合金板材国内市场占有率跃居第一，荣获2022—2023年度国家优质工程奖。

二是加快数智化转型项目实施。中铝高端制造完成了自主可控企业资源计划系统建设，实现供应链业务的全流程集中管控，并同中铝集团财务共享平台等系统高度集成，助推实现管理集约化。开发了业务审批等敏捷应用40余项，助推业务流程电子化、规范化、便捷化。实施“黑灯工厂”项目，实现智能化减人提效。

三是坚持绿色低碳转型发展。中铝高端制造再生铝保级利用示范生产线建成投产，整体再生铝消纳能力大幅提升，外购再生铝消纳量21.9万吨，同比增长52.83%，降本1.25亿元，减少碳排放302万吨。与中铝集团产业链上游电解铝企业合作，推动电解铝就地合金化比例提升，100万吨绿电铝资源开发利用项目实现落地。全面推进碳足迹认证，累计完成34种产品碳足迹认证。2家企业入选国家级“绿色工厂”名单，主要生产企业实现“绿色工厂”全覆盖。

（三）不断完善科技创新体制机制

中铝高端制造以推进专业研究院等“四大平台”建设为主线，深化科技体制改革，加快实现高水平自立自强。

一是重塑科技创新架构。中铝高端制造制定《科技创新体系优化实施方案》《做强专业研究院实施方案》，构建行政管理和科技研发两条主线高效协同的运行架构。公司下属的两家专业研究院中铝材料院与重庆国创轻合金研究院有限公司实现一体化运行，并与实体企业科研人员共同开展项目攻关，院企融合不断深入。

二是加大对外合作力度。中铝高端制造与上海交通大学等 5 所重点高校达成校企新合作，与中国商飞、东风汽车等 15 家重点客户推进共建联合实验室，提升了研发及成果转化效率。实施“明星计划”“钻石计划”等人才培养计划，与中南大学、武汉大学等多所高校联合，强化了科技人才培养。

三是优化科技创新机制。中铝高端制造构建了科技规划、产品规划、专项规划“三大规划”体系，科技发展与产业发展的关系更加清晰有序。推动 60 余名科研人员挂职和驻厂服务 3562 天次，解决现场问题 51 项，开发新产品 13 项，21 项成果实现落地转化。制定《科技人才技术职务设置与薪酬激励办法》《科技创新激励管理办法》等系列制度，2023 年各类科技激励计划达到 2300 万元，有效调动了科技人员的积极性和创造性。

（四）推进建立市场化的运营机制

中铝高端制造不断健全中国特色现代企业制度，推动公司真正按市场化机制运营，有效提升了活力效率。

一是持续完善公司治理。中铝高端制造按照上市公司规则修订完善了《公司章程》，制定修订基本管理制度 15 项，引入独立董事制度，完善关联交易，公司现代化治理能力持续提升。全级次 23 家企业全部完成“三重一大”决策制度修订，党委与董事会、经理层权责边界更加清晰，分级授权更加完善。

二是全面构建新型经济责任制。中铝高端制造持续提升经理层成员任期制和契约化管理工作质量，强化精准考核与刚性约束，依据2022年度考核结果否决了6名管理人员的年度业绩薪酬，任期制契约化改革实现高质量运行。

三是切实深化三项制度改革。中铝高端制造大力推行干部能上能下，管理人员退出比例达到5.45%，实现干部试用期满考核全覆盖，公司党委管理的领导人员竞争上岗率达到46%，5名“80后”干部进入所属重点企业领导班子。切实做到员工能进能出，用工总量减少828人，较2022年末优化5.6%；员工市场化退出率1.46%，较2022年提高1.75倍；新招聘员工168人，公开招聘率达到100%。真正做到收入能高能低，关键核心技术攻关团队人均薪酬达到在岗人员人均薪酬的2.3倍以上，管理人员收入差距最高达到2.8倍。

三、改革成效

一是服务国家战略能力显著增强。2023年，中铝高端制造共完成11项国家配套项目的全部研究内容，突破了系列关键技术，大幅提升了我国大型××机、20系列战机的自主保障能力，累计实现××工程、“1025”工程、配套项目等10项成果转化，军品销量同比增长16.2%，为“天舟六号”“神舟十六号”等国之重器提供了大量关键铝合金材料，荣获“中国航天突出贡献供应商”称号，助力国产大飞机C919翱翔蓝天，在服务国家战略中展现了“高端”担当。

二是自主科技创新能力大幅提升。中铝高端制造完成专业研究院一体化管理改革，获批全国唯一的先进铝合金技术创新中心及博士后科研工作站，实现了铝加工领域国际标准零的突破，中铝材料院被评为国家专精特新“小巨人”企业。圆满完成民机铝材年度研制与认证任务，铝材年度订单总量超过历史订单量总和，大飞机铝材可供率提升至48.3%，完成年度考核目标，被授予2023“大飞机创新谷优秀合作伙伴”奖。荣获省部级科技进步奖11项、质量技术与QC成果奖11项。

三是高质量发展步伐不断加快。面对铝价、加工费双双下行的严峻市场形势，中铝高端制造产销规模保持国内领先，净利润超额完成奋斗目标，经营净现金流首次突破30亿元大关，单位变动成本同比降低9.0%，固定成本同比降低8.6%，单吨工业增加值同比增长超过7%，全员劳动生产率再创历史新高，市场竞争力、可持续发展能力持续提升，保持稳中有进、稳中向好的良好态势，正朝着建成世界一流先进轻金属材料行业引领者的目标阔步迈进。

54

打好专业研究院建设组合拳 全力推动科技创新能力跨越式提升

中铝材料应用研究院有限公司

一、基本情况

中铝材料应用研究院有限公司（以下简称“中铝材料研究院”）成立于2010年，是中国铝业集团有限公司（以下简称“中铝集团”）四大专业研究院之一，是中国铝业集团高端制造股份有限公司（以下简称“中铝高端制造”）核心研究院，是国家高新技术企业和北京市企业科技研究开发机构，以服务国家战略和引领我国铝镁先进有色金属材料技术进步为己任，主要从事熔铸压铸、绿色循环、材料制备、仿真数字化、应用技术及EVI等领域基础研究、新品开发和前沿探索。

作为成立时间不长的专业研究院，中铝材料研究院拥有一支年轻的高学历高素质科研团队，但科研人员与市场、现场结合不够，缺乏实践经验，创新机制、人才培养、能力建设与创新需求不匹配，成为制约科技活力的突出问题。在中铝集团和中铝高端制造的支持下，中铝材料研究院探索了院企融合、能力建设、科技赋能等实践经验，专业研究院建设取得了全面进步。

二、经验做法

（一）向内整合资源，重塑科技创新体系

中铝材料研究院聚焦服务国家战略，锚定中铝集团打造“四个特强”、建设“四大平台”战略部署，系统谋划专业研究院改革方案，全方位培育高端轻合金领域核心科技力量。建立适应关键人才和科技创新业务发展的管控架构，开展内设机构和人员配置改革，设定“五部五所五中心”组织架构，对人员重新分配调整，完成各部门职责调整，实现机构调整到位、人员配置到位、职责优化到位。建立一体化管理机制，以研究院为基础，整合中铝高端制造内部的重庆国创院、重点企业技术中心研发人员，共同打造中铝集团专业研究院，研究院北京本部和重庆国创院采用“一套班子、两块牌子”和职能部门共建共享，统一北京本部、重庆国创院、苏州分院三地的薪酬组成、定薪调整、激励机制等薪酬体系，梳理形成一体化制度清单并覆盖使用至重庆国创院，激发三地禀赋优势。

（二）向外导入竞争，完善市场化选人用人

中铝材料研究院以任期制契约化管理改革为突破口，制定实施任期制契约化管理方案，对管理人员的职责范围、绩效目标、考核方式、薪酬兑现、退出机制等进行了契约化约定，全覆盖领导班子成员和中层管理人员，依据履职情况动态调整，2023 年末位调整和不胜任退出管理人员 2 名。全面实施管理人员市场化选聘，拓展选才视野，面向中铝集团内外公开竞聘，不看出身看能力，完成 5 个中层管理岗位公开竞聘。探索职业经理人改革，下属子公司浙江中铝成立后连续 3 年处于亏损困境，研究院将其作为首批职业经理人改革试点，2020 年正式启动改革，管理部门由 6 个减为 3 个，由公司领导直接兼任部门领导，压缩管理层级和管理人员，减少用工总数 20%，经营指标持续改善。

（三）向下深耕现场，强化科研人员实战锻炼提升

中铝材料研究院引导科研人员沉入一线开展驻厂服务，重点为技术力量不足的中铝高端制造实体企业组建4个技术服务组，以博士为主，采用“定点、定人、定时”点对点服务企业，匹配制定驻厂服务工作机制和评价机制，每月评选优秀驻厂人员，2023年60余名科研人员驻厂服务3562天次，解决现场问题51项，开发新产品13项，21项成果在企业落地转化。由专业院和企业联合组建层状复合材料团队、高表面铝箔材料团队等院企联合团队，推动6名研究院科研人员在企业承担国家项目担任项目组副组长，鼓励科研人员挑大梁、当主角，发挥研究院理论优势、人才优势和科研优势，集中院企优势快速支撑国家重大项目攻关。创新院企科研人员交叉任职机制，遴选3名专家和7名科研骨干赴企业挂（兼）职，引进企业技术人员5人到专业院工作。科研人员交叉任职期间，在原单位职务待遇不受影响，明确挂职人员工作目标并跟踪评价工作成效，促进挂职人员提升自身现场实践能力的同时，更加积极协助企业解决难题。

（四）向上积蓄动能，搭建高能级创新平台

中铝材料研究院发挥自身在创新链中的关键作用，统筹谋划“3321”创新平台体系，打造更具黏性、更有活力的创新高地。积极建设国家和省市各层级创新平台，在国家创新体系中发挥重要作用，成功申报获批先进铝合金技术创新中心国家级创新平台，入选国家级专精特新“小巨人”企业，组建重庆市博士后科研工作站。依托研究院，规划部署中铝材料数字化研发平台、材料制备全流程中试平台和应用研究及预评价平台，推动研发模式变革，实现由传统试错的材料研发模式向全链条协同的数字化驱动研发模式转变。与重点院校、重要客户的协同创新平台，瞄准重点高校和行业龙头企业，以项目为载体，重点在航空、高铁、海洋工程、电池用料、高端手机等领域布局，深化与高校、企业和市场相衔接的产学研用协

同创新能力。针对内部科研立项需求，尤其是在短期没有渠道立项的，设立研究院内部自主立项机制，鼓励支持科研人员特别是青年科研人员从事重大项目预研、基础和前沿探索研究。

（五）聚焦价值创造，创新精准评价激励机制

中铝材料研究院制定科研人员人才标准，从产品、装备、市场、关键核心技术等多维度，明确不同序列各层级的能力标准，对科研人员精准画像，对单培养、对单选人、对单开展人才科学评价，建立工作业绩积分制，推动积分在人才选拔、培训培养、考核评价等应用。持续优化全员业绩考核薪酬管理体系，探索“一所一策”考核，设置差异化、有侧重的考核指标，建立健全精准评价考核体系，让员工成长诉求与研究院发展需求相统一。建立健全科技全过程激励机制，制/修订岗位管理办法、薪酬管理办法、绩效考核管理办法和激励奖励相关制度，设置各类科技奖项，提高立项奖励、过程奖励和产业化应用奖励标准，实施“日常考核 + 季度考核 + 年度综合考评 + 科研项目考核”考核模式，使能力突出、业绩优异的员工在薪酬和岗位晋升中得到精准激励。

三、改革成效

通过改革，中铝材料研究院科技创新体系迸发活力，院企融合更加紧密，重大国家项目和国家平台获批迎来新发展，科研实力、社会影响力和行业地位得以提升，干部员工队伍对改革的认同感和获得感进一步增强，向推动建设世界一流先进有色金属材料研究院迈出坚实步伐。

一是科技创新体系得到重塑。中铝材料研究院挂牌成立中铝集团先进有色金属材料研究院，形成了以研究院为研发主体，与国创院、领域中心和实体企业分工明确、优势互补的创新体系，同时加强与政府部门、高校、科研院所和终端客户广泛交流合作，与上海交通大学、北京科技大学等多所重点高校在先进材料、高端铝合金等方面达成合作意向，与中国商飞、东风汽车等重点客户共建联合实验室15个，整体创新效能显著增强。

二是行业影响力显著提升。中铝材料研究院先后获得国家、行业和地方政府创新平台和资质32个，国家级创新平台先进铝合金技术创新中心获得国家部委批复建设，国家铝产业计量测试中心建设任务基本完成，数字化研发平台全面启动建设，多功能熔铸中试平台投入使用，11项成果获得行业和中铝集团科技进步奖，研究院的影响力和认可度显著增强。

三是科研主体核心作用更加彰显。2023年中铝材料研究院首次牵头承担国家重点研发计划项目，获批13项国家和地方科技项目，数量和经费同比翻番。获批我国首个牵头铝加工国际标准，主导制定标准立项3项，其中国际标准1项。申请专利86件，同比增长40%；授权专利43件，同比增长25%。在研科技项目135项，解决企业现场问题51项，开发新品13项，21项成果在企业转化，科技产出效率持续提高。

55

深化科技体制改革　创新科技人才发展机制

上海船舶运输科学研究所有限公司

一、基本情况

上海船舶运输科学研究所有限公司（以下简称“上海船研所”）是中国远洋海运集团有限公司（以下简称“中国远洋海运”）下属二级全资子公司，成立于1962年，是中国远洋海运科技制造事业群的重要组成部分，长期从事国内交通运输和造船行业的共性技术、前瞻性技术的开发研究，为促进行业科技进步作出了积极贡献。2021年，上海船研所入选国务院国资委“科改企业”，当年专项考核获评“标杆”。上海船研所拥有包括船舶运输控制系统国家工程中心和航运技术与安全国家重点实验室在内的一流研发实验基地及先进的科研实验手段，在船舶系统工程、船舶水动力及海事技术试验研究、环境工程、智能交通系统、交通与航运信息化等领域的研发及技术服务水平均处于国内领先地位。

二、经验做法

（一）改革工资总额决定机制，全力服务科技创新发展战略

按照中国远洋海运科技体制改革决策部署和薪酬分配管理要求，结合

国有企业改革深化提升行动方案，上海船研所完善了工资总额管理和薪酬分配制度，强化支持和服务科技创新、科技人才的鲜明的分配导向。

一是积极推进实施工资总额单列管理。上海船研所承担国家或中国远洋海运重大专项任务和高新工程，吸引保留高层次关键核心技术人才。科研项目成果奖励和分红激励等所需的工资总额，在正常联动的工资总额预算之外，实施工资总额单列管理，不与经济效益指标挂钩，进一步提高了科技型企业工资总额调节的自主性。

二是保障科研人员工资收入基本底线。上海船研所根据企业战略发展需要，为鼓励企业和科研单位开展科研工作，特殊情况下对科研人员或项目团队给予工资收入的托底保障，以确保科研项目的顺利推进实施。

（二）实施市场领先薪酬策略，提高骨干科技人才薪酬待遇

一是深入实施薪酬分配倾斜政策。上海船研所的薪酬分配政策向承担关键核心技术攻关任务、重大科研项目、取得重大创新成果的人员倾斜，打造人才聚集高地和“虹吸效应”。

二是规范科技人员岗位职级体系。上海船研所建立规范统一的科技人员业务序列职务职级体系和岗级评定，注重突出科技人才的岗位价值和能力贡献，防止“高水平大锅饭”，体现内部公平性，优化畅通科技人员职务职级晋升“双通道”。

三是提升骨干科技人才薪酬水平。上海船研所通过与外部专业咨询机构合作，完成科技人才薪酬市场调研，原则上按照“两个高于”的目标进行薪酬市场化对标，即公司科技人才总体薪酬水平要高于当地同行同级科技人才的薪酬水平，同时要高于本企业职能管理部门水平。2023 年度，上海船研所骨干科技人员的收入得到了总体提升。

（三）完善业绩考核评价体系，坚持突出科技人才价值贡献

一是实施科技人才分层分类评价，确保业绩考核评价科学精准。上海船研所根据科技人才岗位工作的差异性，将科技人才划分为科技研发人才、科技管理人才、科技服务人才三大类。根据科研活动的生命周期，科技研发人才又分为基础研发、应用研究和技术开发、成果转化三类。同时，基于科技人才的成长规律、不同成长阶段的关键活动和评价重点，将科技人才分为资深级、中高级和初中级三个层次。科技人才分层分类，为科学准确评价科技人才的价值贡献奠定了重要基础。

二是优化科技人才评价指标体系，确保业绩考核评价有据可依。上海船研所明确以创新价值、实际贡献、科研业绩为核心的评价导向，建立“关键成果＋定量评价”的考核指标体系，设置了科研业绩、论文发表、专著发表、成果评奖、专利授权、技术标准、人才培养7项主要评价指标。其中，科研成果按重要性、影响力等因素进行分档，个人贡献系数根据个人的作用与贡献进行区间取值，充分发挥科研业绩考核指挥棒的导向作用。

三是兑现职级晋升和奖励，强化人才考核评价结果运用。上海船研所坚持业绩与奖励刚性兑现的原则，科技人才按年度业绩考核评价由高到低进行分类分层排序，对贡献大、业绩突出的优秀科技人员按规定比例最高每年职级晋升一级、薪酬晋升两档，同时给予总经理特别奖励。

（四）构建多元科技奖励制度，突显创新成果价值驱动导向

一是构建完善的奖励项目。上海船研所建立多层次、全方位的科技人才创新奖励体系，在科技人才正常薪酬和福利待遇之外实施额外奖励，使科技人才的价值贡献在收入分配中得到充分体现。公司科技人才创新奖励既有当期奖励，又有中长期激励，还在职务职级晋升、人才推优评先、职称评审“绿色通道”、个人专业能力提升、学术交流培训、体检疗休养、人才落户等福利待遇各方面提供全面的政策支持。

二是设置较高的奖励金额。上海船研所根据项目类别、层级给予科研项目团队按获批国拨资金一定比例的奖励。对荣获国家自然科学奖、国家技术发明奖、国家科学技术进步奖等国家级、省部级奖项荣誉的项目团队，给予最高100万元或国家奖励2倍的奖励；对制定并发布国际或国家级技术标准、行业标准等标准的团队和成员，给予最高50万元的奖励。

（五）依托科技研发平台建设，强化科技研发人才队伍建设

一是推进博士后工作站规格升级。2018年8月，上海船研所设立了浦东新区博士后科研工作站分站，累计引进培养博士后6人。2023年经上海市人力资源和社会保障局新设站备案，获批全国博士后科研工作站，标志着公司高层次人才引进培养平台建设迈向新阶段。

二是推进国家工程研究中心和全国重点实验室建设。根据国家工程研究中心建设需要，上海船研所落实完成“船舶运输控制系统国家工程研究中心”理事会第一届理事会成员推荐工作。2023年4月，经科技部批准，依托上海船研所、武汉理工大学和大连海事大学共同创建的“水路交通控制全国重点实验室”正式成立。积极配合落实“学术委员会”和“技术合作咨询委员会”组成人员兼任职务有关协调工作，研究推进实验室人员配备有关事项。

三是运行管理集团院士工作站。2021年4月，经上海市院士专家站指导办公室建站批准，中远海运集团与武汉理工大学严新平院士正式签署合作协议，协议期限为3年，上海船研所承担集团院士工作站的运行管理工作，设立院士工作站运行管理办公室，配备专门的场地、专职人员，做好入站团队的后勤保障工作。

三、改革成效

一是科研立项创新高。2023年上海船研所获批国家部委级项目7项（科技部参与1项，工信部牵头2项、参与4项），获批集团级项目23项，上海船研所所级自立项目9项。在研科研项目52项（含2023年批复的7

个项目，包括科技部5项、GXB11项、国家发改委1项、交通部1项、上海市4项、集团13项、所级17项）；验收项目22项（科技部1项、GXB 18项、国家自然基金1项、上海市1项、所级1项）。

二是科技研发成果显著。2023年度上海船研所获得授权发明专利26件，申请受理86件，获得实用新型专利授权7件；登记软件著作权12件；发表科技论文66篇，其中SCI 5篇、EI 2篇，核心3篇；参编国家标准6项，并正式发布。在科技获奖方面，申报获奖省部级以上科技奖项14项，其中牵头获奖6项、一等奖1项、二等奖4项、三等奖1项；参与获奖8项，其中特等奖1项、一等奖2项、二等奖4项、三等奖1项。

三是科研平台建设取得积极进展。第一，全国重点实验室成功申报。根据科技部组建全国重点实验室的总体部署要求，上海船研所在原“航运技术与安全国家重点实验室”基础上，与武汉理工大学、大连海事大学联合申报“水路交通控制全国重点实验室”，2023年4月获得科技部正式批文。第二，国家工程研究中心纳新加速推进。上海船研所与上海交通大学、上海海事大学、武汉理工大学、大连海事大学、中交通信中心、中远海运重工和中远海运科技7家单位签署国家工程研究中心合作共建合作协议，围绕智能航运在智能、绿色、安全等方面对核心部件、关键技术、“卡脖子”问题等技术进行深入研究，完成签订50项开放课题的协议，进一步推动产业技术进步和创新能力提升。第三，院士工作站获批建设并连续两年荣获“优秀”。2021年4月，经上海市院士专家站指导办公室建站批准，中远海运集团与武汉理工大学严新平院士正式签署合作协议，协议期限为3年。上海船研所承担了集团院士工作站的运行管理工作，设立了院士工作站运行管理办公室，协助院士工作站面向国家、集团和行业需求，为集团科研能力提升提供策划、咨询和建议，2021年和2022年集团院士工作站连续2年被评为“优秀”工作站。

56

深入开展党建"融"品牌提升工程 为企业高质量发展提质赋能

中远海运散货运输有限公司

一、基本情况

中远海运散货运输有限公司（以下简称"中远海运散运"）是中国远洋海运集团有限公司（以下简称"中国远洋海运"）所属专业化干散货运输航运企业，拥有及控制运力443艘、4600万载重吨，自有船队规模位居世界第一。中远海运散运总部设16个部门，下设1个共享中心、5家境内直属单位、3家海外公司、10个海外营销网点、12家合资航运公司。

中远海运散运坚决贯彻落实习近平总书记关于国有企业改革和党的建设重要论述，落实国有企业党的建设工作会议精神，全面加强和完善党的领导、党的建设，持续创新党建融合发展路径和工作机制，发挥党建引领保障作用。2023年，聚焦服务国家重要战略物资运输的职责使命，大力实施党建"融"品牌提升工程，打造"八位一体"党建"融"品牌集群，将党建工作与生产经营深度融合，真正让党建成为引领发展的旗帜、推动发展的动力。

二、经验做法

（一）突出融合发展——引领党建“融”品牌提升方向

中远海运散运坚持围绕中心、服务大局，实施党建“融”品牌提升工程重在“融”字，通过细分领域、突出重点，找准党建工作与生产经营工作融合发展的切入点和结合点，在“融”什么、怎么“融”上下功夫，明确了一批党建融合攻关项目，把党建工作融入企业改革发展、融入公司治理、融入企业文化。通过整合党建资源，丰富党建融合载体，推动党建工作与生产经营工作目标同向、部署同步、工作同力、同频共振，把党建“融”的要求贯穿在业务链条和重点难点项目任务上，把党建“融”的成效体现在解决核心问题和突出困难上，打造党建融合发展“散运样本”。

（二）坚持系统观念——构建“八位一体”党建“融”品牌集群

一是提升党建“融”思想领航系列品牌。中远海运散运聚焦提升政治能力，严格落实“第一议题”制度，创新学习载体、优化学习机制、打造文化阵地，发挥党建工作在思想政治和意识形态领域的引领作用。

二是提升党建“融”客户服务系列品牌。中远海运散运聚焦客户服务，通过加强党组织建设、依托党建工作平台，大力推广与能源资源、粮食企业共建，为维护国家能源安全、粮食安全和产业链供应链安全作出应有贡献。

三是提升党建“融”精益管理系列品牌。中远海运散运聚焦精益管理能力，运用全局观念和系统思维落实各项工作任务，在降本增效、风险防控、安全管理等方面充分发挥党组织战斗堡垒作用和党员先锋模范作用。

四是提升党建“融”数字化系列品牌。中远海运散运聚焦数字化能力，通过加强思想引领，强化数字化思维，充分发挥各级党组织和党员在推动企业数字化转型中的积极作用，以创新发展、数智赋能为公司赢得发展先机。

五是提升党建“融”低碳化智能化系列品牌。中远海运散运聚焦绿色发展能力，深入学习贯彻新发展理念，充分发挥各级党组织和党员在探索技术创新、推动绿色低碳发展中的积极作用，力争在航运业绿色低碳发展新赛道上取得先发优势。

六是提升党建“融”船舶管理系列品牌。中远海运散运聚焦船舶管理水平，大力推进实施船舶党建指挥体系，压实岸基各层级党群组织和工作机构对船舶党建的管理职责，压实非党员干部船员支持配合船舶党建工作责任，打造“一流船舶管理”品牌，让“支部建在船上”的光荣传统在新时代新征程上激发更大动能。

七是提升党建“融”人才建设系列品牌。中远海运散运聚焦人才发展活力，发挥各级党组织在落实“十四五”人才发展规划、加强干部人才培养等方面的作用，强化人才引领，深化三项制度改革，为高质量发展筑牢稳固支撑。

八是提升党建“融”服务职工系列品牌。中远海运散运聚焦服务基层、服务职工水平，发挥各级党组织和党员在加强工会、共青团组织建设，搭建服务职工桥梁纽带方面的作用，努力为基层排忧解难，不断提升职工的获得感、幸福感和安全感。

（三）优化工作机制——保障党建“融”品牌提升任务落实

一是党委统一领导，落实责任机制。中远海运散运党委对党建“融”品牌提升工程统一领导，并作为基层单位党组织“书记项目”，列入党建工作责任制考核和党组织书记抓基层党建工作述职考核的重要内容，作为党组织书记选拔任用、评优评先的重要依据。促进各级党组织和党组织书记落实工作责任，推动党建“融”品牌提升工程成为加强基层党组织规范化建设、提升党建工作服务生产经营发展能力的有效抓手。

二是实施项目管理，强化竞争机制。中远海运散运实行项目式管理，以分类管理、以点带面的方式深入推进。制定《党建工作品牌创建管理办法》，建立品牌项目库，将项目分为“创建”“优秀”“示范”3个等级，每年对党建品牌进行优化调整，实行退出机制，形成一批具有创新性、先进性、示范性和影响力的党建“融”品牌。目前，共有优秀项目16个、创建项目26个。

三是丰富实践载体，突出创新机制。中远海运散运精心设计实践载体，广泛设立党员责任区、党员示范岗、党员先锋队，以党员为骨干开展“揭榜挂帅”等活动，引导党员争当生产经营的能手、创新创效的模范、精益管理的标兵。开展党建共建、文明共建、文化共建等活动，与客户共同打造任务相通、理念相通的共同体，共同肩负起服务国家战略的重要使命。

四是强化统筹协调，建立联动机制。中远海运散运强化统筹协调，对创建成效明显的项目在经费投入、宣传推广、先进评选等方面给予支持，形成上下联动、统筹推进的工作机制。充分尊重基层首创精神，系统总结基层经验成果，形成一批可复制、可借鉴、可推广的党建“融”品牌提升工程典型案例和先进做法，推动创建成果转化为党建引领改革发展的生动实践。

三、改革成效

中远海运散运党建“融”品牌提升工程实施以来，已成为促进公司经营管理、安全生产和高质量发展的有力抓手，基层党组织的战斗堡垒作用和党员先锋模范作用得到有效发挥，党建工作品牌的示范引领作用和党建工作价值充分显现。

一是党建“融”为创效攻坚把舵领航。中远海运散运各级党组织激励引导党员履职担当，把党建工作成效转化成经营创效、改革发展的生产力。坚持“支部建在任务上、支部建在项目上”，在远洋业务部创新成立海外市场拓展功能性党支部，支部由总部派往海外短期工作的党员和当地的营销骨干党员组成，以“抓两头、带中间”的方式实现“带着任务去，带着成果回”的目标，聚焦属地客户和市场，深入挖掘合作与创效潜力，推动经营创效工作取得进展和突破，并荣获中远海运集团“钻石团队”荣誉称号。几内亚的益丰船务坚持支部建在项目上，以打造“四能”党建“融”品牌为抓手，把党建工作融入项目攻坚，不断刷新生产纪录，2023年完成驳运量2491万吨，创效2.36亿元，同比增长118.48%。海南分部创建“四维四色”党建品牌，与山东能源等大客户开展党建共建，与客户共同打造任务相通、理念相通的共同体，共同肩负起服务国家战略的重要使命。数科公司党总支加强“红色动能 数字先锋”品牌创建，科技创新取得突破，获得“航海学会科技进步一等奖”“交通行业设备管理与技术创新成果一等奖”，进入国家“科技型中小企业”库。

二是党建“融”为干部成长引路导航。中远海运散运各级党组织聚焦育人工程，全面推进职工素质提升。共享中心党委以“青年领航站”党建品牌为抓手，实施“一二三四”行动，培养了大批年轻优秀人才。北京分部深入推进“滴灌计划”党建品牌，发起“导师带徒”项目，做到“一人一策”，推动人才队伍建设取得新突破。

三是党建“融”为船舶管理保驾护航。中远海运散运各船舶党支部围绕船舶安全、经营效益等任务，培育特色鲜明的船舶品牌。合瀛轮党支部“合和共赢”党建品牌创建后，管理水平大幅提升，先后荣获“全国工人先锋号”“广东省工人先锋号”等殊荣。远神海轮党支部打造“大洋上的铁军”党建品牌，在危急关头成功营救23名遇险渔民，被国际海事组织（IMO）授予“海上特别勇敢奖”，被评为“全国工人先锋号”。

57

深化混改成果　推进改制上市
赋能企业提升核心竞争力

中国国际货运航空股份有限公司

一、基本情况

中国国际货运航空股份有限公司（以下简称“国货航”）是中国航空集团有限公司（以下简称“中航集团”）所属子企业，是中国唯一载有国旗飞行的货运航空企业。国货航2021年完成混合所有制改革后，注册资金由73.76亿元增加至106.90亿元，股权结构更加优化，形成了国有资本控股，外资、民营资本、员工持股平台等多种资本形式共同参与公司治理的中国特色现代企业制度。

国货航以“培育具备国际竞争力的现代航空物流企业”作为企业发展目标，推进企业战略转型。在混改期间，通过整合中航集团航空物流资源，形成了航空货运、航空物流、航空货站三大发展板块，并积极发展创新业务。2021年底，经中航集团统筹部署，国货航正式启动改制上市。2022年6月，国货航完成股份制改制。2023年9月，国货航IPO获得深圳证券交易所上市委员会审核通过。

二、经验做法

国货航始终坚持以习近平新时代中国特色社会主义思想为指导，深入贯彻落实党中央、国务院重大决策部署，蹄疾步稳推进改制上市工作，2023 年 9 月 27 日顺利通过深圳证券交易所上市委员会审核，完成既定改制上市任务，进入注册及发行阶段。国货航以改制上市为契机，促使企业治理机制更加完备，加快推动企业物流资源整合和战略转型，持续深化巩固混合所有制改革成果。

（一）强化统筹协调，坚持合法合规

一是加强组织保障。工作组织层面，中航集团成立领导小组和专项工作组，加强总体指导，明确工作原则和组织保障，各方股东给予充分理解和大力支持，国货航做好关键事项主动细致研究和汇报。方案研究层面，由国货航与中介机构共同研究出台各项任务初步方案，中航集团职能部门针对方案内容和工作程序给予全方位指导和帮助，重点难点问题由中航集团领导小组亲自指导和协调推进。工作实施层面，国货航各部门、子企业积极推进落实改制上市涉及的各项具体工作，中航集团各相关部门、子企业予以充分支持配合。

二是依法合规推进。在上市推进过程中，国货航协同各中介机构，围绕首发上市规范，明确阶段性工作重点，先后解决瑕疵资产处置、同业竞争、商标使用、腹舱经营模式、募集资金投向等重点问题。严格履行公司治理程序，按照公司章程、重大事项权责清单等规则，股改和上市方案依次履行党委会前置研究、总裁办公会审议、职工代表大会审议建议程序，最终由董事会、股东会审议确定，其他方案也均按不同情况履行好审议决策程序，并根据需要出具风险评估报告和法律意见书。高度重视舆情工作，设立专职人员，聘请财经公关，实时跟进、积极应对上市舆情，保障了舆情稳定。将上市工作纳入中航集团改革深化提升行动工作方案、国货航新一轮“双百”改革方案、国货航 2023 年政治监督台账，向职代会就上市工作进行专题汇报，全方位推进监督跟进上市工作，有效监督年度目标实现。

（二）坚持“两个一以贯之”，持续完善中国特色现代企业制度

一是加强党的领导党的建设。国货航坚持公司党委对改制上市工作的领导与完善公司治理有机统一，落实党建工作进章程，明确党委在国有企业治理结构中的法定地位，明确公司重大经营管理事项必须经党委前置研究要求。坚持党委谋全局、议大事、抓重点，2023 年全年研究事项 195 个，其中前置研究 49 个，切实发挥党委“把方向、管大局、保落实”作用。依据权责清单，董事会审议重大经营管理事项议案经党委前置研究讨论比例达到 76.32%，实现党委和董事会有效衔接、规范运行。

二是推动公司治理能力提升。董事会席位设置上，中航集团派出董事 5 名，其他 4 家持股 10% 以上的股东共派出董事 4 名，引入独立董事 5 名，增设职工董事 1 名，既保证了国有资本的控制力，又满足了上市规范，调动了其他股东参与公司治理的积极性；增设安全与战略委员会、提名委员会、薪酬与考核委员会、审计和风险管理委员会 4 个董事会专门委员会，充分发挥独立董事的专业特长及董事会专门委员会的专项职能。2023 年各专门委员会共召开 20 次会议，共计对 31 项议案发表了审核意见，审议议案数量同比上升超 138%，为董事会决策提供了全面、坚实的专业保障。

三是健全公司治理制度体系。国货航结合股改、上市不同阶段发展需要修订完善公司章程，配套修订“三会”议事规则，制定各治理主体工作细则，形成 11 项上市后适用的基本管理制度，保障上市后重大经营管理事项有规可循、有据可依。

（三）聚焦主责主业，加强功能性改革

一是加快推进战略转型。国货航在积极研判上市形势的同时，聚焦主业实业，锚定“培育具备国际竞争力的现代物流企业”的战略目标，围绕公司“十四五”规划，优化航空物流业务布局，努力提升企业核心竞争力

和市场价值。加快航空运力布局，2023 年引进 1 架 B777 货机、交付完成国内首架 A330 客改货飞机，“十四五”末预计实现远程货机机队规模 25 架，以提升航空货运自主可控能力。加快境外物流业务布局，在美国芝加哥、荷兰阿姆斯特丹完成物流网点建设。拓展货站布局，聚焦长三角、粤港澳大湾区等国家区域发展战略，结合公司战略发展，积极推进杭州、深圳货站建设。

二是持续深化物流资源整合。国货航在上市申报及审核推进过程中，将物流业务和人员边界进一步厘清。中航集团与国货航完成一揽子关联交易框架协议的签署，国航及其控股企业与国货航完成腹舱经营模式的确定及系列协议签署、完成国航营业部货运人员的整合和接收、完成香港快递物流资源整合。

三是不断拓展与战略投资方合作。国货航抓住跨境电商发展机遇，与战略投资方共同打造跨境电商专属精品物流专线产品，在全物流链条上开展全面合作。货运包机合作成效显著，在两条欧洲航线基础上，积极响应“一带一路”建设要求，新开通深圳—墨西哥城航线，2023 年全年包机合作班次较同期增长约 85.80%。同时，借助已有欧、美航线资源，新增广州、上海始发的货机、腹舱包板合作，在货站、物流方面不断扩展合作规模和创新合作模式。结合区域发展战略，与战略投资方积极推进京深物流中心项目和深圳货站合作项目。以上市为契机开展潜在战略投资方沟通，立足“真战投、真合作、真见效”，力争实现资本层面、业务层面的双重合作。

三、改革成效

一是对标国资监管要求和资本市场监管要求，公司治理能力在混改基础上得到进一步提升。党的领导更加坚强有力，实现党的全面领导与现代企业制度的有机统一。董事会建设更加完善，外部董事、独立董事作为各自领域的专家，为公司经营和发展积极建言献策，提出富有建设性的意见。

二是聚焦主责主业，积极服务国家战略和中航集团“客货并举”战略，物流体系建设持续深化。在混改阶段整合 8 家中航集团航空物流企业资源基础上，上市阶段集团下属其余航空货运、航空物流资源基本完成向国货航的整合，为进一步优化资本结构、引入新一轮战略投资者、实现顺利发行上市的目标奠定了良好基础。抓住跨境电商蓬勃发展的市场机遇，与战略投资方通过优势共享、资源互补，有效发挥“战略协同”作用。2020 年以来，包机合作总体规模达 20 亿元，其他合作领域也得到了积极拓展。通过重点项目推动各业务板块发展规划落地，积极应对疫情前后经营环境变化，保持持续盈利状态。

58

创新驱动　数字赋能
打造民用航空动态运行标准体系

深圳航空有限责任公司

一、基本情况

深圳航空有限责任公司（以下简称“深航”）成立于1992年11月，是国航股份成员航空公司，机队规模230架，位列行业第五。经营国内、国际航线340余条，年运输旅客近4000万人次，成立至今持续安全飞行超过900万小时。成立30年来，深航在保证航空安全、提升服务品质方面做出了不懈努力，获得中国民航“飞行安全五星奖”、“中国500最具价值品牌”、航空行业“中国最具影响力品牌”、深圳市长质量奖、亚洲最佳服务航空公司、CAPSE“年度最佳航空公司”等荣誉。

深航认真贯彻落实《中华人民共和国国民经济和社会发展第十四个五年规划和2035年远景目标纲要》中关于加快数字社会建设步伐的战略部署和国务院国资委《关于加快推进国有企业数字化转型工作的通知》的具体要求，于2023年全面启动数字化转型工作，目前已完成战略聚焦与现状分析、愿景规划与场景设计、数字化蓝图架构体系规划、转型路径规划等工作。“民用航空动态运行标准体系”是深航数字化转型工作中的先行先试项目，通过技术攻坚，率先实现基于数字化运行控制能力的“动态运行标准”，能够自适应运行条件的变化，填补了行业空白。

二、经验做法

（一）愿景驱动的数字化转型规划，一张蓝图绘到底

深航与华为公司合作，构建了“一个愿景、一套方法、一张蓝图、一套治理机制”的“四个一”基础，指导数字化转型工作逐步落地开展，推动公司数字化、智慧化双提升。

一是明确“以数智化打造旅客美好出行体验”的数字化转型愿景，推动数字化转型工作走深走实。将企业架构方法论贯穿数字化转型工作全过程，承接转型愿景，指导公司有序开展数字化转型工作。

二是擘画“公司数字化转型整体蓝图”。从长远蓝图层面构建深航数字化转型框架，实现业务与 IT 的“双轮驱动”，并规划 IT 底座和治理体制对转型工作进行保障支撑。

三是构建“公司卓越的数字化能力、组织和人才机制”，完善公司数字化转型的组织设定与数字化人才机制建设。

（二）业务对象数字化，建立全量全要素联结

一是找准问题。深航传统业务中，运行标准相关的业务数据分散在不同的 IT 系统中，彼此孤立，数据形态和结构差异大，大量结构化、半结构化、非结构化数据零散分布，有的甚至是 PDF 文本，未能有效整合，无法集成应用。

二是确定方案。深航以数字化思维，对运行标准相关的业务数据进行综合治理。统一数据格式，对接外部数据，对非结构化数据进行数字化加工，完成数据整合、数据集成，打通信息孤岛。数据集包括着陆标准、机场运行限制、气象报文、机组值勤时间、飞行员资质、飞机 MEL 运行限制。完成对运行标准信息的结构化、集中化管理，为实现数据的更高层应

用打下基础。

（三）业务过程数字化，做到全过程可视和可追溯

一是建立模型，用数字技术实现自动计算运行标准数据，节省人工投入，提升工作效率。着陆标准、机场运行限制、气象报文、机组值勤时间、飞行员资质、飞机 MEL 运行限制等各项数据既是每次计算的结果性数据，又是下一次计算的条件性数据，通过自动计算可显著提高生产效率。

二是记录业务活动轨迹，实现业务活动全程可追溯。伴随着数字场景的搭建，深航落实全面、全员、全过程的全面质量管理目标。把质量管理要求嵌入业务流程，实现质量数据全过程可追溯，落实质量预防工作前置化。具体表现为运行标准相关的质量数据全过程可记录、可追溯、可感知、可预警。

（四）业务规则数字化，实现业务层面的清晰管理

一是将显性和隐性的规则进行结构化描述，拆解为最小颗粒、具有逻辑判断能力、机器可读可执行的规则，借助算法实现规则的自动执行，提升流程的自动化水平。在运行标准领域，有的规则与业务脱离，只存在于管理规定、文件中，例如有的 MEL 保留限制要求不能夜间运行，而每个机场的夜间运行规则（日出日落时间）只能在 PDF 版的 AIP 资料中人工查询，这些隐性的管理要求是业务规则数字化的工作重点。

二是不断对规则进行迭代优化。在危险天气现象代码的识读规则中，深航提出“对于危险天气现象模糊匹配和精确匹配融合”的方法，把以往 805 项规则配置大幅缩减为 14 项精确匹配和 9 项模糊匹配规则，极大简化了业务规则。

（五）业务能力数字化，推动 IT 与业务共享共建

一是建立平台化共享支撑。深航以微服务的形式提供系统自动计算出的运行标准，在签派放行、飞行监控、风险计算、空中决策多个场景应

用，可向 ADS-B 系统、运行风险控制系统等 6 类外部系统提供动态着陆标准，起到数据底座的作用，具有集约资源的价值。

二是业务模式重构。深航通过数字化连接，打通了运行业务口三大专业模块（签派、情报、性能）的业务通道，从运行技术支援的角度设计系统流程，使各个业务口之间的流程衔接更紧密、业务的相互延伸更广泛，实现对飞行运行支持信息的整体输出。

三是将数字化成果内化到管理体系中。“民用航空动态运行标准体系”对情报人员的岗位职责进行了重构，并将运行标准类的数据维护流程纳入一线岗位操作手册。深航成立 AOC 联合班组，成员来自签派放行、飞行监控、运行调配、航空气象、航行情报等业务科室，在运行控制系统建设方面取得了多项创新成果。

三、改革成效

一是深航创新开发的“动态运行标准体系”，填补了业内空白，与境内外同类型产品相比，具备全量着陆标准自动匹配的实时预警能力。

二是有效提升安全运行水平。动态标准预警能消除监控盲点，将机场导航设施不工作期间的运行环境变量数据进行数字化处理，通过系统自动运算，提供动态标准实时预警，有效管控非一类精密进近的风险。自系统上线后，有效避免了低标准运行。

三是对运行标准相关的业务数据进行综合治理，统一了数据格式，完成数据整合、数据集成，打通了 5 个系统的运行标准类信息孤岛。由传统的事件驱动型被动风险管理转变为数据驱动型主动风险管理，强化了飞行签派员对环境变量的动态感知能力。

四是经济收益明显。在计算着陆标准方面，每年可节省 16. 5 万元；在数字化运行限制信息方面，每年可节省 33. 1 万元；在航空气象报文数字化解析和预警方面，每年可节省15.6万元。

五是具有良好的社会效益。本项目多项技术在业内属于首创发明，填补了技术空白，如果在全国66家航空公司推广，每年可以节省人力成本500万元。

深航实现了对运行标准全要素分析，对航班飞行全过程监控，对变量数据自动触发、自动计算、动态预警，为业务全面数字化提供了典型案例，是数字化转型工作的一次有效实践，为后续运行领域的数字化转型工作奠定了基础。

59

激活空地互联数字密码 助力打造智慧云航空

空地互联网络科技股份有限公司

一、基本情况

航空互联服务是民航数字化转型的重要抓手与智慧民航建设的主要底座。空地互联网络科技股份有限公司（以下简称“空地互联公司”）是由中国东方航空集团有限公司（以下简称“中国东航”）联合中国电信、均瑶集团共同发起，于2020年11月成立的专业从事航空互联综合运营服务的公司，2023年5月入选“科改企业”。

空地互联公司自成立以来，坚持以习近平新时代中国特色社会主义思想为指引，全面落实“两个一以贯之”要求，充分学习借鉴当前科技企业先进的运营理念、工具和方法，在全面市场化机制的指引下，在技术研发、专业经营、模式创新、机制改革、标准制定上努力突破，向成为符合我国国情、契合行业实际、具有价值性和成长性的领先航空互联网企业目标不断迈进。

二、经验做法

近年来，伴随着我国通信技术的不断进步和显著提升，特别是亚太6D

卫星的成功发射并逐渐投入商用，实现航空互联的技术问题初步得到解决。与航空互联网在欧美等成熟航空市场历经10余年的发展，不仅形成了相对完整的产业链，而且旅客上网习惯与消费行为也日趋成熟的状况相比，我国的航空互联产业受监管政策制约、旅客付费享受互联网消费习惯尚未形成等主客观因素影响，发展较为缓慢，红利急需释放。在我国航空公司陆续开展空地互联改装与引进的情况下，如何探索出兼顾旅客出行体验与航司经济效益的可持续发展的商业运营模式，依旧是国内各大航空公司面临的重要课题与主要痛点。

空地互联公司成立时，便以成为“全国最佳的航空互联网综合解决方案供应商”为战略目标，专注于航空互联这一民航产业的细分领域，紧紧依托股东方优势和支持，致力于依靠先进的航空互联技术为乘客提供优质的空中上网服务，探索出一套可持续发展的运营模式与策略，以提升乘客空中服务的质量和体验，帮助航空公司打通机上服务和运营的盲区，助力运营质量和运营效率的提升。

（一）建立市场化规范化治理结构

空地互联公司由中国东航、中国电信、均瑶集团按照42.5%、42.5%、15%的股比合资设立，各方均不完全控制且均不合并报表，按照市场化模式、市场化机制运营管理。

一是规范市场化治理。与大部分国资国企的改制进程相比，空地互联公司在成立伊始便一步到位实现了混合所有制形式，建立了科学规范的治理结构。空地互联公司董事会由7人组成，所有董事均为外部董事。通过公司章程及董事会议事规则的约定，空地互联公司充分落实公司董事会的职权，明确了经理层的职责。作为一家成立刚满3年的公司，空地互联公司从成立时，便充分遵照国家关于深化国企改革的总体工作方针，完全按照中国特色现代企业制度的要求设立各治理主体，理清权责。各方股东、董事会成员均严格依据公司章程约定履职尽责，各层级治理主体的权责厘定明确。

二是全员市场化进出。空地互联公司在董事会批准的薪酬等级和薪酬带宽范围内实行“一人一岗一薪”。新设管理岗位均通过内部竞聘和市场招聘方式产生。以业绩为导向，对专业能力强的开发和销售岗位不唯学历、不唯资历，给予破格提拔，“英雄不问出处”，对不符合标准、不符合岗位要求的，给予岗位调整，屡教不改的、不胜任的及时退出，2021 年、2023 年分别退出 5 人、3 人，分别占当年总人数的 29% 和 11%。

三是强化市场化激励。空地互联公司实行全员年薪制，根据不同职级、不同岗位采用 10% ~50% 浮动绩效，与经营业绩责任挂钩越紧密，浮动薪酬比例越高。严格按照业绩贡献决定绩效考核结果，严格按照绩效考核结果决定绩效工资系数，强化绩效、重大项目激励。建立《内部奖励办法》，对获取知识产权、有重大贡献及内部人才推荐等项目发放奖励，激发员工热情。

（二）坚持专业化产品化经营管理

一是专业化运营。航空互联产业涵盖卫星通信与航司运营，需要运营者兼具上述两项核心领域的知识技能与从业经验，准入门槛极高。空地互联公司充分依托中国电信、中国东航及吉祥航空在卫星通信技术及中大型航司经营管理上的资源支持与丰富经验，在成立伊始便打造了一支既懂卫星又懂航空的专业化运营团队，通过深入分析运营商、航司、旅客在不同场景下的各项诉求及痛点“对症下药”，帮助航司快速提升航空互联服务的品质与效益。

二是产品化打造。空地互联公司深入分析旅客对航空互联产品的需求，从单一上网产品向低速、高速、尊享等多元化产品进阶，推出符合不同客户需求的丰富的差异化产品，向旅客提供空中上网、视频直播、空中医疗等多元化服务，不断提升旅客出行体验。

三是多渠道营销。空地互联公司与航旅纵横、携程、银联、中移动、支付宝及多家银行和广告商开展合作，拓展航空互联产品的营销渠道，充分激活航空互联产品的广告价值、内容价值和权益价值。

（三）完善技术持续研发体系

一是凝聚技术研发共识。航空互联领域具备较高的技术壁垒，空地互联公司董事会和经理层，加强与股东的战略沟通，不断深化股东间对战略对接、业务拓展、机制优化、资源嵌入、产品设计等多个方面的共识。

二是吸收引进核心人才。空地互联公司充分发挥股东的技术优势和人才优势，整合产业链上的核心资源，吸收和引进系统开发、数据开发、运营管理等方面人才，培养技术骨干，提升关键能力。积极跟踪新技术、新趋势，做好应对技术迭代升级的各方面储备。

三是开展自主技术研发。航空技术对外的依存度较高，唯有建设自主可控的研发体系，才有可能改变被“卡脖子”的命运。空地互联公司积极与产业链上的国内相关企业联合建立研发方案，持续推进研发体系建设。建成国内规模最大的航空 WIFI 实验室，以每两周完成 1 ~ 2 项技术应用测试的频率，边研发、边迭代，持续加强研发能力建设。

三、改革成效

空地互联公司成立 3 年来，紧密围绕既定战略目标，依托行业先发优势与股东的指导支持，初步探索出了一条适合于航空互联产业的发展路径，取得了一定的成效。

一是经营业绩稳中有进。空地互联公司在后疫情时代民航全面放开的首年（2023 年）便实现了盈利且收入破亿元的成果。同时，收入结构越发合理，从最初单纯的航司采购流量，逐步发展成为航司付费收入、用户付费收入和第三方收入“三驾马车”齐头并进的新格局。此外，对股东方的战略协调作用越发明显，依托自身优势，高效提升了东航、吉祥两方的航空互联服务质量，并在帮助股东方切实降低流量成本的同时拓展了辅营收入。

二是科研能力稳步提升。空地互联公司已逐步成为国内航空互联行业领军企业，累计申报专利12项，获取计算机软件著作权38件。于2022年获得上海市高新技术企业认证，于2023年5月成功入围“科改企业”名录，于2023年下旬获得上海市专精特新企业认证。成功入选2023年度数字上海十大场景，自主研发的可控航空互联运营管理平台项目获评上海市长宁区“十佳”优秀科技创新项目。

三是服务质量持续提高。空地互联公司深入分析旅客使用需求及痛点，依托专业化运营，实现了机上旅客登录流程的简化与网络速度的提升，逐步加大旅客使用航空互联的需求。据松下航电统计，2024年1月东航空地互联机队（105架）使用流量总量为69T，在全球所有航司中排名第四，仅次于美联航（336T，438架）、阿联酋航空（72T，222架）与土耳其航空（70T，186架），超越了向会员提供免费上网服务的新加坡航空（90架）及拥有200架空地互联机队规模的全日空航；在平均每架飞机使用流量总量方面，东航同样位列全球第四。考虑到各航司机队规模数量与运营模式（付费/免费）的差异，依托空地互联公司的高质量运营，中国东航的航空互联服务质量已然迈入世界一流行列。

60

深化机制改革　激发科技创新动能 以科技创新推动高质量发展

珠海翔翼航空技术有限公司

一、基本情况

珠海翔翼航空技术有限公司（以下简称“翔翼公司”）是中国南方航空集团有限公司（以下简称“南航集团”）所属的三级子企业，属于国家高新技术企业、国家级专精特新“小巨人”企业，目前运营全动模拟机32台，涵盖国内运行主流机型，是亚洲规模最大、机型最全、国内历史最悠久的训练中心之一。

近年来，翔翼公司以实施重大科技创新项目孵化战略性新兴产业化为抓手，围绕飞行训练关键设备、数据价值化等“卡脖子”领域加快实施科技攻关，飞行模拟机研制及相关数据验证项目获国家科技进步奖提名。通过深化市场化改革激发科技创新动能，加快打造世界一流的飞行训练和安全研究机构，助力国家飞行训练产业链的强链补链扩链。

二、经验做法

（一）优化科技创新体系，更好实现高水平科技自立自强

一是落实国家创新驱动发展战略，打赢关键核心技术攻坚战。翔翼公

司打造“1+X+X+X”创新工作模式，以科委会“1”统筹决策科技创新战略方向和实施路线，以创新工作室“X”集中攻关公司重大战略项目，以各科技创新生产部门“X”组织实施各相关业务领域科技创新工作，并以各科技创新职能部门“X”协调配合，提供科技创新各项资源，促进科技创新工作高质量实施。践行国家科技自主创新道路，打造符合新时代中国特色飞行训练体系的设备产品，攻克飞行培训设备“断供”“卡脖子”风险与难题，自研A320全动飞行模拟机和视景子系统，顺利通过中国民航局全动飞行模拟机的最高级别鉴定，实现飞行数据仿真与训练的融合应用，培育飞行训练设备产业链。

二是营造开放的科技创新生态，发挥科创制度优势。翔翼公司积极申报并获得国家级专精特新“小巨人”企业称号，广东省工程技术研究中心、广东省企业技术中心、广东省科技专家工作站等创新平台资质。大力发展创新生态伙伴，与科研院所、高校和外部单位成立联合实验室，深化创新开放合作关系。与北京航空航天大学成立飞行安全与适航技术联合实验室，联合开展多项飞行安全项目合作；与中国民航科学技术研究院联合开展事故调查合作，成为全国唯一拥有该资质的创新平台；与腾讯公司联合成立航空安全与仿真实验室，是民航第一个聚焦航空安全与仿真研究、贴近实际应用的实验室。优化科技创新工作制度，探索科研项目“揭榜挂帅”和科创激励机制，构建科技创新“领结”模型，充分运用公司内外部科技创新资源，全面激发员工科技创新积极性。2023年翔翼公司参加科技创新工作的人员为206人，占总员工人数的2/3，开展实施科技创新项目63项。

三是造就拔尖创新人才，更好赋能高质量发展。翔翼公司以项目合作集聚人才，实现人才引进从“全职引入”向“灵活引智”转变。积极引入国家高层次人才7人、省部级人才1人，在科技创新工作中发挥引领作用。

遵循“人才＋项目”模式，以创新工作室为单位，培养引进45名模拟机及子系统研制核心技术人才，极大提升了高等级飞行模拟机及分子系统研制领域的整体水平。

（二）完善中国特色现代企业制度，更好将制度优势转化为治理效能

一是紧密围绕“把党的领导融入公司治理”主线，充分发挥党组织的领导作用。翔翼公司制定职权清单“一张表”，持续修订完善《“三重一大”集体决策制度实施办法》《党委议事规则》《总经理办公会议事规则》，明确各治理主体决策边界和议事范围。充分发挥党委“把方向、管大局、保落实”的领导作用，2023年召开党委会共计20次，前置研究重大事项26项。

二是健全公司治理结构，高效推进公司治理体系运行。翔翼公司完成董事、监事、高级管理人员及专门委员会委员的换届工作，明确战略委员会负责科技创新工作职责，为董事会科技创新相关重大决策提供建议和支撑。增设总法律顾问，建立健全合规管理制度和流程，开展合规风险识别评估，通过法业融合促进合规工作的价值创造。

（三）健全市场经营机制，更好提升组织活力效率

一是健全市场化用人用工机制。翔翼公司开展干部盘点分析，研究制定《干部队伍结构优化三年行动方案》，聚焦年龄结构优化、专业结构改善、综合素能提升等方面，一体推进落实管理人员竞争性选拔和退出工作。2021—2023年，竞争上岗率90.0%，不胜任退出率35.6%，切实推动干部“能上能下”要求落地落实。优化《绩效管理办法》，增加D档强制条款，授权各二级部门制定部门绩效考核实施细则，强化绩效结果应用对绩差人员退出岗位，员工市场化退出率12%。

二是健全市场化薪酬分配。翔翼公司严格落实管理人员任期制契约化管理向下贯穿，中层管理干部年度薪酬挂钩部门经营业绩，中层管理干部

正职收入差异系数达到 1.74。持续推进薪酬总额向下贯穿，开展人员定编，薪酬总额分包到部门，按照“增人不增资，减人不减资”原则，挂钩年度综合业绩考核结果和人均价值贡献。全面优化市场销售人员“底薪 + 提成”的薪酬结构，销售人员月度底薪低至 2000 元，销售奖金薪酬总额内上不封顶。

三是探索有效中长期激励机制。翔翼公司深入研究各类中长期激励政策，并结合翔翼公司目前发展周期、收入来源等因素，选取了岗位分红作为中长期激励工具。2023 年，开展科技创新项目个人贡献综合评估，对排名前 15% 的员工进行岗位分红激励，奖励最高者达到其薪酬的 30%。

三、改革成效

改革释放活力，创新决胜未来。面对复杂的市场环境，翔翼公司聚焦科技创新和市场化体制机制改革，公司营收和利润持续增长，2021—2023 年利润复合增长率为 21%。全员劳动生产率持续提高，2023 年达到 192 万元/人。

一是科技创新取得新成绩。翔翼公司依托飞行模拟机研制及相关数据验证项目，服务国产喷气客机设计与运行，已获国家科技进步奖提名。主导研发的“超写实高等级视景系统关键技术及应用”获 2023 年中国航空学会科技进步一等奖，让中国成为全球第三个能独立自主研发完整视景系统的国家。“航班飞行作风与质量评估关键技术研究与应用”“高等级飞行模拟机系统集成总装关键技术研究与应用”两个项目获 2023 年度中国交通运输协会科技进步二等奖。

二是科研攻关初见成效。翔翼公司全动飞行模拟机研制项目已形成发明专利 12 项、实用新型专利 2 项、软件著作权 6 项，视景系统研制项目形成发明专利 25 项，其他知识产权 109 项。2023 年新增授权国际发明专利 4 项、授权国内发明专利 15 项、软件著作权 35 项；省部级、市级、南航集团各类科技奖项、平台、资质共 20 项。配合中国民用航空局修订飞行员《循证训练实施方法》，为飞行训练行业标准贡献南航智慧。参与国际民航组织（ICAO）运行规则和飞行训练标准制定，ICAO 人员培训和执照颁发工作组项目通过翔翼公司关于修订 ICAO 第 9995 号文件附件 1 的提案，为国际标准贡献中国经验和智慧。

61

建机制　搭平台　强赋能
激发不动产运营改革发展新动能

中国南方航空股份有限公司

一、基本情况

中国南方航空股份有限公司（以下简称“南航股份”）是中国南方航空集团有限公司（以下简称“南航集团”）所属二级子企业，是中国航线网络最发达、年客运量最大的航空公司，安全管理水平、服务保障能力国际领先。2023 年南航股份获评中国民航“飞行安全钻石三星奖”，连续 6 年被评为 CAPSE 年度“最佳航空公司奖”，连续 13 年在中国品牌力指数获评民航业第一。

近年来，在人口总量下降、经济下行压力加大、市场主体预期转弱背景下，存量资产的有效盘活对于优化国有资产结构、促进存量资源和新增投资形成良性循环越发重要。为此，南航股份立足新发展理念，将存量资产盘活作为对标世界一流价值创造行动的重要举措和纵深推进国企改革的重要实践。2023 年以来，不动产运营机制赋能显著，第三方租售收入 7. 4 亿元，是 2022 年的 3. 9 倍；瑕疵确权面积 69. 6 万平方米，是 2022 年的 11 倍。改革成效纳入国务院国资委改革督查“典型经验做法清单”。

二、经验做法

南航股份立足国资央企责任和自身发展战略，全面设立存量不动产盘活的业务使命、总体愿景和近期目标，为不动产运营领域改革成效奠定重要基础。一是明确业务使命，即以卓越的空间管理水平，为南航股份创造价值，为客户提供美好服务体验，为员工打造高品质工作环境。二是明确总体愿景，即成为央国企不动产管理行业的领军者。三是明确近期目标，即通过2022年和2023年的任务攻坚，解决南航股份不动产效能不高、产权瑕疵的问题；2024年，通过探索智慧园区改造，有效提升客户和员工满意度。

通过明确使命、愿景和近期目标，有效引领管理模式、管理能力、内生动力和运营效益4个方面的变革。

（一）聚焦体系搭建，推动管理模式变革

一是组织管理体系。南航股份构建不动产“投建管营”管理新体系，将不动产全生命周期的投资决策和项目运营职能分别归属于不同主体，构建权责清晰、运转高效的不动产管理模式。

二是流程制度体系。南航股份按照“管理制度化、制度流程化、流程信息化”的总体思路，搭建公司不动产管理制度体系。构建四个业务领域、三级管理手册的不动产管理制度图谱，出台8本不动产运营管理手册和航站楼进驻等3个标准，将制度建设嵌入不动产管理全过程。

三是效能评价体系。南航股份围绕战略契合、生产保障、经济效益3个方面，建立8类评价模型，将南航股份不动产划分成战略储备、高效、低效和负效4类。立足现行法规和公司实际，明确产权瑕疵分类标准，全面理清产权情况。通过效能评价，设立“低效负效率”“产权瑕疵率”2个评价指标，进一步明确管理目标。

（二）聚焦平台赋能，推动管理能力变革

一是专业咨询平台。南航股份与业内知名不动产管理咨询单位建立合作关系，在全公司搭建咨询平台，为各单位提供日常咨询、评估优化、市场询价、业务培训等咨询服务内容。例如三亚土地收储项目，通过咨询单位外脑支撑，成功争取445万元的增量收储补偿。

二是业务交流平台。南航股份围绕国家政策、行业趋势、市场行情、公司规划、制度流程、案例实操等方面，邀请内外部专家进行交流分享、学研融合。2023年共开展3期学习交流，覆盖40家单位共493人次，全面提升不动产运营管理团队的业务能力和管理水平。

三是宣传展示平台。南航股份开设不动产运营视窗专栏，累计连载60期，全面宣传各地项目成效，强化内部对标提升。编制5期工作简报，定期总结不动产运营阶段性进展，分析研究不动产使用效能，充分感知国家政策和市场行情，明确下阶段工作推进思路。

（三）聚焦机制建设，推动内生动力变革

一是政企联合项目。南航股份服务支撑国家重点区域战略，全力支持属地经济社会发展，通过协同规划、资源置换、联合共建等多种合作方式，共同推动国家高质量发展进程。例如海口土地置换项目，南航股份积极响应海口空港保税区整体规划，将南航海口生产保障基地局部置换给海口市政府，用于建设多功能仓储设施，建强海南自贸港。同时，南航股份结合美兰机场整体规划，按照等价置换原则置入机务和物流用地，为提升南航集团海口基地保障能力增加发展储备资源。

二是公司级项目。南航股份围绕不动产运营业务设立存量盘活、瑕疵确权、经营权转让、不动产数据治理4个公司级项目，建立上下协同、高效联动的工作机制。例如存量盘活项目，通过“总包+分包”的模式，组建涵盖24个单位、161人的项目团队。依托项目绩效合约，实现项目成效

和个人绩效的深度绑定，有效激发组织活力，提升价值创造能力。

三是“金点子”项目。南航股份扎实推进“打造金点子效益工程”专项行动，全面推广“拆危房”“场地占用”“盘活储备土地”“退外租盘存量”“资产使用波谷”5个不动产金点子项目，价值增量合计990万元。

四是部门级项目。南航股份依托部门项目管理平台，组建多业务领域专业团队，开展政策研究。完成《关于进一步盘活存量资产扩大有效投资的意见》《关于推进国有企业盘活利用存量土地有关问题的通知》等最新政策的研究报告，为各地资产盘活和确权办证提供政策指引；完成《资产证券化REITs工具在南航不动产运营的应用研究报告》，为下一步探索南航“不动产+金融”奠定理论研究基础。

（四）聚焦数智转型，推动运营效益变革

一是数据治理“上云”共享。南航股份聚焦土地、房屋、构筑物、权证4个数据对象，制定65条数据标准，完成南航股份119宗土地、1928处房屋的数据治理工作。依托数据中台，实现数据开放共享，有效降低因数据口径不统一产生的沟通和管理成本。

二是流程优化“上线”运行。南航股份立足不动产运营全生命周期，按照“端到端”管理原则，优化运营管理流程，实现管理闭环。通过将业务流程固化到不动产管理系统，实现数据持续更新，沉淀数据资产。

三是招商引流“上台”拍卖。南航股份推动不动产管理系统和互联网拍卖平台交互对接。通过引入平台流量和大数据算法技术，精准触达公司资产潜在投资人，提高盘活成交率和溢价率。

三、改革成效

一是运营创效成果显著。经过近几年改革发展，南航股份不动产运营机制日益完善，各属地单位“守土有责”意识更加强烈，各地盘活创收和

瑕疵确权呈现“比学赶超”的良好局面。2023年南航股份共完成存量不动产盘活项目219项，第三方租售收入7.4亿元，是2022年全年的3.9倍、2021年的8倍；完成瑕疵确权面积69.6万平方米，是2022年全年的11倍、2021年的46倍。

二是机制创新走深走实。南航股份依托政企联合项目，高效推进广州老白云机场城市更新、海口综合保税区建设、三亚凤凰机场扩建T3航站楼、沈阳桃仙机场落地APU产业等，协同各地政府单位共同推动属地经济社会发展。依托不动产数据治理项目，全面理清南航股份存量不动产底层数据标准，建立“共同语言”，有效沉淀2047项数据资产。依托不动产经营权转让项目，成功在广州、北京、河南、黑龙江四地货站，北京航食中心，华北产教融合实训基地落地实施，合同金额累计29.2亿元。依托存量盘活和瑕疵确权项目，组建不动产盘活和确权管理团队，广泛凝聚合力，高效推动“低效负效”“产权瑕疵”不动产清零行动。

三是数智转型红利初显。第一是实现管理智能化。经过4期系统迭代升级，全面搭建不动产运营智能协作平台，高效运行各项运营业务流程。实现智能绘制甘特图、智能督办提醒、智能评价更新等功能，有效提升管理效率。第二是实现决策智能化。围绕“分类管理、运营策略、资源配置”等业务场景，建立8类效能评价模型、1个租售分析模型、3种航站楼进驻资源配置模型，有效赋能不动产运营管理决策。第三是实现运营智能化。通过与外部资产拍卖平台互联互通，智能化定位、匹配潜在投资人，实现资产溢价盘活处置。

62

以改促变　以改提质　以改创优 纵深推进改革促发展

中国南方航空河南航空有限公司

一、基本情况

中国南方航空河南航空有限公司（以下简称“南航河南公司”）是中国南方航空集团有限公司（以下简称“南航集团”）所属子企业。南航河南公司初始注册资金60亿元，南航股份持股60%，河南省持股40%。南航河南公司成立至今，注册资金和股权结构保持不变。

南航河南公司是郑州新郑国际机场最大的基地航空公司，也是河南省内规模最大的航空运输企业。截至2023年12月31日，公司执管波音737型飞机30架，总资产33.16亿元，员工总数2707人。南航河南公司以深化改革为高质量发展激活力、添动力、聚合力，各项工作较改革前均取得了突出成效。2023年旅客运输量达516.79万人次，实现利润总额2201万元，同比大幅扭亏增盈11.86亿元，上缴税收5915万元，取得南航集团2023年度综合业绩考核评价A级、党建评级优秀、安全评级优秀、改革评价A级的优异成绩。

二、经验做法

南航河南公司认真贯彻国务院国资委全面深化改革战略部署，全面落实南航集团深化改革工作要求，坚持从体制机制层面入手，统筹谋划改革任务，建立“1+5+N”改革框架体系，即画好一张总图，在自查改革短板的基础上，经过充分调查研究，形成了任务明确、节点明确、责任明确、衡量标准明确的改革工作细化方案；完善五项机制，建立“以清单说话”的治理机制、“以能力说话”的用人机制、“以结果说话”的分配机制、“以市场说话”的用工机制，“以数字说话”的评价机制；配套出台17项深化改革行动策略，引导公司上下目标一致、思想一致、行动一致推动改革，确保各项改革任务上下贯通、纵向到底、落实落地。

（一）坚持清单化管理、规范化行权、常态化监督，高质量建设中国特色现代企业制度

一是完善清单化决策制度体系。南航河南公司贯彻落实“两个一以贯之”要求，将党的领导融入公司治理。构建党委会、总经理办公会、董事会、股东会“四会”决策清单的一张大表，细化68项决策事项清单，逐项明确决策流程，公司治理的专业化、规范化水平显著提升。

二是畅通常态化沟通协调渠道。南航河南公司充分发挥地方股东和其派出董事的属地沟通协调作用，积极争取政策支持，形成了独特的子公司治理优势。在服务国家发展战略中进一步发挥好股东协同作用，开通国内首条至卢森堡的定期客运航线，助力打造“空中丝绸之路”，展现央企责任担当，服务地方经济发展。

三是构建常态化监督机制。南航河南公司完善董事会、管理层的决策和经营行为的监督机制，配备合理的专职监事比例。制定完善责任追究制度及改革容错纠错机制，健全以职工代表大会为基本形式的民主管理制度，加强职工民主管理与监督，维护职工合法权益。

（二）坚持以能力说话、以结果说话、以市场说话，高质量健全市场化经营机制

一是建立“以能力说话”的用人机制，推动干部“能上能下”。南航河南公司大力开展公开选聘，共135个管理岗位参与实施，占管理岗位总数的75%，共组织两期102人次优秀年轻后备干部培训班，其中37人走上管理岗位，管理层和执行层年轻干部占比分别从2023年初的3.5%和2.5%提升至目前的15.5%和34.5%，干部队伍结构发生重大积极改变。开展候机楼明珠休息室和生态圈体验馆“店长制”和“馆长制”经营，通过“摘标制”选聘店长和馆长，并授权自主经营，充分调动了经营积极性，全年休息室价值报表利润近600万元。

二是建立“以结果说话”的分配机制，推动收入“能增能减”。南航河南公司分阶段推动薪酬总额向下贯穿，从市销、地服推广到除空勤部门以外的5个一线部门实现三级贯穿，同时自主开发了总额动态信息管理平台，实现总额管理的可视化。实现绩效合约全员覆盖，将管理层绩效评级细分至9档，严格落实真考核、硬兑现，年终绩效分配差距拉大至6倍。打破薪酬分配中员工身份职级限制，按业绩取酬，市销部直接价值创造岗位员工月度绩效兑现最高达1.7万元，同岗位员工的绩效工资差距超10倍。针对关键指标和短板指标，加大专项激励力度，研究出台集团客户、会员发展、时刻争取、国际航线营销、“金点子”、政策争取等多个专项激励，单人最高激励达2.4万元，极大激发了员工工作热情，推动各项工作取得成效。2023年集团客户保有量突破1100家，销售额突破3亿元，有效会员发展量达37.9万人，每周国际地区航班量增加至往返20班次，边贡率达34.6%。全年共有7个“金点子”入选南航集团智慧库，获评集团“金点子”十大优秀组织单位。

三是建立“以市场说话”的用工机制，推动员工“能进能出”。南航

河南公司制定《2023年低效人力资源清理计划方案》《员工市场化退出指导意见》，通过全面摸排人员情况，建立低效人力资源库，加强考核评价跟踪和重点人员监控，全年共计市场化退出31人。加强应用灵活用工，严控人员增量。针对搬运装卸等4个辅助性岗位，科学使用季节工、小时工支持生产需求，根据生产量变化，制定灵活用工政策，强化灵活用工人员考评管理，共使用临时用工127人次。

（三）坚持高标准纵向到底、高要求评价问效、高效率战区协同，高质量打造改革贯穿体系

一是明确责任、传导压力，打通改革纵向到底“最后一公里”。南航河南公司结合公司实际，制定改革评价体系向下贯穿方案，逐层分解改革指标，逐项落实改革责任。建立定期改革讲评机制，通过月度分析、季度讲评等形式，对内设各二级部门改革贯穿情况进行分析讲评，强化过程监控，督促改革各项指标真正落地。

二是量化标准、刚性兑现，用好评价考核引导“指挥棒”。南航河南公司优化考核体系，突出以矩阵排名为主指标的“赛马”机制，考核指标中量化指标占比100%。改革评价结果作为专项考核，列入二级部门业绩考核体系。开发经营和考核数据每日监控的数据模型和可视化看板，二级部门考核指标上墙监控，动态更新，形成人人盯指标、天天盯进度的压力氛围，公司内部讲评和工作汇报首讲指标，树立起鲜明的目标导向和业绩导向。

三是强化协同、高效联动，打造河南特色共享、共建、共赢“战区制”。南航河南公司成立战区工作领导小组，牵头开展分支机构协同工作，召集月度联席会议研究协同事项，开展属地运行、服务、后勤保障资源梳理，完善资源共享机制。派员列席南联食品郑州分公司和南航物流河南分公司等分支机构安全运行服务讲评会议，组织分支机构参与南航河南公司年度硬仗推进，聚焦营销服务融合及精益管控运行成本，协同开展空地特色餐食开发和无油重报载可靠率提升等工作，推进高效协作。

三、改革成效

通过大力度改革，南航河南公司破解了多年来存在的主要难题，清除了改革发展中的关键障碍，取得了多方面有形和无形的成效。

从有形成效看。安全方面，南航河南公司三年来未发生严重差错及以上等级不安全事件，作风问题导致的不安全事件数量大幅降低，安全态势平稳可控，安全局面整体向好。经营方面，2023 年，南航河南始发客座率 81.1%，在郑州机场时刻增量占比超 30%，带动市场份额提升至 27% 以上，狠抓利用率提升，暑期旺季飞机日利用率 10.6 小时，盈利 1.89 亿元，创历史新高，经营实现扭亏为盈，全年同比减亏超 11 亿元。运行方面，南航郑州出港航班正常率 90.5%，居三大航第一，高出行业 2.7 个百分点，本场靠桥率 95.8%，分/子公司排名第三，运行效率形成了明显的比较优势。服务方面，营销服务融合、空地服务一体已初见成效，南航在豫品牌效应持续强化，“老家河南”特色服务品牌认可度大幅提升。

从无形成效看。思想方面，全面深化改革的理念深入人心，南航河南公司上下认同改革、参与改革、支持改革的氛围已然形成，为进一步推进改革深化提升奠定了坚实的思想基础。作风方面，通过近年深入的改革，公司初步形成了“说干就干、干就干好”的担当做派，形成了“工作有标杆、落实有标准、突破有标志”的实干作风，形成了“先算后干、算赢再干”的经营理念。品牌形象方面，公司发展活力进一步激发，员工队伍的凝聚力和战斗力进一步增强，“中原木棉”的品牌影响力和市场号召力更加深入人心。

63

大胆探索改革创新　助力赋能公司发展

中化国际（控股）股份有限公司

一、基本情况

中化国际（控股）股份有限公司（以下简称“中化国际”）成立于1998年，是中国中化控股有限责任公司（以下简称“中国中化”）所属的国际化经营控股上市公司，在中间体及新材料、聚合物添加剂等领域具有核心竞争力。中化国际以改革深化提升行动为契机，大胆探索改革思路和方式方法，通过深化组织变革，打破管理上的体制机制壁垒；加强科技创新，进一步增强自主研发和产业引领能力；着重提质增效，促进公司效率效益质量提升，推动改革全面发力、多点突破，带动公司发展活力大幅提升，科技成果转化和产业化水平不断提高，治理现代化水平进一步增强，不断提高核心竞争力、增强核心功能，争当化工新材料补短板的主力军。

二、经验做法

（一）深化组织变革，全面提升公司组织效能

中化国际聚焦高质量发展，开展组织架构调整优化改革，创新业务管理模式，优化职能管理体系，精简组织架构，促进产业链、创新链、人才链紧密融合，增强一体化运营管控能力。

一是创新业务管理模式。中化国际将以法人为主体的业务管理模式切换为以产业链为主体的管理模式，形成以“7条主产业链+2个业务平台”为核心的业务架构，使得同类业务归集、主业更为聚焦、分工更为明确。7条产业链作为利润中心，主责生产经营，实施研产销一体化管理；采购营销平台负责推动贸易业务单位向服务主营业务转型；培育业务平台负责统筹培育业务孵化及管理。

二是优化职能管理体系。中化国际明确以“运营管控”为主的管控模式，战略、法律、审计职能上移至总部管理，下属单位不再重复配置，加强在战略执行、风险控制、合规管理等方面的垂直一体化管理。新建科创中心、卓越运营中心、集采中心、工程建设中心，提升总部运营管理能力。新建共享中心，归集服务性、专业性、支持性职能资源，提供标准化、一体化管理服务和运营支持。

三是精简公司组织架构。中化国际压缩管理层级，撤销2个事业部、提级管理5家单位，实现对主要产业链的直接管理。通过总部直管3个职能条线、新建6个共享中心，推动产业链实行研产销标准化架构设置，实现人员压降。业务单元精减职能部门26个，整体职能人员减少182人，公司在岗员工总数较2022年底减少715人。

（二）鼓励科技创新，不断加强公司自主创新能力

中化国际持续推动技术破壁，强化创新孵化功能，建立了贯穿创意筛选、立项、小试、中试、工程化、产业化的全过程科技创新奖励机制，激发一线内生动力，不断提升公司科技创新能力，实现重大战略项目突破。

一是在小试和中试阶段对科研人员设置里程碑奖励。对于小试和中试项目取得的科技成果，中化国际基于创新程度和市场前景预测给予里程碑奖励，小试项目奖励可达30万元，中试项目奖励可达50万元。下属企业中化科技的MXD6小试项目通过实施里程碑奖励有效促进了成果攻关，产品性能达到进口对标产品水平，打破国外企业对该材料的垄断。

二是在中试项目验收后对团队成员加强产业化激励。对于具备商业价值的产业化项目，中化国际组建联合团队推进项目建设、产品生产和销售，设置产业化项目奖励促进研发成果转化成合格产品，利用风险抵押金或模拟股权将团队利益与项目成败紧密捆绑，为重大战略项目实现产业化奠定坚实基础。已内酰胺法尼龙66项目一次性开车成功，通过创新原料路线打破跨国公司对核心原料己二腈的长期垄断。

三是科技成果产业化后根据经营情况给予项目团队差异化奖励。中化国际对盈利基本达到预期的项目，在开始盈利的3～5年内面向产业化项目团队进行最高达15%的收益分享；对成熟运营的产品和技术，通过评估技术改进的经济价值对技改项目团队进行一次性奖励。通过实施产业化项目激励，成功攻克影响高强高模产品质量的难题，大幅提升产品质量，产品模量强度达到世界领先企业水平，实现对位芳纶5000吨产业化投产，产品盈利能力得到进一步提升。

（三）着力提质增效，持续提高公司核心竞争力

中化国际聚焦全面提升精细化管理水平和卓越运营能力，以提质增效专项行动为抓手，积极推动非核心主业退出，加大力度推进亏损企业治理，全力推动各层级效率效益质量提升。

一是推动非核心业务转让。中化国际持续聚焦化工新材料主航道，有序退出非核心业务，创新性地将非核心业务剥离与跨单位专业化整合、央地协作等战略举措相结合，积极寻找与其战略匹配、专业协同的其他国企，将天然橡胶业务转让至海南省橡胶公司，不仅优化了自身业务布局，也扩大了海南橡胶天然胶核心产业规模，有利于促进海南省产业发展，提升我国天然橡胶在国际市场话语权及影响力，保障国家战略物资安全。

二是狠抓亏损企业治理。中化国际对于重点亏损企业，实行专班治理模式，制定转型工作方案，成立专项领导小组，组织专班治理会议推动难点问题解决，实行减员增效压减费用，改进优化生产装置提升质量，开展深度整合实施统一管理。下属核心产业链某重点亏损企业共减员50人，通过内部整合促进销售和技术协同，2023年利润总额同比减亏5073万元（清产核资后）。

三是促进生产经营效能提升。中化国际聚焦解决生产经营瓶颈问题，从加大市场营销力度、聚焦生产降本、强化项目投后运行、严控费用支出、压降财务费用、强化一体化管理六大方面制定了240条具体措施，建立报告、会议、通报、调研的工作机制，保障工作有序开展并取得成效。2023年，重点改革举措实现增效7.5亿元，完成既定目标的174%。

三、改革成效

一是科技攻关成果显著。中化国际双氧水法环氧氯丙烷、芳纶等一系列重点技术攻关项目取得重大突破。“对苯二胺类防老剂新型过程强化技术开发及产业化”等荣获多项行业重要奖项。自主开发全球首套15万吨/年绿色工艺双氧水法ECH投产。突破己二胺技术壁垒，建成年产4万吨尼龙66和2.5万吨己二胺装置，一次性开车成功。成功攻克对位芳纶关键技术，产品模量强度达到世界领先企业水平，并实现5000吨产业化投产。

二是成果转化质量提高。自2018年8月入选“双百企业”以来，中化国际累计科技投入54.5亿元。申请发明专利964件，已获得授权679件。实现新产品销售收入330.1亿元，占同期主营业务收入的1.8%。逐步形成1个国家企业技术中心、2个单项冠军企业（产品）、11个专精特新企业。

三是治理水平不断提升。中化国际2023年获得EcoVadis银牌认证，MSCI-ESG评级提升至BB级，连续3年入选国务院国资委“央企ESG先锋100指数”，荣获中证“ESG金牛奖百强”“ESG金牛奖央企五十强”双料大奖，在2022年“双百行动”考核中获评“标杆”企业，在2023年《财富》中国上市公司500强位列第156位。

中化国际将切实发挥“双百企业”的引领示范作用，坚定不移深化改革，坚持开拓创新，积极探索推行更具创新性的改革新举措，开拓挖潜做探索创新的先锋和尖兵，实现核心主业高质量发展。

64

坚持城市运营战略　大力开展组织变革推动企业高质量发展

中国金茂控股集团有限公司

一、基本情况

中国金茂控股集团有限公司（以下简称“中国金茂”）是中国中化控股有限责任公司（以下简称“中国中化”）在城市运营领域的平台企业，于2007年8月17日在香港联合交易所主板上市（股票代码：0817. HK）。中国金茂以“释放城市未来生命力”为愿景，主营业务涵盖城市运营、物业开发、酒店经营、零售商业、商务租赁、服务与科技等领域，业务布局聚焦于环渤海、长三角、珠三角城市群及主要一、二线城市。中国金茂成功打造了以“金茂”品牌为核心的高端系列产品，“智慧科技、绿色健康”成为“金茂”独有的优质基因及品牌内涵。

在房地产行业外部环境发生根本性转折的背景下，中国金茂以习近平新时代中国特色社会主义思想为指导，落实国企改革深化提升行动决策部署，对战略定位、业务组合进行适应性调整，并以更深层次改革提升公司核心竞争力，持续打造效益优良、规模适度、品质领先的城市运营商。

二、经验做法

（一）战略收敛，坚持城市运营主战略

2021 年以来，房地产行业外部环境发生根本性转折，市场持续量价齐跌，房企进入由规模扩张转向减量发展的阶段。基于对财务稳健、品质领先的追求，中国金茂上下群策群力、系统谋划，通过深入调查研究、召开经理层战略共创会并开展董事会研讨，对公司的战略定位、业务组合进行适应性调整。

一是确立“收敛聚焦、提质增效”的发展主旨。强调从规模导向转向效益导向，向管理要效益，向改革要效益，持续提质增效。

二是明确“盘活存量、做优增量”的执行策略。夯实管理根基，推动组织及机制深层次变革，全力跨越发展难关，谋求长远发展。

三是确定“一核三聚焦”的业务战略。坚持以高品质开发为核心，聚焦精品持有和高端服务业务，聚焦建筑科技创新业务，加速打造“第二曲线”。

（二）机制创新，推进混合所有制改革

一是优化股权结构提升治理效能。上市以来，中国金茂先后引入新华人寿、中国平安等战略投资者，第一大股东中国中化的股比降至 37.1%。设置了由 12 名董事构成的董事会治理结构，其中中国中化 2 名、中国平安 1 名、新华人寿 1 名非执行董事，并从社会上选聘 4 名独立非执行董事，实现外部董事占多数。同时，结合香港上市规则，不断优化党委、董事会和经理层在公司治理中的权责关系，切实发挥党委“把方向、管大局、保落实”的领导作用，董事会“定战略、作决策、防风险”的决策作用，经理层“谋经营、抓落实、强管理”的经营管理及执行落实作用。

二是推动优质子企业分拆上市。中国金茂自 2021 年启动下属金茂物业

服务发展股份有限公司（以下简称“金茂服务”）上市工作，期间受到地产行业下行、上市监管趋严等影响，投资人普遍持观望态度，发行环境降至冰点。公司创造性地采用“新股发行 + 实物分派”的发行模式，与监管机构反复沟通，多次开展路演，打消投资人顾虑，最终成功推动金茂服务在香港上市（股票代码：0816. HK），并实现超额认购，成为“虎年物管第一股”。

三是发行国内首批基础设施公募 REITs。中国金茂抓住消费基础设施公募 REITs 试点政策放开的利好机会，筛选合适标的产品，强化与监管机构沟通，高效完成底层资产重组、外部申报审批及发行定价。2023 年 11 月，“长沙览秀城”获批国内首批消费基础设施公募 REITs（基金代码：508017），并于 2024 年 1 月顺利发行，成功构建商业资本循环平台，打通投融管退全链条。目前，中国金茂拥有开发、服务、持有三大业务板块的上市平台，城市运营战略脚步更为坚实。

（三）组织变革，推动业务收敛聚焦

中国金茂按照“纵向层级压降、横向机构整合、人员配置精简”的思路，积极开展业务整合和组织变革，以壮士断腕的决心，推动组织涅槃重生。

一是核心开发主业优化整合。中国金茂 2023 年 6 月合并重组华南区域、东南区域为新华南区域，10 月合并重组苏皖区域、华东区域为新华东区域，区域公司由 7 个整合为 5 个。明确城市公司发展机制，城市公司由 26 个调整为 15 个。合并区域平台与中心城市，压减管理层级，集中优势资源聚焦发展。

二是非开发业务整合提升一批、收缩退出一批。中国金茂聚焦持有、服务、建筑科技三大类非开发业务，商业和酒店业务平台整合为金茂酒商，云服及能源运维业务整合至金茂服务，建筑科技业务聚焦于金茂绿建和金茂装饰，非开单位数量由9家压降至5家。

三是精简内部架构设置。中国金茂强化运营管控，建立分工明确、权责清晰、高效运转的总部架构。对下属单位进行标准化、扁平化管理，专业平台全面参与业务经营，推行“平台+端”的管控模式，实现公司整体管理层级压减一层。

（四）提质增效，全力践行卓越运营

中国金茂积极构建卓越运营体系，夯实管理基础，制定经营标尺，完善管理系统，不断提高精细化管理水平。发布《盘活存量，做优增量，改革发展再出发》高质量发展行动纲领，开展提质增效行动，推动全员由任务思维向经营思维转变。

一是盘活存量，做到“四个极致”。中国金茂通过减亏降负、资产盘活、城市运营再谈判等方式稳住公司基本盘，做到极致的签约回款、极致的现金流管控、极致的降本控费、极致的利润挖潜，兑现业绩承诺。

二是做优增量，开展“三大创标”。中国金茂开展“投资创标、运营创标、产品创标”三大创标行动，新获项目全部做到“对标即创标”，聚焦深耕，聚焦投入产出效率和质量。提升开发周转能力，执行“6个月首期开盘、16个月现金流回正、26个月交付做收”的运营标准。提高产品创新能力，围绕“一核、五美、两配套、两服务”打造科技住宅产品标杆。

三是打造精干高效的人才队伍。中国金茂推行固薪包干制，激发经营单位成本意识，主动精简团队、降本控费、深挖潜能，压降人工成本，组织变革后管理费用同比降幅达20%以上。把资源向基层、业务人员倾斜，降低职能人员和管理团队占比，优化人才队伍结构，提升人均效能。

（五）加强党建，保障高质量发展

一是持续强化政治建设，加强党的全面领导。中国金茂充分发挥党委

领导作用，把党建与公司改革发展的重要节点融合推进。扎实推进主题教育工作，开展“三讲三比”专题教育活动，推进“四基四化”，夯实党建基础，落实“四同步、四对接”要求，配合组织改革同步谋划、同步实施党组织调整。2023 年，围绕国家重大会议精神解读开展 5 期红色讲堂培训，在红旗渠干部学院举办两期专题轮训班，在中央党校举办专题培训班，全面增强干部职工政治意识，加强党建工作能力。

二是深刻认识党建和经营的关系，提出“两个不矛盾”。一方面是讲政治与市场化不矛盾。只有旗帜鲜明讲政治，企业改革才能方向更明确、思路更清晰。中国金茂加强政治建设，听指挥、顾大局，不折不扣落实好集团党组的工作部署。另一方面是全面接受监督与大胆改革发展不矛盾。干部把纪律规矩挺在前面，养成在监督下开展工作的习惯。越是形势严峻、任务艰巨，越要加强党建工作，做好群众工作，汇聚团结奋斗合力。

三、改革成效

中国金茂城市运营模式日渐成熟，业务组合更加清晰、特点更为鲜明，公司高质量发展进入新阶段。

一是品牌形象进一步提升。2023 年，中国金茂 ESG 评级获得国际权威机构和国内机构全面认可，晨星评级位列中国内地房企第一，GRESB 评级位列 TOP20 房企第一，MSCI 评级提升至 A 级，入选“央企 ESG · 先锋 100 指数”，成为央企上市公司 ESG 标杆企业。“金茂”品牌连续 19 次入围“中国 500 最具价值品牌”榜，2023 年品牌价值 582 亿元，排名上升至第 174 位。

二是组织精干高效，能力迭代升级。2023 年，中国金茂下属经营单位数量大幅精简，组织管理层级压减一层，业务更加聚焦，实现“五大转变”，即由规模发展向追求效益转变、由战略管控向运营管控转变、由授权为主向授权与受控结合转变、由高投入向高投入产出比转变、由增量发展向增量与存量并重转变。

三是经营业绩顺利兑现，提质增效取得成效。2023 年，中国金茂企业活力有效提升，人均在建面积、人均签约面积分别提升至约 6979 平方米/人、2462 平方米/人，达到行业标杆水平。利润总额完成集团预算考核的 102%，实现签约 1412 亿元，排名行业第 13 名，维持高位稳定。

下一步，中国金茂将始终胸怀“国之大者”，展现央企担当，积极落实改革深化提升行动要求，以改革促发展，承担起对股东、对社会的承诺和责任。

65

精益管理夯基础　研发创新促发展
高质量推进改革深化提升行动

中粮麦芽（大连）有限公司

一、基本情况

中粮麦芽（大连）有限公司（以下简称“大连麦芽”）是中粮集团有限公司（以下简称“中粮集团”）旗下专业从事啤酒麦芽加工的企业，位于辽宁省大连市普兰店区，东濒黄海，西临渤海，南与山东半岛隔海相望，北倚辽阔的东北平原，距港口70公里，铁路专用线直通厂内，物流条件得天独厚。大连麦芽成立于1995年，年产能36万吨，致力于为啤酒制造商提供高品质麦芽产品和专业化服务，并为食品饮料及小型精酿客户提供原料解决方案，2004年成为国内同行业首家实现产品出口企业，出口市场覆盖东南亚等“一带一路”共建国家。近3年来，大连麦芽主要经济指标均实现正增长，2023年主营收入同比提升11%，始终保持行业领先。

二、经验做法

大连麦芽认真贯彻落实国务院国资委、中粮集团党组工作部署要求，坚定落实国企改革深化提升行动，紧紧围绕“加快建设市场化竞争力领先的麦芽企业”这一总体目标，坚持高质量发展不动摇，聚焦创新发展新动力，兼顾治理效能再提升等三方面，着力打造规模优势、技术优势，充分发挥稳定的客户优势和高端领域的先发优势，持续领跑国内麦芽行业。

（一）坚持精益管理文化引领，扎实推动具有鲜明国有企业特色的现代化管理模式

一是立标杆树典范，充分发挥示范引领作用。大连麦芽通过打造标准规范的样板区，积极引导广大员工统一认识、掌握方法、激发热情、固化成果，不断深入推进现场样板区建设。首选硬件条件差，改善难度大的生产区域作为“硬骨头”，通过5S集中活动学习，使现场得到本质改变，并将标准及时固化，为后续复制推广做好示范，真正做到以点带面，层层递进，逐步实现厂区全覆盖。

二是坚持精益改善，营造“全员改善”良好氛围。大连麦芽围绕“精益改善、创新创效”的工作思路，引导员工立足本职工作，持续进行细微改善，推动以现场为核心的改革创新，激发全体员工自主创新的积极性。改革推行以来，实现年均有效提案1200余项，年人均提案达5项，累计创造效益800余万元，其中2项创新改进成果取得国家实用新型专利。

三是定标准提效能，形成麦芽特色管理模式。大连麦芽定期组织开展设备管理专项检查活动，不断促进公司设备管理水平再上新台阶。组织宣贯设备管理现场标准化并大力推进，重点对设备维修、维护标准进行规范整顿。对责任区内260台设备开展自主点检，完成“两源”治理42项，建立A类设备专业保全维修标准138项，实现扫码点检全覆盖，为形成麦芽特色管理模式、有效提升公司管理水平和企业形象筑牢基础。

四是破瓶颈促发展，建立专项攻关团队。大连麦芽围绕经营难点问题，设立课题，组建团队，集中资源进行系统性攻关。平均每年设立8个焦点课题，通过现状分析与大量的数据调查，探索解决方法，进一步强化基础管理工作。焦点课题开展以来，已完成课题90余项，累计产生经济效益2000余万元。

（二）聚焦创新驱动，为全系统价值创造增强发展动能

位于大连麦芽T区的研发技术中心成立于2010年，紧跟行业步伐，与行业共同进步。目前，中心研发人员的专业涵盖发酵工程、生物工程、微生物学、啤酒酿造、工业分析等，可满足各类研究需求。先后参与多项国家标准、行业标准、团体标准的制/修订，被评定为省级企业技术中心。2023年以来，大连麦芽继续以研发技术中心为依托，实现创新驱动发展。

一是提升多产区原料生产加工能力，将技术优势转化为市场优势。大连麦芽致力于探究多产区原料加工技术创新，通过产研联动，成立攻关团队，对原料指标特性、产品酿造性能等专项研究，精准施策，成功解决了不同产区原料的制麦瓶颈问题，同步推进制度规范健全，建立内控标准，加固闭环管控体系，确保整体发货品质稳定，保持行业内质量及成本领先地位。

二是坚持以客户需求为导向，通过研发创新激活业务发展新动能。为满足啤酒消费升级对特种麦芽的需求，大连麦芽参与研发了国内首个特种麦芽专业生产设备，成为国内首批规模化生产特种麦芽的企业，多样化的产品结构为企业发展注入活力。通过产学研合作，不断学习和引进先进技术，在特制麦芽和特种麦芽的研发和生产方面都取得了突破性成功，自主研发十二大品类30余种特种麦芽产品，实现了各类型麦芽产品在色度和风味上的差异化，填补了国内此项技术的空白。目前公司客户涵盖大型啤酒集团及中小规模的工坊啤酒客户，并远销海内外，深受啤酒客户好评，打破国外同类产品一直以来的市场垄断。

（三）秉持绿色低碳发展理念，赋能公司高质量发展

一是坚持废弃物“三化”原则，构建绿色低碳发展。大连麦芽以资源节约化、绿色低碳化、污染防治化等相关政策为指导，成立绿色工厂创建管理小组，建立工厂能源使用、消耗及碳排放管理体系，实施过程监督，形成考核机制，以“打造绿色制造体系”为核心，推动实现减污降碳协同增效，助力实现“双碳”目标，赋能高质量发展。

二是坚持降本增效，推进节能降耗措施落实。生产方面，大连麦芽精细规划生产用水，减少生产用水加热、制冷环节的能源消耗，实现单位生产用水量指标持续下降。同时通过创新制麦工艺，持续降低生产工序汽耗使用量。设备改进方面，针对机电系统用能设备能效水平、运行维护情况、节能降碳技术推广应用潜力等方面，开展专项节能诊断，制定2022—2024年高效机电系统建设规划，力争实现年均节电量21万千瓦时、减排二氧化碳130余吨目标。电力采购方面，通过调整绿电采购配比，提高公司电力使用可再生能源占比。2023年建设完成光伏发电项目，目标实现年平均发电量约165万千瓦时。

三、改革成效

作为生产加工型企业，大连麦芽坚定落实国企改革深化提升行动，通过一年努力，企业核心竞争力持续提升、核心功能持续增强。

一是精益生产赢管理之效。2023年，大连麦芽统一星级工厂建设标准，层层分解落实，实现厂区全覆盖，通过中粮粮谷星级工厂验收，被评为中粮粮谷5S三星级工厂。

二是创新生产抢市场之先。大连麦芽从客户需求、原料规划和工艺调整等方面系统解决质量难题，有效提高包括全年含特种麦芽在内的生产符合率和发货合格率。推进“降低浅色低溶解麦芽pH值”项目，通过20余次微型制麦实验测试，创新浸麦、发芽、干燥工艺，出炉麦芽pH值符合率同比提升178%，产品市场竞争力有效提升。通过30多组工艺试验，确定生产工艺，一次性生产出符合客户质量需求的低沸色小麦芽，填补了低沸色小麦芽国内生产空白。

三是绿色生产创行业之优。大连麦芽推进可再生能源利用，光伏发电项目并网运行，项目运行周期内可累计减排二氧化碳约 3 万吨、二氧化硫约 6 万吨、氮氧化物约 7 万吨。2023 年大连麦芽先后获评辽宁省“绿色工厂”和国家级“绿色工厂”。通过节水技改与工艺创新，实现用水定额达到省级先进水平，获得大连市 2023 年度节水型企业认证。

下一步，大连麦芽将继续坚定落实国企改革深化提升行动，坚持精益管理文化引领和创新驱动发展理念，以更高站位、更强责任、更大力度把国企改革向纵深推进。

66

持续提升企业价值　塑造品牌竞争优势
为创建世界一流企业贡献方案

中国二十二冶集团有限公司

一、基本情况

中国二十二冶集团有限公司（以下简称“中国二十二冶”）是中国五矿集团有限公司（以下简称“中国五矿”）重要骨干子企业，是以工程总承包、房地产开发、技术装备制造、多元化产业为主营业务的大型综合企业集团，2023 年入选国企改革“双百企业”。目前，中国二十二冶已经建设形成集全产业链工程总承包建筑服务商、全生命周期城市投资建设运营商、核心知识产权技术装备制造商、多元化产业开发商“四商”于一体的业务布局。

二、经验做法

（一）聚焦管控模式和管控体系持续优化提升，构建现代企业治理体系

一是优化集团管控模式，完善调整组织架构。中国二十二冶坚持问题导向，确立“总部机关管总抓大做平台、二级单位管精管细创特色、项目部创优创效创品牌”三层级管理主体功能定位，通过精简优化，总部机关从原来的近 300 人精减到 160 人，机关部门工作作风和精神面貌焕然一新。

二是坚持科学高效决策，推进公司治理体系和治理效能提升。中国二十二冶用“一本公司章程、一张三清单一流程、一套规章制度”确保各治理主体权责法定、权责透明、协调运转、有效制衡。按照党委“议事”“定事”、董事会“决事”“授事”、经理层“管事”“干事”的职责定位清晰权责边界，聚焦“四个是否”对党委会前置研究讨论及决定事项清单、“三重一大”决策事项清单进行定期评估、动态优化，纵深推进“决策风险防范科学化、决策管理运作规范化、决策服务保障精细化”。建立经理层专项委员会，与董事会专门委员会各有侧重、相互衔接，风险关口前移，放权和监管并行。通过构建“预汇报、日常汇报”+“报告—落实—再报告”的闭环管理机制，为科学决策提供有力依据。

（二）聚焦落实“四位一体”机制赋能，围绕机制改革、激发深层活力

中国二十二冶用好考核“神兵利刃”，做到薪酬差异化、考核全覆盖、淘汰设指标、追责不手软，将基层一线员工工作状态作为检验重点。

一是两级公司经理层成员严格任期制契约化考核。中国二十二冶坚持一年一次听政问政会，打开大门办企业，一年内主动接受两次中层干部、基层一线职工监督测评。提出“目标群”概念，依据目标的轻重及影响程度，将目标分为一、二、三类，坚持“四不低、两结合”，即：不低于上级主管单位考核（业绩保A、业绩专项奖）标准；不低于上年度实际完成值，内部对进步标；不低于优秀企业管理标准，诚信美誉建设方面向优秀企业对标；不低于公司战略规划目标。与公司“三会”精神及战略调整要求相结合；与工作分工实际相结合。实现两级公司经理层成员、两级公司机关部门正副职全覆盖，更好发挥绩效考核导向和激励作用。

二是总部机关强化系统引领。中国二十二冶将目标分为经济指标、重点关注/专项行动指标、诚信美誉品牌建设指标、系统建设指标，一季一考核，半年一述评，一年一汇总。按考核结果确定绩效奖基数，推行部门内部二次分配，体现薪酬差异化。

三是重塑二级单位“两梯次、五层次”经营业绩评价体系。中国二十二冶将二级单位作为目标承接载体，重塑“两梯次、五层次”经营业绩评价体系，即经营业绩考核与专项奖评选两个评价梯次，通过“总对总”考核体系严控班子薪酬及企业工资总额，依据单位考核结果确定负责人任职结果及考核淘汰率，切实发挥考核效力。创新应用“五色定位”法，用年度各部门系统量化打分结果展现各单位管理水平“画像”，融合数字管控平台搭建“进步指数”考核模型，做到三个侧重：一是侧重“规模、效益与抗风险能力”三者辩证分析；二是侧重内部“行业”横向对比，定位“台柱子、钱袋子、独角兽”企业；三是侧重“找短板”，重点查找成长性与抗风险能力不匹配的问题。

四是直管项目部认真落实工程项目契约化管理。中国二十二冶实行月度考核、年度奖励、竣工兑现，激发项目活力。

五是健全完善参股单位经济责任考核体系。中国二十二冶建立“月度例会 + 季度研讨 + 年度考核”的运行机制，打造参股投资收益持续增长、重资产公司效能不断增加、清理处置速度陆续加快、低效投资占比连续下降的“两增一快一降”新局面。2020 年至今股东累计获取红利 4 亿元，远超历年之和。

六是健全完善 SPV 公司考核体系。中国二十二冶按照“谨慎稳健、优质优益、运营前移、双重监管”十六字方针，构建了“总部机关直接监督、投融资事业部日常管控，投建分离、建运分离，月考核、季述职、年奖惩”的具有中国二十二冶特色的投融资项目管控体系。

（三）聚焦施工运营关键阶段推进“四大体系”建设，强化国有企业核心功能

一是抓实以产业链营销和城市营销为核心的“两个营销”。中国二十二冶认真践行“四个坚决不、四个坚持走”发展理念，聚焦“优质市场、优质客户、优质项目”，着力打造中国二十二冶“1＋M＋N”区域发展格局，总部市场首位度、区域市场集中度显著提高。打造唐山、邢台、沧州、保定、邯郸、沈阳6个百亿级城市大市场。发挥大客户管理委员会平台作用，持续培育开发地方政府、国有企业等非冶金大客户，实现新签合同量质齐升。

二是打造“后方支持服务到位、确保每个项目都合格”的项目履约保障体系。中国二十二冶坚决执行进场1周内“有行动、完成大临有成效”，进场2周内“树形象、得到业主认可”，进场1个月内“有产值、当月见效益”。

三是全面深化“双维度”成本管控体系建设。中国二十二冶坚持以“材料是否超领、分供商费用是否超结、资金是否超付、工资总额是否超发”为检验标准，构建“公司部门＋项目”空间双维、“标价分离管控＋施工图预算管控”时间双维，打造项目“铁三角”成本费用管理体系。

四是打造“控节点、零拖欠”资金回收体系。中国二十二冶横向贯通“资金回收会议、挂牌督办、熔断、分级递进、移交追责”五大机制，纵向明确节点，按月督办重点工作，成效显著。

（四）聚焦风险防控和合规经营持续升级，助力企业稳健经营

一是建强风险预警体系。中国二十二冶通过建立熔断机制、客户资信评价体系、工程承揽合同评价体系，打造多维风险防控体系。

二是持续推进合规经营。中国二十二冶夯实筑牢业务部门主体责任、法律合规部门合规审查、监督部门强化监督的合规管理“三道防线”，全年公司重大项目运作、重大经营事项决策实现风险事项零新增。

三是严格防控法律诉讼风险。中国二十二冶完善“两级管理、三力合一”法治体系，创新有诉必查、有诉必罚、以诉促改“两必一促”特色管理机制。

三、改革成效

中国二十二冶牢记加快建设世界一流企业的使命担当，始终坚持一年一条关键主线、一年迈上一个台阶，稳健经营、稳步增长。近3年，营业收入年均增长率22.74%，利润总额年均增长率高达58.99%。连续3年蝉联中国五矿所属中国冶金科工集团有限公司A级企业，荣获中国五矿“公司治理先进企业”和“改革三年行动先进单位”。

一是提升品牌价值，塑造品牌竞争优势。中国二十二冶聚焦主责主业再提升、再拔高，优化顶层设计，形成各级科创平台30个。聚焦重点科研方向，积极培育高端成果，匠心打造精品工程，创优创奖屡创新高。近3年引进博士、硕士毕业生等99人，高学历和重点院校毕业生同比翻番；重点引进高素质、高学历、高水平核心人才，招聘社会成熟型紧缺人才252人。

二是严控经营风险，企业发展轻装上阵。“僵尸企业”宁城宏大停产7年，历经“一挂四降一拍”，完成产权交割、工商变更手续。长达20年的北京世纪特产权瑕疵事项彻底整改完成。坚持“一案一策”推动北大未名、曹妃甸港口、珠海卡都等重大历史案件化解取得突破性进展，2023年实现法律清欠减损挽损10.9亿元，长账龄历史老账清欠回款5.59亿元。

中国二十二冶将继续秉承“谦虚好学、务实肯干”的作风，在改革深化提升行动中当先锋、做表率，为创建世界一流企业贡献中国二十二冶方案。

67

上下同欲　力出一孔
以文化融合聚前行之力

国中康健集团有限公司

一、基本情况

国中康健集团有限公司（以下简称“国中康健”）成立于2018年6月6日，是落实中央改革要求，整合国家电网有限公司所属9家医疗机构组建而成的一家医疗健康产业公司。2020年12月28日，国中康健正式纳入通用技术（集团）控股有限责任公司（以下简称“通用技术集团”）管理体系，加快打造国家医疗卫生事业生力军，聚焦医疗机构学科发展水平与管理能力提升，强力打造健康体检核心优势，积极推进医疗保障、健康管理等市场化服务，加强内外部整合，医疗主业核心竞争力不断增强，医疗机构总数达53家，医疗床位超8000张，服务范围增加至11个省份。

国中康健坚持以“服务国家、服务社会、服务企业”为宗旨，全面践行“健康中国”国家战略，以医疗为基础，着力打造国内领先的医疗健康产业集团。公司党委深入学习贯彻习近平文化思想，紧紧围绕国企办医职责使命，坚决落实集团企业文化核心理念，强化顶层设计、注重专项推进，以企业文化建设的新气象开创公司高质量发展的新局面。

二、经验做法

（一）抓好“三个相融互促”，下好文化融合“一盘棋”

国中康健成立企业文化建设领导小组，从战略、制度、价值三个层面建机制、促融合。

一是文化与战略建设相融互促。国中康健党委坚持立足新发展阶段，贯彻新发展理念，构建新发展格局，将企业文化建设纳入公司“十四五”战略规划，在通用技术集团“1699”战略指引下，积极将“两轮驱动、两位一体”战略布局融入集团全生命周期大健康生态体系建设，形成了坚持医疗业务和市场化业务一体化运作，“医、健、康、养、旅”全产业链布局，打造国际一流医疗健康企业的战略体系。在主题教育中开展高层战略研讨，将企业文化课题引入其中，在核心团队中厚植集团企业文化精神。

二是文化与制度建设相融互促。国中康健坚持制度建设与集团核心价值观、经营管理理念、员工行为公约、品牌建设“四个相一致”的原则，制/修订公司制度130余项，将通用技术集团企业文化导入公司经营管理、人才队伍建设、安全生产等各项规章制度，将“通用健康”“仁爱为本”的理念写入医疗机构企业精神和员工行为准则，为企业文化融合提供“一贯到底”的制度依据。

三是文化与价值体系相融互促。国中康健将“服务国家、服务社会、服务企业”办企宗旨融入“以科技进步和品质服务引领美好生活”使命，传承发扬通用技术集团核心价值观和“电力铁军”精神，总结提炼形成了“健康铁军”精神，即“听党指挥、为党分忧”的铁的信念，“为国担责、健康为民”的铁的宗旨，“敢为人先、敢于胜利”的铁的意志，“实干拼搏、追求卓越”的铁的作风，有力凝聚推动公司改革发展的磅礴力量。

（二）抓好“三个工程”，拧好文化聚力“一股绳”

国中康健大力开展“五个一”工程和内树标杆、外塑品牌工程，从外在形象塑造到内在思想认同，汇聚干部职工干事创业最大合力。

一是“五个一”工程，增强文化融合力。国中康健大力实施“聚力同行·向新启航——企业文化领跑‘五个一’工程”，全面开展“同唱一首歌、同上一堂课、同升一面旗、同挂一个标、同享一套系统”特色活动，形成规范化机制，推进新加入的电建医疗快速融入集团文化及品牌序列，确保集团企业文化融合由点及面、突出特点、全员覆盖。

二是“内树标杆”工程，强化文化引领力。国中康健坚持典型示范，将通用技术集团核心价值观作为评选公司先进评选的必要条件，并开展“健康铁军”先进榜样系列报道，组织召开全国“巾帼建功标兵”卢年芳同志先进事迹报告会，号召公司员工立足岗位，积极践行集团核心价值观。

三是“外塑品牌”工程，提升文化传播力。国中康健按照通用技术集团统一模式新建公司官网，集中宣传集团使命愿景、核心价值观，提升企业文化传播力和品牌知名度。注重对外宣传中融入集团企业文化精神，赢得社会广泛认同。2021 年以来，中央及地方媒体对公司改革发展党建各项工作宣传报道共计 500 余篇次。推进国企办医高质量发展成果，以高层战略研讨深化主题教育成效等工作得到了新华网内参、共产党员网、光明网等主流媒体及国务院国资委官网广泛报道，极大提升了干部职工文化认同感和自豪感。

（三）实现“三融三新”，坚定文化贯通“一条心”

国中康健将通用技术集团企业文化融入党建工作、队伍建设和经营管理，进一步坚定了“一个文化”一以贯之的信心和决心。

一是融入党的建设开创新局面。国中康健落实通用技术集团

"123566"党建体系部署，大力实施党建"122"工程，将企业文化建设纳入"思想纪律作风业绩提升"专项工程，纳入五星党支部、五星党员"两个五星"创评，纳入青年精神素养提升和青年马克思主义者培养"双工程"。基层党组织践行集团核心价值观，形成了"红蜻蜓""仁心医者""红船"等党建品牌，飞高原、进社区、进企业，更好地服务人民群众健康生活。

二是融入队伍建设形成新成效。国中康健以企业文化推进人才强企，将集团核心价值理念写入公司人才发展规划、选人用人、专业人才发展等制度文件。在人才招聘中宣传集团企业文化核心理念，在面试中进行企业文化契合度测评，在公司人才培养中开展司歌合唱、GT式问好、参观集团文化展厅，使企业文化宣贯入脑入心。

三是融入改革发展体现新作为。国中康健积极将集团企业文化融入经营管理、推动改革发展，形成改革创新、提质增效、客户服务、央企责任等子文化。深入开展"类大部制"三项制度改革，强化精益化管理。开展全面预算、全成本核算，成立供应链公司，进一步降本增效。圆满完成中电建、中铁建医疗机构改革并入，公司资产规模实现翻倍增长。

三、改革成效

2023年是全面贯彻落实党的二十大精神的开局之年，是国中康健夯实基础、实现跨越式发展的关键一年。面对新冠疫情防控转段后的新形势、新挑战，面对公司改革发展和产业布局的新课题、新任务，国中康健党委牢牢把握主题教育总要求，坚决落实通用技术集团党组工作部署，带领全体干部员工鼓足干劲、奋力攻坚，以文化融合新气象助推公司高质量发展。

国中康健目前拥有省级重点专科6个、地市级重点专科43个，学科建设取得新成效。新增“小通诊所”120家，医疗服务“最后一公里”更加通畅。累计建成健康云驿站600余家，落地“智慧健康食堂”6家，覆盖企业职工近15万人，打通全流程、全周期健康数据。在疫情防控、抗汛抗震、医疗帮扶，以及服务冬奥会、亚运会等重大活动保障中勇毅冲锋，履行社会责任展现新担当。公司所属北京电力医院卢年芳获得“全国巾帼建功标兵”荣誉称号，四川电力医院“红蜻蜓”志愿服务队等4项作品入围国务院国资委中央企业优秀故事展播。

国中康健以生动实践展示了国企办医“姓党为民”的政治本色和优秀文化。“上下同欲者胜，风雨同舟者兴”，面对新时代新征程新使命，公司党委将继续深入学习贯彻习近平文化思想，落实集团宣传思想文化工作会议精神，坚持“一个文化一贯到底”，为助力集团建设成为值得信赖的世界一流医疗健康企业提供强大精神力量和有利文化条件。

68

汇聚力量　启航国际新征程 锐意进取　构建业务新生态

通用技术集团国际控股有限公司

一、基本情况

通用技术集团国际控股有限公司（以下简称“国际公司”）是通用技术（集团）控股有限责任公司（以下简称“通用技术集团”）所属工程服务业务一体化经营和管控平台，于2022年在中国技术进出口集团有限公司（以下简称“中技公司”）、中国机械进出口（集团）有限公司（以下简称“中机公司”）、中国通用咨询投资有限公司（以下简称“咨询公司”）基础上组建而成，包含国内外机构150余家。

国际公司围绕“一带一路”国际业务和国内绿色低碳业务，通过全面重塑管理架构、调整管控机制、优化资源配置、加强内部协同，2023年新签合同额501.96亿元，同比增长66.5%，以“新公司、新理念、新架构、新机制”深度参与国内国际双循环，加快向规划、投资、建设、运营一体化工程服务商转型，不断向“具有全球竞争力的世界一流新型能源体系综合集成服务商”目标迈进。

二、经验做法

（一）顶层设计稳航舵，先破后立强核心

一是“刀刃向内”，找准症结。随着国际形势复杂变化，国际工程业务面临大项目机会减少、国别风险加剧、属地化要求升级等巨大挑战。国际公司对标国际国内先进，认为在专业化发展方面业务领域过度多元，企业战略未能聚焦，部分单元业务同质，专业化整合尚未到位；在集约化管控方面，业务管控链条偏长，未能实现扁平管理，网络布局统筹不足，合力作用发挥有限，资源配置效率不高，集约程度亟待提升。

二是统一思想，凝聚共识。2023 年 5 月，国际公司党委按照通用技术集团党组要求，以前所未有的改革魄力和决心，按照“业务专业化整合、资源集约化配置、区域属地化统筹、职能扁平化管理”原则对中技、中机业务资源开展整合，针对改革路径、机构设置、人员划转、财务一体化等事项，形成《关于深化改革，进一步推进专业化、集约化运营的指导意见》。以主题教育为契机紧紧锚定目标任务，召开国际公司 2023 年度战略研讨会及进一步深化改革宣贯动员会，号召全体干部员工统一思想、拥抱变化，围绕专业化、属地化发展开展专题研讨，明确各业务单元及海外片区的主业赛道、重点区域、商业模式、核心能力及实施路径，公司上下达成改革共识，凝聚合力谋发展。

三是高效重组，迅速落实。2023 年 5 月一体化方案经国际公司党委会审议决策后，国际公司迅速开展落实，6 月制定经理层市场化招聘工作方案，从近 1000 名报名人中，完成经理层市场化竞聘，7 月新机构的团队人员与业务资源到位，9 月重新下达党建、经营管理及安全环保质量目标责任书，年底完成新的战略解码，确保公司“十四五”规划及经营管理任务得到全面承接，持续推动公司高质量发展。

（二）组织架构全面调整，配套措施有序衔接

一是打造 9 个专业化业务单元，强化细分领域核心竞争力。国际公司围绕发展战略定位，瞄准新型能源体系的细分领域，在保障项目开发执行稳定的基础上，专业化整合同质领域业务团队，集中优势资源，打造 9 个核心主业清晰、竞争优势明显、商业模式可持续的专业化业务单元，强化专业化发展，争取在新能源体系的若干细分领域成为头部企业，快速提升行业影响力和市场竞争力。

二是成立 5 个属地化海外片区，筑牢区域资源集成优势。为加快建设运用属地资源、深挖属地需求、全面属地运作的本土化企业，国际公司对业务较为成熟的区域市场进行统筹管理，整合同一区域内市场资源和专业力量，推进所属海外机构实体化运作。成立欧洲片区、东盟片区、非洲片区、南亚片区和中亚片区 5 个属地化海外片区，实施内部资源要素集中、统一调配，进一步降低经营成本、提升管理效率，构建属地业务生态圈，打造区域市场优势。

三是实现新设机构人员配备。中技公司、中机公司作为集团创始单位，开展机构整合，面临的问题盘根错节，国际公司在全面系统、深入细致的通盘考虑及人员梳理基础上，重构组织架构，下沉总部管理职能，缩减管理层级，严格选优配强领导班子。内外部参与报名总人数近 1000 人，组织公司系统内外 140 余名候选人参与近 50 个岗位的竞聘，选拔配备班子 39 人。结合业务归属、机构划转和机构人员双向选择原则，在新设机构统筹安排、均衡配置，涉及转聘专业技术职务 32 人，人员划转 813 人次，完成新设机构人员配备，构建运转高效、人员精干的扁平化职能管控架构，提升运营管控效率。

（三）多措并举促融合，强化管理赋能主业

一是差异化管控。国际公司全面开展业务划分，梳理统筹重组项目、人员、机构情况，编制形成《新机构业务谱系》，按照业务机构营收与利润规模，将业务单元分为成熟、发展和培育三类，围绕科技、品牌、人才和效率，实施差异化管控，不断增强梯队竞争优势。

二是品牌优势赋能。国际公司围绕“资质维护好、业务服务好、遗留问题解决好”三大工作目标，以《关于国际公司维护中技中机公司体系运转的实施方案》为抓手，保障具有70多年发展历史的中技公司、中机公司正常运行，充分发挥“中字头”国有企业品牌优势，用多种形式带动国内优势产能出海，助力集团主业“引进来”“走出去”。

三是境外业务风险防控。国际公司健全境外业务风险管控体系建设，制/修订《境外业务风险管理办法》《对外承包工程项目管理办法》《境外投资管理办法》等专项管控制度、“境外投建营项目全流程风险管控、国别风险管理”工作指引和“境外投资、贸易业务”负面清单等风控体系文件。聚焦境外主要业务领域、核心业务流程、关键控制环节，开展境外业务风险、运营风险、重要业务自评价等专项风险排查，针对国别风险、项目执行风险等情况逐一梳理排查，并持续推进问题整改，保障国际化经营水平稳步提升。

三、改革成效

一是运营体系优化提升，发展动能持续增强。在改革发展进程中，国际公司广大干部员工始终保持高度政治站位和大局观念，做到了正确看待、充分理解、积极支持，勇担当、善作为、重实干，在不同岗位上持续为公司添砖加瓦。国际公司围绕价值创造，初步构建了以业务团队为主力得分手、职能服务与管控体系高效运转的“1+1+4+4”赛场式阵型，2023年劳动生产率40.68万元/人，同比增加2.73万元/人，运营体系持续优化提升。新设经营机构全部实现机构、人员、功能、管控“四到位”，业务战队焕然一新，职能条线一体贯通，内外协同成果显著，各项工作顺畅过渡并有效运行。

二是防范化解重大涉外风险，风险管控显著增强。受复杂严峻的国际环境和不确定性影响，国际公司境外业务开拓难度增大，项目执行不确定性增多，境外业务执行和权益保障面临挑战。国际公司着力加强境外业务风险管控，坚持“危地不往、乱地不去、危业不投”，围绕对外承包工程、进出口贸易等境外业务，深入研判国别风险，加强境外风险监测预警与排查，严把境外项目投资关，强化境外项目决策风险评估，国际化经营风险上升势头得到有效遏制，部分境外项目风险化解取得实质性进展。

三是新格局成效初显，主营业务全面发力。2023 年，国际公司“一利五率”主要指标圆满完成，经营业绩企稳回升、韧性十足，实现利润总额 12.06 亿元，同比增长 44.4%；实现营业收入 378.60 亿元，同比增长 61.1%；新签合同额 501.96 亿元，同比增长 66.5%。参与“一带一路”建设取得新成效，绿色新能源赛道布局发展积厚成势，新签约塞尔维亚 150 兆瓦黑峰风电投建营项目，国际国内新能源装机容量超过 1 吉瓦；孟加拉国自营电站项目年内发电 70 多亿千瓦时，占当地年发电量 10%；哈萨克斯坦 ALLUR 公司汽车销售量 8.8 万台，当地市占率达 47%；国际绿色供应链业务同比增长 34%，光伏组件出口、新能源汽车出口和海外组装业务增长迅速；服务金砖新工业革命伙伴关系建设、海峡两岸融合示范区建设，投资 55 亿元在厦门建设金砖创新基地总部区项目。服务国家区域协调发展战略的能力不断增强，服务海南自贸港建设，国家技术转移海南中心正式揭牌，并完成首单国际技术转移项目。

69

深化董事会建设　推动企业高质量发展

中国建筑一局（集团）有限公司

一、基本情况

中国建筑一局（集团）有限公司（以下简称“中建一局”）为中国建筑集团有限公司（以下简称“中国建筑”）所属二级骨干子企业，成立于1953年，是新中国第一支建筑“国家队”。中建一局深耕国内国外市场，统筹推进投资运营、工程建设、设计科研和新兴业务协同发展，致力于成为集设计、投资、建造、运营于一体的高端建筑运营商。1994年，中建一局被列入“建立现代企业制度百家试点”，在行业内中率先推行现代企业制度，1997年实现从“全民所有制企业”向“有限责任公司”的改革，推进董事会高效规范运行。自国企改革深化提升行动实施以来，中建一局严格落实中国建筑关于董事会配齐建强、外部董事占多数等重点改革任务，扎实有力推进各项改革工作，在中国建筑2023年度子企业董事会规范高效运行考核评价中位列第一名。

二、经验做法

（一）优化顶层设计，夯实董事会建设质量

中建一局通过塑强组织体系和厘清工作标准，筑牢董事会运行根基，

提升董事会建设质量。

一是规范组织体系，筑牢决策基础。中建一局在1997年首届董事会就设置了2名股权代表董事和1名职工董事，在2021年全面完成外部董事占多数改革，公司现有董事会成员7名，其中外部董事4名，外部董事采取小组制，设1名外部董事召集人，在人力资源、战略规划、商务履约等领域实现专业互补。董事会下设战略与投资、提名、薪酬与考核、审计与风险4个专门委员会，均由外部董事组成或实现外部董事占多数，为董事会规范运作奠定坚实基础。制定《落实董事会职权方案》，并有效落实董事会6项重要职权。自2002年起建立董事会向经理层授权机制并按年度发布《董事会向总经理授权书》，于2023年修订《董事会授权决策方案及清单》，累计向经理层授权10类重点事项，有效提升企业经营管理效率。

二是规范运行标准，健全工作指引。中建一局自董事会设立伊始即构建以议事规则为核心的完备制度体系，2017年在集团内率先制定《董事会标准化工作指引》《子企业董事会建设指引》并逐年修订。建立一条“生产线”，即明确议案提出、评审、表决、归档、评估闭环管理流程；构建一套“标准模具”，即涵盖议案提交单、评审表、决议记录等模板，以标准化流程促进规范化运行；形成会议运行“520”操作规程，即会议通知、会前沟通、专业评审、支撑资料、汇报PPT五要件齐全，确保会议决议、会议记录两份核心文件精准，决议记录内容、归档资料完整性无瑕疵。

（二）坚守合规决策，完善董事会运行机制

中建一局推动形成“决策前充分审阅、决策时独立表决、决策后督办执行”的全流程管理链条，提升董事会决策质量。

一是把握会前起点，探索“三上三不上”工作机制。中建一局坚持新业务开拓、重大投资项目、重要改革部署必上会，研究论证不充分、未履行规定评审程序、会前沟通不充分不上会，切实提高董事会议案的质量。

健全评审论证机制，发挥专委会评审职能，筑牢专业支撑保障。优化会前沟通机制，把议案的事前沟通审核作为董事会决策的关键环节，由责任部门就议案情况进行专项汇报，董事就议案内容开展会前质询，确保在充分熟悉议案资料基础上精准决策。

二是抓牢会议时点，坚守会议表决机制。中建一局坚持以现场形式召开会议为主，落实全体董事、全体外部董事“双过半”出席要求，严守“集体审议、独立表决、个人负责”机制，实行一人一票。审议时，重大经营管理类事项均列示党委前置研究讨论意见，确保决策中全面了解党组织意图。塑造良好的董事会文化，董事特别是外部董事畅所欲言，审慎独立发表意见建议。始终坚持手写会议记录，完整记录会议信息、议题、董事发言要点、表决方式和结果等内容，确保“过程能回溯、现场可还原”。

三是紧盯会后节点，建立“三报告”机制。中建一局坚持定期报告议案执行情况，建立议案后评估机制，实时监控议案落实动态，按季度、半年度、年度进行综合汇报，强化决议执行监督。定期报告授权行使情况，董事会授权不授责，每半年度开展授权行权效果评估，根据企业生产经营实际适时调整授权范围，确保经理层履职行权有章可循。定期报告董事会工作情况，董事会每年向股东报告年度工作总结和计划，并经董事会审议通过。通过报告机制确保董事会决议有效落实、执行受控。

（三）塑强基础保障，提高董事会规范水平

中建一局推动形成“专业、务实、高效”的立体化保障机制，充分发挥董事会秘书及董事会办公室的桥梁纽带作用，将服务保障工作做深、做细、做实，提升董事会运行质量。

一是建好服务保障“参谋部”。中建一局设董事会秘书和董事会办公室，董事会秘书对企业和董事会负责。董办设置专人负责会议合规运行和外部董事保障，及时传达上级单位政策文件，统筹安排董事会工作计划，

综合协调各业务系统与董事汇报沟通。及时整理董事提出的意见建议，拉条挂账进行督办，并将办结情况纳入总部部门年度考核指标，确保董事意见落实到位。出台董办工作“应知应会”口袋书，涵盖法律法规、制度规范、履职实务等，持续提升董办服务决策水平。

二是当好决策保障“安全员”。中建一局将合规性审查作为提案上会审议的必要条件，严格审核议案评审表、专业委员会纪要、董事会前沟通记录等评审论证资料的完整性，每项议案均明确责任人且由经理层成员签认。数字化赋能董事会建设，通过电子办公平台实现董事会资料“一键送达”，董事可“一键阅知”，既保障沟通效率，又满足资料传递安全性要求。

三是做好外董履职“勤务兵”。中建一局建立外部董事与经理层沟通机制，定期组织召开董事会和经理层成员共同参加的座谈会，就企业重大经营管理问题进行深入研究讨论，充分听取外部董事意见建议。强化外部董事履职基础保障，开放电子办公平台，提供固定办公场所，保障专题调研、列席重要生产经营会议。制定《外部董事保障清单》，保障外部董事高效履职。

三、改革成效

中建一局董事会始终坚守“定战略、作决策、防风险”的功能定位，聚焦高质量发展首要任务，推动全局合同额、营业收入、利润总额指标持续增长，多项质量指标稳居中国建筑前列，企业经营改革效能不断提升。

一是“定战略”方面。中建一局董事会持续健全企业战略规划制定、实施、评估的闭环管理体系，紧跟国家战略导向，积极服务稳增长大局，深度融入首都“四个中心”建设，着力加大在长三角、粤港澳大湾区等重点区域投入力度，2023 年市场集中度达到 94%，中标中国稀土集团总部、深圳国家美术馆、海淀永丰 TOD 综合体等重大工程。

二是“作决策”方面。中建一局董事会依法依规参与企业重大经营管理事项决策，企业价值创造能力持续提升，2023 年合同额、营业收入等主要指标均超额完成预算，同比分别增长 10%、6.7%；“一利五率”基本实现“一增一稳四提升”目标。董事会准确把握科技变革机遇，推动企业加速识变，提前布局新能源、新基建、生态环保等 12 个创新业务赛道，抢抓战略性新兴产业发展机遇。自主研发的“中建北斗”系列产品，解决超长距离及复杂环境测量“卡脖子”问题。研发碳数据监测仪等多款新装备，开展全局首次碳排查。“乌梁素海流域关键技术”入选自然资源部《国土空间生态修复创新适用技术名录》《中国建筑业协会行业年度十大技术创新》，以科技创新驱动产业创新。

三是“防风险”方面。中建一局董事会坚持高质量发展和高水平安全良性互动，进一步推动完善企业的风险管理体系、内部控制体系、合规管理体系和违规经营投资责任追究工作体系，扎实推进合规管理专项工作落地，有效识别研判、防范化解重大风险，守住了不发生重大风险的底线。

70

健全管理机制　完善运营模式
持续提升服务保障粮食储备安全能力

中储粮集团公司河南分公司

一、基本情况

中储粮集团公司河南分公司（以下简称“河南分公司”）成立于2003年10月，是中国储备粮管理集团有限公司（以下简称“中储粮集团”）派驻河南的区域性管理机构，根据中储粮集团授权委托，负责管理河南辖区的中央事权粮油和直属库，执行国家粮油宏观调控任务，实现国有资本保值增值。河南分公司本部内设6个职能部门，下辖27家直属库，现有员工3186人，其中管理人员571人，中央储备粮自储比例100%。

河南分公司深入学习贯彻习近平总书记关于国有企业改革发展和党的建设的重要论述，把深化改革作为系统抓手，按照中储粮集团统一部署，系统性推进“三能”机制改革、轮换购销协同运营机制改革、财务集中管控改革，有效形成激发企业活力、提升效益的强大合力，服务保障粮食储备安全能力进一步增强。辖区中央储备粮质量达标率、品质宜存率、食品安全合格率、科技储粮应用率和中央事权粮食账实相符率均保持在100%。

二、经验做法

（一）健全市场化经营机制

一是干部上下拼实力。河南分公司紧紧牵住经理层成员任期制和契约化管理“牛鼻子”，突出“强激励、硬约束”，建立动态调整校正机制，根据职能部门特点和直属库库存规模、历史因素等科学合理设置考核指标，做到“一企（部门）一策”“一人一契”，实现100%全覆盖。构建差异化考核体系，将年度重点任务及企业经营目标全面分解至经理层成员经营业绩指标中，强化刚性考核兑现，对于年度经营业绩考核未达标的，实行末等调整、不胜任退出。2023 年以来，3 名经理层成员绩效奖金下降，2 名退出经理层岗位。

二是员工发展有通道。河南分公司健全完善年轻干部选拔培养机制，通过轮岗、挂职等多种方式，加强分公司和直属库年轻干部、业务骨干纵向交流，推进干部多岗位锻炼，充盈各层级干部“蓄水池”。搭建专业人才成长“立交桥”，深入实施“师带徒”工程，发挥“校企联合”资源优势，拓展员工职业发展“双通道”，实现横向流动与纵向晋升协同联动，培养一批具有大国工匠精神的优秀技能人才，辖区共有 447 名专业技术人才，占比 14%。新港直属库检验检斤组荣获“全国巾帼文明岗”称号。

三是薪酬增减靠业绩。河南分公司持续巩固岗位价值评估成果，把价值贡献和绩效表现作为薪酬分配的主要标尺，建立包含 37 个岗位 305 项内容的绩效考核指标库，实行“一岗一考、一人一表”全员绩效考核。持续完善薪酬管理体系，将直属库经理层岗位划分为 9 个岗级，合理拉开同职级薪酬标准差距。强化考核结果与薪酬增减、职级调整直接挂钩，充分发挥薪酬分配“杠杆”作用。对经营创效、精准轮换、遗留问题处置等实行总经理基金奖励和专项奖励，发挥正向激励作用。2023 年，对 26 家直属库64名经理层成员奖励106万元。

（二）完善轮换购销协同运营机制

一是明确权责划分。河南分公司健全完善“分公司统一决策+统筹组织，直属库参与决策+高效执行”的协同运营机制，明确各层级责权利。分公司轮换购销中心围绕“国内主产区、周边分公司、省内市场”三个圈层，构建立体化商情研发体系，形成轮换情况周报、会商专报等信息产品，为购销决策提供信息支撑。轮换购销经营决策委员以科学分析市场为基础，以轮换价差对标为抓手，综合运用购销调度、架空预警、合同审批、片区座谈、现场督导等方式，“一库一策”指导直属库抓好落实。

二是突出精细运作。河南分公司坚持“以储备为标准，以市场需求为导向”的精细轮换理念，在采购粮食质量控制上，突出好价收好粮，同时紧盯市场终端需求，不断优化粮食品种结构。灵活采取网上交易平台公开竞价交易、直接收购、远期竞价交易、同步购销等多种方式，根据粮食品质、库点分布等情况，科学安排各库点、各品种轮换购销节奏、价格、数量，精准实施轮换销售，确保实现预期目标。2023年度中晚籼稻轮换价差52元/吨，创历史最好成绩。

三是强化内外联动。河南分公司构建“玉米（小麦）统购统销、稻谷分购统销”模式，将直属库划分为4个片区，分阶段分区域下达价差目标，建立轮换购销调度和区域协同运作“双向机制”，避免扎堆形成内部竞争，轮换购销协同运作效能进一步提升。完善央地协同运作机制，与河南省有关厅局、粮食企业等在市场分析、应急响应、储备信息互通共享等方面进行全方位合作，在轮换购销价格信息、市场投放节奏等方面加强沟通协商，持续夯实轮换购销抗风险能力，共同维护区域粮食市场稳定。

（三）强化财务集中管控

一是建设财务集中管理中心。河南分公司优化调整分公司和直属库财务职能，将业财融合功能上收至分公司，实现对直属库预算、核算和结算的集中统一管理，有效提升会计核算效率和会计信息质量。围绕“会计核算标准化、预算管理精准化、资金管理精益化、费用管控精细化”目标，优化《集中管理工作方案》，明确重点管理任务，强化业务流程集中管控。完善财务干部管理系列制度，强化财务干部垂直管理，对其履职情况实行分公司、直属库双重考核，打造可靠的财务核心团队。

二是构建财务集中管理体系。河南分公司创新形成“1＋2＋2”运营模式，以《财务集中管理工作动态》为载体，定期发布全面预算管理、资金创效2个对标分析，实施资金支付、费用执行2个动态监测，进一步强化合规管理、内部控制、分析预警、集中管控。打造全面预算管理2.0版，将预算管理覆盖整个业务链，强化预算“编制、执行、分析、纠偏、完成”的管理闭环。严格预算考核，将多维度的预算执行偏差率纳入年度绩效考核指标体系，实现全面预算管理与绩效考核紧密挂钩，引导挑战预算目标，推动预算向全员、全系统、全价值链方向升级。

三是增强财务集中管理能力。河南分公司紧盯资金上存、收购贷款、归还销售贷款3个关键环节，将资金创效和节约资金成本落到实处，以“管好钱”服务保障“管好粮”。强化费用支出管控，“一库一表”下达吨粮费用和12项费用定额，“晾晒”月度吨粮费用排名，做实成本费用管控。修订《资金风险在线监控方案》，建立包括19个情形的费用报销禁止清单，构建42种财务风险预警模型，编发《财务基础管理提升推广手册》，定期发布《岗位内控手册修订提示》《税务工作提示》，推动财务监督服务职能由事后向事前、事中转变，资金风险防控能力明显增强。

三、改革成效

一是企业内生动力活力有效激发。河南分公司通过全面实施经理层成员任期制和契约化管理，在企业内部营造了较真碰硬、评业绩论英雄的氛围，激励经理层创造更多“增量价值”。全面完成直属库中层干部全体起立、竞聘上岗，中层干部退出比例达37%，平均年龄下降6岁，本科及以上学历占比64%，35岁及以下占比24%，18名“90后”进入中层干部队伍，人力资源结构持续优化。建立了更具灵活性和市场竞争力的收入分配机制，同职级薪酬差距达1.3倍，实现收入能增能减、干部能上能下。

二是企业核心竞争力显著增强。轮换购销集中运作优势充分发挥，面对2023年夏季烂场雨、秋季连阴雨的严峻形势，河南分公司上下贯通、协同联动，多渠道、多地域采购，仅用1个月就保质保量完成轮换任务。充分发挥自身区位优势，开展产销协作，实行“一盘棋”运作，有效防控政策和市场风险，各品种轮换价差超额完成中储粮集团下达的考核目标。其中，小麦、玉米、稻谷轮换价差较上年分别增加101元/吨、67元/吨、69元/吨。

三是企业经济运行质量明显提升。河南分公司财务管理规范化、精益化、智能化水平得到提升，财务支撑战略、支持决策、服务业务、创造价值的能力得到有效增强。2023年，河南分公司实现营业收入113.33亿元、利润总额1.55亿元、净利润1.45亿元，主要经济指标创历史新高，26家直属库均实现盈利。财务管控力度持续增大，降本增效成果明显，办公费、差旅费、业务招待费等12项定额费用总额同比下降20%，可控费用同比下降4%。

71

以改革促转型　以转型促发展
激发服务保障国家粮食安全新动能

中储粮集团公司内蒙古分公司

一、基本情况

中储粮集团公司内蒙古分公司（以下简称“内蒙古分公司”）成立于2003年10月，是中国储备粮管理集团有限公司（以下简称“中储粮集团”）在内蒙古自治区的区域性管理机构，下辖14个直属库、35个分库，分布在自治区11个盟市，基本覆盖全区粮食主产区和主销区。具体负责辖区中央事权粮食的经营管理，执行国家粮食政策和宏观调控任务，在维护种粮农民利益、维护粮食市场稳定、保障辖区原粮供应等方面肩负重要职责。截至2023年末，系统内在岗员工1123人，其中管理人员264人。

内蒙古分公司深入学习贯彻习近平总书记关于国有企业改革发展和党的建设的重要论述，以落实改革深化提升行动为契机，系统推进、攻坚破局重点改革任务，不断强化区域管控主体、运营主体、效益主体定位，蹚出了一条“活机制、增动力、促发展”的新路径，企业高质量发展基础更加稳固，储备保障粮食安全能力显著增强，更好地服务粮食产业链供应链安全稳定。

二、经验做法

（一）推进仓储管理由“精细化”向“精益化”转变

一是深化包仓管理责任制。内蒙古分公司坚持底线思维和卓越理念，完善包仓管理责任制实施办法，将储备粮数量、质量、管理、安全、费用等包给团队和个人，全面压实仓储管理责任。深化标杆创建和对标管理，综合运用“现场观摩”“经验交流”“考核评估”等方式，推进设施设备全生命周期管理，强化正向激励和宣传示范，以点带面推动辖区直属库创建集团级“标杆库”。

二是提升科技储粮水平。内蒙古分公司完善科技创新体制，在分公司层面成立科技工作委员会，创建11个科技创新工作室，组建科技创新联合体，推进科技示范基地和示范库建设。健全创新激励机制，制定科技成果奖励办法，突出实用性、经济性、创新性、复制性，对创新成果进行评价，表彰奖励19个“三小发明”成果，员工创新积极性有效激发。坚持“新建仓为主、旧仓改造为辅、全面平稳推进”工作思路，大力推进空调补冷、粮面压盖、仓内吊顶等综合控温储粮技术应用，科技储粮覆盖率保持100%，更好助力粮食保质和减损。

三是加快建设“智慧粮仓”。内蒙古分公司成立两级推广工作领导小组和工作专班，各级一把手亲自负责、亲自调度，综合运用专题推进会、调度会、专题讲座等方式，加快推进“智慧粮仓”项目建设。14个直属库已实现智能化监管全覆盖，通过智能出入库、数字仓储、AI预警等技术，实现粮食收储全过程全链条监管，让农民卖上“放心粮”。健全“人机环境”安全综合管控体系，研发“智能安防机器人”，采用动态循环管理模式，24小时监控作业现场，对不戴安全帽、违规穿越输送机、违规进入危险区域等22类违规行为实时风险预警，提升了安全生产管理效率。

（二）推进轮换购销由“机会型”向“融合型”转变

一是强化上下协同运作。内蒙古分公司组建分公司轮换购销中心，明确轮换购销中心和直属库权责，优化集中运作流程。结合直属库资源禀赋和区位特点，划定3个购销片区，健全“区域统筹、一库一策”运作模式，实施差异化购销战略。建立24小时决策机制，开设业务线上审批“绿色通道”，提高轮换购销决策时效性。完善《轮换超额利润分享激励方案》，对轮换购销中心和直属库实行分类考核，加大购销人员考核结果和薪酬分配的挂钩力度，充分调动购销团队创效积极性。

二是创新产销协作模式。内蒙古分公司发挥自治区大型农场、农民合作社较多的优势，开通从田间收割到直接进库的潮粮收购“直通车”，一手粮源掌控能力持续增强。创新自然人邀标竞价的销售方式，拓宽销售渠道，有效满足农牧民的小批量采购需求。创新开展远期销售和双向购销模式，玉米购销价差逐年提升，2023年轮换利润实现翻倍增长。

三是延伸服务产业链。内蒙古分公司深化银企商合作，与内蒙古饲料工业协会和有关商业银行签订战略合作协议，更好对接产销两端市场，打通购销链条，有效发挥1+1+1>3的优势。持续拓展维护上下游客户源，成立直属库“前端质检小组”，对农业合作社等规模客户上门开展前端检验，提前把控粮食质量。2023年新增客户95家，同比增加46%。

（三）推进财务管理由“核算型”向“运营型”转变

一是深化业财融合。内蒙古分公司成立分公司财务集中管理中心，统筹辖区财务资源配置，加强财务数据信息整合应用，推进轮换购销业务后评价及重点指标对标管理，实施季度预算反馈制度，确保预算执行的“刚性”和控制“弹性”，更好服务轮换购销集中运作，推动轮换创效成为分公司新的利润增长点。

二是严格资金风险管控。内蒙古分公司严把资金审核关、支付关、往来关，上线中储粮司库系统，健全资金风险管理工作机制，下达29期资金通报和16个风险提示，强化资金“日预算”管理，辖区资金支付“零拖欠”、资金风险“零发生”。

三是优化财务人员配置。内蒙古分公司上线财务集中管理系统，统一规范同质化业务和核算口径，加强财务审核人员配备，采取上挂下派方式从辖区直属库，择优上挂14名审核人员对单据进行审核，分公司审核人员不定期抽查与通报，实现全辖区“一本账”，提高基础工作水平，提升会计信息质量。

（四）推进人力资源管理由“传统化”向“市场化”转变

一是深化绩效薪酬改革。内蒙古分公司全面完成岗位价值评估，形成共11级的岗位体系，根据岗位调整实现动态更新。实行全员绩效考核，优化员工工资结构，绩效奖金占比达46%。严格奖优罚劣，员工绩效考核等级按A到D档强制分布，奖金系数最高1.3、最低0。强化个人与组织绩效联动，依据岗位责任确定个人绩效同组织绩效联动幅度，加强对突出贡献团队和个人的正向激励，实现员工收入同组织和个人绩效双线浮动。

二是做实任期制和契约化管理。内蒙古分公司在经理层成员签约率达100%的基础上，进一步科学设计考核指标、业绩目标、薪酬标准、兑现规则，经理层成员分管工作考核指标权重超过50%，绩效年薪占比提高到60%，明确经理层7种退出情形，契约目标突出科学精准、薪酬激励突出业绩牵引、岗位退出突出刚性实施。直属企业经理层成员业绩考核得分实行强制分布，合理设置绩效奖金分配调节系数，以业绩考核系数和分配调节系数为年度薪酬兑现依据。

三是更广更深推进市场化用工。内蒙古分公司员工公开招聘比例稳定在100%，强化绩效考核结果应用，分类细化优化员工市场化退出标准和渠道，2023年辖区员工市场化退出17人。分3批次开展全辖区管理人员竞争上岗，2023 年竞争上岗比例达 100%，落选退出 7 人。推进直属库经理层成员配备向 35 岁左右优秀年轻干部倾斜，经理层成员平均年龄由 52 岁降低到 46 岁，形成梯次配备、结构合理的干部队伍。健全管理人员退出机制，细化 4 条退出标准，实现“应退尽退”，管理人员退出比例达 28.57%。

三、改革成效

一是生产经营实现量质齐升。内蒙古分公司服务粮食调控有力有效，储备轮换协同运作机制持续优化，全面完成中央储备粮年度轮换计划。内蒙古分公司连续 3 年被中储粮集团授予“两个确保”贡献奖，连续 2 年获得轮换超额利润分享奖励。2023 年辖区实现利润总额 6556 万元，超额完成全年经营业绩目标任务。

二是储备安全保障能力有效提升。内蒙古分公司认真落实中央政府储备建设任务，近 3 年建设仓容 200 余万吨，储备保障能力、产业吸附效应和辐射带动效应进一步提升。将“标杆库”建设融入直属库日常管理，主动冲击更高标准，精益化管理效能日益凸显，中央储备粮账实相符率、品质宜存率均保持 100%。2023 年获评集团级“标杆库”数量同比增加 200%。

三是人才活力动力持续增强。内蒙古分公司持续加大市场化改革和精准激励力度，坚持严管和厚爱结合、激励和约束并重，真正做到薪酬跟着业绩跑、激励凭成绩说话。员工更加切身感受到岗级能上能下、收入能增能减的实效，更加关注企业的长远发展，干事创业的激情活力不断增强。2023 年人工成本利润率提高 4.76%，劳动生产率提高 2.55%。

72

努力打造国内一流的生态环保综合服务现代化企业

中国南水北调集团生态环保有限公司

一、基本情况

中国南水北调集团生态环保有限公司（以下简称“生态环保公司”）是中国南水北调集团有限公司（以下简称“中国南水北调”）设立的全资二级子企业，是中国南水北调深入实施“通脉、联网、强链”总体战略，加快推动南水北调后续工程和国家水网高质量发展的生态环境保护业务板块载体平台。生态环保公司以“保障群众饮水安全、复苏河湖生态环境”为使命，以“确保南水北调水质安全，助力国家水网绿色发展”为主责，着力打造生态环境工程、环境监测服务、环保综合咨询、装备系统集成、环保科技创新五大业务板块，打造国内一流的生态环保综合服务现代化企业。

二、经验做法

生态环保公司自 2022 年 7 月成立以来，始终将改革工作作为企业成长发展的“主引擎”、作为新设企业追赶进位的“主阵地”，聚焦重点精准施策，为企业发展注入不竭动力。2023 年，按照国务院国资委及中国南水北调要求，生态环保公司制定了《中国南水北调集团生态环保有限公司改革深化提升行动实施方案（2023—2025 年）》，形成了 7 项改革任务、24 项重点措施和 73 项工作举措，明晰了企业发展的总路线、总方针。2023 年以来，重点开展了三方面工作。

（一）聚焦创新能力建设，突出科技型企业定位

对于初创企业，坚持科技创新不仅是发展问题，更是生存问题。生态环保公司立足国家所需、企业所能，系统筹划、精准发力，全方位实施企业科技创新能力提升行动。

一是强化组织建设。生态环保公司设立直属机构生态环境科技创新中心，履行科技创新与管理、技术服务与保障职责，开展环境领域“卡脖子”技术攻关，全面服务国家生态文明建设。筹建生态环保科技公司，开展同产业服务平台合作及相关技术整合，打造科技创新中心与科技公司协同增效的组织架构。谋划组建由内外部专家组成的科学技术委员会，定期开会、按需议事，大幅提升了科研活动的合理性和有效性，实现了重大技术问题决策的科学性和严谨性。

二是强化人才引进。生态环保公司对标“科技人员总编制不低于 30%”的总体要求，按步骤实施高端人才引进工作。2023 年末生态环保公司及所属企业共有职工 81 人，专业技术人员 34 人、占比 42%，硕士及以上学历人员 60 人（含博士 8 人），高级职称占比 38%，平均年龄 37 岁，形成了一支专业突出、经验丰富的科技人员队伍。打造了一支以领军人才为首的科技创新队伍，在人才引进、人才培养、团队建设等方面全面发力，不断提高团队创新水平，为企业发展提供有力支撑。

三是强化要素保障。生态环保公司制定出台《中国南水北调集团生态环保有限公司科研项目管理规定》，保证了科研项目科学、规范、高效管理。加快探索项目科技成果转化，2023 年重点实施的南水北调中线生态环境保护项目、引江补汉环水保监测项目将形成一批重要专利、软著等知识产权。强化科研项目支持力度，在初创企业资金有限、整体盈亏平衡的情况下，2024 年明确研发投入强度不低于 1.43%。

（二）聚焦水质安全保障，培育差异化竞争优势

生态环保行业企业数量众多，内部竞争激烈，初创企业只有实施差异化竞争才能实现高质量生存发展。生态环保公司围绕南水北调工程“三个安全”，牢牢支撑国家战略，精准定位利基市场，不断培育差异化竞争优势。

一是守牢内部市场。生态环保公司以南水北调东线、中线一期、引江补汉工程为重点，着力解决工程运行及工程建设中的生态环保问题。针对中线工程干渠生态环境问题，生态环保公司勇于担当、靠前对接，全面承接相关装备的研发制造；抢抓引江补汉环水保监测机遇，克服作业条件恶劣等困难，圆满完成监测任务，打响了企业品牌；承接水质监测信息平台、水质监控预警与应急技术中心建设，从南水北调长远发展角度，搭建水质安全顶层架构。

二是开拓外部市场。生态环保公司深入学习贯彻习近平总书记在南水北调后续工程高质量发展座谈会上的讲话精神，将南水北调工程水源区、受水区和输水沿线的生态环境保护工作作为当前一个时期生态环保公司的企业责任和发展机遇。按照南水北调工程水质安全总体要求，重点跟踪南水北调沿线区域项目信息 150 余个；开展商业模式研究，将生态环保项目与南水北调调水主业统筹协调，追求整体效益最大化；积极探索实践“调水+”模式，与有关地方政府和单位建立战略合作关系，加大涉水产业投资力度，协同开发周边及密切关联项目产业。

三是补齐经营要素。生态环保公司立足自身发展需要，回应地方政府生态环保工作需求，2023 年投资设立了 2 家子公司及 2 个项目公司，并以此为基础开拓辐射区域市场，形成重要利润单元。取得建筑、市政公用、机电、环保、水利水电 4 项施工总承包资质和环保工程专业承包资质，进一步展示公司实力和形象，增强了企业核心竞争力。

（三）完善公司治理体系，构建高效型管理模式

生态环保公司高度重视法人治理和管理体系建设，将管理作为企业发展支撑保障的“压舱石”和稳定前进贡献增量的“助推器”，持续完善中国特色国有企业现代公司治理体系。

一是牢牢把握党对国有企业领导的重大政治原则。生态环保公司坚持思想政治引领，落实“两个一以贯之”。公司章程中党组织单设一章，使党建工作要求在公司章程中得到充分体现。制定《党组织会议、董事会、总经理办公会决策事项清单及工作流程》，明确党组织在日常决策事项中的领导地位及行权要求。

二是推动治理体系有效运转。生态环保公司出台《董事会议事规则》《总经理办公会工作规则》等制度文件，充分发挥公司各类主体功能作用，建立权责清晰、高效运转的公司治理机制。制定《关于对新设子企业实施集约化管理的意见》，明确所属公司运行规则。逐步推动三项制度改革，探索提出员工薪酬和职级体系，推行绩效考核工作，打通职工发展通道，激发员工干事创业动力。

三是推动管理体系建设取得实效。生态环保公司推进制度建设，印发《规章制度框架体系和 2023 年规章制度编制计划》，厘清部门职责和管理权限，推动企业标准化、规范化运行。按照“急用先行、逐步完善”原则，2023 年印发 28 项重点制度，搭建基本完善的管理架构。成立投资计划委员会、招标采购管理委员会、预算管理委员会、安全生产委员会、法治建设领导小组和合规管理委员会等专门组织，为公司经营管理高效决策提供专业有力支撑。启动法律、内控、合规一体化建设，准确识别经营过程风险，全面提升企业管理水平。

三、改革成效

在改革深化提升行动的牵引下，生态环保公司作为一家初创企业，在2023年首个完整经营年度取得了可喜的成绩。

一是经营业绩稳步提升。面临严峻的内外部形势，生态环保公司在平均在岗职工仅43人的情况下，实现营业收入1.17亿元，落地项目14个，从考核角度测算，新签合同额16.32亿元，完成率155.43%。成功策划落地山东新泰市新汶净水厂BOT、河南焦作“云台·天河”EOD、湖北武穴集中污水处理设施建设、新疆五家渠工业园区中水回用等供水治水项目，实施重庆大渡口土壤修复等一大批具有示范引领作用的重大综合性项目，创造多项集团“首个”历史。

二是科技创新成果逐步积累。生态环保公司协助集团成功申报国家重点研发计划项目——跨流域调水系统藻类暴发机制与预防技术。与相关企业单位合作开发前沿技术产品，推进水源污染溯源及精准管控。与清华大学合作设计并试制全新的低成本、低能耗、零排放的大型高盐水处置装备，为解决高盐废水处理行业难题提供可靠技术方案。完成国家发改委研究课题“黄河流域煤矿矿井疏干水等非常规水综合利用研究”、科技部重点专项项目“高品质饮用水净化新型纳滤膜材料制备及分离技术研究与应用示范”申报。2023年新增发明专利1项、EI论文1篇、集团技术标准立项2个。

三是发展根基快步夯实。生态环保公司锚定成为国内一流的科技型生态环保综合服务现代化企业战略目标，确定“三年筑基、五年裂变、十年跨越”的规划路径，明确发展战略、重点任务、关键举措及保障措施，为未来一个时期发展指明方向。打造全方位、立体化的人才保障体系，营造重才、引才、用才、爱才的企业环境，建立一支高水平、高素质的人才队伍，促使人才效能持续提升。

2023 年是生态环保公司改革深化提升行动的第一年，作为新成立企业，生态环保公司开拓创新、攻坚克难，实现了公司发展的良好开局。下一步，生态环保公司将继续按照改革深化提升行动的总体要求，确保在 2024 年完成改革主体任务的 70%，到 2025 年全面完成各项改革任务，切实将改革作为企业高质量发展的内生动力。

73

凝心聚力强改革　系统推进见成效

辽宁港口集团有限公司

一、基本情况

辽宁港口集团有限公司（以下简称“辽宁港口”）由辽宁省政府与招商局集团有限公司（以下简称“招商局集团”）共同整合大连和营口两港组建而成，于2019年1月4日正式挂牌成立。辽宁港口的成立开创了国内通过央地合作、市场化方式整合省级港口资产先河，是招商局集团深入参与践行国家“全面振兴东北”区域发展战略、推动国有经济布局优化和结构调整的重大举措。

辽宁港口港区规划面积150平方公里，拥有大连、营口、丹东、盘锦、绥中5个港口，总资产约1500亿元。经过4年时间的资产整合与管理融合，辽宁港口已具备持续高质量发展基础，但专业化整合带来的历史遗留问题多、低效无效资产包袱重、职工思想守旧、创新意识不足等老问题依旧存在。面对这些“发展中的烦恼”，辽宁港口坚持系统思维，综合施策，在2023年打出了一套独具特色的企业改革“组合拳”，取得实效。

二、经验做法

（一）解放思想，凝聚改革共识

辽宁港口以解放思想为先行，以企业文化重塑为抓手，先后开展两次解放思想大讨论活动，实现从“要我改革”到“我要改革”的转变，凝聚广大员工奋进改革共识，促进改革文化理念在全港全面铺开、落地生根。

第一次大讨论以“我们想要一个怎样的辽港”为主题，坚持“从员工中来，到员工中去”，号召广大员工秉承“招商血脉、蛇口基因”精神，结合对辽宁港口“百年老港”文化积淀的理解，共同畅想打造一个怎样的辽港。以活动促进全员思考，激发广大职工的爱港热情和奋进力量，凝练独具百年老港内涵的企业文化理念。

第二次大讨论以“辽港需要一个怎样的我”为主题，号召和动员全港员工“把自己摆进去”，找差距、查不足，围绕深化改革重点任务，进一步解放思想，鼓励大胆创新，以自身岗位内容为牵引，畅谈以岗位建功践行企业文化。大讨论历时近 5 个月，通过专场座谈会、网上“大家谈”、主题征文、演讲比赛等系列活动将大讨论引向高潮，共有22 万人次广泛参与，积极投身辽港改革发展的奋斗热情空前高涨，进一步提升了改革创新的影响力、凝聚力、向心力，为全面实施改革营造了良好文化氛围。

（二）破局开路，机构改革先行

总结整合后的经验与得失，辽宁港口以机构改革为全面深化改革破局开路，以“做强集团、做实股份、做优基层”为目标，重塑组织架构，完善法人治理结构，优化管控体系。

一是辽宁港口将港口相关主业委托辽港股份管理，实现 5 个区域港口资源整合，既避免了同业竞争，又搭建起“辽港总部—辽港股份—基层公司”三级管控模式，统筹设计，科学管理，明确辽港战略、业务战略和职能战略的边界，优化管理模块和流程。辽港总部把方向、管大局，辽港股份精运营、促落实，基层公司优服务、提效能。

二是推进组织机构改革，实施分级赋能。辽宁港口精简总部机构，提升总部效能，将辽港总部打造成为运转高效、人员精干、职责明晰、担当作为的运营管控型主体。调整后总部机构减少 15 个，编制缩减 333 人，精简率达 30% 以上。实施分级赋能管理，优化管理界面清单 79 项；进一步授权放权 48 项，优化对子企业的管理，实现潜力释放、活力涌动。

（三）深化提升，激发内生活力

辽宁港口围绕企业发展的堵点、难点问题，全面开展审计整改和流程再造、三项制度、成本管控、综合物流、资产经营五大领域改革，在全面改革中实现重点突破，以重点领域改革突破激发高质量发展的动力与活力。

一是以改革优管理，坚持“当下改”和“长久立”，筑牢风险防范篱笆。辽宁港口通过专项审计确保 78 项问题全面整改取得实效，并建立长效机制，内控管理实现主控企业全覆盖。制定总部管理活动权限审批清单，抓住关键环节 184 项，实现“一张清单走到底”的管理审批路径。在规范通用流程的同时，对仓储物流、信用风险及应收账款等重点业务领域的业务流程进行再造并加以推广。

二是以改革增活力，完善“六能”机制，激活企业发展的内生动力。辽宁港口深入推动三项制度改革，全面实施经理层契约化和任期考核，开展干部轮岗交流和岗位竞聘试点，注重选拔年轻干部。突破人才入口限制，开展外部市场化引进的同时，探索高技能劳务工转为正式员工的机制和路径。整合培训资源，成立教育培训教学基地，加强综合人才培养。核定经理级人员职数，全年压减 29%。严控劳动用工总量，从业人员同口径减少 1444 人，劳务派遣比例同比压降 7%。建立健全工资效益联动、效率对标调节、工资水平调控、重大风险链接的工资总额决定机制。

三是以改革加压力，实施“三全”成本管控，助力实现降本增效。辽宁港口以落实主体责任清单、专项研究、财务费用、采购成本 4 个重点任务为抓手，全面推行全流程、全员工、全口径的“三全”成本管控。结合港口行业特点，以外包劳务费为“重点突破”开展专项研究，开展全要素目标成本管理。通过提升资金管理精细化水平，全面提升资金利用率，替换高成本债务，压降财务费用，全面提升资金利用率。2023 年，实现总成本压降 7%，收入成本率和单吨变动成本降幅均达 2%。

四是以改革强实力，创新综合物流模式，提升供应链延伸增值服务。辽宁港口完善顶层设计，建立专门机构，制定综合物流发展规划，构建东北海陆大通道综合物流信息平台，创新开辟“总对总”服务模式，使综合物流解决方案更精细，开启了港口物流服务“客制化”的新纪元。在海向网络进一步丰富的基础上，拓展陆向通道，开发“一单制”海铁联运服务，推动货源网络向腹地延伸。培育和打造 11 个重点物流项目和 8 个服务品牌。2023 年完成海铁联运量 127.9 万 TEU，中欧班列直发箱量近 2 万 TEU，同比增长 30%。

五是以改革创效益，靶向攻坚，盘活低效无效资产。辽宁港口着力盘活优化存量资产，解决历史遗留问题，提出资产经营战略，提升资产利用效率和运营能力。加快土地综合开发，盘活闲置土地 198.5 万平方米，实现收入 13.75 亿元。积极探索地方性金融资产治理新路径、新举措，实现回收资金 2.5 亿元。创新解决公益性资产移交新路径。

（四）总结提炼，探索改革之路

2023 年，辽宁港口在实践中探索出具有自身特色的改革之路，即在改革中要“坚持一种思维、树立两个导向、统筹好三对关系、巩固四方面保障”。

一是坚持系统思维。辽宁港口坚持“全面推进、重点突破”各项改革，精准把握各个环节，做好“十个指头弹钢琴”。同时寻求各要素间最优平衡，避免解决旧问题又产生新问题。

二是树立问题导向和目标导向。找准问题是改革的突破口，锚定目标是改革的着眼点，辽宁港口坚持从问题入手、向解决问题发力，是确保改革方向准、路线正的关键所在。

三是统筹好三对关系。辽宁港口统筹好“内与外”的关系，既要满足区域和行业发展对于港口转型升级的外部诉求，也要满足提高发展质量的内部期盼。统筹好“稳与进”的关系，始终坚持稳中求进、以进促稳，改革的“进”正是基于生产经营的“稳”，再以改革的成果带动生产经营更好发展。统筹好“立与破”的关系，新的科学机制与流程必须先立起来，在立的基础上不断积累更多积极因素，做好新旧机制、新旧流程在改革过程中的转换衔接。

四是巩固四方面保障。辽宁港口始终坚持党的领导，以高质量党建引领改革推向纵深，保证工作方向不走偏、工作举措有力有效。加强企业文化建设，团结引领3万多名职工切身融入改革发展，营造企业与员工共生共荣的“命运共同体”。强化人才支撑，试点竞聘上岗、市场化考核机制等举措，打造更适应发展需求的人才队伍。完善机制保障，强化绩效考核和督办，对改革工作中取得优异成绩的团体与个人予以激励。

三、改革成效

2023年，辽宁港口围绕“外拼市场、内强改革、守正创新”工作主线，以深化改革为抓手，明确目标，精准施策，扎实推进，生产经营各项工作成效显著，实现了质的有效提升和量的合理增长。

一是效益更优。辽宁港口利润总额累计完成1.02亿元，同比增加15.56亿元，实现扭亏为盈。港口经营利润同比增加4.48亿元，资产经营利润同比增加11.08亿元，有息债务率下降6.8%。

二是业务更稳。辽宁港口实现吞吐量4.73亿吨，同比增长3.1%。集装箱完成1096万TEU，同比增长9.4%。集装箱航线数量达到179条，集装箱吞吐量占货物总吞吐量比重达到30%，同比提升4%。

三是效率更高。辽宁港口集装箱增速位列全国沿海港口前三，区域远洋干线船舶作业效率同比提升8%，矿船候泊时长同比压缩超80%，全员劳动生产率较上年提高18.5%。员工信心持续增强，企业口碑持续改善。

74

精益管理促降本　创新机制保增效

招商局蛇口工业区控股股份有限公司

一、基本情况

招商局蛇口工业区控股股份有限公司（以下简称“招商蛇口”）创立于1979年，是中国领先的城市和园区综合开发运营服务商。招商蛇口作为招商局集团有限公司（以下简称“招商局集团”）旗下城市综合开发运营板块的旗舰企业，为城市发展与产业升级提供综合的解决方案，致力于成为“美好生活承载者”，围绕开发业务、资产运营和城市服务三大类业务，在多个领域逐步积累独特优势。

当前世界变乱交织，百年变局全方位、深层次加速演进，房地产市场持续筑底，市场规模已回到2010年前水平，出险房企向优质房企蔓延，核心房企市值和利润持续下行。在严峻的行业形势下，招商蛇口贯彻执行“成本领先专项行动方案”，坚持“一切成本费用皆可降”的理念，系统化、体系化推进降本降费工作。

二、经验做法

（一）管控有机制

一是对齐标杆，坚持全方位对标管理。招商蛇口建立以对标为核心的成本管理工作方法，坚持和市场上的先进同业比较、内部业务单元横向比较、与自身同期比较，从业务价值链出发，分析成本构成及动因，深挖业务差距，不断提升管理效能。向外看，自2021年以来，招商蛇口持续用好“一城一模板”管理工具，公司层面选取行业最优的中海、华润为对标对象，城市公司选取属地最优秀的单位对标，不断研究学习其优秀管理举措，提升自身管理水平；向内看，以公司整体平均成本为基准，对高于公司平均成本的项目逐一分析，向内部优秀单位学习经验，形成比学赶超的良好氛围。

二是管理协同，建立跨专业组织支撑。招商蛇口建立健全组织保障机制，以质效提升跨部门专项小组为载体，搭建横向总部各部门联动、纵向一线单位穿透的协作模式，有效协调整合资源，跨专业、跨层级详细研讨工作思路与行业优秀做法，有力促进专业协同，更好地贯彻执行公司成本领先管理要求，迅速实现思想认识的统一、工作思路和工作节奏的统一，高效推进各项降本降费举措切实落地。

三是考核牵引，压实各层级责任主体。招商蛇口以强考核为牵引，抓实内部各维度降本降费目标的兑现。年初结合公司成本管控目标，在各部门、各单位目标责任书中落位有关管理要求，明确责任主体和管理目标，形成系统科学、分级管理的“树型”指标体系，实现压力自上而下层层传递和压实，并以年度或半年度为频率开展考核评价。通过实施有效的考核牵引，实现关键成本指标“均好”。过程中通过月度例会对成本费用压降情况进行复盘、检查纠偏，动态调整后续压降计划，将各项成本压降纳入月度“招商赢”专项激励制度，对一线单位兑现情况及时拉通排名，兑现奖惩激励，体系化夯实过程管控。

（二）落地有方法

一是建安成本系统化管理。招商蛇口始终坚持刚性成本总额控制的管理原则，贯彻高品质产品下的成本最优管理理念，建立四阶段成本目标管理体系。伴随着管理颗粒度的细化，将建安成本管理过程依次划分为可研（一阶）、方案（二阶）、施工（动态）、结算4个阶段，以上一个阶段成本作为下一个阶段的控制目标，逐步压实成本。一阶运用“一城一库”及“基准成本”等标准化工具实现成本测算快速、精准。二阶开展成本策划，挖潜“客户无感知”的隐性成本，合理配置“客户可感知”的显性成本，合理投入功能性成本，强化成本适配，同时研究地方政策法规，严格执行设计标准，深挖项目可售率提升空间，降低单位可售面积成本。动态运用合约规划将成本目标金额分解至每个合同维度进行控制，以图样管理、战采赋能等抓手实现成本可控。结算通过分析数据、总结成本管理经验，编制后评估报告，积累管理经验并指导基准成本迭代及后续项目管理。通过以上各阶段的管理动作及工具，实现成本目标全周期管理闭环。

二是财务费用结构化管理。针对新增项目融资，招商蛇口总部提级管理，控额度、控价格。要求新增项目融资必须进行各银行竞争比价，按月公布各地融资利率及存款收益率。通过全国对比“晾晒”及地方比价管理，形成比学赶超的竞争氛围。多个新项目融资刷新当地最低利率。针对存量项目融资，勤谈判，降利率。把握金融机构“开门红”、LPR调整等关键有利时点，积极与金融机构沟通谈判，通过降息、置换等方式，压降存量融资成本，同时针对各地情况，借助总部资源优势，与各地联动，通过置换、资源匹配、总对总战略谈判等手段压降利率。2022年至今，内部已完成7轮降息督办工作。针对融资结构，充分利用公开市场发债成本优势，提高公开市场融资占比，置换其他存量高成本债务。近2年每期债券发行利率均为同期同行业最低水平，平均融资成本同比降低42BP。公司经营层面，强化现金流思维，项目开发严格执行弹性运营，提高资金使用效率，避免无效资金占用和存货新增。每月召开资金计划审核专题会，识别供销错配问题、收支失衡风险，过程严控支出，以收定支。

三是销售费用分级化管理。招商蛇口建立分层级的管理体系，重点围绕年度、月度预算、项目可研目标费率进行目标管控，对广告推广、中介渠道等重点费用提级管理，将其严格限制在预算范围内，其他费用给予一线灵活调整空间，为一线结合市场快速调整营销策略提供支持。

四是管理费用精细化管理。招商蛇口在人效管理方面继续从严从紧要求，强调业绩导向、人效导向。根据各单位盈利情况，结合业务特点和发展阶段，差异化、精细化落位管控要求，牵引规模可控、结构优化。行政费用方面深化预算管控，精益日常管理，带动全员参与。各类会议从简安排，原则上在办公所在地举办，内部会议不提供瓶装水。差旅费用强化审批，统筹安排出差计划，合并安排临近地区出差任务，扩大单次出差工作效能。严控日常办公成本，大力推行无纸化办公，有效减少纸质文件印制用量。

（三）提效有工具

招商蛇口结合大数据、云平台等技术应用，融合业务管理标准，细化各环节管控要求，加强数字化、智能化建设，赋能业务提质增效。通过“智慧造价”系统、ERP管理系统实现成本测算快速输出，全周期线上化跟踪管理。为进一步降低营销费，落地“招商好房”，打造线上引流自渠，助力线上获客，节约渠道费用。用好“招商至元”系统，实现降本降费举措里程碑节点、运营指标、财务效益的系统跟踪。通过多元的数字化工具有效赋能降本增效各项管理举措的高效执行。

三、改革成效

招商蛇口近年来持续开展降本增效专项工作，成本费用管理水平大幅提升，企业经营成效切实提升，为招商蛇口高质量发展奠定坚实基础。

一是降本降费氛围展现新风貌。招商蛇口从小处着手，通过线上、线下多种途径大力宣扬“挤一挤、盘一盘”“日省日日省”的意识。全年持续收集提质增效实践宣传案例，树立标杆形象，弘扬精益运营的理念，深入营造“一人做数人事，一钱做数钱花”的氛围，全方位降本降费“入眼、入脑、入心、入行”。

二是成本管控水平达到新高度。招商蛇口居安思危，从业务价值链出发，分析成本构成及动因，深挖业务差距，系统化、体系化狠抓落实，成本控制能力取得长足进步。基准成本单方绝对值同比降低 83 元；平均融资成本同比降低 42BP，降幅行业第一；营销费率处于行业领先水平。

三是管理成效复制得到新延伸。招商蛇口总部统筹梳理提炼各单位工作推进情况，将各端口优秀降本降费举措提炼形成标准动作并进行固化，建立完善标准化制度，挖掘一线优秀最佳实践案例，推动内部以点带面推广复制。结合知识管理平台，将相关成果进行共享，实现降本成果标准化、共享化、数字化，不断提升整体运营效率和质量，锻造核心竞争力。

招商蛇口将继续坚持“稳中求进”的主基调，常态化推进成本领先工作，持续打造全领域、全动员、全过程的“三全”成本领先文化，不断修炼内功，以高质量生存谋高质量发展。

75

秉承专业之道　赋能全球业务
构建特色化全球大风控体系

招商局港口集团股份有限公司

一、基本情况

港口是基础性枢纽性设施，是经济发展的重要支撑，但建设投资期长，且海外投资多涉及供应链安全，深受国际经济及政治等风险因素影响。招商局港口集团股份有限公司（以下简称“招商港口”）构建全球视野下的“六位一体”大风控体系，夯实“三道防线”基础，形成了以“一体化、智能化、国际化”为特色的风险防控能力，支持全球六大洲投资的港口顺利应对地缘政治、法律合规和人员安全等涉外风险挑战。

二、经验做法

（一）融合与协同，支持一体化风控

招商港口以“防风险、强内控、促合规”为目标，搭建了一体化的风控体制机制，通过风控、内控、法律、合规、审计、追责六大职能的融合互补，统筹实施闭环管理。

一是统一部署、集中考核。招商港口跨职能制定年度风控方案，联合会议部署重点举措，明确年度主要任务。组建联合工作组，开展点对点、

背靠背调研，深度访谈下级单位主要领导、重点部门及经办同事，获取最新一线情报，协助改善有关单位存在的管理不足。下发风控考核综合评分表，以标准化评价指导全年风控工作，强化组织及制度建设、审计整改率及内控缺陷整改、违规经营责任追责等落实效果。

二是专业协同、联合赋能。招商港口对下属公司开展新业务涉及的可能风险事项，组成专业综合小组进行诊断，从法律、合规、风险防范和内控角度评估商业合作模式风险程度，据此修订完善项目的初步合作方案及合作协议关键条款。对重大诉讼案件，组织总部和下属公司法律专家小组召开会议，就诉讼律师选聘、诉讼应对策略、诉讼文件拟定等进行专业讨论，实现以案促改、以案促管目标。

三是监督融合、强化整改。招商港口遵循“同进同出、线索互通、实际检验”的大风控思路，协同排查风险点。2023 年公司联合工作组梳理了近 5 年来审计、内控及合规检查所发现的 449 条问题，归纳出 9 个方面 114 项关键风险点。其中，在 2023 年实施的 4 个内审内控融合项目中，审计为内控监督提供了 12 条问题线索，内控监督以合规管理为重点发现问题 44 条。近 3 年的审计整改落实率分别为 88%、95%、100%，逐年上升。

（二）数字与智慧，赋能精准化风控

招商港口遵循“标准化、数字化、系统化”理念，实施专业赋能、数字增效及系统固化等举措，加速风险管控向智能化转型。

一是管控标准化。招商港口搭建了公司级的标准合同知识库，已总结 404 份现行有效标准合同、12 项可复制可推广的标准化业务流程，直接指导码头、仓储、采购、租赁、安全、投资及工程等作业的标准化建设，规范各类业务活动、降低合规风险。

二是运行线上化。招商港口加快推进内控关键节点嵌入系统流程，风控流程信息化率已经超过 90%，其中重要节点的信息化率超过 96%，案件

管理、合同管理、风险监控、信用评级、应收账款预警及审计追责等工作均已实现线上化。

三是预警智慧化。招商港口预设风险偏好管理目标，针对海外、流动性、客户信用等重点风险，构建分类预警指标，以“风险探针”动态监控业务异常。该系统及时预警了某大客户应收账款的逾期风险，由于处置及时，将应收风险从超1.3亿元下降至3442万元。

（三）定制与聚焦，增强国际化风控

招商港口在完善海外投资及运营管理的基础上，重点把握国际环境风险趋势及海外属地动态，织密海外风险防控网络，以国际化风控支持公司践行海外战略。

一是提炼共性，海外审计专业化。招商港口借鉴国际审计程序、总结海外最佳实践，形成海外项目专业化审计指南，涵盖21个主要业务模块和108条管控流程。公司境外审计监督能力体系获得中国内部审计协会2021年度“内部审计促进组织贯彻落实党和国家重大政策措施”典型经验奖。

二是聚焦实务，海外风控定制化。招商港口根据各项目的属地实际情况，开展针对性的地缘政治、营商环境、法律合规、人员安全和保密等风险量化监测。以斯里兰卡、吉布提等海外项目为试点，出台专属的《涉外经济制裁与出口管制合规机制操作指引》，完善公司海外反制裁体系。编制《斯里兰卡地缘政治风险应急预案》，配备以风险事件等级响应机制，提升海外项目的应急管理能力。

三是多维监督，海外整治专项化。招商港口针对各海外下属单位开展“境外项目佣金中介费牟取私利”等专项整治工作，全面排查违规支付佣金、中介费情况。2021年以来联合主管部门，完成了6期海外固定资产投资管理审计暨投资管理专项巡查。2023年监督覆盖海外重点投资项目，完成在斯里兰卡、巴西、澳大利亚、吉布提、土耳其、法国等地的项目审计，成效显著。

（四）确权与赋能，建设职能化风控

招商港口的工作部署遵循内外部要求，明确风险管理各职能在公司治理中的地位和作用。

一是紧跟政策，明确方向指引。招商港口把握机遇期大力推动合规管理体系建设深化，董事会规管理工作决策机构，将强化合规管理纳入全局工作统筹谋划，一体推进。例如加快落实总法律顾问、首席合规官等体制机制建设（境内外已有 14 家下属单位完成总法律顾问及首席合规官设立），公司章程明确首席合规官的高级管理人员定位及聘任机制，为有效履职提供管理支撑。

二是研判形势，理清风险边界。招商港口提升重大风险评估成果实效，深化根因分析、量化管理，切实发挥重大风险评估导向作用。董事会审计委员会对风控重点事项进行审批，推进风控合规文化建设，评估风控合规管理的有效性并督促问题解决。

三是强化执行，确保监管目标。招商港口认真落实国务院国资委、招商局集团加强内控体系建设有关要求，有效完善招商港口内控体系。

三、改革成效

一是创建海外风险量化管理。招商港口探索建设海外风险预警指标监控模型，针对九大类风险领域建立 14 项监测指标，对 CICT、TCP 等 9 家重点投参资项目实施定期预警监控，范围覆盖亚非拉 7 个国家。指标模型获招商局集团认可，现已内部推广使用，上线运行风控管理平台，取得良好示范效应。

二是细化海外内控合规指南。招商港口推动海外内控合规体系建设，编制招商港口核心业务流程手册。在此基础上，梳理 IDIPO、CICT 等项目

主营业务及经营风险，制定《CICT 四位一体操作规程》《IDIPO 主营业务标准化流程四位一体手册》，进一步完善内控合规管理。

三是风险研究护航海外拓展。2023 年，招商港口编制了《境外合规国别报告——阿曼篇》1 份国别研究报告，《关于巴西港口业务相关政策变动的研究简报》《关于数据安全合规知识十二问答及合规建议》2 份合规简报，《关于欧盟打击协助俄罗斯规避制裁的主体的风险提示函》1 份风险提示函，以及《斯里兰卡地缘政治风险应急预案》等多份海外风险应急预案，完成中信保的已投保项目续保，保障海外人员和财产安全。海外主控项目未发生政治政策引发的风险事件。

四是夯实反制裁防火墙。招商港口根据欧美个别国家制裁名单，及时发布预警，开展排查。对制裁风险较高的 CICT、吉布提等境外重点单位建设防范试点，出具《涉美出口管制及经济制裁合规风险排查报告》《涉外经济制裁与出口管制合规机制操作指引》，未发生涉外制裁风险事件。

五是统筹海外诉讼协同应对。招商港口集中专业力量化解重大法律案件，LCT 项目办结 1 起保险索赔案（标的额 1380 万欧元），海外案件总金额大幅降低。

76

推动改革深化提升　走出特色发展之路

华润健康阜新矿总医院

一、基本情况

华润健康阜新矿总医院（以下简称“阜新矿总医院”）作为国企医院改革单位，自2018年起多次参与国企医院改革改制。2018年由辽宁省国资委牵头，改制重组成为辽宁省健康产业集团（以下简称“辽健集团”）医院之一，2019年参与辽健集团与华润健康的改革重组。历经数次改革与深化提升，阜新矿总医院在科技创新、资源配置、医院治理等多方面取得实效。

阜新矿总医院建院于1938年，是集医疗、教学、科研、保健、预防于一体的综合性国家三级甲等医院、全国百姓放心示范医院。医院开放床位1256张，有省级重点专科3个、市级重点专科8个，有中国医科大学兼职教授65人。下辖辽宁核工业总医院等成员医院4家。三年疫情期间，先后选派12名医护骨干驰援武汉，100余名医务人员前往新疆、西藏等外省市支援疫情防控。医院连续3年在华润健康业绩考核中综合排名持续领先。2023年，医院门急诊量86.4万人次，出院量7.1万人次，手术量1.5万台次，三、四级手术占比达到83%，各项医疗指标达到医院有史以来的高峰状态。2023年阜新矿总医院荣获全国改革创新先进单位、全国公立医院高质量发展优秀单位等多项国家级荣誉，荣获华润健康2023年度党建与业务“双标杆”佳绩，在2022年全国三级公立医院“国考”排名中又前进了23名。

二、经验做法

阜新矿总医院持续紧跟国企改革三年行动计划，紧扣时代性，突出人民性，在强有力的党建引领下，以科技创新推动改革实效、以优化资源配置激发改革活力、以提升活力效率增加改革动能、以全方位的改革成效推动医院实现高质量发展。

（一）完善科技创新体制，更好实现高水平科技自立自强

阜新矿总医院持续强化科技兴院意识，加强科技创新管理，科技赋能推动医院实现整体实力的跨越提升。

一是科技兴院，为高质量发展注入“催化剂”。为进一步推动医院科研工作的发展，阜新矿总医院制定出台科研经费管理办法、发明创造奖励协议、论文版面费报销及奖励规定，其中SCI论文不仅全额报销版面费，而且对论文达到一定标准的人员进行奖励。通过智慧化科技赋能，医院挂号、支付、查询等就医全程实现“一码通”“无纸化”。2023年总计为患者节约就医时间31万小时，降低办公成本58万元，节约工时4万小时。

二是学科强院，为高质量发展输送“新动能”。阜新矿总医院形成长远发展战略规划，全院以3个省级、8个市级重点专科为龙头，形成“人无我有、人有我优、人优我特”的学科局面。医院入选全国高级卒中中心，静脉溶栓技术在全国600家高级卒中中心中排名前30位。全国心脏康复中心、国家级心衰中心、房颤中心及辽宁省胸痛中心相继落户医院，构建了阜新市各类疾病顶级联盟的协同救治网络。

三是技术立院，为高质量发展输送“生产力”。为搭建医疗技术高地，

阜新矿总医院以培训强本领，以练兵强技能。2023年，“晨间论坛”“云端心术”等培训板块举办论坛、讲学200余场。组建阜新首家腔镜手术培训基地，“真刀实枪”培训演练。每季度组织开展一次岗位技能竞赛，在技能竞赛中强化培训效果。启动“青蓝计划”，为入职3年内的医师配备专属导师，让年轻同事跑出成长“加速度”。

（二）优化资源配置，加大战略性重组及专业化整合力度

阜新矿总医院坚持突出服务、聚焦专业性质，有序进退、提质增效，加大体制机制及资源的专业化整合力度和优化配置，从整体上增强服务百姓健康的能力。

一是“瘦身健体”盘活转化，以组织重塑提振发展势能。阜新矿总医院敢为人先，铲除历史“顽疾”，做好班子成员瘦身、部室瘦身、分院瘦身等“八道减法”夯实组织体系，做好引才渠道、提升留才实力、突出用才导向“三道加法”激活组织活力，纵深推进组织重塑。出台内部退养、带薪休假等一系列人事制度改革方案，多管齐下提高劳动效率和执行力，打造具备优势竞争力的组织能力。

二是“闲置资源”盘活新用，旧貌“焕”新颜增强发展活力。经过充分调研分析，阜新矿总医院将闲置多年的6号楼西区一至三层重新设计规划，变闲为宝，改扩建成省内一流的体检中心，“沉睡”多年的老楼“高颜值”亮相。为满足广大家长对儿童健康成长的需要，医院将闲置的6号楼东区四至五层打造成省内一流的乐园式儿科病房，环境妙趣完全颠覆传统就医模式，成为医院发展中又一重要举措。

三是“专家资源”活用赋能，人才优势激活服务新成效。阜新矿总医院活用优质专家资源，“引人”与“引智”兼顾。国内知名专家定期下沉医院出诊、手术、讲学、带教，解决百姓外地就医难题。出台返聘专家制度，根据专业需求，对达龄专家择优返聘，退而不休继续发挥专业优势为医院作贡献。活用医疗专家资源，在全市率先推出周六周日及节假日无差别门诊，百姓休假专家正常工作。因地制宜，建立紧密型医疗联合体，总院“大专家”定期到基层“小医院”出诊。

（三）提升活力效率，优化国有央企医院治理与发展运营机制

一是强化精益管理，运营效率赋能提质蓄势。阜新矿总医院坚持目标及效果导向，以价值医疗推动服务模式转变。建立事前、事中、事后全流程运营管控，优化成本结构，打造独具特色的 MDT 运营管理模式。2023 年医院药耗占比 17.3%，三年下降了 28%，处于全市、全省同级医院最低水平。医院精益管理成效惠及广大百姓，优良健康的发展态势为医院美好未来蓄能增势。

二是改革薪酬机制，优绩优筹激发工作热情。阜新矿总医院有效运用综合评分卡等一整套管理工具，以充分向临床一线医务人员倾斜为总体原则，建立符合新时期医院发展的薪酬考评分配体系，真正体现多劳多得、优绩优酬。近三年，医生年均收入从 9.02 万元增长至 19.3 万元。

三、改革成效

通过卓有成效的深化改革，阜新矿总医院实现了“三年再造一个新总院”的目标，做强做实了疗伤、康复、强壮的三步走战略基点。改革推进医院能级跃升，创新催生医院发生蝶变。

一是通过大刀阔斧的人事制度改革“瘦身强体”。阜新矿总医院非医疗人员占比由 30.46% 降至 16.1%，机关科室由原来的 46 个整合缩减为 13 个，科级干部由 46 名减少为 13 名，机关工作人员减少了一半。从原集团分流过来的 324 名非医冗员在改革驱动下已经全部得到了合理消化，部分冗员还在陪检队、医辅队等新岗位上迅速转变工作角色，为医院服务增添力量。

二是通过优化资源配置彻底唤醒“沉睡资源”。阜新矿总医院废旧资源再利用催生发展动能。以疾病链为中心，成功打造泌尿疾病、呼吸疾病2个一站式门诊，门诊量增比达到35%。打造省内一流急诊急救中心，持续优化“一病多翼”急诊急救体系，院前、院中、院后急救绿道畅通，日均收治急诊患者600人以上。成立手足显微外科病房，打造全市手足专业领军学科，断肢断指再植技术屡写急诊外伤救治传奇。

三是通过科技创新实现医疗服务“触手可及”。阜新矿总医院上线阜新市唯一的智慧病房，患者在床旁即可完成缴费、查询、与医护人员音视频对话，输液实现了异常报警及异常情况自动夹闭输液管，单个病区节省人工成本达2848小时/年。上线阜新市首家智能采血系统，全自动采血模式使患者等候时间由20分钟缩短到3分钟。上线阜新首个5G智慧院前急救系统，“上车即入院”的“绿灯”救治模式让“生命之路”畅通无阻。医院全面深化远程医疗建设，2023年完成远程会诊1500余例，危急关头为百姓架起“健康桥梁”。

77

丰富优质产品供给　发挥消费引领作用
以专业化改革推动高质量发展

香港中旅国际投资有限公司

一、基本情况

香港中旅国际投资有限公司（以下简称“中旅国际”）是中国旅游集团有限公司（以下简称“中国旅游集团”）旗下景区投资和运营的旗舰，为香港联合交易所上市公司（股票代码：00308. HK）。近年来，中旅国际以成为“一流旅游目的地投资和运营服务商”为目标，以专业化整合为抓手，围绕“一二二四”发展战略，即以旅游目的地开发运营为重点，聚焦自然人文景区和城市周边休闲度假目的地两大主要产品线，做优做精香港业务（含海外）、激活上市公司平台功能，打造投资、产品、运营及数字化4项核心能力，着力解决之前存在的商业模式不清、产品体系不健全、核心竞争力较弱等问题，推动企业高质量发展。截至2023年底，中旅国际旗下投资、运营全球范围超50家优质景区和度假区，年接待游客近3000万人次，已具备文旅全产业链运作、IP打造和国内领先的综合运管能力。

二、经验做法

（一）聚焦旅游主业，增强旅游产业引领力

一是突出做强做专要求，锚定目的地发展战略。中旅国际坚持以企业

为主体、市场化为手段，突出主业、聚焦实业，完善主责主业动态管理制度，逐步剥离房地产等非主营业务，重新确立内地景区业务及在港业务两大业务线，以及远程自然人文景区及城市周边休闲度假两条产品线，打造业务清晰、管理统一、运营一体的景区业务发展平台。2023 年新拓展 2 个香港投资项目、5 个内地投资项目，输出 7 个管理项目，在长三角、西北、西南等全国重点旅游目的地区域均进行了布局。

二是丰富优质产品供给，拉动景区消费增长。中旅国际密集推出沙坡头“钻石酒店”及“沙漠传奇音乐节”、泸州“桂里泊院”酒店、德天“天空之戒”打卡点、安吉“精灵之丘亲子农场”与网红“橘若酒店”等一系列精品项目，持续丰富游客体验，释放消费潜力。2023 年以来，旗下景区游客二次消费比例超 60%，较 2019 年提升 56%。

三是推动文旅融合发展，落实以文塑旅、以旅彰文。中旅国际率先成立文旅融合工作组，统筹文旅融合工作。开展“旅游 + 演艺”，原创剧目《天际密林》在海口国际免税城梦幻上演，并与中国中免共同推出“免税文旅周”创意活动。践行“旅游 + 文化润疆”，天创公司承接新疆喀什第二届“帕米尔之声”国际音乐节，获中宣部高度评价。赋能“旅游 + 文化 IP”，与国家级院团东方演艺签订战略协议，在安吉和乐山谷打造全国“青绿驿站”首店。世界之窗、沙坡头、锦绣中华等景区分别举办魔王电音嘉年华、中国好声音深圳决赛、音乐旅行嘉年华、超级音浪节等特色活动，培育文旅消费新业态、新热点。

（二）坚持对标一流，提高旅游业务核心竞争力

一是上下贯通，搭建三级对标体系。中旅国际建立完善并动态优化“公司整体—职能部门—业务单元”三级对标体系。整体重点关注发展规模、盈利质量、业务模式等，总部职能部门重点关注战略规划、成本管理、品牌孵化等，各业务单元重点关注运营效率、服务质量、产品创新等。选取20家上市旅游企业和行业领先旅游景区企业开展对标，重点关注“一利五率”、EBITDA（税息折旧及摊销前利润）、非门票收入占比和客户满意度等指标。

二是“一企一策”，构建核心竞争优势。中旅国际坚持以战略为导向，组织分业务线条、分业务类别开展核心竞争力梳理和打造。自然人文景区充分发挥央企优势，加大与地方企业合作力度，通过多种方式获取景区资源，提高资源掌控能力；休闲度假业务通过合作、并购、自研等方式，加速培育多层次、差异化的产品系列和品牌，满足各细分市场需求；主题公园突出创新商业模式，持续优化提升项目产品，打造开放、多元、时尚的文旅商综合体。

三是以客为先，持续提升客户满意度。中旅国际落实习近平总书记关于“诚信经营、优质服务”的重要指示，开展“管理服务提升年”专项行动，打造具有中旅国际服务理念、服务准则和服务文化的服务体系。通过对标学习“森泊”3S服务体系，找差距补短板，共创形成4D服务体系，推出自然景区“WILD”和度假区“SOUL”服务品牌，发布6套服务标准，以标准化、规范化抓实服务质量提升。

（三）发力科技创新，以数字化赋能传统旅游产业

一是提升数字化创新管理能力。中旅国际组织搭建数字化管理看板，上线35家企业、34家酒店数据，强化对景区的统一运营和管控。发布12期重大节假日文旅大数据报告，从节前预测、节后宣传、节后复盘3个维度形成数据参照体系，支持一线景区找准市场定位、瞄准目标客群，有针对性地进行产品和服务提升。

二是打造数字化创新营销平台和模式。中旅国际整合优化线上对客端，建设统一数字化对客平台，通过数字化系统集成丰富的数字化工具和营销手段。加强数字化会员体系运营，通过社群、公域转化、全员营销等方式形成稳定私域运营模式，并加大内部协同力度，打通集团大会员体系，实现与中旅免税、酒店、旅行等集团内部单位的协同营销。通过一系列数字化的创新营销模式，景区业务与客户的互动和黏性大幅加强，直销比较2019年提升超50%。

三是丰富科技创新应用场景。“世界之窗”开通国内首条景区无人机送餐航线及节庆表演，沙坡头景区推出“元宇宙数字门票”，与中国大熊猫保护研究中心都江堰基地联合发布“熊孩子”系列数字纪念票，用数字化方式呈现、互动、传播及搭载权益。多项应用促进了科技创新与业务融合水平的提升。中旅国际荣获第25届高交会2023年世界元宇宙生态大会“中国天鸽奖”领军企业奖，星旅TStar平台荣获中国旅游研究院2023年数字化转型示范案例，无人机配送餐项目获深圳总工会“匠新杯”服务创新银奖。

三、改革成效

中旅国际紧抓专业化整合契机，调整优化业务结构增强产业引领，苦练内功强化经营管理水平，加强科技创新应用推动业务转型升级，改革举措正在转化为实实在在的发展成果。

一是企业经营实现快速恢复。景区是受新冠肺炎疫情冲击的重灾区，三年疫情中业务基本全面停摆。但中旅国际并未停歇，着力抓改革、强管理、谋创新，为疫情后经营的快速恢复打下了坚实基础。2023年是疫情后的第一年，中旅国际全年实现营业收入37.39亿元，同比增长59%，较2019年增长29%；旗下景区共接待游客1141万人次，同比增长220%，较2019年增长10%。

二是新项目投资落地全面提速。2023年，中旅国际抢抓我国经济恢复发展机遇，全年新增投资7个文旅项目，完成君悦居收购，浙江千岛湖、大理洱海生态廊道、百色起义纪念园、新疆库尔墩营地等项目先后落地，企业发展动力明显增强。截至 2023 年底，中旅国际旗下 5A 景区已达 17 家、4A 景区已达 15 家。

三是经营管理和服务水平持续提升。中旅国际切实践行“诚信经营、优质服务”理念，增强核心管理能力，发布 4D 服务标准体系，推出自然景区“WILD”和度假区“SOUL”服务品牌。2023 年，旗下景区的游客满意度由 89% 提升至 97%，建设的对客数字化平台交易额已达 3.55 亿元，新增会员超过 90 万人，累计会员近 200 万人。

78

以“数”链人　数字化让管理行动更为敏捷助推企业创新发展

中节能大数据有限公司

一、基本情况

中节能大数据有限公司（以下简称“大数据公司”）成立于2021年9月，是中国节能环保集团有限公司（以下简称“中国节能”）旗下专注于生态环境领域的大数据互联互通及价值挖掘、生态环境领域的数字化应用场景开发与大数据应用服务的二级全资子公司。作为中国节能战略支撑板块，大数据公司对内承担中国节能管理信息化和数字化转型的战略任务，对外支撑中国节能以生态环境大数据服务国家碳达峰碳中和目标，打造集团新的数字化竞争优势，拓展产业数字化业务。

作为一家新成立的公司，大数据公司不仅要快速搭建团队，迅速构建管理能力，还要在短时间内实现公司战略目标快速突破，推进传统业务快速升级。为此，大数据公司急需借助数字化管理方法和工具，重点突出创新创效，实现工作有序开展和管理闭环。

二、经验做法

（一）使用“管理视图分析法”，构建创新思维

大数据公司为在最短时间内实现高标准工作要求，将战略目标转化为

团队目标，纵向拆解到个人，确保事事有人管、人人有专责、办事有标准，创新使用“管理视图分析法”，按照“六区七步法”（绘制管理蓝图、形成管理视图、优化责权分配、优化资源配置、强化风险控制、细化过程管理、规范文件文档7个步骤）对组织管理活动进行逐级分解。首先绘制理想状态下的管理蓝图（MSO），并与组织现状进行比对后形成现实状态下的管理视图（MBL）。在此基础上，针对管理视图中的每一事项，细化与之一一对应的责权分配安排、资源配置安排、风险控制安排、过程管理安排、文档管理安排，从而实现6个基本要素的相互协调和统一。同时结合“五定工作法”（定工作事项、定人员责任、定资源机制、定标准要求、定时间验收），通过制定明确的管理目标、管理标准，让员工各司其职，形成管理闭环。推行“管理视图分析法”后，大数据公司本部7个职能部门和4个业务部门累计完成各级事项分解近3000项，达到事项合理、权责清晰、标准明确、风险可控、模板优质，在保证公司日常经营管理工作规范有序的同时，基本实现事项管理的规范化、标准化。

（二）打造“悉数系统”，推动创新应用

为了帮助员工更好地借助“管理视图分析法”，将成熟的、成套的工作方法沉淀，将个人的能力转化为组织能力，为公司经营管理工作持续赋能，大数据公司自研开发企业数字化驱动沉淀管理系统（简称“悉数系统”），以此形成公司总体管理架构。“悉数系统”以管理蓝图打造系统数据底座，建设工作管理、任务管理中台，持续丰富迭代管理事项权责库、标准库、风险库、模板库、资源库、成果库，通过事项驱动工作任务，让每一个任务清晰、简洁、明确，将人力资源更好释放到创新型工作中，沉淀管理知识、数据和成果，形成知识积累的生态循环体系，让每一个员工都能充分借鉴历史经验，指导其当下工作，又通过员工创新、优化，持续赋能公司管理体系。公司领导、部门负责人可通过管理驾驶舱及时了解公司及部门重点工作任务的进展、难点和沉淀情况。“悉数系统”作为“管理视图分析法”的承载和升级，是公司数字化转型的主线，通过落地协同、过程跟踪、绩效评估，强调战略任务执行效果；通过重点任务挂图作战、实时监测预警，辅助管理者全局掌握战略态势；通过流程再造，提升任务执行过程的合规性，降低经营管理风险。

下一步，大数据公司将以打造最优组织为目标，在“悉数系统”中研究嵌入大模型等人工智能新技术，培育自主经营管理大模型，将“悉数系统”打造为案例丰富、数据翔实、智能加工、可辅助战略制定和投资决策的智能化系统工具，全面支撑战略转型和经营管理。

（三）使用“KPI + GS + OKR”和员工积分制，强化创新激励

为了将公司创新发展与员工个人的发展目标建立有效联系，最大限度地激活人的要素，最大范围内调动人的积极性，强化创新创效指标对公司改革创新工作的激励推动作用，大数据公司推行以“KPI + GS + OKR”为主的组织绩效管理方式和以积分制为主的员工绩效管理方式。KPI（关键业绩指标）将公司的战略发展规划、年度经营计划自上而下层层分解，突出以战略为中心，倾向于量化、确定性的指标；GS（重点工作任务）重点关注各部门职能线的规定动作、阶段性及临时性工作，与关键业绩指标KPI互为补充；OKR（创新创效业绩）支撑战略、聚焦精简、挑战、透明与自我驱动，自下而上，由相关部门根据公司战略目标，主动提出能够为公司带来收益的技术创新或管理创新的工作任务。员工积分制考核结合不同岗位的职责内容，根据任务完成量和质量（工作任务占比80%，综合能力素质评价占比20%），对员工实行可量化积分制考核。将绩效考核结果与部门绩效奖金包挂钩，作为奖金发放、职级调整、评优评先及市场化退出的重要依据。大数据公司将KPI和GS指标中常规的、明确的流程，通过“管理视图分析法”进行梳理，对应到“悉数系统”进行任务沉淀，不

仅能使每一个员工在最短的时间内知道任务目标、标准、流程，提升人工效能，还能实现管理留痕，为进一步员工业绩考核评估提供数据支撑。同时在绩效考核中导入 OKR 指标，变传统的绩效考核管控为创新创效激发，整合全体员工创新共识，重构组织的凝聚力。2023 年大数据公司共计完成“KPI + GS”115 项，OKR 全年共完成创新创效指标 4 项，助力公司战略快速落地和员工个人的快速成长。

三、改革成效

一是从“战略目标”到“任务安排”，实现战略任务量化可视。大数据公司通过“管理视图分析法”和“五定工作法”落实和传递工作目标，使工作任务明确、目标清晰、标准可依，实现战略分解全局掌控、任务动态一目了然。以原历史遗留项目债权清收任务为例，梳理债权清收项目合计 64 个，分解量化一级事项 191 个、二级事项 456 个、三级事项 716 个，累计实现债权清收回款 26013 万元；以采购管理为例，编制标准采购范本文件 66 套，规范物资品名 651 个、属性值 1960 个，实现采购台账、开评标流程标准化，系统全口径集中采购率提升至 97% 以上，采购成本压降率超过 10%。

二是从“线下商议”到“在线协同”，实现工作流程高效重塑。以前企业管理者 70% 以上的时间都用在沟通上，沟通协作效率直接影响了管理效率。大数据公司打造的“悉数系统”既是一个管理过程载体，又是一个全景知识库，还是一个员工和人工智能新技术协同交互的平台。“悉数系统”形成统一协作平台，实现基于统一平台的流程重塑、实现管理的强在线沟通和工作的强在线协作，提升了管理协同效率。

三是从“业绩合格”到“创新创效”，实现组织和个人能力演进提高。“悉数系统”的建设，将员工从大量的重复标准化工作中解脱出来，从而有更多时间用于创新创效，不断提升公司的创新能力。有效的绩效管理方式使组织和员工均聚焦于公司核心目标的实现，为公司在数字化时代重塑管理模式提供了抓手。作为初创公司，成立两年来，大数据公司不仅完成年度经营指标和专项任务，内部管控信息系统也逐步完善，科技创新取得长足进步。“长江云”完成核心数据结构及三大应用18个功能模块的设计；“零碳云”中的绿色账户大数据管理平台完成首版次产品开发，可实现绿色发展数据全景汇集。“悉数系统”以原创自研的“管理视图分析法+悉数系统”对组织管理模式进行数字化升维，破解目前企业管理中管理事项不全、权责不清、标准不明、风险不严、干法不一的问题。以数据为矛打通企业管理堵点，精准服务企业战略任务主线；以标准为基夯实企业管理能力，牢牢守住企业经营风险底线；以创新为要持续优化成果产出，不断突破企业经营发展上限。

未来，悉数系统将持续迭代方法论和数字化工具，服务于企业强能力、提效力、增动力、挖潜力、促活力，以数字化思维和数字化技术构建企业组织管理的最优生态循环。

79

找准定位　健全机制　激发活力 加快推动国家高端智库建设取得新成效

中国国际工程咨询有限公司中咨战略研究院

一、基本情况

中国国际工程咨询有限公司（以下简称“中咨公司”）成立于1982年，是为实现国家建设项目决策科学化、民主化，经国务院批准成立的综合性咨询机构。2022年6月，经党中央批准，中咨公司正式成为国家高端智库建设培育单位。按照党中央有关要求，为更好服务党和政府重大决策需求，作为中咨公司智库建设的内设机构及平台组织，中咨战略研究院持续深化改革创新，优化完善组织架构，加快推动体系化建设，完善智库项目及成果管理，注重发挥产业咨询和政策研究协同效应，强化智库核心功能，不断夯实智库建设基础。2023年上报中央部门决策咨询信息超过100篇，多次获得中央领导同志重要批示，探索走出了一条企业智库建设发展道路。

二、经验做法

2023年，中咨战略研究院紧盯高端智库建设目标，系统推进功能性改革任务，建立健全科学有效的管理机制，搭建高端智库建设的“四梁八柱”，服务中央决策能力不断提升，智库建设驶入快车道。

（一）找准功能定位落实中央部署

一是中咨战略研究院认真学习习近平总书记关于加强中国特色新型智库建设的重要讲话和重要指示批示精神，按照建设专业化高端智库的要求，结合自身优势，扎实开展智库建设功能性改革，确定将服务国家经济社会重大工程建设、国防科技工业发展、高质量建设“一带一路”作为重点领域，进一步明确研究领域和主攻方向，努力在一两个领域形成特色、形成品牌，走“专、精、尖”的发展道路。

二是中咨战略研究院坚持将中央指示作为智库选题和研究的基本准则，及时回应中央重大关切，主动开展重大问题研究，一大批智库成果被上级单位吸收采纳，体现了国家高端智库生力军的使命和担当。

三是加强制度建设。中咨战略研究院结合实际研究制定了10余项规章制度，建立了智库运行管理的基础制度体系。

（二）探索企业型智库管理体制

一是优化内部架构。中咨战略研究院遵循智库运行规律和决策咨询工作规律，创新组织形式和管理方式，有效加强研究院运行管理，健全支撑部门、综合类研究中心及产业研究单位，有效凝聚公司内外各专业研究力量，在咨政建言、学术交流、成果应用、对外宣传等方面发挥了积极作用。

二是设立国家高端智库理事会。中咨战略研究院聘请了17位具有较高社会影响力、丰富决策咨询经验的省部级领导、院士专家为高级顾问，加强对高端智库建设重要事项研究审议。

三是成立高端智库学术委员会。在已有专家学术委员会的基础上，中咨战略研究院设立了基础设施、产业发展、战略与管理咨询等11个专业委员会，汇聚省部级老领导、院士等35位特邀委员及各领域专家308人，共同为高端智库建设出谋划策。

（三）强化智库建设激励机制

一是激活智库建设内生动力。中咨战略研究院充分调动各方参与智库建设主动性，加大重大课题研究投入和经费支持力度，完善高端智库建设奖励管理制度，不断加大智库成果奖励力度。2023 年共发放智库成果奖励资金 466 万元，有效提升了智库研究人员的获得感。同时，加大智库成果在职称评审、职位晋升、培训学习和推荐先进等方面的权重，大大激发了广大职工参与公司高端智库建设的积极性。

二是加强科研管理与组织。中咨战略研究院不断优化科研组织模式，健全以决策研究为导向、以研究团队为核心、以科研项目为纽带的管理方式。对于各单位自行选择的课题，由高端智库学术委员会组织评审和遴选；对于国家高端智库理事会课题，由中咨战略研究院牵头组织各专业研究中心开展研究。2023 年承接国家高端智库重点课题 10 项，有关研究成果得到委托部门高度认可。

（四）加强智库研究人才队伍建设

一是选好配强公司首席专家。中咨战略研究院按照政治素质高、专业能力强、社会影响大的基本要求，经履行内部程序共选聘公司首席专家 5 人，涵盖能源、交通、规划、国际合作等相关领域，牵头专业学科智库研究，充分发挥首席专家专业能力和领军作用。

二是坚持引进与培养并重，不断完善高端人才引进机制。中咨战略研究院持续加强战略型人才培养，建立健全智库人员绩效评价办法，基本形成了一支规模适中、年龄和专业结构合理、富有创新精神和活力的智库研究队伍。2023 年引进各领域智库研究人才 38 名，智库研究人才队伍进一步发展壮大。

三、改革成效

一是全力支撑中央科学决策。第一是智库建设成效显著。2023 年中咨战略研究院共上报政策研究成果 136 篇，综合采用率 87%，在中办直报点中再次排名年度第一、在国办中央企业和金融机构中排名第二。先后 7 次获中办、国办、中央财办、中央国安办等单位表扬。第二是服务国家重大战略和规划作出新贡献。承担国家“十四五”规划 102 项重大工程中期评估、长江经济带发展规划纲要中期评估、粤港澳大湾区发展规划纲要中期评估、京津冀暴雨灾后重建规划评估等重大任务，有力支撑国家重大战略高质量实施。第三是助力国家现代化产业体系建设。开展先进制造业和现代服务业、重大科技基础设施、东数西算、人工智能、集成电路、“卡脖子”攻关等领域咨询论证，深入开展央企战略性新兴产业布局研究。

二是扎实开展重大课题研究。中咨战略研究院在主题教育期间深入开展调查研究，完成南平山区农业现代化调研报告并获得各方好评，参加中央财办社会主义现代化强国建设研讨会并承担有关课题研究任务。加强与中国工程院、清华大学等 10 余家国家高端智库的交流合作，形成了一批分量重、有影响的研究成果，如与中国工程院合作开展新时代重庆发展战略定位、重大工程支撑经济社会高质量发展、现代化产业体系等重大课题研究，得到高度评价。

三是积极服务对外工作大局。中咨战略研究院围绕“一带一路”相关问题上报研究成果近 20 篇，参加第三届“一带一路”国际合作高峰论坛，积极承担“一带一路”相关咨询工作，开展了冈比亚电力提升项目可行性研究、中欧班列基础设施堵点研究、中老柬电力合作项目论证、水电工程涉外风险评估、沙特大陆桥铁路网项目论证等咨询任务，为“一带一路”高质量建设提供决策咨询和智力支撑。同时积极与美中关系全国委员会等

8 家美知名智库及韩国产业经济贸易研究院等国际机构开展交流合作，通过学术交流、互学互鉴、定期互访等形式不断提升我国智库世界影响力。

下一步，中咨公司将紧紧围绕国家高端智库建设的发展目标，全面落实改革深化提升行动实施方案，指导中咨战略研究院不断提高智库建设质量和研究能力，进一步夯实高端智库建设基础，为中央科学决策提供更加有力高效的服务支撑。重点开展战略性、前瞻性课题研究，立足经济建设一线加强咨询成果向智库成果转化，确保高质量研究成果不少于 120 篇。加强智库建设规范化管理，探索设立宏观经济、世界经济、现代产业、区域战略、工程理论 5 个新型研究团队，提升综合性研究水平。进一步完善高端智库建设制度体系，加强智库研究全过程管理和统筹。建立研究报告发布机制，不断扩大“中咨智库”品牌影响力。

80

深化矿区一体化改革 提升企业安全保障能力

中煤平朔集团有限公司

一、基本情况

中煤平朔集团有限公司（以下简称“中煤平朔集团”）成立于1982年，是中国中煤能源股份有限公司全资子企业，作为中国中煤能源集团有限公司（以下简称“中煤集团”）二级企业管理。中煤平朔集团主营煤炭、煤电、煤化工、新能源、生态、服务、装备制造等业务，是中煤集团煤炭生产核心企业，也是国家重要的动力煤保供基地和亿吨级煤炭生产基地，多项指标位居行业领先水平。

中煤平朔集团在改革中诞生、改革中发展、改革中壮大，改革底色始终贯穿公司发展历史。中煤平朔集团登记注册了我国第一张中外合作企业营业证书，开创了国家引进外资、设备、技术、管理及露天矿大型设备国产化的先河，以“三高一快”的平朔模式推动国家煤炭工业露天开采水平一步跨越30年，被誉为“中国改革开放试验田”。

二、经验做法

中煤平朔集团聚焦增强核心功能和提升核心竞争力，深入推动平朔矿区一体化管理改革，与平朔矿区另一管理主体中煤平朔发展集团有限公司（以下简称“中煤平朔发展公司”）进行重组整合，完成从总部到基层、从组织到人员、从体制到机制的全面管理改革，实现平朔矿区管理主体统一、权责明确、流程顺畅、运转高效、执行有力。

（一）扎实推进“三个整合”，彻底实现矿区一体化管理

中煤平朔集团重点围绕“突出实业、聚焦主业、做精一业”目标，不断加大专业化整合力度。

一是推进业务整合，聚焦主责主业。中煤平朔集团按照“一业一企、一企一业”原则，坚持中煤特色“两个联营+”发展思路，强化矿区产业统筹布局，整合中煤平朔集团与中煤平朔发展公司原有10个业务领域，形成煤炭、煤电、煤化工、新能源、生态、制造、综合服务七大业务板块，进一步聚焦煤炭主业发展，不断提升能源保供能力。成立制造和综合服务事业部，对制造和综合服务等业务实施专业化管理，进一步提高专业化管理水平。

二是推进资产整合，有效盘活存量。中煤平朔集团坚持“有进有退”，通过整体收购中煤集团所持中煤平朔发展公司股权，实现矿区资产一体化整合，并以资产整合为契机，加快清理退出不具备竞争优势、缺乏发展潜力的“两非”业务和低效无效资产，不断夯实资产质量。

三是推进人员整合，实现精简高效。中煤平朔集团坚持“人随业务走”和“精简高效”思路，全面整合中煤平朔集团、中煤平朔发展公司员工，实现矿区人员一体化管理，在保持矿区稳定生产经营的同时，逐步依法合规清退外包人员，引导员工树立价值导向，积极向生产一线流动，有效提升劳动生产效率。

（二）坚决抓好“三个同步”，系统构建一体化管理机制

中煤平朔集团在业务、资产、人员整合过程中，坚持“三个同步”，及时优化调整总部机构，迅速完成一体化管理机制建设。

一是组织机构和人员编制同步压减。中煤平朔集团深入开展“三去”改革，推行“去科室”，拆掉“科室墙”，实施“项目制”管理，强化沟通合作；推行“去中心”，设立模拟公司，划小核算单元，建立市场化经营机制；推行“去下挂”，撤销部门下挂中心等各类机构，整合设置专业服务单位，实施“管办分离”。一体化整合后，中煤平朔集团总部部门和承担总部职能的机构数量压减近 50%，人员编制压减 600 余个、降幅 53%。

二是公司总部和所属单位同步推进。在公司总部改革的同时，中煤平朔集团积极推进下属单位改革，形成“二三级联动”的改革新模式，打造“一专多能”的基层人才队伍，所属单位总部机构压减 70 个、降幅 26%，岗位编制压减 935 个、降幅 42%。

三是岗位职级和薪酬体系同步优化。中煤平朔集团健全完善“三层五级三通道”岗位体系，畅通管理、技术、操作 3 条职业发展通道，拆除职级晋升“独木桥”，打破员工成长“天花板”。坚持“以岗定薪、为岗付薪、一岗一薪、易岗易薪”，强化价值导向，系统开展单位和岗位价值评估，深入推进薪酬体系改革，形成单位与单位之间、岗位与岗位之间合理拉开收入差距的良好局面。

（三）构建“123”管理模式，全面优化组织管控体系

中煤平朔集团坚持战略导向、问题导向，构建“一套体系”“两本手册”“三个支撑”，积极探索内部业务差异化管控新模式、新路径，切实激发企业发展活力动力。

一是融合“一套体系”，完善运营管控顶层设计。中煤平朔集团以“四化”（管控体系一体化、管控结构扁平化、管控模式差异化、管控手段专业化）为核心，对平朔矿区原有两套管控体系进行有机融合。重新构建

平朔矿区组织管控体系，进一步强化中煤平朔集团总部战略承接、业务统筹等核心职能。针对不同业务板块探索开展差异化授放权，推动市场化程度较高的制造和综合服务事业部运营职能下沉，“让听得见炮声的人做决策”。

二是用好“两本手册”，实现科学合理授权放权。中煤平朔集团根据整合情况和运营管控需要，系统梳理战略决策、业务运营、支撑保障、监督评价四大类、369 项具体职责，形成《中煤平朔集团有限公司职权配置手册》，强化总部专业化管理。编制《制造和综合服务事业部职权配置手册》，在资产管理、市场开发、生产运营、安全监管、节能环保、现场管理等方面对事业部实施差异化授放权，更好地激发经营活力。

三是配套“三个支撑”，保障组织管控体系落地。中煤平朔集团紧密围绕组织机构、管控模式优化实际，全面开展制度流程“立改废释”。加快推进信息系统迭代升级，不断加强管理流程数字化建设，实现“制度流程化、流程表单化、表单数字化”有效衔接。深入开展改革“回头看”，组织召开“平朔矿区深化改革座谈会”，广泛听取干部职工问题反馈和合理建议，动态优化完善组织管控体系，确保符合企业经营实际。

三、改革成效

中煤平朔集团通过实施平朔矿区一体化管理改革，实现战略一体化统筹、业务一体化协同、管理一体化整合，企业核心功能得到明显增强，核心竞争力得到显著提高，科技创新、产业控制、安全支撑“三个作用”得到有效发挥，公司七大业务实现高质量耦合发展。

一是安全支撑能力显著提升。通过改革，中煤平朔集团实现平朔矿区管理主体统一，更好落实管理主体责任，有效提升企业本质安全能力，筑牢能源保供安全底线，奠定先进产能释放基础，圆满完成煤炭保供任务，全年自产原煤完成 8468 万吨、超预算 368 万吨，商品煤外运总量完成 7715 万吨、超预算 565 万吨，电煤中长期合同履约工作得到山西省能源局通报表扬，安全支撑能力显著提升。

二是科技创新能力显著提升。通过改革，中煤平朔集团进一步优化平朔矿区创新资源配置，加快推进智能化煤矿建设，率先在中煤集团内部实现智能化矿井建设全覆盖，东露天矿及选煤厂通过国家能源局中级智能化示范煤矿验收，成为国家首批 47 处智能化示范煤矿之一，率先实现真实作业场景下无人驾驶卡车、电铲、辅助设备协同编组化运行。深入开展换电重卡和新能源卡车替代燃油卡车研究，首台 120 吨级充电重卡在安家岭露天矿投入试运行。加强产学研合作，开展矿山环境治理恢复前沿技术攻关，排土场复垦区植被覆盖率达到 95% 以上，成为晋陕蒙黄土高原区域矿山生态环境恢复治理的先进典范。

三是产业控制能力显著提升。通过改革，平朔矿区在经营管理、业务赋能、资源利用、生产经营等方面实现了 1 + 1 > 2 的协同效应，主责主业各项经济指标再创历史新高，利润总额、净资产收益率、全员劳动生产率、研发经费投入强度、营业现金比率、资产负债率等指标全部超额完成。充分发挥矿区煤、电、化、水、新能源一体化协同优势，加快追“光”逐“绿”步伐，煤基烯烃新材料及下游深加工一体化项目取得全部前期手续批复，2 个分布式光伏项目成功并网发电，3 个大型集中式 360 兆瓦光伏并网发电项目开工建设，取得一个 600 兆瓦光伏制氢国家风光大基地项目建设指标。

81

强化科技创新　推进数智升级
不断提升企业高端制造能力

中煤北京煤矿机械有限责任公司

一、基本情况

中煤北京煤矿机械有限责任公司（以下简称“中煤北煤机公司”）成立于1958年，是中国煤矿机械装备有限责任公司全资子企业，作为中国中煤能源集团有限公司（以下简称“中煤集团”）二级企业管理。中煤北煤机公司1970年研制出我国第一台BZZB型垛式支架，1972年实现国内首台（套）液压支架用于阳泉矿务局，现已发展成为集研发、制造、销售、服务于一体的井工煤矿综采液压支架及智能控制技术产品专业供应商和服务商，是国内主要煤机出口基地之一，主要产品市场占有率国内领先。

2023年以来，中煤北煤机公司以入选“科改企业”为契机，聚焦增强核心功能和提升核心竞争力，不断加大改革创新力度，围绕智能化、数字化建设、高端装备制造，不断加大“卡脖子”关键技术攻关及应用力度，高端产品占比保持80%以上，产品市场覆盖全国各大煤炭基地100余个重点煤矿，部分产品出口俄罗斯、澳大利亚等多个全球主要产煤国家，为中国煤机装备国产化和“安全、绿色、智能、高效”开采作出了重大贡献。

二、经验做法

（一）聚焦创新体系建设，激活技术产品研发“新动能”

一是着力强化创新顶层设计。中煤北煤机公司夯实科技创新“一把手工程”地位，将科技工作评价与年度绩效考核挂钩，推行“总工程师责任制”，所属各单位总工程师亲自挂帅科研项目，定期研究部署落实科技工作，推动科技创新工作再上新台阶。围绕“支撑建设世界一流能源企业”目标，调整《“十四五”科技创新规划》，聚焦支撑公司转型发展的重大关键课题，以产业需求为导向，找准技术“卡点”，明晰迭代方向，大力开展科技攻关，确保创新资源对产业链的有效覆盖。建立研发投入刚性增长机制，设置研发经费最低阈值，2023 年研发投入强度达到 7.51%，创历史新高。

二是着力完善科技研发工作机制。中煤北煤机公司修订《创新激励管理制度》，优化科技成果承接转化机制和利益分享模式，推行科技成果转化激励，实现科研精锐团队与企业风险共担、利益共享。优化科研项目组织模式，2023 年实施“揭榜挂帅”项目 102 项，充分赋予项目负责人更大技术路线决定权和经费使用权，不断提升科技研发投入产出效能。完善《产学研用合作创新管理办法》，深化“小内脑 + 大外脑”创新机制，依托公司“六中心一站”（国家企业技术中心、国家能源煤矿采掘机械装备研发（实验）中心、国家能源煤矿支护装备技术评定中心、国家 CNAS 认可检测中心、北京市设计创新中心、煤炭行业工程研究中心和博士后科研工作站）创新平台，与京津冀国家技术创新中心、高校及科研院所等开展产学研深度合作，不断加大行业原创性、引领性科技攻关力度。

三是着力健全科技人才培育体系。中煤北煤机公司成立企业内部人才培训中心，实施“人才支持计划”和“卓越工程师培养计划”，不断扩大高素质技术、技能人才培养规模。坚持“引进来”与“走出去”并重的人才培养方式，着力培养一批数字化转型人才、高端制造技术人才、先进基础工艺人才和具有突出技术创新能力的科研尖兵。

（二）聚焦核心技术攻关，勇攀科技自立自强“新高峰”

一是推进智能高端产品研发技术攻关。中煤北煤机公司锚定液压支架智能化发展方向，深入研究液压支架发展新技术，加强大数据信息系统服务与产品研发结合能力，自主开发 BMX（北煤 X）全数字 AI“1 + N”、BM18C、UWB 人机物精准定位等智能产品，在液压支架整体智能化技术、智能化工作面设备集控系统技术等方面取得新突破。

二是推进“卡脖子”课题协同攻关。中煤北煤机公司与中国科学院半导体所、机械总院、天津亚琛合作开发超高速激光熔覆技术，实现产业化应用。与辽工大战略合作开发煤矿机器人及防锈防腐蚀技术，与中国矿大合作开发液压支架四连杆优化程序及立柱千斤顶密封检测手段，推动“卡脖子”问题有效解决。加大基础创新力度，以国务院国资委、国家能源局重点科技专项为依托，加快液压支架前置全数字双 CAN 冗余智能控制系统等原创性引领性科技攻关，在细分领域形成一批克敌制胜的“杀手锏”，在战略性新兴产业高端设备制造领域引领发展。

三是推进绿色低碳核心技术攻关。中煤北煤机公司紧盯新能源装备制造及服务前沿技术，开展绿色低碳领域前沿技术和颠覆性技术、绿色开采支护与绿色制造技术示范攻关，提升企业绿色制造水平，扩大国际市场竞争力。

（三）聚焦数智赋能生产，打造高端制造能力“新引擎”

一是倾力打造智能制造新模式。中煤北煤机公司加大技术改造和设备投入力度，推动传统煤机制造产业数字化、智能化转型升级，大力引进高精数控车床、数控铣床、数控焊接机器人等先进设备，打造智能化生产基地，不断提升产品高端制造能力。建设30万级洁净度车间，配套18种辅助设备，打造煤机行业PCB板首条SMT电路板生产线，全流程实现智能产品核心部件“黑灯”生产，大幅提高生产效率和产品质量。构建“一企三地”焊接机器人集群，通过成批焊接机器人投入车间规模化作业，实现液压支架主要结构件自动化高效焊接。建设绿色增材专业生产制造车间，增加高速激光熔覆生产线，代替传统电镀作业，提升绿色高端制造水平，推动企业转型升级。推进“智慧一期项目”建设，打造智能产品智慧园和液压油缸柔性智造园，实现智能产品迭代升级。

二是全面提升数字制造新优势。中煤北煤机公司以BMX全数字智能控制原创新产品为基点，推动数字化产业能力进一步聚集，通过推动5G、AI、数字孪生、大数据等技术的应用，实现产品在智能控制和分析、智慧煤矿无人工作面特色场景的落地，全面提升数字化创新能力。建立全数字化视频监控网络，实现作业现场全天候特定场景AI视频识别和报警功能。建立各类数字应用平台，打通营销、研发、工艺、供应链、生产制造、售后服务等环节，构建高效协同的综合管理应用平台，实施业财一体化管控平台项目，实现业务与财务一体化管控。

三、改革成效

中煤北煤机公司秉承创新引领，依托关键核心技术，聚焦高附加值、高精度、高技术含量、高市场潜力产品研发，取得了一系列丰硕成果，持续引领行业发展，为企业高质量发展注入新动能。

一是生产经营业绩取得新提升。2023年，中煤北煤机公司订单拥有量同比增长26.66%，实现产值同比增长14.19%，营业收入同比增长15.14%，全员劳动生产率同比增长13.68%，净利润增长率59.97%，主要经营指标再创历史新高。

二是高端制造技术取得新突破。中煤北煤机公司成功研发世界最大采高 10 米智能化液压支架，形成并应用全球最高技术质量及检测企业标准 8 项。BMX 全数字智控产品等关键核心技术攻关取得 20 多项成果，BM18C 电液控制系统所有核心芯片均采用国产芯片，解决国外技术“卡脖子”难题。2023 年，研发设计新支架 208 种，7 项首台（套）创新产品，主持或参与标准制定 32 项，专利受理 69 项。

三是高端产品市场取得新拓展。2023 年，中煤北煤机公司交付中高端产品市场占比超过 85%，主动融入全球市场。以“一带一路”为重点拓展高端产品国际业务市场，“中国芯”BM18C 电控产品出口俄罗斯，高端支架首次打入哈萨克斯坦市场，创新型短壁连采工作面液压支架成功出口澳洲，中煤北煤机公司品牌国际影响力显著提升。

四是科技创新成果取得新亮点。中煤北煤机公司液压支架入选工业和信息化部“第七批制造业单项冠军产品”，“基于 MDG 标准的高端产品超高疲劳寿命试验及方法”获得第七届中国工业大奖提名奖，“高功率固体激光器关键技术”荣获中国光学科技奖成果应用类一等奖。

82

突出“因企制宜” 构建市场化机制 推动老企业焕发新活力

上海大屯能源股份有限公司

一、基本情况

上海大屯能源股份有限公司（以下简称“上海能源公司”）是中国中煤能源集团有限公司（以下简称“中煤集团”）所属3家控股上市公司之一，中国中煤能源股份有限公司持股62.43%，作为中煤集团二级企业管理。经过多年发展，上海能源公司形成了煤炭、电力、铁路运输、机械制造及能源综合服务等一体化经营产业链，生产煤炭主要品种为1/3焦煤、气煤、肥煤和不粘煤，实现了煤炭产品全入洗和自营铁路运输。2023年以来，上海能源公司以入选“双百企业”为契机，进一步加大内部改革力度，将市场化机制和价值链理论融入企业管理全过程，以市场化机制撬动管理升级，形成中煤特色新型市场化管理模式，取得明显改革成效。

二、经验做法

上海能源公司秉持“权责清晰、体系完备、机制长效、要素健全、科学规范、精简高效”目标，坚持系统谋划、试点先行、稳步推进，不断完善市场化运营机制，全面推动内部改革走深走实，切实激发企业经营活力。

（一）聚焦“市场化”，全面构建新型经营机制

上海能源公司将市场化机制融入生产经营全过程，实现机制调动和行政统筹有机统一，大幅提升资源配置效率。

一是建立交易结算运行体系。上海能源公司精准划小业绩核算单元到区队/车间、班组、岗位，明确交易结算主客体，准确界定工作范围和职责边界。坚持“干什么活拿什么钱”“干多少活结多少钱”，大力推行“以量计资”，强化“零保底”定价计量，制定价格、计量、交易、结算管理办法。建立信息化计量交易结算流程，明确生产单位每项产品、每道工序价格，实现区队自己会算结多少、职工当班能查挣多少。工资结算上不封顶，区队间月度结算最高最低人均差异可达 1 万元，职工增产创效积极性大幅提升，所属姚桥煤矿全员生产效率达历史最好水平。

二是建立“增人不增资、减人不减资”机制。上海能源公司严格按定编定价结算工资，倒逼生产区队算好“人员经济账”，主动谋划调减不适岗人员，取消辅助班组，推行大班人员小班化，进一步精干班组人员配置，所属矿井采煤队平均用人由原 160 余人减至 130 人。

三是推行“谁用人谁付工资”机制。上海能源公司在所属矿井内部建立放炮员、电工、维修工等技能人才共享库，“战时”随时交叉使用，实行“在哪儿干活在哪儿报工”，结算工资通过信息化平台自动结转，推动区队间人员流动和兼岗作业成为常态。抓住“链式结算”突破口，通过建立计量数据审批流程和双方确认机制，有效解决辅助服务计量难题，推动辅助单位由“发工资”变为“挣工资”，大幅提升辅助单位生产服务积极性。

（二）突出“差异化”，切实实现“收入能增能减”

上海能源公司以引入价格机制为关键，逐步完善定额、价格、计量、结

算4项管理基础，科学构建差异化薪酬分配体系，全面实现“按劳分配”。

一是抓住薪酬改革“牛鼻子”。上海能源公司全面开展“四定”（定责、定岗、定编、定员）和岗位价值评价，综合运用“宽带薪酬”和“双轨路线”理念，打破传统定薪模式，由“以职称职级定薪”调整为“以岗位价值定薪”，更加突出主业主责和核心职能，加大薪酬向生产一线和关键岗位倾斜力度，形成符合产业特色的3337个岗位价值序列。利用增量工资完成所属单位薪酬结构调整，进一步优化岗位间的薪酬分配比例关系，合理拉开收入分配差距，煤矿生产一线、生产辅助、服务类岗位收入分配比例达1∶1.7∶2.7以上，地面生产一线、生产辅助、后勤服务岗位收入分配比例接近1∶1.5∶2。

二是完善工资总额基数决定及调控机制。上海能源公司实施工资总额分类管理，根据所属单位的功能定位、行业特点，将所属单位分为“任务型单位”和“效益型单位”，分别确定不同单位工效挂钩比例。以“业绩升、薪酬升、业绩降、薪酬降”为导向，建立工资效益联动调整机制，根据所属单位盈亏情况，动态调整工效挂钩设置基准比例和浮动比例。

（三）强化“精细化”，系统构建成本管控体系

上海能源公司坚持“人人都是经营者、岗位都是利润源”理念，灵活运用市场化机制调动职工降本积极性，实现从由“要我降”向“我要降”转变。

一是强化夯实基础，分类编制定额标准。上海能源公司在矿井单位内部市场化信息系统建立人工、材料、电力、设备租赁、装车、运输等定额标准电子数据库，直接调用形成采掘成本项目预算、月度预算及基础单价，每年根据当年运用和次年生产需求进行动态完善。

二是强化过程跟踪，精益构建要素市场。上海能源公司抓住主要可控成本，以物资管理为重点建立全生命周期信息化跟踪管理流程，矿井单位

物资供应实现材料计划、平衡利库、仓储管理、材料回收、修旧利废、报废处置等全过程考核管理。

三是强化项目管理，细化成本要素核算。上海能源公司以划小核算单位为主线，推行项目经理负责制和契约化管理，突出项目立项、进度管控、消耗计量、抓取考核等信息化流程构建和大数据归集，加强项目过程管控和独立核算，实行月度以利计资和年度超利提奖，7 家品牌单位盈利能力逐年提升。

四是强化分类分级，构建全成本管控体系。上海能源公司按照“纵向分工、横向分级、分类考核”原则，细分考核规则，将与生产任务成线性关系的成本要素纳入综合单价考核，以成本压降幅度确定工资增长幅度。

三、改革成效

新模式激发新活力，新举措带来新变化，上海能源公司通过自下而上、自上而下两个维度全面构建新型市场化管理体系，在增产创效、降本增效、减人提效等方面取得显著成效，实现员工增收、岗位增值、企业增效。

一是企业创效能力稳步提升。上海能源公司树立“一切成本皆可控”理念，坚持“过紧日子”思想，加强标准化成本管控，全年实现降本增效 6 亿元以上，原煤生产、售电成本同口径比预算分别下降 10 元/吨和 0. 042 元/千瓦时。经营质量全面向好，“一利五率”指标同口径较好完成，净资产收益率较预算增加 0. 5 个百分点，营业现金比率较预算增加 3. 7 个百分点。

二是大力推动人员合理流动。上海能源公司根据效益贡献大小、安全风险程度、作业环境危害、生产劳动强度等因素，有针对性地提高一线岗位岗绩标准，吸引地面、辅助人员向生产一线流动，促进人员合理流动，

2023 年矿井单位地面向井下一线、井下辅助流动和辅助向井下一线流动共计 110 人。大力推进“一专多能、一岗多责”，充分利用地面富余人员替代劳务人员，83 名职工主动替换劳务派遣用工，170 名职工兼任劳务用工岗位，人员利用率大幅提升。

三是核心人才干事创业积极性得到激发。上海能源公司建立与市场接轨的薪酬体系，进一步提高核心关键岗位绩效系数，设置技术津贴、技能津贴等专项补助，大幅提高核心岗位薪酬水平，推动薪酬分配进一步向科研骨干人才、高技能人才等关键人才倾斜，切实激发科研人才创新积极性，不断加大核心技术攻关力度。2023 年取得 51 件国家授权专利，8 项成果达到国内先进水平，11 项荣获省部级科技进步奖。

83

改革发展创佳绩　奋力笃行开新篇

安泰科技股份有限公司

一、基本情况

安泰科技股份有限公司（以下简称“安泰科技”）是中国钢研科技集团有限公司（以下简称“中国钢研”）下属新材料领域的核心产业平台和科技创新主体，于2000年在深交所主板上市，聚焦“以难熔钨钼为核心的高端粉末冶金及制品”及“以稀土永磁为核心的先进功能材料及器件”两大核心产业，致力于成为先进材料与技术的价值创造者。安泰科技坚持以习近平新时代中国特色社会主义思想为指导，以国务院国资委国有企业改革深化提升行动为契机，以“增强核心功能、提高核心竞争力”为目标，统筹策划、周密部署，有序有力推进各项改革任务举措落地实施。

二、经验做法

（一）进一步完善公司治理和市场化机制，提升管理运行效率

一是围绕子公司章程、议事规则、“三重一大”制度、董事会职权方案、董事会对总经理授权制度等方面，制/修订和发布全级次85项治理文件。安泰科技全面梳理授权管理体系，按分层分级原则，以董事会对董事长、经理层的授权为边界依据，按照子公司净资产规模进行分级授权，做

到上下有序承接，形成闭环管理。

二是建立“身份市场化、管理契约化、干部年轻化”的选人用人机制。安泰科技控股子公司中层以上干部全部竞聘上岗，明确各级经理层成员工作分工、岗位说明书及权责清单，公司高管及23家分/子公司共108名经理层成员100%签订契约化协议。构建干部标准图谱，从5个维度建立领导班子及正职、副职、助理3个层级的干部胜任力模型，开展领导班子和干部综合考评。将综合考评、民主推荐与市场化选聘相结合，加强选人用人科学性，实施干部调整，2023年管理人员退出比例达到8.38%。

（二）提升科技创新能力，强化激励机制，提高核心竞争力

一是积极探索“开放、合作、共赢”的科技创新新机制。安泰科技聚集创新资源，成立由5位院士领衔、10位知名专家组成的专家咨询委员会，组建稀土永磁、难熔金属材料两个专业技术委员会，服务支持核心产业发展，联合高校、企业搭建协同创新平台。围绕国家科技发展战略，立足央企战略定位和使命担当，推动“耐超高温抗蠕变难熔金属材料”等4项科技部重点研发计划及“高丰度稀土147项目”等3项工信部高质量发展专项的实施、资源配套和过程管理，取得重大突破。围绕战略性新兴产业“焕新行动”，加强技术布局，承担的6项关键核心技术攻关任务得以快速推进。完善研发体系建设，实施人才培养计划，推出科技领军人才培养计划、遴选公司研发新星。公司技术布局和重点产品开发更好地融入国家科技战略，新业务发展更好地融入国家重大工程。

二是强化激励引领，建立多层级系统的考核激励机制。安泰科技完善经理层成员考核激励办法，层层承接公司考核指标及激励额度，打通激励体系全流程。在经理层成员年度考核与薪酬兑现过程中，根据企业特点、发展阶段等采取增量共享、双对标等多种激励方式，落实子公司董事会对经理层的考核激励权，采用“薪酬包”的方式对经理层团队进行考核与分配。为进一步增强核心骨干干事创业热情，公司组织实施上市公司股权激励计划，覆盖240名核心骨干认购2478万股股票。将企业发展目标与股权激励有机融为一体，激发核心团队积极性，增强内部发展驱动力。

（三）深化产业结构调整，优化产业布局，增强产业发展核心动能

一是聚焦核心主业，加大产业建设投资力度。安泰科技高端稀土永磁材料产业迈上万吨产业规模，围绕原料端和应用端完成产业链布局，形成京、鲁、蒙、苏四地分工协同发展格局。难熔钨钼产业完成股权优化，围绕高端医疗、光伏新能源等战略新兴领域应用需求加大投资力度。两大产业均跨上20亿元台阶，产业投资为公司核心产业发展增添新动能。

二是将非核心业务积极与资本市场对接。安泰科技引入外部资本，兑现价值，反哺核心主业，2023年完成控股子公司安泰环境增资扩股融资2.2亿元，推动实施安泰环境股权结构调整，实现产业突围。加快推进“低效无效”“两非”资产处置，2023年完成上海至高等股权转让，压减亏损子企业，盘活资产约1.5亿元，自开展“双百行动”以来，已累计完成8家低效无效资产退出。通过产业结构调整，持续推进低效无效资产盘活和股权剥离，增强了企业变现能力和抗风险能力。公司资产结构进一步优化，资产质量明显改善。

（四）加快数字化转型和绿色发展，推动公司高质量发展

一是将数字化转型作为十大工程之一。安泰科技成立数字化转型与绿色发展部，专人专责推进数字化转型升级，明确公司数字化转型总体策略、总体框架（1+3+N）及“四步走”的阶段性目标。以智能制造场景建设为抓手，推进产业智能化升级。公司百人均机器人量同比增长23%，数字设备联网率同比增长70%，关键工序数控化率增长1%，产线自动化率同比增长55%。获评工信部智能制造示范工厂、北京市智能制造标杆单位等荣誉称号。

二是围绕公司总体战略规划，安泰科技制定《绿色发展总体规划》，提出“碳达峰行动”和“绿色管理”“绿色智能”“碳税应对”的“1+3”专项行动，全面提升公司产业绿色化水平。编制出台《碳达峰行动方案》，提出到2029年公司实现碳达峰目标，制定重点任务21项、重大工程2项和保障措施6项。优化《绿色管理试点实施方案》，形成三大类32项评价指标。自2008年以来，安泰科技连续发布15份社会责任年度报告，一直在追求绿色可持续发展的理念与实践，积极履行社会责任，2023年完成ESG体系建设，全面推动公司治理、社会责任及绿色发展理念，并获得第一届中国证券报颁发的ESG金牛奖。

三、改革成效

2023年是国有企业改革深化提升行动实施首年，安泰科技坚持“战略引领、夯实基础、重点突破”，坚持“增强核心功能、提高核心竞争力”，聚焦“国之大者”，建设现代化产业体系，构建新发展格局，改革取得显著成效。

一是公司发展活力明显提升。安泰科技实施“一企一策”“增量共享”，推进市场化聘任、契约化管理；实施“双航人才”工程，干部队伍进一步年轻化、专业化；实施研发技术成果激励分享和研发新星培养，员工积极性得以调动，内生发展动力增强。

二是科技影响力不断提升。2023年，安泰科技科技投入强度达8.38%，新产品收入36.6亿元，同比增长20.4%；新增授权专利85项、国家标准6项、行业标准10项；承担国家部委科技项目合同额9987万元。近3年获得省部级以上奖项3项。

三是产业核心竞争力显著增强。安泰科技两大核心产业规模均跨上20亿元，成为中国钢研的核心支柱产业。安泰科技所属安泰超硬、安泰特粉荣获国家级专精特新“小巨人”企业称号，安泰超硬入选国务院国资委“创建世界一流专精特新示范企业”。拥有国家级单项冠军产品 2 项、省级 1 项，获批国家级专精特新“小巨人”企业 5 家、省部级 2 家。拥有国家级绿色工厂 6 家、省级 1 家、市级 1 家。

四是经营业绩明显好转。安泰科技经营业绩呈现稳步上升态势，2023 年主要财务指标达到历史最好水平，实现营业收入 81.87 亿元、利润总额 3.65 亿元、净利润 3.44 亿元、经营性净现金流 7.86 亿元，同比分别增长 10.55%、20.86%、17.5%、31.12%，资产效率加快，运营质量提升，资产负债结构稳定，发展动能和发展潜力明显增强。

84

聚力提升国企活力效率
完善现代公司治理和市场化运营机制

东华工程科技股份有限公司

一、基本情况

东华工程科技股份有限公司（简称“东华科技公司”）位于安徽合肥，系中国化学工程集团有限公司（以下简称“中国化学工程”）二级控股企业，中国化学工程持有47.07%的公司股权。东华科技公司源于1963年成立的原化工部第三设计院，2001年实施股份制改造，2007年在深交所成功上市，是中国工程勘察设计行业较早实施股份制改造并上市的科技型企业。东华科技公司主营化工工程、规划设计、高端化学品及先进化工材料、生态环保等。在国企改革深化中，东华科技公司聚力提升活力效率，突出抓好公司治理体系规范运行、构建新型经营责任制、上市公司治理“三个强化”，完善现代公司治理和市场化运营机制。

二、经验做法

（一）聚力提升公司治理效能，强化公司治理体系规范运行

一是突出落实“两个一以贯之”，厘清权责与信息化管理结合，强化发挥党的领导核心作用。东华科技公司厘清党组织与公司治理“三会一

层”权责关系，党委决策及前置研究讨论重大经营管理事项清单，纵向覆盖21个一级业务和105个权责事项，横向集成“三重一大”编号、治理主体、行权方式和行权路径、法律文件依据等核心要素，各治理主体履职按表操作、流程清晰、衔接顺畅。完善公司总部党委会、董事长专题会、董事会、股东大会重要事项决策会议机制，开发“公司决策会议”信息化管理平台，明确上会议题的事项属性、责任部门、汇报内容、决策流程，以信息化手段加强对落实议定事项的督查督办。

二是突出股东大会规范运行，关联回避与充分行权结合，强化保障股东合法权益。东华科技公司对交易事项实施关联股东回避表决制度，对需独立董事发表意见的有关事项实行中小投资者单独计票并披露计票结果，确保全体股东享有平等地位和充分行使权利。

三是突出董事会建设，优化外部董事队伍与激励督导结合，强化董事会行权效能。东华科技公司外部董事由具有化工、管理、法律、会计及富有实业运营管理经验等专业背景的人员组成，助力提高董事会综合决策能力。每年为董监高人员购买责任保险，降低董监高人员履职风险，促进履职尽责。规范子企业董事会运作，明确各操作环节要求，强化考核督导。2023年，东华科技公司董事会获得中国上市公司协会颁发的“优秀实践案例”奖。

（二）聚力激发公司治理活力，强化构建新型经营责任制

一是持续提升经理层成员任期制和契约化管理工作质量。东华科技公司实现经理层成员任期制和契约化管理全覆盖，制定《经理层经营业绩考核和薪酬管理细则》，总部与总经理等6名经理层成员签订经营业绩责任书，根据岗位职责实行“一岗一表”差异化考核，二级子企业经理层成员契约签订率100%。

二是建立重点岗位“胜任力”模型，深化干部竞聘择优上岗。东华科技公司建立并不断优化管理人员《职业生涯规划管理制度》，畅通多元化新型职业发展通道和人才培养路径，从基本资质、履职经历、个人业绩和业务能力等角度明确界定重点岗位任职资格，分“六职系十职级”建立岗位胜任力模型，结合模型推行公开竞聘、择优上岗。

三是分级分类全视角绩效考核，推动深化全员经营责任制。东华科技公司从组织、个人、职责、时间4个维度，分级分类设计体现价值贡献的数据指标，组织360度全视角员工绩效考核。每年升级改版《部门考核管理规定》，调整分类权重、通用绩效指标和专项绩效指标，针对不同对象设定针对性指标。分“季度+年度”考核总部职能部门，分年度考核总承包项目，差异化考核经营、技术团队和研发项目。设置关键绩效KPI指标和关键任务GS指标，对GS指标强制考核等级分布比例。考核结果与岗位退出挂钩，对于连续2年考核靠后的中层干部，经公司党委讨论后给予退出处理；与员工晋升挂钩，明确考核绩效不满足要求的不得民主推荐晋升；与劳动关系调整挂钩，对年度考核排名后10%的员工进行绩效提醒谈话，督导改进；与薪酬挂钩，同序列考核排序前60%的不同程度上调，前61%～95%的不调整，后5%的下调一档。

四是综合运用多种中长期激励工具，健全更加精准灵活、规范高效的收入分配机制。东华科技公司实施限制性股票激励，对占员工总数14.4%的骨干员工授予限制性股票，授予股票数量占公司总股本1.89%。设定较为严格的股票限售“2+4”锁定时间，将员工考核、公司业绩与持股员工可解除限售数量关联，推动提升骨干人员工作积极性，目前已达成3个解除限售期的解除限售条件。设立人才奖励基金，每年从工资总额中拿出一定比例金额重点激励骨干员工。实施营销、项目管理、研发等专项激励，2023年兑现营销类激励约600万元、项目管理类激励近300万元、研发类激励约430万元。东华科技公司已基本形成全覆盖、多方位的激励体系。

（三）聚力发挥上市公司改革表率作用，强化上市公司治理

一是非公开发行引入积极股东。东华科技公司着眼改变公司一度“一股独大”的股权结构，实施非公开发行股票，结合产业发展战略引入高协同性、高匹配性、高认同感的陕煤集团作为战略投资者，陕煤集团持有20.79%的股权。募集资金近10亿元，成为A股建筑行业首家通过锁价非公开发行方式引入战略投资者的第一单项目，为央地混改案例提供了典范。非公开发行股票适度降低了控股股东的持股比例，提升了公司资金实力和实业发展质量。陕煤集团在榆林草酸二甲酯项目、玉门源网荷储一体化等项目上与东华科技公司深度合作，东华科技公司内蒙古乙二醇项目依托自有技术和产品方案，结合陕煤集团的销售优势和经验支持，在项目原有乙二醇产品路线上布局相关产业链上高附加值精细化工产品，实现产业转型升级。同时，战略投资者委派具有企业管理经验和投资管理经验的董监事参与东华科技公司治理，促进了治理结构的优化。

二是强化股东股权关系纽带。东华科技公司坚持平等、合规、信息保密等原则，畅通与市场投资者沟通渠道，强化现场调研、电话、来访、定期业绩说明会、集体业绩说明会等面对面的交流互动，与自然人投资者、分析师、基金机构、媒体、其他投资机构等分别开展咨询、调研工作。公司主要负责人在业绩说明会上与投资者实时网络沟通，促进投资者深入了解公司经营发展状况，增强价值认同。公司曾在深交所信息披露考核中连续7年获得A类评级。

三是践行ESG理念，提升上市公司环境、社会、治理价值。东华科技公司积极推进化工工程传统主业数字化绿色低碳转型升级，承建的宣城高新区化工园区获评安徽省示范性智慧化工园区，设计的滩涂光伏离网发电配储能和海水淡化制氢项目填补了我国新能源领域空白。大力发展生物降解材料、新能源电池材料、碳基新材料、风光热储氢一体化、综合污染治

理等绿色低碳战略性新兴产业，力争打造成为可降解材料产业链链长企业，投产的东华天业一期10万吨可降解材料PBAT项目产品性能全面优于国标，投产的乙二醇生产节能降碳项目产品单位能耗处于国内领先水平。同时，大力发展煤炭清洁利用业务，深耕环境治理领域。加强公司市值管理，建立对投资者持续、稳定、科学的回报机制，优先采用现金分红的方式进行利润分配，2022年、2023年以现金方式分配的利润均超过当年实现的可供分配利润的40%。同时，在公司股价低迷期，公司控股股东、董事、监事和高级经理人员可增持股票。

三、改革成效

东华科技公司通过完善现代公司治理和市场化运营机制，促进有效发挥“科技创新、产业控制、安全支撑”作用，推动改革发展取得突出成效。

一是企业增加值稳步提升。东华科技公司坚守化工主责主业，有效实施差异化、实业化、国际化发展战略，新材料、新能源、新环保业务迅速拓展。2021—2023年，主要经济指标稳步上升，其中新签合同额年均复合增长率为22.47%，营业收入年均复合增长率为11.8%，净利润年均复合增长率为17.78%。

二是科技引擎功能显著增强。东华科技公司构建了中国化学环保研究院、高端化学品及前沿新材料合肥市技术创新中心、东华科技公司-中国科大水污染控制联合实验室等“研究院+多试验基地+N合作平台”开放式创新体系，培育了一支涉及14个行业的行业专业技术带头人队伍，2023年技术带头人在国家部委、协会等外部机构担任专家63人次。公司先后获评“国家知识产权示范企业”“国家技术创新示范企业”“国家知识产权优势企业”“国家级博士后科研工作站”。2023年，牵头申报《化工园区智慧化评价导则》《化工智慧化工地建设标准》2 个行业标准；参与的“低碳约束下沿长江制药化工园区废水近零排放技术与示范”“在产医药化工园区土壤—地下水污染风险防控与原位协同修复”2 项课题获批国家级重点专项；“巢湖流域城镇污水处理厂提标升级关键技术及示范工程”获批安徽省科技重大专项；有效发明专利数量同比增长 23.77%，发明专利“一种焦炉煤气补碳转化制乙二醇合成气工艺”荣获第 24 届中国专利银奖。

三是企业品牌价值显著增强。东华科技公司连年进入中国勘察设计百强和工程总承包百强行列，连年获评“AAA 级信用企业”“国家级高新技术企业”“全国文明单位”。先后获得中国化工施工企业化学工业优质精品工程奖、安徽省风景园林规划设计“园林杯”奖等奖项 8 项，入选中国石油和化工勘察设计协会《优秀科技创新成果和经典工程目录》的经典工程设计、总承包项目及优秀科技创新成果 8 项。公司西藏扎布耶电池级碳酸锂项目属全国首个锂钾资源综合开发利用一体化项目。协办 2023 先进化工材料产业链共链行动大会，主办盐湖资源绿色开发高层论坛。获评中国企业联合会、中国企业家协会“2022—2023 年全国企业文化优秀成果”一等奖、“石油化工行业第五届企业文化建设示范单位”。首次发布年度 ESG 报告，ESG 获得万得评级 A 级，在国际权威企业社会责任评价机构 EcoVadis 评审中获得银牌评级。

85

“三引领四驱动五提升”推动党建与公司治理深度融合

中国化学工程第十六建设有限公司

一、基本情况

中国化学工程第十六建设有限公司（以下简称“十六化建”）是中国化学工程集团有限公司（以下简称“中国化学工程”）二级全资子公司，石油化工工程施工总承包特级企业。十六化建始建于1965年，总部位于湖北宜昌，主营业务包括工程设计、高端咨询、技术研发、工程建造、建设管理、实业投资、运营管理、设备制造、物资材料供应、检维修及生产试车保运服务等，注册资金20亿元。

十六化建坚持“政治引领、战略引领、文化引领”，通过“机制驱动、转型驱动、创新驱动、价值驱动”，实现“增加值、核心功能、经济增加值、战新产业价值、品牌价值”全面提升，以“三引领四驱动五提升”推动党建与公司治理深度融合，企业实现“小步慢跑”向“大步快跑”转变，以党建工作成果检验企业改革发展成效，以高质量党建引领保障高质量发展。

二、经验做法

（一）政治引领

十六化建坚持把党的政治建设摆在首位，严格落实“第一议题”“首要议题”“第一课程”，深入学习贯彻习近平新时代中国特色社会主义思想，坚定拥护“两个确立”、坚决做到“两个维护”，把好政治方向。

一是主题教育走深走实。十六化建采取党委理论学习中心组引领学、专题培训系统学、支部集中深入学、读书观摩交流学、红色教育基地现场学“五学联动”，全面强化党的创新理论武装。

二是周六学习常态化。十六化建坚持快学习、快传达、快部署、快落实、快见效，落实习近平总书记最新重要讲话和重要指示批示精神，把好思想方向。

三是“七抓”工程强基固本。十六化建充分用好“一指引两手册”，全面推广“化学党建”子系统，加快党建数字化转型，激活党组织“神经末梢”，提升基层党建标准化规范化水平。

四是“一岗双责”全面落实。十六化建把抓好党建作为第一责任、首要任务，公司领导班子深入党建联系点，带头联系指导帮促。党建工作责任书全覆盖，修订完善《公司基层党组织党建工作责任制考核评价实施办法》，将党建考核与经营业绩、安全生产等考核一并纳入二级单位综合考评，建立“述评考用”机制，组织基层党支部书记抓党建集中述职测评，考核结果与绩效挂钩，对排名末三位诫勉谈话。

五是融合品牌创新出新。十六化建以“一支部一特色一品牌”为抓手，点亮“满天星”计划，深入推进“六比六创”劳动竞赛，组建党员先锋岗、党员突击队、党员志愿服务队，提升党员价值创造能力。

（二）战略引领

一是谋篇布局定方向。十六化建紧扣高质量发展主题，把好发展方向，制定“一主两翼、多极支撑”“三大板块、一核多元”等战略布局，构建以中长期发展规划为引领、“十四五”发展规划为核心、专项规划为补充、二级单位规划为支撑的“1+1+6+16”规划体系，公司上下联动，推进战略向基层延伸落地。

二是目标牵引强推进。十六化建聚焦重大发展事项开展战略研讨等头脑风暴活动，相继制定并实现三年翻一番、六年翻两番、奋战“双百亿”、九年翻三番等发展目标，用高目标牵引干部职工持续奋斗。

三是思想破冰促提升。十六化建深入贯彻对标世界一流企业价值创造行动工作要求，坚持内部对标与外部对标、全面对标与局部对标相结合，精准选取标杆企业，将优秀理念、举措消化吸收，促进思想大洗礼、观念大革新。

（三）文化引领

一是以核心价值为引领。十六化建持续强化企业文化认同，先后提炼“六个讲政治”，提出“六个三”行动纲领，明确“六个坚定、十二个坚持”的“十四五”战略发展思想，以及“高质量发展十大目标”“四大核心功能”“七大核心竞争力”，总结“十大企业文化理念”“六破六立”作风建设要求和“九个善于”能力提升目标，构建与企业发展高度契合的特色企业文化体系。

二是以多维体系为保障。十六化建相继制定品牌建设“十四五”规划、品牌建设指导意见，按照“核心主品牌+优质子品牌”的架构原则，强化品牌与业务融合发展。通过联合地方政府，借助行业论坛等形式，全面加强品牌传播，美誉度不断提升。

三是以阵地典型为支撑。十六化建企业文化展厅正式开馆，企业之歌

《活力飞扬》对外发布，打造网红 IP 形象“化建小如”“小愿”，制作发布两版“十六化建铁军日常”企业文化专题表情包。推广应用标准化企业文化视觉体系，促进企业文化融入工作日常，凝聚发展共识。

（四）机制驱动

一是多方联动建立现代治理长效机制。十六化建把好改革方向，依法依规细化“三重一大”清单，规范各治理主体决策范围和决策流程，动态优化党委前置研究事项清单。立足董事会“定战略、作决策、防风险”功能定位，建设更加科学高效的董事会，落实董事会职权，发挥外部董事把脉企业发展的作用。规范落实董事会向经理层授权制度，充分发挥经理层“谋经营、抓落实、强管理”作用。建立纪检监察、巡视巡察、审计、法律合规等高效贯通联动机制，坚持合规经营，防范企业风险。

二是破立并举激活三能机制。十六化建落实“党管干部、党管人才”的要求，把好用人方向，做好干部的选拔任用、培养教育、考核评价工作，建立现代国企新型经营责任制，“一人一书”差异化设置经理层考核指标，强化考核结果刚性应用，不胜任退出岗位 8 人，班子正职收入差距达 3.45 倍，副职收入差距达 4.1 倍。践行上岗靠竞争、收入比贡献、业绩论英雄，管理人员全员起立竞聘上岗。建立市场化人才引进和长效用工机制，形成核心层、紧密层、普通层等用工模式，坚持“校招 + 社招”，实行 365 天招聘策略，及时清理待岗人员，市场化退出率 3%。

（五）转型驱动

一是战略转型赋能发展升级。十六化建聚焦顶层设计，配齐建强转型业务人员力量、组织体系和资源体系。聚焦业务布局，培育资质资信核心竞争优势，设立设计研究院，集聚投融资人才。聚焦主责主业，推动产品结构和业务结构优化调整，实现传统化工向非化工领域突破、传统工程承包模式向投融资运营模式突破。

二是服务大局培育发展新优势。十六化建抢抓长江大保护等国家战略机遇，充分利用属地资源优势，实施高端营销、区域营销、品牌营销，在环境保护、化工园区升级、乡村振兴、城市更新、土壤治理及修复、水利及流域治理、新基建及新能源等领域全面发力，培育差异化优势。

（六）创新驱动

一是以新思路深耕属地发展。十六化建坚持区域发展战略，通过“总对总”高端对接，畅通央地沟通对话渠道，与属地关联方建立紧密的战略伙伴关系。通过“造势”推动“造市”，实现“做项目”向“做市场”转变，2023年湖北区域新签合同额同比增长30%。

二是以新模式拓展发展链条。在风险可控的前提下，十六化建充分利用“F+EPC”、引进社会资本方、协助平台公司发债等商业模式获取投资带动工程项目。宜昌高端制造基地项目投入运营，参股的湖北供应链平台公司正式上线运营，投资建设的宜昌三峡枢纽江南翻坝成品油项目、磷石膏资源集中库项目正在推进中。

（七）价值驱动

一是价值创造实现量质齐升。十六化建实施以成本管控为核心的精细化管理，强化“两金”两清管控，严守以收定支底线，提升目标利润率，经营性净现金流连续3年为正，2023年经营性净现金流同比增长8.44%，平均利润率同比增长8.43%。推进“厉行节约、勤俭办企、增收节支”专项行动，节支创效超7000万元。

二是资源整合做强三级公司。十六化建推动三级公司整合，统筹调整业务和区域布局，配齐配强组织机构、办公场所，强化机关建设，推动三级公司一体化发展。培育“核心层”作业层实体，使其具备长期稳定为主体企业服务的能力。

三、改革成效

一是企业增加值大幅提升。自2015年以来，十六化建主要经济指标年均增幅超过30%，2022年历史性迈上“双百亿”新台阶。2023年，主要经济指标再创新高，新签、营收、利润同比分别增长23%、15%、17%，夯实了“双百亿”根基，提前一年实现9年翻三番奋斗目标。通过提升以国有资本回报率、利润总额、税收贡献度、职工收入为核心的企业增加值，推动国有经济不断壮大。近8年来，公司净资产回报率由8.08%增长至14.22%，利润总额由0.41亿元增长至3.71亿元，纳税总额由0.63亿元增长至3.08亿元，职工收入保持年均两位数增长。在持续做优企业中，提升央企对国民经济增长的贡献度。

二是企业核心功能全面提升。十六化建坚持化工强国，做强做精做专化工主业，为化工建设提供策划、设计、投资、建造、运营、检维修等全生命周期服务。坚持服务大局，贯彻党中央决策部署，聚焦长江大保护战略和“一带一路”倡议等，将企业发展融入国计民生大局。坚持绿色建造，践行“双碳”战略，培育绿色化工、流域治理、环境治理等品牌优势。履行社会责任，选派干部赴对口帮扶点庆阳市环县任县委常委、副县长，连续8年选派驻村干部定点帮扶和乡村振兴。

三是企业经济增加值持续提升。通过优化资本布局，减少低效无效资本占用，不断提升企业经营质量，十六化建实现了“一利”稳定增长、“五率”持续优化。围绕“有收入的新签、有利润的收入、有现金流的利润”，不断夯实发展质量，经济增加值由2015年的7000万元增加至2023年的5亿元，8年时间增长了7倍多，企业价值创造能力、经营质量效率显著提升。

四是战略性新兴产业价值有效提升。十六化建发挥专业和资源优势，聚焦新材料、新能源、节能环保等战略性新兴产业领域承建具有代表性工程项目，培育项目品牌，助力战略性新兴产业发展壮大。

五是品牌价值全面提升。十六化建2023年获评湖北省百强企业，主要领导获评湖北省劳动模范，1名干部获评全国巾帼建功立业标兵。加强与《人民日报》、新华网、《湖北日报》、荆楚网、《三峡日报》、《三峡晚报》等主流媒体沟通交流，借势发力、邀请媒体走进企业联合发声。牵头组建中省在宜企事业单位党建联合体，开展学习党的二十大精神、乡村振兴、公益保护、筑堡工程等联建活动，取得了良好的社会效益。

86

创新“三能”机制　激发内生动力
推动三项制度改革走深走实

中盐内蒙古化工股份有限公司

一、基本情况

中盐内蒙古化工股份有限公司（以下简称“中盐化工”），总部位于内蒙古阿拉善高新技术产业开发区，资产总额近200亿元，年营业收入180多亿元，员工8000余人。中盐化工主要生产装置有390万吨/年纯碱、23万吨/年糊树脂、40万吨/年聚氯乙烯、64万吨/年电石、36万吨/年烧碱、2×135兆瓦自备电厂、6.5万吨/年金属钠、800吨/年高纯钠、11万吨/年氯酸钠、500吨/年金属锂等生产线，同时拥有湖盐、石灰石、煤炭等发展盐化工的资源禀赋。

二、经验做法

作为国务院国资委“双百企业”，中盐化工本着“精干、高效”的原则，按照“科学瘦身、流程再造、体系优化、资源整合”的步骤进行三项制度改革的顶层设计和目标分解。

（一）在“能上能下”方面动真格，形成聚合效应

一是优化组织机构，压缩管理层级。中盐化工以强化总部职能、打造

高效中枢为目标，合并精简职能部室，如将招投标、预决算、信息化等职能并入企业管理部，将电力、维修等职能并入生产管理部，将质量、技术部门合并为技术质量部。生产单元取消事业部制，由四级压减为“厂—车间—工段（班组）”三级。整合优化乌斯太地区动力资源，将两个热电厂进行合并，整合吉兰泰地区盐、碱两个生产单元，成立盐碱分公司。将制钠厂检测中心纳入技术质量部，统一质量管理体系。通过一系列的优化组合，形成科学、顺畅、高效、扁平的组织架构。

二是优化干部结构，提升素质能力。中盐化工通过业绩整体选优、末等淘汰、不胜任退出和刚性压减等多措并举，优化中层管理人员队伍。对连续两年考核排名靠后的中层管理人员降级调岗或退出，对考核优秀、表现突出的提档升级，使优胜劣汰机制形成常态。对下属劳动生产率偏低的盐碱分公司、制钠厂、青海碱业公司等单位进行“三定”，压缩中层管理岗位。以药业公司为试点，对中层管理人员采取“全体起立”竞聘上岗。在中层管理人员设置6个层级的基础上，建立两年度综合测评按比例晋级的激励机制，考核优秀的每两年提升一个台阶。2023年，退出中层岗位序列17人，降职使用3人，提拔“80后”“90后”干部20人，干部队伍年轻化、知识化、专业化水平显著提升。

三是优化人员结构，强化人尽其才。为提高总部机关工作效率，中盐化工在减少机构、压缩层级的同时，核定一般管理技术人员职数，由各单位负责人择优选取，剩余人员调整到缺员单位，职能部室人员压缩比例达30%。通过竞聘上岗等方式，打破界限，建立完善“蓝领”和“白领”转换通道，允许产业工人根据业务范围和职业规划参加职称评审、岗位竞聘，成为管理技术人员。2023年，组织21个岗位进行公开选拔，累计40名产业工人实现了身份转换。

（二）在“能进能出”方面出实招，形成乘数效应

一是在“存量”上作文章。为提高劳动生产效率，压缩岗位冗员，中盐化工根据各单位实际，多措并举进行人员优化配置。对新并购单位青海发投碱业重新定员。对营销部、物资供应部、后勤服务分公司等非生产性单位开展公开竞聘，不胜任者转岗培训后充实生产一线。对各生产单位通过“机械化换人、自动化减人”等方式减员增效，如电石厂和制钠厂，分别根据出炉机器人和电解槽自动化改造进度进行岗位优化。2023 年，员工总数较上年减少 443 人。

二是在“增量”上下功夫。为引进新的“血液”，做好人才储备，中盐化工积极通过高等院校招聘、“一人一策”和柔性引进机制等方式补充人才缺口。为解决糊树脂质量提升的难题，社会化招聘行业专家 2 人。以举办兰州大学研究生班为平台，柔性引进化工专业博士，解决制钠厂在生产过程中遇到的困难和瓶颈。对需要一定经验的岗位缺员采取社会招聘的形式，通过笔试、面试等多个环节进行考察，确保做到精准选人用人。

三是在“质量”上求突破。为提高员工的专业能力和综合素质，更好地满足岗位需求，中盐化工建立和完善“1 + 1”“1 + N”“N + N”培养机制。“1 + 1”是对新员工进行一对一师带徒技能培训，做到“过程有监督、出徒有考核”，加快新员工和转岗员工的培养进度；“1 + N”是专业领军人才利用“名师带徒”工作室带领技术骨干进行集体攻关和素养提升，形成浓厚的“工匠”氛围，增强科技创新能力；“N + N”是以高技能人才培训基地为平台，通过教材编制、题库建设、内训师培养、职业技能等级认定、校企合作等多个环节，为企业培养不同专业、不同层次的人才。

（三）在“能升能降”方面求实效，形成动力效应

一是实现由“负激励”到“正激励”的转变，形成“收入靠进步”的分配机制。中盐化工通过不断优化考核方式，实现变罚为奖，按照“跳

一跳、够得着”的原则科学合理设置各生产单元的产量、消耗、成本等主要考核指标，实现单位是否进步和个人收入高低的深度挂钩。例如，树脂厂聚氯乙烯产量完成全年计划的105.9%，年人均收入增长1.29万元；热电厂由于运行方式调整，降负荷运行，年人均收入降低0.5万元。依据岗位职责、贡献大小等因素，在确定员工基本薪酬的基础上，按照主要指标、安全环保等考核事项完成情况，测算效益薪酬，中层管理人员薪酬固浮比达到4∶6，基层人员达到6∶4。同时通过绩效考核，生产单元月度效益工资人均最大差距达2.5倍。

二是实现“两制一契”与中长期股权激励的有机结合，形成“收入靠业绩”的分配遵循。中盐化工统筹考虑下属单位所处行业、规模当量、安全系数等因素，确定各主要负责人薪酬水平，组织中层管理人员签订任期制和契约化管理协议书，从目标设置、契约签订到考核兑现、退出管理环节，压紧压实经营责任，通过严肃刚性考核、严格奖惩兑现，同级中层管理人员最大薪差达2倍以上。建立总经理特别奖，年底根据责任书完成情况进行奖励，同级别中层管理人员在0.4~1之间强制分布。为吸引和留住核心人才，积极开展股权激励，累计470人完成认购、占员工总数的5%，共授予1347.22万股、占总股本的1.41%，自授予完成登记日起2年为限售期，后分3年解锁，激励对象在业绩目标达成的前提下，按照上一年度个人评价结果确定解锁比例，考核优秀当年解锁100%，良好解锁80%，合格解锁50%，不合格解锁为0。

三是实现通过提升员工整体素质激发内生动力，形成“收入靠能力”的分配基础。中盐化工完善宽带薪酬体系，建立经营管理、专业技术和技能操作人才三条晋升通道，每个通道划分8~12个等级，每个等级有8~20个档次。为实现薪酬调整和职称聘用、业绩考核的充分融合，坚持评聘分开的原则进行职称和技能等级聘用，并通过月度目标、年度目标、职业操守、业务能力、出勤情况5个模块的综合考评，对岗位工资的档次进行调整。按照优秀、良好、合格、基本合格、不胜任5个等级进行评定，并将评定结果与岗位工资挂钩。2023年，418人上调岗位工资，192人下调岗位工资。

三、改革成效

一是经济效益更加稳定。2023年，中盐化工实现营业收入161.48亿元，利润总额21.58亿元，资产负债率28.81%，净资产收益率12.35%，营业现金比率9.42%。

二是员工队伍更加精干。中盐化工有效化解了企业所处偏远地区人力资源严重缺乏和市场竞争带来人才流动频繁的难题，解决了企业转型发展与高层次人才不足的矛盾，提高了干部员工的危机意识、指标意识和进步意识，主要产品人均产量再创新高，员工收入较国企改革三年行动前增幅达30%以上，幸福感、获得感和归属感大大增强。

三是改革成果更加亮眼。2023年，中盐化工获评标杆“双百企业”，成为内蒙古自治区产业工人队伍建设改革试点企业、职业等级认定试点单位、高技能人才培训基地，《创新自主孵化的化工人才培养机制》《全面深化国企改革　创建标杆“双百企业”》获全国石油和化工系统管理创新成果一等奖，《不断完善人才培养使用体系　助推企业高质量发展》入选全国企业人力资源管理优秀案例，在中国大连高级经理学院讲授《完善人才培养使用体系　助推企业不断深化三项制度改革》专题课程，将产业工人队伍建设和三项制度改革经验进行推广。

87

灵活运用中长期激励“工具箱”为企业高质量发展增添活力

中国中材国际工程股份有限公司

一、基本情况

中国中材国际工程股份有限公司（以下简称“中材国际”）是中国建材集团有限公司（以下简称“中国建材”）旗下工程技术服务板块和国际业务的骨干企业，是国务院国资委“走出去”标杆企业之一，2020 年获得中国工业大奖，首批入选“双百企业”，在国务院国资委 2022 年专项考核中获评“标杆”评级。中材国际通过引进、消化吸收和自主创新，相继研发并建设了我国首条日产 1000 吨到全球最大的日产 14000 吨系列生产线，实现了关键设备从成套进口、全面国产化到整线出口的重大突破，成长为具有“科技创新、核心装备、工程集成、数字智能、全球运营”核心竞争力体系的国际化企业。中材国际是国际水泥技术装备工程市场唯一具有完整产业链的企业，市场份额连续 15 年保持世界第一。

二、经验做法

立足新发展阶段，中材国际制定了“1236”发展战略，以激发“关键、骨干”队伍活力作为实现战略目标的重要抓手，积极探索建立覆盖不同层级、不同岗位的多元化中长期激励体系，实现企业和员工收益共享、风险共担，促进凝聚共识、凝心聚力，为全面推动中材国际战略目标落地和实现高质量发展奠定基础。

中材国际以中长期激励“1439”工作思路为指导，坚持战略导向，以精准化激励推动高质量发展为目标，统筹部署强化4项工作举措，构建“上市公司—所属单位—工程项目”三级激励架构，力争覆盖9种激励工具，加快构建中长期激励体系，推动国企改革走深走实，赋能中材国际高质量发展。

（一）坚持战略引领，统筹构建中长期激励架构

中材国际坚持战略引领，立足新发展阶段，按照“再定位、再出发、新国际、新发展”的思路，制定“1236”发展战略，以工程服务为核心，坚持数字智能和高端装备双轮驱动，坚持工程、装备、服务“三位一体”业务布局，致力于成为材料工业世界一流服务商。结合“1236”发展战略，中材国际探索建立多层次多类别的中长期激励架构，构建了“上市公司—所属单位—工程项目”三级六类全方位全贯通的中长期激励架构。

（二）坚持因企施策，灵活运用中长期激励工具箱

按照国务院国资委中长期激励的相关指导政策和规范，中国建材自主探索、创新开发了具有建材特色的5类9种中长期激励“工具箱”。中材国际结合战略发展需要和所属企业发展实际，因企施策，逐家分析评估，量身定制确定中长期激励工具，目前已经实施了上市公司股权激励、科技型企业岗位分红、超额利润分享、虚拟股权、员工持股、工程项目超额利润分享6类激励工具，激励人数约2400人，占比超16%，其中科研人员占比达27%。

上市公司层面，中材国际积极推行上市公司股权激励。2017年顺利推行股票期权，在此基础上于2022年推行限制性股票，坚持激励关键少数的原则，重点将公司及各单位的高级经营管理人员和骨干员工纳入激励范围，激励人数264人，占比1.7%。着眼贡献，加大力度，人均获授数量21万股，最高获授数量56万股。先行出资，强化约束，人均出资127万元，最高出资334万元。更高基准，强化考核，以上市公司、所在单位及个人的考核达标作为解锁条件，限制性股票的净利润基准值是股票期权的3倍，在此基础上，净利润考核目标复合增长率不低于15.5%，三年考核期的净资产收益率分别不低于14.9%、15.4%和16.2%。

所属单位层面，中材国际结合国务院国资委及中国建材相关政策指引要求，全面梳理所属单位中长期激励工具适用情况及激励意向。针对自主创新能力强、科技水平高的所属企业（如天津水泥院、成都建材院、上饶中材等），推动实施科技型企业岗位分红；针对传统工程企业，大力推行超额利润分享机制（如南京板块、四家矿山公司等）和虚拟股权（如中建材钢构等）；针对战略发展重点方向的企业（如合肥院所属企业、博宇机电、成都智科等），实施员工持股。公司坚持效益优先、聚焦关键少数、岗位贡献导向、激励约束并重4项原则，科学制定激励方案。南京板块、中材矿山通过实施超额利润分享，在2020年净利润逆势增长的基础上，2022年净利润较2020年分别实现54%和32%的增长。

项目层面，工程项目是中材国际效益的重要来源，中材国际高度重视工程项目的考核激励机制建设。在各单位积极探索的基础上，制定《工程项目超额利润分享指引》，进一步明确激励额度、分配对象、分配原则等要求，大力推动各单位全面实施项目超额利润分享机制，有效调动工程项目核心骨干人员降本增效的积极性和主动性，推动项目成本的有效控制和毛利率的持续提升。同时，根据科技创新发展需求，积极在数字化、智能化等领域探索项目分红，在新业务拓展领域、境外属地化公司探索项目跟投。

（三）坚持统筹部署，全面推动中长期激励落地生根

为有效落实中长期激励工作，中材国际统筹部署，按照“企业意愿 + 总部支持”的方式，结合各单位管理优势和业务特点，因企施策，灵活开展中长期激励工作。

一是强化组织保障。中长期激励工作涉及政策多，所属企业经营各有特点，且生产经营任务较重，各企业深入研究掌握各类工具工作量大。为切实提高效率，中材国际在总部层面明确专门部门负责中长期激励工作，专人研究推进，通力做好统筹协调，组织推动有力有序，多次深入各单位了解现状及问题，在政策培训、指引解读、方案编写、文件审核等环节提供全方位指导和服务。

二是强化综合评估。中材国际汇总形成 5 类 9 种激励工具，覆盖财务条件、考核要求等 9 个维度的资格条件和实施要点，因企施策、因人施策，组织所属企业逐一开展中长期激励的梳理评估，明确激励思路和适用工具。

三是强化交流共享。中材国际系统学习国务院国资委、中国建材各类中长期激励政策文件近 20 项，通过专题培训、聘请外部专家讲解、赴集团内兄弟企业调研等多种方式，深化政策理解。组织开展全级次成果交流分享会，在全级次交流分享科技企业岗位分红、超额利润分享、工程项目考核激励等作为典型经验和特色做法。

四是强化正向激励。为进一步调动所属企业开展中长期激励工作的积极性，中材国际将中长期激励工作纳入重点改革工作考核，作为鼓励性、探索性工作，对于主动作为、有所成效的企业予以考核加分。

三、改革成效

中材国际因企施策、因人施策，灵活运用中长期激励工具箱，构建

“上市公司—所属企业—工程项目”全方位、全贯通的中长期激励架构，激励对象覆盖2400人，占员工总数比例超16%。中材国际通过积极推行中长期激励，实现了骨干员工与企业风险共担、利益共享，充分激发了员工的积极性、主动性和创造性，经营业绩持续提升。2023年，中材国际实现营业收入同比增长7.65%，利润总额同比增长13.87%，新签合同总额同比增长17.82%，均创历史新高。全年工程项目中标毛利率13.50%，提高1.04个百分点，为企业持续稳定发展提供了有力保障。所属企业层面，实施中长期激励的企业2023年经营业绩增幅16.78%，明显高于未实施中长期激励的企业，充分发挥了引领示范作用。同时，中材国际以中长期激励工作为抓手，有力促进和推动国企改革工作的开展，实现了从“要我改”到“我要改”的转变、“从总部到全级次”的延伸，凝聚力和向心力持续增强，内生活力动力有效激发，全面开创改革发展新局面。

88

聚焦转型升级　深化企业改革 踏上高质量发展新征程

中国建筑材料工业地质勘查中心湖南总队

一、基本情况

中国建筑材料工业地质勘查中心湖南总队（以下简称“湖南总队”）是中国建材集团有限公司（以下简称“中国建材”）所属地勘事业单位，组建于1960年，系原国家建材局下属404地质队，是湖南省唯一从事建材非金属矿地质勘查的专业队伍。湖南总队自成立以来一直投身于建材非金属矿产资源调查和找矿领域，为地方建材非金属矿领域提供了强有力的资源保障。为了破除事业体制机制障碍，适应地勘行业全面市场化的新需求，湖南总队以习近平新时代中国特色社会主义思想为指导，主动求变应变，践行“三精管理”，深化企业化改革，探索推动转型升级，努力走出一条适合自己的企业化发展道路，打造具有自主生存能力的社会化企业主体，迈出高质量发展新步伐。

二、经验做法

（一）以企业化改革为抓手推动事业单位机制变革

湖南总队是一家中央管理地勘事业单位，原有的事业体制机制早已无法应对竞争激励的市场环境。为全面建立适应行业经济发展新需求的企业主体，湖南总队率先发力，坚持以企业化改革为导向，以中建材（湖南）非金属矿有限公司为平台，积极推进现代企业制度建设，建立以企业为主体的组织体系和法人治理结构，激发内生动力，增强发展活力。

一是制定发展战略，革新管理模式，坚定不移推进企业化改革。得益于湖南总队领导人的企业化思维、干部队伍的企业化素养及整个团队的企业化执行力，湖南总队凝练提出创新的“1-3-8”企业化发展理念，1 个董事会即决策层，3 个产业部门即经营层，8 个职能部门即管理层，决策层做正确的事、经营层把事做正确、管理层正确做事，各层级、各部门之间权责清晰、协调统一，企业运营效率显著提升。在推行企业化改革过程中，领导层把握“以稳为先，以进为要”，二者兼顾，既不仓促冒进、急于求成，也不左顾右盼、犹豫不决，在深化企业化改革的道路上把好方向，充分研究，坚决推进。

二是确立改革目标，落实改革举措，砥砺前行奋力开创企业化发展新篇章。湖南总队在“1-3-8”企业化发展理念基础上，明确了由“事管企”向“企管事”的全面实施企业化运行的改革目标。为保障任务目标顺利实现，落实企业化改革各项举措，成立改革工作小组，统筹推进企业化改革工作。在落实企业化改革举措上，实施“一套班子、两块牌子，一体管理、分体运行”，稳妥有序地推进并实现总队和企业平台一体化管理；建立企业化组织结构和管理机构，管理部门完成“以履行事业职能职责为主”向“以履行企业职能职责为主”的转换；原属湖南总队相关资质和业务逐步转移至企业平台，突出企业化为主的改革实践；全面实施各产业单位独立核算、全成本核算，取消“大锅饭”、砸破“铁饭碗”，自负盈亏，全部以市场化机制运行；深化人事制度改革，严格封存事业身份，建立企业化人力资源管理体系，新进员工全部落实企业身份；全面封存事业身份员工档案工资，建立企业化薪酬分配制度，实行与生产量、项目量挂钩的薪酬、绩效机制。湖南总队严格落实各项企业化改革举措，实现企业管理上下贯通，核心产业按企业机制运行，形成地勘单位改革的典型实践代表。

（二）以预算管理为抓手持续深化“三精管理”

“三精管理”是中国建材特色管理方法，是管理创新理论和实践的优秀结晶，是植根实践、内涵丰富的特色方法论。为适应新形势下发展要求，湖南总队以预算管理为抓手，围绕“以收定支、以预控本”的管理理念，通过优化组织机构、精简人员配置、强化项目成本管控等措施方法，深入践行“三精管理”举措，推动湖南总队高质量发展。

一是优化组织机构、整合部门工作职能，压缩内部管理层级，全面提升企业治理能力。湖南总队重新确定部门职能，厘清管理界限，从总部和产业单位原有的 12 个部门精简至 8 个服务管理部门，实现了扁平化管理模式，较好地解决了原来等级式管理的“层次重叠、冗员多、组织机构运转效率低下”等弊端，消除了多头管理现象，加快了信息流的速率，提升了管理和决策效率，大大增强了湖南总队企业治理能力。

二是建立“能上能下、能进能出”的常态化人力管理机制，优化人员岗位配置，建强人才队伍。湖南总队采取服务管理机构一管到底、生产业务部门一人多岗、竞聘上岗等举措，精简冗员比例占员工总数 17%，实现企业“瘦身健体”，提升了员工薪酬水平，进一步激发了全员干事活力。建强人才队伍，加大力气培养技术人才，技术人才占比超 35%，各类注册师占比超 15%，实现人才优化最佳实践。

三是落实“以收定支、以预控本”的预算管理手段，细化分解考核指标，有效控制成本，提升盈利能力。湖南总队各项目在实施前均按管理要求编制预算，项目从合同签订到核销支付严格进行动态跟踪和管控，以收入确定支出，以预算控制成本，全员降成本、降费用，盈利能力持续提升。湖南总队与各产业单位签订了经营责任状，细化分解考核指标，合理确定责任目标，确保奖惩结合，激励与约束并行，打破了以往平均分配的薪酬模式，主动促使项目各项成本得到有效管控，实际成本在预算基础上再下降 1.1%，利润水平持续增长，项目毛利率自 2021 年来年均增幅均在 1.5% 以上。

（三）以转型升级为抓手持续夯实产业基础

一是夯实主业基础，探索转型升级，从“地勘服务”到“非金属矿山工程服务”迈出发展第一步。作为一支历史悠久的建材地勘队伍，湖南总队在几十年的发展历程中积累了大量行业技术储备和人才力量。党的十八大以来的 10 年，是我国快速向基建强国迈进的 10 年，也是湖南总队非金属矿山工程服务“从无到有、从有到优”的 10 年。面对市场需求的变革，湖南总队以传统地勘服务业为基石，积极拓展新领域，从找资源到保资源，迅速将战略中心向非金属矿山工程服务转移，积极与集团内外水泥企业合作，不断开拓新市场。

二是聚焦主责主业，突破固有思维，从“非金属矿山工程服务”再到“非金属矿开发”迈出跨越式发展第二步。在全面进入非金属矿山工程服务领域后，湖南总队持续聚焦主业，相继完成宾馆、房地产等非主业业务退出，随后集中资源、资金及技术优势，全力向非金属矿开发进军。2022 年 9 月湖南总队成立了新化县温塘镇矿权投资项目领导机构和工作机构，紧盯即将挂牌出让的“湖南省新化县周家矿区灰岩矿”矿权，锁定目标，施展突破之举全力推进。2022 年底湖南总队顺利竞得该矿权，并于 2023 年初与湖南省自然资源厅正式签订《采矿权出让合同》，实现了从服务向产品的转型，正式迈向非金属矿开发的前进道路。

三、改革成效

一是深化改革坚定企业前进道路。湖南总队坚持走企业化发展道路，主动推行体制机制改革，以新思想和新思维面对不断发展变化的新事物，健全完善了企业治理结构，市场化机制显著改善，社会养老保险改革全面完成，运行质量和效益明显提升。切实增强贯彻新发展理念的思想自觉、政治自觉、行动自觉，强化市场意识，提升服务水平，不断扩大品牌影响力，2023 年与集团在湘企业新签各类项目合同 30 余项，实现了与集团在湘水泥企业矿山生产技术服务和集团在湘新投资项目工程勘察与施工服务方面的全覆盖。

二是轻装上阵唤醒企业发展活力。湖南总队以“三精管理”为抓手，坚决抛掉拖累企业高速前进的包袱，狠下决心减机构、减冗员，实现企业轻装上阵健康发展。同时，湖南总队以特有的高、精、专人才队伍管理理念，不断充实人才队伍，激发科技创新活力，重点围绕高岭土找矿、高陡边坡非金属矿山生态修复技术、绿色矿山建设等关键核心技术进行攻关，取得相关专利 21 项、软件著作权 3 项。

三是转型升级助力企业高质量发展。湖南总队在发展变革中准确定位，牢牢把握正确的前进方向，经过近 10 年的发展升级，拥有了矿山施工总承包一级资质和一大批专业人才队伍，与周边水泥企业建立了稳定的合作关系，非金属矿山工程服务能力达到每年 1200 万吨矿石量，业务规模和专业化程度在省内同行业中名列前茅。立足主责主业，集中优势资源投入石灰石非金属矿开发，为湖南总队转型发展创造新的增长点。

89

加快打造“6S”现场管理试点 推动传统老企业精益管理赋能增效

中国有色金属建设股份有限公司

一、基本情况

中国有色金属建设股份有限公司（以下简称“中色股份”）于 1983 年经国务院批准成立，1997 年 4 月进行资产重组，剥离优质资产改制，在深圳证券交易所挂牌上市，为中国有色矿业集团有限公司（以下简称“中国有色集团”）所属二级出资企业，国务院国资委“双百企业”。中色股份是国内最早从事国际工程承包的企业之一，连续多年被美国《工程新闻纪录（ENR）》评选为“全球最大 250 家国际承包商”，2023 年位列第 168 名；连续多年被财富中文网评选为“中国 500 强”企业，最高位列第 271 名；多个项目荣获国家优质工程奖、中国海外工程示范营地、中国有色金属工业（部级）优质工程奖、中国有色金属地质找矿成果奖（省部级）。经过 40 年的发展，中色股份已由单一的国际工程承包商逐步发展成为以有色金属采选与冶炼、国际工程承包为主营业务的国际有色金属综合型企业。

二、经验做法

全面推动传统行业老企业基础管理理念转变和管理水平提升，是加快实现国有企业高质量发展目标的重要抓手。2023 年以来，中色股份深入贯彻落实国务院国资委和中国有色集团关于国有企业改革深化提升行动方案有关部署，聚焦基础管理提升，以更大力度更实举措做好管理模式改革升级，通过创建“6S”现场管理试点标杆，补短板，消弱项，全面加强精益管理，提升生产经营活力，加快推进世界一流企业建设，不断提高企业核心竞争力、增强核心功能。

（一）做细顶层设计，统筹规划抓试点分步实施

中色股份所属赤峰中色锌业有限公司（以下简称“中色锌业”）、赤峰中色白音诺尔矿业有限公司（以下简称“中色白矿”）、中国有色（沈阳）泵业有限公司（以下简称“中色泵业”）由于建厂年代相对久远，普遍存在厂房设备老旧、工艺技术更新滞后、劳动生产率相对较低、精细化理念不足、绿色发展水平较低等问题瓶颈。但各企业内部不同单位间工艺差异大、管理水平参差不齐，如果简单全面推开实施，可能导致问题集中出现且最终效果难以有效把控。

为全面保障管理提升改革效果，中色股份统筹制定《“6S”现场管理提升推广工作方案》，按照“统筹规划，分步实施”原则，在各生产型单位中选择管理基础良好、实施条件成熟的中色锌业综合回收分厂浸出车间、中色白矿选矿事业部二选厂、中色泵业生产制造部铆焊工区作为“6S”现场管理试点单位。以试点标杆成效带动其他生产单位积极性，以代表性的经验总结为全面推广打下坚实理论和经验基础。

（二）强化组织保障，聚焦短板弱项抓提升见成效

强化“一把手”工程，中色股份主要领导牵头督导，中色锌业、中色白矿、中色泵业分别成立了以总经理为主导的三层级“6S”改善团队，即公司领导作为督导层、相关部门作为推进层、试点单位作为具体实施层，实现有效组织保障。

按照“诊断—提升—验收”三部曲，统一组织专业咨询机构围绕整理、整顿、清扫、清洁、素养、安全6个方面，对各试点企业当前管理现状进行针对性评估、诊断，找准现场管理中存在的突出问题和薄弱环节，收集“6S”不合理问题点共计219项，形成专项问题清单。以专项问题清单为基础，组织各单位“一企一策”定制提升方案。通过现场红蓝牌张贴、六源查找、设备清洗、设备三现地图、六源“5Why”路径分析等专业方法，推动问题的逐项实质性解决，确保“清理整顿、清扫物品整齐、环境整洁、素质提高、工作规范、促进发展、确保安全”工作目标的最终实现。

（三）强化激励约束，营造奋勇争先良好局面

为高质量完成首批“6S”现场管理试点管理标杆建设，充分发挥“试点先行”示范带动作用，中色股份将“6S”现场管理试点标杆建设军令状的完成情况纳入2023年出资企业负责人经营业绩考核，强化激励奖惩。同时设置专项奖励，根据各试点验收综合评比排名进行发放，突出正向激励作用。这一设置鼓励了各试点单位之间形成奋勇争先、相互竞争的良好局面，保障了“6S”现场管理提升落地见效。

（四）加强过程管控，多措并举抓实全流程质量

宣传推广先行，强化工作定位。2023年3月，在中色锌业现场召开“6S”现场管理提升启动会，宣贯工作方案，推动各生产单位深刻认识“6S”现场管理对推动传统生产企业管理方式向集约化、精细化、精益化转变的重要意义，与三家试点企业负责人签订“6S”现场管理试点标杆建设军令状，明确并压实全年任务。全面加强过程管控，试点建设期间，通过项目周会议、月会议、中期会议，及时跟进试点建设进度，加强协调，综合各类信息，评估各项因素，抓实项目进程。与主题教育有机结合，在年中开展“以检查促规范，以规范促提升”的“6S”管理现场提升主题调研活动，组织各试点单位前往优秀企业开展专项对标提升。8—11 月，分别组织专家团队开展现场和视频调研督导，各企业根据专家组改进建议对照整改，归纳总结并形成全年总结报告，推进“6S”现场管理标准巩固完善。

三、改革成效

一是现场管理水平明显提高，效益活力显著加强。“6S”现场管理是生产型企业实现精益化管理的基础，是提升现场管理水平的重要手段。三家试点单位通过完成试点建设，围绕基础建设、通道地面、辅助区域、设备设施、工装器具、生产物资、作业安排、目视化、文件资料、全员参与十大要素，以整理整顿、清扫、清洁为手段，苦练内功，严抓工艺操作、严控工艺指标，进一步把生产现场基础管理抓细抓实。从各试点验收结果来看，试点车间现场环境、员工工作效率、目视化管理及辅助区域得到极大改善，现场管理水平更加高效精细，达到“试点先行”的示范效应，试点企业有色金属产品产量同比提升 5.11%，对应利润总额同比增长 23.48%。

二是与降本增效有机结合，推动企业精细化转变。中色股份坚持效益导向、价值驱动，树立向管理要效益理念，充分利用现场管理工具，深入挖掘生产经营各环节降本潜力，结合降本增效主题开展专项改善。2023 年，中色锌业、中色白矿、中色泵业通过实施“6S”现场管理提升，累计实现成本压降约 164.94 万元，实现了浪费损耗减少、核心设备关键部件使用效率提升、生产环境改善、工作流程优化等良性管理效果，为全面强化精益管理、提升质量效益打下坚实基础。

三是建立健全培训体系，加强管理人才队伍建设。目前传统生产企业普遍面临员工基数大，但整体上懂经营、精管理的人员相对较少的问题，通过本次试点，各单位逐步建立健全培训体系，举办“6S”现场管理专项辅导，针对每期的辅导计划、待办事项、“6S”现场管理专业知识等进行分享与改善效果确认，提升了基层现场管理人员综合素质能力。灵活运用现场管理的各种管理工具，培养出一批优秀的班组长。经过咨询机构认证，总计培养现场“6S”管理推进专员9名，专业现场管理人才队伍不断充实，为公司高质量发展提供了人才支撑。

90

深化改革创新　聚焦价值创造
全力打造绿色智能企业标杆

阳新弘盛铜业有限公司

一、基本情况

阳新弘盛铜业有限公司（以下简称“弘盛铜业”）40 万吨阴极铜清洁生产项目是中国有色矿业集团有限公司（以下简称“中国有色集团”）在国内单体投资最大的项目，是大冶有色金属集团控股有限公司（以下简称“中色大冶”）实现绿色高质量转型发展的压舱石项目。项目规划占地 960 亩，总投资 87 亿元，采用世界领先的“悬浮双闪工艺”，年处理铜精矿 160 万吨，年产阴极铜 40 万吨、硫酸 150 万吨，实现年产值 300 亿元，利税 15 亿元以上。

自国有企业改革深化提升行动启动以来，弘盛铜业坚持以习近平新时代中国特色社会主义思想为指导，深入贯彻落实党中央、国务院关于实施国有企业改革深化提升行动重大决策部署，按照中国有色集团和中色大冶改革深化工作要求，牢牢把握职责使命，坚持创新引领、聚焦绿色智造、依托数字赋能，取得绿色高质量发展高起点开局，已建成标杆工厂，为有色冶炼行业向绿色智造转型发展提供了典范样本。

二、经验做法

（一）公司治理方面

弘盛铜业在坚持和运用好国企改革三年行动积累的宝贵经验基础上，围绕提升活力效率深化改革，进一步完善中国特色国有企业现代公司治理。坚持把加强党的领导和完善公司法人治理统一起来，制定股东会、董事会、党委会、总经理办公会议事规则，外部董事履职保障方案，董事会向经营层授权管理办法等，厘定了董事会授权清单，明确了“四会一层”决策权限，全面梳理制定制度151条，不断完善现代公司治理。

（二）市场化经营机制方面

自40万吨阴极铜清洁生产项目启动以来，弘盛铜业始终贯彻落实党中央、国务院关于健全国有企业市场化经营机制、提高国有企业活力的决策部署，推动公司不断走向市场化经营。

一是市场化高效设置组织运营架构。弘盛铜业突破传统的工厂矩阵管理模式，以“扁平化管理、无边界协同、大规模集控”为指导思想，设置生产运营中心和9个职能部室。生产运营中心包含6个生产片区，在生产经营组织层面形成了生产运营中心为纽带、生产片区为触手的生产统筹调度、操控无缝衔接、信息实时共享的新型生产组织模式，实现生产操控指令网链式共享执行。在公司管理层面，职能部门突出服务保障功能，形成了紧紧围绕生产经营组织这根轴的服务保障管理格局。

二是“多渠道”市场化选拔引才育才。弘盛铜业通过线上渠道招聘生产操作人员230余人，招聘主体专业大学生近200人；从中色大冶冶炼厂及其他兄弟单位选拔优秀骨干、核心人才100余人。同时以市场化机制引进双闪冶炼专家1人、双闪冶炼高级技能人才5人、DCS专业技术人员1人、电工技师1人，为弘盛铜业项目建设、投产达产、打造标杆提供人才支撑。

三是重点推行中长期激励机制改革。在现有经营业绩考核基础上，弘盛铜业积极推行超额利润分享激励机制改革，进一步构建市场化绩效考核与薪酬激励体系，充分激发核心骨干人才创新创效，进一步完善企业激励资源的分配公平性，突出正向激励，推动价值创造，提升经营业绩。

四是试点推进中层管理人员任期制和契约化规范管理。弘盛铜业试行中层管理人员任期制和契约化管理，完善年度、任期考核指标体系，逐步“扩围”涵盖各层级，科学合理制定契约目标，强化考核结果刚性兑现。同时积极推进管理人员竞争上岗、管理人员末等调整和不胜任退出，加大竞争性选拔干部力度。

（三）打造绿色工厂方面

弘盛铜业将绿色低碳理念贯穿设计建设。项目规划之初优化工艺设施布局，集约化用地。严格控制入炉原料有害元素含量，实施污染源头管控。始终坚持高起点、高标准设计施工，严格落实环境保护措施，实现洁净化生产。按照污染少、能耗低、资源“吃干榨尽”的绿色理念，利用悬浮双闪、大板不锈钢永久阴极电解、非衡态转化工艺等一批世界领先的工艺，具有污染物产生量小、能耗低、资源回收率高的特点，实现废物资源化、能源低碳化。

（四）科技驱动方面

弘盛铜业坚持把科技创新摆在更加重要的位置，以长远眼光谋划推动公司科技创新的重点领域改革和重点项目，提升科技平台研发和技术服务能力。

一是始终坚持创新引领。弘盛铜业强化顶层设计，出台《2023—2030年中长期科技创新工作计划》，梳理2023—2024年科技立项新项目47项，制定科技成果转化激励奖励办法，持续激发创新活力。

二是加快建设“6+2”科创平台。弘盛铜业启动高精尖实验室、工业仿真研发2个平台，以及火冶、电解、化工、选矿、机械及电气、智能化6个实验室的建设，为打造数据型精细化生产管控提供科创支撑。

三是高效推动成果总结与转化。弘盛铜业针对达产达标过程中总结的闪速吹炼炉高液面作业技术、无人值守变电系统、JXC短流程渣选工艺等一系列创新成果，已提交专利145项，受理104件、授权4项，已申请软著1件。

三、改革成效

弘盛铜业自成立以来，切实把思想和行动统一到党中央关于实施国有企业改革深化提升行动的重大决策部署上，围绕中色大冶《改革深化提升行动实施方案》，聚焦中色大冶“六个增效”专项行动，实现生产经营行业最佳、管理效能提升最快、绿色发展成色最足、智造赋能效果最优。通过不断深化改革，抓重点、强弱项，奋力书写新时代新征程国有企业改革发展新篇章，为强国建设、民族复兴作出新的更大贡献。

一是生产经营行业最佳。弘盛铜业40万吨项目于2022年10月23日开始热负荷联动试车，仅用33天就打通了全系统工艺流程。经过短暂磨合和攻克产能提升瓶颈，火法系统于3月达产，电解系统于4月满负荷生产，全系统于5月实现达标达产。剔除用电价格因素后，吨铜加工成本控制在2000元/吨以内，达到行业先进。项目在1月单月实现盈利，5月实现整体扭亏为盈，创造了“投产即达产、达产即盈利”的行业最佳。全年完成工业产值282亿元，实现利润总额7.8亿元，上缴税收4.5亿元，成为湖北省新的最大经济增长点。

二是管理效能提升最快。弘盛铜业现有员工550人，仅为行业先进水平的50%，人均产值达到4000万元/年，后续将进一步提升。弘盛铜业全体员工平均年龄为29岁，本科以上学历员工占比45%，专科以上学历员工占比80%以上，中层管理人员35岁及以下人员占比超过50%，形成了一支对党忠诚、纪律严明、专业突出、操控纯熟、梯队合理的人才队伍，目前已择优选拔60人走向更高岗位，正成长为一支中国铜工业人才生力军。

三是绿色发展成色最足。自试生产以来，弘盛铜业各项废水、废气指标受控达标排放，特别是2023年下半年稳定生产以来，国控源废气排放指标均值（二氧化硫13.4毫克/立方米、氮氧化物18.9毫克/立方米、颗粒物1.2毫克/立方米）均低于特别排放限值，平均不到排放限值的1/5，实现超低排放，各项指标排放总量分别仅为排污许可值的19.4%、25.8%、14.2%。能耗方面，铜精矿-阴极铜单位综合能耗为200.46公斤标准煤/吨，远低于国家标杆值280公斤标准煤/吨，优于国标一级能耗水平。根据绿色工厂五大类21项主要评价要点，弘盛铜业各项KPI均优于绿色工厂KPI标准，成为绿色理念的先行者和绿色发展的典范。

四是智造赋能效果最优。弘盛铜业开创性建设全球首座铜冶炼智能工厂，以“工业互联网平台+私有云”为底座，以工艺数模和仿真平台为云脑、以九网融合为支撑，形成了“天上一朵云、空中一张网、地上一平台”的智能应用系统，具备AI学习功能，实现了生产经营全链条数据采集、在线监测、工艺质量预分析、设备预诊断维修、智能生产管控、智能调度决策，为生产经营赋能。依托智能工厂，突破传统管控模式实现扁平化管理、大规模集控、无边界协同、大数据决策。开发16个业务模块，实现生产运营信息数字化、业务管理可视化、价值流实时化，形成实时量本利分析决策并大幅提升管理效能。数据赋能安全环保，研发无人渣场等15套智能装备，从源头实现本质安全。通过数据监测、实时预警、智慧纠偏，杜绝超标排放。

弘盛铜业智能工厂正逐步具备“自决策”功能，将向“自适应”阶段演进，按照《GBT 39116—2020 智能制造能力成熟度模型》，公司自评测达到智能制造能力成熟度 4 级以上水平，成功入选工信部 2023 年度智能制造试点示范项目揭榜单位名单。在智能工厂建设和应用的实践中，弘盛铜业形成了一整套包含软件、硬件、网络、管控模式的智造体系，负责牵头起草《有色金属行业铜冶炼智能工厂数据采集标准》《5G 全连接工厂评价导则》《灯塔工厂评价导则》等重要标准，成为绿色智造的定义者和标准的制定者。

91

改革深化启新程　转型发展担使命

中国南方稀土集团有限公司

一、基本情况

中国南方稀土集团有限公司（以下简称“南方稀土”）是中国稀土集团有限公司（以下简称“中国稀土集团”）的直管企业，位于革命老区江西省赣州市。南方稀土注册成立于 2015 年 3 月，注册资金 7.53 亿元。经“19411”内部专业化整合后，南方稀土从负责稀土行业投资与经营管理的全产业链稀土集团，转型为专业的资产管理平台公司，实现了由中国稀土集团控股子企业向全资子企业的根本性转变。改革发展赋予了南方稀土新的职责定位：办理“两非”“两资”资产清退和保值增值工作，负责中国稀土集团在有关区域的产业园区运营。作为资产管理公司，南方稀土以习近平新时代中国特色社会主义思想为指引，深入学习贯彻习近平总书记关于稀土行业、国资国企改革发展、赣南苏区振兴等重要指示精神，经营发展质量提升指标及“两非”“两资”企业压减退出等改革任务超额完成。

二、经验做法

（一）聚焦市场化整合重组改革，转变发展思路，夯实资产管理核心功能

经过专业化整合后，南方稀土面临资产空心化、主业弱化、人心不稳

等转型阵痛和现实问题。南方稀土经营班子根据新的职责定位，统一思想，明确提出“124”发展思路，即紧扣“学习贯彻习近平新时代中国特色社会主义思想和党的二十大精神，狠抓改革深化提升行动”这一主线，突出“瘦身健体提质增效和国有资产保值增值”两大任务，聚焦“高质量党建引领高质量发展、强化资产管理和园区运营、理顺转型发展期管理机制、防控重大经营风险”四大重点，凝心聚力，提出“发展元年，首战必胜”要求。把推动南方稀土改革与贯彻落实国有企业改革深化提升行动紧密结合，把南方稀土年度目标任务与七大重点行动有机统一，同谋划、同部署、同推进、同检查、同考核，推进南方稀土转型发展和深化改革。南方稀土立足战略性重组和专业化整合，助力中国稀土集团更好地发挥在稀土产业和区域发展中的比较优势，促进不同层级国有资本协同优化。

（二）聚焦现代化企业治理改革，转变管理职能，强化资产管理核心竞争力

面对专业化整合带来的子企业股权和管理权分离的全新挑战，如何实现顺利转型是南方稀土发展必须破解的首要难题。南方稀土经营班子把转变管理职能、理顺体制机制作为推动工作落实破题开局的关键一招。

一是推动管理工作制度化、流程化、标准化。南方稀土制定《关于与相关事业部或公司对涉及“三会”等业务事项办理的注意事项说明》《退出资产工作流程规范》《参股企业管理制度》等制度规程，争取集团总部相关部门指导帮助，按管理口径与所有划出企业管理单位（机构）签订股权托管协议，做到责权利分开、投管治分离，明确专业化整合期间公司治理决策工作开展方式，做到有序转接、顺畅过渡。

二是重新搭建管理框架和制度体系，完善市场化选人用人机制。南方稀土按照精简高效原则设置5个职能部门，建立完善各类制度48项，经理层成员任期制契约化达到100%，中层管理人员竞争上岗比例为100%。

2023年度改任非领导职务2人、不胜任退出1人，中层管理人员退出比例37.5%，中层管理人员35岁以下占比43%、35~45岁占比57%。推行普通员工“双向选择”，根据员工的技能适配性和主观能动性，对4名员工的岗位进行了优化调整。组织开展校园招聘，公开招聘率实现100%。全员绩效考核率达到100%，推动薪酬分配向作出突出贡献的岗位倾斜，实现了绩效的刚性兑现，各层级员工浮动工资占比应达到60%，同层级人员收入差距达到2.1倍。南方稀土步入“依制度管理，按流程办事”的良性管理轨道，初步构建了“党建引领+制度管理+机制激励+考核整顿”相互融合的管理格局，员工精神面貌焕然一新。

（三）聚焦专业化资产管理改革，转变发展方式，提升价值创造能力

作为资产管理公司和园区运营平台，如何在专业化整合融合中体现价值和发挥作用，是南方稀土运行元年体现担当作为的“第一考”，也是贯彻落实改革深化提升行动必须答好的问卷。2023年，南方稀土在其他股东减资退出、亏损治理、压减退出等方面成绩显著。

一是完成南方稀土其他股东减资退出工作，为中国稀土集团深化专业化整合奠定基础。南方稀土在自有资金不足、无主营业务收入、起步运营困难的背景下，筹集减资对价款1亿元，主动出击快速推动南方稀土其他股东减资退出，完成减资退出相关工商登记的时间，比原计划提前了1个月。南方稀土顺利实现由中国稀土集团控股子企业向全资直管资产管理公司质的转变和重大突破，为中国稀土集团进一步理顺所属企业股权关系和管理关系、开展整合重组和资本运作打下坚实基础，在南方稀土发展史上具有重要意义。

二是解决大额到期银行贷款无力偿还、债务包袱沉重难题。南方稀土短期内迅速筹集1.6亿元资金帮助国家离子型稀土资源高效开发利用工程技术研究中心（以下简称“工程中心”）偿还到期贷款，有效避免了债务逾期风险，同时以资产租赁方式，帮助快速盘活园区资产，缓解工程中心重资产运营举步维艰困境。筹划落实工程中心亏损企业治理方案，推动工程中心轻装上阵，聚焦科研主战场发挥主力军作用。

三是超额完成年度“两非”“两资”压减退出任务，优化方式方法大幅节约时间和成本。紧盯2023年初确定的“两非”“两资”压减目标，南方稀土全力以赴圆满完成了3家控股企业的退出工作。优化工作思路和方式方法，帮助企业降低税负，有效加快企业退出工作进度。协调赣州稀土矿业有限公司在以吸收合并方式完成赣州虔力稀土新能源有限公司细坑采矿权人变更登记后，向地方税务部门递交资料50余份，申请企业所得税特殊性税务转让，免缴企业所得税、印花税共计2172.19万元，同时免去聘请第三方机构开展资产评估的流程，节约时间至少1个月。

三、改革成效

南方稀土自2023年开展专业化整合以来，聚焦中国稀土集团发展战略，在贯彻落实改革深化提升行动和建设世界一流稀土产业集团中主动作为、创造价值、彰显担当，形成了上下一心、团结协作、奋勇争先的良好氛围，迎来了发展新面貌、新成效。

一是经营业绩改善。2023年南方稀土清收陈年旧欠5亿多元，有效降低坏账风险和财务成本。按照考核口径，实现利润总额2350.13万元，相比考核指标利润总额完成率达252.23%。国有资本保值增值率为100.45%，实现国有资本保值增值。全员劳动生产率为128.41万元/人，高于2023年度中央企业平均水平78.4万元/人。

二是压减成效显著。对相关子企业全部编制上报分类处置方案，南方稀土资产管理核心工作“两非”“两资”清退任务提前超额完成。2023年退出企业3家，超额完成目标任务，完成率150%。完成1家企业的退出决策工作，对2家拟压减退出企业进行了现场调研。

三是风险控制增强。2023年南方稀土“控股不控权”问题已完成整改，企业挂靠经营问题彻底整治，专项巡视反馈的8类问题17项任务全部整改销号。

改革没有完成时，只有进行时，永远在路上。在国务院国资委的坚强领导下，南方稀土将始终以习近平新时代中国特色社会主义思想为指导，聚焦主责主业，深化整合融合，持续做好专业化整合相关产权转让、“两非”“两资”企业压减退出、在赣产业园区的资产盘活和运营工作，探索培育物业管理、供应链服务等新盈利点，防范潜在的融资风险、法律风险和经营风险。南方稀土将以更加坚定的信心、更加务实的作风、更加有力的举措，持续推进改革管理，实现常态化、长效化、制度化，加快推动企业高质量发展，为助力中国稀土集团建设创新驱动的世界一流稀土产业集团作出新贡献。

92

聚焦“三大机制”增活力
深化“双百行动”强动能

国合通用测试评价认证股份公司

一、基本情况

国合通用测试评价认证股份公司（以下简称“国合通测”）成立于2017年，是由中国有研科技集团有限公司（以下简称“中国有研”）与嘉兴浙华武岳峰投资合伙企业（有限合伙）（以下简称“武岳峰资本”）共同发起设立的混合所有制企业。国合通测注册资金77965.34万元，其中中国有研持股64.13%。自成立以来，国合通测积极承担国家新材料测试评价平台主中心和有色金属材料行业中心（以下简称“两中心”）建设任务，先后入选国企改革“双百企业”和混合所有制改革试点单位。国合通测紧紧围绕“两中心”建设与公司经营发展两大核心任务，坚持党的集中统一领导，坚持创新驱动高质量发展，围绕“五突破一加强”，聚焦三项制度推动全方位机制改革，以“强能力、提效力、增活力”为目标，逐步完善市场化经营机制，公司资产、人员和经营规模快速扩大，科技创新实力显著增强，已经成长为在全国多地布局、业务领域不断扩展、行业地位不断提升的新材料测试评价领军企业。

二、经验做法

（一）聚焦治理机制，坚持完善中国特色现代企业制度

一是坚持党的领导，不断完善顶层治理架构。国合通测实现党建进章程，全面落实“双向进入，交叉任职”，制定《党委前置研究讨论重大经营管理事项清单》，不断完善“三重一大”集体决策制度，切实强化党委“把方向、管大局、保落实”作用，把党的全面领导落到实处。制定股东大会、董事会、监事会议事规则和总经理工作细则，对各治理主体的权责事项实行清单化管理，明确由党组织研究和讨论的重大事项、董事会决策和议定的重要事项、经理层执行和落实的具体事项，确保公司各治理主体权责清晰、相互衔接、有序运行。

二是配齐建强董事会，落实董事会职权。国合通测引入独立董事，建立董事会专门委员会。目前国合通测董事会共有 7 名董事，其中外部董事 5 人（其中独立董事 3 人），董事会下设战略委员会、审计委员会、薪酬与考核委员会、提名委员会 4 个专门委员会，实现了董事会来源多元化、结构合理化，确保有效制衡、高效运作，为科学决策提供有效支撑。修订公司章程和董事会议事规则，全面落实董事会五大职权。

三是坚持责权对等，提升运营效率。国合通测坚持集中统一领导和班子分工相结合，将主要工作全部纳入计划管理，将重点任务全部纳入考核指标，形成了一套从分工到计划再到绩效考核的责任落实体系和责权运行机制，保证公司形成攻坚克难的战斗力、爬坡过坎的行动力，实现了重大任务全部按期高质量完成和公司经营绩效快速增长的良好效果。

（二）聚焦用人机制，把握重点积极推进三项制度改革

一是建立以全面公开招聘为核心的市场化机制。国合通测健全以劳动合同管理为核心、以岗位管理为基础的用工制度，实现全员市场化公开招

聘，建立分级分类的员工市场化公开招聘制度，优化用工结构，提高人员配置效率，确保用工的公开、公平、公正和竞争择优。2023 年，在北京、上海、青岛、重庆等地共招聘 100 余人，满足公司在快速发展阶段因能力建设、区域布局、领域扩展等带来的用人需求。

二是坚持以人岗匹配为核心的调整机制。国合通测从公司发展战略和经营实际出发，全面梳理人才需求，本着“人岗相适、用当其时”的原则，打通管理、科研、市场和技能四大人才发展通道，定期组织人才评价和岗位调整，构建员工“能进能出”的合理流动机制，确保“出”的渠道畅通。不断优化完善绩效考核评价体系，加强考核结果在岗位调整方面的应用，2023 年与 44 名员工解除了劳动关系。

三是加强以硬实力为核心的选聘机制。国合通测扎实推进干部“能上能下”，保持干部队伍蓬勃旺盛的生机和活力。持续加强选人用人制度建设，规范选人用人程序和方式，采取内部推选、竞聘上岗、公开招聘等方式选任干部，真正在竞聘上岗过程中实现“能者上、庸者下、劣者汰”。打破领导干部“铁交椅”，真正实现干部有序退出和提拔使用相结合，有效鞭策“后进赶先进、先进更前进”，持续优化干部梯队的年龄结构和能力素质。2023 年，国合通测通过公开竞聘方式选拔中层干部 6 人次，将 4 名管理人员调整到一线岗位。

（三）聚焦激励机制，激发动力活力、推动高质量发展

一是建立工资总额管理和动态调整机制。国合通测坚持效益导向，制定工资总额控制线，制定与公司发展和行业特点相适应、与公司经营绩效相匹配的工资总额管理和动态调整机制。完善全级次奖金方案，与公司绩效完成情况挂钩。

二是探索多维度激励约束模式。国合通测建立与业绩相挂钩的绩效奖励机制，建立员工行为规范，将正向激励与负向激励相结合。落实经理层

任期制，实施骨干员工持股，将短期激励与中长期激励相结合。完善各类荣誉表彰评选办法，运用好奖状、证书、公开场合表扬等精神激励办法，将物质激励与非物质激励相结合。

三、改革成效

一是市场化经营机制成效不断显现。通过实施一系列选人用人改革举措，推动了国合通测以中长期激励为核心的市场化改革。国合通测坚持干部“能上能下”，抓住关键少数“强能力”；坚持薪酬“能增能减”，创新分配模式提“效力”；坚持员工“能进能出”，优化人员结构增“活力”。充分激发调动重要技术人员和经营管理人员的积极性和创造性，改革内生动力明显增强，不断促进公司持续快速健康发展。

二是服务国家战略能力进一步增强。国合通测通过两中心项目的实施，在北京、上海、青岛等地建设面积逾 4 万平方米的综合实验室，采购测试评价仪器设备近千台（套），开发仪器设备 24 台（套），研发关键共性技术 9 类，开发测试评价新方法 420 项，建设包括数据资源中心、资源共享中心、电商平台和管理信息系统的综合性互联网平台。累计申请专利 44 件，研制技术标准 86 项，研制标准样品/物质 15 种，申请软件著作权 10 件，发表论文 69 篇，出版专著 2 部，全面完成各项成果指标。

三是公司逐步呈现高质量快速发展。在国家平台建设和国企改革的双重推动下，国合通测在北京、上海、青岛、深圳、重庆、雄安、西安、德阳等地设立 10 家分/子公司，初步建立覆盖全国的骨干网络布局，建成了国际水准的金属材料综合测试评价能力。截至 2023 年 12 月底，国合通测资产总额 12. 37 亿元，负债总额 4. 85 亿元，净资产 7. 52 亿元，资产负债率 39. 2%，资产状况良好。2023 年公司实现营业收入 38999. 96 万元，同比增长 15%；实现利润总额 6039. 39 万元，同比增长 204%，经营业绩保持快速增长态势。

改革只有进行时，没有完成时。2024 年，国合通测将持续发挥“双百企业”先锋作用，以实现公司首发上市为核心目标，大力实施变革型、牵引性、标志性改革举措，向打造一流检验认证机构、百年科技服务品牌目标稳步迈进。

93

科技引领创新　深化国企改革 助力消防行业高质量发展

建研防火科技有限公司

一、基本情况

建研防火科技有限公司（以下简称“建研防火”）成立于2020年3月，是中国建筑科学研究院有限公司（以下简称“中国建研院”）全资科技型子企业，由中国建筑科学研究院建筑防火研究所整体改制而成。建研防火完全继承了该研究所的人员、资产、成果，是建筑行业内成立时间最早、规模最大、业务领域最广的专门从事建筑防火技术研发与服务的机构。作为首批“科改企业”和自主创新的科技型国企标杆，建研防火坚定不移深化改革，显著提升自身的创新能力、发展活力和整体质量，在建筑防火领域取得了卓越成果，为消防行业的高质量发展注入了强劲新动能。

二、经验做法

（一）充分发挥董事会专委会的专业支撑作用

建研防火始终坚持“两个一以贯之”，把加强党的领导和完善公司治理统一起来，加快完善中国特色现代企业制度，坚持建设专业尽责规范高效董事会，持续健全董事会、专委会运行机制，增强竞争力、创新力和抗风险能力。

一是发挥科技创新委员会作用。建研防火坚持创新驱动发展，积极落实三级研发体系，明确科技发展战略，构建科技研发体系和科技创新激励机制，保障科技研发投入强度，加强科技人才培养，建立系统化科技创新体制机制，科研和标准工作不断加强。

二是发挥战略与投资委员会作用。建研防火进一步提升董事会履职能力，充分发挥战略与投资委员会作用，紧密围绕国家重大战略和公司"一体四翼"发展布局，全力保障董事会科学规范决策，织密守牢风险防线。

三是发挥薪酬考核委员会作用。建研防火加强董事会专门委员会建设，建立健全董事会专门委员会工作规则，向董事会报告薪酬与考核委员会工作，明确履职清单和决策流程，更好发挥薪酬委员会作用。

（二）智库聚智，共谋行业未来

一是汇聚智库高端资源。建研防火凝聚专家智库智慧，发挥工程建设领域消防专家学者的技术支撑作用，更好地为行业发展提供智力服务，确保专家智库始终保持高位专业化水平和活力，集众思以建真言、汇众智以谋良策，帮助破解消防行业过程中的难点堵点痛点，为行业建言献策。

二是引领消防行业发展。为促进工程消防工作更好地服务于国家发展大局，建研防火继第一届建筑防火大会成功举办之后，拟举办第二届建筑防火大会。举办"建筑防火创新发展大会之防排烟行业促进会"，聚焦防排烟行业现状及未来发展方向，加强行业交流与合作。举办"建设工程消防产业高质量发展论坛"，加快消防产业的性能提升及服务升级改造，更好地持续推动和促进建筑工程消防产业高质量发展。

三是发挥专业领域优势。宁夏银川富洋烧烤店6·21特大燃气爆炸事故发生后，建研防火应住房和城乡建设部要求，积极选派多名专家参加事故调查工作，通过对法律法规、政策的透彻了解，提出预防和解决类似火灾隐患的建议。同时协助住建部进行“长春宏宇小油饼百姓餐厅火灾事故调查”，第一时间掌握事故信息和现场设置情况，梳理相关建筑设计法规、标准要求，作为事故调查工作依据。

（三）支撑国家战略，提升应急能力

建研防火开展相关科研和技术服务工作，为航天发射、高铁站房、地下轨道交通、体育场馆、文博建筑等重大工程提供特殊消防设计、咨询和检测服务。

一是有效筑牢防灾减灾防线。在安全支撑方面，建研防火开展滨州市自然灾害应急救灾辅助决策系统的研究与开发，对滨州市范围的承载体、政府救援机构、应急物资储备库等灾害防治的重要信息进行了可视化建设，为赋能国土空间规划、划示灾害综合风险防控区提供了重要数据支撑。

二是持续进行政府支撑工作。建研防火承担“十四五”国家重点研发计划子课题，主要开展历史街区消防安全综合保障等研究，提升历史文化建筑安防消防融合防控技术水平。2023 年，建研防火承担住建部科学技术计划项目 6 个，主要在建筑外保温系统、超高层建筑等领域开展研究；承接住房和城乡建设部《城市更新既有建筑改造消防设计、实施及验收的监管技术创新及实证研究》《历史文化街区和历史建筑消防技术标准研究》等多个委托项目。

（四）强化人才支撑，不断积蓄发展后劲

建研防火着力创新体制机制，夯实基础工作，找准着力点和突破点，鼓励创新更多灵活的激励方式，发挥企业各类人才积极性、主动性、创造性，激发各类要素活力，为公司高质量发展注入强大动力。

一是柔性引才，厚植发展动能。建研防火 2023 年聘请范维澄院士为中国建研院防火所学术委员会主任。提出创建新型火灾科学国家重点实验室的整体构思和设计方案，由建研防火与清华大学联合开展建设工程防火研究实验室申报，将其打造为国际知名的知识创新、技术创新和人才培养的国家级优秀研发基地，满足城市更新及工程建设的高质量发展需求。欧阳明高院士自2023年担任中国建研院防火所学术委员会副主任以来，与锂电安全、换电装备、锂电大数据预警、光伏安全相关的科研和产业单位进行紧密沟通协作，共同推动相关标准和新技术应用。

二是股权激励，激发创新活力。建研防火根据文件要求，采取增资扩股的方式，以不超过公司10%的股权对核心人员进行股权激励。激励人员为对公司经营业绩和持续发展有直接或较大影响的关键岗位员工，人数不超过总人数的20%。制定《股权激励实施方案》《员工持股管理办法》，对持股员工条件、持股比例、入股价格、出资方式、持股方式、股权分红、股权管理、股权流转等作出具体规定，充分调动核心团队的积极性、责任感和使命感。2021年6月，建研防火核心员工股权激励落地；2022年7月，第一次分配红利，分红率为6.36%；2023年7月，第二次分配红利，分红率为13%。

三、改革成效

一是效益指标再创新高。2023年，建研防火全年新签合同额1.50亿元，同比增长11.37%；营业收入1.02亿元，同比增长26.88%；合同款到账1.03亿元，同比增长52.43%。主要经济指标均保持较好增长，创历史新高。2023年，建研防火科技收入7082万元，研发投入强度18.09%，在科技研发投入上持续发力，争当科技创新排头兵。

二是坚持创新驱动，增强行业引领能力。2023年，建研防火在标准制定方面展现出卓越的行业影响力和领导力，成功主持1项行业标准、9项地方标准和15项团体标准，其中已有3项地方标准正式发布实施。此外，建研防火还积极参与联合主持或参与制定国家标准 14 项、行业标准 4 项、地方标准 19 项和团体标准 22 项，其中 3 项国家标准、6 项地方标准和 5 项团体标准已发布。这些成果充分证明了建研防火在行业标准制定方面的权威地位，以及对推动行业科技发展的重要贡献。通过主持和参与多项标准制定，建研防火不仅提升了自身的科技实力，也为行业的规范化、高质量发展作出了积极贡献。

三是以“小改革”推动“大改革”。建研防火紧抓“科改”契机，激发消防领域科技创新活力，以技术支撑建筑工程标准制定和项目建设，推动建筑工程消防产业发展。以科技改革推动防灾减灾救灾体制机制改革。充分发挥专业优势，开展自然灾害应急救灾辅助决策系统研究，为灾害防治与风险防控提供重要支撑。在宁夏银川富洋烧烤店“6·21”特大燃气爆炸、长春宏宇小油饼百姓餐厅火灾等事故中提出预防、解决建议和事故调查工作依据，为提升灾害防范能力和应急能力作出了积极贡献。

94

强化改革新动能　提高核心竞争力
以“科改”引领企业创新发展

中国建筑科学研究院天津分院

一、基本情况

中国建筑科学研究院天津分院（以下简称“天津分院”）于2008年11月7日注册成立，为中国建筑科学研究院有限公司（以下简称“中国建研院”）控股的二级子公司。天津分院积极服务国家生态文明建设，着眼于绿色发展和民生保障，不断优化业务结构，以“绿色生态”和“智慧供热”为两大核心，围绕“大绿色、小智慧、新生态、旧更新”打造有特色有核心竞争力的绿色产业链条，构建出“一链两核”主营业务。天津分院始终践行绿色发展理念，先后获得国家级高新技术企业、天津市瞪羚企业、北方国家绿色建筑示范基地依托单位等多项荣誉。

二、经验做法

（一）完善体系机制建设，夯实高质量发展根基

天津分院作为2023年新入选国企改革“科改企业”，快速建立相关制度。

一是落实企业各项制度制/修订。天津分院积极落实国务院国资委对

于“科改企业”的要求，从完善体制机制出发，积极落实《国资委关于支持鼓励“科改示范企业”进一步加大改革创新力度有关事项的通知》中第2、3项要求，制定《天津分院研发体系实施细则》，加大对科技项目负责人授权管理力度，制定“揭榜挂帅”制度，截至2023年共发榜5项，均顺利完成项目验收。落实《关于支持鼓励“科改企业”“双百企业”进一步加大改革创新力度的通知》中的第5项内容，修订《天津分院经理层副职经营业绩考核管理办法》《天津分院经理层副职薪酬管理办法》等项制度，加强对经理层任期制和契约化管理，经理层成员全部签订《岗位聘任协议》和《经营业绩责任书》，全面执行以年初确定目标责任书、年底述职及绩效评价、任期考核等为主的经理层成员任期制和契约化管理。

二是汲取先进优秀改革经验，落实创新改革做法。在入选“科改企业”后，天津分院全面加强“科改企业”相关政策学习，充分学习改革案例、简报等文件，向优秀央企学习。深刻认识自身科技创新方面的差距，系统学习柔性引才工作方式。2023年，共引进7位国家级专家作为天津分院客座研究员，扩大柔性引才范围，与来自天津大学、河北工业大学的3名教授/副教授签订聘请客座研究员相关协议，推动天津分院科技人才水平提升，进一步提升科研能力，增强企业核心竞争力。

三是充分吸收优秀经验，落实现代企业治理机制建立。天津分院通过支部共建、调研访问等方式，向中国建研院第一批入选的“科改企业”交流借鉴改革经验，落实现代企业治理机制建设，规范化建章立制。修订《“三重一大”决策事项清单》，编制《落实董事会职权实施方案》，着力优化董事会建设配套制度。全面规范董事会授权机制，落实董事会向经理层授权，推进董事会运行建设，为进一步提升董事会运行质量、充分发挥董事会经营决策主体作用、加强董事会和经理层统筹沟通、协调企业高效运转打下坚实基础。

（二）充分发挥科技引领作用，促进核心业务技术创新

一是提升科技创新水平，高质量完成多项科研课题。天津分院2023年完成国家、省部级等课题验收5项，包括“十三五”国家重点研发计划课题“绿色宜居村镇基础设施配建技术体系研究”；承担“十四五”国家重点研发计划任务，开展社区市政基础设施碳排放特征与碳减排潜力研究。不断提升科研水平和成果显示度，负责的“既有居住区基础设施低碳改造关键技术研究与应用”项目获得“华夏建设科学技术奖”三等奖。

二是立足主营业务，从技术创新走向标准引领。天津分院承担的强制性工程建设规范《科技馆项目规范》通过研编验收，助力科技馆事业创新和健康发展。参编的ISO国际标准《智慧城市基础设施—智慧建筑信息化系统建造指南》和国家标准《智慧城市 建筑及居住区第1部分：智慧社区信息系统技术要求》GB/T 42455. 1—2023正式发布。这些成果不仅大大提升了天津分院的行业影响力，还为开拓业务提供了重要标准支撑。

三是构建科改示范体制机制。天津分院落实中国建研院三级研发体系建设总体部署，结合天津分院主责主业，立项自筹科研项目，不断提升研发投入强度。发布《天津分院科技创新奖励管理办法》，2023年覆盖智慧供热、美丽乡村、绿色低碳、海绵城市等多个领域评选出科技创新一、二、三等奖6项，激发科技创新活力，助力科技成果转化。

（三）加强人才多元化激励，构建市场化用工机制

一是落实企业人才激励，建立多元化中长期激励措施。天津分院积极落实《国有科技型企业股权和分红激励暂行办法》中股权激励的政策，推动实行科技类企业的股权激励措施。成立股权激励工作小组，通过科学合规地制定《天津分院股权激励员工持股实施方案》《天津分院股权激励员工持股管理办法》等制度，规范企业核心骨干人员及业务骨干持股，选定高层管理者、中层管理者、核心科研人员和业务骨干等岗位进行股权激

励，激励42人，进一步激发员工活力、增强企业动力，使员工与天津分院形成利益共同体。持续落实《天津分院优秀人才选拔与培养制度》培养奖励机制，建立雏鹰青年、科技骨干、领军人才三级培养体系，2023年入库人才共30人，为后备干部选拔提供支撑。

二是优化调整考核方式，加强关键资源配置。天津分院以创新者为先，以奋斗者为本，拉开收入差距，同职级绩效差异达到2倍以上，将薪酬资源向实现高价值创造的重点职位倾斜。优化定岗定级、薪酬考核体系、淘汰退出机制，实施“强激励、硬约束”机制，对于超额完成利润指标的部门实行超额利润分享，对于没有完成考核指标合格值的部门，经综合研判对负责人进行岗位调整、降职使用或者免职的处理，该部门绩效奖金相应受到影响。2023年实现中层管理者实现100%竞聘上岗，管理人员退出率达到23%，员工市场化退出率达到5.38%，有效提高了全员劳动生产率。

三、改革成效

推进“科改行动”工作半年以来，天津分院的中国特色现代企业制度改革已经深入人心，市场化理念、科技创新体系、多元化激励机制等不断完善。2023年共完成34项改革任务，董事会建设、市场化选人用人、员工中长期激励等工作已经全面启动。

一是企业核心竞争力不断增强。2023年天津分院持续聚焦主责主业，以“绿色生态”和“智慧供热”为核心，打造具有特色和核心竞争力的产业链条。天津分院全年营业收入同比增长13.35%，利润总额同比增长17.16%，净利润同比增长15.77%，经营绩效稳步提升。

二是品牌和行业影响力持续提升。2023年天津分院成功申请新能源设计乙级资质、电子与智能化工程专业承包资质、特种设备压力管道设计生产许可，为战略性新兴产业发展打下基础。依托国家建筑工程技术研究中心牵头申请成立环渤海研究院、岭南建筑研究院，依托建筑行业生产力促进中心牵头成立智能建造分中心。顺利完成国家级高新技术企业复审，获得天津市创新型中小企业称号。

三是“人才引擎”不断释放澎湃动力。天津分院持续构建中长期激励机制，推动核心骨干员工持股，持续打造人才库三级培养体系。2023 年 1 名员工获得天津市五一劳动奖章，2 名员工入选公司“百人计划”。培养出科技领军人才 1 名，科技、经营、管理骨干人才 3 名，雏鹰青年 3 名，经营、科技骨干后备人才出库 4 名。持续践行人才强企战略，激发企业家精神培养。

95

以市场化经营机制改革“加速度”跑出高质量发展“新速度”

北京全路通信信号研究设计院集团有限公司

一、基本情况

北京全路通信信号研究设计院集团有限公司（以下简称“通号设计院”）是中央企业中国铁路通信信号股份有限公司的一级全资子公司，成立于1953年，前身是铁道部电务设计事务所，是我国最早从事轨道交通通信信号的专业机构。成立70年以来，通号设计院坚持走自主创新的发展道路，全面主导和参与了我国铁路6次大提速及国内全部重大高铁建设，经历了中国高铁列控系统从起步跟跑、持续并跑到奋力领跑3个发展阶段，见证了从无到有、从弱到强、从强到优的飞跃，走出了一条由“中国制造”到“中国创造”的道路。近年来，通号设计院将深化市场化经营机制改革和强化科技创新作为推动高质量发展的内生动力，通过探索“模拟法人”“创新工作室”等管理模式，重塑微观主体发展新肌理，打造具备独立作战能力的王牌“小家”，培育更多有创业精神的“企业家”，全面增强发展活力。

二、经验做法

（一）重塑业务格局，健全集团化精细化管控体系

通号设计院打破生产单元、分/子公司行政管理边界，实施业务链重组，健全“战略和指标管控＋集中职能服务＋自主经营主体”的三级管控体系，推动经营主体主动走向市场。

一是打造新型作战体系。通号设计院按照“业务纵向一体化＋职能横向协同化”，将融合度高、协同性强、衔接性紧的业务单元整合为独立经营主体，将原有10个生产单位、12家分公司、5家子公司整合为工程设计、列控系统、基础装备与生产制造、通信与运输四大业务板块和科研创新、市场营销、安全质量三大支撑平台，按照事业群/事业部管理，实行“重大事项集团管控、职能管理共享服务”运营模式，打造凝聚力强、协同性高的“作战单元”，塑造贯穿设计标准、研究开发、总包集成、装备制造的“四位一体”产业格局。

二是实施充分授权放权。通号设计院将业务规划、人员管理、薪酬分配等职权下放至事业群/事业部，实行“模拟法人”管理，自主经营、独立运作、独立核算，形成责权一体、自负盈亏的新型经营责任制。坚持“放管同抓”，建立基层党组织参与讨论决策重大经营事项的“事业管理委员会”议事机制，激发基层治理活力。

三是建强基层毛细组织。通号设计院在事业群/事业部下细分以直接经济指标为牵引、作为最小经营主体的业务线，压实基层责任、激发基层活力。

（二）重建绩效体系，确保分层分类管理有效运转

通号设计院坚持市场效益导向，把事业群、事业部当作独立公司运营，激发各级人员拓市创效的积极性、主动性和创造性，深挖内部潜力，

实现价值创造最大化。

一是发挥全面预算引领约束作用。通号设计院严格落实“一利五率”总体要求，围绕中长期战略规划和阶段性重点工作任务，将公司指标分解落实到模拟法人最小核算运营单元，穿透式落实到各层级各岗位。

二是重塑绩效考核体系。通号设计院按照“全面覆盖、分层分类”原则，构建5级14类绩效考核体系，实施“一岗一策”“一人一表”，全面落实精准考核，刚性兑现、刚性退出。

三是实施模拟法人工资总额管理。通号设计院在模拟法人内部以业务线进一步细分50条最小核算单元，细化工作目标分解、强化管理责任传导，按照“增人不增资、减人不减资”原则，实行“部门工资总包与经济贡献挂钩、员工收入与个人业绩挂钩”两级考核分配，按月兑现部门工资包与个人薪酬，同时建立经营业绩里程碑考核“赛马”机制，“晾晒比拼”考核成绩，保障公司年度生产经营工作按计划完成。

（三）重树市场观念，发挥市场规则的决定性作用

通号设计院遵循市场经济理念，坚持战略管控与市场行为有机结合，持续深化公司内部市场化经营机制转换，建立内部上下游、左右岸单元市场体系，制定价格机制、交易机制和运营机制，塑造创新创业和全员经营的企业文化。

一是构建市场定价体系。通号设计院充分利用市场价格机制，以外部市场价格和企业标准成本为基础，灵活采取成本导向定价、市场导向定价、固定比例定价、目标利润定价、协商定价等方式，建立内部价格体系，配套采取账内核算和账外统计的方式，形成良性运转的内部市场环境。

二是完善市场经营保障体系。通号设计院建立健全交易协调、价格管理、内部仲裁等机制，完善绩效管理、生产管理、科研管理、财务管理等制度，加强统计、核算、结算、考核、分配等方面信息化建设，确保市场经营体系高效运转。

三是加强经营文化塑造。通号设计院推动人事管理与组织管理同步联动，科学选拔一批专业精进、充满干劲的年轻管理者，以“契约”代替“任命”、以“管理者”代替“干部”，强化经营、成本、指标意识，让管理人员从思想上率先实现转变，营造“人人懂经营、个个抢着干”的创效之风。

（四）重构科研体系，促进创新创效总体效能提升

通号设计院坚持创新驱动战略，整合创新资源，建立“创新工作室”，打造以系统性基础性研究为主线、以技术指标为主要考核指标的“创新试验区”，实施业务线与创新工作室并行的创新业务模式。

一是设立“系统工作室”。通号设计院针对市场拓展空间大、创新链条长、创新难度高、能提供可持续发展动力的创新方向，打造公司层面跨组织、跨业务研究中心，强化系统型专家效能，加大系统级创新力度，落实团队领衔人技术路线决定权、团队成员选择权、经费使用权和考核分配权，解决基础理论、系统技术、试验验证和成果转化难点问题，加快建成国家级核心科技创新平台、世界级原创技术策源地，引领国际轨道交通技术进步与产业发展。

二是设立“专项技术工作室”。通号设计院针对创新周期长、攻坚难度大、支撑面广的业务开展专项技术研究，让科研人员在业务一线充分了解用户痛点难点，解决共性技术问题，形成重大引领性技术突破，推动技术成果尽快落地。

三是设立“生态类工作室”。通号设计院以构建产业生态为目标，通过技术融合、数据融合和业务融合，形成系统性、规模性、协同性创新模式，打造技术迭代演进、资源高效匹配、形态持续生长的平台产品，建立平台经济新高地。

三、改革成效

通号设计院坚持科技创新和市场化经营“双轮驱动”，通过一系列动真碰硬的改革实践举措，公司科研创新能力不断提升，市场化经营管控模式日趋成熟，全员干事创业蔚然成风，生产经营工作蒸蒸日上。2023 年，公司新签合同额、营业收入、利润总额同比均增长超过 10%，经营业绩再创历史新高；专利数量连续 7 年实现 20% 增长，30 余项科研新成果实现转移转化，经济效益达到 5.4 亿元。科研能力倍速而进。完成深度自主化关键核心技术攻关任务，加快解决列控系统的“卡脖子”难题，面向川藏铁路、CR450 科技创新工程取得技术研究进展，关键核心技术加快突破；获得北京市科学技术奖一等奖等 25 项省部级以上科技奖项，成功获得国家科技部、国家发改委等多项重大科研项目支持，不断融入国家科技创新体系，战略价值不断凸显。

下一步，通号设计院将坚持“一个目标”、用好“两个途径”、发挥“三个作用”，围绕“创新驱动、人才强企”发展战略，持续深化市场化经营机制改革，加快实现高质量发展，努力建设成为轨道交通安全控制和信息技术领域的世界一流高新技术和现代服务综合型企业集团。

96

紧盯“五个中心” 推动组织重构 锚定商业成功提升企业核心竞争力

卡斯柯信号有限公司

一、基本情况

卡斯柯信号有限公司（以下简称“卡斯柯”）成立于1986年3月，是中国铁路系统第一家中外合资企业，专注于中国轨道交通列车运行控制系统的技术发展，业务覆盖铁路、城市轨道交通、城际铁路、市域铁路、有轨电车等领域，拥有国家技术创新示范企业、国家知识产权示范企业、国家级企业技术中心等多个国家级资质，是工信部认定的首批“国家服务型制造示范企业”和“两化融合管理体系贯标工作试点企业”，2020年入选“科改企业”，2023年入选“创建世界一流专业领军示范企业”。近年来，卡斯柯坚持以市场为导向，紧盯“五个中心”，全面构建以商业成功为标志的治理、生产、科技组织模式，不断提升市场竞争力，持续引领轨道交通下一代产品技术发展方向。

二、经验做法

（一）坚持以效益为中心实现差异化管控

一是积极探索有别于全资母子公司的管控模式。在双方股东帮助下，卡斯柯1986年建立董事会，严格遵照中外合资企业法、公司法运行，董事会决策“完全市场化”“去行政化”，除利益分配等事项，全部按照市场化要求进行自主决策，双方股东不干预职责权限以外的事项，逐步建立起“投资决策有限自主化、人事决策分级自主化、生产经营决策完全自主化”的市场化管控模式。

二是充分发挥董事会管理模式下各治理主体作用。卡斯柯不断健全以公司章程为核心的制度体系，完善总裁对董事会负责、向董事会报告的工作机制，规范股东会、党组织、董事会、经理层等治理主体的职责边界和权利责任，保障有效履职，形成各司其职、各负其责、协调运转、有效制衡的公司治理机制。

三是始终坚持将党的领导融入公司治理。卡斯柯在央企控股中外合资企业中率先实现党建入公司章程，立足中外合资企业实际，修订党委会议事规则、“三重一大”决策制度，动态优化党委前置事项清单，把党的领导融入公司治理体系，推动党的领导党的建设与市场化经营机制有效融合。

（二）坚持以客户为中心推动产业升级发展

一是推动创新链与产业链精准对接。卡斯柯围绕“以客户为中心，为客户创造价值”的核心理念，坚持以市场为导向、以需求为指引、以解决客户实际问题成效为衡量标准，进一步加大研发投入力度，对现有的技术、产品进行更新迭代，推动产品构架更简、性能更优、成本更低、体验更佳，相继推出启骥TACS列车自主运行系统、FZk-CTC3.0调度集中系统、iLOCK-E全电子计算机联锁系统、IOM羲和数字城轨解决方案、智能运维和智能运控两大平台等新一代明星产品。

二是加快布局战略性新兴产业。卡斯柯牢固树立“行业天花板不是企业天花板”的理念，顺应数字化智能化趋势，深入挖掘信号系统数字化潜力，加快布局战略性新兴产业，推进人工智能、大数据、云计算与产品的深度融合，完善数字化产品和技术体系，推出羲和数字城轨解决方案、智能运维和智能运控两大平台、智能调度等智能产品，布局大数据平台、安全云平台等数字化产品和服务。成立产业创新孵化中心，充分发挥控制技术优势，抢抓战略性新兴产业发展机遇，外延核心能力，拓展新赛道，构建“控制系统 + N”产业格局。

（三）坚持以产品为中心提高核心竞争力

一是重构全链条产品研发体系。卡斯柯推行集成产品开发（IPD），重新构建和优化跨团队的产品开发组织，组建城轨、铁路、运输调度、数智4个产品线重量级团队，各产品线均形成从市场与产品规划、需求管理、立项到开发的端到端统筹协调机制，以产品商业成功为导向推进精准创新，提高科研成果市场转化率。

二是完善全系列产品技术图谱。卡斯柯加强需求分析和业务分层分类管理，形成由13个系统解决方案、65个产品系列、119个产品型号组成的产品图谱，梳理7个层次技术图谱，复用产品平台6个、通用组件30个、关键技术187个，提高产品技术复用度。

三是推行产品全生命周期管理。卡斯柯运用数字化手段，依托产品全生命周期管理系统（PLM）的行业最佳实践，优化核心业务流程，建立统一的需求、编码、测试和发布流程，构建从产品规划、集成产品开发、产品运维到产品退市的全生命周期管理体系，完成100多个项目过程的数字化管控，实现对10214个用户需求的全过程跟踪，进一步提升研发效能和用户响应速度，2023年产品上市发布和功能升级周期平均缩短68.7%。

（四）坚持以技术为中心构建协同创新生态

一是以组织重构整合创新资源。卡斯柯优化科研管理架构，成立创新研究院，重塑总体技术规划、统一技术管理、分布执行落实三大职能，统筹科研、技术、标准、认证等工作，聚焦通用技术、组件和平台等基础研发攻关、关键共性技术研发，以课题形式跨部门组织下一代创新储备研发，推动公司内部资源、要素、人才向科技创新聚拢，打造原创性引领性技术策源地。

二是以竞争机制激发创新活力。卡斯柯推行“揭榜挂帅”和“军令状”制度，建立“能者上、优者奖”的选贤任能机制，遴选重点领域亟须攻关的技术难题和项目，通过创新项目管理形式与激励方式，优化项目资源调配规则，灵活调动公司内部研发力量，以解决问题和达成目标为主要标准，给予研发人员更多自主权，有效激发各级员工创新创效活力，持续提升技术创新能力和技术管理水平。

三是以创新平台集聚创新资源。卡斯柯依托三大国家级、省部级工程技术研究中心，利用院士工作站、博士后科研工作站，联合产业链上下游企事业单位，在科技创新、技术攻关、产品研发、工程实施、人才培养等方面加强合作，打造多位一体、多方共荣的创新生态圈和产业联盟，为启骥 TACS 列车自主运行系统、适用于川藏铁路的列控系统等 12 项核心产品和技术攻关提供重要支撑，为通用列车自动驾驶算法、城轨智能调度、形式化建模和市域铁路等行业前沿技术探索作出重要贡献。

（五）坚持以人才为中心打造科技领军队伍

一是积极培养和引进科技领军人才。卡斯柯聚焦提高公司科技创新能力这一核心，采取以体制创新吸引人才、以项目实施支持人才、以平台建设凝聚人才、以业务开拓开发人才、以环境优化保护人才的人才建设思路，通过国家级、省部级及以上重大课题研究、战略产品开发、关键技术攻关等科研实战模式，培养一批具有行业影响力的科技专家和人才骨干，形成一支 1624 人的科技人才队伍，培养 40 余名拥有“全国机械工业劳动模范”“上海市领军人才”“上海市千人计划首席技师”等称号的高层次人才，有力支撑公司持续稳定发展。

二是发挥党建优势凝聚队伍。作为中外合资企业，卡斯柯充分用好国有企业党建特殊优势，发挥“一名党员一面旗，一个支部一先锋”党建特色，发扬“轻伤不下火线”精神，在众多科研攻关、项目实施过程中，充分发挥支部战斗堡垒作用和党员先锋模范作用，组织一大批党员研发技术骨干、项目实施骨干，带头攻克产品开发和应用过程中遇到的各种难题，克服技术难度大、工期短、任务重、疫情反复等困难，确保各项目如期交付载客运营，获得客户和乘客的广泛好评。

三、改革成效

全面深化改革以来，卡斯柯以中外合资企业较好的市场化经营基础为依托，聚焦重点任务，多措并举、狠抓实效，有力促进科创能力增强、管理水平提升、经营指标增长。

一是经营业绩稳步提升。2023 年卡斯柯实现营业收入 50.43 亿元，同比增长 11.94%；实现利润总额 10.86 亿元，同比增长 15.65%。

二是科技成果应用转化取得新进展。卡斯柯推动启骥 TACS 列车自主运行系统、基于北斗定位的列车自动运行控制系统、羲和数字城轨解决方案、智能运维和智能运控两大平台、自主化 300C 平台、TAPS 列车自主感知系统等一批先进产品实现创新突破和推广应用，进一步提升技术发展自主化水平，确保核心技术和产品处于行业领导领先地位。

三是科技创新生态体系化，创新活力效率持续提升。卡斯柯不断完善研发管理体系，加强与产业链上下游企业、知名高校合作，与陕西轨道交通集团、西安交通大学共同打造的“轨道交通未来技术创新研究院”成为唯一的信号企业“揭榜挂帅”四大科研创新项目，持续推动科创平台引进、招收和培养高层次人才，“校招企用”、企业新型学徒制、“双轮·双驱”导师制等制度进一步深化，不断完善人才梯队。

97

以标准化党支部建设“三步进阶”法推进党建工作与生产经营深度融合

通号（西安）轨道交通工业集团有限公司

一、基本情况

通号（西安）轨道交通工业集团有限公司（以下简称“西安工业集团”）是中国铁路通信信号集团有限公司（以下简称“中国通号”）全资子公司，成立于2014年12月。作为中国轨道交通信号基础产品领域的领军企业，长期专注于轨道交通基础装备制造，入选第六批制造业单项冠军企业，拥有6个现代生产基地，是国内最大的信号基础设备生产制造企业、国内最大的铁路信号继电器生产基地和道岔转换设备生产加工基地、国内轨道交通控制核心系统装备的主要制造与服务基地，也是国内能够生产中国铁路时速60～350公里不同速度等级、满足不同气候和地质条件的列车运行控制基础装备和系统设备的高端制造集团企业。近年来，西安工业集团扎实推进基层党建“七抓”工程，提升党建标准化水平，推动各级基层党组织按照“规范党支部—示范党支部—模范党支部”三步阶梯扎实推动组织创建，以“五抓五促”实现党建工作与生产经营两翼齐飞、深度融合。

二、经验做法

（一）“一个方案”强化统领

一是统一党支部常态化规定工作“刻度”，确保“干”有标准。西安工业集团制定实施党支部标准化规范化建设三年工作方案，有机整合党内有关法规条例和要求，从组织设置、支委会建设、组织生活、党员队伍建设、发挥功能作用、机制保障六大方面、30个子项、88条标准建立党支部建设的“硬标尺”，明确党支部工作“该做什么”“该怎么做”“该做成什么样”，分类明确各基层组织工作发力点。制定完善《“三会一课”制度实施细则》《党支部工作标准化流程》《党支部工作台账》《党员教育管理实施细则》，保证基层党务工作者动有规范、做有模板、干有方向，增强党建工作标准化规范化的针对性和实效性，使基层党组织这一“神经末梢”逐步活跃成为坚强有力的“神经中枢”。

二是校准党支部常态化规定工作“精度”，确保“评”有依据。西安工业集团强化党建工作考核评估，制定《基层党支部目标考核指导意见》，坚持分级负责管理，采取党支部自评申报、党员群众测评、本级党委对标评估、集团党委抽查复核认定的方式，督促各基层党组织紧紧围绕落实措施要求、提高工作质量效果、提升问题解决成效、关切党员群众反映等方面，高标准高质量开展评估验收工作。考核标准将具体工作简化为指标、量化为分值，实现党建轨迹可追溯、工作绩效可考核。

三是提升党支部常态化规定工作“亮度”，确保“赶”有方向。西安工业集团开展创建“规范党支部”“示范党支部”“模范党支部”活动，制定《基层党组织“创先争优”活动实施办法》，明确总体要求、主要方向、具体步骤和工作任务，引导基层党支部在分步逐级创建中“打基础、抓突破、创特色”。基层党支部以创建活动为载体，示范引领、辐射带动基层党建工作质量全面提升，建立了分类定级、晋位升级长效机制和创先争优、比学赶超浓厚氛围。

（二）“三步进阶”激励作为

一是“规范党支部”让基层党建“严”起来。西安工业集团创建“规范党支部”，通过“抓短板强弱项、整顿后进支部”的过程，强化基础达标补齐短板，着力解决“有没有、做没做”的问题。各企业党委严格落实“两个1%”要求，为各支部建立“一室多能、综合利用、统一规范”的党员活动阵地。按照“党委+支部”“通用+个性”“板块+业务”的思路建立《党支部规章制度及工作流程汇编》，指导各支部规范开展工作。各基层党支部结合实际补充制定《党支部委员联系班组、联系党小组“双联系”制度》《党建工作监督员制度》等制度，形成有效的基层党建制度体系，加上党支部书记抓支部党建年度述职评议和基层支部党建工作督导检查，保障基层党建基础工作有序开展和党建责任制层层压实。

二是“示范党支部”让基层党建“活”起来。西安工业集团创建“示范党支部”，通过“抓巩固促提升、提升中间支部水平”的过程，强化改进提升加固“底板”，着力解决“好不好、实不实”的问题。各企业党委建立《基层党支部、支委履职清单》、《基层党建工作四问五提醒办法》、基础业务流程图和举措图解，以“1+3+N”模式立体开展党员教育，实施“流动红旗”评比工程。基层党支部开展“党建+科技”活动，积极参与基于国产芯片的计算机联锁、应答器产品产业化技术研究、车载继电器研制技术攻关、基于城轨应用的新一代计轴产品研制等课题攻关、技术改进、新产品研发工作，形成以“五定三保一加强工作法”“红帆聚力一点课”等为代表的一批基层党建“创新典型案例”。

三是“模范党支部”让基层党建“强”起来。西安工业集团创建“模范党支部”，通过“抓深化上水平、扩大先进支部增量”的过程，强化品牌创建做强“新板”，着力解决“优不优、强不强”的问题。各企业党委突出党建引领，促进党建与生产经营深度融合。各党支部通过“主题党日”“党员先锋岗责任区”“党员突击队”活动，发挥推动企业改革发展的“红色引擎”作用，以柯晓宾为代表的一批先进模范和技能大师通过劳模工作室、技师工作室开展师带徒和技术攻关，确保京张高铁、拉林铁路、上海地铁和巴西圣保罗铁路、印尼雅万高铁等多条线路项目产品生产供货，形成了一批以“四把尺”“五颗螺丝钉”“星火文化”等为代表的“示范党建品牌”。

（三）“两翼齐飞”协调发展

一是抓“一岗双责”促融合。西安工业集团按照“交叉任职、双向进入”原则配备基层部门领导班子，重要部门行政班子副职担任支部委员，班组长与党小组长“一肩挑”，做到抓生产经营必须管党建、抓党建必须管生产经营，避免了党务干部与行政干部各唱各调、各吹各号的“两张皮”。

二是抓“目标管理”促融合。西安工业集团将年度生产经营目标与党支部建设目标、党员岗位责任制目标与创造争优目标同步设计、同步下达、同步签订责任书、同步公开承诺、同步检查督促、同步考核兑现，将生产经营与党建工作目标整合推进，达到同部署、同落实、同提高的目的。

三是抓“平台搭建”促融合。西安工业集团广泛搭建党员示范岗、党员责任区、党员先锋队、党员创新工作室、党员导师带徒等活动平台，引导党员积极参加劳动竞赛，在生产经营工作中挑大梁，发挥党员在各自岗位上的旗帜与标杆作用。

四是抓“能力提升”促融合。西安工业集团把党员能力提升作为基层党建工作的重要目标，通过微党课、现场党课、技术党课，将生产经营知识融入党课教育，将技术业务学习纳入党建目标管理，组织技术比武、业务竞赛，促进党员技术业务素质提升，为党员发挥先锋模范作用提供本领支持。

五是抓“作用发挥”促融合。西安工业集团各基层党支部围绕中心任务抓落实，发挥党支部战斗堡垒作用，找准服务生产经营、凝聚党员职工的着力点，推进党建工作创新，让党支部在基层工作中唱主角，成为团结群众的核心、教育党员的学校、攻坚克难的堡垒。

三、改革成效

西安工业集团运用“规范党支部、示范党支部、模范党支部”由低至高3个等级逐步创建、梯次晋级的“三步进阶”法，系统推进党支部标准化规范化建设，解决了党支部工作“该干什么”“该怎么干”“怎么干好”的实际问题，层层压实了党建责任，提升了基层党建工作质效，培养了全国技术能手23人、中央企业技术能手27人、辽宁大工匠3人、茅以升铁道工程师奖获得者6人、火车头奖章获得者4人；培育出党的十八大代表崔宝华，党的十九大、二十大代表、全国劳动模范柯晓宾，团的十八大代表、第20届全国青年岗位能手牛菲菲等先进典型。西安工业集团2023年完成新签合同额41.43亿元，同比增长12%；实现营业收入35亿元，同比增长6.55%；利润总额6.02亿元，年化净资产收益率10.79%；研发投入强度达到8.12%，发展基础更加牢固。

98

深化科技体系改革 实现高水平科技自立自强

中铁大桥局集团有限公司

一、基本情况

中铁大桥局集团有限公司（以下简称“中铁大桥局”）隶属于中国铁路工程集团有限公司（以下简称“中国中铁”），1953 年为修建武汉长江大桥而成立，是一家国有大型桥梁专业施工企业。中铁大桥局现有职工 1.2 万余人，先后培养了中国科学院院士 1 名、中国工程院院士 4 名、全国工程勘察设计大师 7 名。建企 70 年来，在国内外设计建造了 4000 余座大桥，总里程 4000 余公里，在大跨度公路桥、铁路桥、公铁两用特大桥、超长跨海大桥、大跨峡谷桥等建设方面形成了独特的技术优势，一直引领着我国桥梁技术的发展。中铁大桥局拥有桥梁智能与绿色建造全国重点实验室（以下简称“国重实验室”）、博士后科研工作站、国家企业技术中心，2 个国家级研发平台，7 个省部级研发平台。公司坚持以目标和问题为导向深化科技体系改革，更好实现高水平桥梁建造科技自立自强。

二、经验做法

（一）创新科技体系建设，破除悬空虚散

一是建立“一体统筹、多元协同”的体系机制。中铁大桥局全面厘清

企业科技创新体系作为“技术平台、产业平台”的功能定位，逐步构建桥梁科学研究、工程设计、工程施工、机械制造、桥梁康养的全产业链格局，建立了“一体统筹、多元协同”的科技创新体系，即董事会和经理层决策、科技委评估论证、科信部统筹管理、各级职能部门共同发力、研发平台具体实施、工程项目提供应用场景、内外部科研机构提供智力支持，全力解决科研规划零散、资源利用松散问题，实现企业建造效率和科技含量“双提升”。

二是构建“分层聚焦、协作共享”的组织架构。纵向上，中铁大桥局通过建立“核心层”和“执行层”的二级科技创新组织架构，明确了各级研发机构的定位与职责。“核心层”即集团直属国重实验室与国家企业技术中心，主要开展战略性、共性、前瞻性技术研究。“执行层”即集团下属工程公司技术中心及项目实验室相关机构，主要开展面向工程项目的技术支持与服务。横向上，中铁大桥局做好研发定位划分，并将科学研究、工程设计、装备与构件制造、工程施工、运营维护业务单元串联起来形成有机整体，最大限度发挥成员企业间技术创新协同性。

三是推行“实体运行、产学融合”的研发理念。中铁大桥局将企业科研板块部分职能纳入国重实验室统一布局管理，采取实体化运行，配置全职人员，独立核算财务，集中优质研发力量对桥梁领域内的共性关键技术和重大课题进行专心研发。国重实验室建立联合党组织，履行“把方向、管大局、保落实”职能，推进党建与科研创新深度融合；与高校和科研机构签订共建协议，明确经费、人员、场地和设备投入，形成产学融合发展。

（二）打造“四大”平台，服务科技攻关

一是搭建科技资源共享平台。中铁大桥局梳理集团各成员单位购置的仪器、设备、软件、数据库等研发资源，通过国重实验室平台实现科研仪器设备的集中，推动科技研发资源共享。搭建桥梁知识库，实现以桥梁工程为中心的信息资源聚合，信息类型涵盖设计文件、管理制度、技术标准、过程资料、技术成果等多个类别，成为企业内部知识与成果共享的重要平台，推动了项目信息资源共享。组建技术专家库，专家库充分发挥集团及各成员单位的专业技术人才优势，为需要的项目提供技术咨询和专家支持，促进了技术专家资源共享。

二是搭建科技合作研发平台。根据企业业务的发展需要，中铁大桥局组织科学技术委员会制定年度科研计划和具体研究方向，通过项目合作立项的形式，组织成员单位共同参与综合性的、跨专业的、跨单位的重大科研课题或重大技术难题的攻关与研究。重大科技项目的组织方式和成果的培育方式依托工程项目采用网络化组织结构。开展科研课题申报，吸引外部机构承担课题研发，建立融通发展模式。

三是搭建科技管理服务平台。以企业科信部为依托，中铁大桥局建立了科技创新服务团队，为所属单位科技管理工作提供专业服务。积极开展相关业务指导和培训，提供“省级技术中心”“高新技术企业”申报、认定、复评等全过程策划、咨询服务。指导知识产权保护和管理，提供知识产权相关的情报信息、决策咨询服务。指导成员单位申报各级专项资金，支持企业的科技研发工作。

四是搭建标准化成果应用平台。经过长期技术积累，中铁大桥局将建桥核心技术打造形成结构合理、重点突出、实际适用的企业技术标准体系，发布了包括施工工艺、施工结构通用图、设计手册、桥梁管养和标准化作业手册在内的五大类共计 40 项企业标准，涵盖桥梁建造全部细分专业领域，推进了成果标准化和生产标准化，显著提升了企业技术竞争优势。

（三）聚焦国家重大需求，助力科技进步

一是绿色化推进工程建造。中铁大桥局积极响应人与自然和谐发展的时代要求，大力推进绿色建造技术发展。在跨海通道桥梁建造技术方面，推动施工技术大型化、工厂化、标准化、装配化，研发了跨海桥梁结构构件预制、运输、架设成套技术；在大跨度铁路桥梁建造技术方面，引领中国桥梁向大跨、轻质、重载、快速的方向发展，首创1800吨整节段钢梁架设施工技术，践行了绿色发展理念。

二是信息化引领智慧建造。中铁大桥局通过信息化和智能化手段推动建筑业改造升级。加强BIM平台、桥梁知识库、智慧工地、数字化管养等技术的研发，为科技创新和施工生产提供了先进的技术手段支持。中铁大桥局BIM项目管理平台已在常泰长江大桥、渝黔铁路白沙沱桥等14个项目、6个分/子公司进行试点推广使用，系统部分子模块已经在公司外市场应用。通过建设桥梁智慧监测管理平台、桥梁应急管控指挥平台等信息化系统，实现对工程项目后期的运营监测、安全监管、巡检管养等工作的远程、集中、高效处理，极大提升了企业桥梁后市场的智能化综合服务能力。

三是基础研究提升科技实力。围绕海洋桥梁深水基础波浪与结构相互作用动力学理论、波浪参数及结构响应监测技术方面，中铁大桥局相继开展了“桥梁墩（桩）柱水流力数值模拟研究”“跨江越海深水桥梁桥墩波浪（流）力研究”“海洋环境波浪力数值模拟研究”“海洋桥梁波浪荷载及动力作用研究”等专题研究，攻克重大项目中的技术难题，为桥梁工程从江河走向海洋提供了技术支撑。

三、改革成效

一是科技创新成果丰硕。2023年，中铁大桥局重组后的“桥梁智能与绿色建造全国重点实验室”成功获批建设，从桥梁多目标优化智能设计、桥梁智能制造安装与控制、桥梁绿色建造技术3个方向开展前沿关键技术研究，首次牵头承担“城市桥梁智能建造关键技术与装备”国家重点研发计划项目。近3年，培养中国工程院院士1名、全国工程勘察设计大师1名；荣获詹天佑奖7项，中国专利优秀奖1项；授权发明专利215项，获省部级工法302项；荣膺国家知识产权示范企业、国家卓越工程师团队、国务院国资委优秀科技创新团队等称号。

二是行业领军地位强化。中铁大桥局新签合同额连续3年稳定在1000亿元，营业收入突破500亿元。近3年，先后建成4座跨长江大桥、2座跨海大桥，建成了中企在海外承建的最大单体桥梁项目——孟加拉帕德玛大桥，大跨度桥梁参建率稳步提升。

三是推动中国标准输出。中铁大桥局将中国标准、中国技术推广至“一带一路”沿线国家和地区，承建了一大批具有重要影响的桥梁工程项目。其中，孟加拉卡拉夫里三桥、坦桑尼亚基甘博尼桥荣获中国境外工程“鲁班奖”，帕德玛大桥入选“一带一路”交通运输十大典型案例。

四是推动行业技术进步。中铁大桥局主/参编6部国家和行业标准，“交通基础设施智慧康养实用技术”入选国务院国资委《中央企业科技创新成果推荐目录》，极大地提升了我国大跨度桥梁设计、施工、运营安全保障水平和国际竞争力。具有自主知识产权的一批创新成果，使铁路大跨度桥梁列车通行速度从120公里/小时提升至350公里/小时，桥梁跨度从312米提升至1176米。

99

深化供应链体系建设　赋能企业高质量发展

中铁四局集团有限公司

一、基本情况

中铁四局集团有限公司（以下简称“中铁四局”）是中国中铁股份有限公司下属二级企业，持有铁路、公路、房屋建筑、市政公用工程 4 项施工总承包特级资质和 7 项设计、勘察、测绘甲级资质，自 2018 年以来，连续 6 年生产经营规模超千亿元。中铁四局共拥有 1 个博士后科研工作站、2 个国家级技术中心、11 个省级企业技术中心、6 个省级工程（技术）研究中心，6 家单位为政府认定的高新技术企业。自 2005 年中国铁路总公司开展铁路施工企业信用评价以来，中铁四局已累计 34 次获评 A 类企业，是唯一一家连续上榜的 A 类企业。中铁四局累计荣获中国土木工程詹天佑奖 52 项、中国建筑工程鲁班奖 39 项、李春奖（公路交通优质工程奖）24 项、全国优质工程奖 73 项、全国用户满意工程奖 43 项、优质工程焊接奖 67 项。

二、经验做法

（一）合作共赢，共建战略采购生态

一是中铁四局供应链联盟“资源聚合、共建生态、合作共赢”的理念

已经成为合作各方的共识。自 2020 年起，中铁四局开始着手探索建筑钢材、水泥、钢绞线等物资以生产厂家直采直供为主的战略采购模式。3 年多来，在合作资源厂家、金融机构、信息服务单位的共同努力下，至 2023 年底，中铁四局与 54 家钢铁集团、48 家水泥集团（207 家水泥厂）、16 家钢绞线生产企业、13 家供应链金融机构、7 家信息服务机构的合作越加深入，各方融合持续升温，供应链更加安全稳健。

二是良好的供应链生态圈为合作各方开展信用授信和供应链金融业务创造了有利条件。宝武鄂钢、金隅冀东、建龙等战略合作伙伴均给予中铁四局一定的信用额度，采用先货后款模式。在信用授信基础上，中铁四局与江苏永钢、南京钢铁、中建材新天山水泥等合作厂商构建了具有四局特色的赊销式供应链金融，冷钢、闽源等企业也已就赊销式供应链金融与中铁四局达成了初步共识，在此过程中，建设银行、农业银行、中国银行等金融机构给予中铁四局同地区、同行业均为最低的“四局利率”。

三是供应链联盟各方深挖合作空间，上下游优势互补前景光明。中铁四局与各资源厂家一道，与宁波轨道交通、合肥交控、湖州交投、淮南交控等多家建设单位开展物资采购供应合作，融入建设单位供应链体系，加大了中铁四局与各资源厂家的合作深度。永钢苏州 LNG 天然气储能投资项目、达钢专用线、威钢物流园等基建项目，相关合作伙伴均主动邀请中铁四局参与基建合作。

四是供应链联盟各方加强党建合作，坚持党建引领联盟企业共同发展。2023 年，中铁四局先后与永钢集团、宝武鄂钢等战略合作伙伴党组织成立“百‘链’成钢”先锋党建联盟，开展互讲业务党课、联合主题党日等党建联建活动 10 余次，增进了交流合作和友好往来，为联建各方在工程建设、产业协同、创新业务、绿色低碳等众多领域开展深度合作提供更多机会。

（二）畅通链条，四局商城提升效能

一是多方参与、共同推进。随着中铁四局建设王牌工程局的深入推进，企业生产经营规模进一步扩大，传统的线下辅助材料采购方式已难以适应高质量发展的需要。2023 年，中铁四局开始筹建辅材一站式采购与供应的电商交易平台，自 2 月起组织调研了中建云筑、中交云商、鲁班、鑫方盛、震坤行等大型央企及 10 余家 MRO 平台，中铁四局商城迅速完成架构搭设与平台开发，仅用 5 个多月就顺利上线。

二是迅速完成厂商招募，实现正常运营。中铁四局通过鲁班网、1688 组织公开招标 102 次，集中评审会 10 余次，对评审结果进行媒体公示。根据招募的物资种类，对涉及质量、安全标准高的物资现场考察厂商 258 家，并通过线上线下培训指导厂商完成注册上架。目前，中铁四局商城提供五金、劳保、金属制品、小型器具、装饰材料、土特产、办公等 20 种大类物资的采购服务，基本形成辅料采购全覆盖，已上架商城供应商 759 家，上架商品约 11 万条，为公司 19 家分/子公司 880 余个项目提供建筑辅材供应服务，自 7 月份上线以来完成采购额约 4.27 亿元。与线下及其他 MRO 平台价格相比，中铁四局商城商品通用的物资价格平均降低约 16.82%。目前，中铁四局所有项目都实现了全流程下单，商城业务流、资金流、票物流、订单流运行通畅，惠农惠民、打造幸福企业及辅助营销作用进一步发挥。

（三）区域联采，培育集约采购优势

中铁四局深入开展采购制度改革，积极探索采购管理的新模式，在相邻项目间推广区域联采，有效解决了传统采购活动中存在的“效率低、价格贵”等问题。通过公开招标推广商品砼城市联采，在合肥取得成效后，又扩大范围在南京、深圳、广州等地推广经验，进一步完善料源地锁定、设备刚性配置、配合比数据留存等质量管控模式，2023 年全年联采 317 万立方米，降低采购成本7367万元，集约化水平得到质的提升。同时通过公开招募形式，大力推进各类物资框架协议采购，主动引入资源市场优质供应商，集中物资采购需求，实现需求集中，减少项目前期零散采购批次，减少投诉纠纷，仅此项采购金额就近50亿元。

（四）源头把控，绿色加工行业领先

中铁四局深入落实生态文明建设和碳达峰碳中和要求，将“绿水青山就是金山银山”的理念牢固树立在生产各个环节，完善源头防控机制，筑牢生态环保底线，实现了用地集约化、原料无害化、生产洁净化、废物资源化、能源低碳化。2023年全年新建7座砂石料加工场，共运营20座砂石料加工场，全局自加工自用砂石556万吨。其中，物资公司运营的4座大型工厂化、智能化、环保化砂石料加工场成为“绿色加工”的典范，其瓢打砂石料加工场喜获业主单位三张绿牌奖励，彰显了地材加工产业在源头质量控制、环保运营等方面的行业优势。中铁四局通过科技攻关、标准化建设、大数据平台，形成了可复制、推广的隧道洞渣绿色综合利用，有效解决了废弃石粉污染和粉煤灰供不应求、质量不稳定的问题，原材料综合利用率提升至97%，实现了隧道洞渣的变废为宝，既减少了碎石资源的开采，又节约了工程造价，充分践行了绿色理念，实现了项目建设社会效益和经济效益的统一。由物资公司主导申报的“高速铁路机制骨料生产应用一体化智能监控平台研发与工程应用”成果被中国建筑材料流通协会评为科技进步类一等奖，成为中铁四局的又一科技“硬核”。

（五）完善布局，网络物流智慧赋能

2023年，中铁四局自主研发的“争先智运”网络物流平台开始试运营，成为中国中铁系统内首家建成运营的无车承运人物流平台。该平台以中铁四局自有物流需求为规模保障，通过构建网络物流平台、选取合适品类等措施稳步开拓物流配送业务，利用大数据、云计算、卫星定位、人工智能等技术整合资源，应用多式联运、甩挂运输和共同配送等运输组织模式，实现规模化、集约化运输生产，切实降低工程物流成本，提升供应链管理水平，将物流配送由“分散”变为“集中”，实现中铁四局战略采购全方位供应链组织体系和业务体系“新突破”。目前，网络物流平台已成功承揽华东、西南区域战略集采部分水泥运输业务，实现物流成本可控和企业品牌提升，推进企业提质增效。

（六）突出专业优势，招标采购规范运行

2023年，中铁四局充分发挥招标采购的重要作用，从源头加强对串标围标行为的甄别和对限制交易、关联关系的审查，完善电子招标管理、专家抽取、专家资格认定等机制，监督招标结果及合同履行情况，确保招投标过程公开、公正、透明，招标采购合规化水平全面提升。全年共组织开展各类招标1973批次，合计金额588亿元，同比提升28%，中铁四局上网公开采购率达到97%。在完成局内招采工作的同时，中铁四局招标中心还积极承接业主及建设单位委托的多个项目联采工作。2023年共组织津潍高铁、甬舟高铁、杭州机场高铁、宁淮铁路等9批次联合招标，联采金额达150亿元，采购工作获得建设单位的高度评价，其中北沿江、甬舟、杭温3个项目联采组织获得业主全线通报嘉奖。

三、改革成效

2023年，中铁四局紧紧围绕建筑施工主业，充分发挥国资央企科技创新、产业控制、安全支撑三大作用，着力深化物资采购供应链体系建设。2023年，中铁四局物资采购供应总额437.35亿元，物资集中采购度达96%，综合成本降低率6.1%，以战略采购、四局商城、区域联采、网络物流为抓手，集供应链、资金链、价值链于一体的四局供应链管理体系已基本建立，具有鲜明四局特色的四局供应链生态圈已基本形成。

100

做优海外党建　强化融合联动
探索构建境外党建工作新体系

中国土木工程集团有限公司

一、基本情况

中国土木工程集团有限公司（以下简称“中国土木”）于1979年经国务院批准成立，前身是中华人民共和国铁道部援外办公室，是我国改革开放初期最早进入国际工程承包市场的4家外经企业之一，现为中国铁道建筑集团有限公司（以下简称“中国铁建”）外经旗舰企业。在44年海外发展历程中，中国土木始终将党的建设放在首位，以服务国家战略为使命，不断强化党建引领保障作用，在践行国家“走出去”战略和“一带一路”倡议中干在实处、走在前列，成功实施了亚吉铁路、尼日利亚阿卡铁路、援非洲疾控中心、援突尼斯外交学院等一批重点项目，成为“一带一路”建设和中国铁路“走出去”的先锋队和排头兵。

二、经验做法

中国土木始终坚持不懈探索境外党建工作新路径、新模式，多措并举、多点发力，系统构建了境外党建工作新体系和融合联动新机制，推动了海外业务可持续高质量发展。

（一）深入落实党建引领，健全境外组织体系

一是落实党建引领，夯实境外党建组织基础。中国土木分层次设立不同级别境外党组织，实现党员全面有效覆盖，驻外基层组织接受所在国使领馆和公司党委的双重领导，严格按照境外国别有关要求开展工作。设立相应的党务工作机构，统筹推进组织建设、干部人才、文化宣传、纪检巡察等工作。配备足够数量的专、兼职党务工作人员，确保党建工作有人抓、有人管、有人干。共计分层次设立境外党组织27个，配备党务人员百余人，为推进境外业务持续发展建立了坚实的组织保障。

二是强化激励引导，科学构建党建考核体系。中国土木对《党建工作责任制考核评价办法》多次修订完善，针对性制定考核要点清单，贯通党建工作责任书清单，形成从“做什么”到“考什么”的闭环，构建了符合高质量发展要求和境外特点的党建考评体系。对境外党组织开展精细化党建考核和基层党组织书记抓党建工作述职评议考核工作，精准把脉、问诊、开方，反馈考评意见并同绩效考核挂钩，使党建工作真正从“软指标”变成“硬约束”，持续激发党组织生机活力，引领促进党建工作质效提升。

三是构建监督格局，纵深推进党风廉政建设。中国土木持续强化监督执纪问责，探索构建大监督工作格局，促进各类监督有机贯通。坚持一体推进“三不腐”，系统打造“四重谈话提醒”机制，扎实开展“反腐倡廉宣传教育月”等活动，营造了纯洁高尚的思想环境和积极健康的价值氛围。结合境外市场点多面广实际，开拓境外巡察新路径和新方式，全面覆盖重点境外单位，系统开展常规巡察，有力做好巡察反馈问题整改，形成监督、整改、提升的良性循环。

（二）构建党业融合机制，促进协同联合发展

一是深化党业融合，增强综合发展源动力。为将党建工作深入贯彻企

业治理各个环节，中国土木制定《关于推进党建工作与生产经营深度融合的实施意见》，积极构建“六个有机融合”体系，把党的政治优势、组织优势、制度优势切实转化为企业治理优势、人才优势和管理优势，相融并进、同向发力。尼日利亚拉各斯蓝线轻轨等重点项目接连落地，援所罗门群岛太平洋运动会体育场馆等重大项目竣工移交，尼日利亚两个新建机场顺利启用，境外项目承揽和实施能力不断提升，综合发展实力持续增强。

二是构建联动机制，提升协同发展聚合力。中国土木系统建立境外党建联动机制，加强与系统内单位协同发展，强化项目联合，在尼日利亚拉伊铁路等境外重点项目上与系统内单位组建联合党组织，充分发挥战斗堡垒作用，从项目实施层面凝聚共识与合力，有效提升了境外业务综合发展效能。境外单位党组织通过与驻在国使领馆及中资机构开展联学共建、与公司总部党组织开展结对共建等活动，以党建为平台增进交流、聚合力量，助力境外经营生产稳步发展。

三是突出党群连心，汇集持续发展凝聚力。为营造安全和谐的工作生活环境，中国土木在境外单位推动党群连心系列工作，开展职工之家“三项工程”建设，建立职工之家工作会、职工家属座谈会、线上心理讲座等“家文化”关怀机制，为境外职工排忧解难、扫清顾虑，有效保障了职工队伍稳定和业务和谐发展。建立团员先锋志愿服务岗，成立“青年突击队”和“青年技术攻坚小组”，开展“中外双导师带徒”等特色活动，进一步提升境外青年人才培养效果，为境外业务可持续高质量发展凝聚新动能。

（三）创新党建教育模式，推进企业品牌建设

一是创新教育载体，因地制宜开展党员教育。为保证境外党员学习不断线，在坦赞尼亚和赞比亚等市场，依托坦赞铁路基地大院、达市车站、中国专家公墓、坦赞铁路纪念园等爱国主义教育基地，积极组织开展各类主题党日活动。创建中土线上“红色云游馆”，供境外党组织和党员职工在线参观红色教育资源和举办活动。针对境外党建红色资源较少、实地参观受限等问题，组织境外党员利用回国休假的时机就近就便参观红色教育基地，不断增强党员职工对国家和企业的荣誉感、归属感、使命感。

二是制定行动方案，持续推进企业品牌建设。为系统提升品牌管理水平，中国土木制定《中国土木品牌建设专项行动方案》，将品牌建设融入生产经营管理全过程，持续提升企业凝聚力、辐射力、竞争力，“中国土木”和“CCECC”现已获得境内外市场的高度认可和信赖。围绕发展战略，传承红色基因，制定《党建品牌创建实施方案》，将6家党委单位和5家示范党支部作为党建品牌创建试点，创建了党建母品牌“中国土木 带路先锋”，为建设“内实外美”的全球公司提供坚强的政治、思想和组织保障。

三是拓展传播途径，强化企业精神宣贯传承。中国土木主动邀请境内外媒体“走进来”，在境外市场举办多场“云端”和“线下”企业开放日，境外社交媒体账号传播率与覆盖面突破千万级别。结合“一带一路”国际合作高峰论坛主场外交活动，以“一个核心+多个亮点”方式重磅推出“十国十遇 中土共绘丝路美卷”专题传播活动，突出体现了在共建“一带一路”中的绿色、和平、可持续发展理念。策划推出的“我和我的外国朋友”系列内容，引发了境外员工强烈共鸣，全面展示了“内实外美”的企业形象。

三、改革成效

中国土木积极投身“一带一路”建设发展大局，加快建设“内实外美”全球公司，形成了稳中向好、进中提速、量质齐升的良好发展局面。

一是企业综合实力持续壮大。2023年，中国土木新签合同额1046.21

亿元；完成营业额 270.62 亿元，同比增长 9.50%；实现营业收入 279.19 亿元，同比增长 8.15%。营业额和营业收入 5 年连创历史新高。经营范围扩展至 113 个国家和地区，在 52 个境外市场拥有在建项目。2023 年阿联酋铁路二期等一批管理难度复杂的项目有序实施，澳氹四桥等一批高技术含量的工程平稳推进。

二是践行国家战略坚定有力。中国土木始终胸怀“国之大者”，勇担高质量共建“一带一路”主力军，亚吉铁路运营收入连创新高，匈塞铁路成功实现节点目标，尼日利亚拉伊铁路、孟加拉科考斯巴扎铁路开通运营，有力促进设施联通、贸易畅通和民心相通。坚定履行党中央赋予的重大使命，实现援非盟非洲疾控中心项目提前顺利竣工，非洲杯主场馆科特迪瓦圣佩德罗体育场如期建成移交，服务中国特色大国外交再立新功。

三是企业品牌形象更加鲜亮。中国土木坚持诚信履约，坦桑尼亚乌本戈立交桥等项目荣获国家优质工程奖，赞比亚卡夫河供水等“惠民生”项目增强了企业品牌认同感。重点项目入选“百企千村”社会责任经典案例、国际工程跨文化交流杰出案例，宣传视频《丝路生声》荣获“一带一路”百国印记大赛最佳技术奖。各类报道 7 次荣登《新闻联播》，27 次荣登《人民日报》，中央媒体刊稿 137 篇，各所在国主流媒体刊稿 920 篇，在海内外树立了良好的品牌形象，企业知名度和美誉度持续提升。

101

用好“能上能下”考核标尺 构建“群雁高飞”人才格局

中国铁建重工集团股份有限公司

一、基本情况

中国铁建重工集团股份有限公司（以下简称“铁建重工”）是中国铁道建筑集团有限公司（以下简称“中国铁建”）工业制造板块的核心企业。2007 年成立以来，铁建重工以改革创新赋能企业高质量发展，聚力自主研制高端地下装备，仅用 10 多年时间就完成了从“跟跑”“并跑”到“领跑”。2023 年铁建重工获评国务院国资委“科改示范”标杆企业，入选世界一流专业领军示范企业名单，荣获中国铁建改革三年行动先进单位，全资子公司新疆公司入选国家工业和信息化部专精特新“小巨人”企业名单。

2023 年 3 月 22 日，中央政治局常委、国务院总理李强到湖南调研并考察铁建重工，肯定了企业改革发展成效，并强调要大力发展先进制造业，加快建设现代化产业体系。2023 年，公司实现营业收入 100.27 亿元，利润总额 17.62 亿元，研发投入强度 8.79%，全员劳动生产率达 81.52 万元/人，处于行业领先水平。截至 2023 年末，公司总资产 254.4 亿元，资产负债率为 34.93%，有力实现国有资产保值增值。

二、经验做法

（一）优胜劣汰，打通干部能上能下“双渠道”

一是畅通制度“流水渠”。铁建重工打造职业经理人制的中层干部管理模式，通过建立契约关系，将薪酬与业绩直接联动，刚性兑现考核结果和奖惩，让“躺平”干部跑起来。根据不同岗位特点，区分管理类和研发类干部选拔标准和条件，拓宽各类人才晋升通道，让能者“上”有阶梯；实施管理人员末等调整和不胜任退出，让庸者“下”有渠道，激发干部队伍“一池活水”。

二是搭建竞聘“赛马道”。铁建重工常态化开展中层岗位竞聘上岗，一般不超过 18 个月，先由干部全体起立“腾位子”，再精准定编“减位子”，最后让原中层干部、内部优秀员工与外部人才同台竞技“找位子”。通过资格筛选、演讲面试、写作测试、民主测评等重重关卡，让敢担当、勇担当、善作为的“千里马”脱颖而出，走上领导岗位，实现人尽其才。每次约有 5% 的人员通过竞聘提升职位，5% 的人员因落聘降级。

三是要用好考核“硬手段”。铁建重工按照“业绩贡献与业务能力评价相结合，定量与定性相结合”的原则，构建年度绩效考核、年度综合考评、任期业绩考核“三位一体”的绩效考核体系。在定量考核方面，每年结合企业发展目标，科学设定“共性指标”，精准定位“个性指标”，对于考核不合格的，按有关规定予以减薪、免职、撤职。在定性考核方面，按岗位性质划分出不同群体，让业务关联度紧密的上、平、下级对同群体人员进行不重复排名，通过层层遴选，评选出年度“优秀中层干部”“先进中层干部”“劝诫、降职、免职中层干部”，每年影响面在 15% 左右。

（二）严进畅出，管好员工能进能出“三道关”

一是严把选才用才“入口关”。济济多士，乃成大业；创新之道，唯在得人。铁建重工坚持真正合适的人就算“三顾茅庐”也要请到的理念，聚焦产业发展需求，面向社会诚聘具有自主创新能力、掌握产品核心技术的领军者，以及行业内顶尖的工匠型专家；通过校园招聘储备国内外知名院校硕博生，连续两年企业招录的应届硕博生占当年校招毕业生的90%以上，另外10%为高精尖缺“双一流”院校本科生。

二是解锁青年员工“成才关”。铁建重工设计岗位制、职衔制、技能制3条职业发展通道，形成多赛道、晋升与流动灵活的职业发展通道。开放基于员工自我推荐与用人需求相结合的内部人力资源市场，让员工“毛遂自荐”有途径；开展大学生带职锻炼，让理工科人才下沉生产一线担任班组负责人；将技能制员工充实到生产、营销岗位等，为各类人才创造流动机会、扩宽发展空间。实施“人才+项目”的培养模式，推行“揭榜挂帅”，打造跨部门、开放协同型研发团队。创新积分制选拔和培养后备干部，让各类专才、怪才、偏才脱颖而出，发掘和培养层次齐全的梯队人才。

三是用好末位优化“出口关”。铁建重工全面实行基层职务不定期竞聘、职衔制员工年度竞聘，有效甄别不胜任退出人员。开展员工季度、年度考评，强制分布考核结果，各单位基本合格与不合格占比在5%以上，对不合格的员工解除劳动合同。实行技能制员工转正、晋级和末位优化，每年开展一次综合考核，排名靠前的可转换为企业自管员工或晋升技能等级，排名末位进行优化，每季不胜任退出1.5%的不合格员工。

（三）绩薪联动，打好收入能增能减“组合拳”

一是激发科技人才“挑大梁”。铁建重工对具有特殊贡献人员进行激励，每年拿出上千万元给予研发设计人员和科技管理人员具有5年期权性质的特别贡献奖励。对科研项目过程进行激励，根据项目实施效果，按照成员在不同阶段内的工作业绩与贡献度进行激励。对具有原创性设计的科技杰出青年进行成长激励。

二是激励营销人才“闯市场”。铁建重工强化经营业绩与经营效益的目标导向，建立“业绩提成、收支捆绑、考核到组、工资保底、增量加奖、上不封顶”营销薪酬激励模式。实行海外营销专项激励机制，设置风险补贴和岗位津贴，并在层级晋升、薪酬调整、评先评优等方面优先海外营销人员。

三是鼓励引进人才“留下来”。铁建重工对于引进的技术专家和博士，市场化约定年薪，并实行“契约化”管理，按业绩浮动计酬，提高企业对人才的吸引力。加强高端人才服务保障，对于引进人才，在约定服务期内给予20万～100万元具有期权性质的住房补贴，服务期满后，住房补贴归个人所有。

三、改革成效

一是打造重大技术创新“策源地”。铁建重工构建了国家级企业技术中心、国家工业设计中心、水下隧道技术国地联合工程中心、超级地下工程装备湖南省重点实验室等“十位一体”科技创新平台，设立19个研究设计院与研发实验中心，建成国际先进的关键零部件生产基地。致力于基础研究和前沿研究，推动应用研究，快速突破“卡脖子”难题，实现常规掘进机用主轴承、控制系统等核心零部件国产化及工程应用，自主研制的直径8.61米盾构机主轴承成功下线，填补了盾构机国产超大直径主轴承型谱空白，为国之重器装上中国“芯”；“隧道钻爆法施工智能成套装备”“智能型大断面巷道快速掘锚成套装备”“超大直径盾构机”3项成果，入选中央企业科技创新成果产品手册。

二是集聚一批科技创新“领军人”。铁建重工构建人才发展“雁阵格局”，形成高端人才战略支点，打造由首席技术官和特级研究员领衔的专家型团队，拥有一支博士硕士为中坚力量的高端人才队伍，累计引进高精尖人才 3 人、国务院特殊津贴专家 8 人、国家级产业领军人才 4 人、省市级产业领军人才和高层次人才 64 人。累计承担国家级、省部级科研项目 120 余项，授权专利 3472 件，主/参编国家、行业等标准 120 余项。大力选拔使用优秀年轻干部，45 岁及以下人员占比 64. 8%，本科及以上学历学位占比 96. 8%。打造高素质技能人才队伍，中级及以上技能员工占比 65. 21%，已呈现稳定的“橄榄型”人才结构。

三是铸造出大国重器“梦之队”。铁建重工成功打造隧道掘进机、钻爆法隧道装备、轨道系统等九大产业，硬岩掘进机、超大超深超长盾构机、数字化与智能化技术等领先全球，形成强大的产品产业矩阵优势。2023 年，研发全球首台可变直径斜井 TBM 应用于平江抽水蓄能电站建设；全球最大竖井掘进机“梦想号”顺利下井，助力世界最大直径垂直掘进地下智慧车库建设；全球首台大坡度螺旋隧道掘进机助力北山地下实验室建设，获 2023 年中国创新“好设计”金奖；敞开式掘进机独头掘进 26 千米，刷新世界纪录；高原型隧道钻爆法成套装备成功应用于“超级工程”川藏铁路。

102

完善科技创新机制
提升医药研发创新链能级

中国医药工业研究总院有限公司

一、基本情况

中国医药工业研究总院有限公司（以下简称“国药医工总院”）前身为1957年创建的上海医药工业研究院，现为中国医药集团有限公司（以下简称“国药集团”）下属二级子公司，主要从事药物新品种新工艺的研发和评价、药品生产销售和药学领域研究生培养。

国药医工总院长期以来秉承研发贴近产业、服务产业和扎根产业的理念和特色，以重大疾病新药创制、制药工艺关键技术及产业化开发为目标，以企业和市场需求为导向，向全国制药企业提供众多的药物品种、工艺改进和技术服务。公司拥有从新药创制到工艺研发、从原料药研发到新型制剂研发、从新药开发的平台支撑到医药工业信息服务等整个药物研发创新链的9个学科方向。

国药医工总院现拥有中国工程院院士1名、正高级职称研究人员57名，承担了科技部、国务院国资委、国家发改委等国家部委主管的8个国家级技术平台的建设任务。建院以来，获授权专利1300余件，拥有有效专利800余件，共计4000余项科研成果在我国31个省、自治区、直辖市实现产业化，多项科研成果获得国家级、省部级奖励。

二、经验做法

（一）重塑研发平台组织架构，打造创新“三链”融合发展路径

一是着力构筑面向科技前沿的技术链，强化原创性引领性科技攻关。国药医工总院全力推动先导物成药性研究全国重点实验室重组优化，重点解决先导物成药性精准评价、成药分子制备与递送等技术难题，加快布局“人工智能＋生物医药、免疫检查点抑制剂、小分子抑制剂”等九大前沿技术，在全球生物医药技术革命浪潮中掌握发展主动权。充分发挥医药先进制造国家工程研究中心在医药装备研发制造方面的引领带动作用，争当高端制剂产业链建设重点企业。优化创新药与绿色制药工艺原创技术策源地技术布局，大力开展基础性、紧迫性、关键性技术攻关，努力在候选新药、现代生物技术药物、高端制剂及绿色制药工艺等领域取得新进展，突破关键核心技术“卡脖子”问题。

二是着力整合面向市场行业的服务链，持续提升CRO市场核心竞争力。国药医工总院以所属“科改示范”企业上海益诺思生物技术股份有限公司为主体，整合临床试验业务、生产制造业务，打造赋能产业化研究的、面向市场的服务型公司，形成CXO一体化产业服务平台。加快建设益诺思总部，协同推进高品质非临床创新药物综合评价平台扩建项目，进一步扩大益诺思服务设施规模，提升CRO市场核心竞争力。践行“走出去”战略，拓展国际化经营合作，积极参与全球创新药研发服务链，推动益诺思在美国设立子公司，打造美国市场“桥头堡”。

三是着力打造面向工业企业的成果链，促进科技成果转化与推广应用。国药医工总院大力开展GMP级中试研究成果转化基地建设，补齐成果链短板，强化实验室技术熟化、工程化放大、可靠性验证功能定位，推动

自主多肽药物成果转化，打造短缺儿童药、孤儿药供应链，打破国外药物价格垄断，降低国内患者用药成本，发挥国有企业社会责任。加强产学研深度融合，与复旦大学、上海交大、同济大学等国内知名高校开展联合技术攻关，实现创新成果利益共享、风险共担。推动专利运营体系建设，完善知识产权许可转让流程，提高专利转让议价能力，提升专利市场价值。

（二）优化研发费用投入结构，打造资本股权“双轮”驱动模式

一是加强研发经费项目制全生命周期管理。国药医工总院制定自主项目经费管理办法，明确项目管理的责任部门，实现从预算编报、经费执行到结题验收的贯穿式闭环管理。制定研发费用年度预算实施细则，优化费用结构，预算额度按项目性质进行比例划分，10%用于定额制项目研究，20%用于前瞻性、应用基础性项目研究，70%用于产品开发性项目研究。

二是健全资本与股权“双轮”投入体系。国药医工总院紧抓行业发展机遇，充分利用资本市场力量，大力推动益诺思科创板IPO上市工作，加大创新服务链资源整合和一体化配置力度，进一步提升其市场竞争能力和运营效益效率。充分利用生物医药战略性新兴产业政策，对符合条件的子公司进行增资扩股，先后投入2.5亿元和2000万元分别用于打造GMP级中试转化研究基地和临床研究生态圈，促进资产结构和业务布局的优化完善。

三是加大国家政策性投入利用力度。国药医工总院大力开展高新技术企业资质认证与复核工作，组织符合条件的子公司申报专精特新中小企业。充分利用研发费用加计扣除、企业所得税减免等优惠政策，进一步降低创新成本。大力支持科研人员申请国家、地方自然科学基金项目，加强纵向项目过程管理，提升资金利用效率。

（三）强化科技人才队伍建设，打造药学领域人才引进培养高地

一是加大关键技术人才引进力度。国药医工总院制定关键人才引进管

理办法，按照“突出重点，按需引进，重在使用，特事特办”的原则，合理确定关键人才薪酬水平，建立以知识价值、重大成果产出、业绩贡献为导向的关键人才考核评价激励机制。围绕关键人才学术特长，配套组建系统合成生物学平台和生物大分子平台，提供先进的实验室硬件条件，赋予其科研安排、人才引进、团队管理、经费使用、技术路线决策等高度自主权。

二是持续做好优秀人才自主培养。国药医工总院加强人才成长通道建设，建立完善管理和技术“双通道”职级体系，构建起纵向畅通、横向贯通的人才发展体系，打通了从助理研究员到首席科学家的职业发展通道。积极申报海外高层次人才、明珠领军人才、青年英才等省部级人才项目，为科技人才成长创造更多发展机会和资源支持。选送优秀博士参加中组部博士服务团，到地方进行挂职锻炼，选送优秀员工攻读卓越工程博士，进一步拓宽其职业发展路径，提升其科研知识技能。

三是加强研究生教育管理创新。国药医工总院实施工程硕博士培养改革专项试点工作，加快培育卓越工程师队伍。设立研究生论文项目基金，完善选题立项机制管理，提升研究生论文质量水平。大力开展校企合作，积极构建人才储备池，与国内多家知名高校建立研究生联合培养机制，打造研究生实践基地，提高研究生培养质量，为医药行业的可持续发展提供高水平的人才支持。

三、改革成效

自实施国有企业改革深化提升行动以来，国药医工总院经营规模不断扩大，2023 年营业收入同比增长 18.37%，较“十三五”末翻了近一番。科技创新能力得到显著提升，平台建设获里程碑进展，创新成果不断涌现，充分体现了改革深化提升行动对各项工作高质量发展的促进引领作用。

一是平台建设收效显著。“先导物成药性研究全国重点实验室”获科技部立项，“新型透皮外用制剂产业链链主”获工业和信息化部立项，“合成生物领域未来健康产业培育项目”获国务院国资委立项。GMP级中试成果转化研究基地通过国药集团董事会审批。益诺思科创板IPO正式通过上海证券交易所审核，有望成为中国首家国有CRO上市公司。

二是创新成果不断涌现。国有企业改革深化提升行动以来，国药医工总院自主研发的全球首款治疗婴儿痉挛症改良型新药注射用重组促皮质素获准临床试验。与复旦大学合作发现一个新的优选化合物，研究成果被推荐作为封面文章发表在药物化学国际顶级期刊 *Journal of Medicinal Chemistry*，并达成专利许可协议，总许可费用8300万元，创造了校企合作的新纪录。

三是多个项目获颁大奖。“以仙灵骨葆胶囊为代表的苗药制造过程质量控制关键技术及应用”项目获得教育部高等学校科技进步奖二等奖，“儿童用药研发综合技术体系建设与推广应用”荣获北京市科学技术奖二等奖，“蒽环类抗肿瘤药物化学与生物合成产业化关键技术及应用”项目获中国生产力促进中心协会生产力促进奖一等奖。

103

深化改革促发展　科技创新谋未来

中国食品发酵工业研究院有限公司

一、基本情况

中国食品发酵工业研究院有限公司（简称“中国食品院”）是中国保利集团有限公司（以下简称“保利集团”）所属三级子公司，是我国食品行业唯一的国家级科研机构。

建院70年以来，中国食品院始终以服务国家战略为己任，坚持以技术引领食品行业发展，在构建我国现代产业体系中切实发挥科技创新、产业控制和安全支撑作用。开展国有企业改革深化提升行动以来，中国食品院深入学习贯彻习近平总书记关于国有企业改革发展和党的建设的重要论述精神，落实国务院国资委相关指标，始终牢记“国之大者”，坚持“四个面向”，坚持以科技创新推动行业发展，以科技创新促进产业发展。2020—2023年，中国食品院共获得省部级科技奖27项，其中一等奖4项、二等奖9项，累计授权国家发明专利67项、国际PCT专利2项，牵头或主导制/修订并发布国际标准10项、国家标准36项；37项核心技术经鉴定为国际领先技术成果。在2022年专项考核中，中国食品院被评为科改行动标杆企业。

二、经验做法

（一）完善“三个机制”，以深化市场化改革推动“经营链”赋能

一是健全现代企业治理机制。中国食品院在规范董事会运行方面，落实“科改企业”董事会职权试点，坚持“点面结合、内外结合、上下结合”推进董事会运行与党委、经理层同频共振、形成合力，构建了责权分明、各司其职、有效制衡、科学决策、协调运作的法人治理结构。加强内控制度体系建设方面，开展存量风险事件处置及重大风险跟踪监测、合规管理组织建设、内部审计监督效能，促进提升体系化风险管控能力，切实推动落实专项行动各项任务，健全法律合规体系与经营管理深度融合，促进经营工作合规、有序，提质增效。

二是完善市场化选人用人机制。中国食品院按照“一岗一责”原则，落实任期目标、年度任务和退出条件，推行经理层成员任期制和契约化管理，签订2023年经营业绩责任书。以全球引智、市场化遴选等方式，引进掌握合成生物学前沿技术的国内外专家，将科技研究、市场转化、运营管理有机结合，强化团队建设，形成以领军人才为核心、青年专业人才为骨干、工程硕博士为储备的人才梯队，加强复合型人才培养。

三是优化市场化激励约束机制。中国食品院加强人才建设顶层设计，完善超额利润中长期激励机制，落实科技研发人才“双通道”，实施超额利润分享激励计划，充分发挥考核指挥棒的正向激励作用，修订科技奖励办法，充分调动核心骨干的积极性、主动性和创造性。推进“强院工程”青年专项，实施“揭榜挂帅”，形成体系性激励项目，促进科研能力提升，调动成果转化积极性。落实科技成果奖励办法，极大提升了员工自主创新动能。近3年，中国食品院营业收入年复合增长率达11.91%，经营业绩稳步增长。

（二）突出“三个强化”，以加快推动国家战略实现“创新链”聚能

一是强化科技战略引领。中国食品院积极响应国家战略，承担落实国务院国资委战略性新兴产业、未来产业生物技术专项任务，明确合成生物学作为发展关键技术、培育产业的重要方向，聚焦行业发展痛点难点，针对关键共性技术严重制约，关联性、基础性、公益性强的产业和技术，着力技术攻关，同时联合行业骨干企业整合产业链创新资源，推动企业与高等院校、科研院所等构建技术创新联盟，加强产学研联合攻关，提高协同创新能力，带动全产业链发展。同时，中国食品院作为航天育种工业微生物领域的牵头单位，加入航天育种产业创新联盟，完成神州十五号、十六号飞船育种搭载实验项目；启动中国传统发酵食品菌种多样性保护工程，抢救性挖掘特色微生物种质资源 1744 株，菌种库库藏资源总量突破 14000 株。

二是强化核心技术攻关。中国食品院在蛋白功能肽领域，突破特征性功能因子的高通量筛选、特征性功能肽的结构鉴定与构效关系研究关键技术。在微生物方面，持续推进国家工业菌种资源库优化升级，建立技术平台，形成规范化细胞鉴定技术体系，并完成噬菌体 DNA 基因组鉴定、转基因外源蛋白质过敏性、真菌全基因组毒素基因等 10 余项新方法的开发，实现从原料到产品全过程质控的行业应用，站稳微生物精准鉴定与特征评价行业制高点。在传统食品领域，一方面深入探索传统发酵食品酿造技术，2023 年 2 项成果被认定为达到国际水平；另一方面，开展传统发酵食品营养健康领域研究，将模式细胞的应用研究从白酒领域拓展至啤酒和调味品领域，2023 年有 4 项成果被认定为达到国际领先水平。

三是强化科研投入。中国食品院为上级公司的科技专项基金设立配套基金，保障科研投入长效增长。2020 年以来，研发经费投入达 3.66 亿元，其中 2023 年研发（R&D）经费投入达 1.08 亿元，2023 年研发（R&D）经

费投入强度达32.94%，科研成果转化率不断提升。

（三）聚焦“两个优化”，以加快科技成果转化助力“产业链”释能

一是优化技术服务供给。基于行业领先的技术优势积累，中国食品院积极探索多种技术产业化形式，形成了从简单技术转让，到集成技术服务包，再到技术成果产业化的多维业务结构。其中，着力打造技术服务包，突破点状纵深技术服务模式，拓展全产业链集成服务，打造集技术、产品、培训等一站式服务体系，切实发挥现代产业链链长引领示范作用。2023年新签技术服务包54项，同比增长59%，技术服务包金额同比增长37%。

二是优化核心技术产品创制。中国食品院积极探索实施酱酒产品、低GI（升糖指数）食品、功能蛋白肽产品、标准菌株等多项产业化项目，在推动以自有技术为核心、面向终端消费者的产品创制和品牌塑造方面取得积极成效，以圈层营销、合作打造电商平台、传统分销商营销等多模式结合，带动产品销售增长，获得良好的市场口碑和经济效益。2023年产业化收入突破1亿元。

三、改革成效

一是企业效益明显提升。通过深化企业改革，中国食品院强化市场导向和效益导向，建立了自主经营决策和市场化运作机制，提高市场竞争力，实现效益明显提升。2023年，实现营业收入3.28亿元，同比增加15.04%；利润总额0.65亿元，同比增加16.28%。自2020年科改以来，营业收入复合增长率达11.91%，利润总额复合增长率达13.04%。与此同时，在科技创新的推动作用下，中国食品院产业化收入突破1亿元，实现了里程碑式突破。

二是技术引领显著加强。在成果奖励、授权专利等方面收获显著。

2023 年，中国食品院获得省部级科技奖励 7 项，其中特等奖 1 项、一等奖 2 项、二等奖 4 项；通过科技成果鉴定 15 项，其中国际先进/领先 13 项、国内领先 2 项。2023 年授权发明专利 25 项，制/修订标准 37 项，其中国际标准 2 项、国家标准 10 项、行业标准 9 项、团体标准 16 项。同跨行业领军企业的合作逐步加强。中国食品院与美的冰箱事业部联合共建“低温食品联合实验室”，合作开展食品低温发酵与精准保鲜方向研究；与宝洁、联合利华、雅诗兰黛等国内外行业头部企业开展化妆品微生物检测技术研究；与汤臣倍健和微康合作，联合开展制药微生物方法学验证研究。发展合成生物重要性凸显。随着生物产业的蓬勃发展，合成生物技术的发展成为大国博弈的重要因素，中国食品院以推进国家关于建成完备的底盘菌株、基因原件资源库和研发数据库的战略规划为指引，以面向未来健康产业，集成合成生物学、未来食品科学、精准营养学等前沿学科为发展方向，结合自身在工业微生物、传统酿造、功能食品和食品真实性鉴伪等领域的领先优势，布局发展焕新生物技术，推动实现国家对食品行业合成生物关键技术的掌控。

104

坚守改革初心　坚持科技创新 奋力打造科技型领军企业

中城院（北京）环境科技股份有限公司

一、基本情况

中城院（北京）环境科技股份有限公司（以下简称“中城环境”）成立于2012年3月，是国务院国资委“双百企业”改革试点单位。中城环境承载着中国建设科技有限公司（以下简称“中国建科”）推动优势板块上市的重要使命，定位生态环境领域科技型领军企业，业务聚焦固废领域，致力于成为国内领先的、技术驱动的生态环境综合服务商，为中关村高新技术企业、北京市企业技术中心、国家高新技术企业。

中城环境自2018年入选“双百企业”以来，深入学习贯彻习近平总书记关于深化国有企业改革和党的建设的重要论述，坚持问题导向、目标导向、效果导向，稳步推进综合改革任务落地落实，不断激发企业活力、提高核心竞争力、增强核心功能，先后完成固废业务整合、混合所有制改革、国家重点技术攻关等。改革工作赢得多方认可与肯定，在国务院国资委2021年、2022年“双百行动”专项考核中均为优秀。

二、经验做法

（一）优化内外资源配置，加大专业化整合力度

一是推进固废业务专业化整合。为更好适应市场环境变化，集聚内部优势资源，提升核心竞争力，进一步做强做优做大优势业务板块，培育发展新动能，中国建科决定将所属城建院、华北院的固废业务板块整合注入中城环境，从而实现优势互补、强强联合，产生 1 + 1 > 2 的效果。通过专业化整合，中城环境拥有了固废领域规模最大、价值最高、创新力和引领力最强的专业队伍，拥有承接固废业务相关资质、专利、软件著作权、关键核心技术及产品等资源，快速具备了独立面对市场的业务承接能力及核心竞争力。

二是稳妥推进混合所有制改革。中城环境在推进固废业务专业化整合过程中，积极开展混合所有制改革评估，研判混改可行性和必要性，以转机制、增活力为目标，稳妥推进中城环境混合所有制改革。经过在北京产权交易所公开挂牌交易，最终确定盈峰环境科技集团股份有限公司为民营资本战略投资者，同步实施内部增资和员工持股，最终实现了股权多元化，混合所有制改革引入资金 4.235 亿元。混合所有制改革完成后，立即启动了股份制改造工作，开展股改审计、资产评估、公司更名等，并于当年完成了股份公司工商变更。

（二）完善科技创新体制，加大科技攻关力度

一是建立研发投入保障机制，加大科技攻关力度。中城环境建立研发投入刚性增长机制，设置研发经费支出最低阈值，年研发投入占营业收入比重不低于 5.9%。重点聚焦“小型垃圾焚烧、分类后有机垃圾”等核心专业领域，依托小型焚烧重点科技攻关课题，打造自有工艺包和成果转化设备，并推动在项目中的应用，支撑公司业务发展。2023 年共计投入研发

经费 8983 万元，完成小型焚烧重点科技攻关课题整体验收，取得 6 项小型焚烧重点攻关技术与装备专利，同时厨余垃圾高效热水解装备入选国家鼓励发展的重大环保技术装备目录。此外，在年度经营业绩考核中，根据集团支持创新企业政策，研发费用超过上年部分按照 75% 的比例视同利润予以加回。

二是推进创新平台建设，着力提升科技影响力。中城环境完成首个创新平台认证，获评北京市企业技术中心、北京市知识产权试点单位，与西藏自治区建筑勘察设计院联合申报的西藏技术创新中心通过初审。获得首个省部级奖项肯定，“装修垃圾深度资源化处理技术研究与应用”“大型体育赛事清洁与废弃物管理全周期保障体系研究与应用”已通过华夏奖形式审查。福州市餐厨废弃物处理及资源化利用工程已通过首都工程创新案例征集初选。2023 年取得“厨余垃圾处理方法及系统”等发明专利 4 项，“一种生活垃圾发电厂入炉垃圾取样装置”等实用新型专利 27 项，“无废城市信息化平台 V1. 0”等软件著作权 6 项。建立首个产学研合作模式，已与北京工商大学、北京化工大学签订产学研合作框架协议，联合北京化工大学等单位申报的“超大城市市政污泥全产业链资源化及安全利用关键技术及应用”获得 2023 年中国循环经济协会科技进步奖一等奖。

（三）落实董事会职权，着力健全法人治理结构

一是动态完善治理机制，推动治理要求精准落地。中城环境以混合所有制改革及股份制改造为契机，及时修订公司章程，制定公司治理制度 18 项，从根本上规范企业治理行为。严格落实“三重一大”决策制度，制定前置研究事项清单，理顺党委、股东大会、董事会、监事会、经理层等治理主体权责边界，规范各治理主体决策程序要求。全面落实“两个一以贯之”，把党的领导贯穿到公司治理全过程，细化前置清单，提高前置清单的精准性和可操作性。建立多单一表，涵盖“三重一大”决策事项清单、

党委权责清单、股东大会权责清单、董事会权责清单及授权清单、经理层权责清单等。制定董事会授权方案，明确董事会向董事长、经理层授权清单，实现董事会适度授权。

二是提高董事会治理效率，强化核心决策作用发挥。中城环境优化董事的选聘和构成，配齐建强外部董事，目前董事会成员包括国有股东董事、民营资本董事、职工董事等，专业背景涵盖金融、财务、产业等领域，平均从业年限超过 20 年，是一支管理经验丰富、熟悉国资监管要求、尽责勤勉的多元董事队伍，保障了董事会对重大事项决策的独立性和专业性。梳理外部董事履职要点，强化履职服务保障，深化外部董事报告评价机制，做实外部董事考核评价。加强专业委员会建设，充分发挥专业委员会的专业优势，特别强化在发展战略、投资决策、风险管理、薪酬、审计等领域的作用，为董事会决策提供有力保障。

（四）深化三项制度改革，完善市场化经营机制

一是实行多形式激励增强企业活力。中城环境综合运用员工持股、专项奖励等多种形式的激励举措，充分调动干部职工干事创业积极性。探索实施员工持股改革，持股人数 209 人，持股比例 10%，锁定期 5 年，实现与公司长期利益的协同，同时建立市场开发、科技创新等专项激励政策。2023 年，先后制定发布《关于开展“开好局起好步，新气象新担当”工作暨 2023 年度第一季度运营管控工作的通知》《关于加强 2023 年第二至第四季度即时奖励及运营管控工作的通知》《关于开展“大干三个月、决战四季度”活动的通知》，构建科学规范的月度、季度、年度经营管控及奖惩体系，及时总结分析生产经营情况，全面提升经营效能。

二是探索实施任期制和契约化管理。中城环境制定经理层成员任期制和契约化管理工作方案及配套制度，以契约化管理为纽带，以赋权配责为核心，以激发活力、提高效率、提升竞争力为目的，推动经理层成员提高履职本领、强化责任担当，构建与业绩贡献相匹配的薪酬体系，推动形成考核、激励、约束经理层成员的竞争机制。参照任期制和契约化管理方式，分层分类、更大范围落实中层管理人员经营管理责任，实现中层管理人员任期制和契约化管理全覆盖，制定中层管理人员任期制和契约化工作方案及相关配套制度，完成岗位聘任协议、任期目标责任书、年度目标责任书签约，并开展年度考核和薪酬兑现工作。

三、改革成效

一是企业发展态势向上向好。中城环境在整合过程中，全面落实国务院国资委及集团关于国企改革要求，在完善中国特色现代企业制度、提升企业自主创新能力、建立市场化经营管理机制、强化正向激励等方面实施了一系列改革举措，有效激发了企业活力，为企业做强做优做大奠定了坚实基础。通过深化改革，企业发展态势向上向好，经济效益逐年提升，净利润年均增长超过30%。

二是科技创新能力大幅提升。中城环境高质量完成固废板块专业化整合，构建了一支国内规模最大、实力最强的环卫领域专业化技术队伍，在行业中引发重大影响。整合固废领域最优质技术资源、人才储备和实践经验后，有效形成了强大的技术攻关能力、产品研发能力、集成整合能力、项目实施能力，并勇担国家关键核心技术攻关重任，初步完成了整体验收，取得丰硕成果。

三是公司治理结构更加完善。中城环境治理主体权责边界更加清晰，明确界定了党委、股东大会、董事会、监事会、经理层的职责权限，构建了外部董事占多数的董事会架构，设置了董事会专门委员会。党的领导融入公司治理更加完备，基本实现了党的领导在制度上有规定、程序上有保障、实践中有落实。民主管理更加规范，发布企业民主管理工作规则，有效落实职工代表大会制度、职工董事和职工监事制度。

未来，中城环境将聚焦固废领域，以绿色低碳为方向，以科技创新为动力，以数字技术为支撑，以一流管理为保障，不断提升企业核心竞争力和发展活力，努力成为固废领域的科技尖兵，为行业发挥更大价值，为美丽中国建设作出更大贡献。

105

锐意革新　行以致远
为企业高质量发展聚势赋能

中国市政工程华北设计研究总院有限公司

一、基本情况

中国建设科技有限公司（以下简称“中国建科”）所属中国市政工程华北设计研究总院有限公司（以下简称“中国建科华北院”）成立于1952年，是业务范围覆盖市政全领域的综合甲级设计院。数十年来，中国建科华北院传承着创新基因，凝练出改革文化，在求变应变之中夯基固本，成长为行业领军企业，为国家城市建设作出突出贡献。

2020年，中国建科华北院入选首批国务院国资委“科改示范企业”名单，以此为契机，进一步释放发展潜力。面对深刻变化的内外部环境和多重超预期因素冲击，中国建科华北院始终心怀“国之大者”，服务国家战略全局，不断增强企业核心功能。新时代新阶段，中国建科华北院锐意改革创新，以“绿色”和“智慧”为帆为楫，提高企业核心竞争力，领创卓越未来。

二、经验做法

近年来，国内外环境形势复杂多变，中国建科华北院所处勘察设计行业规模不断扩大、业务结构深度调整、企业竞争愈演愈烈，市场从红利时代进入比拼核心竞争力的韧性发展时代。在这样的大环境下，改革是驱动企业逆势增长的主动力，是企业生存和发展的关键所在。

（一）因时谋势，主动作为，以改革谋发展促转型

70 余年栉风沐雨，中国建科华北院从初创时期到发展壮大，现如今的业务模式正在加速向数字化、多元化、全国化发展，也因而面临着更为复杂的挑战和更加难以突破的模式桎梏，亟须以改革为路径，加快企业高质量发展的动力变革，以促进生产经营的效率变革、实现产品服务的质量变革，进而加速迈向企业的发展愿景。

立足时代背景、立足企业发展阶段，中国建科华北院将改革作为破局之策、固本之举，以及新时代国有企业建设一流、实现更高质量发展的关键一招。中国建科华北院有“科改企业”“价值创造行动”“专业领军示范企业”等多项改革标签，但其不仅仅着眼于完成方案中的既定目标和收获现阶段的改革红利，更着眼于将改革走到经营管理和企业文化的深处、实处，以此促进企业全面的转型升级，进而持续赢得发展先机，承载中国建科的战略托付，成为市政和水环境领域的国家队和排头兵。

在全体干部职工的参与和支持下，中国建科华北院真抓实干，开展了一系列颇具勇气的变革性实践，秉承“以人为本”，以系统协调的顶层设计和高效有序具体举措，探索走出了一条适应发展的改革路径。

（二）以“混”促“改”，引战赋能，聚力打造新机制、新业态

混改是深化国企改革的重要突破口。中国建科华北院结合自身实际，大胆探索创新，规范务实操作，从战略投资者选择，到法人治理结构设置，始终将企业战略定位、长远发展摆到突出位置。

一是坚持以问题为导向。中国建科华北院着力以混改为契机，激发企业在法人治理结构、内部激励机制、科研及转化能力和业务结构等方面的发展空间。坚持提质与增效相结合、改革与发展相统一，有效防控潜在风险，确保企业稳定、健康、持续发展。

二是坚持以激发企业活力为导向。中国建科华北院着力通过一系列卓有成效的改革举措全面建立市场导向的选人用人和激励约束机制，把各类人才的积极性、主动性、创造性调动起来，把各类要素的活力激发出来，促进各业务板块增实力、上水平、加快发展。

三是坚持以市场化运作为导向。在积极稳妥推进混改的过程中，中国建科华北院在重点把好科学决策关、审计评估关、法律审查关、民主审议关的基础上，落实产权转让进场交易，充分发挥市场机制作用，把引资本与转机制、优化产权结构与完善公司治理结合起来，实现国有资本战略性保值增值。

（三）上下联动，激发活力，与“三能”改革双促进、同发力

中国建科华北院以推行中高层管理人员任期制和契约化管理撬动全面深化改革，经理层“两书”签约率100%。从经理层到管理层、从企业本级到所属子企业，各项真抓实干的改革举措横向到边、纵向到底。

一是打通“动”的关口，畅通“退”的出口，进一步激发组织活力。中国建科华北院坚持党管干部原则，切实发挥党组织的领导把关作用。不断健全以综合考核评价为基础的中层管理人员选拔任用机制，实现中层管理人员任期制和契约化管理，并建立干部竞聘及退出制度。

二是科学选人用人，实现人岗匹配，打破国企“铁饭碗”。中国建科华北院不断加强市场化劳动用工机制，创新招聘方式，拓展招聘渠道，公开招聘比例100%，为企业经营发展提供充足的人力保障。稳步构建员工流动机制，实施全员绩效考核，按照用人需求与能力素质匹配原则建立进出机制，使员工绩效考核和岗位调整工作常态化。

三是坚持以市场化和经济效益为导向，构建科学合理的收入分配机制。中国建科华北院通过部门分类管理，对不同导向、不同生命周期的部门设置差异化的工资总额分配机制，通过将工资总额结构中的浮动部分与部门经济效益紧密挂钩，切实做到“业绩升、薪酬升，业绩降、薪酬降”。近3年，中国建科华北院工资总额增幅与效益匹配程度保持较好水平。

（四）多维并举，培育优势，以科技创新丈量发展质量

作为国家战略科技力量，中国建科华北院深入实施创新驱动发展战略，逐步完善科研管理体系，形成了统一、协调、高效和可持续发展的科研运转机制。

一是聚焦技术创新，积极推动行业进步。中国建科华北院牵头行业重点技术攻关，牵头国家重大专项、国家重点研发计划项目，承担各级课题。近3年，中国建科华北院新增授权发明专利47项，联合主导国际标准发布6项、主持或参与国家标准发布14项、行业标准2项，新立项国家级科研项目或课题7项、省部级15项。

二是聚焦制度创新，持续完善科技创新体系。中国建科华北院基本搭建完成由环境、能源、交通、数字四大专业板块组成的科技创新组织体系，以“培养＋引进”建优建强科技人才队伍，着力打造高质量的研究中心，逐步健全科研管理制度体系。“科改行动”开展以来，中国建科华北院新增全国工程勘察设计大师1人、天津市工程勘察设计大师3人，并成功获批省级重点实验室1个。

三是聚焦理念创新，加速实施数字化转型。中国建科华北院超前布局，抢抓发展机遇，以数字化和智慧化能力驱动传统业务的融合与升级，着力从策略性、局部性、要素性的转型，逐步递升为全局化、系统化、集成化的转型。

三、改革成效

2023年，中国建科华北院完成混合所有制改革，对于企业机制体制改革具有里程碑式的意义。从“引战”到“引制”，中国建科华北院通过引入具有战略协同效应的投资者，使得党的领导更加坚强有力、治理结构进一步科学完善、经营机制越发灵活高效、创新能力和市场竞争力显著提升。通过一系列制度创新，全面激发企业内生动力，持续放大国有资本功能。

由量变到质变，依托更加完善的科技创新管理体系，中国建科华北院创新成果数量在近 3 年大幅上升，重点领域取得重要突破，牵头撰写的《绿色市政基础设施技术指南》首次构建了系统完整的绿色市政基础设施技术体系，促进市政基础设施的全面绿色低碳转型。

改革只有进行时，中国建科华北院正以新一轮国企改革深化提升行动为动力，把党和人民对国资央企改革发展提出的新使命、新任务落到实处，在中国式现代化进程中书写出更加卓越的央企答卷。

106

依法规范用工管理　构建和谐劳动关系

中国冶金地质总局山东局

一、基本情况

中国冶金地质总局山东局（以下简称“山东局”）成立于1953年。建局近70年来，山东局始终服务于国家战略，发挥地质“尖兵”的先行性、基础性作用，为国家和地方经济社会发展提供矿产资源保障，以丰硕的地质找矿成果和优质的地质技术服务，为地勘经济发展和国家建设作出了重要贡献。

近年来，山东局不断拓展服务领域，调整产业结构，加快转型发展，从传统地质勘查业务逐步向地质服务、地灾治理、生态环境、城市地质，以及工程地质和工程建设等“大地质”领域转型。“十四五”期间，山东局全面贯彻落实中国冶金地质总局（以下简称“冶金地质总局”）“双一流”发展战略，以“实现高质量发展，走在冶金地质前列，打造新时代新山东局”为发展引领，围绕将山东局建设成为国内具有影响力的“双一流”地质企业集团目标，统筹推进“三类”人才队伍建设，改善人员队伍结构，进一步巩固提升人力资源全产业链竞争优势，不断深化三项制度改革。

二、经验做法

坚决贯彻落实党中央决策部署和冶金地质总局党委工作要求，在新形势新阶段深化三项制度改革，发力攻坚、重点突破，紧抓用工管理关键环节，不断健全市场化用工机制，构建和谐劳动关系。

（一）高度重视，专项部署

一是高度重视，排查摸底，制度指引。在认真排查、摸清梳理人员情况的基础上，山东局党委组织召开党委会，专题研究部署在编不在岗人员规范工作，通过了《关于规范在编不在岗人员管理的指导意见》，明确了目标任务，为规范在编不在岗人员提供了政策依据。

二是精心部署，过程督导，研究推进。山东局先后在年度工作会、半年工作会、党委中心组（扩大）集体学习会及专项小组工作碰头会上，定期沟通任务进展，及时分析问题，不断总结经验，安排、部署、推进规范工作任务，做到贴近实际，务求实效。

三是强化动员，政策解读，业务培训。山东局领导班子带头，通过座谈、调研、会议等多种形式与各类各级相关人员沟通交流，组织专项培训，解读政策、梳理流程、讲解表单，把思想动员做在前面，把工作方案做在实处，将可能产生的矛盾消化在萌芽状态、消化在内部层面，切实保证工作实施与维护稳定“两不误、双推进”。

（二）整体推进，协同发力

一是成立专项工作专班，局长助理任组长，相关部室人员成立工作专项推进小组，各有关单位成立工作对接小组，分清工作组、各单位职责分工，确保推进目标一致、政策解读一致、办事程序一致，形成山东局和各相关单位各司其职、统筹组织、上下联动、协调推进的工作格局。

二是用工管理与经营机制改革相融合。山东局借助经营机制改革有利时机，统筹安排、强化培训、内部挖潜、协调推进，充分发挥每位员工的积极性和主动性，在个人转型发展上做文章、下功夫，在保持“严控队伍规模”的前提下，多渠道解决用工问题。

三是专项工作与人力管理提升双促进。山东局在做好在编不在岗人员工作的同时，优化畅通全体员工市场化流动和退出渠道，建立健全企业内部人员管控体系，通过培训、轮岗、解除劳动关系、引导自主择业等方式，有序推进员工转型发展，实现员工合理流动。

（三）多措并举，依法合规

一是工作人员的构成合理。工作专班成员是来自山东局总部的人事、法律、办公室、战略、党建等部室的年轻职工，他们学历高、能力强，在山东局内部的关系较为简单，在协同高效推进工作的同时考虑工作以外的事情较少，能最大限度地减少外在人为因素及不良风气的影响，从而保证专项工作的正常推进。

二是解决问题的方法多种。在充分利用国企改革三年行动、转企改制政策宣传、设身处地算清“经济账”、正反面典型引导说服等工作方法的基础上，山东局邀请外聘法律顾问参与用工管理规范工作，在保证单位和职工权益的前提下，精准服务20余名职工，通过内部安置、外部分流、自主择业等方式稳妥做好职工的消化安置。

三是相关单位的协调到位。山东局加强与驻地单位社保部门、退役军人事务部门、工商行政部门沟通，咨询政策、了解信息，做到“一人一策”，确保合法合规合理，有效防范各类潜在风险。通过与社保部门沟通，顺利为38名符合条件的职工办理退休。

（四）奖罚相合，落地有效

一是坚持正向激励与负向激励相结合，激发各层级工作积极性。山东局总部将用工规范管理列入年度重点工作，与部室绩效挂钩联动。将用工规范管理纳入各单位授权经营业绩考核，明确考核时限，落实考核机制。根据在编不在岗人员的工作安排和推进目标，按人员规范进行奖惩，激发了各单位工作积极性。

二是山东局要求各有关单位做好人事管理工作存在不足与问题的自查自纠，做到“刀刃向内”、举一反三、深挖深究。将规范工作扩展至全部在岗人员，加强日常管理、严格考勤纪律、杜绝不良倾向，按《劳动合同法》《事业单位人事管理条例》《事业单位工作人员处分暂行规定》等法律法规规范在岗员工行为，发现工作行为异常者及时依法依情形予以处理。

三是山东局建立在编不在岗人员工作台账，实行实名制管理，对按政策流程办结的人员登记造册“清号”处理，做好后续跟踪督导工作，杜绝反弹、反复、反常现象的出现。明确各单位不允许产生新的名单外在编不在岗人员，凡产生新的名单外在编不在岗人员的单位，将对主要负责人进行追责问责。

三、改革成效

一是规范劳动用工管理，建立健全员工退出机制。至2023年末，山东局通过规范用工管理已完成在编不在岗规范管理259人，其中申办退休38人、劝退辞职30人、办理辞退11人、期间去世1人、办理续缴保险99人、办理上岗80人。2021年至今，山东局劳动用工规模由2802人减至2106人，公司队伍规模得到有效管控、用工结构持续优化，全面建立健全员工退出机制，畅通人员退出路径，实现员工能进能出。

二是有效降低劳动用工成本，实现减员增效。山东局通过持续深化用工制度改革，有效控制用工总量，有效降低用工成本；通过规范不在岗人员管理，追缴以前个人社保欠款467万元，以后每年可节省社保缴费等相关支出1000余万元。实施全成本核算后，预计节约养老保险拨款资金2300余万元。规范不在岗人员管理，解决了长期以来用工人员冗余、企业用工成本负担重的问题。通过市场化手段有效配置管理资源要素，灵活运用改革“减法”，有效提升企业效能。

三是打造精干高效人才队伍，激发内在动能。山东局通过规范用工管理，一支结构优化、素质优良的干部职工队伍初步形成。进一步为职工搭建了干事创业的平台，畅通了人才出口关，营造了公平、公正、公开的选人用人氛围和长效机制，使得公司用工管理有章可循、程序规范、步骤严密，保证了人才队伍的自我清理和自我优化，进一步激发了在职员工的工作积极性，优秀人才脱颖而出、干事创业的活力不断迸发和彰显，形成“能者上、平者让、庸者下”的市场化机制，以及鼓励多劳多得，有为才有位，积极向上，争先创优，不养懒人、闲人、庸人的浓厚氛围。

四是深化三项制度改革，稳固改革发展基石。山东局聚焦三项制度改革，把人才强企战略放在首要位置。规范不在岗人员管理，是山东局深化三项制度的重要举措。通过实施经理层成员任期制和契约化管理、全面推进用工市场化、完善市场化薪酬分配机制、建立部门岗位精准绩效评价体系和协同高效的监督机制，促进公司治理制度化、规范化，劳动用工改革阶段性工作基本完成。新的管理模式的运行，为推动山东局实现高质量发展提供了可靠支撑。

107

以改革促发展　以创新求突破

中煤地华盛水文地质勘察有限公司

一、基本情况

中煤地华盛水文地质勘察有限公司（以下简称“中煤华盛”）为中国煤炭地质总局（以下简称“中煤地质总局”）下属三级全资子企业，是原煤炭部一支从事水文地质勘查和煤矿防治水的专业队伍，肩负着国家重要煤炭基地水文地质勘探任务。2017年，中煤华盛完成公司制改革，建立了现代企业治理体系。公司注册资金3亿元，已全部实缴到位。

中煤华盛以服务国民经济建设为己任，围绕国家能源资源安全保障，以煤矿防治水为核心主业，积极为煤矿绿色安全高效开采提供专业技术保障；以地热能开发为战略性新兴产业，积极服务国家“双碳”战略；以生态环境治理为支柱产业，积极推进长江经济带发展和黄河流域生态保护。

二、经验做法

（一）优化产业布局，强化引领作用

一是明确主业发展定位。中煤华盛始终坚持聚焦主业，不断加强水文地质勘查及地下水科学基础研究，积极培育地热能规划设计、勘查施工、开发利用战略性新兴产业，发挥煤矿防治水科技、“取热不取水”关键技

术和酸性废水治理技术三大核心技术优势，积极推进煤矿防治水、生态环境治理和地热能开发三大主业板块建设。

二是明确将科技创新平台作为重要抓手。通过持续加强科技创新能力建设，完善科技创新体系。2022 年，中煤华盛被河北省发展改革委、科技厅等四部门认定为“河北省企业技术中心”，至 2023 年新增省级科技创新中心 3 个，承担省市、总局、社会科研项目 15 项，项目数量及经费金额皆创历年来新高，为企业高质量发展提供了科技支撑。

三是明确发挥社会团体领导地位的引导作用。中煤华盛任中国地热与温泉产业技术创新战略联盟理事长单位以来，邀请本领域著名院士、专家学者做主旨报告，组织与会学者深入广泛地开展学术交流，帮助行业内企业开阔视野、启迪智慧，提高创新能力和学术交流能力，进一步提升地热新能源产业的发展地位和社会关注程度，在“卡脖子”关键核心技术攻关上不断实现新突破，为填补这一领域空白发挥了重要促进作用。

（二）加强人才队伍培养，培育专家团队

一是探索建立首席专家制。中煤华盛牢牢把握“专业突出”“创新驱动”理念，探索建立首席专家选拔制度和科研项目首席专家负责制度，进一步拓宽科技人才上升通道，现已拥有首席专家 13 人。围绕产业板块、科技攻关方向，推动生产应用领域攻坚克难，实现技术提升、降本增效。2022 年以来，实施地热资源勘查开发及多种能源综合利用技术研究、矿井水探查与防治五位一体综合技术研究等 6 个方面 37 个课题研究。年均转化专利 30 余项，年均转化标准、规范 3 项。充分发挥首席专家的“传帮带”作用，促进年轻专业技术人员迅速成长。

二是积极创建高层次科技创新团队。中煤华盛通过打造中深层地热能开发利用、科技创新团队重点培育地热能等未来产业，研究总结出地热能开发利用 8 项关键技术，在能源规划与设计、钻探与施工、投资与运营等方面发挥了重要作用，落实地热新能源项目超4亿元。通过打造关闭矿井水环境修复科技创新团队，巩固传统主业优势，精准指导鱼洞河污染治理项目，收获了良好的经济效益和社会效益。

三是培养高素质专业技术人才。中煤华盛在2012年联合高校培养3名博士研究生和32名硕士研究生的基础上，2023年联合中国矿业大学共同培养的9名博士生已入学，与湖南科技大学签订硕士研究生委托培养协议，确定首批培养46名专业人才计划，为中煤华盛实现科技创新、自立自强提供人才保障。

（三）开展应用技术攻关，推进成果转化

一是积极服务国家“双碳”目标战略。中煤华盛在中深层“取热不取水”、干热岩深地高温钻井（井深4721.6米、井底温度214℃）等关键技术方面持续开展攻关应用，大力推进实施“取热不取水”技术成果转化应用，累计完成供暖制冷面积1000余万平方米，每年替代标准煤26万吨，减排二氧化碳68万吨。2023年完成了辽宁省鞍山千山地热资源初步勘查，发现千山地热田受郯庐大断裂控制，地热资源十分丰富，初步估算了地热资源184.47亿吨标准煤，可采储量为3.75亿吨标准煤，可建设5个能源基地，可供暖面积达3.23亿平方米。

二是保障煤炭安全开采需求。中煤华盛面向市场应用场景，不断总结提炼技术成果，近年来成功将多分支定向钻探技术应用于煤矿防治水领域，解放受水害威胁的煤炭资源近6亿吨，煤炭资源经济价值达5000亿元，并有效降低奥陶系灰岩含水层优质水资源排放量，取得了较好的经济效益和生态效益。2023年完成大型煤矿防治水工程20多项，解放受底板水威胁的优质煤炭资源2亿吨，确保10余家大型煤炭企业绿色安全高效开采。主编的《煤矿专门水文地质勘查规范》《煤层底板面上探查治理工程施工规范》《煤层底板面上探查治理工程质量验收规范》《煤层底板地面多分支孔定向钻进技术规范》标准相继发布实施，独立完成的《深部煤层开采暗构造精细探查及隔水层属性再造技术》通过中国煤炭工业协会科技成果鉴定达到国际先进水平，组织编写的《煤矿防治水技术理论与实践》《地热新能源应用技术与实践》等5本专著出版在即，2022年至今新增相关专利授权58件，提升了行业话语权。

三、改革成效

2023年，中煤华盛以关键核心技术突破推动实现市场份额大幅提升，本年新落实优质主业项目25.63亿元，同比增长12.85%，为经营质量提升奠定了基础。“一利五率”经营指标持续改善，全年实现利润总额10380万元，同比增长27.1%；净资产收益率8.5%，同比提升0.6个百分点；资产总额较年初增长4.1%，所有者权益较年初增长9.6%。

下一步，中煤华盛将坚决贯彻落实国务院国资委和中煤地质总局工作部署，培育做大地热战略性新兴产业，加大中深层地热资源开发力度，加快深部地热能勘探开发与利用关键技术攻关，积极探索未来产业，不断拓展应用场景和市场空间，培育新的经济增长点。

108

坚持董事会管理“三到位”扎实推动董事会规范运作

黄石新兴管业有限公司

一、基本情况

黄石新兴管业有限公司（以下简称“黄石新兴”）是新兴际华集团有限公司所属上市公司新兴铸管股份有限公司和湖北新冶钢有限公司于2008年共同出资重组的合资公司，主要生产DN100-3000MM球墨铸铁管及配套管件、特殊涂层喷涂铸管、大口径树脂砂铸造、焊接管件、各类铸件及生铁产品，年生产能力超105万吨，是集铸管、管件、铸件生产研发于一体的专业化铸造公司。

近年来，黄石新兴深入落实党中央、国务院关于全面深化改革的各项要求，高度重视董事会建设及落实董事会职权等工作，通过制/修订公司章程、细化权责清单、制定《落实董事会职权实施方案》等制度文件，坚持董事会管理、职权划分、职权落实保障“三到位”，不断提高董事会运行的规范性、有效性，引领推动企业高质量发展。

二、经验做法

（一）规范权责义务，董事会人员管理到位

董事会是黄石新兴的经营决策机构，受公司股东会的委任从事经营管

理活动。董事会人员的构成、权利及责任的制定是董事会职权落实的重要前提。

一是规定董事会人员构成。黄石新兴董事会人员由大小股东推荐后由股东会选举产生。大小股东各推荐 2 人，再由大股东推荐 1 名外部董事构成董事会。各董事会成员的职业、学历、职称、工作经历、兼职等全部情况要提前向股东会披露。

二是做好董事会人员分工。黄石新兴在公司章程中明确由大股东方全面管理日常工作，充分发挥大股东在生产、研发等方面的专长。由小股东方派驻财务总监进驻黄石新兴，进入党委会，监督公司财务运行，直接向董事会汇报，不干扰正常生产经营活动。董事会人员分工明确，保障相互之间的促进和监督作用充分发挥。

三是规定董事的权利。黄石新兴规定董事参加董事会会议，并依法行使表决权。董事有权要求公司提供必要的条件，保证其依法履行职责，公司有关人员应积极配合，不得拒绝、阻碍和隐瞒，不得干预董事行使职权。

四是规定董事的义务。黄石新兴要求董事必须谨慎、勤勉地履行职责，监督公司的经营活动，公平对待所有股东，维护公司的合法权益。要亲自行使其职权，不受他人操纵。非按法律、法规、章程规定或未得到股东会知情情况下的批准，不得将处置权转授他人行使。

（二）规范授权放权，董事会职权划分到位

落实董事会职权试点工作是国有企业重点改革任务之一，黄石新兴董事会高度重视此项工作，及时制定并印发《落实董事会职权实施方案》，明确董事会 6 项职能。

一是长期发展决策权。黄石新兴修订完善了《公司章程》《董事会议事规则》《权责清单》，把董事会长期发展决策权，尤其是在战略规划、培

育新业务领域等方面的要求明确写入。

二是经理层成员选聘权。黄石新兴在坚持党管干部原则的基础上，充分发挥董事会作用，根据工作需要，注重采用竞聘上岗等市场化方式选聘经理层成员。制定并实施《黄石新兴管业有限公司经理层选聘工作方案》，将党管干部原则与董事会依法行权相结合，明确经理层任职条件及资格，规范经理层选聘流程，突出任期制和契约化管理，履行经理层管理监督职责。

三是经理层成员业绩考核权。董事会与经理层签订协议书，并严格按协议内容进行考核。岗位聘任协议书规定总经理退出要求底线是完成经营绩效指标的70%，合格线是完成80%，任期考核不合格，绩效不予兑现。经理层副职个性指标权重原则不得低于50%。主要指标明确扣分规则，且不得设置“保底分”。

四是经理层成员薪酬管理权。董事会制定薪酬管理办法、薪酬分配方案、建立健全约束机制，逐渐加大经理层成员收入差距，100%完成薪酬扣减，大大调动了经理层的工作积极性。董事会对营业收入、净利润、“两金”、研发投入强度和全员劳动生产率5项经营业绩指标进行绩效评价。

五是职工工资分配管理权。董事会按照国企机制政策及上级管控方案合理制定工资核算经济责任制。以吨产品工资为基础，以效益工资为导向，以量本利评价为抓手，实现工效联动。严格遵循工资审批制度，按审批额度严格控制。公司董事会每年审议员工工资分配，动态监测职工工资有关指标的执行情况，并统筹推进企业内部收入分配制度改革，工资向一线工人倾斜、向研发人员倾斜、向销售人员倾斜。

六是重大财务事项管理权。黄石新兴严格管理可能产生重大财务风险的三个方面。负债方面制定了《黄石新兴管业有限公司负债管理制度》，根据权责清单和“三重一大”决策制度，强化对资金、债务的管理；担保方面制定了《黄石新兴管业有限公司融资担保管理制度》，完善担保风险防范措施，落实风险管控责任；对外捐赠方面制定了《黄石新兴管业有限公司对外捐赠管理办法》，规范审批程序，细化审核流程，全面提升了重大财务事项管理水平。

（三）坚持三个“有机融合”，职权落实保障到位

黄石新兴完善公司治理，坚持三个“有机融合”，董事会与各治理主体之间不相互替代、不各自为政，有效促进了职权落实的有效性。

一是把董事会定战略与党委统领全局有机融合。党委和董事会在谋全局方面相辅相成，有独立也有配合。党委强力支持董事会依法独立行使权力，董事会依靠党委成员尤其是党委书记的主导作用，构建起对做强做优做大主营业务、合规清退无效资产、加强新产品开发，以及自动化、智能化的新技术应用等重大事项战略规划进行研究、编制、实施、评估的闭环管理体系。

二是把董事会作决策与经理层贯彻落实有机融合。经理层坚决执行党委会、董事会重大决策部署，充分发挥“谋经营、抓落实、强管理”作用，坚持资金平衡联动、问题导向，促进经营业绩不断提升。董事会支持经理层持续开展精益生产管理，构建精益生产体系和全体系生产经营决策模型。董事会对经理层业绩完成情况实施考评、奖惩兑现，形成有效激励机制。

三是把董事会防风险与监事会依法监督有机融合。董事会、监事会聚焦公司在投资、经营、职工利益等方面的风险防范，加强对风险的关注、识别和提示，形成重大决策的“安全阀”。监事会按照《公司法》要求积极参与公司治理，监督董事、经理层等高管人员履行职责，完善内控问责机制，强化监督检查和整改力度，以达到助力董事会工作落实、维护国有

资产保值增值的目的。

三、改革成效

一是建立起“高薪凭贡献、低薪保生活”的分配机制。黄石新兴以量本利为核心，筑牢了工资核算及发放的刚性。坚持贡献与绩效挂钩、工资与效益同步浮动的原则，合理拉开收入分配差距，有效激发员工工作积极性。2023 年四季度在较为困难的市场大背景下，有效确保后两月考核指标实现。

二是健全了“能上能下、能进能出”的用人机制。黄石新兴建立了中层干部“一人一岗一表”的差异化考核办法，每月考核兑现。按照“225”管理体系，推进建立了公司全级次绩效考核。持续推进“中层管理人员考评工作”，2023 年考评末位淘汰干部 2 人。职工“能进能出”，建立和实施以劳动合同管理为关键、以岗位管理为基础的市场化用工制度，2023 年处理严重违纪人员 1 人、不胜任岗位人员 1 人。

三是形成了契约精神和工序间契约关系。黄石新兴按照股份工序间建立契约化的指导办法，建立上道工序服务下道工序契约精神。铸件生产与销售契约化明确订单履约时间、铸件质量和铸件计提及时性和结构等，建立了能源介质供应与生产单位需求工序间的契约精神和工序间契约关系，实现共同降本的目的。

四是优化了运营模式和经营机制。黄石新兴以产量、成本、过程控制指标为基础制定考核分配办法，科学建立产品单位利润快速测算及反馈机制，以数据为支撑持续完善市场研判和策略的评价体系，增强市场开拓及把控能力，提高经营效率，炼铁成本持续保持较好水平，低于同区域其他企业。

109

“以混促改” 科技赋能民航数字化建设

中航信移动科技有限公司

一、基本情况

中航信移动科技有限公司（以下简称“中航信移动科技”）是由中国民航信息集团有限公司（以下简称“中国航信”）发起成立，由民航局空管局、东方航空、南方航空作为主要股东的国有科技型企业，2017 年入选国家发改委第二批混改试点。

中航信移动科技主营产品“航旅纵横”App 拥有上亿规模的庞大用户群，是目前国内数据权威、功能强大的民航信息服务产品，被誉为改革开放 40 年国有科技型企业在战略性新兴领域取得的重大突破，入选“100 件新时代见证物名单”，成为民航领域唯一入选的新时代见证物。公司深耕前沿技术领域，以科技赋能行业发展，逐步成为民航技术攻关的先锋队和前沿技术的策源地，引领智慧民航发展。

二、经验做法

（一）“以混促改”，持续提升公司治理效能

一是稳步推进公司混合所有制改革。自入选国家发改委混改试点企业后，中航信移动科技秉承战略契合原则，精心遴选战略投资者，先后通过

3 次增资，建立起国资控股、股权多元、优势互补的结构。公司在引入高协同性、高认同感、高质量战略投资者的同时，发挥投资者在优化治理机制、健全市场化经营管理机制方面的重要作用，不断提升企业资本配置和运营效率。

二是不断完善公司治理机制。中航信移动科技建立外部董事占多数的董事会，9 名董事会席位中外部董事占 6 席，并合理配备了行业经历丰富的技术专家、具备组织能力的管理人才，实现董事会结构互补、专业多元。在 2022 年全面落实企业中长期发展决策权、经理层成员选聘权、经理层成员业绩考核权、经理层成员薪酬管理权、职工工资分配管理权、重大财务事项管理权 6 项职权，并建立了战略与投资委员会、薪酬与考核委员会、审计与风险委员会，配齐配强支撑部门，充分发挥把关作用，为科研创新的重大决策提供建议和支撑。

三是持续加大授权放权力度。中航信移动科技以依法合规、适时调整、权责一致、有效监督为授权原则，制定了董事会授权管理制度，董事会将部分职权授予董事长、总经理等行使，并对授权事项强化监督管理，跟踪掌握授权事项的决策、执行情况。通过公司章程、内控机制、制度体系，明确各主体职责，充分授权依规放权，“三会一层”有效衔接，进一步提升了公司决策的质量和效率。

（二）综合施策，持续激发干事创业内生动力

一是实施全员薪酬与公司业绩强挂钩的薪酬分配机制，强化考核结果刚性应用。中航信移动科技根据个人考核指标完成度进行薪酬刚性兑现，形成收入靠贡献的良性机制和全员“挣工资”的活力氛围，激发全体员工价值创造力。建立“季度即时感知、年度及时奖惩”的薪酬激励体系，季度考核结果与员工月度绩效薪酬、年度绩效薪酬、职级晋升等直接挂钩，让员工真正感受到干好干坏不一样。对于工作不胜任员工实施常态化退

出。近3年累计因绩效表现不佳常态化退出28人、降级9人，真正实现能者上、庸者下。

二是加强价值观与员工评价体系的融合，提高人才队伍素质。中航信移动科技始终坚持用价值观激励、凝聚人才，把担当、互助、创新、自励的核心价值观转化为能够被考核量化的标准，纳入考核评价体系，价值观指标与业绩考核指标之比为4∶6，并在晋升等关键环节实施价值观一票否决。通过将价值观纳入评价体系，在全公司形成了积极向上、干事创业、风清气正的良好氛围。

三是推动骨干员工持股，增强骨干队伍稳定性。中航信移动科技积极响应国家发改委、国务院国资委对公司混合所有制改革进程的指示，按照战略投资者的增资单价同步开展三批员工股权激励。股权激励实施后，累计持股人数达到103人，占公司员工总数的22%，核心骨干与公司形成利益共同体，充分发挥了在公司创新发展中的主人翁作用，使企业创新发展呈现新的生机和活力。

（三）创新驱动，持续释放成果转化动能

一是强化科技创新的战略地位，激活科技创新引擎。中航信移动科技研发人员占比超70%，多年来不断推动技术突破和科研成果转化。研发经费投入强度保持在30%以上，在人工智能、大数据、边缘计算、互联网等领域建立起具有完全自主知识产权的完整全栈技术能力体系，获得160余项国家发明专利授权，拥有一个省部级重点实验室，获得一系列科技奖项，技术能力在当前民航业界属于顶级水平。

二是构建内部培养机制，积极打造高效的学习型组织。中航信移动科技以“助力公司基业长青，成就员工事业发展”为核心，以组织使命、战略支持、人才发展为顶层设计逻辑，逐步形成了多元化、全方位的培训体系。针对不同岗位定制不同培训体系，开发涵盖研发、产品、行业知识、专业能力等5个方面的培训课程。针对基层普通员工，建立高阶岗位人员定期授课制度，做好传帮带工作。积极鼓励员工之间进行内部专题分享，学学相长。2023年面向全体员工的公司级培训共开展10余次，部门内部分享累计约540次。

三是推行科研项目“揭榜挂帅”，加快突破关键核心技术。中航信移动科技针对大模型等重点项目采用“揭榜挂帅”等模式选贤任能，为青年人才提供展现平台和历练机会，对完成揭榜项目的优秀人才直接晋升职级或优先推荐培养，助力青年人才进入大团队、研究大项目、取得大成果，打造高水平科技人才团队。

三、改革成效

中航信移动科技紧抓混合所有制改革的重要历史机遇，不断构建市场化的经营机制，通过有效激励手段突出创新的核心地位，为企业创新驱动提供良好发展环境，逐步成为民航技术攻关的先锋队和前沿技术的策源地，并取得一系列突破性进展。

一是服务智慧民航建设，打造民航智能计算平台。2023年8月中航信移动科技发布超过300亿个参数规模的人工智能领域“千穰”大模型，面向全行业提供完整的智能化生成式大模型解决方案。目前，“千穰”已应用于航旅纵横App和多家民航主要机构，智慧机坪解决方案已在10余家机场落地，智能客服解决方案已在7家民航机构使用，有效提升了民航运行监管和旅客服务的效率与质量。同时，融合区块链、联邦学习、大数据等新一代信息技术，打造了民航智能计算平台，全面提升机场的运行监控能力和运行效率，大幅降低机场运行、管理与基础建设成本，优化空管航司机场的运行效率、管理和服务旅客的能力。

二是构建旅客便捷出行数字化系统，打造民航出行新体验。中航信移动科技整合全行业数据资产，有效提升场内通关效率，进一步提升智慧出行服务保障水平和民航旅客出行信息安全保障能力。以边云协同为基础架构能力，搭建电子身份证照信息网络安全存储环境，研发智慧出行系统，有力支撑民航旅客全流程无纸化安检、登机服务，打造电子证照通关便捷出行解决方案，为民航旅客提供便捷出行体验。

三是国产化技术攻关，助力信创体系全面落地。中航信移动科技基于民航重要信息系统关键技术和核心设备的安全可控和国产化替代的总体要求，开展云平台基础设施及应用系统国产化技术攻关，完成核心应用系统与国产化硬件和操作系统的适配、投产。2023 年，航信通民航通关设备成功移植 OpenHarmonyOS 并通过了官方兼容性测评认证，推动民航智慧出行领域在自主可控的国产化方向上又走出扎实一步。

110

科技创新　融合发展

中航材利顿航空科技股份有限公司

一、基本情况

中航材利顿航空科技股份有限公司（以下简称“利顿”）是中国航空器材集团有限公司（以下简称“中国航材”）所属中国航空器材有限责任公司控股的混合所有制企业。

利顿拥有航空 IT 咨询及 ERP 解决方案系统建设业务、航空器材租赁保障与互联网业务两大核心业务，承担了“e-航材平台”的建设和运营任务，是中国民航业机务维修保障领域最大的 IT 系统供应商和航材互援保障提供商，市场占有率达 80%，系统及服务从持续适航到初始适航，业务覆盖机务维修信息化全业务链应用环节。利顿客户包括国内客运航空公司、货运航空公司、通航公司在内的几乎所有航空公司及飞机维修企业。

二、经验做法

（一）“930 精神”，协作典范

中国航材成立上市工作领导小组及由利顿董事和员工主要组成的集团上市工作办公室。自召开上市动员大会后，利顿为股权结构顶层设计共召开 10 余次集团层面沟通会议，50 余次法律、业务、财务、综合各条线会

议，尤其在两个半月的时间内完成了通常需要 8 个月才能完成的挂牌增资流程，成为集团各部门和下属企业共同推进项目的成功典范，极大鼓舞了士气，并得到了集团上市工作领导小组各位领导的认可，被誉为“930 精神”。

（二）加强公司制度建设，明确权责边界

利顿从上市和国企改革三年行动角度推进公司治理体系完善，年内共完善 26 项制度，以董事会议事规则、总经理议事规则等基本制度为主，明确了党组织在企业中参与决策的范围、内容、程序和要求，明确了党组织和董事会、股东会、经理层的权责边界，明确了党组织在研究重大经营管理事项的前置研究程序，对公司合规高效运营起到了极大支持作用。

（三）开展员工股权激励，提升团队凝聚力

利顿确定股权激励对象主要由在公司关键岗位任职并在经营业绩中发挥重要作用的关键骨干构成。经履行相关程序，符合条件且自愿入股的激励对象 38 人，其中核心技术人员 19 人，核心管理人员 12 人，其他骨干技术、经营、管理人员 7 人。员工股权激励取得了显著效果。一是调动了核心技术、管理人员的积极性及主观能动性；二是丰富了利顿公司增强人才吸引的手段；三是促进员工关注股东权益、公司利益，与公司共担市场竞争风险；四是持续激励对公司有贡献的管理层、技术骨干，保持公司核心团队稳定性，迸发蓬勃向上的活力；五是充分发挥“股随岗走”的原则，逐步减少不胜任激励对象对公司股权的持有，将股权让渡给对公司有新的贡献的同事，持续吸引新的人才进入公司。

（四）股份制改制，奠定上市基础

利顿在 2023 年 3 月召开创立大会，以整体变更的方式改制为股份有限公司。利顿股改是贯彻集团公司关于推进利顿上市工作的统一部署、落实集团公司打造世界一流的航空保障企业的战略目标的重要举措。通过整体

改制，利顿成为合法存续的股份有限公司，具备首次公开发行股票并上市的主体资格，还将在产权结构、权责划分、公司治理、运作机制等方面大幅提升，为尽快实现首 A 股发行并在创业板上市奠定基础。

股改后利顿构建了新的董事会，引入了 3 名独立董事，进一步理顺了党组织、董事会和经营层的关系，初步建立起权责法定、权责透明、协调运转、有效治理的公司治理机制。

（五）组织 2023 民航航材论坛，推动“e-航材”平台联盟建设

2023 年 11 月 15 日晚，由大兴临空管委会和中国航材共同主办、由利顿主要承办的“2023 民航航材论坛”在北京大兴开幕。北京市委、民航局和国内主要航企、制造商、维修企业等近 300 人出席会议。会上民航“e 航材”联盟正式揭牌。“e-航材”平台是国务院强力推动、国务院国资委直接领导和民航局大力支持的重大专项“航材共享平台建设”工作的核心任务，各参与方通过打通各个数据孤岛、共享数据、建立统一的数据平台，构建起全行业航材互援体系。这一概念的提出得到了国内外航空公司的积极响应，2019 年联盟正式成立，发起成员包括中国国航、东方航空、南方航空等近 30 家航空公司，本次进一步纳入了 100 家国内外航司、OEM 企业、MRO 企业。各方将发挥平台优势，提升保障效率、提高服务质量、降低运行成本、优化行业生态，服务更多全球民航生态链企业。

（六）支持国家战略，推进战新项目

为深入贯彻落实习近平总书记关于推动中央企业在构建新发展格局中发挥更大作用的重要批示精神，更好发挥在建设现代化产业体系、构建新发展格局中的科技创新、产业控制、安全支撑作用，充分发挥利顿在民航运营管理和维修管理（MRO）工业化软件细分领域的优势，自收到国务院国资委关于“东升一号”项目的系列重要文件后，利顿将建设“东升一号”项目列为公司 2023 年度“三重一大”重点任务，高度重视此项工作。在利顿

总经理牵头的工作小组的领导下，按照中央企业加快发展战略性新兴产业专项工作安排部署，就“东升一号”项目的背景意义、目标路径、实施方案等情况进行报告汇总，于2023年12月完成了《东升项目可行性研究报告》《关于“东升一号”项目执行方案建议的报告》。

三、改革成效

一是“双百行动”成效显著。2020年，利顿入选《改革样本：国企改革“双百行动”案例集》；同年，在国资委国有企业改革三项制度专项评比中被评为A级“双百企业”；2022年度获评专项考核优秀；2023年获评国务院国资委“双百企业”。入选“双百企业”后，利顿的业务范围不断扩大，营业收入、利润总额及资产总额等财务指标逐年上涨，步入快速成长期。2023年，利顿实现收入3.82亿元、利润总额7047万元，3年净利润稳步增长，成为企业通过混合所有制改革相互促进、共同发展的典型案例。(以上数据未经审计。)

二是高成长性加快上市进程。利顿通过财务条线、业务条线、法律条线、综合条线4个方向推进上市工作，在股权结构布局、董事会建设、成立员工持股平台等方面取得重大进展，2024年进行申报上市辅导，2025年有望上市成功。

三是科技实力明显增强。利顿连续12年被评为国家高新技术企业，拥有专利3项、软件著作权51项，取得了系统集成商三级、CMMI（能力成熟度模型集成）软件能力成熟度三级等资质，是云南省3A级信用企业，被昆明市评为企业技术中心（挂牌）及第一批认定的科技重点服务机构。

111

激发人员活力　让科技创新之树枝繁叶茂

中航材导航技术（北京）有限公司

一、基本情况

中航材导航技术（北京）有限公司（以下简称“中航材导航公司”）成立于2006年，现有员工149人，隶属于国务院国资委直管中央企业中国航空器材集团有限公司（以下简称“中国航材”），是一家致力于军、民航软件开发和数据服务的专业化公司，规模为中型企业，是中国民航航行情报领域内对标世界一流专业领军示范企业。

中航材导航公司以创新领航，积极践行国家高水平科技自立自强发展的战略路径，聚焦长期制约我国民航高质量发展的“卡脖子”项目，以国产化自主可控为目标加速成长脚步，围绕行业进行深度业务布局，在夯实提升国内业务市场占有率的基础上，稳步拓展海外业务市场，打造新的增长点，致力于成为一家优秀的全球航空系统服务商。

中航材导航公司是国家级专精特新“小巨人”企业、国家高新技术企业，是国务院国资委“科改企业”、北京市诚信企业，是国家智慧民航建设的核心参与企业。公司自主研发的电子飞行包（EFB）、情报性能综合管理系统（AIPS）、航空情报管理系统（AIM）、航空信息专业数据等产品填补了我国民航发展中相关领域的空白，解决了部分“卡脖子”问题，为建设发展民航强国打下了坚实基础。

二、经验做法

中航材导航公司作为一家民航业高科技公司，科技创新之树根能扎多“深”、树能长多“高”，归根结底要靠高水平人才。2023 年，中航材导航公司结合发展实际，秉承“发现需求，满足需求”的原则，多措并举，丰富激励方式，深化科技创新机制改革，最大限度激发人才活力。

（一）优化激励方式，营造“以业绩论英雄”的企业氛围

一是 2023 年中航材导航公司修订《员工持股管理办法》，明确参与员工持股人员名单动态调整原则，秉承业绩导向，人员“能进能出”，持股比例“能增能减”，经第四届第八次董事会审议通过后下发。最大限度避免参与员工持股人员丧失奋斗热情，“躺在功劳簿上睡大觉”。2023 年，2 人因业绩考核不达标退出员工持股平台，2 人因业绩考核下降持股比例降低，1 人因绩效考核成绩优秀持股比例增加。

二是 2023 年中航材导航公司参照经理层任期制契约化管理方案，结合实际对全体高、中层管理人员实施任期制契约化考核，形成了相关管理办法、绩效考核方案，经理层与每名高、中层管理人员签订了年度工作业绩责任书，明确了个人年度重点工作，并签署了聘任协议，给高、中层管理人员压担子，发挥“头雁作用”。2023 年底开展了述职考评工作，根据考评结果，3 人未完成年度重点工作，其中 2 人被劝退、1 人被降级。

三是中航材导航公司坚持“英雄不问出处”，打破论资排辈、隐性台阶，通过公开竞聘形式，大胆选拔使用一批业绩突出、群众公认的年轻优秀干部。2023 年对技术研发部门副经理、产品主管、品质管理部副经理、财务部副经理等多核心岗位开展公开竞聘，选拔了 5 名优秀年轻干部补充到岗位。其中，技术研发部门副经理、产品主管岗位人员为入职公司 2 ~ 3

年的青年骨干员工。

（二）聚焦员工所期所盼，创新激励方式“组合拳”

2021 年，中航材导航公司出现过个别核心骨干员工主动要求离职回老家发展的情况。经过调研发现，几名员工存在以下共性问题：一是夫妻两地分居，但是没有北京市户口，无法办理配偶随迁，缺少归属感；二是在北京租房等压力较大，且房源不稳定，存在要经常搬家的困扰；三是没有办理工作居住证的渠道，子女上学问题无法解决。自 2021 年起，公司每年引进“985”院校的优秀应届毕业生 13 人左右，作为青年后备梯队人才储备。通过与这些毕业生进行日常座谈，他们反馈在北京工作，眼前最关注住房问题，长期最关注落户等问题。

针对上述问题，中航材导航公司经理层团队高度重视，与人力资源部门多次开会商议，确定了激励工作还是要秉承“发现需求，满足需求”的原则开展。

2023 年初，为创新激励方式、留住人才、激发人才奋斗活力，中航材导航公司研究确定了 2023 年度激励工作的大方向，即主动出击，拓展公司所在地顺义区各政府部门关系，力争在落户、公租房申请、工作居住证指标方面、获得政府部门的支持。2023 年，中航材导航公司综合办公室牵头，积极主动与顺义区委组织部、顺义区后沙峪镇人民政府、顺义区人力资源社会保障局、顺义区临空经济核心区管委会洽商相关事宜，取得了一定的突破。截至 2023 年底，中航材导航公司共获得政府部门予以补贴支持的公租房 9 套（两居室 8 套、三居室 1 套），工作居住证指标 10 个，1 名核心骨干人员通过国家专精特新“小巨人”渠道完成落户，1 名科技人才落户申请通过顺义区委组织部审批并报送至北京市委组织部进行终审。同时，中航材导航公司先后出台《公租房管理办法》《工作居住证管理办法》《北京市落户管理办法》，约定根据贡献程度进行积分，综合考虑职位、获奖情况、专利申请数、专业期刊发表论文、职称等因素综合计算积分，根据积分排名分配相关指标。

通过政府相关部门支持，中航材导航公司建立了一种公平的、以价值贡献为导向的分配机制，不仅激励了科研人员的奋斗热情，还在很大程度上解决了核心骨干人员诉求，核心人员主动离职率较往年同期下降约10个百分点。

（三）“揭榜挂帅”，释放“人才引擎”的澎湃动力

2023年初，中航材导航公司针对业务发展已经触及行业细分领域“天花板”的现状，研究确定了未来的发展方向，即开拓国内民航业新的蓝海市场，聚焦解决长期制约我国民航科技发展的“国际航图”“机载导航数据”等“卡脖子”问题。

只有不断激活人才“一池春水”，才能让“人才引擎”释放澎湃动力。中航材导航公司结合实际，先后起草发布了《揭榜挂帅》《赛马制》《科研项目负责人授权方案》《科研项目负责人权责清单》《科研项目容错管理机制》《科技成果转化激励制度》等文件，并针对“卡脖子”难题“国际航图国产化替代应用场景”开展了“揭榜挂帅”工作，通过发榜、揭榜、评审、公示等环节，确定了项目负责人，签署了项目合同和项目责任书，明确充分授予项目负责人团队组建权、技术路线决定权、经费使用权、考核分配权等权利，改进科技项目组织管理方式，激发科研人员工作热情和主观能动性。

2023年，中航材导航公司已将科研项目负责人团队组建权、技术路线决定权、经费使用权、考核分配权落到实处，工资总额分配向科研技术人员倾斜，严格根据业绩表现进行分配，减少束缚，提升科研人员处置权，不断提升待遇，增强科研人员“十年磨一剑”的恒心和定力，提升原创性科研成果和科研产出。

三、改革成效

一是经营业绩提升。2023 年，中航材导航公司实现营业收入 1 亿元，同比增长 9.6%；实现利润 2082 万元，同比增长 9.5%。此经营业绩是中航材导航公司自 2006 年成立以来历史第二高业绩（历史第一高业绩是 2020 年，营业收入 1.5 亿元，利润 3000 万元，主要是承揽了民航局 AIM 建设项目，仅这一个项目就直接贡献了 8639 万元收入）。

二是科技创新能力增强。2023 年，中航材导航公司申报的《自主可控的航空飞行数字系统关键技术研究与应用》获得省部级奖项中国交通运输协会科学技术进步奖二等奖，在省部级奖项方面实现零的突破。2023 年 11 月，公司自主研发的航空情报管理系统（AIM）在中国民用航空局航行情报服务中心正式投入生产运行，标志着中国成为全球第四个具备自主生产 AIM 系统能力的国家。

三是国际市场开拓实现零的突破。2023 年，中航材导航公司自主研发的电子飞行包（EFB）获得国际客户高度认可，与澳门航空签署了 EFB 研发合同，推动产品迈向国际市场。与香港建联公司签署战略合作协议，明确将在“一带一路”沿线国家和地区推广公司自主研发的航空情报管理系统（AIM）。

四是活力效率提升。在实现营收及利润增长的前提下，中航材导航公司的员工人数基本保持平稳。截至 2023 年底，中航材导航公司共有员工 149 人，较 2022 年同期增长 3 人，增幅 2%；全年劳动生产率为 58.79 万元/人，较 2022 年同期提升 5 万元/人。

112

提升活力效率　建立党组织沟通磋商机制

四川久隆水电开发有限公司

一、基本情况

四川久隆水电开发有限公司（以下简称“久隆公司”）成立于2003年，由中国电力建设集团有限公司（以下简称“中国电建”）所属中国水利水电第七工程局有限公司控股，是以能源投资建设运营管理为主的国有控股混合所有制企业。依托中国电建优势，久隆公司立足四川，辐射全国，经过20余年的建设发展，陆续建成了11座电站，27台机组并网运行，总装机容量1223兆瓦，是四川电网的骨干电源企业。

二、经验做法

久隆公司过去采用的是党委与经理层人员高度重合的模式，在“三重一大”事项研究决策过程中存在着一事多议、重复开会的情况，决策效率受到一定的制约。公司章程规定，企业重大生产经营决策的权力机关是公司董事会，在外部董事应占多数情况下，“三重一大”决策事项程序仅由公司经营班子和党委研究决策。如何结合国资相对控股的混合所有制企业特点，既充分发挥党组织的政治核心作用，凝聚各方股东共识，使企业改革发展符合党的路线方针政策，推进党建工作与生产经营相融合，又保障公司、股东和债权人的合法权益，注重协调多元化投资主体利益关系，支持和服务生产经营发展，进一步完善公司现代化企业制度，建立高效的党组织与董事会定期沟通磋商机制就显得颇为重要。

（一）确定沟通磋商机制的优化方向

一是进一步规范事项决策程序。久隆公司部分决策事项在决策程序上存在相对复杂化（重复决策）和简易化（单一决策）的问题，缺乏规范化和标准化的操作流程，存在导致时间成本提高及增加决策失误的风险。

二是进一步消除各投资主体间的观念差异。由于久隆公司不同所有制背景的股东代表在观念、利益诉求等方面存在差异，导致在决策过程中容易出现意见分歧，影响决策效率和效果。

三是保证重要信息及时、准确地向各决策方传递。由于久隆公司涉及不同利益相关方，信息传递不充分会影响决策的准确性和公正性。

（二）建立沟通磋商机制的基本原则

一是平等对话。久隆公司董事会和党组织通过交流信息、交换意见达成相互理解和互相认同，形成平等的对话机制。首先，尊重各方利益。由于不同股东的背景、诉求和利益关注点不同，企业需要在合作过程中充分尊重各方利益，以实现合作方之间的良好沟通和协商。其次，明确各方的职责和权利、责任和义务，共同参与企业的决策和管理过程。再次，建立有效的沟通渠道，确保信息畅通、交流及时。最后，注重合作共赢，在合作过程中注重平衡各方利益，寻求共同点，实现共建共享共赢。

二是良性互动。久隆公司确保党委与董事会、监事会、经理层，外部董事与非外部董事等多维主体之间，保持信息对称、充分沟通和有效协调，促进法人治理结构不断完善，实现国有资产保值增值和企业可持续发展。建立党委与股东会、董事会、监事会、经理层的多层次信息沟通机制，确保信息畅通、意见反馈及时，避免出现信息不对称等问题。建立清晰的产权结构，明确各股东的产权份额和权益，为建立良性互动机制奠定基础。完善治理结构，确保决策科学、监督有效、执行有力。推进战略协同，共同制定企业的发展战略和规划，明确各方的目标和责任，实现资源共享和优势互补，提高企业竞争力和可持续发展能力。建立激励机制，包括对管理层的股权激励及对员工的绩效激励等，激发各方的积极性和创造力，提高企业的运营效率。加强风险管控，建立健全风险防范机制和内部控制体系，确保企业的稳定发展和股东的合法权益。

三是利益均衡。久隆公司作为混合所有制企业，股权结构多元，需充分了解和把握不同股东的利益诉求，并在决策中充分考虑和平衡各方的利益。信息披露是混合所有制企业中各方利益均衡的重要保障，企业需要完善信息披露制度，及时、准确、全面地披露企业相关信息，提高透明度，增强股东对企业的信任和认可。收益分配是混合所有制企业中各方利益均衡的关键环节，企业需要建立合理的收益分配机制，根据各方的投资比例、风险承担、贡献等因素进行收益分配，确保各方的投资回报。

（三）完善沟通磋商机制的主要举措

一是完善公司治理，建立工作机制。经过公司党委和董事会共同协商，久隆公司优化调整了公司班子领导配置，将原来的党委书记和董事长分别由两人担任调整为党委书记兼董事长模式，增设了专职党委副书记。同时，强化了董事会办公室的资源配置，以保证党委和董事会能够随时通过电话、企业微信等方式保持沟通，通过定期召开联席会议、互相参加对方的会议等方式进行沟通磋商。

二是加强制度建设，明确沟通磋商的内容和范围。久隆公司党委和董事会之间的沟通磋商包括但不限于企业发展战略、年度工作计划、干部选拔任用等，涉及重大决策、党的建设、企业生产经营等方面。

三是完善沟通磋商的程序和规则。久隆公司为发挥公司党委的政治核心作用，监督企业改革发展符合党的路线方针政策，推进党建工作与生产经营相融合，新修订党委会议事规则。为进一步明确和落实党委在公司法人治理结构中的法定地位，规范决策行为，提升运行效率，修订“三重一大”事项实施细则。为维护公司和股东的合法权益，明确股东会的职责和权限，规范董事会、监事会及总经理的议事方式和决策程序，修订了股东会议事规则、董事会议事规则、监事会议事规则和总经理议事规则。

四是建立沟通磋商的记录和反馈机制。久隆公司建立记录和反馈机制，确保沟通磋商的结果得到有效落实。每次联席会议有详细的会议记录，并由参会人员签字确认。同时，对于沟通协商的结果，党组织和董事会分别向党员和股东进行反馈和公示。

五是加强沟通协调。在沟通磋商过程中，久隆公司党委和董事会加强沟通和协调，避免出现信息不对称和误解等问题。双方本着合作共赢的原则，相互配合、相互支持，共同推动企业的发展。

三、改革成效

一是促进了沟通协调。久隆公司党委和董事会各司其职责和权限，通过建立磋商机制，加强两者之间的沟通和协调，确保在重大决策问题上达成一致意见，形成了有效的合力。

二是决策科学性增强。久隆公司党委和董事会各自具有独特的优势和视角，党委更注重意识形态和政治领导及组织管理，董事会则更加注重经济和市场方面的考量，通过磋商机制，实现了相互借鉴、取长补短，使决策更加科学、合理。

三是工作效率提升。久隆公司通过党委和董事会的磋商机制，避免了在重大问题上出现的扯皮、推诿等现象，提高了工作效率。同时，这种机制还促进工作的规范化、标准化，有利于企业的可持续发展。

四是风险防控强化。久隆公司党委和董事会之间的权力平衡和相互制约，有助于防止权力过于集中或滥用。通过建立磋商机制，实现相互监督、共同防控风险，确保企业的稳定发展。

五是推动改革创新。久隆公司党委和董事会作为企业中的不同权力主体，都具有推动改革创新的使命和责任。通过建立的磋商机制，实现相互支持、共同推动改革创新，为企业发展注入新的动力。

久隆公司结合混合所有制特点和业务实际，探索建立党委和董事会定期沟通协调磋商机制，促进了各方意见整合、完善了信息披露、规范了决策程序。决策效率明显提高，决策成本得到合理有效控制，助推企业可持续发展。

113

绘制战略地图　化战略为行动

中国电建集团核电工程有限公司

一、基本情况

中国电建集团核电工程有限公司（以下简称“电建核电”）成立于1952年，是中国电力建设股份有限公司全资子公司，其火电、核电、新能源等业务在国内位居前列。

“十四五”期间，电建核电制定了“11268”战略发展思路，即以“高质量发展”为主线，坚持做优实力、做大规模两大方向，贯彻国际优先、核电领先、市政争先、风光抢先、火电巩固、优势多元六大方针，构建八项职能战略，推动公司发展成为国内领先、国际知名的综合型国际工程公司。电建核电围绕着如何把战略转化为员工可理解、可执行、可管理的战略行动，展开了一系列管理探索。通过对战略规划进行科学解码，系统构建了企业战略实施路径，为全面完成既定战略目标、实现高质量发展奠定了坚实基础。

二、经验做法

（一）加强战略宣贯和调研，大力营造战略环境

为广泛凝聚战略共识，电建核电利用职工代表大会、战略专题会、项

目现场会等多种形式开展战略宣贯，让全体员工深入了解公司战略，统一了思想。为保障战略实施，领导班子带头下基层进行调研，对基层单位战略执行进行问诊把脉，认真听取一线员工意见建议，为公司战略顺利推进营造了良好的氛围。

（二）绘制战略地图，构建“1＋N”战略管理体系

一是从四个维度对战略科学解码。电建核电引入战略地图管理工具，从财务层、客户层、内部运营层和学习成长层4个管理维度，对企业战略进行系统性分解，清晰描绘出战略目标与战略行动之间的内在逻辑关系，共识别30项战略主题。从财务层角度主要围绕战略总目标，平衡兼顾企业发展长、短期利益。在客户层则聚焦主责主业和重点转型业务，准确识别客户需求和价值主张。在内部运营层持续优化内部运营管理，加强科技创新、管理创效，降低运营成本，系统管控风险，不断提高企业管理水平。从组织资本、人力资本和信息资本3个方面，持续加强企业自我学习成长能力。

二是大力构建“1＋N”战略管理体系。电建核电建立了“1＋N”战略管理体系，在企业战略总框架下，又编制了15项业务子规划和11项职能管控规划。针对“十四五”转型升级的重点业务，同步绘制了国际、核电、基础设施、新能源业务的分战略地图，形成了公司战略上下一体、相互支撑的战略架构。

三是开发战略地图信息化系统。电建核电正在开发“战略地图信息化系统”，形成可视化的战略目标管理窗口，以“1＋N”战略地图展示企业战略全貌，并对战略目标和战略行动项的推进情况进行穿透式跟踪，对执行异常可以预警，及时采取战略辅导措施，确保公司战略按计划有序推进。

（三）梳理平衡计分卡，完善组织绩效管理体系

一是推进组织绩效改革，以贡献论价值。为强化战略目标引导，凸显各级组织对公司战略的价值贡献，电建核电 2022 年推行组织绩效改革。电建核电建立关键绩效指标（KPI）库，将战略总目标通过平衡计分卡层层转化为战略行动项和 KPI，让各单位与公司战略深度捆绑，实现“力出一孔、利出一孔”。强化经营效益指标的考核权重，引导各单位积极落实公司高质量发展要求。根据不同业务设置差异化考核指标，确保考核公允科学。设置激励性加分标准，牵引各单位实现业绩突破。制定《组织绩效管理制度》，开发绩效考核信息化系统，实现线上考核，提高了组织绩效管理效率。

二是实施员工绩效考核，与组织绩效形成闭环管理。2023 年，电建核电推行员工绩效考核，进一步穿透分解公司战略，并为此开发了员工绩效信息系统，有效地把公司战略转化为员工的工作任务，与组织绩效形成了闭环。同时聚焦战略，持续优化各单位 KPI，考核数据的提取大多来源于公司线上业务流程数据，减少了人为填报，并加大了与超产工资的挂钩力度。通过建立完善组织绩效和员工绩效考核双体系，形成了“以战略为引领、以价值论贡献”的竞争性绩效管理文化。

（四）聚焦重点业务领域，加强战略顶层设计

基础设施业务是电建核电“十四五”战略转型的重点领域，但电建核电在该业务领域起步较晚，与行业先进企业存在较大差距。2022 年 8 月，电建核电引入专业咨询，对基础设施业务进行战略顶层设计，对标中建系统的号码公司，从组织架构到商业模式和管理体系，形成了一整套业务顶层设计方案，重点布局山东经济发达城市，由随机散点开发加快向区域深耕转变。同时，由公司领导亲自带队，向中建八局、深圳天健集团等行业标杆企业开展对标交流，加快提升业务能力，稳步扩大市场占有率。

（五）补短板强弱项，持续对标提升价值创造能力

2022 年 9 月，为推动高质量发展，电建核电开展“补短板、强弱项”专项行动，成立市场营销、项目履约、降本增效、合规监督、深化改革 5 个专项小组，制定印发《公司补短板、强弱项专项对标行动方案》，认真查找自身短板弱项，形成改进清单。2023 年 4 月，电建核电制订印发《公司对标世界一流企业价值创造行动工作方案》，把贯彻落实国务院国资委价值创造行动与前期的补短板强弱项活动进行有效衔接。2023 年 8 月，电建核电分设国际、核电、市政、新能源 4 个业务组，由分管领导带队，先后与 7 家标杆企业展开线下交流活动，组织召开公司对标学习经验分享交流会，定期编发《对标工作简报》，大力营造对标学习文化氛围。

（六）化战略为行动，对重点任务进行看板管理

电建核电每年年初对照战略规划确定一批公司级重点任务，并明确责任单位、任务目标和完成时限。为确保这些重点任务高质量完成，公司开发了“任务管理系统”，从任务立项、任务下达、里程碑分解、过程结项和任务考核，全部实行网上看板管理，每项重点任务分解到责任单位和办理人，在公司网上挂牌监督。当任务里程碑临近计划节点时，系统会自动提醒责任人办理。为增强各单位执行重点任务的积极性，电建核电加大了对重点任务的考核激励力度，任务办理与组织绩效、个人绩效挂钩，对任务圆满完成的给予考核加分，未完成的不仅要考核减分，还要对相关责任人进行诫勉谈话。通过实施重点任务看板管理，公司的战略目标年度达成率持续上升。

三、改革成效

“十四五”期间，电建核电以习近平新时代中国特色社会主义思想为指导，坚持战略引领，一张蓝图绘到底，通过战略地图化战略为行动，构建“1＋N”战略管理体系，全面保障战略规划的坚实落地，取得阶段性成果。

一是管理基础不断夯实，实现公司董事会规范化运行，完善中国特色国有企业现代公司治理。精简总部机关，优化部门职能，建立了与 EPCO 全产业链相匹配的组织架构。深耕重点国别市场和国内区域市场，设置五大区域公司，对重点业务进行了前瞻性布局。

二是经营创效能力稳步提升，各项生产经营指标运行良好，净利润增长率连续三年保持在 9% 以上。2023 年公司投产机组容量达 970 万千瓦，新签合同额、营业收入和净利润再创历史新高。

三是通过薪酬改革、组织绩效改革和员工绩效考核，完善了干部素质能力模型，在分/子公司推行工资总额承包制、领导班子绩效年薪和超额利润分享机制，不断提高骨干员工管理创新、干事创业的积极性，形成了优秀的绩效管理文化。

四是按期完成“十四五”规划中期评估和修编，全面启动大数据中心建设，聚焦数据价值，建立健全数据标准体系，部署企业级数据中台，全流程数据逐步贯通。顺利取得市政施工总承包一级资质和核级电气贯穿件安装许可，为公司拓展业务领域提供有力支撑。

五是科技创新增添新动能，初步建成“四家高企、四个研究中心、一个技术转化服务机构”的科技研发平台，每年研发投入在 3.4% 以上，管理创新成果数量和质量持续攀升，每年多达 70 余项。2023 年公司获批省部级科技项目立项 9 项，完成科技成果评价 9 项；获评省部级以上科技奖 20 项、省部级以上工法 18 项，6 项管理创新成果在行业协会获奖。

六是以高质量党建引领公司高质量发展，先锋“矩阵”品牌被评选为上级集团智慧党建品牌，党支部“红核一号”被评选为重点项目党建品牌。党建工作责任制考核连续两年获评“良好”等级，被集团评为 2022 年度党风廉政建设和反腐败工作责任制考核“优秀企业”，被中国文化管理协会授予“企业党建实践创新典范单位”称号。

114

开展基础管理提升专项行动确保改革扎实有效

中国电建市政建设集团有限公司

一、基本情况

中国电建市政建设集团有限公司（以下简称“电建市政”），是中国电力建设集团有限公司（以下简称“中国电建”）旗下唯一一家以市政业务为特色的特级子企业。电建市政立志打造“电建市政领军者、国际一流承包商”，总部位于天津滨海高新区，注册资金 30 亿元，具有市政公用工程施工、水利水电工程施工总承包特级资质和多项总承包、专业承包一级资质。

作为中国对外工程承包首批 A 级企业，电建市政先后在亚洲、非洲、欧洲等的 40 多个国家和地区开展工程承包业务，海外合同总额累计超过 200 亿美元。

二、经验做法

按照国有企业改革深化提升行动部署，电建市政以开展基础管理提升专项行动为实施载体和有效抓手，总经理亲自挂帅，全员共同参与推进，聚焦市场营销、项目策划、合同管理、成本管控、工程分包、“两金”压降等项目管理全生态链，抓住关键、聚力攻坚，全面巩固提升基础管理和企业现代化治理水平，勇当新一轮国企改革“排头兵”。

（一）做好源头把控，确保订单质量

一是加强事前控制，加大标前评审力度，电建市政坚决不签只有收入没有利润的无效订单、不签合同支付比例过低及付款周期过长的低效订单、不签明确要亏损或有风险敞口的负效订单，从源头上规避先天不足和重大合同风险项目，杜绝片面追求规模而不顾效益的盲目投标，从源头上推动电建市政创效能力的提升。

二是电建市政举办内外部商务培训，提升预算、造价、报价理论知识和实操能力，创新商务思路，着力提升自主营销能力。

三是围绕国家“双碳”战略目标，电建市政加大新能源业务的市场营销力度。2023 年公司国内首个天津渔光互补光伏项目并网发电，山西风电、光伏业务落地实施；海外成功签约北非阿尔及利亚 200 兆瓦光伏项目，新能源赛道成为业务增长“第二曲线”。

（二）重视项目策划的制定与落地实施

一是电建市政深入推进分级管理机制，重视策划能力的提升，尤其是着力提升各分/子公司总部的策划能力，确保新承接项目前期策划的全覆盖。

二是电建市政突出亮点策划，善于抓重点、抓核心，将竣工验收及财资税筹划纳入项目前期策划，提高策划的针对性、实效性和策划深度，确保既定策划方案执行到位。

三是电建市政适时对既定策划成果变现情况进行总结，结合实际及时修订策划方案，将竣工验收及税务策划纳入项目前期策划。

四是电建市政强化执行监督，保障既定策划的落地见效。2023 年，电建市政项目实施策划率 100%，实现全覆盖。

（三）重视分包管理，向分包要效益

一是电建市政高度重视分包管理，做好价格分析，有选择地分包（价格有优势的工作尽量自营）。

二是电建市政加强对分包商资金、信用、能力等方面的资格审核，坚持市场化原则做好分包招标，通过强化市场竞争机制，推动分包工作走深走实。

三是电建市政做好分包合同的把控，划清与分包商的责权利边界，守住公司利益。加大力度推行以“工序劳务分包”为主的分包管理模式，优化分包指导价格体系，强化关键工序清单价格在分包商选择过程中的指引和导向作用。

四是电建市政创新分包管理，系统内首推介入式一体化分包管理，压实项目部在分包现场管理的第一责任主体职责，规范对分包商的管理，加大对分包履约关键要素和关键点的把控力度，让更多管理“果实”有效“落袋”。

（四）强化成本管控意识，加大成本预算管理力度

一是电建市政坚决杜绝重履约轻成本的现象，持续完善成本管控体系，以全面成本管理为主线，多维度进行成本策划及过程管控。

二是电建市政重视清单修编，深入挖掘潜在设计优化变更点，做好主要工序成本测算，建立、完善成本数据库，为分包提供基础数据。做好相关专业工程项目管理费控制指标的测算，加大重点项目成本管控力度。

三是电建市政加大工序成本测算培训力度，强化一线人员成本测算能力。强化消耗控制，做好材料超、欠耗原因分析，评估潜在风险，制定针对性管控措施，严控“跑冒滴漏”。

四是电建市政加大成本管理过程控制力度。项目自开工之初进行成本策划，定期动态调整，成本数据准确且真实反映项目实际盈亏情况。定期召开经营情况分析会，深入剖析项目实际存在的问题，分析评估潜在风险，强化成本管理的过程控制，“以月保季，以季保年”，落实降本增效。

（五）抓实合同管理，维护企业利益

一是电建市政持续强化全员合同管理意识，推动传统的以生产管理为中心的理念向以合同管理为中心转变，要求各级管理人员带头研读合同，活学活用、学以致用，充分利用好合同条款，让合同管理成为提高经济效益的重要手段。

二是电建市政紧抓合同管理这个“牛鼻子”开展进度、质量、安全管理。重视合同文件的审核，从源头上规避、降低合同风险。

三是电建市政加强合同过程管控，严控“跑冒滴漏”，抓实对上对下的计量结算和变更索赔工作；对重大经营风险项目进行复盘分析，重点查找合同“陷阱”条款，做到举一反三，有效规避合同风险。

四是电建市政注重过程资料的收集与整理，为合同管理提供必要的材料支撑。

（六）下大力气做好“两金”压降

一是既要做好存量压降，更要做好增量控制。电建市政针对“两金”形成原因，“一项目一策略”，加大逾期应收款项清收力度，坚持全面清欠与重点清欠相结合。创新催收方式，积极寻求市场化、法制化方式推动拖欠问题解决。

二是电建市政加快推进项目竣工结算和财审（国内项目）进度，最大限度压缩回款周期。持续推进保函置换保证金工作，合理有度利用金融工具降“两金”。

三是电建市政盯死新合同中结算付款周期过长、支付比例过低所导致的增量“两金”，有选择地参与结算付款周期长、支付比例低的项目投标，推动市场营销高质量、降成本、提效益。公司年末存量逾期应收账款较年初实现大幅下降，资产负债率连续多年低于上级考核红线。

三、改革成效

电建市政坚持以开展基础管理专项行动为推动落实新一轮国企改革实

施的载体和抓手，以合同管理为主线，以成本管理为核心，以解决问题为导向，以创造价值为目标，不断夯实基础管理，持续改革深化提升，有效应对抵消了后疫情时代经济复苏下行压力和国际贸易冲突等不利因素，激发了全体员工的创新热情，企业规模效益实现逆势增长，企业综合实力稳步提升。

一是管理水平提升。一年来，电建市政先后举办多场管理提升大型主题演讲和典型案例宣讲会，就管理创新、深化提升工作推进中的经验及亮点进行系统性分享交流，全面提升公司管理水平和价值创造能力。2023年，公司获省部级、行业协会优秀QC成果奖177项；参建的东南亚第一条高速铁路雅万高铁、南亚最大的单体污水处理厂孟加拉达舍尔项目、波兰首条中国企业实施的高速公路S14项目，以及国内广东珠三角供水、成都地铁19号线等重点工程项目顺利完工交验。同时，通过“斩尾行动”实现关闭尾工项目75个、回收资金23.17亿元，释放人力资源182人。

二是经济效益提升。2023年，电建市政积极投身参与国内基础设施和“一带一路”共建，全年新签约订单316.33亿元，其中单体订单额3亿元以上的项目占比73.29%，竞争性一手单达207.16亿元；海外新签订单76.66亿元，其中成功签约波兰和塞尔维亚等欧洲高端市场项目，国内外市场订单实现量与质的“双提升”“双突破”。公司全年营收同比增长7.26%、利润总额同比增长9.85%，发展超出预期，创历史最好水平。

三是品牌形象彰显。2023年，电建市政荣获全国工程建设诚信典型企业、全国电力建设诚信典型企业，获国家优质奖2项、大禹奖3项、科技进步奖14项、各级优质工程奖13项，获正式授权专利109项，连续4次通过国家级高新技术企业认定，企业高质量发展根基更加强固，为在“十四五”时期打造成为“电建市政领军者、国际一流承包商”的愿景目标按下了“快进键”。

115

把握新使命新定位　强化应急核心功能

中国安能集团第三工程局有限公司武汉分公司

一、基本情况

中国安能集团第三工程局有限公司武汉分公司（以下简称“安能三局武汉分公司”）由原武警水电第三总队七支队转隶组建，是中国安能建设集团有限公司（以下简称“中国安能”）下属三级企业，2019 年 12 月在武汉挂牌成立，同时挂牌组建湖北省自然灾害工程应急救援基地。

2020 年 9 月，依托安能三局武汉分公司组建成立应急管理部自然灾害工程救援武汉基地（以下简称“武汉基地”），实行“两块牌子、一套班子”。2023 年以来，安能三局武汉分公司按照国务院国资委《关于中国安能建设集团有限公司主责主业的批复》（国资规划〔2023〕47 号）要求（主责为坚持服务国家应急工作大局，打造工程救援的骨干力量、工程建设的重要力量、中央企业应急综合平台、应急产业的领军企业，成为在应急救援和工程建设领域发挥独特作用的现代企业和专业队伍；主业为应急救援服务、应急产业相关的产品及服务、基础设施建设），积极实践，坚定不移打造与履行使命任务相匹配的应急力量，探索央企服务应急救援大局新路子。

二、经验做法

（一）紧扣主责主业大力推进产业融合

一是党委重视，科学统筹实施。安能三局武汉分公司党委深入贯彻落实党中央赋予的加快建成中部地区崛起重要战略支点战略部署，以《关于以中国安能为主打造中央企业专业化战略救援队伍的报告》为导向，坚持紧盯建设全国应急救援标杆基地的建设目标。认真按照集团公司、工程局关于应急救援工作指示要求，结合产业指标科学统筹，详细制定年度应急产业计划。第一时间成立应急力量建设暨应急产业发展领导小组，定期召开会议，各成员分方向跟进和配合，每月召开产业研讨交流会，集中研讨解决产业发展重难点问题，统筹推进“应急救援＋”全流程产业链建设。

二是聚焦重点，集智攻关解难。安能三局武汉分公司聚焦以自然灾害工程应急救援为主的应急产业，着眼为突发事件的预防与准备、监测与预警、处置与救援等提供应急产品和服务，着力打造集标准制定、风险评估、决策咨询、数据服务、科普活动、产品研发、产品制造、韧性建设、灾害防治、物资储运等于一体的应急救援产业骨干企业，着力提升应急救援产业发展能力。坚持搞好品牌建设，聚焦主责主业，加快业务布局优化和结构调整，研究探索应急产业与工程建设融合发展模式，在2023年成立了安能武汉应急救援产业发展有限公司。持续推动深化改革和转型发展，加快培育应急领域领军企业，提升中央企业专业化战略救援队伍地位作用。

三是立足区位，发挥优势专长。武汉市是长江中游城市群中心城市，也是我国中部和长江中游地区唯一人口超千万国家中心城市。安能三局武汉分公司充分发挥区位优势，深度参与长江经济带、长江大保护、中部崛起等重大战略，同时作为应急管理部自然灾害工程救援基地，有效融入湖北省应急体系，积极承担属地防灾减灾抗灾、灾害事故应急处置等任务。转企至今，武汉基地与湖北省有关部门签订战略合作协议，建立了良好合作关系，应急部门支持以武汉基地为主打造国家级自然灾害工程救援队伍（基地），并作为主发起人成立省应急救援协会。

（二）夯实基础建设着力厚植品牌优势

一是不断优化组织结构。安能三局武汉分公司坚决贯彻落实国家《“十四五”应急救援力量建设规划》和《国务院安委会办公室关于进一步加强国家安全生产应急救援队伍建设的指导意见》指示要求，始终围绕武汉基地实体化运行目标，坚持独立核算的原则，按照上级建设思路，优化精简组织结构，完成“武汉基地办公室＋战训保障分队”调整，并实际投入运行。

二是不断强化队伍建设。武汉基地始终坚持以三个练兵为基础，推行救援专业技能“3＋N”模式（五级救援员、汽车驾驶员、冲锋舟操作手＋特种操作技能），按照“一人一案”结合个人素质能力进行人才定位，培养出一批“一专多能”的应急人才，持续增强核心救援能力，基地向“建设成为一支专长兼备、反应灵敏、作风过硬、本领高强的全国性标杆应急救援队伍”目标不断迈进。

三是不断完善装备配备。安能三局武汉分公司严格按照“全灾种、大应急”任务需求进行装备配置，有效提升应急抢险救援装备高效化、无人化、精准化能力。针对常见灾情类型，结合湖北省地势西高东低，东、北、西三面环山，中南部地势低洼特点，配备各类应急抢险装备，提高救援效率，保障抢险任务圆满完成。

（三）聚焦练兵备战着力扛起职责使命

一是严密编制抢险预案。安能三局武汉分公司以实现高效处置为目标，坚持人民至上、生命至上的救援使命要求，抓实练兵备战。根据国家有关部门重大自然灾害形势研判和抢险任务特点，自上而下编订年度“一总一专八分”应急预案，编制跨区域、重点方向支援方案，以及洪涝、山体滑坡、堰塞湖、泥石流等9类险情处置方案。

二是严格落实值班值守。安能三局武汉分公司统筹紧急信息、应急调度和值班值守各项职能，创新思路、改进方法，以新担当新作为更好服务中心大局。落实全时值班制度，建立“联合值班、信息共享、预警共振”的应急措施，确保及时有效应对紧急情况。加强应急备勤，2002年5—10月，在石首、鄂西，开展驻训备勤。明确编携配装和“以车代库”的标准结构，实现快速出动。

三是扎实开展演训演练。安能三局武汉分公司积极参与综合演练任务，摔打锤炼应急响应、远程机动、技战法应用、组织指挥和综合保障能力。承办完成湖北省应急救援力量职业技能比武竞赛、武汉市警备区演练、武汉市2023年防汛抗旱综合演练3次比武演练，筹备湖北省防汛抗旱综合演练，确保应急抢险队伍时刻绷紧防大灾、抢大险、救大灾这根弦。

三、改革成效

一是产业效益逐步显现。一年来，武汉基地充分发挥属地优势，开展以军事化训练、红色教育培训、应急科普宣讲、中小学生研学为主的拓展培训，承办第三届武汉国际安全应急博览会，开创首例基地办展模式。拓展安全应急产业，成立了中国安能首个应急管理部批准成立的五级应急救援员职业培训鉴定点，先后成功举办了五级应急救援员（五级）培训、应急救援员国家职业技能鉴定（初级）考评员等各类培训，以及应急科普宣讲、中小学生研学走进营区等活动，累计参训人数近5万人。

二是救援能力不断提升。武汉基地作为湖北省乃至中部地区核心应急救援力量，以遂行重特大自然灾害工程救援任务为牵引，抓实练兵备战，加强应急备勤，探索全时段值班备勤和紧急时段动态研判相结合机制，完成部、省、集团公司等视频调度34次。通过落实“三个练兵”手段和“3+N”技能体系，全年培养各类特种装备操作手24名。

三是地位作用更加彰显。2023年，武汉基地全年累计出动1100人次、770台次装备，高标准完成了湖北省、武汉市防汛抢险综合演练和长江三峡库区危岩地灾演练，打赢了京津冀抗洪抢险硬仗，特别是出色完成河北涿州溃口封堵任务，得到了各级领导和当地群众的高度赞扬，充分彰显了军转央企的政治责任和使命担当。

116

党建引领　凝聚合力
助推高质量转企改革发展

中国安能集团第一工程局有限公司

一、基本情况

中国安能集团第一工程局有限公司（以下简称“中国安能一局”）前身为1966年组建的中国人民解放军基建工程兵61支队，1985年改制为“武警水电部队第一总队”，2018年9月根据党中央、国务院跨军地改革决策部署，集体转隶为“中国安能集团第一工程局有限公司”，于2019年11月在南宁挂牌。

中国安能一局现有水利水电施工总承包特级资质，以及建筑、市政、机电、电力、石油化工等多个一级资质，并被认定为国家高新技术企业和军民融合企业。现下辖4个子公司、3个分公司和3个国家级、3个省级自然灾害工程抢险救援基地，拥有员工2047人、装备1252台（套），在主要担负重大民生基础设施建设的同时，重点负责地震地质、洪涝灾害等工程救援任务。

二、经验做法

转企以来，中国安能一局坚持传承红色基因，赓续红色血脉，以党的政治建设为统领，以党建工作责任制为抓手，抓融入促中心、抓基层打基础、抓品牌强文化，以党建体系运行效能提升，服务保障中心工作提质增效。

（一）以政治建设为统领，扎实践行“两个维护”

中国安能一局坚持把“学思想”作为首要任务贯穿始终，努力在深化、内化、转化上聚力用劲，多措并举带动广大党员干部在深学细悟笃行中汲取奋进力量。

一是注重抓好理论武装。中国安能一局抓好关键少数理论学习，制订年度中心组学习计划，针对性制定《加强学习贯彻习近平总书记重要讲话和指示批示精神“十二条”措施》。认真落实“第一议题”制度，跟进组织学习中央会议精神和上级有关指示，做到第一时间学习、布置、落实。部署开展“跟着总书记读经典”读书活动，整理编发3万余字《习近平总书记关于本领域本行业重要讲话汇编》，坚持领读法、点评法、交流法、辅导法“四种学习方法”，确保了思想教育的质量和效果。

二是掀起党员学习热潮。中国安能一局常态化坚持好“三会一课”制度，以集中学习和实践学习相结合的方式，组织党员开展党建知识竞赛、党组织联创共建、项目一线“微党课”等活动百余场次，引导全体党员适应新时代、新形势，贯彻新任务、新要求。开展学习贯彻习近平新时代中国特色社会主义思想主题教育暨“水电铁军精神大讨论”演讲比赛，在微信公众号开辟主题教育“云课堂”，在电梯屏、大厅屏幕滚动播放学习内容，让党员线上线下同步学习，极大丰富了学习形式。

三是抓好意识形态工作。中国安能一局把意识形态工作纳入党建责任制考核，强化网络意识形态安全维护，用好网络评论员队伍，搞好意识形态分析，加强干部职工思想教育和引导，凝聚起干事创业的正能量。

（二）以基层建设为根基，提高党建工作质量

基层党组织建设是永葆党的生机与活力的重要保证，中国安能一局全面贯彻习近平总书记关于把国有企业基层党组织建设成坚强战斗堡垒的重要指示，牢固树立抓基层、建基层鲜明导向，把基层党组织的组织力、凝聚力、战斗力汇聚成公司转企改革发展的磅礴力量。

一是不断夯实党组织建设基础。中国安能一局严格落实“四同步四对接”要求，项目部成立初期第一时间建立党组织并配齐配强班子，确保“党旗在一线高高飘扬”。通过配发《新时期国有企业党支部建设资料汇编》等资料、统一党支部建设标准、开展年度基层党组织书记轮训、每季度开展党支部建设专项检查等方式，不断提高党支部标准化、规范化建设水平。

二是探索创新党建引领基层治理。中国安能一局开展“书记之家”研讨交流会，分享基层党建工作实践经验和创新做法，进一步提高党建工作者的素质和能力。按照“增加先进支部、提升中间支部、整顿后进支部”思路，以提升组织力为重点，开展基层党支部星级评定，2 个四星级党支部、7 个三星级党支部命名挂牌，有效发挥了党支部战斗堡垒的作用。

三是强化党务队伍建设。中国安能一局出台《党员教育培训管理规定》，制定党务队伍“选、育、用”计划，每年举办“党建工作百人网上大集训”，大力鼓励政工师培养与评定工作，建设高素质专业化党务工作者队伍。

（三）以群团建设为重点，充分发挥凝聚作用

群团组织是党联系职工群众的桥梁和纽带，抓群团工作，抓实了就是生产力，抓细了就是凝聚力，抓强了就是战斗力。中国安能一局按照“党建带团建，团建促党建”的工作思路，着力构建党团群互融的工作机制，多角度开展“暖心”工程，焕发广大干部职工工作新热情，进一步增强党

组织的战斗力和凝聚力。

一是发挥群团作用。中国安能一局引领广大团员参加“政治能力提升活动”“组织建设500行动”，切实将团青工作纳入党建工作总体格局，有力保障和推动青年工作高质量发展。

二是抓好工会服务。中国安能一局高质量开展工会会员入会工作，全公司工会会员发展率达到99.7%。高标准建设“职工之家”，建立威风锣鼓、舞龙舞狮等特色文化队伍，定期举办健步走、球类比赛等群众性文体活动。

三是做实人文关怀。中国安能一局开展年度“感动人物”评优评奖，组织获奖员工及其家属外出疗养，有效激发广大奋斗在一线的干部职工争先创优热情。出台《员工关怀帮扶办法》，组织“冬送温暖”“夏送清凉”活动，节日期间通过开展“领导上一线、专人到家门、长期送温暖”慰问活动，组织慰问困难职工和驻地困难群众，把党委关怀送到群众的心坎上。

（四）以载体建设为抓手，不断提升企业形象

中国安能一局紧紧围绕改革发展主线，积极探索新阶段党建工作新思路和新方法，用好用活“三个载体”，持续提升企业形象。

一是用好品牌载体。中国安能一局持续拓展“党建+”推动党建融入中心，以“奋进中的一局”品牌为主线，组织实施品牌“六融入六引领”提升行动，先后打造“红心聚能、绿色筑梦”“大干红五月”“先锋驿站”等“1+24”党建特色品牌矩阵，联合广西壮族自治区党委组织部，成功创建广西“红色企业”党建品牌。

二是用好宣传载体。中国安能一局依托新媒体，重点抓好政治宣传、重大活动、工程建设、应急救援等重点工作的宣传报道，参加第17届中国-东盟博览会和广西汽车旅游大会，展示安能形象，推广安能品牌。微电影作品《魂》获得第四届中央企业社会主义核心价值观主题微电影（微视频）优秀奖。

三是用好典型载体。中国安能一局聚焦转企改革、应急救援、项目建设等战场，开展“三比三亮”“党员先锋岗”“红旗示范区”“党员先锋宣讲”系列活动，持续激发党员干部战斗热情。南宁分公司党委领导获评“中央企业楷模”，南宁那马基地党支部被评为“中央企业示范党支部”。

三、改革成效

中国安能一局在全集团范围内连续3年获得党建考核A级，通过高质量党建引领，各项建设取得全面进步。

一是政治建设得到强化。中国安能一局党委坚持把学习贯彻习近平新时代中国特色社会主义思想和党的十九大、二十大精神作为深化理论武装的首要政治任务，结合“不忘初心、牢记使命”“全面学习贯彻习近平新时代中国特色社会主义思想”主题教育，全面推进党史学习教育常态化制度化，高质量抓好“第一议题”制度，切实使各级干部和全体党员增强政治判断力、政治领悟力、政治执行力，增强“四个意识”、坚定“四个自信”、做到“两个维护”。

二是使命担当更加凸显。中国安能一局围绕国家赋予的“建设非现役专业队伍”定位和国务院国资委“服务国家应急救援大局”要求，2023年累计投入人员1200余人次、装备640余台/套，先后参与16次国家级和地区级演习演练，圆满完成15场抢险救援任务。特别是在京津冀抗洪抢险中，全体员工以高度的政治责任感和使命感，半个月转战9个地区，在关键时刻发挥了国家队、专业队作用，彰显了军转央企“两个至上”的使命情怀，获得应急管理部、河北省委省政府领导的高度称赞和社会各界的一致好评，1个单位、8名员工受到省部级通报表彰，并于2023年11月10

日受到习近平总书记亲切看望慰问。

三是经营能力大幅提升。中国安能一局聚焦国有资本保值增值，围绕“一利五率”价值体系，树立“全员经营”理念，着力构建“工程局主责经营、分公司辅助经营、项目部滚动经营”市场营销体系，夯实“工程局管总、分公司主责、项目部主战”的履约责任体系，生产经营能力稳步提升，一批批节点工期提前完成，一个个样板工程立起标杆，产值位居集团首位，2023 年实现安全稳定。利润总额扣除财政补助后达到 1390.9 万元，整体实现自负盈亏，提前一年基本实现“五自”目标。把干部职工的事情当成自己的事情，把人民立场植根于思想中、落实到行动上，全心全意为人民服务，着力解决群众最关心、最现实的利益问题，“我为群众办实事”实践活动取得显著成效，一大批困扰党员群众的操心事、烦心事、揪心事得到有效解决，职工群众的获得感、幸福感不断提高。

四是进一步强化了实干担当。中国安能一局全体员工更加坚定了单位改革发展的信心，振奋了精神状态，主动作为、主动靠前、主动谋划的意识更加强烈，在对标对表中反思差距不足、在调查研究中找准发展方向、在推动发展中体现实干担当的能力不断增强。公司上下各级工作责任进一步压实、工作质效进一步提高，为推动改革发展和全面实现自负盈亏目标奠定了扎实基础。

117

党建引领　奋力谱写改革发展新篇章

中国安能集团华东投资开发有限公司

一、基本情况

中国安能集团华东投资开发有限公司（以下简称“安能华东投资公司”）是中国安能建设集团有限公司的全资子公司，2020 年 12 月在上海市静安区成立，注册资金 20 亿元，与中国安能集团华东区域总部（华东区域应急救援指挥中心）实行“一个机构、三块牌子”的模式运作。

安能华东投资公司是一家集投融资、建设和运营管理等功能于一体的综合性投资公司，主营业务包括实业投资、投资管理、投资咨询、工程管理服务、大数据服务等，同时以灵活多样的投资方式深耕应急救援服务、应急产业、生态环境治理、基础设施四大领域，并积极参与水利水电、新能源、军民融合、智慧城市、城市综合投资开发、绿色矿山等投资建设和运营。

二、经验做法

安能华东投资公司坚持以习近平新时代中国特色社会主义思想为指导，深入学习贯彻《国有企业改革深化提升行动方案》决策部署，牢固树立围绕中心抓党建、抓好党建促发展的理念，把坚持党的领导、加强党的建设贯彻到改革发展全过程，党建引领的治理优势、竞争优势和发展优势进一步彰显。

（一）强化理论武装，筑牢对党忠诚的思想根基

一是深入抓好政治理论学习。安能华东投资公司坚持把学习作为第一要务，深入学习贯彻习近平新时代中国特色社会主义思想，深刻领会党的二十大精神，列入党委会“第一议题”研究内容20余项，全年组织中心组学习12次，举办专题读书班3期，集中联学研讨3次，确保全体党员干部始终在思想上政治上行动上同以习近平同志为核心的党中央保持高度一致。

二是全面提升政治能力建设。安能华东投资公司始终把政治建设摆在首位，引导广大员工把深刻领会重要思想同深化改革、投资经营等重点工作结合起来，深刻认识“两个确立”的决定性意义，不断强化“四个意识”，坚定“四个自信”，做到“两个维护”。高质量召开党员领导干部专题民主生活会和党支部专题组织生活会，党委班子成员以普通党员身份参加双重组织生活，通过严格规范的党内政治生活涵养提升政治能力。

三是扎实做好意识形态工作。安能华东投资公司把抓好意识形态工作作为践行“两个维护”的重要抓手，扎实做好“一人一事”思想工作，深入检视剖析工作中遇到的问题，制定专项整治方案，协调解决员工工作生活中的困难问题，把“我为群众办实事”贯穿主题教育全过程，全部问题清单已经实现清零销号。

（二）强化组织建设，构筑兴企强企的坚强堡垒

一是推进党支部标准化建设。安能华东投资公司细化基层党建工作相关制度，配齐配强项目部党支部骨干队伍，强化基层党组织的功能作用，推动项目部党建工作融入组织生活制度落实。统筹做好走访慰问困难党员各项工作，深入了解生活困难党员的基本情况、思想动态和现实诉求，有针对性地帮助解决实际困难，努力取得“慰问一人、温暖一户、带动一片”的良好效果。

二是抓好党员教育管理。安能华东投资公司2023年开展党规党纪教育4次，警示教育活动2次，不断提高广大党员的政治能力。注重知识技能教育，引导党员学习掌握业务知识和专业知识，持续提升岗位认知水平。参加国务院国资委党委第二批主题教育第六巡回督导组华东片区座谈会，与督导组成员开展“弘扬伟大建党精神，凝聚磅礴奋进力量”党建联建活动，在历史与文化的熏陶中激发党建活力。

三是加强人才队伍建设。安能华东投资公司持续压实党管干部主体责任，紧盯公司建设发展急需的投融资、项目管理、法律风控等专业人才，前后组织面试178人次，招录8名应届高校毕业生，引进项目经营管理人才2名，补齐人才队伍短板，优化人才队伍结构。推荐业务骨干参加专业培训50余人次，2人通过集团工程系列副高级职称评审，代评中级以下职称2人，人才活力进一步释放。

（三）强化党建融合，凝聚建设发展的强大合力

一是与优化公司治理紧密结合。安能华东投资公司把加强党的领导和完善公司治理结构统一起来，把党组织内嵌到公司治理结构之中，明确党委在公司法人治理结构中的法定地位。厘清党委会、董事会、总经理办公会的权责界限，坚持党委对公司政治领导、思想领导、组织领导的有机统一，发挥好“把方向、管大局、保落实”的作用。

二是与加强投资经营紧密结合。安能华东投资公司坚持党建工作与投资经营工作深度融合，以强有力的党建引领，推动投资经营工作稳步发展。2023年实现营业收入1.16亿元、完成年度目标的116%，利润总额0.39亿元、扣除财政补助后的利润总额0.26亿元，资产负债率26.33%，净资产收益率7.67%，研发投入强度2.37%，全员劳动生产率142万元/人，营业现金比率14.56%，顺利实现整体“自负盈亏”。

三是与全面提质增效紧密结合。安能华东投资公司把党建成效转化为服务保障中心工作的具体行动，项目部主体工程“正负零”节点和1、2号楼主体封顶等阶段性目标均提前完成，累计完成产值比原计划提高了18%，先后立项1个集团级科研课题、策划开展18项技术创新“三四五”活动，通过优化设计、施工组织及施工工艺，节约成本3%，切实把党的政治优势转化为企业的发展优势和竞争优势。

（四）强化党规党纪，塑造风清气正的政治生态

一是强化监督质效。安能华东投资公司深入开展违规违法获取工程项目问题专项整治和违反中央八项规定精神问题专项治理工作，及时制定工作方案、成立组织领导机构、全面做好自查自纠，将治理工作与推动公司高质量发展相融合，将治理成果以改革政策、规范文件形式加以固化，推进治理成效系统化、制度化、长期化。

二是深化合规管理。安能华东投资公司研究制定《“合规管理深化年”专项行动方案》，严格落实法治建设“第一责任人”职责，分管领导牵头协调、靠前指挥，各业务部门主动作为、密切协同，全体人员深度参与，探索构建具有公司特色的合规管理体系，切实形成齐抓共管的工作局面，公司高质量建设发展的合规保障进一步夯实。

三是压实廉政责任。安能华东投资公司加强对“一把手”和领导班子的监督，动态更新廉政档案，以“关键少数”带动绝大多数，积极营造风清气正的党内政治生态。聚焦工程分包、物资采购、价款结算、经费使用等敏感事项，开展常态化、全过程监督，压紧压实各级廉政监督责任，确保全面从严治党有效落实。

三、改革成效

一是进一步提高了思想认识。安能华东投资公司通过引导全体员工全面深入学习领会习近平新时代中国特色社会主义思想的科学体系、精髓要义、实践要求，系统学习掌握蕴含其中的领导方法、思想方法、工作方法，增强了对习近平新时代中国特色社会主义思想的政治认同、思想认同、理论认同、情感认同，增强了坚持不懈用习近平新时代中国特色社会主义思想凝心铸魂的紧迫感和主动性，始终在思想上政治上行动上同以习近平同志为核心的党中央保持高度一致，政治自觉得到进一步提升。

二是进一步坚定了人民立场。安能华东投资公司党委一班人不讲条件、不找理由，盯着问题抓整改，盯着结点抓落实，切实把干部职工的事情当成自己的事情，把人民立场植根于思想中、落实到行动上，全心全意为人民服务，着力解决群众最关心最现实的利益问题。“我为群众办实事”实践活动取得了显著成效，一大批困扰党员群众的操心事、烦心事、揪心事得到有效解决，职工群众的获得感、幸福感不断提高。

三是进一步强化了实干担当。安能华东投资公司全体员工更加坚定了单位改革发展的信心，振奋了精神状态，主动作为、主动靠前、主动谋划的意识更加强烈，在对标对表中反思差距不足、在调查研究中找准发展方向、在推动发展中体现实干担当的能力不断增强。公司上下各级工作责任进一步压实、工作质效进一步提高，为推动改革发展和全面实现自负盈亏目标奠定了扎实基础。

118

扎实推进科技创新改革 展现高质量发展“鑫”作为

湖北三鑫金铜股份有限公司

一、基本情况

湖北三鑫金铜股份有限公司（以下简称“湖北三鑫”）是中国黄金集团有限公司旗下中金黄金股份有限公司的控股子公司。公司业务以金铜矿采选为主，年处理矿石量 99 万吨，年产矿山金 1.5 吨、矿山铜 1.4 万吨。同时，湖北三鑫还是湖北省首家矿山类国家高新技术企业，218 个首批国家级信息化和工业化深度融合示范企业之一，第一批国家级绿色矿山、全国矿产资源节约与综合利用先进单位，多次获得中国黄金行业经济效益十佳矿山称号。

为认真贯彻落实党中央、国务院决策部署，湖北三鑫坚持高质量推进深化改革提升行动，持续巩固国企改革三年行动成果成效，全面推进科技创新改革，努力创机制、搭平台、建团队、争项目、促管理，乘势而上加快推进世界一流黄金矿山建设。

二、经验做法

（一）“三箭齐发”完善体制机制，强化科技创新主体地位

一是优化科技创新制度，构建新环境。湖北三鑫在原来 10 余项科技管

理制度的基础上，再次优化完善了《湖北三鑫金铜股份有限公司科技创新工作奖励分配办法》《湖北三鑫金铜股份有限公司“揭榜挂帅”项目管理暂行办法》等多项制度，确保科技管理有章可循，并对取得专利授权及优秀科技项目进行奖励，充分调动和发挥了科技工作者的积极性。

二是打造优质创新平台，拓展新空间。湖北三鑫在工程技术研究中心的基础上，建成国家高新技术企业、国家 CNAS 认证实验室、湖北省工程技术研究中心、湖北省企业技术中心、湖北省专家工作站等众多高质量科研平台，同时与武汉理工大学、西安建筑科技大学等 20 多家科研院所通过产学研方式建立技术合作网络，围绕企业的各项技术难题开展科技攻关。2023 年再次通过高新技术企业复审，创建的“湖北省金属矿绿色开采企校联合创新中心”获批备案。

三是推进人才队伍建设，激发新动力。湖北三鑫大力实施人才强企战略，加强人才培养与引进，通过重大科技项目实施、产学研合作、技能比武等形式，锻炼培养了一批具备处理复杂技术问题和管理重大项目能力的复合型青年人才，现拥有科技工作者 231 人。柯浩获“湖北省技术能手”荣誉称号，胡勇团队获得“大冶市首届优秀创新创业人才团队”荣誉，优秀科技人才不断涌现，创新动力不断增强。

（二）“三管齐下”优化布局思路，实现科技创新自立自强

一是加大科技研发力度。湖北三鑫成立了 4 个创新工作室、多个课题攻关小组，2023 年投入研发费用 5891 万元，全面加强科技攻关，为科技创新工作注入“强心剂”，并将科技工作纳入经济责任制考核，建立了年度评比、月度考核等专项制度，确保科技工作高质量推进。

二是加快攻克核心技术。湖北三鑫结合自身发展需求，重点通过“揭榜挂帅”等形式，对“卡脖子”难题公开张榜，“真刀真枪”持续攻坚克难，2023 年开展《深部开采地压控制研究》等 11 项科技项目、2 项“揭

榜挂帅”项目，6 个项目顺利验收结题，新增授权发明专利 1 项，实用新型专利 13 项。

三是加大知识产权保护力度。湖北三鑫多次开展知识产权讲座培训，深度挖掘科研技改及小改小革项目 20 余项，全力构建知识产权管理网络，积极做好知识产权保护及风险管理工作。

（三）“三项举措”全速协同发力，促进科技创新突破发展

一是“揭榜挂帅”有突破。湖北三鑫自主研发的铜精矿品位超期预警及自动控制系统，首次实现品位仪数据与现场操作系统数据与操作指令互通，可在数据异常时预警，并在无人操作情况下自动调整精矿品位，有效提高铜精矿品位及金铜回收率，年增效 400 万元以上。

二是优秀项目保安全。天溜井施工是矿山一直以来面临的高风险作业，湖北三鑫在攻关一次性爆破成井和中深孔采矿无切割井拉槽技术上取得重大突破，解决了天井掘进难题，同时加快了天井施工进度和降低了掘进成本，避免了人工施工切割井带来的安全风险，大大提高了井下采矿本质安全度。

三是 QC 小组创效益。－520 米中段含有大量的高品位底柱矿体，该矿体存在赋存条件复杂、老旧巷道纵横交错等诸多安全问题，传统采矿法日出矿量仅 150 吨，且安全系数低、贫化损失率高。湖北三鑫现通过优化底柱回收工艺，三步采全流程实行机械化开采，通过掘进台车、撬毛台车、锚杆台车等多种机械化设备和多种工序综合配合协作等方式，使出矿量提升为 300 吨/天，不仅提升了井下安全生产水平，也实现了“机械化换人，自动化减人，智能化无人”的目标，现机械化作业水平基本达 100%，已成为井下“标杆中段”。每月可增加金金属量 9 公斤，铜金属量 76. 2 吨，使底柱矿体回采变得安全高效。

三、改革成效

湖北三鑫“三大成果”提振改革信心，展现科技创新硕果累累。

一是经营业绩指标创新高。2023 年，湖北三鑫“一利五率”指标全面提升，利润达 9. 3 亿元，再一次刷新了历史最佳经营业绩，降本增效 1100 万元，吨矿综合成本 546. 12 元，克金综合成本 147. 51 元，分别低于年度预算 64. 14 元、13. 58 元。

二是经济、社会效益双丰收。湖北三鑫通过科技手段降低损失率 1. 45%，多回收高品位矿石 1. 72 万吨，增效 300 万元以上，金、铜回收率分别提升 1. 13% 和 0. 63%，多回收金 24 千克、铜 105 吨，仅“揭榜挂帅”两项成果就可增加经济效益 600 余万元，增产显著，铜精矿品位超期预警及自动控制系统等优秀经验成果，对同类矿山企业具有较高借鉴意义。

三是机械化、自动化水平双提高。－520 米中段通过三步采全流程机械化开采，不仅提升井下安全生产水平，也实现了“机械化换人，自动化减人，智能化无人”的目标，现机械化作业水平基本达 100%，已成为井下标杆中段。

119

聚焦“三能”改革
释放企业高质量发展新动能

北京广利核系统工程有限公司

一、基本情况

北京广利核系统工程有限公司（以下简称“广利核”）是中国广核集团有限公司所属三级子企业。自纳入首批“科改企业”和“创建世界一流专业领军示范企业”以来，广利核深入贯彻落实习近平总书记关于国有企业改革发展和党的建设的重要论述精神，深化市场化机制改革，以“三能”改革为抓手，在长期实践中探索出一套系统的人才“赛马”机制，形成了完整的员工绩效管理拼图，全面激发了各层次人才队伍活力，率先实现核级数字化仪控系统国产化，打破国外垄断，保障了公司核能数字化领域领军企业地位。2019—2023 年，广利核实现营业收入增长 135%、净利润增长 292%，实现了高质量跨越式发展。

二、经验做法

（一）以“800 米赛马”薪酬模式，激发管理干部动力活力

一是“择”道起跑，调动管理干部积极性。广利核管理干部的年薪 100% 与业绩挂钩，其年度目标设定实行“争先择道”，管理干部年度绩效

合约制定及年薪核定通过公开评审，由党委集体决策，基础年薪水平实行强制分布，不能相同。年度目标执行鼓励“抢道超越”，规定任务超额完成，或年中提出新的挑战性任务，均可按规则进行加分，提高年薪水平。

二是引进竞争机制，优化管理干部考核。广利核的“同行赛”是管理干部主动与国内外优秀同行对标，提出“弯道超车”的目标及手段。“同级赛”是不同部门的管理干部之间存在竞争关系，管理干部年度薪酬水平根据绩效目标予以核定，并根据执行情况适时调整。在充分竞争机制下，管理干部转变了观念，从“要我做”主动变为“我要做”，主动“摸高”，自发拿出“压箱底”绝活。

三是打破窠臼，形成“跷跷板”“领头羊”效应。广利核的“800 米赛马”模式，在激发管理干部个人主动能动性的同时，引导管理干部沿着组织期望的方向发力，妥善处理好目标挑战性与实现可行性、经营业绩增长与高质量可持续发展间的关系，形成“跷跷板”效应。赛马模式以考核、激励和发展三个涉及个人切身利益的关键点为突破口，打破原有体制下职级工资制，采取市场化导向的考核激励一体化薪酬机制，形成“领头羊”效应。

（二）以积分制考核模式，破解资深技术人员管理难题

一是精准定位岗位职责，聚焦做支持、解难题、产业技术引领三方面。广利核根据资深技术人员专业特点，确定每人的专业方向，明确所属专业领域的三大职责：第一是重大项目技术支持者，在重大项目前期对技术方案审核把关，在实施过程中提供专业支持；第二是重要技术问题解决领导者，领导相关人员专项推进解决项目中出现的重大技术问题；第三是产业发展路径技术引领者，作为公司技术领头人发挥技术引领作用，包括理论研究、技术预研、产品规划和研发，推动科研成果转化，最终实现市场应用和产业打造。

二是以对组织的价值贡献为唯一尺度核定计分标准。广利核采取分值累加方式，干得多，贡献大，得分高。积分采取组织分配和个人“揭榜挂帅”方式相结合的方式。组织分配是由公司根据年度科研项目、工程项目、市场拓展计划，结合个人专业，直接指定负责的专业技术方向和对应重点项目；“揭榜挂帅”是个人主动申报，解决公司难题。为增强积分的公平性，所有资深技术人员的积分，均由积分管理团队集体讨论，提出积分建议，报公司决策。

三是考核激励从“重资历”转变为“重业绩”。广利核年度考核先由资深技术人员对照年度积分计划自评，再由积分管理团队集体初评，最终报公司确定，其薪酬结构由岗位工资制调整为业绩工资制，浮动比例达60%，与积分直接挂钩，积分越多，个人奖金越高。

（三）以骨干员工动态评选模式，激发专业技术人员内驱力

一是聚焦关键少数，突出价值导向。广利核骨干员工评选坚持聚焦少数、突出业绩的原则，年度骨干员工总量控制在在岗员工总数的30%以内。2020—2023年分别评选出骨干员工214人、214人、236人、230人，分别占当年度在岗员工总数的30%、30%、28.13%、23%，评选出最优秀的核心群体。骨干员工须为工作态度积极、业务能力强、工作业绩突出，在业务领域发挥骨干模范作用的人员，且近3年绩效不得低于“胜任”，不得有任何违规违纪行为，践行优中选优，宁缺毋滥。

二是公开动态评选、分层分类选拔。广利核骨干员工全部通过公开答辩评选，择优入库。符合条件人选均可报名参加，结合评审结果排名确定一次指标和二次指标推荐人选，一次指标推荐人选原则上直接进入骨干员工库，二次指标推荐人选将再次参加公司级公开答辩评选，差额产生二次指标最终入库人选，二次指标推荐人选淘汰比例不低于50%。每年动态评选，实施骨干员工动态出入库，不以资历论“英雄”，而以年度业绩论

“成败”，打破岗级、资历、年限的限制，动态评选对在库员工传递压力，对未入库员工给予机会，公司骨干员工出库比例每年均高于10%。

三是物质激励做加法，精神激励促认同。广利核设置年度骨干员工专项奖金，坚决拉大骨干员工群体与其他员工的收入差距。2020—2023年，骨干员工收入水平均处于同层级员工75%分位以上，骨干员工群体薪酬平均增幅高于平均水平至少3个百分点。实施一系列中长期激励举措，促进骨干员工与企业发展的利益捆绑，在已落地实施的科研人员岗位分红激励中，激励对象100%来自骨干员工库。筹划实施的项目收益分红、员工持股等中长期激励也以骨干员工为主要对象。在干部选拔、员工晋升、战略焦点任务承担等方面向骨干员工倾斜，加快骨干员工成长，激发骨干员工对企业的认同感、归属感，增强“国之大者”的使命感和自豪感，实现事业留人、文化留人。2020—2023年，广利核选拔的36名管理干部、80名高级技术岗位员工均为骨干员工。

三、改革成效

一是企业经营业绩明显改善。2023年广利核实现营业收入14.09亿元，同比增长40%，其中外部营业收入2.93亿元，同比增长104%；净利润1.02亿元，同比增长74%；净资产收益率17.46%，同比增长49.8%，经营效益创历史最好水平。广利核入选国务院国资委创建世界一流专业领军示范企业名单、中央企业科技创新成果推荐目录（2023年版）、创建世界一流专业领军示范企业经验做法清单，入选工信部重点产品、工艺“一条龙”应用示范方向和推进机构名单，并获评国家知识产权示范企业，高质量发展态势得到进一步巩固，为实现“十四五”目标打下了坚实基础。

二是队伍活力效率显著提升。广利核坚持从“重职级”变成“重贡献”，从“要我做”变成“我要做”，从“论资历”变成“找黑马”，有效激发了干部员工干事创业的活力动力。2023 年全员劳动生产率 80.15 万元/人，同比增长 8.3%。“赛马”机制有效破解传统管理模式下形成的“舒适圈”难题，管理干部、资深技术人员和专业技术人员的市场意识、竞争意识、改革意识不断增强，“无需扬鞭自奋蹄”的精神状态和行为模式逐步形成。

三是市场化分配制度改革效果更加明显。与传统收入分配手段相比，广利核的“赛马”机制建立了更具灵活性和市场竞争力的收入分配机制，实现收入能增能减。2023 年，同层级管理干部薪酬收入差距超过 1.7 倍，资深技术人员薪酬收入差距超过 1.8 倍，进入骨干员工库的员工收入水平均处于同层级员工 75% 分位以上，员工目标感、认同感和获得感明显增强，骨干员工流失率不足 0.4%。

120

提升管控思路　优化组织体系 以改革促高质量发展

南光置业有限公司

一、基本情况

南光置业有限公司（以下简称“南光置业”）为南光（集团）有限公司（以下简称“南光集团”）下属全资二级子企业，主营业务包括地产开发、物业管理及租赁等。目前，南光置业除在澳门、香港、内地长期提供规范优质的物业租赁和管理服务，还在澳门、江苏、海南、广东、贵州等地区开发多个优质地产项目，积极参与港珠澳大桥澳门口岸管理区、澳门轻轨横琴延长线等与澳门息息相关的大型基建工程建设。

为深入学习和贯彻关于《南光集团改革三年行动实施方案（2020—2022年）》的相关指导精神和工作思路，实施《南光置业国企改革三年行动计划》，进一步推动南光置业的市场化改革，南光置业于2022年完成了第一轮三年改革项目，已初步构建房地产业务标准化体系。伴随改革进一步深化，以及2022年房地产市场格局变化，南光置业围绕战略达成，提出逐步做大做强本部的组织力目标，同时标准化搭建城市公司组织，并进一步深化置业本部业务域管控，并综合物业、商业板块，提升南光置业整体市场化的前介能力、运营能力、营销能力，完善了四大业务板块组织与权责划分，健全各板块标准管理体系，推动高质量发展取得良好成效。

二、经验做法

南光置业在初步构建专业型总部与房地产业务标准化体系的现状下，结合“一体两翼一辅”的多元战略布局调整，亟待深化组织授权以落地。通过《三年改革计划组织授权深化项目》，完善《组织手册》《权责手册》《计划手册》《开发手册》四册，进一步厘清南光置业与下属单位业务的管控边界，有效提升南光置业本部作为专业总部的“管控能力”和“专业支撑”，优化管控体系，提升管理效能。

（一）明确改革目标与导向，明晰定位，界定原则

南光置业“十四五”规划了百亿元规模的战略目标，这是适度打造规模化、适应房地产行业发展规律的一次重大突破。借国企改革契机，南光置业积极推进实施《三年改革计划组织授权深化项目》，并引入专业的房地产咨询机构明源咨询协助南光置业进行组织变革和升级，经过多轮讨论和研究，最终形成“运营管控为主”的管控定位和“总部做强，城市公司做实，项目做活”的基本原则，务求建立健全南光置业业务标准化体系、深化组织授权以支撑公司战略，推动高质量发展。

（二）高度重视前期筹备工作，强化调研，实事求是

南光置业积极组织开展多轮深化访谈、重点调研，高度重视项目可落地性。南光置业本部领导班子深度参与项目，把握各层组织定位方向，深入开展各专业领域管理权责界面探讨，听取各方意见，决策核心关键风险管控点；南光置业本部业务部门积极开展多轮管理体系内部讨论，高效协同，研讨适配公司发展方向的组织架构及权责体系；城市公司领导班子参与组织定位的研讨，深度参与各专业口的业务管理权责要点的设计，积极落实内部岗位设置，梳理内部业务管理专业制度体系，完善“一体两翼一

辅”板块组织，精细化发展。

（三）向标杆借力，充分践行“南光 + ”发展战略，积极与优质国央企交流学习

2023 年，南光置业积极按照“一体两翼一辅”发展战略，进一步明确房地产开发、物业服务、资产管理和基建工程四大业务板块有机结合的投资发展模式。《三年改革计划组织授权深化项目》充分践行“南光 + ”发展理念，锚定房开、资管、物业、基建等重点板块，积极与万科、华发、中铁建等行业头部企业交流学习，优化资源协同，实现精细化运营，借助行业标杆优先管理体系及运营经验，实现南光置业标准化组织管控。

（四）锚定开发标准化管理体系的打造，厘清“一体两翼一辅”各板块管控边界，强化多板块业务交圈

南光置业积极推进开发标准化管理体系的打造，包括：通过规划和设计置业本部与商业公司/物业公司及营销管理条线的组织职责、管理界面、权责体系并固化成制度文档，提升南光置业营销能力、运营能力和前介能力；建立标准城市公司组织架构、梳理本部与城市公司工作界面、编制授权事项清单等；进一步加强本部营销在经营与关键策略的管控，成立独立的营销管理部门，优化管理权责；横向提升房开与物业/商业的业务协同，纵向厘清各业务条线的组织权责，为各板块业务发展保驾护航；优化迭代各业务域的流程与管理程序，编制组织手册和授权手册，更新组开发手册和计划运营手册，防止制度与业务脱节，确保制度更好地支撑业务运行。

（五）加大“两翼”板块业务改革深化工作力度，务求提升“两翼”对经营业绩及品牌形象宣传的贡献

目前南光置业管理资产面积约 38 万平方米，资产分布于港澳及内地。2023 年，南光置业新成立资产及物业管理部，着力提高商业运营及物业管理业务能力。《三年改革计划组织授权深化项目》确定加大对“两翼”板块业务改革深化提升工作的投入力度，积极借鉴华润、招商等头部企业的商业、物业板块优秀运营模式及经验，不断优化健全南光置业资管及物业板块权责体系、组织管理架构，提高资产运营效率，实现精细化管理，优化资产结构。

三、改革成效

2023年，南光置业通过《三年改革计划组织授权深化项目》，探索从部门级统筹管理向公司级组织运作转变，在组织标准化管控1.0基础上修订成2.0版本，极大地提升了整体市场化前介能力、运营能力、营销能力，提升了整体发展水平。持续加强战略引领，实行组织架构调整和管理模块化重塑，“一体两翼一辅”各条线专业化管理水平不断提升，进一步增强了公司本部管控协调和沟通指导职能。做大做强各产业板块取得良好改革成果，实现高质量发展。

一是开发标准化体系建设，有效加强运营和开发管理。南光置业“十四五”规划确定了“一体两翼一辅”的发展格局，并通过《三年改革计划组织授权深化项目》，这有助于理顺置业本部和四大业务板块的管理关系，完善四大板块组织、授权手册，更新房开板块运营、开发手册，并根据成熟度向下采取适度的差异化授权管理，提升了南光置业本部作为专业总部的“管控能力”和“专业支撑”，做大做强了各产业板块。

二是规范法人治理结构，现代企业制度进一步完善。南光置业持续根据“十四五”战略规划，分解形成组织管控思路、策略及落地改革方案，并借鉴行业优秀做法及标杆典型企业对其不断优化提升。不断完善南光置业法人治理结构，进一步优化和细化议事规则，在重点下属公司（非项目公司）范围内推广现代企业治理制度，与过去相比在建立现代企业制度方面取得了长足进步。今后，南光置业将持续强化行业一流企业对标，不断提升国有企业的价值创造能力。

三是积极借鉴头部企业优势经验，资源配置效率明显提升。南光置业全面践行“南光+”发展理念，持续强化与万科、华发、中铁建等行业头部企业的合作交流及学习。借力头部企业资源、能力及标杆力量，房开板块项目开发能力及资源配置效率得到明显提升，有助于推动南光置业“一体两翼一辅”业务均衡布局，完善以房地产开发为主业的产业链条延伸，实现高质量发展。

四是优化管控体系，迸发企业活力，实现发展新篇章。房开板块方面，持续提升开发标准及管控能力，助力南光置业获得2023中国房地产品牌价值TOP10（央企）、2023粤港澳大湾区城市群房地产公司品牌价值TOP10、2023中国澳门房地产品牌价值TOP3三项荣誉。基建板块方面，将人工岛和轻轨项目部重组为工程建设事业部，基建业务实现质的飞跃，2023年先后获得澳门轻轨东线北段设计连建造工程、澳门污水处理厂海关安防管线及设备迁移工程、港珠澳大桥候机厅机电维保项目3项重点工程业务。此外，南光置业持续赋能南光（上海）投资有限公司，不断夯实其管理水平、提升租赁业务能力，2023年，南光（上海）投资有限公司实现营业收入同比增幅113%，实现利润总额同比增幅549%，改革成效显著。

121

推动契约化管理向产品线延伸 全面提升制造企业经营效率效益

西安西电开关电气有限公司

一、基本情况

西安西电开关电气有限公司（以下简称“西开电气”）是中国电气装备集团有限公司所属三级单位，是我国“一五”计划期间156项重点工程之一，是我国高压、超特高压开关设备研发、制造、销售和服务的主要基地。

60多年来，西开电气走出了一条从技术引进、合作生产、联合研发到自主创新引领超越的发展道路，参与建设了三峡水电站、白鹤滩水电站、乌东德水电站等国家重大工程，创造了百余项同行业产品和技术第一，百余项产品和工艺技术填补了国内空白。公司先后荣获全国五一劳动奖状、中央企业先进集体、全国质量奖等荣誉称号。

二、经验做法

2023年以来，西开电气以国有企业改革深化提升行动为引领，积极开展对标世界一流企业价值创造行动，学习通用、华为等先进企业经验，以市场化机制运营为核心，统筹设立6条产品线（126千伏GIS、252千伏

GIS、550千伏GIS、800千伏GIS、发电机断路器和GIL产品线），并以“揭榜挂帅”方式选聘产线总监，逐步形成以“独立核算”为基础、以“权责关系”为保障、以“固定契约”为约束、以“对接市场”为驱动、以“客户需求”为牵引的市场化运营机制，引导产品线深度对接市场，进一步提高核心竞争力。优化调整后，各产线全链条资源配置效率显著提高，产品盈利能力不断提升。

（一）强化资源统筹，提升各产线内生动力

产品线是特定产品系列从销售订单、技术准备、生产组织、履约交付到售后服务的全价值链业务组织，以价值链两端的营销和技术为重点，集采购、生产、履约等职能于一体，承担产品技术方向、降本增效、市场开拓、经营利润等指标，西开电气从资源匹配、授权与考核维度对其进行统筹管理。

一是深化产品线和制造流程融合。西开电气分步骤将营销标前技术、工程设计、日常采购等职责和人员调整至产品线，并配备专业财务人员，最大限度匹配资源。以产品履约为核心，逐步实现产品线和制造部深度融合，形成从销售到履约交付全价值链管理的资源配置。

二是优化契约化管理机制。西开电气通过《产品线管理制度》《产线总监权责清单》明确产线总监的权和责。签订《年度考核责任书》，将责细化为契约，构建以新签合同、营业收入、利润等经营性指标为核心的产品线考核体系，落实利润单元的主体责任，确保业绩与薪酬联动的市场化分配机制。2023年产线总监浮动工资占比达到62%以上，收入差距近1.2倍，充分体现了收入向价值创造者倾斜的分配导向。

三是向产线总监充分授权。西开电气通过优化相关业务流程中的关键节点，明确产线总监在采购、技术、销售等关键环节的一票否决权。产品线有权组织各部门开展并考核专项工作，并授权每位总监10万元的专项绩效发放权限。

（二）强化支撑赋能，提升各产线战斗力

西开电气通过持续优化管理机制、系统化构建管理方法，有效提升产线总监的经营意识和经营管理能力，实现个人与企业的共同发展。截至2023年末，3名产线总监成长为经理层，10余名产品线核心员工成长为中层管理干部。

一是培养产品线经营分析能力。产品线通过编制业务规划承接企业战略，通过分解年度目标承接企业年度经营目标。西开电气定期召开经营分析会并发布经营分析简报，财务处和产线财经工程师每月为产品线出具独立的财务报表，深入剖析产品线经营情况，为产品线盈利能力的提升提供有力支撑。引入经营路线图、本量利（盈亏平衡）、项目成本管理等经营管理思想，建立产品线盈亏平衡测算模型，使产品线具备保本经营的“底线思维”，全面深挖产品降本潜力，实现项目级成本全过程动态管控，在深水区持续推进产品成本管控。2023年西开电气降本额1亿元，较2019年产品毛利率同比显著提升，126千伏GIS提升12个百分点，252千伏GIS提升14个百分点，550千伏GIS提升14个百分点。

二是统筹研究实施路径。西开电气系统研判主要矛盾，提出年度重点专项。2023年产能提升专项成立了以班子成员为组长、以各产线总监为核心的专项工作组，建立了“产品线自主突破—专题会定期研究—办公会专项汇报”三层管理机制，实现群策群力与顶层设计的融合统一。公司定期就共性经营事项召开专题会议，如毛利提升、“两金”压降、人力资源配置等，以问题为导向交流分享、专项突破，提升产品线解决问题的能力。产品线不定期召开总监交流会，分享经验、共同提升。

（三）强化差异管控，提升各产线经营活力

西开电气6条产品线对应着公司主营的6类产品，产品的市场情况、

业务成熟度、盈利能力都有所差异，通过个性化经营有效聚焦主要矛盾，提升产品线的经营活力。

一是特高压产品线突出质量管理再提升。西开电气开展特高压产品质量管理专项64项，断路器拉杆、双道密封应用、GIS异物治理取得一定成效，全价值链质量管控与精益管理水平有所提升，落地运行智慧安装管控平台，实现特高压产品技术、管理全面提升。2023年特高压新签合同额8.14亿元，同比提升60%；生产12.5个间隔，同比提升了2.5倍。打造以“西电红”工程为代表的精品工程，厦门长泰、陕西泛海红墩界、内蒙锡盟扩等工程一次耐压通过、一次投运成功，获得用户的高度认可。

二是常规产品突出履约管控优服务。产线总监充分发挥主观能动性，常规产品线形成“互帮互比”的氛围，围绕产能协同、供应链提升、产线升级改造、精益生产“想办法、抓落实、看实效”，有效提升产能。2023年出产实物量3188间隔，同比增长44%，其中，126千伏GIS提升33%，252千伏GIS提升58%，550千伏提升64%，126千伏、252千伏产品实物量出产超历史峰值。

三、改革成效

西开电气以深入实施“双百行动”改革为契机，扎实推进以产品线为核心的市场化运营机制变革，公司经营发展量质齐升，2023年新签合同额、营业收入、外部营收、产值分别增长21%、30%、34%、16%。价值创造能力更加突出，利润同比增长96%，资产负债率同比下降0.61个百分点，净资产收益率同比增长5.55个百分点，全员劳动生产率同比增长35%，研发投入强度同比提升0.13个百分点，营业现金比率同比增长8.7个百分点。

一是市场化经营理念深入人心。西开电气扎实推进企业市场化经营机制，打出改革“组合拳”，不断完善市场化的治理机制、用人机制和治理机制，牢固树立了以市场为导向、客户为先的发展理念。产品线作为全价值链的独立利润单元，产线总监逐渐成长为懂经营、善管理的精英人才。产品线全价值链条的技术、营销、采购岗位综合能力要求高，成为公司培养人才的重要抓手，为企业发展储备高素质人才，全体员工经营意识不断增强，经营质量不断提升，为深化市场化经营机制打下坚实的组织基础，为企业高质量发展筑牢根基。

二是科技创新成果丰硕。西开电气积极融入发展大局，2023 年承担了 2 项国家重大项目研发，获得省部级科技奖励 3 项，获行业学会、协会科技奖 7 项。252 千伏及以下新型环保开关设备关键技术及工程应用、高压气体开关设备数字化设计与多参量综合测试关键技术及工程应用分别获云南省和陕西省科学技术进步奖一等奖。100 千安燃机用发电机断路器成套装置和 170 千安发电机断路器成套装置入选国务院国资委中央企业科技创新成果产品手册。190 千安发电机断路器成套装置等 3 项科技成果达国际领先水平，550 千伏/8000 安自主可控大容量组合电器设备等 2 个项目入选国家能源局第三批能源领域首台（套）重大技术装备（项目）名单。

122

厚植梯度培育 强化创新改革供给 打造专精特新“小巨人”企业群

许继集团有限公司

一、基本情况

许继集团有限公司（以下简称“许继集团”）是中国电气装备集团有限公司所属二级子企业。许继集团深入贯彻落实党中央、国务院关于国有企业改革的重大决策部署，以组织变革为抓手，以构建迅速响应市场和客户需求的敏捷型总部为牵引，厚植以国家级专精特新“小巨人”企业为龙头、省级专精特新企业为主体、“阿米巴”业务单元为根基的梯度培育体系。

目前，许继集团累计 4 家下属企业被认定为国家级专精特新“小巨人”企业，8 家企业获评省级专精特新企业，2 家企业获评国家知识产权示范、优势企业，累计孵化裂变 137 个“阿米巴”业务单元、创造利润 14 亿元，形成专精特新“小巨人”企业百花齐放的新态势。

二、经验做法

（一）加快构建“敏捷型”企业本部

许继集团围绕战略目标，优化功能定位，理清权责界面，精简机构编制，打造“服务型、价值型、赋能型、廉洁型”企业本部，提升价值创造与服务支撑能力。

一是聚焦职能转变，优化功能定位。许继集团实施“战略+财务”管控模式，强化本部战略统筹和协同效应发挥。明确总部“战略引领中心、业务赋能中心、绩效评价中心、共享服务中心”定位。明晰集团与业务板块、所属单位功能定位和权责界面，实施差异化授权放权，将一般性运营统筹职责下放至业务板块，聚焦一线产业单位“痛点”，集中授权放权管理事项25项，审批流程压减22%，完善授权监督与评估机制，确保放得下、接得住、管得好。

二是推行精兵减政，提升管控效能。许继集团以“大部制、扁平化”组织体系精简高效为原则，通过“撤、并、转”等方式，精简本部部门12个、压减率37.5%，定编人数减少97人。推行“全员起立、竞聘上岗”，经过笔试、面试与综合分析研判，选优配强本部人员，分流退出25人，实现“能者上、平者让、庸者下”，本部队伍更加年轻化专业化，管理效能显著提升。

三是强化激励约束，激活发展动能。许继集团加快构建中国特色现代企业制度下的新型经营责任制，实现总部人员全覆盖，与部门负责人签订岗位聘任合同书，与各级管理人员签订岗位合同书、绩效责任书，建立“年度考核定薪酬、任期考核定去留”的考核机制，年度绩效考核结果与员工收入强关联，落实两个任期考核“非优必转”硬兑现，充分激发本部干部职工干事创业活力动力。

（二）大力实施“阿米巴”单元组织裂变

许继集团以本部组织变革为牵引，突出价值创造导向，实施组织孵化裂变，累计打造137个自主经营、独立核算、响应敏捷的业务单元，支撑企业快速高质量发展。

一是推行“阿米巴”模式组织裂变。许继集团以敏捷响应客户需求为目标，指导推动所属产业单位重塑组织架构、优化经营机制、配置优势资源，孵化集团级“阿米巴”业务单元。产业单位内部搭建管理支撑平台，基于产品或市场等维度储备孵化二级业务单元。

二是构建市场化经营机制。许继集团实行业务单元经理负责制，赋予业务单元经理团队选配、业务决策、资源使用等权限职责，同时其个人绩效薪酬与业务单元业绩紧密挂钩，个人发展前途与业务单元发展情况直接捆绑。构建“赛马机制”，按照月度、季度、年度周期对业务单元业绩进行考核排名，严格按照业绩排名对业务单元团队进行薪酬分配，确保压力有效传递，充分激发竞争活力。

三是建强业务单元负责人队伍。许继集团建立业务单元经理专项培训培养体系，构建“SUPER”任职资格标准，开办业务单元经理“超级训练营”。2023 年累计开展 11 期，近 150 名业务单元经理成功结业，综合评价优秀者纳入集团年轻优秀干部储备库，储备培养了一批懂经营、会管理、善创新的经营管理人才。

（三）聚力培育专精特新“小巨人”企业

许继集团以“阿米巴”业务单元为依托，持续优化市场反应灵敏、运行精简高效、创新转化灵活顺畅的经营主体，打造了一批“小而精”“小而美”的专精特新企业。

一是“阿米巴”业务单元赋能高端产品孵化亮点纷呈。许继集团的高压直流输电换流阀入选国家工业和信息化部“制造业单项冠军产品”，智能电能表、干式变压器等产品入选河南省“制造业单项冠军产品”，绝缘斗臂车、35kV 配电化变电站等产品市场占有率稳居第一。牵引综自系统两次荣获国家科技进步二等奖，预装式变电站、数字换流站系统、牵引变电所辅助监控系统、自主可控保护监控系统、储能液冷及换流阀冷却等产品通过中国电机工程学会行业鉴定，整体处于国际领先水平。

二是创建世界一流专业领军示范企业行动取得显著成效。珠海许继成功入选且创建方案获评最高级 A+。许继集团紧盯核心技术、经营实力、产品服务、公司治理、人才团队、品牌价值“六个一流”目标，以“五个聚焦”推动创建示范工作走深走实。2023 年新签合同同比增长 23.6%，建成国内首个基于物联感知的“点亮一张网”配电自动化示范工程，保持配网行业领跑地位，高质量发展势头更加强劲。

三是专精特新“小巨人”企业培育再获佳绩。2023 年，珠海许继、成都交大许继成功入选第五批国家级专精特新“小巨人”企业名单，许继变压器、许继电源成功入选第二批河南省专精特新中小企业认定名单，珠海许继获评国家知识产权示范企业。福州天宇电气大力发展光伏发电升压变、风力发电升压变等新能源电力装备，成为福建省输变电装备制造领军企业，营业收入、利润总额复合增长率分别达到 50%、95%。许继仪表抢抓国内外智能量测产业发展机会，持续巩固行业领先地位，营业收入、利润总额复合增长率分别达到 27%、58%。

三、改革成效

许继集团通过划小业务单元和组织孵化裂变，“阿米巴”组织创新创效的活力动力进一步激发，有力支撑发挥科技创新力、产业控制力和安全支撑力作用。

一是科技创新实现新突破。两年来，许继集团发布新产品 256 项，62 项成果达到国际领先水平；新增授权专利 789 项，制/修订标准 89 项；参与输变电装备技术全国重点实验室建设，获批省智能充换电工程技术研究中心；全国产化嵌入式软硬件平台入选国务院国资委第一批央企深化安全可靠替代工作典型案例；非技术线损实时主动监测及智慧治理技术方案获日内瓦国际发明金奖。新能源领域，突破清洁能源全网统一消纳、网荷协同互动等关键技术；储能领域，储能集控、储能能量管理系统、构网型储能系统实现首台（套）应用，工商业储能一体机实现批量供货；海上风电领域，海上风电直流控保中标德国海上风电柔直工程，实现高端装备从技术“引进来”到“走出去”的转变。

二是产业发展取得新成效。2023 年，许继集团特高压业务同比增长 150%，换流阀市场占有率 20%、直流控保市场占有率 45%、直流量测市场占有率上涨至 23%。电网二次业务同比增长 35%，保护监控国网集招排名由第七升至第四，南网集招稳居前三。配网业务同比增长 15%，干变订货同比增长 35%，智能电表稳居国内第一。储能变流器出货量稳居行业前三，充电设备订货同比增长 36%。轨道交通保护业务订货、收入、回款均突破 2 亿元，占有率达 25%。电力工程总包业务规模、利润年均增速分别达 33%、57%。综合能源业务规模、利润年均增速均超 100%。电力电子规模、利润年均增速均超 100%。储能集成业务爆发式增长，年均增速达 312%。

三是安全支撑能力进一步增强。许继集团建立供应链风险预警机制，完成 23 类独家供货物资供应商破解。吸引 10 家外地供应商围绕许继周边设厂，与 35 家供应商签订寄售合作协议。深入推进精益生产，按期交付率提升至 99.78%。建成 17 条智能产线，打造了 6 个国家级智能制造示范工厂和优秀场景、2 个行业标杆智能工厂、5 个省级智能车间工厂，许继集团“智”造集群更加壮大，支撑国家电力能源安全的能力进一步提升。

123

发挥资本纽带作用　加速专业化整合 打造输电线路铁塔标杆领军企业

宏盛华源铁塔集团股份有限公司

一、基本情况

宏盛华源铁塔集团股份有限公司（以下简称“宏盛华源”）是中国电气装备集团有限公司所属三级子企业。作为输电线路铁塔行业领军企业，宏盛华源以提高核心竞争力和增强核心功能为重点，贯彻落实关于专业化整合、混合所有制改革等国资央企深化改革的重要部署，利用资本市场力量助力国企改革走深走实，充分释放改革红利，推动企业高质量发展。

二、经验做法

（一）完善治理结构，扎实推进优质资产上市

宏盛华源积极响应国有企业混改战略号召，完善治理结构，夯实资产质量，实现外延式发展。

一是引入优质战略投资者。在保障国有资产安全前提下，宏盛华源积极发挥市场机制、效率效益、科技创新等方面优势，相继完成混合所有制改造和股份制改造，高标准引入工银投资等三家大型机构投资者，企业高质量发展迈出了坚实步伐。

二是提升公司治理水平。以中国特色现代公司治理体系和构建新型经营责任制为重点，宏盛华源全面优化企业收入分配机制，建立现代分配制度，使企业决策、治理、管理与市场经济更加契合。围绕核心职能，全面优化制度层级和类别，匹配打造以“三级体系”为核心的符合企业战略发展的治理制度体系，促进公司治理水平提档升级。

（二）聚焦资源整合，保障国有资本做优做强

宏盛华源坚定做强铁塔主业，科学谋划专业化整合，积极布局新兴业务，拓展高利润率产品，逐步构建形成主业突出、多业并举、产融结合、经营稳健的长效发展体系。

一是强化科技攻关，全面推进创新赋能。宏盛华源进一步加大研发投入力度，强化研发费用、技术降本、政策研究等精细管控，主动担起铁塔行业链主责任，加强与高校、科研院、行业协会交流合作，共牵头、参与制定了 24 项标准，其中包括国家标准 3 项、行业标准 7 项、团体标准 7 项，拥有专利共计 259 项。

二是持续市场攻坚，开拓市场新局面。宏盛华源大力推行全员营销、协同营销，守牢两网基本盘，全力抢抓网外订单，扩大市场影响力，承建江苏凤城—梅里 500 千伏线路工程 385 米长江大跨越高塔、目前所有在运行状态 300 米以上高塔。深挖国际市场潜力，持续巩固重点国家、区域市场优势，全力推进海外品牌工程建设，承建南美洲第一输电高塔——500 千伏巴西跨亚马逊河 296 米电力高塔、世界首条 500 千伏双回路钢管杆工程——加拿大埃德蒙顿 500 千伏钢管杆工程，全力打响国际品牌。

三是定制化智能制造，加快新型工业化步伐。宏盛华源“一企一策”制定智能制造方案，深度实施“智能制造 +”。对生产一线进行拉网式梳理排查，依托角钢智能无人生产线、板材智能生产、焊接机器人应用、自动开合角等项目，加快推进智能制造技术深化应用。以“江苏华电智能工厂”建设为试点，开展全面设计研究，打造宏盛华源智能制造示范工程，助推传统铁塔行业转型升级。

（三）聚力改革攻坚，高质量发展再上新台阶

宏盛华源乘势而上实施国有企业改革深化提升行动，全力推动新一轮改革高标准开局起步。

一是做强做优主责主业。宏盛华源紧紧围绕电力铁塔领域主责主业和核心功能深耕细作，发挥行业引领优势，当好行业标杆。进一步优化铁塔业务布局，整合铁塔产业优势资源，着力培育主业优势明显的领航公司，助力铁塔产业集群建设，实现同核扩张、规模发展。

二是培育发展新动能。宏盛华源坚持长期思维，结合产业基础和行业发展方向，把主动布局新型钢构、“工程服务＋”等业务作为引领企业未来发展的关键抓手。深化与主业相关的产业研究论证，借改革东风，实现上下游产业关联畅通。优化资源投入和协调机制，精准灵活用好内部培育、股权合作、并购重组、产业协同等培育路径，在抢抓新业务赛道和重点项目上汇聚力量。

三是深化三项制度改革。宏盛华源打造动态高效促发展的组织生态，构建“3 个 1”管理体系，实现各级经理层成员任期制和契约化管理全覆盖。坚持人才刚性管理、柔性使用，推进智能制造、柔性生产与业务深度融合，打造全领域人才梯队。创新选拔方式，动态跟踪培养，引导青年员工立足岗位建功，重点选拔和培育一批理论功底厚、创新意识强、发展潜力大的青年人才。

（四）突出党建引领，造浓干事创业氛围

一是深刻领悟思想伟力。宏盛华源积极落实党中央决策部署、集团公司党委相关要求，扎实深入开展主题教育，运用党的创新理论研究解决发展所需、改革所急、职工群众所盼的突出问题，以高质量党建引领保障高质量发展。

二是推动党的建设与公司治理有机融合。宏盛华源全面贯彻“两个一以贯之”，充分发挥党委把方向、管大局、促落实领导作用。坚持“当下改”与“长久立”相结合，总结主题教育经验做法，持续深化强化固化，不断开创改革发展新局面。

三、改革成效

一是资本活力全面激发。宏盛华源2023年12月22日成功在上交所主板首发上市，成为央企铁塔制造“第一股”，将进一步优化企业资本结构，为企业高效运用各种金融工具提供更有利条件，为建设形成“输电线路铁塔、新型钢构”并驾齐驱的业务结构提供动能。

二是科技管理成效显著。宏盛华源共牵头、参与制定了24项标准，包括国家标准3项、行业标准7项、团体标准7项，拥有专利共计259项。组织完成32项2023年科技项目中期督导、38项目2024年储备科技项目评审。“角钢智能无人生产线”通过中电联科技成果评审，技术水平达到国际先进水平；舟山500千伏联网输变电工程获中国土木工程“詹天佑奖”；“800千伏角钢钢管组合大跨越塔”“超高压输电线路大跨越特大型四柱钢管塔”顺利通过省级首台（套）认定。

三是市场业绩稳步上升。张北—胜利特高压、南网主网一批等两网重点项目均实现中标份额新突破，蒙西电网、中电建、中能建开拓成果卓越，实现了“三大电网”市场占比齐头并进。宏盛华源聚焦长远发展目标，奋力开拓新业务市场，钢结构、光伏支架等新业务点面开花。

四是人才结构持续优化。宏盛华源构建干部培养形成“上挂下派”“内部流动”“内外交流”三重循环，内部开展两期挂职（岗）锻炼，共20人“上挂下派”。创新实施“青年建功积分制”，员工积分结果与绩效考核、评先评优、岗位调整、职务晋升相挂钩，引导青年员工立足岗位建功。系统总结干部人才队伍建设经验，提炼形成“三青四优五强”的组织人才工作品牌，实现了“四个提升”。截至 2023 年 12 月底，宏盛华源全口径用工总量 3814 人，累计减员 377 人，减员数量占用工总量的 9.8%。

124

改革增动能　创新再出发
以综合性改革推动公司发展再上新台阶

国新健康保障服务集团股份有限公司

一、基本情况

国新健康保障服务集团股份有限公司（以下简称“国新健康”）是由中国国新控股有限责任公司（以下简称“中国国新”）控股的央企上市公司（股票代码：000503），是以医保综合管理服务为主的健康保障服务国有企业。截至目前，公司业务覆盖28个省、自治区、直辖市的200多个地区，服务6亿多参保人，覆盖医保基金规模超过1万亿元。

近年来，国新健康坚决贯彻习近平总书记关于国企改革的重要讲话精神，落实国务院国资委关于国企改革的相关要求及中国国新深化改革各项任务，积极探索和推动公司改革，在国企改革三年行动、上市公司高质量发展、对标一流企业创造价值、持续深化改革等重点任务上不断推动公司改革发展。特别是2022年底，国新健康在中国国新的坚强领导下，结合自身实际情况，开展了以打造流程型组织为核心、“以奋斗者为本”为理念的综合性改革，在流程重构、战略迭代、组织升级、资本运作、创新发展、业务转型、党建与业务融合等方面进行全方位的改革，通过改革推动公司发展再上新台阶，为公司成为中国领先的健康保障服务体系建设者打下了坚实基础。

二、经验做法

(一)坚持守正创新,构建公司发展新动能

一是创新流程,以相互衔接的流程提升运营效率。2022年底,国新健康开始了以打造流程型组织为核心的综合性改革,对影响公司业务发展的8条主要流程进行重新设计,包括战略规划、市场管理、产品开发、客户管理、问题解决等各个方面。8条流程相互衔接,系统集成,协同推动公司效率提升。

二是创新业务,全面贯彻国家数据要素战略。在中国国新“7+3+1”业务格局中,国新健康是发展数字化产业的重要载体。国新健康积极贯彻中国国新领导对于公司要积极探索医疗健康数据要素市场的工作指示,结合公司业务转型,将数据要素市场探索作为业务转型的首要任务,上升为“一把手”工程,成立工作专班,几乎每周末都召开专门调度会议,密切关注政策变化,深入研究运行机制,全力推进合资合作,重塑数据知识底座,积极探索应用场景、布局能力建设,努力争取试点落地。

三是创新产品,不断打造适应市场的产品体系。国新健康紧贴市场需求,研判行业方向,持续加大力度投入创新产品,2022年公司研发投入强度达到13.85%。通过全力攻关,公司于2023年成功发布医院病组成本核算、DRG/DIP大数据监管、医保基金大数据反欺诈等新产品26项,极大丰富了公司产品线,提高了核心竞争力。其中,医院病组成本核算和医共体慢病管理中心解决方案分别荣获中国医院协会“金如意”优秀解决方案奖和价值解决方案奖。

四是创新运营,以开展战役激发全员战斗力。自2023年4月初开始,国新健康压茬打响“飞夺泸定桥”“南泥湾”“跃进大别山”三大战役,

将年度目标季度化，公司全体员工充分发扬不怕苦、不怕累的战斗精神，瞄准目标，奋力争胜。战役期间，以日报形式每日更新战役进展情况，不定期发布战役捷报和战役风采。

（二）坚持机制灵活，全面激发全员的奋斗精神

一是打造灵活的选人用人机制。国新健康强化“向市场要答案、以业绩论英雄”的用人导向，选用一批业绩突出的年轻干部，2023 年新提拔的 21 名干部平均年龄为 39.7 岁，干部总体平均年龄较 2018 年下降 6.4 岁。坚决末位淘汰，主动调整优化 237 名不适岗员工，占总人数超过 15%。

二是构建切实有效的激励机制。国新健康整合专项激励资源，面向公司流程变革，实施流程绩效激励。结合实际适当降低激励门槛，提升激励强度，坚持按贡献分配，加速兑现周期，最大限度提升激励效率。构建战役激励体系，以业绩论英雄，旗帜鲜明地鼓励“竞优争先”，激励战役期间为公司贡献效益的团队和个人，选树一批“飞夺泸定桥二十二勇士”“南泥湾大生产标兵”“大别山开路先锋”等先进典型，营造“比学赶超”的竞争氛围。

三是持续改革绩效薪酬机制。国新健康结合岗位职责，坚持分类差异化的改革原则，完成各单位、各层级员工绩效薪酬制改革。干部全部实行 GSA（目标、策略与行动）绩效考核，关注经营结果；一线员工全部实行 PBC（个人绩效承诺）考核，关注行为过程。首次实现绩效考核 100% 覆盖，干部与员工的绩效奖金与考核结果 100% 挂钩，持续强化“多劳多得，优劳优得”的分配理念，持续激发干部员工干事创业激情。

四是建立分层授权的管控机制。国新健康 2023 年转变发展思路，将项目审批转变为以利润为导向，针对不同毛利润的项目设置不同审批权限，项目概算毛利率在 50% 以上的项目，直接由客户经理审批即可，项目概算毛利率越低，需审批的层级越高，这样既保证了公司灵活高效运营，又保

障了公司安全发展。

（三）坚持全面融合，提高上市公司发展质量

一是坚持党建与业务相融合。国新健康将党的全面领导融入公司治理，充分发挥党委“把方向、管大局、保落实”的领导作用。2023 年召开党委会 46 次，前置审议和决策“三重一大”事项 230 项，实现党委会前置研究审议全覆盖。加强基层党建与业务融合，坚持支部书记与业务负责人“一肩挑”，选优配强基层党务干部 28 名。坚决落实全面从严治党要求，强化对“一把手”和领导班子监督，严把选人用人和评先评优政治关、廉洁关。发挥巡察“利剑”作用，2023 年开展巡察工作 2 次，发现党风廉政建设、选人用人、负责人履职尽责等方面存在的突出问题并及时整改。

二是坚持资本运作与产业运营相融合。国新健康于 2022 年 3 月 8 日启动非公开发行股票工作，于 2023 年 11 月 23 日完成发行。此次非公开发行股票共历时 1 年零 9 个月，期间召开 58 次周末例会，克服了公司长期未在资本市场融资、外部政策发生重大变化、资本市场异常低迷等多重挑战，顺利获得证监会同意注册的批复。此次公司非公开发行股票的圆满完成，有力增强了公司资金实力，所募集资金投入到数字医保、数字医疗、数字医药的基本盘业务升级，提升数据驱动发展能力，增强创新盘业务能力，并进一步强化公司数据底座支撑能力和营销服务能力。

三是坚持发展与安全相融合。作为中央企业所属上市公司，数据安全和合规是公司的生命线，国新健康坚决贯彻国务院国资委和中国国新相关工作部署，持续加强数据安全和合规工作。公司对 30 个重点项目开展数据与网络安全专项核查，及时处理风险漏洞；建立并落地“三级数据安全员”，以资质评审为契机，梳理产品体系，建立面向政府、医院、药企三类客户场景的统一产品演示环境。

三、改革成效

通过综合性改革，国新健康业务流程和组织架构得到了很大改善，全员战斗意志得以激发，经营效率不断提高，业绩效益持续提升，为下一步发展打下了坚实基础。

一是经营业绩持续提升，各项指标不断向好。2023 年，国新健康实现营业收入 3. 3 亿元，较 2022 年的 3. 1 亿元增长 6. 5%；人均创收由 2022 年的 19. 21 万元增长到 2023 年的 20. 96 万元，同比增长达到 9. 11%。同时，公司 2023 年的利润总额、净资产收益率和资产负债率较 2022 年也有提升和改善。

二是流程改革全面推行，经营效率大幅提升。2023 年，国新健康流程改革从试点到全面推行，8 条流程均已成功落地。经过一年的新流程落地和运行，统计数据显示，2024 年 1 月合同审批流程较上期耗时减少 34%；2023 年回款频次 2285 次，同比增长 53%；回款金额 30880 万元，同比大幅增长 32%；商机转化率 39%，同比增长 6. 4%。

三是公司业务逆势增长，市场地位持续提升。2023 年，在市场规模呈现较大萎缩态势下，国新健康守住了医保领域的龙头地位。根据公开招标数据统计，支付方式和基金监管市场占有率分别为 29% 和 16. 5%，均处行业首位；医疗业务新签合同额同比增长 28%，成为最重要的增长点，市场占有率位居第二位；医药业务新签合同额实现逆势增长，市场占有率 16. 5%，居市场首位。所属河口区人民医院和东营人民医院慢病管理中心分别于 2023 年 6 月和 10 月开业，服务患者已超 4 万人次，销售药品、医疗器械等超过百万元。

四是业务转型取得突破，公司发展再上台阶。国新健康积极与地方国资对接探讨合资设立数据运营公司，争取本地数据运营权，目前已取得较大进展。公司积极申报杭州市商业健康险理赔直达服务场景，有望获批成为公共数据授权运营主体之一，将为数据要素市场探索打开“第一扇门”，为在其他区域争取数据授权运营打下基础。另外，国新健康于2023年中标江西萍乡医保个人数据授权查询使用项目，在国家局个人医保授权试点工作中排名第一，是医保局首个个人医保数据授权项目，通过个人授权将医保数据延伸至商保应用。

125

构建以打造产品力、提升影响力为核心的科技创新体系

中国汽车工程研究院股份有限公司

一、基本情况

中国汽车工程研究院股份有限公司（以下简称“中国汽研”）隶属于中国检验认证（集团）有限公司，是汽车行业独立第三方技术服务机构。中国汽研始建于 1965 年 3 月，2012 年 6 月在上海证券交易所挂牌上市，成为首家汽车行业科技服务类上市公司。

中国汽研深入贯彻党的二十大精神，坚持和加强党对国有企业的领导，以提高公司核心竞争力和增强核心功能为重点，以新一轮国企改革深化提升行动为指引，持续加大研发投入力度，不断积累提升科技创新能力、科技成果转化能力等科技创新资源要素，积极承担“1025”专项工程，打造装备工具链首台（套）首应用，布局新能源、新能源汽车、新材料、高端装备等战略性新兴产业，突破产业链“卡脖子”关键技术，服务国家产业链安全战略。

二、经验做法

（一）筑牢科研创新基础

一是完善顶层设计，发挥战略引领作用。中国汽研聚焦我国新能源智

能网联汽车，瞄准汽车产业电动化、智能化、低碳化、全球化发展趋势，确定安全、绿色、体验三大主线战略布局，围绕汽车产业急需的新技术、新标准、新装备制定《中国汽研“十四五”科技发展规划》，明确智能线控底盘、氢能动力、智能驾驶、智慧座舱、通信软件、网络与数据安全、在用车健康管理、双碳应用等十大业务领域，建立以打造产品力、影响力、人才力“三力”为目标的“33310”科技创新技术体系。

二是优化组织模式，提升科研管理效能。中国汽研调整科研职能、优化管理架构，成立以技术委员会作为科研管理最高决策机构，形成“技术委员会专业决策、科技部门统筹推动、事业部揭榜挂帅、创新实体合力共进”的科技创新研发体系。围绕重点业务领域，引入高等院校、科研机构等外部专家力量，设立十大专业技术团队。围绕三大根技术，打破专业壁垒，设立测评、算法、控制根技术“虚拟”研究中心，开展共性技术研究和关键技术攻关。2023 年中国汽研承担国家、省部级以上课题 15 项，牵头立项标准 33 项，牵头发布标准 35 项。

三是深化央地合作，搭建科研创新平台。中国汽研牵头整合创新资源，与国有企业、科研院所、大专院校等行业机构携手共建创新联合体，在汽车安全、新能源汽车、智能网联汽车等领域先后获批组建了汽车噪声振动与安全技术国家重点实验室、国家燃气汽车工程技术研究中心、替代燃料汽车国家地方联合工程实验室 3 个国家级及 20 个省部级科技创新基地，为科研人员搭建优质研发平台，承载“车用燃料电池堆及空压机的材料与部件耐久性测试技术及装备研究”“高密度大容量气氢车载储供系统设计及关键部件研制”“智能汽车开发验证技术及装备”等重大科研项目落地实施。

（二）增强自主创新能力

一是增加研发投入，构建多元化渠道。中国汽研坚定不移地走自主研发之路，连续 2 年保证研发投入强度在 6.5% 以上，2023 年科研投入达 18303 万元。建立内部联动投入机制，中国汽研本部与事业部按照一定比例，以本部级投入带动事业部级投入，充分激发各级主体开展研发活动的积极性。既做答题者，又做出题者，通过“揭榜挂帅”方式，有效集中创新资源，联合中国汽车工程学会举办以“创榜聚贤·智创共赢”为主题的“揭榜挂帅”大会，面向社会公开发榜了千万余元的 10 项亟待攻关的技术难题。2023 年，获得省部级、行业级科技奖励 14 项。

二是汇聚科技人才，培育科研生力军。中国汽研建立青年科技人才库，设立青年科技人才项目，为创新能力强、发展潜力大的青年科技人才提供 30 万元/年研发资金，释放技术路线决策权、团队组建权等若干项权力，并实行经费包干制，为其提供良好的自主创新环境。打通科技人才的上升渠道，设置技术人才晋升专家成长路径，设立首席专家、资深专家、高级专家 3 个层级。通过核心技术人才培育、专业技术领域专家选拔、重大项目攻关实践培养与专业培训等举措，截至 2023 年 12 月，中国汽研科研团队中国家和省市认定的行业专家、领军人才、高端人才近 70 人，其中近 50 人获得国家级、省部级人才称号。

三是完善激励机制，激发创新发展动力。中国汽研灵活采用中长期激励方式，将科技人才自身利益与中国汽研长远发展目标紧密结合，进一步激发主人翁意识。制定 10 年有效的限制性股票激励计划，已实施三期限制性股权激励，受益科技人才 484 人。探索科研项目虚拟跟投，激励兑现方式包括本金返还、跟投激励、分红激励 3 类。2023 年 61 人次主要技术骨干参与跟投 4 个项目，累计跟投本金约 110 万元，充分调动科研人员投身科技创新事业的主动性、积极性。

（三）推动科技成果转化

一是健全产品开发体系。中国汽研坚持以市场需求为导向，发布产品型谱1.0版及2.0版，实现科技创新与产品开发的有机统一。制定贯穿“论证—规划—开发—验证—生产—运维”的全过程产品开发体系（CR-PDS），科学规范产品开发流程。针对重大项目进度不清晰、项目数据分析准确度差、项目风险难以及时了解等问题，建立项目管理系统（CD-MOP），实现产品开发项目数字管理。打造了一批具有核心竞争力的技术服务、数据应用、装备工具等重点产品。

二是合理运用资本手段。中国汽研以投资为工具和纽带，加强内部科研初创项目与外部资本的深入合作，通过孵化基金、种子资金等多样化的融资方式，充分整合优势资源，解决科技成果转化初期资金瓶颈问题。瞄准汽车后市场领域，孵化出国内首家专注于智能电动汽车价值管理的科技公司。

三是知识产权作价入股。中国汽研以科技孵化基金形式委托合作企业开展科技项目研发，协议约定科技成果归中国汽研所有，以低投入、低风险获得关键核心技术。在此基础上对委托开发形成的科技成果进行知识产权评估，作价入股取得合作企业股权，并成立员工持股平台，面向参与该科技项目的研发人员启动员工持股，打造利益共同体，推进科技成果产业化。

三、改革成效

一是科技促经营显成效。中国汽研强化科技创新与经营孪生互促，通过科技创新体系的有效实施，实现核心产品的开发，打造新质生产力，转型升级工作换挡增速，创新业务成效逐步显现，经营发展质量和效益进一步提升。近5年，中国汽研利润总额从4.77亿元增长到8.28亿元，复合增长率达14.7%，科技创新丰硕成果在经营指标上的体现日趋明显。

二是成果转化硕果累累。近5年，中国汽研科技成果转化收益复合增长率 15.93%，通过持续创新积累了丰硕的科研成果，在新能源汽车测试、智能网联汽车测试、试验设备开发等领域获得 55 项省部级及行业级奖励。知识产权保护工作方面，获评国家知识产权优势企业，获得专利授权 680 项（其中发明专利达 200 项）、软件著作权 150 项。此外，中国汽研在国家和行业标准的制/修订方面也起到了积极推动作用，完成了近 200 项国家/行业标准的制/修订，为提升行业技术水平和规范行业发展作出了重要贡献。

三是赋能高质量发展。中国汽研立足第三方行业机构，发布中国保险汽车安全指数、中国汽车健康指数、中国智能汽车指数三大指数，赋能汽车产品质量提升和行业技术进步。打造新能源汽车动力电池安全监测预警平台、汽车空气动力学开发平台、面向中国场景的汽车智能化系统测试评价关键装备、燃料电池产品验证平台等核心产品与解决方案，以专业产品赋能汽车产业高质量发展。

126

完善公司治理　提升上市公司工作质量 助推高质量发展

中汽研汽车试验场股份有限公司

一、基本情况

中汽研汽车试验场股份有限公司（以下简称“中汽股份”）由中国汽车技术研究中心有限公司投资控股，2022 年 3 月 8 日在深交所创业板上市（股票代码：301215），是目前国际上测试功能齐全、技术指标先进的第三方汽车试验场。

作为专业从事汽车试验场投资、建设、运营、管理的技术服务企业，中汽股份总投资约 35 亿元，占地面积约 9500 亩，试验道路里程总长超过 100 公里，全面满足乘用车、商用车、智能网联汽车、底盘零部件系统、汽车检测机构的法规测试和研发验证测试需求，为客户提供一站式的场地试验技术服务。

二、经验做法

2023 年，中汽股份坚持以习近平新时代中国特色社会主义思想为指导，以打造具有全球竞争力的世界一流汽车试验场为目标，深入贯彻落实国务院国资委关于深入实施国有企业改革深化提升行动的要求，坚持党的领导和公司治理有机融合、持续完善治理水平，进一步提升上市公司工作质量，为高质量可持续发展打下坚实基础。

（一）坚持党的领导贯穿公司治理

中汽股份坚持党的领导与完善公司治理统一，把党的领导融入公司治理各环节，强根铸魂守原则，提质增效强活力。

一是不断巩固党组织的法定地位。中汽股份在治理结构上促融合，将党建工作纳入公司《章程》，按照应建尽建的原则，使党组织成为企业法人治理结构的有机组成部分。持续修订“三重一大”决策制度，逐条逐项研究确定了 91 项重大决策事项清单，明确了重大事项党组织前置研究讨论，切实发挥党组织对重大事项进行集体研究把关作用。

二是发挥考核“指挥棒”作用。中汽股份坚持“两手抓两手硬”，年初在 2023 年度党建和经营工作会上，主要领导和班子成员、班子成员和分管部门负责人签订了《经营业绩责任书》及《党风廉政建设责任书》，将党建考核指标作为经营业绩考核的一项，把党建工作和生产经营同部署、同落实、同检查、同考核，坚决杜绝“纸上履责”“口中尽责”的形式主义。

三是坚持党建创新与汇聚企业发展动力有机融合。中汽股份聚焦主责主业，不断激发强党建促发展的内生动力。通过成立“红色领航 5 +”特色党小组，设立“揭榜挂帅”项目党员先锋岗、党员示范岗，架设起与生产的融合之桥；通过与兄弟单位、合作客户、当地政府机构开展党建联建共建活动，铺就与外部的合作之桥；通过凝聚党员群众思想共识、真正实现用心解决群众难题、先进人物选树宣传等，建设与职工的培育之桥。着力把党建优势转化为企业创新优势、竞争优势和发展优势，改革、开拓、创新、共建 4 个堡垒夯实得更加稳固。

（二）聚焦效能治理夯实发展基础

中汽股份坚持以高质量治理推动公司高质量发展，通过探索完善公司治理体系，健全公司治理制度，切实提升公司治理规范性、有效性及各主体的履职能力。

一是构建多元化董事会。中汽股份积极强化董事会组织机构建设，有序完成董事会换届选聘工作，新一届董事会董事9名，其中外部董事8名。外部董事来自检测、汽车、财务、法律等多行业，保障新一届董事会成员的专业性、差异性和多元化，提高董事会有效决策、解决问题的能力。

二是完善外部董事履职支撑服务。中汽股份制定《外部董事履职支撑工作方案》，建立外部董事“企情问询”工作机制，外部董事可自主通过内部系统查阅“三会”召开、信息披露、制度流程及公司战略规划、投融资等相关文件。定期通过邮件通报企业经营管理情况、生产经营信息、财务数据等关键信息，为外部董事了解公司经营管理动态、科学合理决策提供便利和依据，同时确保外部董事关心的问题“事事有着落、件件有回复”。

三是保障治理制度的合规性。中汽股份成立制度流程优化专项工作组，结合部门自评、座谈调研及客户反馈等多渠道，捋清各部门制度流程运行过程中的症结点28项，涉及应收账款、客户手册、场地巡查、设施设备维保、信息化管理等十大模块，2023年制/修订制度61项、流程13个，为实现依法治企、合规经营、规范管理提供依据和支撑。

四是加强风险管理提升合规经营能力。中汽股份建立了由首席合规官统筹、法律事务与合规管理部牵头、各专兼职合规管理员参与的覆盖决策层、管理层、执行层的“1+1+1+N”合规管理组织体系。有序推进内审专项检查，2023年开展了资金内控管理、采购管理、外包管理、关联方交易、募集资金专项、子公司内控管理、智能网联项目专项联合监督等专项检查共计11次，审计发现问题并形成审计整改建议36项、审计风险提示建议25项，推动完善制度建设7项，紧盯落实问题整改跟踪，切实提升合规管理能力。

（三）依法规范信披传递公司价值

中汽股份自上市以来，持续完善信息披露工作机制，积极构建和谐融洽、共同成长的投资者关系，不断聚集发展内生动力，助推公司高质量发展迈上新台阶。

一是提高信息披露质量，提升透明度。中汽股份秉承公平、公开、透明的原则，建立起以董事长为第一责任人、董事会秘书为直接负责人的信息披露责任体系，在制/修订的《“三重一大”事项清单》《重大信息报告清单》中列明需要履行信息披露的重大事项，确保重大事项应披尽披。2023年在巨潮资讯网上披露文件114份、公告46份，确保及时充分履行信息披露义务。

二是深化投资者关系管理，加强资本市场沟通。中汽股份坚持以投资者为中心的理念和全面、主动、有效原则强化投资者关系管理工作。认真执行“迎进来+走出去”的沟通机制，公司董事长、总经理、独立董事出席参加2022年度业绩说明会、2023年第三季度业绩说明会，与投资者直接对话，增加公司与投资者互动的深度和广度。主动对接资本市场，强化与分析师、媒体等相关方互动，2023年度在资本市场发布了4篇关于中汽股份的研究报告，增进投资者对公司的了解，建立起良好的市场预期。

三是强化ESG管理，助力可持续发展。中汽股份积极争做ESG披露的先行者，2023年发布了首份中汽股份ESG报告。2023年积极推进社会责任实践议题，参加“联合国道路安全十年行动·安全公益宁夏行”活动，荣获2023年联合国道路安全十年行动·公益先锋奖。设立“中汽股份助学金”并成功举行东南大学助学金颁发仪式，充分展现了中汽股份对高等教育事业发展的支持。建立 ISO 50001 能源管理体系并通过 TUV 南德认证，获得了能源管理体系认证证书，积极践行“双碳”战略，推动绿色发展初显成效。

三、改革成效

一是党建与经营融合互促。中汽股份坚定不移履行“引领汽车行业进步，支撑汽车强国建设”的新时代新使命，聚力打造“桥头堡”党建品牌，充分发挥中汽股份桥头堡前沿阵地作用。2023 年，成功申报并获批江苏省专精特新中小企业，荣获 2023 年度中国汽车工程学会科学技术奖·科技进步奖一等奖，获评“江苏省高质量发展领军企业”，以中汽股份为核心的国际汽车试验服务中心获评“高质量发展集聚示范区”。

二是信息披露赢认可。中汽股份自上市至今，严格履行信息披露义务，2022—2023 年度信息披露工作首次参与深交所信息披露评价并获得最高级 A 级评价，2023 年披露的《2022 年年度报告》入选《创业板上市公司 2022 年年度披露优秀案例汇编》。

三是价值创造助发展。中汽股份 2023 年发布的首份 ESG 专项报告《2022 年度环境、社会及公司治理（ESG）报告》荣获 Wind ESG A 级评价（A 级及以上上市公司数量仅占 12.7%），入选中国上市公司协会“2023 年上市公司 ESG 优秀实践案例”，荣获 2023 年资本市场“金帆·2023 年度卓越 ESG 践行上市公司”等多项荣誉资质，公司价值进一步得到市场认可。

127

做好“三大变革”文章
以改革创新思维全面推动企业高质量发展

中国铁塔股份有限公司广东省分公司

一、基本情况

中国铁塔股份有限公司广东省分公司（以下简称“广东铁塔”）是中国铁塔股份有限公司在广东省的二级分公司。2023 年，广东铁塔收入规模 70.0 亿元、资产规模 246.7 亿元，均排全国首位，站址规模 12.1 万个。

广东铁塔扎实推进国有企业改革深化提升行动，围绕服务网络强国和数字中国等国家战略，以及粤港澳大湾区和深圳中国特色社会主义先行示范区等区域战略，坚定不移走“改革 + 创新”发展之路，把“经营提速增效、员工有获得感成就感、企业发展可持续有加速度”作为检验改革成效的重要标尺，在显著增强服务国家战略、服务区域发展、服务行业核心功能的同时，促进了企业高质量发展。

二、经验做法

（一）聚焦核心功能，服务国家重大战略和区域发展战略落地

一是在融入服务国家战略中彰显新优势。广东铁塔在服务网络强国战略方面，不断提升广东 21 个地市的新基建水平，有力支撑实体经济数字

化、网络化、智能化转型升级，助推制造强国和新型工业化。2023年投资超23.1亿元，承接5G/4G需求8.66万个，交付5.5万个，建设量和交付量均排全国首位。在服务数字中国方面，为公安、林业、国土等行业提供视频监控服务点位超8000个，为环保、地震、气象等行业提供数据监测服务点位近万个，在森林防火、耕地保护、水源保护、大气监测、地震预警等多场景数字治理中发挥明显作用。在服务"双碳"目标方面，按照"集约利用存量资源、能共享不新建"的原则，助力"双千兆"网络集约高效低碳建设，基站综合共享率由2022年的51%提升到2023年的59%，节约大量土地资源和运营成本。

二是在融入服务地方发展中培育新空间。广东铁塔深度融入粤港澳大湾区和深圳中国特色社会主义先行示范区建设国家战略，围绕大湾区"一点两地"全新定位，作为重点场所公网通信覆盖系统的统筹建设单位，协同电信企业建设大湾区5G基站超22万个，覆盖广度和深度保持领先水平，并结合"双千兆""信号升格""宽带边疆"等有利政策，抓好横琴、前海、南沙、河套等重点区域5G深度覆盖，助力打造环珠江口100千米"黄金内湾"。例如，牵头统筹港珠澳大桥、大湾区地铁、广汕高铁、深中通道、城际轨道、白云站、深圳国际会展中心等重大项目公网通信建设维护，加速建设"轨道上的大湾区"；协同电信企业完成广州、深圳655千米地铁覆盖，8条新建、24条5G改造地铁公网覆盖，建设规模全国领先；打造梅州大埔县山水林田综合监控一张网、中山三角镇高平化工园区智慧无人机、河源国土监督执法无人机等标杆项目。

（二）完善市场化经营机制，激发基层一线活力效率

一是"以市场为导向"创新资源配置和经营机制。区域是广东铁塔的一线基层单位，是融入服务地方发展的"小切口"、共享协同电信企业的"第一线"、一体两翼协同发展的"打粮区"。广东铁塔遵循"市场和客户

在哪里，资源配置就在哪里”的思路，在广州、深圳、东莞启动“大区制”区域改革，针对性解决区县级及以下巨大的市场空间与人力资源配置不足、发展能力不匹配的突出矛盾，3 个地市公司区域自有人员数量同比增长 100%，如广州分公司增配编制 50 人（增配比例 42%），全部配置到区域和生产一线，增配后一线人员占比达 66%。探索全业务收入承包和全成本承包等区域承包制，市场活力和核心竞争力大幅提升，广州深耕 11 个行政区，新增选址完成 1460 站，同比提升 24%，信息化项目商机储备提升 6 倍。此外，以“集约化 + 属地化”协同提升市场应对能力，如针对集约有余属地不足而导致能源业务用户持续流失的问题，以“收入利润全额双计双考”为牵引，给予地市公司灵活用工建强队伍、刚性项目自主审批、社会渠道自主掌控的充分发展权，通过因城施策、重点地市提级管理、业务保存拓增等专项行动，C 端换电，用户数量止跌回升，2023 年用户净增 1000 户达 7.8 万户，用户规模排名全国首位。

二是“1 + N”考核体系打通管理链条。“1”是以绩效考核办法为牵引，深化“规划、预算、资源配置、考核”四位一体管理，强化非塔类新型业务发展，全面打造塔类、室分、智联、能源、融合业务“五子联动”多点支撑增长格局，年度非塔类收入占比同比提升 1.9 个百分点；强化有加速度发展，增加增收贡献加分，引导地市公司强化全国对标，淡化省内排名，注重自身改善，兼顾历史贡献，促进整体提高，跳出广东对标全国，提升地市在同类公司的发展排位；强化协同发展，绩效和工效协同、一体和两翼协同。“N”是以多个管理办法建立公司考核、部门考核、员工考核三位一体的全面考核体系，建立“一部一表、一岗一表”，打造组织目标、部门重点、员工行为结果“三点一线”的考核核心链，各单位考核结果挂钩本单位员工 A + B 比例（50% ~90%），如 2023 年度考核第 1 档 9 个地市、第 2 档 7 个地市、第 3 档 5 个地市，A + B 比例限制分别为 70%、

60%、50%，促进员工绩效与公司发展强挂钩并显性化体现，让干部敢为、团队敢闯、员工敢干。

三是“1+N”薪酬体系驱动发展。“1”是以工效挂钩办法为导向，设定“高完成高得，低完成低得”增量工资、“保存量”站址保有工资等多层级薪酬结构，强化“工资是挣出来的”理念，薪酬分配基于收入利润的增量存量贡献，业绩优、薪酬增，业绩差、薪酬降，近两年全省人均工资水平复合增长约15%，2023年地市间人均工资收入差距约1.7倍。“N”是出台疑难站址攻坚等14项专项激励，全年奖励额同比提高14%，充分发挥工资总额对发展的牵引和驱动作用，通过及时兑现奖励提升各单位发展动能和员工获利水平。

（三）加大科技创新力度，促进产业升级和管理模式转型

一是推进产业与科技互促双强。广东铁塔落实央企产业焕新行动和未来产业启航行动，积极建设新型信息基础设施，助推制造强省。在产学研联合攻关方面，筹备全空间无人智联感知体系产业联盟，积极参与低空经济设施网、空联网、气象网、服务网“四张网”建设，如与气象局粤港澳大湾区气象监测预警，预报中心合作，结合通信站址资源规划，构建降雨量、风速风向等监测颗粒度更加精细的气象网。在助力产业升级方面，作为省“百千万工程”信息化专班无人机组长单位，2023年提前完成7个示范县及120个美丽圩镇、60个中心镇的无人机点位建设，打造清远浸潭镇、佛山丹灶镇等“高位监控+无人机+AI”全程感知智慧乡镇典型应用，为基层治理提供全场景视频数据；在湛江巴斯夫等重大项目中积极探索智慧工厂、智能矿山、智慧文旅等场景“5G+工业互联网”，助推广东省工业企业数字化转型。在助力节能降碳方面，作为全国最大规模基站电池分布式共享服务企业，发挥12万座基站25.6万组电池资源优势，推出绿能储能节能“三能叠加”智慧能源综合解决方案，助力新旧建筑智能化

绿色化改造；协同深圳市政府推动新型储能，将8900座5G基站的储能系统接入虚拟电厂管理中心，可调负荷2.7万千瓦，2023年共参与8次响应，单次参与响应时长30～45分钟，服务减碳要求。

二是创新数智化管理模式。广东铁塔针对通信铁塔站址点多面广、日常维系现场工作量大且依赖第三方外包人员的现状，集成呼叫中心、企业微信、小程序、公众号、短信等方式打造信息平台，将传统“纯现场、无留痕、不透明”的维系方式变革为“数智化渠道+工单驱动”的维系方式，节省现场人员维系工作量1377人/日，有效压降不合理高场租，节省场租电费约9000万元，其中节省年化电费6000万元以上。打造数字化资产运营能力，“一码到底”新增物资贴码率实现100%，覆盖资产类型100个，物资发货至收货、入库至出库、领用至安装、项目完工至内验、转资至关闭环节时长分别下降63%、32%、40%、47%、76%，资产账实一致率100%，资产全程信息透明、全程操作可溯源，倒逼收货、入库、出库、完工、验收等节点流程管理更加规范，周期时长大幅缩短。

三是推动薪酬向紧缺急需科技人才倾斜。广东铁塔对高端科技人才，以及“融智计划”和海外引进的科技人才，给予增人增资政策支持；对公司战略性新兴产业和未来产业发展过程中参与关键科技创新研发的人员给予增人增资和工资总额单列支持。2023年引进融智计划中高端人才12人，其中科技类专业人才27人，人才队伍整体结构进一步优化，本科及以上学历员工占比99.5%。

三、改革成效

一是持续增强5G新基建国家队、主力军核心功能。广东铁塔推动广东21个地市完成5G站址规划并将其纳入当地国土空间规划“一张图”，牵头统筹高铁地铁大型场馆等重大项目，实现通信设施与主体工程“同步规划、同步设计、同步施工、同步开通”，并充分发挥全站址资源规模和中高点位资源优势，变“通信塔”为“数字塔”“智能塔”，打造新型数字化信息基础设施，成为国家信息通信战略性基础治理和应急救援通信保障的重要力量。

二是科技创新进入快车道。广东铁塔创新投入同比增长 3.8 倍，积极完成总部“揭榜挂帅”“赛马”项目 2 个、省内小微创新项目 19 个，3 个项目获总部技术进步奖，创新氛围日益浓厚。深茂高铁江茂段公网覆盖项目成为全国首例共享铁路专网铁塔并将平台高度改造至覆盖最佳高度、全球首例全封闭声屏障及铁路资源的深度共享案例，荣获“国家优质工程奖”，为近年来全国通信类唯一获奖项目；“通信基站维系模式变革”获国务院国资委首届“国企数字场景创新专业赛”二等奖。

三是经营效益效率大幅提升，2023 年广东铁塔收入可比口径同比增长 4.4%，利润同比增长率 64.5%，资产报酬率提升 1.6 个百分点，净资产收益率提升 3.4 个百分点，全员劳动生产率达到 618 万元/人。

128

以改革促创新　以科技谋发展
奋力创建世界一流储能高科技产业公司

中绿中科储能技术有限公司

一、基本情况

中绿中科储能技术有限公司（以下简称“中绿中科储能”）为中国绿发投资集团有限公司（以下简称“中国绿发”）三级控股子公司，是中国绿发深化改革创新、构建新发展格局、打造原创技术策源地的重要实践平台。

中绿中科储能以液态空气储能技术为依托，集储能核心技术研发、储能电站工程总承包服务、产业装备研发设计、储能项目投资运营、综合能源服务于一体，为客户提供液态空气储能技术解决方案和全过程服务，致力成为世界级液态空气储能产业平台。公司在青海开工建设世界最大液态空气储能示范项目，装机容量 6 万千瓦/60 万千瓦时，建成投产后，将成为液态空气储能领域发电功率第一、储能规模世界最大的示范项目，填补大规模长时储能技术空白，为青海省打造国家清洁能源产业高地提供有力支撑。

二、经验做法

中绿中科储能自 2023 年入选“科改企业”以来，始终坚持以习近平新时代中国特色社会主义思想为指导，深入学习贯彻习近平总书记关于国有企业改革发展和党的建设的重要论述精神，以产业结构优化、市场化机制运营、提升创新能力为核心，坚持“机制改革＋科研创新”双轮驱动，扎实推动“科改行动”走深走实。

（一）完善创新体制机制，不断夯实发展根基

一是优化工作机构。中绿中科储能健全科技创新顶层设计，成立以首席科学家为负责人的科技管理委员会，统筹推进公司科研项目立项、技术战略决策、关键技术及科技成果应用等管理工作，保障公司科技创新工作高效推进。

二是加强人才引育。中绿中科储能推进人才强企战略，加强各类专业人才引育，探索推进柔性引才，对重点科研人员实施“一人一策”政策，完成内部招聘、校园招聘、社会招聘等多批次人才引进，科研队伍建设初见成效，形成了以首席科学家、首席专家为带头人，以博士、硕士为主体的科研人才队伍。

三是搭建科研平台。中绿中科储能与中国科学院理化技术研究所合作成立绿色储能技术联合研发中心，紧密围绕液态空气储能技术升级和应用，加强基础性和前瞻性的科学研究，促进前沿科研成果的产出，不断提升公司核心竞争力。成立公司创新工作室，围绕“攻关、创新、孵化、引领”方向，加强人才梯队锻炼、培养，加快推进公司技术产品化，持续增强公司自主研发能力。

（二）健全市场化经营机制，着力提升发展动能

一是大力推行经理层成员任期制和契约化管理。中绿中科储能以岗位聘任协议约定经理层成员的工作目标、权利及义务，结合公司发展规划和年度综合计划及预算等，组织制定、签订年度经理层成员目标责任书。参照经理层成员管理方式，向中层管理人员推行任期制和契约化管理，有效

传导落实管理人员经营管理责任。

二是深入推进市场化用工。中绿中科储能健全公开、平等、竞争、择优的市场化选聘及评价机制，推行中层管理人员竞争上岗、全员绩效考核、末等调整和不胜任退出等制度。

三是强化人才激励保障。中绿中科储能制定印发科技项目专项激励等制度办法，全面加强规范引导和支持保障，切实提升科技人员干事创业积极性。树立“为岗位付薪、为能力付薪、为业绩付薪”的市场化付薪理念，切实打破科技人才薪酬待遇“天花板”，深化差异化薪酬，确保科技人才薪酬高于同岗位管理人员，营造尊重科学、尊重人才工作氛围。

（三）聚焦重点示范项目，积极打造技术优势

一是强化团队专业能力提升。中绿中科储能构建液态空气储能产业研发体系、技术服务体系、工程管理体系，培养公司技术研发、设计管理、供应链管理、工程管理、运维管理团队，健全公司设计、工程总承包承揽资质和能力，推动工程管理交付能力走向成熟。

二是强化示范项目技术升级。中绿中科储能坚持“创新驱动、技术引领、轻资运作、补链强链”的发展方针，以服务液态空气储能技术市场化、规模化发展为出发点，以制造业和信息化领域技术发展方向为指引，规划布局液态空气储能装备制造体系，积极开展上下游供应链调研，加快推进装备制造、工程建设数字化信息系统研发，为业务扩展升级奠定坚实技术。

三是强化核心竞争力打造。中绿中科储能充分发挥公司在液态空气储能等行业的技术优势，通过先行、先试树立行业标杆，深入研究开展公司液态空气储能项目设计、工程建设、设备制造、项目运维等标准建设。积极与行业协会组织合作，参与行业和国家标准的建设工作，逐步建立新型储能行业话语权，提升产品核心竞争力。

三、改革成效

一是项目建设取得新进展。中绿中科储能高质量推进青海液态空气储能示范项目建设，2023 年 7 月 1 日项目顺利开工，有序完成地质勘察、场地平整、施工电源等前期工程施工，实现一级节点完成率 100%，分项工程验收合格率 100%。精品工程示范效益日益彰显，2023 年 10 月“60 兆瓦液态空气储能系统”入选中国专利保护协会组织评选的年度绿色技术创新案例，2024 年 1 月液态空气储能示范项目入选国家能源局新型储能试点示范项目名单。

二是科技创新取得新突破。中绿中科储能围绕液态空气储能产业链关键环节布局一批基础性、紧迫性、前沿性技术，立项液态空气储能系统固相蓄冷技术研究、液相蓄冷效率提升研究、LNG 冷能利用系统研究 3 项课题，聚焦液态空气储能产业进行全方位专利布局，完成液态空气储能系统控制方法和装置等相关 20 项核心专利申请，进一步筑牢公司在液态空气储能领域的技术壁垒和领先优势。持续加大科技研发专项资金支持力度，配齐建强科研人才队伍，平台建设逐步完善。

三是管理效能取得新成效。中绿中科储能引入 ISO 国际标准，围绕经营管理、工程建设等方面制定《中绿中科三体系管理体系手册》、22 项控制程序、67 项内控制度文件，完成 1 次内审和 2 次外审，顺利通过中国质量认证中心质量、环境、职业健康安全管理体系认证。

129

深化三项制度改革　激发企业发展新活力

重庆鲁能开发（集团）有限公司

一、基本情况

重庆鲁能开发（集团）有限公司（以下简称“重庆鲁能”）是中国绿发投资集团有限公司（以下简称“中国绿发”）二级单位、重要子企业。

入渝24年来，重庆鲁能积极服务国家战略，投身重庆城市开发建设，坚持以高质量党建引领保障高质量发展，践行乡村振兴战略，抢抓绿色低碳转型发展新机遇，高品质开发建设鲁能星城、鲁能领秀城等项目，覆盖重庆8个行政区，累计投资480亿元，累计开发建设规模近1200万平方米，纳税约80亿元，形成“同城多点、住商旅协同发展”的战略布局。重庆鲁能先后获评“重庆市房地产行业AAA级企业信用等级”“直辖20年城市建设功勋房企”“重庆市最具影响力品牌”“重庆十佳智慧城市建设服务商”“重庆房地产开发企业50强”等荣誉称号。

二、经验做法

重庆鲁能深入学习贯彻习近平总书记关于国有企业改革发展和党的建设的重要论述精神，坚持刀刃向内，大刀阔斧改革。开展中层起立竞聘，打破“铁交椅”；坚持刚性考核，按照岗变薪变原则调整薪酬，实施专项攻坚激励，拉大收入差距，打破“铁工资”；开展员工岗位双选，打破“铁饭碗”，2022 年重庆鲁能编制由 445 人缩减为 276 人，中层管理人员由 73 人缩减为 44 人。2023 年，重庆鲁能进一步深化三项制度改革，固化体制机制，推动“三能”文化培育，职工队伍内生动力进一步激发，为公司绿色高质量发展注入新活力。

（一）刚性考核，固化机制为干部能上能下做好牵引

重庆鲁能完善全员绩效管理实施细则，制定竞聘上岗、任期制与契约化管理、职业经理人管理、岗位绩效工资、工资总额管理、专项激励考核、中层管理人员退出、员工退出相关细则，形成“1+8”全链条闭环管理体系，为改革工作开展提供制度保障。2023 年，组织班子成员 8 人和中层 42 人差异化制定关键指标，100% 签订年度业绩考核责任书。严格执行“红黄牌”（低于 80 分出示一张黄牌，3 张黄牌即为一张红牌）考核机制，中层管理人员在一个自然年度内的月度工作目标考核结果为不合格的（低于 80 分）出示一次黄牌；年度内累计出现 3 次月度考核不合格的出示一次红牌，扣减 3 个月的绩效薪金。2023 年累计出示黄牌 23 张，红牌 3 张，1 名中层正职被免职，扣减 2 名员工 3 个月绩效工资。对空缺岗位常态化开展岗位竞聘，2023 年 1 名员工竞聘为中层副职，1 名中层副职竞聘为正职，6 名员工通过公开竞聘成功担任成本、工程和营销专业经理岗位，选人用人导向明晰，员工进取精神强，出现 7 人竞争同一岗位的浓厚氛围。

（二）压编减员，精简机构为员工能进能出奠定基石

重庆鲁能对标市场先进企业管理标准，坚持“精简、高效、先进”原则，结合实际业务情况，进一步精简机构。撤销合川项目部，编制从 276 人缩减为 260 人，缩减 5.8%。进一步规范岗位名称，修订完善各部门职责和岗位说明书，理顺权责边界，提高内部协作效率。严格推行末等调整、不胜任退出，通过开展员工年度综合考核评价，结合绩效考核、谈心谈话情况，将现有人员分为绩优、中等和待提升 3 类。每周向员工分享公司经营效益、市场情况、行业情况，推动员工居安思危。采用部门民主测评、竞演淘汰、协商解除等方式，对绩效排名靠后无法胜任工作、懒惰拖延责任心差、消极怠工影响团队氛围等人员解除劳动合同，全年减员 18 人。减员部门减人不减资，同时鼓励各部门通过外部招聘方式引进市场化优秀人才，充实公司专业力量。内部进出渠道畅通，有效激活组织效能。

（三）创新激励，奖优罚劣为收入能增能减再添动能

重庆鲁能坚持奖优罚劣，2023 年 3 人积分为负降一档，1 人触发绩效考核降档，7 名专业序列人员提升岗级，始终做到按业绩、按贡献进行薪酬分配。绩效考核强制分布等级，通过绩效系数（A：1.3；B+：1.2；B：1.0；B-：0.8；C：0.7；D：0）拉开绩优和绩劣人员收入差距，2023 年部门正职收入差距达 2.19 倍，部门副职收入差距达 1.77 倍，员工收入差距达 2.47 倍。充分发挥薪酬激励作用，针对制约年度及任期指标达成的关键工作、提升经营效益的创新工作、掣肘公司发展的历史遗留难题工作等制定提质增效和专项攻坚激励方案，按责任大小、贡献大小、多劳多得原则进行奖金分配，向承担急难险重任务和作出突出贡献的部门人员倾斜，让吃苦者吃香、能干者得惠，公司 2023 年共计发放奖励金 783 万元。加强市场化薪酬激励，创新推出营销、乡村“包干制”激励方案，将一定比例月度绩效工资和年度薪金纳入包干奖金池，采用“累进计税”方式，根据销售和收入完成情况提点激励。

三、改革成效

重庆鲁能通过深化三项制度改革，激发活力、增强动力、凝聚合力，全体干部员工主动担当，克难奋进，聚焦关键指标、重点任务，为公司发展群策群力，创新作为。

一是重点工作实现攻坚突破。重庆鲁能商业去化取得新突破，泰山7号21街区实现定制整售1.78亿元；创新挂网报名竞拍销售模式，北渝星城幼儿园实现整售1305万元。存量盘活实现新作为，加大招商运营力度，全年新增招商面积2.7万平方米；上线数字化招商平台，实现信息集中管理和数据可视化，协同赋能初见成效。积极布局新赛道，拓展分布式光伏，超前谋划绿电交易，泰山7号充电站开工落位并投入运营。

二是提质增效取得积极进展。重庆鲁能2023年实现成本优化0.45亿元，结算审减1.3亿元，采购节资0.86亿元，节退税1.02亿元。强化施工图和签证变更联审，变更数量有效压降。清理应收账款1.19亿元，释放监管资金4.27亿元，节约财务费用0.63亿元。美丽乡村清退低效用地2860亩，节约资金670万元，全年实现营收1824万元，近3年增长达31.6%，超额完成EBITDA目标。公司全年累计结案65件，避免或挽回损失2765万元，员工代理案件63件，节省律师费161万元。

三是思想面貌得到显著改善。重庆鲁能三项制度改革深化实施，进一步提高了广大干部职工的思想认识，员工主动学习意识增强。2023年开展公司特色主题培训“星能量”43期，“劲松计划·长青行动”5期，累计参培3900人次，累计学习时长2.6万学时。员工主动报名内训师竞赛，公司聘任35名内训师，全年新获取职称21人，充分激发了组织活力和内生动力。72名干部员工积极参与中国绿发援疆兴疆先锋队选拔竞聘，全面助力中国绿发在疆建设。

国资国企改革经验案例丛书

千帆竞渡

基层国有企业改革深化提升行动案例集（下）

本书编写组　编

自2023年国企改革深化提升行动实施以来，基层国有企业坚决贯彻落实党中央、国务院决策部署，全面纵深推进各项重点改革举措，形成了很多可复制、可推广的宝贵经验。本书分上、中、下三册，以420篇案例系统地总结并展现基层国有企业在改革深化提升行动中的经验做法、取得的成效，其中“功能使命类”改革案例152篇，“体制机制类”改革案例129篇，“综合类”改革案例139篇，力求为更多企业提供有益借鉴，在新一轮国有企业改革深化提升行动中提高核心竞争力和增强核心功能。本书值得政府领导、国有企业管理者和相关工作人员，以及国资国企改革研究人员等读者阅读。

图书在版编目（CIP）数据

千帆竞渡：基层国有企业改革深化提升行动案例集. 下 / 本书编写组编. -- 北京：机械工业出版社，2024. 9. --（国资国企改革经验案例丛书）. -- ISBN 978-7-111-76718-3

Ⅰ. F279. 241

中国国家版本馆CIP数据核字第2024FE1199号

机械工业出版社（北京市百万庄大街22号　邮政编码100037）
策划编辑：陈　倩　　　　责任编辑：陈　倩
责任校对：王　延　陈　越　　责任印制：李　昂
河北宝昌佳彩印刷有限公司印刷
2024年10月第1版第1次印刷
170mm×242mm · 46印张 · 586千字
标准书号：ISBN 978-7-111-76718-3
定价：598.00元（全三册）

电话服务
客服电话：010-88361066
010-88379833
010-68326294

网络服务
机　工　官　网：www. cmpbook. com
机　工　官　博：weibo. com/cmp1952
金　书　网：www. golden-book. com
机工教育服务网：www. cmpedu. com

目　录

综合篇

综合篇

1

深化市场化机制改革 助推功能使命型变革 提升核心竞争力

中国同辐股份有限公司

一、基本情况

中国同辐股份有限公司（以下简称“中国同辐”）是中国核工业集团有限公司（以下简称“中核集团”）重要子公司，是我国规模最大的诊断及治疗用放射性药品供应与服务商，全球领先的呼气诊断药物及测试分析设备供应商，中国第一大、世界第三大钴源供应商。

自2022年入围“科改企业”以来，中国同辐坚持深化市场化机制改革与提升自主创新能力并重，着力打造国有科技型企业改革样板和自主创新尖兵，推进产业布局优化和结构调整，在国务院国资委2022年度专项考核中获得“优秀”等级第三名。2023年，中国同辐继续深化落实“科改十条”和“新十二条”，进一步强化市场主体地位，以改革深化提升行动为契机，不断增强核心功能，提升核心竞争力，努力做精做深做新“科改行动”，更好发挥科技创新、产业控制、安全支撑三大作用。

二、经验做法

（一）聚焦实业突出主业，大力发展战略性新兴产业

一是着力补链强链。2023年9月，中国同辐获批承担工业和信息化部

医药工业（放射性药物）产业链高质量发展专项工作，明确了新型医用核素制备攻关，面向恶性肿瘤、神经退行性疾病的新型放射性药物研发攻关和新型放射性药物产能建设3个方面的任务及其节点目标，进一步强化核技术应用产业链。优化完善重大项目指挥管理体制，创建工程项目全周期可参照、可执行、可检查的指标体系，组织开展沙盘推演，实现“问题解决在初期、风险防控在萌芽”，促进工程项目目标按期实现。以“核医学诊疗工作推进示范基地”项目为依托推进“一县一科”规划目标落地，与北京协和医院联合打造全国首个智慧核医学示范基地，促进原料供给、生产制造、销售服务各环节畅通。

二是深化产业整合。中国同辐成功收购1家无损检测公司，放射源业务向下游延伸取得实质性进展。与加速器头部企业组建合资公司，实现多样化股权合作新探索，在电子束辐射固化产业开展深度合作。完成1家辐射技术公司收并购，进一步整合内部资源，减少同业竞争。持续“瘦身健体”，按照行政审批、公司治理、资产评估、公开交易4条主线交叉推进法人压减工作，优化医学诊断业务资源配置，加快非优势产业退出转型，更好聚焦核心主业，更加注重做强和做专，高效开展法人压减，超额完成8家法人压减任务。

三是大力培育战略性新兴产业。中国同辐系统谋划战略性新兴产业，9项重点任务列入国务院国资委和中核集团战略性新兴产业行动方案，对战略性新兴产业项目给予工资总额单列支持近2000万元。自主研发“Kr-85测厚源正压充气工艺研究及生产线建设项目”，为新能源汽车锂电电池质量检测提供保障，切实推进新能源汽车的发展，助力服务“双碳”战略。迭代升级航天器着陆用高度控制装置γ关机敏感器关键用源——航天用Cs-137源，持续参与历次载人航天任务，助力航天强国建设。

（二）发挥企业科技创新主体地位，深化“强核心、大协作”科技创新机制

一是加强对科技创新工作组织领导，推进科技项目立项和组织管理方式变革。中国同辐在董事会增设科技创新委员会，成立第一届科学技术委员会，并发布相关议事规则，充分发挥专家学者在中国同辐科技工作中的参谋把关作用。大力实施“揭榜挂帅”，3家成员单位建立“揭榜挂帅”制度，已在6个项目中成功实施，赋予科技项目负责人技术路线决定权、经费使用权、团队组建权和考核分配权，全面推广“揭榜挂帅”负责人选聘制度走深走实，并获“中核杯”揭榜挂帅专题赛先锋奖。

二是加大研发投入，汇聚创新资源。中国同辐2023年研发投入6.14亿元，全年获批国家级、省部级等各类外部科研项目13项，获得外部经费支持4291万元。强化对研发平台的策划与运行管理，联合中核运行成功获批“同位素制备和应用技术浙江省工程研究中心”。持续推动内外部研发平台的高水平运行，完成体外诊断研发中心与精准研发中心合并重组，开展放射性药物研发中心试点改革，提升科研平台运行效能。多渠道引进高端科研人员，与中科院上海药物研究所共同建立博士后联合培养机制。

三是积极开展中长期激励。中国同辐针对科研人员、技术骨干等不同群体，建立起风险共担、利益共享的中长期激励机制。制定中国同辐中长期激励工作指引，有序开展科技成果转化项目分红试点工作，在辐照技术、麻醉机临床应用领域组织实施2项项目分红激励，积极开拓成果转化渠道，8项知识产权开展对外转化，首次通过科技成果许可实现收入908万元，科技成果与他人合作产业化收入达9.43亿元。

（三）持续创新体制机制模式，赋能企业高质量发展

一是持续优化公司治理机制。中国同辐畅通党委研究讨论前置程序落实的渠道路径，科学界定党委会与董事会、总经理办公会的权责边界，进

一步建立健全权责法定、权责透明、协调运转、有效制衡的公司治理机制。作为港交所上市公司，扎实推进《中国同辐提高上市公司质量工作方案》，多渠道开展与投资者沟通交流，积极传递公司价值。调整优化落实董事会职权子企业范围，制定落实董事会行使中长期发展决策权、经理层成员选聘权等6项职权的实施方案，更加实质性落实董事会职权。

二是全面推进新型经营责任制。中国同辐参照经理层成员任期制和契约化管理方式，在本级及重点子企业开展职能部门管理人员新型经营责任制并签约。全面推进工资总额备案制，通过工资总额预算核准、动态监控、超进度预警等具体措施，强化工资总额与成员单位经济效益强挂钩，实现薪酬能增能减，刚性兑现。加大市场化选聘力度，加强市场化选聘干部任职考核。优化人岗适配，推动落实干部能上能下，构建全周期干部培养管理体系，建立年轻储备干部人才库，交流调整党委管理干部49次，不断提升干部队伍活力。

三是支持鼓励开展探索性改革工作。中国同辐切实开展“三个区分开来”，发布激励广大干部新时代新担当新作为工作方案，按商业原则公平判断是非，以较长周期客观综合评价功过，倡导建立宽容失败、鼓励试错、轻装上阵的创新氛围，最大限度调动广大干部的积极性、主动性、创造性。

三、改革成效

一是产业基础设施转型升级取得重大进展。国内首家、全球单体规模最大的高丰度^{13}CO气体项目全线贯通，连续产出合格气体，^{13}C稳定同位素国产化实现重大突破。华北、华东、秦山三大放射性药物研发生产基地建设全部按期完成年度计划节点。医药中心项目新投产4家，累计达到26家，新增正电子生产线7条，累计达22条，全国网络布局的市场优势明显增强。

二是重大科研项目取得重大突破。氟［^{18}F］化钠注射液申报上市获得受理，完成注册检验及现场核查。氟［^{18}F］贝他嗪注射液等6种新药获准进入临床试验，临床在研产品种类达到8种。战略新兴项目锗［^{68}Ge］-镓［^{68}Ga］发生器生产线项目实现投产。高端放疗装备TOMO-C成功取得医疗器械注册证及企业生产许可证，进入量产节点。按期完成国务院国资委“1025专项”——“螺旋断层放疗系统书束流子系统研发”“BNCT旋转固体锂靶部件研发”项目目标。2023年，共获专利授权218项，同比增长80%，其中发明专利44项，获省部级以上奖项7个。中国同辐2023年度新增高新技术企业3家，总数达到20家。全力推进培育专精特新企业专项工作，全年新增6家专精特新企业，总数达到10家。

三是持续完善市场化经营机制，激发高质量发展动力。中国同辐人工成本利润率92.64%，全员劳动生产率86万元/人，“一利五率”全面实现“一增一稳四提升”，9项高质量发展指标迈上新台阶。市场化选聘力度显著增大，推动干部能上能下，发布《党委管理领导人员能上能下办法》，通过多种方式提拔任用领导干部7人，建立储备干部人才库，中核集团人力资源共享中心华北分中心挂牌中国同辐。制定中国同辐高层次人才引进管理办法、科研人才退休返聘管理细则等制度，截至2023年末，累计拥有国家科学院院士和中国工程院院士2人、其他国家级高层次人才10人、省部级高层次人才12人。

2

实施“四优两高”系统性改革 助推核心竞争力跨上新台阶

中核铀业有限责任公司

一、基本情况

中核铀业有限责任公司（以下简称“中核铀业”）是中国核工业集团有限公司（以下简称“中核集团”）所属二级子企业，是国内铀矿勘查开发的国家队和主力军，是国家天然铀战略资源的保障主体。

中核铀业深入学习贯彻落实习近平总书记重要指示批示精神和党中央、国务院决策部署，贯彻落实国务院国资委工作要求，在中核集团党组指导下，扎实推进国有企业改革深化提升行动，纵深推进全系统1万余名职工共126家企事业单位实施“四优两高”系统性改革，整合打造12家特色突出、产业明显的平台公司。天然铀资源保障能力和产业链核心竞争力持续提升，推动实现高效率、高效益“两高”目标，加快打造世界一流科技型矿业公司，更好发挥科技创新、产业控制、安全支撑三大作用。

二、经验做法

中核铀业通过实施系统优化资源配置、组织架构、人员结构和经营机制“四优化”，推进产业链实现系统性重塑，推动“一企一业、一业一企”，持续增强核心功能和提升核心竞争力。

（一）聚焦增强核心功能，系统优化资源配置

中核铀业围绕解决原有直管单位数量多、核心功能不强等问题，优化全系统资源配置，将直管单位从29家调整为12家，打造2个科技支撑平台、9个专业化产业平台和1个国际化经营平台，建立多维度协同机制，持续增强核心功能。

一是整合地勘、开发、贸易资源，做强做优各产业平台。中核铀业整合所属9家地勘单位资源组建中核地勘集团，加快推动国内天然铀勘查实现“五统筹、五提升”。按省域整合内蒙古、新疆等天然铀矿山企业，统筹协调企地铀资源开发，开启规模化铀矿山建设新速度。整合所属20家海外机构组建中核海外，统筹推进海外天然铀产能及贸易，罗辛铀矿山延寿10年以上。

二是整合科研资源，做强做专2个科技创新支撑平台。中核铀业整合核地研院和航测遥感中心科研资源组建中核地质科技，提升“天、空、地、深”四位一体铀矿勘查技术合力。做大中核矿业科技，优化铀矿采冶与核化学化工科技创新体系。

三是搭建多维度协同机制，探索各领域协同发展模式。中核铀业加强探采协同，探矿后移、采矿前移，缩短勘探和矿山生产准备周期。加强产研协同，充分发挥生产企业“出题人”与科研平台“答题人”的角色。实施上市非上市协同，建立拟上市矿山企业向非上市地勘单位、科研院所反哺机制。实施国内与海外协同，依托国内科技创新平台在海外罗辛铀矿山开展外围勘探、采冶技术升级，推动铀矿山实现延寿增产。

（二）聚焦提升核心竞争力，系统优化组织架构

中核铀业围绕解决原有业务分散、竞争力不足、管理机构臃肿等问题，推动各成员单位围绕科技创新、铀矿地勘、市场拓展、内部管控等方面系统优化内部组织机构，持续提升核心竞争力。

一是推动科技创新平台按学科对经营单元进行系统性重塑。中核地质科技划分地质勘查等10个产业方向，中核矿业科技设立天然铀等八大业务板块，构建具有更强支撑能力的铀矿勘查和采冶科技创新体系。

二是推动国内天然铀地勘运行模式和铀矿山生产管控模式进行革命性变革。中核铀业组建钻探事业部、五大区域地勘中心，发挥集约效应，加快实现铀找矿新突破。在内蒙古、新疆建成数字采冶平台，地浸矿山全部实现“千里之外、一键采铀”，精减现场作业人员50%以上，人均产能较传统铀矿山提升4倍。

三是分类开展业务集约化专业化管理。中核铀业整合同类业务，成立生态修复、环保等专业公司，发挥专业化发展优势。组建行政共享、财务共享、信息、采购供应链、安全环保管理等专业化支持中心，实现支撑服务业资源共享、管理集约。

四是分类实施管理部门配置标准化。省局实体化公司统一实施“6部门+2中心”，五大区域地勘中心实施“5部门+2中心”标准化配置，成员单位管理部门精简比例达40%。

（三）聚焦人才强企战略，系统优化人员结构

中核铀业围绕原有人才队伍结构不均衡、高层次人才储备不足等问题，系统优化人员结构、提升队伍素质，为企业发展提供源动力。

一是推动大部制改革，压减管理人员。在经济连续5年实现高速发展背景下，中核铀业本部管理部门人员由112人精减至88人。通过实施大部制，成员单位管理人员精减达400人、精减比例25%以上。中核资源、中核海外两家企业本部管理人员分别控制在40人、20人以内，实现两大百亿元企业高效运行。

二是加强引才育才，建强高层次人才队伍。中核铀业注重高层次人才

培养，1 人被党中央、国务院授予“国家卓越工程师”称号。发布百川人才工程，面向全球招聘引才，签约和锁定高层次人才 12 名，其中外籍人才 4 名。连续 16 年开展国际化人才英语能力提升培训，选派 3 批次 21 名优秀人才赴罗辛历练，为海外开发储备国际化人才。

三是加强干部选拔培育，做好队伍梯队建设。成员单位班子配备注重“老中青”搭配，激发各年龄阶段的个体优势和整体效应。加大年轻干部选拔和培育力度，40 岁以下党委管理干部占比首次超过 30%。打造“中铀砥柱”年轻干部培选品牌，两期共 53 人进入干部人才库。

（四）聚焦全面价值创造，系统优化经营机制

中核铀业围绕原有市场机制活力不足、决策周期长及激励力度不够等问题，开展市场化改革试点、简政放权等，以系统性创新优化推动各领域管理提升，激发市场创新活力。

一是实施市场化经营机制试点。中核铀业先行在中核资源、中核江西矿业等直管单位深化市场化改革，探索市场化运行机制，进一步激发市场活力。

二是进一步加大差异化授权力度。中核铀业结合 12 家新直管单位业务特点和需求，差异化开展授权，单项自筹科研项目额度扩大 1 倍，固定资产投资权限增长幅度扩大 1 倍以上、产能建设承担单位扩大 4 倍，持续提升成员单位发展主动性。

三是持续深化三项制度改革。中核铀业激励突出业绩导向和刚性兑现，浮动工资占比增至 69. 21%，成员单位主要负责人年薪差距达 4. 52 倍，员工收入差距达 1. 96 倍。任期内管理人员末等调整和不胜任退出 145 人，员工市场化退出 234 人。

四是深入推进各职能线条创新优化。中核铀业在中核地勘集团等单位实施大监督管理体系，实现三、四级纪检监督部门一体化运行。发布《科技创新20条》，从环境优化、人才培养、成果转化等多维度优化科技管理。依托智慧云平台，构建“三大三小”安全环保管控体系，安全考核结果跃升至中核集团第一。

三、改革成效

一是铀资源保障能力持续增强。国内天然铀找矿效率和产能项目获批效率大幅提升，2023年国内铀矿勘查新增铀资源量达到计划的2.5倍，包括首个千吨级纳岭沟在内的项目新获批产能总量超过去10年的总和。海外铀资源保障能力巩固拓展，罗辛铀矿年产量创收购以来最高纪录，新疆阿拉山口天然铀保税库全面运营，天然铀总销量连续3年位居全球第二。

二是科技创新能力不断提升。铀资源探采与核遥感国家重点实验室成功获批。地浸采铀实现从三代到四代智能化采冶技术跨越式发展，海水提铀“公斤级”海试研究全面开启，研究发现新矿物铌包头矿。科技创新效益明显提升，2023年实现科技收入40亿元，研发投入首次突破10亿元、同比增长75%，科技成果转化金额1.2亿元、同比增长10%。

三是经济发展效益和质量再创新高。中核铀业2023年实现收入282亿元、同比增长21.2%，利润总额20亿元、同比增长13.3%，主要经济指标连续5年保持两位数增长。各直管单位市场化收入均实现了两位数增长，半数以上直管单位收入和利润同比增长超过20%。

四是行业影响力显著提升。中核铀业系统性改革成果在《人民网》《科技日报》等国内主流媒体上得到广泛报道。成功召开全国铀矿勘查高质量发展大会、国际天然铀产业发展论坛，发布了中国铀资源量达288万吨的重磅消息，向外界传递了中核集团立足国内做好铀资源保障的信心和能力。

3

筑牢核领域战略支撑高地 打造国之重器

中国核电工程有限公司

一、基本情况

中国核电工程有限公司（以下简称“中核工程”）成立于2007年，是中国核工业集团有限公司全资子公司，以核二院、核五院、核四院（核电部分）的主营业务和主干力量为基础重组改制，前身均为我国最早从事核工程设计的综合性设计院，是我国核电、核燃料元件工程研究设计的发祥地，为我国国防事业和原子能事业作出了瞩目贡献。

中核工程自成立以来就展现了以研发设计为龙头实施EPCS的强大优势，成为我国唯一同时具备核电、核化工、核燃料等核工业全产业链研发设计能力的型号总体院和工程总承包企业，也是我国自主三代核电“华龙一号”研发、设计牵头单位和首堆示范工程总承包单位。

中核工程始终坚持高标准推进深化改革，聚焦研发设计和工程总承包“两大核心能力”，践行核电、核化工、核燃料“三个核心功能业务目标”，努力担当做实创新型号技术策源地、履行核工程产业链建设重点企业的重任，各项改革任务取得突出成绩，在2022年国务院国资委“科改企业”考核中获评标杆。

二、经验做法

中核工程以“打造引领核工程科技发展的世界一流核能工程公司”为目标，扎实推进改革深化提升行动和科改行动，以机制创新加速推动科技创新，以数字化转型赋能核能产业，以市场化改革注入发展动力，不断提升核心竞争力，增强主体功能。

（一）完善科技创新体制机制，加快推进重大工程建设

中核工程持续优化科技创新体系，有效发挥“强核心、大协作”作用，加快推进科技创新研发，不断推动华龙系列型号技术更新迭代。

一是强化协同联合攻关，提升国产化水平。中核工程在推进“华龙一号”批量化建设过程中，联合多个科研院所、设备厂家，以敢闯敢拼敢试的心态，连续攻克了多项技术与设备难题，实现了国产 DCS 平台首次应用于核电机组、反应堆冷却剂主管道焊接设备首次采用国产焊机进行焊接等一系列国产新技术、新设备的创新、应用。“华龙一号”相关设备国产化率已超 90%，带动上下游产业链 5300 多家企业，进一步提升后续机组的自主化、国产化水平。

二是实施“揭榜挂帅”“赛马制”，推动技术升级。中核工程不断加大研发力度，从强化和完善“华龙一号”主要的创新设计特征、提高单机组功率、提高机组可利用率、优化系统设计方案和配置、优化布置和土建结构设计、提高设备国产化率、优化电厂运行性能等方面着手，逐步推进“华龙一号”型号技术迭代升级。针对核心关键技术实施“揭榜挂帅”，选取有效探索项目、工程实际应用项目、能够批量产出的成果组织开展“赛马制”，助推科技成果落地实施，承担的各项“卡脖子”项目取得研究成果并按计划完成验收。

三是创新设计工艺，提升重大工程综合能力。中核工程秉承持续创新

优化的理念，已累计完成近200项重大工程设计优化，包括反应功率提升改进、燃料管理策略改进、抗大飞机撞击设计优化、余排系统改进、通风系统及其支持系统综合优化、电厂集控运行优化等，有效缩短了工程建设工期，在机组建设成本和全寿期运行维护方面预计可产生约40亿元的综合效益。除了型号技术、设计创新，中核工程还积极推进工法创新，“开顶法”施工、钢衬里模块化施工建造、PCS支架整体吊装施工技术、主管道相控阵超声检测技术、预埋件机器人焊接等一批工法创新，进一步提升了施工的安全和质量水平，也使得核电机组建设不断刷新重大工程施工速度纪录。

（二）全面开启数字化转型，以数字化赋能核能产业

中核工程坚持以数字化塑造发展新动能，持续加大科研投入力度，推进关键核心技术攻关，以数字化打造核领域核心优势。

一是建设一体化协同平台，构建研发采购新模式。中核工程联合国内外企业、高校科研院所等，在科研、设计、采购、施工等多领域积极推进产业链协同、共享、创新、创效。成立“数字化设计建造工程技术研究中心”，打造“研发、设计、制造、施工”四轮驱动产业链一体化新模式。采购领域充分发挥供应链资源整合能力，在供应链强链固链上持续深耕，搭建设计、采购、制造一体化协同平台，通过系统平台开展服务延伸工作，开创备件供应链服务新模式。

二是以智能软件优化工程建设运营体系，全面开启工程领域数字化转型。中核工程以“一个平台六大基地”为依托，推进智慧工程多项目建设，实现参建各方的系统性协同。以漳州核电为试点的“核聚众台”运行良好，成功实现覆盖14个设计专业、70余类数字化设计接口的数据贯通。“智慧工地”已在在建项目中实现了工程现场全场“可感、可传、可知”。积极开发具备完全自主知识产权的产业链级智能决策工业软件“伏羲”，可有效支持核领域设计、制造、运维和应急全流程复杂运营体系的整体认知、预测推演和协同决策，有力推动核工业领域的数字化转型升级。

（三）健全市场化选人用人机制，为创新发展注入“源头活水”

中核工程坚持以人为本、与时俱进，建立优化“1425”人才发展体系，力破人才储备不够、培养缺乏系统性、战略引领性不强等问题，确保人才队伍实现数量、质量双提升，使科技创新和重大工程建设拥有“源头活水”。

一是搭建“1”个核心，建设6层双塔人才梯队。以人才能力水平为依据，中核工程搭建覆盖“尖、精、高、中、青、少”（尖端人才、精英人才、高端人才、中坚人才、青英人才、少壮人才）6个层次的金字塔形人才库，扎实推进优秀人才识别选拔和核心骨干托举培养。

二是推进“4”大领域人才队伍协同发展。中核工程持续建设高水平科技创新人才队伍、完善组建高效能项目管理人才队伍、不断优化高技能工程技术人才队伍、加快培养高标准经营管理人才队伍。

三是聚焦“2”个专题重点人才培养。中核工程大胆使用青年人才，鼓励青年人才挑大梁、当主角。通过“青年英才计划”，在科技岗位、项目岗位选用适当比例的青年人才兼职青年科技助理、项目总经理助理及校企联合培养等方式，不断提升青年人才各方面能力，释放创新能量。通过ITER国际大科学工程、巴基斯坦卡拉奇核电海外项目等与国际组织的交流合作，实现外派项目人员、国内支持人员、海外本土人员及相关工程设计、项目管理人员的全链条国际化人才培养。

四是打造“5”维体系合理保障托举。中核工程建立全面覆盖四大领域的后备培养体系、人才承载体系、人才评价体系、薪酬激励体系、制度体系，并以系统思维和标准理念推进五维人才发展支撑体系建设。以重点工程为依托，建立契约化薪酬机制，选取工业软件研发团队、华龙及微堆型号研发创新团队为试点，实施团队协议制薪酬。按照“弹性使用、软性管理、个性服务”原则，针对特殊人才建立劳动合同、岗位协议、绩效考核“三位一体”市场化用工契约管理体系。持续推进中长期激励，先行先试开展科技成果转化奖励251项，成为人力资本向生产力和重大战略支持转化的良好催化剂。

三、改革成效

一是重点领域项目取得重大进展，核领域战略安全支撑作用更好发挥。中核工程承担的重大工程获中央领导表扬和批示，国务院国资委、国家发展改革委、国家科技部、国家能源局等一系列专项任务按期完成并通过验收。“华龙一号首堆工程”获国防科技进步一等奖，总包的“华龙一号”示范工程福清5、6机组工程荣获国家优质工程金奖。

二是科研成果持续迸发，科技创新能力明显增强。中核工程科研专项取得重大突破，掌握核心关键技术。“华龙一号”创新团队获“国家卓越工程师团队”称号。中核工程牵头创建的国家级重点实验室“核退役治理技术创新中心”和“先进核能全国重点实验室”研发平台获得批复。QC国际金奖“八连冠”，创核行业新纪录。专利申请超过500项，发明专利占比超90%，全年累计获得科技奖55项。

三是华龙批量化建设有序推进，核电自主化建造取得新突破。“华龙一号”首个批量化建设项目——漳州核电1号机组冷态功能试验顺利完成。国产机械化焊机及配套焊接工艺成功应用于“华龙一号”批量化建设，实现了我国核电建造国产化自主化的又一重大突破。中核工程总包的“华龙一号”批量化建设项目——浙江金七门核电1、2机组获国务院核准。

4

创新驱动 深化改革 勇担航天科技富国强军使命

中国东方红卫星股份有限公司

一、基本情况

中国东方红卫星股份有限公司（以下简称“中国卫星”）是中国航天科技集团有限公司第五研究院（以下简称“航天五院”）所属专业从事宇航制造、卫星应用技术设备制造、卫星应用服务的上市公司，航天五院持股比例51.46%，社会公众股东持股比例48.54%，企业层级为三级。

中国卫星作为“科改企业”，坚持以习近平新时代中国特色社会主义思想为指导，全面贯彻落实国有企业改革深化提升行动部署要求，以服务和保障国家重大系统工程、重大科研任务为己任，努力践行航天强国战略，坚定履行强军首责，在提升研发创新能力、深化市场化机制改革、构建现代企业公司治理体系等方面综合施策，为提升国家科技创新硬实力、推动航天事业高质量发展注入新动能。

二、经验做法

（一）加速构建新型研发创新体系，提升面向国家重大专项的自主创新能力

一是探索建立“两级协同、组织灵活”的创新队伍。中国卫星强化创

新发展中心顶层牵引作用，以涉及国家战略安全的重点行业为切口，通过自主投入科技创新基金，利用市场化机制，充分调动子企业协同创新的积极性，激发两级公司科技人才活力动力，打破固有组织形态，集中优势资源组建研发创新队伍，培育两级公司协同攻关核心能力。聚焦主责主业，以重点行业用户需求为导向，积极开展战略合作，通过“行业＋航天”实验室建设，持续加大研发投入力度，强化核心技术及产品攻关。

二是培育打造“融合开放、产学协同”的创新生态。中国卫星围绕航天科技“实现高水平自立自强，积极打造原创技术策源地”的总体要求，依托“小卫星及其应用国家工程研究中心”“天地一体化信息技术国家重点实验室”两个国家级平台，与国内外高校、科研机构开展多个领域的技术合作研究和人才交流，培育了良好的协同创新生态。通过市场竞标即时奖励、产品研发激励计划、市场化薪酬体系设计等措施，加大对骨干队伍的激励，同时推动产学研深度融合，实现了多项技术突破和关键产品自主可控。

三是建立“揭榜挂帅、论功行赏”的创新机制。中国卫星按照“放管结合、精准奖励”的原则，重塑创新权责利体系，推行“揭榜挂帅”课题组长负责制，充分授予经费分配和合作对象选择权，在方案设计、外协择优、物资选型、专家咨询等课题重点管理环节给予课题组长更大的选择空间，激发科技创新团队活力动力，有效提升了技术创新效率。实施以重大创新课题立项和新产品孵化并重的科技成果转化激励政策，聚焦“拿出产品”和“落实订单”两条主线，将不低于10%产品销售净利润用于产品研发团队激励，培育了民航机载追踪监视终端等产业拳头产品，其中4款产品成功实现了研发和市场推广，首批核算激励总额达到100余万元。

（二）坚持实施人才强企战略，不断推动市场化机制改革走深走实

一是坚持推行“柔性引才”机制。中国卫星立足“不求所有，但求所用”的用人理念，坚持将柔性引才作为破解引才难、留才难的有效措施，通过对领军人才实行“双聘制”，采用全日制、非全日制、任务制等用人模式，推动人才柔性聚集。截至2023年，中国卫星已实现柔性引进两院院士4人、国际宇航科学院院士1人、国际欧亚科学院院士1人、俄罗斯宇航科学院院士1人、国家“万人计划”科技创新领军人才1人、各部委及领域领军人才近30人，为推动公司高质量发展提供了坚实的人才支撑。

二是探索实施新型经营责任制。中国卫星在两级公司40余名经理层成员全面实施任期制契约化管理的基础上，逐步探索推行中层领导干部新型经营责任制，牢固树立“能力决定岗位、贡献决定薪酬”理念，进一步建立健全市场化、差异化的考核分配体系，规范中层领导干部的考核退出和薪酬兑现，推动干部任用能上能下、收入能增能减。2023年，中国卫星总部先行先试，在已有年度考核的基础上，对试点部门正职、副职领导干部实施新型经营责任制考核，形成了考核评价体系、薪酬分配与退出机制。

三是用好用足各类激励政策。中国卫星对照中长期激励政策文件，针对子公司当前和未来业绩情况以及人才队伍情况，组织开展中长期激励论证分析，鼓励子公司结合实际开展形式多样的中长期激励，形成3年滚动计划。结合年度业绩指标完成情况，对2家重点子公司核心经营管理人员探索实施并发放了利润贡献奖。持续推动所属子企业实施国有科技型企业股权激励，截至2023年末，激励对象人数达到50余人，持股员工累计获得股权转让及分红收益合计30余万元，有效激发了骨干员工干事创业热情。

（三）持续加强现代企业规章制度体系建设，促进制度优势更好转化为治理效能

一是建立适应现代企业公司治理能力的规章制度体系。中国卫星健全完善中国特色现代企业制度，系统构建以公司章程为根本、以各治理主体

工作规则和议事规则为基础的“1 +6 +4”顶层治理制度框架，固化明确各治理主体的权责界面和行权履职的决策程序。在此基础上，进一步健全完善涵盖五大功能板块、20 余个业务模块的现代企业制度体系，为提升公司治理能力提供了坚强制度保障。

二是持续完善公司治理体系，提高治理能力。中国卫星全面落实“两个一以贯之”要求，充分发挥各治理主体作用，梳理明确公司各治理主体的决定事项清单与授权关系，实现各类决策事项的决策主体、决策权限表格化、清单化，并逐步完善决策流程，着力打造权责法定、权责透明、协调运转、有效制衡的公司治理机制。在此基础上，同步开展保障体系建设工作，探索建立董事会秘书保障机制，强化对外部董事的履职支撑，通过派出董事履职考核评价与追责问责机制的逐步建立，开创市场化经营管理新局面。

三是在子企业规范治理过程中充分发挥积极股东作用。中国卫星在持续加强子企业航天恒星科技有限公司（以下简称“航天恒星”）规范治理的过程中，高度注重寻求积极股东的支持，在规范公司治理、防范经营风险、引入战略资源等方面，听取具有专业投资机构背景的积极股东意见；在市场开拓、科研生产、质量体系、业务配套等方面，听取具有实际控制人地位的积极股东意见。通过发挥积极股东的关键作用，有力促进航天恒星高质量发展，近 3 年效益效率类指标实现稳步增长，收效显著。

三、改革成效

一是有力支撑航天强国建设和富国强军使命。中国卫星坚持以较大的研发投入力度，提前投入、提前布局，持续发挥天地一体信息优势，服务和保障了一系列重大演训活动，为国民经济建设作出重要贡献。2023 年圆满完成了 20 余颗各类应用卫星的发射任务，其中埃及二号卫星的成功交付标志着中国航天“走出去”迈出了新步伐，谱写共建“一带一路”的航天新篇章；新一代海洋水色观测卫星与已成功发射的海洋一号 C、D 卫星在轨组网运行，进一步提升了我国海洋遥感卫星应用能力。

二是服务和保障一系列国家重大专项工程。中国卫星成功孵化了基于北斗三号导航系统的民航机载追踪监视设备，以无偏离状态实现首飞验证并取得适航认证，为民航生命线筑牢安全保障。全面推进探月工程四期和行星探测工程等重大任务配套研制工作，为我国载人航天工程研制的网络通信设备助力空间站转入常态化运营，为航天员与地面实时通信提供可靠保障。

三是实现多项技术突破和关键产品自主可控。中国卫星小卫星研制平台内产品互换率由平均 80% 提升至 90%，平台单机国产化率达到 100%。牵引带动小卫星产业链丰富和延伸，推动形成了 20 余项卫星制造业务标准规范，新增有效发明专利 140 余项。国家重点研发计划项目完成硅基小型化 4 波束共口径相控阵芯片研制，填补国内空白；突破卫星通信波束高精度跟踪和自适应切换技术，产品通过飞艇和民航飞机飞行验证。累计获得国家科学技术进步奖和技术发明奖 14 项，省部级技术进步奖和技术发明奖 75 项。

5

改革创新　为百年老厂增添发展新动能

上海航天设备制造总厂有限公司

一、基本情况

上海航天设备制造总厂有限公司（以下简称“一四九厂”）是中国航天科技集团有限公司第八研究院（以下简称“八院”）所属主要承担运载火箭、空间飞行器和战术武器地面系统产品制造、总装测试和发射场服务的三级子企业。

一四九厂作为中国航天科技集团有限公司首批入选“双百企业”改革尖兵，始终坚持以习近平新时代中国特色社会主义思想为指导，坚定履行强军首责，巩固国企改革三年行动成果，接续推进国有企业改革深化提升行动，通过不断强化核心功能使命，构建技术创新格局，优化体制机制，实现运载火箭年发射量突破“30 +”，为空间站、探月工程任务作出重大贡献，有效保障国家重大工程任务的顺利完成，为加快建设航天强国、支撑世界一流军队建设提供了有力支撑。

二、经验做法

（一）增强核心功能使命，持续深化内部专业化整合和数字化转型

一四九厂坚持有所为、有所不为，坚定履行强军首责，围绕运载火箭

总装单位的核心功能，进一步实施专业化重组和数字化转型，有力支撑国家重大任务的完成。进一步实施产业结构调整，坚决退出低附加值业务、非主业公司，实现“瘦身健体”、提质增效，推进资源进一步向主责主业集中。

一是做优做强核心专业，实施空间结构机构专业化整合。以空间结构机构高质量发展为目标，一四九厂深入谋划空间结构机构产业后续发展，实施空间结构机构专业化整合，完成了人员、业务、资产等调整，优化管控界面和研制流程。进一步明确按照“1 +4 +5 +6 +8”的发展路线，不断以产品化、产业化、工艺制造一体化为方向，持续围绕四类核心产品在八大核心技术方面上协同创新，实现高效率高质量金相试样制备技术、空间大面积柔性太阳能电池翼装配技术等20余项技术突破和工艺攻关，有力支撑空间站、探月等国家重大工程任务。

二是实施数字化转型，重塑总装总测“新模式”。一四九厂适应“并行高强度总装”新要求，以基于MES系统的总装流程再造为主线，构建流程化、结构化、脉动式总装工艺和以实物装配流程为主脉络，过程数据管理与物流管控为辅助的各阶段总装的运载火箭总装新模式。搭建数据驱动的火箭装测发智能服务平台，建立总测“前端”与“后端”的桥梁，系统开展功能模块开发，为装测发服务网络化、智能化和平台化发展提供支撑。通过软硬件及数据资源建设、智能服务平台建设、远程测试发射仿真服务等提升装测发智能化水平。

三是优化产业结构，推动航天技术应用产业高质量发展。一四九厂明确所属公司分工定位，“瘦身健体”、提质增效。深入实施智能装备公司重组，重新明确发展方向，实施钣金、冷作、OEM、信息安全等非优势业务清理退出。转让航天华盛源股权，实现“非主业”参股公司清理；关闭注销电能公司，实施新光电器吸收合并，完成“两非”业务剥离。一四九厂非主业公司减少3家，资源进一步向主责主业集中。

（二）坚持创新驱动发展，构建“小核心、大外围”技术创新格局

一四九厂坚持创新引领发展，构建“小核心、大外围”技术创新格局。“小核心”就是在众多的技术中甄别提炼决定成败、决定发展的技术核心；“大外围”就是通过“请进来、走出去”，打造产学研合作“大外围”。通过构建“小核心、大外围”技术创新格局，打造具有生命力、创新力、竞争力的技术创新体系。

一是开展核心技术建设，牵引创新发展“牛鼻子”。围绕八院型号任务的发展需求，一四九厂全面匹配总体单位提出的68项重点关键技术需求，重点围绕总装总测总调、贮箱、空间结构机构、地面发射支持系统等十大核心产品，依托连接、装配、表面工程等十大核心专业，形成46项重要关键技术，明确148项技术攻关项目和49项重点任务，不断提升专业工艺水平，有力支撑八院型号竞标。

二是开展产学研合作，营造创新发展“栖息地”。一四九厂开展顶层策划，打造以需求为牵引、涵盖技术创新各环节优势力量的技术产业创新联盟。联合优势高校申报跨学科、跨领域重大课题，通过多种手段建立稳定而灵活的合作机制，与国内外优势高校研究机构开展前沿基础研究和高端装备制造等领域合作，夯实了打造企业技术策源地的能力。

三是加强创新人才培养，打造创新发展“加速器”。人才是创新发展的动力源泉。一四九厂依托“小核心、大外围”的创新格局，培养了一支以博士为技术带头人、以硕士为骨干的专业技术创新队伍，先后承担了国家重点研发计划等省部级以上项目200余项，在突破一项项核心技术的过程中，创新研发队伍得到充分锤炼。

（三）持续优化体制机制，充分发挥体制机制对高质量发展的支撑作用

一四九厂始终坚持改革调整，以贯彻新发展理念、构建新发展格局为

目标，进一步解放思想，不断优化体制机制，牢牢把握发展方向，释放各层级经营活力，激发员工干事创业热情。

一是构建“五统一”党建工作模式，充分发挥党建优势引领企业发展。一四九厂牢牢把握新时代党的建设总要求，构建党的基本路线、方针贯彻落实与企业发展战略相统一，党对重大问题的决策把关与企业依法经营决策相统一，党管干部、党管人才与企业市场化选人用人相统一，党的组织建设与深度融入科研生产相统一，以及全面从严治党与依法治企、合规管理相统一的党建工作模式，在公司治理和经营管理各环节全面加强党的领导，充分发挥党建优势引领企业发展。

二是分层分类构建新型经营责任制，实现经营责任层层传递。一四九厂本级和所属公司的15名经理层成员全部实施任期制和契约化管理，考核指标设计除经营目标，重点明确对国家重大工程任务完成的要求，更加突出强军的功能使命。同时，进一步将经营管理责任层层向下传递，压准压实型号团队、利润中心、成本中心、职能保障类等内部经营责任中心的责任，按照市场化机制模拟独立法人自主运营，核算经营管理“三张表”，制定差异化的经营目标，针对3类经营主体的7类重点工作，构建“3＋7”共计90个指标的监测体系，实现经营目标的层层分解和责任落实。

三是加快员工业务职务体系建设，优化向一线倾斜的薪酬激励体系。一四九厂开展员工业务职务体系建设，梳理不同类型人才的岗位能力和发展目标，进一步拓展员工职业发展通道。积极利用中长期激励政策，所属产业公司均根据业务特点实施股权激励或岗位分红，累计参与人次达到84人，兑现收益比重占个人薪酬的比例接近20%。同时在企业本级探索灵活多样的中期激励模式，坚持向一线、奋斗者倾斜，制定项目绩效奖励、市场开拓绩效奖励、技术创新专项奖励，年激励金额达到300万元，树立价值创造和效率效益导向的薪酬激励机制，激发员工干事创业热情。

三、改革成效

国有企业改革深化提升行动明确了更加注重功能使命、价值创造、系统观念、精准高效的总体要求，一四九厂牢牢把握国有企业改革深化提升行动的方向目标，着力打造发展方式新、公司治理新、经营机制新、布局结构新的现代新国企。

一是通过不断优化体制机制，一四九厂的发展方向更加明晰，各层级经营责任不断夯实，员工职业发展通道进一步拓宽，员工干事创新热情持续激发，有力确保公司圆满完成各项年度经营目标，全员劳动生产率近3年平均增幅8%，国有资本回报率平均增幅4.29%，经济发展基础进一步夯实。

二是通过不断实施内部专业化整合，加快数字化转型，一四九厂主责主业更加聚焦，产业结构更加合理，实现“瘦身健体”和提质增效，非主业公司法人减少3家，空间结构机构产品研制、运载火箭总装总测等科研生产效率提升30%以上，实现运载火箭年发射量突破“30+”，对接机构等空间结构机构产品在轨表现完美，为空间站、探月工程任务作出重大贡献，有效保障国家重大工程任务的顺利完成，强军使命进一步发挥。

三是通过构建“小核心、大外围”的技术创新格局，一四九厂突破0.8毫米镜像铣削、舱段柔性自动对接等30余项核心技术，完成10余项新产品研发并实现型号应用，培养上海市领军人才1人、上海市优秀技术带头人10余人、上海市“启明星”近20人，形成梯队成长的人才队伍，打造科技部航天制造装备产业技术创新战略联盟、工信部智能制造试点示范工厂等20余个省部级以上研发平台，技术创新水平不断提升。

6

全面开创液体动力制造高质量发展新局面

西安航天发动机有限公司

一、基本情况

西安航天发动机有限公司（以下简称“西发公司”）是中国航天科技集团有限公司第六研究院所属子企业，是我国唯一的大型液体火箭发动机研制生产单位，主要产品包括常规液体火箭发动机、新一代液氧煤油发动机、轨姿控发动机、空间推进系统及吸气式冲压发动机，承担的在役、在研发动机数量占我国航天液体动力总数90%以上，有力保障了空间站建设、北斗工程、载人航天等为代表的重大宇航发射任务。

西发公司被认定为国防科技工业企业技术中心、国家高新技术企业，首批入选“科改企业”，先后荣获国家科学技术进步奖等各类国家和省部级科技成果奖120余项，累计拥有有效发明专利230余项。国有企业改革深化提升行动实施以来，西发公司紧密围绕完善法人治理体系、健全市场化选人用人机制、强化市场化激励约束机制、激发科技创新动能、加强党的领导和党的建设等方面深入推动改革，进一步激发了企业经营管理活力，提升了科技创新能力。

二、经验做法

（一）完善科技创新组织体系，持续提升创新效能

一是构建自主创新与合作创新双轮驱动的创新组织体系。西发公司统筹航天液体动力单位内部创新资源，公司级表面处理、铸造专业研究室升级成为院级创新中心。按照“突出重点、联合攻关、优势集成”的原则，建立以企业为主体，高校、科研院所协同联动的创新研发团队，与西安交通大学、电子科技大学（深圳）高等研究院深思实验室等成立联合创新中心，实现了液体动力制造核心专业全覆盖。

二是坚持系统工程思维，统筹实施卓越产品行动。西发公司以“全面实施、健全机制”为原则，深入推进新项目建设、已建项目迭代改进与等级评价等工作。2023 年，完成 38 个卓越过程项目建设并投入使用；开展了 38 个卓越过程项目等级评价，其中 7 个项目评为精益级、20 个项目评为精细级，以先进制造单元和生产线为主要特征的液体动力生产体系初步形成，发动机生产效率与质量管控精细化水平显著提升。

三是积极推动增材制造产业化发展，培育创新发展新模式。西发公司依托国防科技工业航天特种构件增材制造创新中心积极开展增材制造技术研究和应用，推动传统“设计—制造—试验”大闭环研制模式向“技术创新—面向制造设计—分析仿真—快速试制”的小闭环快响应模式转变，实现 600 余种增材制造产品运用于 50 余个发动机型号研制生产。投资设立增材公司，探索先进增材制造技术研究和创新增材制造产业化管理运营模式，不断夯实增材制造工程化应用基础。

（二）健全市场化选人用人机制，不断激发创新活力

一是强激励硬约束实现收入“能增能减”。西发公司本级及其下属子企业全面实现经理层成员任期制和契约化管理，持续优化应用与经理层成

员选任相匹配、与公司功能定位相适应、与经营业绩紧密挂钩的激励约束机制和差异化考核方式。2023 年，西发公司本级经理层（副职）成员收入差距达到 1.65 倍，充分调动起经理层成员干事创业、推动发展的主动性和积极性。

二是竞争上岗促进干部“能上能下”。干部能上能下实现常态化，严格按照“印发工作方案—自愿报名—笔试—面试—考察—党委会票决—公示—试用期—公开竞聘”九步走程序，变“伯乐相马”为“赛场选马”，构建优秀年轻干部“广选、优培、多用、严管”全链条机制。2023 年，管理人员竞争上岗比例达到 100%，管理人员退出比例达到 8.44%。

三是“挪位子”推动员工“能进能出”。西发公司修订职工考核管理办法，规范考核程序，细化日常与年度、定性与定量考核标准，明确退出条件，严格考核结果应用，形成职工考核结果和奖金分配、职务晋升、员工发展、岗位调整联动机制。2023 年，员工实现市场化退出 172 人，市场化退出率 4.04%。

（三）创新市场化激励约束机制，不断增强创新动力

一是加强科技创新人员激励。西发公司积极向集团公司申报岗位分红激励并得到批复，收入分配逐渐向科技骨干员工倾斜。同时，积极开展课题研究考核奖励、科技成果转化奖励等形式多样的奖励激励方式。2023 年，课题研究考核奖励和科技成果转化奖励总覆盖人数达到 110 余人次，有效激发了技术人员开展创新研究的积极性。

二是核定处室岗位编制，提高人员使用效能。西发公司开展公司本级职能处室人员定岗定编，综合统筹各处室近 5 年人员数量、部门职责和未来发展形势，研究制定处室定编方案并严格落实，进一步提高了人员使用效能。

三是开展二次分配研究，持续开展薪酬改革。西发公司以岗位贡献度

为基础，开展绩效奖金二次分配，提高收入分配科学性，劳有所得、多劳多得的导向更加显著，进一步激发了职工主动性和积极性。2023 年，同一岗位人员薪酬差距最高达到 1.7 倍，以奋斗者有为本的氛围更加浓厚。

三、改革成效

西发公司坚持以习近平新时代中国特色社会主义思想为指导，深入实施改革深化提升行动，不断激发创新动力活力，科研生产效率显著提升，经营管理效益明显改善。

一是圆满完成国家重点工程任务。面对重大工程任务接续实施、研制交付交叉并行的繁重艰巨任务，西发公司坚持围绕高质量发展目标，持续提升科研生产效率，完善科技创新组织体系和市场化经营机制，圆满完成神舟十六号、神舟十七号载人飞船发射任务，为中国空间站应用与发展阶段揭开帷幕，2023 年 48 次宇航发射任务取得全胜战绩，支撑集团公司百次发射周期缩短至 24 个月，推举长征系列运载火箭发射突破 500 次大关，创造长征系列运载火箭连续 175 次的成功发射纪录。2023 年交付各型发动机同比增长 17%，连续两年交付各型发动机超过千台，再创历史新高。

二是科技创新能力持续提升。2023 年，西发公司开展以大推力液氧煤油发动机、液氧甲烷发动机为代表的新型液体动力研制技术攻关，完成科技部重点研发计划、科工局民用航天预先研究项目等 52 项课题研究，突破了以超大尺寸复杂壳体增材制造形性控制技术为代表的 70 余项关键技术，获得国防科学技术奖二等奖 2 项、湖北省科学技术进步奖一等奖 1 项、陕西省科学技术进步奖（专用项目）二等奖 1 项，液氧煤油发动机研制团队获得首届“国家卓越工程师”奖。以大推力液氧煤油发动机为代表的多款新型发动机整机试车圆满成功，YF-102 发动机实现国内商业发动机成功首飞，实现液体发动机制造关键技术自主可控，部分核心技术世界领先。

三是产品生产交付能力大幅提高。西发公司以液氧煤油发动机总装脉动生产线为代表的111个先进生产线、制造单元投入运行，生产能力全面提升，航天液体动力“任务等能力”的状况全面改善。同时，不断提高卓越产品行动管理成熟度，围绕产能、质量与产品保证、数字化贯通、成本管控4个维度，深入开展卓越项目建设、已建项目迭代改进与等级评价，以先进制造单元和生产线为主要特征的液体动力生产体系更加完善，发动机科研生产不断从精细精益向卓越迈进。

7

全面开启卫星应用产业高质量发展新征程

航天恒星科技有限公司

一、基本情况

航天恒星科技有限公司（以下简称“航天恒星”）是中国航天科技集团有限公司卫星应用产业主力军、“科改企业”中国东方红卫星股份有限公司的重要子公司。

航天恒星历经30余年发展，现已形成以“天地一体化信息技术”国家重点实验室为引领，以卫星通信、卫星导航、卫星遥感、武器装备、信息安全与无人机等业务领域为支撑的完整业务架构，为国防、行业、区域及国际用户提供基于天基资源的综合信息化整体解决方案，以及系统集成、设备制造和系统运营服务。航天恒星认真学习贯彻习近平总书记关于国有企业改革发展和党的建设重要论述精神，深入实施国企改革深化提升行动，坚持创新驱动、人才强企、数字赋能，加速推动业务“做强”、产品“做优”、管理“做细”。

二、经验做法

（一）坚持创新驱动，布局前沿，激发产业创新活力

一是打造创新平台引领产业发展。航天恒星以“创新出成果、成果能

应用、应用出效益”为导向，建成以天地一体化信息技术国家重点实验室为顶层引领、6 个省部级实验室为支撑、2 个院级核心专业实验室为基础的三级创新平台体系。公司协同推进全国重点实验室整合组建，完成与航天科技集团五院、清华大学的联合共建，与鹏程实验室签订了网点合作协议，加入思源人工智能科学与技术协同创新联盟，形成空间信息服务一个体系、4 个研究方向和 N 个应用场景的总体研究布局，打造了天文与空间领域的技术策源地、人才高聚地和创新发展平台，构建了以全国重点实验室为主体、多方研究力量参与、开放协同的产学研用协同创新生态。

二是布局应用基础前沿创新。航天恒星大力布局重大应用基础前沿创新，自主研发 Anovo 高通量卫星通信系统，填补国内高通量卫星通信地面系统空白。突破国际芯片封锁，自主研发了国内首款可批量应用的宇航级导航 SoC 芯片。积极面向“未来通信”开拓创新，落实 Ka 频段收发共口径相控阵天线及芯片、Q/V 频段宽带星载相控阵多波束天线与国产卫星信息智能分发技术等重大项目。

三是推动技术创新管理变革激发创新动能。航天恒星按照“放管结合、精准奖励”的原则，重塑创新权责利体系，实施了以重大创新课题立项和新产品孵化并重的激励政策。在基础研究等领域全面推行课题组长负责制，加大课题组长经费分配和合作对象选择权，在方案设计、外协择优、物资选型、专家咨询等课题重点管理环节给予课题组长更大的选择空间，有效提升了技术创新效率。遴选出 11 款产品开展试点，实施科技成果转化激励，以培育产业拳头产品为目标，将不低于 10% 产品销售净利润用于产品研发团队激励。聚焦“拿出产品”和“落实订单”两条主线，培育了民航机载追踪监视终端、高通量机载卫星通信终端等产业拳头产品，其中 4 款产品成功实现了研发和市场推广，首批核算激励总额达到 100 余万元。

（二）坚持人才强企，锐意改革，提升产业内生动力

一是做深做实干部“能上能下”。航天恒星实施任期制契约化管理，明确选聘及退出条件、岗位及考核要求。针对公司经理层和子公司经理层成员，以市场化改革为先导，聚焦公司发展目标有效落实落地，推动经营业绩目标、责任、压力层层有效分解，合理拉开岗位系数差距，合理拉开考核结果差距，合理拉开薪酬兑现差距，实施精准考核、刚性兑现，经考核不胜任的坚决予以退出。将任期制契约化考核模式运用到业务部门管理人员，以业绩为导向引导两级干部进一步聚焦业务发展。近3年全力推进任期制契约化管理，末等调整与不胜任退出覆盖率达100%，不胜任退出率达5%，根据业绩合理拉开收入差距，管理人员同职级薪酬差距达到2.05倍。

二是统筹推进员工“能进能出”。航天恒星以人员总量规模可控为前提制定引进计划，近3年引进中高端人才83人，其中紧缺技术人才占比达80%以上，人才引进质量逐年提高，1人入选国家“万人计划”科技创新领军人才，1人入选国家“长城计划”创新人才，4人入选中国科协青年人才托举工程，2人入选北京市科协青年人才托举工程，1入选北京市科技新星。加强对百元人工成本利润率、人事费用率、劳产率等人员效能指标的业绩考核，将人均效能纳入部门业绩考核指标。全面完善配置、业绩考核、岗位体系等人力资源管理机制。通过严控非主体岗位人数、盘活内部人才市场、量化任职标准、强化业绩考核等系列措施，实现岗位、薪酬、考核、晋升/降级/退出的联动。近3年因考核不合格市场化退出员工占比达到5.99%。

三是深入实施薪酬“能升能降”。航天恒星改革市场化薪酬体系，加大工资总额分配与经济效益、人才效益的挂钩力度，建立与效益增长及战略发展相匹配的工资总额良性增长机制，将薪酬向价值贡献者、科技创新

人才倾斜，实现员工整体收入与公司业绩的同步增长。定期分析公司核心骨干激励落实情况，持续优化激励举措，进行岗位薪酬市场化对标，切实提高公司关键核心岗位的薪酬竞争力。近3年公司业绩表现突出的核心骨干员工薪酬年均增幅15%，业绩表现不佳的员工薪酬年均降幅达10.47%。

（三）坚持数字赋能，精细管控，提高企业管理能力

一是构建数字化科研生产管理模式。航天恒星打造单机产品的数字化研制平台，纵向贯通“需求管理—协同设计—智能生产—在线交付”的全周期研制流程，实现产品研制全流程数字化协同和过程管控，实现基于物料编码的产品BOM数据传递，减少4次产品设计及采购过程的数据反复核对过程，显著提升了产品研制效率。全面推进以自动化搪锡、自动化装配为代表的宇航和武器产品的智能单元建设，切实提升产品生产、检验、测试的智能化水平。统筹融合型号和产品的“计划、质量、经费、物资、供应商”全要素数据，打造科研生产一体化管控平台，实现产品全要素在线管理和数字化驱动。

二是构建新型数字质量体系。航天恒星覆盖产品研制全流程，建设了质量信息综合管理平台、可靠性设计平台、软件研制一体化平台、电子数据包、试验管理系统等数字化设计、生产、试验及产品全过程质量管理平台，自底向上实现了质量数据同构。通过融合产品设计、生产、试验过程的质量数据及质量问题和故障处理、售后质量服务、质量成本统计等管理质量数据的信息，打造了质量大数据智能分析、故障自主诊断等一批现代化质量控制手段，实现了产品研制全生命周期质量的精准量化管理。

三是打造成本可知可视分析平台。航天恒星为解决成本数据分散、获取难、使用难问题，自研开发成本数据分析平台，充分利用已有业务管理系统，以电子看板形式提取、整合6个系统、24项成本、近万份合同的相关数据，面向综合管理人员、项目管理人员与项目设计师的不同需求，快

速实现成本可知可视，为经济性审查、型号报审价、目标成本管理、限价设计、项目概算提供支撑，为成本控制提供管理基线，为成本执行情况提供反馈，为质量问题分析及精益质量管理提供数据支持，大幅提高了管理效率与经营效益。

三、改革成效

航天恒星积极推进管理能力与管理体系现代化，健全市场化经营机制，抢抓卫星应用快速发展的机遇，在勇于开拓创新中发展壮大，在归核聚焦、产品化转型中迈上高质量发展新征程。近3年，年均交付导航终端上万台套，多个北斗示范项目高标准通过验收；打破国外技术封锁，自主研发的机载导航与高通量卫星通信终端通过适航取证；三江源国家公园、智慧祁连等项目验收交付，打造通导遥一体化综合应用典型样板。

一是技术创新成果丰硕。航天恒星近3年年均申请专利110余件，其中发明专利90余件，现有专利717件，3年累计获得省部级以上科技奖励42项，形成国家、行业、企业各级各类标准共计178项，行业话语权稳步提升。

二是人才改革成效显著。航天恒星近3年累计引进“985”“211”高校毕业生与成熟人才300余人，培养国家海外高层次人才计划专家2名、国务院政府特殊津贴人员2名、集团学术技术带头人1名、集团公司科技创新团队1支、青年拔尖人才2名、其他高层次创新人才近20名。

三是数字化转型加速推进。航天恒星建立了基于横向近千类数据要素，纵向时间30余年，从财务数字化到业务数字化的数字化体系，实现三网闭环管理的运行流程，企业管理效率有效提升，员工合规经营意识不断增强。

8

以改革促创新发展　打造智能总体力量

航天科工集团智能科技研究院有限公司

一、基本情况

航天科工集团智能科技研究院有限公司（以下简称“航天智能院”）是中国航天科工集团有限公司（以下简称“航天科工”）所属全资二级单位。航天智能院成立于2022年4月，注册资本5亿元，是航天科工的智能科技发展技术总体单位、智能基础关键和前沿技术研究的核心单位、理技融合的重点骨干单位，旨在打造航天智能产业和新型国家战略科技力量，目前已圆满完成“逻辑到位”“物理到位”“筹建到位”三个阶段的筹建计划，构筑智能科技总体力量初见成效。

航天智能院锚定“建设世界一流智能科技创新研究院”战略目标，紧抓国有企业改革深化提升行动契机，以提高企业核心竞争力和增强核心功能为重点，以改革深化提升行动为抓手，充分发挥航天智能院创新基因效能，坚持科技创新和制度创新“双驱动”，注重提升建设与发展的活力效率，加速打造智能总体力量，全面推动改革创新取得明显成效。

二、经验做法

（一）完善科技创新体制，加快实现高水平科技自立自强

一是推进航天防务领域智能技术布局规划。航天智能院构建及发布智

能技术“十四五”专业技术发展体系，涉及10项一级专业技术及30项二级专业技术。强化原创性引领性科技攻关，突破高模仿性人机混合智能决策、智能体系集成、云原生多层级数字环境构建等关键技术，达到国内领先水平。聚焦人工智能前沿基础技术及应用，推动类脑脉冲神经网络等技术发展，引领智能科技原始创新。联合民营人工智能头部企业，打造航天防务领域大模型原型系统，构建“大模型底座+航天防务应用”生态环境，推动了大模型技术向航天防务领域的转化应用。

二是加大多元化研发投入。航天智能院瞄准智能领域战略性、前沿性、基础性、颠覆性技术，在院起步筹建期间坚持确保研发投入强度，2023年研发投入强度达117.21%，有力助推前沿理论研究成果产出，畅通院自主创新项目自筹渠道，充分释放研究人员的创新潜能。

三是履行理技融合职责。航天智能院联合集团内部多家单位，开展人工智能技术成果转化应用，初步构建智能技术向装备赋能转化渠道。

四是构建联合创新生态。航天智能院与国内优势高校建立战略合作伙伴关系，与集团内总体单位等共建应用创新中心，打造智能领域创新平台，与业界优势企业深入交流合作。

（二）优化产业结构布局，加快推动现代化产业体系建设

一是航天智能院深化“十四五”发展路径，明确实施管理创新筑基工程、智能科技创新工程、智能领域拓展工程，打通“创新机制—技术攻关—应用拓展”产业链条，布局智能化装备、智能部组件等4个产业方向，智能飞行器、智能无人套件等12类产品的发展布局，树立了建设成为国内一流的智能创新研究院的“十四五”目标。

二是航天智能院成立战略管理委员会，推动产业、专业技术布局和重大项目立项研究决策，决策实施创新项目超亿元。

三是航天智能院坚持做精主业，聚焦布局前瞻性战略性新兴产业，人工智能领域主业集中度 100%。加快布局智能科技领域行业大模型等产业方向，培育和打造发展新动能。

四是航天智能院深入贯彻“高质量、高效益、低成本、可持续”发展理念，在重点客户方向，明确布局数字态势构建、目标情报智能分析、智能指挥决策等项目方向。

（三）完善市场化运营机制，深入激发干事创业热情

一是构建了权责清晰、高效运转的治理和组织架构。航天智能院制定了治理主体议事规则、执行董事授权制度、“三重一大”决策制度，分层加速决策。按照扁平化管理原则，设立 4 个院本部管理部门，以尽快实现独立运营为目标，组建 3 家院属非法人单位，形成一级法人、两级管理的高效运转机制。

二是航天智能院完善经营管控与考核机制，构建形成“年度任务分解—月度过程把控—季度考核监督”的经营管控闭环，实施“季度与年度考核相结合、结果考核与过程评价相统一、考核结果与奖惩相挂钩”的经营业绩考核体系，完善“预算—核算—决算”链条，以全面预算为抓手，严控成本费用。

三是航天智能院加强高素质专业化复合型干部队伍建设，按照干部素质培养、知事识人、选拔任用、从严管理、正向激励五大体系建设，统筹干部选拔、培养、管理和使用，实施全面绩效考核，突出以实干业绩考察考核干部，激励担当作为，推进领导人员“能上能下”。

四是航天智能院构建智能人才高地，聚焦基础性、前瞻性、颠覆性技术，瞄准人工智能领域，实施精准引才、以才引才。聚焦重点专业技术方向和重点项目，建立专业师队伍和“两总”队伍，积极开展卓越工程师培育，接收了 4 名清华大学等高校工程博士入企实践。

三、改革成效

一是科研任务稳步增长。航天智能院支撑某重大专项取得显著技术进展，完成了有关演习和试验验证。高质量完成年度科研任务，取得了智能筹划等20项核心技术成果。多个重点项目完成结题验收，形成了智能支撑能力。

二是技术创新取得突破。航天智能院以第一作者发表国际人工智能顶级会议文章6篇，高水平SCI（一区）论文5篇，获得某战略博弈推演系统创意设计大赛一等奖，获评某任务规划创客大赛一等奖，引领航天防务智能科技原始创新。

三是成果转化取得实效。航天智能院2023年新签项目50余个，在军民领域多渠道实现项目落地。中标芜湖双智试点智慧综保区应用场景项目、芜湖双智经开区智能接驳项目，实现数据融合等智能化研究成果在民用领域的转化应用。

四是经济运行保持平稳态势。航天智能院营业收入、新签合同额、合同到款额同比均有大幅度提升，呈现良好的发展态势。

五是人才队伍建设成果显著，构建了一支高学历、年轻化、技术密集型人才队伍。航天智能院35岁以下人员占比68%，硕士研究生学历及以上人员占比达79%，博士研究生学历人员占比达30%，科技人员占比84%。拥有军队专业组专家9人次，享受政府特殊津贴人才4名，培育2名国家级专家、1名“卓青”人才、3名“青托”人才。

9

凝“芯”聚力　锻造 GPU 产业“中国芯”

武汉凌久微电子有限公司

一、基本情况

武汉凌久微电子有限公司（以下简称“凌久微”）是中国船舶集团有限公司所属三级子公司，主要从事集成电路设计、计算机软硬件研发、测试与销售业务，拥有国内顶尖的图形处理器研发团队，形成了从芯片设计、底层驱动、中间件到图形应用系统完整的技术体系，是唯一一家实现国产通用 GPU 芯片量产的央企子公司。

2023 年入选“科改企业”以来，凌久微加快从初创型科技企业向成长型科技企业蜕变，关键核心领域国产化替代初步实现，战略引领技术实现新突破，形成了 GP100、GP200、GP300 等一系列产品，部分产品已批量应用，初步解决了 GPU 芯片受制于国外的问题。

二、经验做法

（一）以混资本促改机制，抓住“芯”机遇

一是引入外部资源，增强产业发展协同性。凌久微通过混合所有制改革引入了中信建投、国投创合等战略投资者，实现了产业链延伸和业务协

调，首轮获得融资金额1.7亿元，有效保障了公司GPU核心产品的研发需要，在技术、研发、市场、品牌、产业链等方面形成协同效应。

二是完善法人治理和决策机制，提升市场化运营能力。凌久微充分发挥科技型企业党组织领导作用，把加强党的领导与完善公司治理结合起来，规范前置研究，支持董事会、经理层依法履职。加强董事会建设，规范董事会运行，积极推进落实董事会职权，设立4个董事会专门委员会，修订完善董事会授权管理办法和授权事项清单，公司治理能力和水平显著提升。

三是实施股权激励，实现共创共担共享。凌久微57名员工持股，持股比例达14.55%，单人最高持股金额达400余万元。通过股权激励充分调动了公司管理团队及核心员工的积极性，将股东利益、公司利益和核心员工个人利益紧密结合，建立健全了公司长效激励机制，同时吸引和留住了GUP行业NPU与IP核研发高端人才，全面提升了研发综合实力，对加速重点产品研发、布局未来产品方向起到极大促进作用。

（二）健全市场经营机制，激发“芯”活力

一是坚持业绩决定位置，“能上能下”成为常态。凌久微全面推行经理层成员“任期制契约化”，管理人员从传统的“身份管理”向市场化“岗位管理”转变，每人每年“一人一岗、一岗一策”签订差异化经营业绩考核指标并刚性兑现。2023年，公司中层管理人员竞聘上岗率达100%，退出率11%，40岁以下中层管理者占比71%以上。

二是坚持效率决定用工，“能进能出”内外贯通。凌久微持续优化人力资源结构，不断增强人才储备，2023年共引入行业内领军人才1名、高层次人才10名，研发人员占比提升至85%。制定“青苗”培训计划，联合中科院计算所、成都电子科技大学等院校开展新进应届生“一生一芯”培养计划，2023年度新进应届生培养覆盖率达100%，培养周期缩短

50%。推行劳动合同和岗位合同“双合同”管理，建立员工末等调整和不胜任退出机制，经考核不胜任工作的员工可予以离岗培训、调整岗位、待岗处理，形成员工合理流动机制，2023年员工市场化退出率达到5%以上。

三是坚持贡献决定薪酬，“能增能减”取得突破。凌久微开展业绩薪酬双对标，实施工资总额备案制，建立健全与劳动力市场基本适应，与经济效益、科技创新投入、全员劳动生产率挂钩的工资总额决定机制，同时加大收入分配向奋斗者与绩优者倾斜，建立关键人才中长期奖励机制。2023年管理层收入差距达1.67倍，中层管理人员收入差距达2.82倍，关键核心技术人才薪酬与其他人员薪酬差距达1.94倍，因业绩不佳进行薪酬调整人员10人。

（三）加大科技创新力度，抢占“芯”高地

一是积极争取国家资金支持。2023年凌久微依托上级单位成功获批为“国家级图形处理芯片及智能计算系统技术创新中心”，先后入选武汉市“创新型中小企业”、2023年光谷瞪羚高技术十强企业、东湖高新区“金种子”企业，累计获得本地政府研发投入补贴超千万元。

二是加大研发投入丰富产品谱系。凌久微以科技创新为根本，以产业控制为关键，以安全支撑为底线，明确了高性能GPU芯片、显控SoC芯片、智能计算芯片三条产品线的发展思路。2023年持续开展高性能通用GPU优化，自主研发了嵌入式低功耗GPU、水星智算芯片、气表控制SOC、嵌入式3DIP核等多款产品，研发投入经费超亿元，研发投入强度超100%。

三是积极创新科研组织管理模式。凌久微构建资源线、产出线和平台线，推动原直线型组织管理模式转变为矩阵化组织管理模式，形成以客户为中心、需求从客户中来应用到客户中去的组织架构。组建直接面向客户和市场的经营团队，形成面向客户的研究开发体系，责任聚焦，“利出一孔”，客户需求与技术创新双轮驱动，为科技创新产品市场化应用提供组织保障。

三、改革成效

一是坚持资本赋能，产融协同促进公司高质量发展。凌久微通过混改引入多家战略投资者，首轮获得融资金额 1.7 亿元，战略投资者和机构股东为公司带来行业、市场、品牌、资金等发展资源，形成了各种资源禀赋相互融合、取长补短的新发展态势，有力支撑 GPU 核心产品研发，推动销售业绩的持续提升，国有资本与战略投资者实现双赢。

二是坚持市场导向，公司治理能力稳步提升。凌久微结合公司发展痛点和科改政策指引，通过制定“一企一策”授放权清单，建设了外部董事独立表决事项清单及重要审批事项“绿色通道”和限时办结机制，公司治理能力和决策效率显著提升。积极探索公司中高层契约化改革路径，坚持党管干部与市场化选聘相结合，构建了完备的市场化选聘、管理、退出机制，2023 年公司中层管理人员竞聘上岗率达 100%，退出率 11%，40 岁以下中层管理者占比 71% 以上。构建了以岗位机制为基础、以实际业绩为依据、与功能定位相匹配的薪酬分配和激励约束机制，2023 年管理层收入差距达 1.7 倍，中层管理人员收入差距达 2.8 倍，关键核心技术人才薪酬与其他人员薪酬差距达 1.9 倍，因业绩不佳进行薪酬调整人员 10 人。

三是坚持自主创新，产品迭代速度显著加快。凌久微坚持走自主创新道路，产品关键核心技术均自主研发，保证技术、产品的持续迭代升级和稳定供货。累计授权及受理发明专利 66 项，其中美国专利 1 项，形成了 GP100、GP200、GP300 等一系列产品，核心模块国产化率达 100%，芯片出货量达 13 万片以上，累计合同额超亿元，市场占有率居全国第二，可满足防务、党政军办公及八大行业领域 90% 的应用需求。

10

加快建设世界一流夜视技术企业

北方夜视技术股份有限公司

一、基本情况

北方夜视技术股份有限公司（以下简称“北方夜视”）成立于2000年，是中国兵器工业集团有限公司所属三级子企业，2020年入选国务院国资委首批“科改企业”。

北方夜视主营微光像增强器、微通道板型光电倍增管等，产品广泛应用于夜视、天文观测等国家大科学领域，2023年全球市场占有率达23%、国内市场占有率超95%，是世界主要的微光像增强器制造商之一，技术水平和生产能力达到亚洲领先。近年来，北方夜视深入贯彻落实党的二十大精神，深入学习贯彻习近平总书记关于国有企业改革发展和党的建设重要论述，体系化推动国有企业改革深化提升行动、“科改行动”落地实施，加快从传统国企向现代新国企转变，加快建设世界一流夜视技术企业。

二、经验做法

（一）深化科研体系机制改革，提升创新能力

一是构建“1+1+2+N”科技发展体系，明确布局方向。北方夜视以

提升原创性、引领性科技创新能力、加快科技成果转化为导向，制定“守正、创新、跟随、拓展”科技战略，构建“1+1+2+N”全新科技发展体系：“守正”传统真空图像增强技术优势，保障国家战略需求；“创新”新型电子倍增器件图像增强原创技术，着眼未来市场需求；“跟随”电子轰击有源像素传感器（EBAPS）及单光子探测器两个夜视技术，抢占新一代数字微光赛道；“拓展”光电倍增管等N个颠覆性成像技术，服务前沿探索和国家大科学工程，促进微光夜视技术和产品谱系化、体系化发展，为数智化产业升级锚定新坐标。

二是动态优化科技管理体系，激发创新活力。北方夜视以落实“1+1+2+N”科研和产业布局为目标，将科技管理由垂直型“管理+研究室”，调整为“管理+领域+平台”的平行管理模式，按终端产品特点构建科研“领域”并提级管理，打破原有领域研发力量分散、专业技术存在壁垒等创新瓶颈。“领域”随新产品布局推进，实行动态调整；“领域”负责人实行公开竞聘，提高学历门槛、设定年龄上限、放宽工作经历要求，切实把年轻优秀科研人才推向创新舞台中央，激发科研人才团队创新热情。

三是加快产学研用科创平台打造，赋能科技创新。北方夜视以满足国防科技工业建设需求、解决产业链供应安全、关键核心技术“卡脖子”问题为目的，充分履行行业“国家队”的责任担当，与中国建筑材料科学研究总院组建国家级创新中心，着力开展关键共性技术应用研究和工程化开发。深化与浙江大学、北京理工大学、南京理工大学等高校合作，建立微光成像器件技术实验室、微光器件中试线等创新联合体，解决关键材料国产化替代等问题，推动科技创新成果相融互促。通过创新中心与联合平台的集智攻关，快速驱动微光产业补链、强链、延链，产学研用融通发展取得阶段性成效。

（二）深化全员新型经营责任制，发挥激励效能

一是构建权责对等治理体系，强化授权放权。北方夜视持续完善各治理主体权责，切实把制度优势转化为治理效能。修订党委讨论决定、前置研究重大事项清单和“三重一大”决策事项清单，完善董事会授权办法及各治理主体议事规则等，使权责边界更加清晰。落实纵向授放权，实现股东对董事会、董事会对董事长、董事会对总经理、总经理对副总经理授权，以及中层干部权责的清单化管理，确保各层级管理人员权责明晰、对等。探索横向差异化授放权，对直接承担科研、生产、营销的部门和团队，个性化授予科研团队组建权、生产绩效分配权、市场产品定价权等，有效激发各类人员主人翁意识和敢闯敢为的精气神。

二是纵深推进新型经营责任制，强化考核约束。北方夜视把新型经营责任制全面铺开，继续向前迈进、向下延伸。针对领域负责人、项目负责人、科研骨干等科研人员，分层分类完善契约化管理，实现“一人一契约、人人有指标”。对不同科研主体，个性化设定绩效考核指标，领域负责人以重大技术突破、新品应用、成果转化为核心指标，项目负责人以项目完成率、团队建设为核心指标，科研骨干以技术攻关突破、技术推广应用为核心指标，普通科研人员以项目参与度、完成度为核心指标。同时严格落实责任制考核与薪酬挂钩，强化刚性兑现，有效激发科研人员创新动力。

三是推行多元化中长期激励，强化创新动力。北方夜视突出创新质量、价值贡献，制定《核心关键技术攻关项目管理及奖励办法》《科研任务揭榜挂帅及赛马机制实施细则》等，完善科技成果转化、关键技术攻关等奖励机制。对重点项目实施“揭榜挂帅”“项目对赌”等激励，按照“一项一策”原则，与项目团队签订军令状，设定任务目标及考核激励内容，开展“里程碑”节点考核，按考核结果兑现奖励，进一步激发科技人

员的创新激情，实现核心骨干与公司风险共担、利益共享。

（三）深化数智赋能工程，提升转化效率

一是深入实施“数智工程”战略，提高智慧运营水平。北方夜视聚焦经营决策智能、过程控制智能、生产作业智能，坚持数智赋能驱动，积极构建数智化立体式综合运营管理平台，系统推进数智关键技术研发。定制开发“智造运营管理系统”，统筹建设生产、销售、科研项目管理等八大模块，全程打通业务流，实现信息收集、处理、反馈的循环，完成经营生产由少品种、大批量粗放、计划型向多品种、小批量、低成本、高质量、高效率的市场化模式转型，大幅提高产线的柔性应变能力。

二是全流程推进数字化升级，提升制造质量水平。北方夜视加强产品全生命周期的透明化管理，从点、线、面三个维度系统建立数据库，覆盖从数字建模到设计开发，从物料批次到入厂检测，从零件加工、组装的生产操作到加工设备的工艺参数，从产成品的质量性能检测到入库、交付的全过程数据流、信息流，实现“技术有积累、环节有数据、产品可追溯”。

三是多方位推进自动化升级，提升产线智能化水平。北方夜视围绕科研布局和产业升级需要，以数智工程为纽带，加快关重设备自动化、智能化升级改造，有效提高产线保供能力。首创完成核心瓶颈工序关键设备自主改造升级，实现核心工序效能翻番；批量引入全自动微纳镜头精雕加工中心，提升痛点工序加工精度和能力；推进智能仓储系统建设，实现物料自动取、配，提升物料配送效率与准确率；实施设备在线监测、实时预警改造，提升生产现场本质安全度。

三、改革成效

一是科技创新成果显著，自主创新取得新进展。北方夜视通过科研管理体系机制改革，2023 年产品研制开发速度明显加快，嫦娥七号、宇宙空间站、爱因斯坦探针卫星等国家大科学工程领域用微光器件提前完成阶段研制并交付。成功研制出国内首款新型电子倍增器件微光探测器原理样机，补齐产业链自主可控短板。EBAPS 突破关键基础技术，实现了昼夜自适应功能，完成小批量交付。2023 年北方夜视入选国家知识产权优势企业、国家级“绿色工厂”，获批国家级科技创新平台 1 个，荣获多项省部级奖励。

二是激励机制持续深化，人才队伍释放新活力。北方夜视通过推行全员新型经营责任制，牢固树立业绩贡献决定薪酬的价值导向，实现个人目标与企业目标的高度统一。个性化的授放权和刚性的薪酬兑现有效激发了各级人员进取、拼搏、开拓的干事创业精神。2023 年同级科研人员薪酬差距达到 2.5 倍，4 名 90 后硕博士进入领域负责人行列，20 名考核优秀的科研人员分别晋升为集团级、公司级科技带头人和科技骨干，自主培养省部级和国家级人才各 1 人。

三是产业布局优化拓展，经营效益实现新飞跃。北方夜视通过布局调整、数智赋能，成功抢占新一代数字化微光器件战略性新兴产业赛道，继续巩固传统真空器件优势地位。2023 年新品设计研发效率提高 30% 以上，产品良品率提升 8 个百分点以上，质量控制能力显著提高，质量品牌得以进一步夯实。订单准时交付率由 56% 提升至 87%，制造成本下降 58%，利润总额同比增长 81.46%，新兴市场同比增长 504.47%，运行效能和市场竞争力进一步加强。

11

发力工业母机战新产业
加快实现科技自立自强

武汉重型机床集团有限公司

一、基本情况

武汉重型机床集团有限公司（以下简称“武重集团”）是我国“一五”时期156项重点项目之一，隶属于中国兵器工业集团有限公司，是国内生产重型、超重型机床极限规格品种齐全的大型骨干企业，2018年入选第一批“双百企业”，主导产品包括重型、超重型立式车床、卧式车床、落地铣镗床、龙门镗铣床、专用机床等十大类、60多个系列、500余个品种。

武重集团深入学习贯彻习近平总书记关于国有企业改革发展和党的建设重要论述，始终牢记、全面落实习近平总书记2013年7月视察企业时的重要讲话精神和实现科技自立自强的殷殷嘱托，聚焦做强做优做大国有企业和创建重型机床领域世界一流专业领军企业，加强关键核心技术攻关，加快实现高水平科技自立自强，以高质量改革深化提升行动推动工业母机战略性新兴产业高质量发展实现新突破。

二、经验做法

（一）优化完善科技创新体制，攻坚“卡脖子”，全面履行工业母机发展战略使命

一是统筹资源，增强科技创新主体功能。武重集团以装备技术研究院

为平台，对现有数字化设计与制造创新中心、国家级技术中心、博士后工作站等研发资源实施整合，集聚创新资源加大增材制造、高端主机装备、高档数控系统、高性能功能部件等战略性新兴产业投入，2023年研发投入强度13.42%，专利申请45项，立项承担及参与国家重大科技专项3项。作为重型机床标准化技术委员会主任委员单位及秘书处挂靠单位，2023年主持制定的数控落地铣镗床精度检验和技术规范等4项行业标准获国家工信部批准发布，填补了行业相关标准的空白。

二是统筹优势，增强产业引领功能。作为产业链建设重点企业，武重集团承担工业和信息化部工业母机标志性产品攻关任务，针对高端装备发展瓶颈，牵头上游功能部件企业、下游用户等，实施关重零部件减材装备联合攻关。聚焦数控系统、核心功能部件“卡脖子”难题，先后与清华大学、华中科技大学、武汉理工大学、华中数控等开展国产数控系统应用研究、光栅尺、电机联合开发等产学研用合作23项，协同创新取得积极成效。

三是统筹能力，增强服务国家战略功能。武重集团围绕重型高端机床核心技术攻关和重大工程短板装备需求，着力整合打造“三个平台”。打造战略性新兴产业平台，围绕国防军工、航空航天、船舶、能源等国家战略领域，发挥重大科技攻关优势，集中攻坚飞机蒙皮制孔装备等一批工业母机和首台套重大技术装备。打造未来产业平台，发挥武重集团重大装备设计制造优势，融合领军单位增材制造材料工艺优势，抢占增减材复合装备等未来产业制高点。打造价值服务平台，推动机床业务向设计和服务价值链两端延伸，大力发展制造与服务融合的新业态。

（二）优化完善管理体系，提升效率，加快建设世界一流专业领军企业

一是建立集约化的组织体系。武重集团更大力度压缩管理层级，推动总部机构精简和职能优化，打破职能部门内部组织壁垒，进一步提高业务协同性。2023 年总部职能部门减少 30%，二级单位管理处室减少 53%，2 家子企业有序退出，有效提升总部管控效能。

二是建立一体化的生产体系。武重集团构建“大生产”格局，推进生产计划、采购、仓储、物流一体化运转，整合生产资源，构建敏捷、高效、可控的生产体系，整合采购、仓储和物流资源，打造集中采购中心和物流管理中心，高质量建设现代供应链管理体系。

三是建立数智化的流程体系。武重集团以数字化推进管理优化和流程再造，打造集数字化设计、可视化生产、均衡化采购、精细化成本管理于一体的制造体系，不断提升产品准时交付能力、运营管理效率和成本管控水平。

（三）优化完善市场化机制，激发内生动力，更大力度推进“双百行动”

一是着力激发人才队伍活力。武重集团突出干部能上能下，更大范围推行管理人员竞争上岗，2023 年对 20 个中层正职、52 个中层副职管理岗位实施公开竞聘，占中层管理岗位总数的 83%，营造“有为才能有位”的浓厚氛围。优化科技人才薪酬体系，积极实施国有科技型企业项目分红等中长期激励，开展科技成果奖、创新奖、价值创造奖等 20 余项激励，2023 年新立项科研项目 17 项，全面实施“揭榜挂帅”，全年兑现科研绩效及奖励 266 万元。

二是着力集聚高端人才资源。武重集团探索“引智”和“引才”相结合，聘任华中科技大学彭芳瑜教授为特聘首席科学家，培养高水平“外脑”专家。推进硕博士“倍增计划”，2023 年签约博士、硕士 43 人。制定《人才强企实施方案》《人才发展 30 条》，完善各类人员成长成才路径。2023 年，选派 2 人至战略性新兴产业高地国家级增材制造中心交流学习，新增中国兵器科技带头人 2 人、青年科技带头人 3 人、关键技能带头人 1

人，新增国家级技能大师工作室1项，20人次获全国铸造行业技术能手、湖北省劳动模范、享湖北省政府专项津贴专家等荣誉。

三是着力优化人才队伍结构。武重集团实施人员定岗、定编、定员，以产业布局、组织机构、工艺流程优化推动人员优化，通过岗位编制梳理、人员配置调整、内部转移流动、全员绩效考核、用工方式转换等方式，近2年人员总量减少14%，科技人员占比提升2.5个百分点，实现职位职级体系与业务发展、人员素质能力与职业任职资格、人员总量结构与规模效益“三个相匹配”。

三、改革成效

一是机床主业核心功能不断增强，服务国家战略能力有效提升。武重集团围绕国防军工和国民经济重点领域需求，研发一大批工业母机和首台套装备，填补国内空白。自主研制高精度交换工作台、五轴铣头、高精度自动定心卡盘等核心功能部件，关键指标达到国际先进水平，加快实现自主可控。发挥整机企业带动优势，联合功能部件企业开展数控系统、光栅尺、电机应用研究与推广，解决国产功能部件缺乏应用验证场景问题，助推功能改进、产品迭代和技术升级。

二是行业领军地位持续巩固，专业领军企业建设取得积极成效。通过深化改革，武重集团核心竞争力显著增强，重型机床产品在军工、船舶、风电等多个细分领域市场占有率第一，武重镗床占据国内风电市场龙头地位，市场占有率达到70%以上。重型超重型立车纳入国家工信部单项冠军产品；研制成功我国首台机匣用高精度五轴立式铣车复合柔性加工中心，并获评中国工业机械联合会科技进步二等奖；成功中标国内最大五轴联动龙门移动车铣复合加工机床，初步实现“专业突出、创新驱动、管理精益、特色明显”，并入选国务院国资委创建世界一流专业领军企业。

三是企业经营业绩稳中提质，发展活力和动力有效增强。武重集团近2年经济增加值年均增长20.91%，新签合同年均增长14.76%，高质量发展态势不断巩固。有效健全市场化经营机制，提高运营效率，近2年全员劳动生产率年均增长10.19%，持续将改革红利转换为发展新动力。

12

深入推进“双百行动”积极培育发展战新产业

凌云工业股份有限公司

一、基本情况

凌云工业股份有限公司（以下简称“凌云股份”）是中国兵器工业集团有限公司控股上市公司，主导产业包括汽车零部件、市政管道两大板块，在国内30多个省、自治区、直辖市和德国、印尼、墨西哥设有各级子企业40余家，其中中外合资企业18家，是中国汽车工业零部件三十强企业，2023年入围“双百企业”。

凌云股份深入学习贯彻习近平总书记关于国有企业改革发展和党的建设重要论述，以深入实施国有企业改革深化提升行动、双百行动为契机，聚焦主责主业，强创新、调结构、转机制，持续深化市场化改革，有力提升企业科技创新能力、产业布局能力和运营管控能力，以深化改革赋能高质量发展，加快打造基层改革尖兵、全力争做综合改革表率。

二、经验做法

（一）强创新，提升企业核心竞争力

一是重构重塑创新平台体系。凌云股份紧盯“轻量化、电动化、智能

化、网联化”汽车行业“新四化”等发展方向，建设以凌云中央研究院为基础，以新能源技术研究分院、汽车安全结构技术研究分院、热成型技术研究分院等7家专业研发机构和各子公司技术部门为主体的“1+7+N”民品科技创新平台体系，聚力打造科技、资源、人才“共享池”。

二是着力整合内外创新资源。在强化自身核心技术、工艺能力的基础上，凌云股份坚持开放合作，先后成立“凌云-宝钢先进汽车用钢联合实验室”“凌云-精美先进铝合金联合实验室”，开展车身轻量化技术、先进汽车用钢新材料开发、铝合金机械性能控制等方面技术合作。与清华大学汽车研究院建立联合研发中心并合作开发线控转向等自动驾驶底盘技术。与武汉理工大学建立校企合作关系并签订共建人才联合培养基地协议书，联合开发热力耦合快速时效工艺技术。与华工科技成立合资公司，在激光加工设备和智能制造领域深化合作。

三是着力强化创新能力建设。凌云股份强化实验和工程能力建设，打造一体化产品研发平台，具备技术研究、产品研发、系统仿真、结构仿真和流体仿真等科研能力，建成新能源电池机械结构验证实验室和纤维增强复合材料力学性能实验室，成为国内首家建立电池PACK机械验证能力的汽车零部件企业。目前拥有1家国家技术创新示范企业、1个国家级和17个省级企业技术中心、17个国家认可委认定的实验室和检测中心、1个国家级市政工程管道培训中心、5家国家级和14家省级“专精特新”企业、26家高新技术企业、2家国家知识产权优势企业、1家省级科技领军企业。

（二）调结构，推动产业转型升级

一是聚力优化布局结构。凌云股份深化区域一体化管控，加强专业化经营，推动形成“华北、东北、华东、中南、西南五大区域公司，汽车管路、热成型、新能源三大专业公司”的经营架构，不断提升运营及市场开发效率。五大区域公司分别对接区域内主机厂客户，推动优势产品成体系进入主机厂战略供应商渠道。三大专业公司根据客户需求和效益原则布局专业化产能，通过收购热成型公司外方股权，进一步加大汽车热成型工艺产品战略布局力度。通过合资设立凌云新能源公司，搭建新能源电池壳板块专业化发展平台。通过持续提升墨西哥工厂优势地位，进一步优化北美市场产业布局。

二是聚力优化产品结构。凌云股份充分发挥现有汽车零部件核心产品优势，实现汽车安全结构、热成型、汽车管路、新能源电池壳、驱动轴五大产品谱系同步设计、领先设计，强化数字化仿真设计能力，将现有优势产品做到极致，提升技术竞争力和成本竞争力。拓展高科技产品，在信息化、智能化领域实现突破，与华工科技建设智能制造服务平台，提升核心制造能力基础，拓展汽车等领域智能制造产线集成能力。高强度轻量化结构产品、汽车管路系统、热成型产品、新能源电池壳产品、铝合金、复合材料等领域优势产品和高附加价值产品比重不断加大，巩固了细分市场地位。

三是聚力优化客户结构。凌云股份秉持“聚焦优质客户，聚焦优势产品”市场开发思路，统筹国内国外两个市场，加大集成化、平台化、国际化项目开发，实现特斯拉、奔驰、宝马等客户重点突破，比亚迪、一汽大众、广汽丰田等客户平台化项目稳步提升，持续提高主流优质客户占比。推进建立优质客户战略供应商地位，深入研判战略性客户需求，设计和推广符合客户需求体验的产品和服务，将公司产品成体系地提供给战略性客户，并不断更新车型供应。

（三）转机制，促进企业高质量发展

一是创新运营管理模式。凌云股份着力提升专业化运营水平，压缩内部管理层级、精简职能组织机构、加大授权放权力度，探索区域（直管）公司对各分/子公司进行直接管控，用扁平化、高效率的决策执行模式提

升管理水平，降低管理成本、提升经营效率。深入推进四大业务流程体系化标准化运行，提升市场开发效率、产品开发效率、采购供应链保障能力、生产运营交付能力，有效控制风险。

二是推动中长期激励扩面提质。凌云股份科学制定上市公司限制性股票激励计划方案，2023 年分两批激励经营管理、科研、技能、营销骨干人才共计 273 人，授予股票 2364.05 万股，争取授予价 6 折，建立了三大考核指标、2 年锁定期和 3 年解锁期的风险共担利益共享契约机制，有力激发企业员工干事创业主动性和积极性。

三是全面加强党的建设。针对中外合资企业数量多、业务领域广的情况，凌云股份在合资合作中同步谋划党的建设，坚持管资本就管党建，做到党的组织同步设置、党的活动同步开展、党的队伍同步建立、党的考核同步实施。建立“1 + 1 + N”党组织设置模式，实现党的组织全覆盖。充分发挥合资公司基层党组织作用，实现党建工作与中心工作互融互促。党委前置研究合资公司重大问题决策，实施领导人员委派制度与完善市场化选人用人机制相结合。

三、改革成效

一是科技创新取得新成效。2023 年，凌云股份全年研发投入 7.36 亿元，自筹研发费用增长率 26.5%，新产品贡献率 35%。“高端系列压力成型装备递归式创新法与制造工艺及其应用”获得教育部科技进步一等奖，“高阻燃热塑性复合材料研发及其在线模压成型应用”获得中国轻工业联合会科技进步二等奖。突破热成型材料激光拼焊技术，建成国内首条热成型全自动激光拼焊产线，打破了国外技术垄断，填补了我国在该领域的国产化空白。特斯拉 1700 兆帕产品辊压、焊接生产线首次出口海外。

二是市场地位更上新台阶。2023 年，凌云股份定点新项目 589 个，订单金额超520亿元，创历史新高。以“轻量化、电动化、智能化”为代表的安全结构件、热成型、汽车管路、新能源电池壳等优势产品占比达到85.4%，继续保持较高市场占有率，巩固细分市场单打冠军地位，奔驰、宝马、特斯拉、通用等主流优质客户占比90%以上。

三是经营业绩实现新突破。2020年以来，凌云股份营业收入年均增速12.4%，利润总额年均增速56.6%，连续15年排在汽车零部件行业上市公司营收前10名，连续10年实施现金分红且达到当年归母净利润的30%以上，2023年荣获“中国上市公司成长百强奖”。

13

坚持创新驱动
全力打造中国矿用车“国家名片”

内蒙古北方重型汽车股份有限公司

一、基本情况

内蒙古北方重型汽车股份有限公司（以下简称“北方股份”）成立于1998年，是中国兵器工业集团有限公司控股上市公司。北方股份主要从事非公路矿用车及其零部件研发、生产和销售，可生产载重25～400吨全系列矿用车，拥有矿用车领域国家级工程研究中心、特种车辆无人运输技术工信部重点实验室，是中国工程机械工业协会工程运输机械分会和中国汽车工程学会矿用车分会理事长单位、国务院国资委认定的“创建世界一流专精特新示范企业”、工业和信息化部认定的2022年绿色制造企业，是我国首批54家制造业单项冠军示范企业之一。

近年来，北方股份以习近平新时代中国特色社会主义思想为指导，深入学习贯彻习近平总书记关于国有企业改革发展和党的建设重要论述，坚持把创新作为企业改革发展总基调，扎实推进实施国有企业改革深化提升行动、“科改行动”，以深化改革有力推动矿用车高质量发展，加快创建国际一流矿用车企业，努力打造中国矿用车“国家名片”。

二、经验做法

（一）围绕高端化、绿色化、自主化，大力推进技术创新

北方股份积极适应全球经济绿色发展的大趋势，全面实施创新驱动发展战略，以国际最先进技术水平为定位基准，以技术创新为手段，持续增强产品安全性、环保性和自主可控性。

一是聚力攻坚打造自主可控高端技术链。北方股份联合中国中车、哈电集团及相关高校针对“电动轮矿用车整流及逆变控制”等 12 项技术进行协同攻关，成功实现 220 吨、236 吨、330 吨电动轮核心部件自主可控的技术突破，打破了进口产品技术和价格的双重垄断，全力扭转“卡脖子”局面，目前国内搭载自主电驱动系统的大型电动轮矿用车已实现批量运行。突破混合分流控制、完全交流控制、混合制动等关键技术，实现满足澳洲、欧洲市场需求的高端 NTE 系列电动轮矿用车成功研发。

二是以技术创新推动传统产业加快向产业链高端迈进。北方股份联合国家电网商用车公司完成全球首台 50 吨级纯电动矿用车 TR50E 的设计、试制和交付，2023 年底累计交付 80 台、节能超过 90%，树立良好用户口碑。成功研发全球首台 136 吨级氢能源电动轮矿用车并实现试运行，填补行业空白。

三是以高质量引才育才有力支撑技术创新。北方股份以国家级科技创新中心为平台，实施“点对点”“一对一”“一人一策”领军层和专家层人才队伍引进和培养。持续激发科技人员动力，大力推进以科技人员名字命名的高层次人才创新工作室建设、运行和保障，累计建设 10 个创新工作室、完成创新成果 78 项。

（二）围绕数字化、智能化、无人化，大力推进“三智建设”

北方股份围绕矿用车行业特色，大力推进矿用车智能制造、打造智能

产品、参与智慧矿山建设“三智建设”。

一是坚持制造数字化，筑牢柔性化生产底座。北方股份通过智能制造、数字化转型实施，建成机械传动矿用车车厢、电动轮矿用车前桥、后桥、车厢、车架5条智能机器人焊接生产线、盘制动智能组装生产线，进一步提升了产品质量和柔性化制造能力。

二是坚持产品智能化，构建数字化运维平台。北方股份持续进行智能化矿用车产品及系统的打造，与北京理工大学联合研制国内矿用车首个智能化中央控制系统，实现对整车所有运行情况的远程监控服务，成为目前国内矿用车领域最早推出智能化系统平台的企业。行业首创的矿用车远程健康诊断服务平台正式上线，实现车辆运营管理的数字化、动态化、远程化控制，实现车辆的安全、油耗、维保等全方位管理。

三是坚持场景无人化，建设智慧化矿山。北方股份组织开展科技部重点科研项目路车智能融合及安全技术攻关，体系化推动无人驾驶矿用车研制助力智慧矿山建设，从车端、路侧、云端打造基于矿用车无人驾驶的智慧矿山自动运输系统。目前北方股份无人驾驶矿用车及智慧矿山自动运输系统已经实现批量交付应用，截至2023年底，实施和正在布局无人驾驶矿用车数量超过210台，位居全球第三。

（三）围绕一体化、体系化、国际化，大力推进商业模式创新

北方股份统筹加强技术创新、管理创新、商业模式创新，持续打造全生命周期运行成本最低矿用车和矿山一体化解决方案。

一是聚焦市场升级需求，构建“三位一体”新商业模式。针对市场需求，北方股份创造性地提出“三位一体”（矿用车＋无人驾驶＋全生命周期运维）商业模式，由客户采购矿用车和无人驾驶系统，北方股份对矿用车进行维修保养，保障设备完好率、开动率。

二是聚焦客户核心利益，塑造价值最大化优势。北方股份创新提出整体营销服务解决方案，以建设一体化质量链管理为基石，集技术培训、“贤妻良母式”客户现场服务、矿用车远程故障诊断服务平台、矿用车维修再制造、后市场服务承揽等业务于一体的矿用车全生命周期方案，有力支撑客户实现价值最大化目标。近几年，北方股份维保服务订单年均增长30%以上。

三是聚焦海外市场，积极开辟新领域、制胜新赛道。北方股份强化“单点突破＋全面铺开”，推进“借船出海、借路出海、融资出海”，快速打开国际市场，并通过合资合作等方式持续探索，推动国际化行稳致远。2022—2023年，中亚及印尼市场规模实现同比增长50%以上，2023年TR60W矿用洒水车首次进入中亚市场，NTE240电动轮矿用车首次进入乌兹别克斯坦，TR50D矿用车首次进入柬埔寨市场，为全面开启国际化经营奠定坚实基础。

三、改革成效

一是科技创新取得扎实成效。北方股份以创建世界一流专业领军示范企业、“科改行动”为抓手，以深化改革激发动力活力，以创新提升核心竞争力，无人驾驶矿用车销售连续实现市场突破，成为国内无人驾驶矿用车行业的领航者，位居全球第三。

二是国际化发展取得扎实成效。国际市场拓展至全球67个国家和地区，并在澳大利亚设立首家海外合资公司，连续11年入选“全球工程机械制造商50强”。

三是企业高质量发展取得扎实成效。北方股份2021—2023年营业收入年均增长15.37%，利润总额年均增长25.66%，全员劳动生产率年均增长9.42%，矿用车板块牢牢占据国内市场80%以上份额，成为国内矿用车第一品牌。2023年荣获全国“五一”劳动奖状，获评“国家级绿色工厂”，发展质量持续提升，改革成效日益凸显。

14

打造世界一流光电企业

成都光明光电股份有限公司

一、基本情况

成都光明光电股份有限公司（以下简称“成都光明”），是中国兵器装备集团有限公司所属二级单位，是国家“一五”计划的重点项目之一，始建于1956年，主要从事光学玻璃等光电材料研发与制造，是国家高新技术企业、国家知识产权示范企业和国家技术创新示范企业，于2020年入选第一批“科改企业”名单。成都光明光学玻璃年产销量连续18年稳居世界第一，全球市场占有率达40%以上，被工业和信息化部认定为制造业单项冠军企业。

自国有企业改革深化提升行动开展以来，成都光明坚决贯彻落实上级要求，坚持改革创新双轮驱动，着力提高企业创新能力和价值创造能力，引领企业高质量发展，打造光电行业最具价值的世界一流创新型科技企业。

二、经验做法

（一）坚持对标一流，强化科技攻关，奋力攀登科技创新新高度

一是全面对标世界一流，持续推动科技创新。成都光明以日本HOYA、

德国 SCHOTT、美国 CORNING 等世界一流企业为标杆，以提升核心竞争力为重点，从战略引领能力、技术创新能力、管理提升能力 3 个维度，围绕创新体系、创新平台、战略引领、创新管理等关键环节，系统构建“三维三层”科技创新驱动模型。细化 3 个层级 71 个关键指标，并通过建立“收集—分析—反馈—应用”的科技管理对标实施体系，强化信息共享与成果内外部运用，实现对标管理常态化，确保时刻盯先进、分秒争一流，将科技对标贯穿于科技创新全过程。

二是聚焦前沿先进科技，扎实推动高质量科技创新平台建设。成都光明深入分析研判行业关键科技发展趋势，以更好促进技术创新和提高生产效能为导向，聚焦基础性、关键性、前瞻性重大科技问题，围绕关键科技领域推动创新平台建设。设立仿真模拟、实验压型等 7 个重点实验室，搭建高端光玻开发与量产、非球面成型等 5 个研发平台，实现光学玻璃涉及学科全覆盖。通过持续加大生产和检测设备自主研发投入和攻关力度，实现专用科研设备 60% 以上自主研发设计，有效促进科技成果转化与推广应用。

三是坚持科技创新引领，奋力打造高水平原创技术策源地。成都光明加强基础研究、工艺技术研究、工程化能力建设和数字化能力提升，大力开展玻璃配方、熔炼、成型及热处理等关键环节研究，持续强化仿真模拟、先进玻璃陶瓷、特种光电材料等技术攻关，成功突破一系列卡脖子关键技术。不断加大消费电子、生命科学、半导体等新兴领域光电材料、功能材料和特种材料的研发投入力度，2023 年实现同比增长 28%，光电玻璃领域研发投入年均占比达到 10% 以上，实现国际领先。

（二）强化创新激励，加强人才建设，充分激发企业高质量发展新动能

一是创新人才培养激励模式，构建全方位多渠道激励机制。成都光明按照“英雄不论出处，谁有本事谁就揭榜”的思路推行重点科技项目“揭榜挂帅”机制，累计实施 10 个“揭榜挂帅”项目，有效激发青年科技人员创新潜能，多个项目短期取得重大突破。对 190 余名核心人员实施股权激励，涵盖技术、管理、技能三支队伍，其中科技人员占比 65%，将核心员工自身成长与企业发展深度捆绑。建立“能上能下、动态管理”的主任工程师管理模式，建立科学考评体系，定期进行答辩考评，引导科技人员大力创新、多出成果。

二是深化产学研合作机制和科技创新平台建设，提升技术创新基础能力。成都光明与上海交通大学、武汉理工大学等多家高校科研院所加强产学研合作，共同申请并实施多个国家、省部级科技攻关项目。大力推进国家特种光学玻璃材料技术创新中心建设和四川省光学玻璃工程技术研究中心建设，建成国内光学玻璃熔炼制造领域唯一的国家级企业技术中心和 CNAS 国家认可实验室。

三是加强科技人才队伍建设，持续优化科技人才培养体系。成都光明聚焦行业产品涉及的专业领域，绘制外部创新人才地图，建立国内外创新人才库，及时全面掌握行业内相关理论、成果、技术、人才、市场等信息资源，大力引进培养科技人才。注重关键核心技术全球人才引进，年均新增 10 名高端研发人才，组建科技创新团队 12 个，培养国务院政府特殊津贴获得者 5 人。特别注重关键核心技术海内外高端人才引进，引进博士及高层次人才 20 人以上。通过建设博士后科研工作站和中国兵器装备集团有限公司光电材料研究院合作，为人才提供学习进步和施展才华的舞台，有效提升领军人才开发培育效果。

（三）加强业务延伸，奋力开拓市场，努力建设世界一流科技企业

一是坚持战略牵引，实现业务向下游的持续延伸。成都光明以光学玻璃为基础，创新业务生态布局，实施“材料 +”协同发展战略，有效发挥自身材料优势，实施“做精、做专、做深、做宽”，通过延长价值链，研

发生产“更多、更优、更专”的产品与业务，实现业务规模增长。持续整合下游资源，完善光学设计和镀膜技术，形成压型、加工、镀膜等制造能力，持续实施品种、形态多元化发展，实现产业链从材料制造向光学元件、器件和组件延伸、业务领域从光学玻璃向特品玻璃和功能玻璃延伸，产品形态从玻璃向玻璃陶瓷延伸。

二是拓展海外市场，加快构建国际化发展格局。成都光明打破西方技术长期垄断，实现高折射率光学玻璃、低软化点光学玻璃等产品的反向出口，逐步覆盖索尼、尼康等知名光学终端厂商，在全球光学材料行业形成较高知名度和较大影响力。加强核心技术海外 PCT 专利申请，强化海外商标布局，截至 2023 年累计获得 91 项海外专利授权，布局范围涉及美国、日本等 10 余个国家和地区，切实增强与行业一流企业知识产权对话的话语权。积极参与国际竞争，大力推广成像非球面、晶圆玻璃等高价值重点产品，抢占市场竞争制高点，行业地位和影响力不断增强。

三是坚持“人无我有，人有我优”，引领世界光电产业时代需求。成都光明大力发展全系列环保光学玻璃、滤光玻璃、液晶玻璃基板用铂金装置等高技术含量、高附加值产品。首创大块玻璃连熔生产线，赢得国外同行广泛赞誉。突破高难度镧系光学玻璃量产瓶颈，获评国家级高新技术产业化示范工程。攻克氟磷酸盐光学玻璃连续熔炼技术难题，自主生产交付国内首条超薄柔性电子玻璃铂铑生产线，成功打破国外技术封锁和垄断。

三、改革成效

一是科技创新成效显著，企业发展动力更加强劲。成都光明构建形成较为先进的研发制造技术、完备的产品体系及成熟的产品市场，深耕高价值、高精密光电玻璃材料领域，坚持每年推出 10 个品种以上新产品，部分产品性能指标达到国际领先水平，部分产品在特定工艺条件下已超过行业一流企业产品水平，部分产品实现国产化替代。企业创新竞争力不断增强，光玻新产品数量达到世界一流水平，其中首创产品占比超过 20% 。截至 2023 年底，累计申请专利 1705 项，有效专利 1004 项，专利申请与授权量居国内同行业第一，成功获评年度四川省“科技创新领军企业”。

二是经营结构持续优化，企业高质量发展根基更加牢固。成都光明不断拓宽产品应用领域，成功实现由单一光学玻璃材料向新兴光电玻璃材料的业务转型，由传统光学数码产品拓展到新能源汽车配套光学摄像头、激光雷达、抬头数字显示及智能大灯等产品，并逐步进入半导体 AR/VR（虚拟/增强现实）产品、消费电子盖板玻璃、生命科学基因检测和封装材料等新兴产品，在部分细分行业领域实现领跑，为企业持续高质量发展奠定坚实基础。

三是核心竞争力不断增强，产业链龙头带动作用更加显著。成都光明作为成都市重点发展的五大支柱产业之一——新型材料的产业链建设重点企业，充分发挥丰富的材料配套供应优势和领先的材料研发专业开发优势，聚集近百家光电材料加工企业，引领带动技术发展潮流，显著增强产业链供应链安全性和韧性。

15

深入实施全面创新　扎实推进更高质量发展

中电海康集团有限公司

一、基本情况

中电海康集团有限公司（以下简称“中电海康”）是中国电子科技集团有限公司（以下简称“中国电科”）所属二级子企业，是智能物联领域龙头企业和全球化企业。

中电海康坚持以习近平新时代中国特色社会主义思想为指导，深入贯彻习近平总书记2015年视察海康威视时的重要讲话精神，锚定成为智能物联领域核心产品、解决方案和大数据服务提供商的战略目标，以“企业是创新的载体、人才是创新的主体、企业家是创新的灵魂”为创新发展三要素，着力完善科技创新体系，加快关键核心技术攻关，深化自主创新产品迭代应用，有效解决技术来源、技术市场化、可持续发展三大技术创新核心问题，推动战略性新兴产业实现跨越式发展，为引领中电海康产业结构转型升级、企业高质量发展提供重要动力源。

二、经验做法

（一）完善双层创新体系，增强企业核心竞争力

一是建立健全技术创新体系。中电海康坚持围绕技术来源、技术市场

化、可持续发展三大技术创新核心问题，构建起以市场为导向的技术创新体系。沿着公司主责主业，通过企业数字化系统，联通研发体系、制造体系、市场体系、投融资体系、人力资源体系、风控体系、文化体系七大要素，实现从“技术快速走向市场”到“市场助推技术创新”的良性循环。

二是建立高效敏捷的“前—中—后”平台型组织架构。前台为自主经营的专业公司，后台职能部门发挥引领、支撑、管控、保障、协同和统筹作用。“中台——研究院”定位前沿技术突破，夯实技术底座，通过技术引领构建国家战略科技力量，2023 年多项关键技术实现突破，逐步融入国家重大任务主航道，智能物联人才高地初步建成；“中台——创新赋能中台”聚焦硬核科技产业，发挥创新管理咨询、“金娃娃”业务孵化、投资/财顾、综合体服务四大职能，厚积创新能力。2023 年以“小微特机器人”“MRAM +”“类脑 +”为主线，积极推进基金投资、企业服务与业务孵化，创新管理咨询支撑集团经营管控与企业赋能初显成效。

三是加快建设高能级创新平台。中电海康聚焦自旋存储芯片及存算芯片技术，依托某全国重点实验室，打造面向全国开放的自旋电子技术研发平台，推进我国自旋芯片这一新兴战略前沿产业领域的快速发展。2023 年成功设计多种基于新材料体系的高速、高可靠、高读取窗口自旋存储单元，开发出一种高效的芯片位元良率测试方法，可实现 SOT-MRAM 刻蚀工艺快速迭代；视频感知国家新一代人工智能开放创新平台已服务企业用户超过 20000 家，生成模型 80000 余个，覆盖智慧城市、能源电力、智能制造、智慧建筑、智慧交通、医疗卫生等行业，累计落地项目超过 14000 个。

四是深入实施全面创新，发展智能物联产业集群。中电海康全面践行智能物联战略，以智能物联产业高质量发展为目标，建设龙头企业为引领，产业链创新链生态链高效紧密协同的世界级集群。重点围绕智能物联体系架构，在基础层，攻关类脑计算、智能芯片、感存算一体化、MRAM

存储芯片等基础技术和产品开发，形成底层核心技术支撑；在产品层，攻关多光谱感知设备、高性能服务器、增强现实/混合现实设备、智能机器人、智能家居等技术产品，不断夯实物联网软硬件产品体系；在系统层，重点攻关高并发云平台、先进算法与AI平台、多模态预训练大模型等技术产品，推动物联设备管控及数据智能应用发展；在应用层，融合运用智能物联关键技术，面向重点领域与行业痛点开发拓展各类数字应用，赋能千行百业转型升级。2023年，为充分发挥海康智能物联龙头企业的作用，与杭州市人民政府签订深化战略合作协议，携手打造世界级智能物联产业集群。

（二）强化市场化正向激励，激发科技创新动能活力

一是持续实施差别化中长期激励。中电海康因时因事灵活开展多模式中长期激励。在多家子企业实施员工持股，实现员工利益与企业利益紧密绑定。下属上市公司连续实施5期限制性股票计划，激励重心由最初的创业团队拓宽至中高层管理者和核心骨干员工，累计激励员工2万余人次。2023年实现人均营收、人均利润分别同比提升4.7%、5.5%。

二是探索实施创新业务跟投。中电海康在多个创新业务领域探索实施骨干员工跟投，建立员工与公司共担风险、共享收益、共创事业的分配机制，引导广大员工成为公司“事业合伙人”。创新业务呈快速增长态势，萤石网络B端云业务与C端智能家居业务快速发展，精益管理成效显著。海康机器人产品线不断开拓，行业头部地位持续巩固，海康机器人公司分拆上市已完成深交所创业板审核中心第二次问询反馈公告。热成像、汽车电子、存储等创新业务实现高速增长，细分业务领域持续突破。

三是大力推动科技创新成果转化。中电海康建立科技成果转化制度，对科技成果转让、许可、奖励或作价投资。在车路协同业务中，实施科技成果转化股权奖励及激励，将所涉及的无形资产进行评估，评估值扣除成

本费用的50%（股权奖励额）作价奖励给核心团队，让核心员工共享收益，有效促进创新业务发展。

四是实施混合所有制改革。中电海康通过引进战略投资者作为积极股东参与治理，构建更为完善和市场化的现代企业治理结构。强化市场主体地位，建立灵活高效的市场化经营机制。通过为核心员工释放股权，激发创新人才活力。所属硬核科技公司在MRAM芯片技术方面耕耘多年，依托中试线，率先攻克多项关键技术，成功开发出多套自主知识产权的单项工艺及集成方案，推出多款产品，2023年完成第二轮融资，业务持续拓宽做大。所属科正公司持续推进“四化”战略，加快业务布局和发展，以收购、参股等多种方式介入更多检测认证领域，2023年继续保持高速高质量发展势头，营收净利再创历史新高。目前布局的11项创新业务发展成效明显好于传统业务，创新力、控风险能力更强，发展底蕴更加厚实。

（三）健全中国特色现代企业制度，提升治理效能

一是切实推动党的领导全面融入公司治理。中电海康健全“三重一大”事项决策制度，科学划分各治理主体权责边界，深入落实“双向进入，交叉任职”领导体制。聚焦制约企业高质量发展的重难点任务，创新设置党建、战略、综合监督、干部与人才和改革5个党委下设领导小组，作为发挥党委“把方向、管大局、保落实”领导作用、推动具体执行和监督的重要抓手，高效助力稳增长、防风险、促改革等各项工作，为新时代加强党对国有企业的全面领导提供了海康实践。

二是持续推动董事会高效运行。中电海康充分发挥董事会“定战略、作决策、防风险”职能，强化战略运营管控闭环。抓好重大事项决策，科学编制年度投资计划和预算，确保资金投向服务战略，推动形成科技创新、产业发展、资本赋能良性发展，严格把关重大投融资项目，综合运用

IPO、引入战略投资、股权收购、组建基金等方式撬动增量资源，有力支撑主业健康发展。加快布局优化和结构调整，战略投资灵汐科技，在AI前沿领域类脑计算做好提前布局。着力坚持统筹发展和安全，强化风险意识，筑牢底线思维。

三是突出市场化经营机制，持续激发广大干部职工改革创新活力。中电海康加强对企业家的选培引用，按照呵护、支持、鼓励、教育、监督“十字原则”，给予企业家充分信任和授权，创造良好经营环境。坚持差异化“一企一策”分类管理和授权机制，牵引成员单位聚焦核心战略业务，加快创新孵化，持续做强做优做大。深化三项制度改革，真正做到干部能上能下、薪酬能增能减、人员能进能出，实现100%市场化选人用人。

三、改革成效

2023年，在国务院国资委和中国电科的大力支持下，中电海康全面践行智能物联战略，积极参与国务院国资委战略性新兴产业和未来产业规划专项行动，卡位人工智能大方向（智能安防、机器人、类脑计算）领域，优先布局多个国家重大科技和未来产业。与杭州市人民政府签订深化战略合作协议，发挥海康智能物联龙头企业的作用，携手打造产业链创新链生态链高效紧密协同的世界级集群。着力推进某全国重点实验室建设，围绕国家信息领域重大战略需求开展研究，科技创新持续推进。将中电海康模式深度融入国务院国资委启航计划工作，在改革领域争取到启航主动权。强化干部人才队伍建设，干部和一线经营者年轻化稳步推进，班子换届顺利完成，发展进入新时期。

2023年，中电海康实现营业收入934.13亿元，研发创新能力持续增强，全年共申请专利3878项（其中发明专利申请2234项），获得授权3365项（其中发明专利授权2037项），获浙江省科技进步一等奖1

项、二等奖 1 项，获中国电子学会科技进步一等奖 1 项、三等奖 1 项，获中国通信学会科技进步二等奖 1 项等。所属海康威视获评第五届中国质量奖、连续两年被国务院国企改革领导小组办公室评定为“科改企业”标杆企业。

16

以改革催化世界一流专业领军示范企业

中国石化催化剂有限公司

一、基本情况

催化剂是石油化学工业的基础和核心，被誉为石油化工行业的“芯片”。中国石化催化剂有限公司（以下简称“催化剂公司”）作为中国石油化工集团有限公司（以下简称“中国石化”）旗下唯一的催化剂专业公司，承担着石油化工催化剂“科研成果转化、产业布局优化、关键技术国产化、企业经营市场化”的重要职责。

作为首批入选“科改行动”和创建世界一流专业领军示范企业行动的公司，催化剂公司统筹推动改革和创新双向发力、双线提升，连续3年被国务院国资委评为“科改行动”标杆，在创建世界一流专业领军示范企业行动中获评A+级，改革经验成功入选国务院国资委“学先进、抓落实、促改革”国企改革专项工作典型案例集。2023年，催化剂公司经营业绩再攀高峰，综合实力连续4年排名全球催化剂行业第2位。

二、经验做法

（一）传统产业和新兴产业同步优化，以“企之所能”服务“国之所需”

一是谋划产业发展“路线图”。催化剂公司围绕国家重大战略需求、中国石化转型产业格局、催化剂高质量发展战略，锚定创建世界一流专业领军示范企业的目标，统筹“科改行动”、价值创造行动、品牌引领行动等改革任务，形成“一体部署、一体推进、一体落实”的工作机制，明确了“做优炼油催化剂、做强化工催化剂、做大新材料产业、完善催化剂产业链条”的发展目标。

二是扎牢传统行业“基本盘”。催化剂公司紧跟炼油行业“减油增化”转型升级趋势，持续优化传统炼油催化剂产业结构。2000吨吸附剂、3000吨劣质渣油催化剂、5000吨梯级孔催化剂装置相继建成中交，有序推进聚乙烯、聚丙烯、高端聚烯烃催化剂技术升级，加速推进高性能聚烯烃弹性体、茂金属催化剂等高端催化剂商业生产。

三是加速抢跑材料“新赛道”。催化剂公司认真贯彻落实国家“京津冀协同发展”战略，投资21亿元建设天津新材料生产基地并顺利中交。以电催化、碳材料、微反应器等新能源新材料新工艺为代表的技术性平台逐步完善，石墨烯碳材料项目进入试生产，电解水制氢催化材料项目进入工业放大阶段，氢气纯化吸附材料项目完成百公斤级工业放大试验。

四是着力打造产业“强链条”。催化剂公司抢抓“无废集团”政策窗口期，采取“自建+合资”方式，加快推进含银物料回收等自建项目、参股广东恒孚环保公司废剂回收项目建设，开展合资拟薄水铝石生产装置建设，实现产业链向上向下延伸，全力支撑催化剂产业链安全。

（二）自主创新和协同创新同向发力，以“双驱内核”打造“创新动力”

一是落实国家需求“勇担当”。面对西方国家对我国科技创新全方位打压，催化剂公司发挥一体化攻关优势，先后攻克银催化剂、PX吸附剂、SMTO催化剂等生产技术难关，快速投放市场，加速推进“国产替代”进程。承担3项国家重点课题，聚力攻关刚性环结构聚合单体生物制造关键技术，助力新型绿色生物制造产业链创建。开发稀土分子筛催化新材料制备关键技术，实现 FCC 催化剂短流程生产工艺全流程贯通。

二是做强自主创新“主阵地”。催化剂公司建成由工程技术研究院、院士专家工作站、博士后工作站、工程技术试验中心组成的催化剂制备技术“132N”辐射式自主创新平台，承担 6 项总部“十条龙”科技攻关项目，“第三代高效环保芳烃成套技术开发与工业应用”通过总部验收。加速提升科研成果转化效率和质量，成功转化了用于生产熔喷布的专用催化剂及用于生产奶茶杯专用料的聚烯烃催化剂等生产技术，满足了国家绿色发展及在特殊时期对催化剂新产品的迫切需求。

三是做大协同创新“朋友圈”。催化剂公司做好新领域资源协同共享，搭建“产销研用”新平台，与系统内五大研究院、中国科学院、清华大学、中南大学、北京化工大学等高校、科研院所共建 1 个国家级重点实验室、2 个国家级工程技术中心、3 个省部级催化剂工程技术研究中心，正在加快推进氯乙烯合成无汞催化剂、废盐酸氧化制氯气催化剂等 10 余项国内领先技术的研发。

四是攻坚核心技术“芯自强”。催化剂公司始终锚定产业自主可控的战略方向，全力解决高端催化剂国产化“卡脖子”问题，实现芳烃吸附剂、脱蜡吸附剂、高纯氧化铝、高纯氧化铝载体小球等国产化，打破了国外同行垄断。聚焦油品升级、行业转型等难题加大原始创新，参与第三代高效环保芳烃、环氧氯丙烷清洁生产、过氧化氢法生产环氧丙烷等成套技术攻关并实现应用，达到世界领先水平。深度参与成品油深度净化工艺及催化剂技术攻关，支撑了汽油提质升级，助力打赢“碧水蓝天保卫战”。

（三）产供销研体制机制改革同频共振，以“四大引擎”铸就“制造基石”

一是深化生产端改革打造“质量引擎”。催化剂公司按照“理顺体制、畅通机制、突出主业、精干高效、强基固本”改革思路，重构基层管理组织，进一步精简管理机构，做大生产业务和技术创新，建立起以“大生产”“大设备”“大技术”“大财务”为核心的基层生产新架构，积极推动各项资源向生产集中、各类要素向价值创造聚焦，不断强化基层安全、环保、科技基础管理，提升企业运营管控力合管理效率。

二是深化销售端改革打造“增效引擎”。催化剂公司按照内部价格开展产品结算，分阶段实施利润考核，建立以“效益指标”为主的营销考核体系，科学量化“拓市扩销、推量推价”结果，引导销售公司不断扩大市场占有率，不断提升产品盈利能力，全力创造高质量的经济增加值。开展空白市场“揭榜挂帅”专项行动，全面实行“基薪 + 销售提成”的联量计酬机制，激发增效创效的积极性主动性，共同实现公司效益最大化。

三是深化供应端改革打造“安全引擎”。催化剂公司按照专业化发展、精细化管理及“无废企业”建设的要求，系统推进物装中心（贵金属分公司）拆分，积极布局废剂处置领域，加快补齐废剂回收短板。切实增强关键核心原材料控制，稳定大宗原材料产品质量，提高及时供货响应速度，不断提高产业链控制力、供应链稳定性。

四是成立新品运营团队打造“未来引擎”。催化剂公司在现有成果转化和销售模式的基础上，组建由技术和销售人员构成的团队，加快小产量、高附加值、处在蓝海市场的科技成果转化，快速走向市场。通过对团队部分授权和有效激励，打造“短平快”的创效模式，形成传统产业和战新产业协同发展、主业团队与创新团队相互补充的良好态势，为公司持续高质量发展提供创新动力和价值动能。

三、改革成效

一是服务国家战略能力持续提升。面对复杂的国际形势和低位运行的化工市场，催化剂公司深入实施高质量发展行动，奋力当好稳定国民经济的“顶梁柱”，全年实现利润10.7亿元，营业收入118亿元，同比增长15%，全球综合排名稳居世界第二。积极融入“一带一路”建设，全年进入20个境外新市场，全年境外销售收入同比增长112%，盈利同比增长136%，国际影响力不断提升。始终端牢能源饭碗，不断扩大催化剂国产化替代范围，2023年成功实现聚乙烯、聚丙烯催化剂，茂金属催化剂的国产化替代，国产化替代率达80%。

二是市场化机制运营深入实施。催化剂公司对3家下属企业总经理实施公开招聘，中基层领导人员竞争性选拔比例达到100%，不胜任退出比例超过5%，有力推动“三能”机制落地。完成5家分/子公司全口径滚动“三定”，开展“减人不减资、增人不增资”试点，全员劳动生产率较“十四五”初期提升近23%。在公司本级和下属单位建立核心骨干人才与企业风险共担、利益共享的超额利润激励机制。

三是建设世界一流企业加快推进。催化剂公司入选国务院国资委创建世界一流专业领军示范企业，6家子企业获得高新技术企业称号，2家企业获得国家级“绿色工厂”，1家企业荣获国家级专精特新“小巨人”称号，专精特新企业集群加速形成。牵头制定5项行业标准和3项团体标准，取得授权专利112项，获得集团公司技术发明三等奖1项、科技进步奖二等奖2项、科技进步奖三等奖1项，科技创新驱动能力持续提升。“新一代己内酰胺成套工艺关键催化材料制备技术”项目成功入围湖南省重点研发项目，“非粮生物质制备可发酵糖关键技术”获批中国石化重点项目。MIP-CGP工艺专用催化催化剂、重油催化裂化催化剂等17种产品的关键性能指标处于国际先进水平。

17

构建现代化海外业务管理体系深度融入共建“一带一路”大格局

中国海洋石油国际有限公司

一、基本情况

中国海洋石油国际有限公司（以下简称“海油国际”）是中国海洋石油集团有限公司（以下简称“中国海油”）的全资附属公司，主要负责中国海油海外油气资产的勘探、开发、并购及经营管理。自1994年首次“走出去”至今，海油国际海外业务遍及全球五大洲，在20多个国家和地区拥有40余个上游油气资产，总资产约500亿美元，日净产量约58万桶，在各区域形成了一定的资产规模。

海油国际深入学习贯彻习近平总书记关于国有企业改革发展和党的建设的重要论述，扎实推进国有企业改革深化提升行动，积极践行国家“一带一路”倡议，持续优化全球油气资产布局，加快健全完善现代化海外业务管理体系，以提升管理质效赋能企业发展，激发内生动力，以率先实现世界一流为己任，全面提升海外业务管控能力和创效水平。

二、经验做法

（一）调结构、优规模，全力推动海外资产布局融入新形势

一是加强顶层设计和整体谋划，明确海外“一带一路”发展方向。海

油国际开展《“一带一路”油气勘探开发业务高质量发展》课题研究，基于中国海油“一带一路”区域发展的总体思路，分析油气勘探开发业务在“一带一路”高质量发展中的定位与作用，从新发展阶段、新发展目标和要求出发，深入再思考“一带一路”高质量发展的内涵与目标，探索公司未来在共建“一带一路”国家的发展思路、发展目标和实现路径，在参与推动能源治理体系顶层设计、拓展海外油气领域“一带一路”合作深度和广度、攻关重大科技创新等方面提出工作思路与工作举措设想。

二是主动融入国家发展大局，坚定不移推进国际化发展战略。海油国际持续优化海外资产布局，加大共建“一带一路”国家和勘探新项目“两岸一带”优质资源获取力度。牵头协同系统内兄弟单位，加强与阿布扎比国油等“一带一路”关键资源国油公司的深入交流，与哈萨克斯坦国油、坦桑尼亚国油签署合作备忘录，成为第三届“一带一路”峰会重要合作成果。成功中标巴西 4 个勘探区块，莫桑比克、南非勘探项目取得阶段性进展，有序推动巴西第四轮招标等勘探新项目和并购项目评价、谈判，持续优化调整资产向“一带一路”集中。稳步推进与现有资产协同的低碳业务，初步形成公司绿色低碳发展行动方案，协同伙伴成功中标圭亚那 S8 区块 CCS 项目。

三是深化“一带一路”共建共享，积极贯彻构建人类命运共同体理念。海油国际在海外建设实施一系列高标准、可持续、惠民生的能源项目，共享中国海油长期对外合作的有益经验，为东道国提供清洁、可靠、安全的能源供应解决方案，有力促进当地经济社会发展发挥。通过油气合作，为伊拉克战后经济复苏提供巨大动力。发起以“更美好的圭亚那倡议”为主题为期 10 年的社区投资计划，以油气经济贡献支撑圭亚那近年来全球罕见的 GDP 增长。同时，积极履行社会责任，在人才本地化培养、帮助就业发展和捐资助学等方面持续发力。近 10 年来，在共建“一带一路”国家和地区创造就业岗位超20万个，各类社区投资受益人数超60万人，通过绩优奖学金和国际留学生项目支持共建“一带一路”国家教育事业发展和超1000名青年成长，在推动当地发展的同时，提升中国企业的国际声誉。

（二）强管控、提质效，全力推动公司治理效能实现新提升

一是深化中国特色现代企业制度建设。海油国际结合公司实际和企业发展阶段性特征等定位要素，持续开展管理体系和关键领域的对标对表。系统梳理现有制度体系，立足新的管控模型，打造集约化、标准化的《管控手册》和《流程手册》。现场入驻乌干达公司、尼日利亚公司和圭亚那公司3家试点单位，坚持上下贯通、因企制宜，以专题培训、定向辅导等形式，分类指导海外机构探索建立更加体系化、科学化、规范化的管理体系，公司管控模式得到体系化重塑。

二是深化构建产权管理体系。海油国际建立健全股权管理制度流程及产权闭环管理体系，做好所属公司产权闭环管控。持续推动压减工作，对全级次105家单位开展全面梳理，坚决退出与公司战略定位和发展规划不匹配的行业，进一步聚焦主责主业。控制公司总量，缩短管理链条，建立长效机制，实现事前战略引导、事中指导规范、事后监督评价的动态管理，提升国有资本运营效益。

三是深化完善供应链管理体系。海油国际结合集团公司采办制度穿行测试要求，对境内外采购、物资处置等制度进行全面梳理，2023年修订7项采办管理制度，稳步推进供应链制度体系建设。按照“二八原则”合理调整境外采办计划、采办结果、合同变更及物资处置的审批金额，抓重点，提质量，不断优化境外授权体系，提高审批时效。优化非作业者项目采办事项行权机制，坚持问题导向，聚焦薄弱环节，全力弥补短板，从项目内部优化、标准化审查及国家公司主体责任落实等方面建立行权管理

循环。

（三）防风险、促合规，全力推动国有资产安全得到新保障

一是持续强化风险管控。海油国际高度重视新项目风险识别管控相关制度体系建设，研究制定地面风险识别清单，指导新项目地面风险分析评价，提升风险识别标准化、规范化水平。强化区域地质研究成果与国别政策、投资风险和机会可行性等有机结合，针对性开展中亚、西南非及拉美等核心区域业务发展研究，“一区一策”前瞻布局。在实践中总结形成体系化管理创新成果《“战略、市场、风控”三位一体国际化业务高质量发展体系构建和实践》，获中国石油企业协会管理创新优秀成果一等奖。

二是持续完善合规体系。海油国际积极做好复杂国际形势下的合规风险防范，指导7家海外公司建立合规组织构架，着力搭建统一、标准、规范的全球合规管理体系。第一时间开展相关项目制裁风险应对，发布相应指引或指南，研究制裁升级应对预案，将影响降至最低，推进合规管理从“形式合规”向“实质合规”迈进。发布《海油国际机构及员工合规手册》，确立海油国际合规管理理念，开展合规月活动，培育全球合规企业文化。

三是持续加强资金管理。海油国际积极推进资金管理系统建设和上线，除北美、英国外，资金业务全面线上运行，实现可视、可控、可操作，进一步降低海外资金管理风险和财会舞弊风险，筑牢资金安全防线。强化银行账户、资金结算、资金预算和计划、内部贷款及担保保函等日常管理，完善全周期全过程管理机制，进一步提升资金管理效能，坚决防范境外资金管理风险。

三、改革成效

一是海外增储上产步伐不断加快。勘探方面，2023年海油国际获4个油

气新发现，新增探明地质储量超 4 亿吨油当量，桶油发现成本 1.49 美元/桶，再创历史新低。开发生产方面，2023 年油气总产量、净产量“双超产”“双创新高”，其中总产量超产 133 万吨、净产量超产 11 百万桶。5 个项目接连投产，投产项目数量和年产能建设均创历史新高，为公司未来持续稳产增产再添新动力。

二是海外“管控”能力不断提升。海油国际牢固树立全成本管控理念，聚焦关键领域，打造核心能力，公司治理水平不断提高。海外勘探以 87% 的预算完成了 100% 的工作量，作业降本约 5500 万美元，境外采办节资金额超 5100 万美元。加拿大长湖油砂桶油全成本低至每桶 31 美元，抗油价风险能力持续提升。澳控公司成功锁定长协天然气操作费，为后续 10 年长协天然气供应节约成本超 5700 万美元。高效完成美国债务重组，每年减少税费超 2500 万美元。

三是海外“创效”能力不断增强。海油国际连续 3 年保持净利润和现金流“双正”。2023 年，在油价同比下降超过 20% 的情况下，海油国际分别实现营业收入、利润总额超 990 亿元、超 280 亿元，明显好于预期水平。海外油气资产总额近 3500 亿元，当年新增资产总额超 70 亿元。“一带一路”油气净产量超 1440 万吨，占比超过 50%。深化改革促进海油国际海外业务价值创造能力和可持续发展能力实现质的飞跃。

18

培育新质生产力　服务绿色能源发展

广东电网能源投资有限公司

一、基本情况

广东电网能源投资有限公司（以下简称“广东电网能投公司”）是中国南方电网有限责任公司（以下简称“南方电网”）下属广东电网全资子公司，成立于1995年，2022年成为国家高新技术企业，2023年入选“双百企业”。

广东电网能投公司坚决贯彻落实习近平总书记关于加快发展新质生产力的重要指示批示，从市场化机制、科技创新、产业拓展等多方面着力，在源荷聚合服务平台及新型储能、数字产品、低碳增值等战略性新兴业务赛道加快增强核心功能、提高核心竞争力，由原投资公司成功转型为智慧能源生态系统服务商，核心业务创造多项全国首个纪录。2023年实现营业收入同比增长8%，利润总额同比增长38%，全员劳动生产率同比增长23%，获评广东省专精特新企业，新质生产力加快成长，形成业务发展新模式，创新驱动企业高质量发展新动力效果显现。

二、经验做法

（一）推动真正按市场化机制运营，打造现代新国企

一是以权责管理为抓手，强化经理层自主经营。广东电网能投公司将

授权放权与落实董事会职权、打造积极自主经理层相衔接。构建“1+1+3+N”（1项公司章程+1份权责清单+3项议事规则+N项管理制度）制度体系，两年来与落实董事会职权项配套修编人力资源、预算、投资、基建等领域近30项制度。打造积极自主经营层，加强固定资产投资等需与市场高效互动的事项授权，如将1000万元以上5000万元以下投资事项授权总经理办公会决策，1000万元以下授权总经理决策，500万元以下授权分管领导决策，有效提升市场响应速度、快速抓住商机。

二是以岗位体系为突破，推动市场化机制深化定型。广东电网能投公司全面开展岗位价值评估，动态优化岗位分层分类分序列，“业绩导向”贯穿员工职业发展全过程。以市场化岗位管理为基础，推动任期制契约化管理向全体员工延伸，全员“一人一表”，以岗定责、按绩取酬，实施“红黄牌”退出机制，刚性执行不合格者末位调整。激励与压力相匹配，经理层建立“无保底+低固定+高浮动”绩效机制，经理层副职收入差距达1.81倍，核心骨干打破薪酬“天花板”，“绩优者”员工工资可高于部门负责人，市场化经营机制及相关制度深化定型、深入人心。

三是配合业务转型实施新型激励方式，构建多元化中长期激励体系。为鼓励公司战略性新兴业务发展，广东电网能投公司积极探索项目跟投、风险抵押等新方式，在南方电网实现中长期激励类型新突破。对战略新兴项目实施项目跟投，员工以现金出资方式认缴并获得项目收益分配权，项目盈利与核心员工利益直接挂钩。对高难度示范项目实施风险抵押，按照项目成效返还风险抵押和兑现奖励，有效助力核心业务项目实施质量提升。

（二）发挥创新驱动作用，提升科技创新核心竞争力

一是加强创新体系机制顶层设计。广东电网能投公司制定创新三年计划，完善创新机制，构建创新生态。聚焦虚拟电厂、移动储能、有序充电、超充等核心领域加大科技研发投入力度。强化科技项目管理自主权，制度化赋予科研创新团队负责人在团队组建、技术路线选择、经费使用、考核分配等方面更大的决策自主权，新增研发项目100%实施“揭榜挂帅”。加强核心技术专利布局，当年新增有效专利拥有数36项。

二是建立平台型企业技术产品护城河。广东电网能投公司加速源荷聚合平台服务技术标准制定和产品打造，形成平台核心技术7套算法、28项专利申请、19份技术规范，其中平台采集控制技术规范成为国家标准创新基地示范标准，初步建成聚合资源规模最大、资源品类最全、全国领先的源荷聚合服务平台。发布车网互动产品，实现与调度、交易中心、负控管理等系统数据交互，成功入选中国电力质量协会综合能源行业优秀示范项目，依托技术优势取得“粤易充”电动汽车充电设施政府省级监管服务平台托管。

三是将数据资产运营能力打造为竞争优势。广东电网能投公司聚焦数据资产价值创造，致力于成为能源电力行业数据运营的可靠第三方，成为全国首批数据经纪人，发布全国首个数据经纪人撮合交易定价器，实现电力数据产品首次在广州数据交易所上架，推出看经济、利民生、促金融等六大类35项“电力+”服务目录，1年时间实现合同金额增长超过3倍。共建“电力+金融”大数据应用创新实验室，电力大数据赋能超过10万家中小企业，贷款总额超过5亿元。探索完成电力数据确权、流通、交易和分配机制构建，推动跨行业数据整合。

（三）拓展绿色低碳发展赛道，增强服务“双碳”核心功能

一是强化新型储能商业模式创新。广东电网能投公司建成全国最大海上风电独立储能配套项目，实施“一体多用、分时复用”运营策略，丰富了新型储能商业模式实践，示范效应明显。推进移动式储能试点应用，为客户提升应急供电保障能力，高可靠性需求的高端客户市场规模位居南方区域前列，拓展按需租用服务重点解决季节性、临时性电力需求。打通充电站、大工业用户等场景，加快开发共享储能电站，推动储充一体化储能项目落地，有效解决用户充电慢、充电难等问题。

二是优化充换电设施全链条管理。广东电网能投公司完善充换电设施“投建营”全链条管理机制，运用电力大数据手段优化站点投资测算分析模型，实现定点范围充电场站数据可视，精准布局、精准服务，提高投资运营水平。持续开展多元融合示范站布局，完成惠州博罗乡村振兴光储充示范站和4个多元融合充电站建设，建成南方电网首个共享充电机器人充电站，大幅提升充电设施利用率和灵活性。电动汽车充电桩运营规模和辐射范围保持全省第一，充电设施乡镇应用全覆盖，自营充电功率利用率达头部运营商水平。

三是提供绿色低碳综合解决方案。广东电网能投公司拓展绿电绿证业务，支撑广东省出口产值超101亿元，助力出口型企业产业升级发展。服务广东绿色外贸，助力第134届广交会实现100%绿电消纳，省内绿电市场份额提高至10%以上。推动绿色生产，实现碳资产项目规范化、标准化运作，开发广东惠州、清远等12个地市共50个PHCER（碳普惠核证自愿减排）项目。打造珠海横琴绿电标杆示范项目，推动近零碳示范项目规模化复制，为用户提供能源解决方案最优解算法，为生态合作企业提供“开发—建设—运营”全链条数字化管理，开展分布式能源碳资产托管，为客户提供低碳综合解决方案。

三、改革成效

在国企改革深化提升行动和“双百行动”引领下，广东电网能投公司积极探索实践，在培育新质生产力、推动能源电力行业转型升级方面取得了积极成效。

一是推动真正按市场化机制运营取得深层次突破。广东电网能投公司市场化改革持续深入推进，“能下、能出、能减”成为常态，管理人员竞争上岗率100%，实现100%公开招聘，2023年全员劳动生产率213.5万元/人，同比增长23%。全面构建多元化中长期激励体系，实施项目跟投和风险抵押，非股东业务占比达到98%，打造国有企业市场化改革样板示范。

二是以创新引领产业发展的动力机制基本形成。广东电网能投公司积极构建聚焦用户、面向市场的商业模式和技术集成创新体系，形成业务发展新模式，核心技术成效多次获央视新闻联播报道。近2年先后获评国家高新技术企业、广东省“专精特新”中小企业，核心产品获得中国企业品牌创新成果奖，成果入选国家能源局首批科技创新（储能）试点示范项目，商业模式获得行业认可。

三是“1+3”战略性新兴业务发展布局凝聚合力。广东电网能投公司确定了以“双百行动”改革打造国内一流智慧能源服务商的发展目标，近2年源荷聚合平台和数字服务、绿色投资、低碳增值等“1+3”核心战略性新兴业务取得突破性进展，形成智慧能源整体解决方案供给能力，与产业链上下游企业开展大量合作，融通共建绿色能源产业集群。

19

党建引领点燃“绿色引擎”多能互补能源体系建设初见成效

大唐云南发电有限公司滇东新能源事业部

一、基本情况

大唐云南发电有限公司滇东新能源事业部（以下简称“大唐滇东事业部”）于2021年12月成立，为中国大唐集团有限公司（以下简称“中国大唐”）旗下大唐云南发电有限公司（以下简称“云南公司”）的分支机构，现有职工224人，目前在役、在建、备案装机容量224.575万千瓦。

2023年，大唐滇东事业部深入学习贯彻习近平总书记关于深化国有企业改革的重要指示批示精神，按照中国大唐和云南公司改革工作部署，切实发挥中央企业在建设现代化产业体系、构建新发展格局中的科技创新、产业控制、安全支撑作用，全方位整合攻坚资源，在各个重要环节破题攻关，实现建成“国内规模最大高原山地百万千瓦风电基地”目标，“风光水气储”多能互补能源体系建设初见成效。

二、经验做法

（一）聚焦“党建引领+项目发展”，助推“国内规模最大高原山地百万千瓦风电基地”建设

为实现2023年建成“国内规模最大高原山地百万千瓦风电基地”奋

斗目标，大唐滇东事业部在新能源基建项目创造性打造“全员开发＋项目责任＋契约化激励”的“党建引领＋项目发展”工作模式，通过“揭榜挂帅”方式选聘班子成员，有效发挥党委“把方向、管大局、保落实”作用，通过目标引领树牢“风向标”。

一是创新推行一个项目、一名领导、一套专班、一抓到底“4个1”工作机制改革，组建6支党员攻坚突击队，“三专跟进”用林用地报批、设备物资保供等重点难点问题研究攻关。打破不同项目主体、企业单位之间的壁垒，促进各参建主体和关联单位有效沟通联系、高效协同，实现“围绕项目抓党建，抓好党建促项目”良性循环，让党旗高高飘扬在项目建设工地上。

二是推动考核激励机制改革，坚持市场导向、效益导向，实施“五个倾斜”收入分配机制，薪酬分配向发展建设倾斜。动态调整“五位一体”企业负责人考核机制，充分激发企业负责人的“车头”作用，将任期制契约化管理延伸到发展部门负责人，签订“两书一协议”，压紧压实发展任务，在发展过程中涌现出一批干事创业的年轻干部。

三是打造“项目攻坚”党员示范岗、“驭风者党员突击队”“90后青年志愿宣讲”党员服务队等“党建引领＋”工作品牌，将党建工作资源聚焦在一线、活跃在一线。扎实开展工程施工技术创新、生产准备创效提升等揭榜技术攻关项目，按季度开展“红旗党小组”评比、双月开展党小组“双创”交流活动。

四是同所在地方政府、EPC单位、设计院、税务局等开展“资源联享、活动联办”党建共建共享活动，定期与EPC等分包单位党支部、工地所在地政府部门党支部等联合开展“主题教党日”活动，将企业卓越文化和企业价值观渗透到实际工作中。

五是构建“双向承诺＋落实践诺＋问效考核”全链条落实机制，将党支部领办项目发展、工程建设堵点难点问题作为“创岗建区”抓党建突破项目，进一步放大“大党建、强体系、聚人心、创价值”正效应。

（二）聚焦“党建引领＋项目负责管理”，谋划“风光水气储”多能互补能源体系建设

在“双碳”背景和云南省“绿色能源牌”目标下，大唐滇东事业部精准分析文山壮族苗族自治州（简称文山州）电量大、电源结构不合理、调峰压力大等问题，推动能源结构性改革，统筹打好新能源提速增效、新产业开发拓展攻坚战。

一是严格落实云南公司“三专”工作要求，发挥领导班子“领头雁”作用，领导带队14次拜会州市县党政主要领导，协商发展难点堵点，拓宽发展路径。

二是汇集“党员先锋＋业务能手”工作团队，全盘铺开做好项目选址和技术优化措施，设立政策宣传、矛盾调处、服务帮办、克难攻坚等党员先锋岗，组建2支“背包工作队”，22名“80后”项目攻坚党员干部密切跟进地方政府项目比选推进情况。

三是在文山州谋划“风光水气储”多能互补能源体系建设，启动文山州“水风光气储多能互补、源网荷储一体化耦合示范基地”研究工作，积极开展锦屏西、马关、平坝、富宁风电扩建项目及燃气发电项目前期规划工作，规划建设风电、光伏、天然气发电装机容量219.475万千瓦，布局抽水蓄能、储能项目开发，在新能源项目资源获取等方面取得阶段性成效。

四是利用气电不断完善文山州电源结构，提升系统运行效率和电源开发综合效益，缓解电力丰枯结构性矛盾。探索在文山州丘北县规划建设储能项目，开展文山州电网“源、网、荷、储”一体化建设，优化能源结构，提升供电的及时性、稳定性、可靠性和电能质量，确保能源安全。

（三）聚焦“党建引领+成果转换”，抓好设备治理保证安全生产稳中向好

大唐滇东事业部紧密围绕能源保供、科技创新等中心工作，通过搭建党建引领成果转化服务体系，切实为企业高质量发展聚力赋能。

一是组建4支“能源保供党员突击队”服务助力“党员风机包干责任”系列主题活动，“一机一策”开展设备风机治理，顺利完成28个技改项目。持续深化大部件治理，对重大缺陷故障、重复性缺陷故障、大部件损坏、电气设备非停、长停风机等严重制约设备可靠运行的因素进行深入分析，强化缺陷归类、统计、分析，制定改进策略，每月对运维中心缺陷和弃风情况进行统计分析，查找故障原因，进一步加强定检维护验收，风电设备故障损失电量同比减少310.64%，风机平均单机可利用率同比增加1.06%。

二是生产一线党员主动出击冰雪灾害抢修线路、高质量完成风机齿轮箱内窥镜、变桨系统改造，自主完成大龙山16台齿轮箱高速轴轴承跑圈更换，业务精兵“融合练兵”促技能提升。

三是以“舍得创新工作室”为载体，组建“双创”攻坚突击队，扎实推进科技创新工作激发职工创新动能，高质高效完成“智慧风电”无人机智能巡检系统数据同步云端、大龙山智慧电厂建设（一期）项目等相关工作，凝聚党员科技创新增强竞争力，完成3项实用新型专利、1项发明专利认证，打造智能化管控作战指挥室。

三、改革成效

一是党建引领，干事创业氛围浓厚。大唐滇东事业部始终坚持党的领导与完善公司治理相结合，将党建工作融入工程项目建设和生产经营，狠抓改革质效，弘扬卓越文化，党员干部队伍素质不断提高，基层党组织战

斗堡垒作用和党员先锋模范作用有效发挥，形成浓厚的追求卓越和创先争优的干事创业氛围。

二是成果丰硕，“百万基地”一马当先。锦屏西、马关八寨风电项目及红花山、山心光伏项目110.275万千瓦全容量并网，建成“国内规模最大高原山地百万千瓦风电基地”，入选中国大唐2023年十件大事，大唐滇东事业部荣获中国大唐2023年度先进基层单位标兵、基建安全生产先进单位。

三是多能互补，规划发展突破屏障。2023年与地方政府及产业链上下游企业签订7份战略合作及投资开发协议，完成“文山州现代能源发展一体化基地研究报告”，为大唐滇东事业部长期规划发展明确方向、奠定基调。已完成燃气项目预可研编制、绿色智能检修中心可研编制。2023年开工容量32万千瓦，投产容量110.275万千瓦，“风光水气储”多能互补能源体系建设初具规模。

四是保供提效，经营业绩跨越式提升。2023年，大唐滇东事业部夯实安全基础，不断提高供电能力，加快推进新能源项目建设，提质增效攻坚行动措施得力。2023年未发生风机长停，飞尺角、古城、羊雄山3个风电场获得中国电力技术市场协会无故障风电场管理奖，发电量同比增发3.1亿千瓦时，利润总额同比增幅733.33%，首次突破亿元大关，均创历史同期最好水平。安全生产局面持续稳定向好，盈利能力大幅提高，跻身云南公司第一梯队企业行列。

20

紧扣定位担使命　追求卓越建新功

大唐环境产业集团股份有限公司

一、基本情况

大唐环境产业集团股份有限公司（以下简称“大唐环境”）是中国大唐集团有限公司（以下简称“中国大唐”）下属唯一的环保产业发展平台，是国内最大的脱硫脱硝特许运营企业、全球最大板式脱硝催化剂生产企业，同时也是国内最全烟气治理供应商、国内领先智慧水务供应商、国内一流资源循环利用供应商和国内知名新能源供应商。

二、经验做法

（一）科技创新改革引领，核心竞争力取得新突破

大唐环境改革科技研发组织体系，下属研究院与南京环保催化剂实验室共同构建“2＋N”科技创新体系（2个平台＋N个研发孵化项目），聚焦新产业新业态研究方向，研究院设立储能、碳排放在线监测、新能源固废处置3个研发孵化组。采取“大综合＋孵化项目团队”基本框架，采用“揭榜挂帅”、个人带项目申请等方式，构建从研发、引进消化再创新到成果转化一体贯通的组织机制。

大唐环境下属南京环保全力打造国务院国资委“科改企业”和创建世界一流专业领军示范企业，催化剂第二基地聚焦高孔、燃机催化剂项目以解决高端催化剂技术和产品“卡脖子”问题为目标，推动南京环保成为“科技创新 + 先进制造”的产业链建设重点企业。

大唐环境完善科技人才激励保障机制，出台《博士和高技能人才专项保障》措施，设立有竞争力的博士科研津补贴。建立“三级三类”专家人才机制，评选出环保治理、新能源等领域首席专家、高级专家和青年拔尖人才 20 名，构建专家人才激励专项奖励基金，激发各专业领域专家人才积极性。

大唐环境成功发布《工业废水处理回用技术评价方法》ISO 国际标准，发布行业标准《火力发电厂污泥处理与处置技术导则》。优化热态调平喷氨技术和自主研发的“闪蒸浓缩 + 烟气蒸发”脱硫废水零排放耦合技术等实现突破，成为央企发电集团首家打通废水零排低温段和高温段贯通技术的企业。公司科研成果、论文、发明专利累计获得大唐集团科技专项奖励 233 万元，科技创新能力得到进一步彰显。

（二）产业布局改革为基，企业业务转型取得新突破

大唐环境成立新产业研判与开发拓展攻坚领导小组，初步形成战新产业项目“开发一批、培育一批、储备一批”滚动发展的格局，引领公司实现业务转型与高质量发展。

高质量组建新能源设计院，市场化引进中高层次设计人才 18 人，加快打造在环境治理和新能源领域的系统优化设计能力，与大唐科研总院、技经院共同打造中国大唐新能源业务发展“三位一体”支撑体系。

新产业孵化上，大唐环境储能产业完成前期技术研究和孵化方向布局，市场化招聘 BMS、EMS、系统集成等核心技术人才已到位。自主研发的碳数据在线监测业务完成江西抚州首台（套）试点，得到内外部专家充

分肯定，具备打造自主知识产权的碳监测技术路线、成套设备和数据管理平台的价值及推动产业化发展基础条件。新能源固废处置产业抢抓风电场“以大代小”和废旧叶片退役爆发期，完成了废旧风机叶片高效解离与增值循环利用产业研究，结合化学热解法和物理处置法的处理手段，开展废旧风机叶片处理处置及玻璃纤维循环利用工程示范与产业推广，并探索新能源固废处置与制氢的产业协同模式，构建了打造老旧风电场系统性综合服务商的孵化框架。

大唐环境推进催化剂第二基地年产1万立方米蜂窝催化剂和1.9万吨催化剂处置再生及资源化利用项目建设，从全面开工到全部生产线投产仅用250天，实现“即投产、即达标、即稳定”的建设目标。

大唐环境组建新能源事业部，统一归核管理分布式光伏资产运营，获得中国大唐分布式光伏并购试点授权，引入户用分布式光伏建成后收购、合作开发“零对价收购”等开发模式，推动户用分布式光伏并购业务试点示范。

（三）体制机制改革助力，市场化运营取得新突破

大唐环境全面实现所属法人企业董事会应建尽建、外部董事占多数，并建立健全授权清单，进一步完善了“三个清单”，公司法人治理体系日趋完善。

大唐环境本部机构改革按“全职能覆盖、全周期管理、全流程可控”原则，完善机构设置，重新组建工程管理部，全岗全员面向公司公开招聘，共计57人参加9个岗位竞聘，实现从项目设计、采购、概算、执行、结算的全过程工程管控。2023年新开工的18个工程项目毛利率为8.76%，较往年平均2%～3%的水平实现大幅提高。2023年下半年，采取公开竞聘方式配置本部缺岗人员，共计106人参加25个岗位竞聘。通过竞聘，上下交流32人次，4名原本部人员交流到基层单位，12名“90后”年轻人才

竞聘到本部锻炼，人员活力动力进一步激发。

大唐环境基层单位机构改革按照“一型一策”“一企一策”研究改革措施，坚持集约化、扁平化，集中专业资源，创新组织形式，实现了工程单位内设部门标准化、板块之间差异化，8 家基层单位内设部门均压缩至 9 个之内，职能管理部门数量减少 41%，压缩工程板块定员 98 个，压降比例达 27%。

大唐环境优化以“经营业绩考核 + 专项任务考核”双覆盖的“两型、四类，分档认领，专项攻坚”基层企业经营业绩考核模式，设置“利润总额、新增合同毛利、系统外毛利”指标，并统一设置“攻坚任务”。

大唐环境持续深化开展“三能”机制建设，全年竞聘和考评比选任用经理级干部 39 人次，新上岗的 13 名副经理级以上干部中 10 人为“80 后”，占比达 76.92%；管理人员竞争上岗比例超 80%，管理人员薪酬差距达 2.14 倍，员工市场化退出比例达 3.11%。

（四）价值创造汇聚合力，企业经营发展取得新突破

大唐环境以脱硫特许经营业务筑牢“压舱石”作用，持续节能耗、抓增效、精管理，应收账款回款 50 亿元，实现近 5 年最高值。“一厂一策”进行指标分析，推进能耗诊断，全覆盖开展生产指标管理提升，共计节约运行成本约 3500 万元。24 台机组获中电联“对标先进机组”，指标先进机组数量持续排名行业第一。

大唐环境催化剂制造板块南京环保大幅提升全要素生产率、产品附加值和市场竞争力，再生处置及资源化利用量同比增幅 28%。持续开展工艺升级，优化设计，加大全生产线降本节支力度，累计节约成本 378 万元，通过集采优化产品原材料成本、降低库存量等一系列措施，实现盈利同比增加。

大唐环境工程板块优化光伏项目电缆设计增利 500 万元。调整储能项目采购策略，利润空间提高4200多万元，板块整体减亏2.38亿元，中标率同比提升4个百分点，新增合同额同比增加214%，存量项目概算节余2320万元，产值同比增加28%，毛利同比增加107%。电力施工总承包资质和环保专业承包资质相继升级。

（五）合规经营保障有力，化解历史问题取得新突破

大唐环境法律纠纷案件化解有力，案件总体化解率64.7%，挽回经济损失超2.4亿元。按期完成资产处置项目，2023年完成3项低效无效资产处置项目，形成当期利润近4000万元。安全生产基础不断夯实，扎实开展“事故隐患专项排查整治2023行动”，推进“安全管理强化年”各项工作，深入开展“三明确、三整治”等本质安全建设，2023年确保了安全生产稳定。

三、改革成效

2023年，大唐环境营业收入同比增加7.7%；利润总额同比增加3.44亿元，增幅122%，创近5年来最好水平；净利润同比增加2.9亿元，增幅130%；全员劳动生产率完成140.46万元/人，同比增加30.15万元/人，增幅27%。

企业品牌影响力全面提升，大唐环境连续4年入选“中国环境企业50强”，在2023年“金格奖”卓越上市公司评选中荣获“年度ESG先锋奖”。“三色花”企业文化成果荣获全国企业文化优秀成果一等奖。心理关爱服务被全国总工会授予“职工心理关爱优秀示范单位。”公司荣获北京市2022年度“书香企业”称号。在中国大唐首届“大唐杯”职工创新创效成果竞赛中荣获一等奖、青年创新创效优秀成果金奖。公司职工、党的二十大代表闫欢欢光荣出席中国妇女第十三次全国代表大会。

21

坚持科技创新驱动　建设世界一流企业

南京国电南自维美德自动化有限公司

一、基本情况

南京国电南自维美德自动化有限公司（以下简称“南自维美德”）是一家深耕发电厂热工自动化、发电厂电气自动化、新能源场站自动化等发电控制领域，为国内外风、光、水、火、核、储、氢等多种能源电站提供智能化、自动化解决方案的国有高科技企业。

南自维美德以主题教育和国有企业改革深化提升行动为重要契机和强大动力，坚持科技创新驱动，通过自主创新、成果转化、要素集聚等路径，不断开辟新领域新赛道，积极引领产业发展变革，争当构建新质生产力的重要参与者和推动者，加快建设世界一流企业。

二、经验做法

（一）加强组织领导，强化战略谋划，增强建设一流企业的引领力

一是加强组织领导。南自维美德认真落实“两个一以贯之”要求，把党委“把方向、管大局、保落实”的领导作用贯穿于“创一流”工作，召开高质量发展推进会，成立“创一流”工作领导小组和工作小组，构建党

委书记挂帅担纲、党委班子成员落实分管责任、各部门协同推动的“创一流”工作体系。

二是强化战略引领。南自维美德密切跟踪能源电力领域最新政策，结合新一轮改革深化提升行动部署，建立以《加快建设一流自动化产品和服务供应商企业实施方案》为统领、以各专项方案为支撑的“创一流”文件体系，进一步明确“科技创新领先、经营质效提升、治企能力突出、党建坚强有力”的总体目标，通过“1+5+N”工作清单（1个目标、5个领域和N个主要任务）推动“创一流”工作全面开展、纵深推进。

三是推动科技创新可持续发展。南自维美德加强科技创新顶层设计，以国电南京自动化股份有限公司（以下简称“国电南自”）“宝塔型”科技创新体系为指引，围绕创新链布局人才链、资金链、政策链，编制中长期科技创新规划，进一步明确重点技术研发、应用推广方向，细化重点任务举措，优化创新要素配置，实现科技创新目标与“创一流”目标有机融合、相互牵引。

（二）融入创新生态，推动“三个协同”，增强建设一流企业的聚合力

一是加强央企联合体协同创新。南自维美德依托央企产业链优势，积极参与央企创新联合体建设，与中国电子、中国电科下属飞腾、麒麟等产业链领军企业开展联合创新，推进原创性、引领性技术攻关。在实现电力工控关键核心技术攻关“一年一台阶、三年三突破”的基础上，不断深化创新联合体务实合作，推动“华电睿蓝”自主可控DCS从“能用”到“好用”迭代升级。2023年8月，“华电睿蓝”成功搭载最新一代国产CPU——飞腾E2000，系统整体性能进一步提升。

二是加强企地协同创新。南自维美德强化创新平台支撑，持续推进江苏省工程技术研究中心、江苏省软件企业技术中心、南京市企业技术中心等多个省市级创新平台建设。依托企地联合创新平台，成功申请“2023年

江苏省碳达峰碳中和科技创新专项资金项目”，深入开展火电机组灵活性改造技术研究。持续推进“江苏省工业和信息产业转型升级专项资金项目”，推动重型燃气轮机国产一体化控制系统关键技术攻关。

三是加强校企协同创新。南自维美德推动校企产学研合作见行见效，与华中科技大学合作研究适应可再生能源的灵活控制技术，参与国重 QN 项目“高效可再生能源 PEM 电解水制氢装备开发（氢能方向）”，创新成果在世界海拔最高的华电青海德令哈 50 兆瓦 PEM 光伏制氢项目投运。与南京信息工程大学就气象预报修正、稳态预报、极端天气变化等相关功率预测技术达成合作意向，与南京工程学院共建江苏省研究生工作站。

（三）聚焦自主可控，筑牢安全底座，提升建设一流企业的竞争力

一是持续开展关键核心技术攻关。南自维美德以国家发展战略需求为导向，坚定自主创新战略定力，围绕国产芯片深入应用、装置国产化提升及系统国产化集成开展技术攻关，深度构建覆盖 DCS、DEH、TCS、发变组保护、励磁系统的自主可控发电工控系统整体解决方案。TCS 实现“一年两突破”，先后在国产首台 G50 燃机和三菱燃机成功投运，助推重型燃机全产业链“中国造”。成功研制基于国产高性能 ADC 芯片的自主可控大型水轮机组发变组保护装置，并在三峡电站 700 兆瓦巨型水轮机组投运，形成大型水轮机组国产化发变组保护整体解决方案，有力保障机组安全稳定运行。

二是扎实推进央企产业焕新行动。聚焦工业软件受制于人的困境，南自维美德认真落实中国华电集团有限公司（以下简称“中国华电”）《工业软件产业布局发展行动方案》，加强前瞻性思考和全局性谋划，系统规划市场布局、资源配置、研发方向等关键要素，科学制定具体落实计划，强化党委书记领衔，建立工作专班，成立党员突击队，推动形成“上下一盘棋”的工作局面，力争到 2025 年实现 DCS、TCS 等工业软件国产化渗透

率达到 50%。

（四）实施“三链”工程，夯实人才队伍，提升建设一流企业的支撑力

一是实施人才“强链”工程。南自维美德注重正向激励，运用包括股权激励、岗位分红、重大专项奖励在内的“激励工具包”，充分调动存量人才创新创造的主动性、积极性，打造富有活力的科技创新主力军。累计兑现岗位分红 120 余万元，涉及 40 余人，股权激励 10 余人。

二是实施人才“补链”工程。南自维美德加强人才自主培育，大力推进中国华电“骏才”计划、国电南自“新青年”计划，深入实施南自维美德“伯乐”计划。创优“项目 + 人才”培养模式，将“骏才”“新青年”“伯乐”人员安排到重大项目中进行锻炼，打造储备充足的科技创新后备军。DCS 硬件组入选“全国优秀青年突击队案例”，2 名青年骨干荣获江苏省青年岗位能手和中国华电青年岗位能手。

三是实施人才“延链”工程。南自维美德实施特殊人才引进计划，“一人一策”靶向引进 5 名高水平人才，打造专项突出的科技创新“生力军”，有力推动智慧电厂等领域关键核心技术提速攻关、率先应用。

三、改革成效

一是科技创新增添新动力。南自维美德全年研发投入同比增长 21%，完成省部级鉴定 2 项，获得授权发明专利 29 件，荣获科技奖项 8 项，连续 5 年荣获中国华电科技进步一等奖。其中，“面向主动支撑和智慧运维的海上风电一体化监控关键技术及工程应用”获得中国华电 2023 年度科技进步奖一等奖，“重型燃气轮机控制关键技术、装备及工程应用”获得浙江省科学技术进步奖二等奖，“风电机组能效分析和故障预警关键技术研究与应用”获得江苏省能源研究学会科学技术特等奖。参与申报的“国家能源电力工控系统技术研发中心”成功入围国家能源局“十四五”第一批

“赛马争先”名单。

二是创建一流迈上新台阶。南自维美德强化组织领导和督导推动，紧扣一本台账抓落实，一体推进降本增效提质、质量安全管控、干部人才队伍建设、内控合规风险管理、业务流程再造和数字化升级，企业治理成效进一步提升。南自维美德获评中国华电争创一流标杆企业，入选国务院国资委“创建世界一流专精特新示范企业”和工业和信息化部国家级专精特新“小巨人”企业。“创一流”经验做法在国务院国资委组织的创建世界一流专业领军示范企业交流会上作书面交流，实践成果报告《坚持科技创新驱动，建设世界一流企业》在《学习时报》发表。

三是价值创造登上新高度。南自维美德紧紧锚定年度经营指标和“十四五”发展目标，切实提升价值创造能力，真抓实干、攻坚克难，全面完成年度经营指标，收入、回款、现金流等主要指标均同比实现两位数增长，经营业绩再创历史新高。南自维美德入选2023年江苏省高新区“瞪羚”企业，被评为南京江北新区研创园“2023年度最佳贡献企业”。

22

聚焦重点　精准施策
助推改革深化提升行动落地见效

中国华电集团有限公司广东分公司

一、基本情况

中国华电集团有限公司广东分公司（以下简称“华电广东”）是中国华电集团有限公司（以下简称“中国华电”）直属单位，业务涉及煤电、气电、分布式、风光电、售电、综合能源服务等，覆盖广东省17个地市。

华电广东党委坚决贯彻落实党中央、国务院关于国企改革决策部署，全面落实国有企业改革深化提升行动要求，在中国华电的指导和支持下，以“九个一流”建设提高企业核心竞争力，以“五个示范”打造增强核心功能，坚持以科技创新加快动能转换，以优化增量促进结构转型，以改革开放拓展发展空间，在质的有效提升中实现量的快速增长，用“走在前列、争创一流”的实际行动推动改革发展迈上新台阶。截至2023年底，华电广东总资产超400亿元，装机容量超800万千瓦，清洁能源占比达68%，在建规模达159万千瓦，前期储备项目超1000万千瓦。

二、经验做法

（一）强化战略布局，不断完善现代产业体系

一是科学统筹产业结构布局。华电广东立足广东能源资源禀赋，把握

广东“双区”和横琴、前海、南沙三大平台建设重大机遇，修编“十四五”发展规划和碳达峰碳中和行动方案，大力发展海上风电，加快建设陆上风光电，择优布局抽水蓄能、储能、氢能等新兴产业和符合发展战略的燃机及沿海清洁“联营”煤机，总体形成了“聚焦中心、稳固两极、拓展两点、优化粤北”的战略布局。科学组织实施，以党委“五个一”挂联督办机制推动转型发展，开展“书记领衔项目”“揭榜挂帅”及劳动竞赛，全面推进“光伏＋”、“海风＋”、储能等示范工程建设，不断推动产业结构转型升级。

二是创新风光电项目开发机制。华电广东融入广东海洋强省战略，深化产业协同，与行业头部企业签订战略合作协议20余份，引进高度契合地方发展的特色产业，筹建华电海上风电运维中心、广东海上风电科技创新中心，组织产学研技术交流，规划研究“海上风电＋海洋牧场”融合建设方案，拓宽海上风电“产业圈”。以“绿电”赋能乡村振兴，积极参与广东省“百千万工程”，以“四个开发”理念（绿色开发、综合开发、协同开发、创新开发）、“三个结合”方案多措并举争取风光电资源，推进央企地方协同发展。

三是优化战新产业发展保障机制。华电广东实施“揭榜挂帅＋战新产业发展”行动，成立以主要领导为组长的重点工作专班，建立现场问题协调机制，全面提高工作和决策效率。设立绿色发展专项奖励和“揭榜挂帅”即时奖励，按确保目标、登高目标两档分别给予奖惩。加强制度体系建设，修订投资管理办法，编制项目开发建设合规性手册，严把投资收益率和依法合规红线，避免项目“先天不足”。

（二）强化创新引领，持续提升科技创新水平

一是大力培育自主创新能力。华电广东加强能源领域关键技术攻关，承担国家“1025”攻关项目3项，开展G50首台（套）重大技术装备应用，同东方电气共建清洁高效透平动力装备全国重点实验室华电分室，补强产业链供应链短板。以绿色低碳为方向，开展海上风电全产业科技创新，承担广东省“海洋六大产业专项项目”2项，成立华电阳江海上风电实验室联合试验中心、柔直联合研发中心，协同策划“深远海浮式风波联合发电装备研制及应用示范”项目，锻造长板技术新优势。

二是持续深化数字区域建设。华电广东坚持数字化技术与区域做实管理相融合，建设区域数据中心，实施数据治理、智能仓储、可视化应急指挥、“5G+新能源”智慧监控平台和数字电厂等一系列数字化转型项目，将数字化应用到新形势下生产经营、资源管理、服务模式转型及改革发展全过程，获得国家标准数据管理能力成熟度评估（三级）认证，数字区域建设成效显著。

三是加大创新人才培养力度。华电广东积极拓宽科技创新人才成长路径，成立科信部，建立专业技术带头人、创新工程师培养机制，组织开展华粤技术专家、技能工匠和“远航”人才选拔，设立科技创新专项奖励，明确科技人员在薪酬待遇、职务晋升等方面的激励政策。加大高精尖缺人才引进力度，聚焦智慧能源、航空发动机和燃气轮机、船舶与海洋工程三大专业领域，与上海交通大学、中国海洋大学联合培养研究生。

（三）强化提质增效，不断提升价值创造能力

一是构建价值创造工作体系。华电广东聚焦提质增效，优化形成“1+1+5”工作体系，即建立1套对标指标体系，形成“坚持党建引领、紧抓两个关键、实现三个融合”的1套工作方法，以提高核心竞争力和核心功能为重点，明确“做优存量、做强增量、外树品牌、内强管理”系列措施，从“坚持诊断为先、强化责任落实、打造执行体系、细化评价指标、加强保障激励”5个方面着手，加快锻造与一流区域公司相匹配的价值创造能力。

二是完善市场开发机制。华电广东立足南方区域实际，牵头组建南方大区报价工作小组并开展跨省跨区交易，初步形成适合区域市场运行的工作机制。率先建立市场营销部统一管理下的基层电厂、售电公司、报价中心“三位一体”营销体系，并作为典型在中国华电推广。制定市场电量开发奖惩细则，充分激发市场营销的积极性和主动性。举办南方区域电力交易员培训及技能大赛，培育电力市场营销专业人才，参加首届全国电力交易员技能竞赛，荣获个人二、三等奖和团体二等奖。

三是着力提高资本回报率。华电广东狠抓存量资产提效，坚持以边际贡献为导向的电力营销策略，强化成本费用对标管理，树牢“政策即效益”理念，率先在广东省取得绿电交易资格，大力拓展综合能源业务，开展蒸汽、冷热水、储能等多能供应服务。强化资本回报、投入产出效率指标的预算管控，逐步建立以资本回报为核心的预算编制机制、以提质增效为抓手的预算执行机制及以业绩考核为导向的预算保障机制。在资产管理上做“减法”，制定低效无效负效资产分类盘活方案，择机实施。

三、改革成效

一是转型发展步伐更加坚实。华电广东总装机规模超 800 万千瓦，较“十三五”末增长 95.88%，建成投产全国首台全国产化“争气机”G50 燃机示范项目、广东省“十四五”能源重点建设项目汕头港电一体化项目，开工建设惠州东江燃机项目。新能源装机结构持续优化，风光电总装机规模约 200 万千瓦，2023 年取得海上风电 110 万千瓦开发权，阳江“华电泓胜一号”海洋牧场建设启动，汕尾电化学储能列入国家示范，韶关地区率先核准一批分散式风电项目，战略新兴业务蓬勃发展。

二是创新驱动成效更加显著。科技成果加快转化步伐，清远 G50 燃机示范项目正式投入商业运行，挂牌成立全国重点实验室华电分室，钙钛矿、国务院国资委“1025”项目、新能源“5G+”等央企创新联合体攻关完成节点任务，数字化转型示范区建设初步完成。2023 年获得中电联电力科技创新奖 5 项、电力职工技术创新 1 项、中电机电力科学技术进步奖 1 项、电力优秀青年科技人才奖 1 项；获得授权专利 55 项，其中发明专利 3 项。

三是价值创造活力更加充沛。华电广东优化形成以价值创造为导向，以战略（Y）、执行（U）、激励（E）为核心的“‘8+N’YUE”式考核体系（8 项制度+N 个方案细则），绩效奖金占比平均为 65%，最高达到 72%以上，年度发放专项奖励近 3000 万元，充分激发干部职工团结奋斗、担当作为的内生动力，形成“创新奋进、奋勇争先”的文化氛围。经营效益稳步增长，“一利五率”全面提升，效益指标创历史新高，风、光电单位容量利润对标区域同行领先，机组利用小时对标行业领先。

23

奏响创新与改革最强音 加快实现核能科技创新综合实力新的跃升

上海核工程研究设计院股份有限公司

一、基本情况

上海核工程研究设计院股份有限公司（以下简称“上海核工院”）是国家电力投资集团有限公司（以下简称“国家电投”）所属二级子企业，是我国压水堆核电发源地，首个商用核电站总体研发设计单位、压水堆重大专项总体技术单位、“国和一号”产业链建设重点企业。

上海核工院始终围绕国家、行业、国家电投重大战略需求，发挥新型举国体制优势，聚焦不同类型的科技创新任务需求，打造针对性的组织模式，优化资源要素配置，提升协同创新效能，成功研发具有自主知识产权的“国和一号”先进核电型号，累积知识产权5000余项，为中国核电事业从无到有、从弱到强发挥了重要作用。

自2023年入围“科改企业”以来，上海核工院深入学习贯彻落实党的二十大精神和“科改行动”有关工作要求，聚焦提高核心竞争力与增强核心功能，奋进高质量发展目标。从思想上“破冰”，开展22次公司级研讨，凝心聚力统一思想认识；从行动上“突围”，成立总经理和党委书记双挂帅的专项领导小组和四大改革专班，建立55项内控指标和41项台账进度条管控机制，发布“科改行动”工作月报，层层压实责任，强化资源保障；从改革上“发力”，由表及里、由点到面、由近及远实施体制机制改革，推动创体系效能、产业链协同创新、科技创新活力有效提升，构建体制机制创新与技术创新互促互进的良性循环。

二、经验做法

（一）大力推进科技创新机制改革，实现创新体系效能增强由表及里

一是建设高水平科技创新平台体系。上海核工院科学构建“国家—省部—企业”三级创新平台体系，以全国重点实验室的培育建设统筹集团公司核能科研与产业平台的建设工作，获批国家能源局最高层级创新平台——国家能源非能动核能共性技术研发中心。强化产学研深度融合，与上海交通大学等新建4个企业联合技术中心，累计数量达32个，筑牢创新平台建设基础。

二是推动成果转化效益效率双提升。上海核工院深化成果转化体系建设，从科技成果转化流程试运行到落地，明确成果转化标的物和载体，梳理历史存量的技术经营项目和知识产权清单，完善技术经营合同知识产权条款，拟定专利许可合同模板。开展知识产权分级分类管理，形成高价值、可运营、可处置专利3张清单，从源头上加强成果布局，匹配政策、服务等资源，推进知识产权运营新的突破，年内共申请发明专利280项，同比增长44%，组织科技成果转化认定42项，实现经济价值超1.2亿元，与13家企业签署知识产权运营合作协议，实现跨界突破。

三是推进科技创新“三化”“五同步”。上海核工院开展科研项目专业化、标准化、集约化管理，从立项、协作、成果布局、成果转化、创新激励5个方面建立“五同步”工作机制，强化科研立项需求分析和绩效评价专业化水平。完善课题负责人技术路线决定权、经费使用权、团队组建权

和考核分配权，发布9项内部科研课题“揭榜挂帅”项目，将更多基础研究类课题纳入科研经费“包干制”试点工作范围，探索科研人员职务科技成果赋权改革，充分激发创新活力。

（二）扎实开展产业链建设机制改革，实现协同创新创效由点到面

一是“卡脖子”关键技术实现里程碑突破。上海核工院围绕产业链部署创新链，层层梳理设备、零部件、材料等进口条目，对“卡脖子”物项布局国产化攻关。2023年已完成14项整机设备、326项零部件级物项攻关，“国和一号”成为国内首个达到100%国产化能力的三代核电机组。以全面替代技转和进口软件为目标，启动COSINE系列93项“一套软件”研发，目前已完成开发83项，实现工程应用26项，其中概率安全评价（PSA）软件等已交付中船集团、宁德时代等造船和新能源行业使用。

二是加速开展“国和一号”产业链联盟建设。作为我国核电领域以打造现代产业链建设重点企业、实现100%国产化为目标的联盟，深化“契约化组织模式”，2023年已累计完成会员签约102家、签署112项专项配套协议，集聚资源推进“卡脖子”和关键核心技术攻关，由点到面，活跃全局，打造产业发展良好生态。成立产业链党建联盟，通过议事协调、“样板间”打造等强化政治引领和组织保障。

三是实现“国家投入”为主向“国家投入+市场牵引”双轮驱动转变。上海核工院发挥新形势下我国超大规模市场优势，强化企业创新主体地位，打通创新链、产业链、资本链。加大企业自主投入，针对市场前景大的高燃耗乏燃料运输容器，由国家电投、国机集团、上海电气以等比例出资筹集1.5亿元研发资金，开展产品研发和产业化运作。牵引科技型中小企业从“要研发资金”向“要攻关难题”转变，以核电产品的高标准高要求，持续升级企业质保、管理、人才体系。

（三）全面深化市场化机制改革，实现科技创新活力提升由近及远

一是大力推行市场选人用人机制改革。上海核工院建立健全优秀年轻干部库与常态化培养选拔机制，开展3轮次公开竞聘，优化调整18个部门的管理人员，管理人员竞争上岗比例从17%提升至64.5%，管理人员退出比例从4.2%提升至8.8%。健全核心科研骨干人员延迟退休和退休返聘机制，年内正高级科研骨干返聘人数达26人。

二是深化中国特色现代企业制度建设。上海核工院结合科创板规范性要求，梳理优化各治理主体权责界面，形成27个大类186项的《公司治理授权决策事项总清单》，覆盖党委会、股东大会、董事会、董事长、监事会、总经理、职工代表大会，并定期评估并动态优化，做到一表在手、一目了然。设立战略与科技委员会，提高科技创新战略研判水平和科学决策水平。切实落实董事会6项重点职权19项子职权，制定《落实董事会职权实施方案》，通过国家电投审批，提升自主经营决策水平。

三是以科创板上市促进治理体系升级。上海核工院以打造国内核能领域首家“研发+AE”科创板上市企业为目标，推进公司独立性整改、完成同行竞争业务剥离，系统提炼56项核心技术，高质量完成招股说明书、审计报告、法律意见书等申请文件，成功通过上海证监局辅导验收，已向上海证券交易所提交上市申报。

三、改革成效

一是经营业绩稳步提升。上海核工院营收增长率超41.51%，总资产增长率超32.25%，净利润增长率超51.23%，超额完成考核目标，经营业绩再创历史新高。

二是服务国家战略能力显著增强。天红核科技研发中心项目获国防科工局核准批复、生态环境部选址阶段“两评”批准，成功入选创新联合体

计划，科技部重点研发计划、国防科工局核能开发项目和上海市战略性新兴产业重大项目顺利立项。“国和一号”示范工程质量评价再创行业新高，HSE 评价达 8.2 级，在建工程建造全过程项目现场“零死亡”“零重伤”，未出现较大质量事故，维护核能领域国家战略安全。

三是高质量科技创新成果加速涌现。上海核工院编制发布首个 IEC 核领域人工智能国际标准、4 项国家标准、35 项行业标准，发布美国电力研究院（EPRI）合作项目成果 1 项，获技术转化奖（TTA）1 项，3 个项目入选国家能源局 2022 年度首台（套）名单，斩获上海市科技进步一等奖、二等奖，连续 3 年获得中国专利奖，全年新增高价值专利近 70 项、PCT 专利 5 项。

四是高水平创新人才进一步集聚。2023 年上海核工院新增国家级人才 6 人、省部级人才 8 人，首次入选中国工程院院士增选有效候选人 1 人，首次实现国际原子能机构（IAEA）总干事核能常务顾问组（SAGNE）主席由中方代表担任的历史性突破，获“IEC 1906 奖”1 人（核电领域国内唯一），评聘集团领军工程师 9 人，引进博士 14 人，高级职称人才比例超 50%。

24

坚持高质量布局
打造新型跨国清洁能源公司

中国三峡国际股份有限公司

一、基本情况

中国三峡国际股份有限公司（以下简称“三峡国际”）是中国长江三峡集团有限公司（以下简称“中国三峡集团”）的海外清洁能源投资平台，承载着“走出去”战略和加快建设世界一流清洁能源集团的重要使命。

三峡国际深入贯彻落实国有企业改革深化提升行动重大决策部署，以入围“双百企业”为契机，进一步优化国有经济布局和结构调整，完善中国特色国有企业现代公司治理和市场化运营机制，以机制变革引领提升国有资本整体效能，逐步建立了适应国际化、市场化和规范化的经营机制与治理体系，助力我国加快形成“双循环”相互促进的新发展格局。三峡国际业务遍及20多个国家和地区，总装机规模1909万千瓦，资产总额1180亿元，利润总额60.67亿元，资产负债率48.31%处于较低水平。

二、经验做法

（一）更大力度优化国际布局，培育核心竞争力

一是制定差异化发展策略。三峡国际针对不同区域市场特点实施差异

化发展策略，建立国别研究标准化工作机制，开展20多个重点国别研究，从总体方向、筛选标准、市场布局3个维度实施国别市场开拓和国际业务开发，优化制定国际业务布局框架。通过与葡萄牙电力公司开展股权合作和全方位战略合作、在南亚公司层面引入国际金融公司等战略投资者、与巴西国电公司等跨国公司合作等方式，在国际化经营理念、发展模式、国际市场融资、技术创新、环境保护、可持续发展、公司治理等方面的经验得到快速积累，管理能力快速提升，已经形成以巴基斯坦为中心的“一带一路”市场，以巴西为核心的水资源、风能及太阳能富集市场，以及以葡萄牙和西班牙为核心的欧洲新能源市场格局。

二是增强国际资源配置话语权。三峡国际坚持高标准、可持续、惠民生目标，深化拓展国际能源合作、共同应对全球气候变化，成功建设一批重大标志性工程、实施一系列重大跨国能源并购，扎实推进“一带一路”清洁能源基础设施“硬联通”。充分发挥中国三峡集团建设运行全球最大清洁能源走廊形成的核心能力和专业化优势，不断强化全球清洁能源资源配置，以境外属地员工为基础组建多个专家级投资并购团队，完成巴西、葡萄牙、西班牙、巴基斯坦等多个国家清洁能源项目投资并购，已成为葡电第一大股东、巴西第二大私营发电商、西班牙前五大独立新能源运营商。

三是发挥产业链龙头带动作用。三峡国际深化运用“三在外一回流”(资源、资金、销售在境外，收益回流国内）发展模式，扎实做好水电标准“软联通”，以标准“走出去”带动清洁能源全产业链资源“走出去”。以投资开发为引领，以战略联盟和股权合作等市场化方式，构建利益共享、风险共担、互利共赢的经营合作机制，引领国内优势企业编队出海，带动中国水电产业的产能、装备、技术和标准“走出去”，提升水电产业国际竞争力。坚持开放合作，依托国际重大工程，促进水电装备制造产业持续转型升级，巩固我国水电装备发展优势。三峡国际结合境外各区域公司的关键物项管理现状，先后同产业链上下游国内厂商建立合作关系，同时开展进口物项海外寻源工作，积极应对潜在供应链风险，有效提升产业链供应链韧性和安全水平。

（二）更大力度深化公司治理，挖潜治理效能

一是打造国际视野的董事会。三峡国际引入香港中文大学知名教授（英国特许注册会计师协会资深会员）任独立董事参与公司治理，并担任董事会审计与风险管理委员会召集人，充分发挥独立性、客观性，为公司国际化发展提供专业化建议，首次组织股东对独立董事履职评价。外部董事在公司重要决策的事前、事中、事后发挥监督制衡作用，推动健全权责清晰、制衡有效、运作协调治理体系现代化，达到多种所有制资本优势相融的最佳状态，真正激发企业活力。

二是探索创新特色党建模式。三峡国际有针对性、操作性地量化和细化党委前置研究事项清单（17 类 57 项）和党委决定事项清单（8 类 27 项），确保党委决策或前置研究公司各类重大事项。创新探索境外党建与生产经营深度融合的“611”工作模式。以党的领导、党建与公司治理、生产经营等 6 个融合，推动境外党建 11 项机制落实落地。从组织体系建设、境外党建工作机制、企业文化建设和国际传播、境外监督等方面，形成了党委一体化管理与运作机制、境内外支部结对共建机制、境外党建与跨文化管理和国际传播相融合等兼具创新性和操作性的境外党建创新做法。

三是创新构建“战略 + 矩阵”境内外管控模式。三峡国际发挥总部“定战略、定目标、定大事、定标准”和专业集成服务的战略管控作用，以 8 个职能部门为基础，制定公司战略规划和年度目标，保留对重大事项和关键管控事项的最终决策权，其他权限则按照“一企一策”原则下放至各境外区域公司。成立绿地开发、电力生产、数字化、科技创新 4 个直属机构，确定中心职能专业定位，深入一线对区域公司或项目电厂开展专业指导。在中国香港、卢森堡建立区域办公室，履行董办、监督办和审计办等职能，落实公司“决策、合规、监督前移”工作理念。公司分管领导或高级管理人员担任各境外子企业董事长，尽量常驻境外实现靠前指挥；区域公司配备首席合规官和总法律顾问，实现区域公司“全覆盖”；将境内监督要求与境外审计工作进行融合，建立“一张表”，实现监督贯通、一查多果、一果多用，有效保证公司战略意图和监管贯彻落实。

（三）更大力度深化市场化改革，激发内生动力

一是实施人才强企战略。三峡国际建立干部提拔近 5 年内 2 年驻外的导向机制，优化境内外人员轮换及干部任期制，全年外派人数同比增长 62.8%，其中 M6 级及以上干部同比增长 41.2%。推行“123”培养机制，全年外派青年员工同比增长 73%。在巴基斯坦、巴西等国打造项目建设管理人才培养基地。

二是持续完善人员进出渠道。三峡国际拥抱市场，合理利用人才咨询公司，通过校招、社招、商调等多渠道引进人员，完成率达 180%，新聘任管理人员竞争上岗率同比增加 26%。完善公司本部及区域公司退出机制，全年员工市场化退出同比增加 51 人。引入 360 度人才测评工具，对提高人岗匹配度，助力公司准确选才。

三是优化境内外薪酬体系。三峡国际制定国内外薪酬体系改革优化方案及配套制度，进行分类分层管理，对经理层实行任期制和契约化管理，对中层管理人员推进新型经营责任制，对境外区域公司实行工效联动、总额切块，对境外属地化员工执行市场化薪酬。在收入分配与激励机制中坚持战略导向、绩效导向、差异化、市场化导向，不断优化固浮比。2023 年，管理人员收入差距达到 2.18 倍，实行工资总额单列管理，工资总额与效益同向增幅，绝大部分指标处于行业优秀标准，市场化机制效益凸显。

三、改革成效

一是国际业务经营成效逆势增长。2023 年，三峡国际面对国际形势压力，实现首次分红、首次资产轮动，首次成功申领香港税务居民身份、首次组建公司电能营销团队，增加约 1.66 亿元收益。全员劳动生产率达 639 万元/人，人工成本利润率达 633%，公司利润总额同比增长 7%，净资产收益率同比增长 6.96%。

二是低碳绿色属性显著增强。三峡国际以实际行动助力建设“清洁美丽世界”，推动共建“一带一路”高质量发展。2023 年三峡国际境外累计发电量达 404.11 亿千瓦时，100% 为清洁能源。三峡巴西公司荣获 2022 年碳中和证书和巴西温室气体核算体系金章认证，连续 4 年实现 100% 碳中和。三峡欧洲公司荣获欧洲最佳可再生能源公司、德国最具创新能源电站。

三是国际资源调配能力不断提升。三峡国际已成为首家在巴西投资风电的中国企业，首家投资全球百万千瓦级海上风电项目的中国企业，中国首家控股已投运境外海上风电项目企业，央企首家同时引入境内外投资人的清洁能源企业，巴基斯坦卡洛特水电站是“一带一路”首个大型水电投资建设项目和“中巴经济走廊”首个水电投资项目，成为亚太地区最高独立信用评级电力企业。

25

实施“121”战略
奋力创建世界一流专业领军示范企业

国能朔黄铁路发展有限责任公司

一、基本情况

国能朔黄铁路发展有限责任公司（以下简称“朔黄铁路”）是国家能源投资集团有限责任公司（以下简称“国家能源集团”）所属重要子企业，主要负责运营朔黄、黄大、黄万三条货运重载铁路，总运营里程达 889 公里，是我国西煤东运第二大通道，年运输能力达 3.5 亿吨。朔黄铁路 2023 年入选国务院国资委“创建世界一流专业领军示范企业”名单，是全国 200 家入选企业中唯一一家铁路企业。

朔黄铁路始终坚持以习近平新时代中国特色社会主义思想为指引，聚焦“能源保供”“重载领军”两大主责主业，深耕“重载铁路”专业领域，不断增强核心功能、提高核心竞争力。特别是习近平总书记于 2023 年 5 月 11 日途经朔黄铁路视察黄骅港煤炭港区并发表重要讲话之后，朔黄铁路紧紧抓住重大历史机遇，全面推动深化改革，以改革创新赋能企业高质量发展，奋力创建世界一流专业领军示范企业。

二、经验做法

（一）学深悟透总书记重要讲话精神，谋篇布局“121”重载领军企业发展战略

2023 年 5 月，习近平总书记途经朔黄铁路视察黄骅港煤炭港区并发表重要讲话，既给朔黄铁路带来巨大鼓舞，也为公司全面深化改革、戮力同心创建世界一流专业领军示范企业指明了方向。朔黄铁路党委牢固树立“总书记怎么说，我们就怎么做，一定要做到，一定要做好”的政治自觉，抢抓发展机遇，科学谋篇布局，一体推进功能使命性和体制机制性任务，确立了“121”发展战略，即明确 1 个目标，实现 2 个转型，推动 1 个升级。聚焦创建高质量党建引领下的世界一流专业领军示范企业目标任务；着力推动朔黄铁路实现由重载向智慧重载战略转型，由单一煤运通道向多功能、综合性、现代化的综合物流通道战略转型；改革升级“朔黄治理模式”，探索打造现代企业治理新范式。

（二）服务国家战略，构建“通道 + 枢纽 + 网络 + 平台”的“物流 + ”多功能、综合性、现代化物流体系

一是夯实能源运输能力保障。朔黄铁路持续强化 2 万吨重载列车运行安全，提升运输大动脉能源保供能力和安全支撑作用，实现通道能力拓展至 3. 8 亿吨/年。推动双钟摆式综合运输模式落地，运输货物品类增至 17 种，切实提升了能源运输的安全支撑能力。

二是布局建设综合货运枢纽。朔黄铁路谋划建设肃宁物流综合枢纽、定州物流综合枢纽，服务融入雄安新区和京津冀一体化发展战略。谋划建设东冶、五台、原平、宁武等物流综合枢纽，服务融入“一带一路”建设和中西部地区崛起发展战略。

三是提升运输通道掌控力。朔黄铁路加强运输网络搭建，辐射周边区域，形成内联外拓、连线成网的网络运输格局，同18家各类产销企业签订运输协议，实现铝矾土、钢材等货物运输“从0到1”的突破。推动“一带一路”发展，完成从非洲几内亚到山东烟台，再到龙口港，经由朔黄铁路到达西柏坡，最后由汽运转到山西孝义的铝矾土运输业务，打通海铁联运、公铁联运、直供雄安等多条多式联运新通道，有效提升了朔黄铁路的产业控制能力。

四是积极推动大物流产业平台建设。积极发挥产业平台信息共享、合作共赢作用，先后与沧州市人民政府共同举办“共建共享 国能-沧州现代物流产业洽谈会”，与中国雄安集团共同举办“助力雄安”多式联运物流洽谈会，更好地服务于京津冀协同发展、雄安新区建设等国家战略。

（三）锚定重载领军，构筑由重载向智慧重载转型的科技创新路线图

一是系统性重塑公司科技创新体系。朔黄铁路整合公司各方科技力量，成立科学技术委员会，设立重载技术研究院，制定“国能朔黄铁路公司智慧重载4.0规划方案”，构建起科技创新组织领导体系、项目实施体系、路径规划体系，支撑“重载看朔黄”奋斗目标的实现。健全由企业主导的产学研联合攻关机制，先后与北京交通大学、中国铁道科学研究院等科研院所签订战略合作协议，开展重载铁路轮轨关系、无线重联同步控制等重点技术研究攻关。

二是加快推进原创技术策源地建设。朔黄铁路获批成立国家重载铁路工程研究中心，瞄准承担国家级重大研发项目，打造重载铁路重大原创技术策源地。“基于空天车地信息协同的轨道交通运营与安全综合保障技术研究”等国家级科研项目均顺利完成结题，以突破智能驾驶与智能运维等关键技术为载体的新型智能重载大功率电力机车研究、交通强国试点项目等重大科研专项有序推进，重载科技领军事业取得长足进步。

三是着力解决重载铁路卡脖子技术难题。朔黄铁路研究推广30吨轴重列车开行关键技术，致力于解决单列载重难题。持续优化2万吨重载列车开行成套技术体系，致力于消除长大重载列车规模化、常态化开行的系统性安全保障难题。积极开展3万吨重载列车开行试验研究，致力于掌握国际重载领域领先技术，增强核心竞争力，提升产业控制能力。

（四）聚焦管理精益，推动“朔黄治理模式”升级，打造现代企业治理新范式

一是构建“两横一纵一张网”数智朔黄精益管理体系。朔黄铁路以综合计划、生产运营计划“两横”为驱动，分解生成具体工作任务事项；以自上而下的精益管理信息化系统“一纵”为支撑，对任务事项进行全闭环管控。同步开展企业数字生态建设，立足“点、线、面、体、域”五个维度，推进“资源数字化、流程数字化、业务数字化、经营数字化、生态数字化”，从而构建形成业务、平台、管理“三位一体”格局，对公司“现场、现实、现在”面临的生存发展态势能够做到精准感知、迅速反应、高效协同的数智朔黄精益管理体系。

二是构筑企业内部市场化运行机制。朔黄铁路通过将成本、收入、利润等财务核心指标纳入对基层生产单位的年度经营业绩责任状和经理层成员任期制考核，探索推行成本利润中心运营模式，逐步形成内部市场化运营机制，有效推动基层生产单位经营主体责任意识不断压实，精益管理思维不断筑牢。

三是探索重载铁路运营新模式。朔黄铁路以子公司黄大铁路为企业运营治理模式改革试点单位，按照“集约式管理、集中式维修、无人化值守、零碳化站区、观光式线路”的思路，探索打造世界一流重载铁路企业运营治理新模式，实现运维管理模式向集约化数字化方式转变，提升运营管理效益。仅通过优化黄大公司融资结构一项，就实现节约利息费用2900余万元。

三、改革成效

一是科技创新成果丰硕，重载领军作用显著。朔黄铁路先后成功发布重载铁路移动闭塞技术，成为世界首条采用移动闭塞技术的货运重载铁路。成功试验开行两万吨重载自动驾驶列车，标志着我国重载自动驾驶列车正式迈入“全自主时代”。成功投用世界首台铁路桥梁换运架一体机，入选国务院国资委“2023 年度央企十大国之重器”。

二是产业控制能力有效提升，服务国家战略作用凸显。通过系统性开展“通道 + 枢纽 + 网络 + 平台”建设，朔黄铁路运输能力得到大幅提升，已成为我国年运输能力接近 4 亿吨的能源运输大动脉。专业化路网布局持续优化，线路区位优势得到进一步增强，形成西连我国煤炭资源腹地，中部联通晋冀津鲁四省市和雄安新区，东达黄骅港、北上天津港、南连龙口港，“一干两支、多通道集疏运”的运输格局，成为我国东西部陆海贯通，服务雄安新区、融入环渤海经济圈路径最短、最优、最经济的重载货运运输线路之一。

三是安全支撑作用进一步巩固，能源保供地位更加举足轻重。朔黄铁路通过大力研发重载运输成套技术，显著提升了企业的安全运营能力和生产组织效率。目前，朔黄铁路日均运量达到 100 万吨以上，已累计运输电煤近 45. 62 亿吨。其中 2 万吨重载列车已安全运行近 3000 天，突破 10 万列，完成运量近 11. 49 亿吨。

四是行业地位进一步提高，“重载领军”形象不断巩固。在“2023 中国品牌价值评价信息”榜单中，“朔黄铁路”品牌价值获评 217. 09 亿元，位列国内交通运输行业第二。在第 12 届国际重载运输大会上，成功发布

“朔黄重载铁路基础设施智能运维技术研究与应用”，在国际舞台上发出中国重载铁路声音。“打造能源运输行业两万吨重载列车技术品牌”成功入选国务院国资委 100 个优秀技术品牌案例，在重载行业逐步树立起朔黄品牌。

26

坚定瞄准世界一流 全力打造量子安全核心能力

中电信量子信息科技集团有限公司

一、基本情况

2023年，中电信量子信息科技集团有限公司（以下简称“量子集团”）坚定履行中国电信集团有限公司（以下简称“中国电信”）建设网络强国和数字中国、维护网信安全的使命责任，践行“云改数转”战略，坚持一流标准，勇于追求卓越，深入自我革新，切实把实施国有企业改革深化提升行动作为重要政治任务，制定并推进实施《中电信量子集团国企改革深化提升行动实施方案（2023—2025年）》，在建设现代化产业体系、构建新发展格局中充分发挥科技创新、产业控制、安全支撑作用。

量子集团作为中国电信股份有限公司的全资子公司和二级机构，注册资本30亿元。公司积极推动量子通信产业化、重点布局量子计算新能力、战略关注量子测量领域，攻坚量子底层核心技术，依托中国电信的云网资源、开发能力、服务渠道等优势，以2025年达到量子信息业务“国内第一、世界领先”为目标，致力于打造“科技先导、全球领先”的量子产业集团。

二、经验做法

（一）完善科技创新体制，实现更高水平科技自立自强

一是明确公司科研体系。量子集团以产品和技术“双轮驱动”，以技术研发、产品研发、交付开发“三线协同”为关键特征，优化明确科创体系，建立以科技委员会和产品委员会为指导，研究院、技术部、产品线和“二开”团队分工协作的科研体系，明确技术研发、产品研发和交付开发三类研发主体，促进科技创新成为高目标、强组织、多产出的核心活动。

二是瞄准科技前沿，争做量子信息原创技术策源地。量子集团参与编制国家量子科技战略规划，引领量子科技核心应用技术攻关。扎实推进国家科技创新“2030”重大项目，牵头开展中央企业未来信息产业量子通信领域目标任务，完成量子通信原创技术策源地、国务院国资委启航企业 2 项国家级平台申报答辩，获批量子信息安徽省产业创新研究院，主导或参与制定 9 项相关行业标准。

三是落实与国家实验室的战略合作，创建高水平创新平台。作为中国电信与合肥国家实验室的科技产业合作转化平台，量子集团强化“量子电信技术联合实验室”建设，积极推进量子科技领域技术研究、创新应用以及量子产业高质量发展。

（二）强化重点领域保障，更好支撑国家战略安全

一是在量子安全应用方面，量子集团将量子技术与新一代网络、云计算、数字化平台等技术深度融合，形成量子通话（量子密话密信、量子天通卫星密话、量子加密对讲等）、量子组网（量子城域网、量子加密专线、量子物联网等）、量子云服务（云电脑、云专线、云存储等）、量子密码服务（IT 系统/业务系统/云平台密改）4 类量子安全产品。构建“DICT + 量子”全场景能力体系，为中纪委、中办、国家安全局、中央网信办、公安

部、多个战区部队、多个省军区、多家银行等客户提供量子安全保密服务。基于量子安全密钥的双模对讲机，为北京冬奥会、冬残奥会、杭州亚运会等重要活动提供加密融合通信保障。

二是在量子产业生态建设方面，与合肥市政府连续 3 年联合举办量子产业大会，2023 年规模大、规格高、成果多。牵手 10 家央企和 3 家民企共同启动量子信息产业未来启航行动。大力推进量子科技科普宣传，联合彭承志、朱晓波、印娟、袁岚峰等国内量子行业顶尖专家在雄安、西安、成都、杭州、重庆等重点城市开展 12 场“量子科技中国行”主题活动，覆盖超 30 万人。在中国电信广州 2023 数字科技生态大会上发布了“天衍”量子计算云平台、量子密话密信、量子安全 OTN 等产品。

（三）提升活力效率，完善中国特色国有企业现代公司治理和市场化运营机制

一是建立战略性新兴产业发展模式。根据企业特征与战略定位，量子集团体系化打造支撑服务型集团本部、梯次协同型研发机构、属地赋能型大区公司。建立量子集团本部、7 个大区及 16 个代表处协同发展的组织体系，明确各部门、各分支机构的业绩考核导向，打造量子集团综合支撑中心“中央厨房”，集中承接大区及代表处综合管理支撑事项，高效响应、敏捷赋能。同时，依托中国电信营销服务渠道，强化工作协同，建立专专协同（专业公司与专业公司）、省专协同（省公司与专业公司）工作机制，打造协同合作标杆案例，全场景赋能千行百业用户。

二是建设关键业务管控流程，合规高效运营。量子集团优化研发项目管控流程，按照依法合规、全面高效、风险导向原则，将研发项目定义为科创类、产品类和项目类 3 种类型，设计内控手册和 3 套研发流程。明确 DICT 项目管控流程，按照确保规范、降低经营风险、提高组织效能的原则，固化全流程动作，统一过程中文档规范，明确跨部门协作分工，实现

DICT 项目全过程管控。

三是完善公司治理，执行市场化经营机制。量子集团成立公司党支部并开展支部标准化建设，落实“三重一大”决策机制，印发《中电信量子信息科技集团有限公司党支部研究决策重大事项清单（试行)》，明确 19 项必须经党组织前置研究讨论的重大经营管理事项。分层分类落实管理人员经营管理责任，实行经理层成员任期制与契约化管理，推进市场化薪酬机制。经理层 100% 签订业绩契约目标，刚性兑现任期契约考核结果，基于契约目标完成情况合理拉开薪酬分配差距。

（四）打造高素质专业化人员队伍

一是建立“首席科学家 + 领军人才 + 骨干工程师”高水平人才梯队。量子集团通过“双跨双聘”引进中科院量子科学实验卫星项目相关负责人担任首席科学家、技术总师，聘请国家“万人计划”领军人才担任战略执行高级顾问，通过中国电信“星火”“燎原”计划培养内部骨干人才。

二是高质量储备生力军。截至 2023 年 12 月底，新招聘员工 247 人，60% 来自运营商、知名科技型企业及高校研究机构等；校园招聘签订三方协议 61 人，100% 完成招聘计划，硕士及以上学历 92%，“211”及以上高校毕业生占 85%。量子集团人才队伍初步建成。

三、改革成效

一是科技创新取得突破，自主研发能力快速增强。在量子通信与安全方面，量子集团初步形成建设全国量子密钥分发网络的系统级技术基础和抗量子计算新型信息安全基础设施的能力基础，研发量子密话密信（获得信通院安全能力测评最高级别“卓越级”）、量子安全 OTN、5G CPE、云服务器密码机等首台套/版次产品，与华为公司联合打造 Mate 60 Pro 量子密话定制终端，实现“卫星 + 量子”通话的双重安全机制，系统掌握了量子通信与安全关键核心技术。在量子计算方面，将“天翼云”超级算力与176量子比特超导量子计算能力进行融合，成功研制“天衍”量子计算云平台，为用户提供量子计算编译、量子计算模拟、超量任务调度及结果图形化展示等功能应用，有力推动了量子计算走向实用化。

二是量子安全产品体系覆盖更广，安全支撑保障能力更强。量子集团体系化推进“DICT+量子”项目，实现从标杆示范到全场景规模化突破。截至2023年12月底，量子密话密信用户超360万人，合肥量子城域网覆盖市区500家党政事业单位，面向全国党政、军队、企业等领域打造了50多个标杆项目，天翼量子工业互联网平台被评定为“2023年全国双跨工业互联网平台和安徽省重点工业互联网平台”，入选安徽省10类新技术新产品创新发展成果，安徽政务云承载平台应用系统数量超3000个。

三是科技队伍实力增强，有效支撑高水平科技自立自强。量子集团高端人才聚集，研发和解决方案类员工占比77%，100%为本科及以上学历，平均年龄33岁，建立起一支年轻化、实干型、高水平量子科技人才队伍。1人荣获2023年度电信行业“大国工匠”称号（中国电信仅5人获此殊荣）。

四是公司治理更加规范，企业活力效率显著。量子集团提升组织布局工作基本完成，实现了专业和地域高效协同运营。经理层积极发挥谋经营、抓落实、强管理作用。持续开展重点业务管控流程建设，厘清并处理了各环节亟待解决的关键问题，明确了“需求有人管、难题有人解、管控过程有人盯、支撑效果有人评”的工作机制，公司生产经营合规高效运行。

27

创新、市场、人才三轮驱动
走实北斗规模发展的专精特新路

中移智行网络科技有限公司

一、基本情况

中移智行网络科技有限公司（以下简称“中移智行”）成立于2015年，是中国移动通信集团有限公司（以下简称“中国移动”）的全资子公司。作为中国移动面向5G+北斗时空、车联网领域设立的专业机构，中移智行肩负构建国家级时空信息服务新型基础设施的责任担当，致力于推进5G和北斗两大国之重器深度融合，并为智能驾驶、精准农业等千行百业提供“5G+北斗”精准时空信息服务。

中移智行通过全面实施创新、市场、人才等机制改革，坚定走出一条中国移动特色的专精特新之路。截至目前，支撑中国移动建成全球规模最大的“5G+北斗”高精定位系统，服务应用落地全国31个省、自治区、直辖市，服务调用超1.3万亿次，累计签约合同金额超12亿元，获得大地测量甲级测绘资质、A-SPICE L3等10余项专业资质认证，并成功获批上海市“专精特新”中小企业、创新型中小企业和高新技术企业3项认定。

二、经验做法

（一）坚持创新牵引，主动服务国家北斗战略

一是勇担国家重大科技专项。中移智行以国家战略“北斗产业化”、推动北斗规模应用为使命担当，积极承接工业和信息化部、国务院国资委“一条龙”应用示范，交通强国建设试点，教育部科研基金项目等国家部委和中国移动重大科研项目 8 项，大力布局战略性新兴产业和未来产业 5 项，整体技术被院士专家一致认为达到国际先进水平，技术产品入选国务院国资委《中央企业科技创新成果推荐目录》、中国科协“科创中国”先导技术等。

二是促进科技成果高效转化应用。中移智行构建一套从科研项目、应用示范到规模推广的三级科技成果转化体系，针对关键技术领域，加强产学研联合创新，保持高强度研发投入高于专精特新“小巨人”平均水平，累计申请专利超 170 件，主导和参与制定国家、行业、地方及团体标准 40 余项，在智能驾驶等重点场景落地高价值项目 50 个，荣获“卫星导航定位创新应用白金奖”等应用类奖项。

三是塑新北斗时空现代产业链建设。中移智行充分发挥央企在现代化产业体系建设中的引领作用，牵头推进移动现代信息产业链北斗时空子链（以下简称“北斗时空子链”）及中央企业北斗产业协同发展平台——北斗融合创新专委会工作，汇聚武汉大学、海格通信等 120 家校企合作伙伴共同推进北斗规模化应用，在重庆隧道场景内首次实现室内外北斗无缝衔接的定位导航示范，联合海格通信开展自主可控、安全可靠的单北斗产品与服务研究，不断增强北斗时空产业链安全性、稳定性和可控性。

（二）坚持市场导向，着力完善市场化经营机制

一是完善市场化商业模式。中移智行以培育具备市场化可持续生存能

力的专精特新科技型企业为目标，坚持对内、对外赋能并行。对内支撑集团智慧中台（面向中国移动省市公司及专业公司提供服务）；对外拓展ToB、ToV、ToG、ToC等领域应用，全面对标国内外领先公司，不断打磨市场化竞争力。面向测量测绘、智能驾驶等千行百业，提供账号、SDK服务及多种解决方案，服务客户数量已达1000余家，实现全国TOP5测量测绘企业100%合作、智能驾驶车企定点超600万辆，“自我循环、自我造血”的良性运转机制得到不断优化和增强。

二是构建市场化运营体系。中移智行充分发挥战建协同机制优势，依托中国移动31个省市公司渠道、高精定位在线商城等，建立“线上+线下”相结合的一体化销售体系，组建一支兼顾市场产品和用户服务运营的专业运营队伍，打造精细市场运营体系和系列高效营销工具，不断提升用户服务品质，有力支撑业务规模实现跃升发展。同时，针对高精定位站网、平台系统运维建立三级支撑体系，推进全国站网和平台运营维护、客户响应、故障恢复等高效运作，有力保障全年服务可用性达到业界领先。

三是探索投资参股新型合作。中移智行建立北斗时空子链优秀企业投前推荐机制，依托中国移动“两直三基”投资体系，推介调研潜在标的，搭建“大型论坛+沙龙研讨+云上协同+走访调研”的投研交流平台，成功举办“北斗时空子链产研协同研讨会”“彩虹桥”等系列活动，为100余家产业合作伙伴搭建起协同研发、投资合作的交流桥梁。成功支撑中国移动投资公司战略投资海格通信，并实现累计5家上链企业被中国移动直投和基金参股，有效通过资本运作方式对时空信息上下游产业链进行深度布局和提前卡位，助力加快攻关“5G+北斗”，布局空天地一体、卫星互联网。

（三）坚持人才赋能，充分激发创新创造活力

一是市场化靶向引进优秀人才。中移智行高度注重人才引入工作，实施顶尖人才“一薪一议”引入、“金种子”校园招聘计划、海外招聘相结合的招才引智机制，与同济大学、武汉大学等知名高校通过建立博士后工作站、成立联合实验室等方式，从源头定向锁定科研人才，2023 年市场化精准引入“高精尖缺”算法类人才 5 名，为“5G + 北斗时空”关键核心技术攻关提供强有力人才资源支撑。

二是深化用人体制机制改革。中移智行建立线上人力资源统筹配置平台和内部人力资源市场，组织开展重点团队总监“揭榜挂帅”和全体员工跨部门、跨团队、跨岗位、跨职级双向选择，“双选”参与率高达近 90%，超 5% 员工岗位发生变动，落选和淘汰比例达 2%，有效盘活并优化内部人力资源，形成能上能下、能进能出的良好竞争氛围。

三是强化员工正向激励引导。中移智行建立“契约化 + 绩效对赌 + 项目激励 + 中长期激励”四维薪酬激励模式，对经理人员 100% 实施任期制和契约化管理，鼓励重点团队“摸高跳远”设计市场和技术对赌挑战目标 10 余项，实现员工整体浮动薪酬占年度薪酬比例高于 70%，基于价值贡献合理拉开收入分配差距超 2 倍，近 20 名贡献突出员工获得集团公司股票期权，切实做到核心骨干人才与公司发展长期绑定，有效激活员工干事创业热情。

三、改革成效

一是深化科技创新高水平自立自强。中移智行建成全球规模最大的“5G + 北斗”高精定位系统，系统服务覆盖率、服务可用率、定位精度等多项关键指标达到业界领先，获得大地测量甲级测绘资质、ASPICE L2/L3、ISO26262 等多项专业认证，在智能驾驶、精准农业、大众消费等关系民生的重点领域，形成了一批基于自主创新的技术产品和解决方案，落地了一批具有规模推广价值的重点示范项目，树立起多个“5G + 北斗”行业应用标杆。

二是筑牢自主可控、安全高效北斗产业体系。中移智行在全国（含特殊区域）实现高密度4000多座基准站点覆盖，可提供全天候、全天时、全覆盖时空信息服务，具备高稳定、高可靠、高安全特点，为落实“北斗优化”和保障国家信息基础设施安全自主可控提供有力支撑。通过与北斗时空子链上链企业紧密合作，协同补齐产业链基础短板，进一步提升产业链、供应链韧性、可控性和安全性，为北斗时空产业可持续发展奠定坚实基础。

三是焕发人才队伍创新创造活力。中移智行形成市场化引才、用才、育才、留才体制机制，高端人才引进力度不断加大，经理人员100%任期制和契约化管理，重大攻关项目“揭榜挂帅”出征，树立起“多打粮食才能多分配”的激励导向，实现员工收入差距倍数不低于2倍，创造全体员工共同参与企业发展、分享改革红利的新局面，有效调动员工积极性，并激活企业发展的内生动力。

28

以科技创新推动产业创新 构筑低空经济新基建

中移（成都）信息通信科技有限公司

一、基本情况

中移（成都）信息通信科技有限公司（以下简称“中移成研院”）成立于2018年9月28日，是中国移动通信集团有限公司（以下简称“中国移动”）贯彻党中央“深化科技体制改革，建立以企业为主体、市场为导向、产学研深度融合的技术创新体系”精神，出资20亿元组建的全资二级子公司，是面向5G、AI和下一代网络，引领教育、医疗、农商、文旅、无人机等领域的专业研发、运营、支撑一体化机构。

为持续深化科研体制机制改革，激发科技创新活力，中移成研院立足自身发展定位，成立中移成研院5G网联无人机三级子团队。该团队依托中国移动“云网”核心资源优势，紧抓集团“百舸争流”“特区”和“专精特新”科技创新政策机遇，以“两给两出”为导向，积极开展改革工作。为加速推动团队核心能力构建，积极探索团队市场化发展路径，团队围绕“科学研究、产品创新、商业实现、生态聚合、人才建设”五位一体目标，锻造“云＋网＋端＋应用”的亿元级产品，培养自主自强的科技人才队伍，实现基础关键技术研究和“首台套”装备的突破，卡位国际、国内标准专利，争做世界一流、国内领先的5G网联无人机科技信息服务提供商和低空经济基础设施的能力提供者，牵引传统无人机产业转型升级，服务低空经济、交通强国、航空应急、乡村振兴等国家战略。

二、经验做法

（一）服务国家科技战略，构筑创新研发体系

一是聚焦关键技术攻关，实现核心技术自主可控。中移成研院5G网联无人机团队作为中国移动首批“专精特新”重点培育团队及首批“科改特区”团队，以“面向世界科技前沿、面向经济主战场、面向国家重大需求、面向人民生命健康”为导向，围绕核心技术能力锻造和科技创新体系建设科研管理体系。积极参与科技部重点研发计划、国务院国资委LHT重点研发项目等重大专项5项，卡位战略性新兴产业，攻坚关键技术。团队研发投入逐年稳定增长，增长率超10%。以核心技术自主可控为导向，实现核心关键产品中移凌云自研率超过90%。

二是深度卡位产业链关键环节，扩大产业引领优势。中移成研院聚焦产业链关键环节，构建智联网生态。上游以哈勃机载通信终端系列、5G低空组网技术为核心实现零部件融合；中游以哈勃5G机载终端和中移凌云无人机管理运营平台为核心，打造无人机云、网、端、安全及应用的端到端系统化解决方案；下游面向低空经济提供核心优势产品和行业应用能力，实现并保持行业领跑地位，卡位低空智联网、新一代应急通信及通感一体化新赛道，提升支撑国计民生的智能化安全服务能力。

三是强化产学研用合作，多维合作共创共建共赢。中移成研院聚焦顶层规划和战略布局，向中央空管委、工业和信息化部、应急管理部等国家部委建言献策，争取政策支持试点示范，低空监管动向加强交流，推动自有产品国家认证。作为GSMA无人机工作组主席单位、IEEE无人机应用与

通信标准委员会秘书长单位及四川省劳模和工匠人才创新工作室，积极协同各行业联盟制定行业发展规划，推进行业标准建立，树立品牌影响力。推动央企龙头合作，联合中航工业、中国电科等龙头央企参与国家重点科研项目，协同攻关核心技术难点，卡位国家顶层战略规划。关注行业融合产品系统研发，与无人机行业前30强企业进行机型对接、载荷对接及终端适配，实现生态能力共融、通用技术共研、场景服务共建。

（二）以机制创新构建专业团队，建强科研人才队伍

一是创新引才用人机制，配强配优配足专业人才队伍。中移成研院锚定岗位人才画像专岗专招，定向挖掘阿里、华为、大疆等行业专家。实施“拔尖人才”“金种子”等高端人才引进计划。团队中清华、北大、华中科大等“985”“211”院校人才75人，超过70%。聚焦效益提升和活力激发，创新“人才租赁”模式，根据业务需求灵活用工编制，针对高精尖人才进行战略增配，按专业结构提升相关各类人员占比，快速满足团队发展需求。

二是实施总设计师负责制，构建横纵融合的高效军团作战组织。中移成研院借鉴航天航空领域的多任务、复杂化、融合型科研项目管理模式，设计“总设计师—系统设计师—系统工程师”三级负责制的组织模式。针对重点行业及核心技术攻关方向，面向科技创新及市场增收双导向，横向跨领域协同组建军团，纵向跨专业建立灵活联动的技术突击队。通过“实体+虚拟的柔性组织”模式打破现有组织边界，快速集结资源，提升研产项一体化效率，做深做透一个领域，为执行重大技术攻坚及急难险重任务提供有力的组织保障。

三是强化激励保障和人才赋能，充分释放员工干事创业热情。中移成研院完善现有角色管理模式，开展契约化考核管理，建立以业绩为导向的全周期闭环绩效管理，配套团队专项激励、去职级化部门奖金包等特殊激励，鼓励摸高跳远、奋勇争先，实现核心骨干零流失。构建人才创新平台，培育科学家精神，强化市场意识，培育集团“十百千”技术专家10人，营造团队创新科研创新氛围。

（三）以政治建设确保初心使命，强化安全支撑担当

一是坚持初心教育，打造“红色通信”使命担当的团队文化内核。无人机应急通信团队秉持“人民邮电为人民”的初心使命，从文化建设的角度狠抓政治建设，从日常工作中不断强化、从抢险战斗中不断历练，夯实保障国家安全、守住人民通信“生命线”的思想基础，坚决从根本上拧紧认知的“总阀门”、信仰的“总开关”。

二是坚持党建引领，打造关键时刻“冲得上去、带得了头”的基层战斗堡垒。中移成研院高度重视党的领导和党的建设，构建“公司党委—基层党组织—党员突击队”三位一体的党建保障体系，充分发挥基层党组织战斗堡垒和一线党员先锋模范带头作用，在河南特大洪涝灾害、泸定地震、重庆山火等历次救援行动中发挥了重要作用。2023年8月杜苏芮台风灾害中，无人机应急通信团队历时15个昼夜，奔赴福建、河北、北京、黑龙江及陕西等重灾区，行程超过8000公里，成功打通并保障了灾区人民的通讯“生命线”，为国计民生安全支撑和服务保障贡献强有力的央企力量。

三、改革成效

一是坚持科技创新引领，核心关键技术业界领先。围绕国家低空经济战略助力传统行业转型升级，团队首次定义5G网联无人机概念，创新自研国内首个5G网联无人机产品体系，业界首次实现利用5G网络作为无人机的通信与控制链路，核心技术总体达到国际先进，其中部分技术国际领先。累计制定国际国内各类标准16项，申请发明专利95项，发表高水平论文30篇。入选国务院国资委中央企业科技创新成果推荐目录，获得中国

通信学会科学技术一等奖等重要奖项。通过核心关键技术构筑战略护城河，为国家低空经济重大战略提供基础技术能力底座。

二是深化组织机制改革，打造创新活力人才队伍。中移成研院在组织管理、考核牵引、创新激励及人才培育等方面实现改革创新。强化价值贡献导向，打破传统“大锅饭”模式，实现“能进能出、能上能下、能增能减”。团队培育集团“十百千”省级专家10人，研发人员占比超90%，实践出一套符合团队自身实际情况体系化改革机制和管理模式。

三是铸造应急通信重器，支撑国家战略安全。中移成研院创新研发我国第一款具备完全自主知识产权并投入商业运营的空天地一体化应急通信系统，在国际国内首次实现“三断”（断电、断路、断网）场景下的应急通信快速恢复。累计参与相关实战救援、应急演练40余场，累计参与各类保障时长达数千小时，范围覆盖河南、重庆、四川、贵州、辽宁等全国10多个省、自治区、直辖市。进一步丰富了中国应急救援手段，填补了国家应急通信能力空白，用科技保障人民群众的生命安全，成为应急救援的重要保底力量。

29

牢记自主安全使命　筑牢核心底层技术

麒麟软件有限公司

一、基本情况

麒麟软件有限公司（以下简称“麒麟软件”）是中国电子信息产业集团有限公司（以下简称“中国电子”）旗下从事操作系统自主研发和产业推广的高新技术企业。

习近平总书记在2023年2月21日中央政治局第三次集体学习上强调：“要打好科技仪器设备、操作系统和基础软件国产化攻坚战。”麒麟软件锚定自身核心基础软件定位，聚焦顶层设计，稳步推进科技创新体系机制建设，深化人才体制改革，大幅提升自主创新能力和产品核心竞争力。2023年12月，麒麟软件打造的中国首个开源桌面操作系统“开放麒麟1.0”入选“央企十大国之重器”，彰显了中国基础软件自主创新的强大能力。

二、经验做法

（一）加强顶层设计，找准核心薄弱项

一是强化战略引领，把握开源地位。操作系统在计算体系中处于承上启下的位置，是国家数字经济的安全底座。麒麟软件牢记自身使命，积极

承担保障国家信息安全的任务。为明晰发展目标，麒麟软件进一步提升自身站位，成立战略政策研究团队，持续提高战略研究能力，谋定发展规划。麒麟软件战略政策研究团队主动站在国家安全战略、集团产业布局和行业发展趋势的角度，研究行业动向、跟踪技术发展，不断完善规划迭代方案。同时，以“打造世界级操作系统中国品牌”为战略目标，明确布局开源社区、积累关键技术、攻关核心产品、拓展增值产品 4 条关键路径。创造性地将开源建设纳入科改考核任务，形成《麒麟软件开源战略规划》，促进开源建设走深走实，为推动实现高水平科技自立自强提供坚实战略引领。

二是细化技术路径，完善技术图谱。为更好满足用户对操作系统产品安全、稳定、性能等方面提出的更高要求，麒麟软件积极融入中国电子科技创新体系建设，加强与集团内企业的协作，不断提升体系化作战能力。围绕中国电子计算产业体系重构布局，形成操作系统技术图谱，重点布局异构计算框架、人工智能框架、开发框架、新型人机交互等前沿技术，明确了 6 个技术方向、21 个技术类别，并根据实际发展情况进行滚动迭代升级。在技术图谱的牵引下，既推动公司主线产品重点攻关，也为开源社区关键技术布局指明方向。

（二）巩固科技优势，筑牢自主底座

一是打造知识产权护城河。在创新战略的引领下，麒麟软件大力实施知识产权强企工作，知识产权管理宣贯“专利 +”思维、实施高质量高价值专利培育与挖掘，设置专项奖励基金鼓励员工参与到专利建设工作中，提升科技创新和产业控制能力。同时，在重点开展企业标准建设的基础上，在系统兼容性、系统安全、API 接口、服务保障等技术领域，全面推进国家标准、行业标准、团体标准、地方标准的制/修订工作。

二是塑造开源文化。麒麟软件持续参与 kernel、编译器等上游社区建设，同时基于自身在操作系统开源上的丰富经验积累，主导建设 openKylin（开放麒麟）社区，以“共创”为核心、以“开源聚力、共创未来”为社区理念，在开源、自愿、平等、协作的基础上，通过开源、开放的方式与企业构建合作伙伴生态体系。在基础平台建设上，新增社区在线课程平台、社区任务申领平台、开源合规平台、UKUI 官网 4 个平台，社区基础设施平台已达 20 余个；在社区运营上，组建 openKylin 社区生态委员会并建立例会制度，关键 SIG 组定期技术交流，同时设置 SIG 团队奖、单位会员奖、社区开发者奖等专项贡献奖励，激发社区技术创新活力。以开源建设加快操作系统核心能力掌握，助力麒麟软件的技术影响力全面提升。

（三）贯彻人才强企战略，提升活力效率

一是加强人才行业生态建设。麒麟软件立足人才自主培养，以“产教融合”为关键路径，构建协同创新的网信人才培养体系。以“内外双驱、标准引领、产业导向、校企协同”为基本原则，开展了四大关键育人举措。落实国家特色化示范性软件学院建设要求，联合国防科大、清华、北航、天大等高校培养关键基础软件高层次创新型人才。建设“麒麟工坊”产教融合实训基地，基于真场景、真实践、真项目培养卓越实践型人才。助力“双师型”教师队伍建设，校企共筑思政教育阵地。建设全国科普教育基地，打造网信领域大科普发展格局。

二是多措并举打造科技人才队伍。麒麟软件加大关键核心人才引培力度，针对“985”“211”高校的计算机相关专业研究生，提供富有竞争力的薪资，并配备导师计划，提供足够的成长空间。开展科技人才引进计划，定向招聘中高端人才，对于行业技术人才放宽薪资限制，吸纳骨干人才。切实保障人才职业发展通道，为充分挖掘员工潜力，激发员工工作热情，麒麟软件在公司内推行“活水计划”，鼓励符合一定年限和绩效要求的员工通过跨部门、跨岗位轮岗获得横向领域拓宽或者纵向专业精深发展。同时，建立市场化的薪酬体制，在考核体系的基础上实现差异化薪酬和激励方案，保障薪酬和激励的刚性兑现，推动薪酬分配向贡献突出的科技人才倾斜。在近3年的调薪中，研发人员调薪额度占比近60%；配套即时激励机制，如攻关项目专项激励、专项任务及时激励等，保证研发骨干员工在重点项目中的突出贡献可以得到及时激励和认可。

（四）坚持党建引领，打造企业文化认同持久力

一是保障党委领导作用发挥。麒麟软件强化“三重一大”“党委前置研究清单”等决策制度的严格执行，为党委“把方向、管大局、保落实”作用发挥、企业科学决策提供服务支撑。结合实际业务需要，紧密筹划并组织开展党委委员补选工作，落实党委班子成员和董事会、经理层“双向进入、交叉任职”，有效保障党委领导作用的充分发挥。

二是强化党建融入中心。麒麟软件认真落实理论中心组学习联学机制和“第一议题”制度，多次组织召开党委理论中心组学习（扩大）会议。同时，以“青年素养提升”工程为依托，进一步打造“青年分享+”系列品牌工程，通过邀请技术研发、市场以及职能等部门党员干部、青年骨干举办“青春、奋斗”为主题的青年大讲堂，此外还开展“五四”青年座谈会、劳模分享会、“学用新思想、建功新时代”主题演讲比赛、“学思想、启新程、‘麒’心向未来”主题辩论赛等丰富多样的活动，搭建领导与青年员工交流沟通平台，呈现麒麟软件青年员工“踔厉奋发、勇毅前行”的精神风貌。

三、改革成效

一是开源建设形式得到广泛认可。openKylin社区至今已吸纳了400多家单位会员、超过5600名社区贡献者，围绕创新硬件、互联协同、智能支撑、云端融合、人机交互、终端安全等技术领域成立了95个SIG组，并拥

有百万级社区用户，遍布全球188个国家和地区。在各个合作伙伴的协作支持下，2023年7月5日，首个共建共创版本“开放麒麟1.0”正式发布，入选“2023年度央企十大国之重器”，标志着我国拥有了操作系统组件自主选型、操作系统独立构建的能力，填补了我国在这一领域的空白。目前已发布6个阶段性版本，累计下载量超100万次，北京、广东、江苏等信息产业集聚地区用户广泛下载。

二是产品矩阵逐步完善。麒麟软件发布银河麒麟桌面操作系统V10 SP1 2303版本及2个升级版本；完成银河麒麟高级服务器操作系统V10 SP3通用升级版本研制；面向万物互联和人工智能场景，布局智能终端操作系统和智算操作系统。与生态伙伴实现协同发展，截至2024年2月5日，麒麟软件已与超13500家厂商建立合作，完成近420万项软硬件兼容适配，较2023年同期分别增长125%和180%，大幅度提升了用户体验，增强了核心竞争力。

三是创新优势不断积累。麒麟软件累计申请专利824项，授权专利382项，获第二十三届中国专利优秀奖，登记软件著作权621项，主持和参与起草国家、行业、联盟技术标准70余项，被国家知识产权局成功认定为“国家知识产权优势企业”。科技创新平台方面，天津市操作系统重点实验室完成验收，顺利实现挂牌；国家企业技术中心（分中心）通过复评，麒麟软件国家高企资质进入拟备案公示名单，中标软件国家高企资质获得认定。

30

跑出“解放”民族汽车品牌转型发展新速度

一汽解放集团股份有限公司

一、基本情况

一汽解放集团股份有限公司（以下简称“一汽解放”）是在原第一汽车制造厂卡车业务基础上组建的商用车制造企业，是新中国第一辆汽车诞生的企业。一汽解放建立了中国最为强大和完整的自主研发体系，是我国唯一自主掌控世界级整车和三大总成核心技术的商用车企业，现有产品覆盖重、中、轻型卡车及客车四大领域，累计生产销售整车 900 多万辆。

面对汽车产业变局，一汽解放始终坚持以习近平新时代中国特色社会主义思想为指导，以深入推进国有企业改革深化提升行动为抓手，聚焦新能源、智能网联等战略性新兴产业转型升级，激发创新、组织、人员 3 个活力，全力构建新质生产力，跑出“解放”民族汽车品牌转型发展新速度，向实现“中国第一、世界一流”的战略目标不懈奋进。

二、经验做法

（一）加快战略性新兴产业布局，加速转型升级

一汽解放围绕产业链供应链自主可控，发挥产业引领和融通带动作

用，聚焦商用车新能源、智能网联发展方向，加快战略性新兴产业布局。

一是以战略为引领，统筹产业布局和发展。一汽解放落实“双碳”战略，发布一汽解放新能源“15333”发展规划，以“成为E时代全球商用车技术引领者、标准制定者、价值创造者”为愿景，进行五大整车平台、三条技术路线、三大领域、三项专属服务的产业布局；发布“哥伦布智慧物流开放计划”，拓展“智能加”“互联家”两条创新子线，构建基于一汽解放智能卡车为基础的自动驾驶技术及车联网生态。

二是以创新为驱动，加速新模式落地和产出。一汽解放按“转型升级、创新引领、卓越经营”的节奏推进产品、技术创新，完成应用技术、前瞻技术布局，打造“中国第一、世界一流”产品力。新能源方面，围绕绿色能源、智能智驾、智慧网联3条技术路线，完成五大平台全系列产品投放，成功跨越“传统车电动化”及“核心总成数智化”阶段；智能车方面，突破高速L2、L2++级及低速L4级智驾系统，产品逐步启动示范运营，行业领先；网联生态方面，完成解放行App、车队管理Web、解放行智能车机全栈触点布局，满足车内加车外全场景，散户加车队全类型用户需求满足。

三是以开放为理念，带动产业链协同发展。新能源领域，从能源端、金融端、汽车端、消费端入手，联合政府及行业伙伴共同建设合作生态，基本完成“15333”战略布局。新能源车产销突破7500辆，同比提升188%；智能网联领域，打造拥有超百家合作伙伴的生态圈，通过设立合资公司、成立联合实验室等方式共同开展新技术开发、新模式探索，在发挥合力加速业务孵化的同时，降低试错成本。智能车订单超500辆，“零事故”运营里程超3000万公里，网联生态业务规模突破54亿元。

（二）升级科技创新体系，激发创新活力

一汽解放围绕汽车行业“新四化”发展方向，发挥科技创新国家队作用，聚焦原创性、引领性技术突破，打造商用车领先科技创新能力。

一是战略与品牌双引领双驱动，牵引科技创新发展方向。一汽解放发布“13586”科技发展规划，坚持多技术路线同步发展，勾画以传统节能减排为驱动的“第一曲线”和以电动化、智能化、数字化为驱动的“第二曲线”，技术开发数量和资源投入年增幅均超50%。以“解放创领”技术品牌为统领，打造专属的低碳化、信息化、智能化、电动化和高品质的“四化一高”技术发展新格局。

二是以变革为手段，打造一流科技创新体系。首先是流程变革，基于业务特点，面向应用技术研究和前瞻技术研究制定差异化流程，应用技术研究强化过程管控，强调技术迁移活动与产品开发流程强互锁，前瞻技术研究突出灵活管控与创新容错，重在激发员工创新热情；其次是机制变革，将市场、制造、采购等领域人员纳入项目团队，实现端到端高效研发和成果转化，并建立商业与技术分层决策的运作机制，确保专业的事由专业的人决策。

三是以资源为保障，夯实高水平科技创新基础。一汽解放突破自主创新禁锢，绘制技术、人才、合作三张地图，以“海纳百川、为我所用、合作共赢”策略驱动自身及行业创新突破。在国内外人才高地设置创新研发机构，完成“四国九地”研发布局。实施核心人才员工持股等激励措施，提高人才竞争力和吸引力，研发人员占比达到15%，其中领军人才32人、学科带头人131人，前瞻技术及新能源等战略领域人才数量翻了一番。加强产学研深度融合，与国内顶级科研院所、生态伙伴及优秀供应商联合设立前瞻技术创新平台、产学研共创管理平台、联合研究中心等共创合作平台，产出原创技术21项，突破关键技术10余项。

（三）健全现代企业制度，激发组织活力

一汽解放围绕中国特色，聚焦各治理主体功能作用发挥，持续完善治

理体制、机制，全面释放治理效能。

一是以“一个融入、两个做好、三个一致”为原则，打造结构合理、权责清晰的公司治理体系。“一个融入”是做实党的领导有效融入公司治理，严格“双向进入、交叉任职”要求，实现组织架构上党的领导和公司治理有机统一，并动态调整前置研究讨论重大经营管理事项清单，确保党委“把方向、管大局、保落实”作用发挥；“两个做好”是做好落实董事会职权及董事会向经理层授权，发布相关制度，逐一明确董事会职权及授权事项的管理要求，确保董事会及经理层运作规范、高效；“三个一致”是以章程为指引、监管规则为蓝本，动态修缮“三重一大”等制度文件，细化各治理主体权责边界，减少重复决策，各治理主体不缺位、不越位，并建立会议管理及议题审核机制，确保各治理主体协调运转、有效制衡。

二是以“一个机构、两本台账、三项机制”为抓手，支撑外部董事履职尽责。“一个机构”是设立专职董事会办事机构，社会化聘请董事会秘书，配备专职工作人员，确保组织支撑到位；“两本台账”是建立外部董事履职台账及建言献策意见落实台账，详细记录行权履职过程和建议推动落实情况，支撑外部董事履职尽责；“三项机制”是建立外部董事调研交流机制、信息通报机制、重大事项汇报机制，保障外部董事的知情权、建议权、调研权，外部董事深度参与国际化、新能源转型、智能网联等核心业务研讨，支撑建言献策作用充分发挥。

（四）完善市场化经营机制，激发员工活力

一汽解放围绕增强企业发展内生动力，聚焦真正按市场化机制运营，深化三项制度改革，切实激发全员干事创业热情与活力。

一是大力实施“五个一批”，实现干部“能上能下”常态化。一汽解放实施“双星工程”“U 计划”项目，建立经理岗位代理制、部长助理制等，推荐 7 名优秀后备干部任部长助理，选拔 18 名代理经理岗位，实现

“增量储备一批”。坚持三方协同育人，建立领导力提升标准流程，实施“领航者计划”“登峰者计划”等，培训培养350人，实现“培养造就一批”。统筹干部交流，强化“三个双向”交流和“面向三个一线”交流，实施经理人员及后备干部交流200余人次，实现“大幅交流一批”。坚持“选优配强、能竞则竞”，90%以上岗位通过公开竞聘选拔，推动年轻干部脱颖而出，实现“大胆使用一批”。任期制契约化管理提质扩面，通过拓展绩效、履职双应用、任期审视等方式，经理人员退出比例达到6.5%，实现“合理退出一批”。

二是聚焦“新”进和“后”出，加大员工“能进能出”力度。“新”进是聚焦新能源、智能网联等战略性新兴业务，加大外部人才引进，并建立内部人才转移机制，为战略性新兴业务引进领军人才6人，增配业务骨干362人。“后”出是以绩效末等调整为基础，健全员工市场化退出标准和渠道，对排名靠后的员工降薪、降级或退出，市场化调整、退出员工469人，将经营压力传递到每名员工。

三是突出价值导向，实现薪酬“能高能低”。一汽解放锚定战略方向、匹配业务特点，差异化设置各领域工资总额管控机制，工资总额增长挂钩核心经营指标达成情况。优化研发、营销等关键领域激励政策，差异化设定绩效激励标准，高激励、强约束，合理拉大分配差距，同领域同职级人员平均分配差距达到2倍。聚焦海外突破战略，对海外营销全员探索实施对赌激励，围绕销量、销售绩效目标，差异化设定各层级人员对赌出资比例，高激励强约束，助力海外销量目标超额完成，同比提升58%。

三、改革成效

一汽解放始终坚持服务国家重大战略，践行国企使命担当，以改革创新为根本动力，以改革成效促经营发展，持续领航国内商用车行业。入选

“国有企业公司治理示范单位公司治理”“世界一流专业领军示范企业”“科改行动示范企业”。

一是经营成果显著，行业地位持续领航。面对需求持续低迷、结构变化不利、行业竞争无序等挑战，一汽解放全体干部员工承压战斗、奋勇冲锋，取得了优异的经营成果。2023 年，整车销量同比提升 44%，双倍于行业增速，营收 651 亿元，同比提升 70%。中重卡终端份额连续 7 年行业第一，牵引车连续 18 年行业第一，“解放”品牌价值连续 12 年行业第一。

二是产业布局完善，转型升级加速推进。一汽解放围绕商用车主业，聚焦战略性新兴产业压强投入，积极开展前瞻布局，构建商用车智慧生态圈，加速推动转型升级。2023 年，战新产业营收达到 139 亿元，占比 21.4%，同比增长 107%。

三是创新能力提升，科技成果不断涌现。一汽解放抢抓“新四化”机遇，加速突破前瞻黑科技，技术储备及产品竞争力持续领跑。2023 年，突破关键核心技术 94 项，成果转化率达到 65%；授权专利 669 件，发明专利占比达到 61%；制/修订国行标 30 项。连续 6 年安亭指数排名行业第一，连续 7 届中国汽车（商用车）企业双创排行榜位列第一。

四是治理效能释放，治理成效广泛认可。一汽解放以多元化股权结构规范设立法人治理结构，各治理主体权责清晰、协调运转、有效制衡、运作规范。2023 年，入选“中国 ESG 上市公司先锋 100”榜单，获得“上市公司董事会优秀实践案例”、上市公司董事会秘书履职 5A 级等评价。

五是干事热情高涨，活力效率大幅提升。一汽解放秉持“以价值创造者为本、以奋斗奋进者为荣”人才发展理念，深入落实三项制度改革，完善市场化用工机制，实现传导压力、增强动力、激发活力，各级员工干事创业的主动性、创造性显著提升。

31

十八条举措激励人人上前线 助力海外事业迸发新活力

中国第一汽车集团进出口有限公司

一、基本情况

中国第一汽车集团进出口有限公司（以下简称“一汽进出口公司”）成立于1984年，是中国第一汽车集团有限公司（以下简称“中国一汽”）海外事业的运营平台和窗口。

一汽进出口公司主要经营范围包括中国一汽自主品牌整车及零部件的海外营销、技术转让、合作生产，整车、零部件进口和技术引进的实施等。通过坚持稳健的国际化发展策略，一汽进出口公司连续3年达成中国一汽海外“531”战略目标，营业收入持续稳定在300亿元以上规模，2023年实现人均营业收入1656.86万元。

二、经验做法

（一）强化使命责任担当，加速海外攻坚突破

一是深入贯彻国家“一带一路”倡议部署。一汽进出口公司在共建“一带一路”过程中，以市场深耕为重点，积极谋划国际产能合作，推动由单一产品输出转向产能、技术、标准输出。截至2023年底，在南非、坦

桑尼亚、肯尼亚、尼日利亚等市场建成投产21个国际产能合作项目，为海外销量的规模化增长提供有力支撑。

二是全面落实集团海外“531”战略规划。一汽进出口公司全面加速民族汽车品牌出海进程，特别是“红旗”品牌自2020年开拓国际市场以来，成功登陆欧洲、中东、东南亚等的近30个国家和地区，并在挪威、荷兰等高端市场取得销量突破，树立民族高端汽车品牌出口新标杆。2023年，中国一汽产品出口总量达9.2万辆，同比增长158%，是2020年的7.6倍，年均增长96.4%，创历史新高。

三是积极探索海外人力资源改革新路径。一汽进出口公司以一汽海外人才战略为牵引，实施中国一汽“星耀全球·Global Glory”人才先行计划，从人才“选、用、育、留”多角度创新业务举措，创新探索海外引才优势，建立高效人才赋能体系，强化考核评价机制，实行特色薪酬激励。2023年配置海外人才111人，海外人才培养100%覆盖，构建以价值贡献为导向的绩效评价体系，优化具有市场竞争优势的核心关键人才薪酬制度，充分实现绩优薪高。

（二）优化组织管理模式，提高资源配置效率

一是政策资源应给尽给。一汽进出口公司强化考核引导，健全激励机制，出台与出口销量目标相挂钩的薪酬激励政策，激励员工持续创造高业绩，同时境内外考核穿透，形成系统多元的激励约束体系。优化境外人员常驻补贴待遇政策，划分6类艰苦地区，实现人均标准提高43%，极大地提升员工派驻海外前线的积极性。

二是自主管理充分授权。一汽进出口公司梳理子公司董事会管理、战略企划、财务运营等10个领域161个管理事项现状及主要问题点，以“管控适度、一企一策”为原则，修订子公司管控事项清单共计30项，进一步明晰与子公司的管控边界，实现子公司运营效率提升15%。

三是组织构建强化实效。一汽进出口公司聚焦产业引领，支撑带动产业链循环畅通，通过营销职能前移、决策前移，支撑海外业务高效运营。围绕海外重点市场增设荷兰、阿尔及利亚办事处及东欧公司红旗销售部。以构建海外发展核心竞争力为目标，成立国际供应链中心、海外合规风控中心等职能机构，增强各品牌出口服务体系能力，为海外战略发展提供组织资源保障。

四是高效协同联动机制。一汽进出口公司深度落实国家“走出去”战略，推进金融与产业协同出海助力企业国际化发展，成立中国商用车行业、央企汽车集团首家海外专业金融机构南非金融公司，打响一汽出海“第一枪”。按照“三融合、两统一、一共担”原则与“红旗”“解放”“奔腾”等多品牌组建共建共管团队，促进产销研一体产业链形成“1 +1 >2”效应。开展 ISO37301 合规管理体系认证，健全合规管理机制，树立公司依法合规经营的正面国际形象。

（三）创新人才选育机制，加速建设人才高地

一是以“优才计划”高效精准引才。一汽进出口公司在资源端拓展人才引进平台，开展靶向挖猎、定向宣传，建全人才储备库；在流程端全面数智化，率先在一汽集团内引入 AI 外语测试，建立三级响应机制，依据人才画像精准识才。2023 年海外人才配置数量同比提升 362%，平均招聘时长缩短 21%，建设人才引进“宽阔路”。

二是以“专才计划”强化出海本领。一汽进出口公司聚焦国际化人才梯队建设，建立“1520 人才能力模型”，以企业调研、跨国交流、行动学习等多种方式实施专项培养，对不同层级人才针对性赋能，实现国际化人才培养覆盖 100%，建设人才成长“高速路”。

三是以“无忧计划”健全支持体系。一汽进出口公司从放宽招聘条件、提高薪酬福利、畅通晋升通道、保障生活质量等方面制定人才激励制度，全方位满足驻外人员诉求，实现驻外员工同比增长77%，5名驻外员工走上业务主任岗位，数十名一线员工获得荣誉表彰，建设人才驻外“暖心港”。

四是以“转身计划”畅通发展路径。一汽进出口公司持续开展后备选拔及干部盘点，建立优秀年轻干部储备库，形成长效后备培养机制。探索实施业务主任代理制，合理增加干部配置灵活度，拓展干部“能上”渠道，全年实现15名后备人才提拔至业务主任，建设人才发展“长阶梯”。

（四）特色薪酬激励体系，激发干事成事动力

一是“岗位薪酬”突出价值。一汽进出口公司对高管人员实行与经营业绩强关联的年薪制，以市场化“三步”模型定薪酬基准。对其他管理人员，业务领域对标行业P75水平，支持职能领域对标行业P50水平。对境外派驻人员，以派驻级别为基础，实施驻外工资标准。对技能人才，建立基于岗位价值和技能层级的薪酬宽带。

二是“绩效薪酬”强化时效。一汽进出口公司以考核为牵引，加大浮动占比，强化绩薪即时联动。高级经理浮动工资不低于70%，员工不低于50%，加大浮动比例，绩效联动月度、年度绩效奖的浮动系数差距分别达到100%和50%，及时反馈贡献成果。

三是“目标激励”体现贡献。一汽进出口公司以出口销量突破为核心，设定更高的阶梯式挑战目标，若达成目标给予不同倍数激励，若未达成目标扣减浮动工资，形成“1±X”对价激励约束机制。以利润持续增长为保障，针对利润同比增量部分，根据增幅匹配不同分成比例。

四是“中长期激励”实现绑定。一汽进出口公司以利润分成促进经营提升，若关联利润目标超额完成，按当期50%、延期50%实行递延支付。以任期激励保障长效发展，每年度预留10%目标年薪，任期结束后挂钩任期考核结果刚性兑现。

（五）强化考核评价导向，助力业绩有效达成

一是以高挑战目标牵引高绩效达成。一汽进出口公司建立“751 绩效管理模型”和“绩效战略互锁模型”，确保考核指标 100% 穿透到岗到人。经营领域按利润及出口指标，管理领域按重难点课题攻克能力及上下游客户满意度，有效分解公司全年业绩压力。

二是以工作循环机制推进绩效落地。一汽进出口公司采用绩效指标“月点检—季通报—半年评价辅导—年度考核改善”循环工作法实现全年课题解决率 95. 7%，及时扫清业绩障碍，保障核心指标“横向跑赢大势，纵向明显增长”。

三是以价值贡献优化绩效评价体系。一汽进出口公司各业务板块按贡献差异化设定评价方式，逐步形成“高贡献、高激励”的绩效考核导向，激励各单元不断挑战更高目标，促进经营业绩勇攀高峰。

三、改革成效

一汽进出口公司立足新时代、新征程赋予国资央企新使命新任务，充分发挥人才“第一资源”和创新“第一动力”作用，以“海外突破，人才先行”为切入点，积极参与全球市场竞争，推动一汽海外事业发展加速攻坚突破。

一是创新体制机制“小切口”助推海外“大发展”。一汽进出口公司聚焦主责主业，扩大自主品牌海外规模。2023 年先后在哈萨克斯坦、白俄罗斯、乌兹别克斯坦 3 个国家新建 KD 工厂，有力支撑海外销量持续增长，实现出口总量达到 9. 2 万辆，同比增长 158%。海外销量增速连续 3 年跑赢行业，有力达成出口增速、销量占比、行业份额“三个明显提升”的任务目标，海外事业总体呈现加速突破的良好态势。

二是打造国产汽车品牌走出国门的“顶流”。一汽进出口公司在海外

攻坚和人才先行战略背景下，不断加强海外新媒体矩阵建设，积极开展海外主流媒体深度合作，构建优质、通畅的品牌传播体系。“红旗”作为自主品牌在中美元首会晤、外国来宾访华等多个正式场合使用并收获美誉。习近平总书记表示“红旗车，国产的”，向世界宣传了“红旗”品牌，令一汽海外人倍感自豪。

三是深化“红旗高扬　领航海外”党建品牌建设。一汽进出口公司以高质量党建引领海外高质量发展，深入开展“筑基、展旗、赋能、清风、暖心”五大工程。安全稳妥开展境外党建工作，迭代优化 14 个党支部党建品牌和品牌标识。持续加强党员领导干部思想政治建设和员工思想引领，建立健全境外员工“10 +”关心关爱机制，提升员工幸福感、安全感、满足感，持续凝聚海外发展蓬勃力量。

32

以客户为中心深化改革 打造具有国际竞争力的世界一流轻型商用车企业

东风汽车股份有限公司

一、基本情况

东风汽车股份有限公司（以下简称“东风汽车股份”）是经证监会批准，由东风汽车集团有限公司（以下简称“东风公司”）独家发起，采取公开募集方式于1999年7月15日创立，并于1999年7月27日在上海证券交易所上市交易的上市公司。作为东风公司旗下从事全系列轻型商用车整车及动力总成的研发、生产制造和销售服务为一体的核心事业单元，东风汽车股份整车产品涵盖轻型卡车、VAN车、专用车、客车及底盘，动力形式覆盖纯电动、混动、燃料电池等；发动机覆盖轻型到中重型；铸件产品主要为康明斯及东风轻发缸体及缸盖。

二、经验做法

（一）加强科技创新，进一步推进“五化”技术研究及研发资源保障

面对新技术发展、政策法规、市场及客户需求变化等影响，东风汽车股份公司以“产品质量行业领先”为目标，以整车可靠、经济、安

全、舒适、高效为方向，以掌握核心技术为突破点，深入推进“五化”（智能化、网联化、驾驶自动化、能源多元化、轻量化）技术研究，持续优化商研组织体系，加强核心人才激励，全力打造技术创新体系，推动研发转型。

一是深入推进“五化”技术研究，加强科技创新。东风汽车股份以“LINES”规划为牵引，以东风集团928科技展车为载体，深入推进“五化”技术研究工作，科技创新研究跨越新台阶。智能化方面，自主掌握AD域控规控软件开发、线控底盘标定等25项关键技术，整车控制采用半自主和全自主双芯方案构建EV/HEV硬件平台，具备自主完成自动驾驶系统部署标定能力。网联化方面，实现远程采集整车CAN报文、OTA远程升级、远程控制、视频监控等8项网联化技术，提升车辆安全性。自动驾驶技术方面，开展L4级自动驾驶车辆研发，掌握“3项核心能力（整体解决方案及系统集成、测试验证、功能/预期功能安全）+4项核心技术（IEEI、底盘一体化、感知融合、决策规划）”，规划“十四五”期间实现“封闭区域—半开放—开放道路”场景迭代推广应用，衍生商业模式及价值挖掘，构建智慧物流生态圈。能源多元化方面，重点开发纯电动和插电混合、燃料电池动力车型，已具备整车控制器、动力电池、电驱系统的集成应用及整车标定能力，建立了电动车正向开发流程。轻量化方面，采用高强度钢、铝镁合金、复合材料、先进工艺、结构优化与集成五大轻量化技术对车辆主要零件进行分析，共挖掘课题200多项，其中少片簧、铝合金飞轮壳、铝传动轴及油箱等部品在行业内率先应用，整体轻量化技术处于领先水平。

二是优化商研组织职能，打造两级研发体系。2021年东风汽车股份成立商研总部，按开发轴、业务轴、资源轴划分商研职能。商品研发院和商品企划部的结合，使商品开发工作进一步贴近市场和客户，商研效率实现质的飞跃。同时，在满足客户和市场需求的基础上，根据企业自身发展特点，形成快慢结合的“两级研发体系”。基础研发平台注重先行技术研究、重大战略性项目研发、创新人才培养和平台化建设，贯彻公司的战略发展规划；快速开发平台贴近市场，迅速有效地应对客户需求，快速高效地开发出具有竞争力的产品。

三是持续完善研发激励机制，激发干事热情。东风汽车股份设置并持续完善研发项目奖、市场表现奖、专项奖、科技进步奖、专利授权奖、核心岗位津贴等激励制度，不断强化研发核心人才激励力度。2023 年，围绕激励商品项目创造价值贡献，落实首批商品开发市场表现奖近 100 万元，体现收益分享，使分配进一步向价值贡献者倾斜。

（二）优化资源配置，进一步加大新能源和海外出口市场突破

2023 年，国家经济运行延续恢复态势，LCV 市场呈现恢复性增长，市场结构发生深刻变化。国内市场需求恢复，燃油市场小幅增长，新能源占比快速提升。市场竞争持续加剧，以价换量成为抢夺市场的常规手段，企业盈利大幅下滑。中国品牌产品竞争力提升，国外出口市场持续快速增长。东风汽车股份结合市场态势及战略规划，把握结构性市场机会，调整资源配置，持续推进以市场为导向的组织改革与业务模式转型。

一是聚焦新能源营销模式变革，优化新能源事业部组织机构。东风汽车股份新成立行客部、金融商品开发部，构建行客资源拓展金融商品开发等职能，以在车型销售和创新解决方案端取得行业领先优势；智慧物流部（东风蓝卡（武汉）科技有限公司）进一步聚焦新能源车型的业务模式创新，加强面向 B 端的大客户模式创新（如全生命周期解决方案的设计）和面向 C 端的营销渠道创新（如线下体验店和线上 App 平台的建设和运营）职能。通过重点提升商品、金融、渠道和运营能力，实现了从传统销售向新生态运营的转型，以应对行客需求不断提升和创新解决方案持续涌现的行业趋势，推动新能源事业转型发展。

二是围绕“创新出海模式”，强化海外事业部组织机构配备。东风汽车股份新成立国际合作业务发展部、国际金融合规部、全球备件支持中心，并针对高潜海外区域增加区域覆盖，构建“创新出海”模式下所需职能国际项目管理、创新金融方案设计及国际法务支持、海外备件网络管理等职责，拓展海外业务规模，推动海外事业做大做强。坚定实施“走出去”战略，通过扩展海外销售渠道，出口国家拓展至60个，实现北美墨西哥从空白市场到长期增长稳定市场的转变，全年完成订单超千台，成为墨西哥销量增速最快的中国自主汽车品牌。同时突破俄罗斯市场，全年完成订单3887台，同比增长285%，中资轻卡市场占有率位列第一。

（三）提升活力效率，进一步完善东风汽车股份一体化、市场化运营机制

一是推进组织改革，激发组织活力。2021年以来，东风汽车股份按照“业务专业集聚化，管理扁平化，资源配置市场化”原则，打破原有“小而全”的组织机构，持续推动组织变革，构建一体化运营机制。成立制造总部，加强制造领域各部门间协同，形成集聚效应，提高制造效率；成立商研总部，增加商企研发管理融合，强化部门间业务协同效率；成立营销总部，整合东风轻型商用车营销有限公司、东风襄阳旅行车有限公司、工程车事业部三大整车销售单元，优化营销后台职能，提升对前端职能的支持效率，统筹市场营销管理，提升适应性研发和企划能力，加快市场应对速度。2023年，进一步成立运营管理中心，强化MTP引领及过程管控，优化进销存管理，构建市场导向、价值导向、数字决策的高效运营体系。

二是推进数字化转型，驱动运营效率提升。东风汽车股份通过业务、流程数字化实现“四个在线”（产品在线、管理在线、员工在线、客户在线）、“三个贯通”（产品链贯通、供应链贯通、服务链贯通），分步实施商品链、供应链、营服链、财务管理的管理数字化。产品链实现商企/设计/试制流程和数据在线贯通；供应链端通过数字化升级提升订单到交付生产效率；营服链端完善营服数字化基础，构建新能源运营能力；财务端推进业财同步，提升成本管理能力。

三是扎实推进三项制度改革，积极推进减员增效。东风汽车股份强化业绩导向、价值导向，扩大高管契约化薪酬范围至营销、商研和部分经营单元的全体高管，设置关键任务开关指标、BSC + 合规风险行为指标，授权一把手分配副职薪酬，使高管激励与经营强关联。贯彻落实营销“三升三降（业绩升薪酬升岗级升，业绩降薪酬降岗级降）”激励，2023 年，高端营销岗位关联业绩增长 25%。通过民主流程修订和完善一系列市场化用工管理办法，推进落实人岗匹配，持续优化高管、中层及管理人员，提升管理效率。

三、改革成效

一是科技创新能力显著增强。截至 2023 年底，东风汽车股份累计拥有发明专利 449 项、实用新型专利 528 项、外观专利 191 项，获得省部级以上荣誉 39 项（其中行业奖项 11 项、省部级奖项 28 项）。近 3 年参加 29 项国家、行业及团体技术标准制定工作，完成 7 项东风集团技术标准制/修订，完成 783 项企业标准制/修订。

二是经营业绩显著改善。2023 年东风汽车股份全年汽车销售 15.1 万辆，同比增长 15.8%。LCV 行业排名提升至第三位，专用车保持细分市场居第一。实现利润 3.1 亿元，同比增长 0.1 亿元。新能源车全年销量突破 3 万辆、同比增张 53.2%，全年出口 1.5 万辆、同比增长 90.6%，双创历史新高。

三是活力效率显著提升。自 2021 年以来，东风汽车股份以客户为中心，构建精简、专业、高效、扁平化的组织机构为目的，持续推进组织机构改革。截至目前，部级机构减少 3 个，业务室/车间总数减少 38 个，高管人员减少 12%，中层人员减少 38%，管理人员减少 22%，员工减少 16%，管理人员占比由 18% 优化至 16%，人才结构显著优化，管理效率持续提升。

33

凝心聚力　奋勇争先
全力打造国家核电石化装备战略基石

一重集团大连核电石化有限公司

一、基本情况

一重集团大连核电石化有限公司（以下简称“一重核电石化”）是中央管理的涉及国家安全和国民经济命脉的国有重要骨干企业中国一重集团有限公司（以下简称“中国一重”）所属上市公司中国第一重型机械股份公司（以下简称“一重股份”）的全资子公司。

一重核电石化于1994年开始筹建，现已成为运营棉花岛核电装备和前盐石化装备两大核心制造基地，占地面积近60万平方米，在两大基地分别建有两个万吨级出海码头、1100吨岸吊及1600吨桥式起重发运装备，具备年产15台（套）百万千瓦级核岛主设备和6万吨石油、化工容器的生产能力。公司现有8个职能部门、3个业务中心、2个制造公司和1个销售公司。截至2023年末，在岗职工1300余人，资产总额87.2亿元，是综合实力最强、在制产品最多的核电、石化重型技术装备供应商。

二、经验做法

（一）强化管理提升，搭建企业改革“四梁八柱”

一是优化合规管理，不断完善治理机制。一重核电石化认真召开2023

年度法治合规工作会议，组织中层以上领导人员签订《合规承诺书》。要求各直属单位配置合规管理员，切实承担合规管理主体责任，逐步打造治理完善、经营合规、守法诚信的法治企业。利用集中采购平台，进一步规范采购流程，对供应商邀请时限、供应商选择、报价轮次等关键环节实现自动控制。对《“三重一大”决策实施办法（试行）》《集分权手册》多次修订完善，厘清企业各治理主体权责边界，分别建立党委会、董事会、经理层的议事规则，进一步明晰、落实相关职权，积极推动党委“把方向，管大局，促落实”，董事会“定战略，作决策，防风险”以及经理层“谋经营，抓落实，强管理”的作用有效发挥，保障各治理主体不缺位、不越位、不错位。

二是突出横向联动，全力以赴抢抓生产。一重核电石化深度发挥项目管理职能和考核指挥棒作用，不断强化所属两个装备公司与各保障单位的快速联动反应，用活“沙盘推演”管理模式，保证技术准备的前瞻性和准确性。项目作业指导书直接下达至作业分部，缩短联动链条，提高工作效能。利用每周生产考核对件会，使作业分部明确节点、清晰考核、领会奖惩，做到压力层层传递。特别是为顺利完成国家重大工程项目，公司专门成立快堆工程部，统一归口管理、加强组织协调，实施“挂表督战”，有效加强对项目的总体协调和管控力度，实现快速联动、快速决策，为项目保质、按期交付打下坚实基础。

三是聚焦降本增效，持续优化资产结构。一重核电石化以完成全年各项经营指标为目标，制发《提质增效工作方案》，按月考核工作进展，对各项成本认真溯源。同时，围绕提高材料利用率、创新工艺、提高生产效率、战略采购等方面开展全方位降本增效工作。通过废旧工辅具改制再利用、工装辅具创新设计，严控工装辅具成本。优化生产路线，对确需外协的提前梳理、统一招标，压降采购成本。采用科学管理热能、更换厂房照明、自主维修等方式方法降低能源消耗，减少维修成本，顺利完成本序成本年度压降目标。

（二）推进科研创新，全力激发“新质生产力”

一是加强创新联动，校企合力攻坚。一重核电石化建立以科研团队为核心、制造车间为载体的技术创新联动体系，积极联合高校及研发机构合力攻坚，优先支持策源地科研攻关项目，加大各类资源倾斜力度，使技术创新贴近一线、服务一线。同时，建立科研项目负责人竞聘上岗制度，打破专业、部门界限，组建柔性化课题工作组，实现研发人员“能上能下”，研发团队“能组能散”。

二是激发创新活力，营造创新氛围。一重核电石化完善科技研发人员奖励制度，健全有利于科技创新的中长期激励机制，建立技术要素按贡献参与分配的办法，注重营造乐于创新、善于创新的良好氛围。出台《科技奖励实施办法》《工艺创新和科技创新成果评选和奖励办法》《基层创新成果评选和奖励办法》等制度，进一步明确科研人员创新成果激励方式和评审机制，完善专业人才梯队，使人才有层次、干事有激情。

三是深化创新考核，加快成果转化。一重核电石化将专利、标准、科研立项数量、科研课题节点完成率、政府科研项目和奖项申报等工作进行指标量化分解，落实到部门、分部、责任人，严肃过程监督和节点考核，实行立项课题定期汇报检查制度，对严重偏离课题实施计划的及时考核和调整。对重点项目提前进行科研报奖和政府支持策划，对获得政府支持的科研项目，强化过程管理，加大经费管控力度，以科技促生产，向生产要成果。

（三）夯实党建根基，锻造改革发展“战斗堡垒”

一是扎实做好基层党建。一重核电石化组织全体党员干部深入学习党的二十大报告、党章、《习近平著作选读》《习近平新时代中国特色社会主义思想专题摘编》等重点内容，常态化落实“第一议题”，强化思想引领。严肃党内政治生活、丰富主题党日内容，组织企业党员干部、首期示范性班组长和技能骨干等培训班，与中核山东、霞浦核电、大连理工大学等相关支部开展“党建共建”活动，深化地企、校企交流。

二是高质量开展主题教育。一重核电石化成立学习贯彻习近平新时代中国特色社会主义思想主题教育领导小组，制定“六个清单”，明确5个方面、18项重点任务，精心组织“四学一研一读”系列活动，及时更新电子显示屏、宣传栏及宣传标语，全面营造“学思想、强党性、重实践、建新功”的良好氛围。同时，开展3期公司级主题教育读书班、11次公司党委理论学习中心组专题学习，坚持学思用贯通、知信行统一。

三是夯实党风廉政建设。一重核电石化紧紧围绕“23561”党建工作总体思路和“13211”纪检监察工作总体思路，制发《纪检工作要点》《党风廉政建设和反腐败工作要点》，组织中层以上领导人员填报《述责述廉报告表》及《廉政档案》，精准反映党员领导干部廉政状况。与此同时，组织开展直属党组织纪检委员抓基层党风廉政建设工作述职评议会，切实抓好纪检述责述廉及纪检计划汇报结果运用，充分发挥监督保障执行、促进完善发展作用。

三、改革成效

一是企业运行更加高效。一重核电石化通过制发《对标世界一流管理提升行动实施方案》和工作清单，形成重点工作任务27项，其中2项国家重大专项分别提前3个月和51天完成，专Ⅳ项目制造周期缩短15个月，创造了一体化反应堆压力容器制造周期最短纪录。2023年，公司将提前储备的焊材代用至在制项目，压降原材料成本577万元；将停产的项目产品改制代用为其他项目，压降在制品成本1252万元。

二是科研创新更加突出。2023 年，一重核电石化成功研发“玲龙一号”反应堆核心模块制造技术，实现了模块化小型堆技术创新领先。开展深海装备制造技术开发，有效掌握钛合金下料、曲型、焊接等关键工艺参数。与中科院大连化物所联合开展创新研发，形成了完整的大标方电解槽双极板制造、镀镍及整体装配制造技术储备，并顺利交付 1500 标方示范设备。完成世界首台 LNT 专利模拟舱研制，并获得专利商 LNT 和船级社 ABS 许可资质。与此同时，全年申请专利 31 项，年内科研课题获政府支持 10 项，获一重股份支持 12 项，创历年最好水平。博士后工作站孙永平团队在第二届全国博士后创新创业大赛中，荣获创新赛组别金奖。

三是发展合力更加汇聚。一重核电石化一体推进“23561”党建工作总体思路的创新落实，年度 19 项基层党支部创新课题、39 项“五创”工程主题实践活动全部完成，获评中国一重年度党建考核结果“优秀”。扎实开展习近平总书记视察大连核电石化基地 10 周年系列活动，并荣获集团公司贯彻落实习近平总书记视察重要指示精神示范点单位。同时，重视企业文化宣传，《“零”的突破！全球首台“玲龙一号”反应堆核心模块竣工验收》等一大批鲜活报道登录央视《新闻联播》等主流媒体，通过《中国一重报》、公司网站等平台大力宣传先进典型，企业荣获辽宁五一劳动奖章等称号。

34

深化创新机制改革 加快实现高水平科技自立自强

一重集团大连工程技术有限公司

一、基本情况

一重集团大连工程技术有限公司（以下简称“一重工程技术”）是国家高新技术企业，作为中国一重集团有限公司（以下简称“中国一重”）所属上市公司——中国第一重型机械股份公司的全资子公司，承担中国一重大型冶金成套、石化容器、核电、环保等领域的产品设计和新产品研发职能，填补了国家重型装备史上的240余项空白，开发研制新产品320余项。

新一轮国有企业改革深化提升行动以来，一重工程技术作为“双百企业”，坚决扛起争当改革尖兵的使命责任，以提高企业核心竞争力和增强核心功能为重点，高质量编制、高标准推进改革深化提升行动实施方案和工作台账，全力打造新产品研发创新高地和高端人才培养高地，在深化完善科技创新机制等改革领域取得明显成效。

二、经验做法

（一）把好科研立项“入口关”，找准科技创新主攻方向

一是拓宽信息来源渠道。一重工程技术围绕科技创新推行市场调研机

制，及时跟踪市场动态及同业伙伴动向，了解国内外行业技术、专业技术发展方向，充分发挥市场对创新的引导作用。2023 年，累计发布 24 期《市场调研快讯》、12 期《行业动态信息》、12 期《同业伙伴月度动态简报》，为科研立项提供参考依据。为形成广开言路、争先申报科研项目的良好氛围，制发《科技信息评价管理办法》，建立了包含立项必要性、调研完成度、市场前景、预期经济效益等多个维度的科技信息综合评价指标体系，并依据评审得分等级给予不同奖励。

二是建立技术对标机制。一重工程技术加强重点领域产业链科技情报搜集工作，梳理出制约产业链升级的关键核心技术断点、堵点，并面向世界一流企业组织外部市场调研，深入分析对标产品关键核心设备的技术先进性，聚焦产业链补链，积极组织实施科技攻关。2023 年，立足发展战略和专项规划，以关键核心技术和零部件薄弱环节为重点，共开展 12 项技术对标工作，为强链补短板找准发力点。

三是健全科研立项评审流程。一重工程技术建立科研项目遴选指标体系，从战略布局、市场需求、创新基础、资源投入、技术路线、预期收益、知识产权、联合研发、人才培养等多个维度，对科研项目立项进行综合评价，未通过技术专家委员会评审的项目不予立项。2023 年，累计完成 25 个科研项目立项，经评审不予立项的项目 8 个，淘汰率超 20%。

（二）严把科研项目“管理关”，提升科技创新体系效能

一是建立全过程管控机制。一重工程技术修订《科研项目管理办法》，对国家级、集团公司或省市级、公司级、部门自主提升 4 个层级的研发课题进行分级分类管理，细化在规划与指南、论证和立项、过程实施、验收结题、后评价 5 个阶段的管理措施，并依托技术专家委员会，定期对市场动态、项目执行情况等进行分析研判，对于偏离目标的科研项目及时调整技术路线，提高科技创新成功率。2023 年，三个层级合计 37 个科研课题通过专家评审、完成结题验收。

二是强化科研经费管理。一重工程技术落实《研究开发费用核算制度》，规范研发费用的会计核算，提高科研成本归集的真实性、准确性，同时为科研攻关团队配备专业财务助理，提高科研经费使用效益，并搭建科研管理信息平台，对科研经费进行全方位、全过程的监督，实现科研经费的精细化管理，2023 年研发投入强度提升 15%，有效支撑各项研发工作的顺利开展。

三是加强协同创新布局。一重工程技术搭建联合社会科研资源共建的协同创新平台，与北京科技大学、中南大学、燕山大学等高校院所组建实质性产学研联盟，有效保障航天领域核心环件成型工艺及设备研发等多个项目的科研进展。搭建与客户端共建的应用技术合作研发平台，深入开展冶金高端装备运行状态监测及故障精确诊断技术研究，于 2023 年成功签订市场合同，实现以需求牵引研制、以研制推动应用。搭建以制造基地为主的科研支撑、保障和成果转化平台，在齐齐哈尔、天津、大连等制造基地设置“轮训点”或服务站，2023 年联合制造基地完成超大截面新型制坯技术开发等 6 个支撑制造基地的科研项目攻关，实现研发单元与制造单元的创新联动。

（三）畅通科技成果“转化关”，提高科技创新产出效益

一是加强科技成果总结和评价。一重工程技术系统梳理科研成果的技术创新点，全面对比国内外同类技术的性能指标，与中国重型机械工业协会、中国核能行业协会等行业协会联合开展科技成果鉴定会，组建以院士、高校教授、行业专家为主的评审团队，从学术价值、项目收益、项目成果等多个维度对科技成果开展评价。2023 年，7 项科技成果被鉴定为国际先进水平，其中“宽幅不锈钢薄带热连轧关键技术研发与成套装备研制”和“核工业中低放固体废物超级压缩机”2 项科技成果的部分指标达到国际领先水平。

二是精准实施中长期激励。一重工程技术落实项目收益分红激励机制，以项目营业利润作为分红基数，最高分红比例可达项目利润的35%，并充分考虑行业特点，明确分红期为自实施开始连续5年内、实现项目营业利润的前3个年度，有效激发了核心技术人员创新驱动、增利创效的主动性和积极性。2023年对符合条件的3个项目兑现分红74.6万元，激励对象获得分红激励收益占年度工资总额的22%，真正调动了项目组拓展市场的积极性，其中新型工作辊弯辊及横移装置项目已累计在37个项目中获得应用，在老产线提质增效改造中形成产业化效益。

三是创新应用“揭榜挂帅”“摘标竞标”模式。一重工程技术在推进“揭榜挂帅”机制的基础上，同步实行“摘标竞标”模式，让想干事、能干事、干成事的“帅才”打榜中标、脱颖而出。2023年对上一年度10项完成榜单考核目标的项目予以兑现，同时遴选出15项自立课题发布榜单，明确市场化推广等考核指标，有效提升了中长期激励的覆盖面。

三、改革成效

2023年，一重工程技术聚焦自主创新能力提升，全面深化科技体制机制改革，立足主责主业持续开展技术创新，切实发挥出在建设现代化产业体系、融入新发展格局中的科技创新、产业控制、安全支撑作用。

一是服务国家战略能力显著提升。一重工程技术完成航空航天用轻合金超大型环件轧制工艺与装备的研制，并实现世界首支航天用十二米轻合金环件的轧制，为中国探月工程及国家深空探测等核心装备制造提供了有力支撑。持续开展大截面高品质特殊品种钢锭制备技术开发及产业化等产业基础再造工程和重大技术装备攻关工程，加快在工业母机方面形成标志性成果，解决能源、国防等国家战略装备制造业大型高性能材料个别依赖进口的问题。

二是创新支撑发展能力全面增强。2023 年，一重工程技术完成配置弯窜辊技术的大开口度厚板轧机设备研制、连续式定宽压力机核心部件国产化研发等 4 项国产化替代技术攻关，确保我国产业链安全自主可控。宽幅铝板带热轧机组工艺和装备技术研发、1250 毫米超薄带连轧机轧制工艺和核心装备技术研发等 14 个科研项目成功实现市场化应用，支撑公司经营订货近 20 亿元。

三是企业品牌影响力不断彰显。2023 年，一重工程技术 6 项科研成果荣获省市级以上荣誉，其中“宽幅不锈钢薄带热连轧”项目荣获“机械工业科学技术奖”特等奖和中国“好设计”金奖；2 人分获辽宁省“兴辽英才计划”产业高端人才和优秀工程师政策支持，3 人获得 2023 年度大连市科技人才创新政策支持；已受理专利 97 余项，其中发明专利 69 项，创历史新高；主导制/修订国家标准 4 项、行业标准 3 项；积极参与创新平台申报，获评“重型装备智能制造网络协同设计标准应用试点”“辽宁省冶金高端装备智能化专业技术创新中心”等。

35

牢牢把握新时代新征程使命要求
在改革中实现高质量发展

国机智能科技有限公司

一、基本情况

国机智能科技有限公司（以下简称“国机智能”）是中国机械工业集团有限公司（以下简称“国机集团”）控股的二级子公司，以创建于1958年的第一机械工业部广州热带机床研究所（后更名为“广州机械科学研究院有限公司”）为主体，由国机集团与广州市政府共同投资成立。国机智能深耕机械工业行业60余载，坚持“锻造自身所长，服务国家所需”的发展理念，围绕工业“五基”和智能制造两大业务板块，在高端橡塑密封、重大设备润滑安全、检验检测、特种加工机床、智能软件等领域形成了一批具有国内先进水平的产品。

在“两个一百年”的历史交汇期，国机智能牢牢把握新时代新征程使命要求，深入实施改革深化提升行动，聚焦提升核心竞争能力、增强核心功能，为中国机械工业的高质量发展提供坚实助力。

二、经验做法

（一）加快发展战新产业，积极助力现代化产业体系建设

一是围绕现代化产业体系强化顶层设计。国机智能召开高质量发展研

讨会，围绕如何在建设现代化产业体系、构建新发展格局中更好发挥科技创新、产业控制、安全支撑作用展开深入研讨，进一步凝聚共识、汇聚合力。深入实施“十四五”规划调整，紧扣新时代新征程国资央企的新使命、新要求，围绕加快发展战新产业优化战略举措与资源保障，加快培育新动能、塑造新优势。研究制定布局发展战新产业工作方案，明确围绕新能源汽车、氢能、新型储能、传感器、T1 等领域，加大资源投入，加快业务布局，提升核心竞争力。

二是聚焦战略性新兴产业特点创新体制机制。国机智能针对战略性新兴产业产品研发周期长、技术复杂、投入大等特点，从体制机制层面积极创新，厚植战略性新兴产业发展沃土。在业绩考核上，推动约束与激励并行，把战略性新兴产业指标以考核项和加分项两种形式纳入考评体系；在奖励激励上，设立“战略性新兴产业突破奖”，进一步调动和激发各业务板块培育发展战略性新兴产业的积极性、主动性；在资金投入上，优化投资管理办法，鼓励各业务板块加大对战略性新兴领域的投资力度；在人才引育上，通过房租减免、工资单列、培养倾斜等方式，加大战略性新兴产业高层次人才引进支持力度；在科技创新上，优化科技发展基金，统筹推进各类纵向、横向课题，加快战略性新兴产业科技成果转化。

三是立足行业发展态势优化业务布局。国机智能积极推动检测板块专业化整合，在增强业务合规性的同时，进一步提升检测业务核心竞争力。稳步扩大密封板块投资规模，实施新能源密封二工厂改造项目，将新能源汽车锂电池密封件的产能提升 80% 以上。坚决实施战略聚焦做好“减法”，主动缩减润滑油统购分销业务，逐步退出竞争激烈且利润微薄的家电密封胶业务，有效管控业务风险，推动企业有限资源向优势端积聚。

（二）完善科技创新体制，全力支撑高水平科技自立自强

一是巩固搭建协同体交流合作平台。国机智能定期举办密封件攻关协

同体（以下简称“密封件协同体”）年度活动，搭建了产学研用合作创新平台，将研发端与应用端紧密连接，打通了从需求收集到产品研发再到落地应用这一成果转化链条，实现了研发活动真正做到围绕客户痛点和市场需求进行。2023 年 9 月，密封件协同体年度工作会议在广州召开，中国工程院院士王玉明，国务院国资委和国机集团领导，相关中央企业、科研院所、高校代表等，以密封件协同体为平台，围绕需求对接、资源协同、技术合作等进行了深入研讨，形成了多项合作成果。

二是持续加强协同体运行监督管理。国机智能成立协同体运行的领导小组和工作小组，由党委书记、董事长作为总负责人，分管科技领域的班子成员主抓，为联合体任务攻关夯实组织保障。通过与各项重点任务负责人签订年度责任书，明确年度攻关目标与检验要求，并与绩效考核相关联，进一步压实攻关责任。建立定期汇报机制、双月报制度，持续加强过程把控，每两个月对协同体运行情况开展专题研究与部署，确保各项攻关任务的顺利推进与落地见效。

三是不断优化协同体创新激励机制。国机智能以减负为导向，优化科研项目经费管理，简化预算编制流程，下放预算调剂权，扩大结余资金留用空间。以推动更有利于任务目标完成为导向，进一步完善项目管理机制，赋予任务攻关团队更大的项目自主权，由其自行决策经费的使用与调整。以激励为导向，对承担关键技术攻关的团队给予考核加分和专项奖励，同时在技术职称聘任、职务晋升、年度评先中予以优先考虑。

（三）聚焦三项制度改革，进一步完善市场化运营机制

一是以战略闭环考核为抓手，落实任期制契约化管理。国机智能根据“十四五”发展战略规划，构建了涵盖“战略目标、任期目标、年度目标”的三级目标管理体系，以“十四五”目标为依据，结合经理层分工情况，差异化制定任期及年度业绩指标，全面承接经营业绩及重点任务的考核要求，明确计分规则和验收标准，严格执行考核程序，全面落实任期制契约化管理和考核的刚性落地，确保“十四五”各项关键工作和重点任务的推动落实。

二是以经营业绩为标尺，优化下属企业负责人薪酬分配机制。国机智能修订优化《经营实体负责人薪酬管理办法》，按照市场化要求，以经营业绩为衡量标准，优化下属企业负责人薪酬管理，创新薪酬基准值确定方法，分别以战略值、目标值、基准值划分等级区间，根据年度实际考核值所处位置，合理确定其薪酬基础，并结合最终实际完成情况调整，大于目标值的进行奖励，小于基准值的实行约束，对超过战略值的则给予更大力度正向激励。制定《经营实体规模效益奖励办法》，根据下属企业实际情况，对在经营业绩贡献方面做出突出贡献的下属企业，额外实施精准激励。

三是以价值贡献为导向，推进“三能”机制常态化运行。国机智能优化全员绩效管理机制，以价值贡献为导向，进一步深化全员差异化绩效考核，科学制定部门目标、个人目标并严格考核，做到上下同欲，实现“人人身上有指标，千斤重担人人挑”。领导班子成员带头推行考核结果强制分布，将考核结果与干部任免、员工进出、薪酬增减联动挂钩，对绩效排名靠后的干部进行岗位调整，员工进行绩效整改，加大绩效工资占比，以绩效考核结果为依据，进一步拉开薪酬差距。

三、改革成效

一是战略性新兴产业发展跑出加速度，企业经营业绩取得新突破。国机智能战略性新兴产业规模快速扩大、发展质量不断提高，2023 年，战略性新兴产业营业收入达 6.1 亿元，同比增长 32.6%，战略性新兴产业收入占总营收比重达 44.7%，同比上涨 10.7 个百分点；战略性新兴产业利润总额达 1.3 亿元，同比增长 35.4%。在战略性新兴产业快速发展的带动下，2023 年整体实现利润总额 1.5 亿元，同比增长 17.8%；经济增加值 2 亿元，同比增长 14.3%，实现了量的合理增长和质的稳步提升。

二是协同体攻关成果接连涌现，联合体建设取得新进展。国机智能顺利完成上批次重点攻关任务 3 项，新增密封件攻关协同体任务 3 项，加入了传感器攻关协同体，1 项任务获得国家重点研发计划立项支持。推动协同体内部各中央企业开展业务协同，合作金额超 1000 万元。新一批央企创新联合体建设工作顺利推进，与南方电网联合申报储能联合体，与通用集团联合申报高端数控机床联合体。

三是干部职工活力动力充分激发，企业发展展现新面貌。国机智能人事费用率同比下降 1.4%，达到 23.1%；人工成本利润率同比上涨 17.5%，达到 47.5%；管理人员浮动工资占比达到 61%，收入倍差扩大至 2.05；同级员工薪酬最大差距达到 1 倍以上。通过充分激励、有效约束，真正做到了奖到心动、罚到心痛，价值导向的观念深入人心，靠绩效来考核的文化逐步形成，组织的动力活力得到充分释放，各级员工的责任感、使命感、危机感进一步加强，全体干部职工干事创业热情被全面激发。

36

勇立潮头谋发展　改革创新增效能

哈尔滨电机厂有限责任公司

一、基本情况

哈尔滨电机厂有限责任公司（以下简称“哈电电机”）是哈尔滨电气集团有限公司（以下简称“哈电集团”）重要子企业，始建于1951年，创造了我国发电设备制造史上70余项“第一”，生产的水电产品占据国产水电总装机容量的半壁江山，火电产品占据国产火电总装机容量的1/3。特别是自主独立研发设计制造、具有完全自主知识产权的白鹤滩世界首台单机容量最大100万千瓦右岸14号机组在2021年成功发电带满负荷，成为全球首台实现100万千瓦满负荷发电的水电机组，引领中国水电走向了世界水电之巅。

哈电电机以习近平总书记白鹤滩贺信精神为引领，全面贯彻落实国务院国资委决策部署，以激发企业活力、增强市场竞争力、促进转型升级为目标，通过改革攻坚和创新突破，经营业绩持续向好，取得多项世界第一，实现了我国高端装备制造的重大突破，2023年营业收入同比增长19.8%，利润总额同比增长31.2%，产品产量同比增长76.4%。

二、经验做法

（一）主动服务国家战略，谋划顶层设计，建设现代化产业体系

一是加强顶层设计，制定规划蓝图。哈电电机牢记装备制造主责主业，建立以公司“十四五”总体规划为引领，常规水电和抽水蓄能两个重点规划为基础，科技创新、人力资源等专项子规划为支撑的三级战略体系。全面实施经理层成员任期制和契约化管理，实行“一人一岗、一岗一表”和“基础奖励 + 专项激励 + 精神激励”的激励约束模式，立下军令状、明确责权利。

二是聚焦“三商”定位，推动产业升级。哈电电机明确以设备制造商为主线，以运维服务商为转型，加快系统集成商发展的产业布局。巩固发电装备制造新优势，落实能源保障“压舱石”作用，实施产能提升工程。以用户侧需求为导向，完善运维服务商新机制，打造全生命周期运维服务商品牌。以设备设计制造为核心，加快系统集成商新发展。

三是推进数智建设，提升组织效能。哈电电机建立数智化转型项目库，开展三维设计制造协同平台建设，推动数字化设计和工艺协同。打造线圈、冲剪等 3 个数字化车间，水电、汽发、冷作等 9 个数字单元，锚定降本、提质、增效、全员劳动生产率等目标，以数智化变革推动效率效益提升，2023 年全员劳动生产率同比提高 5.6%。

（二）深化科技创新改革，按下成果转化“快进键”，实现高水平自立自强

一是加强研发基地建设，打造一流研发能力。哈电电机建设原创技术策源地研发中心、产业化基地以及数智哈电工程，解决关键技术环节中涉及的“卡脖子”问题，进一步推进公司水电产业达到国际领先水平。开展原创技术策源地研发中心、产业基地及数智哈电工程建设，解决关键技术

环节中的“卡脖子”问题，进一步推进公司水电产业达到国际领先水平。组建哈电镇江研发中心，打造南方人才飞地，形成南北研发基地优势互补、协同发展的模式。提升以新能源为主体的新型电力系统技术集成能力，研发投入强度连续多年保持在8%以上。

二是争创行业创新平台，促进产学研用合作。哈电电机打造行业唯一水力发电设备全国重点实验室和国家水力发电设备工程技术研究中心，围绕国家“四个面向”需求，制定“科研外委课题管理办法”，提升产学研合作规范性。集聚力量进行原创性引领性科技攻关，牵头和参与制/修订标准110项，其中国际标准2项、国家标准57项、行业标准51项。

三是完善创新机制体系，营造“我要创新”环境。哈电电机制定涵盖研发、设计、工艺等全流程创新体系制度。开展“微课题、小创新”成果转化活动，提升技术队伍人人创新意识和主动性。建立技术创新工作容错机制，设立“重点科研项目攻关合同”，实施新产业科技成果项目收益分红激励办法、科技人员住房贴息贷款，为科技人员减压力、释放创新活力，累计发放科技人员住房贴息贷款339万元。

（三）加强党的建设引领，多措并举深度融合，提升运营机制活力效率

一是强化互融互通，打造共建格局。哈电电机以“创建世界一流企业”为主线，以“共创、联动、担当、超越”为主题，抓住“效益、效率”两个关键，设计、工艺、生产等人员加强联动，构建“统一领导、上下联动、齐抓共管、资源共享、品牌联创”的党建工作格局，实现组织共建、重任共担、人才共育、资源共享。

二是聚焦管理提升，实现提质增效。哈电电机制定管理创新创效工作指引，开展“献策进班组”系列活动，引导和鼓励职工树立世界一流企业管理理念、管理方法，想出“金点子”，拿出“好招数”，围绕基础管理、生产提效、采购降本等方面开展立项攻关，鼓励广大职工，累计奖励管理创新创效项目268万元，有力激发了全员参与管理创新的工作热情。

三是优化机制运行，激发内生动力。哈电电机开展“三级书记抓质量”专项工作，以市场和用户评价改善为出发点和落脚点，建立工作任务清单，有效促进各级人员在质量工作中的作用发挥。持续开展员工市场化退出，建立“方案+制度”总体管理框架，将常态化的人员优化管理纳入制度，2023年市场化退出率1.50%，较2022年提升0.07%。

三、改革成效

哈电电机深入学习领悟习近平总书记贺信精神以及在黑龙江等地考察的重要指示批示精神，牢牢把握新时代新征程国资央企新使命新定位，扎实推进国企改革深化提升行动，以改革促创新，以创新增效能，多措并举打出改革“组合拳”，取得了显著成效。

一是技术创新实现突破。哈电电机成功研制世界单机容量最大500兆瓦冲击式机组转轮轮毂锻件、水斗锻件。参与建设的白鹤滩水电站，荣获2023年度菲迪克卓越工程项目奖。入选2023年国家技术创新示范企业，全年获得省部级奖励15项，其中“阳江700米水头段、400兆瓦级高转速抽水蓄能机组研制及工程应用”荣获中国水力发电科学技术进步一等奖、中国好设计金奖。

二是树立精品工程新标杆。哈电电机通过固化白鹤滩精品工程管理模式，对产品实现各过程进行精心策划、精细管控，在制定科学精品标准基础上，规范产品实现各过程、不同产品、部件质量保证等级的管理要求，打造基于信息化技术、覆盖产品实现全过程的精品质量控制体系和指标评价制度，确保把优质“产出来”，把特色“树起来”，2023年荣获“全国质量标杆”“卓越绩效先进组织奖”。

三是哈电品牌价值更加闪亮。《屹立在水电“珠峰”上的奇迹》微视频荣获全国质量强国建设优秀作品，进一步提升公司品牌形象和品牌价值。覃大清同志荣获党中央、国务院首次表彰的“国家卓越工程师”荣誉。大力弘扬劳模精神、劳动精神、工匠精神，张金柱、胡宇、邱利3名同志分别荣获中华技能大奖、中央企业大国工匠、全国技术能手等国家级荣誉。

37

改革创新增活力　转型发展谱新篇

哈尔滨电气集团佳木斯电机股份有限公司

一、基本情况

哈尔滨电气集团佳木斯电机股份有限公司（以下简称“佳电股份”）是哈尔滨电气集团有限公司（以下简称“哈电集团”）所属上市二级子公司，始建于1937年，是党的第一座电机厂，是我国大中型、特种电机的创始厂和主导厂。

佳电股份作为“科改企业”，坚持以习近平总书记关于国有企业改革发展和党的建设的重要论述、重要指示批示精神为根本遵循，认真贯彻落实国有企业改革深化提升行动各项工作要求，聚焦“国之大者”，围绕国之所需，坚持发展出题目、改革做文章，抢抓机遇、奋楫前行，企业综合实力和发展活力持续增强，主要经济指标连创历史新高，企业核心竞争力不断增强，已成为国内产品链较为全面、竞争力领先的特种电机研发制造龙头企业。

二、经验做法

（一）坚持产业引领，加快形成新质生产力

一是牢记“国之大者”，主动服务和融入国家发展战略。佳电股份加

大国防与核电板块市场开发及维保业务的资源投入，昌江核电站3号机组和田湾核电站7号机组首台主给水泵电机等重大项目产品顺利交付。积极落实“双碳”要求，重点开发高效、节能产品，2023年高效电机产值实现7.96亿元，再创历史新高。

二是聚焦主责主业，加快布局战略性新兴产业。佳电股份聚焦电动机产业及绿色、低碳的发展需求，以技术创新为引领，以转型发展为主线，形成《佳电股份战新产业工作方案》积极推进节能型交流电动机、永磁电机的深度研发及市场推广工作，2023年战略性新兴产业收入实现33.8亿元。

三是布局全产业链，大力发展系统集成和运维服务业务。佳电股份以主氦风机研制任务为契机，积极布局高温气冷堆相关成套产业化项目，现已发展成为第四代高温气冷堆氦系统主设备成套企业，技术水平国际领先，实现订货7.16亿元。整合运维服务优质资源，开发电机远程在线监测智能诊断服务业务，为用户提供智慧电机产品和全生命周期的运维服务，运维服务全年订货1.9亿元，同比增长64.92%。

（二）坚持科技创新，提升企业核心竞争力

一是紧盯前沿技术，持续加大科技研发投入。佳电股份坚定不移突出“特种”和“高效节能”特色，坚持“三高两低一智能”技术方向，建立前沿科技研发和技术工程应用的科技创新机制，有序推进“1平台3基地”建设，实施“佳木斯+哈尔滨”技术双总部战略，研发投入强度从2021年的5.5%提高到2023年的9%。率先完成低压产品1级能效IE5系列高效率三相异步电动机定型设计，产品全面推向市场，获得市场高度认可。

二是引领行业发展，加快向高端化智能化绿色化迈进。佳电股份利用5G、人工智能、大数据等技术，完成多款智能电机产品开发，并于2023年2月召开新产品发布会，佳电品牌形象不断展现，2023年智能产品订货实现 4105 万元。

三是加强基础研究，深入打造先进电机原创技术策源地。佳电股份紧紧围绕打造先进电机原创技术策源地，针对电驱动产品、特种电机、永磁电机、氦气压缩机、电磁轴承及高速永磁电机、电气系统集成产品、分析计算技术服务 7 个产业化方向进行布局，统筹推进研发任务、能力目标建设、平台基地建设、科研投入等工作。

四是产学研深度融合，加快创新成果转化速度。佳电股份牵头 8 家企业、科研机构组建创新联合体，积极参与地方性、区域性创新高地建设，共同推进工信部“超高效节能电机系统产业链协同创新与产业化推广应用”项目，形成研发、生产、应用深度协同机制。

（三）坚持机制赋能，激发企业发展新活力

一是不断健全公司治理机制。佳电股份作为央企控股上市公司、国有企业公司治理示范企业，实现董事会 100% 应建尽建，外部董事占多数，并保持规范运作。坚持中国特色现代国有企业制度的本质特征，2023 年制/修订公司治理相关制度 34 个，规范董事会授权事项，保障各治理主体依法有效履行职责。全年共召开董事会 15 次、专委会 22 次，充分履行“定战略、作决策、防风险”职能。

二是强化市场化经营机制。佳电股份对中长期激励工具箱进行了全面系统分析，在实施限制性股票激励机制的基础上，探索实施超额利润分享，将工资总额与效益挂钩联动，效益升则工资升，效益降则工资降，将员工利益与企业效益有效结合。坚持“以岗定薪、以级定薪、易岗易薪、级变薪变”原则，实现全员绩效考核，管理与技术序列建立 12 岗级，114 个档级宽带薪酬体系，最高职级薪酬与最低职级薪酬相差 9.86 倍，让员工有奔头、有劲头。持续深化各级管理人员经营责任制，结合部门考核指标、岗位职责分工，细化考核指标目标值及衡量标准，签订年度目标责任书，科学、精准健全开展管理人员绩效考核，并与薪酬同步联动。

三是推动党建工作与中心工作深度融合。佳电股份与20个直属党组织签订《全面从严治党责任书》，明确基层全面从严治党主体责任。开展“岗区队”建设，成立78个党员示范岗、40个党员责任区和35个党员攻关先锋队，基层党组织的组织力、战斗力显著增强。实施“三级书记抓质量”党建载体工程，以问题为导向，确定29个公司级质量攻关项目，极大推动工作质量和产品质量持续提升。

（四）坚持管理提效，引领价值创造新动力

一是夯实信息化管理基础，提升管理效能。佳电股份坚持走适合佳电特色的信息化之路，自主研发车间线边仓精管系统，使半成品流转率提升38%，PLM三期项目、SRM系统、MOM系统主要功能已上线运行，智能端盖及部分在线监测产品完成研发与应用。“以实现智能生产全生命周期为目标的数字化企业建设”分别获评“2022年黑龙江省智慧企业建设创新实践案例”和“2022年全国智慧企业建设创新案例”。

二是坚持数字化转型赋能，提升发展质量。佳电股份加快推动生产数字化、装备智能化、管理信息化，全年数字化转型项目完成投资3465万元，全面开展5个数字化“揭榜挂帅”项目，国内首个高压电机数字化装配车间已进入试运行阶段，高压电机数字化机座加工与定子铁心叠装机器人2个数字化单元已调试运行。

三是深入实施精细化管理，强化成本控制。佳电股份推行“极致降本”工作理念，通过技术创新或工艺改进等方式，在产品、工具、设备设施等方面采取创新举措，降低成本费用。通过管理手段，在销售、采购、办公等方面深挖潜能，降低管理费用，2023年实现降本增效节约4560万元。

三、改革成效

一是发展动力更强劲。佳电股份以改革创新为根本动力，推动产业布局更优化合理、公司治理水平不断提升，动力活力充分激发，干部职工干事创业热情高涨，改革创新成果成效得到广泛认可。2023 年 3 月，佳电股份入选国务院国资委“世界一流专业领军示范企业”名单和国家级“绿色供应链管理企业”名单；在国务院国资委 2022 年度“科改企业”专项考核中获得优秀；“电机制造数字化工厂”项目成功入选 2023 年国家“数字领航”企业名单。

二是科技创新结硕果。2023 年，佳电股份成为行业内首家完成产品碳足迹评价工作的中央企业。新增发明专利 20 项、主持或参与制/修订的国家标准共发布 11 项、科技成果转化收入 34.74 亿元，投入产出比达 8.04。4 个系列产品获得国家绿色产品设计称号。YBX3 等 10 个系列产品标准荣获国家级企业标准“领跑者”称号。2023 年 12 月，佳电股份防爆电机工业设计中心获得“省级工业设计中心”称号。

三是经济效益创新高。2023 年佳电股份营业收入同比提高 12.83%；产品产量同比提高 15.43%；从业人员劳动生产率由 2022 年的 46.25 万元/人提升至 2023 年的 56.96 万元/人，同比提升 18.80%；人事费用率由 2022 年的 7.3% 降至 2023 年的 6.85%，同比降低 0.45%。

38

数字转型赋能大型离散装备制造促现代化产业体系建设

东方电气集团东方汽轮机有限公司

一、基本情况

东方电气集团东方汽轮机有限公司（以下简称“东方汽轮机”）是中国东方电气集团有限公司（以下简称“东方电气集团”）的核心子企业，是我国三大汽轮机制造基地之一。东方汽轮机始建于1966年，年营业收入超120亿元，主营产品包含燃气轮机、煤电汽轮机、核电汽轮机以及工业透平等，累计装机容量超过5亿千瓦，国内市场占有率超过30%，并出口至全球29个国家和地区。

东方汽轮机拥有行业唯一的全国重点实验室——清洁高效透平动力装备全国重点实验室、国务院国资委中小燃汽轮机现代产业链建设重点企业、国家能源局中小功率燃气轮机产业链关键技术和装备研发中心3个国家级创新平台，承担“国家重大科技项目”等政府项目112项，荣获国家级科技奖项29项，其中特等奖2项、一等奖2项、二等奖15项，获省部级科技进步奖125项。

二、经验做法

面对制造业由高速增长转向高质量发展新态势，东方汽轮机通过深入调研、交流、探索、论证，把握行业数字化转型大势，借助数字化技术手段，加快推动企业转型发展，对公司已有的业务流程、组织架构、管理体系进行重构与创新。

（一）聚焦顶层规划，构建保障体系

一是坚持战略引领。党的二十大作出“建设现代化产业体系”的重大部署，要求坚持把发展经济的着力点放在实体经济上，推进新型工业化，加快建设制造强国。东方汽轮机作为离散制造行业的典型代表，具有生产订单高度定制、制造过程高度离散、工艺路线高度复杂、生产制造周期长、产品生命周期长的“三高两长”特性。公司提出“11486”发展战略，以科技创新、数字转型为核心驱动力，在加速数字化工厂建设、加快智慧产品研制、提升数字化应用水平三个发展方向提出具体要求，破局传统离散制造业困境。

二是坚持业务驱动。东方汽轮机在深度对标调研先行企业经验基础上，经过内外专家组评审把脉，2021 年编撰发布《东方汽轮机数字化转型“十四五”规划》，基于聚焦核心业务价值链分析，围绕研、产、供、销、服全链条数据贯通，形成覆盖营销、设计、制造、供应链、管理、服务、园区及智慧产品八大板块的详细实施内容。以业务牵头，多部门协同的方式，按照总体规划、分步实施的策略，推进数字化转型。

三是强化组织保障。东方汽轮机一方面通过构建组织保障三级体系，成立以公司一把手为组长的数字化转型领导小组，公司主要领导挂帅负责总体部署，下设数字化转型推进办公室负责协调组织和考核工作，抽调各业务部门骨干搭建 110 余人的专项数字化转型队伍，覆盖总体设计、智能装备、信息系统、数据治理、产线运维、智慧产品等多维度业务；另一方面，加强资源保障，设立数字化转型建设专项资金 8. 36 亿元，分为设备新购、设备改造、数据采集、数字质检、仓储物流、信息系统六大类。截至

2023 年 12 月，专项资金已投入超 3.6 亿元。同时，联合清华大学、华中科大、中国信通院、中国电标院等高校院所开展专题培训 50 余人次，进一步强化人才队伍能力。

（二）着力业务重构，实现价值创造

一是重构组织模式。东方汽轮机以数字化转型战略为引领，科学分析市场导向、协同效应、创新发展等方面因素，制定了具体的机构重组方案，精简重构了 8 个部门，完成组织机构和数字化转型推进的匹配。以提高数字转型和管理效率为目标，将固投、软硬件系统维护等 6 项业务整合到数字化与智能制造部，集中数字化转型力量。将生产计划相关的 3 项业务并入项目部，强力推进项目计划一体化，提高生产组织效率。以促进创新为目标，整合数智部、G50 发展中心、产品研发中心等 6 个技术团队，重组并获批“清洁高效透平动力装备全国重点实验室”，有力促进科技创新和管理创新发展。

二是重构生产模式。东方汽轮机运用波士顿矩阵、产品周期分析、SWOT 分析等 5 套科学方法，分析导出 96 项业务中的 51 项核心与 45 项非核心业务。根据成本、保密、“卡脖子”、技术成熟度、质量风险、项目特殊需求、自动化程度、社会资源 8 个维度评价，制定了 45 项非核心业务的社会化推进计划。以精益管理思想为指导，对 51 项核心业务进行子工序分解，将核心业务分解为关重核心、重要核心、一般核心和非核心工序，并围各工序开展组织重构、管理重构、投资策划、内部数字化改造等工作，围绕非核心业务和非核心工序开展外部生产、采购、产业链数字化管理等工作。

三是重构管理模式。东方汽轮机全面梳理公司 1200 多个业务流程，以业务数字化为目标，精简流程 270 多个、重组流程 800 多个，建成 9 个生产制造系统、5 个研发设计系统、3 个管理决策系统等工业应用，重构了

技术开发、生产管理、供应链管理、能源管理、设备管理、安全管理、园区管理等10多个方面的业务管理模式，实现流程上系统、数据上系统。

（三）推动精益标准，树立创新标杆

一是推进产品源头标准化。东方汽轮机研发端以产品功能、功率大小、关键运行参数为指标依据，形成满足覆盖市场需求的70余种系列化产品，根据结构尺寸、承载力、温度参数范围形成3500余种典型标准化零部件；工艺端以工艺设计标准化、模板化为抓手，建立覆盖全系列产品关键部套多达600种标准化工艺。依托三维设计工艺一体化系统平台，产品设计与工艺设计实现高效协同，生产制造与质量检验实现数据同源。

二是推进生产过程自动化。东方汽轮机采用5G和工业以太网络链接500台关键核心设备，实现了关键工艺参数、设备运行效率、能耗等的实时监测，采用“云+端”协同模式与生产管理系统、设备管理系统实现业务系统贯通，打通设备互联“最后一公里”。在9个核心业务数字化车间，全线建设部署自动化仓储物流系统、自动化机器人焊接集群，将人工作业转向机器自动化作业，核心业务自动化比例提升50%。改造大中型数控加工设备200余台，增加在建监测与程序自主修正模块，将自动化作业转向智能化作业。

三是推进业务过程数据化。东方汽轮机以数据中台为核心，以ESB为基础，贯通SAP、PLM、APS、MES、SCADA、QIS、SRM主要业务系统数据，实现了关键元数据统一管理，关键业务数据互通互用。以工业互联网建设为契机，依据业务部门需求开发了20余种工业App，适应不同层级业务部门需求，有效推动了数据的快速利用，并实现企业财务、生产运行、安全环保领域一键报表。管理模式由传统“人治”向“数治”转变，切实获得高效产出实效。

三、改革成效

一是品牌竞争力进一步提升。东方汽轮机以自身实践沉淀了一套数字化转型“六心”模式，2022年顺利通过智能制造能力成熟度三级认证，成为行业内首家达标企业。2023年成功揭榜工业和信息化部智能制造示范工厂项目，揭榜工业和信息化部智能制造系统解决方案，显著增强了行业影响力。成功入选工业和信息化部新一代信息技术与制造业融合发展示范名单、工业和信息化部工业互联网试点示范名单（5G工厂试点），有力提升了企业品牌形象。

二是生产运营效率持续提高。东方汽轮机建成国内首个叶片加工无人车间及首条黑灯产线，改变单机离散作业模式，实现物流、加工、检测全流程无人干预，人均效率提升650%。建成绿色高效焊接数字化车间，首创零缺陷、零排放、零变形的“三零”焊接新模式，直接碳减排380吨/年，有效减少烟尘废气排放，大幅降低一线焊接工作劳动强度。建成汽轮机总装数字化车间，开启数字总装替代传统实物总装的新纪元，突破大空间全尺寸测量难、周期长等行业技术难题，实现总装周期缩短40%。

三是公司运营质量显著提升。2023年东方汽轮机实现营业收入120.56亿元，同比增长14.6%；利润总额10.08亿元，同比增长28.3%；全员劳动生产率同比提高9.9%；质量损失率同比下降22.22%。成功获评中国质量奖提名奖，入选四川省第一批环境绩效B级企业，高效、绿色、安全的生产理念深入人心。品牌价值进一步凸显，气电市场占有率超过70%，煤电市场占有率达到38.8%，居行业第一，核电市场取得海外订单的历史性突破，在手订单总量跃居行业第一。

39

改革开路　数智赋能
加速打造世界一流钢铁生产基地

鞍钢集团朝阳钢铁有限公司

一、基本情况

鞍钢集团朝阳钢铁有限公司（以下简称“朝阳钢铁”）是鞍钢集团有限公司三级企业，具有200万吨产能的全流程现代化精品板材生产基地。自2007年建成投产以来，朝阳钢铁始终坚持市场化改革方向，全面落实党中央、国务院关于推进新型工业化建设的决策部署，紧握改革“金钥匙”，以不断升级改革举措、持续攻坚破局，推动企业走上一条从“保生存”到“求发展”的高质量发展之路。2016年，通过实施以承包经营为重点的市场化改革1.0版，一举扭亏脱困，企业步入良性发展轨道；2020年，实施以“授权+同利”为核心的市场化改革2.0版，生产经营进入行业前列；2023年，以国有企业改革深化提升行动为契机，深耕“朝阳经验”，开辟“数智未来工厂新模式”，实施市场化改革3.0版，进一步完善公司治理和市场化运营机制，加快打造世界一流钢铁基地。

二、经验做法

（一）治理优化，规范运作精准施策提效能

一是打造重大经营事项“三制一清单”决策机制。朝阳钢铁强化企业

重大经营决策事项管理，建立党委前置审议重大经营事项汇报制、调研制，深入推动党委决策事项督办制，强化对决策事项的全生命周期管理，夯实“管控底座”，确保决策执行有力。制定《重大事项决策权责清单》，将党委前置研究讨论事项清单、董事会决策事项清单、总经理办公会决策事项清单、业务权限审批清单“四单合一”，厘清边界，权责归位，动态优化，实现“按图索骥定责任，一目了然明流程”，决策链条规范有序衔接，决策运行效率有效提升。

二是打造董事会“三评一公示”运行机制。朝阳钢铁健全完善董事会评价制度，实施股东评价董事会的规范运作，董事会评价经理层、董事履职尽责情况，职工代表评价决策事项的科学合理性。同时，实行重大决策事项面向职工进行公示，确保董事会既有“真权”又有“实责”，推进董事会“定战略，作决策、防风险”作用充分发挥，提高董事会决策公信力，提升战略决策事项执行力。

三是打造董事会“请进来，走出去”建设机制。朝阳钢铁结合董事专业背景不同、知识结构互补等特点，邀请外部董事深入企业进行调研诊断，提出相关建议或解决方案22条。同时，强化外部对标，实地对标公司治理优秀的企业，深入交流董事会建设、作用发挥等关键问题，针对查找出的短板、弱项，制定改进提升措施。

（二）数智搭台，“三流汇聚”集中优化提效率

一是系统统筹，工序联动协同高效。朝阳钢铁将工业互联网、云计算、大数据等新一代信息通信技术与先进制造技术深度融合，构建数智化平台。立足数智驱动，以集中控制、工序协同、专业融合为着力点，创新单线调度向集中运营转换，建成“铁、钢、轧、能、调”一体集控中心，60个操作室集聚合一，初步形成“管理驻现场、操作进中心”新格局，有效破解管理链条长、数据孤岛多等低效问题，协同创新能力大幅提升。

二是业财融合，推进成本透明化。朝阳钢铁深挖隐性成本，制造部门梳理业务，财务人员入驻数智中心，分析运行成本与目标成本偏差，及时纠偏，构建主体工序“列车时刻表”式的日成本管控模式，先算后干，确保成本“看得见、说得清、管得住、控得下”。2023 年，实现吨钢系统降本 73 元，成本竞争力显著提升。

三是数字赋能，推动协同效率双提升。朝阳钢铁强化系统联动、过程管控，着力制造管理、智慧能源管控以及高炉智能等系统资源信息数据链接，生产信息流、能源流、价值流三流持续导入数智中心，形成强大的数据价值创造体系，让更多生产管理数据实现孪生，支持生产经营活动和现场生产相互融合，全流程高效运营，专业协同和效率双提升。

（三）创新引领，“极致扁平”管理模式去冗余

一是压缩管理层级，实现公司直管作业区。朝阳钢铁分步将厂级单位职能业务与公司机关部门、职能中心的管理职能按专业重整，实施专业化、集中化、一体化管理。改革后，机关行政机构数量由原来的“6 部门 +2 职能中心”压缩至“4 部门 +2 职能中心”，35 个工区按最优化原则整合成 18 个作业区，各级组织合计压减 44%，管控效率显著提升。

二是智慧管理，打造“三台一体”产销服体系。朝阳钢铁以销定采，价格倒推，随动市场变化综合运用“T+0”“T-1”“T+1”等多种定价手段，经营“前台”融入市场。弘扬“鞍钢宪法”精神，实施“两参一改三结合”，制造“中台”嵌入市场，初步形成“管理驻现场、操作进中心”新格局。职能部门保障“后台”对接市场，精准评价，做优服务，支撑“前台”“中台”形成一体合力。

三是生产制造集中一贯，指挥协调穿透到现场。朝阳钢铁成立制造管理中心，统筹能源、生产、技术、质量、成本管理，调度系统集中管控，建立工序模块，实施集中管理一贯到底。按照“分步实施、关键牵动”原则，强力推动能源单元为改革试点，重塑组织架构，以能源平衡为中心的生产组织模式初步形成，2023 年，能源类主要技经指标同比全部改善，自发电比例等 4 项指标创历史最好水平。

四是采购销售高效联动，两端齐挖接市场。朝阳钢铁成立经营管理中心，采购销售两端随动市场变化，围绕采销价格指数差，变两端分离为市场联动，实现采销联动，有效缩短应对市场反射弧，极致提升市场响应效率。2023 年，吨材销售价格与行业平均价差缩小 16 元，吨钢降采 25 元，价值创造能力不断增强。

（四）机制赋能，“多维激励”横纵结合全覆盖

一是坚持业绩导向，做实“契约”促长效。朝阳钢铁紧盯契约科学合理性、目标挑战性，“一人一表”“一人一底线”设置管理层成员考核指标，逐级签订年度及任期经营业绩责任书。完善行业对标考核机制，实行“一厂一策”，强化干到给到，突出刚性退出，推动契约化管理常态长效。2023 年，管理人员退出率 12. 5%，同层级管理人员收入差距达到 1. 65 倍。

二是绩效强制分布，总结分享促提升。朝阳钢铁按月以部门、班组为单位，对职工绩效结果按 A、B、C、D 四档进行排名，其中，A、D 档人员比例均不少于 10%。通过组织座谈，相互分享总结经验和教训，连续 2 个月排名靠后人员比例明显下降。

三是实施“e 考核”，数字绩效促实干。朝阳钢铁构建“人人担指标、绩效人人争”的全员岗位绩效体系，做实“一人一表”，通过“指标表单化”“考核信息化”，实现由“月考核”向“日考核”转变，促进工作持续改进，各项工作有序衔接。

四是人才育成，普遍培养重点用。朝阳钢铁健全年轻干部选拔、培养、管理、使用人才育成机制，培育创新发展人才，积蓄高质量发展不竭动能。建立人才成长积分制，组织 82 名青年人才到关键岗位挂职锻炼，推荐4名优秀人才到集团本部对应岗位挂职锻炼。着力培育精益内训师16人，为企业发展培养接续力量。连续2年举办“朝阳”人才培训班，对优秀后备干部进一步使用或提职，49名优秀班组长学员成为基层精益推进和生产管理的中坚力量。

三、改革成效

一是企业生产运营进一步优化。2023年5月数智中心建成投用后，操作室集中率由18%提高至73%，智能制造成熟度跃升至优化级。依托数智中心，拓展数智应用界面，推进“集中一贯”扁平化管理，打造采、产、销全流程精益运营新模式，多维协同取得实效，工序联动成效显著，全年实现吨钢系统降本73元。保障能力持续巩固，设备综合效率OEE达到87.8%，同比提升1.2个百分点，关键设备完好率达到99.9%。

二是企业市场竞争力进一步增强。2023年，吨材销售单价与行业平均价差由上年的59元缩小至43元，实现吨钢降采25元，交货周期由33.1天缩短到29.2天。烧结智能分析系统等应用案例荣获国家、省部级7项荣誉，获得数字化转型专项支持资金1293万元。

三是企业影响力进一步提升。2023年，朝阳钢铁获评中国钢铁工业协会“全国冶金绿化先进单位”、辽宁省“智能工厂”荣誉称号。市场化改革升级成效得到了两级集团公司的充分认可，改革经验在鞍钢集团内部广泛宣传和推广。

40

以科技创新为驱动　以市场化机制为保障 奋力开拓深化改革新征程

本溪钢铁（集团）信息自动化有限责任公司

一、基本情况

本溪钢铁（集团）信息自动化有限责任公司（以下简称“本信公司”），是鞍钢集团有限公司三级子企业、本钢集团公司全资子公司，两家冶金行业央企 IT 类“科改示范”企业之一，主要从事计算机软件开发，基础自动化系统设计，设备集成、安装、调试等工作。

本信公司始终坚持以习近平总书记关于国有企业改革发展和党的建设重要论述精神为指引，锚定高质量发展目标，围绕提高核心竞争力和科技高水平自立自强，秉承“赋能产线、服务厂矿、支撑部门、搭建平台”企业定位，深化体制改革、机制创新，提升自主创新能力，在改革创新重点领域和关键环节取得突破性进展。

二、经验做法

（一）加强规范化公司治理，理顺运行“层次感”

一是加强党的领导。本信公司坚持“两个一以贯之”，将党委前置研究事项清单作为贯彻党的方针政策和党组织对国有企业管理意图落实的核心抓手之一，清单覆盖 17 类 79 项具体重大事项，清晰了事项额度和标准，充分发挥公司党委“把方向、管大局、保落实”的重要作用。

二是强化董事履职效能。本信公司建立董事会常态化务虚研究机制，加强了董事会在规范运行、战略规划、风险防范等方面的管理和调度力度。结合科技型企业特点，特别组建了技术委员会，配备科研工作经历丰富的集团主管部门负责人作为技术委员会主任，为董事会科技创新相关重大决策提供建议和支撑。

三是加大授权力度。本信公司在落实经理层定期向董事会报告工作的同时，积极推进董事会向经理层授权，动态调整董事会授权决策事项清单及各治理主体重大事项决策权责清单，变动率达到 61%。深化经理层授放权，通过赋予事业部薪酬分配权和一定额度采购权等自主权限，进一步激发一线作战主体活力，提高工作效率。各治理主体规范高效运行，形成各负其责、协调运转、有效制衡的公司法人治理结构。

（二）深化市场化运营机制，汇聚改革“认同感”

一是制定多维度考核评价标准。本信公司强化定量考核导向和“摸高”业绩机制，突出业绩目标设定、薪酬兑现规则、刚性退出和“科改考核评价不合格”一票否决条款，建立核心关键指标权重最大，个性化指标大于 50% 的年度和任期指标体系，形成“权利责任统一、激励约束并重”的市场化机制。

二是创新竞聘模式激发活力。本信公司根据员工业绩考核结果，严格按照契约约定考核兑现、刚性退出，对各职级排名后 10% 的员工实行退出政策，采取“升降级 + 复活赛”竞聘方式，为竞聘员工提供升降级空间及进入赋能中心职工“复活”机会，激发了员工的竞争意识。

三是聚焦引才短板实施“人才飞地”建设。本信公司结合本信公司对科技研发、技术转化和人才培养等方面需求，依据《鞍钢集团有限公司

“人才飞地”引才工作指引》，实体化打造近400平方米“人才飞地”——本信（沈阳）研发院，解决了高层次创新人才不足、青年科技人才梯队建设不足等问题。

（三）坚持价值化薪酬激励，突出员工“获得感”

一是建立精准激励机制。本信公司坚持与市场接轨，针对不同群体分别建立了岗位分红、超额利润分享、“揭榜挂帅”“军令状”等激励机制，设挑战、奋斗、底线不同指标，实行挂钩考核，差异化分配。围绕“技术突破、岗位创新、岗位创效”等关键环节实施精准激励政策，精准激励核心技术人占比达24%，科技成果转化率占比达45%以上，精准激励成效凸显。

二是“四到”逐级深入。本信公司建立本信级、事业部级、项目部级三级核算考核体系，按项目进行核算，为干到、算到、给到、得到“四到”工作实施奠定基础。结合本信项目制管理特点，对项目部进行授放权，奖金与项目挂钩，根据项目的复杂程度、承担任务难易、工作量等综合权重计算奖金，员工可以自己算出每月收入，提高工作效率和创效活力。

三是创新激励措施。本信公司根据本信技术特点和钢铁信息化产业发展趋势，为员工制定职业规划，畅通职业晋升渠道，提供技术培训和发展机会等，帮助员工提升技术能力，实现自身价值的同时，为企业发展注入活力。

（四）聚焦精细化对标，找准提升“方向感”

一是聚焦管理薄弱环节，构建对标指标体系框架。本信公司制定“对标提升行动实施方案”和“对标提升工作清单”，共计11个维度71项指标，建设世界一流企业、提质增效等34项重点提升任务，确定工作任务、工作要求、验收标的，并建立责任体系及履责机制，将责任分解到具体部门、具体人员，有针对性、有方向的开展对标工作。

二是坚持对标一流企业找差距，开展横向对标。本信公司瞄准行业一流的关键指标，筛选出5家外部企业、3家内部企业进行对标交流，从体系化技术创新布局、市场化用工、选用育留技术人才、强化激励、激发活力等方面，进行全面对标、找差距，从中确定了75项关键对标数据，明确了“专精特新”战略方向。

三是强化技术标准研制，补齐管理短板。本信公司深入总结对标企业的做法和经验，集中力量推进管理体系、技术体系等建设，借鉴与冶金工业信息标准研究院的对接经验，成功参与国家标准、行业标准和团体标准的制定，管理水平和技术水平得到显著提升。

（五）聚焦科技创新平台建设，增强团队“价值感”

一是搭建体系化科技创新平台。本信公司在省级企业技术中心的基础上，成功申请“辽宁省冶金工业智能物联专业技术创新中心”，成立本信（沈阳）研发院，构建“一院两中心”创新发展格局，为本信公司实施科技创新提供基础保障。实施基地（本信公司）、阵地（本钢各产线）、飞地（沈阳研究院）“三地”共建，聚焦自主技术、关键核心技术和“专精特新”产品的研究，构建项目团队开展技术研究。

二是搭建协同创新平台。本信公司围绕“数字钢铁、数字鞍钢、数字本钢”总体要求，积极打造多维度创新生态圈，与中国软件协会、中国标准化研究院、辽宁省软协、高校院所等机构建立战略合作关系，在创新服务、创新主体以及创新人才等维度上进行合作。与东北大学、联通公司共建5G实验室，采用“揭榜挂帅”方式，遴选亟需攻关的技术难题，吸引了多个高校院所科研团队揭榜，培育协同创新新生态。

三是搭建人才“生态圈”建设平台。本信公司探索“引智”和“引才”相结合，与高校、科研院所战略合作，采取专职引进和项目合作柔性引进的方式，引入国家级人才 17 名、省部级人才 12 名，精准引进高端人才，构建了高水平外脑专家库。利用本信（沈阳）研发院的地域优势，以“一人一策”模式引进大数据等专业核心关键技术人才 11 名，畅通了高层次科技人才引用渠道，进一步强化科研力量。

三、改革成效

一是经营业绩显著提升。2023 年本信公司稳健发展，实现销售收入同比增长 41.73%，利润总额同比增长 72.67%，全员劳动生产率年化值同比增长 40.88%，研发投入强度达到 21.22%，实现军令状“超越”目标。

二是三项制度改革取得突破性进展。本信公司明确了可衡量、可比较、可操作的“三能”标准，强化了“干到、算到、给到、得到”的管理导向，实现管理人员竞争上岗 100%，管理人员退出率达 15.38%，员工市场化退出 5.39%，主任工程师级变化率 6.3%，主管工程师级变化率 4.2%，赋能率达 6.83%，管理人员最大收入差距达到 3 倍，同部门员工最大收入差距达到 5.9 倍。

三是科技创新实力不断增强。本信公司科技创新成果不断涌现，2023 年获辽宁省科学技术进步奖一等奖 1 项；新增省级科研项目 6 项；新增授权发明专利 53 件、软件著作权 60 余件、专有技术 50 件；创建辽宁省冶金工业智能物联专业技术创新中心 1 个；获评“辽宁省瞪羚企业”“辽宁省专精特新小巨人”“优秀省级企业技术中心”；获政府奖励资金 255 万元。

41

锚定平台驱动　聚焦转型升级
加快构建钢铁现代供应链服务体系

德邻陆港供应链服务有限公司

一、基本情况

德邻陆港供应链服务有限公司（以下简称“德邻陆港”）是鞍钢集团有限公司（以下简称“鞍钢”）下属三级企业，是鞍钢以延伸产业链、提升价值链为发展主线，打造的钢铁产业现代供应链服务平台。

国有企业改革深化提升行动开展以来，德邻陆港坚持以习近平新时代中国特色社会主义思想为引领，深入贯彻习近平总书记关于国有企业改革发展的重要指示批示精神，加速产业资源集聚，推进专业化整合，完善现代企业治理体系，深化市场化经营机制建设，全力提升智慧供应链平台服务能力，产业转型升级与企业综合改革成效显著，实现了从传统钢铁电商物流企业向现代供应链服务企业的华丽转身。

二、经验做法

（一）建生态，创新现代供应链发展新模式

一是构建生态圈共享机制。德邻陆港坚持“共创共享共赢”理念，建立覆盖生产、采购、运输、销售等供应链各环节的生态圈。发挥核心链主

地位，链接35家钢厂及其分支机构、超4万家钢材服务商及用钢企业、800余家社会承运商及2万余辆（艘）车船，大力推动资源上平台，实施业务公开与阳光竞价，精准供需匹配，提升资源利用效力，促进细分领域分工，拓延平台参与者的合作广度与深度，以市场化方式培育平台可持续发展能力，全力打造产业新生态。

二是创新阳光绿色交易模式。德邻陆港发挥线上交易平台公开透明优势和客户群体优势，打造德邻e钢、德邻循环等平台服务产品，完善平台准入规则与交易规则，创新钢材产成品、循环物资、化工产品、矿产品等交易品种的正向竞价、反向竞价、延迟竞价交易模式，丰富处置渠道，提升客户体验，创造竞价收益。2023年，德邻循环平台和德邻e钢平台分别为委托用户溢价创效1.73亿元和0.32亿元。

三是推进国内物流网络布局。德邻陆港夯实物流在现代供应链产业体系中的基础性和支撑性作用，积极在北京、天津、广州、武汉、长春、沈阳等国内重要物流节点城市布点布局，建立覆盖100余个协议仓储库、10余个港口协议码头、400余条汽运线路、200余条海运线路的物流网络，构建“陆海联运”通道，大力实施“两港一航”新模式，实现互联互通、物畅其流，打通钢铁物流的“最后一公里”。

四是积极打造多元业态。德邻陆港以智慧供应链服务平台为依托，构建“互联网+销售”“互联网+金融”“互联网+物流”“互联网+服务”多元业态，为社会各界客户提供线上交易、网络货运、公铁海运输及多式联运、仓储加工配送、车后市场、信息与技术等现代供应链的“全流程”“一站式”集成服务。发挥智慧供应链平台的“引流”作用，大力拓展社会市场仓储物流业务，业务辐射至全国18个省市。实施“无船承运+物流金融”新模式，有效解决了下游承运商“账期长”“融资难”“融资贵”等痛点。联动经营汽车后市场的燃油销售、检车检测、维修洁美、保险理赔等业务，持续保持了区域市场竞争能力的领先地位。

（二）转机制，注入市场化发展新动能

一是持续完善现代公司治理。德邻陆港以落实董事会职权为契机，健全完善各项配套制度，充分发挥董事会“定战略、作决策、防风险”作用。按照“充分授权、动态评估”的原则，完善董事会授权事项清单，实施董事会决策事项报告制度，保证科学决策、合规决策和决策事项的落实落地。设置董事会提名委员会等4个专门委员会，为董事会重大决策提供咨询、建议。完善外部董事召集人、工作报告及支撑服务保障等制度，保证外部董事专业性、独立性和制衡作用的充分发挥。

二是大力推进经营机制改革。德邻陆港构建新型经营责任制，参照经理层成员任期制和契约化管理方式，与下属4家法人单位、3个事业部签订市场化经营合同，实现经理层和经营单元负责人“两制一契”管理全覆盖。建立市场化用工机制，从社会市场引进4名营销、IT成熟人才，推动企业经营业绩与平台建设再上新台阶。畅通职业发展通道，管理岗位公开竞聘率100%，让有为者有位，让无为者无位。建立市场化分配机制，实施工资总额周期预算制管理，推行岗位绩效差异化考核，薪酬分配重点向关键重要的营销、技术等岗位倾斜，加大对社会市场开发业务人员的激励力度，全面激发职工活力。2023年，员工浮动工资差异系数达到1.25，管理人员收入差距达到2.31倍。

三是有效释放整合协同价值。德邻陆港深入落实国企改革三年行动部署，以推动鞍本物流业务深度协同为目标，出资收购本溪钢铁（集团）国贸腾达有限公司（以下简称“腾达公司”）51%股权。充分融合德邻陆港的线上平台、仓储物流、供应链服务优势与腾达公司的海运业务、港口服务业务优势，全面提升现代供应链产业“全链条”“一站式”服务能力。

四是提升公司内部管控合力。德邻陆港以入围国务院国资委“双百企

业”扩围名单为新起点，持续推动专业化整合。2023年，受让母公司持有的内部汽车运输企业股权，全面承接母公司线上交易业务，按上级集团要求积极推进销售物流整合及港口物流企业整合工作，推动现代供应链产业向规模化、集约化、专业化发展。

（三）重创新，推进数字化平台建设

一是推动平台迭代升级。德邻陆港践行“数字鞍钢”发展要求，先后完成智慧供应链服务平台中控平台模块、风险控制模块、物联网监管仓模块的功能提升改进。实施流程再造，强制推行“线下业务”的线上流转，完成采购、仓储、运输、交易、结算业务的平台无缝衔接，实现现代供应链物流、商流、信息流与资金流的“四流合一”。

二是积极打造面向社会客户的第三方交易平台。德邻陆港以社会市场为企业发展的攻坚点，在原垂直电商的基础上，加速打造德邻e钢第三方钢铁产业交易平台。2023年，德邻e钢网页2.0版和移动端App成功上线，实现了与中钢电商和钢铁侠平台的互联互通，实现社会用户、交易品种和挂单量的新增长。

三、改革成效

自2023年入选“双百行动”扩围企业名单以来，德邻陆港坚持“市场与平台”双轮驱动、“线上与线下”融合发展，推动产业变革，完善市场化经营机制，走出了一条独具特色的产业发展之路。

一是经营实力稳步提升。2023年，德邻陆港电商平台完成线上交易量4735.92万吨，较上年增加79.61%；完成周转量113669.72万吨公里，较上年增加7.83%；实现利润1.42亿元，创历史最好水平。主要生产经营指标“跑赢行业”“超越挑战值”。

二是市场竞争能力显著增强。德邻陆港坚持“走改革路，吃改革饭”，努力向社会市场要效益。2023 年，德邻陆港相继与辽宁紫竹集团、物产中大物流、广州启航物联等多家公司签订战略合作协议，建立深层次战略合作伙伴关系。开发社会客户 800 余家，社会市场收入占比超 75%，社会市场利润占比超 65%，实现了企业“由内向外”发展方式的新转变。

三是物流企业整合效果全面显现。2023 年德邻陆港控股后，腾达公司通过优化供应商结构、实施“以量换价”策略、打造主线路“班轮”模式，海运效率同比提升 35%，为本钢集团降低海运费 2607 万元。社会市场业务实现新突破，新增海运物流金融业务 5829 万元，新开发外部客户海运业务 5.46 万吨。

四是品牌影响力走在行业前列。2023 年，德邻陆港荣获“辽宁五一劳动奖状”及首届国企数字场景创新专业赛一等奖，并再度入选“2023 年中国互联网综合实力百强企业”名单；德邻陆港物流综合产业园入选全国 100 家示范物流园区；辽宁省政府主要领导对辽宁省人民政府《咨政建言》上刊登的题为《关于推动德邻陆港做大做强带动我省现代供应链平台企业加快发展的建议》作出重要批示；德邻陆港改革经验及发展成果相继被《中国物流报》、辽宁电视台等多家权威媒体重点报道。目前，公司已发展成为东北区域最大的钢铁电商和现代供应链服务平台，行业影响力和话语权不断增强。

42

“科改行动”铸就碳纤维科技“新”强度

山西钢科碳材料有限公司

一、基本情况

山西钢科碳材料有限公司（以下简称“钢科公司”）成立于2012年9月，位于山西省太原市，是中国宝武钢铁集团有限公司（以下简称“中国宝武”）太钢集团旗下专业从事高性能碳纤维及复合材料研发、生产的国家高新技术企业。

钢科公司现已建成3条全流程聚丙烯腈碳纤维生产线，合计产能2400吨，已形成高强标模型、高强中模型和高强高模型高性能碳纤维产品的批量稳定供货能力，是我国航天领域高性能碳纤维保障基地。同时，钢科公司新建设的一条全流程复合材料生产线，具备年产20万件纤维增强树脂茎复合材料构件的生产能力，形成了碳纤维与复合材料产业链发展格局。

二、经验做法

2023年5月，国务院国资委将钢科公司纳入“科改企业”改革名单。钢科公司在国务院国资委和中国宝武太钢集团的领导下，围绕“混合所有制改革、科技创新体制建设、重点领域保障”等方面制定改革措施，持续推进深化改革。

（一）推进混合所有制改革，增强企业创新活力

一是钢科公司引入航天科技系资本、宝武绿碳基金、山西煤化所作为战略投资者，推进混合所有制改革，使钢科公司成为集制造、研发、市场“三位一体”的高端碳纤维生产基地，引领高端碳纤维产业的发展。同步实施股权激励计划，向钢科公司重要技术人员和经营管理人员等激励对象以增发股份的方式实施股权激励，激励对象共计83人，占钢科公司总职工人数的19.3%，股权激励总额达钢科公司总股本的9.5%，进一步释放了国有经济活力，提升公司竞争力。钢科公司现已圆满完成混合所有制改革初步阶段任务。

二是钢科公司在转变运营机制过程中，始终坚持党的全面领导，充分发挥党委会的领导作用，围绕“把方向、管大局、促落实”转变经营机制。同时，设立董事会办公室、战略与科技创新委员会、审计委员会、提名委员会、薪酬与考核委员会四大专门委员会，并审议通过了《董事会议事规则》《董事会战略与科技创新委员会议事规则》《董事会审计委员会议事规则》等多项制度，提升董事会的决策质量和效率，夯实董事会职权。

三是优化用人机制，提高用人效率。钢科公司构建适应现代化高新技术企业发展的、战略性新型产业发展的、一流的人力资源管理体系，推动在更大范围实行经理层成员任期制和契约化管理，建立与市场接轨的经理层激励制度，进一步加强人力资源管理，完善对技术研发型人才的评价和待遇政策，建立“能上能下、能进能出”的人才流动体制。2023年初，钢科公司对公司装备、能源、采购等业务进行优化整合，提高了部门职能管理及运营效率，强化了内部风险管控能力。

（二）完善科技创新体制，实现创新能力提升

钢科公司依托“先端碳纤维及其复合材料省技术创新中心”和“山西

省高性能碳纤维及其复合材料制造业创新中心”两大平台，通过“内”“外”两条路径持续完善科技创新机制，实现创新能力提升。

一是“对内”着力完善内部科技攻关机制，持续激发职工创新热情。2023年，钢科公司制定了《科技攻关项目管理制度》及配套的《内部科技攻关项目管理实施细则》，进一步赋予科研项目负责人技术路线决定权、经费使用权、团队组建权等权利。围绕碳纤维生产基础理论研究、新产品研制、技术开发、提质降本、节能降耗、环境保护、职业健康与安全等方面征集内部科技攻关项目，以“揭榜挂帅”“命题承包”“公司指令”“自主开展”等实施方式，鼓励员工组建团队或自行开展各类科技攻关项目，并依据项目难易程度、创新性和项目与公司年度重点任务契合度等，设定奖励额度，根据项目完成情况向员工发放奖励。

二是“对外”持续深化“产学研”合作模式和“应用牵引”发展模式。先后与中科院山西煤化所、山东大学、中科院化学所、复旦大学、天津工业大学等科研团队和专家队伍建立紧密的合作关系，借助“外脑”提高研发团队科研攻关能力。积极承担多项国家重点项目及省科技重大专项项目，推动钢科公司高性能碳纤维产品形成系列化、差异化能力，提高市场竞争力。与国内碳纤维下游企业、复合材料企业开展深度合作，共建“碳纤维专业镇”，推动碳纤维向高性能化、低成本化、稳定化等方向发展。

（三）强化重点领域保障，支撑国家战略安全

一是钢科公司坚持以“应用牵引+重点领域保障”为核心，积极承担国家多项重点领域专项攻关项目及省科技重大专项，攻克关键装备、关键助剂、新一代碳纤维及复合材料等关键技术，参与下一代装备关键原材料研制和行业“卡脖子”技术攻关，着力于T800S级、T1000G级、M40X级和M60J级高性能碳纤维产品开发，并推进工艺、装备、控制、作业等多

要素协调攻关，提升产品综合合格率。

二是钢科公司对标国家战略需求，坚持走技术自主化的道路，针对重点保障原材料持续提升产品成熟度，重点针对关键材料长期稳定供应能力、关键材料自主可控能力提升开展工作，确保国家战略原材料的关键核心技术牢牢掌握在自己手中。

三、改革成效

一是产品保障能力显著增强，经营成效稳步提升。钢科公司致力于新产品开发，形成并完善了高强标模型、高强中模型和高强高模型三大系列13个牌号高性能碳纤维产品系列，满足关键领域材料保障的能力显著增强。其中，针对目标用户的“高压拉比”“抗烧蚀耐高温”等功能设计要求，钢科公司在TG800H产品下延伸形成了TG800HX、TG800HY、TG800G等系列差异化产品，批量供应于航天、航空、先进船舶等重点领域，解决了关键战略原材料的应急保障问题，有力支撑了国家战略安全。同时，钢科公司针对碳纤维生产运行、质量、成本等问题，采取了一系列提质降本措施，2023年提质降本作用逐渐凸显，碳纤维产品综合合格率提升了22%，营业收入达到30905.7万元，为公司成立以来最好水平。

二是持续保持科技创新投入，科技自主能力显著增强。钢科公司坚持科技自主创新，持续加大对科研项目研发经费投入，2023年度研发经费达11035万元，为近5年最高值。先后承担了24项重大科研项目，其中国家级4项、省级16项，2023年完成了3项国家级重大科研项目的验收，项目评价等级均为优秀。2023年9月，钢科公司发布征集内部科技攻关项目通知，技术研发人员以及相关生产人员科技创新热情高涨，先后提报70个课题，经专家审议和公司领导审核，其中23个课题最终列为钢科公司2024年度第一批内部科技攻关项目计划。项目研究牵引实现了系列技术成果，目前钢科公司已拥有国家专利 125 件，其中发明专利 38 件，2023 年获 10 项发明专利授权，达到历史最高值。自主完成的“碳纤维上浆装置及方法”“一种碳纤维原丝生产过程中的空气处理装置及其应用”专利项目分获山西省专利奖二、三等奖。此外，2023 年钢科公司正式被工业和信息化部认定为国家级专精特新“小巨人”企业，入选山西省技术创新示范企业，企业的技术创新能力获得多方认可。

43

强创新优布局　促变革活机制
加快建设中国宝武高温非金属材料产业平台

中钢洛耐科技股份有限公司

一、基本情况

中钢洛耐科技股份有限公司（以下简称“中钢洛耐”）是由中国宝武钢铁集团有限公司（以下简称“中国宝武”）中钢集团耐火材料有限公司和中钢集团洛阳耐火材料研究院有限公司于2019年12月重组成立，前身为中钢洛耐新材料科技有限公司，于2020年8月整体进行股份制改造，更名为中钢洛耐科技股份有限公司，2022年6月正式登陆上交所科创板上市。截至2023年12月31日，中钢洛耐总股本11.25亿股，中国宝武合计持股41.34%，为中国宝武一级子公司。

中钢洛耐定位于国家高温材料原创技术策源地和宝武高温非金属材料产业平台，以“成为全球高温非金属材料业引领者”为愿景，聚焦科技创新与价值创造，驱动高温非金属材料生态圈高质量发展。

中钢洛耐业务范围涵盖科研开发、中高端耐火材料产品及高温仪器设备生产、工程设计与总承包、产品质量监督检测、技术服务、行业服务和人才培养等多个业务领域，产品主要应用于钢铁、有色、建材、石化等高温工业，并拓展至节能、环保、航空航天、国防军工等战略性新兴领域。

二、经验做法

（一）深化科技创新引领，增强高质量发展驱动力

一是聚焦关键核心技术攻关，打造原创技术策源地。中钢洛耐组织编制原创技术策源地实施方案，围绕国家重大战略需求及高温工业、新能源、国防军工等领域发展需要，聚焦重要基础原材料产业与战略性新兴产业，开展先进耐火材料卡点分析，制定攻关技术图谱，致力于实现基础科学研究、共性技术攻关和原创性技术创新的重大突破。针对重型燃气轮机用陶瓷隔热瓦和热障涂层材料研究的必要性和重大意义，经与河南省科技厅及科技部多方沟通，该方向成功列入国家重点研发计划“先进结构与复合材料”专项指南，并正在高质量推进“无机非金属材料原创技术策源地”建设工作。

二是加大产学研协同力度，构建开放创新格局。中钢洛耐积极探索体系化、领域化产学研创新合作模式，与中国联合重型燃气轮机技术有限公司、上海电气燃气轮机有限公司、中冶赛迪工程技术股份有限公司、中国航发北京航空材料研究院等院校、企业建立密切的科研合作伙伴关系，形成了雄厚的新产品、新技术研发实力。2023 年进行产学研合作 52 项，为钢铁行业及新能源、航天等战略新兴领域提供技术服务与支持。通过产学研用联合攻关，成功研制出具有完全自主知识产权的高抗氧化性碳化硅材料、开发出垃圾焚烧发电高温装置用高性能碳化硅功能制品，突破了国外专利技术壁垒，填补了国内垃圾焚烧发电行业高效、长寿命炉衬技术空白。

三是扎实推进创新平台建设，强化企业创新主体地位。中钢洛耐贯彻落实国家重点实验室体系重组要求，统筹企业创新资源，先后组织多位相关行业专家进行交流讨论，完成实验室重组方案的制定和首席科学家聘

任，并起草了《整合组建合作协议》。联合上下游企业、高等院校牵头申报河南省高温新材料创新联合体，形成产学研用创新模式，提升自主创新能力。积极推进研发创新平台考核，国家企业技术中心评价为良好、耐火材料产业技术基础公共服务平台顺利通过工信部复核评价、河南省先进高温材料中试基地考核为优秀（河南省获得优秀评价的仅有 4 家）、河南省高性能碳化物材料院士工作站绩效评估为优秀。积极组织申报荣誉类项目 14 项，已获得“河南省瞪羚企业”“河南省工程研究中心”“洛阳市质量标杆”等荣誉称号或资质平台。

（二）整合资源优化布局，打造和提升核心竞争力

一是实施耐材专业化整合，加快推进产业布局。中钢洛耐根据建设中国宝武高温非金属材料产业平台需要，积极开展对中国宝武内部太钢耐材、武钢耐材的专业化整合工作，签署托管协议，实现全面管理对接和管理覆盖，并制定协同计划，在研发、营销及成本控制方面与太钢耐材和武汉耐材开展协同工作，确定了多项联合研发项目，在产品推广、业务协同方面开展全面合作，有效提升太钢耐材和武汉耐材的经营效益。同时，托管瑞泰马钢 35.42% 股权，签署托管备忘录，完成瑞泰马钢董事会、监事会和经理层换届选举工作，并委派一名董事和一名监事会主席。

二是实施管理变革，建立“一总部多基地”管控体系。中钢洛耐按照中国宝武“分业经营、分级管理”的三层管控架构要求，制定《中钢洛耐组织机构优化方案》，通过组织机构优化实现业务统一、资源归拢和能力聚焦，总部统一职能管理，生产、采购、销售和研发集中管控，业务单元专注业务执行。通过组织的精简、职能的聚焦、权责的明确和管理效能的提升，推进总部做强、生产做专、经营聚焦高端的“一总部多基地”建设，保障中国宝武高温非金属材料产业平台战略的落地。

三是持续推进法人压减工作，以“瘦身健体”促提质增效。“瘦身健体”是新发展阶段国企深化改革、实现高质量发展的重要举措，根据企业发展规划和经营实际，中钢洛耐统筹制定法人压减工作计划，分解制定年度工作目标，通过股权转让、退出或核销的方式，2023 年完成 3 家股权退出工作，进一步推动企业聚焦主责主业，增强市场竞争力，提升经营质量。

（三）健全市场化经营机制，提升企业治理效能

一是开展年度及任期绩效，构建新型经营责任制。中钢洛耐根据任期制契约化相关要求，制定了《中钢洛耐经理层成员 2023 年度经营业绩责任书》，组织完成经理层责任书签订。同时，根据中国宝武构建新型责任制，推动企业高质量发展的精神要求，聚焦提高企业核心竞争力和增强核心功能，结合企业发展规划和经营实际，制定 2024—2026 年度及任期绩效任务“一企一表”。

二是优化董事会结构，推动董事会科学决策。中钢洛耐开展董事会换届工作，换届后的董事会由 7 名董事组成，包括 4 名非独立董事和 3 名独立董事，外部董事共 5 人，其中 3 名为独立董事，分别为耐火材料、会计、法律专业人士。通过专门委员会委员调整，构建了具备专业和管理优势的专门委员会，并修订完善了相关议事规则，确保各专门委员会及时规范运作，充分发挥专业作用。

三是完善制度体系建设，夯实公司治理基础。中钢洛耐根据集团管理要求结合公司实际，修订完善《“三重一大”决策制度实施办法》《重大事项决策权责清单（试行)》《公司章程》《董事会议事规则》等基本管理制度，规范了党委、股东大会、董事会和经理层决策行为，把党的领导贯穿于公司治理全过程，分层分类落实董事会、经营层职权，构建中国特色现代企业制度下的公司治理机制。

三、改革成效

一是中钢洛耐开发出垃圾焚烧炉耐火材料设计、安装、维护和维修一体化长寿技术，构建具有完全自主知识产权的垃圾焚烧炉高效、长寿耐火材料先进集成技术体系，并在国内首次工程应用。新建年产1万吨、世界最大规模垃圾焚烧炉专用新一代碳化硅材料生产线，项目产品已在美国Covanta、上海康恒等国内外多家用户推广应用，打破了国外技术垄断。

二是中钢洛耐在涂层专项攻克了热障涂层粉体制备等技术难题，已在国内试用，形成了批量化稳定制备技术，并建成中试生产线。首次研制出核废料安全处置装置用特种高温材料，在国内首台套核废料安全处置装置中间试验炉进行整体炉衬配置应用，解决了核工业关键技术战略材料“卡脖子”难题，实现了核废料安全处置用特种高温材料的完全自主创新，填补了国内空白。

三是PDH反应器用耐材实现了国产化替代，关键砖型的制备技术和关键位置的施工技术掌握在自己手中，先后在材料、设计、施工方面等获得PDH专利商全面认证，实现整体大包PDH反应器。产品累计签订销售合同3.6亿元，实现收入1.7亿元，毛利2300万元，增效1354万元。

四是开展协同管理，武汉耐材、太钢耐材经营业绩得到明显改善。武汉耐材突出“市场导向”，集中力量做强做优“拳头产品”，成功开拓山东莱钢、重庆钢铁等新市场，依托中钢洛耐平台优势，细化中国宝武内部市场对标模型，合理运用对标找差成果，实现内部降本增效，经营业绩从2022年的亏损3965万元提升到2023年盈利650万元。太钢耐材从提高产品质量和寿命、优化生产工艺及原料配比、加大综合利用回收耐材使用量等多方面入手，并扎实开展“三降两增”，经营业绩从2022年的亏损2776万元提升到2023年盈利103万元。

44

把好三大关口　创建一流院所

中铝郑州有色金属研究院有限公司

一、基本情况

中铝郑州有色金属研究院有限公司（以下简称“中铝郑州研究院”）是中国铝业集团有限公司（以下简称“中铝集团”）三级子公司，是中铝集团最大板块铝单元专业研究院，国家级铝镁工业新技术、新工艺、新材料和新装备的重大、关键和前瞻技术的研发基地，2020 年入选“科改企业”名单。

中铝郑州研究院深入学习贯彻习近平总书记关于国有企业改革发展和党的建设的重要论述精神，通过牢牢把好思想行动关、市场化改革关、科技创新关三大关口，深化“科改”示范行动，创新动力活力能力不断增强，加快迈向世界一流科研院所。

二、经验做法

（一）把好思想行动关，强力推动攻坚

一是加强思想引领。中铝郑州研究院深入学习贯彻习近平总书记对中铝集团的重要指示批示精神，确定了“打造科技创新特强、建设世界一流

科研院所”战略目标，以打造“科改”标杆为抓手，通过调研、会议、内网、微信等多种平台和渠道，引导干部员工理解支持改革，积极投入科研事业。

二是加强组织领导。中铝郑州研究院坚持例会机制，院主要负责人每月听取“科改”汇报，协调解决问题。各部门组成“科改”专班，定期碰头，争取政策，协同改革，推动落实。

三是加强督查督办。中铝郑州研究院坚持把问题导向、目标引领与创新方式方法相结合，月调度、季盘点，建立“两报告两清单”跟踪问效机制，不定期向院、上级报告“科改”任务清单和重点科研任务清单进展，倒逼“科改”质效提升。

（二）把好市场化改革关，激发动力活力

一是加大选人用人改革。中铝郑州研究院打破“铁交椅”，强化经理层成员任期制和契约化管理，并延伸到所有中层管理人员，签订“两书一协议”确定差异化责任目标，建立年度“双 70”和任期“双 80”退出机制，刚性考核、刚性兑现。转换新身份，对市场竞争激烈、经营亏损的子公司中铝新材料郑州有限公司，公开选聘 2 名“80 后”职业经理人，转换身份增加压力，通过开拓外部市场，优化生产组织，恢复闲置产能，压减外包人员，实现了扭亏脱困。压减大机关，实施组织机构及人员优化改革，压减机关部门，中层管理人员“全体起立”竞争上岗，从“大机关、大科研”向“小机关、大服务、强科研”转变。

二是加大薪酬激励改革。优化工资总额决定机制，中铝集团对中铝郑州研究院实行工资总额单列，工资总额增幅在铝单元 110 余家企业平均增幅基础上最高可上浮 100%，中铝郑州研究院内部建立了管理单元与研发单元薪酬挂钩机制，加强事业共同体建设。构建精准分配体系，推行“岗位价值薪酬 + 研发项目业绩薪酬 + 价值创造激励薪酬 + 中长期专项激励薪酬”的分配体系，完善科技项目专项激励机制，2023年对4个项目实施分红激励、2个项目实施绩效金跟投，并拿出科技成果转化、技术服务收益的15%～20%比例进行激励。实施量化积分制度，设立首席、主任级、主管级、区域级、支持级“五级工程师”，通过对任职经历、科研成就、学术成果和业绩表现4个维度进行综合评定、量化积分，确定岗位价值薪酬。

三是加大人才队伍建设。设置“特区”引进人才，中铝集团铝单元允许中铝郑州研究院根据需要引进硕士博士等高端人才，数量不受用工管控政策限制，并允许返聘退休科研骨干；中铝郑州研究院对高层次人才引进增加专项激励，对高校毕业生推行保底性薪酬。构建“H”型职业晋升模式，打通科技人才管理序列和技术序列互通渠道，实行双通道“H”型晋升，优化“院＋团队”科研管理方式，完善“五级工程师”为主的科技人才培养机制，鼓励“老＋青”结合，形成了21个以青年博士、卓越工程师为核心的研发团队。搭建青年人才成长平台，制定加快青年科技人才培养管理办法，确定了人才培养“17条”；每年单设500万元专项资金，鼓励青年人才开展前瞻性、探索性、基础性课题研究；为35岁以下青年人才选配学术导师，通过“传帮带”助力成长。

（三）把好科技创新关，提升创新能力

一是优化科技创新体系。结合中铝集团铝单元“做强专业研究院”战略目标，制定中铝郑州研究院2023—2025年科技发展规划、“科改”综合改革方案，明确了工作重点。建设强大自主研发平台，成立了高纯铝研究所和高纯镓研发团队，在战略性新兴产业和高端先进材料领域谋划布局。优化调整“十四五”人才规划，确定了培育30名国家及省级人才、50名专业领域卓越带头人、200名高潜质青年人才、50名博士人才的“3525”人才工程。聚焦专精特新产业发展定位，对质检业务实施公司制改革，建设“大质检”平台。研究推进精细氧化铝业务整合，打造行业隐形冠军企

业。优化所属华慧公司科技成果转化平台的新定位，推进研发、设计、工程、装备一体化融合发展。

二是优化科研保障机制。中铝集团铝单元加大对中铝郑州研究院科研经费支持力度，基础性、前瞻性及共性技术开发类科研项目直接划拨资金；支持铝单元生产企业与中铝郑州研究院协同攻关，通过科技成果效益分享保障科研经费。设置21个重大战略性项目科研团队，对项目计划、预算、核算及考核进行单独管理，授权团队负责人对团队的绩效分配主导权，2023年，项目负责人主导的绩效分配金额达到企业总绩效的40%。提供专项资金，建立绿色审批通道，填平补齐及超前配置科研设施设备42台套，提升科研装备水平。构建科技研发容错纠错机制，鼓励创新、宽容失败、允许试错，每年科研项目计划完成率达到95%以上。

三是优化构建协同创新平台。中铝集团强化内部铝单元、高端材料单元、工程技术单元、环保单元之间的协同创新，落实科研合作项目分级审批机制，铝产业相关技术对外合作由铝单元统筹管理，中铝郑州研究院牵头实施，科研人员深度参与掌控核心技术。依托共建全国重点实验室、“双碳”平台等国家级科研平台集聚资源，深化与外部头部企业、知名高校及科研院所等战略合作，建立以我为主的“共同投入、联合攻关、成果共享”合作机制，并吸引行业院士及知名专家驻讲驻研，打造院士工作站，组建协同创新和应用技术平台。

三、改革成效

一是综合实力保持行业一流。经过多年来发展，中铝郑州研究院已经拥有国家铝冶炼工程技术研究中心等6个国家级创新平台、5个省级创新平台；先后获国家科技进步奖15项，省部级科技进步奖276项；获专利授权499项，其中发明专利306项，国际专利14项；起草发布实施各类标准

413 项，其中国际标准 2 项、国家标准 164 项、国家级标准样品 22 套。2023 年成功入选国家技术创新示范企业，在国务院国资委 2022 年度“科改”专项考核中荣获“标杆”评价。

二是市场化改革成效显现。近 3 年，中铝郑州研究院对中层以上管理人员实施任期制和契约化管理，根据考核结果解聘 2 人、“黄牌警示”13 人，同职级管理人员年收入最大相差 3 倍以上。精简机构，优化人员，部门及人员压减 40% 以上，管理人员竞争选拔 56 人次，优化调整岗位 17 人次，退出管理岗位 14 人。加大对科研人才激励，对 73 名科研骨干实施股权激励，科技人才平均收入增幅达到全员平均增幅的 1.6 倍，“五级工程师”人均收入达到一般员工的 1.7 倍。畅通人才引用渠道，引进各类人才 90 余人，其中硕士学位以上占比 80%。返聘退休科研骨干 5 人。10 人荣获全国有色金属优秀青年科技者等多项省部级荣誉。

三是创新能力大幅提升。与 2020 年“科改行动”前相比，中铝郑州研究院 2023 年牵头攻关的国家科技项目数量增加了 2.7 倍，国拨经费提高近 16 倍，研发投入强度提升 8 个百分点，制/修订标准数、授权发明专利数分别增长 60%、76%，成果转化和技术服务创效额达到 3.72 亿元、增长 80% 以上。牵头攻关的“新型稳流保温铝电解槽节能技术”入选国家原材料工业“20 大低碳技术”。铝电解“12300”成套技术在中铝各企业推广应用，年节电 5.4 亿千瓦时。湿法氧化脱硫脱碳技术实现降低硫含量 40% 以上。

45

强化“四种思维” 走出“专精特新”之路

云南驰宏国际锗业有限公司

一、基本情况

云南驰宏国际锗业有限公司（以下简称“驰宏锗业”）成立于2018年3月，是中国铝业集团有限公司（以下简称“中铝集团”）旗下国有A股上市公司云南驰宏锌锗股份有限公司全资子公司，国家高新技术企业、国务院国资委“科改企业”和国家专精特新“小巨人”企业，中铝集团战略性锗产业发展的专业公司，主要以光纤和红外领域作为重点发展方向，专业从事锗材料、锗产品、有机锗以及四氯化锗等领域的研发和前沿探索。

成立伊始，面对产品品类少、客户数量低、市场竞争力差，下游产业更是无从谈起的发展困境，驰宏锗业坚持以服务国家战略和引领我国锗产业发展为己任，以打造锗产业原创技术策源地和锗产业链链长为目标，以“改革+创新”为抓手，强化“四种思维”，走出了一条专精特新发展之路，实现了企业从弱到强、从强到优，成为全国200家创建世界一流专精特新示范企业之一。

二、经验做法

（一）强化战略思维，服务更“专”

驰宏锗业始终胸怀“国之大者”，坚持把践行国家重大战略作为重要使命，不断做强做优主责主业。加大资源掌控力度，现拥有已探明锗资源量超600吨（均为铅锌伴生），约占全国保有储量的17%。以产业延伸为突破口，通过自身生产线建设和对外战略合作模式，推进锗产业全产业链发展，用4年的时间构建起了集资源、材料、器件、整机、综合系统应用为一体的锗全产业链企业。拓展高附加值的锗精深加工和终端产品，实现产品类目从单一的锗金属产品，逐渐发展涵盖高纯锗材料、锗单晶、锗系催化剂、红外锗镜片和红外整机等，产业链延伸发展全面铺开，实现了产能规模翻番，产品产量、产品种类、销售收入、科技储备和体制机制的全面提升，推进了锗产业的“蝶变”。

（二）强化改革思维，导向更“精”

驰宏锗业始终坚持市场化改革方向，不断健全市场化选人用人机制和激励约束机制，把“位子”“帽子”“票子”交给市场，由市场说话。按照“五部一中心”组织机构设置，全员开展“全体起立找凳子”，在经理层全面推行职业经理人制度，实现与业绩考核紧密挂钩的激励约束和引进退出机制，收入差距达到2.5倍以上。通过推行全员岗位竞聘和岗位动态管理，100%竞聘上岗，员工市场化退出率8.53%。建立完善全面业绩考核体系，制定与市场化改革相匹配的薪酬管理制度，通过深化内部薪酬分配制度改革，实施薪酬分配向关键岗位倾斜、细化岗位分配系数、加大二次分配力度等措施，全员绩效考核覆盖率100%，打破“大锅饭”，构建起以效益增长和效率提升为核心的职工收入同步增长机制，促进员工从“要我干”到“我要干”的转变，职工收入年均递增率8.89%。

（三）强化创新思维，技术更“特”

驰宏锗业始终坚持把科技创新作为“头号任务”，强化企业创新主体地位，加快推进关键核心技术攻关，着力在实现高水平科技自立自强上先行示范。确立了“研发—生产—推广—再研发”的科技创新持续发展模式，并与昆明理工大学、暨南大学、中科和光（天津）应用激光技术研究所、中国科学院光电研究院等高校院所联合成立产学研合作平台及人才培养基地，高储能锗复合负极材料、高纯锗材料、锗基新材料技术、超高纯锗制备关键技术研究、超高纯四氯化锗制备关键技术研究及开发、光学被动式红外热化镜头研究与开发、大尺寸红外锗单晶生长工艺技术开发等科研项目如雨后春笋一般破土而出。不断优化健全核心技术体系和成果培育体系，增加科研经费投入，加大高端科技人才引进力度，整合项目研发团队，搭建完成“创新平台、成果转化、机制体制”科技创新生态，形成了科技创新向一线延伸、向全员拓展的工作格局。坚定不移打造创新人才队伍，以人才、项目、机制为核心要素，实施“驰骋计划”“新羽计划”，以“老带新、师带徒、轮岗锻炼”及“双向挂职”等多种形式培养专业技术人才，形成“首席专家＋固定培养＋柔性引才”的人才管理制度。5 年来，共引进高科技研发人才和市场销售人才 17 人。

（四）强化价值思维，效益更“新”

驰宏锗业始终坚持“以市场为导向，以科研为抓手，以差异化竞争抢占市场”的经营思路，相继开发出了手持红外设备、红外热成像智能头盔、工业窑炉红外热成像系统等“工业 CT”应用类产品，并在钢铁厂等多家大型企业应用。按照“价值导向、跑赢市场”的理念，确立了以聚焦超高纯锗系材料和红外系统集成两大应用方向，积极拓展锗在光纤、红外、新能源等领域的应用研究。同时，以市场需求为方向，适时调整产品结构，加强二氧化锗、微米级锗粉、锗粒等定制化新产品的市场推广，对比普通产品销售价格较市场价高出15%，实现了新产品销售持续创效。此外，充分发挥在毛坯、镜片加工等方面的生产经验和人才优势，全线贯通镜片加工工艺，销售镀膜镜片利润率高达20%～30%。

三、改革成效

一是市场影响力逐步增强。成立5年来，驰宏锗业积极争取国内外市场，通过资源整合和多渠道客户拓展，客户数量翻了近40倍，成功完成了出口许可资质办理，打通了外贸出口流程。建成年产30吨光纤级超高纯四氯化锗生产线、年产10吨5N高纯镉、20吨5N高纯锌和1吨6N高纯锌产业化生产线，年度经营目标达成率均超94%，营业收入平均增长率达29.57%，利润平均增长率达5.59%，创造了经营业绩“五连增”、产能产值“五连增”的成绩。产品种类逐年拓展从原料、材料、到红外光学器件、综合红外光电系统产品全产业链，国际影响力及市场话语权不断加强，原生锗产能产量居国内第一，市场份额约占全国1/3、全球1/4，是全国最大的原生锗生产企业。

二是企业核心功能逐步增强。驰宏锗业坚决践行国家战略，牢牢把握职责使命，积极承担国务院国资委“1025”任务以及HX任务，开发超高纯锗材料及锗单晶战新产品，践行锗资源保供及锗系材料安全保障使命。开发出光纤级超高纯四氯化锗关键制备技术，并实现应用转化，建成产能为30吨/年的光纤级超高纯四氯化锗产线，成为全球少数掌握光纤级超高纯四氯化锗制备技术的企业。攻克8N二氧化锗的超声悬浮水解制备技术，实现同类产品纯度、粒度再升级，引领行业标杆。低成本7N级高纯金属锗产品实现千克级制备，高新技术产品收入占营业收入比例超过70%。面向国家大科学仪器“暗物质探测”的应用需求，发挥驰宏稳定、可控的锗基础材料保供优势，开展探测器用13N锗国产化替代技术研发。

三是企业核心竞争力逐步增强。2018—2023 年，驰宏锗业累计投入研发资金 1.17 亿元，研发强度年均增长率 25.5%，累计申报专利 100 余项，已获得授权 79 项、软件著作权 2 项，主导及参与国家和行业标准 7 项，通过国家“科改企业”、国家高新技术企业、国家专精特新“小巨人”企业等认定，入选国家知识产权优势企业。特别是 2020 年完成的高氯废水零排放，填补了国内空白。随着自主攻克超细二氧化锗制备难题，成功进入有色金属先进功能材料产业子链链长名单。自主开发的工业热红外成像智能检测和预警系统，在钢铁、有色金属领域大规模应用，成为矿、冶、材领域安全保障系统解决方案提供商。

下一步，驰宏锗业将全面准确贯彻新发展理念，坚持“科技是第一生产力、人才是第一资源、创新是第一动力”，聚焦提升驰宏锗业核心竞争力和增强核心功能，持续深耕主业领域，不断推进驰宏锗业治理体系和治理能力现代化，努力打造专业突出、管理精益、特色明显、创新驱动的世界一流专精特新企业。

46

着力“三转”积极构建全球数字化供应链体系

中远海运控股股份有限公司

一、基本情况

中远海运控股股份有限公司（以下简称“中远海控”）是中国远洋海运集团有限公司（以下简称“中国远洋海运”）控股公司。作为承担中国远洋海运“打造世界一流全球综合物流供应链服务生态”的核心板块，中远海控定位于以集装箱航运为核心的全球数字化供应链运营和投资平台，致力于为客户提供“集装箱航运＋港口＋相关物流服务”的全链路解决方案。

截至2023年12月底，中远海控旗下自营集装箱船舶502艘，运力规模达304万标准箱，经营规模居全球行业第一梯队，国际、国内航线覆盖144个国家和地区的599个港口；在全球38个港口投资47个码头，运营371个泊位，包括224个集装箱泊位，年处理能力达1.23亿标准箱。中远海控凭借丰富的航线网络、完善的码头基础设施以及持续增强的全程数字化供应链服务优势，为全球客户提供低碳、智能、可靠的集装箱供应链解决方案，为对外贸易高效、顺畅、安全运行提供重要支撑。

二、经验做法

洞察外部经营环境发生的深刻变化及新技术革命对行业变革带来的发展机遇，中远海控认真学习贯彻习近平总书记关于国资国企改革发展、航运强国、“数字中国”系列重要讲话指示精神，以国企改革为动力，牢牢把握国资央企新使命新担当，转变传统经营模式，转变船东思维方式，转变传统管理机制，积极构建全球数字化供应链体系，大力推进集团战略性新兴产业落地，提高中远海控服务国家战略贡献力。

（一）转变传统经营模式，提升服务国家安全保障能力

当前，供应链和产业链呈现深度融合趋势，产业数字化方兴未艾，供应链重塑加快。从外部看，全球领先的头部航运公司向综合物流服务商转型，国内外大型电商平台进入航运领域，全球新冠疫情带来的供应链困局让各国企业甚至国家深刻认识到供应链稳定可控的重要性，我国制造业头部企业纷纷布局海外供应链资源，集装箱运输市场的边界、结构、竞合关系都发生了深刻变化，供应链已成为今后全球化竞争的主赛道。与此同时，新技术迭代升级加速，数字赋能为航运商业模式的变革提供了动力和支撑，越来越多的新科技、新产业企业对数字化供应链服务提出更高要求，传统航运企业深刻感受到发展数字化的紧迫性。

从内部看，中远海控虽已跻身全球集装箱航运第一梯队，但当前供应链的核心竞争力仍主要体现在海运段，距离全球化、数字化、端到端的供应链服务能力仍有较大差距。主要体现在：海外资源布局相对薄弱，对核心资源的掌控力不足；一体化运营和交付的能力有所欠缺；为客户提供多样的供应链服务产品组合有待加强；数字化技术对全球运营和客户触达的支持能力有待提升；缺乏供应链业务、数字化创新等复合型人才。

分析未来行业走势，对照企业发展短板，中远海控深刻认识到，加快

转变传统经营模式、积极构建全球数字化供应链体系既是公司切换对外竞技“主赛道”、增强企业核心竞争力的“时代命题”，也是助力中国远洋海运发挥央企功能使命作用、保障国家运输安全稳定的政治“必答题”，必须牢牢把握，系统推进。

（二）转变船东思维方式，提升供应链价值创造能力

围绕构建全球数字化供应链体系，近年特别是2023年以来，中远海控彻底摒弃过去“有船就有货、有货就有利”的船东思维方式，聚焦服务航运强国、“数字经济”，聚焦践行集团战略性新兴产业战略，聚焦满足全球客户需求，把提升数字化供应链价值创造能力贯穿生产经营全过程，真正实现国资国企经济属性、政治属性、社会属性的有机统一。按照中国远洋海运统一部署，中远海控组织精兵强将，开展“头脑风暴”，从顶层设计入手，围绕核心领域、关键举措、重点支撑，提出中长期工作目标，科学拟订工作“路线图”“施工图”，扎实推进各项工作。

顶层设计方面，中远海控按照体系建设关于“围绕客户需求，打造世界一流的集装箱数字化供应链生态”愿景目标及“引领行业供应链业务创新，坚定行业数字化发展之路”发展定位，重点围绕“提供一体化的全链产品与服务”“聚焦数字化赋能的智能运营”“打造全球化的供应链生态圈”三大核心领域，落实“以客户为中心、以运营为基石、以资源为保障，建立数字化供应链保障机制”等举措，实现各个阶段的任务目标。其中第一阶段（2023—2025年）的目标是聚焦各个客户群体的标准化产品与服务，开展“1个客户前台+5个中台”建设，构建数字化供应链体系。

实施路径方面，中远海控按照体系建设规划，通过建立“1个客户前台+5个中台”业务架构，配套相应的数字化解决方案，构建应用架构、数据架构、技术架构以及与企业架构相匹配的组织保障和运作机制，支撑愿景目标的有效落地。核心关键举措有：建立业务架构，加强中台建设；

优化布局，整合和掌控供应链资源；加速供应链生态建设，链接合作伙伴；科技创新、数字赋能，实现可视化、智能化运营；加强人才队伍的建设，加快体制机制创新。

（三）转变传统管理机制，提升体系高质量运行能力

为有效提升全球数字化供应链体系运行质量，更好服务国家战略、服务客户、服务企业，中远海控结合供应链管理特点与要求，突破既有部门界限、汇报条线，创造性设立柔性化组织（5个中台），构建业务架构，加强中台建设，通过逐步完善境内境外管理考核机制，夯实体系运行底座及运行效能。

一是建设“1+5”业务架构。“1”是指构建1个“客户前台”，支持全链产品线上线下的销售，为客户提供端到端解决方案。“5”是指构建5个中台：“客户中台”对客户数据和信息进行管理/分析，将分析的结果作为重要输入，提供给前台和其他中台应用；“客户服务中台”集中客服资源，提升异常和风险应对能力，确保全链交付有序衔接；“资源与运营中台”负责海运干线、驳船支线、铁路、集卡、关务、仓储、配送、空运、拼箱等核心资源的配置、单一产品的设计和运营、以及交付执行；“产品中台”负责单一产品的呈现，以及单一产品的灵活组合，实现产品的多样化；“技术中台”包括数据中台、航运管理系统、仓库管理系统、公路运输管理系统、关务集成平台等。

二是建设与业务架构相匹配的组织体系。保障和支撑“1个客户前台+5个中台”功能的充分发挥和数字化解决方案的实施落地。总部构建能力中心，为国内口岸和海外公司提供支撑。国内口岸和海外公司作为呼唤“炮火”的地方，由总部能力中心提供炮弹。采取“实体部门+柔性组织”相结合、调整汇报条线等方式，明确承接客户前台、中台职能的业务组织，按业务领域构建从总部到国内口岸、海外国家公司的全球专业化团队和垂直化管理体系，并组建数字化组织确保数字化项目的实施落地。

三、改革成效

短短一年间，中远海控全球数字化供应链建设能力提速、服务提质、经营提效，科技创新、产业控制、安全支撑作用明显，价值创造能力、核心竞争力均有了显著增强。

一是全链路建设初见成效，稳链固链能力持续提升。立足服务国家战略、发挥产业控制和安全支撑作用，中远海控先后与广西方面确立了西部陆海新通道物流供应链合作方式，与贵州方面共同组建贵州远海陆港发展有限公司，北美、欧洲、东南亚、南美等地区的供应链平台搭建工作也在稳步推进。2023 年，海内外关务服务、拖车服务、铁路服务、仓配服务陆续上线，为全球客户提供更专业、更细致、更可靠的供应链优化解决方案，进一步提高了全链价值创造能力。

二是数字化转型持续进阶，产品创新竞争力深入演进。立足发挥科技创新作用，2023 年，中远海控旗下电商平台（SynCon Hub 平台）陆续推出“泰系列”“恒系列”“鸿运来系列”等 20 多款数字化供应链组合产品，在首届“国企数字场景创新专业赛”中获奖。公司围绕增强全球数字化供应链韧性创建的供应链控制塔，已经实现了业务路径实时监控、全程可视化，并通过强大的数据能力，有力支撑供应链智能运营和高效决策。作为引领航运业数字化转型的标杆项目，中远海运区块链电子提单签发突破 10 万张，首张基于区块链技术的电子保单也已成功签发，并成功与电子提单完成“一键流转”，使得全球贸易效率又迈上了新台阶。

三是链式经营理念落地，赋能企业提高核心竞争力。思路决定出路。在经历全球疫情转段、集装箱航运市场普遍遭遇需求萎缩、供需失衡的大背景下，中远海控立足创建世界一流企业，通过“三转”，坚定“链式经营”理念，加快数字化转型，提高了核心竞争力，保持了稳健经营的势能。快报显示，2023 年，中远海控预计实现息税前利润（EBIT）约为人民币 366.43 亿元，实现净利润为人民币 283.89 亿元。截至 2023 年三季度末，除海运段以外的供应链收入占集装箱航运业务收入的比重同比提升了 8.69%；资产负债率为 47.58%，较上年下降约 3%。从横向对比看，根据已公布的各主要班轮公司 2023 年三季度报，中远海控 EBIT 为 47 亿美元，排名第一；箱量规模仅次于马士基，排名第二，保持了较强的抗周期能力。

47

勇毅前行　自我革新　赋能高质量发展

海南海峡航运股份有限公司

一、基本情况

海南海峡航运股份有限公司（以下简称“海峡股份”）是中国远洋海运集团有限公司（以下简称“中国远洋海运”）控股的上市公司，成立于2002年12月6日，2009年12月16日在深圳证券交易所成功上市（股票代码：002320）。海峡股份拥有50艘客滚船，下辖2个港区29个客滚泊位，港口年设计通过能力为2308万人次、车辆340万辆次，主营客货滚装运输、港口经营、西沙旅游、物流等业务，是琼州海峡客货滚装运输龙头企业。

2023年，海峡股份积极贯彻落实习近平总书记在考察徐闻港时提出的“要把‘黄金水道’和客货运输最佳通道这篇大文章做好”的指示精神，以打造现代化轮渡服务供应链链主企业为目标，积极探索市场化经营体制机制，深化业务价值创造，推进本土化科技创新，成功入选“双百企业”。

二、经验做法

（一）落实战略，改革促高质量发展

战略引领，锚定发展目标，科学谋划发展蓝图。在中国远洋海运“产

业链经营、效益专精、数字驱动”的战略主题指导下，海峡股份明确公司定位，打造“客滚航母”——中国最强最优的轮渡运输服务商。遵照前瞻性、可行性等原则，制定“十四五”战略规划，着眼2025年封关后的市场态势和产业导向，提前谋划资源储备、能力升级，依托上市平台优势推动港航资源整合，积极贯彻落实国家战略，聚焦构建平安海峡、品质海峡、绿色海峡、数智海峡等打造“安全、高效”海峡大通道。在琼州海峡港航资源整合的基础上，充分利用深化改革政策，优化法人治理结构、促进人文全面融合、推行股权激励、新型责任制、业绩对赌等激励机制，通过执行远洋安全体系、对标航空管理标准，不断提升安全管理水平和服务品质，抢抓海南自贸港市场快速发展机遇。

（二）党建为纲，形成发展合力

海峡股份以一个团队、一个文化、一个目标、一个梦想“四个一”融合理念为先，以党建领航、价值领航、科技领航、全球领航“四个领航”为工作指引，以党建融人心、稳队伍、稳思想。在琼州海峡两岸航运资源整合中，发布《琼州海峡港航融合发展纲要》，按照“四同步、四对接、全覆盖”的要求，设立平台公司二级党委，依照“船舶+岸基”的船舶支部建设模式，实现党支部在琼州海峡船舶全覆盖，为琼州海峡客货运输民生通道的安全畅通提供坚实的政治保障，以高质量党建引领高质量发展。以“党建+”为切入点，结合船舶安全生产、优质服务、降本增效、节能减排、创先争优等重点工作，推动创建“海棠湾”轮精益管理型特色党支部，“紫荆二十二号”轮优质服务型特色党支部，“六连岭”轮效益攻坚型特色党支部，树立海上党建亮点标杆，打造海南自贸岛金牌服务窗口。文化引领，凝心聚力，组织船员队伍参加第六届中国海员技能大比武，荣获海船企业组团体总分第五名、海船企业组团体三等奖、海船企业组操纵避碰项目第三名、船企业组瘫船启动项目第四名的佳绩，展示琼州海峡航运企业航海人的专业技能和职业素养。

（三）精益管理，提高发展效力

海峡股份在前期琼州海峡两岸航运一体化成果基础上，通过精细化管理两岸四港船舶靠离泊，2023 年海口至海安航线平均航行时间由 94 分钟缩短至 88 分钟，整体过海时长由原 5 小时缩短至 3.5 小时以内，船舶准点率由 91% 提升至 99% 以上，有效节约船舶燃料，降低漂航风险和运营成本。根据市场需求探索开展货车专班、小车专班、新能源车专班、哈密瓜专班等，满足不同客户需求。同时，根据不同车型流量规律，动态调配更加适配的船型以匹配装载需求，如小车高峰期，调配双层车库船舶；货车高峰期，调配装载率大的船舶，切实提高船舶利用率。2023 年 11 月 29 日，全国最大的港口客运综合枢纽——海口新海滚装码头客运综合枢纽站投入试运营，与新海港综合交通枢纽（GTC）一体化连通，集港口候船、登离船、口岸查验、枢纽商业和交通“零换乘”等功能于一体，年设计通过能力为旅客 3500 万人次、车辆 560 万辆次，增强新海港在海南自贸港口岸监管能力，进一步促进海口港产城一体化发展。

（四）数智赋能，增强发展动力

一是建设“C 端轮渡服务 + B 端一体化服务 + 物流化直客”体系。海峡股份聚焦客户体验，通过加强港口、船舶以及服务平台等面向客户的数字化建设，以客户服务精细化、出行流程智能化、内部管理可视化为目标，开发优化营销系统，运用数字化手段赋能平台业务，以客滚轮售票业务为核心提升整体服务品质，衍生更多公共出行服务，聚焦服务能级，为用户提供线上“一站式”服务。

二是打造“无感式”过海体验。海峡股份聚焦流程优化、模式创新、智能升级，运用物联网、人脸识别、车牌识别等技术在客运枢纽站、车辆流线区域实现多个智能化场景的落地，包含旅客智能进站、旅客智能检票、车辆智能引导、车辆智能进港、车辆智能检票、车辆智能结算。

三是大力发展“科技兴安”。海峡股份完成船舶智能避碰系统1.0版本部署及试运行，应用船舶舱内安全预警系统，弥补人工巡舱短板，降低安全隐患。完成海安航线18艘船舶卫星设备终端安装，接入中远海运视频监控管理平台，实现统筹管理。

（五）优化机制，激发发展活力

一是提升公司治理水平。海峡股份建立了“四会一层”的现代法人治理体系，完善股东会、董事会、监事会议事规则和总经理工作细则，进一步理顺董、监、高的权责关系。增设提名委员会、风险与合规委员会，并整合修编专门委员会议事规则，提高董事会运作效率。披露首份ESG，获得WIND评级A级。

二是搭建人才资源池。海峡股份组织实施“领英计划”，搭建“岸基+船员”双通道高素质年轻干部梯队，选拔“领英”“菁英”“雏英”优秀年轻骨干24人、船员专业人才20人，目前已有4名干部得到晋升。建立财务管理、工程技术、科技数转、安全监督、企业管理、人力资源6个系列高级人才人库，共有32名“业务优势+专业特长”干部人才选拔入库。

三是实施中长期激励。海峡股份探索建立更加市场化、多元化的激励约束机制，2023年5月向首批98名激励对象授予股票期权，形成股东、公司与员工之间的利益共享与风险共担机制，充分调动公司董事、中高级管理人员和核心骨干员工的积极性，大大增强了员工的归属感与凝聚力，有效激发了干部员工干事创业的热忱和激情。

三、改革成效

2020—2023年，海峡股份连续4年获评深圳证券交易所中小板公司信息披露评级A级企业。公司ESG报告案例纳入《中国上市公司ESG领先

100 案例》，荣获中国上市公司协会 2023 年上市公司 ESG 优秀实践案例、首届国新中证 ESG 新锐 20 强。

2023 年，海峡股份所辖港口车运量 453.5 万辆次，同比增长 46.4%，市场份额同比增长 1.9%；客运量 1439.8 万人次，同比增长 62.4%，市场份额同比增长 0.1%；西沙生态旅游航线旅客接待量 3.0 万人次，同比增长 277.2%。业务量创历史新高。

2023 年前三季度，海峡股份累计完成收入 30.15 亿元，同比增长 35.9%；累计完成利润总额 12.22 亿元，同比增长 110.0%；累计完成净利润 9.70 亿元，同比增长 105.4%。经营效益创历史新高。

未来，海峡股份将继续坚定贯彻落实中央指示和国家战略任务，加快推动琼州海峡两岸港航运营主体协同合作、港航资源统筹发展，快速提高通道运行效率、服务水平和通关便利化，助力海南自由贸易港与粤港澳大湾区区域经济联动发展。

48

全力打造能源运输航运科技企业

中远海运能源运输股份有限公司

一、基本情况

中远海运能源运输股份有限公司（以下简称“中远海运能源”）是中国远洋海运集团有限公司（以下简称“中国远洋海运”）旗下二级子公司，是从事油品、液化天然气等液货运输的专业化公司，是中国远洋海运航运主业板块的核心企业之一。中远海运能源于2016年6月6日由原中国远洋、中国海运两大集团的能源运输板块重组而成，在上海、香港两地证券交易所上市，其中A股市场中国远洋海运对中远海运能源的控股比例为45.1992%。

当前，中远海运能源聚焦油轮运输和LNG运输两大核心主业，积极探索新能源运输、产业链经营等新业务领域，航线覆盖国内外300多个港口，为全球客户提供全船型、全球化、全天候优质服务。中远海运能源正致力于打造效益效率、价值增长、创新发展和可持续发展“四个全球领先”，加快建设“产品卓越、品牌卓著、创新领先、治理现代”的世界一流能源运输企业。

二、经验做法

（一）坚持业务驱动，推动数字化转型见效落地

一是突出顶层设计，发挥规划和机制引领作用。中远海运能源制定并发布了“十四五”数字化转型暨网信工作规划，确定数字化转型愿景，坚持战略引领和客户驱动，以服务业务、服务客户为核心理念，夯实数字化基础，从智慧经营、智慧决策、智能船管、智能客服 4 个方面开发智能应用，实现数据资产价值创效，并探索依托区块链等新技术，打造产业新生态。

二是建立健全工作体系，打造数字化转型文化生态。中远海运能源通过编制《中远海运能源 2023 年数字化转型推进实施方案》以及制定相关管理制度，明确数字化转型的工作机制和督查机制，确保数字化转型工作有章可循，各项重点任务有效实施。同时，中远海运能源在与集团专业团队深化合作的同时，还“走出去”向兄弟公司学习交流，与同行招商轮船、贝仕、VSHIP 等船管公司进行实地交流。通过交流学习培训，全员数字化转型文化逐步形成。

三是赋能经营管理，数字化转型工作逐见成效。区块链技术应用方面，中远海运能源加入 GSBN 联盟，依托其技术方案与中海油合作，实现能源运输行业在区块链电子提单应用方面的突破。船舶安全管理方面，打造船岸一体化的船舶智能管理平台；通过识别分析船舶管理中的重大需求，解决船舶安全管理存在的难点和堵点，以数字化手段强化船岸间的业务协同及监管。数字化供应链方面，依托中远海运石油丰富的行业经验、稳定的成品油货源等优势，建设“国内沿海油化物流服务平台”，作为中远海运能源数字化供应链产品建设的初次尝试，旨在加强与产业链上下游的协同与粘性。数据治理和数据集成方面，围绕数据全生命周期，通过质

量监控、诊断评估、清洗修复等方式，提高数据质量，形成标准化数据资产。同时，通过自动化手段抓取业务、财务和市场数据，形成能源数据资产。通过数字化技术推进多个速赢场景建设，增强数据统计的准确率，提高业务人员的工作效率。

（二）坚持绿色低碳发展，加快科技创新步伐

一是加大科研投入。中远海运能源针对起步晚、基础弱的情况，加大研发经费投入强度，推动项目落地，重点培养科技创新项目综合管理能力，提升公司自主科技创新能力。同时，加强与国内顶尖科研机构的交流合作，与海事院校、船级社等单位在“双碳”领域保持紧密沟通联系，并开展科研合作。

二是积极关注技术发展，加强节能降碳技术在船队的应用示范。中远海运能源成立绿色低碳发展领导小组和工作小组，密切关注低碳、零碳能源等行业内外技术的发展趋势和应用方向，为新造船舶选配新能源动力方案。

三是加强科技创新与公司整体发展的融合。中远海运能源在营收大幅提升的基础上，继续加大投入，推动项目落地实施，提升公司自主科技创新能力。同时，探索建立科技创新考核评价机制，以标志性成果为重点，推动科研项目成果转化和推广应用。

（三）创新体制机制，不断激发活力效率

一是优化组织架构。中远海运能源成立了科技与数字化转型战略领导委员会和科技与数字化部，通过设立专门委员会和专业部门领导统筹开展数字化建设和科技创新工作，以适应数字化时代的发展，提高工作效率和创新能力，保持竞争优势。

二是建立考核评价机制。中远海运能源对重大技术攻关任务、重大数字化转型项目、科研项目的推进情况进行考核评价，强化目标管理导向，

推动科研管理流程优化，激发科技创新活力。同时，公司将数字化转型工作的重点任务纳入对总部各相关部门的年度考核中。

三是优化薪酬和奖励机制。中远海运能源实施差异化薪酬考核分配机制，加大考核结果在薪酬发放中的比重，并建立部门奖励包分配机制，对在重点工作中表现突出的骨干人员给予特别奖励。优化后的考核与薪酬奖励机制更加公平公正，激励了更多员工积极参与数字化转型工作，促进了数字化转型效果的初步实现，为公司的长远发展奠定了坚实基础。

三、改革成效

一是数字化转型方面。第一，成功签发首张海洋油区块链电子提单。依托GSBN的技术方案，中远海运能源联合中海油实现国内油轮运输领域在区块链技术应用方面的重要突破。第二，初步构建船岸一体化的船舶智能管理平台。中远海运能源研发了船端预警预控台、安全检查缺陷智能分析、迎检智能闭环管控等数字化功能，达到“预警提醒+船岸联动+及时处置+事后评估”的效果，实现船岸协同一体化安全闭环管控。第三，成功开发数字化供应链产品。“国内沿海油化物流服务平台”项目已完成成品油运输品类的开发，实现第一单船货匹配及运输，包括客商准入、需求发布、船货匹配、航次执行、完成结算等全流程线上操作。第四，完成多领域数据治理和数据集成建设。中远海运能源基于集团统一的数据底座，完成5个运营领域数据指标搭建和5类主数据标准制定；完成外部对标分析，内部收益监控，运价预测模型，运输统计分析，数字化大屏等多个速赢场景的建设。

二是科技创新方面，中远海运能源在研项目涵盖安全管理、节能减排、新材料应用和标准研究等各个技术领域。目前已完成2项工信部项目在大型船舶开发关键技术的应用研究和成果验收，包括耐腐蚀钢在“远瑞洋”轮的成功应用、水动力节能附体装置的改造安装和螺旋桨减阻涂层的涂装。同时，还有2项被列为国家级科研项下的专题任务并获得国家资金支持，包括船舶设备能效监测与评估项目被纳入工信部绿色智能船舶标准化引领工程、船舶航行风险和关键操作风险智能识别项目被纳入集团AI项目示范子工程成功申报发改委项目。此外，中远海运能源所属上海中远海运液化天然气投资有限公司还参与了4项国家级项目的研究，包括LNG船国产核心配套及高效建造示范平台、陆上LNG低温工程试验验证、LNG液货与机电模拟系统、大型LNG国产核心配套及高效建造示范平台研制。

49

强化餐饮满意度数字化管理 助力航空配餐品质提升

中翼航空投资有限公司

一、基本情况

中翼航空投资有限公司（以下简称“中翼公司”）是中国航空集团有限公司（以下简称“中航集团”）航食供应管理的专业化、产业化平台，是经商务部批准、在国家工商总局登记注册的国内民航业第一家专门从事航空相关产业投资业务的公司。中翼公司根据中航集团战略部署，以航空配餐及航空相关产业为投资和经营对象，在国内 7 个城市控股 9 个机场、10 家分/子企业，主要业务范围涵盖航空食品、航空货站、地面服务等民航业高度相关领域，企业愿景为“以品质求生存，与客户共发展，与员工同成长，成为亚洲领先的航空配餐服务供应商”。

中翼公司主动顺应信息技术革命发展潮流，以技术创新推动国航餐饮管理数字化、智能化转型，推出了一系列深化满意度管理、旅客需求挖掘的产品和服务，为加强配餐公司管理力度、提升国航机上及休息室餐饮品质、提高旅客满意度提供数据支持和决策依据。

二、经验做法

习近平总书记指出，必须坚定不移深化改革开放、深入转变发展方式，以效率变革、动力变革促进质量变革，加快形成可持续的高质量发展体制机制。中翼公司坚决贯彻落实习近平总书记重要指示批示精神，按照党中央、国务院决策部署和国务院国资委、中国民航局、中航集团等上级单位工作要求，着眼全局、把握大势，充分发挥大数据统筹和应用场景优势，创新提出“贡献值”和“CSS 满意率”概念，并配套建立餐饮满意度数据分析模型。同时，基于该模型逻辑算法自主设计搭建“国航机上餐饮满意度分析可视化平台”，极大地改变了满意度数据线下传递、碎片存储、手动计算低效的现状，强化了数据管理及分析能力，增强了数据可读性，实现了满意度数据的集中管理、自动分析和可视呈现。

（一）建立满意度数据分析模型，量化旅客评价

中翼公司根据业务流程，在现有满意度指标基础上创新提出“贡献值”概念和“CSS 满意率”评分模型，搭建数据指标体系。通过匹配满意度数据与配餐计划，分别从区域化、公司、航线、餐别、餐谱及旅客群体等维度计算满意率数据，并建立满意度数据库，借助 Python 模型从时间、区域、航线、航班、配餐公司、旅客成分、餐别等不同维度进行分类分析，输出结果，并建立与之匹配的图表呈现。通过跟踪月度数据记录总体变化趋势，从宏观环境、时间、旅客画像等外部因素分析对满意度可能的影响，对集团及中翼公司总体、不同区域之间、不同配餐公司之间、不同航段之间进行满意率和贡献值的横向对比，按照配餐公司、舱位、餐别、航段的顺序层层深入，结合实际产品循环配备情况，深入探究内部影响机上餐食满意率的具体因素，聚焦问题产品，为产品调整提供依据，并通过跟踪满意率变化对餐食调整效果进行验证。配合满意度问卷修订，扩充 6 分以下餐饮问题不满意标签，增加观测指标差评率、差评标签占比，精准识别问题；对特殊产品（节日产品、冷冻餐等）建立满意度追踪机制，实现对产品投放预期效果的数据验证，并通过对旅客留言情况的分析，促进产品选型优化。

（二）坚持创新驱动发展，自主研发平台

中翼公司自主搭建“国航机上餐饮满意度分析可视化平台”，利用数字化和网络化技术首次实现对国航餐饮满意度、旅客评论和旅客投诉的“一站式”管理和科学分析，取代了此前人工处理数据、线下传递的低效方式。通过建立精细颗粒度的计算模型，极大提升数据分析效率及准确度，推动国航餐饮产品评价分析和旅客需求挖掘的数字化、网络化、智能化转变。平台包含国航CSS、星空联盟OCSS、第三方平台旅客评价、配餐公司评价及休息室餐饮5个模块，其中国航CSS、星空联盟OCSS模块可通过不同查询条件如时间、航段、配餐公司等，实现舱位、餐别以及旅客成分等维度的满意率计算，进行可视化图表展示；国航休息室餐饮评价分析模块能够从休息室类别、餐点、旅客成分、进舱时间等维度进行休息室餐食满意度数据统计与分析；第三方平台旅客评价模块以月为周期，以第三方旅客评论为数据源，对旅客评论按照好评和差评进行标签分类，以其占比作为社会面旅客评价的观测指标；配餐公司评价模块结合公司国航投诉问题分类原则，完善问题分类、分级标准，建立全部配餐公司的问题数据库，实现集中管理、定期回顾的目的。

（三）拓展第三方服务信息，加强行业对标

中翼公司积极开展第三方数据合作，搭建基于自然语言处理（NLP）技术的监督式机器学习情感分类模型，对第三方网站上旅客就机上餐饮的评论信息进行好、差评分类，创建词频统计模型，并通过词云图对词频结果进行展示，实现对重点产品投放后旅客餐饮评论的好评率和高频词汇的快速识别；准确掌握社会面旅客评价及同业航司服务信息，通过数据聚焦重点航线、识别旅客需求，助力航线营销。深入学习了解深航服务管理措施和服务分析工作的具体方法，了解深航服务环节在第三方测评机构的行

业水平，获取 CAPSE 航司服务测评报告，找准自身差距，明确提升方向，并结合 CAPSE 评分结果和具体航线信息，实施竞争航司餐饮服务体验调研工作，通过对业内餐饮服务旅客认可度高的航司进行实际体验调研，形成餐饮产品配备及服务程序的对标分析，为国航餐饮服务提升提供借鉴。

（四）坚持客户导向，持续深挖旅客需求

中翼公司为持续深挖旅客需求，精准识别问题，通过机上 WIFI 上线餐饮调查问卷，将客户需求数据收集由“后评价”（CSS 旅客满意度评价）向“前调研”（机上网络平台餐饮调查）拓展，为餐饮产品选型和提升旅客满意度提供数据支撑。配合集团新版旅客满意度问卷上线，扩充机上餐饮、休息室餐饮模块题目二级标签设定，将原来的餐食味道、外观、分量维度扩建到热食口味、冷食口味、品相、分量、搭配、无热食共计 6 个维度，通过对 6 分以下餐饮问题不满意标签的具体设定查找机上餐食的具体问题。在此基础上，建立专项调研问卷模式，重点聚焦对于餐食打分 6 分以上旅客需求的捕捉，通过定期更新问卷问题，实现专项问题收集，获取满意度持中部分旅客的需求偏好，明确进一步提升方向。

三、改革成效

随着“餐饮满意度数据分析模型”的建立完善以及“国航机上餐饮满意度分析可视化平台”在中翼公司及所属企业范围内的广泛使用，满意度数据信息整合、分析、应用能力明显提高，为公司高质量发展、建设“世界一流航空餐饮供应管理平台”注入强劲动力。

一是建立月度 CSS 数据分析机制，按月对国航机上餐饮及休息室服务情况进行回顾，分析查摆问题根源，滚动识别短板配餐公司及低评价产品，准确把握旅客需求，为服务品质提升提供了清晰的方向指引。

二是根据数据表现结合日常工作形成能快速自我纠偏的良性机制。通过日常“月度餐食调检”“进出港平台餐食检查”“配餐公司餐食自查”等工作，结合数据表现精准查找问题检查餐食质量，并通过数据变化验证效果。

三是结合数据分析结果，有的放矢进行餐食创新。通过分析结论明确经济舱为满意度提升重点，清晰评分群体构成及偏好清晰评分群体构成及偏好，设计推出“盒你说”“袋你飞”系列餐食服务及早餐新模式，全面优化经济舱餐食内容及整体呈现效果，推出国庆、元宵、春节等节日特色产品，广受旅客好评，为促进旅客满意度提升提供了决策依据，发挥了重要支持作用。

50

创新模式　优化布局　激发活力　跑出改革“加速度”

中国东方航空设备集成有限公司

一、基本情况

中国东方航空设备集成有限公司（以下简称“东航设备”）是中国东方航空集团有限公司旗下的三级全资子公司，前身为中国民航于 20 世纪 60 年代成立的 3 家飞机维修企业之一，是国内民航首家以提供航空地面特种车辆为主的航空地面设备全流程服务的制造企业。2022 年列入国家发改委混合所有制改革试点企业，2023 年入选国务院国资委“双百企业”。

东航设备坚持以习近平新时代中国特色社会主义思想为指导，着力完善公司治理、创新商业模式、优化产业布局、深化机制改革，围绕“创新制造、绿色低碳、智能维修”持续完善研发体系，推动影响力、竞争力显著提升，激发高质量发展的无限活力。

二、经验做法

（一）完善公司治理，战略引领增动力

一是建立规范董事会。东航设备推动由执行董事转变为规范运作的董事会建设工作，全面梳理各治理主体权责并合理授权，完善公司章程和各

项规章制度，提升董事会运行质量。配齐建强董事会，引入战略发展、财务审计等专业人员为外部董事，实现外部董事占多数，定期报送董事资讯，引导外部董事认真履职、勤勉尽责。建设董事会成立战略与投资、科技与创新等4个专业委员会，有效发挥专门委员会对董事会决策的重要支撑作用，制定落实董事会职权工作实施方案，有效提高董事会规范运作及科学决策水平。

二是坚持党建引领。东航设备党委充分发挥"把方向、管大局、保落实"的领导作用，把党的领导融入公司治理制度化、程序化、具体化。激活基层党建神经末梢，创建以党建文化长廊为载体的"红星燃、引擎动"党建品牌，建立特种设备维保党小组学习活动室。推动党建与改革深度融合，深入开展"守初心、担使命、亮承诺、比贡献"提升素质提升业绩等党建特色活动，引导带领党员在安全生产、改革攻坚中走在前、作表率。推动党建业务同频共振，制作动员令，号召党员带头集众智、聚合力，2023年共征集"金点子"886条，转化为"金果子"780条，实现创效245.73万元。

三是清晰战略思路。东航设备紧抓新能源发展大势和集成式服务创新的机遇，以新能源航空地面特种车辆为切入点，通过"一体三家"专业化重组整合和数字化转型，加速制造、租赁、维修全产业链深度融合，打造"管理更优、效率更高、保障可靠"的航空地面设备全生命周期集成服务保障模式，在上海、北京、四川等地共计10余个大型枢纽机场推广运行，为建设"四型"机场作出贡献。

（二）强化市场导向，健全机制增活力

一是全面契约化管理。东航设备在公司经理层成员推行任期制和契约化管理的基础上，将覆盖面扩展至中层管理人员和子公司经理层成员，签订聘任协议和业绩合同，严格考核，刚性兑现，经理层成员2023年收入差距达到 1.89 倍。推进管理人员“能上能下”实施细则，对现有管理人员实行“全部起立”竞争上岗，2023 年竞争上岗比例达 90%，近 3 年管理人员累计退出 21 人次，改变了“干好干坏一个样”的大锅饭模式。

二是推动员工“能进能出”。东航设备推行市场化用工，健全公开、平等、竞争、择优的市场化招聘制度，通过校园招聘、校企合作等多种渠道引进“高精尖缺”人才，引进技术类岗位人才同比增幅 29%，员工平均年龄同比降幅 3%。同时，建立不胜任退出机制，畅通员工“能进能出”渠道，2023 年市场化退出率 5.15%。启动实施“腾飞”储备人才培养计划，首批选拔 73 名管理、技能、专业储备人才。

三是严格差异化考核。东航设备推行全员绩效管理，建立有效的激励约束机制，组织部门和员工个人绩效考核等次分为 A、B、C、D 四等，对组织部门的绩效考核结果实行适当强制分布，突出员工个人与组织部门整体绩效表现的联动，增强薪酬的激励性，强制消除各种因素导致的平均主义，充分调动员工工作积极性、创造性。提高与绩效挂钩的浮动薪酬比重，严格落实考核差异化管理，2023 年各层级不同管理人员收入差距达 1.87 倍，员工浮动薪酬占比达 67.59%。

（三）聚焦核心技术，强化创新增实力

一是搭建创新平台。东航设备建立了以市场为导向的科研平台与创新机制，成立以中国工程院院士担任主任、知名高校博士和公司资深研发人员为成员的科委会，促进内外部科研人员的思维碰撞，直接参与科研决策、技术把关和团队建设。科技委员会下辖联合创新实验室、“双碳”目标实验室、劳模工作室三大科研实体，主要聚焦于航信客货数据与航空地面涉笔的联动、新能源特种车辆的技术攻关、特种车辆维修中的新技术应用。秉承“谁能干就让谁干”的工作宗旨，自 2021 年起启动“揭榜挂帅”创新研发机制的探索，聚焦公司重要战略项目、市场需求迫切项目、技术

前瞻性储备项目等多个维度，3 年累计发榜 30 余项，结项率 100%。

二是加大产品研发。在大力实施国家“双碳”战略、“绿色民航”“智慧民航”的情况下，东航设备密切关注新能源车辆技术发展动向，在国际市场以内燃式飞机除冰车为主的背景下，从纯电动飞机除冰车底盘的研发入手，在“卡脖子”技术除冰液加热器技术上取得了突破，成功研发了国产新能源纯电动除冰车，实现了国产替代。并通过“揭榜挂帅”、外聘专家等形式，持续扩充新能源车辆梯队，基本实现全系列覆盖。紧紧围绕氢能发展要求，前瞻布局氢燃料在航空地面特种车辆上的技术应用，获得了氢燃料特种车辆的检测报告，初步达成氢燃料电池技术在机坪特种车辆应用方面的技术储备。

三是推行智慧运行。东航设备紧跟制造业数字化转型要求，着力打造特种车辆管控数字化生态，在特种车辆运营、设备维修、租赁管理、资产管理等方面与数字孪生、北斗定位、物联网等深度融合，搭建特种车辆云平台、特种车辆维修全流程服务平台，为客户提供航空地面特种设备数字信息化管理方案，实现航空地面特种车辆“研发—制造—销售—租赁—维修”全生命周期数字化管理，提升企业整体运行效率。

三、改革成效

一是经营效益创新高。东航设备 2018 年亏损，2019 年实现扭亏为盈，2023 年主要经营指标创下历史新高，实现营业收入 4.73 亿元、利润总额首次突破 1 亿元大关。近 3 年营业收入和利润总额年均增长率分别达 27.68%、56.41%，净资产收益率从 6.97% 提高至 9.09%。改革促进经营质效实现跨越式发展，展现了企业优秀的成长性。

二是激发活力强提升。2023 年，东航设备实现全员劳动生产率 81.86 万元/人、人工成本利润率 99.58%，增幅同比分别达到 80%、90%。实行严格落实工资总额效率联动管理，工资总额与企业效益高度匹配，2023 年公司利润总额增幅为 72. 72%，全员劳动生产率增幅为 42. 39%，工资总额增幅为 17. 86%。

三是研发创新获突破。东航设备全面启动新能源特种车辆的全品类研发，现已完成十二大类 26 个型号新能源特种车辆的取证。近 3 年研发费用投入年均增幅 31. 39%，成功研发国内首辆氢燃料电池行李货物牵引车、氢燃料电池飞机清水车。持续强化知识产权管理与应用，近 3 年共获发明专利 4 项，软件著作权 13 项，实用新型专利 23 项，其中新能源特种车辆相关专利优先的收益占比超过总收益的 50%。

51

建枢纽　保安全　提效益
以改革推动“南航大兴”高质量发展

中国南方航空股份有限公司北京分公司

一、基本情况

中国南方航空股份有限公司北京分公司（以下简称“南航北京分公司”）成立于2005年，共有员工近5500人，执管飞机50架，是大兴国际机场市场份额最大的主基地航空公司。

习近平总书记在2019年9月25日出席大兴国际机场投运仪式时强调，“要把大兴国际机场打造成为世界级航空枢纽”。南航北京分公司牢记习近平总书记嘱托，建设好运行好大兴国际机场，用实际行动践行“人民航空为人民”。作为中国南方航空集团有限公司（以下简称“南航集团”）内部首批改革示范单位，南航北京分公司坚持向改革要动力、用改革增活力、用改革提效力。压实责任，推动任期制和契约化管理提质扩面；聚焦“三能”，持续完善市场化经营机制；优化治理，提升南航大兴枢纽保障核心功能，更好满足京津冀地区出行需要。

二、经验做法

（一）向改革要动力，压实责任，推动任期制和契约化管理提质扩面

南航北京分公司是南航集团首家落实任期制和契约化管理贯穿的分公

司。公司构建“1+1+N”任期制和契约化管理体系，形成“任务明确—考核促进—刚性兑现”的管理闭环。覆盖范围进一步扩大，经营层、管理层、执行层管理干部实现任期制和契约化管理全覆盖。契约质量显著提升，经理层量化指标占比达到100%，管理层量化指标超过80%。目标设置突出科学性和挑战性，设置历史值、力保值和争优值，争优值和力保值的最大差距可达5倍。建立考核指标督办跟踪机制，每月讲评考核指标阶段性完成情况，设置进度滞后-突出“红绿灯”，实现组织评价与个人评价相统一、过程评价与结果评价相统一。刚性业绩兑现，淡化看身份、看级别的传统观念，积极探索“位子”和“票子”改革新路径。约定业绩考核指标和协议制薪酬，健全综合业绩考核和干部综合评价“双达标”机制，将年终待遇的10%递延至任期届满且任期考核合格后一次性兑现，鼓励中长期业绩表现。

（二）用改革增活力，聚焦“三能”，扎实推进市场化经营机制制度化长效化

南航北京分公司在集团党组的领导下，深入推进三项制度改革，分层分类激发改革活力。

一是推进干部“能上能下”常态化。南航北京分公司持续推进“去机关化”改革，管理幅度提升24.7%。管理层和执行层年轻干部占比分别超过20%和28%。大力推行管理人员竞争上岗，2022年以来完成4批次管理人员公开选聘。严把“下”的标准，明确19项不适宜担任现职的退出标准。2022年以来干部退出48人，2023年干部退出比例达到13.01%，树立了“能者上、庸者下、劣者汰”的用人导向。规范“下”的程序，推行调查核实、提出建议、研究决定、谈心谈话、办理手续“五步”工作法。突出“下”后管理，明确转聘情形和聘期考核标准，与退出人员签订年度绩效合约，做好干部退出“后半篇”文章。

二是推进员工“能进能出”常态化。南航北京分公司出台核心岗位任职资格管理制度和市场化退出制度，推广灵活用工、虚拟用工等弹性用工方式满足旺季用工需求，内部灵活用工617人次。常态化开展低效人员识别退出工作，制定试用期和首合同期考核办法，建立资质失效预警机制，职能部门人均服务29人，提升幅度35.09%。稳妥推进年度绩效评价D档工作，强制分布比例不低于1%。在航班量和旅客运输量均高于2019年的情况下，2023年员工市场化退出率提升25%，全员劳动生产率改善123.7%。

三是推进收入“能增能减”常态化。南航北京分公司实施“一部一策”考核，建立基于业绩贡献和价值创造的薪酬总额决定机制，实现薪酬总额贯穿在15个二级部门全覆盖，并贯穿至4个市场化程度较高的三级机构。持续完善收入分配体系设计，建立基于岗位价值的市场化收入分配模式，设置“薪点弹性系数”，工作承接重要任务程度越高，薪酬兑现幅度越大。发挥项目管理机制优势，推行项目经理协议制薪酬，推动急难险重问题解决。2023年经营层副职年度收入差异系数同比提升13%，管理层正职年终待遇兑现最大差距达到8倍，同职级员工的月度浮动待遇最大差距达到3.12倍，干部退出后月度浮动待遇最大差距达到1.5倍。

（三）用改革提效能，优化“治理”，着力增强南航大兴枢纽保障核心功能

南航北京分公司立足枢纽保障主体定位，加快推进枢纽建设，以“大安全”“大运行”“大保障”为抓手，增强枢纽保障核心功能。

一是立足“大安全”，增强安全支撑作用。南航北京分公司建立北京属地安全委员会，统筹北京安全管理。有序开展风险管控、过程控制、规章手册、训练培训、安全文化建设等工作。开展安全有序恢复航空运输市场专项风险评估和新开复开国际国内航线安全风险评估，常态化开展人员资质能力排查。聚焦大兴属地主业安全与非主业安全的职责边界模糊等痛点问题，建立大兴属地安全监管综合管理系统，加强全链条协同。

二是立足“大运行”，增强产业控制能力。南航北京分公司建立北京运管委平台，强化和营销、物流、维修、航食等属地保障单位联动，提升航班生产运行统筹指挥能力。完善北京运行控制中心功能，建立枢纽控制、运行调度、地空支持三大模块，对航班进港、过站、推出、起飞全链条过程监控。建立枢纽中转问题解决和风险防控机制，对机上延误、行李大量溢出等实施预警，提升旅客服务质量。大兴航班出港正常性达91.54%，在“三大航”中排名第一，高于首都机场、大兴国际机场。

三是立足“大保障”，增强服务保障能力。南航北京分公司在国内“三大航”中首家建立覆盖值机、登离机、行李、站坪客货运保障等全链条业务的地面服务业务保障模式，业务范围和业务规模双翻倍，建成一支拥有1200余名具备站坪业务资质的专业保障团队。建立运行全链条保障流程，优化枢纽中转保障流程和中转决策流程，提高中转成行率。圆满完成“两会”“杭州亚运会”“一带一路”国际合作高峰论坛等重大航空运输保障任务，得到第十四届全国人民代表大会第一次会议秘书处、政协全国委员会办公厅、杭州第19届亚运会组委会、北京市商务局等组织的高度肯定。

三、改革成效

一是大兴国际枢纽初显成效。2023年南航北京分公司承运旅客1542万人次，较2019年增长6.67%。日均进出港航班284班，较2019年增长27.14%。连通国内47个航点，恢复和新开伊斯坦布尔、阿姆斯特丹、莫斯科、大阪、伦敦等10条国际及地区航线。率先在大兴国际机场开通通程联运业务，中转旅客成行率达到98.99%，中转行李成行率达到99.6%。

聚焦旅客美好出行需求，打造南航“兴快线”品牌，日均出港40班，首家使用“转换机位”，整体靠桥率保持大兴国际机场最优水平，出港靠桥率达到95%，国际靠桥率100%，大幅提升旅客出行体验。特情处置能力不断提升，全年未发生重大投诉事件。国际航线开航、空地服务等获得中外媒体多频次报道。南航集团成为大兴国际机场服务产品最全、旅客满意度最高的航司，南航集团在京品牌影响力和竞争力持续提升。

二是始终确保“两个绝对安全”。南航北京分公司坚定不移贯彻习近平总书记对民航安全工作的重要指示批示精神，3年来未发生公司责任原因征候及以上不安全事件。2023年实现安全飞行14.6万小时、4.9万架次，较2019年分别增长21.35%、46.94%。转场大兴国际机场以来累计安全飞行近28万小时、9万架次。

三是经营业绩再创新高。2023年，南航北京分公司客运收入86亿元，同比增长115%。大兴出港始发客运收入71亿元，同比提升3.8倍；利润同比增长38%；客座率同比提升9%；飞机日利用率同比提升32%；市场份额超过2019年水平；客运价值创造9.8亿元，同比提升3倍；发展有效新会员超40万人，同比提升2倍；集团客户收入36.5亿元，同比提升2倍。

南航北京分公司货运全年吞吐量12.64万吨，同比增长122%，市场份额占比52.1%，单日货量突破600吨。货运收入4.67亿元，同比增长228%，实现利润增长1.2亿元，其中运输收入同比增长249%，仓储收入同比增长144%。

52

深入践行新时代党的组织路线 推动海外企业中国区凝心铸魂促发展

中国蓝星（集团）股份有限公司

一、基本情况

中国蓝星（集团）股份有限公司（以下简称“蓝星公司”）国际化特点较为突出。随着并购进来的海外企业的“中国战略”走向深入，海外企业中国区在其全球化经营格局中的影响力日渐增强，同时跨国企业内部的战略引领、治理约束、机制与文化等冲突挑战也更为凸显。蓝星公司直面痛点，深化改革，坚决践行新时代党的组织路线。该举措成为在海外企业中国区引领人心所向，从而撬动蓝星公司作为股东对其全球管理走向深入的“关键一招”。

蓝星安迪苏股份有限公司（以下简称“安迪苏”）2006 年被蓝星公司并购，是全球饲料添加剂领域领先企业，也是中国中化控股有限责任公司（以下简称“中国中化”）动物营养产业链链长单位。安迪苏在全球拥有 2650 名员工，建立了 19 家工厂、8 个研发中心，全球服务范围超过 110 个国家和地区。安迪苏 2015 年成为首家在中国 A 股上市的央企海外并购企业，并且多年来持续推进“中国战略”。目前安迪苏中国区有 123 名党员，设立 1 个党委、1 个党总支、7 个党支部。安迪苏中国工厂的液体蛋氨酸产能已经超过欧洲工厂，助力安迪苏成为全球第二大蛋氨酸生产商，也是少数能够同时生产液体和固体蛋氨酸的生产商。

二、经验做法

安迪苏被蓝星公司并购之前，“中国区”建设不成熟，主要表现在：中国区经营管理自主权与其在安迪苏全球的战略地位不匹配；中国区党委班子自身建设不够强，强调海外背景，存在突出经济属性、弱化政治属性的“特殊论”；组织工作体系搭建滞后，未能形成穿透式管理的有效抓手。党的百年历史经验表明，坚持和加强党的领导，组织体系是立足根基，干部队伍是决定因素，人才队伍是主要依靠。蓝星公司党委以安迪苏中国区为实践样本，遵循“组织铸基、干部铸本、人才铸力”工作思路，探索形成海外企业中国区践行新时代党的组织路线的实践方案，为确保核心战略落地提供了有力支撑和保证。

（一）坚持组织铸基，发挥党的组织优势

一是基层组织健全贯通。蓝星公司对中国区党组织明确权责、调整建制，实现党组织设置与管理主体相匹配、党组织政治功能和组织功能全覆盖。理顺安迪苏中国区管理权限，制定《安迪苏总部与中国区权责方案》，明确22个重要决策事项的“决定—报备—咨询”三级权限类型。设立南京安迪苏党总支，隶属安迪苏中国区党委，制订各级党组织工作规则，在健全组织的同时科学承接、分配授权，使党组织领导拥有实的“客体”。

二是职级体系衔接畅通。蓝星公司分“两步走”实现安迪苏中国区与中国中化职级体系对接。首先，以管理序列（M序列）为先导，将海外企业高管（CMT成员）及中国区各级管理层成员统一对位纳入中国中化M序列；随后，以管理序列岗位为标杆，明确安迪苏中国区岗位职级与中国中化体系内专业技术序列（T序列）、生产操作序列（W序列）的转换规

则，促进安迪苏中国区与中国中化人才的广泛、双向交流，不断提升各项工作的穿透力。

三是工作平台协同融通。蓝星公司创新设立了“蓝星-安迪苏 IRIS 人才工作委员会”。IRIS 本意指鸢尾花（法国国花），这里取 Integration（融合）、Respect（尊重）、Impetus（促进）、Support（支持）的首字母，寓意多元、共赢、团结。IRIS 定位为协同平台而非决策机构，任务是推动组织（人力资源）领域的重点工作，共商计划、消除分歧、落实目标。2023 年 7 月成立以来，IRIS 已召开 3 次全球性会议，为蓝星与安迪苏全球人力资源管理的融通迈出积极一步。

（二）坚持干部铸本，发挥“关键少数”作用

一是抓坚强党性锤炼提升。蓝星公司将第一、二批主题教育接续联动，始终牢记国有企业身份和“国企姓党”根本属性。第一批主题教育期间，蓝星党委在井冈山、大庆分别组织学习贯彻习近平新时代中国特色社会主义思想和党的二十大精神轮训，海外企业中国区党委班子成员全部参训，蓝星党委班子成员也深入南京安迪苏等企业讲党课、开展调研。第二批主题教育期间，安迪苏中国区党委完成读书班、中心组专题研讨，并赴延安举办培训班。筑牢身份意识，锤炼坚强党性，在海外企业中国区干部队伍建设工作中体现“没有完成时，只有进行时”。

二是抓党管干部原则落地。蓝星公司旗帜鲜明地宣示国企身份和党委领导地位。指导安迪苏中国区党委制定发布了其历史上首版干部管理办法，严格贯彻干部选拔任用各项要求，首次划定纳入中国区党委管理的 37 个重要干部岗位范围。与之相呼应，蓝星也明确将安迪苏层面的副 CXO 岗位及南京工厂党总支书记、副书记岗位纳入蓝星党委管理干部范围，让党管干部原则在中国区深深扎根。

三是抓干部发掘储备延伸。蓝星公司以人才盘点为抓手，实现蓝星与安迪苏在全球、中国区两个层面干部梯队协同建设的历史性突破。坚持“以我为主”，首次在安迪苏中国区主导实施干部人才盘点，实现了蓝星干部盘点“一盘棋”，有效拓展了干部评价、发掘、储备的视野。追求开放包容，首次与海外企业总部共享其人才盘点信息，依托 IRIS 机制，充分了解安迪苏全球层面人才盘点内容，重点探讨国内与海外人员双向交流，并使安迪苏逐步认识到作为中国中化成员企业在人员发展上可以得到强大的平台支撑。

（三）坚持人才铸力，发挥“第一资源”作用

一是打造国际化科技人才发展体系。蓝星公司推动安迪苏南京研发中心（RICA）与其法国总部实现人才发展体系和科研体系的贯通。2023 年 10 月，安迪苏总部开展全球最高级别科学专家“Master Expert”年度评估考察，首次邀请中国中化总部和蓝星公司专家作为评委共同参与，为探索科技人才队伍建设全级次的体系融合迈出了坚实一步。将中国中化科研管培生等研发人员派往法国研发中心交流，学习先进的动物营养领域相关技术。安迪苏中国区共享全球的专利策略和发明激励政策（每项成功授权可获 2000 欧元奖金），实现科研管理体系的融合。

二是全球平台培育国际化人才队伍。蓝星公司加快蓝星总部与安迪苏中国区、安迪苏国内工厂与海外工厂交叉任职与交流，强化国际化人才对跨国公司治理体系的了解和对海外企业的业务处理能力，培养一批堪当海外企业条线负责人的高潜人才。2023 年选派中国中化、蓝星公司 6 名干部在安迪苏中国区担任业务骨干，蓝星总部国际化人才占比达到 81.58%，安迪苏国内企业国际化人才占比达到 50%。

三是以红色文化渲染队伍精神底色。蓝星公司结合全系统践行新时代中国中化“精气神”的积极氛围，把基层党建基础工作与巡视反馈整改相结合，制定整改措施 20 项，提高基层对党建工作的广泛参与度。开展

“红星闪耀·攻坚克难”主题活动，安迪苏中国区研发党支部饲用酶制剂技术攻坚取得突破，获评中国中化优秀攻坚项目。参与组织中国中化国际夏令营（1990—2019 年共举办 30 届），以蓝星夏令营积累的成功经验，协同促进海内外文化融合。开展“深化党史学习教育成果，促进管理卓越提升”案例征集活动，推动红色经典文化与海外企业管理相融合。

三、改革成效

经过 1 年的探索与努力，增强了蓝星公司党委对海外企业中国区管理的直接穿透力。

最直接的变化是构建了安迪苏中国区上下贯通、执行有力的组织体系，安迪苏总部与中国区权责进一步清晰，打通了“蓝星党委—中国区党委—南京工厂党总支”三级通道，建立了“对上承权落实、对内确权分工”的良好权责运行机制。

最有创新成分的变化是创新设立 IRIS 人才委员会，发挥组织工作平台作用，达成共识，而非脱钩，画出最大同心圆，找到了海外企业组织工作的有效载体，为向海外企业管理延伸奠定了基础。

最深刻的变化是安迪苏中国区管理团队的党建引领力、干部人才队伍国企身份认同感得到提升。这不仅强化了管理层继任者团队、专业技术队伍，而且党建铸魂成为广泛共识。中国区两位高管提交入党申请书，积极向党组织靠拢，让党的领导作为国企独特优势扎根于员工心中。

最积极的变化是核心竞争力得到提升。在全球蛋氨酸市场产能供给严重过剩情况下，安迪苏液体蛋氨酸保持了强劲增长，主要得益于中国市场超过 18% 的销量增长拉动。目前南京工厂成为世界上产能最大、竞争力最强的液体蛋氨酸单体工厂（35 万吨/年），近期又在泉州投建 15 万吨固体蛋氨酸工厂，进一步巩固提升全球动物营养产业竞争力。

53

创新基层党建模式　业务融合同频共振
以高质量党建引领企业高质量发展

中粮东海粮油工业（张家港）有限公司

一、基本情况

中粮东海粮油工业（张家港）有限公司（以下简称“中粮东海”）是中粮集团有限公司旗下最大的综合粮油食品加工基地，是国务院国资委国有重点企业管理标杆创建行动标杆企业。年食用油供应量可满足6600万人1年的消费，在维护市场稳定中发挥重要支撑作用。

中粮东海党委下设16个党支部，现有党员226名，党员人数占员工总数的12%。近年来，中粮东海党委聚焦党建与生产经营深度融合，在党建工作理念、机制、方法、内容等方面不断探索和创新，建立党委领导、全员参与、系统化、制度化一体推进的特色党建工作体系，以党建赋能改革发展。2024年，中粮东海党建创新案例入选国务院国资委“习近平新时代中国特色社会主义思想中央企业党员干部轮训央企党员联学班”课程。

二、经验做法

粮油行业市场程度高、竞争激烈。中粮东海深入实施改革深化提升行动，聚焦“为国谋粮”重任，以“党员积分”“党建项目”“外部党建联盟”等党建创新载体为抓手，大胆改革实践，加快推进产能释放，加大关键核心技术协同攻关，提升产业链供应链保障能力，让基层党组织和广大党员在改革发展各项任务中发挥中坚力量，走出了一条基层企业以高质量党建引领保障企业高质量改革发展之路。

（一）创先争优，以党员积分激发干事创业热情

为解决基层党员“活动组织难、表现评价难、作用发挥难”的实际问题，中粮东海创新党员积分制管理。

一是在积分设计上科学规划。中粮东海设置“基础项、加分项、减分项、一票否决项”四类考核点，分别体现党员义务、党员作用发挥和从严治党、从严治企要求，引导党员“行有所止、干有方向”。

二是在考核指标上量化细化。中粮东海注重覆盖全面、有所侧重，设置13个二级指标和36个三级指标，其中基础项30分、加分项70分，满分100分，每年进一步对积分细则进行优化和调整，“全景式”量化评价党员。党员参与改革发展任务、市场调研、技改项目、合理化意见征集等自主性工作均能加分，如物流党支部开展“每月一课题一分享”评比活动，支部党员参加均可获得加分。

三是在运行机制上公开透明。中粮东海通过组织生活纪实系统、党员积分系统，实现线上自动加分。党员可通过微信公众号自主申报加分情况，支部每月通过线下展板，张榜公示个人积分，做到党内外监督，实现考核评价不断线、比学赶超有压力。在积分运用上，将个人积分与民主评议结果“优秀”等级、个人评先评优挂钩，实施“两个前置”。

（二）攻坚克难，以党建项目积蓄企业发展后劲

如何把党建融入中心工作从“难点”变为“亮点”，中粮东海党委以“党建项目制”管理为载体，找准结合，解决难题。

一是机制上充分保障。中粮东海党建项目以党组织为责任主体，以党员为主要参与者，围绕年度改革行动重点任务、提高生产效率、提升产品质量、攻关关键技术等重点工作开展，建立“年初立项公示—季度动态跟踪—年底验收评估”闭环管理机制，各级党组织积极协调各项资源给予支持，推进党建工作和生产经营一体谋划部署、一体检查落实。

二是选题上力求精准。中粮东海各党支部围绕组织建设、降本增效、创新研发等6个方面，坚持问题导向，坚持“小切口”精准选题，注重解决改革深化提升行动中实实在在的问题，设定量化目标，明确工作举措，实现可跟踪、可检验；面对改革中发现的深层次问题，党委书记、党委委员、支部书记统筹协调各类资源，带头认领党建项目。2023年下半年，生产、安全环保、工程维修等支部党员对公司1192亩地下管网的水、电、气进行摸底，确认每个线路、节点走向，最终绘制地下管网各线路全景走向图，提升了公司应急管理能力，也为后期项目建设科学规划提供了参考依据。

三是考评中强化导向。中粮东海党委关注各党组织在各类改革深化提升行动任务中资源整合、协同推进、策略和建议等方面的贡献度，将党员骨干作用发挥、群众评价、项目成果等作为评审验收的重要指标。党建项目评估结果与党组织、党员个人参加“两优一先”评选条件挂钩。2023年，公司立项党建项目18个，年产生直接效益9000万元。中粮东海对优秀党建项目进行表彰和复制推广经验，形成“物流铁军”“淘宝工匠”“安全卫士”等一批党建品牌。

（三）聚优合力，以党建联盟推动产业链供应链协同共赢

中粮东海聚焦企业发展实际，积极推动基层党组织向产业链上下游延伸，与地方政府部门、客户、合作伙伴开展党建联盟共建活动，打破地域、时空界限和党组织间的壁垒，着力放大党建共建模式效能，在共同破解发展难题中建立良好合作关系，实现产业链供应链上下游企业党组织双

向赋能、握手共赢。

一是促进互动互联。中粮东海把党建工作向产业链供应链辐射，坚持“组织共建、活动共办、资源共享、事务共商、人才共育、发展共促”，建立协商议事机制、互联互动机制，党组织和党员深入走访市场，开展对标交流、市场调研、政策解读、行情分享，在活动中增进了解、融洽关系，解决制约企业发展难点堵点问题。

二是强化优势发挥。中粮东海生产党支部与迈安德、鲁奇等油脂工程公司党组织交流新工艺、新设备、新技术，探讨榨油、精炼节能降耗的新方向，为榨油厂、精炼厂进一步提高产品质量、降低能源消耗等工作提供新思路。安环党支部与消防大队、应急管理局等政府部门党组织开展党建联盟，共同开展应急演练、法规研讨学习，提升安全生产应急管理能力。

三是推动发展共赢。中粮东海通过党建共建活动，联盟成员单位的党组织对现有的业务合作模式及存在的问题进行交流和探讨，并就下一步深化合作、互利共赢达成共识。2023 年，物流党支部和引航、海事、海关等政府单位开展 10 次党建联盟活动，解决进口粮船优先进江难题，将船舶吃水深度从 11.8 米提高到 12 米，以上举措为企业节省减载费用、速遣费等各类费用 2000 万元。

三、改革成效

一是提升了党委在改革发展中统筹全局能力。中粮东海党委把党的领导融入企业改革发展全过程，持续提升各级党组织在项目推进中的资源协同与整合能力，形成改革合力。结合“量”“利”等维度，深化客户和业务人员业绩考核改革，调整区域客户结构和市场覆盖，把握整体头寸和销售节奏挺价销售，豆粕溢价创近年新高，粕类、散油、中包装油业务在区域份额稳居第一。2023 年，中粮东海实现盈利超亿元，在逆势中继续保持了行业领先地位。

二是提升了提质增效、精益管理加速度。在改革中，中粮东海组织广大党员积极参加各类党建攻关项目，建立科学的对标评价体系。中粮东海榨油、精炼、包装等6个生产环节的单项指标在中粮油脂七大区域排名第一。攻克精炼环节“油脂精准加工技术”难题，包装厂日灌装量同比提升77%。物流环节升级改造，作业效率大幅度提升，2023年码头年吞吐量首次超过1000万吨，“码头中转业务”党建项目创造利润超过5000万元，双双创历史新高，成为公司新的利润增长点。

三是提升供应链产业链保障能力。中粮东海上下游客户、供应商大多为小微企业，一直存在融资难、融资成本高问题。中粮东海通过党建共建、党建联盟等活动，协调银行解决客户融资服务中存在的信息隔阂、信用隔阂、风险难控等难题，推进定制化的“供应链融资”服务。2023年，中粮东海14家客户累计获得超亿元的循环低息贷款，并全部作为采购中粮东海产品货款定向支付。通过供应链融资业务，中粮东海有效锁定下游客户，保障了上游原辅料供应稳定，提升了供应链整体运行效率，共同拓展了合作空间，提升了企业核心竞争力。

54

改革纵深推进 激发创新活力 推进企业高质量发展迈上新台阶

长沙矿冶研究院有限责任公司

一、基本情况

长沙矿冶研究院有限责任公司（以下简称“长沙矿冶院”）成立于1955年，曾先后隶属于中国科学院、国防科工委、冶金工业部，1999年由科研院所转制为中央直属大型科技企业，2003年改由国务院国资委直接管理，2009年10月央企重组，成为中国五矿集团有限公司（以下简称“中国五矿”）全资子企业，2020年入选国务院国资委“科改企业”名单。自建院以来，长沙矿冶院一直是国家金属矿产资源开发利用、先进材料研发生产、高端矿冶装备制造、深海采矿领域的骨干研究院所，矿物加工技术和深海采矿技术处于国际领先地位，相关功能材料技术处于国内领先地位。

2023年，长沙矿冶院深入贯彻落实国有企业改革深化提升行动和“科改行动”相关工作要求，紧密围绕主责主业高质量发展，纵深推进各项改革举措，加快推动关键核心技术突破，取得了较好的成效。

二、经验做法

（一）持续完善公司治理机制，不断提升运转质量效能

一是持续完善公司治理结构。长沙矿冶院严格执行“三清单一流程”

的决策审批流程，修订完善10余项公司治理类管理制度，治理体系进一步完善。全面加强党的领导，针对下属企业党组织均为党支部的情况，制定《基层党组织工作细则》，差异化设置党支部参与决策范围和形式，推动所属子公司完善党支部融入生产经营机制。

二是强化董事会规范有效运行。长沙矿冶院科学有序落实院董事会职权，有效发挥董事会专门委员会在公司重大决策中的作用。建立子企业董事会议题提前审核把关的工作机制，提高子企业董事会科学决策水平。“一企一策”形成6家子企业董事会职权实施方案，并按计划推动子企业差异化落实董事会职权。

三是优化企业管控体系。长沙矿冶院统筹业务发展与“瘦身健体”工作协调推进，顺利退出鞍山咨询公司，推动松桃金瑞顺利移交第三方管理人。搭建集中统一财务管理体系，强化总部财务管理职能。构建企业供应链管理系统，设立院采购管理中心，提升采购管理水平。

（二）持续完善市场化用人机制，增强发展内生动力

一是有序推进经理层成员任期制和契约化管理工作。长沙矿冶院完成各级经理层成员上一任期考核及结果应用，全面推进新一轮任期合同和任期考核任务书的签订，进一步夯实各层级经营责任。同时，在所属子企业探索实行内设机构“部门负责人组阁制”，有效激发活力和效率。

二是完善从严管理干部队伍体系，优化“能上能下”的选人用人机制。长沙矿冶院对任期届满的关键岗位干部，要求全部重新竞争上岗。全年组织公开竞岗35人次，提拔干部16人，管理人员退出6人。同时大力推进子企业内设部门副职以上管理人员竞争上岗，管理人员竞争上岗率为94.83%，开展竞聘上岗企业达到8家，占比88.89%。

三是完善考核与薪酬管理机制，优化完善业绩考核管理。长沙矿冶院将进步指数纳入业绩管理制度，进一步突出效益效率和高质量发展要素考核。针对前期孵化、培育壮大等不同发展阶段的经营单位实施分类考核，针对职能部门承担的实际工作重新划分考核标准，业绩考核体系日臻完善。修订《长沙矿冶院工资总额管理实施细则》，进一步优化薪酬激励与分配。开展经营单位月度绩效考核试点，加强激励核心骨干员工，激发工作热情。

（三）持续完善科研管理机制，不断提升科技创新动能

一是完善项目管理制度体系。长沙矿冶院修订《纵向项目管理实施细则》和《技术创新项目管理实施细则》，优化项目立项流程、完善跨单位管理、经费管理、推行团队奖罚举措，增加借款、后资助等支持模式，提高科研项目管理规范性。推行重大纵向项目科研助理工作制、院技术创新项目责任专家制，加强技术指导与监督，提高项目执行效率。实施专利质量提升行动，在核心业务领域开展精准专利布局，专利质量明显提升。

二是创新科技项目管理机制。长沙矿冶院不仅积极承接湖南省自然科学基金、中国五矿的“揭榜挂帅”重大项目，还在公司内部开展“揭榜挂帅”试点工作，面向公司内部科研人员，通过对技术和业务的最佳匹配选出创新能力强、协调能力强、掌握关键核心技术的团队，通过树标杆、育尖端，以创新为突破口，大胆进行创新激励，突破体制机制束缚，赋予其在团队组建、技术路线选择、经费使用、考核分配等方面的自主权，充分释放科技创新活力。

三是建立市场化引进科研人才机制，加强培育和激励。长沙矿冶院以关键核心技术攻关任务为牵引，推动实施“攀登计划—珠峰计划”，首批遴选13名高层次人才进入培养计划，柔性引进2个院士及团队。积极推进工程硕博联合培养，实施青年（科技）英才计划，近30名青年人才牵头承担各类国家及省部级科技项目，科技创新主力军梯队逐步搭建，激励人才担当作用，优化完善薪酬分配机制，加强对承担重大科技项目和战略性新兴产业的核心科研人员的激励保障，不断汇聚先锋之力、鼓舞实干斗志。

（四）坚持服务国家战略，不断增强核心功能

一是服务国家战略，进一步梳理优化业务布局。长沙矿冶院聚焦公司主业优势和资源环保、发展战略性新兴产业等国家战略，进一步明确了资源环保、深海矿产开发、新能源新材料、智能装备制造和平台建设与运营服务五大业务板块体系。

二是优化资源配置，推进战略性新兴业务发展。长沙矿冶院集中科研力量，加大退役动力电池回收、硅基负极材料等领域的科研投入，年内科研投入 1.65 亿元。针对废旧电池回收利用业务，分设两家子企业，承担电池回收和梯次利用业务经营，建立了废旧动力电池回收、梯次储能、再生资源化闭环业务，同时攻克核心技术“卡脖子”难题，打造示范工程，形成了独具特色的商业运行模式。积极承担退役电池回收利用及光伏组件回收处理与再生利用等战略性新兴产业专项任务和深海矿产资源勘探开发未来产业任务，持续推进新能源硅基负极材料、锰基新材料产业孵化与培育。

三是推进产融结合，拓宽业务发展资金渠道。长沙矿冶院充分发挥中国五矿内部协同优势，打造“经营租赁 + EMC”商业模式，为废旧动力电池回收利用提供资金支持。同时，积极引入战略投资者，实现产业链上下游紧密联系，并为锂汇通和云储循环相关生产线建设提供资金保障，促进业务快速发展。

三、改革成效

随着“科改行动”任务的推进，长沙矿冶院公司治理机制不断完善，企业管理水平持续提升，科技成果转化能力进一步加强，改革赋能企业发

展的成效显著。

一是经营业绩稳健发展，经营质量稳中有升。2023 年长沙矿冶院实现营业收入 25 亿元，其中，科研业务收入 11. 9 亿元，同比增长 14%；承接的国务院国资委“央企焕新行动”战略性新兴产业电池回收专项任务业务营收近 4 亿元，同比增长 2 倍以上。实现报表利润总额 1. 16 亿元，新签横向科技业务合同 11. 85 亿元，创历史新高。

二是服务国家和中国五矿的战略需求更加有力。长沙矿冶院获批纵向项目 33 项、总专项经费 1. 74 亿元，其中获批国家级项目 11 项，专项经费 1. 3 亿元，达近 10 年最高值。获批战略矿产、深海、循环经济等重点专项项目和课题 25 项，获批湖南省十大技术攻关项目“动力电池高值循环利用关键技术”。承接了科技部 SHK 项目群推进管理工作，牵头承担“5000 米级采矿系统总体设计”“高效绿色深海多金属结核多功能采集装备研制与矿区海试”“海底矿物水下安全高效提升关键技术与全系统矿区联合试验”等国家重点研发计划。

三是关键核心技术取得重大突破，创新能力持续增强。长沙矿冶院年度申请专利 89 件，6 项选矿、冶金、热工装备技术成果被评为国际领先水平，新获批国家企业技术中心、先进硅基负极材料制备湖南省工程研究中心、湖南湘江新区概念验证中心、湖南湘江新区中试基地等 5 个国家级、省级科创平台，桂卫华湖南省院士专家工作站成功落户长沙矿冶院，获批中国五矿中央研究院 4 个重点学科，荣登“2023 年度湖南省高新技术企业综合创新能力百强榜单”第四位。

55

强化创新主体地位　完善创新体制机制 建设世界一流科技型技术服务集团

中冶赛迪集团有限公司

一、基本情况

中冶赛迪集团有限公司（以下简称“中冶赛迪”）是中国五矿集团有限公司（以下简称“中国五矿”）所属子企业，前身重庆钢铁设计研究院系国家钢铁工业设计研究骨干单位，现已发展成为国际一流、国内领先的科技型技术服务集团。

中冶赛迪于2018年入选首批“双百企业”，并于2023年入选国务院国资委创建世界一流专业领军示范企业。按照专业领军企业“专业突出、创新驱动、管理精益、特色明显”的核心内涵要求，中冶赛迪以“打造金属矿业冶金工程技术领域世界一流的科技型企业”为目标，深入落实创新驱动发展战略，面向经济主战场和国家安全，承担起创新主体作用和创新制胜重要引领作用，坚定不移实施国际化战略，推动自主可控的技术、产品和装备走向国际舞台。

二、经验做法

（一）坚持科技自立自强，打造专业领域一流的核心竞争力

习近平总书记强调，必须坚持科技是第一生产力、人才是第一资源、

创新是第一动力。中冶赛迪紧扣科技型企业的定位和加快建设世界一流企业的战略任务，将科技创新摆在企业发展的核心位置，以科技创新筑牢世界一流企业的核心竞争力。

一是坚持科技创新九条原则，持续加强研发投入。中冶赛迪坚持创新驱动战略，坚持承担起创新主体地位和责任，坚持市场和价值创造导向，坚持工程加产品的发展方向，坚持适度超前、保持领跑地位，坚持开放合作，坚持独立自主，坚持构建完善的创新体系，坚持“人才是第一资源”的人才发展战略，构建独立自主又开放合作的创新体系，夯实产品核心竞争力，塑造一流竞争优势。长期以营业收入的4%投入研发，建立了集工程、研发、管理于一体的科技研发和人才培养体系，560余名（占比15%）技术人员专职从事科技研发，建立有效的激励约束机制和以创新价值能力贡献为导向的科技人才评价体系。

二是深化研发体制机制改革，持续完善科技创新体系。中冶赛迪持续完善研究院体系，细化研究分院职责定位和技术发展方向，根据业务发展需要适度扩大机构与人员规模，已增至12个研究分院、57个研究所，学科布局进一步优化。发布《科技管理应知应会100条》手册，持续修订科技进步绩效考核细则，科技活动呈现整体活跃的局面，科技创新主体责任进一步压实。编制科技创新尽职合规免责清单，为科技工作者干事创业坚定了底气，保护了基层创新热情。

三是加强核心技术攻关，打造原创技术策源地。中冶赛迪围绕钢铁行业“双碳”目标，重点攻关绿色低碳核心技术和产品，服务钢铁行业碳减排目标和长远竞争力提升。聚焦智能制造和数字化，深入推动智能化大数据与钢铁工业深度融合，推动行业数字化变革新进程。

（二）坚定国际化发展战略，不断塑造全球竞争力和品牌影响力

国际化发展战略是中冶赛迪深入贯彻落实习近平总书记和党中央关于

构建新发展格局、加快建设世界一流企业决策部署的重要举措，坚定不移推进国际化发展，致力于为全球业内客户提供自主可控的技术、产品和解决方案。

一是把握市场规律，有效配置全球资源。中冶赛迪尊重国际市场和行业发展规律研究全球布局策略，在英国、巴西、越南、印度等地建立海外分支机构，实现对全球钢铁业主要热点区域市场全覆盖的海外布局。坚持属地化发展，引进了一批国际高端人才，持续培养国际化人才队伍。推动赛迪英国向工程技术公司转型发展，完善体系，提高运营管理能力，做强海外运营中心功能。

二是输出系统性解决方案与专业技术和产品，助力全球钢铁工业布局结构优化、提质升级。中冶赛迪以钢铁冶金全流程的核心技术突破引领中国钢铁工业整体技术水平迈入世界先进行列。与此同时，积极参与“一带一路”建设，服务国际产能合作战略。

（三）完善公司治理机构，中国特色现代企业制度更加成熟定型

中冶赛迪最重要的发展经验是“坚持企业发展始终与党中央的要求保持高度一致，始终与国家、民族发展紧密结合”。习近平总书记提出“两个一以贯之”以来，中冶赛迪以此为根本遵循，把坚持党的领导和完善公司治理深度融合。

一是推动党的领导与公司治理有机统一。中冶赛迪将党建引领融入企业改革发展，深入贯彻落实《关于中央企业在完善公司治理中加强党的领导的意见》，制定20余项公司治理制度。通过“三清单一流程”明晰各治理主体权责边界，涉及16个业务领域，横向到边、纵向到底，根据公司运营实际，每年调整优化。各治理主体权责边界清单化、决策流程规范化，协调运转、有效制衡，公司治理效能进一步提高。

二是配齐建强董事会，有效发挥董事会作用。中冶赛迪制定了《外部

董监事管理办法》，从严格外部董事选聘标准、增强外部董事履职保障、加强外部董事考核评价 3 个方面着手，规范子公司外部董事行权履职、发挥作用。建立了熟悉法律法规、财务会计、战略管理等专业知识，并在公司治理领域具备丰富经验的外部董事人才库，充分考虑出资企业业务、经营特点和外部董事专业、经验，科学选配外部董事。

三是全面完善管理体系。公司开展全面提升管理体系工作，完善管理体系框架，丰富了 21 类子体系的管理内涵和任务，修订 220 余项、新编 80 余项、作废 20 余项管理制度，各子体系的组织体系、责任体系、执行体系、评价体系制度得到健全完善，并同步完善优化、动态调整管理流程，优化调整、新增合同评审、科技产品登记等 70 余项管理流程，有效提高了生产经营管理效率，防控了经营风险。

三、改革成效

一是经营业绩持续向好，综合实力与日俱增。中冶赛迪通过推动公司治理体系和治理能力不断提升，开启了高质量发展新征程。围绕“一利五率”要求，持续深化经营体制机制改革，加强经营管理，显著推动企业经营规模较快增长，经营质量稳步提升。新签合同额和营业收入年均增长率均超过 20%，2023 年较 2018 年翻了一番，利润总额 2023 年较 2018 年增幅近 90%，全员劳动生产率 2023 年较 2018 年增幅超过 70%，营业收入利润率持续增长，企业经营质量稳步提升。中冶赛迪旗下的赛迪信息完成混改后呈现良好发展势头，开发了行业首次得到系统性应用的水土云工业互联网平台，树立了智能钢厂新标杆。与清华大学联合成立流程制造业大数据技术联合研究中心，攻关工业时序数据库和工业低代码应用构建引擎两项底层“卡脖子”关键技术。被评为重庆市 21 家制造业领军企业、重庆市首批两家国家鼓励的重点软件企业之一。承担国务院国资委国企改革在线督办系统建设和运维工作，2023 年获得国务院国资委感谢信。

二是科技创新体系不断完善，核心技术持续取得突破。中冶赛迪发布全生命周期碳足迹平台，为企业提供碳全景、碳核算、碳足迹、碳分析服务。总承包建设的全球首例 2000 立方米级碳氢耦合增强还原高炉投入应用，树立起高炉低碳炼铁的新标杆。超级电炉不断迭代，生产指标不断刷新，达到国际领先水平；超临界发电技术实现发电效率的再提升再跃阶；发布 CISDI RuiCycle 睿锋切割机器人，构建了废钢全流程整体解决方案。在智能化数字化领域，首创“平台 + 应用”钢铁冶金新一代智能制造架构，持续迭代优化，打造了多座全流程数字工厂精品项目，持续引领行业智能制造变革；实时数据库系统形成初步产品，发布 1.0 版本；打造 CISDigital AI 金睛品牌，构建“1 + X”产品体系，投入钢铁全流程多场景获得广泛应用。

三是在国际市场树立了良好的品牌形象。中冶赛迪在“一带一路”和发达国家承担了多个具有全球影响力的钢铁工程项目，实现千万吨级绿地钢铁系统设计和全产业链技术与装备输出，业绩已遍布六大洲 30 余个国家和地区，全球排名前 50 强钢铁公司中的 45 家已经成为公司客户。近年来，中冶赛迪累计新签海外项目合同额约 275 亿元，带动中国设备出口 200 多亿元，具有自主核心技术的系统解决方案得到了全球钢铁客户的广泛认可。

56

创新驱动　改革赋能
激发企业高质量发展新活力

中冶京诚工程技术有限公司

一、基本情况

中冶京诚工程技术有限公司（以下简称“中冶京诚”）于2003年由冶金工业部北京钢铁设计研究总院改制成立，是中国五矿集团有限公司（以下简称“中国五矿”）所属重点骨干子企业，是我国最早从事冶金工程咨询、设计、工程承包业务的国家级大型科技型企业。中冶京诚拥有4个国家级研发平台、15个省部级研发平台和22个公司级实验室，致力于钢铁新材料、新工艺、新技术方面的研发与创新，拥有一批具有自主知识产权、达到国际先进水平的专业产品。中冶京诚参与并完成宝武、河钢、首钢、鞍钢、天津无缝等一大批国家重点钢铁工业基地规划建设并成功输出越南、印尼、印度等“一带一路”沿线国家，累计为国内外500余家客户提供了6500余项工程技术服务，海外工程业务拓展至35个国家和地区，是我国钢铁工业建设的主要力量和工程技术输出的重要参与者。

二、经验做法

（一）战略与创新“两聚焦”，全面加速企业发展引擎

一是聚焦创新驱动发展战略，构建“1＋N”研发体系架构。中冶京诚

强化科技战略咨询，助力提升创新体系效能。成立中冶京诚科技咨询委员会，聘请院士和行业知名专家协助董事会专业决策，充分发挥科技决策咨询机构的“引路人”作用，提升专家咨询委员会“外脑”与公司技术委员会“智囊”“1+1>2”效能，为企业科技创新战略制定、数字化转型战略实施、数字智能产业技术发展提供强大支撑。发布《中冶京诚科技战略规划（2023—2025）》，明确3年内“资金投入超亿、项目清单过百、领军人才翻番、博士增长过半”目标，努力加快占领科技研发制高点。构建以技术研究院为核心的“1+N”研发体系，分层分类布局研发项目，加快锻造战略科技力量。“1”是在公司层面建设“技术研究院”，以“基础共性与战略新兴技术研发、产品孵化、人才培育”为定位，开展原创性技术研究。“N”是在各二级机构设立专业研发室，发挥一线业务部门市场捕捉、产品转化、成果实施能力，围绕技术迭代升级与应用开展攻关。2023年，中冶京诚研发投入强度达4.06%，多层次研发布局聚合力切实发挥，多领域投入产出原动力充分彰显，“1+N”研发体系已成为公司科技创新的“发动机”。

二是聚焦自主创新体系，激发科技创新动能。中冶京诚持续深化科技体制机制建设，助力企业跑出科技自立自强加速度。2023年，聚焦低碳冶金、智能制造、城市建设等方向，面向社会首次开展6项创新开放基金项目。以市场化为导向，以激发青年科技人才创新热情为出发点，聚焦高端装备、智能化方向，面向公司开展第二批次“揭榜挂帅”项目4项。以“研发、成果、人才”的协同发展推动新产品的产业化发展为目标，组织“高炉富氢技术”团队参与市场化激励机制。以产学研合作为手段，推动创新协同。与清华大学、北京科技大学、中科院等11所高校和科研院所开展合作研发项目近20项，牵头成立“工业智能化关键技术研发企业创新联合体”，共建智能、低碳技术研发与成果转化联合实验室3个。一批联合研发成果取得重大突破，其中“连铸凝固末端重压下技术开发与应用”荣获国家科学技术进步奖二等奖，“钢铁行业减污降碳协同控制关键技术与应用”作为冶金领域唯一项目入围“中国生态环境十大科技进展”。

（二）传统与新兴“两发力”，谋划布局做强做优做大

一是发力冶金传统核心主业，践行“钢铁强国”使命担当。中冶京诚以打造“具有超强核心竞争力的冶金建设运营最佳整体方案提供者”为目标，做精做强主责主业，提升产品核心竞争力。2023 年，核心业务取得重大突破，具有完全自主知识产权的气基直接还原铁装置在山西晋钢热试成功；自主设计制造的河南钢铁周口粗轧机为全球首套 5600 毫米厚板轧机，打破了国外供货商一枝独秀的局面，是当之无愧的当代“轧机之王”；防城港 3 号板坯连铸机打造世界最大规格双流板坯连铸机，彰显了国家队第一梯队强大核心竞争力。瞄准行业绿色低碳、极致能效等热点领域加大研发投入力度，着力培育未来产业，打造原创技术策源地。中冶京诚前瞻性系统布局绿色低碳科技研发，率先将氢能用于钢铁生产，实现了氢冶金关键核心技术创新的重大突破。2023 年，全球首例 120 万吨氢冶金示范项目实现连续生产，项目荣获 2023 年安永可持续发展优秀案例及评委会特别奖；在国际上首次开发出转炉烟气（800～200℃）余热回收技术，以颠覆性技术引领了转炉工序的科技革命，该技术入选《世界金属导报》“2023 年世界钢铁工业十大技术要闻”。

二是发力战略性新兴产业，加快数字智慧转型升级。中冶京诚围绕战略性新兴产业发展，聚焦智能化领域，强化数字孪生技术和工程化能力建设，加快应用大数据、人工智能等先进技术。2023 年，重新整合数字化、智能化业务，成立中冶京诚数字科技（北京）有限公司，打造中冶京诚数字化品牌，助力全行业数字化转型发展。研发的新一代数字化管控平台产品在华为总部发布，面向全球冶金、有色等工业领域展现新一代信息技术赋能传统工业制造数字化力量。围绕数据赋能，加快推进数字化建设与应用。深化数字化应用能力，优化工程数字化设计平台和物料编码平台，贯通物料编码从设计到采购的数据衔接，在乐钢1580热轧、达钢炼铁工程等项目示范应用。开展工程数据仓库建设，打造工程数据资产自动积累机制与能力，为工程业务数字化提升和数字化业务创新奠定基础。

（三）机制与人才“两深化”，持续释放企业活力和内生动力

一是深化市场化经营机制，激发创新创效动力。中冶京诚全面构建新型经营责任制，将契约化管理进一步延伸至子企业经理层、总部职能部门和二级业务部门负责人，签约户数和人数覆盖率均达到100%。通过聘任协议和业绩责任书，明确主要领导的任职考核指标和权重，强化责任担当，严格兑现奖惩，考核结果直接用于薪酬计算，提高经营层的活力。2023年中冶京诚人事费用率下降至8.61%，企业活力进一步显现。实施科技创新激励机制，充分激发科研人员的积极性、主动性和创造性。中冶京诚自实施重点科研项目市场化考核激励机制以来，已先后实施研发成果首台（套）奖励制、“揭榜挂帅”专项成果奖励制、创新专项奖励制等举措，近3年累计发生奖励超6000万元，科技成果转化额实现连年攀升，年平均增长率超20%。

二是深化人才队伍建设，加快打造科技创新国家战略人才力量。全面调整职级体系，构建七大序列24个职级的管理和技术双通道职级，形成多通道、多层次的岗位框架，进一步优化员工晋升通路、拓宽技术发展通道。员工职业发展目标更明确、路径更清晰，不把所有的人都吸引到“管理”一条路上，形成了崇尚技术的人才氛围。搭建以公司总工程师为技术带头人的总工程师体系，推动领军人才建设。2020以来引进专业领域高端人才6人、博士后15人，新增全国工程勘察设计大师1人、十二届中国金属学会冶金青年科技奖1人、亦城领军人才1人、亦城杰出人才2人，9

人获得冶金建设行业全国技术能手、中冶集团首席专家、中冶集团专业技术领域首席专家等称号。

三、改革成效

自2020年4月入选国务院国资委首批“科改企业”以来，中冶京诚纵深推进改革，不断激发企业发展活力，释放强大内生动力，打造成效显著的深层次优势，企业核心竞争力显著提高。在国务院国资委专项评估中取得2年“标杆”、1年“优秀”的成绩。

一是经营业绩持续攀升。2023年，中冶京诚实现营业收入188.4亿元，比2020年增长51.2%；利润总额6亿元，比2020年增长140.0%；全员劳动生产率57.61万元，比2020年增长43.6%。企业在高质量发展道路上加速前行。

二是前瞻技术研发不断突破。2023年，中冶京诚开展企业自主研发项目近百项，荣获中国专利优秀奖1项、省部级科技成果奖24项，有12项技术成果经权威组织和专家评价达到国际先进及以上水平，多项成果成为填补国际空白的引领性技术。

三是品牌影响力持续扩大。中冶京诚擦亮“冶金建设国家队”金字招牌，马来西亚东钢项目在央视《共同的建造》纪录片中播出，为公司塑造世界一流品牌形成良好宣传效果。2023年荣获102项省部级工程奖项，近3年在勘察设计企业工程项目管理营业额排名中稳居前列。

57

服务国家战略　优化布局结构　提升活力效率 为加快建设贸易强国注入强劲动能

五矿发展股份有限公司

一、基本情况

五矿发展股份有限公司（以下简称“五矿发展”）是中国五矿集团有限公司（以下简称“中国五矿”）所属上市公司，主要从事资源贸易、金属贸易、供应链服务三大业务，2018 年入选“双百企业”。五矿发展坚持以习近平新时代中国特色社会主义思想为指导，面对传统钢贸商转型难等严峻挑战，积极推进落实新一轮国有企业改革深化提升行动，扎实推动“双百行动”持续深化，以服务国家战略立题优化布局结构，以改革创新打破经营困局。连续 2 年蝉联国资委“双百行动”标杆企业，蹚出了一条特色鲜明的传统贸易物流企业改革突围的发展道路。

二、经验做法

（一）锚定“大贸易商”，切实发挥安全支撑作用

一是保供稳价，把好“源头关”。五矿发展受托管理并成功建设亿吨级五矿曹妃甸国际矿石交易中心，打通了从矿山采集到贸易保值、航运运输、码头储运、技术服务的产业链通道。自主研发的“五矿标准粉”于

2023 年 8 月在曹妃甸交易中心首次实现国产混矿与铁矿石期货交割，为打造铁矿石新型供应链作出了有益探索。多点推进港口集约式炉料基地项目，集成筹划选矿、筛分、冷压项目，围绕港口布局、连点成线推进铁矿资源保供，相关模式受到国家部委认可。

二是保通保畅，把好“流通关”。五矿发展打造多式联运平台，担当交通运输部“金属矿产多式联运一单制”试点，建立全国公铁水运输网络。海铁公联运项目入选国家第四批多式联运示范工程创建项目名单，三条示范线路累计货运量超 200 万吨，多式联运平台运单超 30 万单，累计操作货量超 3900 万吨。

三是建言献策，把好“标准关”。五矿发展积极响应国家部委专题调研，依托公司黑色产业链领军优势，多次参与国家政策研究、行业标准制定，承担 2 项国研专项课题，铬锰产业整合、废钢产业提级发展等建言献策专报被国务院国资委采用。

（二）发展“数字贸易商”，切实发挥产业控制作用

一是探索业务新模式、新项目。五矿发展将金融衍生品手段引入现货贸易，推出“远期固定价锁价”新模式，通过定制化方案为制造业、建筑业企业锁成本、降风险，平均降本率超 10%。加快废钢产业布局，在浙江衢州建设废钢业务专业化运营平台，废钢经营量大幅提升 70% 以上。

二是健全布局新区域、新网络。五矿发展在上海、海南、大湾区、西安等地布局新企业、新业务，融入国家区域战略布局，带动区域业务集约发展。持续健全海内外营销网络，公司在国内拥有分销公司、加工中心、物流园区、口岸公司等形式的营销、物流网点近百个，覆盖全国大部分地区。广泛参与国家雪车雪橇中心、北京大兴国际机场、港珠澳大桥等国家重点工程项目建设，2020 年以来累计为 200 余家建筑业和制造业企业配送钢材逾 2000 万吨，成为国内工程配供业务“领头羊”。所属及受托管理的海外企业遍布亚、欧、美、大洋洲等多个国家和地区，业务辐射全球，形成了海内外一体、全球化运作的营销网络，中国港澳地区钢材业务市场占有率稳步提升，韩国螺纹钢市场流通份额名列前茅，助力畅通国内国际双循环。

三是数智驱动新平台、新服务。五矿发展采用“分布式、微服务、容器化”的云原生技术架构打造电子竞拍平台，以160+人次/秒的峰值访问量圆满完成国储局资源竞价服务，获得发改委及国储局高度评价。自主研发“数码仓”仓储系统并成功应用，所属3家物流园获评“全国数字化仓库标杆”。建设打造NOS系统，实现了上游端与川威、陕钢等钢厂，下游端与宝冶等客户的全面打通，内部有效对接仓储、运输系统，为实现交易、仓、运场景贯通奠定坚实基础。规划建设以风控、运营系统、数字指挥中心为基础的数字化企业大脑，覆盖262个场景、663个要素、1283个体征。量化划分风险层级，构建价格预测模型，助力大宗商品企业有效抵御大宗商品价格剧烈波动，规避重大风险事件。

（三）打造“新型贸易商”，切实提升企业治理水平

一是打造党建引领新局面。五矿发展坚持党的领导融入公司治理，区分党委前置研究讨论和党委决定事项，确保党委“总揽不包揽、到位不越位”。根据子企业不同情况，差异化制定“三清单一流程”，厘清各治理主体权责边界，实现“清单在手、流程清晰、简明高效”。坚持党建工作融入生产经营，打造党建“子品牌”“子行动”，党建经营融合攻关课题118个，规范化体系化创建党员示范岗187个，设立党员责任区96个，组建党员突击队90支、党员服务队79支，构建“一党委一品牌、一支部一特色”立体品牌矩阵。

二是打造治理结构新模式。五矿发展各级子企业全面实现董事会应建尽建和外部董事占多数。选派德才兼备、懂管理会经营的核心骨干担任董事，选派9名管理型、经营型人才任专职董事。规范设立专门委员会，2023年召开18次专委会，听取或审议议题、报告45项，充分发挥专委会作用。构建科学有效的董事会评价体系，荣获中国上市公司协会“2023年上市公司董事会最佳实践案例”“2023年上市公司董办最佳实践案例”“上市公司董事会最佳实践案例”。

三是打造经营机制新亮点。五矿发展实现任期制与契约化管理全覆盖，所属及受托管理的84家法人企业全部完成“两书”签订，并向分公司、事业部等经营单元延伸。明确6种考核不胜任退出领导岗位的情形，对业绩较差的单位，按5%～10%的末等比例强制分布，针对不同情形给予约谈、降级、退出处理。2021—2023年，竞聘上岗117人，管理人员退出119人，员工市场化退出525人。优化浮动薪酬激励方案，引入“递延支付增强约束性”，根据不同岗位递延年度绩效薪酬的25%～30%，有效激发全员活力，2023年人工成本利润率达到86%。探索丰富公司中长期激励手段，制定直管企业全周期激励计划，创新性引入基准值、门槛值、目标值等概念，建立与激励对等的约束机制，形成长期绑定的利益共同体。

三、改革成效

一是经营业绩跨越攀升。面对国内外不利因素和严峻的行业挑战，五矿发展保持战略定力，坚持“稳字当头、稳中求进”主基调，不断强化资源获取，积极拓宽销售渠道，持续优化业务结构，数字化转型有序推进，全产业链全要素综合服务能力持续提升，业务结构及资产质量进一步优化，高质量发展根基持续夯实。

二是行业竞争力持续改善。五矿发展重点商品市场份额位居流通领域第一梯队，公司及受托管理企业铁矿石经营量突破5000万吨，铬矿贸易量、锰系经营规模位居全国前列，钢材经营量迈上千万吨台阶，物流服务量稳步提升。积极投身物流大通路建设，成功入选商务部等部委现代流通企业全球竞争力培育“领军企业”、年度内外贸一体化经营“领跑者”名单。铁、锰、铬产业链关键环节有效卡位，曹妃甸、废钢等重点项目、钢铁业务制造业终端转型有力推进，数字化转型提档升级。企业安全支撑力、产业控制力、科技创新力显著强化，行业竞争力较3年前有较大提升。

三是发展之声越发洪亮。五矿发展连续2年获评国务院国资委“双百行动”标杆企业，改革经验案例在国务院国资委网站、《人民日报》、《党建》杂志、《工人日报》等国家级媒体刊发，荣获一项全国党建创新优秀案例，获评国务院国资委优秀品牌故事等一批重要奖项，ESG管理连续2年荣获中国上市企业协会ESG优秀实践案例，立体打造高质量发展示范品牌。

58

用思想政治工作凝心铸魂聚力 为机床板块高质量发展提供坚强思想保障

通用技术集团机床有限公司

一、基本情况

通用技术集团机床有限公司（以下简称“机床公司”）是中国通用技术（集团）控股有限责任公司（以下简称“通用技术集团”）与天津市共同出资成立的央企机床板块一体化管控平台，统筹管理9家研发制造单位，包括机床研究院、沈阳机床、沈机股份、大连机床、齐二机床、哈量公司、天津一机、昆明机床、天锻公司。机床公司所属各企业均有65年以上的发展历史，涵盖了建国初期我国机床行业“十八罗汉”中的7家企业，现有员工1.2万人，已初步构建起包括重型数控机床、精密超精密数控机床、数控系统和关键功能部件在内的较为完整的产业体系。机床公司以服务国家战略为导向，积极组织推动技术创新，持续提升产业整体发展质量，全力完成产业转型升级，自2021年以来连续成为金属切削加工机床领域规模最大的企业。机床公司不断推进新型工业化建设，坚决落实通用技术集团党组工作部署，将思想政治工作看作是国有企业的“传家宝”和生命线，公司党委在推进机床板块企业重组整合过程中，坚持加强和改进党的思想政治工作，确保改革重整始终坚定正确政治方向，有效推动板块企业在思想、管理、形象等方面发生深刻变化，有力激发健康发展的内生动力。

二、经验做法

（一）强化政治引领，引导干部职工听党话、跟党走

机床公司党委牢牢把握学习贯彻习近平新时代中国特色社会主义思想主题主线，切实发挥思想政治工作的强大力量，教育干部职工把认识和行动统一到党中央决策部署上来，更加深刻理解加快发展高端数控机床是以习近平同志为核心的党中央作出的重要战略部署，更加充分认识企业深化改革对加快实现工业母机领域科技高水平自立自强的重大意义。

一是抓住“关键少数”。机床公司不折不扣落实“第一议题”，以主题教育为契机，扎实组织开展读书班、中心组学习，坚持读原著、学原文、悟原理，专题学习习近平总书记关于科技创新、产业链建设、人才队伍建设、发展国有经济等方面重要论述，按照四项“有没有”标准狠抓贯彻落实，推动党员干部自觉把思想和行动统一到党中央决策部署上来。

二是发力“最后一公里”。机床公司抓实基层党组织理论学习，落实班组建设“五个一”，利用“三会一课”、主题党日、班前会、微党课等机制载体学习宣传党的创新理论。

三是聚焦“重要节点”。机床公司围绕习近平总书记视察沈阳机床十周年，组织板块各级党组织开展习近平总书记重要讲话精神再学习再落实再提升主题活动，将其作为重大政治任务精心策划、深入部署，围绕“四方面”制定并落实 17 项措施，确保再学习有行动、再落实有抓手、再提升有成效。通过思想政治工作“铸魂”，板块广大党员干部职工的政治站位显著提高，思想认识更加统一，服务国家战略的使命感、责任感、紧迫感显著增强。

（二）增进思想认同，汇聚机床产业高质量发展向心合力

机床公司党委牢记思想政治工作是做人的工作，在企业重组整合中，坚持把重点放在统一思想、凝聚共识上，积极塑造共同的思想文化和价值取向，不断增进干部职工对企业改革发展的支持，对集团企业文化的认同。

一是重塑企业使命愿景。机床公司推动通用技术集团企业文化核心内容和“分领域构建世界一流”愿景宣贯，实现机床板块全覆盖。2023 年以来板块企业组织国企开放日 22 场次，邀请职工家属、合作伙伴、应届毕业生走进企业、感受机床，广大职工的文化认同感有效增强，职工家属的支持度大幅提高，行业和社会的认可度显著提升。

二是赓续产业红色血脉。机床公司坚持文化自信带动发展自信，梳理集团机床产业光辉历史，建设企业展览馆、劳模大道、奋斗者大道，树立起以马恒昌小组精神为代表的文化旗帜，和集团党群部开展“马组”精神课题研究，评选表彰 20 个“新时代马组式班组”，赓续机床产业文化根脉，赋能企业改革创新发展。

三是培育选树先进典型。机床公司大力弘扬劳模精神、劳动精神、工匠精神，涌现了聂应新、严昊明等一批科研骨干，培养了马兵、徐宝军、马树德等一批大国工匠，选树了段广游、桑会庆、付海超等一批青年技术能手，挖掘了一大批员工身边叫得响、立得住的典型，让见贤思齐成为风尚。通过以思想政治工作“凝心”，板块企业由长期亏损到整体扭亏，科技创新能力显著增强，经营质量和管理效能明显提升。

（三）坚持服务大局，为企业改革发展营造良好舆论氛围

机床公司党委注重把思想政治工作融入主题宣传、成就宣传、典型宣传，不断提升新闻宣传影响力、公信力，把板块干部职工的站位提起来、士气鼓起来、干劲带起来，为机床板块深化改革、经营发展营造正向良好

的舆论氛围。

一是关注思想动态。机床公司聚焦科技人才、产业工人、团员青年等开展思想动态调研，及时了解重点群体诉求，职工群众答疑解惑，帮助解决工作生活中的实际困难。板块各级党委依托主题教育广泛征求干部职工和班组成员意见建议330余条，及时梳理汇总、深入调查研究，并积极采纳推动高质量发展。

二是加大正面宣传。机床公司坚持弘扬主旋律、壮大主流舆论，聚焦党的二十大等重大事件开展宣传“守初心”；围绕科技领军人才、大国工匠等先进典型做好宣传“聚民心”；策划《通用时代》机床专刊等成果成就宣传“强信心”，全方位、多角度展示产业发展新面貌。

三是强化品牌传播。机床公司聚焦第二届全国职业技能大赛、北京国际机床展、世界智能大会等重大赛事、展会开展品牌传播，以全新形象展示机床产业科技创新成果，“通用技术”品牌在机床行业的影响力和引领力显著增强。通过以思想政治工作“聚力”，机床板块聚起“一群人、一件事、一条心、一起拼、一定赢”的精神力量，广大干部职工的精神面貌焕然一新，干事创业劲头空前高涨。

三、改革成效

机床公司党委把坚持不懈推动思想政治工作同生产经营、科技创新、人才培养等中心工作有机融合，有效激发企业内部生机活力，解决了一系列长期想解决但未能解决的企业治理棘手问题，推动板块企业发生深刻变化，2023年服务关键领域实现营业收入同比增长25.5%，中央企业“三个作用”不断彰显。机床公司充分发挥思想政治工作统一思想、凝聚共识、鼓舞斗志、团结奋斗的重要作用，加大关键核心技术攻关力度，大力推进产品高端化、智能化、绿色化，加快实现高水平自立自强，推动产业链现代化。针对航空、航天等关键领域，攻克多项关键技术难题并实现国产化替代，服务制造强国能力显著增强。机床公司真正把国有企业的政治优势、组织优势、群众优势有效转化成改革发展的胜势。机床公司坚持“以人为本”，持续提升整体薪酬水平，职工群众一系列“急难愁盼”问题得到解决，干部队伍精神面貌焕然一新，职工幸福感、获得感、满意度不断提升。依靠坚强的思想保障持续为机床产业高质量发展提供强大的精神动力，在加快建设世界一流高端机床装备企业的征程上迈出坚实步伐。

59

以创新为源动力　推动绿色产业蓬勃发展

中建三局绿色产业投资有限公司

一、基本情况

中建三局绿色产业投资有限公司（以下简称“绿投公司”）成立于2016年，是中国建筑集团有限公司（以下简称“中国建筑”）全资三级子企业。绿投公司注册资本金15亿元，拥有员工1200名，青年科技人才占比超80%。绿投公司践行央企使命，紧跟国家“两山”理念和“双碳”战略，秉持“政策导向、技术引擎、投资带动、产业赋能”发展理念，立足“科技型绿色产业投资运营公司”定位，着重拓展生态环境、新能源与储能、绿色片区开发等业务领域，实施了湖北省规模最大、技术含量最高的水务项目——黄孝河、机场河水环境治理PPP项目，以及全国首个深层污水传输项目——大东湖深隧项目等标杆项目。绿投公司先后获评中国水业市政环境领域领先企业，湖北省文明单位、科技进步一等奖、高新企业技术中心、五一劳动奖状，武汉市优秀企业等百余项荣誉。2022年绿投公司入选国务院国务院第二批“科改企业”，在2022年度考核评价中获评“标杆”等级。

二、经验做法

（一）布局战略性新兴产业赛道，抢抓发展机遇

一是发力战新赛道。绿投公司在拓展水务水利业务基础上，抢抓新能源业务发展机遇，发布碳达峰行动方案，成立新能源与储能研究院，着力基地开发、输电通道、储能建设。新设山东、安徽、西部清洁能源、武汉新城四大营销平台，抢抓渤海经济区、长江经济带新能源项目机会。2023年落地重庆栗子湾抽水蓄能、山东寿光光伏等多个大型新能源项目。

二是攻关战新技术。绿投公司联合科研院所，探索资源循环-能源自给的未来污水处理新工艺。研发多元要素湖泊生态健康评价模型，构建湖泊生态状况健康评价体系；创新城市流域典型水系统-碳足迹的二元核算技术。推进高水头三机式抽水蓄能机组水力耦合设计国产化软件平台，奋力抢抓前沿技术制高点。

三是打造战新生态。绿投公司建立生态能源环保供应链一体化数据中心，打造“采购交易＋内控管理”智能平台，实现资源共享互通、数据关联应用，构建“亲清共赢”的供应链生态圈。建立以项目为中心的集采资源地图，建造、运营集采供应商“一键选用”，资源“炮火”呼之即来。

（二）完善科技创新体系，厚植发展动能

一是推行科技体制机制创新。绿投公司制定科技成果转化实施细则，打通技术创新、成果推广和产业发展一体化路径。发布科研项目虚拟跟投实施细则，以管网机器人产品试点“虚拟跟投”，给予研发及推广团队职务晋升、职级提拔和奖金分配优先权，2023 年团队 8 名骨干成员获得职务晋升。发布科学技术专项奖励细则，调动广大科技人员的积极性和创造性，充分激发科技创新潜能，2023 年发放科技成果专项奖励 396 万元，同比增长 48. 2% 。

二是建设高能级科技创新平台。绿投公司与哈尔滨工业大学筹建国家级科技创新平台——城乡水资源与水环境全国重点实验室，围绕国家“双碳”战略，开展面向未来的低碳污水处理技术、河湖水生态治理及城市供水安全等方向核心技术攻关。获批河南省工程研究中心、湖北省工程研究中心2个省部级科创平台，助推新型建材及低碳建造产业技术升级。

三是打造高端科技创新“外脑”。绿投公司聘任任南琪院士为首席专家，签约王超院士进入院士工作站，与王浩院士及夏军院士建立战略合作，柔性引进国家级高层次人才14名、省部级高层次人才17名，打造高端外脑专家库。全年开展院士专家“进市场、进生产、进科研”活动10余次，高水平外脑专家全面赋能公司生产经营成效明显。

（三）完善现代企业治理，筑牢发展根基

一是进一步明确党委把关定向职责。绿投公司修订决策制度及清单，完善优化党委决定事项87项、党委前置研究事项61项，确保党委“总揽不包揽、到位不越位”。2023年绿投公司党委前置讨论投资拓展、薪酬激励、机构调整等重大经营议案46项，充分发挥党委“把方向、管大局、保落实”作用。同时进一步推进党业深度融合，各级党组织全覆盖式签订《党建工作责任书》，明确经营业绩指标完成情况考核比例，将履行党建工作责任制与领导班子薪酬绩效考核直接挂钩，切实推动党建、经营双重责任上肩。

二是进一步推进董事会高效运行。绿投公司加大董事会授权决策力度，动态优化执董会决策事项12项、总经理办公会决策事项31项。组织外部董事前往大东湖等项目实地调研，摸清项目实情，为项目履约和企业发展决策提供支撑。针对董事会各项决策部署，研究制定实施方案和推进计划，强化跟踪督办，决策事项结项率达98%。开展“三重一大”决策事项后评估，推动董事会规范高效运行，董事会运行评价在中建三局“应建”子企业中排名前三。

三是进一步扛稳担实主体责任。绿投公司成立党风廉政建设和反腐败工作领导小组，建立党委和纪委会商机制，定期分析研判反腐败工作形势，推动党风廉政建设与业务工作同部署、同落实。扎实推进“清廉绿投”走深走深，广泛开展党风廉政宣教工作，两级党组织书记带头开展“一把手”集体廉政谈话，覆盖全员开展警示教育80余场，廉洁文化进“黄孝河运营项目”获评上级单位优秀成果一等奖。

（四）提升干部队伍活力，激活发展引擎

一是强化干部选拔任用导向。绿投公司将“争先品格、拼闯状态、严实作风”的一贯表现纳入选人用人标准，全年任免干部51人次。开展中层竞聘10次，选拔23名业绩好、状态佳的干部。主要岗位干部“85后”“90后”占比分别提升至60%、10%，干部队伍年轻化程度逐步提高。

二是健全人才培养体制机制。绿投公司打造“碧波领航”全周期人才培养体系，创新升级分级分类培训管理模式；举办“领航帅才”成长营3期，识别29名年轻骨干，配备赋能导师与内外部教练，为期半年开展“一对一”辅导，产出实践成果200余项、攻关课题报告3份，为培训标准化、项目化运作打下坚实基础。全面启动专业序列建设，搭建委员候选人积分评价模型，成立投融资等6个专业委员会，明确11类32项履职清单，靶向提升业务系统专业化水平。

三是加大业绩靶向激励力度。绿投公司强化“奖金是挣来的”理念，完善专项奖励分配机制，梳理22项专项奖名目库，明确奖励范围。发布实施职级向一线倾斜等激励举措6项，吸纳43名优秀人才转入市场营销系统。拉大不同等级兑现差距，将经理层薪酬水平、任期激励水平与考核结果挂钩，两级经理层成员绩效奖金差距均达2倍以上，业绩和状态导向更鲜明。

三、改革成效

一是发展质量显著改善。绿投公司2023年完成营业收入137亿元、实现利润总额4.2亿元，分别同比增长30%和46%，均达到企业历史增速最高水平。人均利润同比增长10%，高于行业平均分位。“一利五率”指标实现“一增一稳四提升”，企业发展呈现量质齐升、速效兼取的良好态势。

二是科技实力显著提高。绿投公司申报国家科技进步奖2项，斩获省级科技进步奖9项。近3年授权发明专利236项，发布标准76项，20余项科技成果达到国际先进及以上水平，4项技术成果入选中建集团碳达峰碳中和先进科技成果，深隧关键技术成功入选“科创中国”榜单，淡水生物水质技术荣获国家生态环境部科学技术奖。

三是品牌影响显著增强。绿投公司成功获评“国家高新技术企业”，首次获评湖北省国有企业示范基层党组织称号，获省级专精特新、创新型中小企业等重磅荣誉，荣获“2023生态环境保护优秀企业品牌”，“黄孝河机场河流域智慧管控平台”入选2023年智慧水务典型案例，企业品牌影响力和行业话语权显著增强。

60

坚持“两核牵引” 强化“两级联动”
蹄疾步稳实施改革深化提升行动

中国储备粮管理集团有限公司辽宁分公司

一、基本情况

中国储备粮管理集团有限公司辽宁分公司（以下简称“辽宁分公司”）是中国储备粮管理集团有限公司（以下简称“中储粮集团”）派驻辽宁的区域性管理机构，下辖 18 家直属库、27 家分库，具体负责辽宁辖区中央事权粮油的经营管理。截至 2023 年底，辽宁分公司在岗员工 1117 人，管理人员 289 人。近年来，辽宁分公司牢牢把握中储粮集团公益类企业功能定位，紧扣“安全支撑、科技创新、产业控制”三个作用发挥，坚持以“增强服务保障粮食安全核心功能、提升企业核心竞争力”为牵引，强化“分公司和直属库”上下两级联动，以体制机制性改革支撑功能使命性改革，突出重点、攻克难点、打造亮点，系统实施改革深化提升行动，推动企业高质量发展再突破、上台阶、谱新篇。

二、经验做法

（一）深化功能使命性改革，塑造高质量发展新优势

一是建设强大的储备实力。辽宁分公司立足主责主业打基础、谋发

展、固根本，统筹考虑港口物流区、粮食主产区、加工企业聚集区优势，重点在锦州、盘锦、丹东、铁岭等重要节点加大储备布局，全力推动实施基础设施大建设、大改造、大提升。启动百万吨级建仓工程，3 个建仓项目顺利完工装粮，9 个建仓项目全部开工，打造一批“仓储 + 物流 + 加工”粮食生态共同体，保供稳链能力和储备管理实力显著提升。统筹考虑仓容使用和建仓规划，高效落实国家储备政策，积极承担中央政府储备收储任务，调节市场、畅通循环能力实现新的突破。

二是健全精益的管理模式。辽宁分公司实施仓储精益管理提升行动，深化“标杆库”创建，14 家直属库完成创建任务，达标率 78%，位居中储粮系统首位。分级优化包仓责任制实施方案，健全完善“数量、质量、管理、安全、费用、廉洁”为主的包仓体系，包仓范围从静态保管环节向出入库动态环节延伸，与全员业绩考核紧密挂钩，严格兑现奖惩，节粮减损效果显著。2023 年，保管损耗同比降低 10%。加强全流程食品安全管控，优化库存质量管控指标，开展储粮管理重点业务流程再造，完善《辽宁分公司中央储备粮出入库业务流程》，提升出入库业务规范化、标准化水平。完善两级监督检查体系和专项巡查制度，配备 3 名专职巡查专员，严格落实春秋两季库存检查和日常监督检查，做到不同性质、品种、年限粮食年度检查全覆盖。2023 年，辖区中央储备粮质量达标率、品质宜存率、食品安全指标合格率保持在 100%。

三是优化高效的调控机制。辽宁分公司深化轮换购销协同运营机制改革，充分发挥储备轮换衔接产销两端作用，建立辽宁地区粮食行业定期对话交流机制，加强与有关部门及大型粮食加工企业协同配合，实现信息共享、优势互补、深化合作，打造合作共赢的粮食生态圈。积极适应粮食市场形势，完善租仓储粮管理机制，更新完善交易细则，有力有序落实国家粮食收储政策，购销效率进一步提升，玉米单日最高收购量达 2 万吨。

四是打造领先的储粮科技。辽宁分公司推进18家直属库全面完成“智慧粮仓”建设项目，通过物联网新技术、智能化新设备、人工智能新算法，对粮食入库、检斤、检验和仓储等业务环节实施数字化智能化升级，实现粮食收购入库全流程可视化监测和“穿透式”风险预警。扩大远程监控平台覆盖范围，开展线上平台巡查50余万次，粮食储存实现全口径在线监管。加快推动产学研深度融合，辖区直属库联合属地高校、粮机制造厂家，组建产学研技术创新战略联盟，积极推进适用性储粮技术升级、仓房设备智控改造等关键技术攻关，累计获发明专利10项。全面推广应用绿色储粮技术，中央储备粮内环流控温、稻壳压盖、空调控温技术覆盖率达100%，损耗率低于国家标准0.3个百分点。

（二）深化体制机制性改革，激发垂直管理体系新活力

一是深化轮换购销集中运作。辽宁分公司强化“统”的能力，完善轮换购销中心运营管理实施细则，合理设置轮换决策小组和轮换购销中心职能，建立“扁、平、快”的轮换购销决策机制；发挥“分”的功能，根据直属库资源禀赋、地理位置，突出竞争优势，划分功能区域，分区域制定购销策略和指导价格。完善轮换购销考核机制，对轮换购销中心及直属库进行双向价差考核。2023年，通过总经理专项基金对轮换购销效益排名前五的直属库进行奖励，充分调动两个层级工作积极性。

二是健全“大财务”管理体系。辽宁分公司在分公司层面成立财务集中管理中心，设置全面预算、税收管理、内控建设、制度建设、档案管理5个专项工作组，对辖区财务工作实现全面管控。强化预算目标确定与执行，探索实施“全员、全系统、全价值链”全面预算管理2.0新模式，建立经营管理业务数据库，“量体裁衣”确定预算目标，实行“月度预警、季度控制、年度刚性执行”，充分发挥预算统领和管控作用。强化核算标准与质量提升，优化会计核算、财务管理标准化清单，建立经济运行基础数据库，对库存数量、轮换进度、库外储粮、补贴计提等进行动态跟踪。强化资金管理与风险控制，推广应用中储粮司库系统，严管账户、严格上存、严管理财、严格监控、严加内控，筑牢资金安全根基，充分发挥财务“管理＋服务”保障功能，企业运营成本得到有效控制。2023 年，资产负债率保持在 33.5%，低于中储粮系统平均水平 6.3 个百分点；业务量同比增加 3%，吨粮费用同比下降 3.5%。

三是完善有为有位的人力资源管理体系。辽宁分公司全面实施岗位价值评估，形成“两头小、中间大”的三类九级岗位体系，以价值创造为导向，综合地方差异、储粮规模、管理难度等因素，建立差异化宽带薪酬分配体系。实行全员绩效考核，覆盖率达 100%，绩效考核 A 级与 C 级员工绩效奖金差幅最高达 15% 以上。将专业技术和技能等级与竞聘上岗资格关联，辖区开展管理人员竞争上岗企业户数占比达 100%，新任管理人员竞聘上岗比例达 100%，新增 30 岁左右副科级干部 27 人、35 岁以下正科级干部 14 人，落选退出 6 人。全覆盖实行经理层成员任期制和契约化管理，设计个性化的考核指标、业绩目标和薪酬标准，明确考核结果与奖惩挂钩规则及“双 70%”等 8 种不胜任退出情形，考核结果强制分布。2023 年，辖区管理人员退出比例达 9.7%。

三、改革成效

一是储备管理能力实现新跨越。辽宁分公司正式投入使用和在建仓容超过 100 万吨，辖区标准仓容同比增长 5%。高效落实中央储备建设任务，辖区中央事权粮食规模进一步增长。在岗职工人均粮食保管量位居中储粮系统前列，储备服务调控基础更加牢固。推广应用绿色储粮新技术，实现“安全储粮”向“绿色优储”转型，更好满足人民群众对绿色、安全、优质粮食产品的需求。

二是集中运作能力实现新突破。辽宁分公司辖区2023年度中央储备粮轮换计划当年完成率达100%，序时进度同比快25个百分点，辖区直属库轮换创效全面提升，吨粮创效较上年增加54元，储备粮轮换实现质的突破。通过储备粮轮换及落实粮食调控政策，积极开展收购工作，有效保护农民种粮积极性，助力辽宁乡村振兴。

三是企业高质发展实现新目标。"三项"制度改革全面激发了辽宁分公司活力动力，企业上下干事创业氛围空前浓厚，精神面貌焕然一新，呈现出蓬勃向上的崭新局面。2023年，全员劳动生产率同比提高8%，高于中储粮系统平均水平9%。预算执行效率和管控水平显著提升，提质增效、降本增效成果显著，全年实现营业收入51.63亿元，实现利润总额1.95亿元，超额完成年初预算目标，实现"三连增"，企业发展态势持续向好。

61

凝心聚力抓改革　破解难题促发展 高质量推进改革深化提升行动

中国储备粮管理集团有限公司新疆分公司

一、基本情况

中国储备粮管理集团有限公司新疆分公司（以下简称“新疆分公司”）是中国储备粮管理集团有限公司（以下简称“中储粮集团”）派驻的区域性管理机构，成立于2000年9月。受中储粮集团委托，负责管理新疆维吾尔自治区及新疆生产建设兵团辖区内的中央事权粮油，对中央储备粮直属企业实行人、财、物垂直管理。辖区共有16个直属库，现有员工682人、管理人员199人。

作为中央驻疆企业，新疆分公司坚持以习近平新时代中国特色社会主义思想为指导，牢牢把握新时代新征程国资央企的新使命新定位，以服务国家粮食安全战略为导向，以提高核心竞争力和增强核心动能为重点，围绕国有企业改革深化提升行动决策部署和中储粮集团改革工作要求，统筹做好领题、破题、解题“三篇文章”，蹄疾步稳实施改革深化提升行动，在公司上下形成了主动谋改革、全面抓改革的良好氛围。

二、经验做法

（一）强化顶层设计，“主动领题”谋划改革路线图

一是坚持思想引领先行。新疆分公司深入学习领会习近平总书记关于

国有企业改革发展和党的建设的重要论述精神，深入贯彻落实习近平总书记对中储粮工作的重要指示批示精神和新时代党的治疆方略，第一时间召开党委会，认真学习研讨中央方案，准确把握核心要义和精神实质。各部门负责人、改革相关人员反复研读《辅导百问》，确保学深悟透、入脑入心，不断增强抓好改革促发展的思想自觉、政治自觉和行动自觉。

二是坚持巩固深化改革。新疆分公司以“创新”为主题召开干部员工大会，把创新理念贯穿于全年重点工作，持续释放“改革只有进行时，没有完成时”的强烈信号。深入开展改革三年行动总结工作，提炼形成一批重要经验和标志性成果，认真分析研判新征程新形势新要求，强调新一轮改革既要全面承接党中央要求和中储粮集团“二次创业”目标任务，也要紧密结合新疆分公司实际，全面系统做好顶层设计，为改革顺利起步争取了主动。制定《新疆分公司对标世界一流企业价值创造实施方案》《新疆分公司“二次创业”重点任务清单》，明确改革目标任务，推动国企改革三年行动和新一轮改革无缝衔接。

三是坚持科学准确定位。新疆分公司主要负责同志、分管改革工作负责同志多次召开专题会议研究部署实施方案和工作台账编制工作，认真梳理制约企业发展瓶颈和堵点问题，明确改革深化提升行动目标，逐项研制针对性工作举措。结合主题教育“大走访大调研大服务大解题”活动，广泛听取基层一线改革意见建议，研提一批具有全局性、引领性改革任务，并提出落实具体路径，实现普适性、规定性动作全面承接、全面覆盖，确保“集团有要求，分公司有行动”。

（二）靶向重点任务，“精准破题”写好改革大文章

一是聚焦做强做专主责主业。新疆分公司聚焦提升粮食储备安全保障能力目标，以推进仓储精益化管理为牵引，深入开展2022年度标杆库评选和“标准化示范库”联合创建，推动中心库和分库6S对标管理、同步提

升。综合运用考核评价、责任分解、费用统计、数据分析“四张大表”，抓实包仓制五个关键环节，与全员业绩考核挂钩，优化完善质量管控体系，深入推进“三小”创新成果转化运用，结合扩容增储加快仓储设施项目建设，全方位夯实“两个确保”基础。聚焦全力稳住粮食市场稳定“基本盘”目标，积极应对市场供大于需的矛盾，全面落实2023年中央储备小麦跨省轮入和一次性储备玉米转储任务，大力推进国家临储小麦去库存，持续提升一手粮源掌控力，全年累计签订农业订单约60万亩。

二是聚焦做好做实集中运作模式。新疆分公司围绕高效发挥分公司“统一决策+集中运作”、直属企业“参与决策+高效执行”的作用，持续深化轮换购销中心和财务集中管理中心建设。坚持系统思维，着力打造轮换购销中心“升级版”，建立健全“稳、准、快”分析决策机制，强化粮油市场信息采集和分析，打造以“价格监测快报、市场快讯、综合市场分析报告”为主要内容的新疆特色信息产品，采取点面结合、高效联动方式，“一库一情、一库一策”差异化督导，探索开展“直属库+种业公司+农户+银行”的订单合作新模式，确保系统上下协同、步调一致、同向发力，不断增强产业链供应链韧性。落实好财务集中运营的新举措，强化分公司对辖区全面预算的统领和管控作用，围绕关键指标加强预算执行分析与管控，发挥财务管理服务主责主业作用；对直属库核算业务进行集中规范化处理，提升工作效率和会计信息质量；加强辖区财务资源统筹调配与集约化配置，强化财务监督与风险预警，推动财务管控转型升级。

三是聚焦健全市场化经营机制。新疆分公司制定“3+1+N”的三项制度改革方案，即“三能改革目标+1个考核评估体系+N条实施方案”，稳妥有序推进各项改革任务落实落地。全面实施经理层契约化管理，划定责权利，突出刚性考核奖惩，对于年度经营业绩考核未达标的，实行末等调整、不胜任退出。优化绩效考核体系，强化价值导向、业绩驱动，科学合理设置直属企业管理难度系数，建立难度系数与薪酬标准挂钩、薪酬兑现与业绩考评挂钩、干部员工绩效与企业业绩挂钩的“三挂钩”机制，激发企业发展内生动力。

（三）有力推动落实，“高效解题”抓出改革成绩单

一是抓牢责任链条，激发改革动力。新疆分公司健全分公司党委统筹、综合部门协调、各部门条线推进、各直属企业强化落实的工作体系。创建“持续对标、系统谋划、分层推进、树标赶标、联合查评”五步工作法，绘就了包括8个方面、32项改革任务、114项改革举措的立体化改革“施工图”。推动各级单位建立“军令状”制度，“一把手”亲自挂帅出征，亲自督战，层层传导改革压力，层层拧紧责任链条。

二是抓紧学习宣贯，提高改革能力。新疆分公司开展重要讲话常态学，及时跟进学习习近平总书记关于国有企业改革发展和党的建设的重要论述，落实“第一议题”制度，以及党中央、国务院有关改革工作部署。2023年以来，开展改革专题学习10余次，党委会、总经理办公会等研究改革议题30余项，实现“传达学习—研究部署—贯彻落实—跟踪督导—报告反馈—调查研究”管理闭环。将学习重要论述纳入干部职工教育体系，持续加强集中培训和政策研究，促进学在经常、融入日常，推动干部职工参与改革、支持改革、拥护改革。

三是抓实督导机制，强化改革执行力。新疆分公司坚持把“效益有改善、员工有获得感、企业发展可持续”作为检验改革成效的重要标尺，按季度动态跟进改革进展情况，实施清单式管理、销号式推进，结合年度重点工作任务，每月确定1～2个专题提出具体安排，做到常态化督任务、督进度、督成效。完善信息通报、宣传引导机制，深入挖掘辖区优秀改革实践案例，复制推广典型经验，传播改革好声音。

三、改革成效

一是仓储精益管理取得新成效。2023 年，新疆分公司辖区 6 家直属企业获评中储粮集团 2022 年度“标杆库”，较 2022 年同比增长 200%。奇台直属库通过国家粮食和物资储备局新疆局和新疆分公司正式验收并成功挂牌，实行今后 3 年年度考核免检。深化落实包仓管理责任制，严格考核奖惩，包仓保管员责任意识、合规意识、费用管控意识明显增强，仓储保管可控费用下降 10% 以上。

二是集中运作管理取得新突破。新疆分公司加大粮油市场信息采集和分析体系建设，多措并举统筹做好轮换购销工作，高质高效完成全年轮换计划，2023 年轮换创效成绩位居系统前列。“中储粮与新疆农户签署 35.32 万亩粮食订单案例”被国家农业农村部采纳。主要经济指标稳步向好，全年累计实现营业收入 29.8 亿元，完成预算的 103%；剔除政策性亏损后利润总额为 5912 万元，完成全年预算目标的 114%。

三是三项制度改革成效显著。新疆分公司建立了“以岗定薪、按绩取酬、岗变薪变”的考核分配体系。任期制契约化管理实现户数和人数全覆盖，新员工公开招聘比例、全员业绩考核覆盖率达到 100%，管理人员竞争上岗比例为 100%，管理人员退出比例为 14.8%，员工市场化退出比例明显改善，公司经营水平和发展质效不断提升。

62

重创新　增动力　强产业
加快建设世界一流钾肥企业

国投新疆罗布泊钾盐有限责任公司

一、基本情况

国投新疆罗布泊钾盐有限责任公司（以下简称“国投罗钾”）是国家开发投资集团有限公司（以下简称“国投”）所属在疆企业，属于国投民生健康业务和基石产业，主要从事硫酸钾肥的生产销售及盐湖资源的综合利用开发，是世界最大的硫酸钾生产企业和世界最大的硫酸钾肥生产基地，改变了我国钾肥长期依赖进口，受制于人的格局，有效缓解了我国钾肥供应短缺的局面，保障了国家粮食安全和钾肥可靠供应。国投罗钾是国家高新技术企业、国家技术创新示范企业、国家制造业单项冠军示范企业、新疆维吾尔自治区产学研联合开发示范基地，拥有国家认定企业技术中心，先后两次获得“国家科技进步一等奖”，并获得“第四届中国工业大奖”。

近年来，国投罗钾锚定“世界一流钾肥企业”战略目标，以“科改行动”为契机，发扬“罗钾精神”，秉承与生俱来的改革创新基因，锚定国家战略需求，加强科技创新，优化产业布局，在保障钾肥供应安全战略和农业强国战略中，积极发挥“三个作用”，生产经营指标屡创纪录，经营发展方式正加快从“资源驱动发展”向“创新发展”转变，从“产品经营”向“价值经营”转变。“十四五”以来，累计生产硫酸钾523.9万吨，2021—2022年连续两年实现利润翻番，2023年硫酸钾系列产品合同签订量达历史最高水平，有力保障了农业用肥和国家粮食安全。

二、经验做法

（一）完善机制、科技攻坚，提升科技创新力

一是固本强基，提升科技创新力。国投罗钾陆续制定和完善了《科技创新管理标准》《研发项目管理办法》《新产品开发管理办法》《揭榜挂帅管理办法》《科研人员绩效评价管理办法》《项目工资制管理办法》等制度，进一步规范科技创新管理、完善激励体系。大胆探索推动自主研发项目实行项目工资制，工资激励基数从10万元到100万元不等，项目最终激励系数从0.4到1.2不等，将奖励额度与项目成果强关联，激励研发人员多出成果。

二是强创新链，打造创新联合体。国投罗钾把服务国家战略和科技创新相结合，深化建立产学研用一体化科技创新体系，积极与国内科研院校共建国家非金属矿综合利用工程技术研究中心、钾资源开发联合实验室、科技成果转化基地等平台，建设国家级博士后科研工作站促进产学研深度融合，聚焦钾、镁、锂、溴、硼、铷等盐湖资源综合利用开发、工艺在线智能分析和控制、工艺精细化控制等方面开展技术攻关，逐步形成“产业链”“创新链”“人才链”的相互融通促进的格局。

三是分类施策，完善科技攻关模式。国投罗钾建立“外部揭榜+内部揭榜+合作开发”科技攻关模式。重点探索实施“揭榜挂帅”模式，对关键技术突破类攻关项目采用对外公开“揭榜挂帅”机制；对生产应用类采用公司内部科技人员、技术人员自组团队“揭榜”机制；对政府公开“揭

榜挂帅项目”，鼓励公司科技人员积极参与“揭榜挂帅”。2023 年以来，开展或申请各类“揭榜挂帅”项目 14 项。

（二）保障安全、优化布局，提升产业控制力

一是创新驱动，提高钾资源安全保障能力。为保障国家粮食安全，国投罗钾不断优化提升硫酸钾生产工艺技术，始终保持世界领先水平，超额完成国家“保供稳价”任务，荣获“钾肥保供稳价突出贡献奖”。面向国家钾肥安全稳定供应重大需求，聚焦找钾增储、难采性钾资源开发、尾盐钾资源回收利用、老卤提锂等技术开展科技攻关，发现了中深部含钾卤水资源，取得了尾盐钾资源回收利用技术、老卤提锂一系列工艺技术成果，不断提升钾资源安全保障能力。

二是做强做优，构建自主可控钾肥产业链。国投罗钾坚持“需求牵引、创新驱动”，围绕国家粮食安全和农业绿色发展需求，建设智慧农业研发基地，开展智慧农业供给模式探索和相关新型肥料产品研发，探索“新型肥料 + 智慧农业”的新型钾肥增效途径，深度拓展新型高效肥料产业链，让更多“罗布泊”优质钾肥“飞入寻常百姓家”，并为中国农业插上科技的翅膀。

三是“吃干榨尽”，推进资源高值化开发利用。国投罗钾大力发展循环经济，开展了一系列老卤提锂试验，突破了低锂高酸根、高镁锂比的提锂关键技术，年产 5000 吨盐湖老卤提锂综合利用工程项目投料试车成功，镁、溴、硼等盐湖资源综合利用产业化关键技术研究加速推进，正从单一钾肥产业向新型肥料产业、资源综合利用产业等多业并举的高端化、绿色化、智能化方向发展，以构建罗布泊盐湖现代产业体系。

四是数智赋能，助力钾肥生产提质增效。国投罗钾加大智能工厂建设力度，突破关键工艺参数在线感知、生产智能控制、固相钾盐在线分析等技术，开发建立钾资源数值模型和钾资源管理平台，提升了钾资源开发利

用效率，各项生产指标屡创新高，产品质、量双升，重塑了罗布泊盐湖产业技术体系和生产模式。

（三）深化考核、强化激励，增强干事创业动力

一是健全市场化经营责任制。国投罗钾在全级次企业推行经理层成员任期制和契约化管理，中级管理人员实行任期制和责任制管理，实施“一企一策”考核，层层分解落实企业年度经营目标和重点任务，分级分类优化调整组织绩效考核体系、员工绩效考核指标，月度（季度）与年终考核相结合，分类进行考核排名，考核结果与绩效薪酬及年度奖励刚性挂钩，形成了经营责任层层传导和激励约束的经营模式。2023 年，各单位（部门）经营目标责任书签订率 100%，9 家年度先进单位获得年度重点绩效奖励。

二是建立多样化的激励模式。国投罗钾聚焦生产经营，分类分策研究制定各类激励机制。销售部实行销售业绩提成激励，储运部、硫酸钾厂实行工资总额包干与绩效激励，实现产品合同签订量、销量、发运量的历史突破。2023 年，共 868 人次获得创新奖、优秀建议奖、合理化建议奖，48 名中级以上管理人员实行安全风险预控抵押激励办法。

三是打造持续发展的人才梯队。国投罗钾坚持立足全局科学谋划，动态更新优化存量的方式，推进人才梯队建设，分类建立年轻干部人才库，实施优秀年轻干部“英才计划”、青年业务骨干“育才计划”，入选集团科技带头人 9 人、创新团队 1 个。博士后科研工作站与大学博士后流动站联合培养博士后 1 人。按照“匠苗、匠才、匠领”，分级培育工匠，2023 年 3 人入选“新疆工匠”。

三、改革成效

2023 年，国投罗钾以习近平新时代中国特色社会主义思想为指导，全

面落实习近平总书记“2·26”重要批示精神，以“提高核心竞争力和增强核心功能”为重点，积极推进落实各项改革任务，生产经营取得优异成绩，在国务院国资委2022年“科改企业”改革评估中获标杆等级，并获得国投“国企改革三年行动先进集体”荣誉称号。

一是积极发挥安全支撑作用取得成效。2023年，国投罗钾通过改革全力以赴拓市场、抢发运、增效益，克服市场、发运等各种实际困难，提前超额完成年度任务目标，取得成立以来“含金量”最高的业绩，并超额完成“十四五”规划中期目标，“一利五率”指标继续保持行业领先水平。其中，销售和发运硫酸钾系列产品首次破200万吨大关，超额完成保供稳价任务，有效发挥了战略安全支撑作用，在服务国家战略、维护国家安全、保障改善民生中功能价值、经济增加值、品牌价值得到进一步提升，“罗布泊”品牌价值从2019年的72.21亿元增至2023年的96.43亿元，进一步提升了高质量发展的“软实力”。

二是增强科技创新引领作用取得成效。国投罗钾积极承担重点研发项目攻关，找钾增储科技攻关、新型高效资源开采等技术研究取得积极进展。全年开展主要课题研究49项，研发投入达3.3亿元，申请专利54项，获得专利26项。年度专利申请量和获取量均创纪录，4项技术获得行业科学技术奖，被评为国家知识产权优势企业，获评“西部企业数字化转型”优秀实践单位，科技创新力不断提升，进一步夯实了高质量发展的“硬实力”。

三是提升产业控制力取得成效。新型高效肥料产品体系进一步完善，2023年罗布泊牌大量元素水溶肥、聚谷氨酸型农业用硫酸钾等12种肥料上市销售。年产5000吨盐湖老卤提锂综合利用项目建成投产并生产碳酸锂400多吨，进一步完善了盐湖资源综合开发的产业格局，加快构建盐湖资源循环利用发展模式，战略性新兴产业收入和增加值的占比将得到大幅提升。

63

改革创新　提质增效
努力创建世界一流专业领军示范企业

北京同益中新材料科技股份有限公司

一、基本情况

北京同益中新材料科技股份有限公司（以下简称“同益中”）成立于1999年，是国家开发投资集团有限公司（以下简称“国投”）三级控股投资企业，是专业从事超高分子量聚乙烯纤维（以下简称“高强PE”）及其防弹复合材料与制品研发、生产与销售的国家高新技术企业和国家专精特新“小巨人”企业，是国内首批掌握全套高强PE产业技术的龙头企业、国务院国资委“创建世界一流专业领军示范企业”。同益中于2021年10月19日成功登陆上交所科创板，是至今为止本细分领域唯一一家以独立业务上市的企业，获得国家科学技术进步二等奖、中国专利优秀奖，获评北京市专利示范单位。

同益中主营业务包括高强PE、无纬布及防弹制品，主要应用于单兵装备、军警装备、航空航天、海洋工程、舰艇缆绳、安全防护、体育休闲等领域。高强PE产量达到5320吨/年，规模位于全球第三、全国第二。2023年，同益中的研发费用为3857.36万元，同比增长26.7%。主持制定细分领域首个产品行业标准，累计主持或参与制定国家、行业或团体标准共计14项。目前，拥有有效专利总数共计95项，其中授权发明专利34项、PCT专利21项，数量均位列高强PE行业国内第一。

二、经验做法

（一）聚焦创新驱动，打造发展新动能

一是创建科技团队管理架构，培育高水平科技领军人才队伍。同益中打造了“外部专家顾问团队+技术研究中心+研究所+科技质量部”为核心的科技团队管理架构，柔性引进2名高级专家顾问，通过社会招聘和校园招聘引进科技研发人才5人，不断夯实了研发创新队伍。目前同益中拥有高级技术顾问3名，江苏省科技副总1名，青年拔尖人才1名，中国专利奖获得者4名、副部级科技奖项获得者6名、中级及以上职称34名，已具备国内细分领域较强科技人才队伍，丰富了研发团队专业结构与梯队层次，增强了研发团队实力。2023年，科技人才占比约12.96%，较2022年增加4.55个百分点。同时，主持完成了行业标准《系泊绳用化纤长丝耐磨性能试验方法　纱-纱摩擦》的制定并参与完成了行业标准《绳纱断裂强力的测试方法》的制定。

二是建设科技创新平台，推进科技创新落地。同益中建成了高性能纤维检测及应用研究中心与自动化智能装备研究中心为一体的技术研究中心，为改进产品设计及生产工艺、提高产品质量提供了数据保障。该研究中心将成为所在细分领域企业中第一个具备研究和检测为一体的平台。依托技术研究中心，积极开展工艺及应用开发，包括聚乙烯熔体纺丝研究、混凝土用短切纤维开发、新型无膜UHMWPE纤维预浸料产品开发等。2023年，同益中成功开发出面向国防最新需求的新型防弹防刺新材料，产品性能优异，由此成为武警部队防弹防刺服招标项目中所有中标方的防弹防刺材料供应商。同时，优势产品聚乙烯无纬布入选北京市首批次目录

（2022 年版），TM35 和 TM40 超高分子量聚乙烯纤维产品获得专利密集型产品备案。2023 年，同益中共申请专利 19 项，取得授权专利 9 项，全年专利产出有了大幅提升。

三是聚焦核心技术攻关，掌握技术进步和产业发展主动权。同益中聚焦战略技术、前沿技术和关键共性技术研发，持续推动超高分子量聚乙烯纤维及其复合材料系列产品的升级换代，确定核心技术攻关项目 14 项，按照项目难易程度分为 3 档，分别为一类项目（4 个）、二类项目（5 个）、三类项目（5 个）。开展“揭榜挂帅”活动，为鼓励科技研发团队竞争揭榜，制定了相关股票、现金奖励措施及荣誉奖励措施，并按照完成时间、取得的成果制定了不同的奖励额度，激励员工加快推进项目落实落地。

（二）聚焦治理效能，提升管理能力

一是强化党组织作用发挥。同益中将落实上市公司治理和国企改革紧密结合，坚持把党的领导融入公司治理各环节、全过程，2023 年成立了党委，将党建工作要求写入公司章程，健全完善党支部、董事会、专题会议事规则，梳理明确党支部、董事会、经理层的权责边界，制定党组织前置研究讨论事项清单，建立了完善的“三会一层”治理体系，持续提高公司治理效能。

二是加强经理层成员任期制和契约化管理考核和激励约束。同益中建立“考核层层落实、责任层层传递、激励层层衔接”的工作机制，坚持做到契约内容差异化、个性化、强激励、硬约束，根据经理层成员各岗位性质，对关键环节作出明确规定，生产岗位的经理层成员侧重生产产量、降本增效等关键核心指标，销售岗位的经理层成员侧重销售量、销售毛利率等关键核心指标，管理岗位的经理层结合上市公司的特点，增加提高上市公司工作质量关键指标。通过对标先进，精准设定考核指标，保障企业重大经营决策落到实处，国有资产保值增值的目标落到实处，推动公司实现高质量发展。

三是建立健全董事会运作机制。根据上市公司治理要求，同益中董事会成员构成中有3位独立董事，并在关联交易、聘任会计师事务所、募集资金使用管理、内控评价报告等各方面保障独立董事的决策合法性，积极保障小股东权利。同益中董事会专门工作机构配备完整，设立审计委员会、薪酬与考核委员会、战略委员会和提名委员会并制定相关议事规则，由外部董事担任召集人，突出董事会的经营决策主体定位，不断提升董事会运作水平，健全各司其职、各负其责、协调运作的公司治理结构，提高经营决策效率。

（三）聚焦结构优化调整，发挥国有龙头企业产业引领作用

一是通过并购加快产业布局发展。同益中把握产业结构和布局调整的新方向，积极利用市场化手段整合优质资源，通过并购发掘产业布局优化的潜力，子公司优和博并购项目顺利完成。同益中积极整合并购企业的优质资产和资源，形成规模优势和协同效应，优化产业布局、增加销售渠道、扩大市场份额，提高行业集中度和竞争力。

二是推动产业数字化智能化绿色化转型升级。同益中抓住数字化智能化发展的新机遇，致力于打造集研发、智能制造于一体的数字化工厂，盘活厂房屋顶闲置空间建设光伏电站，生产效率大幅提升，制造成本不断降低，产品质量持续改善，助力公司现代化产业体系建设。

三、改革成效

同益中坚持全面深化改革，以国有企业改革深化提升行动为牵引，激发价值创造新活力，取得积极成效。

一是自主创新能力进一步提升，关键核心技术取得较大突破。近年来，同益中超高强型、抗蠕变纤维、高耐磨纤维等纤维产品取得突破，成功开发出耐磨性能提升100%以上的涂覆纤维，超低蠕变纤维变性能可对标行业龙头 Dyneema DM20 产品；开发出新一代防弹无纬布，软质无纬布和硬质无纬布技术水平和产品质量均位于国内领先水平；形成无纬布及防弹头盔新工艺，日产量和生产效率均实现大幅提升。

二是并购子公司活力充分释放，赋能央企控股上市公司高质量成长。同益中持续推动子公司优和博在关键核心技术领域发力。2023 年，优和博首次获得国家高新技术企业认定，并被江苏省工信厅认定为江苏省专精特新中小企业；优和博超高分子量聚乙烯纤维产品通过 ISO9001 质量管理体系认证，防割纤维产品被盐城市科技局认定为高新产品，持续为上市公司创造高科技资产，提高上市公司经营质量和发展潜力。

三是聚焦主责主业，展现国企高质量发展新作为。同益中发挥行业引领作用，生产线单线产能、工程化水平和产品性能的稳定性等均处于国内领先地位，工艺技术处于国际先进水平，是目前世界上产品规格最为齐全的企业之一，高强 PE 产量和出口量均处于国内同行业前列。同益中扩产扩能，通过募投项目和并购项目大力推动战略落实落地，2023 年实现产能增长23%，进一步聚焦关键产品，提升市场占有率。

四是整体经营业绩稳步提升，高质量发展格局初步构建。同益中围绕“解放思想、团结奋斗、强基固本、乘势而上”十六字经营方针，贯彻新发展理念，锚定发展目标，稳发展、谋布局、求实效，筑牢高质量发展基础，准确把握行业趋势和市场环境，优化经营策略和业务结构，呈现出稳中有进、稳中有为的良好发展态势。2023 年实现营业收入 6.4 亿元，同比增长 3.89%；实现利润总额 1.74 万元。

64

强化党建引领 深化人才引擎 推动绿色智改 奋力谱写“精造强修”高质量发展新篇章

招商局金陵船舶（威海）有限公司

一、基本情况

招商局金陵船舶（威海）有限公司［以下简称“招商金陵（威海）”］系招商局集团有限公司（以下简称“招商局集团”）旗下核心三级子企业，主要从事大中型船舶和海洋工程装备设计、制造和维修改装业务。

招商金陵（威海）围绕“打造世界一流的高端客滚船制造基地，建设中国领先的环渤海海洋装备维保中心”的发展目标，坚持党建引领，打造人才引擎，聚焦创新驱动，抓住全球海洋产业变革调整的窗口期和机遇期，全面深化改革。招商金陵（威海）实施“造修并举”战略转型，从过去多年的“特困企业”迅速成长为区域船舶修造行业的“链主企业”，荣获“国家制造业单项冠军示范企业”称号。

二、经验做法

（一）坚持党建引领，深化文化传承和作风保障，着力提升服务运营合力

一是以党的领导完善公司治理体系。招商金陵（威海）贯彻落实习近

平总书记关于国有企业“两个一以贯之”要求，扎实推动党的领导融入公司治理的制度化、规范化、程序化，强化党组织前置程序，在业务转型方向、造修项目管理、改革发展运营等重大问题上进行前置讨论。加强董事会建设，完善《董事会授权管理办法》等 11 项制度，形成界面明晰、科学高效的分层决策体系，规范董事会行权履职程序，助推公司治理体系与治理能力现代化。

二是以高质量党建引领高质量发展。招商金陵（威海）探索基层党建创新工作模式，深度融合党建与生产经营业务，推动 10 个支部党建品牌创建和 24 项党建与业务融合工作。聘任 8 名部门“政委”，围绕解决生产经营中的难点、痛点开展党建工作，实现生产和党建工作的深度融合。围绕解决图纸设计质量、项目管理周期、安全管理等业务工作中的问题，实现党建和业务部门目标统一、同频共振。成立党员突击队，连续奋战 88 小时完成高端客滚船 LNG 加注，保证新造项目按期交付。

三是以文化传承凝聚企业运营合力。招商金陵（威海）于 2019 年通过央企专业化整合方式加入招商局集团，聚焦文化融合，不断推进公司合力、员工合心。坚持内部以员工为中心，改造升级宿舍及食堂设施，实现食堂自营，推行“一卡通”就餐模式。从“融心、融情、融力”三点出发，推动九大民生工程，聚焦基层员工急愁难盼问题，改善员工生活条件和工作环境，持续提升基层员工幸福感、获得感。打造以公司微信公众号、《招商金陵威海》、OA 内网新闻“一号一报一站”为主体的宣传阵地，推送宣传材料 700 余篇，辅以建设研发楼文化馆、部门团队文化墙廊，生动展现干部员工务实担当、匠心超越的良好风貌，营造积极向上、和谐融洽的文化氛围。

（二）坚持以人为本，深化市场化机制运营，着力提升内生增长潜力

一是推行经理层成员任期制和契约化管理。招商金陵（威海）组织经

营班子成员签订聘任协议及年度、任期经营业绩责任书，形成了效率类、管理类、创新类共三大类45 项指标库，推动以契约为核心的经营班子业绩考评机制全面落地，提升企业市场化、现代化经营水平。通过年度测评、一报告两评议等形式对中层干部进行年度考核跟踪，健全干部考核体系，首创新干部任职后“6 +6 +12”胜任力测评工作（即新干部任职后第6 个月、12 个月、24 个月开展胜任力测评），推进“四化”干部不断深入。发挥任期制和契约化管理在推动企业内部三项制度改革中的“牛鼻子”作用，推行全员绩效考核和刚性兑现，全面激发内生动力和发展活力。

二是以“108 人才计划”为抓手强化人才梯队建设。招商金陵（威海）将“108 人才计划”（引进1 名领军人才，培育35 名高级工程师、72 名工匠）作为人才梯队建设的重要抓手。搭建梯队化人才培养阶梯体系，形成见习生、优秀主管、核心骨干、中层后备、潜力干部等不同层级的管理人才梯队。通过“远航班”“启航班”“筑舟计划”等推进人才梯队建设，盘点人才成长路径，丰富工作经历，提升工作能力。引进国家级领军人才1 人，实现零突破。强化专业技术人才职称服务保障，选拔41 名技术人才进行“卓越工程师”培养。面向高级技师、技师团体开设“深蓝工匠”培训班，大力弘扬工匠精神。持续打造“红旗班组”，培养勇于创新、自助管理的基层队伍，夯实精益生产“战斗堡垒”基础。

三是全面推进市场化选人用人机制。招商金陵（威海）建立岗位图谱，明确管理、专业、项目、技能、辅助5 个职业发展通道，划分各通道职级设定及任职资格，为员工提供发展空间。加强任职资格体系建设，打通岗位序列职业通道，调整中层序列至专业技术序列、项目管理序列。改革用工机制控制用工成本，针对阶段性用工需求，推进“潮汐用工”新模式。搭建分包商管理“一站式”平台，规范分包商绩效考核，推广核心分包商评选，鼓励分包商做优做强做大。

四是强化薪酬激励绩效运用。招商金陵（威海）坚持绩效导向，做好薪酬激励，基于公司实际情况，以市场水平为导向，建立岗位薪级标准，深度优化工资结构。开展差异化调薪，根据岗位价值评估、部门绩效评价等因素，既尊重原有薪酬实际水平，又根据考核实施一定差异化浮动，合理拉开工资分配差距；增强绩效体系的监督，增加绩效分配与付出的直接关联度和透明度。切实运用员工业绩考核结果，推动工作意愿不强、能力素质不达标的低效员工流动转岗或退出岗位。

（三）坚持绿色转型，深化企业智改转型，着力提升核心竞争实力

一是打造绿色工厂，落实“双碳”战略。招商金陵（威海）按照全球最严格排放标准围绕船型、结构、功能冗余、节能以及材料的合理选用开展绿色设计，推广产品使用绿色环保材料。加快推动厂区分布式光伏建设，实现节能减排，创造效益预达5400万元。推进车间焊烟和等离子切割机焊烟治理，升级改造涂装房和预处理线废气处理设备，基本实现涂装房“零排放”。牵头编制实施双碳团体标准，参与国家标准编制，制定绿色工厂双碳措施专项卡片，获得由中国船级社质量认证的温室气体核查证书。按照生命周期评价，综合考虑产品设计、采购、生产、销售、服务、回收和再利用等多环节节能环保因素，提高生产效率和安全系数。

二是加快智能改造，实现精益提效。一方面，招商金陵（威海）以建设“数字化威海船厂”为目标，充分利用招商局集团数字化建设成果，推动供应链管理系统（YIGO）等20余个数字化项目的实施落地，推进生产计划管理系统（PPMS）、集配物流仓储管理系统（LES）和修船一单制等多个项目开展实施，在客户服务、生产运营、内部管理、生态模式4个方面通过数字化赋能管理提升；另一方面，引入使用激光切割机、焊接机器人等多个智能设备，建成了型材自动切割流水线、智能T排生产线等3条智能生产线，实现了核心流程再造和精益制造能力大幅提升，极大地提高了生产效率。

三、改革成效

招商金陵（威海）坚持稳中求进、以进促稳、先立后破，走出了一条符合自身特点的改革发展之路。

一是经营业绩持续提升。招商金陵（威海）通过深化改革多措并举，推动业务结构和产品转型升级，打造差异化核心竞争力，高端客滚船订单保持全球细分市场领先地位。2023 年，实现营业收入 37.5 亿元，同比增长 36%，净利润 1.01 亿元，规模持续稳定增长，利润实现三年翻三番的目标，负债规模进一步压控，有息债务率和资产负债率逐年下降，企业实现了可持续健康发展。

二是员工队伍焕然一新。招商金陵（威海）通过头部牵引、腰部发力、艉部助力的“人才引擎”体系，人才资源优势不断筑强。人效指标大幅提升，相较 2020 年数据，人均产值提高了 24%，全员劳动生产率提高了 86%，员工流失率降至 2%，降幅为 3 个百分点。干部队伍建设成效显著，平均年龄由 45 岁降至 41 岁，本科及以上学历占比提升至 77.78%，专业符合度提升至 83%，党员占比提升至 81%，切实落实干部队伍革命化、年轻化、知识化、专业化。

三是品牌优势持续凸显。招商金陵（威海）坚持“产品为王”的理念，产品定位于高端客滚船领域，瞄准出口国际的高端和前沿产品，创建了“招商金陵（威海）”高端客滚船品牌，累计交付高端客滚船 12 艘。近年来连获国家级绿色供应链管理企业、国家级绿色工厂和制造业单项冠军示范企业等荣誉称号，获批山东省工程研究中心、工业设计中心、行业技术中心等研发创新平台，打造并巩固了地方船舶修造行业链主企业位置。

65

以改革促转型　全面建设现代投资银行

招商证券股份有限公司

一、基本情况

招商证券股份有限公司（以下简称“招商证券”）于 1991 年 8 月创立于深圳，是招商局集团有限公司（以下简称“招商局集团”）旗下的核心金融上市企业，综合竞争力实力稳居行业前十。

招商证券目前在中国内地设有 265 家证券营业部和 12 家分公司，拥有招商证券国际有限公司、招商期货有限公司、招商证券资产管理有限公司、招商致远资本投资有限公司、招商证券投资有限公司 5 家全资子公司，在英国、韩国等地设有经营机构，业务全面覆盖了中国资本市场的证券、期货、基金、直投等主要领域。

二、经验做法

自 2018 年首批入选“双百企业”以来，招商证券坚持以习近平新时代中国特色社会主义思想为引领，聚焦治理、用人、激励三大机制持续发力，推动市场化经营机制改革走深、走实。强化科技引领，夯实数字化转型基础，加速推动业务与科技深度融合，不断提升综合金融服务能力，发挥改革先锋作用。

（一）加强董事会建设，确保董事会科学决策

一是构建专业化、多元化董事会。股东在推荐董事人选时，招商证券充分考虑专业背景、工作经验、国际化等因素，董事会15名董事（其中外部董事13人）专业背景涵盖企业管理、金融、证券、财务、法律、信息技术等，10人具有海外工作经验，为董事会决策提供更多的新视角、新理念、新思路，有效提升董事会科学决策水平。

二是以制度体系保障董事履职。2018年以来，招商证券修订公司章程等制度共计38次，制定董事会授权管理办法等6项制度。制定外部董事履职保障方案，召开外部董事经营分析会，组织调研、定期发布《董监事通讯》配备董事履职支持团队等，支持保障董事有效履职。

三是董事会专门委员会充分发挥决策咨询作用。董事会设置战略与可持续发展、风险管理、审计、薪酬与考核、提名5个专门委员会，每年召开约20次会议，就招商证券发展战略、风险管理、内部审计等进行专业把关，有力支持董事会专业高效决策。

（二）坚持绩效导向，推动全员争先进位

一是将契约化管理融入“竞争进位”。招商证券以签好“两书”（年度经营业绩责任书及任期经营业绩责任书）为重点，把推进经理层成员任期制和契约化管理变为业绩成长的动力，经营业绩指标分别体现“年度市场份额或排名”和“任期市场份额或排名”等市场对标考核要求。

二是全员绩效考核落实“刚性约束”。招商证券修订员工绩效管理方案，通过强制分布、结果公开、刚性挂钩三大举措，让绩效考核指挥棒“动”起来。各部门负责人之间、部门内各员工之间实行绩效结果强制分布，绩效结果为B至D的部门有4%～12%的员工降级和降薪。

三是考核结果应用突出“业绩导向”。招商证券将个人绩效与组织绩

效紧密联动，绩效结果与干部任免、业务职级调整、薪酬激励、评优评先、退出管理等全面挂钩。加大干部轮岗力度，开展干部公开竞聘。拓宽专业人才多元化职级发展通道，加强对专业人才绩效量化评价。对投资银行、财富管理等重点业务岗位，以业绩量化考核结果为准绳，职级既能“快升”也能“快降”，激发干事创业活力。

（三）激励约束并重，吸引保留关键人才

一是工资总额体现“两对标一挂钩”。招商证券对标市场确定考核指标，对标券商确定工资水平，并结合金融行业经营风险特点与监管分类评级结果紧密挂钩，工资总额实现“业绩薪酬双对标”。

二是薪酬分配全面对标市场。招商证券以市场数据为基准，以经营指标排名、个人岗位价值和绩效贡献程度为度量，确定不同职位、不同岗位、不同绩效表现人员的薪酬水平。结合金融科技战略布局，个性化搭建金融科技人员职级薪酬体系，在任职资格、绩效分布、薪酬结构及水平等方面全面对标科技公司管理实践，吸引保留科技创新骨干人才。

三是中长期激励激发人才活力。招商证券抢抓《关于支持上市公司回购股份的意见》发布的契机，实现股份回购、员工持股、配股“三箭齐发”，成为行业首家按照意见成功实施员工持股计划的公司。持股计划参考市场实践，根据员工岗位层级、司龄和绩效考核结果甄选参与对象，一线业务人员持股占比超七成，有效激发核心骨干“为业绩而战”的进取精神。

（四）以科技创新引领变革发展

一是健全工作机制，夯实数字化保障。招商证券以战略为引领，形成“一份规划”，发布“十四五”数字化子战略，谋划主要业务布局，确定一批公司级重点项目。统筹推进，建设“一个体系”，全面建设数字化组织变革体系，成立公司级数字化转型委员会，开展数字化领域重点工作统一

决策；设立首席数字官，建立完善数字化转型PMO工作机制；围绕数字化转型、流程变革、数据治理、创新管理和信息技术管理建立健全一整套数字化制度。对标一流，搭建“一支队伍”，建设更加灵活且具有科技行业特色的人力资源机制，培育一支既懂业务又懂科技的产品经理队伍；探索人才队伍“双城模式”，成立武汉科技分公司配合深圳总部，“数字千人队伍”初具规模，自主开发能力持续增强。

二是涵养发展生态，建设数字化组织。招商证券坚持组织、流程、IT一体化重构，以客户为中心，以数据为驱动，在数字化转型进程中对组织、流程、系统进行一体化重构。打破组织层级，启动流程再造，实施数据治理，重构运营模式，升级作业平台，迭代信息系统。打造“大平台、小团队”敏捷组织，建设强大基础平台，支持前端业务团队面对瞬息万变的客户需求和竞争环境时能快速响应，统筹调度全司资源力量，为私人、机构、企业三大类客户创造价值。坚持推动敏捷协同组织建设，打造公司级客户CRM系统、协同易平台、智慧营销平台，推动商情信息在公司内部合规高效流转，推倒“部门墙”。在保持“大而稳”传统优势的同时，加速向“自组织、自协同、微创新”演进，实现“大象也能起舞”。坚持“营销一体化、作业自动化、决策数据化”组织能力建设，构建多维分层营销服务体系，应用微信等私域流量工具服务两千万客户。打造包括托管部智慧运营系统等在内的作业自动化工具，全面赋能各业务线，提升运营效率。建设招证北斗平台，实现经营数据随时掌握，业务发展在线掌控。

三是孵化科技利器，加速数字化创新。招商证券探索新兴技术应用，打造行业首家基于“云原生”技术的新一代核心交易系统，创新性引入分布式架构，在安全稳定运行、基础设施可控、开发效率提升等方面实现跨越式升级，以突破性创新引领行业数字化发展，提升核心竞争力。设立金融科技创新基金，集中优势资源专项用于金融科技创新项目孵化，科学合理统筹资源调度。截至2023年末，招商证券用于金融科技创新孵化的内部基金支持81个项目立项，分别投向业务数字化、运营智能化、决策智慧化等方向。加快数字科技应用和场景创新，在投资管理、机构业务、企业服务、财富管理等领域搭建具有竞争力的业务平台，推出基于“云原生”技术的全品种场外衍生品交易平台、招商证券机构交易服务平台、“天研”研究服务平台、“招商证券财富+”、智能大投行业务平台等业内领先的业务系统。探索大数据、人工智能等技术应用，推出企业画像、智能知识中台等技术平台。近5年先后获5项发明专利和32项软件著作权，一系列关键技术创新塑造出行业领先的技术优势，数字影响力持续提升。

三、改革成效

招商证券持续推动业务管理体系、服务模式等改革创新，增强服务实体经济的能力，战略发展方向进一步明晰，市场化体制机制持续优化，核心能力持续增强，为公司高质量发展持续注入新的澎湃活力。

2022年，招商证券归母净利润及人均净利润分别为80.72亿元、65.97万元，均排名行业第四，价值创造能力稳步提升，打造出证券经纪、托管外包、债券和衍生品投资等行业优势业务。招商证券形成了敏捷型创新组织，系统搭建的创新工作体系和科技基础设施为公司持续稳健发展提供了重要的科技支撑。

66

构建全面高效监督体系
推动从严治党向纵深发展

华润电力控股有限公司

一、基本情况

华润电力控股有限公司（以下简称“华润电力”）是华润（集团）有限公司（以下简称“华润集团”）旗下香港上市公司，是华润集团服务国家能源安全战略最重要的业务单元之一，也是中国效率最高、效益最好的综合能源公司之一，主营业务涉及风电、光伏发电、火电、水电、分布式能源、售电及综合能源服务等领域。

党的二十大报告对坚定不移全面从严治党作出战略部署，而电力行业作为能源领域重要部分，投资体量大、产值高、建设和改造项目多，廉洁风险防控压力较大。华润电力自构建“大监督”工作体系以来，以政治监督引领工作方向，以业务监督发挥职能优势，以纪委“再监督”推动有效运行，用监督促进制度建设和治理效能更好转化，全面推进依规依纪依法治企，初步打造了现代企业全面高效的监督体系。

二、经验做法

（一）聚焦职责职能，扛牢政治监督首责

一是一心向党，做组织信任的“拥护者”。华润电力将习近平总书记

对华润集团八十周年回信指示精神贯穿于纪检工作始终，提高拒腐防变能力，强力推动纪检、审计等监督职能的统筹衔接，精准用好问责利器，落实全面从严治党政治责任。

二是一心干事，做干部信服的“联络员”。华润电力扭转“外企”“港资企业”的错误心态，紧盯基层单位党建薄弱问题，推动党委建制的基层单位配置专职党委副书记、纪委书记共38人，打通基层监督的“最后一公里”。紧盯“头雁”，不断强化“关键少数”监督，围绕政治能力、担当精神、廉洁意识等方面，对班子成员进行客观公正“画像”评价，精准指出存在的问题和不足。同时，对于履新干部全面开展任前谈话和廉洁谈话，实现履新谈话全覆盖。

三是一心为公，做理想信念的“带头人”。华润电力常念“紧箍咒”，监督各级单位把贯彻落实习近平总书记系列讲话精神作为重要政治任务，推动党中央重大决策部署落地见效，在能源保供、碳达峰碳中和、承接国家科研课题等重大政治任务中彰显担当。如在能源保供工作中，华润电力多个电厂获当地政府发来的《保供感谢信》；在承接国家科研课题方面，2023年度华润电力获4项省部级科技进步奖。

（二）聚焦标本兼治，精准有力惩治腐败

一是以精准监督为中心，超前防范。华润电力坚持把监督挺在前面，促进职能部门形成监督合力，梳理新能源领域的招标采购、工程建设等方面的廉洁风险点，组织排查可能存在的管理漏洞，排查出95个工程问题、6个招采问题及1个发展问题，剖析产生原因，推动问题整改，织密风险防控网，确保监督不缺位、工作不失职、事业不受损。

二是以强化执纪为重点，净化生态。华润电力坚持铁面执纪，严查腐败背后经济和政治交织的问题，对专项检查、信访举报发现的问题线索进行深挖细查，严肃查处违规套取售电居间费、违反中央八项规定精神等问

题，不断纠“四风”树新风，逐步引导党员干部树立正确价值观、政绩观。

三是以服务保障为目标，促进发展。华润电力以促进业务发展为核心目标，印发纪检建议书，有效进行风险提示，保障业务开展依规依纪。华润电力2023年在陆上基地、海上风电等新能源指标获取方面实现重大突破，同时在氢能、储能、光伏制造业等科技创新的产业链链长上逐步寻找到新模式和新途径，监督工作帮助企业摆脱了历史包袱，促进各项业务均有了新起色。

（三）聚焦完善机制，守牢拒腐防变的坚固防线

一是保持高压态势，彰显“不敢腐”的震慑。华润电力严肃查处违法犯罪行为，与地方机关建立常态化协同机制，参与移交案件查办。开展“靠企吃企”专项整治，紧盯重点人、重点事、重点领域和重点环节，加大监督检查力度，把严的基调、严的措施、严的氛围长期坚持下去。严格问题线索办理，全年“大监督”工作中移交问题线索68件，处理处分295人次，持续以“零容忍”态度惩治腐败，释放执纪必严的强烈信号。

二是构建制度笼子，强化“不能腐”的机制。华润电力把推动长效机制建设贯穿纪检监察工作始终，先后发布《华润电力“大监督”体系工作办法》《华润电力监督工作年度考核表》等制度、规定，进一步压实各监督主体的职责，深入贯彻国有企业改革三年行动要求，健全运行机制，强化责任监督，建立程序严密、制约有效、监督有力的权力运行体系。

三是强化廉洁教育，加固“不想腐”的堤坝。华润电力进一步完善监督机制，搭建监督工作分享平台，编写监督季报，分享监督优秀经验和有效方法59条，总结提炼典型问题37例。通过创新开展“家书纸短、廉洁情长”家书征集、对65名受处分人员进行回访教育、与相关方开展廉洁共建等主题活动，党员干部遵规守纪、履职尽责的自觉性不断增强。

（四）聚焦提质增效，打造纪检铁军

一是多措并举，构建“忠诚卫士”。华润电力加强纪检队伍优化，构建全覆盖的组织体系，通过从地方纪委监委引入纪检干部、推动企业纪委成员内部交流、重用有巡视巡察经历干部等方式，进一步激发组织活力，实现企业纪检队伍从无到有、从弱到强。

二是强化本领，提升“斗争精神”。华润电力一以贯之地把政治理论学习与纪检专业知识贯通，通过集中培训、以干代训、轮岗锻炼等方式，实现培训全员覆盖，构建政治过硬、本领超强的纪检监察队伍。

三是刀刃向内，勇于“刮骨疗毒”。华润电力组织案件查办“回头看”，确保权力不被滥用、监督利剑永不蒙尘。构建案件查办“三位一体”的保障措施，确保办案安全。调离纪检岗 4 人，坚决维护纪检队伍肌体健康。

三、改革成效

党的二十大以来，华润电力持续深化不敢腐、不能腐、不想腐一体推进，推动惩治震慑、制度约束、提高觉悟一体发力，党风廉政建设和反腐败工作取得明显成效，进一步铸牢忠诚之魂、凝聚奋进之力、永葆清廉之风，党风廉政建设和反腐败工作取得明显成效。

一是抓早抓小防微杜渐，防控风险能力日益增强。华润电力注重发现苗头性、倾向性问题，早发现、早提醒、早整改，避免了老问题复燃、新问题萌发、小问题坐大，降低了管理风险，舆情及信访的整体势态趋于平和，充分发挥了监督“咬耳扯袖、红脸出汗”、及时提醒纠正的作用。

二是严查严办违规问题，营造风清气正工作氛围。华润电力通过对违纪违规问题的惩治，发挥了“不敢腐”的震慑，持续释放“越往后越严”的鲜明信号；通过以案促改、以案促治，完善制度流程，增强了“不能

腐”的约束；广泛开展廉洁教育、警示教育，提升员工廉洁从业意识，增强了“不想腐”的自觉。2023 年通过“大监督”工作累计挽回损失 846 多万元，提升了监督的质效。

三是闭环管理日益完善，构建标本兼治长效机制。华润电力将查找问题、分析问题、整改问题贯穿于监督全过程，把“惩、治、防”一体贯通，坚持“事前预防、事中控制、事后问责”，实施全链条全周期监管，精准施策、靶向治疗，全过程闭环管理。把“当下改”和“长久立”结合起来，深入剖析各类问题及风险隐患，找出制度流程的不足和漏洞，举一反三，建章立制，堵塞漏洞，优化流程，真正实现标本兼治，切实把监督制度优势更好转化为企业治理效能，推动企业不断提升管理水平，助力企业高质量发展。

67

服务海南自贸港战略　打造旅游零售业标杆
以深化改革助推企业高质量发展

中免集团三亚市内免税店有限公司

一、基本情况

中免集团三亚市内免税店有限公司（以下简称“三亚国际免税城”）是中国旅游集团中免股份有限公司（以下简称“中免”）的全资子公司，坐落在海南三亚“国家海岸”海棠湾，总建筑面积约 20 万平方米，是国内首个海南离岛免税购物中心。2014 年投入运营以来，三亚国际免税城已逐步发展为集免税零售、有税商业、餐饮娱乐、文化展示于一体的高端旅游零售商业综合体，2020—2022 年销售额连续 3 年蝉联国内大型商业综合体排名第一，2023 年实现零售总额达 234.55 亿元，同比增长 15.96%，线下消费客单价超过 9900 元/人次。

作为离岛免税的先行者，三亚国际免税城深入贯彻落实习近平总书记 2022 年 4 月在海南视察三亚国际免税城时“诚信经营、优质服务”重要讲话精神，以国家战略为引领，全面对标世界一流旅游零售企业，全力投入海南国际旅游消费中心建设，勇当海南自由贸易港建设排头兵，围绕产业引领、服务提升、科技创新开展了全方位、深层次的改革创新实践，着力打造旅游零售标杆。

二、经验做法

（一）打造离岛免税标杆，增强旅游零售产业引领力

一是优化旅游零售业务布局，丰富离岛免税消费场景。三亚国际免税城作为中免海南离岛免税“一岛六店”业务布局的重要支点，连同海口国际免税城、日月广场免税店、美兰机场免税店、三亚凤凰机场免税店和博鳌市内免税店，旅游零售商业面积合计超过51万平方米，覆盖全部离岛交通枢纽以及重要的城市中心区域、国际会址，提货点覆盖店内、机场、码头、火车站，为各类消费客群提供丰富的消费场景和服务通道。

二是完善品牌矩阵，丰富旅游零售业态商品资源。三亚国际免税城目前在售近900个国内外知名品牌，其中2023年新增引进123个国际、国内知名品牌，创收近1亿元，重点推出全球限量、全球首发、中免限定产品，丰富消费者购物选择，提升消费市场吸引力。2023年12月，三亚国际免税城C区——全球美妆广场开业，建筑面积7.8万平方米，是全球唯一独栋经营美妆品类和核心品牌双层旗舰店商业项目，进一步满足顾客个性化、多样化、高品质消费需求，有力巩固了在海南旅游零售市场的引领地位，促进离岛免税零售商业水平与国际接轨。

三是打造特色营销活动，引领旅游零售市场消费主张。三亚国际免税城以市场为导向，强化营销赋能，多维度激发消费活力。2023年策划海南离岛免税购物节、离岛免税年终盛典、百年中旅等活动，打造免税消费热点，消费贡献99亿元。加强渠道合作推广，深化高星级酒店合作模式，全年新增22家合作酒店，消费贡献28亿元，同时联合渠道开展10个重点客源地主题推广，提升品牌市场影响力，连续3年举办“钟表与奇迹”高级钟表文化展览活动，成为全球钟表行业最为盛大的专业盛会，充分带动“文旅+免税”融合发展。

（二）聚焦管理服务提升，打造旅游零售卓越品牌力

一是树立运营标杆，提升服务标准化。三亚国际免税城积极落实中国旅游集团有限公司（以下简称“中国旅游集团”）管理服务提升年工作要求，对标国际一线奢侈品品牌运营标准，率先打造旅游零售行业“S 店”（超级店铺），从店面管理、服务标准、组织架构、队伍建设等维度全方位提升服务能力和水平，树立零售运营标杆。制定三亚国际免税城店铺运营手册，组织“ASC 卓越服务”及“优质服务提升”专项培训，实现一线员工全覆盖。开展服务技能竞赛，全面提升服务水平。

二是优化会员体系，完善会员权益。三亚国际免税城依托超过 3200 万个注册会员的中免五级会员体系，不断完善会员管理系统，构建 VIC（超级贵宾）高净值客户服务体系。2023 年立足“粉丝经济”聚合力，联动中国旅游集团全场景旅游资源优势和第三方平台的优质产品，打造会员沙龙、品牌礼遇、公益活动等，充分发挥自身规模化优势，强化构建酒店、景区、免税、会员深度融合的消费场域，持续为会员提供个性化服务。

三是完善售后体系，提升顾客满意度。三亚国际免税城严格执行中免商品售后服务操作规范，建设智慧客服系统，提供自助式客户服务，并组建客服专家团队，及时倾听和响应消费者诉求，简化售后问题处理流程，快速响应处理客诉问题。通过顾客满意度调研收集分析顾客意见建议，2023 年收集问卷 1358 份，满意度达 95%。

（三）加强科技创新赋能，提升旅游零售价值创造力

一是增强数字化智能化水平，提升运营效能。三亚国际免税城持续加强供应链管理能力和效率，上线 WMS 仓储管理系统、关务系统、分拣提货系统、TMS 分拣配送系统、司机驾驶监控系统，实现全岛数据统一化、透明化，全岛仓储、分拣、提货全流程线上追溯和监管。经营分析平台（BAP）上线仓储大屏、全员作业量看板等多维度物流报表，实现同一维

度的数据对比、分析，助力商品流转时效的提升和全岛业务流程的统一性。

二是创新线上旅游零售业务，引领行业变革。三亚国际免税城以数字技术为驱动，打造“中免海南”新零售服务平台，打通线上、线下会员数据和订单通道，实现全渠道经销获客、跨渠道下单履约。创新实施不同政策下的线上业务零售服务模式，使旅游零售客群可足不出户选购商品或在旅行结束后补购商品，为消费者提供行前、行中、行后数字化体验。

三是基于消费大数据有效防范“套代购”，强化安全支撑。针对免税品购买、物流、提货等各个环节，三亚国际免税城坚持管理和技术相结合，从系统运作、数据分析层面着手，实现对疑似“套代购”行为的快速筛查、提前识别，锁定可疑人员详细信息，为防范打击“套代购”违法行为提供技术支撑，提高了风险管控能力。

三、改革成效

一是经营质效达到国内领先水平，国内国际影响力不断增强。三亚国际免税城以深化改革为引领，全面对标世界一流，在产业引领、服务提升、科技创新等方面自立自强，守正创新，经济效益和管理水平取得显著成效。2023 年接待进店旅客 728 万人次，进店人数同比增长 114%；实现零售总额 234. 55 亿元，占海南离岛免税市场份额的 53. 5%，占海南省社会零售总额的 9. 3%，成为助推海南自贸港建设、打造国际旅游消费中心的强大引擎。

二是服务水平全面对标国际一线奢侈品牌，打造了国内旅游零售服务标准。三亚国际免税城以“S 店”项目为抓手，不断完善店铺运营标准，强化优质服务培训，提升对客服务能力和水平，8 家“S 店”2023 下半年销售业绩同比提升 37%。对标国内外优秀零售及商业地产企业，从 IP 打造、品牌招商、门店运营等方面进一步提升对客服务能力，打造了高品质的商业环境和服务体系，为应对海南自贸港封关运作打下坚实基础。

三是科技创新新模式、新场景、新技术不断涌现，科技赋能业务发展成效明显。三亚国际免税城供应链全链路管理效率大幅提升，免税调拨时效缩短2~3天，监管仓平均出库时效同比提升60%。构建了线上线下协同的旅游零售新模式，有效满足游客消费者的购买需求，2023年实现线上购买123万人，线上业务销售额达25亿元。立体推进“人防、技防、制防”体系搭建，防范“套代购”项目自2021年上线以来梳理、核查购买记录2700余万条，在有效监管的同时持续发挥行业示范作用。

68

打造跨境文旅标杆　增强产业引领能力　持续深化“双百行动”综合改革

中旅广西德天瀑布旅游开发有限公司

一、基本情况

中旅广西德天瀑布旅游开发有限公司（以下简称“中旅德天公司”）为中国旅游集团有限公司（以下简称“中国旅游集团”）下属三级企业，成立于2019年5月，是中越德天（板约）瀑布跨境旅游合作区中方一侧广西德天瀑布景区的运营方。中旅德天公司以景区管理为主营业务，由三方股东共同出资，其中香港中旅国际投资有限公司持股70%、中央企业乡村产业投资基金股份有限公司持股20%、广西大新安平投资集团有限公司持股10%。

中旅德天公司成立以来，坚决贯彻落实《中华人民共和国和越南社会主义共和国政府关于合作保护和开发德天（板约）瀑布旅游资源的协定》和习近平总书记关于推动协定落实的重要指示批示，深化“双百行动”，围绕打造“一带一路”旅游合作先行先试标杆，实施精品战略，落实提质扩容规划，提升景区服务能力，会同相关方推动中越德天（板约）瀑布跨境旅游合作区于2023年9月15日正式试运营，成为我国首个落地的跨境旅游合作区。2023年12月，习近平总书记访问越南期间，两次对中越跨境旅游合作落实落地进行肯定。

二、经验做法

（一）实施精品战略，提升企业核心竞争力

中旅德天公司自2019年进驻管理广西德天瀑布景区后，积极谋划产业创新，全面提升景区竞争力。

一是打造精品工程，增进文旅融合。中旅德天公司深入挖掘壮乡文化、边关文化，利用3D全息投影技术打造情景游览项目“奇妙·夜德天”，打造边关旅游红色打卡点，建设天空之戒瞭望塔、观瀑稻田、观瀑鹊桥等20多个精品项目，举办壮族侬垌三月三、清凉暑期跨国观瀑节等主题节庆活动36场，推动景区由未开发状态下的纯自然风光向旅游目的地转型。

二是升级经营模式，激发消费潜能。中旅德天公司坚持“一店一品”主题店铺差异化经营模式，丰富景区业态，开设越南法棍、越南酸奶、稻田咖啡屋、越南阿嬷手作茶等主题店，营造中越跨境、壮乡文化元素消费场景，配套推出“稻田音乐会”“跨境风情展演”，打造中越风情街，增强游客互动游玩体验，激发消费潜力。

三是提升管理服务水平，对标世界一流。中旅德天公司建立景区“WILD2”服务标准体系，制定《岗位服务标准管理制度》等148项制度，完善业务流程，探索制度管理全周期模式。实施“百万共创计划”，以员工协同作业解决管理问题、提高服务质量，提报共创课题23项。实施首问责任制，建立和完善网络评价台账、服务评价机制、投诉问责机制，着力提高游客满意度。

（二）深化国际合作，增强核心功能

中越德天（板约）瀑布跨境旅游合作区由中国广西与越南高平共同开

发建设，是中越两党总书记见证、两国政府签署的重点项目，中旅德天公司率先探索景区国际化运营模式。

一是积极跨境沟通，加强整体谋划。作为合作区官方指定的运营主体，中旅德天公司坚决落实国家战略，与越方运营单位多次会晤，并完成合作协议签署，同时就完善跨境游运营模式，增强服务能力，提高服务水平与地方政府及出入境管理部门进行多轮磋商。

二是完善服务保障，助力国内外双循环。中旅德天公司制定出境游应急预案，确保游客生命财产安全，向游客履约“诚信经营、优质服务”。发布跨境入区游宣传片、OTA 上架入区游产品并联动周边酒店宣传推广，提高跨境旅游合作区曝光度。出台跨境入区游优惠政策，增加出境游吸引力。

三是加强科技应用，提升通关效率。中旅德天公司优化出入境流程，在原有“趣边关”小程序基础上，开发跨境入区游预约功能并联通广西“桂警通办”小程序，游客通过小程序预约并到大厅办理出入境通行证，完成备案后就能参团跨境游，实现“出入境 + 边检”一站通办新型服务模式。

（三）发挥产业引领，助力强边兴边

中旅德天公司深入学习领会习近平总书记关于国有企业改革发展和党的建设的重要论述，积极践行旅游央企职责使命，带动周边经济发展。

一是发挥党建优势，发展红色旅游。中旅德天公司大力弘扬红色文化，成立德天边关竹排党支部，常态化开展边境升旗仪式，秉承“党旗耀边关，兴边富民促发展”的原则，建设“边关红色爱国主义教育阵地”，打造边关旅游红色打卡点。

二是发挥央企优势，拉动产业发展。中旅德天公司积极引入中央企业乡村产业投资基金，高标准建设德天景区核心区域，吸引游客集聚、消费集聚、要素集聚、投资集聚，发挥产业引领作用。成立桂西南大德天旅游营销联盟，通过“资源整合、渠道共建、市场共享、产品互联、品牌互通、交叉引流、流量赋能”，构筑桂西南“大德天”旅游目的地，带动沿线旅游开发。

三是发挥资源优势，带动乡村振兴。中旅德天公司深入挖掘当地的生态资源、文化资源特色，将瀑布旅游与壮族文化、跨国风情、爱国教育、科技演艺紧密结合，开展多项惠民举措和驻地联合共建，助力当地百姓脱贫致富。成立边境旅行社整合区域旅游产品资源，搭建数字化便民旅游服务平台“中旅趣边关”，实现一码游边关，平台合作商家已超过 100 家，实现 GMV（商品交易总额）1.14 亿元，会员 27.36 万人。

三、改革成效

通过几年的改革实践，中旅德天公司在跨境旅游合作业务方面已蹚出了一条特色化发展的路子，不仅丰富了景区业态，改善了游客体验，提升了经营业绩，还为边境稳定和边境经济做出了贡献。2023 年，中旅德天景区全年接待游客 195.67 万人次、营业收入 2.49 亿元、净利润总额 0.53 亿元，分别同比增长 1465%、1341%、267%，恢复到 2019 年的 132%、267%、233%。

一是打造了跨境旅游合作区的样板。中旅德天公司与越方签订合作协议，明确合作区结算方式、双方权利义务，理顺了运营机制。推动“出入境 + 边检”一站通办新型服务模式，将原来游客需提前 3 天预约跨境游业务的时间缩短为“当天申请当天办理当天跨境”“一日游两国”的新颖跨境旅游方式，吸引了众多中越游客尝鲜体验。数字化技术赋能跨境游，为挖掘合作区价值及打造新的旅游场景提供了更多可能，国家安全及游客安全得到加强。自合作区试运营以来，已累计接待越南团队超 200 个，接待中国团队超160个，为下一步正式运作积累了经验。

二是景区管理和服务水平大幅提升。广西德天景区从以前“不够半天游”到现在“半天不够游”，游客体验明显改善，入园的中青年游客提高至65%。景区二次销售收入占比从3%提升至65%，盈利能力进一步提升。携程、抖音、美团等平台的满意度评分均在4.5分以上，游客整体满意度持续提升。广西德天景区先后入选2022年中国旅游创业创新精选案例、2023年国家级沉浸式文旅新业态示范案例。

三是有效拉动景区周边产业发展。2019年以来，广西德天景区已累计接待游客量近600万人次，直接和间接提供地方就业岗位数千人，培养了近百名中基层旅游管理人才。景区周边民宿、酒店床位数增加至近5000张，培育开通桂西南交通专线5条。景区所在大新县成功脱贫摘帽，2023年预计共接待游客815万人次，同比增长94%，实现旅游综合收入约64亿元，同比增长85%。

69

创旅游先锋　树服务标杆 全力打造国际沙漠旅游目的地

中旅（宁夏）沙坡头旅游景区有限公司

一、基本情况

中旅（宁夏）沙坡头旅游景区有限公司（以下简称“中旅沙坡头公司”）为中国旅游集团有限公司（以下简称“中国旅游集团”）旗下中旅国际控股的混合所有制企业，负责宁夏中卫沙坡头景区的投资运营，中旅国际持股46%、中旅资产持股5%，其他两方股东分别持股29.4%、19.6%。

沙坡头景区地处中国第四大沙漠——腾格里沙漠东南边缘，既具江南景色之秀美、又兼西北风光之雄奇。近年来，中旅沙坡头公司持续贯彻落实习近平总书记“以诚信经营、优质服务吸引消费者”的重要指示精神，落实国企改革要求，提升核心竞争力，紧盯文旅产业新趋势打造国际沙漠旅游目的地，沙坡头景区已成为行业标杆，先后荣获“首批国家5A级景区”“首批全国旅游标准化示范单位”“中国最美丽的五大沙漠之一”等殊荣。

二、经验做法

（一）坚持战略引领，提高企业核心竞争力

中旅沙坡头公司锚定打造国际沙漠旅游目的地的战略目标，充分挖掘

“大漠孤烟、九曲黄河”自然资源和文化内涵，创新谋划产品，将项目产品力、品牌力、营销力“三力合一”。

一是坚持精品战略，增强项目产品力。中旅沙坡头公司以“沙漠+星空”为元素，建成“世界上最孤独的酒店”——沙漠星星酒店，被业界评为亚太最火爆的主题酒店。2023年沙漠星星酒店200间客房营收突破1亿元，沙漠星星酒店二期（钻石酒店）建成开业，满足高端客群对更高品质的需求，持续引领高端沙漠度假标杆。建成沙漠传奇乐园，丰富和提升沙漠游乐项目体验。

二是丰富产品体验，提升项目品牌力。中旅沙坡头公司打造飞黄腾达、丝路驼铃、沙海冲浪、黄河漂流、激情滑沙、大漠飞天等游乐体验产品，开发“住星星酒店、品星空晚餐、看星空演艺、听星空讲座、赏大漠星辰、悟星空之道”的星空系列度假体验产品，形成了中国沙漠旅游的强势IP，提升了“星星的故乡”宁夏文旅品牌影响力。

三是促进交流合作，加强项目营销力。中旅沙坡头公司创新营销宣传方式，先后与福建厦门思明区沙坡尾社区、海南三亚天涯海角景区、江苏扬州瘦西湖景区结为“友好对子”，促成“闽宁合作、有头有尾”“沙与海的对话”“诗画瘦西湖，遇见沙坡头”等交流共建平台，实现互助互利、共赢共享。

（二）增强产业引领，塑造行业示范标杆

一是创新标准，树立旅游服务质量标杆。中旅沙坡头公司全面推行旅游标准化，建立完整的服务标准体系，结合新时代、新形势、新理念，融入文明旅游、生态保护、非遗传承，牵头制定了羊皮筏子漂流、沙漠乘驼等特色旅游项目地方标准，通过了ISO90001/14001/18001质量管理体系认证，获得宁夏回族自治区质量奖。坚持践行“1235”特色服务理念，开展“5+N”服务质量提升活动，持续提升游客体验感和满意度。

二是借势营销，打造旅游行业创新标杆。中旅沙坡头公司引入《爸爸去哪儿》《妻子的浪漫旅行》《奔跑吧黄河》等热播综艺节目来景区拍摄，承接万宝龙、ABM、梵克雅宝、兰博基尼、保时捷、欧莱雅等高端商务会展，承办大漠赫兹音乐节、沙舟回响音乐嘉年华等活动。通过品牌叠加，催化市场发酵。

三是整合资源，带动全域旅游聚合发展。中旅沙坡头公司牵头推进中卫大漠黄河（沙坡头）旅游度假区入选国家级旅游度假区创建名单，带动周边发展沙漠特色露营地50多个，促使中卫市成为最热门的沙漠旅游目的地，2023年中卫市接待游客达到1500万人次。

（三）聚焦深化改革，促进企业高质量发展

一是加强党的领导，深化体制机制改革。中旅沙坡头公司完成党建入章程工作，大力推行“党建+”，通过“党员在身边”“支部建在项目上”等党建品牌活动，促进生产经营提质增效，激发广大干部职工干事创业新活力。制定《董事会工作规则》《董事会授权管理办法》等制度，落实公司董事会职权试点，经营班子实施任期制和契约化，70%以上中层干部通过公开竞聘和市场化选聘，为混合所有制企业高质量发展提供了制度和人才保障。

二是践行核心价值观，弘扬文明旅游新风尚。中旅沙坡头公司深入贯彻落实习近平总书记关于文明旅游工作的重要指示批示精神，传承优秀文化，搭建了文明旅游志愿服务体系，常态化开展沙漠生态治理和保护宣教活动，坚持知行合一，引导员工理解和认同社会主义核心价值观，成功创建首批国家级文明旅游示范单位。

三是共建共享，助力脱贫攻坚。中旅沙坡头公司践行央企责任，充分发挥品牌优势，带动当地鸣沙村贫困地区移民群众发展乡村旅游，为周边村民提供就业岗位150余个。承接3名新疆文旅青年干部挂职实践，承办中国旅游集团扶贫点干部旅游行业专题培训，有 8 期共 300 余名贫困地区基层干部在景区接受专题培训。

三、改革成效

中旅沙坡头公司锚定打造国际沙漠旅游目的地战略目标，走出了一条高质量发展之路，实现了沙漠度假旅游良性可持续发展，景区经营业绩也持续攀升。2023 年，沙坡头景区全年接待游客 124.46 万人次，同比增长 310.75%；营业收入 3.57 亿元，同比增长 227.59%；净利润 0.66 亿元，实现大幅扭亏为盈。

一是企业核心竞争力持续增强。中旅沙坡头公司深入挖掘“大漠孤烟、九曲黄河”独特文化和自然资源，做大做强做活“沙产业”，形成了“自然景区 + 主题乐园 + 度假住宿”的产品叠加模式。推动服务标准化，建立四级服务督导制度，服务质量稳步提升。2023 年，景区游客入园二次消费比例达到 81%，年度游客网络满意度提升至 90.1%，特色标准塑造精致服务典型案例成功入选 20 例“全国文化和旅游标准化示范典型经验”。

二是打造了我国沙漠旅游标杆。中旅沙坡头公司坚持“创建一流、创造价值”，以精品项目塑造沙漠旅游产品标杆，以服务标准化构建服务质量标杆，深化文旅融合提升景区文化内涵，沙坡头景区已成为我国沙漠旅游的一面旗帜。沙漠星星酒店被评为“金树叶级”绿色旅游饭店，成为网红打卡地，沙漠传奇乐园被评为“2023 年旅游新业态创新发展典型案例”。沙坡头景区被选树为全国旅游服务质量标杆单位，“星星的故乡”入选全国文化和旅游领域改革创新优秀案例。

70

坚持“三聚三显” 对标行业一流 按下改革“加速键”

商飞软件有限公司

一、基本情况

商飞软件有限公司（以下简称“商飞软件公司”）于2019年11月19日在成都市天府新区注册成立，是中国商用飞机有限责任公司（以下简称“中国商飞”）的全资三级子公司，承担着国产民用客机ARJ21、C919、C929等型号机载软件关键技术攻关和民用飞机数字化转型的重要使命。商飞软件公司依托中国商飞多年的管理、研发、制造等信息化经验，以国产大飞机为牵引，立足自主研发、深耕航电领域业务，并围绕民机软硬件研发，服务于航空产业链发展及数字化转型，不断探索新一代航空技术在民机产业链中应用落地。目前，商飞软件公司共有在职人员234人，机载团队77人，信息化团队135人。其中，技术人员占比90%，中高技术人才占比50%，研究生及以上学历占比38%，科技人才引领企业发展效果显著。

二、经验做法

（一）聚焦对标世界一流，助力国产自主可控

商飞软件公司落实“三坚持、三突出”，明确科改主原则。

一是坚持稳中求进工作总基调，突出自我加压。商飞软件公司按照对标世界一流工作要求，按照“三个面向”业务发展定位，学习国际前沿企业达索、霍尼韦尔、NAVBLUE 3 家公司，围绕国务院国资委“七个聚焦”，形成了财务管理、能力体系、品牌建设、公司治理、人才队伍、运营管理、过程管理“七个一流”的发展目标和愿景。

二是坚持在重要领域和节点实现自主可控要求，突出聚点攻破。商飞软件公司完成飞管系统软件的自动调谐功能、飞行计划功能等核心功能开发，持续提升航电核心软件的国产化率。开展民用飞机状态监视功能客户化配置工具国产化开发，实现技术路径完全自主。完成合成视景设备原理样机研发，解决关键技术“卡脖子”问题，助力国产新型号的自主可控与关键技术预研。

三是坚持系统观念、守正创新，突出产品自研。商飞软件公司自主研发 Vagus（企业业务地图）并将中国商飞数字化经验和产品能力赋能至四川天府新区新经济局和产业链企业，打造运营数字化能力。加快航司与机场业务布局，以云数据平台为底座，持续优化迭代飞行数据译码软件、研发多终端电子化维修手册平台，已成功为东方航空、翎亚航空等国内外 11 家航司和商飞快线提供服务。

（二）聚焦体制机制革新，构建发展新格局

商飞软件公司坚持“强组织，强制度”，夯实发展保障。

一是“3 + 1”架构，助力体制机制建强。商飞软件公司为加强科技引领、安全保障、市场融入，进一步落实“科改行动”各项工作目标，成立科技委员会、安全委员会、市场营销委员会及改革领导小组，形成“3 + 1”格局，以“科改行动”为契机，加大资源配置优化，加快市场化步伐。

二是“7 + 3”格局，夯实制度管理体系。为进一步明确股东会、董事会、经理层等行权主体及行权范围，推动董事会规范行权授权，商飞软件公司制定了《公司章程》《重大事项决策权责清单》《董事会议事规则》《董事会授权管理办法》等支撑制度，建立“7+3”董事会制度体系，即董事会议事规则、决策清单、董事会授权管理办法、4个专门委员会工作细则等运行配套制度和外部董事管理、履职保障管理办法、总经理向董事会工作报告等履职保障制度，为商飞软件公司建设中国特色现代化企业治理机制提供了有力的制度保障。

（三）聚焦市场化治理，提升活力效率

商飞软件公司坚持“三加快”原则，提质企业效率。

一是加快新型责任制建设。商飞软件公司通过实施“一人一书”，加强经理层成员任期制和契约化管理的精准考核，合理拉开收入差距倍数，形成“鲶鱼效应”，全面激发经理层活力，提升公司经营管理效率，进一步落实董事会经理层成员薪酬管理权。近两年经理层最高值与最低值收入差距达到2倍。

二是加快市场化选人用人推进。商飞软件公司全面推进用工市场化，公开招聘比例达到100%。经营层聘任职业经理人，促进企业内部的管理规范，理顺内部的运行流程，提高管理效率和效果。建立“一评两效”员工考核机制，将员工评价与组织绩效、个人绩效绑定，确保员工“能上能下、能进能出”，2023年市场化退出率6.9%，较2022年度提升20%。

三是加快党建业务深度融合。商飞软件公司通过建立“一深化一结合”机制，着力探索融合工作的具象化，从战略决策、队伍建设等方面，构建党建融合业务工作体系，结合PDCA工作流程，增强党建工作渗透力。一方面，深化党支部前置审议作用，做好公司战略决策；另一方面，结合一线生产经营，成立两支党员型号攻关队，一支专攻ARJ21-700飞机辅助动力装置电子控制器的自主研制，降低对国外供应商的依赖；另一支专攻

C919 电子化维修手册应用架构和功能升级，连续攻关 6 个月，完成系统底层架构与业务功能的全面升级。

三、改革成效

商飞软件公司于 2020 年 4 月入选“科改行动”企业以来，实施“自上而下”的全面体制机制改革，全面激发全员创新活力动力，大力提升自主创新能力。2022 年“科改行动”专项考核优秀，改革成果愈加巩固。

一是科技创新提质明显，构筑“商飞软件”硬实力。商飞软件公司通过改革创新持续发力，累计获得专利 76 项受理、28 项授权，3 项国家标准、1 项首版次软件认定，实现科技创新和科技成果转化同步发力。成功获评第五批国家级专精特新“小巨人”企业，获得四川省数字化转型促进中心、四川省瞪羚企业 2 项省级资质认定，以及成都市企业技术中心、成都新经济双百工程企业 2 项市级资质，软件测评实验室获 CNAS 权威认可，CMMI5 顺利通过评审获最高级别认可，数字化核心能力、研发管理体系建设再提质。

二是产业链组建成果突显，形成“商飞软件”朋友圈。商飞软件公司依托“中国商飞”品牌，争做产业链组建主导者。通过面向“三个方向”，拓展“三类客户”，形成商飞软件公司“朋友圈”。面向飞机本体侧，与通用航空领域 3 家企业开展合作；面向供给侧，与多家外部生态企业共同申报专项技术攻关，并将技术能力与产品服务于民机上下游产业链，形成外部变现生态；面向需求侧，联合相关优质单位联合开发共锻能力，形成场景化技术体系，打造契合场景的新一代数字化解决方案并与市场化机制结合形成行业敲门砖。

三是人才引领作用凸显，筑牢“商飞软件”奠基石。商飞软件公司通过建成立体化人才管理模型，形成“2+3”管理、技术路径，打通员工上升渠道，稳定核心人才。人才评价体系日趋完善，建立员工画像机制，探索数字化人员评估，建成商飞软件人才树。分类打造经营管理强、市场营销强、产品研制强、业务实施强“四强”核心队伍。引进经验丰富、技术扎实的高技术、高素质、高学历“三高”青年科技人才，进一步补齐人才短板，优化人才结构。

71

服务健康中国战略　面向人民生命健康
以科技创新引领企业高质量发展

新时代健康产业（集团）有限公司

一、基本情况

新时代健康产业（集团）有限公司（以下简称“健康产业公司”）是中国节能环保集团有限公司（以下简称“中国节能”）所属中国新时代控股集团有限公司生命健康板块重要子企业，主营业务为健康管理服务和健康产品。健康产业公司认真学习贯彻习近平总书记关于国企改革、科技创新和健康中国的重要论述，坚持“四个面向”，坚定落实“科技是第一生产力，人才是第一资源，创新是第一动力”理念，以科技创新、市场化机制“双轮驱动”统筹推进产品创新、服务创新、技术创新、平台创新整体布局，强化科技引领，着力培育新技术、新原料、新产品、新业态、新模式，赋能企业高质量发展。

二、经验做法

（一）系统谋划、统筹融合，全面构建科技创新体系

一是坚持方向引领。健康产业公司党委深入贯彻落实“第一议题”制度，以高度政治自觉深入学习习近平新时代中国特色社会主义思想，积极

贯彻新发展理念，切实把习近平总书记关于科技创新的重要论述与重要讲话精神落实到企业科研工作中，坚定不移推进科技创新体系与能力建设，牢牢把握企业高质量发展正确方向。

二是注重顶层设计。健康产业公司根据全面深化改革工作部署，围绕企业“十四五”战略规划，针对市场新动向，依托商业模式升级，聚焦研发需求，编制并持续推进《科技创新行动方案（2020—2025）》，制/修订《高质量发展专项奖励办法》《科技管理办法》等70余项制度，形成了系统、科学、规范、实用为主的管理制度体系，基本实现了科技管理业务流程和关键节点全覆盖。

三是创新研发体系。健康产业公司始终坚持“以人为本的全面健康解决方案”战略导向，以3家国家级高新技术企业和2个CNAS国家认可实验室为主、以外部科研资源为辅，发挥科学技术委员会的专业引领作用和科技人才优势，扎实推进产品研发链上下游衔接，全面建成高效畅通的一体化研发体系，不断满足人民群众日益增长的健康美丽新需求。

（二）聚焦主业、建立生态，积极推进科技创新能力建设

一是深入推进政产学研合作，增强协同创新能力。健康产业公司与国内外30余所高等院校、科研机构建立了广泛合作关系，加速应用研究、实现科技成果转化，使政产学研创新活力成为公司高质量发展的现实推力。近两年，健康产业公司与山东烟台开发区管委联合共建“大健康产业公地”，成功获批山东省花粉提纯及应用工程技术研究中心、化妆品研发与功效评价山东省工程研究中心等4个省级科创平台，完成7个省级科研项目申报立项。检测技术服务中心达成长期合作客户21个，完成244个批次、1093个项目的检测，为外部企业提供了有力的检测技术服务支持。

二是持续提升研发投入强度，大力引进科技人才。健康产业公司高度重视科研投入，2019—2023年均研发投入强度约为3.25%，研发投入强度平均每年增加0.51%，为科技创新提供了有力支撑。拥有科技人才174人，科技人才在员工总数占比20%（其中硕博学历占比48%、“80后”“90后”科研人员占比82%）。科技人才队伍学历高、年轻化，为科技研发注入创新动力和智力支持。

三是稳步推进创新平台建设，夯实研发基础。截至目前，健康产业公司拥有3家国家级高新技术企业、2个CNAS国家认可实验室、7个省级研发平台，为关键核心技术攻关和重点项目研发提供完备的科研基础设备。所属健康研究院通过ISO9001质量管理体系认证。生产基地全面通过GMP、ISO9001、ISO5001、ISO14001、OHSAS18001、ISO22000、ISO45001、HACCP管理体系认证、清真保障体系、有机体系、出口食品生产企业卫生注册，在食品安全、产品质量、环境保护等领域均达到国内领先水平，获评“国家级绿色工厂”和“山东省智能工厂”。

四是加快推进关键核心技术攻关，促进科技成果转化。一方面，健康产业公司持续开展松、竹、梅、玛咖、亚麻籽、海洋活性生物资源等特色原料的研究和深度开发，在活性成分研究、功能评价及作用机理研究等方面取得突破，并将研究成果应用于新产品开发和老产品升级。2023年上市5款新产品和30款升级产品，实现销售收入9431万元。另一方面，着力开展健康管理研究和健康服务设备开发，参与完成国家重点研发计划《便携式中医健康数据采集系列设备的开发》，将传统中医的“望闻问切”与人工智能相结合，通过现代化智能中医监测设备实现对消费者的健康测评。自主研发的国珍健康App等数字化平台成功上线，截至2024年1月25日累计完成中医体质评估报告和健康评估报告147.27万份，促进了以人为本的全面健康解决方案落地实施。

五是持续优化产品生产工艺，提高生产效率。健康产业公司深化工艺制剂改进，开展液体混合、灌装、灭菌等实验，实现液体剂型工艺落地转化。开展生产工艺专项攻关，2023 年两款主产品的收率分别提升 3.12% 和 1.74%，产线生产效率最高提升了 56.7%。

（三）同创共享、提质增效，着力优化科技创新管理机制

一是项目化管理已经成为资源配置、精益管理的有力抓手。截至 2023 年末，健康产业公司共实施重大项目 95 个，涵盖产品研发推广、工艺质量改进等科研重点工作，参与人员基本覆盖公司科研人员及各单位员工。职能管理和项目化管理深度融合，组建高效专业的跨部门科研项目团队，推动解决了科研重难点问题，建立按项目贡献进行分配、与企业经营效益挂钩的项目激励机制，形成员工积极参与和努力创新的良好氛围。项目化管理做法作为企业创新管理典型案例在《国有资产管理》刊发。

二是全面推行任期制和契约化管理，激发企业发展内生动力。健康产业公司 100% 实行经理层成员任期制和契约化管理，并延伸至全体中层干部。通过优化业绩考核和薪酬管理体系，与科技工作相关单位负责人及分管领导签订目标责任书，层层压实科技创新责任指标，增加任期激励和中长期激励等激励方式，建立起有效的激励和约束机制，将薪酬水平与经营责任、经营风险相关联，与经营业绩密切挂钩，根据考核结果实现薪酬刚性兑现，充分调动科技工作者和经理层成员积极性。

三是抓好党建与科研深度融合，充分发挥党员科技工作者模范带头作用。健康产业公司所属健康研究院党支部依据党员专业和岗位特点，成立了以党员同志为主，以研发核心骨干为成员的健康智造先锋队、优品创新先锋队、党员责任区、新青年宣传队 4 支队伍，承担公司科技创新和研究开发、科技成果转化和科技人才先进事迹宣传等工作，成为创新驱动发展的中坚力量。

三、改革成效

经过不懈努力，健康产业公司的科技创新工作打开了新局面，取得了新成果。截至2023年末，累计申请专利586项，授权专利405项；取得著作权78项；承担了7个国家级科技项目，通过省级科技成果鉴定34项、新技术新产品（服务）认定3项；先后牵头和参与制定了44项国家、行业和团体标准。科技创新体制机制不断完善，全员科技创新意识和能力大幅提升，为推动企业高质量发展提供了强大动力。

一是科技创新支撑企业高质量发展的作用进一步凸显。当前，健康产业公司高水平研发投入的成效正在显现，主力健康产品持续保持市场领先地位，从特色原料研究、到差异化复方产品开发、到多维度产品推广的产品系统创新模式初见成效。基础应用研究等关键核心技术研究持续加强，牵头制定的松花粉、玛咖粉行业标准奠定了在相关原料和产品的主导地位，中国玛咖质量控制关键技术研究及应用获得中国轻工业联合会科学技术成果鉴定，达到国际领先水平。牵头制定的《健康管理保健服务规范》国家标准是非医疗性健康管理领域唯一的国家标准，弥补了行业空白，推动了行业整体的规范性，促进了整个行业进步。“绿色供应链管理”体系全面建立，产品生产工艺持续优化，稳供强链成果显著，2023年新产品供应周期压缩了50%，现有产品供应周期压缩30%，单班产值提高12%，生产必要辅助工时同比下降28.98%。科技成果落地转化进程加快，科研人才队伍不断壮大，在产学研合作中的主导力明显提升，科技创新对企业发展的支撑力进一步增强。

二是科技创新引领企业高质量发展的内部生态更加优化。健康产业公司从专业化产品研发与基础研究、精细化生产与管理、特色化产品与服务、自主创新与模式创新等方面扎实开展工作，不断激发全员科技创新活力，营造人人重视科技、人人勇于创新的良好氛围。同时，将项目化管理机制、任期制和契约化、科技创新奖励机制等市场化机制灵活应用于科技和创新工作中，从精益管理、选人用人、激励约束等方面深化改革，做细做实目标分解、责任到人、精准评估、考核兑现，加大项目化奖励力度，同时工资总额分配向科研技术人才、市场一线人才进行倾斜。市场化机制极大地激发了科研人员的创新创业热情，实现了骨干员工的成长成才，促进健康产业公司迈上了高质量发展的新台阶。

72

深化改革创新　服务国家战略
谋划新时期高质量发展新篇章

中咨海外咨询有限公司

一、基本情况

中咨海外咨询有限公司（以下简称“中咨海外”）成立于1988年，是中国国际工程咨询有限公司（以下简称“中咨公司”）深入探索咨询行业高质量发展的“试验田”和“先行者”，主要从事战略谋划、投资策划、全过程咨询和规划设计四大业务。2018年8月，经国务院国资委批准，中咨海外正式成为“双百行动”综合改革试点企业。中咨海外聚焦提升核心竞争力和增强核心功能的总目标，加快完善聚集发展资源的策略路径，始终坚持市场化改革方向，努力打造具有鲜明时代特色的现代国有咨询企业，为加快实现企业高质量发展奠定了坚实基础。2021年、2022年度两次获评国务院国资委“双百标杆”。

二、经验做法

（一）强化核心功能，提升服务国家战略落地能力

一是服务生态文明建设，打造国家流域综合治理新样本。作为永定河流域综合治理的策划者，中咨海外坚持投资主体一体化带动流域治理一体

化的工作思路，持续为国家发改委、地方政府及流域公司提供全过程咨询服务10余项。同时，坚持工程咨询与政策研究协同发力，经过深入研究并上报《恢复永定河生态走廊的思路与建议》咨询专报，提出恢复永定河生态走廊的思路与建议，获得中央领导同志重要批示，相关成果得到国家发改委、水利部等部委的高度重视，形成“将恢复永定河流域生态功能上升为国家战略”的系列咨询成果，为国家层面启动永定河综合治理发挥了重要推动作用。

二是不断强化技术攻关，争做数字转型先锋队。中咨海外积极适应工程咨询行业新形势新要求，加快构筑数字支撑体系，持续推动现代技术手段在工程咨询中的推广与应用。在开展《钦州北过境线公路项目》设计咨询中，以BIM技术、移动互联网、物联网、GIS等技术为项目赋能，打造现代化公路基础设施建设的“钦北精品工程”。项目建成后将在钦州市北部构建起一条连接东西向的高速公路通道，极大地完善北部湾地区交通网络，对于推动“广西北部湾经济区”及“中国-东盟自由贸易区”发展具有重大意义。该项目BIM技术应用成果荣获第五届“优路杯”全国BIM技术大赛公共基础设施施工组银奖。

三是积极服务国家战略，着力打造生物多样性保护平台。中咨海外按照委托要求开展设立国家植物园的可行性研究，创新性提出具有可操作性的审批挂牌程序，为国家植物园设立和实施提供方法路径和基本遵循。研究成果作为国家林业和草原局、中国科学院、北京市政府联合报送国务院相关文件的重要支撑材料，为国家植物园审批挂牌提供了有力支持。有关咨询建议推动了我国已知珍稀濒危植物迁地保护和重要种类野外回归，为提升我国植物多样性保护的稳定性和可靠性提供了重要参考。

（二）优化公司治理结构，筑牢企业治理“压舱石”

一是把握“一个核心”，锚定改革方向不偏离。中咨海外把坚持党对一切工作的领导作为推进改革的核心，健全动态优化调整党委前置研究讨论重大经营管理事项清单机制，确保党委发挥领导作用制度化、规范化、具体化，切实对事关公司经营和改革发展稳定的重大问题把好方向关、政治关和政策关，保证改革方向不偏离、任务不落空。

二是构建科学决策体系，不断提升治理效能。中咨海外边探索边总结，结合混合所有制企业和咨询企业特点，重构适应公司发展的“四会一层”科学决策体系，持续优化决策运行事项清单，明确124项运行管理决策事项。党委会、经理层贯穿公司管党治企全过程，股东会、董事会、监事会运行机制更加完善。公司治理主体既各司其职，又相互衔接，基本形成权责法定、权责透明、协调运转、有效制衡的公司治理机制。

三是建立全员治理体系，推动治理机制有效制衡。中咨海外通过构建全员治理体系，持续落实员工列席公司会议制度，实现了员工由有知情权向有治理权的转变，最大程度地统一认识、增强共识。2023年，基层党员列席公司党委会38人次，基层员工列席总经理办公会56人次。坚持开展“总经理接待日”活动，打通公司经营决策层与基层员工联系的“最后一公里”，形成全员参与治理、全员监督决策的良好氛围。

（三）构建新型经营责任制，夯实高质量发展根基

一是紧扣业态促创新，打造“两翼”育动力。中咨海外打造“合伙制”“领衔组阁”两翼齐发的工作机制。对外试行合伙制，截至2023年底已有19家合伙制分公司，全年实现新签合同5522万元，到账收入3475万元，区域化发展取得实质性进展。对内鼓励员工自主选择团队成员、确定业务主攻方向“领衔组阁”，全面激发员工干事创业热情，截至2023年底已设立4个“领衔组阁”部门，开拓了新的业务领域，业务发展成效初显。

二是深化用人机制改革，坚决打通人员退出通道。中咨海外研究业务服务中心（人力资源池）设立方案，加快推动员工“能出”落实落地。用好绩效考核工具，加强“入池”员工管理，促进不适岗员工转岗发展、低绩效员工改进提升，形成人员竞争上岗、提升返岗、岗位退出等多种“出池”方式，进一步畅通员工制度化退出通道。实现了“人员规模增幅不高于利润总额增幅，管理部门人员数量不超过人员总数的10%”目标，全员劳动生产率、人工成本利润率、人事费用率持续向好。

三是推进任期制和契约化管理向中层岗位全覆盖。中咨海外差异化设置业绩考核指标标准，公司经理层成员、中层管理人员和所属子企业经理层成员签订《经营业绩责任书》，签约覆盖比例100%。建立中层干部自评机制，形成领导考核、中层互评、自我评价等多维度的考核评价体系。通过年初签订协议、年底考核评价的全过程管理机制，促进中层干部知责于心、担责于身、履责于行。

三、改革成效

中咨海外坚持以习近平新时代中国特色社会主义思想为指导，深入贯彻落实国务院国资委关于实施新一轮国企改革深化提升行动工作要求，紧紧围绕中咨公司“五五战略”，实现改革重点任务与公司战略规划有效衔接，着力提升核心竞争力，增强核心功能，持续深化市场化经营机制，优化组织架构，构建规范运行更加高效的治理体系，公司治理能力持续强化。

一是服务国家重大战略能力不断提升。中咨海外坚持研究型企业发展特色，聚焦重大区域问题以及经济社会发展中的难点热点问题深入调查研究，坚持系统谋划整体解决方案，形成了一批高水平的研究成果。积极参与“一带一路”建设，从政策研究、规划编制到境外产业园区建设、重大项目评估，再到项目建设管理，为中国企业“走出去”提供了有力支撑。

二是业务经营实现持续快速增长。2023 年，中咨海外实现利润总额 4069 万元，同比增长 35%；营业收入 4 亿元，同比增长 33%；新签合同额 5.5 亿元，同比增长 22%；全员劳动生产率 56.68 万元，较上年增长 8%。8 个业务部门在第三季度即完成全年经营任务，占公司业务部门 1/3，为高质量完成全年生产经营任务奠定了坚实基础。预计 2024 年全面完成“556”业务经营指标，即实现利润 5000 万元，同比增长 25%；实现收入 5 亿元，同比增长 25%；新签合同 6 亿元，同比增长近 10%。

三是品牌建设迈上新台阶。中咨海外咨询成果创新性、影响力及推广应用价值进一步提升。2023 年工程咨询排名列工程咨询行业智库型单位影响力 50 强第 15 名，工程咨询单位营业收入 100 强（中型单位）第 62 名；多个项目荣获全国优秀工程咨询成果一等奖 2 项、二等奖 1 项；收到有关国家部委感谢信 17 封。中咨海外高质量咨询服务品牌价值不断彰显。

四是党的建设开创新局面。中咨海外始终坚持以党的政治建设为统领，扎实开展主题教育，一体推进理论学习、调查研究、推动发展等重点任务，解决了发展难题，改善了办公环境，提振了发展信心。夯实基层组织体系，将党建工作载体、党员队伍力量有效“嵌入”改革发展攻坚、重大项目一线，提级成立中咨设计院党总支。截至目前，基层支部数量增至 22 个、党员人数 205 名，基层党组织规范化水平显著提升，力争成为“双百企业”党建工作排头兵。

73

发挥国家级混改基金功能作用
扎实推动战略性新兴产业高质量发展

诚通混改私募基金管理有限公司

一、基本情况

中国国有企业混合所有制改革基金（以下简称“混改基金”）是中国诚通控股集团有限公司（以下简称“中国诚通”）受国务院国资委委托于2020年设立的国家级私募股权投资基金，混改基金坚持以习近平新时代中国特色社会主义思想为指导，深入贯彻党的二十大精神，积极服务国家战略，扎实推动战略性新兴产业高质量发展。基金成立以来坚定支持中央企业打造原创技术策源地，建设现代产业链链长，有效引导国有资本向战略性新兴产业聚集。

二、经验做法

（一）推动被投企业完善科技创新体制，更好实现高水平科技自立自强

混改基金坚持把促进科技创新放在核心位置，着眼建设现代化产业体系，引领带动社会资本构建“五链协同”的混改投资布局，助力提升产业控制力。

一是聚焦原创技术策源地，形成了“科研院所改制和科研成果产业化

创新链”。在总结有研工研院、上海核工院、联通中讯院、中科新微、卫蓝、中科海钠等项目经验基础上，2023 年混改基金投资了中车戚所、机科股份等项目。积极支持承担重大攻关任务、开展基础前沿技术研究和应用的科研院所改制，大力促进科技创新成果产业化。

二是聚焦“双碳”战略，形成了“氢能产业链”。混改基金累计投资氢能产业链相关项目 7 个。从上游制氢、中游储运，到下游用氢等产业链重点环节进行布局，围绕已投的国氢科技、上汽捷氢、氢蓝时代、汉丞科技等项目，积极延链。2023 年投资浙江蓝能等项目，助力氢能产业全链创新发展。

三是聚焦关键核心技术，形成了“新能源汽车产业链”。混改基金累计投资新能源汽车上下游产业链项目 17 个。从动力电池、操作系统、电子芯片、自动驾驶方案，到下游的整车制造，布局了中创新航、岚图汽车、挚途科技、广汽埃安、质子汽车等项目。2023 年主要聚焦智能化，在核心汽车传感芯片、存算一体关键技术应用、底层基础软件等方向进行布局，领投了后摩智能、琻捷电子、睿赛德等项目，积极推动产业链协同共进。

四是聚焦解决“卡脖子”技术，形成了“集成电路产业链”。混改基金累计投资集成电路上下游产业链项目 11 个。在至微半导体、知行科技、新昇晶睿、华大九天、中船特气等已投项目基础上，在芯片设计、制造、封装和测试等重要环节持续布局。2023 年领投了半导体产业链核心企业中芯绍兴、半导体先进封装领域公司奇异摩尔，战略投资了突破关键“卡脖子”技术的中巨芯、集成电路高端先进封装测试服务商颀中科技，促进优化芯片研发、生产和服务体系，补齐关键性短板。

五是聚焦中高端材料自主研发，形成了“新材料产业链”。混改基金累计投资新材料相关领域项目 19 个。2023 年投资中材高新和哈玻院项目，助力国家重大工程前沿领域的高端复合材料“卡脖子”关键核心技术攻关，加速实现我国由材料大国向材料强国转变，为我国航空、航天、国防军工、电力、高端制造、新能源等领域的发展提供有力支撑。

（二）优化国有经济布局，更好促进现代化产业体系建设

混改基金围绕“积极稳妥深化混合所有制改革”这一中心工作，坚持“以基金方式推动国企混改、释放国企活力”的运营范式，不断提升资本运营能力，成为积极稳妥推进国企混改的排头兵，在助力国企做强做优做大、与民营企业协同混改方面发挥重要作用。

一是积极推进央企国企混改，在助力重点企业补链强链中引领产业发展。混改基金坚持以“混资本”的方式促进“改机制”，坚持“引资”“引治”“引制”相结合，积极推动被投企业完善法人治理结构，实现经营机制转换。混改基金参与华润生物、中车戚墅堰所、机科股份、颀中科技、广钢气体、中材高新、浙江蓝能、哈玻院等科技型央企和地方国企混改，助力企业加大自主创新力度，打造原创技术策源地和现代产业链链长。根据习近平总书记和党中央推进长江经济带发展和“共抓大保护”要求，累计出资50亿元参与长江绿色发展投资基金，推动培育长江经济带战略新兴产业，服务实体经济绿色转型。

二是积极促进民企反向混改，在支持共链行动中促进科技自立自强。混改基金聚焦新一代信息技术、集成电路、新能源汽车等赛道，联合其他国有投资方共同投资后摩智能、奇异摩尔、睿赛德等项目，重点支持专精特新企业发展。加强国企、民企混改协同效应，做好混改基金主动式赋能和“混联企业”之间协同式赋能，支持企业补链强链，有效维护国家重点产业链、供应链安全可控。

三是积极开展课题研究。混改基金与武汉大学合作研究的《混合所有制改革对国企创新活动的优化作用》课题，提出有效衡量国有企业创新能力的量化指标，评估国有经济创新能力在行业中的地位，分析混合所有制改革对国企创新战略和创新成果的影响机制。完成《综合改革试验区改革进展、相关机遇及混改基金投资策略》课题，进一步加强对综合改革试验区及央地深化合作协同发展研究，强化对相关政策工具箱的运用，主动发力与各综合改革重点区域对接，实现优质央地合作项目落地，形成改革合力。

（三）强化投后赋能，发挥国家级基金价值创造功能

混改基金积极探索“五全”国家级基金投后管理模式，提升价值创造力。

一是全面建章立制。混改基金不断提升投后管理水平，防范和控制项目投后阶段风险，促进投资目标实现和投资资产保值增值。制定《投资业务管理办法》《直投项目投后管理办法》《子基金投后管理办法》《证券市场交易减持管理办法》等制度，保障投资管理业务“有章可循、有规可依”。

二是全面监督管理。混改基金发挥积极投资人作用，强化主动管理。持续跟踪项目投后管理的短、中、长期目标，加强投资项目全流程、全周期化管理规范，细化投后管理颗粒度。截至目前，混改基金共委派董事、监事、投委会委员等52人次，促进企业完善公司治理和经营机制，积极参与被投企业的战略规划、风险控制、业务协同、投资决策等重要工作环节，通过投后管理防范风险。

三是全面支撑反哺投前。混改基金以投后管理实践不断丰富完善混改基金投资策略，为制订公司各项经营目标提供有效参考与决策依据。持续迭代优化新阶段的投资策略，为基金投资资源配置的合理性、科学性和有效性奠定坚实基础。

四是全面规范退出管理。混改基金加强资本市场走势研判，不断完善退出标准和路径，实现国有资本保值增值。截至 2023 年 12 月底，已完成 7 个项目的完整或部分退出，投资收益良好。

五是全面赋能。混改基金坚持专业投资能力和资源整合能力“双轮驱动”，发挥资本和产业协同优势，为被投企业提供协同式赋能。协助被投企业中讯院与中国康养共建共营养老服务平台，进一步探索智慧康养合作模式；支持中国有研新孵化企业深化改革和高质量发展；推动被投企业格林美与力神电池开展合作；组织被投项目一汽挚途与中储智运就物流供应链合作洽谈；助力岚图汽车对接产业链上下游潜在合作企业；联合质子汽车组织自动驾驶、氢能源电池行业交流；助力捷氢科技与氢蓝技术产品合作并在河北落地。

三、改革成效

一是聚焦改革。混改基金在已经形成的“以基金方式推动国企混改、释放国企活力”模式基础上，以改革求突破，主动破题“基金平台 + 产业平台”混改新范式，着力提升混改特色的投后赋能能力，全力落实好三项功能性改革任务，成为促进现代化产业体系、引领新质生产力发展的长期资本、耐心资本、战略资本。

二是强化定位。混改基金持续在积极稳妥深化国有企业混改与参与民营企业协同混改上双向发力，促进形成多种所有制企业共同发展的良好局面。助力产业链供应链循环畅通，带动更多社会资本，共同优化资源配置，增强产业优势，打造具有世界水平的现代产业集群，引领产业链上中下游企业融通创新，共同向价值链中高端不断迈进。

三是支持战新。在构建产业平台方面，混改基金助力国资国企寻找战略性新兴产业中的优质企业，以混改方式进入，通过小股增持乃至控股权收购，组建大型龙头企业，打造新链主。探索建立混改产业平台，通过量身定制、交叉持股、招投联动等方式，根据产业链、创新链聚集“混联企业”，打造新产业集群，提升了混改基金的品牌效应。

74

服务国家战略　聚焦战新产业
以科技创新驱动企业高质量发展

天津力神电池股份有限公司

一、基本情况

天津力神电池股份有限公司（以下简称“力神电池”）成立于1997年12月，注册资本约19.3亿元，是中国诚通控股集团有限公司（以下简称“中国诚通”）旗下国内首家锂离子电池研发与制造企业。力神电池主营业务为动力电池、储能电池及消费电池的研发、生产制造及销售，动力电池主要应用于新能源乘用车、大巴车、物流车以及叉车等领域，储能电池应用于风光可再生能源发电、通讯基站、数据中心以及户用储能等领域，消费电池主要应用于电动工具、智能家居、智能手机、便携电脑、可穿戴设备等领域。

力神电池目前拥有31吉瓦时锂离子电池的年生产能力，其中动力电池（含储能）年产能24吉瓦时，消费电池年产能约7吉瓦时。作为中国诚通践行国家“双碳”战略、布局新能源产业、培育战略性新兴产业的核心平台，力神电池承担着推动新能源电池行业高质量发展的使命。力神电池以创新引领发展，持续加大关键核心技术攻关力度，完善科技创新机制，以改革激发动能，切实提高企业核心竞争力。

二、经验做法

（一）聚焦关键技术研发，持续提升公司科技创新能力

一是提升现有体系动力电池综合性能。力神电池以46系列大圆柱动力电池为重点方向，进一步提升安全性、低温适应性和快充能力为目标，明确技术路线，细化任务节点，目前已实现电芯能量密度大于300瓦时/千克，18分钟快充，循环寿命达到1000次以上，综合性能国内领先，预计于2025年实现量产。

二是加快下一代电池技术研究。半固态电池技术方面，力神电池通过采用界面新型纳米材料铆接正极技术、低膨胀致密化硅基负极技术、电子离子双传导拓扑网络技术、高稳态固液融合技术、有机二维材料涂层超薄隔膜技术、高比能高安全电池单体新型集成设计技术，实现半固态电池的超轻量化高安全设计，能量密度突破至402瓦时/千克，兼具高能量密度和高安全性能，在行业内同类产品中达到技术引领水平，可广泛应用于超长续航乘用车、电动垂直起降飞行器（eVTOL）等领域，预计2024年上半年进行电池生产，并同步开展示范应用。钠离子电池技术方面，通过关键材料、结构和工艺创新，产品能量密度达到145瓦时/千克，充电15分钟即达到80%电量，-30℃低温放电容量保持率大于75%，已通过国标安全测试，处于行业第一梯队，兼顾安全性和低成本，凸显低温优势。

三是推进孵化培育业务开发。力神电池重点推进超级电容器单体、模组及系统关键技术研究、超级电容器储能系统设计与应用示范，组建了横跨研产供销全链条的联合项目团队，并加强与客户、科研院所就超容未来产业化应用方向和前景的研究探讨。在完成超容储能系统调研报告的基础上，开展了超容20尺2.5兆瓦集装箱储能系统方案设计，以及3.0伏高电压超级电容器体系定型，能量密度和最大功率密度相对普通超级电容器均

提高 23% 。

（二）加强研发体系建设，深化产学研协同

一是持续加大研发投入，加快研发能力建设。力神电池投资超过 8000 万元的 46 系列大圆柱中试线建成并投入使用，具备 170 兆瓦时年中试能力，为量产线工艺提供了可靠的验证平台。计划投资 12 亿元的无锡研发中心一期项目开工建设，滨海基地测试中心项目、聚合物多极耳中试线及大软包实验线建设项目也在稳步推进中。2023 年，全年研发投入（当期研究与试验发展经费支出）11.11 亿元，较 2022 年增长 3.8% 。

二是持续加大中高端专业技术人才队伍建设。力神电池深挖行业中高端专业技术人才，突破薪酬水平和薪酬结构固化的局限性，确定有竞争力和吸引力的薪酬水平。2023 年招聘研发人员 197 人，其中研究生及以上学历占比 76% 。注重与高校和科研院所研发人才的协同创新，以“双聘”等方式引进包括公司首席科学家在内的 11 名高层次人才。同时，持续优化年轻后备干部培养模式，启动后备梯队人才专项培养项目“启航计划”，覆盖 101 名年轻专业骨干人才，通过认知思维升级，管理、工作技能和个人影响力提升，提高后备人才成熟度和专业人才业绩贡献能力，积蓄发展新动能。

三是整合高校及央企资源，搭建协同创新平台。力神电池与南开大学院士团队联合开展富锂锰基电池、固态电池等技术研究，与北京理工大学院士团队联合开展动力电池仿真技术研究，与中国电力科学研究院有限公司、华中科技大学等联合承担科技部储能与智能电网专项“高功率长寿命储能电池技术研究”，与中国科学院过程控制研究所、河北工业大学联合承担天津市院市合作重点任务“新型高比能动力电池及关键材料技术研究与应用”项目等。同时，作为主要参建单位，深度参与国家能源局批复的第一批国家能源研发创新平台“国家能源电力储能装备与系统集成技术研发中心”建设，参与组建3个中央企业创新联合体，其中由中国第一汽车集团有限公司牵头的固态电池创新联合体已获国务院国资委批复。

（三）探索多种激励方式，激发干事创业活力

一是“揭榜挂帅”叠加“风险抵押”，助推前沿技术开发。力神电池为加快构建以破解“卡脖子”关键核心技术难题为导向的创新能力管理新体系，运用“揭榜挂帅”的激励方式，面向公司内部张榜，不设门槛、不论身份、结果导向，确保项目目标清晰明确、指标可量化、成果可验证，并赋予揭榜主体充分的项目管理决策自主权与资源使用权，配合风险抵押机制，确保项目实施。“46系列大圆柱动力电池开发”作为首个试点项目，经项目张榜、揭榜组阁、揭榜评审，确定了科技攻关团队，并签署了“军令状”。同步实施风险抵押机制，按照项目关键节点设置考核目标，由项目组核心成员按照一定额度缴纳风险保证金，项目达成后，返还保证金并给予一定奖励，未实现目标则根据实际情况扣减保证金，激励与约束并存。目前，项目组不但提前6个月完成了设计定型，研发速度大幅提升，还增强了团队成员稳定性，预计可按照风险抵押金的4倍兑现奖金。“风险抵押”机制还在滁州基地、无锡基地、天津五期乙和苏州二期建设项目中运用。2023年10月27日，力神电池投资规模最大、技术水平最高的滁州基地项目顺利投产，投产良品率超出同行业目标值，运营3个月阶段良品率已达到半年良品率目标。

二是以“超额利润分享”，触发新增市场新的利润增长点。超级电容器业务是力神电池独立于动力板块和消费板块之外的孵化培育业务，产品应用方向包括风电变桨系统、汽车、微电网储能、医疗及电力等，具有较大发展空间。为推进业务发展，力神电池充分利用“科改企业”超额利润分享机制，赋予激励对象一定的未来收益权，激发其工作积极性和创造力，从而在持续创造利润增量的同时，实现企业与员工共赢。在激励机制

推动下，力神超电公司2022年度超额完成利润考核目标（超出净利润目标158.9万元），2023年利润增长率达到70%以上，公司产品在风电领域市场占有率提升至19%，达到细分领域前三名水平。

三、改革成效

一是以科技创新为本，积蓄发展新动能。力神电池坚持创新驱动，加快产品升级转型和新产品研制。2023年共申请专利389件（其中发明专利183件），获得新增授权专利189件，较2022年增长12%（其中发明专利42件，较2022年增长5%）。参与发布国家标准4项，参与编制行业标准2项，参与发布团体标准10项，均创历年新高。在新技术研发方面，开展了15项预研技术的研究开发，在半固态电池、钠离子电池开发中达到业内领先或主流水平。在新产品开发方面，2023年共有46款新产品完成了设计定型，其中26款实现量产，为新基地投产做好新产品储备。

二是以市场机制为核，激发创业新活力。力神电池持续推进三项制度改革，以前所未有的决心和力度破身份、破台阶、破终身制，2022年公司本级经理层副职收入差距达1.5倍。优化分配体系，用好激励工具箱，构建“1+N”中长期激励管理体系，积极探索实行“揭榜挂帅”、风险抵押金、超额利润分享、股权激励等中长期激励工具，调动了骨干员工履职尽责、担当作为的积极性，形成了齐抓共管、高效运转的管理工作新格局。

75

聚焦国资央企　构建债券市场业务新模式

诚通证券股份有限公司

一、基本情况

诚通证券股份有限公司（以下简称“诚通证券”）是中国诚通控股集团有限公司（以下简称“中国诚通”）的控股子公司，中国诚通持股比例98.24%。诚通证券前身为新时代证券股份有限公司（以下简称“新时代证券”)。2020年7月中国证监会依法对新时代证券实行接管，2022年5月，新时代证券结束接管，并入中国诚通。2022年6月，新时代证券完成更名及法定代表人的工商变更，正式加入央企队伍，成为央企控股券商。

二、经验做法

(一) 差异化开展央企做市业务，提升服务效能

一是积极融入，找准国有资本运营公司控股券商定位。并入中国诚通以来，诚通证券坚持服务实体经济、服务国资央企高质量发展、服务国有资本运营战略定位，为国资央企提供多元化金融服务。诚通证券在2023年初制定发布了2023—2025年战略发展规划，自觉在中国诚通“4+1”发展战略中找准自身定位。诚通证券业务与国资运营业务高度契合，能为国

资央企提供全业务链综合金融服务，服务于加快国有经济布局优化和结构调整，服务于推动国有资本和国有企业做强做优做大，努力成为中国诚通服务国资央企高质量发展“改革工具箱”的重要组成部分。

二是大胆探索，创新开展国资央企债券自主做市业务。债券做市业务是一种金融市场服务，做市商通过持续提供债券买卖报价实现市场价格发现功能，增强债券流动性，维护投资者信心和市场稳定。此前，市场未有专门针对国资央企债券开展专项做市服务的机构，诚通证券结合自身禀赋和业务本质，差异化开展相关业务，弥补了市场空白。该业务覆盖银行间市场和交易所市场，前者依托中国外汇交易中心银行间市场本币交易平台打造多层次产品，后者通过上海证券交易所固定收益证券综合电子平台和深圳证券交易所固收专区，最终实现了具名和匿名等多种形式的自主做市形式。截至2023年底，诚通证券做市服务已覆盖42家国资央企主体和57个央企债券标的，为国资央企债券市场的稳定发展提供了有力支撑。

（二）支持国家战略方针，创新设立央企主题债券篮子

一是率先成为债券篮子创设机构，引领市场革新。2023年6月，全国银行间同业拆借中心面向境内外投资者创新推出债券组合交易业务，即“债券篮子”。投资者可通过交易一篮子债券组合实现策略交易或跟踪指数等目标，标志着市场参与者进入银行间市场2.0时代。诚通证券凭借在国资央企债券自主做市业务中的出色表现，成功在众多会员单位中崭露头角，成为市场首批创设机构，通过深度参与多层次资本市场建设，为参与者提供更加多元化的投资选择。

二是支持绿色金融，首创央企ESG信用债篮子，引导资本关注社会价值。诚通证券作为报价机构创设了市场首只央企ESG信用债篮子——“诚通证券央企ESG信用债篮子”。通过ESG责任投资方法筛选央企债券作为该篮子的成分券，重点关注债券募集资金是否基于明确的标准投向ESG相关项目，如绿色债、碳中和债、乡村振兴债、转型债等。诚通证券设立此篮子，是为了引导资本市场关注中央企业创造的巨大社会价值，充分发挥新时代新征程上国有企业功能作用，同时助力投资者评估其投资行为和投资对象在促进经济可持续发展、履行社会责任方面的贡献，促进经济良性循环。

三是支持科技金融，首创央企科创信用债篮子，推动科技创新。诚通证券作为报价机构创设了市场首只央企科创信用债篮子——“诚通证券央企科创信用债篮子”。通过科技创新主题投资策略，筛选央企债券作为该篮子的成分券，重点关注符合“十四五”规划和《国家创新驱动发展战略纲要》的战略新兴产业和在科技创新领域具备核心优势的发行人。诚通证券设立此篮子，引导市场提升服务科技创新能力，推动中央企业强化科技创新，在实现高水平科技自立自强中发挥“顶梁柱”和“压舱石”作用。

（三）推动业务数字化转型，承载利差交易新模式

一是稳态恢复自营业务，强化投资决策流程管理。并入中国诚通后，诚通证券自营业务条线本着“稳中求进，以稳为主”的经营理念，继续坚持“固收为主、权益为辅”的业务布局，深耕固收及“固收 +”领域，拓展提升“多市场、多资产、多策略”的专业能力，投研实力和交易定价能力。依靠完善的制度管理、严谨的投资决策流程、健全的风险控制体系，确保投资工作稳态恢复、稳健发展。

二是迎难攻坚，成为首批利差交易业务成员。诚通证券努力践行“勇挑千斤担、敢啃硬骨头”的诚通精神，坚持培育战略性新兴业务。经过充分准备、积极沟通，最终成功申请成为中国外汇交易中心暨全国银行间同业拆借中心债券利差交易业务首批公开吸纳的成员。

三是数字化赋能，深度参与利差交易业务。诚通证券通过金融科技手段，持续从数据、策略以及系统方面实现投研体系和投资管理能力的升级优化，以承载倍增的业务品种和业务规模。在数字化赋能的助力下，诚通证券深度参与利差交易业务，已累计覆盖超80个利差品种，每日成交量约占市场总成交20%，为业务品种的流动性作出重要贡献。在公司体量不占优势的情况下，2023年诚通证券凭借数字化赋能优势带动投研业务发展，4次获得交易中心月度“债券利差交易策略之星”称号。

三、改革成效

一是业务稳中求进，经营业绩大幅提升。诚通证券在高质量党建引领下，始终坚持服务国家战略，成为国有资本运营公司的重要组成部分。2023年市场环境复杂多变，公司仍取得了优异的经营业绩，总资产、营业收入、净利润分别同比增长14.42%、12.17%、2.23%，实现国有资本保值增值。自营业务稳健发展，相比2022年末，资产规模、银行间月度交易量、银行间日均融资规模分别增长42.17%、447.53%、512.97%，市场参与度显著提高。诚通证券深刻认识金融的政治性、人民性，切实落实中央金融工作会议对金融服务实体经济的决策部署，为金融强国建设贡献力量。

二是助力提升中国特色估值水平。诚通证券通过开展国资央企自主做市业务和央企主题债券篮子业务，形成了聚焦国资央企的立体化做市服务，有利于提高标的企业债券的二级市场流动性，降低相关企业债券的一级发行成本，切实提高国资央企中国特色估值水平，进一步发挥债券市场对实体经济的支持作用。2023年，该业务累计交易额超10亿元，通过创新模式的初步探索，有效提升央企债券活力效率，并3次荣获交易中心评选的月度“X-Bargain最佳表现”奖。诚通证券的立体化做市服务，是深化金融供给侧结构性改革、服务实体经济的重要实践，助力央企估值提升。同时，诚通证券旗下融通基金支持中国诚通与中证指数公司联合开发了诚通央企 ESG 指数、诚通央企红利指数及诚通央企科技创新指数，进一步丰富了中国诚通“央企价值 +”指数系列，助力提升中国特色估值水平。

三是有效提升诚通证券的品牌形象。诚通证券凭借在债券策略交易领域的突出表现，从近 6 万家会员单位中脱颖而出，最终在 2023 年度银行间本币市场成员业务高质量发展评价中获得交易中心颁发的“市场创新业务机构”称号。诚通证券通过积极参与创新业务，极大地提升了市场影响力、美誉度和品牌形象，也为后续开展更多创新业务奠定了坚实的基础。

76

深化改革驱动科技创新成果转化赋能产业培育

广东冠豪新材料研发有限公司

一、基本情况

广东冠豪新材料研发有限公司（以下简称“冠豪研发”）于 2021 年 8 月注册成立，是中国纸业投资有限公司（以下简称“中国纸业”）旗下广东冠豪高新技术股份有限公司（以下简称“冠豪高新”）设立的独立法人机构，是中国诚通控股集团有限公司（以下简称“中国诚通”）四级子公司。冠豪研发以研究和试验发展为主业，是冠豪高新践行“科改行动”改革方案的重要成果，是冠豪高新打造原创技术策源地的专业化平台，是中国纸业新材料技术创新高地，也是中国诚通培育孵化战略性新兴产业的重要平台之一。

二、经验做法

冠豪研发作为冠豪高新的科技创新及产业培育平台，紧密围绕战略性新兴产业之一的新材料产业，始终坚持聚焦主责主业，以完善科技创新平台建设为支撑，以市场化体制机制改革为保障，打造浆纸延伸领域原创技术策源地。

（一）坚持聚焦主责主业，围绕浆纸延伸材料板块

一是关键共性技术攻关浆纸延伸新材料。我国海水淡化、盐湖提锂及工业废水处理、燃料电池气体扩散层等环境与能源领域使用的高性能纤维复合材料90%以上依赖进口。高性能纤维复合材料与浆纸底层关键技术一致，均为湿法抄造技术。冠豪研发立足冠豪高新30多年湿法抄造技术积累和产业化优势，聚焦高性能纤维复合材料核心关键技术瓶颈和工程化难题，协同外部资源重点攻关，反渗透膜支撑材和碳纤维纸原纸研发取得重大突破。

二是核心技术升级助力攻克行业瓶颈。医疗领域使用热敏胶片是热敏纸的高端产品，因其对雾度、打印色阶和分辨率的超高要求，国内能够生产的企业较少，过去主要依赖进口。冠豪研发通过持续研发，连续攻克医疗胶片涂料产业化核心技术——纳米研磨技术和乳化技术，成功打破进口依赖。

三是创新引领助力“纸代塑”概念破局。纸张因为可再生和可降解，是一种理想的环境友好型材料。但纸张因其疏松多孔结构，阻隔性能远无法与塑料媲美。冠豪研发自主研发的纸基阻隔材料和阻隔胶乳，突破高阻隔关键技术，产品阻湿、阻氧性能可满足众多应用场景需求，助力“纸代塑”从行业口号变为现实。

（二）完善科技创新平台建设，实现新材料落地转化

一是丰富科技创新模式。冠豪研发积极推动“自主创新+产学研合作+产业链合作”等多元化技术创新模式，围绕增强自主创新能力，推动实现原始创新。与华南理工大学建立“环境与能源功能材料联合实验室”，与北京大学、华南理工大学和中国制浆造纸研究院等科研院所开展产学研合作6项。持续构建产业链融合创新生态，与下游重点客户就反渗透膜、氢燃料电池碳纸、锂电池材料及软包耐脂材料等新材料研发达成战略合作4项。

二是持续加大研发投入。2023 年冠豪研发的研发投入为 1083.62 万元，占公司营收比重为 13.99%，同比增加 54.23%，在研和新立项新材料研发项目共 8 项，同比增加 100%。

（三）深化市场化机制体制改革，激发科技创新活力

一是加大科技创新授权力度。冠豪高新通过《科技创新管理办法》等制度授权冠豪研发董事会决策 1000 万元以下的研发项目，同时建立分层分类和动态调整的授权及管理机制，确保“授得出、接得住”，极大地提升了冠豪研发科技创新自主性和灵活性。

二是健全科技创新机制。冠豪研发制定《科技创新项目管理办法》，明确创新项目工作标准流程，促进策源地项目管理规范化、科学化。实施《技术创新容错纠错办法》，规范容错纠错程序，对在科研开发改革创新中履职尽责、担当作为，非因主观故意出现偏差失误乃至错误，依规依纪依法从轻、减轻处理或者免于责任追究，进一步增强技术研发人员干事创业的积极性，逐步形成“想干、敢干、能干”的创新氛围，大大激发科技创新活力。

三是多层次激励机制绑定核心关键骨干。冠豪高新通过超额利润分红、限制性股票等激励机制实现科技创新“关键少数”的深度绑定，已申请获批科技成果转化奖励、科技技术骨干采取市场薪酬对标方式确定工资总额单列额度、承担关键核心技术攻关的项目团队人员薪酬三项特殊事项、特殊人员和特殊业务实施工资总额单列管理。近 3 年，冠豪高新累计为科技创新人员申请工资总额单列金额 2976.70 万元，显著增强科技人员创新动力。

三、改革成效

成立两年来，冠豪研发深入学习贯彻习近平总书记关于国有企业改革

发展的重要论述精神，落实国有企业改革深化提升行动的部署要求，立足冠豪高新技术、产业基础及国资央企资源优势，充分发挥科技创新主体作用，持续深化市场化体制机制改革，稳步激发科技创新动能，快速推动反渗透膜支撑材料、燃料电池用碳纤维纸原纸等重点新材料研发项目落地，在研项目均取得阶段性成果，为打造中国诚通战略性新兴产业培育孵化平台和浆纸延伸领域原创技术策源地奠定了坚实基础。2023 年，冠豪研发科技创新成果转化项目已实现营业收入 7743. 44 万元，利润总额 2163. 19 万元，较 2022 年分别增长 19. 72% 、114. 12% 。

一是浆纸延伸领域科技成果转化超预期目标。2023 年，冠豪研发 6 款产品性能指标达到应用要求，其中特种纤维复合材料中试试验线项目正在加快论证，燃料电池用碳纤维纸原纸已经明确工艺方案，数码烫画膜、医疗胶片涂料和防油乳液 3 款产品均已实现自主产业化，并超过预期目标。

二是人才队伍建设成效显著。截至 2023 年底，冠豪研发依托产学研合作项目，从一流高校、科研机构、行业协会等引入 10 名国家级人才和 10 名省级人才，相比 2022 年分别增加 3 名和 7 名。除此之外，新引入核心技术骨干 10 人。目前，冠豪研发共计 46 人，研发人员占比 69. 85% ，其中硕士及以上学历 15 人，中高级职称 9 人，科技创新人才结构和质量均得到显著提升，进一步夯实了科技人才队伍基础。

三是科技创新综合实力稳步提升。2023 年，冠豪研发圆满完成“高新技术企业”认定和“创新型中小企业”资质认定。新增专利申请 23 项，其中发明专利 16 项。截至 2023 年底，冠豪研发持有专利 33 项，其中发明专利 26 项，参与国家标准和团体标准制定 3 项。

77

立足科创板上市新起点 激发改革提升新活力 加快创建世界一流专业领军示范企业

北京天玛智控科技股份有限公司

一、基本情况

北京天玛智控科技股份有限公司（以下简称“天玛智控”）是中国煤炭科工集团有限公司（以下简称“中国煤炭科工”）所属二级企业，专业从事煤矿无人化智能开采控制技术和装备的研发、生产、销售和服务，主要产品市场占有率超过30%，是国务院国资委创建世界一流专业领军示范企业、国有重点企业管理标杆创建行动标杆企业、国家高新技术企业、国家技术创新示范企业、国家智能制造示范工厂，拥有全国重点实验室、国家认定企业技术中心、国家制造业单项冠军产品、国家重点领域创新团队等资质荣誉。

天玛智控全面深入推进国有企业改革深化提升行动，强化科技引领能力，不断向创建世界一流专业领军示范企业目标迈进。2023年，天玛智控成功在科创板上市（股票代码：688570），是A股上市公司分拆至科创板IPO首家免聆讯无条件上市企业，科技研发、员工激励两方面经验做法入选国务院国资委“创建世界一流专业领军示范企业经验做法清单”。

二、经验做法

(一)锚定世界一流目标，全面提升价值创造能力

一是坚持战略引领，深入推进世界一流企业建设。天玛智控牢牢把握国务院国资委“专业突出、创新驱动、管理精益、特色明显”十六字核心内涵和主要目标，实施2025年、2030年“两步走”发展战略，重点聚焦专业突出、科技创新、产业引领、深化改革、管理提升五大领域，明确5项基本原则、12项一流目标、15项量化指标、25项工作举措和5项保障措施，高标准研究制定《创建世界一流专业领军示范企业实施方案》，方案质量获国务院国资委“A+”评级，在全国200家创建世界一流专业领军示范企业中列第29位。按照“选标—对标—达标—创标”实施路径，全方位加快建设世界一流专业领军示范企业。

二是实施靶向引才，打造世界一流人才高地。天玛智控实施“头雁”工程，聚焦公司主营业务及新兴业务领域，从全球互联网头部企业引入4名领军人才。实施名校招才计划，2023年度引进清华、北大毕业生8人，“985”高校及海外高校毕业生在新入职员工中占比达50%，硕士及以上学历员工占比86%，均达到历年新高。实施“鲲鹏”“雏鹰”定向育才工程，推进5项重点业务行动学习课题，培养、认证经营管理人才19人、项目管理人才30人，赋能导师30人，人力资源配置进一步向世界一流企业看齐。

三是持续深化改革，构建世界一流治理机制。天玛智控加快现代企业制度建设，进一步明晰各治理层级功能，健全权责法定、权责透明、协调运转、有效制衡的公司治理机制。完善经理层任期制和契约化管理，签订经营业绩责任书并严格考核兑现。通过建立360度绩效考评机制实施骨干员工持股计划，实施项目分红类激励手段，评选范围广泛、角度多样的年

度专项奖励等工作，打破“高水平大锅饭”，充分激发全体员工的干事创业热情。

（二）加大科技创新力度，推进高水平科技自立自强

一是强化科技研发，引领无人化智能开采发展方向。天玛智控依托无人化智能开采控制技术、高水基液压技术两大核心技术引擎，持续保持高水平研发投入，研发了无人化开采工艺技术、采煤工作面智能感知导航定位技术等为主的核心技术，自主研发成功国内首套 SAC 型液压支架电液控制系统、SAM 型综采自动化控制系统、SAP 型智能集成供液系统。主导或参与煤炭行业智能开采领域 50% 以上有影响力的项目，研发了最高、最长、极薄综采工作面、最大综放工作面、第一套矿鸿工作面、第一个 5G + 智能煤矿、第一套纯水液压支架系统等项目，引领技术突破方向。

二是深化成果转化，加快提升行业生产力。天玛智控落实中国煤炭科工科技创新顶层设计新举措，大力推进“充气式安全阀”等项目实施知识产权资本化，极大地激发科技成果转化的积极性主动性，进一步提高了公司产品的行业影响力和市场占有率。国家能源局公布的全国煤矿智能化建设典型案例智能采煤工作面 19 处中的 11 处应用天玛智控解决方案，占比达 57.9%。前十大用户市场占有率达 64%，同比提升 16 个百分点，SAC 系统市场占有率 42%，同比提升 7 个百分点，在支撑煤矿智能化建设、提升煤炭生产力水平中的关键作用更加凸显。

三是加大产学研融合，打造高能级创新联合体。天玛智控深化与国内外一流高校、研究机构的研究合作，推进新产品需求导入、示范应用及优化改进。与清华大学共同成立联合研究中心，与华为公司签署战略合作协议，继续深化与专业院校、研究院所、煤炭企业的“产学研”合作，汇聚一流资源合力攻关行业“卡脖子”技术。加强科研条件共建，建成国内首套 3000 升/分钟安全阀测试平台、实验室取得 CNAS 资质，参与共建的煤

炭智能开采与岩层控制全国重点实验室、国家能源煤矿系统融合与智能控制重点实验室成功获得建设批复。构建产品优先、效率优先、价值优先的国内外大协作大集成的研发机制，打造开放、协同、创新、集成、高效的科技创新生态。

（三）加快数字化转型，大幅提高企业运营效能

一是加强系统谋划，夯实数字化底座。天玛智控将数字化转型上升为企业重大战略，科学编制《天玛智控数字化转型方案》，重构研发、生产、营销等七大核心业务流程，创建研、产、供、销、服等“532”数字化经营管理平台，建设数据服务中心、云基础资源服务中心、智慧园区等“6+1”数字化平台。强化体系建设，开展“两化”融合管理体系AAA级贯标，建设数据资产管理系统、主数据管理系统、大数据分析平台，启动DCMM数据成熟度贯标，初步建立数据治理体系和数据中心。

二是加快产品创新数字化，推进经营一体化。天玛智控加速推进IPD体系建设，实施技术创新和产品开发端到端流程建设，构建知识产权全链条管理体系，建设公共基础模块库（CBB），强化项目立项、研发、验收、考核管理。建设覆盖商机、合同、供应、回款的一体化客户关系管理系统，快速响应市场与客户需求，建成涵盖研发、生产、采购、营销、运营等30余个信息化系统，创建以数字技术驱动价值创造的经营管理模式。

三是推进生产过程智能化，有力促进提质增效降成本。天玛智控强化智能化工艺研究，坚持核心技术自主可控，攻克制造过程“卡脖子”难题，实现核心产品无人值守、高效智能化生产，聚焦核心产品无人值守高效精密加工、柔性智能装配技术攻关，建立从原材料到成品全工艺流程的智能制造新模式。自主研制建设应用6套柔性智能加工系统及生产线、6条柔性智能装配生产线、14条精益组装生产线、1套智能仓储物流系统、20余套信息化系统，建成集研发、工艺、制造、销售服务全过程数字化协

同一体化运营管控平台，单位产品生产成本平均降低10%以上。

三、改革成效

一是科技创新成果再获突破。天玛智控首创“地面规划采煤、装备自动执行、面内无人作业”无人化采煤新模式，示范工程实现工作面内无人、连续工业应用超过6个月，采煤效率相比传统提升20%，为煤矿综采无人化采煤提供了首套工业化常态化应用解决方案。荣获省部级以上科技奖励9项，获评中国煤炭工业协会“创新团队”。新增授权专利171件，其中发明专利54件，发布行业标准11项，获中国专利奖优秀奖1项。

二是企业发展质量再攀高峰。天玛智控成功登陆A股科创板上市，成为煤炭机械行业唯一入选的国务院国资委创建世界一流专业领军示范企业。入选国家智能制造示范工厂，荣获北京市诚信品牌企业、中国上市公司品牌500强、第二届国有企业深化改革实践成果全国特等奖、中国优秀专利奖。形成一支由中国工程院院士、国家重点领域创新团队、国家百千万人才工程专家组成的顶尖人才团队，以人才优势锁定技术优势、产品优势和发展优势。

三是经营业绩再创新高。2023年天玛智控主要经营数据持续快速增长，资产总额、所有者权益、营业收入、新签合同额、净利润分别同比增长104%、56.6%、23.8%、17.8%、13.1%；研发经费投入强度11.7%；全员劳动生产率162.7万元/人；资产负债率23.2%，同比减少17.3个百分点；“一利五率”指标实现历史最佳成绩，处于所在领域世界一流企业水平。

78

聚焦创新驱动　深化改革提升 打造煤炭掘进速度新坐标

山西天地煤机装备有限公司

一、基本情况

山西天地煤机装备有限公司（以下简称“山西天地煤机”）是中国煤炭科工集团有限公司（以下简称“中国煤炭科工”）所属二级企业，主要从事煤矿掘进、辅助运输、短壁开采、支护技术与装备的研究和开发，是国内专业配置最齐全的高端煤机装备研发制造企业。山西天地煤机先后承担“大型矿井综合掘进机器人”“矿用电液伺服阀与控制器研发”等央企攻坚工程，获批“国家企业技术中心”，被授予山西省高端装备制造产业链链主企业，核心产品“防爆柴油无轨胶轮车”“煤矿快速掘进成套装备”荣获全国制造业单项冠军产品，2021 年入选国务院国资委“科改企业”。

2023 年以来，山西天地煤机全面贯彻落实国务院国资委实施新一轮国企改革的决策部署，践行创新驱动、做强主业战略，强化科技创新主体地位，持续加大关键核心技术攻关力度，研制的“煤海蛟龙——掘支运一体化快速掘进系统”，作为党的十八大以来国资央企 30 个标志性成果之一，再次成功入选国资央企十大“中国新坐标”。

二、经验做法

（一）聚焦创新驱动引领，增强发展核心动力

一是健全科技创新体系，促进关键核心技术突破。山西天地煤机坚持创新驱动战略，持续深化科技体制机制改革，按照“战略决策—科技创新—转化应用—信息反馈”闭环创新模式完善科技研发体系，建成“决策层—研发层—应用层”三层架构组织体系，规划共性关键技术、核心元部件技术、战略重点攻关技术，确定主要产品线和研发时间进度，布局高质量专利。对研发成果进行工业性试验，验证设计参数并持续修正设计，实现现场应用，形成创新成果，并设立科技成果转化生产基地，达到产业化目标。2023 年科技成果自行产业化收入 8.5 亿元，科技投入产出比达 2.36 倍。

二是优化国家工程实验室管理模式，建成有机融合的科技创新支撑平台体系。山西天地煤机在现有 4 个国家级重点实验室基础上，融合企业技术中心、工程实验室、检测检验中心功能，优化整合各类科研平台的目标和定位，建立多平台项目、人才、实验、测试有机结合的技术库，设立 15 家研究所，借助开放课题、“创客空间”等多种形式加大实验室开放力度，建设“产学研用”协同创新体系，实现“基础研究—技术开发—工程应用—行业推广”全链条创新，缩短基础研究转化为应用技术时间。2023 年基础研究投入占研发经费 10.01%，处于行业领先水平。

三是致力于解决行业共性基础难题，引领行业技术进步。山西天地煤机将解决煤矿急难愁盼的“卡脖子”问题作为公司可持续发展的有效推动力，积极响应“机械化换人、自动化减人、智能化少人”的煤矿智能化建设要求，锚定全球最先进的掘进工艺，攻关快速掘进技术，经过艰难的探索和实践，首创具有我国完全自主知识产权的“掘支运一体化快速掘进关

键技术与装备”，解决了长久以来煤巷掘进、支护、运输不能平行作业的世界级难题，开创了人机高效协同智能掘进新模式，获评央企“十大国之重器”，创造了稳定围岩条件月进尺3088米的世界纪录，有力推动了煤机装备行业技术进步。

（二）构建科技人才多元薪酬分配机制，释放科技创新动能

一是深化市场化薪酬制度改革，建立具有市场竞争优势的核心关键人才薪酬体系。山西天地煤机针对不同工作性质实行年薪制、工时定额制、岗位工资制的差异化工资分配形式，对不同业务性质单位进行个性化考核，加大“科研”“技术”等关键性指标考核权重，强调结果导向，通过绩效合理拉开收入分配差距，向核心关键岗位倾斜，破除平均主义，2023年浮动工资占比达79%。

二是不断完善科研绩效制度，探索创新性的科研人员薪酬与激励体系。山西天地煤机修订《科研绩效考核管理办法》等科研考核评价、激励制度，探索创新性的科研人员薪酬与激励方式，细化奖励专项，形成科技获奖奖励、专家人才奖励、在研项目奖励、项目申报奖励、高层次人才奖励、科研成果专项奖励6类多元激励机制，将薪酬资源优先向关键岗位、核心人才倾斜，适应科技创新不同领域和不同类型的差异化需求，建立符合企业科技发展规划的评价指标体系和符合科技人才成长规律的奖励指标体系。2023年科研奖励同比提高71.7%，个人最高奖励额达到其薪酬总额的26.3%。

三是推进实施中长期激励，建立有利于自主创新和科技创新成果转化的激励机制。山西天地煤机以核心科研人员、技能人才为主要激励对象，推动实施国有科技型企业岗位分红激励，强化价值增长目标导向，推进科研、技术、管理要素按贡献参与分配。同时选择技术水平高、市场前景好的项目，建立科研项目收益分红机制，形成有利于自主创新和科技创新成果转化的激励机制，进一步促进公司科技成果转化。2023 年实施的 11 个分红激励项目，为公司创造增量利润 9700 余万元，同比提高 106%；项目分红人均激励同比提高 103.3%，个人最高激励额达到其薪酬总额的 34.8%。

（三）深入推行市场化经营机制，激发发展持久活力

一是在全级次企业推行经理层成员任期制和契约化管理，强化落实刚性考核、刚性兑现、刚性退出。2023 年山西天地煤机加大全级次企业总经理、分管科研经理层成员科技创新综合指标及科技专项指标权重，5 家企业 24 名经理层成员全部完成任期制和契约化签约。对任期制和契约化刚性考核、兑现，经理层成员绩效降幅超过 20% 的达 5 人。

二是坚持组织选聘与公开竞聘相结合、内部培养和外部引进相补充选拔干部机制。山西天地煤机不断提升干部市场化选聘比例，选拔政治过硬、德才兼备、堪当重任的优秀干部，建设高素质专业化干部队伍。推行管理人员实施新型责任制，全级次 109 名管理人员全部签订责任书，建立“人人头上有指标、人人肩上扛责任”的干部管理机制，明确岗位调整、职级调整、末等调整以及市场化退出条件。2023 年提拔任用干部公开竞聘率达 58.33%，干部退出比例 4.4%；干部平均降为 43.5 岁，干部队伍建设不断向“四化”迈进。

三是建立健全岗位聘任制用工模式。山西天地煤机通过社会招聘、内部公开招聘等方式动态调整、优化人员配置，实行“岗位与职责、岗位与效益”相对应的聘任管理办法，不断完善员工市场化退出机制，明确不胜任岗位要求的认定标准，对于不达标的依法解除劳动关系，形成员工市场化流动和退出机制。2023 年 34 名员工因不胜任岗位要求终止劳动合同。

三、改革成效

一是企业综合实力稳定增长。山西天地煤机紧紧围绕打造原创技术策

源地和战略科技力量，持续深耕煤机装备领域，统筹推进精益管理和改革发展，管理水平持续提升，企业核心竞争力不断提高，被认定为国家级“企业技术中心”，荣获山西省高端装备制造产业链链主。

二是企业的经营业绩持续提高。通过改革，山西天地煤机激发了活力，盈利能力持续提升、经营业绩稳定增长、经营效率大幅提升，2023 年营业收入较上年增长 17. 19%，利润总额较上年增长 63%，全员劳动生产率较上年增长 34. 63%。

三是自主创新能力不断增强。2023 年山西天地煤机在研和新获批国家级项目 6 项，其中承担 2 项央企攻关项目，新获批省部级项目 10 项。新申请发明专利 258 件、PCT 专利 1 件，新增授权发明专利 182 件，首次获得 3 项国际专利。2023 年研发投入强度 13. 37%，处于行业领先水平。

79

改革创新　科技赋能
以高质量发展服务国家能源保供战略

中煤科工集团重庆研究院有限公司

一、基本情况

中煤科工集团重庆研究院有限公司（以下简称“重庆研究院”）是中国煤炭科工集团有限公司（以下简称“中煤科工集团”）所属二级子企业，主要从事煤矿瓦斯防治与利用、智能监控预警与通风、粉尘防治与职业健康、工业安全与民爆、智慧城市和新材料等的研发、设计、制造、销售及服务，建有“煤矿灾害防控全国重点实验室”“煤矿安全技术国家工程研究中心”等省部级以上煤矿安全技术研发平台，为提升自主创新能力和突破关键核心技术提供有力支撑。

近年来，重庆研究院坚守“致力安全科技、提升生命保障”的企业使命，坚持公益研究与产业发展并重，锚定目标打造矿山防灾减灾与应急救援原创技术策源地，推动煤炭安全领域安全共性、关键技术进步，相关技术装备推广运用到全国95%以上的煤炭企业，有效保障了煤炭安全开采，支撑国家能源保供。

二、经验做法

（一）持续加强科技创新，提升企业核心竞争力

一是优化完善两级研发体系。重庆研究院持续完善协同创新相关制度，建立自由开放、流动互补的人员管理机制，推行 PDT 创新团队管理，建立跨部门跨功能的协同攻关机制，聚集专业科技创新人才和团队，赋予团队负责人团队组建权、技术路线决定权、经费使用权、考核分配权，专注解决智能化共性关键技术和装备难题，取得了显著成效，成功实现煤矿多灾种融合预警智能化、煤矿智能化通用履带移动平台等关键技术突破，相关技术装备已在国家能源集团麦垛山、三道沟等 10 余座煤矿成功应用，引领了国内智能矿山领域技术发展。

二是加快推进创新平台建设。重庆研究院“煤矿灾害防控全国重点实验室”获批建设，并健全管理体系，制定五年计划，纵深推进实验室实体化运行。“煤矿安全技术国家工程研究中心”成功保牌，“煤矿瓦斯灾害预警与防控国家矿山安全监察局重点实验室”获批建设，新建成 5 个国家安全准入分析实验室、2 个国家事故鉴定分析实验室，各类科研、检验实验平台达 25 个。提升创新平台利用效率，与中国矿业大学、重庆大学等高校开展合作交流，共同承担了“厚煤层原位改性与瓦斯高效降消解危关键技术”等多个国家重点研发计划课题，构建起“产学研用”优势互补、协同高效的创新模式。

三是推动科技成果转化。重庆研究院加大专利挖掘与布局力度，实现关键技术装备知识产权保护全覆盖，全年申请专利 309 项，取得授权专利 167 项，其中发明专利 146 项，成功获评 2023 年国家知识产权优势企业。推动知识产权资本化工作，梳理并形成了知识产权资本化清单，首批 3 项知识产权资本化项目落地实施。持续优化完善科技项目“揭榜挂帅”制

度，建立项目经费“包干制”，完善科技成果转化奖励长效机制，推动科技成果转化，2023 年科技成果转化率达 75%。

（二）持续优化产业布局，培育新质生产力

一是持续优化产业布局。重庆研究院稳步推动传统主导产业优化转型，巩固提升煤矿瓦斯灾害防治、智能监测监控、粉尘防治等产业发展主赛道，进一步增强产业控制力。加快布局发展新材料、智慧城市等战略性新兴产业，开辟拓展新赛道，培育新质生产力。持续推动智能煤矿安全方向现代产业链链长建设，系统布局打造智能传感器、监控预警系统、瓦斯治理产品、粉尘治理产品等 10 条核心产品线。2023 年，重庆研究院主导产业稳步发展，产业布局持续优化，非煤产业收入占比接近 20%，战略性新兴产业收入占比超 70%。

二是加快推动数字化转型。为加快数智化转型发展，开展内部资源整合，重庆研究院专门成立企业数智中心，统筹数字化转型工作。推动私有云建设，启动新 ERP 系统建设，建成科技经营项目监管中心等 10 余个信息管理系统，不断夯实企业数字化转型基础。智能产线建设全面推进，矿用仪器仪表智能工厂等 3 条智能产线建成投产，新开工智能钻机等 3 条智能产线，智能化水平持续提升，产品品质得到显著提高，市场竞争力持续增强。矿用仪器仪表智能工厂是行业首个矿用仪器仪表智能工厂，获评重庆市“创新示范智能工厂”，2023 年 10 月入围国家级年度智能制造示范工厂揭榜单位。

三是持续加大“专精特新”培育。重庆研究院成功入选工信部第八批制造业“单项冠军企业”申报，子企业淮北爆破分院成功获评专精特新中小企业，专精特新队伍持续壮大。目前拥有 2 项国家级制造业“单项冠军”、1 家国家级专精特新“小巨人”企业，5 家专精特新中小企业，专精特新相关产业收入占主营业务收入比重超 65%。

（三）持续深化市场化改革，提升企业活力效率

一是持续深化三项制度改革。在改革三年行动推动三轮管理人员竞争上岗改革成果的基础上，重庆研究院开启了新一轮管理人员公开竞争上岗。2023 年，通过管理人员竞争上岗、末等调整和不胜任退出，全年共退出管理人员 7 人，退出比例为 4.91%，“干部能上能下”常态化、长效化，激发干部队伍“一池活水”。同时，进一步完善市场化选人用人机制，完善人员考核、退出机制，全年市场化人员退出共计 33 人，退出比例为 2.16%，企业发展活力显著提升。

二是推动经理层成员任期制和契约化管理提质扩面。重庆研究院制定经理层绩效管理办法，更新考核指标库，优化完善考核指标体系，增强契约目标的战略性、科学性、挑战性，做到“一岗一策”“一人一书”。强化目标考核、薪酬和任免的刚性兑现，干得好就激励，干不好就调整，经理层收入差距明显扩大。参照经理层成员任期制和契约化管理，推动非法人事业部、院职能部门、子企业二级部门等管理人员“三书”签订，做到“人手一契约、人人有本账、人人担指标”，新型经营责任制基本形成，推动企业真正按市场化运营。

三是持续优化激励机制，激发科技创新动能。重庆研究院持续开展项目收益分红项目遴选，推动开展 4 批次 8 项科技成果项目收益分红，已兑现 1148 万元，个人兑现最高达 22 万元，充分激发员工创新动能。推动 1 家全资子公司开展国有科技型企业股权激励成功落地，15 名科研骨干成为激励对象，形成“共担经营风险，共享发展成果”的激励约束机制。推动开展超额利润分享激励，首期激励对象 266 人，首年人均激励额度超 5 万元。同时，不断优化高层次人才引进培养激励机制，优化人才结构。“一人一方案”院士培养机制初见成效，2 人获评国家“长江学者奖励计划”校企联聘学者。

三、改革成效

一是核心竞争力持续提升。重庆研究院积极承担国家和行业共性、关键技术攻关任务，2023 年共获批省部级及以上科研项目（课题/任务）18 项，其中，国家重点研发课题/任务 8 项，国家自然科学基金 1 项，全年获得省部级、行业科技奖励 42 项（其中一等奖 10 项），成功突破一批“卡脖子”行业技术难题。自主研发的煤矿用激光甲烷传感器，突破了多项关键核心技术，成功实现了核心器件“激光器”的国产化替代。自主研发的全球首创煤矿井下瓦斯抽采钻孔机器人突破了高精度隔爆比例多路阀等技术垄断，填补了煤矿井下智能钻探装备的技术空白，市场占有率近 90%。

二是核心功能不断增强。重庆研究院积极履行中央企业社会责任，2023 年，共委派专家参与贵州山脚树煤矿事故调查、国务院安委会对山西省矿山安全生产帮扶指导、煤矿专家会诊、安全生产大检查等 60 余人次。积极参与《煤矿安全规程》修订，组织行业标准制/修订 18 项，牵头攻关行业安全共性、关键技术难题，引领行业技术进步，为保障煤矿企业安全生产、实现国家能源安全保供作出重要贡献。

三是发展质量显著提升。2023 年，重庆研究院内生动力和创新活力不断激发，改革红利持续释放，煤炭安全技术装备主导产业稳步发展，新材料和智慧城市等战略性新兴产业加快布局，企业新质生产力正加速形成。2023 年，营业收入、利润总额、全员劳动生产率、净资产收益率同比分别增长了 11.5%、37.84%、30.26%、38.03%，发展质量显著提升。

80

对标创建促提升　深化改革添活力 着力创建世界一流专精特新示范企业

北自所（北京）科技发展股份有限公司

一、基本情况

北自所（北京）科技发展股份有限公司（以下简称“北自科技”）是中国机械科学研究院总院集团有限公司的控股子公司，主要从事以自动化立体仓库为核心的智能物流系统的研发、设计、制造与集成业务，自20世纪70年代起致力于自动化仓储物流技术的开发和应用，深耕物流领域40多年，参与建设了我国第一座自动化立体仓库，获评工信部“制造业单项冠军示范企业”，2024年1月在沪市主板成功上市。北自科技深入学习贯彻习近平总书记关于加快建设世界一流企业的重要指示精神，加快建设智能物流领域的世界一流企业。

二、经验做法

（一）发挥战略领航作用，围绕主业精耕细作

一是着力布局战略性新兴产业。北自科技围绕“9+6”战略新兴产业安排部署，紧扣医药健康、工业母机、工业软件等关键领域重点发力。坚持在战略性新兴产业与传统产业两端发力，保持现有化纤、玻纤、食品行

业等压舱石行业业务，积极向战略新兴行业拓展，优化公司业务结构，保证公司业务发展可持续性。

二是坚持精准对标。北自科技瞄准世界一流企业和行业先进企业，对标日本大福、德马泰克等世界一流物流企业发展经验，将创建世界一流专精特新示范企业顶层设计与“十四五”双倍增战略有机结合。坚持精准对标原则，全面梳理成绩和问题、明确方向和重点，科学制定创建世界一流行动方案。北自科技创建方案荣获国务院国资委“A类”评级。

三是聚焦主业谋发展。北自科技专注于智能物流系统的研发、设计、制造与集成业务，基于自主开发的物流装备、控制和软件系统，为客户提供从规划设计、装备定制、控制和软件系统开发、安装调试、系统集成到客户培训的“交钥匙”一站式服务工程，高质量实施智能立库、智能车间和智能工厂。针对化纤玻纤、棉纺、食品行业等传统优势行业深刻总结集成开发经验，研发制造了一系列高水平的专机、控制系统和WCS、WMS软件系统。

（二）坚持创新驱动发展，增强核心竞争能力

一是牵住自主创新这个“牛鼻子”。北自科技确立智能物流装备研发、智能物流工业软件开发、智能物流行业解决方案及数字孪生等前瞻性技术研究四大创新方向。设立企业智能物流技术研发中心，以关键工艺、技术和装备为研发方向，搭建研发中心试验平台，健全完善科研项目管理系统，实现研发项目全生命周期信息化管理。

二是建立领军人才科研保障体系。北自科技与北京航空航天大学共建智能物流装备数字化联合实验室，多措并举，扎实推进，培育一批科技领军人才和创新团队。造就高素质的研发人才队伍，截至2023年末，北自科技硕士研究生以上学历人员占比达29.7%，工程技术及科技研发人员占比为73.3%。2023年针对130项技术成果研究开发人员、3项省部级科技奖和14项院科技奖获奖人员展开激励，涉及技术研发人员132人，奖励金额高达162.2万元，营造鼓励创新创业创造、干事担当作为的良好氛围。

三是注重成果转化应用多模式推进科技成果转化。北自科技找准产业链与创新链融合的切入点，做好产业链上下游协同，建立研发成果名录，完善高质量专利布局，关注市场需求，注重成果导向，实现科技成果向经济效益转化。持续加大研发投入，知识产权拥有量和申请量逐年递增。

（三）深化体制机制改革，激发干事创业活力

一是改革干部选聘任用模式。北自科技对经理层全面实施任期制契约化管理，实现干部“能上能下”，突出“能者上、平者让、庸者下”的选人用人导向，领导班子全部竞聘上岗，经理层任期制和契约化管理的覆盖面已达到100%。通过设置差异化岗位系数和考核指标，“一岗一考核”，严格落实薪酬与考核挂钩机制，当期根据业绩完成率及考核管理效率兑现年度奖金，2023年同级经理层成员收入差距达1.38倍。北自科技引入竞争模式，将公开选聘推广至中层干部。近3年新聘任管理人员竞争上岗比例为56%，奖惩分明有效增强了干部的危机意识和担当精神。

二是全面推行市场化用工机制。北自科技实现员工“能进能出”，提升人力资源利用效率和员工价值创造能力。2021—2023年员工市场化退出数量逐年增长，与8名绩效考核不合格的员工解除了劳动合同，打破“铁饭碗”。开展薪酬体系建设，通过对公司六大类57个典型岗位的梳理优化升级，建立了三层34级岗位价值类型，建立员工多元化职业发展通道，为员工提供在专业领域纵向发展、在相似领域横向流动的职业发展机会。

三是持续深化人才发展机制改革。北自科技积极完善人才“选育留用”机制，选拔优秀年轻干部，建立了年龄结构合理、整体素质优良的干部梯队。2023年末在岗管理人员平均年龄为41.6岁，较2022年期末减少0.7岁。健全“分类分层、系统完善”的培训体系，拓宽培训内容，提升新员工、管理人才、技术人才、销售人才、生产人才的可持续发展能力。

（四）推进精益管理突破，有力夯实发展基础

一是结合公司上市规范经营管理。伴随“双百行动”改革东风，北自科技经历改革改制，直至成为上市公司，由粗放型管理模式逐渐过渡到规范化的现代企业管理模式，始终坚持把党的领导融入治理体系，坚决落实将党组织研究讨论作为决策重大事项的前置程序。构建了外部董事占多数的规范董事会结构，有效保证董事会独立于管理层进行战略决策。推进上市平台布局优化和功能发挥，增强市场认同和价值实现，为公司成为世界一流智能物流系统解决方案供应商提供发展新动力。

二是系统性地优化服务模式。北自科技应用数字孪生技术提升售后服务水平，针对关键物流装备机械结构复杂、控制系统庞大的现状，创新性地构建“模型＋数据”混合驱动模式，实现对装备时序数据的故障诊断与精准预测，有效地提升工程服务质量。2023 年，北自科技工程项目客户满意度达到 96% 以上、24 小时内响应率达到 100% 。

三是提升风险防控能力。北自科技坚持将建设一流的风险防控能力作为建设世界一流企业的重要保障，建成三级风险管控体系，严防项目违约风险、资金风险和项目合规性风险，加强规划设计方案的论证与评审。强化项目资金风控力度，全面清理项目进度款、验收款与质保金，扎实完成“两金”压控任务目标，“两金”增幅低于收入增幅约 15 个百分点。

三、改革成效

一是经营业绩持续改善。北自科技持续拓展新能源、半导体、电子信息等多个新领域，新领域订单金额累计近 2 亿元，为公司高质量发展提供了新增长点。近 3 年营业收入、利润总额年增长率均超过 15% ，长期保持高质量发展态势。公司凭借化纤长丝优势技术被工信部认定为“制造业单项冠军示范企业”，化纤长丝卷装作业智能物流系统全球市场占有率第一。

二是管理体系愈加健全。北自科技完成 ISO9001 质量管理体系认证、ISO14001 环境管理体系认证、ISO45001 职业健康安全管理体系认证、ISO/IEC27001 信息安全管理体系认证、ISO/IEC20000 信息技术服务管理体系五体系认证，取得监审认证证书；新获售后服务和知识产权管理体系认证证书；完成四向车物流设备 CE 认证；取得软件 CMMI5 级证书；完成企业温室气体排放核查认证。产品最终一次交验合格率 100%。

三是科技创新能力增强。北自科技知识产权拥有量逐年递增，2023 年新申请软件著作权 23 件，专利 50 件，累计发布国标 2 项，团标 1 项；获纺织行业专利金奖、第三届智能制造创新大赛一等奖、中国物流与采购联合会科技进步奖一等奖；获批“纺织行业智能物流技术创新中心”创新平台，成功当选为“国家知识产权优势企业”“国家技术创新示范企业”。

北自科技秉承“交付美好，追求卓越”的经营理念，以“让物流更快更准更简”为使命，以“成为先进物流技术和装备世界一流企业”为愿景，加快建成世界一流专精特新示范企业。

81

深化改革添活力　创新驱动促发展
全力打造国家制造业创新中心

北京机科国创轻量化科学研究院有限公司

一、基本情况

中国机械科学研究总院集团有限公司所属北京机科国创轻量化科学研究院有限公司（以下简称“轻量化院”），由14家行业龙头企业发起设立，以打造高端成形装备领域“创新高地、世界一流”为使命，是国家轻量化材料成形技术与装备创新中心、先进成形技术与装备全国重点实验室建设主体。轻量化院围绕轻量化设计制造、先进成形技术与装备智能绿色发展方向，为行业提供共性技术，为企业提供关键技术，为市场提供新产品。自2006年成立以来，轻量化院先后获得国家科技进步一等奖1项、二等奖1项，国家技术发明二等奖1项，中国专利金奖3项，培养中国工程院院士1名。

二、经验做法

（一）建强创新平台，夯实自主创新能力基础

一是锚定创新排头兵定位，打造一流创新平台。作为国家首批布局的制造业创新中心，轻量化院落实创新战略要求，深入实施研发与产业两种

机制的分类体制建设，建立研发平台工作边界和考核评价机制，促进创新专业化，组建6个行业领先专业实验室、多条验证线、检测中心，形成一条龙研发服务特色，向500余家企业提供共性技术服务，弥补行业共性技术不足短板，补链强链成效显著。

二是发挥混改加联盟优势，构建一流创新联合体。轻量化院搭建行业上下游单位产学研用开放机制，设立开放课题22项，带动研发投入1.6亿元。布局建立成果转化基地，配备超高强钢热冲压中试验证线、铝合金热成形/挤压/拉弯生产线、碳纤维复合材料模压验证线，具备轻量化构件工业设计、模具研制、批量制造、系统集成、检测验证服务能力。完成12家行业龙头企业国产化装备中试验证，实现航空航天、汽车轻量化领域等关键装备的进口替代，协同成效显著。

三是聚焦形成优势技术方向，发力核心装备攻关和产业化。轻量化院充分发挥原创技术策源地作用，聚焦碳纤维复合材料、轻质高强合金、智能绿色成形方向产业技术短板，组织航天科工、吉利汽车、比亚迪等上下游企业联合攻关。牵头承担国家重点研发计划、高质量发展专项等重大项目，形成碳纤维复合材料三维织造、柔性模压以及真空超塑、超高强钢热成形技术等一批自主创新的标志性成果，累计获得国家科技进步一等奖1项、二等奖1项，国家技术发明二等奖1项，中国专利金奖3项，有力支撑重点领域创新发展。

（二）建强创新团队，为创新提供有力支撑

一是完善人才保障机制，建设一流创新团队。轻量化院设立人才引进基金，靶向引进、定向培养人才，2023年引进清华大学等高校毕业生12人。“破四唯”和“立新标”并举，逐步建立以信任为基础的人才使用机制。以“战略引领人才”“专业领军人才”“科研创新骨干人才”三梯队的标准进行对标，精准对人才定位，对潜力大、科研水平高的人才实施薪

酬一事一议。现有博士 36 人、占研发人员比例 21%，共有 6 支团队获评集团级创新团队，1 支团队获得中国机械工业优秀创新团队表彰。

二是打造特色技术论坛，加速科研人才成长。轻量化院围绕工业母机和工业软件工作部署，组织开展 4 期红色引擎、领跑创新系列培训，2 期“青年说”技术论坛给青年人才提供交流、学习平台，累计参加上千人次，党委高度重视，班子成员每期必听、必交流。2023 年，1 人获得集团首个国家青年人才专项支持，2 人备选科技部人才专项。共拥有政府特贴 7 人，万人计划 1 人，集团首席专家 4 人、杰出科技专家 8 人、百人计划 12 人。

三是深化研发机制改革，打造一流成果。轻量化院推行转化收益反哺研发制度，将成果转化利润的 30% 作为支撑科研团队研发经费。采用“揭榜挂帅、论功行赏”方式，面向战新产业、重点产业链攻关任务，签订“军令状”，将任务完成情况直接纳入年度责任考核影响薪酬。资金和人才资源配置向优势团队倾斜，促进优质成果产出，2023 年公司 6 型工业母机列入战新未来攻关清单，4 项技术列入产业链攻关清单，再获中国专利金奖。授权专利 41 件，其中国内发明专利 34 件，国外发明专利 2 件。公布实施国标 5 项、团标 6 项。

（三）建强市场化经营机制，提升创新创业活力

一是全面实施契约化管理，实现干部“能上能下”。轻量化院推进实施高管、业务部门、分/子公司负责人任期制和契约化管理全覆盖。建立科技创新与成果转化团队的差异化考核机制，创新负责人不考核营收、利润，重点考核成果产出；成果转化负责人设置基本目标和挑战目标，不同目标档位匹配对应的考核计分和薪酬分配。

二是建立薪酬与业绩挂钩的评价体系，实现薪酬“能增能减”。轻量化院建立与科研创新、经济效益挂钩的工资总额增长机制，对于新兴科研创新方向团队、高端人才、承担重大科研任务的团队予以单列。同时，搭建起业绩与部门工资总额挂钩、业绩与部门负责人薪酬增减挂钩的双联动契约化薪酬机制，民主评议不再作为干部业绩增减的影响权重，2022 年薪酬差距为 2.22 倍，极大激发干部干事创业热情。

三是强化员工考核结果刚性兑现，实现员工“能进能出”。轻量化院发挥考核指挥棒作用，强化劳动用工契约化管理，建立完善员工退出渠道和正常流动机制，修订《全员考核办法》，每年排序后 10% 的人员考核结果均为基本称职，通过培训再上岗、岗位调整、协商解除等方式实现考核靠后人员的流动，2023 年不胜任退出 13 人，较 2019 年提高 30%，打破国企员工铁饭碗思想的禁锢。

三、改革成效

轻量化院坚持科技创新与成果转化双轮驱动，通过提升创新平台条件能力，聚焦科研方向、建强创新团队、市场化机制改革，核心竞争力和经营质量持续提升，综合改革成效显著。

一是科技创新能力持续增强。科改行动以来，轻量化院承担国家级科研项目 29 项，批复资金 1.6 亿元。牵头承担国家自然科学基金杰青项目、重大课题等 2 项，国家重点研发计划 8 项、军委科技委基础加强计划课题 2 项，获得省部级以上科技成果奖励 13 项。授权专利 169 项，其中国际发明专利 14 件。登记软件著作权 103 项。公布实施国家标准 12 项、团体标准 18 项、企业标准 26 项。发表 SCI、EI 论文 86 篇。

二是发展活力持续增强。轻量化院通过干部任期契约化和分配模式改革，形成了良好的用人导向，打破“大锅饭”，2023 年中层干部收入差距达到 3.3 倍，员工收入差距达到 5.1 倍，干事热情极大提升。2023 年营业收入较 2020 年增长 180%，利润总额年均增长 17%，总资产、净资产增长幅度明显。

82

战略引领重点突破　创造改革发展新篇章

安泰环境工程技术有限公司

一、基本情况

安泰环境工程技术有限公司（以下简称“安泰环境”）是中国钢研科技集团有限公司（以下简称“中国钢研”）所属上市公司安泰科技股份有限公司（以下简称“安泰科技”）的控股子公司。

2015 年，为抓住我国节能环保产业迎来的历史性发展机遇，经中国钢研决策部署，组建成立安泰环境，致力于成为“国际一流、国内领先”的工业过滤净化领域的科技创新型龙头企业，以高端工业环保过滤净化材料及部件为核心主业，重点服务于我国石油石化、航空航天、核电等领域。

二、经验做法

安泰环境以“科改行动”改革方案确立的目标、任务、举措为统领，以全面落实工作台账为抓手，在“十四五”战略引领、优化产业结构、深化“混改”、完善公司治理等方面统筹策划、协调推进，企业创新活力不断激发，内部发展动能显著增强。

（一）完善科技创新体制，实现高水平科技成果转化落地

一是加强顶层设计，通过战略引领创新工作。2023年安泰环境以公司“十四五”规划评估调整为指引，反复研讨完善《“十四五”技术创新发展规划》，进一步明确了“开展氢能战新产业技术攻关，加速科技成果转化落地”的战略目标和实施计划。紧密围绕国家2060碳中和计划，结合公司战略转型需求，重点布局氢能、核电等增量业务，着力攻关国家相关“卡脖子”技术，努力争当能源革命的推动者、践行者。安泰环境实际承担的供氢系统储氢关键件技术研发任务入选了国家重点研发计划。

二是持续优化技术创新管理，完善数字化创新平台。安泰环境自行开发科研管理系统，围绕新产品、新技术研发、设计、系统集成和成果转化等工作建立科研项目管理一体化平台，运用数字化平台统筹管理技术创新活动，对科研项目进行全生命周期管控，提高新技术新产品研发效率和效果。打造数字化研发基础设施，运用算力和软件资源，建立数字化研发实验室，培养数字化研发团队，在项目材料、工艺等环节推动数值模拟计算及分析，逐步实现全程数字化采集、监测、控制和分析挖掘。同时建立原始试验数据管理共享平台，让数字化研发服务于公司核心产业和产品，以数字技术赋能企业高质量发展。

三是运用多种创新机制，探索创新激励多元化。安泰环境通过建立创新工作室，结合方法创新和技术创新开展科学研究、技术攻关、技能培训、学习交流等活动，优化流程，降本增效。成立氢能应用开发部，打通技术研发与市场应用转化通路，集中资源巩固交通领域的技术成果，扩大在氢能重卡领域的市场应用，与产业上下游合作伙伴在适宜的应用场景下形成氢能商业闭环。与中国石油大学等高校签署联合实验室协议，在高新技术研究中试平台及数值模拟等领域开展合作。评选新立项科改示范激励示范项目，开展“揭榜挂帅”研发激励示范工程。

（二）加快产业市场化整合，资源进一步向核心业务聚焦

一是聚焦优势资源构建“一主一孵”产业发展格局。安泰环境通过对“十四五”战略规划中期的评估调整，将业务结构调整为“一主一孵”，通过聚焦高端多孔材料及过滤净化技术应用核心主业，同时集中资源快速孵化氢能源关键材料业务，抓住战略新兴产业发展机遇期，趁势而上，打造高端金属多孔材料行业的科技创新引领者，细分市场领域的“单项冠军”。

二是加大研发投入，改革创新机制激发科研创新热情与活力。安泰环境根据“项目市场化、目标国际化、成果商品化”的原则积极筛选支持技术创新项目，培育产业苗子。同时不断加大研发投入，近3年研发投入占比分别达到10.13%、11.23%、9.85%，共支持18项技创项目，大部分项目进展顺利，部分项目已验收并快速进入市场，并通过产业化实现了效益增长。

（三）提升效率，进一步完善公司治理和市场化运营机制

一是中高级管理人员选聘、考核全面市场化。安泰环境明确岗位职责和考核机制，开展全面市场化的选聘。中高级管理人员绩效考核管理和考评体系全面市场化，全公司部门经理以上的中高层管理人员全部签订目标责任书，实施目标化、承诺制考核，将激励与约束有机结合、落到实处。

二是进一步落实公司治理体系，为深改行动保驾护航。安泰环境进一步明确股东大会、董事会、监事会、经营管理层责权界面和分割原则、范围等。修订章程、议事规则和授权事项，完善决策体系。进一步落实董事会职权，制/修订董事长、总经理的权责清单。进一步落实深改企业董事会外部董事占多数的规范要求，做实做强董事会。持续发挥专委会专业职能，制衡决策，控制风险，完善了决策体系。

三是采取市场化手段，推动增资扩股和子公司股权剥离。安泰环境在国家“3060”双碳战略及绿色发展相关政策引导下，以中国钢研“十四

五”战略规划为指引，实施增资扩股专项工作，培育细分领域单项冠军，发展过滤净化优势产业和氢能战略新兴产业，同时采取市场化手段适时转让子公司宁波安泰环境股权，有效规避重大风险，集中优势资源推动中国钢研过滤净化及氢能业务做优做强，实现可持续健康发展。

（四）坚决落实全面从严治党要求

一是完善党政权力配置体系，夯实责任制度。安泰环境建立科技型企业容错纠错机制，进一步完善党政权力配置体系，鼓励党员干部敢于担当作为，在体制机制创新、技术研究创新、市场开拓创新方面敢为人先。

二是引导党员干部分得清、看得明。安泰环境明确干事创业中的失误和违纪违法行为的显著区别，在纪律作风上为干部拧紧螺丝的同时打开干部心锁，激发干部想去做事、敢于做事的改革创新动能。

三是安泰环境将学习习近平新时代中国特色社会主义思想主题教育活动作为重要契机，围绕《重点解决问题清单》，将党建和业务紧密联系，开展专项调研和整改，制定有效整改措施，并及时落实推进，按照节点要求完成了相应事项，取得了良好成效。

三、改革成效

一是创新能力显著增强。安泰环境立足科技创新，对标国际先进，重点解决石化、煤化工、氢能源领域关键多孔材料国产化替代问题，为中国石化、国家能源集团等多家大型能源型央企和国际领先新能源企业实现了关键金属多孔材料的国产化。2023 年安泰环境备案有效新产品 7 项，年度新产品收入累计达到 3. 19 亿元，新产品贡献率超过 54%。全年受理专利 21 项，授权专利 19 项，授权登记 3 项，其中 PCT 专利 2 项。安泰环境 2023 年获批国家知识产权优势企业，高新技术企业通过复审，通过专精特新“小巨人”企业绩效审核，获批北京市企业技术中心和中石化联合会过滤净化解决方案技术中心。氢能源关键材料实现中试量产，并成功实现推广应用，气体传输层、双极板突破了产业化关键技术。燃料电池电堆完成装堆自动化示范线建设，并实现首个800余万元的销售订单。

二是经营业绩显著提升。安泰环境通过一系列考核激励举措，激发全员干劲，2023年克服行业下行的不利影响，积极开拓国际和国内清洁能源和新能源市场，销售收入和利润总额同比分别增长35%和28%，均创历史新高，其中出口收入2.28亿元，占比逐年提高，正成为主要利润来源。年度实现人均销售收入122万元，全员劳动生产率33万元。成功完成第二轮股权融资，获得中国钢研2.2亿元注资，资产负债率降至39%，为后续发展打下了坚实的基础。

三是活力效率显著改善。安泰环境目前在高温耐蚀金属滤芯、S Zorb吸附脱硫高精度过滤器、煤液化用高精度金属滤芯、燃料电池和电解制氢关键材料等市场领域已经成长为国内行业头部企业，主要产品出口订单近2年大幅增加，收入占比超过35%。过滤净化业务作为公司的核心主业，2023年度实现销售收入突破4亿元，再创历史新高，对公司业绩贡献度进一步提升。氢能源关键材料及装置业务收入增长迅速，2023年度实现销售收入近8000万元，正成为公司新的增长点。安泰环境通过体制机制创新，激发内部创新活力，加快科技成果转化，必将助力公司向“国际一流、国内领先的工业过滤净化行业的科技创新型龙头企业”的目标加速迈进。

83

强化战略引领　资源机制协同 专业化整合助力高质量发展

中化学装备科技集团有限公司

一、基本情况

中化学装备科技集团有限公司（以下简称“装备公司”），是中国化学工程集团有限公司（以下简称“中国化学工程”）着眼发展装备研发设计制造板块业务，整合旗下装备制造企业组建的控股二级专业公司。公司以服务中国化学工程产业链布局，助力提升主业核心竞争力和产品附加值，保护自有核心技术与“工程＋装备”一体化发展为重要使命，主要业务包括橡机装备、化机装备、塑机装备、冷却循环水设备、特色工程五大板块，为客户提供“工程＋装备＋服务”一体化全过程解决方案。

二、经验做法

（一）战略引领专业化优势整合

一是强化专业化整合战略引领。中国化学工程以国家重大战略需求为导向，坚持科技创新自立自强，在众多领域掌握了一批先进的行业技术。在国有企业改革深化提升中，中国化学工程把握新一轮科技革命与产业变革机遇，贯彻新发展理念，构建新发展格局，大力发展高端装备制造产业。中国化学工程针对原有装备制造企业分布散、规模小、实力弱，不能很好支撑工程板块发展，为进一步理顺业务架构、优化产业布局，提高装备制造业务核心竞争力，研究提出专业化整合装备制造业务的战略举措。

二是发挥专业优势推进专业化整合。中国化学工程所属原装备公司原有核心装备业务主要为橡胶机械挤出类产品，拥有五复合橡胶挤出产品技术等一批自主知识产权和专有技术，是国家级技术创新示范企业和专精特新“小巨人”企业。为进一步发挥集团化工领域专业优势，补强优化升级“I+F+E+P+C+O+M”全产业链供应链，中国化学工程与上海华谊集团达成战略合作，成功并购上海华谊集团旗下化工装备制造企业并更名为中化学华谊装备科技（上海）有限公司，同步与上海市政府签订一揽子合作协议，在上海市组建装备公司，进一步整合集团内部装备制造业务，打造中国化学工程装备制造品牌。

三是加快资源整合。中国化学工程以新设立的装备公司为基础，对集团内同类业务发展质量与方向进行调研，通过资产划转方式将集团内橡胶装备、化工装备、冷却循环水设备 3 家制造企业和 1 家相关工程服务企业整合进入装备公司，又向外控股收购江苏普格机械有限公司，进一步拓展化工装备产品产能，加快推动装备产品专业化、智造产能一体化发展，并充分发挥装备制造要素集群协同效应。各企业同步植入中国化学工程经营管理体系，既形成产业链的专业化整合，又能聚合资源，形成经营矩阵，提高产品附加值和市场竞争力。

（二）科技创新完善产品结构布局

一是搭建创新体系。装备公司持续完善科技创新体制机制，出台了《2023—2025 年科技创新规划》，制定《科技创新项目管理办法》《科研经费使用和管理办法》《“揭榜挂帅”科技攻关项目管理办法》等系列科技创新管理制度。成立了技术委员会，设立“中国化学智能装备研究院”，以各子企业创新资源为依托，形成53人科技创新团队。与国家级平台上海长三角国家技术创新中心共建企业联合创新中心，以公司在橡胶机械和化工装备领域既有的技术实力为基础，依托中国化学工程品牌影响力和科研实力，充分吸收利用上海的区位、政策、科技、人才和资本优势，搭建完善公司科技创新体系。

二是加大研发投入。装备公司针对高端装备新兴战略发展领域关键核心技术进行攻关，不断开辟发展新领域新赛道、塑造发展新动能。以“1+N”平台构建核心竞争力，强化主营业务，研发投入占营收比达到9%以上。建设占地近8600平方米的上海高端智能装备研发制造基地，打造全新智能化装备技术研究创新平台、数字化先进制造加工示范基地。以公司在橡胶机械和化工装备领域既有的技术实力为基础，大力推进非标设备制造及橡机、塑机、化机高端装备制造的一体多元化产品布局。围绕产业链部署创新链，围绕创新链布局产业链，推动自有技术的关键核心设备、专利设备及中试装置的模块化制造，特别是加大针对领域内目前开发技术难度大、存在“卡脖子”问题的高端装备研发，在上海地区形成创新活跃增长极，为中国化学工程在高端智能装备研发制造领域增光添彩。

三是强化协同创新。装备公司发挥中国化学工程与上海华谊两大集团的聚融效应，以及双方在装备智造、新材料、化工智能装备等方面的联动优势，聚焦双方自有技术核心设备及专利设备的开发、试制，中试装置模块化，实现装备发展的数字化、智能化、绿色化，进而提升双方科技创新合力，共同推动高端装备制造技术创新，实现两大集团的产业链创新链联动发展。

（三）市场机制激发内部动能活力

一是在经理层成员和中层以上人员中全面推行任期制和契约化管理。装备公司以入选“科改行动”为契机，深入贯彻落实健全市场化选人用人机制和强化市场化激励约束机制的改革举措，公司及所属企业全面实现任期制和契约化管理，经理层成员、业务总监和职能部门中层干部实现“一人一表”考核，有效传递经营责任压力。

二是深化三项制度改革。装备公司对总部管控模式持续优化，合理设置总部8个职能部门，提出穿透式管理和全过程服务工作要求，打造价值创造型总部。重组企业开展全员起立竞聘，按市场化“双向选择”方式重新聘回企业所需人才，为新企业选聘了一批愿与企业共发展的核心员工。推进管理人员末等调整和不胜任退出，全年所属企业管理人员末等调整或不胜任退出19人，退出率16.81%。

三是完善引才育才用才机制。装备公司柔性引进国家及省部级高层次人才25人，与华东理工大学深度开展工程硕士培养改革专项试点以及产教融合基地硕士研究生招生项目，录取硕士生博士生16人，其中有6名学生已入企业进行实践。强化人才培养，全年组织开展各层级技术交流、新品开发、作业技能、管理提升等课程共计160余项，培训2430余人次。与企业所在地职业院校建立技能工人联合培养机制。

三、改革成效

一是战略重组优化了结构布局。通过内外部专业化重组整合，装备公司持续拓展和扩大自身在机械装备领域及市场规模，快速形成了橡机、塑机、化机等高端专用装备多元化产品布局，促进装备业务专业化一体化发展，形成装备制造集群产业协调效应，实现生产要素集团化管控，以及推进产业链条式、多元化式增量扩张。公司的发展战略更加明晰，主业优势更加突出，创新驱动发展更加富有成效，初步打造出中国化学工程装备品牌。

二是协同研发创新成果丰硕。装备公司荣获中国专利金奖、国家科学技术进步二等奖、制造业单项冠军产品、中国工业大奖提名奖以及若干省部级科技创新奖项，被认定为国家重点专精特新“小巨人”企业、国家技术创新示范企业、国家知识产权优势企业等。“在线运行监测”场景入选工信部2023年度智能制造优秀场景，冷却塔产品入选2023年国家鼓励的工业节水工艺、技术和装备目录。

三是企业经营效益和发展质量显著提升。装备公司聚焦主责主业，全力以赴落实装备板块专业化整合任务，立足华东区域优势，加快橡机、化机、塑机一体多元融合发展。2023年，新签合同额25.08亿元，同比增长23.01%；实现营业收入15.09亿元，同比增长8.12%；实现利润总额5653万元，同比增长5.68%。总体经营效益和发展质量已初见整合成效，企业核心功能、核心竞争力显著增强，为实现高质量、跨越式发展奠定了坚实基础。

84

改革创新　打造世界一流创新型科技企业

哈尔滨玻璃钢研究院有限公司

一、基本情况

哈尔滨玻璃钢研究院有限公司（以下简称“哈玻院”）成立于 1960 年，为国有控股公司，是我国最早从事树脂基复合材料研发的科研机构之一。哈玻院是科技部首批工程技术研究中心的依托单位，也是国家纤维增强塑料标准化委员会副主任委员单位。哈玻院旗下有 5 家经营实体，其中 3 家是全资子公司，2 家是股权多元化参股企业。自 2020 年起，哈玻院作为首批入选国务院国资委“科改行动”的企业，以深化改革为契机，积极投身战略性新兴产业，强调科技创新自立自强，致力于构建现代产业体系。哈玻院不断优化体制机制，激发公司活力，持续将改革工作落到实处并取得成效。2022 年、2023 年连续入围“科改企业”名单，2023 年荣获“科改行动”标杆级企业称号。

二、经验做法

（一）健全法人治理结构

哈玻院采用“三会一层”治理架构，包括股东会、董事会、党委会和经理层。董事会主要负责定战略、作决策和防风险，外部董事数量已超过内部董事。董事会下设专业委员会，涵盖战略、审计、薪酬、经理层提名和科技创新等。2023 年，共召开董事会 22 次，审议 79 项议案，提升了公司治理、决策和风险管控能力，推动公司稳定发展。此外，哈玻院对两家下属公司进行董事会评价，确保其建设和规范运作。党委发挥把方向、管大局、保落实作用，2023 年召开党委会 26 次，前置事项 47 项，涉及重大事项，为科学决策提供保障。董事会授权经理层，确保治理体系高效运作。

（二）市场化经营机制持续完善

一是全面推行经理层成员任期制与契约化管理。哈玻院经理层成员签订“两书一协议”，覆盖率 100%。优化经营业绩考核体系，注重中长期发展和战略目标。实行“一岗一表”精准化考核。优化薪酬激励，完善管理层薪酬结构，增设任期激励。根据职责、风险和业绩，实行“一岗一薪”。建立契约关系，明确固定任期和责任义务。严格退出管理，明确退出条件和方式。畅通与经营业绩考核结果关联的退出机制，加强退出管理，严格执行到期重聘。

二是大力推行管理人员“能上能下”机制。自 2021 年起哈玻院所有管理人员均需通过竞争上岗，实现 100% 的竞争上岗。逐年加大末等调整和不胜任退出的力度，近 3 年管理人员平均退出比例高达 14.72%。哈玻院实施公开竞聘上岗机制，确保选人公平、公正，采用社会和内部招聘结合，选拔优秀人才。至 2023 年，中层干部平均年龄下降至 42 周岁，本科以上学历占 97%。竞聘上岗促进了年轻干部的培养与选拔，激发出新活力，优化了结构。制定《哈玻院党委“十四五”时期优秀年轻干部队伍建设实施方案》，优化人才培养体系，畅通人才成长通道，构建“Z”字型发展通道，完善管理、技术、专业、营销、操作序列，实现人才跨序列横向调整，形成人才“网格化”发展新特色。建立完善的干部考核体系，重点针对思想政治素质、组织领导才能等关键指标，通过多种工具模型考核领导干部，强化动态监督，完成2022年度中层及以上领导干部的考核工作。

三是市场化劳动用工机制不断完善。哈玻院严格按照“人岗匹配、竞争择优”的市场化原则，推进员工“能进能出”。近3年公开招聘比例与全员绩效考核覆盖率均为100%，员工市场化退出率达到3.2%。

（三）科学布局，打造科技创新“生态圈”

哈玻院围绕“122N”战略致力于打造国际领先的复合材料研发与产业机构“1”个目标。通过复合材料检测中心与先进复合材料研发中心“2”个支撑平台，拓展军工配套与节能环保“2”大产业优势，培育5G通信、商业航天、海洋装备等“N”个潜力增长产业。

一是制定科学规划。哈玻院分解公司战略，设置技术总师岗位，强化组织研讨，根据市场前端、前沿技术和未来趋势梳理核心科研工作并加以落实。至2023年，已启动24项自立科研项目，针对市场前端技术进行攻关，培育7个产业应用方向。

二是加强平台建设。依托国家级树脂基复合材料工程中心，哈玻院完成复合材料结构设计仿真模拟中心和测试评价中心的建设，完善了科技创新体系。针对共性关键技术和难点问题，哈玻院与高校、科研院所共建联合实验室，整合资源，共同攻关科研项目，构建服务主业、协同发展的技术平台。至2023年，哈玻院已策划组建黑龙江省碳纤维复合材料技术创新联盟，促进区域技术创新；与哈尔滨工业大学成立碳纤维复合材料产业技术研究院，推动技术与市场衔接；与西安交通大学等高校在智能装备和海洋先进材料方面开展合作。

三是健全科技创新保障措施。哈玻院制定并实施《青年科学研究基金项目管理办法》《科技成果管理及奖励办法》，规范科技成果转化定价和收益分配，保障并激励科技成果转化落地实施，实现先进复合材料产业升级，完成技术成果转让，实现知识产权资本化。

（四）围绕关键技术，技术开发与成果输出达到新高度

一是突破技术难点。哈玻院在2022年成功攻克多项技术难题，包括卫星用大型承力球冠结构件、空间相机复合材料外罩、多型号复合材料发射筒体、神舟飞船红外光学相机复合材料承力定标筒及组件、大型碳纤维点阵夹层承力筒等课题。这些成果填补了国内空白，达到国际先进水平，为航天事业作出了重要贡献。

二是服务国家重点工程重大项目。哈玻院在航天用复合材料结构件研制方面取得一系列典型技术突破和重大科技成果。2023年共参与70余颗卫星发射，完成神舟载人飞船、天舟货运飞船、快舟一号甲运载火箭等重大项目配套任务。

三是技术攻关能力稳步提高。哈玻院聚焦关键技术，提升科技创新能力，在纤维应用验证、抗冲击结构、复合材料高效成型等方面取得显著成效。企业完成高性能一体集成筒体攻关，创新使用复合材料高导热结构，攻克锥形壳体结构设计及成型技术难题，突破大尺寸高承载内压舱体结构设计与工艺技术瓶颈，内压承载能力提升2~3倍。在超轻卫星结构件方面，哈玻院解决0.2毫米超薄卫星相机遮光罩工艺设计及成型难题，应用于多个卫星型号。此外，开发伺服控制变曲率曲面拉挤机，首创软管缠绕机。拓普公司的“水下航行器非耐压结构”获黑龙江省重点新产品认定及工信部新材料创新大赛三等奖，充分展示我国航天领域技术实力和创新能力。

（五）进一步加强党的建设

强化基层党支部建设，推动高质量发展。哈玻院开展岗位贡献活动，党支部组建党员突击队解决技术难题。构建交流平台，与上下游企业联合

党建，分享经验、技术研讨。2023年新项目、新客户开发成果丰硕，主题教育成果转化为推动哈玻院发展的动力。

三、改革成效

哈玻院自2020年获批“科改企业”以来，始终坚持科技创新引领产业发展，现有国家级科研平台1个，省部级科技创新平台3个。3年来年新增各类科研项目75余项，落实经费超1亿元，其中，国家重点研发计划、国家自然科学基金等国家课题2项，省部级课题3项。新增授权专利113件，新申请专利182件。主持参与国际、国家标准4项。研发经费合计4.6余亿元，年均研发投入强度为15.07%。哈玻院荣获中国建材集团有限公司技术革新二等奖2项，科技进步一等奖3项、二等奖2项，行业技术创新成果特等奖2项、一等奖1项、二等奖2项，三等奖1项。

哈玻院近年来经济指标增速稳步提升。2022年实现收入同比增长22.87%，利润总额同比增长28%，全员劳动生产率同比增加6.54万元/人，净资产收益率23.53%。2023年实现收入同比增长20.56%，利润总额同比增长2.8%，全员劳动生产率同比增加16.52万元/人。净资产收益率为18.52%。投入产出效益明显，运营效率不断提升。

85

充分发挥“三个作用”加速打造世界一流专业领军企业

宁夏东方钽业股份有限公司

一、基本情况

宁夏东方钽业股份有限公司（以下简称“东方钽业”）是“科改企业”中色（宁夏）东方集团有限公司（以下简称“中色东方”）控股上市公司，中国有色矿业集团有限公司实际控制的三级企业。2023年，东方钽业入选国务院国资委“创建世界一流专业领军示范企业”。

东方钽业主要从事稀有战略金属钽、铌及其合金新材料产品的研究、开发、生产和销售，是我国唯一一家具备钽铌金属矿石冶炼、加工、制品完整产业链和技术链的国家高新技术企业，产品广泛应用于国防军工、航空航天、电子信息、大科学工程、高端装备、石油、冶金等领域。

二、经验做法

（一）聚焦市场化体制机制改革，增强发展活力

一是深入推进三项制度改革走深走实。东方钽业建立工资总额单列管理及高层次人才协议工资制等机制，与地方职业技术院校开展联合办学，建立技能人员实习就业基地。以岗位价值和绩效考核为核心，持续完善各

级企业经理层任期制和契约化管理、干部竞聘上岗、末等调整和不胜任退出、员工市场化退出等机制。2023 年干部公开竞聘上岗率 84.6%、末等调整和不胜任退出比例 8.5%，员工市场化退出率 1.37%，打通三项制度改革堵点，“三能”机制初见成效。

二是全面建立中长期激励约束机制。2023 年，东方钽业打破薪酬与职级固有的对应关系，全面推广实施“三个不低于”薪酬激励和丰富多彩的专项激励，尤其是合理运用中长期激励政策工具包，因企施策、“一企一策”。企业本级及所属子企业先后实施了科技人员领办创办企业、科技型企业股权激励、上市公司限制性股票激励及虚拟股权激励，实现了对公司本级及分/子公司核心骨干人员中长期激励全覆盖，全面激发了核心骨干员工积极性、主动性和创造性。

三是加大授放权力度。东方钽业对子企业实施“一企一策”分类管控，制定《对开展中长期激励的子公司实施差异化管控方案》，对 3 家实施中长期激励的子公司在绩效管理、人事管理、采购审批和财务审批 4 项业务流程管控上实行差异化管控，进一步加大授放权力度。

（二）聚焦科技创新，积聚发展动能

一是加快技术开发，抢占技术高点。2023 年东方钽业研发投入强度达到 8%，并积极承担“1025 专项”“JPPT”“战略性新兴产业”“未来产业”等国家重点攻关任务，突破高纯钽粉、大尺寸钽靶坯、超导铌材及射频超导腔、钽铌增材制造、高温涂层等关键技术瓶颈，满足国防军工、航空航天、人工智能、大科学工程等领域对多个钽铌产品的国产化替代需求，助力我国关键领域高精尖技术与产品自主可控。

二是产学研深度融合，加快成果转化。东方钽业积极与西安交大、中南大学、郑州大学等高校联合，开发某泡沫提取与高纯化精制关键技术、加压浸出萃取、钽冶金副产物回收利用、超导铌制品表面平坦化处理和

RRR 值损耗抑制与增益关键技术等新技术，依托高校院所智力优势提升企业自主创新能力，加速公司在钽铌领域的技术进步和市场应用。2023 年，中高压钽粉、高比容钽粉新品、核工业用 SXQ、增材制造产品等新产品实现规模化销售，新品收入超过 2 亿元，营收占比 22% 以上，科技创新对经济的支撑能力显著增强。

三是加大知识产权布局，提升科技影响力。东方钽业层层分解指标，全面动员科技人员申请专利和制/修订国家标准。2023 年，申请并获受理专利 43 项，其中发明专利 39 项（其中 PCT 专利 22 件），获得授权专利 11 项（其中发明专利 10 项）；新申请国家标准 1 项，行业标准 3 项，团体标准 2 项；高温钽合金、稀有金属涂层材料等 7 项产品申报工信部重点新材料首批次应用示范指导目录；钽靶材、高温抗氧化涂层等产品获宁夏工信厅“三首”新产品认定，企业影响力持续提升。

（三）聚焦产业控制，更好支撑国家战略安全

一是加大投资布局，筑牢产业根基。2022 年以来，东方钽业紧紧把握钽铌产业“国家队”使命任务，充分发挥上市公司融资平台作用，募集 6.75 亿元资金投资建设“年产 100 支铌超导腔技术改造”“钽铌板带制品生产线技术改造”“钽铌火法冶金产品生产线技术改造”“钽铌增材制造生产线建设”等固定资产投资项目，预计 2024 年陆续投产。同时筹划了高纯钽粉、高纯湿法冶金生产线建设等项目。上述战略性新兴产业及未来产业投资项目完成后，东方钽业的行业地位将进一步稳固。

二是加快钽铌矿石资源布局，确保产业链、供应链安全稳定。钽铌作为重要的战略金属，在我国的矿石资源储量极为匮乏且品位低。东方钽业所需钽铌矿石长期以来主要依赖进口，产业链、供应链的安全性、稳定性存在极大风险，目前这一风险已上升到国家层面。2023 年，东方钽业在非洲地区开展了钽铌矿石资源投资并购的尽职调查、风险评估，目前已形成可行性研究报告，计划2024年在非洲设立子公司，2024—2025年以贸易采购方式实现一定的矿石资源保障能力，2026年实现钽铌矿山等并购投资，确保产业所需的战略资源安全稳定供应，有效化解风险。

三、改革成效

一是市场化经营机制不断健全，经营业绩大幅改善。东方钽业开展多层次的中长期激励及丰富多彩的专项激励，极大地激发了骨干人员的积极性、主动性和创造性。不断完善以岗位业绩贡献和刚性考核兑现为核心的市场化的选人用工和薪酬分配机制，有效压实各级各类人员责任，促进效率提升，企业经营业绩显著提升。2023年实现营业收入11.11亿元，同比增长12.70%；实现利润总额1.92亿元，同比增长11%；全员劳动生产率39.54万元/人，同比增长1.35万元/人。经营业绩创2013年以来最好水平。

二是科技创新动能不断增强，核心竞争力持续增强。2023年以来，钽靶材用高纯钽粉、军民两用高压钽粉等8项技术填补了国家空白。纯度≥5N5的超高纯钽解决了我国电子行业用超高纯钽材料“卡脖子”问题；12英寸钽靶坯实现了国产化替代；核用SXQ满足核工业特殊服役条件，填补国内核领域的钽应用空白；核用高纯铌片成功用于核反应堆压力容器辐照监督，打破了国外对中国的出口限制。科技创新助力东方钽业实现多个领域钽铌关键材料的国产化、自主化研发和生产，企业核心竞争力持续提高。

三是产业控制力持续稳固，服务国家战略的能力不断增强。2022年以来，东方钽业聚焦国家关键领域需求，通过一系列关键核心技术攻关和产业投资，持续加大产业链、产品链、技术链的延伸和补强。钽铌产业整体实现了“钽铌湿法冶金—火法冶金—制品加工”全产业链的提档升级，构建了“冶金—铸造—压力加工—增材制造—分析检测”完整的技术链和创新链，形成了锭、板、带、箔、管、棒、丝、涂层等全系列钽铌型材及零件的产品研发和加工能力，从根本上筑牢我国钽铌产业的根基。在超大规模集成电路领域，建立了完整的“高纯钽粉还原—高纯钽锭熔炼—钽靶坯加工”技术链，有效满足了芯片用钽靶材需求。超导领域，突破了系列核心技术，成为国内唯一一家具备“超导铌材熔炼—超导腔加工—超导腔后处理”完整技术链的企业。东方钽业荣获“国家制造业单项冠军企业”称号，服务国家战略的能力不断增强。

东方钽业以入选国务院国资委创建世界一流专业领军示范企业专项行动为契机，以“提高核心竞争力、增强核心功能”为目标，充分聚焦“科技创新、产业控制、安全支撑”作用发挥，持续深化市场化体制机制改革，深度激发企业活力动力，持续提升科技创新、产业控制及国家钽铌战略资源安全保障能力，加速向世界一流专业领军企业目标奋力迈进。

86

创新驱动　改革为先 全力打造中国有色集团首家科创板上市企业

桂林特邦新材料股份有限公司

一、基本情况

桂林特邦新材料股份有限公司（以下简称“特邦公司”）是中国有色矿业集团有限公司（以下简称“中国有色集团”）下属三级企业，隶属中国有色集团桂林矿产地质研究院有限公司（有限简称“中色桂林院”）。特邦公司成立于2000年，是一家专业从事金刚石和立方氮化硼等超硬材料制品自主研发生产的高新技术企业，是全国超硬材料制品技术策源地之一，曾研制生产出国内第一台金刚石绳锯组锯机，国内市场占有率达80%以上，金刚石绳锯绳出口率60%以上。特邦公司先后获得广西首届高新企业百强、国家级专精特新“小巨人”企业、国家知识产权优势企业认定，2023年被认定为广西瞪羚企业和技术创新示范企业，“特邦”牌金刚石绳锯被授予“广西名牌产品”称号，“特邦”品牌已成为国内外超硬材料领域具有重大影响力的品牌。

二、经验做法

（一）强化科技属性推进上市，更好实现高水平自立自强

在推进混合所有制改革推进之初，特邦公司就明确了以科技属性推进

上市的远大目标，围绕超硬材料高端制品“国产化替代”核心功能作用发挥，特邦公司不断优化产品布局，改进工艺流程，提升自身核心竞争力。

一是优化布局，注重产品的高附加值。经过市场调研和行业前景分析，特邦公司进一步明确三大主打产品，逐步从传统建材领域向精密加工、矿山清洁开采等新领域拓展，并全面布局战略性新兴产业，2023 年战略性新兴产业收入占比 80% 以上。

二是创新引领，以科技创新推动产业创新。特邦公司集聚创新要素、加强创新组织、优化创新生态，加快关键核心技术攻关，新开发的产品寿命达到目前市场主流产品的 10 倍以上，而价格仅为其 5 倍左右。通过高性价比完成产品进口替代，形成新质生产力。

三是优化工艺，提升产品的市场竞争力。特邦公司对主打产品金刚石绳锯进行配方再开发和生产工艺再优化，不断提高产品性能及质量，热流道技术全面应用，节约塑料 48%。高温烧结组锯切割寿命由常规绳的 64% 提升至 95%。原材料替代每年降低生产成本近 800 万元，有效提升了产品市场竞争力。

（二）打破常规以非常手段推进股改，创出“中国有色速度”

早在 2015 年，特邦公司抢占先机启动混合所有制改革，成功引入民营战略投资者，实现股权多元化。2021 年 9 月，按照国务院国资委“双百行动”及中国有色集团深化改革相关文件精神要求，特邦公司开展国有控股混合所有制企业员工持股试点。在资产体量大、操作难度大、不同岗位骨干思想难统一的情况下，特邦公司管理层以身作则，率先表态，同时成立持股管理委员会，充分听取骨干员工意见，主动帮助员工联系各大银行协调股金贷款事宜，最终 30 名骨干通过房屋抵押、连带责任担保等方式“倾囊入股”，为后期特邦公司 2023 年第二期改革奠定坚实基础，极大增强了员工发展信心和动力。2023 年 10 月底，特邦公司第二期改革员工持股激励在2周内顺利完成。至此，特邦公司累计引入外部资本3806.04万元，其中引入民营战略投资者资本2331.9万元，占比61.27%；引入员工出资1474.14万元，占比38.73%。目前特邦公司注册资本为7366.4万元，股权结构为中色桂林院占72%、西藏兴旺投资有限公司占18%、员工持股平台占10%。这既保证了国有控股地位不变，也实现了对骨干员工的股权激励。

为加速推进上市工作，2023年10月初会计事务所、律师事务所入驻特邦公司开启正式尽职调查，10月底完成员工持股第二期费用的实缴后，上市各方面工作开启“快进模式”，“五加二”“白加黑”成为常态。面对工商变更过程中“实缴大于认缴”“股东股权质押”等广西没有先例等特殊情况，特邦公司通过上下协调、对标深圳等发达地区相关案例等方式顺利解决。12月28日，特邦公司推动上级完成决策程序，召开股份公司创立大会暨股东大会、董事会、监事会，并于当天完成了工商变更手续，仅用76天走完从IPO相关机构入场到股份公司成立的全部程序，完美创造出“中国有色速度”。特邦公司骨干员工攻坚克难、勇挑重担的精神得到了IPO机构人员的高度赞扬。

（三）进一步完善中国特色国有企业现代公司治理和市场化运营机制，提升活力效率

在推进改革的过程中，特邦公司不断完善中国特色国有企业现代公司治理制度和市场化运营机制，强化责任监督。

一是推行任期制和契约化管理。特邦公司建立了以契约为核心的权责体系，实现了“一人一岗”差异化管理，有效解决了经理层任期虚化、权责界面不清晰、薪酬固定、退出机制不明确等历史问题。建立了以岗位职责为基础、与经营业绩紧密挂钩的考核激励机制，本着“跳一跳、够得着”原则，科学合理分配年度目标，精准有效实施薪酬兑现，规范刚性实现岗位退出，切实推动其在健全市场化经营机制方面取得更多实质性进展。

二是不断增强董事会的权威性、有效性和整体功能，切实发挥董事会“定战略、作决策、防风险”作用。特邦公司制定《落实公司董事会职权实施方案》，配套制定《公司负责人考核管理办法（试行）》等10项规章制度，进一步提升了董事会行权履职能力。

三是用活用足“差异化管控”，充分激发员工内生动力。按照中国有色集团和中色桂林院制定的差异化管控方案，特邦公司在授权管理、建章立制、经理层考核与激励、人员招聘、工资总额管理、预算管理和职工股东参与管理7个方面拥有更多的自主权，逐步形成了内部约束有力、运行高效灵活的经营管理机制。公司上下主动发力，自我加压，2023年获得136万元业绩贡献专项绩效，员工收入大幅增加，工作积极性明显增强，广大员工的幸福感、获得感有效得到提升。

（四）坚决落实全面从严治党要求，确保正确航向

深化改革过程中，特邦公司以压实管党治党政治责任为关键，以健全全面从严治党体系为重点，特别注重把加强党的领导和完善公司治理统一起来，深度推动企业党的建设与生产经营深度融合，不断做实中色桂林院“产业筑基先锋队”特色品牌，2023年成为中国有色集团首批基层示范党支部创建单位。

一是切实履行好支部书记“第一责任人”和其他班子成员“一岗双责”职责。特邦公司持续完善党组织议事决策规则，坚持每年与各中层管理干部签订党风廉政建设责任书，全面落实管党治党责任。

二是强化党建与生产经营深度融合。特邦公司积极探索“党建＋科技”“党建＋安全”“党建＋质量”“党建＋监督”等党建工作机制和模式，切实把党的建设政治优势转化为企业创新优势、发展优势和竞争优势。

三是注重党员与骨干的双向培养。3 年内特邦公司陆续发动 18 名骨干员工加入中国共产党，95%的党员成为研发、生产、销售等关键岗位的技术和业务骨干。党员“三先”制度扎实有效，做到“关键岗位先有党员、困难面前先有党员、突击攻关先有党员”。

三、改革成效

一是经营业绩连创历史新高。开展国有控股混合所有制企业骨干员工持股后，特邦公司骨干员工内生动力得到前所未有的激发，在新冠疫情影响和国际国内市场萎靡的不利环境下，特邦公司经营业绩连续 3 年创历史新高，2023 年营业收入及净利润同比分别增长 33.57%、29.01%，其中外贸收入同比增长 23%，占总营业收入的 50%以上。

二是科技创新能力显著增强。特邦公司先后通过自治区专精特新企业、国家级专精特新“小巨人”企业和国家知识产权优势企业认定。2023 年，获得自治区瞪羚企业、广西技术创新示范企业、广西优秀新产品、广西名优工业产品、桂林七星区强优企业 5 项荣誉称号，全年荣誉奖补达 248.42 万元，完成受理 6 项发明专利申请，公开发表学术论文 12 篇。

三是品牌影响力明显提升。面对后疫情时代和国际政治经济形势的长时期影响，特邦公司逆势奋进，积极实施“走出去”战略，全力构建国内国际双循环市场格局，表现出了极强的爆发力。自主研发的新一代 86 条绳金刚石组合绳锯机成功推向国内国际市场，并成功替代进口，国内市场占有率 80%以上。国际市场销量持续走高，2023 年在巩固北美、欧洲市场的同时，成功出口至东南亚地区，“特邦”品牌在欧美、非洲及东南亚地区美誉度连续提升。

87

党建聚合力　改革添动力
不断提升企业价值创造能力

中稀（凉山）稀土有限公司

一、基本情况

中稀（凉山）稀土有限公司（以下简称“凉山稀土”）位于中国最大的彝族聚居区——四川凉山彝族自治州，是中国稀土集团有限公司（以下简称“中国稀土集团”）的直管企业。作为中国稀土集团旗下的四川区域公司，凉山稀土以习近平新时代中国特色社会主义思想为指引，深入学习贯彻习近平总书记关于稀土行业、国资国企改革发展、治蜀兴川等重要指示精神，全面落实国有企业改革深化提升行动部署要求，以高质量党建引领保障企业高质量发展，以改革增活力促发展，最大限度挖掘发展潜能，不断探索创新企业改革发展新路径，实现了企业改革和经营效益双丰收，为地方脱贫攻坚、乡村振兴、经济发展作出突出贡献。2023 年实现销售收入 28. 3 亿元、利税 12. 61 亿元。

二、经验做法

（一）党建强企，夯实组织“定盘星”，保障企业价值创造“基础盘”

一是以把方向为根本，彰显党建工作的政治价值。凉山稀土强化科学决策保障，将党的领导内嵌到国有企业治理制度机制中，完善议事决策制度，切实发挥党组织在“三重一大”决策中的领导作用。完善和落实全面从严治党责任制度和机制，加强党风廉政建设及反腐败工作，建立“大监督”体系、“大风控”体系，推动党委主体责任、书记第一责任人责任和纪委监督责任贯通联动、一体落实。

二是以强担当为中心，彰显党建工作的社会价值。凉山稀土积极履行央企责任担当，深入学习贯彻习近平总书记关于乡村振兴的重要论述和重要讲话精神，巩固拓展脱贫攻坚成果，积极做好乡村振兴工作。定点帮扶冕宁县磨房沟镇，帮助修缮村委会办公楼、村民危房等改善人居环境。开展和谐矿山建设，与涉矿牦牛村共建和谐矿山，解决村民就业问题。实施教育帮扶，与牦牛小学共建，开展“大手牵小手”关爱留守儿童活动，修缮校舍、操场、舞台、餐厅、文化墙、体育设施。

三是以聚合力为目的，彰显党建工作的品牌价值。凉山稀土持续推进基层党建“七抓”工程，推动基层党组织全面进步、全面过硬。严格按照“三懂三会三过硬”标准培养基层党支部书记，压实支部书记责任，制定支部党建工作清单。按照“一支部一特色”的基层党支部建设目标，推动矿山示范党支部建设，打造方兴混合所有制特色党支部。每年开展党支部特色项目的立项和发布，用鲜活的事迹展现党员风采。

（二）改革立企，打好经营“组合拳”，力促企业价值创造“加速跑”

一是聚焦持续发展，增强产业引领力。凉山稀土从地质资料、生产探矿、爆破穿孔岩粉、可选性实验 4 个维度入手，深入优化采区配矿体系，形成更加完善的稀土矿体三维模型和配矿岩粉图，并通过深入开展矿石可选性实验，以及矿石富集、贫富矿科学搭配和选矿设备换型、重晶石浮选工艺流程改造等举措，“对症下药”优化采选生产流程，在进一步稳定矿石质量的同时，“吃干榨尽”有价元素，为稀土产业提升资源综合利用水平，保持长周期高效生产提供了有益借鉴。2023 年，通过利用低品位稀土矿石，稀土精矿（REO）、重晶石精矿产能同比增长 20. 27%、6. 25%。

二是聚焦核心关键，增强指标攻关力。凉山稀土以“价值创造”为出发点，持续强化生产调度指挥，加强内外部信息沟通协调，通过精细管控生产、精准计量测量、严肃工艺纪律、技术攻关升级等措施，重点攻关提升原矿品位、原矿处理能力、设备运转率、稀土精矿回收率等关键指标，实现技经指标新突破、生产效率效益再提升。2023 年，月均稀土原矿品位、原矿处理能力、设备运转率、稀土精矿回收率、镨钕回收率同比分别增长 0. 09%、590. 42 吨/日、0. 12%、2. 13%、0. 90%，创历史最好水平。

三是聚焦保供稳链，增强安全支撑力。凉山稀土以增产提质为目标，从工艺参数、人员配置、设备能力、备件材料、成本消耗等方面系统分析改进，重点开展电解炉技改升级和工艺流程优化，不断提升金属冶炼能力水平，构建自主可控持续供应的稀土冶炼格局，把稀土“饭碗”牢牢端在自己手中。2023 年，累计镨钕金属产量同比增长 37. 66%。

（三）科技兴企，点燃创新“强引擎”，激发企业价值创造“新动能”

一是布局前瞻性战略性新兴材料。依托中稀（成都）稀土新材料公司平台，凉山稀土着力布局、拓宽凉山稀土产业新赛道，积极推进军民两用特种金属材料制备，顺利产出钼铼合金小试产品并销售成功。拓展特种金属铍材配件加工（卫星配件）业务，成功签订首单铍棒产品供销合同。

二是强化原创性引领性科技攻关。在选矿药剂使用、混浮精矿解絮和冶分水洗、少铈液除铝等方面，凉山稀土积极应用新技术、新工艺，实现降本增效。大力加强科研项目的全过程管理与监督，从科研立项到结项等各环节更加科学规范，取得了阶段性成果效益。2023 年以来，累计开展科研项目 14 项，已完成 4 项；累计获得授权专利 11 项，其中发明专利 5 项，实用新型专利6项。

三是加快矿山智能化绿色化进程。凉山稀土积极推进智能化矿山控制指挥中心建设，通过数字化、智能化改造，实现牦牛坪矿山采选调度全流程监管，安全环保、卡调系统和尾矿库运行实时监控，推动整个生产过程更加安全、稳定、环保、智能。投资专项资金6.8亿元，对历史遗留矿山进行环境整治和地灾治理，牦牛坪矿山入选国家“绿色矿山”名录，逐渐形成高端智能绿色生产新格局。

（四）管理精企，深挖创效“增长点”，打造企业价值创造“精进版”

一是不断增强绩效管理的科学性。凉山稀土聚焦稀土精矿产量、冶分镨钕回收率、金属电解单耗、子企业利润等关键指标落实落地，印发《重点工作攻关考核方案》《业绩任务关键指标攻关方案》，强化责任分解，刚性考核兑现。通过组织绩效与个人绩效的联动，打造绩效共担机制，中层干部共担指标占绩效考核总分值的15%。按照“以贡献论英雄”的考核原则，全覆盖推行全员绩效考核，对所有员工进行绩效考核排名，同岗位员工收入最高与最低差距超5倍以上，实现绩效“考核更精准、激励更直接、应用更刚性”。

二是不断提升生产成本管控能力。凉山稀土印发《一体化管理体系运行计划》《现场管理提升方案》，从高效生产组织、强化设备保障、提高产品质量和降低物料消耗等方面降本增效。2023年，矿山、冶分、金属加工成本同比分别降低9.03%、10.91%、24.39%；平均采剥运距同比缩短0.63公里，减少采剥单位成本0.36元/吨。

三是不断发挥供应链金融优势。作为区域龙头企业，凉山稀土牵头拓展融资渠道，降低存量贷款利率，冕宁县牦牛坪稀土矿产资源综合开发采选工程项目贷款利率较最初的贷款合同降低38.04%。

三、改革成效

一是党建赋能作用明显发挥，为干事创业聚力。凉山稀土以党的建设为统领，把党的建设内嵌到生产经营发展全过程，抓住国有企业改革深化提升行动这条主线，做实做细各项改革措施，敢啃硬骨涉险滩，深入推行改革行动以来，公司治理现代化水平显著提升。改革激发了党员干部职工干事创业热情，充分调动了全体干部职工积极性，职工的思想和精神面貌发生了巨大变化，企业的向心力、凝聚力和活力进一步得到增强。

二是核心竞争力明显提升，为改革创新蓄劲。凉山稀土聚焦稀土“采—选—冶—加”产业链，通过实施智能化改造、精细管理、科技创新、人才培育等改革措施，不断强链补链延链。各产业生产工艺得到优化，设备得到升级，各生产经营指标进一步得到改善，部分指标进入行业前列，区域公司的影响力和美誉度进一步提高，企业核心竞争力全面提升。

三是价值创造力明显增强，为高质量发展蓄能。凉山稀土坚持打开门办企业，找差距、补短板、促提升，形成了持续改进的管理理念和机制。开展对标世界一流“管理提升”“价值创造”等专项行动，以世界眼光对标行业最高指标，各项生产经营指标在比学赶帮超中得到持续提升，价值创造力明显增强，高质量发展的基础更加稳固，经济效益显著提升。2023年，凉山稀土销售收入、利税同比2021年分别增长74.47%、137.62%。

88

围绕产业链部署创新链 全面塑造发展新优势

北矿新材科技有限公司

一、基本情况

北矿新材科技有限公司（以下简称“北矿新材”）是科研院所转制企业，于2011年登记注册为独立法人公司，注册资本1亿元，其中矿冶科技集团有限公司持有95%的股份。北矿新材拥有一支200余人的专业化人才队伍，业务涵盖特种功能粉末、涂层材料及技术和难熔金属材料的研发与生产，是国内航空发动机关键涂层材料、固体推进剂含能粉末材料、高纯难熔金属材料的主要供应商和技术创新基地，产品技术广泛应用于航空、航天、兵器、石油化工、船舶工程、重型机械、冶金等领域。多年来，北矿新材先后承担国家重大军工专项、国家重点研发计划、国家自然科学基金等省部级及以上科研课题119项，获省部级及以上科技成果奖励27项，拥有授权发明专利152项，被认定为国家高新技术企业、国家技术创新示范企业、国家级专精特新“小巨人”企业等，拥有多个国家和省部级创新平台。

二、经验做法

北矿新材自成为“双百企业”以来，聚焦治理机制、用人机制、激励机制，深入推进市场化改革，从研究所管理模式成功蜕变为法人公司运营，在中国特色现代新国企建设上取得明显成效。2023年北矿新材调整进入“科改企业”名单，在更深层次上系统谋划改革方案，不断完善体制机制，着力发挥改革、创新双轮驱动作用，企业发展活力进一步激发，创新体系更加完善，创新能力持续增强。

（一）强化战略主动，聚焦主责主业，谋划重点产业方向

北矿新材认真贯彻落实习近平总书记“2·26”重要批示精神，牢牢把握“三个总”“两个途径”“三个作用”的央企新使命，以心中有责强化战略主动，发挥主业优势，科学谋划重点产业方向。

一是坚决扛起政治责任。北矿新材围绕服务国家战略，积极参加中央企业“9+6”专项行动，在全局上谋势，关键处落子。坚持把科技创新摆在更加突出位置，主动服务国之所需，苦练科技创新核心本领，持续加大在新材料、新能源等优势业务布局，不断塑造发展新优势。

二是科学把握规划调整。北矿新材把握增强核心功能的重要方向，科学开展“十四五”规划中期评估，在全面完成前半程各项任务的基础上，勇担职责使命，优化了规划目标任务，明确了“十四五”后半程十大研发突破方向，围绕航空、航天、兵器等重点行业关键材料国产化需求，勇做科技创新的排头兵。重点关注热喷涂技术在新能源领域的应用，积极论证电解制氢用镍网产业投资项目，加快培育壮大战新产业新业务。

三是战略解码层层分解。北矿新材瞄准“十四五”规划发展重点和重大技术布局方向，经理层进一步细化完善工作计划和保障措施，从战略目标中导出关键项目、里程碑节点、年度业务关键措施、重点专项工作计划等，通过分解到户、落实到人，建立战略贡献值评价指标，纳入部门及员工绩效考核，有效推动规划各项工作落实落地。

（二）健全体制机制，贯通产学研用，激发协同创新效能

北矿新材围绕规划的重点产业方向，着力贯通“理论设计—新材料研制—工艺开发—应用验证”全链条创新攻关，构建“三大机制”，推动“产学研用”深度融合，提升协同创新效能。

一是构建体系化任务型的联合创新机制。北矿新材改变“创新只是研发部门的工作”这一认识，以需求定任务，以任务为牵引，将市场、研发、生产、管理各部门联动起来，建立部门间信息共享和工作协调机制，密切跟踪研判细分市场和新兴需求，协同组织技术攻关、新品开发、商务对接和产能建设，推动公司创新及成果转化提速提质，为公司创新发展下好“先手棋”、抢占“新高地”打下基础。

二是构建充分体现创新要素价值的收益分配机制。北矿新材针对重点产业开发项目，建立专项激励办法，按照项目实施阶段确定里程碑节点，实行战略贡献值和个人贡献值相结合的创新成果评价标准，对项目组成员进行即时奖金激励。对投入周期长、不确定性大、见效慢的项目积极探索实施项目跟投、虚拟股权中长期激励方式，全面激发创新活力动力，实现创新成果快速产业化落地。

三是构建灵活授放权的项目经理负责机制。为进一步鼓励人才脱颖而出，优化资源配置，加强多专业相互协同、产学研用上下融通，推进公司创新的组织模式和管理方式改革，北矿新材探索实行“项目经理制”，赋予项目经理自主组建团队并考核团队成员、自主制定技术方案并组织项目实施、自主分配科研经费及科研绩效等各项权利，整合科研力量，激发科研人员责任感与创造力。

（三）坚持以人为本，积极引才育才，用好用活创新力量

北矿新材在不断完善选人用人的市场化机制基础上，打好引才、育才、用才“组合拳”，全方位搭建人才成长和干事平台，健全保障机制，

营造浓厚氛围，使科技人才创造活力竞相迸发。

一是组建联合专家工作站，加快培育科技领军人才。北矿新材与高校、研究院所及下游用户单位加大人才交流力度，通过联合成立“联合专家工作站”等方式，促进产学研用协同，在实践中集聚、培养高层次人才和创新人才，建设创新型科技人才队伍，强化对航空发动机等重点领域关键涂层材料及技术的支撑保障。

二是更加鼓励支持青年科技人才挑大梁、勇攀登、走在前。北矿新材加强青年科技人才培育，把培育创新战略人才力量的重心放在青年科技人才上，支持青年人才在申报国家及行业重点项目及各类人才培养计划中当主角，给予更多支持和机会，加强以干代培。结合党建团建工作力量，通过实施“导师带徒”工程、定期开展青年科技沙龙、搭建创新实践平台、建立容错纠错机制，引领服务青年科技人才成长。

三是积极推进产改工作，培养造就高技能产业工人队伍。北矿新材在创新体系的顶层设计中充分考虑产业工人的特点及需求，创建“粉体工艺与装备技改”高技能人才创新工作室，开展合理化建议和群众性技能创新活动，发挥技能人才培训基地作用。在创新机制中给产业工人更多肯定和奖励，组织开展模范班组评选表彰活动，充分调动工人队伍积极性、主动性、创造性，更好地凝聚其智慧和力量。

三、改革成效

实践永无止境、改革未有穷期。通过“科改行动”一系列深化改革的举措，北矿新材2023年度加强创新能力建设，加快业务结构优化调整，在提质量、增效益上积极进取。通过产业结构、发展质量、重大改革等方面的“进”，不断巩固企业稳中向好的发展趋势，取得显著成效。

一是创新机制更加完善，产学研用有效贯通融合，科技创新整体效能得到提升。2023 年北矿新材从组织形式、管理方式、人员配置、机制保障等各方面加大联合创新力度，以需求为导向全面打通创新链产品链，全员创新活力和热情有效激发，横向收入同比增长 92%，技术应用不断拓展至航空、航天、兵器、核电、能源、冶金、矿山等领域，企业服务国家创新战略和行业技术进步的能力进一步增强。

二是制氢镍网表面催化涂层等新业务快速布局发展，战略性新兴产业培育取得积极成果。2023 年北矿新材大力推动热喷涂技术在氢能领域的应用，通过自主研发突破电解制氢用镍网电极表面高稳定性高活性催化涂层关键技术，产品耗能优势显著，目前技术已实现产业化应用并获用户认可，将为电解制氢领域的节能降耗提供示范效应。

三是科技成果转化应用能力进一步增强，支撑企业规模效益显著增长。北矿新材积极加大科技成果转化和市场推广，技术和产品进一步向核电、舰船、兵器、航天、氢能、半导体等新领域延伸，企业价值创造能力不断增强。2023 年，北矿新材实现营业收入 3.1 亿元，创历史新高，同比增长 21.12%；实现利润总额 2570 万元，同比增长 40.28%，高质量发展迈上新台阶。

89

聚焦“人力资源 + 数字科技”谱写培训业务转型升级新篇章

中智国培科技发展（北京）有限公司

一、基本情况

中智国培科技发展（北京）有限公司（以下简称“中智国培”）成立于 2022 年 8 月，前身是中国国际技术智力合作公司培训中心，自 1999 年以来共培训超过 40 万人次央国企各层次领导干部和员工，组织近 1000 家央企法人单位、超过 5000 名央企各层级管理人员进行“对标世界一流”学习和交流，其中大陆外对标学习占比 70%，行业龙头对标 25%，央企内部专项对标 5%。

中智国培是中国国际技术智力合作集团有限公司（以下简称“中智公司”）为促进人力资源管理数字化转型而设立的数字科技培训公司，锚定数字科技原生企业定位，围绕传统企业数字化转型过程中的数字化组织与复合型数字人才培养、传统劳动力数字素养与技能提升、人工智能融合数字化员工的人力资本效率提升等关键问题，大力研发自主知识产权的生产力工具，创新具有中国企业特色的数字化学习新范式，从以传统课程、讲师和知识为中心，转变为以人力资本价值提升的数据模型为中心，重新定义组织学习和全员数字素养提升新范式，旨在为企业做好数字化转型中的

“文化与人的数字化转型”和“数字化组织学习新模式”，通过产业数字化复合型人才标准建设，搭建央国企数字化转型协同的产业数字素养生态圈。

二、经验做法

（一）基础研究固根本，填补“人力资源 + 数字科技”理论空白

中智国培着力填补企业管理、人力资源管理与数字科技交叉学科的前沿理论空白，积极探索中国企业特色数字化转型管理理论创新。2023 年 3 月，与国务院国资委干教中心共同发布《中央企业人力资源管理者培训框架》。与高校、智库及头部技术领先企业合作开展面向 2035 年央国企数字化组织与复合型人才队伍建设的前沿研究。基于 24 年培训经验积累与强大师资库，研究成果具备高效能转化能力，可实时转化为知识输出、培训课程、数字化学习工具或 AI 工具，通过“陪伴式”人才服务模式为各传统企业进行转意识、转组织、转文化和转模式的综合类培训与共创微咨询服务，为不同产业链配套适应的数字素养生态。

（二）标准建设立潮头，推动数字素养标准化建设先行先试

中智国培加强数字素养标准化研究，开拓“组织—文化—人”的数字素养评价标准新领域。

一是企业全员数字素养方面，中智国培建设了 3 个大类、4 个层级、10 个维度、144 个量化指标的中智全员数字素养指标体系，协助企业在数字化转型过程中全面、系统、平衡、精准开展人才培养工作。

二是企业数字化转型组织文化成熟度方面，中智国培设置了 4 个领域 16 个维度的评价标准，协助企业更好从财务、客户、内部运营、学习与成长四大领域中评估数字化组织敏捷与数字文化的阶段成果与问题。

三是标准推动方面，中智国培已积极与工信部、知名头部行业协会组

织合作，发起数字化人才能力标准 1 个，参与数字化人才团标 2 个，编写电子信息产业人才发展类白皮书。

四是标准建设成果转化方面，中智国培推进指标数据治理体系，通过建设全流程线上化工具，加快数据采集与分析的进程，加速建设数字组织、数字文化以及数字员工数智化水平。

（三）业务转型开新局，大力发展数智化人力资本服务

中智国培通过培训服务，提供数字化赋能。充分发挥智库专业优势，以增强数字人才供给能力、促进就业率与招聘率“双提高”为目标，积极组织内外部专家研究数字素养与数字技能的标准化培训与评价模式。积极参与并推动市场紧缺岗位数字化职业资格标准与评价体系建设，创新高水平数字素养与技能人才培养机制，探索由传统劳动力向培养复合型人才快速转型的有效路径。

一是积极赋能国资央企全员数字能力体系建设。中智国培以数字素养与技能提升为抓手，形成《中央企业数字素养与技能提升总体解决方案》，探索从评估、诊断和指标体系建设入手，助力中央企业从内部培养不同层级的数字人才，让传统员工加速实现数字意识、知识和能力提升，全面助力国资央企盘活存量数字人力资本价值。

二是积极助力“乡村人才振兴”数字素养与技能提升工程。中智国培组建专班开展乡村人才数字素养技能提升方案研究，探索通过数字素养技能评价工具开发、数字素养技能培训体系设计、乡村数字技能人才库建设等子课题，助力构建农民数字素养提升体系，提高农民使用“新农具”技能，在培育乡村数字化人才、弥合城乡数字差距、促进共同富裕中率先走出数字素养与技能提升新路径。

三是开启数字化企业培训新范式。中智国培从以传统课程、讲师和知识为中心，转变为以人力资本价值提升的数据模型为中心，重新定义组织学习和全员数字素养提升新范式，开发人才数智学习工具，以全流程AI智能匹配算法（AI测评、AI知识图谱、AI虚拟讲师、AI数智化轻量学习工具）重构企业人才培养逻辑与职业发展路径。

四是自主研发轻量化数智工具。该工具融合企业人才招聘、人才管理、人才激励、绩效考核的AI全周期闭环管理与发展，促进人力资本最大效能。中智国培建设人工智能虚拟讲师课程实验室，运用最新人工智能技术和软件技术，打造"课程生产—线上学习—测评考试"完整闭环。有机整理融合数据，建立基于业务、岗位和人的一体化数据匹配体系，通过数据和人工智能算法加持，全流程指导企业人才选用育留。

五是积极构建数智教学新基座。中智国培基于虚拟数字技术与人工智能算法构建"数智"教师、数字教学内容、数字教学场景，推出整套数字虚拟人解决方案，力求解决海量、体系化课程研发，以及针对用户学习行为数据的再学习，同时实现数字知识资产的快速积累。重构、迭代业务架构系统，通过软硬件相结合进行数据采集、数据打点、数据标签等多维度架构设计，并组建专家团队反复训练业务模型。2023年开发5500门虚拟人技术数字化课程，训练一批AI课程制作专业技术人员，实现数字化转型培训模式在产品项目和数字资产建设方面的充分运用。重视数据隐私安全，作为全行业唯一支持虚拟形象AI服务器私有化的数字科技培训公司，中智国培设置专岗严格执行并审核数据资产安全、隐私安全和法律授权流程。

三、改革成效

一是经营业绩有效提升。2023年度中智国培合并营业收入为1724万元，与上年持平，比前年增长813%，利润总额比上年增长78%，净资产收益率为51%。

二是活力效率有效提升。中智国培开展创新人才培养微服务 8 个，平均节约 70% 以上员工自学时间，提高约 33% 的学习效果，实现降本增效。

三是专业资质显著强化。2023 年中智国培研发投入强度达到 27%，自 2022 年至今获得软件著作权证书 12 项，通过质量管理体系认证证书 ISO9001、基于 ISO/IEC 20000-1 的服务管理体系认证证书和信息安全管理体系认证证书。中国电子技术标准化研究院的团体标准《数字化转型 从业人员能力要求》（项目号：2022-030-CQAE）正式获批立项，中智国培入选为首批参编单位。

四是产品体系规范系统。中智国培形成了中央企业全员数字素养提升总体数字化解决方案，从理论研究、标准建设、产业关键角色构建、知识体系建设等智力服务，到全产业人才生态链数字化建设和人才培养、认证、评价和人才供给的全闭环服务，将高水准的数字认知、数字素养、数字技能融入每个员工、每个岗位、每个组织，将人的转型融入公司战略、变革管理、业务流程之中。

五是全员能力有效提升。中智国培严格实施“四全”数字化培训模式，强化全程量化管理，建立量化数字素养指标体系，实现全岗技能评价达标。自 2022 年至今开展内部培训 506 小时，部分员工取得全球数字化类认证，培养了一批 Scrum Alliance 敏捷类认证导师。

90

锚定高质量发展目标 多措并举加强品牌建设

中智关爱通（上海）科技股份有限公司

一、基本情况

中智关爱通（上海）科技股份有限公司（以下简称“关爱通”）是中国国际技术智力合作集团有限公司（以下简称“中智公司”）旗下基于“互联网+员工服务”的数字科技公司，专注于企业员工福利服务，为企业构建匹配各类员工预算的专属应用场景和SaaS服务平台。自2011年成立以来，关爱通历经混合所有制改革、股份制改造，先后引入中信产业基金、人民网产业基金和国鑫创投作为战略投资者。2017年，关爱通在全国中小企业股转市场挂牌（证券代码：871282，创新层），成为具有央企背景、多元投资结构和现代企业治理架构的公众公司。截至2023年底，关爱通服务企业客户超2.6万家，员工1200万人，覆盖城市247个。

关爱通作为“科改企业”，积极推进国有企业改革深化提升行动走深走实，2023年实现营业收入10.83亿元，利润总额4530万元，发展基础进一步巩固夯实。

二、经验做法

2023年，关爱通贯彻落实国务院国资委部署和中智公司发展战略，围绕“数字中国”系统研究提升长期价值，深入实施品牌强企战略，健全品牌建设工作体系，以建标准、练内功、塑形象为着力点，推动品牌价值提升，逐渐形成“点上出彩、面上开花”品牌建设新格局。

（一）扩大行业影响，承载品牌价值

关爱通作为企业员工专项预算管理服务行业龙头企业，积极探索数字化变革下的行业理论研究和标准制定，将行业深耕优势转化为品牌价值。

一是加强员工福利领域基础理论研究。关爱通先后与国务院国资委研究中心、商业信用中心、国家信息中心合作开展《中央企业员工福利采购及服务保障体系研究项目》《企业员工福利平台 B2B2C 模式创新》《中国特色员工福利规范和创新研究》等课题/项目研究。通过基础理论研究，探讨企业员工福利采购及服务保障现状、福利外包 B2B2C 商业模式创新、创新模式中的政策支持，以及商业模式创新发展的建议，为建立行业标准提供理论支撑。

二是推动数字化变革背景下的行业标准建设。关爱通自主研发“企业员工专项预算数字化管理平台”，引领企业福利管理领域的数字化变革，积极推动建立行业标准。2023 年关爱通“数字化管理平台”成功通过上海品牌国际认证联盟专家组评审，同年 8 月关爱通《福利事务数字化运营服务规范》团体标准通过上海检验检测认证协会认证，获得“上海品牌”证书并正式发布。关爱通以《福利事务数字化运营服务规范》团体标准为纲，通过推动“产品服务 + 业务服务”建立健全行业标准，努力成为福利数字化管理、服务领域标杆企业和行业标准制定者、推广者。

三是促进标准推广和应用。关爱通大力推广成熟完善的福利事务数字化运营服务，凭借先进的数字化技术还原整个应用场景，有效保证了产品的合规性，获得南方电网、东风汽车、中广核等超大型国央企客户的一致认可。通过总结国央企客群项目经验，关爱通进一步增强技术赋能平台服务模式的可复制性和可推广性，持续拓展业务范围，同步推广员工福利管理行业标准。

（二）激活内生动力，优化品牌建设

一是优化品牌架构，提升整体价值。关爱通基于梳理品牌核心架构，建立起完善的品牌商标分层体系，明确各层级品牌的应用管理规范和传播标准口径，促进了业务条线品牌在不同地域和业务领域的价值开发，有效发挥生态圈品牌的背书功能，增强产品品牌对公司品牌的反哺作用，推动品牌建设向“统筹量的合理增长和质的稳步提升”转变，持续提升品牌价值。

二是促进品牌文化与创新发展合拍共鸣。关爱通将文化创新与企业经营管理实践紧密结合，积极打造品牌文化传播矩阵，通过企业文化手册、文化墙建设、文化平台、文创周边等载体，弘扬创新文化，增强团队凝聚力，并将其寓于品牌建设之中，有力促进提升企业创新能力与核心竞争力。

三是筑牢品牌管理防线。关爱通切实加强品牌管理，保护无形资产。建立健全《关爱通品牌管理手册》《关爱通公共事务管理条例》等品牌建设相关的规章制度。面向公司管理层、业发、服务窗口等重点岗位开展定向培训，保障制度执行到位。

（三）拓展传播渠道，塑造品牌形象

一是优化品牌市场推广路径。关爱通打通线上线下传播渠道，充分展现品牌形象，传递品牌价值。线下建立品牌联盟，主动参与具有行业影响力的活动，借助媒体资源提升品牌知名度。关爱通 2023 年与 54 家外部机构、政府单位、集团兄弟单位建联，参与品牌推广活动 135 场，线上发布《看见 · 福利背后的价值——关爱通 2023 企业福利优秀实践案例》，面向社会公众呈现福利背后的深层价值。发布行业白皮书，对不同行业的福利

管理体系进行了全面梳理和深入剖析。

二是延伸品牌公益价值链。关爱通始终将企业社会责任作为品牌发展的信念和根基，深度参与由上海现代服务业联合会等单位联合主办的 αi 优质职场大型公益评选项目，助力新人力产业生态建设和高质量的服务运行。撰写了《从中智 EAP 看中国 EAP——员工心理援助 20 年》，以实证形式系统、全面介绍中国 EAP 的发展历程，为广大心理健康服务从业者、企业 HR、社会公众了解掌握中国 EAP 发展历程及未来趋势提供全新视角。

三是助力乡村振兴和职工帮扶。关爱通将提升品牌价值有机融入服务国家战略和承担社会责任，与东风公司合作，打造“东风惠购”助农兴业品牌。与上海市总工会幸福直通车合作，全年完成示范性专场 116 场，服务职工超 30 万人次。承接上海市总工会随申办工会福利频道的运营，2023 年共组织 5 期活动，总访问量 22.6 万次。与上海市职工帮困基金会密切合作，参与并策划开展了对口支援地区困难职工“点亮微心愿”活动、“微光成炬　爱在上海”公益送清凉活动等。

三、改革成效

关爱通紧密围绕着服务国家重大战略、聚焦“两个途径”系统推进品牌建设工作，努力实现政治责任、经济责任、社会责任相统一。

一是聚焦数字化变革，引领行业新高度。关爱通牢牢抓住数字化转型带来的新机遇，紧跟数字化发展潮流，结合人工智能、大数据等新技术前沿动态开展探索性研发。关爱通制定的《福利事务数字化运营服务规范》团体标准是目前福利领域少有的明确提出全面、专业规范要求的行业标准，对福利专项预算管理、专项预算应用、售后服务、增值服务等多个内容的数字化运营和管理编制了具体、有针对性的标准。该标准的推出和实施对福利事务数字化运营服务管理各环节规范化、标准化具有重要意义。

二是优化品牌资产，打造行业标杆。关爱通 2023 年度继续获得诸多荣誉和认可，“福利事务数字化运营管理平台”通过“上海品牌”认证，入选“2023 上海软件和信息技术服务业百强”和 HRoot 2022 年度最佳人力资源服务机构榜单，获评上海科创办 2022 年度“张江之星”、36 氪“WISE2023 未来商业之王”等奖项。公司 2023 年度品牌认知度调研数据显示，关爱通品牌第一提及率为 25.2%，较 2022 的 19% 上升 6.2 个百分点，提示前认知、提示后认知均排名行业第一，充分展现了公司服务处于“国内领先，国际先进”的水平。

91

混资本改机制　调结构优布局
转制科研院所深化改革激发新活力

北京建筑机械化研究院有限公司

一、基本情况

北京建筑机械化研究院有限公司（以下简称“建机院”）由成立于1956年的建设部北京建筑机械综合研究所和中国建筑科学研究院建筑机械化研究分院于2002年合并组建，混改前是中国建筑科学研究院有限公司（以下简称“中国建研院”）唯一一家以建筑机械设备生产制造，以及电梯和建筑机械设备检验检测为主业的全资商业类子公司。

入选“双百企业”以来，建机院紧抓改革机遇，结合实际确定了优化重组两个研究院所优势资源、稳妥推进主业和优质资产的“重组+混改”、加快登陆资本市场的系统改革路径。混改3年多来，建机院以深化改革为契机，不断提升主业经营能力，扎实开展科技创新和数字化信息化转型升级，积极深化市场化经营机制改革，取得了一系列积极成效，为把建机院打造成为转制院所改革转型标杆、工程机械领域研发实力和经营能力双优的产业化企业、公众公司奠定了基础。

二、经验做法

（一）深化内部资源配置，进一步理顺业务体系和科研体系

以深化改革为契机，建机院解决长期以来存在的两地院所融合度差、业务同质化严重、管理模式不统一、机构重复设置等突出问题，全面梳理整合两个院所的优质业务资源，搭建了“母公司+4个产业化子企业”的二级经营科研体系。母公司侧重大战略、大商务和整体经营，以及战略性、前瞻性研发，子公司侧重解决客户痛点难点的一线生产经营，以及产品性能提升等应用研发，打造了以总部研发中心为支撑、产业化子企业协同发展、新产品不断孵化的科研与产业双轮驱动发展格局和管控模式，稳步推进建机院由传统制造向“制造+工程+服务”转型升级。

（二）深化主业经营能力，进一步夯实高质量发展基础

一是强化国央企间的产业链协同合作。以深化改革为契机，建机院巩固和加大国央企间合作，结合数字化、绿色化技术提升定制化产品的差异化竞争优势，深度融入央企科技创新价值创造链、核心价值产业供应链，拓宽营销网络和市场份额。先后为中国核电工程公司定制开发钢筋自动绑扎生产线，与中广核、中建二局联合开发核岛液压顶升平桥和楼面起重机，助力核电智能建造；为三峡集团研制水电检修作业装备，与中铁建大桥局、中国铁设集团联合攻关“铁路简支箱梁钢筋骨架智能成型装备”，解决智能制造、吊装等技术难题。

二是全力以赴发展战新相关的新技术、新产品。以深化改革为契机，建机院持续深耕基础设施、新基建、工业物流、既有建筑加固改造市场领域，落实战新产业决策部署，做好“深部地热能综合利用”装备支持。加大数字化转型对传统业务赋能力度，积极发展战新相关的新技术、新装备和新服务。与中国信科、国防科技大学联合开发“园区智慧化设备和AI

智能云平台”，实现非道路区域性人员、物资无人驾驶接驳。升级塔机和施工升降机安全监控硬件，与中国信科联合开发“建筑机械设备监控平台”，实现端–云数据协同，助力监管部门、租赁企业安全运营。

（三）深化科技创新，积极培育新业务新赛道

一是优化科技资源配置。以深化改革为契机，建机院进一步提高研发立项的精准性、科技投入的有效性，树立成果转化意识。围绕智能建造、特种作业机器人、智慧园区系统3个领域，重点形成领先5年的关键核心技术和支撑未来3年形成产业的技术产品。产业化子企业聚焦核电、石油钻井、水电等领域，持续推进液压顶升平桥、小型工业升降机等产品研发；聚焦智慧化梁场、核电、地下空间支护、新能源等领域，持续加大智能技术、机器视觉技术和节能环保技术的综合应用；聚焦提升客户服务的智慧化和数字化体验，解决客户难点痛点问题，取得显著成效。

二是加大科研投入和成果产出力度。以深化改革为契机，建机院继续坚持“少人无人化、定制化、批量化、AI赋能”的创新方向，保持足够强度的持续的科研投入，不断健全以研究院和子公司研发中心为基础的科技创新体系，加快落地具有商业价值的产品。持续梳理产品、技术、工艺，不断培育高价值、高质量专利。2023年申请发明专利17项，新获授权发明专利6项，获得软件著作权授权14项。

（四）深化市场化经营机制，激发企业内生活力

一是完善市场化选人用人机制。以深化改革为契机，建机院大力推行管理人员竞争上岗、员工公开招聘、末等调整和不胜任退出，优化人才资源配置。2023年，管理人员上岗11人，竞聘比例100%。制定公司《科技专家选聘管理办法》《青年人才培养“基石工程”实施方案》，选拔科技专家、发展潜力大的优秀青年人才。联合西安建筑科技大学对40多名技术骨干开展涵盖结构力学与钢结构、有限元分析等专业课程的技能培训。

二是持续完善新型经营责任制。以深化改革为契机，建机院深入推进全员绩效考核，规范用工管理和人工成本统计，激发人才效能。将上市分解目标作为契约化指标纳入业绩责任书，与薪酬和任期制挂钩，进一步明确退出的相关约束，实现压力层层传导。继续实施以工资总额预算为基础、全过程实时管控（按季度调整业务单位经理层成员绩效工资预发额度）的薪酬管理体系，有效激发了管理团队的内生活力动力。

三是健全激励约束机制。以深化改革为契机，建机院稳妥推进全员薪酬调整和绩效考核，建立与绩效考核相挂钩的工资分配和增长机制，将业务板块经济效益、部门组织效益和员工个人能力纳入考核范围，充分激发全体干部员工的工作积极性。在中长期激励方面大胆创新，除员工持股外，对经营单位、科研院分别实施经营激励和科技成果转化激励，取得显著成效。

三、改革成效

一是经营业绩逐年迈上新台阶。建机院战略性整合建筑机械领域和电梯检验检测领域的研发力量和关键核心人员，通过一系列降本增效、提质增效、减员增效等改革手段，2023 年实现新签合同额 4.83 亿元，同比增长 42.45%；利润总额 1678 万元，同比增长 51.46%。各项经营和财务指标不断提高。

二是员工凝聚力进一步增强。通过全员竞聘上岗、组织结构调整、分配和考核机制改革，建机院积累了市场化选人用人的经验，“三能”机制充分调动了员工的积极性。2023 年，建机院员工持股累计激励核心骨干员工 109 人次，经营激励累计激励经营单位管理人员和核心骨干员工 156 余人次，充分实现了关键核心岗位员工与企业“利益共享、风险共担”的中长期激励目标。

三是科技成果产出丰硕。以深化改革为契机，建机院面向国家与行业重大需求，致力打造“建筑施工装备原创技术策源地”，提升核心竞争力。研究攻克钢筋骨架自动组合成型及开口网片柔性焊接技术、建筑工程成型钢筋智能化加工与配送、大型构件智能振动台与高效成型、构件工厂智能管理平台等关键核心技术，突破解决住宅建筑大型钢筋混凝土构件智能成型等难点问题。研究攻克超高层建筑施工电梯的高效安全保障技术，基于模块化组合与信息化控制的外立面施工多功能自动升降作业平台技术，工业化建筑构件自动取放、调姿、寻位安装及临时定位支架、高空悬吊作业技术及其云端智能化监控等关键核心技术，突破解决异型建筑通用性、装配式建筑施工智能化精准吊装，特种设备安全云端智能监管，安全应急自救技术等业内难题，为建机院高质量可持续发展提供新的经济增长点。

92

聚焦市场化机制改革 赋能增量产业焕新发展

中车株洲电力机车研究所有限公司

一、基本情况

中车株洲电力机车研究所有限公司（以下简称“中车株洲所”）始创于1959年，是中国中车集团有限公司（以下简称“中国中车集团”）全资一级子企业。作为我国轨道交通历代牵引动力技术变革的引领者、高铁“国家名片”的核心力量、减振降噪高分子材料领域的领军企业，中车株洲所积极服务国家战略，始终坚持以改革创新驱动发展，大力发展轨道交通、功率半导体、传感器、新能源汽车电驱、风光储新能源装备等战略性新兴产业，形成交通和能源“双赛道”发展新格局，打造了“轨道交通、新材料、新能源”3个百亿级产业，目前拥有时代电气、时代新材2家上市公司、11家国家级专精特新“小巨人”企业、11个国家级创新平台、5个海外研发中心。“十四五”期间，中车株洲所资产总额增加了277亿元，2023年实现营业收入523.85亿元，实现可持续高质量发展。

二、经验做法

中车株洲所深入学习贯彻习近平总书记关于国有企业改革发展和党的

建设重要论述，贯彻落实国务院国资委关于国有企业改革深化提升行动工作部署，以做强做优做大国有企业为总目标，围绕增强核心功能和提高核心竞争力，聚焦发展战略性新兴产业、强化科技创新自立自强和构建新型经营责任制，深入推进改革深化提升行动。

（一）聚焦战新产业，打造“三性”特区，赋能产业发展

中车株洲所借势政策赋能广度牵引“想改”，促进产业思考深度支撑“敢改”，抓好改革创新力度导向“真改”。

一是强化政策牵引系统性。中车株洲所一体化统筹“双百九条”“科改十条”“改革新十二条”“加快发展战略性新兴产业若干支持政策”，转化发布中车株洲所“改革十条”，重点响应和支持产业在组织结构调整、差异化考核、三项制度改革、中长期激励、科技成果转化、人才引进、资源协同等方面诉求，“一企一策”“一业一策”制定符合行业特色和自身发展阶段的改革“政策包”和“施工图”，打通政策落地“最后一公里”。

二是突出特事特办针对性。中车株洲所开通产业服务“董事长热线”，面对新业务、新技术、新商业模式带来的不确定性，产业可以直通决策层，在依法合规前提下，不拘一格地量身定制方案，明确容错边界、前置条件和资源配置，由指定职能部门牵头解决产业诉求，定期向决策层汇报进展。

三是抓好机制改革协同性。中车株洲所强调职能部门负责人和产业单位第一责任人应直接参与具体改革任务，按照“上门问诊、专项攻坚、评估闭环”机制实施“项目化管理、穿透式推进”，将政策应用、机制改革相融合，让职能域管理内核真正支撑起业务域项目推进。

（二）聚焦科技自立自强，加快“三力”建设，驱动产业裂变

中车株洲所围绕国之所需，展现央企担当，打造自主化核心技术体系，加快提升高水平策源能力，确保产业链供应链自主可控。

一是突出前沿探索，面向未来布局，提升科技创新力。中车株洲所每年科技投入占比约 8%，其中基础前瞻共性技术研究投入占比超 20%、清洁能源装备领域研发投入占比逐步提升至 30%。面向深海装备、半导体、风电等战新领域设立原创技术策源地十年培育专项，聚焦行业难题和“卡脖子”环节，系统部署基础、共性、前沿技术课题，强化全球研发布局和高校协同，融合迭代新引入技术与既有技术，推进重大科研专项攻关，逐步将源自高铁的变流、控制、系统集成、可靠性等技术，拓展到新能源汽车、光伏、风电、储能、制氢等产业，实现技术、市场的延伸。成立算法与智能 λ 实验室，打造世界级算法研究中心，柔性引入算法与人工智能领域高端人才，在科研经费、人员编制、决策流程等方面赋予研究团队更大自主权。对面临较高风险及转化难度的重大科研项目实施“揭榜挂帅”，揭榜者将签订军令状，按照奖惩条款刚性兑现，项目负责人工资实施总额预约制，激励从不确定的事后核算到可预期的事前约定。

二是坚持长期主义，融入国家战略，提升产业控制力。中车株洲所有力支撑中国高铁出口第一单雅万高铁开通运行，时速 600 公里高速磁浮列车成功下线，新一代 450 公里动车组刷新相对交会时速 891 公里的新速度。新能源装备一体化发展，储能系统、风电整机乘势而上，2023 年交付量分别居全国第一和第六，跻身行业头部。在产业焕新行动、未来启航行动中，主动担当，服务国家，完成 IGBT 功率芯片支撑乌东德、张北等国家重大柔直输电工程，开展风电装备共链行动，发挥产业链主体支撑和融通带动作用。

三是深耕关键技术，抢占技术高地，提升安全支撑力。中车株洲所持续夯实器件、算法、材料三大根技术内核，支撑科技攻关，实现技术、产品不断优化。主动承担国家重点研发计划，解决关键核心难题，掌握国产化功率芯片（IGBT）全套技术链、产业链，SiC（碳化硅）芯片、PI 膜材料实现自主可控和产业应用，确保高铁技术链、产业链、供应链安全可控。正在推动战略性新兴产业相关的国家重点研发计划共计16项，其中5个牵头项目、8个牵头课题和3个参与项目。

（三）聚焦新型责任制，强化“三化”管理，传导压力激活力

中车株洲所以企业市场主体地位为基础，加快塑造自主经营、自负盈亏、自我发展的市场化特征，着力构建更加开放高效、富有活力的新型责任制。

一是注入差异化管控。中车株洲所以权责利优化作为组织活力激发关键，动态化管理企业管控界面，制定业务授放权方案与清单，明确各产业“三重一大”清单、核心管控事项清单、上级决策事项清单，促进政策导向和考核指标更加差异化，精准匹配产业现状和考核目标导向。对管理成熟度高的上市公司授权事项数量是培育型产业的2.6倍。

二是推行契约化管理。中车株洲所优化领导干部“两制一契”管理，构建“年度+任期+中长期”经营目标考核和薪酬兑现体系，有效引导企业负责人从关注短期经营业绩指标到重视长期企业发展类指标，将任期制和契约化管理、竞争上岗、年度强制排序末等调整等举措融合，成为领导干部不胜任退出管理抓手。

三是探索市场化激励。中车株洲所以增量分享为核心，针对处于战略发展期且充分竞争的产业，探索实施超额利润分享、虚拟股权、“保障性工资+净利润分成”等市场化激励方案，通过解码战略规划目标、统筹资源配置清单、完善绩效薪酬管理，实现激励和压力的双向传递，由点及面强化改革系统性和自主性。近年3年参加市场化激励的核心员工累计达758人次，最高激励56万元/年，打造企业、员工共享发展的平台。

三、改革成效

一是战略性新兴产业赋能突破，经营业绩跃上新台阶。近3年来，中

车株洲所对战略性新兴产业累计投入超过106亿元，先后布局新能源汽车、半导体异地制造基地、建成战略性新兴产业双碳产业园。强化研发和制造能力，在电气自动化（如深海机器人）、高分子复合材料（如风电叶片）、电力电子器件（如新能源汽车IGBT）、新能源汽车（新能源汽车电驱）等细分领域进入头部。截至2023年末非轨道交通营业收入超过50%，其中战略性新兴产业营业收入占比达39.92%，较2020年提升106.8%。

二是动力活力持续激发，创新能力显著提升。中车株洲所的普通员工转变为“合伙人”，创业者心态显现，主动思考更多、主动担当更多、主动协同更多，更关注产业长期发展、更加注重开源节流，更加注重优员增效。“十四五”以来，中车株洲所累计发布国际标准14项（其中轨外5项）、国家/行业标准50项（其中轨外33项），累计获得国家级科技奖4项，申请发明专利2174项，斩获中国专利金奖1项、银奖1项、优秀奖1项。

三是改革示范效应明显，加快建设一流企业步伐。中车株洲所连续2次获评国资委考核评价“标杆”企业，排名从2021年第33位提升至2022年第2位。2023年，在国务院国资委国企改革“双百改革”专题网络培训班上授课分享，成果相继入选国资委改革简报，荣获全国企业管理现代化创新一等成果，为中国中车集团加快建设世界一流企业、实现“产品卓越、品牌卓著、创新领先、治理现代”目标作出了贡献。

93

以机制改革促进战新产业和科技创新“双提升”

中车长江运输设备集团有限公司

一、基本情况

中车长江运输设备集团有限公司（以下简称“中车长江集团”）是中国中车集团有限公司（以下简称“中国中车集团”）旗下专业从事铁路运输装备和新兴物流装备的一级全资子企业，于 2020 年入选“科改企业”。中车长江集团深入推动落实国有企业改革深化提升行动，坚持市场化改革方向，聚焦战略性新兴产业和科技创新重点，智能集疏运系统（以下简称“空轨”）、冷链装备等战略性新兴产业和科技成果转化取得明显突破。2023 年净利润较上年增长 21.21%。2020—2023 年营业收入复合增长率为 7.35%、净利润复合增长率为 17.76%。

二、经验做法

（一）聚焦布局优化，在战略性新兴产业上求突破

中车长江集团作为传统铁路货车企业，抓住交通强国战略机遇，围绕新兴物流装备系统实施产业升级和转型。

一是健全产业发展管理机制。中车长江集团推进战略性新兴产业提级

管理，明确空轨、冷链装备作为战略性新兴产业重点方向，紧固件、弹簧、车轴作为向铁路外、海外拓展延伸目标的重要载体，智能装卸系统作为物流领域“卡脖子”的关键、难点环节。建立“总部、子公司、产业单元三层联动”的管控机制，健全“集团主要领导、子公司主要领导、总部部门领导、产业单元领导四方绩效挂钩”的考核机制，明确战略性新兴产业单元“管班子、管规划、管投资”具体流程和权责边界，推动形成“主要领导抓产业、主要精力谋产业、主要资源配产业”的良性局面。

二是加大战略性新兴产业资源倾斜力度。中车长江集团出台产业发展激励政策，围绕配资源、聚人才、定机制、搭平台、促融合 5 个方面制定激励指导意见，激增战略性新兴产业发展动力。完成不良业务清理或转型，大力推动法人户数压减和低效无效资产处置，进一步为战略性新兴产业腾出发展空间。推动股权和固定资产投资、科研投入、人才配置等向新产业板块倾斜，2023 年中车长江集团战略性新兴产业投资占年度投资总额的 41%，有效破解资源无法集中调配的困局。

三是推动重大战略性新兴产业实现突破。中车长江集团集合全集团优势资源全力抓好空轨项目落地，重点推进市场和技术两个方面，深化与国家能源集团战略合作，2023 年新的空轨制式完成设计，厂内试验线启动建设，空轨影响力持续提升。巩固冷链装备子链长地位，积极争取中铁特货物流股份有限公司采购 500 辆 BH1 型隔热保温车，重点推动 BH10 型单节机械冷藏车取证并实施采购，持续增强产品性价比和竞争力。

（二）聚焦科技创新，在核心竞争能力上求突破

一是深化科技体制改革。中车长江集团坚决抓好科技项目、科研经费、研发平台、研发中心的管理，实现集团范围内技术集中研究、产品联合开发、能力共建共享。健全科研经费管理体系，依托科技管理数字化系统，组织开展科技创新能力评价，适度提升科技创新的经济属性。优化科技创新考核体系，制定企业科技研发投入视同利润加回管理办法，2023 年中车长江集团在关键技术攻关任务等方面研发投入 1827 万元，并 100% 视同利润加回，引导科技创新创效。

二是强化重大项目攻关。中车长江集团通过建立沟通协调机制和项目管理机制，一体推进重大项目攻关，2023 年完成风电大规格环槽铆钉的研制工作，国产聚氨酯泡沫在冷链装备成功运用，锻造钩舌、空气制动阀等国产化部件在出口车实现批量装车应用。通过在船舶动力 LNG 燃料供应及控制系统技术研究等项目中授予项目人员管理、考核激励等权利，科研团队的活力动力有效激发。通过在铁路货车制动系统模拟试验平台建设项目中实施“揭榜挂帅”制度，科技创新效率进一步提升，2023 年累计形成专利典型案例 8 篇，申请发明专利 204 项，其中 10 项发明专利获评高价值专利。

三是促进科技成果转化。中车长江集团通过加大研发投入力度，充分激发科技创新动能，2023 年研发强度提升 3.5%。通过打造从技术研发、工程化研究到产业化的贯通式平台，在冷链装备和多式联运装备方面形成一批引领市场发展，契合用户需求的高质量物流装备。通过在空轨项目实施“双聘制”，促进科技资源共享和优势互补，项目市场订单在 2023 年实现里程碑式突破。2023 年全国首创船用换罐模式投入商业使用，Fast Mover 智能装卸系统落地天津港，填补国内冷链物流企业智能装卸行业空白。新产品贡献率达到 31%，较 2022 年提升 6 个百分点。

（三）聚焦动力变革，在市场化经营机制上求突破

一是推进中国特色现代企业制度建设。中车长江集团根据国有企业完善公司治理加强党的领导有关要求，修订完善党委会议事规则、“三重一大”决策办法等制度，严格落实党委前置研究程序，研究审议党的建设、深化改革、重大项目等“三重一大”议题 101 项，充分发挥党委“把方

向、管大局、保落实”作用。持续加强董事会建设，结合企业发展需要，增设董事会科技创新委员会及薪酬与考核委员会，2023年召开董事会专门委员会会议7次，提前审议10项议案，为董事会决策重大事项提供了专业保障，进一步增强公司治理能力。

二是推动新型经营责任制落地。中车长江集团巩固“经理层成员任期制和契约化管理”成果，进一步优化任期制和契约化文本条款，任期管理实现规范化、常态化，契约目标体现规范性、科学性，薪酬严格刚性兑现，不搞变通、不打折扣。常态化、高标准推进组织机构改革，推进下属公司法人层级调整，全级次产权层级控制在五级以内。强化劳动合同履约评价结果应用，2023年度中车长江集团解除或终止劳动合同人数占比达到1.5%，履约评价退出人数比例达到1.18%，管辅人员占比优化10个百分点。

三是优化中长期激励管理。中车长江集团按照“存量重点用分红、增量重点用股权”的总体思路，深入探索、灵活运用岗位分红、超额利润分享、科技成果转化奖励、虚拟股权激励等中长期激励方式，结合政策适用条件，从人员、收入、发展规划等方面对全级次企业实施中长期激励的必要性、可行性以及实施条件开展评估，重点对所属紧固件公司超额利润分享、所属智运公司虚拟股权等激励方式实施效果进行评估，紧固件公司激励人员达到46人，其中科技人员占比52.17%，2023年激励对象所获收益占工资总额比例达6.67%。

三、改革成效

一是战略性新兴产业发展开创新局面。2023年中车长江集团紧固件产品市场地位巩固提升，在风电领域国内市场占有率超过95%，在光伏领域市场占有率居全球前三，所属紧固件公司入选四川省“瞪羚”企业名录。

"基于智能空轨的立体互联集疏运系统关键技术研究与应用"获评中国港口协会科学技术一等奖。成功开发出氢基能源装备，推动公司成功进入CCUS（碳捕集、利用与封存技术）运储装备产业链并销售交付50台，取得"创新+产业"双突破。

二是自主创新能力提升取得新突破。2023年中车长江集团科技创新影响力不断提升，牵头国铁集团、国家能源集团重大科研项目3项，承担国铁集团源头惯性质量攻关"揭榜挂帅"项目1项，联合主导国家标准5项，主持参与行业和中车标准15项，制定企业标准28项，荣获全国有色金属标准化技术委员会技术标准优秀二等奖，始终保持了关键技术领域的核心竞争力。

三是市场化经营机制改革迎来新高峰。2023年中车长江集团组织机构改革和三项制度改革深入开展，全级次组织机构由277个压缩至210个，压缩比例达到24.2%，如期完成管理机构压减目标，压减比例达到29.8%，压减比例达到38.1%。全员劳动生产率较2022年提升6.76%。探索人才引进新模式，通过"双聘制"、人才租赁等方式柔性引才59人，科技人才聚集效应进一步增强。

94

战略牵引　改革赋能 激发高质量发展新活力

中车长春轨道客车股份有限公司

一、基本情况

中车长春轨道客车股份有限公司（以下简称“中车长客股份公司”）是中国中车集团有限公司（以下简称“中国中车集团”）控股的一级子公司，全国知名的轨道客车研发、制造、检修及出口基地，被誉为中国地铁、动车组的摇篮。中车长客股份公司作为首批“双百企业”，始终发挥改革引领示范作用，逐步从传统产品提供商向系统解决方案提供商转变，持续加快建设世界一流行业领军企业。中车长客股份公司认真贯彻落实国务院国资委关于国有企业改革深化提升行动工作部署，始终坚持和加强党的领导，以“三个总、两条路径、三个作用”为基本原则，以改革深化提升行动方案为总抓手，围绕提升企业核心竞争力和增强核心功能，聚焦“三个明显成效”，系统谋划，高位推动，坚定不移推进各项改革任务。

二、经验做法

（一）坚持服务国家重大战略，实施业务布局优化

一是围绕新时代东北振兴战略，通过打造数字化、智能化支撑下的

“产品+”“系统+”长春示范工程项目，实现向其他城市推广应用。中车长客股份公司构建了“业务主管、系统主建、区域主战”区域化经营思路，搭建了“长春本部—区域总部—子企业”的三级“1+8+N”区域经营模式和管理架构。作为高速动车组B平台子产业链链长企业，通过与产业链上下游企业协同攻关、协同验证、协同产业化，带动产业链上下游企业协同融合发展，提升产业链供应链韧性和安全水平。积极参与“一带一路”建设，持续创新营销方式，进一步完善海外项目管控平台，构建项目管理、融资管理、商务管理、工程管理、风险管理“五位一体”推进机制。

二是围绕交通强国战略和战略性新兴产业，立足现有产业基础，瞄准产业转型方向，优化产业布局，强化产业协同，加快建设以传统轨道交通业务为核心主赛道、以数字生态业务新赛道、以新产业业务为辅赛道的“一核两延伸”业务布局。中车长客股份公司始终坚持做优做强主赛道，不断加快CR450动车组和时速600公里磁浮车等交通强国项目研制。系统谋划数字化赋能传统轨道交通业务，持续优化轨道交通领域工业生态，全力孵化新产业业务，确保公司高质量可持续发展。

（二）坚持科技创新体制改革，提升企业创新效率

一是持续加快集成产品开发（IPD）建设。中车长客股份公司秉承“基于市场的产品创新”理念，完成集成产品开发流程架构、产品开发主流程、研发使能及制造使能流程的设计工作，实现了产品开发由串行向并行转变，初步建成了集成产品开发的总体架构和管理体系，不断完善科技创新生态。以IPD建设为依托，围绕技术主线整合业务链全要素，持续优化基于基础研发、产品设计、检修运维技术一体化的全生命周期技术体系。

二是持续打造全球一体化研发体系。中车长客股份公司通过不断优化研发技术布局，充分发掘全球技术、人才、信息资源优势，实现技术资源的有效整合和配置，全力构建以长春总部为主，各研发分中心为辅，集中管控、一体化的全球研发协同体系，提升基础技术、核心技术掌控能力。

三是持续加强技术研究和科技成果转化。中车长客股份公司持续开展新产品研发，保持技术产品行业优势，大力推动CR450动车组、匈塞铁路高速动车组、标准市域车、时速600公里磁浮车等多个核心关键项目，引领轨道交通装备制造业发展。开展车载氢能混合动力系统技术研究，推动氢能混动车辆落地。加快关键核心技术研究，围绕软件、数据、新能源、新材料等方向强化前沿技术研究，实现基础技术突破和科技自立自强。

（三）坚持市场化运营机制改革，提升企业创效活力

一是系统推进干部人事制度改革。中车长客股份公司坚持和完善中层管理人员竞争上岗、末位调整和不胜任退出机制，实现干部“能上能下”常态化。创建“四维模型”中层管理人员考评体系，涵盖了组织绩效、个人绩效、领导力和胜任力4个维度，建立考核评价结果与干部“奖罚提调降免”联动机制，发挥考核评价的激励与导向作用。在盘点中层干部队伍结构基础上，直面队伍年龄结构断层问题，打破传统的“缺岗增岗、缺人补人”原则，创新性实施了“甄优·青计划”，实现中层干部队伍年龄结构、学历结构、专业结构质的优化。

二是系统推进用工市场化改革。中车长客股份公司健全市场化人力资本管理机制，优化大分配、均衡流动、公共服务和基础保障、文化育成四大机制，提升企业发展活力。坚持开放式的人才引用理念，在新业务领域和所属境内外子公司开展职业经理人市场化选聘。实施人才兴企战略，完善差异化人才招聘，吸引高潜人才，弥补关键核心技术以及战略性新产业人才短板。

三是系统推进健全约束激励机制。中车长客股份公司立足“四个面向”，推进薪酬激励体系改革，即面向用人单位的“放权、授权”，实施工资包管理；面向特殊群体的精准激励；面向 L4 级以上人才“高目标高激励”的结构化薪酬，设立挑战奖和增量绩效奖；面向重要专项任务目标激励。通过“四个面向”机制，建立起基于业绩贡献、价值创造决定收入的薪酬激励机制，实现由“分钱”到“挣钱”的转变。

（四）坚持党建引领重大突破，凝聚力量推动发展

一是聚焦政治担当，把稳发展方向。中车长客股份公司党委充分发挥“把方向、管大局、保落实”的重要作用，坚持将党的领导融入公司治理各环节。不断完善公司治理结构，厘清公司党委和其他治理主体权责边界，以流程为基础实现会议事项“清单化”、治理主体关系“信息化”、议题流程查阅“数字化”。

二是聚焦组织保障，促进工作落实。中车长客股份公司夯实党的基本组织，按照应设必设、应建尽建原则，党组织设立与组织机构改革同步，母子公司党建同频共振、上下贯通。同步搭建深融体系，系统推进可视化党建工程，推动党建的“数字化转型”，构建党群系统激励（荣誉）机制，持续打造深度融入生产经营的“大党建”工作体系，推动党建与经营业务深度融合。

三是聚焦文化建设，发挥品牌效应。中车长客股份公司注重塑造和维护卓越的品牌声誉，建立统一规划、分级管理、权责明确、协同推进的品牌管理机制，构建基于“高端、优质、卓越”的产品形象、培育“正心正道、善为善成”人品素养和打造“车行于道、以载天下”社会责任品牌的“三品一体”的品牌驱动模式。将品牌建设融入海外经营管理，实行差异化品牌策略，尊重各地文化差异，塑造与当地经济社会相融合的品牌经营模式。

三、改革成效

一是经营管理能力显著提升。2023年中车长客股份公司实现营业收入和利润“双提升”，全年实现营业收入约293亿元，资产负债率控制在63%以内，净资产收益率较上年提高约3.1%，全员劳动生产率较上年提高约4.5%。国内外市场方面，中标西户铁路改造提升项目，实现公司混合动力车市场化第一单；完成匈塞铁路高速动车组项目合作签约，成为“一带一路”倡议提出十周年标志性合作成果之一。

二是科技创新能力显著提升。复兴号智能动车组、时速400公里跨国互联互通动车组以及美标地铁车、系列化中国标准地铁列车等先进产品和技术填补国内外空白，京张高铁“瑞雪迎春”智能动车组、全球首列氢能源全自动市域列车、我国首套高温超导电动悬浮试验系统等一批标志性创新产品擦亮轨道交通装备制造名片。通过落实“正向设计”战略，2023年完成国内专利申报313项，其中发明专利220项，获省部级奖5项，集团级奖14项。

三是公司发展活力显著提升。中车长客股份公司中层以上管理人员任期制和契约化管理达到100%。推行末等调整和不胜任退出制度，近2年调整、降职、不胜任退出领导干部119余人，占比超过25%。全级次范围内新聘任中层竞争性选拔比例超过96%。通过公开竞争性选拔，甄选出30名（“90后”15人）将优秀年轻干部补充到中层干部队伍，使公司35岁左右中层管理人员较上年增加了3.83%，有效改善了干部队伍年龄结构，增强了干部队伍活力。

95

“党建＋战略＋科技”三位一体系统推进战新产业高质量发展

中国铁工投资建设集团有限公司

一、基本情况

中国铁工投资建设集团有限公司（以下简称“中国铁工投资”）是世界500强企业——中国中铁股份有限公司（以下简称“中国中铁”）全资子公司，注册地位于北京，注册资本金50亿元。中国铁工投资定位为生态环境和绿色城乡领域的全产业链系统服务商，拥有产业研究、规划设计、科技研发、投融资、建设管理、运营维护、咨询服务等方面的一体化系统优势，是中国中铁倾力打造的生态环境系统服务商和现代城市投资运营商。作为承担中国中铁向“第二曲线”增长迈进重大战略使命的平台，中国铁工投资以“生态效能”党建为引领，持续聚焦生态环境、绿色城乡“两商”总体战略，紧盯中国中铁“2＋4”战略性新兴产业体系，重点围绕节能环保新产业，突出科技创新，加大重点技术布局和全链条融合创新力度，推动基础研究、应用研究、产业化全链条融合发展，努力探索、开辟中国中铁在绿色城乡领域融合发展新赛道，加快形成新质生产力，全面推进战略性新兴产业高质量发展。

二、经验做法

（一）以“生态效能”党建为引领

一是构建了“生态效能”党建的概念体系。这里的“生态效能”中的“生态”是指政治、自然、经济、组织和文化五大生态。政治生态是保证企业正确发展的根本立场，自然生态是企业发展的动能基因，经济生态是企业高质量发展的出发点和落脚点，组织生态是企业发展的坚实基础，文化生态是优化企业发展的土壤。“效能”是指用高质量党建为企业发展赋能。中国铁工投资党委能够发挥“把方向、管大局、保落实”的领导作用，主动谋划、积极作为，聚焦横向联合增强规模实力，聚焦纵向贯通推动上下游协同发展，聚焦创新攻坚打造关键引擎，聚焦内部协同夯实发展根基，以前瞻性布局、专业化发展促进战略性新兴产业，用高质量党建引领高质量发展，用高质量发展成果检验高质量党建成效。

二是搭建了“1536”为核心的党建体系。“1”即打造生态文明型党组织，是“生态效能”党建品牌建设的根本落脚点；“5”即政治生态效能、自然生态效能、经济生态效能、组织生态效能、文化生态效能五大目标，是“生态效能”党建品牌建设的目标导向；“3”即组织服务、绩效机制、载体工具三大赋能支撑体系，是“生态效能”党建品牌建设的体系支撑；“6”即政治领航、固本强基、兴企育人、文化驱动、铁工清源、党群连心六大工程，是“生态效能”党建品牌建设的实践载体。中国铁工投资通过化“零星”为“系统”，将“生态效能”党建概念化和抽象化的内容转化为实实在在的具体行动，为全面提高党建工作科学化水平提供有效载体和抓手。通过抓好党建为企业高质量发展增效赋能，为美丽中国建设贡献力量。

（二）以“生态环境＋绿色城乡”战略为导向

中国铁工投资作为开辟“第二曲线”的先锋主力，中国中铁赋予其新领域、新业态、新模式、新思维、新组织、新气象“六新”发展指导思想，并通过资源整合、主业培育、科技创新、资金支持、人才支撑、考核评价等一揽子政策予以实效支持。根据中国中铁战略部署和自身“十四五”规划发展纲要，中国铁工投资围绕资源优势和沉淀积累，建立并做强投资、建设、运营一体化业务模式，做大水务环保、生态环境、绿色资源、绿色城乡四大主营业务的战略定位，聚焦主责主业不断优化业务布局，先后深度参与了京津冀一体化、长江经济带、长三角一体化、粤港澳大湾区、黄河流域生态保护和高质量发展成渝地区双城经济圈、西部大开发等国家宏观战略规划，集中展现了“践行‘两山’理念、实现绿色发展”的责任与担当。截至 2023 年底，中国铁工投资在战略性新兴产业的节能环保领域相关运营资产总规模超过 280 亿元，污水处理规模 198 万吨/日，生态修复运营面积达 5000 公顷，绿色资源再利用规模 600 吨/日，绿色城乡更新面积约 1500 亩，管网运维长度 4900 公里，形成了独特的品牌效应。

（三）以有组织的科技创新为引擎

节能环保产业是中国中铁践行绿色发展战略的关键产业，作为积极拓展该业务领域的排头兵，中国铁工投资结合企业传承与积累正在对其持续深耕。通过基础设施投资建设运营，进一步拓展污染治理、资源循环利用等细分领域，助力国家“双碳”目标实现。为打造差异化竞争优势，中国铁工投资牵头成立了中国中铁生态环境专业研发中心，重点打造中国中铁的生态环境工艺、工程技术、装备及工艺研发平台，并通过城市建筑设计研究院与中国中铁城市开发研究院，为绿色城乡建设提供方案规划、设计生产、工艺科技等解决方案，为中国中铁探索打造一条完整的“规划设计—绿色建造—工艺运营—装备开发”创新发展链条、绿色产业链条，加快在细分专业领域培育企业核心技术优势。围绕主业发展和关键技术需求，通过“四个强化”持续加大科技创新力度，为高质量发展加力赋能。

一是持续强化科技创新平台建设。中国铁工投资做实做强生态环境专业研发中心，加快建立健全研发中心内部规章制度和运行机制，推动研发中心成为企业核心竞争力培育的重要基地，加快形成一批能够满足管理需求、增强竞争力、提高经济效益的技术成果，为集团公司抢占新领域新赛道提供技术原动力。2023 年，中国铁工投资成功被认定为陕西省企业技术中心和陕西省知识产权优势企业，与天津理工大学联合申报了天津市技术创新中心，研发平台建设登上新台阶。2023 年，申请中国中铁重大课题 1 项，实用技术重点课题 5 项，新申请国家专利 65 项，新增授权专利 41 项，申请 PCT 国际专利 2 项，实现中国铁工投资申请国际专利零的突破。

二是强化重大课题研究。中国铁工投资充分发挥高新技术企业、企业技术中心等平台作用，通过“揭榜挂帅”的形式，积极主动承担国家重大科研创新任务，努力形成一批重大成果，提升企业影响力、知名度。针对工业废水成分复杂、性质多变、有机物浓度和色度难达标等行业“卡脖子”难题，中国中铁生态环境专业研发中心主中心联合同济大学研究开发了“催化臭氧深度处理工业废水技术”，在实际应用中 COD（化学需氧量）去除率可达 50%、大幅提高废水的可生化性，废水处理效果较好。

三是强化核心技术突破。中国铁工投资依托具体项目，加大固废、工业废水等工艺研究力度，加强装配式建筑、绿色建造、高层建筑建造及质量通病问题根治的研究，形成了一批具有自主知识产权、市场竞争力的核心技术与设备。2023 年，在陕西沣西新城污泥处置项目建成中铁水务集团研发试验中心，完成火焰石墨炉一体化原子吸收分光光度计等 20 余件科研仪器设备采购，为科研工作开展提供有力支撑。

四是强化科技人才培养。中国铁工投资探索优化科研人员考核机制，激励科研人员潜心科研，充分释放聪明才智，完善人才引进机制，采用市场化手段择优引进“高精尖缺”人才，为实现科技兴企、战新兴企提供有力人才保障。截至2023年底，中国铁工投资共拥有4个省级企业技术中心、1个工程研究中心、1个技术创新中心及1家高新技术企业。荣获日内瓦国际发明展银奖1项，中国专利奖银奖1项，各类省部级科技奖7项。获省部级工法6项，国家授权专利174项，其中发明专利19项。主/参编国家标准1项，地方标准2项，团体标准7项。

三、改革成效

“十四五”以来，在中国中铁战略部署下，中国铁工投资通过积极布局战略性新兴产业，拓展“第二曲线”，持续打造生态环保领域的专业领军企业，企业改革深化成效显著。

一是助推了和谐发展的自然生态。中国铁工投资通过充分发挥生态环境、绿色城乡领域全链条一体化系统性优势，在全国投资、建设、运营了泰城水生态环境治理、石家庄滹沱河生态修复、唐山东湖片区生态修复、淮安市淮安区黑臭水体综合整治、兰州市盐场污水处理厂、呼和浩特经开区沙尔沁工业区污水处理特许经营项目等一批水务环保和生态环境品质典范项目，在深入推动人与自然生命共同体的构建中担当作为。

二是实现了高质量发展的经济生态。中国铁工投资通过促进“业务链”“价值链”闭合并有机协同，实现专业化运作、集约化经营、差异化发展、实体化运行，持续打造、提升企业核心竞争力，实现了战略式发展。企业经营规模快速攀升、发展质量稳步提升、运营能力日益增强，实现了企业跨越发展的良好开局。

三是构建了创新发展的组织生态。中国铁工投资围绕组织能力的转型，系统设计和分步推进由工程局的决策管理体系向“投、建、营”一体化全链条决策管理体系转变，注重传承好理念、好经验、好做法，在发展理念、治理架构、管理体制、制度标准、投资模式、产业技术等方面取得了一大批创新成果，初步探索出了一条具有铁工特色的管理之路。

四是培育了积极向上的文化生态。中国铁工投资以中国中铁“开路先锋”文化理念为纲领，提炼发布了具有企业特色的企业使命、企业愿景、企业价值观、企业精神等企业文化核心理念，设计制作完成系列文化产品，构建完善了企业文化体系，实现了企业文化与企业管理相融相促，推动广大职工由“聚合”到“磨合”再到“融合”。中国铁工投资企业文化已成为广大干部职工的共识，厚植了企业发展的“灵魂”。

96

以科技促创新　以改革增活力
打造绿色施工装备原创技术策源地

中铁长安重工有限公司

一、基本情况

中铁长安重工有限公司（以下简称“长安重工”）是中铁二十局集团有限公司（以下简称“中铁二十局”）旗下全资子公司，是中国铁道建筑集团有限公司（以下简称“中国铁建”）的三级公司，主要从事新能源装备、隧道施工用大型机械、特种设备等高端装备的研发制造，是陕西省“专精特新”和国家级专精特新“小巨人”认定企业。近年来，中铁二十局深入学习贯彻习近平总书记关于国有企业改革发展和党的建设的重要论述精神，按照国有企业改革深化提升行动部署要求，引导长安重工持续加大对战略性新兴产业领域布局发展和投资力度，积极融入国家碳达峰碳中和基础研究，努力依靠科技创新开辟发展新领域新赛道、塑造发展新动能新优势，全面提升企业核心竞争力，增强核心功能，争做绿色装备制造的践行者。

二、经验做法

（一）锚定“双碳”目标，抢抓转型升级“新赛道”

一是紧跟形势优化布局，明确企业发展方向。自 2018 年组建以来，长安重工依据公司战略定位，围绕“3 +1 + N”发展战略，秉承“两型四链五化”战略布局，聚焦新基建、智慧建造、绿色建造等技术领域开展科技创新，铸强核心动能。积极探索动力电池性能提升、绿色施工装备整机研发、能源保障、装备数字化管控和规模化工程应用等领域，不断加大对电机车组、纯电动挖装运产品和新能源矿卡研发生产力度，深耕地铁、隧道、矿山三大领域，打造拳头产品，先后研制出 15 款（型号）纯电力驱动系列设备。

二是组建联盟聚力攻坚，实现产学研用融合。长安重工围绕绿色施工装备整机研发、能源保障领域，与铁一院、铁四院、铁五院、国机重工、汇川技术、山河智能等 10 余家行业翘楚组建产业协同“工业联盟”，对核心技术难点联合攻关，并积极参与铁道科学院组织的 CZ 铁路隧道绿色施工装备研发及示范应用课题研究。围绕动力电池性能提升、装备数字化管控和规模化工程应用等领域，与长安大学、陕西科技大学、石家庄铁道大学等多所知名院校组建“科创驿站”“技术转换平台”，实现储能系统集成能力以及核心部件研制开发能力“双提升”，推动更多原创技术成果转化为原创型、基础型高价值专利。获得省部级以上有效专利 86 项，其中发明专利 10 项，外观设计专利 7 项，实用新型专利 69 项。

三是降碳减碳绿色发展，争做低碳创新先锋。长安重工坚定不移走绿色低碳发展道路，积极布局“减碳去碳”基础工艺、低碳颠覆性技术研究等领域，明确了以纯电动隧道挖装运产品、电机车组以及宽体自卸车、除尘车、物流车等专业化新能源装备为主，以提供“五电”（充电、换电、电池、电控、电机）集成解决方案为切入点，打造独具“铁建品牌”的新能源工程机械产品矩阵。通过自主研发电控系统、远程数据采集、环抱式电机连接、层级分布减震等技术，实现纯电动挖掘机、装载机、自卸车等新能源设备累计减排 20 余万吨二氧化碳，为美丽中国建设贡献了中铁二十局方案。

（二）聚焦科技创新，巩固专精特新“主战场”

一是重视首创技术，提升行业地位。长安重工研究开发的适合隧道新能源换电式出渣装备工况的动力电池、补电技术及装备，开展的电池系统模块化设计，实现了标准电池模块组合，满足多类型、多规格电动施工装备需求，其中9项科技成果顺利通过中国交通运输协会、中国铁建项目结题评审和成果评审。研制的国内首批新能源（纯电动）隧道、市政、矿业、钢厂等基建施工装备，克服了隧道和基建施工中燃油设备的种种弊端。

二是加大研发投入，激活发展动能。长安重工始终坚持研发人员占比4.5%以上、研发费用占比4%以上“两个比例”不动摇，累计投入研发经费2900万元以上，并设置专项资金用于科技攻关、人才激励、成果转化，相继突破技术瓶颈22项。对燃油设备年均油耗及二氧化碳排放进行测算，确立“理念植入+清洁能源+组装智造”的发展方向，相继研制出15T至85T系列电机车组、智能衬砌台车、仰拱拼装机、新能源高原隧道施工装备等高端产品。

三是突破核心技术，提升设备效能。为解决高原特长隧道内燃油设备高原工效低、排污严重、与人争氧等问题，长安重工突破新能源装备加装能量回收系统等核心技术，实现新能源矿用自卸车充电1小时，24小时连续运转，综合工况比传统燃油车节能90%以上。突破磷酸铁锂电池系统的能量密度提升、宽温域高效充电与可靠运行、健康监测及寿命预测等关键技术，实现新能源挖装运成套装备适用于60℃至-40℃。

（三）聚焦人才强企，夯实高质量发展“硬支撑”

一是优化人才队伍结构，完善人才发展体系。长安重工构建能力素质模型，做精管理人才“塔尖队伍”，做优专业技术人才“塔身队伍”，做实高技能人才“塔基队伍”，打通了“管理、技术、技能”人才立体化成长通道。加大青年人才培养使用力度，将优秀年轻干部放到关键岗位。

二是优化人才工作机制，激发人才内生动力。为充分释放各类人才创新创造活力，长安重工纵深推进任期制和契约化管理，实现公司本级和事业部、分公司经理层成员全覆盖。建立经济效益和劳动生产率挂钩的工资机制，实现了薪酬待遇向生产经营一线和核心骨干员工倾斜，优化绩效考核管理机制，实行全员业绩考核，设置业绩考核不合格标准线，刚性运用考评结果，对于当年考评末等人员予以提醒谈话，连续 2 年考评末等的调整退出。

三是创新人才培养模式，强化人才支撑能力。长安重工坚持采用多维比选、在岗锻炼、能力提升、跟踪培养等举措全面推进“选育管用”，让更多优秀人才能够脱颖而出。近 3 年，通过“揭榜挂帅”“赛场选马”，选拔中层干部 6 名。立足公司装备制造专业人才架构，围绕技术人才的专业背景、技术优势、研究方向，培养“专家型”人才队伍。

三、改革成效

经过近 6 年的砥砺奋进，长安重工在科技成果转化、市场开发、人才赋能等方面成效显著，布局优化稳步推进、竞争新优势明显提升，人才创新动力创造潜能不断激发，为全力打造科技创新性企业、加快培育新质生产力提供了强有力的支撑。

一是科技成果转化，企业创新高质量发展。长安重工系列电机车组完成技术优化 82 项、特殊设计 29 项，原创技术成果不断转化为原创型、基础型高价值专利。自重组以来，先后荣获国家、省级科技奖项 66 项，综合奖项 910 项，获国家知识产权授权专利 115 项，入选“上市公司 ESG 最佳实践案例”，通过陕西省创新型企业认定，荣获“智能建造创新示范基地”

荣誉称号。2023 年绿色施工装备新签合同额同比增长 55. 4%，营业收入同比增长 7. 4%，利润总额同比增长 5. 5%。

二是以质量树品牌，市场竞争力不断增强。长安重工自主研发的新能源“挖、装、运”装备，解决了高原隧道内燃机功效低、污染严重、与人争氧等问题。自系列产品入市以来，新能源电机车成功销往 40 多个城市，参与近百条地铁项目建设，市场占有率超 70%，销售额累计突破 10 亿元，间接为客户创效 80 亿元，创造利润 1 亿元。

三是激活人才“蓄水池”，创新活力持续释放。长安重工坚持“人才是创新驱动”理念，成立仅 3 年的新能源装备研究院，人均年龄不到 35 岁，仅用1 年时间完成了新能源装载机 3 次迭代升级，研发出年均减排二氧化碳近 350 吨的新能源矿卡。按照“以技术为主导、贡献为标尺、兼顾多劳多得、公平、公正”的原则分配，研发中心累计发放奖金 136. 77 万元。“井华山劳模创新工作室”先后取得 QC 成果 4 项，撰写技术论文 9 篇，参建的重庆长寿经开区大桥斩获重庆 BIM 成果三等奖。

97

夯实政治根基　建强基层堡垒 发挥全国先进基层党组织示范引领作用

中交天津航道局有限公司天鲸号党支部

一、基本情况

“天鲸号”是我国第一艘自航绞吸式挖泥船，2010年投产时是亚洲第一装机功率和疏浚能力，是当时世界上三艘大型自航绞吸船之一。中交天津航道局有限公司天鲸号党支部（以下简称“天鲸号党支部”）成立于2009年9月，是天鲸号的精神引领和战斗堡垒，带领和团结天鲸号船员，克服极难工况、损耗极大、船员疲劳、船舶故障、疫情影响、局势动荡等困难挑战，在远海工程、“一带一路”非洲工程等国家重点基础设施项目中发挥了不可替代的关键作用。天鲸号党支部先后荣获全国先进基层党组织、中央企业先进基层党组织、全国工人先锋号等荣誉称号。以天鲸号为代表的“海上大型绞吸疏浚装备的自主研发与产业化”项目获评国家科学技术进步奖特等奖。

二、经验做法

（一）坚持围绕船舶抓党建，船舶开到哪里党的建设就覆盖到哪里

一是锤炼党性，筑思想之基。天鲸号党支部在船舶开设“先锋之声”，

第一时间播报习近平总书记最新重要讲话精神，引导党员群众及时跟进学习。组织“学习早课”，将党史教育、主题教育与早班会有机结合，将学习成效转化为推动项目生产的强大政治优势和内生动力。远海项目开工前，在全员中深入开展“统一思想、坚定信念、建功南沙、使命必达”形势任务教育，通过组织观看爱国影片、开设“海洋强国梦”专题党课、谈心谈话等方式，不断强化爱国主义价值观教育，引导全员坚定理想信念，为“建功南沙、扬我国威”而舍身忘我、艰苦奋战。

二是凝练文化，强信仰之钙。天鲸号党支部打造“疏浚旗舰”的窗口，讲好中国疏浚历史和“国轮国造”故事，建立船舶文化长廊，打造疏浚科普流动阵地。充分总结重点项目攻坚中的文化精神，凝练远海工程“努力、拼搏、奉献”的担当精神，海外抗疫“坚守、不屈、团结”的奋斗精神，百年天航疏浚船舶“战风斗浪、开拓向前”的奉献精神，形成了独特的“鲸耀万里，勇者无疆”亚洲第一自航绞船舶精神。

三是建强群团，凝团结之力。天鲸号党支部打造“四力”群团组织，建立“读书角”，设立“党员驿站”，开展“书香创号”活动，打造“学习就是生产力”。定期组织开展文体活动，坚持每月给船员过集体生日，营造“活力就是生产力”氛围。摄制“鲸英雄　劳动美”工作写真，设置“鲸英雄”名人堂，营造“氛围就是生产力”氛围。开展“一封信·一份情”节日慰问，组织“我的骄傲因为有你”家属联谊活动、开展员工家属帮扶工作，营造“家属就是生产力”氛围。获评天津市先进职工小家。

（二）坚持深入一线抓党建，充分发挥党员先锋模范带头作用

一是勇于担当，实干笃行。天鲸号党支部建立以民主集中制为核心、应急状态第一责任人负责制的支部决策体系，及时应对深远海突发情况。远海工程建设过程中，支部班子发挥主角作用和技术优势，在关系到船舶生死存亡的时刻，做出了正确的返航决定，并在与台风的战斗中，党员干部挺身在前，在保卫国家财产上献计献策，甚至以身涉险，最终保障10亿元资产和58名船员安全返航。

二是冲锋在前，带头攻坚。天鲸号党支部全体党员签订“船舶主战”集体责任书和个人承诺书，成立以党员骨干挂帅的快速排障突击小分队，打破传统“部门墙”“船岸墙”，船舶特殊工况下的“单兵”作战能力得到显著提升。在海外首战中，成功粉碎施工区域70兆帕高硬度岩石，提前45天实现项目履约，维护了民族尊严。

三是帮扶培养，送教上船。天鲸号党支部组织党员干部与新员工、新岗位同志“结对子”，搭建“带头人”课堂，近3年开展导师授课、集中研讨、班组竞赛18次。新上岗的两名驾驶员很快独立走岗并达到较高的技术水准，实施了多项技术创新和工艺创新，在航道大潮流区开挖珊瑚礁、砂岩实现了20天产量超20万立方米的新纪录；在港池多变土质施工完成了单月平均日产2万立方米、连续多日超过3万立方米的日产佳绩。

（三）坚持技术为先抓党建，以高质量党建带动高质量创新

一是完善创新机制。天鲸号党支部以公司装备中心主建、项目主用、船舶主战为核心，形成了公司工艺专家、项目资深总工、船舶浚工长三方联动工艺研讨机制，建设“鲸青年”创新工作室，全面提升了船舶挖泥操作水平及工艺研讨深度。固化班组竞赛机制，张贴竞赛记录“光荣榜”，促进各班组成员主动探索效率提升。在抗击新冠疫情过程中，提前5个月完成了超远距离输送任务，保障了原材料的顺利进出港，有力支援了国内疫情防控。

二是聚焦重点攻坚。天鲸号是国内首条自航绞吸挖泥船，主要技术为国外引进，如何在使用中脱离国外的束缚和技术保护，是天鲸号重要功能使命。天鲸号党支部组织签订《创建党建标杆执行军令状》，明确船舶增产降耗等“十五项攻坚课题”，开展“揭榜”攻坚，指导船舶班子、党员及骨干结合岗位分解落实攻坚课题，细化措施40多项，上墙公示并逐月推进。船舶投产以来完成创新施工工艺4项，操作工法10余项，技改技革及设备改造百余项，年创效破1000万元，提升施工时利率15个百分点。

三是强化实践检验。天鲸号党支部将理论创新与实践有机结合，通过工程实践检验创新成果，也通过实践总结促进理论创新。在非洲面对酷热的气候、恶劣的海况、复杂的工况、恐袭的惊扰、持续的疫情、超过12个月的连续坚守等重重考验，在实践中攻破开敞水域长波涌浪、缺少现场支援情况下的抢修自修等核心技术关口，不断改进天鲸号的性能和适应性，为建造具有自主知识产权的新的大国重器积累了宝贵的数据和经验。

三、改革成效

一是服务国家战略。天鲸号坚定不移服务海洋强国战略，投产后先后参与远海工程、西非加纳特码港、东非肯尼亚拉姆（LAMU）港、俄罗斯堪察加项目、广西平陆运河建设等国家重大战略工程。支部党员充分发挥先锋模范作用，带领团结全船，攻坚克难，圆满完成施工任务，被誉为“造岛神器”“国之重器”“功勋船舶”，为国防事业作出突出贡献。

二是突破技术封锁。天鲸号是国内首条自航绞吸挖泥船，在施工过程注重创新引领，鼓励工艺创新、技术创新、管理创新，为建造具有自主知识产权的新的大国利器积累了宝贵的数据和经验。以天鲸号为代表的“海上大型绞吸疏浚装备的自主研发与产业化”项目获评国家科学技术进步奖特等奖。

三是创新基层党建。天鲸号党支部形成了一支队伍、一种思想、一套制度、一类方法的“四个一”船舶党建工作法，将支部打造成为天鲸号的精神引领和战斗堡垒，在每一个关键点都有支部党员的决定性作用，在每一次困难面前都有支部党员的冲锋在前，在每一名困难职工的背后都有支部温暖之手。党支部先后荣获全国先进基层党组织、中央企业先进基层党组织、全国工人先锋号等称号。

98

优布局强管理　谋创新增活力
打造最具价值的建筑业国有科技型数字公司

中交武汉智行国际工程咨询有限公司

一、基本情况

中交武汉智行国际工程咨询有限公司（以下简称“智行国际”）是国务院国资委“科改企业”中交第二航务工程局有限公司（以下简称“中交二航局”）的全资子公司。智行国际坚持全面深化改革，以建设“数智二航”为发展使命，以打造最具价值的建筑业国有科技型数字公司为愿景，形成了覆盖建筑行业全层次、全业态、全生命周期的“管理咨询＋数字化”一体化融合式解决方案和服务能力，已为不同专业的200余个国内外项目提供数字化技术服务，先后获得国家级专精特新“小巨人”企业、国家高新技术企业、湖北省瞪羚企业等多项殊荣。

二、经验做法

（一）以专业化拓市场，锚定战新优布局

一是以管理信息化支撑管理效能提升。智行国际全面推进中交二航局管理提升与数字化转型专项工作，在项目实践中吸收融合华为、IBM等国际知名公司关于数字化转型的先进经验，融入建筑业特色及专业优势，形

成了“管理咨询+数字化”的建筑企业数字化转型一体化解决方案和服务能力。通过开展流程和数据治理，重塑中交二航局管理体系、流程体系和数据体系，实现流程规范、数据标准。承接中交集团财务云试点，推进核心业务上线，以数据驱动项目端和企业端、业务线和经济线的深度融合，先后改建和新建近50个企业级系统，打造建筑行业首个“业财资税融”一体化云平台，打通各类信息孤岛和部门烟囱，实现了从部门级到企业级的数字化能力跨越。相关服务方案和产品入选全国智慧企业建设创新案例，先后在无锡交建、湖北交投、湖北地质局等企事业单位复制应用，为建筑行业管理提升打造了优质样板。

二是以产业数字化驱动生产方式转型。智行国际聚焦交通基础设施领域施工数字化，打通科学建造“最后一公里”的发展方向，形成了基于数字孪生的智能建造解决方案和产品体系，目前已经在桥隧、铁路、机场、地铁、水运等不同业务领域实现关键场景覆盖，涵盖了“人机料法环”全要素管理，钢筋、混凝土、预制构件等基础要素生产加工和桩基、缆索、隧道掘进、桥梁塔柱等关键工序施工。打造“现场端、工厂端、管理端”三端协同的“厂场一体化”智能建造新范式，并在常泰大桥、张靖皋大桥、CZ铁路、平陆运河、波哥大地铁、马尔代夫国际机场等重大项目成功应用，成功交付支撑运营运维的数字资产，显著提高了建筑工业化和智能化水平。

三是以数字产业化推动产品服务升级。智行国际自主研发国内首个绿色运维、智慧服务与场景体验于一体的“智行·海川”EOS智慧楼宇集成平台，入选全国智慧企业建设创新案例。融合IoT、BIM、GIS技术，打造昆明巫家坝“管、控、营”一体化智慧型综合管廊监控管理平台，实现管廊数字化、自动化和智慧化，该平台获云南省科技进步奖。开展数据资产专项维护和治理，提升建筑业产业链、供应链数据贯通、资源共享和业务协同，赋能智慧决策。

（二）以精细化强管理，深化改革提效率

一是深化组织机构改革。智行国际结合科技型企业和数字化企业的业务特点与管理要求，打造了“4+3+1”的扁平化组织机构，即4个职能部门做后台支撑，3个业务部门做业务经营，1个技术中心做共性平台建设。推进“产研一体化”运作机制，技术中心作为研发部门统筹共性技术研发、共性平台建设、核心产品打造，业务部门负责科研成果转化应用与市场拓展，创新能力、技术资源得到进一步释放。

二是数字赋能精益运营。智行国际充分发挥管理咨询业务优势，分析总结实体化运行的发展历程，提出构建“战略目标—经营计划—全面预算—运营监控—绩效考核”管理闭环。在具体运营上，将项目作为基本管理单元，拉通核心业务流程，明确关键管控节点，梳理核心业务指标和关键数据，自研生产经营决策系统，实现对运营全过程的及时监控和高效决策，确保战略目标落地。智行国际的精益运营管理模式获得国有企业管理创新成果奖和全国交通企业现代化管理创新成果奖，起到了良好的行业示范作用。

（三）以数字化求突破，技术赋能谋创新

一是健全科研管理体系。智行国际构建技术委员会统筹引领、技术中心平台支撑、业务部门具体实施的“1+1+3”协同创新组织体系。技术委员会负责统筹决策；技术中心负责公司产品规划，核心技术研发和共性平台建设；业务部门承担业务相关产品的研发。建立健全科研制度体系，不断完善科技成果、科技研发项目、科技创新奖励等制度，用制度保障科研创新活力。

二是明确核心产品图谱。智行国际打造行业首个交通基础设施数字建造与服务云平台，规划“1+6+N”产品体系，即1个工程数字建造与服

务云平台，深化设计、方案编制、智能建造、数据决策、数据交付、数字运维6大典型建造场景，悬索桥上构施工智能化应用系统、索塔施工数字孪生监控平台、混凝土大数据云平台等N个系统产品，为全过程、全参与方、全生命期数据驱动的业务协同提供支撑。

三是共建创新合作生态。智行国际坚持“请进来、走出去、共合作”，打造产学研一体化创新链，协同推动技术创新。优秀经验“请进来”，每季度组织开展“数智沙龙”活动，邀请内外部专家授课交流，与中铁四局管理与技术研究院、中科云谷等优秀数字化科技公司开展全面对标交流，紧跟前沿、学习先进。智行观点“走出去”，紧密对接行业高水平学协会和技术交流组织，加入中国图学学会、中国管理科学学会、中国公路学会、中国土木工程学会，中国施工企业管理协会等学术团体，参与筹建中国公路学会交通智能建造分会，与行业同频共振。产研融合“共合作”，与华中科技大学合作共建国家数字建造技术中心，联合华中科技大学、武汉大学等高校团队开展科技部、工信部等产研合作项目，与重庆大学产业技术研究院、江苏重华数字科技有限公司签订战略合作协议，极大提升了公司整体研究创新能力。

（四）以市场化增活力，强化激励育人才

一是推动市场化选用优团队。智行国际实施高层次人才集聚工程，精准靶向引才。运用“以才引才、伯乐推荐、猎头直荐”等方式，从华为、德勤、搜狐、华星光电、三一集团等头部企业引进技术专家，组建“工程+数字化”的高水平复合型领军人才队伍。全面推行公司两级管理人员任期制和契约化管理，业务部门设置“总监+执行总监+技术总监”的“铁三角”管理团队，全部签订“两书一协议”，先签协议再上岗，100%竞聘上岗。落实末等调整与不胜任退出制，建立综合考核评价和经营业绩考核不达标、不胜任调整和问责追究3种退出路径，多管齐下推进管理人员“能上能下”，近3年调整退出中层管理人员11人。

二是推动市场化激励增活力。智行国际优化薪酬激励，强化绩效考核结构的刚性运用，建立公司奖金包分配机制，根据组织绩效考核结果分配至部门，部门奖金包根据员工绩效考核结果分配至员工，有效促进人工效能水平提升，中层管理人员薪酬差距达1.7倍，同级员工绩效薪酬高平差达30%。深化中长期激励，申报实施中交集团首个“科技型企业项目收益分红”中长期激励试点，对承担重大科技创新任务的团队实行工资总额单列管理。

三、改革成效

一是专业优势进一步巩固。智行国际充分发挥建筑行业原生企业的业务优势，提炼出“咨询+IT+服务+科研”的一体化服务模式，形成了从工程项目投标支撑到数字化策划、实施、运维的一揽子服务能力，打破了行业关键软件被国外厂商垄断的格局，形成了系统、成套的数字施工解决方案，施工机理模型、工程施工大模型填补了市场空白，在10余家建筑企业、200余项目推广应用，在中交集团2022年首届专业领航企业评选中排名智慧业务类第一。“十四五”期间，公司新签合同额、营业收入年复合增长率分别达69%、67%，项目服务数量年复合增长率157%。

二是创新成效进一步凸显。智行国际打造“智”系列软件产品近20项，在中交二航局内部市场平均占有率达80%。自研行云PaaS平台数字底座，研发效能提升40%。参与“国家数字建造技术创新中心”等多项创新平台建设，获得湖北省企业技术中心认定，负责运行的“中交集团桥梁BIM分中心”在中交集团2022年度考核中排名第一。参加行业、企业标准25项，获得各类科技奖项52项，授权专利41项，登记软件著作权63项，4项科研成果获国际先进水平评价。

三是运营质效进一步提升。智行国际持续完善从信息化开发到运维的软件服务质量控制体系，先后通过ITSS、双软、CMMI3级等专业体系认证。市场化竞争的资质能力不断提升，电子与智能化工程专业承包资质从二级提升至一级。人工效能显著改善，“十四五”期间，公司人均营收增长86%，全员劳动生产率增长250%，人工成本利润率增加15.46个百分点，人事费用率降低10.72个百分点。

99

优化科创机制　激活创新引擎
打造光通信自主创新新高地

烽火通信科技股份有限公司

一、基本情况

烽火通信科技股份有限公司（以下简称“烽火”）是中国光通信的发源地，也是科技部认定的“863”计划成果产业化基地和创新型企业。2018 年，习近平总书记来烽火考察时强调，“核心技术、关键技术、国之重器必须立足于自己!”烽火人牢记总书记的嘱托，持续加大自主创新力度，致力于解决信息通信领域的“卡脖子”问题。烽火全面学习贯彻习近平新时代中国特色社会主义思想和党的二十大精神，紧密结合国务院国资委改革发展的相关要求，始终关注“两个途径”，积极发挥中央企业的“三个作用”，将党的领导融入公司治理各环节，尤其重视关键技术的研发与布局，通过对标世界一流企业、落实三项制度改革等方式，不断强化科技创新，打造光通信产业“国之重器”。

二、经验做法

（一）持续对标世界一流企业，完善科技创新体系建设，实现高水平科技自立自强

一是引入标杆，构建体系。烽火持续对标世界一流企业，引入以“集

成产品开发（IPD）”为核心的科技管理体系。经过多年推行及本地化改造，形成具备烽火特色的集成产品开发管理模式（简称FPD），构建预研、技术开发、产品开发3个层次的创新体系。FPD将产品开发作为一项投资决策来进行管理，实现基于产出的预算管理、基于市场需求驱动的产品开发和结构化的项目管理。

二是寻找路径，赋能组织。烽火通过科学合理的分级分类管理及流程适配、建立分层分级的业务决策评审和技术评审、通过内外部培训及任职资格建设持续赋能、设置专人进行流程辅导和第三方执行审计、引入业界先进的研发项目管理信息化系统固化FPD流程活动等步骤，FPD体系逐步健全，提升组织能力。

三是全面覆盖，缩小差距。经过对标分析，烽火FPD流程覆盖率在2022年已达90%，执行符合度达80%。项目平均研发周期缩短至36周，与业界标杆差距进一步缩小。发明专利年申请量超500件，连续多年以15%的增幅提升，专利授权率达到了80.5%。新牵头国际标准立项16项，持续强化行业技术引领能力。烽火FPD开发管理成功入选国务院国资委改革标杆项目。

以FPD为核心的烽火科技管理体系对上承接公司战略，对下连通制造、交付与服务，填补了研发管理制度的短板。在疫情期间和日益复杂的国内外局势下，公司坚持每年研发投入强度超过12%，为实现科技自立自强奠定了坚实基础。

（二）构建现代企业新型经营责任制，落实三项制度改革，全面激发人才队伍活力

创新的核心是人。烽火坚持以人为本，按照改革深化提升行动相关要求，全面构建中国特色现代企业制度，扎实推进三项制度改革落地，围绕“激发组织活力、激活员工动力”理念，为科技创新提供价值导向与人才保障。

一是持续强化干部管理。烽火推行干部竞聘上岗，实行任期管理制度，每一任期结束后，干部 100% 重新选拔上岗。公司坚持以质量效益为核心的干部业绩考核，绩效目标设置采取 SP（战略规划）—BP（商业计划）—IPI（智能绩效管理）思路，体现战略下沉导向。公司还探索创新多层次、系统化的干部激励机制，推动干部薪酬能增能减，干部收入差距最高达 5 倍。同时深化拓展中长期激励，不断激发领导干部干事创业的动力。

二是激活员工队伍活力。在保证公司员工队伍稳定的基础上，烽火通过实施员工退出机制，严格执行考勤管理、绩效考核、胜任度评估等管理制度，切实落实人员评价与职位、薪酬的联动，激活整体员工队伍，提高人员效率，提升人均产出，加快形成“能者上、优者奖、庸者下、劣者汰”的氛围。2022 年员工市场化解聘率达 6.27%，高于央国企平均水平。

三是重视战略人才引进。烽火以渠道优化和开放式引进政策为主要抓手，尤其重视战略人才的引入，加快提升人才招聘的及时性和需求满足度。人才质量方面，通过与全国各大高校在校企合作、人才创新培养平台上的持续深化合作，完善产学研合作链条。目前，公司有 7 人享受国家政府津贴，7 人获湖北省突出贡献专家，“黄鹤”英才、“3551”人才等各类高端人才近 50 人。

通过落实三项制度改革，公司储备了一批优秀干部和领军人才，吹响了产业链关键核心技术攻关的“冲锋号”。

（三）承接国家战略部署，优化公司产业结构，更大力度布局战新产业与未来产业

烽火积极承接国家重大战略部署，参与多项战略工程。

一是勇担“网络强国”主力军。烽火通过制定双千兆行动方案，参与承建国家干线 380 余条，5G 商用网络 150 余个。规模部署千兆网络汇聚接入平台，“千兆校园”“千兆社区”“千兆全光园区”等业务场景在国内外应用广泛。

二是争当“数字中国”先导者。烽火积极打造领先的数字政府解决方案，根据国际权威咨询机构IDC发布的《2022年数字政府百强榜》，烽火进入大数据及数据治理、政务云、社会管理、公共服务四大模块榜单。

三是做好“东数西算”奠基人。烽火着力构建算网一体信息化大动脉，持续支撑算力基础设施。聚焦资源加强算力科技研发计划，攻坚400G QPSK光模块，实现全国首个400G 6000公里超长距无电中继传输，通过FTTR、POL等产品，将算力送至千行百业。

（四）优化产业结构，进一步提升市场竞争力

烽火在立足主业的基础上，将战略性新兴产业与公司主业相结合，实现“地海空天一体化”布局，在多个领域实现关键核心技术突破。

一是在硅光芯片领域，烽火自研的100G硅光收发芯片和器件于2021年4月被评选为央企十大数字化成果，至此打破了高端相干器件海外的垄断态势。2023年4月，400G硅光收发芯片入选国有企业数字技术十大成果。发布Tbps光传输处理芯片，突破高精度时间同步、大容量交换、高速映射和高速时钟提取等关键技术，实现关键技术的自立自强。

二是在特种通信领域，烽火率先实现135微米细径保偏光纤、100微米超细径保偏光纤和超细径光子晶体保偏光纤的研制和产业化，开发出全球最细的保偏光子晶体光纤和空芯带隙光子晶体光纤，相关产品在多个国家先进科学工程上应用，先后荣获国家科学技术进步二等奖、中国通信学会科学技术发明一等奖、中国电子学会科学技术进步一等奖等重磅荣誉。

三是在海洋网络领域，烽火积极响应“海洋强国”战略，集岸端设备、水下设备、海底光缆与核心光器件于一体，以EPC总包服务能力。2023年突破结构平台设计、冗余备份设计等关键技术，研制具有完全自主知识产权的16纤对海底光缆中继器产品，成功解决海底中继器设备核心器件“卡脖子”问题，各项关键技术指标与业内商用化最高水平相当。

四是在未来信息领域，烽火通信低轨星间的卫星承载组网解决方案，突破卫星承载与组网、星间激光通信、卫星路由与交换等技术，突破星间链路带宽限制，同时解决跟瞄问题、轻量化等问题。提出并推动业界首个星载OTN业务承载协议框架方案。拥有自主开发的100G相干卫星激光终端解决方案。通过激光通信实现星间的高速传输，通过路由机制解决星间链路不可靠问题，目前该方案已获得5项发明专利。

三、改革成效

按照国务院国资委相关要求，烽火认真学习贯彻习近平总书记关于全面深化改革的重要指示精神，全面加强党的领导和党的建设，持续在研发创新投入与创新体系建设两方面发力，不断完善现代企业经营责任制度。2022年公司营收超300亿元，3年营收及净利润复合增长率约14%。2023年上半年，公司营收约149亿元，同比上涨5.15%，达历史最高水平，利润同比增长15.59%。近3年，获国际PCT专利授权94件，年平均数量为31件；牵头制定行业国际技术标准数量40项，年平均数量超13条；累计荣获国家级、省部级的科技奖项53项。2019—2022年获得中国电子学会科学技术奖、湖北省科学技术进步奖等国家级、省部级科学技术奖项近10项。

烽火将持续推进改革深化提升，坚定不移做强做优做大国有企业，加大基础性、关键性技术研究，向世界一流看齐，不断提升产品竞争力，塑造主业战略长板，争做原创技术策源地，加快形成新质生产力，为强国建设提供有力支撑。

100

优化渔业资源配置　推动企业专业整合

中水集团远洋股份有限公司

一、基本情况

中水集团远洋股份有限公司（以下简称“中水渔业”）是中国农业发展集团有限公司（以下简称“中国农发集团”）旗下从事远洋渔业和国际经贸合作开发的股份制上市企业，是中国农发集团渔业板块整合资源、实现打造专业化渔业企业战略构想的平台。中水渔业是我国较早开发太平洋、大西洋金枪鱼和南美鱿鱼资源的企业之一，1998 年 2 月在深圳证券交易所挂牌上市（股票代码：000798）。

二、经验做法

中国农发集团所属渔业板块共有 3 家企业，分别是中水渔业、中国水产有限公司（以下简称“中水公司”）和中国水产舟山海洋渔业有限公司（以下简称“舟渔公司”）。为贯彻落实国有企业改革深化提升行动部署，从改革上响应专业化整合及提升国有控股上市公司质量的政策导向，从合规上解决同业竞争和在规定时间内履行完成上市公司公开承诺问题，从战略上落实做强做优中国农发集团渔业板块的发展要求，提升中国远洋渔业企业的全球竞争力和影响力，中水渔业充分发挥上市平台功能，以市场化方式开展资产重组工作，推动远洋渔业资源重组整合，优化了国有经济布局，构建了国内“渔业航母”雏形。

（一）确立利益相关方价值最大化的核心理念，解决利益平衡难题

一是立足外部利益相关方视角，突出全产业链发展理念。中水渔业充分考虑市场投资者对自身中水渔业以市场化方式推动业务板块从捕捞公司转型升级为综合性渔业企业的期待，以此来确定交易资产边界原则。首先，优化产业结构，聚焦主业、主辅协同。以业务模块为基础，真正实现以上市公司中水渔业为核心的远洋渔业板块布局，打造主业清晰、主体突出的产业格局。其次，调整业务架构，清晰业务体系。以深化央企改革、加快重组整合为契机，梳理纳入整合的资产范围，厘清资产边界，根据业务属性与特点，划分形成清晰的业务板块边界和资产股权架构。最后，以中水渔业为平台，以市场化方式开展资产重组工作，整合资源，完善中水渔业从远洋捕捞到至水产品加工、渔业服务等一体化产业链，实现产业链一体化发展。

二是站在内部利益相关方角度，突出三家企业共兴共荣理念。首先，从战略定位上将渔业板块整体作为“渔业航母”，确立中水渔业作为远洋渔业产业链发展“旗舰”，同时重新明确两家标的公司新的主业定位：中水公司聚焦“水产种业 + 海洋牧场新产业”，同时作为上市公司的“孵化器”；舟渔公司进一步做强做优渔业服务业，优先服务重组后的内部船队，以及盘活土地资产等业务。其次，从重组方案上，一方面特别细化了舟渔公司的偿债方案，解决其高负债的长期发展困扰；另一方面，确定以现金支付购买重组资产的形式，提供中水公司新业务发展的启动资金。

（二）创造性设计“收购 + 托管”重组方案，解决底层资产极其复杂的难题

一是划定资产边界。中水渔业按照“聚焦性、盈利性、清晰性”原则，进行资产边界划定，即突出主业，契合战略，减少关联交易，确保标的资产权属清晰，不存在法律上的瑕疵，符合监管要求。将盈利能力优、发展前景好、无资产权属问题的资产注入上市公司，以利于上市公司高质量发展，获得较高资本市场估值。

二是组合托管模式。对于部分项目产权极度复杂、盈利能力差异极大，或暂时亏损、存在权属瑕疵的资产及业务保留在原公司，作为托管资产全部委托上市公司一体管理，一方面有利于彻底解决同业竞争问题；另一方面，有利于上市公司发挥协同管理作用，盘活、梳理相关项目后再次注入。

三是采用资产基础法嵌入收益法进行评估。鉴于本次交易涉及大量海外业务评估，所在国的政治、文化、法律法规、政策、汇率波动、通胀水平等经营环境与我国差异较大，中水渔业最终采用了资产基础法评估嵌入收益法评估的评估方法。两种评估方法“相互嵌入”，有效解决了评估公允性的问题，既能充分体现国有资产价值，又能给资本市场一个合理定价。

四是确定现金交易方式。由于从重组启动到完成仅剩半年时间，中水渔业采用现金交易方式。相较于其他方式，现金交易方式既能实现证券监管机构审核速度快的目的，又解决长期困扰舟渔发展的负债高、利息负担重，同时为中水公司新业务发展提供了资金保障，实现了 3 家企业整合后的共生共荣。

（三）大小重组并行，优化交易结构

面对复杂的交易结构，项目采取了“先内部重组再注入上市公司”的多层次、分阶段的实施方式。

一是中国农发集团对多个标的公司及相关资产进行内部重组和调整，共涉及 3 次公司/项目部股权的转让和剥离、2 次船舶资产的转让、2 次船舶资产的处置、2 次标的公司特殊分红及 1 次商标专利资产转让，为后续跨机构的渔业资产重组奠定了良好基础。

二是按照“现金收购股权 + 托管”的重组模式，中水渔业分别以现金收购了经过“小重组”后的 3 家渔业板块子公司，形成远洋捕捞、食品加工、渔业服务和水产品贸易四大业务板块。

（四）重组实施的组织保障，解决多层审批提高效率的难题

为确保渔业板块资产重组工作在 2023 年 6 月 30 日顺利完成，中国农发集团给予了高度重视与支持。

一是中国农发集团成立领导小组和工作小组，集团董事长亲自挂帅任领导小组组长，分管领导任工作小组负责人，从根本上推动相关机构理念统一。

二是创新董事会授权工作方式，集团董事会通过 7 项具体授权解决了重组过程中面临的事事请示、层层审批的效率难题。

三是渔业板块 3 家企业组织落实得力。首先，由中水渔业党委书记、董事长兼任 3 家企业董事长、法人，从根本上实现企业间利益统一；其次，同步分别组建强有力的项目工作团队，确保多项并行工作进度统一。通过上下通力配合，机制有效衔接，保证重组项目严格按照时间表推进。

三、改革成效

一是完成资产整合，打造中国远洋渔业旗舰。本次重组是迄今为止国内最大的渔业行业并购重组项目，也是最大的农业行业央企控股上市公司并购重组项目。通过重组，中水渔业远洋捕捞船只从 70 余艘增加到近 200 艘，占全国远洋捕捞船舶数量的 10%，成为船队规模、营收体量领先的远洋渔业上市公司，极大改变了上市公司的形象和地位。在业务方面，通过全产业链经营模式促进上下游产业的协同发展，实现产业链、价值链和供应链的串联倍增。

二是实现管理协同，价值创造能力初步释放。本次重组是加强企业资源整合、提高发展质量效益的重要途径。通过重组，中国农发集团实现了渔业优质资产的深度整合，上市公司不仅整合吸收了优质的围网金枪鱼船资产，做大做强了金枪鱼捕捞业务，还大幅扩大了捕捞船队，捕捞品种拓展至鱿鱼、硬体鱼、软体鱼、野生虾等多元化品类，兼具了大洋性捕捞和过洋性捕捞。同时，上市公司将产业链从较为单一的远洋捕捞拓展至包含“捕、加、贸、服、技”多业务板块的一体化远洋渔业产业链，一举实现产业链上中下游的完善，为以后拓链、延链，进行产业渠道控制，夯实了高质量发展的基础，有利于进一步提升价值创造能力。

三是加强资源掌控，迈向世界一流企业。远洋渔业是战略性产业，是构建海洋命运共同体、建设海洋强国、实施“走出去”战略和“一带一路”蓝色合作倡议的重要组成部分，对保障国家粮食安全、促进多双边渔业合作、维护国家海洋权益等具有重要战略意义。通过重组，中水渔业加强了资源掌控能力，提升了行业地位和话语权，构建了新发展格局，具备了产业规模，延长了产业链条，提高了企业的发展质量和效益，加速了与世界一流企业“并轨”的速度，为助力国家争取海洋权益及加强多双边渔业合作交流夯实基础。

101

“数字化太极”助力提升现代中药产业核心竞争力

太极集团有限公司

一、基本情况

太极集团有限公司（以下简称“太极集团”）是中国医药集团有限公司的控股企业，现有13家生产厂、20多家医药商业公司、2家研发机构、3300家连锁药房、1.4万名员工，业务涵盖医药研发、医药工业、医药商业、大健康产业等领域，现有药品批文1242个，其中医保品种743个、基药品种368个。太极集团长期致力于传统中药的传承及现代医药智造的发展，为打造现代中药产业高地，2023年全面启动数字化转型升级，以“三年打造一个数字化太极”为目标，全面打造全产业链数字化核心竞争力。

二、经验做法

数字化转型被认为是第四次工业革命的主要途径之一，是经济持续增长的新型引擎，也是国企深化改革的重要手段。太极集团充分把握数字化转型发展机遇，提出具有前瞻性、整体性和可操作性的数字化转型战略规划，直面企业高质量发展必修课。

（一）数字化转型高效助推外部产业链与内部管理良性互动

太极集团的数字化转型是传统中华文化的哲学思辨在数字化领域的具体呈现，从“易有太极，是生两仪”的文化价值出发，用数字化手段演变出兼顾阴阳两仪的双向促进、互动循环的数据驱动，独具特色。一方面，以外部为阳，以市场需求为导向贯通全产业链，从药材的种植、生产、加工、营销到商业流通，实现全产业链贯通；另一方面，以内部为阴，把内部管理打通，提升统筹一体和高效运行的规范治理体系。同时，利用数据让外部的产业链与内部的管理实现互动，完成由业务到数据、由数据到业务的阴阳互动循环，从而打通医药产业化、现代化和国际化的“任督二脉”，同时提升战略价值、业务价值、管控价值和技术价值。

太极集团对数字化转型战略进行了总体设计、路径规划和场景突破分析，对产业链中各个板块的主要数字化业务场景点及应用场景进行有效评估，发掘出10个业务板块数字化转型机会点。工业营销板块，全力推进线上数字化、终端数字化、数据驱动的营销和数据驱动的产品；生产板块，建立统一产能数据指标体系，推进产能规划、产销打通；商业板块，统一已有的数字会员运营体系和运营方式，搭建服务内部工业和外部工业销售的数字化赋能平台，推动工商深度协同；最后，协同科研和中药资源板块，搭建贯穿全产业链的数字化质量追溯体系，并初步探索AI赋能的医药机理与评估。四大板块之间的连通和内外反馈依赖于数据通路的构建，以数据实现业务的全链条和管理的全方位突破，数据作为“源头活水”，将不断从市场需求中产生，驱动板块连通，支撑规范治理，最终通过内外反馈与市场需求联动，形成一个数字化太极的正循环。

（二）数字化战略显著提升全面数据治理和数字化管理水平

太极集团在“一个数字化太极”战略指引下，夯实数据基座，强化数据中台，引入全面数据治理，以“数据通路的构建”链接“业务增长的数字化”与“内部管理的数字化”。“业务增长的数字化”即通过对各业务板块重点数字化战略的纵向落地驱动业务增长；“内部管理的数字化”即通过对数据治理、财务管控、流程审批等内部管理的数字化升级，提升企业整体数字化管理水平。

太极藿香正气口服液是太极集团核心产品之一，太极集团以其为抓手，从全产业链各环节实际业务中深入推进实施数字化转型业务，完成战略实施落地。

一是中药材种植环节，构建全程质量追溯平台。太极藿香正气口服液含有广藿香油等10味中药材，原材料种植面积高达21万亩。中药材产地、加工、生产因素都会对药性产生较大影响，因此药品质量均一性较难把控。数字化手段有助于实现中药产业标准化，进而提升成药质量稳定性。太极集团为此打造了中药材种植全程质量追溯平台，建成GAP标准种植基地，对种植基地作物品种的选址、育苗、施水、施肥等活动进行严格的标准化管理，实现药材产地收购、趁鲜加工和分级贮存，为中药产品质量保驾护航。

二是中药制造环节，构建可视化信息系统平台。借助“一朵太极云”可视化信息系统平台，太极藿香正气口服液生产线实现自动处理及预警信息，全时段自动采集投料、提取、灌装、清洗、检测等数据。中药材从产地进入中药前提智能化车间进行处理，该车间采用了DCS（分布式控制系统），可实时监测密度、工艺时间等指标，自动化控制运行温度、流量、体积等参数。在DCS的协助下，生产参数精准控制率能够达到100%，太极藿香正气口服液的药液质量由此也得到显著提升。提取后的药液则会被递送至口服液体制剂数字化车间。制剂车间拥有12条全自动高速灌装生产线和15条全自动高速包装生产线，在2万平方米厂区内部，工业机器人与RGV（有轨制导车）、AGV（自动导引运输车）等智能装备取代传统工人，其配备的 2 万多个传感器，可实现中药制剂、包装联线自动化控制系统的标准化运行。与传统车间相比，数字化车间极大提升了太极藿香正气口服液生产工艺的标准化水平，增强了产品质量的均一性。

三是营销环节，构建多品种、全渠道、数字化整合营销平台。为提升产品销量，太极集团正在搭建纵向到底、横向到边的多产品、全渠道、数字化整合营销平台，逐步实现各销售终端数据的收集和打通，并基于终端数据的全面接入对业务实现赋能，做到以数据驱动产品设计、产品创新与营销。首先，太极集团对太极藿香正气口服液重新定位，深入研究产品各种使用场景，从高优先级场景出发，输出针对该场景的产品设计。其次，2023 年太极集团完成营销数字化一期项目建设，以太极藿香正气口服液重点市场重庆为试点，终端数字化打通了“人、货、场”的链接。数据驱动的产品设计，建立起产品线下测试数据链路，搭建测试的基础设施和测试的科学方法论，为产品设计和场景突破提供数据支撑。线上数字化实现对线上业务的整合及重新布局。

四是研发环节，加大成品的深度二次研发。现代中药行业面临的核心挑战是中药作用机理并不清晰。太极藿香正气口服液在实现更大市场突破的过程中也面临这一挑战。2023 年，太极集团召开首届科技创新大会，致力构建开放协同的中药全产业链数字化科技创新体系，并与陈士林院士团队合作，着力关键技术突破，开展中药物质基准及作用机制研究，攻克中医药疗效“说明白、讲清楚”的关键核心问题，对太极藿香正气口服液进行深度二次开发。

三、改革成效

一是营销数字化促进主品销售实现突破。太极集团以主品太极藿香正气口服液为试点的营销数字化战略的实施，促进了销售持续快速增长，

2023 年实现上市以来首次营业收入突破 22 亿元，同比增长 44.9%。

二是全产业链数字化转型促使企业经营质效持续提升。2023 年，太极集团经营业绩持续向好，营业收入及利润总额同比分别增加 10.7%、104%，全员劳动生产率进一步提升，同比增幅为 20.4%，并开启数字化管控模式，逐步实现“战略 + 运营”管控向全面数字化管控的转型。

三是数字化转型促进智能制造全面提级。太极集团有序推进国家工业互联网标识解析二级节点建设，已接入内外部企业节点共计 49 家，标识注册量超 1700 万个，标识解析量超 1000 万。智造水平及产品质量进一步提升，迄今已拥有 3 家智能工厂、5 个数字化车间，旗下重庆涪陵制药厂有限公司的“质量精准追溯”场景入选国家工信部“智能制造优秀场景”名单，旗下重庆桐君阁药厂有限公司获评第八届重庆市市长质量奖。

太极集团数字化转型并不仅仅是新技术的运用与实施，而是真正植入业务中的数字化，是对企业战略、业务流程、组织架构、管控模式和人才管理体系的全面重塑。在“一个数字化太极”转型战略指引下，太极集团正逐步实现全链升级，逐渐形成产业核心竞争力，助力建设“世界一流中药企业”。

102

构建“发展之树”生态系统推进体系化建设创新具有保利特色的现代公司治理机制

保利发展控股集团股份有限公司

一、基本情况

保利发展控股集团股份有限公司（以下简称“保利发展”）成立于1992年，是中国保利集团有限公司下属的控股房地产上市公司。自成立以来，保利发展始终坚持以发展为主题，以经济效益为中心，2002年8月完成股份改制，2006年7月在上海证券交易所挂牌上市，成为进驻国内117个城市、海外3个国家，资产1.43万亿元，员工近6万人的大型企业集团。保利发展业务涵盖地产开发、经纪代理、建筑设计、物业服务、大健康、商业、文旅、酒店等10余个板块，其中地产开发、物业服务长年稳居央企龙头，经纪代理等金融服务连续多年被评为行业前十。保利发展坚持学习贯彻习近平总书记关于国有企业改革发展和党的建设的重要论述，深入实施国有企业改革深化提升行动，按照加快建设世界一流企业的工作要求，从服务国家战略、提高核心竞争力、增强核心功能及发挥“三个作用”的角度出发，创新性地构建出一套具有保利特色的“发展之树”经营管理系统，通过系统性体系化建设，对组织能力和治理水平进行全面升级，引领公司高质量发展。

二、经验做法

保利发展“发展之树”经营管理系统扎根中国治企兴企特色土壤，是在行业进入品质时代的背景下，为担当国有企业使命、应对行业根本改变、推进国企领导人员履职尽责应运而生的，体现了精益管理向全局化、系统化、集成化递升的过程。

首先，创新“发展之树”经营管理系统是国有企业使命担当的需要。2023 年 2 月 26 日，习近平总书记对国务院国资委专项工作报告作出重要批示，概括为“三个总”“两个途径”“三个作用”，回答了国有企业做什么、有什么样能力的问题。保利发展核心主业是房地产。房地产作为传统产业，市场竞争激烈，资源整合能力要求高，唯有在管理创新上下功夫，用科技攻关的决心和态度去搞管理提升，才能落实习近平总书记关于央企要提高核心竞争力、增强核心功能的根本要求。“发展之树”正是准确理解并贯彻好总书记对国有企业提高核心竞争力这一要求的创新实践。

其次，创新“发展之树”经营管理系统是应对行业根本改变的需要。2023 年，公司规模历史性站上行业第一，但管理基础、产品品质、风险防控水平与综合管理能力还有待进一步提升，必须进行系统性全面重塑，才能更安全更高质地持续发展。

最后，创新“发展之树”经营管理系统是国有企业领导者履职尽责的需要。提高企业核心竞争力、提升管理能力，做强做优企业，牢记“国之大者”，忠诚履职尽责，是国有企业领导者的职责和担当。

“发展之树”经营管理系统从上到下分成五大部分：树冠部分是以战略与品牌为主要内容的公司核心竞争力的集成；硕果部分是以成为“美好生活领创者”为导向的目标追求；主枝部分的经营业务体系是承接战略落地与品牌建设的企业生产经营全过程；躯干部分的管理支持体系是现代企

业科学管理的“4+1”基本职能；根基部分的保障体系是国有企业党建引领的政治支撑。“发展之树”的深化落地，可总结为“稳根基”“强躯干”“健主枝”“结硕果”“丰树冠”五部分。

（一）稳根基：坚持党建引领、突出治理现代、加强监督执纪，以理念精确夯实高质量发展之基

坚持党对国有企业的领导是重大政治原则，必须一以贯之，这是“发展之树”的根基部分，是确保政治方向正确的核心要义。保利发展通过完善党业融合、组织人才与大监督体系，筑牢发展之基。

一是以党业融合体系为核心根系，把好大树向上生长的方向，管好躯干、枝系生长形态的大局，督促党和国家的战略、政策、方针在企业的发展中落实落地。

二是以组织人才体系作为动能保障，通过深化改革、持续创新，激发组织活力，加强班子建设、优化能力结构，激发人才动力，厚植沃土，为大树向上生长提供充足能量与养分。

三是以大监督体系为安全保障，上下同欲、正向赋能，构筑“前、中、后”三道安全防线，确保根系不被腐蚀，为大树向上稳健生长筑牢基础。

三大保障体系同向发力，通过文化凝聚、团结奋斗、价值共创，培育阳光、公平、公正的成长土壤，营造风清气正、干事创业的发展环境。

（二）强躯干：推动科学管理、深化考核分配、筑牢风险防控，以治理精准强高质量发展主干

建立现代企业制度是国有企业改革的方向，必须一以贯之，这是发展之树的躯干部分，是落地精益管理治理理念的有力体现。保利发展基于现代企业公司治理视角（PDCA），运用一系列科学方法和工具，推动企业强躯健体，确保管理导向贯穿细枝末叶。

一是以全面经营预算体系为管理抓手，通过房地产项目与公司两个层面的资源盘点，夯实整体经营计划，根据市场变化公司及时动态调整，有效指导经营决策。

二是打造数据共享体系，规范数据治理，为经营业务、科学决策提供底层数据基础，形成上下数据管理行动自觉。

三是通过改革考核分配体系，补短板、促优化、优分配，向各经营环节有效传递管理导向与意图。

四是构建完善风险防控体系，以制度建设与合规建设为基础，加强全过程风险识别与管理，筑牢风险防控屏障。

（三）健主枝：保障服务精心、实现技术精湛、呈现产品精美，以过程精细健高质量发展主枝

保利发展以客户为中心、品质为基础，不断健全发展枝系。从投资立项、定位设计、开发建造、到销售交付服务，在客户体验全生命周期、项目开发全流程中，聚焦价值创造，落实精益管理，向管理挖潜利润。

一是构建投资客研子体系，形成科学系统、与时俱进的研究方法与工具，落实布局战略、兑现投资策略。以投中投后管理为抓手，加强项目全周期全专业动态调整优化的能力。

二是构建产品品牌服务子体系，实现公司产品服务与市场客户需求的高度匹配。对内构建全过程品质管控体系，对外强化品牌标识，在产品适配、品质过硬的基础上，做好与成本招采、服务标准、品牌宣传的适配对位。

三是构建运营管理子体系，基于项目分类底单与市场动态研判，拉通产品、成本、工程、营销、客服等专业，加强协同、精准指导、动态纠偏，就达成经营目标面临的核心矛盾和制约管理效能的关键问题，制定综合解决方案，持续降本增效。

四是构建资管服务子体系。一方面以客户为中心，对外助力构建“保利”品牌，对内对主业形成赋能支持；另一方面，围绕不动产打造资产经营能力，盘活存量资产，同时加大产业发展力度，跑通市场化经营模式，积极探索第二增长曲线。

五是以客户中心，以品质为基础，全面系统总结业务全流程的交圈、协同、内控要点，通过专业能力的互动促进提升，带动综合管理水平的进阶。

（四）结硕果：打造高品居所、提供高端服务、完善高质配套，以结果精致结高质量发展硕果

保利发展通过体系化建设、管理生态系统培育，着力打造高品居所、高端服务、高质配套，让老百姓住上好房子、体验好服务、享受好生活，建设“美好生活领创者”品牌。

（五）丰树冠：提升战略引领、扩大品牌影响、强化文化驱动，以品牌精彩丰高质量发展树冠

保利发展在扎实锤炼专业能力基础上，优化公司核心竞争力，持续提高战略引领力、品牌影响力与文化内驱力，为将保利发展打造成百年老店、创建为世界一流企业而努力。

三、改革成效

2023 年，在“发展之树”体系化的推动下，保利发展立足新发展阶段，贯彻新发展理念，以价值创造为牵引，以体系化建设为依托，高质量发展站在更高起点。

一是行业引领力进一步彰显。在前 20 名房企过半出险、业绩大幅下滑的背景下，保利发展逆市实现销售签约 4222 亿元，排名行业第一。保利发展深耕的 38 个重点城市中，市占率 6.8%，同比提升 0.7 个百分点；70%

的城市市占率排名前五。保利发展践行央企担当，以行业健康可持续高质量发展为出发点，深入调研形成专报，向中办、国办及多个部委建言献策并被采纳，彰显央企担当。

二是财务表现进一步优化。保利发展 2023 年营业收入 3471 亿元，同比增长 23.5%，增幅为行业最高。利润总额 246 亿元，变化幅度优于行业整体水平。总资产 1.43 万亿元，净资产 3375 亿元，归母净资产 1988 亿元。资产负债率 76.4%，较年初下降 1.7 个百分点。实现经营性净现金流 132 亿元，连续 6 年为正。

三是经营质量进一步提升。降本成效明显，保利发展自 2023 年初即开展专项行动，围绕“三个一块钱”（提升一块钱售价、压降一块钱成本、节约一块钱费用），从价格、成本、费用三个角度提高运营精细度，2023 年直接投资金额相比预算下降 1.7%。产品品质提升显著，保利发展构建“人文社区”产品品牌服务体系，形成“天悦和”三大产品系 12 个子品牌，产品美誉度和客户品牌认同不断增强。建立“一房五验”交付前验收整改机制，加强安全品质监督检查，全年完成 29.1 万套品质交付。

四是组织管理能力进一步增强。保利发展结合国务院国资委“一利五率”的考核导向，坚持问题导向，聚焦主要矛盾，完善全面预算与考核评价分配体系。在考核分配上，加大对攻坚克难的正向激励，下属子公司领导班子浮动工资占比超 7 成，强调与考核结果全挂钩，不同平台负责人因业绩差异，浮动收入差距达 4 倍。

103

践行精益管理　推进全面预算
以数字化践行精益管理

保利置业集团有限公司

一、基本情况

保利置业集团有限公司（以下简称“保利置业”）是中国保利集团有限公司（以下简称“保利集团”）“地产板块的重要柱石、资本市场的重要平台、海外布局的重要窗口”，总部设在香港和上海，在香港联交所主板上市（股票代码：00119. HK），为香港红筹股，主要业务包括境内外房地产开发、城市综合投资运营、酒店及物业等，已经成为集商务楼宇与综合文化设施运营、中高端精品住宅、境外住宅开发、资本运作等业务的综合性企业。

习近平总书记在党的二十大报告中强调，必须坚持科技是第一生产力、人才是第一资源、创新是第一动力，深入实施科教兴国战略、人才强国战略、创新驱动发展战略。保利置业认真学习二十大精神，坚决贯彻落实保利集团“十四五”战略规划，积极落实数字化转型战略部署，以高质量发展为目标，通过构建数字化平台，实现数字化经营和精益化管理的双提升。

二、经验做法

2022 年，保利置业成立集团战略层面精益管理、盈利规划、信息化建设 3 个专项组，持续推进公司战略、经营效能与业务管理的全面精益化。2023 年，公司正式启动“全面预算项目”建设，一期围绕“目标制定有依据、资源铺排有方法、业务执行有保障、经营效果可预期、管理过程可控制、多维目标可实现”六大目标，借助建设数智化平台，厘清、统一、模型化业务与管理逻辑，将经营结果指标化、业财联动动态化、数据流转规范化，倒逼经营管理提升，实现“项目全周期经营目标”和“公司年度业绩目标”的双达成。最终，在由人民日报社人民论坛网主办的“2023 国资国企高质量发展精选案例”评选中，“保利置业全面预算项目”获得数字化创新类精选案例首位。

（一）对标一流、聚焦经营，盈利导向强化目标意识

一是理清思路，统一思想。在行业大背景与公司高质量发展的双重要求下，对标建设一流、践行精益管理、提升经营效能已成为公司经营的现实目标。保利置业全面预算项目锚定“项目成功”和“公司成功”两大切入点，考虑全面预算、项目测算及经营规划三者间的衔接关系，兼顾横向项目全周期管理与纵向年度目标制定，始终强调结果导向、目标意识。

二是强化目标，有的放矢。在“项目成功”层面，保利置业将多版本的全面预算管理统一以全周期视角来测算、评估项目经营状况，以启动会版目标为标尺、以年度目标版为抓手、以动态版为手段，把控项目端经营兑现情况并反向指导业务策略，有效管控经营风险，做到以始为终，守护项目经营目标兑现。

三是立足全局，通盘考虑。在“公司成功”层面，保利置业基于项目全周期经营数据，按预算年度切片汇总形成公司级年度预算，以公司视角

确保项目目标的制定符合公司发展战略及经营目标，并通过公司动态经营数据掌控经营全局，实现在各项经营决策与业务开展中兼顾公司与项目的生产经营，保障公司经营目标达成。

（二）健全体系、精益求精，推进全面预算落地执行

一是建标准、理流程。保利置业落实“理念精确、治理精准”，梳理全面预算管理逻辑与要求，推敲、优化测算规则，统一测算指标口径，明确各业务线在预算编制、汇总应用等环节的权责分工与协同流程。以全面预算管理各环节的清晰，为系统建设落地夯实基础。

二是搭平台、促整合。保利置业践行“技术精湛、过程精细”，分解项目表、公司表、汇总分析表等，固化6类测算模型，建成基础应用平台。借平台拉通7套业务系统，整合基础业务数据实现数据源头清晰可查，以平台测算结果表单整合输出经营业务财务主要指标，做到既可向上汇总又可分解下达。

三是抓落地、强执行。全面预算项目涵盖从集团、子公司到项目多维度经营指标，保利置业领导高度重视，多次强调抓好落地执行效果。平台推广前后，先后完成涵盖13个房地产开发、4家专业子公司，共187个项目、435个分期，合计6轮的试点与正式线上测算与汇总，并在2023年底保利置业2024—2026年全面预算编制与审核过程中得到全面推广应用。

四是编制度、促提升。项目建设期间，保利置业借梳理全面预算编制逻辑之机，同步编制《保利置业全面预算平台管理指引》《保利置业全面预算业务指标定义》等，并在项目推广成功向一线广泛征询意见，修编以上制度，做到“源于实践、规范实践”，借制度有效保障全面预算平台动态、准确、规范的运行。

三、改革成效

在低利润、低容错、高风险的行业大背景下，保利置业坚决贯彻党中央及上级部署，坚决深化改革、提升管理效能，科技赋能焕新发展，以数字化实践推动企业经营管理能力提升，持续推进公司数字化转型。

一是贯穿经营与生产，形成闭环。保利置业梳理“公司战略—经营计划—预算管理”的闭环逻辑，动态反馈节点、利润率、现金流，加强一线生产与公司经营目标的直接联动，为管理层及时准确决策提供数据支持。

二是提高全面预算管理的效率，为业务赋能。保利置业将测算模型、测算流程从过往的数据手工填报、测算勾稽无从查起、审核流程人工催办等，升级为一键取数、勾稽结构化、自动测算（占比达80%）、过程并行流转、流程自动提醒且进展可视等，全面提高全面预算的编制效率与准确性，为一线业务财务提效赋能。

三是夯实业务数据，推动条线协同。项目集成多业务系统，开发与推广前后推动多轮业务数据巡检与治理，直接提升业务数据质量、夯实全面预算成功上线基础。除平台建设前期，拉通跨条线全面预算逻辑梳理外，平台应用也强制要求条线间合力协作的指标信息综合上报，全程直接提升跨条线的协同频率与效果。

2023年，面对宏观经济和房地产市场形势，保利置业围绕“去库存、调结构、稳增长”经营方针，坚定开展全面预算精益实践，稳中求进，企业各项指标全面优化，保持良好的发展态势，销售逆市领涨，现金回笼创历史新高，“三道红线”全面优化。

在保利集团建设世界一流企业的新征程中，保利置业将继续以习近平总书记关于科技创新的重要论述为指引，立足新发展阶段，贯彻新发展理念，不断探索数字化实践与精益管理的结合，持续推进经营管理提质增效。

104

打造“智慧剧院”服务平台 推动剧院演出行业高质量发展

北京保利剧院管理有限公司

一、基本情况

北京保利剧院管理有限公司（以下简称“保利剧院公司”）成立于2003年10月，注册资本人民币1亿元，是世界500强企业中国保利集团有限公司（以下简称“保利集团”）下属保利文化集团股份有限公司的全资子公司。保利剧院公司现为中国演出行业协会副会长单位、剧场专业委员会主任委员单位、演艺新业态发展委员会主任委员单位、票务专业委员会副主任委员单位、中国戏剧文化管理协同创新中心成员单位，是国内领先、国际知名的专业化剧院管理及演出运营集团化企业。

保利剧院公司在全国23个省、自治区、直辖市的68座城市经营管理近80家剧院，投资北京保利票务发展有限公司、北京保利演出有限公司，同时拥有保利演艺、保利工程4家专业子公司，现有员工6000余人，管理国有资产超500亿元，累计推出国内外精品演出8万余场，接待超8000万人次。保利剧院公司以“条块结合、分级管理”的管理体制和“总部搭台，地方唱戏”的运行机制，在实践中逐步形成了院线管理标准统一、剧目资源共享的“保利模式”，在剧院经营管理、演出运营及内容出品制作、票务营销、艺术普及教育等方面完成了全产业链布局。同时，公司及下属子公司兼具丰富的大型文化活动专业策划、组织保障和各类型剧场建设、改造技术咨询服务能力。

二、经验做法

（一）以科技创新推动高质量业务系统建设

保利剧院公司基于剧院实际业务，坚持需求导向，建设智慧剧院服务平台，将剧院管理事务线上化、集成化、数字化、智能化，重塑保利剧院院线标准化经营管理体系，为剧院行业的数字化转型提供示范和借鉴价值。基于国内文化演出产业链中剧院提供文化演出综合服务为核心，平台设计目标与产业链合作伙伴共建生态，以剧院数字化升级为切入点，通过赋能合作伙伴，完成整个产业链的升级。

系统以 B2B2C（服务端面向服务端再面向消费者）的模式，前端 2C（面向消费者）部分以保利票务 App 及微信小程序为载体，后端 2B（面向服务端的剧院及供应商）部分以票务系统、电商营销、会员管理、对账清分、数据分析等功能模块为支撑，通过 SaaS（软件即服务）服务模式提供给各个剧院，实现剧院演出、体育赛事、展览、演唱会等综合性服务。

平台 2B 部分围绕剧院管理业务场景展开。主要功能基于剧院公司直营剧院为基础，以保利剧院公司制定的《剧院运营管理规范》为准则，围绕文化演出产业链端到端的服务，通过线上化、数据化、智能化三步走的建设方法，逐步迭代实现。服务对象包括专业级剧院（内部员工）、演出主办方、演出院团、演职人员、演出投资制作公司及供应商等。各剧院可通过开通账号的形式，快速接入包括票务、会员、电商营销、取检票、窗口售票、聚合收银、对账缴款清分和数据等系统功能模块，实现项目宣发、票品管理，会员服务，票务销售/分销和现场服务等一体化业务系统能力的快速构建。

平台2C（面向消费者）部分已经建设完成并上线。截至2023年底，累计用户端会员超过1700万人，同时构建积分商城等剧院周边服务模块，提供会员丰富的衍生品。基于票务平台，打造保利云剧院，集线上观演、名家导赏、艺术科普于一体，提供多元、高质量的综合性线上演出文化生态平台。2023年11月，保利云剧院入围北京市演艺服务平台首批线上演艺服务入围项目，未来将与剧院5G网络结合，实现更优质的线上演出的录制和直播服务，为实现文化艺术产业与数字化媒介融合发展持续贡献力量。

（二）以数字化赋能业务流程管理效率提升

保利剧院公司基于现有的核心业务流程，通过线上化和数据化，构建移动服务终端，实现剧院在演出引入、演出排期、演出预算、审批流转、商务合同/签章、演出服务协同、现场和后台管理等方面的管理效率提升。

一是以供应商管理子系统为依托，搭建剧院院线集中化采购模式。根据演出行业完整的供应链体系以及剧院公司成熟的产业体系，保利剧院公司以剧院院线主营业务演出巡演为基础，积极响应保利集团“八维精益”理念，贯彻落实做好精益管理的工作目标，强化合规意识、规范供应商采购流程管控，持续推进公司经营管理降本增效，通过对国内货物运输、舞台设备等主要项目的采购成本进行把控，建立健全公司精益管理体系。

二是以舞台设备管理子系统为基础，建立剧院资产管理数字化体系。保利剧院公司围绕剧院构建包含舞台参数和设备的数字化的舞台设备库，实现剧院数字化呈现、硬件设备唯一码管理，通过IoT（物联网，Internet of Things）技术，实现智能硬件设备实时监控能力，提供设备巡检、保养/维修、固定资产盘点等功能，极大提升剧院在资产管理和安全管控的能力。

三是以电子印章合同子系统为支撑，提升流程串联性及安全可靠性。保利剧院公司以“统筹规划、分步实施、标准统一、先进实用、安全可靠”为原则，以提升“智慧剧院”各系统联动性为目标，开发为其他子系统赋能凭证信息电子化功能，形成各板块紧密、高效的业务协同能力，实现全供应链业务对接。2023 年，电子印章平台已完成研发并进入测试阶段，预计 2024 年在全部管理剧院院线内推行电子印章平台，实现院线内部合同全面使用电子印章，未来还将为“智慧剧院”平台进一步实现剧院院线经营管理数字化奠定基础。

四是以演出排期子系统为基座，优化演出排期管理流程。保利剧院公司经过对相关职能部门、区域分公司及事业部和部分/子公司的多轮线上、线下调研，依据保利集团精益管理要求，结合公司经营管理实际情况，对系统进行试点研发与应用。系统以演出节目征询、演出评估立项、院线场地排期及项目分配为主要模块，建立项目管理、档期管理、档期审核和档期配置的业务规则，目前已经服务专业剧院达 88 家，代理数量超 1700 家，累计完成 4000 余个演出项目电子化排期，有效提高了运营效率。未来还将根据排期数据，对整个院线进行排期偏好分析，形成更科学、更优化的演出排期。

（三）优化资源人才配置，提升组织管理效率

一是以演职人员管理子系统为平台，提升内外部人员管理能力。在内部人员管理上，平台通过实名制唯一化管理，实现院线体系总部、大区和院线的系统账号与人力资源系统同步，达成人员管理和业务系统的账号统一化，为人力资源在相关绩效考核等方面提供了有力的数据支持。保利剧院公司开展剧院院线营销管理及票务系统应用培训会，以区域为核心，围绕票务平台介绍、营销理论学习、营销案例分享开展研讨，推广系统平台使用，进一步提高内部人员数字化系统使用能力。在外部人员管理和服务上，主办、院团及演员使用实名制入驻平台，实现剧院与院团在合同签署流程、演出通知、人员行程管理、演员电子证件制作及演出项目的实时跟踪等一站式服务，真正实现平台对产业链的人员管理赋能。

二是以大数据模块为加持，进一步优化资源配置。系统目标围绕演出实时跟踪、业务指标变动分析、预算完成情况、设备资产可视化管理、业务流转效率跟踪分析、供应链数据统计和排期业务偏好等，打造演出质量大数据监管，保障演出活动的质量与安全，落实剧院演出管理和运营管理数字化，基于科学严谨的演出管理数据分析，为资源合理配置提供有力数据支撑，实现数字化赋能剧院公司及整个演出行业。

三、改革成效

2023 年，“智慧剧院”服务平台成效显著，面向剧院管理端，新拓展 6 家院线外专业剧场及 2 家主办方使用系统，累计院线外系统使用数达 13 家，累计代理销售超 1.2 万个项目，相较上年的 5723 个项目增长超 1 倍，代理收入和技术服务收入同比分别增长 144% 和 155%。面向消费者，平台会员数量增速明显，会员互动势能提升。截至 2023 年底，保利票务系统平台保利剧院院线会员数超 1700 万人，全年新增 484 万名会员，较上年同期增长 83%；全平台线上平均日活数为 3.02 万人，较上年同期增长 119%，用户活跃度提升明显。

“智慧剧院”服务平台还将持续升级，通过剧院及文化演出产业链上下游数字化链接的方式，将票务销售、营销策划、会员服务、大数据分析、演出运营融于一体，形成行业的“共生生态”，并在剧院演出行业内实现数字化创新模式，发挥“线上 + 线下”“文化 + 科技”跨界融合发展通道，助力演艺生态转型升级，赋能文化产业行稳致远。

105

数字赋能　创新驱动
引领企业绿色智慧转型升级

建科公共设施运营管理有限公司

一、基本情况

建科公共设施运营管理有限公司（以下简称“建科运营公司”）2018年9月成立，为中国建设科技有限公司（以下简称“中国建科”）全资二级子公司。成立之初，建科运营公司就承接集团的战略托付，聚焦在公共建筑、产业园区和城市公共设施等重点领域开展高端运维业务。近年来，建科运营公司紧紧围绕“智慧运维领军企业”的战略定位，打造以人本为理念、以绿色低碳为目标、以智慧为手段的“高端运维”模式，为政企客户提供高标准、高品质、高效率的综合运维服务；应用数字化、智慧化手段，通过“智慧运维平台”，提高城市运行管理服务水平。

二、经验做法

（一）完善科技创新机制，更好实现高水平科技自立自强

一是面向国家重大需求，牵头组建创新联合体。建科运营公司充分发挥中国建设科技集团中央研究院高水平科技创新平台优势，筹建成立中央研究院建筑智慧运维研究中心，聚合设计院所、科研机构、高等院校、科

技企业合作推进建筑智慧运维产业链发展，体系化推进重点领域技术攻关。

二是发挥国家实验室、全国重点实验室等创新载体作用，加强基础共性技术供给。建科运营公司与清华大学合肥公共安全研究院、哈尔滨工程大学共同筹建国家城乡建设城市基础设施生命线安全重点实验室，开展城市基础设施生命线安全的应用基础研究，在城市安全科技领域发挥引领示范作用。

三是强化制度建设，探索科研管理新模式。建科运营公司制定《国家及省部级科研课题管理与经费使用办法》《建科公共设施运营管理有限公司科技创新工作奖励管理办法》，营造科技创新氛围，激发公司科技创新发展的内生动力。

四是突出标准引领，构建高端运维服务体系。建科运营公司参与 3 项国家标准、2 项行业标准、1 部地方标准、9 项团体标准的编制，牵头编制 5 项 CECS 标准，基本建立了涵盖城市公共设施、公共建筑、产业园区等重点领域的标准体系，为占据智慧运维领域主导地位奠定基础。

（二）攻关智慧运维核心关键技术，推动运维产业转型升级

建科运营公司面向国家“双碳”目标、数字中国、健康中国等国家重大发展战略需求，针对行业发展痛点难点，优化科研布局，“十四五”期间承担国家重点研发计划课题 1 项，外国专家重点支撑计划项目 1 项，省部级课题 4 项，行业共性技术研发项目 1 项。

一是承担“十四五”重点研发计划课题《室外环境老年与儿童的安全与健康保障研究》，调研典型社区老年人与儿童环境行为，识别住区室外环境健康的重点耦合要素，研发便于户外安装的稳定耐用、高集成度的环境感知装置，研究住区户外适老适幼运维状态的预测预防策略。

二是承担外国专家重点支撑计划项目《住区室外环境监测与预警平台

开发研究》，聚焦健康住区环境监测、评价、调控、运维综合保障体系构建，引入运动医学领域国际顶尖专家提供指导，形成住区室外安全与健康环境技术指标体系，开发预警与环境适老适幼性能优化的智慧运维平台。

三是承担北京市科技计划项目《建筑低碳智慧运维技术与碳排放管理平台研发及示范应用》，构建建筑设备低碳运维关键技术指标体系，研发建筑设备系统运维风险识别软件，研制设备系统生命周期特征参数探测及控制装置，开发通用通讯协议转换装置及通用网关样机，开发建筑碳排放数据监管云平台，开展建筑低碳智慧运维技术示范应用工程，支撑北京市推进绿色低碳城市建设，如期实现碳达峰碳中和工作目标。

四是承担集团科技创新基金行业共性技术研发项目《地下综合管廊运行风险复合感知技术与系统研究》，分析研究管廊内部风险源影响作用机理及规律，研究综合管廊现场风险获取、态势感知、评估等功能的一体化系统，实现复合条件下城市地下综合管廊风险状态的综合评估和故障自动诊断、预警。

（三）科技助力产业转型升级，发挥安全支撑作用

随着城市化进程加速，人民群众对美好生活需求不断提升。近年来，中国智慧化城市建设加快发展，一方面，国家层面多项战略和政策深入推动，物联网、BIM、GIS、云计算、AI 等技术不断成熟和加速推广运用；另一方面，城市运营相关服务企业对运维工具智慧化、服务和管理数字化的要求不断提高，对务联网的需求与日俱增。公共建筑领域运营管理呈现新发展趋势，行业格局面临变革。

建科运营公司秉持自主研发、开拓进取的精神，在传统运维的基础上探索并研究出功能完善、数据多维、服务全面的智慧运维平台，构建“1 + N”技术体系。在“1 + N”技术架构下，有效提升了园区的运营效率。在该架构中，“1”代表核心云平台，承担着统筹全局的运营管理任务，涵盖数据分析、策略指导、决策支持以及应急预案等关键功能；“N”指代众多可复制的本地集成平台，本地平台针对各项目特定的运维需求进行构建，覆盖设备管理、能耗监测、视频 AI 预警、空间环境、综合安防及在线报修等多样化的应用模块。此外，平台整合包括综合态势、能效管理、设备设施维护、智能通行系统、智能安防和环境空间监测六大主题领域的运营数据。该体系结构的实施，成功打破信息孤岛，统一数据标准，充分挖掘数据潜在价值，避免资源浪费与重复建设，促进产业生态的整合，并显著优化服务品质。

三、改革成效

一是建科运营公司将物联技术、时空技术、人工智能技术、云计算技术在智慧运维平台上实现与运维管理业务进行深度融合，有效增强公司的科技创新能力，进而在经营发展方面有效支撑公司的业务数字化转型。强化运维感知能力，将运维管理变被动为主动。研发通用网关设备，解决系统接入难的行业痛点。基于 AI 智能算法实现服务拓展提升。实现运维业务的精细化管理，提高企业决策能力。

二是形成智慧运维产品链。面向“双碳”目标、数字中国、健康中国等国家重大发展战略，建科运营公司以智慧运维咨询为切入点，以“更安全、更低碳、更健康、更敏捷”为目标，逐渐形成以智慧运维咨询、运维感知网关、通用设备网关、智能边缘网关、人员分布传感器、云平台、AI 平台、时空平台、智能化施工、高端运维服务 10 类产品为主的产品链条，创新建筑全阶段绿色低碳运维模式，实现建筑行业绿色低碳发展。

三是创建建筑体检工作体系。建科运营公司结合城市更新政策与“双碳”战略，创建“4534”建筑体检工作体系，从室内环境、围护结构、用能系统、运行管理、用户行为 5 个维度、36 个功能板块、86 项覆盖建筑运维全阶段的评价指标开展建筑评估诊断，为既有建筑更新改造提供依据，为运维管理工作提供指导。

四是开拓智慧运维咨询业务。建科运营公司承接中国机械科学研究总院现场调研和智慧运维平台规划咨询项目，以及医药集团办公楼建筑体检项目，推进智慧运维咨询业务的拓展与落地。一方面开启公共设施领域运维咨询新篇章；另一方面，也为运维人员提供一线实践平台。

五是形成健康的行业生态体系。建科运营公司以研究中心、重点实验室等载体为依托，通过在协同共创与生态合作方面的积极探索和实践，逐步推动资源要素集约化、创新力量规模化，使整个行业向着更加高效、智能和可持续的发展方向，不断发挥企业引领支撑作用。

106

坚定信心　勇毅前行 奋力书写高质量转型新篇章

中国城市发展规划设计咨询有限公司

一、基本情况

中国城市发展规划设计咨询有限公司（以下简称“中城规划”）为中国建设科技有限公司（以下简称“中国建科”）全资子公司，成立于1982年，作为国内唯一“中国”字头规划央企，中城规划是我国城市发展研究、城乡规划建设及工程设计咨询的综合型规划设计咨询机构。公司资质齐全，主要从事城市规划、策划、设计、建设领域的综合设计与咨询业务，专业涵盖城乡规划、建筑学、经济学、经济地理、交通工程、市政工程、景观规划、旅游规划等多个学科门类，业务足迹遍及全国31个省、自治区、直辖市。

中城规划以“做国家和人民需要的规划”为企业使命，秉持“胸怀天下、敢为人先、严谨求实”的企业精神，践行“自信自立、守正创新、合作包容、求实担当”的企业核心价值观，着力提升“学习能力、研究能力、组织能力、协同能力”，充分发挥“规划引领”作用，有效整合策划、设计、全过程咨询等业务链条，为国内外城乡发展建设提供高品质、高价值综合解决方案。

二、经验做法

（一）大力推进科研与技术创新

一是研究确定科研方向。中城规划结合商业模式和技术优势，明确了科研创新5个重点方向，即城市和乡村绿色低碳转型系统研究、业务主攻方向数字化赋能核心技术研发、绿色城市更新与品质提升系统技术研究、城市安全与韧性城市创新研究、策划规划一体化技术集成提升。

二是加强重点技术研发。中城规划紧跟中国建科“国家建筑绿色低碳技术创新中心”建设步伐，在城市更新、乡村振兴、生态保护、“双碳”领域加强研究，完成集团科技创新基金项目申报，推进“城市生命体”和“规划数字化转型”2项重大科技攻关项目研究，主编“十四五”重点图书《绿色规划技术指引》，构建集团绿色规划技术体系，获得业界专家高度评价。编制“规划业务数字化转型”专项规划，完成“马良”和“八仙”平台培训，并提交相关业务模型梳理情况报告。

三是完善专业技术体系。中城规划加强行业共性技术研发和对部委服务，出色完成自资部“平急两用”和住建部城建领域安全风险防范课题任务。研发迭代中城规划产品线2.0，构建从“体检”到“运维”11个阶段技术规程，“规划引领”多专业协同实现全过程覆盖；构建低碳规划技术群，梳理12类不同领域和8类辅助支撑系统。聚焦乡村振兴规划、全域土地综合整治、韧性城市等11类新业务领域，梳理关键信息和技术环节，升级形成中城规划技术指南Ⅱ，为业务团队提供技术支撑。

（二）持续开展商业模式探索

一是积极探索策划规划一体化服务模式。中城规划承接云南河口国际口岸城市发展总体策划，推进边疆口岸城市策划规划一体服务实践。参与成都成华区“金色中环”、杭州“大城北”策划一体化项目，主持上海嘉定新城中心区建设与规划，中标长沙南中心总责任规划师项目，主持昆明城市更新规划、平急两用规划、城中村改造等项目。

二是加强区域联动，协同集团六大区域中心，积极参与高端对接。中城规划持续拓展市场，在深耕北京、重庆、新疆等现有市场的基础上，2023 年新拓展 7 个超特大城市和省会城市。截至目前，超特大城市 21 个中，中城规划进入 18 个，其他省会城市为 17 个中城规划进入 12 个。主动对接相关部委，国开行，各省市自然资源、发改、住建部门，先后在海南三亚、甘肃酒泉、陕西宝鸡、四川雅安、内蒙古鄂尔多斯等多地拓展新市场，并实现项目落地。

（三）着力提升品牌影响力

一是落实集团品牌战略，规范场景应用，推动母子品牌协同发展。中城规划按照品牌规范应用要求，完成商标注册和宣传册更新。多渠道宣传、推广集团和公司品牌与企业形象，企业品牌知名度不断扩大。

二是积极参与中国城市规划学协会、中国勘察设计学协会组织的行业交流与论坛活动。中城规划成功举办中国城市规划年会“城市生命体与城市病治理”专题研讨，承办城市更新背景下的城市转型研讨会，组织苏州“公园城市”专家研讨会，行业影响力进一步提升。

（四）积极打造高素质干部人才队伍

一是优化团队架构。中城规划组织梳理经营与运营管理部门工作职责，进一步理清公司经营运营管理体系。吸收产业规划、片区规划、国土资源利用治理 3 个专业团队，设立数字规划、智慧城市 2 个数字化中心。目前，中城规划已搭建“4 所 2 院 13 中心”专业架构，涵盖综合规划、策划咨询、专项规划、专业设计、数字城市五大板块，基本实现业务条线全覆盖。

二是加强人才建设。中城规划 2023 年引进总工程师、副总规划师以及各专业技术人员 100 余人，应届生入职 21 人。完善项目经理管理制度，完成项目经理遴选和上岗经营。鼓励领导班子、专业团队参与行业学协会工作，在各类大型活动中为行业献策，为企业发声。

（五）稳步推进管理体系建设

一是持续优化“网状结构组织”。中城规划拓宽非传统规划业务和复合型技术服务，及时调整经营策略，强化经营管理职能，明确提出将学习、研究、组织、协同 4 种能力作为企业核心竞争力，构建更加扁平化的管理与协同机制。加强组织、协同能力建设，大力推动公司主业从“规划、策划”向“规划、引领”转变，带动多专业协同作用进一步发挥。

二是紧盯年度考核目标，强化资金管理。中城规划坚持每月下达经营形势通告，动态把控经营目标时序节点。牢固树立过紧日子思想，按月发送《资金预警函》，实施分级管控，及时兑现经营奖惩。

三是聚焦安全合规，保持稳健发展，企业现代化治理能力持续提升。中城规划不断规范董事会运作机制和“三重一大”决策体系，完善首席合规官制度，加强安全生产管理，明确责任，建立清单，定期开展风险提示与隐患排查，营造安全稳定的发展环境。

三、改革成效

2021 年正式启动转型以来，在疫情反复、行业低迷的大环境下，中城规划坚定信心、咬定目标、奋勇前行，合同、到账、营收等几项主要指标均达到年 30% 以上的复合增长率，“规划、策划引领多板块协同”的核心能力初步形成。

一是稳步推进板块整合与主业转型，有效确保划转工作有序推进。自 2021 年 6 月，中国建科通过整体划转方案，明确了“有序化转、平稳过渡”的总体原则。中城规划党委带领干部职工，提前谋划、挂图作战，于

2021 年 12 月全咨板块划转工作圆满完成，推动全咨板块于变局中开新局，同时确保了划转期间队形不散、人心不乱。

二是“一呼百应”提供强力支撑，企业现代化治理水平稳步提升。中城规划为解决职能部门工作作风管理短板，努力达到“件件有落实，事事有回音”的目标，开展“讲实情、办实事、谈问题、拿举措。平常事马上就办，保质高效；特殊事绝不推诿，群策群力”。部署开展“一呼百应”意见征集工作，收到意见与建议 75 条。主题教育期间，再次将问题查摆发现的问题（n）与基层调研发现的问题（m）纳入“一呼百应”问题清单，形成“75 + n + m”工作模式。依托“大监督”体系平台，统筹协调各监督群体，一体化推进问题整改，2023 年召开专题推进会 12 次。截至 2023 年底，问题销号率达到 99%。

三是研产结合，将中国建科“城市生命体健康管理”课题转化为实际生产力。中城规划出色完成住建部城市体检试点工作，协助哈密市争创住建部第二批城市更新试点城市，顺利通过评审。着力构建城市更新规划体系，按照“同题共答”的工作模式，提出城市体检到城市更新全领域、全过程工作路径，形成“1618 城市更新总体工作框架”。积极推进课题成果转化，在巴里坤和伊吾两县实施“县域生命体”业务模式研究，协助新疆实施“两霍两伊一体化发展”战略，会同新疆住建厅正式启动伊宁市城市总体设计工作，“城市生命体健康管理”业务模式示范效应初步显现。

中城规划将持续向改革要动力，以更高站位、更宽视野、更大力度把国企改革引向深入，更好地履行新时代新征程国企改革新使命，奋力书写中城规划高质量转型新篇章。

107

强化集团管控　实施改革攻坚

中冶金地质总局山东局集团有限公司

一、基本情况

中冶金地质总局山东局集团有限公司（以下简称“山东局集团”）是中国冶金地质总局（以下简称“总局”）下属的二级单位。山东局集团坚持以习近平新时代中国特色社会主义思想为指导，认真学习贯彻落实习近平总书记给山东省地矿局第六地质大队全体地质工作者重要回信精神，坚守“提供资源保障、实现产业报国”初心使命，充分发挥地质“尖兵”的先行性、基础性作用，锚定建设“一流地质企业”，坚持市场化改革方向，以提高企业发展活力和经营效率为目标，在强化集团管控、推进产业整合、实施经营机制改革等领域持续发力，推动经营质效持续提升，为冶金地质事业单位改革、强化集团管控探索出一条可复制、可推广的改革道路。

二、经验做法

（一）提升集团化管控水平，释放现代企业治理效能

一是全面建立符合中国特色现代国有企业制度要求的集团化管控、规

模化运营的公司制体制机制。山东局集团完成事业法人平行公司注册，将原山东局下属7家全资公司股权无偿划入山东局集团，并建立出资人产权关系，完善机构设置和制度建设，搭建集团化管控架构，建立起符合现代国有企业制度要求的公司体制机制，集团总部管控能力逐步提高，打造自主经营、自负盈亏、自担风险、自我发展的市场主体。

二是把党的领导融入企业治理各环节，实现制度化、规范化、程序化。山东局集团动态调整完善“三重一大”决策制度和党委前置研究讨论重大经营管理事项清单。完善党委前置研究讨论重大经营管理事项程序，进一步理清权责边界。明确党组织在治理结构中的法定地位，按照“四同步”“四对接”要求，调整完善党的基层组织机构。修订党委议事清单前置研究讨论重大经营管理事项41项，涵盖了财务、规划、投资、生产经营、科技创新等方面。

三是加强董事会建设，实行应建尽建、配齐建强、外部董事占多数。在实现董事会规范运作基础上，山东局集团全面依法落实董事会各项权利。加强正元建设公司、正元地质公司和控股的伊犁正元矿业公司董事会建设，实现董事会应建尽建、配齐建强；3家单位董事会中外部董事3～4人，实现外部董事占多数要求。制定了《专职董事管理办法》，做好委派董事、监事履职情况考核。建立35人的“山东局集团董事人才数据库”，涵盖了企业管理、法务管理等方面的专业人才。

四是共享总部赋能，发挥自身优势，融入区域发展。山东局集团自觉树立“一盘棋”思想，做好政策解码，创新工作模式，形成部门合力，系统推进总部企业申报工作，获得济南市2023年第一批总部企业认定。根据相关政策，济南市在办公用房用地、固定资产投资、企业成长激励、高层次人才保障等方面给予充分政策支持和引导激励。山东局集团用足用好激励政策，积极融入山东省战略发展规划，围绕黄河流域生态保护和高质量发展、乡村振兴、动能转换、海洋强省等重大战略实施，结合冶金地质主责主业，发挥自身优势，加快推进地质勘查、矿业开发、工程建设和环境治理等产业转型升级，提高品牌影响力。

（二）强化内部资源整合，推进产业结构调整优化

一是聚焦主责主业，推进地矿产业强“根”固“魂”。山东局集团完善地矿工作组织管理体系。设置总地质师岗位，牵头抓总全局地矿工作。成立总地质师工作室，打造地质“精兵”。集中统一管理全集团矿业权、自主勘查投资、地质市场开发和地质人才队伍。2021—2023 年累计实施各类地质勘查项目 200 余项，累计探获新增铁矿石资源量 731 万吨、金金属量 23 吨、银金属量 5 吨、铜铅锌金属量 12 吨，资源保障能力进一步增强，主业优势进一步提升。正元地勘院承担的“华北地区本溪组首次发现古风化壳沉积金红石型钛矿”项目获中国地质学会 2022 年度“地质科技重要进展”荣誉。

二是整合人财物事，推进环境治理产业聚强增势。山东局集团将原冶达公司进行借壳重组，更名为冶达环境科技公司，把局属其他单位的地质环境研究院、测试中心等分支机构划入冶达公司，调整冶达公司产业方向，整合地质环境、测试检验、水土污染治理等领域资源，聚焦发展生态环境业务，积极服务黄河流域生态保护和高质量发展等国家战略。公司 2023 年入选国务院国资委“科改示范”企业名单。

（三）建强市场化经营机制，提升队伍整体活力效率

一是划小核算单元，打造独立竞争主体。山东局集团改变以往因单个项目而组建、项目结束即解散的组织形式，将施工力量组合成若干个相对固定的施工单元。职工在自愿的基础上，经自由组合、双向选择组成项目经理部。项目经理部作为独立核算单元，直接参与市场竞争、全过程项目管理，实行全成本费用核算，责权匹配、风险共担，享受经营收益。集团下属6家施工企业共组建项目经理部119个，由于责权利清晰，特别是项目部职工在享有经营收益的政策激励下，市场开发意识、成本管理意识普遍增强，工作积极性、主动性明显提高，价值创造能力得到有效提升。

二是建强“三能”机制，将地质队人员带向市场。山东局集团将地质队人员整建制划转至相应的产业公司，行政职级、岗位层级纳入档案管理。队部管理人员和物业人员由产业公司根据岗位需要，经双向选择后上岗，实现“能上能下”，薪酬标准随生产经营效益实现“能高能低”。对于长期不在岗人员进行清理，实现“能进能出”。

三是推动选用机制变革，锻造年轻干部“生力军”。山东局集团进一步树立“重实绩”的用人导向，干部选拔方式由“相马”变成“赛马”，对实行经营机制改革的119个项目经理部进行了全面考评，根据考评结果对10个项目经理部进行了撤并重组。把选拔的视野放在生产经营一线，在改革中考验干部、锻炼干部，在实践中发现干部、选拔干部。打通项目管理人员、专业技术人员晋升通道，大批年轻干部走向市场，一批有干劲、懂经营、会管理的青年骨干已崭露头角。

三、改革成效

一是经济效益稳步提升。一系列改革举措进一步提升了产业发展活力，山东局集团2023年度“一利五率”目标顺利实现“一增一稳四提升”，实现利润1.95亿元，完成年度预算的102.48%，同比增长0.57%；资产负债率56.92%，同比降低2.2%；净资产收益率9.67%，同比提高0.10%；营业现金比率4.21%，同比提高0.53%；研发投入强度2.98%，同比提高0.51%；全员劳动生产率33.73万元/人，同比提高6.44%。

二是核心功能持续增强。山东局集团积极融入“新一轮找矿突破战略行动”主战场，纵深参与“黄河流域生态保护和高质量发展”等国家和区域发展战略，获取省级财政地勘项目总金额同比增长 136%。金红石矿普查项目初步估算金红石相钛资源量 42.27 万吨，张家洼铁矿累计查明铁矿石资源量 1.24 亿吨，彭集铁矿累计查明铁矿石资源量 2.4 亿吨。蒙古正元公司编制了《蒙古国战略性矿产资源调查评价及对我国可供性分析方案》，为国家战略布局和企业战略投资提供决策参考。

三是科改行动初见成效。山东局集团下属的冶达环境公司入选“科改企业”以来，以科技创新为引擎，以解决资源、环境、生态和空间重大问题为目标，在完善公司治理、市场化选人用人、强化激励约束、激发科技创新动能等方面进行有效探索。全面推行经理层任期制和契约化管理，实现从传统“身份管理”向市场化的“岗位管理”转变。构建以实效为导向的科技创新工作体系，建立科研项目“揭榜挂帅”制，建成智慧控制及实验室信息平台，成功研发国内首台套全自动土壤有效态前处理分析系统，进一步激发创新创造活力。

108

破局谋变　决战决胜
以改革创新铸造中国式现代化新国企

际华股份有限公司

一、基本情况

际华股份有限公司（以下简称“际华股份”）前身为中国人民解放军所属军需被装企业，历史可追溯至1927年。2009年重组改制成立际华股份有限公司，2010年在上交所挂牌上市，成为军需被装“第一股”，实现了历史上的第一次跨越式发展。际华股份主业覆盖军需被装、制式服装、功能性鞋靴、防护装备、纺织印染等业务，是军需物资装备保障的核心供应商、行配工装的首选服务商、国内最大的职业装及职业鞋靴研发生产基地。近年来，际华股份以习近平新时代中国特色社会主义思想为指导，坚持以“三中心”促“三转型”，深化现代企业管理体系改革，持续稳存量、拓增量、强改革、谋创新，公司核心竞争力和核心功能显著增强，2023年实现利润总额同比增长29.20%，多项经营指标达到历史最优水平。

二、经验做法

（一）系统谋划，完善顶层设计

际华股份深化经营主体定位，持续推进“三统一”改革，实现“一业一企、一企一业、一业一强”的专业化发展模式。

一是全系统推进组织体系、管理体系再造，分板块落实同质整合、同业合并、专业管理，破除“三级企业”固有界限，组建服装、皮鞋、纺印、装具、橡胶5个“专业公司”，培育防弹防护、电商、高定、国贸4家“特色公司”，统筹考虑新疆“区域公司”整体规划布局，将营销、研发、采购、外协等专项资源集中到专业公司，真正实现“研产供销”重要资源及重要决策集中，优化主业资源配置。

二是持续深化“三统一”改革，按照“应给尽给”的原则，差异化向各“专业公司”充分授权，赋予改革企业更大的自主权及活力。由“专业公司”负责完善板块内营销体系建设，真正将营销体系打造成利润中心。完善板块内科研体系建设，整合研发资源，加强研销联动，优化科研项目布局，打造以设计师为特色的研发团队。组建采购分中心、供应链管理中心、核算中心，实施统一集采、统一外协、统一核算，向集采、外协要效益。三级企业定位为生产基地，保留生产职能，持续推进“五部一室”机构改革，实现“集约化、专业化、智能化、绿色化”的新型现代工业化，确保“成本领先、效率领先”。

（二）统一思想，凝聚改革共识

为确保改革工作开展顺畅，际华股份领导班子组织相关企业就改革工作深入开展研讨，就改革工作开展的顶层设计组织多轮专题会，推动各相关企业站位全局、服从大局，充分形成推动改革工作的合力。在改革工作开展过程中，各相关单位按照改革要求，强化沟通协调，在供应链管理、采购管理、财务管理、研发管理方面迅速完成了业务条线梳理与管理机制构建工作。本着先行先试的原则，际华股份皮革皮鞋分公司、纺织印染分公司相继挂牌成立，橡胶板块7家企业整合为2家专业化公司，装具板块、服装板块改革方案已基本成型，标志着际华股份现代化企业管理体制改革迈出了坚实步伐。

（三）精兵简政，提升管理效能

际华股份以进一步夯实经营管理主体地位、打造成本领先、效率领先的生产基地为目标，大力推进改革主体管理扁平化。皮鞋分公司领导班子从原 3 家企业的 17 人压降至 5 人，管理人员压减 50 人。纺印分公司构建了“一部五中心”管理体系，管理人员压减 20 人。橡胶板块整合后，橡胶公司更加聚焦胶圈、聚烯烃、橡胶大底业务，制鞋公司更加聚焦胶鞋业务，主业定位更加明确，管理体系进一步优化，在压缩公司管理层级的基础上大幅度提升了板块的管理效能。

（四）定位专业，推进一业一企

针对板块内企业产品同质化严重、招投标项目内部竞争激烈的情况，际华股份在改革过程中大力推进企业专业化产品生产归类，实施专业化生产管理布局。皮鞋分公司确定了西安基地聚焦安全防护、石家庄基地聚焦军旅户外、漯河基地聚焦商务舒适的产品分类。纺印分公司明确了汉川基地专注防护类机织产品，襄阳基地专注功能性机织产品，涿州基地专注功能性针织服饰产品的未来发展定位。橡胶板块按照高分子材料及产品、胶鞋两个业务进行了专业化分类。“一业一企”调整初见成效，专业化定位逐渐发力。

（五）重视研发，科技赋能发展

皮革皮鞋研究院正式投入运营，建设完成职业装研究院数字化设计室，筹建纺织印染研究院。组建完成际华高级定制中心、际华职业装时尚设计中心、际华服装工程技术中心，为际华股份真正成为面向市场的经营主体奠定坚实基础。

2023 年，际华股份以深入贯彻落实“科 15 条”为基础，加快建设“1 +4 + N”内外双联动研发体系，提升研发驱动力，加快实现研发成果高水平转化。加大研发投入力度，全年研发投入强度 3. 01% ，同比提高 0. 22 个百分点。加大技术研发和关键环节突破，消防被装、中国地质调查局等项目成为科研对市场支撑的新的拓展运营模式。

（六）深挖潜力，加大降本增效

际华股份围绕增利目标和向管理要效益，制定实施《际华股份成本费用压降行动方案》，大力压减一般性管理费用和非生产性开支，2023 年主营业务成本占主营业务收入比重同比降低 1. 83 个百分点，2023 年末“两金”占用同比压降 9. 33 亿元。抓住市场窗口期，置换高息债务，平均融资成本率同比降低 0. 71 个百分点。积极开展长账龄款项清收工作，全年实现增利 1106 万元。推进减员增效，2023 年末从业人员净减员 1568 人。从严管控弱势企业二三线管辅人员数量，人工成本同比降低 6. 64% 。

（七）聚焦重点，落实改革任务

际华股份大力推进处僵治困，青海江源完成破产清算，“新三零”破产工作强力推进。公司法人户数压减管控成效显著，3534 公司吸收合并运城工业物流园，3547 公司吸收合并 3504 公司，兰州置业吸收合并际华置业公司。加快“两资两非”剥离，完成了岳阳新材料公司注销工作。改革深化提升行动接续改革三年行动，重点工作谋划和部署同步推进。际华股份入选国务院国资委“创建世界一流专精特新示范企业”。

（八）加强党建，保障改革发展

际华股份深入学习贯彻习近平总书记重要讲话和重要指示批示精神，把高质量开展主题教育作为重大政治任务，公司党委研究确定了 8 个调研专题和 19 个具体问题，企业各级党员干部结合“质量效益提升年”实施方案和141项重点工作清单、146项党建工作任务清单开展调研，以大调研推动工作大落实、企业大发展。第二批主题教育有序衔接，21家企业高质量开展调研成果交流会，制定整改整治问题清单及信息清单，并实行台账式管理，截至目前，问题整改整治已取得阶段性成果。

三、改革成效

在集团公司党委正确领导下，际华股份克服复杂严峻外部环境影响，进一步聚焦主责主业，推进改革攻坚，取得了来之不易的优异成绩，彰显了新担当、展现了新作为。

一是逆势而上，经济效益稳中向好，运营质量显著提升。面对不利的市场形势，际华股份实现利润总额2.82亿元（快报数），同比增长29.20%；研发经费投入强度3.01%，同比增长0.22个百分点；主营业务成本占主营业务收入比重为86.69%，同比降低1.83个百分点。

二是“减重健体”，资产盘活有效推进，资产质量显著改善。2023年全面加大闲置低效资产盘活力度，最大化释放资产价值，突破性解决“四重一难”资产问题。全年存量物业资产经营收入同比提高20.40%；出清多项长期无效资产包袱，解决历史遗留形成长达10年以上的债权清收4.93亿元；百元实体收入两金占用达到3年来最佳水平。2023年资产负债率35.75%，同比降低2.70个百分点。

三是夯基固本，智转数改有序推进，主业实力显著增强。际华股份以智能化、数字化转型为方向，推动传统产业转型升级。公司业财一体化项目二期建设完成，实现业务与财务信息贯通。皮鞋板块全面完成智能下裁、智能注射、智能冷粘等工序模块建设，实现全球领跑。服装板块完成衬衣自动联动生产线建设，一次下机合格率由86%提升至99.5%。

四是积厚成势，科研成果加速转化，研发能力显著提高。际华股份开发新兴纺竹涤抗菌纱线，突破产业化关键技术。开展高性能防弹陶瓷项目预研，关键技术指标提高 30% 以上。完成 30 平方米高压充气帐篷初样机实现。研制航天登月 TPU 气密性拉链，达到国际领先水平。对标国际，开展消防灭火服国产化替代，开发防电弧服、熔融金属飞溅服、焊接服等功能性防护产品。全年实现成果转化收入 21. 84 亿元。

109

以改革创新促产业转型
打造一流专业化资产处置平台

新兴重工集团有限公司

一、基本情况

新兴重工集团有限公司（以下简称“新兴重工”）是新兴际华集团有限公司（以下简称“新兴际华集团”）于2007年6月出资设立的全资二级子公司，专门为新兴际华集团“两非两资”资产处置、盘活和提升提供专业化服务。

新兴重工深刻领会新兴际华集团改革发展的精神内涵和深远意义，坚决落实新兴际华集团总体部署要求，立足于“两非”“两资”资产处置及盘活平台的功能定位，将持有的优势制造企业、优质资产的股权和债权无偿划转到应急产业、资产经营等全资公司，对拟处置企业通过划转、托管等形式进行处置。同时，根据资产处置业务特点，先后进行两次组织机构改革调整，以满足资产处置业务实施、风险控制等实际需要，实现由装备制造业务向资产处置业务转型。

新兴重工坚持资产处置和生产经营“两手抓”，对处置企业进行“四个一批”分类管理、“一企一策”的处置方式，对处于运营状态的重点企业按照“五个强化”的经营管控理念，强化企业经营管控能力，为集团公司提供了有效的功能性支撑服务。

二、经验做法

（一）坚持战略引领，做好顶层设计

在新兴际华集团党委的支持和领导下，新兴重工根据当前面临的形势和任务，结合工作实际，制订了“12346”战略实施思路，即“围绕一个目标、实现两个互动、打造三个平台、实施四个一批、狠抓六项举措”。

一是围绕“一个目标”。新兴重工立足资产处置业务，围绕集团公司“135”奋斗目标，到2025年实现首批26家企业完成处置出清、盘活提升目标，为集团公司减轻发展负担，实现轻装上阵。到“十四五”末，内部资源整合和外部空间拓展深入融合，形成具有自身特色的商业运营模式，成为中央企业中具有一定知名度和较强影响力的专业化一流资产管理公司。

二是实现“两个互动”。新兴重工作为内部资源整合平台，积极承接集团公司“两非”“两资”企业和调整类、错配类资产，把各类资产进行重组、调整、优化，实现各类资产的集约化管理和盘活提升。双新公司作为外部资源拓展平台，积极导入国新资产的资本优势。两个平台一内一外、有效互动，实现资产的有效盘活和处置变现。

三是打造“三个平台”。新兴重工打造资产盘活平台，加快推进内部困难企业脱困解困、低效资产盘活提升、无效资产处置退出，减轻发展负担，实现轻装上阵。打造改革创新平台，实施资产重组、股权多元化、债转股等改革措施，坚决退出低效无效企业，积极探索困境企业脱困解困路径，做改革创新的“试验田”。打造效益提升平台，围绕集团公司主业导入社会资本开展特殊机会投资，助力集团公司做大做强主业规模、培育新兴产业，构建经济效益长期增长机制。

四是实施“四个一批”。新兴重工根据企业特点，实施战略调整、盘活提升、处置出清、破产清算“四个一批”，整合产业链资源、推动资产优化升级，实现调整类资产多手段赋能、专业化增值和彻底出清目标。对拥有生产制造能力和特殊生产资质的制造企业，通过引入产业投资人进行战略调整，推动企业转型升级；对拥有土地、厂房、矿产等资产、资源的企业，积极引入先进产业和外部资金进行盘活提升，提升资产价值；对无实质经营业务的企业和低效无效参股企业，在妥善解决负债、职工分流安置等前提下，进行处置出清；对扭亏无望、负债累累的严重亏损企业，做好职工安置、税务清算、债务清偿等工作，实现破产清算。

五是狠抓“六项举措”。新兴重工重点从深化改革、创新模式、风险管控、人才建设等方面下功夫，持续狠抓推进落实。

（二）深化机构改革，加强绩效激励

一是深化机构改革。新兴重工相继启动“从装备制造经营企业向资产处置企业”“从资产处置企业向专业资产管理公司”的机构转型改革，构建业务导向型总部，将原有平行设置的 8 个职能部门，调整为 3 个前台部门、3 个中台部门、1 个后台部门，前台人员超过达到职工总数近 60%，更加突出资产管理业务导向。同时强化中台部门的专业支撑、后台部门的全力保障，推动公司内部管理机构逐步走向“前台强、中台专、后台精”。

二是改革激励机制。新兴重工突出实绩导向，结合组织机构变革完善薪酬体系，针对前、中、后台定位和作用，明确对应的薪酬结构及考核周期，将前台项目人员基本工资下调为薪酬总额的 40%，强化业绩导向。按照处置资产类别、处置方式、难易程度、完成效果，确定不同标准的项目奖励，发挥绩效激励指挥棒作用，营造“以实绩论英雄”的干事创业氛围。

（三）加强基础管理，强化过程管控

一是做好尽调摸底。在资产处置工作初期，为掌握一手资料，新兴重工开展全面摸底调查工作，通过对处置标的设立、公司治理、人员、债权债务、法律诉讼等信息梳理，形成新兴重工“四个一批”企业名册，建立了资产处置信息库，夯实资产处置基础工作。

二是推行项目经理制。新兴重工在资产处置过程中，建立资产处置工作管理台账，形成周报跟踪机制，推行“项目经理制”，分别与总经理、分管副总、资产管理部门负责人、项目经理签署责任书，立下资产处置的军令状，构建责任层层包保机制，从而建立纵向到底、横向到边的项目处置责任落实体系。对每个处置项目做到定目标、定任务、定人员、定时间、定考核，对照确定的时间表、路线图，实时督导推进企业处置工作，确保各项工作按照计划的时间节点推进，确保处置工作紧锣密鼓推进。

三是加强经营管控。新兴重工重塑经济运行管控模式，按照强化预算管理意识、强化算账意识、强化对标意识、强化“减亏治亏扭亏增盈”紧迫感、强化责任担当意识“五个强化”的经营管控理念，推动企业从重“数据汇报”向抓“数据分析”转变，从关注“三利四率”延伸至“人员压减、债务处置、法律诉讼”等领域，切实保证了生产经营和资产处置的“双目标”过程管控，消灭了经营管控盲区。

四是规范工作流程。新兴重工制作项目处置议案模板，包括项目基本情况、资产状况、处置方式、处置损益、工作计划、风控措施等各方面要素，切实提升会议决策效率。参照《国有资产法》《企业国有资产交易监督管理办法》等法律法规，制作无偿划转、股权转让、资产处置、解散清算等9个工作流程图，有效提升资产处置流程的规范化、标准化、可视化。建立中介服务机构信息库，遴选有实力、服务好、能力强的律师事务所、财务顾问机构等入库，借助外脑力量弥补专业力量的不足，提升处置工作的专业化水平。

五是完善风控机制。新兴重工把完善风控制度作为保障资产处置工作稳步推进的关键一招，制/修订以“资产交易合规指引”为核心的10项资产管理制度，构建资产管理合规体系。严格把控处置风险，前台部门把处置的合规性作为前提，从源头严控合规风险；中台部门把制度制定、项目决策、合同合规性审查与论证作为必经程序，保证专业性、坚持独立性；同时借助专业律师、咨询机构提供专业支持，保障项目处置全流程合法合规。此外，针对项目处置中可能存在的职工安置、债权人等引发的风险，建立由信访部门主要牵头、业务部门主动配合、其他人员积极协助的信访维稳联动机制，制订维稳应急预案，强化对信访风险的快速反应。

三、改革成效

一是资产处置成效持续彰显。自改革调整以来，新兴重工资产处置工作难点被逐个突破，资产管理处置专业化水平得到提升，累计完成18家企业的处置任务，实现了8家企业的完全出清，收回资金（资产）累计达到2.96亿元。

二是人员结构与工作机制更加完善。通过改革调整，新兴重工前台人员占比由改革前的11.43%提升至56.76%，中台人员由37.14%降至21.62%，后台人员由51.43%降至21.62%，人员结构更趋合理。同时，3个前台部门工作各有侧重，分别负责资产盘活、处置出清和破产清算，做到既分工又合作，形成了“工作联动、专业互补、业绩竞争”的良好工作局面。

三是经营风险初步化解。新兴重工2023年实现4家企业减亏，1家企业扭亏。通过资产处置，部分项目的历史积弊问题得到解决，止住了“出血点”、化解了“风险点”，真正发挥出了新兴重工“退出通道”作用，为集团公司改革发展提供了功能性支撑。

110

深化治理机制改革　提升精益管理能力 聚焦科技创新加快推进“双百行动”改革

中国航空结算有限责任公司

一、基本情况

中国航空结算有限责任公司（以下简称“结算公司”），前身为 1991 年 7 月经中国民用航空局批准成立的中国航空结算中心。2002 年中国民航体制改革，中国航空结算中心整体划入中国民航信息集团有限公司（以下简称“中国航信”）。2007 年，因公司制改革，更名为中国航空结算有限公司。2009 年，中国航信将结算公司全部资产和业务注入中国民航信息网络股份有限公司，实现整体上市。结算公司是全球第一大开账结算计划（BSP）数据处理中心和软件服务商，是中国民航收入管理外包服务、系统产品服务和航旅金融科技服务的重要供应商，运营着中国民航收入结算国际、国内清算网，拥有 40 余家国内外客货航空公司、国内 50 余家机场，以及 1000 余家代理人等客户。2017 年，结算公司成功入选“双百企业”。多年来，结算公司高度重视治理机制改革，以全方位提升企业治理能力、精益管理能力和科技创新能力，加快建设现代新国企。2023 年，结算公司总资产 62 亿元，同比增加 30%；营业收入 80426 万元，同比上升 66%；利润总额 16406 万元，同比增加 40%，取得了较好的经营业绩。

二、经验做法

（一）完善权责清单体系，全面提升企业治理能力

一是明确工作思路，构建权责清单体系。结算公司按照确定范围、收集信息、制定框架、编制内容、审核校验的工作步骤，采用“五步工作法”，在编制股东、董事会、党委会、经理层这四张权力清单基础上，重新梳理董事会决策事项，将部分事项授权给董事长或总经理，形成两张授权清单，构建“一表、六清单”权责清单体系。

二是以董事会权责清单为牵引，理顺各治理主体权责边界。结算公司全面梳理法律法规、国务院国资委相关文件和公司“三重一大”等制度的相关要求，明确40项重大决策事项为董事会决策事项。为充分发挥公司党委“把方向、管大局、保落实”作用，同步将这40项重大决策事项纳入党委前置研究清单。其余16项一般决策事项，通过董事会对经理层授权的方式，授权给经理层决策。

三是强化制度衔接，加强董事会信息化建设。权责清单制定后，结算公司同步修订了公司章程和配套制度，构建了“1+2+4+N”制度体系。建立董事会运行OA处理流程，解决“三会”统一电子化线上流转问题，提升了董事会处理议案的智能化处理水平。

（二）树立精益管理理念，全力提升企业管理能力

一是加强信息化建设，提升成本控制能力。为解决客户服务收费工作烦琐、周期较长的问题，结算公司组织优化服务费的收费流程和规范，调整账单格式和填开方式，实施线上系统统一管理。每月账单周期缩短1周，平均节约5人·天，有效降低人工成本。实现清算账单无纸化处理，办公费用从每月5000元左右降低至每月2000元以下。

二是精准用户需求，提升产品研发能力。为有效解决用户希望系统能

够进行开账数据自动审核的问题，结算公司通过数据统计、原因分析、对策实施及效果检验，改进提升分摊引擎准确性，使得引擎分摊准确度提升了至少1个百分点，提升后的分摊引擎每月创效近50万元。为解决信息更新不及时、信息共享低效的问题，结算公司通过JIRA敏捷开发软件工具管理用户需求，及时查看客户需求状态与进度，提前预警异常转态，提高需求情况透明度，有效控制需求进度。

三是加强数据管理，提升安全运维水平。结算公司在客运产品的生产、开发、测试等阶段实施VDI（华为桌面云），实现对代码和数据访问授权的最小化，有效解决代码安全管理隐患，进一步提升各类数据的保密性和安全性。提高开源数据库使用和运维能力，在结算业务中试点使用开源数据库，降低对国外商业数据库软件产品的依赖，进一步提升了数据库安全保障能力，

（三）聚焦战略性新兴产业，全速提升科技创新能力

一是加快布局战略新兴产业。结算公司编制《中国航信布局战略性新兴产业工作方案（民航客运收入管理系统HonHoo）》，明确发展目标、路径和重点任务等，致力于建设中国民航“航空大结算”产品平台及其生态系统，充分发挥国有企业在产业链循环畅通中的支撑带动作用。

二是加强新技术应用和标准制定。结算公司大力推进区块链技术的开发利用，完成区块链底层技术引进和自有区块链基础平台建设。与多家金融机构合作，推进民航领域相关产品标准、业务标准、数据标准的制定。

三是加强产学研深度融合。结算公司积极参与建设国家实验室、全国重点实验室等国家级创新平台，参与共建《国家区块链创新应用试点和数字人民币工程技术研究中心》，推动数币平台产品化建设，发掘更多应用场景，促进数字人民币在航信中转业务中的投产使用。

三、改革成效

一是科技创新能力显著增强。2023 年结算公司科技成果不断涌现，成功通过 CMMI5 级评估。获批发明专利 4 项、软件著作权 5 项。通过北京市软件企业评估认定并获 2023 北京软件核心竞争力企业（技术研发型）称号。在北京软件和信息服务业协会发布《智慧城市数据中台建设规范》团体标准。获得中国智能交通协会科技进步三等奖 2 项。较好地完成中国航信第一批科技创新平台建设、第二批科技创新平台重点研究方向建议书。在南航、东航、吉祥航等航司的投产实施过程中，广大员工发扬了不怕辛苦、不惧困难的结算人精神，协助用户实现新系统首次关户，保证系统平稳上线。三代平台实现了客运结算核心系统及周边客运产品群的整体升级，支持国际航协 NDC & ONE Order 等新技术标准，支持实时结算和订单结算等新业务处理模型，支持业务数据到账务数据的交易级可追溯，助力航司客户在民航客运结算领域实现管理数字化跨越。

二是稳固航空结算产业控制能力。2023 年，东航、南航、山东航、吉祥航、中货航、南航物流、国航 UATP（环球空中旅行计划）金融服务，东航和南航 BOP（BSP 在线支付系统）日清算，IATA（国际航空运输协会）合作协议等核心业务协议新签或续签 3 年。60 余家客户完成到期协议续签工作。亚科公司顺利完成支付牌照续展。既有业务价格体系基本稳定，为企业持续经营提供长效保障。客运代理人管理平台、销售渠道量化评估在开发当年实现签约。与南航新签航空公司合作与分析系统、销售与营销风控系统、BIDT（订座记录审核）数据审核服务，与东航新签联运开账代理服务，与厦航新签卡航包机业务清算服务，与虹桥机场新签代理结算服务。航旅金链平台成功实现上线运营，未来航旅金链平台还将通过提供“数据 + 系统 + 运营”的全流程服务，聚焦民航供应链，联合外部金融机构，共同面向机票代理人开展差旅订单融资服务。

三是强化行业安全支撑作用。结算公司圆满完成春运、成都大运会、杭州亚运会、第三届“一带一路”高峰论坛、上海进博会等安全保障任务。重点任务保障期累计达到151天，创下历史新高。2023年完成国务院国资委数据分类分级填报、内部钓鱼攻击演练、“央企安全管理强化年行动”“全国重大事故隐患专项排查整治”等78项安全生产工作任务。顺利通过ISO27001、PCI-DSS外部认证审计和客运结算平台等保测评。第一次实施了对公司的模拟攻防，在整个集团内率先实施完成结算公司终端准入强管控，首次实现IBSPS（国际开账及结算计划系统）程序账号定期改密，突破程序账号管控痛点。积极开展安全意识宣传教育和技能培训，认真组织完善应急预案和开展应急演练（13次），增强安全技能，规范安全行为，有效预防各类事故发生。

111

优化资源配置　强化创新引领
筑牢区域民航信息安全保障防线

新疆航信天翼科创有限公司

一、基本情况

为深入实施国企改革三年行动，优化新疆区域民航信息市场管理体系，新疆航信天翼科创有限公司（以下简称“新疆航信”）于2021年成立，是中国民航信息集团有限公司（以下简称“中国航信”）所属在疆企业。新疆航信坚持“新疆民航信息化生态圈的构建者，资源聚合型平台的打造者，股东单位战略坚定的执行者”的功能定位，立足民航信息化服务行业，主要负责机场离港系统、订座系统、安检系统、生产运营管理系统等民航核心系统的研发和运行保障工作。新疆航信自主研发并投产一批针对新疆民航辖区特点量身定制且满足长期发展要求的产品，助力推进当地智慧机场建设，先后通过国家高新技术企业认定、CMMI5认证，新申请发明专利1项，软件著作权17项，其中已获得授权软件著作权13项，是一家集产学研为一体的高科技企业。

二、经验做法

新疆航信坚持以习近平新时代中国特色社会主义思想为指导，持续完善中国特色现代企业制度体系，将党建工作总体要求纳入公司章程，落实党组织在公司治理结构中的法定地位，完善党总支决策事项和议事规则，优化制度流程建设，实现全面从严治党与从严治企的深度融合。深耕新疆民航辖区信息化服务领域，发挥科技创新、产业控制和安全支撑作用，为中国航信发展保驾护航，为民航行业发展贡献力量。

（一）聚焦人才队伍建设，推动科技创新见实效

一是完善体系建设，优化人才结构。作为刚成立2年多的新公司，新疆航信始终遵循按劳分配、效率优先、兼顾公平及可持续发展的原则，启动人力资源咨询项目，推进岗位价值和薪酬激励体系建设，完善分配制度。严格执行市场化招聘，规范招聘流程。2023年新招聘员工38人，“双一流”高校毕业生占比达52.63%。克服新疆本地人才短缺的困境，实现新疆籍员工占81.58%，肩负起央企缓解新疆本地就业压力使命。优化干部队伍结构，组织开展2023年干部竞争上岗，严格履行干部选拔程序，聘任9个关键岗位人员，确保优秀者优先、能干者能上、有为者有位。

二是考核评价相结合，加强领导干部队伍建设。新疆航信坚持和完善党建工作责任制考核，推动党建工作责任制考核、经营业绩考核、领导干部综合评价同步实施、有效联动，强化领导干部战略思维、创新思维、辩证思维、法治思维，全年开展党风廉政教育15次，持续增强领导干部廉洁风险防控能力。

三是积极参与产学研合作，加快推动科技创新体系建设。新疆航信与新疆大学签订《校企合作协议》，充分发挥各自在科研、人才、信息等方面的资源优势，形成校企相互融合、共同发展的双赢格局，在服务国家高水平科技自立自强中展现更大担当。对标专业体系建设要求，不断优化现有开发制度，制定新的业务管理流程，明确划分职责分工，制定流程监督和回顾机制，明确引导方向，促进内部管理与外部对接工作的规范化和制度化。实现准确预测2023年上半年三大生产指标数据，实现输入文字内容合成高度拟合人类听感的语音文件，以及基于时间序列数据预测方法在航线任意经纬度上预测航班剩余飞行时长等多项技术突破。

（二）优化市场资源配置，发挥区域民航信息产业控制作用

一是加大市场化整合重组力度。一方面，新疆航信积极主动对接当地民航系统资源，及时了解新疆交通投资（集团）有限责任公司项目开展情况，跟进软件开发定制及机电工程类项目；另一方面，配合集团总部业务部门，加强对新疆区域的业务服务，开展乌鲁木齐供热改造项目智慧中台产品的现场推广、交流及调研，不断挖掘新业务领域的合作机会，签订服务合同拓展本地市场，为本地客户提供信息化服务解决方案。

二是支持边境地区民航信息建设发展。新疆航信派出56名员工驻守全疆23个机场，服务全疆民航信息化建设。我国最西端的塔什库尔干高原机场（海拔3258米）运行环境较一般机场更复杂严格，派员驻场为当地机场运营提供长期的服务保障。大力支持南疆四地州发展，完成阿克苏毫米波人图绑定项目，加快推进喀什机场行李跟踪项目。支援新疆生产建设兵团，实施图木舒克唐王城机场改扩建项目（弱电及空港工程）和石河子机场航站楼离港前端系统及安检信息系统维护工作。

（三）发挥安全支撑作用，强化重点领域保障

一是增强安全意识，切实维护国家安全和社会稳定。新疆航信坚决贯彻落实习近平总书记社会稳定和长治久安的总目标，按照自治区关于反恐维稳的系列研究部署，参与乌鲁木齐国际机场维稳指挥部值班，开展反恐维稳拉动演练，坚决维护社会稳定大好局面。进一步梳理基于规范的安全管理制度和流程，明确安全责任和权利，开展全员安全培训和教育，加强安全监测评估以及安全应急预案演练，确保安全生产顺利进行，更好支撑服务国家战略安全。

二是强化科技安全，圆满完成全年专项保障任务。新疆航信优化全疆自动转报网络架构，实现转报业务多条专线组网及线路故障自动切换，提升业务系统的稳定性与连续性。建立网络设备上线规范流程，包括设备上架规范、通用配置要点以及双岗复合机制等，确保设备上线过程规范有序。编写、完善数据库自动巡检脚本，实现112套运维数据库日常巡检工作的半自动化，节省时间成本，提高工作效率。采用机器、人工双复合方式，保证自动巡检脚本输出结果准确无误。落实全国两会、中亚峰会、大运会、亚运会、亚残运会等专项网络安全保障任务。

三、改革成效

一是科技创新能力显著增强。新疆航信通过国家高新技术企业认定，在科研创新与资质建设等方面取得重大成果，资质能力和资格认证取得长足进步。鼓励员工自学考取专业资质证书，并对通过专业领域的高级认证给予奖励，共通过一级建造师6人、二级建造师8人，网络高级认证（CCIE、HCIE等）6人，为申请更多领域、更高级别资质奠定基础。

二是安全保障能力持续强化。2023年新疆航信安全工作平稳可控，安全总体形势良好，离港前端系统及核心网络系统实现零故障。承接90间弱电机房及25000余终端设备设施的运维业务整体运行平稳，未突破安全生产各项指标，各类系统、设施设备运行正常率≥99%，设备完好率≥99.8%，未突破过程偏差指标，未发生责任原因不安全事件。

三是企业综合实力稳步提升。2023年新疆航信实现收入10604万元，同比增长170%；实现利润1741万元，同比增长1400%，实现国有企业保值增值，整体生产技术水平、经营管理水平、员工技术熟练程度和劳动积极性显著提升。多个团队和16名员工获中国航信各类竞赛奖项、荣誉称号，在第二届民航网络安全竞赛获个人赛二等奖、全国民航技术能手、全国民航青年岗位能手和全国民航金牌员工荣誉称号。

112

完善科技创新体制 更好实现高水平科技自立自强

上海承飞航空特种设备有限公司

一、基本情况

上海承飞航空特种设备有限公司（以下简称“承飞公司”）是中国航空油料集团有限公司（以下简称“中国航油”）的三级全资子公司，也是中国航油设立的中国航油特种车辆研发中心，国内最大的民用飞机加油车制造商。生产的管线加油车在国内市场占有率约为95%，罐式加油车国内市场占有率约为50%，航空燃油供应系统作业车辆市场占有率约为100%。

承飞公司是国家高新技术企业，工信部专精特新“小巨人”企业，上海市设计创新中心。主要产品有全系列飞机管线加油车、全系列飞机罐式加油车、全系列航空燃油供应系统作业车，能完全实现替代进口，并可以为客户量身设计、制造其他民用机场专用设备，支持和提供车辆维修保养、应急保障、技术咨询以及技术培训等售后服务。

二、经验做法

（一）完善公司治理机制、提升运转质量效能

一是把党的领导有效融入公司治理。承飞公司坚持以习近平新时代中

国特色社会主义思想为指导，贯彻落实“两个一以贯之”要求，通过修订《党总支前置研究重大经营管理事项清单》，把党总支前置程序落到实处，既形成清晰的党总支前置研究讨论权责边界，又契合公司治理的内在要求，党组织法定地位更加明确，成为公司治理结构的有机组成部分，党建工作与公司法人治理结构有机融合。

二是着力健全完善董事会制度体系。承飞公司制定《董事会议事规则》《董事会专门委员会工作细则》《董事会授权管理办法（试行）》《董事会秘书工作细则》《经理层向董事会报告管理办法》《董事会议案管理办法》《外部董事报告管理办法》《外部董事履职保障工作管理办法》等制度，各项制度相互衔接、相互对应，从不同维度和层面为董事会履职行权提供了制度保障。近年来，承飞公司共召开了 15 次董事会会议、18 次专门委员会会议，审议议案 92 项，切实落实董事会职权，董事会“定战略、做决策、防风险”的作用得到充分发挥。

三是创新开展事业部制组织机构改革。承飞公司以战略引领为核心，专业化整合为导向，提升整体盈利能力和运营效率为目标，2024 年 3 月，“一个中心、三个事业部”新组织架构正式运行，行政保障中心作为支持服务平台，油车事业部、装备事业部、研发事业部作为利润中心，事业部全面实现财务独立核算，切实激活组织活力动力。

（二）健全市场化选人用人，激活发展活力

一是深化经理层任期制和契约化管理。自“科改行动”以来，承飞公司始终牵住任期制和契约化管理“牛鼻子”，不断深化推进三项制度改革。坚持“高目标、高激励、低目标、弱激励的考核兑现原则，在经理层考核指标设置上，以“四个不低于”（历史值、预算值、规划值、对标值）为目标，采用“定高为主，摸高制定”原则，确定每位经理层人员的年度业绩考核内容及指标。经理层任期制和契约化管理实现全覆盖，并将任期制和契约化工作下沉推行至中层管理人员。完成经理层绩效考核及兑现工作，实现差异化兑现，经理层收入倍差距拉大，充分发挥激励杠杆作用，充分发挥人才积极性和创造性，全面推升企业内生活力和动力。

二是完善市场化选人用人机制。结合公司未来长远发展、组织机构改革、人才队伍培养的现实需要，承飞公司编制定岗定员定编标准，科学设置职工工作岗位，开展干部竞聘及员工选聘上岗工作，从33名竞聘者中选拔出10名优秀中层管理人员，12名员工安排新岗位锻炼，5名员工安排跨部门兼职，其中2名员工同时兼职3个岗位。构建以岗位管理为核心的人才管理机制，公平、公正、竞争、择优市场化选人用人机制，优化人力资源配置，提高人力资源使用效率，实现人才成长与企业发展的双向奔赴。

（三）强化市场化激励机制

在上级公司的坚强领导下，承飞公司作为“科改企业”，发挥主动性和创造性，综合运用好各种正向激励政策和工具，推行超额利润分享机制与科技奖励办法组合应用，建立健全多层次、系统化的正向激励体系。

一是成立中长期激励工作领导小组，压实责任，推动建立机制，开展中长期激励相关政策研究。

二是根据《“双百企业”和“科改企业”超额利润分享机制操作指引》、中国航油《中长期激励管理办法》，建立超额利润分享机制，对企业经营业绩和持续发展做出贡献的管理、技术、营销、业务等核心骨干人员给予奖励。

三是推行科技奖励机制，对在科研工作中做出突出贡献的核心团队和个人给予奖励。承飞公司通过灵活多样的激励工具，强化正向激励，完善内部分配，充分调动公司科研人员的积极性、主动性和创造性，提升企业活力和效率，助推实现高质量发展。

（四）加强科技创新，增添发展动能

一是加强科研体系建设，提高科研管理水平。承飞公司推行“揭榜挂帅”制项目管理，鼓励“能者揭榜、能者先行”，为激发创新主体积极性、实现关键核心技术突破提供了制度保障。同时发布《关于发布2023年度“揭榜挂帅”制项目需求榜单的通知》，完成了3个“揭榜挂帅”项目立项。

二是持续加大研发经费投入，赋能创新发展。承飞公司持续加大研发经费投入强度，促进科研成果产出。2021年研发经费投入达到1521万元占全年营业收入7.67%，2022年研发经费投入达到4520.8万元、占全年营业收入的19.03%，2023年研发经费投入达到5102.23万元、占全年营业收入的23.52%。积极做好基础研究投入挖掘归集工作，2023年基础研究投入占研发经费投入比例达10.04%。

三是聚焦科研技术重点领域，明确主攻方向。承飞公司围绕“数字航油”建设，充分运用云技术、物联网、北斗定位、数据中台等数字化技术，加快推进加油车自动驾驶、车联网协同智能调度以及加油车数据管理等科研项目，促进航油数字化建设。围绕突破“卡脖子”关键核心技术问题，加大科研创新力度，产学研结合，推动高端装备国产化进程，共计22项科研项目稳步推进。重点开展了适用于高低温环境的新能源管线加油车研究、5G创新LHT-中国航油5G智能网联特种车辆科技示范项目、通用航空自动结算无人智慧加油站项目、机坪地井阀门和加油栓井井体井盖国产化产品替代研发，实现国产化替代，降低对国外垄断技术的依赖。同时还成功研制新能源航空燃油供应系统清洗车，为航油特种装备“电动化”奠定基础，为国家“蓝天保卫战”履行社会责任。

四是加强专业人才队伍建设，夯实发展根基。承飞公司科研人才队伍逐步壮大，科技人员占比从10%提升至68%，人才年龄、专业、职称结构不断优化，其中博士研究生 2 人，硕士研究生 3 人，具有高级以上职称人员 6 人，中级职称人员 5 人。充分整合内外部资源，发挥“以才引才、以才聚才”的聚集效应，聘请行业知名专家，现有国家级、省部级专家 15 人。

五是加强产学研深度融合，提升科技创新能力。承飞公司强化产学研合作，积极推进与各类高校、科研院所和知名企业的深入合作。与上海高博航空制造有限公司合作开展《基于 E600 等级的机坪地井盖研究》，与航天六院西安航天动力研究所合作开展《机坪地井阀门和加油栓井井体井盖国产化产品替代研发》，与航天五院航天神舟智慧系统技术有限公司合作开展《加油车黑匣子-加油车管理系统研究项目》，与上海君贻数字科技有限公司合作开展《基于混合现实技术的加油车远程协同与流程指导研究》。

（五）加强党建引领，把牢发展方向

一是研究制定了党组织前置审议重大经营管理事项权责清单。承飞公司将党组织建制从党支部调整为党总支，建立实施党组织“第一议题”制度，不断提升政治判断力、政治领悟力和政治执行力。

二是全面打造党建“红创”品牌。承飞公司以“红创”为创新引领，贯彻“党建带工建，工建促党建”的指导思想，围绕“党建引领创新、创新驱动发展”创建目标，打造“科研、服务、实践”三大阵地，创新党建工作载体，把“红创科技尖兵连”建在科研一线。开展“党建 + 科创”系列主题活动，推动党建与科技创新的深度融合。

三是构建以党内监督为主导、各类监督形成合力的内部一体化监督机制。承飞公司健全以职工代表大会为基本形式的民主管理制度，下发落实职工代表大会管理办法，明确职工董事、监事产生程序，为公司发展凝聚职工群众的智慧和力量。

三、改革成效

一是公司产品序列不断增加，新兴市场不断开拓。新能源、高端装备等新兴战略产业不断布局，收入稳步增长，利润逐年提高。

二是开展适用于高低温环境的新能源管线加油车研究、新能源航空燃油供应系统清洗车研究，完善加油车新能源产品序列。承飞公司开展机坪地井阀门和加油栓井井体井盖国产化替代研发，打破国外技术垄断，降低用户采购及维护成本。研制通航专用航油设备，履行社会责任，力争实现通航机场特种设备全面实现“国产替代”。

三是承飞公司持续推进公司自有商标建设工作，树立公司品牌形象，增强科研成果保护意识，提升专利申请数量和质量。近 3 年，承飞公司共申请国家专利 95 件，比 2021 年前的申请量总和增长 131.7%，发明专利申请比例也从 36% 增长至 57%；获专利授权 59 件，其中发明专利 8 件。

四是以科研项目为契机，承飞公司加强与扬州大学、扬州中集通华专用汽车有限公司、东风商用车有限公司、航天五院航天神州智慧系统技术有限公司、航天六院西安远征科技有限公司、上海高博航空制造有限公司等高校、科研院所、知名企业的合作交流。同时针对行业特点，提出关键技术和共性技术难题，组织联合攻关，实现央企和民企的创新驱动、融合发展，推动产业技术创新战略联盟的建立。

五是主动转变思路，努力探索市场拓展的新思路、新方法。承飞公司以集团内跨板块协同联动“走出去”及自主寻求商机的方式，成功将承飞品牌、中国制造推出国门、走向国际。2023 年，成功开辟了柬埔寨（暹粒机场）、非洲（安哥拉机场）等海外市场，销售了各类油车 11 台，共涉及罐车、管线车、作业车 3 个系列共 6 个车型。

六是战略定位和规划进一步优化，围绕装备战略定位，丰富装备产品序列。承飞公司围绕搭建完善的董事会制度体系、增强外部董事履职保障能力、落实董事会职权等方面扎实推进董事会规范建设，进一步完善“科改企业”治理体系，不断提升企业治理效能、运行效率和决策质量。建立健全市场化选人用人机制，深入推行经理层任期制和契约化管理，实现员工市场化用工。进一步完善市场化激励约束机制，实现分层分类考核，组合运用超额利润分享及科技奖励机制，激发人才积极性和创造性，全面推升企业内生活力和动力。将党建融入公司治理，改革和创新活力充分彰显，构建了双向进入、交叉任职的领导体制，建立了以“红创”品牌为核心的 3 个阵地，形成了一体化的内部监督机制。

113

坚持战略引领发展　激发改革创新活力推动企业转型升级

中国航油集团国际控股有限公司

一、基本情况

中国航油集团国际控股有限公司（以下简称“国际控股公司”）是中国航空油料集团有限公司（以下简称“中国航油”）的全资子公司，2017 年由原中航油进出口有限公司与集团国际业务部整合成立。国际控股公司依托中国航油，主营航油和其他油品及民航设备进出口贸易、“一带一路”沿线航油实业投资等业务。国际控股公司定位为中国航油开展“一带一路”实业投资和国际业务的主力军，统筹国际国内两个市场、两种资源的重要平台，海外航油供应产业链链长和集团国际化人才培养储备基地，下辖全资子公司 1 家、控股子公司 1 家、参股公司 2 家、境外代表处 2 个。

国际控股公司原有业务主要依赖集团内业务，业务结构简单、盈利模式单一、市场化能力不强。国有企业改革行动开展以来，国际控股公司坚持“发展出题目，改革做文章”，坚持问题导向、强化战略引领、激发创新活力，经过艰苦奋斗，已在传统进出口业务的基础上，成功开拓市场化航油贸易业务，并先后在柬埔寨开展 2 个实业投资项目，成功突破了从单一贸易型企业向综合性国际化企业的转型升级，不断创新发展方式，投资、贸易、供油业务协同发展能力得到不断提高，绿色、科技发展新动能不断积蓄，发展质量显著提高。

二、经验做法

（一）立足实际，科学制定发展战略，坚持战略引领发展

为了突破单一贸易型企业的“人设”，国际控股公司深知顶层谋划的重要意义，坚持把制定战略、执行战略作为确保转型发展成功的首要工作。

一是科学制定发展战略。国际控股公司充分发挥全体员工的智慧，召开思路研讨会，在客观、全面分析内外部环境的基础上，以战略和问题为导向、以目标为指引，制定了切实可行的国际化发展战略，提出将公司从以单一的贸易型逐步转向实业投资、国际贸易、终端供油“三位一体”的综合性国际化企业转型发展，为公司积极融入“双循环”新发展格局、实现可持续健康发展明确了方向。在科学制定战略的基础上，做出“三步走”的发展规划，提出构建“一体两翼”发展格局的具体举措，以总部为国际化统筹中心、海外项目为国际化经营中心，并通过规划研讨和宣贯，将规划目标细化到具体的节点，使规划可操作、可执行。

二是坚持保持战略定力。国际控股公司强化战略规划的刚性约束，不因海外业务短期因疫情导致效益不佳而中途改辙，而是始终围绕战略全局稳健布局业务发展，不贪大求全，坚持寻找战略意义明显、商业价值凸显的优质项目，将其做精做深做实，一步一个脚印，推动实业投资和国际贸易协同发展。

三是建立战略闭环管理机制。为有力推动国际化发展战略的实施开展，国际控股公司不断完善战略管理体系，积极明确责任分工，强化任务

分解落实，形成了战略闭环管理机制。完善考核评价机制，将战略执行情况纳入公司整体考核约束中，作为争先创优的重要依据。建立动态监测工作机制，定期对战略规划指标的完成情况进行复盘，找差距、理原因，及时纠偏。优化调整发展战略，将发展战略性新兴产业、改革深化提升等内容纳入规划，为公司从单一贸易型企业向综合性国际化公司转型升级指明了方向。及时调整总部机构设置，配强子企业人才队伍，推进战略规划落实落地。

（二）立足长远，高标准起步，坚持打造国际标杆实业项目

在战略规划引领下，国际控股公司坚持以打造标杆项目为抓手推动国际业务转型升级。作为主营进出口业务的公司，国际控股公司并没有开展实业投资的经验，向实业型企业转变是一个难题。但国际控股公司深知没有实体的贸易型企业在市场中缺乏竞争力，下定决心推动公司向兼具实业型的企业转型。国际控股公司坚持加强国际合作、精益项目管理，围绕“一带一路”沿线区域，以点带面，稳扎稳打，推动实业投资项目落地实施。

一是突破固化思维，坚持开放合作的发展理念。国际控股公司扬长避短，选择与国内外有实力的企业互利共赢，通过合理设计股权合作和商业模式，加强与云投集团、道达尔和泰国石油公司的合作，既较好切入了国际航油市场、发挥了公司优势，又有效降低了实业投资的风险。

二是结合公司实际，优化项目管理模式。国际控股公司成立专门的境外项目公司，按照国际惯例实施项目管理，不断完善境外资企业法人治理结构，建立现代企业管理制度。为弥补公司工程项目管理经验短缺的不足，采用“EPC + PMC”的项目管理模式，抓大放小，倒排工期，紧抓关键的进度、投资、质量和安全指标。

三是厚植安全理念，推动海外项目安全平稳运营。为保障好柬埔寨公

司投产运营筹备各项工作，实现柬埔寨暹粒吴哥机场供油工程由建设阶段向运营阶段顺利过渡、切换，国际控股公司发挥中国航油的整体优势，不断健全安全制度体系，配齐安全生产队伍，强化主体责任落实，建立双重预防机制，完善海外运营管理体系，整合国内外运营队伍和理念，确保项目安全平稳运行。

（三）面向市场，优化资源配置，坚持完善更加适合市场化发展的经营机制

为适应市场化发展趋势、提高转型升级发展的效率效益，国际控股公司不断优化存量、做大增量，建立和完善了更加适合市场化发展的经营机制。

一是完善适应市场化发展的组织机构。国际控股公司设立市场开发办公室专门负责寻找投资和贸易业务机会，设立航空市场部负责寻找海外航油供应业务机会。同时，继续在巴基斯坦和柬埔寨设立代表处，负责收集所在国和周边国家的行业信息、投资项目和贸易信息。

二是打破传统“大锅饭”分配机制，坚持市场化业绩超额激励机制。国际控股公司持续推进三项制度改革，健全更精准灵活的收入分配机制，进一步强化按业绩贡献决定薪酬的力度，以业绩为导向、以分配为抓手，充分调动全员的工作积极性和主动性，坚持分配和市场化贡献挂钩，激发全员干事创业的动力。

三是建立信息网格及研判机制。国际控股公司建立信息网格员机制，每周一早晨召开“每周信息播报”，对全球宏观形势最新信息进行播讲，深入分析变化给公司带来的影响和机遇，规避业务风险，为市场化业务发展提供良好的信息基础。

四是做优存量。国际控股公司针对资产效率不高的问题，以努力提高资产收益率、确保国有资产保值增值为目的，积极寻找、开展风险可控、有稳定收益的投资项目，弥补公司收益渠道单一的不足。

五是做大增量。国际控股公司加强集团内板块协同，以航油配额出口指标带动市场化业务发展。通过与航油供应连的上、下游之间的合作，提高公司在出口贸易环节上的话语权和价值创造能力。

（四）面对发展问题，坚持创新思维，构建创新驱动发展的良好环境

国际控股公司始终以创新思维解决发展中面临的各项问题。作为单一的贸易型企业，国际控股公司在科技等创新领域的建树较少。在从单一贸易型企业向综合性国际化公司转型升级的过程中，一方面始终坚持以科技创新手段解决实业化过程中面临的难题；另一方面，始终坚持以创新理念推动战略性新兴产业的发展。

一是构建和完善科技创新制度体系及机制，提高公司科技发展能力。国际控股公司不断完善科技制度体系，激发群众性创新活力，坚持创新来源于群众、创新服务于群众的理念。针对实业项目的发展瓶颈，提出以“增强现实 + 人工智能”（AR + AI）的模式解决柬埔寨公司中柬员工交流沟通、培训及远程诊断等问题，并探索将其产业化应用，切实发挥科技创新对高质量发展的推动作用。

二是创新布局战略性新兴产业，积极培育绿色发展新动能。国际控股公司积极顺应国内外民航减碳趋势，发挥公司优势，聚焦研究生物航油领域的创新发展机会，加强跟踪研究，为发展战略性新兴业务提供科学支撑。同时通过加强与产业链有关单位的合作，主动布局可持续航空燃料产业链，与国际知名企业签署合作备忘录，就发挥各自优势、探索在可持续航空燃料的技术、生产、市场等方面达成合作意向，迈出布局战略性新兴产业的实质性步伐。加强与可持续航空燃料的研发、生产、贸易、信息等机构加强沟通联络，及时掌握市场信息，为公司抓住市场机遇布局可持续航空燃料产业做好准备。

（五）坚持党建引领，推动党建与业务融合发展

国际控股公司始终坚持党的领导，坚持把党的政治建设摆在首位，坚持党建引领发展，不断推动党建与业务融合发展，为公司发展把舵护航。

一是国际控股公司胜利召开了公司成立以来的第一次党代会，完成“两委”换届工作，明确提出今后五年的奋斗目标和工作总体思路，为团结奋进高质量发展新征程奠定了坚实基础。

二是坚持把党建融入公司治理，强化顶层设计。国际控股公司出台《国际控股公司2023—2025党建三年滚动规划》《国际控股公司党委关于党建工作与经营发展深度融合的实施方案》，明确构建党建业务深度融合的“四融合八协同”工作体系。充分发挥公司党委“把方向、管大局、保落实”领导作用，动态调整《党委前置研究讨论重大经营管理事项清单》等制度，进一步厘清各治理主体权责界限，确保贯彻落实党中央精神和上级党委各项决策部署，公司始终保持正确发展方向。

三是始终坚持大抓基层的鲜明导向，坚持“四同步、四对接”，落实“应换必换”，确保支部红色堡垒有战斗力。国际控股公司始终坚持党建品牌赋能，推动柬埔寨暹粒项目海外党建品牌建设取得新突破；始终坚持务实为民，加强员工关爱工作部署，组织形式多样的活动和关怀慰问，不断提高员工归属感和幸福感；始终把青年工作作为战略性工作来抓，扎实推进青年精神素养提升工程和“青马工程”，围绕青年“急难愁盼”问题开展专项调研并逐项解决各类问题，引导青年明确目标、提升素养、建功时代。

四是建立跨境培养使用人才机制。国际控股公司制定《外派境外企业（机构）工作人员管理办法》《员工挂职锻炼管理办法》。在全系统选拔了12名优秀业务骨干赴柬埔寨公司支援帮助工作，选派4名年轻人才赴柬挂职锻炼，充分发挥柬埔寨公司国际化人才培养基地作用。

三、改革成效

国际控股公司通过坚持战略引领发展、激发改革创新活力的系列举措，做好改革“必答题”，答好特色“自选题”，推动公司顺利实现从单一贸易型企业向综合性国际化企业的转型升级，公司各方面发展能力更强，向着质量更高的发展迈进了一大步。

一是实业化转型发展初具形态。2023 年，中国航油首个海外全产业链实业项目——柬埔寨暹粒吴哥国际机场供油工程项目顺利投入运营，完成由工程建设至投产运营的顺利转段，全年累计保障航班 1646 架次，圆满完成“10. 05 试飞”“10. 16 首航”“11. 16 通航及重要航班专项供油”等各项重大供油任务，兑现了“确保安全、优质服务、绝对保障、万无一失”的承诺。国际控股公司与道达尔、泰石油合资的中国航油首个以市场化方式参与投资的实业项目——柬埔寨金边德崇机场供油工程项目进展顺利，项目主体结构已全部完工，与机场建设保持同步，工程建设稳步推进。暹粒项目的投运和金边项目的顺利实施，标志着中国航油国际化布局取得历史性突破，为国际控股公司实业化转型筑牢了坚实基础。

二是市场化业务取得历史最好业绩。2023 年，国际控股公司市场化贸易能力不断提升。通过加强板块协同联动，刷新航煤出口历史最好业绩，实现了集团公司利益最大化。有序推进设备出口，成功将 9 辆中国航油自主生产的加油车出口至柬埔寨。持续拓展海外供油市场，海外代理供油业务加油量同比增长 209%。完成收购中国航油财务公司 10% 股权项目，并实现稳定创效。

三是科技和创新工作取得历史性突破。2023 年，国际控股公司持续开展群众性科技创新活动，完成《打印机自动化程序优化改造项目》等 3 项群众性科技创新项目，同时从问题着手、立足实际、多方调研，创造性地开展公司首个科技项目——《基于 AR + AI 的航油数智交互及运维技术开发及应用示范研究》项目，形成中国航油翻译平台和培训平台等应用成果，填补了公司科技项目及专利成果空白。项目成果现已在柬埔寨公司部署并推广，有效解决了柬埔寨公司投产后面临的交流、培训等难题，推动中国航油科技成果转化向境外延伸，以科技力量推动公司高质量发展。编制完成《可持续航空燃料的商业模式探究》报告，并在期刊上发表多篇文章，为公司参与可持续航空燃料产业发展提供了知识和理论储备。与国际知名公司签署合作备忘录，迈出布局战略性新兴产业的实质性步伐。

四是发展活力显著提升。国际控股公司现代企业治理能力不断增强，公司治理的顶层设计不断完善，各层级治理主体权责界限得到厘清，党委“把方向、管大局、保落实”与经理层“谋经营、抓落实、强管理”相互制衡、高效运转，子企业董事会建设基础不断夯实。改革深化行动深入推进落实，2023 年度国有企业改革深化提升行动重点工作完成率 100%，对标世界一流工作持续深化，改革成果《坚持战略引领下以投资驱动企业高质量发展的探索与实践》获得 2023 中国企业改革发展优秀成果三等奖。内控体系建设不断细化，公司总部 2023 年累计“立改废”制度 50 项，各子公司累计新订修订制度 30 项，持之以恒推进企业管理规范化；通过科学设置机构和人员配备，各内设机构和子公司运行协同高效、执行顺畅、监督有力。青年员工通过轮岗交流，关键素质能力锻炼得到有效提升，国际化人才队伍进一步充实。

五是党建引领发展再上新台阶。国际控股公司将主题教育与改革发展相结合，倡导干字当头、敢为善为。党建理论研究成果《“一带一路”倡议下中央企业高质量海外党建工作创新路径研究》获评中国文化管理协会企业党建与企业文化工作委员会 2023 年度“党建强企优秀案例”特等奖，“丝路逞锋”党支部获中国航油集团公司“三个一”党支部品牌荣誉称号。

党建带团建更有活力，1 名青年荣获集团公司青年岗位能手荣誉称号。

善谋者行远，实干者乃成。国际控股公司将在党的二十大擘画的蓝图下，迈出新时代改革步伐，推动公司改革发展各项事业迈上新台阶，为中国航油国际化发展作出新的更大的贡献。

114

以布局战略性新兴产业为抓手
以深化改革和治理能力现代化为支撑
推动企业转型发展走深走实

中国民航技术装备有限责任公司

一、基本情况

中国民航技术装备有限责任公司（以下简称“民航技术装备公司”）是中国航空器材集团有限公司（以下简称“中国航材”）所属全资二级子公司，是国务院国资委“双百企业”，国家级高新技术企业。当前，民航技术装备公司正处于业务转型关键时期，主营业务正在由机场地面设备贸易销售逐步向为民航运行提供地面综合保障服务转变，业务涵盖民航建设咨询、民航装备制造、民航智慧运行三方面。

二、经验做法

“十四五”以来，民航技术装备公司始终坚持紧紧围绕民航地面综合服务主业，聚焦“智慧民航”和“四型机场”建设需求，沿着“成为民航业数字化转型升级技术的提供者”总体发展方向，坚持边发展、边布局、边突破，在夯实传统业务的同时，着眼新技术、新装备、新系统的研发和应用，探索新商业模式，着力完善产业链条和业务布局。2023 年，民航技术装备公司以布局战略性新兴产业为抓手，以深化改革和治理能力现代化为支撑，推动企业转型发展进一步走深走实。

（一）布局战略性新兴产业

民航技术装备公司紧抓智慧民航建设背景下民航运行模式转变的机遇，布局战略性新兴产业，夯实设备制造业务基础，并逐步向民航运行领域渗透。战略上围绕新技术、新装备、新系统的研发和应用，重点布局新一代信息技术、高端装备制造领域，立足提高核心竞争力和增强核心功能两个途径，力争在科技创新、产业控制和安全支撑三个方面发挥主体作用；战术上构建差异化核心竞争力，采取差异化产品开发策略，聚焦行业痛点和客户需求，形成细分领域技术优势。

一是在高端装备制造领域，民航技术装备公司根据“智慧民航”总体发展思路，聚焦民航装备数字化、智能化、绿色化转型升级，将人工智能、无人驾驶等新技术嵌入传统产品体系，在推动构建更为安全、更有效率、更加灵活、更可持续的新一代航空运输系统中发挥重要作用。

二是在新一代信息技术领域，民航技术装备公司聚焦影响运行及飞行安全的“卡脖子”问题，实现关键产品自主可控。着眼人工智能技术应用，在航空数据处理、飞行区保障少人无人化等具体领域，创新应用场景，为民航运行提供新的保安全、提效率解决方案。

（二）持续推进改革深化和治理能力现代化

民航技术装备公司以改革深化提升为抓手，继续深化现代公司治理和市场化经营机制，并取得新成效。

一是进一步提升公司治理水平。民航技术装备公司持续完善“三重一大”决策机制，根据所属公司体系多元化的特点，“一企一策”打造差异化治理管控样本，完善好“三重一大”决策清单，充分发挥好“三会一层”主体作用。

二是探索构建新型经营责任制。民航技术装备公司增强经营目标的战略性、科学性、挑战性，“一企一策”“一岗一策”，强化目标考核、薪酬和任免的刚性兑现。把任期制契约化管理进一步分层分类、提质扩面，抓住关键人员队伍，倡导竞争精神、契约精神和奋斗精神，激发管理人员活力。

三是坚定不移推动三项制度改革深化。民航技术装备公司通过市场化岗位管理机制、动态化竞聘优选机制、常态化绩效考核机制，持续推动市场化用人考核、市场化薪酬激励，进一步打造竞争奋斗、蓬勃向上的公司文化和企业气质。

四是落实专项改革行动任务。民航技术装备公司将对标提升作为重要手段，价值创造作为内在要求，创建示范作为重点突破，统筹推进各项改革任务。

（三）持续完善科技创新机制

一是以“内外并举”的方式促进科技创新能力提升。民航技术装备公司坚持自主培养与外部引进相结合，注重公司内部科技力量的培育，同时通过股权合作、共建实验室、组建创新联合体等方式实现技术创新能力的快速提升。

二是以市场化为导向助力科技人才队伍建设。民航技术装备公司强化科技人才队伍建设配套机制，探索符合公司发展实际的中长期激励、社会化用才、市场化选才机制。制定《民航技术装备公司科技人才队伍建设方案》，计划培养引进 3 名左右科技领军人才，形成科技人才成长梯队；培养储备 20 名左右青年科技骨干人才，夯实科技创新主力军的人才基础；形成一支 200 名左右科技人才队伍，为公司科技转型持续提供科技人才源头支撑。

三是以培育专精特新企业为路径推动产业转型升级。民航技术装备公司聚焦行业细分领域的痛点和机会，以培育专精特新企业为抓手，采取差异化的发展策略做专做精，形成细分领域优势，带动民航技术装备公司业务转型升级。

三、改革成效

一是业务布局逐步完善。民航技术装备公司已经初步形成集民航建设咨询、民航装备制造、民航智慧运行三个板块于一体的民航地面综合服务体系。所属招标公司开展招标造价咨询业务，所属导航公司专注导航数据服务业务，民航技术装备公司本部及所属华诺公司承担设备制造销售业务，所属华诺公司聚焦机场服务保障业务，新设科技公司提供智慧机坪运行服务。

二是自主产品体系初步成形。民航技术装备公司形成了以登机廊桥及自动接机系统、桥载电源、桥载空调、助航灯光监控系统、单灯监控系统、高级目视停靠引导系统、行李系统、导航数据服务系列产品组成的自主产品体系，设备制造集成能力显著增强，相关产品已在国内近20个机场投入运行。自主产品营业收入从2020年的1.04亿元增至2023年的1.44亿元，增长38%；自主产品毛利从2020年的4661万元增至2023年的7866万元，增长69%；自主产品毛利占比从2020年的32%增至2023年的56%，增长24%。

三是新商业模式实现落地。民航技术装备公司围绕数字地图、高精度定位、无人驾驶、人工智能等新技术应用，打造了“少人化智慧机坪运行平台”，围绕智慧机坪重点打造涵盖近7个业务子系统的综合数据管理数字产品，向机场和其他运行单位提供多维度的智慧系统、产品和综合服务，目前已经在新疆乌鲁木齐、北京大兴机场2个机场实现试点试用。

四是科技创新能力持续提升。民航技术装备公司围绕登机桥、助航设备、导航数据服务等产品，形成了自主知识产权体系，持续加大研发投入，研发投入强度8.99%，同比增长2.15个百分点。截至2023年底，累计获得专利授权103项，其中国家发明专利33项、实用新型专利67项、外观设计专利3项，累计获得软件著作权88项。成立国产导航数据研发与应用吴光辉院士实验室，未来将聚焦国产全球导航数据、国产全球航图、国产电子飞行包等重要数据和系统的研制和应用，力争实现国产化替代。

五是任期制契约化进一步深入。民航技术装备公司至2022年实现了公司本部所属各级子企业（全资及控股）施行任期制契约化人数占比100%。2021—2023年绩效年薪增降幅超过20%的经理层成员10人，扣减全部绩效年薪的经理层成员4人，契约目标设置科学性合理性进一步增强，薪酬刚性兑先进一步强化。

六是治理能力有效提升。在完善“三重一大”决策机制方面，民航技术装备公司根据公司经营实际动态调整决策清单，对公司治理、产权交易、财务会计、人力资源4个方面共计11个决策事项的内容、权限进行了调整。在董事会运行方面，各项议案均按照年初拟定的董事会议题计划按时召开，议案计划完成率100%，议案通过率100%；董事会专门委员会对董事会的决策支持作用进一步增强，董事会议案经专委会审议的比例达到67%。在落实董事会职权方面，切实落实民航技术装备公司本级及所属企业5项董事会职权，实现职权范围内决策事项由董事会决策。

115

“科改行动”赋新能　“电建铁军”再出发

中国电建集团山东电力建设第一工程有限公司

一、基本情况

中国电建集团山东电力建设第一工程有限公司（以下简称“山东电建一公司”）1952年发端于上海基本建设局第22工程处，2011年由国家电网有限公司（以下简称“国家电网”）转隶中国电力建设集团有限公司（以下简称“中国电建”），主营传统电源、核能、风能、太阳能、智能电网等电力基础设施建设，拥有电力工程施工总包特级、建筑工程施工总包壹级、电力行业设计甲级等202项资质许可。山东电建一公司在国家电力工业的快速发展中淬炼成长，以特别能吃苦、特别能战斗、特别能攻关的“三特三能”精神被党和国家领导人赞誉为“电建铁军”。党的十八大以来，山东电建一公司大力实施“走出去”战略，成为“一带一路”的践行者和主力军，积极服务新型电力系统建设，成为推动“双碳”战略目标实施的重要力量。

历经70载沧桑，山东电建一公司在国企改革新形势下主动创新求变。2022年，入围国务院国资委“科改企业”，当年获评考核标杆等级。2023年，大力推动“科改行动”深化提升，治理体系不断完善，体制机制不断优化，组织活力持续释放，创新动能持续激发，主要经济指标持续高速增长，获评国家知识产权示范企业、山东省科技领军企业，3 家子企业被认定为山东省专精特新企业。

二、经验做法

（一）布局战略性新兴产业，优化调整结构，推动传统业务加快转型

聚焦主责主业，山东电建一公司构建了电源、电网、基础设施为主营业务和特种起重设备研制等相关业务的“3 + N”业务架构。2023 年，公司深化提升“科改行动”，结合企业资源禀赋和发展优势，积极布局新产业、抢占新赛道，进一步明确了新能源、节能环保和高端装备制造 3 类战略性新兴产业的方向目标。完成“沙戈荒”大型风电光伏基地和大型多能互补清洁能源基地布局，主动服务国家“双碳”战略，风电、光伏、光热累计投产装机总容量 18530. 9 兆瓦。聚焦传统产业焕新和未来产业启航，成立碳理达固废处置（山东）有限公司，整合资源致力固废和土壤治理业务。加大高端装备技术研发力度，研制的 WGQ1000 桅杆吊是国内首台可移运式千吨级管桁式起重机，整机采用交替踏步整体顶升、模块化超长主臂轻量化设计等先进技术，综合性能达到国际先进水平。2023 年 11 月，该设备从济南小清河章丘港出发，以“河海直达”方式运抵海南东方港顺利交付使用，将在推进海南自贸港建设、接轨海上丝绸之路中发挥积极作用。

（二）矢志国际业务，服务“一带一路”，展现对外开放新作为

作为最早走出国门的电力工程承包企业之一，山东电建一公司充分发挥自身技术优势和品牌影响力，先后承建巴西、巴基斯坦、哈萨克斯坦、缅甸、印尼等 20 余个国家和地区的电力工程项目。公司继顺利完成巴西最大燃煤电站项目后，又成功实施了由国家电网投资的全球第二个、拉美第

一个巴西美丽山 ±800 千伏特高压直流输变电工程。特高压输变电作为中国重大自主创新技术，具有容量大、距离远、损耗低等综合优势，能够满足巴西能源发展的特殊需求。该项目的成功建设对推动中国高端技术装备走向世界，促进中巴两国扩大经贸合作具有重要意义。2023 年 4 月，公司承建的缅甸皎漂燃气-蒸汽联合循环电站顺利投入商业运行，成为中国电建发挥投建营一体化优势，积极践行央企使命的又一重要成果。近年来，公司国际业务呈现量质齐增发展态势，先后签约巴基斯坦达苏输电线路、巴西 EDP 输电线路等高电压等级大型电网项目，签约哈萨克斯坦阿拉木图#2 电站、巴西玛瑞蒂光伏、巴鲁埃里垃圾发电等电源项目，签约印尼中伟电解镍机电安装、华翔硫酸镍等非电业务项目。“走出去”过程中，山东电建一公司与东方电气、国家电网、特变电工等国内设备制造商以及设计咨询企业紧密合作，积极推动产业链供应链融合发展，在共建“一带一路”中实现合作共赢。

（三）强化科技引领，打造创新优势，加快培育新质生产力

山东电建一公司持续深化产学研合作，发挥科技创新驱动作用，加快培育新的核心竞争能力，推动企业发展由要素驱动向创新驱动转变。联合西安交通大学建成山东省首个火电低碳与灵活性改造工程研究中心，积极开展新型电力系统新能源入网等技术攻关，促进火电与新能源多能互补，支撑电网安全稳定运行。联合山东大学、国家建材技术情报研究所等科研机构，整合行业资源打造服务全国固废行业的“政产学研金服用”一体化平台。积极整合国际科技资源，与巴西国家电力研究中心组建中国电建首个海外研发机构电网工程技术（美洲）研究院，参与研发的“面向碳中和目标的特高压输电工程绿色建造技术及海外示范应用”项目荣获 2023 年度全球零碳城市创新典范奖。2023 年 8 月，山东电建一公司提报的“多源固废协同处置低碳制备高值绿色建材新技术产业化示范”成功入围山东省

济南市“揭榜挂帅”科技项目。公司积极研制或应用首台（套）装备、首批次材料扩大创新产品应用市场，自主研制的 MG200 门式起重机入选 2023 年度山东省首台（套）技术装备目录，在榆阳一期 400 兆瓦光伏发电项目中应用 YJLW03 型 330～500 千伏交联聚乙烯绝缘电力电缆首批次材料，在大唐郓城国家电力示范项目（二次再热 630℃）中首次应用国家重大科技创新成果 G115®耐高温钢材料。

（四）深化机制改革，激发内生动力，构建新型经营责任制

山东电建一公司主动承担“处僵治困”任务，2017 年重组河北电建二公司，分流安置 1560 余人，其中不在岗人员 600 多人。遵循市场化、法治化原则，用发展的方式解决改革难题。紧抓“科改”机遇，大刀阔斧推进“三能”机制改革，建设“人才战略预备队＋冗员退出”双重功能的人力资源管理平台，建立完善经营业绩与管理评价相结合的绩效考核体系。2023 年，公司新聘任管理人员 35 人次，100%竞争上岗，各层级管理人员提前一年实现任期制和契约化管理全覆盖。强化精准考核、刚性兑现，2023 年管理人员退出 34 人，同一序列层级的管理人员收入差距达 3. 5 倍。

（五）优化公司治理，务求形神兼备，创造国企治理新效能

山东电建一公司持续完善“1＋N”治理制度体系，权责法定、权责透明、协调运转、有效制衡的治理机制逐步实现“形神兼备”，各治理主体履职行权“渐入佳境”。党委会重大经营管理事项前置研究不走形式、不走过场。2023 年，公司第 11 次党委会对参股投资某市高新智谷项目议案进行前置研究。党委会认真履行议事规则，发挥“把方向”领导作用。综合分析项目所在地经济发展水平和地方债务状况，结合自身 PPP 项目投资经验，认为该项目存在较大的资金回收风险，按照“四个是否”要求对该议案进行否决，真正发挥了党委前置研究的把关定向作用。所属山东丰汇设备技术公司按照“科改行动”要求规范建立董事会，聘请曾任职原国家电力部机械司和中国电建装备事业部两位机械专业的资深专家担任外部董事，充分借助外部董事专业优势，发挥董事会在科技创新方面的战略引领和科学决策作用，推动公司从传统制造向高端“智造”转型。

三、改革成效

一是改革认知持续提升，员工获得感不断增强。山东电建一公司通过持续加大“科改行动”宣传力度，充分发挥科技型企业岗位分红、内部超额利润分享、项目虚拟跟投等中长期激励作用，改革成效不断转变为改革红利和改革动力，干部员工获得感和满意度不断提升。

二是创新成果竞相涌现，转型彰显科技力量。山东电建一公司“12347”研发平台体系逐步完善，2 项科技项目通过中国电建集团和济南市立项，7 项关键技术成果达到国际先进水平，获省部级工法 45 项，行业及以上科技进步奖 23 项。累计拥有有效专利 1033 项，其中发明专利 235 项。

三是企业发展稳中提质，综合效益再创新高。2023 年，山东电建一公司实现营业收入 201. 87 亿元，实现净利润 14461 万元，营收和净利润指标连续 3 年实现同比增长超过 20%。战略性新兴业务占比超过 40%，业务结构逐步向高端化智能化绿色化均衡发展。

116

保持改革勇气　激发创新锐气
以改革深化提升行动促企业高质量发展

中国电建集团西北勘测设计研究院有限公司

一、基本情况

中国电建集团西北勘测设计研究院有限公司（以下简称“西北院”）是国内首批成立的大型勘察设计企业，持有工程勘察、工程设计、工程监理、工程咨询资信评价“四综甲”资质资信，业务遍及国内多个省区和21个海外国家和地区，在水电与抽水蓄能、新能源与电力、水利与生态环境、城乡建设与基础设施等领域形成了鲜明的技术特色，是集规划咨询、勘测设计、工程承包、投资运营于一体的科技型工程公司，具备为政府、社会、投资方、合作伙伴提供一揽子综合解决方案的综合能力和一流水平。近年来，西北院荣膺“全国五一劳动奖状”“全国和谐劳动关系创建示范企业”，荣获国务院国资委“科改行动”标杆企业称号，获评国家高新技术企业、国家级企业技术中心、国家知识产权示范企业。

二、经验做法

（一）完善科技创新体制，更好实现高水平科技自立自强

一是创新重大科技项目管理机制，创造敢于高端竞争动能。西北院制

定发布《国家级重点科技项目管理办法》《国家级重点科技项目部考核办法》，赋予重大科技项目负责人项目团队组建权、考核评价权、科技项目经费使用权、技术路线决定权，提高科技创新效率。2023 年度获国家级科技项目立项 11 项，其中牵头 6 项、参与 5 项。

二是创新科技合作模式，广泛汇聚内外部创新资源。西北院与陕西省科技厅、教育厅、西安交通大学设立联合基金，立足企业业务发展和重大科技攻关需求，面向全省实施“揭榜挂帅”，扩大创新资源汇聚，贯通基础研究、应用技术研究到产业示范全链条的创新卡点，提高产学研联合创新水平。2023 年度定制陕西省科技厅联合基金榜单 24 项，陕西省教育厅联合基金立项 19 项，校企联合基金立项 4 项，整合外部联合创新单位 40 多家。

三是创新技术中心管理体系和运行机制，打造高效统领性创新平台。西北院制定《技术中心与创新平台管理办法》《创新平台考核评价实施细则》等管理办法，建立了“6 个国家级 + 10 个省市级 + 2 个集团级 + 7 个政/校企联合 + 8 个院士工作站/室”的创新平台组织体系，搭建了“技术中心—创新平台—专业研究部所”创新平台高效运行模式，推进创新体系和生产经营体系有机融合，实施“柔性引才”计划，年度引进院士及行业知名专家作为企业技术中心特聘专家 16 人。

四是创新科技评价机制，全面激发全员创新活力。西北院建立科技创新积分制，构建企业各创新主体多层次、多维度的科技创新评价体系，实现创新成效量化考核和全方位评价，并应用于企业各创新主体业绩考核和员工评聘推优，充分激发全员创新活力和提升协同创新效能。2023 年度评选表彰科技工作先进单位 4 个、优秀工作室 4 个，获得年度个人积分人员 1955 人，实施科技专项奖励 800 人次。

五是创新科技管理方式，打造全面信息化科技管理与赋能增值平台。

西北院自主研发科技创新管理与服务平台，完成企业级业务全过程标准化、规范化管理和数据流实时交互共享，建立主营业务领域、二级单位和创新个人科技档案数据库，科学、公开、精准量化各创新主体创新成效，实现科技驾驶舱分类统揽数据、业务子模块全流程管理、年度考评一键完成、科技产值结算信息化同步、科技档案一键查询等，提升高新技术企业、国家级企业技术中心等科技指标统计效能 90%，内部科技创新考核周期缩短至 1 个工作日，员工评聘推优快速遴选 870 人次。

（二）完善市场化机制，更好激发科技创新新动能

一是全面实施任期制和契约化管理。西北院制定印发《经理层成员选聘管理办法》《二级机构领导班子成员任期制和契约化管理暂行办法》等制度，将公司领导班子成员和实行经营管理业绩考核的二级机构班子成员全面纳入实施范围，在公司本部以量化指标考核为主的两个市场管理部门中，参照契约化管理，落实经营管理责任，推动“能上能下”机制不断深化和落地。

二是持续健全公平、公开、公正的市场化选人用人机制。西北院修订出台《公司直管干部选拔任用管理办法》《员工及外包用工招聘管理办法》等办法，建立本部职能部门定员定岗定编制度，深入推进干部员工公开竞聘、竞争上岗及不胜任退出工作，将公开竞聘、竞争上岗作为干部产生主要渠道，2022—2023 年共开展公开竞聘活动 26 批次，管理人员竞争上岗比例均保持在 70% 以上。员工公开招聘率保持 100% 。综合运用绩效考核、综合评价等措施，推进员工不胜任退出，近两年退出比例保持在 2. 4% 左右。

三是大力加强干部人才队伍建设。西北院发布《员工职业发展管理办法》《科技领军人才选拔培养管理办法》《科技研发通道岗位评聘实施细则》等制度，建立应用科技人才量化积分机制，完善核心科技骨干退休返聘制度，2022—2023 年返聘科技人员共 74 人。持续加强科技人才队伍建设，探索柔性引才机制，2022—2023 年共引进博士（后）25 人，签约院士 9 人、长江学者 3 人、全国工程勘察设计大师 2 人、国务院特殊津贴专家 2 人、行业知名专家 10 人。

四是优化工资总额分配管理机制。西北院制定印发《工资总额管理办法》，建立健全与劳动力市场基本适应、与经济效益和劳动生产率“一适应两挂钩”工资总额决定机制。探索工资总额单列管理，对入选国家和省部级高层次特支计划、承担核心技术攻关团队成员所需的工资总额差额单列；对市场竞争、人才竞争激烈业务的核心专业人才所需工资总额进行差额单列；对新进经认定的高层次硕博人才 3 年内所需的工资总额进行差额单列。

五是建立健全市场化考核分配体系。西北院围绕“一利五率”和高质量发展需要，制/修订《经理层成员经营业绩考核办法》《经理层成员薪酬管理暂行办法》《二级经营单位经营管理业绩考核管理办法》《中层干部考核评价及薪酬管理办法》《员工绩效评价考核指导意见》等制度，突出“以奋斗者为本、向贡献者倾斜”的价值导向。

六是持续深化中长期激励机制建设。西北院持续做好岗位分红方案优化和激励兑现工作，2022—2023 年共开展岗位分红激励 1188 人次。基于海上光伏智能装备研发项目，制定科技型企业项目收益分红激励机制，建立共担研发风险、共享转化收益的科技成果转化激励机制。研究科技型企业股权激励制度，用好用足激励“工具箱”。

三、改革成效

西北院深入推进改革深化提升行动，以“科改行动”和价值创造行动为抓手，牢牢把握“三个总”、切实用好“两个途径”、充分发挥“三个作用”的改革部署，统筹做好功能使命性任务和体制机制性任务改革，进一步增强企业的竞争力、创新力、控制力、影响力、抗风险能力，公司综合实力、经济效益、科技创新取得了显著成效，技术立院、科技强企发展理念不断彰显。

2023 年，西北院获评国务院国资委“科改行动”年度标杆企业、国家级企业技术中心优秀等级。连续 2 年牵头主持国家重点研发计划、首次获批国务院国资委 WLCY 和 CXLHT 项目，获评股份公司“改革三年行动”重点任务考核 A 级企业、子企业董事会优秀等级。连续 3 年获评股份公司党建工作责任制考核优秀等级，2 个集体分别荣获全国工人先锋号、全国青年安全生产示范岗。ENR/建筑时报中国工程设计企业 60 强排名提升 12 位至第 16 位。

2023 年，西北院营业收入同比增长 11.48%，净利润同比增长 6.26%，净资产收益率 12.28%，全员劳动生产率 72.18 万元/人，营业现金比率 6.15%，新签合同同比增长 34.15%，资产负债率 72.63%，主要经济指标创历史同期最好水平，全面超额完成年度目标任务。

2023 年，西北院获批国家级、省部级高层次科技项目 45 项。新增授权专利和软著 415 项，获省部级科技奖 63 项，同比分别增长 26.9%、10.53%。获中国专利优秀奖 1 项、中国工程建设标准化协会标准项目一等奖 1 项。获省部级及以上优秀工程成果奖 70 项，其中国家优质工程金奖 1 项、国家优质工程奖 2 项。

117

打造央地携手专业化重组“五合一”新样板

易普力股份有限公司

一、基本情况

易普力股份有限公司（以下简称“易普力”）于1993年伴随三峡水利枢纽工程上马而组建，是中国能源建设集团有限公司（以下简称“中国能建”）的二级子企业。经过30年的发展，易普力目前员工有7000余人，2023年完成拆分上市，营收规模跃升至90亿元，净资产规模超70亿元，市值逾130亿元。易普力现拥有集民爆物品研发、生产、销售、爆破一体化和矿山开采施工总承包及绿色矿山建设于一体的完整产业链，具备营业性爆破作业单位、矿山工程施工总承包“双一级”资质，工业炸药许可产能56.55万吨/年，工业电子雷管7550万发/年，已成长为国内民爆行业产能规模最大的上市公司。

为提升国有资本在民爆行业控制力影响力，2023年，中国能建分拆易普力、借壳湖南南岭民用爆破器材股份有限公司（以下简称“南岭民爆”）实现民爆业务A股上市，探索出“专业化整合+央地合作+‘A+H’分拆+借壳上市+配套募集资金”的“五合一”新模式，为易普力高质量发展打开了新空间，大幅增强了民爆业务规模实力和市场竞争力，为加快建设世界一流“能建民爆”提供了新动力。

中国能建是为能源电力、基础设施等行业提供系统性、一体化、全周期发展方案和服务的特大型企业集团，于2015年在港交所实现主营业务H股整体上市，2021年在上交所挂牌后实现主营业务“A+H”股整体上市。易普力主要从事民爆产品研发、生产、销售以及爆破和矿山开采服务，中国能建所属中国葛洲坝集团有限公司（以下简称“葛洲坝集团”）持股比例为68.36%。南岭民爆控股股东为湖南省国资委所属湖南省南岭化工集团有限责任公司，2006年在深交所上市，是我国民爆行业第3家上市公司。

本项目于2021年10月正式启动，由中国能建“A+H”股上市公司分拆易普力、重组南岭民爆实现上市和募集配套资金三部分组成。中国能建依据《上市公司分拆所属子公司境内上市若干规定》《上市公司分拆规则（试行）》等相关政策，筛选符合条件的优质民爆资产，以重组借壳的方式进行分拆；南岭民爆采用向特定对象非公开发行股份的方式，购买葛洲坝集团、攀钢矿业及23名自然人合计持有的远超南岭民爆体量的95.54%易普力股权，实现“以股换股”，重组上市后南岭民爆由中国能建通过所属葛洲坝集团控股；重组后，易普力采用询价方式向不超过35名特定投资者非公开发行1.17亿股募集配套资金，发行价格不低于发行期首日前20个交易日南岭民爆股票交易均价的80%，募集资金13.39亿元，用于持续支持新的上市公司高质量发展。

二、经验做法

（一）坚持价值导向，优选分拆模式

一是择优选取分拆对象。中国能建优选已完成股份制改造、资产质量优、经济效益好的民爆板块进行分拆，多维度考量确定评估方法，易普力评估值增值率306%，充分彰显企业价值，提升行业影响力。

二是统筹考虑确定上市路径。兼顾企业发展需要和提高上市效率需求，统筹考虑民爆行业重组整合及发展特点，首创采用与优质民爆上市公司强强联合的“分拆＋重组”上市新模式。

（二）坚持目标导向，系统周密部署

一是科学划分任务节点。系统梳理决策程序、尽职调查、反垄断申报、国家国防科工局审核、国务院国资委审核、中国证监会审核等各阶段工作重点，倒排工期，合理确定时间节点。

二是密切沟通把控进度。建立中国能建、葛洲坝集团、易普力与南岭民爆三级联动机制，压实责任，分工对接，加强与监管机构的沟通，确保各环节密切衔接。在主管部门指导下，易普力克服了审批环节多、疫情反复无法现场沟通等诸多挑战，仅用时 15 个月即完成分拆重组上市并募集配套资金。

（三）坚持问题导向，巧解上市障碍

一是合理设置股权结构。就湖南省国资委提出的希望保留部分经营决策权的诉求，中国能建本着兼顾央地国资利益和有利于上市公司持续发展原则，通过非公开发行 1.17 亿股募集配套资金的方式，将持股比例从 47.9% 降至 43.6%，湖南省国资委持股 19.4%，既确保了中国能建对上市公司的实际控制权，又保证了湖南省国资委作为第二大股东享有部分经营决策权，还为企业后续再融资预留了股权释放空间，实现多方共赢。

二是全面解决历史遗留问题。中国能建聚焦财务数据、资产权属等关键问题，指导推动易普力解决瑕疵资产剥离、土地房产、联营、员工持股等多项历史遗留问题，督促南岭民爆完成涉房业务、厂办大集体改革、联营挂靠等 43 项问题整改，关闭注销低效法人 8 家，确保各项风险可控、受控，为企业后续健康发展奠定良好基础。

（四）坚持市场导向，深挖投资潜力

一是挖掘传递投资价值。易普力对双方企业奋斗历程、安全管理、竞争优势、财务数据、战略规划及实现路径等方面进行详细梳理与分析，深入挖掘投资价值。利用自身资源优势，积极对接各央企投资平台和产业基金、知名公募和私募基金、各银行保险等旗下大型投资机构总部，接触100余家市场活跃投资者，开展近70场“一对一”路演，有效传递了重组后上市公司投资价值，充分激发市场投资热情。

二是准确把握发行时机。2023年4月，易普力根据市场波动和股价变化，结合融资目标和潜在投资者需求，选择股价较高的时机启动发行配募程序，最终发行价格为11.43元/股，高于发行底价13.28%，实现13.39亿元全额募集，易普力资本市场形象得到全面提升。

（五）坚持融合导向，升级品牌形象

易普力与南岭民爆合作双方按照求最大公约数、形成最大合力的原则，发挥各自优势，促进国有资产保值增值，助力企业高质量发展。

一是优势互补提升“硬实力”。易普力充分发挥自身一体化服务和国内外市场布局优势，结合南岭民爆工业产品和区域深耕优势，打造核心竞争力。

二是品牌融合升级“软实力”。易普力以“品牌影响力、市场认同感、国际化趋势”为考量维度，将属地化的“南岭民爆”更名为国际化的“易普力”，同时保留南岭民爆证券代码“002096”不变，实现品牌融合升级最优解。

三、改革成效

一是为央企打造专业化上市公司探索了新路径。本项目由央企和地方国企对民爆业务进行市场化整合，约20家专业机构参与，涉及多个主

管部门审批，为 A 股首例“分拆 + 重组”上市，属于重大无先例的创新模式，找到了国企改革、央地合作、产业整合的新路子，打造出极具竞争力的民爆专业化公司，有力提升了上市公司的经营活力。易普力在没有寻找一家基石投资者的前提下，最终参与申购投资者共 32 家、成功获配 21 家，募集资金认购倍数高达 1.86 倍，重组后的易普力市值从不到 50 亿元跃升至约 130 亿元，充分体现了资本市场对易普力价值的高度认可。

二是为深化央地合作带动不同层级国资协同优化提供了新样板。中国能建和湖南省国资委同步搭建股权纽带硬链接和体制机制软链接。一方面，就股权结构进行科学设计，使双方股权合作达到了共赢局面，重组后中国能建通过葛洲坝集团控股易普力，湖南省国资委作为第二大股东发挥重要作用；另一方面，组建“3 +3 +3”（3 名外部董事、3 名独立董事、3 名内部董事）董事会，实现中央企业、地方国资、专家学者、职业经理人等多方力量共建共治，形成各司其职、各负其责、协调运转、有效制衡的现代化公司治理体制。

三是为易普力高质量发展打开了新空间。本次交易是落实工信部民爆行业规划“打造 3 至 5 家具有较强行业带动力、国际竞争力的大型民爆一体化企业”的有效举措。重组后易普力年营收规模超 90 亿元，产能超 56 万吨/年，工业电子雷管 7550 万发/年，国内业务覆盖 20 余个省，国际市场覆盖亚、非、拉等区域，企业产业规模、市场覆盖率大幅提升，高质量发展基础进一步夯实。2023 年，易普力营业收入、利润总额较重组前同口径分别增长 149.23%、118.84%，年产能约占行业总产能的 11%，民爆产业链链长地位加速确立。

四是为加快建设世界一流“能建民爆”提供了新动力。中国能建通过分拆易普力重组上市，旗下新增一家专业化 A 股上市公司，进一步提升了中国能建在资本市场、产业市场和全社会的影响力，实现了“能建民爆”价值重估和品牌重塑，显著提升了中国能建在民爆行业的影响力和话语权，夯实了建设世界一流民爆服务商的基础，为增强我国民爆行业全球竞争力贡献了能建力量。

118

深入践行国际优先优质协同发展战略 推进共建“一带一路”高质量发展走深走实

中能建国际建设集团有限公司

一、基本情况

中国能源建设集团有限公司（以下简称“中国能建”）以加快建设具有全球竞争力的世界一流“四型”“六商”集团为目标，以“战略引领、资源整合、差异定位、协调发展、服务共享、价值提升”为原则，系统打造“中国能建统一领导、‘一体’引领统筹、‘两翼’协同推进、区域总部深耕发展、所属企业联动出海”的海外业务管理新体制。中能建国际建设集团有限公司（以下简称“国际集团”）作为“一体”大平台，于2021年9月注册成立，是中国能建的全资子公司，也是中国能建海外业务发展和管理的责任主体，负责全面推进中国能建海外优先优质协同发展战略落实落地，引领统筹中国能建十二大业务和全产业链“走出去”，矢志践行共建“一带一路”倡议，为构建人类命运共同体贡献中国智慧、中国方案。

二、经验做法

（一）突出战略导向，提升顶层设计牵引力

一是“通脉”优化海外业务管理机制。国际集团与中国能建总部其他

职能部门协同联动，在国际业务考核、工资总额专项奖励、评优评先等方面赋能，真正做到将“国际优先”理念全面融入中国能建发展格局。督导中国能建所属企业落实《国际业务优先优质协同发展指导意见》精神，加强国际业务资源配置，解决国际业务适应性组织建设滞后、人才配备不足、一线资源欠缺的问题。按年度评估更新国际业务龙头、骨干企业名单并给予差异化赋能，做好“走出去”梯队建设，“1+2+N+X”国际业务管理机制不断完善。

二是“聚魂”强化战略引领。国际集团科学开展中国能建“十四五”国际业务规划中期评估，结合国有企业改革深化提升行动的新形势、新要求调整规划目标，谋划“十四五”后半程战略举措，确保规划与企业实际、内外部环境变化更加契合，中国能建国际业务发展方向清晰明确，战略牵引力不断增强。

（二）突出市场导向，提升转型升级动能

一是持续优化海外市场（机构）布局。国际集团结合国别市场和企业特点，优化94个国家（地区）市场布局，明确国别（地区）布局资格企业名单并督促各企业完成人员派驻，合理配置国别平台、设计、施工与专业公司力量，形成重点突出、冷热均衡的布局局面和有序协同、联动出海的发展格局。协同出海成员签署15个国别机构共建协议，推动在阿联酋等7个国别成员企业集中办公，启用乌兹别克斯坦联合办公室实现成员企业“物理融合”，在沙特阿拉伯等国以专班形式在项目层面推动虚拟股份制，树立了“化学融合”的优秀样板，海外“一盘棋”效应显著增强。

二是做实做细国别、业务、投资“三大策划”。国际集团围绕40个核心、骨干国别市场开展国别策划，系统摸清国别环境、盘点资源情况、制定发展目标、明确发展路径。高质量开展业务策划，发布涵盖中国能建十二大业务合计39款产品的业务策划书并应用，确保前端市场与后端技术高度衔接，以成熟、优势产品为驱动，推动十二大业务“协同出海”。编制“十四五”海外投资策划，明晰重点国别和行业投资开发路径和策略，有效提升市场开发的精准性，有力支撑战略规划落实落地。

三是加快“三新”业务布局力度。国际集团顺应全球去煤、低碳、绿色发展趋势，重点向新能源、新基建、新产业“三新”业务领域发力。2023年新能源项目签约1394亿元，同比增长78.05%，乌兹别克斯坦光伏投资项目创造了立项、决策、开工用时最短的“能建速度”，并在当年实现首批400兆瓦并网发电。成立氢能专班，紧盯重点国别加快氢能业务布局，绿氢绿氨项目在埃及等国取得阶段性成果，国际业务转型升级动力强劲。

（三）突出价值导向，提升海外项目履约创效水平

一是企业“一把手”多次深入项目一线调研指导。中国能建“一把手”深入海外一线，在乌兹别克斯坦、阿联酋、沙特阿拉伯等国开展在建项目调研，为全面提升国际项目履约创效能力谋划举措，切实将国际项目管理打造为价值创造的主阵地、培养具有国际视野复合型人才的主平台、展示中国形象和能建品牌的主窗口。

二是全面践行项目管理新体系。在“1+2+5+N”项目管理制度体系下，国际集团不断完善国际项目管理的差异化内容和要求。打造国际业务商务和法律、财税和金融、技术委员会等“三委会”，建立项目分级分类评审复核机制，重大项目风险防控更加有力。加大国际项目薪酬体系激励力度，拉大同岗级薪酬级差，对业绩突出、经营成果大幅超出预期的项目经理给予强激励。

三是系统开展“项目履约提升年”活动。国际集团围绕国际项目履约重点领域、关键环节和短板弱项，制定专项改进方案，着力提升管理策划、资源整合、生产组织、项目经营、风险防控工作质效。建立生产经营例会机制，锚定核心指标和重点项目召开专题会，推动重大项目问题解决。

（四）突出问题导向，提升科学管理综合效能

一是不断升级公共服务产品。国际集团发布6个核心国别风险分析报告，就战争、法律及外汇等方面指导企业事先防范风险。积极妥善应对“长臂管辖”风险，制定合规管理“三张清单”，针对西方国家对俄制裁等情况提出应对预案。更新发布50个国别税务指引手册，进行税务风险提示并提供务实建议，现已实现核心国别市场100%覆盖。

二是稳步推进项目治亏解困。国际集团充分发挥专班作用，聚焦重难点国际项目，从管理、技术、商务、财务等各方面全面会诊、找准病灶、综合施策，推动重难点项目解困，相关重大风险逐步得到化解或缓解。

三是不断提升人才国际化水平。高效组织两期国际项目经理高级研修班，从战略执行、投融资创新、履约管理、商务谈判及合规经营等方面系统培养国际项目经理100余名，其中多名已奔赴全球各重点项目挑大梁。聚焦管理能力、专业技能和综合素质，开发国别首代能力素质模型，组织海外市场开发人员履职能力提升培训班，推进一线战斗堡垒作用更好发挥。

三、改革成效

一是践行国家战略坚决有力，共建“一带一路”扎实有效。2023年中国能建在“一带一路”共建国家签约2673.82亿元，位列央企前列。深度参与第三届“一带一路”高峰论坛，紧跟大国外交务实高效开展转化、细化、深化工作，效果突出、抢先布局，签约希腊天然气电站、乌兹别克斯坦储能、沙特阿拉伯光伏等一批重大项目。承建的全球最大单体光伏电站阿联酋阿布扎比项目、中亚最大燃气联合循环电站乌兹别克斯坦锡尔河等

项目成功投产，推动共建“一带一路”高质量发展扎实有效。

二是国际业务改革红利加快释放，发展动能不断增强。“一流能建必有一流国际”已成为广大职工干部的共识，国际集团聚焦大管理、大发展、大创效、大保障、大监督“五大职能”发挥，引领统筹坚强有力，带动“两翼”立足差异化定位强化专项职能发挥，“N”和“X”企业积极发挥“龙头”和“骨干”作用，加快专业化发展，“1+2+N+X”管理机制展现强大发展活力，集约化、穿透式“大海外”体系运转更加高效，巩固了中国能建在“走出去”央企中的领军地位。

三是高端营销立体多维，能建国际品牌形象全面彰显。中国能建“一把手”赴中国香港、中东、中亚、北欧等市场开展高端对接，以“创新、绿色、数智、融合”为内涵“一创三转”发展理念深受多国元首认同。“鲁班工坊”案例获评2023年“一带一路”建设优秀案例，海外传播经验获得《人民日报》社优秀对外传播案例奖，《远方的路》获评第六届中央企业优秀故事一等奖，《深化中土融合，打造能建品牌》案例被评为第六届中国企业国际形象建设“共建新丝路类”优秀案例，能建国际品牌影响力持续放大。

119

推动科技创新进入国家主通道 加快实现高水平科技自立自强

中国电力工程顾问集团有限公司

一、基本情况

中国电力工程顾问集团有限公司（以下简称“中电工程”）是世界500强企业中国能源建设集团有限公司（以下简称“中国能建”）的二级核心子集团，旗下拥有国内外26家子企业，业务覆盖全球100多个国家和地区。2023年，中电工程实现新签合同额超过3400亿元，营业收入超过1100亿元，位列ENR“中国工程设计企业60强”第1名、“全球工程设计公司150强”第2名，是全球最具规模的能源设计咨询企业。2023年，中电工程坚持以习近平新时代中国特色社会主义思想为指导，深入实施“科技强企、创新发展”，将科技创新摆在“头号工程”，全年共获得中国专利优秀奖1项、省级科技奖13项、中国能源创新奖4项、中国电力科技奖7项。

二、经验做法

（一）系统谋划部署科技创新工作

一是明确科技创新工作目标。随着国家碳达峰碳中和战略的持续推进，中电工程深入分析谋划，及时优化《“十四五”科技发展规划》，聚焦新能源与新型电力、传统电力、生态环保、城镇建设、数字与信息五大业务领域共规划了28个技术领域、89个子领域和202个研究方向，开创性提出了“牵头成功申报一项国家级科技项目、获得一项国家级科技奖项、打造一个国家级研发平台、创建一个国家重点实验室、培养一个有效的院士人选”的科技创新“五个一”目标，为科技创新工作开展指明方向。

二是系统策划重点任务清单。中电工程着力把握科技创新发展新形势新机遇，努力将愿景转化为实施方案，务求实现科技创新的实质性突破。2023年初，中电工程围绕“五个一”目标，系统策划“十四五”时期后3年的科技创新重点攻关任务，制定并发布《科技创新三年行动计划实施方案》，确立了4项国重攻关任务、14项国重培育项目、5项国家级研发平台攻关任务，全面吹响“十四五”决胜科技创新攻坚行动的集结号冲锋号。

（二）不断强化关键核心技术攻关

一是聚焦重点领域强化科研攻关。中电工程在传统能源电力领域保持研发强度，着力巩固扩大在百万千万级火电、百万千万级核电、百万千万级海上风电和百万伏特高压输电“四个百万”方面的技术优势。同时，适应全生命周期工程服务商、以新能源为主体的新型电力系统投资商“两商”定位和能力提升需求，聚焦东数西算、高空风能、氢能、压缩空气储能、交能融合等新兴业务领域，策划并组织实施了一批重大科技项目。近年来集团层面年均直接投入研发经费近3亿元，已取得一批成果并进入工程示范和推广应用阶段。

二是锚定国重突破强化科研攻关。为提升研发层次和技术水平，中电工程锚定重点领域组建国重项目申报工作专班，由首席科学家挂帅作战，通过“本部+”模式统筹资源，组建由国内顶尖高校、科研院所和企业组成的申报团队，历时近1年全力技术攻关，首次作为项目牵头单位成功申报“大型伞梯式陆基高空风力发电关键技术及装备”国家重点研发计划项目，开辟了能源领域新赛道。2023年，共申报国家重点研发计划项目、国家重点研发计划政府间合作项目13项，其中项目牵头1项，课题牵头5项，参与7项，共中标6项，申报总数和中标总数创历史新高。

三是着力打造原创技术策源地和现代产业链链长。中电工程以系统思维深入研究打造原创技术策源地和现代产业链链长的范围、标准、关键点等各项要求，聚焦自身优势特色领域，确定了千米级高空风能发电技术、交能融合技术等打造原创技术策源地12项任务和综合智慧能源、东数西算打造现代产业链链长2项任务。逐项科学制定工作计划书，明确研发攻关任务清单并通过科技项目立项保障资源投入，在千米级高空风能发电、东数西算领域已逐步站稳头部企业位置。

（三）着力打造高水平研发平台

一是苦练内功做实公司级研发平台。中电工程直面核心研发平台缺失的不足，提出了风能、海洋能源、储能、东数西算、生态环保等七大类共11个公司级研发平台建设计划。2023年，公司级实验室“中电储能技术实验室”已成功获批，进入实体化建设并被认定为上海市“普陀区科技研发平台”；“风电控制系统实验室”依托重大科技项目建设，已初步研发形成一套国产化自主可控的集中监控风电控制系统；其他领域的研发平台建设布局也在按计划有序推进，科技研发能力扎实提升。

二是着眼长远打造高层次研发平台。中电工程尝试依托自主投资项目打造支撑重大科研任务实施的基地、装置、试验台。选择创新基础好、创新能力强、创新成果突出的研发平台积极申报国家科技部、工信部、发改委等科技创新平台。充分利用各方资源释放合作动能，在申报省级工程（技术）研究中心、重点实验室等研发平台方面不断发力，取得了较好成绩。2023 年，共申报省部级研发平台 12 项，成功获批 11 项，创历史新高，为下一步推进国家级研发平台申报工作打下了坚实基础。

（四）集聚培养高层次科技人才

一是充分发挥科技领军人才作用。中电工程着力激发全国工程勘察设计大师在科技创新、成果转化等方面的引领作用，制定全国工程勘察设计大师管理办法，明确大师薪酬福利待遇及后备大师培养等事项，成立大师工作室和大师管理办公室，定期召开大师座谈交流会，建立健全大师培养体系。探索首席科学家负责制并首批推举出 7 名首席科学家，在制度层面保障首席科学家对科研项目立项、研发路线选择、重大技术方案确定等的直接建议权，充分发挥首席科学家在国家重点研发计划等项目上的牵头作用。

二是强化科技人才选拔、培养和激励。中电工程组织制定《人才选拔培养工作方案》《打造低碳能源科技创新人才高地建设方案》，明确卓越工程师作为科技类人才的重要组成部分，建立科学有效的卓越工程师选拔、锻炼、跟踪、评估和使用机制。注重通过内外部挂职交流机制等机会，持续选派优秀青年英才给予重要岗位进行锻炼。在重大科研项目、重点工程项目执行方面，优选重点培养的科技人才担纲挑梁、攻关突破。全面贯彻落实中国能建《科技创新人才全面激励实施办法》要求，着力培养形成有潜力、多专业的良好梯队，助推科技创新人才队伍快速成长。

（五）持续优化完善科技创新体系

一是系统梳理重塑科技创新体系架构。为切实提升研发能力和人才队伍规模，中电工程组建中电碳中和发展研究院、中电海洋能源工程技术研究院、中电数据与信息研究院、中电储能工程技术研究院、中电生态环境工程技术研究院五大研究院，通过内外部竞聘选优配强团队，全面铺开业务运作，通过“本部 +”模式谋划科技创新工作的层次和水平得到显著提高。

二是统筹建立健全科技创新一揽子体制机制。中电工程着力推行重大科技项目的项目制管理模式，实行项目经理负责制，赋予项目研究团队更大的路线自主权和资源支配权，集中优势力量全力开展科研攻关。建立重大科研任务奖励激励机制，制定并发布《科技创新激励管理办法》，围绕“五个一”目标明确对完成任务的申报团队进行分类重奖，有效激发创新动力。中电工程建立强化科研投入机制，落实研发投入比率考核，多渠道争取外部科技资金支持，注重科研与投资联动对接，打通成果工程示范路径，牢牢掌握科研自主权。建立科研容错机制，包容创新、尊重创造，鼓励研发人员放下包袱，营造良好的技术创新氛围，激发全员创新思维和自主、自发的技术创新热情。

三、改革成效

一是科技创新引领战略性新兴产业高质量发展取得显著成效。中电工程始终坚持科技创新引领业务发展，围绕战略性新兴产业全面谋划新能源与新型电力业务布局，同时以“七网融合”为主线布局新基建，聚焦更高参数更大容量煤电、CCUS、地热能、新型核电、生态治理等方面布局传统产业升级及衍生产业发展。2023 年，中电工程加快实施“一创三转”，依托强大的技术能力和系统布局，在抢抓“三个 8000 万”机遇持续巩固传统电力市场优势地位的同时，在新能源领域强势出击，海上风电投建营一体化实现突破，综合能源基地和“能源 +”项目多点开花，抽水蓄能、压缩空气储能、氢氨醇油等战新业务加速落地，全年完成超过 9000 兆瓦新能源建设指标任务。新能源与新型电力业务已成为中电工程第一大业务板块，新签合同额占比超过 50%，营业收入占比超过 40%，企业高质量发展呈现向好局面。

二是科技创新支撑国家重大战略工程彰显功能价值。中电工程以先人一步的魄力积极拓展东数西算国家战略带来的重大机遇，制定“攻关一批关键核心技术、制定一套标准体系及技术指南、组建一批创新联合体”的总体思路，强化“东数西算关键技术研究与装备研发”“东数西算绿色算力运营技术研究”重大科技项目研发，牵头搭建中国能建东数西算算力基础设施技术标准体系，编制发布《大型算力集群绿色低碳源网荷储一体化解决方案白皮书》《数据中心工业化关键技术应用白皮书》，推进东数西算数能融合创新联盟和卡脖子关键技术攻关平台组建。由中电工程投资建设的东数西算庆阳节点已顺利开工并实现A1数据中心封顶，中卫节点成立项目公司并完成内部投资决策，芜湖、贵阳、大同等项目已与政府签署战略协议，中电工程数能融合整体解决能力快速提升，有效支撑国家重大战略工程实施落地。

三是科技自立自强能力实现大幅跃升。中电工程与两院院士、国内知名科研院所等高端资源对接力度明显加强，注重与“政产学研用金”各环节的深入合作，努力延伸上下游产业链，配合资本运作和市场开发等手段，科技创新资源整合能力实现质的飞跃。近年新增全国工程勘察设计大师2名、电力行业工程勘察设计大师11名，3家所属企业被国资委纳入“科改企业”名单，深度参与博鳌亚洲论坛、东盟博览会、进博会等重大活动，完成百余个省级、市/区/县级和园区级“双碳”研究项目，一系列科技创新成绩在业内备受瞩目，研发硬实力显著增强。

120

推进布局优化调整　大力发展新产业赛道

中金钻石（三门峡）有限公司

一、基本情况

中金钻石（三门峡）有限公司（以下简称“中金钻石”）成立于2022年，注册资本5010万元，是中国黄金集团资产管理有限公司的全资二级子公司，主攻珠宝产业链的培育钻石项目。中金钻石坚持以习近平新时代中国特色社会主义思想为指导，认真贯彻落实创新驱动发展战略，聚焦培育钻石产品研发、生产、销售，旨在助力中国黄金集团有限公司（以下简称“中国黄金”）深化珠宝产业布局，发挥黄金珠宝产业协同效应，打造新延伸培育钻石产业链。截至目前，中金钻石共有六面顶压机72台，员工总人数59人。

二、经验做法

（一）大力推动生产研发革新，夯实主业发展基础

培育钻石行业属于技术密集型行业，中金钻石通过坚持发展持续完善科技创新体制，培养研发人员、提高研发效率、保持创新能力，致力于实现高水平科技自立自强，掌握新技术把握发展的主动权。

一是创新培育钻石原料配方技术，实现克拉数提升。中金钻石对5～10克拉培育钻石原辅材料配方进行深入探索，对现有培育钻石原辅材料进行分析，对可能影响品质的原因进行梳理分类，探索新型材料及配方、制作流程，实现合成中压力传递、温度传导的高效性、温度性、重复性。

二是研究新型密封传压介质制造技术，提升毛坯质量。中金钻石采用最新的复合块结构设计、材料选取、工艺制作等专业技术，不断优化密封传压介质的绝缘、密封、保温、传压等技术性能，实现新型密封传压介质自主制备。

三是改良设计5～10克拉培育钻石腔体结构，创新生产工艺。中金钻石通过精细材料配比、探索合成新工艺，改进设计操作控制系统及环境控制系统，创新研究5～10克拉无色培育钻石新工艺并推广产业化。

四是引入高品级培育钻石合成技术，实现品质新突破。中金钻石在高性能复合结构设计、材料优选级处理、合成工艺控制、晶型控制技术、柔性高效提纯技术、培育钻石指标评价与分析等方面取得突破，为高品级培育钻石生产提供技术保障。

（二）探索培育钻石消费新蓝海，激发行业新动能

中金钻石加速培育钻石产业布局，创新钻石产业链建设，明确战略规划和目标。公司紧抓全球钻石消费市场变革的契机，做强做优培育钻石生产，做大做强培育钻石毛钻切割、打磨与裸钻加工，与文旅结合配合拓展培育钻石销售，提高市场占有率。

一是探索切割打磨专利技术，实现产业链延伸新突破。中金钻石通过提供设备与人才共享利润的发展模式，紧抓全球钻石消费市场变革的契机，做大做强培育钻石毛钻切割、打磨与裸钻加工，在切割打磨过程中精准发力，积极探索中国黄金品牌独有的特色图案，申请切割打磨新图案、镶嵌新款式实用新型国家专利和外观设计国家专利，满足消费者对个性化定制的工艺需求，充分发挥珠宝板块在黄金珠宝消费领域的品牌优势，加快抢占百亿级消费市场，增强品牌在培育钻石新赛道的竞争力。

二是全速开展钻石分级工作，推出国家新认证标准。中金钻石通过对切工、质量、颜色和净度进行初判，做到心中有数。积极开展与国家珠宝玉石质量监督检验中心的合作，在钻石“4C标准”的基础上，加入钻石璀璨度等特征，推出具有中金钻石特色的国家级培育钻石新认证标准，实现品牌在国家钻石认证领域的公信力提升。

三是创新央地产业合作，探索培育钻石消费新业态。中金钻石充分发挥中国黄金品牌优势、人才优势及产业运作优势，与三门峡政府深度合作共同推动培育钻石产业发展，以工业旅游为核心，合理规划参观路线，将工厂的生产过程、技术、文化等进行展示，让消费者亲身参与和体验培育钻石的生产过程，加强消费者对培育钻石的产品理念和消费兴趣，同时发挥央企的社会价值，带动当地旅游业发展，为当地创造更多的就业岗位和商业机会，成功走出一条央地合作的新道路。

（三）聚焦市场化机制改革，激发内生活力动力

中金钻石坚持强化以人为本的管理理念，破解公司发展中遇到的发展阻滞问题，深度激发组织动能活力，提升创新发展实力。

一是精简部门设置，促进组织扁平化。中金钻石设置了合成车间、切割打磨车间、生产协调部、技术研发部、综合办公室和财务资金部6个横向部门，将“瘦身健体”等改革工作与扁平化机构变革有机结合，推动简化组织结构、减少管理层级，打破组织架构中的“隔热层”和“部门墙”，突破业务和职能部门的界限，推动更为柔性和敏捷的协同，提高沟通效率，响应组织变革的时代要求。

二是优化人员配置，深化人才培养开发机制。中金钻石加大优秀年轻干部培养力度，通过校园招聘、社会招聘、集团内单位调转、借调留用等

方式公开选拔年轻干部，同步优化领导班子的年龄结构，适时补充综合素质高、专业能力强的优秀后备人才，形成占比35.7%的各层级优秀年轻干部人才库。通过开展管理人员竞聘上岗，提拔任用“90后”年轻干部占新提拔干部总数的28.5%。

三是实行差异化薪酬，打造收入“能增能减”的分配机制。中金钻石打破事业单位薪酬体系，建立以岗位为核心，以贡献大小决定绩效的市场化薪酬分配机制，提高绩效工资占比，解决以往事业单位薪酬分配中“能升不能降”的问题。公司每月按照制度对员工进行考核，制定了具有岗位特色的绩效考核体系，将一线部门的绩效工资比例提高至60%~70%，绩效考核分数由成品率、耗材率、产量等组成，同职级员工收入差异最高约1.4倍，充分发挥了薪酬分配的激励和约束作用，鼓励优秀人才向生产和科研部门流动，充分调动了员工的工作积极性，提升工作效率。

四是精准考核培训，加大正向激励力度。中金钻石制度化、常态化、持续化开展员工技能考核，截至目前共实行4次闭卷考试，民主评测4次，10次实操检验。以考促学，充分调动员工理论学习的积极性，对2名业绩考核突出、能力强的优秀员工列入重点人员培养名单，对1名能力不足、多次考核末位的员工予以转岗。以考核为载体，切实提高了员工业务能力，生产车间产品A料品质提升了10%，达到20%以上，切割打磨车间5EX比例从不足50%提升至70%以上，生产成本明显下降，为中金钻石高质量发展提供了坚实支撑。

（四）战略性新兴产业布局持续发力，服务国家战略需求

中金钻石前瞻部署战略性、储备性技术研发项目，布局支撑经济社会发展和保障国家安全的战略性、基础性和先导性的战略性新兴产业，响应国家数字化号召，瞄准未来科技和产业发展的制高点。

一是探索大籽晶培育技术，工业和消费双赛道并行。中金钻石持续加

强原创性、引领性科技攻关，坚决打赢关键核心技术攻坚战。单晶金刚石拥有大禁带宽度、高热导率、高迁移率等优异特性，是全世界认可的下一代大功率、高频电子器件的理想半导体材料。公司通过深度科研，将高温高压方法和MPCVD方法结合，制备更大尺寸金刚石籽晶，致力于解决国家金刚石半导体材料关键“卡脖子”环节。

二是研发培育彩钻、特种钻石，持续产品革新。彩钻、特种培育钻石不仅针对民用饰品市场，同时彩钻、特种培育钻石更是工业特种用途及硅基芯片的升级替代产品，具有更广泛的市场应用前景，符合国家的新材料、新技术的发展规划。中金钻石将彩钻、特种培育钻石研发列入公司产品布局的重要方向，成立彩色培育钻石研发项目组，加强科研人员配备，精准提升研发资源投入，重在“投核心、投未来”。

三、改革成效

中金钻石通过国有企业改革深化提升行动，逐步转型成为技术领先、效益突出、具有高成长性和可持续发展的创新型企业，成为国内生产工艺中品质位居行业前列的培育钻石企业。

一是通过生产研发革新，中金钻石完全自主掌握能稳定生产3~5克拉无色培育钻石合成技术，形成具有从复合密封材料设计、材料优化设计、大颗粒培育钻石腔体设计、培育钻石可控生长到培育钻石分选、打磨和成品钻石设计等一整套技术开发体系。3~5克拉无色培育钻石合成技术与5~10克拉培育钻石合成技术及成品钻石设计已成为国内培育钻石行业标杆。

二是自统筹改革以来，中金钻石毛钻产能稳步增长，产业链不断向后延伸，在短时间内实现了毛坯自主生产，裸钻多样化切磨，营销销售与当地特色文旅相结合的产业链建设，通过加强技术创新、完善生产体系、双赛道模式拓宽市场应用。2023 年公司销售额显著提升，营业收入同比增长 32.8%。

三是通过优化人事考核机制，中金钻石充分发挥薪酬分配的激励和约束作用，员工的工作积极性和创造性得到了调动和发挥，工作效率得到了显著提升。2023 年毛坯年产量同比增长 40.1%，切割打磨年产量同比增长 48.3%，员工整体业务技术水平得到了进一步夯实，经济运行质量得到了提高。

四是通过布局超硬材料新兴发展市场的技术创新研究，中金钻石在金刚石工业应用领域取得阶段性研发突破，逐步将培育钻石升级为工业特种用途及硅基芯片的替代产品，助力国家高精尖事业发展，支撑国家半导体领域战略部署。

121

改革深化提升赋能高水平科技创新 打造中国南方原子能科技创新高地

中广核研究院有限公司

一、基本情况

中广核研究院有限公司（以下简称“研究院”）成立于2006年，是国有全资控股企业。研究院作为中国广核集团有限公司（以下简称“中广核”）负责中长期战略科研任务和前瞻性技术研究的二级子企业，主营业务包括核电先进堆型及燃料型号研发、关键单项技术及关键设备研发和科技成果转移转化等。

二、经验做法

自2023年以来，研究院坚持以习近平新时代中国特色社会主义思想为指导，深入贯彻习近平总书记指示批示精神和党中央、国务院的决策部署，全面落实改革深化提升行动，以满足国家战略需要为根本，以提升创新质量、激发创新热情为目标，以建设中国南方原子能科学与技术创新中心为抓手，全力推进科学研究、科研设施、人才汇聚、科研成果和机制创新五大高地建设。

（一）完善科技创新机制，充分释放创新潜能

一是进一步加大战略科研投入力度。充足的科技投入是开展高水平科技创新的必备条件，对提升科技创新能力有着至关重要的作用。研究院积极响应国资委加大科技创新投入的要求，积极拓展新项目、争取多渠道资源。2023 年研发经费投入强度为 114%，其中基础科研及应用基础科研经费占比达到 5.2%，为科技创新解除后顾之忧。

二是进一步深化科研生态圈建设，加快构建创新联合体。研究院 2023 年全年开展高层重点业务联络 200 余次，依托哈工大共建核新院，成功打通海上小堆燃料实验室规模生产工艺流程。依托快堆研发联盟，引进 2 名材料专业专家开展联合攻关。与中科院合肥院联合成立创新联合体，协同推进国家重大工程。

三是充分发挥“出卷人”和“答题者”作用。研究院通过广东省重点实验室渠道发布首批 4 项开放基金项目，获得深圳市科创委高度关注和支持认可。2 项关键技术入选中央企业未来产业相关领域方向目标任务，数值反应堆入选国家能源局核电数字化转型示范试点项目，获批国家自然科学基金依托单位，获得国拨科研课题 12 项，进一步融入国家科技创新体系。

（二）深耕学科能力建设，着力提升核心竞争力

一是加强专业能力建设。研究院围绕主责主业构建核心专业体系，并持续深化核心能力建设，从专业、技术、人才、数据、软件、平台六大维度，构建关键核心能力地图，挂图作战、稳步推进，重点补齐总体、放化、系统、测控、燃料、设备等专业关键能力短板。至 2023 年底，小型压水堆 1587 项能力项细化指标（FAST）具备率达 80%，快堆 1483 项能力项细化指标具备率达 50%，有效确保核心能力自主可控，有力支撑各项战略科研任务的推进。

二是加强学科建设。研究院聚焦工程研发设计任务中基础性和机理性技术问题，建立了适合科技型核电企业的学科建设管理体系。围绕以核科学与技术为核心学科的“1＋2＋1＋X”学科体系，从科研人才、科学研究、科研设施和学科管理四大核心要素出发统筹布局推进。完成首批8名学科带头人和12名方向负责人的遴选聘任，明确了学科建设整体规划和首批重点建设学科三年建设规划。围绕战略专项任务及工程急难问题开展技术溯源，凝练形成科学技术问题22项。关键技术攻关取得的成果，有效支撑了先进堆型研发任务。

（三）壮大科技人才队伍，全面构建立体人才体系

研究院以改革深化提升行动为契机，聚焦科技创新人才队伍建设，完善科技人才“引培留用”机制，推进人才引进、人才培养、薪酬激励体系优化、科研岗位体系改革等方面取得显著成效。

一是人才引进方面，研究院积极拓展引才思路和渠道，成功引进高层次人才3名，实现全球范围内高效遴选和匹配人才。积极引导公司内部人才推荐，实现“以才引才”。校园招聘组织多场专场座谈会和双选会，签约186人，硕博占比93%，95%来自国内外重点院校，实现了集团校园招聘的历史性突破。

二是人才培养方面，研究院全面承接国家工程硕博士联合培养专项工作，制定完善的培养方案和管理规定，首批21名工程硕博士成功入企开展实践，累计录取136名工程硕博士，为研究院未来的人才储备奠定了坚实基础。锚定长远，完成院士培养方案制定。推动中山博士后创新实践基地获批，深圳和中山两地博士后人数达到50人，为高水平人才培养提供了更广阔的平台。

三是薪酬激励方面，研究院坚持以岗位价值为导向，实现岗变薪变，推动以项目成果为核心的奖金分配方式，充分调动资源投入战略项目。员工最高薪资设计水平上浮近 50%，154 名员工因进入新的发展序列实现薪资提升，831 人次参与两个战略专项里程碑的科研人员得到精准专项激励，有效激发了科研人员的积极性和创造性。

四是科研岗位方面，研究院全面落地科研岗位体系改革，拓宽科研人员发展通道，聘任专业室主任级工程师 25 人，为战略专项配齐专业主设计师 76 人，高端岗位退出 5 人，实现灵活有效的选人用人机制，确保科研攻坚任务的高效完成以及重点专业岗位职责的压实。

（四）打造高水平科研平台，稳步夯实创新研发根基

一是大型科研基础设施建设有序有力，为先进核能研发提供坚实支撑。研究院按照“一总部 + 三基地”空间布局，稳步推进各项大型科研基础设施建设。龙岗基地压水堆堆外热工水力实验能力更加完备，技术水平进一步提升；中山基地先进堆型的实验装置逐步落地；热室厂房建设与设备调试取得关键进展。多基地能力优势互补，形成涵盖“设计—制造—辐照考验—性能检测”反应堆研发设计全流程的大型科研设施集群，对于核能领域科技自立自强、避免研发关键环节被“卡脖子”有重要支撑作用。

二是获批国家级科研平台，将科技创新融入国家战略。研究院建成了具有全球影响力的反应堆科研高地及国际合作平台——国家能源局“赛马争先”创新平台，促进产学研用深度融合和新型协同创新，驱动核能全产业链高质量发展，保障产业链的安全水平。通过技术能力领域优势互补，研发效率、科研设施利用率显著提升，研发成本大幅节约，实现了智力和硬件资源的高效整合。获批“核电站运维用耐辐照型工业机器人”工信部链主企业，通过攻关任务实施，可将我国核电机器人整机国产化率从现在的约 70% 提高至 90% 以上，基本摆脱对国外关键技术装备的依赖，实现核心产品自主可控，助力保障我国核电站安全稳定运行。

三、改革成效

依托改革深化提升行动，研究院实现科技创新效率与质量双提升，改革赋能科技创新成效初步显现。

一是经营业绩指标持续优化，发展质量有效提升。2023 年，研究院利润总额同比增加 32%，人工成本利润率同比增加 20%，净资产收益率同比增加 22%；科技成果转化年度收入 6.5 亿元，同比提高 76%。

二是战略科研攻坚能力愈发坚韧，重点项目取得关键突破。研究院通过实施堆芯设计、关键安全性能实验和设计软件等领域技术攻关，支撑华龙一号首堆工程顺利实施，“1025”专项攻关任务年度目标提前完成。科研成果转化应用取得重大进展，年内 10 余项攻关成果进入集团采购应用机制清单。

三是原始创新能力不断增强，高水平科技成果大量产出。2023 年，研究院获得专利授权 186 件，获得中国专利金奖 1 项、中国专利优秀奖 1 项；牵头主导 1 项国际标准正式立项，实现研究院主导国际标准零的突破；参编发布国际标准 1 项、国家标准 8 项、行业标准 2 项；获得广东省科技进步二等奖 1 项、深圳市科技进步一等奖 1 项、行业科技奖 4 项。

122

人才为本　自立自强　数智驱动　打造世界一流核电运维服务商

中广核核电运营有限公司

一、基本情况

中广核核电运营有限公司（以下简称“运营公司”）系中国广核集团有限公司所属二级公司，成立于2012年8月，现为国内最大的核电运维服务专业化公司。运营公司始终坚持以市场为导向，以客户为中心，致力于提供安全、高效、可靠的核电运维服务。运营公司自入选“双百企业”以来，始终坚持以习近平新时代中国特色社会主义思想为指导，贯彻落实习近平总书记关于国有企业改革发展和党的建设的重要论述精神，不断深化改革，推动公司高质量发展。2023年，运营公司深入实施国有企业改革深化提升行动，围绕提升核心竞争力和增强核心功能，深入实施新时代人才战略，大力推动自主创新，加快推进核心业务数字化智能化升级，推动公司高质量发展再上新台阶。

二、经验做法

（一）弘扬“工匠精神”，深化新时代技能人才队伍建设，打造高技能人才“孵化器”

一是坚持战略引领做好“三个保障”。运营公司秉承“企业发展、人才先行”理念，将技能人才队伍的培养作为公司高质量发展的重要方略。优化公司教育培训委员会功能，组建人才培养计划专项小组和人才荣誉工作领导小组，为人才培养提供组织保障。建立《公司人才荣誉体系运作与管理》《职业技能等级认定管理》《公司核心人才管理》等制度，为人才培养提供制度保障。持续加大技能培训资源设施投入，搭建场景化技能实战训练营“维修技能精兵训练营和工匠训练营”，不断丰富内部线上培训平台学习资源，为人才培养提供更好资源保障。

二是发挥头雁作用搭好“两个平台”。运营公司依托大国工匠、中华技能大奖获得者等高技能人才，与政府、行业协会合作搭建大师工作室、技师工作站，采取名师带徒方式加速培养技能人才，发挥高技能人才的模范引领作用；依托行业协会、省市技能竞赛等社会资源，搭建技能竞赛平台。公司党委、团委、工会联合打造标准化技能竞赛产品，建立覆盖集团内部和外部的多层级技能竞赛体系，配套打造涵盖制度、流程、培养、交流“4 个 1”的技能竞赛标准化产品。

三是挖掘内外部资源用好“两个工具”。运营公司积极接轨国家技能人才评价改革工作，形成了“技术培训授权 + 公司职业技能等级认定 + 社会化职业资格评定”的多元化技能水平评价体系。建立优才提升机制，实施“运营英才计划”，培育以领军人才为龙头、骨干人才为主体、青苗人才为后备的科研创新型和技术专家型优才梯队，强化公司专业化能力和创新能力，提升科技人才供给的质和量。

（二）心怀“国之大者”，多措并举推进自主化攻关，铸就产业链/供应链自主可控“坚强盾”

一是建强创新产业联盟攻关自主化堵点难点。运营公司牵头，联合国内科研院所和产业链上下游企业成立“核电运维技术暨备件自主化创新产业联盟”，以核电供应链和产业链自主可控为目标，通过“协同合作、优势互补、风险共担、利益共享”的运作机制，充分发挥产学研用技术研发平台优势，集中攻关解决国外受限物项和特殊维修技术，在多个领域填补了国内空白。

二是创新方法提升核电高端特殊维修能力自主化。运营公司面向提升核心竞争力和未来科技发展，建立了以设施（Facilities）、工艺（Arts）、技能（Skills）、工具（Tools）和实施验证（Check）5 个关键维度的“FAST-C”核心能力建设方法论，并建立公司核心能力项目池，制定公司核心能力建设和科技发展中长期规划，统筹推进核电高端特殊维修能力自主化。

三是同步推进临时缓解和永久解决措施有效应对“卡脖子”风险。运营公司从重大设备抢修预案、内外部重大经验反馈、历史维修服务外委清单、备件境外采购入手，全面识别外部不可控因素可能带来的“卡脖子”风险，建立自主化清单和应对方案，形成临时缓解措施（设备状态评估+供应商能力储备）和永久解决方案（自主攻关实施+设备替代改造）同步推进的“2+2”应对措施，有效降低“卡脖子”风险。

（三）聚力“数智赋能”，加快推进数字核电建设，为高质量发展注入“核动力”

一是加快核心业务数字化转型升级。运营公司与深圳大学大数据系统计算技术国家工程实验室共建“核电运营大数据实验室”，创新开展校企科研合作，攻关公司核心业务数字化转型遇到的技术难题，推动公司数智运维能力快速提升。建设并不断迭代升级核电大修和备件两大数字化作业平台，实现大修和备件业务全流程信息化、可视化、智能化管理，构建起新的竞争优势。

二是推进生产方式自动化/智能化换代。运营公司针对狭小空间、水下作业、高辐射区域等安全风险高的检修作业现场，通过研制自动化智能化装备、工具和工艺，引入智能机器人技术等，进一步优化生产方式，替代传统的人工操作，释放了人力资源，显著提升作业安全性和生产效率，有力支撑大修业绩创优。

三是推动全员参与数字化应用场景开发。运营公司在公司范围内组织开展全员数字化场景开发（RPA 技术）技能竞赛，通过组建团队、线上培训、搭建工坊、成果评选等方式，全面提升员工数字化场景开发能力。引入 RPA（数字化场景开发技术）、钉钉宜搭等先进工具，鼓励员工创新应用，实现大修计划出票单查询、财务报表导出等繁杂工作的自动化处理，大幅度减少重复性劳动，提高工作效率。

三、改革成效

国有企业改革深化提升行动持续推动运营公司高质量发展，2023 年运营公司实现利润总额 7.52 亿元，净资产收益率超过 70%，营业现金比率超过 20%，全员劳动生产率达到 100 万元/人，并在科技创新、产业控制、安全支撑等方面发挥了积极作用。

一是主责主业不断做强做优。2023 年运营公司大修业绩创历史最优，提前实现集团卓越运营 2025 年大修创优战略目标，创造了百万级压水堆同类型机组大修世界最短工期、国内同类型机组首次大修最短工期及 20 年大修最短工期 3 项纪录。

二是核心竞争力持续提升。2023 年，运营公司成功实施一回路水压试验实施策略优化、主泵水力部件自主翻新、发电机不抽转子机器人等一系列国内首创的科技创新与应用，打破了国外垄断，并达到国际领先水平。备件“卡脖子”攻关实现一批国外受限备件的自主化和国产化，有力支撑了核电产业链供应链自主安全可控。高质量完成自主攻关战略任务，得到国务院国资委高度评价，并纳入国务院国资委科技创新成果推荐目录。

三是高技能人才不断涌现。2023 年运营公司全面建成国家技能等级认定新八级评价体系，首批认定首席技师 3 人（人数居广东省企业第一）、特级技师 15 人，实现集团首席技师零的突破。全年新增全国、中央企业、省市级技术能手 7 人。截至 2023 年底，运营公司已累计培养 2 名大国工匠、1 名中华技能大师、5 名深圳“鹏城工匠”、全国技术能手 7 人、广东省技术能手人 20 人、中央企业技术能手 17 人，荣获“国家技能人才培育突出贡献奖”。

123

持续深化改革　强化精益管理 全力推动高质量发展再上新台阶

华侨城华南投资有限公司

一、基本情况

华侨城华南投资有限公司（以下简称“华南公司”）为华侨城集团有限公司（以下简称“华侨城集团”）全资二级企业，于2018年成立，是国内领先的现代服务业成片综合开发运营商——华侨城地产的全新升级。作为华侨城集团精益管理思想的深入实践者和高质量发展路径的强力助推器，华南公司积极践行华侨城集团房地产“一体两翼三功能”新战略模式，全面深化“深耕地产主业，专注地产开发”战略定位，积极融入国家房地产行业新发展大局，努力适应地产行业新供需关系，在“中高端品质改善”和“刚需保障”两端精准发力，为华侨城集团房地产业务成为中国房地产行业的专业化开发商和行业排头兵作出最大贡献。

自入选国务院国资委“三个标杆”创建行动标杆企业以来，华南公司全面贯彻落实习近平总书记关于国有企业改革发展和党的建设重要论述精神，以全面深化改革统领企业高质量发展，通过聚焦主责主业、强化精益管理、创新营销策略、全力降本增效等措施，推动改革工作走深走实，并不断取得新成效。

二、经验做法

（一）聚焦主责主业，提升运营效率

一是在专业化投资布局上出硬招。华南公司始终坚定“房地产是华侨城最大主业”的共识，加深战略布局策略研究及核心城市深耕力度，加强行业标杆对标学习，完善“套跑”制度，优化决策模型，加强风险管控，形成“土地跟踪—挂牌研究—参拍决策—拍后复盘”工作机制，加快调仓换仓，实现“短平快”优质资源获取，蓄积充足发展后劲。通过持续强化招拍挂资源获取能力，在核心城市招拍挂市场已具备优势竞争力。

二是在专业化整合上狠下功夫。华南公司集中精力聚焦房地产主业的投资、运营和服务，落实华侨城集团专业化整合工作安排，推动各专业项目快速高效移交、平稳有序过渡，坚持“专人跟踪、规范管理、定期检视”督导机制，实现资产更高更优收益。主动配合完成深圳欢乐海岸、顺德欢乐海岸 PLUS、O·POWER 文化艺术中心、会展皇冠假日酒店等 10 个已运营项目整合移交华侨城集团其他专业公司，移交项目人事管理、资产盘活、营销去化、财务运营等重点工作完全融入华南公司工作体系。对于经营性净现金流持续为负的企业/项目，以及长期需要输血补贴、不具备长远价值的亏损企业/项目，当断则断，尽快“止血”。

（二）强化精益管理，带动价值创造

华南公司着力规范项目运营管理全流程，全力迭代升级大运营管理体系。对标标杆企业竞品项目，结合市场与客户，以标准化户型为基础，制定产品标准化指标体系，提升产品使用率得房率，打造华南特色产品线，进一步提升投资、设计、运营、营销等各业务线条标准化建设能力。坚持体系化、全方位精益管理，逐步优化“三位一体”经营计划体系，加强项目操盘手册迭代及应用，首创经营分析周例会，拉通信息、统一思路、上

下同欲、步调一致，推动实现全项目、全周期、全专业高效运转。2023年，华南公司在“拿地即冲刺”精益操盘模式下，实现“超越市场标杆”目标，收益指数增幅超市场预期、创华侨城集团新高，树立了精益典范。东莞松湖原岸6个月开盘，全年回款超50亿元，现金流提前12个月回正，销净率提高3%，IRR提高53%，收益指数提高763；顺德二期4.5个月取得预售证，创最快开盘纪录，全年回款超18亿元；龙岗东岸雅居实现保障房类项目最快开盘周期，配售流程提速200%，开盘即售罄，销净率提高4%，IRR提高55%，收益指数提高1302。

（三）创新营销策略，加快项目去化

华南公司在深入对标基础上建立“3539”营销工作体系，形成“市场3分类、城市5分化、项目3大类、经营策略9宫格”营销战术，构建“灵敏度高、周期性短、反应度快”的营销决策程序，提升调价触发机制的即时性，增强营销决策高效性。同时，创新销售模式，运用“华南创想家”等数字化工具，并针对难点项目“对症下药”，给予灵活策略政策支持，促进项目销售去化。2023年上半年抢抓窗口期，松山湖两次开盘及顺德二期开盘较可研提前1～2个月，6—7月逆市取得佳绩；松山湖项目基本实现清盘，片区内地段较好计划四季度新开盘的项目均价4.5万元/平方米，已较松山湖项目下降近1万元/平方米。横向对比来看，2023年全年1—12月竞企在华南10个城市（中山、湛江、海口、三亚、佛山、肇庆、东莞、深圳、江门、广州）全口径销售额同比平均提升0.97%，其中保利发展同比上升6.36%、招商同比上升1.26%、华润同比下降4.58%，华南公司销售额同比上升7.85%，超竞企平均水平，销售额同比增长率位居第一。

（四）全力降本增效，提高经营效益

华南公司牢固树立过紧日子思想，厉行勤俭节约，强化成本意识，坚

持不懈降本增效。

一是收紧成本开支“限度”，多降低“一块钱”的成本。华南公司在2022年度成本优化金额5.96亿元成效基础上，充分压实成本管控责任，确保限额指标、成本适配标准、项目产品力达业内标杆水平，并在标杆企业指标水平线基础上，进一步极致“降低一块钱成本”。极致压控存量债务融资利率，截至2023年底，外部金融机构融资利率较年初下降54BP（期末外部金融机构借款余额加权平均计算），减轻利息支付压力，降低财务资金成本。

二是加大费用管控“力度”，多节约“一块钱”的费用。华南公司瞄准标杆企业费用管控水平，持续加大降本增效力度，全力保障费用管控工作取得实质性突破。2023年全口径营销费用为9.1亿元，同比减少1.49亿元，同比下降14%。其中，与收入直接相关的销售费用为8.34亿元，同比减少1.04亿元，同比下降11%；与收入直接相关的销售费用比率为4.2%，同比减少1.6个百分点，降幅28%；与收入无关销售费用为0.76亿元，同比减少0.45亿元，同比下降37%；全口径管理费用为6.16亿元，同比减少3.81亿元，同比下降38%。

三、改革成效

一是操盘工期达行业标杆水平。华南公司搭建短平快项目决策模型，构建“多维动态”分析管控体系，应用红黄绿货及动态“产供销”统计分析模型，形成九大维度共37个管控指标的操盘能力评价体系，实行分级经营业绩考核机制，固强补弱，升级迭代精益型大运营管理体系。发布《穿插施工指引》《工程岗位项目操盘标准动作手册》，迭代《工程案例库》，打造全周期极限并联开发模型，科学实施“拿地即冲刺”操盘模式，项目整体操盘工期达标杆企业优秀水平，实现“100米住宅项目控制在21个月内完成”高标准。

二是大幅提升组织效能和人均效能。华南公司完善总部管理职能，优化总部团队结构，实施投资、规划设计条线上收管理，增强专业线条专业能力。加强城市公司组建，深入开展城市公司复盘评估和分类定级工作，调整粤西城市公司评级、推进海南地区企业整合。坚定实施用工总量管控，人均在建面积提升至8000平方米，位于行业中上水平，其中东莞城市公司突破11000平方米，达优秀标杆水平。

三是构建“四个一·多一度”极致经营模式。华南公司在2023年这一“攀登年”，携“多一度”理念，全方位开展“多一度”对标提升计划，搭建“多一度”管理体系，实现“多一度”成果成效，强化“多一度”品牌影响。深入践行华侨城集团董事长提出的“四个一”深刻行动纲领，赓即启动“四个一·多一度”经营模式，全年尽“多一度”力量，“一块钱、一块钱”地实现了“多一度”效能提升，为华侨城集团进一步做大做优房地产业务、构建专业化高质量发展新格局贡献华南力量。

124

持续深化改革　加强创新研发
全力打造全球领先的文旅装备智造高地

深圳华侨城文化旅游科技集团有限公司

一、基本情况

深圳华侨城文化旅游科技集团有限公司（以下简称“文旅科技”）是华侨城集团有限公司（以下简称“华侨城集团”）所属三级企业，成立于2009年12月，2019年4月通过资产重组成为上市公司（股票代码：SZ.002059）全资子公司。文旅科技是国内领先的文旅高端装备制造企业和文化旅游科技跨界创新企业，主营业务包括沉浸式游乐设备研发生产制造、特种影视及数字互动内容开发、文旅数字化应用和软件系统开发等，是国务院国资委首批国企改革“双百行动”试点企业、创建世界一流专业领军示范企业，文化和旅游部技术创新中心建设牵头单位。

二、经验做法

在新一轮改革深化提升行动中，文旅科技紧紧围绕华侨城集团“两核三维多点”旅游业务新发展格局，以“科技提升文旅，文旅服务消费”为战略方向，以提高我国游乐装备制造关键技术研发水平、推动创新成果产业化为使命，勇当游乐装备制造领域具备全球竞争力的原创技术策源地和现代产业链链长。围绕这一中心任务目标，公司聚焦提高企业核心竞争力和增强核心功能“两个途径”，不断深化改革创新，加强高端装备制造领域的创新研发，打通线上线下融合助推文旅消费扩容升级，努力打造专业突出、创新驱动、管理精益、特色明显的世界一流专精特新企业。

（一）改革深化提升，示范引领效应进一步增强

一是文旅科技加快健全灵活高效的市场化经营机制，推动各层级企业全面深入实施三项制度改革，提高企业活力效率。

二是对标世界一流企业增强核心竞争力，文旅科技从人力管理、组织管理、研发管理 3 个领域入手，制定管理提升工作方案和工作清单，对标对表，挂图作战。

三是强化考核激励，引导价值贡献。文旅科技树立“优者奖、劣者罚”的考核导向，分层分类完善考核体系。出台《知识产权奖励管理办法》，充分调动技术研发和生产设计人员的智慧才能和工作创新性，持续提升公司发展的核心竞争力。用足“双百企业”政策红利，建立短中长期激励体系，在超额利润分享的基础上，结合企业实际研究股权激励专项方案，充分激发各层级核心人才干事创业的积极性。

（二）推动组织人事变革，激发人才创造力

文旅科技紧紧围绕业务整合，按照专业化发展要求调整组织架构。

一是采用大部制管理模式，实现职能共享、人员复用，提升用工人员效率。健全本部职能部门人员配置，优化人员结构，加强所属企业班子及技术团队建设，提高公司运营管理效率和核心业务能力。

二是精简所属企业组织机构和人员，本部职能部门仅保留“人、财、物、管、战”5 个职能部门，大幅提高人均效能。

三是健全“三能”机制，强化干部考核刚性应用，做到管理人员“能上能下”，员工“能进能出”，收入“能增能减”，全面完成全级次经理层成员任期制和契约化文本签订。

（三）产业引领，加强文旅高端装备的创新研发制造

文旅科技以专业化市场化为导向，聚焦服务国家战略大局和华侨城集团对科技板块实体经济的发展要求，以数字化和智能化构建核心能力，搭建起“文化 + 旅游 + 科技”业务矩阵，形成文旅装备研发、设计、制造、营销全产业链条，实现高端特种装备智能制造核心能力以及高附加值生产型服务业的提升。

一是升级文旅装备产业基地，提升综合智造能力。文旅科技坚持固本培元，以“科技提升文旅、文旅服务消费”持续固化发展优势，加强在文旅装备制造领域核心竞争力建设，重金投入、高标准建设安徽滁州文旅装备产业基地，“以点带面”提升装备制造业务核心竞争力，增厚公司科技属性和文旅底色。

二是聚焦产业引领，塑造综合产业链。文旅科技围绕产业链，扩大“朋友圈”，与产业链头部企业建立战略合作伙伴关系，在文创科创产业园区、数字经济、全域旅游等方面开展合作。与顶级科研院所设立研发中心，通过文化与科技交叉创新赋能产业发展，引领推动我国文化旅游产业链的优化升级。

三是参与制定行业规范，引领行业技术标准。文旅科技参与行业标准体系的制定完善，推动企业标准向行业标准、国家标准升级，牢牢引领产业发展方向。

（四）双融双促，聚焦文旅线上线下融合发展

一是聚焦提高数字化产品的开发能力，探索新技术与旅游的创新融合和应用。文旅科技以“文化 + 数字化”为核心，赋能数字化旅游消费模式，积极推进智慧旅游建设。通过数字技术贯通线上线下，实现了直播间的虚拟元素与景区实景的同屏互动。2023 年 4 月，在“欢乐谷 25 周年庆典”上，公司旗下 IP“爆笑两姐妹”作为虚拟主播与达人主持联合完成直播首秀，吸粉 42 万人次，销售门票 1.8 万张，位列抖音品牌带货榜单第三，完成了公司在科技赋能、资源整合、跨界合作方面的积极尝试和实践。

二是聚焦文化内容及数字化产品的开发、策划、制作全过程能力。文旅科技牢牢稳固公司在内容创意和制作能力的核心优势，不断丰富线上文化内容场景应用，持续优化提高产品制作的高效性、稳定性，借助一线媒体平台，实现自创优质 IP 形象和内容的全方位传播，为文旅数字化产品招商引流，打造国内数字文化产品的梦工场。

（五）大力推进功能使命性改革任务，培育发展战略性新兴产业

一是持续加大研发投入。文旅科技培育孵化特种装备智能监测预警、可应用于文旅场景的通用型智能机器人、三维影视行业 AI 大模型三个战略性新兴产业方向，着力构建旅游科技护城河。

二是与产业链头部企业建立战略合作伙伴关系，在文创科创产业园区（基地）、数字经济等方面开展合作。文旅科技与清华大学深圳国际研究生院设立文化旅游科技联合研究中心，通过文化与科技交叉创新赋能产业发展。

三是坚守“文化”和“科技”两大发展基石，以专业化、市场化、精益管理为导向，以价值创造为牵引，加强科技攻关攻坚、强化自主创新能力培养。文旅科技通过持续强化文旅装备研发设计制造营销全链条能力、文化内容创意制作和 IP 孵化能力、运用新技术研发虚拟现实产品能力，加快提升在硬件、软件、创意内容等方面的核心竞争力，实现全产业链的多重价值增值。

三、改革成效

2023 年，文旅科技持续优化基于核心能力和专业环节的“3 + 3”业务

模式，持续加强高端装备制造领域的创新研发、创新人才培养、创意规划设计等方面投入，全年研发投入 0.59 亿元、研发投入强度 16.9%，在掌握核心技术、推动科技成果转化、构筑竞争壁垒等方面取得显著成效。

一是积极承担国家重大科技任务，勇担科技创新使命。2023 年 3 月，文旅科技参与科技部国家重点研发计划课题《超大型游乐设施与客运索道高空无人智能检测技术及装备》，主要负责超大型游乐设施与客运索道高空无人智能检测技术及装备，旨在解决超大型游乐设施与客运索道高空不易达区域的检测难题，研究建立危险源辨识方法，研究无人检测技术，开发高空无人检测模块和高空无人智能检测搭载平台等，着力提高超大型游乐设施与客运索道的安全保障水平。

二是建立知识产权管理体系，支撑主业创新发展。截至 2023 年底，文旅科技累计拥有各类核心知识产权 441 件，参与制定已发布实施的游乐设备安全领域国家标准 17 项、行业标准 1 项，制定企业标准 20 余项。以知识产权为源动力，大力实施创新驱动发展战略，缔造企业核心竞争壁垒，进一步提升软实力和市场竞争力。

三是建立高科技游乐设备研发中心，奠定科创基础平台。截至目前，文旅科技已累计研发 20 多种类、100 多台（套）全球领先、具备完全自主知识产权的大型高科技互动文旅装备，为实现互联网时代的文旅融合奠定了基础。

四是开发游乐设施安全检测预警系统，实现设备运行参数数字化。文旅科技在将传感和物联网技术应用在设备研发制造过程中，通过多类型传感器实时采集设备运行参数，并将运行参数数字化，通过对数据的解构、清洗及分级管理，在异地对设备运行参数进行数据分析和图形化处理，直观了解分析设备运行状态及趋势，积累设备运行先验知识库及发现运行过程异常点，为设备安全运行保驾护航。

125

深化改革促发展　场景融合谱新篇 不断深化国企改革深化提升行动

重庆市易平方科技有限公司

一、基本情况

重庆市易平方科技有限公司（以下简称“易平方”）成立于2015年1月，是华侨城集团有限公司（以下简称“华侨城集团”）探索“互联网+”和“+互联网”发展战略的重要组成部分，致力于打造聚焦“全媒体融合+多场景延伸”和“互联网+跨场景生态”营销的新平台，业务涵盖媒体广告、数字发行、场景营销、文旅数字化等。

2018年10月易平方被认定为国家高新技术企业，同年入选国家首批“双百企业”。目前已完成第二轮混合所有制改革，由华侨城集团、康佳集团、哔哩哔哩、阿里巴巴、新媒股份、未来电视、电视淘宝等多家投资方共同投资入股。易平方始终坚定推进改革，发挥“双百企业”的引领作用，致力于成为国企改革典范。2023年，易平方取得显著经营成果，实现收入3.13亿元，利润总额1.18亿元，展现强大发展潜力和市场前景。

二、经验做法

（一）以党的建设为引领，推动企业高质量发展

易平方坚持以党组织领导为核心，通过深入宣传教育、强化监督检

查、树立典型引领和统筹协调等措施，全面推进公司改革发展。同时坚持以落实“两个责任”为抓手，以正风肃纪为保障，优化政治生态，实现党建工作与企业廉洁治理有机结合。这一系列举措不仅提高了公司的管理水平和竞争力，也为公司的可持续发展奠定了坚实的基础。

一是切实做好意识形态工作。2023 年易平方制定并发布《2023 年意识形态工作实施方案》等 18 项基层党组织制度文件，确保公司意识形态工作的规范化、制度化。

二是常态化开展党员学习活动。易平方通过开展“第一议题”学习，制定了《易平方党建规范化手册》等规范。2023 年全年共落实“第一议题”学习 19 次，开展党员大会 4 次、支委会 13 次、组织生活会 1 次、党课 4 次、主题党日 12 次，确保了党员干部政治学习的常态化制度化。

三是不断提升党员的政治素质和业务能力。易平方打造了费控党员先锋队、精益运营党员先锋队等 5 支党员先锋队，发挥党组织的战斗堡垒作用和党员的先锋模范作用，使党建引领作用日益凸显。

（二）优化公司治理，落实市场化机制运营

2023 年，易平方通过健全制度体系、落实董事会职权、加强风险防范等措施，不断优化公司治理，实现决策科学化、运营市场化和风险可控化，为企业的稳健发展提供有力保障。

一是健全制度体系，严格落实前置程序。易平方修订《贯彻落实“三重一大”决策制度实施办法》及《“三重一大”事项清单》，细化决策事项，增强清单的针对性和实用性，确保决策流程的规范化和制度化。通过制度的制订和实施，进一步厘清党支部、董事会和经理层在决策、执行、监督等方面的权责边界。清单根据事项的性质和重要性重新划分了事项类别，竖向将事项分为 42 个事项大类及 122 个事项小类，横向将事项决策主体分为总经理办会、支委会、董事会及股东会。通过对不同类别的事项采用不同的审批程序和管理方式，避免了职能重叠和决策混乱。所有重大决策事项在提交决策前都经过党支部的充分研究和讨论。2023 年度完成前置审议议案 66 项，其中报董事会审议的议案 10 项，确保党的领导在决策中的核心作用。

二是全面落实董事会职权。易平方董事会严格遵守决策流程，定期召开会议，行使重大决策权，审议通过包括《2023 度经营计划》《中长期战略发展规划（2023 修订）》等 22 项重大经营管理决策，确保董事会 6 项职权全面落实。专门委员会积极履职，为公司发展提供专业支撑。全年召开 1 次战略与投资委员会及 1 次薪酬与考核委员会，审议 3 项专题议案，提供专业建议。董事会对公司经营全面了解和有效监督，确保公司稳健发展。

三是加强企业风险防范。易平方在合同审核、制度建设、新业务风险防控等方面取得显著成果，制定新《合同管理制度》，为合同管理提供有力支持。在新业务开展和法律风险防控方面，新设硬件业务、影视投资等业务均得到专业的合规性建议，积极应对智能电视行业政策问题，为公司提供及时有效的法律支持，展现专业素养和高效执行力，为公司稳健发展提供坚实法律保障。

（三）聚焦主责主业，加强市场化整合

易平方坚持以技术为驱动，提升用户体验，优化运营效率，不断加强与合作伙伴的合作，实现共赢。同时，致力于数字化转型升级，增强科技创新能力，为公司持续发展注入新动力。

一是围绕 OTT 核心技术赋能业务发展。2023 年，易平方以 OTT 核心技术为中心，推动业务显著增长。为确保持续性，采取多元化补贴策略，拓展外部渠道和智能终端，以扩大运营资源。商务方面，优化代理政策，制定精准市场策略，主动建立客户联系。产品和运营上，注重用户体验和

创新，持续改进设计、功能和交互，提升用户满意度。产品易柚系统9.0以优化用户体验为核心，推出多项新功能，提升了运营效率和观影体验，同时为广告业务提供更多可能性。

二是积极推动国有企业数字化转型升级。2023年易平方致力于深化流量资产运营能力，预计2024年底前将落地文旅数字化新项目。在华侨城集团OTM云应用平台推广方面，已成功上线25家景区并通过验收。同时，成功开发了华侨城在线旅游票务平台多项新功能。

三是不断增强自身科技创新能力。2023年易平方研发投入持续增长，并积极申报新一代信息技术和大数据产业示范项目。参与多项智能电视信息安全和广告相关标准的制定工作，为行业发展贡献力量。在科技成果转化方面，成立知识产权管理小组和技术委员会，推动科技创新成果转化，为公司的持续发展和数字化转型提供有力支持。

三、改革成效

一是进一步完善中国特色国有企业现代公司治理。易平方通过坚持党对国有企业的领导原则，健全制度体系和落实董事会职权，结合上级单位针对“双百企业”的差异化授权制度，大大减少了决策时间和沟通成本。2023年易平方累计召开总经理办公会13次、支委会14次、董事会3次及股东会2次，审议超130项议案，决策流程大幅优化。

二是“双百行动”得到全面常态化落实。2023年，易平方积极推进“双百行动”，完成了新台账和实施方案的制定，成立了专门小组并形成了督办机制，定期复盘并强化政策学习。截至2023年底，易平方在“双百”系统工作台账中的大部分任务完成率超70%。同时，通过多次政策学习会议、宣传文件发布和经验分享，为“双百行动”深入推进提供了有力支持。

三是不断激发企业活力动力。易平方通过提升经理层成员的任期制和契约化签订质量，管理人员末等调整和不胜任退出工作的持续开展，以及管理人员竞争上岗的常态化，进一步优化了管理团队结构。易平方 2023 年保持 100% 的市场化招聘，建立了覆盖全员、多周期的绩效考核机制。2023 年易平方管理人员末位调整/不胜任退出比例达 9. 1%，员工市场化退出率达 13. 3%，企业内生动力和活力得到有效保障。

四是强化创新能力，新业务新产品崭露头角。2023 年，传统业务承压，易平方公司抗住外在压力，稳定经营业绩，实现收入 3. 13 亿元，利润总额 1. 18 亿元。2023 年，易平方打造联合共建产品“易 TV”业务，实现超百万元营收。同时积极拥抱集团数字化转型战略机遇，加快文旅数字化能力构建，完成 25 个景区 OTM 系统上线。全年申报发明专利 16 项，新增授权发明专利 2 项，新增申报授权知识产权 10 项，为易平方高质量发展注入不竭动能。

126

深入实施国有企业改革深化提升行动 坚定不移做强做优做大

南光石油化工有限公司

一、基本情况

南光石油化工有限公司（以下简称“南光石油”）是南光（集团）有限公司的全资子公司，主要经营石油化工产品的贸易、储运、批发和零售，燃气和燃料供应系统的设计、安装和维修，天然气的输入、存储及销售，新能源，新材料，节能环保等业务。历经50多年的发展，南光石油已成为澳门最有影响力的城市能源服务商。澳门回归以来，南光石油作为国资央企，践行“一国两制”伟大实践，着力保障澳门能源稳定供应，为促进澳门特区繁荣发展发挥重要作用。

2023年是全面贯彻二十大精神的开局之年，南光石油坚持以习近平新时代中国特色社会主义思想为指导，深入学习贯彻习近平总书记“2·26”重要批示精神和“南光是一直都在”的重要指示精神，进一步提高站位，以主责主业为根基，加快产业向绿色低碳转型升级，推进天然气和光伏发电在澳普及发展，不断打破传统能源的发展困局。以科技创新为突破口，推动产业数字化、智能化，赋能产业升级。深化三项制度改革，狠抓提升企业活力、效率的关键环节，扎实推动各项工作，经济发展实现质的有效提升和量的合理增长。

二、经验做法

（一）聚焦提标升级，推进新能源产业发展

一是科学布局产业功能区，全力推动集群化发展。南光石油加快澳门天然气管网建设，积极推动澳门天然气普及使用。目前，澳门天然气管道累计铺设超过90公里，其中，氹仔至澳门半岛天然气过海管道全长约2公里，最深穿越处达海平面以下58米，是至今澳门最长、难度最大的定向钻穿越工程。2023年5月，氹仔至澳门半岛天然气过海管道通气，标志着澳门天然气主管网全域贯通，形成了由横琴—氹仔输澳天然气高压气源、横琴—澳大输澳天然气低压气源、拱北—青洲输澳天然气低压气源组成的"粤澳天然气管网三通道"互联互通的供气格局，有力保障了澳门全区域天然气长期、安全、稳定供应。加快天然气业务拓展，抢抓疫情过后澳门经济形势逐渐复苏的市场机遇，乘势而上，加大力度推广澳门使用天然气，尤其针对消费体量较大的澳门六大博彩企业，制定有效的拓展策略，加快澳门天然气的应用进程。全面提升天然气数字化智能化应用，实现数字化管理。与外部联合开发的澳门SCADA系统是全国首个国产化的城市天然气数据采集及监控系统，随着系统全面投入使用，实现远程对供气全流程监控、管理和调度，助力燃气行业数字化智能化发展，极大地提高了燃气管网的安全性，为居民用气增添安全砝码。

二是加快推进新能源项目，以项目建设"加速度"推动公司"快发展"。南光石油加快推进澳门光伏发电项目的布局，有效利用可再生能源，助力打造"低碳澳门"。截至2023年末，在澳门已建成分布式光伏发电站5座，其中，北安油站屋顶分布式光伏发电站投用，助力北安油站成为澳门首家"零碳"油站；南光航空燃料服务有限公司（以下简称"机场油

库”）、澳门城市燃气有限公司（以下简称“澳门城燃”）光伏项目已投产发电；筷子基油站光伏项目、澳门油库管理有限公司（以下简称“九澳油库”）光伏项目已完成建设，预计2024年投用。在建的宝光大厦光伏发电站，是澳门目前装机量最大的分布式光伏发电站，南光石油将扎实推进高水平、高质量建设，树立行业标杆，预计2024年完成建设。

（二）聚焦创新引领，促进新科技成果转化

一是打造南光通智慧生活平台。南光石油积极开拓南光通平台各项民生业务，主动与外部平台、澳门社团、金融机构等对接合作，提升服务覆盖面。重点开发建设B2B线上采购平台，同时为南光集团线上统一采购提供平台支撑。内部联合推进南光石油非油业务拓展，外部重点推动集团内部跨业态营销协同。积极推进便民信息资源整合，满足民生需求。目前，平台注册澳门会员累计20.4万人，2023年度平台交易额同比增长23%。

二是积极推进联合创新项目，寻找发展机遇。南光石油落实中央企业北斗发展三年行动计划，开展境外综合应用领域示范。澳门北斗时空服务平台应用，对于北斗应用推广和“走出去”具有里程碑式的意义。按照“数据+平台+应用”模式，健全基础服务设施，形成服务澳门特区的北斗时空服务能力。目前，已完成澳门北斗时空服务基础平台和相关基站的建设，“一网”“一平台”“四个示范应用”项目上线试运行，为澳门全境提供厘米级定位、毫米级感知和纳秒级授时服务。同时，发挥横琴-澳门区域优势，打造北斗应用“高精度+短报文”服务中心。依托中心，推动在海外地基增强站建设和应用，进而连接形成海外北斗综合服务网络体系。

（三）聚焦强基固本，推动人才发展新篇章

一是聚焦“全方位”用才，激发人才能量。南光石油推行领导干部公开选拔，竞争上岗，建立“公开、公平、竞争、择优”的选人用人机制，全面提高干部队伍人员素质。2023年，组织开展南光石油助理总经理岗位

“揭榜挂帅”竞争上岗，2 家下属企业助理总经理公开竞聘。公开、透明的干部选拔任用机制，极大地提高了工作激情。

二是聚焦“全链条”育才，盘活人才存量。南光石油加强青年干部人才和后备干部队伍建设，推动可持续发展。2023 年，通过“竞聘上岗”提拔选任干部平均年龄 35 岁，公司管理的 45 岁以下领导人员占比 32.14%，优化了干部年龄结构，保持干部队伍更具战斗力和生命力。建立青年人才储备库，经过全面盘点分析，在管理、技术等方面符合条件的储备人才平均年龄 35 岁，其中本科以上学历人员占比 88.75%，专业技术和技能人才占比 85.25%。

三是聚焦“全身心”留才，做优人才流量。南光石油实现薪酬结构差异化，2023 年组织下属企业开展员工岗位能力等级考核评定工作，以理论知识考试和实际操作能力考核，对管理序列、专业序列及操作序列三类员工进行分级分类，根据考评结果调整员工岗位工资，拉开不同能力水平工资差距。激励一线员工提高工作效率，努力做大“蛋糕”，创造更好效益。

三、改革成效

一是企业经营取得一定成效。“十四五”前半程，受到疫情影响，全球经济下行，南光石油坚持改革创新，把握机遇，实现突破，经营业绩逆势增长。2021—2023 年营业收入、利润总额连续增长，其中 2023 年营业收入同比增长 30.52%，利润总额同比增长 11.36%。南光石油顶住下行压力，全力稳固在澳门油气商品零售的市场份额，市场占有率同比提升 12 个百分点，保持竞争优势。

二是主业取得重要突破。在澳门天然气发展方面，2023 年南光石油实现天然气销售量达 1.2 亿立方米，其中城市天然气销售量同比增长 30%，城市天然气应用进程正在全面加速。在科技创新方面，南光通平台通过不断优化升级，已实现加油支付、瓶装气预订、用电缴费等 14 项线上便民服务，线上交易量和影响力日益提升；澳门北斗时空服务平台已成功接入南光运营的石油危险品车辆、公共巴士、旅游车辆、物流车辆等约 700 台车辆，实现实时监控、智能化管理，是北斗时空服务平台境外应用的重要里程碑。

三是机制建设取得一定成果。落实三项制度改革，南光石油及下属企业 16 名经理层成员签订年度经营业绩责任书，着力推进任期制和契约化管理工作提质扩面，实现薪酬与经营业绩挂钩，促进企业长效发展。落实执行《南光石油岗位职级及薪酬体系改革方案》，进一步拓宽员工的职业发展路径，为公司留住人才。

127

突出“准精实”卓越精益管理 推动企业实现高质量发展迈上新台阶

平高集团有限公司

一、基本情况

平高集团有限公司（以下简称“平高集团”）成立于1970年，是中国电气装备集团有限公司（以下简称“中国电气装备”）全资子公司，是我国电工行业重大技术装备支柱企业。平高集团研发实力雄厚，技术创新能力强，多年来，在高压、超高压、特高压输配电设备关键技术领域取得了重大突破，成功研制了我国第一台220千伏敞开式SF6断路器、第一套220千伏全封闭组合电器、国际首只1100千伏SF6气体绝缘直流穿墙套管、国内首台550千伏80千安全封闭组合电器等一批拥有完全自主知识产权的高端产品，占领了世界开关领域制高点。550千伏SF6断路器获得我国超高压开关领域唯一质量金奖，220千伏及以上断路器获得“中国名牌产品”，公司商标（PG）获得“中国驰名商标”。

平高集团产品广泛应用于我国重点电力工程，曾先后为我国第一条550千伏高压交流输电工程，第一条750千伏超高压交流输电工程、第一个电压等级最高的智能化示范工程——750千伏延安变电站等国家重点工程提供输配电设备，产品远销东南亚、中东、非洲、南美洲、大洋洲等的

40 多个国家和地区。

二、经验做法

平高集团坚持以习近平新时代中国特色社会主义思想为指导，深入贯彻落实党中央、国务院关于深化国有企业改革的重大决策部署，在科技创新、卓越运营、人才培育等方面积极探索创新，为推动企业高质量发展提供有力支撑。

（一）突出“准”，持续优化创新机制，服务国家战略科技

一是加大研发投入精准投放力度。平高集团坚持把科技创新摆在发展的逻辑起点，2023 年研发投入强度达 3.85%，投入金额达 8.4 亿元，同比增长 24.29%。精准优化“721”研发投入结构，将 70% 的研发经费投入到产品技术研究、20% 投入共性技术研究、10% 投入基础技术研究，进一步提升产品和服务核心竞争力。

二是聚力打造原创技术策源地。平高集团聚焦基础理论研究，下达研究项目 88 项，2023 年投入预算 9326 万元，深入开展高速开断、振动噪声控制、异物控制、高导合金等基础研究，掌握机理和本质，提升原始创新能力，为高端装备研制奠定坚实理论基础。

三是加快研发新产品批量应用。平高集团围绕高端化、绿色化、智能化方向，成功研制国内首台 550 千伏 80 千安 GIS 和 ±816 千伏直流高速开关，技术参数国际领先。具有划时代意义的国际首台 252 千伏真空柱式断路器通过全部型式试验。成功研制首台（套）海上风电 72.5 千伏 GIS 产品，填补国内市场空白。成功研制世界首支 4000 米高海拔特高压 GIS 复合套管，解决了川渝特高压交流输变电工程关键设备“卡脖子”难题，设备参数国际领先。

（二）突出“精”，打造卓越运营体系，提升价值创造能力

一是狠抓安全质量。平高集团将“零缺陷”理念细化到产品实现及工程交付全生命周期，实施特别质量管理和以客户为中心的“双向闭环”，以设计评审、制造质量管理为基础建立全过程质量安全保证体系。推进“党建+零缺陷”活动，引导全员参与质量改善，《“党建+零缺陷”管理标准化实践》入选为2022年企业管理优秀实践案例。2018年至今投运的特高压电站产品实现零放电，获得国内开关行业首家全国质量标杆企业和全国质量管理创新基地等荣誉。

二是狠抓提质增效。平高集团“一企一策”治理亏损企业，同比减亏1家、减亏6.03亿元，实现亏损面和亏损额双压降。以“强技术、优采购、提管理、控费用”为重点，深入开展提质增效专项行动，通过开源增收、优化设计、采购节资等系列措施，综合毛利率同比提升3.8个百分点。

三是推进精益产线。平高集团深入推进精益生产，大力实施“工位制、节拍化”连续流生产模式，打造6个精益生产示范项目，精益产线生产效率、产能平均分别提升35%、47%，生产周期、在制品存货分别压降为37%、52%，运营质效显著提升。2023年完成组合电器产品5217间隔，创历史新高。

四是推进智能制造。平高集团建立高压开关设备核心零部件全流程数字化产线，打造行业领先的智能化、数字化车间。顺利通过国家“两化”融合管理体系评定，“车间智能排产系统”成功入选国家“智能制造优秀场景名单”。

（三）突出“实”，强化人才培养体系，持续激发发展活力

一是开拓“多维育人”创新思维。平高集团推进“五大人才”工程，形成“以人为本、近悦远来”良好局面，获国家级人才表彰15人次，拥有一支数量充裕、结构合理、素质优良、富有创新创造精神的高效能工匠

人才队伍。发挥 3 个国家级技能大师工作室、16 个劳模创新工作室及科研平台优势，系统开展科技领军、技能工匠培养培育，中高级职称占管理技术人员比例达到 48%，高技能人才占技能人员比例达到 60%。

二是增强“科技人才”活力动力。平高集团优化科技人才发展通道，扩展一级工程师至首席总师 8 个职层，细分 28 级岗级，首席总师待遇高于集团助理副总师水平，打破科技人才晋升“天花板”。落实科技创新“十大举措”，扩大科研单位负责人薪金标准倍差，差距超过 1.2 倍。

三是突出“正向激励”精准有效。平高集团积极推进中长期激励建设，实现从无到有，基于利润目标与增量，以平芝公司试点超额利润分享，遴选首期激励对象 186 名，累计兑现 1371 万元，促推新增合同、利润总额较 2022 年分别增长 58%、87%。围绕重点科研领域建立科技攻关、重大科技项目等专项奖励，2023 年累计兑现 1100 万元，促进市场主需求产品优化设计和更新换代。

三、改革成效

2023 年，平高集团新签合同 400 亿元、营业收入 210 亿元、利润总额 13 亿元，分别同比增长 81%、28%、415%，均创历史新高。获评国家级工业设计中心、绿色供应链管理企业，荣获全国质量奖。

一是市场开拓全面突破。平高集团深化营销体系变革，实现订单“量”“质”齐升。坚守“基本盘”，电网市场新签合同同比增长 35%，特高压专项招标、国网集招所投标段市场占有率排名第一，配网协议库存 4 个省份所投标段占有率保持第一。深化央企战略合作，国内网外中标合同同比增长 141%。170 千伏 HGIS、24 千伏充气柜等系列化真空环保产品通过意大利国家电力公司 TCA 认证，成功打入欧洲高端市场，迈出了开拓世界一流市场的坚实一步。

二是科技创新增添动能。平高集团着力畅通从研发到产业孵化完整研发链条，新型研发体系效能持续提升。坚持推进优势产品更新迭代，新一代126千伏、252千伏、363千伏GIS批量投入市场，竞争力强劲，成为利润主要来源。29项新产品（技术）通过国家级鉴定，19项国际领先。GIL关键技术及应用等25项获评省部级及以上奖励，其中特等奖、一等奖等重大荣誉8项，创历史最佳。牵头或参与制定10项国家标准、3项行业标准并发布。550千伏8000安GIS、40.5千伏柔性低频输电成套装备入选国家能源领域首台（套）重大技术装备名单。2家单位获评2023年度国家知识产权优势企业。

三是生产运营保障有力。平高集团扎实推进“工位制、节拍化”连续流精益产线建设，深入实施“十大智能制造专项”，产值同比增长40%，GIS产能同比提升20%，其中252千伏GIS出产创历史新高，750千伏GIS产能翻番。建立成本对标工作机制，公司在特高压产品同比减少8间隔的情况下，毛利率同比提升3.79个百分点，配网业务利润总额1.53亿元，同比增长128%，整体毛利率提升2.5个百分点。

128

深化市场化改革　加快数字化驱动
赋能轨道集团高质量发展

中铁物轨道科技服务集团有限公司

一、基本情况

中铁物轨道科技服务集团有限公司（以下简称“轨道集团”）是中国物流集团有限公司控股上市公司中国铁路物资股份有限公司的全资子公司，具有中关村高新技术企业认证，下设4家区域分公司、4家多元化经营中心、4家专业化全资子公司和6家控股参股公司，其中已有3家通过国家高新技术企业认证。自2018年正式入选“双百企业”以来，轨道集团以打造国际一流轨道产业集成服务集团为目标，通过创新研发、技术引进等方式，不断提高铁路产业综合服务能力和水平，并在聚焦主责主业提升核心竞争力、市场化经营、科技创新、法人治理和党的建设等方面进行了一系列有益探索，企业创新活力显著激发，为公司高质量发展注入了新动能。

二、经验做法

（一）筑牢发展根基，培育创新动能

一是巩固提升专业化集成供应服务能力。轨道集团充分发挥供需双方

中间桥梁作用，根据铁路建设用轨的实时需求动态，把握施工节奏，制定合理供应方案，统筹协调资源的生产和运输，以专业高效的全流程集成服务，帮助核心客户国铁集团平衡钢厂份额、调节焊轨基地饱和度，获得高度评价。

二是大力推进国内外铁路市场开发。轨道集团坚持推动“物流 +”的经营理念，为客户定制多式联运物流方案，顺利完成匈塞铁路项目全部钢轨在欧洲境内转运工作和交付签收，达成国产长钢轨“欧洲第一单”，为实施和组织超长件、大批量、多种运输模式衔接等工作提供宝贵经验。圆满完成北美市场奥钢联集团道岔用轨项目供应，并达成后续每年 8000 吨稳定订单合作意向，标志着轨道集团供应的道岔用轨成功进入美洲市场。在实现欧洲和北美市场突破后，以“一带一路”沿线国家为重点，加快拓展海外市场全球布局。

三是加快推动核心业务数字化转型。轨道集团基于自主开发的钢轨全寿命管理信息平台，持续开发“数字钢轨”应用，通过大数据采集钢轨生产、质监、供应、焊接、铺设、运维等信息，赋予钢轨“数字生命”，建立“数字档案”，实现钢轨全寿命周期的管理与追溯。

四是持续强化铁路专业技术服务体系。轨道集团坚持“技术 + 服务 + 产品”模式，在持续深耕钢轨廓形打磨、高速打磨、铁路产品生产质量监督等核心业务基础上，加快轨道精测精调、隧道病害整治、大机打磨集成服务推广应用。通过技术创新与设备研发，扎实推进焊轨基地个性化钢轨廓形预打磨等技术服务项目建设。

五是坚持科技创新引领发展。轨道集团聚焦关键技术瓶颈和公司实际需求，不断加强新产品、新技术研究，加速科技创新成果转化。全方位加强科技人才培养，将基础研究理论成果、应用成果、转化成果与科研人员绩效薪酬、职务晋升相关联，充分激发科研人员的积极性、主动性、创造性。加强与高校紧密合作，进行产学研结合培养，并通过创新工作室、技术小队、师带徒等形式，发挥领军人才带头示范效应，加快打造高质量创新人才队伍。

（二）聚焦强“根”固“魂”，提升治理效能

一是强化党的领导，厘清权责边界。轨道集团以加强党的领导为根本，不断强化其与完善公司治理之间的联系，进一步落实党的领导与公司治理有机统一、协调运转。修订完善《党委前置研究讨论重大经营管理事项实施细则》，细化明确了党委前置研究的具体内容与范围，突出党委把关定向作用，杜绝事无巨细。基于实际运行情况，动态修订《重大事项决策权责清单》，进一步划清党委会、董事会、经理层的决策职责，更好发挥党委在公司经营管理工作中的领导作用。

二是发挥党建优势，促进与生产经营深度融合。轨道集团聚焦供应链集成服务和综合物流服务两大方向，深入开展主题教育活动，扎实开展理论学习，进一步将党员干部职工思想统一到党中央的决策部署和公司业务发展实际上来。坚持“以党建创新促业务创新”，与产业链上下游企业累计开展党建共建专题活动20余次，为各方企业资源共享和优势互补建立了良好的渠道。

三是完善公司治理机制、提升运转质量效能。轨道集团修订完善《董事会议事规则》《董事会授权管理制度》等制度，进一步细化董事会成员的职责、权利和义务，为董事会规范运行提供支撑和保障。形成决议落实情况跟踪评价机制，强化董事会决议的执行督办与跟踪反馈。定期开展董事会授权运行评估，结合实际对董事会授权事项清单进行动态更新和优化，促进授权更加科学、行权更加规范。

（三）深化“三能”机制，激发经营活力

一是优化契约体系，实施刚性考核兑现。轨道集团科学制定具有针对性、挑战性的业绩考核方案，进一步将改革深化提升、业务收入利润、“三项资产”情况等关系公司经营发展质量的重点内容纳入考核指标，并严格执行指标完成不足80%的“零绩效”薪酬、触碰“双70”底线坚决退出的底线要求，落实考核结果与绩效薪酬强挂钩。

二是拓宽契约覆盖范围，突出绩效联动。轨道集团在公司本级中层岗位探索实施任期制和契约化管理，立足部门岗位职责，制定差异化考核指标，以更清晰的奖惩机制，促进中层管理人员岗位意识和权责意识不断提升。

三是落实岗位竞争机制，优化人力资源配置。轨道集团根据经营发展实际需要，统筹开展管理岗位竞聘上岗，严格做好考核不合格和不胜任岗位人员的退出管理。2023年竞聘上岗21人，管理人员退出6人，员工市场化退出13人，形成了优胜劣汰、人岗适配的良好用人机制。

四是加强论证分析，统筹运用多元化激励方式。轨道集团推进风险抵押金、超额利润分享及科技项目成果转化收益分红激励等中长期激励机制，营造核心人才与企业“共创、共享、共担”的改革氛围。建立创新创效奖励机制，强化业绩效益导向，充分调动“全员经营、全员创效”的积极性。

五是聚焦高质量发展，打造专业人才队伍。科学编制人才引进计划，全面实施公开招聘，精准引入主业核心领域人才。组织、参与各类专业培训百余次，不断提升各岗位员工的专业能力。构建领军人才专项发展机制，加强待遇、项目、团队等资源匹配，探索高端科技人才薪酬谈判机制，突破内部既有薪酬体系束缚，创新科技人才市场化薪酬模式。

三、改革成效

一是产业结构调整取得积极进展。轨道集团围绕核心业务板块，以信息化、大数据为支撑，以“钢轨 + 物流”“钢轨 + 技术服务”为发力点，实现产业布局优化和业务转型升级。2023 年实现营业收入 88.6 亿元，其中供应链集成服务业务收入占比超 60%；实现利润总额 2.1 亿元，完成全年经营任务目标。

二是科研攻关取得实质突破。2023 年轨道集团完成科研投入 4400 万元，新增研发项目 38 项，新增专利 25 项，其中发明专利 14 项，科技成果转化技术服务收入突破 1.89 亿元，科技投入与转化比例均保持良好增长态势。累计获得有效专利知识产权 114 项，其中发明专利 25 项，实用新型专利 89 项。铁路线路运维服务、铁路大数据服务等技术服务业务板块正加快形成新的利润增长点。

三是重点科研项目取得丰硕成果。“焊轨基地个性化钢轨廓形预打磨”项目扎实推进加工设备研发及首台（套）申请认定，实现与焊轨基地生产任务同步进行的钢轨打磨作业。钢轨全寿命管理平台逐步实现钢轨上下游数据串接，形成产业链数字化整合、信息化管理、智能化应用的数字管理雏形，在资源统筹调度、安全生产管理等方面发挥了积极作用。优秀科研项目分别获得江西省科学技术进步奖二等奖、中关村轨道交通国际创新创业大赛单项奖和中国物流集团科技进步二等奖等奖项。

四是大数据服务业务开发取得良好成效。现场焊管理系统新增 40 家单位实现生产应用，累计覆盖全路 18 个铁路局、164 个工务段，占焊接单位总数的 89%。探伤管理系统累计提供系统跟踪、指导报告 5600 份，覆盖铁路工务用户超 2 万名。同攀钢、鞍钢签订数据服务合同，为国铁集团、铁路局提供数据分析服务报告 330 份。大数据服务业务全年新签合同金额累计达到 3200 万元，同比增长 1 倍以上。

129

提升科技创新驱动力　打造轨道运维引领者

中铁物总运维科技有限公司

一、基本情况

中铁物总运维科技有限公司（以下简称“运维科技公司”）是中国物流集团有限公司（以下简称“中国物流”）控股上市公司中国铁路物资股份有限公司所属中铁物轨道科技服务集团有限公司的全资子公司，致力于打造“轨道运维服务的引领者”，自主研发的个性化钢轨廓形打磨技术，在世界上首次实现了钢轨打磨目标廓形的个性化和钢轨打磨模式的高精度智能化设计，建立了覆盖国铁集团全路 18 个铁路局 180 多个工务段以及国家能源集团、中国电建等中央企业和地方铁路公司的技术服务网络。自 2022 年 3 月入选“科改企业”以来，运维科技公司坚持“市场 + 科技”双轮驱动，牢牢把握数字化、智能化、国产化发展方向，持续提升公司核心竞争力、打造行业引领力。

二、经验做法

（一）以科技创新为核心，提升轨道运维数字化、智能化、国产化水平

一是以个性化钢轨打磨技术为基础开发智能化设计。运维科技公司围

绕“铁路轨道运维服务”开展铁路线路廓形打磨技术服务，以有效延长钢轨使用寿命、提升旅客乘坐舒适度。为克服技术服务过程中人工投入过大、同类型工作过多、综合效能偏低等诸多问题，坚持开展智能化设计研发，通过智能化设计系统的自主开发应用设计方法不断优化，大幅提升了钢轨保护技术方案设计的劳效。至2023年，通过引入多线程平行计算技术，智能设计系统已从最初的1.0版本升级至9.0版本。100公里普速铁路1000个钢轨廓形的打磨技术方案设计，2013年至少需要2天时间，经过不断优化调整现在10分钟内即能完成。以近3年数据分析看，公司人员累计增加4.28%、全员劳动生产率累计增加49.47%。

二是稳步提升轨道运维技术数字化水平。运维科技公司为推进钢轨全寿命管理数字化建设，加大重点科研项目研究开发力度。公司开展的车载式连续钢轨廓形测量设备研制，已初步完成车载式连续钢轨廓形检测系统方案设计，正在开展方案论证。项目完成后能实现钢轨廓形数据采集全覆盖，进一步提升采集效率，降低采集成本，为钢轨数字化建设提供更加全面系统的数据支撑。公司深度聚焦铁路运维信息化发展方向，进一步优化完善铁路轮轨保护信息管理系统（WRPS），具有完全自主知识产权。该系统具备开发检测数据自动上传分析、检测报告在线展示、线路状态在线评估等功能，可提升数据挖掘分析能力，实现了钢轨运维的数字化管理。

三是在提高铁路检测设备国产化方面持续发力。运维科技公司积极与高校、相关科研院所、技术企业联合开展技术研究与产品开发，拓展“技术+产品+服务”的业务模式，相继研发了SPM型钢轨廓形仪、CRM系列钢轨波磨测量仪、CRMR系列钢轨平直度测量仪等产品，推动轨道运维业务“软硬”联动。截至2023年底，公司已累计销售钢轨廓形仪20台，实现产品替代自用钢轨廓形仪31台、电子平直尺8台、钢轨波磨仪4台。公司检测设备由全部依赖进口逐步实现国产化，自用检测设备国产化替代率超过21%。

四是积极开展焊轨基地个性化钢轨廓形预打磨加工设备“首台套”研发。运维科技公司立足铁路工务轨道运维服务方向，为解决国铁集团钢轨打磨现有施工能力与正线打磨需求不匹配之间越来越突出的矛盾，设立了“焊轨基地个性化钢轨廓形预打磨加工设备和工艺研究”项目，通过集团公司重大科研项目立项，已经开发出焊轨基地钢轨预打磨成套设备，预期实现可与焊轨基地生产任务同步进行的钢轨打磨作业，满足大维修新轨在焊接时进行个性化预打磨需求，提升钢轨保护能力和水平。

（二）借“科改行动”东风加大改革力度，充分激发企业发展内生动力

一是完善科技创新体制机制，主动聚焦国家发展战略和行业发展方向，建立健全科技成果转化激励机制、实施科研项目“揭榜挂帅”等举措。运维科技公司成立以来共制定完善了科研项目管理办法、“揭榜挂帅”管理办法以及技术创新成果奖励办法、专利管理办法、检测设备全流程管理办法等18项制度，科技创新工作管理更加规范高效。

二是建立全员新型经营责任制，完善中长期激励机制。运维科技公司实施工资总额备案制，修订绩效考核与创新奖励管理办法，树立薪酬收入向科研人员及一线员工倾斜正确导向，充分释放工资总额的正向激励作用。2023年针对科技骨干力量选取“普速线路钢轨使用状态评估优化研究”等3项科研项目，实施科技项目成果转化收益分红激励，分红兑现金额达15.44万元，激励对象达17人，激励对象获得分红激励收益合计占其年度工资总额的4.05%。用改革的办法破除制约科技创新的障碍，最大限度激励科研人才勇于创新、勇攀高峰，激发公司科技攻关的创新创造活力。

三是加强校企合作、引进高层次科技人才。运维科技公司先后与西南交通大学、北京交通大学、石家庄铁道大学、华东交通大学等高校签订校企合作协议，使公司能够紧跟行业前沿技术发展趋势，加快科研成果转化，实现优势互补，促进产学研用深度融合。公司专家库2023年新聘任3名省部级以上高层次人才（累计拥有34名高层次人才），积极组织开展技术创新和科研攻关，提升核心竞争力，为公司高质量发展提供创新动力和有力保障。

四是加大科技创新投入，加快推进关键核心技术攻关。运维科技公司加强技术创新应用，以新兴技术和科技成果指导并带动各项业务联动，相互促进共同发展。2023年，公司围绕客户需求、现场疑难问题、公司发展方向共开展科研项目17项，研究内容涵盖钢轨打磨、病害整治、设备研发、产品升级、信息化建设等内容。新成立技术攻关小组2个，分别围绕普速铁路小半径曲线钢轨鱼鳞病害伤整治、钢轨打磨与核伤防治开展技术攻关，推动攻克制约公司业务发展的技术难题，进一步提升技术服务能力和水平。在推广新技术拓展业务的同时，与客户围绕现场需求立项攻关，2023年承担客户科研项目9项，积极展现公司的技术水平和科研能力，增强客户对公司信赖，提升行业影响力。

三、改革成效

运维科技公司以习近平新时代中国特色社会主义思想为指导，贯彻落实国务院国资委改革深化提升行动，以改革促进科技创新，以科技创新推动高质量发展。

一是经营创效能力明显提升。运维科技公司公司营收、利润逐年增长，其中廓形打磨技术服务、检测评估、大小机打磨集成服务等均实现较大幅度的增长。国铁集团钢轨打磨廓形设计市场占有率达80%以上。2023年营业收入同比增加27.32%，利润总额同比增加31.64%，全员劳动生产率达137.03万元/人，同比增加27.64%，科技创新成为经营创效与推进产业升级的根本动力。

二是科技创新动能显著增强。运维科技公司作为主要单位参与国铁集团《道岔打磨手册》编写，并于2023年8月在中国铁道出版社出版。“基于人工智能的铁路线路检测评估及集成运维”荣获中关村轨道交通国际创新创业大赛单项奖“最具投资价值奖TOP10”。“轮轨接触等效锥度函数驱动的钢轨廓形运维策略与工程应用”项目获江西省科学技术进步奖二等奖。主持或参与的4项团体标准已在中国交通协会发布或立项。“个性化钢轨廓形打磨技术研究与应用”项目荣获中国物流科技进步二等奖。

三是科技创新成果转化丰硕。根据技术发展规划和业务开展需求，运维科技公司进一步加大知识产权自主申请工作，同时积极通过受让方式引进相关专利，着力提升核心技术竞争力。2023年新增发明专利12项、实用新型专利2项、软件著作权2项，累计拥有发明专利24项、实用新型专利60项、软件著作权24项，授权商标及版权各1件。2023年运维科技公司科技成果转化收入超过1.2亿元，较2022年同比增长15%，科技成果转化效能持续增强。

130

聚焦核心主业　坚持价值创造 推进“精品钢材物流”品牌建设

武汉中铁伊通物流有限公司

一、基本情况

武汉中铁伊通物流有限公司（以下简称“中铁伊通”）成立于2004年，由中国铁路物资股份有限公司、伊藤忠物流（中国）有限公司、中铁物总武汉工业有限公司共同出资组建，为国有控股混合所有制企业。中铁伊通围绕生产型企业和铁路综合物流领域，立足以多式联运和国际联运为核心服务的一体化综合物流解决方案提供商的市场定位，以服务国家重点骨干企业和国家重点工程为抓手，深耕国内国际两个市场，以精细化服务及良好的物流服务保障能力赢得客户及行业的认可。

作为中铁伊通的重点物流板块之一，钢铁物流板块紧紧围绕公司改革深化提升行动目标，坚持深耕主业，持续强化物流核心能力和价值创造能力，2023年，在中铁伊通精品物流品牌创建行动中，率先打响“精品钢材物流”品牌，起到了良好的引领示范作用。

二、经验做法

（一）优化经营机制，聚焦核心主业

一是充分借力新型经营责任制的激励约束优势，引导团队看齐目标。

2023 年，钢铁物流板块按照公司“双百”改革方案的要求，从上至下，对部门中层管理人员实行任期制和契约化管理，签订“两书一协议”。对部门其他员工，按照公司全员绩效考核体系要求，签订绩效合约，将部门各项经营指标和重点工作任务分解到每位员工，实现“人人肩上扛指标”。以中铁伊通“十四五”战略为指引，科学制定钢铁物流板块考核指标，将拓展开发新能源、新材料、新装备等领域重点骨干企业客户的任务明确纳入责任书，设定可量化目标值，明确计分规则。进一步加大激励力度，当期及中长期激励向价值贡献大者倾斜。严格退出标准，执行“双 70”“双 80”退出机制，有效约束钢铁物流团队管理人员聚焦物流核心主业发展的目标。

二是坚定目标导向，勇立“军令状”，大力开发目标领域新业务、新客户。2023 年，在钢铁市场行情走低，传统汽车行业和新能源汽车市场两极严重分化的形势下，钢铁物流业务部门勇于揭榜，立下开发新能源汽车领域客户和构建多元化业务发展的军令状。以目标为导向，通过紧跟比亚迪汽车板增量的步伐，先后在长沙、南昌、抚州等比亚迪基地设立项目点，在原有线路上，新增开发运输线路 10 多条，同时借助比亚迪的业务黏性延伸开发上下游新客户。钢铁物流业务开发团队打开固化思维，抛弃“吃老本”的思想，走出既有业务舒适圈，积极开拓非钢业务。通过新能源领域及非钢领域业务的增长，极大弥补了原有燃油车汽车板业务整体下滑带来的不利影响，并为进一步拓展新领域新客户，构建多元化发展格局奠定了良好基础。

（二）强化核心能力，坚持价值创造

一是以客户价值为导向，在物流品质上下功夫。精品钢材货物对物流运输的品质要求极高，客户既考虑成本，更看重服务品质，仅凭低价竞争无法赢得客户信赖。为此，钢铁物流团队率先建立以作业指导书为标准的

全流程操作与管控体系，实现了规范标准化、标准流程化，以精细化管理贯穿精品钢材物流服务各个环节。作业指导书细化各方面标准，包括项目资源准备、作业节点实效控制、装载方案、捆绑加固方案、在途跟踪与联络、安全管理、项目关键单据样表及填写规范、风险管理及考核等内容。在业务运行过程中，根据客户最新的服务要求及时进行修订、完善，确保作业人员能实现项目操作的最新标准和要求。

二是以持续创新为驱动，在物流技术上下功夫。钢铁物流板块的主要客户为生产制造企业，确保货品安全并降低货损率是客户关注的重点。钢铁物流团队通过准确抓住客户痛点，针对海运、铁路、公路运输等领域，实施了一系列物流装载技术的创新实践，在“1000 吨海运精品钢材捆绑装置及装载方法”和“一种可伸缩式钢卷放置架”实用新型专利基础上，不断实践技术创新，设计优化装载方案，研发专业加固设备，有效降低货损及物流成本。钢铁物流团队根据比亚迪钢卷运输项目特点，研发出新型装载钢卷鞍座，在更加稳固钢卷的同时增加资材使用寿命，降低了货损率及运营成本，得到客户的好评。

三是以流程优化为重点，在降本增效上下功夫。优化业务流程是降低物流成本、提高服务效率的重要路径。钢铁物流团队通过物流模式创新，采用公转铁、公转水、运输仓配一体化“门到门”及多式联运等方式，为客户量身制定综合物流服务方案，并提供多线路物流总包方案，进行集约式管理，为客户降本的同时降低自身运作成本。为部分对精细化生产要求高的客户，采取按需配送 JIT 服务，最大效率为客户节约仓储及短驳费用。在广州 JFE 钢材“广州—成都”运输项目中，成功将原有长途公路运输模式转变为水铁联运模式，大幅减少换装次数、缩短交货周期，由原模式 40 天运作周期缩短至 15 天。

（三）塑造精品品牌，放大竞争优势

一是凝练精华，总结形成精品钢材物流品牌体系。鉴于钢铁物流板块多年来在“精品钢材物流”领域的实践积累，该板块率先创建了劳模创新工作室，形成了以劳模先进为领头人、核心管理人员、业务骨干及IT技术人才为主体的精品钢材物流团队，凝练并传承钢铁物流板块“开拓创新、精益求精、团结拼搏”的物流人精神，形成“精品钢材物流”品牌基础。2023年，中铁伊通启动“精品物流”品牌建设工程，明确“十四五”战略规划期间打造3个精品品牌，培育2个精品品牌的目标，“精品钢材物流”品牌创建首当其冲。选取钢铁物流板块“宏旺不锈钢公铁联运”项目作为试点，通过提炼标准、构建体系，形成精品物流品牌创建实施细则及试点项目建设手册。

二是复制推广，引领带动中铁伊通精品物流品牌创建。中铁伊通通过深入了解“精品钢材物流”品牌试点项目的运作情况，对试点项目运作全流程进行识别、拆分，结合对相关国内国际最新标准、对标一流企业标准及相关方需求的学习和研究，通过复制安全、高效、优质、环保的“精品”管理全流程，引领带动公司其他项目精品物流品牌创建。

三、改革成效

一是中铁伊通钢铁物流销售收入和利润实现逆势增长。2023年，钢铁物流板块在燃油车销量骤减、燃油汽车板供应链物流业务整体下滑近50%的困境下，突破既有业务瓶颈，向新能源、新材料、新装备等领域奋勇开拓，在竞争激烈的市场环境中逆势而上，钢铁物流板块收入规模创历史新高，实现销售收入和利润分别较上年同期增长15%和13.5%的“双增长”成绩。

二是钢铁物流创效能力进一步增强。中铁伊通钢铁物流团队通过物流

模式创新、技术创新等，为客户降本创效。为精品钢材物流相关重点客户单吨物流成本降低 8.8% ~11.76%，每年降低货损约 400 万元，获得客户高度信赖。通过精细化管理，实现内部管理降本创效。钢铁物流团队通过提升中转仓库货物周转效率，降低单吨货物仓储成本，货物中转费用总计降低 67%，码头装卸成本费用降低 20%。

三是“精品钢材物流”品牌获得客户高度认同。凭借“精品钢材物流”品牌的行业口碑，中铁伊通已成为宝武集团南方、北方、华东、西部、华中等各区域公司、各加工厂的物流供应商，并成为目前中国物流所属企业中唯一可全面参与宝武集团物流招标的物流企业。在 2023 年钢铁物流某重点核心客户的招标中，中铁伊通在保有原有核心业务的同时，新中标业务约 30 万吨/年，充分体现了客户对中铁伊通“精品钢材物流”品牌价值创造力的高度认可。

131

创新驱动发展
打造高端交通物流装备研发制造商

中储恒科物联网系统有限公司

一、基本情况

中储恒科物联网系统有限公司（以下简称“中储恒科”）创始于1987年，是中国物流集团有限公司（以下简称“中国物流”）下属高新技术企业，2022年3月入选“科改行动”。中储恒科是中国衡器协会副理事长单位、河南省专精特新中小企业、河南省服务型制造示范企业。

二、经验做法

（一）坚持创新驱动，加大研发投入力度

中储恒科因创新而生。1984年，国家物资局郑州储运公司二里岗仓库研发了中国第一台电子吊秤，后来因这个产品而组建郑州电子秤厂。30多年来，作为一家体量不大的处于充分竞争行业的小型国有企业，中储恒科矢志不渝做精做强称重主业，在充分竞争的市场中不断加大研发投入力度，依靠科技创新不断磨砺产品、技术、品牌，培养核心团队。2023年，中储恒科研发费用达到1506.58万元，同比增长301万元，增幅24.97%；按照研究与试验发展经费支出口径计算，2023年经费支出1620.04元，同

比净增长268.36万元，同比增加19.85%，其中应用基础研究研发活动投入达到232.05万元，占比14.32%；研发投入强度超过10%。持续的高强度研发投入使公司的核心竞争力不断增强，创新驱动的效果越发显著。

（二）围绕战略使命，加强技术攻关

中储恒科30多年初心不改、聚焦主业，通过接续奋斗奠定了较为完善的科技创新、生产研发、人才队伍和自有知识体系，保持了行业领先地位，“科改行动”取得显著成绩。根据中国物流战略，中储恒科将向物流装备企业转型，2023年6月15日，集团公司主要负责人在调研中储恒科时要求公司进一步深化改革，不断创新，勇于举起集团物流装备和物联网技术应用大旗，持续做强做优动态称重、智慧交通、智慧园区、智慧物流主责主业。2023年，中储恒科围绕物流装备，加强技术攻关，获得了一批技术成果。

一是加强知识产权工作保护创新成果。2023年，中储恒科不断加大知识产权保护力度，通过申请知识产权保护创新成果，全年新申请专利22项，其中发明专利13项，获得专利及软件著作权授权31项，其中发明专利4项。

二是做好标准化工作助力行业发展。中储恒科围绕主责主业及布局的战略性新兴产业等领域，积极参加国家及行业技术标准的起草工作，通过独立主持、主导或联合主持、主导的形式协同参与起草有关技术标准，不断增强科技创新能力，提高行业技术引领的话语权和行业影响力。新增立项起草国家标准和行业标准2项，主导和联合主导行业协会发布3项团体标准，联合主导发布1项河南省地方检定规程。

三是加强产学研合作助力科技攻关。中储恒科以布局的战略性新兴产业物流装备业务为重点加强产学研合作，11月与河南工业大学机电工程学院及其研发平台“河南省智能物流装备与车辆工程技术研究中心”签署合

作协议，重点落实物流机器人项目的开发应用合作事宜。

四是以顾客需求为导向开展研发工作。2023 年中储恒科在河南省企业研发管理系统备案研发项目 9 项，“全自动一体化定量包装机研发”项目被中国物流确定为年度重大科研项目，全年已有新型平板式动态轴重秤、激光轮轴识别仪、园区数字化运营系统（PDOS）、安全双体系管理平台、新型窄条式动态秤、DXD500 全自动定量包装机等研发成果投放市场，特别是聚焦集团内部需求研发的园区数字化运营平台（PDOS）于 9 月份研发完成并在中国储运高峰论坛上正式发布，目前已在 4 个物流园区部署应用。

五是通过数字化为安全管理提供有效工具。中储恒科成功研发安全双体系平台，在公司内部试用成熟后推向市场。中储安全管理信息系统研发完成并成功部署。将安全管理功能整合到园区数字化运营平台，使园区数字化运营平台具备视频监控、车辆管理、库区管理、资产租赁、设备运维、能耗管理、安全管理等模块，随着该平台在传统物流企业的应用部署，可以极大提升传统物流企业及物流园区的安全管理水平，为传统物流企业安全高效运营发挥支撑作用。

六是围绕物流装卸痛点开发装卸搬运装备。根据中国物流对中储恒科的最新定位，中储恒科积极布局战略性新兴产业，研发高端智能装备，已在 6 月底前确定火车/集装箱卸车机器人研发技术路线，并通过公司科技委员会审定。中国物流年度重大科技项目“全自动一体化定量包装机研发”经过艰苦攻关，项目研发进度符合预期，成功申报多项专利，2023 年底前已顺利结项并通过集团研发成果预验收。

（三）加强平台建设，完善创新机制

2023 年，中储恒科进一步加强企业科技创新平台建设。2023 年 2 月，河南省科技厅发文批准中储恒科组建“河南省智慧称重物联网系统工程技术研究中心”；11 月，河南省工业和信息化厅发文，中储恒科技术中心被认定为“河南省企业技术中心”。2 个省级科研平台的建设，助力公司吸引、整合、培养高水平的科技人才和团队，强化原创新技术科技攻关，提升企业自主创新能力，努力打造集团智能物流装备、智慧园区管理软件等领域的原创技术策源地。

2023 年，中储恒科优化“揭榜挂帅”机制，在“揭榜挂帅”项目中探索实施科研项目负责人授权机制，授予项目负责人技术路线决定权、经费使用权、团队组建权、考核分配权。11 月，中储恒科总结半年多来的试点成果，发布了科技项目授权管理办法，以制度形式固化并决定 2024 年在所有研发项目中推广。此外，中储恒科还在探索项目分红等中长期激励机制，激发员工的科技创新动力和活力。

（四）集聚优秀人才，培育创新队伍

中储恒科加快引进科技人才，加强科技人才队伍建设，努力打造领军、青科、工匠三支科研人才队伍。

一是柔性引进高层次领军人才。2023 年中储恒科柔性引进了包含 1 名中国工程院院士在内的 3 名国家级人才，续聘了 13 名国家级、省部级的行业领军人才。针对物流装备领域，通过与高层次领军人才及其带领的科研团队紧密合作，抢占行业科技发展的制高点。

二是全职引进高水平青年人才。2023 年中储恒科新引进 10 余名优秀青年科技人才。通过文化塑人，事业育人，激励留人，使其积极融入公司科技创新的一线，在创新实战中快速成长、迭代发展，成为企业科技创新的生力军。

三、改革成效

2023 年，中储恒科按照中国物流定位，确定了“高端交通物流装备研发制造商”的战略定位，聚焦物流装备，不断加大研发投入，研发费用同比增长 24.97%。完成中国物流重大科技项目“一体化全自动定量包装机”研发工作，项目组荣获中国物流 2023 年度“先进集体”荣誉称号。新型平板等一批科研项目成果成功转化。全年获得专利和软件著作权 31 项，其中发明专利 4 项。营收同比增长 19.90%。

132

做强做优主责主业
推动现代物流行业高质量发展

中储智运科技股份有限公司

一、基本情况

中储智运科技股份有限公司（以下简称“中储智运”）隶属于中国物流集团有限公司（以下简称“中国物流”），控股股东为中国物流旗下中储发展股份有限公司。中储智运是一家打造中国领先智慧物流及数字供应链解决方案基础设施平台的科技企业，为客户提供物流、商贸、金融等集成的系统综合解决方案。

中储智运集成互联网、大数据、人工智能、区块链等前沿技术，构建了包括物流运力智能交易平台、网络货运平台和数字供应链平台在内的“三大数字平台”，有效解决了车货信息不匹配、物流信用体系不健全、运输过程不透明、司机空驶率高等现实问题。

二、经验做法

（一）聚焦深化改革，激发发展活力动力

一是把党的领导贯穿公司治理全过程。中储智运推动党建工作，目前已实现基层党组织全覆盖，持续深化“红链”企业党建品牌建设，认真落

实开展主题教育和党员干部思想建设，持续推进主题教育常态化。

二是强化经理层成员任期制和契约化管理的精准考核和刚性队服。中储智运不断加强人才队伍的建设，强化经理层成员任期制，优化员工考核激励机制，已形成领导班子《任期指标》《年度工作指标》等相关文件。绩效管理层面，已形成《员工绩效管理制度》《实施 KPI 月度、年度绩效管理办法》《中储智运干部管理办法》，并根据公司发展情况及时做到更新优化。

三是制定市场化的收入分配激励措施。中储智运进一步深化岗位考核评价工作，侧重推动以业绩为导向的收入调节、分配工作，已经形成《市场化收入分配办法》并实施。

四是健全全面风险管理体系。中储智运强化业务风险管控，提升合规经营管理水平，已形成《账期业务管理制度》《合同评审标准管理规范》《业务档案管理实施细则》《会员审核工作规范》《回单审核处理规范》等规范制度并实时更新。

（二）注重科技创新，提升科技研发能力

一是不断加大年研发投入。中储智运通过技术创新和持续研发能力，形成了多项核心知识产权，衍生出一系列数字化产品，助力网络货运行业和现代物流业高质量发展。先后通过自研 M-TMS 智慧多式联运、WMS 智慧仓储、YMS 智慧园区、CMS 智慧贸易等数字化执行系统，创新构建智慧供应链服务体系，为广大企业提供运输、仓储等领域数字化改造、智慧化升级等一体化服务，推动智慧物流服务向上下游延伸，实现物流链与产业链供应链深度融合。

二是着力构建以企业为主体、市场为导向、产学研相结合的技术创新体系，重视推动与国家“双一流”“985”“211”高等院校的产学研教融合机制。目前，中储智运已与南京大学、东南大学等高校签订产学研合作协议，定向进行人才培养，并通过举办“智运之星”算法编程赛等活动，不断挖掘优秀物流科技人才，充实进公司人才队伍，推进智能供应链建设。通过多形式、多层次的科学技术交流与合作，依托南京大学的“智慧物流实验室”“自动化仓储实验室”“江苏省物流技术工程中心”等机构，开展前沿智慧物流的理论、模式、技术、算法研究和关键核心技术攻关。

中储智运已拥有多项智慧物流相关自主发明专利、软件著作权，在知识产权的投入、产出、质量方面均为行业领先水平。同时，作为国家战略性新兴产业的重要领域，中储智运参与制定了行业标准，为促进物流行业的健康、规范化发展和良性竞争，在助力物流现代化建设及维护国家产业链供应链稳定畅通中发挥着不可替代的中储智运力量。

（三）创新用人机制，充实研发人才队伍

中储智运在选人用人方面以灵活创新为前提，积极探索“引得来、留得住、用的好”的用人模式，以期实现传统物流人与现代互联网技术的充分融合。

一是在员工薪酬问题上，全面与市场接轨，坚持以业绩为导向的收入调节和工作分配机制，建立匹配“Y”型（指专业通道和管理通道分列的双通道模式）员工职业发展双通道的薪酬体系。

二是打破“薪酬”上下瓶颈，以业务能力与业绩产出拉开收入差距。关键技术研发管理人员进行协议化约定薪酬。建立科学有效地激励考核体系，确保能力与薪酬水平即时匹配。

三是引入OMO（Online岗位知识、Merge知识图谱、Offline岗位技术）混合式培养计划，根据相应人才的实际情况，制定相应的培训方案，多维度对员工进行培养。

（四）重视文化建设，激发组织学习动力

一是在创新机制建设方面，中储智运建立“创新需求直通车”提报机

制，调动全体员工在业务创新、管理创新等方面的积极性，员工有任何创新方案、创新思路、甚至只是创新点子，都可以以“直通车”的方式进行提报，对于优秀需求给予奖励，最大程度鼓励全员敢于创新、乐于创新、主动创新，营造良好的学习创新工作氛围，为公司持续优化各产品线输入发展源动力。

二是在创新文化建设方面，中储智运鼓励积极创建学习型、创新型班组。围绕“业绩、服务、创新、作风、技能”等维度，打造“五好”班组。围绕比创新、比开发、比服务开展“三比”劳动竞赛。对于积极创新的个人和团队，公司在每季度、年度给予荣誉和物质奖励，实现员工与企业在创新发展道路上的同向而行。

三、改革成效

一是物流业务规模持续扩大。2023 年，中储智运总体交易规模稳定增长，尤其是公司紧抓水运需求逆势上行的机遇，水运业务成规模实现大幅增长，目前已形成遍布全国物流“运力网”。

二是物流产业绿色转型升级。2023 年，中储智运抓住智能配对核心要素，考虑车源的广度与深度，挖掘货源的开放性，继续完善线上匹配功能。一方面，帮助货主在第一时间找到适配车辆，降低货主物流综合成本；另一方面，充分利用承运人的返程运力资源，最大限度减少车辆空驶率，减少货车的尾气排放，减少碳排放。

三是数字供应链业务深入发展。中储智运全面推广数字供应链项目，通过打造和输出各类数字供应链产品，为客户提供数字供应链全景式解决方案。2023 年，正式对外发布中储智运数字供应链平台，上线供应链数据平台及“链魔方”风控决策引擎，将真实业务数据生成信用、指令和决策，推动“业务数据”向“数字存证”升级，为供应链各参与方的交易支付、货物交割、银行融资、保险理赔、政府数字税务征收提供风控依据，有效解决商贸流通关键“信用问题”。公司供应链金融服务加速拓展，2023年进一步完善“运费通”风控流程，上线水运运费通，拓宽运费通适配场景与可选产品。

四是团队管理效能不断提高。中储智运系统化、信息化拓展风控体系。业务方面，优化完善风险矩阵，实现风险点全覆盖；信息化建设方面，重点推进风控平台建设，为公司信息化风控奠定基础；数据信息安全方面，发布了《数据安全管理办法》，并对数据加密技术进行国产化增强改造。持续推进人才引进计划，全面启动人才盘点，对组织结构和人才进行全面系统管理，稳步开展人才培养与梯队建设，有效提升员工综合素质。积极开展企业文化系列活动，着力营造良好企业文化氛围，外部品牌力和内部凝聚力持续提升，员工比拼赶超的竞争意识和团队合作精神不断增强。

133

聚焦增强核心功能和提高核心竞争力 推动国有资本运营公司基金业务高质量发展

中国国新基金管理有限公司

一、基本情况

中国国新基金管理有限公司（以下简称“国新基金”）是中国国新控股有限责任公司（以下简称“中国国新”）的全资二级子公司，是中国国新开展国有资本运营的重要抓手，也是中国国新基金业务板块统一管理平台。经过多年来摸索实践和发展，国新基金逐步形成了以国家级基金国风投基金为核心，涵盖双百基金、科改基金、综改基金等改革类专项基金，以及央运基金、科创基金、债转股基金等产业基金的系列化、差异化、协同化基金布局。

二、经验做法

国新基金聚焦打造“国际知名、国内一流”的战略目标，以改革深化提升行动为抓手，统筹推进抓党建、优布局、强功能、促改革、提质量、防风险，在服务国家重大战略、支持央企科技创新、推动国资国企改革等方面发挥了积极作用。

（一）突出核心功能，打造服务央企有效模式

国新基金持续深入学习贯彻习近平总书记“2.26”重要批示，坚持以服务央企为本位，不断深化探索，推动资本、技术、产业、改革、生态“五个赋能”有效落地，持续丰富运营公司基金发挥核心功能的内涵和成效。

一是更大力度布局战略性新兴产业。编制布局发展战略性新兴产业实施方案，围绕央企战略性新兴产业和未来产业短板弱项，撬动和引导更多社会资本支持央企发展战略性新兴产业、培育未来产业，助力央企导入外部产业资源，解决内生动力不足问题，加快形成新质生产力。基金累计投资战略性新兴产业项目254个、金额1039亿元，实现9个子领域全覆盖，其中“9+6”产业项目178个、金额572亿元。

二是更大力度支持科技创新。国新基金聚焦国家重大科技项目、重点攻关任务、央企创新联合体和国家级创新平台建设，加大布局拥有原创性、引领性、颠覆性和共性技术的创新企业，助力央企原创性技术研究和“从0到1”的技术突破。基金累计投资原创技术策源地项目超30个、金额超200亿元；投资细分领域头部企业项目超140个、金额超500亿元；支持隐形冠军项目超40个、金额超140亿元。

三是更大力度助推国企改革。国新基金把握“科改企业”“双百企业”扩围机遇，加大国企改革主题投资，用好改革赋能工具箱，聚焦优化治理和创新机制，持续推动央企国企提质增效。基金累计投资央企项目194个、金额达1094亿元，服务“双百行动”“科改行动”“区域性综合改革试验”等国改专项工程，推动所投企业完成综合性改革事项340余项。

（二）坚持系统思维，完善基金运作管理模式

国新基金坚决落实国务院国资委各项监管要求，以创建世界一流专业领军示范企业为抓手，加强对标管理，总结规律不断优化基金业务运作模式，巩固和完善体系化打法，着力提升基金运作专业水平，打造差异化优势和核心竞争力。

一是“募投管退”体系化。国新基金重点培育和开发具备长期出资能力、资源匹配、优势互补的战略投资人，打造合作稳定、结构多元的投资人组合。围绕央企产业链、创新链挖掘项目，持续加大与产业央企共同投资或跟进投资，加大对平台技术、共用技术类项目开发力度，争取早期优质项目多轮次投资。持续夯实复盘、红黄绿灯、偏离度考核工具箱，完善基金全周期退出规划、年度退出计划、项目退出方案、阶段性退出策略的体系化管理，挖掘多元化退出渠道，通过专业化减持操作提高退出收益。

二是业务协同体系化。国新基金加强跨团队、跨基金、跨板块协同，探索协同共享激励机制，统筹集约利用资源落实项目返投等投资人诉求。

三是行研支撑体系化。国新基金深化行研驱动投资和决策支撑作用，构建行研团队与投资团队分工合理、运行高效的组织体系，系统性挖掘投资机遇，强化行研赋能投资作用。

四是数智赋能体系化。国新基金构建以“Greater”投资业务管理系统为核心的一体化信息系统管理平台，丰富系统架构功能，推动数智赋能与支撑管理。

五是风控合规体系化。国新基金不折不扣落实国资监管要求，全面梳理修订“募投管退”激励约束、风险合规六大类近40项运营管理制度，将国资监管要求和制度规定嵌入内控关键审核节点。强化风险防范“三道防线”，压实前中后台责任，持续优化平行作业，聚焦事前提示、事中管控、事后处置等核心风控环节，将风险防控落实到基金业务全流程。

（三）践行深化改革，打造国资基金投资“铁军”

国新基金深刻理解把握国资基金投资运营的政治属性和功能定位，紧密结合私募股权投资基金行业实际，扎实落地全员竞选聘、职级套改、薪酬调整等三项制度改革举措，扎实推进前中后台一体化运营，从体制机制上解决深层次历史遗留难题，为国新基金今后业务更好实现高质量发展奠定了良好基础。

一是着力抓实“三能”，开展全员竞选聘，激活“人才引擎”。国新基金统一职级体系、优化职级分布和前中后台分布，立足国有资本运营基金投资业务全局谋划人岗匹配，通过实施全员竞选聘完成员工入位定岗，实现员工一体化管理。把工作成效作为核心指标，竞聘中近 3 年业绩评价占比 50%。对于业绩不达标的、存在“摸鱼”“躺平”现象的员工，坚决进行职务调降或退出。

二是突出价值创造，强化薪酬绩效管理，牵住改革“牛鼻子”。国新基金对全员重新定薪，在调降整体薪酬水平基础上，扎实落地“限高、扩中、托低”。优化薪酬结构，加大绩效薪酬占比、实行绩效薪酬递延支付机制，执行董事（ED）、董事总经理（MD）级别及以上员工绩效薪酬占比达到 60% 以上。

三是聚焦核心功能，创新制度机制，打造“事业共同体”。国新基金健全人才选用机制，精准匹配通过基金投资开展“五个赋能”所需专业人才，具有产业背景人员占前台投资团队人员比例提升至 23.5%。建设博士后科研工作站，计划每年招收 5 名左右博士进站，系统培养“产业 + 金融”复合型高层次人才。加大前台团队绩效薪酬奖优罚劣力度，有针对性提高前台团队末等调整和不胜任退出比例。探索突出产业成效的考核评价机制，国家级基金和专项基金功能作用考核权重不低于 30%，对于支持央企补短板、填空白、强产链的重点项目给予加分激励。

（四）加强党的建设，引领被投非公企业高质量发展

国新基金注重发挥国资央企党建优势，大力推动所投非公企业党的建设，探索形成具有国有资本运营公司特点的“党建引领投资方向、党建强化投后赋能、党建助力企业发展”的非公党建工作模式。

一是竖起党建统领“一面旗”。国新基金制订实施《加强和改进参股混合所有制企业党建工作实施细则》，制度化推动国新基金作为国有第一大股东参股企业加强党的领导党的建设。年内组织非公党建活动10余次，协同开展对3家所投企业的专题调研，工作成效获得中央社会工作部积极评价。

二是推动党建工作“双覆盖”。国新基金积极推动“组织覆盖”，根据企业不同发展阶段和条件，对初创期企业强化政策宣贯，引导其从理解支持到主动参与，推动具备条件的企业成立党组织。对成熟期企业，协助具备条件的企业党组织及时调整设置，升格为党委；对尚不具备条件的企业，推动其依托群团组织做好联系群众、推优入党等工作。统筹推进“工作覆盖”，建立联动机制，指定专人担任所投非公企业党建工作指导员和联络员，压实责任、细化分工。创新联动手段，结合企业实际需要，提供党建规章制度、工作手册、流程表单等指导帮助，助力企业加强基本组织、基本队伍、基本制度“三基建设”。

三是助推非公企业提升“三力”。国新基金做实党建赋能，着力提高企业生产力。党建团队联合投后赋能团队，从开拓市场、扩大产能、融资授信、产业链对接等方面全方位开展协同赋能。强化党建引领，着力增强企业竞争力。

三、改革成效

在中国国新党委的坚强领导下，国新基金扎实开展改革深化提升行动，坚定推动前中后台一体化运营，各项业务发展取得了长足进步。

一是功能作用有效发挥。国新基金通过对11只主动管理基金实缴引入外部资本超985亿元，通过领投项目96个带动外部资本超1200亿元，合计实现国有资本近7倍放大，并集中投向以国资央企为主的战略性新兴产业中，提高了国有资本配置效率，推动了国有资本向关系国家安全、国民经济命脉的重要行业集中，向前瞻性战略性新兴产业集中。

二是经营质效巩固提升。基金累计投资项目279个，金额1321亿元，其中83%投向国资央企项目，78%投向战略性新兴产业项目，2023年内投资项目皆为支持战略性新兴产业项目，其中近90%项目投资支持了具有突破性技术、强链补链或在细分领域占主导地位的优秀标的企业。项目综合IRR、DPI等指标保持在同类可比基金较好水平。

三是运营能力持续增强。基金前中后台一体化运营和管理模式成功落地，制度体系不断完善，业务流程持续优化，风险管理有效加强，保证了基金业务稳健开展。国新基金逐步形成了一支熟悉国资监管要求和基金投资业务、文化认同感强的专业人才队伍，团队平均年龄36.7岁，硕士及以上人员占比89%，党员占比64%，直接从事投资业务人员平均投资行业从业年限达10年。

四是行业地位更加显著。国新基金作为唯一一家专门从事私募股权投资业务的基金管理公司入选“创建世界一流专精特新示范企业”名单，获评年度“双百企业”专项考核标杆，并先后获得清科、投中、PEI等颁发的多个奖项，成为国内行业规模领先、影响力与日俱增的国资基金品牌。

134

深化“双百行动”综合改革
推动国有资本运营金融服务高质量发展

国新资本有限公司

一、基本情况

国新资本有限公司（以下简称“国新资本”）是中国国新控股有限责任公司（以下简称“中国国新”）的全资子公司，于2016年3月实际运营，定位为中国国新打造央企综合金融服务和核心金融机构持股的“双料平台”，积极为央企提供商业保理、融资租赁、期货、公募基金、保险经纪、产权经纪、供应链金融等特色化、定制化金融服务，支持央企实体经济发展，助力央企深化供给侧结构性改革、防范化解重大风险。

自2018年8月入选国务院国资委第一批“双百企业”名单以来，国新资本立足国有资本运营金融服务功能定位，深刻把握企业因改革而生、为改革而行的天然使命，聚焦治理、用人、激励“三大机制”，结合金融服务业人才市场活跃、竞争激烈等特点，探索构建“人＋机制＋平台”的市场化选人用人体系，不断深化综合改革，推动实现高质量发展。

二、经验做法

（一）牢牢抓住“人”这个根本，以高质量党建引领保障高质量发展

一是引领干部员工搞明白“信什么”这个问题。国新资本党委统筹抓

好两批主题教育，引领全体员工深入学习领会习近平新时代中国特色社会主义思想，紧扣“三个总”“两个途径”“三个作用”的新使命新任务，不断校正改革风向标。党委会定期跟踪督办贯彻落实情况，把“第一议题”转化为“第一行动”。打造领导班子领学、寻策问道研学、专项督导促学、结合业务联学的学习矩阵，主题教育期间召开50场专题党课，组织开展455人次交流研讨。对所属企业党组织党课材料、重点发言材料严加把关，对于理论学习不到位、结合中心工作篇幅不够等问题责令退回完善，主题教育开展以来，累计提出审核意见142条，有针对性地提高基层党组织“三会一课”质量。

二是引领干部员工搞明白“听谁的”这个问题。国新资本全面贯彻“两个一以贯之”，推动党的领导与公司治理深度融合，将党委前置研究重大事项清单及各治理主体决策清单多表合一，不断量化、清晰化重大资产处置、大额资金运作等重大事项的标准和决策程序，结合企业以资金投放类业务为主的业务特点，按金额将融资类业务划分为10亿元以下、10亿~30亿元、30亿元以上3种情形，分别提请总经理办公会决策、董事长专题会决策、党委会前置研究把关后提交董事会决策。有效厘清党组织和董事会、经理层等权责边界，打造具有运营公司金融服务特色的治理体系。

三是引领干部员工搞明白“干什么”这个问题。国新资本党委班子认真落实“四下基层”制度，通过调查问卷、现场座谈、外部调研等形式开展调研20次，收集意见建议6500条，进一步明确了国新资本通过各类金融工具助力国资央企盘活资产、压降杠杆、融通资金、转移风险的核心功能，有关经验做法入选国务院国资委主题教育第88期简报。广泛开展“立足岗位作贡献”等活动，组建15支党员先锋队奔赴西北荒漠、东北冰川等艰苦地区开展业务尽调，为央企客户提供120笔金融服务，切实发挥党员先锋模范作用。

（二）建好用活“机制”这个关键，持续激发干事创业活力动力

一是建立一套差异化管控机制。国新资本结合企业发展阶段和业务特点，制定“两强两轻三培育”的分类管控赋能方案，有针对性地指导所属企业锻长版、补短板。比如国新资本所属国新保险经纪、国久数科作为“两轻”，指导两家企业坚定走做专做优的轻资本、重能力发展道路，在确保其经济效益正增长基础上，注重考核两家企业的客户服务能力和创新产品成效，同时该两家企业作为混合所有制企业，在谋划战略路径、选聘高管人员等重大事项方面充分尊重民营股东方意见，特别是吸纳借鉴更加灵活高效的经营机制。所属国新保险经纪按照“业务不等人”要求提前开展2023年度考核结果运用，启动中层干部“全体起立”、基层员工“双向选择”，公开张榜业务团队业绩目标并开展竞聘上岗，2名基层骨干登上舞台、签约上岗，3名队长摘下帽子、腾出位子。

二是建立一套市场化用工机制。国新资本坚持以市场化与规范化相结合的方式推动干部人才“选育管用”，制定数十项组织人事流程规范和工作模板，覆盖员工入职到离职全周期管理，切实做到规则讲清楚、赏罚有依据。比如，在招聘端，坚持拿着入职承诺书、经营业绩责任书和岗位说明书这“三书”来面试，达到双向负责、“带枪入伙”的预期效果，确保“招一个、成一个”。2023年国新资本全员劳动生产率达到1304万元/人，同比增幅16%，在同业高位水平上持续攀升。在培育端，按照知识积累和实践实战相结合的方式精心培育“好苗子”全方位成长，开设宏观经济分析、风控尽调案例分享等特色课程，抽调业务骨干进入“保险 + 期货”、综合改革等工作专班进行多岗位历练，合理打破组织边界和业务壁垒，以人才工作创新推动业务创新。在选任端，坚持把人才放到重大项目、急难任务中磨砺成长，对脱颖而出的人才特别是优秀年轻人大胆委以重任，对躺平、业绩不合格人员严格按照契约约定退出。截至目前，已有多名“90

后”优秀年轻干部走上中层岗位，部分“80 后”中坚骨干进入经营班子，实现管理人员退出率9.26%，员工市场化退出率4.08%。

三是建立一套精准化激励机制。国新资本牢固树立价值创造理念，发挥考核“指挥棒”作用，结合企业实际建立“两类两期”差异化考核体系，“一企一策”确定企业经营业绩考核目标，各所属企业经营业绩考核指标中有明确量化目标或有标志性检验标准的指标权重占比达到100%。坚持实行业绩与薪酬“双挂钩”、同业与同事“双对标”，不同企业因业绩、贡献差异，人均工资最高相差3倍。

（三）做强做优“平台”这个载体，推动人才发展与事业发展相互成就

一是把“盘子”做强，坚定事业发展信心。国新资本联合近100家央企融资租赁、商业保理公司分别召开央企租赁公司、保理公司高质量发展大会，牵头成立央企融资租赁联盟，发布保理公司合作平台，携手央企租赁保理公司建立信息咨询、交流协商、诚信自律的“行业生态圈”，共同聚焦央企战略性新兴产业、传统产业升级等领域提供高质量金融服务。广大干部员工以此为契机，与“圈内”企业高精尖人才广泛交流研讨、取长补短，进一步提振国有资本运营金融服务“铁军”精气神，有97%的员工通过主题教育调查问卷匿名表示对国新资本事业发展充满信心并愿意为之奋斗。

二是把“盘子”做大，打造广阔事业舞台。国新资本整建制接收国证期货、国证基金两家企业党组织，深入开展保险服务中心筹设工作，稳妥推进国有资本运营金融服务平台建设。随着经营业态更加多元，国新资本事业舞台进一步拓展，先后选派业务拓展、法律合规等领域的优秀年轻干部到更加具有挑战性的岗位上锻炼，吸纳新进企业业务骨干到国新资本本部现场办公，加快促进文化融合与制度对接，以双向交流促进组织、人才“活血蓄能”。

三是把“盘子”做稳，筑牢发展安全堤坝。国新资本业务体量大，各类风险隐患交织叠加，人均管理资产达到36.3亿元。实践中，国新资本坚持业务拓展与风险防范同步推进，不断完善内控机制，筑牢“三道防线”，始终保持融资款“零不良”，为企业可持续发展打下坚实基础。在风险管控要求高的单位实施薪酬递延支付制度，将项目安全与薪酬兑现、干部任用紧密挂钩，一旦发生项目风险，责任团队仅兑现基本生活费，专职负责清收工作，引导全体员工在拓展、评审每一笔业务时，始终坚守原则标准，营造良好合规文化。

三、改革成效

一是经营业绩再上新台阶。2023年，国新资本各项经营指标连续12个月超序时进度，营业收入、业务投放、利润效益、全员劳动生产率4项指标创下历史最好水平。创业以来，国新资本资产总额从161亿元增长至1281亿元，增长近7倍；利润总额从4000万元增长至20.67亿元，年复合增长率超42%；净资产收益率持续保持在8.5%以上，全员劳动生产率从289万元/人增长至1304万元/人。国新资本稳健、齐整、韧劲足的特点进一步彰显。

二是品牌影响力得到再提升。在“国新品牌”引领下，国新资本逐渐在强者如林的金融市场竞争中站稳脚跟、擦亮品牌，有关经验做法入选国务院国资委2022年度国企品牌建设典型案例，所属国新保理、国新租赁持续保持央企商业保理、融资租赁公司头部地位。

三是金融服务实体经济成效进一步彰显。国新资本逐步探索出一条具有运营公司金融服务特色的赛道。一方面，以央企客户需求为出发点，重组产品要素、拿出解决方案，通过特色化产品服务，累计为央企实体经济投放保理、租赁融资款4196亿元，转移央企财产风险2743亿元；另一方面，通过绿色金融、保理租赁“生态圈”等拳头产品实现业务突围，塑造品牌效应，2023 年国新资本为央企提供绿色金融业务规模 100.72 亿元，新增服务央企战略性新兴产业金融服务规模 40.05 亿元，在支持央企绿色低碳转型、能源保供、新材料产业发展等方面作出了积极贡献。

135

激发改革创新活力　加速战略转型升级 打造一流的国有文化资本投资运营集团

中国文化产业发展集团有限公司

一、基本情况

中国文化产业发展集团有限公司（以下简称“中文发集团”）成立于2003年2月，前身为中国印刷集团公司，2012年5月经国务院批准划入中国国新控股有限责任公司（以下简称“中国国新”）管理，成为中国国新的全资二级子公司。中文发集团自入选国务院国资委“双百企业”名单以来，在国务院国资委中央企业所属“双百企业”专项考核中连续两次获评“优秀”。

2023年以来，中文发集团深入贯彻落实习近平文化思想，坚持传承央企红色基因，以深化“双百行动”综合改革为契机，加快推进集团转型发展，聚焦文化园区、文化传媒两大主营业务，向着一流的国有文化资本投资运营集团奋力迈进。截至2023年底，公司资产总额达到56.51亿元，利润总额、全员劳动生产率同比增长9.76%、14.07%，净资产收益率同比提高1.37个百分点。

二、经验做法

中文发集团坚持以习近平新时代中国特色社会主义思想为指导，深入贯彻落实国务院国资委国企改革深化提升行动工作部署，以打造充满活力的现代企业为目标，以提高企业核心竞争力和增强核心功能为重点，扎实推进“双百行动”综合改革，在服务国家战略，提升专业运营水平，增强现代企业治理能力，激发企业创新活力等方面取得积极成效。

（一）统筹优化平台布局，进一步明晰企业功能定位

中文发集团聚焦服务“文化强国”国家战略，将“双百行动”综合改革与三年发展计划的编制实施相统筹，与对标一流价值提升行动相结合，进一步明确战略方向，细化各板块公司功能定位和业务边界，制定印发《中文发集团战略落地实施方案》，聚焦产业链关键环节进行业务布局和探索。园区板块，明确着力打造综合型文创园区开发运营商，努力塑造文化园区专业化开发经营央企品牌。传媒板块，明确围绕实现内容优、技术优、模式优、效益优，打造文化传媒及内容创新平台。其中，综合考虑传媒板块业态多元特征，因企制宜、“一企一策”，分别确定功能定位。所属科印传媒着力打造一流的综合服务文化传媒品牌，文化发展出版社着力打造文化精品内容创作和出版平台，中印科院着力打造国家级印刷包装科技研究与信息服务机构。

（二）构建专业化运营格局，提升核心竞争力

中文发集团加快推进业务结构调整，着力破解制约转型发展的瓶颈问题，做强园区板块、做优传媒板块，实现量的合理增长和质的有效提升。

一是深化改革，夯实自身竞争力，巩固加深行业地位。园区板块推动品牌化、连锁化经营、一体化改革，成立提质增效工作小组，以深化一体化运营、创新园区运营模式等为抓手和重要任务举措，稳步提升定位规划、设计改造、招商引企、园区运营、物业服务、产业孵化等全流程服务能力，一体化管理面积占园区管理总面积比例达39.76%。

二是依托存量业务基础，挖掘独特竞争力。传媒板块坚持优质内容开发与拓展，构建以媒体、图书、会展、培训等优质文化产品为核心的资源、能力优势。持续巩固“1+N”印刷会展核心产品竞争优势，探索职业教育新模式，实现媒体数字化转型和媒体运营服务输出。稳步提升印刷包装领域标准化、C9、智能化等业务规模。2023年完成国家标准2项、国家标准外文版2项发布，国家标准立项申报16项，新增C9资质企业35家，累计数量达到85家，基本实现产品服务体系的国产化替代。

（三）提高资源配置效率，优化国有文化资本布局

中文发集团发挥国有文化资本投资运营优势，推动国有资本在文化领域结构布局和调整。

一是“进”，积极融入文化数字化国家战略，以数字技术为驱动力，持续推进产品与业务数字化转型。园区板块完善数字化基础设施，推进数据整合与共享，提升智能化服务水平，发挥资源聚集平台作用，试点“金融+科技+文化”服务运营模式，积极探索战略性新兴产业孵化运营。传媒板块持续推动印刷媒体深化转型，全面建成新媒体营销矩阵，迭代融媒体建设、知识服务平台、云上展、数字出版、智能化科研等业务。截至2023年底，新媒体总阅读量同比增长26.3%，视频号阅读量同比增长90.7%，取得阶段性进展。

二是“转”，利用现有老旧厂房向“高效、特色、集约”发展转变，提升区域产业形态。中文发集团扎实推进官批改造项目建设，“腾笼换鸟”改造低效产业空间，服务金科新区建设。截至2023年底，已累计投资约1.39亿元，完成项目楼体结构加固施工。

三是“退”，强化对5支参股基金管理，加快推进基金退出工作，加快存量资产盘活和历史遗留问题处理，确保国有资产保值增值。中文发集团依法合规解决故宫北院长达20年历史争议土地问题，积极配合政府开展北京百花公司土地房屋征收及地铁13A占地征收项目，圆满完成租户腾退、土地房屋移交工作，实现收益12.28亿元，展现央企社会担当，实现经济效益社会效益最大化。

（四）完善新型经营责任制，打造高质量发展强劲引擎

中文发集团全面构建中国特色现代企业制度下的新型经营责任制，持续深化三项制度改革，正确处理好效率与公平、活力与秩序的关系。

一是健全市场化选人用人机制。2023年中文发集团公开选拔“90后”年轻干部1名，5名“80后”干部走上正职领导岗位。提拔使用干部中，86%具有基层单位一线工作经历。干部队伍中正职负责人平均年龄较年初下降2岁，本科以上学历占比较年初提升9%，实现干部队伍年龄和学历的“一降一升”。

二是深入推进“新干线计划”。中文发集团分层分类开展“文萃行动”“文杰行动”“文菁行动”，先后组织系统内外交流任职5人次、挂职锻炼5人次、管培生轮岗8人次，不断优化干部成长路径。

三是全面推进“双向进入、交叉任职”领导体制向基层延伸拓展。中文发集团实现经理层成员任期制和契约化管理100%全覆盖，新进员工公开招聘比率100%，全系统管理人员退出比例13.71%，近3年来管理人员末等调整和不胜任退出企业覆盖面81.82%。

四是探索建立以任务为中心的考核评价体系。中文发集团总部全员绩效薪酬与公司年度重点工作任务完成情况挂钩。针对所出资企业业务功能特点进行差异化考核，坚持考核结果刚性应用，严格按契约刚性兑现薪酬，不设“兜底分”，所出资企业领导人员年度绩效薪酬差距达到4倍。

三、改革成效

一是精细化管理水平稳步提升，高质量发展成果不断显现。中文发集团“一利五率”向好向优态势明显，2023年利润总额、全员劳动生产率同

比增长 9.76%、14.07%，净资产收益率同比提高 1.37 个百分点。园区板块全年实现营业收入 3.06 亿元，整体出租率 88.35%，在京园区出租率 95.35%，人均创收达 157 万元，亩均产值、人均产值在北京市文化产业园领域保持名列前茅。传媒板块全年实现营业收入 1.42 亿元，同比增长 34.73%。成功举办第九届中国国际全印展，展商 1003 家，展会规模超 11 万平方米，实现收入超 8700 万元，参展商数量、参展面积、观众数量为历届之最，已成为全球印刷包装领域规模最大、最具影响力的科技成果展示平台和国际交流合作桥梁。

二是企业发展活力不断增强，创新成果实现多点突破。“新华 1949”品牌影响力持续增强，2023 年先后荣获“全国版权示范园区”“北京市级版权保护示范园区”“中国城市更新典型案例”“北京市创业孵化示范基地”“湖北省科技企业孵化器”“湖北省级众创空间”等 30 余项荣誉表彰。在京三家园区新获北京市版权工作站资质。人美文创打造小人书文化 IP，将其作为“一区一特色”重点扶持。科印传媒荣获北京专精特新中小企业称号。文化发展出版社中央级出版社金字招牌逐渐擦亮，《毛主席纪念堂纪实》入选 2023 年国家出版基金项目，《央企人在村儿里》获得国务院国资委社会责任局表彰。中印科院着力完善具备行业公信力的标准、检测及认证“一站式”质量服务体系，基本实现该领域产品服务体系的国产化替代。

下一步，中文发集团将以习近平文化思想为指导，紧紧围绕服务国家文化强国建设，落实国家文化数字化发展战略，以提高企业核心竞争力和增强核心功能为重点，全力补短板、强弱项、固底板、扬优势，通过持续改革深化提升，力争在破除各方面体制机制弊端、解决深层次问题上啃下硬骨头，取得新突破、新成效，加快打造一流的国有文化资本投资运营集团。

136

布局战略性新兴产业　激发高质量发展动能 全力打造国家质量基础中坚力量

中认英泰检测技术有限公司

一、基本情况

中认英泰检测技术有限公司（以下简称“中认英泰”）是中国检验认证（集团）有限公司（以下简称“中国中检”）所属“科改企业”，是我国检测认证领域的国家高新技术企业、国家3C产品指定检测实验室、国家能效标识中心节能产品检测实验室、科技部“十五”攻关计划示范实验室、国家级信息技术设备检测重点实验室、国家级能效检测重点实验室，是国家发改委在全国范围内支持建设的九家高技术服务机构之一。

中认英泰积极响应国家政策导向，坚决落实国有企业改革深化提升行动要求，努力打造检测认证社会公共技术服务平台，在国防军工、国际认证、绿色制造、固废检测等领域做到高新技术与社会责任的深度融合，助力国家质量基础设施体系建设，服务国家战略性新兴产业高质量发展。

二、经验做法

（一）健全市场化经营机制

一是完善选人用人机制。中认英泰坚持正确的选人用人导向，严格执行人才选拔相关管理规定，做到坚持原则不动摇、执行标准不走样、履行程序不变通、遵守纪律不放松，确保选人用人工作程序化、制度化、规范化。通过内部竞聘和社会公开招聘双渠道选聘人才，以“导师制”一对一定向培养和梯队人才储备模式提前培养技术及管理型人才，让想干事的人有平台，能干事的人有机会，持续推动人才队伍建设。2023 年中认英泰在册正式员工 333 人，平均年龄 30 岁，干部竞争上岗率 100%，干部退出率 6.7%，员工退出率 8%，充分发挥“干部能上能下、员工能进能出”市场化用工机制的有机调节效能，保持长期可持续发展的旺盛生命力与源动力。

二是优化薪酬分配体系。中认英泰推行“1 + N”薪酬激励机制，以“研发、科技、管理”三大创新平台及利润中心运营成果为基准数据，将员工绩效收入与创新创业业绩强关联，实现多劳多得、少劳少得、不劳不得的市场化激励机制，考核覆盖率 100%，浮动工资占比达 60%。完成混改及员工持股可行性分析，不断探索新型中长期激励工具，灵活运用科技成果转化、岗位分红等手段持续健全科研创新激励机制，深度激发科研人员创新创业热情。2023 年中认英泰科研人员与普通员工的创新激励绩效差距平均达 7 倍以上，成功兑现 2022 年度 349 万元岗位分红，人均激励 6 万余元。

三是强化精益生产管理。中认英泰搭建创业平台“利润中心”，将职能部门拆解为 10 余个独立运营核算体，全盘模拟市场化运营，鼓励自主创业、自负盈亏，颠覆式转换财务职能与内部核算组织关系，实现各级管理人员主体经营意识与内部创业激情的双重提升。开发利润中心个人看板，建立个人利润中心核算体系，核算颗粒度细化至个人，便于管理人员动态化管理人效提升。打造检测全流程数字化管理系统，首创流程标准化、功能模块化、指标数据化、数据可视化“四化”模式，检测周期由 30 个工作日大幅度缩减至“T+5”个工作日，项目评估、测试、报告编制3个阶段时效目标达成率均超过90%。

（二）加强科技自主创新

一是健全科技创新机制。中认英泰发布科技管理办法、品牌与科技考核办法，以全流程监督管理确保科研项目串联立项、孵化、验收、考核等各阶段并实现闭环。强化品牌建设引领，为行业合作交流、协同共治提供示范平台，联合兄弟单位成立“中国检验检测学会新能源分会”，以助力新能源行业规范发展、推动行业技术进步为己任，彰显检测认证“国家队”引领与担当。发起成立“长三角厨卫检验检测联盟”，承办联盟绿色低碳专业委员会，联盟申报的《检验检测助力长三角厨电产业高质量发展》成功获评长三角三省一市市场监督管理局共同发布的“2023年长三角检验检测促进产业优化升级典型案例”。

二是打造科研人才团队。中认英泰举办为期1年的“菁英训练营”，定向引才、育才，成功输出包含10余名项目经理、10余名储备项目经理和3名精英项目经理共计30余人的研发团队，作为兼具科研创新能力与引领能力的科研人才预备队。申报各类人才荣誉和奖励27人次，推荐4人加入标委观察员，5人获聘国家标委委员，2人进入国家级学会，2人进入长三角检测联盟，5人获聘江苏省“苏链检”专家，9人获聘苏州市高端人才、优秀人才、紧缺人才等，获得政府奖励105万元。

三是推动科研成果转化。中认英泰聚焦高等院校合作，先后与苏州大学、南京工业大学、上海工程技术大学、复旦大学、哈尔滨工业大学达成合作意向，以实现产学研用一体化为目标，以高精尖技术应用于现代化质量基础设施体系建设为导向，成功输出“十四五”国家重点研发计划项目——海尔智家大脑“健康住区环境监测评价和保障关键技术研究与示范”评价方案，参与“基于功能化磁性介孔材料的RAM-SPE技术在食品中抗生素的残留分析技术攻关及应用”先进技术研究及课题申报等成果，其中中认英泰参与研究的“数字能源电子系统智能装备技术的研发与应用”项目获2023年中国产学研合作创新与促进奖二等奖。

（三）服务新发展格局

一是助力美丽中国建设。中认英泰响应国家绿色发展号召，推进“十四五”期间“无废城市”建设工作方案。在原有环境化学检测能力基础上数次升级扩项，近600个固废检测参数获得CNAS、CMA授权，贯通“固废检测—危废鉴别”全工作流程，检测效率和质量均位于江苏省前列。2023年面向近50家企业提供危废鉴别和固废检测服务，业务足迹遍布江苏、浙江、福建、广州等省份，扎实推进生态文明建设。

二是服务绿色低碳发展。中认英泰积极服务地方绿色产业发展，协同工信局、科技局等地方政府部门，承办市、区级绿色制造宣贯会议，指导企业突破绿色制造过程中面临的基础设施、管理体系、能源资源、绿色产品、环境排放等“卡脖子”难题。2023年中认英泰绿色低碳业务受理同比增长198%，获得工信部国家级绿色制造项目第三方申报资格、江苏省工信厅省级绿色制造项目第三方申报资格、苏州市节能诊断第三方服务企业资格，全年完成100家企业绿色工厂诊断工作。

三是保障军工领域安全。中认英泰成立涵盖工程、业务、保密等职能的军工研发项目组，解决对高可靠、长寿命军民融合产品的可靠性考核、验收和鉴定、实验室试验结果与现场使用效果不一致等关键核心难题。初期投入约2000万元，建成国防军工领域检测实验室，先后引进500立方米、300立方米高低温湿热试验舱等一批先进仪器设备，顺利取得GJB150系列、GJB1621系列、GJB360B、GJB899A、GJB1217A等30多项标准认可，获得为军服务地方计量和检测实验室资格，与多家国内知名的军工大院大所在环境可靠性试验和通用质量特性（六性）评估等领域达成深度合作。

三、改革成效

一是科技成果取得突破。中认英泰连续4次获评国家高新技术企业，首次获评5项省级荣誉，包括江苏省工程技术研究中心、江苏省专精特新中小企业、江苏省现代服务业高质量发展领军企业、江苏省服务型制造示范平台、江苏省中小企业公共服务示范平台（四星级），首次获评全国商业联合会科技进步奖二等奖。获授权知识产权8件，同比增长60%。主导、参与标准制/修订19项，含国家标准4项，同比增长58%。成功发布国家标准GB/T 43512—2023《全钒液流电池可靠性评价方法》。参与科研课题9项，其中国家级2项，较往年实现较大突破。

二是央地合作不断深化。中认英泰选派技术团队远赴青海与青海水堪院深度合作，为青海省第三次全国土壤普查项目提供技术支持，项目实施团队事迹入选2023年“中检故事”，在环境化学检测领域打响中认英泰品牌。持续深化中国中检与苏州市战略合作，扎根太湖新城拟建中国质量认证中心长三角联合创新中心，打造新能源与高端装备科创服务中心、数字安全科创服务中心、绿色低碳科创服务中心、长三角培训交流中心四大中心，充分发挥国家质量基础设施提质增效升级作用，深度辐射整个长三角区域，助力地方产业高质量发展。

三是经营业绩再创新高。2023年，中认英泰实现营业收入18323.3万元，同比增长2304万元，创营收增长的历史新高，其中国际认证、军品检测、绿色低碳等新项目收入增量占营收增长的90%。利润总额2902.7万元，增长额295万元，为近3年最高增速。利润率为15.8%，超额完成年度计划指标。

137

深化体制机制改革　强化战新产业布局力度 双轮驱动企业创新发展

中汽数据有限公司

一、基本情况

中汽数据有限公司（以下简称“中汽数据”）成立于2011年，是中国汽车技术研究中心有限公司（以下简称“中汽中心”）的全资子公司，下属有5家子企业，现有员工691人，其中硕博人员占比72%、中高级以上职称人员占比28%。

面对当前汽车产业数字化转型升级、碳中和碳达峰政策背景、“新基建”建设以及与ICT产业融合发展的历史机遇，中汽数据在中汽中心“数字业务”板块积极担当，以“国家级汽车产业数据中心、国家级汽车产业链决策支撑机构、国家级泛汽车产业数字化支撑机构”为核心业务定位，做精做实做强主业。

二、经验做法

（一）加快布局战略新兴产业，融入现代产业体系建设

一是积极开辟产业新赛道，增强产业引领力。中汽数据以国家战略为导向，选择智能网联、碳经济两个重点领域开展改革探索重点推进，通过

新设中汽智联和中汽碳数字两家子企业，打造业务发展与国企改革的“先锋队”。依托中汽智联公司，以中汽信息安全研究中心为平台建成并运营中国首个汽车行业漏洞数据库，并以汽车漏洞大数据为基础，研发完成汽车信息安全风险评估软件、纵深防御系统及测试床系统，打造国内首个自主可控汽车信息安全产品集和测试验证工作体系。中汽碳数字坚持用数据驱动决策，平台引领未来。建设全国首个汽车产业链碳排放因子数据库（CALCD），建立全球首个产业链碳数据收集平台（CICES），发布全球首个汽车碳足迹公示平台（CPP），提供所有在售乘用车碳足迹结果，帮助企业定位自身碳排放水平。

二是突破战新领域关键技术，打造核心产品，破局汽车工业软件“卡脖子”问题。中汽数据聚焦我国汽车工业基础仿真软件短板问题，组织开展重点科研项目攻关和工程示范应用，持续加强人才、资金投入和资源保障，通过3年多的核心技术攻关，发布“汽车工业基础仿真软件 Cautosim（2024版）”，该软件求解内核、软件界面、行业模型库均具备完全自主知识产权，完成1000多个功能点、5000多个基础模型，500多个新能源专业模型的开发。

三是打造行业基础研究工具，打破国外垄断，降低行业研发成本。针对智能驾驶高并发、低成本、批量化、自动化测试行业需求，中汽数据组建研发工作专班，支持 ISO 3450 系列标准的设计以及成果转化，落地 ASAMOPEN 系列标准创新成果，形成了一套具有自主知识产权的自动驾驶仿真云平台及工具链，打破了国外厂商对自动驾驶仿真软件的垄断，大幅降低自动驾驶系统测试验证成本。国内首创开发了基于 HLA/RTI 分布式实时仿真支撑架构的 C/B-S 混合式云部署仿真平台。“自动驾驶虚拟仿真测试云平台 ADChauffeur”入围工信部科技司人工智能产业创新“揭榜挂帅”任务，并完成阶段性验收。经中国机械工程学会鉴定，“仿真工具链”和

"测评关键技术"达到国际先进水平。

四是打造全新中国智能驾驶场景数据平台。中汽数据支持我国牵头首个自动驾驶领域国际标准 ISO 34501《自动驾驶系统测试场景术语和定义》的制定与发布。构建国际首个智能驾驶场景描述模型，形成中国智能驾驶场景数据库，填补行业空白。完成国内首套智能驾驶场景数据分类体系研究，推动场景数据管理及应用。基于项目成果，支持中汽中心牵头成立 ASAM 自动驾驶仿真技术专家委员会及 C-ICAP 模拟仿真工作组，助力智能驾驶行业高速发展。

（二）完善科技创新机制，加快实现高水平自立自强

一是加大研发投入，多措并举扩大科研资金投入来源。2023 年，中汽数据研发投入强度达到 14.74%，其中基础研究投入占比 61.19%，大力推动了 1025 工程重点专项的有效实施。通过积极申请地方政府、部委科研经费，不断扩大科研资金投入来源，申报天津市制造业高质量发展专项资金项目，获得支撑类专项资金 438.8 万元，奖补类资金 100 万元。在广东省政府"××工程-核心软件攻关工程"中，中汽数据作为入选该项目的攻关方，承接了面向比亚迪汽车工业有限公司系统仿真场景的 MBSE 软件攻关项目，获得 3871.2 万元的项目资金支持。

二是加强科技人才队伍建设，创新人才引进与市场化激励。中汽数据积极开展柔性引才和"一人一薪"，与高校、科研院所、外部企业等单位开展人才交流合作，柔性引入 6 名国家级高层次人才，通过"一人一薪"，引进 2 名信息安全领域紧缺型人才。持续完善市场化激励，针对"1025"工程全职人员实施工资总额单列，通过岗位薪酬横向对标，选取同行业中高位（P75）水平薪酬，发挥薪酬分配对"1025"科技创新人才吸引与保留的导向与支持作用。用好用活激励工具，开展岗位分红、探索项目分红，分红激励额度占激励对象工资总额 21.47%，激发核心人才科技创新活力。

三是完善科研管理机制，高质量科研成果频出。通过制定《科研项目负责人授权管理方案》，中汽数据赋予项目负责人技术路线权、经费使用权、团队组建权、考核分配权等更多权限，使项目开展更加灵活高效。2023年，中汽数据承接的4项“1025”工程重大专项均超预期完成年度目标。不断加大专利布局力度，建立专利挖掘常态化管理机制。综合产业、市场、法律等各因素，围绕工业仿真软件、新能源汽车、智能网联汽车、信息安全等多个战略性新兴产业领域对自有技术开展合理科学的专利挖掘和布局。2023年新增授权海外专利2项、国内发明专利97项，近3年授权发明专利171项。

（三）提升活力效率，完善公司治理、构建新型经营责任制

一是更广更深落实任期制与契约化，构建新型经营责任制。中汽数据以岗位评估为基础，通过契约明确经理层成员的“一岗一责”和“一人一书”，破除“干好干坏一个样”。制定本级及子企业授权事项清单，推动三级公司经理层从“要我干”变“我要干”，本级及子企业经理层成员任期制和契约化管理100%全覆盖。参照经理层成员任期制和契约化管理方式，探索在38名M级中层干部中深化任期制和契约化管理，建成覆盖本级经理层、三级公司经理层、全体M级中层干部的契约化与任期制管理体系。

二是创新董事会工作机制，推动董事会规范高效运行。中汽数据形成董事会会前、会中、会后的“三三制”工作机制。会前，做好外部董事支撑，开展专项调研，借助“外脑”出智献策，依法监督；会中，围绕“两个面向”助力高质量决策，面向上会事项，实施汇报、讨论、审议，面向公司治理关键领域，实现决策内容对战略规划、重大投资、人事安排等全覆盖；会后，形成会议、发文、履职、监督落实4类台账，推动董事会决策落实落地。

三、改革成效

一是公司经营质效持续提升。2023 年，中汽数据营业收入突破 7 亿元，同比增长 22%；利润总额 2 亿元，同比增长 19%。突出价值创造，深化业财融合，跨年应收降幅 71%，压降成本 1649 万元。

二是科研创新迈出关键步伐。围绕“国之大者”，中汽数据坚持科技自立自强，开展国务院国资委“1025”专项核心攻关任务 4 项，国家省部委及行业攻关任务百余项，重点聚焦工业仿真软件研发、智能网联汽车信息安全、驾驶云仿真、汽车数据库、道路交通安全鉴定、绿色低碳等行业发展关键领域。科技成果先后获得天津市科学技术奖、湖南省科技进步奖、中国汽车工程学会科学技术奖、中国机械工程学会机械工业科学技术奖、中国循环经济协会科学技术奖、智能交通协会科学技术奖、节能减排科技进步奖等奖项。

三是数字化转型发挥示范作用。中汽数据充分发挥数据资源优势，打造数据共享平台，通过数据贯通、场景联通提升软件及咨询产品数据价值，核心产品客单价同比提升 16%。提高管理信息化水平，建立信息化综合管理集成平台，实现内部办公流程自动化、产业数据应用模块化。建设项目管理系统，覆盖八大业务领域，从宏观与微观、经营质量与效率等方面实现对公司经营和市场态势的精准感知，推动精益化管理。

138

深入实施改革深化提升行动
打造汽车检测领域的改革尖兵

中汽研汽车检验中心（天津）有限公司

一、基本情况

中汽研汽车检验中心（天津）有限公司（以下简称“天津检验中心”）是中国汽车技术研究中心有限公司的全资二级子公司，是具有行业影响力的独立第三方汽车产品检测及技术服务机构，属于专业技术服务业（M74）。天津检验中心以加快建设具备全球竞争力的世界一流汽车产品检测及技术服务机构为目标，持续推进国有企业改革深化提升行动走深走实。

二、经验做法

（一）强化战略引领，打造细分领域核心优势

天津检验中心锚定规划目标，围绕推动基础业务转型升级和更大力度布局战略新兴产业，加快构建现代化产业体系。

一是坚定战略方向，着力提升战略管理效能。基于公司业务发展需要，天津检验中心系统谋划制定新一轮三年滚动规划，并定期开展规划的跟踪评估，纳入部门总体考核，强化执行管控。挂图作战推动三大业务发

展重点工程、六大发展保障行动，12 项重点任务、23 个重点项目、60 项指标达成目标。

二是明确发展方向，推动基础业务转型升级。天津检验中心推动汽车安全技术变革，全面建成 2024 版中国新车评价规程能力，加快世界一流的 8 跑道被动安全试验室建设，2023 年完成了超过 2200 次实车碰撞试验，位居全球第一。助力实现“双碳”目标，深度参与国七排放标准制定，布局重型新能源车测评体系，实现了多个低碳节能核心催化材料的技术突破。提升整车关键性能，打造包括新能源及燃料电池整车级关键性能测评在内的六大领先研发验证平台。

三是突出发展重点，更大力度布局战略性新兴产业。天津检验中心落实智能网联创新发展战略，完成内部专业化整合成立智能网联部，支撑工信部《关于开展智能网联汽车准入和上路试点工作》政策出台。服务“一带一路”战略，进一步完善海外网络布局，不断完善国内认证测试能力体系，助力中国自主汽车品牌“走出去”。推动检测业务数字化，新能源汽车数字化虚拟仿真平台荣获工信部 App 优秀解决方案。安全虚拟测评仿真平台健全虚拟测评工况试验能力，影响了国际新车评价规程虚拟测评内容和方案的制定，提升了国际话语权。

（二）聚焦科技创新，全面提升自主创新能力

天津检验中心深入实施创新驱动战略，不断打造竞争新优势。

一是优化科技创新体制机制。天津检验中心明确重点关键领域技术攻关路线，提升重点项目的资源配置力度，研发投入连续多年增长。建立“揭榜挂帅”机制，实现了项目管理与人才晋升的有机统一。建立项目管理授权、项目后评价等新型管理机制，提升科技人员创新主动性，增强科技成果对经营发展的带动力。

二是强化关键技术攻关。天津检验中心推动两项关键核心技术攻关项目取得突破，在检测装备领域攻克了“卡脖子”关键技术问题；全球首套汽车紧缩场测试系统安装上线，填补了汽车天线性能远场测试的空白。

三是打造高水平的科技人才队伍。天津检验中心结合“揭榜挂帅”机制打破“终身制”和“论资排辈”，构建科技人才发展新通道。重视人才培养与激励，高级工程师人数较2022年增长近20%，分红激励力度不断提升。

（三）锚定改革攻艰，激发公司活力显著增强

2023年，天津检验中心先后入围国务院国资委“创建世界一流专业领军企业”和“科改企业”两个专项行动。一体化推进打造“三力领先”的任务指标体系，即“竞争力”领先，确保当下发展的质量效益一流；“创新力”领先，确保持续发展的潜力动能一流；“保障力”领先，确保公司发展的基础支撑一流。在“创建世界一流专业领军企业”实施方案评估中荣获“A+”等级。

一是建立完善现代公司治理体系。天津检验中心一体化完善公司治理制度和决策流程，动态优化“三重一大”决策事项清单，厘清治理主体权责边界。加强董事会建设，成立专门委员会，建立督办管理信息化平台，保障董事会作用发挥。该平台在集团专项评估中获评“优秀”。

二是打造市场化的干部人才队伍管理体系。天津检验中心实施“雏鹰计划”，打造1套“年轻干部”选培机制；夯实“头雁计划”，扎实开展干部任期制与契约化管理，提升目标量化水平与挑战性，干部人才活力显著提升。开展岗位职级与绩效考核体系专项改革，建立覆盖全员的绩效考核体系，实现分级分类考核；明确员工退出路径和情形，完善“能出”机制；开展差异化激励，推动子企业顺利完成岗位分红。

（四）夯实精益管理，服务保障能力持续提升

天津检验中心不断提升精益化管理水平，促进效益效率最大化。

一是建立数字化的业务管理体系。天津检验中心获批“央企百户数字化转型示范企业”，推进“智慧检测”项目，公告检测报告数字化率超过80%，样品流转效率提升1.5倍。

二是深度优化采购管理体系。天津检验中心成立采购管理委员会，建立采购分层决策机制、决策监督机制，大力推进需采分离、采办分离，打造“全数据支撑、全流程可控、全过程可视”的数字化采购系统，提升采购信息化应用水平，全面提升降本增效能力。

三是建设全方位的财务管理体系。天津检验中心上线全面预算管理系统，打通业务部门、财务部门数据接口，实现财务数据跨部门协同、多方联动，数字化、可视化动态展现预算及执行，提升财务信息质量。

四是启动实施节能降碳专项工程，打造绿色试验室。天津检验中心探索公用设备节能路径，试点并在公司范围内推广实施公用设备节能改造，同时推进实施重点设备更新换代和改造升级。

三、改革成效

一是经营规模质量显著提升。经营规模方面，2023年天津检验中心营业收入同比增长12.52%，利润总额创造历史最好成绩，经营效率保持高位，处于行业领先水平。

二是行业竞争力持续增强。2023年，天津检验中心智能网联等战略性新兴业务收入占总收入比例接近40%，国际化业务实现了翻番，研发验证业务同比上涨25%。

三是科技创新成果丰硕。2023年，天津检验中心牵头或参与汽车行业国际、国家标准制/修订40项，获得省部级及以上高水平科研奖项17项。成功获批天津市智能网联汽车测试评价重点实验室，省部级及以上科研平台达到 13 个。授权国际专利 5 件，每万千人拥有发明专利达到 3300 件。

未来，天津检验中心将更加聚焦改革创新的痛点难点重点任务，以实现更高质量的发展为目标，趟进“深水区”，啃下“硬骨头”，打赢“攻坚战”，打造成为汽车检测领域的改革尖兵。

139

以改革创新集聚发展动能 推动实现跨越式发展

天津中绿电投资股份有限公司

一、基本情况

天津中绿电投资股份有限公司（以下简称“中绿电公司”）是中国绿发投资集团有限公司（以下简称“中国绿发”）控股的绿色能源板块上市平台（股票代码：000537），统筹实施专业化管理、集约化运营、国际化发展。中绿电公司是国内最早从事新能源开发的企业之一，业务范围包括陆上风电、海上风电、光伏发电、光热发电、储能等新能源项目的投资运营。目前，管理8家区域公司，布局12个资源富集省区，在建运营电站60个，建设运营装机容量2089万千瓦。

二、经验做法

（一）强化自主创新，提升核心竞争力

中绿电公司紧抓能源变革机遇，把握“9＋6”发展契机，在“卡脖子”关键核心技术上加强攻关。聚焦新能源大规模高比例接入，巩固、发挥自同步电压源友好并网首台（套）项目建立的行业领先优势，加快推进

研究成果在新疆大基地等新建、在建项目应用推广，为破解新能源高比例接入电网这一公认难题提供高标准、低成本的系统性解决方案。围绕新型储能领域布局与应用，着力打造全球首个10兆瓦级锂电容储能示范项目，加快锂离子电容器产业化落位和产能提升，同步拓展锂离子电容器在轨道交通、智能机器人、军工等领域的应用市场。围绕长时储能，高质量推进液化空气储能示范项目建设，构建专利技术产品矩阵，推进多能互补、火电耦合等多种应用场景落地；结合光伏、光热一体化项目建设和火电灵活性改造，推进高压熔盐热泵、中压熔盐电加热器等产业化落地，完成全流程体系建设。

（二）强化精益管理，优化管控体系

中绿电公司深入推进机制市场化和管理法制化，在质的有效提升和量的合理增长上狠下功夫，形成一系列提质增效专项实施方案。逐步完善项目开发、建设全流程体系，修编完善可研、初步设计、招标文件审查要点及工程造价手册，组织筛选设计单位，建立外部智囊库，进一步提升可研、初设评审专业化水平。搭建风机光伏板排布、变电站选址、风机及光伏组件选型模型，效益测算、工程结算应用模型，总结形成项目开发外部因素核实标准、临建标准、安全文明施工标准，持续提升项目规范化水平。编制《新时代绿色能源产业智慧运营体系建设整体方案》，明确智慧运营整体升级思路。健全安全生产标准体系，强化安全风险分级管控和安全隐患排查治理，编制印发《安全生产费用提取和使用管理细则》，规范安全生产费用管理，建立安全生产投入长效机制。夯实法治监督保障体系，健全参股企业常态化管控、全产业重要风险系统化预警、内控及经营合规审计“三大机制”，推动审计、法律、合规监督体系向全级次、全方位、全领域延伸。强化全员绩效考核，制定《三年盈利承诺专项考核管理办法》，将月度绩效薪金与上市盈利承诺完成率紧密挂钩，以刚性考核倒逼业绩提升、降本增效。

（三）强化产业协同，夯实发展基础

中绿电公司从服务“双碳”战略与满足人民群众日益增长的美好生活需要出发，将推动新能源发展与新型工业化、新型城镇化建设有机结合，开创多产业协同联动、合作共赢新模式。通过“绿色能源 + 文旅产业”集群引入，助力美丽新疆建设，一举获取新疆首批 1300 万千瓦新能源基地项目指标，并于 2023 年 8 月 29 日实现集中开工。通过绿色能源与电网公司协同合作，助力地方能源高质量发展，成功获取青海贵南 100 万千瓦光储一体化项目指标。通过“绿色能源 + 先进技术”研发示范，助力新能源平价项目申报和指标竞争性配置，成功获取青海海西、内蒙古乌海、山西方山、陕西韩城等地共计 80 万千瓦建设指标。通过实施优质项目并购，拓宽资源开发渠道，成功获取甘肃金塔 70 万千瓦多能互补项目。2023 年中绿电公司共计获取建设指标 1550 万千瓦、在建 1659 万千瓦，实现了从百万级到千万级的历史性跨越，走出了一条以产业融合为亮点的协同发展道路，为“十四五”战略目标完成奠定了坚实基础。

（四）强化合规经营，完善现代企业治理

中绿电公司立足产业实际，瞄准行业先进，编制创建世界一流企业行动方案，全面构建建设世界一流企业指标体系，推动四个“新高地”建设不断深入。高质高效开展制度优化和流程再造。近 3 年累计修订制度流程 81 项、废止 15 项、新建 61 项，有效保障公司内部治理、项目运营、安全生产等各方面规范化运行。树立管理制度化、制度流程化、流程信息化的内控理念，建立健全内部控制手册、合规指南，针对 31 项关键业务流程嵌入合规要点 78 项，10 个重点岗位嵌入合规管理职责 54 条。完成董监高换届选举，有效保证“三会一层”人员稳定。统筹推进“三会”规范运作，

定期向董监高报告决议执行情况，有效保障重大决策依法合规，董事会建设运行情况得到监管机构高度认可。

三、改革成效

一是科技创新取得突破。中绿电公司自同步电压源友好并网技术入选国家能源领域首台（套）重大技术装备（项目），并在甘肃干河口风电场示范应用，在构网型新能源并网技术研究与应用方面实现行业领先。锂离子电容器储能项目入选“十四五”能源领域科技创新规划，液化空气储能项目入选国家能源局新型储能示范项目公示名单，在新型储能产业链关键环节实现重要突破，有力有效提升电力系统安全稳定灵活运行的能力。自主风机载荷计算评估软件、光伏智能清扫系统完成研发，中深层地热能、大型风电场66千伏集电系统等项目研究稳步推进，形成百花齐放、青蓝相继的良好格局。

二是经营质效显著提高。2023年中绿电公司完成发电量90.6亿千瓦时，同比增长11%，再次超额兑现上市公司年度盈利承诺，绿电绿证交易、碳资产开发累计增收2000万元，发电量年增长率、设备利用小时数迈入行业先进行列。2023年获取、在建、运营规模突破2300万千瓦，较2022年增长5倍以上。股权再融资取得中国证监会注册批复，新增融资租赁和保理融资26亿元，成功发行20亿元碳中和公司债，票面利率创历史新低，存量银行借款利率较年初降低85个BP，年节约财务费用0.57亿元。人均规模、人均利润、融资成本等经营指标迈入行业领先或较优水平。

三是品牌影响力持续提升。中绿电公司立足绿色能源主业实际，完成上市公司证券简称变更，初步形成“中绿电”特色品牌。荣获中国上市公司协会2023年董事会建设优秀实践案例，董事会办公室荣获中国上市公司协会2023年董办最佳实践案例，2022年度业绩说明会荣获中国上市公司协会最佳实践案例。ESG管理和披露机制进一步完善，荣获责任犇牛奖——ESG“双碳先锋”，入选上市公司ESG优秀实践案例，陕西宜君光伏项目入选ESG先锋践行者案例。

鸣　谢

本书得到了以下同志（以姓氏笔画为序）的参与和支持，在此一并感谢。

丁　兰　丁　超　丁元龙　丁业豪　丁雨睬

丁树南　丁勇山　于　淼　于小伟　于广龙

万宇清　万君玲　马　芳　马　鸣　马　哲

马　涛　马天晖　马英芝　马前进　马晓华

马德礼　王　凡　王　卫　王　飞　王　丰

王　元　王　凤　王　帅　王　华　王　多

王　庆　王　欢　王　侃　王　俊　王　洁

王　勇　王　艳　王　哲　王　浩　王　埪

王　琨　王　辉　王　晶　王　蓓　王　楠

王　锦　王　璟　王　璐　王小兵　王小莉

王子鹏　王子聪　王开远　王少龙　王世洁

王令红　王永刚　王永涛　王永鹏　王同宇

王同波　王传七　王多荣　王军平　王志方

王宏伟　王宏强　王劲潇　王武军　王林军

王雨薇　王非凡　王明卓　王明珠　王明辉

王迪雯　王京国　王建军　王姝力　王捍忠
王海峰　王梦婷　王曼莉　王淑珍　王博慧
王朝佳　王锡光　王新东　王新忠　王翠霞
韦福安　牛花超　牛海军　卞德志　文晓飞
方　胜　方　涛　方立群　方棉勇　尹婧玮
邓　全　邓红武　邓青瑞　邓建平　玉仕辉
左晓露　石　平　石　帅　石　华　石　磊
石灏南　占　锐　卢小凡　卢卫静　卢龙兵
卢忠建　叶　龙　叶　伟　叶　军　叶建刚
叶政谙　田　静　田玉强　田玉新　田宇强
田胜军　由　萌　史大聪　史延亮　付建华
付新春　代　征　白　超　白钰冰　白梦娇
白雪松　印海燕　冯　凡　冯　宇　冯　亮
冯　鑫　冯志宏　冯胤恺　冯晓宇　皮文晖
边　晖　邢晓云　巩长坤　巩雪松　成晓青
成继平　师秉彦　曲　直　吕　品　吕　强
吕旭腾　吕国栋　吕振兴　吕振杨　吕浩伟
朱　岩　朱　莉　朱　雯　朱玉玲　朱海玉
朱朝政　乔　丹　乔建设　仲　衡　任　伟
任　爽　任立鹏　任永强　任丽娜　任菲菲
华素雯　向　瑭　刘　平　刘　旭　刘　军（中国石化）

刘军(中国电建) 刘阳 刘忱 刘妍
刘佩 刘炜 刘彦 刘晨 刘敏
刘清 刘超 刘博 刘辉 刘婷
刘瑞 刘颖 刘露 刘鑫 刘旭
刘大宾 刘元鼎 刘云飞 刘孔明 刘世宇
刘立君 刘亚萍 刘伟翌 刘江华 刘宇新
刘克冰 刘迎霞 刘宏阳 刘灵君 刘若琼
刘雨萌 刘国柱 刘明一 刘佳仪 刘怡然
刘建勇 刘思远 刘笃优 刘恒军 刘晓清
刘峻峰 刘倩怡 刘海川 刘雪峰 刘婉平
刘雅蕾 刘翰林 闫大庆 闫仲玮 羊健锋
关雪 关建德 关敏仪 江雷 江小波
池莉 安永涛 安军义 安彦斌 祁慧杰
许科 许跃 许琴 许嘉 许磊
许宇红 许治春 许凌爽 阮天逸 孙伟
孙旭 孙倩 孙浩 孙锴 孙鑫
孙一桐 孙飞飞 孙永滨 孙华东 孙志宇
孙灿辉 孙峙峰 孙艳坤 孙浩博 孙浩然
孙绪鑫 孙瑛志 孙嫣然 观影 芦玲
苏成峰 苏姿冰 杜飞 杜鹏 杜凤杰
杜若晨 杜建军 杜春江 杜博野 李仓

李　帅　李　立　李　宁　李　刚　李　伟
李　苏　李　宏　李　林（中国石油）　李　林（中航集团）
李　昊　李　炯（中国移动）　李　炯（中国中车集团）
李　桢　李　晓　李　倩　李　彬　李　博
李　程　李　舒　李　强　李　静　李万平
李云庄　李少鹏　李丹妮　李文一　李文扬
李本军　李龙飞　李发乾　李阳春　李红雨
李红新　李彤超　李妙静　李金柱　李京光
李珊珊　李荧琳　李树建　李真真　李桂鑫
李菲阳　李梦琴　李跃华　李博睿　李朝云
李雁峰　李雅翀　李婷鑫　李瑞阳　李蒙恩
李鹏程　李遵峰　杨　丰　杨　宁　杨　卓
杨　科　杨　勇　杨　悦　杨　萌　杨　戚
杨　维　杨　琨　杨　辉　杨　静　杨大蔚
杨元智　杨太艳　杨文旭　杨玉中　杨永权
杨仲运　杨志利　杨丽丹　杨怡然　杨学超
杨俊璐　杨彦鼎　杨美霞　杨烁文　杨晓峥
杨梦凡　杨晨泽　杨翘夷　杨献峰　连贯华
步超骐　肖　航　肖　璞　肖作山　肖海斌
吴　平　吴　岑　吴　钢　吴月茜　吴文华
吴圣康　吴旭亮　吴宇家　吴启辉　吴英姿

吴佳明　吴晓晨　吴康宁　吴静涛　何　为
何　训　何雨键　何晓群　何舒琴　余　佳
余　敏　余世洋　狄　刚　狄明军　邹　烈
应　勇　汪发安　汪彦伶　沈　辰　沈　岗
沈　锐　沈洪波　宋莉莉　宋恩艺　宋海亮
张　云　张　丹　张　冰　张　弛　张　丽（中国华电）
张　丽（中国宝武）　张　兵　张　玮　张　建
张　峣　张　莹　张　桥　张　倩　张　航
张　涌　张　悦　张　晗　张　涵　张　琦
张　鹏　张　磊　张一帆　张九鼎　张开颜
张文进　张文俊　张书超　张玉胜　张玉强
张业勤　张立勇　张汉一　张加齐　张有武
张成荫　张成斌　张旭宁　张庆猛　张安坤
张克威　张秀艳　张良轩　张启省　张苑馨
张金利　张泽灏　张学勇　张春辉　张剑霄
张胜利　张洪梅　张洪鹏　张晓丹　张恩辉
张铁恒　张浩瀚　张海涛　张硕硕　张雪凌
张焕艳　张博宇　张皓亮　张　斌　张勤东
张锦军　张新苗　陆　春　陆龚曙　陆舒扬
陈　才　陈　东　陈　伟　陈　作　陈　建（中国华电）
陈　建（中煤集团）　陈　晖　陈　斌（国药集团）

陈斌（中国安能）　陈磊　陈潜　陈曦
陈义文　陈天学　陈少华　陈月明　陈文思
陈代奎　陈冬方　陈伟强　陈向辉　陈军强
陈芳健　陈沙陵　陈国宏　陈泽宇　陈贵华
陈彦如　陈晓玲　陈麒屾　邵杰　邵红光
邵剑超　武朋　幸思佳　苗壮　苗晋瑜
苟馨　范岩　范真　范硕　范松林
林红　林凯　林俊　林静　林文达
林谢星　杭宇　郁涵　欧阳葆青　杲品硕
易卫华　易响军　罗雯　罗磊　罗雨佳
罗雅方　罗辉权　岳立广　金玲　金光浩
周丞　周林　周易　周旻　周鸣
周钧　周剑　周莎　周珺　周婷
周楠　周磊　周毅　周小芳　周业添
周光涛　周志勇　周现坤　周易之　周树德
周思宇　庞庆　於兴海　郑晗　郑人铭
郑春雨　单烨　单文涛　宗文峰　宗克翔
孟凡　孟征　孟猛　孟令涵　项启昕
赵飞　赵坤　赵明　赵亮（中国华能）
赵亮（中国铁塔）　赵娜　赵锐　赵斌
赵玉洁　赵旭峰　赵运飞　赵林涛　赵明辉

赵佳南　赵海峰　赵雪山　赵晨月　赵媛媛（中国电科）

赵媛媛（中咨公司）　赵德璇　郝凡迪　郝玉梅

郝合佳　郝建宇　郝姗姗　荀珩　荣巨峰

胡刚　胡华　胡风英　胡乐信　胡立刚

胡志华　柳林林　柳征　奎明红　钟声

钟昕　段凯　侯玉柏　侯乐尧　侯涤洋

俞敏　俞自强　俞伯正　俞锶钒　施川安

姜立　姜文明　娄心志　娄汉绩　宫剑飞

祝林　姚健　姚睿　姚璟　姚志荣

姚骅迅　姚雪斐　贺敏辉　秦凯运　秦铁汉

秦韶娟　袁欣　袁丹霞　袁叶龙　袁思浪

都英麒　耿云皓　聂卫东　索娇　贾红军

贾要磊　贾雅倩　夏天　徐振　徐峰

徐晨　徐婷　徐韬　徐慧　徐一鸣

徐友扣　徐和敏　徐笑峰　高松　高涵

高永涛　高旭声　高丽艳　高清政　高维宇

高碧妍　郭轶　郭强　郭大力　郭本平

郭汀汀　郭庆华　郭家铭　席少飞　唐明南

唐晨皓　唐朝晖　陶俊如　桑慧娟　黄橙

黄志雄　黄春明　黄晓娜　黄恩舫　曹越

曹霄　曹兴达　曹雅琨　曹德友　龚雪

常　亮　常治国　常登峰　崔　鸣　崔兆强
崔雨晴　康　巍　康智勇　阎汝真　粘建军
梁　浩　梁法光　梁美玲　梁瑞珍　隋　莘
揭　妤　彭　云　彭　亮　彭　靖　彭苏雁
葛　俊　葛瑞鹏　董　玥　董　明　董大川
蒋　超　蒋　博　蒋日富　蒋志艳　蒋邹超
蒋胜山　韩　松　韩　悦　韩　猛　韩　强
韩　瑞　韩宇星　韩梦圆　韩淑静　韩瑞玲
韩锦川　覃彩艳　喇果彦　景娜娜　喻　晓
喻洁心　程　进　程旭莹　傅　刚　傅作勇
傅郁琪　焦　阳　焦云龙　储乐平　鲁　宁
鲁　瑞　鲁舟洋　曾　光　曾　伟　曾　磊
曾智勇　谢　浩　谢　毅　鄢尚军　靳中美
蒙志维　赖耿贵　鲍　斌　解建强　靖　宇
窦旭明　窦恒言　臧芸妍　裴亚南　廖知坚
谭高文　谭影杰　熊　煌　熊亚康　熊锦州
黎小刚　颜　伟　潘　晔　潘　超　潘志华
潘春刚　潘家檬　潘摇飞　霍亚平　穆晓欢
鞠文利　魏　锐　魏文静　魏光远